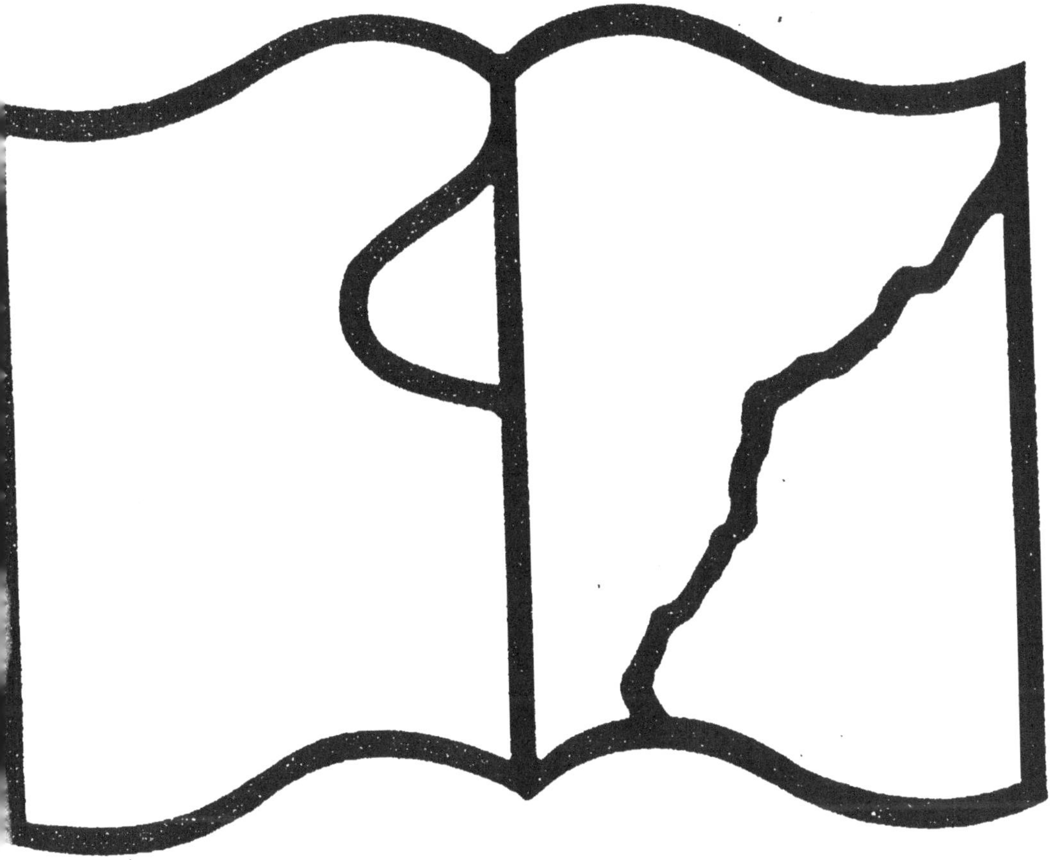

Texte détérioré — reliure défectueuse

**NF Z 43**-120-11

9348

S. F.
130

# CUJACII
## OPERUM
### TOMUS QUARTUS.

# JACOBI CUJACII

## J. C. PRÆSTANTISSIMI
## TOMUS QUARTUS VEL PRIMUS
### OPERUM POSTUMORUM

*Quæ de jure reliquit, five* PAPINIANUS, *quo continentur ad universa*
PAPINIANI OPERA, *quæ in Pandectis supersunt, Recitationes
Acutissimæ, & Utilissimæ, a mendis quibus antea scatebant
pene innumeris ope MSS. Codicum repurgatæ, jam
a* CAROLO ANNIBALE FABROTO *J. C. dispositæ.*

ACCESSERE in hac novissima Editione ab eruditissimo Viro græcorum Versio
locorum hactenus ab omnibus desiderata;

INDEX locupletissimus, ac perpetuus omnium omnino rerum, quæ his
Operibus continentur;

PRÆTEREA dissertatio EMUNDI MERILLII, & Interpretatio ab eodem facta
Variantium ex CUJACIO observatarum, quæ per totum opus suo
quæque loco variante notantur;

POSTREMO Controversiæ JOANNIS ROBERTI ejusdemque Notæ in Responsiones
a CUJACIO nomine ANTONII MERCATORIS editas, quæ majori
Eruditorum commodo in ipsis Observationibus afferuntur, studio
& diligentia LIBORII RANII J. C. Neap.

ANTEA TRUNCUS

*Ign.<sup>s</sup> Cacchesini Sc...*

## NEAPOLI MDCCLVIII.
### EX TYPOGRAPHIA MORIANA
#### APUD VINCENTIUM PAURIA.
##### SUPERIORUM PERMISSU.

TOMUS DIVISUS EST
IN DUAS PARTES.

*In priore parte continentur*

QUÆSTIONES PAPINIANI.

*In altera*

RESPONSA, DEFINITIONES,

Et cetera ejusdem Papiniani Opera.

# INDEX
## LEGUM, ET PARAGRAPHORUM
### IN LIBRIS
## QUÆSTION. RESPONS. DEFINIT.
### ET LIBRIS DE ADULTERIIS
# ÆMILII PAPINIANI
*Explicatorum Ordine Alphabetico expositis.*

### A

| | | |
|---|---|---|
| L. AB herede 2. | De separationib. | 645. |
| L. Abolitio 8. | Ad Senatusc. Turpill. | 1490. |
| L. Acceptis 93. | Ad leg. Falcid. | 591. |
| L. Actio 28. | De oblig. & act. | 1447. |
| L. Actio stellionatus 1. | De crim. stellio. | 844. |
| L. Actioni redhibitoria 54. | De Ædil. edict. | 974. |
| L. Actus legitimi 77. | De reg. jur. | 742. |
| L. Accusatore pen. | De publ. judic. | 1391. |
| L. Ad cognitionem 13. | Quib. ex caus. ad poss. eatur. | 1383. |
| L. Ad Principem 22. | De app. & rela. | 912. |
| L. Ad tempus ordine 5. | De cur. & eorum fil. | 24. |
| L. Aede Sacra 83. | De contrah. empt. | 944. |
| §. Intra macieriem. | | 945. |
| L. Aediles curules unic. | De via public. &c. | 1503. |
| L. Aedibus communibus 18. | De ope. nov. nunc. | 93. |
| §. Nec ad rem. | | ibid. |
| L. Ait praetor 7. | De mino. 25. ann. | 913. |
| §. Sed & quod Pap. | | ibid. |
| L. Alienationes enim 13. | Fam. ercisc. | 148. |
| L. Alio herede 9. | De alim. & cibar. legat. | 1181. |
| §. Tum quoque. | | 1183. |
| L. Alimentorum 11. | De assign. libert. | 1377. |
| L. Aliquando mandare 5. | De offic. proconf. | 4. |
| L. Alterius curatoris 20. | De tute. & rat. distra. | 902. |
| §. Non ideirco | | 903. |
| L. Alterius ult. | De Accusat. | 1402. |
| L. Alteri 25. | De Adim. leg. | 1209. |
| L. Amissi 52. | De Fidejuss. | 1315. |
| §. Inter | | ibid. |
| §. Fidejussores | | 1316. |
| §. Plures | | 1317. |
| L. A muneribus 7. | De vacat. & excus. mun. | 821. |
| L. Ante tabulas 5. | De Jure codicil. | 1100. |
| L. Antiochensium 21. | De Privil. Cred. | 1277. |
| L. Aquilius 27. | De donat. | 786. |
| L. Arbiter ita 33. | De recep. arbit. | 17. |
| L. Arbiter intra 42. | De recep. arb. | 881. |
| L. Arbitrio quoque ult. | Famil. erciscun. | 899. |
| L. Avboribus quoque 58. | De contrah. empt. | 244. |
| L. Argentarium 45. | De judic. | 922. |
| §. Nomine | | 624. |
| L. Asse toto 77. | De hered. instit. | 439. |
| L. Avia quæ nepotem 77. | De Cond. & demons. | 1128. |
| §. Mutiana | | ibid. |
| §. Titio | | ibid. |
| §. Pater | | 1129. |
| L. Avunculo nuptura ult. | De condi. sine cau. | 277. |
| §. Noverca | | ibid. |

### B

| | | |
|---|---|---|
| L. Binas quis ædes 30. | De servit. urban. præd. | 143. |
| L. Bona fide 27. | Ad Senatusc. Vellej. | 935. |

| | | |
|---|---|---|
| §. Cum servi | | 936. |
| §. Uxor | | 937. |
| L. Bona fisco 39. | De jure fisci. | 1408. |
| §. Eum qui | | 1409. |
| L. Bona militis 2. | De veter. & milit. Succes. | 1399. |
| L. Bonorum possessionis 22. | De legat. praest. | 1035. |

### C

| | | |
|---|---|---|
| L. Capitis 53. | De fidejuss. | 1399. |
| L. Capitis pen. | De accusat. | 1391. |
| L. Captatorias 70. | De hered. instit. | 1044. |
| L. Catoniana regula 3. | De regul. Caton. | 384. |
| L. Causam 20. | De manumiss. | 1269. |
| §. Puellam 1270. §. Tempore | | 1271. |
| L. Causa cognita 40. | De vulg. & pupill. substit. | 751. |
| L. Centurio 15. | De vulg. & pup. subst. | 1057. |
| L. Censuris 27. | De milit. testam. | 1072. |
| L. Cerdonem 42. | De oper. libert. | 1246. |
| L. Certis 2. | De Accus. & inscript. | 1477. |
| §. Pupillis. | | 1479. |
| L. Civibus 2. | De reb. dub. | 1210. |
| L. Clavibus 74. | De contrah. empt. | 1427. |
| L. Coheredi 41. | De vulga. & pup. Substit. | 1061. |
| §. Ex his verbis 1063. §. Qui patrem | | 1067. |
| §. Cum filia 1064. §. Coheres | | 1068. |
| §. Quod si 1065. §. Cum pater | | 1069. |
| §. Qui discretas 1066. §. Non videri | | 1070. |
| L. Commodis 40. | De re judic. | 1276. |
| L. Conventio 1. | De pignorib. | 1281. |
| §. Servo 1185. §. Pacto | | 1289. |
| §. Cum prædium 1286. §. ultim. | | 1290. |
| L. Creditor 12. | Qui pot. in pign. | 970. |
| §. Sciendum | | ibid. |
| L. Creditor 3. | Qui pot. in pign. hab. | 1291. |
| §. Cum ex causa 1292. §. Post divisionem. | | 1293. |
| L. Creditor 42. | De pign. act. | 931. |
| L. Creditor 1. | De distr. pig. | 645. |
| L. Creditoribus 4. | De separat. | 1345. |
| L. Cui pacto 5. | De serv. expor. | 259. |
| L. Cum Aquiliana 5. | De transact. | 1424. |
| L. Cum ad præsens 37. | De reb. cred. | 1426. |
| L. Cum arbor 3. | Ad leg. Rod. de jact. | 1411. |
| L. Cum Avus. 102. | De Cond. & demons. | 1213. |
| L. Cum ea 58. | De Evict. | 1297. |
| §. Creditor | | 1298. |
| L. Cum de in rem verso 6. | De usur. | 748. |
| §. Imperator | | 748. |
| L. Cum dominus 19. | De pec. leg. | 1120. |
| §. Testamenta | | ibid. |
| §. Filiusfam. | | 1121. |
| L. Cum duobus 52. | Pro Socio. | 967. |
| §. Papinianus | | ibid. |
| §. Item ex facto | | 968. |
| §. Idem Pap. | | 969. |

Tom. IV.

L. Cum

## Index Alphabeticus

| | | |
|---|---|---|
| L. Cum ex falsis 47. De Manumiss. testam. | 135. |
| §. Sed si conditionis | ibid. |
| L. Cum ex pluribus ult. De qui. re. ad eum. jud. eatur. | 32. |
| L. Cum ex pluribus 97. De solut. | 1464. |
| L. Cum falsi 12. Ad leg. Corn. de falf. | 1376. |
| L. Cum filius 76. De leg. II. | 1101. |
| §. Lucio | 1103. |
| §. Dominus | 1104. |
| §. Heres meus | 1106. |
| §. Servus | 1107. |
| §. Pater | 1108. |
| §. Non jure | 1109. |
| §. Qui Mutiana | 1109. |
| §. Variis | 1110. |
| §. Repetundorum | 1111. |
| L. Cum filiofam. 11. De leg. & fideicom. | 219. |
| L. Cum fundum 18. De vi, & vi arm. | 651. |
| §. Cum qui | 654. |
| L. Cum furiosus 30. De judic. & ubi quisque. | 70. |
| §. Qui legationis | ibid. |
| L. Cum heres 51. Ad Trebel. | 466. |
| L. Cum heres 11. De diverf. & temp. præscrip. | 1459. |
| L. Cum heres rogat. 24. De liber. legat. | 1183. |
| L. Cum heredis ult. Si pars hered. pet. | 120. |
| L. Cum hereditas 49. Ad Trebell. | 73. |
| §. Similiqu | ibid. |
| L. Cum illud 25. Quando dies leg. ced. | 495. |
| §. Heres | 499. |
| L. Cum indebitum 57. De cond. indeb. | 926. |
| §. Creditor | ibid. |
| L. Cum in rem 64. De rei vind. | 564. |
| L. Cum judicio 1. De usuris. | 43. |
| §. Socius ibid. §. Papinianus | ibid. |
| §. Nec tamen | 44. |
| L. Cum militi 16. De Compenf. | 76. |
| §. Cum intra | ibid. |
| L. Cum minor. 3. Rem rat. hab. | 1348. |
| L. Cum Pater 77. De leg. 2. | 1142. |

| | | | |
|---|---|---|---|
| §. Eorum | 1143. | §. Pater filia | 1159. |
| §. Mater | 1144. | §. Hereditatem | 1161. |
| §. Surdo | 1146. | §. Filia mea | 1162. |
| §. Hereditatem | ibid. | §. Dulcissimis | ibid. |
| §. Qui dotale | 1147. | §. Pater pluribus | 1163. |
| §. Mevio | 1149. | §. Cum imperfecta | 1164. |
| §. Cum Pater | ibid. | §. Filios | ibid. |
| §. Evictis | 1151. | §. Mando | 1165. |
| §. Pater | 1152. | §. Rogo | 1166. |
| §. A filia | 1154. | §. Donationis | 1167. |
| §. Fidei | 1155. | §. Libertis | 1168. |
| §. Fidei tuæ | ibid. | §. Cum existimaret | 1171. |
| §. Volo | 1156. | §. Pater, qui filio | 1173. |
| §. Curatoris | 1157. | §. Titio fratri | 1173. |
| §. Ab instituto | ibid. | §. A te peto | 1175. |
| §. Menfa | 1158. | §. Vices civitati | 1176. |

| | |
|---|---|
| L. Cum Pater 2. De instr. vel instrum. leg. | 1119. |
| §. Dotes | ibid. |
| L. Cum possessor 5. De censib. | 1419. |
| §. Qui non habita | 1420. |
| L. Cum post. 69. De jur. dot. | 980. |
| §. Mulier ibid. §. Patrona | 985. |
| §. Usuras 981. §. Cum res | ibid. |
| §. In domans 982. §. In dotem | 986. |
| §. Gener 983. §. Partum | ibid. |
| §. Nuptiis 984. | |
| L. Cum prior 3. De distract. pign. | 951. |
| L. Cum proponebatur 46. De Leg. II. | 383. |
| L. Cum pupillus 78. De Cond. & demon. | 1211. |
| §. Disjunctivo | 1212. |
| L. Cum pupillus 21. De tut. & rat. distrah. | 1438. |
| L. Cum quidam 14. De bon. possess. | 346. |
| L. Cum quidam 12. De iis quæ ut indig. | 414. |
| L. Cum quis 1. Rem. rat. habe. | 740. |
| L. Cum Servus 54. Mandat. vel contra. | 658. |
| §. Si liber | 660. |

| | |
|---|---|
| L. Cum sex 55. De Ædil. edict. | 1332. |
| L. Cum sine 11. De Carb. edict. | 349. |
| L. Cum singulis pen. De usuf. accref. | 1451. |
| L. Cum solvendo 4. De distract. pig. | 1294. |
| L. Cum soluto ult. De act. rer. amot. | 302. |
| L. Cum tabulis 14. De his quæ ut ind. | 1185. |
| §. Quoniam ibid. §. Cum heredis | 1186. |
| L. Cum tacitum 3. De probat. | 1200. |
| L. Cum tale legatum 72. De cond. & demon. | 481. |
| §. Et cum 484. §. Titius | ibid. |
| §. Si quid ergo 487. §. Si arbitratu | 491. |
| §. Mavia 491. §. Falsam | 492. |
| §. Falsam condition. 492. §. Falsam legati | ibid. |
| L. Cum tutor 13. De tutel. & rat. distrah. | 644. |
| L. Cum vir 42. De usuca. seu usurp. | 95. |
| L. Cum unus 10. De Alim. leg. | 1207. |
| §. Verbis | 1208. |
| §. Alimentis | ibid. |
| L. Curatores 3. De admi. rer. ad civit. perti. | 867. |
| §. Prædium | 869. |
| §. In eum | ibid. |
| §. Filium | 870. |
| §. Pro magistratu | 871. |

## D

| | |
|---|---|
| L. Debitor a creditore 40. De pig. act. | 928. |
| §. Debitoris | 929. |
| §. Soluta | 930. |
| L. Debitor 3. De separat. | 673. |
| §. Quid ergo ibid. §. Sed in quolibet | ibid. |
| L. Debitor usurarius 7. De usur. | 901. |
| L. Debitor 19. De Compensat. | 1280. |
| L. Debitori 50. De fidejuss. | 828. |
| L. Debitoris 1. Quib. mod. pig. &c. | 1295. |
| §. Cum venditor | ibid. |
| §. Defensor | 1296. |
| L. Decem stipulatus 116. De verb. oblig. | 102. |
| L. Decreto Prætoris 10. De susp. tut. | 324. |
| L. Deducta 58. Ad Senatusc. Trebel. | 1223. |
| §. Cum hereditas 1225. §. Ante diem | 1237. |
| §. Qui post. ibid. §. Cum autem | ibid. |
| §. Nummis 1232. §. Quod ex | 1238. |
| §. Hereditatem 1235. §. Heres ejus | 1241. |
| L. Deferre 18. De jure fif. | 1095. |
| L. Defuncta ult. Ad leg. Jul. de adul. & stup. | 1005. |
| L. Denique 10. De jur. fif. | 1278. |
| L. Denique si emptor 19. Ex quib. cauf. major. 67. & 341. | |
| L. De servo 9. De Calumniator. | 1487. |
| L. Diem functo 4. De offi. adsess. | 972. |
| L. Die sponsaliorum 25. Depof. vel contra. | 939. |
| L. Dies incertus 75. De cond. & demonst. | 804. |
| L. Divus Adrianus 8. De divort. | 1487. |
| L. Divus Adrianus 13. De castren. pecul. | 422. |
| L. Divus ult. Si a par. quis manum. | 313. |
| L. Divi Verus, & Antoninus 1. De requir. reis. | |
| §. Sed & Pap. | 1410. |
| L. Doli clausula 119. De verb. oblig. | 811. |
| L. Dolus tutorum 3. Quod ex fac. tut. | 579. |
| L. Dominus 36. De liber. cauf. | 1341. |
| L. Dominus fructuario 57. De usuf. & quemadmo. | 1095. |
| §. Per fideicommissum | 1096. |
| L. Domus 51. De Leg. I. | 1201. |
| L. Donationes 31. De donat. | 1334. |
| §. Species | 1336. |
| §. Pater | 1338. |
| §. Ejusmodi | ibid. |
| §. Rata | 1339. |
| L. Dotale prædium 15. De fun. dot. | 955. |
| L. Dotalem servum 61. Sol. matrim. | 284. |
| L. Dote 61. De ritu nupt. | 796. |
| L. Dotem 16. De Castren. pecul. | 1417. |
| §. Hereditatem | 1418. |
| L. Dotis promissio 68. De jur. dot. | 262. |
| L. Duos majores filios 70. De cond. & demon. | 419. |

L. Ean-

## Legum, & Paragraphorum.

### E

| | |
|---|---|
| L. Eandem rem 9. De duob. reis stipul. | 680. |
| §. Sed si quis | 681. |
| §. Cum duos | ibid. |
| L. Ejus militis 34. De milit. testam. | 373. |
| §. Militia missus. | 375. |
| L. Emptor cum dele. De novat. & deleg. | 964. |
| L. Emptor prædium. 65. De rei vind. | 891. |
| §. Ancillam. | 892. |
| L. Emptori 67. De evict. | 1263. |
| L. Eo tempore 50. De peculio. | 196. |
| §. Si creditor. | 199. |
| §. Etiam. | 202. |
| §. Servus. | 203. |
| L. Equis per fideicommissum 8. De usur. | 1098. |
| L. Error facti 8. De jur. & fact. ignor. | 1249. |
| L. Etiam si 9. Ut in poss. legat. | 561. |
| L. Etiam dirempto 12. De fund. dotal. | 1474. |
| §. Soceri | 1475. |
| L. Et ei 12. Ad munic. | 845. |
| L. Et omnes 4. De bon. damnat. | 1493. |
| L. Et si filium 15. De muner. & honor. | 1041. |
| L. Et si forte 6. Si servit. vind. | 99. |
| §. Si ædes | ibid. |
| L. Et si maxime 5. De servit. legat. | 411. |
| L. Et si pignus 18. Quæ in fraud. cred. | 651. |
| L. Eum bonis 86. De acquir. hered. | 1264. |
| §. Pupillis | 1265. |
| L. Eum qui iasulam 43. De judic. | 657. |
| L. Eum, qui tacitum 18. De his, quæ ut indig. | 1386. |
| §. Bonis | 1387. |
| §. Pro pane | 1388. |
| L. Ex causa pen. De re mil. | 1416. |
| L. Ex condulto 15. Locat. | 1006. |
| §. Papinianus | ibid. |
| L. Exceptio 28. De except. rei judic. | 676. |
| L. Ex consensu 23. De Appell. | 1414. |
| §. Cum procurator. | ibid. |
| §. Filiumfam. | 1415. |
| §. Eum | 1416. |
| L. Ex ea causa 9. De postulan. | 840. |
| L. Ex ea parte 121. De verb. oblig. | 1307. |
| §. Mulier | ibid. |
| §. In insulam | 1309. |
| §. Ex facto | 1310. |
| L. Exheredatum ult. De his qui notant. infam. | 28. |
| §. Ult. | 31. |
| L. Ex his omnibus 54. De condi. indeb. | 40. |
| L. Ex mille 64. De evict. | 155. |
| §. Quod si dolo | 159. |
| §. Quæsitum | 160. |
| §. Pen. & ult. | ibid. |
| L. Ex parte 12. De adim. & transfer. leg. | 1084. |
| L. Ex pluribus 42. De Admin. tut. | 1437. |
| L. Ex sententia 29. De test. tut. | 1383. |
| L. Extraneo 17. De quæstion. | 1402. |
| §. De quæstione | 1403. |
| §. De servo | 1404. |

### F

| | |
|---|---|
| L. Falsi nominis 13. Ad leg. Corn. de falf. | 1396. |
| §. Ordine | ibid. |
| L. Fideicommissaria 23. De fideic. liber. | 1248. |
| §. Fideicommissariam | 1249. |
| §. Servum | ibid. |
| §. Etiam | 1251. |
| §. Ult. | 1252. |
| L. Fideicommissum 76. De cond. & demon. | 1086. |
| L. Fidejussor conventus 2. De distract. pign. | 899. |
| L. Fidejussor imperitia 32. De neg. gest. | 919. |
| §. Ignorante | 922. |
| L. Filiam senatoris 9. De senator. | 971. |
| L. Filiam 56. Ad Trebell. | 1131. |

Tom. IV.

| | |
|---|---|
| L. Filiusfam. miles 35. De ritu nupt. | 1043. |
| L. Filiusfam. miles 14. De Castren. pecul. | 684. |
| L. Filiusfam. 37. Ad leg. Jul. de adulte. & stup. | 114. |
| L. Filiusfam. equestri pen. De mil. testam. | 1076. |
| L. Filiusfam. 8. Unde lib. | 1087. |
| L. Filius 7. De legationibus. | 866. |
| L. Filius 9. De colla. bonor. | 1036. |
| L. Filius 5. De Collat. dot. | 1037. |
| §. Filia | 1038. |
| L. Filius, qui fuit 15. De condit. instit. | 400. |
| L. Filius, qui patri 24. De bon. libert. | 354. |
| §. Castrensium | 357. |
| §. Si falsum | 361. |
| §. Cum filius | 359. |
| L. Filio pater 87. De leg. I. | 469. |
| L. Filio prætereo 17. De injusto rup. & irrito fac. test. | 1032. |
| L. Filio, qui 16. De inoffic. testam. | 883. |
| §. Contra tabulas | 884. |
| L. Filio quem 23. De lib. & posth. | 354. |
| §. Si Titius | ibid. |
| L. Firmio Heliodoro 26. Quan. dies leg. ced. | 1241. |
| §. Cum 1243. §. Pater | 1244. |
| L. Fiscus 38. De jur. fisci. | 1373. |
| §. Delatoria | 1375. |
| L. Fratres Imperatores 33. De pœnis. | 53. |
| L. Fraudis interpretatio 80. De reg. jur. | 800. |
| L. Fructus eos 7. Solut. matr. | 285. |
| §. Papinianus lib. 11. | ibid. |
| L. Fundus 9. De annu. legat. | 1115. |
| L. Fundo mihi legato 4. Ad leg. Falcid. | 421. |
| L. Fundum Cornelianum 28. De Novat. | 1462. |
| L. Fundum instructum 3. De instruct. & instrum. leg. | 1180. |
| §. Minor | 1181. |
| L. Fundum Mævianum 1. De reb. dub. | 1127. |
| L. Furioso 1. De bon. pos. infan. furios. &c. | 396. |

### G

| | |
|---|---|
| L. Generali mandato 34. De rit. nupt. | 976. |
| §. Ream. 977. §. Inter | ibid. |
| L. Generaliter 5. De usur. | 705. |
| L. Generaliter 78. De reg. jur. | 794. |
| L. Generi ult. De Publ. judic. | 1400. |

### H

| | |
|---|---|
| L. Habitationum ult. De peric. & com. rei ven. | 946. |
| §. Ante pretium | 947. |
| L. Hac conditio 66. De condic. indeb. | 166. |
| L. Heres ejus 43. De usurp. & usucap. | 616. |
| §. Patrem. | ibid. |
| L. Heres furiosi 51. De pet. hæred. | 885. |
| §. Fructuum | 887. |
| L. Heres meus 79. De cond. & demonstr. | 1444. |
| L. Heres qui tacita 11. De iis, quæ ut indig. | 390. |
| L. Heres qui veneni 40. Ad Senat. Cons. Syll. | 907. |
| L. Heres viri 33. De neg. gest. | 1260. |
| L. Heredi 15. De iis, quæ ut indign. | 1085. |
| L. Heredem 17. De his, quæ ut indig. | 1351. |
| L. Heredes 57. Ad S.C. Treb. | 1193. |
| §. Cum ita | ibid. |
| §. Peto | 1195. |
| L. Hereditas 34. De hered. instit. | 1439. |
| L. Hereditas etiam 50. De pet. hered. | 117. |
| §. Si defuncto | 118. |
| L. Hereditatem 28. De donat. | 958. |
| L. Hi qui muneris 6. De vacat. & excus. mun. | 55. |
| L. Hic titulus 1. De collat. bon. | 361. |
| §. Sed an id | ibid. |
| L. Hominis opera 2. De usu, & usufruct. legat. | 454. |

### I

| | |
|---|---|
| L. Idem est 3. De condict. indeb. | 698. |
| L. Idem Papinianus 12. De fund. instr. | 1132. |

a 2 §. Papi-

## Index Alphabeticus

| | | | | |
|---|---|---|---|---|
| §. *Papinianus* 1. | ibid. | §. *Idem respondit* 2. | ibid. | |
| §. *Papinianus* 2. | 1134. | §. *Idem respondit* 1. | 1135. | |
| §. *Idem respond.* 2. | ibid. | §. *Idem respondit* 3. | 1136. | |
| L. *Idem servandum* 72. De leg. 2. | | | 588. | |
| L. *Idemque* 10. Mand. vel contra. | | | 966. | |
| §. *Si quis* | | | ibid. | |
| §. *idem* | | | ibid. | |
| §. *Si cui* | | | 967. | |
| L. *Ideo condemnatus* 17. De compensat. | | | 841. | |
| L. *Ignorante quoque* pen. De neg. gest. | | | 65. | |
| L. *Illud aut illud* 25. De const. pec. | | | 169. | |
| §. *Si jurejurando* | | | ibid. | |
| L. *Illud quæritur* 4. De evict. | | | 970. | |
| §. *Si impuberis* | | | ibid. | |
| L. *Illud enim* 13. De jur. cod. | | | 512. | |
| §. *Tractari* | | | 514. | |
| L. *Imperator Antoninus* 70. De leg. 2. | | | 582. | |
| §. *Si centum* 584. §. *Cum autem* 588. & 1140. | | | | |
| §. *Cum quidam.* 587. | | | | |
| L. *Imperator Hadrianus* 50. Ad Trebell. | | | 314. | |
| L. *Imperator Titus* De stat. hom. | | | 64. | |
| L. *Imperator Titus* 8. De postulando. | | | 24. | |
| L. *Imperator Titus* 11. Ad municip. | | | 35. | |
| L. *In Consilium* ult. De off. adsess. | | | 834. | |
| L. *In Conventionibus* 219. De verb. signif. | | | 912. | |
| L. *In eum* 19. De instit. act. | | | 933. | |
| §. *Si dominus* | | | ibid. | |
| §. *Taberna* | | | 934. | |
| §. *Servus* | | | ibid. | |
| L. *In Falcidia* 9. Ad leg. Falcid. | | | 550. | |
| §. *Circa ventrem* | | | 551. | |
| L. *Inferioris* ult. De success. edic. | | | 1092. | |
| L. *In fideicommissi* 3. De usur. 564. 371. | | | | |
| §. *Si auro* | | | ibid. | |
| §. *In his* | | | 571. | |
| §. *Nonnumquam* | | | 574. | |
| §. *Cum Pollidius* | | | ibid. | |
| §. *Si auro* | | | ibid. | |
| L. *In finalibus* 11. Fin. regund. | | | 896. | |
| L. *In fraudem creditorum* 25. Qui, & a quib. man. | | | 1040. | |
| L. *In honoribus* 8. De vacat. & excus. mun. | | | 863. | |
| §. *Non alius* 864. §. *Philosophis* | | | ibid. | |
| §. *Qui muneris* 865. §. *Qui maximos* | | | 866. | |
| L. *In insulam* 42. Sol. matr. | | | 997. | |
| §. *Fructus* | | | 998. | |
| §. *Usuras* | | | ibid. | |
| §. *Ad virum* | | | 999. | |
| L. *In insulam* 3. De Sent. pass. & rest. | | | 1407. | |
| L. *In legem Falcidiam* 8. Ad leg. Falcid. | | | 372. | |
| L. *In multis* 9. De stat. hom. | | | 792. | |
| L. *In omni fere* 13. De adopt. | | | 807. | |
| L. *In omnibus* 41. De judic. | | | 272. | |
| L. *In quæstionibus* 8. Ad leg. Juliam Majest. | | | 1375. | |
| L. *In Ratione* 11. Ad l. Falcid. | | | 754. | |
| §. *Si servus* 755. §. *Quod vulgo* 760. | | | | |
| §. *Si servus testam.* 756. §. *Si filio* 767. | | | | |
| §. *Imperator* 757. §. *Quæsitum* 770. | | | | |
| §. *Cum quidam* ibid. §. *Si quis* 788. | | | | |
| L. *In rem suam* 18. De compensat. | | | 937. | |
| §. *Creditor* | | | 939. | |
| L. *Insulam* 124. De verb. obligat. | | | 1461. | |
| L. *Inter debitorem* 42. De pactis. | | | 1410. | |
| L. *Inter eos* 51. De fidejuss. | | | 959. | |
| §. *Fidejussor.* ibid. §. *Cum inter* | | | 962. | |
| §. *Duo* 961. §. *Bonis.* | | | 963. | |
| §. *Creditor* | | | | |
| L. *Inter accusatorem* 10. De publ. judic. | | | 1465. | |
| L. *Inter liberos* 6. Ad leg. Jul. de Adult. | | | 1483. | |
| L. *Inter Socerum* 26. De pact. dotal. | | | 987. | |
| §. *Vir* | | | 989. | |
| §. *Cum inter* | | | 990. | |
| §. *Convenit* | | | 991. | |
| §. *Filia* | | | 992. | |
| §. *Pater* | | | 993. | |

| | | | |
|---|---|---|---|
| L. *Inter ceteros* 1. De jure aure. anulor. | | | 842. |
| §. *Diversum* | | | ibid. |
| L. *Inter tutores* 36. De admin. & peri. tuto. | | | 78. |
| L. *In sabulis* 36. De statulib. | | | 1455. |
| L. *In totum* 76. De reg. Jur. | | | 643. |
| L. *In soto jure* 80. De regul. Jur. | | | 802. |
| L. *Intra* 41. De pactis. | | | 1279. |
| L. *Intra* 10. De div. & temp. præscrip. | | | 1373. |
| §. *Quadriennii* | | | ibid. |
| L. *Intra* 2. De jure aur. annul. | | | 1389. |
| L. *In venditione* 41. De act. empti. | | | 948. |
| L. *Ita autem* 5. De admi. & peri. tut. | | | 1031. |
| §. *Papinianus.* | | | ibid. |
| L. *Ita stipulatus* 115. De verb. obligatio. | | | 55. |
| §. *Sed & si* | | | ibid. |
| §. *Item, si quis* | | | ibid. |
| L. *Judicata* 29. De Excep. rei judic. | | | 1304. |
| §. *Si debitor* | | | 1306. |
| L. *Julianus putas.* 43. De bon. libert. | | | 377. |
| L. *Julianus scribit* 26. Si quis omiss. cau. testa. | | | 406. |
| L. *Jure nostro* 26. De testam. tut. | | | 100. |
| §. *Honoris* 1001. §. *Propter* | | | ibid. |
| L. *Jure societatis* 82. Pro Socio. | | | 943. |
| L. *Juris ignorantia* 7. De Jur. & fac. ignor. | | | 502. |
| L. *Jurisperitos* 30. De excus. tut. | | | 1029. |
| §. *Cum oriundus* ibid. §. *Patronus* | | | 1030. |
| L. *Jus civile* 7. De justit. & jur. | | | 1448. |
| L. *Justo errore* 44. De usucap. seu usur. patron. | | | 628. |
| §. *Constat* | | | 630. |
| §. *Etsi possessionis* | | | 631. |
| §. *Nondum aditæ* | | | 633. |
| §. *Filiusfam.* | | | 636. |
| §. *Non mutat* | | | 637. |
| §. *Eum qui* | | | 638. |
| §. *Si cuns* | | | ibid. |

## L

| | | | |
|---|---|---|---|
| L. *Legatus Cæsaris* 20. De offic. præsid. | | | 830. |
| L. *Legatum sub conditione* 24. De adim. leg. | | | 1184. |
| §. *Pater* | | | ibid. |
| L. *Legatum* 80. De leg. 2. | | | 1443. |
| L. *Legata supellectili* 9. De supelle. legat. | | | 1122. |
| L. *Legis Aquiliæ* 54. Ad l. Aquil. | | | 823. |
| L. *Lege Falcidia* 7. Ad leg. Fal. | | | 139. |
| L. *Lex* 1. De legibus. | | | 1421. |
| L. *Liber homo* 18. De verb. oblig. | | | 677. |
| §. *Decem hodie* | | | 679. |
| §. *Decem mihi* | | | 680. |
| L. *Liberta* ult. De obseq. paren. &c. | | | 1367. |
| L. *Libertus* 14. De in jus vocand. | | | 835. |
| L. *Libertus* 17. Ad municipalem. | | | 851. |
| §. *Filium* 852. §. *In adoptiva* | | | ibid. |
| §. *Præscriptio* ibid. §. *Error ejus* | | | ibid. |
| §. *Sola ratio* 853. §. *Patris* | | | ibid. |
| §. *Postliminio* 855. §. *In quæstionib.* | | | 858. |
| §. *Exigendi* ibid. §. *Sola domus* | | | ibid. |
| §. *Ex causa* ibid. §. *Fidejussores* | | | 859. |
| L. *Libertus non aliis* 14. De tuto. & curato. | | | 319. |
| L. *Libertus* 41. De oper. libert. | | | 1038. |
| L. *Liberto* 31. De neg. gest. | | | 871. |
| §. *Inter* 873. §. *Tutoris* | | | ibid. |
| §. *Litem* 874. §. *Quamquam* | | | 878. |
| §. *Qui aliena* 876. §. *Uno defendente* | | | 880. |
| §. *Libertos* 877. | | | |
| L. *Licet neque* 45. De acquir. vel amit. posses. | | | 1456. |
| L. *Licet neque* 45. De acquir. vel amit. poss. | | | 625. |
| L. *Lucius Titius* 24. Depo. vel contra. | | | 219. |

## M

| | | | |
|---|---|---|---|
| L. *Majorem* 8. De pactis. | | | 1257. |
| L. *Mancipia* pen. Qui sine manum. &c. | | | 1254. |
| L. *Mandatum* 57. Mand. | | | 1260. |
| L. *Mater filio* 93. De Cond. & demon. | | | 1187. |
| L. *Mater secundis* 27. Si quis omiss. caus. testam. | | | 1079. |

§. *In*

## Legum, & Paragraphorum.

| | | | |
|---|---|---|---|
| §. *In sententiam* ibid. | §. *In eum* 1080. | §. *Pro herede* | 1078. |
| L. *Mater* 10. De Adult. | 1489. | L. *Papinianus* 20. De min. 25. ann. | 915. |
| L. *Mævius fundum* 66. De leg. 2. | 440. | L. *Papinianus* 8. De inoffic. testam. | 916. |
| §. *Duorum* 442. §. *Sed si* | ibid. | §. *Papinianus* | ibid. |
| §. *Non idem* ibid. §. *In fundo* | 448. | §. *Unde* | ibid. |
| §. *Eum, qui* 450. §. *Fundo* | 452. | L. *Papinianus* 18. De servit. | 795. |
| §. *A municipibus* 453. | | L. *Papinianus lib.* 3. *quæstion.* 28. Manda. vel contra. | 99. |
| L. *Miles ad Sororem* 75. De leg. 2. | 1083. | L. *Papinianus lib.* 5. 8. De inoffic. test. | 114. |
| §. *Pro patre* | 1084. | L. *Papinianus* 5. 4. De his, quæ ut ind. | 114. |
| L. *Miles si testamentum* 35. De milit. testam. | 511. | L. *Papinianus lib.* 6. 14. De Pub. in rem act. | 133. |
| L. *Miles* 11. Ad leg. Jul. de Adult. | 1493. | L. *Parvi refert* 17. De cond. furt. | 240. |
| §. *Militem* 1494. §. *Defuncto* | ibid. | L. *Pater filiam* 14. Ad leg. Falcid. | 1116. |
| §. *Socer* 1496. §. *Volenti* | 1500. | §. *Avia* | 1218. |
| §. *Adulterii* 1497. §. *Licet* | ibid. | §. *Duobus* | 1220. |
| §. *Quidam* 1498. §. *Mulier* | 1501. | L. *Pater filium* 6. De Collat. dot. | 1087. |
| §. *Quærebatur* 1499. §. *Ream* | 1502. | L. *Pater filium* 14. De inoff. test. | 108. |
| L. *Militis codicillis* 36. De milita. testam. | 1072. | L. *Pater instituto* 10. De capt. & postli. rever. | 783. |
| §. *Miles* 1. | 1073. | §. *Si mortuo* | ibid. |
| §. *Miles* 2. | 1074. | L. *Pater nubenti* pen. De dot. Collat. | 1303. |
| §. *Veteranus* | ibid. | L. *Pater, qui dat* 12. De castren. pecul. | 378. |
| §. *Miles* 3. | 1075. | L. *Pater dotem* 7. De dote præleg. | 474. |
| L. *Milites enim* 12. De militar. testam. | 1072. | §. *Sed si prius* | ibid. |
| L. *Misso legatario* 12. Pro emptore. | 1275. | §. *Sed si prius* 2. | ibid. |
| L. *Mortis* 53. De donat. int. vir. & uxor. | 994. | §. *Quid ergo* | 475. |
| §. *Res in dotem* | 998. | §. *Sed si lex* | ibid. |
| L. *Mulier* 4. Ad Senatusc. Turpill. | 1398. | §. *Si forte* | ibid. |
| L. *Mulierem* 14. De iis quæ ut indig. 797. | 801. | L. *Pater ult.* De suis, & legit. | 1333. |
| L. *Mulieri* 74. De condi. & dem. | 798. | L. *Pater filia* 81. De jur. dot. | 183. |
| | | L. *Pater filiæ* 6. De serv. leg. | 1118. |
| **N** | | L. *Pater milite* 15. De Castren. pecul. | 806. |
| L. *NAm, & si* 15. De inoffic. testam. | 362. | §. *Si stipulanti* | ibid. |
| §. *heredi* 365. §. *Titius* | 368. | §. *Si pater* | ibid. |
| L. *Nec in ea* 22. Ad l. Jul. de Adult. | 1483. | §. *Servus* | ibid. |
| L. *Nec si forte* 2. Ut legat. seu fideic. &c. | 707. | §. *Si servi* | ibid. |
| L. *Nec utilem* 20. Ex quib. cauf. major. | 341. | L. *Pater* 17. De castrens. pecul. | 1467. |
| L. *Nepos* 22. De Manumiss. | 1454. | L. *Pater Severianam* 101. De Cond. & demonstr. | 1188. |
| L. *Nequaquam* 24. De excusat. tutor. | 311. | §. *Ita* | 1189. |
| L. *Nihil interest* 4. De nautic. fœnor. | 952. | §. *Conditionum* | 1190. |
| §. *Pro operis* | 954. | §. *Socrus* | ibid. |
| §. *In stipulatione* | 955. | §. *Fideicommissa* | 1191. |
| L. *Non est cogendus* 53. Ad Trebell. | 597. | L. *Pater* 23. De adimen. leg. | 1125. |
| L. *Non esse* 2. Ne de stat. def. &c. | 1381. | L. *Pater* 19. Quæ in fraud. cred. | 1304. |
| L. *Non idcirco* 44. De judic. | 882. | L. *Patri datur* 20. Ad leg. Jul. de adult. | 1483. |
| L. *Non magis* 3. Pro legato. | 631. | L. *Patre, vel marito* 6. De quæst. | 1487. |
| L. *Nonnunquam evenit* 1. De præscrip. verb. | 173. | §. *Cum de falso* | ibid. |
| §. *Domina* | 174. | L. *Patronum* pen. Si libert. ingen. esse dic. | 1272. |
| §. *Item si* | ibid. | L. *Paulus notat* pen. De Pub. in rem act. | 271. |
| L. *Nonnunquam* 24. Ad Trebel. | 393. | L. *Paulus notat* 8. De prætor. stipul. | 110. |
| L. *Nonnunquam* 8. De collatio. bonor. | 90. | L. *Pecoris pascendi* 4. De servi. rust. præd. | 893. |
| L. *Non quicquid* 40. De judic. | 100. | L. *Peculium legatum* 65. De leg. 2. | 408. |
| §. *Judex* | ibid. | §. *Quadriga* | ibid. |
| L. *Non videntur* 83. De reg. jur. | 1470. | §. *Titio* | 409. |
| L. *Non videbitur* 35. De statulib. | 1253. | §. *Si tamen* | ibid. |
| | | L. *Pecunia* 9. De usur. | 1298. |
| **O** | | §. *Usurarum* | 1300. |
| L. *OB eam* 9. De præscrip. verb. | 1281. | L. *Pecunia sortem* 8. De alimen. & cib. leg. | 1123. |
| L. *Ob hæc verba* 20. De his, qui not. infam. | 841. | L. *Peregre* 44. De acquir. vel amit. pos. | 919. |
| L. *Obligationes* 27. De oblig. & act. | 677. | §. *Quæsitum*. | 622. |
| L. *Ob negotium* 20. De Compensat. | 1350. | §. *Quibus explicitis* | 625. |
| L. *Ob pecuniam* 81. De furtis. | 843. | L. *Peto Luci. Titi* 69. De leg. 2. | 539. |
| L. *Operis* 13. De oper. libert. | 1413. | §. *Prædium* | 542. |
| L. *Octavi gradus* 9. Unde cogn. | 1090. | §. *Mater* | 543. |
| §. *Fratris* | 1092. | §. *Fratre* | 545. |
| L. *Oratio* 4. Si ingen. esse dicat. | 614. | L. *Plane* 4. Ut in poss. leg. | 719. |
| L. *Ordine Decurionum* 15. Ad municipalem. | 846. | L. *Pluribus* ult. De iis, quæ in test. delentur. | 1044. |
| §. *In eum* | 850. | L. *Pomponius* 35. Famil. Ercisc. | 1331. |
| §. *In fraudem* | 851. | L. *Possessio* 49. De acquir. vel amit. possef. | 1457. |
| §. *Jus originis* | 851 | §. *Prim.* | 1458. |
| | | §. *Ultim.* | ibid. |
| **P** | | L. *Postquam* 5. Ut leg. seu fideic. &c. | 711. |
| L. *PActa conventa* 72. De contrah. empt. | 247. | §. *Imperator* | 713. |
| §. *Papinianus* | 255. | §. *Si dies* | 716. |
| L. *Pannonius Avitus* 86. De acquir. vel omitt. her. | 1076. | §. *Cum quærebatur* | 718. |
| §. *Rei* | 1078. | §. *Quibus* | ibid. |

Tom. IV.       a 3       L. *Post*

## Index Alphabeticus

| | |
|---|---|
| L. *Post dotem* 40. Solut. matri. | 706. |
| L. *Post finitam* 11. De suspec. tutor. | 1025. |
| L. *Post mortem* 5. Quando ex fa. tut. | 1023. |
| L. *Prædia* 48. De acquir. poss. | 1272. |
| L. *Prædiis a fisco* 36. De jur. fisc. | 965. |
| L. *Prædiis* 91. De leg. 3. | 1112. |
| §. *ex his* | 1113. |
| §. *Titio* | 1114. |
| §. *Balneas* | ibid. |
| §. *qui domum* | ibid. |
| §. *Appellatione* | 1115. |
| L. *Præfectus* 63. De ritu nupt. | 1432. |
| L. *Prior emptor* ult. De in diem addic. | 946. |
| L. *Procula* 26. De probat. | 577. |
| L. *Procurator* 55. Manda. vel contra. | 842. |
| L. *Procurator* 23. De liber. legat. | 1125. |
| L. *Profectitia dos* 5. De jure dot. | 271. |
| L. *Propter veneni* 21. Ad Senatusc. Syllan. | 1081. |
| §. *Neptis* | 1082. |
| §. *Præsidiis* | 1083. |
| L. *Publica judicia* ult. Ad L. Jul. pecul. | 820. |
| L. *Pupillus contra* 6. De fidejuss. & nominat. | 905. |
| L. *Pupilli* 96. De solut. | 1317. |
| §. *Si* | 1321. |
| §. *Soror* | 1322. |
| §. *Cum eodem* | 1323. |
| *Cum institutus* | 1324. |

### Q

| | |
|---|---|
| L. *QUacumque* 1. De off. ejus cui mand. est jurisd. | 8. |
| L. *Qua fideicommissa* 29. De leg. 2. | 1301. |
| L. *Qua pater* 32. Fam. ercisc. | 897. |
| L. *Quæsitum est* 8. De ser. expor. | 664. |
| L. *Quæsitum est* 10. De sepul. viol. | 190. |
| L. *Quæsitum scio* 13. De testib. | 1471. |
| L. *Quamvis* 8. De tutel. & rat. distrah. | 707. |
| L. *Quamvis* 46. De acquir. vel amit. possess. | 627. |
| L. *Quamvis pignoris* 8. Ad Senatusc. Vellej. | 239. |
| §. *Si mulier* | ibid. |
| L. *Quamquam* 62. De ritu nupt. | 978. |
| §. *Mulier* | 979. |
| L. *Qui domum* 8. De Adult. | 1489. |
| L. *Qui dotem* 1. Qui pot. in pig. ha. | 178. |
| §. *Alia causa* | ibid. |
| L. *Qui duos* 42. De vulg. & pupill. subst. | 1441. |
| L. *Quid ergo* 90. De leg. 1. | 469. |
| L. *Qui ex fratribus* 24. De condit. institut. | 1071. |
| L. *Qui ex liberis* 11. De bon. possess. secund. tab. | 349. |
| §. *Filius* | ibid. |
| §. *Testamento* | 352. |
| L. *Qui fidejussor* 53. Locati | 1280. |
| L. *Qui fructus* 25. De usu & usufru. leg. | 1179. |
| L. *Qui generaliter* 2. Qui pot. in pig. | 949. |
| L. *Qui gravi* 11. De jure codicill. | 512. |
| L. *Qui munus* ult. Ad leg. Jul. repetund. | 1397. |
| L. *Qui mutuam* 56. Manda. vel contra. | 941. |
| §. *Fidejussor* | 942. |
| §. *Non ideo* | ibid. |
| §. *Salarium* | 943. |
| §. *Sumptus* | ibid. |
| L. *Qui non militabat* 78. De hered. instit. | 1046. |
| §. *Lucio Titio* | 1052. |
| §. *filiis* | 1053. |
| §. *Sejus* | 1054. |
| L. *Qui plures* 41. De admin. & peric. tutor. | 1100. |
| L. *Qui plures* 23. De vulg. & pupill. substit. | 1060. |
| L. *Qui postumos* 4. Ad Senatusc. Syllan. | 1080. |
| L. *Qui rei* 9. De bon. eorum qui ante sent. | 1410. |
| L. *Qui solidum* 78. De leg. 2. | 1203. |
| §. *Cum post mortem* | 1204. |
| §. *Etiam Resp.* | 1205. |
| §. *Prædium* | 1206. |
| §. *Si creditor* | ibid. |
| L. *Qui tutelam* 18. De testam. tut. | 1003. |
| §. *Verbis* | 1004. |
| §. *Impuberi* | 1005. |
| L. *Quid ergo* 13. Ad municipalem. | 35. |
| L. *Quod bonis* 15. Ad leg. falcid. | 1355. |
| §. *Frater* | 1355. |
| §. *Non idcirco* | ibid. |
| §. *Quod Avus* | 1358. |
| §. *Cum fideicommissum* | 1361. |
| §. *Ex donationibus* | 1363. |
| §. *Fructus* | 1364. |
| §. *Fideicommissum* | 1365. |
| §. *Quarta* | 1366. |
| L. *Quod mihi* 22. De lib. leg. | 548. |
| L. *Quod per manus* 10. De jur. Codic. | 387. |
| L. *Quod D. Marco* 50. De manumiss. testam. | 1243. |
| L. *Quod placuit* 37. De jur. fisc. | 1278. |
| L. *Quod privilegium* 8. Depos. vel contra. | 208. |
| L. *Quod procurator* 68. De procur. | 916. |
| L. *Quod si* 79. De hered. instit. | 1441. |
| L. *Quod si* 31. De jur. dot. | 979. |
| L. *Quod si filius* 11. De capti. & postli. rever. | 783. |
| L. *Quod statuliber* 41. De Mortis caus. don. | 908. |
| L. *Quod supra* 10. ad L. Falcid. | 590. |
| L. *Quotiens quæreretur* 1. De probat. | 80. |

### R

| | |
|---|---|
| L. *REdemptis* 12. De jure codic. | 512. |
| L. *Rem hereditariam* 65. De evict. | 182. |
| L. *Rem inspiciendam* 73. De furtis. | 177. |
| L. *Reo criminis* 41. De solut. | 1476. |
| L. *Reos* 11. De duob. reis stip. | 1311. |
| §. *Cum tabulis* | 1313. |
| L. *Rerum amotarum* 27. Actio ob adul. | 1000. |

### S

| | |
|---|---|
| L. *SAbinus* 28. Communi divid. | 151. |
| L. *Salarium procuratori* 7. Mand. vel contra. | 939. |
| L. *Sanctio legum* 41. De pœnis. | 1466. |
| L. *Scriptus heres* 13. De Carb. edic. | 376. |
| L. *Scripto herede* 7. Unde liber. | 779. |
| §. *Non sic* | 782. |
| L. *Sed an via* 12. De pignor. | 566. |
| L. *Sed cum* 12. Ad Trebel. | 593. |
| L. *Sed quod* 71. De leg. 2. | 1141. |
| L. *Sed revocata* 20. De jur. fisci. | 1328. |
| L. *Sed si certos* 51. De legat. 1. | 102. |
| L. *Sed & si ex* 4. Quod cum eo, qui in alien. &c. | 234. |
| §. *Soli* | ibid. |
| L. *Sed si nondum* 17. De relig. & sump. fun. | 925. |
| L. *Seja* 42. De mort. caus. donat. | 1369. |
| §. *Cum Pater* | 1371. |
| L. *Sejo amico* 10. De annu. legat. | 1176. |
| §. *Medico* | ibid. |
| §. *Uxori* | ibid. |
| §. *Libertis* | ibid. |
| L. *Senatusconsulto* 1. In quib. cauf. pign. | 1262. |
| L. *Servitutes* 4. De servitutibus. | 139. |
| §. *Modum* | ibid. |
| §. *Intervalla* | ibid. |
| L. *Servus* 3. De manumiss. quæ servis, &c. | 1379. |
| L. *Servus ea lege* 7. De servis expor. | 259. |
| L. *Servus* 34. De statulib. | 607. |
| §. *Imperator* | 609. |
| L. *Servus* 34. De pœnis. | 1405. |
| §. *Eos quoque* | 1406. |
| L. *Servus uxori* 76. De hered. instit. | 382. |
| L. *Servum* 21. De manumiss. | 1371. |
| L. *Servos* 34. Fam. ercisc. | 1137. |
| L. *Servos* 35. De liber. caus. | 1256. |
| L. *Servo legato* 113. De leg. 1. | 971. |
| §. *Ineptias* | ibid. |
| L. *Servo manumisso* 58. De cond. indeb. | 1198. |

L Si

## Legum, & Paragraphorum.

| | | | |
|---|---|---|---|
| L. Si adulterium 38. Ad leg. Jul. de adul. & ftu. | 811. | L. Si Navis 62. De rei vind. | 124. |
| §. Stuprum | 814. | §. Generaliter | ibid. |
| §. Quare | ibid. | L. Si non traditam pen. Pro legato. | 631. |
| §. Nonnunquam | ibid. | L. Si pænituit 7. De divort. | 1475. |
| §. Fratres | ibid. | L. Si Pater ignorans 41. folu. matri. | 825. |
| §. Iidem Impevatores | ibid. | L. Si Pater pen. De fuis, & legit. hered. | 782. |
| §. Iidem Pollioni. | ibid. | L. Si Paterfamilias 33. fam. ercif. | 1097. |
| §. Inceftum | ibid. | L. Si Patronus heres 7. Si quid in frau. patr. | 380. |
| §. Imperator | 816. | L. Si Patroni 55. Ad Trebell. | 598. |
| §. Liberto | 818. | §. Imperator | 601. |
| §. Si quis. | 819. | §. Qui fideicom. | 602. |
| L. Si bona fidei 49. De petit. hered. | 73. | §. Cui Titiana | 605. |
| L. Si bona patroni 40. De oper. liber. | 601. | §. Actiones | ibid. |
| L. Si centum homines 117. De verb. oblig. | 329. | L. Si Plures ult. Rem. pupill. falv. for. | 311. |
| L. Si cui 82. De Cond. & demon. | 1257. | L. Si Plures 38. De admini. & peric. tutor. | 319. |
| L. Si culpa 63. De rei vind. | 315. | §. Si quidam | ibid. |
| L. Si cum venditor 66. De evict. | 701. | §. Unde | ibid. |
| §. Si is, qui | 702. | L. Si Portio 21. De leg. præftan. | 347. |
| §. Si fecundus | 703. | L. Si Precario pen. Com. præd. tam urb. &c. | 147. |
| §. Divifione | ibid. | L. Si Pro patre 10. De in rem verfo. | 215. |
| L. Sicut in annos 3. Quib. mod. ufusfr. amit. | 433. | §. Cui fimile | ibid. |
| §. Hæc repetitio | ibid. | L. Si Quid dolo 1. Si quid in frau. patro. | 379. |
| §. Idem Papinianus. | 435. | §. Si libertus | ibid. |
| L. Si debitori pignus 79. De furtis. | 231. | L. Si quis ab alio 19. De manumiff. | 790. |
| L. Si debitori 47. De fidejuf. & mandat. | 225. | L. Si quis ita 3. De adim. legat. | 468. |
| §. Si filius | ibid. | §. Conditio | ibid. |
| L. Si debitori 12. Ad leg. Falcid. | 790. | L. Si quis Servus 2. De Cuft. reor. | 1480. |
| L. Si Dominus 8. De præfcip. ver. | 665. | L. Si quod 73. De leg. 2. | 616. |
| L. Si duobus 2. Quib. mod. ufusfr. amit. | 426. | L. Si Rem mobilem 47. De acq. vel amit. poff. | 649. |
| §. Si non | 430. | L. Si Res aliena 52. Ad Trebellianum. | 553. |
| §. Cum fingulis | ibid. | §. Servus | 554. |
| L. Si fidejuffor 7. Qui fatifd. cogant. | 97. | L. Si Servus pignori 31. Fami. ercifc. | 148. |
| L. Si fidejuffor 19. De dolo malo. | 822 | L. Si Servus communis 18. De ftip. fer. | 684. |
| L. Si fidejuffor 59. De cond. indeb. | 1452. | §. Si fervus | 688. |
| L. Si fidejuffores 7. De fidejuff. & man. | 956. | §. Servus | 689. |
| L. Si filius 19. De interrogat. in jur. faci. | 161. | §. Cum fervus | 690. |
| L. Si filius emancipatus 30. De min. 25. ann. | 66. | L. Si Sociuspro filia 81. Pro focio. | 217. |
| L. Si filius fubftituatur 75. De hered. inftit. | 326. | L. Si Socius teftamento 48. De manum. teftam. | 268. |
| L. Si filius ult. De condit. inftitut. | 343. | L. Si ftipulatus 4. De ufur. | 667. |
| L. Si filius 12. De vulga. & pup. fubftitut. | 81. | §. Si poft | ibid. |
| L. Si filio puberi 6. De confirm. tuto. | 1006. | L. Si fuperatus 3. De pignor. | 567. |
| L. Si flagitii 123. De verb. oblig. | 1448. | §. Per injuriam | 568. |
| L. Si fundus 52. De leg. commiff. | 969. | L. Si Tacitum 13. Ad leg. Falcid. | 826. |
| §. Eleganter | ibid. | L. Si Teftamento 49. De fidejuff. & man. | 693. |
| L. Si fundus 13. De reb. eor. qui fub tut. funt. | 1032. | §. Ex duobus | 694. |
| §. Quamquam | ibid. | §. Quafitum eft | 696. |
| L. Si gener pen. De his, quæ ut indig. | 1376. | L. Si Teftamentum pen. De iis quæ ut indig. &c. | 469. |
| L. Si gratuitam 17. De præfcrip. verb. | 176. | L. Si tibi decem 7. De præfcrip. ver. | 42. |
| §. Papinianus | ibid. | L. Si Titio 33. De Ufufru. & quemadmo. | 422. |
| L. Si habitatio 10. De ufu & hab. | 501. | §. Ufumfructum. | 423. |
| §. Sed ti χρῆσις | 1131. | L. Si Titius 48. De fidejufs. & manda. | 268. |
| L. Si Imaginem 13. De aur. & argen. legat. | 449. | §. Huic fimilis. | ibid. |
| L. Si impuberi 13. De Tut. & Curat. | 305. | L. Si Tutor ult. Si quis cau. judic. fift. cauf. &c. | 18. |
| §. Quamvis | ibid. | L. Si Venditor 6. De ferv. expor. | 662. |
| §. Sed fi | ibid. | L. Si Vendidero 80. De furtis. | 331. |
| L. Si is cui nummos 94. De fol. & lib. | 183. | §. Si ad exhibendum | 334. |
| §. Si autem | ibid. | §. Cum raptor | ibid. |
| §. Sed & fi | ibid. | §. Si Titius | 338. |
| §. Flavius | 186. | §. Qui rem | 340. |
| L. Si is qui 11. De pignor. | 566. | L. Si Vir uxoris 52. De donat. int. vir. & ux. | 265. |
| §. Ultim. | ibid. | §. Uxor | ibid. |
| L. Si is qui Stichum 66. De procur. | 193. | L. Si Urbana 55. De condit. indeb. | 127. |
| L. Si ftipulatus 150. De verbor. oblig. | 827. | L. Si Uxor a legato 42. Ue judic. | 642. |
| L. Si ita fit 14. De legat. 1. | 564. | L. Spurii 6. De Decur. & eorum fil. | 859. |
| §. Sed & Papinianus | ibid. | §. Minores | 860. |
| L. Si legatario 22. De fideicomm. | 611. | §. Decuvio | 861. |
| §. A duobus | 612. | §. Qui judicii | ibid. |
| §. Cum | ibid. | §. Pater qui | 862. |
| L. Si Legatorum 8. Ut in poffeff. legat. | 137. | §. Privilegiis | ibid. |
| L. Si libevis 27. De pact. dotal. | 1436. | L. Statu liberorum 33. De ftatulib. | 51. |
| L. Si Libertus patrono 41. De bon. lib. | 326. | L. Stichum 95. De folut. & liberat. | 719. |
| L. Si metus caufa 85. De acquir. vel omit. hered. | 789. | §. Quod fi | ibid. |
| L. Si Mortis 40. De mor. cau. donat. | 789. | §. Editio | 722. |
| L. Si mulier 31. De minor. | 1195. | §. Quod vulgo | 725. |
| | | | §. Na- |

# Index Alphabeticus Legum, & Paragraphorum.

| | | |
|---|---|---|
| §. *Naturalis* | 727. | |
| §. *Quæsitum* | 730. | |
| §. *Ususfructum* | 733. | |
| §. *Si creditor* | 734. | |
| §. *Dolo fecisti* | 737. | |
| §. *Si mandatu* | 738. | |
| L. *Sufficis* 56. De condi. indeb. | 168. | |
| L. *Sumptus* 48. De rei vind. | 890. | |
| L. *Sunt Personæ* 43. De relig. & sumpt. fun. | 164. | |

## T

| | |
|---|---|
| L. *Tale pactum* 40. De pact. | 836. |
| §. *Qui provocavit* | 838. |
| §. *Post divisionem* | 839. |
| §. *Pater* | 839. |
| L. *Tamen prætor* 3. D pecul. | 235. |
| §. *Si filiusf.* | ibid. |
| L. *Testamentum* 1. De injust. rupt. &c. | 1438. |
| L. *Testamenti factio* 3. Qui test. fac. poss. | 370. |
| L. *Testamento* 51. De manumis. testam. | 1380. |
| §. *Cum ita* | ibid. |
| L. *Testamento* 49. De manum. testam. | 1094. |
| L. *Titius tamen* 9. De consti. pec. | 169. |
| L. *Titius rogatus* 54. Ad Trebell. | 556. |
| L. *Titio centum* 74. De leg. 2. | 672. |
| L. *Titio centum* 71. De condit. & demon. | 457. |
| §. *Titio centum* 1. | ibid. |
| §. *Titio centum* 2. | ibid. |
| §. *Titio genero* | 460. |
| L. *Titio fundus* 73. De condi. & demon. | 549. |
| L. *Trib. heredib.* 8. De usuf. ear. rer. &c. | 436. |
| L. *Tutor* 6. Quando ex fact. tut. | 1453. |
| L. *Tutor petitus* 28. De excus. tut. | 1027. |
| §. *Qua tutoribus* | 1028. |
| L. *Tutor sive Curator* 35. De Admin. & peric. tut. | 51. |
| L. *Tutorem qui tutelam* 37. De admi.& peric.tut. | 309. |
| §. *Secundum* | ibid. |
| §. *Inde* | ibid. |
| L. *Tutores a Patruo* 5. De confirma. tut. | 302. |
| L. *Tutores* 3. De adm. & peric. tut. | 1008. |
| §. *Curator* | 1009. |
| §. *Qui se* | ibid. |
| §. *Heres* | 1010. |
| §. *Adversus* | 1013. |
| §. *Curatores* | 1014. |
| §. *Tutor datus* | ibid. |
| §. *Rerum* | 1016. |
| §. *Patruus* | ibid. |
| §. *Curatores* | 1017. |
| §. *Tutoribus* | ibid. |
| §. *In eum* | 1018. |
| §. *Tutores.* | 1019. |

| | |
|---|---|
| §. *Ab eo, qui* | ibid. |
| §. *Negligentia* | 1020. |
| §. *Adolescens* | 1021. |
| §. *Tutor* | ibid. |
| §. *Tutelæ* | 1022. |
| §. *Quod peculio* | ibid. |

## V.

| | |
|---|---|
| L. *Venditor hereditatis* ult. De transf. | 23. |
| L. *Ventre prætereto* 84. De Adquir. hered. | 402. |
| L. *Verba legis* ult. De jur. & fact. ignor. | 1041. |
| L. *Verbis civilibus* 7. De vulgar. & pupill. substit. | 1054. |
| L. *Verbis legati* 5. Ad leg. Falcid. | 1191. |
| L. *Veteribus* 39. De pact. | 104. |
| L. *Vicarius* 13. De legationibus. | 867. |
| L. *Vim passam* 39. Ad leg. Iul. de Adult. | 1392. |
| §. *Nupta* | ibid. |
| §. *In matrimonio* | 1393. |
| §. *Nupta prius* | 1394. |
| §. *Mulierem* | ibid. |
| §. *Præscriptione* | ibid. |
| §. *Duos* | 1395. |
| §. *Incesti* | ibid. |
| §. *De servis* | 1396. |
| L. *Vir usuras* 54. De donat. int. vir. & uxor. | 1139. |
| L. *Vir Uxori* 8. De dote præleg. | 1119. |
| L. *Viro atque uxore* 39. Solut. matr. | 280. |
| L. *Virum* ult. Si quis al. testam. prohib. | 1383. |
| L. *Virum uxori* 14. De curat. furios. | 1031. |
| L. *Viva quoque* 9. Rerum amotar. | 294. |
| L. *Unus ex sociis* 34. De serv. rust. præd. | 144. |
| §. *Si fons* | ibid. |
| §. *Ult.* | 146. |
| L. *Unum ex familia* 67. De leg. 2. | 516. |
| §. *Si falcidia* | 519. |
| §. *Itaque* | ibid. |
| §. *Sed si uno* | 521. |
| §. *Si duos* | ibid. |
| §. *Sed etsi* | 525. |
| §. *Et ideo* | ibid. |
| §. *Rogo* | 529. |
| §. *Si rem* | 532. |
| §. *Si omissa* | ibid. |
| §. *Item Marcus* | 535. |
| L. *Ususfructus* 5. De usufruct. & quemadmo. | 137. |
| L. *usu quoque* 11. Usufruc. quemadmodum cav. | 1097. |
| L. *Vulgo receptum est* 2. De usur. | 130. |
| L. *Uxorem* 15. De rit. nupt. | 975. |
| L. *Uxori mea* 9. De dote præleg. | 1179. |
| L. *Uxori* 24. De usu, & usufruc. leg. | 1116. |
| §. *Scorpium* | ibid. |

GRÆ-

# GRÆCARUM DICTIONUM

Quæ continentur in hoc Primo Tomo Operum Postumorum.

## INTERPRETATIO HACTENUS DESIDERATA.

Pag. 3. σοφώτατον, sapientissimum.
    ταῖς προτέραις, prioribus .i. priori Dig. parte.
pag. 4. ἔμψυχος, vivens. animatus.
    ἔμψυχον, animatum. vivens.
pag. 5. διεξοδικοὶ λόγοι, plenos, latos sermones.
pag. 10. ἐτυμολογία, etymologia.
pag. 11. ἐξ ἀναδιασολῆς, ex diverso, ex contrario.
pag. 16. ἄκρωτον ἐξουσίαν, merum imperium.
pag. 21. κυρίαι ἡμέραι, fatales dies.
pag. 23. πλάγιαι καὶ, inflexæ, obliquæ.
pag. 29. ἔννατα, novem dies super mortuo agendi.
pag. 30. λύζει, ἡ δακρύει, singultit, & lacrymat.
pag. 33. ἀναλόγως, pro rata, pro sua cujusque portione.
pag. 45. ὑπὸ συγχρήσεως, ex conversione in usus suos.
    ἀπὸ ὑπερθέσεως, ex mora.
    σύγχρησις, conversio in usum suum.
pag. 46. ἀνατοκισμῷ, anatocismus.
pag. 50. σύγχρησις, in usus suos converso.
pag. 51. προκειμένη αἵρεσις, conditio proposita, adjecta.
pag. 52. οἰκωφελεῖσθαι, domum juvare. domui prodesse.
    ὠμογέρων, cui viridis est senectus.
    ὠμὸς γέρων, sævus senex.
pag. 53. χειρότερα, pejora.
pag. 56. τὸ συμβαλλόμενον, quod contingit ad obligationem firmandam.
pag. 62. ἀπορία, hæsitantia. bis ead. pag.
    ἄπορα, dubia.
pag. 63. ἀνακαινώτως, novatione non facta.
pag. 65. παιδογραφιῶν, documentorum ætatis liberorum. nativitatis scripturarum.
    ἀπογραφαί, scripta patris.
    ἐκ παιδογραφιῶν, ἢ ἐξ ex nativitatis scripturis, vel aliis legitimis documentis.
    τῶν παίδων, liberorum.
pag. 69. ὑποτροφῆς, postliminii jure non continetur.
    ψυχῇ καὶ, animo, & corpore domini.
pag. 70. πρὸς αἵρεσιν, ob divisionem susceptus, aditus.
pag. 71. κατὰ πλοκὴν, per complexionem.
pag. 72. ἐναντιοφανὲς, quod videtur contrarium inter leges.
    ὁ πρεσβύτης, legatus Romæ convenitur pro eo quod constituit in provincia se soluturum.

pag. 82. αὐτοκληρονόμον, sui heredem.
    ἀνάφανσις, existentia.
    παραληλισμῷ, vocum similitudine.
pag. 89. ἐκ τῶν ἰδίων, de suis bonis videbatur legare.
pag. 92. ἀκρότης. μεσότης, summus apex, mediocritas. medium.
pag. 96. συνασπίζειν, coire.
pag. 97. παραπυπτικαῖς. φωτοκωγαῖς. obliquas ad prospectum. lumen accipientes, agentes.
pag. 98. μέλλοντος, cum tempus jam jam impleretur.
pag. 108. ζωννύειν, cingere pro discingere. περιζωννύειν, in orbem cingere.
    ἐπισφίγγειν, destringere.
pag. 116. ἐν ἔργῳ, in opere. ἐπ᾽ αὐτοφόρῳ, in ipso scelere.
pag. 126. μεταβολῆς ἀνάγκης ἕνεκα, commutationis necessitatis gratia.
pag. 128. ἀνάχρησις, antichresis, mutuus usus.
pag. 149. ἀπρόσωπος, personam non habens.
pag. 149. προπιμπρασκεῖς, prælationis. pl. ead. pag.
pag. 162. παρετυμολογεῖν, ad etymon alludere.
pag. 165. τῷ ἄκρῳ νομίμῳ, summi juris.
pag. 165. ἀκρίβεια, summum jus quod circa res justas versatur nihil æqui dat.
pag. 174. ὑπὲρ τὰ, supra nomina sunt vocabula.
pag. 184. καλόν, bonum sumptum.
pag. 187. μὴ εἰς ἀμφίβολον, non in dubium.
pag. 190. ἀποχή, apocha.
pag. 195. ἀόριστον, Aoristum.
    χρόνον ἐνεστῶς, tempus quod fuit.
    τέλειον, perfectum.
    παρακείμενον, præteritum.
    ὃν βουλήσομαι, quem voluero. bis eadem pag.
pag. 207. ἔνστασις. ἀντιπαρακάτασις, pugnaci, contentione. obsistentia.
pag. 214. καὶ τὸ σιωπώμενον, per ea quæ tacemus.
pag. 223. ἁπλῶς, simpliciter.
pag. 225. τὸ πᾶν, omnia pater obtinet.
pag. 227. ἀναφορικῶς, per relationem.
pag. 232. αἴσωμον, tactui non subjecta, sine corpore, quæ mentali tantum excipi potest.
pag. 241. ἁμαρτία ἁμάρτημα, peccatum, delictum, culpa.
pag. 245. ἀντιδιαστελλομένω, oppositam.
pag. 249. ὀρᾷ μὲν, videat quidem huc veniens, nec in alia distrahatur.

pag. 250.

## Græcarum Dictionum

pag. 250. κατὰ τὴν, ex contractus natura.
pag. 254. τυτοὶ τὴν, formant actionem quæ initio sunt conventa.
pag. 259. κενοτάφιον, cenotaphium. pl. ead. pag.
κενοταφίῳ, cenotaphio.
ἐν ἐξαγωγῇ, ut extra agatur.
εἰδέναι, nosse.
pag. 264. γάμῳ ἄγαμος, nuptiæ sine nuptiis.
pag. 268. Χαρωνιανόν, Charonianum.
pag. 278. κατὰ τρόπον, primo aspectu, vel prima ratione.
pag. 280. περὶ κακοτροπίας, de morum improbitate.
pag. 282. ἀπολογήσομαι, proferam primum, deinde accusabo, ut legem judiciariam servem.
pag. 283. ἀντιφέρνη, contraria dos, quæ ob dotem acceptam dantur.
pag. 293. τὰ ἐν ἀγκάλαις, quæ inter brachia feruntur.
ὑπερκαλὸς, pulcherrimus. ὑπαγκάλιος, qui inter brachia gestatur.
pag. 295. πρὸς ἀναδιαστολὴν, ad discrimen.
pag. 301. ἐὰν ὑπεξουσία, si mulier, quæ sub potestate est res amoverit, quidam dixerunt, actionem de peculio adversus patrem dari.
pag. 311. ἀπ' ἀρχῆς, ab initio administrationis.
pag. 314. ἔνστασις, ἀντιπαραστάσει, pugnaci contentione. obsistentia.
pag. 366. ἀναπαύσεως, existentiæ.
pag. 373. εὔλογον ἐξαγωγὴν, rationabilem exitum, eductionem.
pag. 442. ἀσύστατον, minime cohærens.
pag. 458. χιασμὸς, chiasmus. pl. ead. pag.
χιασμόν, chiasmum.
pag. 469. ἀναφαίνεται, apparet, existit.
pag. 495. ᾧ μέρος εἶναι, partem esse collectivam, & esse distributivam singularum rerum.
pag. 506. ἀποκρυβῆς, subtractionis.
ὑπόβολον ὑπόμενον, donatio propter nuptias victa.
ὑπόβολον μὴ ὑπόμενον, donatio propter nuptias non-victa.
pag. 535. ἀπὸ κοινῇ, ex communi.
pag. 544. ἀποφάσεις, apophtegmata.
pag. 563. πλοκὴ, complexio.
γιγνόμενα, nascentia, gignentia.
pag. 573. ἐπὶ τὸ πλεῖον, ut plurimum.
pag. 605. ἄνδρα μοι, virum mihi dic.
pag. 613. ἀνάφαυσις, existentia.
pag. 622. λογισμὸς, διάθεσις, προαίρεσις, ratio. affectus. propositum.
pag. 627. νέμω, nexus.
pag. 630. τὸ αἴτιον, causa hæsitantiæ.
pag. 638. κόποι, morbi qui sponte sua veniunt.
pag. 666. συνάλλαγμα, synallagma.
pag. 706. παρὰ γνώμην, præter voluntatem, sine voluntate filiæ.
pag. 724. ἄκοσμον, inconditum.
ὕπως ἄκοσμος, inconditi versus.
pag. 726. πρωτότυπος, primitiva.
pag. 729. πρὸς διαστολὴν, ob discrimen.
κατ' ἐξαίρετον, per excellentiam.
pag. 730. ἰδίῳ δικαίῳ, suo jure.
pag. 741. τῇ ἐνεργείᾳ, virtute.
τῇ δυνάμει, vi ipsa. bis ead. pag.
pag. 747. ῥαπίσματα, alapas.
pag. 750. αὐτομάτως, ipso jure.
pag. 763. ἀπόδοσις, apodosis. bis ead. pag.
ἐπίδοσις, epidosis. accessio.
μείωσις, diminutio.
pag. 766. τοῦ οἴκου, sui trientis.
pag. 768. ἰδιαζόντως, pro sua cujusque parte.
pag. 773. ξωστά, intellectâ solis extorquentibus.

pag. 778. τοῦ πατρὸς, patris hereditas & filii esse.
pag. 785. ὑπαλλαγὴν, hypallagen.
pag. 786. οὐχ οὕτως, non sic legem pertinere.
pag. 787. μονομερῶς, una tantum parte præsente.
pag. 792. τὸ ἄρρεν, masculum esse meliorem ex natura.
pag. 793. ἐπιλύεται, solutus est. excusatur.
pag. 819. γραφὸν, libellum submittit.
pag. 820. αἰσχροκερδίαν, turpe lucrum.
pag. 823. ἐπὶ προσπορισμοῖς, in commodis medii temporis.
pag. 832. ἐξ Ῥωμαίων, sex Romanorum fascibus parent.
ἑξαπέλεκυς, hexapeleces, sex fasces.
κληρωτοὶ, sorte electi.
pag. 844. ἐναντιοφανὲς, quod contrarium videtur inter leges.
pag. 845. χειροτονητοὶ, per manuum extensionem electi.
pag. 850. δυσωπίαν, ruborem, pudorem.
pag. 860. καλὴ ἐλπὶς, bona spes in juvene.
pag. 861. μηδὲ ἐλάχιστα, ne minima quidem vectigalia conducat.
pag. 864. Ἀσιαρχία, Asiæ Sacerdotium.
Ἀσίαρχοι, Asiæ Sacerdotes.
Ἀλυταρχία, Alytarchia.
pag. 892. τόκους καινοὺς, usuras novas.
pag. 896. δίδωμι, do, & largior. pl.ead.pag.
δίδωμι καὶ χαρίζομαι τῇ, do, & largior sorori meæ dulcissimæ meam uxorem.
pag. 917. ἐν τοῖς πράγμασι, in rebus domini.
pag. 924. τῆς αἰτίας, causa cognita.
pag. 930. μετενεχυράζειν, rem pignori acceptam pignori tradere.
pag. 945. διὰ τῆς τὸ πρόσωπον, hac de causa imagines vultus faciunt, quod inde potissimum dignoscitur.
pag. 960. ἵνα λογισθῇ, ut computetur ipsi sua pars.
pag. 962. παλαιὸς τις, antiqua quædam constitutionis regula est.
pag. 963. ἐμπορικῶς, commercii, mercatorum jure.
pag. 968. φαίνων, facti contingentia.
σὺν ὑπὲρ, cum alia certa quantitate.
pag. 972. ἐπαλλαγὴ, permutatio. ἐπαλλαγαὶ, permutationes.
pag. 973. ἐν προχρείᾳ, in promutuo.
pag. 974. ἐπ' ἐξαγωγῇ, ad hoc ut extra agatur.
pag. 975. περὶ τῶν, de iis, qui ex tertio genere continentur.
ἐκ διγενείας, ex secundo genere.
ἐκ τριγενείας, ex tertio genere.
ἐκ ἀντραγωνίας, ex quarto genere.
ζητῆσαι, quærere tantum mandavit.
pag. 977. ὑπερβολικῶς, per redundantiam, per hyperbolen.
ἀπὸ κοινοῦ, ex communi.
pag. 982. παράφερνα, extradotalia.
παράφερνοι, extradotales.
pag. 989. ἐν τοῖς ἀδήλοις, in dubiis vergere ad æquius oportet.
pag. 992. πρὸς αὐτὸν, ad ipsum profecta est.
pag. 993. φυσικώτερα, naturæ magis accommoda, & non omnino summum jus exequitur.
pag. 999. ἀντίχρησις, antichresis mutuus usus. bis ead. pag.
ἐν ἀντιχρήσει, in antichresi.
pag. 1001. κατὰ τιμὴν, per honorem.
ἐν τοῖς πράγμασι, in negotiis.

ἐμπρα-

# Interpretatio hactenus desiderata.

pag.     ἐμπρακτικῶν, quæ in negotiis gerendis versatur.
pag. 1009. εἰ μή, nisi voluerit.
pag. 1032. ἐμπονήματα, emponemata. *bis ead. pag.*
        ἀποβατωτῶς, novatione non facta.
pag. 1042. διανδιχῶς, disjunctim. *bis ead. pag.*
pag. 1045. εἰ παντοίας, ο omnigenæ amicitiæ rependentes gratiam.
pag. 1090. ὁμωνύμως, ejusdem nominis.
pag. 1119. ἐνθήκαι, enthecæ. prædiorum dotes.
        σὺν ἐνθήκαις, cum enthecis.
pag. 1120. ταῖς ἐπὶ, enthecis in fundo instructis.
        ἐνθῆκαι, prædiorum dotes.
pag. 1123. σήματ᾽, signa agnoscentis.
pag. 1127. ὁμωνυμία, nominis similitudo. homonymia.
pag. 1132. χρῆσις, usus.
        χρήσεως, usus.
        χρήσεις τῆς οἰκίας, ædium usus.
        χρῆσιν μόνην, solum usum.
        χρῆσιν καρπῶν ἐπικαρπίαν, usumfructum.
pag. 1133. τὸ ἕνεκα, id quod causa alicujus rei est comparatum, aliud est ab eo cujus causa comparatum est.
        τελαμῶνες, telamones.
pag. 1134. πρόθυρον, prothyrum. *bis ead. pag.*
        προαύλιον. εἰς προαύλιον, vestibulum. in vestibulum.
        ὑπερθύριον, superliminare.
pag. 1138. ἵνα τὸ πέμπτον, ut triens.
        κατ᾽ ἐνώπιον, in præsenti. in conspectu.
        δὸς κỳ λάβε, da & accipe.
pag. 1144. κỳ ὡς, ac velut in præfatione.
pag. 1158. κέρμα, æris frustula.
pag. 1163. σύνθημα, signum esse ex patris sententia.
pag. 1164. ἔνορκω, adjuro.
pag. 1165. ἔνορκω, adjuro.
pag. 1166. μεταβόλον ζῶον, mutabile animal.
pag. 1182. ἐπίτροπος, curator.
        ὅπουργὸς, administrator. dispensator.
        λειτουργὸς, sacer minister.
        ἐπιμελητὴς τῶν, administrator eorum.
        πλεονασμὸς, additamentum. excessus.
        εἰς ταχὺν τροφὰς, in pauperum alimenta.
pag. 1192. ἐμπαρουσιασμὸν, repræsentationem.
pag. 1202. ἡλικίαν, heliciam, ætatem.
        ἀπὸ τοῦ χρόνου, a tempore.
        ἀπὸ τοῦ μεγέθους, a magnitudine, & longitudine.
pag. 1203. ἡλικίαν, ætatem.
        μέγεθος, magnitudinem corporis, & mensuram quandam.
pag. 1204. σύγκτησιν, possessionum massam.
pag. 1205. πρὸς προσβαλψὶν, ad favorem. ad benignitatem.
pag. 1207. κατὰ τὸν πρῶτον λόγον, ex prima ratione.
pag. 1211. οἰκητήριον, habitationem, domum.
        πλῆθος ἀνθρώπων, multitudinem hominum, qui sub eadem lege sunt.
        ἱεροφύλακι, sacrorum custodi. ædituo.
        πλεονασμὸς, additamentum pecuniæ.
pag. 1233. νοθεύεσθαι, adulterinas esse.
pag. 1236. ἀεὶ τὸ ἕνεκα, semper id, quod gratia alicujus rei comparatum est, diversum ab eo est cujus causa est comparatum.
pag. 1237. ἐκ τῶν, ex iis, quæ adgnata sunt.
pag. 1238. ἐὰν μειωθῇ, si diminutæ res fuerint non usu.

pag. 1259. προτιμήσεως, prælationis. *bis ead. pag.*
pag. 1261. σωματέμπορος, servorum mercator. mango.
pag. 1262. καλῶς κυρίῳ, recte movet publicianam.
        τῷ ἐργολάβῳ, ei qui opus faciendum conduxit.
pag. 1269. ἐκ περισσοῦ, ex abundanti.
pag. 1278. προτιμήσεως, prælationis. *bis ead. pag.*
pag. 1281. ἀρχαικῶς, antiquo more.
pag. 1282. ἐμβατευτικὸν, superficiarium.
pag. 1290. ἀντίχρησις, antichresis. mutuus usus. *pl. ead. pag.*
        ἀνὰ χώρ, usus vice usurarum.
        ἀντίχρησιν, mutui usus.
pag. 1292. ὑπεροχὴν, hyperochen.
pag. 1299. οὐδ᾽ ὅλως, nec omnino.
        δάνειον, fœnus fœnori dabis.
pag. 1308. ἀγωνίνειν, exasperare facit.
pag. 1309. ἀναφορά, relatio.
pag. 1311. ἀριθμῶν, numerorum schesis, & principium.
pag. 1217. ἐνθήκας, enthecas.
pag. 1322. μονομερῶς, una tantum parte præsente. *bis ead. pag.*
pag. 1323. ἀναλόγως, pro rata. pro sua cujusque portione.
pag. 1324. ὑπεροχὴ, hyperoche.
        ὑπεροχὰς, hyperoches.
        ἀναλόγως, pro rata.
pag. 1325. ἀμφίβολα, dubia.
        πολύσημα, multa significantia.
pag. 1330. ἐμφυτεύσεως, emphyteuseos.
pag. 1334. ἰσομοίρως, æquæ portionis. *bis ead. pag.*
pag. 1337. παράφερνα, extra dotem quæ sunt. Parapherna.
pag. 1338. ἀσφαλείας χάριν, securitatis gratia.
        λόγῳ ῥοδιακῷ, more Rhodio.
pag. 1344. χρόνος, tempus. *pl. ead. pag.*
pag. 1348. μετὰ τὸ, postquam pecuniam acceperit.
pag. 1352. βιαιοθανάτῳ, morte violenta.
        ἐργασμένους, labore partos.
pag. 1353. συγχωρητικὸν, pactum de remittenda debita pecunia.
pag. 1354. παραφραστικῶς, per paraphrasim.
pag. 1357. ἀπροσδιονύσως, insulse. non ad rem.
pag. 1364. οἱ καρποὶ τῶν ὑπὸ αἵρεσιν λιγατευθέντος ἀγρῶ, fructus, agri sub conditione legati.
pag. 1365. κατὰ, per syncopen.
pag. 1368. κλεπτοτελώνημα, σφετερισμὸς, cleptotelonema, crimen vectigalis fraudati.
pag. 1373. ἀκληρονόμητα, heredem non habentia.
pag. 1376. τοῦτο Φυλβία, id Fulvia mulier Ciceroni indicavit.
        ἀφανὴς, obscura, ignobilis.
        τῶν ἐπιφανῶς, nobilium.
pag. 1381. στιγματίαι, stigmate notati.
pag. 1385. προθυμίαις, propensiones.
pag. 1396. ἐπὶ βλαβῇ, in alicujus damnum, vel fraudem.
pag. 1398. γυνὴ, mulier falsi crimen.
pag. 1403. οὐκ ἐξεῖναι, non licere servum adversus herum quæstionibus dari.
pag. 1408. σύνδεσμος, conjunctio, quæ aperit, declarat.
pah. 1410. ἐπ᾽ αὐτοφώρῳ. ἐν ἔργῳ, in ipso scelere, in opere.
pag. 1411. ἀποβολαῖς, jacturas vectarum rerum nautas facere in mari, in discrimen adductos.
        ἀποβολαῖς, jactura in mari facienda, mercator prior projiciat.
pag. 1412. χιλιοφόρος, decem millia ferentem.
        ἐὰν ἐκ τῆς, si ex procella contigerit, pondus, res vectas aspergi.
pag. 1414. καθολικὸς, catholicus.

pag. 1416.

## Græcarum Dictionum Interpretatio hactenus desiderata.

pag. 1416. σολοικοφανὴς, σολοικόν, qui videtur solœcismus. solœcismus.
ἀρχαϊσμός, archaismus, antiquus mos loquendi.
pag. 1419. νεῦρα, nervi rerum. reip.
pag. 1423. ὁρῶν, definitionum.
νόμος θεῖ, lex est.
παρὰ ἴσον, adversus jus summum.
pag. 1424. ὁμολογία, confessio. sponsio communis civitatis.
ὁ νόμος, lex, consuetudo scripta: consuetudo autem lex non scripta.
pag. 1427. αἱρετικοφανὴς, quæ videtur conditionalis.
αἱρετικὴ, conditionalis.
κατὰ χρηστικῶς, per abusionem.
pag. 1428. συνεκτικὴς, corporalis tactus, apprehensionis.

pag. 1430. τὸ τῶν ὑποδιο, rei subjecti perfectionem.
pag. 1436. ἀρχαϊκῶς, prisco more.
pag. 1450. εἰς τιμὴν, in honorem magistratuum.
pag. 1463. ἐν πλάτει, latius.
γεγενημένα, vetusta debita.
pag. 1483. καταχρηστικώτερον, magis per abusionem.
φθοράν, corruptionem.
pag. 1484. φθοράν, corruptionem.
pag. 1492. διακενὸς, frustatorius, vacuus, εἰς κενον, in vacuum.
pag. 1503. ἀγορανομικῷ, de cura viarum publicarum.
pag. 1504. εἰσνόμοι, viocuri. pl. ead. pag.
ἀγορανόμοι, ædiles. pl. ead. pag.
ὁδολάρχαι, curam viarum publicarum habentes.

JACOBI

# JACOBI CUJACII J.C.
## COMMENTARIA
### ACCURATISSIMA
## IN LIBROS QUÆSTIONUM
#### Summi inter Veteres Jurisconsulti
## ÆMILII PAPINIANI.
### OPUS POSTUMUM.

OST Africanum, si, quod instituo, dederit Deus, ut possim explicare Papinian. eadem qua soleo arte diligentiaque, dederit, quod nulli antea unquam dederit, mihi finiendorum laborum tempus, missionemque maturam. Verum non possum tantam rem præstare, nec vos in eandem rem incumbentes, quidquam proficere, sine divino numine : Id invocandum est nobis initio: invocandum quotidie dum procedit opus . Petita igitur hodie venia, & quotquot sequentur diebus: Te precamur Deus opt. maxime, per JESUM CHRISTUM, ut in hoc labore, nec non in ceteris actionibus omnibus, nobis adsis volens, ac propitius regas nos tuo sancto Spiritu, ut & vivi placeamus quibus prodesse volumus secundum ejus voluntatem, & mortui, si id optare fas est, iisdem non inutiles simus. Id ita Deus faxit.

Æmilius Papinianus, qui & Papianus dicitur contractiori nomine, maxime a Græcis, ut *Nov. I. & 118.* præceptor fuit Africani, si Lampridio credimus: a discipulo igitur ascendimus ad præceptorem, qui etiam eodem auctore discipuli fuere Ulpianus, Paulus, Pomponius, Alphenus, Florentinus, Marcianus, Callistratus, Hermogenes, Venulejus, Triphoninus, Mætianus, Celsus, Proculus, Modestinus. Verum constat longe ante Papinianum & Alphenum fuisse & Celsum & Proculum, ut non potuerint Papiniani esse discipuli . Non est igitur per omnia Lampridio credendum : sed nec quod de Africano : nam Juliani potius discipulus

fuit, ut notat Accurs. in *l. 16. de pecul. leg. & l. heres 21. §. servo, ff. de fidejuss.* Julianum autem Papiniano esse antiquiorem nemo ambigit. Dubito etiam, an verum sit, quod Lampridius in Papiniani discipulorum numero Modestinum ponit : nam Modestinus ipse Cerbidium Scævolam, & Domitium Ulpianum, & Julium Paulum laudat quasi Coryphæos jurisperitorum, *l. 13. §. aliud etiam, vers. sed etsi, de excusat. tutor.* & ipse Ulpianus eum sibi vindicat, & studiosum suum vocat in *l. si quis uxori, §. si quis asinum, de furt.* hoc est, μαθητὴν, ut Basilica interpretantur, quasi dicas discipulum, quod alii de nullo audent asserere : & vero nimia licentia est : nam si verum amamus, sumus alii aliis discipuli, & magistri simul omnes. Sed studiosi appellatio qua utitur Ulpian. est sane modestior, quam discipuli. Porro ejusdem Scævolæ discipulum Papinianum fuisse Ælius Spartianus scribit . Paulus etiam, & Triphoninus Scævolæ potius quam Papiniani discipuli esse videntur : nam & Paulus sæpe Scævolam suum dixit, velut hoc modo : *hæc Scævola nostro placuerunt, l. si unus 27. §. quud & in specie, de pact. & aliis modis, ut l.6. §. ult. de reb. auct. jud. possid. l. 19. §. 1. de negot. gest. l. 53. de excus. tut. l. qui plures liberos, §. ult. de vul. subst. l. 19. de bonor. poss. sec. tab. l. 24. §. Scævola noster, de minor. l. si is, qui Stichum, §. quod dicitur, de jur. dot.* & sic Triphoninus eundem Scævolam suum dixit in *l. rescriptum §. 1. de distract. pign. & in l. de hereditate in princ. de castr. pecul.* Fuere igitur Papinianus, Paulus, Triphoninus condiscipuli potius, quam Paulus & Triphoninus Papiniani discipuli. Fuit autem ille Cerbidius Scævola prudentissimus Jurisconsult. ut Impp. testantur in *l. 3. C. Theodos. de testam.* & meo judicio prudentissimi Jurisconsulti sunt

Pa-

Papinianus & Scævola. Et hujus Scævolæ magnum ingenium laudat Claudius Saturninus in *l.a testatore* 109. *de condit. & demonst.* non deridet, ut stulti quidam arbitrantur: nec mirum igitur, si ab hoc Scævola sunt profecti tam præclari Jurisconsulti. Ulpianum quoque Papiniano æqualem fuisse potius, quam discipulum facile crediderim: nam & ei fuit adsessor una cum Paulo in præfectura prætoriana, quam administrabat Papinianus sub Severo Imperatore, ut auctor est Lampridius, & ipse Paulus in *l.lecta* 40.*si cert. pet.* & cum Ulpianus utitur auctoritate Papiniani, coæquat se ei quodammodo: ut cum ait in *l.24.famil. ercisc. & ego Papiniano consentio: & l.ex facto, §.unde, de hered.instit.* ait; *cujus (Papiniani) sententiam ipse quoque probavi.* Utuntur vero Papiniani auctoritate hi tantum, Ulpianus, Marcianus, Paulus: Papinianus vero nullius unquam auctoritate utitur: & fuere ii omnes in consilio Imperatorum Severi & Antonini una cum Mecio JC. & Triphonino, & aliis quibusdam, quod licet colligere ex *l.ult. de jure fisc. l.cum in fundo, §.ult. de jure dot.* ubi Triphoninus, dixi, inquit, *in auditorio,* hoc est, in consilio Impp.Severi & Antonini. Fuere igitur æquales, fateor tamen excelluisse Papinianum, ac semper tulisse primas, nec ullum unquam Jureconsultum fuisse, in quem homines tot laudes, totque ornamenta conjicerent: & Imperatores ipsi modo magnum vocant, ut *Novell.* 4. modo σοφώτατον, ut *Nov.* 118. consultissimum, *l.3.C. de adq. poss.* disertissimum, *l.9.C.de instit. & substit.* excelsi ingenii virum, *l.6. C.eod.* & in *§.sed quia Instit. de fideicommiss. heredit,* summi ingenii, *l.pen. C. de sent. & interlocut. l. 1.C.de vet. jur. enucl.* excellentis ingenii, *l.1.C. Theodos. de responf.prud.* acutissimi ingenii virum, & merito ante alios Jurisconsultos excellentem, *l.cum acutissimi, C.de fideicomm.* Et Justinianus in oratione scripta Antecessoribus juris, *§.tertii anni,* vocat acutissimum maximum Papinianum, sublimissimum præfectorium: quia posteaquam aliquantum temporis Papinianus Severo Imperatori ad libellos paruit, *l. 12. de dist. pign.* insuper factus fuit præfectus prætorio, ut constat ex *d.l.lecta,* & ex Dione, Zonara, & Spartiano, qua dignitate nulla erat major in aula principum, ut recte eam Ammianus Marcellinus apicem omnium honorum appellarit. Eundem Papinianum Justinianus splendidissimum vocat in *l.1.C. de vet. jur. enucl.* & itidem Lampridius in Alexandro, & quod superat omnem laudem, Spartianus in Severo, asylum juris, & legalis doctrinæ thesaurum: eadem forma, qua Valentinianus in Nov. *de homicidio casu, aut vol. facto,* quæstorem sacri palatii (is est quem hodie Cancellarium dicimus) thesaurum famæ publicæ, & armarium legum; & Plato in Theæteto, arcam diserti sermonis, & Theodorum Balsamonem quidam splendidissimum lucernam juris, quem honorem quidam etiam Bartolo ponunt. Quæ major laus tribui potest Jurisconsulto, quam si dixeris eum esse juris, & legum armarium? & qui honor major excogitari potest, quam qui Papiniano defertur ex Constitutionibus principum, Theodosii & Valentiniani in *l. 1.C. Theod. de resp. prud.* ut si qua in re sint diversæ jurisperitorum sententiæ, & hæ sint pares vel æquales, ea pars vincat, in qua Papinianus fuerit, qui, ut singulos vincit, ita a duobus vincitur, hoc est, non cedit nisi duobus. Quinimo ex eadem constitutione notæ Pauli atque Ulpiani in Papiniani corpus factæ penitus infirmantur. Quod & jamdudum a Constantino constitutum fuit probatur *l.ult. C.de sent. pass.* in qua Constantinus ita scribit; *remotis Ulpiani & Pauli notis, Papiniano placet valere sententiam:* quod tamen postea non probavit Justinianus, *l.1. C.de vet.jur. enucl.* & suæ auctoritati restituit notas Ulpiani & Pauli, & Marciani, sicubi meliori ratione niterentur, ex quibus etiam pleraque reperiuntur in Digestis. Pertinet etiam valde ad honorem Papiniani, quod cum olim tertio anno auditores juris Papinianistæ dicerentur (quod scilicet primo anno τοῖς πρώτοις, & Institutionibus darent operam; secundo edictis prætorum: tertio libris Papiniani) erat in more, ut in ingressu tertii anni auditores festum diem Papiniani hilares celebrarent. Id voluit Justinianus etiam hodie fieri in epistola ad Antecessores juris, hoc est, vult eos tertio anno de Ulpiani nomine Papinianistas appellari, & Papiniani festum diem agere, ut per hoc viri sublimissimi præfectorii Papiniani in æternum maneat memoria. Nec omittam, quod Divus Hieronymus tanti facit Papinianum ex communi, ut arbitror, existimatione, ut sub ejus appellatione totum jus velit intelligi, & comparet eum cum Divo Paulo, quando divinum jus cum humano confert in epitaphio Fabiolæ: *Aliæ,* inquit, *sunt Cæsaris leges, aliæ Christi: aliud Paulus noster, aliud Papinianus præcipit.* Quis est major honos? nemo unquam Papiniano æquari potest, nisi per deridiculum: nemo unquam. Unus Papinianus erit, ut Homerus unus Poetarum princeps, sic unus princeps Jureconsultorum Papinianus, Bibliotheca ἔμψυχος, ut Eunapius de quodam Philosopho. Hic unus præceptor Jureconsultorum, quotquot fuere ab eo vel ejus temporibus, & multo quod dixeram initio, Paulus & Ulpia. Triphoninus, quod non differentur ipsi, Papinianistæ dici possunt, nullus Papinianus: in hoc uno est asylum juris, ad quod consugiant consilii inopes, jus ἔμψυχον, ut Aristoteles ait. Si jus piumque Christianis esset, illius aram opima imbueret hostia, sed religio vetat: nec tamen efficit, ut non debitos ei honores juris studiosi deferant. Equidem pro mea parte in hoc ero deinceps, ut ejus acutissima scripta evolvam, enarrem, & proferam in medium, quanta potero diligentia, nec desinam quousque perduxero ad extremum, nisi vita defecerit. Scripsit Papinianus 37. libros diversarum quæstionum, & diversorum responsorum libros 19. Quæstiones tractatus sunt uberiores, & ubi simpliciter Ulpianus, vel Paulus, vel Marcianus, (qui soli, ut diximus, Papiniani auctoritate utuntur) ita scribunt, *Papinianus tractat,* intellige in libris quæstionum, qui ita exprimuntur, *l.6.§.si ades, si servit.vindic.* Responsa sunt ad consultationes brevia rescripta. Scripsit etiam definitionum libros duos, quibus tradidit nobis de jure regulas veterum. Solemus enim regulas etiam definitiones appellare: & quod est scriptum a Javoleno in *l.202. de regul.jur. omnis definitio est periculosa, est regula: quia nulla regula juris est perpetua, nulla, quæ non perdat officium suum aliquando.* Sed libris etiam definitionum quasdam inseruit finitiones verborum juris veteris. Ac præterea libros duos speciales scripsit de adulteriis, & Græca librum singularem ἀστυνομικὸν, qui est de officio Ædilium plebis. Hæc sunt, quæ de Papiniano habemus. Nos incipiemus a quæstionibus, & prima quæstio erit de eo cui mandata est jurisdictio, sive de mandata jurisdictione, quæ est in *l. 5.de offic. proconf. & l. 1. de offic. ejus, cui mand. est jurisd.*

---

# JACOBI CUJACII J.C.
## COMMENTARIUS
### In Lib. I. Quæstionum ÆMILII PAPINIANI.

---

#### Ad L. V. de Offic. Proconf.

*Aliquando mandare jurisdictionem Proconful potest, etsi nondum in provinciam pervenerit: quid enim si necessariam moram in itinere patiatur, maturissime autem legatus in provinciam venturus sit?*

**P**RIMA quæstio Papiniani est de mandata jurisdictione, & de his quæ mandata jurisdictione transeunt in eum cui mandatur, de quibus tractatur uberius in *l. 1. de offic. ejus cui mandat.* Quæstiones, ut jam dixi, sunt tractactatus uberiores, quos Græci διεξοδικὸς λόγυς, vocant. Mandare autem jurisdictionem est vice sua alium constituere, qui ea exerceat, quæ sibi jure magistratus competunt. Recte, *vice sua*, nam ut est scriptum in *l. solet, de jurisd. omn. jud.* is, cui mandata est jurisdictio, fungitur vice ejus, qui mandavit, non sua, & in *l. 3. de offic. ejus qui vicem mand. est jurisd.* etiamsi prætor alii prætori jurisdictionem mandaverit, atque ita etiamsi prætor sit is, cui mandata est ab alio prætore jurisdictio, tamen alienam jurisdictionem exequitur, non pro suo imperio sed pro imperio ejus, cujus mandati jus dicit. Jurisdictio exercetur pro imperio: jurisdictio omnis nexa est imperio, sine imperio certe nulla aut elusoria; & ita procuratores, quibus lites aut negotia nostra mandamus, vicem nostram subeunt, *l. minor*, §. 1. *de procur.* M. Tullius in orat. pro Sex. Amerino: *Quibus in rebus ipsi interesse non possumus,* inquit, *in his procuratores vicariam fidem, & operam interponunt, & juris nostri vicarii sunt.* At objiciet quis: Potest quis vice magistratus fungi etiam sine mandato ipsius magistratus, ut is, de quo agitur in tit. *Cod. de offic. ejus qui vicem alicu. lib.* 1. Neque enim idem est ille titulus cum tit. Digestor. *de offic. ejus, cui mandat. est jurisdict.* non est, inquam, uterque titulus de eodem. Alius is, cui mandata est jurisdictio: Alius is, qui vicem judicis obtinere dicitur, isque est, qui proponitur in *l. 1. de tut. & cur. datis ab his:* qui moderamen alicujus provinciæ obtinet, præside puta defuncto, vel quia ei ad tempus, quoad præses aliquis vel proconsul mittetur, regenda commissa sit provincia: & ita nonnunquam procurator Cæsaris fungitur vice præsidis, *l.* 3. *Cod. ubi caus. fisc. l.* 4. *Cod. ad leg. Fab. de plag. l.* 2. *Cod. de pœn.* Resp. Is de quo illis legibus agitur, constituitur a principe, non a magistratu, cujus vicem gerit, & præterea jurisdictionem habet propriam. Ille autem de quo agimus, a magistratu constituitur, cujus vicem subit, nec jurisdictionem habet propriam, sed alienam, ut ait *l. 3. de offic. ejus, cui mand. est jurisdict.* & consequenter non se dicit pronuntiare, sed alieno, hoc est, non se dicit pronuntiare, sed L. Titium prætorem, aut præsidem, qui mandavit jurisdictionem: sicut ante Novellam 126. quæ id prohibuit, præfectus prætorio, qui vice sacra judicabat, ita pronuntiabat: *Nostra pietas,* vel *nostra serenitas decernit,* ac si princeps ipse decerneret. Porro, cui a magistratu mandatur jurisdictio, is in hoc constituitur a magistratu, ut ea exerceat, quæ sibi jure magistratus competunt. Solis igitur magistratibus hujusmodi mandata permittuntur, nec per ea in mandatarium jurisdictio transfertur, sed exercitio sola jurisdictionis. Quapropter is, cui mandata est jurisdictio, eam rursus alii mandare non potest, quia non est magistratus, *l.* 5. *& 6. de jurisdict. l. ultim. de offic. ejus, cui mand. est jurisdict.* Sic procurator, cui lis agenda mandata est, non potest rursus eam alii mandare, & alium procuratorem facere, quia dominus litis non est; solus dominus litis ad litem procuratorem facit, *l. si procuratorem,* §. *si quis mandaverit, mand.* Idque est integra & ante litem contestatam. At lite contestata, quia, qui procurator erat, litis fit dominus, cujus solius est procuratorem facere, alium procuratorem facere potest, *l.* 4. §. *ult. de appellat. l. procur.* §. 1. *de dol. except.* Quo argumento fortiter defendi potest, eum, cui mandata est jurisdictio, postquam res geri cœperit, & jurisdictio exerceri, posse alii ad eam rem jurisdictionem mandare, quasi suam quodammodo effectam, quasi non jam alienam sed suam, quod notandum. Et similiter mortuo eo, qui jurisdictionem mandavit, si res sit integra, hoc est, si res nondum geri cœperit, vel jurisdictio exerceri ab eo, cui mandata est, mandatum est extinctum, *l.* 6. *de jurisdict. omn. jud.* Omne enim mandatum extinguitur morte mandantis, vel mandatarii integra, *l. mandavi,* C. *mandati,* hoc est, si rem agere procurator nondum cœperit, §. *recte Instit. mand.* Nec illud omittendum, magistratum, vel omnem suam juриsdictionem mandare generalem, ut ait *l. pen. de offic. ejus, cui mand. est jurisd. universa, l. prætor, de jurisd. omn. jud.* sive totum officium jurisdicundi, *l.* 1. §. *Adamus, de suspect. tut.* vel specialem, hoc est, unam tantum partem jurisdictionis, veluti, ut illum mittat in possessionem rei servandæ causa, ut det bonor. possessionem secundum tabulas: vel extra ordinem cognoscat inter illos, ut exequatur sententiam illam judicis a se dati. Nec dubium, quin executio sententiæ dictæ a judice dato possit a magistratu, qui eum judicem dedit, alii mandari: qua de re tamen dubitavit Accursius in *l. a divo Pio, de re jud.* Non dubium quin possit, cum possit pars jurisdictionis mandari, *l. solet, l. prætor, de jurisdict. omn. jud.* & executio sententiæ judicis dati, pars est jurisdictionis, & quidem summa sive extrema, *l. si quis,* §. 1. *si quis jus dic. non obtemp.* Ita vero procuratores alii sunt, qui generale mandatum habent, universorum seu totorum bonorum, omnium rerum: Alii, qui speciale mandatum habent, hoc est, ad unam rem tantum dati sunt. Et sicut legitimi procuratores sunt, ut loquitur Tullius pro Cæcin. qui omnium rerum procuratores sunt (dubitatum enim fuit, an esset procurator, qui ad unam rem datus esset, ut constat ex *l.* 1. *de procurat.* & licet hodie pro procuratore habeatur, tamen legitimum eum non esse dicimus. Legitimus enim est, qui procurator est omnium rerum, & pene dominus.) Et sane eodem modo proprie mandata jurisdictio dicitur ei tantum, cui omnis mandata est, ut per omnia vicem subeat magistratus. Ideoque his verbis: *De officio ejus, cui mandata est jurisdictio,* significatur omnis mandata jurisdictio: Sed placet, etiam recte ex justa causa ad unam rem mandari jurisdictionem, & exemplum est elegans in *l. prætor, de jurisdict.* Si qua in causa quis advocatus fuerit unius partis, antequam fieret Prætor, & ea causa post Præturam jus non dicet, sed mandabit jurisdictionem ad eam causam tantum: non potest quis jus dicere in ea causa, in qua advocatus fuit: nam nec adesse potest in consilio jus dicentis, *l. ul. Cod. de assess.* nec testimonium dicere in ea re, *l. ult. de testib.* Et hodie Jurisconsultus, qui consilium dedit uni ex litigatoribus, postea de ea re jus non dicet non abs re. Sed est tamen exemplum in Novella 158. singulare admodum, quo idem judex & in eadem causa, de qua ante consultus fuerat, & scripserat: sed melius, ut puto, fecerit, si abstinuerit, & nescio, an se illa Novella, quam posuimus, defendere possit, ne repellatur forte si quis illa uteretur. In lege autem *prætor* est exemplum, quo justa est causa mandandi jurisdictionis ad speciem unam tantum: velut ad litem, in qua advocatus Prætor fuit ante Præturam. Etiam illud sciendum, nihil referre, magistratus mandet jurisdictionem privato, an magistratui, *l.* 3. *l. ult. de eo, cui mand. est jurisdict.* Livius lib. 24. M. Æmilius *Prætor cujus peregrina fors erat, jurisdictione* M. Attilio *collegæ Prætori urbano mandata,* hoc est, jurisdictionem mandat Prætor Prætori. Quod non notamus abs re. Mandatum enim jurisdictionis cum quolibet alio mandato comparavimus: at hoc casu comparatio non est similis; nam mandari quidem jurisdictio magistratui a magistratu potest, sed aliis causis magistratus procurator seu mandatarius fieri non potest, quia judicium non patitur invitus, quamdiu sit magistratu, *l. neque femina, de procurat.* Ex his intelligimus quantum distet is, cui mandata est jurisdictio ab eo, qui judex datur, utrumque tamen interpretes pro uno accipiunt, & eundem faciunt eum, cui mandata est jurisdictio, & eum, qui judex datur; sed sunt quatuor differentiæ. Primum mandatur omnis jurisdictio legitime: judex datur tantum ad litem unam, non ad lites omnes, & ea de re judex specialis, datus, delegatus & pedaneus dicitur, *l. ult. de offic. Præt. l.* 5. *de off. Præsid. l. ult. Cod. de judic.* Is cui mandata est jurisdictio etiam judicem dare potest ad litem aliquam: mandare jurisdictionem nequit: sed dare potest judicem: judicis enim dandi licentia, pars est jurisdictionis, *l. imperium, de juриsdict.*

*visdict. omn. judic.* Judex datus alium judicem dare non potest: Et hoc est, quod dicitur, delegatus judex subdelegare non potest, *l.a judice, C.de judic.* Item is, cui mandata est jurisdictio jurisdictionem habet, *l.4. §.ult. hoc tit.* non suo quidem jure, cum non sit magistratus, sed alieno beneficio, id est, mandatu mandantis, *l.5. de jurisdict.* Judex datus, nullo modo jurisdictionem habet, sed tantum cognitionem causae, & pronuntiationem: quare nec habet executionem sententiae suae, quia pars est jurisdictionis: sed qui dedit judicem, exsequitur sententiam, *l.a divo Pio de re judic.* Item mandatum jurisdictionis finitur morte mandantis re integra; judicis datio non finitur morte dantis, sed durat in tempus successoris, *l.venditor, §. ult. de judic.* & ratio mox intelligetur. Alia & postrema differentia haec est, a judice dato appellatur is, qui dedit, *l.1.in princ. & l.3.quis & a quo appell.* at ab eo cui mandata est jurisdictio, is qui mandavit non appellatur, quia ipse sententiam dixisse videtur, quam dixit vicarius jurisdictionis suae. Non potest autem idem ab eodem appellari, sed is appellatur, qui provocaretur ab eo, qui mandavit, qui major est mandante, *l.1.§.ult.quis & a quo appell.* praeterquam a legato Proconsulis. Proconsul mandat legato jurisdictionem suam, & a legato tamen appellatur Proconsul, *l.2. eod. tit.* quia paulo amplius est legatus Proconsulis, quam is, cui praeses aut praetor mandavit jurisdictionem suam: nam legatum Proconsul ipse non eligit, ut eligit Praeses, cui mandet jurisdictionem suam, sed legatus datur a Principe, vel republ. ut & soli non alii mandet jurisdictionem suam: ideoque suo quodammodo jure jurisdictionem habet, quam in eum invitus Proconsul confert, posteaquam scilicet mandata est, alioquin legatus Proconsulis, antequam mandata ei sit jurisdictio, nihil habet proprium, *l. legati, hoc tit.* Ergo posteaquam mandata est, habet jurisdictionem proprio jure, ut non tam vice Proconsulis, quam sua fungi videtur. Et ita etiam judex datus non dicitur cognoscere, vel judicare vice dantis, sed sua: nec enim datio judicis est similis mandato, ubi coactus etiam magistratus necessitate officii dat judicem. Denique alius est legatus a Proconsule, alius judex datus ab eo, qui dedit. Et ideo non videtur idem ab eodem appellari, si a legato appellatur Proconsul, vel a dato judice, is, qui dedit: verum is, qui mandavit jurisdictionem, & is, cui mandata est, idem videtur esse: fungitur enim mandatarius vice mandatoris: & ideo ab uno non appellatur alter. His adhuc addamus unum. Proconsul legato sibi adjuncto mandat jurisdictionem, posteaquam est ingressus provinciam, non antea, quia ei nondum competit, *l.4.§.ult. hoc tit.* & inde potest apponi exemplum ad regulam juris, *Nemo plus juris in alium transferre potest, quam ipse habeat:* sed hoc dicitur tantum de jurisdictione contentiosa, non de voluntaria. Duplex est jurisdictio, contentiosa, & voluntaria, *l.2. hoc tit.* haec exercetur inter volentes, ut si quis quem velit emancipare, aut manumittere apud magistratum: nam neque emancipat, neque emancipatur invitus: & plerumque etiam neque manumittit, neque manumittitur invitus: sed placet etiam invitum posse manumitti, ut si quis adeo degener sit, ut manumitti nolit, *l.ult. §.si vero, C. de test. man.* plerumque haec fiunt inter volentes, & inter eos jurisdictionem suam magistratus interponit. Contentiosa jurisdictio est, quae in invitos, vel saltem in invitam alteram partem exercetur: & ita dicitur judicium reddi in invitum, *l. inter, 83. §.si Stichum, de verb. obligat.* & inde nomen actionis, quod agat & propellat invitos in judicium. Voluntaria jurisdictio de qua exercetur, hoc est, in ipso itinere, vel transitu: contentiosa pro tribunali; illa quolibet tempore, haec certis diebus, sessionum diebus, fastis diebus. Proconsul voluntariam jurisdictionem habet etiam, antequam provinciam sit ingressus: nam in itinere possunt manumitti servi apud eum, filii emancipari vel adoptari, sed eam nullo tempore potest mandare, *l.1. de offic. ejus cui mand. est jurisdict.* Voluntaria scilicet intelligenda est, quia lege nominatim magistratui datur, & quae lege nominatim dantur, non possunt mandari, *l.1.de offic. ejus cui mand.* Hujus jurisdictionis voluntariae sunt adoptio, emancipatio, legis actiones, id est, actus solemnes, quos peragit ipsemet magistratus, nec potest eos alteri mandare: & quod ait regula juris: *nemo alieno nomine lege agere potest,* non tantum pertinet ad eos, quorum res est, puta, ut non possint emancipare per procuratorem, vel etiam ut non possint adoptare, non possint adire hereditatem, tutorem dare per procuratorem, sed & ad magistratus ipsos, ut non possint per alium lege agere, vel legis actiones exequi: nam tam lege agere dicitur magistratus, quam qui lege agit apud eum: nam & partes, & actor & magistratus lege agere dicuntur. Legatus proconsulis non habet voluntariam jurisdictionem, quia mandato jurisdictionis non continetur voluntaria, *l.2. hoc tit.* & ut *lib. 1. obs. cap. 1.* admonui, adjicienda est negatio in *l. apud proconsulem 17. de manu. vind.* quam & habent quidam libri. Jurisdictionem contentiosam Proconsul non habet antequam provinciam sit ingressus, & nonnisi provinciam ingressus mandare potest, ingressus, potest, & vero debet, si ipse jurisdictioni vacare non potest: & vero cum hoc esset certissimum; Papinianus invenit unum casum, quo potest recte mandari jurisdictio, etiam antequam Proconsul ingressus sit provinciam. Nemo est Jurisconsultorum qui tot adinvenerit casus singulares. Introduxit novas plerasque sententias, *l. ult. de jure fis.l.cum acutissimi, C. de fideic.* Introduxit sententiam illam, quam etiam hodie servat universus orbis, ut pure rogatus restituere hereditatem fideicommissariam, sub hac conditione intelligatur rogatus si sine liberis decesserit, *l. cum avus, de condit. & dem.* Ita in hoc proposito docet, aliquid mandari posse a Proconsule antequam ingressus sit provinciam, idque utilitate exigente. Finge, inquit, Proconsulem necessariam moram pati in itinere propter morbum, & legatum maturissime perventurum in provinciam: ratum erit mandatum jurisdictionis, sed valebit tantum ex eo tempore, quo legatus in provinciam pervenerit. Casum intelleximus singularem, quo Proconsul mandat jurisdictionem, quam non habet, contra quem vult vulgaris regula, *nemo plus juris, &c.* sed utilitas suadet, ut mandare possit jurisdictionem, & hanc definitionem inflectit utilitas: quae suadet, ut quam non habet, si dum proficiscitur in provinciam necessariam moram patiatur in itinere, eam tum mandare possit legato maturissime perventuro in provinciam: quo genere quodammodo in provinciam pervenisse fingitur, qui necessariam moram patitur in itinere.

---

**Ad L. I. de Off. ejus cui mand. est jurisdictio.**

*Quaecunque specialiter lege, vel senatusconsulto, vel constitutione Principum tribuuntur, mandata jurisdictione non transferuntur: quae vero jure magistratus competunt, mandari possunt: & ideo videntur errare magistratus, qui cum publici judicii habeant exercitionem lege, vel Senatusconsulto delegatam (veluti lege Julia de adulteriis, & si quae sunt similes) jurisdictionem suam mandant.* Hujus rei fortissimum argumentum, quod leg. Julia de vi nominatim cavetur, ut is cui obtigerit exercitio, si proficiscatur, mandare: non aliter itaque mandare poterit, quam si abesse coeperit: cum alias jurisdictio etiam a praesente mandetur. Et si a familia dominus occisus esse dicetur, cognitionem praetor, quam ex Senatusconsulto habet, mandare non poterit, *l.1. Qui mandatam jurisdictionem suscepit, proprium nihil habet: sed & ejus, qui mandavit jurisdictione utitur.* Verius est enim more majorum jurisdictionem quidem transferri: sed merum imperium, quod lege datur, non posse transire: quare nemo dicit, animadversionem legatum proconsulis habere mandata jurisdictione. Paulus notat: *& imperium quod jurisdictioni cohaeret mandata jurisdictione transire verius est.*

Man-

## In Lib. I. Quæst. Papin.

Mandata jurisdictione, ea transferuntur in eum, cui mandata est, quæ jure magistratus competunt: mandantur igitur a solis magistratibus, & non omnia, quæ eis commissa sunt, sed ea tantum, quæ jure magistratus competunt, id est, eo ipso quod sint magistratus, tacito intellectu. Hodie magistratus a Principe creantur, *l. 1. C. ad leg. Jul. de amb.* olim a populo, ut moribus nostris magistratus municipales. Et creatis confertur jurisdictio nominatim, vel specialiter, non deferuntur partes singulæ jurisdictionis nominatim, sed competunt more majorum, tacito intellectu competunt postquam creati sunt magistratus, competunt suo jure: si enim deferrentur nominatim, non possent mandari. Divisio autem hic est elegans: quæ magistratui competunt, aut jure magistratus competunt, hoc est, tacito jure, sive more majorum, & hæc mandari possunt; aut ei sunt concessa lege aliqua specialiter, aut S. C. aut constitutione Principis, quæ aliquando conceduntur etiam privatis, non magistratibus tantum: & quæ non conceduntur quibuslibet magistratibus, hæc neque jurisdictionis, neque imperii ejus, quod jurisdictioni cohæret, hoc est, jure magistratus non competunt: & ideo mandata jurisdictione non transferuntur. Hæc igitur sunt legis, non jurisdictionis, nec ea habet quisquam mandato alieno, sed a lege sola nominatim. Privatus, si lex velit, hæc etiam habet quandoque: hæc non habet quilibet magistratus, verum quæ jure magistratus competunt, ea quilibet magistratus habet, & nemo privatus unquam. Declaremus per exempla, quæ sint ea, quæ conceduntur lege, vel Senatusconsulto, vel constitutione Principis. Primum exemplum sit de legis actionibus, id est, de actibus solemnibus & legitimis. Legis actiones dantur magistratui specialiter, ut constitutione Augusti præfecto Ægypti, qui & Præfectus Augustalis dicitur, datur specialiter, ut apud eum servi manumitti possint solemni ordine, *l. apud Præfectum, de manu. vind.* & ideo si is mandaverit jurisdictionem suam, non & hoc simul mandaverit: denique mandata jurisdictione hoc non transit, ut manumissiones fieri possint, ut apud eum, cui mandata est jurisdictio, servi manumitti possint: legis actiones, quia lege mandantur specialiter, mandari non possunt. Eadem est ratio Proconsulis, ut *l. 1. & 2. de off. proc.* quem omnes legis actiones peragere possumus, apud ejus legatum non item, quoniam ei mandata sit jurisdictio, quia legis actio data est soli Proconsuli, quam alii delegare & demandare nequit. Eadem est ratio præsidis, sive Juridici Alexandriæ, cui *l. 1. præcedentis tit.* ait datam esse legis actionem, id est, lege datum ei esse ut apud eum solemnes actus quilibet exequi possit: si datum ei est a lege, ergo non potest alteri mandare, & mandata jurisdictione, hoc non intelligitur mandare, contentiosam non voluntariam, quæ magis solemnis est, mandasse intelligitur. Secundum exemplum sumitur ex *l. muto §. 1. de tut.* Tutoris datio non est imperii, nec jurisdictionis, id est, non competit jure magistratus, imo nec ullius imperii est. Nam privatus tutorem dat, veluti, pater liberis, quos in potestate habet, quamvis non sit magistratus, quia *l. 12. tab.* id ei nominatim concessit. Paterfamil. uti super pecunia tutelave rei suæ legassit, ita jus esto. Legatus proconsulis, quamvis magistratus non sit, sed vice magistratus fungatur, dare potest tutorem, non ex mandato, sed specialiter ex oratione D. Marci, *l. 1. de tut. & cur. dat.* Sic privatus tutorem dat, si hoc ei lex concesserit: & contra magistratus tutorem dare non potest, nisi ei lex hoc nominatim concesserit, veluti lex Attilia Prætori urbano: *l. Jul. & Titia Præsidib.* Provinciarum, ut est in *tit. de Att. tut. Inst.* & constitutio D. Mar. juridico Alexand. *l. 2. tit. præcd.* Tutoris ergo datio legis est, non jurisdictionis: nec recte colligis: tutorem dare potest, ergo magistratus est: vel, tutorem dare non potest: Ergo non est magistratus: & secundum hæc tutoris datio mandari non potest, *l. 8. in princip. de tut. & cur. dat.* Exemplum aliud sumi potest ex oratione D.

Marci, sive ex Senatusconsulto, quod sequebatur semper orationem principis (ut quod dicis fieri oratione, possis dicere Senatusconsulto) scilicet de transactione alimentorum: ut is, cui relicta sunt alimenta, vel in annos, vel in menses minutatim, non possit de alimentis cum herede transigere: ne faciat contra providentiam testatoris, quam contemnere non debet, si conveniat, ut præsente, & modica pecunia sit contentus, & una solutione accipiat legatum, *l. cum hi in princ. de transf.* Hæc transactio de alimentis non valet, nisi facta sit interposito decreto Prætoris vel Præsidis, hoc est, causa ab iis cognita, quibus hæc cognitio datur nominatim ex oratione D. Marci, Prætori in urbe, & Præsidi in provinciis: ergo ab his non potest mandari alteri, nec translata intelligitur in eum, cui mandata est jurisdictio, *d. l. cum hi, §. sed nec, de transact.* Et similiter lege datur Proconsuli, ut judicem dare possit. Prætor urbanus magistratus judicem dat more majorum, suo jure, & consequenter is, cui mandavit jurisdictionem suam, etiam judicem dare potest, *l. cum Prætor, de judic.* sed cui Proconsul mandavit jurisdictionem suam, id est, legatus Proconsulis judicem dare non potest, nisi hoc ei specialiter lege mandatum sit: nam ita lege constitutum est, ut quod Proconsuli licet lege, non liceat legato sine lege, hoc est, non liceat ex solo jurisdictionis mandato. Et similiter, cognitio de removendis suspectis tutoribus, quæ lege 12. tabul. nominatim tribuitur Prætori, & Proconsuli, non competeret etiam legato Proconsulis ex mandato jurisdictionis, nisi ei datum esset constitutione Antonini & Severi: necesse id fuit lege dari, quia non sufficiebat mandatum jurisdictionis, & id propter utilitatem pupillorum receptum est, *l. 4. de offic. ejus cui mand. l. 1. §. damus, de susp. tut.* Exempla duo sunt in *l. 2. h. tit.* sunt duæ sententiæ, vulgo accipiunt unam esse. Præses vel Proconsul consilium præbet minori 20. annis manumittere volenti ex l. Ælia Sentia. Cur præbet seu cogit consilium? ut scilicet probet causam manumissionis: alioqui inutilis est manumissio servi, si dominus sit minor 20. annis, nisi causa fuerit probata apud consilium Præsidis vel Consulis. Ex eadem etiam lege Præses vel Consul consilium præbet etiam majori 25. annis minorem 30. annis manumittere volenti: quod constat ex fragmentis Ulpiani tit. 1. & ἐτυμολογία, qua utitur *l. un. de off. consf.* ut in *l. contumacia, de re judic.* Cum igitur Præses vel Consul ex l. Ælia Sentia nominatim consilium præbeat manumittere volentibus; ergo is, cui mandata est jurisdictio, non potest manumittenti consilium præbere, & hoc est *l. exemplum.* Dixi, apud eum, cui mandata est jurisdictio, servum manumitti non posse, dico aliud, cum dico nec consilium posse præbere volentibus manumittere. Diversa hæc sunt, apud aliquem manumittere, & consilium manumittere volenti præbere, atque adeo diversa, ut nonnunquam is, apud quem possum manumittere, non possit etiam consilium præbere manumittenti, & contra: ut ecce, magistratus, qui legis actionem habet, apud se potest manumittere servum suum, consilium sibi ipse præbere, & causam manumissionis probare non potest, non potest esse cognitor in re sua, & sibi ipsi consilium præbere. Sed apud collegam non potest manumittere, collegæ tamen ei manumittere volenti consilium præbere potest, quæ eliciuntur omnia ex *l. 15. l. apud filium §. 1. si rogatus, §. ult. de manu. vind. l. 1. de off. consf. l. 2. de off. Præs. l. apud eum, de manum. l. 4. de adopt.* Posterius exemplum *l. 2.* hoc est: Prædia minorum non possunt alienari sine decreto Prætoris vel Præsidis, id est, sine causæ cognitione Præt. vel Præf. Idque est ex oratione Severi, qui nominatim hujus rei cognitionem commisit Prætori vel Præsidi. Ergo mandari non potest. Hæc etiam *l. 1.* suppeditat tria exempla. Primum ( quod facio primum, sed est secundum) est de Senatusconsulto Syllaniano. Prospexit illud Senatusconsultum saluti dominorum, qui habent amplam familiam, plures servos, & quotquot sunt servi, tot hostes ex veteri proverbio, quod extat

tat apud Theophilum. Cum igitur occifus eft dominus aliquis in fuis ædibus fub tecto eodem, quo erant fervi: fi ab his præfumatur occifus, ex Senatufconfulto Syllaniano inquirit nominatim Præfes vel Prætor, nec ante aperiuntur tabulæ teftamenti occifi domini, quam hac de re quæfierit Prætor vel Præfes. Igitur non demandatur hæc cognitio. Alterum exemplum eft de exercitione judicii publici, quæ mandatur magiftratib. fed poteft mandari etiam privato. Et generaliter, quæ magiftratus habet a lege fpecialiter, poteft & privatus habere : & ideo in *l.*1.§.1.*ff.ad leg.Corn.de fic.* Magiftratus, inquit, judexve quæftionis, qui fcilicet exercet publicum judicium : ex quo intelligitur, cognofcere de eo crimine non magiftratum tantum, fed quemlibet judicem, cui forte obvenerit hæc cognitio. Judex quæftionis non eft magiftratus, ficut nec judex datus. Cice.pro Cluent. *Junius,* inquit, *judex quæftionis de ea crimine quærebat* : & fequitur: *& Q.Voconius ut quæreret de veneno cum his judicib.* qui ei obvenerant forte : nam non quærebat de crimine folus magiftratus, folufve judex quæftionis, cui ea fors obvenerat, fed adjungebantur etiam alii judices forte delecti : ille tamen præerat judicio, ille erat quæfitor fummus. Et didicimus in *l.Corn.de fic.* quod nondum eft proditum, ita effe fcriptum omnino, *ut is Prætor judexve quæftionis, cui forte obvenerit quæftio de ficariis, ejus, quod in urbe Roma propius mille paffus factum erit, uti quærat cum judicibus, qui ei forte obvenerint de capite ejus, qui cum telo ambulaverit.* Ita legibus publicorum judiciorum, puta, lege Julia de adult. lege Julia de vi, l.Julia de ficariis, & fimiliter aliis nominatim datur ejus judicii publici exercitio certo magiftratui, vel ei, cui fors obvenerit, hanc privato, & hanc publici judicii exercitionem noli dicere effe merum privatum : aliud enim eft, quam fit exercitio publici judicii. Verum cum tribuatur quæftio judicii cujuslibet lege fpecialiter, & delegetur, ut hic Papinianus ait proprie : id enim proprie delegari dicitur, quod jure proprio mihi non competit : quod mihi delegat lex, non poffum rurfus alii delegare, quod Papinianus fortiffimo argumento a contrario probat, Græci ἐξ ἀντιδιαστολῆς vocant. Lege Julia de vi, inquit, nominatim cavetur, ut magiftratus, qui de ea re quærit, fi peregre proficifcatur, poffit mandare alteri exercitionem : hoc tantum l.Julia de vi cavetur, non aliis legibus publicorum judiciorum. Inde apparet igitur ceterarum rerum quæftionem non poffe mandari ab abfente, a præfente ne hanc quidem mandari poffe. Hoc genere argumenti fæpe utuntur auctores noftri. Simile argumentum eft in *l.ex eo, de teftib.* & *l. qui teftamento, §. mulier qui teft. fac.* Mulier non poteft effe teftis in teftamento : An poteft effe in judicio? fic videtur, & probatur argumento a contrario fenfu : eodem argumento utitur *l. 3. C. ex quib. cauf. inf. irrog.* Aliquis decurio ordine decurionum prohibitus eft ad biennium, interim infamium numero habetur : fed ex fententia judicis, qui curia interdixit, apparet eum poft biennium reftitui famæ. Sic M.Tull. pro Balbo : *Si exceptio facit ne liceat, ibi neceffe eft licere ubi non eft exceptum.* Sic igitur dicamus. Si exceptio legis Juliæ de vi facit, ut liceat abfenti demandare quæftionem judicii publici, ibi neceffe eft non licere ubi non eft exceptum. Intelleximus ex Pap. quæftiones vel cognitiones lege vel Senatufconfulto nominatim datas magiftratui judicive, non poffe ab eo alii mandari. Et fingularia hæc, vel nufquam alibi in jure reperiuntur, cum occifus dominus a familia effe dicitur, non poffe alii mandari : Quæftionem publici judicii vel, vel ex *l.Corn.de fic.* vel ex aliis legibus magiftratui vel judici, cui obvenerint poteftas, eam etiam mandari non poffe. Item, quod etiam alibi non reperitur, excipiendum effe eum, cui obtigit quæftio legis Juliæ de vi : huic enim eadem lege permittitur, fi abeffe cœperit, eam quæftionem alii mandare poffe. Subjicit deinde Papinianus: *Qui mandatam jurifdictionem fufcepit.* Placet valde verbum, *fufcepit*: eft enim proprium mandati : fruftra mihi

mandas, nifi fufcipiam mandatum, & inde voluntatis effe dicitur fufcipere mandatum, neceffitatis confummare feu explere, *l.in commodato* 17. §. *ficut, Commod. l.fi mandavero* 22. §. *ult. & l.fi quis alicui, §. qui fufcipit, mand.* Congruit autem, quod hic Papinianus ait, *proprium, &c.* cum *l. 3. hoc tit. l. 5.l. folet, de jurifd.* eum cui mandata eft jurifdictio, non pro fuo imperio agere, etiam fi fit magiftratus, hoc eft, mandatam jurifdictionem exercere, fed pro ejus imperio, qui mandavit, & fungi ejus vice, qui mandavit, non proprio jure, fed alieno beneficio. Alienam denique jurifdictionem exequitur, non propriam. Excipitur femper legatus Proconfulis : mandata enim jurifdictione proprium aliquid habet, *l. legati, de off. Proc.* eum enim Proconful non optat, non eligit, fed ei datur a Principe, vel Repub. Excepto igitur legato Proconfulis, is cui eft mandata jurifdictio, nihil proprium habere dicitur, & non tam ipfe jus dicere videtur, quam qui mandavit. Ac præterea non poteft appellari ab eo, qui mandavit, ne idem ab eodem appelletur. Duplex vero eft jurifdictio : una, quæ lege nominatim datur, quæ mandari non poteft : altera dicitur notio, quæ more majorum jure magiftratus competit: notio eft genus : fpecies duæ, jurifdictio & cognitio, veluti judicis dati, quæ caret jurifdictione, *l.notionis, de verb. fignif. l.ait Prætor, de re jud.* & ita etiam officium jus dicentis fi dixeris, multo plura comprehendes quam fi dixeris jurifdictionem : nam ut eft in *l. 1. de jurifd.* officium jus dicentis comprehendit non tantum jurifdictionem, quæ jure magiftratus competit, fed & eam, quæ lege nominatim defertur & delegatur, & jus quodlibet fpecialiter legibus conceffum, veluti jus dandi tutoris, quod neque eft imperii, neque jurifdictionis : continetur tamen officio jus dicentis, fi ei dandi tutoris jus fit conceffum lege nominatim. Et Papinianus in hoc §. loquitur de jurifdictione ea, quæ jure magiftratus competit, dum ait, *Eam transferri more majorum,* & ita in *l.more majorum, de jurifd.* quod habet magiftratus more majorum, id habet fuo & proprio jure, etiamfi lege datum non fit nominatim, quod etiam fignificatur verbo, folet, *l. 3. folet, de jurifdict.* dummodo non fit denegatum, *l.magiftratus, ad municip.* & ita magiftratus urbani more majorum judices dant, *l.cum prætor, de jud.* & multam dicunt, ut Gell. fcribit *cap.* 1. *lib.* 11. Ergo ait Papinianus, verius effe, mandatam jurifdictionem transferri more majorum, hoc eft, recte mandari ab eo, qui habet proprio jure magiftratus, hoc eft, qui gerit. Verum Paulus ad hanc Papiniani fententiam adjecit notam, quafi fatis fit non quod fcripfit Papinianus, more majorum jurifdictionem transferri, fed etiam addere debuerit, imperium quod jurifdictioni cohæret, transferri : mandata jurifdictione tranfire etiam imperium mixtum, id eft, quod immixtum eft jurifdictioni, & fine quo jurifdictio nulla eft. Mixtum imperium eft poteftas, quæ jure magiftratus competit, feu quæ jurifdictioni immixta & implicita eft. Verum, ut fubjicit Papinianus, imperium merum non tranfit, hoc eft, animadverfio, vel gravior coercitio reorum, quia hoc imperium non competit jure magiftratus, fed lege nominatim datur : & quæ lege dantur, conftat non contineri mandata jurifdictione : feparata enim funt a jurifdictione, & mera, hoc eft, non permixta jurifdictioni. Quod initio merum imperium vocat, poftea animadverfionem vocat Papinianus. Eft ergo imperium merum animadverfio, hoc eft, jus gladii, aut quæ alia coercitio criminum gravior: nulla eft jurifdictio fimplex, nulla nuda, aut feparata ab imperio, quæ modo jure magiftratus competeat : & five meam jurifdictionem exerceo, eam exerceo pro meo imperio, five alienam, eam exerceo pro imperio alieno, ut eft in *l. 3. hoc tit.* Eam ob rem illud imperium, quod cohæret jurifdictioni dicitur mixtum imperium, quia fcilicet jurifdictioni immixtum & implicitum eft. Et ita definitur mixtum imperium ab Ulpiano in *l.imperium, de jurifd.* cui jurifdictio ineft, ac fi diceres, quod huic Paul. quod jurifdictioni cohæret, vel ut Græci, quod cum

ju-

jurisdictione coadunatum est. Et quemadmodum refert Accursius ad *d. l. imperium*, recte veteres interpretes senserunt Pileus & Guillelmus, idem esse mixtum imperium & jurisdictionem, nec unum unquam est sine altero: quidquid est imperii mixti, id etiam est jurisdictionis, & contra, quidquid est jurisdictionis, id etiam est mixti imperii. Mixtio hæc rem unam efficit, hoc est magistratum unum. Et hoc est, quod ait *l. 2. de jurisdict.* cui data est jurisdictio, videri & ea data sine quibus ea explicari non potest, hoc est mixtum imperium. Hoc est, quod ait *lex ult. hoc tit.* mandata jurisd. etiam mixtum imperium transire, quia jurisdictio sine modica coercitione nulla est: quod ideo dicit, quia cum mixtum imperium plura contineat, continet in primis modicam coercitionem per verbera, aut vincula, & ita *l. 8. §. si in locum, de relig.* Lex ait, *Eum qui mortuum intulit in locum publicis usibus destinatum, a Prætore plecti modica coercitione.* Jus virgarum dixit Tacitus *lib.1.* dum scribit, tempore Tiberii datum jus virgarum Prætori in histriones, quod tamen obtinere non potuit propter constitutionem Augusti: sed sunt etiam alia genera coercitionum modicarum, quæ insunt jurisdictioni. Est pignoris capio, qua plectuntur & coercentur contumaces captis pignoribus. Et multæ dictio, quæ a Gallis dicitur *amande*, est missio in bonorum possessionem, *l. 9. §. ult. ad leg. Jul. pecul. l.1. §. cogenda, de vent. insp. §. penul. Instit. de satisd. tut.* Coercentur etiam contumaces pœnali judicio seu actione in factum, de qua est tit. *Si quis jus dic. non obtemp.* Sine modicis hisce coercitionibus, quæ vocat etiam remedia, jurisdictio quid est? Sed continet etiam alia mixtum imperium, veluti bonorum possessionem, ut det scilicet magistratus bonorum possessionem, unde liberi, unde cognati, &c. Continet etiam judicis dationem, *d. l. imperium*, continet in integrum restitutionem, *l. ea quæ, §. 1. ad municip.* & decretum sive jussum interponendæ stipulationis, *l. 4. de jurisdict.* Et jurisdictio igitur continet eadem, si hæc contineat mixtum imperium: nihil enim possis tribuere mixto imperio, quod non & jurisdictioni, & contra: denique nulla est simplex jurisdictio. Neque vero recte quis utetur exemplo magistratus municipalis, ut probet, simplicem esse aliquam jurisdictionem, quia magistratus municipalis jurisdictionem habeat sine imperio ex *l. ea quæ, ad municip.* Huic enim respondendum : municipales magistratus non omnia quæ sunt mixti imperii: sunt enim ei quædam denegata nominatim: alioqui magistratus, cui nihil denegatur nominatim, omnia habet, *arg. l. magistratus, ad municip.* sed ei denegantur quædam, ea scilicet quæ sunt magis imperii, quam jurisdictionis, in quibus vis imperii elucet: qua de causa non restituit in integrum, non mittit in possessionem, non jubet possidere ex ulla causa: non tanti est jurisdictio magistratus municipalis, ut possit sibi ea arrogare, nec tantum valet imperio, *d. l. ea quæ;* & ad eodem magistratus pertinet *l. 4. de jurisd. quæ* ait, jubere caveri Prætoria stipulatione, veluti legatorum stipulatione, & in possessionem mittere, si non caveatur, magis esse imperii, quam jurisdictionis: cur hoc ait? ut scilicet intelligatur magistratum municipalem hæc non habere, sed urbanum tantum, aut provincialem. Quapropter non decernet stipulationem damni infecti, & ex ea causa mittet in possessionem, nisi nominatim in edicto Prætor vel Præses ei delegasset, quod delegavit, quia hæc res celeritatem desiderat, cum timetur ædium, & periculosa est dilatio: ideoque utile fuit magistratui permittere ex hac causa interponere primum decretum, h.e. jubere caveri, atque etiam secundum, quo mittat in possessionem, *l. 1. & 4. de dam. inf.* Sed tertium, jubere possidere, nec ex hac causa permittitur ei, sed illud suæ jurisdictioni reservat Prætor, *d. l. 4. §. si forte.* Non potest etiam magistratus municipalis jurisdictionem suam tueri pœnali judicio, quod proponitur in *tit. si quis jus dic. non obtemp.* Fateor, hæc ei denegantur: sed an ideo est expers mixti imperii?

minime: nam pignoris habet capionem, & modicam coercitionem, ex *l.3. §. 1. de reb. eorum qui sub. tut. l. quemadmodum, §. magistratus, ad l. Aquil.* juncta *l. 12. de jurisd. l.17. si privatus, qui & a quibus manum. l.15. §. adjicitur, de injur.* Habent etiam, ut arbitror mulctæ dictionem, quia publicum judicium exercent, & quicunque publicum judicium exercet, mulctæ dictionem habet, *l. 2. §. ult. de jud.* Et cum defensoribus civitatum interdicatur mulctæ dictione, *l. 5. C. de defen. civ.* argumento est, non etiam similiter magistratibus municipalibus esse prohibitum mulctam dicere, qui longe superiores sunt defensoribus. Ergo jurisdictio municipalis non vacat imperio. Porro quæ ante retuli, mixti esse imperii, ex eo apparet, quod possunt mandari, ex *l. pen. §. ult. hoc tit. l. ult. C. ubi & apud quem cav. restit.* Mandare potest magistratus alteri ut mittat in possessionem, ut det bonor. poss. restitutionem in integrum, modicam coercitionem, *l. ult. hoc tit.* Quin etiam hæc omnia tacite mandat, qui jurisdictionem mandat: sunt igitur hæc omnia imperii mixti, hoc est, innata ingenitaque magistratui. Alterum est imperium, quod dicitur merum, non mixtum, quod lege datur specialiter, nec est immixtum magistratui & jurisdictioni, sed abstractum a jurisdictione. Mixtum imperium habet soli magistratus: merum habet etiam privati: Nam Gnejus Pompejus privatus contra Sertorium privatum missus est cum jure ferri, ut Tull. scribit 11. Philipp. Idem Pompejus ad aliud bellum maximum privatus, ut idem ait pro lege Manil. pro consule missus est, hoc est, cum imperio consulari, & idem significat *l. aliud, de verbor. sign.* quæ constituit hanc inter ceteras differentiam inter pœnam & mulctam, mulctam dicere solos magistratus, quod est mixti imperii, pœnam irrogare etiam eos, qui non sunt magistratus, sed privati, si hujus criminis executio eis data sit. Unde possis conficere definitionem meri imperii, ut sit potestas irrogandæ pœnæ legitimæ, hoc est, pœnæ constitutæ legibus publicorum judiciorum: vel sic. Merum imperium est animadversio & coercitio omnis criminum gravior, legibus publicorum judiciorum nominatim concessa. Potes & sic definire ex *l. unic. de off. præf. prætor.* Merum imperium est licentia emendandæ disciplinæ publicæ: hæc licentia datur etiam privato, ut dixi. Addamus, & non datur cuilibet magistratui: nullus magistratus non habet mixtum imperium: aliquis non habet merum, non quilibet præses habet merum, *l. 4. C. de loc.* Prætor urbanus non habet merum imperium: si quid exigat graviorem animadversionem, id remittit ad præfectum urbi, *l. 1. §. solent, de off. præf. urb. l. 1. & 2. de suspect. tut.* Ac præterea excepto præfecto prætorio, qui solus habet plenissimum imperium merum; nullus magistratus habet plenissimum imperium merum, id est, omnes partes imperii meri. Consul habet jus gladii: jus relegandi non habet, *l. 14. infra de inter. & releg.* Præfectus vigilum jus atrociter verberandi habet, jus gladii non habet, quia illud datum est, hoc non est datum, *l.3. §. 1. l. 4. de off. præf. vig.* Item præses provinciæ ex Constitutione Augusti habet jus gladii, jus damnandi in metallum, jus relegandi, *l. illicitas, §. qui universas, de offic. præs. l. relegatorum, §. de interd. & releg.* non habet jus deportandi, quia non datum est ei: nec jus confiscandi bona reorum, *l. inter pœnas, §. ult.de interd. & releg. l. un. C. ne fin. jussu princ. cert. jud. lit. conf.* Nec in causis imperii licet argumentari a minori ad majus, quia partes imperii nemo sibi adsumit omnes, nisi acceperit omnes. Et si majorem partem accepit, non propterea potest sibi adsumere minorem, nec si minorem non acceperit, non ideo non recte acceperit majorem. Quinimo, quod mirum est præsidi, cui datum est jus gladii, non licet vitam, adimere aliter, quam gladio, non potest securi (licet habeat lictores), & secures sex, & propterea ἑξαπελέκεις dicatur) non laqueo, fustibus, *l. aut damnum, §. 1. de pœn.* Non potest vitam adimere veneno: veluti propinato succo cicutæ, ut olim Athenienses: & placet quod

quod Abdias 5. hift. eccl. fcribit, præfidem quofdam male necaffe veneno. Quin etiam hac eadem ratione ante Conftitutionem Divorum Fratrum, de qua in *l. aut damnum*, non potuit Præfes reo liberum arbitrium mortis dare, hoc eft, electionem fati: ex Conftitut. DD. Fratrum habet hoc jus dandi liberum arbitrium mortis, quod habuit folus princeps olim: ut conftat ex Suetonio in Vita Domitiani, & Tac. *lib.* 11. Annal. Et ita Nero Senecæ dedit mortis arbitrium: balneum enim ingreffus, aperta vena utraque feipfum necavit. Et inde veteres quidam dixerunt, præfagio quodam Senecam dictum, quafi fe necantem. Ex his intelligitur. Non licere cuiquam ultra, aut contra quam ei fit præfcriptum: nec effe argumentandum a pari, vel minori. Denique reftricte accipiuntur, quæ ex mero imperio permittuntur. Sunt igitur legis, non jurifdictionis, non arbitrii magiftratus: & ideo mirum non eft fi dicat Papin. non poffe imperium merum mandari, quod confirmatur *l. fi quid erit, l. folent, de off. procon.* Legatus Proconfulis, an, fi quid exigat graviorem animadverfionem, poteft fungi imperio proconfulis? Minime: fed debet id remittere ad Proconfulem, quia non habet jus animadvertendi, hoc eft, gladio puniendi, non atrociter verberandi. Verum ut oftendit *l. folent*, Proconful more majorum legato mandare poteft etiam cognitionem cuftodiarum, hoc eft, reorum, qui cuftodiuntur in carcere. Sed refpondeo, illud genus mandati effe extraordinarium, & quafi illegitimum: Nam quod eft extraordinarium, id quodammodo eft illegitimum; & breviter declarat, eo mandato contineri, non ut apud eum accufentur rei, non, ut ipfe reos abfolvat, aut damnet, fed audiat tantum cuftodias: & nefcio, cur Servius 6. Æneid. ait: Cuftodia eft quæ cuftodit, non quæ cuftoditur: ufurpatum eft autem, &c. Sed Ulpianus ait: *mandato contineri, ut audiat cuftodias, & poftea remittat ad proconfulem*: quia nemo, inquit gladii poteftatem, fibi datam, vel cujus alterius coercitionis ad alium transferre poteft, *id eft merum imperium mandare poteft: mandabit quidem reorum auditionem, & hoc ipfum tamen extra ordinem, non rite & ordine.* Ex his intelligitis legem *imperium* indigere tantum aliquantula explicatione, quod præftabimus perendie. Non difplicebit hodie, & opinor enarratio *d. legis imperium*. Jurifconfulti duo Papinianus, & Paulus in *l. 1. de offic. ejus cui mand. eft jurifd.* duplex imperium merum faciunt: merum, quod lege datur, quod & mandari non poteft: & mixtum, quod jurifdictioni cohæret, nec ab ea unquam divellitur, fed fimul tranfit cum ea in legatum Proconfulis, vel quem alium cui jurifdictio mandata eft: ita quoque Ulpiano in *l. imperium*, dividit imperium in merum & mixtum: ratio nominum jam fupra a nobis eft expofita. Merum definit a majori parte fui, jus gladii, hoc eft, jus vitæ adimendæ, quod & in *l.* hæc verba demonftrant, *ad animadvertendum facinorofos homines*. Sic Florentiæ fcripturæ eleganti forma loquendi, ut Varro dixit: *Repudiandum omnes artes, per gerundii modum. Emendum veteranos ex campeftribus locis: faciendum præfectos atrociores, injiciendum frænos.* Ergo non legamus, *ad animadvertendum in facinorofos homines*: fed *animadvertendum facinorofos homines*, rejecta propofitione *in*, quod eft elegantius, quam fi dicas: *animadvertendum facinorofos*. Hæc verba fatis demoftrant, quid fit jus gladii: ita animadvertere, eft gladio punire, *l. perfpiciendum §. ult. & feq. de pæn.* Capitis pœna eft, inquit, beftiis objici, vel alias fimiles pœnas pati, vel animadverti. Animadverfio igitur eft fpecies capitalis pœnæ, animadverti, gladio plecti, quod Græcis eft ἐπισπορίῳ ποιεῖσθαι. Et in *l. feq.* Servos pœnæ fieri eos, in quos animadverti jubetur, vel qui beftiis objiciuntur. Locus hic etiam demonftrat, animadverfionem effe fpeciem capitalis pœnæ, eamque propriam gladii. Inde ( quod nefcio, an adhuc quifquam explicarit ) intelligere poffumus, cur occifo Papin. noftro juffu Antonini Caracallæ, & percuffo fecuri, percuffori dixerit Antoninus, *Gladio te meum

juffum exfequi oportuit*: quod Spartian. fcribit in Antonino, & Dio, five Xiphilinus: non video rationem cur id dixerit, nifi quod animadverti juffiffet. Qui jubet in aliquem animadverti, gladio puniri jubet. Fuit hic Antoninus parricida: occidit enim fratrem fuum in finu matris: occifus eft etiam ejus juffu Papinianus, quod faveret partibus Getæ fratris longe melioris? hæc vera caufa, quidquid referant Spartianus, Lampridius, & alii quod noluerit. excufare parricidium, dicens: *non tam facile excufari quam fieri parricidium*: quod forfitan verum eft: nam non tam fuit fcientia excellens, quin & probitate morum excelleret; Vel, ut alii narrant, occifus fuit, quod poft occifum fratrem Getam noluerit dictare orationem, qua accufaretur Geta, tanquam jure occifus, cum diceret, *alterum parricidium effe, accufare innocentem occifum.* Si hæc funt vera, plane fcientiæ mores refpondebant. Verum quod ferunt dixiffe Imperatorem: *Gladio te meum juffum exequi oportuit*, non habet aliam rationem, quam quod in eum animadverti juffiffet. Ad rem redeo. Merum imperium, fi vis definire a majori parte fui, eft jus gladii, jus ferri, ut Lucanus dixit lib. 5. ficuti in libris noftris damnare ad ferrum, eft damnare ad gladium in *l. ejus qui, §. ult. ff. de te-ftam.* & placet quod Statius ait lib. 1. *ferrum mulcere toga, & lib. 5. imperium mulcere toga*. Plane ferri nomine fignificatur merum imperium. Comprehendit etiam jus gladii, jus belli gerendi, & adminiftrandi, licet id non fit fcriptum in *l. imperium*. Cui poffis addere, merum imperium effe jus gladii ad perfequendum & belligerandum hoftes. Et adjicit Ulpian. fimpliciter, imperium illud poteftatem appellari. Nam *poteftatis* verbum generaliter, modo fpecialiter accipitur, generaliter paffim. Nam quilibet magiftratus poteftas eft. Mixtum imperium etiam poteftas eft, quæ jure magiftratus competit: fed per eminentiam poteftas eft, fumma & mera, id eft, imperium merum, ut Zonaras loquitur in Bafil. nam Porphyr. Præter noftros auctores nefcio alium auctorem qui dicat merum imperium præter Zonaram: nam ἐκράτον ἐξουσίαν vocat dictaturam, quæ habuit fummam poteftatem. Definit ergo imperium heic a pofteriore fui parte. Sed continet etiam alia, ut jus atrociter verberandi, damnandi in metallum, deportandi, confifcandi univerfa bona reorum, & generaliter omnem coercitionem graviorem, *l. folent, l. fi quid erat, de offic. proc.* Modica coercitio eft mixti imperii, gravior coercitio meri nec permiffa cuiquam, nifi fit conceffa nominatim. Nec idem eft, ne quis fallatur, publici judicii exercitio, & imperium merum, quam exercitionem dixit Papin. non poffe mandari: utrumque non poteft mandari. Nec tamen dixeris utrumque idem effe: alioquin fruftra utrumque repeteret in *d. l. 1.* Sed in ea *l.* tria ponit exempla eorum, quæ lege dantur, quæque mandari non poffunt: quæftionem, five exercitionem, aut executionem publici judicii lege datum nominatim: cognitionem datam ex Senatufconfulto Syllan. & merum imperium lege datum. Et illa duo effe diverfa ita demonftro. Legatus proconfulis ex mandato extraordinario Proconfulis publici judicii exercitionem habet: habet enim cognitionem cuftodiarum, hoc eft, reorum, qui cuftodiuntur, quod quid aliud eft, quam quæftio publici judicii, quo rei poftulati funt? Ergo ex mandato Proconfulis extraordinario legatus habet cognitionem publici judicii, ex *l. folent, de off. proc.* Merum tamen imperium non habet, quia neque apud eum inchoari accufatio poteft, neque terminari: fed quæ in medio verfantur, ea fola ex mandato Proconfulis quærere, & dignofcere poteft. Reus non poteft apud eum accufari, nec ab eo damnari, vel abfolvi. Extrema non habet, quæ funt meri imperii: cognitionem intermediam habet, fed ubi cognoverit, remittit reum ad Proconfulem *d. l. folent.* Proconful igitur folet legato mandare quæftionem publici judicii. Sed ut ait idem Ulpian. mandatum eft extraordinarium, hoc eft, illegitimum, quia cognitio publici judicii eft ei mandata a lege. Ergo dum

eam

eam mandat Proconful, aberrat a jure, & facit illegitime : & hoc est, quod ait in ea *l.* 1. Papin. *errare magistratus, &c.* Et ita conjungenda est *d. l.* 1. cum *l. solent.* Una extraordinarium mandatum dicit : altera , *errare magistratus.* Et utraque igitur l. conjuncta, diu quæsitum convenientissimum exemplum apponetur ad *l. quod non ratione, sup. de legib.* non ratione invaluit hoc, ut Proconsul mandaret legato quæstionem publici judicii, sive cognitionem custodiarum, sed primum errore : deinde soliti sunt ita mandare. An ergo dicam & ceteras cognitiones, quæ in lege dantur, posse Proconsulem mandare legato, veluti cognitionem de transactione alimentorum, cognitionem de domino a familia occiso, cognitionem de prædiis minorum distrahendis ? Minime, est tamen argumentum idoneum. Si potest Proconsul mandare legato cognitionem criminum, cur non & cognitionem civilis rei mandare poterit ? Sed respondendum, quamvis & hac *l.* 1. *& l. solent*, detur specialiter cognitio criminum : nos tamen errorem nunquam producimus in consequentiam, *d. l. quod non ratione*. Ut vero intelligamus, quid distet merum imperium a cognitione custodiarum, vel quæstione publici judicii, observandum est quod ait *l. aliud, de verb. sign.* eum pœnam irrogare posse , cui hujus criminis executio data est. Is enim, cui cognitio sive quæstio & inquisitio sola data est, non potest pœnam irrogare : propterea in *l.* 1. *C. ubi causf. fisc.* cui licebit pœnam irrogare, hoc est, qui habuerit merum imperium, quod lege datur ; & licere dicitur, quod per legem licet, ut indicat oratio pro Balbo. Eadem *l. imperium*, ita definit mixtum imperium, cui etiam inest jurisdictio, hoc est , quod imperium est magistratui, sive jurisdictioni , quod semper cum jurisdictione cohæret, quod jure magistratus competit. Et exempli tantum gratia in *l. imperium*, ait, mixtum imperium consistere in danda bonorum possessione, ex testamento scilicet, vel ab intestato, & dando judice. Quod inquit , *in danda bonorum possessione consistit.* Hoc est prius exemplum. Posterius exemplum : *jurisdictio est etiam judicis dandi licentia.* Placet admodum illa vox, *etiam*, quod idem est, ac si diceret, non tantum mixtum imperium, sive jurisdictio consistit in danda bon. poss. sed etiam in dando judice : recte dices, jurisdictionem esse licentiam dandæ bon. possessionis, & recte adjicies, esse quoque licentiam dandi judicis. Et idem omnino dices de imperio mixto, quia ita mixtum est unum alteri, ut nunquam secernatur. Hoc in judicis datione, de qua magis ambigitur, planum facit *l. cum prætor, de jud.* quæ ait magistratum urbanum, judices dare posse propter vim imperii. Ergo judicis datio est imperii : aut meri igitur, aut mixti : at certe non meri est : ergo mixti. Fateor in quibusdam magis elucere imperium, ut in modica coercitione, in aliis apparere quasi nudam jurisdictionem, ut in interlocutoria aliqua sententia magistratus : & tamen dum interloquitur, aliquid imperium tacito ore agere dicitur, *l. quod jussit, de re jud.* Videntur etiam esse magis imperii mixti, quæ denegantur magistratibus municipalibus : alia quædam videntur quasi jurisdictionis nudæ : sed nunquam mixtum imperium a jurisdictione separatur. Hodie nullum est imperium merum, quia jurisdictioni cohæret jus gladii, & gravior coercitio omnis, hoc est , jure magistratus competit. Et hoc ipso, quod quis creatus est magistratus, jus gladii habet, etiamsi ei non sit datum lege nominatim. Merum quod fuit olim, hodie est mixtum imperium, quia competit tacito jure, & sequitur ultro magistratum, nec est necesse nominatim delegari : si igitur mixtum est hodie imperium : ergo mandari potest.

---

Ad L. XXXIII. de Rec. arb.

*Arbiter ita sumptus ex compromisso , ut & diem proferre possit, hoc quidem facere potest : referre autem contra licentibus litigatoribus non potest* l. 74. *de regul. jur. Non debet alteri per alterum iniqua conditio inferri.*
Tom. IV.

SCiendum est, judicem dari a magistratu plerumque, ut judicet intra certum tempus, quo finito jam non potest judicare, nisi partes ei prorogaverint tempus, quod magistratus præstituerat, *l.* 2. §. *si & judex*, *l. si judex, de judic.* Exemplo judicis dati arbiter compromissarius plerumque eligitur ab ipsis partibus, ut judicet intra certum tempus, non etiam datur a magistratu : sed nonnunquam additur clausula, ut possit proferre diem compromissi, producere, prorogare, prodere diem, ut ex Lucilio notant Nonius & Donatus : *Possisne elabi, an porro prodenda dies sit*, hoc est proroganda, prolatanda : & in Andria : *At qui saltem nuptiis prodat diem,* .i. differat , proroget nuptias. Et hoc pertinet ad *l. Labeo*, §. 1. *h.t.* & ad id quod ait initio hujus *leg.* quod etiam ostendit *l.* 32. §. *dies*, quærebatur , an possit etiam *referre diem* ? Et ait, eum non posse sine consensu utriusque partis. Referre diem, est anteferre, antevertere diem jubendo, ut partes adsint in illum diem, *referre diem prædictam*, hoc est, præferre; nobis est, *anticipare*. Verum si retulerit diem, & unus abfuerit, an committetur pœna? Minime : quia nondum exierat dies compromissi , nec potest retrocessum ire, repetere diem, aut ipsum producere diem, ut Græce ἡμεραχωρεῖν, id est, *proferre diem* : quod si consensit unus, ut referat diem, & properet ad sententiam, consensus unius alteri non nocebit. Et hoc est, quod ait *l.* 74. *de regul. jur.* his verbis: *non debet alteri per alterum iniqua conditio inferri* : & rectissime huic conjungetur, & est ejusdem Papin. Accipienda est hæc regula de consortibus, qui habent communem rem , aut litem ; potest aptari ad coheredes, *l. si petitor , de judic.* ad fratres: nam factum fratris nocere non potest, quia coheredes sunt, aut consortes, *l.* 2. *si quis aliqu. test.* Sed proprius aptabitur ad propositam speciem, scilicet si duo sint litigatores, qui adierint arbitrum, non potest alteri per alterum iniqua conditio inferri , puta unus consentiendo, ut arbiter diem referat , efficere, ut alter in compromissi pœnam incidat . Et ita videtur aptanda cum *l.* 33. *de recep. arb.*

## JACOBI CUJACII J.C.
### COMMENTARIUS
In Lib. II. Quæstionum ÆMILII PAPINIANI.

Ad L. ult. Si qu. caut. jud. sist. causf. fact. non obtemp.

HÆC L. est de stipulatione judicio sisti, quæ quidem se stipulanti obligat semper non tantum, qui suo nomine convenitur, sed & qui alieno : quum enim vocaris in judicium, aut statim sequi debes partem, aut cavere judicio sisti ad condictum diem, vel ad diem, quo stipulator agere volet. Elegantissima est hæc legis species. Finge : Tutor nomine pupilli in judicium vocatus , promisit judicio sisti in diem certum, vel ad diem, quo stipulator agere vellet ( his cautionibus hodie non utimur in Gallia, nec cautione de rato, nec de judicato solvendo : nullæ interponuntur judicii exercendi causa stipulationes ) is vero tutor non obtemperavit stipulationi, quia ad diem judicio non adfuit. Commissa est igitur stipulatio ipso jure. Promissam reliqua hujus facti persequamur , sciendum est , tutorem, qui convenitur pro pupillo, cavere quidem judicio sisti, sed non judicatum solvi : *l.* 1. §. *sufficit, de admin. tut. & l. ult. §. defensf. C. eod. tit.* Et hæc est una differentia non unica inter tutorem, & procuratorem sive defensorem litis alienæ. Et quæ de tutore dicemus, ea de curatore intelligenda sunt : nam defensor litis alienæ non est idoneus, nisi caveat judicatum solvi : tutor vero licet defendat pupillum, non promittit judicatum solvi : & ratio differentiæ hæc est, quia defensor litis alienæ volens suscipit mandatum agendæ litis:

ne-

nemo enim invitus suscipit mandatum: sicut nemo invitus contrahit, vel etiam sine mandato immiscet se liti alienæ ultro, irrogatus tutor vero tutelam suscipit etiam invitus, quia tutelæ munus civile est, & omne munus civile invito injungitur: non est æquum onerari cautione judicati solvendi eum, qui ad litem alienam etiam invitus accedit: potest tamen tutor obligare pignori vel hypothecæ prædia pupillaria, etiam sine decreto prætoris vel præsidis contra orationem D. Severi, videlicet judicati solvendi nomine, quum ipse pupillus litem suam defendit tutore auctore, qui casus est singularis, quo hypotheca contrahitur prædiorum pupillarium sine decreto, quia pupillus, qui in judicium vocatur, cavere debet, & frustra desideratur decretum, ubi solvere necesse est. Et hoc est, quod in d. §. *defensionem, in fi.* dicitur, tutorem posse subsignare, hoc est, pignori obligare res pupilli etiam immobiles, hoc est, prædia, pro cautela litis, sive pro cautione jud. solvi, non ut Accurs. pro cautione judicio sisti, *l. si servus, jud. solvi, l. si eum, de fidejuss. l. 5. §. in possessionem, ut in pos. leg.* Cautio jud. solvi, est cautio rei vel litis: nam est de solvenda re, aut æstimatione rei: est igitur cautio realis. Cautio judicio sisti est personalis, in *Nov. 53. cap. 3. §. 2.* cautio de persona, non de re. Igitur cautela litis, est cautio judicatum solvi, non cautio judicio sisti. Tutor igitur, cum non paruit stipulationi stipulatio commissa est, ut præstetur id quod interest, vel pœna stipulatione comprehensa. Verum antequam ageretur ex ea stipulatione, interim, ut Papinianus ait, vel inter moras, ut loquitur Marcellus in *l. tutor 28. de administ. tut.* Inter moras, inquam, id est, antequam ageretur ex stipulatu, pupillus adolevit, vel mortuus est: atque ita finita est tutela, quæ finitur adolescentia, vel morte; vel pupillus se abstinuit hereditate, quia nomine conveniebatur: Finge enim conventum fuisse eum, aut tutorem pro eo ex contractu patris, cui heres exstiterat, ut ait *l. 2. de administ. & peric. tutor.* & commissa jam stipulatione judicio sisti adversus tutorem, qui eam interposuerat, quive ad eam responderat, pupillum abstinuisse hereditate. Quæritur, an actio ex stipulatu, quæ commissa est, danda sit in tutorem? Et ait prudentissime Papin. denegandam esse actionem, quia finita est interim causa stipulationis cum pupillus abstinuerit se bonis paternis, vel etiam quia pupillus abstinuerit se tutela. Et ita proponitur in *l. tutor.* Verum Papinian. ut hoc magis probet, utitur optima similitudine: si postquam tutor in judicium vocatus nomine pupilli & condemnatus sit, adoleverit interim pupillus, vel mortuus sit, vel abstinuerit se hereditate patris, ex qua is descendebat, beneficio prætoris: si hæc contigerit post condemnationem tutoris, actio judicati in tutorem dabitur. Sed primo casu, id est, si adoleverit pupillus, in pupillum dabitur. Secundo casu, id est, si mortuus fuerit pupillus, dabitur in heredem pupilli. Tertio casu, si se abstinuerit, in nullum dabitur, *l. 2. de administrat. tut. l. 1. C. quando ex fact. tut.* Pari ergo ratione non dabitur etiam in tutorem actio ex stipulatu, si posteaquam commissa est stipulatio judicatum solvi, hæc contigerint, quia nihil interest stipulatio interponatur inde causa, an postea finiatur causa, *l. ult. jud. sol.* An ergo si hæc non contigissent, daretur actio judicati in tut. sic sane, si se liti obtulisset, si cum ipsum pupillum exhibere posset, cujus res erat, ipse maluerit judicium accipere pro pupillo, quam ei auctor esse judicium accipiendi. Nam in ejus arbitrio est, ut nomine pupilli judicium accipiat, aut pupillum exhibeat. Quod si judicium accipiat pro pupillo, videtur se liti offerre: & ideo merito est in eum actio judicati. Aliud dicendum est, si pro pupillo absente vel infante judicium acceperit, id est, minore annorum septem cum is non posset ei esse auctor ad judicium accipiendum: nam impuberes in jus vocare permissum non est, *l. neque impuberes 22. de in jus voc.* Quia igitur coactus ipse judicium suscepit, actio judicati in eum non dabitur, sed in pupillum, *l. 2. de admin. tut.* Idemque erit in procuratore cujuslibet: nam si procurator pro domino conventus sit & condemnatus, actio judicati dabitur in dominum, vel si vicerit procurator, dabitur domino: nam vincit & vincitur domino procurator. Actio ergo judicati non dabitur in procuratorem, nisi se liti obtulerit non rogatus, id est, nisi sit procurator aut gestor voluntarius, *l. 4. de re jud.* Et in hac re nulla est differentia inter tutorem & procuratorem, sed alia est, quæ pertinet ad quæstionem istam: Tutor si extra jus caverit se soluturum nomine pupilli, quod pupillus debuit, finita tutela recte recusat actionem, hoc est, non cogitur judicium accipere ex ea causa, *l. 5. §. ult. quando ex tut.* tut. Procurator autem, qui, dum gerit negotia domini, pro domino promisit aliquid, finito mandato non recte recusat actionem. Id de tutore scripsit Papinianus in *d. l. 5.* Idem scripsit de proc. in *l. procurator 67. de procurator.* Finge: Procurator mandasti, ut venderet rem tuam: vendidit, & cavit de evictione tuo nomine, ac postea desiit esse procurator tuus revocato mandato, aut quasi expleto mandato, cum non erat procurator omnium rerum: an procurator tenetur emptori evictionis nomine finito mandato? Sic sane: quia finito mandato non finitur obligatio, qua se obstrinxit pro domino: & ratio hæc est, quia volens accessit ad negotium alienum, & cavit ultro de evictione. Sed si quid vendat tutor, finita tutela non tenetur, etiamsi caverit de evictione, quia invitus accedit ad tutelam, & cavet si quid coactus necessitate officii quod sustinet vendat.

---

## Ad L. XXXVIII. de Pactis.

*Jus publicum privatorum pactis mutari non potest.*

IN hac lege ex Papiniano proponitur hæc regula juris, qua nulla est, quæ tot exempla habeat. Sed non utar vulgaribus, aut iis quæ jam a me antea sunt prodita. Jus publicum privatorum pactis mutari non posse: nullus est Jurisconsultus qui tot juris regulas nobis confecerit, quod longior progressus Papiniani ostendit, id est, argumentum summæ peritiæ Papiniani. Periti est habere in promptu regulas & definitiones tum rerum, tum etiam nominum. Ac memini Theologos inter ceteros non aliam ob rem facere plurimi Damascenum, quam quod ejus scripta sint plenissima definitionum. Possem statim ex eodem Papiniano apponere exemplum ex *l. ult. de suis & legit.* sed est tritum. Priusquam alia proponam sciendum est, jus publicum in jure accipi dupliciter. Publicum dicitur primo, quod consistit in sacris, sacerdotibus, religione, magistratibus, *l. 1. de justit. & jure.* Secundo jus fiscale dicitur jus publicum, quod tamen est privatum Principis. Tertio jus publicum dicitur jus commune omnium, id est, jus civile, leges, plebiscita, Senatusconsulta, edicta prætorum, mores populi Romani, qui respiciunt omnium utilitatem, non etiam commodum privati hominis: & ita sæpissime jus publicum accipitur pro legibus, puta pro lege Falcidia, &c. Hoc jus publicum privata conventione convelli & commutari non potest. Utamur novis exemplis. Jusjurandum calumniæ introduxit Justinian. voluit enim de calumnia jurare litigatores in ingressu litis: & pari religione juravit etiam jusjurandum a judicibus, atque etiam ab advocatis, respiciens ad publicam utilitatem, ne quis temere litigaret. An potest jusjurandum calumniæ remitti ex consensu partium? Minime, quia jus publicum privatorum pactis mutari nequit, *l. 2. §. sed quia, Cod. de jurejur. propt. cal.* Plus potest jus publicum, quam privata conventio: privata conventio eludere leges, aut constitutiones non potest. Item, ut constat ex sententiis Pauli, functio dotis pacto mutari non potest, hoc est, præstatio & redditio dotis: dos reddenda est ex 12. tab. annua, bima, trima die, hoc est, tribus pensionibus, si consistat in pecunia numerata, auctore Ulpian. in Fragm. tit. 6. an valebit pactum & conventum, si placuerit, ut præstaretur quadrima die?

die? minime, *l. 16. de pact. dot.* Legibus etiam prodita est actio ob mores, actio de moribus vel retentio ex dote propter mores ejus, qui divortio caufam dedit: quæ a Rhetoribus dicitur actio malæ tractationis, quæ quia publici judicii est, pacto non tollitur. Est etiam actio ob res donatas conjugi, vel retentio, quæ non valet, nisi perseveret donator in eadem voluntate usque ad mortem. An si convenerit initio matrimonii, ut si quid donetur, non repeti possit, vel ne de moribus agatur, aut plus, aut minus exigatur, an hoc pacto obstringi possunt? Minime: nam juri publico derogat *l. 5. de pact. dotal.* Similiter ex lege 12. tabul. actiones hereditariæ dividuntur ipso jure, ut singuli heredes non teneantur in solidum, sed pro partibus hereditariis: hoc jus non potest pactis immutari, *l. 2. §. ult. famil. ercisc.* Utar alio exemplo ex Novell. 22. cap. 32. & 33. Finge: datus est ususfructus, vel data proprietas bonorum, aut nuda, aut plena in dotem, vel donationis propter nuptias, unus ex maritis soluto matrimonio lucratur dotem, vel donationem propter nuptias, an tale lucrum amittet, si transeat ad secundas nuptias? minime. An si initio convenerit ut amitteret hoc lucrum si forte transiret ad secundas nuptias, an transeundo ad secunda vota amittit? nec hoc etiam casu amittet. Et utitur etiam Justinianus hac regula, non posse juri publico derogari privata conventione, *d. Novell.* 22. Exceptio est una; nisi lex specialis id permiserit, nisi pactio sit legitima, ut possit juri publico derogari privata conventione. Exemplum est in *l. ult. §. ult. C. de tempor. appellat.* an initio litis pacisci licet, ut qui superatus sit, non appellet: aut fatalia tempora quæ dicuntur κυρίας ἡμέρας, non observet? sane pactio non valebat. Sed hodie valet ex constitutione Justiniani, *d. §. ult.* Hæc igitur regula patet latissime, & habet exempla innumera: nam nec voluntate testatoris mutatur jus publicum. An potest mutari l. Falcidia, aut prohiberi? minime. Sed hodie potest ex Novell. 1. & constitutione Justiniani. Non potest testator facere ne leges in suo testamento locum habeant, *l. 55. de legat. 1.* Est hoc addendum hujus leg. sensum hunc esse: Jus privatorum facile mutatur privatorum conventione: ut puta quæsita tibi actione, jus tibi quæsitum facile condonaveris ubi quæsieris. Pacto non potes etiam efficere, ne nascatur actio, sed nata poteris non uti, aut eam remittere pacto, si volueris, quod hoc non pertineat ad jus publicum, sed ad privatum; non possunt autem privatorum pactiones efficere, ne leges, edicta, constitutiones vim habeant in suis contractibus, vel aliis negotiis, quæ ad eos spectant, quanquam, si quid eis quæsitum fuerit, de eo utiliter paciscantur, idque remittant, aut habeant pro derelicto aut nullo: ut heres defuncti est, solida legata præstare possit non qualitate Falcidia, *l. 46. ad leg. Falcid. l. ult. C. eodem.* Quo genere videtur heres plenum obsequium plenamque fidem exhibere defuncto in *l. qui totam, ad S.C. Trebellian.* Plinius lib.2. epist. 16. & lib. 4. epist. 10. Nam lex Falcidia contra voluntatem defuncti patrisf. semper inducta creditur: nam sane solidum defunctus præstari vult, *l. 86. ad l. Falcid. & Novell. 1.* Verum testatore vivo inutiliter paciscitur heres de non deducenda Falcidia, si contigerit mori testatorem: ea pactio non officit, ne locus sit Falcidiæ, *l. 15. §. 1. ad leg. Falcid.* Et sic legatum, aut hereditas postquam delata est, recte repudiatur, sed antequam deferatur, si repudiatur, vel si de ea paciscatur heres, si legatarius cum herede legitimo, vel scripto, inutilis pactio est, inutilis repudiatio, quæ non potest impedire delationem, *l. qui totam, §. 1. ad leg. Falcid.* Obviam non potest ire legibus. Dixi hanc regulam esse frequentissimam, imo nulla frequentior, addidique nova exempla quinque. Adjiciam quod ex Græcis didici, & ad pleniorem regulæ explanationem valde facit, hanc regulam aptari posse ad legem præcedentem; ad quam ipsi coaptant, ut plurimum est series quædam etiam in ipsa digestione & ordine legum, & nectitur quodammodo una ex alia:

*Tom. IV.*

præcedentia & sequentia legenda, ut aliquid deprehendatur, quod ad legem faciat, cui damus operam; & qui volunt legere legem aliquam, debent prius spectare, quid sit in præcedenti, quid in sequenti: ita verum percipient legum sensum sæpissime. In lege præcedenti hoc ostenditur, Curatorem reip. non posse remittere pecuniam debitam reip. habita pactione cum debitore publico, & si remiserit, nihilominus esse integram ejus pecuniæ petitionem. Ad eam legem addes rectissime eam rationem, *quia jus publicum pactis privatorum mutari non potest.* Ac sane videtur etiam Papin. hac regula esse usus in hac specie. Jus publicum, hoc est, jus Reip. civitatis, municipii, mutari non potest a privatis: ita enim in *l. 42. hoc tit.* dicitur, jus etiam fiscale privatorum pactis convelli non posse. Sed patet etiam regula latius, atquin non esset regula, hoc est, non tantum continet jus reip. aut fiscale, sed etiam jus commune, leges, plebiscita, edicta, & mores. Verum ad hanc regulam addidi unam exceptionem, nisi scilicet privata conventio quæ derogat juri publico, lege aliqua, aut constitutione nitatur ac confirmetur, *l. ult. C. de temp. & repar. appell.* quia scilicet re ipsa hæc pactio non derogat juri publico cum probetur jure publico, & sit legitima conventio. Addam hodie similiter exceptiones duas. Unam ex *l. 1. §. inde quæritur, de ope. novi nunt.* Finge: Si vicinus meus faciat novum opus, quod arbitror juri meo officere posse, possum eum impedire, ne ædificet, nuntiatione novi operis instituta, etiam non adito prætore (quanquam jure Gallico oporteat adire magistratum) post eam nuntiationem si committunt prætoriæ jurisdictioni, ut animadvertat, remittenda sit nuntiatio, nec ne. Et qui ædificat antequam prætor remittat nuntiationem, facit contra edictum prætoris de novi operis nuntiatione, & tenetur interdicto restitutorio ut diruat quod ædificavit, cujus formula hæc est: *Quod adversus edictum prætoris fecit.* Inde quæritur, an sine jussu prætoris pacto remitti possit nuntiatio? videbatur non posse, quia in ea re versatur prætoris imperium, eaque res pendet ex jurisdictione prætoris, *d. l. 1. §. inde quæritur, l. 7. §. si pacifcar, hoc tit.* quia neglecto imperio prætoris, hoc est, non adito prætore, & admissa hujusmodi pactione quæ remittit nuntiationem, videtur privata pactio præponi imperio prætoris: edicto prætoris; ergo non admittenda, nec servanda. Sed magis placet servandam esse, & valere non minus remissam nuntiationem a denuntiante, quam si fieret a prætore, quia scilicet uterque idem agit & spectat, ut finiantur lites inter vicinos: idem agit hæc pactio: quod agit & prætor: atque ita reipsa nihil derogat juri publico: idem enim agit, quod edictum prætoris. Alia exceptio erit ex *l. 31. hoc t.* Ait lex: pacisci licet contra edictum Ædilium curulium omnimodo: quid est omnimodo? sive initio venditionis convenerit aliquid contra ædilitium edictum, sive post, rata est conventio, & infirmat Ædilitium edictum. Finge convenisse inter contrahentes, ne ageretur actione redhibitoria ob morbum vel vitium rei venditæ, quod est contra ædilitium edictum. Si ita convenerit post venditionem, sane rata est conventio, quia quæsita actio emptori, ab eo ultro remittitur: & nemo invitus cogitur uti jure suo. Sed si initio venditionis ita convenerit, an valebit ea conventio? Et ait valere. Pacisci contra ædilitium edictum, est juri publico derogare. Et licet regula enuncietur duobus modis: *contra leges, vel SC. aut constitutiones, pacta conventa non valent, non servantur a prætore.* Vel, *jus publicum non potest mutari pacto privatorum*; & ita duæ videntur esse regulæ; tamen una tantum est, hoc sensu: *pacta contra formam juris publici, contra leges, plebiscita, Senatusconsulta, mores, edicta prætorum, constitutiones non valent.* Sed addamus etiam pacta facta a privatis, aut inter privatos contra jus fiscale non valere. Item, pacta inter privatos facta contra jus reipubl. non valere: & hoc ad ecclesiam trahi posse, quia in jure sæpe comparatur reipublicæ. Ideo autem pacisci contra edictum

*B 2* ædi-

ædilitium licet quia ea est mens ædilium, ut ob eum tantum morbum, aut vitium sit actio redhibitoria, quod in gerendo negotio venditionis exceptum non sit: quod si generaliter omnes excepti sint, cur non erit rata conventio? Et in summa, in his exceptionibus videtur quidem pactio privata derogare juri publico prima fronte, sed reipsa non derogat, quia id sit ex mente, aut permissu legis, vel edicti, vel constitutionis. Hæc sunt, quæ maxime notanda erant ad hanc regulam.

### Ad L. Ult. de Transact.

*Venditor hereditatis, emptori mandatis actionibus, cum debitore hereditario, qui ignorabat venditam esse hereditatem, transegit: si emptor hereditatis hoc debitum ab eo exigere velit, exceptio transacti negotii debitori propter ignorantiam suam accommodanda est. Idem respondendum est in eo, qui fideicommissam recepit hereditatem, si heres cum ignorante debitore transegit.*

SPecies hæc est: Heres vendidit hereditatem omnem, hoc est, jus universum, & mandavit emptori, hoc est, cessit actiones hereditarias: (in jure idem est mandare, cedere, exhibere. Erat necesse cedere actiones hereditarias emptori ante constitutionem D. Pii. Hodie etiam sine cessione in emptorem actiones transeunt, *l.* 16. *de pact.*) Is heres post venditam hereditatem certa pecunia transegit cum debitore hereditario, ignorante venditam esse hereditatem: an erit emptori hereditatis actio utilis ex cessione in debitorem hereditarium? Sic sane: sed repelletur exceptione transacti negotii, vel transactionis, quamvis non transegerit cum emptore, sed cum venditore: quia ratione sit, ut ei, qui non transegit, noceat transactio facta cum alio: & ob id hæc exceptio non est directa, sed utilis: quod heic significat Papinianus in hac l.dum ait, *est accommodanda*, id est, inflectenda: nam in jure passim actiones & exceptiones dicuntur accommodari, hoc est, inflecti & transferri in causam, in quam proprie non conveniebant, ideo a Græcis vocantur πλαγιασικαι, quasi obliquæ actiones, vel exceptiones: sane hæc exceptio datur ex utilitate, ne justa ignorantia noceat debitori hereditario: qua ratione sit, ut debitor liberetur, qui solvit procuratori finita procuratione, si ignoret finitam esse, §. *Item si, de mandato, l. ejus, ff. de rebus cred.* Et patet idem juris esse in solutione quod in transactione: nam si debitor hereditatis ignorans venditam fuisse hereditatem, venditori hereditatis solverit, sane ipso jure liberabitur, nec poterit cum eo experiri emptor hereditatis. Solutio, ipso jure liberat, transactio per exceptionem: nam genus pactionis est & pactio nisi sit legitima, non liberat quenquam ipso jure, sicut nec obligat. Utitur Papin. similitudine fideicommissarii Trebelliani, non abs re: nam & fideicommissarius Trebellianus, & emptor hereditatis, uterque vicem heredis obtinet, & effectu quodammodo heres est, *l.* 2. §. *pen. de hered. vel act. l.* 5. *quod cum eo, qui. & in utrumque transeunt actiones utiles etiam sine cessione: ex constitutione D. Pii in emptorem hereditatis: in fideicommissarium vero ex Senatusconsulto Trebell. Nunc finge: post restitutam hereditatem heres transegit cum debitore hereditario accepta certa pecunia, cum scilicet debitor ignoraret causam fideicommissi, aut restituram hereditatem: si cum eo agat fideicommissarius utili actione, repelletur eadem æquitate, exceptione transacti negotii cum herede. Sed laudo, quod dixit Accursius, emptori hereditatis vel fideicommissario teneri heredem vel venditorem, qui restituit, quia non præstitit integram hereditatem, non præstitit nomen illud, quod ipse extinxit facta transactione: nihil igitur damni facit emptor hereditatis, aut fideicommissarius Trebellianus, sed nihil etiam debitor, qui transegit ignorans. Rectissime autem ponit Papinianus, eum transegisse ignorantem: nam si sciens transegit, proculdubio tenebitur: nam imputari ei potest, cur solverit ei, cui non debuit: nam post venditionem hereditatis vel restitutionem, heres quidem remanet venditor hereditatis, ac etiam is, qui restituit, sed nomine, sed non re; actiones habent directas, sed sine re: nam si nomen est sine re, & actiones igitur. Sciens igitur debitor venditam aut restitutam esse hereditatem, de se queri debet. Recte etiam Papinianus ponit, heredem transegisse post venditam hereditatem, vel restitutam: nam quod gessit heres ante venditionem aut restitutionem hereditatis: id ratum habendum est semper, neque distinguitur hoc casu inter scientem & ignorantem, *l. ante restitutam* 104. *de solut*, quam adducit Accursius.

### Ad L. VIII. de Postul. & l. 5. de decurion. & eor. fil.

*Imperator Titus Antoninus rescripsit, eum, cui advocationibus in quinquennium interdictum esset, post quinquennium pro omnibus postulare non prohiberi: Divus quoque Adrianus rescripserat, de exilio reversum postulare posse, nec adhibetur distinctio, quo crimine silentium vel exilium sit irrogatum, ne scilicet pœna tempore determinata contra sententiæ fidem ulterius porrigatur. Ad tempus ordine motos ex crimine, quod ignominiam importat in perpetuum moveri placuit: ad tempus autem exsulare, jussos, ex crimine leviore, velut transacto negotio, non esse inter infames habendos.*

IN hac l. Papinianus duo proponit rescripta, nec tamen quid de iis arbitretur, exponit, nec invaluerint ea unquam an secus: nec enim semper omnia rescripta vim suam habuerunt: & quod experimur etiam hodie, idem fuit olim: non omnibus constitutionibus fuit sua vis. Refert igitur Papin. sententiam rescriptorum, nihil præterea: primum rescriptum est Titi, is est Antoninus Pius, non Caracalla occisor Papiniani, ex quo rescripto advocatus, cui silentium indicitur ad quinquennium, id est, ne pro aliis postulet, post quinquennium postulare potest. Subjicit ex rescripto Adriani, etiam advocatum relegatum ad tempus (nam exilium hic accipitur pro relegatione: deportatio enim nunquam irrogatur ad tempus) post tempus impletum postulare posse pro alio. Hoc autem addit de suo Papin. ea rescripta esse generalia, nos igitur non debere illa distinguere: ubi vox illa scholæ est vera; *Ubi non distinguit lex, non debemus distinguere.* Non exprimit rescriptum, an damnatus sit advocatus famosa ex causa, an vero ex alia. Itaque quacunque ex causa, quocunque ex crimine, sive famoso, sive non, ad tempus quis relegatus sit, vel interdictus sit officio advocationis ad tempus, post tempus pristinum officio fungi potest, quia rescripta non distinguunt, id est, sunt generalia: nobis non licet addere distinctionem, quia ratio rescriptorum est generalis: nec sunt hac ratione casus alii ab aliis separandi; & in summa non est adhibenda ulla distinctio; & ratio est, ne pœna tempore definita porrigatur ultra sententiæ finem, ut in *l.* 3. *de decur. ne exaggeretur*, inquit, sententia, quæ certum modum habet. Ergo pœna non est exaggeranda aut amplianda, sed minuenda potius & mollienda. Et hoc est, quod in hac l. a Papin. proponitur, in qua sunt duo in eamdem rem consentientia rescripta: unum Adriani, quod fuit prius; alterum Antonini Pii, quod fuit posterius. Rescriptum autem minus est quam edictum, quanquam hodie parem vim habeant. Rescriptum mittebatur ad unum consultorum: edictum est lex missa ad populum, ad provinciam, ad S. P. Q. R. Post hæc rescripta subsecutum est edictum Caracallæ, quo generaliter sublata omni distinctione cavit, eum qui ordine decurionum motus est ad tempus pœnæ causa, vel eum, cui advocationibus interdictum est, vel alio quolibet officio, puta tabellionis, aut pragmatici officio, post tempus posse fungi honore & officio pristino: Et edicto cavetur nominatim: non esse distinguendum, qua ex causa ad tempus sit motus officio, vel quolibet ordine, an ex causa famosa, puta falsi, vel furti: nam post tempus, pristinum honorem

rem & dignitatem & officium recuperabit. Idem etiam erit, si leviore pœna affectus sit, dum ordine motus est, seu quo alio officio ad tempus, quam legibus statuta esset: si extra ordinem (ut apertius dicam) sit ei inflicta pœna lenior, quam statuta esset legibus: nam non ideo minus post tempus statutum pœnæ restituetur officio: atque ita experietur duplicem humanitatem. Nam & patietur clementiorem sententiam seu pœnam, & post tempus pœnæ etiam recipiet honorem & officium pristinum. Et hoc edictum ita exponitur ab Ulpiano in *l. 3. de decur.* & extat etiam ejusdem edicti pars in *l. 1. de iis qui in exilium dati, vel ordine mot.* ubi ait, *posthac*, id est, in posterum, quasi ante id non obtinuerit Romæ. Unum notandum, quod proponitur in *l. 2. eod. tit. 59. & l. 15. ad municip.* ad tempus ordine motum post tempus redire in ordinem indistincte, ut vult edictum: quacunque ex causa damnatus sit: & esse decurionem igitur ut fuit ante: sed non admittitur ad honores statim, qui solent deferri decurionibus, nisi tanto tempore in eo ordine fuerit post completum tempus pœnæ, quanto ea dignitate caruit, ut eo ordine abstinuit: post deferentur ei honores non minus quam ceteris gradatim, & sigillatim, ut solebat fieri. Habemus igitur duo rescripta, & edictum unum, quæ consentiunt in idem. Sed habemus præterea etiam rescriptum Severi & Antonini ex *l. 3. C. ex quib. cauf. inf. irrog.* quo ponitur decurio ex causa famosa ordine motus ad tempus, & mitiore sententia judicis, quod forsitan is debuerit moveri ordine in perpetuum secundum leges, sit autem motus ad biennium, & sic expertus est mitiorem sententiam ex causa famosa, tamen post biennium non habetur infamium numero, & redit in ordinem decurionum. Hæ igitur quatuor constitutiones mirum in modum inter se consentiunt. Sed repugnant nonnullæ leges, quas nunc exponemus. Ac primum *l. 5. de decur.* quæ tamen est Papiniani ex eodem libro, atque ita huic *l. consentienda*; imo vero prius explicanda fuisset, quam hæc. Exponamus igitur eam quæ distinguit, qua ex causa damnatus quis sit, & conferamus etiam singulas leges, quæ superioribus constitutionibus adversari videntur, hoc est, quæ distinguunt, qua ex causa damnatus sit quis, cum constitutiones nullam distinctionem admittant. Utamur bipartita distinctione: aut damnatur quis ex causa famosa, aut non famosa. Si ex causa non famosa, non turpi, relegetur quis, vel mittatur in exilium ad tempus, quanquam hoc vix fieri possit, ut relegetur quis ex causa non famosa, sed tamen fieri potest: Si ex causa non famosa ordine moveatur ad tempus, sane post tempus redit in ordinem: non enim est infamis: nec est quod impediat: & ita interpretanda est *l. falsi pœna, §. 1. ad l. Corn. de falsis.* Advocatus quidam ordine decurionum motus est ad tempus (poterat quis esse advocatus & decurio l. 56. & 57. C. de decur. lib. 10. & perperam quibusdam curiis excluduntur hodie advocati a consilio municipiorum, *des conseils de la ville*) ordine, inquam, motus est ad tempus, quod falsum instrumentum apud Præsidem recitasset, quodque etiam falsa allegatione usus esset, non quod exarasset ipse, sed quod recitasset tantum, an tenetur lege Cornelia de falsis? Minime. Judicio publico legis Corneliæ de falsis, quod est famosum, tenetur is, qui falsum fecit, non qui recitavit, sed tamen & recitator plectendus est, verum non sit infamis: utque ita advocatus, qui falsum tantum recitaverat, ex causa ordine non famosa, ad tempus ordine motus, post tempus recipit pristinam dignitatem. Idem erit in plebejo qui non est decurialis; & hæc sunt certissima: si advocatus, qui non est decurialis, sit relegatus ad tempus, post tempus poterit decurio creari, nec arcebitur curia & honoribus civitatis. Quid vero si damnetur quis ex causa famosa? Sic distinguendum rursus: vel damnatur pœna extraordinaria, vel legitima. Et hic in primis sciendum, pœnas olim fuisse legitimas, nec potuisse irrogari a magistratu: pœnæ irrogatio est legis, non jurisdictionis. Erant igitur pœnæ criminum

certæ & legibus definitæ: nec a magistratu, cui data erat pœnæ irrogatio, hoc est, merum imperium, poterat alia pœna irrogari, quam quæ erat legibus definita; ac propterea dicitur ab ea pœna non posse appellari: nam appellaretur a lege; Nec enim tam magistratus irrogat pœnam, quam lex *l. 131. aliud, de verb. signif.* Verum non tantum pœna hæc fuit olim legitima, sed etiam ordo exercendorum publicorum judiciorum, fuit legitimus, seu solemnitas ejus legitima fuit, ac ordinaria, quam Gallice vocamus *la procedure*. Deinde ordo cœpit esse extraordinarius, cœpit contemni ordo solemnis legum, manente adhuc pœna legitima, *l. 8. de publ. jud.* postea etiam cœpit non observari pœna legitima, & subrogatæ sunt extraordinariæ ex constitutionibus, *l. 7. §. ult. ad l. Jul. repet. l. ult. §. 1. ad leg. Fab. de plag. l. 13. de pœn. l. 2. de prævar.* Quod usque adeo verum est, ut fur non manifestus, qui ex legibus damnabatur in duplum, hodie damnetur in quadruplum extra ordinem; quia omnes pœnæ sunt extraordinariæ, *l. quid ergo, §. pœna, de his qui mot. inf.* Et hodie cur non utimur actione furtiva in duplum aut quadruplum? Quia non sunt in usu pœnæ legitimæ: omnes sunt extraordinariæ positæ in arbitrio judicis, eaque ratione recte appellatur a pœna; & sic est falsum hodie, quod ait Ulpian. in *d. l. aliud 131.* Redeamus ergo ad distinctionem: aut irrogatur pœna legitima, aut extraordinaria. Si irrogatur pœna extraordinaria, quæ sit gravior quam legitima, ut si is, qui ex causa famosa debuit ad tempus ordine moveri secundum leges, extra ordinem ad tempus relegetur, quæ pœna est durior, post tempus non habebitur inter infames, quia duriore pœna vel sententia transactum cum eo videtur de infamia, ut scilicet non sit infamis, qui duriorem pœnam passus est, ut relevetur infamia, utque conservetur ejus æstimatio, qui duriorem patitur pœnam, quam lex permittit. Et ita in actione furti, quæ est famosa, & cujus pœna est tantum dupli vel quadrupli, si ex causa furti conventus non condemnetur in duplum vel quadruplum, sed relegetur ad tempus, vel damnetur in opus publicum ad tempus, an post tempus erit infamis quasi damnatus pœna legitima? Minime: quia severitas pœnæ videtur transegisse de infamia, nec pœna est producenda, sed minuenda quoad ejus fieri potest. Severiorem pœnam patitur, an æquum est ei adjici infamiam? Minime vero. Et hoc est quod ait in secunda parte: *Ad tempus exulare jussos ex crimine leviori* (quod scilicet non meretur pœnam illam, sed leviorem) *velut transacto negotio non esse inter infames habendos*. Idemque ostendit *l. 4. ex quib. cauf. inf.* cujus species adnotanda est, quia difficilis. Finge: Quidam, qui secundum leges in annum tantum debuit relegari, relegatus est in quinquennium ex causa famosa. Et inquit, non excessit sententiam, quod est obscurum, hoc est, pœna sua functus est, non fuit refuga pœnæ, sed permansit in exilio per quinquennium; alioqui duplicaretur exilii tempus: nam contumacia refugæ duplicat pœnam, *l. 4. aut damnum, §. quisquis, de pœn.* an hic post quinquennium habebitur infamis? Minime, quia severitas pœnæ cum eo videtur transegisse de infamia: non subjicietur pœna duplici severitati. Idem dicitur in *l. in servorum, §. ult. de pœn. l. 4. §. ad tempus, de eo militi. l. 13. §. pœna, de his qui not. inf. l. ordine, ad municip.* Hæc omnia adhuc consentiunt cum constitutionibus: nam post tempus pœna non habebitur infamis, qui damnatus est graviori pœna. Verum ut sumamus alteram partem distinctionis: si ex causa famosa irrogata sit pœna legitima, veluti decurio ordine motus sit ad tempus pœna legitima, vel exiguam extraordinaria, quæ sit levior quam legitima, hoc casu post tempus manet infamis, & in perpetuum removetur ordine ob infamiam. Et hoc proponit prior pars *l. 5.* & idem omnino est, si decurio sit relegatus ad tempus: nam ut ait *l. 3. in prin. hoc tit. boni consulere humanitatis sententia* (il se doit contenter de cela) *quod sit leviori pœna affectus, nec desiderare, ut post tempus redeat in ordinem*. Post tempus igitur non recipiet pristinum honorem,

rem, sed habetur infamis. Omnis infamia proprie est perpetua, nisi Princeps restituat famæ, qui solus potest abolere infamiam. Et quod dictum est ante, post tempus non haberi infamium numero eum, qui graviori pœna affectus est, quam sit pœna legitima, ita accipiendum est, ut nec retro intelligatur fuisse infamis: quamvis subierit pœnam quamdam infamiæ. Sunt hi effectus infamiæ, ut infamis non possit accusare, *l. 8. de accus.* ut non possit esse judex, *l. 12. de jud.* non possit assidere judici, *l. 2. de off. assess.* ut severius puniatur quam is, qui est integræ famæ, si quid deliquerit, quod est magni momenti, *l. 28. §. pen. de pœn.* Et ut eleganter ait M. Tullius pro Cluentio: *ut in perpetuum omni honore & dignitate privetur*, vel ut Tertullianus de spectaculis, *Arcetur curia, rostris, Senatu, equite, & ceteris omnibus simul honoribus, ac ornamentis*, quod congruit cum *l. 2. C. de dignit. & l. 8. C. de decurion.* Ergo si quis secundum legem vel etiam extra ordinem mitiore sententia, quam lex esset, ad tempus sit ordine motus vel relegatus, post tempus erit perpetuo infamis. Idem erit, si ad tempus damnatus sit in opus publicum, quæ est species *l. 6. C. ex quibus caus. inf.* in qua breviter hoc ait. In opus publicum damnatum ad tempus capite non minui, sed tamen post tempus infamium numero censeri, quando scilicet extra ordinem passus est mitiorem sententiam, vel etiam ex ordine pœnam legitimam ex causa famosa. Idem ostendit *l. 4. §. ad tempus, de re milit.* Igitur *l. 6. & d, §. ad tempus & l. 3. in princip. de decur.* & prior pars hujus quæ omnes leges volunt post tempus pœnæ manere infamiam, pugnat cum constitutione Adriani. Prior pars *l.* quamvis sit ejusdem Papiniani pugnat cum *l. 8. de postul.* Et in quærenda ratione componendi dissidii frustra fueris diligens: nulla enim est. Et hoc tantum respondemus, separandas esse constitutiones a jure quæ separatio in plerisque juris locis plurimum conducit. Juris nomine intelliguntur leges veteres populi Rom. & auctoritates Jurisconsultorum: ita nonnunquam scribitur aliquid esse cautum, non tantum jure, sed etiam constitutionibus, *l. 33. de condit. & demonst. l. 4. §. contra, de doli except. l. 1. §. propter, nihil innov. app. int. l. 2. de offic. assess. l. 2. C. de diverf. rescript. l. 1. tit. 23. l. 5. quorum appellat.* Et plane separat jus a constitutionibus Macrinus Imp. juris peritissimus & amantissimus, quem Capitolinus scribit, jussisse aboleri omnia Principum rescripta, ut ex jure ageretur, non ex rescriptis. Sane non abs re. Nam rescripta & constitutiones jus omne populi Romani exturbaverunt, quo cum comparata cetera jura, incondita videbantur. Magna est quæstio, an liberis damnatorum patronorum conservetur veluti jus patronatus, quod habuit, qui damnatus est capitali judicio? Minime, si sequamur *l. 3. de releg. & inter.* quæ de jure patronatus loquitur. Contra *l. 4. de jure patron.* ait, liberis damnatorum jus patronatus conservari, & profert constitutiones, quæ benignissime, ut ait, eisdem conservarunt jus patronatus, quod jus nolebat. Est etiam magna quæstio de majore parte creditorum, quæ paciscitur cum debitore interveniente Prætore solemniter, dum scil. timent, ne labatur facultatibus, ne foro cedat. Solent convenire in unum omnes creditores vel major pars, & adhibito solemniter Prætore pacisci cum debitore in partem aliquam debiti, ne totum amittant. Finge igitur ita rem actam apud Prætorem a majore parte creditorum, an hoc nocet absentibus creditoribus? Sed an & nocet quoad privilegium, an aufert privilegium absentibus? negat auferre. Sic sane propter decretum Prætoris nocet quoad ad actionem personalem, *l. 58. si præcedente §. Lucius, mand. quod est jure.* Sed *l. rescrip. 10. in fine. de pact.* vult, etiam privilegium auferri vel minui absentibus creditoribus ex eadem lege quæ loquitur de rescripto, quo id introductum est contra jus. Et ita in quæstione proposita discernendum jus a constitutionibus: & concludendum omnino ita ex edicto Caracallæ, eum, qui ordine motus est vel advocationibus vel quolibet alio officio ad tempus, post

A

tempus non haberi infamium numero, indistincte quacunque ex causa & quacunque pœna affectus sit. An idem dicemus de relegato ex causa famosa, ut cum esset affectus pœna legitima vel etiam extraordinaria & clementiore quam esset legitima? minime: quia edictum Caracallæ, quod est posterius, non loquitur de relegato ad tempus, sed de eo, qui ordine motus ad tempus pœnæ causa. Rescripserat quidem Adrianus, relegatum ad tempus, post tempus non esse infamium numero, eumque postulare posse, in *l. 8. de postul.* Sed non obtinuit rescriptum illud, nec Antonini. Et necesse fuit postea proponi ab Antonino Caracalla edictum generale, quod non comprehendit relegatum, sed ait *posthac*, quasi velit, hanc rem dirimi ex edicto suo, non ex prioribus rescriptis. Ergo hodie in relegato ad tempus jus sequemur, ut proponitur in *l. 3. de decur.* in qua etiam hoc edictum Antonini refertur & ait, sub illo edicto non continuri relegatum ad tempus. Igitur post tempus manebit infamis, scilicet si relegatio ad tempus fuit pœna legitima, vel etiam si fuit extraordinaria sed mitior, quam esset legitima.

B

---

### Ad L. ult. De his, qui not. inf.

*Exheredatum quoque filium, luctum habere patris memoria placuit: Idemque & in matre juris est, cujus hereditas ad filium non pertinet, §. 1. Si quis in bello ceciderit, etsi corpus ejus non compareat, lugebitur.*

C

Certum est, heredem etiam extraneum lugere defunctum debere, a quo hereditas ad eum pervenit: nam & familia ejus funesta est, quoad justa fecerit defuncto, *l. si ex re, §. ult. de stip. serv.* Quod quidem descendit ex jure Pontificio veterum. Hoc autem argumento eo loco ostendit Gajus, servum hereditarium recte stipulari heredi futuro: nam jacente hereditate & nondum adita, videbatur inutiliter stipulari, cum eo tempore extraneus est: sed tamen placet valere stipulationem, quia qui postea heres est, retro videtur successisse defuncto a morte ejus, *l. heres quandoque 54. de adquir. hered.* tempus aditionis cum tempore mortis conjungitur & aditio retrotrahitur ad tempus mortis. Idque, inquit ex eo apparet, quod familia heredis intelligitur fuisse funesta a tempore mortis, licet aliquo post tempore heres adiverit hereditatem: si funesta sit familia heredis, purganda igitur erit & expianda, quod non fit sine luctu. Nec tamen heres, qui justa facit defuncto, & ideo continuo videtur se pro herede gessisse. Gestio pro herede magis est animi quam facti. Si justa fecerit defuncto, si funus duxerit, si sepeliverit defunctum animo heredis, videtur se pro herede gessisse: si pietatis causa, secus est: nam ut pro herede gessisse dicatur, hoc in animo esse debet, ut velit esse heres, *l. pro herede, §. 1. de adq. hered.* & ita alienorum negotiorum gestio, magis est animi quam facti. Si quid gessit pro alio, animo procuratoris, est ultro citroque negot. gestorum actio: Si pietatis causa, nulla actio est, *l. ex duobus 27. §. ult. l. Nesennius 34. de negg. gest.* At si heres velit esse heres & adeat hereditatem, vel quo alio modo eam adquirat: sunt enim plures modi adquirendæ hereditatis, & sane habebitur inter ingratos, impios, infames, nisi funus faciat defuncto, nisi justa funerum defuncto persolvat, supremum officium, exequias, inferias, solemnia mortis, ut loquitur *l. Mævia 44. de man. test.* nisi colat & celebret memoriam defuncti, a quo hereditatem accepit. Hic est luctus, quem ab herede desideramus, ut colat memoriam defuncti: hic est luctus temporarius, aut paucorum dierum, non annuus; alioqui est infamis, nisi in luctu sit paucorum dierum, si non sit, reipsa saltem & opinione hominum, *l. 5. C. de relig.* Si non infamis, notatus saltem est: nam & infames a notatis separantur, *l. 2. C. de dignit. lib. 12.* ut exheredatus est nota, non infamia, *l. multi, de lib. & post.* Ac præterea heres, qui non luget defunctum, quique defuncto justa

D

E

non

non facit, jure Pontificio veteri contrahit porcam præ- A cidaneam, ut scribunt Cicero, Varro, Festus, Gellius, & Victorinus, hoc est, hac pœna plectitur, ut quotannis Telluri & Cereri immolet porcam ante fruges novas, quæ dicitur præcidanea, quod mactetur antequam heres possit capere fruges novas, & arva metere: annua religione obstringitur in perpetuum, qui ea fungi semel potuit, nec functus est. Porca præcidanea facit quotannis, quod semel facere potuit Porca præsentanea, hoc est, in præsentia, & quasi in conspectu mortui. Nam porcam præcidaneam opponi præsentaneæ eleganter scribit Marius Victorinus *in libel. de orthograph.* Denique memoriam defuncti heres celebrat quotannis, qui cogeretur semel, nisi aliud testator cavisset, ut in *l. 18. §. ult. de alim. leg. l. legatum, de usuf. leg.* & elegans est in hanc rem ratio *d. l. legatum*, quæ ponit, legatam fuisse civitati pecuniam certam, ut ex ejus usuris sive reditu, quotannis spectacula celebrarentur, memoriæ defuncti causa. Id vero spectaculum in ea civitate nemini edere licebat: erat illicitum more civitatis. Quid fiet? an ea pecunia cedet lucro heredis? Minime, sed adhibito advocatoque herede, & primoribus civitatis dispiciendum erit, in quam aliam rem pecuniam converti oporteat, ut memoria defuncti celebretur alio & licito genere: qua recte memini alias Philippum Melanchthonem uti, & eam accommodare ad mores suæ patriæ, cum illa certum genus celebrandæ memoriæ defunctorum abrogasset, ut eo uti non liceret, licet id præcepisset defunctus, qui propterea ex hac l. arbitratur eam pecuniam non debere cedere lucro heredum, sed in aliam justam causam convertendam, veluti in institutionem juvenum, aut aliam quamvis similem, ut alio genere conservetur memoria defuncti. Ut autem luctus mortui Latine variis nominibus effertur, *funus, justa, supremum officium, ut suprema exequia, inferia, solemnia mortis*, sic, & varie Græci ἔθημα, νομιζόμενα, ἐναγίσματα, μνήμαι & μνημόσυνα, & ut dicunt νομιζόμενα φέρειν, ita Latini *justa ferre*, non solum *justa facere*, ut in *l. 2. de in jus voc. d. l. pro herede. Virgil.*

── ingrato suprema ferebat.

Et alio loco,

*Absente ferat inferias decoretque sepulcro.*

*Ovidius*, —— *exequias ferte*, &c. & alio loco:

*Hinc quia justa ferant*, dixere feralia luctum.

Et Statius 12.

── Et miserabile surgit,

*Certamen, qui justa ferant, qui funera ducant.*

Et idem lib. 6. (qui locus adhuc est corruptus.)

── Quid inania fertis

Justa

Vulgo legitur, *busta*.

Luctus ergo, ut ad rem redeamus, quem ab herede desideramus, consistit in exequiis, in funere faciendo, justis faciendis, celebranda memoria defuncti, etiam in amictu atro, dum is supra terram est: solebat esse supra terram dies novem: tot diebus constabant justa & inferiæ mortuorum, quæ dicebantur μνήμαι, id est, feriæ mortuorum, aut memoriæ: Idque constat ex Nov. 115. & 133. Atque ob eam rem intra dies novem nihil peti poterat ab herede, nec a quoquam qui lugeret defunctum, *l. 2. & 3. de in jus voc. l. 36. de jud.* Ita Donatus in Phormione, *In funere nonum esse solemnem*, & D. Augustinus in Genes. *Luctum celebrari novem dies* & Latine appellari *novendialia*, quem tamen morem non vult observari a Christianis. Probat quædam Justinianus, quæ Theologi non probant, veluti festum Papiniani nostri, & illa novendialia, dict. *Nov. 115. & Nov. 133.* quæ Græci veteres recte interpretantur ἔννατα ἐπὶ νεκρῷ ἀγόμενα Pergamus. Lugeri debet defunctus non tantum ab heredibus, sed & a liberis, *l. 11. in prim. & l. parentes 23. h. tit.* & a liberis defunctus per annum. Tit. Livius lib. 2. *Brutum*, inquit, *matronæ annum, ut parentem luxerunt, quod tam acer ultor violatæ pudicitiæ fuisset.* Et parentes igitur sunt lugendi annum, sed non necessario annum

integrum, ut inferius demonstrabitur, & lugendi sunt a liberis, etiamsi sint exheredati a patre, vel præteriti a matre, qui pro exheredatis habentur, *§. ult. Instit. de exher. lib.* Pater non exheredat, nisi nominatim: mater etiam silentio exheredat, puta extraneo herede scripto & filio omisso. Et hoc est, quod ait Papin. in priori parte hujus legis. Cur liberi, qui parentibus heredes non extiterunt lugent illos? quia per exheredationem, vel præteritionem non desinunt esse liberi, licet amittant jura liberorum, *l. 9. §. si filium, de lib. & post. l. filium, §. videamus, de bon. poss. contr. tab. l. 1. §. post suos, de suis, & legit.* Retinent tamen quædam filii exheredati, velut jus sepulcri hereditarii, quamvis jus heredum & filiorum amiserint, *l. 6. §. 1. de relig. & sumpt.* retinent dotem sibi datam a parentibus, vel liberis suis, vel datam pa-
B renti eorum causa & nomine, *l. dotem, de coll. bon. l. 1. §. Celsus, l. 13. de dote præleg. l. un. §. videamus, C. de rei ux. act.* retinent adsignationem libertorum, si quos eis vivus pater adsignaverit, quamvis eos postea exheredaverit: nam exheredatione sola non desinunt esse liberi, quo solo nomine admittuntur ad jus patronatus, *l. 2. §. sed etsi, de adsig. lib.* retinent lucra nuptialia, *Nov. 22. l. hac edictali, l. 1. §. ult. C. de sec. nupt.* retinent casum militiæ, quod est lucrum quoddam *Nov. 35. & 53. cap. 5.* Exheredatio igitur non omnia prorsus adimit, & licet adimeret omnia, tamen quia liberi sunt, parenti luctum debent, quem si non præstent, non carent nota vel infamia. Non est hic luctus annuus, sed novem dierum, & transactu facillimus, qui consistit in eis, quæ ante dicta sunt. Addendum est iis ex *l. 23. h. t.* lugeri etiam a paren-
C tibus liberos debere. Parentes igitur, & liberi lugentur, imo generaliter omnes cognati lugentur omnes & agnati. Sed animadvertendum, quem modum illis præscribit *d. l. parentes. Lugendi*, inquit, *sunt agnati & cognati secundum pietatis rationem*. Pietas exigit luctum ab omni cognatione & agnatione. Et adjicit: *& animi sui patientiam, prout quisque voluerit.* Ex quibus verbis existimant vulgo hunc luctum esse voluntatis, non necessitatis, quod non est admittendum. Nam lex ait, *lugendi sunt*: neque vero ulla est lex, nisi conjuncta sit necessitati. At quod ait, *secundum animi sui patientiam prout quisque voluerit*: hoc significat, prout quisque hunc dolorem ferre poterit, pro captu & voluntate cujusque: ita tamen ut lugeat aliquo modo: & Græci recte interpretantur κατὰ τὴν καρτερίαν τῆς ψυχῆς, secundum quod quisque
D animo ferre valet, secundum animi constantiam qui mos etiam fuit majorum nostrorum honestissimus. Alias sane, qui non lugent parentes, liberos, agnatos, cognatos, non carent nota vel infamia, hoc est, qui dum mortui sunt supra terram, ut veteres loquebantur, justa eis non persolvunt, qui non funus sequuntur amicti atra veste: nam & hic mos fuit Paganorum, sic & Christianorum nunc est, ut omnis adgnatio & cognatio atrata funus sequeretur. Ergo non carent nota vel infamia qui non lugent parentes, liberos, agnatos vel cognatos, quique lachrymulam debitam non spargunt: nam & lugeo fortasse trahitur a λύζω, quod est singultio: nam de lugente Cupidine Ovid.

*Oraque singultu concutiente sonant.*

E Et Arist. λύζω καὶ δακρύω. Ex his intelligitur qualis luctus exigatur a cognatione & agnatione, maxime ut sequantur funus amicti atra veste. Nemo est, qui id melius expresserit quam Varro apud Non. *Propinquæ*, inquit, *adolescentulæ, amictæ etiam anthracinis vestibus, proximæ amiculo nigello & capillo demisso funus sequuntur.* Et alio loco: *ut dum supra terram esset vicinis lugerent.* Ricinia sunt vestes funebres atræ: & alio loco: *in luctibus vestitum delicatiorem ponunt, vicinia summunt*, quæ vestis erat pulla, & anthracina, habitus lugentium: & ita dicimus lugendos esse parentes, liberos, cognatos, & agnatos, alioquin notari eos: non eos dicimus esse elugendos. Et ideo subjicit idem Ulp. in *d. l. parentes*, eum qui non eluxit non notari infamia. Denique vult eum, qui non luxit, notari, non eum, qui non eluxit:
& hoc

& hoc est etiam, quod ait in hac quoque lege, *Exheredatum filium habere luctum patris memoria*, id est, dum celebratur memoria patris, dum justa persolvuntur patri ab agnatione & cognatione omni. Differentia est inter *lugere*, & *elugere*. Plus elugere est, quam lugere, ut plus est evincere, quam vincere: nam evincere est rem auferre post victoriam, *l. evicta 16. §. 1. l. non tamen, de evict. l. 6. de servis export.* Plus est exigere quam agere: nam exigere est extorquere, & exprimere pecuniam, postquam egisti. Elugere est consummare luctum annuum. Agrœtius vetus Grammaticus, *Eluxit, qui luctum deposuit*: & Livius 34. *Quid aliud in luctu, quam purpuram ponunt atque aurum deponunt? quid cum eluxerunt sumunt?* Et ita diximus, non esse elugendos parentes, liberos, agnatos, cognatos anno integro, ut uxor virum solet, sed lugendos tantum, & persequendum esse ab eis funus defuncti, eo quo diximus habitu, eaque religione. Et ita in *l. 1. h. tit.* semper existimavi loco illo quo dicitur, infamem esse eum, qui filiamfam. mortuo genero intra id tempus, quo virum *elugere* moris est, antequam eum elugerit, in matrimonium collocaverit: nam ante annum non recte nubit alteri mulier: & si nupserit, plectitur; legendum, *lugere*, pro *elugere*, ut postea subjicietur, *antequam virum elugeret*, id est, ante peractum annum luctus: & secundum hoc explicanda est *l. 15. C. ex quib. cauf. inf. irrog.* quæ vulgo perperam accipitur, & posset multis imponere, ut mulieri lugenti virum remittatur vestis atra, tristior habitus, & insignia doloris, quod nunquam fuit observatum generaliter: neque ea est sententia legis, ut Senatusconsulto fit remissus mulieribus tristior habitus. Et Paulus recte ult. tit. 1. sentent. *Is qui luget, abstinere debet a conviviis, ornamentis, & alba veste*: & hæc est sententia illius legis: si quando Senatusconsulto ex aliqua causa remittatur & minuatur luctus, ut accidit post Cannensem cladem, in qua ceciderunt tot cives Romani, ut omnes mulieres cernerentur atratæ: quæ cum tamdiu non possent agere sacra Cereris, ut ea possent agere, ex Senatusconsulto factum est, ne luctus mulieris extenderetur ultra 30. diem: ut Val. Max. & Livius scribunt: Item cum ob lætitiam publicam minuitur luctus mulierum, ne lugeant ultra mensem, hoc declarat tantum lex, ut deponant atram vestem, & sumant ornamenta, non etiam, ut nubant intra annum, quo his elugere maritum moris est: neque enim ideo remittitur luctus mulieribus, ut matrimonium contrahere eis permittatur. Quid enim si eas prægnantes defuncti reliquerunt, novæ nuptiæ turbarent sanguinem, redderent partionem incertam, & incertum parentem: ergo non est generale Senatusconsultum illud, sed si quando cavetur SC. ne lugeant ultra 30. dies, deponent tantum habitum tristitiæ, non etiam nubent.

### Ad §. Ultim.

Quod sequitur in hac l. nostra, non est tam planum quam videtur. Si *quis in bello ceciderit, etsi corpus ejus non compareat, lugebitur*? Sic sane: nec deerat causa dubitandi: nam is, cujus corpus non comparet, non lugetur, non funus ducitur, nec ei ferunt justa. Et ita invenio Pub. Mucium Scæv. decrevisse apud Cic. 2. de LL. *Cum quis in navi mortuus esset, & in mare projectus, quod scilicet ejus supra terram non esset, quod non compareret, ut familia inanis esset pura*, non esset funesta, nec teneretur ulla religione ob justa funerum, quoniam luctus habetur tantum ei, cujus corpus comparet, id est, cujus ut supra terram est: ejus vero cujus corpus non compɩret, familia pura est, *& extra porcam heres est*, ut ait M. Tull. id est, non lugendus est ab herede, cujus corpus projectum esset in mare, non est ei funus ducendum, non ei justa facienda, neque mactari heres porca præcidanea, quod justa non fecerit defuncto, cum non deberet facere. Sed aliud statuendum in eo, qui in bello ceciderit, cum dimicaret pro repub. Ejus os, etsi supra terram non sit, aut non compareat, recte Papin. ait, lugeri debere singulari jure, hoc est, funus ei esse ducendum, quasi corpus præsens esset: Hic luctus est novem dierum, non annuus. Ita etiam ut idem libro eodem refert, cum in 12. tabulis esset scriptum: *Mortuo homini ossa ne legito*, quo post funus facias, extra quam si militiæ, aut peregre mortuus sit: recte excipit bellicam mortem: sententia legis 12. tab. hæc est: Hominis mortui & cremati, ut solebant, ossa non esse legenda, ut asserventur: ac postea denuo ei funus ducatur, sed sepeliendum esse statim atque corpus crematum est, nec legenda ossa, ut iteretur funus, & augeatur luctus. Voluit lex minuere luctum: sed excipit eadem lex bellicam mortem, ut scilicet si quis bello ceciderit, & forte a commilitonibus ustus sit, possint ossa ab-herede, vel a filio legi, aut agnato, ut filius ipse justa faciat ipsi, qui non fecit ante. Hæc erant adnotanda ad hunc §.

### Ad L. ult. de Quib. reb. ad eund. jud. eatur.

*Cum ex pluribus tutoribus unus, quod ceteri non sint idonei, conveniatur, postulante eo, omnes ad eundem judicem mittuntur. Et hoc rescriptis principum continetur.*

Hæc lex brevis est & facilis videtur; nec tamen est. Quum ex pluribus tutoribus unus convenitur in solidum, quod ceteri dicantur solvendo non esse, contra is, qui convenitur dicit, ceteros esse solvendo, & actiones dividi oportere: atque ita postulat collegas suos vocari in judicium, & excuti facultates ipsorum, ut prout quisque facere potuerit, pupillo condemnetur & ita ei solvat, utque ipse non exsolvat solidum. Hanc postulationem sane Papinianus laudat & probat: & ait omnes esse mittendos ad eundem judicem, non alium judicem dandum esse excutiendis ceteris: uni rei unum esse addicendum, & unum sufficere. Plures tutores unius vice personæ fungi, sicut & plures magistratus municipales unius personæ vicem sustinent, *l. 25. ad municip.* Et hoc ait Papinian. constare ex rescriptis principum Severi & Antonini: & congruit etiam hoc cum omnino *l. 5. C. Arbitr. tutel.* quæ statuit, ut omnes tutores ad eundem judicem mittantur. Quia vero Papin. ait, unum conveniri in solidum, si ceteri contutores solvendo non sint, explicandum est pro qua parte quisque tutor conveniendus sit. Et quod de tutoribus hic dicetur, idem de curatoribus existimemus, & in quibusdam etiam idem de magistratibus municipalibus, de iis, qui honorem publicum gesserunt simul, vel quodcunque aliud munus publicum præter tutelam, & curationem gesserunt: quæ omnia videtur hoc libro pertractasse Papinianus. Nam pro qua parte magistratus quis municipalis conveniatur, quoque ordine, eodem libro explicat Papin. *l. 11. & 13. ad municip.* quas nos huic conjungemus. Porro res hæc est implicita multis distinctionib. & proprie sunt duo loci in jure, quibus tractatur plenius, *l. 1. §. nunc tractemus, de tut. & rat. distrah. & tit. C. de divi. tut. & pro qua parte quisque tutor conven.* quæstio est dignissima cognitu. Ac primum quidem ita distinguendi. Aut divisa est tutela inter tutores, aut indivisa. Rursus, si est indivisa, aut omnes communiter tutelam gesserunt, aut nullus, aut quidam. Si omnes communiter tutelam gesserunt, singuli proculdubio tenentur in solidum: & pupillus vel adolescens potest eligere unum ex tutoribus, cum quo experiatur in solidum, sed si omnes tutores solvendo fuerint tempore litis contestatæ (ut Julianus antecessor Constantinopolitanus scribit in collectione quadam, quam fecit de hac quæstione) & congregiatur pupillus cum uno tantum, opposita exceptione vel postulante eo, qui solus convenitur, dividetur actio tutelæ inter omnes pro portionibus virilibus, hoc est, pro rata ejus, quod quisque gessit, quodque facere potest, *d. l. 1. §. nunc tractemus*, Non dico, *pro portionibus æqualibus*: possent viriles partes

tes esse inæquales, §. ult. de inoffic. testament. Sed dico pro portionibus virilibus, id est, pro ut quisque tutelam gesserit, & solvendo fuerit; pro rata igitur, seu ut Græci dicunt ἀναλόγως. Portio igitur virilis, est portio rata, non æqualis. Dividitur autem actio inter tutores exemplo fidejussorum, ut ait d.§.nunc tractemus, & mandatorum: quia ex epistola D.Adriani, si omnes solvendo fuerint litis contestatæ tempore, divident inter se actionem pro portionibus virilibus: notum est cuivis beneficium divisionis, sive epistola Divi Adriani, quæ datur etiam hodie iis, qui constituunt se soluturos pro alio, non tantum fidejussoribus, l.ult.C.de constit. pec. Atque etiam datur duobus reis debendi principalibus, Novell. 99. Datur quoque hoc beneficium divisionis omnibus omnimodo accessionibus: æquitatem ratio divisionis diversa specie actionis excludere nullo modo debet, ut ait d.l.ult. de const. pec.& idem confirmat Papin. noster in l.7.de fidejuss.& nominat. Quod si pupillus non eligat unum, cum quo experiatur in solidum, sed agat cum omnibus, qui tutelam administrarunt: si condemnet omnes, periculum sententiæ inter eos dividitur, hoc est, executio judicati fit in eorum bona pro portionibus virilibus, l.2. C.si plures un. sentent. Et hæc quidem, si omnes solvendo fuerint litis contestatæ tempore. Quod si quidam solvendo non fuerint, onerantur ceteri omnes tutores, qui solvendo sunt, idonei & locupletes. Et ita recte in hac lege ponitur, unum conveniri in solidum, & sustinere onus omnium tutorum, quod ceteri solvendo non essent & solvendo impares. Quo tamen casu necesse habet pupillus, & qui solus convenitur, pro se, & collegis suis, cedere actiones suas pro parte ceterorum adversus ceteros, & eum facere procuratorem in rem suam, ut ait Papinianus in l.42. de administrat.tutor. quod congruit cum l.6. C.arbit. tutel. l.2. C.de divid. tutel. vel etiam, si pupillus ei, cum quo agit in solidum non cedat actiones directas adversus ceteros, qui forsitan fuerint postea solvendo, dabuntur ei utiles ex constitutionibus, d. §. nunc tract. Sed hoc ita procedit, si unus ex tutoribus propter inopiam ceterorum conveniatur, & condemnetur, & solvat solidum ex communi negligentia, & culpa omnium: quod scilicet neglexerint negotia pupilli, vel quod aliquid deperierit pupillo: vel etiam conveniatur ex culpa, & negligentia propria eorum, qui solvendo non sunt: hoc casu, vel ceduntur ei actiones directæ, vel dantur utiles sine cessione ex constitutionibus, d.§.nunc tractemus. Sed si conveniatur ex dolo communi, quod omnes tutelam fecerint pupillo, neque ceduntur ei actiones directæ, neque dantur utiles, etsi solidum solverit, l.1.§.plane, de tut.& rat. quia proprii delicti pœnam subit, non omnium: quæ res indignum eum facit, ut aliquid consequatur a consociis, sive particibus doli: nulla enim est societas maleficiorum, vel communicatio justa damni ex maleficio est; dolus est maleficium. Is, qui prior ex dolo illo convenitur, proprii delicti pœnam subit, nec quicquam potest eo nomine a collegis desiderare, quod solidum solverit: & ita dicitur in l.38.si plures, de administrat. tut. dum propria cujusque tutoris contumacia punitur, quia nolle gerere tutelam, qui condemnatus est ex ea causa, qua fronte, inquit, desiderabit cedi sibi actiones adversus ceteros? non potest sane, nisi perfricta. Contumacia, est dolus, ignavia, desidia: negligentia est culpa levis. Magna negligentia est lata culpa, & fere idem quod dolus. Illud sciendum est, idoneos tutores non statim conveniri in solidum propter non idoneos: Nam servandus est hac in re ordo aliquis, antequam tutores ad contutores ceteros, prius excutiendi sunt ii, qui dicuntur non idonei vel heredes eorum; deinde fidejussores eorum, ac post magistratus municipales, qui eos tutores dederunt jussu præsidis, (nam lex dedit magistratibus municipalibus jus dandi tutores) cautione non exacta, quo minus tenentur pupillo actione in factum, quæ proponitur tit. de magistrat.conven. Et his non satisfacientibus pupillo, tum

A demum itur ad contutores idoneos, qui inter se dividunt omnes actiones, prout quisque solvendo erit, & feret onus ceterorum. Unus tantum excipitur casus, quo tutor, qui idoneus est, statim convenitur in solidum, si alter non sit idoneus, non servato illo ordine, non excusso magistratu municipali, scilicet, si ob hoc conveniatur, quod per dolum aut culpam contutorem suspectum non fecerit, vel quod tardius fecerit, illo fortasse jam lapso facultatibus, vel quod suspectum fecerit lusoriæ, vel dicis causa; vel, quod a contutore sive collega cautionem non exegerit, cum sciret magistratum municipalem non exegisse cautionem. His enim casibus convenitur statim in solidum inexcusso atque dimisso magistratu municipali. Et hoc proponitur in d. l. 1. §. usque adeo. Sed animadvertendum maxime, qua ratione

B legendus sit ille §.nam mutatur scriptura illius §.duob. locis, sed non est difficile, quid de ea re statuendum sit, definire. Uno loco ita legitur Florentiæ (quam scripturam etiam Julianus Antecessor sequitur) *usque adeo ad contutores non venitur, si sint solvendo contutores, ut prius veniatur ad magistratus, qui eos dederunt, vel ad fidejussores.* Quæ scriptura non potest stare, & vulgo rectius addita negativa, *usque adeo ad contutores non venitur, si non sint solvendo, &c.* Ita legitur in Basil. Sententia illius §.hæc est: Inopia contutoris divitem contutorem non onerat statim, antequam excussi sint fidejussores contutorum, & magistratus, qui eum dedit cautione non exacta. Deinde ita argumentatur adversus hanc sententiam: *Sunt multa rescripta, quibus cavetur, ut quamdiu vel unus contutor est idoneus, non eatur ad magistratum municipalem.* Prius ergo volunt rescripta vel unum tutorem

C idoneum conveniri, quam magistratum municipalem: Sed belle ita respondet hæc ita obtinere: *Si contutor ob hoc conveniatur, quod contutorem suspectum facere, vel ab eo cautionem exigere noluerit.* Floren. perperam: *Si non contutor, delenda est negatio*, ut Hugolinus voluit, ut si ob hoc tutor convenitur, quod non removerit contutorem, vel ab eo satis non exegerit, hoc casu possit prius conveniri, quam magistratus municipalis, qui alium contutorem dedit, & non idoneum. Et hoc quidem locum habet, si omnes contutores gesserunt tutelam. Quid si nullus gesserit? Idem dicendum, quod omnes gesserunt: quod confirmat l.38.de administ. tut. At quid dicemus, si quidam gesserunt, quidam non, ut fit, cum plures sunt tutores, quod facilius gerantur negotia per

D unum, vel per paucos: nam & pupilli interest ne in plures distringatur; ceteri tutores sunt honorarii inspectores, Gallice dicimus *Controlleurs*. Et hoc etiam casu, cum plures scilicet tutores sunt, prætor decernit, qui gerant, vel non gerant, vel etiam tutores inter se de ea re conveniunt, & exigunt cautionem rem pupilli salvam fore ab iis, qui gerunt. Quod docet Justinian.in §.1.Inst.de satisd. tutor. Finge igitur quosdam non gessisse tutelam, quosdam gessisse: sane hoc casu actione tutelæ prius convenientur hi, qui gesserunt, eorumque heredes, l.2.C.de her.tutor. l.3.C.de divid. tutel.& l.6. C.arbitr. tutel. Quod si forte hi, qui gesserunt tutelam, non sint solvendo, tunc conveniuntur utili actione tutelæ ceteri tutores, qui non gesserunt tutelam, quia suo periculo cessaverunt gerere: enim confestim suo officio fungi. Et ideo in l.55.de ad-

E ministrationis tut. is, qui non gessit, & permisit administrationem alii accepta cautione, convenitur, quia, ut proponitur initio, is, qui gessit, non est solvendo, sed prius excutiendus est is, qui gessit, qui si solvendo fuerit, liberatus est, qui non gessit. Et satis est, eum solvendo fuisse, qui gessit, tempore finitæ administrationis, vel fidejussorem ejus, vel magistratum municipalem, qui eum dedit ut liberetur is, qui non gessit: nam si post finitam administrationem is, qui gessit, factus sit non solvendo, hæc res damno cedit pupillo, non contutorum, l.1.C.de divid. tutel. Verum hic ordo, quem servari diximus inter eum, qui gessit, & eum, qui non gessit, non servatur, si quid periit pupillo ex dolo communi, vel lata culpa, quæ proxima semper dolo est: eo enim

nomi-

nomine eliget pupillus, quem volet, vel eum, qui gessit, vel eum, qui non gessit: secus erit, si quid perierit culpa levi, aut levissima: tunc enim prius excutiendus, qui gessit, ut vult Julianus Antecessor, libenter sequimur quem propter antiquitatem: sic enim ait: Dico non administrasse tutelam eum, qui rem, qua de agitur, non administravit: nam quantum ad eam, non miscuit se administratione. Possunt in una re non administrare, & administrare in ceteris. Et hæc omnia pertinent ad tutelam indivisam. Quod sequitur de tutela divisa, est facillimum, sed distinguendum hoc modo: Aut divisa est tutela a testatore, aut a Prætore, vel judice, aut a tutoribus ipsis inter se, uno scilicet suscipiente res urbanas gerendas, altero provinciales: uno urbica negotia, altero peregrina administrante. Si a testatore, vel a Prætore, seu judice divisa sit tutela, unusquisque tenetur prout gessit, hoc est, pro parte suæ administrationis tantum; exceptis casibus sequentibus, quibus singuli tutores conveniuntur in solidum, scilicet, si contutorem suspectum non fecerint: nam etsi pars tutelæ tantum ei commissa sit, officio tamen ejus incumbit, ut observet semper quid agat alter pro altera parte, & non potest non suspectum eum facere impune: tenetur igitur in solidum, si non suspectum eum fecerit, cum male versaretur in rebus pupilli, vel si tardius fecerit, jam eversis facultatibus contutoris: vel si per collusionem eum suspectum fecerit, tenetur in solidum, *l. 2. de divid. tut. & l. si duo, de administr. & peric. tut.* perinde atque si ipse administrasset. Quod si tutores ipsi inter se diviserunt tutelam, perinde erit, ac si non divisissent. Sequentur igitur, quod constitutum est ante de indivisa tutela. Divisio tutorum non mutat jus publicum, non dividit periculum tutorum, quod dicitur individuum, vel commune, vel mutuum. Denique hæc divisio privata non abscindit officium tutelæ, quod est individuum. Hæc omnia & hæ distinctiones servandæ in pluribus curatoribus: Videamus, an etiam hæc serventur in pluribus magistratibus, quibus resp. gerenda commissa est. Et hæc est quæstio, quam hoc eodem libro tractat Papin. noster in *l. Imperator, & seqq. ad municip.* quarum legum explicationi immutato Digestorum ordine, cogimur huic recitationi subjicere, quo scilicet res omnis ordine a nobis explicetur.

Ad L. Imperator XI. & L. XIII. ad municipalem.

*Imperator Titus Antoninus Lentulo Vero rescripsit, magistratum officium individuum, ac periculum esse commune. Quod sic intelligi oportet, ut ita demum collega periculum adscribatur, si neque ab ipso, qui gessit, neque ab iis, qui pro eo intervenerunt, res servari possit, & solvendo non fuit honore deposito: alioquin, si persona vel cautio sit idonea, vel solvendo fuit, quo tempore conveniri potuit, unusquisque in id, quod administravit, tenebitur. Quod si forte is, qui periculo suo nominavit magistratum, solvendo sit, utrum in eum prius actio reddi, quam in fidejussorem debeat? an vero non alias quam si res a collega servari non potuerit? Sed placuit fidejussoris exemplo priorum conveniendum, qui nominavit; quoniam collega quidem, negligentia, ac pœnæ causa, qui vero nominavit fidei ratione convenitur.*

Lex XIII. Ibid.

*Quid ergo, si ex magistratibus toto anno abfuerit, aut forte præsens per contumaciam, sive ignaviam, vel ægram valetudinem reipublicæ negotia non gesserit; & omnia collega solus administravit: nec tamen tota res ab eo servari possit? Talis ordo dabitur: ut in primis, qui reipublicæ negotia gessit, & qui pro eo caverunt, in solidum conveniantur: mox peractis omnibus periculum agnoscat, qui non idoneum nominavit: postremo alter ex magistratibus, qui reipublicæ negotiis se non immiscuit: nec juste, qui nominavit universi periculi recusavit, cum scire deberet eum, qui nominaretur individuum officium, &*

A *commune periculum suscepturum: nam & cum duo gesserunt, & ab altero servari, quod debetur, non potest, qui collegam nominavit, in universo convenitur.*

Quod de pluribus tutoribus diximus, quodque de his tractavimus, pro qua scilicet parte quisque eorum, quove ordine conveniatur: idem de magistratibus municipalibus, sive duumviris tractabimus in interpretatione *l. Imperator, & l. quid ergo 13. ad munic.* quæ omnes leges sunt ejusdem Papiniani in eodem libro, & tractant de magistratibus municipalibus sive duumviris, qui erat annuus magistratus, ut indicat idem Papin. in *d. l. quid ergo*, his verbis. *Quid ergo si alter ex magistratibus toto anno abfuerit:* toto anno magistratus scilicet: & hoc confirmatur *l. 18. C. de decu-*
B *rion.* Verum honori eorum magistratuum complura onera erant permixta, & illud in primis, ne ante accederent ad administrationem reip. quam satisdedissent, remp. salvam fore, datis fidejussoribus: satisdatio onus est: neque enim faciles inventu sunt fidejussores. Magistratus municipalis est administrator reip. cum dignitatis gradu, sive cum sumptu, sive sine erogatione contingens, *l. 14. de muner.* non igitur honos tantum, sed & honus, quia administratio non est adeunda sine satisdatione. Qua de causa plerique inviti suscipiunt magistratus municipales, vel refugiunt, & qui refugiunt, hi jam non anno, sed biennio eo ordine fungi cogentur, *d. l. 18. C. Et* hoc valde congruit cum refugis pœnarum: nam sicuti damnatis ad metallum, si intra id tempus pœnæ fugerint, id tempus duplicatur *l. 4. & l. 8. §. quisquis, de*
C *pœn.* Ita refugis honorum municipalium, id est, qui latitant, ac effugiunt, aut etiam subterfugiunt honorem municipalem, duplicatur tempus gerendi magistratus municipalis, & hoc tempus biennale est, non annale. De illis Papinianus loquitur initio *l. 11.* & ex rescripto D. Pii hoc primum ponit, magistratuum municipalium officium esse individuum, & commune periculum ad. ministrationis: quod de pluribus tutoribus dici solet, *l. 55. de administrat. tut.* Et secundum hoc ut plures tutores unius tutelæ vice funguntur, id est, punctim, cum unam tutelam gerant, vel etiam plurium pupillorum, qui pro uno habentur. Sic magistratus municipales, ut est in *l. 25. h. tit.* unius personæ vice funguntur, hoc est, civitatis vel municipii vice funguntur, ut Marc. Tull. ait: *Ambo ii magistratus unius personam su-*
D *stinent:* ea de causa, quod gerit unus, quodve administrat, eo alligatur & alter, ac si ipse administrasset: neque enim duæ personæ intelliguntur duumviri, sed una: sicut & Respublica, quam administrant, una est. Sed videamus, quo quisque ordine his magistratus municipalis conveniatur post finitam administrationem & honorem illum depositum: quod est quæstio harum ll. Finge igitur, unum ex magistratibus non gessisse rem, de qua agitur, alterum vero gessisse: puta unum non attigisse eam pecuniam Reipub. quam alter fœnori occupavit, & debitorem illum non esse solvendo: qua ratione sua res publico servabitur? quis primum conveniatur? an is, qui eam rem gessit, an alter? an erit electio reipub. quem conveniat? Quod videtur, secundum id, quod posuimus initio, quia officium magistratus municipalis est
E individuum ac officium commune & mutuum: idem etiam dicitur de pluribus tutoribus: neque tamen est per omnia verum: nam placet in tutoribus primum conveniri eum, qui gessit eam rem, qua de agitur, quam eum, qui non gessit, *l. ult. C. de divid. tut. l. 1. C. si tut. reip. causa, l. 6. C. arb. tut. l. 2. C. de hered. tut.* Ita magistratus, qui pecuniam reipublicæ collocavit non idoneis nominibus, prius conveniri debet actione personali, deinde hypothecaria, vel ipse, vel heres ejus, vel possessor quarumcumque rerum, quæ ad ipsum pertinent; actione hypothecaria convenietur quicunque rem ejus possidet, scilicet si reip. caverit, non tantum fidejussoribus datis, sed & hypothecis: post convenietur fidejussor ejus, qui fœnus contraxit; tum ad extremum si ab

iis

iis res servari non potuerit, convenietur ejus collega. Hic est ordo introductus constitutionibus. Sed si is, qui administravit, neque nunc sit solvendo, neque tempore finiti magistratus, quo tempore conveniri poterat, nec fidejussor ejus, sane is ordo non observatur: frustra enim observaretur. Igitur statim conveniri, & exigi potest is, qui non administravit, pro eo, qui administravit, ex facto scilicet, ac gestu ejus, cessis tamen actionibus in collegam, qui rem administravit, vel etiam sine cessione datis utilibus actionibus, sicut in tutoribus constitutum est, *l.*1.§.*nunc tractemus, de tut.& rat. dist.l.*2. *C.de cont.jud. tut.* Et ita de magistratibus municipalibus est proditum, *l.*2.§.*jus reip.de adm.rer.* ubi eleganter ait, magistratui, qui pro collega dependit, seu solvit, qui quidem collega rem administraverat, de qua agitur, decerni actionem in collegam, & competere eam ex æquitate. Quibus verbis demonstrat, dari utilem in collegam actionem: nam omnis actio utilis decernitur, hoc est, datur causa cognita. Omnis actio utilis est decretalis, directa non est decretalis, sed edictalis: & præterea utilis actio ex æquitate competit, atque ita dum vult Ulpian. demonstrare utilem actionem eleganter ait in *d. l.*2. eam actionem, quæ decernitur in collegam, competere ex æquitate: quæ verba continent definitionem actionis utilis, directa vero ipso jure competit, & datur sine decreto, sive causæ cognitione. Notandum est, aliud esse competere actionem, aliud dari vel decerni. Quæ actio competit, non statim etiam datur, *l.* 9.§.*ult. l.*10. *de tut.& rat. distr. l.debitrix, §.ult. ad Vellejan.* Competere est nasci actionem. Non ut nata sit tibi actio, & statim semper ea potes agere; & quod competit, hoc proficit tantum ad transmissionem, ut scil. possit transmitti ad hæredem, si moriatur is, cui competere cœpit: nam si moriatur antequam competere cœpit: nihil transmittit eo nomine. Ergo secundum ea, quæ diximus, prius conveniendus est & excutiendus fidejussor ejus magistratus, qui administravit prius magistratus ipse, deinde fidejussor: & si ab his res servari non possit, veniendum est ad collegam, qui eam rem non administravit: sed si ab illis res servari possit, absolutus est collega, qui non administravit, nec ad eum veniendum est, etsi dicatur individuum esse officium magistratus: non est reipublicæ electioni locus, cum is, qui gessit rem, de qua agitur, est idoneus, vel ejus fidejussor. Et hoc est, quod ait in priore parte hujus legis. Alia hinc descendit quæstio, an sicut in fidejussorem magistratus, qui gessit, prius redditur actio, quam in collegam, qui non gessit: an sic etiam in nominatorem mag. qui rem gessit, reddenda prius actio sit, quam in collegam, qui eam rem non gessit? Ut autem hoc intelligamus, hoc sciendum est, solere eos, qui vocantur ad honorem publicum nominare potiorem suo periculo, si ipsi nolint eum honorem suscipere. Solent etiam ii, qui a magistratu abeunt, successorem nominare suo periculo, & nominationem nonnumquam sequitur respub. ita ut ipsa respub. non videatur creare magistratum municipalem, sed is, qui nominavit successorem: qua de causa, & nominatio passim in jure creatio dicitur, & nominator, creator, *l.*59. *C.de decur. l.*1.*C.de peric. nomin. lib.*11. *l.*2.§.*si eo tempore, de adm. ver.* Quo loco ante Pand. Florent. male legebatur *procurator* pro *creator*; & similiter etiam credimus locum in *l. ult. C. de hered. decur.* ubi creditur *creditor defunctorum*, pro *creator*. Et ita in Basilicis sæpe dicuntur χειροτονηται, qui aliquem nominarunt ad honorem. Jam igitur intelligimus quis sit nominator vel creator magistratuum. Quæstio igitur est, an in nominatorem ejus, qui rem gessit, prius detur actio, quam in collegam, qui non gessit: nam ex Juliano antecessore didicimus, non administrasse etiam dici, qui eam rem, de qua agitur, non attigit: quod confirmat *l.*5. *de mag. conv.* Et Papin. definit hoc loco, etiam prius conveniendum nominatorem, quasi fidejussorem, quam collegam. Nominator est quasi fidejussor. Sunt quidam,
Tom. IV.

A qui legibus 12.tab.*subvades* nominantur, ii scilicet, qui vadum vel fidejussorum vicem sustinent, puta nominatores, creatores, affirmatores, qui non fidejusserunt quidem, sed perinde tenentur atque si fidejussissent. Utitur Papin. elegantissima ratione; quia, inquit, *major est ratio agendi cum nominatore, quam cum collega*. Id vero ita demonstrat. In nominatorem agitur, quod idoneum magistratum esse affirmaverit, quasi ex contractu & fidei suæ ratione, quam reipub.adstrinxit, dum affirmat idoneum esse hominem, qui sibi in magistratu succederet: in collegam autem agitur negligentiæ ratione quod eam rem non gesserit, quam gessit alter, cum esset communis administratio, & indivisum officium, non quasi ex contractu, sed quasi ex delicto: nam negligentia delictum est: ut Græcis αμαρτια non tantum
B est delictum, ut dolus malus, sed etiam negligentia, stultitia, erratum quodlibet, *l.*51.*de ædil. ed.* ibi delictum pro stultitia accipitur, quia servus sciens vitiosum mancipium emit, ut recte ibi notat Accurs. Denique, qui in nominatorem agit, rem persequitur: qui in collegam, pœnam negligentiæ suæ, & culpæ, & ita in *l.ult. C.quo quisque ordin. con.* dicitur, collegam post nominatorem conveniri ob nexum culpæ, sive contrahentis nomine. Et similiter de tutoribus in *l.*6.*C. arbit.tut.* si unus tutor gessit, eum prius conveniri, qui gessit, deinde contutorem ob culpæ rationem. Et hoc est, quod ait in posteriore parte hujus *l.*Concludamus igitur, non tantum fidejussorem, sed & nominatorem, sive creatorem ejus magistratus, qui rem gessit, de qua agitur, prius esse conveniendum, quam collegam, qui eam rem non
C gessit. Huic definitioni obstat primum *l.*4. *C.de magistr.conv.* quæ ait, prius esse conveniendum contutorem sive collegam, quam nominatorem, scilicet, si individua tutela fuerit, id est, non divisa: & similiter, *l.*2.*C.quo quisque ord.* quæ constituit ut si duobus sit injunctum munus publicum pro indiviso, veluti, ut exigerent reliqua pecuniarum publicarum, vel ut curam agerent Calendarii, etiam si eam functionem inter se diviserunt, prius conveniendum esse collegam, quam nominatorem: quod pugnare videtur cum hac lege, nisi, quod est verum, separentur magistratus municipales ab iis, quibus munus publicum injunctum est pro indiviso, nisi separemus honores a muneribus. Nam ut demonstrat *l.*3. *& 4.C.quo quisque ord.* hoc tantum in magistratibus est constitutum, quibus pro indiviso commissa est admini-
D stratio reipub. ut prius excutiatur, & conveniatur is, qui nominavit magistratum, quam collega, qui eam rem non attigit: qui ordo, ut dixi, non servatur in iis, quibus commissa est tutela, vel quodlibet aliud munus publicum. Ratio differentiæ hæc est, quia magistratus non sunt proprie correi, hoc est, non sunt proprie ejusdem debiti rei, singuli in solidum, vel non sunt omnimodo rei ejusdem debiti, ut ait *l.*45.*de adminisir. tutor.* Nam in singulos non est actio in solidum finito magistratu: si ambo solvendo sint depositi honoris, vel magistratus tempore, sed dividenda est actio. Et est tamen actio in solidum in singulos tutores, si duo pluresve tutelam susceperint, vel aliud munus publicum: & actio in singulos in solidum ipso jure, licet opposita exceptione possit actio dividi, si non omnes solvendo sint: sed
E in magistratus non est ipso jure actio in solidum, & electio locum non habet in magistratibus, sed unusquisque conveniendus est, prout quisque administravit: in ceteris, qui munus publicum susciperint, electio locum habet, & qui electus fuerit, potest conveniri in solidum, atque etiam condemnari, si omittat exceptionem: si non alleget beneficium divisionis: ceteri igitur sunt duo rei ejusdem debiti: atque ita prius convenitur correus, id est, collega quasi principalis: deinde fidejussor, quia fidejussor propius accedit ad reum, & similior reo quam nominator. Contra est in magistratu: nam prius convenitur fidejussor, deinde nominator, postea collega, quia is non est omnimodo correus. Ad hæc subjiciatur ex eod. Pap. ex alio tamen libro: *Et si contra nominati collegam actionem*

*nem utilem dari non oportet*: qui locus est depravatus: nam consideret quisque apud se, quid hæc verba sibi velint. Dixit ante teneri eum, qui nominavit, fidei suæ ratione: quod periculo suo successorem nominavit, teneri, inquam, ex fide sua & quasi ex contractu suo, & conveniri prius, quam collegam, exemplo fidejussorum: denique comparavit supra nominatorem cum fidejussore. Nunc videamus quomodo aptetur id, quod est in l.12. Primum quænam sit actio utilis, quæ denegatur huic nominatori, & datur aliis: non invenies quibus detur, quam huic nominatori. Deinde, ut nihil mutemus nec detrahamus, quid sibi volunt hæc verba? *Eum qui nominavit, si conventus vice nominati solidum præstiterit, non habere utilem actionem adversus collegam nominati.* Quis hoc nescit, cum non pro collega nominati solverit, sed pro nominato? Si diceret Papin. nominatori, qui pro nominato solidum exsolvit contra nominatum non dari utilem actionem, esset elegans sententia. Et vero hoc scripsit Papin. & verbum *nominati* est interpretis cujusdam, & est circumscribendum omnino, quod satis demonstrat Accurs. dum ibi ait, *nominator unius cum prius convenitur, quam collega, non aget contra alium collegam, scilicet nominati.* Illud verbum *scilicet* ostendit verbum illud *nominati* esse interpretis cujusdam, & interpretis quidem mali. Non dicit Papin. *Et ei contra nominatum actionem dari non oportet*: sed, *Et ei contra collegam actionem utilem dari non oportet*: vulgo ita legitur: *Et ei qui nominaverit, &c.* quæ verba, *qui nominaverit*, sunt etiam interpretis: vel aliter, *ei*, id est, *nominanti contra collegam &c.* quod depravatum est in *nominati*. Hæc omnia invecta sunt ab interprete, & omnino ita legendum est: *Et ei contra collegam actionem utilem dari non oportet*: & hæc est sententia: Tutori, qui solidum solvit, datur actio utilis adversus contutorem, etiam sine cessione (hoc est certissimum) quia solvit pro eo, & nomine ejus: sic etiam magistratui, qui solidum solvit, cum essent duo magistratus, datur actio utilis adversus collegam, pro quo solvit. Æquum enim est, ut utili actione a te recipiam quod pro te solvi, si forte non cesserit mihi actionem is, cui solvi pro te. An etiam dicamus fidejussori, qui solidum solvit, superesse actionem utilem adversus confidejussorem? minime, nisi cessa sit: utilis non dabitur, quia suo nomine solidum solvit, id est, propter suam obligationem: nam duo fidejussores sunt duo rei debendi, hoc est, omnimodo singuli in solidum tenentur, & si unus solidum solvat, pro se solidum solvit, non nomine confidejussoris: atque ideo non habet actionem adversus confidejussorem ut vel pro parte recipiat ac repetat ab eo quod solvit: idque recte, ut solvit, ita erat obligatus, nempe in solidum, *l. fidejussor 39. de fidejuss. & l. cum alter 11. C. eod. tit.* Ergo fidejussor adversus confidejussorem non habet utilem actionem. Ac similiter nominator, quem Papin. dixit similem esse fidejussori, idque probavit uno exemplo in l.11. & alio in l.12. nominator, qui magistratus, qui solidum solvit, adversus collegam suum, qui nominaverat eumdem magistratum, non habet utilem actionem, quia etiam duo nominatores, omnimodo sunt duo correi debendi: & breviter probatur nominatorem similem esse ei, qui pro magistratu salvam esse rempublicam sua fide jubet. Ergo nominatorem municipalis magistratus, qui pro collega solvit, non habere actionem utilem adversus collegam; sicut nec fidejussor habet adversus confidejussorem. Et ut breviter dicam: comparatur nominator fidejussori duplici ratione. Sicut fidejussor prius convenitur, quam collega, ita nominator, l. 11. & sicut fidejussor, qui solidum solvit, non habet utilem actionem adversus confidejussorem, ita nominator magistratus, qui pro nominato solidum solvit, non habet actionem utilem adversus collegam suum, qui eumdem etiam magistratum nominavit. In l.13. videtur idem dici, quod in l.11. Sed hæc est differentia, quod uterque magistratus in l.11. aliquid gessit, sed separatum. In l. 13. unus omnia gessit, quia toto anno alter abfuit, vel ægrotavit, ut nihil potuerit gerere, aut quia contumaciter, vel ignaviter nihil voluit gerere; & res servari non potest ab eo, qui gessit omnia; quid fiet? sequemur eumdem ordinem, quem supra diximus, & agemus prius cum eo, qui gessit, deinde cum fidejussore ejus: post excussis omnium facultatibus, & ipsius, & fidejussorum ejus, si ab eis rem non possimus extorquere, perveniemus ad nominatorem ejus, qui gessit: ac postremo ad collegam, qui nihil gessit, & nominator sustinebit universi periculum: nam cum nominavit, sciebat se nominare ad officium individuum ac periculum commune. Qua de causa, nominationis scilicet ratione, ipse universi periculo obstringitur. Et hoc verum est indistincte, non tantum, si unus magistratus gessit omnia, sed etsi ambo gesserint & administraverint rempub. nam si conveniatur nominator, convenietur in universum periculum.

---

### Ad L. LIV. de Condict. indebiti.

*Ex his omnibus causis, quæ jure non valuerunt, vel non habuerunt effectum, secuta per errorem solutione, conditioni locus erit.*

Quæstio ex libro 2. Quæst. Papin. quam explicavi nudiustertius, erat de magistratibus municipalibus & fidejussoribus & nominatoribus ejus: quæstio difficilis: hodiernæ sunt faciles. In illa quæstione maxime velim vos retinere, in l.12. circumscripto hoc verbo, *nominati*, ita legendum: & ei contra collegam actionem dari non oportet. His verbis adjicitur argumentum in d.l.12. quo probetur, nominatorem similem esse ei, qui pro magistratu salvam esse rempub. sua fide jubet: nam & fidejussori, qui solidum solvit, non datur actio utilis adversus confidejussorem, qua repetat ab eo quod solvit, ut probat l. ut fidejussor, de fidejus. & l. alter, C. eod. tit. quas leges quia non adnotaveram, ideo de fidejussore id fuit repetendum. Ita lex 12. ad municipal. ait, nominatorem municipalis magistratus, qui pro collega solvit, non habere actionem: esse igitur nominatorem similem fidejussori. Tutori tamen qui solidum dependit pro se & pro contutoribus adversus contutores datur utilis actio. Duumviro quoque, ut sit commune periculum utriusque. Nunc quod restat agamus. In l. 54. de condict. indeb. proponitur hæc regula juris; ex omnibus his causis, &c. Nullus est Jurisconsultus, ut antea diximus, qui tot nobis regulas confecerit, totque definitiones rerum, tum omnium, quod est argumentum summæ & magnæ eruditionis: nulli etiam Jurisconsulto par commendatio fuit, quæ Papiniano tribuitur. Summum etiam argumentum eruditionis est, quod nullius unquam auctoritate utitur, exceptis duobus locis, in l. Sabinus, communis divid. & in l. 51. venditor, de serv. exportand. Nunc igitur, quod instat, agamus. Hæc eadem regula a Papin. proposita, etiam ab Ulpiano prodita est in l.1. de condict. sine caus. quamvis concepta aliis verbis, id scilicet alicui condici posse, quod sine causa ad eum pervenit, vel injusta causa, vel etiam quod redit ad injustam causam. Hæc est regula omnium conditionum, quibus revocatur quod solutum est, quodve prorogatum est ex bono & æquo: neque enim hæ tres conditiones sunt ex legibus. Habuimus nuper ex Papin. aliam regulam in l. jus publicum, de pact. Jus publicum privatorum pactis mutari non potest: quam diximus aptari debere ad legem quæ præcedit & loquitur de procuratore reip. qui debitam reip. pecuniam pacto convento de non petenda pecunia remisit, quod pactum lex ait inutile esse & inefficax, nec perimere obligationem. Addenda est ratio legis sequentis, quod jus publicum, id est, jus reip. non potest pactis mutari: ita est in l.2. §. reipublicæ, de admin. rer. ad civ. pert. Sic regula hujus legis aptanda ad casum l. præcedentis hoc modo. Dominus testamento servum suum liberum esse jussit sub conditione, si mihi decem daret. Finge
testa-

testamentum esse ipso jure nullum, forte, quod in eo filiusfam. est præteritus: cum vero servus ignoraret esse nullum, rogavit Titium, ut mihi 10. daret: Titius id dedit, atque ita servus liber esse jussus testamento implevit conditionem libertatis, nec tamen sit liber, quia testamentum ipso jure nullum est, & libertas ipso jure nulla est. Ergo locus erit conditioni indebiti, quia ex ea causa data est pecunia, quæ jure non valet: ac proinde Titius revocare ac repetere poterit decem, quæ dedit: quæ est ratio Papiniani in hac l. 54. subjecta sententiæ Proculi. Quæritur tamen a Proculo in l. præced. cuinam detur conditio? an Titio, qui decem dedit rogatu servi, an vero heredi legitimo, id est, domino servi? videtur sane danda conditio domino servi, quia soluta est pecunia nomine servi, & pro eo est, ac si servus ipse solvisset, qui aliunde corrasit pecuniam ad implendam conditionem libertatis. Videtur igitur a domino repetenda pecunia, qui tamen obligabitur Titio, & cogetur ei eam pecuniam reddere: Verum hoc non probat l. 10. Ait enim *tam benignius, quam utilius esse recta via ipsum, qui nummos dedit, suum recipere*: quæ verba sunt valde notanda: statim ergo Titio dari conditionem indebitæ pecuniæ: quia etsi non solvit suo nomine, suam tamen solvit: Facit comparationem utilitatum: & recte quidem, quia conditio indebiti ex æquo & bono proficiscitur, l.66. hoc tit. Ac denique danda est conditio potius ei, cui eam dari benignius & utilius est: quæ ratio etiam efficit, ut nonnunquam detur conditio indebiti non ei, qui solvit, sed alii, l. 2. & 3. hoc tit. Non enim semper idem condicit, qui & solvit, sed & alius: & non etiam idem semper condicitur, quod & solutum est, sed tantumdem, l. 7. hoc tit. Nam indebiti solutio promutuum est: & ut ex mutuo, sic & ex promutuo, non idem, sed tantumdem reddi potest. Ita igitur accommodanda est hæc regula Papiniani in hac l. 54. ad leg. præcedentem 53. quæ est Proculi. Et vix est ulla regula in Digestis nostris, quin sit referenda ad præcedentem speciem, & habenda pro ratione superioris responsi. Possent tamen complura alia exempla ad hanc regulam afferri, alioqui non esset regula: sed uno contenti erimus. Heres per errorem solvit certam pecuniam ex legati causa testamento injusto relicti: cognito errore poterit repetere per conditionem indebiti, quia legatum ipso jure non valet: idem si solverit ex test. quod valuit quidem initio, sed rescissum est per querelam inofficiosi, vel per bonorum possessionem contra tabulas: nam ex his causis conditionis locus erit. Causæ, quæ ipso jure non valuerunt, sunt, quæ ab initio non constituunt. Causæ, quæ effectum non habuerunt, sunt, quæ initio quidem valuerunt, sed rescissæ sunt. Nihil ergo refert, causa valuerit ab initio, an postea rescissa sit, & Græci recte in illo loco, τὸ κατὰ βαθύμενον, &c. Sed exigit regula, ut per errorem solutum sit: Nam qui sciens solvit, quod non debet, donat, nec repetere poterit, etsi dixerit, solvo, non dono, sicut contra, non quicunque dicit, dono, donat, sed transigit, vel solvit, vel quid aliud agit. Exemplum habemus in l. 15. §. *Papinianus, locati*. Si uno domino remissionem dederit colono ob sterilitatem, deinde sequenti anno contigerit ubertas, remissio ante facta, domino nihil oberit. Nam potest exigere integram pensionem etiam ejus anni, quo remisit, licet remittendo usus fuerit donationis nomine, quia quod remittit, transactio est potius, quam donatio mera: atque ita non tam verba, quam mens contrahentium spectanda sunt. Qui sciens igitur solvit indebitum, non repetet. Id evidenter apparet in herede, qui interveniente Falcidia integrum legatum solvit: non debetur integrum legatum ipso jure, l. 73. §. *ult. ad leg. Falc.* quia lex Falcidia ipso jure minuit legata. Si igitur sciens heres integrum solvit legatum, aut cavit se daturum integrum sine deminutione, conditioni locus non erit, quia donasse videtur. Hæc est ratio communis: sed est in herede propria quædam ratio, qui non vult uti Falcidia, quod scilicet fidem pleniorem defuncto exhi-

A buerit: nam sane defunctus voluit integrum legatum præstari, nec uti heredem Falcidia, quæ lex est contra voluntatem defuncti. Id igitur præstando, heres implet religiose voluntatem defuncti, & fidum obsequium præstat, ut loquitur l. 45. *ad Trebell.* quod idem dici potest citra Falcidiam, si legatum inutile ultro præstiterit heres prudens, sciensque. Nam etsi sit inutile, forte ob non observatam regulam juris, tamen præstando inutile legatum, exhibet plenum obsequium defuncto, qui non voluit tam rationem juris haberi, quam suæ voluntatis, etsi non expresserit testator, quod si expresserit, inutiliter expresserit; nec enim facere potest, ne jus locum habeat in testamento: laudatur tamen heres, qui præstat legata inutilia, quique fidum obsequium & plenam fidem exhibuit defuncto: & ita

B Plin. 5. Epist. 7. & similiter, si fideicommissum, aut legatum inutiliter relictum heres promiserit se soluturum sciens, explendæ fidei causa, non erit conditio cautionis, ut ea obligatio solvatur, & jam pecunia debebitur non ex testamento, sed ex stipulatione, l. 62. hoc tit. quod maxime pertinet ad id quod M. Tullius scribit 2. de LL. de legatario, qui obligatur sacris defuncti: nulla est hereditas sine sacris: heredem sequuntur sacra defuncti, quæ ipse peragere solebat. Sed quæritur, an legatarius quoque obligetur sacris? minime: nisi tantum acceperit legatarius legati nomine, quantum pervenit ad omnes heredes, hoc casu obligatur sacris defuncti. Verum liberatur si quod legatum est legatarius stipuletur, ut id ipsum ex stipulatione debeatur, hoc est, si novet obligationem, si legati cau-

C sam transfundat in jus stipulationis. Nam ita interposita stipulatio plerumque novat obligationem, l. 8. §. 1. *de novat.* & pro eo est ac si ea pecunia legata non esset, quia jam non debetur, aut capitur jure legati, sed jure stipulationis. Heres igitur liberatus est novatione, vel ut Tull. ait, *per as & libram*: nam eodem modo fiebant novationes, Livius lib. 6. *libraque æreque liberatum emisit*. Ignorantibus igitur tantum ve-rantibus, vel etiam dubitantibus (dubitatio ignorantiam imitatur ex Constitutione Justiniani) dabitur conditio indebiti, non scientibus.

Ad L. VII. de Præscript. verb.

*Si tibi decem dedero, ut Stichum manumittas, &*
D *cessaveris, confestim agam præscriptis verbis, ut solvas quanti mea interest, aut si nihil interest, condicam tibi, ut decem reddas.*

Regula, quam ante exposuimus, est communis omnium conditionum: hæc lex est propria conditionis ob rem dati, quanquam ubi rei conditio locum habet, habent & ceteræ, & est in arbitrio actoris, ut condicat rem datam, quasi non sequuta causa, vel quasi sit sine causa apud eum, qui accepit: est enim liberrimus usus conditionum, sed proprie erit in hac l.7. conditio ob rem dati. Finge: dedi tibi decem, ut tabulam pingeres, vel membrum aliquod domus: hic contractus vocatur locatio & conductio: conduxi enim tuas operas, & tu mihi scilicet locasti. Hic contractus habet proprium nomen & legitimum: nam a JC. non

E sunt inventa propria nomina, sed sunt indita legibus. Ex hoc igitur contractu datur actio, quæ nomen habet, actio ex locato & conducto. Finge: dedi tibi togam, ut tabulam pingeres, an est locatio & conductio? minime: nam locatio & conductio non consistit sine pretio; nec est emptio & venditio: locatio est instar emptionis: & ideo locator dicitur quoque emptor, sicut & conductor venditor: merces, pretium, sunt communia nomina: non ergo hic proponitur emptio & venditio, nec locatio & conductio, sed est contractus similis locationi, qui nomine vacat, & ideo dicitur actio præscriptis verbis, quod non est proprium nomen, quia scilicet datur secundum præscripta verba contractus, quia dum intenditur, recitantur verba contractus, cum
tamen

tamen in actionibus, quæ habent proprium nomen sufficiat exprimere nomen contractus: & hoc oftenditur in *l*. 5 §. *at cum do, hoc tit.* Finge iterum, quæ eft fpecies hujus legis: Dedi tibi pecuniam, ut fervum tuum manumitteres, non eft locatio & conductio, quia hoc factum locari non folet, opera locari folet vel conduci, non liberale officium: manumiffio eft officium liberale, non opera. In iis igitur, quæ ex officio manant, & in quibus nulla noftra verfatur opera, non poteft confiftere locatio & conductio: fateor tamen hoc negotium effe fimile locationi & conductioni, & vacare nomine: atque ideo ex hoc negotio datur actio præfcriptis verbis, quæ proprium nomen non habet. Quo fine datur hæc actio præfcriptis verbis? ut fcilicet præftetur id, quod intereft fervum manumitti, ut impleatur fides contractus, quia forte filius eft, aut fratèr, quem cupio manumitti: Verum etiamfi mea nihil interfit, condicam pecuniam quam dedi, quafi datam ob rem, re non fequuta. Eft igitur mihi duplex actio, præfcriptis verbis, ut impleatur fides contractus, vel conditio ob rem dati ut mihi reddatur pecunia: fed his actionibus non agetur, ut docet Papinianus hoc loco, antequam ceffaveris in manumittendo Sticho, hoc eft, antequam moram feceris: moram autem feciffe videris, fi cum primum potuifti manumittere fervum, non manumififti, maxime interpellatus: nam interpellatione fane eft opus: poft moram autem agam confeftim, quia non eft additum tempus manumiffioni: fed ita res gefta eft, *Do pecuniam, ut Stichum manumittas nullo addito tempore:* ftatim igitur, ut ceffaveris in manumitrendo Sticho, vel agam præfcriptis verbis, fi mea interfit eum manumitti, vel fi non interfit, agam conditione obcaufam dati, *d.* §. *At cum do, l. fi liber C. de condict. ob cauf. dat. l. 2.* §. *17. ff. de cond. cau. da.* Imo dices, in hoc cafu non eft locus iis actionibus, quia ipfo jure ftatim atque non eft manumiffus fervus, eripitur ad libertatem: lex repræfentat libertatem, quam ille, qui pecuniam accipit, non præftat: non eft ergo actionibus propofitis locus, quia jam eft ipfo jure liber ex *l.* 38. §. *idem refpondet, de liber. cauf. l.* 4. *C. fi mancip. ita alien.* Dedi tibi pecuniam, ut fervum tuum manumitteres, non manumififti ; fit liber ex fententia D. Marci & Commodi. Sed diftinguendum hoc modo : fi pecuniam dedi veluti pro pretio ut Stichum manumitteres, & ceffaveris, fiet liber ipfo jure: & ita hanc rem declarant *d. l.* 38. *& d. l.* 4. quæ ita proponunt, dari pecuniam veluti pro pretio. Hic vero ponere debemus non dari pecuniam veluti pro pretio, fed ut mercem & rem quamlibet non habita ratione pretii quanti eft Stichus: pecunia non femper pro pretio eft: nummi peregrini, ut olim, ita hodie mercis loco funt, ut refert Voluſius Mætianus in libro de Affe, & Plinius Hiftor. 33. cap. 3. noftri etiam nummi nonnunquam mercis loco funt. Et ita in *l. ult. de cond. cauf. data.* Dedi tibi pecuniam, ut Stichum dares, an eft emptio & venditio? fic videtur: & vero ita eft, fi modo pecunia data fit pro pretio: fed fi dedi tibi pecuniam non veluti pro pretio, ut mihi Stichum dares, permutatio eft quafi mercis cum merce. Non pecunia femper vice pretii fungitur, fed etiam mercis : quod maxime pertinet ad explicationem illius *l. ult.* quæ negat illud negotium effe emptionem venditionem & adjiciunt Græci recte, effe permutationem, quia non eft data pecunia, veluti pro pretio Stichi, ut etiam in hac *l.* 7. ponendum eft, non effe datam pecuniam veluti pro pretio fervi : alioquin ftatim poft condemnationem fervus eriperetur in libertatem ipfo jure, & non effet locus his actionibus.

---

### Ad L. I. de Ufuris.

*Cum judicio bonæ fidei difceptatur: arbitrio judicis, ufurarum modus ex more regionis, ubi contractum eft, conftituitur, ita tamen, ut legi non offendat.*
§. 1. *Socius fi ideo condemnandus erit, quod pecuniam communem invaferit, vel in fuos ufus converterit, omni-* modo *etiam mora non interveniente, præftabuntur ufuræ.*
§. 2. *Nec tamen judex judicii bonæ fidei recte jubebit interponi cautiones, ut, fi tardius fententiæ condemnatus paruerit, futuri temporis pendantur ufuræ, cum in poteftate fit actoris judicatum exigere.* Paulus notat. *Quid enim pertinet ad officium judicis, poft condemnationem, futuri temporis tractatus?*
§. 3. Papinianus. *Circa tutelæ reftitutionem pro favore pupillorum latior interpretatio facta eft: nemo enim ambigit hodie, five judex accipiatur in diem fententiæ, five fine judice tutela reftituatur, in eum diem, quo reftituit, ufuras præftari. Plane fi tutelæ judicio nolentem experiri, tutor ultro convenerit, & pecuniam obtulerit, eamque obfignatam depofuerit, ex eo tempore non præftabit ufuras.*

Hodie explicabitur alia regula, quæ proponitur initio h. l. Sciendum eft, in bonæ fidei contractibus, vel quafi ex mora, hoc eft, pofteaquam debitor moram fecerit in eo folvendo, quod debetur, deberi ufuras officio judicis, *l.* 32. §. *in bonæ fidei l.* 17. §. *ex locato, hoc tit. l.* 24. *ff. depof. l.* 13. *C. de act. empt. l.* 2. *C. depof. l. fructus C. de act. empt.* nulla eft frequentior regula, cui eft adnectenda ea, quæ ponitur initio hujus l. Sed fciendum eft priorem hanc regulam etiam locum habere in legatis & fideicommiffis, quamvis actio, qua legatum aut fideicommiffum petitur, non fit bonæ fidei : ufuræ legatorum vel fideicommifforum debentur ex mora, hoc eft, fi heres interpellatus congruo loco & tempore ea non folverit. Quod ad ufuras attinet, comparantur femper legata & fideicommiffa bonæ fidei contractibus, *l.* 34. *hoc tit. l.* 3. *C. in quib. cau. reftit. in integ.* & hoc puto effe ex conftitutionibus. Nam ita invenio fcriptum in *l.* 24. *de ufufr. leg.* poft moram heredis legatario reddi ufuras placuit. Et verbo *placuit*, plerumque fignificantur conftitutiones principum. At hoc pofito in contractibus bonæ fidei, vel quafi contractibus ex mora deberi ufuras arbitrio vel officio judicis: quærimur, quæ ufuræ debeantur? nam officium vel arbitrium judicis non eft liberum aut iniquum arbitrium, non licentia pronuntiandi juris, fed arbitrium boni viri in *princip. tit. Inftit. de offic. jud.* ut non aliter judicet, quam legibus & moribus proditum eft. Quæritur, quæ ufuræ debeantur, quod dum quærimus, quærimus, quas debeat ufuras judex conftituere : quærimus denique de officio judicis. Et hac de re Papinianus dat nobis initio hujus legis regulam elegantem. *Cum judicio bonæ fidei difceptatur, arbitrio judicis ufurarum modus ex more regionis, ubi contractum eft, conftituitur, ita tamen, ut legi non offendat :* ut fcilicet in judiciis bonæ fidei ufuræ veniant ex mora arbitrio judicis, quæ in ea regione obfervantur, in qua contractum eft: officio, inquam, judicis veniant, vel quod idem eft, arbitrio feu arbitratu judicis: ac proinde earum ufurarum modum judex conftituit & æftimat, infpecto & obfervato jure regionis in qua contractum eft, obfervato more negotiatorum, atque etiam obfervato modo legitimo. Nam leges finem certumque modum dedere, quem non poteft non fequi judex : has leges debet obfervare, non minus, quam morem regionis, fi is mos legibus adverfus non fit. Poffunt moribus leviores effe ufuræ, quam legibus, nec tamen poffunt effe graviores: poffunt attingere finem legum, non etiam fuperare. His igitur five moribus, five legibus regitur arbitrium judicis : fed quod fecundum mores ac leges ftatuerit hac de re, id tantum poteft, quantum ftipulatio. Et hoc eft, quod dicitur, quod ad ufuras attinet tantum valere officium judicis in actionibus bonæ fidei, quantum ftipulationem nominatim factam, *l.* 7. *de neg. geft. l.* 24. *depof.* Hic vero dicimus de ufuris, quæ veniunt ex mora, quod propter moram debitoris infligunrur, ut creditor confequatur, quod fua intereft, debitorem moram non adhibuiffe, & non deberi, nifi judex pronuntiaverit deberi. Finge, judicem de re judicaffe, & ufurarum rationem non habuiffe in bonæ fidei contractibus ; an
poft

post rem judicatam apud eundem judicem disceptari de usuris potest? an apud alium judicem usuræ peti possunt? Minime, quia in bonæ fidei judiciis non est alia actio sortis, alia usurarum: nec existimavit judex in ea re rationem esse habendam usurarum, *l.* 4. *C. depos.* l. 13. *C. de usur.* Aliæ sunt usuræ, quæ debentur ἀπὸ συγχρή- σεως puta cum is, qui alienam pecuniam administravit, eam convertit in usus suos: σύγχρησις est conversio in usum: aliæ, quæ debentur ἀπὸ ὑπερθέσεως: quæ ex usu debentur, illæ debentur, etiamsi de iis nihil pronuntiaverit judex, ex natura ipsius judicii, *l. ult. C. de usur. rei jud. Natura*, inquit, *rei judicatæ ipso jure debentur*, ex legibus proprie debentur usuræ: hæ debentur officio judicis, non debentur proprie, *l. ult. de eo quod certo loc.* Est ergo regula, quæ proponitur initio hujus l. de usuris, quæ veniunt ex mora, non ex abusu pecuniæ alienæ. Ergo debet judex earum usurarum, quæ ex mora infliguntur modum constituere ex more regionis, ubi contractum est: & ita in *l. 7. §. quæ autem, de adm. tut.* dicitur, in actione tutelæ venire usuras officio judicis, exceptis certis casibus, quibus tutor debet usuras legitimas, usuras maximas, centesimas: (nam ita semper oportet accipere in libris legitimas & maximas) ut puta, si tutor pecuniam pupillarem in usus suos convertit: quod est, σύγχρησις: aut si eam apud se esse negavit, & Prætor contra eum pronuntiaverit, & aliis quibusdam casibus: quibus exceptis, ex ceteris causis tutor dependit usuras secundum modum provinciæ, veluti quincunces, vel trientes, vel si quæ aliæ in ea provincia leviores frequentantur. Idemque observandum in actione contraria tutelæ, quæ est bonæ fidei: nam si quid tutor dependat de suo in rem pupilli, id consequitur cum usuris, quæ ea in regione currunt, quoad ei omnis pecunia reddatur, namque æquum est ne sit ejus pecunia sterilis, *l. 3. §. consequitur, de act. contr. tut.* Idem habemus de contraria actione negotiorum gestorum, *l. 37. hoc tit.* puta si ego pro te solvi mea sponte irrogatus creditori tuo, & ita te liberavero magno incommodo, ne forta creditor aut pignora distrahat, vel in bonorum possessionem mittatur: debetur mihi ea pecunia cum usuris, quæ frequentantur in ea provincia. Idque *d. l. 37. & hoc l. 1.* ait, generaliter constitutum in omnibus judiciis bonæ fidei, idemque procedere in actione mandati ostendit *l. 10. §. si procur. mand.* Idemque in legatis & fideicommissis, *l. cum servus 39. §. is usurarum, de legat.* 1. Igitur ex mora heredis debentur usuræ legatariis & fideicommissariis, & in usurarum quantitate mos regionis servandus erit. Definit quidem usuras judex, sed secundum morem regionis ejus, ubi sita est hereditas, ubique solvi legatum debet aut fideicommissum. In usuris igitur consuetudo regionis aut provinciæ plurimum valet. Et recte Asconius Pedianus in librum de Divinatione ait, *esse quadrupli actionem pecuniæ gravioribus usuris fœneratæ, quam pro consuetudine*, quæ pro lege est: sed potior tamen est lex consuetudine, *l. 2. C. quæ sit long. consf.* Consuetudinis, inquit, magna auctoritas est: sed non valet tamen usque adeo, ut legem minuat, aut rationem. Et ideo recte adjicit Papinianus; *ita tamen ut legi non offendat*, id est, ita demum si mos non adversetur legi: vel si judex dum morem sequitur non committat in legem: & similiter *d. l. 10. §. si procurator, debebit usuras, quæ legitimo modo*, id est, intra modum legis, *frequentantur, non quæ supra modum legis sunt.* Magna est quæstio etiam hodie; utra sit potior lex, an consuetudo? quæ paucis sic dirimenda est. Consuetudo est pro lege, ubi lex deficit, vel si defuerit, aut consenserit, & hoc ait *l. 33. de LL.* diuturnam consuetudinem esse pro lege in iis, quæ ex non scripto descendunt, hoc est, quæ scripto comprehensa non sunt: Consuetudo abrogat legem: tacitus enim illiteratusque consensus populi obliterat legem, *l. 32. de legibus* legem, abrogat, non tamen vincit legem: non idem est abrogare & vincere legem: in ipso concursu legis & consuetudinis, dum utraque viget, utraque suis

consistit viribus, sane vincit lex consuetudinem dum viget, nec consenuit, non consuetudo legem. Præterea quæritur, quis sit modus legitimus usurarum, quem plus valere vult Papinianus, quam morem regionis usurpatum contra leges fœneratorias: duplex est modus usurarum, duplum scilicet & centesima: semper excipiendæ sunt trajectitiæ & nauticæ pecuniæ, fœnus nauticum, quod nullum habuit modum, nunc habet ex constitutione Justiniani: nam sæpe debebantur usuræ ex fœnore nautico supra centesimas & supra duplum. His igitur exceptis, modus usurarum est duplum, quia non possunt deberi usuræ ultra duplum, id est, forte tanto amplius. Finge: Cuidam tutori debentur centum: usurarum nomine tulit centum; sane usurarum nomine nihil præterea desiderare potest. Sed si quid amplius solvatur, id imputatur in sortem: ubi usuræ æquaverunt sortem, nihil amplius peti usurarum nomine potest: hic modus usurarum obtinet etiam hodie. Alter modus, qui obtinuit etiam ante Justinianum, est centesima, quæ fere in omnibus aliis negotiis admissa est, & dicebatur centesima, quæ in centenos reddit duodenos quotannis, unum nummum quot mensibus: atque dicebatur centesima, quod ejus pars centesima sit usura menstrua & legitima, *l. 4. tit. seq. l. 8. C. si cert. pet. l. 26. C. de usur.* Et utrumque modum legitimum significavit Papinianus, dum ait, *ita tamen ut legi non offendat*, hoc est, ne usura dupli aut centesimam usuræ æstimentur. At quæri potest, quæ lex hunc modum imposuerit usuris utrisque? Lege aliqua impositum esse necesse est: varii modi impositi fuere duodecim tabulis, uncia in centesos quotannis, quæ diu non obtinuit: imo & quibusdam legibus semuncia tantum: sed obtinuit diu & obtinet etiam hodie in quibusdam negotiis centesima. Quæ lex eum imposuerit modum, non satis liquet. Nam quod quidam tentant, modum esse impositum lege Gabinia, cujus mentionem facit M. Tull. 5. ad Attic. in fin. & alibi, falsum est: nam lex Gabinia fuit de versura, non de usura. Nescio, an quisquam adhuc intellexerit, quid sit versura. Est sane improba cum sit lege vetita, & est in versura quiddam reprehensione dignum. Jamdiu animadverti versuram esse mutuationem pecuniæ sub usuris qua dissolvebantur usuræ aliis debitæ: quod lex Gabinia non patitur, ne inopes usuris obruantur, dum usuris usuras cumulant: regula juris est, usuras usurarum non deberi, & in stipulationem deduci inutiliter, sed fortis tantum. Hujus regulæ duæ sunt fraudes, una appellatur ἀνατοκισμὸς, altera, versura; & utraque fraus coercetur legibus vel constitutionibus. Ἀνατοκισμὸς est, si usuræ, quæ debentur interposita stipulatione fiant sors, ita ut hujus sortis, id est, usurarum redactarum in sortem usuræ cedant; quod reipsa est usurarum usuras exigere: & merito prohibetur *l. ult. C. de usur.* Alia fraus est versura, ut si sumas ab aliquo pecuniam sub usuris, qua alii solvas usuras debitas: non possis palam eidem creditori usuras usurarum dependere, sed nisi lex prospiceret, eas clam creditori tuo dependeres, dum sumeres ab uno pecuniam sub usuris, qua solveres usuras alii debitas. Hæc est versura prohibita lege Gabinia; quod etiam eleganter demonstrat Cic. libro 5. epist. ad Attic. epist. ult. his verbis: *Salaminii cum Romæ versuram facere vellent, non poterant, quod lex Gabinia vetabat, &c.* Non vero dubito, quin versuræ nomine uti possimus in alia significatione: nam & per translationem versuræ nomen pro usura accipitur: est enim versura generaliter, repensatio quælibet, seu reciprocatio. Unde & in his regionibus, dos versura dicitur, vel ut patrio sermone *verchere*, id est, versura, quasi repensatio onerum matrimonii. Nec unquam illud verbum versuræ audio, quin veniant in mentem verba Marciani Capellæ de dote, dum ait: *utrum repensatrix data?* id est, utrum dos, utrum versura data. Et hæc de regula. Quæ sequuntur in hac lege sunt difficilissima & scitu dignissima, eoque pertinent, ut ostendat Papinianus, aliquando in bonæ fidei contractibus usuras deberi, etsi

mo-

mora non intervenerit, & sunt utilia quæ sequuntur. Intelleximus ex initio legis, in bonæ fidei judiciis usuras deberi officio judicis secundum morem regionis, ubi contractum est, qui modo non sit adversus leges, quæ usuris posuere modum: & hoc locum habere in usuris, quæ debentur ex mora. Aliæ sunt usuræ, quæ in bonæ fidei judiciis debentur & veniunt, etsi mora non intervenerit, de quibus nunc tractaturi sumus, ut in actione mandati *l. 12. §. usuras, mand.* dicitur usuras admitti non tantum ex mora, frustratione, cunctatione debitoris, sed judicem etiam æstimare, si mandatarius, hoc est, procurator exegerit pecuniam sibi debitam a debitore suo cum usuris, ut domini negotia gereret, vel si mutuatus sit pecuniam graviorībus usuris, ut solveret pro domino, eumque liberaret magno incommodo, rei, earumve usurarum rationem habere judicem ex eo tempore, quo mutuatus est pecuniam illam sub gravioribus usuris, vel quo eam pecuniam exegit a debitore suo, ut posuimus. Atque ita in actione mandati non ex mora tantum veniunt usuræ, sed & ante moram. Idem quoque constitutum est in actione depositi, *l. 3. & 4. C. depos.* Is apud quem deposita est pecunia, debet usuras ex mora, non tantum si interpellatus eam non reddiderit, sed & si eam pecuniam in usus suos converterit invito domino, cujus custodiendæ domino fidem dederat: ex eo tempore, quo eam pecuniam convertit in usus suos, usuris obligatur sine ulla alia interpellatione. Idem & in §. *socius* in h. l. ostenditur locum habere in act. pro soc. & act. tutelæ: tractemus primum de actione pro socio. Si socius communem pecuniam invaserit, vel in suos usus converterit, præstat usuras ex eo tempore, quo eam invasit, etiamsi nulla mora intervenerit, hoc est, etsi de ea pecunia reddenda, vel in commune conferenda, interpellatus non fuerit. Mora proprie est, si interpellatio debitor non obtemperaverit, hoc est, si non solvat. Et moram proprie creat interpellatio, nec videtur proprie moram fecisse, qui non interpellatus est. Et hoc est quod dicimus, moram fieri in personam, non in rem: moram contrahi ex interpellatione, non ex re ipsa, non ipso jure. Aliquando tamen fit mora reipsa, quæ tamen proprie non est mora, ut significat *l. 87. §. usuras, ff. de leg. 2. l. 32. hoc t.* mora sit reipsa minoribus 25 annis beneficio Prætoris, hoc est, quid quid debetur minoribus 25. annis, in eo non præstando usuras, moram facere videtur debitor, etsi non interpelletur, ex Constitutione D. Severi, quæ in hoc §. significatur illo verbo, *Hodie*. Mora etiam fit reipsa, si non sit, qui interpelletur, si debitor non compareat, *l. 32. §. ult. hoc tit.* ut etiam si solutioni addita sit dies: & est nota vox communis, *diem satis interpellare*, nec alia ratione additur dies, quam ne sit necesse creditori interpellare debitorem. Constat etiam furem semper moram facere reipsa, etsi non interpelletur, *l. 17. l. ult. de cond. furt.* fur autem etiam est, qui pecuniam communem invadit, hoc est, qui eam amovet intervertendi animo; ut sibi eam habeat in posterum quasi suam, *l. 45. pro soc.* Atque ideo si non interpelletur socius nihilominus ejus pecuniæ usuras debet judicio pro socio, quod est bonæ fidei: is autem, qui pecuniam communem in suos usus converterit, non est fur, quia suo jure pecunia communi utitur, sed prope furem est, aut non longe abest a fure, quandoquidem clam & latenter abutitur pecunia communi. Aliud est invadere pecuniam communem, aliud eam convertere in usus suos: nam invadere, est prædonum more versari in societate, deprædari societatem. In suos usus convertere, est clam abuti pecunia communi, non tamen ut non reputaturum, sed tamen hoc est finitimum furto. Et ex utraque causa, id est, invasione pecuniæ communis, & in usum suum conversione, usuræ debentur statim reipsa, etiam non interveniente interpellatione: quia proprie dicitur mora, quam creat interpellatio facta in personam. Et huc valde pertinet *l. 60. in princ. pro soc.* Ad quam maxime est advertendum. Finge: Socius aliquid ex societate lucri fecit, in eo reddendo vel conferendo moram fecit, usuras præstat: verum adjicit lex, quod si ipse ea pecunia usus sit, id est, socius, qui in eo reddendo quod lucrum fecit moram facit, tunc moram facere intelligitur, cum ea pecunia usus sit. Sunt duo casus. Primus, si socius in eo reddendo quod lucrum fecit, moram fecit. Secundus, si ea pecunia usus est. Nam postea eadem *l.* adjicit hæc verba: *Sed si aut usus ea pecunia non fit, aut moram non fecerit, contra esse*, id est, non præstare usuras, si aut moram non fecerit, aut pecuniam in usus suos non converterit. Et ita Græci, deberi usuras ἀπὸ ὑπερθέσεως ἢ συγχρήσεως, id est, *quod moram fecerit, & pecuniam verterit in rem suam*. Et subjicit, quod eget explicatione, *Eas usuras non deberi ut usuras*, hoc est, ut fœnus: nam si deberentur ut fœnus, deberentur etiam citra moram, *l. 17. §. si pupillo, h. t.* usuræ, quæ propter lucrum infliguntur, hoc est, fœnus, debentur, & ante moram, imo currunt ex die ipso contractæ obligationis. Alia est usura, quæ infligitur propter lucrum, alia quæ propter moram, sive moram quis faciat ex interpellatione, sive reipsa. In actione igitur pro socio, usuræ non debentur ut fœnus, sed quod socii interserit socium moram non fecisse, vel eam, quæ ex interpellatione creatur, vel eam, quæ reipsa fit.

Concludamus igitur ex hoc §. socium usuras debere etiam non interpellatum, ejus pecuniæ, quam ex societate invasit, vel in suos usus convertit, & currere usuras ex eo tempore, quo invasit, & in usum suum convertit. Non satis est scire, ex quo die debeantur, nisi & sciamus, in quem diem: & significat Papinianus, deberi in diem condemnationis. Nam in jure hoc est ratum: Post sententiam consistere usuras, seu cessare usuras intra tempora judicati solvendi: non ignotum est, judicatis, hoc est, condemnatis dari certa tempora faciendo seu solvendo judicato; quæ in 12. tab. appellantur dies justi. Ergo intra ea tempora usuræ nullæ currunt, *l. 3. §. 1. hoc tit. l. 13. C. hoc tit. l. ult. §. pen. C. de usur. rei jud.* Ratio est: quia ea tempora reis humanitatis gratia dantur, *l. 16. §. ult. de compens.* ubi a Græcis nominatim ita scriptum est πρὸς προσδαψίω. Et ideo sunt immunes ab usuris & fructibus dependendis, non quidem a perceptis interim, sed qui percipi potuerunt. Sunt denique expertes omnis inhumanitatis: jure judicantur, in ea causa *judicati*. Finitis autem his temporibus, rursus currunt usuræ, non priores, sed novæ, & plerumque graviores fine conventione, aut condemnatione nova, sponte, & ipso jure, ex legibus, & hæ dicuntur usuræ rei judicatæ: & fuere olim ducentesimæ, hodie sunt centesimæ. Inde quæritur, an judex addictus pro socio, qui condemnat socium in usuris præteriti temporis in diem sententiæ, possit etiam socium cogere ad cautionem interponendam de præstandis usuris futuris post tempora judicati? Et Papinianus ait, posse socium condemnare in sortem, & usuras usque in diem sententiæ, non etiam ab eo exigere cautionem de dependendis futuris usuris post tempora judicati solvendi: Et utitur hac ratione Papinianus, quia actori satis consultum est actione judicati, cum ipso jure insint usuræ legitimæ: & æquum non est reum onerari supervacua cautione: & hæc est ratio Papinianum reprehendit Paul. si quis notam recte intelligat, quæ quo obscurior reprehensio est, eo modestior Paulus non reprehendit palam rationem Pap. sed dum aliam dat, satis indicat se eam non probare: & vero est cur improbet rationem Papin. quia actori est actio judicati, ideo non est necessaria actio ex stipulatu, at quod mihi est actio una, neganda est altera? cur non mihi possim multis cavere rationibus? & per quam utile est cavere multis cautionibus per stipulationem, etiam ei, qui habet actionem judicati: qua de causa ante litem contestatam solet interponi stipulatio stipulationum est, quamvis certo sit competitura actio judicati, si condemnetur reus. Solet etiam interponi stipulatio de novi operis nuntiatione, ut cui est actio judicati, sit etiam actio ex stipulatu, *l. 21. §. habet, de nov. op. nunt. l. 8. §.*

*idem*

idem *Celſus*, *de novat*. Non eſt igitur hæc ratio Papin. idonea, & ideo Paulus meliorem adfert rationem, quia ad judicem nihil pertinet tractatus futuri temporis: judex perfungitur ſuo officio, dicendo ſententiam, quam ubi dixit, ſtatim deſinit eſſe judex, *l*. 55. *de re jud*. De re geſta ſententiam dicit, futurum tempus non attingit. Hoc eſt, diſcrimen inter judicem & legem, quod lex ſtatuat de futuris, judex de præſentibus & præteritis. Hæc eſt elegans ratio Pauli: uſuræ rei judicatæ, quæ forte poſt tempora condemnatis ad ſolutionem data, cedent, non veniunt in judicium: ergo de iis nihil poteſt dicere, vel ſtatuere judex. Accurſius multa affert in contrarium, ut probet judicem de futuris etiam ſtatuere, quæ ego perſtringam breviter, & redigam ad duas objectiones. Una eſt ex *l*. 1. *C. de ſent. quæ ſin. cert. quant*. quæ ait; Sententiam eam judicis non eſſe contra formam juris, qua judex jubet dependi uſuras pecuniæ in condemnationem deductæ, uſuras ſcilicet rei judicatæ: Atque ita videtur rata eſſe ſententia judicis, qua ſtatuit de uſuris futuris. Sane videtur obſtare hæc lex; quia ſcilicet ad eam non apponitur ſpecies congrua. Species eſt: Judex addictus erat actioni judicati, ſententia debet eſſe certa ex definitione judicis, alioqui litem feret: uſurarum etiam condemnatio debet eſſe certa *l*. 3. *& 4. eod. tit*. Finge: Judex cum eſſet addictus actioni judicati, pronuntiavit dependi uſuras rei judicatæ, non expreſſa quantitate, quoad ſoluta eſſet pecunia condemnationis jam factæ priore judicio, neque certam ſententiam dixit, neque certas uſuras, an valeat ſententia? Sic ſane, quia eſt jam certa condemnationis ſumma facta, ad quam ſe refert, qui de judicati actione pronuntiat, & ſunt certæ etiam uſuræ rei judicatæ, cum ſint præſcriptæ legibus certis *in tit. C. de uſur. rei judic*. & conſtat eſſe centeſimas: Igitur certa eſt ſententia, & præterea ſic poſita ſpecie, Judex non ſtatuit de futuris uſuris, ſed de iis, quæ jam debentur poſt tempora judicati. Altera objectio ſimilis eſt ex *l*. 38. *pro ſocio, & ex l*. 41. *de jud*. quibus oſtenditur, plerumque judicem debere interponere cautionem de re futura, veluti prætor jubet interponi cautionem de damno infecto, hoc eſt, de futuro: vel etiam ſi quid quis debeat ad diem, poſtulante creditore, jubet judex in judiciis bonæ fidei cautionem interponi de ſolvenda ea pecunia, cum dies venerit, quum metus eſt, ne debitor labatur facultatibus: Facile creditor, cui debetur ex contractu bonæ fidei diem, ante diem exprimit cautionem per judicem. Atque ita videtur ſtatuere de futuris: Imo ſtatuit de ea re, de qua jam agitur in præſenti: & de qua aditus eſt: ſed nihil ſtatuit ſi alia de re aditus eſt extra eam rem de qua, quo extrinſecus accedunt: quo nihil eſt evidentius. Docet etiam in actione tutelæ uſuras venire & deberi citra moram: imo vero plus eſſe in actione tutelæ, quam in actione pro ſocio, vel, ut ait, latiorem interpretationem fieri, quo ad uſuras in actione tutelæ, quam pro ſocio, favore pupillorum: quia ſcilicet tutor uſuras debet pecuniæ pupillaris etiam interpellatus, vel in ſuos uſus pecuniam pupillarem invaſerit, vel in ſuos uſus converterit, vel ea quidem non fuerit abuſus, ſed eam apud ſe habuerit otioſam. Et hæc eſt latior interpretatio, quæ fit in actione tutelæ, quoad uſuras, nec neceſſe eſt interpellari tutorem. Et de hoc hodie nemo ambigit, hoc eſt, ex conſtitutione Severi ſecundum *l. cum vero 26. §. apparet, de fideicom. libert*. quæ ſtatuit, ut in pupillis, ad juſtam ætatem uſque mora fiat reipſa a tutoribus: atque ita **non** tutor tantum, ſed quicunque debitor his uſuris deſtringitur, etiamſi interpellatus non fuerit. Verum, ut loquamur tantum de actione tutelæ, notandum generaliter tutorem ſi agatur tutelæ, ſi repoſcatur ratio tutelæ, uſuras debere in diem ſententiæ. Hoc enim tantum intendit actio tutelæ, ut reddantur rationes; vel, ut loquitur Papinianus, ut reſtituat tutelam, hoc eſt, ut reddat rationes: ergo ex quo tempore habuerit pecuniam pupillarem, in diem ſententiæ debet uſuras: vel etiamſi tutela reddatur ſine judicio: in diem,

*Tom*. IV.

A quo reddiderit omnes rationes: quod conſentit cum *l*. 7. *§. ult. de adminiſt. tut. l*. 45. *§. quæſitum, eod. tit*. qui §. etſi dicat ſolvi uſuras in diem accepti judicii, hoc eſt, litis conteſtatæ, tamen ſunt producendæ in diem ſententiæ, ſive judicati: ſed notatur dies litis conteſtatæ, quod eo die plerumque tutores agnoſcant bonam fidem, aut ſaltem debeant agnoſcere. Nec eſt novum, tempus litis conteſtatæ produci ad tempus ſententiæ, in *l*. 29. *§. ſi heres, de legat*. 3. Igitur hæc ſit concluſio. Tutor quoquo modo uſus ſit pecunia pupillari, uſuras debet in diem ſententiæ, vel in diem, quo redduntur rationes. Sed quid fiet, ſi pupillus non curet, aut nolit ſibi rationes reddi, quid ſi nolit agere tutelæ judicio illectus dulcedine uſurarum, qua ratione conſuletur, tutori parato rationes reddere? offeret pecuniam, & ſi quæ ſint reli-

B quæ, obſignet, offerri debet in folle obſignato, atque ita deponi: nec enim ſufficit oblatio nuda, ſed neceſſaria eſt depoſitio, *l*. 7. *hoc tit*. Hæc obſignatio pro ſolutione eſt, *l*. 9. *C. de ſolut*. Et ab eo tempore, quo ſignavit & depoſuit liberatur omnino: Et hoc intelligit M. Tullius 6. ad Attic. Epiſt. 1. *Conſiſtere uſura debuit, quæ erat in edicto meo, deponere volebant*: nam depoſitio pecuniæ ſolutio eſt. Et etiam aliud, in quo fit latior interpretatio in actione tutelæ, quam in actione pro ſocio. Sed quod dicetur de tutela, idem etiam pertinet ad actionem negotiorum geſtorum. Nam generaliter tutores, curatores, procuratores, magiſtratus municipales, duumviri, qui alienam pecuniam exercent & tractant, & ut uno verbo dicam, geſtores negotiorum alienorum, hi omnes, ſi alienam pecuniam, quam adminiſtrant, in ſuos uſus converterint, quod eſt συγχρηϲις, præſtabunt uſuras maximas, ſi clam & latenter hoc faciant. Nam finge, tutorem accipere pecuniam pupillarem a contutore mutuam, & convertere in ſuos uſus, an ejus pecuniæ debet uſuras centeſimas? minime. Finge rurſus: eam pecuniam accipere a ſeipſo, & rationibus conſcribere in eam ſibi mutuatam, & hac videtur uti palam & bona fide, non debet uſuras maximas, ſed ſolitas, *l*. 9. *§. non tantum, l*. 54. *de adm. tut*. Sed ſi clam quicunque geſtor abutatur pecunia aliena, debet centeſimas, *l*. 38. *de neg. geſt. l*. 1. *C. de uſur. pup*. Ex ceteris vero cauſis præſtabit tutor uſuras ſecundum morem regionis & provinciæ, aut quincunces, aut trientes, aut, ſi quæ aliæ leviores in provincia frequentantur, *l*. 7. *§. quæ autem ſunt, de adminiſt. tut*. Verum huic ſententiæ obſtat *l*. 10. *§. ſi pro-*

D *curator*, *mand*. maxime vexata a noſtris: quæ ait, procuratorem, qui adminiſtrat alienam pecuniam, vel negotia, ſi eam pecuniam in ſuos uſus converterit, debere uſuras, qua in regionibus frequentantur. Imo debet centeſimas. Hunc nodum, ut diſſolvant, dicunt quidam: aliud eſſe in tutore, aliud in procuratore. Hanc ſolutionem refellit *l*. 38. *de neg. geſt*. quæ ait, eum, qui adminiſtrat alienam pecuniam, ſi eam ad uſus ſuos converterit, maximas uſuras debere, id eſt, centeſimas, etiamſi leviores frequententur in regione. Quod vero eſt ſcriptum in *d. l*. 10. *§. ſi procurator*, procuratorem, qui convertit pecuniam in ſuos uſus, cum ſit aliena, debere uſuras, qua in regione frequentantur, hoc ita dictum procedere, ſi palam uſus ſit pecunia domini, veluti, ſi eam ſibi mutuatam ſcripſerit, ſi rationibus ſuis eam acceptam tulerit domino, & ſane ſic non facit improbe, nec debet uſuras centeſimas. Verum hoc non exprimit §. *ſi procurator*: nec tamen aliter reſponderi poteſt, niſi hoc dicas, manifeſtam trajectionem verborum in eo §. eſſe. Ait, procuratorem ejus pecuniæ, quam habet ex negotio domini, ex mora debere uſuras, ut in bonæ fidei judiciis eſt receptum. Hoc etiam addendum, quæ in regionibus his frequentantur. Deinde tractat de uſuris, quas conſequutus eſt, cum pecuniam domini ſenori collocavit, & tulit uſuras, & has debet reſtituere, quia bonæ fidei hoc congruit, ut de uſura lucrum ſenriat. Sequitur tertius caſus, ſi quam pecuniam in uſus ſuos converterit: hoc ſemper accipitur in malam partem: Quid fiet? damnabitur in uſuras centeſimas exemplo tu-

D tutoris. Nam & mox subjicit aliud in hoc §. in quo similis est procurator tutori. Si procurator pecuniam domini senori collocavit, & exegerit usuras, quas mox in usus suos converterit, an debebit usurarum usuras? sic sane, & quidem centesimas, quod etiam proditum est in tutore, *l. 7. §. si usuras, de admin. tut.*

### Ad L. Tutor XXXV. de Admin. & peric. tut.

*Tutor sive curator nomina, quæ juste putat esse idonea, a priore tutore vel curatore suscipere quidem cogitur, non tamen exactionem periculo suo facere.*

IN hac l. proponitur hæc regula: non cogi tutorem nomina minus idonea suo periculo exigere, licet cogatur ea a priore quidem tutore vel curatore suscipere. Finge: tutorem vel curatorem mortuum esse, vel remotum ut suspectum, & in locum ejus alium tutorem vel curatorem datum esse, Vel finge: post pubertatem impuberis, qua finitur tutela, & succedit cura: postulante adolescente non invito, tutori succedit curator in administratione: huic curatori tutor restituit tutelam redditis rationibus. Cum hoc curatore conferat rationes pup. & cogitur curator sive tutor novus a priore tutore, vel curatore, vel herede ejus suscipere nomina, hoc est, cautiones, χρμματεῖα, sive debita, quæ is contraxit, quandiu gessit tutelam vel curam: etiamsi tutor vel curator habeat justam causam æstimandi, ea nomina non esse idonea, neque approbet; tamen ea suscipere cogitur: denique nomina, quæ fecit prior tutor vel curator, sive idonea sint, sive non, sequens curator vel tutor suscipere cogitur, ut scilicet ea exigat a debitoribus, & persequatur: sed exactionem non faciet suo periculo, sed prioris tutoris vel curatoris, qui ea contraxit. Ac proinde, si debitores non sint solvendo, periculum nominum pertinebit ad priorem tutorem, vel curatorem, qui nomina fecit, & satisfaciet pupillo de suo. Idque est certissimum in jure, nominum periculum pertinere ad eum qui fecit, si ea non sint idonea, vel si culpa ejus facta sint deteriora, dum non satis mature interpellavit, *l. 35. de reb. cred. l. ult. §. pen. de admin. rer. ad civit. pert.* Novus igitur tutor cogitur suscipere nomina a priore tutore vel curatore, etiamsi ea nomina improbet, sed non cogitur ea probare. Et aliud est suscipere nomina, aliud probare nomina, *l. 12. §. Idem ait, mand.* Qui probat nomina, agnoscit periculum: Ideoq. si posterior tutor vel curator probaverit nomina, quæ prior tutor vel curator fecit, eorum nominum periculum in se transfert, & priorem tutorem vel curatorem omnimodo liberat. Qui probat nomina, agnoscit periculum: ideoque si posterior tutor probat prioris nomina, a priore in se transfert periculum. Nomina probare, est periculum eorum agnoscere, periculo suo nomina esse cavere, *l. 44. in princ. hoc tit. l. 36. ad munic. l. 19. de tut. & rat. distr.* & exquirere nomina diligenter debet, qui succedit in tutelam aut curationem, si probare vult nomina: quæque non probat invitus, licet invitus suscipiat qualia qualia.

### Ad L. Statuliberorum XXXIII. de statulib.
*Statuliberorum jura per heredem fieri non possunt duriora.*

NOtissimum est, statuliberum esse servum, cui verbis directis, verbis civilibus relicta est libertas testamento in diem, vel sub conditione, vel ut scribit Festus ex nostris auctoribus, *qui testamento certa conditione proposita jubetur esse liber.* Placet illud, *conditione proposita:* nam nostri auctores sic loqui solent: quæ enim conditio legato vel libertati adscribitur, dicitur conditio proposita legato aut libertati, *l. 112. de cond. & dem.* προαιρέσιμοι αἱρέσεις, *l. 6. de excusat. tut.* Dixi, *verbis civilibus*, nam quibus relinquitur libertas verbis precariis, his verbis scilicet: *rogo te, ut servum illum manumittas sub con-*

A *ditione, vel in diem*, non sunt statuliberi, *l. 14. de non. act. l. 37. ad l. Falc.* Semper in jure separantur statuliberi ab iis, quibus in diem, vel sub conditione est relicta fideicommissaria libertas. Sunt quidem similes in omnibus fere juris articulis statuliberis, sed non possunt tamen dici statuliberi: possunt dici statuliberorum locum obtinere, *l. 51. §. cui per fideicom. de fideicom. libert.* quia fere communia sunt horum & illorum jura. Sed verbum *statuliberi*, est ex 12. tab. quibus fuere incognita fideicommissa. Nam ante Augustum fideicommissa, infirma erant, vixque quisquam invitus cogebatur præstare id, de quo rogatus erat, ut constat ex *tit. Instit. de fideicommiss. hered.* & ex *18. ad Senatusc. Trebell.* Quinimo usque ad Justinianum nulla fideicommissaria superest actio ad id fideicommissum petendum, *l. 1. C. com-*
B *mun. de legat.* Quod etiam confirmat quædam Trajani epistola ad Plin. quæ est 80. lib. 10. his verbis: *Julius Largus fidem tuam, quasi te bene nosset, elegit. Quid ergo potissimum ad perpetuitatem memoriæ ejus faciat, secundum cujusque loci conditionem ipse dispice, & quod optimum existimaveris, insequere.* Ea probaverunt, introduxerunt constitutiones principum, non leges veteres: sed tamen plerumque fideicommissarii liberti rediguntur, ut dixi, ad exemplum statuliberorum; ac præterea dixi statuliberum esse servum: intelligē, antequam venerit dies libertatis: nam interim est servus heredis, *l. 9. de statuliber.* Idem confirmat *l. 9. §. certe si sub condit. de pecul. l. 11. de legat. 2.* Vera ratio nominis non hæc est, quod sit statuliber; nam est interim statu servus. Non licet dividere, quæ sunt composita, & aliud sæpe
C significant divisa, aliud composita: ut apud Homerum: aliud est οἰκοφελεῖσθαι: aliud οἶκον ὠφελεῖσθαι. Aliud ὁμόγυρον, aliud ὁμὸς γέρων: & similiter si dixeris divisim aliquem esse statuliberum, hominem liberum dixeris. At si conjunctim & compositè statuliberum dixeris, non hominem liberum, sed servum intellexeris, cui tamen sit statuta vel destinata libertas in diem, vel sub conditione. Adnotandum tamen est, in plerisque causis, illum esse liberi loco, ut in ponenda ratione legis Falcidiæ: nam cum æstimatio bonorum ineunda est & conferenda cum quantitate legatorum & fideicommissorum, statuliberi non computantur numero servorum, quasi jam adepti libertatem videantur, quam sperant, nec sunt omnino in bonis, *l. 38. ad leg. Falcid.* Ac similiter in publicis judiciis puniuntur ut liberi, non ut servi, hoc est, mi-
D tius, *l. 14. de quæst. l. 9. §. ult. de pœn.* ac postremo servi possunt a dominis vendi durioribus conditionibus, veluti ne unquam manumittantur: an & statuliberi? Sic sane vendi possunt, sed non duris conditionibus. Et ita scripsit Modest. in *l. 25. hoc tit.* Interim tamen revera sunt servi. Demonstrat scilicet, hac in re summam esse differentiam inter servos & statuliberos, quæ lex pertinet ad hanc regulam. Initio docet statuliberos posse vendi ab herede, quia interim sunt heredis, & ita ait, statuliberos venundari posse ex 12. tab. hoc est, ex sententia 12. tab. ita expressâ, ut si quis liber esse jussus fuerit sub conditione, si heredi 10. dederit, & ab herede alienatus sit, emptori decem dando pervenire ad libertatem, id est, ut libertatis conditio possit impleri persona emptoris, *l. statuliberi a ceteris §. ult. hoc tit.* Lex
E satis demonstrat statuliberum posse venundari, quamvis id non dicat nominatim: *& ita putaverunt*, inquit, *leges 12. tab.* Sic Ulpian. in Fragm. loquitur de Ælia Sentia; Et eodem modo Tull. 4. de Rep. apud Nonium in verbo Jurgium. *Jurgare igitur lex putat inter se vicinos, non litigare.* Putat, legis sententia est. Itaque ex lege 12. tab. statuliberi vendi possunt. At subjicit d. *l. 25.* non posse vendi duris conditionibus: puta, ne unquam manumittantur: quia si statuliber manumittatur, statim non impleta conditione libertatis, quae fiet liber, & citius perveniet ad libertatem, *l. 34. de statulib.* Nec tamen erit libertus manumissoris, sed Orcinus, libertus Charonianus, libertus nullius viventis, libertus Plutonis: neque enim potest fieri ejus conditio durior præ-
se-

festinata manumissione, ut experiatur duriorem patronum, scilicet heredem, qui nullum habiturus est patronum si velit suo jure uti. Dura est conditio venditionis, si statuliber ea lege vendatur, ne intra certa loca serviat, id est, ne certis quibusdam locis moretur, puta, quod heres sibi ab illo timeat, vel quod heredis oculi non ferre non possint, *l.* 1. *de serv. exportand.* Igitur debet vendi statuliber bonis conditionibus, non ut servus, duris, ne quid fiat contra voluntatem defuncti, ne præjudicetur speratæ libertati. Et hoc vult Papinianus, dum ait, statuliberorum jura per heredem duriora fieri non posse: & potest hæc regula aptari ad l.præcedentem; est enim semper in libris Pandectar. ordo & series quædam legum, ut jam sup. notavimus ad *l.* 38. *de pact.* Finge: Si servus sit manumissus sub hac conditione, *si uni ex heredibus decem dederit*, cum essent duo & unus eum vendiderit ea lege, ne emptor ullam pec. acciperet conditionis implendæ causa; nihilominus fiet liber alteri heredi dando quinque, quamvis emptori nihil dederit: quia *statuliberorum jura per heredem fieri non possunt duriora* & hac interpretatione maxime indiget *d. l.* 32. Et hoc idem dicimus de servo, cui relicta est fideicommissaria libertas sub conditione, quem diximus fere in omnibus causis statuliberi jure censeri; nam & hic ab herede interim vendi potest, sed non duriore conditione, non ut jura patronorum experiatur duriora, non in perpetuam servitutem, *l.* 15. *l.* 24. §. *ult. l.* 51. §. *cui per fideic. de fideic. libert.* Sed necesse est ut ad hanc regulam aliud exemplum apponamus, quod convenit magis scripturæ veterum librorum, in quibus est, *deteriora*, pro *duriora*, & in Basil. χυρότερα, duobus locis. Si dominus servum, cui adscripsit directam, vel fideicommissariam libertatem sub conditione, aut in diem, vinxerit pœnæ causa, vincula nocent futuræ libertati, secundum legem Æliam Sentiam. Nam servi vincti, si manumittantur, sunt dediditiorum numero, nec possunt pervenire ad justam libertatem, hoc est, civitatem Romanam. Et ita Suetonius in Augusto: *Augustum statuisse, ne quis tortus vinctusve civitatem adipisceretur.* Vincula sane nocent libertati, hoc est, statuliberis fideicommissariis, & puræ etiam libertati. Sic quoque Paulus in *l.* 43. *de fideic. libert. Fideicommissaria libertas non debetur ei, quem dominus postea vinxit.* Quæ verba interpretanda sunt ex jure antiquo, ut scilicet is non possit fieri civis Romanus, sed sit tantum dediditiorum numero: & ita Paulus *l. sent. de manum.* Nocet libertati non tantum, si dominus vinciat servum, sed etiam, si vincire jubeat ob delictum, aut si vincientis procuratoris factum comprobet. Quid ergo dicemus si heres statuliberum vel eum, cui relicta est fideicommissaria libertas sub conditione vel in diem, pendente conditione ob delictum vinxerit, an jus statuliberi fit deterius, an facto heredis mutatur libertas, justa scilicet in dediditiam? Minime, *statuliberorum jura per heredem non possunt fieri deteriora*; & si omnimodo Paul. *d. loco*, fideicommissaria libertas facto heredis non mutatur, si servum, quem manumittere jussus est, vinxerit, & ita commodissime ad hanc regulam aptabitur etiam *l.fratres, de pœnis*, quæ sequitur.

Ad L. Fratres XXXIII. de Pœn.

*Fratres Imperatores rescripserunt, servos in temporaria vincula damnatos, libertatem & hereditatem, sive legatum, postquam tempus expleverint, consequi, quia temporaria coercitio, quæ descendit ex sententia, pœna est abolitio. Si autem beneficium libertatis in vinculis veniat, ratio juris & verba constitutionis libertati refragantur. Plane si testamento libertas data sit, & eo tempore, quo aditur hereditas, tempus vinculorum solutum sit, recte manumissus intelligetur, non secus ac si pignori datum servum debitor manumisisset, ejusque post liberatum pignus adita fuisset hereditas.*

M Ale hæc lex explicatur, nisi sumatur explicatio ex jure antiquo legis Æliæ Sentiæ. Species hæc est:

A servo relicta est libertas sub conditione, sicut & hereditas, vel legatum, quæ relinqui non possunt sine libertate: pendente conditione ob delictum a præside provinciæ in vincula temporaria damnatus, & pœna sua functus est. Quæro, an post tempus pervenire possit ad libertatem, & hereditatem, vel legatum: an vincula impediant libertatem, quasi non possit fieri civis Romanus, qui vinctus fuit, sed fit dediditiorum numero tantum? Et ait, expleto tempore, & solutis vinculis, eum servum pervenire posse ad libertatem, & consequenter capere hereditatem & legatum, *l.* 38. §. *fratres, ad leg. Jul. de adult.* & utitur hac ratione, quia non est exaggeranda sententia, quæ pœnæ modum fecit, non est pœna sententia determinata ultra finem sententiæ porrigenda, vel coercitio temporaria, quæ descendit ex sententia, pœna abolitio est, ut ait Papinianus. Ergo ea vincula non nocent futuræ libertati. Sed hoc ita procedit, si eo tempore, quo cedit dies libertatis vel legati, vel quo defertur ei hereditas simul & libertas, servus non sit in vinculis, si eo tempore jam expleverit tempora pœnæ suæ, quia dies utiliter cedit, & solutum hominem invenit, non in vinculis. Sed si quo tempore cedit libertas, servus fuerit in vinculis, nec expleverit pœnæ tempora, nunquam competit libertas, & consequenter nec hereditas, nec legatum. Cedit libertas ab adita hereditate ab herede vel coherede, *l. unica*, §. *libertatibus, C. de caduc. toll. l. Julianus* 86. *de condit.& demonstr.* Ergo si tempore aditæ hereditatis, quo cedit dies libertatis & legati, fuerit in vinculis servus, non fit liber, quia inutiliter cessit, & quod semel cessit inutiliter, non convalescit postea, *l. ult. com. præd. l.* 76.§.4.*de leg.* 2. Ergo constitutio DD. Fratrum ita procedit, ut vincula præterita, quibus jam solutus est, non noceant libertati, cujus dies jam cedit. Ex quo intelligitur, Catonianam regulam non pertinere ad libertates, in libertatibus non inspici tempus testamenti, sed aditæ hereditatis: si tempus testamenti spectemus, nulla est libertas, si eo tempore fuerit in vinculis: si vero inspicias tempus aditæ hereditatis, quo libertas competit, si tunc non fuerit in vinculis. Regula Catonis hæc est: Quod quandoque valeret, si statim testator vita decessisset, non ideo valet, quod diu vixerit; hoc est, non convalescit postea, quod ab initio non valuit: quæ regula valet tantum in iis, quæ cedunt vel incipiunt deberi a morte testatoris, non ab adita hereditate: & jam pridem docuimus observ. lib. 4. cap. 4. & inf. Quæst. lib. 15. *legendum esse in l.* 3. *de reg. Caton. Catoniana regula non pertinet ad libertates.* Vulgo pro *libertates*, legitur *hereditates*. Quod confirmat *l.* 17. §. *ult. qui & a quib. l.* 24. §. *si servum, de fideic. libert.* Et hoc loco id etiam Papin. voluit probare hoc exemplo. Debitor non potest manumittere servum, quem creditori pignori obligavit. Finge, manumitti testamento, nondum soluto pignore. Si spectemus tempus testamenti, inutilis est manumissio. Sed finge, tempore aditæ hereditatis liberatum fuisse pignus, libertas quæ ab initio non valuit, convalescit postea. Satis est non fuisse pigneratum servum tempore aditæ hereditatis: ut satis est, non fuisse in vinculis eodem tempore ut plenam libertatem adipiscatur: alioquin erit dediditiorum numero, qui erant incapaces.

Notandum igitur, Pœnam esse magnam, si damnetur in vincula perpetua, vel temporaria, quia non potest fieri civis Rom. Longe alia est ratio servi damnati in opus publicum perpetuum, vel in tempus: hoc servo non est pœnæ, & imperite judex damnat servum in opus publicum. Nam primum non mutat dominum, & si manumittatur, fit civis romanus, non dediditiorum numero. Igitur hoc loco nihil est pœnæ opera privata quam dat domino, est illi pœnæ magis, & libentius in opus publicum servit quam in opus domini: & hoc ostenditur in l. seq. imperite damnari servos in opus publicum sive in perpetuum, sive ad tempus.

### Ad L. VI. de Vacat. & excuſ. muner.

*Hi, qui muneris publici vacationem habent, ad ea, quæ extra ordinem imperantur, compelli non ſolent.*

IN hac l. quæritur, quid conceſſum aut remiſſum videatur ei cui princeps dedit vacationem munerum, hoc eſt, immunitatem? an hoc beneficium principis latiſſime interpretabimur, ut ſolent beneficia principum, ut ſi conceſſerit princeps alimenta puero vel puellæ uſque ad pubertatem: pubertatem accipiemus pro plena pubertate, quæ finitur annis 18. non ea quæ finitur 12. aut 14. anno, *l. 14. de alim. lega.* nec poſſis aptius exemplum apponere ad id quod dicitur, *beneficia principum latiſſime eſſe interpretanda:* ſed beneficium immunitatis non ita late interpretabimur, quia vetat publica utilitas: hoc quidem beneficio principis ſunt remiſſa onera, quæ a magiſtratu extra ordinem indicuntur, velut munitio viarum vel aggerum vel riparum, flumine ſe effundente: quo exemplo utitur *l. 12. de mu. & hon.* intelliguntur enim ei remiſſa munera corporalia, quæ extra ordinem a magiſtratu imponuntur ad tempus ex improviſo, ut loquitur Papin. in *l. 8. §. qui muneris, hoc tit.* Græci pro *ex improviſo* dicunt ἐξ ἀπρόπτων, unde forte Latini ſuum *ex abrupto* fecere. Ei igitur, qui vacationem publici muneris habet, remiſſa videntur improviſa & extraordinaria munera, ſeu inſueta onera, non etiam ea, quæ legibus, moribus, Senatuſconſultis, Conſtitutionibus injunguntur: Veluti annuæ tributorum indictiones, annonariæ functiones, quæ conferuntur in fiſcum a privatis quotannis, idque certis ſtatiſque anni penſionibus. Non etiam videntur remiſſi canones ſive canonicæ illationes ſolemnes: hæc ſunt ordinaria munera, quæ indicuntur in perpetuum: & eleganter *l. 4. C. de ann. & trib. lib. 10. ea neceſſe extraordinaria, nec vocari, quæ ſolemniter a provincialibus conferenda ſunt:* & ita in *l. 1. C. de vacat. lib. 10.* eſt conſtitutum, ne immunitas intelligatur de ordinariis & ſolemnibus muneribus: quinimo ea reſcripta, quæ continent nominatim remiſſionem ſolemnium munerum, inutilia ſunt, *l. 7. eod.* quia pugnant cum utilitate publica, *l. 1. C. de immunitate nemini conced. lib. 10.* Publica utilitas vetat, ne ea reſcripta late interpretemur, quæ concedunt vacationem munerum. Alia igitur ſunt munera ordinaria, alia extraordinaria. Vacatio munerum a principe conceſſa, munera extraordinaria continet, non ordinaria, non ſolemnia, non canonica.

---

### Ad L. CXV. de Verb. obligat.

*Ita ſtipulatus: te ſiſti in certo loco, ſi non ſtiteris, quinquaginta aureos dare ſpondes? ſi dies in ſtipulatione per errorem omiſſus fuerit cum id ageretur, ut certo die ſiſteres, imperfecta erit ſtipulatio; nec ſecus ac ſi quod pondere, numero, menſura continetur, ſine adjectione ponderis, numeri, menſuræ ſtipulaſſem: vel inſulam ædificari non demonſtrato loco, vel fundum dari, non adjecto nomine. Quod ſi ab initio id agebatur, ut quocumque die ſiſteres, &, ſi non ſtitiſſes, pecuniam dares, quaſi qualibet ſtipulatio ſub conditione concepta vires habebit. Nec ante committetur, quam fuerit declaratum reum promittendi ſiſti non poſſe.*

*§. 1. Sed & ſi ſtipulatus ita fuero: Si Capitolium non adſcenderis, vel Alexandriam non ieris, centum dare ſpondes? non ſtatim committetur ſtipulatio, quamvis Capitolium aſcendere, vel Alexandriam pervenire potueris: ſed cum certum eſſe coeperit, te Capitolium aſcendere vel Alexandriam ire non poſſe.*

*§. 2. Item, ſi quis ita ſtipuletur: Si Pamphilum non dederis, centum dare ſpondes? Pegaſus reſpondit non ante committi ſtipulatio, quam deſiiſſet poſſe Pamphilus dari. Sabinus autem exiſtimabat, ex ſententia contrahentium, poſtquam homo potuit dari, confeſtim agendum, & tamdiu ex ſtipulatione non poſſe agi, quamdiu per promiſſorem non ſtetit, quo minus hominem daret, idque defendebat exem-* plo penus legata. *Mutius etenim heredem, ſi dari potuiſſet penum nec dediſſet, confeſtim in pecuniam legatam teneri ſcripſit, idque utilitatis cauſa receptum eſt, ob defuncti voluntatem & ipſius rei naturam. Itaque poteſt Sabini ſententia recipi ſi ſtipulatio non a conditione coepit, veluti, ſi Pamphilum non dederis tantum davi ſpondes? ſed ita concepta ſit ſtipulatio, Pamphilum dari ſpondes? ſi non dederis, tantum dari ſpondes? quod ſine dubio verum erit, cum id actum probatur, ut ſi homo datus non fuerit, & homo, & pecunia debeatur. Sed & ſi ita cautum ſit, ut ſola pecunia non ſoluto homine debeatur, idem defendendum erit: quoniam fuiſſe voluntas probatur, ut homo ſolvatur, aut pecunia petatur.*

Duas hujus l. partes facio ſummas. Priore parte proponuntur quatuor exempla inutilium ſeu imperfectarum ſtipulationum; poſteriore tractatur difficilis quæſtio: quando committatur ſtipulatio poenalis, ſi quis ſtipulatus fuerit dari aut fieri aliquid, & niſi daretur aut fieret, certam ſummam poenæ nomine. De priore parte prius dicamus. De te ſtipulatus ſum, te ſiſti certo loco: & ſi non ſtitiſſes, dari certam pecuniam poenæ nomine: Id agebatur inter nos, ut certo die te ſiſteres illo loco alicujus negotii cauſa: & tamen per errorem dies ſiſtendi omiſſus eſt. Dixi locum, non diem, cum tamen id ageretur ut certo die te ſiſteres, poſt ſtipulationem dicis te ſenſiſſe de uno die, ego de altero. Quid fiet? an agi ex ea ſtipulatione poteſt, in qua dies omiſſus eſt? minime. Hic error vitiat ſtipulationem: nihil agis, niſi & adieceris diem, maxime cum id agebatur inter vos, ut certo die ſe ſiſteret promiſſor: & ratio hæc eſt, quia non poteſt dies, qui omiſſus eſt, haberi pro expreſſo, ſi non appareat, quid actum ſit, quid voluerint, quid ſenſerint contrahentes: quod non actum eſt, id non poteſt haberi pro cauto: & ita accipienda *l. 99. hoc tit.* Legendum ut Florentiæ, *quidquid adſtringendæ*, hoc eſt, quidquid conſtituit obligationem, aut obligat promiſſorem, in Baſ. τὸ συμβαλλόμενον τῇ συναλλαγῇ τῶν ἐντυχίων: id ſi palam non ſit expreſſum, omiſſum ſtipulatio non intelligitur. Porro quod omiſſum intelligitur, non ſuppletur, *l. 64. §. pen. ſol. mat.* Sed hoc ita procedit, ſi etiam non appareat actum eſſe tacite id quod palam verbis non eſt: nam ſi conſtat de voluntate contrahentium, verba non valde deſiderantur. Quum apparet quid actum eſt, id quod actum eſt, pro cauto habetur. & hæc eſt vera definitio *l. 3. de reb. cred.* & id confirmatur *l. 94. hoc tit. l. 219. de verb. ſign.* Contra id quod actum es, pro cauto non habetur, ſi non appareat quid actum ſit, ſi in eo diſſentiant contrahentes, & unus una de re, alius de alia ſe ſenſiſſe dicat: ut in hac ſpecie, ſi aliter ſpectari non poteſt, de quo die ſenſerint, inutilis eſt ſtipulatio, non quia defuit voluntas contrahentium: id enim agitur, ut certa die te ſiſteret promiſſor, ſed quia deficit probatio, non jus *l. 30. de teſt. tut.* Inopia probationis ſæpe facit ut ſit contractus inutilis: ut datio tutoris eſt inutilis, ſi Titium tutorem defunctus dederit, & duo ſint Titii amici teſtatoris, & non appareat, de quo ſenſerit: non jus deficit, ſed probatio, *d. l. duo.* Concludamus ergo inutilem eſſe ſtipulationem ſi dies omiſſus ſit, quando id agebatur ut certo die ſe ſiſteret. Huic ſententiæ objicitur primum ſtipulatio damni infecti, quæ ita concipi ſolet inter vicinos: ſi quod damnum intra diem illum vicino vitio tuarum ædium mihi contigerit, quanti ea res erit, tantam pecuniam dari. Certum eſt ſtipulationi damni infecti præſcribi diem certum: ſed quid ſi omittatur & ſtipuler: ſi quid mihi damni contigerit ruina, aut labe ædium tuarum, eam mihi pecuniam dari, an eſt inutilis ſtipulatio? Minime, *l. 15. in princ. de damno inf.* Et ratio eſt, quia in eum diem cautum intelligitur, in quem ceteri ſolent ſibi cavere & proſpicere damni infecti nomine. Itaque, etiam ſi it dies omiſſus ſit; tamen appoſitus is intelligitur, qui ſolet vulgo apponi huic ſtipulationi: ac propterea omiſſio diei non vitiat ſtipulationem illam, tamen vitiat eam, de qua agi-

agitur in hac lege. Objicitur etiam stipulato judicio fisti, cui etiam solet apponi dies certus: hincque illa formula: *in quem diem locumve vadimonium sistere promittive jubes*. Nam vadimonium promittere, ut loquuntur veteres, nostris auctoribus est cavere judicio sisti: & deserere promissionem judicio sistendi causa, *l.* 4. §. *quæsitum*, *l.* 5. §. 1. *si quis caut. l. ult. qui satisd. cog.* est, quod alii dicunt, *deserere vadimonium*. Sed quid si stipulationi judicio sisti, non apponatur dies, an valet stipulatio? sic videtur, quia dies est in potestate stipulatoris, hoc est, in eum diem cautum intelligitur, quo stipulator agere voluerit, *l.* 8. *qui satisd. cog.* Hanc igitur stipulationem judicio sisti, sicut nec stipulationem damni infecti, omissio diei non vitiat, cum tamen illam vitiet, de qua hic agitur. Sed non est difficile respondere. Si quis stipulationem damni infecti, vel judicio sisti objiciat, quæ non vitiantur die omisso; objiciam contra, has stipulationes esse solennes seu prætorias, nullæ sunt frequentiores, imo sunt propositæ edicto prætoris, & ideo etiam diem solennem habent, ut stipulatio damni infecti, puta si quid damni contigerit intra annos decem, ut in casu *l.* 15. §. 1. *de damno inf.* Posset alius dies inseri ex conventione contrahentium, sed & plerumque inseritur, si quid damni contigerit intra certos dies: stipulatio autem judicio sisti solennem diem habet eum in quo actor vel stipulator agere voluerit, qui dies est solennis, & is pro adjecto habetur semper: consuetudo semper ostendit diem, ut sæpe etiam ostendit pœnam, *l.* 4. *de cust. & exh. recr.* Si quis satisdederit pro alicujus criminis reo, & promiserit, se eum exhibiturum, nisi exhibeat eum, plectitur pœna pecuniaria, quam præses arbitratus fuerit, scilicet, si cautione vel decreto judicis non sit comprehensa certa quantitas, in quam se obligarit, qui promisit se reum exhibiturum: vel etiam si in ea regione consuetudo non sit, quæ certam formam habeat. Nam si ex consuetudine regionis soleant cavere certum, tot cavisse is, qui promisit, intelligitur: consuetudo ostendit quantitatem & pœnam: & ita etiam ostendit diem: & quæ sunt igitur moris & consuetudinis, omissa non intelliguntur. Quæ res admittit nonnunquam tacitas stipulationes, sed opus est lege, quæ admittat tacitam stipulationem. Exempli gratia, hodie dos debetur ex stipulatione, etiam si non intervenerit stipulatio, hoc solo nomine, quod soleret plurimum interponi: & ponitur aliud exemplum in *l.* 19. *de adopt.* Leges ideo introducunt vel admittunt tacitas stipulationes, quod solerent plurimum interponi: nostris interpretationibus non possumus inducere tacitam stipulationem: Stipulatio non sit, nisi verbis inter præsentes: stipulatio autem, de qua agitur hoc loco, Romæ sisti, non est solennis & prætoria, sed conventionalis, & fortuita, quæ certi negotii illo loco explicandi causa inter duos interponitur: hæc non potest habere diem solennem, cum non sit solennis, nec soleat interponi passim: & ideo inutilis est stipulatio, si dies per errorem omissus sit, cum nulla sit lex, quæ suppleat diem. Sequitur aliud exemplum in hac lege inutilis stipulationis: Si stipuletur, quæ numero, pondere, mensurave constant, non adjecta certa quantitate: inutilis est stipulatio, *l. triticum* 94. *hoc tit.* quia hæ res valent quantitate, non corpore: ex quantitate æstimantur, non ex corpore. Igitur prætermissa quantitate nihil agitur, si ea deducantur in stipulationem: aut enim debes quantitatem stipulari, aut nihil videris stipulatus: adjecta quantitate utcunque valet stipulatio, etiamsi non sit adjecta qualitas, veluti si stipuler vini amphoras tot, nec adjicam cujus vini, optimi an medii generis, an istius vel illius regionis: utcunque valet stipulatio, quia vel pessimum, mihi dare promissor cogitur, *l. fidejussorem* 52. *ff. mand.* pessimo se liberare potest: quod tamen sic intellexi semper ut non possit se liberare deterrimum dando, sed dando quod est pessimo propinquius. Nam & si quis promiserit certum numerum nummorum (quod pertinet etiam ad legata) nec adjecerit qualitatem: exiguiores dando liberatur, *l.* 75. *de leg.* 3. non liberabitur, plumbeos, id est, vilissimos quadrantes dando, sed puto præstari debere sestertios, quia non debet munificentiam testatoris eludere heres, qui id minime sensit. Verum nummis indistincte legatis, puto præstari debere sestertios, quia cum nummi dicuntur, in jure plerumque intelligimus sestertios, ut nummo uno vendere, est sestertio uno: atque ita Varro in drachmis, denariis, victoriatis nummis, id est, sestertiis. Tertium exemplum inutilis stipulationis est, si stipuler, insulam ædificari non adjecto loco, quo ædificetur, inutilis est stipulatio. Nam & stipulor superficiem, sine qua non potest stare ædificium, *l.* 2. §. *si quis, de eo, quod cer. lo. l.* 95. *hoc tit.* citat & Accurs. *l.* 43. *de jud.* quæ nihil pertinet ad hanc rem. Ultimum exemplum est, si stipuler fundum, non adjecto nomine, aut eo, quod nominis vice fungitur, stipulatio inutilis est, si promissor nullos fundos habuerit. Si promiserit domum, & domum nullam habuerit, derisoria est potius quam utilis stipulatio, *l.* 17. *de leg.* 1. *l.* 6. *de aur. & arg. leg. l.* 60. §. *gener, de jur. dot.* nam si urgeat stipulator, liberabitur vel minimum dando, quando fundus est glebula quælibet: nam fundus est quidquid fundi emitti potest: Si vero fundos habuerit promissor, utilis est stipulatio, & compellitur exiguiorem dare. Et ita in *l.* 75. *de verb. obligat.* inter utiles stipulationes ponitur stipulatio fundi sine nomine, quæ dicitur esse incerta stipulatio, quia demonstratus non est fundus, sed non est inutilis stipulatio: nullum est exemplum in d. *l.* 75. inutilis stipulationis. Igitur ponendum est in ea eum, qui fundos habebat, promisisse fundos sine nomine. Omnes igitur hæ stipulationes inutiles sunt. Subjicit Papin. idem esse, si quis stipuletur de te pecuniam certam sub hac conditione, *si Capitolium non ascenderis*, vel, *si Alexandriam non ieris*: hoc casu non statim committitur stipulatio, id est, non statim ex ea stipulatione agi potest, atque Capitolium ascendere potuisti, nec ascendisti: sed tum demum, cum declaratum fuerit conditionem implere non posse, quod sola mors tua declarare liquido potest. Denique hæ conditiones, quæ consistunt in non faciendo, veluti, *si non steteris*, *si non ascenderis Capitolium*, *si non iveris Alexandriam*, finiuntur morte promissoris, nec ante committitur stipulatio, quam si vita functus sit: quandiu enim conditionem implere potest promissor, cessat pecuniæ in stipulationem deductæ petitio. Objicies, nec immerito, quod est in *l.* 17. §. 1. *de manum. test.* de libertate data hoc modo: *Stichus liber esto, si Capitolium non ascenderit.* (Nostri auctores frequentissime utuntur istis conditionibus, *si Capitolium non ascenderis*, *non ascenderis*: nec tamen in eorum scriptis ubique est integrum *Capitolii* verbum. Uno loco, cum esset scriptum per compendium nomen *Capitolii*, hoc modo, CAP. ex eo compendio fecere *causam publicam*: & manet adhuc hodie error a Budæo non animadversus in *l.* 2. *ff. de in jus voc. qui equo publico in causa publica pro in Capitolium*: quod quisque intelligeret, si ad Budæum heic adjiceret quod scripsit Plin. de Fab. Rutilliano, ut Idib. Quintilibus equites Romani ab Æde Honoris in Capitolium transirent equo publico insidentes. Ulpian. in Fragment. tit. *de jur. donat. int. vir. & ux. Si quis equo publico honoratus fuerit*, hoc est, si sit factus eques Romanus. Et eam transvectionem equitum Halicarnasseus vocat pompam habentibus equum publicum. Dum sit ea transvectio vive pompa, non potest eques Romanus extrahi inde, & in jus duci ex constitutione Augusti. Verum quod attinet ad d. *l.* 17. §. 1. *de man. test.* Si ita sit data libertas, *Si Stichus Capitolium non ascenderit*, an hanc conditionem interpretabimur, ut in stipulatione proposita hoc loco, id est, certum erit Stichum Capitolium ascendere non posse? Minime: sed ita accipiemus, si cum primum Stichus potuerit ascendere Capitolium, non ascenderit, si data ascendendi occasione non usus fuerit. Longe igitur aliter hæc verba accipiemus quam in stipulatione, de qua hic agitur. Cur tam varie? Dicam eam interpretationem fieri favore libertatis,

tis, ut valeat potius libertas, quam pereat: esset enim inutilis, si ea verba interpretaremur de mortis Stichi tempore: ut solemus ea interpretari in stipulationibus, in quibus mors attenditur: libertas enim conferretur in tempus mortis servi, quo modo dari non potest, *d. l. 17. in princ.* ut si dicas: *Stichus cum morietur liber esto*. Ridiculum id est: & quæ in testamentis scribuntur ridicula, pro nullis habentur. In stipulationibus aliud erit: hæ possunt conferri in tempus mortis. Aliud & in legatis, quæ & in tempus mortis legatarii conferuntur recte, *l. 79. §. 1. de cond. & demon.* & utique legatum videtur collatum in tempus mortis legatarii, si datum sit sub hac conditione, *si non ascenderis Capitolium*: nec enim ita interpretabimur hanc conditionem, si certum esse cœperit eum non ascendisse, & præstabitur legatum vivo legatario, seu repræsentabitur, si modo caveat se redditurum legatum, si defecerit conditio legati, hoc est, si ascenderit Capitolium, *l. 7. ead. tit.* quæ appellatur cautio Mutiana, quod proposita a L. Mutio & introducta quidem in legatis, ut præstita cautione repræsentetur legatum, sed non introducta est in stipulationibus. Sequitur in hac l. eandem interpretationem esse faciendam, si quis ita stipuletur, *si Pamphilum non dederis, centum dari spondes?* Nam Pegasus existimat, non aliter committi stipulationem, quam si Pamphilus desinat dari posse, ut si mortuus esset Pamphilus, esset pœnæ petitio: quandiu enim Pamphilus dari potest, cessat pœnæ petitio. Verum in hac specie dissentit ab eo Sabinus diversæ scholæ auctor, qui existimat eam stipulationem committi statim atq; promissor Pamphilum dare potuit, nec dedit: nec expectandam Pamphili mortem, si modo & promissor interpellatus fuerit: necessaria est mora, necessaria interpellatio ex *l. 24. quand. dies leg. ced.* Ergo hæc stipulatio ; *si Pamphilum non dederis, centum dare spondes?* committitur statim atq; Pamphilum dare potuerit, nec dedit, cum interpellaretur. Nam si promissor moram non faciat in dando Pamphilo, nondum ab eo centum peti possunt. Et circumscribendum est quidquid hac de re dubitans scribit Accurs. ad *l. 24. in verbo interpellatus.* Est igitur hac in re summa dissensio inter Pegasum & Sabinum, scilicet cum stipulationis dies præfinitus non est. Nam si ita sim stipulatus: *Si Calendis Juliis Pamphilum non dederis, decem dari spondes?* Est sane hoc casu inter utrumque summa consensio: uterq; enim putat stipulationem committi ex die Kalend. *l. 8. hoc tit.* sed die non præfinito dissentiunt inter se. Pegasus spectat verba stipulationis, *si Pamphilum non dederis*, quæ proculdubio significant, si Pamphilum quandoque non dederis. At Sabinus spectat mentem contrahentium, quæ hæc videtur esse, ut pecunia præstetur, si promissor moram fecerit in præstando Pamphilo, si interpellatus non præstet Pamphilum: videntur stipulantes alterutrum voluisse mox præstari, vel Pamphilum, vel pecuniam. Et Sabinus hoc comprobat exemplo penus legatæ, deducto ex scriptis Mutii. Finge: Quidam ita legavit: *Heres meus illi penum meam dato, si penum non dederis, centum dato.* Q. Mutius ait confestim centum peti posse: & hoc quoque admitteret Pegasus in hac specie: nam hoc ait Q. Mutius esse receptum utilitatis gratia ex voluntate defuncti (licet hanc interpretationem non ferant verba legati) & adjicit ex natura rei legatæ; adjuvatur conjectura ex voluntatis ex natura penoris legati, quod diutius servari non potest. Est enim penus proprie omne, quod esui potuique est, & cellarium vocatur. Julius Firmicus *omne*, inquit, *quo vescuntur homines penus dicitur*. Idem & M. Tull. 1. de Nat. D. hinc penaria cella. Ergo JC. omnes facile admittent, si non præstetur penus, centum præstari ob voluntatem defuncti, & naturam rei legatæ. Et ait Papinian. *confestim*, aut statim penum esse præstandam interpellato herede, ut præstet, aut eam pecuniam peti posse: quæ verba maxime indigent interpretatione, nec sic accipienda sunt, *etiamsi moram non fecerit heres, aut interpellatus non fuerit, ut penum præstaret*: hæc vitiosa interpretatio est. Nam non aliter peti possunt 100.

A quam si moram fecerit in præstando penore *d. l. 24.* sed sic accipienda, *etiamsi penus adhuc præstari possit, si exstet, si corrupta non sit*: & ita etiam articulum *statim* accipere oportet, *l. 19. quan. dies leg. ced.* Et Paulus in *d. l. 24. eo. tit.* addit idem esse, si testator fundum legaverit, & si fundum heres non præstiterit, pecuniam certam dari: nam ea pecunia statim peti potest, si heres moram fecerit in præstando fundo. Ergo idem dicemus si hominem legaverit, & si non præstaretur homo ab herede, 100. daret: nam 100. statim peti possunt, si moram fecerit in præstando homine legato. Nec separabimus res ceteras a penore legato. Natura penoris legati id facile admittit. Sed tamen idem admittemus in ceteris rebus, ut si ita dixerim: si Pamphilo eum fundum non dederis, 100. dato. Verum pugnare videntur hæ duæ leges *d. l. 19. & d. l. 24.*
B stator ita dicat, si penum intra Kalendas non dederis 100. dato, *l. 24.* ait, duo esse legata, *l. 19.* ait, unum esse legatum, quod magni interest scire. Sed controversia facile dirimi potest: ante moram heredis, antequam interpellaretur, duo sunt legata, unum purum, alterum conditionale pecuniæ certæ. Post moram heredis unum est legatum, hoc est, pecuniæ, non penoris; pecunia sola est in obligatione: penus vero est in conditione, imo & in solutione, vel præstatione, quia heres solvendo penum liberatur obligatione dandæ pecuniæ, & in jure certissimum est, moram emendari, sive purgari obligatione seu præstatione ejus, in quo præstando moram traxit usq. ad litem contestatam *l. 84. hoc tit.* nam post litem contestatam et sit in mora, nulla casu post petitam pecuniam, sera est emendatio moræ, & nihilominus lis de pecunia pera-
C gitur. Post moram heredis, legatum penoris transfunditur in legatum pecuniæ, quæ translatio adoptio dicitur *d. l. 24.* adeptio est prioris legati : atque ita modo translatum, modo ademptum dicitur in *d. l. 24.* Ergo concludamus: Ante moram heredis duo esse legata, post moram vero unum esse. Ante moram unum capi jure legati, si ultro eam solvat heres, quia duo intelliguntur esse legata: post moram heredis, penum non capi jure legati, sed mortis causa: quod maxime interest scire, quia lex Falcidia locum non habet in mortis causa capionibus: fuit enim tantum de legatis minuendis, quæ absumerent hereditatem supra dodrantem: sed porrecta etiam est lex Falcidia ad fideicommissa testamento relicta ex Senatusconsulto Pegasiano, vel codicillis testamento confirmatis. Quinimo ex constitutione D. Pii porrecta est etiam
D ad fideicommissa relicta ab intestato, & postremo ex constitutione D. Severi, ad donationes causa mortis : nondum vero est porrecta ad mortis causa capiones, neque porrigi sine constitutione potest. Mortis causa capio est adquisitio, quæ obvenit ex morte alterius, sive per causam mortis: quæ proprio nomine caret: nam non est hereditas, non legatum, non fideicommissum, non donatio causa mortis. Exempli causa, si quid detur conditionis implendæ causa, puta, *Liber esto si Titio decem dederis*, Titius non capiet ea decem jure legati, vel fideicommissi, sed mortis causa. In mortis causa capionibus non est legi Falcidiæ locus, *l. 93. ad l. Falc. l. 19. §. item si, eo. tit.* Ergo multum interest scire, utrum quid capiatur jure legati, an fideicommissi, an mortis causa capionis: nam ante moram heres præstat penum, deducet Falcidiam: si post
E moram, præstabit integram non deducta Falcidia. Et hoc obtinet, si penus non sit legata, sed dixerit simpliciter testator: *Heres meus, si illi penum non dederis*, 10. dato, pecunia sola est in obligatione, penus in solutione ; Non igitur intelligitur legata penus, & si præstetur, integra præstabitur, *l. 1. de pen. leg. d. §. item si.* Ostendimus id frustra non dici. Finge, testatorem ita dixisse : *Heres penum dato, & nisi dederis, centum dato.* Finge mori legatarium, an transmittet legatum in heredem? quod legatarius puta transmittere in heredem, non conditionale. Ergo si ante moram legatarius decesserit, heres ejus habet penoris petitionem, quia legatum penum tantum in eum transmissum est, legatum pecuniæ, quod erat conditionale, in eum transmitti non potuit. Quod si post
mo-

moram legatarius decesserit, non erit heredi ejus petitio penoris, quia translata est in legatum pecuniæ, atque ita adempta est penus legatario, sed erit tamen petitio pecuniæ heredi, quia extitit conditio legati, antequam moreretur legatarius, quod demonstrat *d. l. si penum* 24. secundum quæ hæc verba: *si penum non dederis*, sic interpretamur, *si moram feceris*, *si interpellatus non dederis*: nam post moram unum est legatum conditionale: ante, moram duo sunt legata. Verum quid tandem statuemus de illa dissensione, quæ est inter Pegas. & Sabinum? componit eam Papinianus adhibita distinctione, & ostendit, suo casu veram esse sententiam Pegasi, & item suo veram Sabini, neutram explodendam : sed utramque suo casui aptandam. Stipulationem ita conceptam: *si Pamphilum non dederis* 100. *dare spondes?* Pegasus dicebat non committi quandiu viveret Pamphilus : Sabinus committi statim post moram promissoris, hoc est, si interpellatus congruo loco & tempore Pamphilum non dederit, quod confirmabat exemplo penoris : si heres penum dare jussus sit, & si non dederit, centum dare damnatus sit, constat inter omnes statim atque heres moram fecerit in danda penu 100. deberi , nec posse jure legati licet penus extet. Cur ergo non idem in stipulationibus admittemus? non esse hac in re cur separemus stipulationes a legatis. Est enim frequentissima comparatio legatorum & stipulationum: non est etiam cur separemus penum a ceteris rebus, quamvis in ea propria quædam natura sit. Magna est igitur Pegasi & Sabini dissensio: eam composuit Papinianus suo cuique casui applicando, & huic dissidio quasi se medium interposuit, vel ut utar nostris verbis, ercisсundum, id est, medium; quo verbo Servius significat eos, qui se medios dirimendis litibus interponunt. Igitur vera est Sabini suo casu: vera itidem Pegasi suo casu. Dicamus primum de sententia Sabini, quæ vera est, si ponas, ut posuit penum legatam pure, pecuniam sub conditione, si penus non daretur. Etiam hoc in casu ita ponas Pamphilum in stipulationem deductum hoc modo: *Pamphilum dabis, si non dederis tot dabis?* Re ita gesta, si moram feceris in dando Pamphilo, pecuniæ petitio erit adversum te, nec expectabitur mors Pamphili: optima ratione, quia apparet contrahentes Pamphilum voluisse dari quum eum pure deduxerunt in stipulationem: Itaque si interpellatus promissor Pamphilum non dederit, statim committitur stipulatio pecuniæ : nec expectatur cum Pamphilus dari non possit. Nec tamen idem dicemus in stipulatione, de qua actum est initio hujus legis, *te sisti certo loco, & si non sisteres tot dari*, quia ea stipulatione id agitur, ut quandocunque, & quocunque die volueris, te sistas eo loco, alioqui inutilis esset stipulatio: hic non id agitur, ut quandocunque velis Pamphilum des, quod etiamsi non agatur, stipulatio valet. Ergo sic statuamus in specie proposita: stipulatio poenalis committitur statim atque moram fecerit in dando Pamphilo, cum Pamphilus initio pure deductus fuit in stipulationem, ac deinde pecunia sub conditione, si Pamphilus non daretur. Et hæc elegantissime summus juris auctor ait esse verum indistincte, id est, sive id actum sit ut Pamphilo non dato, Pamphilus & pecunia peteretur: quæ conventio valet, *l. 16. sup. de transf.* & solet exprimi hac formula, rato manente pacto, hoc sensu: *Pamphilum dabis, & si non dederis, & Pamphilum, & pecuniam dabis*. Et idem ait verum esse sine dubio, quia evidens est, quod voluerint contrahentes Pamphilum dari, quum iterato in conventionem deduxerunt, quod iterum deduxerint in stipulationem: sed adjecit, idem dicendum, si actum sit ut Pamphilo non dato, sola pecunia petatur: nam quod semel sit Pamphilus deductus in stipulationem, hoc demonstrandæ voluntati contrahentium satis abundeq; est. Ergo sive hoc, sive illud actum sit, stipulatio pecuniæ committitur statim ubi mora facta est in dando Pamphilo. Et hæc ait de Sabini sententia. Ex quibus satis intelligitur, quando sit locus sententiæ Pegasi, quæ potest recipi, si stipulatio cœperit a conditione hoc modo; *Si Pamphi-*

*lum non dederis, tot dare spondes?* id est, si Pamphilus non fuerit in stipulatione, sed in conditione tantum, quia hoc casu contrahentes non omnino enixe aut districta voluerunt Pamphilum dari, quem non deduxerunt in stipulationem, sed hoc potius senserunt, ut promissor se posset liberare obligatione pecuniæ dando Pamphilum cum vellet: atque ideo quandiu promissor dare potest Pamphilum, pecunia peti ab eo non potest, quia est ei integrum implere conditionem, & Pamphilum dare: atque ita non alligari dationi pecuniæ. Et idem omnino dicendum in legatis, si testator ita dixerit, *si penum, fundum, vel Pamphilum non dederis* (nihil refert, quid ponatur in conditione) *centum dato*; nec enim poterunt peti statim centum, quamdiu res, quæ in conditione est, dari potest. Et rectissime idem Pegasus etiam ante Papinianum docuit locum habere in iis stipulationibus, quæ incipiunt a conditione, *si Capitolium non ascenderis*, *si Alexandriam non iveris, tot dari spondes?* & quia incipiunt a conditione ascendendi, aut eundi, non a stipulatione, hæ stipulationes non committuntur statim; nec antequam declaratum fuerit conditionem expleri non posse. Ergo concludamus: Id quod est in conditione tantum, est etiam in solutione, in petitione vel obligatione non est. Huic definitioni opponitur *l. 9. l. qui Romæ* §. *Flavius, hoc tit. l. nuda, C. de contr. stip.* ex quibus efficitur, id, quod est in conditione etiam esse in petitione. Species *l. 9.* hæc est. Primus & secundus separatim de te stipulati sunt hoc modo: si illi fundum non dederis, mihi dabis. Vel sic: Duo de te fundum separatim stipulati sunt. Primus sic: si secundo fundum non dederis, mihi dabis ; & retro secundus: si primo fundum non dederis, mihi dabis : quid fiet? quis potior erit in obtinendo fundo? Is, inquit, qui agere occupaverit, actio alterius, erit finis dandi alteri, & qui prior petierit fundum, is excluserit alterum & fecerit, ut videatur impela conditio, id est, non datus fundus alteri, cum agere occupavit. Fundus fuit in conditione, & est etiam in petitione: sed & nominatim fuit fundus in obligatione. Et male Accurs. non aliter ab eo se explicat, quam dicendo, conditionem eam vel stipulationem esse inexplicabilem, & ideo non subjicitur regulis juris. Falsum vero hoc est, eam esse inexplicabilem: inexplicabilis conditio est, quæ extitisse non potest, vel quam extitisse constituere non potes, quin inveniatur non extitisse: & contrario, ut in *l. 16. de condit. instit.* testator ita dixit: si Primus heres erit, Secundus heres esto, si Secundus heres erit, Primus heres esto, Primus non potest heres existere, quin Secundus existat, & contra: non potest Secundus heres existere, quin existat Primus. Res est inexplicabilis: atque ideo inutilis institutio: non enim possis constituere, quis sit heres, consulusque nihil potes respondere, nisi quod Celsus, quodam loco uno verbo respondit, ἄπορῳ, *subsisto*: ἀπορία vitiat institutionem, vitiat omnia negotia. Sed tamen in *d. l. 9.* nulla est ἀπορία, talis: nam occupat alter, & agendo existit conditio, &, ut ait Pompon. in *d. l. 9.* finis dandi alteri est, quoad agat alter, id est, intelligitur non posse alterum agere, cum agit alter. Sed tamen videre puto quod ibi adnotavit Accursius, quia repeti videtur ab eo, quod scribit M. Tullius in Lucullo: quanquam id didicerit potius ex Boetio: & verum est quod ait ; *Inexplicabilia non subjici regulis juris*: utitur exemplo Dialecticorum, quorum axioma est: *omne aut verum esse, aut falsum*, notum est non tantum M. Tullio, sed & nostris auctoribus ; nec etiam id condemnat disciplina Stoicorum: excipiunt inexplicabilia, quam nec vera, nec falsa esse possunt, *l. qui quadringenta, ad l. Falc.* & utitur exemplo accommodatissimo Marc. Tull. de loco: *Si te dicis mentiri, & non mentiris, mentiris igitur:* cui simile est, quod Accurs. subjicit, *Si sancte juras te pejerare, & non juras, sancte pejeras*, inquit. Contra: *si sancte juras te pejerare, & juras sancte, non pejeras igitur.* Hæc sunt quæ dicuntur inexplicabilia, ἄπορα. Sed in *l. qui Romæ* §. nulla est inexplicabilitas. Altera lex est *l. qui Romæ* §. Flavius hoc tit. species hæc est. Donavi servum, ut manumitteres, & si

non

non manumitteres, stipulatus sum pœnam: an possum agere, ut servum manumittas omissa pœnæ petitione? sic sane, & quod est in conditione, est etiam in petitione, quod, inquam, fuit in conditione & stipulatione, est etiam in petitione, & agam de manumittendo servo. Sed respondendum: id quod est in hac specie, non est in stipulatione, sed est in conventione, quia donavi ea lege ut manumitteres, ex qua est actio præscriptis verbis. Difficilior est *l. nuda, de contrah. stip.* Certum est, ex pacto nudo non nasci actionem, vel si non animo stipulandi ita convenerit inter nos, Dabis? dabo, non conceptis verbis: nam stipulatio fit solemniter, & a JC. definitur conceptio verborum, qua oratione significatur solemnitas stipulationis. Sed si quibuscunque verbis convenerit, ex eo pacto nudo non nascitur actio, sed exceptio tantum. Finge: convenisse inter nos pacto nudo, ut dares mihi aliquid, & mox: si non dares, stipulanti mihi te promisisse quanti ea res esset dari. Quod convenit pacto nudo, fuit tantum in conventione, non in stipulatione, nec fuit etiam in alia obligatione, quia ex nudo pacto non nascitur obligatio. Et tamen *d. l. nuda* ait, agi posse de eo quod stipulatione comprehensum est. Id igitur, quod est in conventione, est in petitione: dicamus breviter, in specie *l. nuda*, id, quod est in conventione, non est in stipulatione, non est in obligatione. Fateor: sed est in conventione nuda, ex qua non nascitur quidem actio, sed agi tamen ex ea potest reo patiente: quod si non patiatur, tum incidit in pœnam stipulatione expressam. Ergo brevius ita respondendum. Imo non est nolente reo, ac simul volente reo est. Hæc dixisse sufficiebat ad hanc *l. 115.* Sed necesse est ut de vexata illa quæstione inter interpretes disquiratur aliquid. Quæstio est, an stipulatio pœnalis novet priorem stipulationem: vel, an ita perimat ac tollat priorem, ut ea sola valeat, nam novatio peremptoria est. Quæritur inquam an possit solum agi ex posteriore stipulatione pœnali? Nihil est certius, stipulatione pœnali non novari priorem stipulationem, *l. 28. de act. empt. l. si quis, & l. seq. pro soc. l. 14. C. de pact.* & ratio est evidens, quia nunquam fit novatio, nisi id agatur: sed in dubio non fit. Agi cum dicimus, tacitam voluntatem, non expressam intelligimus, *l. 3. de reb. cred.* nisi adjiciamus agi nominatim, ut in *l. 9. de in diem addict.* Agi enim verbo significatur tacitus intellectus, & ei opponitur verbum caveri. Jure veteri non fit novatio, nisi id agatur tacite: jure novo ex constitutione Justiniani, non fit novatio, nisi id agatur nominatim & diserte, *l. ult. C. de novat.* Alioqui res procedit, ut ait Justinianus ἀνυπαστάτως, ut pridem restitui. Ergo liberum est stipulatori utra maluerit agere, priori, an posteriore tantum. Obstat *l. 44. §. ult. de oblig. & act.* In ea lege proponitur hæc stipulatio, *si fundum non dederis, centum dari,* & ait eleganter sola 100. esse in stipulatione, fundum in solutione. Deinde proponit aliud genus stipulationis, quo tamen idem statuemus, quod de priore: *stipulor navem ædificari, nisi ædificaveris, centum.* Quæritur, an duæ sint stipulationes, una pura, & altera conditionalis? Sane ante moram promissoris duæ sunt stipulationes, ut dicebamus nuper de penu legata: post moram promissoris, hoc est, postquam noluit navem ædificare, & exiit tempus, quo fieri potuit, an etiam sunt duæ stipulationes? Videntur quodammodo. Sed magis est, ut dicamus, priorem quasi transferri in stipulationem pecuniæ, & quasi novationem fieri: ac proinde solam pecuniam in petitione esse. Ergo stipulatio pœnalis novat priorem. Est vitiosa collectio. Nam multum differunt inter se, fieri aliquid, & quasi fieri. Et in jure modo dicunt juris auctores, fieri aliquid absolute, modo quasi fieri. Non fit igitur novatio cum dicat Paul. *quasi novationem fieri.* Quinimo ex hoc potius colligas, non fieri novationem. Sed cur sit quasi novatio? quia superest solius pecuniæ petitio, nec jam agi potest de nave facienda. Cur tamen non fit novatio hodie? quia non eadem res venit in utramq; stipulationem. Nam in una venit navis, in altera pecunia, & fit novatio duobus tantum modis: aut cum mutatur debitor, ut cum alius pro alio principalis assumitur, qui dicitur expromissor, non ut fidejussor, qui dicitur adpromissor. Item fit novatio cum mutatur causa debendi, ut cum quod debetur ex testamento, convertitur in causam stipulationis, ut deinceps debeatur ex stipulatione, non ex legato. Et in summa fit novatio per mutationem debitoris, vel causæ debendi. Novatio non est si mutetur res, ut si convenerit, ut pro nave detur pecunia, sed tantum quasi novatio est post moram debitoris, quam fecit in nave ædificanda, quia solius pecuniæ petitio superest.

## JACOBI CUJACII J.C. COMMENTARIUS

In Lib. III. Quæstionum ÆMILII PAPINIANI.

### Ad L. VIII. de Statu homin.

*Imperator Titus Antoninus rescripsit, non lædi statum liberorum ob tenorem instrumenti male concepti.*

ANTONINUM Pium Papinianus refert rescripsisse, non lædi statum liberorum ob tenorem instrumenti male concepti. Tenor instrumenti male concipitur, si quid falsum scriptum sit errore vel simulatione, ut in *l. 16. C. de liber. cau. & in l. ult. C. de ingen. man.* si liber homo sponsaliorum, id est, arrarum nomine quasi servus datus sit, ait utraque lex, eam rem nullis officere libertati, nec lædi statum capitis, hoc est, ex ea re liberum non fieri servum; quod utique verum est etiam si volente libero homine, & sciente, vel patiente conscriptum instrumentum fuerit: nam etsi palam edixerit in jure, se servum esse, non fit propterea servus: nemo fit servus nuda voluntate, confessione, vel scriptura nuda, aut nuda conventione, *l. 37. de lib. caus. l. 6. l. parentes, l. liberos, l. interrog. C. de lib. caus.* Servi enim aut nascuntur, aut fiunt, & non quovis modo, sed certis tantum, bello, pretio seu præmio, ut est in *l. 2. C. Th. ad SC. Claudian.* Bello, si capitur ab hostibus liber homo, quæ est jurisgentium servitus: præmio vel pretio fiunt servi (his enim nominibus præmii & pretii promiscue utimur) cum liberi homines se vendunt, vel etiam se venire patiuntur ad pretium partiendum, prodita scilicet libertate sua, *§. servi autem, Inst. de jur. pers.* Servi etiam fiunt connubio, quod est e Senatusconsulto Claudiano (ut & illud de pretio, quod diximus) ut puta, si mulier libera junxerit se servo alieno, nolente domino servi, *l. si apud, C. Th. de lib. cau.* quod tamen hodie sustulit Justinianus, *§. ult. Inst. de suc. sublatis, &c. l. un. C. de SC. Cl. toll.* Item fiunt servi, si liberi homines actum domini gerant, id est, si venundari se patiantur, ut actum ejus qui emit gerant, *l. si quis, §. irritum, de injust. rupt. & irr. fac. test.* Et id fit hac puto ratione, quod actorem esse tantummodo ad servos pertineat; & inde nomen servi actoris, qui est columen totius familiæ. Postremo servi fiunt in censu, id est, cum liberi homines censeri nolunt, quod descendit ex lege Regia, seu ex 12. tabulis: quod enim est ex lege Regia, id etiam est ex 12. tabulis: nam leges Regiæ translatæ fuerunt in 12. tabulas. Ut servus censu sit liber: sic contra liber fit in censu servus, id est, sicuti servus, si permissu domini nomen in censum detulerit, liber efficitur: soli enim cives Romani censentur: sic contra, si quis liber census non fuisset, pro servo habebatur, & a populo vendebatur. His igitur modis fiunt servi, non scriptura nuda, vel errore male concepti instrumenti. Hi non sunt legitimi modi mutandæ conditionis, seu adquirendi dominii servi; sicut nec cujuslibet alterius rei dominium nuda conventione nobis adquiritur. Et in summa, nuda voluntate, aut nudo pacto non fit servus. Hæc igitur non mutant statum capitis, vel ut ait

*l. 27.*

*l.27.C.de liber.cau.* hæc non mutant ſtatum veritatis, vel nomen ſubſtantiæ ejus hominis, qui vult fieri ſervus. Quod eſt patrimonium, non fit peculium, non mutatur nomen bonorum & ſubſtantiæ in nomen peculii, nam in ſervo non nomen tantum ſed & conditio & ſubſtantia mutatur, eumque in cujus poteſtatem redigitur ſervus effectus, bona ſequuntur & accipiunt nomen peculii novum. Poſſet etiam quis reſcriptum D.Pii referre ad inſtrumentum manumiſſionis, quod qui ſervum manumittit præſtare cogitur, *l.ſicut datam, de lib.cauſ.* & ſatis antiquum manumiſſionis exemplum ita fere ſcriptum legi: *Ille civis Romanus eſto, ita ut ab hodierna die ingenuus, atque ab omni ſervitutis vinculo ſecurus permaneat, tanquam ſi ab ingenuis fuiſſet parentibus procreatus. Eam denique pergat partem, quamcunque elegerit, ut deinceps nec nobis, nec ſucceſſoribus noſtris, ullum debeat noxiæ conditionis ſervitium, ſed omnibus diebus vitæ ſuæ ſub certa pleniſſimaque ingenuitate, ſicut alii cives Romani per hunc manumiſſionis atque ingenuitatis titulum, ſemper ingenuus & ſecurus exiſtat.* Hæc verba demonſtrant ſervum manumiſſione ingenuum fieri, non libertinum. Quod jure noviſſimo obtinuit. Sed finge, eſſe in inſtrumento manumiſſionis errorem in nomine manumiſſi, an ejus læditur ſtatus ſi modo de corpore conſtet? minime, *l.qui habebat, de manu.teſt.* Poſſis etiam reſcriptum Pii referre, ut facit Accurſ. ad profeſſionem natorum liberorum, quæ a parentibus ſolebat fieri apud acta, ad quem reſpicit *l.2.C.ſi min.ſe maj.dixerit*: ubi proponitur minorem 25. annis ætatem probaſſe ex tabulis profeſſionum, παιδογραφιῶν ibidem in Baſil. appellantur ἀπογραφαι τῶ πατρὸς, quæ etiam poſſunt fieri a matre abſente marito, vel ab avo abſente patre, *l.16.de prob. l.2.de excuſ.* Modeſt. ait, ex iis, nempe ἐκ παιδογραφιῶν, ἢ ἐξ ἑτέρων ἀποδείξεων νομίμων probatur ætas. Hæc eſt præcipua cauſa inſtituendarum harum profeſſionum, ut ex iis probetur ætas hominum, quæ probatur etiam ex profeſſione cenſuali, *l.3. de cenſibus.* Denique probatur teſtibus & obſtetricibus, & ex aſpectu corporis, *l.3.C.ſi min.ſe maj. l.32.de min.* nam & pubertatem ex aſpectu verecundioris partis in maſculis olim dijudicabant: in fæminis vero ex anno 12.qua in re ſuit controverſia inter Caſſianos & Proculianos: In maribus erat diſſentio: Caſſiani ex habitu illius partis æſtimabant, Proculiani ex annis. Priſcus Javolenus ex utroque aſpectu & annis. Verum Juſtinianus Proculianorum ſententiam probavit, ut in maribus probaretur ex annis. Sed de profeſſione natalium tantum loquamur. Si mulier, quæ erat gravida repudiata ſit, & poſt repudium filium enixa, odio mariti, eum filium abſente marito, ut ſpurium, actis profeſſa ſit: nihil ea res lædit ſtatum filii, veritati locus ſupereſt: ideoque mortua matre inteſtata poterit filius hereditatem matris adire juſſu patris: quæ eſt ſpecies *l.29.ſ.ult.de prob.* Et hanc ſolam legem annotari vellem & ad hoc reſcriptum Antonini Pii non lædi ſtatum liberorum, id eſt, τῶν παιδων, ut accipit Accurſ. ob profeſſionem natalis male conceptam.

### Ad L. Pen. de Negot. geſt.

*Ignorante quoque ſorore, ſi frater negotium ejus gerens, dotem viro ſtipulatus ſit: judicio negotiorum geſtorum, ut virum liberet, jure convenitur.*

FRater pro ſorore dotem dedit, ut debet, quod maxime notandum eſt, videlicet ſi ſit conſanguinea, & ſi aliter nubere non poſſit, *l.cum plures* 12.§.*pen.de adm. tut.* qui locus ſingularis eſt, ut frater cogatur exhibere ſorori paternum officium. Finge igitur: Frater cum eſſet animi paterni erga ſororem, pro ea dotem dedit, & ignorante ſorore animo gerendi negotia ſororis a viro ſtipulatus eſt ſoluto matrimonio ſibi dotem reddi. Papinian. ait, fratrem ſorori teneri act. neg. geſtorum quamvis ipſe dotem dederit, in hoc ut virum accepto liberet, ſi velit ſoror virum ſibi obligatum, non fratri, vel etiam teneri negotiorum geſt. judicio, ut cedat ſorori actionem ex ſtipulatu, vel maritum deleget ſorori: denique emolumentum ejus ſtipulationis perveniet ad ſororem, non ad fratrem, cum nec ſtipulando ſui negotii gerendi animum habuerit, ſed ſororis: locus eſt actioni negotiorum geſt. ſi ignorante ſorore ſtipulatus ſit. Quid ſi ſciente & mandato ſororis ita ſtipulatus ſit, frater in eadem cauſa, quam diximus? tenebitur actione mandati. Idem erit ſi mater pro filia dotem dederit & ſtipulata ſit, *l.idemque* 10. §. *ſi cui mandavero, ff.mand.* in qua citatur Papin.

### Ad L. Si filius XXX. de Minorib.

*Si filius emancipatus contra tabulas non accepta poſſeſſione poſt inchoatam reſtitutionis quæſtionem, legatum ex teſtamento patris major 25.annis petiiſſet, liti renuntiare videtur, cum etſi bonorum poſſeſſionis tempus largiretur, electio judicio defuncti repudiatum beneficium prætoris exiſtimaretur.*

HÆc l.eſt de filio emancipato prætеrito teſtamento patris. Filius prætеritus eſt, qui in teſtamento patris ſilentio omiſſus eſt, id eſt, qui neque heres inſtitutus eſt, neque exheredatus. Sed quid ſi ei aliquid legatum ſit relictum, aut fideicommiſſum, an prætеritus videbitur? Sic ſane, quia omiſſus eſt in parte principali teſtamenti, id eſt, in inſtitutione, quæ eſt caput teſtamenti. Differentia autem eſt inter ſuum & emancipatum filium: Nam ſi filius ſuus teſtamento patris prætеritus ſit, teſtamentum eſt ipſo jure nullum: Quod ſi filius emancipatus teſtamento patris prætеritus ſit, valet quidem teſtamentum, ſed reſcinditur beneficio Prætoris, data bonorum poſſeſſion contra tabulas, quæ tamen intra annum eſt petenda eſt: poſt annum reſcindi non poteſt per bonorum poſſeſſionem contra tab. Filius igitur emancipatus poteſt judicium patris intra annum reſcindere per petitionem bonorum poſſeſſionis contra tabulas: quam tamen ſi intra annum legatum vel fideicommiſſum, quod ei, vel ſervo ejus relictum eſt, elegerit, videtur repudiaſſe, quia agnovit judicium defuncti, *l.3.§.ult.de bon. poſſ.cont. tab.* idemque eſt, ſi quocunque alio modo agnoverit judicium patris, *l.15.ſi prætеritus, eod. tit.* nam & filius ſuus, ſi approbavit judicium defuncti, teſtamentum ex æquo & bono ſuſtinetur quamvis ſit ipſo jure nullum, *l.17. filio prætеrito, de inju. teſt.* Amittit quoque filius emancipatus bonorum poſſeſſionem contra tabul. tempore ſive omiſſione. Nam in jure amittere latius patet, quam omittere: nam amittere eſt tempore excludi, ut ſi intra annum non petierit bonorum poſſeſſionem, eam amiſit. Sed ſi cum eſſet minor 25.annis, bonorum poſſeſſionem omiſerit intra annum beneficio ætatis, quia lapſus eſt lubrico ætatis, poſt annum per reſtit. in int. rurſus admittetur ad bon. poſſeſſionem contra tabulas. Verum hæc reſtitutio datur cauſa cognita, vocatis ſcilicet iis quorum intereſt, *l.13.§.cauſa, l.29.§.ult.de minor.* Et ideo in hac *l.20. & in l.6.ſi intra, C. de in integ. reſt.* cauſa reſtitutionis dicitur lis, & qui eam poſtulat, quive de ea controverſiam movet, dicitur agere. Itaque non male dixeris cauſam reſtitutionis in integrum eſſe litem: nam quod inter partes duas diſceptatur cauſa cognita, lis eſt, actio eſt: & vera definitio actionis eſt, inter partes duas diſceptatio cauſa cognita, ſi quidem velis litem, aut actionem non accipere latiſſime. Finge nunc: pendente lite reſtitutionis in integrum, is, qui petiit reſtitui, quod litem fecit, cum jam factus major 25. annis legatum agnovit, an & hic rurſum amittet bon.poſſ. cont.tab. Amiſerat eam jam ante anno elapſo, ſed deſiderat ſe reſtitui in integrum, quia minor lapſus eſt lubrico ætatis, & cum nondum deſiderium ſuum expleviſſet pendente lite legatum agnovit, quid fiet? videtur inquit petitionem bonorum repudiaſſe, ut in *l. Papin.* 20. *hoc tit.* quia minori etiam ex hac cauſa poſſit ſubveniri. Concludamus, ſive poſt annum pendente lite reſtitutionis in integrum minor 25. annis agnoverit judicium

dicium defuncti, hoc est, legatum acceperit, vel fideicommissum ei relictum, sive intra annum minor aut major illud fecerit, amittit bonorum possessionem contra tab. Et ita omnino videtur argumentari Papin. in hac l. si intra annum electo legato amittitur bonorum possessio: & post annum multo magis, licet ad restitutionem in integrum lis contestata fuerit. Ex hoc loco intelligitur minori 25. annis currere tempora, sive dies petendæ bonorum possessionis; minorem excludi tempore a prætoris beneficio non minus quam majorem: male hic Accurs. in verbo prætoris, putat emendari in l. ult. C. in quib. cauf. in int. rest. est necess. quæ lex generaliter definit, exceptiones temporum minoribus non nocere; ex quo efficitur, non currere ullum tempus minoribus, nec eis necesse esse, ob eam rem petere restitutionem in integrum, quandoquidem ea minoribus non exeunt nec pereunt. Sed ita respondendum. Fateor exceptiones temporales minoribus non nocere, nec omnia, quæ tempore majoribus pereunt, etiam minoribus perire: quædam tempore pereunt per exceptionem, non ipso jure: hæc non pereunt minori. Quædam pereunt ipso jure, non opposita exceptione temporali: hæc pereunt minori: & ita dicamus, annum petendæ bon. possessionis currere minori ipso jure, eumque repelli, nisi eam petierit, quæ anno definitur. Similiter quoque annus currit minori, qui est præfinitus ad implendam voluntatem defuncti, Novell.1. de hered. cap.4. Item minori currunt tempora interponendæ appellationis, si forte condemnatus sit, l.7. ait prætor, §. item si, hoc tit. Currunt minori etiam tempora præfinita finiendis litibus, puta tempus triennii in caufis civilibus, ac nisi triennio peragat, ipso jure lite cadit, l. properandum, §. ult. C. de jud. Sæpe nostri auctores utuntur ea lege ult. C. in quib. cauf. in integ. rest. ut scilicet ex ea ostendant pleraque jura emendari: sed quæcunque emendant, accipienda sunt restricte. Hæc igitur l. ult. stricte est accipienda de iis scilicet, quæ minori tempore pereunt per exceptionem.

Ad L. Denique si emptor XIX. ex quibus cauf. maj. 25. ann.

Denique si emptor prius, quam per usum sibi adquireret, ab hostibus captus sit, placet interruptam possessionem postliminio non restitui, quia hæc sine possessione non consistit: possessio autem plurimum facti habet: causa vero facti non continetur postliminio.

Hæc lex cum præcedente & eum sequente ita connexa est, ut illis explicari non possit. Sciendum est, ex hoc edicto subveniri majoribus 25. annis per restitutionem in integrum, absentibus scilicet ex causa justa, veluti reipub. causa, studiorum &c. Subveniri etiam captis ab hostibus aut aliis, qui in servitute, aut vinculis, aut custodia, aut sub fidejussorum satisdatione fuerunt, ne scilicet suæ rei damnum faciant, ne justa absentia, ne captivitas, ne servitus, ac vincula, ne cetera eis noceant: ut si interim res eorum usucapta sit, ex eo edicto usucapio rescindatur restituta utili actione in rem, perinde ac si res eorum usucapta non fuisset: & subveniri etiam ne lucrum perdant, quod fecissent interim sine damno alterius, si ab hostibus capti non fuissent, vel alia justa ex causa peregre non abfuissent, ut si hereditatem vel legatum, quod interim adquirere potuerunt, propter absentiam aut captivitatem, perdiderunt, id postea reversi recipiant, restituta ejus utili actione ex testamento, vel utili hereditatis petitione, l.17. 27. l.41. si quis Titio, hoc tit. Duo sunt genera lucrorum: quædam obveniunt sine damno alterius, ut hereditas, fideicommissum, legatum: hæc recipiunt beneficio hujus edicti, si ea perdiderunt: exempli causa, si testatoris mortis tempore Italia procul abfuerint, cum tamen relictum fuisset legatum sub hac conditione, si mortis tempore in Italia essent, d. l. si quis Titio. Quædam lucra obveniunt cum

A damno alterius, ut ea, quæ adquiruntur per usucapionem, quæ usucapio lucrosa est ei, qui usucapit, & damnosa ei, cujus res usucapitur, admissa tamen legibus, & probata propter commune bonum, ut sit finis litium l. ult. pro suo, & l. 1. de usucap. Ad lucra ejusmodi recipienda, hoc edicto non restituitur major 25. annis. Et hoc est, quod eleganter definit Paulus in l. præcedenti, majoribus 25. ann. hoc edicto subveniri in damnis amittendæ rei suæ, non cum alieno detrimento. Et notandum maxime, quod ait, ex alterius damno vel pœna, &c. Inde intelligitur hoc edicto restitui actiones eas, quæ rem persequuntur, non pœnam, si interim earum dies exierit, cum temporales essent. Odiosæ actiones non restituuntur: denique, quæ rem persequuntur familiarem, quæ abest, non, quæ rem alienam cum alterius detrimento.

B Hujus rei exemplum subjicit Papinianus in hac l. 19. Finge. Titius a non domino rem alienam bona fide emit, & priusquam eam usucepisset, captus est ab hostibus. Captivitate interrumpitur usucapio: quod naturalem rationem habet: nam possessio save captivitate interrumpitur: non enim potest sibi possidere is, qui ipse possidetur ab aliis. Captus ab hostibus possidere desinit, & usucapere igitur: nam usucapio sine possessione contingere non potest. Denique captivitate interrumpitur possessio, & usucapio. Videamus tamen, an eo reverso ab hostibus, restituatur usucapio jure postliminii, ut scilicet fingatur medio tempore possedisse, quod præcipue definitur in hac l. 9. Deinde videamus si usucapio non restituatur fictione postliminii, an restituatur beneficio hujus edicti: quod definitur in l. seq. Sed ante omnia accurate fundare oportet, quod supra diximus, usucapionem captivitate interrumpi, & proponitur in l. 15. si is, qui pro emptore, de usur. & usuc. l. 12. in bello, §. facti, de capt. & postlim. Papin. hoc loco, emptor, priusquam usucaperet, capto ab hostibus, ait, interruptam esse possessionem: Græci δεσποτείαν, ideſt dominium, quod scilicet usucapione adquiritur, l. ait prætor, §. 1. hoc tit. Ergo possessionem sic accipit pro usucapione. Et recte Accurs. interruptam possessionem esse, usucapionem, & ita in l. cum miles 30. hoc tit. possessio defuncti quasi juncta descendit ad heredem, &c. quod ex hoc loco hodie in tota Gallia obtinet, ut possessio, id est, usus rei, a defuncto in heredem transeat, etiamsi ab herede non apprehendatur possessio: id sane summo errore obtinet: nam error hujusce consuetudinis desumptæ est d. l. cum miles, le mort saisit le vif son

D plus prochain lignager habile à luy succeder ab intestan sans apprehension de faict, committis est ab iis, qui non animadvertebant possessionem accipi illo loco pro usucapione, non pro usu rei: nam possessio re vera est usus rei, quæ definitio tradita est ab Ælio Gallo, nec in suum heredem transit, nec in extraneum, nisi naturaliter apprehendatur, l. 23. in prin. de adquir. possess. Dominium quidem in suum heredem ipso jure transit, vel potius continuatur, l. in suis 21. de liber. & post. In extraneum vero, ante aditam hereditatem dominium non transit. Usucapio autem cœpta a defuncto, necdum impleta, in heredem descendit ipso jure, & perficitur non adita hereditate, nec apprehensa possessione: & hoc est, quod

E possessione. Quæ igitur cœpit a defuncto, completur per se etiam jacente hereditate & possessione vacua, hoc est, nullo extante possessore, ac deinde proficit heredi ea usucapio quasi perfecta, postquam adit hereditatem, l. nunquam, §. vacuum, l. 44. justo, §. nondum, l. 40. captam, de usuc. l. 6. qui eum, §. ult. pro emp. Idque est receptum & constitutum jure singulari: nam rigor juris desiderat continuationem possessionis secundum usucapionis definitionem, quæ est, adeptio dominii per continuationem possessionis, &c. Est igitur in hac l. 19. πλοκὴ cum dicitur, possessionem sine possessione non consistere: neque enim initio idem significat verbum, possessionis, quod post. Initio est usucapio, post, usus rei. Et sensus hic est, possessio non consistit sine possessione:

fione: ufucapio non confiftit fine ufu rei. Verum quoniam ufucapio captivitate interrumpitur, quid fiet, fi decefferit, qui captus eft ab hoftibus, & non poffit ad fuos reverti? medium tempus proderit hæredi ad ufucapionem complendam, quamvis nemo poffideat eo tempore, idque per l. Corneliam, perinde ac fi nondum perveniffet in hoftium poteftatem, d.l.15.fi is qui pro empt. ff.de ufurpat. Quod fi revertatur, an dicemus, ei medium tempus proficere ad ufucapionem complendam, ut fingatur ufucepiffe medio tempore, quamvis revera ipfe non poffederit? minime. Et hoc voluit dicere Papinian. in hac l.19.interruptam ufucapionem non reftit. poftliminio, hoc eft, jure poftliminii adimpletam effe medio tempore ufucapionem non fingi. Et utitur elegantiffima ratione: quia, inquit, ufucapio fine poffeffione non confiftit, poffeffio autem plurimum facti habet, hoc eft, in facto confiftit: puta cum corpore infiftis, & rei incubas: caufa autem facti non continetur poftliminio, ut Græci ὑπόστροφος δίκαιον ὁ πόλεμος d. l. in bello, §. facti, de capt. & poftli. Facti caufæ infectæ nulla conftitutione fieri poffunt, hoc eft, facta (puta poffeffiones) poffidere autem, aut non poffidere, non poffunt reddi infecta fictione poftliminii. Non poteft poftliminium efficere, ut videatur quis feciffe aut non feciffe, poffediffe aut non poffediffe, quæ fecus funt, & confequenter, ut videatur quis ufucepiffe, qui non ufucepit. Efficit igitur poftliminium, ut jura, quæ amififti captivitate recipias, puta, dominium, patriam poteftatem, libertatem, civitatem, actiones, & cetera jura omnia: non etiam ut videaris feciffe, quod non feciſti, puta, poffediffe, quod non poffedifti. Exponamus latius quod ait Papin. in hac l. 19. poffeffionem plurimum facti habere: nam etiam poffeffio plurimum juris habere dicitur in l.49. de adquir. vel amitt. poff. Permixta igitur eft poffeffio ex utroque, ex jure, & ex corpore feu facto poffefforis, fed magis ex facto poffefforis, ut indicat l.3. §.1. de bonor. poffeff. & hoc diftat poffeffio a bonorum poffeffione: quæ plus ex jure habet, quam ex facto; plus juris eft, quam corporis, ut ait lex 3. de bon. poff. five ut noftri auctores loquuntur, detentationis, aut corporalis apprehenfionis. Cur vero dicimus magis effe ex corpore? quia poffeffio initium fumit a facto, vel a corpore, id eft, a naturali apprehenfione, quæ duobus Digeftorum locis detentatio dicitur: & hæc eft proprie poffeffio naturalis. Facto feu corpori poftea accedit animus, opinio, jus dominii: & ita perficitur poffeffio civilis, quæ dicitur conftare tum corpore, tum animo, id eft, ψυχῇ καὶ σώματι δεσπότης, ut loquitur Theoph. l. poffeffionem 29. de adq. vel amitt. poff. & quæftio hæc, an poffeffio fit facti, an juris, fic definienda eft: utriufque eft, fed factum videtur in ea præponderare, id eft, magis in ea factum, quam jus infpicitur. Quod fi poffeffio magis eft facti quam juris, non continetur poftliminio, & confequenter nec ufucapio, hoc eft, qui poftliminio redit, medio tempore non intelligitur poffediffe, nec igitur ufucepiffe. Conftat igitur jure poftliminii non reftitui ufucapionem. At quæramus, quod fupra attigimus, an ufucapio reftituatur beneficio edicti reftit. in integrum. Pertinet ad hanc quæftionem l.20. & l. 23. ait prætor, §.1. hoc tit. Et obfervandum maxime quibus gradibus procedat. Ulpian. in d.l.23. ponit primum, captivum non poffe inchoare ufucapionem: deinde, non poffe cœptam ante captivitatem in captivitate implere; tum addit non poffe fingi adimpletam ufucapionem, quæ cœperat ante captivitatem, in captivitate. Omnia ifta intelliguntur de fervo, qui captivus domini fui eft apud hoftes, ex caufa peculiari. Nam reverfus dominus etiam apud hoftes medio illo tempore poffediffe ac ufucepiffe intelligitur: quod quidem eft receptum jure fingulari, nec trahendum ad confequentias, d.l. fi is qui pro empt. Ea tamen quæ poffedit captivus per fe ante captivitatem: nec poffediffe intelligitur nec ufucepiffe jure poftliminii, fed adjicit in d.l. ait prætor, §. 2. fuccurrendum effe captivo, qui ad fuos rediit, fi per captivitatem poffeffionem amiferit, aut quafi poffeffionem. Et recte definit, quid diftet poffeffio a quafi poffeffione. Poffidemus rem corporalem, ut fundum, quafi poffidemus rem incorporalem, veluti ufumfructum. Dices, ergo poffeffio reftituitur reverfo poftliminio? fic fane ea quam habuit ante captivitatem: qui redit ab hoftibus, redit in poffeffionem rerum fuarum; fed non intelligitur medio tempore quicquam poffediffe. Atque ita verum eft poftliminio poffeffionem reftitui & non reftitui. Reftitui, id eft, reverti eum in poffeffionem earum rerum, quas ante poffedit: non reftitui, id eft, non fingi eum quidquam medio tempore poffediffe, licet fingatur interim fua omnia jura retinuiffe. Verum, quod quæfivimus ante explicemus. An beneficio prætoris per reftit. in integr. hoc confequi poterit, ut intelligatur medio tempore ufucapionem impleviffe? minime: & hoc eft, quod ait l.feq. nec utilem actionem effe dandam, nec igitur poftliminio reftitui ufucapionem, nec utilem actionem, id eft, reftitutoriam atque fi ufucepiffet. Et utitur eleganti ratione: quia iniquum eft auferre domino, quod ufus, id eft, ufucapio non abftulit. Ergo qui non ufucepit, non habet actionem vel directam, vel utilem, qua rem domino abftrahat: nam & viciffim dominus non intelligitur amififfe, quod ei ablatum non eft. Nec ergo domino auferre poteft ufucapio; quia fane ufucapio non abftulit, aut fane injuria aufero. Unum tantum adhuc objicitur, id, quod diximus ufucapionem five poffeffionem non reftitui poftliminio. Multa objiciuntur, fed ex his quæ diximus facile dirimi poffunt. Reftat unum ex l.1. §. fi quis, de itin. act. priv. Interdictum illud, quod eft prohibitorium, datur ei, qui hoc anno, nec vi, nec clam, nec precario ufus eft illo actu. At finge eum non effe ufum hoc anno, idque per vim vel hoftium, vel prædonum contigiffe, non fua culpa: vis hoftium, vel alia jufta caufa fecit, ne hoc anno uteretur, cum tamen ufus fuiffet fuperiore anno, & ufus fuiffet hoc anno, nifi prohibitus fuiffet, an hoc interdicto utetur? ipfo jure videtur non effe dandum, quia hoc anno ufus non eft, fed tamen ex bono & æquo reftituetur in integrum repetita die, quafi fuperior annus his fit annus. Et fane fumma eft ratio dandæ reftitutionis, nec eadem ratio intervenit in propofita ufucapionis quæftione. Itaque mihi videor fubmoviffe ea omnia, quæ objici poterant in hanc legem.

## Ad L. cum Furiofus XXXIX. de judic. & ubi quifque.

*Cum furiofus judex addicitur, non ideo minus judicium erit, quod hodie non poteft judicare, ut fcilicet fuæ mentis effectus, quod fententiæ dixerit, ratum fit. Neque enim in addicendo præfentia vel fcientia judicis neceffaria.*

*§.1. Qui legationis caufa Romam venit, ex qualibet caufa fidejubere poteft, cum privilegio fuo, cum fit in Italia contractum, uti non poteft.*

JUdex, qui datur a magiftratu, non tantum dari dicitur a Jurifconfultis, fed reddi, l.3. C. arb. tut. itemque addici, ut hoc loco. Sicut in l.46. & l. 80. hoc tit. & l. 4. de eo quod certo loco, l. 59. §. ult. ad Trebell. l. 30. fam. ercifc. Et ita femper legendum: judex addictus, non adjectus vel additus. Et ita omnino legendum in l.7. & l.10. C. fam. ercifc. & §.1. Inftit. de off. jud. & in Val. Max. veluti l.8. cap. 2. arbitrum Claudio addixit, & formulam quidquid fibi dare facere oporteret ex fide bona. Hæc Valer. apud quem male legitur, arbitrum adduxit ut daret formulam; nec legendum quoque addixit formulam: Nam ad eundem judex addictus non mittitur: & apud Ciceronem Arbitrum addicere, non adjicere, vel adigere. Non tamen fic legi velim in l.1. C. de recept. & qui arb. vel quidam volunt. Lex ait, Ex fententia arbitri ex compromiffo jure perfecto aditi appellari non poffe. Rectiffime in d. l. 1. legitur aditi, non addicti. Nam non addicuntur arbitri, fed adeuntur & fumuntur: & ita recte dicitur additus arbiter ex compromiffo, ut Græci πρὸς αἵρεσιν δεξαμενοι, hoc eſt, aditus. Sic noftri aucto-

auctores, & judicem addicere dicunt pro dare, sive judicium addicere. Sic Trebatius apud Macrob. judicia addicere ait. Varro: addicere judicium pro eo, quod dicitur actionem dare. Et ita in 12. tab. Addicere litem, est secundum aliquem dare litem seu sententiam: apud Tacitum, addicere conviuium, unde forte addiciales epulæ, non adjiciales, sic addicere bonor. possessionem, est dare bonor. possessionem. Hic igitur quæstio est de furioso addicto judice. Primum tractemus de homine sano, qui judex datus est, vel addictus a magistratu, an furore superveniente judex esse desinat? minime: sed mutari debet, si furor perpetuus, aut longior erit, l.46. hoc tit. alioqui. si brevis sit furor, est enim plane furor, futurus dies tantum diffinditur, ut in 12.tab.ob morbum sonticum judicis addicti: est enim plane morbus sonticus, furor, l.66. de re jud. l. 2. §. si quis caut. Sed an etiam recte ab initio judex datur, qui furiosus est? an recte judicium constitutum sit? Et ait, judicium esse: & judicem igitur recte addictum esse: scilicet si per intervalla judex addictus furore corripiatur. Et quemadmodum qui alio quolibet morbo animi laborat, recte judex addicitur: Sic & qui furore laborat, postea intermisso furore fungitur suo munere judicandi, id est, in suis induciis, diluciis intervallis furoris, recte judicare potest, in quibus induciis testamentum etiam facere potest, l. 9. furiosum, qui testam. fac. poss. & nostri auctores, cum tractant, qui judex dari possit, & quis possit facere testamentum, utuntur argumento a nomine d. l. cum prætor hoc tit. perpetuo furiosus & pupillus judicio carent, Instit. quibus non est permiss. fac. testam. Ergo nec impubes, nec furiosus possunt facere testamentum, quod nihil aliud est, quam ultimum judicium defuncti, l. 19. de inoff. test. Furiosus igitur in his intervallis, in quibus judicio non caret, recte testamentum facit, & judicium exercet recte, etiamsi cum judex addiceretur, animo consederit furor. Utitur autem Papinianus eleganti ratione, Judex, inquit, datur invitus: nam judicandi munus publicum est & civile: & certum est omnia civilia munera in invitos conferri. Si invitus judex datur: ergo & ignorans, & absens, ut in l.26. de reg. jur. quæ possunt me invito alienari, multo magis me absente & ignorante; & si judex recte addicitur absens &, ignorans: igitur & furiosus. Nam furiosus in jure per omnia, & ut ait l. 2. §. penul.de reg.jur. absentis loco, & ignorantis, l.12. si a furioso, de reb. cred. Sic argumentatur Pompon. Si conditio potest adquiri ignoranti: ergo & furioso, l.209. coram, de verb. sign. l.224. de reg. jur. Verum in contractibus furiosus non potest haberi absentis loco, l.5. de reg. jur. quia natura negotii id non patitur: requiritur enim consensus utriusque. Sunt quidam contractus, qui fiunt inter absentes, sed sanos: datur procurator absens per epistolam, qua accepta si ratum habeat mandatum, perficiuntur contractus. Sed an furiosus etiam recte procurator datur, quia absens? minime, quia non potest confestim ratum habere, ideoque imperfectus erit contractus, l. 2. de procur. Ergo contractus inter absentes recte habetur, vel cum absente, non tamen cum furioso. Sequitur alia sententia Papiniani §. 1. Certum est legatis provincialibus Romam missis hoc dari, ut si Romæ conveniatur de eo, quod contraxerunt ante legationem, vel Romæ, vel alibi, ut possint uti privilegio revocandi domum, nec cogantur accipere judicium, l. 2. §. legatis, hoc tit. Sed si tempore legationis Romæ contraxerint, de eo recte conveniuntur Romæ, nec possunt revocare domum, l.32. non distinguemus, §. item si , de recept. quia Romæ contrahendo in ipsa legatione, videntur suo privilegio renuntiasse. Et hoc est, quod ait Papinianus: eum qui legationis causa Romam venit ex quolibet contractu fidejubere pro aliis posse, & ibi conveniri ubi contraxit: eum, inquit, privilegio suo, cum sit in Italia contractum, uti non possit. κατὰ πλασμῶ: nam in principio dictio cum ponitur pro ἐν, quia; in fine autem ponitur pro ὅταν, quando. Nemo pro seipso fidejubere potest, sed constitue-

A re potest. Constituimus nos soluturos, vel quod ipsi debemus, vel quod alii debent: fidejubemus tantum pro aliis. Videamus, quid dicendum, si legatus se constituerit Romæ se soluturum, quod debebat ante legationem, an Romæ conveniri potest? cum principale negotium non contraxerit Romæ, sed constituit se soluturum, de eo est magna quæstio. Nam in l.8. definitur non posse, inspicit enim causa, & origo constitutæ pecuniæ, ut in l. 33. de don. causa autem cœpit ante legationem non in ipsa legatione : nec ex ea causa posset Romæ conveniri: ergo nec ex accessione, seu sequenti causa, quæ accessit priori, Romæ conveniri poterit: atque ita definit d. l. 8. Sed longe alter definitur in l. 5. eum qui, §. 1. de const. pec. & nullum est ἐναντιοφανές, de quo magis certent Interpretes. Legatum Romæ constituentem, quod in provin-

B cia accepera, Romæ conveniri debere, inquit Ulpian. Juliano in d.l. eum qui. Gajus vero in d.l. 8. ait, Legatum non cogi judicium pati propter constitutum. Hæc maxime videntur contraria. Sed videamus, quid dicat d.l. eum qui, §.1. duas ibi proponit species. Prior hæc est. Legatus, qui in provincia contraxit ante legationem, & in legatione Romæ constituit se soluturum quod debet, Romæ poterit conveniri. Posterior species hæc est: legatus, qui in provincia contraxit, atque etiam in provincia constituit se soluturum Romæ, non poterit conveniri actione de constituta pecunia, quamvis constituerit se Romæ soluturum. Quod definitur in priore specie, plane pugnat cum d.l. 8. Fuerunt itaque quidam, qui in d.l. eum qui, §.ult. voluerunt negationem addere, non demere, quorum sententia mihi non pro-

C batur, licet non caruerit ratione. Nam si potest Romæ conveniri, debuit dicere Ulpian. putas conveniri posse, non conveniri debere: Si affirmat Julianus, cur non ait conveniri posse. Si negat, recte ait conveniri non debere: deinde posteriorem speciem, in qua legatus Romæ conveniri non potest, subjungit his verbis (sed etsi) quæ oratio conjunctiva est, non discretiva. Et ea est summa eorum ratio, qui in priori specie negative putant legendum, ut scilicet in utraque specie legatus Romæ conveniri non possit. Non carent igitur illi ratione: sed moveor, quia Græci legunt affirmative, ut habent omnes libri, ὁρισθῆναι ἐν Ῥώμῃ ἐνάγεται δυνάμενον ὑπὲρ ὧν ἐναρχὴν ἐπέχοντο. Non placet etiam, quod quibusdam videtur in d.l. 8. legatum contraxisse in provincia: deinde Romæ constituisse se soluturum, cum legatione fungeretur: &

D tunc Romæ conveniri non posse, quia principale negotium gessit in provincia: at in l. eum qui. dicunt legatum non plene contraxisse in provincia, sed tantum accepisse in provincia, veluti accipere mutuam pecuniam, non sit negotium perficere. Hoc est subtile nimis, ergo falsum: nam in utraque specie legatus plene negotium gessit in provincia. Quod autem Ulpian. in d.l. eum qui, ait, DEBERE, in eo non est insistendum: nam auctores nostri promiscue utuntur verbis Posse, & Debere: sicut & alii: idem enim utrumque significat, in libris nostris, quod velim noretis, articulus, Sed, non est semper discretivus: & similiter, Sed etsi, non est semper conjunctivus: ideoque in d.l. eum qui, quamvis Ulpian. dicat posteriore casu, sed etsi non cum Romæ esset, &c. non propterea inferes, etiam in priori specie

E legatum non posse Romæ conveniri: ideoque in dicta priori specie supplendam esse negationem. Res ita mihi potius videtur esse definienda liquido. Si nominatim Romæ constituerit se soluturum, Romæ conveniri potest: sed si in provincia constituit se Romæ soluturum, non potest Romæ conveniri. Et hæc est sententia Ulpiani in d.l. eum qui, §. 1. At si Romæ constituat se Romæ soluturum simpliciter, quod in provincia contraxit, non poterit Romæ conveniri, ut in d.l. 8. quia non dixit nominatim se soluturum Romæ: sed simpliciter Romæ constituit: duo requiro, ut Romæ conveniri possit, ut & Romæ constituat, & ut nominatim constituat se soluturum Romæ. Est & alius casus in hanc rem notandus, ex Africano in l. 3. de legationib. qui est diversus.

Finge:

Finge: quod in provincia contraxit legatus, constituit in provincia se soluturum, non Romæ nominatim, sed legationis tempore, an Romæ poterit conveniri? sic sane, quia plane renunciavit privilegio suo revocandi domum, dum scilicet non Romæ dixit se soluturum, sed solutioni tempus legationis designavit.

### Ad L. XLIX. de Petit. hered.

*Si bonæ fidei possessor hereditatis velit cum debitoribus hereditariis, aut qui res hereditarias occupaverint, consistere, audietur, utique si periculum erit, ne inter moras actiones intercidant. Petitor autem hereditatis citra metum exceptionis in rem agere poterit. Quid enim si possessor hereditatis negligat? quid si nihil juris habere se sciat?*

Quæstio legis 49. *de petitione hereditatis*, est: An is, qui bona fide possidet hereditatem, existimans se heredem, cum non sit verus heres, aut non jure heres, quippe qui controversiam hereditatis ab alio patitur, an interim possit, quamdiu lis non contestatur, cum eo consistere, cum debitoribus hereditariis actione in personam, & æs hereditarium reposcere, vel velim consistere cum iis, qui res hereditarias possident actione in rem? Et recte Græci consistere interpretantur προκατάρχεσθαι: quod est litem contestari. Quod quidem verbum in jure nostro esse frequentissimum quidam rectissime observavit. Sed idem perperam illic adjecit apud Ulpianum in *l. adulter* 19. §. ult. ad l. Jul. de adul.* ubi ita legitur vulgo: *proinde si per collusionem cum adultero constiterit*, rectius ita esse Florentiæ scriptum: *proinde si per collusionem cum accusatore constiterit*: perperam, inquam: primum, neque Florentiæ, neque vulgo scriptum est: *cum accusatore*, sed legitur: *cum adultero*. Et recte quidem, quia reus cum accusatore, vel cum actore non consistit, sed actor, vel accusator dicitur consistere, ac litem contestari cum reo. Idque demonstrat Ulpianus in *l.* 11. *de jud.* Præterea vulgo in d. §. ult. ita legitur: *si cum adultero constiterit*, non ut ille ait: *si cum accusatore constiterit*. Imo etiam Florentiæ legitur: *si cum adultero constiterit*. Nec tamen mutanda est lectio Florentina, quia modo veteres dicebant consistere, modo consistere, pro litem contestari. Sic Papinianus noster, secundum lectionem Florentinam, loquitur in *l. Imperator* 70. §. *si centum, de leg.* 2. his verbis: *si centum legatis duplum restituere rogatus sit, ad summam legati videbitur constituisse*, id est, constitisse. Et sic etiam loquitur Venulejus in *l. procurator* 8. §. *si quis, rem rat. hab.* his verbis: *cum de libertate ejus constituerit*, id est, constiterit, id est, judicatum erit. Sic denique loquitur Celsus in *l.* 11. *de custod. & exh. re.* his verbis: *ut cum cognovit & constitit*, id est, cum ei constitit & apparuit de crimine. Et sic etiam locutus est Sallustius in *Jugurth. agmen constitit*: verum quod ad præsentem quæstionem attinet; Bonæ fidei possessori, cui sit controversia hereditatis, lite nondum contestata, interim potest uti actionibus hereditariis, vel in rem, vel in personam, sed repelletur exceptione præjudiciali, quod præjudicium hereditati non fiat, *l.* 5. *in f. h. t.* magna est auctoritas centumviralis judicii, ut nihil in ejus præjudicium fieri possit: *l. ult. C. eod.* Hoc cum ita esset, Papin. ostendit hoc loco, aliquando ex causa denegari exceptionem præjudicialem, & citra metum hujus exceptionis uti licere bonæ fidei possessorem, quamvis fiat ei controversia, interim consistere, vel cum debitoribus hereditariis, vel cum possessore rerum hereditariarum, ex causa, si res urgeat, si sit periculum, ne pereant actiones temporales, vel ne debitores pauperiores fiant, vel si sit metus ne res usucapiantur quæ possidentur ab aliis: loquitur de bonæ fidei possessore. Nam malæ fidei possessor, id est, prædo nullam habet actionem, vel ante controversiam motam, vel post *l.* 31. §. *pen. h. t.*

Porro post litem contestatam omnes possessores pares sunt, *l. sed etsi* 25. §. *si ante, h. t.* etiam poss. bonæ fid. post litem contestatam prædones fiunt. Ergo post litem contestatam nullam possunt intendere actionem hereditariam. Itaque posui litem nondum contestatam fuisse, quod Papinian. demonstrat his verbis: *Si periculum erit, ne inter moras actiones intercidant*: inter moras, id est, ante litem contestatam: dum expectatur ut lis contestetur. Ita in *l. tutor* 28. *de administ. tut.* Tutor pupilli in jus vocatus est, & cavit se judicio sisti inter moras pupillus pervenit ad pubertatem, hoc est, antequam lis contestaretur, cum aest lis contestata cum tutore, aut in jus vocatus est? minime, sed cum pupillo, qui factus est pubes inter moras. Ergo ponendum in hac specie fecisse aliquam controversiam bonæ fidei possessori, & vocasse possessorem in jus, exegisse etiam cautionem judicio sisti, sed litem nondum esse contestatam. Nec debuit moveri Accurs. quod Papin. eum, qui facit controversiam, vocet petitorem: Nam petitor dicitur, non tantum qui litem contestatur, sed etiam qui in jus vocat, & qui controversiam facit; quique satis accipit judicio sisti, alioquin nil posset possessor bonæ fidei quasi prædo post litem contestatam movere actiones hereditarias, *d. l. si quid*, §. *sicut autem, h. t.* Et hoc est, quod proponit Pap. in prima parte hujus *l.* quæ est de bonæ fidei possessore hereditatis. Altera pars, quæ sequitur, est de petitore, in qua Græci pro petitor autem. hereditatis, rectius legisse videntur, petitor etiam hereditatis, citra metum exceptionis in rem agere poterit. Supererat hæc inspectio; an etiam petitor hereditatis possit interim agere cum his, qui res hereditarias occupaverunt, id est, res singulas vindicare, quas alii possident? Hoc in possessore hereditatis absolutum est: quæritur id ipsum in petitore hereditatis. Et licet hic agatur tantum de actionibus in rem, tamen idem paulo post de actionibus in personam statuemus. Ait autem petitorem hereditatis ex causa posse in rem agere, nec ei agenti obstare exceptionem præjudicialem, quia maturius agendi justa causa subest. In petitore hanc affert causam, si possessor negligat agere, si sinat res hereditatis ab alio possideri, & sit periculum ne usucapiantur: quæ causa congruit bellissime bonæ fidei possessori: non congruit prædoni, cui imputatur, si negligat res, quæ sunt ex hereditate quam possidet; bonæ fidei possessori nihil imputatur, quia res eas negligit, quas suas, *d. l. si quid*, §. *pen. hoc t.* Ergo justissima est causa dandi actionem petitori, negligente possessore res hereditarias, nec interrumpente usucapionem. Adfert & aliam causam, si possessor nihil juris habere se sciat. Quæ verba accipit Accurs. de malæ fidei possessore, quem etiam prima specie demostrat. Quid aliud si diceret: si malæ fidei possessor sit? Verum non est existimandum eum qui initio & totam ab egit de bonæ fidei possessore, in extremo agere de prædone, ac malæ fidei possessore. Quare ita sunt accipienda hæc verba: *Quid si nihil juris habere se sciat?* in ea re scilicet, quam petitor vindicat: vel ut dicam apertius; si nesciat eam rem esse hereditariam. Et hæc verissima est interpretatio, cui conveniunt Basilica: οἱ γὰρ ὅτι, inquiunt, ἀμικοὶ ὁ νομεύς, ἢ μὴ γινώσκων ἀνήκειν αὐτῷ, quid enim si possessor negligat, aut nesciat ad se pertinere? & in latiori interpretatione id evidentius exprimitur: εἰ δὲ ἢ νομεὺς μὴ κληρονομιαῖον πρᾶγμα τὸ παρ᾽ ἑτέρῳ κατεχόμενον, ἢ μὴ διαιρεῖν αὐτῷ ἢ δύναται περὶ ὧν κινεῖν ὧν ἐν ῥίῳ, quid si existimet eam rem non esse hereditariam, quam alius possidet, nec ad se pertinere? aut possit ejus nomine actionem in rem intendere? Est tum justa causa dandæ actionis in rem etiam petitori. His ergo casibus, sive agat possessor, sive petitor, quod interveniat justa causa, quod res urgeat, cessat exceptio, quod præjudicium hereditati non fiat; & hoc est quod voluit Papin. in posteriore parte hujus l. & quamvis dicat, petitorem citra metum exceptionis agere posse actione in rem: tamen est addendum, & in personam agere posse, quod adjecit Accurs. sed non probat: probatur *l.* 27. §. *ult. de leg.* 3. in qua *l. pro-*

ponitur, fisco petente hereditatem juffisse procuratorem Cæsaris, fisco solvi pecuniam. Restat ut videamus modo e contrario, an etiam possessor aut petitor hereditatis a creditoribus hereditariis conveniri possint? agere uterque potest citra metum exceptionis præjudicialis, sed, an etiam uterque citra hunc metum conveniri potest? Et constat hodie posse, nec esse exceptioni præjudiciali locum, si pendente lite creditores suum repetant, quod defunctus debuit, *l.ult. C. de petit. here.* quæ docet esse in arbitrio creditoris cum quo agat. Sed si egerit cum possessore, & exegerit, ac deinde vincatur possessor, quod solverit recipiet, ac repetet postea a petitore. Et idem dicendum in contrarium de petitore. Videtur autem Tribon. in d. sua constitutione respexisse ad id, quod proponit Paulus in *l.4.§.1. si cui plusq. per leg. Falcid.* Nam ante dict. *l.ult.* pendente lite hereditatis suspendebantur actiones creditorum: & qui agebant repellebantur exceptione præjudiciali, propter auctoritatem centumviralis judicii: ex causa tamen audiebantur; puta, si res urgeret, si actio esset peritura tempore, nisi ageretur interim, quod confirmatur exemplo legis 49. *ad Trebellian.*

### Ad L. XLIX. Ad Senatusconf. Trebell.

*Cum hereditas ex Trebelliano Senatufc. restituitur, si res urgeat, & metus erit, ne per absentiam forte fideicommissaris dies actionis exeat, heres judicium suscipere cogitur.*

§. 1. *Similique modo filio de possessione contra tabulas deliberante, scriptus heres a creditoribus hereditariis conveniitur.*

IN hac lege duo casus proponuntur a Papiniano, quibus re urgente datur actio creditori hereditario in heredem scriptum, ne res sua ei pereat, quæ alioqui non daretur. Sciendum est heredem rogatum restituere hereditatem, si eam restituat, transferre actiones utiles ex Trebelliano, tam activas, quam passivas, ut loquuntur interpretes, in fideicommissarium, obligationes civiles, imo & naturales, & post restitutionem hereditatis si heres conveniatur a creditoribus hereditariis, eos repellet exceptione hereditatis restitutæ, quæ dicitur Trebelliani, *l.28. de judic. l. Stichum, §. aditio, ff. de solution.* & ita se jus habet. Verum ex causa citra metum exceptionis Trebelliani, etiam post restitutam hereditatem, creditores hereditarii recte agent in heredem, qui rem non habet. Sciendum est, recte hereditatem restitui absenti per nuntium, vel per epistolam, *l. restituta*, hoc tit. Finge igitur heredem restituisse hereditatem fideicommissariam absenti: creditoribus vero hereditariis non esse cum fideicommissario absente experiundi copiam, & temporalem esse eorum actionem, remque urgere ut agant, nec unde eis licebit experiri cum herede scripto præsente? Imo vero licebit, & denegabitur ei exceptio Trebelliani: nam adivit hereditatem: nec enim potuisset eam restituere non aditam. Eadem æquitas intervenit in alio casu, qui in eadem lege proponitur. Finge: Heres scriptus est testamento, in quo filius est præteritus, testamentum in ea causa est ut possit rescindi petita bonorum possessione contra tabulas, si eam agnoscat filius præteritus. Finge: heredem scriptum conveniri a creditoribus hereditariis, repellet eos hac exceptione, si non in ea causa sunt tabulæ testamenti, ut contra eas dari possit bonorum possessio, *l.2. de except. rei judic. l. is qui cum herede, de obligat. & actio.* Ita jus se habet. Verum ex justa causa, hæc exceptio denegabitur heredi scripto, nec quidquam obstabit creditoribus hereditariis. Finge: filium deliberare de bonorum possessione contra tabul. amplectenda, vel repudianda, & nimis diu deliberare, & interim periculum esse, ne actiones creditorum tempore intercidant: æquissimum est conservandarum actionum causa, heredem scriptum interim pati eas actiones, & judicium in eum dari purum sine ulla exceptione. Et hoc est, quod proponitur a Papiniano in

A hac *l.* 49. cujus quidem legis argumento, etiam dicimus possessorem hereditatis, cui sit controversia, vel cum quo lis contestata est de hereditate, citra metum præjudicialis exceptionis conveniri posse a creditoribus hereditariis, ex causa, si res urgeat, & periculum sit, ne actiones tempore pereant; & vel possessorem, vel petitorem, prout libuerit creditori hereditario. Denique ita concludamus: ex causa denegari heredi, vel possessori hereditatis exceptionem præjudicialem, exceptionem Trebelliani, exceptionem in factum, si non in ea causa sunt tabulæ, &c. Nec in posteriore casu hujus legis, mirum est, si conveniatur heres scriptus. Nam ponendum est, eum adiisse hereditatem, vel petiisse bonorum possessionem secundum tab. Quod tamen negat Accursius in verbo *conveniatur*; licet enim tabulæ te-

B stamenti in ea causa sint, ut peti possit bonor. possessio contra tabulas, tamen, dum deliberat filius præteritus, poterit dari scripto secundum tabulas, quod tamen male negavit Accursius? Et sane omnia, quæ in eam legem scripsit, circumscribenda sunt. Bonorum possessio secundum tab. datur cuilibet: datur enim de plano, & sine causa cognitione, quasi de jure, sine edicto scilicet. Verum si ab herede scripto bonorum possessio secundum tab. petita fuerit & agnita, postea sane constituetur fine re, filio præterito agnoscente bonorum possessionem contra tabul. vel cum re, eodem filio bonorum possessionem contra tab. repudiante. Hæc verba, *cum re, & sine re,* sunt Jurisconsultorum, *l.25. C. de inoffic. test.* & videndus omnino Ulpianus in Fragm. tit. 28. *de possessionibus dandis,* §. *ult.* Sic tamen locutus est

C Vellejus Paterculus; *Tribunitia,* inquit, *potestate eum exuit, cujus etiam imaginem sine re Sylla reliquerat.* Et ita D. Ambros. lib. 9. Epist. *Hereditas cum re, & sine re dicitur.* Et quod Ovidius de Cupidine 3. Amor. scripsit, *est etiam nostrum. Aut sine re Deus est nomen frustraque timetur.* Ergo non est dubitandum, quin deliberante præterito possit adiri hereditas, vel bon. possessio ex testamento, in quo est filius præteritus.

### Ad L. Cum Militi XVI. de compensat.

*Cum militi castrensium bonorum alius, ceterorum alius heres extitit, & debitori alteri heredum obligatus vult compensare quod ab alio debetur, non audietur.*

§. 1. *Cum intra diem ad judicati executionem datum*;
D *judicatus Titio, agit cum eodem Titio, qui & ipse pridem judicatus est, compensatio admittetur: aliud est enim diem obligationis non venisse, aliud humanitatis gratia tempus indulgeri solutionis.*

COmpensatio est debiti, & crediti inter se contributio, vel apertius, compensatio est per æris suis computationem ab ære alieno liberatio. Fit hodie compensatio ipso jure ex constitutione Imp. Olim fiebat tantum in judiciis bonæ fidei ipso jure: in strictis non admittebatur. Post ex constitutione D. Marci, ut est in Inst. admissa est compensatio etiam in strictis judiciis, non quidem ipso jure, sed beneficio exceptionis doli mali. Et ad extremum placuit generaliter in omnibus judiciis tam strictis, quam bonæ fidei compensationem fieri ipso
E jure, *l.4.l.8.l.21. & ult. hoc tit. l.4.5. & 6. & ult. C. eod.* Moribus Galliæ non fit ipso jure, ac ne remedio quidem exceptionis, sed ex rescripto principis nominatim, *par lettres de chancellerie*, non potest uti compensatione is unde petitur, nisi id princeps nominatim concedat. Jure nostro, id est, Romanorum, compensatio in omnibus judiciis sit ipso jure. Et hoc est quod ait Papinianus *l.36. de administ. tut. æquitatem, merum jus compensationis inducere,* hoc est, *compensationem fieri ipso jure, mero jure.* Et ideo, si ego a te acceperim 100. ex aliqua causa, & tu mihi debeas 30. ipso jure non debeo 100. sed 70. tantum, quia æs tuum minuit æs meum ipso jure, & ex 70. tantum usuræ debebuntur ex mora in bonæ fidei judiciis; vel ex stipulatione in strictis, *l.11. & 12. hoc tit.*

Item

Item si per errorem 100. solvero, condicam 30. quasi ipso jure indebita: ac propterea, si petas 100. plus petis, & causa cadis, quia compensatio ipso jure minuit obligationem, vel, ut ait eleganter *l.4.h.t.* si totum petis, male petis. Male petere in jure, est plus petere vel summa, vel causa, vel tempore, vel loco, his modis plus petitur. Et minus recte Alciatus, & quidam alius, male agere dici eum, qui utitur ea actione, quae exceptione elici potest: nam hic agit perquam bene cum ipso jure actionem habeat, nec sane ob id quod agat actione, quae exceptione elidi potest, incidit in poenam, quoniam potest omitti exceptio a reo, atque ita actor ad id quod intendit pervenire: male agere semper, est plus petere, & in litis amittendae poenam incurrere, *l.4. hoc tit.* Et ita etiam, qui ante diem agit, male agit, *l.1. Quando dies ususf. leg. ced. & l.36. de reb. cred.* Nihil autem agere dicitur cui nulla actio ipso jure competit, quae res ei non est fraudi: si quis male agat, fraudi est actori: si quis nihil agat, res est extra periculum & poenam. Sciendum etiam est compensationem fieri non cujuslibet debiti, non debiti incerti, ut in *l.22. hoc tit.* non debiti controversi: quo jure etiam utimur hodie, sed debiti confessi & certi, ut si quis in certam summam condemnatus sit vel confessus sit eam debere se: nam hoc casu liquidum est debitum, de quo videlicet constat sententia judicis aut confessione debitoris. Et hoc etiam ostenditur in *l.3. de tut. & rat. dist. l. ult. C. de compens.* Item sciendum est compensationem tantum fieri ejus, quod actor debet, ut si mecum agas, compensabo tantum quod mihi debes, non quod alii, puta Titio debes, etiamsi id maxime Titius velit, *l. in rem, §.ult.h.t.l.9.C. eod. tit.* Sciendum & hoc: si mecum agas, ut procurator Caesaris in Asia, id tantum compensabo, quod Asiana statio fisci mihi debet, non quod mihi debet Africana statio, aut quod etiam alii debet Asiana, *l.1. Cod. h.tit.* Erant diversae stationes, seu procurationes fisci, & quidem quaeque regio suam stationem fiscalem habebat, & procuratorem suum seu rationalem: & ideo videbantur plures esse fisci, etsi redirent omnes ad unum Principem, *l.1.C. ne fiscus, l.2.C. de solut.* ubi pro *rationibus,* leg. est *stationibus.* Si igitur Africana statio mihi debeat, & fiscus agat, compensabo quidem illi mihi debet, non quod alia, quia sunt veluti duo fisci, & publice interest non confundi rationes principis, & stationes procuratorum Caesaris. Ac similiter si mecum agas, ut heres militis ex castrensibus bonis, cum alius sit heres in bonis paganis: si quod mihi ex causa defunctus mihi debuit ex causa castrensi, & non quod ex pagana. Finge, militem habuisse alia bona castrensia, alia pagana. Alium fuisse heredem castrensium bonorum, alium paganorum. Duae sunt hereditates, castrensis & pagana; atque adeo duo quodammodo homines, paganus & miles, unus homo duorum vicem sustinet: duas hereditates fecerunt constitutiones principum, quae sunt editae de privilegiis militum, separando scilicet bona castrensia a bonis paganis, *l.25. §.1. fam. erc. l. 19. §.1. de test.mil. l.2.C. eod.* Quia igitur duo quodammodo sunt patrimonia, paganum & castrense: paganus & miles; debitor castrensis si velit compensare, quod sibi debetur ex causa pagana, non audietur, quod in h. l. dicitur : non possum compensare cum actore, quod non actor, sed alius mihi debet, & sic utique alius mihi debere intelligitur quod mihi debetur ex alia causa, quam ex qua convenior, puta, ex causa pagana, cum convenior ipse ex causa castrensi.

Ad §.1. Sciendum est, compensationem tantum fieri praesentis debiti ac puri: nam quae debentur in diem, debentur quidem, etiam si nondum sit nata obligatio, sed illud debitum nondum peti potest, & ideo ante diem non compensatur, quamvis illud sua die dari oporteat, *l. quod in diem, hoc tit.* necesse autem est, ut dies sit appositus obligationi ab initio: nam si obligatio pure contracta fuerit primum, & deinde humanitatis gratia datus fit dies debitori ad solvendum, sane etiam ante hanc diem, ejus quod debetur recte fit compensatio, quoniam inspicimus initium obligationis, quae quidem obligatio pura fuit ab initio, & dies, qui postea debitori ad solvendum datus est, humanitatis tantum gratia datus est. Finge nunc: Titius mihi condemnatus est: judicati quidem faciendi certa sunt tempora: olim fuere justi dies 30. ex duodecim tabulis, qui dies dicebantur tempus modicum, hodie tempus est immodicum: nam dantur quatuor menses ex Justiniani constitutione. Qua de causa moribus nostris nulla hodie servantur tempora judicati faciendi, & nisi judex diem judicati faciendi dixerit, sit statim judicati executio, potestque statim conveniri reus. Et sane Justiniani constitutio relata in *l. 2. C. de usur. rei jud.* ab aequitate 12. tab. abhorret, quae scilicet haec erat, quia nihil erat damni in mora modici temporis 30 nempe dierum, qui quidem dies 30. non erant judicato invidendi, quod nulla videretur creditoris esse frustratio. At ex Justiniani constitutione secus est, & videtur in ea esse quaedam inhumanitas, cum maximum sit damnum creditoris in mora quatuor mensium. Quod si dixeris esse humanitatem, eam immodicam dicas necesse est. Qua ex causa nulla hodie servantur tempora judicati faciendi, nec usu recepta Justiniani constitutio, imo nec jus 12.tab. nam si sequendae essent hac in re leges, sane Justiniani constitutio, quae postrema est, sequenda esset, quae cum ab aequitate abhorreat, merito respuitur ac rejicitur. Sed ad legis speciem redeamus, & ita fingamus : Titius mihi condemnatus est in certam summam, & ago cum illo eo nomine: post tempora judicati, ego quoque Titio aliquid vicissim debeo ex causa judicati, sed mei gratia nondum exierunt tempora judicati faciendi: an intra ea tempora Titius mihi poterit compensare, quod vicissim ei debeo ex causa judicati? Et eleganter in hoc §. definit Pap. etiam ante diem judicati faciendi recte fieri compensationem, quoniam ab initio pura fuit obligatio, & tempus, quod indulgetur judicati faciendi gratia, id leges indulgent humanitatis intuitu, & ut Graeci dicunt, φιλοστοργως συγχωρεσιν. Idem omnino dicendum est, si pura fuerit obligatio, & humanus creditor laxiorem diem ad solvendum debitori suo dederit : nihilque refert, an lex, an creditor humanitatis gratia post contractam puram obligationem, ampliorem diem reo ad solvendum dederit : nam ante eum diem utique semper admittetur compensatio. Atque ita ex facto contingit in quadam lite cui ego interfui, ex qua intelligitur quemadmodum sit utendum legibus nostris. Species talis est: Centum mihi debes ex causa judicati (nulla servantur hodie judicati faciendi tempora) itaque judicatum statim exequi possum confestimque ea 100. quae mihi debes exigere ; sed tamen rogatus distuli petitionem in biennium. Interim vero ego ex novo aliquo negotio debeo tibi aliquid, puta 40. idque ex causa judicati, quae quidem 40. tu confestim petis tibi solvi: impetro libellum compensationis a principe: an ex eo uti possum compensatione? Tu dicebas, biennium nondum praeteriisse, atque in solutum venisse diem, quodque in diem debetur non venire in compensationem. Ego vero contendebam, aliud esse, non venisse diem, qui fuit ab initio in obligatione, aliud vero esse, non venisse eum diem, quem ego rogatus tibi humanitatis gratia dederam, indulseramque, cum pura esset praesensque obligatio: nam hoc casu ante eum diem, quem scilicet ipse humaniter indulsi, recte me uti posse compensatione. Et haec est Papiniani nostri in hoc §. ult. sententia, cujus quidem auctoritate vicimus, hancque controversiam terminavimus. Superest ut interpretemur *l. 36. de adm. & peric. tut.* quae opponitur sententiae *d. l. 16.* quae tamen est ejusdem Papiniani, & ex eodem libro.

Ad L. XXXVI. de Administ. tutor.
*Inter tutores divisa tutela est; aequitas, quae merum jus compensationis inducit, propter officium agentis tutoris non differtur. Nam divisio tutelae, quae non juris, sed jurisdi-*

risdictionis est, modum administrationi facit, & inter ipsos locum habet, nec experiri cum pupillo volentibus obstare debet.

Finge: Duo sunt tutores pupilli: unus rerum urbanarum, alter rerum provincialium: Ita divisit judex administrationem inter tutores, ut alter res urbanas administraret, alter provinciales, & agit mecum tutor rerum urbanarum: id sane compensabo, quod debet mihi pupillus ex causa contractuque urbano. An etiam compensabo quod mihi debet ex contr. provinciali? sic videtur: quia est propria quædam ratio in pupillo, quæ non est vel in procuratore Cæsaris Asianæ Diœceseos, vel in militis herede castrensium bonorum aut paganorum. Primum enim nulla constitutione bona pupilli sunt separata: unum est patrimonium pupilli: constitutionibus separantur bona castrensia a paganis, quæ quidem ad unum militem pertinent: sed non separantur bona pupilli urbana a provincialibus. Una est hereditas: & natura non fert sine constitutione speciali, ut unius hominis sint duo patrimonia: ac præterea non sunt diversæ stationes pupilli, non diversæ procuratores, non etiam sunt duæ tutelæ, etsi sint duo tutores; una est tutela ipso jure indivisa: divisio tutelæ non fit ipso jure, sed a magistratu, ad commodius res pupilli administrentur. Et hoc est, quod ait Papinianus in *h.l.* divisionem tutelæ non juris esse, sed jurisdictionis, hoc est, fieri a magistratu, non ipso jure: hoc est certum. Divisio quidem nominum inter coheredes fit ipso jure ex 12. tab. pro portionibus hereditariis: & ideo nomina non veniunt in judicium familiæ erciscundæ, quia ipso jure divisa sunt, *l. ea quæ, C. fam.erc.* Divisio autem tutelæ non fit ipso jure inter tutores. Concludamus igitur: divisio tutelæ, quæ non fit ipso jure, non potest impedire compensationem, quæ fit ipso jure: & ideo si agat tutor rerum urbanarum, is, cum quo agit nomine pupilli, recte compensabit, quod sibi a pupillo debetur ex causa, & ex contractu provinciali: imo id ipsum jus merum compensat: & hoc est quod ait Pap. *inter tut. &c.* Sequitur, *Propter officium*, id est, quod tutor qui agit, sit tantum ex divisione tutelæ administrator urbanarum rerum, hoc non impedit compensationem, id est, hoc non efficit, ut non compensetur ipso jure quod pupillus ei cum quo agit debet ex causa provinciali. Et eleganti ratione utitur hic Papin. Nam *diviso tutelæ, quæ non juris, &c.* id est, divisio tutelæ modum administrationis facit, hic est effectus divisionis tutelæ, quæ fit a magistratu, ut sciatur quod quisque administrare debeat, & hunc modum administrationis a magistratu præfinitum observant tantum inter se tutores, non etiam alii, puta, creditores vel debitores pupilli. Et ideo hæc divisio experiri cum pupillo volentibus non obstat. Experiri commune est reo & actori. Et ideo reus cum quo agit tutor rerum urbanarum propter divisionem tutelæ, non prohibetur compensare quod sibi debetur ex contractu provinciali. Non porrigitur hæc divisio ad alios, qui rei non interfuerunt: atque ideo recte ei tutor rerum urbanarum, & quod solverit pupillo reputat recte, *l. Titium, §.ult. h.t.* Est igitur aperta lex, quæ prima specie videtur obscura. Nec est quod objicias *l.2. C. si ex plur.tut.* quæ sola loci objicitur. Finge: Inter tutores divisa est tutela. Agitur cum tutoribus hujus provinciæ, vel etiam tutores hujus provinciæ agunt cum debitoribus pupilli nomine: an ceteri omnes tutores de aliis provinciis in judicium producendi, ut liti subsistant? Pone pupillum habuisse plures tutores in provinciis pluribus, & uni esse Italicas, alteri Syriacas commissas esse. An si creditor pupilli cum tutore Italicæ rei agat, etiam alter tutor rei Syriacæ in judicium producendus erit, ut cogatur liti subsistere? Minime. Et nihil est præterea in *d.l.2.* hoc vero non obstat iis, quæ a Pap. proponuntur in h. l.36. nam fateor quidem non omnes tutores liti subsistere debere, quam scilicet patitur tutor unius provinciæ: sed an ideo sequitur tu-

A torem unius provinciæ non posse conveniri nomine pupilli ex causa seu contractu alterius provinciæ? Minime, nec sane hoc dicit lex, sed hoc vult tantum, cum agitur de bonis pupilli, satis esse, si iis insinuetur tutoribus ejus provinciæ, ubi agitur: non omnes producendos esse ad judicium, nec litem insinuandam esse aliis provinciis: Sed si tutor unius provinciæ agat ex obligatione alterius provinciæ, quæ non pertineat ad ipsius administrationem, jure quidem agit, sed repelli potest exceptione, quod immisceat se rei ad se non pertinenti, *l.4. h.t.* Sed si cum eo agatur, veluti cum tutore urbano ex causa provinciali; non poterit uti tutor ulla exceptione adversus creditorem provincialem, quia non creditores provinciales, sed ipsi tantum tutores adstringuntur divisioni tutelæ.

---

Ad L. I. de Probat.
*Quotiens quæreretur genus vel gentem quis haberet, nec ne eum probare oportet.*

IN controversia aut lite hereditatis legitimæ incidit sæpe quæstio de genere, aut dum hi, qui gentis jure sibi vindicant hereditatem, negantur esse ex ea gente, vel dum negantur unius & gentem habere. Servi neque genus neque gentem habent: liberti vel ab iis orti gentem non habent: nam gentem hi soli habent, quorum majores nemini servitutem servierunt. Et in ea
B quæstione Papinianus ait, ei incumbere onus probandi, qui dicit se genus vel gentem habere: vel non habere vel genus, ut T. Livius I. de patriciis, *nos solos gentem habere, &c.* Objicies huic definitioni Novellam 36. quæ
C ab utraque parte admittit probationes, & ab ea, quæ negat, & ab ea, quæ dicit se gentem vel genus habere, sive agat, sive conveniatur: Nam, ut est in l. 2. *Ei incumbit probatio, qui dicit, non qui negat:* quo loco addendum, *sive conveniatur, sive conveniatur, ex l. in exeq. hoc t.* Sunt negationes quædam, quæ vim affirmandi habent, quarum etiam incumbit probatio, ut si quis neget emancipationem filii jure factam *l.8. h.t.* vel si neget adversario licere procuratorem dare *l.5. h.t.* si quis neget se Luretiæ fuisse eo tempore, quo cædes facta *l. pen. C.de cont.stip.* si quis neget testatorem fuisse sanæ mentis, *l. 5. C. de codic.* negationes, inquam, quæ vi sua affirmationes sunt, ut si nego te gentem aut genus habere, vi ipsa affirmo te servum esse: dum nego jure factam emancipationem, vi ipsa affirmo te in alterius esse potestate, & ideo non
D etiam ex parte tua non improbe admittetur probatio. Sed si quis rursus objiciat d.Novel. ad objiciam, probationem potissimum exigi ab eo, qui dicit se gentem vel genus habere: sed non ideo minus exigi probationem ab adversa parte, si quidem pleniorem habeat; & novum non esse ut probationes ab utraque parte afferantur, *l.fallaciter, C.de abol.* Objicies *l. 15. h.t.* quæ onus probandi confert non in eum, qui dicit se gentem vel genus habere, sed in adversarium, qui negat, & proponit vasrum hominis ingenium, qui dicit se Titii filium, atque ita ejus hereditatem invasit, & in crimen falsi incidit, quod genus & parentes finxit, teneturque pœna *l. Corneliæ de falsis, l.falsi, ad l. Corn. de falf.* Paul. v.
E Sent. tit. eod. utque magis fraudem occultaret fratribus defuncti ad quos redibat hereditas, quasi ex mandato patris fideicommissum solvit, & ab iis apocham soluti fideicommissi extorsit, cum existimarent se esse verum filium fratris. Qua fraude cognita agunt petitione hereditatis in eum, idque merito, quia pro possessore possidet: sed ut ait *l. 15.* necesse habet probare, eum non fuisse filium defuncti; nec ab eo exigitur probatio se fuisse filium. Et hoc ideo fit in specie *d. l.* quia apocha, seu professio fideicommissi soluti, præsumptionem pro eo facit, qui finxit se filium Titii, & in jure semper observatur, ut præsumptio, quæ pro uno facit, transferat onus probandi in alium, *l. 24. §.si petitum, de fideic.libert. l. ult. in princ. quod met. cauf.* Placet autem quod ait *d. l. 15.* quasi mandatu defuncti fideicommissum solvisse: nam *mando* verbum est fideicommissi precarium, non dire-

directum, *l. 2. C. comm. de leg.* & sane perficitur fideicommissum his verbis, *Rogo*, *mando*, sicut & mandatum, *l. 2. mand. l. 16. C. de neg. gest. l. quidam, de hered. instit.* Virgil.

---- *orans mandata dabat.*

in quo Virgilium admiror, quod ambiguitatem verbi *oro*, sustulerit addens, *mandata dabat*: nam *oro* modo pro mandato est, modo pro hortatione accipitur, *l. si servi mei, de neg. gest.* ubi hujus verbi duplex significatio apprime declaratur. Objicies, quod ait Accursius, impossibile esse probare genus, se esse filium illius: & adduces *l. Lucius 83. de cond.lit. & demonst.* Filius suus pure est institutus, aut sub conditione possibili. Nam si filius suus instituatur sub conditione, quæ in potestate ejus non est, inutilis est institutio, & nullum testamentum. Finge: filium institutum esse sub ea conditione, si filium se probaret: non valet institutio, quia non est in potestate ejus hoc probare. Hinc colligit Accurs. non esse in potestate nostra probare genus: perperam: nam non quodcumque non est in potestate nostra est impossibile; ut si navis ex Asia venerit, non est impossibile, etsi in nostra potestate non sit: Neque vero distinguo inter patrem & matrem: ut tentat Accursius, nec una probatio altera difficilior est. Probare est persuadere judici: adversario nunquam probaremus. Sed non contingit semper, ut volumus. Conditio igitur, quæ injungit probationem, non est in nostra potestate, est tamen possibilis: nam generis seu gentis nomen ambiguum: nam genus est vel a loco, vel a patre, uti memini me legisse in Institutionibus Porphyrii. Possit & genus a matre me non refragante deduci, *l. 6. C. de reb. cred.* Gens igitura loco, vel a majoribus est. Et inde similiter gentilis dicitur mihi, qui eodem loco eademque patria ortus est, qua ego sum: & ita Gellius *l. 17. cap. 17.* duas & viginti linguas Mithridatem percalluisse non minus, quam si gentilis fuisset, hoc est, ex eadem patria. Item gentilis est, cui nomen familiæ idem est, quod mihi: veluti Marco Tullio, Tullius Hostilius, Julio Cæsari, Julus Æneæ filius. Agnatio est una stirpe manat, gens vero ex pluribus. Ideoque proximiores nobis sunt agnati, quam gentiles, qui ulteriores sunt, nec adeo certi usque agnati: agnatio enim ex una familia conficitur, gens ex pluribus & innumeris: atque ideo 12. tabulæ prius vocant ad curationem furiosorum agnatos quam gentiles, *l. 53. sæpe, de verb. signific.* & iisdem legibus ad legitimam hereditatem primum vocantur agnati, deinde gentiles. Si intestatus moritur, cui suus heres nec extabit, *agnatus proximus familiam habeto*, *si adgnatus nec erit, gentilis proximus familiam habeto.* Jus igitur agnationis, quod & stirps dicitur, gentilitatis jure proximius est. Jus autem cognationis leges 12. tab. non novere: Prætores vero illud non verunt, sed ei gentilitio jure sublato, gradum locumque postremum post agnatos, dederunt. At Justinianus Novella sua 118.c.4. parem eundemque gradum dedit agnatis & cognatis, voluitque ut proximior cognatus ultimum agnatum a successione legitima excluderet; & retro proximum cognatum, ulteriorem cognatum. De differentia igitur generis & gentis, ita constituamus: agnationem ex una stirpe seu familia: gentem ex pluribus venire: Item agnationem proprio jure familiæ suæ contineri: gentem communi jure sanguinis, petita ex longa annorum & sanguinis serie. Cornel. Fronto: *gens majorum seriem quærit*. Item agnationis est communis familia, non etiam stirpis. Et ineptissimi sunt, qui hoc in loco gentis nomen referunt ad cognationem: nam gentilitas amittitur quacumque capitis deminutione: cognatio vero non omni capitis deminutione amittitur: §. *ult. Instit. de legitima agnat. tutel.* Possis rectius generis nomen referre & ad agnationem, & ad cognationem, id. est, ad lineam virilem, muliebremque.

Ad L. XII. de Vulg. & pupill.

*Si filius, qui patri ac postea fratri ex secundis tabulis*

A heres extitit, hereditatem patris recuset, fraternam autem retinere malit; audiri debet: justius enim prætorem facturum existimo, si fratri separationem bonorum patris concesserit. Etenim jus dicenti propositum est liberos oneribus hereditariis non sponte susceptis liberare, non invitos ab hereditate removere. Præsertim quod remotis tabulis secundis legitimam haberet fratris hereditatem. Itaque legata duntaxat ex secundis tabulis præstari debent, habita ratione facultatum in Falcidia, non patris, ut alias solet, sed impuberis.

LEX 12. de vulg. & pupill. multas res singulares complectitur. Hoc primum scire oportet: filiumfamilias patri suum heredem esse ex intestato, vel ab intestato, hoc est, αὐτοκληρονόμον: quasi, non tam patris quam B sui ipsius heres sit, quod vivo patre quasi dominus intelligatur, ideoque mortuo patre continuat dominium in bonis relictis a patre, sibique ipsi videtur succedere: & eodem modo dicimus suum assentatorem, quasi sui ipsius assentatorem: Item suum fratrem, quasi fratrem sui ipsius, Seneca lib. 5. de benef. Ergo filius statim atque obiit pater, heres existit mero jure, ipso jure etiam clausis tabulis testamenti, etiam invitus & ignorans, *l. in suis, de liber. & post. l. 1. §. qui sunt, si quis omissa caus. test. §. sui autem, instit. de hered. quæ ab intest.* Existere est repente apparere, quod Græci ἀναφαίνεσθαι. Sui heredes existunt confestim: Itemque necessarii heredes: Extranei vero heredes, non ita subito existunt, sed mortuo eo, de cujus bonis agitur, postquam deliberaverunt & fecerunt etiam aliquid, quo declararent se heredes C esse velle: neque enim tam jure fiunt, quam facto, ut cretione, aditione, vel gestione pro herede. His modis extranei adquirunt hereditatem: sui hoc solo, quod extiterint statim a morte testatoris, id est, quod apparuerint heredes, & statim a morte testatoris apparuisse intelliguntur, etsi ignoraverint mortem parentis. Existentia igitur, ut interpretes nostri loquuntur, sui heredis, seu ἀνάφανσις illa quæ juris intellectum habet, & contingit ignoranti & invito, species est adquirendæ hereditatis. Hoc genere adquirunt sui heredes hereditatem, etiam quiescentes aut dormientes. Ceteri autem, nonnisi actu interveniente aliquo. Etiam illud addendum est, filium non tantum patri heredem existere ipso jure, sed etiam fratri impuberi, scilicet, si & a patre substitutus sit secundis tabulis, & eveniat casus substitutionis, hoc est, si D frater ante pubertatem decesserit. Nam qui patri ex institutione invitus heres existit, existit etiam fratri ex substitutione pupillari, *l. 2. §. prius, l. sed si plures, §. 1. hoc tit. l. Julianus, §. 1. de adquir. hered.* dum ait, utique, si frater a patre fratri impuberi substitutus sit, sine dubio ei necessarius heres erit, hoc est, invitus hereditati fraternæ alligabitur, & utitur παραπλησιασμῷ, utique sine dubio, ut id magis confirmaret. Et hæc quidem ita se habent jure civili. Jure Prætorio sive Prætoris beneficio hoc datur filiofamil. si velit, quamvis jure civili sit necessarius heres, tum patris ex jure, tum fratris ex substitutione pupillari, ut se abstinere utriusque hereditate. Jure civili non potest: jure præt. potest se abstinere. Hujus autem abstentionis hic erit effectus ut scilicet liberetur per exceptionem. Nam Prætor neminem liberare E potest ipso jure, sed ut liberetur per exceptionem, a creditoribus hereditariis, a legatariis, a fideicommissariis, & ceteris oneribus, Prætor ex æquo & bono liberat eum, qui sua sponte heres non extitit, *Lex necessariis, de adquir. hered.* ait, eos jure civili creditoribus hereditariis teneri, sed si velint abstinere, non dari actionem. In jure sæpe non dari dicitur actio, quæ non datur efficaciter, quæ datur cum exceptione peremptoria. Hic est effectus abstentionis, ut liberetur ab omnibus oneribus, posita hac exceptione, *si non me abstinui bonis*, sed illud etiam non efficit abstentio, ut non sit heres. Obstat definitio seu regula juris in *l. ei qui solvendo, de hered. instit.* quæ vult, ut qui semel heres extitit, non desinat heres esse. Obstat & modus jurisdictionis

nis Prætoriæ. Prætor non facit heredem, non dominum: & non efficit igitur, ut qui heres extitit, heres esse desinat data facultate abstinendi, & ideo quia abstinuit se hereditate, nihilominus heres manet, *l. cum quasi*, §. *sed & si*, *de fideicomm. libert.* l.6. §. *si filius, de bon. liber.* l.2. §. *sed si sint, ad Tertull.* Est igitur heres nudo nomine, sine re, sine emolumento, sine onere etiam ullo: & nullum tamen illud nomen heredis non caret effectu suo: sustinet enim secundas tabulas. Si nemo sit heres defuncti ex primis tabulis, nec re ipsa, nec nomine nudo, non valent secundæ tabulæ: sed si aliquis vel nomine nudo sit heres defuncto ex primis tabulis, valent secundæ, valent legata relicta secundis tabulis, quod hæc lex confirmat, & *l. filius*, *& l. Julianus, de adquir. hered.* Valent igitur & tutelæ, & libertates, & omnia, quæ vel in primis, vel in secundis tabulis sunt: denique nudum nomen heredis sustinet, corroborat testamentum: quæ est communis opinio ac verissima. Miror Antonium G. dissentire, & huic legi non respondere, respondere tantum *l. Julianus*, in qua pupillus scriptus heres abstituit se, atque ita tantum nomen retinuit, non rem; & tamen consistunt secundæ tabulæ, & comminiscitur in ea specie quod non extat in tenore legis pupillum, qui se abstinuit miscuisse se bonis ab initio, mixtionem hanc confirmare secundas tabulas, non nudum nomen heredis, quod relinquitur post abstentionem: nihil debemus temere comminisci, supplenda sunt quædam, nobis, quæ scripta non sunt. Sed hoc totum quod hic scribit commentitium est ex eo apparet, quod non possis in concordiam adducere *l. Julianus*, cum *l. paterfam. de reb. auctor. jud. possid.* nisi in *l. paterfamil.* dicas abstinuisse eum, qui ab initio miscuerit se bonis: in *l. Julianus*, qui se ab initio non miscuerat. Sed nec illud ferendum, quod adjicit suum heredem ex testamento non esse: qui hoc scribunt deducendi sunt ad Institutiones, *ad* §. *sui autem & necessarii, de hered. qual. & diff.* nihil est certius. Etiam illud non fero, ex *l. sed si plures*, §. *si ex asse, hoc tit.* liquere ,nudum nomen heredis non confirmare tabulas pupillares. Videamus ut liqueat , quod dicit Jurisconsultus: non sufficere ad vim secundarum tabularum, id est, non confirmari secundas tabulas, si ita factum sit testamentum, ut ex eo hereditas adiri possit, sed necessariam esse aditionem ex eo ait liquere, nudum nomen heredis non confirmare secundas tabul. vobis, ut puto non liquet, neque definitum est: nam ex extraneo herede loquitur, qui hereditatem repudiavit, vel V omisit non adeundo intra tempora: hic non retinet nudum nomen heredis: & ideo non consistunt secundæ tabulæ, quia nemo heres est nomine vel re: si quis nomine esset, utique consisterent secundæ tabulæ. Videtur nimium studium reprehendendi Bartolum, hic eum induxisse in errorem, sed nihil est verius quam quod ajunt nostri: existentiam sui heredis confirmare secundas tabulas, id est, nudum nomen heredis confirmare omnia, quæ scripta sunt & in primis, & in secundis tabulis. Id satis ostendit *l. nostra*. Primas tabulas dicimus testamentum patris, quo sibi heredem instituit: secundas testamentum filii impuberis, quo pater heredem ei substituit in hunc casum: si antequam pubes exiftat, vita decesserit, si eo tempore decesserit, quo sibi testamentum facere heredemque in se instituere non potest: & alii quidem, quam filio impuberi nemo recte testamentum facit: nec potest quidem pater filiofamilias puberi facere testamentum, cum possit sibi ipse facere pubes. Et moribus tantum receptum est, ut pater testamentum facere possit filio impuberi, quod valeat tantum ad pubertatem usque: & hoc testamentum appellamus secundas tabulas, vel substitutionem pupillarem. Et licet videantur esse duo testamenta, tamen ex Sabini sententia quæ ostenditur in d. *l. paterfamilias*, pro uno habentur. Atque ita duo testamenta, quodammodo in unum confunduntur: & ideo in ponenda ratione legis Falcidiæ legata primarum & secundarum tabularum, relicta utroque testamento, quasi uno relicta confunduntur, con-

A tribuuntur, communi calculo subjiciuntur, & ex his una Falcidia deducitur, si superent dodrantem hereditatis paternæ. Bona tamen paterna, & bona pupillaria non confunduntur, unum enim est testamentum, sed duorum bonorum, duarum hereditatum, duarum causarum, §. *igitur*, *Inst. de pupill. subst.* Et ideo in ponenda ratione legis Falcidiæ computantur bona paterna tantum, non pupillaria, quæ bonis paternis non miscentur in quantitate patrimonii excutienda, sed spectatur tantum, quanti sint bona paterna, nulla ratione habita bonorum pupillarium, & si legata contributa superent dodrantem ejus quantitatis, cujus sunt bona paterna, uni duntaxat Falcidiæ locus est. Igitur, ut dicam apertius, si omnibus legatis exsolvendis sufficiant bona paterna, si & si omnia legata in unam summam redacta efficiant trecenta,
B & in bonis patris mortis tempore fuerint quadringenta, cessat Falcidia, etiamsi iisdem forte legatis exsolvendis non sufficiant bona pupillaria. Et contra si his legatis solvendis non sufficiant bona paterna, ut si legata paterna excedant dodrantem, vel assem bonorum patris, locus est Falcidiæ, nec hoc est, substitutus impuberis detrahit Falcidiam ex legatis relictis primis, vel secundis tabulis, & præter Falcidiam habet etiam bona pupilli integra & illibata. Falcidia igitur detrahitur tantum ex bonis paternis, sive primis, sive secundis tabulis relicta sint legata, quia de suo præstari legata voluerit: & non spectatur quid sit in bonis pupilli, sed tantum quid in bonis patris: & legata relicta secundis tabulis videntur relicta in primis in ponenda ratione legis Falcidiæ, ut sola bona paterna æstimentur, & ut quantitas bonorum patris conferatur cum legatis primarum
C & secundarum tabularum : quæ est definitio *l. in ratione*, §. *quod vulgo, ad l. Falcid. l. coheredi*, §. *coheres, hoc tit.* Et hæc regula juris demonstratur in hac *l. his verbis: ut alias solet*. Sed non servatur in specie hujus legis. Nam hic legata relicta secundis tabulis præstantur ex hereditate pupillari, & in ineunda ratione legis Falcidiæ computatur hereditas pupillaris, non paterna. Hujusce autem legis facio duas partes: una est de secundis tabulis, an ex eis hereditatem possit obtinere is, qui renunciavit primis tabulis ? Altera de legatis relictis secundis tabulis, an debeantur, & si debeantur, an præstentur de pupilli bonis, & an in ponenda ratione Falcidiæ habeatur ratio hereditatis paternæ ? Explicabo hodie priorem partem. Finge: Sempronio duo sunt filii, unus
D pubes, alter impubes: puberem heredem instituit ex asse, vel ex parte, adjecto coherede extraneo: filium vero impuberem exheredavit, eique secundis tabulis substituit filium puberem, si impubes ante pubertatem vita decederet: licet substituere etiam hoc modo exheredato, quia possunt ei esse aliqua bona adventitia : deinde pater eundem filium sibi, & filio impuberi heredem fecit, filium scilicet puberem, qui mortuo patre ei heres extitit statim: deinde fratri impuberi mortuo, etiam heres extitit statim: posset quidem utriusque bonis se abstinere beneficio Prætoris, ut vult utriusque, sed patris tantum. Quæritur an possit? Papinianus ait, Prætorem, ex cujus jurisdictione manat abstinendi facultas (neque enim est hæc facultas ex jure civili) justius facturum, si id ei permiserit: ut relinquat bona paterna,
E & amplectatur fraterna. Nam , ut ait, edicto , cum Prætor abstinendi potestatem facit, hoc ei propositum est, ut liberos solvat oneribus, quæ inviti susceperant, quasi heredes necessarii, sed quam repente heredes existunt, non etiam, ut removeat eos ab hereditate, quam amplecti desiderant. Atque ita in hac specie filius pubes non removebitur invitus ab hereditate fratris impuberis, id est, non removebitur a secundis tabulis, quamvis exoneratus sit primis, nec quo minus patris repudiet hereditatem impedietur. Obsequi Prætor vult voluntati liberorum, non ei obsistere: quinimo ei propositum est obsistere incommodis eorum, non etiam commodis, & abstentionis beneficio eos exonerare, non onerare aut lædere. Et hoc est, quod ait in primore parte hujus leg.

dein-

deinde ait, in filio five fratre esse præcipuam quandam rationem, ut etiamsi spreverit paternam hereditatem, retineat fraternam, quia omnimodo habiturus erat fratris hereditatem ab intestato. Omnimodo, id est, etiam deficiente voluntate patris, seu pupillari substitutione. Unde ita concludamus: Qui spernit paternam hereditatem, non ideo protinus removetur ab alia hereditate, quæ ei delata est judicio & voluntate patris, si & citra voluntatem patris habiturus eam fuerit : & frustra removetur a substitutione pupillari, qui mox ipso jure ad eam hereditatem est perventurus. Et sane non invidemus commodum substitutionis pupillaris ei, cui non potest ea res eripi, qui non potest non esse heres fratris impuberis. Et hujus prioris partis velut brevis summa est in *l. filius, de adquir. heredit. Filius*, inquit, *qui se paterna hereditate abstinuit, si exheredati fratris hereditati se immiscuerit, & pro herede gesserit, poterit ex substitutione hereditatem obtinere*. Hæc lex, inquam, definitio est prioris partis hujus legis. Ideoque posui filium puberem substitutum filio impuberi exheredato, sicut *l. filius*, quæ, ut jam dixi, hujus l. brevis comprehensio est. Alii ponunt puberem filium institutum ex una parte, substitutum filio impuberi ex altera parte instituto, id est, coheredem coheredi substituerum fuisse : si intra pubertatis annos decessisset, & ab eo bona separari posse, ita ut recuset paterna, & retineat fraterna, si locus sit substitutioni. Id vero ratio non patitur : neque igitur ita species apponi potest ad hanc legem. Nam ita posita specie, non potest recusare paternam patris, quin & recuset fratris, quia portio hereditatis paternæ quam recusavit adcrescit impuberi fratris: atque ita in personam impuberis confluunt omnia bona patris, & commiscentur ceteris bonis pupilli, ut substitutus, qui non vult bona paterna, non possit etiam habere fraterna: confusa enim sunt bona in una persona ; & unius personæ hereditas scindi non potest, ut pro parte habeatur, pro parte non habeatur. Nam nec legatum quodlibet scindi potest, non possumus honorem, quem nobis moriens reliquit, fastidire superbe ; aut totum amplecti oportet, aut totum recusare. Et ita in extraneo herede substituto filio impuberi heredi instituto ex asse aperte definitum est in *l. sed si plures*, §. *filio, hoc tit.* & definiendum idem in fratre coherede, quia eadem ratio in utroque intervenit, quod junctæ & coadunatæ sint hereditates in personam filii, & jam una est, quæ scindi nequit. Et illi etiam censent non distinguendum esse in hac re inter extraneum, & fratrem : quod probo : sed illud non probo : ut hoc accipiatur de filio impubere, qui pro parte patri heres extitit: est enim intelligenda, *l. si filio, de impubere exheredato*; & ideo inanem duco esse laborem illorum, dum quærunt rationem conciliandæ hujus *l. cum* §. *filio*: neque etiam specie ulla pugnant invicem: non enim est utraque de substituto coheredis, sed ille §. *de filio* tantum, hæc autem *l.* est de substituto exheredati. Substitutus coheredis nullo modo potest inducere separationem bonorum ; substitutus exheredati facillime, quoniam hereditas patris, qua se abstinuit, non adcrevit exheredato, sed bona venerunt a creditoribus, *l. perfect. de priv. cred.* Videamus tamen quam conciliationis rationem adinvenerint, nulla cum esset. Distinguunt abstentionem a separatione bonorum, & dicunt in hac *l.* agi de separatione : at in d. §. *filio*, agi de abstentione : hunc esse modum concordiæ. Perperam : nam abstentio, quæ ab eis fingitur fuisse in d. §. *filio*, in eod. §. palam dicitur separatio : &, ut breviter dicam, ait, *si filio impuberi heredi ex aste instituto substitutus quis sit secundis tabulis, hic substitutus non potest separare hereditatem*: & subjicit, *idem esse si coheres coheredi impuberi substitutus sit*: idem igitur est, ut non possit separare hereditatem, & nihil est præterea in d. §. *nihil*, de abstentione, totus §. est de separatione. Si verum amamus, nullum est discrimen inter separationem & abstentionem : Nam separatio nihil aliud est, quam horum bonorum abstentio, & illorum retentio. Qui abstinet se bonis paternis & am-

plectitur fraterna, utique separat bona, sicut qui repudiat hereditatem paternam, & adit fraternam, id est, pupillarem hereditatem. Nam qui apprehendit fraterna, aversatur paterna, quid aliud facit quam ut his abstineat, illa apprehendat? Igitur diversa illi faciunt, quæ sunt plane eadem. Sed demus esse diversa, juvat scire quam constituant rationem differentiæ. Horum differentia hæc est: is, qui se abstinuit bonis paternis removetur a pupillaribus, ne videatur partim improbare judicium defuncti, partim approbare, & scindere ; quod est absurdum, *l. 7. de bon. lib.* Et ita accipienda est secunda pars *d.* §. *filio*. Altera est : is, qui impetravit separationem bonorum, non improbat judicium defuncti, & ideo non removetur a substitutione pupillari, ut in hac *l.* & abstentio & separatio impetratur a Prætore : & sive abstentionem impetres, sive separationem, quid aliud agis, quam, ut partim probes, partim improbes judicium defuncti: non minus id agis, si separes bona, quam si te abstineas a bonis paternis? Hæc igitur ratio differentiæ non est idonea : in ea igitur non est insistendum : res est clarissima : non eadem est species hujus legis, quæ §. *filio*. Hæc lex est de substituto exheredati, qui si se abstinuit paternis bonis, non removetur propterea a fraternis, quæ omnimodo habiturus esset, etiamsi non fuisset substitutus. In *d.* §. *filio*, agitur de coherede substituto coheredi, qui si omittat hereditatem paternam, nec pupillarem habebit, ne eandem unius personæ pecuniam scindat. Verum ut nihil ad hæc desideretur, nobis sunt diligentius explicandi tres casus, qui proponuntur in *d.* §. *filio*, & in §. *seq.* Hi tres casus sunt diversi a casu hujus legis, ideo distinguendi accurate, ne quid nos perturbet. Prior est, filio instituto ex asse quidam substitutus est secundis tabulis : nihil refert hoc casu quis ille fuerit, extraneus, aut frater. Nam quisquis fuerit, si pupillus se non abstinuerit ab hereditate patris, a quo fuit institutus ex asse, & obierit impubes, substitutus ejus non potest separare hereditates, ut patris habeat, fratris non habeat, sed utriusque hereditatem, aut neutrius habere debet, quia in una persona juncta esse cœpit hereditas. Et hoc ut dixi, si filius impubes non abstinuerit se bonis paternis. Quæro quid sit dicendum si institutus ex asse abstinuerit se bonis paternis, & alia habeat bona, si moriatur ante pubertatem, an substitutus eogetur respondere creditoribus paternis ? Julianus putat obligari, *l. Julianus 42. de adquir. hereditate,* cujus sententia merito reprehenditur a Marcello, quia hæc sententia impugnat utilitatem pupilli, quandoquidem efficit, ne quis pupillo velit heres esse ex substitutione, si substitutus cogatur ferre onera patris, qui nihil tulit ex ejus bonis, cum iis se abstinuerit pupillus cui succedit: nemo volet heres esse pupillo sub hac conditione, sed repudiabit, aut etiam si possit venire ab intestato, ut si substitutus sit fratri, omittet causam substitutionis, & ab intestato veniet ad hereditatem, quod faciet impune, id est, non incidet in edictum *si quis omissa causa testamenti*. Cujus hæc est sententia, ut qui omissa causa testamenti, ab intestato vult succedere, perinde obligatur, ac si ex testamento successisset: nam cum mutando causam successionis voluerit fraudare creditores & legatarios, æquum est, ut & ipse hac spe multetur per hoc edictum, *l. si duo heredes* 18. *ff. si quis omis. cau. testam.* & hoc obtinet tantum, quoties dolo malo. id fecit propter suum compendium, & detrimentum alterius : neq; enim cuiquam interdictum est, ut omittat hereditatem, si sine fraude id fiat, *l. quia autem,* §. *si patronus insi. eod.* In specie *l. Julianus*, fraude caret, quia id facit, non ut evitet onera, qui mavult succedere ab intestato, sed ut vitet onera patris, quæ etiam iniquum erat in eum conferri, cum ex bonis parentis nihil habeat ab abstinentione pupilli : & quod de fratre notat Marcellus, recte Ulpian. interpretatur de fratre patris, id est, patruo impuberis. Nam frater impuberis cum sit necessarius, non posset omittere causam substitutionis sine beneficio prætoris. Ergo concludamus. Qui ex substitutione pupillari obtinet bona pupilli & se abstinuit bonis paternis, non cogitur respondere creditoribus paternis, cum commoda non senserit. Sed huic definitioni adversatur *l. paterfamil. de priv. cred.* quæ aperte docet, pupillo se abstinente bonis paternis, ac substituto ei succedente ex causa substitutionis, substitutum teneri creditoribus paternis, quibus tamen non tenebatur pupillus ob abstentionem: & res difficilis est, nisi ita distinguamus, Aut pupillus, qui se abstinuit bonis paternis, miscuerat se ante iis bonis: & hoc casu, si substitutus adierit hereditatem pupilli, obligatur etiam invitus in omne æs alienum patris & filii, quasi unum testamentum, & abstentio filii ei proficiat soli, non substituto ejus: & pupillum miscuisse se bonis paternis ab initio, hoc est, priusquam se abstineret: hoc dicit aperte *l. paterfamilias*: hoc non fingimus. Lex autem *Julianus* non exprimit an miscuerit se pupillus, necne bonis paternis ante abstentionem. Dicam igitur potius se non miscuisse pupillum in *d. l. Julianus*, & hoc casu abstentionem proficere substituto: abstentionem, quam non præcessit mistio ulla, porrigi & ad substitutum, ut non teneatur creditoribus paternis. Secundus casus §. *filio* hic est: Coheres coheredi impuberi substitutus est: hoc casu nihil interest, substituatur sit filius aut frater. Si substitutus recuset bona patris, removetur a bonis pupilli, quia juncta esse cœperunt in persona pupilli: & contra si agnoverit bona patris, necesse erit agnoscere pupilli bona, *l. quidam, C. de jur. deliber.* Denique non potest substitutus inducere separationem: nec igitur hic casus apponi potest ad *l. nostram* quæ admittit separationem: hic enim casus est de substituto coheredis, lex nostra de substituto exheredati. Tertius casus §. *si ex asse*, est: Heres institutus ex asse substitutus est filio exheredato, & recusavit hereditatem paternam. In hoc casu distinguere debemus omnino, ac separare extraneum a fratre. Et primum loquamur de extraneo. Finge igitur: Hic extraneus institutus est ex asse impuberi substitutus repudiat hereditatem patris, non habet substitutum vulgarem: an potest capere hereditatem pupilli, si casus substitutionis existat? Minime. quia nulla est institutio. Si nulla est institutio, nulla est substitutio. Si nullum testamentum patris, nullum est filii: nullum est autem testamentum patris, quod destituitur & repudiatur: nec ullus est heres, vel re, vel nomine. Sed si fuerit suus heres ex asse, & abstinuerit, non impediet capere hereditatem pupillarem, quia valet substitutio pupillaris: nam licet substitutus abstinuet se bonis paternis, sustinet tamen nudum nomen heredis, quod non admitit abstentio. Et ad hunc casum pertinet lex *quæsitum* 40. *de adquir. vel omitt. her. l. filius* 41. *eod. tit.* quæ congruit cum *l. nostra*, lex *quæsitum* Pugnat omnimodo: ergo & cum *l. filius*. Sunt duæ ll. affines, quæ pugnant invicem. Heres institutus est a patre, idemque substitutus impuberi filio: quæritur, an cogatur respondere creditoribus paternis, si propter voluntatem patris aliquid aliud habeat, vel faciat, ut puta, quia impuberi filio fuit substitutus, & immiscuit se hereditati impuberis: hanc hereditatem habet ex judicio & voluntate patris, qui eum filio impuberi substituit, an propterea obligatur creditoribus patris? videtur obligari, quia incidit in edictum, de quo ante egimus, scilicet, *si quis omis. cauf. test.* quod tamen prima specie non videtur: nam in illud edictum incidit, secundum verba, qui omittit causam testamenti, & possidet hereditatem ab intestato, sed secundum sententiam edicti, & in edictum incidit, qui omittit institutionem & amplectitur substitutionem, *l. Julianus, si quis omissa cau. test.* Et similiter incidit in sententiam edicti, qui omittit hereditatem paternam, & amplectitur pupillarem. Si incidit, ergo tenetur creditoribus paternis, ac si attigisset hereditatem paternam. Denique ita concludit; aut si se miscuit hereditati pupillari, tenetur etiam creditoribus paternis: aut si sprevit hereditatem patris, nec quidquam consequitur ex substitutione, debet etiam filii

A hereditatem spernere, quia, qui judicium patris semel oppugnavit, nihil debet consequi ex substitutione pupillari, id est, qui primas tabulas oppugnavit, dum eas rejecit & repudiavit, nihil debet consequi ex secundis. Sed distinguit Marcellus: Aut enim ex parte filius heres institutus est adjecto extraneo coherede, aut ex asse. Si ex parte & spernat hereditatem patris, non prohiberetur capere hereditatem pupilli, quia non oppugnavit judicium patris, cum habuerit coheredem, a quo sustinebantur primæ tabulæ, ne ruerent, sed si fuerit ex asse institutus & repudiaverit hereditatem patris, repelletur etiam a substitutione, nec ex secundis tabulis quicquam obtinebit, quia evertit primas : aut si ex secundis tabulis speret lucrum, debet ferre onera primarum. Hoc vult B *l. quæsitum*: ex qua colligitur eum qui recusavit hereditatem paternam arceri a pupillari. Verum considerandum est, *l. filius* loqui de filio instituto & substituto fratri exheredato: quæ etiam est species l. nostræ. At *d. l. quæsitum*, non loquitur de filio, licet memoret sæpe patris successionem: quod facit respectu pupilli, non heredis instituti, qui extraneus fuit: quæ est ultima animadversio Accursii nostri ad *d. l. filius*, ut scilicet *d. l. quæsitum*, de extraneo intelligatur, non de filio: nec sane quærenda est alia conciliationis ratio. Enimvero si utraque lex de filio intelligatur, & quæsieris rationem componendi diffidii, frustra fueris diligens. Ceterum ratio differentiæ summa est: si filius institutus sit ex asse, & substitutus fratri exheredato, ac se abstinuerit bonis paternis, non repellitur a substitutione pupillari propter priorem abstentionem, quia etiamsi non fuisset sub-C stitutus, quæ ratio non valet in extraneo, tamen successisset jure legitimo, qui cum evertit primas tabulas repudiando hereditatem paternam, ita plectitur ut cadat secundis, aut si commodum captet secundarum tabularum, ferre etiam debet incommoda primarum, quæ est sententia *d. §. filio.* Intelleximus ex priore parte hujus legis, filium, qui se abstinuit hereditate paterna, non repelli ab hereditate fratris impuberis exheredati, cui secundis tabulis substitutus est, & nihil obstare *l. sed si plures*, §. *filio, & §. si ex asse, hoc tit.* nihil *l. quæsitum, de adquir. heredit.* posita differentia inter filium & extraneum: extraneum quidem institutum ex asse, qui omittit hereditatem paternam, non admitti ad substitutionem pupillarem. Filium, qui abstinuit a paterna, frustra repelli a substitutione fratris: qui si repellatur, mox ad eam D redit jure legitimo. Denique intelleximus non pugnare *l. paterf. de privileg. cred.* cum *l. Julianus, de adq. her.* posita differentia inter eum, qui miscet se bonis paternis, antequam abstineret, & eum, qui non miscuit se: nam si pupillus miscuit se bonis paternis, antequam abstineret, substitutus, qui impuberis hereditatem adit, obligatur creditoribus hereditariis: mistio nocet heredi pupilli, & abstentio soli pupillo prodest. Quod si pupillus non miscuerit se bonis paternis, abstentio liberat etiam heredem ab oneribus paternis. Tractemus de posteriori parte l. Filio abstinente se bonis paternis & retinente permissu prætoris substitutionem, & ita fasta separatione bonorum, colligit Papinianus, sic fieri ut legata debeantur ex secundis tabulis, non ex primis. Fuere relicta primis, sed ea præstantur ex secundis, quia E beneficio abstentionis liberatus est oneribus primarum tabularum, divisa fuit bona, divisa ergo erunt onera: pupillaria bona agnoscit, non paterna. Dices, non debentur etiam legata relicta secundis tabulis hac ratione, quia a substituto exheredato, vel etiam a legitimo exheredati herede legata inutiliter relinquuntur : non enim plus juris habet in substituto, quam in eo, cui substitutus erat: ab exheredato inutiliter legaret, hoc est certissimum: ergo & ab exheredati substituto, *l. ab exheredati*, *in pri. de leg.* 1. *l. qui fundum*, §. *qui filios, ad leg. Falc.* & in specie proposita, legata relicta sunt a substituto exheredato: sed dicas utiliter legata relinqui a substituto exheredato, si & ipse substitutus sit institutus primis tabulis, *l. in ratione*, §. *ult. ad leg. Falcid. l. plane,*

*in*

*in princ. de leg.* 1. Et hoc loco filius substitutus fratri impuberi, a quo legata relicta sunt secundis tabulis, fuit etiam institutus primis tabulis, nec definit esse, quamvis abstinuerit & per eum steterit, ne hereditatem haberet: neque enim prætor per beneficium abstentionis efficere unquam potest, ut qui semel heres extitit, desinat heres esse. Merito igitur debet legata a se relicta secundis tabulis. At quæritur, si oneratus sit legatis, & ponatur ratio legis Falcidiæ, Falcidia enim minuit onus legatorum: Quæritur, inquam, in quibus bonis ponenda sit ratio legis Falcidiæ? In ponenda ratione legis Falcidiæ comparamus bona, ex quibus præstantur legata, quanti sint legatis, & æstimamus quanti sint bona, quanti legata; & legata redigimus ad modum dodrantis, si exsuperent, ut heredi quadrans eorum bonorum superfit: ponenda est igitur Falcidiæ ratio in bonis. Sed in quibus? an in bonis, quæ pater mortis tempore reliquit, an in his, quæ frater reliquit mortis tempore, cui substitutus est quis: an habebitur ratio bonorum paternorum, aut pupillarium? Si substitutus non abstinuerit se bonis paternis, vel qua alia ratione bona paterna ad eum pervenerint, legata relicta primis, & secundis tabulis solvuntur habita ratione bonorum paternorum, non pupillarium, id est, eorum bonorum, quæ pater reliquit mortis tempore; non spectabitur quanti sint pupilli bona, sed quanti sint bona patris mortis suæ tempore, ut ecce si legata omnia primarum & secundarum tabularum permista superarent dodrantem bonorum paternorum, detraheretur vel suppleretur Falcidia, id est, quadrans bonorum paternorum, etiamsi opulenta esset hereditas pupilli, & ita institutus haberet Falcidiam bonorum paternorum & integram pupilli hereditatem. Quod si legata non excederent dodrantem bonorum paternorum, non detraheretur Falcidia, etsi per se inspecta legata secundarum tabularum ampliora essent bonis pupillaribus, & absumerent bona pupillaria, quod sit idonea hereditas patris, quæ sola intueuda est: atque ita substitutus teneretur legatariis secundarum tabularum ultra vires hereditatis pupillaris, *l. in ratione, §. quod vulgo, ad leg. Fal. l. coher. §. coher. de vulg. & pup. subst. l. non solum, §. ult. de liber. leg.* quæ legata relicta secundis tabulis in hac parte juris, quæ est de Falcidia & detractione legatorum, perinde habentur, ac si essent relicta primis tabulis, & revocantur ad rationem primarum tabularum, & ad rationem patrimonii, quod primis tabulis continetur, & comparantur ea legata cum bonis paternis, non cum bonis pupilli, & solvuntur ex bonis paternis, & in hac parte juris substitutus comparatur instituto ex his bonis, in quibus substitutus est, *d. l. in ratione, §. quod vulgo.* Et ad summam, in ponenda ratione legis Falcidiæ sic habetur ratio legatorum, ac si nullæ extarent secundæ tabulæ, nulla bona pupillaria: nulla denique alia præter paterna. Est qui scripserit, legata relicta secundis tabulis solvi de hereditate pupillari: quod non est admittendum. Id pugnat cum *d. l. in ratione, §. quod vulgo* cum ait: *de suo quadrante, nimirum dabit substitutus, quoniam pater legavit de suo*: & ita Florentiæ: & ita in Basil. *ἐκ τῶν ἰδίων ἰδοτε λεγομένων*: & recte si de suo legavit pater, ea quoque de suo præstari voluit. Præstabuntur ergo de bonis paternis, non pupilli: & quod ait de suo quadrante dabit, id est, ea legata implebit substitutus de quadrante bonorum paternorum, quem solum habebat mortis tempore, quo in bonis paternis erant 400. in legatis 300. Sed post mortem finge periisse centum, ex substituto perierunt, non legatariis, reliqua trecenta omnino præstanda sunt legatariis sine deminutione: atque ita substitutus perdit quadrantem, quem habebat mortis tempore, tum ut consulatur legatariis, tum etiam quia mortis tempore idonea erat hereditas patris: & in ponenda quantitate patrimonii hoc tantum tempus spectatur, *l. in quantitate, ad leg. Falcid.* Verum longe alia est species l. nostræ: Substitutus abstinuit se bonis paternis, non pervenerunt ab substitutum ulla bona paterna; & substitutus est non coheredi, sed exheredato. Ratio igi-

tur non fert, ut legata relicta secundis tabulis referamus ad rationes patrimonii paterni, quo se abstinuit substitutus; sed cogimur illud tantum spectare, quod retinet, nempe pupillare, & pro ejus modo & quantitate vel Falcidiam inducere, vel non inducere. Itaque præstabuntur sola legata secundarum tabularum habita ratione bonorum pupillarium, & de bonis pupillaribus salva Falcidia, nec ultra vires hereditatis pupillaris, aut ultra dodrantem præstabuntur. Et hoc est, quod ait in secunda parte hujus legis. *Itaque, inquit, legata, &c.*

### Ad L. VIII. de Collation.

*Nonnunquam prætor variantem non repellit, & consilium mutantis non adspernatur. Unde quidam filium emancipatum, qui de bonis conferendis cavere fratribus voluit, audiendum postea putaverunt, si vellet ablata cautione beneficium bonorum possessionis exercere. Tametsi responderi potest, videri eum possessionem repudiasse, qui formam possessionis conservare voluit: sed benignior est diversa sententia, maxime cum de bonis parentis inter fratres disputatur: quem tamen facilius admittendum existimo, si intra tempus delatæ possessionis cautionem offerat: nam post annum, quam delata esset bonorum possessio, voluntariam moram cautionis admittere, difficilius est.*

Nihil est in Papin. quod non sit singulare admodum. Superiore lege habuimus casum, quo legata relicta secundis tabulis solvuntur de bonis pupilli contra reg. juris. Habebimus hodie similem casum in hac l. 8. quo quis potest mutare consilium in alterius fraudem injuriamque: nam & hoc est contra regulam juris. Hoc autem ut intelligatur, sciendum est, filio emancipato non dari bonorum possessionem *unde liberi* ab intestato, vel etiam prætero testamento patris non dari bonorum possessionem contra tabulas, vel datam sine re constitui, id est, non dividi inter eum & fratres, qui remanserint in potestate, hereditatem patris, nisi cum satisdatione caverit iis, qui in potestate remanserunt, de bonis propriis conferendis, quæ moriente pater habuit, aut nisi statim ex bona fide bonorum propriorum divisionem fecerit cum fratribus, quo jure etiam utimur hodie. Emancipatus filius, qui appetit bona paterna, debet in medium conferre bona propria ex hoc edicto, quasi paterna, quia ipse jus filii habere vult, & venire in partem bonorum paternorum, una cum filiis qui in potestate remanserunt. Bona autem, quæ filiorum sunt, patris sunt: Ac proinde non aliter succedet, quam si bona propria contulerit. Collatio fit vel cautione, vel reipsa, id est, divisione, *l. 1. §. jubet, & §. quamvis, hoc tit. l. pen. §. videamus, de bon. poss. cont. tab.* Plerumque autem collatio fit cautione, quia cum possint bona quædam propria emancipati esse in occulto: non satis videtur conferre, qui non cavit, quamvis dividat bona propria, & confestat in medium, ac in commune redigat. Melius est igitur, cautione conferre, id est, cavere de conferendis bonis propriis datis fidejussoribus, quæ scilicet ejus fuisse propria quandoque constiterit, quam dividi, id est, re ipsa collationem fieri: conferunt, ut dixi, emancipati & sui, id est, iis, qui in potestate remanserunt, quia suos, qui jure civili soli erant heredes patris, incommodo quodam afficiunt, dum jure prætorio volunt venire in partem bonorum paternorum, *l. 1. §. toties, hoc tit.* Æquum est igitur, ut emancipati eis conferant bona quæ post emancipationem adquisierunt, ac si ea adquisissent patri non sibi. Conferre, est bona propria paternis commiscere, ut omnia simul inter fratres emancipatos & suos dividantur ex æquo, quasi unum sit patrimonium paternum. Emancipati sibi invicem non conferunt, *l. ult. §. ult. l. 2. §. si tres, l. 3. §. quotiens, hoc tit. l. si emancipati, C. de collat.* quia alter alteri non est incommodo : sunt enim omnes pari jure: inter fratres inæquales collatio locum habet, non inter æquales: ac propterea sui etiam non

non conferunt emancipatis plerumque, quia nihil habent, quod conferant præter dotem aut donationem propter nuptias, quam conferunt: Castrense autem peculium, vel quasi, nunquam conferunt vel sui vel emancipati; sed ea retinent præcipua, vel præcipui titulo, quod dicimus *par præcipui*, *l. 1. §. nec castrense, hoc tit.* Præterea sui testamentum non faciunt, quia, ut ait Ulpian. nihil habent proprium, ut de eo testari possint: cujus sunt in potestate & in ejus potestate ac dominio sunt bona eorum quæcunque sibi adquirunt. Dionysius 8. *vivo patre nihil habent proprium filii sui, sed jus est patri tum in bonis, tum in corpore, ut de iis possit statuere ut libet*: & ea ratione dicuntur sui non conferre emancipatis. Diximus plerumque satisfatione, idonea cautione collationem fieri: quid fiet, si filius emancipatus non caveat, & paterna tamen appetat, vel etiam ea possideat pro sua portione: nam bonorum possessio emancipato dari potest, etsi nondum contulerit, quæ tamen constituitur sine re, nisi postea contulerit; quia ut ait Papin. in hac l. formula bonor. possessionis hæc est, ut qui non contulerit bona propria, non possit ejus beneficio uti. Et distinguendum est ea in re, aut per inopiam filius emanc. non potest cavere de conferendo, aut per contumaciam noluit. Si per inopiam non potuit cavere, ut vix reperiuntur ulli, qui pro inope velint fidejubere, non statim ab eo transferenda est possessio portionis suæ, sed sustinendum donec sponsores invenerit, ita tamen, ut interim fratribus, qui in potestate remanserunt, actio detur de his, quæ mora deteriora futura sunt, id est, quæ tempore pereunt, *l. 2. in fin. hoc tit.* qui locus est obscurus, nisi *actionem* accipias pro auctione, quod frequentissimum est in his libris. Ambrosius ex Basilio de Tob. *liberos pro paterno debito in actionem deduci fratribus*. Basilius, ὡς τὸ πρακτέον. Hic est sensus *l. 2. §. ult. hoc tit.* In portione filii emancipati sunt quædam, quæ servari non possunt, de iis dabitur actio, vel auctio, id est, jus vendendarum rerum, dummodo caveant emancipato de restituenda pecunia, quam ex auctione redegerint, quoties propria contulerit; & si non caveant, non dabitur illa actio, ut vendant, sed dabitur curator portionis emancipati, qui eam rem peragat, & vendat, & pecuniam ei servet, *l. 1. §. si frater, hoc tit.* Hic est ordo juris, quum frater emancipatus non potest per inopiam cavere, & quum fratres non contenti divisione, cautionem exigunt, exsistimantes latere multa ex bonis fratris emancipati, nec prodi ab eo omnia, Quod si per contumaciam nolit cavere de conferendis bonis propriis, hoc casu statim transferenda ab eo possessio est portionis suæ, & deneganda ei sunt petitiones possessoriæ seu bonorum, perinde ac si bonorum possessionem non accepisset, ut est in *l. 2. §. penult. l. 3. in princ. hoc tit. l. 11. 12. 14. 16. C. de collat.* Et hæc locum habent, cum data jam sit bonor. possessio: nam si nondum data sit, denegabitur, quum propalam negabit se satisdaturum, quandoquidem hoc genere videtur repudiasse bonorum possessionem, cum palam edixerit, se ejus formam observare nolle, id est, non cavere velle. Denique, qui per contumaciam non cavet, vel repudiare videtur commodum bonorum possessionis, vel ei renunciare. Quod si initio dixerit, se nolle cavere, & postea pœnitentia actus offerat cautionem, an audietur? an poterit emendare contumaciam suam, & commodum seu beneficium bonorum possessionis repetere, quo per contumaciam cecidisse videtur? An, inquam, pœnitens recipit jus pristinum? Hæc est quæstio hujus l. Et sane videtur non esse audiendus secundum regulam juris, qua nemo potest mutare consilium suum in fraudem alterius, *l. 75. de regul. jur.* quæ est Papiniani ex eodem libro, & est præponenda huic l. quia hæc lex hujus regulæ est exceptio: Hic mutat consilium suum in fraudem fratrum, qui in potestate remanserunt, nam ad eos jam pertinebat tota hereditas. Nemo ambigit, qui licet sine alterius injuria mutare consilium, *l. de ætate, §. ult. de interrog. in jur. fac.* Si interrogatus in jure ab

A adversario, an heres sim, & respondeam, me non esse mihi licebit postea pœnitere, & respondere, me esse: quo responso obligabor adversario: & ex ea pœnitentia non læditur adversarius, imo commodo maximo afficitur: quia ex responso meo ei paratur actio in me ut heredem: licet igitur pœnitere sine captione alterius. Et ita, si pecuniam tibi dedi, ut Stichum manumitteres, est mihi condictio pecuniæ vel ex cessatione tua si cesses Stichum manumittere, vel ex pœnitentia mea, si jam nolim Stichum manumitti, *l. 3. §. 1. de cond. causa data.* Nec enim hæc pœnitentia nocet alteri, cum nondum manumissus sit Stichus, & res in integro sit: licet mihi re integra revocare mandatum, licet etiam mutare testamentum re integra, cum nullum jus ex eo me vivo alteri quæsitum sit, nec id inconstantis est. Nemo do-

B ctus, inquit ille, mutationem consilii esse inconstantiam dixerit, Sed in fraudem alterius mutare non licet. Finge: Vendidi tibi fundum ea lege, ut nisi ad diem solveres pretium, res esset inempta, quæ dicitur lex commissoria: non solvisti ad diem. Est in arbitrio venditoris, ut utatur lege venditionis, rescissa venditione, vel ut pretium petat si nolit uti lege commissoria: & de alterutro hoc vel illud. debet constituere, id est, eligere. Sed si semel unum elegerit, non poterit variare, quia ea variatio, seu mutatio consilii fraudi esset emptori, *l. si fundus, §. eleganter, de lege commiss.* Et ita si filius præteritus testamento patris judicium patris forte legato vel fideicomm. accepto approbet, jam non potest petere bonorum possessionem contra tabulas, relicto leg. aut fid. hoc enim facto fraudi heredi scripto, cui jus omne ad-

C quisitum est, *l. si filius de minor.* Et similiter, si creditores hereditarii impetraverint separationem bonorum, cum exsistimarent hereditatem esse idoneam, heredem non item, & nollent creditores hereditarii misceri creditoribus heredis, sed soli sibi de bonis hereditariis; creditoribus vero heredis solvi de bonis heredis propriis: si inquam creditores hereditarii separationem bonorum impetraverint, & postea non idonea hereditas inveniatur, heres autem idoneus: an possunt mutare sententiam & discedere a separatione, & reverti ad heredem? Minime: sed perstare debent in eo, quod elegerunt, ne fraudent heredem commodo, quod ei ex hac re contigit. Innumeris exemplis hoc probare possis, quæ passim occurrunt. Sed tamen in specie proposita ex æquo & bono auditur filius emancipatus, qui mutat con-

D silium suum. Noluit per contumaciam initio cavere de conferendis bonis propriis, atque ita excidit commodo bonorum possessionis, & id omne recidit in fratres; nunc pœnitentia ductus, paratus est cavere, & postulat, ut sibi liceat exercere & exequi beneficium bonorum possessionis contra tabulas, vel unde liberi, non videtur quidem summo jure admittendus. Sed non semper summum jus justitia est. Justitia est ἀκριβές, non μυσῶμα, ut ait Philosophus. Igitur audietur filius emancipatus ex æquo & bono, non maxime de bonis paternis inter fratres discepetur. Hoc maxime notandum est, quia multæ sic dirimuntur controversiæ: ex ea enim constituimus, quoties inter fratres de bonis paternis lis est, non spectari regulas juris, quæ omnes sunt summi juris, sed benignitatem & æquitatem. Et hoc utique procedit, ut ait Papin. Si

E intra tempora delatæ possessionis, hoc est, intra annum mutet consilium & corrigat factum: nam post tempora vix audietur, inquit, sera est enim pœnitentia post annum delatæ possessionis. Si pœniteat, difficilius audietur: nam ut audiatur etiam post annum, hoc positum est in arbitrio Prætoris, sed vix audietur, quia sera est pœnitentia. Nam si post annum non potest petere bonorum possessionem, nec igitur post annum bonorum possessionis commodo frui poterit, qui excidit ante annum. Confirmatur hæc æquitas *l. 1. §. si frater, ff. hoc tit.* dum ait, fratrem, qui per contumaciam non cavit, postea oblata cautione recipere pristinum jus. Quod tamen explicandum est secundum sententiam Papin. Florentiæ sic scriptum: *non repellit, & consilium mutantis non aspernatur*: verum,

verum, omnino legendum : *consilium mutantem*, ut in Basilicis τὸ μετάμελον. Cum igitur Papinianus posuisset hanc regulam, *nemo potest mutare consilium in detrimentum alterius*; mox subjecit exceptionem, filium poenitere posse, etiamsi videatur pertinere ad injuriam alterius, scilicet fratrum. Et ut alio exemplo demonstrem, non esse ad vivum resecanda ea, de quibus disceptatur inter fratres de bonis paternis, id petamus ex *l. 3. C. de inoffic. test.* Finge: mater extraneum heredem instituit, & post testamentum filium peperit, quem testamento praeterierat, matris praeteritio est exheredatio. Secus de patris praeteritione: filius praeteritus agit querela adversus heredem scriptum, & rescindit totum testamentum. Quod si mater filium suum heredem instituerit, & post testamentum alium filium peperit, quem praeteritione exheredavit, an hic filius aget querela adversus fratrem, & totum rescindet testamentum? Minime, si mulier in puerperio diem suum obierit, nec ei licuerit rumpere testamentum, hic filius praeteritus non rescindet totum, sed adcrescet fratri in dimidiam partem, quod mitius inter se agere debeant fratres de bonis paternis. Ac similiter, ut Paulus notat 4. *sent. de querela inoff.* Si duo sint filii heredes instituti ex debita portione, & tertius ex minore portione, quam sit legitima, an hic tertius aget adversus fratres querela testam.? Ageret utique adversus extraneum: non enim tantum filius exheredatus vel praeteritus, sed & qui institutus est ex minori parte, quam sit legitima, agere potest querela inofficiosi secundum jus vetus; quod quidem obtinuit ante constitutionem Justin. de supplenda legitima, quae est *l. 35. de inoff. test.* Sed adversus fratres coheredes in hoc tantum aget, ut suppleatur pars legitima, etiam secundum jus vetus: nam quoties inter fratres agitur de bonis paternis vel maternis, sequimur quod benignius sit, ac mitius: non regulas juris, quae summi juris definitiones sunt.

---

### Ad L. XVIII. de Operis novi nuntiat.

*Aedibus communibus, si ob opus novum nuntiatio uni fiat, si quidem ex voluntate omnium opus fiat, omnes nuntiatio tenebit; si vero quidam ignorent, in solidum obligabitur, qui contra edictum praetoris fecerit.*

*§. 1. Nec ad rem pertinet, cujus solum sit, in quo opus fiat, sed quis ejus soli possessor inveniatur, modo ejus nomine opus fiat.*

Quod in hoc edicto de operis novi nuntiatione cavetur, etsi notum sit omnibus, tamen initio exponi necesse est. Hoc edicto consulitur vicino adversus vicinum, qui quid in suo molitur, aut demolitur, quod vicino nocere possit: Nam is, cui opus novum quod vicinus facit vel instituit nocere potest, si veretur, ne ex eo opere jus suum deterius fiat, prohibere vicinum, id est, denuntiare, ne quid novi operis instituat, testibus praesentibus etiam non adito praetore: etsi hodie moribus nostris necesse sit nuntiationem fieri auctore judice: & nuntiari his verbis: *Denuntio tibi, ne quid operis me invito in illo loco facias*. Haec nuntiatio permittitur ipso jure, id est, ex edicto praetoris, & hunc effectum habet, ut qui ei non obtemperaverit, id est, qui non destiterit ab opere, sicuti denuntiatum est, quidquid post denuntiationem fecerit, compellatur destruere, aut restituere edicto restitutorio, cujus formula haec est: *Quod adversus edictum feceris*: nam, qui facit contra nuntiationem vicini, videtur contra edictum facere, in *l. 5. §. si quis forte, l. si opus, §. ult. l. ult. hoc tit. l. 20. §. 1. eod. t. l. 22. & ult. eod. l. ult. ne quid in loco publ. l. qui vetante, de reg. jur. l. praetor, §. 1. hoc tit.* Secundum superiores locos omnino legendum est in *d. l. praetor, §. 1. qui facit contra nuntiationem, etsi jus faciendi habuit, tamen contra edictum praetoris facere videtur*. Legendum est *edictum*, non *interdictum*. Nuntiat novum opus non tam is, qui nuntiat, quam praetor. Igitur, qui pergit facere nec discedit ab opere post denuntiationem, contra edictum praetoris facit, & subjicitur interdicto restitutorio, quo compellitur restituere rem in eum statum, quo fuit nuntiationis tempore. Et hoc ita procedit, si quid is, cui nuntiatum est, faciat post nuntiationem, antequam praetor remiserit nuntiationem, quod facit causa cognita: post remissionem nuntiationis licet aedificare: remissio abolitio est nuntiationis: remissionis vicem obtinet satisdatio, veluti si is, cui facta est nuntiatio, satisfecit se restituturum omnia in pristinum statum, si judicatum erit eum non habuisse jus faciendi novi operis, & eum, qui nuntiavit, jus habuisse: nam post eam satisdationem impune aedificabit, hoc est, non tenebitur edicto restitutorio. In hac *l. 18.* quaeritur, si in aedibus, in quibus novum opus fit, sint communes inter duos, aut plures, utrum nuntiatio sit facienda omnibus, an satis sit fieri ex uni ex sociis? Et definit eleganter Papinian. satis esse si uni ex sociis nuntiatio fiat: uni factam nuntiationem, omnibus factam videri. Sed si post nuntiationem quidam ex iis fecerint, quidam non, hi, qui non fecerunt, non tenebuntur edicto restitutorio, sed is solus non tenebitur, qui non paruit nuntiationi, cujus factum nocere debet alii, qui nihil fecit, quique facienti assensum non est, *l. de pupillo, §. si plurium, hoc tit.* Igitur nuntiatio omnes tenet, etiamsi facta sit uni; si omnes fecerint opus, id est, si omnium voluntate factum sit opus, utique omnes tenebuntur edicto restitutorio, non tantum, ut patientiam praestent, quod voluit Accuri. sed etiam, ut impensa sua fuisque sumptibus opus post denuntiationem factum restituant, quia fecisse videntur, etiam qui non fecerunt, si alii voluntate eorum fecerint, ne sit lusoria nuntiatio, & lusorium edictum praetoris, *l. ult. ne quid in loco publ.* Sed si non fecerint omnes, aut facienti non assensum praebuerint, non tenebuntur omnes edicto restitutorio propter factum sociorum, qui ipsi nihil facere, nihilve voluere facere operis novi. Et hoc est, quod ait Papinian. in priore parte hujus legis: *Omnes nuntiatio tenebit, &c.* id est, omnes tenebuntur edicto restitutorio. In posteriore parte, quia dixit initio de aedibus communibus, docet Papinian. aedes communes videri non tantum, quae plures dominos habent, quas plures domini dominantur, sed & quas plures non domini communiter possident. Quod commune est, vel domino, vel possessione commune est: & constat nuntiationem fieri non tantum domino, vel dominis ejus soli, in quo nuntiatio fit, sed etiam possessoribus, vel possessori, si modo eorum nomine opus fiat: nam si non fiat eorum nomine, etsi sunt domini, nihil attinet nuntiatum. Denique nuntiatio fit, vel domino, vel possessori, cujus nomine opus novum fit. Nam haec nuntiatio non tam fit in personam, quam in rem, ut actio alia est in rem, alia in personam, sic nuntiatio alia in rem est, alia in personam, *l. 1. §. nuntiatio, l. de pupillo, §. nuntiationem, l. 10. l. 11. l. ult. hoc tit.* Et fit in rem praesentem, id est, in locum ipsum, quo opus fit, sicut vindicatio fit in rem praesentem ex jure veteri, atque fit etiam nuntiatio operis in ignorantem, *l. 18. actio, hoc tit.* quia magis est in rem, quam in personam, quod est etiam non fiat in personam, modo fiat in re praesenti: nuntiatio alia in personam, alia in rem est, ut dixi. Nuntiatio, quae fit in personam, semper in rem praesentem: nuntiatio in personam, si non possit fieri in personam, puta, si non inveniatur is, cum quo nobis res est, cujusque nuntiare novum opus volumus, fit ad domum ejus libello ad postem fixo: ut ex 12. tabulis denuntiatio testimonii, quae est in personam, fit ob portum, id est, ad domum. Hoc confirmant *l. 4. §. praetor, de damn. infe. l. 20. §. nupta ad l. Jul. de adult. l. 13. de excusa. tut. l. 1. C. Theod. eod. l. 2. C. de ann. except. l. 5. §. 1. quod vi aut clam. l. 1. §. 1. de agnosc. & alend. lib.* In his omnibus *ll.* agitur de denuntiatione operis, quae fit ad domum, vel per praeconem, vel per libellum. Utitur autem Papin. in hac posteriori parte, verbis *soli & solum*, quia nuntiatio pertinet tantum ad ea opera, quae solo

### Ad L. XLII. de Usucap.

*Cum vir prædium dotale vendidit scienti, vel ignoranti rem dotis esse, venditio non valet, quam defuncta postea muliere in matrimonio confirmari convenit, si dota das lucro mariti cessit. Idem juris est, cum is, qui rem furtivam vendidit, postea domino heres extitit.*

Est hæc lex elegans pertinens ad leg. Juliam de fundo dotali, & ad leg. Attiniam de re furtiva. Ex lege Julia maritus prædium dotale, quamvis interim videtur dominus, non potest alienare, vetat etiam usucapi, *l. si fundum, de fun. dot.* Prædii dotalis usucapio non est, nec alienatio ex lege Julia: ex lege Attinia, non est etiam usucapio rei furtivæ, obstat usucapioni rei furtivæ. Hoc cum ita esset, docet Papinian. in hac lege, aliquando confirmari alienationem prædii dotalis, ac deinde usucapionem procedere, confirmari quoque venditionem rei furtivæ, & usucapionem procedere, convalescere alienationem, & restitui causam usucapionis, cui ab initio obstabat lex Attinia. Loquamur primum de fundo dotali. Finge, Maritus constante matrimonio alienavit fundum dotalem: deinde morte mulieris solutum est matrimonium, & dos cessit lucro mariti ex pacto dotali: convalescit alienatio fundi dotalis quando maritus, qui eum alienavit, in eo fundo mulieri successit ex pacto dotali: & procedit usucapio, si forte non fuerit mulieris, vel, si forte ad quendam alium bonæ fidei possessorem pervenerit, *l. pen. de fund. dot.* Si is, qui rem furtivam vendidit, heres extiterit domino rei, purgatur vitium rei, & convalescit venditio, quia venditor ejus dominium adquisivit, & procedit usucapio pro emptore. Mirum est alienationem convalescere, quæ ab initio non valuit ipso jure, & tamen ita definit Pap. in hac l. Objicitur primum regula Catoniana: *quæ ab initio non valent, ex post facto non convalescunt*: quæ plerumque valet, non solum in legatis, & substitutionibus, sed etiam in contractibus. Sed ita respond. non convalescunt ipso jure, fateor, directo, sed remedio retentionis, remedio exceptionis doli mali ex æquitate: quod ita demonstro. Rei alienæ pignus non valet, convalescit tamen adquisitione dominii, si is, qui domino pignus posuit, domino heres extiterit, & convalescit, non directo, non ipso jure, *l. si Titio, de pign.* sed per retentionem, ut ait *lex 1. in prin. eod.* id est, per exceptionem doli mali, quod scilicet debitor velit auferre rem creditori, quam ei pigneravit, quod sit mendax. Nam actioni & exceptioni doli mali insunt mendacia, *l. quod enim, de dolo.* Finge: Tu mihi rem pignerasti, cum non esses dominus, postea factus es dominus, & vindicas eam, nec vis tueri pignus, quod mecum contraxisti: arguam te mendacii, & utar exceptione doli mali: imo si ignoraverim rem fuisse alienam, dabitur mihi actio utilis hypothecaria, *l. rem de pign. actio. l. 5. C. si res alia. pign. data sit.* Ergo concludamus: Regula Catoniana est directi juris, quæ tamen inflectitur sæpe ex æquo & bono remedio retentionis, vel exceptionis. Rursus objicitur *l. nec nos, C. de postlim. rever.* Si nesciatur quis an hostibus captus sit, necne, si cujus sit incerta vita ac fortuna, ejus hereditas adiri non potest. Certa enim debet esse mors, priusquam adeatur hereditas, & adjicit, *de bonis ejus, cujus incerta suit vita ac fortuna, transigi vel judicari non potuisse*: hoc inquiunt pugnare cum hac l. perperam. Fateor quidem non potuisse transigi vel judicari, sed si postea constiterit esse mortuum eum de cujus hereditate agitur, valebit aditio, vel transactio aut judicatum, non quidem directo, sed per retentionem, puta, si is, secundum quem judicatum est, rem habuit apud se, vel si ex transactio-

A ne eam habeat, eam servabit vi anterioris transactionis, vel judicati, quanquam jure transactionis aut judicati eam rem non habuerit. Magna vis est retentionis, magna possessionis: & valet plurimum in omnibus controversiis: difficile est removere possessione eum, qui in ea est, nec habet injustam possidendi causam. Objicitur etiam *l. si servo, qui & a quibus man.* Servum alienum manumisi, deinde domino ejus heres extiti, an convalescit manumissio? minime. Hoc pugnat cum h. l. nam cur manumissio non convalescit, si domino servi heres extiterim, cum usucapio rei furtivæ, & venditio fundi dotalis ex post facto convalescat? Dicendum est, non idem posse constitui in manumissione, quod in venditione, aut judicato, aut transactione: nam ex manumissione nulla nascitur obligatio, ut non possit jure obligationis, jure exceptionis, aut retentionis sustineri manumissio ex post facto. Ceterum ex venditione, transactione, judicato nascitur obligatio, quæ efficit, ut inviti cogamur stare ei venditioni, transactioni, vel judicato, si dominium adquisierimus ejus rei, de qua agitur. Ergo proprium hoc in manumissione est, ut si manumissor domino servi heres non extiterit, non convalescat manumissio. Contra si dominus servi manumissoris heres extiterit, qui inutiliter servum alienum manumisit, convalescit manumissio, *l. filium, de lib. cauf. l. si ab eo, C. eod. tit.* Ratio differentiæ est, quia cum dominus servi manumissoris hereditatem adit, adeundo tacite probat factum defuncti, manumissionem defuncti, voluntati defuncti accedit tacita voluntas heredis. Aditio est tacita adprobatio eorum, quæ gessit defunctus. At cum manumissor adit hereditatem domini servi manumissi, non ita concurrit voluntas utriusque in libertate servi: neque enim possis dicere unquam, voluntatem domini defuncti accessisse voluntati manumissoris: est satis evidens discrimen. Ergo hæc nihil obstant huic legi: & verum est, venditionem rei dotalis, aut furtivæ, quæ ab initio fuit inutilis, dominio ejus rei adquisito venditori, convalescere & confirmari: non quidem directo, sed remediis Prætoris, remedio exceptionis doli mali: quod sit putidum non manere in eadem voluntate, in eadem venditione, quam ipse fecit. Et videtur non male huic legi conjungi posse *l. 12. de except. doli*: quæ generaliter definit: quoties æquitate defensionis infringi actio potest, locum esse exceptioni doli mali: significatque doli exceptionem esse generalem, & manare latissime: id est, opponi posse in omnibus causis, quibus æquum est defendi reum.

Restat ex hoc libro *l. si minor, ad leg. Jul. de adult.* quæ non indiget longa interpretatione: non enim dubium est, quin teneatur minor lege Julia si commiserit adulterium. Ideo autem Papin. dicit: *si minor annis*, scilicet 25. quoniam adulterii crimen incidit in puberem, non etiam in impuberes, ll. tamen 12. tab. pueros impuberes in furto manifesto præhendi Prætoris arbitratu verberari voluerunt, noxamque ab his factam sarciri, auctore Gellio *l. 11. cap. ult.* Et proximi pubertati sunt, quia jam doli capaces sunt. Justinian. in §. *pen. Inst. de oblig. quæ ex del. nasc. l. impuberem, de furtis, l. 5. §. quod si impubes, ad l. Aquil. l. pupillum 111. de reg. jur.* Vix autem adulterii crimen in impuberem cadit, quia nondum per ætatem potest συνυσιαζειν.

### Ad LL. In quibus citatur Papin. ex hoc libro tertio Q.

Quæ ex libro 3. Quæstionum Papin. alii Jurisconsulti retulerunt, non possum hoc scelere prætermittere: sunt enim præclara admodum. Primum exponamus, quod Harmen. *l. 2. Epit. tit. 4.* quod nunquam alibi dicitur, refert Papinianum in ultima quæstione libri 3. scribere, *non posse nos vicinis auferre prospectum montium*. Quæ sententia est verissima, sed vitiatur tribus casibus; si vicinus hanc servitutem mihi concesserit, jus mihi esse altius ædes meas ædificandi, & pro-

prospectui suo officiendi. Item vitiatur si in edificando servavero formam, & statum ædificiorum antiquorum: nam etiam luminibus vicinorum impune officio, si servo statum antiquorum ædificiorum, *l. qui lum. de servit. urb. præd.* & in Græca Constitut. Zenonis, quæ extat in *l. pen. C. de ædific. priv.* & ut luminibus officere possum, modo servem veterem ædificiorum formam, ita & prospectui. Item officere possum prospectui vicini, & prospectui montium, si intermisero spatium 100. pedum: nam ut intermisso spatio 100. pedum potest vicino auferri prospectus maris ex constitutione Zenonis, & Nov. 63. & 165. ita intermisso eodem spatio, Harm. putat posse vicino auferri prospectum montium, ducto argumento a similibus ad similia: Parem enim esse utriusque prospectus gratiam, parem amœnitatem. His ergo tribus casibus potest auferri vicino prospectus montium, alias non potest, ut definit Papinianus. Dices, est quædam servitus, ne prospectui officiatur, *l. 2. de serv. urb. præd.* licet ergo prospectui officere, si ea servitus constituta non sit? Dicam licere prospectui officere servanti formam & statum antiquorum ædificiorum: item licere intermittendi spatium legitimum: item licere ei, cui vicinus cessit prospectui suo officere, alias non licere: illis tantum tribus casibus, servitus illa recte constituitur. Est & ea servitus diversa servitus prospectus, ut & alia est servitus luminum, & alia ne luminibus officiatur: nam & alia est servitus prospectus, alia ne prospectui officiatur. Servitutis prospectus vis hæc est, ut liceat parietem cæcum aperire, & facere fenestram prospiciendi causa. Eleganter Zeno in d. Græca constitutione, fenestras alias facit παρακυπτικὰς, alias φωταγωγὰς, quæ fiunt luminis causa, & inde jus fenestræ immittendæ: Alia est servitus luminum, alia servitus prospectus: inter quæ illa est differentia, quod lumen egrediatur, prospectus ingrediatur, & quod lumen sit ut cœlum videatur: prospectus, ut terra videatur, aut mare, *l. lumen, de servit. urb. præd.* Itaque fenestræ est jus prospectus, vel luminum. Ex eod. libro Papiniani Ulpianus retulit quæstiones quatuor, unam initio *l. 7. qui satisd. cog.* alteram *l. 21. §. Papin. de recept. arb.* tertiam *l. 8. §. si cæset, si servus vind.* quartam *l. 28. mand.* Adderem quintam ex *l. 20. §. Papin. de petit. hered.* nisi corrupte in eo §. esset scriptum lib. 3. pro lib. 6. quæst. Eam igitur quæstionem reservo libro sexto.

---

Ad Princ. L. VII. qui Satisd. cog.

*Si fidejussor non negetur idoneus, sed dicatur habere fori præscriptionem, & metuat petitor, ne jure fori utatur, videndum quid juris sit. Et Divus Pius (ut & Pomponius lib. epistolarum refert, & Marcellus libro tertio digestor. & Papinianus lib. 3. quæstionum) Cornelio Proculo rescripsit, merito petitorem recusare talem fidejussorem: sed si alias caveri non possit, prædicendum ei, non usurum eum privilegio si conveniatur.*

IN *d. l. 7.* tractatur de satisfactione judicatum solvi, vel judicio sisti. Si reus, qui in jus vocatus est, dederit fidejussorem idoneum & locupletem de judicato solvendo, vel judicio sistendi causa, non potest cum actor recusare, vel si recuset, tenebitur actione injuriarum tam reo, quam fidejussori, *l. 5. §. ult. qui satisd. cog.* Inops fidejussor recte recusatur: nam si dederit inopem, pronunciato habetur: & ut ait *l. 6. eo quoties vitiose cautum est, vel satisdatum, non cautum videtur:* vitiose Græci ἀτελῶς: ut qui dat inopem fidejussorem, vel difficilem conventu, divitem, vel potentiorem. Nam ut ait *l. 2. h. t.* locuples fidejussor non ex facultatibus tantum, sed etiam ex facilitate conveniendi æstimatur. Is est locuples & assiduus, qui est conventu facilis, & locuples. Vitiose etiam videtur satisdare, qui dat quidem locupletem fidejussorem, sed non suppositum jurisdictioni ejus, apud quem in jus vocatus est, qui si conveniatur ex causa fidejussio-

nis, potest uti præscriptione fori. Si actor metuat, ne fidejussor utatur privilegio sui fori, recte eum recusabit: nec tenebitur actione injuriarum, nisi fidejussor renuntiet privilegio sui fori, ac se subjiciat jurisdictioni ejus judicis cui suppositus est reus, *l. 1. si quis in jus voc.* & ex Pap. Ulpianus refert ita rescripsisse D. Pium. Et placet valde quod ibi scribit Accursius, quia fidejussit, non posse uti præscriptione fori, quod ad locum attinet, quum eo loco contraxit, id est, non posse eum revocare licere ad aliam civitatem, *l. cum furios. §. ult. de jud.* sed posse uti præscriptione fori, quod ad judicem attinet. Exempli causa, si palatinus miles, puta, domesticus, protector, vel agens in rebus, qui magisterianus dicitur, fidejusserit pro alio in jus vocato apud judicem civilem, intelligitur esse idoneus fidejussor, quia si conveniatur ex causa fidejussionis, potest revocare litem ad judicem suum militarem: hic igitur merito recusabitur.

---

Ad §. Papinianus L. XXI. de Recept. arb.

*Papinianus libro tertio quæstionum ait, si cum dies compromissi finiretur, prolato die litigatores denuo in eum compromississent, nec secundi compromissi arbitrium receperit, non esse cogendum recipere, si ipse in mora non fuit, quo minus partibus suis fungeretur. Quod si per eum factum est, æquissimum esse cogi eum a Prætore sequens recipere. Quæ quæstio ita procedit, si nihil in priori compromisso de die proferendo caveatur. Ceterum si caveatur, & ipse protulit, mansit arbiter.*

IDem Ulpianus in *l. 21. §. Papin. de recept. arbit.* hanc quæstionem tractat: Duo compromiserunt in arbitrum præstituta die, ut sententiam diceret intra menses tres: is recepit arbitrium, necdum sententiam dixit, & instat tamen dies trium mensium: cum ita finiretur dies compromissi, id est, ne quis laboret ut Accursius cum instaret finis: sic enim habet Basilica cum instaret finis, μέλλοντος τοῦ χρόνου πληροῦσθαι, litigatores prolato die, denuo compromiserunt in eundem arbitrum sine consensu arbitri. Quæritur an cogatur arbiter arbitrium seu auditorium suscipere secundi compromissi? Quod non videtur, quia recipit arbitrium primi compromissi, non secundi, & sine consensu ejus diem protulerunt. Sed Papinianus distinguebat: aut per arbitrum stetit, quo-minus intra diem præstitutum sententiam diceret, aut non: si per eum stetit, cogitur suscipere secundum arbitrum, quia ipse moram attulit primo: sed si per eum non stetit quo minus suis partibus fungeretur, sane non cogitur recipere arbitrium secundi compromissi. Et recte ad hanc distinctionem adnotavit Ulpianus, huic locum esse si in primo compromisso non fuit adjecta clausula de proferendo die compromissi, ut liceret arbitro diem producere. Nam si hæc clausula fuerit adjecta, & arbiter protulerit diem, omnimodo constat, eum manere arbitrum, & cogi sententiam dicere, & postulantibus litigatoribus cogi diem proferre per Prætorem, *l. 12. hoc tit.* Et secundum hæc accipiendum est quod est scriptum in *l. non distinguemus, §. dies hoc tit. Dies compromissi proferri potest, non cum ex conventione.* Quæ verba videntur Accursio obscura: nam ex conventione sola partium non profertur dies compromissi, ut constat ex sententia Papiniani, *sed cum jussu arbitri eam proferri necesse est, ne pœna committatur;* quod accidit, quando in compromisso nominatim permissum est, ut diem proferret arbiter. Nam si diem protulerit cum ei proferendi data esset potestas, & aliquis ex litigatoribus dicto audiens non fuerit, incidet in pœnam, sed si hoc non sit datum arbitro, & diem protulerit, & neuter consenserit, pœna non committetur, *l. arbiter ex compromisso, hoc tit.*

### Ad §. Si ædes L. VI. Si serv. vind.

*Si ædes plurimum dominorum sint; an in solidum agatur, Papiniani libr. 3. Quæstion. tractat, & ait singulos dominos in solidum agere, sicuti de ceteris servitutibus, excepto usufructu. Sed non idem respondendum, inquit, si communes ædes essent, quas unus vicini sustinerent.*

EX eodem libro Ulpianus etiam aliam quæstionem tractat in *l. 6. §. si ædes, si serv. vindic.* & est de servitute oneris ferendi, quæ est specialis servitus, non ut voluit Theoph. generalis: quod ex eo apparet, quod specialia quædam habeat. Primum enim qui alias servitutes debent, pati debent, non facere quicquam; ut ecce, qui aquæductum debet, pati debet aquam fluentem, non facere quidquam. Qui vero debet servitutem oneris ferendi, etiam debet facere, id est, reficere vel restituere parietem, vel columnam destinatam oneri ferundo, ut cariatides, Satyros quos vocabant. Igitur qui hanc servitutem debet, non pati tantum tenetur, sed & facere *l. 6. §. etiam, si servit. vind. l. eum debere, de servit. urb. præd.* Item de aliis servitutibus agitur non tantum adversus dominum prædii servientis, sed & adversus quemlibet, qui impediet ne utatur servitute, *l. 1. §. competit, de aqua quotid. & ast. l. si quis, §. ult. si serv. vindic.* De servitute oneris ferendi, vel restituendo pariete collapso, vel columna oneri ferendo destinata agitur tantum adversus dominum ædium servientium, quia scilicet ineptum esset refectionem desiderare a non domino: refectio enim per actionem postulatur tantum a domino, *l. 1. §. ult. de servit. urb. præd.* vulgo est *l. ult. de servit.* Et secundum hæc accipienda *l. 6. §. hæc autem, hoc tit.* dum ait, actionem de servitute oneris ferendi non alii competere, quam domino ædium, dominantium scilicet, & adversus dominum ædium servientium; deinde addit, *sicuti ceterarum servitutum intentio vera.* Quæ verba cum supradictis pugnant : & sane sunt coangustanda ad id quod dixi de servitute oneris ferendi. Nam omnium servitutum actiones dantur tantum domino prædii dominantis; sed non omnes adversus dominum tantum: imo hac excepta, adversus quemlibet. Sed hæc servitus de onere ferendo datur tantum in dominum servientem; quia inutiliter refectio postulatur a non domino. Item si pluribus debeatur servitus, singuli de servitute agunt, & contra, si plures debeant servitutem aliquam, in singulos est actio in solidum, & a singulis servitus vindicatur, non per partes: optima ratione, quia servitutes sunt individuæ, scindi non possunt: quia servitutes sunt individuæ, nisi in igitur earum actio, *l. loci, §. si fundus, si serv. vind. l. viæ, de servit.* Excipitur tantum servitus ususfructus, quæ sola est dividua; de usufructu potest agi pro parte; possumus pati, vel etiam dictare judicium pro parte de usufructu. Ergo hac sola servitute ususfructus excepta, qui debent alias servitutes, conveniuntur singuli in solidum. At de servitute oneris ferendi, quam debent plures, singuli conveniuntur pro parte tantum, ut pro parte reficiant parietem, aut præstent quod interest: nam æstimatio refectionis dividi potest. Et ideo ex Papiniano, recte Ulpianus refert *d. §. si ædes,* agere quidem singulos in solidum de servitute oneris ferendi, sed non etiam agi in singulos in solidum, ut reficiant parietem in solidum: nam refectio solida non pertinet ad singulos, sed quisque debet conferre.

### Ad L. XXVIII. Mandati.

*Papinianus libro tertio Quæstionum ait, mandatorem debitoris solventem, ipso jure reum non liberare. Propter mandatum enim suum solvit, & suo nomine, ideoque mandatori actiones putas adversus reum cedi debere.*

POstremo ex eod. lib. Papin. Ulpian. in *l. 28. mand.* tractat de mandatore, id est, de eo, cujus jussu aliquis credidit pecuniam Titio. Quodcumque autem de mandatore dixero, idem & dicere licebit de fidejussore. Finge, solvisse mandatorem, vel solvisse fidejussorem tibi, quod credidisti Titio, an solutione mandatoris liberatur Titius principalis debitor? Et docet Papin. ipso jure non liberari, quia mandator solvit suo nomine, ex quo etiam conveniebatur a creditore ob suam propriam obligationem, sicut fidejussor ob suam propriam fidejussionem: si solverit nomine debitoris, ut quilibet, sane liberat ipso jure debitorem. Sed non solvit nomine debitoris, id est, propter suum mandatum: ideoque dum solvit mandator, vel postea quam solvit, jure desiderat, ut sibi creditor cedat actionem adversus debitorem principalem, *l. inter, §. ult. mand. l. Stichum, §. si mandatu, de solution.* quæ ei non cedi posset post solutionem, si ipso jure liberatus esset reus *l. Modestinus, de solut. l. cum possessor. de censib.* nam quod posteaquam solvit mandator, creditor cedat eis actionem adversus debitorem, argumento est, solutione mandatoris ipso jure non liberari principalem debitorem, sed per exceptionem, alioquin nulla esset actio. Itaque prudenter Papin. docet, solutionem mandatoris ipso jure non liberare debitorem, quod nomine debitoris non sit facta solutio. Et recte quidem Papinianus ait, ipso jure non liberari debitorem : nam sane liberatur per exceptionem, qua si non liberaretur, cogeretur idem bis solvere creditori, aut fidejussori, aut mandatori. Itaque æquum est ut debitori consulatur remedio exceptionis adversus creditorem, cui mandator vel fidejussor solvit: nam quod mandator ei solvit, id refundere cogitur debitor mandatori.

## JACOBI CUJACII J.C.
### COMMENTARIUS
In Lib. IV. Quæstionum ÆMILII PAPINIANI.

### Ad L. XL. De Judic.

*Non quicquid judicis potestati permittitur, id subjicitur juris necessitati.*
*§. 1. Judex si quid adversus legis præceptum in judicando dolo malo prætermiserit, legem offendit.*

IN hac lege duæ proponuntur regulæ de officio judicis: prior est, *Non quicquid, &c.* Possis hanc regulam ita accipere : non omne quod in judiciis potest accedere, arbitrio judicis deberi, & esse debet in obligatione: quæ ita prodita est *l. ult. de eo quod cert. loc.* Obligatio est juris necessitas : exempli gratia, in actionibus bonæ fidei usuræ ex mora possunt accedere officio judicis ; nec tamen sunt in obligatione, & improprie in *l. mora, §. in bonæ fidei, de usur.* deberi dicuntur : neque enim debentur obligationis jure, sed arbitratu judicis. Ergo quod accedit officio judicis, non etiam debetur. Vel potius ita accipimus hanc regulam : *Non omne quod potest facere judex, & debet.* Basil. ὁ τοιοῦτος τὰ ὑπιτρομνα αὐτῷ ὁ δικαστὴς ἀναγκάζεται: non omnia, quæ sibi permissa sunt, judex facere compellitur. Et hoc est quod ait *l. sæpe, & l. generaliter, de offic. præs.* Quoties Princeps negotia remittit ad Præsidem provinciæ, non imponere etiam necessitatem Præsidi suscipiendæ cognitionis, sed ipsum Præsidem æstimare, utrum ipse cognoscere debeat, an cognitorem dare: potestas non est conjuncta necessitati. Altera regula Papiniani est, *Judex si quid, &c.* Ergo judex legem offendit, non tantum, si quid faciat dolo malo contra præscriptum legis, ut si quem condemnet in usuras graviores legitimis, *l. 1. de usur.* sed etiam, si non dolo malo fecit quod erat lege præscriptum; nam & qui non facit : facit, ut si furem non damnet in duplum, sed in simplum tantum. Et pœna judicis offendentis legem in judicando est, ut litem alienam suam faciat, ut litis alienæ periculum ac discrimen omne sustineat, atque adeo, ut cogatur præstare ei, cujus interest veram æstimationem litis, ut cogatur præstare duplum, si quem absolvit dolo malo, quem debuit condemnare in duplum, *l. si filiusfam. in princ. hoc tit.* Multum interest, utrum judex contra leges judicet dolo malo, an per imperitiam: Nam si dolo malo legem offenderit, veram litis æstimationem præstare cogitur, *d. l. filiusfamil. in fine*; si vero per imprudentiam male judicarit, non tenetur ex maleficio: nec enim imprudentia maleficium est, sed tenetur quasi ex maleficio pœnali actione: verum non in solidum, non in universam æstimationem litis, sed in id tantum, quod religioni judicantis bonum & æquum videbitur: quæ actio vocatur in factum, *l. ult. de var. & extraord. cogn.* & secundum eam accipienda est *d. lex filiusfamilias in princ.* quæ nulli non facessit negotium, nam ait: *filiusfam. judex si litem suam faciat perperam judicando, in tantam quantitatem tenetur, quæ tunc fuit in peculio, quum sententiam diceret.* Nullus est, qui non laboret plurimum in ratione ejus quærenda, & est veluti crux quædam ingeniorum. Quidam interpretes sic eam accipiunt, ut si filiusfam. male judicavit, teneatur pater pro modo peculii filiifam. quod fuit tempore sententiæ perperam dictæ a filiofam. sed manifesto lex dicit, teneri filiumf. si de patre intellexisset, dixisset, *tenetur pater.* Sed exstat ex hac causa non teneri patrem de peculio, quia ex pœnalibus causis non datur actio de peculio, *l. ex pœnalib. de reg. jur.* posset teneri ex causa judicati: Nam licet non teneatur ex maleficio, tamen ex ea causa condemnato filiofam. in certam summam, pater potest conveniri de peculio actione judicati, *l. 3. §. idem scribit de pecul.* Atque ita convento patre actione judicati de peculio, secundum illorum sententiam, spectabitur quantitas peculii, quæ fuit, quum filiusfam. contra leges ac constitutiones sententiam dixit: quod non possumus admittere: Nam in actione de peculio semper spectatur tempus rei judicatæ, id est, spectatur quantum sit, & eatenus consistit condemnatio in peculio. Non spectamus igitur tempus, quo filiusfam. judicavit, sed tempus quo judicavit is, qui est addictus actioni de peculio, *l. quæsitum, de pecul.* & aliis innumeris locis. Res adeo obscura quibusdam visa est, ut maluerint scribere: *si judex filifam. ita posita specie*: Pater conventus est de peculio; in eam quantitatem damnari debet, quæ est in peculio rei judicatæ tempore. Judex non observavit eam quantitatem, quæ erat in peculio tempore rei judicatæ, atque ita prætermittendo quod erat cautum a Prætore in actione de peculio, litem suam fecit, & tenetur in eam ipsam quantitatem, in quam pater damnari potuit: & ita judicem filiifam. vocant judicem addictum actioni de peculio adversus patrem institutæ nomine filiifam. quæso an apte dicatur ille judex filiifamil. cujus persona in eo judicio non consistit? nihil omnino mutandum est in *d. l. filiusf.* & sequenda est sententia Azonis ad eam legem, quæ vera est, sed indiget assertore. Filiusfam. litem suam facit. Primum non est accipienda ea sententia si dolo malo offendit legem; nam teneretur in veram æstimationem litis, se de eo, qui per imprudentiam male judicavit, sed tenetur in id, quod æquum & bonum judicanti videbitur, *d. l. ult. de var. & extraord.* Et illud æquum & bonum ita definitur in *d. l. filiusf.* ut filiusfam. qui litem suam fecit per imprudentiam, non damnetur ultra quantitatem, quam habet in peculio, quasi in suo patrimonio judicati tempore, ita tamen, ut non de eo peculio satisfaciat invito patre, quia non conveniatur actione de peculio, nec potest de eo conveniri actione in factum pœnali. Itaque solvet aliunde, vel carcere continebitur, *l. pen. C. qui bon. ced. poss.* Peculium filiifam. veluti patrimonium ejus est, & si litem suam fecerit per imprudentiam, non damnabitur ultra patrimonium, quanquam non debeat de eo solvere invito patre, sed aliunde, tamen pro modo peculii, quod fuit judicati tempore. Et hoc

Tom. IV.

sensu accipienda sunt, quæ scribit Justin. in §. *si filiusf. Instit. de oblig. quæ quasi ex del. nasc.* quo loco ait filiumfam. qui litem suam fecit, teneri, non patrem: teneri, inquam, ex bono & æquo, pro modo peculii, aut teneri etiam ultra quantitatem peculii in veram æstimationem litis jam suæ non alienæ, si dolo malo legem offenderit in judicando. Res hæc non est difficilis. Pleraq; sunt in vet. interpretibus vera, quæ negliguntur, quia deest assertor.

### Ad L. LL. de Legatis I.

*Sed si certos nummos, veluti, quos in arca habet, aut certam lancem legavit, non numerata pecunia, sed ipsa corpora nummorum, vel rei legatæ continentur, neque permutationem recipiunt, & exemplo cujuslibet corporis æstimanda est.*

HOc tantum annotabo ad hanc legem, multum interesse, an numerus certus nummorum legetur, an nummi certi, vel corpus certum: quæ distinctio placet. Nam si legetur certus numerus nummorum, puta, 100. non est necesse eos solvi, qui inventi sunt in hereditate: nam & alii solvi possunt, dummodo ejusdem generis & quantitatis, nec videbuntur alii pro aliis solvi, nam quæ quantitate magis valent, quam corpore, in suo genere functionem recipiunt, id est, promiscuam permutationem, *l. 2. §. mutui, de rebus credit.* Regula est, *aliud pro alio solvi non posse.* Sed non videtur aliud pro alio solvi non hoc casu, cum eadem quantitas solvatur, & ejusdem generis. Sed si legetur certum corpus, ut lanx certa, non potest alia pro alia solvi: corpora enim permutationem non recipiunt. Idemque erit si legentur nummi certi, Aliud est legare certum numerum nummorum: hoc enim est quantitatem legare; aliud certos nummos, puta illos, qui sunt in hac arca. Nam hoc modo, non possunt alii pro aliis solvi, invito legatario, & nummi in hoc casu, ut corpus accipiuntur, non ut quantitas. Et sic etiam hoc est, quod ait Papinianus in *l. 51. de legat.* 1. si legetur certus numerus nummorum, & nulli sint nummi in hereditate, constat deberi legatum, quia quantitas inest hereditati, etiamsi non sint nummi, quia tot refici possunt ex hereditate, *l. 12. de legat. 2.* Sed si legetur certi nummi, puta, qui sunt in arca, & nulli invenientur in arca, legatum est inutile. Et similiter, si certus numerus nummorum eodem testamento legetur sæpius, eadem quantitas sæpius præstari potest volente testatore, id est, si appareat multiplicare legatum voluisse. Sed si legetur certi nummi, puta, qui sunt in arca, amplius quam semel legatum præstari non potest, *l. plane, §. 1. & sequ. de legat. 1.* Atque ita apparet multum interesse, legentur certi nummi, an certus numerus nummorum.

### Ad L. CXVI. de Verb. Obligationibus.

*Decem stipulatus a Titio, postea quanto minus ab eo consequi possu, si a Mævio stipularis: sine dubio Mævius universi periculum potest subire: sed & si decem peteris a Titio, Mævius non erit solutus, nisi judicatum Titius fecerit.* Paulus notat: *Non enim sunt duo rei Mævius & Titius ejusdem obligationis, sed Mævius sub conditione debet, si a Titio exigi non poterit. Igitur nec Titio convento Mævius liberatur, qui an debiturus sit, incertum est. Et solvente Titio non liberatur Mævius, qui nec tenebatur, cum conditio stipulationis deficit: nec Mævius pendente stipulationis conditione conveniri potest. A Mævio enim ante Titium excussum, non recte petetur.*

SUbtile est valde, quod proponitur in hac *l. Stipulatus sum decem a Titio*, & accepi fidejussorem Mævium in id, quod minus a Titio consequi possem. Titius reus principalis, Mævius fidejussor: fidejussorem esse constat ex *l. 6. de novat. l. fidejussores 9. & l. amiss. de*

G 2

fidejuss. l. 2. C. de fidejuss. tut. Sed inter hunc fidejussorem & alios multum interest. Nam hoc jure alius fidejussor potest conveniri inexcusso reo, quod tamen Justinianus mutavit Novell. 4. qua utimur: nam prius est excutiendus reus, quam fidejussor: ante hanc Novell. erat in arbitrio creditoris convenire quem vellet. Sed is, qui fidejussit in id, quod minus creditor a reo servare posset, non potest conveniri inexcusso reo, quia videtur sub conditione fidejussisse, si a reo exigi pecunia non potuerit. Ergo pendente conditione non potest conveniri: vel si quis cum eo agat pendente conditione: non recte agat, id est, male agat, quia petat causa, cum agat antequam excussus sit reus principalis, id est, antequam extiterit conditio fidejussionis. Is igitur fidejussor longe alterius est conditionis, quam sint alii : nam non potest conveniri ante reum excussum: quod tamen pugnare videtur cum l. si decem, de solut. & l. ult. de reb. cred. Sed rem recte explicavit Accursius ad d. l. ult. hoc modo: Si dubitetur de facultatibus rei principalis, id est sit solvendo, necne, non potest fidejussor conveniri ante Titium excussum, quia pendet conditio stipulationis, & quia de eo ambigitur, an servari possint decem. Sed si constet reum principalem nihil facere posse, licet convenire Mævium fidejussorem, quia extitit conditio: vel si constet Titium partem tantum facere posse, reliqua pars peti potest a Mævio fidejussore. Atque ita Mævius fidejussor prius convenietur, deinde Titius reus principalis in eam partem convenietur, quam facere potest. Ergo cum notæ facultates Titii, licet prius convenire Mævium fidejussorem, deinde Titium. Sed si sint incognitæ, & ambiguæ facultates Titii, prius est conveniendus & excutiendus Titius. Quid est excutere? non agere est, quanquam actio est species quædam excussionis, sed excutere est etiam extra judicium inquirere de facultatibus rei. Excusso Titio, etiamsi non sit cum eo actum, si visus fuerit non esse solvendo, licet experiri in Mævium, non ante: & secundum hanc l. cum hodie ex Nov. Justin. idem locum habeat in omnibus fidejussoribus, ut non possint conveniri ante excussum reum, forte potest defendi secundum hanc leg. non esse necesse reum excuti judicio, satis esse, si excussus sit extra judicium: & consequenter etiam hodie priorem judicio convenire fidejussorem posse: quod prima facie videtur absurdum, sed non ante excussum reum, qui utique excutitur etiam sine judice. Et Pap. hic primum proponit eum, qui ita fidejussit *quanto minus, &c.* aliquando universi periculi subire, id est, teneri in solidum in ea decem, quæ stipulator seu principali stipulatus est, puta, si reus nihil facere possit: nam & qui nihil facere possit, minus facere dicitur, non casu Mævius in solidum condemnatur. Et id ait Papin. esse sine dubio, sicut & Gajus non solere dubitari, *l. si ita a se stip. de verbor. oblig.* Et ait hoc in loco Papin. universi periculi subire, ut idem in *l. quid ergo, ad municip.* Hoc igitur caret dubitatione, si Titius nihil facere possit, Mævium damnari in solidum, sed adjicit hic Papinian. *sed etsi decem petieris a Titio, Mævius non erit solutus, nisi judicatum Titius fecerit,* id est, sed etsi creditor egerit cum Titio, & ab eo decem petierit, non statim Mævium solvi obligatione, quod stipulator elegerit reum principalem. Nam incertum est, an Titius sit soluturus, quia fieri potest, ut agatur cum Titio, & condemnetur Titius, & tamen judicatum non faciat, id est, non possit solvere. Si solverit, Papinianus significat liberari Mævium fidejussorem: si Titius judicatum non fecerit, non est liberatus Mævius: nam jure conveniri potest cum Titius non fecerit judicatum. Electione igitur sola Titii non liberatur Mævius, sed exactione ac solutione, non litis contestatione facta cum Titio, sed perceptione pecuniæ in stipularum deductæ liberatur Mævius. Adjicitur nota Pauli ad Papinianum: reprehensio igitur. Reprehendit autem quod prima specie non videtur, Papinianum in hoc quod significat solvente Titio 10. quæ promisit, liberari Mævium: dixit enim Papinianus decem petitis a Titio, non liberari Mævium, nisi judicatum fecerit. Ergo si

A solverit decem Titius, lib erari Mævium: hoc reprehendit Paulus, quia & solvente Titio non liberatur Mævius, cum non sit in obligatione, nec intelligatur debitor fuisse ejus pecuniæ, quia defecit conditio sub qua se obligaverat. Ergo nec electo Titio, nec solvente liberatur Mævius. Et hoc ut ostendat Paulus, ponit Titium & Mævium non esse duos reos promittendi, quod est verissimum, quia unus, nempe Titius, est reus principalis, alter, scilicet Mævius fidejussor est, seu accessor: qui locus summe est notandus: nam demonstrat jus duorum reorum hoc esse, ut uno electo, etiamsi nondum exacto, alter liberetur, *l. 2. de duob. reis.* Placet, quod Stephanus in hunc locum notavit, hoc jure, id est, ante Justinianum electione nuda unius ex reis liberari correum, etsi creditor nihil perceperit. Sed ex *l. ult. C. de fidejuss.* ad quam

B tamen inflexi sunt quidam loci Digestorum, hodie electione unius ex reis non liberatur alter, sed exactione demum ac solutione, non litis contestatione, sed perceptione. Verum hic locus ostendit, ante Justinianum electione unius ex reis promittendi absolvi alterum, eum cum quo egisti peragere debes, nec potes congredi cum altero, & cum alterum elegisti, alterum dimisisse videris. Et ob id ait Paulus hoc loco, Titium & Mævium non esse duos reos debendi. Nam debet Mævius sub hac conditione, si a Titio exigi non potuerit; sub qua non potest accipi correus, quamvis sub alia conditione accipi possit: *Instit. de duob. reis, §. ult.* Sed non sub hac conditione: nam aliena est a jure duorum reorum. Quia igitur Mævius debet sub hac conditione, Titio convento

C & nondum exacto, non liberatur Mævius, quia incertum est, an sit debiturus Mævius, id est, an sit soluturus Titius: & ita etiam solvente Titio non recte dices non liberari Mævium, quod videtur admittere Papinian. quia deficit conditio, & ideo Mævius nunquam videtur debuisse, imo nec obligatus fuisse, quæ est Pauli reprehensio.

※※※※※※※※※※※※

## JACOBI CUJACII J.C.

### COMMENTARIUS

In Lib. V. Quæstionum ÆMILII PAPINIANI.

### Ad L. XXXIX. de Pactis.

*Veteribus placet pactionem obscuram, vel ambiguam venditori, & qui locavit, nocere, in quorum fuit potestate legem apertius conscribere.*

IN hac lege proponitur hæc regula juris antiqui: Pactionem adscriptam venditioni, vel locationi, si sit obscura vel ambigua, venditori aut locatori, qui eam pactionem condixit aut concepit, potius nocere, quam emptori, aut conductori. Sic veteribus jurisconsultis placuisse ait, ut Labeoni, qui est ex veteribus, *l. Labeo, de contrah. empt.* Itius regulæ ratio est optima, quia scilicet quum venditor, aut locator, qui eam legem dixit, & apposuit in venditione aut locatione, potuerit inte-

E gra eam apertius condicere & conscribere, cum potuerit, nec dixerit, in dolo versari videtur, id est, emptorem aut conductorem decipere voluisse videtur. Merito igitur interpretatio contra eum fit potius, quam contra emptorem, aut conductorem. Imo id potius accipitur, quod est utilius emptori & conductori, cujus oratio ambigua etiam in sermone quotidiano tendicula est quædam, quæ ei qui tetendit potius fraudi esse debet. Et hoc est, quod ait; *veteribus placuisse, &c.* Et cum ait; *In quorum potestate fuit,* rationem regulæ reddit, quod qui potuerit apertius loqui; nec loquutus est, decipere voluerit. Est frequentissimus hujus regulæ usus, neque ulla est certior, qua quis possit uti in judicando, si quam partem deprehenderit vel ambigue vel perfusorie loquutam fallendi causa, non

potest

potest adversus eam non recte judicare, quæ adversario ambiguo sermone tetendit insidias. Et eleganter *l. ea, quæ, §. ult. de contr. empt.* dolum malum esse, si venditor obscure loquatur: quam enim ob rem obscure loquitur, nisi ut fallat emptorem? & si dolus est in eo, qui ambigue loquitur, est eo, qui & in perfusorie loquitur, *l. qui libertatis, §. sed et si, de evict.* Non tantum igitur ambiguitas, vel obscuritas est contra eum, qui eam invexit, vel affectavit, sed & ratio perfusoria est contra eum, qui ea usus est. Obscure loquitur quis, si quod dixerit, non apparet. Ambigue, si utrum dixerit non apparet, id est, qui non certo, sed dubitanter profert hoc vel illud. Nam ambigua oratio est, quæ est ἀμφίλογος, quæ duobus modis accipi potest, *l. cum Stichus, de solut.* Perfusorie autem loquitur, qui nam totam non aperit, sed difficulta, aut reticet aliquid: quod omne demonstrari exemplis necesse est. Finge: Venditor in lege venditionis, aut traditionis, dixit hoc modo generaliter, servitutes, si quæ debentur, debebuntur, vel etiam dixit: Itinera, actus, viæ, quibus sunt, ut ita sint: Sciebat venditor, quæ servitutes debebantur, & quibus debebantur, neque tamen hoc voluit exprimere, sed perfusorie dixit dolo malo servitutes, si quæ debentur, debebuntur, neque dixit emptori, quæ certo deberentur & quibus: dixit quidem prædium debere servitutes, sed non quas & quibus. Quare eo nomine tenebitur emptori ex empto, si quid intersit emptoris, quia forte si id quod reticuit venditor agnovisset emptor, vel emptorus fundum non esset, vel minoris empturus, si id omne apertius locutus fuisset venditor; *d. l. qui libertatis, §. pen. de evict. & l. quæro, de act. em. nam & l. quæro,* est de venditore, qui perfusorie loquitur est, quanquam non utatur hoc verbo, *perfusorie*, quod est in *d. l. qui libertatis*. Qui igitur dicit prædium, quod vendidit, debere servitutem, seu non exprimit quam, aut cui, hic perfusorie loquitur: perfusio hæc argumentum est fraudis. Ambigue loquitur venditor, qui in lege venditionis ita loquitur; Flumina & stillicidia uti vicini sunt, ut ita sint. Idem dici potest de ceteris servitutibus: non dicit plane, ipse ne debeat excipere flumina vel stillicidia, an vicinus: non dicit palam, an prædium illud debeat servitutem, an ei debeatur. Igitur ut id accipiatur, quod nocet venditori, interpretabimur eum dixisse de fluminibus vel stillicidiis, quæ vicinus excipere debet, non de iis, quæ ipse excipere debet: & consequenter interpretabimur servitutem dixisse eum fluminum vel stillicidiorum sibi deberi: ædes autem nulli debere stillicidia, aut flumina, hoc est, ædes dominari, nam servire, *l. cum in lege, de contr. empt. l. si arborem, §. ult. de servit. urban.* Quod si ædes, quæ venerunt, forte deberent flumina vel stillicidia, nec tamen eis debeantur, sane venditor tenebitur emptori in id, quod interest, quia non dixit aperte: atque ita videtur voluisse decipere emptorem. Cur enim est usus ambiguo sermone? Est profecto hæc regula æquissima, quia coercet fraudes venditorum. Objiciuntur huic regulæ multa. Primum, *l. insulam, qui pot. in pign.* cujus species hæc est: Qui fundum locaverat in quinquennium, intra tempus locationis, nondum peracto quinquennio, eum fundum vendidit ea lege, ut emptor staret locationi quoad peracta esset, alioqui emptori liceret expellere colonum, *l. emptorem, C. de loc.* & dixit etiam hanc legem, prioris anni pensionem sibi accessuram, sequentium autem annorum emptori, & pignorum datorum a colono vel inquilino nomine pensionis jus utrumque consequuturum. Quæritur, utrum si pignora non sufficiant utrique, id est, si non sufficiant omnium annorum pensionibus, an jus omnium pignorum primum pertineat ad venditorem, qui sibi recipit pensionem prioris anni, an vero tantum ad eum pertineat pro rata ejus anni? de eo nihil aperte dictum est, inquit Paul. in lege venditionis. An igitur interpretatio fiet adversus venditorem, qui legem dixit? Minime. Ait enim Jureconsultus hanc quæstionem esse facti, id est voluntatis; hoc enim venire in disquisitionem, quid

voluerint contrahentes: ac subjicit verisimile esse id actum inter eos, ut primam pensionem omnium pignorum jus sequeretur, id est, ut prima pensio in solidum ex pignoribus redigeretur, quod est pro venditore, non contra venditorem, quia tamen eam legem aperte non dixerat, sed in ambiguo reliquerat. Respondeo, nihil esse, quod tam facile expediri possit: lex ait, *verisimile esse id actum*, ut primam pensionem jus pignorum omnium sequeretur: quod est verisimile, id neque obscurum, nec ambiguum esse videtur. Et in his quæstionibus observandæ sunt duæ regulæ, quarum prior hæc est, ut id æstimetur, quod verisimile est egisse inter se contrahentes: posterior reg. quæ priori succedit hæc est: si verisimile nullum extet, ut tum pronuntiemus contra venditorem. Non utimur hac posteriore regula, nisi quum prior deficit. Et ita respondendum ad *leg. eum qui Calendis, de verb. oblig.* Ut in venditionibus & locationibus, ita & in stipulationibus ambiguitas est contra eum, qui ambigua oratione usus est: ambiguitas stipulationis, aut pactionis huic adjectæ, contra stipulatorem est. Finge, stipulatum sibi dari Calendis, neque adjecisse quibus Calendis, an faciemus interpretationem contra stipulatorem si non appareat de quibus Calendis senserint contrahentes? minime: nam benignior & utilior est sententia Sabini existimantis, esse verisimile eos sensisse de primis Calendis. Sabinus hanc conjecturam habuit pro certissima: ubi conjectura certa non deficit, non utimur hac regula, id est, non facimus interpretationem contra stipulatorem. Objicit etiam Accursius *l. si ita, de contr. empt.* quam non opponeretur: nam res est apertissima. Finge: Quidam ita vendidit, illa aut illa res tibi sit empta tot aureis, an illa erit empta, quam voluerit venditor? an sequemur potius animum venditoris, quam emptoris? Et ait Ulpia. eam rem venditam fore, quam venditor elegerit, non quam emptor. Sed non potest esse locus huic regulæ in hac specie, quia præcedit alia, quæ hanc remoratur quasi ultimam, quod electio sit semper debitoris, quoties quid in obligationem venit sub disjunctione. Erit igitur electio venditoris. Objicitur etiam *l. si quis, de judic.* Finge: Usus est aliquis intentione ambigua, id est, actione seu formula ambigua actionis, vel usus est in ea formula oratione aliqua ambigua (actio est intentio ejus, qui ad judicium provocat) si igitur intentione ambigua usus sit, id sequemur, quod utilius est actori. Ergo & quod utilius est ii, qui ambigue loquutus est? Responsio sumenda est ex *leg. in contrahenda, de regul. jur.* quæ palam ostendit hac in re esse differentiam inter contractus & judicia. Contractus perficiuntur duorum voluntate: judicia etiam unius, puta actoris: nam redduntur in invitum: agimus in invitum, & trahimus ac rapimus in jus. In contrahendo, si quis utatur ambigua oratione, contra eum interpretatio fit: in agendo vero si quis utatur ambiguo sermone, pro eo sit interpretatio id est, semper adsumitur quod ipse senserit, non quod senserit reus, alioqui nullum judicium consisteret: semper enim negaret reus se sentire, aut consentire in eam rem, & ne condemnaretur, semper ludificaret, & impediret intentionem actoris, *l. inter stipulantem, §. 1. de verb. oblig.* Magis obstat huic regulæ *l. si in emptione, de contr. empt.* Finge: Dictum est in emptione fundi, fundo accessurum Stichum, plures erant Stichi: non intelligitur quis accesserit: de alio sic sensisse venditor, de alio emptor: nam si verus sit dissensus in eo Sticho, non consistit venditio, dissentio vitiat emptionem, *d. l. inter stipulantem, d. l. inter.* Sed si simulatenus dissentiunt, ut amantes litium, quid fiet? Labeo ait, eum Stichum accessurum, quem venditor intellexit: & ambigua tamen venditor usus fuit oratione, *l. ubi est, de reb. dub.* Paulus ait, verborum ambiguitatem esse si veneat Stichus ab eo, cui sunt plures Stichi. Sic ubi Carthagini dari quis stipulatur, ambigua est oratio: quia duplex est Carthago: propterea ambiguam dicit. Constat igitur ambiguam esse orationem, si dicatur in lege venditionis Stichum accessurum, cum essent plures Stichi: &

tamen interpretatio fit pro venditore: & subjicit Paulus in *d. l. si in emptione*; nihil referre quanti fit accessio, id est, Stichus: nam plerasque res, inquit, pluris emimus propter accessionem, ut domum propter columnas, vel statuas pictas, vel servum propter peculium, *l. 44. de ædilit. edic.* Hæc est sententia hujus legis: nunc ut ei respondeam, omnes statuunt, nec possunt aliter, in specie *d. l. 34.* legem venditioni divisæ emptorem, non venditorem, nec palam pronuntiasse emptorem, quem Stichum intelligeret, atque ideo fieri interpretationem pro venditore. Hoc ego non possum admittere: nam in venditionibus semper legem dicit venditor rei suæ, ut in locationibus locator. Hinc Plautus in Captiv. Scen. 2. quasi fundum venderet: *meis me addicam legibus*, & ita in *l. insulam, qui potiores in pign. l. si quis, & seq. de action. empt. l. quidquid, ff. eod. l. qui fundum, l. si cum fundum, l. comprehensum, l. fistulas, de contr. empt.* evidenter expressum est, venditorem in lege venditionis dicere, venditioni accessura dolia, accessuras fistulas, accessuram villam, accessura pleraque alia. Semper creditor quod accedit venditioni accessurum dicit. Ergo & in *d. l. 34.* is est, qui in lege venditionis dixit accessurum Stichum. Cur ergo secundum hanc regulam, non fit adversus eum interpretatio? Et jamdudum docui libro 1. observat. cap. 10. in *d. l. 34.* esse legendum *emptor*, pro *venditor*. Moveor multis argumentis. Primum quod id referatur ex Labeone, qui scripsit interpretationem fieri pro emptore, ut idem Paul. refert in *l. Labeo, de contrah. empt.* Moveor etiam quod in lege præcedenti *d. tit.* ponatur aliud exemplum, in quo ambiguitas est contra venditorem, ut quasi sub oculos poni videantur duo exempla posterioris illius regulæ: unum in *l. præced.* alterum in hac *l. si in emptione*. Moveor etiam quod Paulus sub finem *d. l. 34.* dicat: *plerasque enim res aliquando propter accessionem emimus*. Necesse est igitur eum dixisse eam deberi quem emptor dixerit. Moveor etiam, quod in stipulationibus, Sticho in stipulationem deducto, si stipulator de alio dicat se sensisse, de alio promissor, & sunt plures Stichi, is debeatur, de quo promissor senserit, quod debuerit stipulator apertius stipulationem concipere *l. cum quæritur de reb. dub. l. 38. §. in postulationibus, de verbor. obligat.* Moveor postremo, quod sit facilis commutatio *venditoris* in *emptoris*, & contra, ut in *l. 5. C. qui manum. non poss.* ubi vulgo scriptum est *emptori*, cum debeat esse *venditori*, ut in Basilic. Est facilis commutatio affinium nominum inter se, & fallit sæpe nos manus nostra; suntque in auctoribus pleraque errata, quæ insederunt ab initio, ac auctores ipsos fefellerunt. Ac præterea est ratio evidens, quod in *d. l. 33. & d. l. 34.* duo veluti exempla ponantur ad hanc nostram regulam: opponitur etiam huic regulæ *l. in lege 29. loc.* cujus species hæc est: Locator hanc legem dixit conductori saltus: Sylvam ne cædito, neve cingito, neve deurito, neve quem cingere, cædere, deurere, sinito. Hæc est lex locationis. Ambigua sunt in ea lege ea verba, *ne sinito*: nam vel ita intelligi possunt: Illum prohibeto, quem videris sylvam cædere, cingere, deurere: vel ita: dato operam, observa diligenter, ne quis sylvam cædat, &c. Quæritur, utra interpretatio accipienda sit? Et Jureconsultus ait, esse utramque accipiendam: quod locator sic lege dicta videatur voluisse dicere, non tantum ut non sineret quempiam cædere sylvam, sed ut daret operam, ne quid earum rerum fieret. Igitur se servum voluntatem locatoris interpretationem fieri, utilitatem ejus solam spectari, quamvis usus sit ambiguo sermone, quod est contra regulam *l. veteribus*. Res est explicatu facilis: nihil quod notavit Accurs. in verbo *cæderet*, & puto, hoc sufficere, si duas constituamus regulas. Prior est cum utraque interpretatio, quam admittit ambiguus sermo pro locatore est, ut in *d. l. 29.* utramque amplectimur. Cum autem una interpretatio pro locatore est, altera pro conductore, hanc potius quam illam amplectimur, ac locus est regulæ *l. veteribus*: & ne quis hæreat in verbo *cingere*, verissime scripsit Paulus in *l. 5. arbor. furt. cæsar.* cingere esse deglabrare, ut *stringere* dicimus pro *destringere*: nam cingere arborem, est discingere in orbem, decorticare, deglubere, quod interpretes Græci varie explicant, modo simpliciter ζωννύειν ἀντὶ τοῦ ἀποζωννύειν, modo περιζωννύειν, modo ἐπιτίρειν: & Latini interpretantur eleganter. Cingere, inquiunt, est detrahere corticem, in quo inest veluti spiritus animalis arboris: nam eo sublato pleræque arbores exarescunt.

### Ad L. XIV. de Inoffic. testam.

*Pater filium emancipavit, & nepotem ex eo retinuit: emancipatus suscepto postea filio, duobus exheredatis, patre præterito vita decessit, in quæstione de inofficioso testamento præcedenti causa filiorum patris intentio adhuc pendet: quod si contra filios judicetur, pater ad querelam vocatur, & suam intentionem implere potest.*

EX hac lege 14. duo potissimum notanda sunt. Unum est, patri præterito testamento filii, dari querelam inofficiosi testamenti, filio exheredato testamento patris eadem querela datur: præterito autem non datur, sed bonorum possessio contra tabulas. At patri vel exheredato, vel præterito testamento filii semper datur querela inofficiosi, quoniam præterito patris habetur pro exheredatione, id est, si filius in testamento suo patrem prætermiserit, non instituerit, vel exheredaverit nominatim, eum exheredasse intelligitur. Pater non exheredat filium, nisi nominatim. Cæteri omnes exheredant, exheredanturque silentio, hoc est, præteritione sive omissione. Loquimur autem de filio emancipato: nam filiusfamilias non facit testamentum, nisi de peculio castrensi vel quasi, & illud non potest impugnari a patre per querelam inofficiosi. Patri ergo præterito testamento filii emancipati quidem competere querelam inofficiosi, quod contra pietatem testamentum fecerit filius insuperhabito patre. Et placet ratio, quæ ex alio libro Papiniani subjicitur in *l. seq.* his verbis: *nam etsi parentibus non debeatur filiorum hereditas, propter votum parentum, & naturalem erga filios charitatem: turbato tamen ordine mortalitatis, non minus parentibus, quam liberis pie relinqui debet.* Ex his Papiniani verbis liquet, jus piumque esse, patri dari querelam inofficiosi testamenti. Nam non videtur quidem deberi patri hereditas filii, si spectes votum patris, & erga filium charitatem. Cujus voti meminit Papin. in *l. Julianus, si quis omis. caus. test. l. scripto, in fin. unde liberi.* Est vero hoc commune votum omnium parentum, & ut ait Philo, μία σπουδὴ ἐν ἐυχῇ, ut liberos suos heredes relinquant. At si forte hic ordo turbetur, si inversa erunt ordine fata, tunc miserationis ratione debetur patri hereditas filii. Turbatur ordo, si filio superstit pater: nam naturalis ordo, & ut ait Ausonius, justa series est supervixisse filium patri: & ideo cum pater & filius simul intereunt, ut naufragio, vel alio casu, suggerente ordine naturæ præsumimus filium supervixisse patri, vel matri, *l. qui duos, §. ult. de reb. dub.* Tacitus Annal. 16. *servavit ordinem naturæ fortuna.* Statius 4. *Linquo equidem thalamos, solvo tamen ordine tristes.* Hoc igitur ordine naturæ turbato, male judicantibus fatis, pietatis ratio exigit, ut testamentum filii patri relinquatur quarta debitæ portionis ab intestato, quod vulgo legitima dicitur, institutionis jure: quæ si non relinquatur patri, quasi exheredato competit querela, & vindicatio totius hereditatis. Competit etiam patri præterito bonorum possessio contra tabulas non in assem, id est, totam hereditatem filii, sed in semissem tantum secundum jus vetus, & in trientem secundum jus novum, scil. si in emancipatione filii pater ipse manumiserit filium. Emancipare est vendere filium, venditus filius manumittitur vel ab emptore vel a patre naturali, si eum ab emptore redemerit, quod agebatur contracta fiducia, quod nos dicimus *par un pache de vachapt*. Contrahere fiduciam, est mancipare ea lege, ut mihi remancipecipetur, & à me manumittatur: & ita si emancipati filii manumissor extiterit, quasi patronus sum filii; & non quasi patri, sed quasi patrono, si me præterierit filius, qui est mihi quasi libertus, competit bonorum possessio contra tabul. hodie tertiæ partis bonorum filii: nam cuilibet alii patrono præterito datur: quod procedere in patre manumissore ostendit *l. si à milite,* §. *ult. de test. mil. l. filio.* §. 1. *hoc tit.* Ergo ei, ut patrono, datur bonorum possessio contra tab. tertiæ partis bonorum filii; ut patri autem datur querela in assem, quod hæc l.14. demonstrat, sive pater manumissor extiterit in emancipatione filii, sive non. Duplex jus habet pater, qui manumissor extitit: jus patris, & jus quasi patroni. Qui vero manumissor non extitit, habet jus patris tantum, quod dicitur jus antiquum, *l. 1.* §. *ult. si à par. quis manum.* Quod primus nos docuit Virgilius: nec enim antea intellexerant interpretes, quid interesset inter jus vetus, & novum. Et accepta bonorum possessione contra tab. certæ partis a patre præterito quasi patrono, *dict. l.1.* §. *ult.* eleganter ait, patrem posse etiam sibi defendere jus antiquum, quod etiam sine manumissione habebat, id est, patrem posse agere querela, & evincere totam hereditatem, qui tamen contra tabul. per bonorum possessionem abstulit tantum trientem: neque enim id nocere debet jus patronatus, inquit *d. l.1. cum sit & pater.* Denique habebit & jus patris, & quasi patroni. Sed si prius egerit querela, & obtinuerit, frustra postea petit bonorum possessionem contra tab. quasi patronus, quia assem ejecit querela inofficiosi, quæ infirmat hoc jure totum testamentum: novo jure, institutionem tantum. Patri igitur præterito, ut patrono intelligimus dari bonorum possessionem contra tab. certæ partis: ut patri querelam inofficiosi testamenti in assem. Nec pugnare videntur hæc duo remedia, cum non eodem jure concedantur, sed unum, ut patrono, alterum ut patri. Et cui ut patri consultum est alia via ut perveniat ad hereditatem filii, huic non datur querela inofficiosi. Et hoc est quod dicitur, querelam inofficiosi testamenti esse subsidiarium auxilium : sed cui, ut extraneo, aut patrono consultum est alia via, ei ut patri non denegatur querela inoffic. testamenti. Alterum quod in hac l. velim nos notare, hoc est, in querela inofficiosi testamenti successioni locum esse (quod potissimum respicit hæc lex) id est, prioribus exclusis, quibus deferebatur querela inofficiosi, sequentes ad querelam admitti; ut si testatori fuerint filii, pater, avus, & proavus, & omnes injuria affecerit, exheredatione puta, vel præteritione, quæ pro exheredatione sit, primum ad querelam invitantur filii ; his non obtinentibus, forte quod merito sit exheredati, invitatur ad querelam pater præteritus : post patrem avus, & sic deinceps. Et hoc est quod dicitur, in querela esse successioni locum, *l.si non mortis,* §.*ult.l.31.h.t.* Species igitur legis nostræ hæc est: Quidam filius emancipatus duos habebat filios; unum, quem pater retinebat in sua potestate, alterum, quem post genuerat. Duos filios exheredavit, patrem præteriit: filii præferuntur patri in querela. Sed quid fiet, si filii non obtinuerint, si judicetur merito exheredatos ; vel ut solebant veteres judicare, si dictum sit, justam causam habuisse patrem irascendi filiis. Et si non obtinuerint filii, succedit pater in querelam, qui & ipse injuria affectus est, & implebit intentionem suam. Idem erit, si filii, qui præcedebant patrem, hoc est, avum paternum, repudiaverint querelam, si approbaverint judicium patris. Nam & tum succedet in querelam pater. Est igitur in querela successioni locus. Verum hoc non erat sine dubitatione: & ratio dubitandi erat hæc : quia in legitimis hereditatibus non erat successioni locus ante Justinianum, §. *placebat, Inst. de legit. agnat. succes.* quia omnis successio legitima deserebatur agnato proximiori, & hoc exclusio non poterat deferri sequenti: a querela autem inofficiosi sit via ad legitimam successionem: imo vero, qui agit querela, si vindicat hereditatem quasi sibi delatam jure legitimo. Sed fateor prius debere rescindi testamentum :

A rescinditur autem si judicatum erit, filium immerito exheredatum videri, & rescisso testamento, ut legitimus heres ab intestato hereditatem vindicabit. Unde quæro s si in legitima hereditate non est successioni locus, quomodo posset esse locus successioni in querela inoffic. testamenti? Sed respondeo hoc fieri adminiculo prætoris, non jure civili, *d.* §. *placebat.* Sic igitur concludamus. Ratione pietatis filii hereditas debetur patri, quoties voto suo frustratur pater. Ponitur in hac specie, priores egisse filios querela inofficiosi, & non obtinuisse : postea igitur egisse patrem testatoris . Quæro quid dicendum sit e contrario, si prior egerit pater querela (non debuit, quidem prior agere, quia præcedebat causa filiorum, & erat adhuc intentio patris in pendenti; sed tamen nemine eum repellente prior egit) & casu quodam etiam ob-

B tinuerit? Si obtinuit, filium intestatum fecit : nam querela rescindit testamentum totum, unde consequens est, patris victoriam ei non prodesse, sed nepotibus ex filio, quia non recte egit, ideo non sibi vicit, sed aliis, quia ab intestato prior est causa filiorum, non patris: quod ita ostenditur in *l.6.*§. *si quis ex his, h.t.* quod maxime notandum. Sæpe victores pariunt victoriam, non sibi, sed aliis, cum non jure agunt, cumque etiam non jure obtinent causam. Quod si pater prior petierit bonorum possessionem contra tabulas, ut patronus, & abstulerit tertiam tantum partem bonorum filii, non propterea intestatum fecit filium : nam bonorum possessio contra tabulas certæ partis, quæ datur patrono, non facit intestatum libertum. Hoc igitur casu victoria patris non prodest filiis, cum non sit aperta via succedendi ab intesta-

C to. Sed tamen, si postea egerit querela & obtinuerint, ad irritum deducetur illa bonorum possessio contra tabulas accepta a patre, quasi patrono, & sine re constituetur: ideoque pater tertiam illam partem, quam accepit restituet filiis cum fructibus, *l.filio,* §. 1. *h.t.* Ex quo intelligitur, querelam inofficiosi non dari tantum adversus heredem scriptum (quod vulgo dicitur, & plerumque verum est ;) qua in re distat querela inofficiosi a bonorum possessione, quæ dicitur dari contra lignum, ut ait *l. quod vulgo, de bon. poss. cont.tab.* querela inofficiosi non datur contra lignum: nec enim datur antequam heres adierit, sed demum nascitur ab adita hereditate. Ergo datur querela contra heredem, qui tenet hereditatem: datur etiam contra substitutum, qui adiit hereditatem: imo datur etiam contra fideicommissarium Trebel-

D lianum, *l.1. C. de inoff. test.* Datur etiam fratri exheredato testamento patris, contra fratrem præteritum eodem testamento, qui tamen per bonorum possessionem contra tabulas rem habet, *l. filium,* §. *sed quemadmodum, de bonor. possess. contra tab.* Et similiter filio exheredato adversus avum paternum præteritum, qui per bonorum possessionem contra tabulas, ut patronus partem hereditatis habet, recte dabitur querela inofficiosi. Ex quibus planum fit, querelam non semper dari contra heredem scriptum, sed & contra alios, qui tam testamento, quam alio quovis modo rem fuerit consecuti. Sat multa in hanc legem scripsit Accursius, sed si ea, quæ dixi, teneamus, nihil illa nos remorabuntur.

---

E **Ad L. VIII. de Prætor. stipulat.**

Paulus notat. *Qui sub conditione institutus est, agnita bonorum possessione, cogitur substituto in diem cavere longiorem : prætor enim beneficium suum nemini vult esse captiosum, nec potest videri calumniose satis petere, quem alius antecedit.*

§. 1. *Cum sub contrariis conditionibus Titio & Mævio legatum sit, utrique cavetur, quia uterque ex voluntate defuncti sperat legatum.*

PRætoriæ stipulationes sunt, quas edicto. prætor se daturum pollicetur certas, ob causas, his fere verbis: *Causa cognita repromitti, aut satisdari jubebo:* exempli gratia, damni infecti, vel judicatum solvi. Hæc vera defi-

definitio prætoriarum stipulationum : prætor eas promittit edicto, sicut actiones; dat quoque stipulationes, ut loquitur *l. si finita*, §. *eleganter*, *de dam. inf.* sicut actiones, cum jubet stipulationes interponi: atque multæ sunt hujus generis stipulationes. In l. 8. agitur de duabus stipulationibus, quarum una est de hereditate testamento relicta sub conditione heredi scripto; altera est de legatis eodem testamento relictis sub conditione. De priore prius dicamus. Heres institutus sub conditione pendente conditione jure civili hereditatem adire non potest: expectare enim debet conditionem, siquidem velit jure civili heres esse per aditionem, *l. si quis extraneus*, §. *ult. de adqu. hered.* At jure prætorio benigniore, quod respicit magis ad utilitatem negotiorum : heres scriptus sub conditione, pendente ea potest admittere bonor. possessionem secundum tab. quod certum est, etsi primo mirum videatur, *l.* 2. §. *si sub conditione*, *l. si sub conditione*, & *seq. de bon. pos. sec. tab.* Hoc autem privilegium prætor concedit non abs re, hoc est, facile petenti ante conditionem existentem bon. possessionem secundum tabul. impertitur, quod sit ea res utilissima creditoribus, ne longior mora eis fiat diu jacente hereditate sine domino, vel quasi domino: poterit enim conditio pendere per vicennium, & quis interim respondebit creditoribus? prætor inutile esse existimavit diu in suspenso esse successionem, ideoque dat facile bonor. possessionem etiam scriptis sub conditione, antequam conditio extet, quæ tamen bonor. possessio, si conditio defecerit, sine re constituetur: sed interim pro bonorum possessore habebitur, hoc est, velut heres existimabitur, & eum convenient creditores, & legatarii, & fideicommissarii. Quid fiet, si heredi instituto sub conditione datus sit substitutus vulgariter sub contraria conditione, veluti hoc modo: Primus heres esto, si navis ex Asia venerit: si primus non erit, secundus esto: vel sic: Primus heres esto, si navis ex Asia venerit, secundus heres esto, si non venerit. Quid, inquam, fiet, si hoc casu heres institutus sub conditione, pendente ea petat bon. possessionem secundum tabul. quomodo erit cautum substituto, cum interim bona dilapidare possit primus, atque ita lædere substitutum ? Æquum est cavere substituto, sed ex justa causa, non temere. Prætor hoc casu ex justa causa jubet heredem scriptum, qui pendente conditione accepit bonorum possessionem secundum tab. cavere substituto hac stipulatione nihil se in annos 10. vel 20. vel prout libuerit prætori præstituere diem, si tamdiu pendeat conditio institutionis: nihil, inquam, se in ea hereditate deterius facturum. Demonstrat hoc Paul. 5. sent. de stip. & Ulpian. in *l. inter*, *qui satisd. cog.* quæ explicatur male ab omnibus, & auctor vobis sum, ut deleatis majorem glossam Accursii. Et vero tantum abest, ut *d. l. inter*, ab hac nostra dissentiat, quinimo illa huic maxime consentit, idque ut liquide appareat nobis enarranda sententia est *d. l. inter*. Primum ait, *inter omnes constare*, id est, certissimum esse. Hoc autem verbum *constare* est verbum proprium jureconsult. ut liquet ex Cicerone in orat. pro L. Flacco, illo loco : *Census est mancipia Amynta, neque huic ullam in eo fecisti injuriam : possidet enim ea mancipia Amyntas : ac primo quidem pertimuit, cum te audisset servos suos esse censum.* Retulit ad Jurisconsultos : *constabat inter omnes, si aliena censendo Decianus sua facere posset, eum maxima habiturum esse.* Constat autem maxime inter omnes, quod est edicto proditum. Hæc stipulatio, de qua hic agitur, & in *l. inter*, est edicto prodita, ut omnis prætoria stipulatio edictalis est, sed & postea decernitur, cum quis interponi postulat secundum formulam edicti. Ait autem postea Ulpian. in *d. l. inter*, heredem scriptum sub conditione, & pendente conditione possidentem hereditatem (non dicit ex edicto, non dicit adeuntem. Nam adire non potest ante conditionem) cavere debere substituto de non minuenda hereditate, & si defecerit conditio, primum bonor. possessio secundum tab. sine re constituetur, & licebit substituto adire ex causa substitutionis, & petere hereditatem a possesso-

ribus, & si obtinuerit, committetur illa cautio adversus heredem scriptum, si quid pendente conditione deterius in hereditate fecerit. Et licet interponatur cautio, antequam deficiat conditio institutionis, & existat conditio substitutionis, non tamen etiam ante committitur ea stipulatio. Et subjicit eam cautionem plerumque interponi jussu prætoris ex causa, etiam ante conditionem existentem, hoc est, antequam existat conditio substitutionis, substitutum eam cautionem recte desiderare, etsi nihil juris tum habeat in ea hereditate, & audiri eum. Et addit Ulpian. interponi etiam ante diem petitionis venientem: quod obscurum est, & explicandum hoc modo. Interponitur cautio ea, antequam conditio substitutionis existat. Hoc dixit sup. Adjicit autem, interponi, etiam eam, postquam exititerit conditio substitutionis, antequam scilicet venerit dies aditionis, & petitionis hereditatis, quæ substituto competere potest, id est, interponi eam, antequam scierit se esse substitutum, vel potius, antequam scierit sibi delatam esse hereditatem ex substitutione. Idem est dies aditionis, & petitionis hereditatis, quod ad initium attinet, non quod ad finem : nam & aditionis, & petitionis dies cedit, ex quo cognovit institutus, vel substitutus sibi deferri hereditatem, *l. Pannonius, de acq. her. l. regula,* §. *si filiusf. de jur.* & *fact. ignor.* Sed dies aditionis finitur 100. diebus, sicut & olim dies cretionis finiebatur. Dies vero petitionis est perpetuus, hoc est, finitur annis 30. *l. hereditatis, C. de pet. hæred.* Ceterum quod vult *d. l. inter*, est, eam cautionem præstari substituto, antequam exititerit conditio substitutionis, & postquam exititerit, antequam venerit dies substitutionis, & petere possit hereditatem substitutus, id est, antequam scierit sibi delatam esse hereditatem, & potuerit eam adire : nam quo exiguntur, ut scierit, & potuerit. Hæc est sententia *l. inter*, in qua maxime notandum quod ait, hanc cautionem interponi ex causa, non passim : nam exempli gratia, si heres scriptus sub conditione, qui bonorum possessionem secundum tab. accepit, sit homo bonæ frugis: non patietur prætor ab eo cautionem exigi de non minuenda hereditate: si sit dissolutus, compellet eum, ut caveat substituto. Verumtamen si sit modica hereditas, vix interponetur hæc cautio : si vero sit ampla, utique interponetur, quia major erit facultas heredi graffandi & dilapidandi: quod definit Paulus *d. libro* 5. *Sent. tit.* 9. his verbis : *Hujus enim prejudicium a superiore differt, quod quæritur, an ea res, de qua agitur, de prædio sit æstertiis, ideoque in majorem diem concipitur.* Quibus verbis videtur Paulus dehinc ampliorem hereditatem ad modum centum sestertiorum. Existimat Paulus eam hereditatem esse locupletem, quæ major est centum mille sestertiis, quæ summa redigitur ex constit. Justiniani ad centum aureos, seu solidos: semper enim Justinian. mille sestertios æstimat aureo uno. Si igitur hereditas major sit 100. aureis, est justa causa interponendæ cautionis, non etiam si minor sit hereditas : atque ita ex causa interponitur hæc cautio, hoc est, causa cognita. Nunc videamus, quomodo consentiat *d. l. inter* cum hac *l. nostra*. Initio quidem hujus legis 8. non proferrur quod scripserat Papinianus, ad quod notam adhibuerat Paulus : & ideo quamobrem reprehenderit Papinianum nescimus. Nota autem Pauli sententia apertissima est ex formula cautionis: nam ait, *qui sub conditione institutus est*, *agnita bonorum possessione secundum tab. cogitur substituto in diem cavere longiorem.* Ex formula cautionis patet, quid sit cavere in diem longiorem, puta, in annos decem, vel 20. vel si ita præfinierit prætor tempus, se nihil in annos 20. deterius facturum, hoc est, cavere in diem longiorem, *l.* 1. *de ripa mun.* & *l. si finita,* §. 1. *de damn. inf. l. pen. hoc tit.* Ideo autem cavetur in diem longiorem, quia nolunt fidejussores se obligare in infinitum : sed in hac specie non idonee cautum videtur, nisi caveatur in diem longiorem, & si non in infinitum caveatur, die illo cautionis finito, si adhuc pendeat conditio, quid fiet? Aut liberabitur heres scriptus, qui cavit, aut arbitratu

præ-

prætoris ex integro cavendum erit, *d. l. si finita, in princip.* Ergo qui sub conditione heres est institutus agnita bon. possessione secundum tab. cogitur cautionem interponere. Subjicit Paul. rationem interponendæ cautionis hoc modo: *prætor,* inquit, *nemini vult esse captiosum beneficium suum:* intelligit beneficium bon. possessionis secund. tabulas: & ita in *l. sed cum patrono, §. 1. de bon. possess.* ait, *beneficium bonorum possessionis multiplex est.* Beneficium igitur hoc prætoris, quod datur heredi scripto sub conditione, non vult prætor esse captiosum alteri: non vult bonorum possessionem, quam dat heredi conditionali, præjudicium afferre alteri: & ideo vult caveri alteri, cujus interest, ut puta, substituto, hereditatem scilicet deminutam non iri. Valde sunt suaves, qui ita interpretantur: & possent tamen illi plerisque imponere: ut scilicet prætor nolit beneficium suum esse captiosum heredi scripto in quem contulit beneficium suum: ideoq; heres scriptus, inquiunt, non est onerandus satisdatione, ut cogatur quærere fidejussores, & cavere, quæ cautio difficilis est, & molesta: sunt enim inventu difficiles fidejussores, *l. omnes, §. præterea, C. de episc. & cler.* imo est contumelia quædam desiderare ab honesto viro fidejussores, quasi sit dubia fides illius, aut suspecta, aut non sint ei facultates idoneæ, *l. 17. in fin. de test. tut.* Ergo ne beneficium illud heredi scripto sit oneri, non cogitur cavere fidejussoribus: sed satis erit, inquiunt, si præstet cautionem nudam, nullo adhibito fidejussore, id est, si ipse solus promittat, se in ea hereditate deterius nihil facturum. Atque hoc iis verbis Pauli, quæ sequuntur congruere dicunt illi: his scilicet. *Nec potest videri calumniose satis petere, quem alius antecedit.* Hoc videtur recte dictum, tamen non probatur a nobis, quia satis petere, nobis est petere fidejussores. Denique is, inquiunt, quem alius antecedit in ea hereditate, videtur calumniose desiderare fidejussores, quos quidem desideraret substitutus, quem antecedit institutus. Et ita durus est actor dum sibi vult fidejussores dari, quod videtur facere vexandi heredis fidejussorum causa, in indaget fidejussores: nec vero debet tam sollicite desiderare sibi caveri datis puta fidejussoribus: & æquum est, ut sit contentus nuda promissione. Sed hæc expositio a nobis probari non potest. Nam statuimus hanc cautionem esse satisdationem, nec caveri recte hac de re, nisi fidejussoribus idoneis. Paulus dicto loco ait, utiliter esse cavendum. Porro utiliter cavere in jure est satisfacere cavere, §. *constituitur, Instit. de usufr.* ac propterea, cum summa divisio prætoriarum cautionum hæc sit, alias esse nudas cautiones, sive repromissiones, alias satisdationes, Jurisconsultus in *l. 1. hoc sit.* enumeravit diligenter nudas cautiones, ut intelligeremus, ut ipse ait, ceteras esse satisfactiones. Igitur quæ non sunt in lege prima enumeratæ, satisfactiones sunt. Hæc jus satisdatio est, quia non est in eo numero. Præterea si non est æquum, & consequenter eum heredem, qui sequitur alium, puta substitutum, non minus videri calumniose petere cautionem nudam, quam satisdationem. Postremo nullus ferat unquam ut hæc verba, *Prætor suum beneficium vult nemini esse captiosum,* intelligitur de eo, qui est beneficium; intelligitur de omni altero. Nam dicit *nemini:* hoc est, non vult bonorum possessionem, quam dat instituto, nocere substituto, atq; ideo non vult caveri substituto ab instituto, idque satisfacto. Est itaq; legendum, in hac lege ut antea probavi, *nec potest videri, &c.* non ut vulgo, *& potest:* quia & ipse, qui succedit, sperat hereditatem, sperat uterque, nec utri eorum adhuc competit

Tom. IV.

A in hereditate jus ullum: & idem contigit in specie, quæ sequitur. Posterior pars hujus legis est Papiniani, non Pauli, ut constat ex *l. etiam, ut in pos. eat.* Est quædam stipulatio prætoria, quod legatorum, de qua in tit. *ut legatorum nomine caveatur.* Hanc stipulationem exigunt legatarii, quibus legata sunt relicta sub conditione ab herede scripto, dum verenentur, ne interim dissipet legata heres scriptus, aut legatorum inanes actiones reddat. Et cavet heres his fere verbis: *Quæ dari fierive voluit testator, ea iis diebus dari, fierive poluit, dolumque malum abesse absfuturumq; esse.* Nunc finge. Eadem res duobus legata est sub contrariis conditionibus, primo fundus ille, si navis ex Asia venerit, secundo idem fundus, si non venerit: utrique legatario præstanda cautio est, quæ etiam satisdatio, & legatum uterque sperat, & nisi utrique ca-
B veatur, uterque mittetur in possessionem, *d. l. etiam, in fine, ut in pos. leg.* Idemque erit, si eadem res legata sit duobus sub diversis conditionibus, *l. 3. ut leg. nomine cav.* quæ corrupte heic ab Accursio citatur diversæ sunt: nam ex lege Titio, facit differentiam inter diversas & contrarias: *si navis ex Asia venerit.* Deinde, eandem rem lego Mævio, *Si Titius consul factus sit:* cujus conditio prior extiterit, is prior ad legatum admittetur: erit tamen utrique cavendum. Dices, hoc magno oneri futurum heredi, dum utrique quærendi sunt fidejussores. Dicam, imo non erit, nam poterit utrosq; fidejussores ad utramque fidejussionem adhibere: nec ideo fidejussores onerabuntur cum futurum sit, ut alterutri tantum teneantur, *l. si duo, ut legat. nom. cav.* Et sic etiamsi filiofamil. legatum sit sub conditione, &
C patri & filio est cavendum, quia tempore existentis conditionis fieri potest, ut filius non sit in potestate, ut adquiratur filio legatum, non patri. Igitur & filio cautum esse debet, sed iisdem personis cavebitur: quare non onerabuntur fidejussores, qui uni tantum tenebuntur, neque etiam heres *d. l. 3. ut leg. nom. caveatur.*

Ad L. XXXVII. ad L. Jul. de adult. & L. VIII. de inoffic. testam. & L. IV. de his quæ ut indign.
*Sequuntur loci, in quibus ab aliis auctoribus citatur Papinianus in hoc libro quinto quæstionum.*

Scripsisse Papinianum libro 5. quæstionum de querela inofficiosi testamenti intelleximus jam ex *l. 14. de*
D *inoffic. test.* Et hodie etiam intelligemus conjuncta *l. filiumf. 37. ad leg. Jul. de adult.* cum iis, quæ ex eodem libro Ulpianus refert in *l. 8. de inoffic. test. l. 37. ad leg. Jul. de adult. & l. 4. de his quæ ut ind. auf.* Quas omnes ll. ostendam pertinere ad querelam inofficiosi testamenti. Et primum in *d. l. 8.* refert Ulpianus Papinianum libro 5. *quæst.* scripsisse, filio quem habet in potestate pater exheredato, vel præteritio testamenti matris, vel avi materni (quorum silentium, sive præteritio exheredatio est) patrem non posse nomine filii instituere querelam inofficiosi invito filio. Aliis actionibus, quæ persecutionem habent nomine filii, quod sint scilicet adquisitæ filio, ac per filium mox patri, potest experiri invito filio, quia pecunia est propria patris. Querela inofficiosi testamenti an habet principaliter pecuniæ perse-
E quutionem? Minime: quamvis ei, qui vicerit, obveniat pecunia, hoc est, hereditas: tamen magis injuriæ, quam pecuniæ persequutionem habet, quanquam pecuniam secum trahat: & injuria seu indignatio est propria filii, *l. filius de inoff. test.* Exheredatio est injuria, infamia, nota. Et querela inofficiosi quasi hujus injuriæ actio, ac persecutio, id est, exheredationis potius quam pecuniæ: quæ injuria & infamia cum sit propria filii, non est persequenda invito filio, non revocante in animum injuriam filio: querela, inquam, inofficiosi est species actionis injuriarum, est certæ injuriæ actio, id est, exheredationis: qua de causa comparatur recte generali actioni injuriarum. Querela est specialis actio injuriæ: generalis est de ea qua est titulus, &c. Actio injuria-

H rum

rum generalis causam doloris agit, ut ait *Novell.Valentiniani, de libert. & succeff. eor. Cicero pro Cæcinna*. Actio injuriarum, non jus poffeffionis affequitur, fed dolorem immutata libertatis pœna judicioque mitigat, *l.2. §.emancipatus, de collat.bonor. l.Item apud, §.si quis servo, de injur. & famos. libell.* actio injuriarum magis doloris & contumeliæ, quam pecuniæ perfecutionem habere, licet lis pecunia æftimetur. Et ita etiam querela inofficiofi, doloris & injuriæ eft actio, quod ipfum nomen querelæ demonftrat: & sicut generalis injuriarum actio tacita diffimulatione amittitur, *l.non solum, §.1. de injur.* ita & *l... C. de in integr. reftit.min.* Et fecundum hæc, quod Ulpianus ex Papiniano refert in d. l. 8. ut non poffit eam pater nomine filii inftituere invito filio, quod filii fit injuria, poffis veriffime trahere etiam ad quamlibet actionem injuriarum, ut nomine filii non poffit pater, fi filio facta fit injuria, intendere actionem injuriarum invito filio: suo nomine poteft agere actione injuriarum, fi filio fit facta injuria, etiam invito filio, non fuo nomine. Et in hoc difcrimen eft unicum inter querelam inofficiofi teftamenti, & generalem actionem injuriarum: nam injuria alia, quæ fit filiofamil. eft communis patris & filii, & ex ea nafcitur duplex actio; una, quæ patri competit, altera quæ filio, nec alia aliam confumit, fed ex utraque & actio eft, *l.t. §. ult. de injur.* Nam injuria filiif. pertingit & patrem, & inde duplex actio oritur, quarum una fi egeris, non ideo minus erit injuriarum altera: una tuo, altera filii nomine. Tuo nomine, etiam invito filio, quia de honore & dolore agitur, qui non de re quæfita per filium. Verum exheredatio eft genus injuriæ, quod folum filium afficit, non eft communis patris & filii. An pater pro filio exheredato, fuo nomine non poterit agere querela inofficiofi teftamenti nomine? minime: non eft injuria communis, fed ut ex *l. 8.* filii propria. Igitur invito filio pater queri non poteft. Item quæro, an præparata querela inofficiofi a filiofam. exheredato teftamento matris, fi mox decefferit filiusf. an poffit pater agere querela inofficiofi? an poffit exequi querelam, quam præparaverat filius? Et ex eodem Papiniano *d.l.8. §. 1.* refert Ulp. non poffe, quia filio exheredato, querela inoffic. teftamenti non datur patris, fed filii nomine, qui mortuus eft, & cui mortuo heres non exiftit pater. Querela quidem præparata transmittitur in heredem, fateor, fed filiusfam. heredem non habet, ne patrem quidem. Cum igitur defecerit is, cujus propria injuria erat, nec reliquerit heredem, finita querela eft. Et docet *d.l.8. §. 1.* præparari querelam, hoc eft, comparare fe exheredatum videri ad querelam inftituendam, fi agnoverit bonorum poffeffionem litis ordinandæ caufa. De qua bonorum poffeffione hoc breviter obfervandum eft, non effe fpecialem bonorum poffeffionem, sed effe bonorum poffeffionem unde legitimi. Hoc cafu, quando filius eft præteritus teftamento matris, vel effe bonorum poffeffionem unde cognati, quando frater eft exheredatus teftamento fratris turpi herede fcripto, & hanc bonorum poffeffionem agnofcit exheredatus, antequam accedat ad querelam, ne ad eam accedat fine prætextu, fine titulo, hoc eft, ut dicat, fe effe cognatum, vel legitimum, ut dicat fe non debere exheredari. Et ita in Gallia neceffe eft, ut impetremus litteras regias, quas vocamus *Lettres de Chancelerie*, priufquam liceat litem movere. Ceterum etiamfi filiusfamil. exheredatus inftruxerit fe ad querelam, & mox decefferit, nihil transmiferit in patrem, qui filio heres non eft, eique querela non competit, quia folius filii nomine, & voluntate inftitui poteft. Nunc quæramus ex contrario, an fi filiofamil. fit facta injuria, poffit filius agere injuriarum invito patre? Et sane eadem ratione, quia propria eft injuria filii, & actio doloris, non pecuniæ perfecutio principaliter: confequens eft, ut poffit filius agere invito patre ex jufta caufa. Nam etfi fit propria injuria filii, proprius dolor filii, tamen multum poteft patria poteftas, multum conferre filium convenit paternæ reverentiæ, ideoque non temere agit, ne de injuria quidem propria invito patre:

agit tamen ex caufa, ut fi pater fit viliffimus, cui jure meritoque Prætor fit daturus curatorem, fi pater facile remittat injuriam filio factam, nec velit filium agere injuriarum: filii vero perfona fit honefta, hoc cafu licebit filio agere injuriarum invito patre, *l. fed fi unius, §. filiofam. de injur.* Pari ratione filiofam. licebit reum arguere adulterii eum, qui violaverit thorum fuum, aut etiam ream facere uxorem invito patre, quod *lex 37. ad leg. jul. de adult.* ait conftitutum effe: & vero conftitutum eft ab Adriano. Opus fuit conftitutione, *l. inter, §. 1. eod.* Et fubjicit rationem Papin. *Vindictam enim proprii doloris confequitur*: ac fi diceret: hoc judicium adulterii non eft de pecunia, quæ patris eft, fed eft de proprio dolore, & juftiffimo, ut ait *l. fi adulterium, §. Imperator, hoc tit.* Et convenit huic rei, quod ait Ovid. Eleg.1.

*Exigit ifte dolor pluſquam lex ulla dolori*
*Conceffit, at tu ne dubita, minuet vindicta dolorem.*

Exigit nempe, ut hunc dolorem ulcifcatur filiusfamilias etiam invito patre, publico judicio legis Juliæ de adulteriis. Et confequitur, id eft, perfequitur, in gloffis Bafil. ἀπαιτεῖ, quod eft perfequitur. Eodemque modo filiusfamil. maritus, perinde ac fi effet paterfam. adulterum domi fuæ deprehenfum occidere poteft non confulto patre, fi modo fit ejus conditionis, quæ exprimitur lege Julia, *l. marito, hoc tit.* nam non quemlibet marito licet occidere, fed infamem judicio publico damnatum, fervum, aut libertum fuum, aut uxoris, patris, matris, filiæ, vel etiam utriufque eorum. Sunt certi homines, quos deprehenfos in adulterio licet occidere, non licet quemlibet, nec omni loco, fed domi fuæ, quo cafu non diftinguitur filiusfamil. a patrefamil. *l. inter, §.ult. l. marito, §. 1 hoc tit.* Hoc eft ex *l. Julia de adulteriis*: itemque hoc eft ex *l. Julia*, ut maritus poffit uxorem occidere: & neceffe eft ut triduo id profiteatur apud magiftratum. Si tamen impatientia doloris etiam uxorem occiderit, leviore pœna punitur, quam fit definitum de lege Cornelia de ficariis: nam ei remittitur ultimum fupplicium, *d. l. fi adulterium, §. Imperator.* Olim licebat & uxorem occidere, ut conftat ex Catone apud Gellium, hodie licet ex Novell. Majoriani, quæ dicit, fe jus antiquum reftituiffe: illud fcilicet, quod refert Cato: & ut Harmenopulus etiam refert, jure veteri quemlibet adulterum licuiffe occidere: & notanda eft hac in re differentia inter patrem & maritum. Marito five fit paterfamilias, five filiusf. jus eft occidendi adulteri ejus, qui comprehenditur lege Julia. Patri autem fi deprehenderit filiam in adulterio jus eft occidendi adulteri fi modo & filiam occidat: eft mira prudentia legis Juliæ: vix occidet filiam, nec adulterum igitur: alioquin erit reus homicidii fi falva filia, folum adulterum occiderit: fed fi filiæ non pepercerit, impune occidit adulterum: & non refert five occidat in domo fua, five generi, non etiam fi in alio loco eum deprehenderit. Exiguntur tria aut etiam quatuor ut faciat impune. Primum ut utrumque occidat: nam fi alterum tantum occiderit, in legem Corneliam incidit: deinde ut occidat filiam ex continenti, uno ictu, æquali ira in utrumque fumpta, *l. quod ait, §. ult. hoc tit.* Ex intervallo fi occiderit filiam, eft reus homicidii, quod occiderit filiam poft iram fedatam, non ex continenti. Pleraque licent ex continenti, quæ non licent poft tractum temporis, ut ecce, fi quis vim, vel injuriam tibi inferat, licet tibi eam ulcifci ex continenti, non ex intervallo, *l. 3. §. eum, de vi, & vi arm.* quod & verbum *propulfare* demonftrat, cum ait, *vim & injuriam propulfare licere.* Propulfatio non fit nifi ex continenti: ac fimiliter deprehenfa in adulterio filia, non impune alterum occideris, nifi utrumque in continenti occideris ictu uno; atque etiam neceffe erat ex lege Solonis, deprehendere ἐν ἔργῳ, *l. quod ait, l. 23. in princ. hoc tit.* feu ἐπαυτοφώρῳ, Lucianus in Dialogo Deor. quod etiam Græci de omnibus criminibus, proprie tamen de furto. Item exigitur ut filia ea fit in poteftate patris, nam concipitur *l. Julia* de eo qui non eft in poteftate: qui non eft fuæ poteftatis, non poteft alterum

rum

rum habere in potestate. Et sane ita est secundum verba legis Juliæ. Sed tamen Paulus in Sententiis scribit (quæ tamen sententia non extat) verbis quidem legis prope esse, ut filiusfamilias pater non possit filiam occidere, & adulterum, quoniam lex loquitur de patre, qui filiam habet in potestate: permittit tamen ei, ut eam occidat. Ex his apparet nos existimare tractantem Papinianum de querela inofficiosi testamenti, seu de injuria exheredationis, miscuisse huic tractatui etiam quamlibet injuriam, & agitasse simul, possitne filius invito patre suam injuriam persequi, & contra, possitne pater filii nomine invito filio? Puto etiam, quod ex eod. libro refert Ulp. in *l.4. de his quæ ut ind.* commodissime referri ad tractatum de querela inoffic. Illud est de legatario, qui unum ex heredibus falso esse adscriptum dicit, nec obtinuit: non est ea lex de inofficioso, sed de falso, vel de herede testamentario, quem quis falso heredem esse dicit, & hac in re est differentia, utrum quis dicat inofficiosum testamentum, an falsum. Si is, cui legatum relictum est, dicat totum testamentum esse falsum, & non obtineat, vel etiam si obtineat, a legato repellitur, *l. 3. ad l. Cornel. de fals.* Finge, non obtinuisse, & postea petere legatum: non obtinebit, quia impugnavit judicium defuncti, *l. 3. ad leg. Corn. de fals.* Sed si dicat unum ex heredibus falso scriptum, non statim repelletur a legato relicto ab illo herede, quem dixit esse falsum; non a legato relicto ab altero, quem non inquietavit. An vero idem dicemus de querela inofficiosi testamenti? licet agere querela pro parte, *l. circa, de inoff. test.* Sic fiet pro parte testatus, pro parte intestatus, qui ab initio fieri non potest. Finge: Exheredatus egit adversus unum ex heredibus, & non obtinuit, an repelletur a legato? Sic sane, quia adversus unum heredem egit, & totum testamentum incusavit: neque enim potuit agere querela pro parte, quin diceret, testatorem dementem fuisse videri. Hic enim est color querelæ: si abesset hic color, non esset locus querelæ, quæ est actio colorata. Asinius apud Quintilianum *Furiosum, non inofficiosum testamentum reprehendimus, l. 2. §. l. mater, l. Titio, de inoff. test.* Qua de causa etiamsi egeris pro parte adversus unum heredem, tamen non dixeris pro parte dementem defunctum fuisse: atque ita impugnas totum testamentum, ideoque cadis legato tibi relicto. Est etiam alia differentia, quam adnotavit Paul. in *l. 5. de his quæ ut ind.* exheredatus, qui agnovit legatum non potest agere de inofficioso testam. & qui agnovit legatum potest agere de falso testamento. Et hanc adfero differentiæ rationem: quia exheredatus, qui agnovit legatum, qui accepit legatum ab herede, sciens, sciens testamentum esse inofficiosum, quia non potuit ignorare se exheredatum esse, qui alium cernebat heredem exequentem partes heredis. Sciens igitur approbavit judicium defuncti, & injuriam ad animum non revocavit. At potest quis ignorans testamentum esse falsum, accipere legatum, qui si postea cognoverit esse falsum, cur non licebit ei dicere falsum esse testamentum, & legatum obtinere, qui si forte non obtinuerit, causa ei, quod fortasse ei persuasum fuit testamentum esse falsum, vel erat revera falsum, sed non obtinuit. Contra, qui accepit legatum, prohibetur inofficiosum dicere, quia defuncti judicium approbavit, in quo vel prateritus, vel exheredatus erat, quod non potuit ignorare, cum ab herede scripto legatum petiit, atque accepit.

## JACOBI CUJACII J.C.
### COMMENTARIUS
In Lib. VI. Quæstionum ÆMILII PAPINIANI.

Ad L. L. de Petitione hereditatis.
*Hereditas etiam sine ullo corpore juris intellectum habet.*
Tom. IV.

A §. 1. *Si defuncto monumentum, conditionis implendæ gratia, bonæ fidei possessor fecerit: potest dici, quia voluntas defuncti, vel in hoc servanda est: utique si probabilem modum faciendi monumenti sumptus, vel quantum testator jusserit; non excedat eum, cui aufertur hereditas, impensas ratione doli exceptione, aut retenturum, aut actione negotiorum gestorum repetiturum, veluti hereditario negotio gesto; quamvis enim stricto jure nulla teneantur actione heredes ad monumentum faciendum, tamen principali, vel pontificali auctoritate compelluntur ad obsequium supremæ voluntatis.*

LIBRI quinti quæstionum Papiniani magna pars fuit de querela, & petitione hereditatis, quæ datur ex causa inofficiosi testamenti. Liber sextus est de generali petitione hereditatis, & de
B speciali in rem actione; & quod primum ex illo libro se offert in *l. 50. de pet. her.* docet quid hereditatis nomine contineatur. *Hereditas,* inquit, *etiam sine ullo corpore, juris intellectum habet.* Sententia hæc est: Hæreditatem cum dicimus, jus dicimus, non corpus, non pecuniam: hereditas est nomen juris, non corporis, res incorporalis, non corporalis, *l.1. §. quædam, de rer. div. l. 3. §. 1. de bon. poss. l. hereditatis, l. bonorum, l. pecuniæ, de ver. sig.* Ergo hereditas res est, quæ sensibus non percipitur, sed quæ intellectu abstrahitur, & apprehenditur. Corpora solis sensibus percipiuntur, aut non nisi sensibus. Et hoc est quod dicunt Philosophi: sensus cognitionem non ante sensum esse; neque enim rem corporalem nosti, nisi eam videris, vel attigeris. Secus in corporalibus: nam ante sensum rem incorporalem nosti, etiamsi eam neque videris, nec atti-
C geris. Ex eo sequuntur multa: hereditatem non posse usucapi, quia res incorporalis non potest usucapi: hereditatem non posse possideri pro divito, *l. 8. in fi. de rei vin.* quia pars pro diviso est corporalis, rei autem incorporalis pars corporalis esse non potest: possideri quidem hereditas potest pro parte indivisa: hæc enim pars non est, sed intelligitur, sed non potest etiam hereditas possideri pro parte divisa. Sicut etiam *d. l. 8. ait,* quod notandum, rem mobilem non posse possideri pro diviso: nam si rem mobilem dividis, perdis, navem dividere, perdere est, ut dicebat Cascellius apud Macrobium 2. Saturnal. 6. Ideoque nec res mobilis corporalis, nec hereditas pro diviso possideri potest. Ex eo etiam sequitur quod est *in l. cogi, §. inde quæritur, ad Trebell.* si quis rogatus sit restituere hereditatem deducto ære alieno, & legatis, & oneribus
D deductis, inanem esse eam deductionem, aut compleri eam non posse, quod non possit ex jure (id autem est hereditas) deduci quantitas. Et ex his etiam hereditatio, etiamsi in bonis, quæ relinquit defunctus, nulla sint corpora, nullæ pecuniæ, sed jura tantum, ut actiones, obligationes, nomina, hereditatem tamen esse. Si in bonis tantum sit unum nomen, hereditas est, cujus tamen nullum subest corpus, quod mihi possis demonstrare, nisi corpus chirographi, quod per se nihil est. Nam non corpus chirographi spectamus, sed nomen & actionem. Et ita sit, ut actione, quæ proponitur hoc titulo, agatur non tantum adversus eum, qui possidet corpus hereditatis, sed etiam adversus eum, qui jus possidet. Sic hereditas petitur a debitore hereditario, vel ab eo, cui per causam hereditatis actio aliqua competit, *l. nec ullam,*
E *§. ult. l. quod si, §. idem Julian. & l. idem Julian. h. t.* Finge: is, qui possidebat pro herede, fundum hereditarium, dejectus est vi de possessione fundi, an recte ab eo petit verus heres hereditatem? Sic sane: quin etiamsi non possideat fundum, cujus possessione detrusus est; habet tamen jus, id est, interdictum unde vi recuperandæ possessionis causa, quod quidem actori, seu heredi vero conventus petitione hereditatis cogetur cedere; hoc enim tantum intendit actor: nam hæc actio est mista, & intendit non tantum suam hereditatem esse, sed etiam sibi dari, aut fieri oportere. Mista igitur actio est tam in rem quam in personam. Breviter quid est hereditas? est jus universum successionis defuncti; vel, successio juris universi defuncti. Ut medicis infirma valetudo, & valetu-

dinis infirmitas ægritudo eſt: ita nos dicimus jus univerſum ſucceſſionis, & ſucceſſionem juris univerſi pro hereditate. Et jus univerſi dicimus, quod nomen iſtud comprehendat non lucra tantum, ſed etiam damna: non tantum commoda, ſed & onera. Et ſunt plereæque damnoſæ magis hereditates quam lucroſæ: eſt enim hereditas jus univerſum, quod ſuſtinuit defunctus: & ſimiliter recipit nomen iſtud quaſi nomen juris, acceſſiones & deceſſiones omnes: hereditas facile ſuſcipit augmentum & deminutionem, neque ei, ut corpori certi fines circumſcribuntur. Et quamvis in actione in rem ſpeciali, quæ eſt de corporibus, non veniant fructus percepti ante litem conteſtatam, neque actionis jure, neque officio judicis: fructus tamen percepti ante litem conteſtatam poſt mortem defuncti veniunt in petitionem hereditatis, *l. item veniunt, §. item non ſolum, h. tit.* quia formula petitionis hæc eſt, *ſi hereditatem Titianam meam eſſe paret.* Petitur ergo hereditas, porro augetur hereditas fructibus, verbis ergo formulæ prope eſt, ut videaris etiam petere fructus, qui hereditati acceſſerunt poſt mortem defuncti. Juris nomen latiſſime patet, quod facile augetur, vel deminuitur, & hereditas igitur: hereditas Rhetorib. eſt pecunia, nobis non eſt pecunia, ſed jus, cum peculium, cum dotem, fructum dicimus, jus peculii, jus dotis, jus fruendi dicimus, non peculium, non dotem, non fructum ſimpliciter: quæ fere verba juris in jure conſiſtunt, id eſt, juris intellectum habent. Propoſita definitione hereditatis tranſit ad quæſtionem hujuſmodi. Quidam heredem ſcripſit ſub conditione, ſi ei monumentum intra tres menſes ædificaret: Bonæ fidei poſſeſſor, qui exiſtimabat ſe eſſe heredem, ejus conditionis non ignarus, eam implevit, monumentum ædificavit, ut perveniret ad heredem: deinde evincitur ei hereditas petitione hereditatis a vero herede, ſuam eſſe hereditatem aſſerente. In hoc judicio bonæ fidei poſſeſſor juſtos ſumptus reputat actori, eosque ſibi ſervat beneficio retentionis, vel exceptione doli mali. Quæritur, an juſtus ſit ſumptus, quem fecit monumenti cauſa? Ait juſtum ſumptum eſſe, non tantum, ſi ſub ea conditione heredem ſcripſerit, ut monumentum faceret, ſed etiamſi pure eum ſcripſerit, & monuerit, ut monumentum faceret: nam utroque caſu ſervanda eſt voluntas defuncti; & ſane priore, quia ante conditionem impletam non poteſt adire hereditatem ſcriptus heres ſub conditione: ſed & poſteriore etiam. Et hoc eſt quod ait: *voluntas defuncti, vel in hoc ſervanda erit, etiam in hoc, ἢ ἐν τούτῳ,* ut in Baſilicis, nam hoc vocabulum, *vel*, non eſt hoc loco particula disjunctiva. Sed exigitur, ut ait Papin. ne probabilem modum excellerit extruendo monumento: qui conſtituitur arbitrio boni viri pro facultatum, & pro modo dignitatis defuncti. Vel exigitur ne excedat modum, quem ipſe teſtator conſtituerit, ſi modo & ipſe teſtator juſtam rationem ſumptuum ſervaverit: nam ſi immodicum ſumptum fieri juſſerit, non erit ſervanda ejus voluntas. Et placet valde quod eſt in *l. 1. in fi. & l. 2. ad leg. Falcid.* ſi cui ſit legata pecunia ad monumentum faciendum, quandoque legatarium pati Falcidiam: nam ſi legatum tantum ſit pecuniæ, quantum ſufficit ad ſpeciem modicam monumenti, non patitur Falcidiam, legatum habet extra rationem Falcidiæ: ſed ſi legata ſit immodica pecunia ad monumentum faciendum, & ſi quod abundat, legatarius patitur Falcidiam, nec permittitur illi totam pecuniam inſumere in monumentum, ne ipſe impendat, ſi ferat arbitrium boni viri: ſunt enim leges, quæ imminuunt iſtos ſumptus, nec omnia volunt concedi defuncto, ſed id tantum quod ſufficit ad ſpeciem modicam monumenti: reliquum igitur habebit invitus legatarius, & ex eo patietur Falcidiam detrahi. Significat *d. lex 1. §. ult.* neceſſariam quidem impenſam eſſe funeris, & ſepulturæ, & eam deduci in ratione Falcidiæ ponenda quaſi æs alienum, tamen impenſa monumenti non deducitur, quia non eſt neceſſaria, niſi ſcilicet eam teſtator fieri voluerit, ac tum etiam non eſt neceſſaria quatenus excedit modum. Ergo ſi hunc modum

A ſervavit bonæ fidei poſſeſſor, qui ex voluntate defuncti monumentum fecit, ſane modum heredi reputabit, qui ſibi aufert hereditatem hoc judicio: & ait, *eum retinere impenſas ratione doli exceptionis*: vulgo legitur, *impenſas ratione doli retenturum*. Florentiæ legitur: *impenſas ratione doli exceptione, aut retenturum*: manifeſto ita legendum eſt: *ratione doli exceptionis, par le moyen, retenturum*. Ita legitur in *l. unum, §. ſed ſi uno, de leg. 2. l. 12. ad l. Falcid. l. 69. §. ult. de leg. 2.* Ergo oppoſita exceptione doli mali retinebit poſſeſſor ſumptum, vel etſi non ſit uſus retentione, vel exceptione doli mali, licebit ei cui evincitur hereditas, agere cum herede actione negotiorum geſtorum, quaſi geſſerit negotium hereditarium, cum neceſſe fuit heredi monumentum facere. Et hoc ut oſtendat eleganter dicit: nulla quidem actione civili compelli
B heredem ad monumentum faciendum: ex præcepto teſtatoris non naſcitur actio ſtricto jure, non poteſt compelli: non omnia præcepta defuncti pariunt obligationem, *l. Q. Mutius de ann. legat.* deficit ergo ordinaria actio: ſed Principali vel Pontificali auctoritate poteſt compelli ad obſequium voluntatis ſupremæ: tenetur igitur heres: Et ille ergo bonæ fidei poſſeſſor aget recte negotiorum geſtorum in his, quæ ad ſepulturæ religionem pertinebant. Solebat etiam extra ordinem, quia & ipſe plerumque erat Pontifex Maximus. Hodie ſolent adiri Epiſcopi, maxime cum quid fieri pie juſſit defunctus, ex *l. nulli, & ex l. 45. C. de Epiſc. & Cler.* & quod dixit ad hæc, quæ pia ſunt exequenda compelli heredem, non tantum Pontificali, ſed & Principali auctoritate, ut *l. oſſa, de religioſ. & ſumpt. fun.* ex eo poſſis defendere, quod
C cum hodie judicet vice nomineque principis, auctoritate Senatus compelli heredes exequi pia juſſa defunctorum. Et mihi contigit alias videre Pand. magni Ranconeti: is hoc loco, & ad verbum illud, *Principali auctoritate*, adnotaverat: M. D. XXX. VI. Kal. Majas, hac de re ita Luteriæ Senatum cenſuiſſe, cum ageretur de ſacerdotis cujuſdam pia voluntate exequenda, cujus executionem ipſe commiſerat alteri ſacerdoti: & cum is executor ſacerdos, rem revocaret ad ſuum judicem, Senatus poſtulationi locum non dedit, ſed remiſit illum ad cognitores libellorum, *a la chambre des requeſtes*, ac ſi ea cognitio non eſſet tantum Pontificis, ſed Principis, & conſequenter Senatus. Ergo recte definit Papin. juſtum eſſe ſumptum, quem fecit bonæ fidei poſſeſſor, ac recte reputari ei qui evicerit; & ſi fuerit omiſſa reputatio, ad-
D huc bonæ fidei poſſeſſori integram eſſe negotiorum geſtorum actionem. Nam etiamſi non fuerit heres obligatus ſummo jure, tamen compelli poterit Pontificali, vel Principali auctoritate. Uno caſu tenetur civili actione heres, qui monumentum facere juſſus eſt, nec neceſſe eſt adire Principem, ſcilicet ſi coheredem habuerit: Poteſt enim a coherede compelli monumentum facere actione familiæ erciſcundæ, & poſt diviſionem hereditatis actione præſcriptis verbis, quoniam diviſio hereditatis eſt quaſi permutatio, hac ratione ſcilicet, quia intereſt coheredis monumentum fieri, nam jus monumenti omnem heredem ſequitur, niſi aliter caverit defunctus, *l. his conſequenter, §. ſed & cum monumentum familiæ erciſc.* ſed ſi ſit ex aſſe heres, non poteſt compelli ad monumentum faciendum, niſi extra ordinem, vel a Princi-
E pe, vel a Pontifice, vel a Senatu, qui vice Principis eſt, & cujus ipſe Princeps pars eſt, *l. quisquis, C. ad l. Jul. majeſt.*

## Ad L. ult. Si pars heredit. petatur.

*Cum heredis ex parte inſtituti filius, qui patrem ſuum ignorabat vivo teſtatore deceſſiſſe, partem hereditatis, nomine patris, ut abſentis, adminiſtraverit, & pecunias disvahendis rebus acceperit: hereditas ab eo peti non poteſt, quia neque, pro herede, neque pro poſſeſſore pretia poſſidet, ſed ut filius patris negotium curavit. Negotiorum autem geſtorum actio ceteris coheredibus, ad quos portio defuncti pertinet, dabitur. Illud enim utique non eſt metuendum, ne etiam patris,*

patris, *a quo forte exheredatus est*, teneatur heredibus quasi negotia hereditaria gesserit: cum id quod administravit, non fuerit paternæ hereditatis. Nam etsi negotiorum gestorum actio sit ei cujus nomine perceptum est: ei cujus nomine restitui æquum est. Sed in proposito neque patris negotia fuerunt, qui esse desierat, neque paterna successionis, quæ fuerunt alterius hereditatis. *Quod si filius iste patri suo heres extitit, & movet controversiam, quod pater ejus postquam heres exstitit mortem obierit, ille tractatus incurrit, an ipse causam possessionis mutare videatur?* Quoniam tamen qui negotia hereditaria gessit, & debitor esse cœpit, postea faciens controversiam hereditatis, ut juris possessor, convenitur, idem etiam in hoc filio respondendum erit.

SEquitur de petitione hereditatis alia longe difficilior quæstio, *l. ult. si pars hered.* Sciendum est, petitionem hereditatis dari tantum adversus eum, qui pro herede, vel pro possessore possidet, non adversus eum, qui alio titulo possidet, veluti pro emptore, pro donato, *l. regulariter, de pet. hered. l. pen. C. in quib. cauf. cess. lon. temp. præsc.* Et ratio regulæ est optima, quia is, qui alio titulo possidet rem hereditariam, veluti pro emptore, heredi non facit controversiam hereditatis, quia rem eam tantum, quam possidet pro emptore. Nam etsi dicat se eam rem emisse, quæ est ex hereditate ad te pertinente, se habere in manu instrumentum emptionis, non ideo negat te esse heredem: denique non facit tibi controversiam hereditatis, non contra vindicat hereditatem: & vindicatio omnis mutua est, vindicat actor, & contra vindicat reus, aut non est lis de vindicatione, nisi uterque illam intendat, §. 1. *Inst. de act.* At qui pro herede possidet vel minimam rem, facit tibi controversiam hereditatis, quia existimat se heredem esse, & contendit. Is quoque, qui pro possessore possidet, facit controversiam hereditatis. Pro possessore possidet fur, aut prædo, qui possessionis suæ nullam justam causam allegare potest, qui interrogatus cur possideat, hoc solum respondet; quia possideo, qui interrogationis vertit in responsionem, atque ita si nullam afferat causam suæ possessionis, & tamen litiget mecum, qui me heredem esse ajo, profecto videtur & hic mihi facere controversiam hereditatis, dum suæ possessionis nullum mihi titulum profert, & præsumitur ut heres possidere, qui cur possideat non dicit, nec possit dicere. Et inde factum est, ut detur tantum petitio hereditatis adversus eum, qui pro herede possidet, vel pro possessore, id est, qui facit controversiam hereditatis, quam non facit, qui ex alio titulo possidet. Item sciendum est, petitionem hereditatis dari non tantum adversus eum, qui pro herede, vel pro possessore possidet, sed etiam adversus eum, qui veluti possidet jus, *d. l. regulariter, & l. etiam.* Ut datur adversus debitorem defuncti, sic datur adversus debitorem hereditarium, hoc est, qui negotium hereditarium gessit jacente hereditate: hic nunquam fuit debitor defuncti: nam post ejus mortem ad negotium hereditarium accessit, & debitor esse cœpit ex gestione: ab hoc peti potest hereditas quasi a juris possessore. Omnis debitor juris possessor est, id est, quicumque id est ex nostro, jus nostrum quodammodo possidet: a debitore heredis, veluti ab eo, qui negotium gessit heredis, post aditam hereditatem non potest peti hereditas, *l. quod si in diem, §. non solum, de pet.hered.* His cognitis ita ponamus speciem. Titius Valentiæ moriens multos sibi heredes instituit, & in his patrem tuum profectum in Asiam, & qui ibi decesserat vivo testatore: tu vero cum existimares patrem adhuc vivere, partem hereditatis, ex qua heres a Titio scriptus fuerat, administrasti, & rebus hereditariis quibusdam distractis pretia percepisti. Pone, distraxisse te fructus, vel alias res, quæ mora perituræ erant: nam ceteræ res non possunt distrahi a gestore negotiorum: nam nec a procuratore totorum bonorum sine speciali mandato, *l. procurator, de procur.* Quæritur, an coheredes patris possint tecum agere petitione

hereditatis, qui ex rebus hereditariis pecuniam confecisti, & apud te habes? Et ait Papin. non posse agere, quia non potes videri pro herede, aut pro possessore possidere, quia non tibi, sed patri possides, & contemplatione patris, quem superstitem arbitraris, & ita *l. etiam §. si quis, de pet. hered.* Hæc actio datur adversus eum, qui sibi possidet, non qui alii, ut gestor, ut procurator voluntarius. Verum coheredibus patris erit in te actio negotiorum gestorum, quasi negotio hereditario gesto, quia scilicet, portio patris accrevit coheredibus ejus. Dices: imo non accrevit, sed pervenit ad fiscum. Nam ponitur pater decessisse vivo testatore. Ergo portio illi adscripta fuit in causa caduci: quæ relicta deficiunt post testamentum vivo testatore, in causa caduci, cadunt in fiscum, nec accrescunt heredibus, hoc, inquam, jure ante constitutionem Justiniani, qui sustulit caduca, & ea quæ sunt in causa caduci: id est, jus omne fiscale, cui ex his causis locus erat ex l. Papia: sed hoc jure ea, quæ sunt in causa caduci, ut si unus ex heredibus moriatur vivo testatore, portio ejus cadit in fiscum, nec accrescit coheredi: & tamen hoc loco Papinian. ostendit, eam portionem patris accrevisse coheredibus: quid dicemus? Aut coheredes fuisse ex liberis, aut parentibus testatoris, in quibus servabatur jus antiquum, non novum, id est, leges caducariæ: præferebantur enim fisco in his, quæ deficiebant post testamentum, quæ deferebantur fisco, *l. unica, §. & cum lex, C. de cad. tol. & Ulpianus in fragm.* Vel dicemus coheredes fuisse invicem substitutos, portionem patris coheredibus jure substitutionis reciprocæ obvenisse, quæ substitutio præfertur fisco *l. 5. de vulg. subst. d. l. un. §. 1.* Vel quod magis est, quodque Græci sequuntur, in *l. ult. & l. pen. hoc tit.* quæ est de re eadem fere, ponendum portionem hanc non esse in causa caduci: sed haberi pro non scripta, patrem decessisse ante testamentum: plane ergo vivo testatore mortuum fuisse heredem scriptum ex parte: ergo portionem ipsius esse pro non scripta: semper autem quæ pro non scriptis erant, accrescebant coheredibus, neque ad hæc admittebatur fiscus, sed ad caduca tantum, id est, quæ deficiunt post testatoris mortem; vel quasi caduca, quæ deficiunt post testamentum Patri meo post mortem meam ab alio herede scripto, mortuo patre herede scripto ex parte, ut dicam brevius. Nec movemur verbis l. dum ait, patrem decessisse vivo testatore: nam & is sane decessit vivo testatore, qui decessit ante testamentum, & hoc interpretamentum Græcorum extat in Basil. lib. 42. tit. 2. his verbis: τȣ̃ πατρὸς με μετὰ τὸ τελευτῆσαι, κληρονόμον μετὰ τινὸς, γραφέντος. Cum quidam patrem meum, qui jam vita excesserat, heredem instituisset. Ergo tu, qui eam partem quæ erat patri jam mortuo adscripta administrasti, negotium hereditatis gessisti, & consequenter negotium coheredum patris, qui postea adierunt: nam tu administrasti eam portionem, & distraxisti, antequam heredes adirent, hoc pertinens est cum hoc loco, tum in *l. pen.* nam si post aditionem coheredum partem illam administrasti, non gerebas negotium hereditarium, id est, jacentis seu vacantis hereditatis, sed negotium heredum, & factus es ex ea causa non debitor hereditarius, sed heredum. Itaque nullo casu conveniri potes petitione hereditatis; nam a debitore heredis non potest peti hereditas, *d. l. quod si in diem, §. non solum*. Et tamen in fine hujus legis datur casus, quo a te petitur hereditas, quasi a juris possessore: quæ sane non peteretur, si esses debitor heredum, non hereditatis, nec diceret lex passim, *te gessisse negotium hereditarium*; gerendo autem negotium hereditarium, antequam heredes adirent, tu tibi hereditatem obligasti, & tu vicissim te hereditati obligasti actione negotiorum gestorum, ut ait *l. nam & servus, §. 1. de negot. gest.* nam etiamsi negotium illud gesseris nomine patris tui ut absentis, non nomine totius hereditatis, tamen reipsa gessisti negotium totius hereditatis, & consequenter teneris eo nomine heredibus, qui post adierunt Titianam hereditatem; nec enim tam spectamus, cujus nomine negotium gesseris,
quam

quam tujus reipfa gefferis: nam etiamfi primi negotium geſſeris, cum exiſtimares te agere fecundi, inter te & primum eſt actio negotior. geſtorum ultro citroque *l. 5.* *§. 1. & l. 6. §. item quæritur, & duab. ſeq. l. qui utiliter, de negot. geſt. l. in hoc judicium, comm. divid.* Atque ita in hac ſpecie non teneris quidem coheredibus patris petitione hereditatis, quia tibi non poſſedifti, ſed patri, ſed teneris negotiorum geſtorum, quia revera negotium hereditarium geſſiſti diſtrahendo, ut ſcilicet reddas pretia, quæ accepiſti, coheredibus, quibus portio illa accrevit: patris autem heredibus non teneris eadem actione, vel alia ulla. Finge te fuiſſe exheredatum a patre aliis heredibus ſcriptis, an quod partem hereditatis adſcriptam patri adminiſtrafti, teneris paternis heredibus? Minime, quia quod adminiſtrafti eſt Titianæ hereditatis, non paternæ: & hoc eſt quod proponit his verbis: Cum heredis, &c. Quod ſequitur eſt obſcurum. Contra ſententiam hanc, quæ dictat, te non teneri heredibus patris a quo fuiſti exheredatus, ejus negotii nomine, ſed heredibus Titii negotior. geſtor. actione, poſſet quis uti hoc argumento, cui reſpondet Papin. in ſequentibus: *Actio negotiorum geſtorum datur ei cujus nomine debitum exactum eſt, quamvis ei revera nihil debitum fuerit, l. 6. §. item quæritur, & §. ſeq. de negot. geſt.* Sed ut Latini & Græci ſupplent recte: *Exigitur, ut ratam exactionem habuerit*: nam ratihabitio conſtituit negotium ejus, quod initio ejus non fuit, licet fit geſtum nomine ejus. Porro filius nomine patris adminiſtravit eam partem hereditatis, cum tamen non eſſet heres pater: erat enim ea portio pro non ſcripta, & pater pro non ſcripto, & diſtraxit res nomine patris. Ergo heredibus patris, inquies, danda eſt actio negotiorum geſtorum, quia nomine patris tu illud negotium geſſiſti; nec refert, quod revera non fuit ejus negotium, ſat eſt quod geſſiſti nomine patris. Papinian. reſpondet, nos in hanc rem abuti propoſitione, quæ ſumpta eſt initio: neque enim ſpecies de qua hic tractatur, ſive propoſitio, ut ſolet loqui Julianus, convenit cum ſpecie, & propoſitione ſuperiori: quia negotium quod tu geſſiſti nunquam fuit patris, qui eo tempore quo geſſiſti deſierat eſſe in rebus humanis, quique illud ratum non habuit, quod omnino requirebatur: ratihabitio illud negotium non conciliavit, non fecit patris, qui deſierat eſſe: ac propterea negotium illud non fuit hereditatis patris, ſed hereditatis Titii, non fuit ergo heredum patris, nec ſuſceptum eſt nomine heredum patris, nec geſtum, ut non poſſit inde dari actio negotiorum geſtorum heredibus patris: ſed videtur eſſe alienum negotium, id eſt, hereditatis Titianæ: nam nomine patris geſſiſti, ut heredis Titii, qui tamen heres non erat: & ideo magis eſt, ut dicamus alienum eſſe nomen, alienam rem, alienum negotium, id eſt, hereditatis Titianæ. Ergo debere te pecuniam redactam reſtituere heredibus Titii, non heredibus patris. Et hoc eſt, quod voluit Papin. in ſeq. ſed locus eſt valde depravatus etiam in Pand. Florentinis: ſic enim legitur: *nam etſi negotiorum geſtor. actio ſit ei, cujus nomine perceptum eſt, ei cujus nomine reſtitui æquum eſt*: & verior eſt vulgata ſcriptura, quam ſequuntur Baſilica: *heic* tamen legendum eſt, *non, hoc.* Ergo ſententia hæc eſt: quamvis debitum exactum nomine Titii, Titius repetat actione negot. geſtorum, quamvis ei non ſit debitum, dummodo ratum habeat, tamen *hic, ἐν ταῦδα* in ſpecie propoſita, quod nomine hereditatis non patris, ſed alterius eſt perceptum, æquum eſt reſtitui hereditati: coheredibus ergo patris, non heredibus. Reſtat unus caſus tantum de filio eodem, qui in ſpecie eadem cum pater deceſſiſſet vivo teſtatore, hoc ignorans pecuniam ejus adminiſtravit, de eodem inquam filio non exheredato, ſed herede patris. Idem filius, qui id negotium geſſit ignorans patrem deceſſiſſe, heres exſtitit patri, & quaſi heres dicit ad ſe pertinere partem illam hereditatis Titianæ: Nam affirmat patrem deceſſiſſe poſt aditionem, *il met cela en ſait*, non ante, atque ita adquiſiſſe portionem illam hereditatis Titianæ. Facit igitur controverſiam hereditatis pro par-

te illa. Quæritur, an conveniri poſſit petitione hereditatis? Et ita videtur: poſſidet enim jam pro herede, aut ſi falſum titulum heredis ſciens prætendit, id eſt, ſi falſo ſciens affirmat patrem deceſſiſſe poſt aditionem, poſſidet pro poſſeſſore. Sed contra non videtur petitione hereditatis, quia neque pro herede poſſidet, neque pro poſſeſſore: etiamſi enim aſſumat nomen heredis, & contendat eam partem ad ſe perveniſſe, quod ex ea parte adjerit hereditatem Titii: tamen non poteſt videri eam partem poſſediſſe pro poſſeſſore, vel pro herede: nam regula juris eſt, neminem ſibi ipſi poſſe mutare cauſam poſſeſſionis *l. 3. §. illud, l. quod, l. cui bona, §. ult. de adquir. poſſeſſ. l. 2. §. 1. pro her. l. non ſolum, §. quod vulgo, de uſucap.* cauſam poſſeſſionis, id eſt, titulum. Filius poſſedit alieno nomine, hoc eſt, patris: non poteſt igitur efficere, ut poſſideat ſuo nomine, qui alii: non poteſt efficere, ut poſſideat ſibi: non mutavit cauſam poſſeſſionis, ergo non tenetur petitione hereditatis, quia ſibi non poſſidet. Sed longe aliter reſpondet Papinianus, & ab extraneo ſumit argumentum ad filium. Finge: Quidam extraneus geſſit negotium heredis, & debitor eſſe cœpit ex ea adminiſtratione, alii geſſit, nunc facit controverſiam hereditatis, cum pecuniam poſſidet ut heres, an teneatur etiam petitione hereditatis? Sic videtur, ut poſſeſſor juris, id eſt, ut debitor hereditarius. Ergo & filius tenetur ea actione, hoc eſt veriſſimum, *d. l. quod ſi diem, §. non ſolum.* Neque obſtat illa regula: neminem ſibi poſſeſſionis cauſam mutare poſſe: quæ ita procedit, ut nemo ſolus ſibi mutare poſſit titulum poſſeſſionis nulla extrinſecus accedente cauſa, *l. cum nemo, C. de adq. her.* Sed nova quædam extrinſecus accedente cauſa poteſt mutari cauſa poſſeſſionis; non poteſt ſibi mutare, ſed poteſt ſibi mutari te ipſa, re exiſtente quadam nova. Finge: Fur rem furtivam poſſidet pro poſſeſſore: ſed ſi rem dominus ei donaverit, incipiet poſſidere pro donato: mutavit cauſam poſſeſſionis, ſed eam ipſe non mutavit, ſed dominus. In hac etiam ſpecie dico accidere novam cauſam extrinſecus, quæ mutat titulum, cognitio ſcilicet mortis patris: hæc efficit per ſeipſam, non ſola deſtinatio filii, ut, qui poſſidebat patri, quem vivere putabat, nunc faciens controverſiam hereditatis poſſideat ſibi. Cognitio erroris nova cauſa eſt, quæ patitur facile mutari titulum poſſeſſionis, & ita in *l. etiam, §. ſi quis abſentis, de petit. her.* Quidam poſſidebat nomine abſentis hereditatem totam, vel partem, & incertum erat, an abſens ratum habiturus eſſet, nec ne: interim is, qui poſſidet abſentis nomine hereditatem, non tenetur petitione hereditatis, quia non ſibi poſſidet, ſed alii: ſed poſtea ille ratam illam poſſeſſionem non habeat, tunc geſtor ille videbitur ſuo nomine poſſidere pro poſſeſſore, quaſi prædo, & tenebitur petitione hereditatis. Nam quod contigit, ut non habuerit ratum is, cujus nomine poſſidebat, hoc immutat titulum poſſeſſionis. Ratum non habere, eſt facere: non ipſe ſibi mutat, ſed factum abſentis, qui quod is geſſit ratum non habet: & ita juſta aliqua cauſa accedente potes dicere non tam mutare ſibi quem cauſam poſſeſſionis, quam ei mutari: & hoc facile toleravit in ultima parte hujus legis, idemque evenire in *l. pen.* cum multi ſunt inſtituti heredes, & inter eos, qui erant in Aſia, qui ante teſtamentum relicto herede ſuo procuratore, & alio quodam: & hoc omne cum ignoraret procurator, partem hereditatis adminiſtravit, ex qua fuerat ſcriptus: ait eum teneri coheredibus domini petitione hereditatis, ut reddat eam pecuniam, videlicet, quod ſupplendum eſt, ſi procurator, addendum eſt, faciat controverſiam hereditatis, veluti poſſeſſor juris, id eſt, debitor hereditarius: nam geſſit antequam adirent coheredes: hæc ſunt, quæ erant adnotanda ad hanc legem.

---

### Ad L. Si navis LXII. de Rei vindicatione.

*Si navis a malæ fidei poſſeſſore petatur, & fructus æſti-*
*man-*

mandi sunt, ut in taberna, & area, quæ locari solet: non est ei contrarium, quod de pecunia deposita, quam heres non attigit, usuras præstare non cogitur: nam & si maxime vectura, sicut usura, non natura provenit, sed jure percipitur: tamen ideo vectura desiderari potest, quoniam periculum navis possessor petitori præstare non debet, cum pecunia periculo dantis fœneretur.

§. 1. *Generaliter autem*, cum de fructibus æstimandis quæritur, constat animadverti debere, non an malæ fidei possessor fruiturus sit, sed an petitor frui potuerit, si ei possidere licuisset, quam sententiam Julianus quoque probat.

HÆc lex etiam est de petitione hereditatis, sicut duæ priores, & quæstio ejus est de æstimandis fructibus a judice in petitione hereditatis & in actione in rem speciali. In hac quæstione, ut notatur in *l. fructus, hoc tit.* separandus est malæ fidei possessor a bonæ fidei possessore, & hujus sententiæ verior summa hæc est. Post litem contestatam nullam esse inter bonæ fidei & malæ fidei possessorem differentiam, scil. si quæratur de fructibus perceptis, aut percipiendis post litem contestatam: neque enim eos indistincte restituit: Sed differentia est inter eos quoties quæritur de fructibus perceptis, aut percipiendis ante litem contestatam: nam si conveniatur malæ fidei possessor, æstimantur fructus, qui percepti sunt ante litem contestatam, atque etiam ii qui percipi debuerunt, idque indistincte & percipiendi, idque indistincte, sive titulum habuerit malæ fidei possessor, sive non: quam tamen distinctionem Accurs. conatus est introducere perperam, sive ex his locupletior factus sit, sive non. Bonæ fidei vero possessor restituit fructus perceptos ante litem contestatam, nec tamen omnes, sed eos duntaxat ex quibus locupletior factus est, fructus percipiendi non æstimantur, quia cum esset bonæ fidei possessor, existimatur rem suam neglexisse. Porro in fructibus numeramus mercedem locationum, vecturas jumentorum & navium, *l. mercedes, de petit. her.* Finge: Is, qui mala fide possidebat navem alienam, nullum quæstum fecit ex ea, nulli eam locavit, & nullam vecturam tulit. Ait Papin. hoc loco, in petitione hereditatis, & in speciali vindicatione malæ fidei possessorem damnari domino navis, quod ex ea fructum non percepit, quem dominus percepisset, si navem possedisset. Damnari igitur fructuum percipiendorum nomine. Idem esse ait, si tabernam, vel aream alienam mala fide possederit (nam & hæc locari solent) si igitur aream non locarit, perinde domino tenetur, ac si eam locasset. Denique præstat domino mercedes locationum etsi locationes nullæ intervenerint. Solere tabernas, ergaftaria locari nemo est qui nesciat: locari nemo nescit: Solere etiam areas, id est, plateas locari, eas domini locant mercatoribus, ut in iis merces suas disponant. Itaque bonus paterfam. primo loco ponit areas & prata; & inde in *l. 7. de usufruct.* ad fructuarium pertinere obventiones ex areis. Et M. Tullius ad Varronem: *nos quantum ex areis habemus, &c.* nec pro areis est inutilis fructus arcis. Areæ igitur locantur mercium disponendarum causa: quamvis alias non liceat fructuario ædificare in prædio fructuario. Sed casæ ædificium tolerabitur: nam ædificium temporis causa tantum, non ut ibi perpetuo sit, & plerumque ductilis est, & sic *l. 3. in quibus caus. pign. vel hypot. & hujus, qui pot. in pign.* ostenditur, area locata merces in ea positas tacite pignoratas esse pro mercede, quod pro pensione ædium, res ab inquilino invectæ & illatæ tacite pignori sunt, sicut & pro vectura res invectæ in navem, *l. 5. ad exhib.* Ergo, quod primum velim vos ex hac lege annotare, hoc est: malæ fidei possessorem, qui navem, tabernam, aream non locavit, nihilominus mercedes locationis domino præstare. Objicit huic sententiæ Papinian. quod constat inter omnes, malæ fidei possessorem, qui sciens possi det hereditatem alienam, quique pecuniam depositam, & inventam in hereditate non attigit, id est, non fœnori occupat, sed otiosam & sterilem habet, eum ejus pecuniæ

usuras non præstare domino, quamvis petitio hereditatis, qua convenitur, sit bonæ fidei judicium: nam & idem servatur in aliis bonæ fidei judiciis, otiosæ enim pecuniæ usuræ non præstantur, *l. qui semisses, §. ul. de usur.* Ergo & malæ fidei possessor, qui non attrectavit pecuniam inventam in hereditate, ejus usuras non præstat: & hoc ita proponitur a Papiniano, & refertur ab Ulpiano, in *l. item veniunt. de petit. heredit. ex lib. 3. quæst.* Sed emendandum *ex sexto* per istam legem: & ait hoc loco Papinian. pecuniam depositam non intelligens pecuniam ex depositi contractu, sed depositam pecuniam veluti præsidii causa, ut in *l. si chorus, de leg. 3.* Et eodem sensu *d. l. qui semisses, l. quamvis, §. ult. de pig. act.* pecunia deposita vel reposita, id est, præsidium; usuræ sunt vice fructuum, ut ait *l. usuræ, de usur.* usura est velut ususfructus, *l. 3. de usufr. ear. rer.* Hoc cum ita sit, sic arg. si malæ fidei possessor, qui pecuniam non attigit, fructus, hoc est, usuras pecuniæ non præstat: cur tamen is, qui navem non exercuit, fructus, id est, vecturas præstat? & usuræ & vecturæ vice fructuum sunt, aut sane fructus civiles, qui ex obligatione civili percipiuntur, usuræ ex stipulatione, vecturæ ex locatione & conductione, *l. usura, de verb. sign.* Neque usura, neque vectura natura provenit, ut ait Papin. neque enim sunt fructus naturales; quia nec fructum fert pecunia, neque navis naturaliter. Neque ideo Aristot. dixit, usuram non esse secundum naturam, quod efficiat, ut videatur pecunia fructum ferre: alioqui neque vectura videretur esse secundum naturam: sed ideo quia locatio proprie in nummis non cadit: inventus est enim nummus ut ejus beneficio contraheretur emptio & venditio, non ut ipse interveniat in venditione, est ut ille ait μετάβολης, Plauto ἀνάγκης ἕνεκα, fœneratio est veluti locatio pecuniæ, usura merces: navis tamen recte cadit in venditionem & locationem, nec possis etiam dicere, vecturam, non esse secundum naturam, imo est: sed usura non secundum naturam est: nam utimur navi dum eam locamus, nummis abutimur; eos collocamus fœnori: unde merito quæritur, cur malæ fidei possessor, qui pecuniam non exercuit, usuras non præstet, & tamen malæ fidei possessor, qui vecturas non exercuit, vecturas præstat ? Huic objectioni respondet Papinianus, & est valde præclara hujus legis sententia, magnam rationem differentiæ esse inter vecturam & usuram, inter collocationem pecuniæ & navis; nam pecunia collocatur periculo dantis, non domini, navis locatur periculo domini: non est igitur culpandus malæ fidei possessor, qui noluit se conjicere in periculum pecuniæ fœnori occupatæ, qui noluit adire istam aleam amittendæ ejus pecuniæ, puta debitore pauperiore facto; verum culpandus, si quod potuit facere sine suo periculo, non fecerit, qui si navem non locaverit idonea tempestate, nam potuit eam locare absque suo periculo, præstat enim dolum tantum, & culpam, non casum fortuitum, non naufragium. Igitur culpa vacat, si idonea tempestate navem navigantum miserit nec si vi majore perierit navis, eum casum petitori præstat. Sciendum, me nullo modo concedere, quod ad hanc legem adnotavit Accurs. malæ fidei possessorem pecuniæ usuras, quas percepit, non præstare domino: de usuris percipiendis non tenetur domino, ut diximus; de ceteris fru-

fructibus tenetur, & dicit eadem ratione id fieri, quia eas collocavit suo periculo. Hoc non admitto: refragatur *l. 1. C. de pet. her. l. 1. C. de his quæ ut ind.* & quod dicitur generaliter, omne lucrum esse auferendum malæ fidei possessori, *l. 28. de pet. her.* ergo & usuræ sunt auferendæ, quas percepit. Nec moveor *l. si unus, §. si unus, pro soc.* quam adfert A. Socius pecuniam communem communi periculo collocavit: commune est lucrum, communes usuræ. Rursus finge: socius communem pecuniam suo nomine collocavit, & usuras percepit, an eas communicabit? minime, quia non quæritur de aliena pecunia fœnori occupata, sed communi, cujus ipse periculum adire voluit: cum suum fecerit periculum solidum, æquum est ei relinqui usuras. Non est ei invidendum lucrum: & alia est causa alienæ pecuniæ, & longe alia communis. Utitur etiam Accurs. *l. postulante, §. ult. ad SC. Trebell.* Finge: heres rogatus restituere hereditatem sub conditione, ea pendente pecuniam hereditariam collocavit, & usuras percepit: hæ usuræ non veniunt in restitutione fideicommissi, ut cujus periculum fuit, ejus sit etiam lucrum. Et hic casus non est nostro similis: est enim de propria pecunia, non aliena. Interim hereditaria pecunia est heredis antequam venerit dies, vel conditio fideicommissi. Concludamus igitur: malæ fidei possessorem præstare usuras, quas percepit, non etiam quas percipere potuit; de ceteris omnibus fructibus teneri etiamsi non perceperit, quos percepit, vel percipere potuit, quia potuit eos percipere citra ejus periculum, non item fœnus. Ad hæc Papin. addit generalem regulam in §. *ult. de fructibus æstimandis.* Tota igitur quæstio est de officio judicis. Æstimantur ergo fructus percipiendi, cum agitur cum malæ fidei possessore, vel speciali in rem actione, vel petitione hereditatis: nihil refert utrique hæc lex communis est: & generaliter non tam spectandum esse ait, quos esset percepturus malæ fidei possessor, ut in eos condemnetur, etiamsi non perceperit, sed inspiciendum, quos percipere potuisset dominus, si eam non possedisset: damnabitur ergo malæ fidei possessor, non in eos quos ille percipere potuisset, sed quos dominus honeste. Et placet quod ait, *constat animadverti debere:* quibus etiam verbis ostenditur hic agi de officio judicis: animadverti scilicet ab ipso judice æstimationem fructuum. Sic in *l. cum te, si cert. pet. & in l. mora fieri, de usur.* cum quæritur, an mora facta sit, animadverti debere ait, a judice scilicet: nam judex est justus æstimator moræ: Jurisconsultus non potest æstimare, sed judex est ejus rei arbiter & disceptator, *d. l. mora*

---

### Ad L. Si urbana LV. de Condict. indebiti.

*Si urbana prædia locaverit prædo: quod mercedis nomine ceperit ab eo, qui solvit, non repetetur: sed domino erit obligatus. Idemque juris erit in vecturis navium, quas ipse locaverit, aut exercuerit. Item mercedibus servorum, quorum opera per ipsum fuerint locata. Nam si servus non locatus mercedem ut domino, prædoni retulit, non fiet accipientis pecunia. Quod si vecturas navium, quas dominus locaverat, item pensiones insularum acceperit, ob indebitum ei tenebitur, quia non est liberatus solvendo. Quod ego dici solet, prædoni fructus posse condici: tunc locum habet cum domini fructus fuerunt.*

Quæstio hæc conjungenda est cum superiore, nam utraque est de fructibus, utraque pertinet ad materiam de petitione hereditatis, de qua potissimum Papinianus eodem libro tractavit. Ex superioribus intelleximus malæ fidei possessorem, qui rem alienam locavit, teneri domino petitione hereditatis, ut præstet mercedes locationum, quas percepit: nunc videamus, an idem etiam teneatur conditictione indebiti, a quo mercedes accepit, quasi is non deberet malæ fidei possessori solvere, sed domino. Et hoc primum Pap. tractat in prædone, seu malæ fidei possessore, qui locavit urba-

na prædia, sed & tractari quidem potest in eo, qui locavit rustica prædia, & qui mercedes accepit: & ait, conductorem non posse condicere, quod solvit, quia ei debuit ex contractu locationis, non domino, & pecuniam accipientis fecit, & liberatus est: cui ex solutione contigit liberatio, is non habet condictionem indebiti: nam quicunque liberatur, recte solvit: condictio indebiti parata est tantum solventi perperam: non tenetur igitur prædo conditictione indebiti conductori a quo mercedem accepit, sed domino tantum, ut mercedem quam accepit, reddat; & tenetur petitione hereditatis, quæ mixta est actio, & continet personales præstationes: vel si non sit controversia de hereditate, tenetur conditictione sine causa, quod ex re aliena pecunia sine causa acceperit, vel ex injusta causa: dixi conductorem, cui prædo locavit, quique prædoni mercedem retulit, mercedem fecisse accipientis prædonis: dices, mercedes sunt loco fructuum, malæ fidei possessor sive prædo fructus suos non facit, nec mercedes igitur. Est vera propositio, verissima assumptio, rectissima conclusio. Nos dicimus, pecuniam factam prædonis, quam solvit conductor, quæ loco fructus est: prædo igitur facit fructus suos, sic respondendum: per seipsum non facit fructus suos, etiamsi ipse eos percipiat, sed per alium potest facere fructus suos, ut per conductorem, qui bonæ fidei possessor fuit, vel etiam per creditorem suum, qui bona fide pignus accepit, *l. si pignore, §. si prædo, de pign. act.* Cujus speciès est relatu dignissima. Prædo rem alienam creditori suo pignori dedit: soluto debito agit pigneratitia, ut sibi reddatur pignus: an in hanc actionem venient etiam fructus? an pigneratitia agere potest de reddendis fructibus quos percepit creditor, vel imputabit in sortem, vel usuras? cum non fuisset contracta ἀντίχρησις. Et ait, cum etiam acturum pigneratitia actione de fructibus. Atqui fructus suos non facit prædo, sed vindicantur a domino, si extent, vel consumpti condicuntur conditictione sine causa, vel injusta causa: cur ergo ei detur actio de fructibus, quos fuos non facit? Imo vero in hac specie suos facit, quia prodest ei, quod creditor bonæ fidei possessor fuerit: quæ verba sunt obscura. Sed res ita se habet; si prædo fructus decerpat, & colat, ipse fructus suos non facit, dominus prædii eos vindicabit quasi suos. At creditor, qui bonæ fidei possessor fuit, videtur eos fecisse suos, ac perinde per eum etiam prædo cui restituitur res pignerata cum fructibus a creditore perceptis: nec est novum, ut quod quis per se non habet, per alium habeat, *l. Aristo, qua res pig. dat. l. cum her. de adq. her.* Per eundem creditorem & creditorem, qui bona fide possidet, etiam prædo fructus suos facit, nec domino obligatur eorum nomine rei vindicatione, aut cum eo dominus agere non poterit rei vindicatione, sed aget petitione hereditatis, vel conditictione sine causa cum prædone. Hoc cum docuisset Pap. de pensionibus prædiorum urbanorum subjicit idem esse in vecturis navium, si prædo navem alienam locaverit, aut exercuerit, & vecturas acceperit. Aliud est locare navem, aliud exercere. Nam exercet navem etiam, qui non locat, sed qui mandat magistro, qui quasi institor est, curam totius navis: ea lege, ut & se pensionem & reditus perveniant, quo nomine est actio mandati exercitori in magistrum, *l. 1. §. magistrum l. si eum, qui, de exercit. act.* Quocirca non recte condicit magister navis vecturas, quas retulit exercitori, quandoquidem referre obligatus erat judicio mandati; sed exercitor eas vecturas, quas accepit, cogitur reddere domino navis. Idem omnino servari ait Pap. in mercedibus servorum, si prædo servi alieni operas locaverit, & mercedes acceperit: nec enim eas condicet, qui prædoni solvit, qui domino recte aget cum prædone, & intendet eas sibi dari oportere. Hoc est quod continetur prima parte hujus legis. Secunda pars hujus legis non est de prædone, qui domum, vel navem, vel operas servi locavit, sed de servo ipso, quem mala fide prædo possidebat, qui seipsum locavit, hoc est, operas suas, & mercedem prædoni ut domino suo retulit: hoc casu Papinian.

nian. ait, eam mercedem non fieri accipientis, prædonis scilicet : & nihil addit præterea. Papinian. putabat posse satis intelligi ab omnibus quod prætermittebat. Neque tamen id videtur Accursius intellexisse: vult enim dominio servi dari ejus pecuniæ vindicationem, si extet, vel si sit consumpta, conditionem sine causa, vel ex injusta causa, quam tamen tota hæc lex sit de conditione indebiti, ut titulus indicat, & omnino sunt tres casus in hac lege. Primo casu prædo non tenetur conditione indebiti, duobus aliis tenetur : & debuit Accursius dicere: & ideo is, qui mercedem solvit servo, qui suas operas locaverat, quam deinde prædo conduxit retulit, adversus prædonem habet conditionem indebiti, qui ratum habuit, quod servus fecit, id est, qui relictam pecuniam accepit, qui scilicet conductor non ei debuit mercedem, sed domino servi ; & consequenter, non est liberatus solvendo mercedem servo, cui servo non contingit liberatio, ei datur conditio indebiti : non liberabitur is, cui servus conduxit operas suas, si servo solverit mercedem sine voluntate domini, quamvis servus eam non sibi retinuit, sed possessori retulit, quia tenetur adhuc vero domino ex locato: merito igitur condicet, & repetet tanquam solutum per errorem. Objiciatur l. 1. §. si rem a servo depos. Res a servo apud me deposita est, ego eam reddidi domino, cum putabam dominum servi, cum non esset, vel eam reddidi servo, ut perferret ad Titium, an sum liberatus, an domino est integra adversus me actio depositi? quod negat d. l. 1. §. si rem, & ait domino competere adversus Titium, cui res restituta est, actionem ad exhibendum, & rei vindicationem si exhibuerit : Verum longe alia est ratio depositi, alia locati & cond. Nam depositarius dolum præstat, non culpam. Et hoc casu depositarius vacat dolo, error et non dolus : at conductor præstat etiam culpam, §. pen. Instit. de loc. & cond. Nam conductor debet esse curiosus & diligens, & inquirere, quis sit verus dominus servi, qui seipsum locavit, & in culpa est si eam diligentiam non adhibuerit, si cuilibet solverit: si persuaderit se esse dominum servi. Tertius casus hujus legis est de vero domino, qui domum aut navem locavit, aut aliam rem. Primus casus fuit de prædone, qui seipsum locavit, tertius est de domino, qui locavit rem suam. Finge: dominus rem suam locavit, sed postea prædo mercedes exegit, dominus contraxit locationem ; prædo nactus possessionem ejus rei, mercedes accepit: hoc casu etiam prædo tenetur conditione indebiti, qui solvit per errorem, quia solvendo non est liberatus, cum pecuniam non fecerit accipientis, alias non liberatur nisi fecerit, & perfecte, l. cum quis, §. qui hominem de solut. Denique non se liberat, merito igitur condicit quasi indebitum quod prædoni solvit. Primum si dico, non se liberavit a domino eodem locatore, qui per errorem prædoni solvit. Contra dices ( quod objicit Accursius ) imo ignorantia proficere ei debet ad liberationem, ut in l. ejus, qui in provincia, de reb. credit. l. inter, §. 1. mand. quod negandum est: nam non proficit ad liberationem: alioquin omnes liberarentur prætextu ignorantiæ; neque enim quælibet ignorantia est justa & probabilis, & justa tantum ignorantia parit liberationem, ut si præcesserit mandatum, & solveris tardius tamen extincto mandato morte mea, ignorans, me esse mortuum ; hoc casu ipso jure liberabaris, quod antecesserit mandatum. Sed nullo præcedente mandato, si quis solverit falso procuratori, vel ei cui falso existimat se solvere voluntate creditoris, non liberatur, l. qui hominem, §. si nullo, de solut. Repetamus quod ante diximus, non liberatur a locatione, qui prædoni solvit per errorem; sic est, sed si postea prædo quod percepit, restituat domino & locatori, ipso jure contingit liberatio, l. sed etsi lege, §. certe, de petit. hereditat. (ex Julian. 4. ff. sed legendum 54. id ex l. qui hominem, §. si nullo, de solut.) & ita etiam in l. si quid possessor, §. ult. de petit. hereditat. in quo refertur eadem Juliani sententia, legendum est 54. His autem tribus casibus propositis Papinianus concludit ita, & conclusionem posses facere quartam partem hujus legis, id quod vulgo dicitur, fructus prædoni condici posse, conditione scilicet indebiti, de qua tota lex est, qui ei soluti sunt: vulgaris est hæc sententia. Sed concludit Papinianus hanc sententiam esse intelligendam de fructibus, qui domini fuerunt, id est, de fructibus, qui domino debiti fuerunt, ut secundo casu & tertio. Secundo, quia servus ipse locationem contraxerat; tertio, quia dominus ipse contraxerat. His igitur duobus casibus fructus prædoni soluti, quasi indebitos condici posse. Id autem intelligendum non est de fructibus qui fuerunt prædoni debiti, ut primo casu cum prædo conditionem accepit, & consumptorum, & datur prædoni locationem ab eo, qui solvit: quique liberatus est solvendo. Et perperam Accurs. hanc generalem conclusionem refert tantum ad secundum casum, non etiam ad tertium: nam utroq. casu fructus domino debiti fuerunt, & ei qui solvit male prædoni est conditio indebiti. Deinde etiam male Accurs. vulgarem illam sententiam accipit de conditione fructuum a prædone perceptorum, & consumptorum, quæ datur domino: hæc vero conditio est conditio sine causa vel injusta causa, quod constat ex l. 3. C. de cond. ex leg. non est conditio furtiva, ut hic Accursius, quia non omnis malæ fidei possessor fur est, aut invasor, licet prædo appelletur passim, nam prædo non semper nobis invasor est, sed quilibet improbus & inverecundus possessor, ut a Græcis dicitur ἀναίσχυντος νομεὺς, qui sciens insidet rei alienæ. Item non est conditio incerti illa generalis, nam fructus percepti maxime certi sunt, & incerti conditio non datur nisi de futuris fructibus, qui maxime incerti sunt, non de præsentibus, l. ubi autem, §. illud de verb. obl. Ergo vulgaris illa sententia accipienda est de conditione indebiti, quæ non domino, sed ei qui solvit datur, sive extantes, sive consumpti sunt. Et omnino sententia hæc est: fructus solutos prædoni quasi indebitos condici posse ab eo, qui solvit ; quam tamen sic accipiendam esse ait Papin. si fructus domino fuerint debiti, ut secundo & tertio casu, non etiam si prædoni, ut primo casu.

### Ad L. Vulgo II. de Usuris.

*Vulgo receptum est, ut quamvis in personam actum sit, post litem tamen contestatam causa præstetur: cujus opinionis ratio redditur, quoniam quale est cum petitur, tale dari debet, ac propterea postea captos fructus, partumque editum restitui oportet.*

EA mens Papiniani est, ut ostendat, non tantum in actione in rem, sed etiam in personam, officio judicis post litem contestatam omnem causam præstari. Causa est omne quod actor habiturus fuisset, si tempore litis contestatæ ei reus satisfecisset, l. præterea, de rei vind. l. cum fundus, in prin. de reb. cred. In omnibus igitur his judiciis, vel in rem, vel in personam præstantur fructus percepti post litis contestationem : imo & percipiendi, quos scilicet actor percepturus fuisset, ex tempore de qua agitur possidere licuisset. Et quamvis Papinianus dicat, fructus postea captos restitui, non ideo sequitur captos tantum restitui : non possunt auctores exprimere omnia : ideoque addendum est, etiam capiendos fructus restitui : alioqui ex l. si fundum, C. de rei vind. qua plerique abutuntur, tu colligeres, malæ fidei possessorem non reddere rationem fructuum percipiendorum, non præstare fructus percipiendos, quod dicat præstare eum fructus perceptos, sed non adjicit taxationem, fructus perceptos tantum: constat malæ fidei possessorem semper præstare fructus percipiendos, vel ante vel post litem contestatam: & hoc est proprium in malæ fidei possessore, ut patiatur rationem fructuum, quos percipere debuit ante litem contestatam, non item in bonæ fidei possessore. Nam post litem contestatam nulla est inter bonæ fidei, & malæ fidei possessorem differentia. Et hoc est quod dicitur, *Omnes possessores post litem contestatam esse pares*, esse prædones, præstare scil. fructus perceptos & percipiendos: quo tamen dicto non debemus uti ad omnia: nam falleret nos sæpenumero, neque enim per omnia verum est, post litem contestatam omnes possessores esse pares, quod potest demonstrari duobus exemplis. Finge ; Homo, de quo lis est contestata, postea mortuus est, an ejus hominis nomine damnabitur bonæ fidei possessor? minime ; Bonæ fidei possessor sanum, seu mortalitatis casum non præstat post litem contestatam, malæ fidei possessor præstat, *l. illud, de pet. her. l. utique, de rei vind.* Item quod post litem contestatam bonæ fidei possessor adquirit per servum, qui petitus est, ex re sua, id non venit in restitutionem, *l. præterea, de rei vind.* quod tamen restitueret malæ fidei possessor, ut etiam per eum hominem parta ex re sua post litem contestatam, *l. 1. C. de rei vind.* Sed quod attinet ad fructuum rationem, vel etiam usurarum, verum est, post litem contestatam omnes possessores esse pares, & sufferre æstimationem non tantum captorum, sed & capiendorum fructuum, & non fructuum tantum, sed etiam omnis causæ: nam & præstare debent partus editos, ut hæc lex ait, &, *l. partum, h.t.* comparantur partus cum fructibus. Fuit hæc vetusta quæstio, an partus esset fructibus annumerandus : sed obtinuit non esse: homo non est in fructu, cujus causa natura omnes fructus profert. Præstantur etiam post litem contestatam omnia commoda, emolumenta, & ut uno verbo absolvamus, omne id quod interest actoris, etiam in specie *l. nummis, de in lit. jur.* quam citat Accursius, quia etiam causæ nomine continetur id, quod interest, *l. pecuniam, de compens.* nihil non comprehendit causa. Ergo intelligimus, quid sit quod ait Papinianus indistincte, sive agatur in rem, sive in personam, causam præstari post litem contestatam : addendum est etiam , officio judicis : nec enim petitur causa, sed venit officio judicis. Sed nondum intelligemus, quæ sit vis hujus sententiæ, & prius inspiciendum est, quo jure id sit introductum, constat causam præstari officio judicis in actionibus in rem, *d. l. præterea.* Sed notandum id originem sumere ex vindiciis, id est, in actionibus in rem fructus æstimant duplicie, *l. si vindiciam falsam tulit, vid.* fuerit. Volunt enim duplos fructus præstari ex tempore litis contestatæ his verbis: *Si vindiciam falsam tulit, ejus rei sive litis arbitros tres dato, eorum arbitrii fructus duplione damnum decidito.* Et inde Paulus 5. Sent. ex deo accepti judicii, id est, ex tempore litis contestatæ duplos fructus præstari : & D. Ambrosius in Epist. 24. *Cum adverterem*, inquit, *eum, si vicisset, acturum de duplis fructibus*, & ita in *l. 1. C. Theodos. de usur. rei ju. l. 1. C. Theod. de fructib. & sumpt. lit.* & hi sunt, qui in his libris duobus locis dicuntur majores fructus, id est, dupli, qui in rei æstimatione in restitutionem veniunt, *l. rescriptum, §. 1. de disp. pig. l. 6. §. ult. mand.* Inde intelligitur quod ait *l. Julian. §. quantum, ad exhib.* in actione ad exhibendum, quæ scilicet datur propter vindicationem (nam vindicaturus desiderat rem sibi exhiberi) in ea, inquam, actione sicut in actione in rem venire fructus post litem contestatam, & æstimari secundum leges 12. tabul. scilicet æstimari duplicie. Igitur lex loquitur *l. 12. tab.* de fructibus tantum, sed porrigitur ab Interpretibus etiam ad partus, & commoda, & ad omnem causam, *l. Julian. §. idem, de rei vind.* Igitur ex mente 12. tab. omnis causa est duplanda post litem contestatam : hodie non duplatur. Ergo si quis quærat, quo jure post litem contestatam causa præstetur in actione in rem, dicemus id fieri ex 12. tab. idem dicam in actione in personam. Nam neque 12. tab. neque alia lege idem est introductum in actione in personam : sed prudenter ait Pap. vulgo id receptum est, id est, hoc jure utimur, *l. cum fundus in princ. de re. cred.* & ex opinione scilicet : nam & opinionem hanc appellat Pap. ex opinione, inquam Sabinianorum, ut ostendit *l. videamus, §. si actionem, h. tit.* Nam Proculiani nec post litem contestatam in actionibus in personam admittebant haberi rationem causæ, quæ rem sequeretur, de qua erat actio : sed obtinuit opinio Sabinianorum cujus, ut heic ait Pap. ratio est sumpta ex æquitate, ut ait §. *si est*, quod æquum sit tale quidque dari, quale fuit eum

A peteretur, id est, cum lis contestaretur : Præstanda igitur omnis ea causa, etiamsi sit actio in personam, non in rem : & lex ea loquitur tantum de actione in rem. Et ita in *l. 8. de re jud.* ostenditur, in actione ex stipulatu, quæ est in personam & valde stricta actio, hac nulla magis stricta, fructuum rationem haberi a tempore litis contestatæ. Et sic in *l. 3. §. in his, h. t.* In his etiam judiciis, quæ neque sunt arbitraria, neque bonæ fidei post litem contestatam omnem causam esse præstandam in eum diem quo sententia dicitur, quibus verbis significat, non tantum in actionibus arbitrariis, vel bonæ fidei, sed etiam in actionibus maxime strictis, post litem contestatam omnem causam præstari. Ad quam sententiam notandum, etiam in bonæ fidei judiciis pleraque præstari ad litem contestatam. Certum est indistincte in omnibus

B judiciis causam præstari post litem contestatam : Sed si quæratur, an ante litem contestatam, tum separanda nobis sunt judicia alia ab aliis. In actionibus bonæ fidei fructus omnimodo præstantur, etiamsi mora non intervenerit, nec lis sit contestata, *l. vid. §. pen. h. t.* Actio enim ex empto vendito non tantum rem præstat, sed fructus captos post venditionem etiam ante moram. In judicio pro socio communicantur etiam fructus. In judicio communi dividundo dividuntur etiam fructus. In judicio dotis restituuntur etiam fructus percepti ante nuptias : Nam percepti in matrimonio cedunt lucro mariti pro oneribus matrimonii. Et generaliter in actionibus bonæ fidei fructus omnino sunt præstandi, id est, sive mora intervenerit, sive non, sive lis contestata fuerit, sive non. Et hoc distant fructus ab usuris, quæ in bonæ fi-

C dei judiciis non præstantur nisi ex mora, nisi mora diem suum intulerit, *l. mora, §. in bonæ fidei, h. t.* Habuimus unam differentiam in *l. si navis*, quod usuras non præstat debitor, qui pecuniam non exercuit, nauta fructus præstat, id est, vecturas, qui navem non exercuit. Addamus hinc differentiam istam, & utramque ad *l. usuras, h. t.* dum ait usuras vicem fructuum obtinere ; nam in duobus casibus separandæ usuræ a fructibus. Notandum etiam actiones legatorum & fideicommissorum semper comparari judiciis bonæ fidei, sed non omnia quæ illis insunt. An dices fructus legatorum vel fideicommissorum præstari ex die mortis ante moram? minime : sed ut usuræ legatorum & fideicommissorum, ita & fructus præstantur tantum ex mora, si qua antecesserit litis contestationem, *l. 3. §. 1. h. t. l. ult. C. de usur. & fruct. leg.* Illa igitur

D differentia inter usuras & fructus, locum tantum habet in bonæ fidei judiciis, non in actione ex testamento, vel in persecutione fideicommissi : nam ex mora tantum præstandorum legatorum debentur usuræ & fructus. Dices, cur in actione bonæ fidei veniunt fructus percepti ante litem contestatam ? hoc fit potestate hujus judicii, & formulæ ipsius prætoris : nam ita agitur his : *quod ex bona fide dari oportet*, & ut Scævola dicebat, *bonæ fidei nomen latissime manat*, id est, complectitur fructus, & omnem causam & usuras. Igitur, quas æquum est præstari post litem contestatam, non ante veniunt in hæc judicia, ut damnum sarciant quod fecit actor, non etiam ut eum lucro afficiant. Et ex ratione formulæ sumitur etiam, quod proditum est in *l. illud, de pet. her.* in petitio-

E nem hereditatis venire fructus etiam perceptos ante litem contestatam, & percipiendos, si sit malæ fidei possessor, & perceptos, si sit bonæ fidei, modo ex his factus sit locupletior. Igitur in petitione hereditatis venire fructus ante litem contestatam, quia petitionis hereditatis hæc est formula ; *Si hereditatem Titianam meam esse paret.* & hereditatis incremento fructus accedunt, sicut de æquitio dicitur in *l. 39. hoc tit.* quæ ostendit, multum interesse, an equi legentur, an equitium. Nam equis legatis fœtus hi tantum debentur, qui sunt nati post moram : legato equitio debentur fœtus etiam, qui fuent editi ante moram, quia equitium est nomen juris universi, quod continet etiam fœtus, sive fructus. Hereditas est nomen juris quod comprehendit etiam fructus, id est, qui petit hereditatem, & fructus petit ; non veniunt fructus in petitiotitionem hereditatis officio judicis, sed vi & poteſtate ipſius judicii ſive formulæ. At in actione ſpeciali in rem utimur verbo rei, *hanc rem meam eſſe* ajo: quod quidem nomen nudum corpus ſignificat: & ideo in actione in rem non veniunt fructus percepti ante litem conteſtatam, non veniunt poteſtate actionis, quia rei nomine non intelliguntur fructus, niſi adhuc pendeant, & cohæreant rei: nam pendentes ſunt pars corporis, ſed qui ſe ſeparati ſunt, jam non ſunt pars ejus rei, nec nomine rei comprehenduntur, aut rei petitione: non veniunt igitur *l. 2. C. de petit. hered.* non veniunt etiam officio judicis antecedentes fructus, id eſt, qui capti ſunt ante litem conteſtatam, ſed ſequentes tantum, *l. ſi fundus, §. interdum, de pign.* Notanda eſt maxime illa differentia inter petitionem hereditatis, & actionem in rem. Ratio differentiæ, ut dixi, eſt ſumenda ex formula, qui hereditatem petit, fructus petit, non etiam qui rem petit. Et inde obſervanda eſt ratio *l. heres, §. ult. de pet. hered. & l. neque, hoc tit. l. eum qui, de his quib. ut ind.* quibus locis tractatur hac de re, an fructuum uſuræ debeantur (venditorum ſcilicet fructuum a poſſeſſore) & veniant in petitionem hereditatis? Et ita diſtinguit; aut pretia ex venditione fructuum redacta ſunt poſt litem conteſtatam, & uſuræ non debentur, quia ſcilicet ea pretia rerum, quæ diſtractæ ſunt a poſſeſſore poſt litem conteſtatam, ſicut fructus percepti poſt litem conteſtatam, petita non videntur: qui petit hereditatem, non petit etiam fructus, qui percipiuntur poſt litem conteſtatam: ſic nec intelligitur petita pecunia redacta poſt litem conteſtatam ex venditione rerum hereditariarum, ſed veniunt officio judicis non quaſi petita: ejus autem quod venit officio judicis nulla poteſt eſſe acceſſio, id eſt, acceſſionis nulla eſt acceſſio: quod venit officio judicis acceſſio eſt judicii, quia non continetur formula hujus acceſſionis. Igitur uſuræ non debentur. Alia eſt ratio fructuum, ſeu pecuniarum redactarum ante litem conteſtatam. Nam hi fructus petiti intelliguntur, non veniunt officio judicis, & huic petitioni facile accedunt uſuræ officio judicis. Hoc ita fit in petitione hereditatis, quæ ante conſtitutionem Juſtiniani multa habebat ex bonæ fidei judiciis; hodie omnino eſt bonæ fidei. Neque hodie ſervatur in conditione fructuum. Finge, malæ fidei poſſeſſor percepit fructus ex re aliena, antequam moveretur controverſia, eos diſtraxit & conſumpſit. Poſſunt condici fructus conſumpti a malæ fidei poſſeſſore conditione ex injuſta cauſa, aut ſine cauſa: an venient uſuræ? Minime: acceſſionem enim uſurarum non admittet ſtrictum conditionis judicium, quam admittet petitio hereditatis, *d. l. neque.* Extremum hoc erit, ut admoneamur non venire fructus perceptos ante litem conteſtatam, niſi nominatim petantur, *l. partum, h. t.* Ante litem conteſtatam in actionem in perſonam non veniunt fructus, non cauſa, niſi ſint bonæ fidei: Nam bonæ fidei nomen, qui utimur in formula, complectitur omnem cauſam. Et quandoque etiam quamvis ſit ſtricta actio ratione formulæ, veniunt fructus capti ante litem conteſtatam, ut in actione Fabiana, vel Calviſiana, Pauliana, Quod metus cauſa, in interdicto unde vi, in interdicto fraudatorio, in interdicto quod vi aut clam: in his judiciis, etiam fructus reſtituuntur officio judicis, qui ad reum pervenerunt, vel pervenire potuerunt ante litem conteſtatam, ſi mala fides in eo argui poſſit, quoniam Prætor, qui dat ea judicia, utitur pleniore verbo, ſcilicet reſtituendi, quod habet pleniorem ſignificationem. Reſtituere eſt in integrum reſtituere, perinde atque ſi quod fuit nunquam fuiſſet: reſtituit igitur & fructus, hoc facit formula: ſicut Juriſconſulti veteres fuerunt obſervatores formularum, ita & nos eſſe debemus, quia ex his pleræque controverſiæ dirimuntur.

Ad L. XIV. de Publiciana in rem act.

Papinianus lib. 6. *Quæſtionum* ſcribit: *Si quis prohibuit, vel denuntiavit ex cauſa venditionis rem tradi, quæ ipſius voluntate a procuratore fuerat diſtracta: & is ni-*

A *hilominus tradiderit, emptorem tuebitur prætor, ſive poſſideat, ſive rem petat. Sed quod judicio empti procurator emptori præſtiterit, contrario judicio mandati conſequetur. Poteſt enim fieri ut emptori res auferatur ab eo, qui venire mandavit, quia per ignorantiam non eſt uſus exceptione, quam debuit opponere: veluti, ſi non auctor meus ex voluntate tua vendidiſti.*

PErtinet etiam ad tractatum de rei vindicatione id, quod ex eodem Papiniani lib. refert Ulpian. in *l. Papinian. de Publ. in rem act.* Pertinet enim ad vindicationem, non quidem directam, & civilem, quæ domino datur, ſed ad utilem & Prætoriam, quæ datur bonæ fidei poſſeſſori ex juſta cauſa poſſeſſionis, non etiam per continuationem poſſeſſionis dominio adepto, ſi forte ante
B impletam uſucapionem poſſeſſionem amiſerit, & res ab extraneo poſſideri cœperit: quæ actio appellatur Publiciana a Publicio Prætore, qui eam primus introduxit, quod ſcilicet adverſus eum, qui bona fide nactus eſt poſſeſſionem, rem habere, quam extraneum, qui eam tenet ſine cauſa. Ergo actio Publiciana eſt prodita præcipue adverſus extraneum poſſeſſorem. Actio Public. eſt proprie efficax tantum adverſus extran. poſſeſſ. qui ſine cauſa rem tenet, cujus poſſeſſionem amiſit bonæ fidei poſſeſſor. Adverſus dominum actio Publiciana eſt ineficax: quia æquius eſt dominum rem ſuam potius habere, quam bonæ fidei poſſeſſorem, & alium quemquam. Et hoc eſt, quod dicitur, actioni Publicianæ obſtare exceptionem dominii juſti, hanc ſcilicet, ſi non ea res poſſeſſoris ſit unde petitur, *l. pen. & ult. hoc tit. l. mandatum, mand.* Sunt tamen caſus octo, quibus actio Publiciana
C datur utiliter adverſus dominum poſſidentem rem ſuam, quibus domino potior eſt bonæ fidei poſſeſſor, vel donatarius. Quinque caſus refert Accurſius in *l. ult. de Public. in rem act.* Sextus eſt in *d. l. mandatum.* Septimus in *l. ſi is cujus, ex quib. cauſ. maj.* Octavus eſt in *d. l. Papinianus.* Hunc ſolum tractabimus, quia hic ſolus reſertur ex libro ſexto Papiniani. Ponamus ſpeciem hujus legis. Mandavi tibi, ut rem meam Titio venderes: vendidiſti, & pretium accepiſti, rem vero nondum tradidiſti: Ego prohibeo vel denuntio ne tradas (facit differentiam inter prohibitionem & denuntiationem. Denuntiatio fit ante traditionem: prohibitio initio traditionis) At tu contra quam prohibuiſſem, vel denuntiaſſem, nihilominus tradidiſti. Inde quæritur, ſi Titius ejus rei poſſeſ-
D ſionem amiſerit, & ea res forte ad me pervenerit, an poſſit Titius utiliter, id eſt, efficaciter mecum agere actione Publiciana, quamvis ſim dominus rei ejus? Et Papinianus dicebat utilem eſſe actionem. Nam ſi ego vel opponam exceptionem dominii, *ſi non ea res mea eſt*; Titius replicabit hoc modo, *qua formula poſitus in hac l. ſi non auctor meus, eam rem ex tua voluntate vendiderit.* Hæc erat formula replicationis, quia non eſt æquum, ut Titio auferam rem, quam procurator meus ex vendidit mandatu meo, licet non tradiderit mandatu meo: quia omnimodo obligatus erat tradere, id eſt, implere venditionem factam mandatu meo. Et ſimiliter, ſi Titius poſſeſſionem ejus rei non amiſerit, & ego in judicem, Prætor tuebitur eum, nec potero ei rem auferre per vindicationem, quia tuebitur ſe Titius exceptione rei venditæ
E & traditæ, cujus formulam expoſuimus initio: ſcilicet ſi Titius pretium ſolverit, antequam veterem ei rem tradi: nam ſi vetuerim antequam pretium ſolviſſet, poſtea vindicanti mihi eam rem, exceptio non obſtabit, *l. 1. §. 1. de except. rei vend.* ſecundum quam legem recte Accurſius in hac *l.* quod non exprimitur, ſupplendum cenſet, *ut tu procurator meus vendideris, & pretium acceperis, & deinde vetuerim rem tradere.* Et ita in *l. ſi a Titio, de rei vind.* in qua poſitur alius caſus, quo actio Publiciana datur bonæ fidei emptori adverſus dominum: ponitur eum pretium ſolviſſe, quod poni volumus etiam in hac *l.* Ergo ut diximus, ſi Titio res vendita ſit mea voluntate, & poſt tradita non mea voluntate, cum jam is ſolviſſet pretium, mihi vindicanti Titius objiciet exceptionem rei venditæ & tra-

& traditæ tibi. Fieri tamen poteſt, ut non objiciat per ignorantiam, per errorem. Exceptiones ſunt facti, ut nos loquimur, id eſt, non inſunt judiciis arbitrariis, vel ſtrictis ipſo jure, ut poſſint ſuppleri officio judicis: objiciendæ & allegandæ ſunt: denique facti ſunt, non juris, nec poſitæ in arbitrio judicantium, ſed partium. Si exceptionem quam habes non opponis, ſequetur condemnatio; excipienda ſunt bonæ fidei judicia, quibus exceptiones inſunt, & etiam non oppoſitæ ſupplentur officio judicis. Summa vis eſt, ut dicebat Scævola, judiciorum bonæ fidei. Et inde obſervandum, non eſſe verum, quod plerique putant, actiones arbitrarias imitari actiones bonæ fidei. Actio in rem eſt arbitraria, ſive ſit civilis, ſive honoraria, id eſt, Publiciana, & tamen omiſſa exceptio non ſuppletur officio judicis, ſed pro omiſſa eſt, eritque id tibi fraudi, qui exceptionem quæ tibi competebat omiſiſti: quæ tamen tibi fraudi non eſt in bonæ fidei judicio. Et ideo in actione in rem, quæ arbitraria eſt, non veniunt fructus capti ante litem conteſtatam, qui tamen veniunt in judicio bonæ fidei. Non igitur actio arbitraria imitatur actionem bonæ fidei, & vero media eſt inter actionem ſtrictam, & bonæ fidei, ſed magis accedit ad ſtrictam. Si ergo Titius non utatur exceptione rei venditæ & traditæ, condemnabitur, ſed condemnatus habebit regreſſum, ut Græci ἀναφοράν, adverſus procuratorem meum, qui ei vendidit, habebit, inquam, regreſſum actione ex empto, quod ego ei rem abſtulerim, ſeu evicerim. Rurſus id a me procurator recipiet, quod ſolverit Titio evictionis nomine actione mandati, quia non potui efficere prohibitione, vel denuntiatione mea, quo minus rem traderet, quam vendiderat, & cujus pretium acceperat: inanis eſt igitur prohibitio mea, quia intempeſtiva, poſt ſolutum pretium, videlicet, quæ eſt ſententia l. Papinianus.

### Ad L. XLVII. de Manum. teſt.

*Cum ex falſis codicillis per errorem libertas, licet non debita, præſtita tamen ab herede fuiſſet, viginti ſolidos a ſingulis hominibus inferendos eſſe heredi, Princeps conſtituit.*
§. 1. *Sed ſi conditionis implendæ gratia ſervum inſtitutus manumiſerit, ac poſtea filius de inofficioſo agendo tenuerit, vel teſtamentum falſum fuerit pronuntiatum, conſequens erit, idem in hac ſpecie fieri, quod in falſis codicillis conſtitutum eſt.*

Idem Papinianus eodem libro, quod tractat l. 47. de manum. teſt. poteſt etiam referri ad vindicationem, puta, ad petitionem hereditatis de inofficioſo vel falſo teſtamento. Finge: Heres ex falſis codicillis cum per errorem exiſtimaret eſſe veros, ſervo libertatem præſtitit: poſtea cognovit eſſe falſos: cognovit errorem ſuum: an poteſt revocari libertas? Minime: nam jure data eſt a domino, ſervo ſuo ſcilicet; ſed æquum eſt ei ſubveniri, ne damnum ſervi faciat temere, & inconſulto manumiſſi, ita ſolicet ut cogatur ſervus manumiſſus ei præſtare æſtimationem ſui, id eſt, viginti aureos, ex Conſtitutione Adriani non favore libertatis: neque enim ullo modo poterat revocari: ſed in gratiam dominorum, qui errore decepti ſervos manumiſerunt, l. 2. C. de fideicomm. libert. l. pen. in fine, de jure patronat. Adrianus definit æſtimationem ſervi: voluit enim pro capite ſingulorum qui manumiſſi eſſent ſolvi vicenos aureos. Hæc fuit æſtimatio vulgaris ſervorum, & alii quidem aliis preſtioſiores erant, ſed æſtimatio vulgaris erat viginti aureorum: l. ſi fundum, §. ſi libertas, de leg. 1. l. 4. C. de ſerv. fugit. Ergo cum heres per errorem ex falſis codicillis præſtitit libertatem beneficio conſtitutionis Divi Adriani, ſervus manumiſſus cogetur ei ſolvere & dependere pro pretio ſui viginti aureos. Hoc cum ita eſſet conſtitutum ab Adriano, a Juriſconſultis porrectum eſt etiam ad ſequentem ſpeciem. Finge: Heres inſtitutus eſt ſub conditione, ſi ſervum ſuum proprium manumiſerit, conditionis implendæ cauſa manumiſit ſervum ſuum proprium, non hereditarium: deinde teſtamentum reſciſſum eſt querela inofficioſi, & evicta hereditas heredi ſcripto, vel etiam teſtamentum falſum eſſe pronuntiatum eſt: non revocabitur libertas, quæ jure data eſt a domino: ſed æquum eſt, ne fruſtra heres ſervum ſuum perdat ſine emolumento aliquo, ut ſervi pretium a manumiſſo recipiat, id eſt, 20. aureos, l. ſi ſub cond. de inoſ. teſtam. Et hi ſunt duo caſus qui notantur in hac lege. His tria obſtant. Primum l. 31. ſi mulier, de minor. cujus ſpecies eſt. Heres ſcriptus adivit hereditatem, & ſervo hereditario præſtitit libertatem beneficio fideicommiſſariæ; poſtea reſtitutus eſt in integrum beneficio ætatis abſtinendi cauſa; ad quem tranſeunt bona? Ad proximum ſucceſſorem, non jure legitimo: nam qui ſe abſtinuit, heres quidem manet jure civili: ſed jure prætorio tranſeunt ad proximum ſucceſſorem data poſſeſſione, a jure Prætor, qui dat facultatem abſtinendi, non habet eum pro herede, etiam ſi heres ſit jure civili. Si igitur proximus ſucceſſor, ad quem per abſtentionem bona heredis ſcripti perveniunt, deſideret a ſervo manumiſſo ſibi pretium præſtari 20. aureorum, ſi velit retinere libertatem: an cogetur ſervus eos præſtare? Minime. Cur hic aliter definitur, quia hic ſervus de quo agitur in l. ſi mulier, jure optimo libertatem conſecutus eſt, id eſt, ex teſtamento juſto, id eſt, ſolemni, & vero, & non deſerto, quandoquidem heres adivit, nec abſtentione deſiit eſſe heres, nec etiam reſciſſo teſtamento pro libertate, quam quis optimo jure habet, eſt æquum inferre æſtimationem ſui. At in ſpecie legis 47. ſervus quidem libertatem habet jure, quia eſt manumiſſus a domino, ſed non optimo jure: uno caſu per cauſam falſorum codicillorum, qui impoſuerunt heredi; altero caſu per falſi teſtamenti vel inofficioſi cauſam. Secundo obſtat lex ult. C. de petit. hered. ex qua hoc eliciunt contra l. 47. ex teſtamento quod falſum pronuntiatum eſt non competere libertatem, & tamen in ſpecie hujus legis videtur competere libertas ex falſo teſtamento, vel ex codicillis falſis. Et plenior ſententia leg. ultimæ eſt. Duo ſunt, qui certant de hereditate, legitimus, & ſcriptus: in teſtamento relictæ ſunt libertates duæ fideicommiſſariæ, vel directæ, an in ſuſpenſo etiam erunt libertates quamdiu lis pendebit de hereditate? non eſt æquum diu moram fieri libertatib. & vero Juſtinianus huic rei ita proſpexit, ut velit libertates manere in ſuſpenſo annum duntaxat: ſi diutius moram trahat lis, nec conſtare poſſit a quo debeant ſervi manumitti, competet libertas poſt annum ipſo jure, nec revocabitur libertas, etiamſi judicetur contra heredem ſcriptum: Sed ut exprimit Juſtin. ſi judicetur teſtamentum falſum, atque ita vincatur ſcriptus, non intelligentur ſervi ipſo jure perveniſſe ad libertatem: atque ita apparet ex teſtamento, quod falſum pronuntiatum eſt, libertates non competere. Reſpondeo ſic, non jure competere, id eſt, non videri eſſe liberos; non conſervari præſtitas libertates nego. Poſtremo, quod valde obſtat, nec tamen objicitur, l. Papinianus, §. ult. de inoffic. teſtam. ſecundum quam eſt accipienda l. 4. eod. tit. & l. uxorem, in fi. de manum. teſt. Finge: Teſtamentum inofficioſum pronuntiatum eſt, in quo ſervi quidam erant manumiſſi: vel etiam idem teſtamentum, injuſtum pronuntiatum: utraque ſententia totum teſtamentum infirmatur. Ergo & legata, & libertates. Sed ex Nov. Juſtiniani, non infirmatur ex cauſa inofficioſi totum teſtamentum, ſed heredis inſtitutio ſola, cetera firma manent. Ante Novellam Juſtin. querela inofficioſi omnia reſcindebat: querela inofficioſi ſane ſi is qui agit obtinuerit declarat omnia eſſe nulla ipſo jure ab initio: libertates igitur ſunt nullæ teſtamento præſtitæ, vel directo, vel per fideicommiſſum, ſi teſtamentum pronuntiatur inofficioſum, vel injuſtum, & revocantur quaſi non jure datæ in teſtamento injuſto, vel quaſi reſciſſo querela inofficioſi. Revocantur, inquam, niſi quinquennium morati ſint in libertate, antequam moveretur querela inofficioſi, vel injuſti: quo caſu retinent libertatem, modo victori resorant pretium sui, id est 20. aureos. Quæro cur hoc casu exigis, ut quinquennium morati sint in libertate, & prioribus casibus id non exigis? Breviter sic est respondendum: prioribus casibus justa fuit, & utilis manumissio, quæ non indigebat confirmatione quinquennii. Nam heres manumisit servum suum, & effectum habuit manumissio statim. At in casu *d. l. Pap. & l. uxorem*, vel non valuit ab initio manumissio ex injusto testamento, vel ex post facto rescissa est per querelam inofficiosi: revocabitur ergo, nisi accedat confirmatio quinquennii. Ægre in servitutem revocantur qui in libertate fuere quinquennio. Nam & de statu defunctorum post quinquennium non quæritur.

### Ad L. VIII. Ut in poss. legat.

NOn possum referre ad vindicationem *l. si legatorum* 8. *D. ut in poss. legat.* cujus sententia est: Legatum relictum est sub conditione: pendente ea caveri debet legatario, si hoc desideret, de solvendo legato, ubi conditio extiterit: a quo? an ab herede scripto, vel ab herede heredis, vel a fideicommissario Trebelliano, cui heres restituit hereditatem, *l. 1. §. non solum, ut legat. nom.* nam alia sunt onera creditorum, alia legatariorum vel fideicommissariorum. Onera creditorum dividuntur inter heredem & fideicommissarium pro dodrante & quadrante: onera autem legatariorum aut fideicommissariorum non dividuntur, sed solida transeunt in fideicommissarium Trebellianum, *l. 2. §. si is qui, ad Trebell.* Merito igitur ab eo exigitur cautio legatorum, & si eam non præstiterit, ex ordine legatarius mittitur in possessionem rerum hereditariarum omnium, quæ in causa hereditatis manserunt, vel etiam, quæ dolo fideicommissarii in causa hereditatis esse desierunt: nam & hæc finguntur mansisse, *l. is cui, §. qui in possessionem, hoc tit.* & hoc est quod ait Papin. in hac lege.

# JACOBI CUJACII J.C.

## COMMENTARIUS

### In Lib. VII. Quæstionum ÆMILII PAPINIANI.

#### Ad L. V. de Usufructu.

*Ususfructus & ab initio pro parte indivisa, vel divisa constitui, & legitimo tempore similiter amitti, eademque ratione per legem Falcidiam minui potest. Reo quoque promittendi defuncto, in partes hereditarias ususfructus obligatio dividitur. Et si ex communi prædio debeatur, uno ex sociis defendente, pro parte defendentis fiet restitutio.*

IN hac l. hoc unum agit Papinian. ut ostendat usufructum servitutem esse dividuam: ceteræ servitutes sunt individuæ. Ratio differentiæ constabit ex definitione ususfructus: quid est ususfructus? *jus utendi fruendi, quod homini competit in re aliena, quamdiu is homo, eaque res salva permanet.* Recte, *fruendi*; nam si utendi tantum, usus est, non ususfructus: usus est individuus, ususfructus dividuus. Recte etiam, *quod homini competit: in re aliena*: nam per ususfructum res aliena servit homini, *l. dominus, in princ. h. t.* Alia est servitus quam homo homini debet, aut servit servus libero scilicet: alia est servitus, quam prædium prædio debet, veluti iter, actus, via, jus stillicidii immittendi, jus altius non tollendi. Alia autem est servitus, quam prædium, aut quæ alia res homini debet, & ex hoc genere est ususfructus. Ususfructus igitur est servitus hominis, ut loquitur *l. 15. de servit.* id est, servitus ex re aliena debita homini, id est, personæ: Homini igitur libero: nam servus est quidem homo (servus homo, ut dicitur mulier ancilla Salustio) sed personam non habet, est ἀπρόσωπος, Theoph. *Instit.*

*quibus mod. toll. obl.* Aliud est homo, aliud persona. Persona est civile nomen, homo naturale. Recte etiam in definitione, *quandiu is homo, eaque res salva permanet*: nam ut eleganter est scriptum in *l. pen. C. de ususfruct.* cum anima, & cum rei substantia ususfructus exspirat: cum anima, id est, cum vita hominis: neque enim ususfructus transmittitur ad heredem, *l. 3. quan. di. leg. ced.* Quod autem est præcipuum verbum in definitione? est verbum *fruendi*, quo maxime hæc servitus ab aliis sejungitur, quoque vis ejus propria maxime demonstratur: Nam ususfructus potissimum ex fruendo consistit, *l. 1. in prin. eod.* Frui autem est fructus percipere, quæ res divisionem recipit: possum enim partim fructus capere, partim non capere. Hinc fit, ut cum aliæ servitutes sint individuæ, hæc una sit dividua, quæ ususfructus dicitur. Aliæ servitutes, sive sint hominum, sive prædiorum, sunt individuæ omnes. Cur? quia in utendo consistunt, & usus sui natura individuus est: neque enim possum ullius rei parte uti, quin re tota utar, & ut dicebat Pompon. usus ita connexus est, ut qui eum partiatur, naturam ejus corrumpat: dum hanc l. una vobiscum studeo, non pro parte utor hoc libro, sed toto libro: & fructus possum capere pro parte, *l. 17. via, de servit. l. 19. usus pars, de usu, & hab. l. 5. si ut certo, §. ult. commod.* Frui pro parte possumus, uti pro parte non possumus. Nam si vel minimam rem attigero utendi causa, totius rei usum usurpare videor. Breviter, ceteræ servitutes in utendo consistunt, ususfructus in fruendo: ex quo sequitur, ceteras servitutes divisionem, vel, ut loquitur lex, *Quadringenta ad l. Falc.* & Tertullianus, dividuitatem non recipere, ususfructum vero dividuitatem recipere. Et hoc Papinian. in *h. l. 5.* quinque argumentis docet. Primum est hujusmodi, ususfructus potest constitui, hoc est, cedi pro parte divisa, & pro parte indivisa. Indivisa, ut ex omnibus fructibus, qui in illo fundo nascuntur tertiam partem capias: pro divisa ut omnes fructus partis tertiæ fundi capias: pars divisa est certa, & sensibus percipi potest, & totum potius quam pars est. Divisio ex uno toto conficit plura. Pars autem indivisa est diffusa per totum fundum, & incerta, quæ intelligitur tantum, cerni autem, tangi, vel demonstrari non potest. Quum dicis, hæc pars mea est, hæc pars tertia vel dimidia, partem divisam dicis: demonstras autem: cum autem dicis partem simpliciter, pars tertia mea est, partem indivisam dicis. Aliæ servitutes possunt quidem constitui pro parte divisa, puta, ut ad hanc partem fundi mihi ire agere liceat, *l. 6. de servitut.* Pro parte autem indivisa servitutes alteri constitui non possunt *l. pro parte, de servit.* puta, ut ad tertiam fundi partem mihi ire agere liceat, non demonstratam, quia scilicet non possum illa parte ire, quam non video, quamque monstrare nemo mihi potest: & si alia parte iero, non ea iero, quæ constituta est. Unde constat, & partem indivisam non posse constitui alias servitutes; ad partem divisam posse, quæ totum est potius quam pars. Secundum argumentum, quo utitur, hoc est. Eodem quoque modo ususfructum amitti non utendo, non tantum pro parte divisa, sed & pro indivisa: ut si is, qui totius fundi ususfructum habet, legitimo tempore, id est, secundum jus antiquum per biennium, vel secundum jus novum per decennium inter præsentes, aut vicennium inter absentes, non perceperit nisi fructus dimidiam partem, alterius dimidiæ partis ususfructum amisit pro indiviso. Ceteræ servitutes non utendo intereunt legitimo tempore, quod jam supra definivi, sed pereunt in solidum, non amittuntur pro parte indivisa, *d. l. pro parte, de servit.* Sequitur tertium argumentum. Ususfructus minuitur per legem Falcidiam pro parte, id est, pro quadrante Falcidiano, si sit exhausta legatis hereditas: etiam ex legato ususfructus heres retinet quartam Falcidiam: sic igitur retinebit quartam partem ususfructus singulis annis. Nam in ususfructu fructus spectamus potissimum, veluti corpora quædam, non jus utendi fruendi, qui fructus divisionem recipiunt, atque adeo deminutionem

legis

legis Falcidiæ. Ususfructus minuitur per legem Falcidiam, *l. 1. §. si ususfruct. & l. sed & ususf. ad leg. Falcid.* & hoc est quod ait in princ. hujus legis. Breviter hoc ait, usumfructum pro parte constitui posse, & amitti, & minui: at aliæ servitutes non minuuntur per legem Falcidiam, sed præstantur in solidum legatariis sine ulla deminutione, ut via, iter, actus, hæc solida præstantur: succurritur tamen heredi hoc remedio, *ut fiat æstimatio legata servitutis, quanti sit servitus via, itineris, actus, &c.* & facta æstimatione, ut heres opposita exceptione doli mali, non aliter præstet servitutem, quam si legatarius inserat quadrantem æstimationis: atque ita non fraudatur heres Falcidia. Ceterum servitus integra ceditur, quia res est incorporalis, *l. 8. si is qui, §. ult. ad l. Falc. l. 5. pure §. 1. de doli except.* Quod Papin. hoc eodem libro scripsit de aliis servitutibus in *l. 7. ad leg. Falc.*

### Ad L. VII. ad L. Falcid.

*Lege Falcidia interveniente, legata servitus quoniam dividi non potest, non aliter in solidum restituetur, nisi partis offeratur æstimatio.*

Contulit Papin. hoc lib. usumfructum cum ceteris servitutibus, & quæcunque scribit in ea lege 5. de usufructu, ea existimandum est, locum non habere in ceteris servitutibus, scribuntur enim de usufructu, ut intelligatur non idem servari in ceteris servitutibus, quod idem subjecerat in *l. 7. ad l. Falc.* quæ cum d. *l. 5.* est omnino conjungenda. Quartum argumentum est hujusmodi. Si is, qui stipulanti promiserat usumfructum, decesserit duobus aut pluribus heredibus relictis, obligatio inter coheredes dividitur pro portionibus hereditariis ex 12. tab. ut scilicet singuli heredes pro portione sua præstent usumfructum stipulatori: ex quo apparet usumfructum esse dividuum. At si is, qui promisit aliam servitutem, decesserit pluribus heredibus relictis, ea obligatio non dividitur ex 12. tab. sed singuli heredes tenentur in solidum, quia nec possunt partem præstare, *l. 2. de verb. obl. l. heredes 25. §. an ea stipulatio 9. famil. ercisc.* Quintum argumentum quo utitur Pap. tale est. Si ex fundo communi duorum debeatur ususfructus, & unus tantum ex his conveniatur, an condemnabitur in solidum? minime: uno ex sociis convento condemnatio fiet pro parte tantum, quia æquum non est, eum pro parte socii condemnari; quoniam res divisionem recipit: sed si ageretur de alia servitute, cujus causa, vel natura est individua, etiamsi conveniretur unus tantum ex sociis, & rem defenderet, damnaretur in solidum, & restitueret servitutem in solidum, *l. 4. loci, §. si fundus, l. 6. sed etsi forte, §. si ædes, si servi. vind.* & hoc est quod sequitur in hac *l. in summa*, quæ de usufructu scribit Papin. in hac lege, ut vult, locum non habere in ceteris servitutibus. Ea igitur scribit ad differentiam ceterarum servitutum. Qui dicit usumfructum esse dividuum & individuum, ceteras servitutes individuas, multa dicit & infinita, non has tantum differentias notat, quas hic Papinian. nam ex hoc principio pendent plurima.

### Ad L. IV. de Servitut.

*Servitutes ipso quidem jure, neque ex tempore, neque ad tempus, neque sub conditione, neque ad certam conditionem, verbi gratia, quamdiu volam, constitui possunt: sed tamen, si hac adjiciantur, parti pel per doli exceptionem occurretur contra placita servitutum vindicanti, idque, & Sabinum respondisse Cassius retulit, & sibi placere.*

*§. 1. Modum adjici servitutibus posse constat, veluti quo genere vehiculi agatur, vel non agatur, veluti ut equo duntaxat, vel ut certum pondus vehatur, vel grex ille transducatur, aut carbo portetur.*

*§. 2. Intervalla dierum & horarum, non ad temporis causam, sed ad modum pertinent jure constitutæ servitutis.*

Diximus heri usumfructum legitimo tempore non utendo amitti pro parte divisa, vel indivisa, quod etiam ostenditur in *l. placet, quibus mod. ususfr. amitt.* quæ & certæ partis, & pro indiviso ait usumfr. non amitti: rursus quæ notata est differentia ad *d. l. 5.* ea est inter usumfructum, & ceteras servitutes omnes, sive personales, sive prædiales: quæ vero notabitur ad *l. 4.* erit tantum inter usumfructum & servitutes prædiales. Nam servitutes personales eodem jure sunt; quo dicimus esse usumfructum, differentia est hujusmodi, ususfructus ex die, vel ad diem constitui potest, *l. 4. de ususfr. l. & puto, §. ususfr. fam. ercisc. l. unica §. item si ex die, quando dies ususf. ced.* Ergo potest etiam constitui ususfructus ex conditione, vel ad conditionem, & finietur, ac extinguetur die, vel conditione: ut si ad conditionem sit concessus ususfructus servi, quandiu scilicet non manumittatur, manumisso servo extinguitur ususfructus, *l. interdum, quib. mo. ususf. amitt.* Servitutes autem prædiales neque ex die, vel ad diem, neque ex conditione, vel ad conditionem constitui possunt jure civili. Ex die, puta, cedo tibi iter ex Cal. Janu. Ad diem, cedo tibi iter ad Cal. Mart. utrumque dicitur fieri ad diem: nam & quod fit ex die, fit in diem, *l. quoties, §. ult. de her. inst.* Sub conditione autem hoc modo: Cedo tibi iter, si navis ex Asia venerit: ad conditionem, cedo tibi iter, quandiu vivam, vel quandiu volam, & utrumque dicitur fieri sub conditione: nam & quod fit ad conditionem, dicitur fieri sub conditione, *l. pater §. ult. de condit. & demonst.* & his omnibus modis servitus ipso jure inutiliter constituitur in prædio urbano, vel rustico. Proinde servitutibus prædiorum neque dies, neque conditio adjici potest. Notandum interim est, conditionem illam, *quandiu volam*, multum distare a conditione, *si volam*, nam sub conditione si volam non recte constituitur ususfr. neque enim intelligitur constitutus, quando est in potestate domini, an sit constitutus, *l. sub hac, de obl. & act.* Sub conditione, *quandiu volam*, recte constituitur ususfr. & nihil refert utrum dixeris, quandiu volam, an quandiu nolam. Nam utriusque conditionis eadem vis, ac potestas est. Videntur hæc contraria, sed unum idemque tempus utraque oratio demonstrat. His positis, quæ sunt certissima, videamus, quæ sit differentiæ ratio inter usumfructum & servitutes prædiorum. Ususfructui recte adjicitur dies, vel conditio, non etiam servituti prædiali. Servitus est qualitas prædii, ex qua prædium, vel dicitur dominans, cui adquiritur servitus, vel serviens, cui imposita: servitus, est habitus prædii, *l. qui fundum, quemadm. servit. amitt.* Celsus in ea lege ostendit, servitutem itineris retineri non tantum per dominum fundi, sed & per possessorem bonæ aut malæ fidei, si usus sit itinere, quod fundo debetur: retineri, id est, non perire non utendo: Pereunt enim servitutes non utendo legitimo tempore, sed non pereunt, si quis usus sit, licet sit prædo. Et addit Celsus rationem: fundus enim qualiter se habens, ita cum in suo habitu possessus est, jus non perit, id est, servitus non perit non utendo, si vel aliquis possederit fundum cum qualitate sua, id est, si usus sit aliqua qualitate, causa, & habitu fundi. Et eadem loquendi formula idem Celsus utitur in *l. quid aliud, de verb. signif.* Quid aliud sunt jura prædiorum, quam qualiter se habentia, ut bonitas, salubritas, amplitudo? Sciendum est jura prædiorum alia dici stricte servitutes: & quum servitutes absolute dicimus, prædiales intelligimus: sed *d. l. quid aliud*, ostendit, jura prædiorum latius accipi pro omnibus qualitatibus prædiorum, & in ea significatione jura prædiorum definit Celsus, ut si morbos definires, corpora male affecta per adjuncto & subjecto: & subjicit exempla, ut salubritas, bonitas, amplitudo, quæ etiam qualitas est, non quantitas: fundum cum dicis esse tot jugerum, non quantitatem, sed qualitatem dicis, ac si de pinguedine diceres: ex *d. l. qui fundum* intelligimus, servitutem esse habitum prædii, hoc est, qualitatem inhærentem prædio, quasi habitum. Esse igitur firmam, constantem, perpetuam; ut in definitione Justitiæ *Constans,* stant, & perpetua voluntas, id est, habitus voluntatis par sibi semper, qui nec die finiri potest, neque pendere ex die, sed est perpetuus, & secundum hæc, servitus existit statim, & ubi existit semel, die non finitur, non mutatur, non evellitur etiam si sit convenerit. Denique conventio sola non mutat habitum prædii. At usufructus est etiam qualitas: fateor, nam ex ea fructuarius dicitur, id est, qualitas ex qua qualis dicitur, is scilicet ex cujus persona constitutus est ususf. atque ita secernitur a proprietario. Et cum dicimus non esse usumfructum itineris, sicut non esse aquæ haustum, aquæ ductum, ex quo servirutis servitus esse non potest, *l.* 1. *de usuf. leg. l.*33.§. *ult. de servit. rustic.* hoc dicitur, quod qualitas qualitatis esse non potest, accidens accidentis. Ergo facile concedo, usumfructum esse qualitatem in homine, cui cohæret, & cum quo extinguitur, sed dispositionem esse, διάθεσιν, non habitum: qualitatem igitur infirmam & instabilem pro voluntate hominis, id est, fructuarii, & secundum quod conventum fuerit inter contrahentes. Papinian. cum ait constitui, quod est, adquiri & imponi uni scilicet prædio, imponi & adquiri alteri: nam promitti potest servitus prædialis ex die, & conditione, *l.exiſtimo, de verb. oblig.* vel etiam si navis ex Asia venerit, stipulatio valet. Aliud est constituere, aliud promittere: constituta vindicantur, promissa non vindicantur, sed agitur in personam ut præstentur. Item constituta servitus pro parte retineri potest fundo communicato alteri, *l. ut pomum*, §. 1. *hoc tit.* promissa servitus pro parte adquiri non potest, & ideo stipulatio servitutis fundo communicato corrumpitur, quia pro parte non potest constitui *l. pro parte, hoc tit.* Atque ita promitti quidem potest ex die vel conditione, sed addamus, non posse etiam promitti utiliter ad diem, vel conditionem, ut scilicet finiatur die, vel conditione; ut incipiat quidem recte, sed ut finiatur non recte: & generaliter nulla obligatio contrahi potest ad diem, vel ad conditionem, ut scilicet permaneat ad eum usque diem tantum, vel ad eam conditionem tantum semel nata obligatio, tempore, vel conditione non finitur, *l. obligationum*, §. 1. *& §. conditio, de oblig. & act. l. eum, qui*, §. *qui ita stipulatur, de verb.obl.* §. *at si ita, Inſt. eod. l. nemo potest, de leg.* 1. sed explicanda est ratio. Placet valde ratio *d. l. obligationum*, §. 1. Nam quod semel deberi cœpit, certis modis deberi definit, cui simile est quod est scriptum *l. ex stipulatione, C. de senten. & interloc.* Obligatio contracta ex stipulatione certo tantum jure tollitur, id est, certis modis, non qualibet pactione nuda: nam omnium rerum, vel simplicium, vel compositarum, certi sunt modi, quibus vel fiunt, vel desinunt esse: neque enim temere, & uno modo creantur omnia, neque eodem modo tolluntur, sed certis præscriptisque modis. Sic in obligationibus & omnibus, quæ artis, vel juris sunt, certi sunt modi, quibus ea tolluntur, vel inducuntur. Certi sunt modi contrahendæ obligationis, veluti contractus jurisgentium, aut juris civilis, qui quidem sunt certi, vel etiam pactiones legitimæ, id est, jure civili comprobatæ: certi quoque modi tollendæ obligationis, veluti solutio, & cetera, quæ pro solutione sunt, ut compensatio, in solutum datio rei alterius, quam quæ in obligationem venit, & novatio, & acceptilatio, & dissensus, qui venerit re integra, quando consensu nudo contracta est obligatio. Ad summam, hi tantum sunt modi tollendæ obligationis, qui continentur *tit. quib. mod. tol. obl.* hi tantum sunt modi tollendæ servitutis, qui continentur *tit. quib. mod. serv. amit.* hi tantum sunt modi tollendæ patriæ potestatis vel dominicæ, qui continentur *tit.* quibus modis jus pot. solv. nec licet nobis alios addere: Sicut nec enumerationi actionum bonæ fidei alias addere, enumerationi stipulationum inutilium alias addere. Denique certi sunt tantum modi tollendæ obligationis. Cic. pro Cæcinna: *Si majores nostri per has rationes liberari nos voluerunt, certe intelligimus alio modo nos liberari noluisse.* An pactione nuda tolletur obligatio? Minime: an tempore vel conditione? minime, etiamsi convenerit, ut duraret obligatio ad diem, vel conditionem. Ergo post diem, vel eam conditionem eadem obligatio manet, & ex ea agi potest ipso jure: verum ex æquitate actio elidetur exceptione pacti, vel doli mali, quod dolo faciat, qui facit contra fidem pacti. Et ita obligatio & actio, quæ ipso jure non tollitur tempore, vel conditione, id est, jure civili, prætorio tollitur: id est, prætoria exceptione pacti, vel doli. Tollendæ obligationis jure civili sunt certi modi, ex jure prætorio incerti, & infiniti: nam quotiescumque æquitas desiderat tolli obligationem aliquam dat prætor exceptionem. In remediis prætoriis tollendæ obligationis, factum versatur, id est, exceptio, quandoquidem si omittatur exceptio, obligatio non tollitur: si vis tollere obligationem remedio prætoris, necesse est, te obiicere exceptionem. Et hoc est, quod dicitur, in remediis prætoriis, quibus tollitur obligatio, factum, in civilibus jus versari, ut solutione & ceteris modis obligatio tollitur: etiamsi non objicias, ea intervenisse creditur, *l. si unus*, §. *pactus, de pact.* Quod igitur ipso jure non fit, sæpe fit per exceptionem. Et ita in specie hujus legis: *ipso quidem jure*, ut ait, *servitutes neque ex tempore, neque ad tempus constitui possunt*, sed si quis eas vindicet non habita ratione temporis, vel conditionis, quia facit contra placitum, licet non contra jus: huic, inquam, vindicanti contra placita obstabit exceptio pacti, vel doli mali, quæ semper concurrit cum exceptione pacti. Exceptio doli generalis est, pacti specialis; & honestior est pacti, quia in factum concipitur, non in dolum, id est, doli mentionem non facit: turpis est quodammodo exceptio doli, quanquam nullæ exceptiones jure turpes, & infames sunt. Ergo generaliter Papinian. concludit, nullam ex tempore constitui servitutem prædiorum alienorum, sed constitutam retineri exceptione. Et hoc ait placere Sabinianis, quo satis demonstratur, dissensisse Proculianos: Sabinianos spectasse æquitatem. Procul. asseruisse jus summum, nec dedisse exceptionem: nec ulla res inter eos peperit majorem dissensionem, quam quod alii æquitatem spectarent, alii jus strictum. Non constabat igitur inter omnes, an remedio exceptionis utilis esset adjectio temporis, vel conditionis in imponenda servitute: sed, ut postea subjicit, constabat inter omnes, modum recte adjici servitutibus, quod cum ait, diem aut conditionem adjici posse non constabat: nam quod ait, utiliter adjici tuitione prætoris, hoc beneficio exceptionis pacti, aut doli, hoc soli Sabinianis probavere: at modum posse adjici constabat inter omnes. Separat igitur modum a conditione: conditio retardat usum servitutis, aut etiam finit: modus non retardat, non finit usum servitutis, sed incommodiorem eum reddit. Et utitur Papinianus exemplo servitutis actus. Actus est jus agendi jumentum, vel vehiculum per fundum alienum. In hac servitute constituenda potest adjici modus, *l.* 11. *quemadmod. servit. amit.* quo scilicet genere vehiculi agat, aut ipse agatur, & quo non; non hoc vehiculo utatur, ne alio forte quam vehenda, vel ut equo dumtaxat, id est, ut vehiculo jungat equum, non aliud animal: ut equo tantum utatur ad vehendum sub jugo: vel etiam, ut certum pondus, certum onus tantum vehatur, *d. l.* 11. vel ut grex ille traducatur, qui erit constitutæ acti, grex equorum forte, non ovium, vel carbo portetur, non alia materia. Sic modus recte adjicitur servitutibus, quia neque finit, neque moratur usum servitutis. Modus etiam adjicitur servitutibus, si usus servitutis secernatur temporibus, ut puta si id agatur constituto itinere, ut eat tantum ab hora octava ad decimam, ut die non noctu, ut alternis mensibus, vel diebus: his conventionibus fit incommodior usus servitutis, sed non ei affertur mora aut finis. Et hoc est, quod ait, intervalla dierum & horarum non pertinere ad tempus, sed ad modum constitutæ servitutis. Qui præscribit horas vel dies, ut utatur servitute is cui cessa est, modum præscribit constitutæ servituti, non etiam illam tempore circumscribit, *l. iter, comm. præd. l. si prius, de aq. & aq.plu.*

Ad

## Ad L. XXXVI. de Servit. urb.

*Binas quis ædes habebat una contignatione tectas, utrasque diversis legavit: dixi, quia magis placeat tignum posse duorum esse, ita ut certæ partes cujusque sint contignationis, ex regione cujusque domini fore tigna: nec ullam invicem habituros actionem, jus non esse immissum habere, nec interest, pure utrisque, an sub conditione alteri ædes legatæ sint.*

Quæstio hujus legis hæc est: Qui habebat binas ædes una contignatione tectas, unam legavit Primo, alteram Secundo. Contignatio est lignorum contextura comparata ædium operiendarum causa. Tignum uno ductu, igitur unum utrasque tegebat ædes, denique divisæ erant ædes parietibus, non etiam tignis. Quæritur, an possint Primus & Secundus invicem agere actione negatoria, jus non esse tigni immittendi: nam cum eadem sint tigna utrarumque ædium, videntur ex ædibus Primi immitti in ædes Secundi, vel ex ædibus Secundi in ædes Primi? Sed Papinianus ait, nullam eos invicem habituros actionem negatoriam, jus non esse tigna immissa habere, quia scilicet, nec intelligitur sua tigna immissa habere Primus in ædes Secundi, nec Secundus item sua in ædes Primi: sed intelliguntur cujusque propria esse tigna, quibus ædes sibi legatæ conteguntur pro regione contignationis: non videntur tigna immissa in ædes nostras, quæ nostra sunt, sed quæ aliena, & alienorum duntaxat nomine, quæ immittuntur in ædes nostras, competit actio negatoria. Denique non competit hæc actio, jus non esse immittendi, cum nihil sit immissum. Contignatio dividitur regionibus, est regio, quæ pertinet ad ædes Primi, est regio, quæ pertinet ad ædes Secundi, & pro regione contignationis tigna propria sunt. Sunt igitur communia pro diviso: si contignatio dividatur regionibus, & tigna igitur, nec teguntur ædes Primi tigno alieno, sed suo, & contra: denique tigna sunt communia pro diviso, id est, pro regione contignationis: nec intelligitur quicquam esse immissum ex ædibus alienis in alias. Et ita arbor posita in confinio duorum fundorum, si ex utraque parte radices egerit, est communis pro regione fundi cujusque: pro diviso igitur, *l. arbor, comm. divid. l. 8. de adq. rer. dom.* Lapis quoque, qui in confinio nascitur & extenditur per fundos duorum, est communis pro regione finium fundi utriusque, ergo communis pro diviso. Nec obstat *l. si plures, §. ult. arb. furt. caf.* dum ait: si radicibus arbor alatur agro, arborem ejus esse, in cujus fundo origo est, arborem origini cedere, non alimento. Hæc sententia vera est, sed non est intelligenda de arbore posita in confinio: nam arbor posita in confinio utriusque est, si ex utriusque agri alimento alatur, & est communis pro diviso, id est, pro regione fundi cujusque. Dices, ergo lapis potest esse communis pro diviso, tignum commune pro diviso? Atqui ex *l. 8. in fine, de rei vind.* constat, rem mobilem non posse possideri jure dominii pro diviso, sed immobilem tantum. Neque est constituenda differentia inter dominium & possessionem: nam si res mobilis non potest possideri jure dominii pro diviso, nec etiam esse jure dominii pro diviso, quod etiam constat naturali ratione: nam divisio rei mobilis fieri non potest sine ejus corruptione, ut tignum, navis, equus, homo: nam si equum, navem, bovem dividas, divisione definit esse navis, homo, equus, tignum: quod de qualibet re mobili dici potest. Si rem mobilem dividis, perdis: pars navis non est navis, pars bovis non est bos, & tamen pars fundi est fundus. Verum ex his quæ diximus ante apparet, & tignum, & arborem, & navem esse nostram pro diviso, id est, pro regione prædiorum. Respondeo, res immobilem esse non mobilem, arborem, vel lapidem, qui cohæret solo, tignum quod junctum est ædibus. Quæ religiosis adhærent religiosa sunt, *l. 43. de rei vind.* quæ immobilibus adhærent, sunt quoque immobilia,

nihil igitur vetat habere ea pro diviso: sed si lapis eximatur, qui est in confinio, vel si arbor eruatur, aut succidatur, aut si navis excidatur, vel si tignum ædibus solvatur, tunc sit res communis pro indiviso, quæ antea erat communis pro diviso, quia confunduntur partes, quæ antea ex regione prædiorum discernebantur, *l. 8. de adq. rer. dom.* est emendanda. Si, inquit, *lapis in confinio nascatur, & sint prædia communia pro indiviso, tunc lapis erit communis pro indiviso, cum terra exemptus erit*: male, si sint prædia communia pro indiviso: nam si prædia affinia sint communia pro indiviso, etiam lapis, qui est in confinio, quamvis non sit terra exemptus, erit communis pro indiviso. Et ideo legendum est: si sint prædia communia pro indiviso, tigna sunt communia inter Primum & Secundum pro diviso: id est, pro regione contignationis: neque videtur quicquam alter immissum habere in ædes alterius: & proinde cessat actio negatoria, jus non esse tigni immittendi. Et in fine ait, *nihil interesse pure utrisque legata sint ædes, an uni pure, alteri sub conditione*: hoc ait, ut demonstret, quod sicut re conjuncti sunt, quibus eadem res legatur, licet uni pure, alteri sub conditione, *l. idem, §. ult. de usuf. accres.* ita quod ad contignationem attinet, quæ una eademque est, qua binæ ædes contignantur, & conjunctæ sunt, habent tigna communia pro diviso ii, quibus binæ ædes legatæ sunt, licet uni sint legatæ pure, alteri sub conditione. Et hoc est quod Papin. voluit in hac l. In l. seq. ait Julianus idem esse, & si duobus ædes quis cesserit; cedere est dominorum *l. ult. in fi. com. præd.* Idem igitur est, si quis legaverit binas ædes, quæ erant una contignatione tectæ, sive cesserit, veluti vendiderit. Idem juris est in ultimis voluntatibus & contractibus.

## Ad L. XXXIV. de Serv. rust. præd.

*Unus ex sociis fundi communis permittendo jus esse ire agere, nihil agit. Et ideo si duo prædia, quæ mutuo serviebant inter eosdem fuerint communicata, quoniam servitutes pro parte retineri placet ab altero, servitus alteri remitti non potest: quamvis enim unusquisque sociorum solus sit, cui servitus debetur: tamen quoniam non personæ, sed prædia debent, neque adquiri libertas, neque remitti servitus per partem poterit.*

*§. 1. Si fons exaruerit, ex quo ductum aqua habeo, isque post constitutum tempus ad suas venas redierit: an aquæ ductus amissus erit, quæritur?*

Pendet quæstio hujus legis ex eo, quod dicitur, servitutem prædialem non posse adquiri, vel imponi pro parte indivisa: non posse etiam remitti, aut adimi, *l. pro parte, de servit.* quamvis ad certam fundi partem constitui possit, & remitti, *l. 6.* Aliud est in usufructu, cujus differentiæ rationem exposuimus in *l. 5. de usufr.* Secundum hanc sententiam Papin. ostendit, quod si duo sint, domini fundi pro indiviso, unus non potest impiere servitutem pro parte sua: & consequenter ait, unum ex sociis non posse etiam remittere servitutem debitam fundo communi pro parte sua, quæ indivisa est, & ita argumentatur, si non potest imponere, nec ei fundo adquisitam servitutem remittere: rectissime, quia eadem est ratio & causa imponendæ & remittendæ servitutis, & eadem causa obligandi & liberandi, *l. 83. §. sacram, de verb. obligat.* Eadem facultas contrariorum, scilicet genere, non specie: nam specie contrariorum contraria est facultas. Sic igitur argumentatur: si potest condemnare, ergo & absolvere; si obligare, ergo & liberare; si imponere, & remittere; vel si non potest imponere servitutem, ergo nec remittere. Placet tamen servitutem, quæ ab initio recte imposita est, posse retineri pro parte indivisa, *l. ut pomum, §. 1. de servit. l. si quis ædes, §. 1. tit. præc.* & principium juris hoc est, ser-

vitu-

vitutem non posse constitui pro parte indivisa, retineri posse; quia facilior est retentio, quam adquisitio, facilior etiam quam actio, *l.1.de pign.* Retentio fit beneficio exceptionis, cetera procedunt ipso jure, & suo marte (ut ita dixerim) sine opera, sine facto nostro, nec divisionem recipiunt. Explicemus quod dixi, servitutem posse retineri pro parte indivisa. Finge: fundum meum, cui tuus serviebat, tibi communicavi: retineo servitutem pro parte, atque ita proprius tuus fundus communi meo & tuo serviet. Et similiter, si fundum meum, qui tuo servit, tibi communicavero, tu retines servitutem pro parte, atque ita fundus communis meus & tuus servit proprio tuo: & in summa per hanc rationem, qua servitus pro parte retineri potest, fit, ut proprius servat communi, vel communis proprio, *l. si communi, in fi. hoc tit.* Per eandem rationem, id est, quod servitus retinetur pro parte, fit etiam absque dubio ut fundus communis inter nos serviat fundo communi inter nos & alium: & contra, ut fundus communis inter nos & alium serviat fundo communi inter nos tantum: & per hanc rationem fit, ut fundus communis inter nos serviat fundo communi inter nos, quod notandum. Fundum communem deinceps accipias pro fundo communi inter nos, non inter nos & alium. Quaero ita accipiendo fundum communem, an communis communi servire possit? Et est unus casus in *dic. l. si quis aedes*, §.1. quo fundus communis communi servit. Est & alius in *hac l.* in qua fundus communis communi servit propter illam regulam, quae vult, servitutem pro parte retineri posse. Denique quoquo modo accipias, commune communi servire potest, propter illam rationem. Sed obstat vehementer *l. si comm. in princ. hoc tit.* Communi fundo meo & tuo servit fundus Sempronianus: fundum Sempronianum in communione redimimus, atque ita incipit esse fundus communis inter nos dominans & serviens. Confunditur servitus adquisitione dominii fundi Semproniani, quia par utriusque domini jus in utroque fundo esse incipit. Commune igitur non potest servire communi: quod pugnat cum hac *l. & d. l. si quis aedes*, §.1. in quo laborat maxime Accurs. Sed mihi videntur distinguendi hi tres casus; Casus *leg. si quis aedes*, §.1. & casus *l. unus:* in quo idem obtinet quod in casu *d. l. si quis aedes.* Tertius casus *l. si communis*, qui est longe dissimilis ab illis duobus. Primus hic est, communicas mihi fundum servientem, communico tibi fundum dominantem: communis fundus communi serviet: quia servitutem retineo, quam mihi debuisti ante: retineo pro parte tua, d. *l. si quis aedes*. Secundus casus qui est *l. unus*: Meus fundus tuo servit, & tuus meo: communicas mihi tuum, communico etiam tibi meum: non fit confusio servitutis omni modo: nam & hoc casu fundus communis communi servit. Nam servitutem, quam mihi debuisti, retineo pro parte tua; & similiter servitutem, quam tibi antea debui, tu retines pro parte mea. Denique hoc casu utraque ex parte retinetur servitus pro parte quantumvis indivisa: an poterit remitti alteri ab altero? Minime, sive retineatur solida servitus, sive pro parte tantum: non potest aquiri servitus pro parte, nec libertas etiam. Quia ergo non est confusa servitus, sed retinetur per partes, non poterit alteri ab altero remitti, id est, non poterit remissione tolli, quae penitus non est sublata confusione. Dices: videtur posse remitti alteri ab altero, quia jam non debetur utrique, sed uni soli ex sociis, cur & ei soli non remittetur? Respondet Papinianus: non personae, sed praedio deberi servitutem: non esse servitutem personalem, sed praedialem, & quoties dico, mihi deberi servitutem, intelligo propter praedium meum: quod evidentius apparebit, si persona alienet praedium: neque enim amplius personae debebitur: non potest servitus remitti pro parte, quin remittatur tota. Ergo ex *l. unus, & d. l. si quis aedes*, quamquam sint diversi casus, colligitur, fundum communem communi servire posse. Dissimilis est tertius casus *l. si communi*. Casus hic est: Communi fundo meo & tuo servit Sempronianus: eum in communi-

ne acquisivimus: communis communi non serviet. Qua ratione communis communi non serviet, duobus superioribus casibus servit? propter retentionem partis: hic casu tertio non suppetit retentio partis: nec igitur potest communis communi servire. Cedo, cur non suppetat retentio partis? quia non possum pro parte tua retinere servitutem, quam mihi ante non debuisti, vel non potes tu pro parte mea retinere servitutem, quam tibi ante non debui. Quid est retinere? est ex eo, quod solidam mihi ante debuisti propter fundum tuum, partem retinere pro indiviso. Atqui, fundus meus, vel tuus non fuit, qui serviebat, sed Sempronii, qui desiit servire abalienato fundo: necessaria est igitur adquisitio in communi fundo, nec suppetit retentio partis: proprius proprio non servit: & ideo si dominus fundi servientis adquirat dominantem in solidum, vel contra dominus fundi dominantis adquirat fundum servientem in solidum, perimitur servitus, quia nec potest conservari pro parte, nec pro solido, quia res sua non potest rei suae servire, nec pro parte, quia non suppetit retentio partis.

### Ad §. ultim.

EX priore quaestione *l. unus, de servit. rust. praed.* intelleximus, unum ex dominis rei communis servitutem debitam fundo remittere non posse, solidam certe non posse invito socio, sed neque pro parte indivisa, quae ei competit, licet socio ea servitutem non competat pro parte sua. Ergo nec remitti servitutem pro parte, id est, libertatem adquiri pro parte non posse ei, qui solus servitutem debet, licet solus eam non debeat pro parte sua: servitutis & libertatis adquisitionem individuam esse, retentionem dividuam, quia & personalis magis est, quam realis, & personalis potius, quam realis, & facti magis quam juris. Sequitur alia quaestio in §. *ult.* Constat servitutes admitti non utendo biennio, secundum jus antiquum; ex constit. Justiniani decennio aut vicennio. Finge: fons, ex quo ducebam aquam jure servitutis, exaruit, atque ita per biennium usus non sum ea servitute: post fons ad suas venas prodiit, & ex eodem fonte fluere coepit aqua: quaeritur, an mihi liceat aqua uti, an aquaeductus videtur amissus non utendo? non videtur, quia neque per culpam, neque per negligentiam meam videtur factum ut non uterer aqua: hac servitute fonte profluente cum uti licet, si non uterer fonte torrido, non sum culpandus si non utar, quo uti non possum. Nescimus quid ad hanc quaestionem responderit Papinianus: Nam hic tantum proponitur quaestio, non definitur, sed definitur rescripto Octavii Augusti in *l. seq. ex Pauli libris*, his verbis. *Et Atticilinus ait, &c.* quo loco Caesarem accipio pro Augusto, ut Alphenus Jurisconsultus in *l. Caesar, de Publican.* Caesar, hoc est, Augustus, quem constat censoria potestate lustrum condidisse, publica locasse, senatum recensuisse, &α. Fuit autem Alphenus sub Augusto ex futore Jurisconsultus, & Atticilinus eadem aetate, cum laudetur a Fusidio *l. 5. de au. & arg. leg.* & consulat etiam Proculum qui fuit eadem aetate, ut constat ex *l. Atticilinus, de post. dot. & Statilius Taurus* ad quem rescripsisse dicitur Caesar hac de re, is est, qui Consul fuit cum Augusto, qui triumphavit. Et Tertull. moenia Carthaginis construxisse scribit libro *de Pallio*. Definitio igitur quaestionis est, non utendo quidem amissam servitutem esse tempore legitimo, sed ex aequitate eam renovari, & restitui fonte reverso: & ita si fundus, per quem via aut iter aut actus debetur, inundatione fluminis occupatus sit, & post biennium restitutus in pristinum statum, sane restituetur etiam & renovabitur servitus, quae videtur summo jure non utendo periisse, *l. si locus, quem, ser. amitt.* Idemque erit, si quis per vim tanto tempore prohibitus sit uti servitute, quanto servitus amittitur: Nam & huic servitutem restitui aequum est, *l. 1. §. si propter, de itin. act. priv.*

Objici-

Objicitur huic definitioni *l. 1. §. ult. C. de ann. except.* quæ adeo movit Accursium, ut censuerit hac in re separandas esse res corporales a servitutibus, quo nihil opus est; ex ea lege colligunt, non utendo non amitti servitutem, quando per eum, cui servitus debetur, non stat, quo minus utatur. Male; sum sententia *d. l. 1. §. ult.* est, præscriptionem temporis, qua excluditur actio non nocere actori, quo agere cum effectu non potuit, id est, actori non computari tempus quo agere non potuit: exempli gratia, si ut quasi filiosfamilias sit adquisita actio temporalis, ei non currit tempus, quo fuit in potestate patris, nam eo tempore invito patre non potest agere. Igitur ex eo die actionis tempus currit, quo factus est sui juris, anterius tempus non currit, quo non potuit agere, quia lex impedit exercitationem actionis soli filiosam. exceptis quibusdam casibus: non tantum servi, sed nec filiisfam. causas orare possunt, invita patre scilicet, nisi de peculio. Et hoc etiam congruit cum *l. ult. §. pen. quis ord. in poss. serv.* quæ loquitur etiam de filiisfamil. qui non possunt petere bonor. possess. sibi delatam invito patre, aut si petant, frustra petunt, nisi pater ratum habeat. Quamobrem filiosfamil. non cedit tempus petendæ bonorum possessionis, quamdiu est in potestate patris; & ita creditoribus hereditariis, quibus competit actio temporaria, non cedit tempus, quo heres conficit inventarium. Nam Justin. constitutio vetat eo tempore agi adversus heredem, quo jure utimur, a creditoribus, vel legatariis. An igitur intercidit interim actio tempore, quæ creditoribus competit? Minime: non currit creditoribus tempus, quo eos agere lex vetat, *l. ult. §. donec, C. de jur. delib.* Resp. præscriptio ejus temporis non obest actori, quo agere cum effectu non potuit, quia lex impedit: secus si alia causa impedierit actionem, vel usum servitutis, si natura rei scil. non lex, quale hoc de re certa fuerit, sed defectus aquæ quo fons exaruerit: non ideo minus peribit aquæductus, quia lex non inhibuit uti.

### Ad L. pen. Com. præd.

*Si precario vicinus in tuo maceriam duxerit, interdicto quod precario habet, agi non poteris, nec maceria posita, donatio servitutis perfecta intelligitur: nec utiliter intendetur, jus sibi esse invito te ædificatum habere, cum ædificium soli conditionem secutum inutilem faciat intentionem. Ceterum si in suo maceriam precario, qui servitutem tibi debuit, duxerit: nec libertas usucapietur, & interdicto, quod precario habet, utiliter cum eo agetur. Quod si donationis causa promiseris: & interdicto agere non poteris, & servitus donatione tollitur.*

DUæ proponuntur species in hac *l.* Finge: Vicinus tibi debet iter, tu ei concessisti precario, non absolute, non perfectæ donationis causa, ut in tuo maceriam duceret, id est, ædificaret: quam Græci τρίχκον, & male maceriem definiunt esse congestum lapidum cum cæmento. Imo est paries ex puris cæmentis, sine arenato & calce: duxit maceriem, an ages precario interdicto, ut demoliatur maceries? Precarium est quod datur utendum ea lege, ut revocetur cum libuerit concedenti; & hoc distat a commodato, nam commodatum datur etiam utendum, sed non revocatur statim ac libet commodatario, sed ubi is cui commodata res est, usum explevit, cujus causa commodata est contractum. Precarium revocatur, quando libet interdicto de precario. Tu igitur, qui concessisti vicino precario, ut in tuo maceriem poneret, an potes cum eo agere, quum libuerit, ut maceriem demoliatur? Minime, cum possis eam demoliri quæ est posita in tuo solo. Cessit enim maceria solo secundum eam regulam, superficies solo cedit, superiora inferioribus, *l. hoc quod dictum, de servit. urb.* Subjicit Papinian. maceria posita in tuo non videri perfectam donationem servitutis: qui locus male interpretatur vulgo: Nam donationem accipiunt pro cessione servitutis, cum donatio hic sit remissio servitutis, non cessio, sive constitutio servitutis: & tota lege sane donatio servitutis est remissio, condonatio servitutis, quæ sit precario, donatio servitutis imperfecta est donatio, dicitur quidem precarium donationi simile, *l. 1. de precar.* sed hoc distat inter precarium & donationem, quod illud revocari possit, hæc non possit. Ergo dum ait, maceria posita in tuo, & te vicinus precario rogavit, non videri perfectam donationem servitutis, hoc ait; non videri remissam servitutem itineris, quam tibi debuit vicinus, quia servitus precario non remittitur perfecte, atque adeo non usucapis servitutem, aut vicinus libertatem, etiamsi tanto tempore maceriem in tuo habuerit, quanto usucapitur libertas, & similiter maceria posita in tuo non videtur contraria servitus imposita, ut vicinus in tuo ædificatum habeat, quia precario servitus non imponitur perfecte: nec ejus generis potest esse ulla servitus, ut in tuo ædificatum habeam, quod non possum in tuo, quod meum sit ædificatum habere: possum habere in tuo immissum, quod sit meum, quia quod in te immisi, illud est meum, *d. l. hoc quod dictum:* non est meum quod ædificatum habeo in tuo. Altera species hæc est. Vicinus tibi præbuit iter, tu precario ei etiam concessisti, ut in tuo maceriem ducere, quæ iter impediret: hoc etiam casu vicinus non usucapiet libertatem, nec liberat suum fundum servitute itineris, etiamsi tanto tempore maceriem precario ædificatam in suo habuerit, quanto libertas usucapitur, *l. si ædes, de servit. rust. præd.* Sed an interdicto precario poterit cum eo agi ut maceriem tollat? sic sane. Modo precarium interdictum dicitur, modo interdictum quod precario concessit, *l. illud, §. pen. de pet. hered.* Hoc loco dicitur interdictum, quod precario habet, a primis verbis edicti, *l. 2. de precar.* quia igitur precario tantum illud concessisti, non amittes iter ut superiori casu; sed si ut in tuo, non ages interdicto precario, cum ipse possis diruere maceriem, quæ in tuo est, & tua: at posteriore casu recte ages precario, quum voles, ut vicinus diruat maceriem, est enim precarium imperfecta donatio: nam si donationis perfectæ causa tibi concessero maceriem ducere, quæ iter impediat, cessat interdictum de precario, quia donatio perfecta contracta est, & servitus tollitur donatione, id est remissione, ut *l. si stillicidii, quem. ser. amit.* Ergo ut in fine donatio servitutis est remissio, sic & initio. Et tollenda est Glossa, quæ donationem aliter accipit: & hinc apparet evidenter aliud esse donationem, aliud precarium. Est simile quidem donationi precarium, sed non donatio, ut simile commodato, sed non vere commodatum.

### Ad L. XIII. alienationes & L. XXXI. si servus, Famil. Erciscun.

L. XIII. *Alienationes enim post judicium acceptum interdictæ sunt duntaxat voluntariæ, non quæ vetustiorem causam & originem juris habent.*

L. XXXI. *Si servus pignori obligatus luatur ab uno ex heredibus, quamvis postea manumissus sub conditione arbitri durat, sufficit enim communis causa, quæ præcessit, quæque hodie duraret si res non intercidisset.*

MAteria harum legum repetenda est ex *l. 12.* quæ præcedit. Res quæ sub conditione legata est, interim quamdiu pendet conditio est heredum, qui hereditatem adierunt, servus quoque manumissus sub conditione, id est, statuliber, interim est heredum, *l. 11. de leg. 2. l. 9. §. certe, de pec. l. edictum, §. ult. de quæst. l. 1. §. servi, ad Senatusc. Syll.* Sunt igitur illæ res heredum interim, & consequenter veniunt in judicium familiæ erciscundæ. Sed pendente judicio si existat conditio legati, vel libertatis, ea res, is ve homo subducentur judicio, res transibit in legatarium, servus liber fiet, ipso jure eximetur communione, nec veniet in divisionem inter coheredes; atque ita sit, ut post litem contestatam, post acceptum judicium famil. ercisc. res hereditaria alienetur: & eodem modo usucapio rei hereditariæ cœpta ab extraneo ante litem contestatam, si impleatur pendente judicio familiæ erciscuneifcundæ, huic judicio subducitur, quia definit esse hereditaria, & communis inter coheredes, quod oftenditur in *l. seq.* Ufucapio est alienationis species: quod apparet ex l. Julia, quæ vetat fundum dotalem alienari: Nam ea pertinet etiam ad ufucapionem, *l. si fundum, de fun. dot.* & lex, quæ vetat alienari, vetat & ufucapi: eo igitur modo etiam fit, ut poft litem conteftatam de dividenda hereditate, res hereditaria alienetur. Obftare huic definitioni videtur, quod dicitur: poft litem conteftatam judicio familiæ ercifc. vel judicio communi dividundo interdiétas esse alienationes, *l. 1. C. comm. divid.* Sunt interdiétæ lege, ipso jure: non Prætor sed lex eas interdicit, quæ non vult rem hereditariam alienari, posteaquam inter coheredes agi cœptum est de familia ercifcunda. Sed ea lex eft accipienda tantum, vel ea interdiétio, de alienationibus voluntariis: neque enim licet coheredibus, vel sociis ultro quicquam judicio divisionis fubtrahere. Ante litem conteftatam, poteft quilibet coheredem, vel fociorum partem suam pro indiviso alienare, *l. portionem, C. de donat. l. ante, C. de jure dot.* & ut oftenditur in *l. falfo, C. de comm. rer. al.* etiam poteft coheres vel socius, qui partem suam vendit ante judicium divisionis, præferre extraneum emptorem coheredi vel socio, quia jure nostro coheres aut socius non habet jus προτιμήσεως, ut si velit eodem pretio emere socius, vel coheres, cogatur ei potius vendere, quam alteri: habuit quidem olim jus προτιμήσεως, imo & propinquus, sed sublatum eft, *d. l. falfo, & l. dudum, C. de contr. empt.* At noviffime produétum eft jus προτιμήσεως, conftitutione Friderici, qua utuntur etiam quidam in Gallia: Nam & propinquo licet uti jure προτιμήσεως, atque ab extraneo emptore revocare ac retrahere rem, quam emit oblato aut obfignato eodem pretio. Habent etiam jus προτιμήσεως domini ἐμφυτευτικοί, & domini beneficiorum five feudorum: sed jure civili jus προτιμήσεως non approbatur, quanquam aliquando obtinuerit, ut dicit *d. l. dudum:* & obtinet etiam in auétionibus; nam pluribus licitantibus propinquis & extraneis, propinquo ficcito addicetur res, quam extraneo, nisi extraneus plus liceatur, id eft, adiiciat. Liceri eft adiicere pretium, & addicere, id eft *eftrouffer:* sed quoties omnes idem pretium adjiciunt, creditor, cui ut fatisfiat fit auétio, præferetur cognato, & cognatus extraneo: & inter creditores, præferetur is, cui plus debetur, *l. cum bona, in fi. de priv. cre. & l. Imperator, de paét.* Ergo, ut ad rem redeam, ante litem conteftatam coheres, vel focius quilibet partem suam alienare poteft, nec eft coheredi falvum jus προτιμήσεως: poft litem conteftatam nullus poteft alienare sua sponte. Nam necessariæ alienationes admittuntur, quæ vetuftiorem causam & originem juris necessariam habent; ut in superioribus casibus, si conditio ftatuliberatis poft litem conteftatam exiftat, vel conditio legati, vel si ufucapio poft litem conteftatam impleatur, quæ ante incepta fuit. His omnibus casibus licita eft alienatio, & antiquior eft origo alienationis lite conteftata. Et hoc eft, quod ait Papinianus in *l. 13.* Multa in hanc rem peccat Accurfius. Primum ftatuit hanc esse differentiam inter judicium famil. ercifc. & judicium communi dividundo: quod in judicio fam. ercifc. non tantum poft litem conteftatam, sed etiam poft controversiam motam fint interdiétæ alienationes voluntariæ: in judicio communi dividundo poft litem conteftatam tantum. Sumit hanc differentiam ex *l. 1. in C. com. divid.* quod dicat, socium poft litem conteftatam invito socio rem alienare non posse, & traétat de judicio communi dividundo; ergo tantum interdiéta eft alienatio in judicio familiæ ercifcundæ poft litem conteftatam. Eodem argumento utilicebit in judicio familiæ ercifcundæ ex hac l. quæ ait, poft acceptum judicium familiæ ercifcundæ interdiétam esse alienationem: nam poft acceptum judicium, & poft litem conteftatam, idem eft tempus. Ubi interim notandum eft, aliud esse judicium accipere, aliud judicare. Judicium accipit reus lite conteftata, aétor diétat: judicem accipit reus, aétor adverfus reum, *l. 9. §. quem igitur, de tut. & rat. di-*

A *ftrah. & l. 30. mand. l. 1. C. de in lit. jur.* Rurfus exiftimat Accurfius, in judicio familiæ ercifcundæ etiam poft controversiam motam interdiétam esse alienationem. Monetur *l. Divus, de pet. hered.* quæ ait possessorem alienæ hereditatis, poft controversiam motam, si vel in jus vocatus sit tantum, vel si porreétus sit libellus adverfus eum antequam hereditas petatur, nihil ex ea hereditate deminuere posse, nihil detrahere, nihil diftrahere, nihil alienare. Poft controversiam motam ait, prohibendum esse possessorem quicquam alienare ex ea hereditate, etiamsi lis non fit conteftata. Respondi, *l. Divus* loquitur de petitione hereditatis, non de judicio familiæ ercifcundæ; & propterea ait, prohibendum esse possessorem a Prætore, non prohiberi lege, sed prohibendum esse a Prætore, causa cognita, quia de univerfo jure hereditatis

B movetur controversia: alter enim negat alterum esse heredem. Controversia de familia ercifcunda non eft de univerfo jure hereditatis: imo alter alterum fatetur esse coheredem; sed eft de dividendis rebus hereditariis, quæ divisionem recipiunt, de communione diffolvenda, dirimenda, nec eft causa interdiétæ alienationis, si coheres velit suam partem alienare ante litem conteftatam. Poft litem conteftatam, id eft, cœpto judicio familiæ ercifcundæ eft causa, ne quid divisioni fubtrahatur. Esse abfurdum provocare coheredem ad divisionem: & interim res divisioni subducere. Provocat autem ad divisionem alter alterum judicio familiæ ercifcundæ: nam eft aétio duplex, in qua uterque eft reus, & aétor. Petitio hereditatis non eft aétio duplex, & interdiétio hæc ex lege eft. Permaneamus igitur in verbis legis, & dicamus inter-

C diétam tantum esse alienationem poft litem conteftatam judicio familiæ ercifcundæ, & judicio communi dividundo five discrimine. Male etiam Accurfius, interdiétam esse alienationem partis coheredibus, vel sociis ante litem conteftatam, si fiat judicii mutandi causa, ut aétoru judicio famil. ercifcundæ, vel communi dividundo opponatur durior adverfarius, in quem fit alienata pars: nam ex hac causa jure non invenies interdiétam esse alienationem, quod fiat judicii mutandi causa: imo vero alienatio valet. Sed is qui alienavit ut duriorem adverfarium opponeret, tenetur in id, quod intereft duriorem adverfarium non habuisse ex ediéto de alienatione judicii mutandi causa faéta. Ceterum alienatio valet, nec fit irrita: nam & alienatio rei litigiosæ valet ipso jure, *l. 17. & seq. de rei vind.* Sed empteri rem litigiosam per-

D sequenti obftat exceptio litigiosi: atque ita per exceptionem redditur inutilis, quæ valet ipso jure: ac propterea tam venditor, quam emptor rei litigiosæ fisco tenentur pœnæ nomine, si emptor fciens rem litigiosam emerit, *l. 1. de jure fifci, l. 2. de litig. l. ult. C. eod. tit.* Punitur, qui vendidit rem litigiosam, vel qui emit: non fit igitur irrita venditio, non fit irrita ipso jure, nec aliter quam per exceptionem, quæ dicitur exceptio litigiosi: & non ideo poft litem conteftatam judicio famil. ercifcun. interdiéta eft alienatio, quod familia fit litigiosa: (neque enim eft litigiosa,) sed quod sumpto arbitro famil. ercifcundæ causa, non debeat ulla res arbitro subduci, sed omnia in medium proferri, quæ hereditaria sunt, ac postea divisio. Male etiam Accurfius in *l. ante C. de ju. dot.* poft litem contef-

E tatam familiæ ercifcundæ nomine, vel communi dividundo posse alienari partem dotis causa, quod ducit ex *l. ult. C. de litig.* quæ loquitur de re litigiosa, non de re, de qua dividunda agitur, quæ ceere non eft litigiosa: interpartes enim convenit de dominio ejus rei, & alterum fatetur sibi in ea esse socium. Itaque non oportet rem litigiosam permiscere rei, de qua non eft lis, sed de divisione ejus. Et quod ait *d. lex ult.* hoc eft impune alienari rem litigiosam dotis causa, sponsaliorum causa, transaétionis causa, divisionis causa, has causas excepit tantum ex quibus si fiat alienatio rei litigiosæ pœna in fiscum non committitur. Sic igitur concludamus: impunita eft alienatio rei litigiosæ dotis causa. At alienatio rei, de qua dividunda agitur, eft impunita qualibet ex causa, quia ipso jure nulla eft: nam si quid agens nihil

ago, non punior; id tantum pœna plectitur, quod affectum habuit, & lex quæ vetat alienari rem litigiosam est imperfecta. Imperfecta lex est, quæ vetat quid fieri, sed factum non rescindit, verum pœnam injunxit ei, qui fecit, ut lex Cincia, de donis & muneribus, quæ modum imposuit donationibus: prohibebat scilicet donare ultra certam quantitatem, & si plus donatum esset, non rescindebat, ut scribit Ulp. *tit.* 1. §. *quæ prohibet*: sed donatarium coercebat. Imperfecta fuit lex Furia testamentaria, quæ prohibuit capere legatum supra mille asses, & ei, qui ceperit, indixit pœnam quadrupli, nec legatum revocavit. Sic etiam lex, quæ vetat rei litigiosæ alienationem, alienationem non rescindit, sed punit tum venditorem, tum emptorem. Perfecta lex est, quæ rescindit, quod fieri vetat; & ideo perfecta est lex, quæ interdicit alienationem partis post litem contestatam: ideoque qui alienat, nihil agit, & consequenter non punitur. Postremo male Accursius in *l. 1. C. comm. divid.* ait, post litem contestatam communi dividundo, vel familiæ erciscundæ, non posse etiam partem pignori obligari, & tamen rem litigiosam posse pignori obligari: placet, quod separat rem litigiosam a re, de qua dividenda agitur, quod supra non fecit; ego volui antea separare accuratissime, quia quæstio divisionis alia est, alia proprietatis, & res litigiosa dicitur tantum, si de proprietate ejus sit lis, alio dicente, se esse dominum, & alio negante. Verum falsum est, quod ait, rem de qua dividenda agitur, non posse pignori obligari: hoc enim ratione vacat, quia pignus non mutat dominium, pignus rem non subducit judicio: nam & res pigneratæ veniunt in judicium familiæ erciscundæ. Causa interdictionis est, ne quid divisioni subducatur. Pignus rem non subducit: ergo pignus non interdicitur. Falsum etiam quod ait, Rem litigiosam posse pignerari, neque enim potest utiliter: nam creditori, cui pignerata est res litigiosa, agenti hypothecaria obstat exceptio litigiosi, *l. 1. §. ult. quæ res pign.* Et alia est sententia Novell. de litig. quam adducit Accursius: non hoc vult, rem litigiosam posse pignerari, sed rem litigiosam non esse eam, de cujus hypotheca, seu pigneratione lis est, sitne possita hypothecæ, an non: sed rem litigiosam esse eam de cujus dominio lis est.

Quod est in *l.* 31. *hoc tit.* est facillimum: non solui judicium familiæ erciscundæ interitu rei hereditariæ. Finge: servus hereditarius pignori obligatus erat: unus ex heredibus sua pecunia luit, deinde actum est familiæ erciscundæ judicio, eoque pendente homo decessit, an solvitur judicium familiæ erciscundæ? & ait, durare officium *ɔbiti propter præstationes*, scilicet, quæ eum hominem respiciunt: nam veniunt in hoc judicium præstationes earum rerum, quæ in rebus humanis esse desierunt, *l. 24. sed & ejus, hoc tit. l. 18. in fine, l. 25. §. idem jus. hoc tit.* nam judex familiæ erciscundæ, quod propter eum hominem luendum cohæres de suo solvit, curabit ut cohæres partem recipiat pro rata, κατ' ἀναλογίαν, ut est in Basil. nam etsi divisione communio sit sublata, præcessit tamen, & duraret etiam hodie, nisi res interiisset. Et ita etiam actio communi dividundo non solvitur interitu rei communis: nam supersunt aliquæ præstationes, quæ spectant ad rem illam, *l. 9. l. 11. tit. seq.* ac similiter judicium rei vindicationis non tollitur rei interitu, etiamsi res, de qua agitur, sine dolo, & sine culpa possessoris interierit: nam superest adhuc lis propter partus, vel fructus, vel stipulationem de evictione, ut sciatur, an commissa sit ea stipulatio nec ne, *l. utique, de rei vindic.*

---

**Ad L. Sabinus XXVIII. Comm. dividundo.**

*Sabinus in re communi neminem dominorum jure facere quicquam invito altero posse: unde manifestum est prohibendi jus esse: in re enim pari potiorem causam esse prohibentis constat. Sed etsi in communi prohiberi socius a socio, ne quid faciat, potest, ut tamen factum opus tollat, cogi non potest, si cum prohibere poterat, hoc prætermisit: & ideo per communi dividundo actionem damnum sarciri poterit. Sin autem facien*-

A *ti consensit, nec pro damno habet actionem. Quod si quid absente socio, ad læsionem ejus fecit, tunc etiam tollere cogitur.*

EX Pap. hodie explicabitur hæc regula Sabini hac lege. Unus ex sociis in re communi nihil facere potest invito socio: secundum hanc regulam, ut scriptum est in *l. parietem, de servit. urb.* non potest unus ex sociis parietem, qui naturali ratione communis est, reficere ac demoliri invito socio, quia non solus dominus est: paries est communis naturali ratione, si ædificatus sit in loco communi, ut puteus est communis, si putei solum sit commune, ut puta si sit in confinio, *l. 4. §. 1. hoc tit.* Et naturalis ratio est, quia semper superficies qualiscumque sequitur jus & conditionem soli, *l. pen. comm. præd. l. pen. §. sed si, uti possid.* Integerinus paries est, qui duo B ædificia disterminat, ut Glossæ antiquæ interpretantur. Et hic vel est communis inter vicinos, vel proprius alterius horum. Communem reficiendi aut demoliendi jus non est alterutri vicinorum invito altero: imo nec agere ita potest, sicut agitur de servitutibus, jus sibi esse reficiendi, vel demoliendi parietem communem invito socio, & est propria vis *l. parietem*, nullam esse positam actionem talem sicut solet concipi de servitutibus, quia non solus dominus est. Secundum eandem regulam unus ex sociis de communi servo quæstionem habere non potest, nisi communis negotii causa invito socio altero, *l. causa, hoc tit.* propter quam puto statim subjectam fuisse hanc regulam. Item secundum hanc regulam, unus ex sociis in loco communi ædificare non potest invito altero, *l. an unus, si servit. vindic. l. 27. sed si inter, §. ult. de ser-* C *vit. urb.* unus ex sociis in communem locum purum inferre mortuum invito altero, & locum religiosum facere non potest, *l. 2. §. an & socius, de religio. l. 6. §. si quis, hoc tit.* Unus ex sociis non potest imponere servitutem fundo communi, *l. 2. de servit.* solidam scilicet. Sed nec etiam pro parte sua, quia servitus individua est. Ergo omnibus modis vera est definitio Sabini. Ex ea Papinianus colligit: si quid vicinus faciat in fundo communi invito socio, socio jus esse prohibendi, quia Sabinus ait invito socio: & invitus est proprie, qui prohibet alteri: igitur socio est jus prohibendi per Prætorem extra ordinem, vel per arbitrum communi dividundo: nam agendo de communione tollenda hoc consequitur, ne socius faciat, quod conatur facere, *l. 3. plane, de novi op. nuntias.* Si quid socius ædificet, vel moliatur, an etiam est jus D prohibendi per operis novi nuntiationem? Minime: quia nec adversus socium agere potest, jus ei non esse ædificandi, licet non possit ædificare in loco communi invito socio, *l. 26. in re communi, de servitut. urban.* Fateor, non licere socio ædificare invito socio in loco communi, sed non licet etiam socio, quo invito ædificatur, ita agere, ut agitur de servitute, jus illi non esse ædificandi, quia quodammodo videtur asserere servitutem, & fieri non potest, ut res nostra vel pro parte, vel in solidum, nobis serviat: & consequenter non licebit etiam socio nuntiare opus novum: nam & eadem ratione usufructuarius non nuntiat novum opus proprietario ædificanti, quia nec agere potest, jus non esse domino ædificare se invito, *l. 2. de no. op. nunt.* Ergo socio jus est prohibendi tantum per prætorem, vel arbitrum communi dividundo, non per actionem confes-E soriam, aut negatoriam, qualis competit de servitutibus, non per novi operis nuntiationem. Jus faciendi non est socio, igitur jus prohibendi est. Id Papinianus verum esse demonstrat pulchra ratione, quæ aptari potest multis negotiis, quia in re pari melior & potentior est causa prohibentis. Alia est regula, in re pari meliorem esse causam possessoris, id est, si in hac re neque ego jus habeo, neque tu, sumus pares: ego tamen, qui possideo, sum potior. Sed alia est regula, in re pari, &c. Par est, causa utriusque socii in re communi: uterque dominus. In re autem pari, si vel unus intercedat, prohibeat, contradicat, ceteris impedimento est: aut enim omnes consentire debent, quando omnium par est causa, aut injuria fit quidquid fit, & potior est qui prohibet, quam

qui

qui facit, quia focio magis est jus prohibendi, quam faciendi, nec videatur esse jus prohibendi, sed magis est jus prohibendi quam faciendi sine altero, quia is qui conatur agere, magis quodammodo jus alienum sibi præripit, si quasi solus sit dominus, ad suum arbitrium re uti velit, *l. an unus, si servit. vindic.* Est ea ratio valde notanda; invitus ut dixi, est, qui prohibet. Invitus est etiam is qui abest, & per absentiam prohibere non potest, nam & hic prohibere intelligitur qui abest, quique ignorat quid faciat socius, vel qui scit, nec tamen per absentiam prohibere potest. Quæro an etiam invitus sit is, qui præsens est, & tacet, dum socius in re communi facit aliquid? nam hic neque nolle omnino videtur, neque velle: præsentem & tacentem non posse dicere nolle, & velle. Et notanda est differentia inter eum, qui præsens est, & tacet, & prohibentem vel absentem. Quod si prohibente vel absente socio, socius aliquid fecerit in læsionem socii, id tollere cogitur per prætorem, vel per actionem communi dividundo, & interdum etiam per interdictum uti possidetis, si ex re asserat vel adroget sibi possessionem totius rei communis, ut in specie *l. pen. §. si vicinus, uti possid.* Si vicinus in pariete communi imponat tectoria, incrustationes ac picturas, non tantum pro parte sua, sed etiam ex parte vicini: nam hoc genere inquietat vicinum, & sibi quodammodo defendit possessionem totius parietis, atque ideo uti potest interdicto uti possidetis, ne vim faciat possidenti, & ut abradat picturas, & tollat tectoria ex parte vicini, ne ex eis in futurum argumentum sumat possessionis, & dominii consequenter. Quod si præsente & tacente socio, socius aliquid fecerit in re communi, non cogitur tollere quod fecit, sed damnum sarcire actione communi dividundo, si quo affectus sit socius, quo non consentiente fecit. Præsentem esse & tacere est medium quiddam inter consensum & dissensum: ideoque quasi consenserit denegatur ei actio communi dividundo per quam sarciatur damnum quod patitur: nec quasi dissenserit, agit ut opus tollatur. In summa-taciturnitas præsentis est media inter consensum & dissensum: taciturnitas autem absentis omnimodo dissensum imitatur hac in re: nam sunt pleræque causæ, in quibus taciturnitas consensum imitatur, nec possis certi quicquam definire in hac quæstione; Qui tacet, consentiat ne, an non? Nam pro subjecta materia alias dissentire, alias consentire dicitur. Absens comparatur contradicenti, prohibenti. Notandum quod ait hæc *l. damnum sarcit*, quod scilicet, focius. Et paulo post, *pro damno*, & in extremo, *ad læsionem ejus*: Nam ut cogatur tollere quod fecit, vel præstare damnum, sane necesse est, ut intersit socii, ut læsus & damnum passus sit: nam si ejus nihil intersit, nulla competit actio, nulla datur actio, nisi ejus interest cui datur: atque ita etiam si socius aliquid fecerit inscio socio, aut non consentiente in re communi, id permanebit, neque eo nomine conveniretur, si alterius non intersit. Recte igitur tribus locis ait, damnum datum, læsionem: Finge, unum ex sociis refecisse parietem communem, vel diruisse reficiendi causa, quia vitium faciebat, & cujus labes gravius damnum rei communi allatura fuisset, finge refectionem necessariam aut demolitionem. Sane tantum abest, ut de eo possit queri alter socius, cujus commodo hæc res cessit, ut teneatur præstare partem impensæ actione pro socio, vel communi divid. cum usuris centesimis, si cessaverit in inferenda impensæ parte intra quatuor menses: nam si traxerit folutionem, quoad exierint quatuor menses, ex oratione D. Marci rei communis dominus fit in solidum ipso jure is, qui refecit rem communem, qui impensam eam necessariam fecerit, *l. si ædibus, de dam. inf. l. cum duobus, §. item respondit, pro socio, l. 4. C. de ædif. priv.* Imo vero, si sit necessaria refectio, vel demolitio parietis communis, vel alterius rei communis, in ipso initio reficiendi, si non patiatur socius reficere, potest eo nomine cum socio experiri communi dividundo, vel pro socio, vel interdicto uti possid. Quia,

qui me impedit reficere rem communem, quum est opus & expedit, & rem possidere impedit, tenetur interdicto uti possidetis, quæ est sententia legis *si ædes hoc tit.* in qua notandum maxime quod dicitur, *quum est opus*; nam necessariam refectionem socius non potest impedire, nec est, quod exspectet alter ejus consensum, quando est necessaria refectio, quanquam verum est, eum non posse ita agere, quamvis necessaria sit refectio, vel demolitio, jus sibi esse reficere (facessant hæ formulæ) ac si ageret de servitutibus, sed agit pro socio, communi divid. vel interdicto uti possidetis, cum nobis res communis non serviat, *d. l. an unus, si serv. vind. & l. in re communi, de serv. urb.* Nihil esset addendum, nisi nos Accurs. cogeret, qui putat vitiari hanc regulam Sabini in quibusdam casibus: primum in casu *l. quidam, §. ult. de servit. urb.* quo dicitur, posse socium parietem communem incrustare invito socio: facit igitur aliquid in re communi invito socio. Primum fateor voluptariam esse impensam, non necessariam, non utilem, & ejus non esse repetitionem: nam ea ornamenta ponit in parte sua, quæ res non offendit vicinum: deinde non tam id videtur facere in re communi, quam ad rem communem quod licet, ut ait M. Tullius in Top. ad parietem communem licet adjicere parietem directum, solidum, vel fornicatum, quod adjiciendum est ex *l. fistulam, §. pen. de servit. urb. pr.* Paries directus adjunctus ad communem est, qui ita suspenditur, & retinetur ut sublato communi maneat, nec refectionem communis parietis impediat. Dicitur ergo recte, fieri ad communem, non in communi, & jure igitur etiam non exquisito consensu socii. Vitiari secundo putat Accurs. reg. Sabini, si id faciat socius in re communi, cujus causa res communis parata est, ut si inhabitet ædes communes, si immittat onus in parietem communem: nam parietes destinantur oneri ferendo: vel si inferat mortuum in commune sepulchrum. Hæc omnia licent sociis etiam non explorata sociorum voluntate, *l. 6. §. si quis, hoc tit.* Sed non videtur hæc exceptio recte accommodari ad hanc regulam, quia ab initio, ut id liceret, convenit inter socios, quando ejus rei causa rem communem paraverunt, nec si contradicat socius, ideo non servabitur conventio facta in comparanda re communi. Tertio putat vitiari regulam istam, si reficiatur res communis. Hoc non est admittendum indistincte, sed addendum est, si reficiatur necessario. Quarto eandem vitiari ait, favore necessitatis publicæ & religionis: & hoc facile admitterem in casu *legis sunt personæ, de relig.* (in aliis enim casibus non admitto) in qua socius in locum communem purum potest inferre mortuum aliquem ex suis, forte, si non habeat, ubi inferat, ne corpus insepultum maneat, propter publicam utilitatem, & competet socium interdicto de mortuo inferendo, ut sinat inferri mortuum, nec tamen erit locus religiosus, nec justum sepulchrum, quamvis dissentiat socius. Postremo ait, vitiari regulam, si res quædam sit communis inter donatorem & donatarium, ex *l. sancimus, §. non quæram, C. de donat.* ex eo §. nunquam id colliges, si res sit communis inter donatorem & donatarium, alterum in ea re quicquam facere posse invito altero. Sed sententia hæc est. Finge: Donatio, quam in te contuli, pro parte utilis est, pro parte inutilis ut ante Imp. proponit casum similem: quo casu res donata sit communis inter donatarium & donatorem, quia pro parte tantum donatio consistit, verum mox est dividunda desiderante alterutro, si commode possit dividi, vel ei, cui major pars competit, licet offerre æstimationem reliquæ partis, quam si offerat, alter cogitur accipere: atque ita in totam rem possidebit sublata communione per oblationem æstimationis minoris partis: vel si nolit offerre, is, cui major pars competit, licebit ei, cui minor pars competit, alteri offerre æstimationem suæ partis, atque ita totam rem possidere. Is, cui offertur, accipit quidem invitus, sed oblatio hæc nihil facit in re communi: itaque non est quod existimas hanc speciem a regula Sabini.

Ad

### Ad L. ex mille LXIV. de Evict.

*Ex mille jugeribus traditis ducenta flumen abstulit, si postea pro indiviso ducenta evincantur, dupla stipulatio pro parte quinta, non quarta, præstabitur: nam quod periit, damnum emptori non venditori attulit. Si totus fundus, quem flumen deminueras, evictus sit, jure non deminuetur evictionis obligatio, non magis, quam si incuria fundus aut servus traditus, deterior factus sit: nam & e contrario non augetur quantitas evictionis, si res melior fuerit effecta.*

*§. 1. Quod si modo terra integro, qui fuerat traditus, ducenta jugera per alluvionem accesserunt: ac postea pro indiviso pars quinta totius evicta sit, perinde pars quinta præstabitur, ac si sola ducenta de illis mille jugeribus quæ tradita sunt, fuissent evicta: quia alluvionis periculum non præstat venditor.*

*§. 2. Quæsitum est: si mille jugeribus traditis, periissent ducenta, mox alluvio per aliam partem fundi ducenta attulisset, ac postea pro indiviso quinta pars evicta esset, ex qua parte auctor teneretur? dixi, consequens esse superioribus, ut neque pars quinta mille jugerum, neque quarta debeatur evictionis nomine, sed perinde teneatur auctor, ac si de octingentis illis residuis sola centum sexaginta fuissent evicta: nam reliqua quadraginta, quæ universo fundo decesserunt pro rata nova regionis esse intelligenda.*

*§. 3. Ceterum cum pro diviso pars reliqua fundi evincitur tametsi certus numerus jugerum traditus sit, tamen non pro modo, sed pro bonitate regionis, præstatur evictio.*

*§. 4. Qui unum jugerum pro indiviso solum habuit, tradidit: secundum omnium sententias non totum dominium transtulit, sed partem dimidiam jugeri, quemadmodum, si locum certum, aut fundum similiter tradidisset.*

SCiendum est, evictionis nomine venditorem solere promittere emptori duplum, quanti res veniit, ut si decem veniit, promittit 20. & tota re evicta præstantur 20. parte autem evicta, si quidem singulis partibus condictum sit pretium, ejus partis, quæ evicta est pretium duplatur & præstatur ex causa evictionis, *l. si fundo tradito, hoc tit.* Quod si singulis partibus dictum non sit pretium, sed aversione, id est, confuse uno pretio fundus venierit, parte una fundi evicta, quid fiet? quanti ea pars æstimabitur? neque enim ei parti dictum est pretium, & non omnes partes fundi dignitate sunt pares, est una vilior & pretiosior altera, & propter unam partem sæpe totus fundus emitur. In hac quæstione acumina valent Jureconsultorum, si quæ sunt, & separandæ est statim pars pro diviso a parte pro indiviso. Si evincatur pars pro diviso, id est, certa pars circumscripta suis finibus, non fiet æstimatio, sed præstabitur evictio pro modo ejus partis, pro modo jugerum quibus ea pars constat, licet in emptione modus dictus sit: sed præstabitur evictio pro qualitate ejus partis, hoc est, pro bonitate & pravitate ejus. Finge, fundus venierat decem: ea pars, quæ evicta est, digna fuit octo venditionis tempore, præstabuntur 16. evictionis nomine ex stipulatione duplæ: vel contra, ea pars fuit digna duobus tantum: præstabuntur quatuor ex stipulatione duplæ, quod ostenditur in *l. 1. & l. bonitatis, hoc tit. l. pen. de adil. ed. & in §. penul. hujus legis.* Et hoc expeditum est, si tanti emisti fundum, quanti dignus erat: nam si emisti minoris, (quod Joannes annotavit) ut si fundum dignum 20. emisti 10. (quæ fraus non est illicita) & evincatur pars tertia pro diviso quæ est digna octo, non præstabuntur octo, nec ea pars æstimabitur octo, quia non tanti empta intelligitur, sed æstimabitur quatuor dimidio minoris, sicut res tota veniit dimidio minoris: & e contrario, si pluris emisti, ut si fundum dignum decem, emisti viginti, & evincatur pars tertia, quæ digna est octo, quanti æstimabitur? Sexdecim, id est, dimidio pluris, quia tanti empta intelligitur, sicut res tota empta est dimidio

pluris: atque ita ineunda est bonitatis seu qualitatis ratio. Nunc tractemus de parte pro indiviso. Si pars pro indiviso evincatur, æstimatio fiet pro quantitate ejus partis, id est, pro modo jugerum, *l. 1. hoc tit.* Ut si fundus mille jugerum veniit quingentis, & evincantur ducenta pro indiviso, id est, quinta pars mille jugerum: pro indiviso æstimabitur quinta pars pretii, & præstabuntur 200. ex stipulatione duplæ: nam quinta pars pretii est 100. Pars ergo pro indiviso æstimabitur ex quantitate, ex modo: nec enim ex qualitate potest æstimari, cum ejus partis nullum certum corpus subsit, nulla qualitas. Pars est quota ut ajunt, non qualis: pars est sine qualitatibus. His cognitis, finge: Quidam vendidit & tradidit fundum mille jugerum, & stipulanti promisit duplam evictionis nomine: fundus minor factus est eluvione: deinde flumen abstulit ducenta jugera. Eluvio minuit fundum, alluvio auget: flumen igitur abstulit 200. jugera, post evictus est fundus totus, residua igitur octingenta jugera. Jure, inquit Papinianus, ut in *l. ubicunque, de fidejuss. l. fundum Cornel. de novat.* jure, id est ipso jure stricto: jure, inquam, præstabitur evictio pro mille, quamvis evicta sint octingenta tantum, atque ita perinde præstabitur evictio duplex totius pretii mille jugerum, atque si flumen nihil abstulisset, sed mansisset semper integer fundus non immutato modo qui fuit venditionis tempore, atque ita diminutio illa fundi, sive periculum eluvionis, non pertinet ad emptorem, qui agit de evictione, perinde atque si mille essent evicta in duplum, sed ad venditorem. Idemque erit, si fundus incuria deterior factus sit. Differentiam facit inter fundum minorem & deteriorem, ut *§. cum autem, Institut. de empt.* minor si fundus, si minuatur modus terræ: deterior, si integro modo terræ terra uratur, vel alio modo corrumpatur, utrumque periculum respicit venditorem, non emptorem toto fundo evicto, quod ita proponit in *§. 1. his verbis: Si totus fundus, &c.* Id probat Papinianus a contrario secundum id, quod dicitur, eandem esse rationem contrariorum, eandem esse augmenti, & diminutionis, si fundus venditus melior fiat, aut pejor, & totus postea evincatur, venditor non tenetur nisi pro mille, id est, in duplum pretii fundi mille jugerum qui fundum addixit, etiamsi fundo accesserint alia mille jugera, & evincantur bis mille jugera. Ejus incrementi non habebitur ratio in causa evictionis, ergo nec diminutionis. Sed etsi superint tantum octingenta, quæ evincantur, æstimatio fiet mille jugerum, id est, pro mille jugeribus æstimabitur in duplum. Huic sententiæ objicitur *l. 70. hoc tit.* quæ ait, si minor fiat fundus, ut si flumen ei aliquid auferat, damnum esse emptoris: minui igitur emptori quantitatem evictionis. Item obstat *l. si cum venditor, §. ult. hoc tit.* quæ ait, si deterior fiat fundus, minui quantitatem evictionis, si melior, augeri: atque ita in causa evictionis spectandum, quanti res sit evictionis tempore, non & quanta fuerit venditionis tempore, & est jure civili. Et in *l. Titius, §. ult. & l. id quod, de act. emp.* si servus venditus apud emptorem deterior factus sit, minui præstationem evictionis; sin autem melior sit cum evincitur, si didicerit artem aliquam, augeri æstimationem evictionis. Æstimationem igitur non reduci ad tempus venditionis, sed sumi ex tempore evictionis; quod est contra hunc *§. 1. hujus leg.* Fatentur omnes interpretes, & rectissime, constituendam esse in hac re differentiam inter actionem ex stipulatu, & actionem ex empto. Illæ leges sunt de actione ex empto, *l. 70. & l. Titius, & l. id quod, de al. empt.* Et *l. si cum venditor, §. ult.* est de actione præscriptis verbis, quæ ex permutatione datur, sive ex divisione, quid est divisio? distributio partium, quæ fit permutatis partibus, est igitur de actione præscriptis verbis, quæ datur ex permutatione, vel divisione, quæ comparata est ad exemplum actionis ex empto, & est bonæ fidei, sicut actio ex empto, vel quasi: hæc lex de actione ex stipulatu, vel quasi: hæc actio competit in solidum, sicut stipulatio concepta est in solidum, & in duplum stricto jure, quod

*omnes*

omnes stipulationes sequuntur, tota re evicta, sive minor sit res, sive major, quum evicta est, & sive deterior, sive melior: Eadem enim res est, quæ fuit ante, etiamsi aucta sit, vel diminuta: alioqui nos non essemus iidem, propterea quod quotidie, ut Philosophi dicunt, & refertur in *l. proponebatur, de jud.* atomi, quibus corpora nostra constant, decedunt a nobis, & alii in eorum locum accedunt, ergo idem est fundus, qui venditus est, licet diminutus sit, & sit modo octingentorum tantum jugerum, non mille, & perinde atque si esset integer, & ita evictus agetur in duplum pretii sine deminutione, id est, pro mille jugeribus; hoc est jus strictum stipulationis. Actio ex empto, vel actio præscriptis verbis ex permutatione, est bonæ fidei, in qua etiamsi tota res evicta sit, ultra pretium id tantum venit, quod æquum & bonum est, id est, quod revera emptoris interest; si minor sit fundus quum evincitur, minor erit æstimatio ejus quod interest: si major sit fundus, major erit æstimatio ejus quod interest: & ita in hoc tractatu de evictione sæpe quamvis id auctores non exprimant, distinguenda est actio ex stipulatu ab actione ex empto, etiamsi utraque detur evictionis nomine, non enim utraque eodem jure est, quia una est bonæ fidei, altera stricta: quod ostendam aliis duobus exemplis. Fundo vendito & evicta parte fundi pro diviso, in actione ex stipulatu fit ejus bonitatis æstimatio, quando parti non est dictum pretium, quæ fuit venditionis tempore, *l. bonitatis, h. tit.* in actione ex empto fit, quæ fuit evictionis tempore. Item domo vendita & evicto tigno, non est actio ex stipulatu de evictione, quia neque domus evicta est, neque pars domus, tignum non est pars domus, imo nec venditum videtur tignum, *l. nave, h. tit.* Est tamen actio ex empto in id, quod interest, *l. eum qui de usucap.* Et similiter vendita ancilla & evicto partu non est de evictione actio ex stipulatu, quia non est venditus partus, *l. si prægnans, hoc tit.* est tamen actio ex empto, quod nostra interest partum sequi matrem, *l. venditor, h. tit.* Atque ita sæpe nobis est accurate separanda actio ex stipulatu ab actione ex empto. Nunc constituamus aliam speciem, in qua non evincitur totus fundus, ut superiori specie posuimus, sed pars fundi pro indiviso post eluvionem fluminis. Finge: Quidam vendidit fundum mille jugerum, promisit duplam; flumen abstulit ducenta jugera, deinde evincuntur ducenta jugera pro indiviso, id est, quinta pars mille jugerum, non evincitur totus fundus, id est, octingenta, quibus nunc constat fundus, sed pars quinta tantum, id est, ducenta. Hoc casu non est differentia inter actiones, sed sive agatur ex empto, sive ex stipulatu ob evictionem, periculum eluvionis respicit emptorem, & præstatur evictio pro parte quinta tantum mille jugerum, id est, pro ducentis, quæ evicta sunt. Sed videbatur esse præstanda evictio pro parte quarta mille jugerum, id est, pro ducentis quinquaginta, hoc argumento quod intellexit Accursius initio glossæ tertiæ, & notandum est maxime argumentum. Sic argumentor: si evicto toto fundo, cujus modus nunc est octingentorum jugerum, quoniam flumen abstulit ducenta, evictio præstabitur pro modo fundi, qui olim fuit, id est, pro mille, ut in §. 1. & evicta igitur parte quarta fundi, qui nunc est octingentorum, evictio præstabitur pro quarta parte fundi, quæ olim fuit, id est, pro ducentis quinquaginta, servata scilicet eadem ratione in parte, quæ servatur in toto. Quod tamen Papinianus non admittit hac ratione, quia quinquaginta illa, quæ superadjicis, id est, quartam partem ducentorum, flumen abstulit, quæ res cedit damno emptoris non venditoris, cum pars evincitur, non totum. Non ita recte argumentaris: si evictis ducentis jugeribus pro ducentis tantum præstatur evictio, & evicto igitur fundo toto, qui nunc est octingentorum, pro octingentis tantum præstabitur evictio. Falsa est collectio, & omnino ea sententia Papiniani res ita procedit. Toto fundo evicto, periculum eluvionis respicit emptorem. Et nihil restat quam ut exponamus rationem differentiæ. Quæso repetamus eam speciem quæ

A proponitur initio l. ex mille jugeribus venditis & traditis præstita cautione duplæ, ducenta flumen abstulit, post evicta sunt ducenta pro indiviso. Quæritur pro qua parte sit commissa stipulatio duplæ, pro quinta, an pro quarta? & Papinianus ait, pro quinta esse commissa, non pro quarta. Ubi dubitatur, quam quintam, aut quam quartam intelligat Papinianus; an quintam residuorum octingentorum, id est, centum sexaginta, & quartam etiam residuorum octingentorum, id est, ducenta? quod stare non potest; an quintam mille jugerum, id est, ducenta, & quartam octingentorum, id est, totidem? quod esset perabsurdum: vel contra, an quintam octingentorum 150. & quartam mille jugerum, id est, 250. quod etiam stare non potest; an igitur quintam mille jugerum, id est, ducenta, & quartam etiam mille jugerum, id est, ducenta, & quinquaginta? Et hoc est verius; nam B & ita capitur quinta & quarta in §. *quæsitum, in hac l. & in §. quod si modo*, in illo loco: *Pars quinta præstabitur*. Hoc igitur Papinianus ait: non præstari stipulationem duplæ in specie proposita pro quarta parte mille jugerum, id est, pro ducentis quinquaginta, sed pro quinta, hoc est, pro ducentis, quæ etiam sola evicta sunt; & ideo si fundus mille jugerum venierit 50. aureis, evicta parte quinta, id est, ducentis, post eluvionem ducentorum, non præstabuntur 25. emptori actione ex stipulatu, sed 20. tantum. Simpla quintæ partis pretii est decem: simpla quartæ partis est 12. cum dimidio. Duplanda autem est simpla quintæ, non quartæ: atque ita fit, ut præstentur tantum viginti, non viginti quinque. Et similiter, si fundus venierit decem, non præstabuntur quinque, sed
C quatuor tantum. Simpla quintæ partis, est duo: simpla quartæ, duo & semis, & duplanda est, ut dixi secundum responsum Papiniani, simpla quintæ, non simpla quartæ. Ratio autem decidendi, cur pro quinta parte tantum mille jugerum, quæ est quarta octingentorum, non etiam pro quarta mille jugerum, hoc est, pro ducentis quinquaginta, cur inquam, pro quinta, non pro quarta mille jugerum præstetur dupla, hæc est; quia illa ducenta, quæ flumen abstulit emptori perierunt, ut jam non possit illorum ducentorum quartam partem, id est, 50. a venditore repetere pro evictionem, ac si evicta essent, nec ei periissent: nam sane ei perierunt. Et generaliter verissimum est, post perfectam venditionem præter evictionis periculum ad emptorem pertinere omne periculum deminutionis & deteriorationis cum ad eum
D etiam pertinet omne commodum augmenti, & meliorationis: quod & nominatim de commodo alluvionis, & periculo eluvionis ita est proditum, *l. id quod, de peric. & comm. rei vend.* Et hoc est, quod Papin. ait in prima parte hujus l. Ratio autem, propter quam dubitatur, an stipulatio committatur pro quarta parte mille jugerum, id est, pro ducentis quinquaginta, sumitur ex §. seq. argumentando a toto ad partem: quod etiam Accurs. intellexit, & omnino vim præcipuam hujus legis intellexit: nec potui tandem post longam disputationem, quam ab hac hyeme usq; in hunc diem traxi tecum, doctissime Gregori, in sententia Accursii non manere. Ratio igitur dubitandi hæc est. Evicto fundo toto, qui nunc est octingentorum, stipulatio duplæ committitur, ut ait in §.
E seq. non pro pretio octingentorum, sed pro pretio mille jugerum, perinde ac si fundo nihil deperiisset: ut si fundus venierit 100. ex stipulatione dupla præstantur ducenta, non 150. Sic igitur argumentor: evicto toto fundo, qui nunc est octingentorum jugerum, pro toto fundo, qui olim fuit mille jugerum, præstatur evictio: ergo evicta quarta parte fundi, qui nunc est, id est, pro ducentis, non pro ea parte præstatur evictio, sed pro quarta parte fundi, qui olim fuit, id est, pro ducentis quinquaginta. Sed respondeo, non valere argumentum a toto ad partem, & aliam esse rationem totius fundi, aliam evictæ partis. Videamus, quæ sit ratio differentiæ: ea non est obscura: si fundus nunc est octingentorum jugerum, perinde committitur stipulatio, ac si fundus mille jugerum evictus fuisset, & duplatur pretium mille jugerum: quia

jure

jure committitur stipulatio in totum, cum fundus evictus sit totus, quantus quantus est, qualis qualis est, etiamsi unius tantum jugeri fundus fuerit, cetera jugera flumen abstulerit: Perierunt quidem etiam hoc casu emptori secundum regulam juris, quæcunque flumen abstulit, sed finguntur non periisse ei, aut dissimulamus ei periisse, & perinde, ac si non periissent, & evictus fuisset fundus mille jugerum, ei competit actio ex stipulatu: quia verum est totum fundum fuisse evictum, quamvis cum evinceretur, non fuerit tantus, quantus cum venderetur. Priore autem casu hujus l. non jure committitur stipulatio pro quarta mille jugerum, cum non quarta, sed quinta evicta sit, id est, ducenta, quia iniquum est emptori præstari amplius evictionis nomine, quam evictum est, & ducenta tantum evicta sunt: ex ducentis, quæ flumen abstulit, nihil est evictum: eorum igitur rationem haberi non convenit, etiamsi forte flumen fundum redegisset ad unum jugerum, cetera absumpsisset, & evinceretur semijugerum pro indiviso, non pro dimidia parte mille jugerum, sed pro dimidia unius jugeri, quæ evicta est; committeretur stipulatio duplæ: hæc ratio apertissima est. Neque est alia quærenda. Azonis ratio alia est, quæ tamen Accursio placet, ideo evictis ducentis, sive parte quinta, non haberi rationem ejus, quod flumen abstulit, quia quantum eluvio abstulit, inquit Azo, tantum forsan post alluvio allatura est. Is qui sperat commodum alluvionis, æquo animo debet ferre incommodum eluvionis. Evicto autem fundo toto, emptor nullum sperat commodum alluvionis, quia nihil ex fundo retinuit. Sed ea ratio non est probanda nobis, quia non propter spem incertam alluvionis, vel cujusvis commodi futuri periculum pertinet ad emptorem ex regula juris, sed quia venditio perfecta est, & id tantum potest ex fide bona imputari venditori, quod dolo vel culpa ejus accidit, §. *cum ante*, *de empt. & vend.* Quæ ratio etiam efficit, ut sequenti casu, quo totus fundus evincitur, periculum etiam eluvionis pertineat ad emptorem, quamvis toto fundo evicto nullum ex alluvione lucrum speret, sed effectu ipso, perinde atque si ad eum non pertineret periculum, res æstimatur & stipulatio committitur. Altera ratio differentiæ, quam Accurs. affert, ideo evicto fundo toto, qui nunc erat octingentorum, & fuerat venditionis tempore mille, stipulationem committi pro mille, quia, qui eum evincit, si integer permansisset, cum etiam evicturus erat, id est, mille jugera: quæ ratio merito displicet, quia non, quod evicturus quis fuerit, committitur stipulatio duplæ interposita evictionis nomine, sed quod evicerit, *l. si rem*, §. 1. *h. tit.* Et suit formula actionis de evictione hujusmodi adversus venditorem; *quod evictionis nomine victus fueris*, id est, quod denuntiato me præsente, ac liti subsistente res mihi evicta fuerit: vel dicamus, quod te denuntiato, ac præsente, & liti subsistente res evicta mihi fuerit: quod evicturi igitur adversarius, non quod evicturus fuerit: & displicet ratio, quæ Accursio displicet, nec placet quæ eidem placet. Non admitto etiam quod Accurs. in eorum specie primæ partis, fingit, eum, qui evicit ducenta jugera pro indiviso, petiisse 250. ab emptore, & emptorem ei reputasse 50. pro rata ducentorum, quæ flumen abstulerat, atque ita eum non evicisse totum, quod petierat, id est, ducenta quinquaginta, sed ducenta tantum. Nam etiamsi hoc emptor non fecerit, res ita procederet ut diximus: non est igitur necesse id fingere ubi suppletione non est opus. Quæ auctor omittit, & nos omittere debemus.

### Ad §. quod si I.

Nunc videamus, quid præterea ad hæc tractet Papin. Proponit speciem novam in §. *quod si*, *h. t.* sed adsimilem superiori. Quidam vendidit fundum mille jugerum, cui flumen nihil abstulit, imo vero adjecit 200. jugera alluvione, deinde pro indiviso evicta est pars A quinta totius, id est, mille ducentorum jugerum pars quinta est evicta: igitur evicta sunt 240. de mille ducentis: de ducentis, quæ accreverunt 40. Quæritur pro qua parte præstetur evictio, an pro 240. quæ evicta etiam sunt? Minime. Sed pro ducentis tantum, perinde atque si sola 200. de mille fuissent evicta, non 240. quia periculum ejus, quod alluvione accessit, non præstat venditor; neque enim id vendidit, nec de eo cavit quicquam, quod notandum: periculum alluvionis non præstat venditor, sed rei venditæ. Huic definitioni obstat *l. 15. in princ. h. tit.* Si id, quod alluvione cessit evictum sit, ait in actione ex stipulatu de qua accipienda est, *ut l. bonitatis* quæ præcedit, bonitatis æstimationem fieri, non quæ fuerit venditionis tempore, sed qua alluvionis tempore: quo accessit illa pars fundo vendito, & pro bonitate B ejus, quod alluvione accessit, damnari venditorem: præstat igitur venditor periculum alluvionis, si evincatur. Respondeo, quod omnes agnoscunt, in ea lege convenisse aliquid inter contrahentes de eo, quod accessisset alluvione, quod essent frequentes in ea regione alluviones, & proximus flumini venditus fundus: nam citra conventionem ex ne venditor evictionem ejus quod alluvione accedit non præstat. Obstat etiam *l. 16. in princ. h. tit.* quæ ait, evicto fundo vendito agi ex empto de eo, quod accessit: loquitur de actione ex empto, fateor, sed quod attinet ad id, quod accedit alluvione, ejus nomine, neque ex empto de evictione, neque ex stipulatu venditor conveniri potest. Et verum etiam *d. l. 16.* non loqui de eo, quod accessit alluvione, sed de eo, quod accessit, vel nominatim, vel etiam tacite. Nominatim, veluti servo vendito peculium C tacite accedit, ut ancillæ venditæ partus, & si evincatur partus, actio est ex empto, non ex stipulatu, ut heri diximus, non quasi sit venditus partus, nec enim est venditus, sed quia accessit rei venditæ, *l. 4. de pecul. leg.* & ita ibi recte Accurs. accipit *d. l. 16.* hic male.

### Ad §. quæsitum II.

Alia species, quam attingit Papinianus in §. *quæsitum*, hæc est. Quidam vendidit fundum mille jugerum, flumen abstulit 200. mox idem flumen adjecit 200. per aliam partem fundi: post evicta est quinta pars totius, id est, 200. pro qua parte præstabitur evictio, seu committetur stipulatio: non pro parte quinta lex ait, id est, pro 200. quamvis sint evicta: non etiam pro quarta mille jugerum, id est, pro 250. sed committitur pro quinta octingentorum, id est, pro centum sexaginta: cur non committitur etiam pro reliquis 40. hoc est, pro quinta ducentorum, quæ alluvio attulit? Ratio est in promptu, quia ut lucro emptoris cessit alluvio, ita pro rata ejus alluvionis evictionis periculum sustinere debet, non venditor. Et Papinianus ait, hoc esse consequens superioribus, id demonstremus. Non committitur stipulatio pro quarta parte mille jugerum, id est, 250. quia nec pro ea parte præstaretur evictio, si nihil alluvione accessisset: non etiam pro parte quinta, quia pro rata alluvionis, id est, pro quadraginta periculum evictionis venditor non præstat, ut dictum est §. præcedenti. Sunt igitur detrahenda ex E 200. quæ præstarentur, si nihil alluvio attulisset, quadraginta pro rata ejus, quod alluvio attulit, quodque periculo est emptoris, non venditoris: hoc est quod ait in §. *quæsitum*: mihi placet valde, quod novum regionem vocat eam, quæ alluvione accessit, quia per aliam partem accessit, quam qua fugerat: Nam si per eandem ipsam partem accesserit, qua decessit, eadem pars videtur esse, id est, fundus suæ pristinæ formæ restitutus videtur, & forte tum præstaretur evictio pro ducentis.

### Ad §. pen. & ult.

Quod subjicit Papin. in §. *pen.* non est de parte pro indiviso, sed de parte pro diviso: sed quod est in §.

*ult.*

ult. est etiam de parte pro indiviso non quidem affine, aut consequens superioribus, sed acutum tamen ut superiora. Finge, vendidi tibi unum jugerum pro indiviso, ex fundo scilicet, quem habebam communem cum alio, & vendidi pro indiviso: nec enim poteram aliter, non facta divisione inter me, & socium. Praeterea eum tradidi tibi pro indiviso, non potui tradere corporaliter, quia ea pars quodammodo non est corporea. Sed traditionis multa sunt genera, & tradidi tradito tibi instrumento meae auctoritatis, *de mon titre*, qui modus traditionis receptus est, *l. 1. C. de donat. l. pen. §. ult. de leg. 3.* Quaeritur, an totum jugerum fecerim tuum traditione ? an traditione unius jugeri pro indiviso, totius jugeri dominium in te transtuli? Minime, sed pro dimidia tantum, quia erat tantum meum pro dimidia, altera dimidia erat socii: & ita erant confusae nostrae partes per totum fundum, ut unaquaque gleba esset inter me & socium communis: ergo traditione jugeri non alienavi nisi partem dimidiam. Igitur, quod est supplendum, pro altera parte praestabitur evictio, quam tibi vendere non licet, cum non dominus vendidero, & eam tibi sit evicturus socius meus, qui nunc est tuus. Idemque erit si ego fundum, quem communem habebam cum alio, vel certum locum, id est, certam partem fundi (nam dividitur fundus in loca & regiones) tibi tradidero: Nam videor tantum tradere, & tradendo transferre dominium ejus partis, quam in eo fundo habeo pro indiviso : alterius partis non facio te dominum nec possum, quia in eo nihil juris habeo, & ideo pro parte una tantum praestatur evictio.

## JACOBI CUJACII J.C.
*COMMENTARIUS*
In Lib. VIII. Quaestionum ÆMILII PAPINIANI.

### Ad L. XIX. de Interrog. in jur. fac.

*Si filius, cum pro patre suo ageret, taceat interrogatus, omnia perinde observanda erunt, ac si non esset interrogatus.*

HÆC lex brevis quidem est, sed comprehensione rerum longa satis & obscura admodum, adeo ut nemo bene adhuc eam explicarit. Titulus est *de interrog. in jure fac.* In jure, id est, apud praetorem, ad sellam praetoris, vel praesidis: actiones, vel exceptiones, vel replicationes, vel interdicta, vel stipulationes praetoriae postulantur in jure ; & ut M. Tullius eleganter 2. *de Invent.* ait, quodammodo potestas agendi datur in jure, & omnis privatorum judiciorum ordo constituitur. Denique eadem res bis veluti agitur, apud praetorem quasi velitatione: apud judicem eum, quem dedit praetor, quasi justo certamine. Fiunt etiam in jure saepe interrogationes, antequam detur actio, & judex statuatur: veluti cum is, adversus quem postulatur actio, interrogatur, quota ex parte heres sit, ut ex ea conveniatur, & formetur actio : Nam heres creditori hereditario ex 12. tabul. non tenetur ultra portionem hereditariam, & causa cadit creditor, vel alia poena afficitur hodie, si contra heredem ex quadrante agat in semissem, quia quantitate plus petit : vel etiam is, adversus quem postulatur actio, interrogatur, an filius suus sit, vel in sua potestate, an servus, cujus nomine postulatur actio de peculio, vel de in rem verso, vel jussu, vel institoria, vel exercitoria, vel noxalis actio: Nam causa cadit etiam is, qui non cum eo agit, quocum agi oportet. Formandae igitur & concipiendae futurae actionis causa, antequam ea detur, in jure fiunt interrogationes, ne aliter agatur, quam oportet, ne plus petendo actor causa cadat, damnumve sentiat, *l. 1. hoc tit.* Et interrogationes ejusmodi fiunt ab eo, qui acturus est, ab adversario, vel actore ipso, ubi aequitas eum movet, ubi laborat in concipienda formula, & interrogatus respondere cogitur, ac mox

*Tom. IV.*

ex sua responsione convenitur ex hoc edicto *de interrog. in jur. fac.* nam si confiteatur, se heredem esse ex asse, ex contractu defuncti convenitur in assem : vel si interrogatus quota ex parte sit heres, confiteatur se heredem non esse ; quo casu necesse fuit proprie illud edictum proponi, & dari ex eo eandem actionem in eum, qui falso confiteretur: Nam fides ei habetur contra se, & perinde ac si heres esset, convenitur ex edicto, *l. de aetate, §. 1. hoc tit.* Dixi sciens, qui sciens se heredem non esse, confitetur tamen se heredem esse: Nam ignoranti & erranti succurritur ut *d. l. de aetate, §. ex causa:* ut si filius ignorans se esse exheredatum, respondeat se heredem esse : vel etiam si quis ignorans falsum esse testamentum, in quo est heres scriptus, respondeat se heredem : ignoranti succurritur, ne ex sua confessione damnetur, quae falsa est. Et denique falsa confessio ei tantum nocet, qui improbe confitetur, qui mentitur, non qui mendacium dicit. Notandum etiam falsam confessionem ita demum nocere, si juri & naturae congruat: Nam si juri vel naturae refragetur, nihil nocet: ut si quis interrogatus, an ille suus filius sit, respondeat filium suum esse, cum tamen aetas ejus non patiatur, ut filius ejus esse possit, falsa est confessio, sed naturae repugnat, quia quod confitetur non potest esse, nec fieri: vel etiam si liberum hominem confiteatur servum suum esse, quod abhorret a jure & natura, vel etiam si eum, qui jam excessit e vita, confiteatur servum suum esse, ut in *l. confessionibus, & l. seq. & l. si ante.* Joculares sunt hujusmodi confessiones potius quam improbae. Qui jocatur, non mentitur, mendacium est species doli mali, *l. quid enim, de dol. mal.* Ergo qui confitetur se heredem esse, quod dicitur exempli gratia, omnimodo convenitur, sive mentiatur, sive verum dicat, non si mendacium dicat. Nam qui fallitur, venia dignus est: contra is, qui negat se heredem esse, & verum dicit, non convenitur ; qui mentitur, ut si neget se heredem esse, qui heres est, in solidum convenitur in assem, licet heres sit ex parte tantum: hanc mendacii fert poenam, *d. l. de aetate, §. si non.* Et ita si quis negat servum suum esse, cujus nomine postulatur actio noxalis, non in hoc convenitur, ut servum noxae dedat, *l. si servus, hoc tit. l. 1. §. interdum. si quadr. paup. fec. dic.* Sed si mendacium dicat, negando se heredem esse, id est, si justo errore ductus, non dolo malo neget se heredem esse, cum tamen heres sit, ut quia testamentum cernit prius, in quo alius est heres scriptus & ignorat prius ruptum esse posteriori, in quo scriptus est ipse, ducitur hic falso errore, ut neget se heredem esse, & ideo excusatur *d. l. de aetate, §. qui justo.* Quid autem dicemus, si interrogatus in jure taceat ? de confitente & de negante diximus, nunc de tacente. Et placet eum, qui tacet quasi mendacem propter suam contumaciam teneri in solidum, etiam si sit ex parte heres, vel ex nulla parte, perinde atque si dolo malo negasset se heredem esse, cum esset. Taciturnitas negationem imitatur , non confessionem, *d. l. de aetate, §. qui cavit, & §. nihil.* Ubi adjicitur illa ratio contumaciae: quia qui non respondet praetori, vel alii apud praetorem, qui non respondet in jure contumax est, id est, contemnit majestatem praetoris, contemnit jus: contumax dicitur a contemnendo, *l. contumacia, 1. de re jud.* videtur ὑπεροψίκοπος: Contumax is est, qui non respondet ei, cui obtemperare debet : superbus is est, qui non respondet etiam cui obtemperare non debet. Et inde M. Tull. 2. *de orat. ex Jurisconsultis nostris* Trebatius *& Cass.* superbos dici volunt, *qui rogati non respondeant:* & idem in Lucullo, *si habes quod respondeas, nec respondes, superbe agis.* Quod erga alium superbia est, erga praetorem est contumacia, quae ita plectitur , ut habeatur tacens pro negante. Et ita in cessione in jure is qui tacet , pro negante habetur: negasti comparabat, Cajus 2. *Institut.* ut refert Boet. *Postquam,* inquit, *is, cui res in jure cedatur, vindicaverit, Praetor interroget eum, cui cedit, an contra vindicet, quo negante vel tacente, tunc ei, qui vindicaverit, eandem rem addicit praetor*: comparatur neganti tacens. Verum

Verum etiam aliquando tacenti succurritur, ut in specie *l.19. si filius hoc tit.* Credo vos scire filium, qui beneficio prætoris abstinet se hereditate paterna, non desinere esse heredem jure civili, heres manet post abstentionem nomine nudo, non re, quia re se abstinet. Jure igitur civili heres est, sed jure prætorio non habetur loco heredis. Finge: Hic in jure interrogatus post abstentionem a creditore hereditario, vel a prætore instante creditore hereditario tacuit: videtur ergo negasse se heredem esse, cum tamen heres sit jure civili; atque adeo videtur teneri in solidum creditori. Imo vero non tenebitur, quia etsi mentiatur negando vel tacendo jure civili inspecto, jure tamen prætorio inspecto, neque mentitur, neque mendacium dicit, *d. l. si filius*, aliquando etiam tacente eo, qui interrogatus est, omnia perinde observantur, ac si interrogatus non fuisset. Quod proponitur in hac l. his verbis: *Si filius, cum pro patre suo ageret, taceat interrogatus*. Accursius aliter legit: *si filius cum patre suo ageret*. Et ita rem bene explicat, si lectio est casta: Filiusfam. vult agere cum patre, & vicissim pater cum filio: mutuæ sunt petitiones, mutuæ actiones, & interrogatus filius tacet, nulla est interrogatio: nullum igitur taciturnitatis periculum. Cur? quia nullum est judicium, quod postulatur, nulla lis esse potest inter patrem & filium. Et utitur argumento *l.9.§. 1. hoc tit.* si servus interrogetur in jure, nulla est interrogatio, quia interrogatio sit formandi judicii causa: atqui cum servo nullum judicium est, nulla est interrogatio, si nullum judicium sequi possit. Et mihi videtur verisimile, Accursium & anteriores mutasse scripturam hujus legis, quod veram non intelligerent, sed non bene mutarunt : quia ut legunt est imperfecta oratio, quia ita esset legendum, *si filius cum ageret cum patre suo*: veram scripturam retinent Florentini sicut plurimum: *Si filius cum pro patre suo ageret*. In Basilica ὁ υἱὸς ὑπὲρ τοῦ πατρὸς ἀγων ἐν ἐρωτήσει σιωπήσῃ. Elegans est sententia Papiniani, filius potest agere pro patre, etiam sine mandato, *l. sed & he de procurat.* Sunt quædam personæ, quæ possunt agere pro aliis etiam sine mandato, ut liberi, fratres, liberti: sed finge eum, cum quo agit filiusfamil. pro patre, agere vicissim nomine patris, mutuas esse actiones, mutuas petitiones, si patrem non defendat filius, qui litem facit, sive inchoavit pro patre, non potest agere. Pœna procuratoris non defendentis hæc est, ut ei denegetur actio, *l. mutuus, §. pœna, de procurat. l. 7. de novi op. nunt.* Nunc ergo filius agit recte pro patre suo: sed rursus non aget recte, nisi & patrem defendat, si conveniatur ab eo, cum quo agit nomine patris, non videtur autem defendere is, qui non cavet, seu satisdat judicatum solvi, non est idoneus defensor alienæ litis quisquam sine satisdatione judicatum solvi, *l. 18. §. pen. de castr. pec. §. pen. Instit. de satisd.* quæ satisdatio habet tres clausulas: de solvendo judicato, *de payer la chose jugee*, de re defendenda, & de dolo malo, ut is absit habet semper has clausulas, seu causas tres. Non videtur etiam defendere is, qui interrogatus tacet. Procurator enim eum cujus nomine agit, debet defendere non tantum in actionibus, sed etiam in interdictis, & in stipulationibus, & in interrogationibus, quæ fiunt in jure, si taceat non videtur dominum defendere, *l. non solum, in princ. de procur. l.9. §. Celsus hoc tit.* His igitur consequens est, filium, qui agit pro patre, & interrogatus ab adversario, vel prætore instante adversario, tacet, non defendere patrem: si non defendat nec potest agere pro patre, nulla actio est, nullum judicium, & nulla igitur interrogatio; ac proinde nulla etiam taciturnitas: sed omnia perinde, ut ait, observantur, ac si interrogatus non esset. Hæc est ratio Papiniani. Sed obstat huic rationi & legi *d. l. non solum, in princ.* procurator agit nomine alieno, & adversarius vicissim etiam cum eo agit ejusdem personæ nomine, cujus vicem ille procurator gerit, & interrogat procuratorem in jure, *an dominus sit heres, cujus nomine agit.* si respondet heredem esse, tenetur ex hoc edicto. Idem erit si tacuerit; ut ait *l. non solum.* Ergo non perinde omnia observantur, ac si non es-

A set interrogatus; tenetur enim ex taciturnitate. Respondeamus, non quod tacuerit teneri ex hoc edicto in solidum, cum tacendo actionem a se institutam, vel instituendam nullam reddiderit: sed tenetur quod tacuerit ex stipulatione judicatum solvi, si eam præstiterit, quod ponendum est: tenetur ex clausula de re defendenda, quæ inest stipulationi judicatum solvi : quod recte Accurs. intellexit. Nam & si filiusf. sit, qui agat pro patre, & reconveniatur, debet satisdare jud. solvi.: *filiusf. qui satisd. cog.* Finge igitur: Filius egit patris nomine, & eodem etiam nomine egit cum eo is, cum quo ipse experiebatur: mutuæ sunt actiones, mutuæ petitiones, & mutuæ igitur satisdationes, ut ait Cic. pro Quint. Filius igitur satisdedit judicatum solvi, cui satisdationi inest clausula de re defendenda, & interrogatus in jure tacet, & ita rem non defendit, an tenetur ex taciturnitate? Respondeo, non teneri ex hoc edicto, *de interrogationibus in jure fac. quod Papin. vult h. l.* sed ex stipulatione judicatum solvi, quod rem non defenderit, hoc est, quod tacuerit.

---

### Ad L. XLIII. de Religios. & sumpt. fun.

*Sunt personæ, quæ quanquam religiosum locum facere non possunt, interdicto tamen de mortuo inferendo utiliter agunt, ut puta dominus proprietatis si in fundum, cujus fructus alienus est, mortuum inferat, aut inferre velit. Nam si intulerit, non faciet justum sepulchrum, sed si prohibeatur, utiliter interdicto, quo de jure dominii quæritur, aget. Eademque sunt in socio, qui in fundum communem invito socio mortuum inferre vult: nam propter publicam utilitatem, ne insepulta cadavera jacerent, strictam rationem insuper habemus, quæ nonnunquam in ambiguis religionum quæstionibus omitti solet: nam summam esse rationem, quæ pro religione facit.*

SUnt personæ, quæ locum religiosum facere non possunt. Socius invito socio in commune sepulchrum mortuum inferre potest, quod constat satis, quia ejus rei causa habetur sepulchrum, *l.6. §. si quis, commun. divid. l. 6. §. pen. de rer. divis.* In communem autem locum purum, in quo non sit sepulchrum, socius invito socio non potest mortuum inferre, & religiosum locum facere secundum regulam Sabini : & si intulerit invito socio, non tenebitur actione in factum prætoria, qua tenetur is qui mortuum infert in locum alienum, ut tollat eum. Quanquam Trebatius & Labeo putabant eum teneri ea actione in factum, *d. §. si quis*, sed male, quoniam sufficit actio fam. ercisc. vel comm. divid. *l.2. §. an & socius, h. t.* qui habet civilem actionem, non indiget prætoria, *l. in princ. de Publ. in rem act.* qui habet directam, non indiget utili, *l. si heres ad Trebell.* & melior est civilis quam prætoria, & directa quam utilis, *l. si creditori, de leg. 1.* Et quæ refertur sententia Trebatii & Labeonis in *d. §. si quis*, refertur tantum, non etiam probatur : neque est quod existimes eum *§. si quis pugnare cum §. an & socius*. Hoc vero, quod constituimus ita procedit, si socius extraneum inferat in locum communem invito socio: Nam ex ipsis sociis quilibet ibi sepeliri potest, etiam invito altero, maxime si non sit alius locus opportunus, ubi sepeliri possit, si non sit proprius, sepelietur in communi, *l. si plures, h. t.* Ergo si socius invito socio extraneum inferat, non fiet locus religiosus, imo ob id ipsum quod intulit tenebitur, ut tollat quem intulit fam. ercisc. sive communi divid. non igitur intulit jure, qui postquam intulit, tenetur ut tollat. Huic definitioni, quæ tamen est verissima, obstat hæc *l. 43.* Semper tractat Pap. singulare aliquid, & quod videtur pugnare cum regulis juris. Nam ex hac l. ducitur argumentum ejusmodi. Socius invito socio jure mortuum infert in locum communem, etiam extraneum, quia si prohibeatur a socio, ei competit interdictum de mortuo inferendo, ne scilicet vis ei fiat inferenti mortuum in locum communem. Si agat de mortuo inferendo, jure igitur infert, etiam prohibente socio, agit in invitum: & jure igitur infert invito socio: & ut latius exponamus quæ scribit Papinianus, proposuit generaliter quas-

quasdam esse personas, quae etiamsi locum religiosum non faciant mortuum inferendo, tamen agunt interdicto de mortuo inferendo, ne prohibeantur inferre. Interdictum de mortuo inferendo datur domino proprietatis, *l.1. §.1. tit. seq.* ne scilicet prohibeatur mortuum inferre in locum suum, sive is locus sit religiosus, sive purus, ne vis ei fiat quo minus in eum locum, cujus dominus est, mortuum inferat, & ibi sepelire liceat: est interdictum prohibitorium, id est, ne prohibeatur, ne vis ei fiat inferenti mortuum: datur inquam domino proprietatis, sive locus sit religiosus, sive purus. Locus purus est suus absque dubio: locus religiosus si per se spectatur, non est suus, sed nullius, in bonis, sed si spectetur cum fundo ipso, est quasi suus, & fundo mortuo etiam locus ille sequitur emptorem, atque ita venit per consequentias quod est nullius in bonis, & esse non potest, *l. in modicis, de cont. empt.* Ad summam, interdictum de mortuo inferendo datur domino, ne prohibeatur inferre in locum suum vel quasi suum: & ideo *l.2. §. quaedam, de interd.* interdictum de mortuo inferendo ait continere causam veluti proprietatis, maxime si quis velit inferre in sepulchrum suum, in locum religiosum. Est quaedam veluti proprietas, quoddam veluti dominium, vel quasi dominium, nec omnia interdicta sunt de possessione, id est, non in omnibus quaeritur de possessione, seu de momentaria possessione, quanquam ut plurimum pertineant ad causam possessionis interdicta: sed quaedam sunt de proprietate, vel quasi proprietate, & ita eleganter ait Papin. hoc loco, qui de jure dominii quaeritur: nam hoc quaeritur, an is, qui agit interdicto de mortuo inferendo, sit dominus ejus fundi, in quem mortuum inferre vult. Satis intelligimus jam, quae sit hujus interdicti: tractemus modo, quibus casibus locum habeat, quod sic generaliter proponit Papinianus. *Sunt quaedam personae*, inquit, *quae quanquam religiosum locum facere non possint, interdicto tamen de mortuo inferendo utiliter agunt*. Hujus rei duo sunt exempla: unum de dominio proprietatis nudo, alterum de dominio pleno ex parte tantum. Sunt in jure nostro quatuor genera dominii: est dominium proprietatis, ususfructus, possessionis, & dominium plenum aut plenissimum. Dominus proprietatis (ut de eo primum tractemus) invito domino ususfruct. seu fructuario, inferendo mortuo locum religiosum non facit, non facit justum sepulchrum, ut ait Papinian. quia locus non occupatur religione; sed si prohibeatur inferre suorum aliquem, ut loquitur *l.2. §. ultim. hoc titul.* quem scilicet non potest inferre in alium locum tam opportune, ne corpus illud insepultum jaceat, aget interdicto de mortuo inferendo, ne tantisper prohibeatur mortuum inferre in locum suum, cujus proprietas nuda ad eum pertinet, ususfructus est alienus, sed non faciet locum religiosum, *l. locum, §.1. de usufr. l.2. §. si usufr. & l. ult. h. t.* Alterum exemplum est: Socius invito socio non facit religiosum locum; sed si prohibeatur suorum aliquem inferre, quem non potest in alium locum opportune inferre, tunc aget interdicto de mortuo inferendo, ut scilicet tantisper ei inferre liceat, dum quaerat locum alium, ne corpus jaceat insepultum. Unde sic argumentor: si agat, ut ne inferre prohibeatur, quasi asserens sibi licere inferre, licet igitur inferre invito socio: Nam cujus rei actio mihi prodita est, & eam rem exequi jure possum: si persequor jure, & exequor etiam. Respondet Papinianus definitioni a nobis propositae initio, stricta ratione non posse eum inferre mortuum in locum communem puro invito socio: sed summa ratio potior est: est ratio alia, alia potior, scripto est utilitas potior, & summa ratio est, quae pro religione facit, quae publicam utilitatem tuetur: ne corpora jaceant insepulta: summa ratio utilitatis, & aequitatis ratio, *l. sufficit, de cond. indeb. l. summa, de pecul.* Et ita quod dicitur fieri summa ratione, *l.2. de praet. stip.* id in eadem specie dicitur fieri utilitatis causa, *l.4. §. ult. de verb. oblig.* Stricta ratio videtur etiam esse summa ratio: Est enim summum jus, ἄκρον δίκαιον. Dion. 8. jus strictum *ῥόμιμον*. Plut. in Coriol. τὸ ἄκρον νόμιμον. & Arist.

A ἀκριβεια περὶ τὰ δίκαια ἰδεῖν ἐπιεικὲς διδοῦσα. Summa aequitas summa ratio est. Porro ex duabus summis rationibus ea est potior, quae est pro republica, veluti pro religione, pro sepultura mortuorum. Dices, non est pro religione ratio dandi interdicti de mortuo inferendo in hac specie, cum illatione locus non fiat religiosus. Dicam, ea quidem illatione nullum locum occupari religione, sed religionem omnem esse in sepeliendo. Qua de causa interdictum de mortuo inferendo dicitur esse de religione, *l.2. §. 1. de interd.* Et notandum quod ait Papin. in ambiguis religionum quaestionibus strictam rationem insuperhaberi, quae notanda valde est regula: possis dicere, in ambiguis quaestionibus, in quibus vertitur quaedam ratio publicae utilitatis, strictam rationem insuperhaberi, propter utilitatem publicam: quod postea interpretatur,
B omitti: & eodem verbo usus est Papinianus. in *l. heredem, de his quae ut ind.* In qua lege ante Pandect. Flor. ex ora libri irrepserat in contextum hoc modo: *omisit & insuperhabuit*: quo verbo usus est Gell. & Symmae. & verbum hoc restituimus in *l.2. C. si omiss. sit cau. test.* In qua lege proponuntur tres casus. Heres omittit causam testamenti, non petit bonorum possessionem secundum tabulas, sed ab intestato amplectitur hereditatem, cum is esset, qui poterat ab intestato succedere defuncto. Hic heres praestat legatum nihilominus relictum testamento, quamvis quantum in eo fuit, desertum sit & irritum testamentum. Alter casus est: non poterat ex testamento adiri hereditas, vel bon. possessio peti, quia erat falsum testamentum, vel irritum, vel ruptum, atque ita judicium defuncti non insuperhabitum est, *h. e.* non est omissa causa testamenti, sed ad irritum juris ratione revocatum est: hoc casu non debet tolerari petitio eorum, quae ex testamento relicta sunt. Tertius casus, heres scriptus, qui erat extraneus defuncto, repudiavit, & legitimus heres adivit hereditatem secundum testamentum: hoc etiam casu non debentur legata, nec libertates valent: ita est ille locus restituendus. Verum retineamus quod ait Papin. in ambiguis quaestionibus in quibus de religione, vel de alia publica utilitate aliquid vertitur, strictam rationem insuperhaberi. Stricta ratio est, ut in pari re potior sit causa prohibentis, *l. Sabinus, comm. divid.* causa prohibentis est potior: & hac causa rursus est potior publica utilitas sive religio: atque ideo in hac specie non est potior causa socii prohibentis, sed vincit qui vult inferre mortuum tantisper dum alium locum inveniat, & quasi deponere terrae, non quasi justae
D sepulturae. Et abutimur quotidie illa ratione stricta, ut in causa pari potior sit causa prohibentis, ut si in collegio quodam, in quo par est cujusque jus & potestas, sint qui vel propter unicam illam rationem velint impedire quod agitur; unius intercessio ceteris impedimento est: sic sane, nisi aliud suadeat publica utilitas: nam prohibitione publica utilitas est potior: sic leges ad usum sunt revocandae.

---

Ad L. LXVI. de Condict. indeb.

*Haec conditio ex bono & aequo introducta, quod alterius apud alterum sine causa deprehenditur, revocare*
E *consuevit.*

EXplicaturus quae scripsit Papin. hoc *lib. 8. de cond. indeb.* incipiam a *l.66.* in qua Papin. ait, hanc conditionem esse introductam ex aequo & bono; non est introducta lege aliqua certa, non praetoris edicto (nec enim est praetoria actio, sed magis civilis) verum est introducta auctoritate sive interpretatione prudentum, ex sententia legum, ex bono & aequo, quasi ex promutuo, *h. e.* perinde atque si is, qui indebitam pecuniam solvit, eam dedisset mutuam, *l.5. §. is quoque, de obl. & act.* Indebiti solutio quasi promutuum est, & veluti ex mutuo datur condictio. Et hoc est, quod ait *l.15. h.t.* indebiti conditionem esse naturalem, *h. e.* ex jure gentium, ex aequitate naturali, quod

quod confir mat *l. si id quod, hoc tit. & l. pen. ad S.C. Trebell.* Condictio indebiti, natura venit, non legibus, sed ex sententia legum tantum, id est, veluti ex mutuo, sive exemplo mutui, exemplo mutuatitiæ pecuniæ: non venit igitur sine exemplo legum. Et notandum quod ait *d. l. 15.* quia condictio indebiti est naturalis, ideo venire in condictionem etiam quod accessit rei solutæ, veluti partum, id est, non tantum rem solutam condici posse, sed etiam, quod ei accessit, ut partum, si soluta sit ancilla, vel quod alluvione accessit, si fundus sit solutus, & venire fructus, qui ab eo, cui solutum est, bona fide percepti sunt. Videamus quemadmodum hæc recte colligantur ex illa propositione indebiti condictionem esse naturalem, & ideo venire partus, foetus, fructus, accessiones deductis impensis, *l. in summa, §. ei qui, h.t.* ratio consequentiæ est evidens, quia sicut æquum est rem profectam ex bonis meis, quæ apud te sine causa deprehenditur, restitui mihi, ita etiam rei fructus & accessiones eadem ratione æquum est mihi restitui, quia ad te etiam pervenerunt sine causa. In omnibus est par æquitas, & æquitas mater hujus actionis. Quod tibi indebite solutum est, id sane apud te est sine causa. Itaque mihi est liberum id revocare vel per condictionem indebiti, vel sine causa: concurrit condictio indebiti cum condictio ne sine causa, & utraque est ex bono & æquo: de condictione sine causa est *l. si me, de reb. cred.* Eadem etiam causa est condictionis ob rem dati, & condictionis ex injusta causa, vel turpi: omnes hæ condictiones de quibus in hoc lib. 8. agitur, veluti condictio indebiti, ob rem datam, ex injusta vel turpi causa, sunt ex bono & æquo, *l. in summa, §. quod ob rem, hoc tit. l. 3. §. si quis, de cond. cauf. dat.* Et ideo in eas omnes condictiones veniunt ea quæ venire æquum est: & accessiones igitur omnes, ut diximus: nam si res principalis est apud te sine causa, & accessio quoque, & æquum est omnia mihi restitui, a quo profecta sunt. Et similiter ideo fit, ut, exempli gratia, is qui accepit pecuniam indebitam, non teneatur condictione indebiti, nisi quatenus ex ea est locupletior factus est, si bona fide pecuniam quasi debitam acceperit, *l. cum hi, §. sane si is qui, de transf.* Pendent multa ex hac definitione Papin. quod indebiti condictio sit ex bono & æquo, & illud quod modo dixi, ut non teneatur qui accepit nisi in quantum locupletior factus sit: sequitur etiam ex eo, ut condictio indebiti non detur in ignorantem, ut puta si is, cui solutus est homo indebite, ignorans eum manumiserit, valet manumissio, ut facta a domino, nec potest rescindi libertas, & qui manumisit, non tenetur, quia bona fide manumisit, nisi in operas liberti, & ut hæreditatem restituat, *l. in summa, §. pen. hoc tit.* Omnia in his condictionibus ex æquo & bono dijudicantur. Et pari ratione condictio indebiti non revocat quod ex bono & æquo debetur, id est, quod natura, *l. Julianus, & l. naturaliter, hoc tit.* etiam si jure civili non debeatur, eoque nomine nulla competat actio: & è contrario condictio indebiti revocat quod ex bono & æquo non debetur, licet debeatur jure civili, ut si is, qui aliquid debet jure civili, tutus sit exceptione perpetua, & solverit per errorem, revocat quod solvit, quia id natura non debuit, sed jure ipso debuit: atque ideo tutus fuit exceptione æqua. Quod ita procedit, si exceptio fuerit ex genere earum, quæ tollunt naturalem obligationem, ut puta, exceptio pacti perpetui ne omnino petatur: nam ut pactum parit naturalem obligationem, ita omnino tollit. Et ideo, qui tutus hac exceptione per errorem solvit, repetit quia non debuit natura. Ejusdem generis est etiam exceptio doli mali, S. Cti Vellejani, jurisjurandi *l. qui exceptionem hoc tit.* Quædam aliæ exceptiones sunt perpetuæ, quæ non tollunt naturalem obligationem, ut exceptio S. Cti Macedon. quæ se tuetur filiusf. cui mutua pecunia data est, & etiam pater ejus, si conveniatur. Si data sit pecunia mutua, debetur quidem, sed agenti obstat exceptio S. Cti Macedoniani, quæ non extinguit naturalem obligationem: Ideoque si filiusfam. solvit, non repetit, quia debuit

natura, & non congruit ea exceptio cum naturali ratione. Cur datur exceptio S. Cti Macedoniani? an quia non est æquum mutuam pecuniam filio datam non reddi? minime, sed odio creditoris ratio pœnæ causa, *d. l. qui exceptionem.* Eadem est ratio exceptionis rei judicatæ & exceptionis ex edicto, *quod quisque juris in alt. stat. &c.* eandem causam habent hæ exceptiones: non tollunt naturalem obligationem, quamvis perpetuæ. Ideo qui, cum eas haberet, solvit, non repetit, non condicit, quia quod solvit, natura debuit. Ergo ita concludamus. Perpetua exceptio inducit condictionem indebiti, si modo ex genere earum fuerit, quæ tollunt naturalem obligationem. Aliæ sunt exceptiones temporariæ, & hæ generaliter non inducunt condictionem indebiti: veluti exceptio pacti temporarii, puta ne intra quinquennium agatur. Finge: is, qui tutus erat ea exceptione, ante quinquennium solvit, an habet condictionem indebiti? Minime, quia id sane debuit & jure & natura, licet ante quinquennium pecunia peti non posset: & pactum proficit in hoc ne petatur, non etiam ut interim non debeatur: sane debetur interim, licet non possit peti. Igitur exceptio pacti temporarii non inducit condictionem indebiti. Idem etiam est, si quis promiserit pecuniam, ab initio in diem, puta se daturum Calend. Martiis: nam & hic tutus est exceptione temporaria, cujus vetus formula hæc erat: *cujus pecuniæ dies fuisset, ut est in 1. de orat.* nam dabatur actio pecuniæ creditæ adjecto hoc modo, *cujus pecuniæ dies fuisset*, id est, si ejus pecuniæ fuisset. Est igitur debitor tutus exceptione temporaria, si solverit ante diem per errorem (nam hoc semper statuendum est:) quod solutum est per errorem, est sine causa apud eum, qui accepit: quod sciens solvit indebitum, est ex causa donationis apud eum, qui accepit, nec potest ei condici, quia qui sciens indebitum solvit, donat: & hoc de debitore in diem ita est proditum, *l. in diem, hoc tit. l. 51. mand.* & ratio est optima, quia ante diem nascitur obligatio statim, sed non potest peti statim: solvit ergo debitum, etiamsi repræsentaverit pecuniam & solverit ante diem: & ita statuenda est differentia inter exceptionem perpetuam & temporalem. Sunt quædam exceptiones ambiguæ, & de quibus dubitatur sint ne temporariæ, an perpetuæ. L 56. est de ambigua exceptione.

### Ad L. LVI. de Cond. indeb.

*Sufficit ad causam indebiti, incertum esse temporaria sit, an perpetua exceptionis defensio. Nam si quis, ne eum veniatur, donec Titius consul fiat, paciscatur, quia potest Titio decedente perpetua fieri exceptio, qua ad tempus est, Titio consulatum ineunte, summa ratione dicetur, quod interim solvitur, repeti. Ut enim pactum quod in tempus certum collatum est, non magis inducit condictionem, quam si ex eo debitor solvit: ita prorsus defensio juris, quæ causam incertam habet, condictionis instar obtinet.*

Finge: Cum mihi deberes certam pecuniam, pacti sumus ne ea peteretur donec Titius Consul fieret. Si Titius moriatur, exceptio fiet perpetua: si Titius consulatum inierit, invenietur fuisse temporaria. Quid fiet, si interim pecunia solvatur vivo Titio necdum ineunte consulatum, an quod solutum est, repeti potest? Perpetua exceptio inducit condictionem indebiti, non temporaria. Et definit Papin. etiam ambiguam exceptionem inducere condictionem indebiti, & summa ratione, id est, æquitatis ratione, quia parere condictionem est condictionis indebiti repeti, quod solvitur interim, id est, dum vivit Titius, nec Consul designatur; tandem ita definit Papin. exceptionem pacti temporarii non inducere condictionem indebiti: item, exceptionem, *cujus pecuniæ dies fuisset*, videlicet si debitor ex die solverit ante diem: nam uterque debitum solvit: loquimur de die certo ne ante quinquennium petatur, vel ut ex calendis illis pecunia solvatur: sed dies, de quo agitur in hac specie non est certus, donec Titius consul fiat : & exceptio, quæ inde nata est, etiam incerta & ambigua est, & dies incertus conditionem facit, *l. dies, de condit. & dem.* Quod autem debetur sub conditione, si solvatur pendente conditione, repeti potest, *l. 16. hoc tit. l. sub conditione, de solution.* Ergo & quod debetur sub incerto die, pendente die si solvatur, repeti potest, quia dies incertus conditionem facit. Nihil refert aliquid debeatur sub conditione, an sub incerto die, quia non debetur absolute, *l. cedere diem, de ver.sig.* nec certum est debitum iri. Et hoc ita procedit, si dies adeo fuerit incertus, ut & incertum fuerit, an venturus sit: ut si promisero, cum domum ædificavero, vel cum Titius consul factus erit, quo exemplo utitur Papin. Cum dies ita est incertus, sane dies incertus conditio est, & quod sub die ita incerto promittitur, sub conditione promittitur, & interim deberi non intelligitur. Quapropter si solvatur interim, repetetur etiam interim, sed non posteaquam extiterit conditio. Alia ratio est diei incerti, quem tamen certum est esse venturum: nam hic comparatur diei certo, non conditioni, ut si promitto daturum cum moriar: incertus est dies mortis meæ, sed tamen certum est me moriturum. Finge: Vivus solvi, quod promiseram & contuleram in diem mortis meæ, an repetam quod solvi? minime, sicut non repeterem, si dies certus fuisset: quia sive sub die certo promittatur, sive sub incerto, qui omnimodo venturus sit, certum est debitum iri. Imo & jam debetur, antequam dies advenerit, *l. 17. hoc tit.* Et hic necesse est, non observare maculam, quæ occupavit *l. 16. hoc tit.* cujus mens hæc est, ut ostendat multum interesse sub conditione aliquid debeatur an sub die incerto, qui omnino sit venturus. Nam dies incertus, quem incertum est an sit quandoque venturus, pro conditione est. Sed multum interest utrum quid debeatur sub conditione, an die incerto, qui omnino venturus sit: nam si sub conditione debeatur, id est, quasi debeatur, (nec enim debetur absolute) & solvatur pendente conditione, repeti potest, quia forsan non debebitur deficiente conditione: existente autem conditione non repetetur sub die incerto, promitto cum moriar: ait die existente non posse repeti. Idem dixit de debito sub conditione *l. 16.* & tamen certum est, eum velle constituere differentiam inter debitum sub conditione, & debitum sub die incerto qui omnino venturus est: nam cum dixisset, *debitum sub conditione, si solvatur, pendente conditione repeti, existente conditione non repeti*, subdit, *quod autem:* quæ nota est differentiæ & diversi casus: pro *existente* igitur, *pendente* legendum est. Cognata sunt verba quæ facile commutantur. Huc plurimum facit *l. 17.* nam ait: etsi non moriar, promisero, & ante solvam, id est, pendente die, non repeto, quod valde notandum. Exceptio, est defensio juris opposita intentioni adversarii, quæ est, vel perpetua, vel temporaria, vel ambigua. Perpetua inducit conditionem indebiti, si naturalem obligationem tollat. Ambigua etiam inducit, non temporaria. Nam si qui, ut sæpe apud bonos auctores, *idem* ut si quis. Florent. male *condictionis*, legendum, *conditionis*.

### Ad L. IX. & L. XXV. de Const. pec.

L. IX. *Titius tamen indebiti condictione tenebitur, ut quod est perperam solutum est, ei qui solvit, reddatur.*

L. XXV. *Illud aut illud debuit, & constituit alterum, an vel alterum, quod non constituit, solvere possit quæsitum est. Dixi non esse audiendum, si velit hodie fidem constitutæ rei frangere.*

§.1. *Si jurejurando delato, deberi tibi juraveris, cum habeas eo nomine actionem, recte de constituta agis. Sed & si non ultro detulero jusjurandum, sed ad deferendum necessitate compulsus id fecero, quia nemo dubitat modestius facere, qui referat, quam ut ipse juret: nulla distinctio adhibetur, tametsi ob suam facilitatem ad meam verecundiam subsecuta sit referendi necessitas.*

Ex nona pertinet ad condictionem indebiti: Sæpe fit ut pro alio constituat quis se soluturum sine stipulatione his fere verbis, *de pecunia, quam credidisti Titio, noli laborare, illam illo die solvam tibi sine controversia.* Qua ex conventione etiam si stipulatio non intercesserit, ex edicto prætoris, is qui constituit, tenetur actione de constituta pecunia, quæ dicitur quoque actio constitutoria. Et is est proprie, qui vulgo dicitur responsor. Hic est proprie responsor non fidejussor, quia non intercedit stipulatio, & fidejussor intervenit tantum per stipulationem. Non est etiam expromissor, quia non intercedit stipulatio, & non novatur prior obligatio: nam hæc sunt rata, ubi quis expromittit pro alio, is pro quo expromittit liberatur, quia novatio fit: ubi autem quis fidejubet, vel constituit se pro alio soluturum, is pro quo fidejubet, vel constituit, non liberatur, *l. ubi quis h. tit. l. si Titius, de in rem verso.* fidejussor est adpromissor, non expromissor: responsor sive constitutæ pecuniæ reus, neque est adpromissor, neque expromissor. Sæpe enim fit, ut debitor ipse constituat se soluturum id, quod debet: nemo fidejubet pro seipso, *l. heres, §. servo, de fidejus.* respondet tamen quilibet pro seipso, id est, constituit se soluturum, quod debet, & tenetur hac actione constitutæ pecuniæ, nec non & priore actione: nam, ut diximus, constituto non novatur prior obligatio, *l. item, §. ult. l. si post, hoc tit. l. 4. §. in eum de adm.rer. ad civit. pert.* Plerumque autem, cum quis constituit se soluturum id, quod debet, novi aliquid intervenit, alioqui videretur esse supervacuum constitutum, cum satis teneatur priori obligatione: Nam vel constituit se soluturum alio die, vel alio loco, quam initio convenerit, *l. 3. §. ult. l. 14. in prin. h. tit.* Vel constituit aliud se soluturum, quam quod debet, veluti debet forte pecuniam, & constituit se soluturum frumentum, *l. 1. §. an potest, h.t.* vel etiam cum debet illud aut illud sub disjunctione, cum promisit se soluturum Stichum aut Pamphilum, constituit se soluturum Stichum, sine ulla disjunctione, *l. illud h. tit.* atque ita non constituit quis pro seipso, quin fiat novi aliquid, non tamen fit novatio prioris obligationis. Nam integrum est, vel posteriore obligatione uti, vel priore. Verum cum quis pro alio constituit, etiam si nihil novi intervenit, hæc causa utilissima est, cum uni reo accedit etiam alius. Certum nullum est constitutum, nisi quod constituitur, debitum fuerit: nam sicut stipulatio nulla est, nisi procedat causa aliqua interponendæ stipulationis, *l. 2. §. circa, de doli except.* Ita etiam constitutum fine causa non valet, id est, nisi præcedat debitum, vel jure, vel natura: & constitutum comparatur etiam in eo stipulationi, quod non novat priorem obligationem: Nam stipulatio non novat priorem stipulationem: ut si credita pecunia in stipulationem deducatur, creditori est condictio si certum petetur, tam ex mutui numeratione, quam ex stipulatione; est conditio ex duob. contractibus, *l. obligamur, §. re de oblig. & act. l. certi §. quoniam, de reb. cred.* Stipulatio & constitutum accessiones sunt priorum obligationum, non novationes: conventiones sunt, quæ interponuntur prioris obligationis confirmandæ causa, aut permutandæ: nam additur aliquid, ut si alio die constituatur solvi, vel alio loco, vel si alia res pro ea quæ debetur, vel si constituatur pure, quod debitum erat sub conditione. Quod autem prætori in hoc edicto est constituere, id legibus olim erat, recipere, veluti recipere se soluturum, aliquid daturum, vel facturum; & actio legitima, quæ dicebatur receptitia. Sic mutantur vocabula juris: Quod olim recipere, hodie constituere est; longeque alia est ratio constituti, quam fuerit recepti, ut jus mutatur ita & nomina: longe alia ratio receptoriæ, quam constitutoriæ. Sed Justiniani constitutione transfusa est receptitia actio in constitutoriam, ut jam duæ non sint actiones, sed una sit constitutoria. Ita sæpe mutata sunt juris vocabula. Ita quod fuit olim utendum dare, id est hodie commodare: quod in interdicto de vi detrudere, hodie est dejicere. Et hæc quidem de constituto præfari erat necesse. Dicendum est etiam ali-

aliquid de adjecto solutionis gratia: si stipuler mihi & Titio dari, partim utilis, partim inutilis stipulatio est; nam pro parte Titii est inutilis, cum pro alio facta stipulatio non valeat. Itaque mihi soli pro parte mea adquiritur obligatio, *l. ult. in fin. de verb. obl. §. quod si quis inst. de inut. stip.* Aliud dicemus, si stipuler mihi aut Titio dari: nam illa stipulatio pro parte mea tantum valet, posterior vero tota utilis est, quia non id agitur, ut Titio adquiratur obligatio, quæ etiam non posset adquiri Titio per me, sed ut adquiratur mihi soli: solvatur autem vel mihi, vel Titio quasi procuratori meo: conjunctio facit nos pares, disjunctio facit dispares: Et in persona quidem alterius, non stipulantis, obligatio consistere non potest, quia per liberam personam, vel per alienam personam, alteri non adquiritur obligatio, sed per eum tantum, qui illius juri subjectus est: verum in alterius persona, quasi procuratoris, solutio consistere potest. Hoc igitur sermone, *mihi & Titio dari*, applicatur obligationi Titius, quod sit inutiliter. Illo autem sermone; *mihi aut Titio dari*, Titius solutioni applicatur & adhibetur, quod sit utiliter: obligationi enim non applicatur. Atque ideo dicitur Titius adjectus solutionis gratia. Nemo potest communis obligationis gratia adjici: communis solutionis gratia adjici quilibet potest: & ideo Titio recte solvitur, etiam invito me stipulatore; sed non potest ex stipulatu adjici, & similiter non potest novare obligationem, non acceptum facere, non pignus, non fidejussores accipere: postremo ne etiam non constituitur recte. Finge: stipulatus sum de te *mihi aut Titio dari*, constituisti Titio, te ei daturum, an tenearis constitutæ pecuniæ actione? minime, quia constitutum caret causa: neque enim tu Titio quidquam debuisti. Titius actionem non habuit, tametsi ei solvere potueris: ergo ita dicamus: constitui Titio, suo nomine non potest, *l.7.§.ult. hoc tit.* Recte ait, *suo nomine*, quia scilicet ei suo nomine nihil debetur: nam procuratorio nomine ei constituitur recte, videlicet quasi procuratori stipulatoris, *l. 6. §. Julianus, h. t.* Omnis autem adjectus solutionis gratia, est procurator, quoniam videtur ei mandatum, ut pecuniam solutam accipiat. Atque illud in jure passim dicitur, eum teneri actione mandati, ut scilicet solutam ei pecuniam reddat, *§. plane, inst. de inut. stip.* Constitui igitur adjecto potest ut procuratori, sed non ut creditori, alieno nomine, non suo. Rursus finge: stipulatus sum de te mihi aut Titio dari; ac similiter tu constituis te soluturum mihi aut Titio; constituis ut promisisti, res expedita est, mihi soli competit actio de constituta pecunia, *l. 8. h. tit.* Titio solvi poterit: ut adjectus est in stipulatione solutionis gratia tantum, ita & in constituto: mea est autem actio propria, & prior ex stipulatu, & posterior ex constituto: Titius tamen solvi potest etiam invito me, & si fit solutum, non est condictio indebiti ei qui solvit, argum. *l. sed etsi, de cond. indeb.* ac rursus, si solutum sit Titio, ipso jure perimitur utraque actio, quæ mihi competebat ex stipulatu, & ex constituto, *§. plane, inst. de inutil. stip.* perinde ac si mihi solutum fuisset: nam quod solvitur Titio, mihi videtur solvi, & debitori ipso jure contingit liberatio utriusque obligationis. Quod quidem ita procedit, ut proposui, si stipulatus sim mihi aut Titio dari, ac similiter promissor constituerit se daturum mihi aut Titio: nam (qui est alius casus) si stipuler mihi dari non adjecto Titio; deinde promissor constituat se daturum mihi aut Titio, & solvat Titio, ipso jure perimitur actio constitutoria, quæ mihi competebat, quia solutionis gratia Titius fuit adjectus constituto. Actio autem prior ipso jure non perimitur, quia in stipulatione priori Titius non fuit adjectus, nec inspecta stipulatione Titio recte solutum intelligitur: Ideoque ipso jure non perimitur prior obligatio, sed perimitur per exceptionem hujusmodi; si non tua voluntate solvit Titio. Quæ est sententia legis *pen. h. tit.* nam ut recte Accurs. intelligit, pone in illa *l.* me mihi tantum stipulatum esse, deinde constitutum esse mihi aut Titio, & soluta pecunia Titio, ipso quidem jure peremptam esse actionem

A constitutoriam, sed non priorem actionem ex stipulatu. Verum ut ait *d. l. pen.* debitor erit adjuvandus per exceptionem, si conveniatur priori actione: priorem illam actionem vocat, ut vulgo est scriptum, propriam actionem, cum utraque sit illius propria, qui stipulatus est, non communis cum adjecto. Vocat haud recte ut videtur propriam actionem, cum utraque sit propria, quæ dicitur alibi in *h. tit.* obligatio fortis (sequens n. quod ex constituto nascitur est potius accessio) & dicitur prior obligatio, *l. si actor, de jurejur.* atque ita cum Flor. in *d. l. pen.* sit scriptum *propriæ actioni*, ausim affirmare esse traductionem literarum, & legendum, *priori actioni*, ut in *d. l. si actor*, quia inspecta priori obligatione non potuisti solvere Titio: stricto igitur jure priori actioni peceuniæ, postea constitutæ obligatum manere debitorem, B sed etiam ei succurrendum data exceptione hac, *si non voluntate tua solvit Titio.* Quod si mihi aut Titio promisisses, & constituisses etiam, solvendo Titio, ipso jure & priorem & posteriorem obligationem perimeres, *d. §. plane.* Rursus fingamus ex *d. l.* 8. cum qua hæc lex 9. est coaptanda: stipulatus sum mihi aut Titio dari, & constituit promissor mihi soluturum soli: nihil mutat, etiamsi adjecerit soli. Cum ita constituisset: Titio solvit, an liberabitur? Priori sane actione liberatur, quoniam in stipulatione priori Titius fuit adjectus solutionis gratiæ: posteriori actione non liberatur: nam ita licet solverit Titio, tamen cogetur mihi solvere actione de constituta pecunia, sed dabitur ei condictio indebiti adversus Titium, quia bene sibi non prospexit stipulando Titio, qui mihi soli constituerat soluturum. Erravit: conditio inC debiti solet dari errantibus & improvidis. Et hoc est, quod ait Papin. in *l.* 9. Ego vero nihilominus agam actione constitutoria, ut mihi solvat, quod mihi constituit se soluturum, tametsi jam solverit Titio. Nec obstat *l. si ita stipul. de solution.* cui aliter respondendum est, quam resp. Accurs. Species est hujusmodi: stipulatus sum mihi, aut Titio dari, deinde constituit promissor se mihi soli soluturum. Si postea solvat Titio, non est perempta actio de constit. pec. quamvis potuerit solvere Titio. Si potuit solvere Titio, cur tenetur actione constitutæ pecuniæ? cur bis eandem pecuniam infert, Titio semel, & mox mihi, vel etiamsi recte solvit Titio, cur condicit? res ita explicanda est: potuit solvere secundum stipulationem Titio, sed non secundum constitutum, ideoque solvendo Titio ipso jure liberatur priori obligaD tione, sed non posteriore: quamquam etiam hoc casu æquum est ei subvenire per exceptionem, quod sequutus sit formam stipulationis, quam non putabat immutari velle stipulatorem, etiam si constituerit non soluturum Titio. Igitur debitori suppetunt duo remedia, ut vel me agente de constituta pecunia opponat exceptionem quod solverit Titio secundum stipulationem, arg. *l. pen. hoc tit.* vel si omittat hanc exceptionem, & mihi iterum solvat hanc pecuniam, ut condicat, quasi indebitum, aut quasi sine causa, quod solvit Titio perperam, hoc est, per errorem: perperam vox est communis Græcis & Latinis, quod significat per errorem, & inconsulto; nam etiamsi nunquam datur condictio indebiti. Perperam eum solvisse ex eo apparet, quia non est a me liberatus actione constituti. Cur non liberatur ex E causa constituti, cum solvit Titio, licet constituerit se mihi soluturum non Titio? quia ut dicitur in *l. seq.* is, cui constituitur, loco ejus habetur, cui solutum est: constitutum est vice ejus solutionis: videtur ergo quodammodo mihi solvisse, qui constituit mihi solvi. Ergo, si post solvat Titio per errorem, æquum est & soluti repetitionem dari. Erravit quod constitutum non habuerit pro solutione, vel quod oblitus fuit se constituisse mihi soli. Et ita si duo sint rei stipulandi, ut si ego & Titius stipulati sumus de te nobis dari, singulis debetur in solidum. Post si constitueris te mihi soluturum, & solveris Titio alteri ex correis, nihilominus teneris mihi actione constitutoria, sed dabitur tibi condictio indebiti adversus Titium, quia is cui constituitur, inquit *l. seq.* haberi debet

bet loco ejus, cui folutum eſt, & ſimilis ei eſt, qui pecuniam accepit: quod ſi ita eſt, apparet perperam eum ſolviſſe alteri, quia jam non habetur pro correo, cum alteri ſolutum intelligatur. Et ita in hoc tractatu obſervo ſemper auctores argumentari a ſolutione ad conſtitutum, ut in *l.* 1. §. *an poteſt*, *hoc tit.* aliud pro alio ſolvi poteſt volenti creditori, & conſtitui igitur: quia conſtitutum vice ſolutionis eſt: ac ſimiliter pro invito ſolvere poſſum, & eum liberare, *l. ſolutione, de ſolut.* Poſſumus etiam pro invito conſtituere, *l. utrum, hoc tit.* exemplo ſolutionis, nec tamen eum liberabo; conſtitutum enim non ſolvit obligationem: atque ita conſtitutum non per omnia ſimile eſt ſolutioni, ſed in multis.

Eadem ratio eſt *l.* 35. *in prin. hoc tit.* quæ eſt ex eodem lib. Pap. Sripulatus ſum illud aut illud dari, Stichum aut Pamphilum: uterque eſt in obligatione, alter in ſolutione tantum, uterque in petitione, modo ita petatur ut eſt deductus in ſtipulationem. Promiſiſti illud aut illud, & peto illud aut illud: ſolves alterum tantum. Finge: conſtituiſti alterum tantum, ut Pamphilum te ſoluturum, an poſtea poteris ſolvere Stichum, quem non conſtituiſti? Minime, quia non debes conſtitutæ rei fidem frangere, & licet addere, & quia pro eo eſt, ac ſi ſolviſſes Pamphilum, quem conſtituiſti, ut jam non ſit tibi integrum ſolvere Stichum: præſtare debes in conſtituto & ſolvere Pamphilum, ut in ſolutione Pamphili perſtares, ſiquidem eum ſolviſſes naturaliter. Addit aliud de conſtituta pecunia, quod Accurſ. peſſime interpretatur, & ceteri, & delenda eſt ſumma Bartoli ad §. *ſeq.* Finge: detuliſti mihi juſjurandum, cum eſſet inter me & te lis de pecunia credita, quam ego dicebam me tibi crediditſſe, & juravi mihi deberi: ex jurejurando naſcitur actio in factum honoraria ad exemplum judicati, *l. actori, C. de reb. cred.* §. *item ſi quis ſtipul. Inſt. de act.* Qui tenetur actione juriſjurandi in factum, an & conſtituendo tenetur? Qui ſcripſerunt de conſtituta pecunia veteres auctores percurrunt omnes actiones, ut cum ſcribunt de fidejuſſoribus, & oſtendunt conſtitui recte, quod debetur actione furti, aut vi bonor. raptorum, actione legis Aquiliæ, aut injuriarum, *l.* 29. *hoc tit.* pro actionib. quæ ex maleficio oriuntur, recte fit conſtitutum; ſecute etiam pro actionibus, quæ ex contractib. vel quaſi naſcuntur, ſive ſint civiles ſive honorariæ, *l.* 1. §. *debitum, hoc tit.* Imo & pro naturali obligatione tantum recte fit conſtitutum, ſicut & pro his omnibus cauſis recte adhibetur fidejuſſor. Notandum in hac *l.* etiam actione jurisjurandi recte fieri conſtitutum, id eſt, recte conſtitui, quod venit in actionem in factum ex jurejurando: ut ſi delato mihi juramento juravero mihi deberi, recte mihi conſtitues quod petere potui actione in factum ex jurejurando. Non eſt ponendum me juraſſe, te conſtituiſſe mihi; ſed juraſſe mihi debere: & adjicit mihi intereſſe, an juravero delato, an relato jurejurando: defertur ultro, refertur coacte. Nam exempli gratia, ſi cum abs te peterem decem, & negares te mihi quidquam debere, detulero tibi jusjurandum ut jures te non debere, nec velis jurare, ſi ita ſis ſuperſtitioſus, vel verecundus, ſane cogeris mihi jusjur. referre, ut ipſe jurem mihi deberi, *l. manifeſta, de jurejur.* alioquin manifeſtæ turpitudinis & confeſſionis eſt nolle nec jurare, nec jusjurandum referre. Ergo ſive cum mihi deferretur, ſive cum mihi referretur, juravero mihi deberi, recte poſtea mihi conſtitues, quod petere potui actione in factum ex jurejurando. Eſt quidem ea actio prætoria, non civilis: Sed & deberi recte dicitur, quod pro prætorio debetur: ſi debetur, & conſtituitur igitur recte: quapropter licet etiam addere ad tit. de fidejuſſoribus pro actione juriſjurandi recte actionem dari.

---

Ad L. I. de Præſcript. verbis.

*Nonnumquam evenit, ut ceſſantibus judiciis proditis, & vulgarib. actionibus, cum proprium nomen invenire non poſſumus, facile deſcendamus ad eas, quæ in factum appellantur. Sed ne res exemplis egeat, paucis agam.*

§. 1. *Domino mercium in magiſtrum navis, ſi ſit incertum, utrum navem conduxerit, an merces vehendas locaverit, civilem actionem in factum eſſe dandam, Labeo ſcribit.*

§. 2. *Item ſi quis pretii explorandi gratia rem tradet, neque depoſitum, neque commodatum erit, ſed non exhibita fide, in factum civilis ſubjicitur actio.*

Cum libro octavo Papin. propoſuiſſet varias ſpecies actionum, quæ ex ſingulis negotiis dantur, & nomen proprium habent, tranſitus ad actionem de præſcr. verb. quæ nomen proprium non habet, & non ex uno, ſed ex innumeris negotiis datur, quorum actiones nullæ jure civili proditæ ſunt: uſus eſt præfatione eleganti in hac *l.* 1. nonnunquam evenire, ut deficientibus uſitatis & vulgaribus actionibus, quæ legibus proditæ ſunt, deficiente proprio nomine contractus, facile decurramus ad actionem præſcr. verb. quaſi ad extremum ſubſidium juris ſui perſequendi & obtinendi; quod ait, ſe breviter demonſtraturum duobus exemplis. Verum antequam ea exponamus, paululum nobis eſt enarranda cauſa introducendæ actionis, quæ dicitur præſcr. verb., & explicandum etiam, cur hæc appellatio non ſit proprium nomen, ſeu propria appellatio. Prætor vel Jureconſ. qui formulas concipit, vel actor, qui eis utitur, cum eas ſibi dari, ut ita concipi poſtulat, hoc cuſtodire, hoc curare ſemper debet, ut rebus accommodentur actiones propriæ: & actor, ut edat etiam ſpecialiter nomen actionis adverſario ſuo puta ſe acturum ex empto, depoſiti, vel commodati, *l. edita, C. de edend. l.* 2. *C. Gregor. de calum.* & in nov. Valentin. de Epiſc. jud. Et hoc quidem eſt facile factu, ſi quibus de rebus agitur, legibus proditæ ſint actiones propriæ. At non omnibus de rebus proditæ ſunt actiones propriæ, peculiares, ſingulares, non eſt plenus actionum numerus, *l. quia actionum hoc tit.* neque vero tanta potuit eſſe prudentia majorum, quanquam fuerit ſumma, ut omnib. reb. actiones propria, nomina propria conſtitueret. Ingens eſt copia rerum & infinita: nominum autem non eſt tanta, ut omnia negotia ſuis nominibus appellari poſſint. Rerum eſt infinitus numerus, nominum finitus, *Ariſt.* initio elenchor. Nec mirum, cum res ſinta natura, voces ab hominib. & ſuperat facile natura hominum inventa: finiti ad infinitum nulla eſt proportio: & hoc eſt, quod ait Ulp. in *l.* 4. *hoc tit.* natura rerum cædendum eſſe, ut plura ſint negotia, quam vocabula. Contractus ſuperant nomina: non ſuppetunt omnibus contractibus nomina civilia: nec actionibus igitur civilibus, quæ manant ex contractibus ὑπὸ τὰ ὀνόματά ἐστι τὰ συναλλάγματα: concurrunt ſæpe negotia, ex quibus nulli legibus proditæ ſunt actiones, negotia, quæ proprio nomine vacant, ac ſæpe eſt magna quæſtio, negotium, quo de agitur, quemadmodum geſtum ſit inter contrahentes, & ejus nomen quale ſit, aliud aliis imponentibus; & diverſa ſæpe in ea re judicia Juriſconſ. & judicum, & litigatorum. Quod cum evenit, tutius eſt, ut ait *l. naturalis,* §. *pen. & l. Titius, hoc tit.* dubitationis tollendæ cauſa, ut ait *l.* 1. *de æſtimator.* agere præſcr. verbis, id eſt, conceptis verbis in factum & rem, de qua agitur, narrare prout geſta eſt, nullo nomine expreſſo actionis contractus: agere, ut Teoph. ait, διαγνωστικῶς, narrative: datur ergo actio præſcr. verbis: quæ definitio notanda eſt: ex contractib. ſive negotiis, quæ nomen non habent certum, vel quia quemadmodum ſunt geſta, non liquet ſatis, vel de eorum nomine ambigitur, ita ut neſciatur ad quam legem referenda ſint, & eſt ea actio non prætoria, ſed civilis, quia ſci. non datur, niſi ex negotiis moribus civitatis receptis, vel quæ proxime accedunt ad negotia civilia, legitima, uſitata, vulgaria, ſolemnia, quæ nomen ſuum habent. Et ita in *d. l.* 1. *de æſtimat.* ſi rem meam æſtimatam tibi vendendam dedero, ut vel eam referres, vel pretium & æſtimationem, quam ego indicavi, dari actionem præſcr. verbis, quia civile negotium geſtum eſt, inquit, conſimile ſcilicet negotio habenti nomen proprium, locationi ſcilicet & conductioni, vel mandato. Omnis actio præſcriptis verbis eſt ſimilis actioni

actioni civili, *l. naturali* §. *pen. h. tit.* Et civilis igitur etiam ipsa: quæ est proxima & similis civili, & ipsa civilis est. Omne negotium, ex quo datur actio præscr. verbis, est simile vel emptioni, vel locationi, deposito, commodato, mandato, vel negotiis aliis, quibus leges nomina dederunt propria: aliqui, si quod negotium forte illorum instar non habuerit, ex eo non dabitur actio præscriptis verbis, *l. naturalis*, §. *quod si fac. h. tit.* Sed ne longe aberremus a lege nostra, ejus, quod proposuit, Pap. initio, duo dat exempla. Tractemus de priori. Locatori, si sit contracta locatio & conductio, datur actio ex locato, conductori ex conducto. Verum sæpe dubitatur, quis sit locator, quis sit conductor, cui sit danda actio ex locato, cui ex conducto. Definiamus igitur, quis sit locator, quis sit conductor, cui sit danda actio ex locato, cui ex conducto. Locator est is, qui accipit mercedem, ut dominus ædium: conductor autem est is, qui dat mercedem, ut inquilinus, qui ædes conduxit, dat mercedem, & est conductor. Hæc definitio est falsa in multis casibus: Nam si ego domum ædificandam dedi, locator sum, nec tamen accipio mercedem, sed do: & contra, si domum ædificandam accepi, conductor sum, nec tamen do mercedem, sed accipio. Igitur certissima definitio hæc est, quæ ego uti soleo, & quæ neminem fallet. Locator est is qui dedit aliquid fruendum vel faciendum: qui dedit fruendum, accipit mercedem, qui dedit faciendum, dat mercedem. Conductor est is qui accipit fruendum vel faciendum: qui accipit fruendum, dat mercedem; qui accipit faciendum, accipit mercedem. Denique locatoris est dare, conductoris accipere: & secundum hæc, si magister navis mercatori det navem utendam constituta certa mercede, locator est magister navis, & accipit mercedem, dominus mercium est conductor, & dat mercedem. Longe aliud erit, si res ita gesta sit, puta, si magister navis merces vehendas acceperit: ita enim gesto negotio magister navis est conductor, & accipit mercedem 1 dominus mercium est locator, & dat mercedem, *l. 2. ad l. Rhod.* Atque ita multum interest magister navis navem locaverit, .i. dederit utendam, quo casu dominus mercium conductor est, & agit cum magistro navis ex conducto, non ex locato, an vero magister navis acceperit merces vehendas, quod est conduxerit, quo casu dominus mercium est locator operarum magistri, & agit cum magistro navis ex locato. Si agat ex conducto, agit perperam. Quid ergo fiet, ne agat perperam? Si incertum sit, magister navis navem locaverit an conduxerit merces vehendas, & ignoretur quemadmodum negotium gestum sit, hoc si ignoretur, & illud quoque ignoratur, mercatori in magistrum navis danda ne sit actio ex hoc negotio ex locato, an ex conducto: & in re dubia tutius est missa utraque actione, agere præf. verb. five, quod idem est, in factum civili actione, quæ tamen erit instar actionis locati conducti, instar civilis actionis, quæ nomen suum habet, quamvis ipsa non habeat: & hoc est prius exemplum Papin. Sequitur posterius: rem tibi tradidi, ut eam inspiceres, & pretii ejus explorares: quæritur, quale sit hoc negotium, an sit depositum? Minime: neque enim rem tibi custodiendam, sed inspiciendam pretii excutiendi causa dedi: non etiam commodatum, quoniam non dedi rem utendam, sed inspiciendam tantum. Et hoc ita proponit Papin. Nihil scribit de mandato, & tamen videtur esse mandatum, ut ego rem tibi do & mando, ut inspicias & æstimes: quod negandum tamest est, alioquin ex hoc contractu non daretur actio præscr. verb. si sine controversia esset mandatum. Ut igitur neque est depositum hoc genus negotii, neque commodatum: Sic nec mandatum, quia mandatum non est, nisi fuerit animus constituendi procuratoris in hanc rem: & hoc liqueat, quod non liquet, cum in dubio possit videri depositum, vel commodatum. Ergo ex hoc negotio etiam tutius est agere præs. verb. five in factum civili actione, quasi ex negotio novo & inusitato, ex quo datur actio præscriptis verb. *l. si tibi polienda, hoc tit.* Sed quod sit proximum & vicinum negotio usitato. Et ita in hoc po-

A steriori exemplo dices, actionem præscriptis verbis esse similem civili, negotium illud esse proximum civili, atque adeo civile ipsum esse. Et placet verbum, quo utitur Papinianus: *non exhibita fide, subjici actionem in factum civilem*, id est, si non exhibeat fidem is, qui rem inspiciendam accepit, id est, si explorator eam rem non reddat, subjici actionem civilem in factum: non dicit eum subjici actioni in factum civili, ut Marc. Tullius in Topicis, quod sumpsit ex jure: In actionibus civilibus plerumque subjici illum arietem, id est, defensionem illam juris, si telum manu fugit magis, quam jecit: quoties reus excusat factum imprudentia teli emissi. Ad quam formulam antiquam, non ex 12. tab. ut quidam scripserunt, sed ex auctoritate prudentum respicit Augustin. *lib. 1. de lib. arbit.* cui invito atque imprudenti telum manu fugit, quod est relatum in can. *si homicid.* 25. *quæst.* 5. Ita excepto subjicitur actioni, ut in *l. 7. de condit. instit. l. ex contractu, de re jud.* actio enim subjicitur actioni, & hoc est quod heic ait. Papin.

---

### Ad §. Papinianus L. XVII. eod. tit.

§. 2. *Papinianus lib. 8. quæstionum scripsit. Si rem tibi inspiciendam dedi, & dicas te perdidisse, ita demum mihi præscriptis verbis actio competit, si ignorem ubi sit. Nam si mihi liqueat apud te esse, furti agere possum.* Secundum hæc, si cui inspiciendum dedi, sive ipsius causa, sive utriusque, & dolum & culpam mihi præstandam esse dico propter utilitatem; periculum non. Si vero mei dumtaxat causa datum est, dolum solum: quia prope depositum hoc accedit.

Subjicienda nobis sunt necessario, quæ ex eodem libro Papin. de eadem specie, quæ proponitur in posteriore exemplo Ulpian. refert in *l. si gratuitam*, §. *Papinianus, hoc tit.* & quod ex eodem libro Papin. exstat in *l. rem 78. de furt.* Illi loci sunt conjungendi cum extrema parte hujus legis. Exponamus quemadmodum tibi rem inspiciendam dedi; sic loquitur *l. si gratuitam*, §. *Papinianus, & l. rem, de furt. & l. eum, qui* §. *1. commod.* quod ita interpretandum est. Si rem tibi dedi pretii explorandi causa. Bas. ἐὰν παρακάχωσι πρᾶγμα διατιμήσασθαι; non utitur quidem Papin. hoc loco verbo *inspiciendi*, sed nihil interest dixeris rem dari inspiciendi gratia, vel pretii explorandi gratia, Græcis διατιμήσεως, inspector dicitur, & longe aliud inspicere, aliud respicere: de eo, qui rem accepit, ut respiceret, est *l. duo, hoc tit.* Legitur enim in ea recte Florentiæ, *respicere* non *inspicere*. Species est. Duo secundum Tyberim ambulabant, unus ex his rogatus, alter annulum suum ostendit, ut respiceret, inquit, is culpa ejus illi excidit & devolutus est in Tyberim, quæritur, qua actione cum eo agatur? non est commodatum, quia dedit, ut eodem momento redderet, ut respiceret, non inspiceret, non ut exploraret pretium annuli; quasi tamen ex commodato dabitur actio præscr. verbis, quia ita intelligitur dedisse, ut mox redderet, & culpa ejus factum est, ne redderet, aut posset reddere. Sed videamus, quid ad hoc postremum exemplum sit addendum ex *d. §. Papinianus, & d. l. rem, de furt.* Si inspector rem non reddat, tenetur actione præscr. verb. Hoc ita procedit, si ignoretur, ubi res sit, si non inveniatur, si quis eam furto abstulerit, nec sciatur quis ille fur sit, nec tamen indistincte: nam inspector quandoque culpam præstat, quandoque non: Nam si mea causa tantum rem inspiciendam dedi, dum volo inquirere pretium rei meæ, quia nulla utilitas versatur inspectoris, sed mea tantum, inspector debet præstare dolum tantum, sicut depositarius, & culpam dolo proximam eadem ratione, quia in deposito nulla utilitas depositarii versatur inspectoris sit solius deponentis gratia, & ideo præstat depositarius dolum tantum: hoc casu inspector similis est depositario, nec tamen depositarius, quia non custodiendi, sed inspiciendi causa rem accepit: &
ideo

ideo si sine dolo ejus vel inspectoris ejus res interierit, licet culpa ejus levi perierit, non tenetur actione præscr. verbis. Finge, extraneum furto abstulisse eam rem, est sane in culpa depositarius, vel inspector, quod rem non servaverit diligentius, sed tamen non tenetur depositarius depositi, vel inspector præscriptis verbis: & ideo non habet actionem furti adversus furem, quia nihil ejus interest, cum non teneatur domino rei: & actio furti datur tantum ei, cujus interest, & in id, quod interest in duplum, vel quadruplum, sed datur actio furti domino rei, *l. eum qui*, §. 1. *commod.* Et notandum, furtum plerumque imputari culpæ possessoris: latrocinium, prædatura, abigeatus, quoniam fiunt vi majore, sunt casus fortuiti, damna fatalia, quibus resisti non potest: furtum non est damnum fatale: nam furto cavere diligentia paterfamilias potest, *l. cum duobus*, §. *damna, pro soc. l. 4. naut. caup.* Et ideo ego probavi semper, quod alii improbant, id scilicet, quod est in more positum in quibusdam Galliæ regionibus, ut fur plectatur sua pœna ob turpe lucrum, & dominus publicatione rei furtivæ ob suam negligentiam: furtum plerumque negligentiæ imputatur. Invenies interdum furtum culpæ non imputari, *l. eum qui*, §. *item quæritur, de furt.* Fateor, & quoddam furtum quod adnumeratur casui majori potius quam culpæ, ut quod faciunt saccularii, qui sunt quasi præstigiatores, vel quod faciunt apertularii, *Crochetcurs*, quibus nihil est tam bene obsignatum, quod non aperiant: quis istos cavere potest, quorum ars in furando est subtilis nimis? Quid vero dicemus si ego rem tibi dedi inspiciendam tua causa, vel mea & tua? si tua tantum: si mea tantum causa, præstas dolum tantum ut depositarius, si mea & tua, quia etiam tua utilitas vertitur, teneberis mihi præscr. verb. etiamsi sine dolo tuo, non tamen fine culpa tua levi, ut si furto res sublata sit: atque ideo habebis actionem furti adversus furem, non ego, *d. l. cum qui*, §. 1. *& d.* §. *Papinianus*: & hoc est quod ait lex *rem*, de furt.

### Ad L. LXXVIII. de Furt.
*Rem inspiciendam quis dedit, si periculum spectet eum, qui accepit, ipse furti agere potest.*

SI periculum spectet inspectorem, quod scilicet in ea re utilitas ejus aliqua fuerit, vel ut dicam apertius, quod ei expediret eam rem inspicere, dum forte eam emere vult: & periculum non oportet accipere pro casu fortuito, ut in *d.* §. *Papinianus*, ubi ait, Inspectorem nunquam præstare periculum, hoc est, casum majorem: sed cum illius gratia sit inspicienda illi data est, periculum eum spectabit, veluti periculum furti, quod intelligitur plerumque contingere culpa possessoris, vel ejus, qui rem naturaliter tenet. Concludamus ergo: si periculum furti ad inspectorem pertinet, quoniam tenetur domino actione præscr. verbis: ergo ei dabitur actio furti adversus furem, non domino. Quædam omiseram nudiustertius ad *l. rem, de furt.* Si tibi rem inspiciendam dedi, & aut extraneus furtum fecit, aut tu ipse. Si extraneus & tui causa eam rem inspiciendam tibi dedi, quod eam emere velles, tibi competit actio furti adversus furem, quia teneris mihi actione præscr. verb. quod culpa tua ea res amissa sit: si mei duntaxat causa rem tibi inspiciendam dedi, dum volo pretium exquirere : qui habeo actionem furti adversus furem extraneum, quia tu mihi non teneris actione præscr. verb. nec enim hoc casu debes præstare culpam, sed dolum tantum, quia in hoc negotio nulla tua utilitas vertitur: quod satis exposuimus. sed, quod omiseram, si tu ipse, qui rem inspiciendam accepisti, ejus rei furtum feceris interversa possessione, & liqueat eam rem apud te esse, & retineri abs te lucri faciendi causa, jam non est quod agam tecum actione præscr. verb. ut eam rem mihi reddas, cum suppetant civiles & directæ actiones quamplurimæ adversus te, nimirum furti pœnalis in duplum & rei persequendæ nomine, condictio furtiva, & actio ad exhibendum, & rei vindicatio, quæ dantur in fures, *l. si gratuitam*, §. *Papinianus, de præscr. verb.* & hoc est quod omiseram nudiustertius.

### Ad L. I. qui pot. in Pign.

*Qui dotem pro muliere promisit, pignus sive hypothecam de restituenda sibi dote accepit: subsecuta deinde pro parte numeratione, maritus eandem rem pignori alii dedit : mox residua quantitatis numeratio impleta est. Quærebatur de pignore? cum ex causa promissionis ad universa quantitatis exsolutionem, qui dotem promisit, compellitur, non utique solutionum observanda sunt tempora, sed dies contractæ obligationis. Nec probe dici in potestate ejus esse, ne pecuniam residuam redderet, ut minus donata mulier esse videatur.*

§. 1. *Alia causa est ejus, qui pignus accepit, ad eam summam, quam intra diem certum numerasset: ac forte prius quam numeraret, alii res pignori data est.*

LEX 1. hujus tituli, imo omnes leges sunt de duobus creditoribus, quibus diversis contractibus, diversis temporibus eadem res pignori obligata est in solidum. Qua in re primum monendi estis, aliquantulum interesse, utrum eadem res duobus diversis contractibus vendita, aut donata sit, an pignori obligata. Nam si duobus diversis contractibus & temporibus eadem res sit vendita vel donata, in rei vindicatione potior est, cui res tradita est: nam traditione translatum est jus domini, si dominus est: & potior igitur in rei vindicatione, *l. quoties, C. de rei vind. l. sive autem*, §. *si duobus, de Publ. in rem act. l. si duobus de div. & temp. præf.* Sed si duobus eadem res pignori obligata sit diversis contractibus, in actione hypothecaria, in vindicatione pignoris, potior non tantum is, cui pignori res tradita est: sed & is, cui priori res obligata est nuda conventione, nam pignus non tantum traditione contrahitur, sed etiam nuda conventione, *l.* 1. *de pigner. act.* Item si quis duobus eandem rem in solidum vendiderit diversis contractibus, tenetur crimine falsi, *l. qui duobus, ad l. Corn. de fals.* At si quis duobus eandem rem diversis temporibus pignori obligaverit, tenetur crimine stellionatus, quia scil. deficit proprium nomen criminis: nam crimen quod non habet proprium nomen, dicitur stellionatus: impostura quæ caret nomine dicitur stellionatus: & tamen certum est, eum, qui duobus diversis temporibus eandem rem obligat pignori, non teneri crimine falsi *l. Cornel. de fals.* sed crimine stellionatus. Num igitur est falsum crimen stellionatus, quod non est crimen legitimum, non ordinarium, est inscriptum, ut vocant Rhetores, de quo nulla lex scripta est, ut possis etiam actionem præscr. verb. appellare inscriptam *l. tutor*, §. *contrarium, l. si quis*, §. *ult. de pign. act.* Sed explicanda est ratio differentiæ, cur tenetur crimine falsi venditor? quia rem quam vendit, vendit quasi suam, asserens esse suam, aut quasi asserens, dicit rem esse suam, id est dicere intelligitur, & mentitur tamen, qui vendit posteriori, cum dominium ejus rei transtulerit in priorem emptorem, & mendacium species est falsi: mendax est falsarius, mendax ergo *l. Corn. de fals.* quasi falsarius & mendax: Qui rem pignori obligat, dicit quidem esse suam, sed non dicit esse liberam, non esse obligatam alii, non mentitur, sed dissimulat priorem obligationem, dissimulatio est stellionatus, non falsum, cum nihil affirmet, vel affirmare intelligatur: sed si diceret pignerando rem posteriori, rem esse liberam, sane teneretur falsi, & cessaret crimen stellionatus: quod in hypothecis Atheniensies semper exprimere solebant, rem esse liberam, ut in actionibus & præscriptionibus, Demosth. maxime in ea, quæ est adversus Lacritum, pignori obligari res liberas & immunes, ut etiam nostri auctores dicunt, liberam rem, liberum prædium, non dubet servitutem, non debet servitutem, sed etiam quod non est pigneratum, *l. si pro fundo, C. de transl. l. ult.* §. 1. *ad Velle.* Et ita si pignerando eam rem posteriori

steriori dixeris esse liberam, & fuerit ante obligata aliis, committis in *l. Corn. de falſ.* nec opus est accusatione stellionatus, cum suppetat ordinaria & legitima. Sed non solebant hoc affirmare qui pignori rem opponebant; Cum hoc autem affirmatur, hoc solo casu est accusatio stellionatus. Verùm excutiendum illud est diligenter, quod posuimus initio, eum qui prior est tempore, potiorem esse jure hypothecæ vel jure pignoris, id est, creditorem in cujus persona prius constitutum est pignus, potiorem esse creditore pigneraticio, vel hypothecario. Quo principio posito, oriuntur statim ex eo quæstiones multæ, & illa in primis, quis prior intelligatur, quis posterior, quis antiquior in causa pignoris. Prior qui dicitur variis modis, ut docuit Aristotel. & non immerito dubitatur, quis; & hoc potissimum quæritur in specie hujus legis, quæ est hujusmodi. Ego promisi dotem pro muliere marito stipulanti, nondum numeravi, & antequam numerarem maritus stipulanti mihi cavit, se dotem rediturum mihi soluto matrimonio; dos fuit receptitia, & eo nomine rem suam mihi pignori dedit de restituenda dote dirempto matrimonio; post ego partem dotis numeravi, & antequam numerarem residuam partem dotis, maritus eandem rem Titio pignori obligavit, ac deinde ego numeravi residuam partem dotis, implevi dotem, implevi maritum. Quæritur quis sit potior in ea re pignoris jure, quis prior, ego an Titius? & Papin. prudentissimè ait pignoris jure, me esse priorem, potiorem, potentiorem, & non esse observandum tempus impletæ numerationis. Titius est prior, quia post Titium ego implevi numerationem dotis; sed si spectemus tempus contractæ obligationis, ego sum prior, non Titius. Prior igitur varie accipitur pro ratione temporis, quod observatur. Et Papin. ait, non esse spectandum tempus impletæ numerationis, sed tempus contractæ obligationis, quo tempore in causa pignoris nemo me præcessit, quo tempore pignus restituendæ dotis rectè contractum est: nam pignus restituendæ dotis rectè contrahitur non tantum dote numerata, sed promissa stipulanti, quia qui promisit non potest numerare, cum sit efficaciter obligatus, neque potest mulierem pro qua promisit dotem, indotatam facere: atque ita tempus contractæ obligationis efficaciter comparatur tempori numerationis, quia qui contraxit efficaciter obligationem, & numerasse intelligitur. Et hoc est quod ait Papin. in 1. parte hujus l. Efficax promissio pro numeratione est, quia non potest non sequi numeratio; atque adeo non oportet animadvertere ad tempus numerationis, sed ad tempus contractæ obligationis, cum quæritur uter ex creditoribus sit prior vel potior. Eadem ratione idem dicemus, si post stipulationem dotis pignore mihi dato de restituenda dote soluto matrimonio, antequam quicquam numerarem ex dote, maritus eandem rem Titio obligavit; Nam & hoc casu præferor Titio. Non pono, ut posuit qui consuluit Papin. per partes fuisse solutam dotem, partem antequam cum Titio contraheret, partem residuam post obligationem Titii, sed fuisse promissam tantum, & nihil fuisse adnumeratum, antequam idem pignus Titio obligaretur, & tamen dico me esse Titio potiorem in vindicatione pignoris. Etiam illud adjicio, idem esse dicendum sive stipulatio dotis sit facta pure, sive in diem, sive sub conditione collata in casum, vel in potestatem mariti stipulatoris, quia existente die vel conditione, perinde est atque si purè facta stipulatio fuisset, *l. qui balneum, & l. potior, hoc tit.* Et hæc quod ad priorem partem hujus legis attinet. In posteriore parte Papin. docet, aliud esse dicendum, si nulla præcessit stipulatio dotis, nulla obligatio, si me non obligavi ad dotem dandam, sed maritus mihi cavit, mihi promisit se redditurum dotem, quam ei numerarem intra diem certum, quam ei non promiseram, etsi eo nomine rem suam mihi pignori dederit. Fingamus igitur & ponamus hanc speciem apertius. Ego non promisi dotem pro muliere, sed spem feci numerandæ dotis pro muliere: & hac spe fretus maritus mihi promisit se dotem redditu-

A rum quam ei numerarem intra diem certum, numerabo si volo, & rem suam mihi dedit pignori in eam summam, quam numerarem si velim: neque enim sum obligatus: ac deinde ante eum diem, antequam numerarem, maritus eandem rem Titio pignoris obligavit. Sunt notandæ hujusmodi quæstiones, in quibus nullum verbum est, quod non accuratè observetur hodie. Titius erit potior, non ego, & spectabitur tempus numerationis: non potest spectari tempus contractæ obligationis, cum nulla contracta sit, cum non me obligaverim dandæ doti, & fuerit in mea potestate, non numerare, non dare: non est quod aliud tempus igitur spectes quam tempus numerationis: eo tempore me præcedit Titius; ergo me potior est. Addendum est, idem esse, si cum ego me non obligassem dandæ doti, sed spem tantum fecissem,

B me daturum intra diem certum, & sub hac spe maritus mihi suam pignori dedisset de restituenda dote, ac deinde antequam rem numerarem, idem pignus Titio vendidisset, post ego numerassem pecuniam dotalem: Nam hoc casu nullum pignus intelligitur etiamsi postea numeraverim, quia tempore numerationis quod solum observari potest, ea res non fuit in bonis Titii, cui vendita & tradita fuit: & constat non consistere pignus, nisi ejus rei, quæ est in bonis debitoris ex formula pigneratitiæ actionis, *l. pen. sup. tit. prox. l. potior, in prin. hoc tit.* Unde ita concludam: pignus potest præcedere obligationem sicut fidejussio: pignus est sequela principalis obligationis ut fidejussor, fateor, & intelligitur etiam esse sequela, licet præcedat obligatio, & non male præcedit, §. *fidejussor, Inst. de fidejussor.* Pi-

C gnus, inquam, potest præcedere obligationem, sed secuta obligatione ita demum pignus consistit, si eo tempore, quo cotrahitur obligatio, inveniatur in bonis debitoris: alioqui est inutile, propterea quod spectare oportet tempus contractæ obligationis, a quo non est diversum tempus numerationis in hac specie. Quod si eodem tempore, quo sequitur obligatio, pignus quod præcesserat, inveniatur obligatum alii, consistit quidem, sed non est potentius: præfertur namque alius, qui prior credidit. Unde in hac quæstione hæ sunt nobis semper retinendæ conclusiones: contracta obligatione principali, sive personali, id est, facto vel perfecto contractu, quamvis nondum impletus sit, observatur tempus dati vel conventi pignoris, id est, facti vel perfecti contractus, factæ seu confectæ obligationis, non tempus im-

D pleti contractus, quia ab initio pignus rectè costitutum fuit. Altera conclusio hæc est: nec impleto contractu, id est, nondum constituta obligatione ullo modo, spectatur tempus contractus, non tempus dati, vel conventi pignoris, quia nulla esse intelligitur obligatio dati vel conventi pignoris ante contractum, & ut de stipulatione dicitur in *l. 6. de novat.* numerationem pecuniæ fieri implendæ stipulationis gratia, quæ præcessit, ut potest præcedere, ita hoc casu licet dicere, contractum fieri implendi pignoris causa, quod præcessit: fidejussor potest præcedere obligationem, item pignus, item stipulatio. Nam & stipulatio accessio est, sicut pignus, & fidejussor. Stipulatio est conclusio contractus, *l. dominus, de præscr. verb.* nisi animus novandi adfuerit. Et hoc est quod dicitur, stipulationem non fieri sine causa: accedunt stipulationes contractibus, non per se subsistunt.

E Absoluta est sententia hujus legis. Sed ne quid desideretur quod pertineat ad hanc quæst. quæ est quotidiana hodie: fingamus novam speciem, nec tamen longe remotam à superiori. Cum ego a te vellem mutuo pecuniam ingentem accipere, & tu velles dare, ego non sine fraude accepi modicam pecuniam, & pignus dedi, ac deinde a Titio etiam accepi mutuam pecuniam sub eodem pignore, & postea a te accepi residuam pecuniam, quam ab initio accipere volebam, & tu dare: tu es potior, quia prior credidisti. Et ex quæstione tractata a Papiniano hoc intelligitur, priorem esse eum, qui prior credidit, etiamsi posterior pignus accepit: contra priorem non esse eum, qui prior pignus accepit, nisi ei crediderit prior;

prior; plane igitur tu prior es, quia tu prior credidisti, & sine dubio tu prior es in prima illa modica pecunia, quam initio mihi credidisti sub pignore illo : sed alter an prior est in posteriore pecunia in residua pecunia? quod videtur exemplo usurarum posteriorum, quæ accessere post secundum creditorem in specie *l. Lucius*, *hoc tit.* quæ est hujusmodi. Ego mutuam pecuniam a te accepi sub usuris certis dato pignore : Deinde mutuam pecuniam accepi a Titio sub eodem pignore : proculdubio tu es prior sortis nomine, quia prior sortem mihi credidisti : tu es etiam prior usurarum nomine, quæ accesserunt antequam mihi crederet Titius, quæritur, an sis etiam prior usurarum nomine, quæ accesserunt post creditum Titii? & ait *l. Lucius*, te esse priorem usurarum omnium nomine : quod concedam facile, quia usuræ sequuntur jus sortis: sed videtur etiam idem esse constituendum in posteriori forte, ut sequatur jus prioris, ita & quemadmodum tu habes privilegium temporis in priori, etiam habeas in posteriori pecunia: sed si hoc admitteretur, hac via posteriores creditores circumscriberentur. Et sane videtur debitor habuisse animum circumscribendi secundi creditoris, qui ita rem gessit, qui cum potuit ingentem pecuniam accipere, noluit nisi modicam accipere. Et ideo recte definitur in *l. si creditor*, §. *si idem*, *hoc tit.* eum, qui bis credit esse ante secundum, & post secundum creditorem, in pecunia priore esse potiorem, in posteriori forte esse tertium, Titium in sua pecunia esse secundum. Ex iis, quæ diximus ad *l. 1.* resumere nos aliquid oportet, quod majore confirmatione videtur indigere. Qui duobus eandem rem diversis temporibus, diversis contractibus in solidum vendidit, tenetur pœna falsi ex *l. Cornel.* qui autem duobus eandem rem diversis contractibus obligavit, tenetur crimine stellionatus, quasi deficiat crimen falsi: non tenetur ergo crimine falsi: nam ubi est aliud crimen, ibi cessat stellionatus, *l. 3. inf. de crim. stell.* Quæro quæ sit ratio differentiæ? hæc differentia verissima esse videtur : qui vendidit duobus eandem rem, tenetur falsi ex *l. Cornel.* quia vendendo posteriori, rem dixit esse suam, & mentitus est, propter quod falsum, quia scilicet jam priori eam rem vendiderat & tradiderat: vel licet non dixerit palam, rem suam esse, utique intelligitur dixisse semper, quia etiamsi rei alienæ venditio valeat, tamen emendo vendendo id agitur, ut dominium transeat in emptorem, *l. 80.* §. *ult. de cont. empt.* & quod agitur, pro dicto habetur, *l. quum quid*, *de rebus cred.* Quid si quis duobus eandem rem in solidum pigneraverit duobus contractibus? & quidem si dixerit, eam rem liberam esse, vel esse suam falso, cum esset vel alii obligata, vel aliena, mea quidem sententia hic tenetur etiam crimine falsi, quia mentitus est. Sed si dissimulaverit rem esse alienam, vel alii obligatam, non etiam affirmaverit quicquam, hoc casu tenetur crimine stellionatus, *l. tutor*, §. *contrariam*, *l. si quis*, §. *ult. de pign. act.* & *l. 2. C. de crim. stell. l. 3. inf. eod. tit.* quæ id evidentius demonstrat in illo loco: *dissimulata obligatione*. Dissimulatio illa non est falsum : non ergo tenetur crimine falsi : & tenetur tamen quasi stellio, quasi Ægyptius, ut veteres loquebantur. Est proprium vitium Ægyptiorum stellionatus, stellioque frequens in Ægypto animal, inde αἰγυπτιάζειν est imponere & stellionem agere. Denique non est falsus, sed propter illam dissimulationem vafram tenetur stellionatus crimine: quod quidem crimen nunquam concurrit cum alio crimine legitimo, sed est stellionatus persecutio, cum nullius alius criminis est persecutio. Verum objici potest *l. ult. de crim. stell.* quæ ait, eum teneri crimine stellionatus, non ergo falsi, qui falso dixit, rem esse suam, quam pignori dabat, jurando vel potius pejerando rem esse suam : quod est plane contra illud, quod ante dixi. Et placet objectio valde, quia mihi præbet causam explicandæ *d. l. ult.* difficilis satis & vexatæ nimis. De perjurio ait; crimen stellionatus fit si quis falso juraverit suum esse pignus, quod fuit alienum: cur non tenetur falsi? In jure nos oportet separare perjurium a falso: nam perjurium est sane plus quam fal-

A sum: non invenies *l. Cornel. de falsis*; contineri perjurium, quia majus est crimen perjurii quam falsi: falsi pœna est legitima, perjurii nulla: si quis per Deum pejeraverit, Deum ultorem habet, *l. 2. C. de reb. cred.* Perjurii igitur nulla est pœna legibus prodita, nulla accusatio, quamvis sit plusquam falsum, & ratione falsi per se tantum, *d. l. ult.* non subjicit perjurium crimini stellionatus, sed quod deficiente crimine falsi, cum perjurium sit separatum a falso, quod par sit & æquabile, non minus teneri eum crimine stellion. qui pejeravit pignus suum esse quam qui simulavit. Si ex simulatione contrahitur crimen stellionatus, cur non ex perjurio? Crimen stellionatus maxime est generale, quod complectitur omnes imposturas vacantes nomine proprio, nec scriptas sive
B comprehensas legibus ; & ita omnino res explicanda mihi videtur.

---

### Ad L. LXV. rem Hereditariam, de evictio n.

*Rem hereditariam pignori obligatam heredes vendiderunt, & evictionis nomine pro partibus hereditariis sponderunt: cum alter pignus pro parte sua liberasset, rem creditor evicit, quærebatur, an uterque heredum convenire posset pignoris causa, nec remedio locus esse videbatur, ut per doli exceptionem actiones ei, qui pecuniam creditori dedit, præstarentur, quia non duo rei facti proponerentur, sed familiæ erciscundæ judicium eo nomine utile est: nam quid interest, unus ex heredibus in totum liberaverit pignus, an vero pro sua duntaxat portione? cum coheredis negli-*
C *gentia damnosa non debet esse alteri.*

Ex hæc est elegans, & quæ ego soleo uti semper, quoties agitur de evictione pignorum, quæ dicitur esse individua, proptereà quod pignus non potest lui sive repignerari, ita ut non perseveret in solidum, ut non sit obligatum totum, nisi & tota pecunia soluta sit, nisi sors tota soluta est: hoc est, quod ait Papin. indivisam esse pignoris causam, & idque placebat, propter indivisam pignoris causam, nec remedio locus esse videbatur, ut per doli exceptionem actiones ei, qui pecuniam creditori dedit, præstarentur, ut in *l. viæ*, *de serv.* indivisum esse usum servitutum, hoc est, individuum: revera hæc sunt diversa: pleraque sunt indivisa, quæ tamen non sunt individua : & ait Papin. indivisam esse pignoris causam, id est, non solvi pignus, nisi soluta omni forte, soluta parte fortis, non ideo minus pignus manere obligatum in solidum. Finge, te debere mille & solutam esse maximam partem, ita ut de-
D beatur unus nummus tantum : pignus pro illo nummo in solidum tenetur. Individua est igitur pignoris causa, individuum pignus: nam & nobis ut quibusdam auctoribus pignoris causa, id est, pignus, dotis causa, id est, dos. Speciem hujus legis ponamus. Qui debet certam pecuniam sub pignore rei suæ, vita decessit, relictis duobus heredi. primo & secundo: hi eandem rem quam defunctus obligaverat vendiderunt, & caverunt emptori evictionis nomine pro hereditariis portionibus non in solidum singuli: ergo non sunt duo rei promittendi: post unus ex coheredibus, puta primus, pignus liberavit pro sua parte, videlicet soluta forte pro parte hereditaria: quantum in eo fuit, bene functus est suis partibus & suo munere, quia intulit portionem hereditariam : deinde
E creditor evicit pignus & abstulit emptori actione Serviana, quæ etiam dicitur hypothecaria : commissa est stipulatio evictione adversus venditores, quæ committitur non tantum, si res evincatur rei vindicatione, sed & si evincatur actione hypothecaria, *l. si mancip.* §. *ult. hoc tit.* Quæritur an evicta re jure pignoris, ut proponitur, possit uterque heredum conveniri ab emptore ex stipulatione interposita evictionis nomine? Videtur non posse conveniri illum, qui pro parte sua pignus liberavit, solvendo sortem pro parte sua; an igitur evictionis nomine teneatur alter, id est secundus qui pro sua parte pignus non liberavit? Responde, utrumque teneri pro hereditariis portionibus evictionis nomine uti cavit, quia singuli in solidum se non obligarunt, nec sunt duo rei

rei promittendi. Hoc ut intelligatur, sciendum est, magnam esse differentiam inter obligationem personalem, quæ obligatio principalis dicitur seu sortis, & obligationem hypothecariam. Nam obligatio personalis ipso jure ex 12. tab. dividitur inter coheredes pro hereditariis portionibus. Fateor eum, qui solvit sortem pro sua parte, jam non posse conveniri actione personali; Obligatio autem hypothecaria est individua, non dividitur inter coheredes: nam singuli tenentur in solidum actione hypothecaria si pignus possideant, vel dolo deserint possidere, etiam is, qui solvit pro sua parte: quia solvendo sortem pro sua parte nihil agit: liberavit quidem se penitus ab obligatione personali, liberavit etiam pignus pro sua parte, nullam tamen pignoris partem liberavit, quia pro residua parte sortis, quæ non est soluta, pignus tenetur in solidum, perinde atque si nihil ex sorte solutum esset, *l. 1. & 2. C. de luit. pign.* non liberatur pignus, nisi tota pecunia solvatur, & quamdiu vel unus nummus superest, totum pignus obligatum manet, nec potest repeti actione pigneratitia, *l. si rem, §. omnis, de pign. act. l. 1. de migrando, l. pen. de except. rei jud. l. aliquando, §. 1. ad Velle. l. grege, l. etiam, de pignor. act.* Eadem est ratio ejus, quod debetur sub pœna. Ut pignoris, ita & pœnæ causa est individua: veluti si acceperis & promiseris pecuniam ea lege, ut nisi ea die solveris, tot præstares pœnæ nomine: individua est causa pœnæ, quia nisi tota pecunia solvatur dicto die, pœna in solidum committitur, perinde atque si nihil solutum esset, *l. 18. §. Celsus, l. hered. l. idem juris, & seq. famil. ercisc.* Unde ita concludamus, quod ad hanc speciem attinet, quia nulla ex parte primus pignus liberavit, etiamsi debitam pecuniam solverit pro sua parte, evicto pignore tenetur emptori ex stipulatione interposita evictionis nomine pro sua parte ei cavit: & non quolibet remedio ei consuletur, cum tamen sit æquum ei consuli, ne pro sua parte præstet evictionem, qui pro sua parte solvit, pro qua tantum tenebatur ipso jure: æquum est enim eum non versari in damno. Videndum quo remedio ei subveniatur: an si conveniatur ab emptore evictionis nomine pro sua parte, an opposita exceptione doli mali poterit desiderare ab emptore, ut sibi cedat actiones adversus coheredem, qui pro sua parte nihil solvit? minime, quia emptor adversus coheredem non habet actionem de evictione in solidum, sed pro sua parte tantum, quia non fuere duo rei promittendi: cessione igitur actionum ei consuli non potest. Verum sive hic coheres solidam pecuniam solverit, sive pro parte sua tantum, & deinde etiam conventus evictionis nomine pro sua parte præstiterit emptori uti promiserat, tum ne negligentia coheredis, qui pignus non liberavit pro parte, noceat ei, qui liberavit pro parte sua: famil. ercisc. judicio consequetur ut coheres, qui non solvit, ei reddat, quod pro sua parte præstiterit evictionis nomine, atque ita hoc remedium totum onus evictionis conferet in negligentem coheredem, non in eum, qui egit quod suarum partium erat fide bonæ, proque sua parte pignus liberavit.

Ad L. LXXXI. de Jur. dot. & L. XCIV. de sol.

*Pater filiæ nomine nummos alienos, quos mutuos acceperat, aut in causam crediti receperat, in dotem dedit, consumptis his, dos profectitia efficitur.*

L. XCIV. *De solut. Si is, cui nummos debitos solvit alienos, nummis integris pergat petere, quod sibi debeatur, nec offerat quod accepit, exceptione doli submovebitur.*

§. 1. *Si autem communes nummos credam, aut solvam, confestim pro parte mea nascetur & actio & liberatio, sive in singulis nummis communionem pro indiviso, quis esse intelligat, sive in pecunia, non corpora cogitet, sed quantitatem.*

§. 2. *Sed & si fidejussor alienos nummos in causam fidejussionis dederit, consumptis his mandati agere potest, & ideo si eam pecuniam solvat, quam subripuerat, mandati aget, postquam furti, vel ex causa conditionis præstiterit.*

A SEquitur ut exponamus *l. pater, de ju. dot.* ad quam etiam pertinet *l. 94. de solut.* quæ est ex eodem libro Papin. atque etiam id quod ex eodem lib. Papin. Ulp. refert duobus locis, *l. 13. §. 1. & §. ult. de reb. cred.* Hæc *l. pater filiæ, & d. l. 94.* usque ad §. *Flavius,* & quæ referuntur ab Ulpi. *d. l. 13.* pertinent ad eandem quæst. ac simul sunt explicanda. Sciendum est sæpe consumptione mutuum fieri, quod ab initio ex numeratione ipsa non fuerat mutuum: Nam si credidero tibi nummos meos, est mutuum, si alienos, non est mutuum, quamdiu extant quia eos non feci tuos, non est mutuum nisi fiat de meo tuum. Quid est mutuum? Alienatio pecuniæ, quæ fit sub lege quandoque reddendæ ejusdem pecuniæ. Si igitur tibi credidero alienos nummos, & extent apud te, non est mutuum, sed si consumantur bona fide, B est mutuum, & datur conditio ex consumptione, quæ non fuit ex numeratione, datur conditio de bene depensis, ut veteres loquebantur, non conditio de reb. creditis. Et hoc est quod ex hoc lib. Papiniani Ulpian. refert in *d. l. 13. §. 1.* si alienos nummos tibi mutuo dedero, te non teneri mihi conditione si cert. pet. nisi eos consumpseris, & si eos consumpseris per partes etiam me eos tibi condicturum, si cognovero eos esse alienos. Eodemque modo si creditori meo solvero nummos meos, mihi contingit liberatio; si alienos, non liberor: non est solutio, nisi pecunia mea fiat tua. Quid est solutio? alienatio tantæ pecuniæ quanta debebatur: si igitur alienos solvero, non liberor, nisi ex consumptione demum, hoc est, si bona fide consumpti fuerint. Consumptis nummis ego liberor, non extantibus vel integris, *l. non omnis, §.* C *ult. de reb. cred. l. quod si forte, §. ult. & l. Cassius, de solut.* consumptio mihi conciliat liberationem, quam non conciliarat numeratio. Idemque sequitur in dote profectitia. Dos profectitia est, quam pater dat pro filia: cujus proprium hoc est, ut mortua in matrimonio filia redeat ad patrem: dos enim adventitia morte mulieris soluto matrimonio remanet apud virum: & est dos profectitia, si pater nomine filiæ dedit nummos suos in dotem: erant plerumque dotes nummariæ: & dos etiam est alienationis species: non est dos, nisi dotis dominus fiat maritus. Si igitur alienos nummos pater dedit in dotem, veluti quos mutuos acceperat, vel quos solutos receperat a non domino, dos non erit profectitia, quia ea pecunia non est patris, antequam scilicet a marito bona fide consumpta sit: consumptis nummis a marito dos efficitur D profectitia, quia retro facti videntur patris mutui datione, cum condici ei possint conditione de bene depensis, vel solutione, cum a patre debitor liberetur post consumptionem pecuniæ alienæ in solutum datæ: non consumpsit pater nummos, quos alienos sumpserat, dando eos in dotem, sicut nec si eos alii dedisset in creditum, vel in solutum, *d. l. non omnis, §. ult.* sed eos consumpsit maritus, ignoras esse alienos, disperdendo bona fide, ita ut non appareat, vel immiscendo suis, ita ut discerni non possint, jure consumpti intelliguntur, qua vindicari non possunt, cum non sit facilis eorum discretio, *l. 78. de solut.* Et generaliter consumpti dicuntur nummi in hac quæstione, quorum nomine nulla actio domino competit, & hec ita si consumpti sint bona fide: nam si mala fide, superest domino actio ad exhib. perinde atque si extarent nummi, *l. 11. §. ult. & l. 12. de reb. cred.* mala fide E consumpti habentur pro exstantibus, ut qui mala fide desiit possidere videtur possidere. Hi igitur tantum consumpti intelliguntur, qui bona fide consumpti sunt, quia eorum nomine nulla actio superest domino, ac fit, ut consumptio bona fide facta, & ut loquuntur veteres bene depensa, Græci κακὸν ἐπανάγκη, conciliet mutuum, quod initio non fuit mutuum: nam domino nummorum aufert omnem actionem. Ac similiter, ut ostenditur in *l. 94. §. 1. de solut.* exempli causa, si fidejussor solverit creditori suos nummos, liberatur fidejussor, liberatur reus; si solverit alienos, neuter liberatur, & ideo non habet fidejussor actionem mandati adversus reum, ut recipiat nummos, quos pro eo solvit, quia eum non liberavit

ravit

ravit solvendo alienos, sed si consumantur bona fide, liberatur reus per consumptionem nummorum, imo liberatur uterque, & recte agit fidejussor mandati, ac si de suo solvisset, sed finge: Fidejussor eos nummos furto surripuerat, atque ita solverat ei, apud quem intervenerat, & mox conventus actione furti a domino, vel condictione furtiva præstitit tantandem pecuniam, & duplum actione furti, atque ita domino jam eorum nummorum nomine nulla competit vindicatio, etiamsi extent, quoniam ei, cui subrepti sunt, satisfactum est: videbuntur tamen esse consumpti, quod domino eorum nummorum nomine jam nulla sufficiat actio: consumpti igitur dicuntur, qui sunt domino consumpti, qui domino perierunt, quorum repetitio domino non est: Ante consumptionem igitur dos non fuit ex re patris, atque ita nec profectitia in specie legis nostræ. Objiciunt Græci *l. jure*, §. 1. *h. t.* quæ ait, dotem esse profectitiam, si pater alienum fundum bona fide emptum in dotem dederit, quamvis sc. is fundus non sit peremptus, nec ejus fundi persecutio domino perierit. Verum ita respondemus: alia est ratio fundi, alia pecuniæ, & alia ratio venditionis, alia mutui, vel solutionis: alienæ rei venditio valet, alienæ pecuniæ mutuum vel solutio non valet: & consequenter qui fundum alienum emit, tenetur ex vendito, ut pretium solvat: qui alienam pecuniam solvit non liberat a se debitorem: ac postremo, fundus bona fide emptus, videtur ex re emptoris esse, quia ei pretium abest, vel absurrurum est, cum teneatur ex vendito: & habet etiam ipse actionem ex empto, si res evincatur, & utitur gener accessione temporis ex persona soceri ad usucapionem ejus rei: pecunia autem aliena bona fide accepta vel recepta, non videtur esse ex re ejus, qui eam pecuniam accepit vel recepit, cum ne teneatur ex numeratione, nec debitorem recipiendo a se liberatur nummis integris. Et hinc liquet ratio differentiæ Papin. qui nummis consumptis opponit integros: nummi integri sunt, qui nondum consumpti sunt, hoc est, quorum actio domino non periit, & idem ait in *l. 94*. cujus sententiam modo exponemus. Finge: Solvisti creditori nummos alienos, non liberaris integris nummis, id est, nondum consumptis; consumptis liberaris. Sed finge, esse integros nummos, quia nummi sunt integri, quos solvisti, quique alieni sunt, non liberaris: ergo possum a te petere eandem pecuniam, & recum agere de pecunia credita, sed tu me repelles exceptione doli mali nisi offeram nummos illos alienos, quos accepi, oblatis illis nummis, quos admonitus sum esse alienos, recte a te petam pecuniam debitam, cum non sis liberatus, nec me repelles exceptione doli mali. Ita etiamsi, cum mihi deberes aurum, tu mihi solveris æs Corinthium, quod habet speciem auri, non liberaberis, quia non solvisti quod debes, sed aliud: petam igitur a te aurum, sed nisi offeram æs, quod dedisti, repelles me exceptione doli mali, *l. si cum aurum*, *h. tit.* Ac similiter, si solvisti mihi reprobos nummos, non liberaris, quia debuisti probos, non reprobos. Itaque tibi adversus te integra actio, & efficax, si modo referam tibi reprobos, quos mihi dedisti, alioqui repellar exceptione doli mali, *l. eleganter*, §. *qui reprobos*, *de pig. act.* nummi reprobi a creditore sunt reddendi, non rescindendi: nam usui esse possunt debitori in aliam rem: possunt collybistæ vendi pretio aliquo. Secundum ea omnia, quæ diximus, subjicit Papin. in hac *l. 94.* si solvisti mihi nummos, quos habebas communes cum alio ex partibus æquis, consequens est superioribus, ut pro parte tibi contingat liberatio, quam habuisti in eis nummis, non pro parte aliena, si tantum pecunia consumatur bona fide. Ac similiter si credidisti mihi nummos communes cum alio, pro parte tantum consistit mutuum, pro altera non consistit, nisi post eam consumptionem demum totius pecuniæ: integris nummis pro parte tantum consistit mutuum: pro parte igitur tantum competit conditio creditæ pecuniæ. Sed quomodo partem accipiemus in hoc proposito? nam ambiguum est nomen partis; vel enim est pars summæ, vel

pars corporum. Finge, centum sunt inter me & te communes nummi, & tu eos credis Titio me inscio vel invito, tu condices Titio partem tantum: utrum vero partem summæ, id est, 50. an partem dimidiam singulorum nummorum? Et verius est, esse conditionem 50. nummorum, non etiam singulorum corporum, quamvis singula corpora nummorum fuerint communia pro indiviso: nam verius est semper in pecunia spectari non corpora, sed quantitatem, id est, numerum & potestatem nummorum, valere pecuniam non corpore, non substantia, sed quantitate, *l. 1. §. non solum*, ad *l. Falc. l. 1. de contrah. empt. l. 29. infr. h. t.* Communio, quæ in eis nummis est inter me & te, vel est communis singulorum corporum, vel summæ. Verum nihil refert utro modo communionem acceperis: nam sive sint communes nummi pro indiviso, hoc est singula corpora nummorum, sive pro diviso 50. tui, & 50. mei, semper divisio fiet, non corpore, sed quantitate, id est, numero: atque ita ex causa mutui tui condices 50. non singulorum corporum partem dimidiam, & in hanc rem citatur ex hoc lib. id est, ex hac *l. 94.* Papinianus ab Ulp. in *l. 13. §. ult. de reb. cred.* & congruit etiam omnino, citatur & ex hoc libro, id est, ex *l. si pœna*, §. *si falso*, *de condict. indeb.* quod postremo in hac l. addit Papin. de fidejussore, qui solvit ex causa fidejussionis nummos alienos, ut eis consumptis demum agat mandati adversus reum principalem, est etiam consequens superioribus, & supra explicatum a me. Cessavit heic Cujacius circa Id. Quintil. anni 1571. Repetiit 13. die Nov.

---

Ad §. Flavius L. XCIV. de Solut.

*Flavius Januarius Papiniano salutem. Cum Titius Gajo Sejo deberet ex causa fideicommissi certam quantitatem, & tantundem eidem ex alia causa, quæ peti quidem non poterat, ex solutione autem petitionem non præstat: Titii servus actor absente domino solvit eam summam, quæ efficeret ad quantitatem unius debiti, cautumque est ei, solutum ex universo credito. Quæro id quod solutum est, in quam causam acceptum videtur? Respondi, si quidem Titio Sejus ita cavisset, ut sibi solutum ex universo credito significaret, crediti appellatio solam fideicommissi pecuniam demonstrare videtur: non eam, quæ petitionem quidem non habet, solutione autem facta repeti pecunia non potest. Cum vero servus Titii actor absente domino pecuniam solverit, ne dominium quidem nummorum in eam speciem obligationis, ad eam speciem solvendis pecuniis servum præposuisse, quæ solvi non debuerunt, non magis quam ut nummos peculiares ex causa fidejussoris quam servus non ex utilitate peculii susceperit, solverit.*

**Q**uæstio hujus §. est de eo, qui deberet creditori suo ex pluribus causis, veluti ex causa legati, stipulationis, crediti, & qui solvit, non quodcunque debet ex omnibus causis, sed certam pecuniam indistincte, non exprimens, in quam causam solverit, qui ut veteres jureconsul. definiunt, intelligitur solvisse in duriorem & graviorem causam, *l. 1. 2. 3. 4. 5. 6. 7. l. tum ex plurib. h. tit.* videtur, inquam, solvisse in eam causam, quæ eum prægravat magis. Prægravat autem magis causa ejus pecuniæ, quæ debetur sub infamiæ periculo, & ejus, quæ debetur sub pœna, vel sub usuris, vel sub pignoribus, vel sub fidejussoribus: nemo enim est, qui non se his causis quamprimum solvi & exonerari cupiat. Durius etiam quodammodo est, quod debetur proprio nomine, id est, principali, quam sit id quod debemus nomine fidejussorio. Et inter has causas servatur ordo aliquis. Nam prima & omnium gravissima causa est ejus pecuniæ, quæ sub infamia debetur, id est, quam sequitur infamia, si quis vel eam pecuniam quam debet inficietur, vel detrectet solvere, *d. l. cum ex pluribus*: & apertissime *l. 7. h. tit.* quæ indiget explicatione nostra, ut intelligatur ex eo quod proponit *d. l. 7.* cur inferat duo, id est, quæ sit ratio consequentiæ? Propositio est apertissima: si quid debeatur ex causa famosa, & non famosa: quod solvitur indistincte: in eam causam solutum videtur quod debetur ex causa famosa: hoc enim prægravat, & præponderat magis. Infert ex eo: *proinde, &c.* quæ est nota illationis. Si debeatur ex causa judicati, & non judicati, in id puto solutum quod ex causa judicati debetur. Inde colligitur, ut puto, actionem judicati esse famosam, quæ inaudita sententia est. Verissime tamen actio judicati est executio condemnationis, quæ fit in bonis judicati positis sub hasta præconis & distractis, quæ distractio importat, & affert infamiam, suffundit pudorem & sanguinem judicato, §. 1. *Institut. de hered. qual. & differ. l. 1. ex quib. cauf. l. paterfamil. de reb. auct. jud. poss. l. curator, l. cujus, de cur. fur.* Legibus 12, tab. licebat effundere sanguinem judicati, secare in partes, si plures essent creditores: hodie licet tantum suffundere non effundere: & hæc bonorum proscriptio tantum, quæ succedit capitali pœnæ, sive sectioni, retinet nomen antiquum, & appellatur sectio, & comparatur morti passim in jure, *l. actione,* §. 1. *pro sec.* & ita Tertull. *in Apologet. judicatos,* inquit, *in partes secari leges erant, &c.* Et paulo post: *in pudoris pœnam suffundere maluit hominis sanguinem.* Hieronym. *in epist. ad Jovinian. non idem est suffundere & effundere.* Hodie suffunditur tantum sanguis & pudor, & inde fit ut dixerim, actionem judicati esse famosam, quia importat infamiam, nisi quis pareat judicato in tempore. Infert rursus *d. l. 7.* Ergo si ex ea causa debeatur, quæ ex inficiatione crescit, potior ea causa videbitur: & utitur his verbis: *Ergo,* inquit, *&c.* quia scilicet actio judicati etiam inficiatione crescit in duplum, ut est in sentent. Pauli, ut actio legis Aquiliæ, quæ pœna est legitima, & causa ejus pecuniæ quæ sub pœna debetur, sive sit legitima, sive conventionalis, sive usura, quæ vice pœnæ est, & e contra pœna vice usuræ: huic pecuniæ secundus gradus datur: primus datur pecuniæ debitæ sub infamia: secundus pecuniæ, quæ debetur sub pœna, vel sub usuris, *d. l. cum ex pluribus.* Quod si omnes causæ sint pares, nec prægravet magis una, quam altera, solutum videtur in antiquiorem causam, *l. 5. & 24. hoc tit.* Si nulla sit antiquior, ex omnibus pro rata solutum videtur, *l. 8. hoc tit.* Ad hæc notandum, id quod solvitur in usuras potius imputari, quam in sortem, ut proditum est in *l. 1. eod. tit. de solut.* Dura est causa pecuniæ debitæ sub usuris, longe durior usurarum debitarum, durior causa pœnæ debitæ. Quare existimo &, in pœnam, quæ jam commissa est, quod solvitur imputari potius, quam in sortem, & sortis suo ordine potiorem esse causam, si nec usura, nec pœna debeatur. Notandum etiam ad hæc, si sors debeatur alieno nomine, non suo, ut puta si debeatur a fidejussore, vel ab alio, qui accessionis loco intervenerit, & alia quoque pecunia ab eodem eidem debeatur proprio & principali nomine, videri eum solvisse in principalem causam potius, quam in fidejussoriam, *d. l. 1. hoc titul.* Notandum etiam sorti non aliter accepto ferri id, quod solvitur, quam si sit certa, liquida, confessa pecunia, si confessum æs, non controversia sit, si sit præsens, quod præsenti die debeatur, non in diem, vel sub conditione, quod etiam ostendit *d. l. 1.* Sed cavendi codices mendosi, in quib. legitur: Creditorem, cui solvitur indistincte ab eo, qui obligatus est ex pluribus causis, in id debitum imputare solutam pecuniam, in quod ipse soluturus esset, si deberet, quod est clarum. Sed hoc demonstrat exemplis, ut vulgo scriptum invenitur, hoc modo: *id est in id debitum quod non est in controversia:* ac si diceret: in id debitum solutum videri quod est controversum. Sic habent plerique codices, sed Basilica melius, μὴ τις ἀμφίβαλον, &c. & veriores codices, non in id debitum quod sit in controversia: id est non videri solvisse in controversum debitum: vulgata scriptura demonstrat, non videri solutum quod est liquidum: sed est manifesta traductio, ut consequenter subjiciat: *aut in illud, &c.* Postremo notandum quod pertinet ad hunc §. solutam pecuniam civili debito acceptam ferri potius

A quam naturali: naturalem causam ultimum locum obtinere quasi leviorem, & quasi nullam, cum ex causa civili sit petitio, ex naturali non item: ut dicimus ex naturali obligatione, non esse petitionem, si solutum non fit, nec repetitionem, si solutum sit. Itaque non est proprie obligatio, quæ tantum sustinetur æquitate naturali, non etiam jure civili, est enim obligatio necessitas juris, *l. in vendendis, de contra. empt.* adstringit necessitate obligatio tanquam carcer & vincula: proinde nec debitor proprie est qui debet, nec creditor, cui debetur tantum naturaliter. Et h. e. quod heic ait Papinian. credendi verbo non demonstrari eam pecuniam, quæ petitionem non habet, quamvis si solvatur non repetatur, quod naturalis obligatio inhibeat conditionem indebiti, quæ comparata est ex æquo & bono, ut exempla demus naturalis
B obligationis: est naturalis obligatio ex pacto nudo, non est, quod de eo quis ambigat, *l. 5. §. in his, h. tit.* Est naturalis obligatio inter patrem & filium. si quid inter se gerant: est inter dominum & servum: imo & inter extraneum & servum quemlibet, & inter fratres qui sunt in eadem familia, *l. frater, de cond. indeb.* Pupillus quoque ex contractib. naturaliter obligatur sine tutoris auctoritate, si locupletior factus sit. Libertus etiam patrono debet operas naturaliter. Quare autem unt plerique libertum post manumissionem non male δοῦλον nominari, quia naturali jure sit δοῦλος, qui edat patrono operas invitus, etiamsi nihil de his convenerit. Ac rursus naturalis obligatio est, non tantum si nulla prorsus sit civilis, sed tantum naturalis, sed etiam si sit civilis inefficax, id est, ut eleganter Papin. ait, *quæ habet auxilium exceptionis,*
C est ea inefficax, quod non est absolute verum, sed indiget sufflamine: neque enim id est accipiendum de qualibet exceptione, sed statuendum hoc modo: naturalis obligatio est, etiamsi sit civilis, modo ea sit inefficax, h. e. si habeat auxilium exceptionis, ejus scil. quæ non elidit naturalem obligationem, ut Senatusconf. Macedoniani, aut rei judicatæ: nam hæ exceptiones perimunt civilem, non naturalem, *l. quia naturalis, ad Maced. l. Julianus, de cond. ind.* nam aliæ exceptiones sunt quæ tollunt etiam naturalem obligationem, quæ tollunt omnem obligationem, ut pacti nudi, doli mali, jurisjurandi, Senatuf. Vell. *l. qui exceptionem, de cond. indeb.* Non omittam illud alio modo, & inusitato plane dici naturalem obligationem posse, quæ etiam est civilis & efficax, quæ parit actionem, quæ civilis est & naturalis, de qua
D non agimus hoc loco. Verum ita varie accipi naturalem obligationem demonstrat *l. naturales, de obl. & act. l. fidejussor,* §. *fid. de fidejuss. naturales obligationes,* inquit, *non eo solo æstimantur, si aliqua actio earum nomine competat:* ergo ex eo æstimantur, si pariant actionem, videlicet quæ jure civili sustinetur. Sequitur alia clausula: *verum etiam,* inquit, *naturalis obligatio eo æstimatur, si soluta pecunia earum nomine, quasi indebita condici non possit:* quæ juris civilis vinculo non sustinentur, nec pariunt actionem, sed hunc effectum habent, ut soluta pecunia, quasi indebita condici non possit. Et generaliter naturalem obligationem eo æstimamus, & dicimus in eam non imputari quod solvitur indistincte, si tantundem debeatur ex civili obligatione: quod §. cui sententia hujus §. cui convenienter, etiamsi certo constet, quod solvitur indistincte
E in usuras imputari debitas ex stipulatu, quarum petitio est, atque in usuras ex pacto, id est naturaliter tantum debitas, quarum petitio non est, pignoris tamen est retentio, pignore posito etiam usurarum nomine, *l. 4. C. de usur. l. Paulus 2. h. t.* Non imputatur tamen id, quod solvitur in usuras, quarum nomine neque petitio est, neque pignoris retentio, puta chirographarias, *l. 5. §. hoc t.* sed in sortem statim imputatur. His cognitis ponamus speciem hujus §. Titius Sejo debet centum ex civili obligatione, puta ex causa legati, vel fidejussionis, & totidem ex naturali obligatione, puta pacto nudo: servus actor Titii debitoris, solvit eam summam, quæ efficit quantitatem unius debiti, puta 100. tantum, cum ex singulis deberentur 100. & solvit ignorante & absente domi-

domino, quod potuit facere: nam magna eſt poteſtas, & libertas actoris ſervi, eſt columen totius familiæ, habet enim liberam adminiſtrationem omnium rerum domini: potuit igitur ſolvere ignorante domino; nam & id ei permiſiſſe intelligitur permiſſo actu rerum ſuarum libero. Sejus igitur fecit apocham ſervo actori, & cavit ex univerſo debito ſe accepiſſe 100. non dixit in quam cauſam naturalem vel civilem, ſed ex univerſo credito, quod alibi dicunt Juriſconſ. *ex majore ſumma*, *l. creditor*, §. *Valerius*, *h. t. en deduction de plus grande ſomme de ce que je vous doibs*: quæſtio eſt in quam cauſam ſolvifſe intelligatur? Et ait Juriſconſ. ſive domino ſolventis indiſtincte, ſive ſervo actori ita caverit creditor, videri ſolutum in cauſam civilis obligationis: nam crediti verbum non pertinet ad naturalem obligationem, non eſt creditum, licet abuſive quandoque creditum dicatur. Deinde ad hoc adjicit veluti exceſſum quendam Papin. quia poterat adhuc dubitari, an ſervus actor qui habet totam adminiſtrationem omnium rerum poſſit ſpecialiter & proprio titulo ſolvere in cauſam naturalis obligationis: quod ſtatim rejicit Pap. & ait, non recte ſolviſſe ſervum in cauſam naturalis obligationis: quia ſolvere non debuit, non fuit adſtrictus neceſſitate ad ſolvendum, & permiſiſſe dominus videtur, ut id tantum ſolveret, quod debuit. Itaque ait, *ſolutione non transfert dominium in accipientem*; quod confirmat a ſimili. Finge: ſervus non habens liberam adminiſtrationem bonorum domini, ſed habens liberam adminiſtrationem peculii, ſe obligaverat ex cauſa fidejuſſionis, quaſi ea res conferret ad utilitatem peculii ſui, expediret peculio, eam ſuſcipere cauſam fidejuſſionis; neque tamen erat ex utilitate peculii fidejubere pro alio, ſolvit tamen ex ea cauſa nummos peculiares: non fecit accipientis, quia non fuit efficax obligatio; ſi ſolverit igitur, nihil agit. Idem dicendum de procuratore. Finge, procuratorem creaſſe omnium bonorum, an recte ſolvit in cauſam naturalis obligationis? Minime, quia etſi liberam nactus ſit adminiſtrationem, non videtur tamen dominus permiſiſſe ei ſolvere quod non debet; quod etiam, ut arbitror, recte trahitur ad executores teſtamenti, ut ſint diligentes & attenti, ut nihil ſolvant niſi cum effectu debeatur, alioquin ſuo detrimento ſolverint. Alia eſt quæſtio in *l. 10. de ſepulc. viol.* quæ explicabitur craſtina die. Diximus heri libertum patrono obligari naturaliter & præſtandas operas, etiamſi de eo nihil convenerit inter libertum & patronum. At dixi invitum, quod emendandum eſt; nam libertus invitus non præſtat operas patrono, niſi de eo convenerit ſtipulatione, vel jurejurando, quandoquidem cum nihil de iis convenit, libertus eas debet patrono naturaliter, *l. ſi non fortem*, §. *libertus*, *de condict. indeb.* Et ex naturali vinculo non eſt actio, non eſt compulſio, aut coactio ulla. Dixeram curſim invitum. Verba ſunt §. *Flavius* hæc ſunt; *Flavius Januarius Papiniano ſalutem*, *&c.* Fideicommiſſa ſuſtinentur vinculo juris civilis vel prætorii, quod tantum poteſt, quantum jus civile ad conſtituendum obligationem ex cauſa fideicommiſſi. Ex cauſa igitur civilis obligationis, & tantumdem ex alia cauſa, quæ petitionem non præſtat, id eſt cauſa naturalis obligationis, ex qua non eſt petitio, ſed neque ſoluti repetitio, non eſt petitio, neque repetitio. Hæc eſt certiſſima nota naturalis obligationis. Cum ex iis cauſis deberet Titius, Titii ſervus actor pecuniam ſolvit abſente domino, cautumque eſt ei per apocham ſcilicet (ſiquidem Titio Sejus) eſt adnotandum Titio cautum videri, cum cautum eſt Titii ſervo actori: profeſſio ſolutæ pecuniæ, id eſt, apocha, quæ ſervo actori datur, data videtur domino ſervi actoris. Itaque nihil refert dixeris. Rurſus, inquit, cum Titius Sejo deberet certam quantitatem ex cauſa naturalis obligationis, ex qua non eſt petitio, ſed neque ſoluti repetitio (hæc eſt certiſſima nota naturalis obligationis) cum ex his cauſis deberet Titius: Titii ſervus actor pecuniam ſolvit abſente domino, cautumque eſt ei ſolutum ex univerſo credito: quæritur id, quod ſolutum eſt, in quam cauſam ſolutum videatur? Reſp. ſiquidem Titio, hoc eſt, domino ita Sejus caviſſet, Titio cautum videtur, & cautum eſt Titii ſervo actori profeſſione ſolutæ pecuniæ, ἀτυχῆ, nihil refert, dixeris Titio, an Titii actori caviſſe creditorem ſibi ſolutum pecuniam ex univerſo credito. Itaque ait Papin. *ſi quidem Titio Sejus ita caviſſet*, crediti obligatio ſolum obligationem demonſtrare videtur, hoc eſt, obligationem civilem, non naturalem: deinde adjicit, ſervum actorem, nec nominatim quidem poſſe ſolvere pecuniam in cauſam naturalis obligationis: ſervus actor præponitur omnibus negotiis domini: ergo & ſolvendis pecuniis, & expendendis, ſed non ſolvendis pecuniis, jure civili indebitis, quas nemo cogitur ſolvere invitus, non profundendo patrimonium domini; ut etiam ſervo ordinario cui conceditur libera peculii adminiſtratio, non hoc conceſſum intelligitur ut ſolvat quod invitus ſolvere non cogitur, ut puta, ſi per cauſam peculii ſe obligaverit, quæ fuit tamen inutilis peculio, aut detrimento. Hoc eſt quod ſequitur, *Cum vero ſervus*, *&c. obligationis* civilis ſcilicet exceptionis, addendum, veluti Macedoniani, aut rei judicatæ, id eſt, quæ potuit evitari poſita exceptione, quæ redditur inefficax per exceptionem, ſalva tamen manente naturali obligatione integra atque utili: *ſi ex ea cauſa*; intelligendum *nominatim*.

Ad *L. quæſitum*, *de Sepul. viol.*

*Quæſitum eſt, an ad heredem neceſſarium, cum ſe bonis non miſcuiſſet, actio ſepulchri violati pertineret: dixi recte eum ea actione experiri, quæ in bonum & æquum concepta eſt. Nec tamen, ſi egerit, hereditarios creditores timebit: cum etſi per hereditatem obtingit hæc actio, nihil tamen ex defuncti voluntate, neque id capiatur, quod rei perſecutione, ſed in ſola vindicta ſit conſtitutum.*

SEquitur lex de neceſſariis heredibus. Neceſſarii heredes ſunt, qui inviti heredes ſunt & ignorantes, ſtatim atque delata eſt hereditas, & ſtatim ipſo jure, ut in *l. in ſuis*, *de ſuis & legit.* & protinus, ut in §. 1. *Inſt. de hered. qual.* id eſt, etiam clauſis tabulis: neceſſarii heredes ſunt, qui inviti & ignorantes heredes exiſtunt, ſtatim ipſo jure, ſtatim, id eſt, etiam non apertis tabulis teſtamenti, *l. 3. C. de jur. delib.* etiam non adita hereditate a coherede extraneo, *l. ex parte*, *de acq. hered.* Et heredes exiſtunt ipſo jure, non per additionem, non per cretionem., non per geſtionem pro herede, quia etiamſi neceſſarii heredes ſint inſtituti cum cretione, id eſt, ea lege, ut cernant hereditatem, ſive adeant intra 100. dies: ut erat in formula cretionis, tamen neque adeunt hereditatem, neque cernunt, neque pro herede gerunt, qua ipſo jure heredes exiſtunt, miſcent ſe quaſi rei ſuæ, cujus & inviti & ignorantes protinus domini facti ſunt. Nuſquam adire, vel cernere, vel pro herede gerere dicitur de neceſſariis heredibus. Horum ſunt duo genera. Alii ſunt ſervi heredes inſtituti a domino: hi ſunt neceſſarii jure civili, & prætorio, quia abſtinendi beneficium non habent: alii ſunt liberi, qui in familia proximum gradum obtinent delatæ hereditatis tempore ab inteſtato, vel ex teſtamento, qui & ſui heredes appellantur: ſuperiores non appellantur ſui: ſed hi appellantur ſui & neceſſarii heredes: Hi ſunt neceſſarii jure civili: Jure prætorio abſtinendi ſe hereditate facultatem habent puberes, ſi ſe bonis non immiſcuerint, impuberes etſi ſe immiſcuerint, *l. impuberibus*, *l. in neceſſariis*, *de acq. hered.* Abſtentio liberat eos oneribus hereditariis, non etiam efficit, ut deſinant eſſe heredes: nam prætor, neque dare poteſt nomen heredis, neque adimere. Prætor heredem non facit, neque exheredem. Prætorium igitur beneficium abſtentionis non facit, ut neceſſarius heres deſinat eſſe heres, ſed ut ne obſtringatur oneribus hereditariis, breviter, ut habeat nudum nomen heredis ſine re. Sui, ut dixi, & neceſſarii heredes abſtinendi ſe bonis poteſtatem habent, puberes, ſi ſe non immiſcuerint: nam immiſtione conſumitur abſtinendi facultas. Impuberibus autem

autem conceditur abstinendi facultas, etiam si se immiscuerint bonis hereditariis. Quid est immiscere vel miscere? est rebus hereditariis tanquam dominus uti vel abuti: quod in extraneis sive voluntariis est pro herede gerere, id in necessariis est immiscere, *l. & si quis, §. plerique, de religiof.* Si necessarii, inquit, non immiscuerint se, & ceteri pro herede gesserint. Extranei in jure nunquam dicuntur se immiscere, sicut & necessarii nunquam dicuntur se pro herede gerere, aut adire, aut cernere hereditatem. Immiscere est, quasi res suas attrectare & attingere: cernere, adire, pro herede se gerere, est adquirere hereditatem. Immiscere est jam adquisitam attrectare: Adeo tanquam non dominus, vel cerno, vel pro herede gero, immisceo tanquam dominus. Ad hæc quæritur, si servus & necessarius heres nondum se immiscuerit bonis, si integra ei sit abstinendi facultas, violato sepulchro hereditario, dejecto vel fracto, an possit agere sepulchri violati: heres extitit ipso jure, an igitur potest agere de sepulchro violato? & Papinianus ait, ei permitti actionem sepulchri violati, etsi nondum se immiscuerit hereditati, videlicet ex primo capite hujus edicti de sepulchro violato. Et suæ sententiæ hanc videtur adducere rationem, quod hæc actio sit concepta in bonum & æquum: conceptam esse in bonum & æquum apparet ex edicto, quo sepulchri violati, ei ad quem res pertinet, id est cui jus sepulchri competit, cujus interest, datur actio in factum, non in certam quantitatem pecuniæ, sed in quantum judici bonum & æquum esse videbitur. Ergo hæc actio ita concluditur, *quanti tibi judici æquum videbitur , tanti condemna eum judex*: æquum est autem hanc actionem dari filio, vel nepoti, necessario heredi & suo, qui etiamsi abstineat se hereditate, retinet jus sepulchri, & potest in sepulchrum hereditarium , vel familiare mortuum inferre, *l. 6. de rel.* Concipitur hæc actio in bonum & æquum, ergo datur cuilibet, cui æquum sit eam dari: denique cuilibet habenti jus sepulchri, etiamsi sepulchrum sit hereditarium, & is heres scriptus, nec tamen hereditatem agnoverit. Et eadem formula actio de dote dicitur concepta in bonum & æquum, *l. eas, de cap. minut.* quia scilicet per eam actionem ex veteri formula petitur, *quanto æquius melius* , concipitur manifesto in bonum & æquum: & eodem modo actio injuriarum dicitur oriri, vel esse ex bono & æquo, vel quod idem est, concipi in bonum & æquum, quod in id detur, quod ob eam rem judici æquum esse videbitur: actio injuriarum prætoria quæ non datur in certam quantitatem , vel certam pecuniam , sed in eam rem quam præstare judici æquum & bonum videbitur, *§. pen. Inst. de injur. l. non solum, §. 1. eod.* Sic actio de dejectis & effusis , si quis ex suo cœnaculo dejecerit, vel effuderit, quo libero homini nocitum sit, *l. 1. & l. 8. §. hæc autem, de his qui dejec. & eff.* Posset quis tentare has omnes actiones esse bonæ fidei, quod concipiantur in bonum & æquum , nihilque sit aliud bona fides, quam bonum & æquum, jus piumque, nec tamen comprehenditur in enumeratione actionum bonæ fidei, quam existimant omnes perfectam; & vero ita est: nulla in toto jure est perfectior enumeratione illa, quæ est de bonæ fidei actionibus, *§. actionum, Inst. de act.* Igitur non omnes actiones, quæ concipiuntur in bonum & æquum , propterea sunt bonæ fidei, nam & conditiones omnes, veluti indebiti, ob rem dati sine causa, &c. dicuntur esse ex bono & æquo, & sunt; nec tamen sunt bonæ fidei, & quod plus est, actio præst. verb. de precario, dicitur esse bona fide oriri, *l. 2. de prec.* nec tamen est bonæ fidei . Pleræque actiones strictæ oriuntur ex bono & æquo, & in id concipiuntur & non tantum ex verbis edicti, quo proponuntur, sed & verbis actionis, quæ ab actore intenditur: sed bonæ fidei tantum sunt eæ, in quarum formula fit mentio bonæ fidei, *Quod te mihi ex bona fide dare facereve oportet*: quod quidem nomen , aut aliud simile, manat latissime. Qua de causa dicitur latissimam esse formulam actionum bonæ fidei: bonam fidem dicimus, τὴν ἀντιδίδιας ἐπομένην dolo malo, quæ adversatur dolo malo, atque etiam stricto &

A directo juri, moderationem, humanitatem , benignitatem , de ipso jure decessionem , deminutionem: etiamsi actio concepta sit in id, quod judici æquum videbitur, nihil tamen potest judex de æquo abradere, quod tamen potest in bonæ fidei judiciis, in quibus facit totum arbitrium judicis: formula strictæ actionis est angustissima. Rursus ad hæc quærit Papin. an idem heres , dum se immiscuerit , agendo sepulchri violati , ut prædixit proposuitque recte ei competere actionem sepulchri violati, videatur se miscere bonis. Et Papin. ait , eum non videri propterea se immiscuisse bonis parentis, licet sepulchrum sit hereditarium , optima ratione , quia beneficio istius actionis nihil capit ex bonis paternis, ex hereditate nihil attingit, vel consequitur, quod sit hereditarium . Hæc enim actio non persequitur rem , quæ hereditati absit , sed tantum vindictam, ultionem, dolorem læsæ vel imminutæ , aut violatæ religionis, *l. pro herede, §. pen. de acq. her. l. 6. hoc tit.* Competit quidem hæc actio per hereditatem, quod sit hereditarium; sepulchrum, προφάσει τῆς κληρονομίας, occasione hereditatis, recte, fateor, sed nisi ex hereditate aufert, nil adipiscitur , nil capit ex bonis defuncti, nec hereditaria est actio, & citra hereditatem competit necessario heredi, id est, etiamsi se abstineat, citra rem, competit habenti nudum nomen heredis, *d. l. 6. de relig.* Differentiam fecerit inter ex & per. Immiscet se qui ex hereditate capit aliquid: non immiscet se qui per hereditatem capit aliquit: & ita in *l. eo tempore in fin. de pec.* quoniam , inquam , magis propter rem meam, quam ex re mea , pecunia mihi daretur. Ad id quod ait Papin. hanc actionem esse conceptam in bonum & æquum, notandum est , concipi & inferri hanc actionem non in bonum & æquum, sed in certam pecuniam : quod refero, ut intelligatur, *l. 9. quæ præcedit*. *Actio quoque pecuniaria datur, quoque* ac si diceret, de sepulcho violato non tantum datur actio in bonum & æquum , sed etiam in pecuniam certam, puta, cuilibet de populo. Est enim popularis actio, etiamsi actoris nihil intersit, scilicet in aureos 100. aut 200. secundum definitionem *l. 3. hoc tit.* Adiiciam & illud, ut tollam quædam menda, quæ sunt in hoc tit. Ita demum hanc actionem in eum dari, qui sepulchrum violarit, si dolo malo violaverit, dolus coercetur, non res ipsa: nam si dolus absit, ut si impubes doli incapax dejecerit sepulchrum nesciens, cessabit actio, quod proponitur in *l. 3. §. 1. hoc tit.* Sed locus est corruptus, vulgo sic legitur : *Si dolus absit , cessabit persona*. *Flor.* sic legitur, *si igitur dolus absit , cessabit ejusdem persona*, est conjungenda cum sequenti , & ita omnino legendum : *Si igitur dolus absit, cessabit ejusdem edicti*, scil. *pœna, jus, judiciumque*. Sequitur alia clausula: Personæ igitur doli non capaces, ut impuberes. Est & aliud mendum in *l. 5. Qui fundos vendunt*, in quibus sunt sepulchra, non vendunt etiam sepulchra, neque vero possunt vendere : nam rei religiosæ non est commercium : modica quidem loca , quamvis sint religiosa , fateor accedere venditioni totius prædii, *l. in modicis, de con. empt.* modicus locus , quamvis religione affectus sit, sequitur emptorem; sed locus non modicus, nec contemptibilis, qui religiosus est, non sequitur emptorem. Sepulchrum manet in dominio venditoris: qua nec ei jus est adeundi sepulchrum invito emptore, idque solet excipi in legibus vendendorum prædiorum. Exponit *l. 5.* veterem formulam legis quæ dici solebat in vendendis prædiis, quoniam in eis prædiis erant ædificata sepulchra. Formula est , *ut ad sepulchra, quæ in fundis sunt, iter eis,* sic vulgo *Florent.* aliter , *iter ejus*. Varietas lectionis indicat subesse mendi aliquid ; & vero arbitror sic esse legendum, ut in antiquis inscriptionibus, *huic monumento itus, aditus, ambitus debetur*, sic hoc loco, *ut ad sepulchra, quæ in fundis sunt, itus, aditus, ambitus funeri faciendo sit*. Nam credo vos intelligere, non solum fuisse in fundis sepulchra , sed etiam certum ambitum ad sepulchrum funeri faciendo, id est, certorum pedum numerum in agro ad sepulchrum faciendum : & ob id venditor recipiecipiebat sibi itum, aditum, ambitum funeri faciendo, justis faciundis, inferiis persolvendis.

## JACOBI CUJACII J.C.
### COMMENTARIUS
In Lib. IX. Quæstionum ÆMILII PAPINIANI.

Ad L. LXVI. de Procuratoribus.

*Si is, qui Stichum vel Damam, utrum eorum ipse vellet, stipulatus est, & ratum habeat, quod alterum procuratorio nomine Titius petit, facit ut res in judicium deducta videatur, & stipulationem consumat.*

INCIPIT liber nonus quæstionum Papiniani a lege 66. de Procurat. cujus sententiam exponamus, & cetera, quæ ad eam pertinere videbuntur. Stipulatus sum sub alternatione, Stichum aut Damam, utrum eorum ipse vellem: servavi mihi optionem, alioqui optio esset promissoris: si procurator meus in judicio petat Stichum sine mandato speciali, sine voluntate mea, an aufert mihi electionem & optionem? an petitio procuratoris mihi nocet, quominus Damam eligere possim si eum malim? Minime: Petitio procuratoris mihi non aufert optionem meam: quia non potest deteriorem conditionem meam facere invito me, *l. ignorantis* 49. *hoc tit.* etiamsi sit procurator totorum bonorum, vel generale mandatum habeat, ut non potest etiam invito me solvere debitum naturale, ut dixi in §. *Flavius legis si is, qui nummos, de solut.* non potest transigere deminuendi causa, *l. mandato* 60. *hoc tit.* ut jamdiu emendavimus ex *l. Lucius* 2. §. *ult. de admin. tut.* non potest, inquam, quidquam deminuere, disperdere, vel quidquam gerere in perniciem sive in necem domini, quia non est verisimile hoc ei esse mandatum, ut quid faceret in fraudem domini. Et generaliter, qui mandatum aut voluntatem non habet, rem sive litem in judicium deducere non potest, id est, si agat, si litiget, nihil agit, nihil litigat: namque irritum erit judicium, irrita lis, irrita sententia, si quam consequatur, hoc est non deducere rem in judicium, qui, inquam, rerum non habet, rem in judicium non deducit, *l.* 27. *in causa*, §. 1. *hoc tit. l. licet* 24. *C. eod.* voluntatem ratihabitione dicimus, *l.* 3. §. *sed si, de in rem verso, l. Pomponius*, §. *ult. hoc tit. l. si fundus* 16. §. 1. *de pignor.* In hac igitur specie nullum est judicium, nulla lis, quæ contestata est: procurator meus petendo Stichum, & quasi præripiendo nihil agit, & ego non possum repelli a petitione Damæ, si eum malim, licet procurator meus jam petierit Stichum: quæ est sententia hujus legis: videlicet, si non mandavi, si non ratum habui, ut Stichum peteret, sed si ratum habuero quod procurator petiit, ratihabitio retrotrahitur, & mandato comparatur: quod in omnibus causis hodie obtinet ex constitutione Justin. ut ratihabitio comparari possit jusso, & in adeunda hereditate non minus proficiat filiofam. ratihabitio patris quam jussus. Quamobrem, si ratam fecero petitionem procuratoris mei, ratihabitio retrotrahitur & mandato comparatur, & facit, ut res in judicium deducta videatur, id est, ut lis rite contestata videatur & consumit stipulationem. Quid hoc est, consumit? In hæc verba tres interpretationes attulit Accursus. Sed nihil est evidentius, consumit stipulationem, id est, jus omne stipulationis, ut in *l. apud Aufid. de opt. leg.* optione vestimentorum legata, legatarium prima optione consumere jus omne legati, quia scilicet mutare voluntatem non potest, & alia vestimenta eligere; non potest uti optione sibi legato concessa, ut in hac specie, non potest uti optione, quæ sibi stipulatione concessa est. Quid est igitur consumere stipulationem? est denuo eligere non posse, electionem semel factam mutare non licere.

*Tom. IV.*

Et ex his, quæ diximus illud inter nos fixum habeamus, consumi electionem, vel stipulationem, quæ electionem differt, etiamsi nondum sit exacta, sive extorta res, quæ petita est, modo stipulator, qui sibi reservavit optionem; lite contestata alteram rem petierit, vel procurator ejus eo mandante, vel comprobante, id est, ratum habente: nec enim minor est vis ratihabitionis, quam mandati. Et rursus illud fixum habeamus, quod idem est, sed enuntiatur brevius, unam electionem consumere stipulationem eam, quæ electionem defert, stipulatori non licere amplius, quam semel eligere in *l.* 112. *de verb. obligat. l. 5. de legat.* 1. *d. l. apud Aufidium:* non oportet amplius quam semel optare: omnis nimia licentia brevitate constringitur, & qui optare potest, semel tantum potest optare, & consumitur una litis contestatione, quod idem est, petitione injudicio: neque enim petitis, nisi litem contestatus fueris: & idem est in jure petitio & litis contestatio. Et hoc est certissimum, litis contestatione consumi electionem, quia litis contestatio electio est, nec licet amplius, quam semel eligere. Verum addendum est, una testatione consumi optionem stipulationis, *d. l. apud Aufid.* ut puta, si quis extra judicium testibus adhibitis dicat illam rem velle: hoc ubi dixerit semel, non poterit illam rem malle: ergo non litis contestatione sive petitione tantum, sed etiam testatione qualibet & declaratione voluntatis suæ consumitur optio, & stipulatio optionem deserens. Posset quis tamen non immerito contendere, etiam semel facta electione pœnitentiam admitti & retractari electionem posse ex *l.* 3. §. *unius, de opt. leg.* a qua re perperam se expedivit hoc loco Accurs. nec invenit alium modum se expediendi, quam ut diceret, mutari posse voluntatem, si electio, quæ facta est, non fuerit rite facta, quod verum est, id est, si non congruo loco, opportuno tempore facta sit, retractari potest: fateor: sed vaticinatur, quum ponit in *d.* §. *unus,* optionem non jure fuisse factam, incongrue, aut intempestive, atque ideo eam pro infecta haberi. Sed enarremus sententiam hujus §. Mihi & tibi unius hominis optio legata est ex universa familia; si cum ego optassem Stichum ex ea familia, nec mutassem voluntatem: significat nos potuisse mutare voluntatem, alioquin id supervacuum adjeciisset: nihil est quod tam facile expediri possit. Dico JC. adjecisse, *nec mutasse voluntatem,* non quod liceat mutare, sed vel quod ea mutata possit dici, me servi dominium amisisse quem optaveram, & ideo servum communem non futurum: quod tamen est falsum. Nam dominium non amittitur nuda voluntate: & si dixero nolle me eam rem meam esse, non desino esse dominus, sed amittitur certis modis comparatis jure civili, qui proponuntur in *tit. de adq. rer. dom.* Possessio quidem amittitur nuda voluntate, hæc est differentia inter utrumque, *l. si quis* 17. §. 1. *de adquirere. posses. l. jus adgnat. de pact.* Vel certe, quod magis placet, ideo dicit, *nec mutassem voluntatem,* quia mutata voluntate possset dici, eum nunquam dominium in eo servo adquisiisse, & electionem semel factam pro non facta haberi, si in ea non perseveravit, quod tamen etiam est falsum, quia factum infectum reddi non potest: & ita mihi videtur explicandus ille locus. Adnotandum modo, unum esse casum, quo, etiam si elegerit is, cui optatio est competit, licet ei mutare sententiam, & pœnitere, subinde eligere, optione alterata, quoad altera res in judicio petita sit: ut si stipulatus sim Stichum aut Damam, utrum volam (non utrum voluero) antequam alterum petiero, omne tempus mihi liberum est ad eligendum. Igitur eo modo concepta stipulatione utrum volam, quoad alterum petiero, omne tempus mihi liberum est, quod ostenditur in *leg.* 112. *de verb. obligat.* quia scilicet verbum *volam* est extensivum, sive παρατατικόν, in futurum tempus verbum *volam* extendit optandi voluntatem: latissima est electio, quæ datur verbo *volem,* & ideo, inquit, *l.* 112. si ita stipuler, Stichum aut Damam *quem voluero,* non possum mutare voluntatem, si semel unum voluero; sed si ita stipulatus sim Stichum aut Damam, *quem*

*quem volam*; etiam uno electo licebit mihi transire ad alium, & mutare voluntatem, reiicere Stichum quem elegeram, & amplecti Damam, quia ea verba *quem volam* habent tractum, ἐπισυρμὸν, παράτασιν, moram, prolationem, donec judicium dictet, id est, litem contestatur: stipulator ante litem contestatam potest variare: litis contestatione consumitur electio, quibuscunque verbis contessa vel reservata, etiamsi his: *utrum volam*: non & qualibet litis contestatione, litis contestatione consumitur rite perfecta: nam si res in judicium deducta non sit, quae vis est litis contestationis & potestas, jus stipulationis non consumitur, electio non consumitur, sed manet in integro. Ergo hæc verba (*volam*, *voles*, *volet*,) sunt extensiva & παραττωικὰ in futurum tempus. Et ita in l. *filii*, ad Senatusc. Tertull. Jurisconsult. verbum *volet*, quod erat in SCto Orph. extensivum esse ait, in hanc sententiam, filii succedunt matri, licet sint cognati non agnati, ex SCto Orph. & præferuntur agnatis mulieris. Sed, inquit, SCtum, *si nemo filiorum matri succedere volet, jus antiquum esto*, quod scilicet obtinuit ante SCtum Orphicianum, id est, redeat hereditas mulieris ad agnatos. Finge: filius dixit, se nolle hereditatem matris, & deliberante agnato, mutavit voluntatem, antequam adiisset agnatus, & dixit, se velle hereditatem matris, an admittetur pœnitentia & inconstantia ista? lex ait admitti, quia Senatus usus est verbo extensivo, quo dedit liberum arbitrium filio, quoad agnatus adiisset. Igitur non tantum præteritum imperfectum παρατατικὸν, *extensivum*, dicimus, ut *volebam*, sed etiam futurum imperfectum, ut *volam*. Et placet eorum sententia, qui duo statuunt futura: futurum imperfectum (*ut volam*) & perfectum (*ut voluero*:) Futurum imperfectum ultimam voluntatem exigit: & ideo post primam voluntatem licet pœnitere & aliud velle: futurum perfectum primam voluntatem exigit, igitur post primam voluntatem non licet pœnitere. Eadem aut similis differentia est inter præteritum imperfectum (*volebam*) quod etiam tractum habet, & præteritum perfectum, quod quidam vocant (*voluram*) vulgus autem volui, sive ἀόριστον, quod Stoici vocant *præsens perfectum*, χωρὶς ἐνεστῶτα, sive τέλειον, παρακείμενον. Nam sive volueram, sive volui, primam voluntatem exigit, non ultimam, Volui. Stoicis a quibus ICti imbuti sunt, est præsens perfectum: *voluveram imperfectum*, quia rem non impletam monstrat. Hæc non sunt indigna cogniti, & sunt certissima. Objici tamen posset l. 11. §. *si fideicom. de legat.* 3. quia hæc verba, *cum voluerit heres meus*, ait esse extensiva sive tractum & extensionem habere: & ideo si dicamus *cum voluerit heres, dato fundum*, quamdiu vivet heres, ambulatoria erit ejus voluntas, & mutabilis, quia ea verba, *quum volueris*, habent extensionem. *Volam* fateor habere extensionem: *voluero*, nego. Respondere igitur debemus, in eo exemplo extensionem non sumi ex verbo *voluero*, sed ex articulo *cum*, id est, quandoque. Igitur heredi quandoque licebit mutare voluntatem. Joannes antiquus interpres videtur habuisse aliquam peritiam linguæ Græcæ: nam in d. l. 113. in reddenda ratione differentiæ inter *voluero* & *volueram*, scribit Græcos habere verbum quoddam infinitum (puto βουλήσομαι) quo infinitas temporis monstratur, & in ejus locum dixisse Latinos *volam*: ὅς βουλήσομαι, & constat inter Græcos pœnitentiam admitti: ita videtur admittenda pœnitentia si Latine dixero, *quem volam*, nihil refert, qua lingua hoc dixero: & placet satis hæc adnotatio Joannis, sed indigebat explicatione. Hæc diximus de stipulatore. Possit quæri an eadem dici possint de promissore, cujus electio concepta est stipulatione sub disjunctione, seu alternatione? Et sane non ita statuemus in promissore, ut statuimus in stipulatore. Ego ita distinguo. Aut promissore delata est electio tacite, aut nominatim. Tacite electio est promissori, si stipulator sibi eam non exceperit nominatim: si cujus foret electio, non sit comprehensum in stipulatione: & quidem si tacite delata sit electio promissori, ut *si quis simpliciter stipulatus sit illud aut illud*,

a nullo adjecto verbo de electione, si, inquam, tacito jure electio promissori competat, potest variare quoad solverit, nec prima electione obstringitur necessitate ejus rei solvendæ, quam optavit. Quid si nominatim data sit electio promissori, sive stipulator usus sit futuro perfecto sive imperfecto, *illud aut illud utrum voles, dabis*? semel electione facta non potest variare; nec frustra data est electio nominatim, quæ omissa etiam promissori competeret. Alia est causa electionis nominatim datæ, alia ejus, quæ tacite inest, quod ostenditur in l. *eum qui* 56. §.ult. *de verb.oblig.* l. *hujusm.* 84. §. *Stichum, de legat.* 1. Sed nondum est satis, quæres, cur non admittatur pœnitentia, seu variatio, posito verbo extensivo *voles*? non observamus etiam in promissore vim extensionis, quæ est in verbo *voles*, quam observamus in stipulatore? ratio est æquissima, ne fiat injuria stipulatori. Quid est etiamsi dictum sit *utrum voles*? non potest variare promissor, ne fiat injuria stipulatori, cui prima electio promissoris jus adquisivit in ea re, quam elegit: non licet extensione verbi uti in injuriam alterius. Stipulator utitur extensione verbi citra injuriam promissoris, quia Stichum promissor obligatur dare, quem optavit semel, stipulator non obligatur accipere, quem optavit semel: quæ omnia censeo summopere notanda.

### Ad L. eo Tempore L. de pecul.

*Eo tempore, quo in peculio nihil est, pater latitat, in bonorum possessionem ejus rei servandæ causa, mitti non possum, qui de peculio cum eo acturus sum: quia non fraudationis causa latitat, qui si judicium acciperet, absolvi deberet: nec ad rem pertinet, quod fieri potest, ut damnatio sequatur: nam etsi in diem, vel sub conditione debeatur: fraudationis causa non videtur latitare: tametsi potest judicis injuria condemnari. Sed fidejussorem datum eo tempore, quo nihil in peculio est, teneri putat Julianus: quoniam fidejussor futuræ quoque actionis accipi possit; si tamen sic acceptus est.*

Sequuntur multæ & variæ quæstiones in hac l. quæ omnes operam Interpretis desiderant sed fere omnes, quæ sunt de peculio: ubi est peculii nomen, ibi semper nodus vel scrupulus aliquis. Pater ex contractibus filiifam. non tenetur in solidum, tantum abest, ut extraneus pro extraneo teneatur, ut nec pater teneatur pro filiofam. qui tamen in jure unius personæ vice censentur propter vinculum patriæ potestatis; non tenetur ergo pater in solidum ex contractu filii, vel quasi contractu, sed tenetur de peculio, id est, ad eam quantitatem, quæ est in peculio, quod ei concessit rei judicatæ tempore. Nam quantum sit in peculio non spectamus litis contestatæ tempore, vel in medio litis, sed rei judicatæ tempore, pro modo ejus quod est in peculio rei judic. tempore condemnatio fit, l. 6. §. *idem Julianus, de liber. leg.* l. *cum fidejubeat, de fidejuss.* l. *quæsitum*, hoc tit. l. *Fulcinius*, §. *si quis actionem*, quib. ex caus. in posses. eat. Conveniri igitur pater potest de peculio, & damnari eatenus, quatenus fuerit in peculio rei judicatæ tempore. Finge, patrem se occultare, sui copiam non facere, in publicum non procedere, latitare, nec defendi. Latitat, inquit, reus fraudationis causa, hoc est, ut decipiat & fraudet creditorem peculiarem, ne ab eo trahatur in jus. Creditor hoc casu mittetur in possessionem omnium bonorum patris latitantis fraudationis causa, & indefensi ex edicto prætoris rei servandæ causa, id est, crediti servandi causa, Græcis, χάριν ἕνεκεν φυλακτικῆ *debiti servandi gratia*: ac deinde, si res exegerit, quod est miserrimum, bona omnia patris distrahentur, dilacerabuntur sub hasta præconis, quæ dicitur a Propertio *pertica tristis*. Etenim admit bona omnia, & bonam æstimationem. Inde quæritur: si concesserit pater filio peculium, & nunc in peculio nihil sit, si absumptum & exhaustum sit, an hoc casu creditor mitti possit in possessionem bonorum patris latitantis? an quoad latitat pater, bona ejus, tametsi nihil sit in peculio, possideri & distrahi possint sub hasta?

Et,

Et, quod omifi, acerbitas haftæ in eo confiftit, quod pauci animadvertunt, quod facta venditione bonorum, & redacto pretio ex bonis, abfolutifque creditoribus omnibus fi quid fuperfit, id non reftituatur paffo venditionem bonorum, five profcripto: Hoc enim tantum eft humane conceffum pupillo, furiofo, & prodigo, quia horum ftatus non multum a pupillari conditione abhorret, non differt multum furiofi conditio a conditione pupilli, *l. Fulcinius*, §. *plane interdictum, quibus ex cauf. in poff.* Denique debitor idemque fraudator exuitur omnibus bonis, nec quod fupereft ei reftituitur, ei vivo: viventique funus acerbiffimum ducitur, ut ille ait in Quintiana. Quæftio autem quam propofui hæc eft. Si nihil fit in peculio, atque ita fi videatur agi non poffe cum patre cum effectu de peculio, an fruftra defideret creditor fe mitti in bonor. poffeffionem patris fe occultantis & evitantis fuum afpectum? Et Papinian. ait, non poffe, licet latitet pater, quia fruftra latitat, & fine caufa vitat occurfum creditoris & horret, & ut fiat miffio in poffeffionem non fufficit latitare, fed neceffe eft fraudationis caufa latitare, & re ipfa fubeffe fraudationem creditoris, *d. l. Fulcinius,* §. 1. Non videtur autem fraudationis caufa latitare, qui fi conveniretur abfolvi deberet, fed ftulte videtur latitare, quia nihil eft in peculio, & adverfus patrem competit tantum actio de peculio : fi nullum eft peculium, & nulla actio de peculio erit, *l. fervus, de dol. l. depofiti, in prin. hoc tit.* nulla etiam cautio de futuro peculio, de futura acceffione aut incremento peculii interponitur, *l. quoties*, §. *fi femel, hoc tit.* Hoc igitur tantum locum habet in actionibus bonæ fidei ut cautio exigatur, etiam antequam debeatur, futuræ obligationis nomine, puta, antequam dies veniat, *l. in omnibus, de judic. l. quod fi in diem, de petit. hered.* In judiciis ftrictis, ne quidem cautio defideratur, antequam extiterit obligatio, nifi uno cafu, cum fit feparatio bonorum hereditariorum & bonorum heredis inter creditores hereditarios, & creditores heredis, *l. 4. de feparat.* Ex fententia Papin. fic ftatuo: Si nihil fit in peculio, creditor peculiaris non poteft mitti in bona patris latitantis, quia hæc latitatio caret fraude. Huic fententiæ poterit quis objicere argumenta duo, quibus Papin. refpondet: ac primum poffet quis objicere; non omnino effe inutilem aut nullam actionem de peculio, tametfi nihil fit in peculio, fi modo pater concefferit filiof. peculium : quia fieri poteft, ut fequatur condemnatio, injuria forte judicis vel ftultitia. At contra Pap. objicit, eadem ratione non inutiliter agi adverfus debitorem in diem, vel fub conditione, & ante diem vel conditionem, & confequenter bona ejus debitoris non inutiliter poffideri, antequam dies venerit, vel conditio extiterit, & diftrahi, quod fcilicet condemnari poffit injuria judicis, fi hoc licet fpectare etiam ante diem, vel conditionem : quod tamen eft falfiffimum. Et vero non eft fatis honeftum rationem habere ejus, quod injuria judicis contingere poteft. Itaque objectio illa belle diluitur alia objectione. Altera objectio hæc eft : fidejuffor dari poteft a patre nomine actionis de peculio, etiamfi nihil fit in peculio, quia poteft effe poftea : hoc eft certiffimum : cum fidejuffor dari poffit actionis futuræ, cur non & bona patris latitantis poffideri, tametfi nihil fit in peculio, creditori fervandi futuri caufa? Et huic objectioni non eft difficile refpondere : fidejuffor ut conftat pro certo adhiberi poteft futuræ obligationi, *l. 6.* §. *ult. de fidejuff.* Futuri debiti fervandi caufa bona poffideri non poffunt. Fidejuffor vel præcedere, vel fequi principalem obligationem poteft: poffeffio & venditio bonorum & judicium fequitur, ac præcedit obligationem, *l. non quemad.* 35. *de jud.* Nec abs re : fidejufforem enim dat volens, poffeffionem bonorum patitur invitus : judicium patitur invitus, & inde actionibus nomen quod agant invitos in jus : actio redditur in invitum, *l. inter,* §. *fi Stichum, de verb. oblig.* & iniquum eft, me invitum quicquam pati antequam debeam. Et hoc eft, quod Papin. proponit initio *h. l.* Refpondet Papin. duabus objectionibus, prætermifit tertiam, quæ majus nobis negotium

*Tom. IV.*

facit ; quam ceteræ : nec prætermifit abs re. Poteft huic definitioni Papin. fortiter opponi *l. Fulcinius*, §. *fi quis actione, quibus ex cauf. in poff. eat.* Sententia ejus §. hæc eft. Pater conveniri poteft de peculio, quia conceffit peculium filiof. fed latitat, & nihil eft in peculio, quæritur, an creditor poffit mitti in poffeff. adverfus latitantem? & Ulpian. ait : bona latitantis poffideri, & diftrahi poffe, etiamfi nihil fit in peculio, quia poteft effe antequam lis finiatur : quod fi eft actio, & miffio igitur adverfus latitantem : nihil eft quod magis adverfetur huic definitioni Papiniani : nam non dicemus diffentire Papinianum ab Ulpiano, five fuiffe controverfum inter Sabinum & Proculum fit ne actio exhaufto peculio, *l. quæfitum hoc tit.* Sabiniani negabant actionem : Proculiani dabant, tametfi nihil effet in peculio : & tenere eam arbitrabantur fi quid filiusfam. comparaffet rei judicatæ tempore, & redegiffet in peculium, ejus Pap. fententia obtinuit, exemplo actionis in rem, & ad exhibendum, quæ tenent, id eft, vim fuam exercent, etiamfi non, de qua agitur, non poffideat is cum quo agitur litis conteftatæ tempore, modo eam poffideat rei judicatæ tempore. In his enim actionibus fpectamus rei judicatæ tempus, *l. fin autem,* §. 1. *de rei vindic. l. tigni,* §. *fi quis, & l. feq. ad exhib. l. item vidend.* §. *fi quis, de petit. hered.* Et ut opinor ab hac fententia Proculianorum Pap. non abhorrebat. Videamus igitur quemadmodum in concordiam fit adducendus Ulpianus cum Papiniano. Accurfius duas tantum rationes concordiæ excogitavit. Una eft : In hac *l.* 50. (inquit) lis non erat conteftata cum patre de peculio, atque ideo procedit ur ad diftractionem & miffionem bonorum facillime : hoc vero nego, & pernego, quia *d. l. Fulcinius* fic loquitur ut latitat ne in jus vocetur a creditore, qui vitat occurfum creditoris, ne obtorto collo trahatur in jus manu creditoris, tantum abeft, ut jam coeperit jus lis fit conteftata, cum nec fit vocatus in jus, nec aliam ob caufam latitet quam ut ne in jus rapiatur. Altera via conciliandi hæc eft in *d.* §. *fi quis act.* fpes erat peculii, vivo fcilicet adhuc filio, cui pater poterat concedere denuo aliquid in peculium : vel etiam qui ipfe fua parfimonia poterat aliquid adquirere, idque pater relinquere in peculii caufam : igitur erat fpes peculii. In hac *l.* finitum erat peculium morte filiifamil. Hoc vero eft commentitium, quis hoc admitteret? ut dixi ante, non abs re prætermifit hanc objectionem Papin. non abs re eft quod de eo nihil attigit, qui tantum attigit duas, eifque belliffime refpondit. Puto prætermiffam hanc objectionem, quod non conveniret quæftioni Papiniani. Hoc enim tantum quærit, an hac ratione quod poffit fequi condemnatio injuria judicis, recte mittatur creditor in bonorum poffeff. patris latitantis? Et docuit hunc colorem miffionis non effe idoneum, hanc caufam non effe honeftam, nec honefto viro venire in mentem debere, ut poffit injuria judicis condemnatio fequi, ubi nulla eft actio : non fit igitur miffio hac ratione, quod damnatio fequi poffit injuria : alioquin fieret paffim & promifcue. Sed fi quis quæfiffet a Papin. an hac ratione, quod poffet effe aliquid in peculio rei judicatæ tempore, hac confideratione, hoc intuitu fieri poffit miffio in bonorum poffeffionem? aut ego fallor, aut is utique refpondiffet, quod Ulpian. Nam hic color eft honeftus & civilis. Et ita etiam, fi quis quid debeat in diem vel fub conditione, dicam etiam ante diem vel fub conditione creditorem mitti in poffeffionem in judiciis bonæ fidei, in quibus rei judicatæ tempus fpectatur ut in actionibus in rem, hoc colore, quod rei judicatæ tempore fieri poffit, ut dies veniat, & exiftat conditio: Cur non interim fervandæ meæ rei, puta debiti caufa non mittar in poffeffionem, fretus fcilicet hoc colore, fine quo fane non poffem mitti *arg. l. quod fi in diem, de petit. hered. l. in poff. qui. ex cauf. in poffeff.* dum in poff. mitti debere etiam conditionalem creditorem, etiamfi conditio non extiterit. Sed mitti poteft tantum, non etiam procedere ad venditionem bonorum. Interim eat in poffeffionem bonorum, fed caveat ne præ-

prope-

propere distrahat bona, antequam conditio extiterit, *l. Fulcinius*, §. *si in diem, eod.* Possideri igitur bona ab eo possunt, sed non etiam distrahi, antequam dies obligationis cesserit, aut venerit: & si forte rei judicatæ tempore defecerit conditio, vel non extiterit, si rei judicatæ tempore non venerit dies, plane inutilis erit missio, vel etiam non erit actio creditori, quanti ea res est, missio in possessionem adversus debitorem, qui eum non admisit, quæ tamen solet competere creditori misso in possess. ex edicto, nec admisso a debitore. Ex eventu igitur constituimus nullam esse missionem, vel creditori non esse actionem quanti ea res est, quod sit missus, sed non admissus a debitore. Et huc pertinet *l. pen. quib. ex cauf. in poff.* quæ adversari videbatur *d. l. in poffeffionem, quæ ait*, creditorem conditionalem non mitti in possessionem, non mitti cum effectu, scilicet quia eam missionem venditio sequi non potest, antequam conditio extiterit: & quia non est actio, quanti ea res est, si sit repulsus a debitore: denique effectu conditionalis creditor non mittitur in poff. & infirma missio est quamvis fiat forte jussu Prætoris. Hæc ita explicanda mihi videbantur.

---

Ad §. Si creditor.

*Si creditor patrem, qui peculio tenebatur heredem instituerit: quia mortis tempus in Falcidia ratione spectatur, illius temporis peculium considerabitur.*

SEquitur alia quæstio de peculio in §. *si creditor*. Patet, qui conveniri poterat peculio, creditori peculiari heres extitit ex testamento, & quasi oneratus legatis, desiderat uti Falcidia, id est, deductione quadrantis, residuo dodrante distributo inter legatarios. Arbiter Falcidiæ, qui dari solet ad ineundam quantitatem bonorum & legatorum, ad ineundam rationem legis Falc. in Falcidiam patri imputabit id, quod defuncto debuit actione de peculio, quasi nomen hereditarium, quod hereditati contribui oportet. Videamus quid quantumve pater, idemque heres testatori suo debuerit nomine peculii? Certe tantum debuit, quantum fuit in peculio. Sed quo tempore spectamus quantum fuerit in peculio? non spectamus tempus rei judicatæ, quia non fuit actum de peculio: sed, ut Papin. docet, spectatur tempus mortis creditoris, sive testatoris, quantum fuit in peculio, & tantum debuisse quantum in bonis testatoris intelligitur, tantove major hereditas ad patrem pervenisse. *l. si creditor, h. sit. l. 2. §. illud quæsitum, de hered. vend.* quia scil. pater idemque heres, quod defuncto debuit de peculio, fingitur solvisse hereditati, atque ideo quod debuit, computatur hereditati, *l. si ei cui vend. 41. §. pen. de evict.* Confusio pro solutione est, quæ fit, si debitor creditori, vel contra si creditor debitori heres extiterit. Et sane quod debuit pater de peculio testatori, confusum est; verum etiamsi confusum sit omnino, ut jam nemo sit qui agat, cum quo agi possit de peculio, tamen in computationem venire potest, & in deductionem, vel retentionem, *l. 1. §. si debitor, ad l. Falc.* Atque ita hoc casu, quod heres testatori debuit actione de peculio, computatur in hereditate, auget hereditatem, licet actio sublata sit confusione, id est, concursu debiti & crediti in unam eandemque personam: quantum vero computatur in peculio, quantum denique in bonis testatoris? quantum fuerit in peculio mortis testatoris, ejusdemque creditoris peculiaris tempore. Spectatur tempus mortis: quod congruit regulæ juris, ut vult, ut in ponenda ratione *l. Falc.* & exquirenda quantitate bonorum tempus mortis spectemus, *l. in quant. 73. & l. cum quo 59. ad l. Falc.* Et ideo si post mortem testatoris ante aditam hereditatem deminutum sit peculium, vel consumptum, non ideo minus intelligitur fuisse in bonis, vel in peculio: satis namque est, quod fuit in bonis mortis tantum tempore: nec necesse est, ut duret esse in bonis: locuples est hereditas, quæ fuit locuples mortis tempore, etiamsi postea pauperior effecta sit, quia quod postea periit, heredi periit,

---

non legatariis. Et hoc est, quod ait Papin. in hoc §. Pugnare mirum in modum videtur cum Pap. Julian. in *l. § creditor 83. ad l. Falcid.* cujus sententia hæc est: Creditor filii patrem cum quo de peculio agere poterat, heredem instituit: pater posuit rationem legis Falc. id est, dixit se esse oneratum legatis, locum esse Falcidiæ, minuenda esse legata quadrantis Falcidiani obtinendi causa. In quadrantem, inquit, patri imputabitur, quod in peculio fuerit aditæ hereditatis tempore. Ex sententia Papi. patri in Falcidiam imputatur, quod in peculio fuit mortis tempore, quasi hereditarium nomen, quo id debuisse intelligitur, & solvisse hereditati. Ex sententia Juliani, patri in Falcidiam imputatur, non quod fuit in peculio mortis tempore, sed quod fuit post mortem aditæ hereditatis tempore. Non est facile hos auctores inter se conciliare: non dicam eos inter se dissentire, quanquam Marcellus in *l. cum quo, ad l. Falc.* hanc rem in controversiam vocet. Nam ait; plerique putant inspiciendum esse, quod in peculio fuit aditionis tempore, sed se dubitare propterea, quod placet in ineunda ratione Falcidiæ tempus mortis spectari. Marcellus rem dubiam facit, ut non mirum videatur forte, si unus censuerit rationem esse habendam mortis tempore, alter aditionis: sed in eo non est perstandum ullo modo. Non dicam etiam, quod Accursius primo loco tradidit, fingendum esse dissidii componendi caussa inter Papinian. & Julianum, idem fuisse tempus mortis & aditionis; & ideo nihil referre dixeris mortis tempus spectari, vel aditionis: jubet me fingere quod natura vetat, natura non fert, ut id fingam: nec enim potest esse idem tempus mortis, & aditionis, quis hoc non dicet? Est idem tempus mortis & ἀποφράσσω, sive existentiæ, id est, eo ipso tempore, quo moritur quis, sui heredes ei heredes existunt, & ipso jure hereditatem adquirunt, sed non potest esse idem tempus mortis, & aditionis. Non dicam etiam, quod secundo loco tentavit Accurf. fingendum esse ne pugnent inter se, eandem quantitatem fuisse peculii utroque tempore mortis, & aditionis; & ideo nihil referre, dixeris tempus mortis, an tempus aditionis, quæ etiam divinatio non videtur esse sani hominis. Sed quod tertio loco breviter & obscure satis tradidit, id vehementer amplector, & amplectetur quilibet ubi bene perceperit. Quid me vis ergo respondere ad *l. si creditor?* nempe hoc: Illud tempus inspici, quo major fuit quantitas peculii, sive mortis, sive aditionis tempore, ut quoad patri potest legata servetur integra & imminuta. Non multum favemus legi Falc. est enim contra voluntatem, quia minuit quod defunctus solidum præstari voluit: qua de causa quantum possumus, legata legatariis servamus integra. Hoc nobis latius explicandum est. Sic dico, *l. si creditor* ita accipienda est, ut si post mortem testatoris ante aditam hereditatem auctum sit peculium, id patri quasi hereditarium in Falcidiam imputetur, quod fuit in peculio aditionis tempore, non spectato mortis tempore: quod probo a simili: Si debitor hereditarius non fuerit solvendo mortis tempore, & aditionis tempore inveniatur esse solvendo: sane id, quod facere potest aditionis tempore, imputatur in hereditate, nec spectatur tempus mortis, quo non fuit solvendo. Nomen non idoneum, auget hereditatem ex eventu, ut ait *l. Nezennius, §. si debit. ad l. Falc.* Si postea fiat idoneum nomen & rectum, nomen non idoneum auget hereditatem ex post facto: & ita si conditio debiti extiterit post mortem, quæ non extiterat mortis tempore, debitum illud computatur in bonis: denique nomen, cujus dies non cessarat mortis tempore, nomen conditionale auget hereditatem ex eventu, & ex post facto, id est, si postea extiterit conditio, quæ pendebat mortis tempore. Sed vice versa, si post mortem testatoris ante aditam hereditatem minutum sit peculium, id imputatur in Falcidiam patri, & contribuitur bonis, quod fuit in peculio mortis tempore, nec spectatur tempus aditionis: sicut, si debitor hereditarius, qui est solvendo mortis tempore, post mortem factus sit non solvendo, id computatur bonis, quod facere poterat mortis tempore, nec spectatur tempus aditionis: Si auctum sit peculium post mortem, spectatur tempus aditionis. Secundo casu, si deminutum sit peculium, spectatur tempus mortis: denique tempus, quo plenius sive auctius peculium fuerit, *l. cum quo, ad leg. Falcid.* aut propterea quod videri potest obscura sententia *d. l. cum quo*, nihil aliud est, quam distinctio hæc, quam exposui: & est lex elegantissima. In summa, post mortem testatoris ex eventu aliquo minor hereditas fieri non potest, uberior & plenior potest, ut hoc casu nomine idoneo facto, vel nominis existente conditione, & aliis casibus reverso servo ab hostibus post mortem: nam & hic servus auget hereditatem post mortem, *l. servi, ad l. Falcid.* vel etiam soluto naturali debito post mortem: nam & naturale debitum auget hereditatem ex eventu, id est, si solvatur, propterea quod soluti non est repetitio, *l. 1. §. id quod nat. ad l. Falc.* Rem igitur omnem ita componamus & concludamus. Si deminutum sit peculium, tempus mortis spectatur, ut in hoc §. *si creditor*, si auctum sit peculium, tempus aditionis, *d. l. si cred.* Et ita in hac re nullus erit labor. Verum potest quis objicere non immerito, æquissimum esse, ut quemadmodum damnum post mortem illatum respicit ad heredem, ita etiam lucrum pertineat ad solum heredem, ut etiam definitur in *l. in ratione 30. & l. in quant. 73. ad l. Falc.* damna illata post mortem sustinet heres solus, puta mortem servorum, furta, rapinas, incendia, ruinas, vim hostium, pejora facta nomina: lucra quoque, quæ obtingunt post mortem, ad solum heredem pertinent, ut fructus partus, foetus: eadem est ratio damni & lucri, si me vis damnum sentire, & etiam lucrum necesse esse: & ideo sicut deminuto peculio post mortem, damnum respicit ad heredem, nec propterea videtur deminuta hereditas nec minor ad eum pervenisse, ita etiam post mortem aucto peculio lucrum debet pertinere ad heredem, ne scilicet ad eum videatur major hereditas pervenisse, quam fuerat mortis tempore. Nemo est, quem non perturbet hæc objectio, nisi præviderit. Respondere debemus hoc modo: omnia damna illata post mortem, etiam pejora sive deteriora, & pauperiora facta nomina post mortem: omnia tamen lucra non respiciunt ad heredem, pleraque etiam lucra respiciunt ad heredem quæ veniunt post mortem, sed tamen non omnia, non meliora facta nomina. Et observandum est in *d. l. in ratione*, Jureconsultum pejora facta nomina adscribere heredi initio dum ostendit, omne damnum pertinere ad heredem, sed dum etiam ostendit lucrum pertinere ad heredem, non dixit meliora facta nomina pertinere ad lucrum heredis: nam sane meliora facta nomina non pertinent ad lucrum heredis, quod tamen videtur æquum. Et hic nisi reddidero rationem differentiæ, aberravero longe à munere nostro. Cur meliora facta nomina augent hereditatem, nec cedunt lucro heredis? meliora, inquam, facta post mortem, cum tamen fructus post mortem percepti, partus ancillæ, foetus, adquisitiones servorum cedunt lucro heredis? Ratio differentiæ hæc est, quia fructus non erant nati mortis tempore, vel partus, vel foetus, adquisitiones servorum, factæ non erant mortis tempore: nomina sunt accessiones, quæ hereditati accepto non feruntur, quæ fiunt mortis tempore: nomina autem jam erant contracta mortis tempore, quamvis non erant idonea propter infortunium debitorum. Eadem igitur quantitate recte in hereditate computantur, qua post mortem facta sunt mortis tempore, & post mortem facta sint idonea. Eademque est ratio nominis conditionalis: nam etsi conditio ejus extiterit post mortem, tamen vires accipit ex contractus tempore, & incipit habere vires easdem mortis tempore, *l. usufr. de stipulat. servor.* Eadem est ratio servi captivi post mortem reversi, quia postliminio fingit eum fuisse in hereditate mortis tempore. Eadem est ratio debiti naturalis soluti post mortem, quia contractum erat mortis tempore. Igitur non mirum, si nominum exactio sit, quæ idonea facta sunt post mortem, quandoquidem contracta jam erant mortis tempore. Et longe est alia ratio ceterarum rerum, quæ adquiruntur post mortem, quæque non erant in rebus humanis, aut in bonis defuncti mortis tempore. Hæc, qui bene perceperit, expediet se multis locis juris nostri: hæc vero censeo valde esse notanda.

## Ad §. etiam.

*Etiam, postquam dominus de peculio conventus est, fidejussor pro servo accipi potest. Et ideo qua ratione, si post actionem dictatam servus pecuniam exsolverit, non magis repetere potest, quam si judicium dictatum non fuisset: eadem ratione fidejussor quoque utiliter acceptus videbitur: quia naturalis obligatio, quam etiam servus suscipere videbitur, in litem translata non est.*

Restant hujus legis duæ quæstiones, quarum vim & definitionem, nescio an adhuc quisquam explicaverit bene, tametsi paucis verbis comprehendi possit, nec desiderat longam tractationem. Et est sane definitio earum singularis admodum & cognitione dignissima. Sciendum debitorem liberari etiam invitum & ignorantem, si quis solvat pro eo, *l. solut. 23. de solution. §. 1. quib. mod. toll. obl.* Item si quis promittat pro eo novandi animo, *l. 8. in fine de novat.* item si quis judicium accipiat pro eo, quamvis invito & ignorante, *d.l. solut. l. si fund. §. si plures, de pign. l. qui servum 20. de interrog. in jur. fac. l. 2. C. de pact. l. 3. C. de execut. rei judic.* Cur etiam si quis judicium accipiat pro debitore, liberat eum? quia scilicet judicio accepto, & sequuta condemnatione, etiam vulgo dicitur necessaria novatio, *l. aliam, infr. de novat. l. ult. inf. de separat.* Necessaria, quia judicia invitos tenent. Alia est novatio voluntaria inter convenientes, quæ proprie est novatio, quæ proprie dicitur fieri legitime, aut esse legitima novatio, *l. novatione 2. de novat.* Et longa differentia est inter voluntariam novationem, & necessariam. Notatur una distantia sive differentia in *d. l. novatione.* Notemus modo alteram: voluntaria novatio tollit omnem obligationem, id est, civilem & naturalem: necessaria quæ fit judicio accepto pro alio tollit civilem, non naturalem: nam & fidejussor & pignus obligatum manet, & usuræ currunt, etsi de sorte tantum acceptum sit judicium pro alio, *l. lite, de usur. l. cum stipulatus 90. de verb. oblig. l. judex, l. Julianus, de cond. indeb. l. grege, §. etiam, de pignor. l. 8. C. eod.* His ostensis finge: pater vel dominus accepit judicium pro filio, aut servo conventus actione de peculio; post acceptum judicium, post litem contestatam pater filius servus post d. statum judicium, post litem contestatam. Post judicium igitur acceptum cum patre servus fidejussorem dedit, quæritur, an ejus fidejussor obligetur? Et sane si fidejussor datus sit ante judicium acceptum cum patre, obligatus manet fidejussor post acceptum judicium: non enim novata est naturalis obligatio, qua tenetur servus obstrictus: & fidejussor naturali obligationi adhiberi potest. Si post acceptum igitur judicium cum patre servus solverit, soluti repetitio non erit, quia natura debitum solvit. Servus ex suis contractibus obligatur naturaliter, non civiliter, *l. servi, de obligat. & action. l. cum quo, §. 1. ad l. Falc.* nec liberatur naturali obligatione judicio accepto inter dominum & creditorem, quasi novatione facta: nec enim fit novatio: quod Papinian. demonstrat his verbis: *naturalis obligatio, quam servus suscipere videtur*: naturalem obligationem qua servus tenetur obstrictus ex suis contractibus non videri in litem translatam, quæ scilicet instituta est cum domino actione de peculio, id est, non videri novatam: novatio enim definitur esse translatio in *l. 1. de nov.* novatio est prioris debiti in aliam obligationem, vel civilem, vel naturalem transfusio. Summa igitur hæc est: Naturalem obligationem, qua servus tenetur ex suo contractu, non novari judicio accepto cum domino actione de peculio, quia magis judicium illud accipit pro se, quam pro servo, quod ipse teneatur jure honorario ex contractu servi: servus autem

tem jure naturali: nec agitur cum domino ex eo jure, quo obligatus est servus, sed ex alio. Hæc est sententia §. *etiam*, in quo etiam notat duos effectus obligationis naturalis obligationis, ut ei accedere possit fidejussor, & ut solutum ex causa ejus obligationis non possit repeti. Inquit, *translata non est*, id est, novata non est, quamvis videatur dominus pro servo, judicium accepisse, & soleat fieri novatio judicio accepto pro alio.

### Ad §. ultimum.

*Servus alienus cum bona fide serviret mihi, nummos a Titio mutuatos mihi dedit, ut eum manumitterem, & manumisi. Creditor quærebat quem de peculio convenire. Dixi, quanquam creditor electionem alias haberet, tamen in proposito dominum esse conveniendum: & eum ad exhibendum mecum acturum pecuniæ nomine; qua ipsi esset acquisita, nec in eam causam alienata, quæ pro capite servi facta proponeretur: Neque enim admittendam esse distinctionem existimantium, si non manumittat, domini pecuniam esse: manumissione vero secuta, videri pecuniam ex re mea quæsitam mihi: quoniam magis propter rem meam, quam ex re mea, pecunia mihi daretur.*

SEquitur alia quæstio elegans. Servus alienus mihi bona fide servit: ego per eum adquiro ex duabus causis tantum, ex operis suis scilicet, & ex re mea, ex residuis causis adquirit domino. Finge: is servus mutuatus est pecuniam ab extero, & eam mihi dedit pro capite, id est, pro libertate, ut eum manumitterem, manumisi & accepi pecuniam, non feci liberum, quia non sum dominus, sed bonæ fidei possessor tantum, quod tamen voluit servus, id peregi libens accepto pretio libertatis. Quæritur, creditor, qui eam mutuam pecuniam dedit servo, cum quo agere possit de peculio, an cum domino, an cum bonæ fidei possessore? dicet forte aliquis eum posse agere cum bonæ fidei possessore, cum sint multi loci in jure, qui ostendant de peculio agi posse non tantum cum domino, sed & cum bonæ fidei possessore, ut & noxali actione ostendimus ad Afric. in *l. 1. §. ult. l. etsi duo, l. si ex duobus 32. §. 1. h. t.* quia scil. potest servus bona fide possessus habere peculium, quod pertineat ad bonæ fidei possessorem, de quo æquum est, ut teneatur, perinde ac si dominium in eo servo haberet: plerumque in jure bonæ fidei possessor pro domino est. Et electio igitur erit creditoris, ut vel agat de peculio cum domino, vel cum bonæ fidei possessore qui eam pecuniam accepit a servo ut eum manumitteret. Fateor regulariter creditorem habere electionem; & id est valde notandum in hoc §. Ergo eorum quilibet tenetur de peculio, quod ad eum pertinet, sive is dominus sit, sive bonæ fidei possessor, & electo uno alter liberatur. Quod notandum. Non exigo ut alter liberetur, ut creditor perceperit suum: satis namque mihi est, si elegerit alterum & cum eo egerit de peculio: electio sola, intentio, litis contestatio liberat alterum ipso jure, etiamsi nondum quicquam perceperit. Et hoc rursus verum est, etiamsi is, qui electus est, vel dominus, vel bonæ fidei possessor, in minore quantitate peculii damnari debeat, quam apud eum sit. Finge: debentur 100. creditori: agit cum bonæ fidei possessore de peculio omisso domino, & fert 20. tantum, quia non est amplior quantitas peculii, quod respicit ad bonæ fidei possessorem, an liberatur dominus? Sic sane electio liberat alterum quoties duo sunt, qui de peculio conveniri possunt: sed hoc summo jure ita se habet: nam si creditor minus sit consequutus ab eo quem elegit; æquum est & bonum, ut rescisso eo judicio, restituto, & restaurato quo minus consequutus est, quod minus esset in peculio, in superfluum detur actio rescissoria utilis in alterum, non directa, quia ipso jure est liberatus, & per hanc viam alterum liberet magis perceptio, quam electio, *l. hinc quæritur. §. 1. l. si ex duob. l. quoties §. si creditor, l. si creditor §. pen. hoc tit.* Et ratio æquitatis hæc est: quia is qui cum servo contrahit, totum peculium

A servi, quod ubi ubi est, intuetur velut servi proprium patrimonium, *d. l. si ex duob.* Ergo intuetur peculium non solum quod est apud bonæ fidei possessorem, sed & peculium, quod respicit ad dominum. Ratio est in *d. l. hinc quæritur*, & in *d. l. si ex duob.* sed non est posita suo loco. In *l. hinc quæritur*, iisdem verbis ea ratio ponitur, sed locata male, ait: fructuarium teneri de peculio, quoad ad eum respicit, non ad proprietarium, & ex omni contractu generaliter, sive ad eum pertinet, sive ad proprietarium, quia qui cum servo contrahit, respicit peculium totum, velut servi patrimonium. Subdenda est ratio clausulæ, quæ sequitur, qua ostenditur, fructuarium quidem teneri ex omni contractu in solidum, si modo vires peculii patiantur, & sint soliti capaces, sed omnino admittendum esse quod est ex æquo & bono, ut priore
B convento, ad quem peculium respicit, puta fructuarium, in superfluum conveniatur alter, cui acquisitum non est: subjicienda est ratio illa, quia qui contraxit cum servo, totum peculium intuitus videtur, ubi ubi est, & congruit cum *a l. 2. h. s.* Restat ex iis, creditorem habere electionem, quoties plures sunt, qui de peculio conveniri possunt, sive domini, sive non domini, & electo uno non liberari alterum consestim recto jure: ex æquo & bono in alterum dari utilem actionem, si creditor integram pecuniam adsequi, consequi non potuerit. Verum in specie a me proposita, Papinianus eleganter docet, non esse electioni locum, non posse conveniri bonæ fidei possessorem de peculio; posse conveniri dominum solum, cedo rationem. Accursius videtur ignorasse rationem uti editus est, sed si emendate legas, veram ra-
C tionem assequutus est, nec absurdum est emendare Glossam, non minus Glossæ studiosum esse decet, quam ipsius textus. Vulgo ita legitur, *dominum vel bonæ fidei possessorem, & hoc si servus*, & legendum, *alias haberet*, quæ verba contextus facit, & annotat Accurs. *& hoc si servus*, scilicet, si servus a bonæ fidei possessore se subtrahere noluit, sicut facit hic. Placet Accursii annotatio maxime opere, sed explicatione indiget. Dominus ex contractu servi tenetur de peculio jure prætorio. Verum excipe contractum, quo se servus domino subtrahit, subducit, aufert: nam ex contractu servi, quo id agit servus, ut se domino auferat, ut liber fiat, vel ut mutet dominum, dominus non tenetur de peculio, ut in hac specie non contrahit mutuum, ut se bonæ fidei possessori auferat, ut eam pecuniam adnumeret pro capite. Ex eo igitur con-
D tractu mutui bonæ fidei possessor non tenetur de peculio: & ita, si servus extero se emi mandaverit, & manumitti, ài exterus cum emerit suis nummis, an eos nummos recipiet a venditore actione de peculio? minime, quia eo contractu id egit servus mala ratione, ut se domino subtraheret, ut ait idem Papinianus in *l. cum servus, ff. mand.* ubi obscurum est quod dicit, servum, qui se emi mandaverit mala ratione ut subducat se domino: cur dicit mala ratione? nulla est mala ratio: nam dominus invitus eum non vendit. Eo enim casu non cogitur vendere, *l. servus meus, ff. mand.* Liberæ sunt venditiones, liberi contractus, quandoque non exter redimit servum mandato servi, sed ipsimet servi se redimunt λύτρα καταφέροντες: numerata pecunia pro capite: sed inviti domini non vendunt, nec redimere se volentes inviti audiunt. Quænam
E igitur in eo est mala ratio? quia ex parte servi mala quadam arte supponitur emptor plerumque clam domino, ut hac via ei se subripiat, & dominum pellicitat ad vendendum, qui si hoc sciret, non concederet, sed retineret potius, malerque habere. Igitur ex parte servi est mala ratio, quia vult se clam domino subtrahere, quoniam exterus non emit ut servum habeat, sed ut statim manumittat. Ergo hic §. ult. & *d. l. cum servus*, eleganter demonstrant, dominum non teneri de peculio ex contractu servi, quo agit, ut se subtrahat domino, quia mala ratione est habitus hic contractus, quamvis non habeatur nisi inter volentes. In specie igitur §. *ul.* bonæ fidei possessor non tenetur de peculio ejus pecuniæ nomine, quæ mutuo data est in hoc, ut servus subduceretur domino. Proinde actio de
pecu-

peculio est in solum dominum. Verum dominus aget in rem, aut ad exhibendum cum bonæ fidei possessore, propterea quod ea pecunia non est adquisita bonæ fidei possessori, sed sibi: neque enim est ex operis servi: non est etiam ex re bonæ fidei possessoris, sed magis propter rem, id est, propter servum, quasi quodammodo suam rem, non ex re sua: differentia est inter ex & propter, *l. pen. de sepul. viol.* Præterea hic locos, quos adducunt in *l. 1. C. si serv. ext. emi se mand.* quia heic agitur, non ut ex eo contractu, sed propter eum contractum: ibi ex eo contractu actionem statuunt. Ea igitur pecunia non est adquisita bonæ fidei possessori. Restat igitur adquisitam domino, idque verum esse ait, sive manumiserit servum, sive non. Neque moveor *l. si servus, de adq. rer. dom. l. 1. §. sed & per eum, de acq. pos.* quibus locis ostenditur, servum bona fide possessum, cui quid traditur, neque acquirere possessionem bonæ fidei possessori, si nec sit ex re ejus, nec ex operis servi; neque domino, quia per eum, quem non possideo, non possum acquirere possessionem. Quibus legibus male respondit Accursius, ubi differentiam ponere debuit inter possessorem, & dominum. Et fateor in hac specie ejus pecuniæ, quam mutuatus est servus, dominium acquiri domino servi, possessionem autem non adquiri, etiamsi apprehenderit: sac accepisse a creditore. Alia est ratio adquirendi dominii, alia possessionis: alia ratio amittendi dominii, alia amittendæ possessionis: amittitur possessio nuda voluntate, dominium non item.

---

### Ad L. VII. ad Vell.

*Quanquam igitur fidejussor, doli replicatione posita, defensionem exceptionis amittit: nullam tamen replicationem adversus mulierem habebit: quia facti non potest ignorationem prætendere. Sed non erit iniquum, dari negotiorum gestor, actionem in defensorem: quia mandati causa per Senatusc. constituitur irrita, & pecunia fidejussoris liberatur.*

Hujus l. quæstio nexa est cum iis, quæ Ulp. retulit in *l. 6.* ex eod. Papiniani lib. Regula est juris: Neminem esse defensorem idoneum alienæ litis sine satisdatione judicatum solvi, §. 1. *Instit. de satisdat. l. 18. de cast. pec. l. qui proprio 46. §. qui alium, de procur.* Secundum hanc regulam, qui defendebat filium alienum absentem, judicatum solvi fidejussores dedit, non matrem: hæc enim non fuisset idonea propter Senatusc. Vellejan. quo improbantur intercessiones mulierum, sed dedit alios, qui tamen mandatu mulieris intervenisse pro defensione filii: ii etiam non sunt idonei, quia exceptione Senatusconf. Vellejani, non tantum mulieri succurritur, quæ intercessit pro alio, sed etiam procuratori mulieris, qui intercessit mandatu ejus, *l. si decipiendi 30. §. ult. hoc tit.* Procurator, inquit, *si mandatu mulieris intercessit pro alio, exceptione Senatusconsulti Vellejani adjuvatur*, id est, ex intercessione non tenetur: Et subjicit (quod est obscurum) *ne alias actio intercidat:* Sic Florentinus, vulgo male: *nec alias actio intercidat:* nunquam est temere discedendum a Florentino: scriptura enim certior quam ulla: subtiliter est scriptum, *ne alias actio intercidat:* quæ certe nihil aliud possunt velle, quam, ne si procurator exprompserit (*quo genere plane fit novatio*) vel si judicium acceperit pro alio mandatu mulieris, ne adjuvetur exceptione Senatusc. Vellej. prior actio intercidat, quæ competebat a priorem, videlicet quasi novatione facta, contra sententiam SC. Velleja. vel ut dicam planius, ne fraus fiat Senatusconsulto & actione perempta novatione, & muliere contra mentem Senatusconsulti non intercedente quidem palam pro alio, sed dante alium qui intercedat, veluti procuratorem suum, *l. ult. §. si mulier pro eo, hoc tit.* Ergo in hac specie, si pro defensore filii procurator mandatu mulieris fidejussisset judicatum solvi, & conveniatur actione ex stipulatu, tueri se potest exceptione Senatusc. Vellejani, perinde atque si fidejussisset pro muliere intercedente; nam & fidejussori

mulieris Senatusc. subveniri constat, *l. si mulier contra*, §. 1. *l. quamvis*, §. *interdum, hoc tit. l. 14. & 15. C. eod.* Et notandum maxime ex *d. l. si mulier contra*, liberari & mulierem, quæ intercessit, & fidejussorem, qui intercessioni mulieris accessit, etiamsi fidejussor ille non habeat ἀναφοράν, regressum adversus mulierem actione mandati, si solverit. Solet fidejussori qui solvit dari actio mandati, adversus principalem debitorem. Tres tantum sunt casus, qui excipiuntur: unus est, si donandi animo fidejusserit; alter, si in rem suam fidejusserit magis, quam in rem debitoris principalis, *l. si quis rem, de lib. leg.* & si quis pro invito præsente & repugnante fidejusserit, *l. si remunerandi, §. si passus, l. si pro te, mand.* Finge, unum ex istis casibus existere, & fidejussorem, qui accessit intercessioni ex mandato muliere, non habere regressum ad mulierem, an denegabimus opem Senatusconsulto? Minime, quanquam ea res non pertineat ad mulierem, cum non teneatur mandati: cur ita? quia tota obligatio, inquit lex *si mulier contra*, Senatusconf. reprobatur, id est, non principalis tantum, quæ est intercessio mulieris, sed etiam accessoria, & a prætore restituitur prior debitor creditori, qui quodammodo desierat esse debitor muliere intercedente novandi causa. Hoc enim dici tantum potest de intercessione, quæ novat priorem obligationem. Intercessionum autem duo sunt genera: aliæ novant, aliæ non novant, sed accedunt priori obligationi. Ergo fidejussori mulieris, quæ intercessit, succurritur SCto Vell. non minus, quam ipsi mulieri, etiamsi mulier ex mandato non obligetur fidejussori. At quia is de quo agitur in specie proposita, non fidejussit pro muliere, sed pro defensore filii: ergo ei non videtur impertiendum esse beneficium SCti Vell. Imo vero nihil refert pro muliere fidejusserit, an pro defensore filii mulieris gratia, quod significat *d. l. 16.* Et generaliter igitur datur exceptio SC. fidejussori mulieris, qui intercessit & procuratori, qui intercessit mandato ejus. Verum ita demum procuratori dabitur exceptio Vellejani, quo pro defensore fidejussit judic. solvi mandato matris, si actor, apud quem fidejussit, scivit eum mandatu mulieris fidejussisse: nam si ignoravit quod agebat mulier per alium in fraudem SC. ignoranti non obstat exceptio, *l. 1. C. ad Vell.* sicut nec ignoranti creditori obstat SCti Maced. exceptio, *l. pen. ad Maced. l. 1. C. eod.* Exceptio Maced. obstat ei, qui scivit, aut scire potuit filiumf. esse cui credebat. In jure pari paria, five quis scierit, five potuerit scire: idemque est posse, & debere scire, *l. 1. de ædil. ed.* venditor tenetur ædilitis actionib. de vitiis, quæ scire debuit. M. Tull. scire potuit. Coheres qui scivit aut scire potuit abstinente coherede, se omnibus oneribus hereditatis implicitum fore, videtur postea fe ea conditione bonis immiscere, *l. si duo 38. ff. de adquir. her.* Dixi qui scivit, aut scire potuit: ergo de exceptione SC. Vell. sic statuamus: eum duntaxat creditorem repelli exceptione, qui scivit, aut scire potuit, *i. e.* debuit, mulierem intercessisse ratione aliqua ignoranti creditori, si opponatur exceptio SCti Vell. ab eo elideretur opposita replicatione doli mali, quia dolo facere videtur, qui adversus ignorantem vult uti exceptione. Replicatio doli datur ignoranti, non scienti, & perimit exceptionem Vell. Et hoc est, quod Ulpian. ex eo libro Papin. in *l. 6.* ait in fine, *exceptionem Senatusconf. replicatione doli mali repellendum:* quam scripturam nostri violarunt, dum existimabant in ea esse mendum, & similes omnes violarunt, quæ erant in ff. in *l. bello*, §. *facti, de capt. & postlim. rev.* sententiam sequendum est in *l. at quia*, §. *de negot. gest.* rationem a capite reddendum in *l. Gajus 45. solut. matrim.* permittendum utilem actionem in *l. 19. in fine de novat.* merito deneganda exceptionem: & legendus est Gellius de hac re, *l. 1. cap. 7.* Intelleximus quid ex Papin. lib. retulerit Ulpian. in *l. 6.* Ex eo nascitur quæstio alia, quæ definitur in *l. 7.* ab Ulp. adjunctis iis, quæ sequebantur in Papin. lib. Finge: procurator ille, qui pro defensione filii fidejussit mandatu mulieris, conventus est ex stipulatu, & coactus est solvere sublata exceptione Senatusconf. Velle-

Vellejani replicatione doli mali, propterea quod creditor ignorabat eum fidejussisse mandatu mulieris: quæro, an habeat actionem mandati adversus mulierem, ut consequatur, quod solvit mandatu mulieris? Et rectissime ait Papin. agentem eum adversus mulierem repelli exceptione Senatusc. quia inutile fuit ex sententia Senatusc. tale mandatum. Id enim mandante muliere sane intercedebat pro filio: mandatum intercessio est. Ergo si ex eo conveniatur, adjuvanda est exceptione Senatusc. Dices, an procurator ille agendo mandati adversus mulierem, & muliere opponente exceptionem Senatusc. possit se tueri replicatione doli? Dicemus non posse, quia fuit sciens, non ignorans: non potest facti ignorationem prætendere: & replicatio doli mali datur tantum ignoranti, non scienti: & facti proprii intelligit, vultque alieni facti tolerabilem esse ignorationem: proprii facti non esse tolerabilem. Atque adeo, non potest ignorare mulierem sibi mandasse ut fidejuberet pro defensore filii, atque ita mulierem intercessisse: non potest ignorare, se mandatum suscepisse: neque pretendere hujus facti ignorationem. Quapropter non utetur adversus mulierem replicatione doli mali: quinimo in replicatione sua repelletur jure per exceptionem Senatusc. Vell. l. ult. §. mulier ne ipsa, in si. hoc tit. Dices, ergo in damno versabitur procurator mulieris idemque fidejussor pro defensione filii? nam quod solverit non recipiet a matre. Verum non deest alius, a quo recipiat, nempe defensor. Erit enim in is defensorem actio negotiorum gest. quia sua eum pecunia liberavit, & mulierem ex mandato cum effectu obligatam non habet: atque ita data actione negotiorum gestorum in defensorem, ei consuletur, ne in damno moretur. Animadvertendum est, Papin. in hac l. 7. duplici ratione uti ut ostendat, defensorem teneri negotiorum gestorum. Una est, quia eum liberavit suo ære, suis nummis: altera, quia non habet mandati actionem adversus mulierem: ac si diceret, quia non potest agere adversus mulierem, recurret adversus defensorem actione negotiorum gestorum: unde recte colligitur, eum, qui ex negotio alieno quod gessit, habet actionem mandati adversus alium mandatorem, non habere negotiorum actionem adversus alterum, cujus commodo negotium cessit: & actionem negotiorum gestorum esse quasi subsidiariam, anteire actionem mandati. Et sicut, qui apud unum potest agere mandati, non potest adversus eundem ex eadem causa agere negotiorum gestorum: ita qui potest adversus eum agere actione negotiorum gestorum principaliter, non potest adversus alium agere mandati, ut sit actio negotiorum gestorum, quasi subsidiaria. Et recte Papin. utitur ἐνστάσει, & ἀντιπαραστάσει, id est, duplici ratione, ut ostendat defensorem teneri negotiorum gestorum, quia, inquit, non tenetur mandati, quia deficit actio mandati, & eum sua pecunia liberavit.

### Ad L. LIII. Qui fide Mandati.

*Qui fide alterius pro alio fidejussit, præsente & non recusante: utrosque obligatos habet jure mandati. Quod si pro invito vel ignorante, alterutrius mandatum secutus fidejussit: eum solum convenire potest, qui mandavit: non etiam reum promittendi. Nec me movet, quod pecunia fidejussoris reus liberetur; id enim contingit etsi meo mandato pro alio solvat.*

PRætermisimus, quæ cum l. 7. est conjungenda l. 53. mand. quæ est ex eo libro: nam ita sunt nexæ, ut videatur una alterius ope indigere, aut esse imperfecta quælibet, nisi apponatur etiam altera. Ex l. 7. ad Vell. (ut diximus) datur actio negotiorum gestorum ei, qui pro alio fidejussit mandato alterius, adversus reum debendi, quem solvendo sua pecunia liberavit, maxime si nullus sit, qui mandati conveniri possit, ut si mandatu mulieris fidejussit, quod constat irritum fieri SCto Vellejano. Ex hac autem lege 53. eidem fidejussori non datur actio mandati adversus reum principalem: nullum enim mandatum antecessit, sed datur tantum ei actio man-

dati in eum, qui pro eo fidejussit, in marem, scil. non in feminam: nam feminæ mandatum irritum est. Ergo conjuncta utraq; lege, ut lex *Gallus, de liber. & postum.* ait, conjunctis capitibus legum, probe interpretationem recipit fieri, ac proinde conjuncta utraq; l. Intelligimus; non esse actionem mandati huic fidejussori, qui fidejussit mandato alterius, sed esse negotiorum gestorum actionem, præsertim si nec in alium actio mandati utilis: ut si is, cujus mandato fidejussit pro alio, sit femina, vel clericus, etiam intercessio irrita constituitur canonibus; nam & ita, ut heic ostendit Papinianus, si non fidejusserit pro alio, sed solvit tantum mandatu alterius, quamvis eum sua pecunia liberavit, non aget cum eo mandati: sed cum mandatore duntaxat, cujus mandatu solvit pro eo, quo tamen liberato SCto, alio legis beneficio in eum, quem sua pecunia liberavit, dabitur actio negotiorum gestorum, ne in damno versetur. Et in summa res ita se habet: non omnem, qui pecunia mea liberatus est, mihi teneri mandati, certe negotiorum gestorum teneri, si nec in alium mihi suppetat actio mandati. Et hæc omnia, quæ necesse erat demonstrari, vera esse Papin. ait in *l. 53. si quis mandato alterius fidejusserit pro invito vel ignorante.* Hic non habebit actionem mandati in eum, pro quo fidejussit, sed habebit negotiorum gestorum: nam ea etiam datur iis, qui recusantium, contradicentium negotia gesserunt, modo ea utiliter gesserint, *l. solvendo, de negot. gest.* & si solvero pro te, mihi competit actio negotiorum gestorum, cum non possis effugere debiti solutionem, vel cum imminente periculo pœnæ, aut usurarum nisi solvissem pro te: si ergo mandatu alterius fidejussero pro invito, is qui mandatum exposuit, tenetur mihi mandati. Is vero pro quo fidejussi invito, non potest mihi teneri mandati, sed tenebitur negotiorum gestorum. Hæc erit mihi extremum rei meæ servandæ subsidium, si non sit alia actio potior, qua meum servare possim, id est, si quod solvi pro eo debendi: sed si mandato alterius fidejussero pro præsente & tacente, actio mandati mihi dabitur non tantum in eum, qui nominatim mandavit: sed & in eum pro quo fidejussi præsente & tacente: nam silentium pro mandato habemus, & patientiam pro ratihabitione: nec minor est vis taciti mandati, quam expressi.

### Ad L. VIII. Quod privilegium, depositi.

*Quod privilegium exercetur, non in ea tantum quantitate, quæ in bonis argentarii ex pecunia deposita reperta est: sed in omnibus fraudatoris facultatibus: idque propter necessarium usum argentariorum ex utilitate publica receptum est: plane sumptus causa qui necessario factus est semper præcedit: nam deducto eo bonorum calculus subduci solet.*

HÆc l. est de creditoribus argentariorum, & docet quis ordo inter eos servetur, id est, quibus in bonis argentarii vendendis, qui bonis cessit, prius satisfieri oporteat. Argentarii (quod sæpissime ostendimus, & nunc breviter ostendemus, nam ea res debet omnibus hodie esse cognita) sunt, qui in foro publico tabernam publicam habent nummariam, apertam, & expositam volentibus ratiocinia sua conficere vel purgare: erant enim ratiocinatores optimi. Item volentibus pecunias permutare sive cambire: pro qua re, id est, pro permutatione nummorum veterum pro recentibus dari solet collybus sive aspratura. Apertam etiam tabernam habent volentibus nummos probare. Erant enim nummorum peritissimi, nec fiebat solutio sine nummulariis, aut non existimabatur posse recte fieri, nisi expendissent, nunquid subesset subærati, nunquid lacunæ. Quicunque contrahebant, ad mensam ibant frequentes: & propterea nec sine argentario ullus contractus habebatur, in quo scilicet pecunia interveniret; nam apertam tabernam habebant volentibus pecu-

pecuniam accipere; sicut fœneratores publici, vel etiam volentibus dare fœnori, & dare vel ipsis argentariis, vel aliis per argentarios: nam plerumque dabatur certa quantitas nummorum, ut eos apud alios occuparent, vel exercerent. Item volentibus pecunias suas dare custodiendas sub publica fide, quod plerumque faciunt peregre profecturi domini, fidem suis non magnam habentes: & quidquid habent nummorum, id malunt concedere argentariis: major enim illorum fides erat olim, quam nunc sit in iis, qui eos hodie imitantur: & sicut ædituis pecunia dari solebat in causam depositi, ita & argentariis, *l. si ventri, §. in bonis, de rebus auct. jud. poss.* & (ut ait Papinianus in hac l. 8.) usus eorum est necessarius, sed quandoque periculosus: propterea quod nonnunquam foro cedunt clausa taberna, prodita fide, fraudatores, decoctores: quod quum contingit, evertit ea res, & proturbat non unius tantum, sed multorum negotiatorum rem, qui rem habebant cum argentario, qui cessit foro: & solent, dum id contingit, creditores omnes coire in unum, & distrahere bona fraudatoris per procuratorem seu magistrum, & ex pecunia redacta ex venditione omnium bonorum decoctoris portionem ferre pro rata crediti: quod ita ostendit iisdem fere verbis *l. ult. de curat. bon. dat.* Et ad eum morem liquidum est respexisse Senecam lib. de Benefic. dum ait: *Debitorem appellabo, & si foro cesserit, portionem feram ex contractu:* scilicet, ex pecunia, quam redegerit procurator constitutus bonis distrahendis. Vide quid sit nescire jus, qui non sunt in eo versati, referunt illum locum ad actionem quasi Servianam: quasi vero ea actione fiat distributio inter creditores: nec enim in ea quicquam agitur de dispertiendis bonis: etiam pessime addunt ea auctoris verba posse referri ad actionem tributoriam: Nam hæc actio distributionem tantum facit mercis peculiaris, in qua servus negotiatus est sciente domino: inter dominum & creditores mercis peculiaris, non omnes: & perperam, per actionem tributoriam creditores capere partem de peculio, imo de merce peculiari, non de peculio: Nam aliud est merx peculiaris, aliud peculium. Peculium intelligitur deducto eo, quod domino debetur: merces, etiam eo non deducto, *l. 1. §. peculiarem, de tribut.act.* sicut aliud est peculium, aliud servus peculiaris: legato servo cum peculio, & alienato, & manumisso vel mortuo servo testatore extinguitur etiam peculii legatum, *l. 1. & l. 3. de pecul. leg.* legato servo cum vicario, mortuo servo manet vicarius legatus. Nunc finge: multi erant argentarii, qui fregit fidem, & clausit tabernam, creditores variis ex causis: alii erant ex causa fœneratitii, alii ex causa depositi, alii ex causa mandati, ut quia datis nummis eis mandaverant, ut eos exercerent, ut ne otiosos relinquerent: alii ex causa societatis, utpote miscuerant suos nummos cum nummis argentarii fœnoris exercendi causa, alii ex aliis causis: & erant ex iis privilegiarii quidam, pupilli puta, quorum tutelam gesserat argentarius, vel fiscus, vel respub. qui etiam habent privilegium, vel qui crediderant pecuniam ob confectionem ædificiorum, vel ob navem instruendam, armandamque, vel qui in eorum locum successerant, id est, quorum pecunia creditores privilegiarii dimissi fuerant. Ii sunt privilegiarii, & alii quidam, id est, qui habent privilegium exactionis, de quo agit: hæc est πρωτοπραξίαν. Ex his etiam est mulier, quæ de dote agit: hæc est valde privilegiaria, vel qui, quæve in funus defuncti sumptus fecit, quæ causa est etiam valde privilegiaria: sed & mulier, quæ de dote agit, non tantum habet privilegium exactionis, sed & hypothecæ, id est, præfertur omnibus creditoribus, & chirographariis & hypothecariis. Et breviter sive agat personali actione, quod habet privilegium exactionis, sive hypothecaria agat, excludit ceteros creditores: nam ei satisfieri oportet: ejus rationem prius purgari oportet, quam veniatur ad ceteros. Sed nos hic loquimur tantum de privilegio exactionis, qui hoc habent præferuntur ceteris, ergo *Tom. IV.*

A eis prioribus satisfit. Ulpian. *l. 7. §. ult. hoc tit.* ex qua pendet *l. 8.* docet, omnibus privilegiariis creditoribus præferri depositarios, id est, praeferuntur etiam privilegiariis qui pecuniam depositam apud argentarios habuerunt, præferuntur etiam privilegiariis: namque ait, rationem haberi depositariorum, qui pecuniam deposuerunt apud mensam, stante fide publica ante privilegia: satisfit igitur depositariis prius, deinde sequuntur privilegiarii: quod ita procedit, si usuras depositarum pecuniarum non acceperunt ab argentariis. Nam si acceperunt usuras, non sunt depositarii; depositum est gratuitum, quod explicabitur in *l. 24. hoc tit.* Et deponere pecuniam sub usuris, credere
B est, non deponere. Quum ergo dicimus, depositarios rationem haberi ante privilegiarios, depositarios accipimus proprie, id est, qui simpliciter pecuniam apud mensam argentariorum deposuerunt, nec ullas usuras acceperunt: eorum habetur ratio ante privilegia. Et quidem omnium, qui deposuerunt, eorum nullo observato ordine temporis: simul omnes depositarios convocabimus, eisque satisfaciemus, antequam rationem ullam habeamus privilegiorum, *d. l. 7. §. ult.* Verum huic definitioni obstat *l. si ventri, § in bonis, ff. de rebus auct. jud. poss.* alia est sub tit. *de privil. credit.* qui tamen tit. est suppositius: ait, *in bonis mensulariis,* id est, argentarii, distrahendis, post privilegia haberi rationem eorum qui deposuerunt suas pecunias. Lex 7. ait, ante privilegia, illa, post privilegia, non videtur ulla lex alteri magis adversari posse. Sed si perlegatur *d. l. 7.* facile erit se expedire posita hac differentia: aut pecunia deposita exstat, aut non exstat (deponebantur obsignatæ pecuniæ
C in arca) si exstant pecuniæ, præferuntur privilegiariis, quia æquissimum est, eis pecunias suas restitui: neque enim depositione desierunt esse domini, sed si non exstant, si consumptæ sunt, præferuntur non privilegiariis, sed ceteris, qui non sunt privilegiarii: pecunia non exstante, ipsi sunt infimi, ultimi privilegiarii. Res ergo ita se habet. Depositariorum rationem haberi, si exstent loculi non inanes, nec resignati. Et rursus priorem causam depositariorum post privilegia, si non exstent nummi, hoc casu præferri privilegiarios depositariis, atque ita hoc casu depositarii ultimum gradum obtinent, & secundum hoc, est accipiendum quod ait Papinianus in *l. 8.* hoc privilegium, quod datur depositariis non tantum in pecuniis depositis exerceri, sed etiam in universis bonis fraudatoris. Adducit rationem, cur hoc privilegium detur
D depositariis, quod publica utilitas hoc exigat, ne fallantur, qui sequuti sunt fidem publicam, quique necessario usi sunt opera argentariorum, dum alios non habent, apud quos deponant nummos suos. Et postremo ait, si quod privilegium interveniat, vel horum, vel illorum, semper haberi ante omnia rationem sumptuum necessario factorum, quia expediendæ auctionis causa, (*les frais des criées sont les premiers payez*) expediendæ bonorum venditionis causa: nam bona intelliguntur deducto eo sumptu, nec ante bonorum calculus subducitur, quam ea impensa subducta sit, *l. quantis. ad l. Falc. l. 119. in fi. ad Treb. l. ult. §. in comput. C. de jure delib.* In *l.* Falcidia, vel alias, in computatione patrimonii vel bonorum semper deduci ante omnia, quod
E impensum est in confectionem inventarii: quod impensum est in insinuationem sive publicationem testamenti. Hi sumptus post mortem domini necessario fiunt, ac minuunt bona, neque enim bona calculo subjiciuntur, antequam hi sumptus impleti fuerint.

Ad L. XXIV. Lucius, eod. tit.

*Lucius Titius Sempronio salutem. Centum nummos quos hoc die commendasti mihi, adnumerante servo Sticho actore, esse apud me, ut notum haberes, hac epistola manu mea scripta, tibi notum facio, quæ quando voles, & ubi voles confestim tibi numerabo. Quæritur propter usurarum*

O                                                                                         *incre-*

*incrementum* . Respondi depositi actionem locum habere: quid est enim aliud commendare, quam deponere ? quod ita verum est , si id actum est , ut corpora nummorum eadem redderentur : nam si , ut tantundem solveretur, convenit ; egreditur ea res depositi notissimos terminos: in qua quæstione , si depositi actio non teneat, cum convenit tantundem , non idem reddi : rationem usurarum haberi , non facile dicendum est : & est quidem constitutum in bonæ fidei judiciis, quod ad usuras attinet , ut tantundem possit officium arbitri, quantum stipulatio: sed contra bonam fidem , & depositi naturam est , usuras ab eo desiderare temporis ante moram , qui beneficium in suscipienda pecunia dedit : si tamen ab initio de usuris præstandis convenit, lex contractus servabitur.

EX tractatu legis 8. *depof*. hæc potissimum in memoriam redigi velim. Ulpian. in *l.7. §. pen.* ex qua pendet *d. l. 8. depositarios* interpretatur hoc modo , id est , *eos* , *qui depositas pecunias habuerunt* : non abs re; nam vulgo depositarii sunt , non qui pecunias deposuerunt, sed qui acceperunt pecuniam depositam : alii qui dederunt , sunt depositores : sed in constitutione ea, qua privilegium dabatur depositariis (nam hoc constitutionem aliquam effecisse necesse est ) depositarios interpretatus est Ulpianus esse depositores. Ita invenio in jure , fideicommissarium , quem scilicet vulgo dicimus pro eo, cui est relictum fideicommissum, accipi tamen nonnunquam pro herede: fideicommissarius nonnunquam est heres, vel legatarius, qui rogatus est præstare fideicommissum, *l. quamvis*, *de judic. & Novell.* 108. Illud quoque in memoriam veniat , depositores, quos dixit privilegium habere in bonis nummularii vendundis, qui bonis cesserit, omnes concurrere , & simul admitti, omnium simul ratione haberi ante privilegia, si existent pecuniæ depositæ , & non servari ordinem temporis , non satisfieri antiquiori depositori, sed omnibus simul. Ex quo intelligitur in hypothecis quidem servari privilegium temporis , & potiorem , potentioremque esse eum in vindicanda hypotheca, qui est prior tempore: sed in actione personali non observatur privilegium temporis in exigendo debito , in actione in personam non servatur privilegium temporis inter creditores, qui sunt ejusdem tituli, id est, quibus ex eadem causa debetur , ut inter depositarios plures, *l. privileg. de reb. auct. jud.* in hypothecis privilegia æstimantur ex causa debiti, non ex tempore. In personali actione ex causa debiti, non ex tempore, hoc est , non præfertur ceteris, qui est antiquior creditor, sed qui causam debiti habet privilegiariam, veluti depositi, aut similem, quæ sit fulta privilegio juris. Postremo redigamus etiam in memoriam, quod didicimus ex *d. l. 7. §. penult.* depositarios habere privilegium exactionis, si modo depositarum pecuniarum usuras non acceperint, si fuerint simplices depositarii. Nam si usuras acceperint, non utuntur privilegio depositariorum , nec depositarii vere censentur, vel etiam si per argentarium, apud quem pecuniam deposuerunt, ex iis pecuniis fœnerentur, ii quoque non sunt propriè depositarii privilegiarii. Huic parti est statim conjungenda lex 24. *hoc tit.* Privilegium depositarii datur iis tantum , qui usuras depositarum pecuniarum non acceperunt. Nam qui usuras accipiunt, vel qui pecuniam deponunt ea lege, ut usuras ferant, creditores potius sunt , aut fœneratores, quam depositarii, *l. si ventri §. in bonis , de reb. auct. jud.* vel etiam, qui depositis pecuniis gratuito, nulla facta mentione usurarum, posteà usuras acceperunt , videntur renuntiare deposito, & in creditum transire. Non est igitur depositum propriè, si veluti pro usu usuræ præstentur, ac si liceret uti pecunia deposita, quod certe non licet, & qui utitur fur est, *l. si sacculum*, *hoc tit.* non est propriè depositum si pecuniæ depositæ fœnus accipiatur, licet contrahentes appellaverint depositum, rem enim spectamus, non verba. Non est usus pecuniæ depositæ, sed custodia permissa tantum : ergo nec usuræ

A debebuntur. Et sane quod ad privilegium attinet, de quo tractatur in *l. 8. non est depositum*: at crediti potius jure censetur sive fœnoris. Hinc quæritur , an eo casu, quo de usuris præstandis convenit , earum pecuniarum, quæ velut depositæ sunt , sicuti cessat privilegium illud , si de usuris præstandis convenerit, an cesset etiam actio depositi ? num possum repetere pecuniam depositam actione depositi ? an impediat conventione usuraria, quam deposito apposui, quod alia res acta sit, quam depositi. Denique si cessat privilegium depositi, an cesset etiam actio depositi ? Finge, deposui apud te pecuniam eo pacto, ut tantundem redderes, ut idem genus redderes, non eandem speciem : quo quidem pacto tacite id agitur, ut pecunia utaris, si velis, ut abutaris, ut consumas , neque enim eadem corpora nummorum mihi reddi spero, sed tantundem , quantitatem eandem. Ex

B hoc negotio estne actio depositi, necne ? an est potius actio si certum petetur, id est, quæ ex crediti causa competit ? vel an actio præscriptis verbis, quæ ex negotio dubio & incerto ? quod magni interest scire propter usuras. Nam si percunctetur quis an ex negotio veniant usuræ, spectandum est, quæ actiones dentur, ex quo cognoscimus, usuræ veniunt ex pacto, necne. Nam si est actio depositi, usuræ veniunt ex pacto: vel si pactio nulla intervenerit, ex mora officio judicis: si sit actio mora officio judicis: si sit actio creditæ pecuniæ , vel actio præscriptis verbis, quæ sunt strictæ, usuræ non venient nisi ex stipulatione, non venient ex pacto , etiamsi pactum sit initio contractus, & ex continenti, id est, etiamsi pactum

C ex continenti appositum. Non venient igitur ex pacto , non etiam ex mora officio judicis. Nam hæc est certissima differentia inter judicia bonæ fidei & strictæ, quod in bonæ fidei judiciis usuræ veniunt ex pacto convento ab initio, *l. Publia*, §. 1. *hoc tit. l. cum quidam* , §. *ex loc. de usur. l. initio*, C. *de pact. int. empt. & vend.* In strictis autem, non veniunt ex pacto sine stipulatione, licet pactum insit continentiæ contractus, *l. idemque, §. si Titio*, *l. si Titio*, *l. qui neg. mand. l. 10. §. sed utrum , de in rem verso*, *l. Titius*, *de præscript. verb. l. quamvis, de usur.* Ratio diversitatis est, quia in contractibus stricti juris pacta incontinenti non insunt ex parte actoris, insunt ex parte rei, id est, non formant actionem, sed exceptionem tantum. In contractibus bonæ fidei insunt ex parte actoris, id est, ex eis agere possumus, nedum excipere, ac proinde insunt non tantum ex parte rei, sed ex parte

D actoris. Est & alia differentia non minus certa: in bonæ fidei judiciis usuras venire ex mora officio judicis citra pactionem, si ita arbitretur judex , quia in illis judiciis tantum potest officium judicis, quantum in strictis stipulatio, quod repetitur in *l. quia tantundem , de negot. gest.* In judiciis strictis usuræ non veniunt officio judicis, quod nullum est , aut perquam exiguum : formula enim includitur judex, nec sui juris est , apud quem agitur stricto jure. Magni ergo interest scire , an sit actio bonæ fidei , id est , depositi, an strictæ, id est , conditio ex mutuo, vel præscript. verbis. Et Papinianus, ut hoc definiat ita distinguit: duo genera ponit contrahendi depositi ; vel (inquit) pecunia deponitur obsignata , aut clausa, ut scilicet eadem corpora nummorum reddantur, uno sacculo, iisdem loculis , quo genere non pro-

E ponitur gestum esse negotium in hac lege; aut pecunia deponitur non obsignata, non obserata, ut scilicet tantundem reddatur, de quo negotio hic agit . Priore casu constat esse depositi actionem, imo nihil habere id negotium, quod ita gestum est, quod non conveniat naturæ depositi, si obsignatus detur sacculus ea lege, ut idem reddatur cum pecunia eadem, sed proposuerat Papinianus contrahentes , quod ita rem gesserant, non fuisse usos verbo deponendi, sed commendandi: *centum* , inquit, *nummos quos hac die commendasti*: non dixit, *quos deposuisti mihi*: utrum est depositum, an novum negotium commodati, ex quo detur actio præscript. verbis ? in eo non laborat Papinian. cum ait , commendare nihil aliud esse quam deponere. Quid est enim aliud *commendare*

## In Lib. IX. Quæst. Papin.

*dare* quam *deponere*? hoc idem ex Ulpian. lib. 30. ad edictum refertur in *l. commendare, de verb. sign.* Commendare nihil aliud est, quam deponere. Et notandum eo libro 30. tractasse eundem Ulpian. de privilegio depositariorum, *l. 7. hoc tit.* quæ est ex lib. 30. *ad edict.* Sicut ergo Papinian. eodem libro tractavit & de hac re, & de illa quæstione, ita & Ulpian. nempe ad edictum. Et sanè jam initio ostendi, esse affinem seu proximam alteram alteri, ut sit facile ex una labi in alteram, propterea quod distinguuntur depositarii, qui usuras accipiunt, ab his, qui non accipiunt. Eodem sensu dicimus commendare corpus mortui terræ, *l. etsi quis, §. funeris, de religios.* quod est deponere, *l. si quis,* 40. *eod. tit.* deponuntur quoad fiat justa sepultura: & aliud est sepelire, aliud commendare. Commendatio mortui non est justa sepultura: fit enim temporis causa tantum, sepultura fit, ut perpetuo ita sit. In legendis auctoribus accuratè semper cavendum est, ne decipiamur: nam innumeris locis legitur verbum *commendare*, depravatum in *commodare*, ut olim legebatur in *l. 9. C. depos. res commendatas*, id est, *depositas*, qui error effecit, ut Tribonianus *legem ult. C. commod.* poneret sub eo tit. quod in ea constit. legisset commodatum pro *commendatum*. Perperam: illud discusso jure, vel animadverso diligentius debuisset emendare, *commodare* in *commendare*, atque ita eam legem ponere debuit sub titulo depositi. Nam & sententiam d. l. ult. tueri nemo potest absque calumnia. Quod vult ea lex in actione commodati non esse compensationi locum, sed rem commodatam statim reddendam, etiamsi quid vicissim debeatur, est falsum, *l. Lucius, mand. l. in reb. §. quod autem, ff. commod.* & specialiter tantum hoc est receptum in actione depositi, ut non possit ei objici compensatio, ne quid moretur redditionem depositi: omnes aliæ actiones compensationem patiuntur ipso jure hodie. Et meritò privilegium actio depositi exigit: quoniam hæc actio summam fidem exigit, non par est fides, quæ in bonæ fidei judiciis exigitur ubique: major in uno exigitur, quam in illo, sicut quæ sunt stricta judicia non sunt pari modo stricta; alia arctiora, alia minus. Contractus depositi est sacer contractus, ut Juvenalis dixit, *sacrum depositum*, non quod in ædes sacras deponere solerent pecuniam, sed ut non fas sit fidem fallere depositi. Quod etiam in eo apparet, quia qui sefellit depositi fidem, sit infamis: qui commodati, non sit infamis: & quod actio depositi est privilegiaria, commodati non item: & quod deposito non opponitur exceptio non numeratæ pecuniæ, *l. in contract. C. de non num. pec.* commodato opponitur & ceteris actionibus: & ita etiam in solo deposito hoc receptum est, ut ei non opponatur compensatio, *l. pen. C. depos. l. ult. C. de compens.* Verum ad rem: si pecunia, quæ est altera pars divisionis Papin. data sit non obsignata, ea lege ut tantundem solveretur, an ex hoc negotio sit actio depositi? Papin. ait, *eam rem excedere depositi notissimos terminos,* excedere depositæ pecuniæ modum. Termini depositi sunt, in quos resolvitur definitio depositi. Quid est depositum? Est conventio qua id agitur, ut rem meam custodias, & mihi possideas non tibi, eamque mihi reposcenti restituas, *l. 2. in pr. de reb. cred. l. licet, §. rei, hoc tit.* hos terminos egreditur, qui paciscitur, ut tantundem reddatur quantum deposuit: Nam hoc agit, ut in, apud quem deponit, sibi habeat, sibi possideat, & non eandem speciem reddat, sed quantitatem, *l. in navem, loc.* Est igitur hæc conventio contra naturam depositi. Papin. non definit apertè in hac l. 24. utrum sit actio depositi ex hac conventione, an non, quod tamen multum interest scire. Nam ut ipse Papin. ostendit in hac l. si non sit actio depositi, sed creditæ pecuniæ, vel præscriptis verbis, usuræ non venient nec ex pacto, nec ex mora, neque ex officio judicis: sed si sit actio depositi, usuræ venient ex pacto convento in continenti officio judicis, sive ex pacto ex fide bona. Ex mora igitur, non ex mora, nisi aliud convenerit ab initio, ut usuræ præstentur etiam ante moram. Unde notandum est, off. jud. in actionem depositi non venire

A usuras, nisi ex mora, propria quadam ratione, quia esset contra bonam fidem, & contra naturam depositi, si usuris alligaretur is, qui beneficium dedit in recipienda re, & custodienda, nec recusavit unquam, aut moram fecit in ea reddenda, hoc est proprium in deposito. Ergo in aliis contractibus veniunt usuræ etiam ante moram officio judicis. In aliis contractibus bonæ fidei officio judicis usurarum ratio habebitur, etiam ejus temporis, quo debitor non erat in mora, veluti ex tarda solutione. Nam non omnis tarda solutio est mora. Mora est tarditas, quam creat interpellatio. Potest esse tarditas in re ipsa, quod longius trahat solutionem, licet non interpelletur, *l. cum quidam, §. ex locato, de usur.* quæ constituit differentiam inter tardam solutionem & moram ἐκ τῆς σηγχρήσεως. Ergo possunt venire usuræ ante moram ex tarda

B solutione, vel quod pecuniam (exempli gratia) mandatarius converterit in suos usus, licet nondum sit interpellatus de ea reddenda, *l. idemque, §. 3. mand. l. socium, pro socio.* Præterea stipulatio usurarum ante moram jure procedit, quis hoc negabit? in *l. lecta, de reb. cred.* tantum proficit officium judicis, quantum stipulatione: quod stipulationis contrahentes efficere possunt, idem facit judex ex officio. Ergo (quod sæpe iterandum est) multum interest scire, quæ actio sit ex proposito negotio. Sed ad extremum Papin. rem non definit, movet omnem lapidem excutiendæ hujus rei causa, nihil tamen efficit, quia rem indefinitam relinquit, sed subolet, Papinianum, facilè admisisse actionem depositi: cessare quidem privilegium depositi, sed non actionem: non malè agere eum, qui depositi agit, & consequenter in hoc negotio venire usuras ex pacto, vel ex mora officio judicis, licet excedat modum depositi, quod significat & *l. sequ. §. ult. l. Publia, §. 1. l. Quintus, l. si sæculum §. ult. hoc tit.* Exponenda nobis sunt primo reliqua *l. 24. depositi,* denique id quod proposuimus, contra naturam contractus pacta facta non esse rata. Proponitur initio *l. 24.* cautio pecuniæ his verbis: *Lucius Titius Sempronio salutem, &c.* cautio & chirographum depositæ pecuniæ fit per epistolam: sed quæritur, an ex ea cautione sit actio depositi? & hic quæritur propter usurarum incrementum: Nam si sit actio depositi, accrescent usuræ ex pacto vel off. jud. quia actio depositi est bonæ fidei: quod non contingeret, si non teneret actio depositi, sed competeret alia actio stricta. Et sequitur proposita cautione: *quæritur,* inquit, *propter usurarum incrementum*. Est methodus brevitatis, quæ dicitur κατὰ τὸ

D σιωπώμενον. Nam explenda est omninò hoc modo, aut intelligenda, ac si ita explanata fuisset. Quæritur an sit actio depositi propter usurarum incrementum? & ita etiam in *l. Publia, §. 1. hoc tit.* Si de præstandis usuris pecuniæ depositæ convenerit, eum contractum excedere modum depositi, ideoque secundum conventionem usuras peti posse actione depositi: hoc postremò non infertur: neque enim inferretur probè, sed ex eo quod subintelligitur, ac si dixisset contrarium, excedere modum depositi, neque tamen ideo minus depositum esse censeri: inde rectè infert, actione depositi usuras peti posse. Cur autem dubitat an ex cautione proposita sit actio depositi? nempe, quia is, qui cautionem emisit, non scripsit depositam, sed commendatam sibi pecuniam fuisse. E Verùm Papin. ait, esse act. depositi, quod idem sit commendare & deponere: & hoc ita se habere sine ulla controversia, si obsignata pecunia data sit ea lege, ut idem sacculus, eademque corpora nummorum redderentur. Nam in hoc contractu nihil est, quod non conveniat deposito, nihilque est, quo quis fretus, possit denegare actionem depositi. Et hoc est quod sequitur. Quid ergo? si id actum est numerata pecunia, ut alia tanta redderetur, non eadem, quid fiet? hoc deinde explicat Papinianus, *si numerata sit pecunia, &c.* Papin. ait, hanc rem excedere modum depositæ pecuniæ, depositum vel commendatum esse quidem nomine, non re, non substantia, non natura. Hæc lex subjecta deposito, ut tantundem reddatur, facit, ut quod depositum esse dixerunt, non sit fit depositum, & hoc forte casu non erit actio depositi, sed erit actio creditæ pecuniæ, quia ea res credito magis accedit, vel, quod in ambiguo, erit actio præscript. verbis, & consequenter non accrescent usuræ sine stipulatione : & hoc est quod subjicit, *nam si tantundem, &c.* si non est, inquit, actio depositi, non venient usuræ ex pacto, vel ex officio judicis, venient ex stipulatione sola ; quæ omnia satis probavimus constituta differentia inter judicia stricta & bonæ fidei. Contra si non convenit tantundem reddi, actione depositi venient usuræ, accrescent usuræ officio jud. perinde atque si essent in stipulationem deductæ, quoniam officium judicis tantum potest quantum stipulatio, id est, quantum stipulatio potest exprimere, vel extorquere, idem & judex potest, qui est addictus bonæ fidei actioni : & accrescent officio judicis ex tempore moræ, non ante moram : nam iniquum & absurdum & alienum a natura depositi est, ut usuris opprimatur depositarius, qui in custodienda pecunia beneficium dat, qui neque utitur ea pecunia, nec moram facit in ea reddenda. Usuram dat, qui beneficium accipit, non qui non accipit, non qui beneficium dat, si vacet mora : natura depositi est, ut custodiam solam injungat absque usu & usuris. Igitur non ante moram. Sed si initio deponendæ pecuniæ convenerit de præstandis usuris etiam ante moram, lex contractus servabitur, id est, præstabuntur usuræ ex pacto ; nam in bonæ fidei judiciis veniunt usuræ officio judicis. In hoc judicio deposito, ex mora tantum, vel ex pacto ante moram : & hoc est, quod subjicit, *& est quidem constitutum, &c.* Hoc ergo vult in extrema parte h. l. Papin. si sit actio depositi, usuras deberi ex pacto etiam tempris ejus, quod fuit ante moram : ex officio judicis, nonnisi ex mora. Et ait, *si tamen de usuris præstandis convenerit,* ante moram scilicet, *lex contractus servabitur,* id est, usuræ præstabuntur. Ex eo colligo, quod notandum, esse actionem depositi, licet convenerit de usuris præstandis depositæ pecuniæ ante moram, alioquin non deberentur usuræ, si deficeret actio depositi, non enim alia suppeteret, quam stricta. Item colligo non esse actionem depositi, si convenerit, ut tantundem solveretur, non idem: quod agi plerumque intelligitur, si pecunia numerata deponatur non tamen in folle, non in sacculo obsignata vel obserata : hæ duæ pactiones, *ut tantundem solvatur*, *vel ut usuræ præstentur ante moram*, sunt contra naturam depositi : hoc Papin. ait aperte in illo loco: *sed contra bonam fidem, &c.* Item superiori quo dixit- eam legem, ut tantundem solvatur, egredi notissimos terminos depositi, hoc enim aliud est, quam eam legem egredi naturam depositi. Qua vero ratione sunt contra naturam depositi? quia tacite permittunt uti pecunia, si vis me usuras præstare, vis ergo, ut mihi liceat uti pecunia, si vis ut tantundem solvam, non illam quam deposuisti, vis me eam consumere. Permittitur enim tacite, ut uti liceat : hæc sunt contra naturam depositi, *l. pacta, de contrah. empt. l. jure gentium, §. idem responsum, de pact.* nec sunt audiendi, qui differentiam constituunt inter ea, quæ sunt contractus naturalia, & substantialia: ex natura (inquam) & substantia, ex ipsomet contractu hoc est, ne utatur pecunia, sive ea deposita, qui accipit, sed eam servet intactam: depositum consistit ex custodia, non ex usu. Quæ lex sive pactio depositæ pecuniæ usum permittit, aberrat à natura depositi. Et hinc sumpta occasione dicet aliquis, si hæ pactiones sunt contra naturam depositi, ergo non servabuntur : & tamen ait Papian. servari, quod verbum est ex edicto prætoris, *pacta servabo* in §. *de illa, Inst. de sociēt.* explicabitur adhibita distinctione hujusmodi. Pactio dicitur esse contra naturam contractus, vel quod palam sit contra naturam contractus, vel quod tacite dumtaxat : hæc servatur, illa non servatur. Propterea contra naturam contractus est pactio, quæ manifeste adversatur contractui : ut puta si quid convenerit, quod pugnat omnino cum eo, quod primo contractum est, ut si post contractam societatem, quæ nihil aliud est, quam communio

lucri & damni, conveniat, ut unus totum lucrum sentiat' alter totum damnum, conventio non valet : quod enim est aliud, quam convenire, ne fit societas? Potest etiam exemplum sumi de precario, *l. precario 9, de precar.* Precarii natura est, si tu rogas me rem meam precario, ut eam revocem, ego qui precibus tuis locum dedi, cum mihi libuerit, quod commodato dedi, non revoco antequam usus fueris : nam id tibi utendum dedi : ut si æquum tibi commodavero Lugdunum usque, antequam veneris Lugdunum, non possum equum revocare : quod datur precario, non ita utendum datur, sed ut hac liberalitate mea utaris, quandiu mihi libuerit : nec datur proprie utendum, quod precario datur, sed precibus do tantum locum, non etiam in hoc me astringo, ut ne revocem rem precario datam, antequam usus fueris certæ rei causa: denique quod precario datur, non datur palam utendum. Verum finge : contracto precario convenit, ne ante Calendas Julias repeteres : hæc conventio est contra naturam precarii : Nam hoc perinde est, ac si diceres, ne sit precarium. Item si contrahatur feudum, & conveniat, ne fidelitas præstetur, hoc enim est, ne sit feudum. Item si contrahatur mutuum, & mox conveniat, ne pecuniam attingas, nec consumas, ne ea utaris, non erit mutuum, hæ pactiones sunt contra naturam contractus, quæ manifesto sunt contrariæ, ipsi contractui, quæque evertunt palam, quod actum ante. Item in deposito, si convenerit ut pecuniam consumeres, quod abutereris si velles: nam depositum contrahitur custodiæ causa, & hæc sunt contraria, *custodire* & *consumere* sive *absumere*. Quid fiet, si hæ pactiones contractibus ex continenti adjiciantur, ut in superioribus exemplis ? duorum alterum accidet, ut vel nullæ sint pactiones, & habeantur pro non adjectis, nec tamen vitient contractum, sicut dicitur in *l. 6. §. 1. de pecul. leg.* adjectionem legati, quæ est contra naturam legati nihil adjicere, id est, pro nulla & non scripta haberi, & non vitiare legatum. Exempli gratia, legatum est peculium servi (peculium intelligitur deducto eo, quod domino debetur) subducitur debitum, & æs alienum domini, non potest videri in peculio esse, ut quod ego debeo, non est in bonis meis. Finge tamen legari peculium, & adjici non deducto eo, quod domino debetur. Hæc adjectio est contra naturam, contra substantiam peculii, & ideo nihil adjicit : nec propterea minus fiet ea deductio, aut minus præstabitur legatum ; nec enim vitiatur per adjectionem repugnantem legati naturæ. Simili igitur modo hæ pactiones adjectæ contractibus, quæ manifeste contractum impugnant, non vitiabunt contractum, sed vitiabuntur ipsæ, vel etiam aliud contingit, ut confestim propter pactionem, quæ adjecta est contraria contractui ante habito, si negotium id ferat, ut res transeat in aliud genus contractus, veluti si deposuero apud te pecuniam, & confestim convenerit, ut ea utereris, interpretabimur creditum esse contractum, non depositum, *l. 9. §. ult. l. 10. de reb. credit.* Palam edico, ut pecunia deposita utaris, non depono, sed credo. Et ita Accursius recte in. *l. seq. §. ult. hoc tit.* distinguit, utrum usus pecuniæ permittatur nominatim, an tacite. Nam si nominatim pecunia credita sit, in ipso momento videntur contrahentes mutasse propositum, & depositum mutasse in creditum. Sed si tacite permittatur usus pecuniæ depositæ, non definit esse depositio : & ita in mutuo, si convenerit, ut eadem corpora nummorum redderentur, quod videtur alienum a natura mutui, quia mutuum damus recepturi idem genus, non speciem, mutuum est quantitatis, non corporis : valet tamen ea pactio, quia non palam tibi interdico usum pecuniæ, licet legem adjiciam, ut reddas eandem pecuniam, & possis uti medio tempore. Idem erit in deposito, si convenerit, ut usuras præstes, vel ut tantundem reddas, quia hoc non palam edico, ut ea pecunia utaris, sed tacite tantum per consequentiam. Et multa quæ non fiunt rite propalam, fiunt rite per consequentiam, & tacito intellectu : sunt hujus rei innumera exempla. Et si quis generatim quærat, utrum sit major vis expressi, an taciti, vel

*an*

an par fit, vel non? debes respondere, ex eo quod sit plerumque, majorem esse vim taciti, quam expressi, hoc est, pleraque tacite procedere, quae palam non admitterentur. Ergo argumento proposito breviter ita respondendum est : intelligendos casus de pactionibus, quae nominatim concipiuntur contra naturam contractus, non de iis quae sunt tacite contra naturam contractus, quales sunt hae duae in *hac leg.* ut tantundem reddatur, quantum depositum est, & ut depositi usurae reddantur.

### Ad L. LXXXI. si Soc. pro fil. pro socio.

*Si socius pro filia dotem promisit: & prius quam solveret, herede ea relicta decessit, quae postea cum marito de exigenda dote egit, accepto liberata est: quaesitum est, an si pro socio ageret, dotis quantitatem praecipere deberet si forte convenisset inter socios, ut de communi dos constitueretur.* Dixi pactum non esse iniquum, utique si non de alterius tantum filia convenit: nam si commune hoc pactum fuit: non interesse, quod alter solus filiam habuit. Ceterum, si numeratam dotem pater, defuncta in matrimonio filia, recuperasset, reddi pecuniam societati debuisse: pactum ex aequitate sic nobis interpretantibus. Quod si salva societate, divortio matrimonium solutum foret, cum sua causa dotem reciperari, scilicet, ut ea vel alii marito dari possit, nec si prior maritus faceret non posset denuo de societate constituendam dotem: nisi si nominatim ita convenisset. Verum in proposito largiter esse videbatur, dos numerata esset, an vero promissa: nam si filia datam dotem posteaquam patri heres extitit, jure suo recepisset, non esse referendam pecuniam societati, quam mulier habitura fuit, etsi alius heres extitisset: quod si accepto a marito liberata esset, nequaquam imputari posse societati non solutam pecuniam.

SEquitur, ut transeamus ad *l. 81. pro soc.* quae lex continet plura, & singularia multa: vellem, ne mihi vel aliis illius tenor memoria excideret; nam posset multis rebus accommodari, habetque rationem summam. Sciendum est, mortua in matrimonio filia, dotem profectitiam redire ad patrem: hoc nemo est, qui nesciat, *l. jure, de jure dot.* Et dotem profectitiam esse, non tantum, si de eam dederit pater, sed & si de communi. Verum hoc interest, quod si dederit de suo proprio, dos revertitur ad eum, & remanet apud eum jure perpetuo: mortua enim in matrimonio filia, si dederit dotem de communi pater, rursus eam debet redigere in commune, quod hoc loco ostenditur singulari. Dos profecta de communi a patre recipitur, sed mox refertur in commune, nec retinetur a patre. Divortio autem facto inter virum, & uxorem, repetitio dotis est communis, patris & filiae: nec enim pater potest dotem profectitiam repetere invita filia, *l. 2. solut.matr. l. pater filia, ad l. Falc.* Et si eam repetierit, ut oportet volente filia, eam ei servare debet, quoad nubat forte alii viro; non potest eam minuere, vel perdere, aut adimere filiae: nam in patrimonio filiae esse coepit, quamvis sit in patris potestate, *l. 24. de collat. & l. 1. §. ult. de collat. dot.* Et finito matrimonio non desinit esse in patrimonio filiae, ac eadem filia rursus fungi potest repetitio matrimonio. Atque hoc est, quod ait Papinian. *dotem a patre recuperari cum sua causa,* ut scilicet, vel alii marito detur, ut eadem dos fungatur pro eadem filia, nec intermittatur causa ejus pecuniae, quia in bonis intelligitur esse filiae etiam soluto matrimonio, potius quam in bonis patris, filiisfamil. habent castrense, vel quasi castrense peculium in proprio patrimonio: filiae f. dotem profectitiam; sed si divortii tempore pater non fuerit in rebus humanis, a quo dos profecta est, repetitio dotis competit soli filiae, & recipit eam jure suo, ut Florentiae scriptum est hoc loco. Idem dicam, si divortii tempore mortuus fuit pater, & jure suo, ad differentiam juris hereditarii, quia ponitur in *h. l.* filiam patri heredem extitisse: nam filia non recipit dotem jure hereditario, licet patri heres extiterit, sed jure suo, jure proprio. Et ita idem Papin. in *l. pat. fil. ad*

A *l. Falc.* filiam, quae heres instituta, & rogata est hereditatem restituere, habituram Falcidiam jure hereditario, dotem autem jure suo. Confert ibi palam jus hereditarium cum jure proprio: & vis differentiae in eo consistit, quod qui jure suo recipit dotem, eam non refert societati, & refert societ. sicut pater, si eam reciperet jure hereditario, quod post dicemus enucleatius, & apertius. Ad hoc sciendum est, soluto matrimonio maritum teneri de dote reddenda socero vel uxori, vel heredi ejus, non tantum si dotem acceperit, sed etiam, si per eum steterit, quo minus acceperit, & alias teneri in dotem ipsam, hoc est, in quantitatem dotis, quae deducta vel promissa est, alias in hoc tantum teneri, ut actorem liberet ab obligatione dotis, quod exemplis fiet manifestius. Finge : mulier debitorem suum delegavit marito, ut quod sibi is deberet, marito
B promitteret, idque acceptum maritus haberet in causam dotis: quo genere dos saepissime constituitur. Si debitor sit a muliere marito delegatus, & id quod debet mulieri marito doti dixerit, vel promiserit, nec maritus eum exegerit, ac deinde defectus sit facultatibus debitor delegatus : divortio facto mulier repetet dotem, perinde ac si eam exegisset: quoniam hoc ei imputatur, cur sibi delegatum debitorem mulieris non urserit ad solutionem, priusquam laberetur facultatibus, *l. si extraneus 33. de jur. dot.* Cur non exigit in tempore? cur fuit segnis? culpanda est segnities mariti, & plectenda redditione dotis, perinde ac si numerata fuisset, & exacta. Sed si socer, qui dotem promisit genero, nec solvit, mortua in matrimonio filia ( quo casu dos ad eum redit ) ager de dote, quam maritus debuit exigere, nec exegit, vel etiam si uxor, quae
C dotem promisit, vel quae debitori a se delegato, & promissori dotis, vel quae alii debitori dotis heres extiterit: aut, si debitor delegatus, qui mulieri heres extiterit, soluto matrimonio agat de dote, quam exigere debuit maritus, nec exegit, non consequetur dotis quantitatem : quia sine rubore non potest imputare, aut culpae vertere viro benignitatem suam, qui eum non urserit ad solutionem; non possum imputare honesto marito, qui me non exegerit, qui mihi pepercerit, qui eram debitor dotis, vel jure proprio, vel jure hereditario: possum ei imputare, quod ab extraneo non exegerit dotem, quod a patre, non item, non possum imputare viro, quod patrem meum non urserit, *d. l. si extraneus.* Ergo si qui sunt debitores dotis, vel jure proprio, vel nomine hereditario soluto matrimonio agant de dote, quam non exegit maritus,
D non consequentur dotem, quia culpa omni vacat, quod non exegit, quo agentibus de dote pepercit, sed hoc tantum consequentur, ut liberentur obligatione dotis per acceptilationem, quia obligatio sola fuit apud virum dotis loco, non res ipsa, *l. nupta, §. quoties, sol. matr. l. promittendo, §. ult. de jur. dot. l. deposui §. 1. de pecul.* Et secundum hanc definitionem juris res, proposita gesta fuisse in hac lege: modo ejus speciem videamus. Species haec est: dos fuit socii omnium bonorum, primus & secundus. Convenit inter eos, ut unusquisque filiae suae dotem constitueret de communi, hoc est, ut dotem quam quisque constitueret pro sua filia, sumeret de arca communi, & utrique imputaret. Commune fuit pactum, communis conventio, alioqui esset iniqua: Nam si ita convenisset, ut primus pro sua filia dotem constitueret
E de communi, non secundus, inaequale esset pactum, *l. 3. C. comm. utriusq. judic.* & contra naturam societatis, nec valeret: sed hoc casu commune fuit pactum, ut quisque filiam suam doraret de communi, pactum igitur cum sit justum, servandum est. Nec obstat, quod conventionis tempore unus filiam habuerit, alter non : nam potest haberi : de pacto. igitur, cum sit commune, nulla est dubitatio, quin pactum ratum habendum, & servandum sit. Porro unus ex sociis, dotem promisit pro filia, nec solvit : communioni igitur eo nomine secundum conventionem nihil abstulit, & priusquam solveret pater, eo mortuo filia heres extitit, pro qua dotem promiserat, atque ita filia coepit debere dotem marito, quam debuit pater, jure hereditario, nec solvit, non coegit eum

eum maritus ad solutionem. Postea divortio facto solutum est matrimonium, & mulier agit de exigenda dote, hoc est, quam exigere debuit maritus, ut eam sibi reddat, quid consequetur? Non consequetur dotis quantitatem, quam ipsa debet marito, sed liberationem obligationis tantum. Satis enim esse diximus acceptilatione eam liberari, quia non possit argui maritus vel culpari, si ei pepercerit, si eam non præcipitavit ad solutionem, *d. l. si extraneus*. Deinde filia accepto liberata, ut diximus, agit pro socio rationum reddendarum causa, cum eo qui fuit socius patris, nunc desinit esse: nam mors solvit omnem societatem, nedum conjugalem: quæritur in judicio pro socio, an possit filia deducere quasi præcipuo jure, an possit percipere quasi præcipuam, *au preallable* dotis quantitatem, hac ratione, quia inter socios placuerit dotes constitui de communi filiabus? Hæc ratio non est idonea, nec ad eam attendit Papin. noster, qui respondet, non posse eam dotem percipere de communi: & fortis est ratio, qua potuit moveri Papin. quia pater eam dotem promisit tantum, non constituit, quo verbo usi erant socii in paciscendo, ut unusquisque pro filia dotem constitueret de communi: pater, inquam, promisit tantum, non constituit, & constitui non potest dirempto matrimonio. Dos quomodo constituitur? traditione, solutione, numeratione. Breviter, re, non verbis, non promissione, quod & vox ipsa demonstrat, *l. 5. sol. matr. l. dotale §. dotale, de fund. dot.* De communi igitur non auferet filia, quod non abstulit pater. Et hoc est, quod definit *in fin. l. Si*, inquit, filia sit acceptilatione liberata a marito, cum pater dotem promisisset, non numerasset, non posse eam imputare societati dotem promissam tantum, non numeratam. Quod ita Cyrillus: εἰ δὲ μόνον ἐν ἐπερωτήσει ἦν ἡ προίξ, ἀδὲν ἀπαιτεῖμι ἡ δυγάτηρ τοῦ κοινωνοῦ λυθέντος τοῦ γάμου. Si, inquit, dos promissa sit tantum, non numerata, nihil filia petere potest a socio soluto matrimonio. Diximus de dote promissa a patre, de cujus repetitione si agat filia heres, consequitur tantum liberationem obligationis, non pecuniam. Nunc dicamus de dote genero data a patre de communi. Et hoc casu distinguit Papin. acutissime. Est quod admiremur ejus ingenium: hoc loco aut Papin. aut morte solutum est matrimonium, aut divortio. Si morte filiæ, dos redit ad patrem, sed necesse est, eam redigere in commune, unde profecta est: & ait Papin. se ita interpretari pactum ex æquitate, ne dos remaneat apud patrem quasi propria, qua pro filia amplius fungi non potest, cum sit mortua. Jureconsultus est interpres æquitatis: hanc ipse excogitavit Papin. sicut & alia pleraque. Valde enim auxit jus nostrum. Sin autem divortio solutum sit matrimonium, subdistinguit: nam videndum est, utrum divortium factum sit vivo patre, an mortuo patre. Si vivo patre, id est, manente societate, dotem repetit pater adjuncta persona filiæ, refert in commune, ut sua causa tamen, ut scilicet, pro eadem filia alii marito dari possit, & iterum subduci de communi. Verum finge: pater nihil potuit recipere a priore marito propter inopiam ejus, an poterit iterum dotem reficere de communi suæ filiæ? minime, quia de una tantum dote constituenda actum est, non de duabus: quod si ita actum esset, obtineret, sed ita actum non est. Dos igitur illa perit societati, & patri & filiæ, propter egestatem mariti, nec refici potest ex communi: sed si mortuo patre factum sit divortium, hoc est, finita societate, filia dotem repetit, nec eam referet societati, sive heres sit instituta, sive exhæredata: nam exhæredatio non aufert dotem profectitiam: repetet igitur, nec referet societati, quia non repetit eam jure hereditario, quasi ex persona patris, quia si eam jure hereditario reciperet, referret societati, sed recipit eam jure suo, quia scilicet factum est proprium patrimonium filiæ, ut diximus ab initio.

---

### Ad L. cum filiofam. XI. de Leg. I.

*Cum filiofamilias vel servo alieno legatum vel hereditas datur, fideicommitti patri vel domino potest: at tunc demum ex persona ipsorum fideicommissum vires capit, cum ipsis per quos commodum hereditatis, vel legati patri dominove quæritur, fideicommissum relinquitur. Denique Julianus non subtili ratione motus, patrem, cujus filius heres institutus est, extero quidem habita ratione l. Falcidia restituere hereditatem respondit: quoniam ex persona filii teneretur: ipsi vero filio, non admissa Falcidia: quoniam ex persona sua sibi filius obligari non posset: ac pater non ut heres, sed ut pater rogari videtur. Et ideo si filio rogatus sit pater post mortem suam, quod ad se pervenit ex legato vel hereditate filio relictis, restituere, isque vivo patre decedat, omnimodo patrem id retenturum, quoniam fideicommissum ex persona patris vires acceperit.*

AD hanc l. Doctores multum pulverem movent, dum ignoratione juris antiqui nesciunt, quid sibi velit pars ult. ejus l. scribunt in eam, chartarum non est satis: si differunt, nullus est de eo differendi modus. Est tamen res nullius momenti. Exordium sumit Papinian. a reg. jur. quæ est hujusmodi; *patri vel domino heredis instituti, aut legatarii fideicommitti posse,* id est, *patrem vel dominum ejus, qui heres est scriptus, vel cui legatum est relictum, posse rogari, ut faciat aliquid, vel det aliquid alteri: non heredem tantum, vel legatarium onerari posse fideicommisso, sed & patrem vel dominum.* Et recte ait, *fideicommitti,* secundum jus vetus; nam a patre vel domino heredis non potuit legari, at fideicommitti posse, quod ostendit Ulpian. in fragm. tit. de legatis. Æquiora sunt jura fideicommissorum: consistunt enim in nuda voluntate heredis, nec tam reguntur jure, quam sola voluntate: legata præter voluntatem etiam jus exigunt, id est, solemnitatem & regulas juris, observationes juris, & inde pendent tot differentiæ inter legata & fideicommissa. Et eodem modo in *l. 4. de leg. 3.* a patre, inquit, vel domino heredis instituti fideicommissum relictum, bene: nam legatum non potuit relinqui. Hæc autem regula, ut possit fideicommitti patri vel domino heredis instituti, aut legatarii, ita vera est, si domino certo fideicommittatur, & præsenti sive ei, qui nunc, qui eo tempore, quo fideicommissum relinquitur, est dominus heredis instituti, vel legatarii. Huic fideicommitti potest, quia scilicet testator tacite videtur ei dare hereditatem, quam dat servo ejus, per quem adeuntem jussu ejus, non ignorat hereditatem confestim adquisitam iri. Cui testator, vel tacito judicio dat aliquid, eum etiam fideicommisso onerare potest: ab eo autem, qui non est dominus heredis instituti, vel legatarii fideicommissum relinqui sub conditione, si fiat dominus servi heredis instituti aut legato honorati, fideicommissum relinquitur inutiliter, quia incertum est, an sit futurus dominus; quod pendet ex casu fortunæ, quæ futura sunt non sunt certa, sed fortuita: a domino certo possum fideicommissum relinquere: ab incerto, & quandoque forte fortuna futuro vel non futuro fideicommiss. relinqui non potest: quia etsi postea fiat dominus servi hered. instituti, & jussu ejus servus adeat, non videtur hereditas obvenisse certo, principalique judicio defuncti, sed fortuito, non beneficio testatoris, sed fortunæ. Infirmum enim fuit & incertum judicium defuncti, quod contulit in casum arbitriumque fortunæ: denique huic facto domino postea nihil videtur dedisse defunctus. Ergo nec fideicommissum ab eo valet, cui nihil dederis; quem non honoraveris, eum onerare non potes. Et hæc est sententia *l. 6. §. ult. de leg. 3.* Ergo hæc regula, quæ proponitur initio h. l. ita vera est, si sit præsens certusque dominus heredis servi instituti vel legatarii, nam ab eo relictum fideicommissum valet non minus, quam si relinqueretur ab herede instituto. Et notandum ad hæc, a patre, vel domino heredis instituti vel legatarii, cui omne emolumentum adquiritur jure, posse fideicommissum relinqui, non tantum extraneo, sed & ipsi filio, vel servo heredi instituto. Filius aut servus institutus est: huic filio utiliter relinquo fideicommissum a patre ejus, ut si pater roge-

rogetur restituere hereditatem, quam est adquisiturus per filium, eidem filio post mortem suam, vel si rogetur restituere cum emancipatus fuerit filius. Idem erit, si rogetur servum manumittere: utilia sunt fideicomm. *l. quæsitum* 91. §. *cum servus, de leg.* 1. *l. quidam*, §. *si filio, ad Trebell.* l. 5. §. *si servum, de his quæ ut indig. l. quærimus, C. de fideicomm.* Sed pergamus: multum tamen interest, utrum a patre vel domino heredis instituti fideicommissum relinquatur extraneo, an ipsi filio, aut servo: nam si extraneo, ei pater obligatur nomine fideicommissi ex persona filii ut heres, quia sustinet vicem heredis, id est, filii: & filiusfam. si esset paterfamil. teneretur fideicommissario, quod relictum a patre, relictum a se intelligatur. Ergo, extraneo tenetur pater ex persona filii ut heres: filio autem si sit rogatus præstare fideicommiss. tetretur ex sua persona, non ex persona filii, quia & filius si esset paterfamil. non teneretur sibi ipsi: nemo obligatur sibi ipsi, ex persona mea mihi deberi non potest, alii potest. Ergo si ipsi filio a patre sit fideicommiss. relictum, pater non tenetur ut heres, hoc est, non tenetur ut filius, sed tenetur ut pater, ut quilibet ad quem morte testatoris aliquid pervenit: nam regulare est, fideicommissum posse relinqui non tantum ab herede, sed etiam ab omnibus iis, ad quos morte testatoris aliquid pervenit, velut a legatario, fideicommiss. donatario causa mortis, a marito, qui lucrum dotale ex causa mortis fert *l. 1.* §. *sciendum, & seq. de leg.* 3. Ex eo sequitur res magni momenti, ut si priori quidem casu pater instituti heredis, aut legatarii rogatus sit præstare fideicommissum ut possit detrahere Falcidiam, si interveniat: sed si sit relictum filio, hoc est, si rogatus sit filio post mortem suam restituere hereditatem, quæ ei per filium obvenit, non potest deducere Falcidiam, sed restituere totam sine diminutione, quia beneficio legis Falcidiæ utitur tantum heres, aut veluti heres, *l. mulier* 22. §. *ult. ad Trebell.* Et filio non præstat fideicommissum ut heres, ergo non utitur Falcidia; extraneo præstat fideicommissum ut heres, ergo recte utitur Falcidiæ beneficio. Falcidia, inquam, utitur tantum heres, vel quasi heres. Exempli gratia, bonorum possessor utitur Falcidia, quoniam est veluti heres. Item pater, qui filiosfamil. miluti succesit ab intestato in castrensi peculio, si ab intestato miles filiusfamil. reliquerit multa fideicommissa, ex eis deducet Falcidiam. *l. filiusfamil.* 18. *ad leg. Falcid.* quia est veluti heres filii sui: heres certe non est absolute, quandoquidem bona castrensia redierunt ad patrem non quasi hereditas, sed quasi peculium, *l. 1. & 2. de cast. pec.* Item Falcidia utitur pater heredis, qui rogatus est restituere hereditatem extraneo, ut ostenditur hac *l. & l. Nesennius* 22. §. *servo, ad leg. Falcid.* quia est veluti heres. Et fideicommissum præstat ex persona filii scripti heredis. Quæro, an legatarius oneratus fideicommisso detrahet Falcidiam? minime, quia neque est heres, neque veluti heres, etiamsi sit partiarius, *d. l. mulier*, §. *ult.* Legatarius igitur non utitur Falcidia ex sua persona, sed ex persona heredis, hoc est, si ipse passus sit Falcidiam. Et rescissionem legati sui in fideicommissario, cui est rogatus præstare aliquid, reputabit pro rata, *l. pœnales*, §. *si Titio, ad leg. Falcid.* Idemque statuendum est de fideicomm. speciali. Quæro fideicommissarius generalis, an detrahat Falcidiam? Finge: heres scriptus rogatus restituere hereditatem primo, primus secundo, an primus secundo detrahet Falcidiam? minime, quia ea jam antea usus heres scriptus, qui ut potuit. Falcidia non iteratur, semel tantum in eadem hereditate deducitur Falcidia, *l. si patrem* 55. §. *qui fideicomm. l. 1.* §. *denique, & seq. ad Trebell. l. lex Falcid.* §. *ult. ad l. Falcid. l. coheredi*, §. *quod si hered. de vulg. substit.* Excipiuntur casus quidam; si ideo heres non detraxerit Falcidiam, ut detraheret fideicommissarius prior, dum ei vult donare Falcidiam, non posteriori fideicomm. *l. 1.* §. *inde Neratius, ad Trebell.* Excipitur etiam hic casus, si fideicommissarius conveniatur a legatariis ex persona heredis, quia onus legatorum reli-

ctorum ab herede transit in fideicommissarium, cui est restituta hereditas: & ita si conveniatur ex persona heredis, utetur etiam Falcidia, qua heres uti potuisset, *l. Marcellus*, §. *1. ad Trebell.* Non utetur etiam Falcidia pater filii heredis instituti, qui rogatus est restituere ipsi filio hereditatem, sed restituet solidam hereditatem filio, quia neque est heres, neque veluti heres, hoc est, non debet fideicommissum filio ut filius, ergo nec ut heres: sed ut pater, quod hac lege ostenditur. Nec obstat *l. 1.* §. *si filio, ad Trebel.* si pater filii instituti rogatus sit filio restituere hereditatem, locus est Senatusc. Trebell. Fateor, locum esse Senatusc. Trebell. sed non legi Falcidiæ, hoc est, a patre restituta hereditate, hæ actiones transeunt in filium ex Trebelliano; verum ipse pater non detrahit Falcidiam. Nec obstat lex *jubemus*, §. *1. C. ad Trebell.* pater rogatus est restituere filio, deducit Falcidiam. Resp. pater heres institutus est, & rogatus restituere hereditatem: sed pater heredis instituti rogatus eidem restituere, non detrahit Falcidia. quia non est heres, neque vice heredis, quæ heredibus tantum permittitur, aut veluti heredibus, sive iis, qui explent voluntatem testatoris, velut heredes vel heredum loco, ex persona heredum. Et hoc est, quod ait Papin. in hac l. videamus tamen antequam ad posteriorem, *l. deveniamus*, filio herede instituto, uter sit heres, filius an pater. Idem quæritur de servo herede instituto, uter servus, an dominus sit heres? Res est expeditu facillima. Dicam enim dominum non esse heredem; sed velut heredem: quod ex superioribus liquet: vel dicam, dominum non esse heredem suo nomine, non directo, non principaliter, sed per suum, & patrem per filium, per intermediam personam, *l. 2. de petit. hered. l. 9.* §. *illud, de interrog. in jure fac. l. qui liber*, §. *de vulg. substit.* Vel dicam, dominum non esse heredem ἁπλῶς, sed κατά τι quod rem habeat, id est, hereditatem. Heres est, qui scriptus, vel nuncupatus est, cui honos habitus est, qui honoratus est nomine heredis. Institutio est honos, *l. si filium*, §. *sed & si, l. 3.* §. *hoc autem, de leg. præst.* non eximus, ut habeat rem, sed ut nomen: nam & qui se abstinuit hereditate, heres est, & qui restituit hereditatem ex Trebell. heres est. Heres est, scil. sine re, qui adivit aut miscuit: nec qui restit.... heres est cum re sc. heres igitur alias sine re, alias cum re, ut Ambros. dicit in Epist. & *ex jure nostro in l. filius, ff. de inoff. test. & Ulp. in fragm.* Et qui successit loco ejus, qui se abstinuit, non est heres, nec usurpat nomen heredis, sed est bonorum possessor, & fideicomm. cui est restituta hereditas, non est heres, nec dicitur heres, sed fideicom. Trebell. Denique heres est, qui nomen & titulum heredis habet, tametsi rem ipsam non habeat, sed alius: dominus non habet nomen heredis: ergo non est heres, licet rem obtineat, quia res non facit heredem, sed nomen. Et ita *l. qui hered. de cond. & demonst.* qui jussus est dare heredi, si servus loci heres, tamen non satisfacit voluntati defuncti, si domino dederit, *l. 3. l. qui liber*, §. *ult. de vulg. subst.* His verbis substitutionis: *Qui mihi heres erit, sit etiam filio meo impuberi*: non comprehenditur dominus, vel pater factus heres per servum, aut filium. *l. 3.* §. *hoc autem, de leg. præst.* Rescisso testamento per bonor. possess. contra tab. corruunt omnia, sed legata servantur liberis tantum & parentibus relicta: an etiam, quæ fuit relicta servis eorum? Minime: nam non quærimus, cui adquiratur, sed cui honos habitus sit: & levia sunt, quæ in contrarium objiciuntur, eaque paucis expediam. Objiciunt in contrarium, ut efficiant dominum esse verum heredem, §. *item nobis, Instit. per quas pers. nobis adq.* Adquiritur patri vel domino hereditas perinde atque si heres institutus esset. Ergo heres est. Resp. non dicit, eum esse heredem perinde atque si institutus esset, sed dicit ei adquiri, quod non nego. Item objiciunt, quod diximus ante ex hac l. patrem sui Falcidia rogatum extraneo restituere hereditatem: si utitur Falcidia heres est: nam uti Falcidia solius est heredis. Resp. uti eum Falcidia ex persona filii. Objiciunt l. *placet* 79. *de adq. hered.* filio instituto & adeunte jussu patris confestim hereditas adquiritur patri, & ne momentum quidem, inquit lex, intelligitur remansisse

apud

apud filium, quoniam confestim adquiritur patri. Resp. non ex eo sequitur, patrem esse heredem: adquirit rem, ergo heres est, vitiosa est collectio. Filius patri adquirit rem, sed non nomen heredis, quod notandum. Posset magis vos movere *lex* 12. §. *si usus, de usu & habit.* Finge: usus ædium est legatus filiofam. adquiritur patri: pater autem utetur ædibus cum uxore, & cum liberis, & cum servis omnib. an etiam filius, cui legatus est usus ædium potest habitare cum liberis & uxore? Minime. Ergo pater videtur esse usuarius, non filius; consimiliter pater videtur esse heres, non filius. Resp. hoc ita fieri, ut pater solus habitet cum suis, non etiam filius cum suis, quod patri sit adquisitum omne emolumentum; usus abiit a filio, & resedit nudum nomen usuarii: unde sic statuo. Usuarius est, cui relictus est usus, non cui adquisitus: & simili modo heres, cui relicta est hereditas, non cui adquisita, quanquam etiam possit dici heres, sed non ἁπλῶς. Repetamus paucis quæ didicimus ex *l.* 11. *de leg.* 1. Regula est juris, qua constituitur, a patre vel domino, qui hereditatem vel legatum adquisivit per filiumf. vel per servum jure potestatis fideicommissum relinqui posse. Regula concepta est de fideicommisso. In hac *l.* 11. & in *l.* 4. *de leg.* 3. & in *l. si alienus, de leg.* 2. quia ante constitutionem Justin. de exæquatione legati, & fideicomm. recte a patre vel domino relinqui legatum non potuit, fideicomm. potuit, ut Ulpianus docet in fragm. *de fideicomm.* Et vera est regula, sive pater aut dominus rogetur præstare fideicomm. extraneo, sive filio ipsius, aut servo suo sub conditione, scil. cum erit sui juris, vel post mortem suam, id est, cum mortuus fuerit pater vel dominus. Utile ergo est fideicomm. relictum a patre vel domino heredis instituti, aut legatarii, sive relictum sit ipsi filiofam. vel servo, vel extraneo: sed hoc interest inter filium & extraneum, quod si extraneo relinquatur fideicommiss. vires accipit ex persona filii: si autem relinquatur filio fideicommissum, vires accipit ex persona patris: vel aliter: fideicommissum debet pater extraneo ut heres: filio ut pater, & ut alius quilibet, ad quem morte alterius commodum aliquod pervenit. Hæc omnia sunt certissima. Nam satis perspicuum est filio non posse deberi fideicommissum ex persona filii: nemo enim sibi ipsi debere potest, nec obligatus esse potest: denique pater filio fideicommissum non debet, ut heres, id est, ut filius, ut vicem gerens filii, sed debet fideicommissum filio ut pater, ut persona, quæ fideicomm. onerari potest. Ex iis, quæ diximus esse certissima, duo Papinian. definit. Unum est, patrem rogatum restituere extraneo, in eo fideicommisso exercere Falcidiam, quia id debet ut heres, *l. Nesenm.* §. *servo, ad leg. Falcid.* & lex Falcidia lata est heredis gratia, *l.* 71. *eod. tit.* ne hereditatem repudiaret, ne destitueretur testamentum, non etiam extranea personæ gratia, ad quam commodum aliquod pervenisset ex bonis defuncti: beneficium legis Falcidiæ datum est heredibus: sed si filio pater rogatus sit restituere fideicomm. non exercebit Falcid. quia id non debet ut heres, sed ut pater, ut quilibet: Falcidia non utitur quilibet, sed heres tantum. Est elegans quod ait *d. l.* 71. legem Falcid. esse latam heredis gratia, propter σκληρωκέλω heredis tantum, ne respueret hereditatem quod filius quilibet: & hoc primum quod dixi efficere Papinianum ex superioribus, latius exposuimus supra. Restat de altero. Positis superioribus principiis duo Papin. efficit. Unum exposuimus, alterum proponitur in ultima parte *h. l.* his verbis, *quod si pater, &c.* hanc partem explicant male qui aspernantur juris antiqui cognitionem, ex quo petenda hujus partis interpretatio. Interpretes multum dissimiles ab Aristone, quem Plinius scribit *sic jura publica tanquam privata, sic antiqua tanquam nova, sic rara ut assidua tractasse*: nec erit unquam fidus interpres juris, nisi qui & antiquum, novum & medium jus bene cognoverit. Ergo imitemur Aristonem, & nullius juris cognitionem negligamus. In quo doctores nostri versati errare malunt quam veritatem cognoscere. Nec existiment nihil ex jure antiquo residere in Pandectis: resident enim innumera, quæ si nolis agnoscere, necesse est hæreas semper in luto: nec existi-

A memus ea, quæ sunt scripta in Pandectis omnino congruere cum novissimis constitutionibus Cod. hoc enim est manifeste falsum. Ne existimemus hoc Justinianum ipsum voluisse, cum jubet in præfatione *ff. de vet. jure enucl.* ea quæ sunt scripta in his libris, ita accipi tanquam ab ipso Justiniano scripta, non tanquam scripta a Papin. vel aliis auctoribus. Dicemus igitur superfluas esse inscriptiones auctorum? quod scimus, quodque cernimus, neque licebit nobis scire neque cernere? Justin. scribere, nihil esse dissonum, nihil simile in D. vel Cod. cum tamen multa sint non similia tantum, sed eadem, & iisdem verbis repetita: multa sint quoque dissona atque contraria: nihil est hac opinione perniciosius. Et quod Justin. ait, nihil esse contrarium, nihil dissimile, & congruere inter se omnia ex quibus constat Codex & Digesta, id est,
B commendatio operis potius, quam affirmatio vera & demonstratio ejus, quod conatus est, quod satis egit, non etiam peregit. Pleraque scribuntur a nobis aut dicuntur, non quod vera sint, sed dicuntur ostentationis gratia, vel demonstrandi conatus nostri. Ita est iis respondendum: neque ad summum pervenire, qui fuerit juris veteris contemptor, quique non cognoverit restare in D. multa vestigia duarum familiarum invicem diffidentium Sabinianorum & Proculianorum. Exponenda igitur nobis ultima pars hujus legis ex jure antiquo. Finge: pater pro filio adquisita est hereditas vel legatum, & fuit rogatus pater, ut filio restitueret eam hereditatem vel legatum post mortem suam, vel cum morietur. Denique a patre fuit relictum fideicommissum filio, ita ut filius repeteret post mortem patris: fideicommissum inquam hereditatis aut
C legati sibi adquisitum per filium: defecit conditio fideicomm. quoniam mortuus est filius vivo patre, & fuerat relictum fideicomm. filio post mortem patris, atque adeo sub conditione, si superviveret patri, non præmoreretur. Quæritur an fideicomm. remaneat apud patrem, quod defecit conditio præmortuo filio? & omnimodo ait, remansurum esse: nec rationem dubitandi explicat: decidendi tamen hanc rationem subjicit, remansurum fideicommissum apud patrem, quia id debuit ut pater, non ut heres. Supplenda igitur a nobis est ratio dubitandi, quæ proculdubio hæc fuit, quia videbatur fideicomm. recidisse in fiscum post mortem testatoris mortuo filio, cui fideicomm. erat relictum ante patrem. Nam caduca sunt, quæ deficiunt post mortem testatoris, ut si legatarius
D aut fideicommiss. conditione fideicommissi deficiatur post mortem testatoris: filius hic defectus est conditione fideicommissi post mortem testatoris vivo patre, qui rogatus est: ergo est caducum. In causam autem caduci rediguntur in fiscum etiam, quæ deficiunt vivo testatore post testamentum. Hæc quæ sunt caduca, vel in causa caduci ab initio sunt utilia, sed deficiunt postea. Alia sunt quæ relinquuntur testamentis, quæ ab initio sunt inutilia, quæ dicuntur esse pro non scriptis. At Papinian. ait fideicommissum, quod defecit præmoriente filio, cui relictum erat, non fieri caducum, sed remanere apud patrem, quia onus caduci irrogatur soli heredi; leges caducariæ, id est, Julia & Papia invident lucrum heredi, non aliis personis, heredem solum incessunt. Pater autem hoc fideicommiss. non debet ut heres, sed ut pater, ut
E quilibet, & fideicommiss. vires capit ex persona patris: ergo non subjicitur legibus caducariis, quæ heredem solum insequuntur. Et recte ponit exemplum in patre rogato restituere filiofam. nam secus erit si rogetur pater restituere extraneo, & moriatur extraneus vivo patre, & ita deficiat fideicomm. nam hoc casu fit caducum, nec remanebit apud patrem, quia id debuit ut heres, non ut persona quælibet, & heredi fisci ratio utilitur fiscus non personæ cuilibet. Quam quidem distinctionem inter extraneum & filium volumus tantum aptari ad fideicomm. hereditatis. Si pater rogetur restituere hereditatem filio, præmortuo filio, non fit caduca hereditas: si rogetur restituere extraneo, præmortuo illo fit caduca hereditas. Separemus igitur extraneum a filio si sit fideicomm.

comm. hereditatis: non feparemus extraneum a filio fi fit fideicomm. legati, fi legatum quod adquifivit per filium rogetur reftituere. Nihil enim intereft utrum rogetur reftituere extraneo, vel filio. Nam præmortuo extraneo, vel filio non fit caducum fideicomm. fed retinetur a patre eadem ratione, quia onus caduci irrogatur heredi foli: pater vero hoc cafu fideicomm. rei legatæ filio ut pater, extraneo autem id debet ut legatarius, neutri ut heres: non eft igitur cur debeat patri onus caduci, excludet igitur fifcum. Quod confirmatur etiam hac ratione, quandoque heres præferuntur fifco etiamfi legatum deficiat mortuo, aut vivo teftatore. Eft duplex jus, antiquum & novum. Antiquum appellatur quod obtinuit ante legem Jul. & Pap. ante leges caducarias, quo non invitabatur fifcus, fed quæ deficiebant legata vivo vel mortuo teftatore, apud heredem remanebant. Hoc jus antiquum hodie poft leges novas refervatum eft liberis & parentibus defuncti heredibus inftitutis, *l. 1. §. & cum, de cad. toll. l. Celfus in fin. de leg. 2. Ulpianus in fragment.* nam liberi & parentes deficiente legato poft teftamentum, vel mortuo teftatore præferuntur fifco, neque adverfus eos habent locum ll. novæ *l. ult. de reg. Caton.* Finge igitur, heredem effe ex liberis vel parentibus, ab herede legatum Titio, Titium rogatum reftituere Cajo, mori Cajum vivo Titio, an legatum remanebit apud legatarium : an vero cedet lucro heredis? Et conftat legatarium præferri heredi habenti jus antiquum, *l. pater §. fideicomm. de leg. 3. l. Julianus 60. de leg. 2.* Inde fic colligo. Legatarius excludit heredem, qui jus antiquum habet, ergo excludet etiam fifcum : fi heredem excludit, & fifcum excludit: non ea tantum fifcus vendicat, quæ apud heredem erant remanfura, hoc eft remanfurum apud legatarium, non apud heredem. Qui igitur vincit heredem, & fifcum vincit. Duo funt cafus, quibus legatarius in propofito cafu non præfertur heredi, id eft, quibus fideicommiff. relictum a legatario fi deficiat, cedit heredi, non legatario. Unus eft, fi teftator legatarium elegerit, ut difpenfatorem legatorum: nam hoc cafu fideicommiffum ab eo relictum quod deficit, non remanet apud eum, fed redit ad heredem, qui jus antiquum habet, vel ad fifcum, fi heres utatur jure novo. Alter eft, fi legatarius moram fecerit in præftando fideicommiffo, quod licet colligere ex *d. l. pater §. fideicomm.* Finge, a legatario reliquit fideicommiffum collegio cujufdam templi : is moram fecit in præftando fideicomm. cum jam nata effet actio, collegio, & interea diffolutum eft collegium auctoritate principis : quæritur an fideicommiffum remaneat apud legatarium? non, quia fuit in mora, quia conveniri potuit ab actoribus collegii fideicomm. nomine : an pertinebit igitur ad heredem? Minime, fed ad eum, cui bona ejus collegii princeps adjudicaverit : quod ita obfervatum fuit in Gallia in diffolutione collegii Templariorum. Et hæc dicuntur de his, quæ poffunt cadere in fifcum, id eft, quæ deficiunt poft teftamentum vel mortem teftatoris, quæ dicuntur effe caduca : nam ea quæ ab initio funt inutilia, proculdubio remanent apud heredem omni jure. Concludamus igitur in hac quæftione, non idem juris effe in hereditate, quod in legato. In hereditate commiffa fidei patris, feparari extraneum, cui fideicomm. eft relictum a filio: in legato nullam effe inter eas perfonas feparationem: & ideo patrem omnino retenturum, id eft, non tantum legatum, fed etiam hereditatem: omnimodo, id eft, quodcunque per filium confequutus eft, five fit legatum, five fit hereditas: & ita in *l. fi mihi 59. de leg. 2.* omnino, id eft, in totum; τὸ πᾶν ὁ πατὴρ παρακρατεῖ, id eft, fine ulla diminutione accipit, quia debet fideicommiffum ut heres: nam fi debet ut heres, fubjicitur caducariis.

---

**Ad L. fi debitori XXXXVII. de fidejuffor.**

*Si debitori deportato irrogata eft: non poffe pro eo fidejufforem accipi fcribit Julianus: quafi tota obligatio contra eum extincta fit.*

§. 1. *Si filius in caufa peculiari ita fidejufforem acceperit, quantum pecuniam tradidero fide tua effe jubes: & emancipatus credat, patri quidem fi non eft reus obligatus, non*

Tom. IV.

*tenebitur, filio vero humanitatis intuitu obnoxius effe debet?*

IN hac l. duæ quæftiones definiuntur: una eft de fidejuffore, qui pro debitore deportato interceffit, ex caufa præcedente deportationem, an teneatur. Altera eft de fidejuffore adhibito futuræ obligationi quem filiusfam. accepit, fi poft emancipetur filius, & tunc ea obligatio nafci incipiat, utri teneatur patri an filio. Quod ad priorem quæftionem attinet, deportatio eft exilium, quo damnatus ad peregrinitatem redigitur, id eft, quo ex cive fit peregrinus, & exlex: nec enim deportatus utitur legibus aut jure civium, fed utitur liberorum hominum jure, id eft, jure gentium. Igitur deportatio eft media capitis deminutio, non maxima, quia libertatem non adimit, ea quæ jurifgentium funt non adimit. Civitatem adimit & bona, fola nuncupatione deportationis auferuntur bona: neque enim neceffe eft hæc adimi nominatim: nam fatis eft, fi ita judex reum condemnet; Illum deportari in infulam illam placet: & eleganter in *l. ult. in fin. C. de fent. paff.* dicitur, ipfum per fe nomen deportationis bonorum omnium fpoliationem effe, una cum civitate, cumque iis omnibus, quæ manant ex jure civili, quæ nobis, qui cives fumus, competunt: hoc convenit cum *l. deportatorum, C. de pœn.* quæ conftituit differentiam inter relegatum & deportatum: quod relegato in infulam non adimuntur bona, nihil adimitur, nifi fit expreffum fpecialiter in condemnatione, & omnia bona nunquam, fed plerunque pars quædam ei nominatim adimitur, deportato omnia adimuntur tacito jure, tacito intellectu: hæc eft vis verbi. Plerique exiftimant noftros auctores promifcue abuti iis verbis deportandi & relegandi : quod fieri non poteft, quandoquidem deportationis verbum multa fecum trahit: & ficuti judices in foro religiofe diftinguunt unum ab alio per confequentias: fic & auctores noftri femper; & recte etiam in *l. tutelas in fi. de cap. min.* Deportatum amiffis bonis & civitate relicta nudum exulare. Hæc funt propria deportationis. Relegatus dicitur improprie exul, vel quia neque libertatem, neque civitatem amittit, nec familiam mutat; relegatio non eft capitis deminutio, ficut nec damnatio ad tempus ad opus publicum. Errant plerique qui dicunt illam effe capitis deminutionem. Nam integerrimus eft ftatus relegati : ergo bona adimuntur deportato una cum civitate : cui vero cedunt ea bona? rediguntur in fifcum: fifcus eft veluti fucceffor deportati cum oneribus : ( quod notandum ) adverfus fifcum quafi adverfus fucceforem creditores deportati agunt, & viciffim fifcus quafi fucceffor agit contra debitores deportati, *l. 5. C. de bon. profc. l. 3. l. 5. C. de fent. paff.* Ipfe autem deportatus liberatur. Deportatio liberat ab omni obligatione, *l. 2. l. tutelas, §. ult. de cap. min.* nam omnis liberatio refertur ad inftar legitimæ liberationis, veluti folutionis, acceptilationis, novationis: deportatus liberatur veluti morte; deportatio quafi mors eft. Intereunt homines non morte tantum, fed etiam maxima aut media capitis deminutione. Imo nonnunquam fine capitis deminutione intereunt, profcriptione fcilicet, relegatione, vel publicatione bonorum, quæ contingit fine capitis deminutione; nam poffunt (*) bona publicari fine capitis deminutione, fi quis relegetur in infulam, & fpecialiter ei adimatur magna pars bonorum, ac redigatur in fifcum, pro ea parte bonorum relegatus liberatur, quafi videatur pro ea parte fifcum habere fucceflorem, & femivivus effe: pro ea parte, quæ publicata eft, pro mortuo habetur, pro ea parte quam retinet, non videtur mortuus: atque ita quodammodo partim fucceflorem habet, partim non habet, *l. 1. C. de fidejuf. l. 2. C. ad leg. Jul. de vi.* ubi eleganter ait, fucceflorem pro oneribus portionis fuæ refpondere : fifcum igitur refpondere pro parte bonorum relegati, quæ ei adempta eft, pro reliqua parte refpondere ipfum relegatum. Ergo non deportatio tantum quafi mors eft, mortis effectus habet, fed etiam relegatio, cui juncta eft publicatio partis bono-

---

(*) Vide *Merill. Variant. ex Cujac. lib. 2. cap. 15.*

bonorum: atque ideo quæritur cur deportatus pro mortuo habeatur: an quia insula circumscribitur? an quia sit peregrinus? minime, sed quia bona adimuntur. Quæro nunc deportatione liberato debitore, an etiam fidejussor ejus liberatur quem dederat, antequam deportaretur? Id quæritur non abs re. Nam plerumque liberato reo liberatur etiam fidejussor: propterea quod fidejussor habet regressum adversus debitorem, si solvere compellatur, atque ideo non plene liberatur reus, nisi fidejussor ejus liberetur: sed hoc tamen non evenit semper, quia interdum liberato principali non liberatur fidejussor, etiamsi sit ei regressus adversus reum principalem. Possit enim non esse regressus propter inopiam debitoris: exempli gratia, reus liberatur cessione bonorum ex lege Julia, an & fidejussor? minime, §. *ult*. *Instit*. *de replic*. Rursus liberatur debitor deportatione, vel publicatione bonorum: sed non etiam fidejussor ejus, ne fiat contra mentem contrahentium. Cur datur fidejussor? cur accipitur? quid respiciunt, qui fidejussorem dant, sive accipiunt? nempe hoc, nec aliud quidquam, quam ut si forte debitor labatur facultatibus, suum consequantur a fidejussore. Ergo per omnia lapsu facultatum liberato debitore, non utique liberatur fidejussor: imo magis obligatur, si obligatio possit accipere incrementum, id est, tum maxime necesse est experiri cum fidejussore eversa re debitoris: quod confirmat *l*. 1. *C*. *de fidejuss*. sed fidejussor si solverit, habebit regressum adversus fiscum, qui occupavit bona, quasi adversus successorem debitoris. Idem confirmat *l*. *defensor*. *C*. *de excep*. quæ ait, defensiones competentes reo principali, competere etiam fidejussoribus: quibus remediis liberatur principalis, iisdem etiam liberari & uti posse fidejussores: sed addit *integro manente statu*, id est, reo principali non capite deminuto. Nam reus principalis liberatur per capitis deminutionem: non liberatur etiam fidejussor, nec mirum est neque liberato reo per publicationem bonorum integro manente statu liberatur fidejussor. At rursus quæro an post deportationem datus fidejussor a deportato ex causa, quæ præcessit deportationem, obligetur? quod quæri potest etiam de pignore dato post deportationem, & de eo, qui constituit se pro deportato soluturum an obligetur. Et Papinian. definit. non obligari fidejussorem his verbis: *si debitori*, *&c*. Utitur hac ratione, quia tota obligatio adversus eum extincta est, quia deportatio sustulit totam obligationem: fidejussor autem vel pignus, vel is, qui constituit pro debitore, non obligatur nisi præcedat obligatio principalis. Et quod ait in prin. *si debitore*, *&c*. id est accipiendum, ut loquuntur auctores nostri ἀναφορικῶς, quia nunc non est debitor, sed fuit: tota enim obligatio contra eum extincta est, id est, etiam naturalis: fidejussor accedere potest naturali obligationi, & constitutæ pecuniæ reus, & pignus vel hypotheca, sed vel naturalem obligationem præcedere necesse est, alioquin nulla est obligatio. Ita enim in *l*. *si unus* 27. §. *pact*. *de pact*. totam obligationem, id est, etiam naturalem, *l*. *si mulier*, §. *ult*. *ad Vell*. Senatusconsulti beneficio liberari non tantum mulierem, sed etiam fidejussorem mulieris: quod rationem habet perspicuam: si fidejussor erat habiturus regressum adversus mulierem: sed quid si fidejussor non erat habiturus regressum, ut si fidejussit animo donandi in rem suam, si invita muliere? iis casibus non poterit uti beneficio Senatusconsulti, quia Senatusconsultum totam obligationem improbavit, id est, etiam naturalem. Qui improbat naturalem, improbat & civilem: quod non ita procederet in Senatusconsulto Maced. nam illud non improbat totam obligationem, id est, non tollit naturalem, sed civilem tantum, *l*. *quia naturalis*, *ad Maced*. Igitur Macedoniano liberatur filiusfamil. at pater fidejussor filiifam. non liberatur, quibus casibus non est habiturus regressum adversus filiumfamil. nam si habiturus est adversus filiumfamil. & ipse fidejussor filiifamil. liberatur: qua de causa mihi valde placet, quod Accurs. hic notavit, tota, inquit, id est, omnes. Philosophi notant differentiam esse inter totum & omne: totum quan-

titatis nomen esse: omne numeri: vel totum in singulis agnosci, omne in multis. Nam non hoc vult Papiniani totam obligationem extinctam esse, id est, nulla ex parte consistere, quod possit dici de obligatione civili tantum. Non hoc demonstrat Papinianus, in solidum, in integrum manere obligationem, sed cunctam obligationem esse extinctam, tam naturalem, quam civilem. Totam igitur, id est, omnem cujuscunque generis sit: non totam, id est, integram quantitatem. Quod de una tantum obligatione dici posset. Unum est quod opponitur huic legi, *l*. *ult*. *de duob*. *reis*. Triplex est capitis deminutio, maxima, media, minima. Minima non liberat naturali obligationi, *l*. 2. §. *bi qui*, *de cap*. *min*. & emancipatio & arrogatio est minima capitis deminutio, an liberat causis sive obligationibus præcedentibus? minime, quia naturaliter obligati permanent, non civiliter. Nam & minima perimit civilem obligationem, sed restituit in integrum ex edicto de capite minutis: maxima autem vel media capitis deminutio perimit civilem, & naturalem obligationem, ita ut nec possit restitui beneficio prætoris. Qua de causa post deportationem inutiliter fidejussor datur ex causa, quæ præcessit deportationem, quia nulla superest obligatio: nulla quoque est spes restituendæ obligationis, quæ si esset, recte adhiberetur fidejussor quasi futuræ obligationi, *l*. 6. §. *ult*. *de fidejussor*. sed deportatio omnem obligationem perimit, & spem restituendæ ejus. In aliis locis magis proprie loquuntur auctores, dum inquiunt: *Omni obligationi fidejussorem accedere posse*, & alio loco: *solutione ejus quod debetur tolli potest omnis obligatio*, id est, *etiam naturalis*. Verum ut cœpi dicere videtur huic definitioni propositæ obstare *d*. *l*. *ult*. Finge. Duo sunt rei debendi: singuli igitur tenentur, & in solidum conveniri possunt, unus deportatus est, an nihilominus alter obligatus manet? Plerumque uno ex reis liberato, liberatur alter, ut si acceptilatione sit uni ex reis, unius acceptilatio liberat alterum: si electus sit unus ex reis lite cum eo contestata, liberatur alter, an etiam per deportationem uno ex reis liberato, liberatur alter? minime, quia est diversa conditio: Duo sunt genera liberationum, Quædam liberant personam tantum, quo genere fit, ut persona liberetur, & maneat obligatio: sic sane liberatur persona, manente obligatione. Et hoc fit deportatione vel publicatione, quæ contingit cap. deminutione. Aliud est genus liberationum, quo res dissolvitur, id est obligatio. Alias ergo persona solvitur, alias res sive obligatio, veluti acceptilatione, litis contestatione, novatione. Quoties autem res solvitur & persona omnes solvuntur, sive principaliter, sive alieno nomine se obligaverint. Quoties autem persona tantum eximitur, liberatio tantum personæ proderit, non ceteris personis, quæ accesserunt obligationi. Ideoque deportato reo principali, nec liberatur fidejussor, nec constitutæ pecuniæ reus, nec pignus, nec correus, five consors obligationis ejusdem, quia deportatio est liberatio, quæ personam solvit, non rem. Et ita recte ait *d*.*l*.*ult*. *de duobus reis*, persona liberatur manente obligatione, id est, in universum manente obligatione, præterquam in una persona. Cum igitur persona liberatur, alter, qui fuerat obligatus, manet obligatus: & ideo si deportatus sit unus ex correis, fidejussor postea datus ab eo tenetur. Quod si ita legamus, pugnabit omnino cum sententia Papiniani: sed animadvertendum est, Florentiæ esse scriptum, *Et ideo si alicujus fidejussor*, id est, alterius, ut supra dixit, *alter erat obligatus*, ita nunc ait, *alterius fidejussor tenetur*: vel legendum, *alius*: unde sic statuamus. Deportati fidejussor postea datus tenetur, correi illius fidejussor postea datus tenetur, quia correus non fuit liberatus deportatione correi: deportatio correi non liberat eum, quia non rem, sed personam deportatam liberat. Diximus hactenus satis de quæstione priori legis nostræ: dicendum nunc nobis est de posteriori. Ea est de fidejussore adhibito futuræ obligationi, quem filiusfam. accipit: si post emancipetur filius, & post emancipationem filii ea obligatio nasci incipiat, utri teneatur patri an filio? fidejussor potest antecedere obligationem, id est, adhiberi potest futuræ obligationi, *l. eo temp.* 50. *de pecul. l.* 9. §. *ult. hoc tit. l. non quemad.* 35. *de jud.* Pono filiusfamil. crediturus ex suo peculio, fidejussorem accepit in futurum pecuniæ, quæ postea in obligationem veniret, & accepit his verbis; *Quantam pecuniam credidero Titio tua fide esse jubes? fidejubeo:* deinde emancipatus Titio credidit cum nondum ei esset ademptum peculium, plerumque patres emancipatis filiis non adimunt peculium: imo si non sint peculiati filiifamil. solent eis aliquid donare, filium ergo pater emancipavit, nec ei ademit peculium: ergo tacite videtur ei concessisse, vel donasse: nam hoc generale est, peculium, quod non adimitur specialiter emancipato, vel manumisso inter vivos, tacite concessum videri, *l. donationis* 39. §. *pater de donat. l. un. C. de pecul. ejus qui libert.* Hinc quæritur, fidejussor acceptus a filiofamil. quum erat in potestate patris, futuræ obligationis nomine, si ea obligatio nascatur, post emancipationem filii, utri obligetur, patri an filio? Et certi juris est, fidejussorem non posse obligari patri, quamvis acceptus sit, filio existente in familia patris. Cur vero non potest? quia reus principalis non est ei obligatus, quum principalis obligatio contracta sit post emancipationem, & fidejussor non obligatur, nisi iis, quibus rei principales obligati sunt: sunt enim accessiones. Et hoc significat Papinianus, dum ait, *Patri quidem si non est reus obligatus:* ubi existimandum est omnino, si esse affirmantis, non dubitantis, id est, siquidem, ut in *l. penult. ut legat. nomine cau. si solidum ad se pertinere,* id est, siquidem ? *patri ergo,* inquit, *si reus non est obligatus,* id est, quia non est obligatus, cum quo contraxit filius, *post emancipationem fidejussor non tenebitur.* Et hoc accipiendum est, ut nullo modo nec civiliter, nec naturaliter teneatur. Et consequenter, patri nec directa, nec utilis competit actio in fidejussorem, qui nullo jure reum obligatum habet, pro eo fidejussorem accipit inutiliter. At videtur etiam eum fidejussorem non obligari filio, propterea quod filius eum fidejussorem accepit, quum erat in potestate patris, atque adeo ne momento quidem videtur stipulatio constitisse in persona filii: contraxit in persona patris cum fidejussore; ergo ex illo nancisci actionem non potest. Quæcunque contrahit filius in familia patris, aut cedunt patri, aut neutri. Et hac ratione verum est, filio, qui fidejussorem in futurum accepit, non dari actionem directam, vulgarem, civilem. Dabitur tamen utilis, non dabitur directa actio, sed obliqua, ut Theoph. actiones vocat πλαγιαϛικὰς, id est obliquas sive inflexas. Et hoc demonstrat Papinianus his verbis, quæ sequuntur: *filio vero obnoxius esse debet,* id est, filio dabitur actio utilis ex humanitate quadam, & benevolentia, non jure ipso, quæ humana quadam ratione & ex æquo & bono datur, non jure ipso, sed *humanitatis intuitu.* His verbis significatur utilis ex stipulatu actio in fidejussorem. Ratio autem humanitatis hæc est, quod si æquum, eam fidejussionem non accipere vires ex præsenti tempore, id est, ex die interpositæ stipulationis, sed nata demum & constituta principali obligatione: & quod filiusfamil. reus principalis sit obligatus, facile obligatur fidejussor ei cui reus principalis obligatus est, etiamsi qua obstet juris regula. Nam sicut fidejussor patri non obligatur, quia reus non est obligatus, æquum etiam est contra fidejussorem filio obligari, cui reus principalis est obligatus perinde ac si intercessisset fidejussor post emancipationem, *l. quidam* 132. §. *ult. de verb. oblig.* fidejussoris obligatio trahetur retrorsum. Pleraque in jure nostro trahuntur retrorsum, ut videatur fidejussisse, quo tempore numerata pecunia est. Hæc est definitio Papiniani, cui duo objiciuntur: primum *lex si filiusfam.* 78. *de verb. oblig.* Finge, filiusfamil. stipulatus sub conditione, & post emancipationem extitit conditio: quæritur utrum adquiratur obligatio ex stipulatu patri, an filio? Si inspicias tempus contractus, adquiritur patri, quia eo tempore fuit in potestate patris: si inspicias tempus conditionis, adquiritur filio, quia eo tempore emancipatus fuit. Et certissimum est patri adquiri obligationem inspecto tempore stipulationis, non filio: Inspecto tempore emancipationis vel conditionis, filio. Cur ergo non etiam in specie proposita spectamus tempus stipulationis? cur hoc intuitu non damus patri actionem in fidejussorem, qui intercessit eo tempore, quo filius fuit in potestate? Respondeo, separandam esse obligationem principalem ab accessoria, *lex si filiusfamil.* loquitur de principali: nos tractamus de accessoria. Principalis stipulatio facta sub conditione statim ex præsenti tempore vires accipit, nec videtur esse in suspenso, quamvis ex ea petitio suspensa sit, quæ sunt verba legis *usus-fruct.* 16. *de stipulat. serv.* dies igitur quodammodo cedit statim: quod tamen non dico absolute. Nam facta stipulatione sub conditione neque cessit, neque venit dies, id est, conditio suspendit non tantum petitionem, sed etiam obligationem, & rem ipsam, *l. cedere diem* 213. *de verbor. signific.* sed quodammodo cedit dies statim, quandoquidem si stipulator moriatur antequam existat conditio, stipulationem transmittit in heredem suum, quam non transmitteret, si ante conditionem nullarum esset virium, §. *ex conditionali, de verbor. obligat. Instit.* Similiter si ab initio fuerit utilis stipulatio conditionalis ex causa quadam legitima, erit etiam inutilis tempore, si postea extet conditio, *d. l. usufruct.* Inspicitur ergo tempus contractus, non conditionis. Finge, conditionis ratio esse in ea causa esse omnia, ut situm interponeretur stipulatio inutilis futura sit, an erit utilis? Minime: quia defecit ab initio, quod quidem nos spectamus. Initium stipulationis spectamus, non eventum conditionis. Et secundum hæc, qui stipulatur sub conditione, est creditor, quanquam legatarius conditionalis non sit creditor, quia ex præsenti vires accepit stipulatio, non tamen simpliciter est creditor, sed creditor conditionalis; neque enim ita recte argumentur. Titius est creditor conditionalis: Ergo est creditor. Nam in adjuncto est repugnantia. Titius est homo mortuus, ergo est homo, non semper valet argumentum a conjunctis ad divisa. Et hæc de stipulatione principali. Stipulatio accessoria collata in futurum vel facta sub conditione, vires non statim accipit ex præsenti tempore, sed omnino est in suspenso, quoad existat aliqua principalis obligatio, Accessoria pendet ex principali: principalis subsistit per se nec pendet ex alio: alioqui non esset principalis. Accessoria expectat principalem antequam dicatur vires habere aliquas: ideoque in stipulationibus accessoriis collatis in futurum, non tempus stipulationis spectamus, sed tempus natæ principalis obligationis. Loquimur de fidejussore, qui antecedit obligationem, quæ deficit, quo tempore nulla existebat principalis obligatio, neque pura, neque conditionalis: nam si fidejussor acceperit obligationi conditionali, & post emancipationem filii extiterit conditio, patri adquiritur obligatio in fidejussorem, quia principalis obligatio ex præsenti tempore vires accipit, licet fuerit conditionalis. Reus principalis est obligatus patri, ergo & fidejussor. Et ponendum est, fidejussorem intercessisse sub eadem conditione: nam si pure intercesserit fidejussor; non tenetur, *l.* 8. §. *item si acc. hoc sit.* Sed si pro reo principali obligato sub conditione intervenerit sub eadem conditione, utraque obligatio ex tempore vires accipit & adquiritur patri post emancipationem filii. Secundo objicitur *lex ult. de stipulat. serv.* Servus meus stipulatus est, & stipulationem contulit in alienationis vel manumissionis tempus, si alienetur vel manumittatur, an adquiritur ex ea stipulatione actio domino pristino? sic sane: quia servus ejus in potestate fuit eo tempore quo contraxit. Inspicimus tempus contractus. Ergo ex eo adquiritur domino actio: nec mutat hoc stipulatio collata in manumissionem, quo genere semper fraus fieret domino, si adquisitiones servorum differrentur obligationibus collatis in tempus manumissionis. Idem esse ajo in filiofam. nam si filiusfam. stipulationem contulerit in tempus emancipationis, nihilominus patri competit actio post emancipationem: quod utroque cafu verum eſt, ſi dolo id fecerit: nam poſſet conferre ſine dolo malo in illud tempus: coercetur tantum dolus malus. Reſpondeo in ea ſpecie, quam tractat Papinian. filium dolo non contuliſſe in tempus emancipationis: filium nihil dolo malo feciſſe, ſed ſtipulatur tantum hoc modo: *Quantam pecu. &c. d.l.ult.* nihil pertinet ad ſpeciem propoſitam: non coërcet dolum malum; in hac ſpecie nullum eſt argumentum doli mali, & placet valde, quod dicitur in *d.l.ult. ſi dolo malo*: nam ſi bonâ fide, dabitur filiofamil. actio utilis ex contractu habito in familia patris, *l. quidam 46. de hered. inſtit.* Ego te filium volebam inſtituere ſub conditione emancipationis, quoniam nolebam mea bona pervenire ad patrem tuum: tu timens ne ea re offenderetur pater, cognitâ deſtinatione meâ rogaſti, ne te ſcriberem ſub iſta conditione, & adjeciſti, ut inſtituerem potius Titium, quem ſuppoſuiſti, & cui mandaſti, ut poſt emancipationem tibi eam reſtitueret hereditatem. Quæritur, an poſt emancipationem tibi competat adverſus Titium actio mandati? Reſpond. non quidem vulgaris, id eſt, directa, ſed utilis dabitur. Atqui mandatum contuliſti in tempus emancipationis, quod ſine dolo malo ex voluntate defuncti, qui voluit ſua bona pervenire, non ad patrem, vel ad Titium, ſed ad te, ex bonâ fide ſit, quod ſit voluntate teſtatoris. Et ita etiam alio caſu poſt emancipationem filio datur actio utilis ex contractu habito ante emancipationem, *l. ſi vero non remunerandi 12. §. filioſam. mand.* mandavi filiofamil. ut pro me fidejuberet, fidejuſſit, & poſt emancipationem ſolvit, an ei dabitur actio mandati, ut recipiat quod ſolvit? Dabitur ei utilis: ex mandato igitur contracto ante emancipationem. Quidni, cum ſolverit poſt emancipationem? Et ſic habemus tres caſus, quibus ex contractu ante emancipationem habito, poſt emancipationem filioſam. dantur actiones utiles.

---

### Ad L. ſi debitor LXXIX. de furtis.

*Si debitor pignus ſubripuit, quod actione furti ſolvit, nullo modo recipit.*

SUpereſt ex lib. 9. Papin. *l.79. de furt. & l. ſi pignore, & quidem, ff. de pign. act. & l.81. de furt.* Brevis eſt, ſed qua de re nono libro Papin. copioſius ſcripſit, ut Ulp. refert in *l. ſi pignore 22. de pign. act.* quæcunque ibi referuntur ex Papin. ſunt aptanda huic legi, & plenius ibi ſcripta inveniuntur. Sciendum eſt autem, creditori, cui ſubripuit pignus, dari actionem furti non tantum adverſus extraneum, ſed & adverſus debitorem dominum rei furtivæ: neque enim rei alienæ furtum fit tantum, ſed etiam rei ſuæ; rei, inquam, ſuæ, ſed poſſeſſionis alienæ, furtum facio rei meæ, cum tamen poſſeſſio non fuit mea, ſed aliena, vel cujus uſus aut fructus fuit alterius, *l.20.§. ult. hoc tit.* Fit etiam furtum rei ſuæ, vel hypothecæ alienæ, quamvis hypothecarius non poſſideat hypothecam, *l. in actione 19. §. ult. hoc tit.* Furtum enim eſt interverſio rei, hoc eſt, proprietatis alienæ, vel poſſeſſionis, vel uſus, vel uſusfructus, vel hypothecæ alienæ. Verum eſt igitur ſubrepto pignore, dari actionem furti & adverſus dominum rei, ſi eam ſurripuerit, *l. itaque 12. §. ult. hoc tit.* Et addendum, dari etiam creditori pignore ſubrepto condictionem furtivam adverſus debitorem, qui ſubripuit. Credo vos ſcire, ei cui furtum factum eſt, dari condictionem furtivam, atque etiam actionem furti, & condictione furtivâ eum perſequi rem, vel poſſeſſionem, vel commodum aliud, quod ei abeſt, vel æſtimationem ejus, aut id quod intereſt circa eam rem: actione autem furti extra rem, eum pœnam perſequi dupli, ſi ſit nec manifeſtum: quadrupli, ſi ſit manifeſtum: utramque autem actionem dari creditori adverſus debitorem ſubrepto pignore. Dices, condictionem furtivam dari ſoli domino, *l. 1. de cond. furt.* creditorem non eſſe dominum pignoris, ergo creditori non datur condict. furtiva. Duplex eſt condictio furtiva, certi & incerti: condictio certi, id eſt, condictio rei datur ſoli domino: actio furti pœnalis datur etiam non domino, cujus modo juſta cauſa intereſſit rem non ſubripi: condictio quoque incerti datur non domino, veluti condictio poſſeſſionis: poſſeſſio fuit creditoris, hæc intervertitur furto. Creditor rectè condicit poſſeſſionem adverſam, ſed hæc non erit condictio certi, ſed incerti: poſſeſſio enim eſt res incerta, quia nec cerni, nec tangi poteſt, & numeratur inter incorporalia: eſt ἀναφὴς, ἀσώματος ἐν τοιούτῳ μόνῃ λογιστῇ. Hanc ergo rem poteſt condicere: neque enim poſſeſſionem quis poſſidere poſſunt, neque qui dicit ſe poſſidere, is hanc rem condicere poteſt. Et reſpicit ad formulam vindicationis, quæ eſt hujuſmodi: *hanc ego rem meam eſſe ajo.* Poſſeſſionis nomen non eſt vindicatio, ſed itur ad interdictum uti poſſidetis; ergo creditori etiam adverſus debitorem datur condictio furtiva incerti, non certi; & in ſumma non tantum actio furti, ſed etiam condictio furtiva datur creditori pignore ſubrepto tam adverſus debitorem, qui id ſubripuit, quam adverſus quemlibet extraneum. Sed obſervandum eſt, quibuſdam in reb. multum intereſſe, utrum agat creditor furti, vel condictione furtiva incerti cum extraneo vel debitore; nam cum egerit cum extraneo hac vel illa actione, id quod hac actione percepit, vel imputat debito (*ilſe paye par ce moyen*) & id quod debitum excedit, debitori reſtituit, vel nihil imputat debito, & totum quod percipit, reſtituit debitori. Duplex eſt via, quæ eodem ſpectat: duplex modus quidem efficit, ut quod conſequitur creditor ab extraneo condictione furtiva vel actione furti, id vel imputet debito, vel reſtituat debitori, ut exigat debitum. Et hoc ita refert Ulp. ex Pap. in *d. l. ſi pig.* quæ eſt veluti commentarius h. l. & confirmat *l. creditor, h. t.* & adjicit Ulp. hoc verum eſſe, etiamſi culpâ creditoris furtum factum ſit, quod indiget explicatione. Finge: furtum factum eſt culpâ creditoris, quod fit plerunque, furtum culpæ adſcribitur, non vi malo, aut caſui fortuito, ſicut ruinæ, latrocinio, &c. ceterum, etiamſi culpâ furtum factum ſit, creditor quod actione vel condictione furtiva percepit, id debito imputabit, vel reſtituet debitori. Quibus verbis ſatis demonſtratur, poſſe furtum fieri ſine culpâ ejus, cui fit. Sunt furta quædam, quæ nullâ diligentiâ vitari poſſunt, ut quæ admittunt ſacculariî, qui præſtigiis quibuſdam & arte inevitabili ſinu pecuniam nobis eripiunt: horum furtum adſcribam non culpæ, ſed caſui; quod etiam oculatiſſimo & prudentiſſimo contingit. Sed tractemus primò de furto, quod creditori fecit extraneus culpâ creditoris: ſi furtum creditori factum ſit culpâ ſuâ ab extraneo, eo nomine tenetur debitori, quod creditor non tantum dolum, ſed etiam culpam præſtare debet, *l. eum, qui 14. §. idem ſcribit, h.t.* ex hac igitur cauſâ quod furto obviam non ierit, non evitaverit, creditor tenetur actione pigneratitia. Ergo æquum videtur, ut ſuum faciat, quod conſequitur actione furti, vel condictione furtivâ, quia & hæc dicitur actio furti, vel actione furti pœnali; ut quemadmodum damnum ſentit, pigneratitiâ actione, lucrum etiam ſentiat, & ſibi habeat. Verùm non ideo habebit jus retinendi vel faciendi lucri ejus, quod percepit, niſi in cauſâ crediti id retinere velit. Imò ſicut furtum ei imputatur, quod non fuerit ſatis diligens in ſervando pignore; id etiam ei imputari debet, quod ex cauſâ furti conſequitur; atque ita ſit, ut creditum perdat, qui perdit pignus culpâ ſuâ. Quid verò ſi furtum pignoris factum ſit ſine creditoris culpâ? Eo caſu non tenetur pigneratitiâ, quia non præſtat caſum fortuitum, & omne periculum. Et non dubitatur hoc caſu, quin quod percipit debeat imputare debito, vel reſtituere debitori, non ſibi habere vel lucrum facere. Verum videamus cum percipiat creditor a fure extraneo per actionem furti pœnalem duplum aut quadruplum, an duplum veri pretii pignoris percipiet, an vero ſummæ ſolius debitæ? Eſt etiam in hac quæſtione utendum eâdem diſtinctione; aut furtum culpâ creditoris factum eſt, aut non: & poſteriori caſu percipit duplum ſummæ debitæ; non duplum pignoris, quia non pluris intereſt, cum non teneatur debitori pigneratitia. Et ſummam pignoris vocat *l. cred. 89. h. tit.* (*la valeur du gage) ἀξία*, dignitas, quantitas. Quin ergo pignore subrepto cum vacet culpa, non tenetur pigneratitia actione non consequitur ab extraneo actione furti duplum aut quadruplum summæ pignoris, sed tantum summæ debitæ quia credito tenus tantum ejus interest. Et ideo, quod maxime notandum, quodque prætermittitur a multis propter difficultatem rei, si plus valeat pignus, quam sit in debito, creditor quidem agit actione furti tantum in summam debiti, & duplum, vel quadruplum summæ: in residuum debitor agit in furtum actione furti, *l. inter* 47. §. *hæc actio, h.t.* atque ita fur tam creditori, quam debitori tenebitur actione furtiva, & non uni eorum, sed ambobus, & conficiet duplum, aut quadruplum pretii pignoris. Priore autem casu, si cum creditoris culpa furtum factum est, creditor agit in summam pignoris, quia & ipse in eam summam culpæ nomine tenetur debitori, *l.credit.*15.*h.tit.* & debitor hoc casu non aget furti, sed recipiet a creditore quodcunque percepit a fure extraneo, & hoc de fure extraneo. Quid dicendum, si debitor pignus subripuerit & creditor cum eo egerit actione furti, vel conditione furtiva, an imputat debito, quod ea actione percepit? Minime: atque ita apparet, multum interesse, an cum debitore, an cum extraneo agatur. Nam quum agit cum debitore, id quod percepit, retinet, non reddit debitori, nec tantum lucrifacit si agat actione furti, alioquin esset inanis actio pœnalis, æstimationem quoque litis suam facit, si egerit eum debitore conditione furtiva. Et quamvis hæc actio non sit pœnalis, tamen instituta est odio furum contra constitutiones legum, quæ volunt, ne quis rem suam condicat. Qua de causa etsi hæc actio non sit proprie ex maleficio, tamen est ex quasi maleficio, §. *si itaque*, *Inst. de act. l. si mulier*, §. *hæc actio, rerum amot.* Et ut breve faciam, conditioni furti inest vindicta quædam (quod summe notandum) qua de causa creditor non tantum lucrifaciet pœnam dupli, aut quadrupli, sed etiam rem, quam amisit, feret, & supererit ei petitio creditæ pecuniæ, ut recte Azo existimat: atque ita bis eandem rem videtur persequi. Consequitur rem, nam hæc actio rem persequitur, non pœnam. Item consequitur actione creditæ pecuniæ. Et hoc est, quod ait *lex id quod* 74. *de solut.* id quod exegit a debitore creditor pœnæ nomine, debere lucro creditoris cedere, non debere imputari debito, nec debere restitui debitori, qui ea pœna functus est: quis hoc audivit, ut mihi ex post facto restituatur pœna, qua semel functus sum jure meritoque? Et subjecerat Papin. ut constat ex *d. l. si pign.* idem esse, si cum debitore creditor egerit, quod metus causa, id est, in quadruplum, quod ei debitor pignus extorserit: nam quod hac actione consequutus fuit, id etiam creditor lucro suo computabit, non debito imputabit. Et recte mihi videtur Accursius adjungere ad hanc regulam *l. pœna, de cond.ind. pœna depensa semel repeti non solent*: recte, quia nec vere indebitæ depensæ sunt nec redeunt ad causam indebiti, postea solvente eo, qui pœnam subiit: & ita Græci cum hoc loco proposuissent sententiam h.l. ποινὰ γὰρ καταβληθεῖσα, οὐκ ἀναλαμβάνεται. Pœna depensa non repetitur: quod accidit non tantum hoc casu, sed etiam aliis plerisque, ut qui incidit in pœnam pecuniariam legis Juliæ de ambitu, & relegatus, vel deportatus, si restituatur in integrum, non recipiet pœnam semel depensam, etsi videatur redire ad indebiti causam, ut si restituatur in pristinum statum, qui pœnam intulit, *l.* 1. & *l. ful. de amb.* & ita in hac *l.* 3. §. *condem.de tab. exhib.* Erat quidam legatarius conditionalis, qui desiderabat sibi tabulas exhiberi: noluit exhibere eas, qui in potestate eas habebat, & pœnam contumaciæ præstitit ex edicto de tabulis exhibendis. Post deficit conditio legati, an legatario, cujus legatum interiit, cogitur restituere pœnam ei, qui pœna semel functus est? Minime. Hic erit finis, si admoneamus hoc tantum, creditorem agere cum extraneo in summam crediti, si sine culpa ejus furtum factum sit, vel in summam pignoris, si culpa sua furtum factum sit: cum debitore autem creditorem agere indistincte, sive culpa ejus furtum factum sit, sive culpa absit, in summam debiti universi, hoc est, pecuniæ creditæ, & usu-

rarum, qui tanti ejus interest: ea summa actione furti duplatur, vel quadruplatur, non summa pignoris, sive minor, sive major fuerit, *l.creditori* 87. *hoc tit.*

Ad L. IV. §. Soli, quod cum eo, qui in alien. &c.

*Soli autem filio succurritur, non etiam heredi ejus. Nam & Papinianus libro* 9. *Quæstionum scribit, in heredem filii in solidum dandam actionem.*

Ulpianus Papiniani studiosissimus ex hoc lib. 9. duobus locis usus est auctoritate Papiniani in *l. 6.ad Vell.* & in *l. si pign. de pign. act.* qui a nobis satis explicati sunt. Sed sunt adhuc quatuor loci, in quibus idem Ulpianus ex eodem libro Papin. utitur ejus auctoritate. In *l. 4.§. soli, ff. quod cum eo, &c.* Filiusfamilias quando est in familia patris, ex suis contractibus convenitur, & condemnatur in solidum, vel si non solvat ex peculio castrensi vel quasi, aut per patrem (quanquam pater non possit cogi solvere solidum) si, *inquam*, non agatur cum patre, ut pro se solvat solidum, in carcerem mittitur, *l. 1.C.de cess. bon.* Qua de causa fit, ut non solum patresf. sed & filiisf. cedant bonis vitandi carceris causa. Cessio bonorum erat beneficium legis Juliæ, quod debitores liberat molestia carceris, & hoc beneficio etiam utitur filiusfam. cum urgetur ad solutionem solidi, cedendo scilicet omnibus, quæ habet, quantulacumque sint. Illud ergo exploratissimum est, filiumfam. dum est in potestate patris, ex suis contractibus teneri in solidum. Sed & si fiat sui juris emancipatione, vel morte patris, Judex tamen non temere condemnabit eum in solidum, sed æstimabit prius causa cognita, & re omni bene perpensa, an damnari debeat in id tantum, quod facere potest: atque ita fit, ut qui in familia patris condemnatur in solidum ex suo contractu, extra familiam patris, si sit sui juris effectus, non in solidum condemnatur, sed in id, quod facere potest, hoc est, quatenus facultates pati possunt. Nam facultas & facere sunt ejusdem generis, & recte ita argumentamur, facultatem non habet, ergo facere non potest. Ex causa igitur, qui factus est sui juris, ejus rei nomine, quam contraxit in familia patris, condemnatur tantum in id, quod facere potest. Nam si sit exheredatus a patre, vel si abstinuerit se ab hereditate paterna, vel etiamsi institutus fuit a patre, & rogatus restituere hereditatem alteri, & cum vellet se abstinere a fideicommissario coactus se immiscuerit; hoc casu, quia coactus immiscuit se, perdit Falcidiam, *l. quia poterat, ad Treb.* Et ita nihil consequitur ex bonis patris, qui coactus immiscet se, similis est Falcidiæ, quia non detrahit Falcidiam. His vero casibus æquum est, non urgeri ad solutionem integram debiti novum patremfam. ad quem nihil pervenit ex bonis paternis, ἵνα μὴ πόνῃ τις τινὸς γινόμενος, καὶ μὴ δυναμῷ κινωδῦναι ἱκανήν περιουσίαν, ut non redigatur ad inopiam, qui nuper factust est novus paterfamil. quique non idoneas facultates sibi acquisivit. Idemque erit, si filiusfamil. institutus a patre ex modica, id est, ex debito bonorum subsidio, ex legitima portione, quæ minuscula erat; & sic semper modica portio accipitur pro legitima, quia minus relinqui non potest. Filio igitur morte patris sui juris effecto, quod minusculam portionem tulit ex bonis patris, succurritur, ne damnetur ex negotio gesto in familia ultra quam facere potest. Imo interdum succurritur instituto, non ex modica parte, sed etiam ampliore, ut ostenditur in *h.l.*4.*in pr.* Res tota ex æstimatione judicis dependet; cui cum æquum videtur, qui nuper factus est paterf. non damnabitur in solidum, sed pro modo facultatum. Dices: filiusfam. nihil proprium habet extra causam castrensem aut quasi castrensem, quæ non semper suppetit. Cum filiusf. nihil proprium habet, cur ei non parcimus? cur damnatur in solidum? Dicam, non parcimus inopiæ debitorum; hæc nunquam auditum est, ut propter inopiam condemnemus debitorem in id, quod facere potest. Nam ejus ratione, quod non facere potest, coercemus illum
carce-

carcere quoad folvat, aut fatisfaciat: fed parcimus novo patrif. ut novo nupto interdum, quandoque oneribus civilibus parcimus: hoc beneficium datur iis, qui nuper de patria poteftate exierunt, & novam familiam inftituerunt familiæ fuftentandæ caufa, non folius inopiæ caufa, alioqui fubveniendum etiam effet filio manenti in poteftate, a quo tamen folidum femper ftricte exigitur. Sed obfervandum femper, novum patremf. hoc beneficio uti caufa cognita, & examinata a judice; quod exemplis planum facio. Caufæ cognitio in eo vertitur, ut fi ftatim atque exiit poteftate, conveniatur, fi ftatim præcipitatur ad folutionem folidæ pecuniæ, ut condemnetur in id, quod facere poteft: fi poft multos annos conveniatur, damnatur in folidum: neque enim in perpetuum ei parcimus, fed ad modicum tempus in initiis novæ familiæ: quod oftenditur in *h. l.* 4. §. *pen.* Item fi filius exheredatus fit, & neque directo, neque per fideicommiffum, hereditas ei relicta fit, in id duntaxat, quod facere poteft, damnatur: fed fi exheredato per fideicommiffum hereditas relicta fit, & reftituta per S.C. Treb. in folidum condemnatur, quia ad eum res paterna pervenit, nec locupleti hoc beneficium datur, fed mediocri, aut tenui tantum, & novo, non etiam veteri patrif. nam effectu quodammodo heres eft is, cui reftituta eft hereditas ex S.C. Treb. *l.*5. §.*pen. h.t. l. fi necem,* §.*ult. de bon. libert. l. filiusf. in fi. ad l. Falc.* Hic igitur exheres eft jure, heres eft effectu, quod notandum: nam ita fit, ut exheredatus loco fit heredis ; fideicommiffarius Treb. eft quodammodo heres; fideicommif. Pegafian. non fit heredis loco. Nam in eum non tranfibant actiones hereditariæ, quæ dantur hodie in fideicommiffario Treb. Sic igitur fit, ut exheres, fit quafi heres: exheres directi, heres per fideic. exheres judicio defuncti, heres beneficio S.C. Treb. Item fi filiusf. in contrahendo finxerit fe effe patremf. non habet hoc beneficium, ne condemnetur ultra quam facere poffit. Imo propter dolum, mendacium, & fictionem debet damnari in folidum: *l.* 10. *de re jud. b. l.* 4. §. 1. *& l.* 6. quæ eleganter ait, eum, qui patremfam. mentitus eft cum contrahebat, ex eo contractu teneri in folidum etiam poft emancipationem, vel mortem patris, quamvis rem præftare non poffit, id eft, quamvis non fit folvendo: Notanda hæc verba, *quamvis rem præftare non poffit;* nam Plautus ait modo *refolvere,* modo *rem folvere:* fic noftri eodem fenfu dicunt rem præftare, & repræftare, id eft, folvere, *l. Lucius, de act. empt. l. mulier,* §.1. *ad Treb.* nec quicquam mutandum cenfeo. Nam repræftare, eft rem præftare, ut refolvere eft rem folvere. Hoc igitur beneficium mentientibus fe effe patresfam. filiisfam. non datur: & ita beneficium Senatus Conf. Maced. non datur iis, qui fe effe patresfam. finxerunt. Sic Vellejanum non datur his, qui fe mares finxerunt. Beneficia juris non impertiuntur mentientibus, fed iis tantum, qui in contractibus bona fide verfantur; ceteri indigni funt, qui alios decipere conati funt. In caufæ igitur cognitione hæc omnia animadvertet judex, & fecundum hæc, eum qui nuper factus eft paterfamil. damnabit in folidum, vel in id tantum, quod facere poteft. Ad hæc fciendum, hoc effe perfonale beneficium: hoc eft concedi filiosfam. & juris effecto ; ergo non heredi ejus, extinguitur cum perfona, nec in heredem tranfit. Et ita ut refert Ulp. hic Papin. dixiffe, heredem filii damnari in folidum: quod generaliter procedit in iis omnibus, quibus idem beneficium competit, ne damnetur in folidum, ut in marito, cum quo uxor agit, in fratre, in patre, in patrono, in focio: hæ perfonæ utuntur hoc beneficio, non heredes eorum, quia perfonale beneficium eft, *l. verum* 63. §. *patri, pro foc.*

### Ad L. III. §. ult. de Peculio.

*Si filiusfamilias duumvir pupillo rem falvam fore caveri non curavit, Papinian. lib. 9. Quæft. de peculio actionem competere ait, nec quicquam mutare arbitror, an voluntate patris decurio factus fit: quoniam rempublicam falvam fore pater obftrictus eft.*

DUumviri funt magiftratus municipales creati ex ordine decurionum : nec enim ex plebe creabantur, fed ex Curia. Unumquodque municipium olim fere habuit curiam, five ordinem decurionum, quam vocabant fenatum minorem ; quoad Leo fuftulit omnes curias in novella quadam. Qua de caufa omnes leges de decurionib. abfunt a Bafil. quia tempore Leonis nullæ erant curiæ, unus tantum fenatus, ifq; Romæ. Creantur ergo duumviri ex ordine decurionum, ac duumviri jus habent dandi tutores *l.* 3. *de tut. & cur. dat.* Sed curare debent, ut tutor quem dant fatisfdet rem pup. fal. fore, alioqui tenentur pupillo, fi is fuum fervare non poteft a tutore. Tenentur igitur fubfidiaria actione, fi tutor pupillo non poffit indemnitatem præftare, in factum actione, quæ nafcitur ex quodam S.C. ut oftenditur *in tit. de magifi. conveniend.* id eft, de duumviris conveniendis fubfidiaria actione, cum a tutore dato fatisdari non curarunt; & ex aliis quibufdam caufis. Nunc fingat filiusfam. cum effet factus decurio voluntate patris (hoc enim neceffario ponendum, filiumfam. veniffe in curiam voluntate patris, hoc eft , non refragante patre: nam taciturnitas patris habetur pro voluntate ) filius igitur famil. cum effet factus decurio voluntate patris, in duumviratu tutorem dedit, nec curavit fatisdari rem pupillo falvam fore, quæritur quatenus pater teneatur? Ipfe quidem pupillo tenetur in folidum, pater de peculio tantum; & ita definitur in *h. l.* 3. §. *ult.* Objicitur ftatim, quod filius factus fit decurio voluntate patris, id eft, quod taciturnitas patris obligat patrem omnibus oneribus pro filio, quæ fc. filio injunguntur, & habetur pater vice fidejufforis pro filio: ergo tenetur in folidum, *l.* 2. *ad municip. l.* 1. *C. de decur. l.* 1. *C. de filiisfam. & quemadm. pat. lib.* 10. Filius factus eft decurio voluntate patris, ac deinde idem creatus eft duumvir : ejus igitur rei nomine, quam geffit in duumviratu, pater tenetur in folidum, non de peculio tantum. Ita refpondeamus: pater tenetur in folidum, non pupillo, cui filiusfam. dedit tutorem non exacta fatisdatione, fed reip. tenetur in folidum, quia dum patitur filium fieri decurionem, videtur fide fua jubere, aut promittere rem reipublicæ falvam fore, non rem pupilli privati hominis cujufdam, voluntas patris, quæ patitur filium fieri decurionem obligat eum reip. fi quid facto filii, dum male filii injuncto munere fungitur, reip. deperierit, quia videtur promififfe rempublicam falvam fore. Igitur pupillo tantum tenetur de peculio: reip. in folidum , fi filius voluntate ejus decurio factus fit, *d. l.* 2. §. *ult. ad municip. l.* 1. §. *ult. de magift. conven. l. fi filiusf.* 7. *de adm. rer. ad civit. pert.* Et hoc eft, quod ait Ulpian. hoc loco ex Papin. *quoniam remp. falvam fore pater obftrictus eft.* Huic tamen patri objicolet *lex* 1. *C. quod cum eo,* fi filiusfam. tutelam gefferit, vel curam, ut patrem teneri de peculio, vel de in rem verfo actione tutelæ, aut negotiorum geftorum . Et fubjicite: fed fi voluntate patris filius decurio factus fit, & tutor a magiftratu datus, pater tenetur in folidum, quod filius ejus voluntate decurio factus fit, quam voluntatem dixi patrem obftringere reip. non pupillo. Et fane fecundum ea, quæ dixi, accipienda lex 1. ut pater teneatur curiæ, vel reip. cujus periculo datus tutor eft, non etiam pupillo.

Duos expofuimus locos, quibus Ulpianus utitur Papiniano ex lib. 9. Quæftion. Locus fecundus negotium facit nobis: cui obftat *lex* 1. *C. quod cum eo,* quem nondum mihi videor bene expediviffe: nam & de eo tractavi in extremo. Ex his locis, hoc eft, ex *l.* 3. §. *ult. de pecul. l.* 2. §. *pen. ad municip. l.* 1. §. *ult. de magift. conven.* apertiffime conftat, etiamfi filiusfam. factus fit decurio voluntate patris, & poft duumvir creatus tutorem dederit, illi, cui tutorem dedit, ex caufa tutelæ patrem non teneri in folidum, fed de peculio, & de in rem verfo. Huic definitioni, quod evidenter proponitur in trib. illis locis objicitur *d. lex* 1. *C. quod cum eo,* cujus duæ funt partes. In priori ponitur regula : patrem ob tutelam geftam a filiofam. teneri de peculio, & de in rem verfo. In pofteriori ponitur exceptio, nifi filiusfam. qui a magiftratu tutor datus eft, fuit creatus decurio voluntate patris : nam hoc cafu pater tene-

tenetur in folidum: **Tentabam**, num dici poffet, patrem teneri in folidum reip. non pupillo: fed hoc non poffum evincere recte: quia neceffe eft, fi hoc velis admittere, magiftratum tutorem dediffe filiumfam. qui fuerat creatus voluntate patris decurio, & tutorem datum fuiffe filiumfam. a magiftratu municipali periculo curiæ, quoniam curia recepit in fe periculum tutelæ delatæ a duumviro; alioquin curiæ non obligaretur, fed pupillo. Sed hoc cafu quia obligatur pupillo filius, & pater curiæ in folidum, fed non etiam pupillo, hæ divinationes, fi fieri poteft, femper vitandæ funt. Et præterea animadverto quæftionem *d. legis* 1. pertinere eo, quatenus pater pupillo teneatur, cujus tutelam filius geffit, & poft regulam ftatuit, teneri de peculio, & de in rem verfo, & per exceptionem filiif. patrem teneri, fi filiusf. factus fit voluntate patris decurio, & tutor datus a duumviris: denique ait lex, eum teneri in folidum. Res omnino ita fe habet, quemadmodum fum dicturus, remque omnem dilucide explicabo. Obfervandum, aliam effe fpeciem *l.* 1. *C. quod eum eo*, & aliam effe fpeciem *l.* 3. §. *ult. de pec.* & fimilium: Nam in fpecie legis 1. filiusf. factus eft decurio voluntate patris: videtur etiam tutor datus voluntate patris, ficut fi creetur curator Kalendarii, fi curator operum, fi rei frumentariæ, vel fi quod aliud opus civile injungatur, videtur voluntate patris creatus, quia confentiendo decurionatui filii, videtur agnofcere omnia munera civilia, quæ poftea injunguntur filio: tutela eft munus civile: qua de cauffa pupillo tenetur in folidum, quod agnoverit tutelam: ut fidejuffor agnofcit omnia munera civilia, quæcumque ei poftea deferentur, vel tutelam, vel curam adolefcentum, vel curationem aliquam publicam: & ex conftitutionib. fufficit taciturnitas patris: pater qui tacet, nihilominus fidejuffiffe intelligitur. Sunt multæ tacitæ ftipulationes. Longe aliter res procedit, fi filius non fit decurio, vel fi filius qui factus eft decurio, contradicente patre palam, tutor datus fit: nam hoc cafu taciturnitas patris non habetur pro confenfu, id eft, non videtur agnoviffe periculum tutelæ fi tacuerit, cum nec videatur confenfiffe, fi monuerit filium, ut bene tutelam gereret: monitio hæc non habetur pro confenfu, *l. fi filiusf. de tut. l. Lucius, de adm. tut.* Et ideo fi filius, qui tutor datus eft, non fit decurio, vel fi fit factus invito patre decurio, pater pupillo, cujus tutelam filius geffit, non aliter tenetur, quam fi fpecialiter tutelæ periculum in fe receperit. In cafu autem *l.* 3. §. *ult. de pec.* & fimilium, filius factus eft decurio voluntate patris, & poft duumvir creatus: in duumviratu tutorem dedit, in illa filius tutor datus eft: hoc igitur cafu, fi patris voluntate vel tacita filius factus fit decurio, videtur etiam duumvir creatus voluntate patris, fed non videtur etiam tutor ifte, quem filius duumvir dedit, datus voluntate patris: & ideo pupillo, cui datus eft tutor, pater non tenetur in folidum, fed de peculio tantum, & de in rem verfo. Hoc cafu non videtur caviffe pupillo de periculo, illo videtur.

---

Ad *L. fi pro Patre,* §. I. *De in rem verfo.*

NUnc exponamus alios duos locos: unus eft in *l. fi pro patre,* §. *cui fimile, de in rem verfo.* Pater ejus rei nomine, quæ contracta eft à filiofamil. non tantum tenetur de peculio, fed etiam quatenus in rem ejus verfum eft, quo nomine eft actio de in rem verfo, quæ ineft actioni de peculio: nam qui agit de peculio, non contra de in rem verfo. Sed qui de peculio, non contra de in rem verfo. De in rem verfo proponuntur in h. l. tria exempla. Primum eft fi filiusfamil. fidejuffit pro patre & folvit: in rem patris videtur vertiffe: imo in rem filii, quia fe liberavit, fed & patrem liberavit, & principaliter animo gerendi negotii patris folvit uti fidejufferat: ideoque in rem verfum videtur. Item fi quafi defenfor judicium pro patre fufceperit & folverit, in rem patris verfum videtur, quia & hoc genere patrem liberavit. Judicio accepto quafi contrahitur, *l.* 3. *de pec.* Ex hoc igitur quafi contractu, hoc eft, fi filius pro patre judicium fuf-

ceperit & folverit, pater tenetur de in rem verfo, quia eum filius liberavit. Judicatum, eft fpecies novationis: fi condemnetur defenfor alterius, alter liberatur, & is, qui condemnatus eft, folus manet obligatus. Actio judicati novat priorem actionem. Et adjicit Ulp. idem effe, fi filiusf. expromiferit pro patre novatione facta, & folverit. Expromittere in jure, eft femper fubire locum rei principalis liberato reo, & totam obligationem in fe transferre, vel fubftituere fe loco rei; expromiffio eft vera novatio. Hoc igitur genere etiam liberat patrem, & omnino paria facit hæc tria, fidejubere, judicium pro alio accipere, & expromittere, quod eft fufcipere debitum alienum: & duo pofteriores, qui judicium fufcipiunt pro alio, vel debitum, funt fimiles primo, hoc eft, fidejuffori, *l. in perfon.* 30. §. 1. *de pact.* Expromiffor dicitur quafi fidejuffor, & ita SC. Vell. fidejuffionis verbo continetur etiam expromiffio: quamquam proprie fidejuffio accedat fine novatione, expromiffio cum novatione, id eft, cum liberatione rei principalis, & ita in *l. ult. quod cum eo,* ubi fcriptum eft, *quafi fidejuffionem effe videri cum pro alio folverit debitum.* Sic vulgo legitur nullo alio addito ad eam claufulam. Flor. aliter, ubi additur, *non pro aliis fufcipit debitum,* illo loco non eft utrumque retinendum, quod extat Flor. nec quod retinet vulgus: ego probo pofteriorem, ficut *d. l. in perfon.* quafi fidejuffionem effe videri, cum pro aliis fufcipit debitum. Et res ipfa hoc manifeftiffime docet: fpecies eft *d. l. ult.* Quidam præpofuit inftitorem non cuilibet rei, fed pecuniis dandis fub pignore: ille etiam expromifit pro emptore hordei apud venditorem: venditor agit actione inftitoria adverfus dominum. Dom. negat in eam rem fe præpofuiffe inftitorem: non præpofui inftitorem, ut pro aliis expromitteret, ergo non tenear. Res difceptata eft apud præfectum annonæ, & ille præfectus condemnavit dom. hac ratione, quia apparebat eum fervum, non tantum mutuas pecunias dediffe, fed etiam alia pleraque geffiffe, & horrea conduxiffe, & multis folviffe, non perftitiffe in inftitutione, fed omnia tractaffe, quæ ad dominum pertinebant, vel quæ ad eum pertinere poterant: quafi igitur ex contractu inftitoris generaliter condemnavit dominum: dominus appellavit. Princeps in confilium Paulum adhibuit. Paulus dicebat, quafi fidejuffionem effe videri, cum fervus pro aliis fufceperit debitum: fervus autem fidejubens pro alio extra cauffam peculii, non obligatur naturaliter, cum foleat tantum obligari ex peculii cauffa: & confequenter nulla actione obligari dominum, nec ne de peculio, nec alia actione: fi fervus non eft obligatus, nec dominus: quia igitur hoc cafu quafi fidejuffit, non videtur dominus teneri: ac propterea adjiciebat Papinian. dominum non videri mandaffe, ut fervus expromitteret: princeps tamen non habita ratione fententiam Pauli, *l.* 20. *de fidejuffor. l. ult. quod cum eo,* & confervavit fententiam præfecti annonæ, magna ratione, quia videbatur ex his omnibus, quæ gefferat fervus, eum in omnibus præpofuiffe. Lex quidem præpofitionis anguftior fuit, fed poft fucceffu rerum videbatur in omnibus præpofuiffe. Et hoc igitur cafu tenebitur ex omnib. cauffis inftitoria. Quod diximus, fervum qui fidejuffit pro alio, extra rem peculiarem non obligari naturaliter, quamvis ex aliis negotiis foleat, & confequenter ex ejus fidejuffionis cauffa nullam actionem in dominum competere; id probat lex 20. *de fidejuffor. & l. ult. quod cum eo.* Idem procedere arbitratur, fi fervus quafi fidejufferit extra cauffam peculiarem, id eft, expromiferit. Hic cafus eft valde notandus, quo fervus ex contractu non obligatur naturaliter, nec dominus tenetur ulla actione. Addemus *l.* 20. *ff. de fidejuffor.* quæ maxime pertinet ad explicationem *l. ult.* Eft etiam aliud quod omifi ad *l. fi pro patre* 10. *de in rem verfo.* In rem patris videtur verfum, fi filius pro patre fidejufferit, vel fi quafi fidejufferit, id eft, expromiferit, vel fi pro patre judicium acceperit: quod etiam genus quoddam expromiffionis eft. Nam litis conteftatione fi fequatur etiam condemnatio, novatio fit obligationis, non minus quam ex ftipulatione. Expromittere eft debitum fufcipere pro alio, litem conteftari pro alio eft est judicium suscipere pro alio, & quasi expromittere nam judicio suscepto sive pro nobis, sive pro alio suscipimus, obligamur, & debitum novamus. His igitur tribus modis in rem versum videtur, si fidejusserit, si expromiserit, si judicium susceperit, & solvit. Addit Ulpianus in l. 10. hoc procedere, si non animo donandi id fecerit filius, si non donare voluit patri cum fidejussit vel expromisit, vel judicium suscepit: nam si donare voluit, non videtur versum in rem patris: hoc est pene incredibile, sed nihil est certius. In rem versum non æstimatur ex eventu, sed ex consilio filiifam. & ejus, qui cum eo contrahit: si filiusfam. solvit pro patre, dum ei vult donare, sane locupletiorem eum fecit, & in rem patris versum est: sed non ita, ut inde detur actio, ut sit actio contra patrem, quia in rem videtur versum, si filio fuerit animus gerendi negotii paterni, quasi procuratori patris, atque ita obligandi patrem: si hoc animo rem eam, quam contraxit redegerit in patrimonium patris, pater tenetur de in rem verso, quia filius fuit patris quasi procurator hoc casu: atque ita patrem obligare voluit, d. l. 10. §. ult. & l. 11. nam si eum obligare noluit, dum rem ejus auget, cessat actio de in rem verso.

Ad L. VIII. Quamvis pignoris, §. I. ad Vellejanum.
*Si mulier intervenerit apud tutores filii sui, ne hi prædia ejus distraherent, & indemnitatem eis repromiserit: Papin. libr. 9. quæstionum non putat eam intercessisse: nullam enim obligationem alienam recepisse, neque veterem, neque novam, sed ipsam fecisse hanc obligationem.*

Quæstio §. 1. h. l. est, an cautio indemnitatis promissæ a muliere sit intercessio: & est species hujusmodi. Tutor volebat distrahere prædia pupilli, æris alieni dissolvendi causa auctore prætore, alioquin non valeret alienatio: mater hoc cum intelligeret, tutorem rogavit ne faceret, & promisit ei indemnitatem, id est, si quid tutor conventus judicio tutelæ ob prædia non distracta, quasi re non bene gesta, præstiterit, ipsum indemnem eo nomine recte præstari: tutor eo nomine præstitit aliquid pupillo culpæ nomine, qui debuerat prædia distrahere, quæ non distraxit, an quæ præstiterit poterit a matre recuperare? sic videtur, quia non poterit juvari mater Senatusconsulto Vellejano; nec enim videtur intercessisse pro alio: & Senatusconsultum Vellejanum est tantum de intercessionibus mulierum improbandis: mater hanc obligationem fecit, non etiam facta, aut cum ibi esset ut fieret, in se recepit, vel (ut utar verbis legis) eo verbo neque veterem, neque novam obligationem alienam in se recepit, sed ipsa fecit obligationem. Recte, *neque veterem, neque novam.* Nam sive vetus, sive nova sit obligatio aliena, quam in se recepit mulier, ei succurritur, *l. seminis, C. ad Vellejan.* Et vetus obligatio in Senatusconsulto significatur verbo fidejussionis: nova verbo mutui dationis. Mulier veterem obligationem recepit, si fidejubeat pro alio, si constituat pro alio, si expromittat pro alio, si judicium suscipiat pro alio, si mandet alii mutuam pecuniam dari; quæ omnes intercessiones infirmantur, & actio restituitur in veterem debitorem. Novam autem in se recipit mulier, si mutuum acceperit, quod alius rogaverat, cui mox ipsa eam pecuniam numeraturam est: quo genere suscipit obligationem alienam, quam alius erat subiturus nisi ipsa intercessisset. Et hoc plerumque genere occulto intercedunt, dum qui volunt, ut mulier intercedat, agunt, ut ipsa contrahat: sed hæc intercessio etiam infirmatur, & in eum, cujus gratia mulier intercessit, nulla restituitur actio, quia nulla fuit, sed instituitur perinde ac si mutuum accepisset. Et ita in hoc Senatusconsult. dicitur, modo institui actionem in novum debitorem, modo restitui in veterem debitorem. Et hoc genus intercessionis, scilicet, mulier accepit mutuum intercedendi gratia, significatur in Senatusconsulto his verbis, *Quod ad mutui dationes pro aliis, quibus intercesserint feminæ, pertinet:* nam mutui dationes oportet accipere passive, id est, si mutuum detur feminæ, & ita in *l. civitas, de rebus cred. civitas mutui dationi obligari potest,* id est, si detur mutuum civitati: non est etiam, cur in eo Senatusconsulto (quod quidam tamen tentant) quo loco scriptum, *de ea ve ita consuluerunt, emendes, censuerunt.* Videamus in specie proposita non videatur intercessisse mulier: hoc ostendam hoc modo: si intercessit, aut intercessit pro pupillo, aut pro tutore: non intercessit pro pupillo, hoc est, non intercessit pro eo quod deberet pupillus, sed pro eo quod culparetur tutor a pupillo: ergo evidens est non intercessisse pro pupillo: sic nec pro tutore, quia se ei obligavit: si tutori se obligavit: ergo non pro tutore, *l. Granius, de fidejuss. l. tutor, in prin. h. t.* denique neque pro pupillo obligatur, neque pro tutore, sed tutori proprio nomine: ergo non intercessit. Quid est intercedere alii? pro alio se obligare: hoc modo, se quidem obligat alii, sed non pro alio, nisi pro seipsa, quod non potest dici eleganter, quin disquas: non belle hoc dici potest. Adversus hanc definitionem Papin. objicitur *lex 6. ad Vellejan.* Sed Accursius respondet recte: eget tamen explicatione responsio ista. Species hujus legis est. Tutor se excusare volebat a tutela, nec deerant causæ justæ: mater rogavit, ut tutelam acciperet, & indemnitatem ei repromisit: videtur intercessisse, & pertinet ad Senatusconsul. Velle. In specie *l. 8. §. 1.* indemnitatis promissio non est intercessio. In specie *l. si mater,* indemnitatis promissio, est intercessio. In specie *l. 8.* mater, quæ promisit tutori, non videtur intercessisse. In specie *l. si mater,* videtur intercessisse. Et sane ita est omnino, videri intercessisse hoc postremo casu, quandoquidem se obligavit pro pupillo tutori: non suscepit periculum contrariæ actionis tutelæ, quam habiturus esset tutor adversus pupillum: non ita dixisse videtur mater nude: suscipe tutelam: nam si quid debuerit tibi pupillus, nec præstare possit, eo nomine in indemnem præstabo, quo casu intelligitur intercedere pro pupillo. Paul. lib. 1. sent. ita scribit: *Mulierem quæ pro tutoribus filiorum suorum indemnitatem promisit, non pertinere ad beneficium Senatusc.* quæ sententia est intelligenda secundum *l. 8. §. 1.* si pro tutore apud ipsos tutores indemnitatem promiserit: nam si pro filiis tutoribus indemnitatem promiserit, vel contra, si pro tutoribus filiis indemnitatem promiserit, pertinet ad SCtum. Ex quibus verbis non explicat Accursius, etiamsi nomine ejus, quod debiturus est tutor pupillo, pupillo indemnitatem promiserit. Item si nomine ejus, quod pupillus debiturus est tutori, tutori indemnitatem promiserit. Sed si nomine ejus, quod pupillus debet tutori, ipsi pupillo indemnitatem promiserit, & contra si ratione ejus, quod tutor debet pupillo, ipsi tutori indemnitatem promiserit, non intercessit, sed ipsa facit obligationem, atque ideo ea res non pertinet ad SC. Vell.

## JACOBI CUJACII J.C.
### COMMENTARIUS
In Lib. X. Quæstionum ÆMILII PAPINIANI.

Ad L. XVII. de Cond. furtiva.
*Parvi refert ad tollendam conditionem offeratur servus furtivus, an ad aliud nomen, aliumque statum obligationis transferatur: nec me movet præsens homo fuerit necne, cum mora, quæ eveniebat ex furto, veluti quadam delegatione finiatur.*

Ex libro 18. quæstionum Papiniani prima, quæ exponitur quæstio est de purgatione moræ in *l. 17. de condiction. furt.* quæ nunc explicabitur. Ostendit in hac l. Papin. moram finiri & purgari, & conditionem furtivam tolli tribus modis, oblatione, delegatione, novatione. Sed hoc ante omnia notandum est, multum interesse rem aliquam debeat quis

ex

ex causa furtiva, quod eam furto abstulerit, an ex alia causa: nam alius debitor, si ea res ante moram interierit, liberatur; si post moram, vel quam aliam culpam, debitor non liberatur, *l. si ex leg. 23. de verb. oblig. l. quod te, de reb. cred.* quia mora perpetuat obligationem, sive producit eam in perpetuum, *l. si servum 91. §. sequitur, de verb. oblig.* In fure non utimur hac distinctione, quia fur nunquam non facit moram in restituenda ea re, quam non debuit auferre. Igitur nec unquam liberatur morte vel interitu rei furtivæ: semper enim intelligitur interiisse post moram, *l. 8. §. pen. l. ult. hoc tit. l. inter 83. §. pen. de verb. oblig.* Item alterius debitoris mora fit in personam, quia non fit nisi si conventus opportune, & rite interpellatus debitor non solverit. In alio debitore interpellatio creat & gignit moram, nec videtur alius debitor non interpellatus, non admonitus, non conventus moram adhibere in solvendo, *l. mora, de usur.* mora autem furis fit ex re etiam non interpellato fure, ipso jure, *l. ult. C. de cond. ob turp. caus.* Res ipsa satis interpellat furem, nec admonitio domini exigitur, ut intelligatur fur moram facere. Etiam illud sciendum est, aliam esse causam moræ, quam, ut diximus fur semper adhibere intelligitur moræ non interpellatus, longe aliam maleficii, id est, furti quod admisit. Nam maleficium non purgatur oblatione, imo nec restitutione rei furtivæ, & sive obtulerit, sive restituerit rem, is, qui furtum fecit, non ideo tollitur actio furti, quæ ad pœnæ persecutionem pertinet: nemo tali pœnitentia nocens esse desinit, *l. qui ea mente 63. de furt. l. pen. vi bon. rap.* Seneca 4. declam. *Tam mihi teneris,* inquit, *quam qui vulneravit aliquem, licet eum servaverit*; tantum abest, ut oblatione liberetur fur, ut nec restitutione liberetur duplo, aut quadruplo, id est, actione furti. Pœna semel commissa emendari non potest, ut pœna semel soluta repeti non potest: mora autem purgatur oblatione sola, & tollitur conditio furtiva, quæ ad rei recuperationem pertinet, non ad pœnæ persecutionem, si res offeratur ei, cui furtum factum est, integra scilicet, & congruo loco, & tempore: mora enim non est maleficium, sed culpa, *d. l. si servus §. sequitur, de verb. oblig. l. fundum Corn. 28. de novat.* ubi Accursius annotat, moram & culpam, in verbo, *sine culpa*, & solemus ita definire moram, culpam non respondentis ad conventionem opportunam creditoris vel debitoris. Et dicimus, ad conventionem, quoniam hæc proprie est mora, quam conventio, id est, interpellatio gignit: & exceptis paucis casibus, quibus mora fit ex re, non ex persona: certe ut plurimum fit mora ex persona, ex conventione, & interpellatione personæ, non ex re sola, sed quæ ex persona fit, & ex reipsa fit, non contra: culpa facilius aboletur quam maleficium, & emendatur, & remittitur facilius: Oblatio purgat culpam veluti moram, sed non maleficium, & consequenter oblatio pœnali actione non liberat, quæ est ex maleficio, rei persecutoria actione liberat, quæ non est proprie ex maleficio: nam quæcumque est ex maleficio, vindictam, ultionem, pœnam persequitur, non rem solum. Et malui uti maleficii nomine, ut nostri auctores plerumque malunt dicere obligationem ex maleficio, quam ex delicto: nam delictum est nomen ambiguum, quia & maleficium, & culpam significat, stultitiam, negligentiam, ignorantiam quamlibet, ut Græcis ἁμαρτία, ἁμάρτημα, utrumq; significat; & In *l. cum mancip. de ædilit. edict.* delictum est culpa seu stultitia. Et in definitione legis, Lex est coercitio delictorum, quæ sponte, id est, opera consulta; hæc sunt maleficia proprie, vel per ignorantiam contrahuntur. Sed ad rem : mora purgatur oblatione: moræ purgatio tollit conditionem furtivam: sed sciendum est, duo esse oblationis genera, nudam oblationem, & consignatam, depositam. Est igitur oblatio nuda, oblatio rei testib. præsentibus. Hæc oblatio, cui additur obsignatio & depositio, statim liberat furem conditione furtiva, quia pro solutione est, cum non retinuerit, quod obtulit debitor, sed obsignaverit, & deposuerit apud ædituum vel tabellarium. Obsignatio pro solutione est, *l. obsignatione, C. de solut.* & perpetuum illud

*Tom. IV.*

est, solutione liberari debitorem omni obligatione, omni actione. Idem etiam de oblatione & depositione, *l. 1. §. si pecunia, in fi. depos.* Idem igitur effectus eademque vis solutionis & oblationis, quæ fit consignatione & depositione. Oblatio autem nuda non liberat furem conditione furtiva, vel alium debitorem, antequam res interierit: re existente tenetur conditione furtiva, re perempta sine culpa furis non tenetur, quia periculum desiit ad eum pertinere, quasi mora purgata per oblationem, si modo actor sive creditor non habuerit justam causam non accipiendi rem, quæ sibi offerebatur. Posterior mora creditoris facta in non accipiendo emendat & purgat priorem moram debitoris, *l. illud, de peric. & comm. rei vend. & d. §. sequitur, l. sed etsi alia die, de const. pec.* Ergo oblatio nuda liberat tantum periculo, & ita demum obligatione omni, sive conditione furtiva in specie hujus legis, si res post oblationem interierit: nam quandiu res manet, & obligatio manet: & ita constituenda est differentia inter illa duo oblationum genera. Possit itaque lex intelligi de oblatione nuda, si modo ea intellexeris tolli conditionem post mortem hominis furtivi, vel interitum rei furtivæ, non ante. Porro non tantum oblatione purgatur mora, tolliturque conditio furtiva, sed etiam delegatione & novatione, ut ait, veluti quadam delegatione, subindicans, novationem esse quandam delegationem, delegatione purgari moram, ergo & novatione. Eorum quæ similia sunt plerumque in jure idem est effectus; quod est verissimum. De eo, quod similitudinem habet solutionis idem statuamus, quod de solutione : nec interest solverit quis, sive fecerit, quod solutioni simile est vel proximum: delegatione mora purgatur, si id quod mihi debes ex causa furtiva jusserim creditori meo stipulanti promittere, & promiseris, quo facto liberaris a me omnimodo, nec mihi amplius teneris conditione furtiva, & obligaris creditori meo ex causa stipulationis, non ex causa furtiva : nam hæc est abolita. Delegatio est abolitio & finis causæ furtivæ: ergo & moræ, quæ ea pependit: novatione quoq; mora purgatur, & tollitur conditio furtiva, si novandi animo stipuler a fure, vel ab alio, quod fur mihi debet ex causa furtiva: quia hæc novatio veluti delegatio est: videor enim furem, qui mihi obligatus est ex causa furtiva, delegare mihi ipsi, ut ipse mihi debeat rem non amplius ex pristina causa, sed ex nova, id est, ex stipulatione, scilicet si stipuler ab eo. Nam si ab alio stipuler, videtur fur mihi delegasse eum, qui expromisit pro eo, id est, qui totam obligationem in se recepit novandi causa. Novatio est, ut apparet ex hac l. in aliud nomen, aliumque statum prioris obligationis translatio. Delegatio est mandatum, quo jubetur debitor id, quod debet, alii promittere. Et recte mandatum, nam ex eo negotio sive jussu nascitur actio mandati, *l. 12. de novat.* Et recte, quo jubetur promittere: Nam delegatio consummatur per stipulationem ejus, cui debitor delegatus est, quæ stipulatio efficit novationem. Delegationem igitur sequitur novatio. Nam novatio est non tantum si mutetur debitor vel causa debendi, sed etiamsi creditor mutetur: & interveniente delegatione, atque impleta per stipulationem sequentem, mutatur tam creditor quam debitor: creditor mutatur delegatione: ei autem, cui delegatur, mutatur debitor, secuta, ut dixi, stipulatione: alioqui delegatio est imperfecta: rursus dixi, quo jubetur promittere: nam secus est, si debitor meus jubeatur alii solvere. Si jubeatur promittere tibi, tu statim, etiam id stipulando novare potes; sed si jubeatur solvere, non statim etiam tu stipulando id novare potes invito me, *l. si debitorem, de novat.* Tollit igitur novatio priorem obligationem: ergo tollit etiam moram sive culpam, quæ obligationi injuncta est, atque cohæret: & rursus, ergo tollit etiam conditionem furtivam, quæ ex obligatione nascitur: quæ denique in universum tollit obligationem, & quæcunque eam circumstant: & confluit obligatio in alium statum, inque aliud nomen. Ac præterea tollit novatio priorem obligationem, non tantum si res post novationem intereat, sed etiam si existat, ut plane sit recipienda differentia Accursii inter no-

Q

vationém, & oblationem. Oblatione nuda liberari reum re perempta demum, novatione liberari ftatim etiam re extante. Nec quicquam obftat *l. fcire debemus* 29. §. *ult. de verb. oblig.* quæ eum, qui ftipulatus eft a fure quod fur fibi debet ex caufa condictionis furtivæ, ait, uti poffe condictione furtiva, condicere furi poffe fi res extet. Nam, ut refpondeamus breviter, non loquitur de ftipulatione facta novandi caufa, quandoquidem fi hoc animo facta fit novatio, ftatim extinguitur condictio furtiva. Græcorum etiam differentia placet inter oblationem nudam & novationem, ut oblatio nuda exigat præfentiam rei, novatio non exigat. Oblatio exigit præfentiam rei, quia non poteft obtuliffe videri quis rem, quæ non aderat. Res præfens non eft ea quæ in confpectu eft, feu quam cernere & tangere licet: nec eft ea, quam fur fert, aut agit, aut portat, fed quæ eft in ea provincia, ubi de ea quæritur. Abfens eft, quæ eft peregre, & in alia provincia, quod oftendit aperte lex *qui decem*, §. *idem refponfum*, *de folut*. Ergo oblatio quidem exigit, ut res præfens fuerit, alioqui non intelligitur obtuliffe rem propter abfentiam, & folum eft præfens, quod eft in ea regione: novatio autem non exigit, ut res fit præfens, & eundem habet effectum five res fit præfens, five abfens: & hoc eft quod ait Papinianus. Nec me movet lex *qui decem*, §. *cum Stichum*, & §. *feq. de folut*. ex qua efficitur etiam in novatione exigi præfentiam rei, id eft, novatione non finiri moram, non tolli priftinam actionem, nifi res præfens fuerit quo tempore actum eft de novatione. Hoc in illo §. oftenditur, oblationem liberare periculo, & emendare moram, five a debitore fiat, five ab alio nomine debitore, fciente debitore vel ignorante, fcilicet fi creditor accipere noluerit, id eft, fi pofterior ipfe fecerit moram. Et adjicitur, eundem effe effectum ftipulationis non conceptæ puræ, fed factæ fub conditione novandi caufa, licet novatio non contigerit, quod fcilicet res interierit pendente conditione ftipulationis: neque enim novatio contingit, nifi res in rebus humanis cum exiftit conditio. Et hoc ita effe, five creditor ftipuletur fub conditione a debitore, five ab alio ignorante debitore. Ergo ita conftituamus: moram purgari per ftipulationem conditionalem, licet ex ea novatio non contingat: quod confirmat etiam lex *quotiens*, §. 1. *de novat.* Sed hoc ita verum eft, fi res præfens fuerit, quæ in ftipulationem conditionalem deducta eft: Nam fi res præfens fuerit, ftipulatione nuda, ex qua novatio non fit, licet fuerit interpofita novandi animo, mora purgatur, quia pro oblatione cedit, fi res præfens fuerit. Offero rem non tantum, fi dicam me paratum effe folvere: fed etiam fi promittam ftipulanti tibi, vel pure, vel fub conditione: neque enim quod promitto, recufo folvere, imo me ad folvendum adftringo: denique offero & purgo moram, fi quam ante admifi. At fi res ipfa, quam ab eodem debitore ftipulatus fum fub conditione, fuerit perempta pendente conditione, atque ideo non fecuta novatio fit, ea ftipulatione non cenfetur purgata mora; non certe ftipulatione, quia effectum non habuit re perempta interim: non etiam quafi oblatione, nam res abfens non intelligitur oblata. Et hæc eft fententia illius §. fatis obfcuri, qui tamen non adverfatur Papiniano: Nam Papinianus in ftipulatione, ex qua contingit novatio, putat nihil referre, præfens fuerit res, an abfens. Marcellus in eo §. de ftipulatione loquitur, ex qua non contingit novatio, in qua omnino exigimus præfentiam rei, ut pro oblatione habeatur, atque ita purgat moram. Diximus in fumma, ftipulationem conditionalem, & liberari debitorem periculo per ftipulationem conditionalem novandi caufa interpofitam, fi modo res præfens fuerit, licet novatio non contigerit extincta pendente conditione ftipulationis, & novationem non contingere, etiamfi conditio ftipulationis exiftat poft interitum rei. Hæc eft fumma doctrinæ fuperioris. Cui tamen valde obftat lex *fi rem*, *de novat*. quæ fignificat, in ea fpecie nec purgari moram, nec novationem contingere: obftat etiam lex *eum qui* 56. *de verb. oblig.* ex qua efficitur, novationem quidem non contingere, A
fed moram etiam non purgari. Sed quidnam fit illis legibus refpondendum, poftea explicabimus, cum aggrediemur legem *arboribus*, *de contr. empt*.

### Ad L. Arboribus LVIII. de Contr. empt.

*Arboribus quoque vento dejectis vel abfumptis igne, dictum eft emptionem fundi non videri contractam effe, fi contemplatione illarum arborum veluti oliveti, fundus comparabatur, five fciente, five ignorante venditore; five autem emptor fciebat, vel ignorabat, vel uterque eorum, hæc obtinent, quæ in fuperioribus cafibus pro ædibus dicta funt.*

B  Iximus, moram purgari & debitorem liberari periculo omnino non tantum novatione quæ fiat interveniente ftipulatione pura: fed etiam ftipulatione conditionali: Nam etfi conditio exiftat poft extinctam rem, novatio non fit, quia nulla eft res, quando conditio exiftit: novatio non tantum emendat moram, fed etiam ftipulatio interpofita novandi caufa, licet effectum non habuerit. Et hæc ita procedunt, fi tempore conditionalis ftipulationis res præfens fuerit, id eft, fi in eadem provincia fuerit; hoc cafu moram purgari per conditionalem ftipulationem, licet ex ea novatio non exiftat, ut res quæ præfens in ftipulationem deducta eft, oblata videtur; & conftat oblatione moram purgari, novationem autem: non fieri, quia res interiit ante moram; nec enim poft veterem moram, quæ fublata eft, nova interceffit mora. Hoc eft quod fupra diximus: & adjecimus huic C definitioni obftare legem *fi rem*, *de novat*. & *l*. *eum qui* §. *ult. de verb. oblig.* quæ nobis explicandæ funt, & demonftrandum, quidnam refpondendum fit. Ex *l. fi rem* colligitur in eadem fpecie rei debitæ deductæ in ftipulationem conditionalem factam novandi animo, & pendente conditione re perempta debitorem non liberari periculo, & novationem fieri, poft interitum rei conditione exiftente. Et ut explicatius dicam, finge: rem quam mihi debes, de te ftipulatus fum novandi caufa fub conditione, non fiet igitur novatio, nifi res exiftat tempore conditionis exiftentis, & nifi res ea fuerit in rerum natura: verum adjicit *d. l.* hoc ita verum effe, fi tu ante eam ftipulationem conditionalem moram feceris; Nam fi moram feceris, etiamfi res non extet tempore exiftentis conditionis, tu mihi teneris ex ftipulatione, quafi novatio D ne facta: ftipulatio committitur exiftente conditione, quia res periit poft moram commiffam: nec enim interim videtur purgata mora. Sed fi verum amamus, id tantum dici poteft, atque id procedit fimpliciter, fi res abfens fuerit tempore interpofitæ ftipulationis conditionalis. Superior definitio eft de re præfente, res præfens pro oblata habetur, res abfens pro oblata non habetur: & ideo non videtur purgaffe moram qui rem abfentem promifit fub conditione: certe non purgavit moram ftipulatione, quæ eft in fufpenfo: non purgavit etiam quafi oblatione, quia res abfens oblata intelligi non poteft; & confequenter, quia periculo ad eum pertinet, quafi mora non purgata exiftente conditione tenetur, & novatio fit. Sententia legis *eum qui*, §. *ult.* hæc eft, rem, quam mihi debes, ftipulatus fum fub condi- E tione, non a te, fed a Titio, pendente conditione res interiit poft moram tuam, poft exftitit conditio: non fit novatio, & tu mihi teneris, licet res interierit: ergo ea ftipulatio non poteft purgare moram: hoc facilius poffumus expedire, quam illud, quod ante diximus. Refpondeo moram quæ præceffit ftipulationem conditionalem purgari per eam ftipulationem, licet ex ea novatio non fiat: moram autem, quæ fecuta fit eam ftipulationem, quæ facta eft pendente conditione, de qua agit lex *eum qui*, non de ea, quæ præceffit ftipulationem, non purgari, five res præfens fuerit, five abfens: & ideo quod moram commififti, mihi teneris etiam re perempta. Titius non tenetur, quia res interiit antequam moram faciat: novatio igitur non fit, quia Titius non obligatur,

tu

tu obligatus manes, *l.* 57. §. *ult. de verb. oblig.* Nunc interpretationem legis *arboribus* aggrediamur. Quæstio est de fundo vendito contemplatione arborum, quæ in eo fundo consitæ sunt, ut de oliveto venditio: fundus qui olivetanus dicitur, veniet contemplatione arborum, aut de vineto, de arbusto, an valeat venditio, si ante venditionem arbores evulsæ, exustæ, dejectæ fuerint vento: eadem quæstio extat de domo in *l. prox. sup.* an domus venditio valeat, quæ ante venditionem combusta fuit: & quæ, ut Papin. admonet in hac l. distinctionibus quibusdam adhibitis, definiuntur de domo vendita, sunt etiam transferenda ad hanc legem, & licet Papin. de fundo tantum agat, tamen demonstrat idem tractasse ante de domo. Finge igitur: domus vendita est, quæ ante venditionem combusta fuerat, superficies perierat, area manebat, solum manebat, quæ est maxima pars domus, *l. qui res* 98. §. *ult. de solut.* Superficies est pars minima, si conferatur cum solo, & ideo jure gentium superficies semper cedit solo, *l. pen. l. ult.* §. *sed si, uti possid. l. qui domum* 50. *ad l. Aquil.* Vel finge: fundum vendidisti contemplatione arborum, veluti olivetum, aut vinetum, & arbores igne absumptæ fuerant aut vento dejectæ ante venditionem. Arbores sunt superficies fundorum, atque ideo latior superficiei, quam ædificii appellatio: & rursus etiam ad aliquid latior ædificii, quam ædium. Nam ædificia alia sunt urbana, alia rustica: ædes tantum sunt urbanæ prædia; & rursus ædium ad aliquid latior significatio, quam ædificii. Nam ædes solum & superficiem continent, ædificium proprie est superficium in *l. domo* 21. *de pign. actione, l.* 9. §. *quæsitum, de dam. inf.* Ædificium est pars, ædes totum, *l.* 31. *de leg.* 3. si cui ædes legatæ sint, omne id ædificium habebit, quod solum earum ædium erit. Quæritur autem superioribus duobus casibus, an venditio consistat, si res perierit ante venditionem, & an ex eo negotio sit actio, id est, an impleri debeat contractus utraque ex parte? Et auctores ita distinguunt. Aut uterque ignoravit domum esse combustam, vel emptor scivit, venditor ignoravit, aut contra, aut uterque scivit. Divisio hæc est perfectissima. Si uterque ignoravit, nulla est venditio, quia sine re venditio non consistit: emptionis venditionis substantia consistit ex re & pretio, *l. etsi consensum* 15. *hoc tit.* etiamsi sit consensum in corpus, si tamen id perierit ante venditionem, nulla est venditio: & ideo emptor non compellitur venditionem implere, & quod ignorans solvit, potest condicere, quia neutra ex parte producitur obligatio. Et hoc ita, si tota domus exusta sit, si totum olivetum consumptum sit, vel major pars ejus. Nam in rebus humanis non videtur esse res, cujus major pars interiit; res quælibet ex majori parte censetur. Consumpta igitur majori ex parte res, absumpta videtur. Nam solum, sive area non fuit venditum, nec pars domus sublato superficio. Ergo sine re videtur contracta venditio, si ea res, quæ veniit, majori ex parte perierit ante venditionem; sed si pars dimidia permanerit, & dimidia perierit, vel si minor pars, vinditio consistet, quia non intelligitur periisse domus, cujus pars major superest, aut dimidia. Et ideo hoc casu, si dimidia tantum perierit, emptor cogitur perficere contractum: nam venditio nudo consensu, & aliud est proprie perficere emptionem, aliud implere. Cogitur igitur emptor solvere pretium rei, quamvis non sit integra res, pro ea parte dimidia consumpta: sed quia actio ex vendito est bonæ fidei, bonus vir arbitrabitur, ut diminuatur pretium, & boni viri arbitratu, id est, officio judicis, *l. officio, hoc tit.* Judex quid est? magister & sacerdos æqui & boni: arbiter, vir bonus, cui causa cognitio, aut jurisdictio data est: Interpres bonæ fidei & doli mali, *l. si servus* 61. §. *circa commodatum, de furt.* Habet enim dolus malus ἀντιδιαστολὴν bonam fidem. Si utroque ignorante domum exustam esse vel olivetum, venditio contracta fuerit, nec fuerit exusta tota, sed pro parte tantum dimidia, aut minor, valere venditionem. Objicitur stulte lex *si duos* 44. *hoc tit.* non pugnat ea lex. Finge: Vendidi tibi duos comœdos, quorum unus non possit sejungi ab altero sine

incommodo, finge unum ex iis interiisse ante venditionem, an in uno consistit venditio? minime. Cur igitur non dicis idem in domo? Ratio est diversitatis, quia nec venditori, nec emptori, nisi utrumque habeat, expedit: partem domus habere expedit, & potest esse usui, nec quicquam incommodi patitur emptor, cui diminuetur pretium pro rata ejus, quod incendio periit. Aut venditor scivit, emptor ignoravit, & hoc casu nulla est venditio, si tota res perierit ante venditionem, sed si extet pars aliqua vel major, vel minor: neque enim spectamus quanta permaneat, sed dicimus indistincte valere, & venditorem teneri in id, quod interest propter reticentiam, *l. si post* 9. *de peric. & com. rei vend.* & ita coercetur dolus venditoris, non ad rem tantum, sed etiam in id, quod interest. Objicitur lex *si in empt.* 34. §. *item si, hoc tit.* agitur ibi de re furtiva vendita: non potest vendi res furtiva, res aliena potest vendi, nec tantum dicimus rei furtivæ non esse usucapionem: sed venditionem non esse, donationem non esse. Nam si ille §. conjungatur cum præcedenti, apparet Jureconsult. adnumerare illis rebus, quarum commercium non est, rem furtivam: & consequenter ait, nullam contrahi obligationem, si uterque scierit rem esse furtivam, & contraheretur tamen, si uterque scierit rem esse alienam. Ait etiam, si venditor ignoravit, emptor scierit, non obligari venditorem, sed nec agere ex vendito, nisi ultro id quod convenit præstet: contra si venditor scierit, rem esse furtivam, emptor ignoraverit, utrinque obligatio nascitur. Ergo in nostra specie cur non debet nasci obligatio? Respondeo uno verbo, non potest nasci, quia nulla res subest tota domo combusta. In d. §. subest res. Aut e contrario venditor ignoravit, emptor scivit domum esse exustam, & hoc casu non valet venditio, si tota sit exusta, sed si vel portiuncula manet, venditio valet propter dolum emptoris, & tenetur emptor adimplere contractum, quia dissimulavit, ut forte venditorem condemnaret ex empto: dissimulatio omnis, reticentia, dolus est, & sibi imputare debet, quod emere voluit, quam sciebat extinctam. Aut uterque scivit, & hoc casu sive exusta sit tota, sive ex parte, venditio non valet, quia uterque scivit, utraque ex parte dolus intercessit: ergo ex neutra parte consistit contractus bonæ fidei: contraria hæc sunt dolus & bona fides. Et falso hic Accurs. in *l. domum, hoc tit.* quæ hanc præcedit, in verbo, *nihil actum*, meo quidem judicio, pro parte, quæ superest posse contrahi venditionem, licet uterque scierit, quod acciderat rei ante venditionem. Nam doli ratio obstat universæ venditioni. Ideo ait lex nihil penitus agi, nec posse se coarguere invicem, quia dolo dolo compensatur, *l. viro* 39. *solut. matrim. l.* 10. *de compensat.* quod etiam male colligit ex §. *quoriens, l. l.* 10. qui tantum ait, quod supra dictum in *l. arboribus, & l. domus, de contr. empt.* quoties ex delicto oritur actio, utpote ex causa furtiva, si de ea vel conditione judicio agitur, compensatio locum habet. Post hæc nimirum verba esse legendum, id est, per, pro, idem: ita in *l.* 30. *de act. empt.* id est, melius quam Florent. *idem* est *l. veteres, hoc tit. l.* 45. *& seq. loc.* Et eam emendationem confirmant βασιλικὰ, in quibus nimis ista brevi sermone comprehensa sunt. Is cum quo agitur pecuniaria ex furto vel maleficio, compensationem opponere potest: & de noxali actione idem adjicitur, ex quo habemus duo singularia; Actionem seu conditionem furtivam ex maleficio dari, ut in *l. si mulier* 21. §. *hæc act. rer. amot.* non minus videtur ex delicto dari, quod sit etiam rei persecutoria, sicut dicitur de actione in factum ex edicto de alienatione judicii mutandi causa, quæ licet ad rei persecutionem pertinet, tamen videtur ex delicto dari: adde *l. quia pertinet, de alie. jud. mut. caus. fac.* idque sit odio furum, & ut Theoph. ait contra reg. ju. Deinde est notandum ex his, noxalem actionem pecuniariam: & eleganter in *l.* 6. §. 1. *de re jud.* solius noxæ deditionis nullum esse judicium, sed condemnationem pecuniæ persequi: in condemnatione esse pecuniam, noxæ æstimationem: in solutione, ex 12. tab. & noxæ deditionem. Quamobrem

obrem recte mihi videtur concepta formula sententiæ proferendæ in noxali judicio *in t. de off. jud. Inst. lib.*4. *Publium Mævium in pecuniam certam condemna, aut ut noxam dedas*. Præcedit verbum *condemna*, sequitur, *noxam dedere*: Hanc igitur facultatem noxæ dedendæ habet ex 12. tab. si nolit subire æstimationem litis: hic actionem in factum judicii mutandi causa factam pecuniariam, civilem esse ex delicto, & noxalem esse pecuniariam. Summa autem eorum, quæ exponuntur in *h. l. arboribus*, & in *l. domus*, præcedentis hæc est. Si res quæ veniit, tota perierit ante venditionem, & hoc utrque scierit, vel ignoraverit tam emptor quam venditor, vel alteruter, non stare venditionem. Idemque esse, si qualibet pars perierit ante venditionem, & hoc scierit uterque contra venditorem, si perierit dimidia pars, aut minor, quam dimidia utroque ignorante. Itemque si perierit pars quantulacunque solo venditore, vel solo emptore sciente. Et hoc est, quod ait Papin. hac lege, *sive*, id est, non distinguimus sive sciverit venditor, an ignoraverit, omnes arbores consumptas igne. Alia distinctio in *l. si post, de peric. & com. rei vend.* Quædam arbores vi dejectæ sunt, & constat venditio, si emptor ignoravit, venditor scivit, nec admonuit. Quod ad Papin. videtur Ulp. adjecisse.

### Ad L. Pacta conventa LXXII. eod. tit.

*Pacta conventa, quæ postea facta detrahunt aliquid emptioni, contineri contractui videntur, quæ vero adjiciunt, credimus hoc non inesse, quod locum habet in his, quæ adminicula sunt emptionis: veluti ne cautio dupla præstetur, sed quo casu agente emptore, non valet pactum, nam vires habebit jure exceptionis agente venditore. An idem dici possit aucto postea vel deminuto pretio non immerito quæsitum est: quoniam emptionis substantia consistit ex pretio. Paulus notat: si omnibus integris manentibus, de augendo vel deminuendo pretio rursus conveniat, recessum a priore contractu, & nova emptio intercessisse videtur.* (*)

Est hæc lex famosissima. Pacta conventa dicuntur non per διποτολὴν, quasi sint quædam pacta non conventa, sed perpetuum est epithetum, quia ex solo conventu valent, & æstimantur: contractus propter conventum valent, & æstimantur ac censentur nomine legitimo & proprio, ut societas, mandatum: vel deficiente nomine æstimantur, & censentur ex causa, qua incipiunt, id est, dationem vel facto aliquo, ut do, ut des, do ut facias, facio ut des, facio ut facias. Do ut des, est contractus, quia præter conventionem cœpit res a datione, hoc est, conventioni accessit datio. Dabo ut des, est pactum. Quid est contractus? conventio, quæ nomen proprium habet, quæ datione, traditione, aut facto aliquo sumit effectum: Vel, ut Theophil. definit: Contractus est duorum pluriumve in idem placidum consensus, ex quo nascitur obligatio. Ab effectu sic definitur: sed prior ad substantiam magis pertinet. Quid est pactum? Res de qua convenit, quæ nomen non habet aliud, quam pactum, quæque nulla ex parte sumpsit effectum, nec versa est in stipulationem. Vel, imitatione Theophili: Pactum est duorum, pluriumve in idem placidum consensus, ex quo non nascitur obligatio: Vel pactum est conventio, cujus neque ulla causa subest, quodque nomen proprium non habet. Conventio est genus, cujus species duæ sunt, contractus, & pacta, *l.* 1. *de pact.* Eadem ratione dicuntur pacta, & conventa. Paul. 1. *sent.* 1. Tull. pro Cæcin. *quam pacti & conventi formula*. Seneca de benef. *nec pacta, conventaque impressis signis:* & e converso etiam conventa, & pacta. *Juvenal. Satyr.* 6. Eadem quoque ratione dicuntur pacta nuda, non quasi alia sint non nuda: nullum est pactum, quod non sit nudum: ut si ita convenerit, *dabo ut des*, pactum est. Etiam ea pacta,

(*) Vide Merill. *Variant. ex Cujac. lib.*1. *cap.* 25.

quæ pariunt actionem, sunt nuda, & ex pacto sæpe res meat in contractum, vel stipulationem, vel quem alium: ut si ita convenerit, *dabo ut des*, est pactum: si cœpero dare, definit esse pactum, & fit contractus. Dicuntur pacta nuda, quia solo consensu constant, & nuda a nomine, nuda a causa, nuda a vinculo stipulationis, circumscribuntur, stantque ad finem placiti, *l. si tibi* 27. *C. de loc. & cond. l. si divisioni, C. fam. ercisc.* Ex contractibus nascitur civilis & naturalis obligatio: sunt enim contractus non tantum civiles, sed & jurisgentium: ex pactis non nascitur civilis obligatio, sed nec etiam tollitur civilis obligatio: naturalis tamen obligatio nascitur ex pactis, atque etiam tollitur: Ergo ex pactis actio neque datur, neque ipso jure perimitur: exceptio & replicatio datur jure prætorio, & justa pacta ita rata habentur, ut juri præstare dicantur. Vetus erat verbum, *pacta juri præstare*, apud Cornif. hoc est, præstabiliora esse legibus, licet legibus non observentur, sed edictis prætorum tantum, datis exceptionibus, & replicationibus: & quandoque datis actionibus, ut jure prætorio de pignore ex pacto nascitur actio pign. sive hypothecaria, *l. si tibi* 17. §. *de pign. de pact.* Eodem etiam jure de constituta pecunia quasi ex pacto nascitur actio, *l.* 1. *de const. pec.* De alia re quod sciam, alove gestu, no jure quidem prætorio ex pacto nascitur actio, quod lege non confirmatur. Quædam tamen sunt pacta, quæ legibus observantur: regulariter pacta legibus non observantur. Observantur autem legibus ut de injuriis, & furtis ex 12. tab. Hæ actiones pacto ipso jure tolluntur etiam non opposita exceptione, *d. l. si tibi* §. 1. *de pact. l. post decisionem* 13. *C. de furt.* Idem ostenditur in *l. jurisgent.* §. *si paciscar, de pact. post decisionem*, hoc est, post pactionem, si quis pro furto damnum deciderit. Et sumpta sunt hæc verba ex 12. tab. ut in alio capite, *fructus duplione damnum decidere*. Damnum decidere, est pacisci, quæ pactio perimit actionem de furto. Sic etiam injuriarum actio pactione tollitur ex 12. tab. Actionem igitur injuriarum, ut si quid addictus debitor creditori cum creditore paciscatur (ut mea fert opinio) ex iisdem legibus 12. tab. pacta observabantur quasi legitima, quoniam post addictionem debitoris Gellius ait, inveniri fuisse jus paciscendi: ex iisdem legibus igitur, & nisi pactum fuisset haberi potuisset in vinculis. Et pacta etiam ea legibus observantur, quæ contractui bonæ fidei adjiciuntur in continenti: nam leges non servant tantum contractus, sed & leges contractuum, hoc est, pacta adjecta in continenti. Non quodlibet pactum lex est, sed id tantum, quod additur ex contractui, quia format actionem venientem ex contractu. Hæc igitur pacta sunt legitima, hoc est, jure approbata confirmataque, *l. jurisgentium*, §. *quinimo, de pact. l. cum dotem, C. de jur. dot. l. nec ex præt.* 27. *de re. judic.* Proficiunt ergo ad actionem, & obligant, ut in *l. venditor* 13. *com. præd. per venditionis legem obligaturo*, &c. & in *l. in bonæ fid. C. de pact.* ex his pactis competere actionem; cur ita? quia si contractus est legitimus, & ipsa sunt legitima, quandoquidem habentur pro parte contractus, continentur & insunt contractui. Ex pactis autem ex intervallo non nascitur actio, quia non videntur inesse contractui, quæ fiunt longe post contractum, quia non coherent contractui, sed ab eo absunt, distantque longissime. Cur pacta incontinenti facta proficiunt ad actionem? quia insunt contractui, & contractus utilis est ad actionem. Ergo, quæ non insunt, non proficiunt ad actionem, sed ad exceptionem tantum jure honorario: imo ut ostendit Papin. in *h. l.* Interdum pacta ex intervallo proficiunt ad actionem jure ipso quasi legitima. Sunt multa ejus rei exempla: quærunt tamen interpretes. Est vero tota hæc lex de pactis factis ex intervallo, nihil in ea agitur de iis, quæ ex continenti. Et ideo ait, *pacta quæ postea facta*, id est, post emptionem ex intervallo. *Postea* semper significat, vel continenti, vel ex intervallo, *ut d. l.* 23. *de captiv. & postl.* Horatius : *mox daturos progeniem vitiosiorem*, & alio loco,

loco, *ut mox nulla fides dictis*, &c. vide Festum. Sed quæro, quid sit ex continenti, quod si scieris, & statim cognoveris, quid sit ex intervallo. Quæ pacta dicit fieri in continenti, an quæ fiunt statim in ipso negotio? Minime, videntur pacta facta in continenti, quæ non sunt facta confestim, modo non post aliquod intervallum facta sint, in *l. si venerit. §. ult. de reb. auct. jud.* Nam modicum intervallum, intervallum non est: sed si ad alia negotia diverterit, qui contraxit, ut definit *l. si ex duobus, de duob. reis*, ergo ex intervallo videtur factum, non ex continenti, quod quis fecit postquam a contractu divertit ad alia negotia: & contra ex continenti, quod quis fecit antequam ad alia negotia divertit. Et ideo chorus apud Sophoclem, dum Regi suadet ut statim monumentum extruat Polynici, ὅρα μὲν τὰ δὲ ἐλθὼν μήτ᾽ ἐπὶ ἄλλοισι τρέπου, quod enim fecit aliquis postquam ad alia negotia divertit, non videtur fecisse ex continenti. Facta autem (ut Papin. ostendit in hac l. cujus auctoritate etiam utitur Ulpian. in eam rem in *l. jurisgent. §. idem resp. de pact.*) quæ fiunt ex intervallo, vel adjiciunt aliquid emptioni vel detrahunt. Forsitan existimaret quis ea pacta detrahere, quæ negativa sunt: adjicere quæ affirmativa, sed errore labitur: nam & negativa adjiciunt, ut si convenerit, ne venditor caveat de evictione. Hoc pactum nihil detrahit, sed adjicit. Adjiciunt pacta, quæ extranea quædam adjiciunt salva substantia contractus; ut si post emptionem pacifcantur ut præstetur cautio duplæ evictionis nomine, vel etiam si pacificantur ut satisdetur evictionis nomine, non repromittatur: jure ita se res habet, ut evictionis nomine debeat venditor tantum repromittere, non etiam satisfdare datis fidejussoribus, *l. 1. §. stipulatus dup. de præt. stipulat.* Sed licet jure ita se res habeat, tamen pactum juri præstat; id est, ita pacta justa existimantur, ut juri præstent, & jure potius sit pactum. Nam efficit, ut quod juris est, non fit, & contra, veluti ut non caveatur de evictione, vel ut satisdetur, & sæpissime etiam in legibus jureque communi additur hæc exceptio, *nisi aliud convenerit*, qua demonstratur, conventionem legibus præstare. Quamobrem recte dices, voluntatem testatoris & voluntatem paciscentium juri præstare. Hæc vero pacta, quæ proposui, dicuntur esse extra naturam & substantiam contractus in *d. §. idem resp.* quia nihil attingunt substantiam emptionis, quæ constat tantum re & pretio, sed pertinent tantum ad emptionis adminicula. Evictio est adminiculum emptionis, ut in *l. instrumenta, C. de probat. l. 3. C. de testib.* βοήθημα. Qua de causa a Justin. evictio appellatur pedissequa, παρακολούθημα emptionis. Denique evictio est adminiculum emptionis: pretium substantia emptionis: sine qua nulla est emptio: sine adminiculo emptio consistit, non tamen fine hoc adminiculo evictionis, rem habere, si evincatur, licet, ut usufr. sine aditu ad fundum consistit, non tamen uti frui licet sine aditu, *l. 1. §. 1. si usufr. pet.* usufructus eget adminiculis, non ut consistat substantia usufr. sed ut fructus percipere liceat. Ex iis autem pactis, quæ adjiciunt emptioni, quæq; pertinent ad adminicula emptionis, non ad substantiam, ex iis, inquam, non nascitur actio, sed exceptio tantum: & hoc est quod dicitur, pacta non contineri contractu, alioquin ex iis nasceretur actio, nihil commune haberet cum contractu, denique non proficere ad actionem, sed ad exceptionem tantum: & ideo si agat emptor, ut sibi satisfetur de evictione ex pacto, non audietur, ne ex pacto nascatur actio, ut Papin. ait, sed contra, si agat venditor cum emptore ex pacto, emptori dabitur exceptio: & in summa pactum hujusmodi proficit ad exceptionem tantum, non ad actionem. Et hæc sunt, quæ Papin. proponit in prima & secunda parte hujus legis. Dixi supra Pap. in *l. pacta conventa*, de iis tantum pactis tractare, quæ fiunt ex intervallo, post contractam emptionem, & quæ sint vires eorum, quæ fiunt ex continenti, satis exposuimus. Ergo cum Papin. tractabimus de viribus tantum eorum pactorum, quæ fiunt ex intervallo: & ut rem omnem nunc absolvam, ut perspicuam eam totam reddam, necessario paucis repetendum est, quod de iis diximus, & si fieri potest insinuandum apertius. Ea pacta, quæ fiunt ex intervallo Papin. ita divisit (meo quidem judicio de pactis scripta nulla lex est elegantior: quidquid enim de viribus eorum pactorum dici potest, paucis comprehendit) vel inquit, ea pacta adjiciunt aliquid emptioni, vel detrahunt: Quæ adjiciunt non inesse ex parte actoris: vel quod idem est, *non contineri contractu*, id est, non formare actionem, inefficacia esse ad agendum, non inesse etiam ex parte rei: quod notandum, quia tametsi proficiant ad exceptionem, tamen eam opponi necesse est ab eo, qui pacto nititur, qui ex pacto commodum vel lucrum quærit; nec enim ipso jure tutus est reus, & inesse tantum ea pacta dicuntur ex parte rei, quorum exceptio proponi necesse non est, hoc est, quæ reo proficiunt etiam tacenti, *l. 3. de rescind. vend.* Quæ vero detrahunt aliquid emptioni, insunt ex utraq; parte: nam & actionem pariunt actori, & reum ipso jure tutum reddunt, etiamsi non opponat exceptionem pacti, *d. l. 3.* Et hoc est, quod dicitur, exceptionem pacti inesse actioni bonæ fidei, hoc est, a judice pacti rationem haberi, etiamsi ejus pacti exceptio omissa sit ab adversario: denique potestate judicii bonæ fidei & exceptionem pacti inesse. Et Papin. proposita hujusmodi divisione ac differentia pactorum, quæ aliquid adjiciunt aut detrahunt, ait, ea non esse ex eodem contractu, hoc est, ex ipso contractu, *l. 7. §. adeo, de pact.* Quod ita interpretantur Græci, κατὰ τῶν φύσιν τῆ συναλλάγματος, ex statu emptionis, ex natura, ex substantia, sed esse de adminiculis, sine quibus consistit substantia emptionis & venditionis, veluti de evictionis causa, ut si pepigerit ex intervallo, ne cautio duplæ præstetur evictionis nomine, vel si pepigerit, ut præstetur cum fidejussore. Hæc pacta valent ad exceptionem, non ad actionem: nam si ex illo pacto, ut cum fidejussore cautio duplæ præstetur, velit agere emptor, non dabitur actio: ex illo pacto, ut satisdatio duplæ præstetur, non agit emptor ut detur fidejussor, ut detur secundus auctor, hic enim appellatur fidejussor evictionis: contra ex illo pacto, ne evictio præstetur, vel ne cautio evictionis præstetur, si agit emptor ex empto de evictione, vel de cautione evictionis præstanda, poterit venditor tueri se exceptione pacti, ne præstet evictionem, atque ita pactum, quod non valet ad actionem, valet ad exceptionem. Delenda est glossa Accurs. in verbo *agente*, quod repetitur, nam illo significat: nam illo loco, agente emptore, hoc est litem faciente emptore & desiderante fidejussorem evictionis nomine, pactum non est utile, quia non parit actionem emptori, sed agente venditore, & defendente se venditore adversus emptorem, qui agit de evictione, pactum venditoris proficiet jure exceptionis. Recte, jure exceptionis, nec enim proficit ipso jure, quia pactum tale, ne ex parte quidem ei inest; pactum tale neutra ex parte inest, & hanc vim tantum habet, ut proficiat ad exceptionem: nam omissa exceptione pro omisso habebitur, nec supplebitur officio judicis, quia neutra ex parte inest. Et ita sæpe commune est in jure agere & rei & actoris, ut in *l. 1. de except. l. 1. de eden.* Æquum est reo actionem dari, ut reus venit instructus ad agendum, id est, ad defendendam causam. Ego maxime velim vos observare interpretationem hanc: agente emptore, hoc est, litem inchoante, & provocante ad judicium in hoc, ut sibi detur fidejussor, pactum nihil proficere, sed agente venditore, id est, defendente litem venditore, pactum quod cum convenit ne venditor convenitetur de evictione, ei proficit jure exceptionis, verba illa, *jure exceptionis*, significant sequentia verba (*agente venditore*) esse accipienda de reo. Accurs. comminiscitur alia pacta, nos propositis inhæremus: nunc tractemus de pactis, quæ detrahunt. Hæc sunt ex eodem contractu, hoc est, pertinent ad naturam ipsam,& substantiam contractus. Natura contractus est, quo consistit contractus, & sine quo non consistit vel contractus ipse, vel res ipsa, quæ contracta est, substantiam dicit Papin. hoc loco, Ulp. naturam in *l. jurisgent. §. idem respondit, de pact.* non est constituenda differentia inter naturam & substan-

ſtantiam. Accurſ. dicit, alia eſſe pacta de naturalibus, alia de ſubſtantialibus, quæ idem ſunt. Et rurſus naturalia, quæ vocat & accidentalia idem non ſunt, veluti evictiones, quæ Accurſ. vocat naturalia, & accidentalia, nos adminicula vocamus : & pacta accidentalia ſunt , quia non oriuntur ex natura contractûs, & per ſe ſine his ſubſiſtunt contractus: ergo quæ ille vocat naturalia, nos non ita vocamus: pacta, quæ ſunt de adminiculis, nos accidentalia dicimus. Verum ad rem: quæ detrahunt emptioni, ſunt de natura & ſubſtantia emptionis: detrahunt emptioni pacta, quæ pretium, de quo convenit initio, minuunt: hoc fatetur ſtatim unuſquiſque. Sed hoc etiam dicimus, detrahere non ea pacta tantum, quæ diminuunt, ſed etiam ea, quæ augent pretium, hoc eſt, quia ſunt de ſubſtantia emptionis & venditionis, quia utroque genere ſive paciſcantur de minuendo, ſive de augendo pretio, receditur a priori emptione & nova conſtituitur. Sane detrahit priori emptioni, quia a priori recedit : non autem minus recedit, qui pacto auget pretium, quam qui minuit. Ergo recedunt utroque genere a priore contractu, & conſtituitur novus. Pretio enim mutato, & emptio mutatur: mutatis adminiculis, emptio non mutatur, ſed adjicitur aliquid contractui, ſive convenerit de præſtanda evictione, vel non præſtanda. Breviter, detrahere emptioni eſt ab ea recedere ; adjicere eſt intacta ſubſtantia emptionis, hoc eſt, ſalvo manente contractu paciſci aliquid de acceſſionibus, de pediſſequis emptionis venditionis. At Papin. quæſitum eſſe ait, an quod diximus de pactis, quæ adjiciunt, ut non proficiant ad actionem, locum etiam habeat in pactis, quæ detrahunt, puta quibus augetur vel minuitur pretium ex intervallo, an hæc etiam ſint inefficacia ad agendum? Et merito dubitatum eſſe ait, quia hæc pacta, quæ detrahunt, quæ augent minuuntve pretium, videntur conſtituere novam emptionem : nam enim de ſubſtantia contractûs, quæ conſiſtit ex re, pretio, & conſenſu. Extra hæc tria, quæ accedunt, adminicula ſunt contractus, non ſubſtantia, quia contractus non eget adminiculis, hoc eſt, contractus eſt, etiamſi defuerint ea adminicula, etiamſi rem habere non liceat, hoc eſt, etiamſi evincatur res. Quod ſi ea pacta novam ſubſtantiam emptionis conſtituunt, vires igitur habent ad agendum, quia res hæc non eſt pactum tantum, ſed contractus. Pactum quod proficit ad contractum novam parit actionem, non quatenus per ſe ſolum eſt pactum, ſed quia conſtituit contractum, ex quo certum eſt, naſci actionem. Et ita cum Papin. dixiſſet, quæſitum eſſe de ea re, nec quicquam definiiſſet, Paul. ſcribens notam ad Papin. rem ita definit: ſi omnibus integris, hoc eſt, nondum adimpleta emptione, nondum tradita re, nec pretio numerato, vel etiamſi adimpleta ſit venditio, in integrum reſtituris omnibus, quæ præſtita ſunt, hoc eſt, reddita re, reddito pretio, ſi, inquam, integris omnibus, vel reſtituris in integrum, ut in l. ab emptione 58. de pact. rurſum paciſcantur de augendo vel minuendo pretio, receſſum videri a priori emptione, & emptionem novam interceſſiſſe videri : neceſſe eſt rem eſſe integram, vel reſtitui in integrum : alioquin remaneret prior emptio, quæ ob id nondum perfecta & impleta eſt, nec poſſit ſub pacto nova emptio conſtitui ; ſed ſi res ſit integra, hoc eſt, ſi non ſit impleta emptio venditio, vel, ſi quæ impleta eſt, ſit reſciſſa reddita re venditori, reddito pretio ejuſdem rei, augendo & minuendo detrahitur priori emptioni, quæ erat perfecta & impleta eſt, etiamſi non impleta ſit, & conſtituitur nova emptio, repetitur emptio, l. 2. inf. de reſcin. vend. l. juriſgen. §. adeo. Quod ſi nova conſtituitur, ergo naſcitur actio, & intelligitur pactum ineſſe utraque ex parte ; hoc eſt, intelligitur contrahi nova emptio cui inſit illud pactum majoris vel minoris pretii. Atque ita notandum ex novo pacto effici novam emptionem, l. 3. de pact. l. ſi unus 27. §. idem dicimus d. t. Hoc ſumme notandum : nam uſui erit ad intelligendam legem 1. C. de pact. quæ repetitur in l. 1. C. de pact. conven. & ad intelligendam l. ultim. C. de rer. permut. Ex quibus ſolis legibus refractarii efficiunt, non eſſe verum, quod jamdiu conſtituimus & probavimus, omne pactum eſſe nudum, & pactum nudum dici, non ad differentiam alterius quod non ſit nudum, ſed quaſi perpetuo epitheto, quod non ſit niſi conventio nuda, conſenſûs nudus. Er poſſent movere unumquemque adverſus hanc ſententiam hæ duæ leges, d. l. 1. de pact. conu. ſententia eſt : Dedi dotem certa lege, certo pacto, quod poſui initio dandæ dotis, ut ſcilicet dos redderetur ſoluto matrimonio. Pactum, inquit, ſervari debet data actione, ſcilicet data conditione, ( ſic enim legendum eſt. ) Ex eo igitur pacto datur actio : Objicitur, ex pacto non dari actionem, & reſpondet, tunc hoc dici, hoc procedere, quum pactum nudum eſt : nam ſi res data ſit ſub pacto redhibendi, ex eo pacto naſcitur actio : non videtur ergo eſſe nudum; nam ſi eſſet nudum, non daretur actio ex pacto nudo.
B Sent. legis ult. eſt. Donavi tibi rem eo pacto, ut quod placuerit, menſtruum ſeu annuum, mihi dares : ait ad implendum placitum competere mihi actionem præſcr. verb. quia hæc conventio non pacti nudi nomine cenſetur, ſed rebus propriis dictæ legis ſubſtantia munitur, rei propriæ datione munitur pactum, quod dictum eſt : non eſt igitur nudum, ſed munitum rei propriæ datione, atque ideo parit actionem. Sed res omnis explicanda eſt ex iis, quæ diximus, ex pacto novum contractum effici, pactum proficere ad contractum. Qua de cauſa nonnunquam diverſo reſpectu idem dicitur, pactum & contractus, ut arra dicitur pactum in l. 2. C. quando lic. ab empt. rec. & eadem arra dicitur contractus, in l. contractus, C. de fide inſtrum. Ita etiam pactum diviſionis, vel permutationis, vel dotis, vel donationis, ſi modo datione ſumpſerit effectum, hoc eſt, ſi cauſam habeat, vel ſi ſtipulatione ſumpſerit effectum ; pactum illud etiam contractus eſt, quia non perſtitit in finibus pacti, ſed pervenit ad dationem, l. 3. C. de rer. perm. l. diviſione 45. de pact. Eſt igitur munitum illud pactum datione, & nihilominus eſt nudum: nam ſi per ſe ſpectetur, ſolum eſt & nudum, ſive muniatur cauſa, & tranſeat in contractum, ſive lege muniatur, ut pactum de injuriis, de furtis, ſive contractui cohæreat ex continenti, ſive ex intervallo. Et quod ait d. l. legem, & d. l. ult. hanc habet ſententiam : dote data, vel re donata ſub pacto aliquo, non pactum ſolum eſſe eam conditionem, ſed cotractum ; quia pactum non conſiſtit in fine placiti, ſed datione ſumit effectum ; vel potius eſſe contractum, cui ineſt illud pactum, quod tamen pactum, ſi per ſe ſpectetur, erit nudum : nunc erunt
D apertiſſima verba Papin. Expoſui ſententiam hujus legis pacta conventa ; debeo tamen nunc etiam aperire, quæ in Gloſſa Accurſ. probanda, vel improbanda ſunt. Ac primum quidem non probavi, neque probo diviſionem Accurſ. inter ſubſtantialia & naturalia, & accidentalia contractus: nam quæ ſunt naturalia, ſubſtantialia ſunt : natura ſive ſubſtantia emptionis idem eſt: emptionis ſubſtantia conſtat ex re & pretio ; perficitur enim ſimul ac convenerit inter emptorem & venditorem de pretio : quæ Accurſ. vocat naturalia, id eſt, adminicula, certe accidentalia ſunt. Eſt enim hoc in propatulo, ea quæ non ſunt ex ſubſtantia, eſſe ex accidentibus : & quæ Accurſ. vocat accidentalia emptionis, non ſunt etiam accidentalia, ut ſi conveniat ( hoc exemplo utitur ) emptorem
E venditori, exemplar dare cujuſdam libri : quæ conventio eſt omnino inutilis, cum nihil pertineat ad negotium venditionis, & pro non facta habetur, niſi venditor vilius vendiderit, ut l. fundi 79. hoc tit. l. ſi ſterilis, §. pen. de act. empt. Et eſt eo caſu conventio ex ſubſtantia emptionis, quia eſt in partem pretii, non ex accidentibus. Debuit potius ita dividere : Alia ſunt ſubſtantialia, ſive naturalia emptionis, quibus conſiſtit emptio : Alia ſunt adminicula emptionis, quæ ſi abſint, emptio conſiſtit : nonnihil tamen ad eam pertinent, eamve corroborant atque confirmant. Alia ſunt neque ſubſtantialia, neque adminicula emptionis, quæ ſi adjiciantur, inutiliter adjiciantur, & in nihilum proficiant. Non probavi etiam neque probo diviſionem pacti nudi, & veſtiti : nam omne pactum eſt nudum, aut ſane non eſt pactum, ſed contractus.

ctus. Et vestiri ait Accurs. cohærentia contractus, aut lege, aut datione rei propriæ, vel stipulatione: vestiri cohærentia, ut si contractui bonæ fidei ex continenti pactum adjiciatur: nam non esse nudum pactum, sed vestitum sive coopertum contractu, cui injicitur, quod falsum esse demonstrat *l. 7. §. quinimo, de pact.* si modo coaptetur præcedenti §. Nam ubi ait, pactum nudum non parere obligationem, sed parere exceptionem, & subjicit, *quinimo interdum format actionem*, sane est repetendum pactum nudum, ac si diceret, pactum nudum non parit actionem: imo format actionem in bonæ fidei judiciis, si subsequatur ex continenti: id vero pactum, quod in exordio contractus bonæ fidei fit, legitimum est, cum insit contractui legitimo quasi pars: ex quo sequitur & cetera omnia pacta esse nuda, non vestita. Lex *legitima de pact.* dum ait: *interdum ex pacto nasci actionem: veluti ex legitimo*, id est, quod lege vel *Senatusconsulto confirmatur*, satis demonstrat, pactum legitimum esse nudum: nam si nudum est, de quo etiam regula concipitur, consequens est, & nudum illud, quod a regula excipitur: ergo pactum legitimum est nudum: sic pactum dotis dandæ, quod hodie est legitimum ex constitutione, parit actionem etiam non secuta stipulatione & datione dotis solemni: nuda pollicitatio dicitur, *l. ad exactionem, C. de dot. promiss. l. nuda, C. de contr. stipul.* In titulo de pollicit. aliter accipitur pollicitatio: non enim ibi est conventio, sed oblatio liberalitatis erga remp. ex qua non datur actio, nisi reip. nec reip. nisi facta sit ex causa, hoc est, nisi quis ultro non rogatus obtulerit ob honorem sibi delatum: & uno casu, si facta sit sine causa, & cœperit facere, cogitur implere quod cœpit: sed in supradictis locis aliud significatur: in iis enim pollicitatio est pactum seu conventio. Ex quibus liquet, pactum non vestiri lege: nam id etiam nudum esse, quod lex cofirmat, quodque vult esse utile ad gignendam obligationem. Falsum est etiam pactum vestiri rei datione, falsum vestiri stipulatione: nam & hoc, si per se solum spectetur, nudum est, ut in *d. l. nuda.* Et quod ait *l. ult. C. de ver. perm.* pactum muniri datione rei propriæ, hoc est, muniri contractu: datio rei propriæ contractum facit, & hanc rem contractum potius esse, quo pactum illud contineatur, non pactum, quo contractus contineatur: major enim & nobilior est causa contractus, & nihil refert pactum, an contractus sequatur, *l. pacta 12. C. de pact.* sicut pactum, quod sequitur, inest contractui, ita quod præcedit: intellectu enim sequitur, etiamsi non tempore: atque ita fit, ut pacto contrahatur emptio venditio: nam ita positum est in *h. l. & in l. si unus, §. idem dicemus, de pac.* si emptio pacto contrahitur, & locatio igitur, & societas, & mandatum, quæ negotia jure civili nudo consensu contrahuntur, hoc est, nudo pacto, vel sumunt initium ex nudo pacto, atque inde transeunt in nomen contractus, quo nomine sit, ut plus æstimentur, quam pacta: & jure honorario hypotheca contrahitur nudo pacto convento, *l. 4. de pign.* Pactum autem conventum, & nudum idem est. Pacta igitur, quæ transeunt in aliud nomen, quæque datione aut stipulatione sumpserunt effectum, pactorum principale nomen amiserunt, & contractuum assumpserunt, qui tamen nec unquam pacta nuncupantur, licet pactis constituti sint: sunt enim plus quam pacta, sed his pacta inesse dicuntur, sive præcesserint, sive secuta sint. Vera divisio est hæc conventionum, alias esse pacta, alias contractus, & coalescere pacta in contractus: falsa hæc, nuda alia, alia vestita esse: non est etiam probandum quod ait Acc. pacto ex continenti apposito de augendo vel minuendo pretio, non tolli priorem emptionem: nam hoc proinde est ac si diceres, non licere pœnitere ex continenti: ut fundus ille esto emptus decem, imo duodecim, quod est aperte falsum, ut *l. si ita scriptum 67. de hered. inst. l. 21. de manum. test.* Nec obstat lex *non ad eo 88. de cond. & dem.* nam lex illa loquitur de eo, qui incontinenti legavit eidem personæ, primum pure, deinde sub conditione, non ut se corrigeret, sed ut legatarius eligeret, utro jure uti mallet: pone posse legatarium capere legatum ex conditione, & eo tempore esse incapacem, vel

A mortis, sed si animo corrigendi se, quod pure legavit, mox sub conditione legavit, sane testator revocavit legatum: sic si animo reformandi contractum, idem est. Non probo, ex pacto adjecto emptioni ex continenti dari actionem præscript. verb. hoc non admisi: nam *d. §. quinimo* ait, ex eo pacto formari ipsam, id est, actionem venientem ex ipso contractu, cui adjicitur, & format, non parit actionem. Et esset absurdum ex contractu aliam dare, ex lege contractus aliam: nam ita non videtur pactum contineri contractu. Constat etiam ex eo pacto dari actionem ex empto & vendito: non dabitur ergo, aut frustra actio præscriptis verbis, ad quam non descendimus, nisi quum deficit nomen contractus, & ideo quasi subsidiaria est, *l. 1. de præser. verb.* Et hoc demum ex pacto facto in continenti, convenienter & proprie non dabitur actio præscriptis verbis,

B ubi ex ipso contractu actio est. Nec obstat lex 3. *C. de pact. int. empt.* vendidi tibi eo pacto, ut quandoque offerenti pretium tu eandem rem venderes: quæritur qua actione agam? lex ait, me agere præscriptis verbis, vel ex vendito, quod est verius, quasi non sit ex pacto emptio transformata: pacto illo non desinit esse emptio venditio. Igitur est supervacua actio præscriptis verbis. Adde *l. Labeo 50. hoc tit. l. si fundus, de leg. rommiss.* quæ dicit, hodie non posse agi ex vendito ad rescindendam venditionem, ut quod ego vendidi, tu revendas mihi: hodie igitur est certum mihi dari actionem ex vendito. Olim quidam dubitabant, an daretur actio præscriptis verbis, an ex vendito, & ita in *l. si convenit, inf. de rescin. vend.* Male etiam Accurs. pacto ex continenti veterem actionem informari. Quid est informari? corrupte legerat in *d. §. quinimo*, informat, hodie recte legitur format, ut in *l. cum dotem, C. de jure*

C *dot. l. Pomponius, de neg. gest.* Et in Basilicis, αυτοί τὸν ἀγωγὴν μόνα τὰ ἐν ἀρχῇ συμπεπονεμένα, formare ipsam obligationem, est ipsam legem dare & præscript. verb. aliquam, ut in *l. contractus 23. de reg. jur. l. 1. si conveniat, depos.* Et pactum illud, quod sequitur ex continenti vel format actionem statim, vel postea, ut Accursius recte docuit duobus exemplis: ut si venditio fuerit conditionalis, ergo imperfecta, & convenerit, ut interim ea sit esse periculo emptoris: quod pactum si valet, juri præstat: nam contra jus ita se habet, ut ante perfectam emptionem rei periculum respiciat emptorem, sed valet pactum: verum si res interierit, antequam conditio existat venditionis, non formabit actionem. Item si vendidi tibi rem certo pretio, & ea lege, ut quo pluris eam

D venderes, id etiam mihi præstares propter certum illud pretium, quod dixi initio, non potest agi ex pacto, antequam vendideris. Et post hæc Accurs. explicat casus, quibus pacta facta ex continenti non proficiant ad actionem. Fateor unum esse in *l. quod si locus, de religios.* alterum in *l. servus ea lege, de serv. export.* quam versionem exponam: nego autem esse quartum casum in *l. quamvis, C. de usur.* quæ ostendit, ex pacto adjecto incontinenti pecuniæ non posse peti usuras, nisi subsecuta fit stipulatio: nam non est hic casus ullus propter odium usurarum sc. si generale est in contractu stricti juris, pacta etiamsi fiant ex continenti, non inesse ex parte actoris *d. §. quinimo, l. in bona fid, C. de pactis*, inesse tamen ex parte rei, *l. lecta, de rebus cred.* notant casus quibus pacta ex intervallo proficiunt ad actionem: unum ha-

E buimus in *hac l. pacta conventa*, si sc. sint de substantia emptionis, admitto, alterum de contractu pecuniæ, ut si quis post longum intervallum constituerit se soluturum, ut actio sit ex pacto, quo solo fit constitutum jure prætorio, & de pecunia constituta, sicut est de pignore sua hypotheca, etiamsi fiat ex intervallo. Sequentes tamen casus non admitto ex *l. si quis arg. C. de don.* qua lege Just. effecit, ut donatio perficiatur nudo consensu, & ut placito solo donationis detur actio, cum tamen olim non perficeretur donatio nisi re, id est, mancipatione vel traditione: hodie donatio est contractus, qui perficitur pacto: sed illud non fit ex intervallo, sed ab initio constituit contractum donationis: nihil igitur casus iste pertinet ad pacta. Eadem ratione non admitto casum legis *ad exact. C. de dot. promiss.* quia pactum dandæ dotis non potest videri factum ex intervallotervallo, cum non sit factum post alium contractum: eadem ratione non admitto casum, quo ex pollicitatione Reipublicæ datur actio: nec enim pollicitatio respicit contractum ullum: nec postremo casum *l. periculi, de naut. fœn. l. etiam, de usur. l. frumenti, C. eod.* nam tres illæ leges sunt de pactis, quæ sunt ex continenti, & sunt singulares tantum casus quibus formatur actio stricta ex pacto contractui stricto in continenti adhibito: primum ex pacto reipub. debentur usuræ. Itemque cuilibet debentur usuræ pacto adjecto statim, si non nummorum mutuum contractum sit, sed frumenti, frugum, olei, quæ recipiunt usuras: debentur etiam cuilibet, si creditor susceperit periculum pecuniæ. Non est reprobandum quod Accursius ait: Si rem tibi dedi sub lege aliqua, quæro an eam rem possum vindicare pacto non impleto? Respondeo, si dedi rem sub conditione, vel modo, qui modus plerumque pro conditione habetur, non impleta conditione mihi competit vindicatio, quia cum res imperfecta fuerit, non videor transtulisse dominium, *l. 1. C. de donat. quæ sub modo, l. 3. & 4. & l. cum te, C. de pactis inter empt. & vend.* nec inspicitur solutum fuerit pretium nec ne. Sed si tibi dedi pure, finge, jure emptionis, non jure precarii, non enim transferrem dominium, & convenerit, ut mihi revenderes eandem rem, vindicatio cessat, competunt tantum personales actiones. Et postremo quod ait, cum actione, quæ habet nomen proprium non concurrere conditionem sine causa, vel ob causam, id falsum est. Sententia Martini verior, quæ vult nos ex omnibus pactis adjectis posse uti condictione sine causa: certe conditio generalis datur ex omni causa, & confirmatur *l. ex empto 11. §. is qui vina, de act. empt.*

Ad §. ult. L. pacta conventa.

*Papinianus: lege venditionis illa facta: si quid sacri aut religiosi aut publici est, ejus nihil venit: si res non in usu publico, sed in patrimonio fisci erit, venditio ejus valebit: nec venditori proderit excepto, quæ non habuit locum.*

IN legibus prædiorum vendendorum hæc est frequens pactio: *si quid sacri aut religiosi, aut publici est, ejus nihil venit,* quæ exceptio dicitur hoc loco, quoniam a venditione prædii excipit loca religiosa, sacra, publica, & hac ratione, nisi mavis depectiones, *l. jurisg. §. adeo, de pact.* pacta exceptiones vocari videntur. Et huic similis est illa exceptio, quæ in legibus publicis populi Rom. adscribi solet, *si quid sacri & sancti est, quod jure non sit rogatum, ejus hac lege nihil est rogatum,* apud Valer. Probum. M. Tull. *pro domo sua: & non exciperes, ut si quid jus non esset rogari, ejus ea lege nihilum rogatum*; sic etiam in oratione pro Cecinna conscripsisse Syllam, si quid jus non esset rogare; ejus ea lege nihil rogatum. Videtur autem illa pactio sive exceptio esse supervacua, quia ipso jure ita se res habet, etiamsi non adscripta sit, etiam non facta ea lege venditionis: nec enim potest locus religiosus aut sacer transferri per venditionem in emptorem: nam harum rerum commercium non est, *l. seq. h. tit. l. 6. §. eo. l. locum, C. de relig. l. 5. sup. de sep. viol.* licet cedere possit in modum agri, id computari, si id actum sit inter emptorem & venditorem. Finge: venditorem dixisse in fundo 1000. jugera, si modo in eum computarentur etiam loca sacra aut religiosa: non venierunt quidem (nec enim potuerunt) sed tantum computantur in modum agri, nec videtur mentitus venditor: sed si id actum non sit, ut ea loca computarentur, sane ut non venierunt, nec sane potuerunt, ita nec computabuntur, *l. id quod, supra de per. & com. rei vend.* Ceterum etiamsi eo nominatim, loca sacra aut religiosa non continebuntur emptione, quia religio ea loca eximit commercio hominum. Idemque juris est in locis publicis: nam & loci publici commercium non est, vel (ut alii loquuntur) promercium non est, id est, jus emendi & vendendi: an ergo dicemus eam legem esse supervacuam? minime: nam etiamsi locus sacer aut re-

A ligiosus specialiter venire non possit, tamen si modica sit, si modica species ædis, vel sani, vel sepulchri, vel luci, tacite quasi accessio sequitur venditionem fundi, si is locus exceptus non sit, id est, si adscripta venditioni ea lex non sit, & competit actio ex empto, ut fundus totus non deducto eo loco præstetur, *l. in modicis 24. hoc tit.* atque ita, etiamsi locus modicus sepulchri non possit venire specialiter, tacito jure tamen accedere potest emptioni maioris partis. Et ita Tiberius Imperator apud Corn. Tacit. lib. 1. non fieri contra religionem, si effigies Augusti venditionibus hortorum, atque domuum accederent. Et simili modo licet rei suæ nulla sit emptio, tamen cum tota re, etiam suam partem emere quis potest, *l. quod si uno, in fine, de in diem addict.* Finge: venditus est

B fundus pluribus, & addictus in diem, ut eorum is fundus esset, eumque perpetuo jure retinerent, nisi intra certum diem aliquis meliorem conditionem offerret, qua pluris licitaretur, plus adjiceret pretio: an unus ex emptoribus potest adjicere, atque ita ex posteriori emptione nancisci totum fundum, quod non sibi soli venierat, sed & aliis collegis? Et ait posse, quoniam emere cum tota re etiam partem nostram possumus: ergo emptioni fundi accedit sepulchrum, quod in eo est, id est, sepulchri locus modicus, si exceptus non est locus amplior reliquo fundo: amplissimum sepulchrum non accedit, sed modicum tantum, si modo non sit exceptus. Hoc non est perpetuo verum: nam hoc ita procedit, si ad sepulchrum ire non possit, nisi transeat per fundum: hoc enim casu fundo cedit sepulchrum, ad quod ven-

C ditori jus aditus non est. Unde: si venditor ad sepulchrum venire possit per viam publicam, quæ recta eum ducat ad sepulchrum, hoc casu non sequitur sepulchrum emptionem fundi, quasi intelligatur hoc non esse actum, ut sepulchrum sit accessio fundi. Quod eleganter in *l. si mercedem 35. §. 1. de act. empt.* Labeo dicebat, si fundum vendidisti, in quo est sepulchrum, nec nominatim sepulchrum excepisti, sepulchrum sequitur emptorem, & tu eo nomine parum tibi cautum habes, ut in *d. l. si merced. §. ult.* parum tibi caveris, & in condemnationibus parum cavisse videris apud Festum: ergo sepulchrum sequitur emptorem. Paulus notat: imo quandoque non sequitur, si videlicet in sepulchrum iter publicum transeat, id est, si possit venditor ire in sepulchrum, non eundo per fundum, hoc casu non tacite accedit sepul-

D chrum, & de sepulchro loquimur non excepto. Ubi autem excepit, atque ita bene sibi cavit, sepulchrum, inquam, in quod non ducebat iter publicum, & nihil dixit de itinere vel aditu præstando, videtur etiam excepisse iter vel aditum, licet non excipiat palam, *l. si venditor 11. de religio?* quia sine aditu nullus est usus portionis istius, & non tantum videtur (mea sententia) iter vel aditum, sed & ambitum ad funus faciendum excepisse. Nam etsi sepulchrum est inutile sine ambitu in frontem, & in latus, quod ita caveri solebat, *l. 5. de sepul. viol. ut iter, & jus aditus, ambitus funeris faciendi esset:* sic malim legere ex antiquis inscriptionibus: neque enim est utile sine aditu, & rursus inutile jus adeundi sine ambitu ad funus faciendum, justaque perficienda: ut excepta aqua, etiam excipitur ambitus aquæ, nedum iter: quin exceptio itineris & aquæ nihil proderit nisi præstetur etiam ambitus, *l. qui duo prædia,*

E *de ser. rust.* Vendidit quis fundum, excepit sepulchrum, & circa eam 10. pedes, ut in *l. Rutilia 69. hoc tit.* Loquimur autem de sepulchro quasi de re, cujus commercium non est, quæ tamen, si modicus locum occupet, tacite sequetur emptionem: de monumento non loquimur: nam monumenti vel cœnotaphii venditio valet, quia non est locus religiosus, *l. 6. §. ult. l. quod si locus 11. de religio?* non est sepulchrum, nisi in eo sit quis sepultus: non est igitur religiosus, nisi sit mortuus illatus: monumentum est locus purus, in quem, si nondum illatus est mortuus, si modo proprie accipiamus pro memoria solum, non pro loculo mortui. Quandoque etiam monumentum appellabant veteres memoriam in antiquis inscriptionibus, *memoriam sibi consecrasse uxori &*

*ri & liberis*, id eft, monumentum, in quod poftea inferrentur, & illatione fit fepulchrum & definit effe monumentum, atque ita exiit commercio: Abufive etiam accipitur pro fepulchro in *l. 4. C. de relig.* quafi non conftaret, an fepulchrum, vel monumentum dici debeat. Leguntur ftudiofe a quibufdam infcriptiones fepulchrorum (quod laudo valde) fed ex iis, qui hoc ftudio delectantur, reperi quofdam, qui exiftimabant jus fepulchri etiam pertinere ad libertos: fic enim infcribitur fæpe; *fibi & uxori, & liberis, libertis, libertabus, & pofteris eorum*, indeque augurantur jus fuiffe fepulchri libertis, falfo. IC. ea verba non fpectant, nec conftitutiones principum: nam fepulchrum vel eft hereditarium, ut fi defunctus conftituerit fibi & fuis, vel fi hereditario jure acquifierit, vel eft familiare fepulchrum, quod conftituitur non heredibus tantum, fed & familiæ: & fi fit hereditarium, infcriptio fepulchri libertis non tribuit jus fepulchri, *l. 6. §. liberti, de relig. l. monumentorum, C. de relig.* vel fi fit familiare, etiam illa infcriptio non tribuit jus libertis, nifi in familia permanferint, id eft, in nomine. Quid enim fi per arrogationem tranfierint in aliam familiam? verum ad rem. Sepulchrum quod exceptum non eft, ita demum fequitur emptionem fundi tacito jure & intellectu, fi amplior eft fundus quam locus fepulchri. Videamus quid dicendum, fi religio occupavit omnem fundum, vel majorem partem fundi? Venditio nulla eft, & non compellitur emptor adimplere emptionem, fed etiam quod folvit forte per errorem pretii nomine, condicere poteft quafi indebitum, *hac lege, & feq. hoc tit.* Unde fi venditor ignoravit majorem partem fundi teneri religione, ut & aliis plerifque cafibus, ignorans venditor ignoranti emptori tenetur condictione indebiti, vel conditione fine caufa, quoties emptio nulla eft. Ibi enim ceffat actio ex empto, *l. fi ex rei 16. l. cum ab eo, l. 41. §. ult. l. domum 57. hoc tit. l. cum hered. de hered. vend.* Et hoc fi uterque ignoravit: nam venditor fciens emptori tenetur utili actione ex empto: proprie nulla eft actio ex empto vendito, fed propter dolum condemnabitur emptori, quamvis nulla fit emptio actione ex empto in id quod intereft: an & ipfe viciffim aget ex vendito, ut pretium recipiat? minime, non poteft compellere emptorem, qui dolo caret, ut impleat, fed emptor non aliter confequitur id quod intereft, quam fi ultro obtulerit pretium, & folverit, de quo convenit, *l. qui officii 62. §. 1. h. tit. l. offa, §. 1. de religiof. l. ult. Inft. de empt. & vend.* Qui §. eft intelligendus de venditore fciente, & emptore ignorante, cum dicat emptorem deceptum: nemo enim decipitur, nifi ignorans, & nemo decipit nifi fciens. Ignorans autem venditor fcienti emptori nec tenetur ex empto, nec conditione indebiti, fi folvit fciens: conditio datur tantum erranti, non donanti: ergo ignorans venditor nulla actione tenetur emptori: quemadmodum nec emptor ignorans venditori ulla actione teneri poteft: fed addendum, venditori emptorem non teneri actione ex vendito, quamvis emptor in dolo fuerit, quia etfi jure ignoranti competit actio ex vendito adverfus fcientem, tamen effectu carebit ea actio, id eft, nihil ex ea confequitur venditor, nifi ultro præftiterit, quod vendidit: nec enim poteft cogi præftare emptor quod convenit, nifi venditor præftet quod vendidit: atqui hoc cafu non poteft præftare quod vendidit, nec æftimationem ejus, quia res eft inæftimabilis: relinquitur igitur neutra ex parte nafci actionem, *l. fi in empt. §. item fi, hoc tit.* Quod fi uterq; fcierit, multo magis: fed neque emptori dabitur conditio. Ad hæc quæritur quonam modo nomen publici accipi hac l. debeat, quia eft nomen ambiguum? Publica dicuntur duobus modis: Quæ funt in ufu publico, id eft, quæ nullius in bonis funt, quorum tamen ufus omnibus patet promifcue, & quæ non funt etiam divini juris, neque humani, fed quæ in publico tamen, ut theatra, ftadia, campus Martius, ut viæ publicæ, ut littora: & ut adjicit *l. id quod, de per. & comm. rei vend.* limites decumani vel cardines, qui iter populo præbent, ex lege Sempronia *de limit. agrorum.* Horum locorum commercium non eft:

*Tom. IV.*

hæc loca excipi videntur hac lege venditionis. Alia funt publica, quæ funt in patrimonio populi, vel fifci, quæ funt in reditu populi vel reipublicæ, veluti lacus, ftagna, *l. 6. in princip. hoc tit. l. inter 17. de verb. fignific.* Et hæc poffunt vendi, ficut res aliena quælibet, licet fua non fint. Si poffum vendere rem tuam, & rem populi igitur & fifci, & reipublicæ: nam conftat vendi poffe rem alienam, & nafci obligationem; non teneri venditorem rem facere emptoris, fed fufficit poffeffionem vacuam tradere. Sed fi res evincatur jure judicioque, tenetur venditor: & fi fciens, tenebitur ex empto de dolo malo, & emptori tantum tenetur præftare venditor poffeffionem vacuam, ut fe purget a dolo malo, *leg. rem alienam hoc tit. l. 1. de rerum permut.* Ergo vendi poffunt res, quæ funt in patrimonio fifci, in pecunia populi, in dominio populi vel fifci. Qua de caufa illa exceptione, *fi quid publici eft*, & res illæ non continentur, quarum proprietas pertinet ad fifcum: nam excipiuntur tantum ea, quæ jus non eft vendere, ac fi ita dixiffet: *fi quid facri, aut religiofi, aut publici, quod jus non eft vendere*, ut in legibus publicis populi Romani, *fi quid publici eft, quod jus non eft rogari:* diximus ea, quæ funt fifci, non effe extra commercium. Imo (inquit Accurfius) non poffunt vendi fine juffu principis lege Regia. Poffum rem alienam privati hominis vendere fine juffu domini, & emptio conftat: rem fifci non poffum vendere fine juffu principis. Et movetur *l. 39. §. ult. de leg. 1.* peffime loquitur is §. non de publicis rebus, id eft, non de iis, quæ funt in privato ærario, vel non loquitur de iis, quæ funt in patrimonio publico, fed de iis, quæ funt in privato patrimonio Principis. Duplex eft patrimonium, aliud publicum quod pertinet ad fifcum, aliud privatum Principis, ut Albana villa, horti Salluftiani. Quædam ita funt bona publica, redacta in formam patrimonii Principis, quibus præeft procurator patrimonii Principis: horum bonorum, etiamfi fint privata Principis, commercium tamen non eft: non folent diftrahi ne a principe quidem: poffunt tamen diftrahi a principe jure noftro, nec revocari debet venditio, vel poffunt diftrahi juffu principis, non aliter: non poffunt igitur diftrahi ea bona, injuffu principis. Sed fruftra confundimus ea cum publicis, cum iis, quæ funt in patrimonio fifci: hæc vendere quis poteft fine voluntate principis: privata bona principis, quæ ufui ejus refervata funt, vendi non poffunt abfque ejus juffu. Intelleximus ex hoc §. rem, quæ in patrimonio fifci, in bonis fifci, id eft rem fifcalem, ficut rem alienam quamlibet vendi poffe a non domino, & contrahi obligationem venditi, & empti utrinque, etiamfi dominium rei non transferatur in emptorem, fed poffeffio tantum: cui fententiæ obftat lex *39. §. ult. de legat. 1.* ad quam refpondi ut debui, fed non breviter & enucleate, ut volui. Refpondeo igitur, illam legem non loqui de re fifcali, fed de privata re principis. Alia funt fifcalia, alia patrimonialia principis: vel alia in patrimonio fifci, alia in patrimonio privato principis. Rei fifcalis eft commercium, rei privatæ principis non eft commercium: quod confirmat *l. 9. & 10. C. de fund. patrim. l. 11. l. 9. C. de omni agr. defert. eod. lib.* Eidem fententiæ obftat, quod res fifci non poteft ufucapi, *§. res, Inft. de ufucap.* Videtur ergo nec vendi poffe, ut res furtiva non poteft ufucapi, nec igitur vendi a quolibet, *l. fi in empt. §. item fi, eod. tit.* Refpondeo, hoc non effe perpetuum, ut quæ non poffunt ufucapi, non poffint etiam vendi: res pupilli non poteft ufucapi, *l. bonæ fidei de adquir. rer. dom.* poffunt tamen vendi: & vendi poteft etiam fimiliter res fifci: res incorporales ufucapi non poffunt, & vendi tamen poffunt. Plerumque tamen è contrario, quod vendi non poteft, nec ufucapi poteft, ut fundus dotalis ex l. Julia non poteft vendi, nec ufucapi, *l. fi fundum, de fund. dot.* res facra, fancta, religiofa non poteft vendi, fane nec ufucapi: liber homo vendi non poteft, *d. l. fi in emptione §. liberum*, nifi feipfum vendat prodita libertate fua, & confequenter nec ufucapi poteft, *l. ufucapionem, de ufucap.* res publica populi Rom. id eft, quæ eft in ufu publico, ut via publica, non poteft vendi: *d. l.*

R *pacta*

pacta conventa, §. ult. non etiam usucapi, d. l. usucap. His vero quæ supra dicta sunt ad §. ult. de sepulchris & monumentis, quoniam in ea re errore labuntur nonnulli, velim vos addere, de jure veteri monumenti nomen esse varium & multiplex. Alias sepulchrum, & proprie est locus purus ea mente constructus, ut in eum inferatur mortuus; alias est κενοτάφιον. Et male Accurs. in l. 6. in qua prius agit de monumento, deinde de κενοταφίῳ, & ait, monumentum purum, quod nondum transierit in nomen sepulchri posse vendi, posse donari, quod nondum sit locus religiosus: & sequitur, cenotaphium etiam posse vendi & donari, quia non est locus religiosus; manifeste separatur monumentum a κενοταφίῳ. Separatio hæc est, quia etiamsi κενοτάφιον vocetur aliquando monumentum, ut in l. monumentum 42. eod. tamen monumentum est proprie, in quod inferendus est mortuus: κενοτάφιον in quod nec illatus, nec inferendus est mortuus, quod ædificatur memoriæ tantum & honoris causa & illustribus viris solebat olim in multis locis, in quibus illi aut vixerant, aut præclari quid gesserant, extrui κενοτάφιον, in quod tamen post mortui non inferebantur, monumentum potest fieri sepulchrum. Ab his etiam diversum, quod dicitur monumentum sepulchri; nam l. funeris 37. §. ult. de relig. dicitur, quod factum est, muniendi & custodiendi sepulchri gratia. Aliud est monumentum. Et breviter, monumentum sepulchri est tutela sepulchri, ut patet ex quibusdam antiquis inscriptionibus; nam sepulchra habebant porticationes quasdam vel maceras intermedio aliquo spacio puro, & dicebatur etiam tutela & taberna, quum ædificii hujus monumenti tutela est; & alibi, huic non cedunt agri jugera 20. & taberna, quæ proxime lucum est.

### Ad L. V. de Servis export.

*Cui pacto venditoris pomerio cujuslibet civitatis interdictum est, urbe etiam interdictum esse videtur, quod quidem alias cum principum mandatis præciperetur, etiam naturalem habet intellectum, ne scilicet, qui careret minoribus, fruatur majoribus.*

HÆc l. & l. 7. eodem, sunt etiam de pactis conventionis; pactis, inquam, adjectis ex continenti venditioni. Legis 5. apertissima verba sunt. Finge; servus venditus est ea lege, ne sit in pomeriis urbis: id est, ut exportetur extra pomerium (quod Græci dicunt vendere ἐν ἐξαγωγῇ.) Ea vero lex venditionis servanda est, alioqui venditori competit manus injectio in servum, si eum loco interdicto comprehenderit, vel etiam datur ei pœnæ promissæ petitio adversus emptorem: ea vero lege venditionis non tantum pomerio, sed etiam urbe servo interdictum videtur; si non licet esse in pomerio urbis; nec in urbe igitur, argumento a minori. Et hoc ita obtineret, etiamsi deessent mandata principum, quibus id constitutum est. Et hoc est, quod ait Papinianus eleganter in hac lege quum ait, *quod quidem alias, &c.* Qui locus facit adversus eos, qui dicunt, nullam fieri legem, nisi de re dubia; imo fiunt etiam leges de re certissima, quæ per se satis plana est, & per se etiam observatur sine legibus in l. εἰδέναι 13. §. *consequens, de excusat.* At non videtur interdictum suburbiis. Et ideo dicimus, ei cui est interdictum pomerio, non videri etiam interdictum suburbiis, & continentibus ædificiis, quia pomerium non significat suburbia. Pomerium finit urbem, vel civitatem quamlibet: suburbia finiunt Romam. Vel aliter, urbs finitur pomerio. Roma suburbiis; cui interdictum est urbe & pomerio, ei non videtur interdictum suburbiis: Quod probari potest ex Oratione Cicer. pro Cluentio. Sequitur ut exponamus quæstionem l. 7.

### Ad L. VII. eodem.

*Servus ea lege veniit, ne in Italia esset quod si aliter factum esset, convenit circa stipulationem, ut pœnam præstaret emptor, vix est, ut eo nomine vindicta ratione venditor agere*

possit, acturus utiliter, si non servata lege, in pœnam, quam alii promisit, incidit. Huic consequens erit, ut hactenus agere possit, quatenus alii præstare cogitur: quidquid enim excedit, pœna, non persecutio est. Quod sine pœna causa exportaretur, convenit, etiam affectionis ratione recte agetur. Nec videntur hæc inter se contraria esse, cum beneficio adfici hominem intersit hominis: enimvero pœna non irrogata indignatio solam duritiem continet.

Sciendum est, hoc inter cetera differre stipulationem a ceteris contractibus, quod ex ceteris non datur actio, nisi ei cujus interest: ergo nec ex pacto in contrahendo facto incontinenti: denique ex aliis contractibus, vel ex eorum legibus non ago, si mea non intersit: non ago ex vendito, nisi mea intersit: utilitatis causa comparatæ sunt actiones: ubi nulla subest utilitatis ratio, nec ullo remedio juris opus est, nullave actio postulanti datur, l. qui fundum, loc. l. si procuratorem §. mandati, mand. Et hoc est, quod Cicero ait: *Expressas esse actiones ex cujusque damno & injuria:* nam quod interest, constituitur ex cujusque damno & injuria; & est utilitas, quæ mihi aufertur vel intercipitur, aufertur damno dato, intercipitur lucro defraudato, quod alioquin eram facturus, id quod interest, est res, quæ ex patrimonio mihi abest, quamve lucrari potui, l. si commissa rem rat. hab. res dicitur, ut in formula stipulationis, quanti ea res dari, quæ fit frequenter, non semper: & plus dicit, qui rem dicit, quam qui pecuniam, etiamsi plurimum non dicatur cujusquam interesse, nisi pecuniarie intersit. Latiore verbo *rei* utimur definiendo id quod interest, quam sit verbum pecuniæ, quia in æstimatione ejus quod interest, non tantum habetur ratio pecuniæ, quæ abest, quamque servare potui, sed etiam affectionis cum humanitate conjunctæ, & pii desiderii, maxime si sit judicium bonæ fidei, id est, non tantum judex spectatur, quid pecuniæ meæ decesserit, quidve accedere potuerit, sed etiam habetur ratio pii & justi: quod Papin. ostendit in h. l. & in l. in cum servus, sup. mand. Servus extraneo se emi mandavit, ut deinde manumitteretur atque ita contraxit mandatum cum extraneo: & acquisivit mandati actionem domino; extraneus emit servum, nec tamen manumisit: Papinian. ait, venditori dari non tantum actionem ex vendito, sed & mandati, quasi quæsitam per servum, ut servus manumittatur. Dices, nihil ejus interest servum manumitti; imo potest ejus interesse: fac eum servum fuisse filium ejus naturalem, vel esse fratrem : interest mea filium meum, aut fratrem manumitti, etiamsi non pertineat ea res ad patrimonium meum, sed ad benignam affectionem meam, quia scilicet, bono viro convenit credere, interesse mea filium naturalem, aut fratrem manumitti, licet eo non manumisso, patrimonium non interrumpatur. Et similiter bonus vir interpretabitur, semper mea interesse, filium meum, aut fratrem meum manumitti, non exportari, non male tractari, non pœnæ subjici: atque ita bonus vir, qualis est arbiter bonæ fidei, interpretabitur in judiciis bonæ fidei non tantum nostra interesse ratione nostri patrimonii, sed etiam ratione affectionis benignæ, & officiosæ, quam explere quis summopere cupit; secundum quæ lucrum esse interpretabimur, non tantum rem facere, & augere patrimonium, sed etiam potiri concupito, si modo animi ea fuerit affectio pii & benevoli, qualis est patris erga filium, & fratris erga fratrem; imo & hominis cujuslibet erga hominem, quia homo hominis est cognatus jure naturæ, l. ut vim, de Just. & jur. quum, inquit, *cognationem quandam inter homines natura constituit, consequens est,* &c. Et observandum in ea l. tacite hoc argumentum: inter quos est cognatio, horum alteri alteri insidiari nefas est; inter homines natura constituit cognationem, ergo, &c. Denique lucrum est dare beneficium amico, inire gratiam alienam, gerere negotia aliena, & suo animo indulgere, & satisfacere bene cupienti alteri, l. 1. C. de hered. tut. lucrum scilicet esse, si quis per gratiam aliquid præstiterit alteri: unde Græci κέρδος ἐστι, καὶ ἡ τοῦ σκατοῦ ἀποκλήρωσις: lucrum

*est*

est etiam pertingere scopum. Et notandum valde, quod non possum non probare, Græcos in *d. l. 1.* non habere negationem illo loco, *quæ non latæ culpæ comparari possit.* Et ut res omnis enodetur, sciendum est ex delicto defuncti heredem non teneri, nisi in id, quod ad eum pervenit, in solidum non teneri; ex contractu defuncti teneri, licet delictum in eo versetur, ut si quid dolo fecerit, aut lata culpa, quæ est proxima dolo: nam etiamsi sit quæstio de dolo, tamen quia actio ex contractu venit, heres defuncto tenetur in solidum, tametsi nihil ad eum pervenit, *l. ex contractibus, de obligat. & action.* Cui definitioni, si ita legamus, & si tollamus negationem in *d. l. 1.* adversabitur omnino ea lex: nam ait, heredem tutoris ob negligentiam, quæ latæ culpæ comparari possit, non oportere condemnari, id est; non teneri ex lata culpa, actione, scilicet, tutelæ, quæ venit ex contractu, non ex delicto, licet in ea possit delictum verti. Quid igitur? an dicemus hoc verum esse? Si hoc dicimus, & dicemus, eos non teneri ex dolo defuncti: nam dolus & lata culpa inter se fere est: inexcusabilis culpa, quæ doli faciem habet, per omnia fere doli jus sequitur. Sic sane possum hoc constituere, heredem ex contractu non teneri ex dolo vel lata culpa in solidum, sed cum exceptione in *d. l.* subjecta, si lis non sit cum defuncto contestata: item, si ex damno pupilli lucrum captetur, vel gratia præstita non sit: nam si lis sit contestata cum defuncto, transfertur in heredem in solidum: item si defunctus captaverit lucrum ex damno pupilli, vel si gratiam præstiterit, heres tenebitur in solidum, ac si vellet hæc lex heredem non teneri ex quolibet dolo, vel lata culpa in solidum, sed his tantum casibus, quos diximus; quod verbum, *Gratiam*, confirmat eam Græcorum lectionem nam gratia est lata culpa, in *l. si procurator, §. ult. mand.* Mandavi ut emeres, te empturum suscepisti, non emisti, sed accepta pecunia passus es alterum emere: dolus est: quod si gratia ductus, passus es alterum emere, lata culpa est: Atque inde colligunt Græci recte, lucrum captari ex damno alterius: etiamsi quis quid faciat gratia ductus, non lucri cupiditate. Nam lucrum est gratiam inire posse alterius, lucrum est benefacere, cui cupimus bene, & in eam rem ex alia legem attulimus. Ex iis, quæ ante dicta sunt, intelligimus, actionem in id quod interest, rei persecutionem, rei verbo contineri pecuniam vel etiam affectionem benignam, animum benevolum, pœnam non contineri. Pœna enim est extra rem, & ea re semper separatur, ergo pœnæ persecutio non est ejus, quod interest, sed solius ultionis persecutio, *l. 6. §. pen. de fap. viol.* Nullus autem est contractus pœnalis, nulla lex contractus pœnalis, quia omnes pertinent ad rem familiarem, excipitur sola stipulatio: nam stipulatio potest esse pœnalis, ut stipuler pœnam certam, nisi id feceris, de quo convenit, etiamsi non intersit id fieri, valet stipulatio, quia non inspicitur quid intersit, sed quæ sit quantitas stipulationis, *l. stipulatio 38. §. alteri, de verb. oblig.* Et in hoc potissimum inventa est stipulatio, ut vinculo pœnæ constringat ad id quo alioqui compelli non possit, quare fere omnis stipulatio pœnalis est: denique sit plerumque stipulatio pœnalis, aut sæpissime: contractus, aut pactio contractus pœnalis nunquam, *l. quod si heres, de religiof. l. pen. sup. de pact.* Si lege venditionis pacificaris sine stipulatione, ne in locum sive agrum, quem vendidi, auferas mortuum, & si intuleris, ut præstes pœnam, pactio nulla est, quia nihil mea interest, stipulatio tamen valebit. Et idem in specie *l. 7.* servum vendidi ea lege, ut eum emptor exportaret, quod oculi mei eum ferre non possent: vendidi eum, ne esset in Italia, & sine stipulatione pacto ex continenti facto convenit, ut si secus faceret emptor, præstaret pœnam: factum est pactum pœnale, an ex eo pacto mihi dabitur actio? Distingue; aut mea interest servum exportari, aut non. Si mea interest, ut puta si eum emi ea lege, subjecta stipulatione posuit eo pacto, cum posteriori emptore agam, qua non pœnam persequar, sed quanti debeo præstare alteri ob legem non expletam. Aut mea nihil interest, ut

quia nihil debeo præstare alteri, & hoc casu nulla est actio: nec enim agitur ex pacto solius pœnæ nomine, id est, quod sævitia mea expleta non sit, quod odio meo satisfactum non sit: nam bono viro non convenit credere venditoris interesse, quod ejus animo sævienti satisfactum non sit, *l. 6. §. ult. hoc tit.* quasi lucro intercepto scil. nam benigne nunquam interpretabitur ejus interesse. Et ideo in bonæ fidei judiciis ejus tantum lucri ratio habetur, cujus rationem haberi bonum & æquum est, non etiam ejus lucri, cujus ratio manat ex malitia, duritia, sævitia, & crudelitate: nam causa duritiæ bonus vir nunquam permittit habere rationem ejus, quod interest. Sed objiciet aliquis, ex hoc pacto: ne servus exportetur, datur actio, cur non etiam ex pacto, ut exportetur? Respondet Papin. diversam esse causam harum pactionum; illam continere humanitatem, alteram esse plenam duritiei, asperitatis, & interprete bono viro interest hominis, hominem beneficio affici, propter cognationem naturalem, non interest pœna affici: ut certe bonus vir ex ea causa nunquam permittet deduci rationem ejus, quod interest. Hæc est hoc loco Papin. sententia, quæ mihi mirum in modum placet, sed in ea etiam non permansit, sed retractavit eam in *lib. 27. quæst.* ex qua est lex prox. cujus ut conciliationem conquirimus, nihil est. Sunt enim plane contrariæ: nam quod scripsit libro 10. id mutavit libro 27. ut demonstrant illa verba *l. 6. hoc tit. aliquando placebat:* sed, inquit, in contrarium me vocat Sabini sententia: namque admonitus a Sabino ea retractavit. Pactum illud, ut servus exportetur, semper continet id, quod interest, quia ideo videtur vilius vendidisse, quod adjecit, ut exportaretur: vendidissem pluris, si existimassem te legi non obtemperaturum. Denique si agatur ex pacto, videtur agi ex pretio, non videtur pœnam persequi, see rem, *l. fundi, de cont. empt. l. si sterilem, §. pen. de act. emp.* Et eadem ratione impulsus Justin. *l. ult. C. de pact. inter empt.* mutavit quod est in *l. quod si locus, de relig. & l. pen. de pact.* ut ne valeat pactum, ne inferas mortuum in locum, quem tibi vendidi. Imo videtur mea interesse, quia vilius vendidi, vel quod nolim mihi vicinam religionem, natura nihil facit frustra, nec homo prudens: spectavi utilitatem aliquam, dum adjeci hoc pactum: servandum igitur, noluit Papinian. in re parum cognita diu aut stulte perseverare: quod est argumentum magni viri, & ita Justin. *l. ult. §. & licet, C. de furt.* refert Papinian. variasse in alia re. Ulp. quoque Scævolam consultissimum virum refert priore libro, mutasse posteriore, *l. qui bona, §. si quis duob. de acq. rer. dom.* Et memini quoque Julianum variasse alicubi, ut sæpe variant docti: non variant vero vulgus, & refractarii, & inerudiri.

## Ad L. LXVIII. Dotis promissio, de jur. dot.

*Dotis promissio non ideo minus valebit, quod ignorante initio patre, nuptiæ fuerint, si postea consenserit: cum omnis dotis promissio, futuri matrimonii tacitam conditionem accipiat. Nam etsi minor annis 12. ut major deducta sit, tunc primum petetur, cum major annis apud eundem esse cœperit. Quod enim vulgatum est, dotis promissionem imprimis duntaxat nuptiis destinari, neque duriores obligationem, si post alterius matrimonium ei nubat, cui dotem promisserat, tunc locum habet, cum intercesserint aliæ nuptiæ.*

Sciendum est, nuptias non esse justas, quæ fiunt ignorante patre, in cujus potestate est vir aut mulier: nam in nuptiis scientia & patientia patris exigitur, idque ut est in Justin. non est tantum jure civili, sed etiam jure naturæ constitutum, ut non possit mutari absque scelere: nuptiis igitur patris contractis ignorante patre, quia justæ non sunt, & breviter, quia non sunt nuptiæ, nec dotis promissio valet, quia ubi non sunt nuptiæ, ibi neque dos, *l. 3. hoc tit.* nec sponsalia, quia etiam in sponsalib. requiritur consensus patris, *l. 7. de spons.* & consequenter, nec sponsa, nec justa uxor est, neque justi liberi nascuntur ex ex ea quæ nupſit ignorante patre, nec tenetur avus eos agnoſcere pro nepotibus ſuis, *l. 2. de rit. nupt. l. Paulus, de ſtat. hom.* Sed quum initio factæ erunt nuptiæ inconſulto patre, ſi poſtea pater reſciverit nuptias, nec diſſenſerit, tunc juſtæ nuptiæ incipiunt eſſe, quia videtur earum tunc primus auctor fuiſſe pater, *l. 5. C. de nupt.* Quib. conſequens eſt, tunc primum juſtam uxorem fieri, & juſtos naſci liberos poſt patientiam & conſenſum patris: nam *d. l. 5.* eſt accipienda de filiis conceptis poſt conſenſum patris: hi ſunt juſti liberi: noh auſim dicere filios conceptos & natos ante conſenſum patris, fieri juſtos poſt conſenſum patris, quod eſt notandum: nam invenio filios naturales ex concubina conceptos fieri juſtos, ſi concubina ducatur uxor: ſed hoc invenio in conſtitutionib. tantum, non in jure: ſed non invenio liberos ſuſceptos, antequam nuptiis conſenſerit pater, ſecuto conſenſu fieri juſtos, nec poſſim hoc affirmare, nec admittere ſine conſtitutione. Et ut dixi *d. l. 5.* eſt accipienda de filiis conceptis poſt conſenſum patris. Scientia autem & patientia patris pro conſenſu habetur, & juſtas efficit nuptias: nec enim exigitur conſenſus expreſſus, neque hunc conſenſum, qui ſequitur nuptias injuſtas eſſe ratihabitionem ajo: nec dixeris ratihabitione confirmari nuptias: nam ſi eſſet ratihabitio, recurreret retro, retrotraheretur ſecundum Juſt. ſententiam, quam & Sabiniani approbarunt, *l. ult. C. ad Maced. l. donationis 2. C. de donat. inter vir.* Atqui hic conſenſus patris retro non currit, ergo non eſt ratihabitio, quia nuptiæ valere cenſentur, non ex quo tempore contractæ ſunt, ſed ex quo pater reſcivit, & æquo animo id tulit, *l. ſi uxor, §. ſi quis uxori, ad l. Jul. de adul.* Et hoc eſt quod dicitur in Inſtit. (qui locus valde notandus) *tit. de nupt.* in nuptiis juſſum patris præcedere debere, id eſt, conſenſum, quem imitatur taciturnitas: ſed vis ejus ſententiæ hæc eſt: cum conſenſum potius eſſe juſſum, quam ratihabitionem, id eſt, non confirmare nuptias, jam antefactas, ſed tunc eas conſtituere: juſſum præcedit rem, ratihabitio ſequitur, *l. ult. de bon. poſſ.* Non ſunt igitur nuptiæ, niſi præceſſerit conſenſus patris, id eſt, tum demum ſunt nuptiæ, ſi præceſſerit conſenſus patris, & cum conſenſerit iis pater, qui non contradicendo aſſentire ſatis videtur. At inde quæritur hoc loco, ſi eo tempore quo filia nupſit ignorante patre, aliquis dotem promiſerit, vel nuptiis præſens fuerit, nihil enim refert, hæc promiſſio non valet, ut neque nuptiæ: an poſtea convaleſcet hæc promiſſio & ſtipulatio dotis, nuptiis conſentiente patre, etſi eam dotem non ſtipulatur maritus? videtur non convaleſcere, quia revocari & refici non poteſt, ſed ipſo jure non convaleſcit, & omnino videtur eſſe neceſſaria ſtipulatio nova: quia ſc. regula Catoniana non pertinet tantum ad ultimas voluntates, ſed etiam ad ſtipulationes, *§. 1. Inſt. de inut. ſtip. l. inter 83. §. ſacram de verb. obl.* quæ regula Catoniana hoc dictat: *quod ab initio non valet, ex poſt facto non convaleſcit:* verius tamen eſt, eam ſtipulationem convaleſcere, quia conditionalis fuit ſtipulatio, non pura. Et regula Catoniana pertinet tantum ad ſtipulationes puras, non conditionales, *l. 32. Lexiſtimo 98. de verb. oblig.* ſicut nec pertinet ad legata conditionalia, *l. cetera, de leg. 1. l. placet, de reg. Caton.* Omnia quæ ſunt conditionalia ex poſt facto confirmantur: hoc conditioni innatum eſt, *l. 8. de reb. cred.* Stipulatio autem dotis ſemper intelligitur ſub hac conditione, ſi nuptiæ ſequantur, quia ſine nuptiis non eſt dos: & ideo ita demum illa ſtipulatione agi poteſt, ſi nuptiæ ſequantur, ut recte ait *l. ſtipul. h. tit.* conſtat ergo, ſi nuptiæ ſint ſecutæ, alioquin non conſtat: nam ſi injuſtæ ſint nuptiæ, non videtur impleta conditio ſtipulationis. Sed quod notandum, non videtur etiam defecta conditio contractis nuptiis illegitimis, & integrum eſt ſtipulatori conditionem implere: ſed ſi defecta eſſet conditio, poſtea eam fruſtra adimpleret, *l. quidam 10. in pr. de fideic. libert.* Et ſecundum hoc (quod eſt evidentiſſimum) in *l. 10. de cond. & demon.* deeſt negatio loco uno, quam ſpecies propoſita indicabit. Finge: legavi aliquid filiæ, ſi nupſerit: illa nupſit, ſed non apte, non jure, non implevit conditionem: ergo nondum perveniet ad legatum: ſed quæritur, an poſtea contrahendo nuptias poſſit implere conditionem, & capere legatum? Quidam non poſſe dicebant, quaſi defecta conditione: ſed IC. putabat, *benignius eſſe dicere nondum impletam conditionem defectam.* Ita habent omnes libri, ſed legendum, *benignius eſſe dicere nondum impletam conditionem, non defectam:* nam ſi defecta eſſet, fruſtra ei pareret filia: ergo, ut dixi, ſtipulationis dotis ineſt conditio, ſi nuptiæ ſequantur, & non eſt ea ſtipulatio præſens, aut pura, & conditio ejus ſtipulationis non videtur defeciſſe ſecutis nuptiis injuſtis, ſed videtur non exſtitiſſe, & eſſe adhuc in ſuſpenſo, in pendenti. Quando igitur ea conditio videtur defeciſſe, & evanuiſſe ea ſtipulatio dotis? Diſtinguendum: aut ſponſalia facta ſunt, aut non. Si ſponſalia facta ſint, non nuptiæ, & ſponſalibus renuntiatum ſit miſſo libello repudii, nuntio remiſſo, qui referret, nolle alterum ſua conditione uti; hoc modo videtur defeciſſe conditio, & evanuiſſe ſtipulatio, etſi alii non nupſerit mulier, & non convaleſcit ſtipulatio, ſi nullis aliis nuptiis interpoſitis cum alio quolibet, poſtea mulier nupſerit ei, cui dotem promiſerat, *l. ſtipulationem 21. cum l. ſeq. h. t. l. 4. de pact.* nam ſtipulatio, quæ ſemel evanuit, convaleſcere non poteſt, *l. quæ res §. aream, de ſolut.* Et hoc ſi ſponſalia facta ſint. Quod ſi ſponſalia facta non ſint, non aliter videtur defeciſſe conditio ſtipulationis quam ſi mulier cum alio contraxerit nuptias, ſi alii nupſerit, evaneſcit ſtipulatio, nec convaleſcit, ſi ſoluto matr. ei poſtea nupſerit, cui dotem promiſerat: ſin autem alii non nupſerit, & ſi poſt decennium ei nupſerit, ſtipulationis dotis locus eſt, modo intermediæ nuptiæ cum alio non interceſſerint, *l. ſi ſponſa 58. hoc tit.* Evaneſcit ergo ſtipulatio, nuptiis cum alio contractis, ſi ſponſalia facta non fuerint. Item evaneſcit ſtipulatio ſolo repudio, etſi alii non nupſerit mulier; & ita hæc ſubtiliter diſtinguenda ſunt. Et hoc eſt quod ait Papinian. hac *l. vulgatum eſt,* dotis promiſſionem referri ad primas nuptias, non factis ſponſalibus, hoc eſt, dotem deberi ei, cui promiſſa eſt; ſi ei priori mulier nupſerit, non ſi poſt alterius matrimonium ei nupſerit, quia dotis ſtipulatio diſſoluta eſt, & quæ ſemel diſſoluta eſt, nunquam reſtituitur. Et recte Papin. ait, *dotis promiſſionem deſtinari primis nuptiis, & non durare obligationem,* id eſt, evaneſcere ſtipulationem, *ſi poſt alterius matrimonium, ei nupſerit, cui promiſſa dos eſt.* Et hoc locum habet, quum aliæ nuptiæ interceſſerint, quod jam videtur ſupra dixiſſe. Sed illa verba poſtrema accipienda ſunt, ut interceſſerint nuptiæ cum alio, cui dos promiſſa non eſt, poſt promiſſionem dotis alteri factam: nam ſi antequam dos promitteretur alteri, fuerit mulier in matrimonio alterius, ea res non nocet ſtipulatori, cum eadem mulier poſt alterius matrimonium ei nubat. Et utitur Pap. alio exemplo. Quæſtio erat de nuptiis injuſtis propter ignorantiam patris. Exemplum quod ſubjicit, eſt de injuſtis nuptiis propter ætatem ejus, quæ nupſit. Finge: dotem promiſſi de ea, quæ non eſt viripotens, quia nubilis non eſt, quæ annis 12. minor. Et ea vero uxor in domum mariti deducta eſt, & facta ſunt ſolemnia nuptiarum, & accepta eſt igni & aqua, nec tamen ſunt nuptiæ, quamdiu eſt impubes, *l. penult. quand. di. leg. ced.* nupta non videtur, quæ virum pati non poteſt, quo ex loco, ut ait Feſtus, *viripotentem dicas, viri patientem:* nuptiæ non ſunt, γάμος άγαμος. Et obſervandum ex Inſtit. non eſſe juſtas nuptias, niſi maſculi puberes, & feminæ viripotentes ſint. Cur puberes ſeparat maſculos a feminis viripotentibus? non abs re ſane, ut in *l. 5. quibus ex cauſis in poſſeſſ.* Inquit prætor, *ſi pupillus in ſuam tutelam venerit, aut pupilla viripotens facta fuerit:* quare non dicit etiam cum feminæ in tutelam venerit? quia feminæ erant in perpetua tutela. In maribus autem ſufficiebat ætas major 14. annis, qui eſt finis pubertatis: in feminis quoties de nuptiis agendis agebatur, non ſpectabatur tantum annus 12. ſed etiam an viripotens eſſet, ut Servius annotavit in illum locum Virgil. *Jam matura viro, &c.* nec abs re, ita ſcriptum eſt, in Inſtitution. illo loco.

loco. Ergo si dotem promisi pro ea, quæ nondum est viripotens, non teneor ex stipulatu, antequam viripotens fuerit, quia tunc solum incipit justa esse uxor, quum approbatur pro viripotente, referente medico, si res sit obscurior, ut & in aliis causis jus ocularem cognitionem desiderat, de quo in *l. item si, ad l. Aquil.* Quod non intelligunt vulgo: *si damnum dederit obstetrix*, inquit, *supponens, &c.* quia solebant mulieres ejusmodi videre pelsos, seu πρόσθετα. Ergo cum mulier fuerit viripotens, incipit esse justa uxor, non ex quo deducta fuit in domum mariti, nec interim videtur sponsa, quamvis sponsalia cum minore contrahantur; non enim in iis spectatur pubertas, *l. 14. de spons.* Sed si sponsalia facta non fuerint, quæ deducta est ante pubertatem quasi uxor, nec uxor nec sponsa fuisse censetur: Interim injustæ nuptiæ non valent, ut & sponsalia: quemadmodum injustum testamentum non valet ut codicillus, nisi id nominatim dictum sit: sic stipulatio, seu acceptilatio non valet, nisi nominatim dicta vel pacta sit. Et in hanc rem citatur ex libro eodem Papin. in *l. cum hic stat, 32. §. pen. de donat. inter. vir. & uxor. & l. quæsitum, de sponsal.* Sola deductio in domum mariti, quæ est sedes matrimonii, non facit nuptias, sed neque sponsalia: ut sola dotis promissio non facit sponsalia, *l. si sponsa, hoc tit.*

### Ad L. si vir uxori LIII. de Donat. int. vir. & uxorem.

*Si vir uxori, donationis causa, rem vilius locaverit, locatio nulla est: cum autem depositum inter eas personas minoris donationis causa, æstimatus, depositum est: hoc ideo tam varie, quia locatio quidem sine mercede certa contrahi non potest: depositum autem & citra æstimationem quoque dari potest.*

§. 1. *Uxor viro fructum fundi ab herede suo dari, quod si datus non fuisset, certam pecuniam mortis causa promitti curavit. Defuncto viro vivo muliere stipulatio solvitur: ut traditio, quæ mandante uxore, mortis causa facta est: nam quo casu inter exteros conditio nascitur, inter meritos nihil agitur.*

Facili negotio explicabimus *l. 53. de donat. inter vir.* atque etiam *l. 48. de manum. test.* quo pacto licebit brevi hunc librum absolvere, non est quidem admodum difficile, quod scribit Papin. in hac l. sed valde singulare utrumque: duas enim tractat quæstiones. Inter virum & uxorem, nec proprietatis, neque possessionis ulla est donatio, exceptis quibusdam causis, veluti exilii, divortii, sepulturæ, & aliis quibusdam: nec explicanda mihi nunc est ratio prohibendarum donationum inter conjuges. Est enim in promptu, & illa maxime, ne se mutuo amore spolient: Nam si liceret donare, nullum facerent finem donandi. Et si idem statueres, inter amicos non esse donationem permittendam, quod possint se mutuo amore spoliare, dum alter alterum superare vellet, non recte faceres, quia inter has permittitur. Sed affectio conjugum major est: igitur inter ipsos tantum invenitur prohibita donatio: quo jure utimur hodie. Donatio (inquam) inter vivos, donatio directa, sic appellatur, quæ fit inter vivos: nam donatio mortis causa recte sit inter conjuges, quandoquidem donatio mortis causa effectus excurrit in id tempus, quo conjugium esse desinit, *l. 10. hoc tit.* Sed etiam donatio inter vivos ex SC. & ex oratione D. Antonini comparatur donationi causa mortis, quia donantis morte confirmatur, hoc est, si vir aut uxor, quæ donavit, in ea voluntate perseveravit usque ad finem vitæ. Vivus sit viva donationem quamlibet revocat pœnitentia, & si non revocaverit, mors eam confirmat, & est instar fideicommissi, atque ideo subjicitur Falcidiæ, *l. 12. C. ad leg. Falc.* quamvis ex donatione inter vivos alias non detrahatur Falcidia, *l. Seja, §. ult. de don. caus. mort.* Ex donatione (inquam) perfecta, & irrevocabili, ex donatione, quæ ab initio non valet, morte tamen confirmatur, quod refert Falcidia, quia similis est fideicommisso, seu donationi causa mortis, quæ subjicitur Falcidiæ. Donat autem vir

uxori, & contra, non tantum qui donare se dicit, vel palam confitetur, sed etiam qui vendit, aut locat aliquid uxori viliori pretio donationis causa, quæ res non valet ut donatio, neque ut venditio & locatio: ergo nec alienatio dominii fieri intelligitur, *l. nuda, de contr. empt. l. si res 12. in prin. de jur. dot. l. vir. uxori, ad Vell.* Et hoc est, quod ait Papin. h. l. *locatio nulla est;* nihil ergo agitur, quia nec donatio est, nec locatio. Idem etiam erit, si vir uxori rem vendiderit justo pretio, non exacturus pretium, hoc est, si fecerit pretium tantum, nec exegerit, neque exigendi pretii unquam habuit animum: nam & hæc sive venditio, sive locatio nulla est, *l. cum in vendit. 36. de contr. empt.* Res quidem colorem habet venditionis, locationis, substantiam non habet: multa sunt in jure colorata, commenta innumera, multa fictitia, multa sunt dicis causa, multa rerum expediendarum causa, quæ leges introduxerunt, hæc recipimus: recipimus fictitias actiones, ut Publicianam, in qua fingimus usucepisse eum, qui non usucepit: & rescissoriam ex tit. *ex quib. cauf. maj.* in qua fingimus eum non usucepisse, qui usucepit, & eas actiones, quæ dantur bonorum possessori, vel in bonorum possessorem, quales etiam Ulpian. in fragm. vocat fictitias, quibus fingimus, eum esse heredem, qui non est. Recipimus fictitias & tacitas stipulationes, item hypothecas, item tacitas traditiones & fictitias, *l. 2. pro socio.* In hereditatibus recipimus fictionem postliminii, fictionem legis Corneliæ, in pœnis dicimus commentitio jure esse receptum, pœnam reo irrogatam non transire ad heredes. Est ergo jus quoddam commentitium, sunt juris quædam commenta, quæ introduxerunt, quæ leges introduxerunt, & mores recipiunt & præsumptiones recipimus, & nullum est in jure frequentius verbum, quam fingitur, videtur, præsumitur. Omnia sunt fictionum plena in jure, & commentitia, etiam in foro recipiuntur, ut Fabius ait, falsæ narrationes, id est, colores & figuræ: nec excluduntur statim patroni, qui, ut ad id perveniant, fingunt, narrantque falso, &c. Colores autem & commenta excogitata in fraudem legum non accipimus, quia & ea leges ipsæ rejiciunt, ut in testamento per æs & libram recipimus imaginariam venditionem. In donatione inter vir. & uxor. non recipimus. Sed huic sententiæ obstat *l. si quis donat. in prin. de cont. empt.* Papin. ait, nullam esse venditionem, si vir uxori minus locaverit vel vendiderit: nam & locatio venditio est. At *l. si quis*, ait, si quis donationis causa minoris vendat, valet venditio, & similiter, si quis minoris locet donationis causa, valet locatio, & utrumque est verum, si modo non accipiatur generaliter. Est enim distinguendum hoc modo: aut vendo ei, cui donare possum, & totam venditionem facio donationis causa, & non est venditio, sed donatio, ut inspiciatur magis quod est in re, quam quod est in formula conceptionis contractus: quod agitur potius, quam quod scribitur, *l. 3. & 9. C. de contr. empt. d. l. si quis donat.* aut pars venditionis fit tantum donationis causa, ut si vendo viliori pretio, ei scilic. cui donare possum, non in fraudem legum, & hoc casu venditio valet, non contrahitur donatio; venditio enim præponderat, & utrinque contrahitur obligatio empti & venditi: si vero vendo ei, cui donare non possum, aut vendo bona fide, habens revera animum vendendi, & venditio valet, nasciturque ultro citroque actio ex empto vendito, quamvis postea mutato consilio pretium ei donavero; valet (inquam) quia, quod primo facta est bona fide venditio, non temere retractatur, & ex eo negotio datur actio empti venditi, *l. si sponsus 5. §. circa, l. quod autem, §. si uxor, hoc tit.* aut vendo ei, cui donare non possum in fraudem legum, ut quod non possum donare palam, donem sub titulo venditionis, locationis. Et hoc casu nihil ago, sive vendo, sive dono, sive unum nummum pro pretio posuero, sive aliud vile pretium exigam, *d. l. si quis donat.* At inde quæritur, an id, quod dictum est de venditione & locatione, quam vir facit uxori donandi causa, affectato hoc titulo circumscribendi juris

civilis

civilis gratia, habeat locum in deposito? Finge: vir rem depoſuit apud uxorem, eamque vilius æſtimavit donationis cauſa, non bona fide, ſed in fraudem legum, ea ſcilicet mente, ut redderet eam rem, vel æſtimationem, quæ lex non facit, ne ſit depoſitum, quamvis egrediatur terminos depoſiti , *l. Lucius 24. depoſ.* quia depoſitum plerunque datur, ut reddatur idem, non pretium, aut æſtimatio, ſed vel donatio, vel venditio, vel mutuum videtur eſſe, ſi ſit res, quæ conſtet pondere, numero, vel menſura. An vero dicimus, ideo depoſitum non eſſe, quod facta ſit æſtimatio depoſitæ rei donationis cauſa? Minime: quia naſcitur actio depoſiti directa, & contraria. Et rationem differentiæ inter depoſitum & donationem explicat Papin. quia depoſiti ſubſtantia conſiſtit ſine æſtimatione. Eſt enim depoſitum, etiamſi rem depoſitam non æſtimes. Locatio autem non eſt ſine pretio certo, & ſine pretio videtur ea, quæ ſit nummo uno, vel ſeſtertio, *l. ſi quis 19. in fi. de adq. poſ. l. ſi quis 46. loc.* vel etiam quæ ſit pretio viliori: nam vendere viliori pretio, puta nummis 10. quæ valeat 100. non vendere, ſed rem Projicere eſt, *l. ſi pign. 50. de evict. l. 36. mand.* Ergo imaginaria venditio eſt, quæ ſit viliori pretio, ac ſi facta eſſet ſine ullo pretio: ergo nullus eſt contractus: contractus imaginarii nulli ſunt, niſi fiant dicis cauſa, νόμῳ χάριν, *h. e.* ut ſatisfiat ſolemnitatibus legum, ut in emancipationibus liberorum, & teſtamentis per æs & libram, *l. contractus 54. de obl. & act. l. nuda 53. de contr. empt.* Depoſitum autem non eſt imaginarium, ſi res depoſita æſtimetur vili pretio, quia plane æſtimari depoſitum neceſſe non eſt. Et hoc eſt, quod ait Papin. in princ. leg. Magis mihi placet, quod eſt in ſecunda parte hic. Ejus interpretatio tot verba non requirit, eſt tamen valde ſingularis, quod velim ſtudioſos omnes perpetuo retinere. Nam ait, *quo caſu inter exteros naſcitur condictio rei,* id eſt, repetitio rei venditæ, *nihil agi inter maritos, h. e.* conjuges. Et ſpecies hæc eſt: uxor curavit heredem ſuum, quem teſtamento ſcripſerat, promittere ſtipulanti uſumfr. fundi, aut certam pecuniam mortis cauſa, *h. e.* ſi ipſa prius moreretur, ſicut etiam in *l. quod in bonis 15. §. 1. ad l. Fal.* teſtator curat heredem ſuum promittere ſe vivo ei, cui donatum vult mortis cauſa, ut adverſus eum non utatur l. Falcidia, vel ut certam pecuniam, ſi ſecus fecerit præſtaret: quæ ſtipulatio olim non valuit, hodie valet, quia Falcidiæ locus non eſt invito teſtatore, ex Novell. Juſtin. Eodem igitur modo mulier donatura mortis cauſa, quæ donatio rata eſt, curavit promitti, ne Falcidia detrahatur: præmortuis eſt maritus ſuperſtite uxore donatrice: ſtipulatio, *inquit*, ſolvitur, quia facta fuerit mortis cauſa, *h. eſt*, ſolvitur donatio morte donataria, perficitur morte donatoris. Et ſimiliter, ſi rem mandato uxoris tradiderat marito mortis cauſa ſub conditione, ſi ipſa prius moreretur, & præmortuo marito ſolvitur alienatio, & traditio, vel ſtipulatio ipſo jure. Ergo rei traditæ vindicatio mulieri competit, quia ſolvitur ipſo jure traditio, & donatio, quod non obtineret in extraneo: nam extero non daretur vindicatio, ſed condictio ob cauſam, cauſa non ſecuta. Finge: extraneus donavit tibi mortis cauſa, & tradidit, vel etiam promiſit tantum, non tradidit: te præmortuo rem non vindicabit, ſed condicet, quod traditione ipſo jure non ſolvitur, dominium manet apud eum, vel condicit liberationem, non enim eſt ipſo jure liberatus morte donatarii. Ex quo apparet, quod ego cenſeo valde notandum, quo caſu inter extraneos condictio naſcitur vel certi rei, quæ tradita eſt ad rem repetendam, vel incerti ad obligationem, quæ contracta eſt acceptilatione, ſolvendam: eo caſu maritus nihil agit ipſo jure, quod puto generaliter conſtitui poſſe in omnibus caſibus. Nam etſi mulier interceſſerit pro marito, ipſo jure non obligatur, *Novella 134. cap. 8.* Quod etiam ex hoc loco recte defendes etiam obtinuiſſe ante Novellam illam, nec ea Novella introducti jus quaſi novum: ſed ſi mulier interceſſerit pro extraneo non liberatur ipſo jure, ſed per exceptionem Senatuſconſulti Vellejani, *l.*

A *ſi decipiendi, ad Senatuſc. Vellejan.* omiſſa exceptione ſolvere compellitur ex ſua interceſſione.

### Ad L. Si ſocius XLVIII. de Manum. teſtam.

*Si ſocius teſtamento libertatem ita dederit: Pamphilus, ſi eum ſocius manumiſerit, liber eſto. Servius reſpondet, ſocio manumittente, communem fieri libertum familiæ atque manumiſſoris. Neque enim novum, aut incognitum eſt, vario jure communi mancipio libertatem obtingere.*

Quod eſt in hac lege, explicabitur uno verbo. Finge: ſervus erat communis, unus ex dominis eum manumiſit teſtamento ſub conditione, *ſi eum quoque ſocius manumitteret*. Non fruſtra appoſita eſt hæc conditio: alioquin ex teſtamento facta manumiſſio ab uno ſociorum non valeret ſecundum jus vetus, quo conſtitutum eſt, ſi unus ex ſociis ſervum communem manumittat, ut non fiat liber, ſed pars ejus domini, qui manumiſit, accreſcat alteri: definit eſſe communis, ſed non definit eſſe ſervus, quinimo fit in ſolidum ſervus unius. Quod Juſtin. mutavit favore libertatis, qui voluit ſervum manumiſſum ab uno ſocio, fieri libertum, ſi modo pretium alter ſuæ partis referat alteri. Quæ conſtitutio ſummam habet æquitatem: ante illam conſtitutionem neceſſe erat apponere illam conditionem, *ſi alter quoque manumiſerit*. Finge: cum ita manumiſiſſet unus ex ſociis ſervum communem, *ſi alter manumiſerit*, ſi expleta conditio fuerit, ut perveniret ad libertatem: quod videtur abſurdum, ut perveniat ad libertatem diverſo jure, partim teſtamento, partim vindicta, quia cum alter ſocius, qui ſuperſtes erat, manumiſiſſet: hæc res non officit libertati: erit igitur libertus communis, hoc eſt, ejus, qui manumiſit inter vivos, & libertus familiæ defuncti, *h. e.* Orcinus: ergo erit libertus diverſo jure. Et obſervandum libertum Orcinum appellari hoc loco libertum familiæ: non eſt libertus heredis, non eſt libertus defuncti, qui deſiit eſſe in reb. humanis: nec dixeris recte libertum eſſe defuncti: libertum Orci dices recte: ſed aliud eſt defunctus, aliud Orcus: ſed quia defuncto ſupereſt familia, recte dices, eum eſſe libertum familiæ, non libertum certi hominis, ſed libertum familiæ, ſive Orcinum, Plutonis, ſicut Teoph. ait, χαρώνιον.

### Ad L. Si Titius XLVIII. de Fidejuſſ.

*Si Titius & Seja pro Mævio fidejuſſerint, ſubducta muliere dabimus in ſolidum adverſus Titium actionem: cum ſcire potuerit, aut ignorare non debuerit, mulierem fruſtra intercedere.*

§. 1. *Huic ſimilis illa quæſtio videri poteſt; ob ætatem ſi reſtituatur in integrum unus fidejuſſor, an alter onus obligationis integrum excipere debeat. Sed ita demum alteri totum irrogandum eſt, ſi poſtea minor interceſſit propter incertum ætatis ac reſtitutionis. Quod ſi dolo creditoris inductus ſit minor ut fidejubeat, non magis creditori ſuccurrendum erit adverſus confidejuſſorem, quam ſi facta novatione circumvento minore, deſideraret in veterem debitorem actionem utilem ſibi dari.*

Duas in hac *l.* Papin. adfert quæſtiones: una eſt, de mare & femina, quæ pro aliquo fidejuſſit cum mare: altera eſt, de majore 25. annis, qui pro aliis fidejuſſerit. Et primum, ſi mas & femina pro alio fidejuſſerunt, & facti fuerunt duo rei ejuſdem pecuniæ, mulier non tenebitur cum effectu, propter Senatuſc. de interceſſionibus mulierum, quod Vellejan. dicitur. Mas autem tenetur in ſolidum, ſed habet beneficium diviſionis, quod habet alias ex epiſtola Adriani & edicto prætoris, ut Paul. ait 1. *Sent. tit. penult.* quod datur pluribus fidejuſſoribus & mandatoribus: ſed hodie omnibus correis debendi principalibus ex Novella 99. Beneficium diviſionis hoc eſt, ut non ſit liberum creditori cum uno eorum experiri in ſolidum, ut cogatur dividere actionem, ut fidejuſſores ſive correi non teneantur,

niſi

nisi pro virili, si omnes solvendo fuerunt litis contestatæ tempore: nec enim inopia, quæ supervenerit, postea onerat ceteros. Singuli quidem ipso jure sunt obligati in solidum, sed beneficio epistolæ, id est, oppositâ exceptione epistolæ Divi Adriani, non condemnantur ultra virilem portionem, si litis contestatæ tempore omnes solvendo fuerint. In hac autem specie, cur mas non utitur beneficio? cur convenitur & condemnatur in solidum? quia videtur renuntiasse beneficio, qui scire debuit ex Senatusconf. Vellejan. feminam frustra intercedere, & onus obligationis in sua tantum persona consistere, ac si solus intercederet. Et hoc est, quod ait Papin. in 1. parte hujus l. Huic sententiæ obstat l. idem est 18. supr. ad Vellejan. quoniam ait idem esse, &c. Repetenda sunt ea, quæ scripta sunt ante eam l. & hoc in l. quæ procedit ostenditur, si mas & femina pecuniam mutuam sumpserint in rem communem, puta ut fundum eâ pecuniâ in commune compararent, mulier tenetur pro sua persona, pro sua parte tantum, non pro parte masculi correi, quia pro parte correi videtur intercessisse, dum se obligavit in solidum, partim suo nomine, & hoc nomine tenetur pro parte sua, partim nomine alieno, correi nomine, & hoc nomine solvitur beneficio Senatusconf. Vellejani. Idem esse ait l. idem est, si pro debitore meo, mas & femina intercesserint si idem est: ergo cum mas & femina pro debitore meo fidejusserint, mulieris persona non subducitur in totum, scil. non eximitur obligationi in totum, sed tenetur pro parte. Sed hoc non potest esse verum, nisi ut in ea lege, quæ procedit, similiter fingatur species in d. l. idem est, puta marem & feminam pro alio fidejussisse in rem communem: quo casu cessat Senatusc. Vellejanum, l. aliquando, eod. nam si in rem alienam prorsus fidejusserunt, in totum persona mulieris subtrahitur creditori, & mas sustinet integrum onus obligationis. Obstat l. 8. C. ad Vellejan. Filiæ emancipatæ, vel etiam filiifamil. expromiserunt pro patre obligato alteri, id est, patrem liberaverunt novatione factâ, & omnem obligationem in se receperunt: expromissor liberat reum principalem, fidejussor non: expromissione fit novatio, fidejussione non fit. Ergo pro patre intercesserunt filii mares & feminæ: lex ostendit mares non teneri in solidum, filias eximi obligatione, fateor hoc aperte demonstrari, sed non ( ut quidam vult ) illis verbis feminas eximi virilibus obligationibus. Nam viriles obligationes vocantur, quæ conveniunt masculis tantum, quasve mulieres suscipere non possunt: vel aliter, hoc vult, intercessionem esse munus virorum, non mulierum, l. 2. ad Vellejan. æquum non esse, feminas virilibus officiis fungi & obstringi obligationibus ejus generis, virilibus scilicet, quales sunt obligationes, quæ contrahuntur nomine intercessionis, non principali nomine & directo. Et ita l. pen. de edendo, removet feminas ab officio argentariorum, quoniam frequens est in hac opera, ut interveniant pro aliis: dum senatus removet mulieres ab intercessione, tacite removet etiam ab argentariâ. Sed non desunt alia indicia in d. l. 8. quibus patet, filios, qui cum sororibus pro patre intercesserunt, non teneri in solidum, etiam subductis sororibus beneficio Senatusc. sed pro virilibus portionibus tantum; quandoquidem lex ait, mares tantum teneri in id, quod se obligaverunt, non ait, mares teneri in solidum, sed pro rata, pro virili, pro portione, & pro parte filiarum, quæ eximuntur obligatione, actionem restitui in patrem. Ergo aperte lex ostendit, subductis feminis mares non obligari in solidum, sed pro virilibus portionibus tantum, quia scilicet tres se obligârunt: nam erant plures rei fratres, qui pro patre intercesserunt. Illud non probo, quod Accursius hic distinguit inter expromissores & fidejussores, imo indistinctè sic constituo, sive sint duo expromissores, sive duo fidejussores, qui pro alio intercesserunt, & facti fuerunt duo rei debendi, mas scilicet & femina, mas tenetur in solidum, mulier in nihilum tenetur effectu; & duo sunt rei, sive fidejubendo, sive expromittendo

A caverint solidum & partem virilem: si expromiserint, vel fidejusserint solidum & partem virilem, si usi sint his verbis, *se cavere pro solido, & parte virili* ( *chacun pour soy, & un chacun pour le tout* ) nec enim sunt duo rei, si caverint solidum, aut partem virilem. Nam si dixerunt, se promittere solidum, aut partem virilem, non sunt duo rei, l. inter eos, hoc tit. singuli enim ab initio tenentur pro parte tantum: & ita duo rei stipulandi sunt, qui stipulati sunt non solidum, aut partem virilem: sed solidum, & partem virilem, ut sit exactio unicuique in solidum, & in partem virilem: si mas & femina, qui pro alio intercesserunt non sint duo rei, mas ab initio tenetur pro parte tantum ut d. l. 8. videlicet ipso jure divisâ obligatione, in initio contractûs. In continenti divisio obligationis fit vel ipso jure, vel epistolâ D. Adriani, l.

B *inter fidejuss. h. t.* ipso jure fit, si non sint correi: ex epistola Adriani fit, si sint correi: & ipso jure fit semper sicut convenit initio: ex epistola non fit divisio, si mas & femina, duo rei intercesserunt: mas enim tenetur in solidum, ut in h. l. At quæritur in secunda parte hujus legis in eodem exemplo: si pro alio fidejusserunt major 25. annis, & alius qui erat minor 25. annis, restituto minore 25. annis adversus intercessionem suam beneficio ætatis, & rescissa intercessione ejus, an similiter dici possit, majorem teneri in solidum subducto minore per restitutionem in integrum, & non posse majorem uti beneficio divisionis, an idem constituemus, quod in illo casu? Et prudentissimè Papin. ostendit, mulierem non esse similem minori 25. annis: neque idem esse hoc casu constituendum, quod illo priori: Nam in mu-

C liere non distinguimus, utrum simul fidejusserint mas & femina eodem tempore, an mas primum, deinde femina interposito tempore: nam utroque casu subductâ femina mas tenetur in solidum: in minore 25. annis distinguimus. Nam si major 25. annis solus ab initio fidejusserit pro alio, deinde minor, minore restituto in integrum, major tenetur in solidum, quia & ab initio obligavit se in solidum, nullum sperans beneficium, quo solveretur præstatione solidi, nullum sperans se habiturum participem ejusdem obligationis, quia nesciebat creditor: esse acceptum suum confidejussorem: hoc ergo casu major tenetur in solidum rescissâ intercessione minoris. Quod ita verum est, ut eleganter docet Papin. nisi dolo creditoris inductus sit minor ad fidejubendum: Nam rescissâ intercessione minoris creditori doloso,

D est, quod per dolum extorsit fidejussionem minoris, non succurrimus, data scilic. in eum fidejussorem minoris actione in solidum, sed utetur rectè fidejussor major beneficio divisionis: neque enim opitulamur creditori, qui dolum admisit, qui per dolum effecit, ut & minor fidejuberet. Namque subducto minore non dabimus in actionem in solidum contra majorem, sed pro parte ex epistola: & ita etiam si dolo creditoris minor pro debitore expromiserit novatione factâ, atque ita liberaverit debitorem restituto minore, rescissâ intercessione minoris, non revocatur liberatio debitoris, id est, non restituitur vetus actio in debitorem, non succurrimus creditori doloso restitutâ veteri actione, non damus ei utilem actionem in veterem debitorem. Omnis actio restitutoria est utilis, & hoc si solus major 25 annis initio

E fidejusserit non sperans futurum alium confidejussorem, & posteâ ei adjunctus fuerit minor. Sed si simul fidejusserunt major & minor, locus est epist. D. Adriani, id est, major tenetur pro parte tantum, etiam rescissâ intercessione minoris. Atque ita multum hic casus distat ab eo, qui proponitur initio hujus legis. Et ratio differentiæ est elegans inter mulierem & minorem, quam paucis verbis notavit Papin. nempe *propter incertum ætatis & restitutionis*, scilicet eventum, quæ brevitas fecit, ut non ea intellexerit Accurs. Franciscus Connanus, perquam suaviter emendavit, & pro his verbis ( *si posteà minor intercesserit* ) posuit *si sponte intercesserit*, vir est doctissimus, sed non juris: corrumpit judicium & tempus perdit, qui in ejus commentariis illud ponit. Verum ratio

ratio differentiæ est elegantissima, nec mutandi quidquam vel minima est ratio, aut occasio. Initio, inquit, differentia hæc est, mulierum intercessiones Senatus improbat, minorum intercessiones nullum Senatusconsultum improbat : mulier quæ intercessit liberatur per exceptionem, quæ descendit ex Senatusc. Vellejano : minor non liberatur per exceptionem, sed per restitutionem in integrum ( *par lettres de chancellerie.* ) Exceptio est certa, sicut jus ex quo descendit : restitutio in integrum est incerta & arbitraria : neque enim temere datur, sed causa cognita perraro, *l. in causa* 13. *de minor.* & pendet ex arbitrio prætoris, qui sicut ei libuerit, dabit vel non dabit restitutionem in integrum : exceptionem Senatusconsult. Vellejan. non potest denegare. Ac postremo sexus mulieris certus est, ætas hominis plerumque est obscura & incerta : etiamsi viderim hominem. Nam evenit sæpe, ut existimemus eos esse majores, qui sunt minores, & contra. Hac ratione propter incertum ætatis, & propter incertum restitutionis in integrum, si mas & femina fidejusserint pro alio, mas tenetur in solidum, quia scivit se solum cum effectu obligari : sed si major & minor fidejusserint pro alio, major non tenetur in solidum, quia vel nescivit correum esse minorem 25. annis, vel existimavit esse majorem : existimavit eum vix imperaturum restitutionem in integrum, & cogitavit auxilium restitutionis esse perquam dubium & incertum : major, inquam, subducto minore, forte impetrata restitutione in integrum, non tenetur in solidum, nisi solus fidejusserit ab initio, & postea non inductus dolo creditoris minor etiam fidejussit, ac deinde eo nomine restitutus fuerit. Hæc ratio est dignissima cogniti, *ita demum*, id est, hoc solo casu (*postea*) interposito tempore. Cur non tenetur in solidum major, nisi illo casu cum interposito hoc tempore intercessit, minor? Ratio est propter incertum ætatis, id est, quia existimavit cum effectu obligari minorem, &c. Atque ita nihil habet certi major de obligatione minoris, quod possit ejus scientiæ imputari.

Ad L. penult. de Public. in rem actione.
*Paulus notat. Exceptio justi dominii Publicianæ objicienda est.*

Plura scripsit Papin. & inter ea quiddam ad Publicianam. Nam in *l. pen. de Public.* exstat nota Pauli ad Papin. eodem lib. ubi notat Paulus, Publicianæ actioni objici posse exceptionem dominii, scilicet veri dominii, ad differentiam fictitii, quod habet bonæ fidei possessor. Quid est actio Publiciana? est vindicatio dominii, quæ datur ei, qui rem bona fide possederat, needum usuceperat, amissa ea possessione, adversus extraneum, ad quem pervenit possessio, non adversus dominum verum. Nam potior est causa veri domini, quam bonæ fidei possessoris : potior est vindicatio directa quam prætoria. Hoc est quod dicitur, *Publicianæ actioni obstare exceptionem justi dominii.* Hæc tamen regula vitiatur multis casibus, *l. mandatum*, mand. *l. si is cujus*, *ex quibus cauf. major.* vide Accursium in *l. pen. hoc tit.* citatur etiam Papin. in *l.* 5. §. *pen. de jur. dot.*

Ad §. penult. L. V. de jur. dot.
*Papinianus lib.* 10. *quæstionum ait : Cum pater curator suæ filiæ juris sui effecta, dotem pro ea constituisset, magis eum quasi patrem id, quam quasi curatorem fecisse videri.*

Pater est curator filiæ emancipatæ : dat dotem pro ea, vel ut pater, vel ut curator : nam dotem constituere pertinet ad utrumque ; non apparet, qua mente dederit dotem, videbitur ne dedisse ut pater, an ut curator ? Ut pater, inquit, quia prædominasse & prævaluisse videtur affectio paterna : si dedit ut pater, dedit de suo, ergo est dos profectitia. Quid est dos profectitia ? quam pater dedit pro filia ut pater : effectus est, quia dos profectitia redit ad patrem mortua filia in matrimonio, sive fuerit sui

A juris, sive in potestate patris, *l. pater* 71. *de evict.* d. *l.* 5. §. *emancipata*, *l. si ab hostibus*, *l. filia* 59. *sol. matrim. l. si filia, de divort.* Et huic præsumptioni, ut videatur scilicet dedisse quasi pater, consentit *l. ult. C. de dot. promiss.*

## JACOBI CUJACII J.C.
*COMMENTARIUS*

In Lib. XI. Quæstionum ÆMILII PAPINIANI.

Ad L. in omnibus XXXXI. de judiciis.
*In omnibus bonæ fidei judiciis*, *cum nondum dies*
B *præstandæ pecuniæ venit*, *si agat aliquis ad interponendam cautionem*, *ex justa causa condemnatio fit.*

Si creditor in diem, vel conditionem agit, ante diem, vel ante conditionem perperam agit, quia plus petit tempore, & repellitur exceptione, *cujus pecuniæ dies fuisset* : vel *cujus pecuniæ dies nondum venit.* Et hoc, si agat ad pecuniam : nam si agat ad cautionem interponendam, quandoque male agit. Finge : creditor vel est in diem, vel in conditionem, id est, creditor in diem certum, vel creditor in diem incertum. Quid est conditio ? est dies incertus, in quem confertur obligatio, ex quo suspenditur obligatio & sustinetur in eum usque diem. Finge igitur creditor veretur, ne interim debitor labatur facultatibus, & propterea desiderat sibi
C caveri de pecunia sua sibi suo die solvenda, vel veretur, ne interim debitor dolo malo faciat in ea re, quam debet, ne corrumpat eam rem : exempli causa, ne servum interim inficiat veneno, & ideo desiderat caveri, dolum malum abfuturum : sive autem hoc desiderat, sive de illo sibi caveri, id est, de dolo malo, vel de re aur pecunia sua die solvenda : & agat eo nomine, ex justa causa audietur, nec repelletur. Et ut ait, condemnatio fiet, id est, condemnabitur debitor interim præstare juratoriam cautionem, vel repromissionem, vel satisdationem pro qualitate personæ. Nam locupletissimus non satisdabit, sed repromittet tantum cum jurejurando, vel sine jurejurando. Et hoc Papin. ait in hac *l.* 41. obtinere in omnibus bonæ fidei judiciis. Quid hoc est *in omnibus*? id est, sive generalia sint, sive specialia. Sumpsit hanc
D sententiam ex Sabino : a quo alia multa sumit, & a quo facile patitur se reprehendi, ut in *l.* 6. *de serv. export. l. pro socio arbiter*, *pro soc.* Sabinus dicebat, judicem suspicere debere creditori in judiciis bonæ fidei, in futuro damno, vel lucro pendente ex contractu bonæ fidei, etiamsi nondum quicquam cum effectu deberetur, sive generalia essent judicia, sive specialia. Et specialia vocat, quibus agitur de re singulari, de homine, de summa certa, veluti commodati, depositi, mandati. Generalia sunt, in quibus venit universitas bonorum, vel quibus universum quid petitur, ut actio pro socio, cum contracta est societas omnium bonorum : actio negotiorum gestorum est generalis : actio tutelæ judicium, quibus universum quid petitur, magis videbatur haben-
E da ratio futuri debiti, atque adeo magis eo nomine actori postulanti cautionem esse concedendam. Sed placet indistincte, in omnibus, id est, tam generalibus quam specialibus judiciis bonæ fidei, ante diem recte agi ad interponendam cautionem, & officio judicis condemnationem fieri. Et huc pertinet *l. Seja* 42. *de mort. cauf. donat.* ubi est actio bonæ fidei non sui origine, sed constituta per exceptionem doli mali. Certæ sunt actiones bonæ fidei, quæ enumerantur in Instit. §. *actionem*, *de act.* Enumeratio est certissima sua origine : aliæ quæ non sunt enumeratæ in Instit. sunt strictæ, quæ tamen possunt constitui bonæ fidei, videlicet opposita exceptione doli mali, vel replicatione. Nam est verissimum & elegantissimum, quod Dorotheus

theus scribit in *d. l. Seja*, exceptionem doli judicium strictum facere bonæ fidei : quod comprobat *l. 5. C. de except. doli* : exceptio addita exceptioni strictæ facit, ut judex possit ex bono & æquo condemnationem facere non servieni formulæ. Mentio doli mali judicium reddit bonæ fidei, quod initio erat strictum. Sic igitur in specie *l. Seja*, judicium strictum exceptio illa facit bonæ fidei, & propterea merito dubitatur in ea lege de præstanda cautione futuræ obligationis, quoniam solebat præstari in omnibus bonæ fidei judiciis. In omnibus, sive sui origine sint bonæ fidei, sive fiant postea. Sed tamen in *d. l. Seja* non præstatur cautio, quia nulla in ejus legis specie suberat causa vel obligatio, ne in diem quidem, vel sub conditione. Ergo quod scribit Papinianus. hoc loco, non habet locum in actionibus strictis. Nam non frustra ait, *in omnibus bonæ fidei judiciis* : est ἀντιδιαστολὴ, qua significat aliud esse in judicio stricto : ex causa enim judicii stricti non ago ante diem ad cautionem interponendam, ut in *l. quotiens* §. *si semel, de pecul.* quod intelligi debet de actione de peculio stricta, veluti ex fidejussione servi, ex qua fidejussione servus naturaliter non obligatur, nec dominus tenetur de peculio. Sed si fidejusserit in rem domini, tenetur dominus de peculio stricta actione ex stipulatu : de peculio est adjectio communis omnium actionum : modo igitur stricta, modo ut bonæ fidei actio. Ideo si de peculio agatur stricto judicio, & nihil sit in peculio rei judicatæ tempore, an cavere debet dominus de futuro incremento peculii ? minime, quoniam est actio stricta, & de cautione interponenda ejus, quod quis debet, non agitur, nisi ex causa bonæ fidei contractus sive judicii. Et ita semper in libris nostris existimandum est, quoties dicitur obtinere in bonæ fidei judiciis, idem non obtinere in strictis : nec unquam persuasio hæc fallit : ut exempli causa, hoc est proditum, in bonæ fidei judiciis ex mora venire usuras : veniunt autem officio judicis, *l. in bonæ fidei, C. de usur. l. 32. mora,* §. *in bonæ fidei, inf. eod. tit.* Ergo in strictis ex mora non veniunt usuræ officio judicis : hoc est certissimum: si non sint in stipulationem deductæ : nam veniunt tunc ex stipulatione. Scriptum etiam est, pacta facta in bonæ fidei judiciis ex continenti, inesse ex parte actoris, *l. ju-ris* §. *quinimo,* §. *de pact. l. in bonæ fid. C. eod.* ergo aliud est in strictis judiciis (ut docui semper). Et ita nihil moveor *l. lecta, de reb. cred.* quæ dicit stipulationi pactum factum incontinenti inesse : nam lex integra demonstrat, inesse ex parte rei, non etiam actoris, id est, exceptionem pacti inesse stipulationi ipso jure, etiam non opposita, ex eo autem pacto agi non posse. Scriptum etiam est, in bonæ fidei contractibus, patrem non solum de peculio teneri, & de in rem verso, sed etiam si quid præterea dolo malo patris captus fraudatusque actor est, *l. in bonæ fid. de pecul.* nam actionibus bonæ fidei inest actio doli, exceptio doli, omnis exceptio : omissa enim exceptio suppletur officio judicis, *l. sed etsi ideo, sol. mat. l. hujusmodi 84.* §. *qui ser. de leg.* 1. Dolus vindicatur actionibus bonæ fidei. Quid est actio bonæ fidei? vindex doli mali : actione stricta non vindicatur dolus malus : & necessaria est actio doli mali in actionibus strictis, quasi non sufficeret actio ex contractu : neque enim inest actio de dolo actioni strictæ. Scriptum etiam est, in bonæ fidei judiciis haberi rationem affectus, *l. cum servus, mand.* id est, æstimari in iis non tantum pecuniarum damnum & lucrum, sed etiam damnum affectionis piæ & benevolæ, quæ non fuit expleta propter perfidiam adversarii *l. 7. de servis export.* Item, in bonæ fidei judiciis haberi rationem fidei ab adversario admissi. Finge : socius aliquid surripuit ex societate, tenetur furti & condictione furt. An & pro socio? sic videtur : concurrit actio pro socio cum condictione furt. licet ulcisci furtum actione bonæ fidei, *l. rei com. 45. pro soc.* actione stricta nec dolus vindicatur, nec furtum, & eo nomine necessaria est conditio furtiva, quia non sufficit actio ex contractu stricti judicii. Ex quo intelligitur cur dicantur strictæ : neque enim licet judici eas

*Tom. IV.*

extendere, aut proferre fines earum. Ergo merito dicimus definitionem hujus legis, non habere locum in strictis judiciis, & appellatione actionum bonæ fidei nos excludere stricta judicia, & nos ita debere constituere, in nullis judiciis strictis ante diem agi, sicut nota universali scribit Papin. *in omnibus, &c.* ergo dicamus, in nullis judiciis strictis, id est, sive sint arbitraria, sive non, contrariam huic legi definitionem constituimus, & sequimur: nam & arbitraria stricta sunt. Et errant Græci in eo, quod arbitraria comparant bonæ fidei judiciis : namque sunt proximiora strictis, imo stricta, licet in eis arbitrium judicis multum possit. Et hoc esse verum sic ostendo : nam in actione in rem, quæ est arbitraria, exceptio omissa non suppletur officio judicis : non inest igitur, *l. Papin.* 14. *de Pub. in rem actio*. In actione igitur arbitraria arbitrium judicis non est latissimum. In actionibus bonæ fidei arbitrium est latissimum, ideo doli exceptio inest bonæ fidei judiciis tacite. Ac præterea in actione in rem fructus non veniunt ante litem contestatam, *l. 2. C. de pet. hered.* qui tamen veniunt in bonæ fidei jud. Ante moram usuræ non veniunt in bonæ fidei judiciis, fructus veniunt, *l. videamus,* §. *pen. de usur*. Posset quis tentare ex *l. grege,* §. *pen. de pig.* in actione hypothecaria, quæ est arbitraria, posse agi ante diem ob cautionem interponendam : Nam sententia legis est : debes mihi aliquid præsenti die, obligatio hypothecari sub conditione : non aget creditor recte ante conditionem ad auferendam hypothecam, sed aget recte ad cautionem interponendam, si conditio extiterit nec pecunia soluta fuerit, hypothecam restituit quæ in rerum natura fuerit : ergo ante diem huic cautioni locus est in actione hypothecaria. Sed hoc ideo, quia debitum erat præsens, & ideo interesset creditoris securum eum fieri de causa hypothecaria : nam si debitum non conditionale fuerit, interim nullo modo agi potest, nec ad cautionem interponendam, quia stricta est actio. Diximus, *in omnibus judiciis bonæ fidei*, sive specialia sint, sive generalia, sive sui origine sint bonæ fidei, sive fiant postea opposita exceptione, vel replicatione doli mali, cum dies pecuniæ solvendæ nondum venit, creditorem male agere ad pecuniam solvendam, & inciditur in periculum plus petitionis : agentem vero ante diem ad cautionem interponendam, ad solvendam pecuniam, cum dies venerit aut conditio extiterit, aduri ex justa causa, & condemnationem fieri : Contra in nullis judiciis strictis creditorem in diem, vel in conditionem agere ante diem : nec agere igitur ad pecuniam, nec etiam ad cautionem interponendam, sive judicia sint arbitraria, sive non : actiones arbitrarias esse strictas : namque in eis arbitrium non esse latissimum, sicuti & in actionibus bonæ fidei. Et multa discrimina proposuimus inter bonæ fidei actiones, & arbitrarias, & strictas. Sciendum nunc est, in strictis judiciis agi ante diem de cautione interponenda, de solvenda pecunia, vel re integra præstanda. Habuimus unum casum ex *l. grege,* §. *pen. de pign.* Alter est, si agatur de legato, vel fideicommisso, vel etiam hereditate directa, quod vulgo additur : Nam etsi strictæ sint actiones legatorum aut fideicommiss. tamen pleraque mutuantur ex judiciis bonæ fidei, & inter cetera hoc, ut ante diem cautio exigatur legati relicti in diem aut fideicommissi, idque nominatim est proditum in tit. *ut leg. nomine cav.* Est igitur cautio prætoria. Nam edicto prætoris interponi jubetur : cautio judicialis est, quæ sine edicto, ex mero officio judicis proficiscitur, *l. 5. de verb. obligat.* Et in bonæ fidei judiciis cautio ad quam agitur ante diem, est cautio judicialis : interponitur enim mero judicis officio, nec ullo edicto interponi jubetur cautio legatorum vel fideicom. & ita in *l. quod si in diem* 16. *de pet. hered.* debitor in diem jubetur cavere officio judicis, quia petitio hereditatis est actio bonæ fidei. Et hæc l. 41. nihil pertinet ad titulum *de judic.* nisi eam interpretemur, *ex justa causa damnatio fit*, id est, officio judicis debitor cavere jubetur, alioquin non pertinet ad hunc titulum : hic titulus est *de officio jud*. Quid est judicium in hoc

S   titu-

titulo? Est officium judicis, & ita Theoph. in §. *quidam, de act.* volens citare titulum *de officio jud.* citat titulum *de judiciis*, qui est in 4. *Instit.* quoniam idem est judicium & officium judicis. Et notandum etiam, hanc eandem cautionem interponi nomine hereditatis, non tantum fideicommissariæ, sed & directæ: & non tantum substitutionis fideicommissariæ, sed & substitutionis directæ ex edicto prætoris. Ita ad titul. *ut leg. nom. cau.* recte adjicias, *& hereditatum nomine*: hereditatum quoque directarum nomine, *l. inter, qui satisd. cog. l. 8. de præt. stipulat.* quod procedit in hac specie. Finge: heres institutus est sub conditione, & ei datus est substitutus sub contraria conditione: heres institutus pendente conditione non potest adire hereditatem, bonorum possessionem secundum tabul. petere, quæ tamen sine re efficietur, si deficiat conditio, & substituto pateat aditus ad hereditatem. Ceterum interim petetur bonorum possessio sec. tab. & substituto, siquidem hoc desiderabit, cogetur heres scriptus cavere ex edicto Prætoris *de præst. hereditate, in quam ipse est ingressus beneficio possess. bonorum sec. tab.* si substitutionis conditio extiterit, *& dolum malum abfuturum,* interim institutum tamen non dissipaturum bona hereditaria: atque ita cernimus edictum, *ut leg. nomine caveatur,* pertinere etiam ad hereditates directas. Habent etiam hæ actiones legatorum & fideicommissorum, ergo, & hereditatum commune hoc cum bonæ fidei, ut ex mora debeantur usuræ, quæ non debentur in aliis strictis, *l. 3. Cod. in quib. causs. rest. in integrum non est necessaria, & tit. Cod. de usuris leg.* quod quidem favor conservandæ voluntatis ultimæ extorsit. Cur repetit usuras ex mora & ante diem cautionem legatarius? ut conservetur voluntas defuncti. Et similiter favor dotis efficit, ut stipulatio dotis, quæ tamen stricta est, pleraque habeat ex bonæ fidei judiciis: nam & in ea stipulatione usuræ debentur ex mora biennii, *l. ultim. §. præterea, Cod. de jur. dot.* quæ tamen non veniunt in aliis negotiis strictis. Itemque stipulatio dotis ipso jure nulla est, si dolus malus ei causam dederit, *l. si mulier §. si dos, ff. quod met. cauf.* quod obtinet generaliter in omnibus bonæ fidei contractibus. Unde statuamus: dolus vel metus dans causam contractui bonæ fidei, ut stipulationi dotis, vitiat contractum ipso jure: alias contractum stricti juris non vitiat, sed necesse est, eum rescindi instituta actione doli mali, quam non est necesse institui, si est contractus bonæ fidei, cui inest actio de dolo, stricto non item. Paulatim crescit jus, atque ita stipulatio dotis paulatim hunc favorem accepit, ut hodie in omnibus & per omnia facta sit bonæ fidei ex const. Justin. quæ antea quædam tantum communia habebat cum actionibus bonæ fidei. Differentia igitur fuit in plerisque: non potest esse commune quid inter hanc & illam rem quæ non habeat etiam inter se differens aliquid, sicut non potest esse inter duas res differentia, nisi inter eas aliqua sit communitas. Postremo etiam est unus casus, quo creditor in diem, vel sub conditione, cui debetur aliquid stricto judicio, possit ante diem agere ad cautionem interponendam, videlicet si postulatur separatio bonorum, *l. 4. de separ.* Sciendum est adita hereditate confundi defuncti bona & bona heredis, etiamsi non re ipsa, saltem jure ipso: quinimo definit esse hereditas, quæ adita est, & incipit esse proprium patrimonium heredis: hereditas obveniens auget patrimonium heredis: & consequenter creditores defuncti & creditores heredis commiscentur, quia in omnibus ex æquo respondere cogitur, quia unius personæ unum tantum est patrimonium, eædemque obligationes tam activæ quam passivæ. Hoc ita se habet: sed decreto Prætoris, non jure, postulantibus creditoribus defuncti, separantur bona defuncti à bonis heredis: separantur creditores hereditarii ab heredis creditoribus, & creditores hereditarii mittuntur in bonorum possessionem defuncti, non contra, quod perquam utile est creditoribus defuncti: nam finge: heredis modicæ sunt facultates, defuncti hereditas

A satis ampla est, & sufficit creditoribus hereditariis, quæ non sufficeret, si miscerentur creditoribus heredis, id est, si simul creditores heredis venirent in bona defuncti. Quamobrem maxime interest creditorum hereditariorum separari bona: & in postulanda separatione à prætore, an admittuntur etiam creditores in diem, quibus non dum debeatur? Sic videtur, quia ut ait *d. l. 4.* & communi cautione eis consuletur. *Communis cautio* dicitur, non quasi sit prætoria & judicialis, id est, quod & edicto prætoris interponatur, & officio judicis; sed communis dicitur quia vulgaris, quæ in hac causa omnibus creditoribus præstatur de solvenda sua pecunia suo die, *l. filiusfam.* 114. §. *idem, in princ. de leg. 1.* Et vero si postuletur separatio bonorum & creditorum, in hac recensione creditorum, & separatione quam fecerint, creditores in diem, vel sub conditione recte B desiderabunt sibi caveri: quandoquidem recipiuntur in numerum creditorum, sicut ii, quibus pure debetur. Nam ut & de puro debito exigitur cautio propter moram judiciorum, sic ex legatis puris etiam exigitur cautio, *l. etiam, ut leg. nom.* quanquam potissimum sit comparata eorum nomine, quæ debentur in diem, vel sub condit. nihil vetat tamen de eo exigi, quod debetur pure, quia exercitio judicii nonnullas moras habet. Postremo notandum est, nihil ad *h. l. 4.* pertinere plerasque leges, quas adducit Accurs. ut *l. 2. de evict. l. prætor, de damno inf. l. si spec. §. si quis, de condit. cum d. l. si cum except. §. quatenus, quod met. cauf. l. si à bona fidei cum seq. de rei vind. l. 1. si cui plusq. per leg. Falc. l. 2. C. de her. vend.* non debuit has Accurs. huic permiscere. Primum enim in *l. 2. de evict.* non agitur ad caut. interponendam. Sent. leg. hæc est: Si venditor non promiserit duplum evictionis nomine, & eo nomine agatur, reum dupli condemnandum esse. Quid est eo loco *agatur?* an significat agi ad cautionem duplæ interponendam, quanquam fateor agi posse: sed hoc agit, si dupla non sit promissa: & eo nomine agatur, id est, propter evictionem factam dupli damnandus est reus actione ex empto, in qua inest quidquid moris est cavere, licet cautum non sit: ergo & stipulatio duplæ, & inde agi potest in duplum, ac si stipulatio intercessisset, & ita accipienda *l. si nolit* 31. §. *quia assid. de æd. ed.* Ergo non agitur in *l. 2.* ad cautionem duplæ, sed ad duplum, & si de ea agerretur, nihil pertineret ad haec l. Nam hæc lex est de alio genere cautionis: nihil etiam lex *prætor, de dam. infec.* quoniam non loquitur de cautione, qua cavit D debitor de solvenda pecunia sua die, de qua est haec lex, sed de cautione damni infecti, quod vicinus, cujus ædes sunt ruinosæ, suo vicino cavet, non de credito, non de chirographo, quod vicinus vicino debet. Nam *chirographum* dicitur cautio quælibet, etiam liberatoria, apocha, acceptilatio, & ut cautionem caveri dicunt, ita etiam chirographum caveri, quod quidam nimis temere tollunt in *l. si ut certo* §. *denique ait, commod.* ubi est scriptum, *in eo chirographum debitorem tuum cavere feceris,* emendant *chirographo:* item in *l.* 89. *de solut.* ubi ait, *ex chirographis cautis, & ex chirographis, quæ debitor cavit.* Nihil etiam pertinet ad hanc *l. si pec. §. si quis,* quia non est etiam de solvendæ pecuniæ cautione, sed de cautione restituendi servi, qui est in fuga: non est de debitore in diem, ut ante diem caveat de solvendo debito. Species E est: Dedi tibi 10. ut emeres servum: emisti, & fugit priusquam eum mihi restitueres, sine dolo malo, aut culpa tua: an teneris mihi in 10. quod non possis restituere servum? Minime: namque liberaberis, si caveris de restituendo servo, si quando in potestatem tuam pervenerit, quod longe aliud est genus cautionis quam de qua agit Papin. in *h. l.* Nihil pertinet etiam *d. §. quatenus* nec *l. si à bona fid. & seq. de rei vind.* Nam non loquuntur etiam de hoc genere obligationis, id est, de solvenda pecunia sua die, sed loquuntur de cautione, quam domino cavet possessor rei, si ejus rei restituendæ facultatem non habeat, ut cum homo fugit: Nam hoc casu possessor malæ fidei, de persequendo suis sumptibus, & de restituendo eo homine, qui se contulit in fugam tenetur: bonæ fidei possessor

for de restituenda re tantum cavet; depositarius vero nullo modo, id est, si depositarius rem amiserit sine dolo malo (quem solum præstat) non cogitur cavere, nec de ea re restituenda, nec de ea re persequenda: sed si iterum in suam potestatem pervenerit, iterum agi potest: interim non oneratur cautione, quia beneficium dedit: nec est æquum, qui beneficium dedit, ut oneretur cautione, arg. *l. Lucius, depof.* Sunt igitur leges, quæ cavent de restituendo, de prosequendo, requirendo: sunt quæ de requirendo tantum: sunt quæ neque de hoc, neque de illo. Ceterum aliæ sunt, de quibus agit Papin. hoc loco. Nec huc refertur recte, *l. 2. de hered. vend.* quæ est de cautione, quam emptor hereditarius venditori cavet hoc modo: *quantam pecuniam venditor hereditario nomine dederit, solverit, præstiterit, tantam recte præstari*; quia scilicet ad venditoris hereditatem creditores hereditatis eunt, non ad emptorem: & ideo æquum est, eum indemnem præstari ab emptore, si quid præstiterit creditoribus hereditariis. Postremo nihil etiam pertinet *l. 1. ff. si cui plus quam per l. Falc.* quæ est de cautione, quam legatarius heredi præstat in accipiendo legato, quod nondum certum est an subiturum sit deminutionem, sive rescissionem Falc. legis. Cavet enim hoc modo, nec aliter præstatur legatum, *quod amplius legati nomine, quam per legem Falcid. licuerit capere, quanti ea res erit, tantum recte præstari heredi*. Solvit dubius. Hæc sunt, quæ ad hanc l. annotare libuit. Etiam hoc annotare velim, soluto matrimonio non statim esse reddendam dotem, quæ numero, pondere, mensura continetur, sed annua, bima, trima die, hoc est, tribus pensionibus, & hodie una pensione annua ex Constit. Justin. Deberi igitur dotem in diem annuam, bimam, trimam: sed si interim, antequam exierit dies nequitiæ suspectus maritus fiat, mulier recte aget ad interponendam satisdationem de reddenda suis diebus dote, non potest ante diem agere ad dotem recipiendam, sed ex justa causa audietur, si agat ad cautionem interponendam: quam si non præstiterit maritus, confestim dotem reddere cogitur deducto interusurio, hoc est, commodo medii temporis: Nam usuræ & fructus, quæ, quive obveniunt interim, ad maritum pertinent, non minus, ac si constaret matrimonium, atque ita si cogitur statim reddere, deducendum interusurium; *l. si constante, §. quotiens, sol. matr.* Et observandum Papinianum in hoc libro 11. tractasse quoque de dotibus. Unde conjicio, idem scripsisse Papin. hoc libro de dote reddenda, aut satisdatione præstanda, quod est proditum in *d. §. quotiens*, & id quod scripserat de dote reddenda, aut satisdatione interponenda, generaliter scripsit & definivit *d. l. 41.* in omnibus bonæ fidei judiciis, non tantum in judicio dotis, sed & de ceteris omnibus, cum nondum dies pecuniæ venit, si agatur ad cautionem interponendam: atque ita, quod scripserat de judicio dotis, protulit ad judicia omnia bonæ fidei. Definitio igitur est valde notanda: nam ea non servatur in judiciis strictis, neque etiam in judiciis bonæ fidei temere ea cautio interponitur, sed causa cognita officio judicis, ut si maritus vivat luxuriose, remque suam & alienam disperdat, ante diem reddendæ dotis compelletur satisdare. Nunc pergamus ad reliquas leges.

### Ad L. Ult. de Cond. sine causa.

*Avunculo nuptura, pecuniam in dotem dedit, neque nupsit, an eandem repetere possit, quæsitum est? dixi cum ob turpem causam dantis, & accipientis pecunia numeretur, cessare conditionem, & in delicto pari potiorem esse possessorem: quam rationem fortassis aliquem sequutum respondere; non habituram mulierem conditionem, sed recte dederit, non tam turpem causam in proposito, quam nullam fuisse, cum pecunia, quæ daretur, in dotem converti nequiret: non enim stupri, sed matrimonii gratia dotem esse.*

*§. 1. Noverca privigno, nurus socero pecuniam dotis nomine dedit, neque nupsit: cessare conditio prima facie videtur, quoniam jure gentium incestum committitur.*

*Atquin vel magis ea in specie nulla causa dotis dandæ fuit: conditio igitur competit.*

HÆc lex refertur ad dotis causam, quod satis patet. Quæstio est: sororis filia, quæ nuptura est avunculo, ei pecuniam dedit, quasi in dotem: nuptiæ secutæ non sunt, quæ nec jure sequi possunt: *quæritur*, an sororis filia possit eam pecuniam condicere quasi datam ob causam? Quæstio est aperta satis. Sed observandum quæstionem formari de sororis filia & avunculo, inter quos sunt nuptiæ illicitæ, non de patruo & fratris filia; non abs re. Nam nusquam invenies in jure prohibitas esse nuptias inter patruum & fratris filiam. Illicitæ sunt inter avunculum & sororis filiam, ut in *l. ista*, & in *l. qui in provincia, de rit. nupt.* De avunculo fit mentio, qui duxerat sororis filiam, non de patruo, & proponitur in ea lege elegans rescriptum principis, quo confirmatur status liberorum ex justis nuptiis procreatorum. Necessaria est confirmatio: si injustæ sint nuptiæ, sunt injusti liberi: sed princeps cum avunculo nuptæ sororis filiam, confirmavit statum liberorum: matrimonium non confirmat, nam ut noster Papin. ait in *l. si adulter, §. incestæ, ad leg. Jul. de adult.* incestæ nuptiæ non solent confirmari: igitur non confirmavit nuptias, sed liberos fecit legitimos: an temere? Minime, quatuor ductus rationibus: motus fuit diuturnitate temporis, & ignoratione mulieris, quæ scilicet ignara juris in matrimonio fuerat; tertio, quod ipsa non eum sibi virum optaverat, sed fuerat collocata ab avia sua, quarto, numero liberorum. Hæc omnia, inquit, si concurrant, statum liberorum confirmant: qui locus est notandus, sed ut initio dixi, de avunculo loquitur, *l. sororis, l. etiamsi conc. de ritu nupt.* Sororis filiam ducere non licet, ergo nec neptem, nec proneptem: quoniam sunt filiarum loco: nec enim concubinatu licet has personas habere; nihil dicit de fratris filia: nam verum est, licuisse fratris filiam uxorem ducere ex Senatusconsulto, ut est apud Cornelium Tacitum libro undecimo, sed non licuit ducere sororis filiam: & Xiphilinus ait, Nervam vetuisse, ne quis duceret τὴν ἀδελφιδοῦν: intelligit sororis filiam. Cur vero has prohibuit, non illas? non est quærenda ratio, nam hæc pendet ex jure positivo. Jus positivum dicitur ad differentiam juris naturalis, quod est authenticum, nuptiæ, quæ non sunt nominatim prohibitæ, permissæ intelliguntur: at non sunt nominatim prohibitæ cum fratris filia, igitur permissæ sunt. Non ergo abs re est, quod proponit, sororis filiam avunculo nupturam pecuniam in dotem dedisse: unde quæritur, *an possit condicere pecuniam nuptiis non secutis?* Et videtur prima facie non posse: alii prima fronte, alii prima ratione, *μικρὸν ὄξυν, ἢ πρῶτος λόγος, l. 2. §. sed etsi, de hereditate vendit. l. 1. de auctoris. tutor. l. utrum, de petit. heredit.* Cujuscunque rei duæ sunt rationes, prima & secunda, & secunda potior semper: prima ratio, quæ efficit, ut non videatur competere condictio, quia ea cessat, sive solius accipientis turpitudo, sive turpitudo utriusque versetur, ut in hac specie, *l. 3. & 4. & penult. de condict. ob turp. caufam*, quia etiamsi utriusque turpitudo versetur in pari delicto, melior est causa possessoris, durior petitoris, quæ regula latissimæ patet, sive quæratur de lucro, sive de damno: nam in eo, quod petitur, aut possessor lucri aut damni facturus est, durior est causa petitoris, id est, lucrum petitor ad possessorem, damnum ad petitorem, cujus rei innumera licet exempla ex jure proferre: contenti erimus his, quæ sequuntur, ut in *§. resinenda, Instit. de interd. l. 1. de cond. indeb. l. si servum, §. sequitur, de verbor. oblig. Paulus 1. Sent. l. pen. de Salv. interd. Theoph. §. æque de actionib.* Fortuna pro possessore sententiam dat si par sit causa ejus, qui petit, & ejus unde petitur, nec recte condicit quis ei, qui accepit turpiter, si & is, qui dedit, turpiter dedit, non agit interdicto de opere illicite facto in loco publico, quod & ipse idem fecit, *l. 2. §. idem ait, ne quid in loco publ.* Et possessoris in jure semper melior causa est. Sic semper melior est causa rei, reus non damnatur abſens, accuſator damnatur, qui litem fecit, *l. abſentem, de pæn.* Accuſatori dantur duæ dilationes, reo tres, *l. ult. de feriis* : Sic olim reo tres horæ dabantur ad cauſam peragendam, actori duæ : ac præterea, ſi pares ſunt ſententiæ judicum, cauſam accuſator non profert, ſed abſolvitur reus : in cauſis criminalibus actor cogitur edere reo rationes, non reus actori, *l. ult. C. de eden.* Reus poteſt uti variis & diverſis exceptionibus, actor non pluribus actionibus, ſed eligere debet, qua velit uti, aut proteſtari debet, quod ex una non poteſt conſequi, ſe ex altera velle proſequi *§. 1. §. quia autem, quor. legat. l. 43. de regul. juris.* Ergo ſecundum primam rationem, ſororis filia, quæ quaſi in dotem pecuniam dedit avunculo, nuptiis non ſecutis, eam condicere non debet, quia turpiter dedit, & avunculus turpiter accepit : melior eſt igitur cauſa poſſidentis. Papin. hic animadvertit, condictionem dandam eſſe filiæ ſororis, quia in propoſita ſpecie non fuit turpis cauſa potius, quam nulla, id eſt, potius fuit nulla cauſa dandi, quam turpis cauſa, quandoquidem ea pecunia non potuit convenire in dotem, quod nuptiæ non conſiſtant, & dabatur pecunia, non ad ſtuprum, ſed ad nuptias nomine dotis. Quid eſt dos? res vel pecunia quæ datur viro matrimonii nomine : non fuit igitur data ob turpem cauſam, ſed plane ob nullam, ideoque dabitur condictio ſine cauſa, quia ſine cauſa eam dedit : nec diſtinguo, an mulier ignoraverit nuptias fuiſſe illicitas, nec ne. Nam utroque caſu idem dicendum, condictionem dari, etiamſi ſcierit, *§. ult.* indicat etiam ſcienti : aut ei, qui ſcire debuit : cum privigno, id eſt, qui fuit privignus : noverca ſcire debuit, non eſſe inter eos nuptias, quia eſt juriſgentium, quod nemo poteſt ignorare. Ergo ſciſſe videtur cum privigno non eſſe nuptias : nihilominus tamen condictio datur. Sed non ſcire debuit in noſtro caſu, quod cum avunculo ſint illicitæ nuptiæ, quod eſt juris civilis, *l. ſi adulterium, ad leg. Jul. de adult.* Et dari condictionem intelligendum, ſi non nupſerit privigno, vel ſocero, vel avunculo. Nam ſi nupſerit, dos eſt caduca : & quod factum eſt caducum ſemel, numquam repetitur : dos ſit caduca, nec revocatur, etiamſi poſtea nuptiæ confirmentur, *l. inceſtæ, l. dote, de ritu nupt. l. 4. C. de inceſt. nupt.* niſi errore acriſſimo, ut ait *d. l. 4.* decepti ſint. Nam ſi errore acriſſimo decepti ſint, & errore comperto, confeſtim diremerint matrimonium, dos non fiet caduca : & ſi præſes provinciæ, in ſua provincia uxorem duxerit, dos non ſit caduca, *l. ſi quis officium, §. veterem, de ritu nupt.* Ergo generaliter, ſive quis eam duxerit, cum qua non ſunt licitæ nuptiæ jure civili, ſive eam cum qua non ſint licitæ jure gentium, dos ſit caduca. Objiceret quis minorem duodecim annis pupillam. Hæc ſi nupſerit ante pubertatem, dos non ſit caduca, & condicitur, & ſi poſt pubertatem nuptiis non conſenſerit : ſimiliter ſi ancilla nupſerit libero homini, & dotem dederit, dos non fiet caduca, ſed condicetur a domino ancillæ, vel ab eo qui pro ea dotem dederit, niſi ea libera facta nuptiæ ſequutæ ſint, *l. qui ſervus de condict. cauſa dat.* Gellius libro 4. capite 3. *& 4. l. 59. §. ult. de jure dot.* Juſtæ non ſunt nuptiæ cum ancilla, cum minore duodecim annis, fateor. Cur ergo dos non ſit caduca? quia non ſunt illicitæ nuptiæ : fateor non eſſe juſtas & ſolemnes : nego eſſe illicitas conjunctiones, & contubernia, & quaſi nuptiæ : ſi eſſent illicitæ, non confirmarentur manumiſſione. Illicitum aliud eſt, quam injuſtum, in titulo *de juſtitia & jure.* Et ſimilis eſt ſpecies in *§. ult.* Noverca privigno dotem dedit quaſi nuptura, neque nupſit ; ſocrus, hoc eſt, quæ fuit nurus, dotem dedit ſocero quaſi ei nuptura, neque nupſit, ei dabitur condictio, quæ prima facie videbatur ceſſare, *hoc caſu,* inquit, *vel magis, &c.* Cur? quia ſcilicet magis eſt nulla cauſa dandæ dotis, propterea quod magis ſunt prohibitæ nuptiæ inter has perſonas. Sunt namque prohibitæ duplici jure, jure gentium, & civili : cum avunculo non committitur inceſtus jure gentium, ſed jure civili tantum : nam harum nuptiarum permiſſio modo approbata eſt a principibus, modo improbata, *d. l. adulterium §. 1.* ſtuprum comprehendit & inceſtum jure civili : ideoque excuſatur ignorantia pupillæ, quia potuit ignorare jus civile : non excuſatur, ſi privigno, quia non licet ignorare jus gentium, atque ideo nulla fuit cauſa dandæ dotis.

---

### Ad L. XXXIX. Sol. matrim.

*Viro atque uxore mores invicem accuſantibus, cauſam repudii dediſſe utrumque pronuntiatum eſt. Id ita accipi debet, ut ea lege quam ambo contempſerunt, neuter vindicetur: paria enim delicta mutua penſatione diſſolvuntur.*

HÆc lex eſt de actione de moribus, quæ olim divortio facto erat inter virum & uxorem : hodie ſublata eſt : qua de re Tertullianus queritur, quod ſublati ſint magiſtri morum, hoc eſt, cenſores. Locus hic poſtulat, ut de ea copioſe diſſeramus ex Digeſtis. Divortio facto inter virum & uxorem erat actio de moribus, vel actio injuſti repudii agente utroque, vel altero eorum περὶ κακοτροπίας a Rhetoribus actio injuſti repudii dicitur malæ tractationis. Pars videtur fuiſſe actionis rei uxoriæ, maxime agente muliere, & viro agente proprie erat actio de moribus. In hac actione quæritur, cujus mores divortio cauſam dederint, quis divortii cauſam dediſſe videatur. Et eſt actio civilis, non criminalis, quanquam dicatur accuſatio hoc loco, & in *l. cum mulier* 47. *hoc tit.* Sed non eſt novum, ut actio civilis vocetur accuſatio, ſi vindictæ ſolius perſecutionem contineat, non pecuniæ, non rei familiaris, ut actio ingrati, quæ jure noſtro datur duobus caſibus tantum, ſi ingratus fuerit libertus erga patronum, & ſi donatarius adverſus donatorem. Dicitur hæc actio accuſatio, quia arguit malos mores, & vindictæ perſecutionem continet. Qui agit actione ingrati, agit cauſam doloris, nec de pecunia amiſſa queritur magis, quam de beneficio male collocato : agit de moribus ingrati hominis : & ſimiliter actio ſuſpecti tutoris, accuſatio dicitur : actio inofficioſi teſtamenti, accuſatio dicitur : nam arguit teſtatoris impietatem, ingratitudinem, inhumanitatem. Accuſatio etiam dicitur habere perſecutionem vindictæ, licet res ſequatur eum, qui obtinuerit, *l. 1. §. ſed ſi puta, inf. ſi quid in fraud. patr.* Eadem ratione actionem injuriarum eſſe accuſationem, quæ dolorem mitigat ejus, cui facta eſt injuria : quanquam ſequatur pecuniaria condemnatio, ſed huc non ſpectat. Qua de cauſa hæ omnes actiones, quæ vindictæ perſecutionem habent magis, quam pecuniæ, non dantur in heredem, quia nulla pœnalis datur in heredem, licet ſit pecuniaria : ſed nec dantur heredi, quia vindictæ perſecutionem habent. Indignatio eſt conjugis, non heredis : qua de cauſa actio inofficioſi teſtamenti non datur heredi. Datur tantum exheredato, cui injuria facta eſt. Actio pœnalis, quæ perſequitur rem, datur heredi, ut actio furti, non in heredem, ut puniatur, qui nihil deliquit, & actio, quæ vindictam ſolam ſpectat, nec heredi datur, *l. 1. C. Theod. de dotib. l. rei judic. §. 1. hoc tit. heres,* inquit, *morum coercitionem non habet, & iſt, non agit de moribus adverſus uxorem defuncti.* Hac actione autem de moribus puniuntur tam graviores mores, quam leviores, graviores, qui & majores ; leviores, qui & minores dicuntur. Et graviores mores vocabant adulteria tantum, leviores, reliquos omnes pravos mores, quos indicat Ulpian. in *tit. de dot.* Et aliter puniuntur mores mulieris, aliter mores viri. Mores mulieris graviores ſunt, ut adulterium ſive probrum. Probrum in jure accipitur pro adulterio, *l. probrum §. ſignif.* quæ eſt referenda ad *leg. Jul. de adult.* ſicut furtum eſt crimen jure gentium, ſic & adulterium. Graviores, inquam, puniuntur retentione, vel petitione ſextæ partis dotis, leviores octavæ partis dotis. Ergo ob adulterium non amittebat dotem totam, ſed partem tantum, id eſt, ſextam. Quod & indicat lex *cum mulier, hoc tit.* cum mulier lenocinio mariti adulterata eſt, maritus nihil ex dote retinet : ergo alias retinet

ex

ex dote, non dotem: propter adulterium, non est retentio dotis totius, sed partis tantum. Et ideo in *l. miles*, §. *si socer de adult*. socerum, qui accepit dotem nuru deprehensa, retinere vel petere lucrum ex dote: non dicit dotem, sed ex dote. Horatius tamen *deprehensam in adulterio doti metuere* dixit, &c. Plinius *eam, quæ vinum bibisset, dote mulctatam*, quod id haberetur instar probri, sive adulterii, quæ secundum jus non possunt accipi, nisi de parte dotis. Cato in oratione de dote, ut est apud Gellum: *si quid perverse, vel tetre factum esset a muliere, mulctari mulierem, si vinum biberit, si cum alieno viro probri quid fecerit, condemnari*: condemnari igitur in partem dotis tantum. Et ita in *l.38. hoc tit.* mulierem, cujus culpa divortium factum est, ob adulterium mulctari: mulctari igitur parte dotis. Nam non invenio, ne ob mores quidem graviores, dote tota mulctari, nisi ex pacto, vel nisi extra ordinem motu judicis. Possunt ergo mulctari dote solida, vel motu judicis, vel pacto convento. Videamus, quemadmodum coerceantur mores mariti. Graviores etiam coercentur aliter, quam leviores. Et sciendum est, duo esse genera dotium. Alia est dos, quæ redditur annua, bima, trima die, si constat numero, pondere, mensura: dos alia, quæ præsenti die. Dos, quæ consistit in corporibus, in rebus mobilibus, vel immobilibus redditur præsenti die, quia earum rerum redditio non est difficilis: sed si fuerit pecunia est difficilis. Actio rei uxoriæ est bonæ fidei, ob id indulgetur annua, bima, trima die: redditur hodie annua tantum. In ea dote, quæ reddenda est annua, bima, trima die, graviores mores mariti ita puniuntur, si cum aliena muliere fuerit, ut eam dotem reddat præsenti die, leviores, ut eam reddat intra sex menses. In ea vero dote, quæ reddenda est statim, mores ita puniuntur, ut tantum reddat ex fructibus prædii dotalis, quantum ex eo quadriennio redigitur, quamvis percepti fuerint manente matrimonio, quod Ulpianus in fragmentis explicat in *tit. de dot*. Est igitur hæc actio pœnalis & civilis: regulariter actio civilis non consumit pœnalem. Nam & si quis sit victus civiliter, potest postea agere criminaliter, in *tit. quando civilis actio crimin. præjud*. Excipitur actio civilis, quæ habet vindictam & persecutionem: ut actio injuriarum consumit criminalem, quia idem persequimur criminali, quod civili, nempe vindictam publicam tantum: qui cecidit ergo civili, non potest intendere criminalem, *l. prætor, 7. §. si dicatur, de injur*. Ejusdem generis est actio de moribus: hac actione victus non potest mulierem accusare adulterii, quia pronuntiatum est, eum non habere vindictam graviorum morum, aut innocentem esse mulierem, nec probrum ullum fecisse, quod ostenditur *l. 1. C. Theod. vio. civil. crim. agi posse*, titulus est regula juris, sed lex excipit actionem de moribus. Ab ea regula etiam illud notandum est, in contrahendo matrimonio, vel in dote danda, aut amplianda non valere conventionem ita factam, ne quandoque de moribus agatur. Est turpis conventio: vel si convenerit, ut plus aut minus exigatur propter mores, non est honesta conventio, quia publica legum coercitio privata pactione tolli non potest, *l.9. de pact. dot*. & in Noricis Pandect. & in aliis Flor. nescio quomodo fuerit sublatum, propter jus novum, quo sublata est actio de moribus: sed hodie hoc est planum, convenire non posse ab initio contrahendi matrimonii, aut dotis, ne agatur de moribus: nam post divortium valet conventio: cum jam nata est actio de moribus, licet eam mihi remittere, *l.20. de pact. dotal*. ubi fuit simile flagitium, quod extat hodie in omnibus Pandectis. In ea *l.20.* scriptum est, *ob res donatas, vel ob amotas, vel ob impensas, ne quid retineatur ex dote*: erat enim retentio propter has causas: pactio interposita valet post divortium. Verum ex Basilic. addendum est, *ob mores, vel ob res donatas, vel amotas, vel ob impensas pactio valet post divortium*. Ita, si in contrahenda societate, vel mandato, vel constituendo procuratore convenit, ne furti agatur, conventio est contra bonos mores: valet tamen, postquam furtum factum est, *l. si unus §. pacta, de pact*. nec post furtum admissum turpis est conventio: ante est turpissima. De actione de moribus illud etiam est notandum, quod ait Senatusconsultum, ei posse objici compensationem lenocinii: hoc est verum, non recte agit de moribus, qui ipse lenocinium uxori præbuit. Et ita species proponitur. Divortio facto mutuo egisse de moribus virum & uxorem, viro dicente divortii causam dedisse uxorem, & contra uxor affirmabat idem de viro. Judex pronuntiavit: *causam utrumque divortii dedisse videri*, quod notandum. Cum autem ita pronuntiavit judex, quid significatur his verbis? Compensationi locum esse: ergo maritum nihil posse retinere ex dote ob adulterium mulieris, cum ille causam adulterii dederit; *paria delicta*, inquit, *mutua compensatione tolluntur*, τὰ ἴσα πλημμελήματα ἀντισυλλογίζονται, ut est in Basil. Et similiter in *l. cum mulier, hoc tit*. ponitur, mulierem adulteratam lenocinio mariti, & ait, eum nihil ex dote retinere: cur enim improbat mores uxoris, quos ipse ante corrupit, aut post probavit? Leno igitur non habet retentionem dotis: an habet petitionem, hoc est, potestne agere de moribus? Minime: hoc subjicit *l. cum mulier*, ex mente legis, scilicet Juliæ, hoc esse, ut qui lenocinium probavit, non possit mulierem accusare de moribus. Non oportet accipere hunc locum de actione criminali, sed civili: huic legi alioquin obstaret lex 2. §. *si publico, de adulter*. eodem: in quibus ostendimur, eam, quæ criminaliter accusata est adulterii a marito, non objicere compensationem lenocinii: allegare quidem lenocinium, sed non, ut fiat compensatio, neque fieri potest, sed ut oneretur maritus. Allegatio lenocinii onerat maritum, sed non exonerat uxorem: quandoque uterque punitur. Non fit igitur compensatio mutui criminis. Mulier, quæ rea accusata est lege Julia de adulter. non potest maritum accusare lenocinii judicio publico, sed referre, hoc est, retorquere, quod non est accusare: quæ res onerat maritum, nam efficit, ut damnetur etiam se accusatore: quod non est novum, sed non excusat etiam mulierem. Et eleganter nostri auctores non relatione criminis, non recriminatione criminis, sed innocentia purgari reum, ἀπολογήσομαι πρότερον εἶτα κατηγήσω ἵνα νόμον δικαστικὸν φυλάξω. Id Nazianzenus in epistola quadam refert esse cautum lege judiciaria. Relatio ergo criminis non liberat, onerat tantum eum, in quo refertur, & potest mulier marito agente criminaliter ex *l. Julia de adulteriis*, objicere non tantum crimen lenocinii, sed & adulterii, dicat & ipsum fuisse cum alia muliere, in *d. l. si uxor, §. judex*. Non ibi dicit Jureconsultus, ea verba esse ex rescripto, sunt tamen ex rescripto Antonini. Sunt innumera rescripta in Pandectis, quorum auctores tamen reticentur. Non solet vir accusari adulterii: quod Theologi probant, & sacræ literæ, sed est relatio, hoc est, mulier, quæ accusatur impudicitiæ, potest & virum impudicitiæ redarguere, & eo casu punitur etiam adulterium mariti, & non fit compensatio mutui criminis. Dum non distinguunt interpretes inter has duas actiones de moribus civilem, & legis Juliæ de adulteriis, criminalem, in hoc diffidio pungunt se vehementer. Lex *cum mulier* admittit accusationem morum: dicta lex secunda non admittit. Et ita dirimenda lis in actione de moribus civili admittitur compensationem criminum parium; in actione de moribus criminali non admittitur. Et ne videatur hæc differentia nova, observemus etiam non accusari maritum adulterii, nec a muliere, nec ab alio, *l. 1. C. ad leg. Jul. de adulter*. accusatur tantum de moribus civiliter, & punitur, ut diximus: & similiter heres ejus non agit de moribus contra uxorem defuncti. At post mortem mariti mulier potest accusari adulterii, *l. miles §. defuncto, ad leg. Jul. de adulter*. Ita tres sunt differentiæ inter actionem, & accusationem civilem de adulterio, & criminalem de adulterio. Possunt hæc accommodari ad cetera quamplurima, quæ antiquata non sunt. Actio de moribus hodie sublata

blata est tit. *Cod. de repud. & judicio de moribus* : constat etiam sublatam retentionem ex dote, quæ competebat viro ob malos mores mulieris tam graviores, quam leviores : retineri etiam non dotem totam, sed partem sextam tantum, eaque pars retinebatur, vel agente muliere rei uxoriæ : vel de dote, vel petebatur actione de moribus : retentio etiam sublata est, *l*. 1. §. *taceat*, C. *de rei uxor. act.* Inductum est aliud jus, nec data impunitas malis moribus. Imo gravius coerciti sunt mores conjugis, qui divortii causam dedisset : mulier enim, quæ causam dedit divortii, ipso jure amittit dotem totam, amittit etiam ( quod obvenire solet mulieri ob donationem propter nuptias ) emolumentum, quod ex casu divortii ad eam pertineret, si mores ejus causam dederint, si culpa mulieris factum fuerit divortium. Sic loquuntur Jureconsul. ubi culpa significat dolum, aut violatam pudicitiam. In illum locum Virgilii : *Conjugium vocat : hoc prætexit nomine culpam.* Verbo *juris*, inquit Donatus, usus est. Et præterea ob adulterium tantum præstat mulier marito, quantum efficit tertia pars dotis ex Novel. 112. & 117. Longe igitur gravius hodie coercetur. Sublata pœna hujus judicii, vel aucta, vel mutata, & judicium sublatum est, sive actio de moribus, non quod hodie liceat impune conjugi malos mores habere, male esse morigero vel morigeræ. Ac similiter maritus ob mores malos amittit totam donationem propter nuptias, quæ est reciproca, quasi ἀντίφερνα : amittit lucra nuptialia & debita ex pacto dotali : solent enim esse paria, quantumque defertur lucri marito ex pacto dotis, tantum mulieri ex donatione propter nuptias, idque jus æquabile postulat. Si igitur cum altera uxore maritus probri quid fecerit, etiam præstat ex bonis suis ultra donationem, quod amittit tantum, quantum efficit tertia pars donationis propter nuptias, Novel. 134. Quid vero dicemus, si matrimonium fuerit sine dote, sine donatione propter nuptias, qui casus non erat comprehensus jure veteri, quia nullæ erant nuptiæ sine dote : ex constitutionibus hoc est, ut possint nuptiæ esse sine dote : imo vero olim turpe æstimabatur nubere eam, quæ non adfert dotem, nec æstimabatur esse nupta, sed concubina potius aut injusta uxor : ex constitutionib. hoc casu uterque ob mores malos præstat ei, quem offendit, quemque coegit ad repudium, quadrantem bonorum suorum, si modo quadrans non excedat legitimum modum dotis legis Papiæ, *l*. 1. C. *Theod. de inoffic. dote.* Et qui modus est dotis, idem est in donationibus propter nuptias. Et videtur ex leg. Papia hic fuisse modus dotis centena millia sestertia, & ita in *l. cum de in rem verso, ff. de usu.* dicitur decies centena, hoc est, decies centena millia sestertia nummum. Dicitur Athenagoras dedisse centena millia sestertium. Idem etiam testatur Juvenal. *Et ritu decies centena dabuntur, Antiquo,* & alibi, *bis centena dedit,* &c. Et Martialis : *centena decies tibi dedit dotis*. Fuit satis magna hæc dos : exiguior fuit longe ætatis ætate, & ut Valer. refert quarto capite : *Quædam Tatia visa est maximam dotem attulisse, quæ dederat decem millia æris, cent escus.* Et Senatus in gratiam Scipionis constituit quadraginta millia. Et ut idem scribit , Megalia mulier obtinuit nomen Dotatæ, quod super alias omnes mulieres ingentem dotem, videlicet quinquaginta millia æris (*cinq cens escus*) habuisset. Nam ut potius legamus 50. paupertas ejus seculi indicat. Nota est prisca paupertas, & societas, & sedulitas, cui maxime studebant veteres. Et notandus est etiam locus Justin. *de injur.* ubi dicit in §. *pœna* : *Propter os fractum nummarias pœnas esse constitutas, ut in magna veterum paupertate*. Et ita etiam in *l*. 3. *de supellect. leg.* ubi quæritur, an supellectile legata debeantur vasa argentea, ait *hodie deberi* : sed olim vasa argentea propter prisci seculi severitatem, non erant in supellectile. Constat plerosque senatu motos, quod possidebant millia pondo argenti facti vel auri, Plutarchus in Syll. Gellius *l*. 2. *Valer. lib.*2. Verum ad rem. Servatur modus dotis legitimus, non tantum in constituenda dote, sed etiam cum matrimonium fuit sine dote in mul-

A ctando eo, ea ve, quæ divortio causam dedit. Nam infert ei, quem læsit, quadrantem dotis, vel donationi propter nuptias : non excedit modum dotis centum libræ pondo auri. Item hodie certæ sunt causæ justi repudii, quæ enumerantur in *l. consensu & l. ult.* C. *de repud.* nec licet alias adjicere. Ante Pandect. Florent. in *l*. 7. *de bon. damnat.* male legabatur, *exheredari liberos certis ex causis*, quia ante ejus Novell. non fuerunt certæ causæ. Olim certæ non fuerunt causæ repudii. Et notandum, quod ait *d. l. ult.* quod actio de moribus etiam minus olim frequentabatur, quod non est usquequaque verum. Nam hoc ita intelligendum est, minus fuisse frequentatam actionem de moribus agente viro, maxime ob mores graviores : Nam unusquisque malebat accusare criminaliter de adulterio, quam civiliter de moribus : qui eligit criminale judicium, consumit civile. Ita etiam hodie actio furti in duplum vel quadruplum, non frequentatur, quia extra ordinem criminaliter agitur, *l. interdum,* §. *qui furem, de furt.* Hodie omnia judicia sunt extraordinaria, quanquam, si quis vellet agere ordinarie, liceret, sed minus frequentatur jus legitimum : eligentes autem extraordinaria, ordinario decidimus, & ita quod hodie non sit actio furti in quadruplum, est ex jure : quod non appelletur, non est ex jure. Et quod hodie a pœna appelletur, videtur non esse ex jure, alioqui appellatur a lege. Nam pœna irrogatur lege, multa extra ordinem : a multa licet appellare, a pœna non licet ; hodie a pœna licet appellare, quia non est contra jus, quia omnis pœna est extraordinaria, vel arbitraria. Et simili modo, si dixeris, hodie nullum esse imperium merum, omne esse mixtum, etiam jus gladii tacite sequi magistratum. Imperium autem merum nominatim lege deferebatur, vel plenissimum, vel ex parte tantum, ut jus deportandi, non relegandi, vel jus gladii, non adjecto jure deportationis : sed hodie omne imperium est mixtum jurisdictione.

---

### Ad L. LXI. Soluto mat.

*Dotalem servum, vir in vita uxore manumisit : heres solus vir a liberto institutus hereditatis portionem, quam ut patronus consequi potuit ac debuit, restituere debet : alteram vero portionem dotis judicio ; si modo uxor manumittenti refragatur.*

JAm ad quæst. *l*. 61. vir non potest alienare fundum dotalem invita muliere ex *l. Jul. ex constit. Justin.* ne volente quidem muliere : lex vel constitutio loquitur de fundo, & facile trahitur ad domum, ut *l*. 12. tab. *de usucap.* fundi, trahitur etiam ad domum : *lex,* inquam, loquitur de fundo, de prædio, non de servo dotali : nam maritus quasi dominus constante matrimonio, si sit solvendo, potest manumittere servum dotalem, vel in testamento, vel inter vivos, & valet libertas etiam invita muliere, videlicet si maritus fuerit solvendo, & habendæ dotis fuerit idoneus, aut æstimationis dotis : sed si non fuerit solvendo maritus, & manumiserit servum dotalem, sane si in fraudem creditorum, ( videtur autem semper fraus intercessisse, si non est solvendo debitor ) non valet ipso jure libertas ex *l*. Æliæ Sentiæ. Sed si non manumiserit in fraudem creditorum, id est, ut ait *l. servus dotal. de manumiss.* Si alios creditores non habuerit, etiam ipso jure non valet libertas ex *l*. Julia, quæ vetat manumitti servum dotalem ab eo, qui solvendo non est. Nam quando maritus solvendo non est, dos statim debetur etiam constante matrimonio, *l. si const. in princip. hoc tit. l*. 3. C. *de jur. dot. l*. 1. & *ult.* C. *de ser. pign. dat. manum.* Nunc finge : maritus, qui erat solvendo constante matrimonio servum dotalem manumisit, rata est libertas, & habetur pro patrono, *l. instato,* §. 2. *de suis & legi.* valet etiamsi invita muliere facta fuit. Sed alia in re multum interest, volente an invita muliere manumiserit. Nam si volente & donante maritus servum dotalem manumiserit, valet donatio inter virum & uxorem, quia non locupletat maritum : Nam qui acquirit libertum, non videtur locuples fieri : si, inquam, ser-

servum dotalem manumiserit, non tenetur restituere, quod ad eum pervenit ex bonis liberti, sive pervenit jure patronatus, sive alio jure: quod ostenditur in *l. seq. & l. 53.* Quod si invita muliere manumiserit, valet quidem libertas, sed an restituere debet ea, quæ a liberto ad eum perveniunt? Finge: qui erat solvendo (quæ est species h.l.) servum dotalem manumisit invita muliere: libertus eum heredem ex asse instituit. Quæritur, an omnia bona liberti debeat restituere mulieri? Concludit Papinianus, restitui omnia debere, sed diverso actionis jure. Nam portionem bonorum liberti, quam ut patronus consequi potuit, id est, legitimam debitam patrono, quæ portio fuit semis bonorum, hodie est triens, hanc inquam portionem restituere tenetur uxori, qua invita manumisit. Qua actione? Conditione ex *l. Julia*, quæ dabitur etiam constante matrimonio. In *l. 65.* hæc actio, id est, conditio ex *l. Julia*, de qua tractant superiores leges: & ita in *l. filius, §.ult. ad l. Corn. de fals.* appellatur; conditio illa ex *l. Julia* datur etiam constante matrimonio, non est interpretandum de actione mandati, ut alii, aut negotiorum gestorum, aut actione de dote, sed de conditione ex lege Julia: & hoc exemplum addendum est *ad tit. de condict. ex lege.* Aliam vero portionem tenetur restituere uxori actione de dote: ergo soluto matrimonio, non constante: nec enim nascitur actio de dote constante matrimonio, nisi in casu *d. l. constante, in princip.* & in casu legis 1. *de repud.* quia ex dotis causa lucrum illud ad eum pervenit, & quia inviti nomen est ambiguum: Nam dicitur invitus, qui contradicit palam: vel invitus est, qui tacet, qui non consentit palam: nam taciturnitas aliquando imitatur consensum, aliquando dissensum, de qua re non potest certa regula constitui. Papin. in hac lege interpretatur invitam mulierem, si modo uxor manumittenti refragatur. Ergo in *hac lege*, invita est, quæ contradicit palam, alioqui pro consentiente habetur, quod evenit & in aliis casibus, *l. 1. C. de servo pignori dato*, adhibita *l. 1. C. de remiss. l. 2. §. voluntate, hoc tit. l. mand. l. 6. C. de nupt.* Non sunt justæ nuptiæ, quæ fiunt invito patre, id est, prohibente, contradicente. Nam si taceat, velle videtur, & in *l. 7. de sponsal.* Alias invitus est, qui non suffragatur, qui tacet, atque ideo taciturnitas imitatur dissensum, *l. invitus, de serv. urb. l. si eo jure, §. 1. de ritu nupt. l. 1. C. de thesaur. l. 10. & l. filiusfam. 9. §. invitus, de procurat.*

### Ad §. Papin. L. VII. Solut. matrim.

*Papin. lib. 11. quæstionum, divortio facto fructus dividi sit, non ex die locationis, sed habita ratione præcedentis temporis, quo mulier in matrimonio fuit: neque enim si vindemiæ tempore fundus in dotem datus sit, eumque vir ex Calend. Novemb. primis fruendum locaverit, mensis Januarii suprema die facta divortio, retinere virum, & vindemiæ fructus, & ejus anni, quo divortium factum est, quartam partem mercedis, æquum est: alioquin, si coactis vindemiis, altera die divortium intercedat, fructus integros retinebit. Itaque si fine mensis Januarii divortium fiat, & quatuor mensibus matrimonium steterit, vindemiæ fructus, & quarta portio mercedis instantis anni confundi debebunt, ut ex ea pecunia tertia portio viro relinquatur.*

Explicanda nobis est quæstio *l. 7. §. Papin. sol. matr.* de fructibus fundi dotalis pro ratione dividendis inter virum & uxorem soluto matrimonio, quæ est quæstio vexata ab omnibus interpretibus tam veteribus, quam novis: & a veteribus sane consultius, quam a novis: quam incipere necesse est ab hac juris definitione certissima. Fructus extremi anni, quo divortium factum est, dividi inter virum & uxorem pro rata temporis, quo eo anno matrimonio stetit: ut si eo in anno stetit mensibus quatuor, fructus dividuntur inter virum & uxorem pro triente & besse, trientem retinet vir petit maritus, bessem repetit uxor judicio dotis, quod sit quasi augmentum dotalis fundi: & annus incipit modo a die traditi fundi dotalis modo a die nuptiarum: annus incipit ex die traditi fundi dotalis, non ex die nuptiarum, non ex die promissionis, si traditio secuta sit nuptias, vel conventionem dotis: hoc enim casu annum non numerabo a die nuptiarum, sed a die traditi fundi dotalis, quando traditus est post nuptias, *l. 5. hoc tit.* In qua sciendum, ne quis erret, πρωὶν in verbo *constituere dotem*, bis facit mentionem in ea lege constitutæ dotis, sed in priore loco aliud significat constituta dos, in posteriore aliud: Nam in priori loco est dos dicta vel promissa. Et ita etiam videtur scripsisse Ulpianus in *d. l. 5. dotis dicta*, non *constituta*; non constituitur enim verbis, sed re, quia dictio dotis erat sublata: substituit Tribon. dotis constitutionem: posteriori autem loco dos constituta est, cujus possessio traditur, ut interpretatur etiam Ulpianus, dote constituta, id est, tradita possessione, quoniam id ante non eodem significatu dixerat: in jure semper constituitur dos traditione rei, non verbis, *l. si socius pro filia, pro soc. & aliis locis:* Si ergo dos sit tradita post nuptias, annus numeratur ex die traditionis: sed si ante nuptias, annus numeratur ex die nuptiarum. Nam fructus ante nuptias ex ea dote percepti augent dotem, & sunt restituendi mulieri, quasi pars dotis soluto matrimonio, *l. 6. hoc tit. l. videamus 38. §. ante matrimonium, de usur. l. dotis 2. §. 1. l. si servo in dotem, de jur. dot.* Et ita annus alias incipit ex die traditi fundi dotalis, alias ex die nuptiarum. Ex die traditionis incipit, si traditio fuit posterior matrimonio. Exempli gratia: si contractæ sunt nuptiæ Cal. Januar. & dos tradita est Cal. Decemb. divortium autem factum est pridie Cal. Januar. vel Cal. Januar. Maritus ex fructibus fundi dotalis retinebit tantum pro rata unius mensis, quia numerando annum a die traditæ dotis, uno tantum mense stetit matrimonium. Et hoc est certissimum. Verum additur exceptio hæc a quibusdam, nisi moram fecerit mulier in tradenda dote. Hoc enim casu inquiunt, ex mora annus computabitur, non ex dote tradita: quam sententiam improbo: quia in strictis judiciis, neque usuræ veniunt ex mora, neque fructus: moram creat interpellatio, conventio creditoris, etiamsi fiat extra jus judiciumve: hoc est certissimum. Ergo multo magis moram creat litis contestatio: hæc est certior mora, id est, interpellatio judicialis: sed & illa est mora. Dices, fateor non venire usuras ex mora in strictis judiciis, id est, extra interpellationem judicialem. Dubito an non veniant ex lite contestata: non abs re. Nam fuit hac de re controversia inter Sabinianos & Proculejanos. Procul. volebant nec venire usuras, nec fructus ex lite contest. Sabinianorum tamen sententia obtinuit, ut ex lite contestata in strictis judiciis veniant fructus tantum, non usuræ, non jure, sed æquitate, ut ait *l. videamus, §. si actionem, de usur. l. 8. de re jud. l. 2. C. de pet. hered.* Et fructus veniunt ex lite contestata, usuræ non veniunt, quia non ex rebus, quæ in judicium veniunt percipiuntur: sed ex obligatione civili percipiuntur, *l. usuræ 121. de verb. signif.* Stricto judicio dos debetur marito veluti ex stipulatione dotis: jure veteri ex dictione dotis, quæ erat solemnis obligatio, & præcipue recepta in dotium causa, & hodie ex pacto nudo, ex pollicitatione, ex quibus causis paratur actio stricta. Ergo in hanc actionem non veniunt fructus vel usuræ: nisi fructus post litem contestatam. Mulier autem repetit dotem judicio bonæ fidei, & in judicio bonæ fidei veniunt fructus etiam sine mora, *l. videamus, §. pen. de usur.* usuræ non veniunt nisi ex mora. Et hoc omne est retinendum memoriæ: nam sæpe fallimur, & usum habet quotidie, atque adeo debent esse nobis in numerato. His addendum est, superiori sententiæ de dividendis fructibus pro portione, ita demum locum esse, si divortium fiat bona gratia: nam si fiat culpa mariti, maritus tantum restituit ex fructibus fundi dotalis, quantum ex eo quadriennio redigitur, quod scripsit Ulpian. *de dotibus.* Non dividuntur ergo fructus extremi anni, cum retro quadriennii maritus ob culpam eos reddat ob mores. Quod si culpa uxoris fiat divortium, hodie retinet totam dotem, ergo & fructus dotis,

Sed ita demum superiori sententiae de rata fructuum locus est, si fundus dotalis fuit inaestimatus, qui proprie est dotalis, ut ait Justinianus in *l. unica*, §. *itaque*, C. *de rei uxor. act.* Nam si fundus fuit aestimatus, non est proprie dotalis sed emptus: aestimatio est quasi emptio, & quasi emptor maritus fundi aestimati sustinet dispendium, atque compendium, & periculum omne. Idcirco fructus ad eum pertinent jure perpetuo etiam post divortium, & liberatur pretio fundi dotalis, de quo convenit initio. Itaque quaestio hujus *l.* pertinet tantum ad fundum dotalem inaestimatum. Item superiori sententiae locus est cum hac exceptione, nisi convenerit inter virum & uxorem, ut extremi anni fructus, nondum percepti mulieris lucro cederent. Namque potestate conventionis omnes cedunt mulieri, quos non percepit maritus tempore divortii, *l. pen. de pact. dot.* Item superiori sententiae locus est divortio soluto matrimonio. Idemque erit morte mariti soluto matrimonio, quo casu reddenda est dos mulieri cum fructibus pro rata ejus temporis, quo stetit matrimonium, ab herede mariti, vel a socero, quod ostendit §. *interdum, hac lege*. Idem etiam erit morte mulieris soluto matrimonio, si dos fuit profectitia, quia reddenda est patri cum fructibus: similiter servata eadem ratione divisionis & temporis. Sed non idem erit, si dos est adventitia, & finiatur matrimonium morte mulieris: nam hoc casu dos remanet apud virum; ergo & dotis fructus qualescunque, & quocunque tempore percepti, *l. mulier, de condit: instit. l. 5. de bon. dam.* Cornutus in Persium etiam hoc probat his verbis: *Dos* (inquit) *a cive Romano data, non patrio dicta more, id est, non profectitia, si non divortium intervenerit post mortem mulieris, apud maritum remanet*. Probatur etiam superior sententia praeter hunc paragraphum, Papin. etiam *l. cum in fundo* 78. §. *divortia, de jur. dot.* quae etiam ususfr. dato in dotem, nominatim ait, fructus divortio facto dividi pro rata ejus anni, quo divortium factum est. Probatur etiam §. *sed movisti*. C. *de rei uxor. act.* ubi Thalelaeus hoc utitur exemplo, quod perquam depravate Latine Gentianus Hervetus reddidit. Exemplum tale est, Fundus dotalis post nuptias traditus est Calend. Sept. vel post traditionem fundi nuptiae contractae sunt Calend. Septemb. a die traditi fundi, vel a die nuptiarum, matrimonium stetit decennio, & undecimi anni mensibus 8. namque divortium factum fuit pridie Calend. Mart. anno undecimo. Omnes menses matrimonii sunt 128. quot retinebit maritus ex fructibus? proculdubio retinebit fructus decennii, quia tamdiu sustinuit onera matrimonii, & ex undecimo retinebit bessem, restituet mulieri trientem: ergo aequum est, ut fructus dotis percipiat pro rata ejus temporis: Quid est dos? Pensatio onerum matrimonii. Et ideo absolute a Martiano Capella dicitur *repensatrix*, & in hac provincia dos vocatur *versura*: nec alia est ratio repetitionis dotis constante matrimonio quam si maritus non sit solvendo, sit impar oneribus matrimonii ferundis, aut periculum sit ne fiat impar, *l. si constante, in princ. hoc tit. & l. servus dot. de manum.* Et ex eo beneficio *l. si constante*, non tantum est repetitio dotis, sed etiam petitio. Est repetitio adversus maritum manente matrimonio, si non sit solvendo, vergentem ad extremam egestatem, & propemodum profligatis rebus dotalibus: alioqui maritus non tenetur, nisi in id quod facere potest. Sane soluto matrimonio non tenetur, nisi in id quod facere potest, & multo minus manente matrimonio: sed hoc est, pro majori beneficio: est etiam vindicatio dotis, sive rerum dotalium per directam vindicationem, vel hypothecam adversus extraneos possessores etiam manente matrimonio, *l. ubi*, C. *de jure dot.* Et in eo magis apparet beneficium *l. si constante*. Sed pergamus & confirmemus adhuc magis superiorem sententiam, quae est veluti arx totius disputationis. Probatur etiam *l. etsi marito*, §. *ult. hoc tit.* Et ex d. §.

*ult.* potissimum intelligitur, analogiam illam fructuum augere dotem, id est, pro rata temporis, quo postremo anno mulier in matrimonio non fuit: unde sic definire licet : fructus percepti ante nuptias augent dotem: fructus etiam post nuptias augent dotem pro rata temporis, quo divertit. Postremo comprobatur a Paulo in Sentent. lib. 2. Sed quaeso videamus quibus verbis? ait fructus fundi dotalis constante matrimonio perceptos, lucro mariti cedere pro rata anni ejus, quo divortium factum est : hoc est certum in fructibus perceptis. Quod est certius, eo loci Paulus proposuit. Sed addere etiam oportet, habendam rationem fructuum pendentium extremo anno: non tantum veniunt in contributionem fructus percepti a marito, sed etiam pendentes, §. *inter*, *h. dot.* dum ait, *Pacto conveniri posse, ut fructus nondum percepti*, id est, *pendentes cedant lucro mulieris*. Detracto igitur tali pacto, fructus non omnes cedunt mulieri, sed dividuntur servata temporis ratione, quo extremo anno stetit matrimonium. Etiam notandum est illud, fructus, in hoc proposito, & alias semper intelligi in jure dotali impensis factis fructuum causa. Et eleganter dicitur in *l. fundus qui dot. fam. ercisc.* nullum casum intervenire, qui impediat hoc genus deductionis, vel compensationis, id est, nullo casu evenire, ut impensae fructuum gratia non compensentur: fructus sunt in lucro: non fiunt autem in lucro, quatenus conveniunt cum sumptuum quantitate: ergo non sunt fructus: nullus, inquit, casus intervenire potest, qui impediat hoc genus deductionis. Est tamen unus in *l. ult.* C. *de fund. rei privatae lib.* 11. Si quis emerit fundum rei privatae Principis insciens, sine dolo malo, nihilominus restituit fundum, non habita compensatione expensarum cum fructibus : restituit igitur fructus omnes sine deductione meliorationum. Ergo ut me recipiam ad id, quod inceperam dicere, cum dicimus, fructus esse dividendos, eos dicimus, qui supersunt deductis sumptibus : prius habenda est ratio sumptuum, deinde facienda eorum qui supersunt divisio : hoc refertur in initio hujus legis . Scaevola dicebat pertinere tam ad sumptus factos a muliere fructuum gratia ante nuptias, vel traditam dotem, quam ad sumptus factos a viro ante vel post nuptias. Nam uterque suorum sumptuum deductionem habet. Finge : mulier pridie vindemias fundum in dotem dedit, mox a marito collectis vindemiis divertit, atque ita uno tantum mense constitit matrimonium : fecerat mulier in colenda vinea sumptus, fecerat & maritus in colligenda vindemia: mulier impendit 4. vir 2. solidos, fructus vindemiae sunt 18. quid fiet? ante omnia ex fructibus deducet mulier quae impendit, vir autem 2. reliqua erunt 12. quae ita dividentur, ut mulier habeat 11. maritus unum duntaxat. Et hoc ita proponitur initio hujus legis, cum uno tantum mense stetit matrimonium. Quid si pluribus annis stetit matrimonium, & uxor, antequam fundum traderet, aliquid impenderit in ejus fundi culturam ? eadem ratio servabitur. Nam ante omnia soluto matrimonio, id est, antequam fiat divisio fructuum, implere mulieri sumptus debet: Et hoc est, quod ait initio *l.* 7. necesse esse primi anni computari tempus; id est, rationem haberi temporis primi anni, quod sit ante praedium datum, ratione scilicet impensarum quas mulier fecit, etiamsi plurimis annis matrimonium steterit. Nam vetustas temporis non potest mulieri adimere deductionem impensarum. Species hujus §. haec est, mulier tempore vindemiarum, id est, Cal. Octob. dedit vineam in dotem, mox maritus collegit vindemiam, & vineam locavit ex Cal. Novemb. & matrimonium solutum est suprema die Januarii, atque ita matrimonium stetit 4. mensibus tantum, numerando, ut oportet, a die traditi fundi: Quaeritur, quantum retinere maritus ex fructibus possit ? Et dubitatur, an possit integros vindemiae fructus retinere, quos sustulit, & pensionis, quia a die locationis matrimonium stetit tribus mensibus tantum, id est, quadrante anni, an inquam, ma-

maritus possit retinere integros fructus vindemiæ quos sustulit, & præterea quartam partem mercedis locationis, quia a die locationis stetit tres menses? sed ait, annum non computari a die locationis, sed a die traditi fundi. Atque ita computando, matrimonium stetit 4. mensibus, id est, triente anni. Ergo non debet retinere, nisi trientem fructuum. Qua de causa nos confundemus fructus, fructus scil. vindemiæ, & pensionis trium mensium, qui cesserunt: reliquorum mensium, qui non cesserunt, non confundemus. Et ita confusa vindemia, & mercis quarta, dabimus trientem marito, quia tertiam quoque partem anni cum uxore vixit: reliquum restituet mulieri. Et hoc ostendit ab absurdo, ut refellat eos, qui contrarium sentiebant, & dicebant, maritum retenturum fructus vindemiæ, cum non debeat retinere, nisi trientem vindemiæ, & trientem quadrantis pensionis confundi cum vindemia: Nam si maritus non locaverit vineam, sed legerit tantum vindemiam, & altera die divortium fecerit mulier, integros an retinebit fructus? minime. Eadem absurditas intervenit si locaverit, si non toto anno, sed quatuor mensibus stetit matrimonium. Verba sunt planissima, sed fundanda, & confirmanda sunt: exponenda nunc sunt ea, quæ diximus, diligentius. Mulier pendente vindemia fundum in dotem dedit Calen. Octob. mox lecta uva, sublata vindemia, maritus eundem fundum locavit ex Cal. Novemb. ejusdem anni, & divortium est factum suprema die mensis Januarii, pridie Cal. Feb. atque ita matrimonium stetit 4. mensib. Quæritur quemadmodum *fructus ejus anni sunt dividendi inter virum & uxorem?* Et quia matrimonium stetit 4. mensibus, ex sententia Papin. maritus retinebit tertiam partem ex mercede quæ cesserat & debebatur tempore divortii, id est, ex quarta parte mercedis, æque maritus retinebit tertiam partem. Separatim igitur ex vindemia retinet tertiam partem, ex quarta parte mercedis etiam tertiam partem, vel confusa vindemia cum quarta mercedis parte, retinebit tertiam partem. Consulantur Mathematici: respondebunt, nihil esse æquius distributione Papiniani. Cum verba sunt clara, quid jurgamur? Cur in inquirenda ratione sententiæ, quam verba præferunt, non laboramus? Eam distributionem defendit Joan. Buteo adversus Accurs. & Alciatum, secundum Papin. proportionem Geometricam, quæ servatur in distributionibus. Arithmetica servatur in commutationibus, quam tamen Geomet. scilicet non servat Franc. Accurs. cum scribit contra Papin. verba manifestissima. Proportio Arithmetica est, cum est idem excessus, ut idem est excessus 3. ad 4. qui 2. ad 1. nam utrobique major numerus exuperat uno. Geometrica est cum non est idem excessus, sed eadem ratio proportionis, ut eadem est ratio 8. ad 4. quæ 16 ad 8. nempe dupla: nam in 8. insunt bis 4. & in 16. insunt bis 8. Denique eadem est proportio octo ad 4. quæ ad 16. Servatur & proportio hæc, cum maritus extremo anno innupta fuit mensibus octo, nupta quatuor. Sic ex vindemia, quæ est 24. marito relinquuntur 8. mulieri 16. quæ est eadem proportio, quæ in iisdem mensibus, quibus vel nupta fuit vel innupta, in distribuenda vindemia. Et similiter ex quarta parte mercedis locato fundo 12. (puta) marito relinqueretur unum, id est, tertia pars quartæ partis, mulieri duo, quæ est eadem proportio. At videamus quæ objiciuntur sententiæ Papiniani. Hic vult, in divisionem venire portionem mercedis tantum, id est, quartam partem mercedis, quæ cesserat, & debebatur tempore divortii. Si maritus fundum locaverit 12. vult dividi 3. nummos, ita ut maritus unum habeat duntaxat, mulier 2. Contra in §. *seq.* e contrario, *& §. item si messis*, ostenditur, totam mercedem in contributionem venire, & divisionem fieri pro rata temporis, quo matrimonium stetit: ergo pro rata quatuor mensium, etsi locatio non cœpit a primo mense, sed secundo: debuit igitur in divisionem venire non quarta pars mercedis, sed tertia, id est, quarta nummi. Nam non spectamus, quid tempore divortii debebatur, sed quid debebitur, ut recte Florent. scriptum est in §. *e contrario*. Recte & hoc, ut planius intelligamus,

Tom. IV.

A sciendum est, in divisionem venire non tantum fructus perceptos, vel pensiones locationum, quas maritus accepit, quæ pro fructibus accipiuntur semper in jure, sed & pendentes, stantes & omnem omnino spem futurorum fructuum, futurarumque pensionum habita ratione proportionis anni, quo divortium factum est. Qua de causa mulier, cui redditur fundus stantibus fructibus, cavere solet ex fructibus, quos perceptura est, redditum iri marito pro portione matrimonii temporis, §. *interdum*, h. l. & præterea solet eum indemnem præstare adversus conductorem, cui maritus forte locavit in longum tempus: & e contrario maritus cavet quidquid acceperit, consecutusque fuerit ex mercede, id se redditurum mulieri pro portione ejus temporis, quo divortium factum est, l. *filiofam*. §. *ult. hoc sit*. Et apertissime in §. *non solum*, h. l. ait, haberi rationem fructuum, non tantum temporis, quo percipiuntur, sed etiam totius temporis quo servantur. Igitur spem etiam in divisionem venire nondum perceptorum fructuum pro rata temporis, quo mulier in matrimonio fuit, & quo fundus dotalis fuit. Et idem etiam ostendit §. qui sequitur, *& §. item si mess*. Species est: Mulier sublatis vindemiis statim fundum dedit in dotem, puta Calend. Octobr. & vir eundem fundum locavit Calend. Mart. & divortium subsecutum est Calend. April. atque ita a locatione stetit matrimonium uno mense tantum, a traditione fundi dot. sex mensibus: an dicemus a locatione pensiones locationis ita dividi, ut maritus tantum habeat duodecimam partem pro rata unius mensis, qui cucurrit a locatione? minime: quandoquidem etiam ratio habenda est præteriti temporis, quo mulier in matrimonio fuit, quo & dotale prædium fuit. Igitur ex mercede, vel ex specie futuræ mercedis ejus anni, maritus retinebit aut repetet dimidiam partem: quod aperte ostenditur in §. *e contrario*. Et inde colligimus tria. Primum est, fructus vindemiæ captos a muliere ante traditum fundum dotalem, non venire in divisionem, sed lucro mulieris cedere, quia capti sunt ex fundo nondum facto dotali: quod ostenditur etiam in §. *item si mess. in fine*. Item colligo ex specie §. *e contrario*, non ex die locationis, quasi novum annum incipere, sed unum esse annum matrimonii, eumque incipere a die traditi fundi, si traditus sit post nuptias, vel a die nuptiarum, si traditus fuit ante nuptias, l. 5. *& 6. sup*. Tertio intelligimus ex eo in divisionem venire non tantum mercedem unius mensis, quæ debebatur tempore divortii, sed & spem futuræ mercedis, quæ debebatur pro portione anni, quo matrimonium stetit. Quæ tria etiam licet colligere ex §. *item si mess.* quem nescio an quis explicaverit bene. Verba §. *item si messis*, angusta sunt nimis, & maxime pressa, ut putem hæc omnia esse relata ex Papin. ad Ulpian. usque ad §. *ob donat*. Græci eum paragraphum non intellexerunt, imo etiam corruperunt legentes, *menses & mensium*, pro *messes & messium*. Verum ut intelligatur, sciendum est in hoc §. 1. & in tota hac lege, fundum non esse vineam simpliciter, sed arbustum, quod fert & messes & vindemias, & poma, & nuces, ut in Italia unus fundus habet hæc omnia. Species est: Mulier perceptis ante vindemiis (ut posuimus ante) statim fundum dedit in dotem Calend. Octobr. & vir eum locavit ex Calend. Mart. sub hac lege, ut conductorem sequerentur tam messes, quam vindemiæ. Potest varie species hujus §. sed hoc modo convenientius: Adde, matrimonium stetisse mensibus decem a die traditionis, atque ita matrimonium solutum fuisse mense Augusto: post messes igitur & ante vindemias maritum percepisse mercedem messium, uxorem percepturam mercedem vindemiarum: quæro quomodo fiet divisio horum fructuum? Et hoc significatur in §. *item si mess.* ex mercede messium, quam maritus percepit, mulierem habituram sextantem, quia sexta tantum parte ejus anni innupta fuit: ex mercede autem vindemiarum, quam mulier perceptura est, marito præstabit dextantem, atque ita fit computatio a die traditionis, non a die lo-

T catio-

cationis; & vindemiæ perceptæ à muliere antequam nuberet, non veniunt in divisionem; & spes futuræ vindemiæ venit in divisionem pro portione anni sive mercedis pro vindemia. Et id est quod ait *d. §. cum spe futuræ
vindemiæ*. Cyrillus ita interpretatur hunc §. *Si,* inquit,
*post messes, & ante vindemias dirimatur matrim. & ergo
(maritus sc.) mulieri rationem reddet messium, & ipsa mihi
rationem vindemiarum*. Valde fuit necesse hæc explicare,
sed quod incepimus absolvamus, *i. e.* objectionem. Cur
in specie §. *Papin.* in computationem non venit spes futuræ mercedis pro rata temporis, quo matrimonium stetit? Cur venit tantum in computationem quarta portio
mercedis? quis non dixerit hoc pugnare cum iis, quæ sequuntur? *Resp.* In computationem venit spes futuræ
mercedis pro modo temporis, quo stetit matrim. si post
traditionem vel post nuptias nulli alii fructus fuerint;
puta, quod mulier vindemiarit fundum antequam traderet, vel nuberet: Nam si fuerit fructus aliquis ante locationem, & ante nuptias, vel traditionem, ut in specie §. *Papin.* hoc casu non est æquum, ut omnis spes
futuræ mercedis veniat in contributionem, sed id tantum, quod a locatione in diem divortii ex causa locationis debeatur. Est & aliud, quod objiciatur Papiniano. Extremi anni fructus tantum veniunt in contributionem, *l.* 5. & 6. *h. tit. l. pen. de pact. dot.* Et videtur Papinianus etiam dividere fructus penultimi anni, id est, fructus vindemiæ. Nam fructus vindemiæ videntur esse penult. anni, mercedes ultimi tantum: cur servat analogiam etiam in penultimo anno, cum tamen servetur in
ultimo tantum? Hac ratione moti aliqui, quos Papinianus refutat, dixerunt, maritum integros fructus vindemiæ lucrari, & mercedis partem quartam, cum a locatione anni quarta parte steterit matrimonium. Cur dicebant fructus penultimi anni in computationem non
venire? quia ea analogia non servatur, nisi in ultimo anno. Cur dicebant eum lucrari quartam partem mercedis? quia ultimus annus incipit a die locationis, & eo
anno ultimo matrimonium stetit mensibus tri-
bus, id est, quarta parte anni. Sed hos dum refellit Papin.
satis ostendit, non esse constituendos duos annos, sed
unum tantum. Incipit enim annus a die traditi fundi seu
nuptiarum. Ergo eadem die desinit, nec unus annus scindi potest in duos: si annum computas a collectis vindemiis, qui sunt plerumque ultimi fructus, ut solent computare quidam; si ita computas annum a collectione
frugum, duo sunt anni: priori finem dant vindemiæ, posteriori initium dat locatio: sed male computas. Nam
ut proposuit ante *l.* 5. & 6. annus est computandus ex
die nuptiarum seu traditionis, non ex die conventæ dotis, non ex die locationis, quæ est posterior traditione
fundi dotalis: & ideo (quod notandum maxime) si is
annus, qui incipit ab eo die, id est, traditione fundi, expea-
tur in matrimonio, etiamsi maritus bis perceperit vindemiam, omnes fructus lucrabitur. Fieri potest, ut statim post traditum fundum colligat vindemias, & ut eodem die, vel postridie ejusdem anni colligat etiam vindemias, moxque discedat ab uxore: & si bis perceperit
vindemiam eo anno, omnes fructus lucrabitur, quia totius ejus anni onera matrimonii substinuit. Papinian. ait
confundi fructus vindemiæ cum quarta parte mercedis: quod demonstrat non tantum vindemiæ & locationis confundi fructus, sed etiam annos, quia videbantur
duo, & cogi in unum; Itaque si anno, antequam fuerit
dissidium inter conjuges, bis collegerit vindemiam, dicet utramque vindemiam esse unius anni, quia non
duos, sed unum facio annum. Annus varie computatur
pro materia subjecta, & vulgo hodie etiam alii a Cal.
Mart. alii alio modo incipiunt annum. Et notanda est
valde ratio, qua utitur Papinianus adversus eos, qui
contrarium sentiebant: sic argumentatur. Si annus ultimus computatur post collectionem fructuum a die locationis, id est a Calend. Novemb. computabitur ergo
etiam ab eo die non facta locatione, quia post vindemias
desinit annus penultimus, & incipit ultimus, & conse-

quenter, vindemiæ fructus integri pertinebunt ad maritum, etiam postera die quam collegit vindemiam, solutum sit matrimonium, atque steterit paucis diebus.
Hoc inquit, est absurdum, nec ulli hoc admitterent;
ergo nec illud. Erat tamen tolerabilior eorum sententia, quam sit novorum interpretum: quandoquidem volebant illi, quos refellit Papin. non servari proportionem in fructibus vindemiæ, quasi isti fructus anni penultimi: & eos integros igitur pertinere ad virum,
& servari tantum in fructibus ultimi anni, qui incipit a fructuum collectione. Sed peccant dupliciter:
primum, quod constituunt duos annos; deinde quod
inducunt eandem proportionem in penultimo & ultimo, quæ inducitur tantum in ultimo. Aut ergo vehementer fallor, aut nemo est, qui non intellexerit, quod diximus heri de distribuendis fructibus pro
rata ejus anni quo factum est divortium. Itaque non
est quod diutius immorer in re tam perspicua, &
refellendis aliorum opinionibus, & ut cum Aristotele dicamus, stultum est, stultas opiniones nimis anxie speculari. Igitur duo tantum nunc adnotabo. Primum quæ in hac l. 7. subjiciuntur de eadem quæstione, quæ nondum attigi deinde exponam, &
eadem ratio proportionis servetur inter fructuarium
& proprietarium finito vel amisso usufructu, & inter
alias quasdam personas, de quibus inferius. Quæ hactenus diximus, de fundis sunt, quia ferunt fructus
quotannis. Sed sunt quidam fundi irrigui, in quibus
fructus crescunt uberrimi, qui bis ferunt fructus in an-
no, horum fundorum fructus non dicemus dividi pro rata anni, quo divortium
factum est, sed pro rata sex mensium, §. *quod in anno
h. l.* contra sunt fundi quidam, qui non ferunt quotannis,
sed post plures annos, puta qui ferunt quinquennio
quoque, veluti sylvæ cædue, quæ non solebant olim
cædi, nisi in quinquennium, hodie in quadriennium,
*l. ult. C. de servit. l. cum manum.* 80. §. *sylva, de cont. empt.*
Sylvæ igitur cædue fructus non dicam dividi pro rata
unius anni, sed pro rata quinquennii: quod etiam ostenditur in *d.* §. *quod in anno,* & si sit novalis ager, idest,
qui alternis annis, qui uno anno cesset, & quasi requie-
scat, quod dixero vervactum & νεαινόν, cui opponitur
terra cruda, vel etiam est, quæ nondum est præcisa aratione,
*en friche* Novali etiam opponitur restibilis ager, qui
fert quotannis, qui nunquam cessat, vel etiam, qui se-
ritur biennio continuo spico aristato: qua de causa patresfam. solent excipere in locatione, ne biennio continuo ager seratur spico aristato, sed potest feri quotannis
uno sarceo spico, altero leguminibus: Si igitur dotalis
fundus novalis fuerit, hoc est, si ferat biennio quoquo
duntaxat, non dices etiam dividi fructus pro rata anni,
sed pro rata biennii. Eadem est ratio sylvæ cædue &
novalis agri: nam ut in sylva cædua spectas quinquennium,
ita in novali spectas biennium. Etiam illud adnota-
dum est ex §. *non sol. inf.* in fructu esse non tantum messes, & vindemias, de quibus supra, aut pensiones prædiorum rusticorum, sed in fructu etiam esse lanam ovium,
in fructu esse fœtus pecorum, operas servorum, & ut
additur in extremo hujus §. pensiones prædiorum urbanorum eadem ratione dividantur: Dubitabatur magis,
an pensiones essent in fructu urbanorum prædiorum, &
ob id in *l.* 36. *prædior. de usur.* omnino accipiuntur pro
fructibus. Cur dubitatur de pensionibus urbanorum prædiorum? quia, naturaliter urbana prædia non ferunt fructus: & ita in *l. ancillarum* 37. *l. mercedes, de petit. hered.* cum dixisset in *l. ancillarum,* pensiones prædiorum
urbanorum venire in hereditatis petitionem, subjecit
in *l. mercedes,* mercedes a colono acceptas, hoc est, pensiones prædiorum rusticorum locum fructuum obtinere plane, hoc est, absque dubio. De arboribus quærebatur, an essent in fructu, & ideo, an cederent lucro
mariti pro rata temporis, quo mulier in matrimonio
fuisset? nec potest generaliter constitui, eas esse in fructu. Nam si sit sylva data in dotem, distinguendum est:
Aut

Aut est sylva cædua, aut incædua, hoc est, non cædua. Si sit sylva incædua, & maritus deciderit arbores ex ea sylva, deteriorem fecit fundum dotalem: glandem legere potest, arbores decidere non potest, sicut nec fructuarius. Imo vero, si vi ventorum dejectæ fuerint, non sunt lucro mariti, sed arbores sylvæ cæduæ sunt in fructu, non inciduæ arbores, gremiales sunt in fructu: alii cremiales indifferenter: quidam gremiales dictas putant, quod legantur in gremium. Ideoque in Basil. pro arbore gremiali, ἀεὶ ἐν ἐγκαλίαις φερόμενα. Estque illud verbum valde depravatum lib. 7. Halicarn. cum loquitur de filiis Coriolani, quorum unus, inquit, fuit annorum 10. alter fuit ὑπεραχαλός, sed legendum est ὑπεγχαλός, qui nondum poterat incedere. Etiam illud est notandum, quod proponitur in §. *si vir*, argentifodinas, aurifod. arenæ vel aluminis, vel cretæ fodinas esse omnia in fructu, subjici ea calculo, seu distributioni: de lapidicinis dubitat. Et ideo distinguit Papin. nam si lapis solet crescere, lapidicinæ sanæ sunt in fructu: sed si non soleat crescere, si inveniatur marmor in fundo dotali, & excidatur a viro, fit quidem viri quasi fructus, sed tamen non est in fructu, quia fundum fructuosiorem non facit, cum non soleat crescere, nec possit exscindi plusquam semel uno in loco: ideoque impensam in eo marmore cædendo non potest maritus repetere, repetet impensas necessarias, & utiles, sed non impensas factas in eo marmore cædendo: quia in ea cæsura fundum fructuosiorem non facit, *l. ult. de pact. dotal. l. si ex lapid. de jure dot.* Qua de causa ego docui in d. §. *si vir*, esse legendum, *lapidicinas marmoreas invenit*, nec fundum fructuosiorem reddiderit. Nunc transeamus ad alterum. Quæro, quæ ratio dividendorum fructuum servatur inter virum & uxorem, an ea etiam servetur inter fructuarium & proprietarium? Et, ut jam aperui, eadem sane ratio videtur observanda, quam sententiam introduxit in feudis. Nam omnium opinio hæc est, & res est dignissima cognitu, ut finito usufr. vel amisso fructus percepti cedant fructuario, fructus pendentes cedant proprietario, & est iniquissima opinio, quod facile persuadebo. Sic igitur statuo: fructus dividi inter proprietarium & fructuarium pro rata ejus anni, quo finitus est usufr. *l. si operas 16. de ususfr. l. 5. §. ult. si ususfr. pet.* Et hoc generaliter constitui volo, sive sint percepti fructus, sive pendentes, ut dividantur pro rata, & sive percepti exstent, sive consumpti sint, & sive percepti sint a fructuario, vel nomine fructuarii quos solos sibi acquirit, vel alius ejus nomine, §. *is ad quem*, *Inst. de rer. divis.* quæ servatur etiam in colono. Nam fructus, quos alius percipit & separat a solo, non nomine fructuarii, vel fructus qui sua sponte decidunt, non acquiruntur fructuario antequam eos apprehenderit. Et hac in re distat tantum fructuarius a domino; ergo & a marito, & a bonæ fidei possessore, ab emphyteuticario, quia ii fructus suos faciunt, quoquo modo terra separati sint, si modo eos apprehenderit, *l. qui scit*, §. *pen. de usufr. l. si fructus, quib. mod. ususfr. amit. l. 12. §. ult. de usuf.* Ergo tempore finito usufructu, sive fructus pendeant, sive sint consumpti, dividendi sunt proportione anni, quo ususfructus extinctus fuit: nec est, cur nova ratio distributionis inducatur a fructuario. Et summa iniquitas est, perceptos fructus omnes relinquere fructuario, & pendentes pertinere ad proprietarium: aut certe distributio hæc non est. Contra hanc opinionem nostram duo objiciuntur: fructus pendentes finito ususfructus tempore acquiruntur domino: ergo non veniunt in divisionem. Est tota vitiosa collectio. Nam & fructus pendentes divortio facto, mulieris loco, & tamen eorum mulier rationem reddit viro, & deducuntur in divisionem: & similiter fructus pendentes capti ususfructus tempore, sunt fructuarii, *l. si pendentes, de usuf.* & tamen, si paulo post extinguatur ususfructus, quam cepit, debetur ex eis fructibus portio fructuario proprietario: dominium non impedit divisionem pro rata, & in partitionis rationem veniunt. Et similiter bonæ fidei possessor facit fructus suos, quos curavit & percepit bona fide: verum domino vindicante

*Tom. IV.*

A rem, eos fructus bonæ fidei possessor facit suos, qui bona fide consumpti sunt: si extent, tenetur restituere domino, non minus quam pendentes, *l. certum, C. de rei vind.* Et nihil est frequentius, quam ut cogamur rem, quæ nostra est, vel communicare aut contribuere. Objicitur *l. defuncta, ff. de usufr.* Cur vero errorem hunc creavit ista lex sola? quia nescierunt speciem ejus legis. Species est: Fructuarius locavit fundum ex Kal. Mart. eademque die pensionem sibi solvi curavit, & mortuus est mense Decembri, atque ita finitus est ususfructus morte fructuarii decimo mense a locatione, quo tempore conductor collegerat omnes fructus ejus fundi. Quæritur, utrum pensio sit dividenda inter proprietarium, & fructuarium pro rata anni, an heredi fructuarii pensionem debeatur integra? Et ait, heredi fructuarii pensionem esse

B solvendam integram Kal. Mart. quia eo die pensionem solvi convenerat. Non fit igitur distributio similis inter fructuarium & proprietarium, sed non absque ratione. Falluntur in computatione anni, quo ususfructus constitit; computandus non est a die locationis, sed a die constituti usufr. & ponendum constitutum fuisse a Kal. Jan. locatum Kal. Mart. durasse igitur usufr. annum integrum, unde non mirum, si pensio integra debeatur heredi fructuarii: nihil igitur ex ea pensione est habiturus proprietarius. Ego introduxi hanc sententiam, nec potui probare statim, sed casus fecit, ut probarem. Erat quidam fructuarius sylvæ cæduæ, cui scil. fuerat constitutus usufr. statim post cæsuram: non erat igitur fructum ex eo fundo laturus ante quinquennium: quid

C accidit? mortuus est: finge tertio aut quarto anno, antequam venisset dies cæsuræ, an fuit inutilis ususfructus? Dices inutilem fuisse? non certe ullo auctore. In hac specie prudentissimus Senatus ita judicavit: fructus pendentes esse dividendos inter fructuarium & proprietarium: an sequimur eam rationem in aliis personis? Finge: Colonus vel emphyteuticarius, vel etiam libellarius fundi possessor in feudis, aut precarius, qua canonem sive pensionem non solvit, fundus committitur, quem eo jure possidet, id est, redit ad dominum: Nam in omnibus his negotiis est locus constitutis ob non solutam pensionem, hoc est, redit ad dominum ipso jure commisso fundo: quemadmodum dividuntur fructus pro rata temporis, quo ea jura constiterint in eadem persona ut constat ex libro 4. *Feud. tit. de fructibus feudi.* Ante nostram divisionem olim in libris valde male

D dividebantur. Magna est quæstio in eo titulo, quemadmodum dividendi sunt fructus inter dominum & vassallum, fundo commisso & aperto: committitur feudum propter infidelitatem: aperitur propter inopiam filiorum masculini generis, defuncto scilicet cliente sine herede masculo: nam feuda plerumque non sequuntur feminas; possunt tamen quædam esse feuda muliebria. Igitur in eo titulo referuntur quorumdam opiniones, nec adfertur tamen ulla, quæ accedat ad distributionem Papiniani, qua nulla est æquior.

---

*Ad L. V. Rerum amot.*

*Viva quoque filia, quod ad patrem ex rebus amotis*
E *pervenit, utili judicio petendum est.*

PRimum quidem, quid sit actio rerum amotarum indicabo, quod nescio, an factum sit ab aliquo liquido. Actio rerum amotarum est, quæ datur in solidum, & statim divortio facto in eum eamve, qui maritus, quæve uxor fuit, de rebus, quas conjugi amovit divortii causa, id est, cogitatione divortii, quod versabatur in animo, & fecit, vel etiam de rebus, quas nihil dum cogitans de divortio amovit, & divortens postea celavit, atque suppressit. Nam hæ res sunt earum loco, quas divortii causa amovit, licet non eo consilio attigerit eas initio *l. 17. §. 1. h. tit.* Competit etiam marito vel uxori, cui res subtractæ sunt, & cui furtum factum est, earum

rum rerum nomine vindicatio, vel ad exhibendum actio *l. 34. hoc tit.* nam ut rei furtivæ non tantum vindicatio, sed etiam conditio est: ita & rei amotæ, quia revera quæ amota dicitur, furtiva est: res furtiva non usucapitur a bonæ fidei possessore, nec res amota usucapi potest ex lege 12. tab. *l. pen. hoc tit.* nihil refert quo utaris verbo: res est eadem, jus idem in utroque, & actio rerum amotarum conditio est, *l. 16. hoc tit.* similis scil. conditioni rerum furtivarum, imo eadem: hæc honestior, si verba spectes: in *d. l. 16. rerum,* inquit, *amotarum actio conditio est*: nihil est præterea, hoc est, formula ejus hæc sc. si paret dari oportere. Male Accursius, *rerum amotarum conditio est,* hoc est, *in personam*: Nam non omnis actio personalis conditio est, ut actio depositi, quæ non dari, sed reddi oportere intenditur, & in *l. si quis inficiatus,* §. *ult. depos.* nemo hoc ipso, quod depositum suscepit, conditione obligatus est, sed si depositum abjuret, conditione obligatur eo casu solo. Inficiator depositi proximus est furi, & quicumque sunt furibus proximi, conditionibus obligantur, qua quidem actione magis oneratur, quam vindicatione. Utraque in eos est actio, sed conditione durior, quia scil. in conditione indistincte fit condemnatio, sive res sit in rebus humanis, sive non, & sive fuerit interitura æque apud dominum, sive non. Hæc distinctio non observatur in conditione rerum amotarum, rerum furtivarum, non in actione quod metus causa, non in interdicto unde vi, quod vi aut clam, quæ descendunt ex delicto, *l. si cum exceptione,* §. *quatenus, quod met. caus.* quæ tamen distinctio observatur in vindicatione: Nam si res interierit sine culpa possessoris, quia æque erat interitura apud dominum, possessor absolvitur. Merito ait Justin. *odio furum comparatam esse conditionem,* contra regulam quæ vult, *ut nemo rem suam condicat*, quia gravior est actio, quam vindicatio, vel exhibitoria actio: ergo rebus amotis ex bonis mariti, vel uxoris divortii causa, marito vel uxori, cui furtum factum est, ut apertius loquamur, ut quod in re ipsa est, exprimamus. Plane hæc vindicatio rei suæ, & conditio competit, non quasi rei furtivæ: debet enim cum ea, quæ uxor fuit, vel cum eo, qui maritus fuit, honestioribus viribus configere, sed quasi rei amotæ. Fit etiam eo nomine compensatio, si quid mulier amoverit ex dote, vel ex fructibus quos maritus post divortium percepit, quos constat ad mulierem pertinere pro rata temporis, quo nupta fuit, *l. 7. §. ob donat. sol. matrim. l. 1. C. hoc tit.* ita etiam mutua compensatio fit nonnunquam si vir & uxor invicem agant de rebus amotis, ut in actione de moribus, sicut diximus ad *l. viro, sol. matrim.* In hac actione mutua delicta pari compensatione tolluntur. In delictis mores numeramus, *l. 7. hoc tit.* Dixi initio rerum amotarum actionem dari in solidum, & statim divortio facto dari in solidum ad differentiam, πρὸς ἀντιδιαστολὴν, actionis de dote, quæ datur in id, quod maritus facere potest, inopia prodest marito ne damnetur in solidum, quæ nihil prodest in judicio rerum amotarum, *l. 21. hoc tit.* Dixi statim divortio facto, ad differentiam actionis de dote, quæ non repetitur statim, si pondere, numero constat, vel in aliqua re mobili, sed repetitur annua, bima, trima die. Et hæc differentia monstratur in *d. l. 21. §. rerum, hoc tit.* Actio de dote non repræsentat dotem, sed dividit præstationem dotis in annum expletum, in pensiones tres. Præterea observandum ex definitione quam supra attulimus, hanc actionem rerum amotarum dari de rebus amotis divortii causa, hoc est, meditatione futuri divortii. Quid dicemus, si quid amoverit alter alteri mortis causa, qua constat solvi matrimonium? Finge, marito decumbente & eo occumbente, mulier desperans de vita mariti, omnem pecuniam subripuit; an tenebitur heredibus mariti conditione rerum amotarum? Denique, quæ amovit aliquid de bonis mariti mortis causa, an tenebitur hoc judicio? constat hanc actionem dari heredibus *d. l. 21. §. pen.* Et Accurs. scribit, etiam dari utilem actionem rerum amotarum, de rebus amotis mortis causa,

nisi fallor in *l. 22. §. ultim. hoc tit.* & perperam Hervetus fecit, ut scriberet Theodorus ad *l. 2. C. rev. amot.* mortis causa dari hanc actionem, nam hoc est falsissimum, vel directam, vel utilem competere ob res amotas mortis causa. Proinde sic statuo, ob eas res, neque directa, neque utilis est actio, sive conditio rerum amotarum. Hoc comprobat aperte *l. 21. in pr. hoc tit.* Mulier amovit res mariti, mortis causa desperans de ejus vita, ac sibi persuadens, se quamprimum solam fore sine marito, neque tamen mortuus est maritus: post divertit mulier: an earum rerum nomine tenebitur actione rerum amotarum? ait eam teneri utili actione? quod placet admodum: nam cur non directa tenetur? quia amovit mortis causa: cur tenetur utili? quia tempore divortii postea subsecuti, res celavit, quas amoverat initio mortis causa. Confirmatur hæc sententia *l. q. §. ult. & l. 22. §. ult. hoc tit.* Mulier res amovit mortis causa & morte mariti solutum est matrimonium: quæ actio dabitur heredibus earum rerum nomine? petitio hereditatis muliere eas res possidente pro herede, vel possessore, vel actio ad exhibendum. Nullam aliam dat actionem: non dat rerum amotarum: dum aliam dat, hanc denegat. Ergo de rebus amotis mortis causa hæc actio non datur: nihil verius: sed explicanda ratio diversitatis, cur de rebus amotis divortii causa sit hæc actio, de rebus amotis mortis causa non datur. Nullam tamen utroque genere finiatur matrimonium. Quæ divortii causa res amovit, id mala mente fecit ut noceret marito, id fecit in fraudem mariti, hoc est, inimica, ut duobus locis in libris nostris, quæ divertit: vel repudiata dicitur, *l. cum in fund. 78. §. divortio, de jur. dot. l. Cicero 29. de pænis.* In qua ait, *usque adeo fuisse inimicam, &c.* Ergo cum res divortii causa amovit, furandi habuit animum, quæ voluit intervertere rerum suarum possess. & fuit, cui furtum faceret, maritus superstes: sed cum amovit mortis causa, non fecit furtum. Illud. n. non fit, nisi sit, cui fiat, non fecit marito furtum decumbenti, vel occumbenti, ac propemodum mortuo, neque ei auferre voluit, quem habebat pro mortuo, quia non videtur fuisse maritus, nec ipsa animum furandi habuit, non fecit furtum heredi nondum heredi: non fecit furtum hereditati nondum hereditati, quia & hereditati post mortem mariti furtum non faceret. Et hoc est, quod dicitur, hereditati furtum non fieri: hereditas est, quæ jacet, substantia defuncti, nondum adita, id est, jus universum, quod in ea substantia habuit defunctus: nam hereditatis vocabulum juris est, non corporis: furtum fit soli possessori: & nihil est aliud furtum, & (ut rem velis paucis stringere, quam possessionis interversio: hereditas autem interim dum jacet, habetur quidem pro domina, sed non pro possessore. Possessio vacat, quia possessio est facti & animi, in *l. 1. §. Scævola, si is, qui test. lib. esse juss.* Hereditas autem est inanima & incorporalis: quod facit corpus est, hereditas non est corpus, ergo non facit: est etiam animi, sed hereditas inanima est, ergo nec facto, nec animo hereditatem apprehendere & retinere potest: non est autem actio rerum amotarum, nisi cum furtum factum est. Nam ea actio conditionis rerum furtivarum similis est: imo est conditio rerum furtivarum, si verum amamus: sed non dicitur tamen conditio rerum furtivarum, sed amotarum honestiori ratione, propter pudorem transacti matrimonii, ut ait *l. ultim. C. de furt.* propter honorem matrimonii, ut ait *l. 2. hoc tit.* non dicetur mulier furtum fecisse: nulla est in jure actio temperatior sive modestior. Solent Jurisconsulti rem verbis temperare, & furtum non semper vocant furtum: quorum exemplis patroni in foro & omni negotio modestioribus verbis utuntur nisi rejici velint: multa alia restant, quæ pertinent ad definitionem superiorem. Dictum est hoc judicium soluto matrimonio per divortium, sed non datur constante matrimonio vir uxori, aut uxor viro, num dabitur hæc actio? Non utique. Nam inest in ea infamia quædam, etiamsi dicam amovisse, non furtum fecisse, & parcendum est conjugi: verum non deest alia actio: dabitur actio in factum verbis temperanda, ut in *l. non debet, de dolo*, hac formula: *si paret ex rebus meis hanc vel illam apud te esse:* non dicam te furtum fecisse, aut amovisse, sed apud te esse, & casu quodam eam rem sublatam fuisse; narrabo factum, quo genere agitur hodie, quia omnes actiones sunt in factum, aut esse debent. Dabitur etiam condictio ex injusta causa constante matrimonio, quae etiam datur soluto matrimonio de rebus amotis causa mortis. Nam regula juris est, *neminem rem suam condicere*, cujus ratio naturalis est. Quid est condicere? nempe sic agere, *si paret eam rem mihi dari oportere*. Quid est dari? *dominum fieri:* si paret igitur ejus rei me dominum fieri oportere, quod intendo male, cum jam sim dominus. Nemo igitur aperte condicit: sed ab hac regula excipitur condictio rerum furtivarum, quae etiam domino datur: item condictio rerum amotarum: & ad extremum obtinuit, excipi etiam condictionem ex injusta causa, qua repetimus rem nostram, quae ex non justa causa, apud aliquem est. Condicimus ergo rem nostram non tantum furi, aut praedoni, aut ei, quem dicimus amovisse, sed etiam cuilibet possessori ex non justa causa, *l.6. §. ult. l.25. hoc tit. l.1. §. res, l. si & me, de reb. credit*. Et notandum, quod ait lex *perpetuo, de condict. ob turpem cauf*. perpetuo hoc esse verum, & a Sabino affirmari ita secundum veterum opinionem, ut possit quis rem suam condicere ei, qui eam possidet non ex justa causa: eamque definitionem probari a Celso, licet contraria sectae, & probatur in *d.l. si & me*. Sunt quaedam perpetuae definitiones juris: ut plurimum non sunt perpetuae, ut illa *d.l. perpetuo, & l. qui res 98. §. aream, de solution.* In perpetuum sublata obligatio restitui non potest, *l.6. inf. eod.* In perpetuum, si quod tibi debeo ad te pervenerit, verum est, me liberari, etsi non per me pervenerit, aut facto meo, nisi tibi aliquid absit, ut puta, nisi emeris. Si igitur pervenerit ex causa lucrativa: & praeterea, si ita pervenerit, ut non possit a te repeti: & tunc verum est, in perpetuum me liberari: nec est unquam varius pes hujus regulae, quae nunquam fallit: & illud quoque in perpetuum valet, ut possim rem meam, licet absurde videar agere, condicere ei apud quem res mea est ex injusta causa. Verum videamus, quare constante matrimonio non possim uti actione rerum amotarum. Si quid amotum sit, utor condictione ex injusta causa, aut actione in factum, quae sunt honestae actiones, nec incessunt mores rei, sed tamen cur non utor condictione rerum amotarum? nam haec actio non est famosa, licet ex causa famosa; id est ex furto descendat, si rem ipsam inspiciamus: nam & condictio rerum furtivarum non est famosa, *l. cessat 36. de oblig. & act.* actio furti est famosa, id est, infamat reum, si condemnetur: neutra etiam est poenalis: & rerum amotarum & furtivarum condictio utraque persequitur id, quod interest, non poenam. Quid vetat agi condictione rerum amotarum in uxorem vel maritum constante matrimonio, cum non sit poenalis, nec turpis actio? Et tamen *l.2. ff. hoc tit.* ait, ideo non dari constante matrimonio rerum amotarum, quia constante matrimonio non solet dari conjugi in conjugem actio poenalis vel famosa. Itaque actione rerum amotarum satis significant, vel poenalem, vel famosam. Et est *d. l. 2*. crux quaedam nostrorum interpretum: nemo in ea re non torquet se, quae tamen videtur facile explicari posse, *l.17. §. res amotas, hoc tit.* nempe hoc modo: fateor, illa actio non est poenalis, *l. cessat, de oblig. & act.* non est famosa, sed est quodammodo famosa & poenalis: nam inest in ea mentio furti; aut quod omnes intelligunt, tantumdem potest rei amotae nomen, quam furti, quod populus interpretatur furtum. In quam autem non datur actio famosa, nec ea datur, quae speciem habet. Sunt famosae, quibus inest palam vel tacite doli, vel fraudis mentio, ut in patrem non ages famosa; neque ages non famosa, si habet speciem famosae: & ita non ages in patrem condictione furtiva, *l. parens tum l. seq.*

A *de obseq. a lib. praest.* Cur ergo constante matrimonio non agitur rerum amotarum? quia est quodammodo poenalis & famosa. Dicam nunc rem novam, certissimam tamen, & non dicam tantum, sed ut spero, persuadebo etiam verissimam esse, & condictionem rerum furtivarum quod plus est, & condictionem rerum amotarum quodammodo poenalem, quodammodo famosam esse: hoc sensu poenalem & famosam dici posse, licet revera non ita sit: nam utraque rem persequitur, neutra laedit aestimationem: hoc confirmo quatuor argumentis. Primum est, quia condictio furtiva comparata dicitur odio furum, & quod de ea dicitur, id etiam dicitur de condictione rerum amotarum, §. *Sic itaque, Inst. de act.* si odio, ergo poenae causa: si poenae causa, ergo poenalis, aut veluti poenalis est, nam & ita exceptio Senatusconsulti Macedon. comparata dicitur odio creditoris, *l. sed*
B *si pat. §. pen. ad Macedon.* Secundum argumentum est ejusmodi, quia & haec, & illa actio ex maleficio & delicto nasci dicitur in *l.22. §. pen. hoc tit. l.10. §. quotiens, de compens.* Haec actio, inquiunt, ex delicto nascitur, licet rei persecutionem contineat, quod videtur valde novum, ut agam ex delicto, nec tamen agam in poenam, sed in id, quod interest: verum id ita se habet, ut etiam in aliis actionibus, ut in actione, quae datur ex edicto de alienatione judicii mutandi, &c. quod dicitur pertinere quidem ad rei persecutionem ex a specie doli, quae illo edicto coercetur, sed tamen dicitur ex delicto dari, *l. quia pertinet, de alienat. jud. mut. causa,* ex delicto dantur eae actiones, & tamen rei persecutionem continent, verum non ita, quin inesse vi-
C deatur aliquid in eis poenae, cum inter ex delicto: nam vel ipsum agere ex delicto poena est, & ultio quaedam: moveor etiam argumento, quod hae condictiones non dantur in heredem, quae darentur, nisi subesset in ea poenae aut vindictae ratio quaedam. Nam hoc est generale, actiones, quae non sunt ejus generis, dari in heredem, & heredibus. Sed illae condictiones non dantur in heredem, nisi quatenus ad eum pervenit ex rebus furtivis, *l. ult. C. ver. amot. l.10. §. ult. de tut. & rat. distrah.* Et valde nova est haec sententia. Nam multae possunt opponi leges quibus ostenditur, illas condictiones furtivam dari in heredes; sed non est recedendum a superioribus legibus: quinimo observandum hoc, & in *l. 22. hoc tit.* condictionem rerum amotarum dari heredibus, nec adjici, & in heredes, quod potissimum refragatur huic sententiae. Est lex 9. *de cond. furt.* quae dicit, con-
D dictionem furtivam dari in heredem, sed exemplo *l. 2. in fine, de praet. stipul.* secundum quam etiam intelligenda est *d.l.9.* si videlicet lis sit contestata cum defuncto, vel si res sit judicata contra defunctum ex causa condictionis furtivae: heres ex asse, in solidum, heres pro parte, pro portione hereditaria tenetur: nam generaliter poenales actiones dantur in heredem, si ad litem cum defuncto contestatam habuit. Refragatur *l.7. §. ult. eod.* Sed valde placet, quod notat Accursius, non teneri heredem, nisi heres rem contrectet, id est, non tenetur nisi ex sua persona: nam certo certius est, condictionem illam non dari in heredem, nisi in quantum locupletior factus sit ex delicto defuncti. Quartum ar-
E gumentum sumitur ex *l. si pig. 22. de pign. act.* Finge; debitor mihi pignus dedit crediti nomine, quod post surripuit, mihi tenetur furti; rei suae mihi furtum fecit, mihi creditori actione in duplum & quadruplum furti poenali tenetur, sed quod consequutus fuero, an imputabo debito, vel an restituam debitori? minime: alioquin essent elusoriae poenae; poena quae semel est pensa, nusquam restituitur. Finge; non egi actione furti in duplum sed condictione furtiva, consecutus sum quod mea intersit pignus non surripi, an id, quod consecutus sum, restituam, an imputabo debito? minime. Ergo quod condictione furtiva consequutus sum, poena est. Nam si mea res esset, non sola maneret debiti petitio, sed imputaretur debito,

*d.l.*

*d. l. si pignore.* Hoc ego censeo valde esse notandum; illas conditiones esse quodammodo poenales, famosas, ac proinde neutram dari constante matr. Sed notanda duo sunt ad hæc. Primum, nec constante matr. nec divortio facto dari in conjugem, vel in eum, qui conjux fuit, conditionem rerum furtivatum, & multo minus actionem furti, sed dari divortio facto conditionem rerum amot. videlicet si post divortium factum, qui eas amovit, non jam contrectat amplius. Nam si post divortium eas res, quas amovit divortii causa, contrectare perseveret, cessat rerum amot. actio; non cogitur eligere hanc actionem is, cui res amota est, sed agit graviori judicio, furti scilicet, & conditione furtiva, ac si post divortium primo non ante furtum fecisset, *l.7. hoc ti*. *in pr.* Furtum non fit semel, sed fit sæpe, fit tot horis, tot diebus, tot momentis, assidua contrectatione, *l.6. de cond. furt.* quasi igitur ex novo furto convenietur actionibus omnino famosis poenalibus. Secundo notandum, de rebus surreptis ante matrimonium, non dari quidem constante matrimonio poenalem actionem furti, parcendum est conjugi, & satis esse debet, si consequamur quod nostra interest. Erit tamen condictio furtiva, quæ non est tam honesta, quam conditio rerum amotarum inspecto tempore præterito, quo non fuit conjux, *l. 3. in princip. hoc. tit.* Atque ita fit, ut qui furti non tenetur, teneatur condictione quasi furti: sicut è contrario, qui tenetur furti, veluti qui opem tulit furti, conditione furtiva non tenetur, quæ tenetur solus fur, *l. proinde, de cond. furt.* Hoc etiam adnotandum est, huic judicio locum esse inter nurum, generum, & socerum; socero dari eam conditionem rerum amotarum in nurum, quæ nupsit filiofamilias, si quid divortii causa amoverit ex rebus soceri, vel ex peculio mariti. Et recte, *quæ nupsit filia familias*: Nam in eam, quæ nupsit filio emancipato, ex causa socero dantur graviores actiones furti, & conditio furti, *l.6. in princip. & §. 1. l.15. & §. ult. hoc tit.* Nurus, quæ nupsit filiofamilias, est in familia soceri, & maritus ejus, & onus ejus ad socerum spectat, *l. si filia, §. si filiusfamilias, famil. ercifcun.* quæ nupsit emancipato & extranea, sicut filius, nec eo vinculo conjuncta socero, nec ea intercedit reverentia personarum, non interveniente vinculo patriæ potestatis. Et recte *l.6.* loquatur tantum de nuru, recte Basilica adjiciunt, vel contra generum, qui scilicet duxit filiamfamilias. Et pari ratione dicendum est, hoc judicium dari nurui, vel genero in socerum, in cujus potestate est maritus, vel uxor, si quid socer missurus repudium ( nam mittere potest. Imo ejus est mittere contentiente filio, aut filia, *l.2. de divort.*) divortii causa amoverit ex rebus nurus, vel generi. Hoc est jus æquabile. Quod diximus, constante matrimonio in virum & uxorem, neque poenalem, neque famosam actionem dari, ei obstat primum, quod datur in uxorem actio servi corrupti, *l. ult. de serv. corrup.* quæ est poenalis, cum sit mixta in duplum, *l. ut tantum, §. in hac actione, eod.* & est etiam famosa, *l. nec quicquam, pro socio.* Sed respondeo ex *l.ult. C. de furt.* favore nuptiarum, sive propter honorem nuptiarum, in uxorem dari actionem servi corrupti tantum, id est, in id, quod interest, non poenalem in duplum. Et consequenter eadem actio servi corrupti, si intentatur in uxorem constante matrimonio, verbis erit temperanda in factum, detracta omni atrocitate, & infamia verborum. Obstat etiam, quod actio legis Aquiliæ datur in uxorem constante matrimonio, *l. si servus servum, §. si cum marito, ad l. Aquil.* Quæ tamen est poenalis, cum sit mixta. Mixta autem est, quæ rem & poenam persequitur. Respondeo, eodem modo exemplo actionis servi corrupti, quod & Græci notarunt ad *l.2. C. rer. amot.* eam actionem non intendi poenaliter, sed in simplum tantum, id est, quanti hodie res est, cui damnum illatum est, non quanti eo nomine fuit plurimi. Et recte in *l. si mulier dolo, de don. int. vir. & uxor.* si rem donatam sibi a marito, quæ non valet, sed revocatur poenitentia, dolo malo consumpserit, si fecerit, ne

exstaret, commodarit, perdiderit dolo malo, teneri eam l. Aquilia damni injuriarum: quia rem tantum maritus ea actione consequitur, non poenam. Et propriè actio legis Aquiliæ poenam persequitur, sed parcius uxori. Postremo obstat, quod in uxorem datur actio depositi, mandati, *l.10. §.ult. de jur. dot.* quæ sunt famosiæ, *l.1. de his qui notant. infam.* Et breviter respondeo: hæ actiones sunt famosæ, si agatur de perfidia depositarii aut mandatarii: quia ex causa si agatur cum uxore, sane non erit exprimenda causa perfidiæ, aut violatæ fidei, sed verbis erit temperanda actio, ne lædatur existimatio mulieris. Et ita etiam est accipiendum, nonnumquam filium dari utilem actionem in factum, & famosa, si quid pater surripuerit ex peculio castrensi, vel quasi castrensi, in *l. si quis uxori, §. sed si filius, de furt.* sed intelligendum est filio dari utilem actionem in factum, quæ mentionem non habeat furti, ut conservetur fama patris. Utiles actiones verbis leniores habent, vim tamen eandem habent: nam ea actione consequitur filius duplum, id est, poenam: quod est notandum: ut inde appareat, in patrem quidem non agi famosa actione: sed tantum poenali: quidni? cum tamen in conjugem nec poenali nec famosa agatur durante matrimonio. Ea igitur actio quæ datur, est utilis in factum, & ab Harmenopulo scribitur, eam non esse περὶ κλοπῆς, ἀλλὰ περὶ ἐξαιρέσεως de furto, sed rerum amotar. *lib.1.Epitomes tit. de minor.* Est vero elegans quæstio *l.5.* quæ pendet ex *§. ult. l.3.* & modum addit sententiæ propositæ initio d. *§. ult.* loquitur iste *§.* de filiafam. quæ res amovit marito divortii causa: sed quæ scribuntur in eo *§. de filiasfamil. l. 4. 5. & 6.* eadem obtinent in filiosf. qui amovit res uxoris, *l. 6. §. item, hoc tit.* Finge: filiafam. res amovit marito divortii causa, & actio eo nomine, & in patrem in cujus potestate est: in eam est actio rerum amot. in solidum, quia constat filiamfam. & filiumfam. ex omnibus causis obligari in solidum tanquam patremfa. *l. filiusf. 2. de oblig. & act.* in patrem est actio rerum amot. de peculio. Utriusque sententiæ redditur ratio in d.*§. ult.* quia displicuit eam furti obligari, & in *l.1. hoc tit.* hoc quia pater potuit, cum ea furti agi posse. Illa ratio servit tam inferiori, quam superiori sententiæ, ut in *l. ult. de condict. sins causa.* Hæc ratio, quia incestum jure gentium committi: servit & superiori & inferiori sententiæ: itaque inter utramque ponitur. Cur datur actio in filiasfamilias? quia displicuit eam furti obligari: ergo nec condictione furtiva, nam singularis est casus in *l. 2. §. ult. ubi,* quæ non obligaretur furti, non obligaretur conditione furtiva. Sed cur datur contra patrem de peculio, non in solidum? quia displicuit filiam furti obligari, id est, si filia obligaretur furti, pater ex poenali actione non teneretur de peculio, *l. ex poenalib. de reg. jur.* nam illa actio datur tantum ex contractu filiifa. ex negotio gesto. Qua de causa non fuit hoc sine controversia, an ob res amotas pater teneretur de peculio: videtur enim non teneri, quia actio rerum amotarum datur ex delicto, *l. si mulier 25. §.pen. hoc tit.* Contra videbatur teneri, quia etiamsi ex delicto veniat, tamen non persequitur poenam meram, sed rem. Et ita statuunt Mela & Fulcinius, ut sic ex hac causa etiam in patrem actio sit de peculio. Et quidam jurisperitus, qui in libro quodam olim edito, credit trajecta esse verba *§. ult. l.3. hoc tit.* & ita esse reponenda, ut non medio loco ponatur illa ratio, sed ultimo, atque ita ea ratio applicetur posteriori, non priori sententiæ: movetur eo, quod ea non videatur idonea ratio dandæ actionis de peculio, quia furti non obligatur. Nam, inquit, etiamsi furti obligaretur, pater teneretur ex causa furtiva, *l.7. §. pen. de pecul.* Cui tamen respondere facile est. Imo maxime est idonea ratio, hoc pacto scilicet: si furti obligaretur filia, pater non teneretur actione poenali de peculio, d.*l. ex poenalib.* sed quia furti non obligatur, sed rerum amotarum, tantum ex ea causa pater tenetur de peculio: quo nihil est apertius. Ratio igitur illa non est loco movenda. Nam & Basil. eundem ordi ordinem verborum observant, ἰὰν ὑπεξουσία γυνὴ πράγματα ἀπονοήσασα, τίσι λόγοις τῶν de peculio κατὰ πατρὸς ἵσταται: quia & sequentis sententiæ ratio servit & primæ. Ergo ex causa rerum amotarum per filiamfam. pater tenetur tantum de peculio. Sed ut subjicit in *d. §. ult.* si pater agat de dote conjuncta filia uti debet, non dissentiente filia. Pater enim dotem profectitiam repetere non potest non consentiente filia, quia est communis, *l. 2. §. 1. sol. matrim.* sed patri deferentur agendi partes. Si igitur pater agat de dote consentiente filia, fiet compensatio ob res amotas in solidum, non peculio tenus. Itaque pater repetens dotem non audietur, nisi filiam defendat nomine rerum amotarum in solidum, & nisi satisdet judicatum solvi secundum regulam generalem, quæ vult ut nemo sit idoneus defensor sine satisdatione. Atque ita notandum generaliter: cujus rei in solidum quis non obligatur, sed de peculio tantum, ejus compensationem tamen patitur in solidum, si ipse ultro agat, *l. 9. in princ. de compens.* filiusfam. contraxit societatem cum altero; multum interest an socius filiifam. agat pro socio in patrem, an pater in socium: nam ille socius si in patrem agat, aget de peculio tantum: si agat pater filii, solidum sibi reservabit per compensationem: socius non est idoneus defensor, qui non satisdat judicatum solvi; neque etiam est idoneus defensor, qui scindit defensionem, aut minuit. Ergo in patrem non agitur rerum amotarum in solidum, sed in peculii quantitatem & modum. Et actio de peculio perpetua est, quandiu peculium manet, aut restitui, aut constitui potest. Nam satis est, si ter judicandæ tempore aliquid sit in peculio, etiamsi nihil fuerit tempore litis contestatæ: sed exstincto peculio actio est annalis in patrem: extinguitur peculium morte filiifam. Mortuo igitur eo actio dabitur intra annum tantum in patrem. An ergo in hac specie mortua filiafamil. post divortium, quæ res amoverat in patrem dabitur actio annalis de peculio? non, ut subjicitur in *l. 3. §. ult. hoc tit.* nisi in id, quod ad patrem ex rebus amotis pervenerit, vel dolo malo ejus factum erit, quo minus pervenerit, ut subjicitur *l. 4.* ergo nec aliter dabitur in patrem, quam si aliquid ad eum pervenerit ex rebus amotis. Subjicit Papin. in *l. 5.* viva quoque filia non dari in patrem actionem de peculio ob res amotas, nisi in id quod ad patrem pervenerit: nihil interest vivat, an mortua sit filia, atque ita interpretabimur ex Papiniano quod proponitur in *d. §. ult.* in patrem dari actionem de peculio, sed addendus est modus ex *d. l. 6.* teneri ex eo tantum, quod ad eum pervenerit. Qua de causa etiam dicitur a Papiniano actio utilis. Cur appellatur utilis? cur non directa? quia venit ex delicto; & de peculio si directo, & summo jure agitur, non agitur nisi ex contractu, ex negot. gesto. Rursus cur non datur directa? quia directa de peculio non datur in id solum, quod ad patrem pervenerit: sed in id totum, quod est in peculio, etiamsi nihil ad patrem pervenerit. Est elegans quæstio hæc: Nam videbatur non esse actionem de peculio rerum amotarum in patrem, quia venit ex delicto: videbatur esse, quia pertinet ad rei persecutionem, nec pœnam persequitur. Quid definitum est? Placuit media sententia, ut teneatur de peculio in id totum, quod ad eum pervenerit: & simili modo conditio furtiva datur in patrem, vel dominum de peculio, non ut solet dari ex contractibus, sed in id tantum, quod ad eum ex furto pervenerit: sequuntur hac in re mediam sententiam, *l. 3. §. pen. de condict. furt.* Quæ dicta sunt de filiafamil. eadem obtinent in filiofam. Quid in servo? Finge: Servus vel ancilla amovit res sui contubernalis, an in dominum dabitur actio rerum amotarum de peculio? nihil de hac re scribitur, quia constabat cessare rerum amotarum: nam ubi cessat matrimonium, ibi cessat rerum amotarum actio, quia competit divortii causa: ibi autem non est matrimonium, ibi non est divortium, *l. si concubina, hoc tit. cum in servis, vel inter servos non sint nuptiæ, l. 3. C. de incest. nupt.* Sed si alii servus furtum fecerit, conditio furtiva de peculio dabitur in dominum de eo, quod ad eum pervenerit: in residuum noxæ dedetur servus: & si filius sit, in residuum agetur cum filio.

### Ad L. ult. Rerum amotarum.

*Cum soluto matrimonio rerum amotarum judicium contra mulierem instituitur, redintegrato rursus matrimonio, solvitur judicium.*

JUdicium rerum amotarum solvitur reconciliato matrimonio, *judicium solvitur,* id est, judex esse desinit, qui datus in eam speciem *l. judicium de judic.* & reus interim absolvitur ab observatione hujus judicii, judicive, & actio rerum amotarum cessat, vel interquiescit, non etiam extinguitur, alioquin non restitueretur actio rerum amotarum divortio iterum facto, *l. redintegrato, h. t.* Et tamen restituitur. Cessare actionem, est sopiri actionem, non extingui, ut in *l. qui res, §. aream, de solut.* illo loco, *ut magis, l. inter stipulantem 83. §. sacram, l. continuus, §. illud, de verbor. obligat.* Seneca in ep. insanus per intervalla, dum interquiescit, sano similis est, in eo, inquit, furorem cessare non deesse. Actio quæ cessat facile restituitur, quæ extincta est, nunquam restituitur, nisi ex nova causa, sed hoc non est restitui, sed nasci, *l. 10. §. pen. de in rem verso,* quæ naturalis, ut Aristot. ait, est quidam regressus ab habitu ad privationem, non contra: nec enim quod extinctum est, amplius restituitur, & quæ restituuntur actiones, sane reviviscunt, cessasse intelliguntur, non extinctæ fuisse. Verum quid fiet, si post divortium nondum sit actum rerum amotarum, & antequam ageretur, restitutum sit matrimonium, an tunc aget rerum amotarum, ob res amotas prioris divortii causa? agenti obstabit exceptio doli mali: nam nata est quidem actio, sed æquum est, eam solvi, aut cessare matrimonio redintegrato, cujus rei argumentum præbet *l. si mulier post divort. de jur. dot.* quia scil. constante matrimonio, actio rerum amotarum non est inter virum & uxorem, *l. 2. l. ult. & l. 5. h. t.* Et quod ait hæc lex ult. de judicio rerum amotarum, idem etiam obtinet in judicio de dote, quo mulier post divortium agit cum viro: nam reconciliato matrimonio solvitur judicium de dote; vel si nondum actum sit de dote, & reconciliato matrimonio agatur, olim ipso jure non competebat actio rei uxoriæ, quia est bonæ fidei, & doli mali exceptio inest bonæ fidei judiciis, ut necesse non sit eam opponi: actio ex stipulatu de dote perimebatur per exceptionem doli mali, *d. l. si mulier,* post divortium hodie perimitur ipso jure, quia est bonæ fidei, ex Constitutione Justiniani. Verum ita demum judicium de dote, quod inchoatum est ante redintegratum matrim. solvitur, si mulier egerit, quæ dotem dederat, non si extraneus egerit, qui dotem dederat pro muliere, & stipulatus fuerat, eam sibi reddi divortio facto, & ei quæsita actio de dote semel, non intercidit reconciliato, redintegrato matrimonio, nec dos rursus eadem fungi potest nisi ipse denuo consentiat, & velit eandem pecuniam doti esse: alioqui recipit pecuniam ex stipulatu, etiamsi redintegretur matrim. *l. stipulatio, de jur. dot. l. in insulam, §. ult. sol. matrim.*

### Ad L. V. de Confirm. tutore.

*Tutores a patruo testamento datos jussit prætor magistratus confirmare, hi cautionem quoque accipere debuerunt; nec voluntas ejus, qui tutorem dare non potuit, negligentiam magistratuum excusat. Denique prætor non ante decretum interponere potest, quam per inquisitionem idoneos pronunciatis. Unde sequitur, ut si tutela tempore solvendo non fuerunt, in id, quod de bonis eorum servari non possit, contra magistratus actio decernatur.*

TRanseamus a dotibus ad tutelas: nam reliqua, quæ sunt in hoc libro, & quæ fere sunt in lib. 12. sunt de tutelis. Et prima quæstio est de confirmando tutore, vel curatore. Confirmari dicitur, qui non jure testamento datus

tus a magistratu tamen, cui jus dandi tutoris, datur secundum judicium & voluntatem testatoris. Jure datur tutor testamento a patre vel avo liberis, qui sunt in potestate, atque ita privatus dat tutorem. Et hoc est, quod dicitur, tutoris dationem non esse juridictionis vel imperii. Nam & is, qui nec jurisdictionem, nec imperium habet, tutorem dat, veluti pater filiofamilias, quia hoc ei permisit lex 12. tabul. Ergo tutoris datio est legis, id est, competit ei, cui lex dedit, vel Senatusc. aut ipse Princeps, *l.6. §.tutoris, de tutor.* Curatorem autem nec filiofamil. jure dat pater in testamento: Nam generaliter nusquam a quopiam jure testamento curator datur, hoc est certissimum, *ex tit. Instit. de curat.* nec quærenda est alia ratio differentiæ, quam quod l. 12. tabul. quæ permisit patri tutorem dare, de tutela tantum loquitur, *super pecunia, tutelave sua rei*, non de curatione. Ergo tutor tantum jure datur testamento, ab eo, qui pupillum habet in potestate, non item curator. Et similis est ratio, cur ventri datur curator, non tutor ex edicto Prætoris de ventre in possessionem mittendo, *l.ventri, de tut. & cur. dat.* Nam, inquit de curatore constituendo edicto comprehensum est, non dabitur ergo tutor, & tutoris & curatoris datio, legis est omnimodo, nec plus licet in dando tutore, quam lex concesserit vel edictum. Non jure datur tutor testamento a patre filio emancipato vel naturali in servitute quæsito, & postea manumisso una cum patre, vel suscepto ex concubina, non ex uxore justa: nam & hic non est in potestate. Imo ut loquitur *lex ult. C. de natur. lib.* est deneger partus & obliquus partus, ut loquitur Statius. Et pari ratione mater non jure tutorem dat, quia liberos non habet in potestate. Itemque patruus aut patronus liberti filio non jure dat tutorem: & generaliter extraneus, id est, qui non habet pupillum in potestate, testamento jure tutorem non dat. Sed hoc interest inter eum, qui datur a patre pupillo emancipato vel naturali & non justo filio, & eum, qui datur a ceteris, quod datus a matre vel ceteris extraneis, solet confirmari decreto consulis, ut in *l. 1. hoc tit.* vel prætoris vel præsidis ex constitutione principum, ut ait *d. l. 1.* Solet, inquam, confirmari ex inquisitione. Nam antequam confirmetur, inquisitio fit per scribas & officiales prætoris aut præsidis, *l. 3. §. tutor qui, de susp. tut.* Inquirunt an tutor datus a matre vel ab extraneo sit solvendo: si non sit, non confirmatur: inquirunt an sit bene moratus, quod est caput: an sit diligens, an optimus paterfam. an noverit educare liberos, an patriam amet, an sit vagus & erro. Post inquisitionem hujusmodi pronuntiatur hoc modo a judice, *testamento datum idoneum videri*; & decretum interponitur, quo jubetur tutelam suscipere, qui datus est, quive se non excusat. Ac præterea datus a matre vel ceteris non confirmatur, nisi datus sit pupillo heredi instituto, quasi in rem potius & bona, quæ illi reliquit, quam in personam, ut in *l. 4. de test. tut.* nam datus non instituto, non confirmabitur. Et placet valde ratio *l. 4. hoc tit.* ut si patronus vel quivis extraneus pupillum heredem instituerit, eique tutorem dederit, quæ datio jure non valet, confirmari debere tamen datum tutorem, secundum voluntatem testatoris. Confirmare, est sequi judicium testatoris, quod non fiet sine inquisitione. Sed cur exigis, ut sit institutus pupillus, ut confirmetur tutor, qui ei datus est? quoniam testator ejus personam, quem tutorem esse voluit, noverat, nec elegit eum frustra aut temere, aut inconsulto, & impuberem ita dilexerat, ut eum heredem institueret. Sane diligo eum, quem heredem facio, ergo etiam video ei de optimo tutore prospexisse, nec igitur ab ejus judicio temere recedat magistratus, sed neque id sequitur citra inquisitionem. Eadem ostendit etiam *l. 4. de test. tut. l. 23. hoc tit. l. 4. C. de test. tut.* ubi jamdiu ostendi abundare negationem. Nam *d. l. 4.* ait matrem dare posse tutorem iis tantum impuberibus filiis, quos heredes instituerit. Et subjicit, *quando eos heredes non instituerit*, ubi delenda est negatio, & perspicue legendum, *eos heredes instituerit*. Solet tutor ex voluntate matris a præside confirmari, qui sane non confirmaretur liberis non institutis. Et hæc de tutore dato a matre, vel

A quo libet extraneo. Aliud servatur in tutore dato a patre filio emancipato, vel naturali, ut subjicit postea. Nam datus emancipato, a patre confirmatur sine inquisitione, *Instit. de tut.* Electio patris est firmissimum judicium, quia paterno amori nullus est similis, nullus major affectus: confirmabitur ergo sine inquisitione, eo tamen animadverso, an duraverit voluntas patris, *l. 8. hoc tit.* Et præterea nihil intererit, dederit pater tutorem filio instituto vel exheredato, *l. 4. supra de test. tut.* Exheredatur autem emancipatus filius, non autem naturalis, quia res esset inepta: naturalis nunquam exheredatur, sicut nec extraneus: filius naturalis intelligitur esse extraneus penitus: emancipatus, quia jure prætorio non est extraneus, est instituendus vel exheredandus, *l. quidam, de verbor. obligat.* sicut suus: non naturalis. Sed & in naturali ita
B se res habet, ut si dederit ei pater tutorem, cui nihil reliquit, ut ait, *l. naturali, hoc tit.* non dixit, quem exheredavit, sed cui nihil reliquit; nam exheredatio non cadit in naturalem, confirmetur, verum non sine inquisitione, quamvis sit datus a patre, quando incertus esse intelligitur pater, quem nuptiæ non demonstrant. Et licet dicat d, *l. naturali, hoc tit.* naturali filio, cui nihil relictum est, frustra tutor datur a patre, non ideo sequitur, quin possit confirmari, vel adhibita inquisitione, sicut in *l. qui tutelam, §. ult. de test. tut.* Jurisconsultus ait, impuberi liberto patronus tutorem frustra dat, & subjicitur tamen, sed ex voluntate patroni confirmabitur, si fides inquisitionis congruat judicio testatoris: debent congruere judicium defuncti, & fides inquisitionis. Hæc differentia est valde notanda inter tutorem datum a patre, & datum a ma-
C tre & ceteris exteris. Ad hæc notandum, confirmatum tutorem, qui testamento jure datus non est, non satisdare rem pupilli salvam fore: hoc est indistincte verum, sive datus sit a patre, sive ab aliis personis. Primum datus a patre non jure, & confirmatus, non satisfat, quia ut ait *l. 3. hoc tit.* perinde est atque si ex testamento tutor esset. Quid? ergo tutor confirmatus, qui datus est testamento non jure, non est tutor ex testamento, sed ex decreto Prætoris vel Præsidis? Sic est: non est tutor testamentarius, sed dativus. Confirmare tutorem, est dare, *l. jure 26. §. ult. & l. seq. de test. tut.* sed perinde est, ac si ex ipso testamento tutor esset: Ergo remittenda est ei satisfatio. Nam tutor datus testamento, & qui pro eo habetur, non satisfat, quia fides ejus & diligentia satis intelligitur approbata a testatore; nec sunt onerandi satisdatione, qui
D habent certissimum judicium defuncti. Datus autem tutor non jure a matre vel extraneo, & confirmatus, non satisfat etiam rem pupilli salvam fore, *l. 2. hoc tit.* Cur non eadem ratione, qua usi sumus in patre? sed hæc, quia cum in inquisitione confirmatus est, & via & fides inquisitionis pro vinculo satisfationis cedit, *l. 13. de tut. & cur. dat. Instit. de satisf. tut.* initio tit. *Satisdant*, inquit, *dativi, qui scilicet, dati sunt a magistratu sine inquisitione*. Ceterum dati ex inquisitione non satisfant, quia idonei electi sunt: sed ex hac *l. & pronuntiati sunt idonei*, id est, videri esse locupletes & bene moratos, & bonos patresfam. Atque ita demonstramus, tutores confirmatos indistincte non satisfare rem pupilli salvam fore, quia scilicet confirmantur vel ex inquisitione, vel quia perinde sint, atque si tutores essent ex testamento, quales dicuntur esse a patre dati tantum, non
E a matre, vel aliis personis. Sit igitur hæc sententia stata & fixa, confirmatos tutores non satisfare. Obstat tamen huic sententiæ vehementissime hæc *l. 5.* Species est: Patruus filio fratris impuberi testamento tutorem dedit, ergo non jure, quia pupillum non habet in potestate. Prætor jussit eum tutorem a magistratu municipali confirmari, quod est dari, ut ante dictum est: magistratus municipalis habetne jus dandi tutoris? habet, non minus quam magistratus urbanus, vel provincialis, *l. 3. de tut. & cur. dat.* jus datum est: lege igitur aliqua vel constitutione, sed plerumque magistratus municipales non dant tutores nisi jussu Præsidis, aut Prætoris præcepto, quod præceptum non est mandatum: Nam tutoris datio non potest mandari, vel delegari alteri, quia ea tantum possunt mandari, quæ sunt jurisdictionis, datio tutoris

toris non est jurisdictionis, sed juris, *l. nec mandante, in princ. de tut. & cur.* Ergo dum jubet præses magistratum municipalem tutorem dare, non hoc ei munus mandat, quod habet ipse sine mandato, quia datum est ei jus dandi tutoris, *l. 3. §. 2. §. & si quem, ad Tertyl.* Jussum illud est admonitio tantum, ut loquitur recte *l. 1. §. magist. de mag. conven.* Huc pertinet etiam *l. Lucius, §. cum testam. de adm. tut. l. 3. & 4. de cur. fur. §. sed hoc jure, Inst. de Attil. tut.* Resumamus speciem. Finge: Tutorem datum a patruo prætor jussit magistratum confirmare, magistratum intellige municipalem: (ut plurimum in jure cum loquimur de magistratu, municipalem intelligimus, in *tit. de magistr. conven.* magistratus, id est, municipalis) magistratus confirmavit: ab eo satisdationem rem pupilli salvam fore non exegit; & tempore finitæ tutelæ tutor non est solvendo, quid fiet? pupillus actione utili aget in magistratum, qui confirmavit tutorem sine satisdatione, & datur actio ex Senatusc. utilis in factum; & est subsidiaria, quia datur in magistratum municipalem in id tantum, quod a tutore servari non potest, ex tit. *de magist. conven. inf.* Ergo negligentiam magistratus municipalis non excusat voluntas patrui, non judicium testatoris, nec enim debuit confirmare eum tutorem sine satisdatione. Hic se torquet Accurs. cujus magna glossa circumscribenda est, hac enim in re nihil evidentius est, quam quod magistratus municipalis separandus est a magistratibus urbanis, aut provincialibus, quorum amplior est potestas, quorum majus est imperium; Nam magistratus municipales non confirmant tutorem ex inquisitione sola, sed exigunt satisdationem, aut hoc potest eis culpæ imputari & verti; si tempore finitæ tutelæ, tutor inopia laboret, nec possit restituere tutelam. Alii autem magistratus urbani, vel provinciales non exigunt satisdationem, sed dant ex inquisitione: ista inquisitione non utuntur magistratus municipales, sed satisdatione. Ergo exigere debent satisdationem. In aliis inquisitio pro satisdatione est, ergo & supervacua satisdatio est. Igitur in hac specie dicitur, *denique Prætor non ante decretum, &c.* Dixit magistratus municip. debuisse satis exigere: si id debuit facere, ergo & Prætor non debuit etiam dare sine inquisitione. Tutor datur decreto pro tribunali, non de plano, non per libellum. Et ideo ait, *Prætor non ante decretum interponere, quam per inquisit. idoneis pronuntiatis,* secundum fidem inquisitionis, hoc in prætore: in duumviro ita dicamus, *in magistratu municip. duumvir non potest decretum interponere, nisi exacta satisdatione,* nec idem ordo servatur ab hoc & ab illo in confirmando tutore. Ideoque subjicit, si tempore tutelæ, id est, finitæ tutelæ, vel aliter, id est, tempore, quo pupillus fit suæ tutelæ, suæ ætatis, solvendo non sit tutor, magistratus municipalis tenebitur actione subsidiaria, si non exegerit satisdationem. Et hoc est quod ait Papinianus in hac L 5. Huc pertinet etiam ad hoc propositum *l. 1. §. sed etsi satis, de mag. conven.*

### Ad L. XIII. de Tut. & curat. datis.

*Si impuberi libertas & hereditas per fideicommissum data sit, & institutus adire nolit, Senatus censuit, eum si impuberis nomine desideretur, adire cogendum, ut tamen pupillo, pupillæ tutor ab eo, cui jus dandi erit, detur qui tutelam retineat, quoad restituatur hereditas, & rem salvam fore ab herede caveatur. Postea Divus Hadrianus ut idem in eo servetur, cui directa libertas data fuerit, rescripsit.*

§. 1. *Quamvis autem a patrono, rem salvam pupillo fore, non facile cautio exigatur: tamen Senatus pro extraneo haberi voluit eum, qui quod in ipso suit etiam libertate privavit impuberem, & jus quidem liberti, quod habet, quia ex causa fideicommissi manumisit, non est ei ablatum. Tutela vero sine vinculo cautionis non committitur: quid ergo si non caveat? non dubie tutela non erit apud patronum.*

§. 2. *Sed si puella duodecimum annum impleverit, tutor desinit esse: quoniam tamen minoribus annorum desiderantibus curatores dari solent, si curator patronus petatur, fides inquisitionis pro vinculo cedet cautionis.*

Est verum quod Bartolus in hanc l. scribit, esse elegantissimam, & auream, quod nescio quo spiritu scripserit, cum non bene tenuerit sententiam legis. Ponitur hæc species, heredem institutum & rogatum servum manumittere, eique hereditatem restituere: quo casu Papin. ait, senatum censere, heredem esse cogendum adire hereditatem, si hoc desideretur nomine servi impuberis, cui hereditatem restituere rogatus est, ut tamen impuberi cujuscunque sexus sit, tutor detur ad tempus, qui scilicet retineat tutelam, quoad pupillo heres restituerit hereditatem, atque etiam ei pupillo cavere heres, vel satisdederit rem salvam fore. Verbis Pap. ut se habent, prima fronte videtur in specie legis propositæ servo tutor dari; servo inquam, impuberi, cui relicta est libertas, & hereditas per fideicom. & ita existimat Accurs. in tit. *Inst. de test. tut.* In verbis hujus legis servo tutorem dari existimant & alii, quod est contra definitionem tutelæ. Tutela est vis ac potestas in capite libero, id est, in caput liberum. Caput liberum dicit eum, qui est sui juris, qui neque sit in potestate parentis, neque in potestate domini: nam servo vel filiof. tutor non datur. Imo vero tutela finitur, si pupillus fiat servus, vel si forte fiat filiusf. per arrogationem, *l. si arrogati, super. de tut.* ergo soli patrisfam. impuberi, solive matrisfam. impuberi tutor datur. Est casus in quo filiusfa. tutorem habet in *l. ult. §. minores, C. de sent. passis:* possit etiam aliquis esse casus, quo servo detur tutor, inquies: quod ego non concedam: nam & in illo casu *d.l. ult.* filiofam. tutor non datur, sed tutor datus patrisfam. post reverso eo in potestatem patris tutor manet propter dissolutos mores, & nequitiam, luxuriam patris. Et talis est casus. Deportatione patris solvitur patria potestas, & filius fit sui juris, & quamdiu pater est in exilio, sibi acquirit, & testamentum facit tanquam paterfam. quod si postea pater restituatur in civitatem indulgentia Principis, an testamentum, quod interim fecit filius irritum sit, an quod interim acquisivit pertinet ad patrem restiturum in integrum, restitutum patrie? Minime: atque ita in illo casu filiusfam. habet testamentum, habet bona propria pagana: nam castrensia proculdubio potest habere. Finge: filius deportati erat pupillus: ideoque interim datus est illi tutor, restituto patre an tutor esse desinit? sic videtur, quia æquius est, patrem administrare bona filii, quæ interim acquisivit, quam extraneum. Sed hoc ita procedit, si pater sit homo frugi: nam si sit nequam pater, si prodigus, si luxurios. tutor idem manebit, qui fuit ante, atque ita filiusf. habebit tutorem. Nam sane restituto patre revertitur in potestatem patris. Fateor, in illo casu filiusf. habet tutorem, sed non datur filiof. verum tantum retinetur. Et similiter non datur servo tutor in *l. 17. h. t.* ei, qui de statu suo litigat, id est, qui petitur in servitutem ex libertate, si detur tutor, ita demum datio valet, si liber sit, quod eventus litis declarabit. Denique eventus ejus cognitioni declarabit, jure datus sit is tutor nec ne; interim erit in possessione libertatis, & tutor quasi datus libero approbabitur & admittetur. Et in specie igitur hujus l. cum lex non dicat palam servo tutorem dari, in ea, inquam, specie ponenda, observare debemus, ut ita ponatur, ne illud quod perquam absurdum & legibus contrarium efficiat, servo tutorem dari. Et ita verissime ponatur species. Quidam heredem instituit, eumque rogavit verbis fideicom. ut servum hereditarium impuberem manumitteret, eique hereditatem restitueret, atque ita ab herede instituto testator servo proprio impuberi reliquit & libertatem fideicom. & hereditatem fideicom. heres institutus recusat adire hereditatem, dicens eam esse suspectam & damnosam: si non adeat, intercidet utriusque fideicomm. hereditatis & libertatis: nam destitutum testamentum, pro non facto habetur. Destituitur, si heres non adeat. Quid igitur fiet, ne intercidat libertas & hereditas fideicommissaria? Senatus, inquit, censuit heredem compellendum adire hereditatem si hoc desideretur, nomine impuberis. Caput hoc unum est Senatusconsf. Pegasiani, cujus fuerunt & alia multa capita, *l. cogi, l. ex facto, ad Trebell.* & in multis locis eodem titulo. Ergo Senatusc. Pegasiano cavetur, ut etiam hoc cafu, fi hoc defideretur nomine impuberis, compellatur heres adire. Impubes quidem hoc non poſtulabit, quia ætas non fert, ut poſtulet quicquam per ſe, ſed qui liber alius pro eo poſtulabit. Ætas non poſtulet, impedit: conditio ſervilis ſola ne hoc poſtulet, non impedit; quia etſi regulariter ſervus non poſſit conſiſtere in jure vel in judicio, tamen libertatis cauſa etiam per ſe aditum ad prætorem habet, *l. vix, de judic. l. mulier, §. non eſt, ad Treb: l. de libertate, de fideic. libert. l. Titius, de act. empt.* Ergo quolibet poſtulante nomine pupilli, aut pupillæ, heres ſcriptus cogitur hereditatem adire, quam ſuſpectam dicit, non ſuo, ſed pupilli periculo. Cogitur pupillum pupillamve manumittere ex cauſa fideicommiſſi. manumiſſione heres fit patronus pupilli, ergo tutor legitimus: nam patronus liberti impuberis eſt tutor legitimus. Denique heres idem manumiſſor pupilli, pupillæve eſt tutor legitimus, quaſi patronus: ſed non poteſt auctor eſſe in ea re, quæ inter eum vertitur & pupillum, puta de hereditate reſtituenda. Ac præterea non poteſt tutelam gerere, antequam ſatisfdet tutelam pupilli. tutores, & ex inquiſitione dati non ſatisdant, at legitimi ſatisdant, aut ſane tutela non erit apud eos: quia igitur manumiſſor, licet manumiſſione fiat tutor legitimus pupilli pupillæve, non poteſt tamen in cauſa reſtituendæ hereditatis auctoritatem ſuam pupillo interponere, & quia non poteſt tutelam adminiſtrare, niſi ſatisdet; igitur interim dabitur tutor ſpecialis manumiſſo, datur tutor non ſervo ſed manumiſſo, *ut in l. apud, §. ult. ad Trebell.* tutor temporarius, quo auctore pupillo heres reſtituet hereditatem. Nam ſolvi quidem poteſt pecunia pupillo a debitore fine tutoris auctoritate, ſed hereditas ex fideicom. reſtitui pupillo non poteſt ſine tutoris auctoritate, quia reſtitutio hereditatis fideicom. non tantum eſt ſolutio, ſed etiam ſucceſſio, cum fideicom. cui reſtituta eſt hereditas, loco heredis habeatur, & ſuſtineat onera hereditaria ex Senat. Treb. *l. reſtitut. §. ult. & l. ſeq. ad Treb. l. obligari, §. pupillus, de auct. tut.* Ergo manumiſſo pupillo interim dabitur tutor ſpecialis, quo auctore heres reſtituat pupillo hereditatem, & tutor manebit quoad heres reſtituerit, & quoad heres pupillo ſatisdederit rem ſalvam fore. Iis peractis heres ſuſcipiet tutelam, quaſi patronus, quaſi legitimus tutor, & ille definet eſſe tutor, qui datus eſt ad tempus tantum, & in ſpeciem unam. Et hoc eſt quod ait *in prin. h. l.* Subjicit ex Conſtit. Adriani, *idem ſervari in eo ſervo hereditario impubere vel ancilla hereditaria, cui directa relicta eſt libertas & hereditas per fideicom.* Senatus loquitur de eo, cui libertas relicta eſt per fideicom. ſed Divus Adrianus ait *idem eſſe, ſi libertas relicta ſit per fideicom. aut directo.* Et hoc eſt, quod ſequitur, *poſtea D. Adrianus &c.* non tamen idem omnino ſervatur in eo, cui utrumque datum eſt per fideicom. Quod quemadmodum intelligendum ſit, videamus, nec enim idem ſervatur in illo, quod cenſetur in eo, cui data eſt libertas per fideicom. nam idem, quod ibi ſervatur, ſi impuberis nomine deſideretur, ut heres cogatur adire, idem ſervatur, ut pupillo detur tutor libero facto, jam ſtatim poſt aditionem jure directo fine facto heredis. Sed hic tutor, an erit ſpecialis, an erit temporarius ? imo erit generalis & perpetuus, quia pupillus non eſt liberti heredis, nec enim heres eum manumiſit, ſed eſt liberti orcinus, vel libertus familiæ, *l. 48. de manum. teſt. l. 3. §. plane, de leg. tut.* non eſt libertus heredis: ergo heres non eſt ejus tutor legitimus, & qui datus eſt, tutor erit manente, non exiſtente legitimo, qui ei præferatur. Obſervandum eſt, quod poſſumus ſpeciem in eo cui eſt relicta libertas & hereditas, utrumque per fideicommiſſ. ab eodem herede ſcilicet, nempe rogato non eodemque herede eum manumittere, & ei reſtituere hereditatem, quem heredem dicimus compelli adire hereditatem. Hoc verum eſt, etiamſi ab eodem herede libertas per fideicommiſſum ſit relicta pure, hereditas autem ſub, conditione: nam & pendente conditione cogitur adire. *l. ſi cui pure, in pr. ad Trebell.* Aditione facta cogetur heres manumittere, quia pure libertas data eſt, cogetur & interim reſtituere, qui invitus adivit, non ſuo periculo, ſed alieno. Sed aliud erit è contrario, ſi hereditas pure per fi-

A deicommiſſum, libertas ſub conditione relicta ſit: nam heres non cogetur adire, antequam extiterit conditio, quia nondum libero non poteſt reſtitui hereditas, & ſecundum voluntatem defuncti, non cogetur heres eum manumittere prius, quam conditio exiſtat, *d. l. ſi cum pure, §. ult.* Eadem ratione, ſi ab uno herede relicta ſit libertas, ab altero hereditas per fideicommiſſum ſub conditione, is, a quo relicta eſt hereditas, non ante cogitur eam adire ex Senatuſconſ. Pegaſiano, hodie Trebell. quam ſervo libertas contigerit, quam ſervus manumiſſus ſit, quia nondum libero non poteſt deberi hereditas, debeti fideicommiſſum, quum ſcilicet ſervus fuit proprius teſtatoris, *l. ſi res aliena, §. ſervus, ad Trebell.* Poſtremo ex his, quæ diximus, obſervandum eſt, legitimum tutorem ſatisdare rem pupillarem ſalvam fore, aut non attingere eam tutelam, non perve-

B nire ad legitimam tutelam ſine ſatisdatione. Legitimi tutores ii ſunt, qui ſatisdant: nam teſtamentarii, & qui dantur ex inquiſitione, non ſatisdant: dati ſine inquiſitione, ſatisdant, ut dati a duumviris. Sed videtur ſatisdatio remitti quibuſdam. Plerumque legitimi ſatisdant: quæro, an omnes legitimi, quia videntur quidam excipiendi? Sane a patrono non eſt exigenda temere ſatisdatio, ſed cauſa cognita, *l. legitimos, de legit. tut.* In hac ſpecie tutor legitimus eſt patronus, ergo non eſt onerandus ſatisdatione, id eſt, non temere : quod tamen lex non vult ut attingat tutelam, antequam caverit, & ut ſatisdet, non eſt abſque ratione, quoniam hic heres, idemque manumiſſor & patronus, quantum in ipſo fuit pupillum relicta fideicommiſſaria libertate privavit: nec enim ultro eum manumi-

C ſit, ſed coactus a prætore, & ob id oneratur ſatisdatione, nec tutela ad eum pertinet, antequam ſatisdet: jus tutoris, item jus patronatus non amittit, imo nullum jus patroni amittit, licet coactus manumiſerit, ſed oneratur tamen ſatisdatione. Et alia eſt ratio ejus, qui fit liber ex Senatuſconſ. Junciano, quod factum eſt Æmilio Junco & Julio Severo COSS. *l. fi cum ſervum 28. §. ſi quis, de fideicom. libert.* Senatuſconſ. locus in hac ſpecie : rogatus eſt heres ſervum ſuum manumittere, ſed ſi latitet, ne ſervum manumittat & tergiverſetur, tergiverſator eſt debitor, qui latitat, & tergiverſatur, *l. 1. §. ult. de leg. tut.* quid fiet? ipſo jure fiet liber ex Senatuſc. Junciano, & heres amittet jus patroni: non immerito, quia non ipſe manumiſit, ſed Senat. perduxit ſervum ad libertatem: vulgo in *d. §. ſi quis*, legebatur, *Factum Senatuſc.*

D *Æmilio Vinco & Julio Secundo Coſſ.* Sed legendum eſt, *Junco*, ut recte Florent. & ita Satyr. 15. apud Juven.
——— *Sed conſule Junco, Geſta*,
Alia eſt ratio ejus, qui fit liber ex Senatuſconſ. Rubriano, *l. quum vero 26. §. ſubventum, de fideic. liber.* Heres rogatus eſt manumittere; evocatus a prætore, nec venit, nec obtemperat edicto prætoris: ex eo Senatuſc. prætor pronuntiat eum eſſe liberum, perinde atque ſi directa libertas relicta eſſet, ei data eſſet? heres amittit jus patronatus, ergo non manumiſit. At in ſpecie propoſita heres licet coactus, manumiſit, & ideo conſervatur ei jus ſuum, retinet jus omne ſuum, conſervatur ei jus patronatus: quod omne demonſtrant initio illa verba: *quia ex cauſa fideicommiſſi manumiſit.* Quod eſt in extremo, facillimum eſt: loquitur de pupilla, de puella, id eſt, pupilla, ſed idem obtinet in pupillo, ut initio legis dixi, *non tamen pupilla ve*

E *pilleve.* In hac ſpecie heres, idemque patronus tutor eſt legitimus, ſed tutor eſſe definit pubertate, ſi pupilla 12. annum impleverit: puer 14. Poſt pubertatem datur curator, ſed hoc intereſt inter curatorem & tutorem, quod hic detur invito, cum pupillus nihil velle aut nolle intelligatur, ille non datur invito, *l. 3. §. puberi, de tut.* Finge: impuberis tutor fuit patronus. Idem datus curator eidem facto puberi fuit eo deſiderante: ut patronus erit tutor, legitimus: ſi curator erit, erit curator dativus, nam curatores puberum nulli ſunt legitimi, niſi ſint furioſi aut prodigi. Denique curator erit dativus, qui tutor fuit legitimus, ergo curator dabitur ex inquiſitione: proinde non ſatisdabit rem puberis *ſalvam fore*: ſic fit, ut qui ſatisdederit, quaſi tutor, quod ſit legitimus, non ſatisdet

quaſi

quasi curator, quod sit datus ex inquisitione, & ubique in jure inquisitio pro satisfactione est. Observandum etiam in fine *l*. 3. quod supra omiseram, patronum libertæ tutorem esse desinere, si liberta pubuerit, hoc est, si 12. annum potuerit implevisse. De liberta loquor; non de liberto: de pupilla, non de pupillo, quando certissimum erat pupillum pubertate liberari tutela. Feminæ olim erant in perpetua tutela, nec pubertate finiebatur tutela, sed liberabantur tantum libertæ tutela patronorum jure. quatuor liberorum ex *l*. Papia, ut Ulpian. scribit in *Fragm. tit. ult.* quæ non habebant jus quatuor liberorum erant sub tutoribus, nec poterant facere testamentum sine auctoritate tutorum, nec dotem dicere nupturæ, nec civile negotium contrahere, nec lege agere, nec se obligare, nec mancipia alienare sine auctoritate tutoris, & hoc ex *l*. Papia: ex constit. etiam receptum, ut liberta liberetur tutela patroni, & generaliter, ut pupilla liberetur tutela, quum cœpit esse pubes, ut mas, ut in tit. *Inst. quib. mod. tut. fin.* Pupilli pupillæve liberantur tutela pubertate, adjecit, *pupillave*, ut notet juris antiqui abrogationem: qua de causa etiam Papinianus in *d. l.* 3. maluit in puella exprimere, quod in mare erat indubitatum.

### Ad L. XXXVII. de Administr. tutor.

*Tutorem, qui tutelam gerit, Sabinus & Cassius prout gerit in singulas res per tempora, velut ex pluribus causis obligari, putaverunt.*

§. 1. *Secundum quam sententiam servus institor dominica mercis, vel præpositus debitis exigendis; si liber factus in eodem actu perseveret, quamvis tempore servitutis obligari non potuerit præteriti temporis nomine, actione negotiorum gestorum non inutiliter convenietur, earum scilicet rerum, quæ connexam rationem cum his, quæ postea gesta sunt, habuerint. Sic enim & tutelæ judicium earum quoque rerum causa tenere placuit, quæ post pubertatem administrantur, si posterior actus priori cohæreat, neque divisus propriam rationem habeat.*

§. 2. *Inde descendit quæstio, quæ vulgo circa filiumfam. tractata est, qui tutor testamento datus post tutelam gestam, emancipatus in eodem officio perseveravit. Et secundum Sabini & Cassii sententiam, eveniet, ut de eo quidem, quod post emancipationem gestum est, in solidum conveniri possit, de præterito autem, sive peculium non sit ademptum, sive sit ademptum, in id, quod facere possit: quod si superioris temporis nomine patrem de peculio pupillus convenire maluerit, (annus enim utilis, ex quo tutela agi posse cœpit, computabitur) ne capiatur pater inducta totius temporis causa, tempus quo filiusfam. tutelam gessit, comprehendendum erit.*

PRoponitur initio generalis quædam sententia Sabinianorum: ad quam cetera omnia, quæ subiicit Papinianus referuntur. Sententia hæc est: tutorem, qui tutelam gerit (quod dicitur ad differentiam tutoris honorarii) prout gerit in singulas res per tempora, velut ex pluribus causis obligari posse. *Per tempora*, id est, habita differentia & distinctione temporum, quibus gerit: *& tempora*, dicit, non singula momenta, sed quæ longius spatium habent. Idem vero dici potest de jure: imo de imagine juris, quod Sabiniani definiunt in tutore, quod evidens etiam fieri potest. Fur prout contestat rem furtivam per tempora obligatur, prout contrectat. Igitur sæpius contrectando furtum etiam facit sæpe, qua tamen re non ideo magis nascitur actio furti vel crescit, *l*. 6. *& 9. de furt.* Et per tempora obligatur, hoc est, habita ratione & distinctione temporum, ut mulier apud vir ob res subreptas in matrimonio divortii causa, non tenetur furti, sed si res contrectet post divortium, easdem res contrectando post dissolutum matrimonium tenetur furti & conditione furtiva, *l*. 3. *rer. amot.* atque ita distinguuntur tempora, quia contrectans in matrimonio non tenetur: contrectans post divortium tenetur: & ita servus ob res subreptas domino in servitute, non tenetur furti, sed si eas contrectet post libertatem tenetur, *l*. 1. *de noxal. act.* Ac similiter tu-

tor prout gerit tutelam, per tempora obligatur, non quod ideo magis nascatur obligatio vel actio tutelæ, sed distinctio fit & separatio temporis, quo gessit & administravit, quod quatuor exemplis planum faciam. Primum est tale: tempus pupillaris ætatis separatur a pubertatis tempore: quomodo? nam quod tutor gessit pupillaris ætatis tempore, hoc est, quamdiu pupillus fuit, & ejus tutelam administravit, de eo tenetur actione tutelæ: quod gessit post pubertatem, de eo tenetur actione negotiorum gestorum, non tutelæ: nisi uno casu, si id, quod gessit post pubertatem connexum sit iis, quæ gessit antea, ut inquit textus eleganter. Si quod gessit, sit posterior actus, hoc est, administratio post pubertatem priori cohæreat, nec divisus propriam rationem habeat. *Connexum est*, cujus ratio a tutelæ ratione, a tutelæ administratione separari non potest, vel id sine quo tutelæ administratio expediri non potest, *l*. 12. *de neg. gest. l.* 13. *de tut. & rat. dist.* Et nihil refert, geratur ante vel post tutelam, *l. quid ergo, §. pen. de cont. act. tut.* & inter cetera connexum dicitur officio tutelæ, ut tutor pupillam suam puberem factam statim admoneat, ut sibi curatorem petat, *l*. 5. §. *si tut. hoc tit.* Ita etiam de nexis tutelæ constituendum est. Nexa tutelæ veniunt in actionem tutelæ, licet gesta postea non fint in tutela, sed ante, vel post tutelam, quod confirmat etiam *d. l*. 13. *cum seq. de tut. & rat. dist. l*. 11. *C. arb. tut.* neque vero hoc est sine effectu magno, ut nexa veniant in actionem tutelæ: nam actio tutelæ est privilegiaria & fidejussores tenentur, si cautum sit rem pupilli salvam fore, *l. quoties* §. 1. *& 2. hoc tit.* quod non sit in actione negotiorum gestorum: neque enim est privilegiaria, nec fidejussores intervenient. Et similis distinctio sit temporum in servo institore, vel dispensatore, hoc est, præposito calendario, pecuniis fœnerandis, & exigendis rationibus calendarii, & veluti institor, *l*. 5. §. 1. *l. in eum*, §. *ult. de inst. act.* Quæ, inquam, distinctio temporum servatur in tutore post tutelam pupilli gessit, eadem in servo vel dispensatore, & in actore: Nam de eo, quod gessit post manumissionem tenetur actione negotiorum gestorum; de eo, quod gessit in servitute ante manumissionem, dum gerebat actum domini, dum erat præpositus merci domini exigendæ aut fœnerandæ pecuniæ, de eo non datur in eum ulla actio, non tenetur ulla actione, quia nec ulla fuit in eum actio ab initio; post manumissionem quidem servus stat in judicio; nam naturalis obligatio quam servus suscipit, nullam parit actionem, sed addenda est exceptio ut in tutore, nisi id, quod in servitute gessit, connexam rationem habeat, connexum sit cum eo, quod post manumissionem gessit: nam hoc casu reddet rationem connexi, *l*. 17. *eum actum, de negot. gest.* quæ lex ex eodem Ulpiani libro conjungenda est cum *d. l.* 13. *de tut. cum l*. 17. *de adm. & neg.* Hæc est de tutore, illa de servo actore, comparavit alterum alteri Ulpianus. Et hæc ita est habent Sabinianorum sententia, subindicans, non eandem fuisse rationem & sententiam Proculianorum: nam hi per tempora non dividebant obligationis causam, sed dicebant manumissum teneri ex antegesto, etiamsi ei connexum non fuisset post gestum, si modo in eodem actu perseverasset post libertatem. Nam perseverans in eodem actu, debuit a semetipso exigere & sibi solvere, quod reliquatus est in servitute. Cur tenetur, inquiunt Proculiani ex antegesto? quia post agendo debuit a se exigere reliqua actus gesti in servitute: & si non exegerit, tenetur culpæ nomine actione negotiorum gestorum, quasi non præstita bona fide, quæ excludit non tantum dolum, sed culpam, *l*.18. *& 19. in pr. de neg. gest.* ut plane videtur lex 17. esse *secundum Sabin.* lex 18. *& 19. secundum Proculianos: l*. 18. *& l. Proculus* contrariæ videntur. Imo ita est omnino, nec in sophismatibus dubitandum, quin Proculiani idem statuant in tutore, qui post pubertatem pupilli sui in administratione perseverasset. Nam & hunc dicebant a semetipso perseverante in administratione rationem exigere debuisse de eo, quod administrasset & reliquasset in tutela. Et videtur etiam sententia Proculiana habuisse æquitatem, nec probatur tamen, nisi in his tantum, quæ apud eum servum postea manumissum apparuit esse reliqua post manumissionem: nam eorum nomine, quæ reliqua restabunt ex antegestis tenebitur proculdubio actione negotiorum gestorum. Ex ita etiam Scævola in *d.l.* 19. §. 1. interpretatur, quod dicebat Sabinus, servum actorem & postea manumissum à capite rationem reddere debere: quod Scævola ita ait accipiendum esse, ut reliqua, quæ apparuerint fuisse tempore libertatis, ea reddat, eorum rationem reddat, & ita rationem reddat ἀπ' ἀρχῆς ὡς δικαίωσον, videlicet, si reliqua quædam superfit tempore manumissionis, non etiam ut revocetur in obligationem dolus vel culpa admissa in servitute, quod non præstiterit bonam fidem in exigendis reliquis a semetipso: quæ omnia erant satis difficilia explicatu: quæ sequuntur, erunt leviora & apertiora. Restant tria exempla, quæ demonstrant obligationem tutoris, qui tutelam gessit, dividi per tempora: hoc demonstravimus uno exemplo, demonstrabitur adhuc tribus. Unum est in *l. divi, h.t. l.2. C. in quib. cauf. tut. hab.* Si sunt plures tutores, qui gesserunt tutelam, regulariter tenentur pro rata administrationis, & nonnunquam singuli in solidum, in id, quod collegæ gesserunt ex constitutionibus quæ sunt ea de causa: tenentur, inquam, vel pro rata administrationis, vel in solidum, ratione scilicet temporis, quo tutores fuerunt, quo pupillus fuit impubes: nam post pubertatem generaliter, si perseveraverint in administratione, tenentur tantum pro rata administrationis. Tertium exemplum est hujusmodi. Si filiusfam. tutelam gessit, & emancipetur nondum tutela finita, de eo, quod gessit ante emancipationem, plerumque tenetur in id tantum, quod facere potest ex edicto prætoris, *l. 2. C. quod cum eo,* ne novus paterfamil. vexetur vel opprimatur, vel oneretur solidi præstatione, sed non tenetur, nisi causa cognita à prætore. De eo igitur, quod gessit ante emancipationem, tenetur in solidum, sive in id, quod facere possit causa cognita. Et eleganter dicit Papinianus, sive ademptum ei sit peculium, sive concessum in emancipatione. Quod si concessum peculium locupletissimum & amplissimum ei sit, non æquum videtur, ut exoneretur solidi præstatione, quem pater locupletavit concessione amplissimi peculii. De eo autem, quod gessit filiusf. post emancipationem, omnino tenetur in solidum, *l. 11. de tut. & rat. distr.* Et ita per tempora filiusfam. tutor obligatur, modo in solidum, modo in id, quod facere potest, in quantum facere potest. Quartum exemplum est, quo demonstratur, dividi obligationem per tempora. Filiusfam. tutor emancipatur: pater ejus de eo, quod filiusfamilias gessit ante emancipationem tenetur de peculio intra annum, quia extinguitur peculium, quod computatur, non ex die emancipationis, sed ex die finitæ tutelæ, quo agi potest tutelæ: nam tutelæ non agitur ante finitam tutelam. Quid est tutelæ actio? quid est tutelæ reddi? poftulare rationem tutelæ reddi. Et ideo dicitur annus utilis, qui ab eo computabitur die, quo agi potest de peculio, & computantur tantum illi dies in annum, quibus agi potest de peculio, non dies continui, qui annum efficiunt. De eo autem quod filiusfamilias gessit post emancipationem nullo modo tenetur pater, *l.11. l. si filiusfam. 6. de tut. & ration. distrah.* Et ideo hoc exemplo demonstratur distingui tempora. Interpunctio in fine *l. emendanda,* id est, apponenda virgula, non comma, *ne capiatur pater ind. tot. temporis causa, tempus, quo filiusfam.* (subintellige, *non emancipatus*) *Annus enim, &c.* per parenthesin legenda sunt.

### Ad L. XXIV. de Excusat. tut.

3 *Nequaquam credendum est si privilegium excusationis ablatum, cui fideicommissaria libertas soluta est: nam in toto fere jure manumissor ejusmodi, nihil juris ut patronus adversus liberti personam consequitur, excepto quod in jus vocare patronum injussu prætoris non debet.*

A ILlæ tres leges, quæ restant, sunt omnino singulares. Incipiamus à lege 24. Sciendum est, libertum, qui tutor vel curator datus fuit liberis patroni aut patronæ impuberibus, aut adolescentibus, cogi tutelam, aut curam suscipere omnimodo, nec ullum privilegium excusationis habere. Multæ sunt justæ causæ, quæ alios excusant à tutela & cura, nulla harum excusat libertum à tutela, vel cura filii sui patroni vel patronæ: non excusat onus seu numerus liberorum, non onus trium tutelarum, sed neque ulla alia causa, quæ alium excusaret. Et hoc est ex Senatusconsulto facto auctore D. Marco, *l. libertos, C. de excusat. tut.* Et hoc locum habet, etiamsi libertus jus aureorum annulorum impetraverit, id est, si in equestrem ordinem redactus fuerit, *l. 14. h. tit.* nam in aliis causis libertus, qui jus aureorum annulorum impetravit, habetur pro ingenuo, non pro libertino. In hac causa non habetur pro ingenuo, ut possit se excusare, quantumvis habeat justam causam. Verum Senatusc. non intelligitur de liberto quolibet, sed de eo, in quo manumissor plenum jus patronatus habet, & in quo liberi ejus plenum jus patronatus habituri sunt, *l. libertus, de tut. & curat. dat.* ut puta, si sponte & ultro eum manumiserit: hoc enim casu, si tum miserit manu nulla cogente necessitate, nanciscitur in plenum jus patronatus: nam si quasi debitor ex causa fideicomisso eum manumiserit, si non donaverit, si non dederit ei libertatem, sed solvit, si debitam libertatem, non gratuitam præstiterit, fiet quidem is libertus, & ille patronus, sed non in plenum: namque omnia jura patronatus non habebit, omne jus in liberto non habebit, quale haberet in liberto sponte manumisso: hæc enim tantum habebit, ut ejus liberti, quem manumisit ex causa fideicom. sit tutor legitimus, si sit impubes, *l.13. de tut. & cur. dat.* & ut non possit ab eo in jus vocari sine venia prætoris, *l.9. de in jus voc.* & præterea, ut ad bona ejus venire possit quasi patronus, vel ab intestato, vel ad bonorum possessionem unde legitimi, vel si testamento ejus liberti præteritus sit, per bonorum possessionem contra tab. quod ostenditur in *l. qui ex causa 29. de bon. libert. l.3. §. 1. de suis & leg. hered.* Tria habet quasi patronus, qui manumisit ex causa fideicommissi, quique invitus manumisit secundum voluntatem defuncti, qui non magnum beneficium dedit, qui potuit cogi dare. Cetera autem jura patronatus non habet: primum invito liberto non potest donum, munus, operas imponere, *comme avoient huyles Seigneurs sont à leurs subjects en quatre cas,* qualia onera hodie imponimus clientibus sive vasallis: ei quem manumisit sponte, potest libertatis causa donum, munus, operas imponere: ei, quem manumisit ex fideicom. non potest imponere: & si imposuit, non potest petere, *l.7. §. rescriptum, l. si quis hac lege, §.1. Campanus, de oper. libert. l. mater, C. eod.* nisi sc. sit filius defuncti, qui rogatus est manumittere, & pater voluerit eum plene jus patronatus habere, *d. l. qui ex causa:* nam hic poterit etiam operas imponere, quia & directo manumisso à patre inter vivos posset operas imponere quasi patroni filius, non directo manumisso testamento: nam hic patronum non habet: libertinus potius est, quam libertus, neque etiam proprie est libertus sine patrono. Et ita est accipienda lex *si filius, in pr. de fideic. liber.* Ergo proprie est libertus sine patrono, & filius defuncti rogatus servum hereditarium manumittere, poterit ei operas imponere, maxime si ita censeat patronus, si non refragetur voluntas patroni, & tamen si testator rogasset extraneum heredem, ut manumitteret, & palam dixisset se velle, ut uteretur is heres pleno jure patronatus, hoc jure non uteretur, id est, non poterit donum, munus, operas imponere, quia non quæcunque scripta sunt in testamento valent, aut servanda sunt: non sane, nisi quatenus congruit legib. & constitutionib. nam non potest facere testator, ne leges & constitutiones in suo testam. locum habeant, & ita provisum est in hac specie *l. cerdonem, de oper. libert. l. videndum, de leg. 1.* Constitutiones vetant imponi operas manumisso per fideicom. nec igitur potest testator efficere, ne iis constitutionib. sit locus, quæ noluerunt onerari libertatem nisi eam,

eam, quæ ultro & sponte præstaretur, & nulla necessitate cogente. Secundo, non potest desiderare patronus, si sit egenus, ut libertus eum alat, quod tamen solent patroni à libertis desiderare, quos sponte manumiserunt, sed ille non potest, *l. 5. §. si quis a libert. de lib. agnosc.* Tertio, non potest eum ingrati accusare, *l. 1. C. de libert. & eor. lib.* atque ita revocare, redigere in servitutem. Ingrati actio, hoc est, revocatio in servitutem, rescissio libertatis, datur tantum iis, qui sponte manumiserunt. Item si is, qui rogatus est manumittere, eum manumiserit suo testamento, & sibi heredem fecerit, non erit ei heres necessarius, *l. si servo, de hered. instit.* Servus domino, est heres necessarius civili & prætorio jure, si eum sponte in testamento manumiserit, nulla cogente obligatione, non aliter. Item liberta, quæ manumissa est ex causa hujusmodi fideicom. si nupserit manumissori, potest ab eo divertere vel discedere, & alii nubere etiam invito eo, quod tamen non posset ex *l. Julia & Papia*, si sponte esset manumissa, quod ostenditur in *l. ult. de divort. l. proxime, de rit. nupt.* Et excipienda est hæc liberta, quæ est manumissa ex causa fideicom. a lege Julia & Papia. Denique lex Jul. & Pap. quæ vult, ne liberta divertat invito patrono, de eo accipitur, qui sponte manumisit nulla necessitate cogente. Hic enim est proprie aut vere patronus. In hunc congruunt omnia jura patronatus. Ac postremo, ut ostendit Pap. in hac *l. 24*, quod non est alias scriptum, libertus hujusmodi non cogitur suscipere filiorum patroni tutelam, si habeat legitimas excusationes: liberto quem dominus manumisit sua sponte, aufertur privilegium excusationis: huic, quem dominus quasi debitor manumisit, non sua benignitate, reservatur. Et hoc est, quod ait Papinianus hoc loco.

### Ad L. ult. Si quis a parente manumissus.

*Divus Trajanus filium, quem pater male contra pietatem afficiebat, coegit emancipare: quo postea defuncto pater, ut manumissor bonorum possessionem sibi competere dicebat. Sed consilio Neratii Prisci & Aristonis ei propter necessitatem solvendæ pietatis denegata est.*

DIxi, patronum hujusmodi, qui manumisit ex causa fideicommissi habere possessionem contra tabul. si præteritus sit, si in testamento ejus liberti silentio omissus sit, & quod ait Papin. non tantum excipiendum est de patrono: nam hoc etiam obtinuit non tantum in filio defuncti, *l. 1. C. de bon. possess. contra tab. lib.* sed etiam in alio quolibet herede defuncti, *d. l. qui ex causa, l. 3. §. 1. de suis & legit.* Sed forsitan hoc non ita procedit, ut possit petere bonorum possessionem contra tabulas & consequi legitimam debitam patronis, si coactus à prætore eum manumiserit, si in jus vocatus fuerit, ac tandem damnatus fuerit eum inanumittere: nam eodem etiam libro Papin. scripsit in *l. ult. si quis a parente man.* patrem, qui coactus emancipavit filium, hoc est, vendidit, ac deinde redemit, & manumisit, non habere bonorum possessionem contra tabulas filii, si sit præteritus in testamento filii. Quid? cogitur pater filium emancipare, non quidem regulariter, sed exstant casus quidam, quibus cogitur, maxime a principe, non a quolibet magistratu, si filius ab eo atrociter tractetur contra officium pietatis, si male afficiatur a patre, si pater nimium in eum sæviat, idque liqueat principi, coget principem patrem eum emancipare, quia patria potestas consistit in pietate. Et cum auctoritate Adriani aliquando pater ob eam causam coactus fuisset emancipare & manumittere filium, deinde mortuo filio testato, & præterito patre, patri denegata est bonorum possessio contra tabulas, quæ tamen alias competit patri manumissori, ut patrono: ut filio sic patri competit querela inofficiosi. Igitur, si sit præteritus testamento filii, alias vel ut pater aget querela inofficiosi, vel alias poterit petere bonorum possessionem contra tabulas, ut patronus, si manumissor exstiterit, *l. pater, de inoffic. testam. l. 1. si quis a par. manumis.* huic tamen patri, qui coactus fuit manumittere, & emancipare filium, etiam præterito testamento filii, de-

negata est bonorum possessio contra tabulas, *consilio*, inquit, *Neratii Prisci & Aristonis*. Ex quo loco patet & intelligitur, illos duos Trajano fuisse a consiliis, Neratium scilicet & Aristonem, & Trajanus etiam hunc Neratium destinarat successorem imperii. Cur denegata est bonorum possessio? *propter necessitatem*, inquit, *solvendæ pietatis*, hoc est, quia coactus emancipaverat, quia coactus dissolverat patriam potestatem. Pietas pro potestate Tertullian. in Apolog. *Gratius est pietatis, quam potestatis vocabulum, l. divus, ad leg. Pomp. de parricid.* Patria potestas in pietate consistit. Et hoc est, quod dicitur in hac lege.

### Ad L. L. ad Trebell.

*Imperator Adrianus, cum Vivius Cerealis filio suo Vivio Simonidi, si in potestate sua esse desiisset, hereditatem restituere rogatus esset, ac multa in fraudem fideicommissi fieri probarentur, restitui hereditatem filio jussit, ita ne quid in ea pecunia, quamdiu filius ejus viveret, juris haberet: nam quia cautiones non poterant interponi conservata patria potestate, damnum conditionis propter fraudem infixit: post decretum autem auctoritatem, in ea hereditate filio militi comparari debuit, si res a possessoribus peti, vel etiam cum debitoribus agi oporteret: sed paternæ reverentiæ congruum est, egenti forte patri officio judicis ex accessionibus hereditariis emolumentum præstari.*

ULtima lex est 50. ad Trebel. quæ etiam singularis est, & valde elegans. Pater heres institutus est, & rogatus restituere hereditatem filio, ea conditione, si in sua potestate esse desiisset, cum esset sui juris. Interim multa pater fecit intervertendi fideicom. causa, disperdit, profligat bona hereditaria, quomodo consuletur filio? deerat auxilium juris filio. Sed in hac specie, patre non conservante hereditatem fideicomm. filio in diem conditionis, sed interim dissipante omnia, Imperator Adrianus decrevit, ut pater restitueret filio statim: etiamsi esset in potestate sua ante conditionem, ita ut in ea hereditate pater nihil juris haberet vivo filio. Recte, vivo filio: nam mortuo filio in familia superstite patre, ea hereditas redit ad patrem, sicut omne peculium filiifamilias. Quo igitur casu fideicommissi hereditas restituitur ante conditionem, & ut loquitur Adrianus, infixit damnum conditionis, dum fideicommissum repræsentari voluit: quomodo dicatur damnum voluntatis in *l. 23. §. servum, de fideicomm. libert.* Evenit etiam alio casu, ut fideicommissaria hereditas restituatur ante conditionem, videl. si heres sit compulsus adire: nam hoc casu etiam restituet, non expectata fideicommissaria conditione, *l. apud, §. ult. l. si cui pure, ad Trebell.* Cui sententiæ nihil obstat *l. sed si est ante diem, §. cum patre, eodem.* Paucis explicanda est species: pater heredem instituit, eumque substituit filio exheredato, & rogavit, ut omnem hereditatem, quæ ei obveniret ex substitutione, restitueret Titio: an à Titio heres instituitur poterit cogi adire, ut valeat substitutio, & fideicommissum? Non potest. Utitur duplici ratione. Prima est, quia fideicom. est relictum sub conditione: ergo a fideicommissario non potest cogi adire, antequam conditio exsistat. Hæc ratio, ut inquit Accurs. non est idonea. Igitur aliam subjicit: deinde, quia non probe agitur de hereditate viventis pueri, quæ est idonea ratio. Et hoc solemne juris auctoribus, ut utantur duabus rationibus a rhetoribus sumpto ἀνατάσει & ἀντικαταστάσει, quando prior est minus idonea, alioqui superflua esset posterior. Unius enim rei una tantum ratio est. Ergo evenit etiam in casu h. l. propter mores patris, ut repræsentet filio fideicommissum: atque ita fit, ut filius fam. habeat bona pagana propria, quamdiu vivit: nam hæc certe non sunt castrensia, non quasi castrensia, sed pagana sive paganica: mores patris faciunt, ut repræsentetur filio fideicomm. ut quasi a patre profecta ab eo retineatur hereditas. Dices, alia ratione potuit consuli filiofamil. puta exacta cautione a patre, & satisfactione de non minuenda,

deva-

devastanda hereditate, quæ cautio præstatur de hereditate tam fideicommiss. quam etiam directa, *l. hac stipulatio, ut leg. nom. cau. l. 4. C. ut in pos. leg. l. inter, qui satisfa. cog.* Sed respondeo, non potuisse interponi hanc cautionem, quia filiusf. a patre, in cujus est potestate inutiliter stipulatur, & prius stipulari oportuit a patre, alioqui fidejussores non obligarentur: ergo cum non posset interponi hæc cautio, damnum inflixit. Inter patrem & emancipatum filium potest cautio interponi, sed plerumque etiam remittitur patri propter reverentiam paternam. Duobus tamen casibus non remittitur restituendæ hereditatis cautio, id est, filius emancipatus exigit cautionem a patre. Uno, si testator nominatim præceperit patrem satisdare de hereditate restituenda filio: & altero casu, si transeat ad secundas nuptias, *l. jubemus, §. 1. C. ad Treb.* & in *Nov. 22. l. filio, ut leg. nomine cau. in fine*. Exposito hujusmodi decreto Adriani, ait Papinian. post illud decretum Adriani, filiumfam. paganum in ea hereditate comparari militi, qui habet castrense peculium. Constitutiones fecerunt, ut miles & filiisfa. haberentur pro patribusfam. in castrensi peculio. Decretum Adriani facit, ut filiusfa. paganus in ea hereditate, & in specie hujus l. habeatur pro patrefam. Ergo aget hereditariis actionibus, quæ in eum transferunt restituta hereditate ex Trebell. Senatusconsul. aget, *inquam*, etiam non adjuncta persona patris: nam quod potest filiusfam. miles in castrensibus, idem potest in hac specie paganus: sed hoc interest, quod filiusfam. miles potest testamentum facere de peculio; filiusfam. paganus etiam in ea hereditate non potest testamentum facere, sicut nec de peculio pagano, cujus proprietas hodie ex constitutionibus Justiniani ad filiusfa. pertinet, ususfructus solus est patris, sicut & omnium bonorum adventitiorum. Hodie igitur filiusfa. est proprietarius, non tantum hujus hereditatis, sed & adventitiæ cujuslibet: sed hujus hereditatis est etiam ususfructuarius. Ceteroquin non poterit de ea facere testamentum. Et hoc est, quod dicit, *quandiu filius viveret, nihil juris patrem in ea hereditate habere*. Vivus filiusfamil. in ea hereditate pro patrefamil. habetur, mortuus pro filiofam. & inutile est testamentum, quod de ea hereditate fecerit, quia *quandiu vivit duntaxat, jus omne habet in hereditate*. Verum subjicit eleganter in fine, *si pater sit egenus, si inopia laboret, qui repræsentavit fideicommissum ex decreto principis, officio judicis ei esse præstandum emolumentum ex accessionibus*, id est, *ex fructibus ejus hereditatis*. Emolumentum autem hoc loco, id est, alimonia patri egeno esse præstanda, ut plerumque sic emolumentum accipitur, *l. 3. §. generaliter, l. ult. si cui plusquam per leg. Falcid. l. dominus, de usufruct. l. Mævius §. pen. de legat. 2.* accipitur pro usufructu, ab emolendo, ut Persius ait, *Granaria emole,* & *Cæsar, sine magno commeatu & emolumento, quem locum quidam corruperunt.*

## JACOBI CUJACII J.C.
### COMMENTARIUS
In Lib. XII. Quæstionum ÆMILII PAPINIANI.

Ad L. LXIII. de Rei vindic.

*Si culpa, non fraude quis possessionem amiserit, quoniam pati debet æstimationem, audiendus erit a judice si desideret, ut adversarius actiones suas cedat, cum tamen prætor auxilium quandoque laturus sit quolibet alio possidente, nulla captione adficietur. Ipso quoque, qui litis æstimationem perceperit, possidente, debet adjuvare, nec facile audiendus erit, si velit postea pecuniam, quam ex sententia judicis periculo judicati recepit, restituere.*

LIBRO XII. Quæstionum Papiniani initium dat *l. 63. de rei vind.* quæ tametsi non esset inscripta Papiniani, stylus ipse statim proderet esse Pap. nemo alius tam graviter scribit, neque tam multa paucis complectitur. Egi rei vindicatione cum eo, qui rem meam bona fide possidebat: post litem contestatam; is ejus rei possessionem amisit culpa sua, an mihi condemnabitur culpæ nomine? Et de hac re ita definitum est, si post litem contestatam judicio in rem bonæ fidei, possessor, unde petitur, ejus rei possessionem amiserit sua culpa, culpæ nomine condemnabitur, *l. qui petitorio §. 1. h. tit. l. si servus §. item cui Julianus, de evict.* Declaremus hoc exemplis. Finge: Rei vindicatione petitus est homo a domino: dominus petiit servum per rei vindicationem a bonæ fidei possessore: pendente lite is servum per insidiosa loca misit & periit, vel etiam non custodivit, non vinxit, cum ejus conditionis, eorum morum esset, ut custodiri aut vinciri debuerit, fugitivus forte, & is dum non custoditur, aufugit, nec facile recuperari potest, vel etiam is, unde petitur, pendente lite hominem petitum permisit in arenam descendere, & jugulatus est, vel etiam nave petita is, unde petebatur navem navigatum misit, & periit, vel etiam eam misit non idonea tempestate, puta brumæ, non idoneo tempore, vel etiam navigatum misit, & idoneo tempore, sed non idoneo gubernatori commisit, & periit naufragio: culpæ nomine damnabitur, quia culpa ejus res interim periit; atque ita bonæ fidei possessor non tantum præstat dolum, sed etiam culpam; post litem contestatam culpam præstat. At videamus, culpæ nomine in quantum condemnetur; nam tanti condemnatur, quanti litem æstimaverit. Judex litis æstimator erit. Judex, alias litem æstimat, id est, rem, de qua lis est. Judex justo pretio: aliquando litem æstimat actor juratus, id est, dato jurejurando in litem æstimandam scil. id est, jurat se tanti rem æstimare, quod jusjurandum non necesse est redigi ad pretium justum: nam æstimabit etiam injusto pretio: æquum est enim, ut unusquisque rei suæ pretium, quod volet, faciat. Verum quum culpa bonæ fidei possessoris post litem contestatam res periit, non tanti lis æstimabitur, quanti actor in litem juraverit: sed quanti judex æstimaverit, id est, quanti ea res erit. Inferet ergo reus æstimationem, quam dixerit judex. Sed æquum est, si hoc desideret reus, qui nondum usucepit, ut actor, qui fert litis æstimationem, ei cedat actiones suas, id est, cedat actionem sua, rei vindicatione, scil. & eum faciat procuratorem in rem suam, ut is rem vindicet a quolibet possessore tanquam dom. Aget vindicatione recte, quasi procurator domini, id est, ex cessione sive mandato dom. Et hoc ostenditur in *l. 2. in pr. &. 1. h. t.* Ergo non aliter cogetur reus sufferre litis æstimationem aut solvere, quam si actor ei cedat rei vindicationem, quæ ei competit jure dominii. Sed ut ostendit Pap. hoc loco, etiam sine cessione reo, qui subjit litis æstimationem, a prætore dabitur vindicatio utilis, id est, Publiciana actio, non directa vindicatio, licet videatur rem emisse præstita æstimatione, quia quum res abest, non aliter sit dominus is, qui subit litis æstimationem, quam si ejus possessionem apprehenderit, ut præstita æstimatione litis non aliter sit dom. servi, quam si in fuga, quam si possessionem servi ejus apprehenderit, *l. hac si res, h. t.* Concludamus igitur hoc modo. Reus cujus culpa res abest, post litem contestatam condemnatur, quanti ea res est culpæ nomine, sed rem persequitur, vel ex cessione domini cui solvit litis æstimationem directa vindicatione: vel sine cessione, utili vindicatione, id est, Publiciana: quum nondum usucepit, & initio possedit bona fide, justoque titulo. Et hoc est quod ait in priore parte *h. l.* bonæ fidei possessorem, qui possessionem non fraude amiserit, condemnatum æstimationem litis præstare, posse desiderare ut adversarius actiones suas cedat, id est, vindicationem directam: quamvis nulla captione afficiatur, ea non cessa. Cum prætor auxilium quandoque id est, quandocumque laturus sit, data Publiciana scil. ergo desiderabit sibi cedi: sin minus, prætor ei semper dabit Publicianam. Et subjicit in posteriore parte, etiam ei dari Publicianam adversus dominum, si forte dominus ejus rei, cujus æstimationem accepit, possessionem nactus sit; postea nec obstabit exceptio justi dominii, quia Publiciana obstare solet. Nam Publiciana dari solet tantum adversus extraneum possessorem, forem, non adversus dominum *l.pen.tit.seq. de Publ.in rem act. l.mandatum* 57. *mand.* sed sunt 4. vel 5. casus quibus Publiciana datur etiam adversus dominum, nec obstat agenti exceptio dominii. Unus est in hac l.cujus ratio est elegans & evidens: nam si non esset efficax actio Publiciana adversus dominum, dominus haberet & rem & æstimationem. Quod est iniquum. Imo vero, ut idem Pap. in fine demonstrat, non auditur dominus, cum quo agitur Publiciana, si velit, ne rem restituat omnia retro agere, & retractare, id est, si paratum se esse dicat pretium, & litis æstimationem restituere, se malle rem quam pretium redditurum, modo sibi res non auferatur Publiciana: non auditur, quia in potestate venditoris non est recedere a venditione, quæ perfecta est invito emptore, litis æstimatio venditio est, *l.litis æstimatio*, D.*pro empt.* Qui litis æstimationem solvit, rem retinet: aut recipit postea atque possidet & usucapit pro emptore. Emptor est, qui solvit pretium rei, etiamsi dominus pretium non fecerit ejus rei, sed judex: sunt necessariæ quædam venditiones. Ergo is, qui litis æstimationem pertulit, actione Publiciana invito domino rem auferet. Qui litis æstimationem pertulit suo periculo, ut ait; Ait enim, *actorem accipere litis æstimationem periculo judicati*, id est, condemnati, ut Accurs. Quomodo periculo condemnati? quia solvit pretium sub incerto, sub alea, ejus forte rei nunquam recuperandæ, quia damnum facit suæ pecuniæ, etiamsi rem non recuperet. Ergo æquum est, ut ita pretium domino intulerit suo periculo, sive rem possit recuperare sive non actione Publiciana; invito domino rem auferat, quæ forte postea ad dominum pervenit. Et hoc est quod ait in posteriore parte hujus *l.ipso quoque possidente*, *qui litis æstimationem perceperit* adjuvari debere eum qui eam præstitit; scilicet per eandem actionem institutam, id est, per Publicianam, quæ etiam datur adversus dominum. Repetamus definitionem initio propositam. Si post litem contestatam bonæ fidei possessor culpa sua amiserit rei possessionem, culpæ nomine condemnatur, quanti ea res est, id est, quanti judex arbitratus fuerit. Ait enim Pap. *ex sententia judicis*, id est, æstimatione judicis, rei pretium præstabit actori, æstimationem igitur, non fieri jurejurando actoris, sed sententia judicis sola. Definitio illa sic ait, *si post litem contestatam*. Quid si ante litem contestatam rei possessionem amiserit, culpa sua? Rursus ait, *si post litem contestatam amiserit culpa sua.* Quid si dolo amiserit vel fraude? & rursus quid si sine dolo, sine culpa? Præterea definitio loquitur de bonæ fidei possessore. Quid in malæ fidei possessore juris est? hæc omnia explicanda. Et primum si bonæ fidei possessor ante litem contestatam culpa sua rem amiserit, an præstabit culpam? minime: dolum dumtaxat præstabit, si forte rem alienam esse cognoverit, quam initio possederat bona fide. Ante litem contestatam interpellatus & conventus a dom. aliud est conventio, aliud litis contestatio. Conventio potest præcedere litis contestationem. Conventio est interpellatio & admonitio: & ita, si post dolo malo effecit, ut res interieret, utique dolum præstabit præteritum, id est, admissum ante litem contestatam, culpam non præstabit, *l.si homo hoc tit.* Rursus quæro, quid si dolo malo possidere desierit post litem contestatam? pro possessore habebitur. Et hoc est quod dicimus, dolum esse pro possessione, *l.22. h.t.* Quanti condemnabitur? sane tanti condemnabitur hoc casu, quanti actor in litem juraverit; quod jusjurandum plerumque judex sequitur, etiamsi juraverit in infinitum, quamquam judex possit moderari, refrenare jusjurandum, moderari æstimationem. Ex eo tamen jurejurando plerumque nihil minuit, sed tanti damnat reum, cujus dolo res periit, quanti actor juratus æstimaverit rem suam: nam æstimanti rem sine jurejurando actori fides non habetur: ac præterea illata ea æstimatione secundus jusjurandum actoris, actor non tenetur, non cogitur ei cedere actiones suas, quia dolo desiit possidere; non habebit etiam ipse, qui intulit æstimationem litis, actionem Publicianam, neque adversus dominum, neque adversus alium possessorem, *l.qui restituere, cum l.seq. h.t.* Quibus solet opponi lex *in depositi, de re jud.* Finge: Actum est depositi vel commodati cum

depositario, vel commodatario: post res deposita, vel commodata interiit dolo rei: sustinebit æstimationem litis, de eo nemo dubitat, sed succurretur ei, ut dominus cedat actiones suas rei persequendæ causa, compulso domino ad cedendum ei actionem suam rei persequendæ causa, cujus ille pretium intulit. Cur ergo etiam in casu proposito, quando is, qui dolo desiit possidere, æstimationem intulit judicio in rem, quare non cogitur actor cedere actionem suam? Distinguenda sunt in hac re bonæ fidei judicia a strictis. In judiciis bonæ fidei officio judicis is, qui condemnavit reum, cedet actiones suas reo, officio judicis, quod est certissimum in strictis, ut in actione in rem, etiamsi sit arbitraria actio, non est latissimum officium judicis: Et falsum est, quod Græci dicunt, actionem arbitrariam imitari bonæ fidei actionem, imo stricta est actio, quia stricta est, in qua tamen aliquid possit officium judicis, sed non quodlibet; in qua tantum possit aliquid arbitrium judicis. Notanda est hæc differentia inter judicia bonæ fidei & arbitraria, quod genus est strictorum judiciorum: nam sunt arbitraria vel non. In actionibus bonæ fidei is, cujus dolo res abest, si solverit litis æstimationem, actor cogitur ei cedere actionem suam, non in arbitrariis, a multo minus in non arbitrariis. In judiciis bonæ fidei officium judicis est latissimum, non in arbitrariis. Et in judiciis bonæ fidei insunt omnes exceptiones, id est, supplentur officio judicis, omittuntur a reo sine periculo, non etiam in arbitrariis, *l. Pap. l.seq. de Pub. in rem act.* In judiciis bonæ fidei exigitur cautio ante litem, ut dicitur in *l. in omnibus*, *de judic.* in arbitrariis idem non obtinet. Ac postremo, in judiciis bonæ fidei veniunt fructus, etiam percepti ante litem contestatam, non etiam in arbitrariis, nisi extent, *l.2. C. de pet. hered.* Arbitraria ergo judicia, nec sunt bonæ fidei, nec imitantur judicia bonæ fidei. Imo origine sunt stricta, atque eventu ut plurimum. Rursus quæritur, quid sit dicendum, si bonæ fidei possessor post litem contestatam sine dolo & sine culpa rem desierit possidere? hoc casu absolvitur non quidem omnimodo: namque actor potius vincit quodammodo, ut Theoph. demonstrat in tit. *de divis. stip.* Videamus quomodo? Quia absolvitur quidem reus, qui vacat dolo atque etiam culpa, quo enim nomine condemnaretur? Sed si rem usucepit interim: nam litis contestatio non interrumpit usucapionem, cogitur domino cedere actiones suas, id est, rei vindicationem, *l.21. h.t.* Ac præterea debet cavere de ea re restituenda, si in suam potestatem pervenerit, non de ea re requirenda & persequenda suis sumptibus, sed de restituenda tantum, si casu quodam ad se redierit, imo & de persequenda, si non cedat actionem suam, ut Theoph. declarat. Sed si non usucepit rem, absolvitur omnino, quia non habe- actionem quam cedat, & quia supervacua esset cautio, cum rei persecutio sit domino salva, nondum impleta usucapione: dominus enim rem persequi potest, ut ait lex 21. *h.t.* rationem tamen reddit utroque casu, id est, sive usucepit, sive non, de fructibus, quos percepit eo tempore quo possedit, *d.l. 21.* Postremo quæritur, quid sit dicendum in possessore malæ fidei? Primum possessor malæ fidei ante litem contestatam culpam præstat, quod supra diximus non obtinere in bonæ fidei possessore, *l.si homo, hoc tit.* Ergo multo magis culpam etiam præstat post litem contestatam, quam præstat etiam bonæ fidei possessor, sed durior erit condemnatio malæ fidei possessoris: nam ei non cedet dominus actione sua, & non dabitur ei Publiciana, quæ datur bonæ fidei possessori: & præterea, non quanti res erit condemnabitur, sed perinde ac dolo nomine, qui conduplicatus in eo intelligitur post litem contestatam, etiamsi non manifesta fraus arguatur, sed culpa tantum, aut negligentia. Et ita non est perpetuo verum, quod dicitur, *post litem contestatam omnes possessores pares esse.* Id non obtinet in hoc casu, quod obtinet in aliis: nam bonæ fidei possessor fatum non præstat, id est, si res post litem contestatam interierit suo fato: malæ fidei possessor, fatum præstat post litem contestatam, si modo res non erat interitura apud dominum, *l.illud, de pet. hered.* Atque ita in eo etiam sunt dispares, ac etiam in alio, quia bonæ fidei possessor, quod
adqui-

adquirit servus, qui petitus est, post litem contestatam ex re ejus ei adquirit, non domino, nec id venit in restitutionem, quia ex re ejus partum est, quod ipsum veniret in restitutionem, si malæ fidei possessor esset, quod indicat l. 20. hoc tit. Atque ita his tribus casibus omnes possessores pares non sunt post litem contestatam.

### Ad L. XIV. de Tut. & curat. dat.
*Libertus non aliis patroni, patronæve liberis tutor esse cogitur, quam qui jura patronatus sperare possunt.*

Sententia l. 14. de tut. neque ab Accursio, neq. ab aliis explicatur: nam qui ad eam notantur loci, nihil pertinent ad legis sententiam, nihil ad verba. Intelleximus l. 11. ex l. 24. de excus. tut. libertum datum tutorem liberis patroni, patronæve, compelli tutelam suscipere vel curationem, etiamsi privilegio aliquo excusationis subnixus sit, omne ei privilegium excusationis auferri ex Senatusconsulto, quod tamen Papin. docuit d. l. 24. locum non habere in liberto, quem quis compulsus ex causa fideicomm. non sponte sua manumisit. Et in hac l. 14. idem Papin. docet, id locum habere in liberis patroni, qui jura patronatus sperare possunt: locum igitur non habere in liberis patroni, qui jura patronatus sperare non possunt. Et *jura patronatus* vocat jus excellentiæ, ut alibi *jura succedendi* in *bonis liberti per bonorum possessionem, unde legitimi ab intestato*, vel *per bonorum possessionem contra tabulas*, hoc est summum commodum patronatus, quod & *jus libertorum* dicitur, l. 13. hoc tit. Jus liberti, id est, jus succedendi liberto, cui nexum est jus tutelæ, nam quo successio, eo etiam tutela redit secundum regul. juris. Qui liberti sperat successionem, & ejusdem impuberis tutelam gerit. Ergo ut dixi, in h. l. 14. jura patronatus sunt jura succedendi liberto. Sunt autem quidam liberi patroni, qui hæc jura non habent, ut liberi exheredati, qui non succedunt liberto paterno, nisi pater nominatim caverit, ut exheredatus esset salvum jus patronatus, l. si pater exheredato, de bon. liber. Item liberi ejus patroni, qui contra legem Æliam Sentiam libertum jurejurando adegit, ne nuberet, ne liberos tolleret, nam hic ex lege Ælia Sentia non succedit liberto, nec liberi ejus: non habent jus succedendi, l. qui contra legem, de jure patr. atque ita sicut in l. 1. de leg. tut. dicitur, legitimos tutores esse eos, qui sperant successionem pupilli, ita, ut hoc loco proponitur, tutor datus filio patroni, ita demum repellitur ab omni excusatione, & tutelam suscipere cogitur, si pupillus speret successionem ejus, id est, si ipse patronus sit: nam & filius patroni, patronus dicitur, si jus habeat in bonis liberti, licet non sit principalis patronus. Et ita explicanda est hæc lex.

### AD L. XXXVIII. de Adm. tut.
*Si plures tutelam non administraverint, & omnes solvendo sint, utrum quia nulla partes administrationis inveniuntur, electioni locus erit? an ut ejusdem pecuniæ debitores excipere debebunt periculi societatem? quod magis ratio suadet.*

*§. 1. Si quidam ex his idonei non sint, onerabuntur sine dubio ceteri, nec iniquè, cum singulorum contumacia pupilli damnum in solidum dederit.*

*§. 2. Unde quærendum est, an actiones pupilli, ei qui solus convenitur, in alterum pro parte scil. præstare debeat? Sed cum propria uniuscujusque contumacia punitur, qua fronte poteris hoc desiderari?*

Quæstio est elegantissima, pro qua parte quisque tutorum conveniatur & condemnetur. Finge: Duo sunt vel plures tutores, & sciunt, se esse tutores ac cessant, id est, non administrant, quid fiet? Extra ordinem cogentur administrare, l. 1. in princ. hoc tit. l. 4. §. ult. rem pup. salv. fore. Extra ordinem, quod notandum, quia nulla est prodita actio eo nomine, qua cogantur, sed multæ coercentur, vel captis pignoribus compelluntur, quæ vocat strictiora remedia, l. 3. de susp. tut. sed possunt pertinaces, contumaces, refractarii, contemnere hæc remedia, & vel mulctati, vel coerciti capione pignorum perseverare in eadem cessatione. Quid vero tunc fiet? ut ostendit l. 3. vel tanquam suspecti removebuntur, & alii in locum eorum dabuntur, vel si nemo sit, qui postulet eos suspectos, omne periculum tutelæ sustinebunt. Quare maxime onerabuntur, & suo periculo cessabunt, l. 1. §. 1. hoc tit. & tenebuntur utili actione tutelæ: directa tenebuntur, qui administraverint, utili qui non administraverunt, d. l. 4. §. 1. rem pup. salvam fore. Sed si omnes tutores, qui cessarunt, solvendo sint eo tempore, quo finitur tutela, & inchoatur actio tutelæ, quæritur an pupillus quem volet ex iis eligere possit, eumque in solidum conveniri? Quod videtur: nam non potest pupillus actionem dividere pro rata administrationis, cum nullus administraverit: verum si omnes solvendo sunt litis contestationis tempore, cum eo scil. quem elegerit pupillus, licet singulorum dolus, id est, cessatio, mora, contumacia, pupillo damnum dederit, in solidum tamen, quia omnes locupletes sunt, omnes solvendo sunt. Is quem elegit pupillus, quemque convenit in solidum opposita exceptione efficit, ut actio dividatur inter collegas pro virilibus portionibus, exemplo plurium fidejussorum, vel mandatorum, qui habent beneficium divisionis ex epistola D. Adriani, si fuerint solvendo litis contestatæ tempore, si plures, Instit. de fidejuss. Duo rei ejusdem pecuniæ idem beneficium non habuerunt ante Novellam 99. fidejussores & mandatores habuere, sed non alii rei, præterquam tutores, qui tenentur judicio tutelæ, quod est bonæ fidei. Interpretatio bonæ fidei inducit divisionem periculi inter tutores. Certum igitur est plures tutores habere beneficium divisionis, sive omnes cessaverint, sive omnes administraverint. Qui cessarunt, dividunt actionem pro virilibus portionibus: qui administraverunt, dividunt administrationem, id est, actionem pro rata administrationis, si ea divisa fuerit a testatore vel a judice, non si ab ipsis tutoribus: si indivisa fuerit administratio, dividunt actionem pro virilibus portionibus, l. Divi, l. si duo. hoc tit. l. 1. §. nunc. de vat. dist. l. 2. C. de divid. tu. Addit l. Divi singulos tutores nonnunquam teneri in solidum, & condemnari scil. nec habere beneficium divisionis. Quod procedit his casibus tantum: nam & ait, nonnunquam. Si, exempli gratia, duo sunt tutores, primus & secundus, & primus graviter & bene gesserit tutelam, secundus ignaviter, vel omnino non gesserit, primus convenitur in solidum detracto beneficio, divisionis scil. si debuerit contutorem suspectum facere, & removere, nec fecerit, vel si a contutore satis non exegerit, cum sciret satis non exegisse magistratum municipalem, qui eum dedit, vel si contutorem tarde suspectum fecerit, ac propterea in lusorie eum suspectum fecerit, id est, ita ut pateretur se vinci, si defunctorie suspectum eum accusaverit, non strenue, sed sedulo. Et huc pertinet d. l. 2. C. de divid. tut. l. 2. & 5. de magistr. conven. His casibus tutor, qui hæc commisit, aut non perrigit sedulo, pro contutore tenetur in solidum: ac præterea his casibus contutor prius convenitur pro contutore suo quam magistratus municipalis, l. 1. §. usque adeo, de tut. & rat. dist. si modo in eo §. si legatur, ut ostendimus lib. 2. quæst. l. 2. de quib. reb. ad eund. jud. hoc modo, si tutores solvendo non sint, & alio loco, si tutor ob hoc conveniatur, quod suspectum facere vel satis exigere supersederit: quod Hugolinus animadvertit: ac præterea his casibus tutor, qui in solidum convenitur, condemnatur, non in sortem tantum, sed etiam in usuras, l. 2. de conven. lib. 12. quæst. Ulpian. refert in l. tutor qui repertorium 7. §. pen. hoc tit. & §. si post. depos. & seqq. Alias, antequam ad contutorem veniatur, excutietur tutor vel heres ejus, & fidejussor ejus, & magistratus municipalis qui eum dedit, & extremo loco pervenietur ad contutorem, l. Lucius 48. §. pen. hoc tit. Alias quoque contutor, qui pro tutore convenitur, non convenitur in usuras, nisi his casibus, l. 2. C. de usur. suæ administrationis nomine condemnatur in usuras, non nomine contutoris. Et generaliter iis, quos dixi esse excu-

excutiendos, excussis, sortis nomine tutor qui solvendo est convenitur pro contutore, qui solvendo non est. Inopia unius onerat copiam alterius, *l.2. de quibus rebus ad eund. jud.* Inde quæritur, si quis solverit pro contutore suo, an pupillus ei debeat cedere actionem suam adversus contutorem? Et distinguitur subtiliter hoc modo: si pro contutore solverit ex proprio dolo vel culpa contutoris, non communi, vel si solverit solidum ex communi culpa, & desidia, ex communi gestu, pupillus ei cedere debet actionem suam, eumque facere procuratorem in rem suam, & si forte non cedat ei, is nulla captione afficietur; nam ex constitutionibus tutori, qui ex his causis pro contutore solvit, datur actio utilis adversus contutorem, adeo ut non admodum desiderare debeat, sibi actionem directam cedi a pupillo: nam utilis idem est effectus, qui directæ. Et hoc ostenditur in *l.1. §.nunc tractemus, de tut.& rat.dist. l.ex pluribus, hoc tit. l.2. C. de cont.jud.l.2. C.de divid. tut.* Sed si tutor conveniatur in solidum ex dolo communi, neque cedet ei pupillus actionem suam adversus contutorem, neque utilis dabitur, *l.1. §. plane, de tut. & rat. dist.* ut in specie *h. l.38.* si omnes tutores cessaverint. Cessatio est dolus, sane est contumacia, & omnis contumacia fraus est, & dolus, nec nisi per abusionem dicitur fraus & dolus communis, neque enim delicti est societas sive communio. Est igitur uniuscujusque tutoris, qui cessavit propria contumacia, proprius dolus in solidum, id est, qui pupillum damno affecit in solidum, quare indignus quoque est quicquam consequi a doli. participe contutore, quando unusquisque suffert pœnam proprii doli, ut non sit æquum ei cedi actionem adversus alterum, cum non pro altero condemnatus sit, sed pro seipso ex dolo proprio. Et hoc est, quod dicitur, culpæ quidam societatem esse; doli, & generaliter, maleficii non esse: & rursus doli, & periculi: ex dolo communi societatem quidem esse, quod attinet ad beneficium divisionis, sed non quod attinet ad beneficium cessionis, sive utilis actionis in contutorem. Deinde, ut rectissime Bartol. inter plures contutores per contumaciam non gerentes tutelam, locum habere beneficium divisionis, non cessionis, quæ est verissima definitio legis, quam Azo conatus est pervertere : & est summa ratio differentiæ inter beneficium cessionis & divisionis: nam beneficio divisionis nihil consequor a contutore, sed me defendo, ne damner in solidum ultra virilem portionem. Beneficium divisionis est mera defensio, ut inquit idem Bartolus, & facile concedimus copiam defendendi se cuilibet. Beneficio autem cessionis consequerer a contutore meo partem ejus, quod ex meo proprio dolo persolvi: quod est iniquum, ut scil. damnum mihi præstet alter, quod sustinui ex meo proprio dolo: neq;enim doli societas est. Et ita eleganter Papin. constituit differentiam inter dolum & culpam: nempe hanc; eum qui solvit solidum ex dolo communi non posse desiderare, ut pupillus cedat sibi actionem suam adversus contutorem suum, non posse etiam desiderare actionem utilem. At eum qui solvit solidum ex proprio dolo vel culpa contutoris, juste desiderare, ut sibi cedatur actio in solidum adversus contutorem, vel si solverit ex communi culpa, ut sibi cedatur pro parte tantum, & sine cessione habebit utilem. Ego existimo Papin. hæc conjunxisse eis, quæ scripsi in *l. si culpa de rei vind.* quæ fuit 1. h. libr. & in qua ponitur similis, differentia inter dolum & culpam. Ita est copulanda hæc lex cum *d. l. si culpa.*

---

Ad L.ult. Rem pup. salvam fore.

*Si plures fidejussores a tutore pupillo dati sunt, non esse eum distringendum, sed in unum dandam actionem: ita, ut ei qui conveniretur actiones præstarentur: nec quisquam putaverit ab jure discessum, post quam pro ea parte placuit tutores condemnari quam administraverunt. Et ita demum in solidum, si res a ceteris non servetur, & idonea culpa detegatur, quod suspectum facere superseverit: nam æquitas arbitri, atque officium viri boni videtur eam formam juris desiderasse. Ceterum fidejussores civiliter in solidum obligati, ceteris qui-*

A *dem agentibus ut dividatur actio, impedire possunt: pupillo vero agente, qui non ipse contraxit, sed in tutorem incidit,& ignorat omnia, beneficium dividendæ actionis injuriam habere visum est: ne ex una tutela causa, plures ac variæ quæstiones apud diversos judices constituerentur.*

EXplicaturus sum *l. elegantissimam, l. ult. rem pup. salv. for.* Quod supra didicimus ex *l.si plures, de adm. tut.* idem aliqua ex parte repetitur in hac *l.* Si plures tutores sint, habere eos beneficium dividendæ actionis, id est pupillum a singulis, qui modo solvendo sint litis contestatæ tempore, compelli partes pro virili, vel pro rata administrationis petere: nonnunquam tamen tutorem idoneum in solidum teneri pro collega, qui non B sit idoneus: ut puta si suspectum eum facere potuerit, & debuerit nec fecerit, vel si tarde vel lusorie fecerit, vel si magistratum ab eo satis petere nec petierit, cum sciret magistratum ab eo satis non exegisse, & ita exprimitur partim in hoc loco, partim in aliis similibus, *l.etiam,de tut. l.2. l.5. de magistr.conven. l.1. §.usq;adeo, de tut.& rat.dist. L.tutor qui repertorium, §. pen, de admin. tut,l.2. C.de divid. tut.* Ex quibus locis explicandum est, quod ait *l. Divi, de adm. tut.* nonnunquam tutores in solidum condemnari, nec scindere actionem. Regulariter scindunt actionem, id est, pro parte tantum conveniuntur & condemnantur: nonnunquam etiam in solidum, quod idem proponitur in *h.l.ult.* Sed mendum est in verbis quibus in hoc loco proponitur. Mendum unum est in verbo (idonea) Ait enim, *pro ea parte placuit tutores condemnari, quam administrarunt,* id est, tutores, qui habent beneficium diC visionis. Sequitur exceptio, *si ceteri, &c.* vulgo legitur, *& idonea in culpa detegatur.* Recte legitur Florent. *& idonea culpa detegatur.* Floren. scriptura magis accedit ad veritatem, *& idonea culpa detegatur,* mutanda est una tantum litera, *& leg. idonei culpa detegatur.* Idoneum vocat tutorem, qui solvendo est, qui oneratur propter inopiam contutoris, quem suspectum facere supersedit. Auctores Basil. ita legisse apparet, si horum tutorum scil. quidam inveniantur non idonei, & idonei superseverint, eos veluti suspectum removere. Legendum est igitur, *& idonei culpa detegatur,* id est, negligentia idonei tutoris detegatur in non removendo non idoneo tutore, hoc scil. casu idoneus condemnatur in solidum, nec utetur beneficio divisionis. Et hæc de pluribus tutoribus. Nunc quæritur de pluribus fidejussoribus unius tutoris, qui pupillo caverint rem salvam fore, an hi etiam habeant beneficium divisionis. Proposuimus plures tutores habere beneficium divisionis exceptis certis casibus, sed quid de fidejussoribus tutoris unius? Et recte hoc quærimus, ut proponitur in hoc tit. Nam si plures sint tutores, & singulorum plures fidejussores, & singulorum singuli fidejussores, non est dubium, ut inter tutores, ita etiam inter fidejussores exemplo tutorum dividi actionem, *l. pupillus, de fidejuss. tut.* At plures fidejussores unius tutoris non possunt dividere actionem. Et hoc est, quod ait Papin. hoc D loco, pupillum non esse distringendum in plures adversarios: distringitur, qui cogitur dividere actionem, qui cogitur partes petere a singulis, nec potest eligere unum, cum quo agat in solidum: qui, ut est in fine hujus legis, ex una causa, ex uno negotio plures lites apud diversos judices instituere compellatur. Hoc plane est distringi, adire diversos judices ex una causa, pupillus non est distringendus. Ergo pupillo permittitur, cum quo velit ex fideE jussoribus a tutore datis in solidum experiri: Sed cogitur etiam vicissim, si hoc desiderat is, cum quo agit pupillus, ei cedere actionem suam, quod etiam hoc loco proponitur. Et ita cessio actionis necessaria in hac specie, quia consedejussori, qui solvit solidum, non datur utilis actio, nisi cessa sit, *l. ut fidejussor, de fidejuss.* Ex hoc loco intelligitur, quam probe conjungantur hæ tres leges, *l.38. de adm. tut.l.si culpa, de rei vind.& l. nostra,* quæ omnes tractant de cedenda actione a victore victo. Denique plures fidejussores unius tutoris non habent beneficium divisionis: & ideo potest pupillus agere in solidum, cum quo velit congredi in solidum, si modo ei cedat actionem suam adversus alios confidejussores. Unus tantum est casus in *l. pen. ff. de fidejuff. tut.* summe notandus, quo fidejussores tutoris beneficium divisionis habent. Sciendum est autem ante Novell. Justin. in actoris arbitrio fuisse, aut agere cum fidejussoribus statim, vel cum principali reo. Hodie creditor non habet electionem, sed excutere prius debet principalem: licebat olim actori, ergo pupillo cum quo vellet experiri. Finge: egit cum fidejussoribus, & eorum rogatu cum egisset, vel agere voluisset adversus eos, convenit tutorem, expertus est cum tutore, & cum stipulatus essem, rem pupillarem salvam fore, initio tutelæ susceptæ, nunc adolescens post finitam tutelam denuo stipulatus est ab eis de reddendo eo, quod non posset servare a tutore, cum quo prius agebat fidejussorum rogatu. Exegit a tutore quædam, sed non omnia: est residuum aliquid, & hujus residui petitio adversus fidejussores ex posteriori stipulatione: an divident actionem residui inter se? sic videtur, quia adolescens videtur onus fidejussorum suscepisse, qui post pubertatem denuo ab eis stipulatus est, quasi omissa stipulatione priore rem pupilli salvam fore, ut jam non possit cum quo velit experiri in solidum; sed habebunt beneficium divisionis: & hic est casus elegantissimus *l. pen, D. de fidejuff. tut.* Ad hæc quæritur. Cur plures tutores habeant beneficium divisionis, non etiam plures fidejussores tutoris? Proponitur differentia in hac l. & subjicitur elegantissima ratio, quia actio tutelæ, qua tenentur plures tutores, est bonæ fidei, & æquitas arbitri, atque officium boni viri, seu bona fides desiderat hujusmodi divisionem admitti, sive concedi pluribus tutoribus, maxime cum non propterea pupillus distringatur pluribus judiciis, quandoquidem plures tutores mittuntur ad unum eundemque judicem, *l. 2. de quibus rebus ad eund. jud. l. 5. C. arb. tut.* Quid igitur est bona fides? hoc loco est æquitas arbitri atque officium boni viri, hoc est bona fides, quam bonus vir existimaturus est. Arbiter & bonus vir idem est. Arbitrum & bonum virum vocat hoc loco judicem addictum judicio tutelæ, actioni tutelæ; & dicitur proprie arbiter in jure judex, quoties actio est de rationibus reddendis, & ea actio arbitrium dicitur, ut in *l. ult. C. arb. tut.* Ergo bona fides & æquitas exigit, ut in actione tutelæ toleretur divisio actionis inter tutores, ut conveniatur quisque pro parte tantum, ut dixi cum non distringatur pupillus, quandoquidem omnes tutores mittuntur ad eundem judicem ex constitutionibus: plures fidejussores non mitterentur ad eundem judicem, si inter eos divideretur actio, ut indicat hæc lex in fine. Idem non est constitutum in pluribus fidejussoribus, ut mittantur ad eundem judicem, quod in pluribus tutoribus. Et præterea actio ex stipulatu, qua fidejussores tenentur singuli in solidum, ipso jure stricta est actio, nec facile admittit æquitatem divisionis, præsertim agente pupillo, quem distringi injuriosum est: fateor, alio agente, quam pupillo fidejussores habere beneficium divisionis expedit. Divi Adriani, si omnes sint solvendo litis contestatæ tempore: sed ab epistola excipiuntur fidejussores, qui caverunt rem pupilli salvam fore: nam pupillo agente non habent beneficium divisionis: *pupillo,* inquam, *agente beneficium dividendæ actionis injuriam habere visum est.* Cur ita? quia æquum non est distringi pupillum, qui non contraxit cum tutore, qui eos fidejussores dedit, sed in eum incidit. Et hoc est quod dicitur, actionem tutelæ non esse ex contractu, sed quasi ex contractu: pupillus enim non contrahit, & tutor datur etiam pupillo invito, & ignoranti, & propterea æquum non est distringi pupillum, qui ignorat, quod agit. Et hoc est, quod dicitur pupillum non intelligere quid agat, pupillum ignorare, quod videt. Seneca in epist. *pupillum nondum rationalem esse.* Et ita multa habemus singularia ex duabus posterioribus legibus: fidejussores etiamsi solvendo sint, non habere beneficium divisionis agente pupillo, tutores vero habere beneficium divisionis, etiamsi alii duo rei principales ante Novell. non habebant illud beneficium divisionis. Hoc etiam singulare est, differentiam esse constituendam inter actionem bonæ fidei, & strictam. In bonæ fidei actione divisionem facilius admitti, in stricta difficilius. Verba Papiniani Accursius non intellexit (*nam æquitas*) Responsio est ad objectionem quæ præcedit.

### Ad L. X. de Suspect. tut.

*Decreto prætoris ut suspectus removtus, periculum futuri temporis non timet: iniquum enim videtur amoveri quidem a tutela, vel cura, in futurum autem non esse securum.*

Sententia *l. 10.* hæc est. Ad eum tutorem, qui ut suspectus remotus est decreto prætoris periculum futuri temporis non pertinere: nam iniquum est, inquit, removeri quem a tutela, & in futurum, post remotionem, non esse securum: alioqui si administrationis periculo etiam post remotionem obstringeretur, hoc esset removere nomine, non re, qui removetur tutor esse definit, *l. 4. §. pen. hoc tit. l. quod si forte. §. quod si remoto, de solut.* Et ita si quis pupillo facto pubere, facto suæ ætatis, tutor esse desinat, periculum futuri temporis ad eum non pertinet, nisi perseverat administrare, aut quid supersit, quod sit nexum cum superiori tutelæ administratione, *l. ult. C. de peric. tut. l. tutor, arbitr. tut.* Pubertate definit quis esse tutor. Remotione definit esse tutor: ergo utroque genere periculum administrationis definit pertinere ad eum: nam administratio transfertur in alium, isque in quem administratio transfertur, periculi successor esse incipit: nihil autem refert, quibus verbis quis removeatur: nam si prohibitus sit tutela abire, sive prohibitus sit tutelam gerere, utroque modo definit esse tutor. nec unquam jure civili sententiarum seu decretorum fuit una certa & perpetua formula: nam qualiacunque verba sufficiunt: plerunque tamen ita solet decernere prætor, dum rejicit suspectum: *quando Lucius Titius tutelam C. Seii ob inertiam gerere non potest*, *eum ob hanc causam tutela abire jubeo.* Exprimitur causa in sententia, vel ob rusticitatem, simplicitatem, dolum, fraudem, latam culpam, negligentiam, & exprimitur plerumque causa, ut appareat de fama & de existimatione: nam qui removetur ob inertiam, vel simplicitatem, non est infamis, qui ob dolum, est infamis: sed potest etiam prætor supprimere causam, & ita pronunciare: *quoniam Lucius Titius Caii Seii tutelam gerere non potest*. Et quoties non est expressa causa, etiamsi, quæ causa movit prætorem, si turpis, veluti doli mali, qui removetur non sit infamis, quod ex Papiniano traditur in *l. 4. §. 2. hoc tit.* nam actio proprie non infamat, sed verba sententiæ, quo jure utimur. Actio injuriarum est famosa, sed si verba sententiæ sint ita composita, ut rem obumbrent, ut mentionem non habeant injuriæ, conservabitur condemnati existimatio, nec fit infamis, quia causa condemnationis supprimitur data opera, ne fiat infamis: sententiæ est, quæ infamat, non lis. Tantum autem abest, ut ad eum, qui remotus est, pertineat periculum futuri temporis, ut nec ejus temporis periculum sustineat, quo pependit cognitio suspecti, sive accusatio suspecti: nam interim statim atque postulatus est suspectus, interdicitur ei administratio, & curator datur interim in locum ejus, quod ex eodem Papiniano est propositum in *§. si quis autem, Instit. de suspect. tutor. &* confirmatur *l. cum quem, C. cod. l. quod si forte. §. 1. de solut.* At periculum præteriti temporis, quod fuit ante susceptam cognitionem suspecti, proculdubio præstat, quod quidem incipit statim atque rejectus est, non antequam rejectus sit: tutor manet tutor etiamsi postulatus sit suspectus, antequam rejectus sit; ergo, cum eo agi non potest actione tutelæ, quia tutelæ agi non potest, nisi cum eo, qui tutor esse desiit. Ergo prius est removendus, quam agatur tutelæ judicio, vel negotiorum gestorum cum curatore, *l. actus, de administrat. tut. l. pen. C. de suspect. tut.* Et nihil est præterea, quod pertineat ad hanc legem.

Ad

### Ad L. XXIII. de Liberis & postumis.

*Filio, quem pater post emancipationem a se factam iterum adrogavit, exheredationem antea scriptam nocere dixi: nam in omni fere jure sic observari convenit, ut veri patris adoptivus filius nunquam intelligatur, ne imagine naturae veritas adumbretur, videlicet quod non translatus, sed redditus videretur: nec multum puto referre: quod ad propositum attinet, quod loco nepotis filium exheredatum pater adrogavit.*

§. 1. *Si Titius heres institutus, loco nepotis adoptetur, defuncto postea filio, qui pater videbatur, nepotis successione non rumpitur testamentum ab eo, qui heres invenitur.*

CErtum est, testamentum rumpi agnatione (*naissance*) sui heredis, veluti postumi, id est, si nascatur filius ex justa uxore post testamentum, qui quidem sit in eo testamento praeteritus sive omissus, id est, neque institutus, neque exheredatus: & praeterea non tantum rumpitur agnatione, sed etiam quasi agnatione, veluti adoptione vel arrogatione: ego acquiro mihi, sive adscisco mihi filium: atque ita quodammodo mihi videtur nasci sive adnasci filius. Ergo hic etiam, quia adoptatur, rumpet testamentum, si in eo sit praeteritus, *l. 8. in pr. 1. seq.* Verum quaero, quid sit dicendum, si is qui adoptatur post testamentum, in eo sit exheredatus. Rursus quaero, quid si inveniatur institutus? aut extraneus in testamento exheredatus est, & postea adoptatus est, aut filius emancipatus: nam est differentia constituta inter hunc & illum. Extraneus transfertur in potestatem adoptione: filius autem emancipatus revertitur, redit in potestatem: (*adoptione, sc.*) *il r'entre: extraneus redigitur, il entre in potestatem, l. qui liberatur, de adopt.* Et ut hic ait filius emancipatus redditur familiae, non transfertur. Si extraneus sit exheredatus in testamento, & postea adoptatus, illius adoptio rumpit testamentum, quia pro praeterito habetur: nulla est enim exheredatio extranei. Exheredare enim est adimere hereditatem ei, qui eam sperat ex lege, vel edicto praetoris. Extraneus eam non sperat, ergo in eo nulla est exheredatio, *l. quidam, de verb. oblig.* Quod si filius emancipatus exheredatus sit, in eo testamento exheredatio valet jure praetorio: nam praetori filius emancipatus non est extraneus patri: jure praetorio non habetur pro extraneo, jure civili est pro extraneo. Denique exheredatio emancipati valet jure praetorio, quia eo jure vocatur ad hereditatem, perinde ac suus: praetor in danda hereditate, vel bonorum possessione non separat suum ab emancipato: Et ideo si post emancipationem filius emancipatus adoptetur, non rumpet testamentum, nec quasi praeteritus petet bonorum possessionem contra tabul. quia invenitur jure exheredatus: nec quidquam refert, hic filius adoptetur in locum filii, an in locum nepotis: nam, quod est subtilissimum, commentum adoptionis sive fictio, non potest efficere, ut qui natura est filius, minus videatur esse filius: adoptio filii emancipati non potest efficere, ut is magis videatur esse filius lege quam natura: potius, non commentitius est filius, sed naturalis, & filius verus, etsi adoptetur in locum nepotis; filius est naturalis & verus potius, quam nepos adoptivus. Praevalent enim jura sanguinis, naturalia jura, & eleganter Papin. ait; *In omni fere jure sic observari, ut veri patris filius adoptivus nunquam intelligatur:* sic loqui solet Pap. ut in *l. 24. de excus. tut. & in l. in omni, de adop. in omni fere jure.* Et ait, fere, quoniam in potestatem redigitur, vocabulo adoptionis, vi adoptionis. Et subjicit rectè, *veri patris filium, verum filium adoptivum non intelligi,* quod veritas sit fictione potior, ne, inquit, *veritas adumbretur imagine naturae: veritas:* id est, ipsa naturae veritas suscipiendorum liberorum, ut Cic. loquitur *pro domo*, opponens eam adoptioni. Adoptio est jus civile: veritas est ejus naturae. Adoptio est imago naturae, & imitatio. Imago autem non debet aut potest naturae, hoc est, veritati, offundere caliginem. Quamobrem praevalet natura: & hic semper dicitur pro vero filio magis, quam adoptivo: at-

*Tom. IV.*

A que ita pro exheredato habetur, nec rumpit testamentum: nam invenitur jure exheredatus. Et hoc est, quod ait in prima parte hujus l. Et notandum, citari hunc locum ab Ulpiano in eandem rem, in *l. non putavit, §. si quis emancipatus, de bon. poss. cont. tabul.* Verum, quid si quis institutus sit, & postea adoptatus, an adoptione rumpitur testamentum, quasi agnatione sui heredis? Et dicemus multo minus rumpi: imo hoc casu non constituemus differentiam inter extraneum & filium emancipatum: valet enim institutio in utriusque persona: nam in utroque adoptio non infirmat testamentum, in quo adoptatus invenitur institutus; valet enim institutio utriusque personae, non exheredatio. Et ita proponitur in *l. 8. h. t.* ita proponitur etiam §. *ult. hac l.* Species haec est. Extraneum
B in testamento heredem scripsi: deinde eum adoptavi in locum nepotis, quasi natum ex meo filio: nondum est mihi suus, quia eum praecedit filius, sed si praemoriatur filius, mihi fiet suus, qui adoptatus est loco nepotis: mihi, inquam, fiet suus successione in locum filii ex *l. Velleja*. an successione rumpet testamentum? minimè: non quaero, an adoptione, quia non haec perse ei suitatem tribuit, sed successio facit suum, sed an rumpet testamentum? minimè, quia invenitur institutus, ergo non est praeteritus. Et hoc est, quod ait in §. *ult. hac l.*

### Ad L. LXXV. de Hered. Instit.

*Si filius substituatur ei a quo praeteritus est: non ut intestati patris, sed ex testamento habebit hereditatem: quoniam & quolibet alio substituto, si fuisset ab eo exheredatus, inde*
C *testamentum inciperet, ubi filius esset exheredatus.*

IN hac l. vulgo dicitur ab interpretibus, (qui non loquuntur accurate) non a juris auctoribus, non valere testamentum, id est, ipso jure nullum est, in quo filius suus est praeteritus. Ego nollem, ut quis uteretur hac sententia his verbis, nam est plerumque falsa: fallit plerumque: vera enim est non tantum casu, si filius sit praeteritus ab omnibus gradibus heredum, ab omni parte testamenti. Intestatus est is, qui filium suum praeteriit, ab omni parte testamenti scilicet: aliter ita concipienda est illa sententia: non valet is gradus, cave dicas pars testamenti, in qua filius suus est praeteritus, ut in *l. 14. §. quod vulgo, de lib. & post.* nam si exempli gratia, filius sit praeteritus a primo gradu alio herede instituto ex asse, & secundo gradu substitutus fit exheredatus, vitiatur in primo gradu. Si primo gradu herede instituto ex asse, & filio, nec instituto, nec exheredato, & secundo gradu filius sit substitutus, vel si alio substituto sit exheredatus, rumpitur tantum primus gradus praeteritionis, & tantum incipit testamentum a secundo gradu, *l. 3. §. ult. de lib. & post.* Et ita Papin. ait in hac l. si filius sit praeteritus primo gradu, & substitutus secundo, quia testamentum valet, quod intelligatur incipere a secundo gradu. Ait igitur, eum succedere ex testamento. Vitiatur enim tantum primus gradus. Idem erit, si a secundo gradu sit exheredatus: nam testamentum incipit a secundo gradu, nec succedet filius ullo jure, nisi instituta querela inofficiosi probaverit, se injustè & immeritò exheredatum.

### Ad L. XXXXI. de Bon. libert.

*Si libertus patrono, quod ad debitam portionem attinet, satisfaciat, invito tamen aliquid extorquere conetur, quid statuendum est, quaeritur? Quid enim, si ex parte debita instituto, decem praeterea legentur, & rogetur servum proprium, qui sit decem vel minoris pretii, manumittere? iniquum est & legatum velle percipere, & libertatem servo non dare: sed parte debita accepta, & legato temperare, & libertatem imponere non cogi; ne servum forte de se male meritum cogatur manumittere. Quid ergo, si solo eodem herede instituto idem libertus perierit? si substitutum habebit, aeque decreti remedium poterit procedere, ut accepta debita portione, cetera*

*pars*

*pars ad substitutum perveniat, ita ut si forte servus redimi potuisset, præstaretur libertas, cessante vero substitutione patronum hereditatem liberti amplectentem Prætor, qui de fideicommisso cognoscit, libertatem servo eum imponere cogat.*

HÆc lex est facie aperta, sed sensibus abstrusis, ideo omnino eget interpretatione. Sciendum est patrono præterito in testamento a liberto, vel instituto ex minori parte, quam dimidia vel tertia bonorum, quæ mortis tempore fuerant, dari bonorum possessionem contra tabulas. Dimidiæ partis jure antiquo, tertiæ partis jure novo: nam portio legitima debita reverentiæ patroni, fuit olim semis omnium bonorum, hodie est triens, sive sit unus patronus, sive plures. Plures illi non sunt habituri amplius quam trientem, legitima est ea portio; sicut filii & liberi hodie sive sint plures, sive unus, habent trientem ejus, quod habituri erant ab intestato, trientem legitimæ portionis: nam legitima filii non proprie est legitima, sed triens legitimæ. Legitima est, quæ obvenit ab intestato unicuique ex liberis. Verum adjiciendum, patrono dari bonorum possessionem contra tabulas, quia non infirmantur omnino tabulæ, sicut infirmantur prorsus per bonorum possessionem contra tabulas, quæ competit liberis præteritis, quæ differentia notanda est, possessio bonorum, quæ competit patrono, rescindit testamentum pro parte dimidia, vel hodie pro parte tertia, quod omne locum habet, si libertus facto testamento fine liberis decesserit. Et notanda est alia differentia inter filium præteritum & patronum: nam patrono præterito datur bonorum possessio contra tabulas, vel contra heredem scriptum potius, qui adiit ex testamento, quam contra tabulas: neque enim datur ante aditam hereditatem: filio autem præterito datur bonorum possessio vere contra tabulas, contra lignum, ut ait *l. vulgo, de bon. possess. cont. tab.* etsi heres nondum adiisset hereditatem, etsi nemo ex eo testamento heres extitisset: quæ differentia ostenditur in *l. illud, de bon. poss. cont. tab. l. 3. §. ut patronus, & §. si patrono, hoc tit.* Secundum hæc, ut patrono satisfiat, testamento liberti est reliquenda tertia pars, & quidem sine onere ullo, idque secundum jus novum, sicut constat liberis esse relinquendam portionem legitimam sine onere ullo, ne testamentum rescindant ut inofficiosum, & patrem vel avum intestatum faciant. Quæ verba, *sine onere ullo*, latissime patent, id est, sine die, sine conditione, sine onere legati, fideicommissi, satisdationis, denique sine onere ullo, quia portionem legitimam, puram, & immunem esse oportet: & si ita satisfactum sit patrono testamento liberti, ei non datur bonorum possessio contra tabulas. Nihil vero refert, quo titulo detur patrono portio legitima quæ ei debetur jure patronatus: nihil refert, relinquam titulo, institutionis vel legati. *l. 44. §. ult. hoc tit.* sicut ante Novellam Justin. nihil referebat, portio legitima relinqueretur liberis, illo aut h. tit. ad excludendam querelam §. *ult. Instit. de inoffic. test.* Hodie relinquenda est titulo institutionis. Cur? nam si non instituatur, exheredatio autem non fuerit, infamia & macula; non est filius temere notandus: ergo non tam affectatur titulus institutionis in Novella Justiniani, quam ratio quæritur non inurendæ infamiæ filio, quæ liberet ab infamia filium. Titulus institutionis est necessarius, ut liberetur ab infamia filius. Portionem debitam patrono fuisse olim semissem scriptum est in *Instit. de success. lib.* sed sunt hujus juris antiqui, etiam plerique vestigia in Digestis, quamquam conatus sit Tribonianus, ea omnia abolere, qui pro dimidiæ partis, reposuit, partis in *l. 1. §. pen. si cui plusquam, per leg. Falcid. & l. debitor §. 1. de pign. act. l. 1. & 43. hoc tit.* Idem etiam indicat Sueton. in Nerone, dum ait, *Neronem constituisse, ut de bonis libertorum pro semisse dodrans præstaretur, id est, solveretur patrono.* Nunc finge; patrono relicta est debita portio, & præterea sunt legata, decem adjecto onere fideicommissi, ut scilicet servum proprium manumitteret; qui erat decem vel

A minoris pretii. Debita portio non potest onerari fideicommisso, *l. 45. hoc tit. & l. 28. de leg. 2.* Legatum quod patrono relictum est, potest onerari fideicommisso, id est, legatum quod relictum est præter debitam portionem. Quod mihi debes, non potes onerare: quod mihi benigne concedis, potes onerare: legatum igitur potest onerari fideicommisso. Verum distinguendum est: aut patronus agnovit legatum, aut repudiavit: si agnovit legatum, eo casu cogitur onus, quod ei impositum est, adimplere, hoc est, servum manumittere, maxime cum plus non sit in pretio servi, quam in quantitate legati, ut ponit Papinianus hoc loco. Hoc igitur legato percepto, per prætorem fideicommissarium, qui cognoscit de omnibus fideicommissis, omnino cogetur eum servum manumittere. Quod
B si plus sit in pretio servi quam in summa legati, & legatum perceperit, cogeturne servum manumittere, qui longe pluris est? Et videtur cogi posse, ut servum manumittat, quia percipiendo legatum, quod quasi pro pretio servi ei relictum est ut eum manumittat, non pluris videtur æstimasse servum, licet sit pluris. Et hoc ita procedit, etiamsi legatum sit diminutum per legem Falcidiam, si sit divisum, ut ait lex *si debitor 45. §. in fideicommissaria, de fideic. libert.* id est, si divisum sit inter heredem & legatarium pro dodrante & quadrante, & legatarius dodrantem acceperit, non solidum legatum: nam etiam hoc casu, quia contentus fuit dodrante, eumque perceperit, cogetur servum manumittere, quia non pluris eum fecisse videtur, quam sit in summa, quam sit summa dodrantis, *l. sed si non servus, ad leg. Falc.*
C quod tamen non fuit sine controversia, non obtinuit nisi post multas controversias: nam ut indicat lex *6. de fideic. libert.* quidam existimabant, eum qui rogatus erat servum proprium manumittere, si ex legato dodrantem duntaxat percepisset propter legem Falcidiam, non compelli manumittere, si pluris sit servus, quam dodrans. Et profecto hujus sententiæ videtur fuisse Papinianus, dum posuit non minus esse in legato, quam in pretio servi: legata fuisse 10. & servum fuisse dignum 10. vel minoris: non ponit servum fuisse pluris. Ideo si sit pluris, subindicat legatarium non compelli eum manumittere, maxime si passus sit Falcidiam. Et fortasse in patrono hanc sententiam sequendam esse, non aliis, aut quod magis, etiam in patrona: nam vehementer placet sententia legis *si debitor. 45. §. in fideicommissaria, de fideicomm. li-*
D *bert.* qui §. est elegantissimus, & eum exponamus.

Initio proponit, si relicta sit fideicommissaria libertas a legatario servo legatario, necesse esse, ut legatarius suum servum proprium manumittat, quamvis modicum ex legato consecutus fuerit, id est, quamvis lex Falcidia diminuerit legatum; & subjicit rationem: *pecuniarium enim fideicommissum si divisum fuerit, satis injuriam facit libertati, quam fideicommissario.* Legatarium in eo §. oportet accipere pro fideicommissario, sic sæpissime in jure legatum comprehendit fideicommissum, atque etiam tutoris datorem, & libertatis datorem comprehendit. In eo §. igitur legatum, id est, fideicommissum erat pecuniarium, id est, legaverat 10. ita ut legatarius servum proprium manumitteret. Finge: legatum divisum est, per *l. Falc.* in dodrantem & quadrantem: atque ita
E legatarius tantum accepit dodrantem. Hæc divisio injuriam facit legatario, quia minuit & abscindit legatum, quod ei quasi pro pretio servi relictum est, & quia minuit pretium servi. Rursus hæc divisio legis Falcid. injuriam facit libertati, hæc abscissio legati injuriam facit libertati, si legatarius non cogatur servum manumittere, qui pluris est, scil. quam quod legatarius ex legato perceperit, quæ major est injuria? quæ minor? nam duabus injuriis propositis minor optanda est: sane major est injuria, quæ fit libertati, unde concludit rectissime, *satius esse eum, qui agnovit, onerari, id est, præstare libertatem fideicommissariam, quam libertatem intercidere*, ut scilicet minor injuria eligatur: neque enim potes unam injuriam evitare, quin incidas in alteram:

ram: melius est igitur, ut fiat injuria fideicommissario, melius est offici legatario, quam libertati. Ratio h. l. etiam aptari potest ad alios multos casus, ut scilicet minor injuria eligatur. Nunc videamus, quid sit dicendum de altera parte distinctionis, si patronus legatum illud repudiaverit, si legato non obtemperaverit, an cogetur manumittere, qui spernit legatum? Et ait Papin. æquitatem postulare, ut non cogatur manumittere, licet legatum adæquet aut superet pretium servi. Igitur non imputabitur ei, quod legatum spreverit, ut hoc ei imputato cogatur servum manumittere, *ne*, inquit, *servum de se male meritum cogatur manumittere*. Qui igitur contempsit legatum, exoneratur fideicommissaria libertate, & nihilominus retinebit portionem legitimam, quæ ei relicta est. Res ita se habet, sed est contra jus. Verum, ne forte servum, ut ait, de se male meritum invitus manumittat, prætor fideicommissarius ita decernet, ut non manumittat, si legatum repudiaverit. Hoc igitur fiet non jure, sed extra ordinem decreto prætoris. Nam regulariter, qui hereditates vel legatum accipit sine onere, & aliud legatum cum onere, agnita hereditate vel legato, quod est immune, & repudiato altero legato vel hereditate, nihilominus cogitur subire alterius legati onus, & debet aut omne commodum testamenti spernere, aut subire onus fideicommissi, quod ostenditur in *l.5. de leg.2. & l. si legatario 22. de fideic. libert.* Sed in hac specie aliter statuitur decreto prætoris fideicommissarii favore patronatus. Verum ad hæc quærit Papin. omissa superiori specie quid sit dicendum, si patronus sit institutus solus ex asse, & rogatus præstare libertatem proprio servo? Et constat quod si patronus eam adierit hereditatem, si totam amplexus sit per prætorem fideicommissarium, cogetur servum proprium manumittere, quia non est oneratus fideicommisso libertatis semis debitus verecundiæ patronali, ut loquitur lex *si patronus 21. C. de donat.* sed alter semis, qui potuit onerari. Compellitur autem patronus hereditatem totam adire: nemo enim potest partem hereditatis adire, partem omittere, heredis institutio est honor, *l. unica, §. in his itaque, C. de cad.* Quod exemplum pervenit etiam ab hereditate ad legatum: nam non licet etiam scindere legatum, & partem amplecti, partem repudiare, respuere, sed totum amplecti oportet, aut toto abstinere, totum respuere, *l.4. de leg.2.* Cogitur ergo patronus ex asse institutus, assem amplecti totum. Sed addendum: maxime, si substitutum non habeat vulgarem, a quo possit sustineri testamentum patrono illud destituente, respuente testamentum in totum, vel pro parte: nam si libertus ita scripserit: *patronus heres esto, & si heres non erit, heres ille esto*: & patronus velit tantum partem debitam ex bonis retinere, alteram partem repudiare: hoc non potest jure, sed decreto prætoris hoc ei concedetur. Igitur altera pars pertinebit ad substitutum cum onere servi manumittendi, qui est in dominio patroni, si eum possit redimere a patrono. Cum opere igitur redimendi servi & manumittendi: nam constitutione Severi legata relicta ab intestato debentur a substituto, nisi fuerit evidens diversa voluntas, & ex multis colligitur, an quis ab herede legatum vel fideicommissum voluerit a substituto deberi, *l. licet, de legat.1. l. si Titius 61. §. ult. de legat. 2.* Atque ita quidquid est proditum in hac lege, sit decreto prætoris fideicommissarii, non ipso jure, & quod statuitur in priori specie, & in posteriori. Hæc est sententia legis, *l. si debitor §. in fideicommissaria*. Unum omisimus, cavendum ne nos fallant Basil. namque ibi legit interpres: *Pecuniarum enim fideicommissum, si donatum fuerit*: sed est mendum in verbo *donatum & legendum, si divisum fuerit.* Alioqui in magnum errorem incideres, ut ex specie legis aperte liquet.

Ad L. CXVII. de Verb. oblig.

*Si centum homines quos ego heresve meus elegisset stipulatus, antequam eligerem duos heredes reliquero: nu-*

A *mero dividitur stipulatio: diversum erit, si jam electis hominibus successerint.*

Species hujus l. hæc est. Stipulatus sum homines 100. quos ego, heresve meus elegisset: nisi adjecissem, *quos ego heresve meus*, secundum regulam communem juris, electio esset promissoris: nam ea non est stipulatoris, nisi eam sibi reservaverit: multum interest stipulator antequam elegerit vita decesserit, an postquam elegerit. Quæ distinctio ponitur in hac l. nam si antequam elegerit 100. homines, decesserit (erant enim amplissimæ familiæ servorum apud locupletes, erant plerumque plusquam mille servi, ancillæve.) Si igitur antea decesserit, & exempli gratia, duos heredes reliquerit ex æquis partibus, stipulatio hæc dividitur inter heredes numero,

B non specie, id est, singuli heredes eligent & petunt 50. servos. Et hoc, si decesserim antequam elegerim: sed si postquam elegi 100. servos diem ultimum obiero, heredes mei duo, qui sunt ex æqualibus portionibus heredes, in singulis servis sunt habituri partes pro indiviso: nam pro diviso habere in uno non possunt: homo enim non potest dividi: quas partes habebunt in hereditate mea, easdem habebunt in singulis servis, nec divident numero, sed specie, pro indiviso tamen. Nobis est divisio duplex. Divisio pro diviso, quæ est corporalis: & divisio, pro indiviso, quæ est, ut ita dicam, intellectualis. Et hoc est, quod ait Papin. in hac *l. diversum erit, &c.* quia non numero dividetur stipulatio, sed specie. Ratio differentiæ ut intelligatur, sciendum est, genera alia esse prima, & antiquissima,

C & generalia, veluti res, τὸ ὄν, quod Latine possum dicere, *id quod est*: alia esse specialia, veluti homo. Generale genus est, quo universa comprehenduntur, veluti res, ut dixi. Speciale genus, veluti homo habet in se singulos: & dividitur nomen hominis in nationes, Gallos & Hispanos: in colores albos, rufos, atros: & in singulos, veluti Sempronium, Cajum, Lucium: habet igitur hoc nomen homo in se multos. Et quia multos continet, in genus cadit, ac videtur generale nomen, sed quia sub alio subjicitur, nempe sub animali, in speciem cadit, atque ita speciale genus est, non generale. Proinde si stipuler 100. homines, quos ego elegero, heresve meus, genera stipulor, generaliter, non specialiter, illud, aut illum Titium aut Sempronium, vel quia incertos homines incerto nomine sti-

D pulor: omne vero genus incertum: generis autem stipulatio non nisi numero dividi potest, non corpore sive specie, cum generis nullum subsit corpus: genus enim non est, sed intelligitur. Denique generis stipulatio, non nisi numero dividitur, & intellectu abstrahitur. Ideoque si duos heredes reliquero ex æquis partibus, divisio fit numero, non etiam singulorum servorum, singulis heredibus partes dimidiæ debentur, homines 50. atque ita cum servi certi non sint, id est, cum nondum electi sint, si vis dividere stipulationem inter heredes, numero dividas necesse est. Ergo singuli heredes eligent & petent 50. Sed si jam elegero, ego qui stipulatus sum, puta si elegero Stichum & Pamphilum, & alios usque ad 100. in singulis heredes mei habituri sunt partes pro indiviso, partes scil. easdem quas habuerunt in hereditate mea: atque ita divisio fiet specie non-numero: nec enim ex illis, quos elegi unus feret 50. & alter 50. sed singuli ex singulis partem hereditariam pro indiviso ferent: quæ est sententia Papinian. Spe-

E cies est talis. Servus communis stipulatus est Stichum & Pamphilum: quæro quemadmodum dividatur hæc stipulatio inter dominos singulorum, an unus ferat Stichum, alter Pamphylum? minime, sed singulorum servorum partes dimidiæ singulis dominis debebuntur, si quidem

quidem sunt domini ex æquis partibus, quia servus communis stipulatus est species certas, sive individua. Et ita uit *d. l. cum Stichus : cum Stichus & Pamphilus communi servo promissi sunt, non alteri Stichus, alteri Pamphilus solvi potest*. Et ita legendum est. Florentiæ legitur, *non alteri Stichus, alteri Pamphilus solvi non potest*, posterior negatio est transferenda in sequentem locum. Illo igitur casu non solvitur alteri Stichus, alteri Pamphilus, sed singulis singulorum solvuntur partes dimidiæ. Diversum est in specie sequenti, *idemque non est, &c.* Et ait, idem non esse dicendum, ut fiat divisio specie sive corpore, sed esse potius dicendum divisionem fieri numero inter dominos, si servus stipulatus sit duos Stichos, vel duos Pamphilos: nam adjectio illa numeri, facit ut dividatur numero stipulatio, quia divisio hæc est commodior tum stipulatori, tum promissori, & ea utimur semper in re difficiliori, si locum habere possit. Itaque Stichum habet unus, alter Pamphilum, nec ulla erit in singulis communio pro indiviso. Idem erit si servus communis stipulatus sit 10. homines: nam divisio etiam fiet numero inter dominos, uni debebuntur quinque, alteri quinque pro solido. Et hoc demonstrat hac ratione elegantissima. Ambigua est oratio, si quis dicat 10. homines, *duos Pamphilos*. Cur? quia dupliciter accipi potest: ambigua est igitur oratio: nam utriusque rei dimidium potest duobus modis intelligi, vel dimidium numero, vel dimidium specie, & ambiguum est, quod duobus modis intelligi potest. Dimidium quum dicis, ambigue loqueris, quia dimidium duobus modis intelligitur. In ambiguis autem, quod est commodius sequendum hoc ostendit etiam *d. l. cum Stichus*. Ad hoc notandum, in ambiguis sequendum quod est commodius contrahentibus. Commodior est divisio, quæ fit numero. Sane si 10. *denarios* servus communis stipulatus sit, divisio fiet numero: sed & inde concludes, ergo divisio etiam fiet numero, si 10. homines stipulatus sit, quia eadem ambiguitas interveniet.

### Ad L. LXXX. de Furt.

*Si vendidero, neque tradidero servum, & is sine culpa mea surripiatur: magis est ut mihi furti competat actio: & mea videtur interesse, quia dominium apud me fuit, vel quoniam ad præstandas actiones teneor. Cum autem jure dominii defertur furti actio, quamvis non alias nisi nostra intersit, competat, tamen ad æstimationem corporis, si nihil amplius intersit, utilitas mea referenda est. Idque & in statuliberis, & in legato sub conditione relicto probatur. Alioqui diversum probantibus statui facile quantitas non potest. Quia itaque tunc sola utilitas æstimationem facit, cum cessante dominio furti actio nascitur, in istis causis ad æstimationem corporis furti actio referri non potest.*

CErtum est in jure, post perfectam venditionem, (perficitur autem solo consensu etiam sine numeratione pretii, sine traditione rei, sine stipulatione, sine scriptura) ante traditionem rei periculum pertinere ad emptorem, quamvis nondum sit dominus: nam non fit dominus antequam res tradita sit: periculum, inquam, pertinet ad emptorem, si homo quem emerit, interim fato suo interierit. Periculum rei ad emptorem pertinet, ut legitur recte in *l. cum qui, hoc tit.* non periculum pretii; nec enim solvet pretium: aut si solvit, repetet, ut ostendit *l. si fundus, eod.* quod est ex æquo & bono: nam regula juris repugnat, *§. cum autem, Instit. de empt. & vendit.* Concludamus igitur, post perfectam venditionem & ante traditionem, periculum rei pertinere ad emptorem. Addendum! Venditor autem præstat custodiam & diligentiam, id est, venditor tenetur emptori, si res perierit dolo vel culpa venditoris, *l. 2. §. ult. cum l. seq. de per. & comm. rei vend.* si homo qui venit, fugerit, aut surreptus sit. Denique venditor præstat dolum & culpam etiam levissimam, vel quod idem est, exactissimam diligentiam in re vendita custodienda: ca-

A sum fortuitum, damnum fatale, vim divinam, vim majorem non præstat nisi ex conventione : sed & culpam non præstat post moram emptoris: nam si moram adhibuerit emptor in re vendita accipienda, venditor postea culpam non præstat, sed dolum tantum, *d. l. illud sciendum, de peric. & comm. rei vend.* nunc finge. Servum vendidi, nec tradidi: is mihi furto surreptus est sine culpa mea, an teneor emptori? minime, nisi in hoc tantum, ut ei cedam actiones meas ad eum servum persequendum, veluti vindicationem, & actionem ad exhibendum, & conditionem furtivam, quæ soli domino competit. Ego autem sum dominus, quia nondum tradidi. Cedere etiam debeo emptori actionem furti, quod ostenditur in *d. §. cum autem, Instit. de empt. & vend. l. quod sæpe §. si res vendita, de cont. empt. l. si ea res, de actio. empt.*

B *l. eum qui 14. hoc tit.* Cedere debeo actionem furti: nam ea mihi, non emptori competit. Cum res vendita subripitur ante traditionem, mihi competit jure dominii, mihi etiam competit eo jure, quod mea intersit eam rem furto esse sublatam, propterea quod teneor emptori cedere actiones meas ad eam rem persequendam. Hæc actio furti datur domino, etiamsi nihil amplius intersit: Datur etiam non domino, si modo ejus intersit rem non surripi. Ergo debeo cedere emptori actionem furti. Si autem ego præfestinarim, præoccuparim agere actione furti, debeo emolumentum ejus actionis præstare emptori, idest, duplum vel quadruplum, quod ex ea actione consecutus sum: Nam hoc est perpetuum in jure, cui debeo cedere actionem, & id ei debeo cedere, quod ex ea consecutus sum, *d. leg. 14.* Sed obstat

C huic sententiæ, ut videtur prima fronte, *lex venditor, in fi. de hæred. vendit.* Species hæc est: Ego rem meam vendidi, & cum eam alius possideret, eam vindicavi, & abstuli non rem, sed litis æstimationem, quod dolo desiisset possidere. Quid debeo præstare emptori? an pretium, an æstimationem quam accepi? Minime : quia non debeo ei actionem, sed rem: ergo nec ejus æstimationem, nec emolumentum actionis : rem debui ei præstare, aut quanti ejus rei interest emptori, vel finge: Rem meam vendidi, quam fur mihi præripuerat, & cum fure egi furti, & consecutus sum duplum, vel quadruplum: debeone præstare duplum vel quadruplum emptori? minime. Emptoris petitio est rei non dupli: ergo falsum est quod ait *l. 14.* venditorem, cujus culpa res subrepta est ante traditionem, teneri cedere actiones suas emptori, & debere præstare duplum, quod consecutus est. Sed res

D est facilis explicatu: nam ita est distinguendum. Aut res, quo tempore vendita fuit, erat furto subrepta, nec possidebatur a venditore, & hoc casu venditor tenetur emptori præstare rem, non pœnam furti, quam consequutus est, quia rem debuit, non pœnam, non actionem furti. Aut res subrepta est post venditionem, sine culpa venditoris, quo casu venditor debuit ei cedere actionem, propterea quod culpa vacavit. Ergo etiam debet emolumentum actionis, id est, quod ex ea consecutus fuerit, vel si absque furto post venditionem alius eam rem possiderit, ejus rei possessionem apprehenderit, sine culpa venditoris, & cum eo egerit, ac litis æstimationem consecutus sit, eam debet præstare

E emptori : nam cui debet actionem cedere, debet & æstimationem ac emolumentum ejus actionis, ut ostendit *d. l. venditor, in fi.* Et ita aliud est si quis vendiderit rem quam non possidebat : aliud si vendiderit rem quam possidebat, & post venditionem possidere desierit, possessionem rei amiserit.

Exposuimus initium *l. 80.* exponamus nunc cetera. Papinianus in *§. 1.* ait, *Quum autem jure dominii defertur, &c.* Est elegantissimus §. & quem qui non bene tenet, nunquam explicabit bene quæstionem de eo quod interest : nam habet præcipuum aliquid, quod proficit plurimum elucidandæ ejus materiæ causa. Sciendum est actionem furti dari non tantum domino, sed etiam non domino, si ejus intersit rem subripi: domino

autem

autem dari jure dominii folo, id eft, etiamfi nihil amplius ejus interfit. Et exemplum proponitur in hoc §. in ftatulibero, qui fi fubripiatur, heredi furti actio competit jure dominii, quandoquidem interim eft dominus fervi legati, licet mox mutaturus fit dominum exiftente conditione legati, licet mox ftatuliber fit perventurus ad libertatem. Idemque eft in fervo legato fub conditione: nam & hic fi fubripiatur heredi, ei competit actio furti, quia interim eft dominus fervi. His exemplis utitur, ut apparet ex his verbis, *idque & in ftatuliberis, & in legato, &c. Idque non idem*, ut in vulgaribus libris: proponitur enim exemplum. Ergo actio furti datur domino, etiamfi ejus nihil amplius interfit: non domino non datur, nifi ejus interfit, puta quod poffit ei culpa a domino imputari, quod non bene rem cuftodierit, nam furtum plerumque culpæ, aut negligentiæ annumeratur. Eft & alia differentia hac in re inter dominum: nam fi dominus agat furti, quamvis ejus nihil amplius interfit, quam quod dominium apud eum fuit, quo cafu actio furti in id quod interest: nam in omni actione furti habetur ratio quodammodo ejus, quod interest; actione, inquam, furti agente domino cujus nihil amplius interest, quod deducitur in eam actionem refertur ad verum pretium rei, idque duplatur vel quadruplatur, & tanti intereffe intelligitur, quanti res eft: tanti autem res effe cenfetur, quanti venire poteft, *l. fi quis uxori. §. pen. in aliis libris eft, §. ultimus, hoc tit.* Et ita fæpiffime evenit, ut id quod interest, non egrediatur rei pretium, *l. 1. in pr. de action. empt. l. 1. C. de his, qui a non domin.* fi modo in ea lege deleatur hic articulus diftinctivus, *vel*, ex Bafil. quod perfpicue rectum eft: nam hæc eft fpecies: ego fervum alienum manumifi, quafi meum: nulla eft libertas: nam domino licet fervum fuum vindicare. Finge, dominum malle pretium petere, id eft, quanti fua interest, nec revocare libertatem vindicando fervum, an audietur? & lex ait, fæpiffime effe conftitutum, ut manumiffor ille pretium domino dependat, fi malit quanti fua interest: ubi recte Thalelæus Græcorum doctiffimus, & alii interpretes, *nota*, inquit, *pretium appellari ab Imperatore, quod poftea appellatur id, quod interest.* Accurf. retulit, quofdam ita definire id quod interest, *fingulare rei pretium*, falfa eft definitio, quia generalis non eft, fed quandoque eft vera, id eft quibufdam cafibus. Id quod interest, nihil aliud eft, quam pretium rei. In id quod interest, nihil aliud venit, quam pretium rei. Velim etiam in illa definitione, ut mutes verbum *fingulare*, & ponas, *verum rei pretium*. Quibufdam igitur cafibus, non omnibus. Igitur non erit definitio nifi ex parte vera. Adnotatio erit potius veriffima. Vera definitio hæc eft. *Id quod interest, & utilitas, quam haberem nifi mihi damnum datum vel lucrum interceptum fuiffet.* In cafu propofito nihil etiam interest id quod interest, quam verum rei pretium: Idque duplatur vel quadruplatur: ut fi res fit 100. fur damnetur in quadringenta, fi fit manifeftus, vel in ducenta, fi non fit manifeftus, & hoc amplius tenetur in 100. rei nomine: nam extra pœnam eft rei perfecutio, & pœna actionis furti eft mera pœna, non eft pœna commixta rei perfecutioni. Domino igitur agente furti, cujus nihil amplius interest, quam quod dominus eft, revocabitur æftimatio ejus quod interest ad verum pretium rei, alioqui non poffet iniri ratio ejus, quod interest, quando extra pretium rei amplius nihil illius interest. Et fecundum hunc locum eft accipienda lex *in furti actione, hoc tit.* quæ vexat plurimos, & ei fimilis lex 2. §. *in hac actione, vi bonorum rapt.* lex' ait *in actione furti non quod interest, fed verum rei pretium duplatur, aut quadruplatur.* Primum feparat id, quod interest a rei pretio, deinde negat in actione furti duplari id quod interest. Utrumque eft falfum: nam in hac caufa rei pretium, & id quod interest, poffis appellare, ut demonftravimus. Falfiffimum etiam, in actione furti non duplari id quod interest. Sunt loci innumeri, quibus oftenditur, id quod interest duplari, & in actione furti, & in actione vi bonorum raptorum. Quid quæfo duplatur? fim-

plum. Quid eft fimplum? Id quod venit in condictionem furtivam, quæ eft in fimplum, id eft, rem folam perfequitur. Quid venit in condictionem furtivam? id quod agentis interest, *§. 3. de cond. furt.* Ergo id quod interest agentis in actione furti duplatur, & verum rei pretium, quia amplius non interest. Quemadmodum igitur accipienda eft *d. lex 2. in furti actione, non id quod interest, fed verum rei pretium duplatur, aut quadruplatur.* Id quod interest, vocat id, quod excedit rei pretium, cui res, aut verum rei pretium non annumeratur, quod extra rei pretium fpectatur. Quod fi nullum exiftat tale, veluti domino agente, cujus nihil amplius interest, neceffario id quod interest fine pretii continetur, nec eum finem egredi poteft. Et ita id eft explicandum, quod non videatur proprie intereffe, fi quid pluris interfit, quam res fit. Et hæc fi dominus agat furti: fi non dominus agat, æftimatio ejus quod interest, quæ fit in actione furti, non revocatur ad pretium rei, quæ non eft in dominio actoris, fed revocatur ad alterius utilitatis rationem, veluti poffeffionis, quæ fuit apud non dominum, vel detentionis, vel ufusfructus, vel ufus, vel pignoris: nam creditori furrepto pignore datur actio furti tam adverfus dominum, quam extraneum, quia maxime interest creditoris pignori incumbere, five debitor folvendo fit, five non, quod plus cautionis fit in re quam in perfona. Et hoc ipfo libro de creditore fcripfiffe Papinian. refert Ulpianus *l. 12. §. ult. h. t. Utilius*, id eft, id quod interest, his verbis utitur Papinian. æftimandi ejus quod interest gratia. Quod fequitur eft apertius.

### Ad §. Si ad exhib.

*Si ad exhibendum egiffem, optaturus fervum mihi legatum, & unus ex familia fervus fubreptus; heres furti habebit actionem: ejus interest: nihil enim refert, cum præftari cuftodia debeat.*

Sciendum eft, actionem ad exhibendum dari vindicaturo, quia non poffum vindicare nifi rem præfentem: exhiberi igitur eam mihi prius neceffe eft, ut vindicem, ut *l. 2. §. ult. de crim. expil. hered.* hereditatem vindicaturus exhiberi defiderat, id eft, agit formula ad exhib. idemque eft in *l. 3. §. fcipfe, de tab. exhib. l. 3. §. eft autem, ad exhib.* Addendum eandem actionem exhibitoriam, actionem ad exhib. ut loquitur in lib. Inft. 2. dari optaturo fervum, quoniam e multis fervis non poffum optare, nifi omnes mihi exhibeantur, & eum quem optavero, vindicaturus fum. Finge: habebam ampliffimam familiam fervorum, & tibi legavi optionem fervi unius: dabitur tibi actio adverfus heredem, ut omnem familiam, omnes fervos meos exhibeat, qui fuerunt mei mortis tempore, atque ita optaturo dabitur actio ad exhibendum, quia & vindicaturus eft eum, quem optaveris. Et hoc oftenditur in *l. 3. §. item fi optarem, ad exhib. l. 18. in princ. famil. ercifc.* Nunc finge: Legata eft mihi fervi optio, egi cum herede, ut exhiberet omnes fervos, totam familiam, & interim unus fervus fubreptus eft negligentia heredis. Cui dabitur actio? heredi, non jure dominii folo, quia dominus fuit, fed etiam quia extra caufam dominii ejus interest, fervum non fubripi, propterea quod cuftodiam & diligentiam præftare debet in fervo legato, in fervanda re legata, in fervanda tota familia, fi ex ea unius fervi optio relicta fit, & fi negligens fuerit tenetur eo nomine legatario, *l. cum res legata §. culpa, de leg. 1.*

### Ad §. cum raptor.

*Cum raptor omnimodo furtum facit, manifeftus fur exiftimandus eft. Is autem cujus dolo fuerit raptum, furti quidem non tenebitur, fed vi bonorum raptorum.*

Dicunt hunc §. effe facillimum, fed multa præclara continet, & in hac l. magni facio eum §. Intelleximus

mus sup. heredem, a quo legata est servi optio, si cum eo egerit legatarius ad exhibendum omnem familiam, puta ut exhiberet universam familiam defuncti, eaque exhibita, antequam legatarius eligeret quem mallet, interim unus ex ea familia servus subreptus sit, heredi competere actionem furti, si subreptus sit negligentia ejus: ut plurimum furtum adnumeratur negligentiæ domini: diligenti patrifa. non fit furtum: rapina, vi majori annumeratur. Ideo autem ei competit actio furti, quia ejus maxime interest, nullum servum subripi, quia plerunque ei debet præstare custodiam, & diligentiam in conservanda omni familia. Ergo tenetur culpæ nomine etiam levissimæ, quia plenam diligentiam præstare debet, & semper legatarius illius negligentiæ imputabit furtum, nihil autem refert, inquit, cur præstari custodia debeat, ut competat actio furti, sive præstare debeat ex causa legati, sive ex qua alia causa ei, qui custodiam non præstitit, competit actio furti. Dixi & præmonui hanc l. esse quidem facilem figura verborum, sed sensum esse abstrusum & reconditum, nec scio an vulgo sint nota, quæ sub hoc §. continentur. *Cum raptor*, inquit, *omnimodo furtum facit, manifestus fur existimandus est*. Raptor omnimodo furtum facit, quippe cum sit & dicatur fur improbus, *l. si cum exceptione*, §. *qui vim, quod met. cauf. l.2.* §. *etiam, vi bon. rap. & eod. tit. Inst. & fur atrocior, l.1. de expil. & effract.* Sic autem argumentatur Pap. Raptor omnimodo furtum facit, ergo fur manifestus existimandus est. Et adjiciamus, est fur manifestus, ergo tenetur actione furti manifesti, quæ actio est in quadruplum, & præterea perpetua, & mere pœnalis, non mixta, nec hoc casu necessaria est actio vi bonorum raptorum: ne existimemus unquam titulum vi bonorum raptorum ad quemlibet raptorem pertinere. Ad raptorem manifestum proprie non pertinet, sed comprehenditur is sub actione furti manifesti, quæ longe est gravior: actio vi bonorum rap. est levior: est quidem in quadruplum, sed est mixta, non mere pœnalis, quia in quadruplo inest rei persecutio. Ac præterea actio vi bonorum raptorum est annalis, non perpetua, & utraque est prætoria: ideoque prætor, qui sub actione furti manifesti comprehenderat raptorem manifestum, furem improbum, non putavit eum comprehendendum, vel sub leviori actione vi bonorum raptorum: sed si quis malit in raptorem manifestum experiri actione vi bonorum raptorum, sane non prohibetur. Idque indicat §. 1. *Inst. vi bon. rapt. sive in delicto*, inquit, *comprehendatur*, id est, sive sit fur manifestus, sive non: sed voluntas adversarii actoris hoc facit, ut agatur cum fure manifesto vi bon. rap. non edictum prætoris, quia hoc nihil pertinet ad casum furti manifesti, sed litigatori licet esse clementiori, quam sit edictum prætoris, quia etiam litigatori licet omittere actionem furti manifesti, & potest actor agere furti nec manifesti: nam ita dicere videor: volo furem nec manifestum furem esse, qui manifestus est, & volo esse contentus duplo, nec desidero quadruplum, ut in *l. pen.* §. 1. *ff. quand. appell. sit*. Alia sunt tempora appellationis in causa propria, alia in causa aliena. In causa propria observabo tempora, quæ observantur in causa aliena si volo. Et similiter licet vulgo dicatur, neminem posse condicere rem suam, tamen potest condicere dicens, se velle rem suam alienam videri: & similiter se velle furtum nec manifestum, manifestum videri. Sed cum tam furti manifesti, quam vi bonorum raptorum actio sit prætoria, prætor voluit furtum manifestum sub illa tantum comprehendere, non sub ista, quæ pertinet tantum ad rapt. non manifestum: nec enim omnis raptor manifestus est. Plerumque est manifestus. Et raptor ita demum fur manifestus intelligitur, si solus vel coactis hominib. armatis, vel inermib. palam, non clam, ut fur manifestus, eripiat & extorqueat alteri rem suam præsenti & resistenti, vel reclamanti: nam quod me præsente aufers palam, nihil veritus præsentiam, clamorem, quiritationem meam, sane manifesto rapis: sed non est satis, ut videaris manifesto rapere, si videam te subripere coactis hominib. sed necesse etiam est, ut acclamem, inclamem: quid agis? quo te proripis cum re mea? nam

A etiam qui visus est rem auferens clam, dicitur fur manifestus, §. *furtorum, Inst. de obligat. quæ ex delicto*, in Basil. ad *l.52.* §. *ult. h. t.* secundum Digest. Flor. dicitur, *eum, qui rapuit ex domo aliena nemine cernente, non teneri furti manifesti, qui a nemine visus est, inquiunt.* Et rectissime Servius in illum locum Virgil. *Non ego te vidi:* manifesti, inquit, furti illum arguit, dum, inquit, *vidi:* sed non satis est videre, nisi etiam acclamaveris; oportet inclamare. Ideoque sequitur: *Et cum clamarem, quo nunc se proripit ille.* Et ita in *l.7.* §. *ult. h. t.* si furem tuam subripientem vidisses, & ad comprehendendum eum accurrisses cum clamore, scil. cum testificatione, & ille te acclamante & accurrente abjecto furto aufugerit, nihilominus est fur manifestus, licet eum non comprehenderis. Et ita etiam ex 12. tabul. furem nocturnum non licebat occidere: nisi ei qui
B cum clamore id testificatus fuisset: furem autem interdiarium, qui se telo defendisset, non licebat occidere, nisi etiam ei qui cum clamore testatus fuisset, *l.4. ad leg. Aquil.* alioquin præsumeretur cæsus dolo malo potius: clamor & quiritatio illa liberat suspicione, tollit præsumptionem hanc doli. Nocturnum licet occidere: nocturnus est pejor, quam interdiarius, & a Comicis dicitur *dormisator*, quod dormiet die, nocte furetur. Intelligimus quando raptor pro fure manifesto habeatur. Videamus modo quid sit dicendum, si raptor ad rapiendum homines collegit, qua ex re sumitur certa conjectura, voluisse eum rapere, non furari clam, & ex domo, in qua putabat esse aliquos, rapuerit aliquid, in qua tamen erat nemo, si rapuit nemine cernente, reclamante, qua actione tenetur? Hoc casu competit proprie actio vi bonorum rapto-
C rum, quia non tenetur furti manifesti, cum neque visus sit, neque deprehensus, neque acclamatus, & actio furti nec manifesti est levior, nempe in duplum tantum, & civilis; furti manifesti est prætoria, nec manifesti civilis ex 12. tab. sed si furto nec manifesto adjunctum sit consilium rapiendi, quoniam hic est plus, quam fur nec manifestus, quia rapiendi consilium habet, prætori visum est, non sufficere hoc casu civilem actionem in duplum furti non manifesti: qua de causa dedit actionem vi bonorum raptorum in quadruplum, si raptor esset nec manifestus. Et hoc est, quod ait §.1. *Inst. vi bon. rap.* etiam si raptor non deprehendatur, competere actionem vi bonorum raptorum, quia non sufficere visa est civilis actio in raptorem nec manifestum, data a prætore actione vi bonorum raptorum, longe graviori, quam civili: non
D abolevit prætor, nec quidem abolere civilem, sed introduxit graviorem. Ideoque licet mihi hoc casu, si velim agere in raptorem, qui rapuit coactis hominibus, neque visus est, neque deprehensus, nec clam, inquam, agere civili actione furti nec manifesti, ac licet mihi agere in eundem vi bonorum raptorum, nec non in solidum, nec in aliud duplum, cui tamen inest rei persecutio: sed si prius egero vi bonorum raptorum, tollitur civilis, quia major actio tollit minorem. Et hoc ostendit *l. 1. vi bon. rapt. l. si quis egerit, hoc tit.* ac memoria retinendum est, semper agi in jure de concursu actionis vi bonorum raptorum cum actione furti manifesti, quia ad eum casum proprie pertinet actio vi bonorum raptorum, si raptor non fuerit deprehensus, si fuerit nec manifestus, & rapuerit in domo, in qua nemo erat: nunquam tractatur in jure
E de concursu actionis vi bonorum raptorum cum actione furti manifesti, quia ad illum casum nihil pertinet actio vi bonorum raptorum. Etiam illud adjiciendum est, in *d. l.52.* §. *ult. hoc tit.* ostendi actione vi bonorum raptorum teneri eum, qui ex domo rapuit, in qua nemo erat, nemine cernente, nemine acclamante, & eum etiam teneri furti nec manifesti, nec quicquam aliud continetur eo §. Non hoc vult, hoc uno facto, quod quis rapuerit ex domo, in qua nemo erat nemine acclamante & cernente, existentibus duabus actionibus de bonis raptis, & furti nec manifesti, alia aliam consumi, furti quidem nec manifesti, si prius actum sit vi bonorum rapt. vi autem bonorum raptorum, si prius furti nec manifesti actum fuerit: hoc frustra colligitur:

& ma-

& male vulgo legitur hoc modo: *si quis ex domo, in qua nemo erat, &c. furti non manifesti*, videlicet *si nemo eum deprehenderit tollenda*, ac si diceret prius actum fuisse vi bonorum raptorum. Et ideo sublatam esse furti actionem, sed non dicit qua actum sit, sed utramque superesse declarat, & essent supervacanea verba, *si nemo eum deprehenderit*. Et recte Flor. *si nemo eum deprehenderit tollentem*, duplicem competere actionem. Græci legunt *tollendā*, pro *tollentem*. Subjicit in hoc §. Papin. *eum cujus dolo raptum est, teneri vi bonorum raptorum, non furti*, id est, eum, cujus dolo rapuit alter, *l. 2. §. si quis non homines, vi bon. rapt.* quod non obtinet in actione furti, quæ datur in eum, qui rem contrectavit. Is autem, cujus ope, consilio, dolo, furtum fecit alter, non tenetur furti vel manifesti, vel nec manifesti, sed propria actione *ex l. 12. tab.* tenetur actione hac, *ope, consilio tuo furtum factum esse ajo*, quæ formula est in *l. si servus servum, §. si quis, ad leg. Aquil.* Et est in duplum, *l. ult. C. de nov. act.* Hinc igitur eliciemus elegantissimam sententiam, eamque enodabimus aliis verbis magis perspicue. Raptor qu. deprehensus est, tenetur furti manifesti, non vi bonorum raptorum ex edicto, quæ est prima pars §. nisi actor leviori actione uti velit. Ex posteriori eliciemus: Is cujus dolo alter rapuit, tenetur vi bon. rapt. non furti: & verum est omne quod diximus, quodque palam ait Pap. *vi bon. rapt.* teneri non tantum eum, qui rapit, sed etiam eum, cujus dolo quis rapuerit. Id confirmatur *d. l. 2. §. si quis, vi bon. rapt.* qui §. neminem non vexaturus est, si velit diligenter examinare, & ideo omnino explicandus, & non potest explicari, nisi prius exponamus, quod est in *d. l. 2. §. dolo.* Verba edicti quo datur actio vi bon. rapt. hæc sunt: *si cui dolo malo hominibus coactis damni, &c.* De damno, ait generaliter, & exigit, ut coacti sint homines, ut collecti sint homines ad damnum inferendum alteri. Idem non exigit in secunda clausula, *sive cujus bona rapta esse dicentur*: nam non est necesse repetere collectis hominib. constat id ex *d. l. 2. §. item si*. Nunc ait in *d. §. dolo videri facere non tantum eum, qui rapit, sed etiam eum, qui præcedente consilio homines ad rapiendum collegit*. Videtur perversus esse ordo verborum: nam sic debuit ponere, *non tantum, qui coegit homines ad rapiendum, & rapuit, vel hominibus a se collectis, sed ab alio:* sed nulla est perversitas in collocatione verborum, propterea quod edictum dicit: *Si cujus bona rapta esse dicentur*, nec adjicit, *collectis hominibus ab alio: ergo ex edicto tenetur, qui rapuit, vel solus, vel collectis hominibus ab alio, & ita concludit in isto §.* ideoq; quærebatur, quid si ipse collegisset homines ad rapiendum, an erit locus huic actioni? Et multo magis erit, ac si dixisset, *non tantum locum esse huic actioni in eum, qui rapit, sed multo magis in eum, qui coegit, qui collegit ipse, & rapuit.* Et ita in *l. non defendere 52. de reg. jur.* *non defendere litem videtur non tantum, qui latitat, sed qui præsens negat se defendere*: Nulla est etiam ibi trajectio verborum: nam respiciendum est ad edictum, & ad ordinem, quo fit missio in possessionem bonorum. Edictum loquitur de latitante tantum, sed quid si non latitet, sed neget? & multo magis fiet missio adversus eum. Ita & in *d. l. 2. §. si quis non homines*, ostenditur actione vi bonorum raptorum teneri non tantum eum, qui coegit homines ad rapiendum, si quid rapuit, sed etiam eum, qui coactus est, ab eo ad rapiendum si modo quid rapuit. Deinde quæritur, quid sit dicendum, ut verba præ se ferunt, si quis rapuerit, non hominibus a se coactis, sed ab alio? Et ait, *melius est, ut hæc omnia contineantur, &c.* Id est, vi bonorum raptorum teneri eum, qui rapuit, etiamsi usus sit hominibus coactis ab aliis, non a se: quod frustra adnotatur, cum id paulo ante dixerit in §. *dolo*: nec sane hic est sensus hujus versic. & recte Græci ita accipiunt hunc locum, ut teneatur etiam vi bonorum raptorum is, cujus dolo alter rapuit, etiamsi ipse homines non coegerit, sed aliquid callide admiserit, ut ait in §. *doli mali*: quod congruit omnino cum loco Papiniani, qui vult, vi bonorum raptorum teneri eum, cujus dolo raptum est, hoc est, cujus dolo rapuit alter, teneri inquam vi bonorum raptorum, non furti.

*Tom. IV.*

Ad §. penult.

*Si Titius, cujus nomine pecuniam perperam falsus procurator accepit, ratum habeat: ipse quidem Titius negotiorum gestorum aget (&) ei vero, qui pecuniam indebitam dedit, adversus Titium erit indebiti conditio, adversus falsum procuratorem furtiva durabis: electo Titio, non inique per doli exceptionem, uti præstetur ei furtiva conditio, desiderabitur. Quod si pecunia fuit debita, ratum habente Titio, furti actio evanescit, quia debitor liberatur.*

EX libro 12. quæstionum Papin. restat una quæstio, quæ tractatur in §. pen. & ult. *l. 80. de furt.* Ea est de falso procuratore, qui pecuniæ furtum fecit, quam ei debitor solvit quasi vero procuratori creditoris. Quid vocat Papin. falsum procuratorem? non dicit simpliciter tantum eum esse falsum, qui procurator non est, quive mandatum non habet, sicut in tit. *quod falso tut.* generaliter dicitur falsus tutor, qui tutor non est, *l. Paulus 221. de verb. significat.* non sic accipiendus est hoc loco falsus procurator: alioquin is, qui bona fide gerit aliena negotia sine mandato, vel qui per errorem gerit, existimans se procuratorem, cum non sit, falsus procurator esset: quod vi... quisquam admiserit. Est quidem non verus procurator, nec tamen ideo falsus: nam ut inter doctum & indoctum potest esse medius, non doctus, non indoctus, nec enim sequitur eum indoctum esse, qui doctus non sit: ita inter verum & falsum procuratorem est non verus, non falsus, nec quicunque non verus procurator est, continuo falsus existimari debet. Falsus procurator est, qui simulat, fingit, asseverat falsa, qui mentitur se esse procuratorem, *l. si is, qui simulabat 77. hoc tit. l. si quis servo, de solut.* vel exempli gratia, qui imponit sibi nomen veri procuratoris, quem dominus habet, sicut falsus creditor est, qui simulat se creditorem, *l. falsus, in princip. hoc tit.* vel etiam, qui assumit nomen creditoris, heredive ejus. Simulatio est species falsi, & hoc distat a dissimulatione: nam dissimulatio est stellionatus, non falsitas: est dolus malus, non falsitas, *l. 3. de crim. stellion.* Et ita recte Papinian. hoc loco ait, *falsum procuratorem furtum facere accipiendo pecuniam nomine creditoris, non tantum si asseveret se esse procuratorem verbo tenus, sed etiam, si* (quod & aliud genus est simulationis) *veri procuratoris, quem creditor habet, nomine adsumpto, debitorem alienum circumvenerit.* Sic habent omnes libri. Græci ad *l. 18. de condict. fur.* legunt, *si debitorem alienum convenerit.* Multa scribunt de significatione ejus verbi, quæ licet legere, male autem legunt, *convenerit*, sicut in *l. 1. ad leg. Cornel. de sicar.* scriptum male Florentiæ, *qui quid fecit quo innocens conveniretur, condemnetur*; scribendum *circumveniretur*, ut *l. 3. §. item, eod. tit.* Et adjicit hoc loco Papinian. eum etiam furtum facere pecuniæ, quam accepit assumpto falso nomine heredis creditoris. Hic est falsus creditor, ille falsus procurator: uterque falsarius: an etiam uterque fur? notandum valde, falsum procuratorem, qui nomine creditoris pecuniam accipit a debitore, non statim furem existimandum esse, esse quidem falsarium. Falsarius est, quicunque nomen alienum assumit, vel usurpat, vel alienas imagines (*le cachet d'autruy*) quæ fiunt pro nomine; non igitur omnis falsus procurator fur est, quod ita demonstro. Finge: debitor falso procuratori solvit pecuniam non obsignatam, quod confirmatur *l. die sponsal. §. ult. depos.* pecunia non obsignata est argumentum translati dominii in accipientem: hoc est, qui solvit pecuniam non obsignatam falso procuratori, videtur ea mente solvere, ut fiat accipientis, ut ea is qui accipit, utatur, ac deinde eandem vel tantundem creditori reddat. Et hoc casu non potest videri furtum factum hujus pecuniæ, cujus dominus sit, *l. falsus, §. 1. hoc tit.* Repugnat enim dominium pecuniæ fieri, & pecuniæ nomine furti teneri. Furti tenetur is duntaxat, qui non dominus est. At si debitor falso procuratori solverit

verit pecuniam forte obsignatam, vel obseratam, ut eam ipsam pecuniam, scil. perferret ad creditorem, neque referaret loculos, & eam ipse procurator retinuerit, interceperit lucrandi animo, furtum facit proculdubio, nec pecunia ejus fit, d. l. falsus §. 1. Non est igitur falsus procurator fur, nisi perperam acceperit, ut Pap. loquitur in hoc §. *perperam accipere*, est, *intercipere*, hoc est, ea mente pecuniam accipere, ut eam lucrifaciat invito domino, Alias, *perperam*, est *per errorem*, saepe in tit. de cond. ind. hoc loco, est *per fraudem*, & dolo malo, sive *per furandi consilium*, ut in tit. de jurejur. perperam jurare, id est, pejerare. Verum si falsus procurator perperam acceperit pecuniam nomine creditoris, furtum facit ejus pecuniae, si nec dominus, nec creditor ratum habuerit, quod is gessit. Debitor non liberatur ipso jure, sed si conveniatur, poterit liberari per exceptionem doli mali, si modo paratus sit creditori actionem furtivam cedere adversum falsum procuratorem, qui perperam accepta pecunia tenetur furti nec manifesti in duplum, *l. si falsus, C. de furt.* Hoc casu debitor, qui ei solvit perperam accipienti, non liberatur ipso jure; sed si conventus fuerit, poterit liberari per exceptionem doli mali, si modo creditori paratus sit cedere actionem furti adversus falsum procuratorem, *l. cum quis 38*. §. 1. de solut. Et hoc genere, si liberatus fuit, evanescunt actiones furti, hoc est, debitori competere desinunt adversus falsum procuratorem. Quod si creditor ratum habuerit, quod ille falsus procurator gessit; non tenetur debitori actione furti, vel conditione furtiva, ergo liberatur, cum ratihabitio mandato comparetur, & nihil amplius quicquam intersit debitoris, qui liberatus est. Et hoc, si falsus procurator furtum fecit, hoc est, si perperam acceperit pecuniam. Quid si recte acceperit? puta dominio pecuniae in eum translato forte non obsignatae? Constat, creditore ratum habente, debitori nullam competere actionem adversus procuratorem: creditore autem ratum non habente, falsus procurator tenetur debitori qui solvit, non conditione furtiva, sed tenetur conditione ob rem dati, vel conditione indebiti. Una dat conditionem indebiti, *l. creditoris, C. de cond. ind.* altera dat conditionem ob rem dati, *l. si procuratori, de cond. causa data*. Nec sunt hae contrariae; sed concurrunt ut plurimum hae duae conditiones ob rem dati, & indebiti, *l. creditoris, C. de cond. ind.* ut verbi gratia, quae dantur conditionis implendae causa, si dandi nulla causa fuerit, vel quasi indebita, vel quasi sine causa data condicuntur, *l. ult. de cond. ind. l. 3. §. si quis quasi, de cond. cauf. dat.* Et, ut recte Stephan. ait, non tantum hae conditiones concurrunt cum conditione furtiva: nam conditio furtiva est de re tantum nostra: Conditio ob rem dati de re, quae nostra fuit, non est, ut & conditio indebiti de re, quae nostra fuit, & nunc non est: conditio furtiva datur domino in non dominum. Illae autem dantur in dominum: non possunt igitur concurrere cum conditione furt. Et haec quidem, si debita fuerit pecunia, quae falso procuratori soluta sit. Quod si indebita fuerit, & soluta sit per errorem quis tenetur conditione? & qua conditione? Hoc etiam explicat Papin. hoc loco, & *primum indistincte falsus procurator, qui perperam accepit indebitam pecuniam, ei, qui solvit, tenetur conditione furtiva*. Indistincte, id est, sive is, cujus nomine indebitum solutum est, ratum habuerit, sive non: sed alia in re multum interest; num is ratum habuerit, necne: nam si ratum habuerit, is, cujus nomine indebita pecunia soluta est, ipse tenetur conditione indebiti; perinde ac si ei soluta fuisset, quia ratihabitio comparatur mandato, verum per exception. doli, non sine except. non ergo officio judicis, ut in specie §. *ult.* quia conditio indebiti est stricta, & in strictis judiciis vix quicquam obtinemus officio judicis, non opposita exceptione. Per exceptionem igitur doli mali, is, cujus nomine indebita pecunia soluta est, si ratum habuerit, & conveniatur conditione indebiti, consequetur, ut ei actor cedat conditionem

furtivam adversus falsum procuratorem: habet etiam suo nomine sine cessione actionem negotiorum gestorum ut procurator falsus ei reddat, quod exegit, quia ratihabitio ejus negotium fecit, qui ab initio non fuit ejus, *l. si pupilli §. item quaeritur, de negot. gestis*. Habet igitur suo nomine negotiorum gestorum propter ratihabitionem, & hodie magis quam antea: nam omnibus sublatis distinctionibus hodie constitut. Justin. ratihabitio comparatur mandato, habet & alieno nomine, hoc est, ex cessione conditionem furtivam, & melior est conditio furtiva, quam negotiorum gestorum duplici ratione, quoniam conditione furtiva tenetur reus etiam re sua fato perempta, sive peritura fuerit apud actorem, sive non, indistincte. Qua de causa conditio furtiva oneri est furi, alioqui satis esset ad rei persecutionem rei vindicatio, sed praeter hanc etiam tenetur conditione furtiva, qua oneretur magis. Idem non observatur in actione negotiorum gestorum. Denique in illa aestimatio rei fit illius temporis, quo res unquam fuit plurimi, quod arbitrium judicis non admitteret in actione negotiorum gestorum, est enim melior actio & levior. Et haec, si is, cujus nomine indebita pecunia soluta est falso procur. ratum habuerit. Quid si ratum non habuerit? Et placet hoc casu eum non teneri ei, qui solvit, sed falsum procur. teneri conditione indebiti, si furtum non fecerit, id est, si recte acceperit, si furtum fecerit, teneri conditione furtiva, & actione furti, *l. si indebitum, ratam rem hab.*

---

## Ad §. ult. L. LXXX. de Furt.

*Qui rem Titii agebat, ejus nomine falso procuratori creditoris solvit, & Titius ratum habuit: non nascitur ei furti actio, quae statim cum pecunia soluta est, ei qui dedit nata est, cum Titii nummorum dominium non fuerit, neque possessio: sed conditionem indebiti quidem Titius habebit: furtivam autem, qui pecuniam dedit, quae si negotiorum gestorum actione Titius conveniri coeperit, arbitrio judicis ei praestabitur.*

Negotiorum gestor, vel procurator meus solvit procuratori falso creditoris mei perperam accipienti, & ratum habui, an habeo actionem furti, an conditionem furtivam adversus falsum procuratorem? minime: optima ratione, quia hujus pecuniae, quam solvit procurator meus vel negotiorum gestor, neque dominium, neque possessio apud me fuit, & conditio furtiva competit soli domino jure dominii. Actio autem furti jure dominii & possessionis competit. Huic rationi similis est in *l. si gratuitam, §. ult. de praescript. verb.* Notandum quod dico, conditionem furtivam dari jure dominii, actionem furti, jure possessionis: nam quod dicitur initio, *hoc tit.* jure dominii competere actionem furti, ita demum verum est, si fuerit dominus & possessor, nam solius possessionis furtum fit, *l. 1. §. Scaevola, si quis testam. liber.* Quid est furtum? Interversio possessionis: interversio rei, *d. §. Scaevola*, si ejusdem rei fuerit dominus & possessor: & hac ratione hereditati antequam adeatur, id est, jacenti furtum non fit, sed adhuc expilatae hereditatis, quia hereditas jacens habetur quidem pro domina, sed non pro possessore, quia possessio est facti & animi. Quidquid facit corpus est, hereditas non est corpus: ergo non facit, quia possidere, facere est, atque adeo non possidet. Item possessio est animi: Item hereditas est jus inanime: ergo possessio nullo modo in hereditatem cadit, quia neque facto, neque animo ab ea possessio obtineri potest: facile intelligitur esse domina, quoniam ibi facto vel animo non est opus, non ita intelligitur possessrix, ut Marc. Tull. loquutus est. Ergo si procurator meus solverit falso procuratori, & ratum habuero, non habeo actionem furti, habeo quidem conditionem indebiti, si indebitum solverit. propter ratihabitionem, perinde atque si ego solvissem. Gestor autem procurator meus proculdubio habet actionem furti & conditionem furtivam adversus falsum procuratorem: nam si furtum factum est, non mihi: adversus me habet actio-

nem

nem negotiorum gestorum, ut recipiat id, quod solvit meo nomine, quia ratum habui: sed si mecum agat negotiorum gestorum, officio judicis, etiam non opposita exceptione doli mali, consequar, ut mihi cedat condictionem furtivam adversus falsum procuratorem. In superiori specie non consequar, nisi per exceptionem doli mali, quia condictio indebiti est stricta. Et inde notanda est differentia inter stricta & bonæ fidei judicia. In strictis actor cedit reo actiones, ubi æquitas id postulat beneficio exceptionis doli mali, quod eleganter demonstrat §. *ul.* collatus cum §. *pen.* ceditur actio furti reo, ceditur tantum condictio furtiva, quia scilicet ei, qui solvit, desiit competere actio furti, ut recte Græci, & solutionem ratam habenti, *hoc est*, desiit ejus interesse, cum res ei non sit peritura. Et ne quis objiciat, actionem furti competere jure dominii, si idem sit dominus & possessor, si possideat, addendum, jure dominii etiam competere actionem furti domino, qui non possedit rem, cum subriperetur, videlicet si alii possidenti res subrepta sit, nam si possessionis furtum fit, & rei quoque: rei autem solius furtum non fit. Re bonæ fidei possessori subrepta, tam ei, quam domino datur actio furti ejusdem rei nomine, possessori quanti interest, domino quanti ea res est, possessori causa possessionis, domino causa proprietatis, quasi possessori sit & domino non possessori; si possessionis furtum fit, & rei quoque. Rei solius furtum non fit, forte a nemine possessæ: nec alia ratione rei hereditariæ furtum non fit, quia licet hereditas sit interim, quum jacens est, pro domina, nullus tamen est possessor: sive possessore furtum non fit, sed si sit possessor rei hereditariæ, quamdiu jacet, hoc casu rei hereditariæ furtum fit, & heres, qui postea adit, recte furti agit, *l. hereditaria, & seq. de furt.* alias rei hereditariæ possessæ non fit furtum, ut dicitur in *l. 1. §. 1. si quis testamen.* quia hereditati furtum facit nondum possessæ. Ea verba referuntur ad factum magis, quam ad jus, quia jure rei hereditariæ non possessæ furtum non fit, sicut quum dicimus, servum aliquid debere: his verbis factum potius demonstramus, quam jus, quia servus jure civili non obligatur, *l. nec fervus, de pecul.* Ergo verba non semper sunt secundum jus accipienda. Veteres quidem Jurisconsulti existimabant, rei hereditariæ furtum fieri etiam non possessæ: sed contraria sententia obtinuit, *Sext. Ælii Man. Marci Bruti. Marc. Tullius ad Trebatium* ait, se magis assentiri Scævolæ & Trebatio, ut rei hereditariæ furtum non fiat ante aditam hereditatem, *l. 1. §. Scævola, si quis testam. liber.* Adhibita hac explicatione pro certo constituamus, solius possessionis furtum fieri, hoc est, ejus rei, quæ possidetur ab alio, sive sit dominus, sive non sit dominus: furtum esse interversionem possessionis: rei a nemine possessæ furtum non fieri.

## JACOBI CUJACII J.C. COMMENTARIUS

In Lib. XIII. Quæstionum ÆMILII PAPINIANI.

Ad L. XIX. Ex quibus caus. maj.

*Denique si emptor prius, quam per usum sibi adquireret, ab hostibus captus sit: placet interruptam possessionem postliminio non restitui: quia hæc sine possessione non constitit: possessio autem plurimum facti habet, causa vero facti non continetur postliminio.*

L. XX. *Nec utilem actionem ei tribui oportet, cum sit iniquissimum auferre domino, quod usus non abstulit, neque enim intelligitur amissum, quod ablatum alteri non est.*

SCIENDUM est ex hoc edicto etiam majoribus 25. annis subveniri per restitutionem in integrum absentibus reipubl. causa, & deinde reversis, vel captis ab hostibus, si quid interim suæ rei, *Tom. IV.* amiserint, dum absunt, ut si res eorum interim usucapta fuerit: nam rescissa usucapione reversis datur pristina actio in rem, hoc est, utilis vindicatio in rem. Omnis actio restitutoria est utilis, omnis actio extincta jure civili, quæ æquitate prætoria restituitur, est utilis, non directa. Idem est effectus utriusque, sed non promiscuus usus, *l. actio, de neg. gest.* ut actionis mandati, & negotiorum gestorum est idem effectus. Ratihabitionis, & mandati idem est effectus; sed ex utroque non datur eadem actio: ex mandato datur mandati, ex ratihabitione, negotiorum gestorum: & multum interest, qua formula, & qua actione quis experiatur. Igitur si quis dum est apud hostes, res ejus usucapta sit pendente captivitate, ex hoc edicto rescindetur usucapio, & dabitur utilis vindicatio, quæ restitutoria est, & fictitia. Idem erit si legatum sibi delatum vel hereditatem propter absentiam vel captivitatem adeptus non fuerit: Nam reverso præstabitur legatum restituta actione ex testamento, perinde ac si istud illo non decidisset. Ergo non tantum eis succurritur, qui damnum fecerunt, sed qui lucrum non fecerunt, *l. & si quis, l. si quis, h. t.* Loquimur de lucro, quod obvenit sine damno alterius, quale est legatum: aliud est lucrum, quod obvenit cum damno alterius, ut si usucepero rem alienam. Usucapio est lucrum, quod ex *l. 12. tab.* propter commune bonorum obvenit ex damno alterius, vel lucrum conjunctum cum detrimento alterius, ut in *l. 18. & 19. h. t.* Qui captus est ab hostibus, rem alienam bona fide emerat, necdum usuceperat: captivitate interruperit usucapio: ergo apud hostes non potuit implere usucapionem: an reversus jure postliminii recuperat interruptam usucapionem, ut medio tempore fingatur implevisse usucapionem? minime: quia auxilium restitutionis non datur lucrifaciendi causa cum damno alterius, *l. ait prætor, §. 1. & l. 19. h. t.* Quod cum superior lex docuisset postliminio non restitui interruptam usucapionem, subjicit nec beneficio hujus edicti: quia ex hoc edicto reversi restituuntur dominio suo vel lucro, quod obvenit sine damno alterius. Non restituitur postliminio non restituitur interrupta usucapio, quia usucapio sine possessione non procedit. Usucapio est acquisitio per possessionem. Possessio autem plurimum facti habet. Causa autem facti, id est, factum non continetur postliminio. Postliminio jure omnia restituuntur, perinde ac si reversus ea nunquam amisisset. At postliminium non potest efficere, ut videaris fecisse, quod non fecisti, vel usucepisse, quod non usucepisti, *l. in bello, §. facti, de cap. & postl. revers.* Facti causæ postliminio infectæ fieri non possunt, scilicet ut non usuceperit, qui possedit. Adjicitur in hac *l. 20.* non tribui etiam reverso utilem actionem ex hoc edicto, quasi usuceperit. Utilis actio est, quæ fingit usucepisse eum, qui non usucepit, ut Publiciana. Et breviter omnis fictitia, rescissoria, restitutoria actio utilis est, non directa. Ratio est, quod iniquissimum sit, a contra mentem edicti, quod ex æquitate proficiscitur, domino auferre, quod usus non abstulit. Et subjicit rationem rationis Papin. nec enim intelligitur amissum, quod ablatum alteri non est. Alter non intelligitur amisisse puta dominus, quod ei non est ablatum. Aliud est rem amittere, & rem ei non esse ablatam. Ergo dominus non intelligitur amisisse, quod usus, nec alia ratio ei abstulit, ut in hac specie, non est ablata, *l. falsus, §. qui alienum, de furt.* Nec obstat *l. si quis vi, §. differentia, de acq. poss.* Possessio nuda voluntate amittitur, si constituero me non possidere mihi, sed alii, vel si possessionem tradidero ea mente, ut mihi restituetur: nam interim non videor possidere. Dominium nudo animo non amittitur, si dixero rem meam nolle meam esse, *l. jus agnationis, de pact.* Sed si voluntati accesserit abjectio rei, desino esse dominus ex titulo pro derelicto: quod hac ratione vel alio non est domino ablatum, id non fingitur amississe; si nulla ratione amisit, ergo ei auferri non potest per causam hujus edicti, quæ æquitate mera sustinetur: recte itaque ait, nec utilem actionem id est, fictitiam in rem quasi usuceperit. Notandum est ad hæc, reverso ab hostibus restitui possessionem jure postliminii, quam habuit, antequam caperetur ab hostibus, *l. ait prætor*, §. 1. *hoc tit.* nam non fingitur medio tempore possedisse, sed ei reverso restituitur eadem possessio, quam habuit, ac si captus non esset ab hostibus.

### Ad L. ult. de Condit. inst.

*Si filius sub conditione heres erit, & nepotes ex eo substituantur, cum non sufficit sub qualibet conditione filium heredem institui, sed ita demum testamentum ratum est, si conditio fuit in filii potestate, consideramus nunquid intersit, quæ conditio fuerit adscripta, utrum quæ moriente filio impleri non potest, veluti si Alexandriam jerit, filius heres esto, isque Romæ decessit, an vero quæ potuit, etiam extremo vitæ momento impleri, veluti si Titio decem dederit, filius heres esto, quæ conditio nomine filii per alium impleri potest: nam superior quidem species conditionis admittit vivo filio nepotes ad hereditatem, qui si neminem substitutum haberet, dum moritur, legitimus heres patri exstiterit: argumentoque est, quod apud Servium quoque relatum est: quendam enim refert ita heredem institutum, si in Capitolium adscenderit, quod si non adscendisset, legatum ei datum, eumque antequam adscenderet mortem objisse, de quo respondet Servius, conditionem morte defecisse, ideoque moriente eo legati diem cessisse: altera vero species conditionis vivo filio, non admittit nepotes ad hereditatem, qui substituti si non essent, intestato avo heredes existerent: neque enim filius videretur obstitisse, post cujus mortem patris testamentum destituitur, quemadmodum si exheredato eodem filio, nepotes, cum filius moreretur, heredes fuissent instituti.*

IN jure civili ratum hoc est: filium, qui est in potestate parentis, aut pure heredem esse instituendum, aut pure exheredandum, *l. 3. §. 1. & post l. 4. in pr. de hered. instit.* Sub conditione non instituitur recte, quæ sit in casu, id est, quæ conferatur in fortunam: sub eadem conditione etiam non exheredatur recte, vel si ita exheredatur, aut instituatur, nullum est testamentum, quia pro prærerito habetur. Sane si deficiat conditio, invenitur præteritus: præteritio autem filii, vitiat testamentum ipso jure. De filio loquor tantum: nam filia, nepos & ceteri liberi possunt institui sub conditione, *l. 4. in pr. l. 6. §. 1. de hered. inst. l. 1. §. sciendum, de suis & legit.* Cur filium ita separamus a ceteris? quia ceteri præteriti possunt, id est, præteriti non infirmant testamentum jure civili, ut constat ex *Instit. de exhered. lib. & l. ult. C. de lib. præt.* Hodie tamen omnium liberorum par conditio est, nulli prætereundi silentio, omnes sunt vel instituendi pure, vel exheredandi pure, alioqui corruit testamentum. Ea igitur differentia est ex jure civili antiquo, quod nostri auctores sequuntur, & spectant in Digestis, atque omnes Imperatores in C. nam primus, qui differentiam sustulit Justin. est. Videamus autem, an illa sententia de filio fit perpetuo vera. Et sciendum est, tria esse conditionum genera. Est potestativa, est casualis, est & mista conditio. Conditio potestativa est, quæ est in arbitrio & potestate heredis scripti, atque pendet ex voluntate ejus, veluti si *Capitolium ascenderit, si urbe exierit*. Casualis est, quæ in casu aliquo incerto consistit, vel quæ pendet ex casu & eventu, veluti, si *Titius Cos. factus fuerit*: hæc est in difficili, quia non impletur quandocunque volumus; hæc proprie moram injicit institutioni & legato, etiamsi nolimus moram heri nobis. Conditio autem potestativa est in facili. Conditio casualis impleri potest vivo testatore, potestativa post mortem, *l. 11. §. 1. de cond. & demonst.* Quæ autem est mista conditio?, vulgo accipiunt pro ambigua, quæ potest esse potestativa, & non esse, veluti, *si Alexandriam jerit*, nam non potestativa, *si per hyemis injuriam iri non possit*: & erit potestativa, si imponatur ei, quo a primo milliario Alexandriæ agit, quia impletu facilis est & prompta. Item hæc conditio, *si Titio decem dederit* est potestativa, *si Titius præsens fuerit*: non est potestativa, *si Titius longin-*

*quo itinere peregrinetur, & forte nesciatur ubi gentium degat*, *l. 4. §. puto, de hered. instit.* Et fere, hoc notandum, nulla est conditio potestativa, quæ non possit non esse potestativa: qua ratione putem non alia ratione potestativas appellari promiscuas, *d. l. ultim.* quam quod possit esse potestativa, & non esse. Casuales autem appellari non promiscuas, quia quæ casualis est, non potest esse potestativa, velut hæc est, *si fulserit cras*, nunquam non potest esse casualis: non est igitur promiscua: sed male vulgo mista conditio dicitur, quæ est promiscua, hoc est, quæ potest esse potestativa, & non esse: nam non ideo mista est: mista est, cujus eventus partim pendet ex voluntate, partim ex casu, *l. un. §. sin autem, C. de caduc. toll. l. ult. C. de necess. serv.* veluti hæc conditio, *si Titio reverso postliminio decem dederit*, partim est casualis, partim potestativa; vel hæc conditio, *si Titio consule Capitolium ascenderit, heres esto*. Videamus, quæ in jure sit inter has conditiones differentia, & ita statuamus. Si filiusfamilias a patre heres instituatur sub conditione casuali, testamentum est nullius momenti, *l. Lucius, de condit. & demonst. l. 15. hoc tit.* nisi sc. in defectum ejus conditionis, hoc est, sub contraria conditione exheredetur a coheredibus suis, aut substitutis, *l. jam dubitari, de hered. instit. l. 4. C. de instit. & substitut.* Alioqui deficiente conditione institutionis, si sub contraria non sit exheredatus, invenietur præteritus, quæ res testamentum vitiat ipso jure. Qui filium igitur heredem instituit sub conditione casuali, magis eum præterire, quam instituere videtur: neque igitur eum instituit, neque exheredat, & non institutus non potest esse heres ex testamento, & rursus non exheredatus non potest repelli ab hereditate. Ille igitur filius præteritus heres existit ab intestato, non ex testamento, quod nullum est: & idem erit, si filius instituatur sub conditione mista, eadem ratione, quia deficiente parte casuali invenietur præteritus. Nunc de potestativa ita constituas: si filiusfam. ita a patre instituatur sub conditione potestativa, testamentum valet, quasi sub conditione contraria exheredatus fuerit: nam hoc ineptum esset, eum exheredari sub contraria conditione, cum in potestate ejus sit an heres sit & conditio potestativa pro pura haberi debet, *l. 1. §. 1. qui sub condit. si quis omis. cau. test.* Et præterea, si non impleatur conditio potestativa, non deficit proprie, sed omitti videtur, *l. libertus, §. existimo, de bon. lib.* ut merito filio imputari possit, quod eam omiserit. Item filius non parendo conditioni potestativæ, patrem intestatum non facit: & ideo coheres ejus, si quem habet, statim adire potest hereditatem, etiamsi filius nondum conditioni paruerit, non expectato filio: nam eum duntaxat, expectat, qui patrem intestatum facere potest, qui testamentum infirmare potest, *l. 4. §. 1. de hered. inst.* non existente autem conditione casuali, filius patrem intestatum facit, id est, infirmat testamentum, quasi præteritus: imo statim ob eam causam, quod magis præteritus intelligitur, quam institutus, ac propterea coheres ejus etiam statim pendente conditione casuali repellitur a successione testamentaria. Ad hæc notandum est, conditionem potestativam omissam intelligi, vel mortuo demum filio, & substitutum admitti, vel coheredi adcrescere portionem filii post mortem ejus, vel omissam videri vivo filio: nam duo sunt genera conditionis potestativæ: est quæ impleri non potest ultimo vitæ momento, hoc est, mortis proximæ tempore. Certum est nunquam impletum iri, veluti, si *Alexandriam jerit*: constat enim morienti Romæ non esse integrum Alexandriam ire. Alia est conditio potestativa, quæ potest impleri eo tempore, hoc est, ultimo vitæ momento, veluti, *si decem dederit*: nam hæc conditio, moriente filio impleri potest per alium. Ita ergo definiamus: si prior potestativa conditio adscripta sit filio, quæ non possit impleri ultimo vitæ momento, filius patri ab intestato heres fuisse intelligitur in ipso momento moriendi, quo certum esse coepit jam amplius conditionem non posse impleri. Eo igitur momento filius patri ab intestato heres fuisse intelligitur, & hereditatem transmitti ad suos,

suos, si substitutum non habuit, *l. si filius, de lib. & post* Sed si posterior conditio, quæ potest impleri ultimo vitæ momento, imposita sit, nec impleta, neque ab intestato patri heres fuisse præsumitur: non est ex testamento, qui non implevit conditionem: non ab intestato, quia pependit causa testamenti, quandiu vixit propter incertum conditionis, nec ultimo vitæ momento impleri potuit, & pendente causa testati, cessat causa intestati. Denique neque ex testamento, neque ab intestato heres intelligitur, sed vocatur substitutus filii vel coheres jure adcrescendi, vel his deficientibus vocatur suus vel agnatus, quod omne rursus ostendi potest manifestius hoc modo. Prior species conditionis vivo filio, sed morti proximo admittit substitutum: nam conditio intelligitur defecisse in ipso mortis articulo, quia tempus moriendi semper in jure deputatur vitæ, non morti computatur: vivo igitur filio deficit conditio, igitur admittitur substitutus. Et Pap. hic ostendit proposito simili exemplo ex libr. Ser. Sulp. quod est elegantissimum. Heredem institui sub conditione, *si Capitolium ascendat*, conditio est potestativa, quæ non potest impleri ultimo vitæ spiritu, & si Capitolium non ascenderet, ei legavit 100. mortuus est omissa hereditate sub hac conditione, an transmittit legatum ad heredem? sic sane, quia dies legati cessisse intelligitur eo vivo, propterea quod eo adhuc vivo certum esse cœpit, conditionem impleri non posse: quod si non possit, in eum casum voluit ei legatum præstari. Et ita Pap. refert hanc sententiam, dum ait, *morte defecisse conditionem*. Utrumq; ait improprie: nam non morte defecit, sed eo moriente, & non defecit potius, quam omissa est, ut si fuerit posterior conditio potestativa, quæ possit impleri ultimo vitæ momento, mortuo dein filio admittit substitutum vel coheredem vel suum, Item posterior species conditionis, *si filius institutus sit sub conditione potestativa*, quæ possit impleri ultimo vitæ momento, & nepos ei fuerit substitutus, sola contraria conditione post mortem filii substitutus nepos vocatur ad hereditatem, non ante mortem: si substitutus non fuerit nepos, nec alius quisquam, nepos vocatur ad legitimam successionem avi, hereditati avi, id est, ab intestato, quasi suus, quia filium eum non præcessit eo tempore, quo delata est hereditas avi: Jam enim erat mortuus filius, & suus est, quem alius non præcedit: est certissima hæc definitio, suum heredem esse meum, qui est ex liberis defuncti, & quem nemo præcedit delatæ hereditatis tempore: ea propter in hoc casu filius non videtur obstitisse nepoti, quamvis avo intelligitur esse suus heres, quia quo tempore delata est hereditas avi nepoti, filius non erat in rerum natura, id est, nepotem nemo præcedebat. Et Papinianus ponit similem casum his verbis, *quemadmodum si exheredato eodem filio &c.* Qui versus, crux est juris studiosorum; nemo non fuit diligens in exquirenda ejus versus sententia, & frustra: nam, ut ostendi jampridem labes facta est in Digestis tribus aut quatuor locis, maxime in fine titulorum aut librorum, ut labes est facta in *tit. de bon. damnat. & alia in tit. de interd. & releg. & alia in fine libri* 41. ubi desideratur titulus, *communia de usucapionib.* ut indicat index Digestor. Et hoc etiam loco labes facta est; nam est imperfectus hic versus, & sunt ejus verba contorta: nam ut in *l.* 1. §. *sciendum, de suis & legit. heredib.* conjunguntur duo casus, quibus filius non obstat nepoti in jure sui: ita etiam Papin. hoc loco eosdem casus voluit conjungere, & legendum, *quemadmodum si exheredato eodem filio, nepotes cum filiis moreretur fuissent, et heredes instituti postea repudiassent*. Et casus hic est: filium exheredavit, nepotem prætermisit, nec vero debuit eum instituere, vel exheredare, quia non erat suus præcedens filio: recte igitur filium exheredavit, nepotem prætermisit, & extraneum scripsit: filius mortuus est deliberante extraneo herede scripto: nondum igitur exheredatione consistente, quia ante hereditatem non valet exheredatio: mortuus est suus filius deliberante scripto, atque adeo exheredatione nondum obtinente: post mortem filii heres scriptus repudiavit, nepos erit suus heres

A avo ab intestato, nec videbitur filius ei obstitisse, quia tempore delatæ hereditatis avi filius non fuit in rebus humanis, id est, quia in ea hereditate filius eum non præcessit unquam. Et ita duos proponit casus, quibus filius non obstat nepoti in jure sui, *l. si quis, de injust. rupt.* §. *in ea causa, Inst. de hereditatibus quæ ab intest. defer. l. scripto, unde liberi.* vide *d.l.* 1. §. *sciendum.*

### Ad L. XIV. de Bonor. possess.

*Cum quidam propinquus falsum testamentum accusaret, ac post longum spatium temporis probasset: licet dies ei petendæ possessionis, quam forte certus accusationis petere debuit, cessisse videtur: attamen quia hoc proposito accusationem instruit, ut suum jus sibi servet, agnovisse successionem non immerito videbitur.*

B Cum quidam propinquus, id est, agnatus, ut illo loco Horatii,
—— *& ad sanos abeat tutela propinquos:*
nam cognati ad tutelam vel curam non vocantur, & in specie hujus legis inferimus agnatum appellari propinquum, quia vocatur ad hereditatem. Species hæc est. Quidam agnatus testamentum agnati, quo extraneum heredem scripserat, falsum esse dixit instituta accusatione adversus heredem scriptum ex *l. Corn. testamentaria*, & post longum tempus probavit esse falsum testamentum, puta post decennium: certe post tempus intra quod petere debuit bonorum possessionem, puta intra 100. dies: (liberi & parentes petunt bon. possess. intra annum: agnati intra 100. dies) Igitur post longum tempus obtinuit C agnatum intestatum fuisse, neque tamen petiit bonorum possessionem ab intestato intra 100. diem, ut oportuit ex edicto prætoris, quam diu traxit accusationem, nec ea pendente petiit bonorum possessionem unde legitimi: Quæritur, *an ei cesserit tempus petendæ bonorum possessionis, an ei cesserint* 100. *dies constituti ad bonorum possessionem?* atque ita an tempore sit exclusus a bonorum possessione unde legitimi, an petenti eam obstet clausula, quæ ponebat cessisse ei tempus, si certus accusationis fuit, id est, si certo scivit falsum esse testamentum. *Et certus accusationis,* inquit: certo accusationis procedunt tempora: ergo debuit bonorum possessionem petere, cui de jure suo liquido constabat, si incertus fuit accusationis, si dubitavit de jure testamenti, non potuit recte petere bonorum possessionem, sicut nec adire, D *l. cum falsum, de acqui. hered. l. 3. ad l. Corn. de falf.* Certum, scientemque adire oportet, aut bonorum possess. amplecti, non incertum juris sui, alioqui adeundo nihil agit, & incerto accusationis non procedunt tempora bonorum possess. & statim atque ei constiterit falsum esse testamentum, etiamsi post diuturnum tempus constiterit, erit ei integrum petere bonorum possess. unde legitimi quasi intestati agnati: nam certo accusationis tantum cedunt tempora. Accurs. & alii, tentant certo accusationis non cedere tempora, si instituerit accusationem falsi testamenti: id est, quandiu accusat testamentum falsi, non cedunt ei tempora petendæ bon. possess. ab intestato. Hæc est vulgaris sententia omnium ad hanc legem. Movetur Accurs. hac ratione, quia certo, inquit, accusationis non cedunt tempora, quoniam eam E non potuit petere, sane si non potuit eam petere, non cedunt ei tempora. Ergo ea tempora sunt utilia, quibus scierit potueritque scire sibi competere bonorum possessionem, ut in cretionibus, & quibus potuerit petere. At nego eum non potuisse petere: cum, ut Papin. ait, debuerit petere: si debuit, & potuit: quam autem potuit petere, nec petiit, tempus amisit, id est, omisit: nam omittere proprie est tempore excludi, scriptum tempore submoveri. Movetur etiam Accursius, & quidem rationabilius, *l. contra, C. de inof. test.* Sciendum est querelam inofficiosi testam. quæ datur liberis exhederatis extingui quinquennio: nam ea intra quinquennium est constituenda, aut non potest, *l. 2. C. in quib. cauf. in integ. restit.* facultas accusandi testamenti paterni, quasi impii coercetur

cetur brevitate temporis. Finge: egisti querela injusti testamenti, quod desiit in testam. solemnia, sive etiam egisti inofficiosi: duas querelas intentasti sibi admodum adversas: nam si injustum est testam. non valet: si inofficiosum valet, sed agitur ut rescindatur. Utramque tamen querelam instituisti, injusti testamenti, & inofficiosi. Ex una velle consequi quod te contingit videris, *l*. 1. §. *qui autem*, *quod legat*. ut sit hodie frequenter, quoties diversæ actiones ejusdem rei nomine intentantur. Dixisti injustum esse testamentum, & inofficiosum, licet esset justum, & priorem querelam tantum executus es, lis tracta est in septennium, nec obtinuisti: quæritur an amissis querelam inoffic. testamenti, an postea exequenti tibi alteram querelam obstet præscriptio quinquennii? Et ait *d. l. contra*, non obstare, quia non cessantibus præscriptio objici non potest, tu non cessasti, cum interim querelam de injusto testamento persecutus fueris. Ergo præscriptio temporis tibi non obstat, postea persequenti querelam inofficiosi testamenti. Præscriptiones sunt cessantium, castigationes seu reprehensiones, non etiam non cessantium. Finge, habeo actionem temporalem, veluti redhibitoriam, aut quanto minoris, nec eam intendo intra tempus constitutum sed ea de re litigo cum compromissario, nec quicquam perficio, an post tempus actionis erit mihi actio integra? Et sanè erit, quia interim non cessavi, *Novell*. 63. Unde colligit Accurs. etiam te, qui dixisti falsum testamentum agnati, atque ita non cessasti, non debere repelli præscriptione temporis a bonorum possessione unde legitimi, quia non cessasti, & quia etiamsi bona persecutus non fueris, tamen hac mente dixisti falsum esse testamentum, ut ea postea persequereris: ergo tibi non cesserunt tempora. Non est difficile respondere. In specie *l. contra*, tu egisti querela injusti & inofficiosi, & executus es prioris, posteriorem ergo querelam non omisisti, quia eam inchoasti, cum priore egisti igitur. in *d. l. querela inoffi*. quia eam non omisisti. In hac specie non petiisti bonorum possessionem, ergo eam omisisti tempore, nec tibi est integrum eam petere tempore excluso. Verum non deest aliud remedium: quia etiam hoc ipso, quod accusationem falsi instituisti, juris tui conservandi causa, videris successionem agnovisse animo: ad te igitur intelligitur pervenisse hereditas agnati, quia accusando testamentum falsi, videris successionem agnovisse. Quid autem est agnoscere successionem? Pro herede gerere, qui unus est modus acquirendæ hereditatis, *l. gerit, de acq. hered*. Gerit pro herede, qui agnoscit animo successionem, licet nihil attingat. Non dicit Papinianus te bonorum possessorem fieri, quia tempora bonorum possessionis præterierunt, sed dicit te successionem agnovisse: non dicit bonorum possessionem, sed successionem: igitur heres es, non bonorum possessor, vel es, vel fieri potes. Bonorum possessio nisi petita vel data sit, non acquiritur: aut est petenda, aut a prætore sciente non petenti danda, *l. servus, hoc tit*. Excipitur municipium, cui acquiritur bonorum possessio etiam sine petitione vel datione, ipso jure, *l*. 3. §. *a municipalibus, hoc tit*. Et hodie etiam ex novissimis Constitutionibus ad acquirendam bonorum possessionem sufficit nuda voluntas, id est, quælibet testatio, sive quodlibet indicium amplectendæ bonorum possessionis, *l. ult*. §. *non utitur, de curat. fur*. §. *ult. Inst. de bon. possess*. Hodie igitur videtur bon. possess. agnovisse: Quem volunt esse sensum huius legis, verum is esse non potest, cum nondum exiisent Constitutiones, quæ quamlibet agnitionem bon. possess. admittunt. Verus sensus hic est: agnatum, qui dixit testamentum agnati falsum, nec obtinuit intra tempus bonorum poss. repelli a bonorum possessione unde legitimi: non repelli ab hereditate, quemadmodum dicendo testamentum falsum, videtur se pro herede gessisse ab intestato, cum non alio fine dixerit, quam ut hereditatem sibi reservaret legitimam.

### Ad L. XXI. de Leg. præst.

*Si portio hereditatis quam excepta persona beneficio legis habere potuit, repudietur, pro ea quoque parte filius,*

*qui bonorum possessionem accepit, non aliis quam exceptis personis legata præstabit.*

Notandum est, magnam esse differentiam inter querelam inofficiosi testamenti, & bonorum possessionem contra tabulas: nam querela inofficiosi testamenti datur immerito exheredatis suis, sive emancipatis, sive sint emancipati, sive in potestate, & necessaria est utriusque, alioqui non pervenirent ad hereditatem. Datur etiam parentibus exheredatis, & necessaria est, ut ad bona veniant. Bonorum autem possessio contra tab. datur liberis silentio præteritis: & emancipatis est necessaria, suis autem non est necessaria: quamvis enim sui præteriti eam petere possint, tamen necessaria non est, quia mero jure ab intestato heredes sunt, *l. pen*. §. *legata*, *tit. prox*. Datur etiam bonorum possessio contra tabulas parentibus, sed non semper: nam iis tantum datur, qui filium vel nepotem emanciparunt & manumiserunt, id est, qui in emancipando contraxerunt fiduciam, in tit. *si quis a parente manum*. Datur etiam patronis quibusdam bonorum possessio contra tabulas, non tamen unquam querela datur patronis. Addendum est etiam, querela inofficiosi testamenti dari contra heredem scriptum, qui adiit hereditatem, nec enim ante aditam hereditatem nascitur querela. Bonorum possessio contra tabulas datur contra testamentum, etiamsi heres scriptus non adierit. Et hoc est, quod dicitur bonorum possessionem contra tabulas dari contra lignum, *l. quod vulgo*, *supr. tit. prox*. Querela inofficiosi testamenti, alias in totum rescindit testamentum, alias pro parte: in totum, si scriptus sit extraneus: in partem, si scriptus frater fratris exheredati, qui agit querela, *l. Papin*. §. *sed neque, de inoffic. test*. Bonorum possessio contra tabulas, semper rescindit testamentum: & si frater præteriti sit heres institutus, præteritus instituto fratre committit edictum, id est, aperit ei viam ad petendam bonorum possessionem contra tabulas, & sic infirmat totum testamentum. Item querela inofficiosi testamenti patrem facit intestatum, *l*. 6. §. *pen. l. mater, de inoffic. test*. Bonorum possessio contra tabulas testatorem non facit intestatum ipso jure, licet jure prætorio testamentum rescindatur, *l*. 1. *hoc tit. l. ut liberis*, C. *de collat*. Sed non ideo sequitur, testatorem fieri intestatum ipso jure, id est, civili, nec etiam prætorio, ut in *l. pen*. §. *pen*. §. *sed quemadm. supra tit. prox*. ostenditur quamvis obscure. Finge: Duo sunt fratres, unus exheredatus, alter præteritus, si præteritus sit suus, testamentum nullum est ipso jure, ergo uterque etiam exheredatus succedet ab intestato: sed si præteritus sit emancipatus, licet acceperit bonorum possessionem contra tabulas, testamentum valet, si heres aliquis adierit ex testamento, & exheredato fratri non committitur edictum, *l. si post mortem*, §. *exheredati*, *tit. prox. supra*, id est, non potest venire exheredatus una cum fratre prætérito ad bonorum possessionem contra tabulas, nec ad legitimam hereditatem ab intestato, quia testamentum valet ipso jure, licet rescissum sit jure prætorio per bonorum possessionem contra tabulas. Ideoque necesse habet agere querela inofficiosi, scilicet adversus heredem scriptum qui adiit. Instituto tamen fratri committitur edictum, non exheredato. Ultima differentia hæc erit, si testamentum rescindatur per querelam inofficiosi, nihil in testamento scriptum valet secundum jus, quod obtinuit ante Novellam Justiniani, quæ vult solam institutionem rescindi ex causa exheredationis vel institutionis, quæ pro exheredatione habetur, ut si filius sit præteritus a matre: nam silentium matris est exheredatio, non silentium patris: sed si per bonorum possessionem contra tabulas testamentum rescindatur, secundæ tabulæ, id est, pupillares, & quæ in eis relicta sunt legata, non rescinduntur, *l. ex duobus*, §. *ult. de vulg. sub*. Legata quoque relicta primis tabulis his personis, quæ sunt exceptæ in hoc edicto *de leg. præst*. ut liberis & parentibus testatoris, vel quæ sunt relicta uxori, aut nurui testatoris, dotis nomine, ea prætor non rescindit. Bonorum possessio est ex edicto prætoris. Querela inofficiosi est ex jure civili: jus prætorium mitius est jure civili: hodie Justinianus mitiorem fecit querelam inofficiosi: nam legata omnibus conservari voluit rescissa institutione sola, *Nov.* 115. Et hoc est, quod dicitur, ex causa exheredationis vel prætoris, quæ pro exheredatione habetur, sola institutio vitiatur, cetera firma manent, ut secundæ tabulæ, tutelæ, libertates, legata omnia & fideicom. quibuscunque personis relicta. Petita autem bonorum possessione contra tabulas, ex hoc edicto de legatis præstandis exceptis personis non tantum conservantur legata, sed etiam quæ instar legatorum habent, fideicom. & mortis causa donationes, *l.* 3. *l.* 5. §. *idem observatur*, *l. si filius h. t.* Conservantur enim portiones hereditatum, non ex hoc edicto: nam legati verbum non potest continere hereditatem, sed ex constitutione Divi Pii, ut si parentes vel liberi sint heredes scripti ex parte, ea pars eis conservetur, *l.* 5. §. *sed & si portio*, *l.* 7. *hoc tit.* *l. qui duos*, *in fine*, *de conjung. cum emancip. lib.* Exceptis igitur personis hæc omnia conservantur, sed quomodo? an omnino hæc omnia conservantur? minime: nam hæc quæ retulimus excepta personis ita conservari intelligimus, ut nullo titulo plus ferant, quam virilem portionem, nec titulo institutionis, nec legati; Namusque ad portionem virilem duntaxat parentes, & liberi tuendi sunt, ne plus habeant, quam præteriti, qui petierunt bonor. possess. contra tabulas. Ideoque eorum portio in virilem redigi potest, si ex majore parte scripti sint, sed si ex minori parte, eorumdem portio augeri non potest, *l.* 5. §. *ad eum autem modum*, *h. t.* Uxor autem vel maritus, cui aliquid relinquitur dotis nomine, non rediguntur in virilem portionem, sed totum legatum percipiunt, quia rem suam percipere videntur. Ideoque legatum dotis Falcidia non minuitur, *l. vitiles* §. *si quid uxori*, *hoc tit.* *l. sed usufr.* §. 1. *ad leg. Falc.* Finge: in testamento quo filius heres præteritus est, heredes scripti sunt alii filii ex portione quadam, vel nepotes, vel parentes testatoris, & ab eis relicta sunt legata: non adeunt hereditatem, nec etiam repudiant, sed omittunt, quia sciunt præteritum petiisse, aut petiturum esse bonorum possessionem contra tabulas, ut fit *l.* 4. *h. t.* conservatur eis portio hereditatis ex Constit. Divi Pii, an legata præstabunt omnibus? Minime, sed ea tantum, quæ relicta sunt exceptis personis, perinde ac præteriti, qui petierunt bonorum possessionem contra tab. *l.* 5. *& 20. sup.* Sed quid si parentes & liberi repudiarunt portionem hereditatis, ea portio accrescet præterito, qui petit bonorum possessionem contra tabulas, & non tantum pro sua parte, sed etiam pro ea parte, quæ ei accrevit, præstabit legata personis exceptis. Quid si parentes & liberi adierint hereditatem? pro ea parte, quo qua instituti sunt omnibus præstabunt legata. Hæc quæ diximus sunt accipienda de præterito emancipato. Nam suus præteritus, qui petiit bonorum possessionem contra tabulas, ne exceptis quidem personis præstat legata, *l. is qui in potestate*, *hoc tit.*

### Ad L. XI. de Carb. edicto.

Cum sine beneficio prætoris, qui patitur controversiam, filius heres esse non potest, forte quia scriptus est, edicto Carboniano locus non est: ac similiter cum certum est, quamvis filius sit, eum tamen heredem non fore: veluti si Titio herede instituto, postumus aut impubes exheredatus negetur filius. Nec ad rem pertinet, quod interest illius in quibusdam filium esse, veluti propter fratris ex alia matre nati bona vel jura libertorum, & sepulchrorum: istos enim casus ad Carbonianum constat non pertinere.

CArboniana bonorum possessio non est propria quædam bonorum possessio, sed vel unde legitimi, vel unde liberi, vel secundum tabulas. Et huic locus est in hac specie: Filius pupillus in testamento præteritus, nam pupillo tantum debetur hæc bonorum possessio: filius igitur præteritus est testamento patris, & petiit bonorum possessionem contra tabulas, vel patre intestato bonorum possessionem unde liberi: fit ei controversia status quod negetur filius esse defuncti, fit ei controversia hereditatis paternæ, an dabitur possessio bonorum, quam petit? Quod non videtur, quia quæstio status est præjudicialis. Igitur quia petit jugulum causæ, est peremptoria: & sane jure non est danda, quoad finita fuerit status quæstio. Verum ex edicto Carbonia. causa cognita interim pupillo dabitur bonorum possessio, vel contra tabulas, vel unde liberi, quæ dicitur Carboniana, & differetur status quæstio in tempus pubertatis. Datur causa cognita: nam debet prætor perpendere, utrum expediat pupillo repræsentari, an differri quæstionem status. Ergo hæc bonorum possessio est decretalis, quia decreto interposito datur: extraordinaria, non ordinaria: *provisionnaire*: temporaria non perpetua, nam pubertate finitur, nec interim suo effectu caret: nam pupillo cui decernitur, interim possidet solus, nisi adversarius sit ex liberis, & interim alitur ex bonis & exercet actiones tempore perituras. Plerumque autem Carboniana bonorum possessio datur filio præterito, vel filio venienti ab intestato: nam filio pupillo instituto non datur Carbo. bonorum possessio secundum tabulas, quamvis negetur esse filius, quia non ut filius venit ad hereditatem, sed ut scriptus, & sufficit ei bonorum possessio secundum tabulas edictales, nec opus est decretali, *l.* 1. §. *Pompon. h. t.* Et hoc est, quod ait Papinianus in princ. hujus l. Verum quæstio status differtur in tempus pubertatis ex Constit. *l.* 3. §. 1. *h. t.* non ex hoc edicto: sed ex Constit. Et ita demum huic edicto locus erit, si status & hereditatis controversia sit: nam si status tantum, statim judicium explicandum est, *l. de bonis* §. *ita demum*, *h. t.* Et hoc ita procedit, ut non sit locus Carboniano, nisi sit institutus quasi filius ab eo, qui eum non instituisset, si cognovisset eum filium suum non esse: nam hoc casu indigebit auxilio edicti Carbon. *l.* 4. *C. de hered. instit.* Pupillo exheredato non datur Carboniana bonorum possessio, maxime si sit exheredatus non apposito elogio hujusmodi, quia filius meus non est, vel quia ex adulterio est conceptus, exheres esto: nam si secundum scripsit testator, & post mortem ejus negetur esse filius, locus erit Carbo. edicto, alioqui exheredato pupillo non datur bonorum possessio Carboniana, quamvis negetur filius, *d. l.* 1. §. *item Pomp. & §.* 7. *h. tit.* quia certum est, eum, heredem non fore (quamvis filius sit) propter exheredationem: interim tamen ejus, ut filius pronuncietur, licet institutus vel exheredatus sit propter alias quasdam causas, non propter Carbon. Sed in aliis causis interest illius filium esse defuncti, ut si sit quæstio de bonis fraternis. Finge: Deducto fratre intestato nato ex alia matre, pupillus dixit, suus fratrem esse: & fratrem consanguineum præferri matri ex SCto Tertull., mater negat eum esse fratrem, an interim dabitur Carboniana? Minime, quia non agitur de bonis paternis, quo solo casu datur Carboniana, *l.* 3. §. *si ex qui status*, *h. t.* & tamen interest ejus, filium censeri ejusdem patris, ut habeat bona fraterna: nam exheredatio non admittit bona fraterna, sed jus suitatis, non jus consanguinitatis. Secunda causa est, ut ejus intersit esse filium, si sit quæstio de bonis paternis liberti, & negetur esse filius patroni. Ad hanc speciem non pertinet Carboniana, *l.* 7. §. *si pupilus h. t.* sed tamen interest ejus filium esse, ut obtineat bona liberti. Et loquitur de filio pupillo instituto: nam exheredatus non admittitur ad bona paterni, liberti, nisi libertus ei sit adsignatus, *l.* 1. §. *sed etsi exheredato*, *de adsig. lib.* & nisi pater caverit nominatim, ut jus ei sit salvum in libertum, *l. si pater exheredatus*, *de bon. lib.* Tertia causa est propter jus sepulchrorum, *l.* 6. §. 1. *de relig. & sumpt. fun.*

### Ad L. XI. de Bon. poss. sec. tab.

Qui ex liberis meis impubes supremus morietur, ei Titius heres esto: duobus peregre defunctis, si substitutus ignoret uter novissimus decesserit, admittenda est Juliani sententia, qui propter incertum conditionis etiam prioris posse peti bonorum possessionem respondit.

§. 1. Filius heres institutus post mortem patris ab hostibus rediit, bonorum possessionem accipiet, & anni tempus, a quo rediit, ei computabitur.

PRima quæstio versatur circa speciem ejusmodi. Duo sunt filii impuberes, pater ut inter eos conservet jus legitimæ hereditatis, ut *l. vel singulis, de vulg. substit.* non substituit utrique, id est, si uterque impubes decederet, sed substituit ei tantum, qui supremus moreretur: quæ substitutio est quidem pupillaris, cum sit facta in secundum casum: sed & vulgaris dicitur, quia quotiens erant duo vel plures impuberes, pater solebat ei substituere, qui supremus moreretur, *l. in vulg. de verb. sign.* Ergo vulgaris substitutio dicitur duobus modis, quæ sit in primum casum: & formula vulgaris substitutionis pupillaris, quæ scil. fit supremo morienti in secundum casum. Duo tantum sunt casus substitutionis. Primus est casus non acquisitæ hereditatis, ut *si primus heres non erit, secundus heres erit*, quæ est substitutio vulgaris separata a pupillari, quæ fit passim a quolibet ex 12. tabulis. Secundus casus est acquisitæ hereditatis & mortis, in quem substituimus tantum directo: ut liberis impuberibus, qui sunt in potestate nostra, hoc modo: *filius ille impubes heres esto, si heres erit & impubes decesserit ille heres esto*, vel etiam secundus casus est casus mortis tantum. Nam substitutio pupillaris fit etiam ex heredato hoc modo: *Ille filius quem exheredavi si impubes decesserit, Titius illi heres esto*. Pupillaris substitutio non est testamentum paternum, sed pupillares tabulæ secundum quas datur substitutis bonorum possessio perinde, atq; secundum tabulas institutis. Nunc finge: Ex duobus impuberibus pater substituit supremo morienti: at non apparet quis fuerit, quia simul periere in mari, nec apparet aut constat uter novissimus decesserit. Quæritur substitutus, qui substitutus est ei, qui supremus moreretur, utrum nulli heres erit, an utrique ? & ait, substitutum utrique heredem esse ex substitutione, & posse utriusque pupilli bonorum possessionem petere secundum tabulas. Ergo neuter filius mortuus est intestatus, quandoquidem substitutus supremo morienti, utriq; videtur substitutus: quoniam jure patriæ potestatis pater filiis fecit testamentum: nam alius nemo testamentum facit puberi .n. non potest ita substituere, nisi per fideicommissum: non possum heredem dare ei, qui solus heres fieri facere potest. Et hoc ita respondit Iulianus, propter incertum conditionis, quia incertum est extiterit conditio substitutionis, an defecerit, propterea quod non apparet uter supremus decesserit. Nam & uterque supremus dici potest, cum neutri eorum alterum superstitem fuisse appareat, *l. qui duobus, de reb. dub. l. ex duobus de vulg. subst.* Ergo uterq; intelligitur supremus decessisse, proinde in utriusq; persona substitutionis locum habet: nam supremus non is tantum est, qui post alium moritur, sed & is, post quem nemo est, neque autem post hunc, neque post illum alius est. Ergo uterque est supremus: sicut ultima voluntas hæc demum est, quæ facta post aliud testamentum: sed & ea post quam nullum est testamentum, ut unicum testamentum, ultimum est, *d. l. in vulgari*: atque ita secundum verba substitutionis statues, substiturum ad utriusque bona ad utriusq; hereditatem admitti. Secunda quæstio est de filio, quem pater heredem instituit eo tempore, quo erat apud hostes. An aliquando poterit filius institutus a patre, petere bonorum possessionem secun. tabulas? sic sane, si redierit ad suos: quia fictio postliminii fingit eum nunquam fuisse in servitute. Ideo & interim fratribus partem facit, id est, ejus persona numeratur in partibus faciendis propter pœnam postliminii, *l. 1. §. si ex tab. de bon. poss. cont. tab.* reverso datur bonorum possessio secundum tabulas. Atqui bonorum possessio petenda est intra annum. Finge: fuit apud hostes ex quo heres institutus est per quinquennium, an ei cessit tempus? minime : quia est annus utilis, & in eo, quo fuit apud hostes, nullus dies fuit ei utilis ad petendam bonorum possessionem: quia annus computatur, non ex quo pater mortuus est, sed ex quo rediit postliminio. Quod notandum: nam idem trahi potest ad absentes, & ad relegatos, nec facio inter eos differentiam, quam introducit Accurs. hoc loco ; nam his omnibus tempora utilia cedere dico ex quo redierunt: dicit Accurs. constituendam videri differentiam inter eas personas, quia captivus procuratorem constituere non potest, qua de causa non poterit ei imputari, quod non egerit: relegatus potuit agere vel petere per procuratorem: itemque absens reipub. causa : debent ergo eis cedere tempora dum absunt. Circumscribimur nisi provideamus: nam captivus etiam si procuratorem habere non possit, potest tamen bonis ejus curator constitui, & hic potest actiones intendere tempore perituras, & vero solet plurimus est curator bonis captivi, per quem cum agantur & fiant omnia, cur non cedunt tempora captivo? Eandem igitur rationem oportet inducere in omnibus personis, *l. semper, §. si quis, quod vi aut clam.* Interdictum quod vi aut clam est annale: absenti reip. causa istud interdictum cœpit competere, nec tamen eo egit, vel per se, vel per procuratorem, quem tamen potuit constituere, an annus ei computabitur? non, sed ex tempore quo rediit : imo excludetur anno: sed ex causa ei subvenietur, etiamsi procuratorem habuerit, aut etiam procuratorem potuerit constituere, quia non omnis, qui procuratorem habet, & defendi ab eo potest, non omnis procurator est admodum sollicitus, & vel potest mori, vel deprehendi non idoneus ad agendum, vel et hujusmodi, ut possit ei opponi exceptio procuratoria, *l. sed etsi per præt. §. 1. & §. item, ex quib. caus. maj.* quod velim transferre omnino ad *l. Papi. de minorib.* Finge: minor 25. annis relegatus est, quem aliquis circumscripserat ante relegationem: nondum restitutus implevit 25. annos, etiam implevit annum utilem, intra quem post 25. annum potest peti restitutio in integrum. Quæritur an reversus post 30. annum possit petere restitutionem in integrum? ait non posse, quia potuit per procuratorem agere, namque procuratorem habere & facere potuit : ex causa tamen ei subveniendum est. Et tollenda est differentia Accursii illa, inter absentiam sive relegationem, & absentiam necessariam & probabilem, vel absentiam reipub. causa: nam sive hæc , sive illa fuerit causa absentiæ, absenti & reverso ex causa subveniendum est : nam & illarum causarum differentia rationem nullam habet. Qui enim nominatur ut peregre reipub. causa eat, invitus hoc suscipit. Est enim hoc munus publicum, quod invitis defertur.

Ad §. ult. Eod.

*Testamento facto Titius adrogandum se præbuit, ac postea sui juris effectus, vita decessit: scriptus heres, si possessionem petat exceptione doli mali summovebitur, quia dando se ( in ) adrogandum testator cum capite fortunas quoque suas in familiam, & domum alienam transfert. Plane si sui juris effectus codicillis aut aliis literis eodem testamento se mori velle declaraverit, voluntas, quæ decesserat, judicio recenti rediisse intelligitur, non secus ac si quis aliud testamentum fecisset, ac supremas tabulas incidisset, ut priores supremas relinqueret : nec putaveris quisquam, nuda voluntate constitui testamentum : non enim de jure testamenti maxime quæritur, sed viribus exceptionis, quæ in hoc judicio, quamquam auctori opponantur, ex persona tamen ejus, qui opponit, æstimatur.*

SCiendum est, non dari bonorum possessionem secundum tabulas heredi scripto, nisi testator habuerit testamenti factionem mortis & testamenti tempore, *l. 1. §. exigit, hoc tit.* Quod ita est accipiendum. Si filiusfamil. testamentum fecit, & mortuus sit paterfamil. non valet testamentum, quia habuit quidem testamenti factionem mortis tempore, sed non eo tempore, quo fecit. Idemque erit, si servus testamentum fecerit, & liber decesserit, si pupillus testamentum fecerit, & pubes decesserit, *l. si filius, qui test. fac. poss.* & iisque fere verbis Marc. Tul. in epist. ad Treb. lib. 7. epist. 21. Negare ajebat Servium tabulas testamenti esse eas, quas insitituisset is, qui factionem testamenti non habuerit. Ergo non satis est habuisse testamenti factionem mortis tempore, nisi habeas etiam testamenti faciendi tempore. At contra, quod notandum, nonnunquam satis est habuisse testamenti factionem testamenti facti tempore, licet non habue-

habueris mortis tempore : ut si post factum testamentum mutus aut surdus factus fueris, atque ita decesseris, fecisti rite testamentum, sed non faceres rite mortis tempore, quia es elinguis vel surdus, vel etiam post testamentum factum in furorem incidisti, vel tibi bonis interdictum est quasi prodigo, & nihilominus valet testamentum, quod ante fecisti, *l. 6. qui test. fac. poss. & l. 1. §. si quis autem, h. tit.* Sed exigo omnino, ut testator, qui post testamentum factus est vel furiosus, vel mutus, vel surdus, vel qui prodigus pronunciatus est, permanserit utroque tempore civis Romanus, & sui juris, quia scil. ut detur secundum tab. bonorum possessio, non tantum mortis tempore, sed etiam testamenti tempore, testatorem sui juris esse oportet, & civem Romanum : & non tantum testamenti tempore, sed etiam mortis : hoc retro agitur : nam si post testamentum deporteris vel adrogetur, deportatione fit peregrinus, arrogatione definit esse suus, & propterea deportatione, & arrogatione testatoris irritum fit testamentum : deportatione, quia omnia bona sua amittit. Deportationis verbo continetur semper publicatio omnium bonorum. Adrogatione autem, quia cum suo capite omnia sua bona transfert in familiam, dominium & potestatem adrogatoris : cujus autem nulla sunt bona, ejus, & nullum testamentum est. Quid tamen si utroque tempore fuerit civis Romanus? veluti paterfam. testamentum fecit, post se adrogandum dedit, deinde emancipatus vita decessit : fuit igitur civis; fuit paterf. mortis tempore, & testamenti, non etiam medio tempore. Quaeritur, *an scripto heredi sit danda bonorum possessio sec. tab.* Et sane jure praetorio datur heredi scripto, §. *non tamen, Inst. quib. mod. test. infirm.* licet medio tempore non fuerit civis Romanus, aut paterfamil. *l. 1. §. sed si quis utroque, h. t.* Ergo, ut dixi, testamentum valet, dummodo sit obsignatum septem testium signis, etiamsi in eo alia solemnia desint, etiamsi sit ruptum, dummodo obsignatum fit; & fuerit testator civis Rom. & paterfam. utroque tempore, praetor dat scripto heredi bonorum posses. secundum tabulas, *l. conficiuntur, §. si post; de jure codicill.* Sed aliquando bonorum possessio secund. tabulas sine re constituetur, quia scripto, qui accepit secundum tabulas, agenti possessoriis actionibus obstabit exceptio doli mali, scilicet ex eo testamento pergat agere, quod jure civili irritum factum est adrogatione. Ergo datur quidem secundum tabulas, sed erit sine re, propterea quod ipso jure irritae sunt tabulae, neque praetor unquam abrogat jus civile, emendat tamen. Verum quid dicemus, si testator ille dixerit, se mori velle eodem testamento? Potuit reficere testamentum, quod non refecit tamen : videtur testamentum, quod fuerat irritum, recenti judicio testatoris revaluisse, sicut evenit in hac specie. Finge : post prius testamentum scripsi posterius : utrumque rite, posteriore rumpitur prius. At finge, me confregisse posterius, an valet prius? valet quod ultimum, nec aliud factum fuisse intelligitur. Ergo etiam in proposita specie, videtur recenti voluntate revaluisse voluntas defuncti, quam adrogatio irritam fecerat. Et sane concludendum est, quoniam declaravit, se velle eodem testamento mori, scripto heredi agenti possessoriis actionibus jure bonorum possessionis secundum tabulas, non obstare exceptionem doli mali, non quia nuda voluntate sit restitutum testamentum : nam nuda voluntas nunquam restituit testamentum, sed quia haec exceptio doli proficiscitur ex bono & aequo, & bonum & aequum est conservari tabulas, quas testator judicio recenti confirmavit : nam, ut subjicit, opposita exceptione non quaeritur potissimum de jure testamenti, non in id exceptio concipitur, sed quaeritur de bono & aequo, quae aequitas spectatur non ex persona actoris, qui accepit bonorum possessionem secundum tabulas, sed ea aequitas spectatur ex persona rei, qui objicit exceptionem doli mali, quia is reus jure civili heres sit ab intestato, praeferetur scripto, & bonorum possessio secundum tabulas sine re constituetur, ut nominatim scribit Ulpianus in *fragment.*

*Tom. IV.*

*tit. quemadm. testam. rump.* Sed si heres non fuerit ab intestato, scriptus praefertur, maxime si scriptus, & ab intestato potior futurus sit eo, qui utitur exceptione doli mali, *argum. l. 2. & l. post. de inj. rupt. testam.* Sententiae propositae initio *l. pen.* multa objici poterant, quae ego praetermisi data opera. Ex eadem *l. §. ult* elicimus, heredi scripto testamento ejus, qui mortis & testamenti tempore fuit paterfam. non medio, recte dari bonorum possessionem secundum tabulas : si modo sint obsignatae septem testium signis : ergo nihil praeterea praetor requirit. Verum agenti, exceptionem obstare doli mali, quia jure civili irritum est testamentum propter capitis deminutionem, quae medio tempore contingit. Inde quaerebatur, an obstaret etiam ei exceptio doli mali, si testator priusquam moreretur, declaraverit, se eodem testamento mori velle? Et puto non obstare exceptionem propter recens judicium defuncti, & bonorum possessionem secundum tabulas fore cum re propter recens judicium defuncti, non quasi recenti illo judicio, quod nudum fuit, non solemne, non inquam, quasi recens illud judicium restituerit tabulas, quae defecerant, quod fieri nequit : nam testamentum neque constituitur, neque restituitur nuda voluntate : sed non obstat exceptio doli mali, quia proficiscitur ex bono & aequo, hoc est, quia in ea vertitur quaestio boni & aequi ex adverso doli mali, & aequum est observari tabulas, quas vel nuda voluntate testator confirmavit & renovavit : nam in exceptione doli mali potissimum de jure non quaeritur, sed de bono & aequo, quod quidem aestimatur a judice, non aestimatur ex persona actoris, sed ex persona rei : quoniam opponit exceptionem doli mali, de qualitate ejus personae inquiret judex, & si invenerit, ab intestato eum esse defuncti potiorem heredem, eum praefert scripto, atque ita bonorum possessio secundum tabulas constituetur sine re, & obstabit exceptio actori : Sed si is, qui opponit eam exceptionem, non sit futurus potior ab intestato, id est, si heres scriptus etiam ab intestato rem obtinere possit, & ei praeferri, praeferretur scriptus, & bonorum possessio erit cum re, & hoc casu non obstabit exceptio doli mali, quia heres scriptus omnino rem habiturus est : non est igitur invidenda successio honoraria, quia & ea omissa jure legitimo heres futurus est, praesertim cum testator declaravit se eodem testamento uti velle.

### Ad L. XLII. de Bon. libert.

*Filius, qui patri heres exstitit, fratrem exheredatum adrogavit, atque ita herede eo relicto, defun us est : bonorum possessionem libertus patris naturalis exheredatus non habebit : nam cui non exheredato talis adoptio nocere t, exheredato : quoniam poena quae legibus aut edicto irrogatur, adoptionis remedio non obliteraretur.* Paulus notat: *Et qui alio jure venit, quam eo, quod amisit, non nocet id quod perdidit, sed prodest, quod habet : sic dictum est, patrono eidemque patronae filio non debere : quod quasi patronus deliquit, si patrona filius venire possit.*

SUnt tres aut quatuor quaestiones in hac lege. Certum est, filium patroni exheredatum a patre repelli a bonis liberti, quasi indignum, ut *l. 12. §. pen. hoc tit.* Indignum, inquit, non existimat pater filium bonis liberti, quem vocat ad suam hereditatem : contra, quem existimavit esse indignum suis bonis, existimavit indignum bonis liberti; & consequenter exheredatus non tantum repellitur a bonis paternis, sed etiam a bonis liberti. Et ita apud Valer. Max. *Cum Syllanum filium meum, pecunias a sociis accepisse probatum sit, & republica & domo mea indignum judico, protinusque a conspectu meo abire jubeo.* Excipiendi sunt quidam casus, ut si pater filio exheredato libertum adsignaverit. Item, si bona mente eum exheredavit, non injuriae, aut poenae causa : nam quandoque exheredatio non fit irato animo, sed prudenti consilio patris, ut si filius sit pupillus, & praestet in ea aetate filium exheredari, quam habere hereditatem. Vel finge : exheredavit filium furiosum, & reliquit ei hereditatem per fideicommissum rogato herede instituto, ut hereditatem ei restitueret, cum resipuisset : haec exheredatio fit bona mente,

mente, nec aufert jura libertorum, patronatus jura, nec lucra nuptialia, ut in *Novel.* 22. Et ita exheredato non datur querela inofficiosi testamenti, & non est inofficiosum testamentum, in quo bona mente filius exheredatur, non est igitur querela: nam nemo queritur de prudentia patris, sed de ira patris, & injuria. Item si filium exheredatum patronus aliquo gradu instituerit; hoc enim casu non repellitur a bonis liberti. Potest quis esse eodem testamento exheredatus & institutus, ut institutus primo gradu, exheredatus secundo, & contra: hic non est indignus hereditate liberti paterni, cum nec eum pater censuerit prorsus sua domo indignum, *d. l.* 12. §. *pen.* Est & alius casus: si pater exheredato filio caverit nominatim ut jus ei salvum esset in libertum, *l. si pater exheredato, h. t.* His casibus exceptis exheredatus repellitur, non tantum a bonis patris, sed etiam liberti. Et idem obtinet in præterito a matre: nam & hic repellitur a bonis liberti matris, quia præteritio pro exheredatione habetur. Idem etiam obtinet in filio præterito testamento militis: nam præteritio etiam militis pro exheredatione habetur, propterea quod ea diligens observatio testamentorum ordinandorum, & hæc inter cetera non servatur in testamento militis. Ergo quem præteriit miles, repellitur a bonis paternis, quasi exheredatus, & a bonis liberti, *l.* 12. *in pr. h. t.* ut non possis non dicere, Ulp. non pugnare cum Paulo in *l. Paulus, h. t.* nisi aliquid finxeris primum: nam possis dicere negationem deesse in *d. l. Paulus.* Finge: miles filium præteriit in testamento, exheredavit igitur. Quæritur, *an admittatur hic filius ad bona libertorum avitorum.* Et regulariter exheredatus a patre repellitur, & a bonis liberti tam paterni, quam aviti, quia per patrem consequitur avitos libertos, *l.* 20. §. 1. *hoc tit.* sed silentium militis non usque adeo debet nocere filio, ut ait *d. lex Paulus,* ut & repellat eum a bonis libertorum avitorum. Et significat repelli quidem eum a bonis paternorum libertorum, sed non etiam a bonis avitorum, atque ita nihil pugnat: Et in fine legendum est: *idem responsum non est de bonis libertorum paternorum.* Nam silentium excludit eum a bonis libertorum paternorum, non ab avitorum: Ad hæc notandum, quia diximus de filio exheredato a patre; nunc de filio patroni, qui est in adoptiva familia, an sicut exheredatus repellitur a bonis liberti, ita & filius patroni, qui est in adoptiva familia? minime, *l. patroni filia, h. tit.* Id vero dubitatione non carebat: nam filius meus repellitur a bonis meis, si sit in adoptiva familia, repellitur a possessione bonorum contra tabulas, & unde liberi & unde legitimi. Igitur a bonis meis, nisi sit heres institutus, & hodie ex Constit. Justin. nisi sit adoptatus ab extraneo, repellitur a bonis paternis propter adoptionem, id est, quia transiit per adoptionem in alienam familiam. Videbatur etiam repellendus a bonis liberti, sed non est semper eadem ratio bonorum patris, & liberti paterni, ut in hac specie. Verus est filius emancipatus, & nepos ex eo, qui in avi familia remansit, uterque pariter vocatur ad hereditatem parentis ex edicto *de conjung. cum emanc. liber.* Ad hereditatem liberti paterni solus filius emancipatus vocatur, nec ei conjungitur nepos, *l.* 5. §. *ult. hoc tit.* Item filius deportati & proscripti certe ab ejus bonis repellitur, non tamen a bonis liberti, *l. 4. sup. de jure patron.* Aliud est jure civili, *l.* 3. *infr. de inserv.* sed constitutiones potiores sunt jure. Ergo non semper eadem est ratio bonorum patris & liberti. His cognitis, fingamus speciem hujus legis: Pater duos habet filios, unum heredem instituit, alterum exheredat: post mortem patris institutus exheredatum adoptavit in locum filii, eoque instituto vita functus est. Quæritur, *an exheredatus admittatur ad bona liberti patris naturalis?* Et videtur admittendus, quia exheredationem videtur obliterasse adoptio & successio fratris: quandoquidem exclusus per successionem fratris adeptus est bona paterna, & eo modo rediit in familiam, qua fuerat exclusus. Exheredatio desiit esse suus, *l.* 9. §. *si filium, de lib. & post.* Si suus desiit esse, & agnatus igitur, cum suitas sit species agnationis, *l. scripta, unde lib.* Et est, quod dicitur, ex-

A heredationem successisse in locum abdicationis: nam certe Græce utraque habet idem nomen: nam in Basil. exheredatio sæpissime appellatur ἀποκήρυξις. Hodie abdicatione non utimur, quæ fiebat olim etiam vivo patre: Exheredatio non valet nisi post mortem patris. Et abdicatio fiebat passim quacunque scriptura: Exheredatio non valet nisi fiat testamento rite perfecto. Papin. autem existimavit hunc filium exheredatum, quem postea frater heres institutus adoptavit, non habere bonorum possess. liberti patris naturalis. Et utitur Papin. hac ratione: *Filius,* inquit, *qui &c.* Respondet, eum non habiturum bona liberti naturalis, licet postea adoptatus fuerit a patre: *nam cui non exheredato talis adoptio noceret, nocere debet exheredato.* Est falsa ratio: nam non exhere-
B dato talis adoptio non noceret: patronus enim manet & qui capite minuitur, *l. sed etsi, de in jus voc.* Non exheredato igitur subsequens adoptio non noceret; quia igitur propositio falsa est, & consecutio igitur, & ut jamdiu ostendi, & hic manifesta traductio verborum, & sic legendum est: *nam cui non adoptato talis exheredatio nocet, nocere debet adoptato,* quod ostendit ratio rationis, *quoniam pœna, &c.* Quod sic explicandum est. Lege 12. tab. & legibus novis, id est, Julia & Papia, atque etiam edicto prætoris, hæc pœna irrogatur exheredatis filiis, ut non tantum bonis patris, sed etiam bonis paterni liberti submoveantur, quasi indigni, *l.* 2. *hoc tit.* Hoc edictum de *bon. libert.* quo excluduntur hereditate, consentit cum legibus, & ideo auxilium hujus edicti etiam dicitur auxilium legitimum, *l.* 8. §. *pen. hoc tit.* Hoc autem pœna exheredationis exheredatis irrogatur edicto vel lege, dum
C propter exheredationem repelluntur a bonis liberti paterni. Hæc pœna non potest aboleri commento adoptionis, puta ut si frater non exheredatus, dolens vicem fratris, eum adoptaverit: Sed reprehenditur Papin. a Paulo: nititur etiam Paulus æquiori ratione. Ratio Pauli propter quam dissentit a Papiniano, hæc est: *quia ei, qui alio jure venit, quam eo, quod amisit, æquum est, ut non noceat id, quod perdidit, sed prosit quod habet.* Hæc est regula, quæ declaratur ab eodem Paulo, proposito exemplo quum ait, *sic dictum est, &c.* Et hæc est sententia. Finge: ego sum patronus & filius patronæ: igitur ego & mater servum communem manumisimus: repellor a bonis ut patronus: quia forte ab eo exegi jusjurandum, ne uxorem duceret: ex hac causa amitto libertum, *l. qui contra, de*
D *jure patron.* vel etiam repellor a bonis liberti quod libertum egentem non aluerim, *l. si patronus, hoc tit.* vel etiam quod donum, munus, operas, quæ liberto insueveram libertatis causa, ei revendiderim: nam ex hac causa etiam libertus adipiscitur liberam testamenti factionem, *l. Julianus, hoc tit.* nec patronus præteritus habet bonorum possessionem contra tab. liberti: non tamen repellor, si veniam tanquam patronæ filius, quia non per alium venio ad bona liberti, & quod per me non possum, non possum etiam per alium, *l. bona, l. quæritur, hoc tit.* sed venio meo nomine & meo jure, ut patronæ filius. Et ita recte est, *ei, qui alio jure venit,* non per alium, sed alio jure. Est simile exemplum *l. mater, de inoffic. test.* Ergo in proposito, exheredatus non veniet ut filius patroni, id est, patris naturalis, sed ut filius patris adoptivi liberti, fratris naturalis. Denique per fratris adoptionem adipiscetur jura libertorum patris naturalis, non quasi filius, quia amisit filii jus, sed quasi filius patris adoptivi. Ad notam, quam Paulus impressit Papiniano, notandum est, valde pertinere ejusdem Pauli *l. si filius,* §. *de fideic. libert.* Sententia hæc est: heres rogatus est servum manumittere, & latitat, nec evocatus a prætore sui copiam facit: prætor pronunciat libertatem servo debitam ex Senatusconf. Rubriano. Ei servo status servatur eodem jure, ac si directo manumissus esset testamento domini, hoc est, ac si directa libertas ei data esset, non fideicommissaria: ergo erit libertus orcinus, non fideicommissarius. Idemque erit, si heres rogatus sit manumittere sub conditione, & heres conditioni impedimentum fecerit; nam ex hac causa libertum amittit, etiam si fuerit filius
E defun-

defuncti: *quamvis*, inquit *alio jure libertum habiturus sit*: nam filius defuncti non erit ut patronus, quia nec manumisit, sed erit ut patroni filius. Et magna est differentia, utrum quis veniat ut patronus, an ut patroni filius: nam patronus, si libertum in servitutem petierit, vel capitis accusarit, nec obtinuerit, non amittit libertum: filius patroni amittit, quod admodum multæ leges ostendunt, *tit. de jure patron.* congruebat valde ea *l.* cum hac nota Pauli. Notandum est etiam, quod in prima quæstione hujus *l.* Papinian. ait, filium heredem institutum a patre fratrem exheredatum adoptasse, eoque herede relicto decessisse. His verbis, *herede eo relicto*, significatur eum non fuisse etiam exheredatum a patre adoptivo, sicut fuit exheredatus a patre naturali, alioqui non veniret ut filius patris adoptivi, nec ut filius patris naturalis: igitur exheredatus esset ab utroque: sed quum est heres relictus a patre adoptivo, quantulacumque ex parte, qui non venit ut filius naturalis propter exheredationem, quam adoptio non abolevit, veniet secundum notam Pauli æquissimam, ut filius patris adoptivi, atque ita assequetur libertos patris naturalis, qui post eum liberti fuere patris adoptivi.

### Ad §. Castrensium.

Papinianus. *Castrensium bonorum Titius libertus fecit heredem, ceterorum alium: adita est a Titio hereditas, magis nobis placebat, nondum patronum possessionem contra tabulas petere posse. Verum illa quæstio intervenit, an omittente eo, qui reliqua bona accepit, perinde accrescant ac si partes ejusdem hereditatis accepissent. Verius mihi videtur, intestati jure deserri bona cetera.* Titius igitur heres non poterit invitare manumissorem, cum Titio nihil auferatur, nec bonis ceteris, quæ nondum ad causam testamenti pertinent.

Nunc, ut transeamus ad quæstionem §. *Castrensium*, pauca ex his quæ dixi supra repetam, & primo hic §. accipiendus est de liberto milite, ut etiam est expressum *l. si duobus de milit. testam.* in qua idem proponitur, ut non ais re quidam in hoc paragrapho adjecerint verbum *commilitonem*, legentes hoc modo: *Titium commilitonem*, quod verum est etiam in *l. 2. C. de test. milit.* quæ lex pertinet ad eandem quæstionem. Nunc sciendum est, si miles, qui habet bona castrensia & bona pagana, alium fecerit heredem bonorum castrensium, alium paganorum, quasi duorum hominum duas hereditates fecisse, non esse unam hereditatem, sed duas: non unum hominem, sed quasi duos, militem & paganum, ut ait, *l. 17. §. 1. de testam. milit.* neque intelliguntur esse coheredes, heres castrensium, & heres paganorum, non sunt conjuncti, *l. heredes, §. 1. fam. ercisc.* & ideo inter eos non est actio familiæ erciscundæ, quando quidem divisi sunt patrimonii, divisæ hereditates, unus ex castrensi heres est, alter ex pagana, inter quas nulla communio est, & consequenter inter eos non est jus adcrescendi: ut ecce repudiante herede pagano, bona pagana non accrescent heredi castrensium: ergo non sunt coheredes, & jus adcrescendi versatur tantum inter heredes vel collegatarios, ac præterea in bonis castrensibus patrono vel patri præterito non datur bonorum possessio contra tabulas: & rursus patri vel liberis in bona castrensia non datur querela inofficiosi testamenti, *l. si a milite, l. ult. & l. seq. de testam. milit. l. 3. §. par. hoc tit. l. si instituta, §. 2. supr. de inof. test. l. ult. C. eod.* At in bona pagana datur bonorum possessio contra tabulas, & exheredatis nominatim, vel silentio patris datur querela inofficiosi testamenti in bona pagana, non in bona castrensia. Ad hæc sciendum est, patrono præterito testamento liberti, non dari bonorum possessionem contra tabulas, nisi heres scriptus ex testamento adierit hereditatem, vel petierit bonorum possessionem secundum tabulas, *l. ult. de bonor. possess. contra tabul. l. 3. §. ut patronus, hoc tit.* Non defertur ergo patrono præterito bonorum possessio contra tabulas ante aditam hereditatem, sicut nec querela exheredatis. Et eo distat vehementer bonorum possessio contra tabulas, quæ datur patrono præterito, a bonorum possessione, quæ datur filio præterito: nam bonorum possessio, quæ datur filio præterito contra tabulas, datur contra lignum, etiamsi heres in eo ligno scriptus nondum adierit: quæ autem patrono præterito datur, datur contra heredem qui adierit. Et ratio differentiæ hæc est, quia bonorum possessio quæ datur filio præterito, assem persequitur, quæ datur patrono, persequitur certam partem tantum, puta semissem, vel hodie trientem. Est igitur partienda hereditas inter heredem scriptum & patronum, & consequenter heredem prius esse oportet, cum quo partiatur, alioqui si heres scriptus repudiet, patrono jam non dabitur bon. possessio contra tab. certæ partis, sed datur bonor. possessio assis ab intestato, *l. si libertus, hoc tit.* Ergo expectare debet heredem scriptum, ut sciat pro parte, an pro asse accipere debeat bonorum possessionem. Querela inofficiosi testamenti quandoque; etiam assem persequitur, sed tamen non competit ante aditam hereditatem, quia exheredatio, cujus ulciscendæ causa datur querela, vires non habet ante aditam hereditatem: imo nihil in testamento scriptum valet: quamobrem necesse est expectare heredem scriptum : nam si adierit, agetur cum eo querela inofficiosi, si non adierit, exheredatus veniet ab intestato, nec videbitur exheredatus, quia destituto testamento effectum non habuit exheredatio. Quæ rationes valde sunt notandæ: proponitur species h. §. Libertus miles alium fecit heredem castrensium, alium paganorum patrono præterito, heres castrensium adivit hereditatem, heres paganorum non adivit hereditatem: an patrono competit bon. possessio cont. tabulas debitæ partis, quia adita est hereditas ab herede bonorum castrensium? Et ait Papin. nondum competere patrono bon. possessionem contra tab. nec aliter competere, quam si adierit heres paganorum: nam is, inquit, si heres exstiterit, patrono dari potest bonor. possessio contra tab. heres scil. paganorum, & hæc bon. non datur patrono ante aditam hereditatem: in heredem castrensium nunquam datur, ut supra diximus: ergo patrono nondum competit bonor. possessio cont. tabul. si folus heres castrensium adierit. Quid autem fiet, si heres paganorum nunquam heres exstiterit? quid si omiserit hereditatem, an adcrescet heredi castrensium? minime, quia non sunt coheredes, nisi scil. heredi paganorum heres castrensium substitutus sit, quo casu ei, repudiante herede paganorum, pagana accrescent substitutionis jure: vel etiam non est necessaria substitutio expressa: nam satis est, si hæc voluntas defuncti militis probata fuerit, *l. si duob. de mil. test. l. 1. C. de test. mil.* alias herede castrensium adeunte, herede paganorum repudiante, pagana non accrescent instituto castrensibus, quia non sunt eadem bona, sed sunt duo patrimonia, & duæ hereditates, veluti duorum heredum, & inter solos coheredes valet jus accrescendi. Ergo ad patronum pervenient bona pagana ab intestato accepta bonor. possess. unde legitimi: nam casus bonor. possessionis contra tabul. non exstitit, atque ita fiet, ut miles sit testatus de bonis castrensibus, de bonis paganis intestatus, secundum id, quod generaliter proditum est, militem pro parte testatum, pro parte intestatum decedere, quod confirmat etiam *d. l. si duobus.* Et idem esse ostenditur in *l. 1. C. de test. mil.* Explicanda est species illius. Miles unum heredem scripsit ex bonis paganis, alium ex bonis castrensibus: heres castrensis bonorum repudiavit: an castrensia accrescent instituto ex paganis bonis? Minime: quia non sunt coheredes, sed venient ab intestato ad heredes legitimos, veluti ad matrem militis ex Senatusconf. Tertull. nam ponendum est, cum fratrem militis fuisse uterinum, vel generaliter fuisse fratrem cognatum, non etiam agnatum: frater agnatus, qui & consanguineus dicitur, excludit matrem: fratrem cognatum excludit mater; alioqui, si fuerit frater consanguineus, bona castrensia, quorum heres defecit, ei quidem non accrescent jure testati, sed accrescent jure intestati exclusa matre. Obscurior est sententia legis 2.

Miles commilitonem castrensium rerum fecit heredem: meus legis hæc est: Commilitonem nulla ratione pervenire posse ad bona pagana, sed habiturum eum duntaxat bona castrensia: ex quibus heres institutus est: nam ita lex distinguit: heredem miles alium scripsit castrensium bonorum, alium paganorum. Et ait, heredem admitti ad eam hereditatem: si non adierit, heres ab intestato ei commilitoni præfertur, vel si non scripsit alium heredem paganorum, legitimus vocatur ad bona pagana ab intestato, excluso commilitone: una tantum est ratio commilitone instituto ex bonis castrensibus, si probaverit eam voluntatem defuncti fuisse, ut altero repudiante, tota hereditas ad alterum perveniret, *d. l. si duobus*: alioqui in dubio ea mens videtur militis fuisse, ut institutus ex castrensibus haberet duntaxat castrensia, nec pateret ei aditus ad pagana. Ex his liquido intelligimus quid sit, quod ait Papinian. hoc loco: *Titius*, inquit, *non poterit invitare manumissorem, cum Titio nihil auferatur*. Quæ verba male accepit Accurs. sed est perspicuum, heredem castrensium non invitare patronum ad bonorum possessionem contra tabulas, cum nihil ei patronus auferre possit: quod locum non habet in bonorum possessione contra tabulas, in bonis castrensibus. Sed subjicit etiam non invitari patronum per eandem bonorum possessionem contra tabulas ad bona pagana, quia ea bona nunquam ad causam testamenti pertinuerunt, quia heres ex eis bonis scriptus repudiavit, & repudiando destituit testamentum, redeguitque rem ad causam intestati. Ergo non invitatur etiam patronus ad bonorum possessionem contra tabulas in bona pagana, quæ nunquam adita fuerunt, sed invitatur patronus ad bonorum possessionem unde legitimi ab intestato ad bona illa pagana, nisi scilicet heres castrensium fit, vel intelligatur substitutus heredi paganorum: tunc enim herede castrensium amplectente etiam bona pagana, in eum competit patrono bonorum possessio contra tabulas.

### Ad §. Cum filius liberti.

*Cum filius liberti impubes, qui subjectus dicitur ex prima parte bonorum possess. accipiat, an patronus defuncti possessionem accipere possit, quæsitum est. Et sine dubio, qui sequentis gradus sunt, non admittuntur interim. Cum enim præcedit alia possessio, qui sequitur, accipere non potest. Plane si contra eum, qui subjectus dicitur, fuerit judicatum, data non intelligitur. Sed & in patrono, pendente controversia, idem erit dicendum, plane quod ad patroni quoque personam pertinet, differri controversia debebit.*

Residuæ sunt quæstiones duæ. Ut prima quæstio intelligatur, illud ante omnia sciendum, filium naturalem liberti excludere patronum a bonorum possessione unde legitimi ab intestato liberto, atque etiam removere possessionem contra tabulas testato liberto & patrono prætérito, si in eo testamento forte is filius heres institutus sit quantulacumque ex parte, *l. 6. in pr. hoc tit.* filius, inquam, sive sit suus, sive emancipatus, sive in adoptionem datus alteri, §. *prodesse, Inst. de success. lib.* dico filium naturalem, ut & *l. suus*, §. *& ille, de jure patron.* Nam liberti filius adoptivus non expellit patronum: alioqui remedio adoptionis semper repelleretur patronus. Dixi filium institutum: nam exheredatus non expellit patronum: sed neque institutus a patre libertino, si repudiaverit vel abstinuerit se, *l. sive libertus*, §. *ult. & l. 6. §. pen. l. quæritur*, §. *ult. hoc tit.* Rursus dixi institutum, sed addi volo instituto etiam filium naturalem præteritum, qui modo accipiat bonorum possessionem cont. tabulas, & vincat: nam hic etiam præfertur patrono, *d. §. prodesse*. Instituto quoque addi volo exheredatum, qui per subjectam personam veluti filium, aut servum suum patri heres extiterit, objicitur patrono, *d. l. sive libertus*, §. *pen*. Et hæc omnia ita procedunt ex edicto prætoris, de quo agit hoc tit. Mitto eadem de re *l. 12. tab.* mitto *leges Papias*, quæ absolverunt. Nunc accedamus ad verba, & sententiam hujus §. *cum filius liberti impubes*. Quæ verba Accursius accipit

A de bonorum possessione unde liberi. Verba sunt ambigua, illa scilicet, *ex prima parte edicti*: nam quum agitur de successione intestati, prima pars edicti, est ea pars qua defertur bonorum possessio cont. tabul. *l. ideoque, de Carb. edic. l. 1. hoc tit.* & ob id tit. *de bon. poss. contra tab.* anteponitur titulo *de bon. possess. secund. tab.* Et de hac prima parte edicti, id est, de bonorum possessione contra tabulas, puto accipiendum hunc paragraphum, *cum filius*, & ita ponendam esse speciem. Testamento liberti filius est præteritus, atque etiam patronus: filius est impubes, & pupillus, & ab herede scripto negatur esse filius: supponitur esse dicitur, atque ita fit controversia status & bonorum paternorum. Secundum Carbonianum edictum, ut non ita dudum ostendimus, differenda est controversia status in tempus pubertatis, quia

B metus est, ne interim pupillus minus idonee defendatur, & interim, *par maniere de provision*, danda ei est bonorum possessio contra tabulas, non Carboniana tantum, sed etiam ordinaria, ut ei plenius cautum sit, ne scil. post pubertatem nihil juris obtineat: quoniam Carboniana finitur pubertate, ordinaria est perpetua, *l. 3. §. ult. de Carb. edic.* atque etiam, ne heres scriptus possit accipere bonorum possessionem secundum tabulas, quam utique acciperet, si pupillus solam Carbonianam accipere, *l. singulis, l. 3. §. ult. de Carb. edic. l. 4. eod. tit.* Ergo certissimum illud est, interim dari bonorum possessionem contra tabulas, dilata quæstione status in tempus pubertatis. Quæritur, an detur etiam bon. poss. cont. tab. patrono prætérito, qui etiam præteritus est eodem testamento? Et Papinianus ait, patrono prætérito non dari

C eo casu possessionem contra tabulas; non absque ratione, quia filius liberti eum præcedit, & eum expellit: præsumitur enim esse filius interim, licet suppositus dicatur: hæc est præsumptio Carboniani edicti, *l. 3. §. pen. de Carb. edic. l. pen. in fine: ne vis fiat ei, qui in possess.* Cum est, qui præcedat, sequens non admittitur ad bonorum possessionem contra tabulas. Ergo spes patroni non habet locum. Sed si post pubertatem contra filium pronunciatum sit, eum suppositum esse, non verum filium defuncti, bonorum possessio ei data pro non data habebitur, id erit sine re tam Carboniana, quam ordinaria, & denegantur ei actiones possessoriæ, *l. 4. in si. de Carb. edic.* At tunc patronus veniet ad bonorum possessionem contra tabulas: interim non veniet. Sed cum his pugnant omnino, quæ sequuntur, *sed in patrono idem erit*

D *dicendum*. Ergo pendente controversia in tempus pubertatis, interim patrono dabitur bonorum possessio contra tabulas: ergo si possit patronus accipere bonorum possessionem contra tabulas, sequitur ut accepta sit cum re, si contra filium judicatum sit: sine re vero, si secundum filium lis data sit. Et tamen hæc verba, quæ sequuntur, videntur esse ex notis Pauli: nam in libris nostris non semper hoc adnotatur, *Paulus notat*: & ita de aliis, non semper adscribitur esse notam, ut *l. pen. de jure codicillorum*, illo loco, *dumtaxat*, non est adscriptum, Ulpianus notat: sed tamen est manifesta nota Ulpiani, ut etiam hoc loco, dum ait, *sed & in patrono*, id est, imo & in patrono, *idem erit dicendum*, non sunt hæc verba Papiniani qui scripserat sine dubio, patronum non admitti, sed Pauli, quæ summam rationem habent, ut interim

E patronus accipiat bonorum possessionem contra tabulas, sicut filius: & ut ea sit sine re, si secundum filium pronuntiatum sit. Denique in patrono idem est dicendum, quod in filio prætérito, ut idem jus sit. In re duplex admittimus & primum gradum, & secundum. Sed non tantum, quod attinet ad personam heredis scripti, qui filium subjectum dicit, sed etiam quod attinet ad personam patroni, differetur quidem controversia status in tempus pubertatis, nec propter patronum patroni, cognitio repræsentatur, sed interim patrono datur possessio contra tabulas in omnem eventum: nam datur etiam scripto bonorum possessio secundum tabulas; si pupillus solam Carbonianam cognoverit, non etiam ordinariam, *l. 7. §. ult. de Carb. edic.*

Ad

### Ad §. ult.

*Si falsum liberti testamentum ab aliis in provincia dictum, atque ita res per appellationem extracta esset, defuncta medio tempore patroni filia, quam libertus heredem instituerat: filio mulieris servavit D. Marcus eam partem bonorum, quam filia patroni vel jure intestati, si vixisset, habere potuit.*

Libertus filiam patroni heredem instituit, ei satisfecit: patronus erat mortuus, supererat tantum patroni filia. Quidam testamentum falsum dixit, & obtinuit: appellavit illa, atque ita extinxit judicatum, vel interim diu tracto negotio diem suum obiit. Quæritur, an jus suum transmiserit ad filium suum, quem reliquit superstitem? jus ejus quale est? ut etiam falso testamento pronuntiato, liberto possit succedere ab intestato: nam qui adiit hereditatem ex testamento, quod putat verum & valere, non ideo videtur repudiasse hereditatem ab intestato, *l. mater, de inoffic. testam. l. legitimum, de pet. heredit.* Ergo etiamsi is, ad quem provocatum est, confirmaverit sententiam Prioris judicis, & pronunciaverit, falsum testamentum videri, filia patroni, si vivat, succedet liberto ab intestato. An idem jus transmittit in filium suum? Videtur non transmittere, quia nondum agnoverat hereditatem ab intestato. Finge, secundo judicio pronuntiatum esse testamentum falsum videri, aperta est via succeslioni ab intestato. At ipsa non agnovit hereditatem: successionem ab intestato non transmisit igitur, hereditas non agnita non transmittitur. Verum eleganter Papinianus ostendit aliter decrevisse D. Marcum cognita causa inter litigatores, inter eos, qui de eo contendebant, decrevisse etiam transmissioni locum esse, *l.6.§. 1.hoc tit.* Et miror quod Accursius neque hoc loco, neque illo, contulerit hos locos inter se. Et ratio decreti hæc est, quia filia patroni non cessaverat eam hereditatem persequi, & quia, ut dicam explicatius, ea videtur utroque genere persecuta, jure testati quasi scripta, vel si eo jure non obtineret, jure intestati, *argum. l. 3. de mil. testam.* Miles testamentum facere voluit jure communi, nec fecit: testamentum quidem fecit, sed non servato jure communi, ut voluit, at valeat testamentum jure militari? Sic videtur, quia non videtur elegisse miles genus testandi ad impugnandum suum judicium: imo vero utroque genere testari voluisse videtur, propter casus futuros. Sic etiam utroque genere filia patroni vindicasse hereditatem videtur, & consequenter transmisisse, quod potest transferri ad similes complures casus.

### Ad §. sed an id L. I. de Collat. bonor.

*Sed an id, quod dignitatis nomine a patre datum est, vel debetur, conferre quis in commune cogatur, videamus. Et Papinianus lib. 13. Quæst. ait, non esse cogendum. Hoc enim propter onera dignitatis præcipuum haberi oporteret. Sed si adhuc debeatur, hoc sic interpretandum est, ut non solus oneretur is, qui dignitatem meruit, sed commune sit omnium heredum onus hoc debitum.*

His addendus est unus locus, quo Ulpianus utitur auctoritate Papiniani eodem *lib. 13. quæst.* Is locus est in *l. 1. §. sed an id, de collat. bon.* neminem arbitror ignorare, filios emancipatos suis, atque inde hodie filios omnes, qui volunt venire ad bona paterna, *conferre (rapporter)* ea bona quæ a patre acceperunt, dum viveret. Vis mecum partiri frater? confer quæ ex bonis patris accepisti. Quæritur, quæ bona veniant in collationem? non omnia certe: nam excipitur castrense peculium, etiamsi pervenerit a patre, ut si in militiam profecto pater dederit aliquid; sed conferunt etiam bona, quæ non acceperunt a patre, castrense peculium non conferunt, nec quasi castrense, id habent præcipuum, ut dixi. Quæritur, an conferant id, quod dignitatis nomine pro filio datum est, ut filius fieret decurio, Ædilis, Consul: nam has dignitates non assequebantur sine sumptu: dabantur honoraria decurionibus pro introitu, solebant edi munera propter honorem adeptum, solebat etiam aliquid dari suffragii nomine, vel solatii, consuetudinis: non emebantur dignitates, sed erogare aliquid necesse erat. Ergo pater, ut filius dignitatem adipisceretur, dedit aliquid: an id conferet fratribus, an quodammodo dignitatem ipsam conseret? lex ait non conferri: quoniam æquum est, ut eam dignitatem habeat præcipuam, quo sustinet ejus dignitatis onus: nam nulla est dignitas, cui non cohæreat onus, *l. 2. §. muneris, de vacat. mun.* Qua de causa, si pater pro filio dignitatis nomine non dederit, sed promiserit tantum, commune erit onus omnium fratrum, quod tamen non esset commune, si eum sumptum fratribus conferre oporteret, sed liberandi essent fratres pro rata, *l. 2. C. de collat.* Atque ita Papinianus rectius scripsit hoc eodem libro, non esse cogendum filium conferre, quod dignitatis nomine ei a patre datum est, quia hoc debet habere præcipuum propter onera dignitatis. Obstat *l. pen. C. de collat. bonor.* quæ ait, militiam (*un office*) emptam filio a patre (*cela est remarquable pour les estats qui s'achptent*) conferri: sed aliud est militia, aliud dignitas. Dignitas non emitur ut militia, non est armata, sed civilis, adjutor quæstoris, *le Greffier du Chancellier*, militia solertiarum, stratologia, *Controlleur de guerra*; hæ militiæ sunt in patrimonio nostro, sicut feuda, & ideo possunt, & transeunt ad heredes, sicut patrimonium nostrum: militia est in patrimonio nostro, ergo conferetur, dignitas non est in patrimonio.

## JACOBI CUJACII J.C. COMMENTARIUS

In Lib.XIV.Quæstionum ÆMILII PAPINIANI.

### Ad L. XV. de inoffic. testam.

*Nam & si parentibus non debetur filiorum hereditas, propter votum parentum, & naturalem erga liberos charitatem, turbato tamen ordine mortalitatis, non minus parentibus, quam liberis pie relinqui debet.*

§. 1. *Heredi ejus, qui post litem inofficiosi præparatam mutata voluntate decessit, non datur de inofficioso querela: non enim sufficit litem instituere, si non in ea perseveres.*

§. 2. *Filius qui de inofficiosi actione adversus duos heredes expertus diversas sententias judicum tulit, & unum vicis, ab altero superatus est, & debitores convenire, & ipse a creditoribus conveniri pro parte potest, & corpora vindicare, & hereditatem dividere: verum non est familiæ erciscundæ judicium competere, quia credimus eum legitimum heredem pro parte esse factum, & ideo pars hereditatis in testamento remansit, nec absurdum videtur, pro parte intestatum videri.*

JAM in ea *l.* quæ præcedit ex *lib. 5. quæst.* Papiniani ostendi, patrem præteritum a filio emancipato admitti ad querelam inofficiosi post liberos. (In omni jure semper prima & potior est causa filiorum,) patrem, inquam, ut dixi, præteritum a filio emancipato: nam filiusfa. testamentum non facit, quod possit rescindi per querelam inofficiosi, præterquam hodie ex *Novell.* 115. si jure communi de castrensi peculio testetur: nam si jure militari, tunc nec pater, nec liberi vocantur ad querelam inofficiosi. Pater igitur vocatur post nepotes & suam intentionem implere potest. Idem Papin. videtur repetiisse hoc *lib. 14.* Verissimum igitur est hac in re parem esse causam filii & patris: filius recte agit de inofficioso patris testamento, & contra pater: quod non careat dubitatione, quum ut tolleret id scripsit, quod est initio hujus *l.*Quia patri non debetur hereditas filii, ut debetur hereditas patris filio; nam ordo naturæ, & commune parentum votum est, ut filius succedat patri, hoc est, quod maxime omnes optant. Huc pertinet

*l. Ju-*

*l. Iulianus in fine, si quis omiss. causa test.* Cujus species est elegantiss. Filiumf. heredem scripsi, & ei heredem substitui patrem in cujus potestate erat in primum casum: non potest filius adire injussu patris, non jubet pater, sed ipse ex substitutione vulgari adit; Quæritur, an incidit in edictum, si quis omissa causa, & an debeat legata relicta primo gradu per hoc edictum? Respondet, non deberi: quia eo edicto dolus tantum plectitur: at pater dolo nihil videtur facere: nemo enim videtur contra votum parentum plane patrem substituere filio: videtur ergo ei datum arbitrium eligendi, ut vel ipse adeat, vel filius ejus: nam est ominosa ea institutio. Et similiter in *l. cum tale, de cond. & demonst.* Quidam ita legavit: Titiæ, si a liberis quos habet non discesserit: Quæritur, an statim possit pervenire ad legatum præstita cautione, non convolaturam ad secundas nuptias? huic cautioni locus est in his conditionibus, quæ vivo legatario impleri non possunt, ut *si in Capitolium non ascenderit*. In his igitur conditionibus locus est cautioni Mutianæ. In his vero, quæ vivo legatario impleri possunt, non est locus cautioni Mutianæ, sed expectandum est, & differenda petitio legati, donec impleta sit conditio. Conditio autem illa, *si a liberis quos habet non discesserit*, potest expleri viva matre: quia mori possunt liberi viva adhuc matre, atque ita legatum videbitur relictum post mortem liberorum. Consequens ergo, cessare cautionem Mutianam, & expectandam mortem liberorum. Sed ideo improbatur hæc opinio & concluditur esse locum cautioni Mutianæ, quod vero matris non probe opponatur tam ominosa non interponendæ cautionis interpretatio: matris autem votum est, ut ne mater cernat morientes liberos, sed et si supervivant. Ergo hac ratione filii hereditas non debetur patri, aut sane, ut ait *l. scripto in fine, unde lib.* non sic debetur hereditas filii patri, ut patris filio: aliquatenus debetur, sed non ratione pari. Nam quid vocat filium ad hereditatem patris? ratio naturalis, quasi tacita quædam lex, ut ait *l. 7. de bon. dam.* ac præterea commune votum filium vocat ad hereditatem patris: patrem autem ad bona filii, tantum miserationis ratio, vel solatii ratio tantum, sicut dicitur in *l. jure, de jur. dot.* solatii causa mortua filia in matrimonio dotem profectitiam reverti ad patrem. Secundum hæc, non videtur pater jure queri de testamento filii quasi inofficioso, quia nec ei quicquam debuit relinquere, nec id optavit pater, abhorruit ab eo maxime mens patris: nulla est igitur ejus indignatio justa: sed utitur hac ratione Papinian. Turbato ordine mortalitatis, quo semper usi sunt parentes ipsius Papiniani, quum eo mortuo inscripserunt monumento, ὁ *turbato ordine, in senio parentes fecisse*: non euntibus igitur ordine satis, ut inquit Ovid. & Horat. *male judicantibus fatis, turbato ordine*, non minus jus piumque esse filium relinquere patri bona, vel portionem debitam, quam servato ordine relinquitur portio filio. Justus enim ordo & justa series est patri succedere: & ideo si pater & filius simul perierint suggerente ordine naturæ, ut ait *l. qui duos, de test. dub.* filius videtur supervixisse patri. Pietatis officium mutuum esse debet inter filium & patrem. Igitur si neglecto officio patris filius erga patrem inofficiosus eum præmisit, æquissimum erit ei datam dari querelam per quam arguet filium dementiæ, sicut & filius, qui agit querela, arguit patrem dementiæ quodammodo: nam dementia est officiorum & affectuum oblivisci, *s'oublier de son devoir*. Dixi sup. in hoc tractato de inoff. ad leg. præced. lib. 5. quæst. esse parem causam patris & filii. Hoc intelligitur, ut detur utrique ex causa: sed tamen hæc est differentia, quod filio exheredato datur querela, non præterito, patri etiam præterito datur querela. Sciendum est, querelam dari liberis & parentibus, & interdum fratribus, ut si frater fratribus omissis turpes personas, ut meretrices, instituerit: liberis autem datur querela exheredatis a patre vel avo, proavo pagano: præteritis autem liberis a milite patre vel ab avo paterno, sciente eos liberos sibi superesse, *l. 9. l. 10. C. de test. milit.* item præteritis a matre vel avo, aut proavo materno, procreatis a patre, vel ab avo paterno, vel a milite ignorante liberos habere, non datur querela, sed bonorum possessio contra tabulas, vel si sint in potestate, ipso jure testamentum rumpitur, *l. is qui in potestate, de leg. præst.* Ratio autem est, quoniam inter alia, quæ ad ordinanda rite testamentum necessaria sunt ex jure antiquo, filius a patre pagano, vel nominatim instituendus est, vel nominatim exheredandus: filia, vel ceteri liberi, qui ex masculis descendunt, inter ceteros exheredandi sunt: nam silentium patris pagani, vel etiam militis ignorantis liberos sibi superesse, non habetur pro exheredatione: ex quo sequitur nullum esse testamentum ipso jure: patri autem militi, qui non ignorat se eos filios habere, vel matri, vel avo materno, hæc solemnitas remittitur: silentium enim eorum pro exheredatione habetur. Et hinc licet constituare tres formas exheredationis: quædam fiunt nominatim, quædam inter ceteros, quædam silentio, *l. 12. in pr. de bon. libert.* Et addendum est, a liberis parentes silentio exheredari & fratres. Præterito igitur patri recte datur querela. Ergo ita constituamus: patri præterito in testamento filii emancipati dabitur ut patri querela inofficiosi in assem: Nam plerumque querela evincit assem, bonorum possessio contra tabulas non dabitur, ut patri, sed ut patrono: nam si pater in emancipatione manumissor exstiterit, & fuerit præteritus testamento filii, ut patrono ei dabitur bonorum possessio contra tabulas, quæ non est in assem, sed certæ partis bonorum, vel semissis, vel trientis hodie, si turpis persona instituta non sit, vel etiam assis, si turpis persona instituta sit, *l. 3. si a parente quis manumiss. sit.* Patrono præterito nunquam dabitur querela, quia si patronum silentio præterierit libertus, ea præterito pro exheredatione haberi non potest, quandoquidem exheredatio cadit tantum in agnatos, non in extraneos, nisi sint ea conditione heredes instituti, ut *Titius heres esto, & illud facito*, si *non fecerit, exheres esto*: *l. paterfamilias, de hered. instit. l. uxorem, de legat. 3. l. servis, ad legem Falcid.* Et in formula cretionis videre illud est, quod est apud Ulpianum in fragmentis titulo, *qui hered. institui poss.* Et generaliter is tantum exheredatur, qui vocatur ad hereditatem jure civili, vel honorario. Extraneus non institutus non vocatur ad hereditatem. Sciendum autem est, alias filium emancipari & manumitti a patre, alias emancipari tantum. Emancipare est vendere. Venditus filius non potest a patre manumitti, nisi eum redemerit ab emptore: venditione redegit eum in servitutem, quod agitur inter patrem & emptorem contracta fiducia, id est, si filium ea lege vendiderit, ut is emanciparetur sibi. Contrahere fiduciam, est legem addere venditioni, ut redimere liceat, *pache de rachapt*. Quæ fiducia semper hodie contracta intelligitur, non in venditionibus omnium rerum, sed in emancipationibus filiorum, §. *ult. de success. agnat.* Finge: Pater ex lege fiduciæ filium emparavit & manumittit, atque ita filius sit sui juris, & quia manumisit quasi patronus, præteritus certæ partis accipiet contra tabulas bonorum possessionem, *l. si a milite, §. ult. de test. tut. l. filio, hoc tit.* Sed omisso jure patroni, ut pater recte aget querela in assem. Unicum jus habet pater, si in emancipatione manumissor non exstitit; jus patris, id est, querelam & bonorum possessionem unde legitimi, quæ solet accipi querelæ adjuvandæ causa. Sed si in emancipatione manumissor exstiterit, duplex jus habet, jus patroni, & jus patris, & accepta bonorum possessione contra tabulas jure patronatus, potest patrio jure sibi defendere jus antiquum, id est, querelam, *l. 1. §. ult. si quis a parente manumis.* Igitur ut ait, vel non debet ei nocere, quod sit patronus, cum sit & pater: & eadem ratione repudiata bonorum possessione contra tabulas, supererit ei querela secundum regulam juris, *l. quoties duplici, de reg. jur.* Jus antiquum est querela, *d. l.* Jus novum est bonorum possessio contra tabulas. Utrumque jus defertur patri emancipatori & manumissori: & prius defertur jus novum, id est bonorum possessio contra tabulas, quam unde legitimi, quæ longe sequitur in edicto. Querela recte dicitur jus antiquum: nam est ex antiquissima lege Gliciæ, ut conjicere licet ex inscriptione *l. 4. hoc tit.* quæ

quæ est ex libro singulari ad legem Gliciam. Conjice inde eam l. pertinere ad hanc quæstionem de inofficioso: sit mentio in hoc titulo de lege Glicia, ergo pertinet ad inofficiosum testamentum. In *d. l. 4.* ponitur ratio querelæ: ratio igitur ferendæ legis Gliciæ. Probabile igitur est, querelam esse ex lege Glicia, quæ lata est à Glicia dictatore, & forte à consule vel prætore ejusdem nominis: nam & Prætor leges ad populum ferebat: sed malim appellatam à dictatore, quod quidam impugnant hoc modo. Coactus Glicia se abdicare magistratu, ergo non habuit satis temporis ad ferendam legem. Nego: rursus coactus est se abdicare, priusquam aliquem magistrum equitum sibi nominasset. Hoc etiam nego, nam raro magister equitum à dictatore dicebatur, sed plerumque à Consule vel populo, & Gliciam coactum se abdicare, antequam magistrum sibi diceret, nusquam invenies: moventur fastis Capitolinis in quibus est: *M. Claudius Glicia, qui scriba erat, dictator coactus abdicare se antequam magistrum equitum haberet.* Fuit igitur dictus dictator nullo adjuncto magistro equitum, ut Livius *lib. 23. C. Terentius Consul M. Fabium sine magistro equitum dictatorem in sex menses dixit.* Aliquè male referunt leges non appellari à cognomine, sed à nomine familiæ, & Gliciam esse cognomen. Hoc est falsum: nam & lex dicitur Syllania & Gracchariae à cognomine: & Senatusconsultum Neronianum, & Plancianum. Male etiam referunt querelam ad auctoritatem prudentum: querela est actio directa, ergo ex legibus descendit. Probabilius est, querelam esse ex *l. Glicia*, ac similiter quartam, *la legitime*, quæ excludit querelam, eam esse ex *l. Glicia*: lex fuit forte ita concepta, *Querelam dari liberis, nisi eis satisfactum sit data quarta.* Et hanc quartam non esse ex constitutione D. Marci: Male scribunt etiam, ante Senatusconsultum Orsitianum, quo filius succedit matri, filium successisse matri, moti quibusdam locis, quibus moveri non debuerunt, quibus dicitur hereditas matris pertinere ad filios: fateor, sed non ideo jus illud est confundendum cum Senatusconsulto Orsitiano: nam hoc & certum. Hereditas matris pertinet ad filios jure legitimo, quamvis mater sit filiis cognata, non agnata, tamen jure agnationis exclusis ceteris agnatis defertur matris hereditas filiis. Olim jure honorario pertinuit ad filios, quasi ad cognatos: post agnatos vel quasi ad consanguineos, si mater convenerat in manum mariti. In *l. 12. tabular.* nihil fuisse cautum ajunt de liberis instituendis vel exheredandis, præteriri igitur potuisse, quod nullo loco & ratione confirmatur. Præterea hoc jus ut liberi vel instituantur, vel exheredentur, tribuitur antiquitati, *l. Gallus, de lib. & post.* & plerumque antiquitas refertur ad *l. 12. tabular.* In 12. tabul. liberi appellantur sui heredes, *l. liberorum, de verb. signific.* Ea appellatio quid demonstrat? Eos esse heredes instituendos, vel exheredandos, quia sunt sui heredes, quasi non extranei essent, non possent exheredari. Etiam addo ex 12. tabulis, filios occidi & vendi posse, & similiter, ut ait *l. in suis, de liber. & postum.* exheredari potuisse: namque hi sunt effectus patriæ potestatis, ut filium exheredet, *l. quidam, de verb. obligat.* Constat patriam potestatem esse ex 12. tabul. Ergo jus illud manat omnino ex antiquissimo jure 12. tabul.

### Ad §. I. Heredi.

Hic §. est de transmissione querelæ, & generaliter de transmissione hereditatis, quæstio frequens & cognitu necessaria. Certum est exheredatum, vel præteritum non transmittere querelam ad heredem, nisi eam præparaverit, & ordinaverit ipse vivus. Idem fere est præparare & ordinare. Præparatur autem querela inofficiosi adita hereditate, veluti ab intestato, vel accepta bonorum possessione unde legitimi, vel unde liberi, vel unde cognati, *l. 6. §. ult. h. tit.* neque enim sine aliquo titulo, exheredato patet aditus ad querelam, sed eo titulo fretus, quasi heres scilicet agit querela inofficiosi, & si probet se immerito exheredatum, testamentum rescin-

dit, heredem scriptum expellit, vindicat & evincit hereditatem totam: licet, quod notandum, is titulus interim sit sine re: nam pendente lite inofficiosi, potior habetur causa heredis scripti, *l. 2. C. hoc tit.* Est igitur ille titulus falsus & coloratus. In foro recipiuntur falsi tituli & coloratæ actiones, falsæ expositiones, ut Fabius ait, ut scilicet res videatur agi recte, & ordine. Et hodie sæpissime utuntur in foro falsis narrationibus, & titulis, ut exempli gratia, inspecta turre templi: id est, pro possessore beneficii accipiunt eum, qui duntaxat turrem eminus inspexit. Inspectio illa est pro titulo possessionis. Proditum quidem est, non tantum possessionem apprehendi corpore & actu, sed oculis & affectu, *l. 1. §. pen. de acquir. poss.* Sed si id fiat in re præsenti, cominus, non eminus: ut si rem quam mihi vendidisti, quæ est in præsentia, meo jussu tradas meo procuratori, vel si pecuniam, quam mihi debes, tradas alteri meo jussu, qui erat in præsentia, videris mihi tradidisse, id est, videor ejus rei possessionem apprehendisse. Idem erit, si columnas mihi vendideris, quæ propter magnitudinem moveri non possunt, dummodo consenserimus in rem præsentem. Nam & earum oculis videor possessionem nactus, sed id fit cominus. Ergo in jure & in schola, & in foro recipiuntur falsi tituli, colorati, falsæ expositiones, ut satisfiat rigori juris, ne quis calumnietur factum, gestumve. Ergo non pervenies ad querelam inofficiosi, nisi titulum heredis assumpseris: aut bonorum possessoris, quamvis is interim sine re futurus sit, atque etiam semper, nisi viceris querelam. Porro is titulus necessarius est ceteris omnib. præterquam suis heredib. id est, qui detracta exheredatione sui heredes futuri sunt, *l. 7. h. t.* quia ipso jure heredes existunt, & ut Græci dicunt, habent jus ἀναφαίρετον, id est, existunt, non fiunt heredes: ceteri fiunt: hi existunt statim, ut ait, *l. in suis & legit. l. 1. §. qui sunt, si quis oniss. causa test.* Et statim etiam clausis tabulis testamenti, etsi forte ex parte heredis scripti sunt, *l. 3. C. de jure delib.* Ceteri qui non sunt sui, non possunt heredes fieri, antequam apertæ sint tabulæ, si sint scripti ex parte: nam heredes scripti ex asse, heredes fiunt generaliter etiam ante apertas tabul. *l. 1. de suis & legit. l. 1. §. ult. de jur. & fact. l. multum, de cond. & dem.* Et quod diximus de suis, id obtinere volumus in necessariis heredib. ut in servis. Nam ut protinus fiunt heredes, id est, clausis tabulis, *§. 1. de hered. qual. & differ.* Igitur isti heredes nunquam adire hereditatem necesse habent, nunquam bonorum possessionem petere, quia satis est, quod existunt, *d. l. in suis, l. 16. qui in potestate, de leg. præst. l. pen. §. pen. de bon. libert.* Quid igitur fiet, si filiusfamil. qui patri suus heres futurus sit, exheredatus sit? quemadmodum præparabit querelam? Ceteri præparant adita hereditate vel agnita bonorum possessione. Igitur sui heredes, ut querelam ad heredes transmittant, tum præparabunt hoc modis, quibus & ceteri omnes eam præparare possunt, si comminentur heredi scripto accusationem inofficiosi denuntiationem, quæ fiat solemniter, item libelli dationes, *l. 7. hoc tit.* Comminatio & denuntiatio fit heredi scripto. Nam libelli dationem accipio pro editione actionis, *l. 1. §. 1. de eden.* Edere est libello completi & dare. Illud certum erat, post litem contestatam querelam transmitti ad heredem, sed placet etiam transmitti, si exheredatus propositum habuerit inofficiosum testamentum dicere, *l. 5. C. eod.* Pater tuus post litem contestatam, vel idem pater suus postquam propositum habuit dicere inofficiosum, nondum lite contestata decessit: quocunque modo potes exequi patris placitum, & patrem hoc propositum habuisse apparet ex comminatione & denuntiatione, & libelli datione, & ex alio quocunque modo, ut ait *d. l. 5.* ex mota controversa. Incipit lis à contestatione, ordinatur autem contestatione, & ante contestationem controversia est, non lis. Lis est res in judicium deducta. Igitur in *d. l. 5.* propositum habere sic accipitur, ut illo loco Cæsaris, *Cæsar cum in Belgico hyemaret, unum propositum habuit, civitates in amitiam confirmare.* Et sic propositum accipitur in *l. in plures, §. locator, loc.* Locator, qui locaturus erat horreum, proscriptum titulum habuit ante horreum, se locaturum hor-

horreum cuicunque volenti, ea lege tamen, ne reciperet custodiam auri, argenti, margaritarum, quæ inferrentur in horreum. Eas vero species cum sciret inferri in horreum, passus est inferri: lex ait, eum esse obligatum custodiæ nomine, etiam propter eas res, quod propositum non fuit: sic legunt Græci, Florentiæ aliter, vulgo aliter, *ac si propositum non fuit*. Deinde sequitur, *remissum etiam videtur, quod sciens passus est eas species inferri*. Ergo obligatur etiam earum rerum nomine. Nec igitur sui, nec extranei, hoc est, emancipati, vel pater, querelam transmittunt ad heredem, quam non præparaverunt: quod confirmat etiam *l. si quis adfirmavit, §. 1. de dolo*. Supprimebas tabulas testamenti paterni, nesciebam quis in eo testamento esset scriptus, an ego essem in eo exheredatus; non præparavi querelam, & mox vita decessi: non transmisi igitur querelam ad heredem, quæ res fraudi est heredi, & causa fraudis est suppressor testamenti, ideoque heres poterit agere civiliter de dolo in suppressorem, & criminaliter lege Cornelia: ex quo intelligitur, querelam non præparatam non transmitti. Querela est specialis actio injuriarum, & præparata non transmittitur in heredem, nisi post litem contestatam, *l. 13. in prin. de injur.* Possis addere, nisi post litem præparatam, licet nondum contestata sit, exemplo querelæ, quæ & ipsa est actio injuriarum specialis quædam. Idem, quod constitui, verum esse demonstro, querelam non præparatam, quæ competebat suo, vel non suo, non transmitti. Querela est civilis, vel possessoria petitio hereditatis. Civilis si adierit, & extiterit suus: Possessoria ex jure prætorio est vindicatio hereditatis, *l. 3. C. de petit. hered.* qui agit querela, vindicat hereditatem, & sunt stulti, qui in eo laborant, idem non esse in jure querelam inoffic. & petitionem hereditatis, *l. 20. h. t. l. si quis servum, C. eod. l. ult. §. sed quemadm. de bon. poss. contra tab.* Petitio autem hereditatis quacunque ex causa intendatur, nunquam in heredem transmittitur, nisi ea contestata, & præparata fuerit. Paulus 1. Sentent. *Petitio*, inquit, *hereditatis, cujus defunctus litem contestatus non est, ad heredem non transmittitur*. Loquitur de lite contestata, sed non est novum, ut quod dicitur de lite contestata, ad litem præparatam transferatur, *l. sed etsi lege, §. si ante, de petit. hered.* Senatus de petitione hereditatis, loquitur de lite contestata, ut post litem contestatam malæ fidei possessores existimentur, sed tradit etiam ad controversiam motam, & ita in *tit. C. de usur. legat.* dicitur, usuras venire ex lite contestata: procul dubio veniunt etiam ex lite præparata; post litem contestatam actionem injuriarum, & omnem venientem ex delicto, transmitti ad heredem. Idem potest dici post controversiam motam: motus controversiæ litis ordinatio est: cur non transmittam jus, ad quod persequendum me præparavi, in quo exequendo minime segnis, aut vecors fueram? Illud etiam addendum, petitionem hereditatis non transmitti ad heredem, nisi adita sit hereditas, vel agnita bonorum possessio: non adita hereditas non transmittitur, non adita vel non acquisita alio modo. Sunt multi modi acquirendæ hereditatis: aditio, cretio, petitio bonorum possessionis. Et hodie ex constitutione Justin. quodlibet indicium, etiam pro herede gestio, existentia sive ἀνάφαιρος, mistio, agnitio, & in summa quodlibet indicium animi volentis amplecti bona quæ deferuntur. Ergo non acquisita hereditas non transmittitur. Ab hac regula excipiuntur constitutiones Theodosii, liberi non sui: nam hi hereditatem parentum non aditam transmittunt ad liberos suos vel non suos, *l. un. de his qui ante apert. tabul. l. un. §. in noviss. C. de cad. toll.* liberos suos certum erat transmittere, quia existebant statim, sed transmittebant sui tantum in liberos suos: ex constitutione Theodosii transmittunt omnes in liberos non suos. Item non sui liberi transmittunt in quoscunque liberos, ut quod ad causam transmissionis hodie attinet, nihil plane interst inter suos, & non suos. Et hæc quidem dicuntur de liberis non exheredatis: nam exheredati non possunt transmittere hereditatem, quæ eis adempta est, sive sint sui, sive emancipati, nisi præparaverint querelam. Obstat autem *l. si quis filium, C. hoc tit. l. pen. §. ult. h. tit.* ex

A quibus elicitur, liberos exheredatos transmittere querelam ad heredem suum, quam non præparaverint. Et ut hi loci concilientur, sic distinguendum est: Aut res exheredatus extraneus est, aut suus: si est extraneus, querela præparata non transmittitur: aut exheredatus decessit post aditionem heredis scripti, atque adeo jam nata querela, & hoc casu non transmittit querelam non præparatam, nec in filiumfam. heredem suum: cur enim eam non præparavit, cum ei ex aditione heredis scripti competebat? Aut decessit deliberante herede scripto, & hoc casu transmittit in suum, non extraneum; & hoc casu procedit *d. l.* Postremo interdum querela præparata non transmittitur, ut puta, si filius exheredatus, qui eam ordinavit, vel contestatus est litem, post litem dereliquerit, hanc non
B transmittit: nam & ipse ad eam postea reverti non potest, *l. 8. §. si quis, h. tit.* At querela inofficiosi imitatur actionem injuriarum, de qua tit. est, de injuriis: nam injuria est, id est de nota & macula exheredationis, *l. 8. in prin. h. t.* Filius, qui est in mea potestate, præteritus est testamento matris, an agam querela invito filio? minime, quia filii indignatio est, ut ait *l. filius, h. tit.* & quamvis querela vindicet hereditatem, tamen magis habet persecutionem injuriæ, quam hereditaris, sicut actio injuriarum, quamvis, qui ea agit, agat de immuato honore potius, quam de ademptis bonis. Id querelæ nomen demonstrat, queritur enim de injuria sibi facta, cujus pretium nulla hereditas æquare potest: queritur ergo de injuria sibi facta, de impietate patris aut filii: quamobrem Rhetores quidem, *ut Fab. lib. 7. c. 4*. has causas de
C inofficiosi testamento vocaverunt *materias officiorum*, Actio injuriarum generalis, foitur pactione & dissimulatione, & denuntiatione, *l. non solum, §. 1. de injur.* & sic etiam querela inofficiosi aboletur dissimulatione, *l. 1. C. de in integ. rest.* Ergo & aperta renuntiatione, quod hic demonstratur. Oportet perferre accusationem inofficiosi, si quis ad eam velit reverti: sin autem volunt transmittere, satis est, si præparaverint. Itaque per omnia fere querela similis est actioni injuriarum. Hoc est dissimile, quod actio injuriarum sit annalis, querela quinquennalis: igitur gravior est injuria exheredationis, cum non tantum imminuat honorem, sed etiam adimat hereditatem debitam ratione naturali. Quod diximus, querelam inofficiosi, injuriæ, doloris, vindictæ potius, quam pecuniæ persecutionem habere, idque demonstrare querelæ nomen, & accusationis, hinc dico, consequens esse
D querelam inofficiosi, non computari in bonis nisi post litem contestatam, vel præparatam: ceteræ actiones computantur in bonis, nomina quoque, sed non hæ actiones, quæ vindictam persequuntur, ut actio injuriarum, & actio de morib. *l. 1. §. sed si parente, si quid in frau. pat.*

Ad §. filius.

§. **F**ilius species hæc est: paterf. duos ex æquo heredes scripsit, extraneum & filium, alium filium exheredavit, qui egit querela inofficiosi contra utrumque heredem scriptum, & diversas judicum sententias tulit. Extraneum vicit, fratrem non vicit. Notandum, quod ait, *diversas judicum sententias tulit*. De inofficioso testamento non
E unus, sed plures judices judicabant: querela enim inofficiosi est centumvirale judicium, *l. Titia, l. qui repudiantis, h. t.* Sed ut omnis petitio hereditatis centumvirale judicium est, neque tamen centumviri judicabant: sed ex eo ordine septem, unde septemvirale judicium dicitur querela inofficiosi, ut liquer ex inscriptione *l. 28. & l. 31. h. t.* Sic hodie de quacunque causa senatores omnes non judicant, sed septem sufficiunt cuique rei judicandæ. Sic igitur in proposita specie evenit, ut filius exheredatus uno septemvirali judicio vinceret extraneum, altero vinceretur a fratre, vel etiam uno eodemque judicio vinceret, & vinceretur. Quæritur, an aliquid profecerit, qui non utrumque vicit, sed alterum tantum? Res non caret dubio: nihil enim videtur egisse is, qui non utrumque heredem vicit: nam vicisse unum magis videtur prodesse coheredi, ut ejus parti pars

socii

socii accrescat potius, quam victori, ut alias querela non proficit ei, qui vicit, sed alii, *l.6.§.pen. h.t.* nam si dixerimus in hac specie victoriam ei, qui vicit proficere, dixerimus, eum esse ab intestato heredem pro parte, qui pro parte patremf. intestatum fecerit, eum autem, quem non vicit, testamento heredem esse, quod est absurdum, *l.7. de reg. jur.* Aut certe, si aliquid egit exhered. qui unum tantum ex heredib. vicit, totum testam. delevit, quasi furiosus testator fuerit, & non sanæ mentis, insanus *l.2. l.Titia, l. mater. h.t.* Et hic color tanti est momenti, ut nec credatur testamenti habuisse factionem, *l.qui repudiantis, h.t.* At consequenter, ut nihil in eo testamento scriptum valeat, & omne judicium defuncti convellatur, *l.nec fideicomm. de leg.*3. Et quamvis pater, qui unum filium exhederavit, in eo testamento alium filium instituerit, non ideo minus testamentum dicitur plenum furoris, apud Val. Max. *lib.*7. *c.*8. Igitur, si unum tantum vicit, totum judicium patris evertisse videtur. Et veluti ab intestato dividenda sunt bona inter exheredatum & institutum, & hæc ratio dubitandi. Æquius tamen est, pro parte testamentum consistere, pro parte rescindi, pro parte patremf. intestatum fieri, pro parte testatum manere, & victoriam exheredati in hoc ei prodesse, ut sit heres ab intestato pro parte, utque exerceat actiones hereditarias pro parte: nam & conveniri potest pro parte a creditoribus hereditariis, non a legatariis, & fideicomm. nam is solus, qui ex testamento heres manet, præstabit a se relicta, *l. judicata, de excep. rei jud. l.pater, de collat. dot. l. cum filiis, de leg. 2. l. cum duobus,* C. *h.t.* Nam in totum rescisso testam. infirmantur omnia, sed testamento rescisso pro parte, non totum infirmatur, neq; libertates, neq; fideicommissa. Parte pretii victori soluta, non infirmatur substitutio pupillaris, *l.*8. §.*sed nec impuberis h.t.* Potes enim similiter dicere, non infirmari tutelas pro parte rescisso testamento, non in assem. His addit, exheredatum quoque qui unum ex heredibus superavit, ab altero superatus est, recte vindicaturum pro parte singulas res hereditarias, recte acturum familiæ ersiscundæ cum eo, quem non superavit. Repelli igitur a testamento extraneum, ut ait fratrem scriptum ex testamento heredem remanere pro parte, fratrem exheredatum ab intestato heredem fieri pro parte. Et rationem dubitandi, quam antea exposuimus, Papin. refellit his verbis, *nec absurdum &c.* Quod sic declarat: absurdum est paganum (nam in milite aliud est) pro parte decedere testatum, pro parte intestatum. Et quod videantur hæc absurda, si paganus forte unicum heredem scripserit ex fundo certo, is erit heres ex asse, non ex fundo illo dumtaxat, *l.*1. §. *si ex fundo, de hered. inst.* Et causa testati trahit causam intestati: sicut contra evenit, ut causa intestati trahat causam testati, *l.pen. de injust. rupt.* Absurdum autem non est, testatum ex post facto pro parte intestatum fieri: aliud est esse, aliud videri, aliud decedere pro parte intestatum ab initio, aliud postea decessisse videri. Et rursus aliud est videri, aliud esse. Qui fit intestatus, videtur esse, nec tamen fuit ab initio: & certe in *l.*6. §.*pen. & l. qui repudiantis, h. t.* eum, qui egit querela & obtinuit, patremf. facere intestatum; obtinet, ut fiat intestatus, non etiam, ut decesserit. Et absurdum non est, testatorem habuisse partem mentis sanam, aliam insanam, ut simuletur quis furoris pro una parte, non autem pro altera parte. Hodie qui filium exheredavit immerito, non per omnia habetur pro furioso, *Nov. Justin.* 115. quia sola institutio vitiatur, non autem cetera. At hæc notandum, aliis etiam modis evenire, ut per querelam testamentum rescindatur etiam pro parte tantum, ut si filius exheredatus, vel præteritus elegerit unum ex heredibus, contra quem institueret querelam: nam querela instiui potest pro parte, ut quælibet petitio hereditatis. Et hic casus proponitur in *l.*25. §.*h.t.* Est alius casus, si frater fratrem silentio præterierit, & duos extraneos heredes scripserit, vel ulteriores cognatos, unum honestum, alterum turpem: nam frater præteritus utiliter aget adversus personam turpem, atque ita aget duntaxat pro parte, id est, pro semisse adscripto turpi personæ, eique

A eripiet partem suam, *l. circa h. t.* Idem etiam accidit in hac specie: Pater filium heredem scripsit ex asse, alium filium exheredavit: an hic acturus est contra fratrem in solidum querela? minime, sed in partem tantum: atque ita pro parte valebit tantum, pro parte rescindetur, pro parte pater manebit testatus, pro parte intestatus. Vel finge: Testamento parentis duo filii sunt exheredati, vel præteriti, primus & secundus: tertius, qui etiam erat ex filiis, heres est institutus: si primus agat prior, secundus non agat, primus aget pro triente, licet secundus nondum agat, quia secundus eis partem facit, quandiu consultat & deliberat, hoc est, inter participes numeratur: sed si secundus repudiaverit, vel si agnoverit judicium
B defuncti, puta si agnoverit legatum sibi in testamento relictum, si testamentum patris patientia honorare, quam judicio accusare maluit, vel exclusus sit quinquennio, partem non faciet primo. Proinde primus consequetur semissem a fratre herede scripto, *l. seq. in pr. l. qui repudiantis,* §. *sed quoniam, h. t.* vel etiam in hac specie, si primus egerit pro triente, vel si trientem consecutus fuerit, tantum aget, ut eum trientem communicet secundo, qui repudiavit, ut & pars secundi ei accrescat pro rata: non accrescet utriq; primo & tertio scripto extraneo, soli primo adcrescet, & repelletur extraneus, repelletur etiam secundus frater, propterea quod repudiavit, aut exclusus est, judicioque inofficiosi cecidit, *l. si ponas,* §.*ult.* Exheredatus qui egit, nec obtinuit, habetur pro mortuo, *l.*1. §. *sed & de conjung.* cum emanc. lib. l. *qui repudiantis hoc t.* Exheredatus, qui nondum egit, nec tamen repudiavit, non habetur pro mortuo, & partem facit fratri. Idem vero ac-
C cidit in casu *l. mater, h. t.* Finge: mater heredem extraneum scripsit, vel ex dodrante, filiam ex quadrante, aliam præterivit, omisit, neglexit, quæ egit querela contra sororem, & extraneum: non recte egit contra sororem, recte contra extraneum, non debuit admitti contra sororem: sed ponit admissam, atque peregisse, vindicasse igitur assem: cum utrumque heredem convenerit, aut obtinuit assem, aut dodrantem tantum: si assem, soror scripta ei concurrit in legitimam hereditatem ab intestato, quia licet adierit ex testamento, quod existimabat valere, aut rescissum non iri, non ideo videtur repudiasse jus legitimæ successionis, *l. legitima, de petit. hered. l.*42. *de bon. liber.* Quod si dodrantem tantum obtinuerit, id est, si obtinuerit tantum contra extraneum, id dodrans ita dividetur inter sorores, ut filia præterita habeat semissem ab in-
D testato, & alterum quadrantem ex testamento: atque ita fiet, ut soror scripta, sit partim heres ex testamento, partim ab intestato: proinde querela inofficiosi non hoc tantum efficit, ut unus sit heres ex testamento, alter ab intestato, sed etiam efficit, ut unus idemque homo partim heres sit ex testamento, partim ab intestato.

### Ad L. III. Qui Test. fac. poss.

*Testamenti factio non privati, sed publici juris est.*

TEstamenti factio dupliciter accipitur, proprie pro jure faciendi testamenti, & minus proprie, hoc est, per abusionem, videlicet pro jure capiendi & acquirendi sibi vel alii ex testamento alieno. Et hoc sensu dicimus, furiosum, mutum, surdum ita natum, postumum,
E infantem, pupillum, servum habere testamenti factionem, licet non possint facere testamentum, *l. filiusfamil. hoc tit.* §. *testamenti, de hered. qual. & differ.* Servum cum dico habere testamenti factionem, licet testamentum facere non possit, servum alienum intelligo, quia servus proprius sine libertate neque hoc, neque illo modo testamenti factionem habet, & cum libertate utroque modo habet; imo & hodie ex novissima constitutione Justiniani, id est, *l.pen. §. illo videl.* C. *de necess. hered. inst.* Servus proprius sine libertate habet testamenti factionem, id est, jus capiendi legata, aut fideicomm. non hereditates. Fit igitur servus heredis, & tamen heres ei persolvit legata, quæ dominus reliquit, nec ei potest adimere, aut in peculium imputare jure antiquo. Servi etiam proprii si-

ne libertate dicebantur alimentorum esse capaces, quasi miserationis ratione, non tamen omnium legatorum: sed hodie etiam omnium sunt. Furiosum quoq; dixi habere testamenti factionem, quia ei acquiruntur actiones legatorum & fideicommissorum, etiam invito & ignoranti. Quod sanus acquirit invitus & ignorans, etiam insanus acquirit, *l. filius f. h. t.* Non tamen potest furiosus aequirere hereditatem, nisi ex testamento patris, in cujus sit potestate, *l. furiosus, de acquir. her.* Patri heres existit etiam invitus, & ignorans ipso jure extraneo heres fit, non existit: nemo autem fit heres insciens aut nolens. His duobus modis in jure testamenti factio accipitur: nunquam testamenti factio accipitur ( quod tamen tentat Accursius) pro forma, modo, & ordinatione testamenti, sed semper testamenti factio, vel est potestas legandi, vel potestas capiendi legatum, hoc est, hereditates, & quaecunque relinquuntur testamento justo. Est autem hic testamenti factio, jus, potestasq; testamentum faciendi: nam pertinet ad partem priorem tit. *qui testa. fac. poss.* Et ait lex, hanc potestatem esse publici juris, non privati: nam hanc accipimus ex legibus & constitutionibus, non ex hominis cujusquam privati voluntate. Exemplo erit filiusfam. Hic de bonis castrensibus, vel quasi castrensibus testamentum facere potest, & hanc potestatem accepit a jure publico & constituto. principum, cum in his bonis habeatur semper pro patrefam. De paganis bonis undecunque obvenerint filiofam. etiamsi eorum bonorum proprietas nuda, vel etiam plena ad filiumfam. pertineat, de eis, inquam, bonis testamentum facere non potest, *l. Imperator, ad Trebell. l. ult. §. si filius, C. de bon. quae liber. acq.* Cur ita? jure publico ita cautum est, puta in l. 12. tab. *paterfam. uti legassit super pecunia tutelave sua, ita jus esto.* Testatorem patremfam. esse oportet, id est, sui juris: nec quicquam mutat ex hoc jure publico hominis privati voluntas; ut puta patris, & nec auctore patre jure filiusfam. testator de bonis paganis, *l. 6. hoc tit. l. tam is, §. 1. de mort. caus. don.* Sed filiusfam. de castrensibus bonis jure testatur sine patris auctoritate: sufficit enim constitutio, & datur hac in re tutori plusquam patri: nam femina pubes, quae erat in tutela (mas enim pubes nunquam fuit in tutela) olim sine tutoris auctoritate non poterat testari, *Ulp. tit. 26.* Et similiter pupillus tutore auctore obligatur, patre auctore non obligatur, *l. ult. §. pupillus, de verb. oblig.* etiamsi permittat pater, filius non potest testari de peculio pagano, quia quum de testamenti factione quaeritur, quid jure publico cautum sit, spectatur, nec potest jure publico potentior esse hominis privati voluntas. Denique testamenti factio, non privati, sed publici juris est. At filius donare potest, vel inter vivos, vel mortis causa volente patre, *l. filiusfam. de donat. l. tam is §. 1. de mort. causs. don.* Quod paterfam. donationis causa in eo, qui in potestate est, approbat, ratum est. Similiter volente patre vovere potest filius, *l. 2. de pollicit.* Ratio, quia donare quilibet & vovere Deo aliquid per alium potest, testamentum facere per alium non potest, *l. illa institutio, de her. inst.* & filiofam. donante aut vovente aliquid voluntate patris, pater ipse videtur donare aut vovere, *l. in aedibus, §. qui filiusfam. de don.* & rursus donare aut vovere de alieno licet mandato aut voluntate domini: testamentum facere de alienis bonis non licet, quod indicant 12. tab. *paterf. uti legassit super pecunia tutelave sua*, id quod respicit *l. testandi, C. de test. l. cum pater §. mando, de leg. 2.* nam videtur, inquit, de sua pecunia testari. Unus tantum casus est, quo licet de aliena pecunia testari: nam pater potest facere testamentum filiofam. pupillo, quo genere non testatur de sua pecunia, sed de pupilli, *l. sed etsi plures, §. ad substit. de vulg. subst.* Hoc igitur casu pater testatur de pecunia pupilli, ergo aliena etiam, quae post mortem ejus pupillo obvenerit, quanquam ei filius nunquam acquisierit, quod est contra 12. tab. qua de causa dicitur introductum esse moribus: non enim est secundum leges 12. tabul. Utimur etiam alio exemplo ad hanc legem: libertus liberam testamenti factionem non habet, quia patronum impune praeterire non potest: hoc

A est jus publicum, quod descendit ex edicto praetoris, & lege Papia: an juri huic publico derogabitur, si patronus liberto concesserit liberam testandi facultatem? minime, *l. Paulus, §. patroni, de bon. libert.* potest patronus de jure suo concedere, & patienter ferre praeteritionem liberti; sed liberam testandi facultatem liberto concedere non potest, quia illud non est privati hominis, sed lex vel princeps concedit liberam testandi facultatem, *l. si quando, C. de inoffic. test. l. 1. l. si a milite, §. ult. de test. mil. l. 7. hoc tit. l. 3. §. 1. de bon. liber. l. 4. C. eod.* Et rursus, patronus liberto tacite potest concedere liberam testamenti factionem, ut si libertum dimittat operarum obligatione, si liberto concedat operas, donum, munus, *l. libertus de oper. liber. l. 4. C. eod,* vel si quo alio modo remittat jus patronatus, *l. pen. l. ult. C. de bon. libert.* nam ex his sequitur, ut libertus libere testari possit, sed nominatim hoc concedere patronus non potest: multa licet tacite in jure, quae non licent expresse, *l. nonnunquam, de cond. & demonst.* servus non potest facere testamentum, quod si permittat dominus servum facere de suo peculio, non ideo magis erit legitimum testamentum: non accipio potestatem testandi a privato, sed a lege: quod si lex non dederit, nec dabit privatus, sed fateor, conniventedomino posse conservari etiam testamentum servi. Finge: volente domino servus de peculio testamentum fecit: non est legitimum, sed quandoque id observabatur & exequebatur. Quod etiam transferri potest ad filiumfam. si volente patre de paganis testatus sit, nec post mortem filii mutante factum, non est quidem legitimum, sed servatur quasi legitimum: non est testamentum, sed quasi testamentum, ut testamentum, quo filiusfam. praeteritus est, sustinetur ex aequo & bono, si filiusfam. honoret patientia testamentum, neque convellat, *l. filio, de injust. rupt.*

### Ad L. VIII. ad L. Falcid.

*In legem Falcidiam aeris alieni rationem in hereditate relicti, quod unus ex heredibus solvere damnatus sit, ipse solus habebit.*

SCiendum est in ponenda ratione legis Falcidiae, quod fit hereditate exhausta, aut onerata legatis, aut fideicommissis, rationem poni habita computatione bonorum & legatorum: in hac ratione ponenda, ante omnia deducitur aes alienum, quia bona intelliguntur deducto aere alieno. Et ut deductio fiat, cautum fuit nominatim *l. Falcidia*, quae heredi dedit quadrantem ex legatis, & ex Senatusc. Pegasiano, quod heredi dedit quadrantem ex fideicommissis, *l. 1. §. hac verba, si cui plus, quam per l. Falc.* Ergo primum deducitur aes alienum, deinde quod superest inter heredem, & legatarios dividitur pro quadrante & dodrante. Legatum est deliberatio praestanditne; Haec definitio confecta fuit post *l. Falcid.* nam ex ea legatum potest deliberare tantum hereditatem, non absumere. Item illud sciendum est, in singulis heredibus poni separatim rationem *l. Falcidiae, l. in singulis, h. t.* Finge: duo sunt heredes ex aequo, Primus & Secundus; Primi semis exhaustus est legatis, Secundo totorum bonorum quadrans relictus est. Secundus non utetur Falcidia, sed Primus, deducto aere alieno, quod contingit semissem. Finge: plures instituit heredes, & uni injunxit onus aeris alieni, non ceteris: ea re ceteri heredes non liberantur a creditoribus hereditariis, quia non potest privati hominis voluntas mutare leges, & *l. 12. tab.* haec est, ut aes alienum defuncti dividatur inter heredes pro hereditariis portionibus. Ergo etiamsi uni injunxerit onus aeris alieni, tamen ceteri pro suis portionibus obligantur, sed indemnes praestandi sunt a coherede, idque consequuntur judicio familiae erciscundae. vel etiam actione ex testamento, si genere legandi aut praelegandi usus sit testator, id est, si onerando unum ex heredibus forma legandi usus sit, quasi scil. legaret aliis heredibus id, quo onerabat unum in solidum, *l. si filia, §. Pap. fam. ercisc. l. non solum,*

*inf.*

*inf. de lib. leg.* Omnes igitur heredes creditoribus tenentur. Quæritur, *an in ponenda ratione l. Falcidiæ etiam omnes heredes utantur deductione æris alieni, quoniam ei omnes sunt obnoxii?* & videntur omnes posse uti deductione: cum ei omnes obstricti sint. At contra respondet Papin. ergo utetur deductione is tantum, cui injunctum est onus æris alieni, deductione duplici, primum æris alieni, deinde ex reliquo deducta ei Falcidia. Et ita summarium rectissimum est, *l. in leg. ad l. Falcid.* æs alienum deducitur ab eo, qui id solus agnoscere cogitur. Et Cyrillus rectissime, *unus heredum rogatus implere creditores, solus deducit æs alienum.* Implere etiam creditores & Græcis, & Latinis est, solvere creditoribus. Uti Falcidia non tantum est deducere quadrantem, sed etiam æris alieni deductio nominatim comprehensa erat lege Falcidia, & Senatusconsulto Pegasiano.

### Ad L. XXXIV. de Testam. milit.

*Ejus militis, qui doloris impatientia, vel tædio vitæ mori maluit, testamentum valere, vel intestati bona ab his, qui lege vocantur, vindicari, Divus Hadrianus rescripsit.*

NOn est dubium, quin hæc lex sit adscribenda Papin. non Paulo: hoc series legum ostendit, præcedunt enim semper quæstiones, responsa, definitiones Papin. sequuntur, post Pauli quæstiones: ac præterea Paulus 14. quæst. nihil tractavit de testamentis; Pap. vero totum 14. in testamentis tractandis consumpsit, & de testamento militis. Jam unus locus Papin. ab Ulp. probatus est ex lib. 14. *in fraudem,* §. *ul. h. t.* ut bon. possess. secundum tab. militis ultra tempora præfinita non possit agnosci: nam Constit. militi dederunt testamenti factionem: non heredi militis liberam aditionem. Et ut ait *d. l. in fraudem,* generalis est edicti determinatio: comprehendit igitur ea determinatione militis testamentum, quam paganum, ac proinde bon. possess. secund. tab. militis liberis ejus est agnoscenda intra annum: a ceteris intra 100. dies: alioquin submoventur præscriptione temporis, & amisisse bona intelligitur, atque ita nulla differentia est inter militem, & paganum: nam & hujus & illius heres observat tempora successorii edicti. Igitur privilegium datur militi, non heredi ejus. Et addamus nunc ex initio legis, nullam esse differentiam inter paganum & militem; de eo, qui sibi mortem conscivit, cum habeat heredem testamentarium, vel legitimum, vel honorarium, quæritur an bona ejus caduca fiant, quæ quæstio olim erat frequentissima. Et si miles vel paganus mortem sibi consciverit timore mortis, veluti percussus conscientia criminis capitalis, quod admisit, cujus postulatus est, vel in quo deprehensus est, & ex quo solet esse pœna mors vel deportatio, & bonorum publicatio, si inquam, metu futuri supplicii mortem sibi consciverit, testamentum quod fecit, non valet & irritum sit: imo quælibet alia voluntas, & donatio causa mortis, etiam in hac causa comparatur ultimæ voluntati, *l. cum hic status,* §. *si maritus uxori, de donat. inter vir. & uxor.* Ac præterea non habet heredem, sed bona fisco vindicantur, *l. 6.* §. *eum qui, de injust. rupt. l. in fraudem,* §. *ejus bona, de jure fisci,* & non luget eum uxor, neq; parentes justa ferunt suspendiosa, id est, qui suspendio vitam finivit, ut ait *l. liberorum,* §. *non solent, de his, qui not. inf.* & consequenter corpus non humatur, quod si hodie, sed cruci affigitur: quia qui ita sibi mortem conscivit, pro confesso habetur, convictus & condemnatus, ipse de se sententiam tulisse intelligitur, *l. ult.* §. *1. de bon. eorum, qui ante sent.* Et condemnati morte non humantur, nisi ex indulgentia principis, *tit. de cadaver. pun.* Quibus est similis, qui sibi mortem conscivit metu imminentis pœnæ criminis, sed necesse est, ut ejus criminis reus postulatus sit, vel in eo deprehensus: nam deprehensum non est necesse postulare, sed subit pœnam statim. Ergo talis, si sibi mortem consciscat, pro damnato habetur, modo postulatus sit criminis capitalis: nam qui non postulatus criminis capitalis, puta modici furti, non pro damnato habetur. Hujus ergo bona publicantur, ac si mortis pœna affectus esset, qui maluit mori, quam damnari morte naturali & civili, qui ne moreretur, mortuus est sua manu. Ergo, qui est criminis capitalis postulatus, si sibi mortem consciverit, pro damnato habetur, non habetur pro cive: nulla igitur est rata ejus ultima voluntas. Sed si non postulatus sit, quamvis crimen admiserit, & post sibi manus attulerit, bona ejus fisco non vindicantur, quia ut eleganter ait Papinianus in *d. l. ult.* §. 1. *non fati celeritas est obnoxia,* id est, quod quis sibi properaverit fatum: nam fati celeritas non est obnoxia pœnæ, sed conscientia criminis, & non reus est criminis, nisi postulatus sit, vel deprehensus. Illo loco Florentia legitur, *non facti,* sed *legendum est, fati,* quod sæpius etiam legitur in Florentia. *factum, pro fatum,* nihil refert sua quis sententia morte moriatur, an sententia judicis. Et hæc de his, qui conscientia criminis sibi mortem consciverunt. Alii sunt, qui sibi mortem consciverunt tædio vitæ, stulti, miseri homines, doloris impatientia, & valetudinis adversæ, pudore æris alieni, quam mortem Stoici vocant εὔλογον ἐξαγωγήν. Et nostri quoque auctores, *l. ult.* §. *ult. mortem consciam vocant* justa causa præcedente, qui sunt imbuti a Stoicis: dolorem separant ab adversa valetudine: nam & potest esse adversa valetudo sine sensu doloris. Dolor, est luctus vel amissæ uxoris, vel amissi viri, *d. l. ult.* §. *videri.* Et dolor etiam corporis, sicut qui furore, vel jactatione moriuntur suis manibus, *l. 6. de injust. rupt.* Quæro, qui ob has causas mortem sibi consciverit, an ejus testamentum valeat? Et definierunt valere quamlibet ultimam voluntatem, sive sit paganus, sive sit miles: nam Adrianus hoc loco definivit, nihil interesse: eorum enim corpora humantur, testamenta manent, si non testati sint, habent heredes successores ordinarios, quibus deficientibus jure communi bona pagani cedunt in fiscum, bona militis cedunt in legionem, aut in vexillationem, in qua militat. Legio est peditum, vexillatio equitum, *l. 2. C. de hered. decur. l. 6.* §. 7. *de inj. rup.* militi, qui intestatus decedit sine ullo successore civili vel prætorio, succedit legio: ac præterea in exercitu, erant librarii caducorum, qui conficiebant rationes eorum bonorum, quæ morte militis cadebant in legionem, *l. ult. de jure immu.* quæ pars pertinet ad rem militarem, ut indicat inscriptio legis. Et hæc traditio de milite, qui tædio vitæ, vel alia ex causa simili, non conscientia & metu furiarum sibi mortem conscivit. Quod potest etiam procedere in milite mortuo sua morte: nam ei succedet legio, deficiente successore ordinario, fiscus succedet. Loquor igitur de milite indemnato, qui vita decessit sua morte, vel adscita citra conscientiæ metum: nam militis damnati ex delicto militari, vel desertionis, vel proditionis, bona fisco vindicantur. Quod est ex eodem rescripto Adriani. Et ita est accipienda *l. 2. de veteran. & mil. success.* alioquin *d. l. 2.* valde pugnaret cum eo, quod diximus, legioni bona vindicari, sed bona damnati est intelligendum. Observandum etiam est secundum hanc definitionem ex eodem rescripto Adriani, militem, qui manus sibi intulit, nec perpetravit, alias ignominia mitti, alias capite puniri: nam si metu criminis sibi manus intulerit, ex quo crimine pœna sit mors vel deportatio, capite puniri, atque si damnatus esset. Et notandum etiam, eum militem, qui sine causa se vulneravit, nec necavit, capite puniri, id est, qui non conscientia criminis, non tædio vitæ, non furore impulsus, sed quia non cupit vivere, quasi ignavus capite punitur. Et utitur *l. ult. de bon. eor. qui ante sent.* optima ratione. Qui enim sibi non pepercit, multo minus alii parceret. Igitur melius est, eum de medio tollere. Sed si ex causa manus sibi intulerit impatientia doloris, & tædio vitæ, nec factum peregerit, ignominia tantum mittitur, quasi vir non vir, qui non potest ferre dolorem, *l. omne,* §. *qui se vulneravit, de re milit. l. si quod æquum,* §. *ult. de pæn.* Et est ex eodem rescripto Adriani. In summa, in ea re, de qua tractat hic Papinianus nihil distat miles a pagano, sed quod sequitur multum distat.

### Ad §. Militia missus.

*Militia missus intra annum testamentum facere cœpit, nec perficere potuit: potest dici solutum ita esse testamentum, quod in militia fecit, si jure militiæ fuit scriptum: alioquin si valuit jure communi, non esse jure rescissum. Nec tamen circa militem eadem adhibebitur distinctio: nam quocunque modo testamentum fecerit, novissima voluntate rescindetur, quoniam voluntas quoque militis testamenti est.*

Missus militia, paganus est, non miles. Finge: miles testamentum fecerat in militia jure militari, non observatis juris civilis: testamentum igitur imperfectum: deinde dimissus est. Testamentum quod quis fecit in militia jure militari valet etiam eodem jure intra annum, si modo ignominia missus non sit, si fuerit missio causaria & honesta: Nam si fuerit missio ignominiosa, testamentum fit irritum & nullum, *l. testatoris, h. t.* At si fuerit missio honesta propter mortem, aut valetudinem, testamentum post missionem valet intra annum, si post missionem aliud testamentum non fecerit intra annum: nam posteriore prius rumpitur. Quæro an etiamsi imperfectum sit posterius, tollatur prius quod factum est jure militiæ? Utrumq; est imperfectum. Et prius, quia militare, & posterius. Et placet rectissime, imperfecto testamento imperfectum rumpi & solvi: sed si in militia jure communi, id est, rite, ordine solemni testamentum fecit, id non rumpitur posteriori testamento, quod fecit post missionem, nec jure perfecit. Constat perfecto testamento non rumpi, sed nec perfectum in militia imperfecto rumpitur, nisi scilicet in posteriore sit scriptus is, qui rem ab intestato omnimodo habiturus est, *l. 2. de inj. rup.* quæ ponit hanc regulam, superius testamentum jure perfectum posteriore imperfecto non rumpi, nisi posterius sit factum jure militari, vel nisi in posteriore imperfecto scriptus sit is, qui jure vocatur ad bona. His duobus casibus posterius imperfectum rumpit prius, quod erat perfectum. Et hæc ita distinguitur in eo, qui missus est militia: nam in milite non ultimur ista distinctione: miles enim sive testatus sit jure communi, sive militari si sit adhuc miles, testamentum ejus rumpitur quacunque novissima voluntate vel perfecta, vel imperfecta. Ergo qualibet voluntas militis, testamentum perfectum est, ut ait *l. seq.* testamentum militis perficitur sola voluntate. In pagano exigitur solemnitas. Et ideo rectissime statuere possis, testamentum militis jure militari factum, factum esse jure gentium, in quo nulla observatur subtilitas juris, & nulla scrupulositas. Testamentum omne pagani pertinet ad jus civile: nam est solemne. Au fideicom. sunt juris civilis? mimine, quia nituntur sola voluntate, & nutu solo, & gestu relinquuntur. Interpretes in *l. hac consul. §. ex imperfecto, C. de test.* hac in re militi exæquant patrem testantem inter liberos, & errant: namq; agunt contra Nov. 107. Patri dabantur hæc duo testanti inter liberos; primum ut esset ratum testamentum factum inter liberos scriptum notis, non literis, *l. ult. C. fa. erc.* quod hodie sublatum est *d. Nov.* nam etiamsi inter tuos liberos fecisti testamentum notis, non valet, notis, *par chiffre*. Sed non notæ sunt, ut solemus scribere S.P.Q.R. nam testamentum notis siglis, singulis, id est, singularibus literis valet, ut S.P.Q.R. Alterum, quod datur patri hoc erat, quod etiam hodie manet, ut valeat testamentum, licet sit imperfectum, ex *d. §. ex imperfecto*: quod vulgo accipiunt perperam generaliter: nam si generaliter verum est, testamentum omne factum inter liberos valere, & hoc imperfectum valeret testamentum notis scriptum, vel sine testibus: quis hoc dicat? nam ne militis quidem voluntas valet sine jure; sed imperfectum testamentum in jure est, quod non est signatum septem testium si-

gnis: nam hoc solum vitium prætor agnoscit in testamentis. Adde, vel quod non est subscriptum a septem testibus, quod exigunt constitutiones: & sic in *l. 6. ad leg. Corn. de fals.* Perfecto testamento opponitur non signatum. Et sic *d. l. hac consultissima*: paulo ante §. *ex imperfecto*, ait, non signatum, vel non subscriptum a testibus, pro imperfecto haberi. Deinde sequitur, *ex imperfecto testamento liberis competere hereditatem*, id est, ex testamento non signato. Imperfectum testamentum, quod pater fecit inter liberos, non tollitur qualibet alia voluntate imperfecta, *Nov.* 107. necesse est, ut posterior voluntas sit jure perfecta, si velit rumpi priorem imperfectam; at testamentum militare imperfecto novissimo testamento facile tollitur. Legendum est in fine legis, *quæque non quoque, voluntas quæque militis, &c.*

### Ad L. XII. de Carbon. edicto.

*Scriptus heres, contra quem filius impubes qui subjectus dicitur, ex edicto primo bonorum possessionem petit, exemplo legitimi, secundum tabulas interim accipere non potest quod si medio tempore scriptus, vel ille, qui intestati possessionem habere potuit, moriantur, scripto bonorum succurrendum erit: quid enim si non potuerunt adire hereditatem jure cessante, vel ob litem in dubio constitui?*

Species est. In testamento patris filius impubes præteritus est, extraneus scriptus: heres scriptus filium præteritum suppositum dicit, atque ita facit ei controversiam status & bonorum paternorum: filius petit bonorum possessionem ex primo edicto, id est, bonorum possessionem contra tabulas: Nam in ordinatione perpetui edicti sub titulo *de bonorum possessionibus*, prima pars edicti fuit de bonorum possess. contra tab. Quæritur, an etiam heres scriptus interim possit petere bon. possess. secundum tab. ut filius petiit cont. tab. Et ait non posse. Ergo lex, sive scriptum Papin. sic est accipiendum, ut ordinariam, sive edictalem bonorum possessionem filius petierit, non Carbonianam, quæ est decretalis: vel si Carbonianam, & ordinariam simul, quod & vulva demonstrant: neque enim dicit, filium petiisse ex decreto vel edicto Carboniano, sed ex edicto primo. Carbonianum autem fuit secundum edictum, non primum. Et rectissime ait, eo casu, puta si filius petierit ordinariam bonorum possessionem, heredem scriptum interim non admitti ad bonorum possess. secundum tab. nam si filius solam Carbon. acceperit, vel contra tab. vel unde liberi patre intestato defuncti; Carboniana enim adaptatur omnibus bonorum possessionibus, si, inquam, filius petierit solam Carbon. contra tab. vel unde liberi, quæ quidem durat tantum usque ad pubertatem, hoc, inquam, casu scriptus poterit petere bon. possess. secundum tab. quia ad plenum bonorum possess. contra tabulas filius non accepit. Ergo scriptus interim accipiet secundum tab. vel ab intestato, si sit defuncti intestati frater consanguineus, vel patronus, qui filium suppositum esse dicat. Interim enim, si filius, qui subjectus dicitur, petierit Carbon. scriptus &, ipse frater petere ordinariam, unde legitimi, *l.7. §. ult. h. tit. l.1. §. sed etsi ex Carbon. si tab. test. nulla ext.* Carbonianam solam non impedire edictalem bonorum possessionem delatam heredi scripto, vel legitimo, quia temporaria est bonorum possessio. Alia est bonorum possessio edictalis, quæ ordinaria dicitur: alia decretalis, & omnis Carboniana est decretalis, id est, datur causa cognita, non passim & temere. Et hæ sunt summæ differentiæ inter edictalem & decretalem, quod edictalis datur de plano in transitu, *en se pourmenant*, domi suæ: decretalis datur pro tribunali: nam quicquid exigit causæ cognitionem, tribunal exigit. Decretum est causæ cognitio, & quæ post eam sequitur pronuntiatio, & consequenter petendæ bonorum possessioni edictali cedunt dies, quibus prætoris copia fuerit, etiamsi non sederit pro tribunali. Petendæ autem decretali cedunt dies hi tantum dies, quibus prætor sedit pro tribunali, qui appellantur dies sessionum, *l.2. §. dies, quis ordo in bon. pos. l.5. §. edic. ut in pos. leg. l.3. §. si cau.*

de

de bon. poss. Ac præterea decretalis petitur etiam hodie, edictalis hodie non petitur. Est in agnitione, non in petitione: nam quodcunque indicium agnoscendæ bonorum possessionis sufficit, §. *ult. de bon. pos.* Sed decretalis petenda est. Item bonorum possessio edictalis potest repudiari intra tempora præstituta, decretalis nunquam potest, quia id tantum repudiatur recte, quod delatum est: decretalis autem non intelligitur delata, antequam sit decreta, & postquam decreta est, sera repudiatio est, quia jam acquisita est, & quod acquisitum est, non repudiatur, *l. 1. §. decret. de suc. edic.* Ergo decretalis repudiatione non amittitur. Edictalis potest amitti. Utraque tamen amittitur tempore: utraque diebus certis finitur, *d. §. decretalis, l. 3. §. ult. h. t.* Si filius impubes, qui subjectus dicitur, acceperit solam Carbonianam, scriptus heres admittitur ad possess. bonor. secundum tab. & legitimus, qui filium subjectum dicit, ad unde legitimi. Sed si filius, qui subjectus dicitur, acceperit ordinariam, heres scriptus non admittetur ad secundum tabulas, exemplo *legitimi*, ut hoc loco ait, quia scilicet nec legitimus admitteretur ad bonorum possessionem unde legitimi. Nunc finge, filium impuberem, qui dicitur subjectus, accepisse bonorum possessionem contra tabulas, vel unde liberi, heredem scriptum non accepisse secundum tabulas, quia non potuit, & interea mortuum esse heredem scriptum, vel heredem legitimum, non accepta bonor. possessione: Deinde post pubertatem judicatum esse, filium suppositum videri. Quæritur, cum heres scriptus vel legitimus, antequam de ea re judicaretur mortuus est, an intelligatur transmisisse in heredem suum? Et videtur nihil transmisisse, quia interim neque adivit hereditatem, neque bonor. possessionem agnovit, & verum est, hereditatem non agnitam, nec bonorum possessionem, transmitti, *l. 1. C. Th. de leg. her. l. un. §. in novissimo, C. de cad. toll.* Contra Papinianus scribit, quodammodo transmissionis locum esse, quia illa regula vetus ita est accipienda, si hereditatem quis adire potuerit, nec adivit: hoc casu heredi nihil transmittit: scriptus autem heres erat incertus de viribus testamenti, & certo judicio adire oporteret, non hæsitante: hæc cessatio cur oberit heredi ejus, si postea secundum eum lis detur, ut puta si filius suppositus esse pronuntietur? Atque ita fiet transmissio, non quidem ipso jure, sed interposito decreto a prætore. Et hoc est, quod ait, *heredibus ejus succurrendum data bon. possessione ordinaria, licet eam vivus neque petierit, neque agnoverit.* Quod etiam ratione eadem evenit in specie *l. illud, §. ult. & l. seq. de bon. poss. cont. tab.* utimur decreti remedio urgente ratione æquitatis: deficiente edicto, decreto fit, si quid æquum est fieri, *l. & muliere, de cur. fur. l. 4. de bon. lib.* Et hoc est, quod ait hoc loco Papin. Habuimus etiam alium casum in *l. 42. §. ult. de bon. lib.* quo videtur vitiari illa vetus regula, id est, quo hereditas non adita transmittitur ex decreto Marci ad heredem suum, quasi agnita ab intestato, qui eam agnoverat ex testamento, & etiamsi persequeretur nominatim jure intestati, tamen & jure testati, si illo deficeretur, quodammodo eam complexus videtur. Est & tertius casus, quo vitiatur illa regula ex Theodosio, ut docuimus in *l. 19. de inoff. test,* ut liberi parentum hereditatem non aditam ad quoscumque liberos suos transmittant. Et notissima est constitutio Theodosii: sed illi duo casus, quibus ab eo edicto videtur recedi, sunt cognitu digni. Illis casibus deficit regula juris, sed æquitatis ratio postulat decreto transmissionem induci.

### Ad L. XLIII. de Bonis libert.

*Julianus putat patronum, qui Titio pro parte dimidia heredi instituto substitutus, eo deliberante, bonorum possessionem contra tabulas accepit, si postea Titius non adierit hereditatem, nihil ei, qui adiit hereditatem, abstulisse, non magis, quam si sub conditione fuisset institutus. Igitur Titio deliberante, res in incerto erit utrumne semis*

*ex substitutione in possessionem convertatur, an Titio adeunte singulis heredibus partes debitæ auferantur.*

Species hæc est: In testamento liberti patronus primo gradu præteritus est: scripti sunt heredes Titius & Cajus ex æquis partibus. Titio substitutus est patronus, si heres non esset. Cajus adivit hereditatem, Titius deliberat, & interim patronus accepit bonor. possessionem contra tabulas, quasi præteritus, quod potest facere, cum unus ex heredibus scriptis adierit, alioquin bonorum possessio patrono non datur, non contra lignum solum, sed contra eum, qui ex ligno heres extitit, quia adivit, quod exposuimus in *l. 42. §. 1. h. t.* Ergo patronus interim deliberante Titio petiit contra tabulas bonorum possessionem, postea Titius repudiavit, & substitutioni locus esse cœpit, vocatus est patronus in semissem. Quæritur, an bon. poss. cont. tab. quam patronus accepit, sit cum re. Non abs re illud quæritur: nam si est cum re, patronus habebit dodrantem, puta semissem ex substitutione, & jure bonorum possessionis contra tab. Cajo aufert quadrantem. Sed verius est, ut Papin. ex Juliano refert, ut bonorum possessio, quam patronus accepit, sine re constituatur, nihil auferri Cajo, quia existente conditione substitutionis, patrono satisfactum videtur: ex causa etiam substitutionis habet semissem, quæ est portio debita. Et idem erit si extraneus a liberto pure sit heres scriptus ex semisse, patronus sub conditione ex altero semisse, & pendente ea forte patronus accepit bonorum possessionem contra tabulas adita jam hereditate a cohærede. Post existente conditione bonor. possessio ea quodammodo erit sine re: Nam ea convertetur in jus bonorum possessionis secundum tabulas, non licebit patrono ita variare, ut petita contra tabulas bonor. possessione petat secundum tab. *l. nonnunquam, de leg. præst.* sed prætor tuetur eum perinde atque si accepisset secundum tabulas; hic e contrario evenit, ut prætor eum, qui petiit secundum tab. perinde tueatur, atque si petiisset cont. tab. *l. 3. de bon. poss. cont. tab. l. 2. §. pen. de bon. poss. sec. tab.* Bonorum possessio facile titulum mutat, & ex uno jure migrat in aliud, & ut dixi, bonorum possessio cont. tab. habetur jure bonorum possessionis secundum tab. & e contra: ac similiter bonorum poss. unde legitimi, habetur pro pro bonor. possessione contra tabulas, *l. filius, de coll. dot.* Sed si Titius post deliberationem longam adierit, jus bon. possess. con. tab. quam accepit patronus, interim non mutatur, sic plane est cum re, & patronus pro portione cujusque aufert singulis heredibus, hoc est, Cajo quadrantem, Titio quadrantem, atque ita semissem, portionem debitam patrono.

### Ad L. XII. de Castr. pecul.

*Pater, qui dat in adoptionem filium militem, peculium ei auferre non potest, quod semel jure militiæ filius tenuit: qua ratione nec emancipando filium, peculium ei aufert, quod nec in familia retento potest auferre.*

Notanda est una differentia, inter peculium paganum & castrense. Paganum paterfam. demit, admit nuda voluntate quandocunque vult, ut dominus servo: non constituitur etiam peculium nuda voluntate, traditione enim opus est: solvitur autem nuda voluntate, *l. non statim, de pec.* admit pater filio peculium, vel retento in potestate, vel exempto e familia, veluti cum eum emancipat vel dat in adoptionem: utroque genere filius exit ex familia: sed utroq; genere non fit sui juris, datione in adoptionem transit in potestatem alterius, puta adoptatoris, & definit esse in patris naturalis potestate: plerumque autem emancipando pater retinet sibi peculium, sed si nihil de peculio dixerit emancipando, tacite videtur ei concessisse peculium, *l. donatione, §. pater, de don.* Quod obtinet etiam in servo manumisso inter vivos: nam & ei videtur concessum, si non sit nominatim adem-

ademptum, §. *pecul. Inst. de leg.* & hæc de pagano. Castrense vel quasi castrense, etiamsi sit profectum a patre : nam castrense peculium dicitur, quod pater filio in militia agenti dedit, *l. 11. h. t.* Paulus *lib. 3. s. 4.* pater nunquam adimere potest filio. Hoc privilegium militia extorsit, quod Papin. ostendit : primum enim ait, patrem dando filium in adoptionem, non posse ei auferre peculium castrense. Rursus emancipando non posse, ac postremo neutrum horum faciendo non posse etiam eum filio adimere castrense peculium, licet id ipse de suo constituerit : Est enim non tam peculium, quam patrimonium filii : cum de eo testari possit etiam nolente patre, & non cogatur id conferre fratribus. Id quoque similiter extorsit favor dotis : Nam pater dotem, quam semel constituit filiæ. ei auferre vel minuere non potest, nisi uno casu, si pater redactus sit ad inopiam, *Nov. 97.* non potest filiæ. habere castrense peculium, posset quasi castrense, sunt militiarum quarundam feminæ quasi capaces : sed & filiæ. dotem habet propriam, etiamsi sit in potestate patris, eamque ei dederit pater. Et hac in re separatur dos a peculio: Nam dos proprie est patrimonium filiæ , *l. denique*, §. *ergo, de min. l. 4. de col. bon. l. pater, ad leg. Fal.* Peculium paganum etiam dicimus esse quasi patimonium, *l. hinc quer. l. 40. de pec. l. si dec. her. 17. de statul.*

Ad §. Si libertus L. I. Si quid in fraud. patr.

*Si libertus in fraudem patroni aliquid dederit, dein defuncto patrono, vivo liberto filius patroni accepit bon. possessionem cont. tab. liberti , an Fabiana uti possit ad revocanda ea , quæ sunt alienata ? Et est verum, quod & Pomponius probat lib. 83. item Pap. lib. 14. quæst. competere ei Fabianam : sufficere enim , quod in fraudem patronatus factum sit : magis enim fraudem rei , non personæ accipimus .*

UT intelligatur quæstio hujus §. sciendum est , alienata a liberto in fraudem patroni, ut eo minor esset legitima patroni, revocari pro parte debita patrono actione Fabiana & Calvisiana. Fabiana datur testato liberto : altera intestato : non una actio, sed duæ *l. 2. §. si intestatus , h. t. l. 2. C. eod.* Et agnoscunt etiam hanc differentiam Græci in *l. 2. si a parente quis manum.* ad revocanda ea, quæ debitor alienavit in fraudem creditorum competit Pauliana , §. *item si quis in fraudem , Inst. de act.* ad revocanda alienata in fraudem filiorum vel parentum, nulla competit actio jure. Ratio differentiæ : mihi licet fraudatis filiis alienare omnia mea bona vivo me . In testamento non possum : igitur liber sum, & rerum mearum plenus dominus quamdiu vivo, non cum excedo e vita, & morior : libertus non est plane liber, ut recte Chrysippus ait apud Athen. lib. 6. quod debeat patrono multa, nec sit ingenuus, οἰκέτην non esse, δ̃ουλον esse : οἰκέτης est , qui est in dominio alterius : δοῦλος, etiam qui non est in dominio & manumissus. Debitor quoque & obæratus non est plane liber, aut suorum bonorum compos : non possidet bona libere, nec ipse igitur liber est , cum principaliter sit obligatus ; liberum hominem esse dicimus, qui non est obæratus : licet quidem liberto alienare, sed alienatio revocatur. Ergo ita constituamus , libertus præteritus petita bon. poss. con. tab. detrahit ex rebus, quas heres scriptus possidet jure hereditario, debitam portionem pro rata : qua actione ? possessoria hereditatis petitione, sed detrahet etiam portionem ex his rebus, quas libertus alienavit in fraudem patroni, vel quas donavit mortis causa. Possessoria petitio hereditatis non datur in eos, qui juste possident, sed Fabiana. Finge : libertus multa alienavit in fraudem patroni, & supervixit patrono, deinde post mortem liberti filius patroni petiit bon. poss. con. tab. an revocabit alienationes factas in fraudem patris ? Et non videtur, quia libertus nihil egit in fraudem filii. At nihilominus Pap. ait , filium patroni uti posse actione Fab. quia satis est , quod fecerit in fraudem patronatus, ac si diceret, non tam fecit in fraudem patroni, quam in fraudem patronatus, & fraus magis fit in rem , quam in personam , & utique fecit fraudem in rem.

Ad Princip. L. III. eod. tit.

*Si patronus heres institutus ex debita parte , adierit hereditatem , dum ignorat aliqua libertum in fraudem suam alienasse , videamus , an succurri ignorantiæ ejus debeat, ne decipiatur liberti fraudibus? Et Papinianus lib. 14. quæst. respondit , in eadem causa manere ea , quæ alienata sunt, idcircoque patronum sibi imputare debere , qui cum posset bonorum possessionem accipere contra tabulas , propter ea , quæ alienata sunt, vel mortis causa donata , non fecit .*

QUod proponitur in h. §. negotium facit multis non abs re. Finge : libertus multa alienaverat in fraudem patroni, qui ea ignoraverat . Deinde moriens libertus patronum heredem scripsit ex semisse. Videtur ei satisfecisse, & utique satisfecit, si verborum conceptionem spectes, & heredem fecit ex semisse bonorum, qui habuit mortis tempore : sed si rem inspicias, non satisfecit, quia data opera minuit patrimonium. Hoc casu licet patronus sit institutus, poterit petere bonor. poss. contra tab. quasi ex modica parte institutus . Et certum est eam bonor. poss. dari non tantum patrono præterito, sed etiam ex modica portione instituto. Unde ingeniosus quis merito posset quærere, an filio instituto ex modica parte , detur bon. possessio cont. tabulas ? minime : non est præteritus, sed quasi exheredato in partem, si falcidiam sibi servare non possit , aut si minus Falcidia jure institutionis auferat, ei dabitur querela inofficiosi, *l. Pap. §. quarta, de inoff. test.* Pater habet servos in patrimonio, nihil præterea : filium instituit, omnes servos manumittit ; inanis est institutio, quia Falcidia non deducitur ex pretiis manumissorum : filius , si habeat substitutum, repudiabit hereditatem , & adversus substitutum aget querela , quasi sub falso titulo institutus , vel hereditatem habebit ab intestato , & non competent libertates . Hodie patronus vel filius institutus ex quantulacunq; parte , non habet bonor. poss. contra tab. vel querelam, sed habet supplementum. In specie proposita patronus potuit petere bonorum poss. contra tab. sed quia ignorabat libertum multa alienasse inter vivos , adivit hereditatem ex testamento liberti, sed errans in facto, ignorans fraudem fecisse sibi libertum , non errans in jure , dum ignorat aliqua libertum alienasse . Et ideo recte quæritur , *an succurri ignorantiæ ejus debeat?* sic legitur Flor. male vulgo quæritur , *an postquam adivit possit agere Fabiana , & revocare portionem sibi debitam ?* forsitan dices posse, *& aquum videri , ut ignorantia ejus succurratur*. At contra Pap. non ei *subveniri respondet*. Quare sibi imputare debet , qui cum poss. petere bon. poss. cont. tab. non fecit. Obstat vehementer quod dicitur, errorem facti non obesse, nec in damnis, nec in compendiis : & hoc loco obest patrono. Respondeo , non tam esse ignorantiam facti, quam etiam culpam , ad quam rationem respexit Papin. dum ait, *patronum imputare sibi debere*. Quid aliud est , quam patronum esse in culpa ? Hic potest objici, quod Tiberius dicebat , *disce cautius negotiari*. Quod videtur repetitum in *l. 2. C. de fur.* Et eadem est ratio *l. filium, de acq. her.* qui testator fuisse insanum putabat heres scriptus, qui tamen sanus erat, erravit in facto : sua igitur simplicitate deceptus ( quæ utique nocet, *l. 3. ad Mac.* ) hereditatem omisit ex testamento, et ampplexus est ab intestato : subst. ei præfertur, quia seipsum decepit diligentius non consultando. Eadem est ratio *l. Clod. eod. t. heres* scriptus posteriore testamento imperfecto , qui etiam erat scriptus in priore perfecto, temere hereditatem adivit ex posteriori, putans, id æque esse perfectum ac prius : seipsum decepit, & hereditatem omisit. Sed quoties extrinsecus aliqua ex causa incidit quis in errorem facti, in ignorantiam, quæ falleret etiam prudentissimum, hic error facti non nocet ; ut si adierit ex testamento falso, vel vero,

vero, dum est incertum, an exheredatus vel præteritus sit *l. 4. de petit. hered. l. Paul. de bon. libert. l. mater, de inoffic. test.* Sed ponamus patronum errasse in jure, ut ponit Acursus. secutus antiquam scripturam, ut puta, existimasse sibi non competere Fabianam, & se institutione contentum esse debere : an hic error juris eum excusat ? quod videtur, ex *l. quæ fideic. de leg.* 2. cujus est tamen alia ratio : sed verius est errorem juris eum non excusare : error juris in specie *d.l. quæ fideic.* excusat, quia in damnis amittendæ rei suæ, *de perdre le sien,* error juris excusat: Verum in compendiis nocet, si quis affectat lucrum de alieno, *l. 8. de jur. & fac. ign.* In specie proposita patronus affectat compendium, quia etsi hereditas liberti dicatur quasi patroni esse, *l. 10. pro soc.* tamen vere non est, quia non est verus creditor, *l. 6. ad l. Cornel. de falf.* alioquin revocaret aliena actione Pauliana, nec necessaria esset Calvisiana, aut Fabiana : hæc confirmantur *l.* 2. *si a parente quis manum.* dum ait, patrono non est exæquandus pater, quia iniquum est ingenuis hominibus non esse liberam rerum suarum administrationem, *l. 2. de jure patron.* Licet patri vendere omnia sua bona, & filio etiam, nec ulla est querela immodicæ venditionis, aut fraudulentæ. Est tamen querela inofficiosæ, immensæ donationis, inofficiosæ dotis. Dos enim donatio est ; donatio facta in fraudem liberorum, id est, quæ minuit eorum legitimam, pro modo legitimæ rescinditur, sed non etiam venditio, vel quælibet alia alienatio : valde enim notanda ratio, ut patrono instituto ex minori parte detur bonorum possessio contra tabulas, filio vero querela. Patronus institutus ex minori parte comparatur præterito, non exheredato : exheredatio enim in patronum non cadit. At filius institutus ex minori parte magis exheredatus, quam præteritus videtur, si ex institutione, aut nihil, aut minus, quam legitimam portionem acceperit, tulerit.

## JACOBI CUJACII J.C.
### COMMENTARIUS
In Lib. XV. Quæstionum ÆMILII PAPINIANI.

### Ad L. X. de Jure codicill.

*Quod per manus traditum est, codicillis hereditatem dari non posse, rationem illam habet, ne per codicillos, qui ex testamento valerent, ipsum testamentum, quod vires per institutionem heredum accipit, confirmari videretur.*

IN lege 10. *de jure eod.* proponitur regula vetus, hereditatem codicillis dari non posse verbis directis: nam precariis dari potest. Ergo in codicillis directo institui heres, vel substitui non potest, quoniam utroque genere hereditas dari non potest, nec igitur adimi: adimitur exheredatione, & per conditionem adjectam in codicillis. Nam deficiente conditione exheres futurus est, est enim tacita exheredatio, conditionis adjectio. Hujus regulæ ratio redditur hæc, §. *pen. Instit. de Codicill.* ne vis & potestas codicillorum & testamentorum confundatur, id est, ne idem possint codicilli, quod testamentum. Nam si jus eorum confundas, possis & nomina confundere : nomina autem ea nunquam confunduntur, *l. si item, C. de codicil.* Sed subtiliorem rationem adfert Papin. *ne per codicillos, &c.* quæ ratio sic explananda est ; Codicilli vires accipiunt ex testamento (sunt enim sequela testamenti) ex quo sequitur, testamentum non accipere vires ex codicillis, quod videretur, si in codicillis scriberetur heredis institutio, si præcipuum caput testamenti transferretur in codicillos. Vel etiam sic. Causa, ex qua valent codicilli, est testamentum : non possunt igitur codicilli esse causa, ex qua valet testamentum. Ergo, ut Accurs. notat peritissime, qui omnino Philosophiæ non erat ignarus, duæ res sibi invicem causæ esse non

possunt eodem modo, & non male citat *l. heres per servum, de acq. hered.* Per servum hereditarium an potest quis acquirere aliquid, quod sit hereditatis ? minime. Igitur hereditas & servus hereditarius invicem causæ esse non possunt. Per hereditatem acquiro servum hereditarium, non contra, sed duæ res, ut dixi, non possunt invicem sibi esse causæ eadem ratione, sed diversa, ut labor est causa firmæ valetudinis, habitudinis ; & firma valetudo, habituado est causa laboris, sed labor ut finis, valetudo, ut causa efficiens : & sic eadem ratione plures causæ esse non possunt, sed diversa ratione. Æs ut materia, est causa statuæ : opifex ut principium motus.

### Ad L. LXXVI. de Hered. instit.

*Servus uxori a marito mortis causa donatus, mariti manet, ut & Juliano quoque videtur. Idem si accipiat libertatem simul, & hereditatem, viro necessarius heres erit, nec sine libertate aliquid ei legari potest.*

NOtum illud est, jure civili interdictas esse donationes inter vivos inter virum & uxorem : nam causa mortis donationes sunt permissæ, quia earum eventus in id tempus excurrit, quo desinunt esse vir & uxor, *l.* 10. §. *ult. & seq. de don. int. vir. & uxor.* Ergo quod proponitur *h. tit.* si maritus uxori servum donaverit mortis causa, non statim fit mulieris : tunc demum fit mulieris, cum mors mariti fuerit insequuta, *l. non videtur de mort. causa don.* non mutat dominium donatio causa mortis ante mortem : medio igitur tempore dominium remanet penes virum. Et hoc est, quod ait, *mariti manet.* Deinde duos effectus proponit hujus sententiæ : ut si eum servum maritus instituerit cum libertate, ei sit necessarius heres, qui si esset mulieris, esset extraneus, & ei voluntarius heres. Alius effectus hic est, quia huic servo maritus non potest legare interim sine libertate, cum mariti maneat, & proprio servo inutiliter legatur sine libertate, *l. servis, C. de leg.* Sed si esset mulieris, quasi alieno servo ei recte legaretur sine libertate. Legendum autem est in his, quæ sequuntur, *id est,* non, *idem,* nam ullo sensu, *idem,* hic ponitur. Quidam legunt *unde,* sed perspicuum est legendum, *id est,* sicut in *l.* 10. §. *quoties, de compens. l.* 46. *pro soc.* Accursius huic definitioni objicit *l. si is servus, de don. int. vir. & uxor.* Maritus servum donavit uxori mortis causa : utroque vivo constante matrimonio servus acquisivit aliquid, cui marito an uxori ? lex ait, in pendenti esse acquisitionem, donec maritus moriatur, vel aliquid incidat quo vel confirmetur, vel perimatur donatio : & ex eventu apparebit, cui is servus acquisierit : ergo etiam dicendum est hic, non omnino servum mariti manere, sed in pendenti manere ; in pendenti esse dominium servi, & ab eo se expedire nescit Accursius. Respondeo ; donatio causa mortis fit tribus modis, *l.* 2. *de mort. causa don.* Uno, ut servus vel alia res tunc fiat uxoris, cum mors mariti fuerit insecuta. Et hoc casu nemo dubitat, quin servus maneat mariti, quia id est actum nominatim : donatio causa mortis revocatur pœnitentiā, & intelligitur revocata manumisso servo donato, herede eo relicto, vel ei legato relicto cum libertate, *l. vir uxori, de donat. int. vir. & uxor.* sed quid si legaverit sine libertate ? vel heredem instituerit sine libertate ? non intelligetur revocata donatio : valebit igitur donatio morte insecuta, nec mutata voluntate : an valebit etiam institutio & legatum, atque ita acquiretur uxori per servum ? nam morte insecuta mariti eodem momento deseretur servus uxori, & servo hereditas : & verius est institutionem, vel legatum non valere, quia ab initio non valuit : nam servum proprium inutiliter instituo sine libertate, & ex regula Catonis, quod ab initio non valet, id est, tempore facti testamenti, nec postea convalescit, servo testatoris proprio, morte ejus translato in dominium mulieris. Fit etiam donatio causa mortis hoc modo, ut res statim fiat mulieris : finge maritum hoc animo donasse mulieri, ut servus statim fieret mulieris. An idem statuemus de hoc gene-

genere, quod de illo? in illo nulla est dubitatio: in hoc posset esse, an hic servus possit esse viri? ac dicemus idem fere statuendum, quia et iamsi id actum sit, ut servus statim fieret mulieris, non tamen potest: nam constante matrimonio mulier non potest fieri locupletior donatione viri, alioquin hæc donatio nihil distaret a donatione inter vivos, valet tamen ita facta donatio, *l.12.§.1.de donat.int.vir.* Non solum valet, inquit, *donatio mortis causa inter virum & uxorem, ut ræ fiat uxoris, vel mariti cum mors insequatur, sed etiam omnis donatio causa mortis.* Ergo etiam valet illa, ut statim fiat res mulieris, sed non habet effectum statim donatum causa mortis: morte enim perficitur omnis & omnis revocata intelligitur pœnitentia, veluti manumissione servi, servo herede instituto cum libertate, vel legato ei relicto cum libertate: sed si heres instituatur, vel si ei legetur sine libertate, ea institutio vel legatum ab initio non valet, quia interim fuit mariti servus proprius: ergo non convalescit, servo morte mariti mulieris effecto. Sed tamen etiam in specie proposita hoc interest inter duas donationes (quod pertinet ad *l.si is servus*, quæ allegatur ab Accurs.) quod hæc donatio, quæ ante ultimum vitæ tempus mariti non facit dominam mulierem, mortuo marito non mutata voluntate, non retrotrahitur ad tempus, quo facta est, ideo acquisita interim per servum ad maritum pertinent: ergo non retrotrahitur: at illa donatio, quæ fit hac lege, ut statim domina fiat mulier, retrotrahitur ad tempus, quo facta est: & ideo, quæ interim acquiruntur per servum, sunt in pendenti, quia donatio potest revocari pœnitentia, sed potest etiam consistere donatio & confirmari, ac proinde retrotrahi. Quod si retrotrahitur ad mulierem pertinebunt, *d.l.si servum*: nec est novum, ut ea donatio retrotrahatur: nam inter vivos facta inter virum & uxorem (quæ nihil valet interim, sed morte mariti confirmatur ex oratione Antonini, si perseveraverit in ea voluntate usque ad ultimum vitæ tempus) hæc donatio etiam retro agitur, *l.donationes, C.de donat. int.vir.* non mirum igitur, si retrotrahatur donatio causa mortis.

### Ad L. XLVI. de Leg. II.

*Cum proponebatur in scriptura fideicommissi, quod pluribus sub conditione fuerat relictum, per errorem omissam mutuam substitutionem, quem testator in secundis tabulis, cum eosdem substitueret expressit; Divi Marcus & Commodus Imperatores rescripserunt, voluntatem manifestam videri mutuas factas substitutionis. Etenim in causa fideicommissi, utcumque precaria voluntas quæreretur, conjectura potuit admitti.*

SPecies *l.cum proponebatur*, talis est: Filio impuberi, primum, secundum, & tertium heredes substituit in secundum casum, id est, si ante pubertatem alter decederet: eosdem substitutos invicem substituit in primum casum, puta ut si unus filio impuberi heres non esset, in ejus locum, & opem veniret alter, quæ est vulgaris: mutua & reciproca, id est, communis: ut heredes meos invicem substituere possum, ita & impuberi: præterea substitutis aliquid legavi, nec eis invicem in eo legato substitui, quamquam id agere animus esset, sed id prætermisi oblivione, aut etiam scriptor testamenti: an videbuntur substituti in fideicommisso, sicut & in hereditate? Illud primum constat, non tantum in hereditate, sed etiam in fideicommisso posse substitui, ut & in legato, *l.ut hered. & l.cum pater, h.tit. l.Publius, §.1. & l.uiam, de cond. & demonstr. l.ei cui, de mort. cauf.don. l.8. usuf. quemadm.cau.* Sed notandum, nos non posse substituere vulgariter omnibus puberibus & impuberibus liberis & extraneis in secundum casum, nec non posse substituere in hereditate nisi liberis impuberibus. At in fideicommisso omnibus substituere possumus in utrumque casum. In primum casum, si ad te non pervenerit: in secundum, si ad te perverit, rogo, ut restituas Titio. Et substituere pos-

sumus non directo tantum, sed & per fideicommissum: Per fideicommissum substituimus non tantum verbis expressis, sed etiam tacitis: nam in fideicommissis certa conjectura sufficit, *l.34.§.1. h.t.* Secundum hoc igitur in specie proposita, si quos substitui filio impuberi, & invicem substitui in hereditate pupillari, voluit etiam eos invicem substituere in fideicommisso hereditario, licet in eo non repetierim substitutionem, atque ita non tantum in hereditate pupillari, sed etiam in fideicommisso mutuo substituti videbuntur. Et ita Papinianus refert M. & Commodum rescripsisse, quod precariæ voluntatis conjectura sufficit. Et subjicit rationem Papinianus: *etenim in causa fideicommissi utcumque precaria voluntas quæreretur, conjectura potuit admitti: utcumque, id est ubicumque, ut l.26. de injur. & illo loco, utcumque defecere mores, dedecorant bene nata culpa.* Ergo ita definiamus: in fideicommissis & fideicommissariis substitutionibus conjecturas admitti, nuda enim voluntate consistere & nutu solo, *l.nutu, de leg.3.* non pendere ex verbis, sicut legata, quæ directo scribuntur. Fideicommissa non adeo pendent ex verbis, ut etiamsi verba sint perspicua, non admittatur quæstio voluntatis, *l.cum virum, C. de fideicom.* quod non admittitur in legatis, *l.ille aut ille, de legat.3.* Sed in fideicommissis, etiamsi verba sint perspicua: audiuntur tamen, qui verba in dubium revocant, *l.quisquis, de leg.3.* Cum esset legatum & fideicommissum J.C. non satis habet probare, verba esse perspicua, sed probat etiam suffragari voluntatem, quasi utraque probatio exigatur in fideicommisso. In legato verba sola sufficiunt, si non sint ambigua. Conjecturas Accursius interpretatur testes & tabulas, quod perinde est, ac si diceret, probationes artificiales esse inartificiales, sed verius est, conjecturam esse, quæ ducitur ex manifesto signo secundum Hermogenem. In hac specie ex substitutione prima ducitur argumentum, substitutionis mutuæ in fideicommisso, ut in hereditate, & ita ex manifesta institutione conjectura capitur ad non manifestam, *l.si plures, de vulg. l.quoties, ad Treb.* Si iidem sint instituti ex partibus & invicem substituti nullis partibus: ex partibus in institutione manifesto adjectis, conjicimus voluisse testatorem easdem adjicere in substitutione, quas omisit per oblivionem. Et est frequens harum conjecturarum usus in foro. Verum huic definitioni obstant tria. Primum *l.jubemus, C.de testam.* quæ ait, nomina heredum exprimenda, vel literis testatoris, vel voce, alioquin non valere: non sufficiunt igitur conjecturæ. Sed loquitur lex de institutionibus directis. Item objicitur *l.ult. C.de codi.* quæ exigit quinque testes in codicillis, *l.cum antiquitas, C.de test.* & totidem etiam sufficiunt in testamentis rusticanorum, *l.ult. C.de test.* In alia voluntate nuda & directa tamen, quibus casibus ea admittitur, ut in voluntate militis, exiguntur tres testes, *l.27. C.de test.* Et ita Plutarch. scribit in M. Catone, ait, *in testamento in procinctu adhibitos esse tres testes.* Igitur in codicillis exiguntur quinque testes. Conjecturæ igitur non sufficiunt. Sed hoc dicitur de codicillis tantum vicem testamenti obtinentibus, non de nudis codicillis. Postremo objicitur *l.ult. C.de codi.& §. ult. Inst. defideicom. hered.* quibus ostenditur, fideicommissarium probare debere tribus testibus, aut deferre debere jusjurandum heredibus, qui si nolit jurare, habebitur pro confesso. Ergo lex non content a conjecturis, sed lex illa loquitur de illo fideicommissario, qui nititur testibus non conjecturis. Numerus enim testium tunc requiritur, & ut sint idonei. Verum hoc genere probationis omisso, certamus etiam conjecturis: quod si testibus nitaris, legitimum numerum producere debes. Et ita recte Joannes, præter cujus interpretationem mendacissima sunt omnia, quæ in hanc legem adnotantur.

### Ad L. III. de Reg. Caton.

*Catoniana regula non pertinet ad hereditates, neque ad legata, quorum dies non mortis tempore, sed post aditam hereditatem cedit.*

Pro-

PRoponenda est ea regula Catonis, quæ fuit comprobata ab omnibus JCtis, sed non sine aliqua controversia, *Theoph.* §. *an servus, Inst. de leg.* sed fuit parva ea controversia, & diu non stetit: namque obtinuit tandem omnino, quæ est ejusmodi. Legatum, quod si testamenti facti tempore confestim moreretur testator, inutile foret, id est, inutiliter cederet, nec longe post moriente testatore, utiliter cedere potest, *l.* 1. *hoc tit.* Legatum quod ab initio inutile est, ex post facto non convalescit, ut *l. cetera,* §. 1. *de leg.* 1. Et aliter concipitur in *l.* 29. *de reg. jur.* aliter in *l.* 210. *eod. tit.* habet autem ea regula rationem summam : Quid enim interest decesserit testator statim, an postea? quod non deberetur legatum, si statim decessisset testator, cur magis debebitur, si diutius vixerit? Finge : Legavit testator servo proprio sine libertate: si statim decesserit, inutile est legatum ; si diutius vixerit, & eo vivo post factum testamentum, is servus alienatus sit, vel manumissus, non ideo magis valebit legatum, quia initium habuit vitiosum, *l. servus, C. de legat.* Aut finge: Legavi servo heredis sine libertate fideicommissaria, vel filiosam. heredis: si statim decesserit, non valet legatum, ne idem inveniatur heres & legatarius, debitor & creditor: an vero quicquam proficit, si ille testator diutius vixerit, & eo vivo is servus aut filiusfa. exierit de potestate heredis, an convalescit legatum, cum mortis tempore is servus non sit heredis, sed alterius aut suus? Et placet eadem ratione non convalescere legatum, quod initio non fuit sine vitio, §. *an servo, Inst. de leg. l.* 8. §. 1. *de leg.* 3. Aut ita finge : Legavi columnas, marmora, tigna injunctæ ædibus; quæ senatus legari vetuit, an convalescit legatum si tempore mortis ea fuerint ab ædibus separata? minime, *l. ceterum,* §. 1. *de leg.* 1. quia vires ab initio legatum non habuit, & cujus rei initium vitiosum est, non possit etiam finis non esse vitiosus, quandoquidem prudentes omnia æstimant ex initio potissimum, non ex eventu: & utitur etiam *l. cetera,* alio exemplo. Legavit testator mihi rem meam, legatum non valet, si statim moreretur: diu vixit, & interim ego rem meam alienavi, atque ita mortis tempore non est mea, an legati petitio erit? minime, quia legatum, quod non constitit tempore mortis facti testamenti, non convalescit tempore mortis, ad confirmandum, quod est in regula Caton. sicut contraria regula antiqua fuit in magna controversia: legatum quod constitit mortis tempore, quodve in eam causam recidit, a qua initium capere non potuit, non valet, etiamsi constiterit mortis tempore, *l.* 3. *sit. seq. l.* 3. *de serv. leg. l.* cum filius, §. *servus, de leg.* 2. Congruere ergo debet initium fini, & finis initio, testamenti tempus mortis tempori, etiamsi mors postea infecuta fuerit : & vice versa habendum est mortis tempus pro testamenti tempore , etiamsi id conditum fuerit multo ante tempus mortis . Demonstravimus exemplis usum regulæ Catonianæ simul ac rationem . Adnotari volo ex verbis ejusdem regulæ, maxime ex iis, quæ proponuntur *l.* 1. *hoc t.* regulam Catonianam pertinere ad legata , quorum dies cedit e morte testatoris. Hæc verba demonstrant mortis tempus, ex quo legata cedunt jure antiquo, atque etiam novissimo. Et *cedere diem* quid est? Est incipere deberi quodammodo, & ad heredem transmitti posse. Cessit legatum, quod mihi relictum est, cessit dies legati mihi relicti. Ergo etsi mox moriar transferam id legatum in heredem. Ob id diligenter inquiritur, a quo dies cedat legatum : nam si legatarius moriatur antequam cesserit legatum, nihil transfert in heredem suum, & ut dixi, legata cedunt a morte testatoris, licet nondum sint apertæ tabulæ , nondum adita hereditas : jure antiquo, quod restituit hodie Justinianus in *tit. de cad. toll.* Et hoc ita si legata fuerint pura, & pura dicuntur esse etiam, quibus est adscripta dies certa; non incerta, quod ad cessionem attinet: nam & hæc cedunt a morte testatoris statim, *l.* 5. *l. si dies, quand. dies leg. supra,* quod attinet ad cessionis causam: nam quod ad *l. Falcid.* attinet, legatum in diem certam non habetur pro puro, quia scil. in Falc. heredi computatur commodum medii temporis, *l.* 45. *ad l. Falc.* Et hoc ita obtinet jure antiquo, & novissimo jure: nam medio jure, quod & novum dicitur, id est, ex legibus Julia & Papia, ea legata, id est, pura, cedunt ex apertis tabulis, non a morte testatoris, ut est proditum multis in locis in fragm. Ulpiani, sed illas ll. Juliam & Papiam abrogavit Justin. restituto jure antiquo. Et hæc de puris legatis, vel quæ pro puris habentur. Legata conditionalia, (*) vel in diem incertum relicta non cedunt a morte testatoris, sed cum conditio extiterit post mortem testatoris, *l. legati sub cond. de condit. & dem.* legata sub conditione non cedunt statim a morte, sed cum conditio extiterit : & ideo inquit, *interim de legani non potuerunt*. Sic recte Florentiæ scriptum est, quod quid est aliud, quam transmitti ad heredem non potuerunt? videlicet moriente legatario pendente conditione ante cessionem. Dico ea cedere cum conditio extiterit post mortem testatoris: nam si conditio extiterit vivo testatore, non cedunt ante mortem, post mortem statim cedunt. Ac rursus, si conditio sit ejus generis ut impleatur morte testatoris, cedunt a morte, ut in casibus propositis, *l.* 1. *& 2. v. h. t.* Quædam autem sunt legata pura, quæ cedunt ab adita hereditate, non a morte, jure antiquo & novissimo, non ab apertis tabulis l. Julia & Papia, ut si legetur ususfructus, habitatio: hæc legata non cedunt ante aditam hereditatem. Cur ita? quia cessionis effectus est transmissio. Hæc autem jura, usus, ususfruct. habitatio, non transmittuntur ad heredem, sed cum persona extinguuntur; ergo frustra esset, si quis ante aditam hereditatem ea cedere diceret: non est opus accelerare cessionem, cum hæc legata non possint transmitti ad heredem, *l.* 2. *& 3. quand. dies legat. ced.* Cur institutum est legata morte cedere, non aditione ? ne scil. heredes aditioni moram faciendo, & transmissioni moram faciant. Ubi igitur non est locus transmissioni, dices frustra ante aditionem cedere legatum. Et eadem ratione libertas servo relicta non cedit ante aditam hereditatem. Item legatum relictum servo manumisso, vel legatum relictum servo alieno, non cedit ante aditionem, *l.* 7. §. *ult. l.* 8. *l. cum legati, quand. dies ced. l. uni.* §. *libertates, C. de cad. toll.* Et hæc omnia legata, quæ retuli, cedunt ab adita hereditate, si heres extraneus & voluntarius fuerit scriptus, quoniam hic solus adit hereditatem: necessarii vel sui non adeunt hereditatem, sed sunt heredes statim a morte testatoris, ipso jure etiam inviti & ignorantes: qua de causa necessario herede scripto consequens est, ea legata, quæ retuli, cedere a morte testatoris, a qua scripti heredes acquisiere bona, quæ extraneo scripto non cederent ante aditionem, *l. Julianus* 86. *de condit. & demon. l. quæsitum,* §. 1. *de leg.* 1. *l. si ops. de opt. leg.* Nunc concludendum est, regulam Catonianam pertinere tantum ad ea legata, quæ cedunt a morte testatoris, quod verba illa demonstrant, *si statim decessisset*, id est, si legatum statim cessisset decedente testatore ; si decedit testator, & simul cedit legatum purum. Ergo regula Catoniana pertinet ad jus antiquum, quo legata cedunt a morte: non igitur pertinet ad leges novas, ut inquit *l. ult. hoc tit.* Ergo respicit ad legata, quæ cedunt a morte jure antiquo, & legibus novis non cedunt a morte : sed ab apertura tabular. Igitur ad ll. Juliam & Papiam novas, & caducarias non pertinet regula Catoniana, *l. qui solvendo, de heredib. Inst.* Præterea regula Catoniana non pertinet ad legata conditionalia, quia etiam hæc non cedunt a morte, sed ab eventu conditionis, *l. cetera,* §. 1. *de lega.* 1. Igitur non pertinet etiam ad legata relicta in diem incertum, velut, *illi lego cum pubes erit*, dies est plane incertus, quia forsitan non pubescet, vel hoc modo, *cum Titius magistratum inierit*, hic dies incertus pro conditione est, *l. dies incertus, de cond. & dem.* videlicet, quia & incertum est, an dies sit venturus, ut si dixeris, *cum Titius magistratum inierit*. Est hic incertum duplex: nam incertum est primo, an Titius sit magistratum initurus , deinde incertum est, quo die sit initurus. Et dies ita incertus semper condi-

---

(*) *Vide Merill. variant. ex Cujac. lib.* 1. *cap.* 41.

tionem facit : Nam est alius dies incertus, quem tamen certum est esse venturum, ut si dixeris, *cum heres meus morietur*, uno tantum modo hic dies incertus est, quia quo die sit moriturus, ignoratur, sed moriturum eum esse utique certissimum est. Et hic dies ita semper incertus conditionem non facit, quod exposuimus lib. 8. *ad l. sufficit, de cond. ind.* Et ex eo intelligimus, mendum esse in l.30. §.*pen. ad l. Falcid.* ubi ita est scriptum : *Alia est causa eorum legatorum, quæ in diem certum dantur, & sequitur, nam si libertatis dies cœpit cedere, ei debentur, quæ verba si diligenter observentur, videbuntur falsissima*. Vero verius est, ita esse emendandum : *Alia est causa legatorum, quæ die incerta dantur : nam si liberto dies cœpit cedere, ei debebuntur.* Sententia hæc est : servo heredis pure legatur inutiliter. Aliud est, inquit, si ei legetur die incerta : nam si ejus legati dies cœpit cedere servo jam liberato, id est, B servo manumisso, *l. cum sub hac, de cond. & demonst.* legatum ei debebitur, quoniam scilicet regula Catoniana non pertinet ad legata relicta in diem incertum : Et ultimum hoc dicit , regulam Catonianam etiam non pertinere ad ea legata, quæ cedunt ab adita hereditate: quod proponitur hac l.3. Sed adjicitur regulam Catonianam non pertinere etiam ad hereditatem : Quod est falsissimum, & est hoc loco crux quædam ingeniorum. Nam regula Catoniana utitur quidem verbo legati, *quod inutile legatum foret &c.* sed comprehendit etiam hereditatem, ut jus antiquum, ad quod pertinet lex 12. tabul. illo loco, *uti quisque legassit*, id est, uti quisque heredem faxit, ut etiam in edicto de præstandis legatis continetur etiam hereditas : Et hereditatem inutiliter datam initio, ex post facto non convalescere. De C hique regulam Catonianam pertinere ad hereditates est apertissime scriptum in *l. pen. de reg. jur. l. 7. & 8. de lib. & posth. §. in extraneis, Instit. de hered. qual. & diff. & in l. pen. hoc tit.* dum ait, Catonianam regulam non pertinere ad conditionales institutiones : consequens est pertinere ad puras, alioqui esset stulta ea admonitio. Institutio est hereditas testamento data. Valet & in stipulationibus regula Catoniana, & in contractibus , & in libertatibus datis inter vivos . Quidni valeat etiam in institutionibus ? Idcirco jampridem ostendi, & probavi, non esse legendum , *hereditates* , sed *libertates*, *l. si privatus, §. ult. qui & a quib. l. generaliter, §. si homini, de fideicom. lib.* quia libertatis dies cedit ab adita hereditate. Et regula Catoniana respicit ad mortem. Et in *l. si ita scriptum, §. reg. & post.* regula est, hereditatem non posse adimi, si servus scriptus sit cum libertate. Verum adimi potest exheredatione & testamenti mutatione. Igitur regula Catoniana pertinet ad legata & fideicommissa, & hereditates, & omnia, quæ ex testamento proficiscuntur, vel codicillis, quæ modo cedant a morte testatoris secundum jus antiquum, etiam clusis tabulis testamenti , necdum adita hereditate : legibus novis, legibus caducariis, id est , Julia & Papia, legata non cedunt a morte statim, sed ex caducariis tabulis, & moriente legatario ante apertas tabulas caduca fient. Ad has leges novas & caducarias, quæ hodie sunt sublatæ restituto jure antiquo , regula juris antiqui Catoniana non pertinet . Est regula juris antiqui, ponitur etiam sub titulo, *de diverf. reg. jur. antiq. l.29. l. 201.* Est igitur regula juris antiqui. Ergo se- E cundum jus antiquum est accipienda. Ergo non pertinet ad ea legata, quæ secundum leges novas cedunt ex apertis tabulis, quod introduxerunt leges novæ in rem fisci, ut si moreretur legatarius ante apertas tabulas, legata redigerentur in fiscum, id est , fierent caduca. Non pertinet etiam regula Catoniana ad legata conditionalia, quæ non cedunt a morte, sed post mortem existente conditione : nam regula Catoniana in *l. 1. hoc tit.* palam loquitur de legatis, quæ cedunt a morte, non de aliis, quæ ab alio tempore cedunt . Ergo non pertinet ad legata, quæ cedunt ab adita hereditate, & exposui satis, qualia sint ea legata. Et dico etiam ea ratione, regulam Catonianam non pertinere ad tutelas, quia tu-

A telæ incipiunt ab aditione, non a morte: nec quicquam igitur interest eas cedere vel incipere citius, *l. si is qui, de excuf. tut.* Quod ita verum est, nisi sit scriptus heres necessarius, vel nisi ipse heres scriptus tutor datus sit : Nam his casibus tutelæ incipient eo tempore, quo & hereditas cedit ; id est , mortis tempore . Et ita recte Joannes & Rogerius notarunt ad *l. 2. de excus. tut.* Eadem ratione regula Catoniana non pertinet ad libertates testamento relictas , quia cedunt ab aditione, *l. un. §. libertatibus, C. de cad. toll.* non cedunt a morte statim , & regula est de his tantum, quæ cedunt a morte. Et ita dicebam esse legendum in *l. 3. Catoniana regula non pertinet ad libertates, neq. ad ea legata, quorum dies non a mortis tempore, sed post aditam hereditatem cedit*, id est, non pertinet ad ea, quæ cedunt ab aditione, ut libertates, & legata, usus, vel ususfructus, & hujuscemodi servitutes : Nam regulam Catonianam non pertinere ad hereditates, perquam falsum est, ut etiam supra demonstravi. Sed qui volunt excusare hanc scripturam, dicunt regulam Catonianam non pertinere ad hereditates, fideicommissarias scil. & adjiciunt rationem , quia hereditates fideicommissariæ cedunt ab aditione, quæ ratio est falsissima. Directæ hereditates cedunt a morte testatoris, cur non etiam fideicommissariæ & precariæ ? Cetera fideicommissa omnia cedunt a morte, cur non etiam fideicommissariæ hereditas ? nihil est verius, quam omnia fideicommissa, omnia legata, omnes hereditates cedere a morte testatoris jure antiquo. Et abutitur Accurs. *l. quidam ita, ad Treb.* non bene posuit speciem. Species hæc est : Quidam heredem rogavit, ut filiæ, *ex Florent.* sive ut fideicommisariam hereditatem, *prima quaque die*, id est, statim atque dies cederet, statim a morte, sive , ut vult. *Accurs.* statim atque adiisset; sed verius est *prima quaque die*, id est, statim atq. haberet facultatem restituendi , statim atq. adiisset : neque enim potest restituere, nisi adierit, & atq. prius moreretur filius, id est, ante restitutionem, ut eam hereditatem restitueret matri. Mortuus est filius post mortem patris, & ante aditam hereditatem : Quæritur, utrum matri debeatur fideicommissum , an heredi filii jure transmissionis : *mortuus est filius ante aditionem*: Hæc verba non significant ante cessionem, ut volunt, sed hoc demonstrant, ante restitutum fideicommissum filio : Nam dies quidem cesserat fideicommissi tempore mortis patris, sed dubitabatur , an & post cessionem fideicommissum translatum efset ad matrem, an ad heredem filii transmissum. Et concludit, magis ex mente defuncti esse, ut fideicommissum transferatur ad matrem : Nam secundum quod propositum est, hæc mens est defuncti, ut sive ante cessionem sive post, ante restituam hereditatem decesserit filius , ut veniat mater, & ita demum non veniet mater, si post restitutionem decesserit filius, *l.3. §. idem dicendum, de adim. leg.* Ergo stulte ex ea colligitur , fideicommisariam hereditatem non cedere ante aditionem. Alii sic excusant hanc scripturam, ut Catoniana regula non pertineat ad hereditates legitimas, id est, ab intestato, qui sensus non convenit huic loco, qui de iis est, qui ex testamento proficiscuntur, non de causa intestati. Ac præterea falsum est, regulam Catonianam trahi non posse ad hereditates legitimas, & verum est, trahi posse , licet ad testamentum respiciat, ut concepta est : Nam finge, legitimam hereditatem morte ejus, de cujus bonis agitur, ad me non redire: propterea quod capite minutus sum, quæro an ad me pertineat hereditas, si postea post mortem ejus, de cujus bonis agitur, inter tempora adeundæ hereditatis, vel petendæ bonorum possessionis capite minutus esse desiero ? Et sane non pertinet, quia utrumque tempus, mortis scil. & aditionis agnatum proximum esse oportet, vel cognatum, ut ad me hereditas, vel bonorum possessio redeat ab intestato, *l.3. unde cogn.* Ergo regula Catoniana trahitur etiam ad legitimam hereditatem, ut etiam ad fideicommissariam pure relictam. Et invenio extra causam testamenti, etiam in aliis plerisque causis locum esse regulæ Catonianæ, ut in contractibus, & in stipulationibus. Quod non valet initio contractus, nec ex post facto con-

convalescit, *l. inter, §. sacram, de verb. obli. §. 1. Inst. de inut. stipul.* Stipulatus sum rem sacram, non valet stipulatio: an convalescet postea, si profana facta fuerit? minime. Ergo regula Catoniana trahitur etiam ad stipulationes. Ergo ad contractus omnes. Nam stipulatio est Pandecta omnium contractuum: sed excipiuntur etiam, ut in legatis, stipulationes conditionales: ad legata conditionalia regula Catoniana non pertinet: non pertinebit etiam ad stipulationes conditionales, ut stipulor recte rem meam sub conditione, & effectum habebit stipulatio, si existente conditione res mea non fuerit, *l. 31. l. existimo, de verb. oblig. l. existimo, de contrah. empt. l. 68. de dot. conditionalia ex post facto confirmantur, l. 8. de reb. cred.* pura ex post facto non confirmantur. Invenio etiam regulam trahi ad libertates datas inter vivos, non in testamento. Finge: alienum servum manumisi vindicta, nihil valet libertas, an convalescet, si postea ei acquisiero? minime. Scripsit Paulus librum singularem ad reg. Catonianam, & in eo hunc casum notavit in *l. ult. de castr. pec.* Adnotandum tamen, regulam Catonianam non pertinere ad donationes causa mortis. Finge: donavi incapaci, qui mortis tempore est capax, an perveniet ad donationes? sic videtur, quia in donationibus causa mortis non spectatur tempus donationis, sed tempus mortis, *l. 22. de mort. caus. don.* Ratio, quia donationes hae conferuntur in tempus mortis. Ergo illud observandum est, quia eo tempore proprie donatum videtur, non quo tempore donatum est, *l. non videtur, eod. t.* eadem prope ratione legata relicta incapaci, quae si tempus, quo relinquuntur, spectes non valent, & si legata relicta sint dum capi poterunt, non subjiciuntur huic regulae, quia spectatur tantum illud tempus, in quo sunt collata; sed regula Caton. est de datis, sed inutiliter datis initio; haec initio datum, & non dantur tamen, & eo demum tempore dari intelliguntur, quo hi, quibus data sunt, capere possunt, *l. si ita, quis test. de leg. 2. l. in tempus, de her. inst. l. si servus, qui capere, de acquir. her.* Eadem quoque ratione regula Catoniana non pertinet ad ea legata conditionalia, quae conferuntur morte testatoris, quaeque cedunt a morte. Et videmus tamen pertinere, quia cedunt a morte, licet sint conditionalia. Et hoc notandum, quaedam esse legata conditionalia, quae cedunt a morte, non post mortem, id est, quibus ejus generis conditio adscripta est, quae expletur morte testatoris: haec legata conferuntur in tempus mortis testatoris. Ergo illud solum tempus spectandum est, non tempus testamenti, quia nec tempore testamenti scribendi dari videntur, sed mortis tempore. Et haec tria exempla proponuntur in *l. 1. & 2. h. t.* duo in prima, tertium in secunda. Primum est: quidam ita levavit, *si post Cal. mortuus fuerit illi do, lego,* & mortuus est post Cal. legatum cedit a morte, & debetur, quod tamen non deberetur, si decessisset statim, id est, ante Cal. Ergo ad legatum, quod a morte cedit, regula Catoniana non pertinet, quia scil. non est initio inutiliter datum, sed magis non datum: quod pendet ex conditione non datur, in *l. 169. de reg. jur.* quod pendet, inquit, non est pro eo quasi sit. Denique quod sub conditione datur, nondum datur: conditio confertur in tempus mortis, & morte testatoris expletur: ergo tunc demum dari intelligitur: nec hic casus pertinet ad regulam Caton. Alterum exemplum est: quidam rem meam mihi legavit sub conditione, si quandocumque moreretur, res mea non esset: eo moriente res non est mea, legatum cedit a morte, & debetur, quod tamen non deberetur, si testamenti tempore statim decessisset, quo res adhuc erat mea: si pure mihi legaverit rem meam, legatum non debetur, etiamsi postea mea esse desierit, *l. cetera §. 1. de leg. 1.* sed si sub illa conditione rem meam mihi legaverit, *si eo moriente mea non esset,* legatum debetur, *l. 18. de leg. 2. l. nuda, de cond. & demonstrat.* Debetur igitur legatum, quod tamen non debetur, si testamenti tempore statim decessisset. Ergo non spectatur testamenti tempus, quoniam legati conditio confertur in tempus mortis, & sufficit, si tempore mortis res mea non fuerit, licet

A testamenti tempore mea fuerit. Ergo tempore testamenti non dari videtur potius, quam inutiliter dari. Et sic accipiendum est illud exemplum, ut scil. rem meam mihi legaret sub conditione, si eo moriente ea non esset mea, *l. 18.* vel nominatim expressa conditione, vel tacite: nam & tacita voluntas conditionem facit. Et ita Joannes recte accipit exemplum: alias pugnaret cum §. *sed si rem, Inst. de legat. & l. cetera §. 1. de leg. 1.* Et moveor his argumentis: primum argumento praecedentis exempli, & sequentis in *l. 2.* nam ordo horum exemplorum ostendit, tria proponi exempla persimilia. Legata, quae cedunt a morte, id est, quae conferuntur in tempus mortis, quaeque dari videntur magis moriente testatore, quam testante, *l. 18. h. t.* quae est Celsi; & in ea Celsus non approbat legatum, si mihi legetur res mea,
B nisi adscribatur conditio, si mea non erit mortis tempore. Ac postremo moveor etiam conjectura, quod locum obtinet in stipulationibus, *l. 31. de verb. oblig. l. existimo, eod.* Tertium exemplum in *l. 2. h. t.* simile est cum superioribus: Filiam habuit testator nondum nubilis aetatis, cui ita legavit, *si Titio nupta erit, do, lego,* quae verba referuntur ad tempus mortis, si me mortuo Titio nupta erit, *l. in conditione, de cond. & demonst. l. 2. l. scribit, §. ult. de aur. & arg. leg.* Ergo legatum illud cedet a morte, quia refertur ad tempus mortis, & valebit, licet tempore testamenti scribendi non potuerit valere, propterea quod filia nondum erat nubilis aetatis, quia scil. non videtur dari legatum illud testamenti tempore, sed magis mortis tempore. Et regula pertinet ad ea, quae dantur testamenti tempore. His ergo tribus casibus legata conditionalia conferuntur in tempus mortis, & cedunt a morte: ergo videntur subjici regulae Catonianae.
C Contra, quia conferuntur in mortem, magis est, ut in eis nihil prosit regula Catoniana.

**Ad L. XI. de His quae ut indign.**

*Heres, qui tacitam fidem contra leges accommodavit, in ea parte, qua fraudem adhibuit, Falcidia non utitur. Et ita senatus censuit. Sed si major modus institutionis, quam fraudis fuerit; quod ad Falcidiam attinet, de superfluo quarta retinebitur.*

Quaestio legis hujus est de tacito fideicommisso, de quo Cajus & Paulus libros singulares scripserunt, quoniam late patet tractatus hujusce rei. Tacitum
D fideicommissum est, quod incapaci occultissime relinquitur: incapax est, non peregrinus, quamquam & hic sane capere non potest, sed in hoc proposito incapax est, qui legibus aut constitutionibus capere prohibetur ex alieno testamento vel codicillo. Legibus capere prohibentur cives Romani, veluti Julia & Pap. quae de incapacibus continebant multa. Primo, coelibes prohibentur capere non quidem solidum, id est, omne quod eis relinquitur, quia relicti semisse tantum mulctantur. Prohibentur capere orbi mariti & solitarii, quod tamen hodie est sublatum, *C. de instr. poenis coelib.* Item iisdem legibus vir & uxor capacitatem solidi inter se non habent: vir non potest capere ex testamento uxoris, sc. assem, sed decimas tantum quasdam, qua ex re lex Papia dicta est lex decimaria. Et alii quoque nihil possunt capere, ut si quis
E famosam mulierem uxorem duxerit, vel senator libertinam, quod fragmenta Ulpiani demonstrant, & sunt etiam hujus legis fragmenta, *l. 1. C. de his quae ut indign.* Prohibentur mariti his legibus, ne omnia sua uxoribus relinquant omissis cognatis, quod plerique esse facturi, nisi leges vetuissent. Et secundum haec ex hoc jure explicanda est lex *ult. in princ. h. t.* Uxorem non potui instituere heredem, socerum heredem scripsi: utilis est institutio, neque ex eo inducitur suspicio taciti fideicommissi, id est, non praesumetur socer tacite rogatus hereditatem restituere filiae suae meae uxori, haec praesumptio non est idonea, quod patrem scripserim uxoris: nam non ideo videor, tacite patri fideicommisisse hereditatem, ut mox illam restitueret uxori, sed tacitum fideicommissum probari

bari debet apertioribus probationibus, maxime chirographis. Nam remedio chirographi obligavit se heres incapaci ad praestandum fideicommissum, curante hoc testatore, qui plerumque ita comminabatur heredi, *non ne scribam heredem, nisi prius illi incapaci chirographi caveris illud aut illud daturum post mortem*, l.3.§. *tacita, de jure fisci*. Et de hoc fideicommisso relicto uxori, qui locus est multis notus, ita videtur Quint. scripsisse, licet non ita legatur: uxor dicebatur testamentum marito subjecisse, quod est suggessisse: Et dicebantur chirographum marito exspirante heredes dedisse uxori. Et ideo recte subjicit, ergo quia uxor per leges heres institui non potest, factum est, ut per tacitum fideicommissum ad bona perveniret. Sed in hac re etiam *l. Ju. Pap.* sublatae sunt, *C. de inf. pan. coelib. & orbit. decim. subl.* Supersunt ex constitution. nonnulli, qui ex testamento alieno capere non possunt. Olim clerici & monachi non poterant capere, cui tamen rei fraus saepe fiebat per fideicommissa tacita. Id constat ex epist. Hieron. ad Nep. *non queror de lege, sed de leo, quod meruimus hanc legem: prominet legis sanctio, ut scil. certatim unoquoque donante sua clericis & monachis, etiam cohiberetur ista cupiditas*. Et subjicit: *& tamen non refraenatur avaritia, per fideicommissa legibus illudimus*. Et ita l. 27. *C. Th. de Episc. & cler. ne tacito fideicommisso in fraudem constitutionum clericis aliquid relinquatur, & ut sint extorres*. Ex const. etiam hodie mulier, quae nupsit intra annum luctus, non potest capere ex testamento, *l. 2. C. de sec. nupt.* Et ex *Nov. 15.* filius naturalis exstentibus justis liberis non potest capere ex testamento patris, nisi unciam. Tacitum fideicommissum est, quod datur in fraudem harum legum vel constitur. Et dicamus apertius: tacitum fideicommissum est, quod heres incapaci dare rogatur, testamento vel codicillis, & ad quod se heres dandum obligat domestica cautione, stipulatione, chirographo, in fraudem legum & constitut. *l. in tacitis, de leg. 1. l. 3. de jure fisci.* Et *l. prox. in prin. hoc tit.* vim ejus declarat. Tacitum fideicommissum est, cui dando incapaci se heres tacita conventione obligat: potest tacitum fideicommissum esse sine fraude, ut si relinquatur capaci, *l. 1. C. de donat.* si relinquatur capaci, utile fideicommissum est. Item tacitum fideicommissum est sine fraude, si idem tacite & palam relinquatur, *l. 3.§.§ quis palam, de jure fisci.* Plerumque tacitum fideicommissum accipitur in malam partem: nam si subtilius inspexeris, aliud est aliquid esse contra leges, & aliud esse in fraudem legum, *l. contra, & l. seq. de legib.* Sed hic contra leges, est in fraudem legum. Et eodem modo, cum dicimus tacitam pecuniam, tacitum mutuum, tacitum foenus, rem illegitimam demonstramus, ut si reus mutuam pecuniam det judici, est illicitum mutuum, apud Gell. cap. 12. lib. 12. dum notat Cic. a reo accepisse sestertia aliqua tacita, quae dicuntur incerta nomina, *l. 1. ad Maced.* sub tunica & sinu, ut ait *l. emptor Lucius, de pact.* Et ita in malam etiam partem pactum, *l. pe. de bon. liber.* Nunc ita constituamus: si palam rogetur heres praestare fideicommissum incapaci, inutile est, & habetur pro non scripto, & remanet apud heredem, non transit ad fiscum, quod incapaci relinquitur, sed remanet apud heredem, ac si non esset scriptum, *l. filius, §. 1. ad l. Corn. de fals. l. prox. §. pen. hoc tit. l. uls. hoc tit. in fine.* Sciendum est, fideicommissum esse aut legatum in causa caduci, si defecerit vivo testatore morte fideicommissarii, si fideicommissarius praemortuus fuerit, & vindicatur fisco fideicommissum quod relinquitur incapaci, non vindicatur fisco, sed manet apud heredem. Finge, utrumque accidisse, fideicommissum relictum esse incapaci, & heredem retinere fideicommissum, quod sit pro non scripto: Fiscum contra vindicare, quod sit in causa caduci: heres praefertur, quoniam res in dubio: in dubio melius est respondere contra fiscum, *l. non puto, de jure fisci: l. vim, de leg. 3.* Ergo legatum relictum incapaci palam, testamento scil. vel codicillis, est pro non scripto: nam & novo jure, & antiquo est pro non scripto, quod relictum est incapaci, cedit lucro heredis, sed si heres ve-

lit praestare fideicommissum relictum incapaci, praestabit: nec prohibetur, sed hoc pendet ex liberalitate illius, §. 1. *Inst. de fideic. hered.* quibus incapacibus per fideicommissum relinquebatur, quando scilicet ex fideicommisso non nascebatur obligatio: nam ea fideicommissa ab herede solus pudor extorquebat: ceterum non obligabatur, ut hodie non obligatur praestare fideicommissum incapaci. Sed quid? si clam relictum sit fideicommissum incapaci, non testamento, non codicillis, puta, herede interponente tacitam fidem, & se obligante eo nomine? Est pro non scripto, quia relictum capaci: verum non cedet lucro heredis, sed eripiet fiscus quasi indigno, *l. ex facto, §. ult. de vulg. subslit.* quod videtur esse ex Senatusconf. Planciano facto *ad leg. Julian & Pap.* Nam sunt multa facta Senatusc. ad eam legem, & hoc indicat *l. si qui libet, hoc tit.* Ergo ex eo Senatusconf. fideicommissum relictum incapaci secreto, clanculum, remedio cautionis, non manifesto judicio, defertur heredi, sed fiscus eripiet quasi indigno: & generaliter, quae ut indignis auferuntur, appellantur *ereptitia*, non caduca: vel si forte heres jam fideicommissum praestiterit, id etiam ei fiscus evincet, quod nec debuerit, nec potuerit per eas leges praestare in necem fisci. At quaero, *an fideicommissum tacite relictum incapaci*, in solidum eripiatur heredi? Finge, locum esse Falcidiae, quia hoc fideicommisso, ut uilis imminuta est hereditas, an poterit heres ex illo tacito fideicommisso retinere Falcidiam, ut dodrans tantum recidat in fiscum? Et constat ex eodem Senatusconsulto Planciano, non posse, ne Falcidiam quidem, *l. beneficio 19. ad l. Falc. l. 3. C. eod. l. pen. de jur. fisci.* Cui ergo defertur Falcidia, an defertur fisco? Senatusconf. Planc. hoc tantum fuit cautum, ut non retineret Falcidiam heres, nec fuit adjectum, ut haec Falcidia redigeretur in fiscum. Sed hoc postea induxit constitutio D. Pii. Et fane ex Senatusc. Planc. videtur Falcid. profecisse aliis legatariis, ad augenda legata eorum, ut minus ex iis detraheretur Falc. sed ex constit. D. Pii, etiam Falcid. fisco defertur, *d. l. beneficio, l. pen. de jure fisci.* Ex eodem Senatusconf. heres, qui fidem dedit in fraudem legum, non vindicat caducum, si sit ex liberis vel parentibus, non detrahit Falcidiam. Quod Ulpian. scribit *tit. de fideic.* Quae vocas caduca? sunt legata vel fideicommissa, quae deficiunt post mortem testatoris ante apertas tab. Et ea pervenerunt ad fiscum, si heres scriptus sit ex liberis vel parentib. tunc enim remanent apud heredem excluso fisco: an remanent apud heredem, si fuerint tacita fideicommissa? minime, quia neque Falcidiam retinet is heres, qui secretum suscepit, neque caducum, quod sit ex liberis vel parentibus. Ac rursus ex constitut. D. Pii, heres non retinet fructus perceptos ex tacito fideicommisso ante vel post litem motam cum fisco, non retinet etiam usuras, si quas perceperit, quia malae fidei possessor est, nec ignoravit leges, *l. eum, qui, §. t. l. praedonis, de pet. her. l. eum quidem §. in tacito, de usur.* Amittit igitur usuras perceptas de bonis hereditariis, si rogatus sit tacite restituere hereditatem vel partem ejus, nam fructuum usuras, id est, pretiorum redactorum ex fructibus, etiam si sint redacta post litem motam non praestat, quod benigne constituit Severus, *d. l. omnibus.* Nec debet opponi *l. eum qui §. in tacito*, aut si opponatur, ita respondendum est, §. *in tacito*, est de usuris pecuniae perceptis a debitore, quas praestat fisco. Ergo concludamus, omne emolumentum auferri heredi, & fisco praestari, quia secundum, quod generaliter observatur in jure, nihil apud eum residere debet eorum, in quo is violavit, & circumscripsit, *l. ait praetor, §. haec actio, qua in fraud. cred. l. lege, de lege commisor.* Et ex his apparet, etiam heredi rogato restituere partem suam totam, si interposuerit tacitam fidem, nec fuerit palam rogatus, ei nihil accrescere, si forte coheres repudiaverit, vel defecerit, & heredem sine re, nomine esse tamen, *d. l. ex facto, §. ult. l. si totam, de acquir. her.* Et postremo notandum est, quod diximus de Falcidia, ita eam non retineat heres ex tacito fideicommisso, ita

pro-

procedere, si sit heres extraneus: nam si sit filius vel servus testatoris, & eo mandante vel imperante, injungente, susceperit tacitam fidem, aut dederit, dum non potest non obtemperare patri vel domino, ignoscitur ei, ne amittat Falcid. Dodrantem amittit, quia est fraudulentum fideicommissum, Falcidia remanet. Necessitas igitur patriae potestatis excusat eum, *l. si tacitum, ad l. Fal. & l. prox. §. ult.* Hoc enim ex levioribus delictis, si quis fidem accommodet testatori, & incapaci in fraudem legum, & in levioribus delictis excusatur filius vel servus, qui non impune tulisset, si non paruisset: sed in atrocioribus delictis non accusatur, quia quidvis perpeti debet, & satius est mori, quam hac in re patri vel domino morem gerere: & unusquisque in atrocioribus delictis habetur pro libero. Additur in hac l. si heres institutus ex asse rogatus sit clam semissem restituere incapaci, in eo semisse non utetur Falcidia. In altero semisse, in quo nihil fraudavit leges, utetur Falcidia, *l. 3. C. ad l. Falc.* Et ita Senatus censuit: intelligit SC. Plancianum.

### Ad L. XXIV. ad Senatusc. Treb.

*Nonnunquam autem ex voluntate varie rescriptum & judicatum est, videlicet, si non sub appellatione heredum, sed propriis nominibus expressis fideicommissum relinquatur.*

Vidimus quaestionem unam de conjecturis in *l. cum proponebatur, de leg. 2.* cui commodissime jungi potest lex nostra: nam ut in *l. cum proponebatur,* qui mutuam substitutionem fecit in hereditate, & mutuam fecisse videtur in fideicommisso, licet id non expressit: ita hic, quas partes quis fecit in institutione, easdem videtur fecisse in substitutione precaria. Cum in una re manifestum est judicium defuncti, idem sequimur & in alia re non absimili, licet in ea non sit manifestum non sit judicium defuncti: & quod testator expressit in una re, conjectamus eum voluisse idem obtinere in alia re non absimili, in qua nihil expressit. Ergo uterque locus est de conjecturis. Sed quod attinet ad hunc locum, certissimum est in substitutione directa, ut quas quis partes fecit in institutione, easdem etiam intelligatur fecisse in substitutione. Duplex est substitutio, vulgaris & pupillaris: hoc est certissimum in vulgari, ut si plures instituerit ex partibus inaequalibus, eosque invicem substituerit nullis adscriptis partibus, ex quibus partibus instituti sunt, easdem fecisse videatur testator in substitutione, conjectantes hoc voluisse, & idem ipsum censuisse, id est, eadem distrib. observari voluisse, *l. si plures, l. si coher. eod. t. l. 1. C. de impub. & al.* Et hujus rei est apertissimum exemplum in *d. l. si plures.* Finge: tres sunt heredes instituti ex inaequalibus partibus, primus ex uncia, secundus ex besse, tertius ex quadrante: iidem invicem substituti sunt reciproca substitutione: repudiante tertio, quadrans illius dividetur in novem partes, & octo feret secundus, qui est institutus ex octo unciis, unam tantum partem feret primus unciarius heres, atque ita quas partes habuere in institutione, easdem etiam habent in substitutione, licet in ea nulla sit facta mentio partium. Tres point fuisse heredes institutos, ut *l. Lucius, §. Mavia, h. t.* Et vero necesse est poni saltem tres. Si duo sint tantum instituti, primus ex septunce, secundus ex quincunce, & invicem substituti sint, repudiante primo, qui est scriptus ex septunce, secundus non quincuncem tantum feret, sed integrum septruncem, neque in hac specie potest esse locus superiori definitioni, alioqui pro parte testator esset intestatus. Qua ratione, si ego unum solum heredem scripsero ex quincunce, is assem obtinebit. Causa testati trahit ad se caussam intestati, id est, quincunx, de quo testatus est, trahet ad se septuncem, de quo testatus non est: alioquin, quod esset absurdum, decederet pro parte testatus, pro parte non, quod in pagano fit nunquam. At si tres heredes sint instituti ex diversis partibus, & invicem substituti, repudiante uno, ceteri veniunt in portionem vacantem jure substitutionis: pro portionib. hereditariis, id est, disparibus, & is, cui obvenit major

pars in institutione, feret etiam majorem partem in substitutione. Et quod notandum, major fuisse pars dicitur, sive major pars fuerit relicta titulo institutionis, sive creverit postea jure accrescendi: unde dices: superflua igitur est substitutio reciproca. Et sane hodie est supervacua, & fuit etiam jure antiquo. Sed quamdiu locus fuit legibus Juliae & Papiae, non fuit inter coheredes jus accrescendi, nisi fuissent ex liberis, vel parentibus defuncti, sed portio heredis deficiens recidebat in fiscum, vel in caussam caduci, si defecisset vivo testatore. Verum remedio substitutionis reciprocae inducebatur jus accrescendi contra leges caducarias, quae semper odiosae fuerunt, substitutus praeferebatur fisco. Et hoc est, quod ait Just. initio tit. *de caed. toll.* introductas fuisse substitutiones, ne fierent caduca, ex quo quis posset dicere, caduca esse antiquiora substitutionibus, quod falsum est, nam substitutiones sunt antiquiores: sed vult dicere, introductas esse reciprocas substitutiones inter coheredes amovendi caduci causa, vel substitutionem unius heredis factam omnibus, vel substitutiones omnium heredum factas uni. Nam hoc remedio conservatur jus accrescendi coheredibus, *l. pen. de inj. rupt.* conservatur jus accrescendi, & submovetur fiscus. Quod autem diximus observari in substitutione pupillari, idem obtinet in substitutione vulgari, *l. qui liberis, in fi. & l. seq. de vulg. subst.* Pater heredes sibi scripsit ex disparib. partibus, easdem etiam heredes scripsit filio pupillo suo in secundis tab. & non adscriptis partibus: sane quas partes habuerunt in paterno testamento, easdem etiam habebunt in pupillari testamento. Addendum etiam, illud observari in substitutione precaria, *l. nostra, l. praeced. d. l. Lucius, §. Mavia.* Finge: Quatuor testator instituit heredes, & duos rogavit, ut restituerent hereditatem: sequemur partes, quas adjecit in institutione. Excipitur tantum unus casus in *d. l. si plures,* nisi alia mens fuerit testatoris: Et adjicit, quod vix credendum est, nisi evidenter fuerit expressum, ut ille ait, *vix.* Nam etiamsi non sit evidenter expressum, veluti verbis conceptis, modo sit evidens voluntas; satis est, quae colligitur ex multis argumentis, & certissimis, *l. licet, de leg. 1.* Et ait Pap. nonnunquam de hac re varie judicatum & rescriptum fuisse ex voluntate, id est, ut Accursius recte ait, ex praesumptione voluntatis. Argumentamur autem non tantum a rescriptis, sed a re judicata. Rerum enim perpetuo similiter judicatarum auctoritas, vicem legis obtinet, *l. nam imper. de leg.* Et hoc est, quod ait Rhetores, judicatam esse partem juris. Exemplum est, in *l. praeced.* Species est: quatuor heredes scripsit, primum ex uncia, secundum ex duabus, tertium ex tribus, quartum ex semisse; & rogavi primum solum, vel primum & secundum, vel coheredib. suis hereditatem restituerent acceptis ab unoquoque 10. aureis. Æquales partes fecit dandae pecuniae. Ergo evidens est voluntas, evidens est, voluisse eum, ut aequales haberent partes in fideicommisso, cui nullas adscripserit partes. Nam in dubiis ex comparatione alterius rei ducitur certa conjectura, ut in casu *l. 1. de reb. dub.* Hoc judicio fuit testator, ut tertius & quartus darent aequales partes pecuniae, etiam hoc judicio fuisse videtur, ut aequales haberent partes in fideicommisso.

Sed si tertium jusserit dare 30. quartum 60. quae summa, si animadvertis congruit portionib. hereditariis: nam ex institutione altero tanto amplius habet quartus, quam tertius: ergo etiam quartus altero tanto debet amplius dare, quam tertius. Idem etiam esse existimo, ut habeant hereditarias partes in fideicommisso, si summa illa non omnino congruat portion. hereditariis, dummodo sit dispar, si non congruat, sed videatur congruere propter disparitatem. Et ita videtur accipienda *l. ult. §. ult. de reb. dub.* Idemque erit, si heres cogatur restituere nulla adjecta summa, namque servabitur portio rerum hereditariarum. Alterum exemplum hic proponitur: Species est: Rogavit testator heredem, ut aliis coheredibus suis, qui omnes erant scripti

ex

ex partibus inæqualibus, restitueret partem suam, & non dixit simpliciter, heredibus restituito, vel coheredibus tuis, sed dixit, tertio & quarto restituito, qui erant coheredes; an in fideicommisso habebunt æquales partes, quales habuerunt in institutione? Minime: habebunt viriles partes, quia propriis nominibus expressis relictum est fideicommissum. Qui exprimit propria nomina, enumerat personas. Enumeratio autem personarum hunc effectum habet, ut exæquentur in fideicommisso, *l. si hered. nomin. de l. 1.* Et ita in *l. cui fundus, de cond. & dem.* Si quis ita legaverit duobus, *lego Cajo & Titio fundum, si heredi centum dederint:* enumeratione personarum conditio dandæ pecuniæ divisa videtur, adeo ut singulis offerendo 50. perveniant ad legatum, nec cogantur offerre 100. *l. si quis leg. §. ult. de cond. & dem.* Et eadem forma in *l. 8. quibus mod. ususfr. amit.* Commemoratio temporum, repetitionis potestatem habet: legavit ususfr. in annos singulos, repetiisse videtur ususfr. singulis annis. Itaque si usufructuarius sit hoc anno capite minutus, finitur ususfr. hujus anni, sed redit sequenti anno. Ergo si heredem restituere rogaverit, coheredes ex fideicommisso ferent portiones hereditarias: si tertio & quarto restituere rogaverit, ferent viriles partes. Enumerat personas, qui nomina propria exprimit: ergo viriles partes servari vult: ut viritim eos recenset, ita viritim eos honorat. Sed qui coheredes dicit, non personas exprimit, neque numerum earum, sed qualitatem: nam quum dicit coheredes, vel heredes, heredes dicit, pro qua parte heredes sunt: nam ultra eam partem non sunt heredes. Ergo partes hereditarias servari vult. Sed quid fiet, si utrumque dixerit, *Titio & Cajo coheredibus tuis, vel coheredibus tuis?* si præposuerit sive præmiserit nomina propria, servantur viriles partes, quia appellatio heredum vel coheredum, quæ subjicitur pro demonstratione est, & omnis demonstratio abundat. Sed si dixerit, *coheredibus tuis Titio & Cajo.* Servantur partes hereditariæ, & propria nomina sunt pro demonstratione, ergo abundant, *l. si communis servus, de stip. serv.* Et notandum, hanc distinctionem servari in stipulatione servi communis: nam si sit stipulatus dominis suis, simpliciter dominis adquiruntur portiones dominicæ: si stipulatus Titio & Caio, qui erant domini, debentur viriles: idem sequemur, si ab heredibus legatum sit relictum: nam si ab heredibus sit simpliciter, debent hereditarias partes: si a Titio & Cajo, debent viriles, *d. l. si heredes nominatim.* Idemque sequemur in his, quæ dantur conditionis implendæ causa: *Illi lego si heredibus meis dederit 100.* dare debet pro rata partium, ex quibus sunt heredes mei. Verum si dixero, *si dederit Titio & Cajo,* dare debent viriles, *l. statuliber, in fi. de stat.* Et in omnibus his casibus, si utrumque dixerit, & nisi heredes appellaverit, sequemur quod diximus supra. Nec his obstat *l. proinde, de stip. serv.* Si quis stipulatus sit nominatim omnibus dominis suis, debere dari partes dominicas: atqui stipulatus est *nominatim:* ergo debentur viriles: *nominatim* illo loco, non est *nominibus dominorum expressis,* sed *nominasim,* est *sub commemoratione omnium.* Nihil etiam obstat *l. sive a certis, de duobus reis:* quæ exhibet negotium omnibus. Legavit testator ab heredib. certis ( nominatim ergo ) a certis personis heredum debent, inquit, partes hereditarias ( imo viriles ) Sed distinguamus: aut legat ab omnibus propriis nominibus expressis, & debent viriles, aut legat certis personis heredum propriis nominibus expressis, & debent hereditarias: ergo non videtur eorum nomina expressisse, ut eos exæquaret, sed ut eos secerneret a ceteris, ut ceteros exoneraret: corrupta est hæc in re *lex. turpia, §. ult. de leg. 1. si pars heredum nominata sit in legando,* viriles partes heredes debent: si vero omnes, hereditarias. Quod ait, *si vero omnes, hereditarias,* est certissimum, sed prius illud est falsissimum, quia noluit eos exæquare, sed coactus est nomina exprimere: legendum igitur est, *si personæ heredum nominatæ sunt in legando.*

Ad L. I. de Bon. poss. furios. infant. &c.

*Furioso Titio substitutus est : bon. possessionis tempus, quamdiu furiosus in eadem conditione est, neque instituto, neque substituto cedit : nec si curator furiosi nomine possessionem accipere potest, idcirco spatium temporis, quod scientibus præfinitum est, videbitur cedere : nam & pater infanti filio possessionem accipit, quo tamen cessante infans non excluditur. Quid ergo si curator accipere nolit, nonne justius, atque utilius erit ad eundem modum proximo cuique possessionem dari, ne bona jaceant ? quo admisso substitutus cautionem præstare cogitur omnibus his, quibus bona restitui debent, si forte institutus in eodem furore decesserit, aut compos mentis effectus, ante mortem obierit, quam hereditatem agnosceret: nam & fieri potest, ut vivo furioso substitutus decedat, nec tamen furiosus obstet ceteris, si prius & ipse decesserit, quam hereditatem adquireret.*

Titulus est de bonor. poss. furioso competente, muto, cæco, &c. competit, quæ delata est, & defertur ex edicto statim, vel postea ex decreto prætoris, furioso, furiosive nomine ex decreto; ceteris, ceterorumve nomine ex edicto. Et his personis furioso, infanti, adjungo etiam municipes, id est, cives civitatis cujuslibet ex *d. l.* 14. nam de omnibus his personis dubitatur, an competentem sibi bon. poss. sec. tab. vel ab intestato unde legitimi, aut unde cognati petere possint, & an eis cedant dies petendæ poss. præstituti edicto successorio. Ac primum de surdo & muto dubitatur. Igitur adire hereditatem non possunt. Mutus non potest, quia verba aditionis loqui non potest, *l. eum qui, de adœ. her.* & est actus legitimus, id est, solemnis, quique sit solemnib. verbis *l. act. de reg. ju.* Surdus adire non potest, quia non potest audire sibi testimonium perhibentes: nam non aditur hereditas, nisi testibus præsentibus, qui appellantur ab eo, qui vult adire, hoc fere modo, *vos, Quirites, in hanc rem testimonium perhibetote.* Invocat testimonium illorum. Ergo ut etiam id exaudiat, necesse est: hinc est, quod apud Paulum 3. *Sent. tit. de testam.* cæcus dicitur test. fac. posse, quia accipere potest adhibitos testes, & quia loqui potest. Et adjicit, & potest audire sibi testimonium perhibentes & auditus, & loquelæ capax est : at mutus & surdus pro herede gerere possunt: atque ita hereditatem adquirere *l. 5. de adq. her.* possunt bon. possessionem petere, per se, vel per procuratorem: Nam & procuratorem sibi instituere possunt, *l. mutus, de proc.* puta mutus potest interrogari, an eum velit sibi procuratorem esse: nutu significabit, se id maxime velle: surdus autem id edicendo palam, & ab eo, quem nominavit, suscepto mandato, suscepta procuratione, quæ suscipitur etiam tacite: nam mandatum etiam tacito consensu contrahitur: Et pro herede gerere possunt, ut dixi, quia hic modus adquirendæ hereditatis, neque auditionem, neque locutionem requirit. Et pertinet ad hoc, quod dixi de nutu *l. servo, §. pupil. ad Treb.* Hæc autem ita procedunt, si sc. rem intelligant, si non sint rerum imperiti, *l. 2. h. t.* nam si nihil intelligant, ut non raro sunt, qui his vitiis laborant, curator eis datur, *l. 3. §. ult. de postul.* & per curatorem hunc petent bonor. possessionem, *d. l. servo invito, §. pen. ad Treb.* nec poterunt sibi instituere procuratorem. Et hoc est, quod ait *l. mutus, de proc.* mutus & surdus per eum modum, qui procedere potest, procuratorem dare possunt, id est, si intelligant, quid agatur, si rerum ignari non sint. De cæco etiam dubitabatur, an bon. possessionem petere possit, & an ei cedant dies petendæ possessionis, potuit, quia non cernit, quod agitur, quod tamen res non exigit, sed quia etiam cæcitas deputatur vitio in quibusdam causis: nam cæci hodie non possunt testamentum facere, nisi adhibita majori quadam solemnitate, *l. hac consult. C. qui testam. fac. poss.* & pro alio postulare non possunt, *l. 1. §. cæcum, de postul.* at adoptare possunt, *l. etiam cæcus, de adopt.* possunt sibi procuratorem instituere, ut Paulus scribit 4. *Sent. tit.*

de

*de manum.* nec eis datur curator ob cæcitatem: & si tutores dati sunt, possunt auctoritatem interponere contrahenti pupillo, *l. etiamsi tutor, de auctor. tut.* & judicandi officio fungi possunt, *l. cæcus, de judic.* & postremo hereditatem adire possunt, quæ eis competit, vel bonorum possessionem petere per se vel per procuratorem, si modo quid agatur intelligant. Quidam sunt cæci & mente & oculis, quibus est æquum dari curatorem. Nam curator datur omnibus, qui suis rebus superesse non possunt. De municipibus etiam dubitatur, quia est incertum corpus, an eis institutis heredibus, vel ab intestato delata hereditate liberti civitatis, an iis competeret bonorum possessio, & competentem an petere possent : quia vix universi municipes consentire possent, & consequenter, an eis cederent dies petendæ bonorum possessionis? nam non cedunt, nisi is, qui petere potuerunt; & scierunt sibi competere. Et hac de re eodem libro tractasse Papin. constat ex *l. 14. ad municip.* in qua sic scribit : *municipes intelliguntur scire, quod sciant hi, quibus summa Reipub. commissa est*, effectus hujus sententiæ nullum profertur exemplum. Sed respicit, dum hoc scribit ad bonorum possession. cujus dies scientibus tantum procedunt, ut ait idem Papin. *l. 1. hoc tit.* Scientibus sibi competere possessionem morte alterius, *l. 2. quis ordo in bonor. possess. servet. l. 2. qui admit. ad bonor. possess.* Et ita dies adeundæ hereditatis procedunt scientibus tantum, juxta formulam aditionis sive cretionis, *in diebus 100. quibus sciveris, poterisque.* Ergo secundum dict. *l. 14.* municipibus cedunt dies, quibus actor civitatis vel syndicus scivit municipibus delatam esse hereditatem. Nam quod scit actor civitatis, cives scire intelliguntur, ut eodem meo judicio referendum est, quod est in *l. ult. de jur. & fact. ignor.* Impuberes sine tutore agentes, nihil scire intelliguntur : ergo eis non cedunt tempora petendæ bonorum possessionis : & e contrario impuberes sub tutore agentes, scire intelliguntur, quod tutor scit. Valet argumentum ab actore civitatis ad tutorem pupilli, *l. qui solidum, de legat. 2.* Civibus vel municipib. cedunt dies, quibus actor scivit reipublicæ competere bonorum possessionem. Ergo pupillo cedunt dies, quibus tutor scivit pupillo bonorum possess. competere. Et ita est proditum in *l. 7. §. ult. de bonor. possess.* De patre magis dubitatur, an scil. infanti, cui debita est bonorum possessio cedant dies, quibus pater hoc scivit, & loquitur de filiofam. nam emancipatus tutorem habet, & sine tutore nihil scire intelligitur, *l. pupill. de adquir. hered.* nisi intelligatur scire, quod scit pater, de quo est magna quæstio : nam in hac *l. 1. apertissime* Papin. ait, dies quibus scit pater filio suo infanti competere bonorum possessionem, infanti non cedere, contra *d. lex 7. §. ult.* ait, *dies quibus tutor scit, &c.* fateor cedere dies, quibus tutor scit: dies quibus pater scit, nego cedere : nitor hac *l. 1.* optima ratione. Et videtur in *d. l. 7. §. ult.* duplex fuisse scriptura : alii habent, tutor, alii pater ; & utraque relicta est perperam : nam falsum est, dies, quibus scivit pater, cedere infanti. Et alia est causa tutoris, alia patris, & ne cavillemur, ut fit vulgo, duobus modis dies, quibus pater scit, cedunt infanti : lege utilitatem, inquiunt, non in damnum ejus, hoc est cavillari : nam quid est *cedere dies?* præscriptione dierum excludi, nisi intra eos petierit, cui competit bonor. possessio : proficit ei præscriptio dierum, si venerit intra eos dies, vel rursus nocet, si post eos venerit. Et rursus malè dies quibus pater scit, placet currere. patri scil. sed non infanti: quod etiam cavillari est, & ridiculum : nam dies non cedunt nisi ei, cui competit bonorum possessio, id est cui delata est : & huic cedunt, etiamsi per se non potuit petere, ut si fuerit infans vel quis alius, sed hoc modo dies cedunt ei, cui competit bonorum possessio, etiamsi non per se, sed per alium potuerit petere, veluti per procuratorem : non cedunt autem ei, cui non competit, etiamsi alii potuerint petere : ergo non cedunt patri, licet potuerit infanti petere, quia non delata est patri, sed infanti. Igitur hoc dico, dies non cedere infanti, quibus pater scivit. Cujus

A sententiæ ratio est : pater infanti petere potest bonorum possessionem, quia non potest infans bonorum possessionem petere sibi, cum fari non possit, *l. 7. §. pen. de bonor. possess. l. si infanti, C. de jure delib. l. 1. C. Theod. de cretione vel bonorum possess.* Pupillo, qui excessit infantiam, pater non potest petere bonorum possessionem, sed ipse pupillus sibi petit, jubente vel ratum habente patre. Infantis nomine significatur minor septennio, non pupillus. Et ideo in *Instit. de hered. qual.* ait, *mutum, surdum, & infantem non posse testamentum facere, posse tamen capere ex alieno testamento.* Infanti adjungere oportet pupillum ex Theophilo. Omnino ex eo possis constituere, majorem esse tutoris auctoritatem, quam patris hac in re : nam tutor pupillo petit bonorum possessionem, *l. 7.*
B *& 8. de bonor. possess.* pater non petit nisi infanti : neque est nova hæc differentia inter patrem & tutorem : nam & femina tutore auctore testamentum facit, ut est in fragm. Ulpiani, patre auctore testamentum non facit, *l. 6. qui test. fac. poss.* & pupillus tutore auctore obligatur ex stipulatione : patre auctore non obligatur, *l. ult. §. pen. de verb. oblig.* Similiter in hac propositio : quod scit tutor, pupillus scire intelligitur : quod scit pater, filius scire non intelligitur : & ideo dies petendæ bonorum possessionis, ut apertè demonstrat Papinianus, quibus pater scivit, filio non cedunt : vel ut alias ait *l. 3. quis ord. in bonor. possess.* scientia patris, non nocet filio : scientia tutoris, nocet pupillo : & pupillo cedunt dies, quibus scivit tutor. Nam & in plerisque aliis causis scientia tutoris, vel dolus nocet pupillo, *l. non solum, §. pen. de lib. causa.* Ergo neque curatoris, qui furioso, neque patris, qui infanti petit bonorum possessionem, scientia
C & cessatio furioso vel infanti nocet. Curatoris, qui petit furioso bonorum possessionem, scientia non nocet : tutoris tamen scientia nocet pupillo. Sed de furioso, qui habetur similis infanti plenius dispiciamus. Curator ergo potest furioso petere bonorum possessionem, non quidem edictalem, quia defertur tantum sanis hominibus, *l. 1. §. furiosi, de success. edic.* sed potest petere decretalem, *l. 2. §. si quis, ad Tert. l. ult. §. non itaque, C. de curat. fur.* Cur datur decretalis ? Quia scilicet potest fieri, ut furiosus recipiat sanitatem, & recepta sanitate moriatur, nondum ex edicto petita bonorum possessione, quo casu nihil transmitteret in heredem suum. Succurritur ei decreto, id est, maturè petita a curatore bonorum possess. decretali. Decretum proficit ad transmissionem, quod remedium decreti adhibetur in multis aliis
D causis, *l. 1. ad Tertull. l. scriptus, de Carbon. edict. l. 4. de bon. lib. l. ventre, de adquir. hered. & l. ult. §. Illud, de bonor. possess. contra tab.* Sed si furiosus in eodem furore decesserit, quamvis ejus nomine petita sit bonorum possessio decretalis, nihil transmittit in heredem suum : & ideo furiosi nomine postulatur. cautio de restituenda hereditate his, ad quos pervenutra esset, si furiosus heres institutus ac proximus agnatus non esset, videlicet in casum, *si moreretur in eo statu inops mentis, d. l. ult. §. tali.* Et curator furiosi solvendo legata accepta bonorum possessione decretali furiosi nomine exigit cautionem a legatariis, *l. Licinius 48. §. ult. de legat. 2.* Ergo bonorum possessio decretalis est sine re, nisi respiscat ante mortem, & evincit hereditatem fiscus vel heres legitimus, si in eodem statu moriatur infirmato decreto, *l. heres, de pe-*
E *tit. hered.* Sed quid fiet, si curator furiosi non petierit bonorum possessionem decretalem ? Finge furioso herede instituto, Titius ei substitutus est vulgari modo, non ad exemplum pupillaris substitutionis secundum constitutionem *legis humanitatis, de impub. & aliis substitut.* curator noluit petere bonorum possessionem, dies non cedunt substituto, quia speratur institutus, quia potest venire institutus sanitate recepta, & quandiu institutus speratur, substituto locus non est, *l. quandiu, D. de acq. her.* non cedunt etiam dies furioso petendæ bonorum possessionis. Ergo furioso nulla cedit bonorum possessio. Potest ei peti decretalis per procuratorem, sed non edictalis : & quamvis non sit petita, ei non

cesse-

cesserunt dies, quibus curator scivit: nam quod scit curator furiosi, & furiosus non intelligit scire, sicut quod scit pater, filius non intelligitur scire. Quid igitur fiet? an fiet mora creditoribus, quorum interest, ut sit aliquis bonorum possessor, ne diutius bona vacent, jaceant? *ad eundem modum*, id est, sub hoc modo, ne tempora cedant furioso, *proximo cuique ex decreto datur bonorum possessio*. Et dum ait, *proximo cuique*, respicit ad illa verba edicti, *tum uti proximum quemque heredem esse oportet*. Ergo datur interim bonorum possessio substituto, quamvis nondum substitutioni locus sit, decretalis scilicet: nam proximior est causa substituti, proximior causa testati, sed substitutus præstabit cautionem, ut sæpe alias evenit, ne creditoribus fiat longior mora, ut primum heredi scripto sub conditione detur bonorum possessio ante conditionem, *l. 8. de præt. stipulat.* Et eadem ratione hereditas restituitur ante conditionem fideicommissi, ne bona jaceant, *l. apud Jul. l.9.ult. & pen. de tempor. præscript.* Sed ubique præstatur cautio : & ita hic substitutus, cui datur bonorum possessio, cavebit de restituendis bonis heredibus legitimis, si furiosus in eodem statu decesserit, vel si compos mentis effectus decesserit, nondum agnita bonorum possessione. Sed dices, in eum casum substitutioni locus erit, non legitimis heredibus: cur igitur cavebit? Est quiddam adjiciendum, ut huic cautioni locus sit, nempe substitutum mortem obiisse vivo furioso. Denique hoc cavet substitutus accepta decretali, legitimis heredibus bona restitutum iri, si ipse decesserit vivo furioso, ac decesserit furiosus in eodem statu, vel factus compos mentis nondum adiverit hereditatem, quæ est sententia Pap. in hac lege 1. Et dum ait *quo admisso*, hoc est, eo concesso, ut interim detur bonorum possessio proximo cuique, quod dixit ante. Ne interpretemur, *quo admisso*, id est, substituto admisso. Et breviter hæc omnis *l. 1. quum loquitur* de furioso, est accipienda de bonorum possess. decretali; cum autem loquitur de infante, est accipienda de bono. possessione edictali: nam infanti edictalis defertur: & ideo infans transmittit jus deliberandi in patrem vel avum, in cujus potestate est, vel si fit sui juris, in heredem suum, si moriatur intra annum, *l. si infanti, l.seq. C.de jur.delib. Novell.* 158. Accipere possessionem, id est, ex decreto. Ad ea quæ diximus superest, quod addamus. Quæritur, de re nondum tractaveram, *an dies bonorum possessionis, quibus curator adolescentis scivit competere bonorum possessionem, adolescenti cedant, & an scientia curatoris adolescenti noceat?* Et statim dicerem non nocere, *l. 5. de jur. & fac. ignor.* nemini scientiam alterius nocere, & dicerem ab ea generali definitione excipiendum tutorem pupilli, & actorem civitatis, sive syndicum: Nam scientia tutoris pupillo nocet, in quibus tutor scivit, nocent pupillo cessante tutore in petenda bonorum possessione. Scientia quoque syndici municipibus nocet, & dies, quibus actor scivit, Reipubl. procedunt : nam potuit tutor petere bonorum possessionem, *l. 7. §.pen. & l.8.de bonor. possess.* actor quoque potuit Reipublicæ, sive municipibus petere bonorum possessionem, *l.7.§.ad municip.de bonor. possess.* Comparatur, ut dixi, tutor actori sive syndico, *l. qui solidum, §.1.l.3.C.de jure Reipub.lib.11.* Curator autem non potuit petere bonorum possessionem : nam sibi ipse adolescens potuit etiam fine curatoris auctoritate, tantum abest, ut ei curator possit petere inscienti, ut ipse si petat, necesse non habeat curatorem adhibere, quam habet. Nam hoc tantum de pupillo proditum est in *d.l.7.§.pen.* pupillum non posse petere bonorum possessionem fine tutoris auctoritate. Ergo aliud est in curatione adolescentis. Accurs. *d.l.7.* idem esse existimat in curatore adolescentis, ut adhiberi eum non oporteat, & ut in aliis causis, ita & in hac quoque causa abutitur *lege si curatorem, C. de in integ. restit.* Idem, inquam, esse existimat in curatore adolescentis: tamen si idem esset in adolescente & curatore ejus, non fuisset grave Jurisconsulto pupillo adjungere adolescentem. Igitur quum quid scribitur de impubere, hoc argumentum

A præbet idoneum ad existimandum aliud esse in pubere: nam casus *leg. si curatorem, C. de in integr. restitut.* non debet trahi ad alios casus: est de adolescente alienante res suas, quæ alienatio non valet, si habeat curatorem, & non fiat auctor curator. Ergo in alienatione rerum adolescentis est necessaria curatoris auctoritas. Et similis adolescens est prodigo: nam utrique curator rerum administrator constituitur: hoc est, munus curatoris, nec fine eo quicquam adolescens vel prodigus rerum suarum administrare potest; & ideo alienare non potest fine auctoritate curatoris: ceterum poterit se obligare veluti ex stipulatione etiam fine auctoritate curatoris quem habet, ut *l. puberes, de verb.obligat.* Puberes obligantur fine curatoribus suis : ergo habent curatores. Ac præterea

B adolescentes hereditatem adire possunt fine curatore suo, jure. Si hujus auctoritas ei esset necessaria in adeunda hereditate, non sufficeret auctoritas prætoris, *l. cum nulla, §. ult.de appellat.* Ergo potest etiam adolescens petere bonorum possessionem fine curatore : ipse autem curator non potest fine adolescente. Ergo merito dies, quibus curator scivit, non cedunt adolescenti: scientia curatoris non nocet adolescenti, tutoris & actoris nocet: quia tutor potuit petere nomine pupilli, actor nomine Reipubl. sed ipsi petere, ejus scientia alii nocet. Neque tamen ex eo inferendum est, quicumque potest alii petere, ejus scientiam alii nocere. Sed constitutive possis hoc recte : si quis non possit alii petere, ejus etiam scientiam non nocere. Illud non est perpetuo verum, si quis possit alii petere, & scientiam ejus alii nocere: nam ut ostendit hæc *l. 1.* curator potest furioso petere, & scientia

C ejus non nocet furioso, id est, non cedunt dies furioso. Item pater potest infanti petere, & scientia tamen patris non nocet infanti. Major est auctoritas tutoris, quam patris in hac re, ut & in aliis quibusdam : tutor igitur accedit propius ad personam pupilli, eumque repræsentat magis, quam pater filium, adeo ut passim loco domini habeatur, qui scilicet, habet imperium & potestatem in pupillum, *l. tutor qui tutelam, de adm. tut. l. qui Stichum, §. si tutori, pro empt.* Plus est esse dominum, quam patrem. Ergo tutoris (*) quidem scientia nocebit pupillo, sed non potest jure scientia patris infanti nocere. Et suppositicia sunt hæc verba, *aut pater*, in *d.l.7.§. ult.* & certe omnino pugnant cum hac *l. 1.* & cum *l. 3. quis ordo in bon. possess. serv.*

D ### JACOBI CUJACII J.C.
*COMMENTARIUS*
In Lib. XVI. Quæstionum ÆMILII PAPINIANI.

Ad L. XV. de cond. instit.

*Filius, qui fuit in potestate sub conditione scriptus heres, quam Senatus aut Princeps improbant, testamentum infirmat patris, ac si conditio non esset in ejus potestate : nam quæ facta lædunt pietatem, existimationem,*
E *verecundiam nostram : & ut generaliter dixerim contra bonos mores fiunt, nec facere nos posse credendum est.*

FILIUSFAM. non potest a patre institui sub qualibet conditione : potest institui sub conditione, quæ sit in ejus arbitrio vel potestate. Si filiusfam. a patre heres instituitur sit sub conditione, quæ non est in ejus potestate, nec sit exheredatus sub contraria conditione, non valet institutio, & filius pro prætorito habetur : ergo omnino testamentum inutile est, *l. Lucius, de condit. & demonstr. l. 10. l.ult.h.t.l.q. l.jam dubitari, de her. instit.* ceteri liberi, puta filia vel nepos,

(*) Vide Merill. variant. ex Cujac. lib. 1. cap. 43.

nepos, neptis, & alii, possunt institui sub qualibet conditione. Primum ea conditio non est in potestate filii, quae est impossibilis, veluti, si digito coelum tetigerit, si mare ebiberit. Item ea, quae est difficilis, veluti in *l. cum her. §.ult.de statul.* si millies dederit, id est, millies centena millia, & ut ait, fere impossibilis. Ita etiam *l. 55. & l.56.fam.ercisc.* Synesius in epist. & M. Tullius in partitionibus; perdifficilia sunt habenda perinde ac si effici non possint. Item conditio, quae exspectatur ex casu, ut si navis ex Asia venerit, si Titius Consul factus fuerit. Item ea quae pendet non tam a voluntate filii, quam etiam ex voluntate alterius, veluti si Titius filium adoptaverit: neque enim invitum adoptabit, *l. 11. h.t.* Ac postremo non est in potestate filii conditio, quae improbata est legibus, vel S.C. vel bonis moribus, veluti si uxorem non duxerit, si liberos non susceperit, ut est apud Paul. 3. *Sentent. ti, de testam.* has conditiones improbat lex Julia & Papia. Item haec conditio, si tutor pupillam uxorem duxerit, hanc improbat SC. quod factum est D. Marci temporibus. Item haec, si sororis filiam duxerit, hanc improbant constitutiones Principum, & hanc etiam novissimae constitutiones, si consobrinam duxerit: nuptiae inter consobrinam permissae sunt, sive Digestorum jus spectes, sive Cod. sive Novell. sed prohibitae per constitutiones posteriores: nec male possis adducere ex constit. Justin. exemplum, quod utitur Accurs. *l. 14. h. t.* si etiam quam susceperit de sacro fonte in uxorem duxerit *l. si quis alumnum, C. de nupt.* Et incestas esse has nuptias probant, quod sit loco filiae, quae cognatio spiritualis dicitur. Contra bonos mores sunt hae conditiones, si barbaro habitu processerit, vel si mulieri: nam quum dicimus contra bonos mores, non tantum intelligimus contra naturales, sed etiam contra civiles, & si patrem ab hostibus non redemerit, *l. 9. h. t.* quod filius non potest facere pietate illaesa: vel si patrono aut patri alimenta non suppeditaverit, quae res pietatem laedit, nec possis sine rubore negare alimenta patri: verecundiam igitur pulsat ea res, ut ait Pap. *l. pecuniis, de alimen.leg.* Item si homicidium fecerit, si lenocinium, si adulterium, quae res existimationem laedit. Filius si sub iis conditionibus instituatur, non valet institutio, quia hae conditiones non intelliguntur esse in ejus potestate: non est in mea potestate, quod mihi facere non licet. Et eleganter ait Pap. in hac lege, *Quae facta laedunt pietatem, existimationem, verecundiam, &c.* vox est Christiano digna. Duas soleo referre opiniones nostrorum: altera est in *l.4. de alien. judic. Praetor non improbat, &c.* nam verecunda cogitatio ejus, qui lites execratur, laudanda potius quam vituperanda. Obstat huic legi ea quae praecedit *l.14.* quae est de iisdem conditionibus, quae sunt contrariae legibus & constitutionibus. Et ait, sub his conditionibus scriptum pure, scriptum videri. Ergo conditio habetur pro non scripta, ergo filius sam. in *hac l.* sub conditione scriptus, pure scriptus videtur, & proinde capiet hereditatem ex testamento, atque si ea conditio adscripta non fuisset: non infirmabit ergo testamentum, quia pure fuit scriptus, vel intelligitur esse. Eam rem attigit Accursius in *l. 11. h.t.* sed nihil attulit. Distinguendum erat inter filiumfa. heredem institutum, & extraneum, ceterosque liberos. Lex haec 15. est de filiofa. qui non potest institui sub omni conditione: nam non potest institui nisi sub potestativa: lex 14. est de extraneo herede instituto, ecteriŝve liberis, qui possunt institui sub omni conditione, *l.4. de her.inst.& l.6. §.1.* Unde ita constituamus: Institutionem filiifa. facta a patre sub conditione inhonesta & turpi vitiari testamentum: institutionem alterius personae non vitiari: sed explicanda est ratio diversitatis: lex 15. subjicitur l. 14. tacite a l. 14. excepit filiumfa. heredem institutum: ergo l.15. satis demonstrat l.14. esse accipiendam de ceteris personis omnibus: sed cedo rationem differentiae. Si filiusfa. sit institutus sub conditione illicita a patre suo, in eo prima haec occurrit ratio, quae facit, ut non valeat institutio, quia conditio non est in ejus potestate, & ideo ab intestato hereditatem vindicat, non ex testamento, quia pro derelicto habetur: haec est proxima ratio: sequenti ratione utitur extraneus solus, ut efficiat, ne habeatur ratio illa adscriptae conditionis illicitae, vel turpis, quia impossibilis est conditio: ideo hereditatem vindicat ex testamento: nam conditiones impossibiles scriptae in testamentis, pro non scriptis habentur, vel pro mendis habentur, *l.1. h.t.* dum ait, sub impossibili conditione, vel alio mendo factam institutionem non vitiari: & menda haberi pro non scriptis. Ergo excepto filiofam. ceteri hac ratione, quia impossibilis est conditio, relicta sub illa conditione illicita, & turpi, ex testamento hereditatem capiunt, perinde ac si pure instituti essent: nam non tantum impossibilis est conditio, cui rerum natura obstat, sed etiam cui impedimento sunt leges, Senatusc. constitutiones, edicta praetoria, & mores boni tam civiles quam naturales.

---

### Ad L. LXXXIV. de Adquir. heredit.

*Ventre praeterito, si filius, qui suit emancipatus, aut exter, heres institutus sit, quandiu rumpi testamentum potest, non desertur ex testamento hereditas: sed si vacua ventre mulier fuerit, & incerto eo, filius in familia retentus vita decesserit, heres fuisse intelligitur emancipatus, aut exter, non aliter possunt hereditatem quaerere, quam si non esse praegnantem sciant. Ergo si ventre pleno sit mulier, nonne iniquum erit, interea desunctum filium heredi suo relinquere, nihil? Et ideo decreto filio succurrendum est: quia sive frater ei nascatur, sive non nascatur, patri heres futurus est: eademque ratio facit, ut emancipato quoque subveniri debeat, qui alterutro casu rem omnimodo habiturus est.*

Tractavimus ante hanc quaestionem in *l. scriptus, de Carbon. edict. l.15. §.ult. de inoffic. testam. l.41, de bon. libert.* Hic proponitur differentia una inter filium emancipatum heredem institutum a patre postumo praeterito, & filium retentum in familia, qui & *suus* dicitur, *l.nepos, de legat. praest. l. adigere, de jure patron.* Et quod dicitur hic de filio emancipato, idem etiam obtinet in extero herede instituto: qua de causa emancipato jungit extraneum. Sciendum autem est, agnatione postumi praeteriti testamentum rumpi: nam si nascatur, nec agnascatur (non omnis enim qui nascitur, agnascitur, sed qui nascitur agnatus est) si nascatur, nascatur & non agnascatur, testamentum valet, *l.3. §. ex his, de inj.rupt.* ut si abortum factum sit, *l.2. de post.her. inst.* Idem sciendum est, quandiu speratur postumus frater praeteritus testamento patris, filium emancipatum heredem institutum non posse adire hereditatem ex testamento, quia nondum delata est, non posse petere bonorum possessionem edictalem, secundum vel contra tabulas: filium autem suum heredem institutum praeterito postumo, non posse interim heredem existere patri ex testamento, etsi vel suus vel emancipatus interim moriatur, dum incertum est, an postumus nasci possit, & in heredem suum nihil posse transmittere, *l. cum quidam, §. quod dicitur, & §. sive igitur, de adquir.her. l.16. de lib.& post. l.4. in fin.de bon. poss. cont. tab.* Neuter igitur moriens interim quicquam transmittit ad heredem suum, non ex causa intestati, quia nondum fuerat ei delata hereditas ab intestato pendente causa testamenti, quod potest valere non nato postumo: non etiam delata ex testamento, quia in eo erat testamentum, ut rumperetur, si nasceretur postumus. Et hoc ita procedit, si revera mulier fuerit praegnans. Hoc casu nihil distat suus ab emancipato, quia sive hic, sive ille moriatur, interim nihil transmittit. Sed si putetur mulier esse praegnans, quae non est, filius emancipatus instituatur, qui mulierem esse praegnantem putat, interim non potest adire, dum incertum est, an postumus nasci possit. Et quia non adivit, nec potuit, nihil transmittit, & hereditas non adita non transmittitur: & si forte adivit, nihil egit, quia praefestinavit adire. Emancipatus, nisi sciens certusque uteri vacui, non adquirit hereditatem, etiamsi adeat: suus adquirit hereditatem, etiamsi adeat: suus adquirit etiam ignaras, & exiſtimans mulierem eſſe prægnantem, quæ non erat. Suus adquirit hereditatem ipſo jure, etiam invitis & ignorantis ſtatim atque delata eſt, morte patris: emancipatus adquirit juſta & tempeſtativa aditione. Suus heres exiſtit, emancipatus fit. Et ideo ſi mulier non fuerit prægnans, quamvis ſtatus hoc ignoraverit, intelligitur patri heres extitiſſe ipſo jure; & ſi deceſſerit, antequam conſtaret mulierem non eſſe prægnantem, ad heredem transmittit, *l. cum quidam, §. ſuum, hoc t. l. illud, ſi pars hered. pet.* Et hæc eſt differentia inter ſuum & emancipatum circa cauſam transmiſſionis; cui, ut dixi, locus eſt, ſi mulier fuerit ventre vacuo: nam ſi ventre fuerit pleno, & eo incerto moriatur filius ſuus, vel emancipatus, neuter quicquam transmittit ad heredem ſuum, quia nec ex teſtamento heres fuit, quod pendebat ex ſpe præteriti poſtumi, nec potuit eſſe heres vel hic, vel ille ab inteſtato, propter teſtamentum, quod nondum ruptum erat: nam quamdiu teſtamentum ſubſiſtit, ceſſat jus legitimæ ſucceſſionis ab inteſtato, *l. quamdiu, hoc tit.* Ergo ſi mulier ſit utero pleno, neuter intelligitur quidquam transmiſiſſe in heredem ſuum. Sed illud videtur eſſe iniquum, ut nihil ſuus vel emancipatus transmittat in heredem ſuum, quia per eos factum non eſt, quo minus hereditatem adquirerent? ſed non quæſierunt? quia nec potuerunt propter ſpem poſtumi. Iniquum ergo videtur, ut rem patris amittant morientes interim, nec eam transferant ad heredes ſuos, ac propterea iniquum videtur, nihil eos transmittere: quia ſive poſtumus naſcatur, ſive non, in omnem eventum ad bona patris perventuri ſunt; ſi poſtumus naſcatur, concurrent ei in ſucceſſione inteſtati: ſi vero non naſcatur, ex teſtamento rem patris obtinebunt. Iniquum eſt igitur, eos, ſi interim moriatur, qui ſi viverent, omnimodo erant perventuri ab bona patris. Tollenda eſt igitur hæc iniquitas remedio decreti. Jus civile iniquum eſt ſæpe, aſperum, & rigor juris dicitur. Verum ſubveniemus filio vel ſuo, vel emancipato ventre prætorito, nec vacua muliere, data interim bonorum poſſeſſ. decretali ſecundum vel contra tabulas: nam ceſſat edictalis ſecundum tabulas, quaſi non naſcituro poſtumo: contra tabulas, quaſi naſcituro poſtumo, & commiſſuro edictum, ut ſcilicet, tam inſtitutus frater, quam ipſe poſtumus intelligatur ab bonorum poſſeſſionem contra tabulas, ac ſi ambo præteriti eſſent & alius inſtitutus: Hoc eſt, *committere edictum.* Diximus emancipato comparari exterum: an ergo ſubvenimus etiam extero heredi inſtituto ventre præterito, non vacua muliere? Sic videtur: ſubvenimus enim decreto extraneo heredi inſtituto, & proderit decretum, ſi forte poſtumus non naſcatur, ut ſi non mortuus ſit, exter intelligatur transmiſiſſe, *l. ſcriptus, de Carbo. edict. l. 41. l. 42. §. ult. de bon. libert.* Sed ſi poſtumus naſcatur, in hunc caſum nihil ſubveniemus extero, quia id, decretum non complectetur hunc caſum, quia natus poſtumus penitus exterum excludit, non fratrem. Et hæc omnia confirmantur, *l. 4. §. tutor, l. ſeq. de bonor. poſſeſſ. cont. tab. l. 1. §. 1. ad Senatuſc. Tertull.* Confirmatur a ſimili ab his, quæ diximus in *l. 1. de bon. poſſeſſ. fur.* dati curatori decretalem bonorum poſſeſſionem furioſi nomine, quod deficiat edictum, vel hereditas transmittatur ad heredem furioſi. Quæ jure ceſſat transmiſſio, inducitur remedio decreti: & non tantum remedio decreti filio ſubvenitur, ſed & hereditas filii tam emancipati, quam ſui. Finge: ceſſaſſe filium, & non petiiſſe bonorum poſſeſſionem decretalem, an ea res fraudi erit heredibus? Minime: nam prætor fingens quodammodo filium patri heredem extitiſſe, dabit bonorum poſſeſſionem. Emancipatus ſciens adquirit bonorum poſſeſſionem, ſuis ignoras. Bene alterutro, ut in *l. condionum, de condit. & demonſtr.* Obſtat *l. ſi filius, de lib. & poſt.* quæ ponit, filium ſuum heredem inſtitutum, nullo dato coherede, vel ſubſtituto, quod etiam hic tenendum, & poſtumum præteritum, & interim, dum incertum eſt, an poſtumus naſci poſſit, filium deceſſiſſe, deinde natum poſtumum rupiſſe teſtamentum. Quo caſu lex ait, filium ſuum videri moriendo patri heredem extitiſſe ab inteſtato, quia, quæ mortem ejus ſecuta eſt agnatio poſtumi, declaravit, fuiſſe locum cauſa inteſtati: Quod ſi ita eſt, ergo transmiſit, nec opus eſt decreto, quoniam illa lex ait, jure ita procedere. Diceret quis contra ſententiam illius legis; imo filius neque ex teſtamento, neque ab inteſtato eo tempore, quo moritur, patri intelligitur heres extitiſſe, quia nondum erat certum naſci poſtumum, vel non naſci, id eſt, quia nondum erat certa cauſa ſucceſſionis, & qui non eſt certus, non poteſt ſuccedere. Sed potes dicere, fuiſſe cauſam certam ſucceſſionis inteſtati, quia moriente filio, deſertum eſt teſtamentum patris: deſeritur autem mortuo herede ſcripto, non adquiſita hereditate: hoc caſu autem filius non habuit coheredem vel ſubſtitutum, & ideo moriente filio in ipſo articulo mortis, pater fit inteſtatus, non autem poſtea nato filio: poſtumi agnatio non rumpit teſtamentum, quod jam nullum fecerat deſtitutio heredis ſcripti, *l. 5. de inj. rup.* ſed opus eſt filio decreto, quod tamen non exigit lex ſi filius, ſed loquitur de filio ſuo, & de jure civili: ſuo non eſt neceſſarium decretum, quia jure civili heres exiſtit: jure prætorio eſt neceſſarium decretum, ad quod pertinet *l. ventre.* Igitur prætor non novit exiſtentiam ſui heredis, ſed miſſionem: filium ſuum non habet pro herede niſi miſcuerit ſe bonis paternis. Emancipato autem filio, de quo non loquitur *lex ſi filius,* neceſſarium eſt omnino decretum ventre præterito. Reſtat quæſtio, quid ſit dicendum, ſi ventre pleno pater inteſtatus deceſſerit? Si pater inteſtatus deceſſerit filio uno relicto, vel uxore prægnante, inveniemus in pleriſque idem jus eſſe ſui & emancipati: rationem tantum eſſe diverſam in adquirenda hereditate, ſuum exiſtere, emancipatum adire; ſuum ignorantem, emancipatum ſcientem: in quibuſdam autem eſſe diſcrimen inter ſuum & emancipatum. Et primum ventre exheredato, filio inſtituto vel ſuo, vel emancipato, poſt mortem patris ei ſtatim deferetur hereditas ex teſtamento, & ſuus heres exiſtet, & transmittet ad heredem ſuum, etiam ſi moriatur, antequam partus adeatur. Emancipatus filius poterit adire hereditatem, & transmittere non exſpectato poſtumo, *l. cum quidam, §. ſive igitur, de æq. her.* Exheredato autem poſtumo datur querela inofficioſi adverſus heredem ſcriptum, qui ex teſtamento extitit, vel factus eſt heres. Exheredari poteſt poſtumus, licet nihil male mereri poſſit de patre, quem nunquam vidit, quia ſcilicet, in perpendenda cauſa exheredationis non tantum inſpiciuntur merita heredati, ſed etiam merita matris, & ſæpe, qui eſt bene meritus, jure exheredatus cenſetur, ſi mater fuerit male merita, ut ſi dicatur ex adulterio ſuſceptus, quod tamen nondum probatum ſit, *l. 3. §. ſi emancipatus, de bonor. poſſeſſ. contra tab.* Quid autem fiet, ſi inſtituti ſint poſtumi, vel ſi inſtitutus ſit poſtumus: nam in inſtitutione, & in legato, & in tutela, appellatione poſtumi, etiam plures continentur, & qui poſtumum inſtituit, vel poſtumo legat, vel tutelam dat, pluribus natis, omnes inſtituiſſe, omnibus tutores dediſſe, legaſſe omnibus videtur, *l. qui filiabus, §. 1. de legat. 1. l. 7. de reb. dub. l. ſi quis ita, §. 1. ff. de teſt. tut.* Quod non ita obtinet in exheredatione, quod eſt damnoſa: nam poſtumo exheredato, plurib. natis nemo exheredatus intelligitur, *l. 2. de lib. & poſt.* Si igitur poſtumus & ſimul filius iam natus inſtituti ſint ex æquis partib. filius ſuus patri extitiſſe heres intelligitur ex aſſe, nullo nato: & ſi medio tempore deceſſerit, intelligitur integram hereditatem transmiſiſſe ad heredem, quaſi quæſitam jure ἀνεφίσυωσιν, exiſtentiæ. Et hoc conſtat inter omnes, *d. l. cum quidam, §. ſuum, l. illud, ſi pars hered. pet. in pr.* Et conſequenter, ſi filius ſuus interim petierit a poſſeſſore totam hereditatem, vel ſi ab hereditario debitore petierit totum id, quod patri debitum erat, nullo nato, recte egiſſe videtur, & ſi victus fuerit, videtur rem totam amiſiſſe, *l. ſi pater, de ſolut. inf.* Et hoc, ſi poſtumus non naſcatur. Quid fiet, ſi unus, duo, vel plures nati ſint? pro qua parte interim filius heres extitiſſe intelligitur? Hac in re videtur fuiſſe controverſia inter JC. & ita etiam Accurſ. affirmat: Nam aliud refertur ex Pomp. in *l. cum quidam, §. ſuum,*

*suum*, aliud ex Sabino & Caffio in *l.* 28. §. *ult. de judic.* cui eft conjungenda *l.* 3. *fi pars her. pet.* Et Pompon. hac de re argumentatur a toto ad partem, quod folet eadem effe ratio totius, & partis, hoc modo : fi nemine nato filius intelligitur heres extitiffe ex affe, ergo, pari ratione fervata uno nato, intelligetur heres fuiffe ex femiffe, duobus natis, ex triente, quia fcripti funt ex æquis partibus, tribus natis, ex quadrante, quatuor natis, ex 5. parte, itemque ex fexta parte : & fi medio tempore decefferit partu nondum edito, pro numero eorum, qui nati funt, intelligitur, vel femiffem, vel aliam portionem tranfmififfe in heredem fuum, *d.§. fuum*: & fi interim petierit totam hereditatem vel totum, quod patri debebatur, antequam certum effet, quot effent nafcituri, nec obtinuerit, quidam auctores, ut eft proditum in *l. fi pater, de folut.* dicebant, nihil eum perdidiffe : puto, quia etfi petierit totum, non videtur petiiffe partem, cujus erat incertus, *d. l. fi pater*. Sed horum opinionem improbat Jul. merito *d. l. fi pater*, & ait : eum perdidiffe petendo totum medio tempore eam partem, ex qua heres fuit, antequam certum effet, neminem nafci, ut Pompon. dicebat. Pro qua autem parte interim fuit heres? Jul. non definit palam, fed ait interim : vel igitur fuit heres ex femiffe, ergo unus tantum nafci potuit : vel ex triente, ergo duo nafci potuerunt: vel ex quadrante, ergo tres: vel ex quinta parte, ergo quatuor. Et ita ponit Jul. fed nihil definit, id eft, non definit, pro qua parte interim videatur fuiffe heres : hoc tantum ftatuit : interim pro parte tantum eum fuiffe heredem videri, & eam partem amififfe petendo totum, non obtinendo. Verum ex *d.§. fuum*, intelligitur Jul. probaffe opinionem, quæ tribuitur Sabino & Caffio in *l.* 28. §. *ult.* a quibus etiam Jul. profectus eft, ut fcil. interim filius intelligatur heres fuiffe uno nato, ex fexta, ut Pompon. dicebat, fed ex quadrante, etiamfi unum tantum mulier paritura fit. Ergo tres nafci potuerunt. Et hoc accidit non raro, ut nafcantur tres: ultra tres nafci rarum eft, & portentofum, *l. utrum, de rebus dub.* Et JC. non fpectant ea, quæ raro eveniunt, id circo non fpectant quinque nafci poffe, vel quatuor, vel 7. vel 9. vel 11. Picus Mirandula in hymnis fcribit, fua ætate Dorotheam quandam gemino partu genuiffe 20. uno q̃. altero undecim. Septenos tantum genuiffe mulieres JC. prodiderunt in *l.* 3. *fi pars her. pet.* quod portentofum effe putant, & hæc, quæ portentofa funt, non fpectant, fed tres poffe nafci fpectant, & ideo interim filio fuperftiti defignant quartam partem tantum, quæ tamen poftea vel crefcat pluribus natis, *d. l.* 3. *& 4. fi pars her. pet.* Et ideo, fi filius fuperftes interim moriatur, videtur tantum tranfmififfe in heredem fuum quadrantem, qui tamen fimiliter poftea crefcere, vel decrefcere poterit. Interim non poterit hereditatem petere nifi pro quadrante, & fi petierit affem, nec vicerit, quadrantem videtur perdidiffe. Atq; ita, fi & in fuo hæc opinio vera eft, non erit eadem ratio totius, & partis, non valebit argumentum Pom. a toto ad partem, quod etiam nonnunquam fallit in jure, ut in cafu *l. ex mille, de evict.* Quid ergo ? Dicefne hac in re pugnare inter fe JC. Dicefne *d. §. fuum* pugnare cum *d. l.* 3. *fi pars her. pet. & l.* 28. §. *ult. de jud.* Quod facile quivis crederet ftatim, fed valde probabo, fi dixeris, §. *fuum*, locum habere in fuis, de quibus etiam loquitur nominatim, ergo ignorantes petere exiftunt : & ideo, fi nullum eft paritura mulier, tacito jure heredes exiftunt ex affe: fi unum eft paritura, ex femiffe: fi tres, ex triente, quandoquidem cum poftumo pro parte heres fuiffet fcriptus ex æquis partibus: lex 28. locum habet tantum in emancipatis, vel extraneis inftitutis, ut fc. interim non poffint adire hereditatem nifi ex quadrante. Et hac diftinctione adhibita non infirmabitur argumentum a toto ad partem, quod notandum. Et hæc, quæ diximus de filio, & poftumo heredibus inftitutis ex æquis partibus, & de differentia, quæ eo cafu intercedit inter fuum, & emancipatum, locum etiam habent, fi pater inteftatus decefferit relicto uno filio, & uxore prægnante : namque ab inteftato æquales partes fiunt, & ideo nullo nato filius fuus intelligitur heres extitiffe ex affe, uno nato ex dimidia

*Tom. IV.*

A parte, pluribus natis pro numero natorum, *d. §. fuum, & l. inteftato, §. eft autem, de fuis, & legit.* Emancipatus autem, five nafcatur poftumus, five non, interim adire poterit pro quadrante tantum, qui tamen crefcere poterit, & decrefcere, *d. l.* 3. *& l. feq. ff. fi pars her. pet.* Erit in emancipato idem ftylus indiftincte, five heres inftitutus fuerit cum poftumo ex æquis partibus, & hereditatem adjerit : namque adibit pro quadrante tantum, five pater inteftatus decefferit relicta uxore prægnante, & filius emancipatus item petierit bonorum poffeffionem unde legitimi : namque adire poteft ex teftamento, vel bonorum poffeffionem petere pro quadrante, etiamfi incertum fit, quot fint nafcituri, id eft, etiam fi plane nefciat fuam partem, modo certus fit de eo, quod agit, modo cetera fciat, quæ eum fcire oportet, veluti delata fibi hereditatem morte patris, *l. illud, §.1. fi pars her. pet.* Et ita hæc differentia quam oftendi, valet inter *fuum* 

B *& emancipatum etiam ab inteftato*. Verum nulla eft differentia inter fuum & emancipatum, fi filius fit inftitutus ex certa portione, veluti ex triente : nam uno vel pluribus natis nihil refert ; ex ea tantum portione filius fuus extitiffe intelligitur. Emancipatus, fi adjerit hereditatem, quæfiiffe intelligitur, refiduum fervatur poftumis ; nullo autem nato, ex affe hereditatem acquifiiffe intelligitur, *l. illud, §.1.* quafi ab initio affe relicto, *l. utrum, de rebus dub. l. her. de acq. her.* caufa teftati trahente ad fe caufam inteftati, vel heredi fcripto ex certa portione accrefcente refidua portione, quæ deficit nullo poftumo nato. Et idem, quod diximus in filio emancipato, obtinet in extero herede fcripto: nam ab inteftato exter non venit.

C
### Ad L.XXVI. Si quis omif. cauf. teftamenti.

*Julianus fcribit, patrem qui filiam fibi fubftitutam juffit adire hereditatem, legata, quæ ab ipfo data funt ex fententia edicti, præftiturum : quoniam filia patri fubftituitur in cafu, ut non arbitrium eligendi relinquatur, fed fi varia legata fupra dodrantem data fint, eorum prius rationem habendam, quæ a filia relicta funt : non enim caret dolo pater, qui honore proprio omiffo, propter compendium alienam inftitutionem maluit. Denique fi filia pater fubftitutus adiit hereditatem, nihil eum dolo facere Julianus exiftimat : quia nemo filiæ patrem contra voluntatem parentum fubftituere videatur, fed ut arbitrium eligendi relinquat.*

D HEredes fæpe inftituimus eos, qui & ab inteftato heredes nobis erunt ex æquis partibus. Quid ergo? fruftra igitur eos heredes inftituimus ? imo vero non fruftra, quia ideo inftituimus, primum ut judicio noftro honoremus, eft enim inftitutio honor; deinde, ut oneremus legatis, vel libert. relictis, quib. onerari non poffent codicillis factis ab inteftato, §. *præt. Inft. de fideicom. her.* nihil in codicillis directe factum valet, fi fiant ab inteftato, vel fi facto teftamento non confirmentur. Et hinc ex iis pleriq; heredes inftituti, qui & lege nobis effent heredes fine teftamento, ut ea onera vitent, omittunt caufam teftamenti, fpernunt teftamentum, & amplectuntur hereditatem ab inteftato, ne fcil. præftent legata teftamento relicta, quæ fcil. ab inteftato non debentur. In quo Pap. indicat effe compendium, quoniam integram hereditatem ca-

E piunt ab inteftato fine delibatione ulla, & ita fraudem faciunt legatariis, & voluntati defuncti. Quamobrem huic fraudi, doloq; malo occurrit prætor hoc edicto, *fi quis omiffa caufa*. Quomodo occurrit? data in eos utili actione legatorum, caufa cognita, perinde atq; fi ex teftamento effent heredes: legata non debentur nifi ex teftamento : teftamentum nullum eft, quia omiffum eft, defertum, delatum : ergo non debentur. Sed hoc edicto dolus vindicatur ejus, qui omifit teftamentum in necem legatariorum, ita fcil. ut perinde obligetur legatariis, atque fi ex teftamento hereditatem quæfiffet. Eft etiam edicto locus in fubftitutis, qui prætermiffa fubftitutione ab inteftato hereditatem capiunt, ut loquitur *l. fi ab inteft. h. t.* nam & fubftituti inftituti funt. Quid eft fubftitu-

C c 2      tio ?

tio? Institutio, quæ fit in locum alterius institutionis: vel latius, institutio heredis quam quis facit sibi, vel liberis suis, non habentibus jus testamentum faciendi, & heredis instituendi sibi, in hunc casum, si anterior institutus defecerit liberis suis, in hunc casum, si ante moriantur, quam jus habuerint heredis instituendi. Est etiam huic edicto locus in patre, qui potuit quærere hereditatem defuncti per filium institutum: & in domino similiter, qui defuncti hereditatem quærere potuit per servum heredem institutum, & non jussit adire hereditatem: jussum exigitur patris vel domini: non jussit autem adire ex institutione filium vel servum dolo malo, ut vel ipso jure ab intestato succederet defuncto, vel filius omisso testamento, *l.1.§.1.l.si filius meus, h.t.* Et hujus rei inspectio proprie pertinet ad *h. l.Jul.* quæ merito subjicitur legi præcedenti: lex, quæ præcedit, est de domino, lex sequens est de patre: proximitas sive confinium, utriusque demonstrat hac in re nullum esse discrimen inter dominum & patrem. Exponamus primum speciem in domino. Dominus heres est institutus, & servus ejus substitutus est ei, & ab utroq; sunt legata relicta: dominus noluit adire ex institutione dolo malo ne præstaret legata a se relicta gradu institutionis, quasi destituta institutione destituatur & id omne, quod ei adhæret: nihil egit: nam ea legata præstabit ex sententia ejus edicti, salva tamen Fal. nec enim amittit Fal.quamvis id egerit, ut interciderent legata, & quantum in eo est, interciderunt, *l.duo, §.ult. h.t.* Nunc ponamus speciem in patre eodem modo: Pater institutus est heres, filius ei substitutus est, ab utroq; sunt legata: pater noluit adire ex institutione, jussit filium adire ex substitutione: præstabit legata non tantum relicta a substituto, sed & legata relicta ab instituto, quia filius vel filia substituitur patri: non ut arbitrium eligendi eis relinquatur, utrum ex institutione suo nomine hereditatem acquirat, an per filium ex substitutione: non, inquam, ut ei relinquatur arbitrium quærendæ hereditatis ex institutione, vel ex substitutione, utrum maluerit, sed filius vel filia substituitur patri in casum, puta, si accidit, ut pater non possit adire, vel si pater ante aditam hereditatem mortem obierit. Et ita dixit in casu *l.1. §.1. ut leg. nom. eau.l.filium, §.1. de fidei.lib.* aliter in eventu, *l.sed etsi dim.in fin.de acq.her.* Ergo pater, qui omisit institutionem, & filium substitutum sibi jussit adire ex substitutione, legata a se relicta etiam præstat ex sententia hujus edicti. Ergo non caret dolo pater, qui honore suo omisso, id est, neglecta institutione, mavult alienam institutionem, id est, substitutionem filii, cujus emolumentum ad eum redit, qui affectat compendium illud, hoc est, integram hereditatem sine delibatione legatorum. Et potest hæc sententia aptari multis casibus, & aptari audivi in Senatu contra aliquem, qui quod compendiosior esset cathedra juris civilis, optabat deponere cathedram juris canonici. Si non caret dolo malo pater, ergo incidit in hoc periculum, & perinde obstringitur legatis a se relictis, atque si institutionem suam non omisisset, hoc est, si honorem suum non præsumpsisset. Dices. Pap. scripsit esse ex sententia edicti: imo est ex mero jure, hoc est, constitutione Severi, qui vult, ut legata relicta ab instituto, debeantur a substituto, *l. licet, de leg. 1.l.si Titio, §.Jul. de leg. 2. l.non jussum, C.ad Treb.* Legata sunt relicta a patre instituto, ergo debentur a filio substituto, vel ab eodem patre instituto, ad quem redit commodum omissæ substitutionis. Hoc igitur ex constitutione Severi: nam ultra sententiam edicti, ultra edictum ita jus se habet, cui objectioni ut respondeam, sunt distinguenda tempora. Quod est scriptum in *l. præc.* est ex Celso: quod in hac *l. ex Jul.* quorum ætate, legata relicta ab instituto non debebat substitutus, *d. §.Jul.* sed post constitutionem Severi, aliter, *l.Celsus, §. ult. eod.* nondum exierat constitutio Severi. Celsus & Julianus non habuerunt notitiam constitutionis Severi, cui fraudi obviam it prætor. Verum adjicitur etiam in hac priori parte hujus l. si legata sint relicta tam a patre instituto quam a filio substituto, & pater omissa institutione jussisset filium adire ex substitutione, & utraq; legata simul juncta exce-

dant dodrantem, ita ut interveniat Falcidia, Pap. ait, prius haberi rationem legatorum relictorum a filio vel filia substituta patri, hoc est, solvi prius ea legata, si sola non excedant dodrantem, separata a legatis relictis a patre, & deinde ex legatis relictis a patre instituto detrahetur Fal.quia per se sola, quæ vel sunt relicta ab instituto, vel a substituto, non excedebant modum legis Falcidiæ:juncta excedebant, sed non commiscebantur. Prius enim habebitur ratio legatorum relictorum a filio, & persolventur non detracta Fal. si non excedant dodrantem, deinde ex legatis patris detrahetur Falc. Sed huic sententiæ obstat *l.Nesen. §.peu. ad l.Fal.* quæ lex loquitur quidem non de patre, sed de domino, quod idem est. Verum ait d.lex, prius solvi debere legata relicta a patre, vel domino herede instituto, & tunc eorum legatorum rationem haberi, quæ relicta sunt a filio vel servo: nihil est, quod magis adversari possit Pap. Ratio concordiæ sumenda est ex ea distinctione temporis, quam exposui ante. Ea *l.Nesen.* est Pauli, cui non erat incognita constitutio Severi, erat ignota Juliano & Celso. Nunc dicam, in *h. l.* prius habetur ratio legatorum relictorum a filio substituto, quæ ipso jure debentur, cum ex substitutione adita sit hereditas: legata autem relicta a patre instituto, ipso jure non debentur ante constitutionem Severi, sed debentur ex mente hujus edicti: & rursus ex mente, non ex verbis. In *l.Nesennius*, legata relicta a patre instituto vel domino, ipso jure debentur ex constitutione Severi, & priora sunt, quæ relinquis ab instituto: posteriora, quæ relinquis a substituto. Ergo merito priorum prior habetur ratio, cum utraque ipso jure debentur: nihil est evidentius. Posuimus casum in patre herede instituto, & filio ei substituto, patrem omisisse institutionem, filium adiisse ex substitutione jussu patris, nec de eo casu quicquam amplius restat. Sed quæritur, *quid sit dicendum e contrario, si filio heredi instituto, substituatur pater, & pater non jubeat filium adire ex institut. sed adeat ipse suo nomine ex substitutione, an præstabit legata a filio relicta?* Et ait prudentissime Pap. non præstiturum legata patrem a filio relicta ex sententia hujus edicti: quia hoc edicto dolus tantum vindicatur, & hoc casu dolo caret pater, qui mavult adire ex substitutione, quam filium ex institutione. Sed ostendo dolo carere patrem, & priore casu dolo factum videri. Ratio est elegans: est quidem pater substitutus filio, sed non est proprie substitutus. Nam substitutio est, quæ confertur in casum, *si telle chose advient.* veluti, si filius prior decesserit superstite patre: quomodo accipies hanc patris substitutionem? Erit præpostera substitutio patris, erit contra naturam, contra commune votum parentum: nam illi volunt, ut superstites sint filii illis. Nec videtur hoc cogitasse, rem non naturalem, nec optabilem parenti, qui eum substituit filio. Ergo non videtur substituisse patrem filio, ut plane is haberetur, sed ut ei relinqueretur arbitrium eligendi: nihil gestum contra voluntatem eligendo substitutionem. Ergo hoc maxime voluisse videtur testator, *l.1. §.si proponi, hoc 1.* Idem institutus est, & sibi ipsi substitutus, quod quandoque fit recte, *l.ed etsi plures, §.ult.de vulg.sub.* Ab institutione relicta sunt legata, a substitutione forte nulla: substitutio est compendiosior, omittit institutionem, & amplectitur substitutionem, an incidit in hoc edictum? Minime, quia ei potestatem eligendi testator reliquisse videtur: dolo caret, qui sequitur voluntatem defuncti.

### Ad L. Peculium LXV. de Leg. II.

*Peculium legatum augeri, & minui potest, si res peculii postea esse incipiant, aut desinant. Idem in familia sive universam familiam suam, sive certam veluti urbanam, aut rusticam legaverit, ac postea servorum officia, vel ministeria mutaverit. Eadem sunt lecticariis aut pedissequis legatis.*

§.1. *Quadriga legatum, æquo postea mortuo, perire quidam ita credunt, si equus ille decessit, qui demonstrabat quadrigam: sed si medio tempore deminuta suppleatur, ad legatarium pertinebit.*

§.2.

§.2. *Titio Stichus legatus, post mortem Titii libertatem accipit, & legatum adita hereditate, & libertas post mortem Titii competit. Idemq; est, etsi moriente Titio liber esse jussus est.*

§. 3. *Si tamen Titio ex parte herede instituto, servus legatus sit, & post mortem ejus liber esse jussus sit, sive adjerit hereditatem Titius, sive non adjerit, post cujus mortem libertas ei data est, defuncto ejus libertas competit.*

Multum interest, quæ res cuique legetur, quove nomine, communi an proprio. Aut res una legatur, aut plures; si plures, aut sigillatim propriis nominibus, aut generatim & universæ : si sigillatim res legentur, quot sunt res, tot legata sunt, ut in stipulationibus, *l. scire, de verb. obligat.* Si uno nomine res plures legentur, ut si grex legetur, aut peculium, unum est legatum, *l. 9. hoc tit.* Enumeratio singularum rerum scindit legatum. Verbum generis contrahit legatum. Unum autem legatum pro parte agnosci, pro parte repudiari non potest. Plura si sint legata, unum agnoscere, alterum repudiare nihil vetat. Ac rursus res singulæ, aut ejusmodi sunt ut minui vel augeri non possint, ut si legetur homo : aut sunt ejusmodi, ut minui vel augeri possint, ut si legetur fundus, augetur alluvione, minuitur eluvione, *l. 21. h. t.* Idem erit, si grex legetur, legatum augetur aucto grege, minuitur minuto grege, *l. 22. de leg. 1.* Idem est etiam, ut hic ostenditur, si legetur peculium: Nam peculium etiam accessionem & decessionem recipit, §. *si peculium Inst. de leg.* Atq; ita sicut res singulæ, aliæ augeri & minui non possunt, ut homo, aliæ possunt, veluti fundus: ita res uno & generali nomine comprehensæ, aliæ minui vel augeri possunt, ut grex, ut peculium, addamus etiam familiam ex hac lege. Nam legatum familiæ minuitur, si legata familia urbana, quidam ex servis urbanis ad opus rusticum transferantur, & augetur, si ex rure quidam in urbem transferantur. Familia est universitas servorum, quo nomine utimur etiam hodie, demonstrando eos, qui apparent judicibus, apparitores, quod essent olim servi publici. Hoc autem loco Pap. ait, familiam dividi in officia & ministeria, prætermittit artificia. Igitur textor, fullo, faber, non videntur esse ex familia, & non sunt in ministerio & in officio: nam familia dividitur tantum in ministeria & officia. Ostiarius est in officio, ut dispensator, vel atriensis : in ministerio est, qui est ab argento, a scyphis, a poculis: ministrat, qui honoratior existimatur ceteris, sicut actor etiam, qui administrandarum rerum domini officio incumbit, ceteris honoratior est, *l. 51. de man. test.* Subjicitur autem in hac lege, legatis quoque servis lecticariis, aut pedissequis, etiam legatum minui posse, si quidam ex his ad aliud ministerium transferantur vivo testatore. Plerumq; autem legabantur octo lecticarii, *l. 4. & 8. §. 1. de leg. 1.* Mart. *Octo Syris suffulta datur lectica puella.* Vel sex, qui dicuntur ἑξάφοροι. Pedissequi autem, qui comites dicuntur, & pædagogi, plerumq; legabantur 10. & inde optio legata 10. servorum, *l. pen. de opt. leg.* Sed quod attinet ad optionem servorum ad lecticam: si decem ad comitatum, nullus est labor: sed quid si legetur optio servorum simpliciter, quot eligi poterunt? Et definitur *l. 1. eod. tit.* tres tantum eligi posse, quod congruit maxime frugalitati veterum. Athenæus lib. 6. ait Cæsarem in Britannica expeditione habuisse tantum tres servos. Valer. 4. Caronem superiorem ait, Hispaniam rexisse comitatum tribus servis: nec ergo, cui servorum optio legata est, plures quam tres optare potest. Aliæ igitur res sunt uno & generali nomine comprehensæ, quæ quandoque augmentum & decrementum non recipiunt, & sumito exemplum ex §. *quadriga.* Quadriga legata est, unus equus periit: videndum est, quod ille equus fuerit: nam si fuerit eminentior equus, ut est in Basilicis: omnium præstantissimus, qui demonstrabat quadrigam, hoc est, ex quo potissimum quadriga clarescat, si equus perierit, extinctum potius, quam minutum legatum videbitur : sed quid ergo ceteri equi non debebuntur: si suppleatur autem ille equus vivo testatore, redintegrabitur legatum. Ceterum superstite illo equo, qui demonstrabat quadri-

A gam, & altero perempto, legatum deminutum intelligitur, non extinctum: maxima igitur ejus pars superest. Scio de quadriga quæri inter alios professores, an quadriga intelligatur sine rheda? Id vero nemo melius expedire possit, quam Jureconsultus. Quadriga intelligitur sine curru. Fateor quadrigam haberi, ut jungatur ad currum, sed nego ita quadrigam accipi, quasi junctam currui, alioqui quadriga legata deberetur currus, quod est falsum: nam neq; legatus est, cum quadrigæ nomine contineantur equi quatuor, *l. si id quod, pro soc. l. 10. §. ult. quib. mod. ususfruct. amitt.* Et non cedit legato quadrigæ currus, ut pars vel accessio: ergo per se intelligitur, quoniam per se currus alia res est, sine qua quadriga intelligitur, licet ad currum jungi soleat, sicut argento legato non cedit arca, *l. argen. de legat. 3. l. 3. §. ult. de pen. leg.*

B Deniq; quadriga est nomen numeri, idque intelligitur perspicue translato eo nomine quadrigæ ad alias res, non ad equos, ut cum Varro ait, *esse quadrigam initiorum, corpus, locum, tempus, actiones,* & Vopiscus, *quadrigam tyrannorum vocat,* & Hieron. ad Jovin. *quadrigam virginum, quatuor filias Philippi, de quibus in act.* Apostol. ad Paulinam, *quatuor easdem quadrigas domini, & quadrigam sanctitatis.*

Quod in ultima parte hujus legis Papinianus tractat, pertinet ad hanc speciem: Servum legavi Titio, & ei servo post mortem legatarii dedi libertatem directam, hoc modo, *cum morietur Titius, liber esto*: quæritur, *an valeat legatum servi, cui est legata directa libertas?* Namque videtur non valere secundum id, quod dicitur, efficaciorem esse libertatem legato, puta si idem servus legetur, & liber esse jubeatur: sive prius sit legatum, sive

C posterius, dicimus, prius adscriptam libertatem esse priorem, nisi fuerit evidens voluntas testatoris, qui legato posteriore voluerit adimere priorem libertatem, quoniam hodie potest adimi libertas, olim non potuit, *l. 14. & l. legatarius hoc tit.* videlicet, si idem servus sit legatus, & liber esse jussus simpliciter: sed si jussus sit liber esse post mortem legatarii, vel cum morietur legatarius, utrumque valet: legatum valet adita hereditate, libertas valet mortuo legatario, atque ita tacite legatum videtur relictum ad tempus. Et idem esse ait Papin. si quis sit heres institutus ex parte, & ei sit legatus servus a coherede, & post mortem ejus eidem servo sit relicta directa libertas: nam etiamsi hic heres, idemque legatarius non adjerit hereditatem, capiet legatum servi, sed evane-

D scet legatum eo mortuo: interim valebit, etiamsi ipse non adjerit hereditatem, ut confirmat *l. si servus, & seq. de vulg. subst. & l. qui filio, in princ. de her. inst.* ubi ponitur servo legato non tantum data libertas directa, sed etiam hereditas filii impuberis, hoc est, ponitur servus legatus substitutus pupillo a patre post mortem legatarii, vel etiam post mortem impuberis ; evanescit legatum existente conditione substitutionis ; consistit interim, non est igitur prorsus inutile tale legatum. Et hoc voluit Pap. non consumpsit omnino legatum libertatis datio. Obstat *l. si post mortem,* §. *pen. de leg. 1.* Lex idem omnino ponit, servum legatum Titio, & post mortem Titii servo adscriptam directam libertatem, & ait, inutile esse legatum, quia certum est inquit, Titium moriturum; ergo competituram libertatem, si

E modo servus supervixerit Titio. Igitur certum est, Titium moriturum, sed non est omnino certum competituram libertatem. Quid enim si præmoriatur servus? Ergo, ut ait, legatum est inutile, & tamen hic Pap. ait competere, hoc est, deferri adita hereditate, valere statim atque adita est hereditas. Res non est difficilis, si quod ait *l. post mortem,* §. *pen,* & in hoc §. conferatur modo hic casus cum casu, qui præcedit: non habita ratione ad casum, qui præcedit, hoc casu legatum est inutile. Duo sunt casus in illo §. *ult.* Prior est, quem ita demonstrat: legavi Titio servum pure, & ei dedi libertatem sub conditione : hoc casu, si legatum non valere adita hereditate, si pendeat conditio, sed esse in suspenso, legatum pendere: non possumus dicere id esse utile ab-
scit

scisè, vel esse inutile, quia pendet: videtur enim legatum relictum sub contraria conditione. Ideoque si existat conditio libertatis, perimitur legatum: si deficiat, pertinet ad legatarium. Ergo legatum est conditionale, ac proinde, si medio tempore moriatur legatarius, non transmittit legatum ad heredem suum. Posterior casus hic est: legavi servum Titio pure, & post mortem Titii servo dedi libertatem, quærebatur in *d. l. si post mortem*, *§. pen.* an etiam hoc legatum esset conditionale propter transmissionis causam? Et sic ait, esse inutile, non esse conditionale, sed statim pronuntiari inutile, non quod eo interim non fruatur legatarius, sed quod futurum sit, ut evanescat præmortuo legatario.

### Ad L. V. de Servit. leg.

*Etsi maxime testamenti factio cum servis alienis ex persona dominorum est, ea tamen, quæ servis relinquuntur, ita valent, si liberis relicta possent valere: sic ad fundum domini via servo frustra legatur.*

PRoponuntur in hac lege duæ regulæ. Una est vetus regula juris antiqui, cum servis alienis esse testamenti factionem ex persona dominorum, *l.12. §. res de leg.1.* Altera regula est nova, introducta a Juliano Jureconsulto, quæ præceptum dicitur in *l. debetur, §. pen. de leg. 2.* Regulæ juris sunt præcepta juris. Hæc tria illa præcepta, *honeste vivere, alterum non lædere, jus suum cuique tribuere*, sunt summæ regulæ juris. Primo prohibemur ab injuria, quam inferimus nobis ipsis, ne mortem nobis consciscamus, ne dissolute vitam agamus, ne ullo nos contaminemus stupro, ne ullam nobis infamiam contrahamus. Secundo & tertio præcepto, prohibemur ab injuria, quam inferre possumus alteri. Secundo, ne quid adimamus alteri, ne vitam ac honorem injecta contumelia. Tertio prohibemur, ne quid retineamus ex alienis, ne depositum non reddamus, ne debitum non solvamus, ne legatum a nobis relictum non præstemus. Verum ad rem. Servus non habet jus stipulandi, nisi sit servus ejus, qui stipulari possit, *init. t. de stip. ser.* Et similiter servus heres institui non potest, nisi & cum domino ejus nobis sit testamenti factio, *d. reg.* Et quod dicitur in *l. filiusf. qui test. fac. pos.* servum alienum habere testamenti factionem, sic accipiendum est, si & dominus ejus habuerit: nam ex persona domini servus vel capax esse intelligitur, vel incapax: imo nec videtur esse servus, nec ulla esse persona servi, nisi per personam domini: servo enim dominus personam imponit suam, alioqui pro nullo habetur: potest servus esse sine domino, & is plane pro nullo habetur: nam non est, ex cujus persona ipse personam suscipiat, nec vero suscipere ex alio potest quam ex domino, cujus in potestate est. Et hæc est vetus regula juris civilis, quæ proponitur initio h. leg. Ait cum *servis alienis*. Cum servis propriis autem non est testamenti factio, quia nec cum nobis ipsis: cum servo meo non est mihi testamenti factio. At cum libertate, id est, si servo meo adscripsero libertatem, est testamenti factio: & similiter adscripta libertate fideicom. mihi cum servo ejus cum quo mihi testamenti factio non est, testamenti factio est. Huic veteri regulæ subjicitur in hac lege nova regula, Juliani esse colligo ex *l. deb.82. §. servo alieno, de leg.2.* Regula hæc est: in legatis, servi persona inspicitur: abutimur nomine personæ. Vel sic: ex persona servi legatum, quod ei relinquitur, an vires accipit, id est, id demum servo recte legatur, quod & ei libero possit legari; & contra, servo non legatur, quod ei libero non possit legari. Ex causa igitur civili æstimatur, servo recte legetur necne, sicut dicitur in *l. non sol.§.ult. de pec.* ex causa civili æstimari, an servus domino obligetur. Causa civilis est ex qua cives Romani, vel liberi homines alii secundum jus suæ civitatis obligantur. Mutuum facit debitores liberos homines: ergo & servum: nuda ratio non facit debitorem liberum hominem, puta si

quis rationibus suis præscribat, se aliquid debere Titio, cum omnino, nec mutuum acceperit a Titio, nec ulla causa debendi præcesserit: nuda illa ratio non facit debitorem, *l. nuda, de don.* quod & comprehendit *d. l. non solum*, nuda ratio non facit donationem, ut scilicet videatur donasse, cum scripsit se debere, quia donatio traditione perficitur, & nuda illa scriptura non habetur pro traditione: sunt fictæ traditiones quædam, ut retentio ususfr. pro traditione habetur. Si donavero, & retinuero usumfructum, *l. quisquis, C. de donat.* Precarii conventio, quæ sit hodie frequenter, pro traditione habetur, ut si constituam me precario possidere, me impetratam possidere abs te rem, quam tibi donatam volo; sed nuda scriptura pro traditione non habetur: denique nuda ratio donatorem non facit liberum hominem; nuda ratio liberum hominem non facit debitorem; ergo nec servum, quæ est sententia *d. l. non solum, §. ult.* Ac rursus libero homini non potest legari via ad fundum alienum: ergo nec servo ad fundum domini: certe non ad fundum extraneum, imo nec ad fundum domini, quia fundo alieno per non dominum non potest acquiri servitus, imo nec communi fundo per unum socium, *l. proprium, com. præd.* Unde notandum est valde, testamenti factionem esse separandam a rebus singulis, quæ servo alieno legantur: sunt duæ regulæ separatæ: una est de testamenti factione, altera de rebus singulis servo alieno legatis. Separatio hæc est: testamenti factio est cum servo alieno ex persona domini, si & cum domino fit testamenti factio: legatum autem rerum singularum in servo alieno consistit ex persona servi, non ex persona domini, non consistit ex persona domini: Nam etsi domino, ea quæ legantur non possint legari, servo tamen ejus legantur utiliter, si modo liber factus ea capere possit: ut res propria domini certe domino legatur inutiliter, servo ejus legatur utiliter, & effectum habet legatum, si manumissus fuerit ante diem legati cedentem. Item quod domino pure debetur, frustra legatur: quod debetur sub conditione, recte legatur: quia legato inest commodum repræsentationis, quia ex eo legato capiet statim, quod non caperet antequam existeret conditio, *d. l. debitor, in princ.* Sed quod pure debetur, domino frustra legatur, servo tamen ejus frustra non legatur, & valet legatum, si die legati cedente liber inveniatur. Ergo legatum servo alieno relictum consistit, si hic liber factus capere possit, licet dominus ejus capere non potuerit, ut contra legatum relictum servo alieno non valet, si liber factus id capere non potuerit: ut si legetur ei via ad fundum domini, quamvis dominus id capere potuerit. Denique ut legem servo alieno, desidero quidem, ut ejus dominus sit capax, id est, ut sit cum eo testamenti factio: non desidero, ut rem, quæ legatur, dominus ejus jure legati capere possit: satis est, si in universum censeatur esse capax. Diximus servo alieno frustra legari viam ad fundum domini, & legatum relictum servo alieno valere ex persona servi, non domini. Obstat *l. si unus ex dominis, de serv. rust. l.7. §. ult. & l.17. de stip. serv.* quibus locis ostenditur, servum alienum recte stipulari viam ad fundum domini. Cur non legatur recte servo alieno via ad fundum domini? Et est profecto verum, quod ait Acc. hanc esse differentiam inter stipulationem & legatum: sed enarranda est differentiæ ratio. In stipulationibus sive puræ, sive conditionales sint, & generaliter in contractibus, quos omnes stipulatio circumambit, spectari tempus contractus. Valere igitur eas ex persona domini, qui servum stipulantem eo tempore habuit in potestate: nam stipulatio, etiamsi sit conditionalis, ex eo tempore censetur: & conditio post existens retrotrahitur ad tempus contractus, & hoc commodum omne stipulationis pertinet ad dominum, etiamsi servus postea manumissus sit: in legatis autem non spectatur tempus, quo legatur, sed spectatur tempus; quo dies legati cedit. Fieri autem potest, ut qui tempore testamenti erat servus, cuique adscriptum est legatum, die legati cedente, inveniatur liber, & ob id persona servi inspicitur, nec valet legatum ei relictum, nisi & is liber

ber id capere potuit die legati cedente. Ex quo principio juris, videlicet, ut in stipulationibus spectetur tempus contractus: in legatis tempus cessionis, sequuntur multæ conclusiones: primum, ut stipulatio conditionalis conferatur, id est, ut frater fratribus suis conferat, quod ei debetur sub conditione, quoties agitur de paterna successione: ergo statim dies cedit, licet petitio suspendatur ex conditione, *l. 2. §. id quoque, de collat. bon.* Item si filiusfamil. sit stipulatus sub conditione, & pendente conditione emancipatus sit, deinde extiterit conditio, competit actio ex stipulatu patri, *l. si filiusfamil. de verb. obligat.* legati petitio competeret filiusfam. non patri existente conditione post emancipationem: & eadem ratione filiusfamil. de eo, quod stipulatus est sub conditione, pacisci non potest, *l. & heredi, §. filiusfam. de pact.* de legato pacisci potest. Præterea stipulatio conditionalis transmittitur in heredem: quia statim valet, & ex præsenti tempore censetur, *§. ex conditio. Instit. de verb. obligat.* legatum conditionale non transmittitur mortuo legatario medio tempore. Et hoc est, quod dicitur, stipulatorem conditionalem esse creditorem: legatarium conditionalem non esse creditorem, *l. is cui sub conditione, de obligat. & act.* conditionales stipulationes retrotrahi ad tempus contractus, quod observari semper volumus, *l. potior, §. videamus, qui pot. in pign.* Conditio legati non retrotrahitur ad tempus testamenti vel mortis. Item servus hereditatis (is autem est servus hereditatis, quæ jacet, id est, quæ nondum adita est) usumfructum inutiliter stipulatur & pure, & sub conditione: cur? quia ususfructus non consistit sine persona, & hic servus personam non habet, nec etiam est, cujus personam sibi adroget, quia jacet hereditas. Legatur tamen servo hereditario recte, *l. usumfr. de stip. serv.* Quæ omnia manant ex illo principio, quod in stipulatione spectetur tempus contractus, in legatis tempus quo dies cedit. Ac postremo, si unus ex sociis leget communi servo fine libertate, solidum legatum pertinet ad alterum socium, nec cogitur id communicare cum herede socii: cur? quia de legati cedente (quod hodie, & ante leges caducarias cedit statim a morte) illum solum dominum habuit, ei soli solidum acquiretur legatum: sed si unus socius servo communi stipulanti promiserit aliquid, pars ex qua promissor dominus fuit, non acquiretur alteri, pro ea parte nulla est stipulatio, reliqua pars acquiretur alteri: ergo non solidum acquiretur alteri, quia scilicet tempore stipulationis non hunc promissorem dominum tantum D habuit, sed & alterum, aut contra, *l. 9. §. si servus, ff. de stip. serv.* Diximus id demum servo posse legari, quæ est regula Juliani. Obstat huic regulæ, quod objicit Marcellus Juliano in notis: Servo alieno ita legari recte, *quoad serviat Titio domino suo, l. servo alieno 113. de leg. 1.* Et tamen is servus liber factus ad hujusmodi legatum non admitteretur propter illa verba, *quandiu serviet.* Ergo servus alienus capit legatum, quod liber factus non caperet: sunt quidam servi, qui manumitti non possunt, ut qui testamento vel pacto sunt prohibiti manumitti, nunquam ad libertatem pervenire possunt, *tit. qui ad libert. per non.* his tamen recte legatur & capiunt legatum: non valet igitur legatum ex persona servi. Verum hæc argumenta sunt captiosa. Nam & priore casu servus liber factus caperet legatum, nisi esset apposita illa conditio (*quandiu serviet*) hæc enim oratio, *quandiu serviet*, conditionem facit, *l. 4. de servit.* Et posteriore casu si liber fieret, utique caperet legatum. Est igitur, ut est in *d. l. debitor, §. servo alieno*, calumniosa argumentatio, seu nota Marcelli: est enim ille locus de Marcello intelligendus, ut constat ex *d. §. servo alieno.* Et verum est quod Joannes ait, esse captionem, secundum quid & qualiter, id est, captionem in accidenti & attributo: Nam ita Marcellus captionem formavit: id demum servo legari potest, quod ei libero posset legari. Libero non posset legari *quandiu serviet*, cum liber sit, non servus: ergo nec servo ita poterit legari: hoc autem est falsum, ergo & illud.

A Vis brevius: si id demum servo potest legari, quod posset libero, non poterit igitur ei legari hoc modo: *Quandiu serviet domino suo.* Hoc autem est falsum, ergo & illud. Est captio ex accidente. Nam quod in propositione sumitur simpliciter, ei in assumptione adjungitur conditio: non igitur similis assumptio propositioni, quæ res creat fallaciam, & hic est sensus *d. §. servo alieno*, in *l. debitor*, ubi refutatur sophisma Marcelli.

### Ad L. XII. de His quæ ut indign.

*Cum quidam scripsisset heredes, quos instituere non potuerat: quamvis institutio non valeret, neque superius testamentum ruptum esset, heredibus tamen, ut indignis, qui non habuerant supremam voluntatem abstulit jampridem senatus hereditatem. Quod D. Marcus in ejus persona judicavit, cujus nomen peracto testamento testator induxerat: causam enim ad præfectos ærarii misit. Verum ab eo legata relicta salva manserunt, de præceptionibus eidem datis voluntatis erit quæstio, & legatum ei non denegabitur, nisi hoc evidenter testatorem voluisse appareat.*

Duo proponuntur casus, quibus heredi instituto ut indigno, fiscus hereditatem aufert: indignus heres est, quem testator vel lex judicavit male meritum esse de defuncto, ingratum esse, immerentem, vel quem heredem instituit, non illicitum quidem eum, sed quem instituere nefas atque pudendum, ut nefas est instituere eam, quam nos in matrimonium jure non capimus, *l. 2. hoc tit.* His duobus casibus testator ipse, quem heredem fecerat, indignum esse honore isto demonstrat: nam indignis heredibus vel legatariis plerumque fiscus adimit bona, quæ & ereptitia dicuntur ab Ulpiano *in fragm.* Et fiscus ea eripere dicitur, *l. pen. de jure fisci, l. 26. ad leg. Cornel. de fals.* Et ereptitia etiam communi nomine dicuntur caduca, *d. l. 2. in fine, si quis aliq. test. prob. l. pen. de his, quæ in testam. delent:* nam generali nomine quæcumque obveniunt fisco ex alieno caduca sunt. Strictiori nomine caduca tantum sunt ea, quæ deficiunt mortuo testatore, ut si post testatorem heres moriatur ante aditam hereditatem, atque ita caduci nomen modo generaliter accipitur, modo specialiter: & generaliter acceptum comprehendit etiam ereptitia, id est, ea quæ ut indignis eripiuntur. Male autem Accursius in hac l. confundit incapacem cum indigno; & non in hac l. tantum sed & alibi, & ait, idem jus statuendum esse incapacis & indigni: & petenti exemplum incapacis, quod facile exemplum indigni doctores perperam, & inde sit, ut etiam male Accursius hoc loco scribat, incapacem mero jure heredem esse, quia obstat lex, quæ incapacem facit: ac præterea aditione hereditatis confundi actiones, quæ inter eum & defunctum fuerant, & incapaci fiscum auferre hereditatem, legata, fideicommissa, quod scriptum tantum est de indigno: confundit titulum præcedentem de his, quæ pro non scriptis habentur, cum hoc tit. nam quæ relinquuntur indigni, indigni possunt capere, sed non retinere, *l. 2. hoc tit.* relictum incapaci remanet apud heredem, vel transmittitur ad heredem legitimum sine onere, quia si est pro non scripto, & onus ei adscriptum, pro non scripto est necessario. Indigno autem relictum fiscus aufert cum onere: ne igitur unquam confundamus indignos cum incapacibus. Verum videamus, qui sint hi duo casus, qui proponuntur in hac l. Primus casus est. Quidam priore testamento instituit heredes capaces, quos instituere per leges poterat, posteriore scripsit incapaces, an posteriore testamento ruptum est prius? Rumperetur si posterius valeret, id est, si ex eo heres existere posset: non rumpitur, quia ex posteriori nemo heres existere potest: namque proponuntur ex eo esse incapaces heredes, qui neque fieri, neque existere possunt. Quæritur, *an heredes scripti priori testamento hereditatem obtinebunt?* Quod videtur, quia prius valet, nec ruptum est, & quandiu testamento

mento locus est, repelluntur legitimi venientes ab intestato. Et sane verum est, heredem fore eum, qui priore testamento scriptus est heres, sed fiscus eripiet hereditatem quasi indigno. Indignus est bonis, quem defunctus judicavit esse indignum, & alio testamento confecto, in quo instituit incapacem, prætulit eum incapacem capaci, neque enim ignorabat leges de incapacibus, nec enim poterat ignorare, nec ergo alio fine testatus esse videtur, quam ut notaret, eum esse indignum hereditate sua, quem priore testamento heredem scripserat, non ignorans non valiturum posterius, nec mero jure ruptum iri superius judicium defuncti : posterius enim si sit inutile, indignum esse coarguit eum, qui utili testamento scriptus est, id est, priori. Et ita est proponenda species ad priorem partem h. l. nam ponendum est necessario movisse Senatum ut ita pronuntiaret, voluntatem testatoris: fuisse certa argumenta, quæ probarent testatorem priore testamento heredem scriptum indignum esse censuisse, alioqui injustum esset Senatusconsultum. Nam potest fieri, ut qui posterius testamentum scripsit, ita demum a priore testamento recedere voluerit, si posterius valiturum esset, l. 18. ae legat. 3. Finge : posteriori testamento eosdem heredes scripsit, & alia quædam mutavit, quædam non mutavit : non valet posterius testamentum, quia omisit solemnia quædam : heredes primo testamento scripti non sunt indigni, qui & priore & posteriore judicio defuncti probati sunt, & honorati : Vel finge : posteriore testamento scripsit capaces, nec valet testamentum propter omissam solemnitatem quandam, an statim existimaveris priori testamento scriptos esse indignos? Sane non temere, nec enim mutamus testamentum semper odio priorum heredum, sed majore affectu posteriorum. Vel etiam finge, quod verius est : posteriore testamento scripsit incapaces, ignorans eorum conditionem, errans in facto, veluti coelibem heredem scripsit, qui lege Julia & Papia est ex incapacium numero, vel orbum, quem putabat esse patrem: non valet posterius testamentum, quia vitiosa est institutio & illicita. An ideo primo testamento heredes scripti judicabuntur esse indigni? minime : videntur quidem non habere supremam voluntatem defuncti, cum alios heredes scripserit postea, quamvis inutiliter : sed non est usquequaque verum, quod ait Papin. hoc loco, indignum esse eum, qui non habet supremam voluntatem defuncti, in cujus institutione non perseveravit defunctus. Nam finge, eum heredem scripsisse, & prius quam moreretur dixisse, nolle eum sibi heredem esse, non fecisse quidem aliud testamentum, sed hoc tantum pronuntiasse, intestatum se mori malle, an heres judicatur indignus, qui non habet supremam voluntatem ? minime, l. militis, §. veter. de milit. testam. neque enim nuda voluntate adimi potest, l. pen. quib. mod. testam. infirm. Vel finge: sic prius testamentum fecerat, coepit aliud facere, & alios quosdam heredes scribere, nec perfecit testamentum, sed obmutuit forte in medio, morte præventus. Priore scripti non videntur habere supremam voluntatem, nec tamen sunt indigni, id est, fisco locum non est, l. ex parte, de adim. leg. Hoc modo. igitur interpretor, indignus est is, cujus odio testator recessit a priore voluntate, quod liquido constet oportet : & constat liquido, si sciens prudensque instituerit incapacem odio alterius, quasi subindicans, si fieri possit, malle eum incapacem, quam capacem: quod etiam fortius defendi potest idem procedere, si instituerit capacem, si modo id fecerit odio alterius, & omiserit solemnia quædam in posteriore testamento ; nam ponendum est semper posterius non valere. Hoc enim casu, si modo probetur testatorem fecisse odio prioris, licet fuerit capax, pro indigno habetur, & aufertur ei hereditas. Non lex tantum, sed etiam voluntas testatoris indignum heredem facit : odium testatoris indignum facit : sed ponendum est,

ut dixi, omissa fuisse solemnia quædam juris in posteriore testamento. Solemnia enim juris ignorare quilibet potest præter Jurisconsultos : leges vero, Senatusconsulta, plebiscita ignorare non licet. Qua de causa in testamentis conficiendis adhibebantur semper Jurisconsulti propter formulas, l. pen. §. ult. de leg. 2. & dictabant testamenta IC. l. dict. C. de test. l. moris, de poenis : dictabant etiam stipulationes Ovid. in Epist. Acontii.

*Dictatis ab eo feci sponsalia verbis :*
*Consultoque sui juris amore vafer.*

Et in amoribus :

*--- Atque eadem consulti ante atria mittis,*
*Unius ut verbi grandia damna ferat.*

Ad hæc Accurs. non male, ad Senatusconsultum, quod refertur a Papiniano in priori parte hujus l. opponit aliud Senatusconsultum quod refertur in §. pen. Instit. quibus modis test. infirm. quod indiget explicatione. Diversi sunt casus hujus Senatusconsulti, & illius, sed in utroque casu videtur eadem ratio valere, & affirmatur in uno valere, negatur tamen in altero valere. In casu §. pen. testator aliud testamentum facere coepit, nec peregit, veluti quosdam heredes instituit, non omnes, quos instituere decreverat, l. si quis, cum seq. qui test. fac. poss. In casu hujus legis testamentum peregit, scriptis heredibus incapacibus, quos scribere non poterat : hoc tamen casu aufertur hereditas priori heredi, ut indigno, quia non habet supremam voluntatem ; ergo eadem ratione in casu §. pen. videtur ei esse auferenda hereditas ut indigno, quia testator id testamentum mutare voluit, & mutasset, nisi mors eum prævenisset. Et similiter, si testator non coeperit aliud facere, sed cum vellet incipere, prohibitus sit ab herede scripto, ei ut indigno auferetur hereditas, l. si scripto, hoc tit. & l. 1. si quis alium test. Et similiter ait, quod plus est, si neque fecerit aliud testamentum, neque coeperit facere, neque facere prohibitus fuerit, sed id induxerit, & cancellaverit nomen heredis, ei ut indigno aufertur hereditas, ut non habenti supremam voluntatem. Qui est posterior casus hujus l. Cur ergo in d. §. pen. si aliud testamentum facere coeperit, nec perfecerit, non admitur hereditas priori heredi, ut non habenti supremam voluntatem, ut indigno ex tacita voluntate defuncti ? Posset dici, quod Accurs. tentat, non negari in eo paragrapho, quin ei sit auferenda hereditas, ut indigno, si testator posterius facere coeperit, nec morte præventus id perfecerit : sed hoc tantum proponi, prius testamentum non rumpi, quod & procedit in casu hujus l. Ceterum fisco locum esse, hoc ego nego, nec admitto: nam considerandum in d. §. ult. esse scriptum, prius testamentum in eo casu non rumpi, & hoc cautum esse oratione D. Pertinacis : ergo & Senatusconsulto : nam omnem orationem Principis sequebatur Senatusconsultum : habebatur enim oratio in Senatu a Principe, vel a quæstore nomine Principis. Quamobrem in jure sæpe eadem modo dicitur factum oratione Principis, vel libello, vel epistola, modo Senatusconsulto. Supervacuum autem fuit Senatusconsultum, & oratio illa, si hoc tantum cavit, posteriore testamento imperfecto non rumpi prius perfectum, quoniam hoc erat certissimum & vetustissimum exceptis casibus quibusdam. Itaque non hoc tantum voluit Senatus, prius testamentum non rumpi, sed fisco locum non esse, quasi herede scripto in priori testamento indigno, aut non habente supremam voluntatem. Idque omnino demonstrat Jul. Capitol. in *Pertinace*, *Legem tulit, ut priora testamenta non prius irrita essent, quam alia perfecta essent, neve ob hoc fiscus aliquando succederet.* Et sane cum in eo §. pen. similia faciat hæc duo, si mortalitate præventus non perfecerit testamentum, & si ob id non perfecerit, quod eum hujus rei poenituerit, & constet hoc casu posteriore, si poenituerit, fiscum excludi, quia heres priore scriptus habet supremam voluntatem, consequens est, & priore

casu

casu fiscum excludi, si posterius testamentum non perfecerit morte præventus, licet prior heres non habeat supremam voluntatem: sed melius est, ut eum habere dicas supremam voluntatem, cum alia non sit perfecta, *l. ex parte, de adim. leg.* At in casu hujus l. posterius testamentum fuit perfectum, id est, peractum, nec defuere ulla solemnia juris. Incapacitate tantum heredis instituti rumpitur testamentum, & perit perfecta voluntas suprema, quamvis effectu careat: tacite priorem heredem indignum esse pronuntiat, modo conjecturæ voluntatis suffragentur, & in alio casu quem attigimus, *l. si scripto, hoc tit.* heres, qui volentem mutare testamentum prohibuit, quamvis videatur habere supremam voluntatem, cum alia non sit subsequuta voluntas, id est, aliud testamentum: tamen ut indignus repellitur propter dolum malum. Et similiter in casu *l. hereditas, de his quæ ut indig.* heres testamento scriptus pro indigno habetur, si testator dixerit palam, eum esse indignum, & de se male meritum, nec tamen fecerit aliud testamentum: nam quid est evidentius? Ergo invitatur fiscus. Et idem etiam statuemus, si non facto testamento alio, heredis scripti nomen induxerit, deleverit; & ideo ex decreto D. Marci, quod enarratur plenius in *l. pen. de his, quæ in testam. del.* hic heres habetur pro indigno, nec videtur habere supremam voluntatem defuncti; & ideo fiscus ad hereditatem vocatur. Alter casus, si consulto testator nomen heredis induxerit, indignus erit heres: plus est inducere nomen heredis, quam dicere, nolle sibi heredem esse: nam si aliquando post factum testamentum dixerit, nolle sibi heredem esse, heres pro indigno non habetur, nisi addiderit elogium, §. *pen. qui. mod. test. inf. l. 1. C. quib. ut indig.* sed si induxerit nomen heredis, pro indigno habetur; plus est facere, quam dicere, & voluntate factum est evidentius. Et ita refertur in hac *l. 12. & l. 6. eod. tit. & l. pen. de his, quæ in testam. del.* Ita judicasse D. Marcum, ad heredem, cujus nomen testator consulto induxit hereditatem pertinere non videri, *d. l. pen.* ut veteres pronuntiare solebant ita, *esse videri*, aut ita, *non esse videri*, & Imperator etiam modeste pronuntiavit in *d. l. pen.* existimasse testatorem ea sola irrita esse voluisse, quæ induxit. Et testes olim in testimonio dicebant, arbitrari se scire. Est autem valde notanda *d. l. pen.* quia in ea referuntur acta hac de re habita apud D. Anton. Marcum. Ex quo intelligitur acta confici solita breviter, simpliciter, monendi causa, non ut sit hodie longa & supervacua oratione. Referuntur in actis paucissimis verbis, quæ advocati litigatorum dixerunt apud Imperatorem: & his omnibus auditis removisse eos Imperatores omnes, & ea de re deliberasse cum assessoribus, id est, Jurisconsultis, ac rursus eos admitti jussisse, ac apud eos hanc sententiam tulisse. Et cum Imperator ita pronuntiasset, hereditatem ad heredem scriptum pervenire non videri, cujus nomen testator induxerat, advocatus fisci remisit ad præfectos ærarii, ut hæc proponitur, ut scil. advocati fisci apud eos hereditatem persequerentur, & peterent, quasi addictam fisco sententia Imperatoris, qui heredem bonis indignum pronuntiavit secutus judicium defuncti. Præfecti ærarii erant judices rerum fiscalium, *l. ait D. Adrianus, ff. de jure fisci.* In provinciis procuratores Cæsaris, *l. cum hi, §. transf. de transfact.* Duos ergo ex hac *l. 12.* habemus casus, quibus fiscus heredi scripto hereditatem aufert quasi indigno. Primus hic est, quem exposuimus supra; si post factum prius testamentum posterius fecerit, in quo capacem instituerit: quo casu superius testamentum non rumpitur. Alter est, si nomina heredum induxerit & cancellaverit, & hi jam casus satis sunt expositi. Sed superest hæc quæstio: an fisco eripiente hereditatem heredi scripto, debeantur legata, an debeantur fideicommissa, an libertates? an his casibus caduca sit hereditas cum onere? an præstabit fiscus legata relicta ab herede indigno, cui heredes insti obtulit? Et posteriore casu idem Imper. decrevit fiscum debere legata, ergo & fideicommissa, & libertates multo magis. Quod con-

Tom. IV.

firmat lex 16. §. *ult. hoc tit, & l. 2. & 3. de his, quæ in testam. del. & l. cetera, C. de his quib. ut ind.* Hoc igitur posteriore casu ex decreto Marci, legata, quæ non induxit testator, & alia manent, & fiscus a legatariis conveniri potest. Idem statuemus in priore casu, si aliud testamentum fecerit, in quo scripserit heredem incapacem: nam illo priore casu mutavit testamentum odio heredis. Plectuntur igitur soli heredes, non legatarii. Nam si ei tantum legatarii odio fuissent, id facile potuisset explere, non mutato testamento, ut puta adempto legato in codicil. vel etiam quacumque nuda voluntate, *l. 3. §. ult. de adim. leg. & l. militis, §. pen. de mili. test.* Ergo utroque casu hujus legis caduca fit hereditas, id est, eripitur indigno cum onere legatorum, aut fideicommissariorum, aut libertatum. Et generaliter advertendum est, hodie quacumque ex causa caduca fieri cum onere, *l. 3. §. cum ex causa, & l. dicitur de jure fisci, l. Imper. §. pen. de fideicomm. l. libert. l. in factum, §. pen. de condit. & demonst.* Restat adhuc ea quæstio, an etiam fiscus debeat præstare prælegata, sive præceptiones relictas heredi indigno? Præceptiones sunt, quæ heredi præter portionem hereditatis præcipuo titulo dantur, *l. 2. de instr. vel inst. leg.* Ideoque non relinquitur prælegatum, sive præceptio heredi ex asse, sed heredi ex parte scripto, ut scil. legatum illud præcipiat in primis, deinde reliquum dividat cum coherede. Finge igitur: heredi indigno, cui hereditatem fiscus abstulit, idem testator prælegatum reliquerat; ceteris fiscus præstat legata sua, an & heredi indigno prælegatum? dices igitur, etiam prælegatum cadere in fiscum sicut hereditas. Quin quæro an prælegatum præstet fiscus? Cui quæstioni ut respondeatur, sciendum prius est, quæ sit natura prælegati. Finge: duo sunt heredes, uni prælegavit fundum, an valet legatum? non valet nisi pro parte coheredis: nam pro altera parte, quam ille habet & legatarius habet in fundo, inutile est legatum. Igitur pro sua parte capit fundum jure hereditario, quia est heres, non jure legati: nam heredi a semetipso non potest legari. Ergo pro sua parte fundum capiet jure hereditario, pro parte coheredis, jure legati. Jure ergo duplici, & partem quam capit jure hereditario imputabit in quartam, si intervenerit Falcidia, partem quam habuit jure legati a coherede, non imputabit, *l. in quart. ad Falcid. & l. filium quem, C. fam. ercisc.* In summa prælegati pars capitur jure hereditario, pars jure legati; videtur ergo pars ea quam capit jure hereditario, esse caduca: illa autem altera, quæ capitur jure legati, non videtur esse caduca, quia hereditatis tantum indignus est, non legati, sed tamen etiam integrum fundum fiscus capiet, sicut heres caperet, si non esset indignus, quia fiscus omnino obtinet locum heredis scripti, ut inferius dilucidius demonstrabitur. Ergo fisco scripto heredi scripto est præstandus integer fundus. Sed quæro, an fiscus hunc fundum debeat heredi indigno restituere, an ut ceteris præstat legata, præstet etiam prælegatum heredi indigno? Et Papinianus ait, esse voluntatis quæstionem, totam facere voluntatem defuncti, *cela gist en preuve*: videndum est, quid voluerit, quid senserit, sed in dubio etiam prælegatum præstabit heredi indigno, quamquam pars hereditaria videatur esse caduca tantum, & hanc partem, & alteram præstabit, id est, integrum legatum, nisi aliud probetur testatorem voluisse. Confertur ergo integrum prælegatum heredi indigno, & præstabitur a fisco omissa hereditate ab herede, cui quid prælegatum est, tunc capit prælegatum integrum est, & jus legati omne, quia jam non est heres, sed est ex integro fundo legatarius, quod ostenditur in *l. qui filium, §. ult. & seq. l. quæsitum, §. domini, de leg. 1. l. cum resp. C. de leg.* Idem etiam dicemus erepta hereditate quod quid prælegatum erat: nam capiet integrum legatum *l. eum qui, §. ult. hoc tit.* Non sane omne jure legati, quia heres manet ipso jure, cui hereditas aufertur ipso jure, ut indigno, *l. ex facto, §. ult. de vulg. substit.* Sed interpretatione coercetur, & constringitur jus fiscale, ut scilicet fiscus præstet integrum

Dd

gritm prælegatum, ac si is cui præripuit hereditatem, heres esse desiisset. Adnotandum alias indigno etiam eripi prælegatum, in hac causa non eripi: quia præsumitur testator prælegatum præstari voluisse, quod non induxit: At in casu *l. si sequens. §.ult. de Senatusc. Syllan.* si heredi auferatur hereditas ut indigno, quod ultus non sit necem defuncti, *an præstabitur prælegatum?* minime. Et ita extra eam causam heredum indignorum evenit sæpe; ut qui submovetur ab hereditate, submoveatur etiam a prælegato, ut videtur commodissime ob hoc posse huic legi 12. conjungi *l. 70. de cond. & demonst.* quæ est ex eodem libro Papin. in qua ponitur casus, quo qui submovetur ab hereditate, etiam a prælegato submovetur.

### Ad L. LXX. de Condit. & demonst.

*Duos mater filios sub conditione emancipationis ex partibus heredes instituit, eisque plurium rerum præceptiones pure dedit: hereditatem adierunt: patrem a legatorum commodo illa quoque ratio debet summovere, quod emancipando filios obsecutus voluntati, supremum judicium uxoris suæ custodiri voluit.*

Casus hic est: mater duos filios heredes scripsit ex partibus sub conditione, *si emanciparentur a patre*: heredes igitur scripsit sub conditione, & eis prælegavit res plures pure: pater filios emancipavit, & ita existente conditione hereditatem adierunt, & eam sibi acquisierunt non patri. Quæritur, *an sibi acquirant prælegatum non patri?* Dubitatur, quia die prælegati cedente erant in potestate patris: ergo legatum pertinet ad patrem, quia in legatis tempus cessionis observatur, & dies legati cessit statim a morte matris: filiis nondum emancipatis hereditas non cedit, antequam adeatur, *l. miles, §. ult. de leg. 2.* Verum placet patrem submoveri etiam a prælegato relicto filiis, quia ut ait Papinianus emancipando filios, ut voluerat mater, obsecutus voluntati matris supremum ejus judicium custodire voluit, & qua ratione submovetur ab hereditate, eadem submovendus est etiam a prælegato, ne emancipando filios partim videretur probasse judicium matris, partim improbasse. Et observandum est, male Accursium scribere, patrem submoveri a prælegato, quia in prælegato videatur repetita conditio emancipationis. Hoc enim est falsum: nam pure prælegavit, & non pure videretur prælegasse, si repetiisset conditionem emancipationis, & abutitur *l. a. via hoc tit.* in cujus specie conditio adscripta in institutione, videtur repetita in prælegato: sed hoc ideo, quia ita prælegavit mater; *hoc amplius, quod eum heredem scripsi, ei do, lego*: quæ verba, *hoc amplius*, continent manifestam repetitionem, & ob id repetita conditio intelligitur: sed in specie hujus l. ejus nulla est nota repetitionis in prælegato. Cur igitur a prælegato submovetur pater? quia supremum judicium matris omnino constitisse intelligitur. Et male objicit etiam *l. heres statuliberum, hoc tit.* nam est diversa species: servum liberum esse jussi, & ei legavi sub eadem conditione, *si navis ex Asia veneris tibi do, lego*: heres servum ultro manumisit antequam existeret conditio, an ei præstabit statim legatum non exspectata conditione? minime. In illa specie non exstitit conditio libertatis, neque legati: in specie legis 70. exstitit conditio institutionis.

Unum restat: ad *l. 12.* diximus inducto nomine heredis fisco locum esse. Obstat valde *l. 2. §. pen. si tab. test. & l. ult. de his, quæ in test.* quibus locis proponitur apertissime, inducto nomine heredis, ad hereditatem venire legitimos ab intestato: non venire igitur fiscum. Videtur quidem prima specie res esse difficilis, sed expedietur adhibita distinctione. Aut testator induxit omnem scripturam testamenti, & confregit tabulas, qui est casus superiorum legum, quo casu sane videtur intestatus decedere voluisse: ergo venient legitimi sine onere ullo. Aut induxit tantum nomen heredum, vel unius tantum. Et hoc casu in locum illius, cujus nomen testator induxit, fiscus vocatur cum onere, quia testator videtur odio heredis nomen ejus induxisse. Atque ita in locum heredis illius fiscus veniet, & perinde habebitur, atque si ipse fiscus heres esset scriptus, adeo ut scripto prælegata relicta, & fisco sint præstanda. Denique fiscus est loco heredis scripti, ut videatur defunctus, etiamsi omnium nomina induxerit, testatus esse, fiscum habere pro scripto, alioquin interciderent legata; quæ omnia fiscus præstat. Ad summam, si totum testamentum deleverit, intestatus est, si nomina sola heredum induxerit, testatus est. Etiam illud est notatu dignum, legatarios admitti, & a fisco legatum petere actione ex testamento, substitutos vel coheredes non admitti. Finge: induxit nomen unius heredis, cui dederat substitutum, vel cui adjecerat coheredes: non induxit nomen substituti, neque coheredum. Quæritur, *an summoto eo, cujus nomen induxit substitutus veniat?* Et placet non venire, nec coheredem jure accrescendi; jus fisci est potius hoc casu jure substitutionis, & jure accrescendi: eripitur enim heredibus pœnæ causa. Pœna autem unius non debet esse præmium alterius; pœna igitur indigni, id est, exceptio hereditatis, non proderit substituto, *l. si sequens, de SC. Syllan.* Et verba substitutionis, si heres non erit, sic intelliguntur, si omiserit hereditatem, neque ei eripiatur, *l. 2. de his, quæ in test. del.* ait: *si instituti nomen induxerit, substituti non induxit, institutus emolumentum hereditatis non consequitur*: oportet pro instituto, reponere, *substitutus*. Ea etiam lex vult separari legatarium a substituto, & ex ea causa erepta hereditate heredi, ostendere, legatarium admitti, substitutum vero non admitti. Addendum est aliquid, *l. duos, de condit. & demonst.* non enim mihi videor satis eam enodasse, & rationem ejus quod est maximi momenti explicasse. Mater duos filios heredes instituit sub conditione, *si emanciparentur a patre*, & eis prælegata dedit: non sub conditione, sed pure: prælegatorum jus hoc est, ut heres prælegatum pro sua parte capiat jure hereditario, pro parte coheredis jure legati, (*ce n'est qu'un demy-legat*) pars prælegati est hereditaria, alia pars legati jure obvenit. Et inde hæc differentia, quod pars hereditaria imputatur in Falcidiam, pars altera, quæ capitur jure legati non imputabitur. Et inde est alia differentia, quod pars hereditaria venit in restitutionem fideicommissi, si heres rogatus sit portionem suam restituere, pars altera non venit, ut si coactus adierit hereditatem, vel si militis testamentum fuerit, *l. in fid. §. ult. ad Treb. l. cum virum, C. de fideicomm.* Duplex igitur est in prælegato jus, hoc meminisse oportet. Redeamus ad speciem. Mater duos filios heredes instituit sub conditione emancipationis, & eis quædam pure prælegavit post mortem matris, pater filios emancipavit, qui filii adierunt hereditatem injussu patris, eam igitur sibi acquisierunt: quia jam exierant potestate patris. Et hoc est certissimum, sed legata, an adquirentur patri? Videtur prælegatum pertinere ad patrem, quia dies prælegati cessit ante emancipationem, cum erant in potestate patris, hoc est, statim a morte matris, *l. miles, §. ult. de leg. 2.* & in legatis spectamus tempus cessionis. Verum Papinianus ait patrem repelli non tantum hereditate, sed etiam a prælegatis, una eademque ratione, quia emancipando supremum judicium uxoris sequi voluit. Quomodo? nam dies prælegati dicitur statim cedere, *ex d. l. miles*: sed non cedit ante additionem hereditatis, nisi pro parte coheredis, id est, fratris, & ex parte coheredis, qui & ipse est filius, pater nihil capere potest; ergo ut ab hereditate, ita & a prælegato summovetur pater: nam non potest capere ex legato unius filii, quin capiat ex hereditate alterius. Nihil autem ex hereditate capere potest, qui emancipavit, & obsequutus est voluntati uxoris: ergo nec ullum prælegatum capere potest, & ipsos emancipando excludit se ab utroque. Qua ergo ratione repellitur ab hereditate, eadem repellitur a legato. Nec est quærenda alia ratio: nihil autem opus est adminiculo Accursii, quod addit in *l. avia,* qua utitur Accursius, adscripsit notam repetitionis: nam herede scripto sub conditione adjecit, *hoc amplius, quod heredem scri-*

ipsi eum, do, lego, quæ nota repetitionis non est in hac lege: Sed quærere quis posset, cur conditio emancipationis non intelligatur repetita in prælegato, cum ex *l. cum proponebatur, de legat.* 2. mutuam substitutionem factam didicerimus inter plures heredes videri repetitam in fideicommisso. Et rursus in *l. quoties, ad Treb.* partes adscriptas in institutione videri repetitas in fideicommisso. Quod obtinet etiam in directa institutione. Argumentum quod ex his locis ducitur, laborat vitio reciproci: nam ita respondere licet, in prælegato non videtur repetita conditio: igitur relictum est pure, ut ponit, hoc est, præsenti die, & similiter substitutio mutuo facta in institutione, non intelligetur repetita, si ostendat se nolle in eo fideicommisso, ut invicem substituti essent. Denique partes adscriptæ in institutione, non videntur repetitæ in fideicommisso, nisi in fideicommisso sint adscriptæ aliæ partes. Par ergo jus est in omnibus his casibus, si pares eos feceris: nam impares nunquam coæquaveris. Et hoc est, quod addere volui.

### Ad L. IV. ad L. Falcid.

*Fundo legato mihi sub conditione, pendente legati conditione, heres me heredem instituit, ac postea legati conditio exstitit: in Falcidia ratione fundus non jure hereditario, sed legati, meus esse intelligitur.*

SCiendum est, in quartam Falcidiam, quæ detrahitur ex legatis vel fideicommissis singularum rerum, imputari tantum ea, quæ capiuntur jure hereditario, non ea, quæ capiuntur jure legati, vel fideicommissi, vel mortis causa capionis, vel quo alio jure, *l. in quartam, hoc tit.* Quod obtinet etiam in ea Falcidia, quæ detrahitur ex fideicommissaria hereditate ex Senatusc. Pegasiano vel Trebell. *l. filium, C. fam. ercisc. l. in ratione* 30. §. *tametsi, hoc tit.* Species legis hæc est: testator fundum mihi legavit sub conditione: pendente conditione fundus est heredis, sicut statuliber, hoc est, cui sub conditione data est libertas, interim est servus heredis, *l.* 12. *famil. ercis.* Ideoque si pendente conditione is heres me instituerit heredem, fundus ad me pertinet jure hereditario, quia tum heredis fuit. At finge postea exstitit conditio legati, nunc videtur esse meus jure legati; quia etsi ad me pervenerit primum jure hereditario, tamen ea causa non perseveravit, & antiquior causa fuit legati. Denique nunc est meus ex causa legati, ergo non imputabo eum in Falcidiam, quia ei imputantur tantum, quæ jure hereditario capiuntur: non potest fundus esse meus ex utraque causa, sed ex una tantum esse potest, & potius ex jure legati; atque ita quodammodo mutatur causa possessionis & dominii: non possum mihi causam dominii mutare? res ipsa mihi potest mutare, *l. non solum,* §. *quod vulgo, de usucap.* Et similis ratio refertur ex eodem libro Papin. ab Ulpiano in *l.* 1. §. *sed si mater, ad Tertull.* Species est: filii succedunt matri ab intestato, & præferuntur agnatis matris ex Senatusconsul. Orfit. Ex testamento autem, id est si mater fecerit testamentum præteriti filii agunt querela. Finge: mater duos habet filios, unum prætermittit, alterum instituit: prætermissus queritur de inofficioso. Nunc rursus finge: mater, quæ habebat plures filios unum tantum heredem instituit sub conditione, filios ceteros prætermisit, institutus petiit bonorum possessionem secundum tabulas: nam datur pendente conditione, *l.* 2. *de bon. possess. secun. tab.* Postea defecit conditio: mutabitur causa possessionis, & qui erat institutus cum ceteris fratribus præteritis, succedet matri, & bonorum possessio secundum tabulas convertetur in bonorum possessionem contra tabulas. Restat quod objicit Accursius, *l. cui res, de act. empt.* Res mihi legata est sub conditione, ego interim illa emi ab herede imprudens & accepi, & pretium solvi: colligit Accurs. eam rem esse meam ex causa emptionis, non legati. Verum non hoc vult *l. cui res,* rem meam esse ex causa emptionis, si postea exstiterit conditio legati, sed

*Tom. IV.*

hoc tantum ait, me actione ex empto, ut pretium, quod solvi, recipiam, agere adversus heredem posse, quia quandiu mihi pretium abest, non habeo ex causa legati, quæ est lucrativa, & ex qua legati causa ea res ad me pertinet. Nam & rem meam non traditam possum petere ex testamento, *l. hujusmodi,* §. *qui servum, de legat.* 1. Et quæ traditæ mihi, est res ex causa emptionis, videtur mihi evinci existente conditione legati, ac proinde sicut re evicta ago ex empto, ita existente conditione legati ago ex empto, ad pretium recipiendum, ut res apud me resideat jure legati.

### Ad L. Divus Adrianus. XIII. de Castr. peculio.

*D. Adrianus rescripsit in eo, quem militantem uxor heredem instituerat, filium extitisse heredem, & ab eo servos hereditarios manumissos, proprios ejus libertos fieri.*

QUæstio legis est de quibusdam rebus, an sint hæ adnumerandæ castrensi peculio. In eo numeratur, quod filio agenti in militia datur, *l.* 11. *hoc tit.* Quod a commilitonibus quoque datum est, vel ab his, quos filius cognovit propter militiam, *l.* 5. *hoc tit.* quod inquam, ei attulit militia; Quæro, *an in castrensi peculio computetur, quod uxor donavit filiofamilias in castris, vel legati, vel institutionis jure.* Et in hac *l. & in l. dote, eod.* proponitur rescriptum, quo Adrianus ait, filiumfamilias militantem heredem institutum ab uxore, hereditatem imputaturum in castrensi peculio, & servos hereditarios manumissos, castrenses libertos fore, pleno jure: quod pugnat cum *l.* 6. *& 8. hoc tit.* quibus ostenditur, servum, quem uxor filiofamilias marito suo militanti donavit, ut eum manumitteret, si manumitatur, non fieri libertum filiifamilias: ergo non computari in castrensi peculio, & *l.* 8. id quod donatur vel legatur ab uxore, vel cognatis filiofamilias militanti, non est in peculio castrensi, etiamsi id adjectum sit nominatim, ut esset in peculio: non potest quis facere, ut sit quid in peculio castrensi, quod esse alioqui non potest. Agenti in militia, aut eunti in militiam, quodcunque donatur a quocunque, id omne est in peculio castrensi, ut arma, equi, mancipia, *l.* 6. §. *ult. hoc tit. l.* 1. *C. de castr. pecul. milit.* Paulus 3. *sent. tit. de testam.* Castrense peculium est, quod in militia acquiritur, vel proficiscenti ad militiam datur, sed si jam agenti in militia donet parens, vel uxor, vel cognatus, sine dubio non est in peculio castrensi, quia id extorsit ratio sanguinis potius, quam militiæ, *l. dotem,* §. *ult. hoc tit.* Donasset etiam paganto: sed si donavit aliquid, ut eo se tueatur in militia, ut aptior esset ad militiam, vel ornatior, alioqui non donaturus, sane imputatur in peculium, & ita accipienda est lex. Dos data filiosf. militanti nunquam imputatur in peculium, quia dos nunquam datur ratione militiæ, sed propter onera matrimonii, & communes liberos. Itaque dos ab uxore data filiosf. militanti, nunquam est in castrensi peculio: hereditas ei data esse potest in peculio, quam non erat datura pagano.

## JACOBI CUJACII J.C.
### COMMENTARIUS

In Lib. XVII. Quæstionum ÆMILII PAPINIANI.

### Ad. L. XXXIII. De Usufr.

*Si Titio fructus, Mævio proprietas legata sit, & vivo testatore Titius decedat, nihil apud scriptum heredem relinquetur. Et id Neratius quoque respondit.*

EX lib. 17. quæstionum Papiniani prima quæstio, quæ datur, aut potius duæ, quæ dantur, sunt in *l. si Titio* 33. *de usufr.* Et ad primam quæstionem fac speciem hoc modo: testator ab

D d 2 herede

herede scripto, Titio usumf. fundi legavit, Mævio proprietatem ejusdem fundi, ita ut plane declararet, nihil vel se ex eo fundo quicquam apud heredem residere, quandoquidem uni usumfructum, alteri proprietatem legavit. Titius, cui legaverat usumfructum, mortuus est vivo testatore, antequam inciperet fructuarius esse ; post mortuus est testator, videtur legatum ususfructus esse in causa caduci: nam in causa caduci sunt legata, quæ deficiunt vivo testatore, puta præmortuo legatario, *l. un. §. & cum triplici, C. de cad. toll.* Denique legatum ususfruct. Titio relicti, videtur esse in causa caduci, quia præmortuus est Titius, & proinde videtur pervenire ad fiscum ex *l. Julia & Papia*, sed eo nos absolvemus confestim. Hæ leges caducariæ non habent locum in usufructu legato, quod demonstrat hæc lex nostra, & lex 9. *de usuf. leg.* Cur non habent locum leges caducariæ, leges fisci in legato ususfructu? quia scil. si ex causa caduci ususfructus caderet in fiscum, nunquam rediret ad proprietatem, nunquam consolidaretur, inanis esset proprietas, quia fiscus nunquam moritur, nunquam capite minuitur, quibus potissimum modis ususf. finitur, & ut habent Institutiones juris, ne in universum proprietas inutilis esset semper abscedente usufructu, placuit certis modis usumfructum exstingui, & ad proprietatem reverti. Præcipui modi hi sunt, mors & capitis deminutio. Et hac ratione leges caducariæ fisco vindicabant bona, hoc est, proprietatem, non usumfructum, alioqui cum usufr. sensim sibi fiscus bona vindicaret quasi vacantia, quæ nemo vellet. Quid enim est proprietas sine fructu, vel spe fructus? Ergo in specie proposita sicut constat fisco locum non esse, quamvis is casus exstiterit, quo legata fiunt in causa caduci, puta, quia legatarius decesserit vivo testatore, & sic etiam non quæritur hoc loco, an ususfr. pertineat ad fiscum, sed lis est inter Mævium, cui ejusdem fundi legata est proprietas, & heredem scriptum, uterque sibi vindicat usumfructum. Sed hac ratione, quia legata, quæ deficiunt, vel vivo testatore, vel post mortem testatoris, si non cadant in fiscum, vel si non adcrescunt legatario, vel si non obveniant substituto, ea sola debent remanere apud heredem, *l. id autem, infr. ad l. Falcid.* Legatum hic usufructus vacat, aut vacare videtur: nam deest fiscus vel collegatarius, vel substitutus, qui in id succedat. Mævius, cui legata est proprietas, non est collegatarius, non est substitutus in usufr. Ergo ususfructus apud heredem remanere debet. Contra Mævius ait, se pertinere, quia ususfructus deficiens solet ad proprietatem reverti, suam autem esse proprietatem sibi legatam. Et sane, si ususf. coepisset in persona Titii, post mortuo Titio recurreret ad proprietarium, id est, pertineret ad Mævium, & hoc est certissimum: sed in hac lege est jus singulare, quod in hac specie, etiamsi ususfructus non coeperit in persona Titii, qui mortuus est vivo testatore, tamen pertineat ad proprietarium, hoc est, Mævium. Et hæc est ratio, quia evidens est, testatorem noluisse usufructum venire ad heredem scriptum, quæ ratio proponitur in *l. 4. infr. si ususfr. pet.* Nam hoc judicio, ut initio dixi, quid egit aliud, quam ut ex eo fundo nihil quicquam perveniret ad heredem scriptum? & voluntati defuncti consequens est, ut ususfructus is qui deficit vivo testatore, ut legatum ususfr. pertineat ad Mævium, cui proprietas legata est, non ad heredem scriptum.

### Ad §. Usumfructum.

*Usumfructum in quibusdam casibus non partis effectum obtinere convenit. Unde si fundi vel fructus portio petatur, & absolutione secuta, postea pars altera, quæ accrevit, vindicetur, in lite quidem proprietatis judicatæ rei exceptionem obstare, in fructus vero non obstare scribit Julianus: quoniam portio secundi, velut alluvio portioni, personæ fructus adcresceret.*

SEcunda quæstio *l. si Titio, de ususfr.* non est proprie talis quæstio, sed ut mihi quidem videtur, appendicula ejus quæstionis, quæ ex eodem Papin. libro exponitur in *l. Mævius, §. fundo, de legat.* 2. Quod apparebit, si constituamus primum id, quod est in *l. 4. h. t.* usumfructum multis casib. partem dominii esse ; deinde id, quod est hoc loco, usumfr. in quibusdam casib. partem dominii non esse. In his duobus explicandis consumemus omnem operam. Mirum est quod ait *l. 4. usumf.* in multis casibus partem dominii esse. Nihil refert dixeris, partem dominii esse, an partem fundi, partem hominis, partem rei cujuscunque. Nam & fundi vel hominis, vel rei cujuslibet nomine dominium significatur, ut qui exempli gratia, fundum legat, aut promittit. Quis vero non videt, usumfructum non esse partem hominis, non partem rei, non partem fundi? Est enim potius pars, vel species servitutis, ut ait *l. recte, de verb. signif.* est servitus potius, quam fundus, vel quælibet alia res, per quam fundus servit homini, ut ex ea omne emolumentum capere possit. Servitus est qualitas; qualitas autem non est pars rei, ergo ususf. non est pars rei. Pars fundi est locus, *l. locus, de verb. sign.* ususfr. non est locus fundi, ergo non est pars fundi. Dominium perficit sola proprietas, *l. si procurator, de acq. rer. dom.* Ususfr. igitur non est dominii vel fundi. Et hoc est, quod ait Pap. *d. l. Mævius, §. fundo*, usumfr. in jure consistere, non in parte, id est, ususfr. est jus, quod homo habet in fundo, non partem fundi. Et hoc nihil est certius. Ergo quod ait *l. 4. ususf.* in multis casib. pars dominii est : usumfr. partem dominii esse, id est, similem esse parti dominii, & *l. qui usumfr. de verb. obl.* instar habere partis, ut ait *l. cum suis, §. dominus, de leg.* 2. effectum habere partis dominii, ut e contra hoc loco Papin. ait, in quibusdam casibus, eum non habere effectum partis, idem est instar & effectus. Instar enim ex solo effectu dignoscitur, denique ususf. partem esse dominii seu fundi, non pro servitute in multis casibus, quamquam revera sit servitus, non pars rei : in multis casibus, inquit, ex his casibus aliquos enumeremus. Primus casus : reo in fundum obligato recte accipitur fidejussor in usumf. *l. si reo, de fidejuss. inf.* quia fidejussor recte accipitur in partem, *l. 10. eod. tit.* & ususfr. obtinet instar partis, & ususf. non pure habetur, ergo recte in usumfructum fidejussor accipitur, nec videtur accipi in aliam rem, sed in partem, quam debet reus. Cur vero ususfr. habetur pro parte? quia ut est in *d. §. jus est fundi*: ea verba non ita sunt accipienda: ergo est servitus fundi, quia revera ususfr. non est servitus fundi, sed hominis vel personæ, *l. 1. l. quoties, de servit.* est jus in fundo, non servitus fundi. Ac præterea reo obligato in fundum, non recte acciperetur fidejussor in servitutem fundi, puta in iter, vel actum, quia in aliam rem acciperetur, quam in eam, quæ in principalem obligationem deducta est. Non potest autem in aliam rem accipi utiliter, & est servitus fundi, nec est fundus, id est, neque est totum, neque pars fundi: alia res igitur. Quid est ergo, quod ait, *quia ususfr. est jus fundi*? Id nimirum, quod ait Papin. in *d. §.* quia omne emolumentum fundi continet, *omne jus*, id est, omne emolumentum : non immerito igitur pro parte habetur fundi, id cui inest emolumentum fundi totum. Idemque de eo non immerito censetur, quod de parte fundi. Jus fundi est bonitas, salubritas, amplitudo, *l. quid aliud, de verb. sign.* De multo magis emolumentum fundi, quod est fructus, quem fert : & ita sæpe in jure emolumentum accipitur pro fructibus, frugibus, annonis, *l. dominus, b. tit. & d. §. ejus, l. cum filius, §. dominus, de legat. 2. l. cum Imperator, in fi. ad Trebell. l. ult. in fin. si cui plus quam per l. Fal.* Sequitur alius casus, quo etiam ususfruct. pars rei est, hoc est, partis instar obtinet: si stipuler totum, deinde partem non novandi causa, posteriori stipulatione nihil ago, quia sufficit prior, ut si stipuler decem, deinde quinque, vel si stipuler actum, qui non potest esse sine itinere, *l. in fine, de adim. leg.* deinde stipuler iter, frustra stipulor; vel si stipuler usumfructum, deinde usum, nihil ago, nihil proficio; sed contra si stipuler partem, deinde totum, posterior stipulatio utilis est, quia & pinguior est, & plenior, ut si stipuler quinque, deinde decem: si iter, deinde actum; si usum, deinde usumfr. *l. qui usumf. de verb. obl. l. si pupillus, §. ult. de novat.* Secundum

dum hæc, si prius stipuler fundum, deinde usumfr. posterior stipulatio inutilis est, quia usufr. pars est fundi, quæ est in toto, quod primum stipulatus sum. Et e contrario propter eandem rationem, si stipuler usumfr. deinde fundum, utilis stipulatio est, quæ est sententia *d. l. qui usumfr.* Nec servitutis prædii eadem ratio est, quia etsi stipuler fundum, deinde iter ad eum fundum, utilis stipulatio est, quia aliud quiddam proprium stipulor, non partem fundi: nunquam iter, via, actus, vel quæ alia servitus fundi, habetur pro parte fundi. Itemque utilis esset stipulatio, si stipularer iter ad fundum, qui nondum erat meus, deinde fundum: nam & fundo meo futuro servitus constitui potest, *l. Labeo, de servit. rust. præd.* Sed transeamus ad alium casum, quo etiam usufr. habeatur pro portione dominii: si petiero fundum, & non obtinuero, deinde non possum petere partem, quia in toto pars est: qui toto cecidit, & parte cecidit, aut mihi petenti partem, obstabit exceptio rei judicatæ, *l. 7. in pr. de except. rei jud.* Ergo non possum petere deinde usumfr. quia usufr. pro parte est, *l. si cum argentum, §. si fundum, eod.* Et similiter, si pactus sum de non petendo fundo, qui mihi debebatur, me non petiturum fundum, si cavero, nec usufr. petere possum, aut petenti obstabit mihi exceptio pacti conventi, *l. si annus, §. item si, de pact.* Sed etsi petiero fundum, nec obtinuero, deinde fundo pars accreverit quædam, nec partem adcrescentem petere possum, quæ adcrevit post rem judicatam, quia ejus eum non esse fundum judicatum sit, & partem adcrescentem ejus non esse, judicatum est. Ergo nec ususfr. ei acquiretur, qui proprietati adcrescit mortuo usufructuario, aut capite minuto. Sed addamus alium casum: fundo legato, si is fundus debuerit servitutem heredi scripto, heres eum ea servitute liberum præstare non debet, præstabit fundum, & sibi retinebit servitutem: sed si ejus fundi ususfr. sit heredis scripti, usumfr. sibi retinere non potest, quia partis instar obtinet, cum contineat omne emolumentum rei, *l. 26. l. cum filius, §. dominus, de leg. 2.* Idemque erit, si fundus legatus alii debuerit servitutem, non heredi scripto: Nam heres fundum præstabit, qualis est, nec cogetur liberare servitute: sed si fundi usufr. alienus sit, debet eum liberare usufr. atque ita usumfr. præstare, non proprietatem nudam. Et hoc ita Papin. hoc ipso libro docuit, *d. l. nullus §. 2. & l. 2.* Atque ita ostendit, hoc casu esse partem fundi usufr. & non præstare fundum totum eum, qui detrahit usumfructum. Et hoc cum docuisset in *d. §. fundo*, puto eum subjecisse, quod est hoc loco, non tamen in omnibus casibus usufructuum partis effectum obtinere, in quibusdam non obtinere, ut hoc loco ait, partis sc. fundi, vel partis dominii, quod idem est, hoc loco & *d. §. dum ait simpliciter partis*, Basil. habent *partis dominii*, οὐκ ἴσκεν ἡ χρῆσις μέρει τῆς δεσποτείας, *non est similis ususfructus parti dominii.* Unum vero hoc loco Papin. casum affert, quo usufr. non imitatur partem dominii, seu fundi, seu rei, de qua agitur. Sententia hæc est: si petiero partem fundi, nec obtinuero, deinde repudiatione conjuncti vel collegatarii pars altera accreverit fundo, ad eam partem repetere possum, quæ adcrevit? minime: amittendi partem suam pars altera, quæ post vacat, non adcrescit. Aliud est dicendum, si petiero partem ususfr. nec obtinuero: Nam si post repudiationem collegatarii defecerit pars altera usufr. ego eam petere possum: atque ita non habenti partem suam pars ususf. accrescit, quia hoc casu usufr. non habetur pro parte rei. Nam si haberetur pro parte rei, sequeretur, non personam, quæ eam amisit, quæ ejus rei partem nullam habet. Et ut eleganter docet, ratio diversitatis hæc est, quia fundi portio accrescit fundo, non personæ, sicut alluvio, & utitur comparatione alluvionis, quia & jus alluvionis, est jus accrescendi. Et hoc tamen interest, quod jus accrescendi competens ratione conjunctionis, est a jure civili, alluvio a jure gentium. Ceterum ut alluvio adcrescit fundo, non personæ, ita & portio, quam fundus habuit adcrescit fundo, non personæ, ususf. accrescit per-

sonæ, non fundo, quia ei personæ, quæ amisit partem suam, nihilominus pars altera ususf. adcrescit, quod confirmat *l. & an eadem, §. qui cum partem, de except. rei jud. & l. interdum, de ususfr. adcresc.* Denique quamvis judicatum sit, partem ususfr. meam non esse, quia tamen judicatum non est me fructuarium non esse, pars altera ususfructus mihi non habenti partem meam, sed amittenti, accrescit. Et ita apparet hoc casu usumfructum non esse pro parte rei: nam si esset pro parte rei, sequeretur rem seu fundum, non personam: quia ita licet argumentari recte: partem rei meam amisi, ergo & eam, quæ postea accrevit, quia pars parti accrescit, qua habenti partem accrescit, non amittenti: at non ita licet argumentari: partem usufr. meam amisi, ergo & eam quæ postea accrescit, quia non parti pars ususf. accrescit, sed personæ: ususfr. est jus personale, quod cohæret personæ, *l. pen. C. de usuf. usumfr.* exspirare cum anima, id est, cum vita. Et hic est casus, quem voluit proponere in hoc loco Papinianus, quo aliud statuimus de parte rei, aliud de usuf. seu parte usuf. Sed propositio est talis hoc loco: usumfr. in quibusdam casib. non esse partem rei, & unum tantum adfert casum: cedo alterum. Addam *ex l. & per jusjurandum, §. illud, de accept.* si is, cui debetur fundus, creditor sc. acceptum ferat usumfr. an valet acceptilatio? minime: quia vel totum est accepto ferendum, vel pars ejus quod debetur. Pars obligationis accepto ferri potest *l. pars, & seq. eod. tit.* Ususf. autem non est pars fundi, ergo acceptilatio in usufructu non valet, & perinde est, ac si is, cui debetur domus, accepto ferat fenestras vel lapides ejus quæ non sunt partes domus: duæ sunt partes domus, solum, & superficies tantum. Si mihi debes domum, & tibi accepto feram fenestras, nihil consequeris: & ita etiam usufr. non est pars fundi vel rei. Sed cur non habetur pro parte in hac specie, ut & in multis aliis casibus? nam invenio, fundo legato recte adimi usumfr. quasi partem, *l. 2. de adim. leg.* Cur & fundo debito non recte accepto feram usumfr. ut proprietas sola maneat in obligatione? Puto etiam fundo in obligationem deducto, nec recte pacisci de usuf. non petendo. Cur ergo fundo debito ususfructus non recte accepto fertur? Ratio est, quia ut stipulatio, ita & acceptilatio sunt ex jure solemni, quod nihil aliud est quam stipulationis corruptio: utræque est actus legitimus, hoc est solemnis, *l. actus, de reg. jur.* utraque fit verbis solemnibus, non quibuscunque verbis, & consentire altera cum altero debet, & congruere in verbis: si stipulatio sit de fundo, etiam acceptilatio debet esse de fundo, vel parte fundi: nisi consentiat, & congruat acceptilatio cum stipulatione, imperfecta est stipulatio *l. nisi ff. de acceptilat.* At ademptio legati fit nuda voluntate, fit conjectura, *l. 3. §. ult. de adim. leg.* Pactum quoque fit nudo tacitoque consensu, *l. 2. de pactis.* Hi actus non sunt solemnes, nec exigunt verborum ullam scrupulositatem.

### Ad L. II. Quib. mod. usufr. amit.

*Si duobus separatim alternis annis ususfructus relinquatur, continuis annis proprietas nuda est, cum si legatarium unum substituas, cui alternis annis legatus sit ususfructus, plena sit apud heredem proprietas, eo tempore quo jus fruendi legatario non est, quod si ex duobus illis alter decedat, per vices temporum plena proprietas erit. Neque enim accrescere alteri quicquam potest, quoniam propria quisque tempora non concurrente altero, fructus integri habet.*

Quæstio *l. 2. quib. mod. ususfr. amit.* de qua tractatur in *princ. l. & in §. ult.* est de usuf. uni vel pluribus legato alternis annis, & de jure adcrescendi, qua de re est lex *quoties duob. de ususfr.* quæ sequitur legem *si Titio*, & in eam necessario videndum est prius, inter quos sit jus accrescendi. Vulgo dicitur jus adcrescendi esse *inter conjunctos, vel inter eos, qui pro conjunctis habentur*; quæ definitio in plerisque falsa est, & certior est definitio Celsi, quam paulo post tradit: sed interim, quæ sint genera conjunctorum perstringamus. Alii sunt conjuncti re & verbis, qui scil. conjuncta scriptura in eandem rem vocantur, puta hoc modo: *Primo & Secundo illum fundum lego, l. triplici*,

plici, *de verb.signific.* Alii sunt conjuncti re tantum, quibus separata scriptura eadem res legatur, hoc modo: *Primum illum fundum lego.* Secundo eundem lego, *l.re conjuncti, de leg.*1.quia separata scriptura eis eadem res legatur, non conjuncta. Ideo in jure dicuntur separati & disjuncti, in §.*conjuncti, de leg. Instit.* Conjunctio scripturæ conjunctos facit: disjunctio disjunctos. His vero, qui re & verbis conjuncti sunt, vel re tantum, relinquitur solidum ab initio singulis, maxime si per vindicationem legatum datum sit, concursu autem partes faciunt. Alii sunt conjuncti verbis tantum, quibus conjuncta scriptura ejusdem rei diversa partes legantur, hoc modo: *Primo & Secundo illum fundum æquis partibus lego*: aut *Primo & Secundo illum fundum lego, ita ut unus habeat bessem, alter trientem,* si ab initio partes habent, non concursum facient, *d.l.re conjuncti.* An inter hos omnes sit jus accrescendi, vel inter quos sit jus accrescendi quæritur. Hac de re certior est definitio Celsi in *l.3.de usu.accresc.* quæ non tantum pertinet ad usumfr. sed etiam ad proprietatem. Quoties dicitur inter aliquos jus esse accrescendi, toties singuli solidum habebunt ab initio: concursu autem partes facient, id est, quoties hoc agit testator, ut concurrant, & non concurrente uno, ut alter totum haberet. Jus accrescendi nihil aliud est, *quam jus retinendæ partis ejus, qui non concurrit, vel jus legati integrum, nec imminutum concursu socii.* Denique jus accrescendi non dicitur, nisi inter eos, qui per concursum partes habent, faciuntque. Et notandum, aliquando jus accrescendi esse inter non collegatarios, veluti inter legatarium & alium non legatarium, si modo sint conjuncti, & concursu partes faciant, ut *l.si mulieri, de usufr. accresc.* Testator legavit usumfr. mulieri cum liberis suis: sunt conjuncti re & verbis, & concursu faciunt partes: Ideoque non concurrentibus liberis, puta amissis, mater habet usumfr. integrum jure accrescendi, vel liberi mortua matre. Et in hac sane specie mater & liberi collegatarii fuerunt. Sed idem etiam statuendum est de jure accrescendi, quod inter eos versatur, si liberi legatarii non fuerint, quod procedit in hac specie. Finge: solos liberos heredes scripsi, & legavi matri. Cum matre liberi non sunt legatarii, quia heredibus a semetipsis inutiliter legatur, *l.plane §.si duobus, de leg.*1. Et sane videtur etiam nominasse liberos testator, non ut legatarios, sed ut ostenderet se malle ita frui matrem, ut & liberos secum haberet fruentes. Ergo legataria est mater, sed liberi non sunt legatarii, & tamen inter eos erit jus accrescendi: mortuis liberis eorum pars accrescet matri, & contra, *d.l.si mulieri.* Et ita haec est definitio, jus quoque accrescendi non semper esse inter collegatarios, vel conjunctos: non est inter collegatarios, qui partes habent ab initio adscriptas, vel habere intelliguntur, non concursu faciunt, licet sint conjuncti verbis: ut si ita legavi: *Primo & Secundo illum fundum æquis partibus lego*: inter Primum & Secundum non est jus accrescendi, *l.pen.de usufr.accresc.* Item inter conjunctos re & verbis, vel inter conjunctos re tantum, in legato damnationis non est jus accrescendi, quia ab initio heres singulas partes dare damnatus intelligitur, & hoc secundum jus antiquum: Nam ex constitutione Justin. *de caduc.toll.* inter eos est jus accrescendi. Non est etiam jus accrescendi inter collegatarios, qui prorsus separati sunt, qui neque conjuncti sunt re neque verbis: ut si uni sit legatus fundus, alteri domus, uni fructus unius anni, alteri fructus alterius anni. Credo vos jam intelligere definitionem illam generalem Celsi de jure accrescendi. Alia ut puto fuit definitio Sabini, quam existimo proponi in *princ. l.1.de usufr.accresc.* Lex est Ulp.ad Sabinum, quæ leges solent semper incipere a propositione Sabini alicujus. Initio ergo d. legis ita de jure accrescendi definit Sabinus: si conjunctim relictus sit usufr.inter fructuarios esse jus accrescendi: si separatim unicuique partis rei, sine dubio inter eos esse jus accrescendi. Videamus, quæ sit sententia hujus definitionis. Sicut scripta est, eadem videtur esse hæc definitio Sabini, quæ est Celsi: nam hoc statuitur, inter conjunctos re & verbis,vel re tantum, esse jus accrescendi; in

ter conjunctos verbis tantum, aut sane nec conjunctos ullo modo, cessare jus accrescendi: nam his solis dici potest ufusfr.legari separatim, unicuique partis suæ, ut ait, qui sunt conjuncti verbis tantum, vel qui nullo modo conjuncti sunt. Ergo inter eos statuit Sabinus cessare jus accrescendi, quod congruit cum definitione Celsi. Sed ut ego jamdiu ostendi, verba illa *l.1.unicuique partis suæ,* sunt subditititia, & spuria erunt quæ ex ora transierunt in textum;verba ejus,qui separatim voluit interpretari, & vero etiam interpretatus pessime est. Nam Sabinus hoc tantum definire voluit simpliciter; inter conjunctos esse jus accrescendi, inter separatos non esse jus accrescendi. Quod aperte demonstrat Ulpian. in *l.1.§.idem,* dum definitionem Sabini interpretatur, & temperat convenienter definitioni Celsi, ut interdum etiam inter separatos sit jus accrescendi, si modo sint re conjuncti. Et similiter inter conjunctos Sabinum, interdum inter conjunctos non esse jus accrescendi, nisi & re conjuncti sint, aut esse intelligantur, ut interpretatio necessario addenda est ad sententiam Sabini, si ut in jure semper conjunctim significat, conjunctam scripturam,& separatam, separatam scriptura. Atque ita si tollas illa verba, *unicuique partis suæ,* opus est illa interpretatione. Alioqui si non tollas, nihil opus est ista interpretatione, nihil illo §.*idem.* Et ita etiam in Basil. non sunt illa verba: *unicuique partis suæ,* verba eorum hæc sunt : ὅτι ὑπομένους ληγατευθῇ ἡ χρῆσις τῶν καρπῶν, ἢ μὴν ὅτε διῃρημένως, ἁρμόζει ἡ δίκαιον τῆς προσαυξήσεως : quotiens conjunctim legatus est usufr.non quoties separatim, competit jus accrescendi. Quæ definitio simpliciter accepta falsa est, ut post indicat Ulpian.§.*idem nunc videamus*, qua de re tractatur in principio *l.*2. *& 3. §. ult.* Finge, uni tantum legatus est ususfr.alternis annis, quid fiet? alternis fruetur ipse, & heres scriptus, & singulis annis intermittetur aut vacabit usufr. & plena proprietas erit apud heredem scriptum, singulis annis ususfruct. erit apud legatarium, & nuda proprietas apud heredem scriptum, atque ita vicissim, modo fruetur legatarius, modo heres scriptus per vices annuas. Et hoc loco alternis annis Græci interpretantur rectissime ἐνιαυτὸν παρ᾽ ἐνιαυτόν. Et quidem res est expeditissima, si ufusf. uni tantum legetur alternis annis. Sed quid si legetur duobus separatim alternis annis, *Primo & Secundo?* Respondetur, quandiu hi duo vivent, aut integri status erunt, continuis annis apud heredem erit nuda proprietas, sine usufru.Et eleganter, alternis annis opponit continuos. Altero autem ex eis mortuo, quæro, an accrescat alteri, ita ut continuis annis uti & frui possit, & semper sit nuda proprietas apud heredem scriptum? Et placet non accrescere, non esse inter eos jus accrescendi. Ergo testator inter eos divisit usumfr.ab initio per vices annorum, nec voluit alterum cum altero concurrere eodem tempore, vel eos inter se partes facere concursu, sed ipsorum partes fecit per intervalla temporis. Ergo deficiente jure accrescendi,locum habebit jus consolidationis,hoc est,quæ apud heredem continuis annis erat nuda proprietas, nunc erit nuda alternis tantum annis, plena alternis annis: nam si simul duobus legaverit usumf.alternis annis, ut sc.in eum annum concurrent ambo, hi duo pro uno habentur, & alternis annis apud heredem scriptum est plena proprietas: quod ostenditur §.*ult.*& consequenter inter eos est jus accrescendi, puta uno mortuo pars ejus accrescit alteri. Nam quod observandum est, & in quo notissimum est distare proprietatem ab usufructu, ususfructus non accrescit alteri, non tantum, quæ nunquam acquisita est, sed repudiata, verum & quæ acquisita est, post vero amissa, puta morte aut capitis deminutione. At pars rei acquisita semel non accrescit alteri, omissa accrescit, amissa non, *l.*1.§.*pen.de usuf. accresc.* Quæro, quoties ususf. separatim duobus relinquitur alternis annis, quis fruetur prior, vult quisque frui prior, nec ea in re inter se consentiunt? Primum quidem lis dirimitur ex ordine scripturæ : nam si ita dixerit, *Titio & Mævio lego usumfr.alternis annis.* Titius prior fruitur, qui prior nuncupatus est, *l.quotiens duob. de usuris,* qui ordo scripturæ in simili causa servatur in *l.Fu-*

*sia*

fia Canin. & l. Ælia Sentia. L. Fufia teftatori non licebat manumittere, nifi certum numerum hominum. Finge: manumifii funt plures, qui ex his pervenient ad libertatem? quibus prioribus erit adfcripta intra numerum legitimum; ceteri non confequentur libertatem. L. Ælia Sentia in fraudem creditorum non licet, nifi unum fervum manumittere, & heredem fcribere. Finge, eum fcripfiffe duos vel tres, quis erit liber & heres? & fequemur ordinem fcripturæ. Is igitur erit liber, qui priore loco fuerit fcriptus, l. qui folvendo 2. & l. fi non lex, §. 1. de hered. inft. Verum quid fiet, fi is ordo fcripturæ non appareat? Finge, in propofita fpecie, eum legaffe ufumfruct. duobus, qui erant ejufdem nominis feparatim, ea fcilicet mente, ut alternis annis fruerentur, non fimul uterque, & dicitur fcripfiffe hoc modo : *Titiis ufumfruct. do lego alternis annis*. Vel finge, eum legatariorum nomina fcripfiffe in orbe tereti. Et hoc fane cafu, quia non apparet, quis fit prior, quid juris? Neceffe eft, ut inter fe conveniant ea de re, vel fi nolint convenire, fe invicem impediant, fibi invicem obftabunt; quia fæpe occurrere non poffunt in idem tempus contra voluntatem defuncti. Et ita etiam ad l. Æliam Sent. in fuperiore cafu refpondet l. qui folvendo, 1. & feq. de hered. inftit. Item etiam Cajus 1. Inftitut. refpondit ad l. Fufiam Caniniam. Ergo neuter perveniet ad legatum, quia inter fe refractarii nimis. Verum placet, quod annotat Accurf. in l. quoties duobus, eos poffe cogi, ut conveniant inter fe interventu prætoris, vel etiam rem hanc poffe forte dijudicari, ut in duplicibus judiciis quotiens quæritur, quis prior caufam dicere debeat, forte dirimitur, l. fed cum ambo, de judic. Quintil. 7. Scio fæpe quæfitum, quis prior diceret caufam, quod atrocitate formularum, vel noviffime forte dijudicatur: nam vult præferri atrociorem actionem, & eum cujus numerus eft amplior, in qua de majori quantitate vel auro agitur, vel fi pares fint actiones, neceffe rem dirimi forte. At quid rurfus fiet, fi uni tantum legatus fit ufusfr. alternis annis, quis prior fruetur, ipfe, an heres? Hoc vero facile expediri poteft, & fine forte: nam jus eft certiffimum, fruiturum priorem eum, cui fructus legatus eft, quando quidem legatum eft. purum. Cedet ergo ftatim ab adita hereditate. Et hoc etiam fignificat Papin. §. ult. his verbis, *quod fane ultra primum fac*. Sed & de legato ufuf. alternis annis, notandum eft in l. 28. h.tit. fi ufusf. legetur alternis annis, non poffe eum non utendo amitti, regulariter autem amittetur non utendo ufusfruct. anno rei mobilis fecundum jus antiquum, hodie triennio; vel rei immobilis non utendo biennio olim, hodie decennio; fed fi relictus fit ufusfr. alternis annis, non poteft perire uno anno, quia plura legata funt: quot funt alterni anni, tot funt legata ufusf. l. cum ufusfruct. de ufufr. leg. Quo loco addit, aliud tamen effe in via, itinere, aquæductu, vel aquæ hauftu, vel actu, aliud effe in fervitute ruftici prædii: nam etiamfi via fit relicta alternis annis, vel aqua alternis annis, una eft via, unum legatum, quod etiam oftendit l. fi fic, quemad. fervit. amit. Cur plura funt legata ufusfr. fi fit relictus alternis annis, & una eft via, fi fit relicta alternis annis ? Difficile eft reddere rationem: redditur ratio, fed obfcure in d. l. cum ufusfr. his verbis: *quia via vel aqua fui natura habet intermiffionem, quia non femper poffum ire, non femper aquam haurire*, id eft, temper hæc fervitus habet intermiffionem. Ergo fi intermiffio fpectaretur, ratione intermiffionis nunquam haberetur pro una, fed habenda pro pluribus: non una effet via, fed plures, quod eft abfurdum. At ufusf. fui natura non habet intermiffionem, fed facto noftro, puta judicio defuncti: atque ideo hanc intermiffionem, quam finivit defunctus annis alternis non accipimus in annum, fed exiftimamus tot legata teftatorem facere voluiffe, quot fecit annos. Igitur fi ufusfr. mihi relicto alternis annis, non utar hoc anno vel fequenti, annis alternis, an ideo amitto ufumfructum reliquorum annorum ? minime. Sed via mihi relicta alternis annis, fi non utar hoc anno, non utar fequenti, alternatim, & reliquorum annorum fervitutem amitto, quia una eft fervitus: *fubftituas*, id eft, fupponas poffe, *fingulorum annorum fructus vacabit*, id eft, eorum annorum qui non concurrent.

Ad §. Si non mors.

*Si non mors, fed capitis deminutio interceffit, quia plura legata funt illius anni tantum; fi modo jus fruendi habuit, fructus amiffus erit, quod & in uno legatario, qui fructum in fingulos annos accepit, defendendum eft, ut commemoratio temporum, repetitionis poteftatem habeat.*

§. 2. *Cum fingulis fructus alternis annis legatur, fi confentiant in eundem annum, impediuntur: quod non id actum videtur, ut concurrerent: multum enim refert, duobus fimul alternis annis legetur, quod fane ultra primum annum procedere non poteft, non magis quam fi unit legatus ita fuiffet: an fingulis alternis annis: nam fi concurrere volent, aut fe impedient invicem propter voluntatem, aut fi ea non refragabitur, fingulorum annorum fructus vacabit.*

Quæ proponuntur in §. *fi non mors*, valde funt conjuncta, & proxima iis, quæ diximus: ufumfr. legatum alternis annis diximus non poffe non utendo amitti, anno vel biennio, vel triennio, aut longiore tempore, quia plura funt legata, quandoquidem teftator plura legata facere voluit, quia ufusfr. fui natura intermiffionem non habentem, intermitti voluit: at fi legetur via, vel iter, vel actus, vel aqua alternis annis, unum eft legatum, una fervitus, quamvis intermiffionem habeat ex judicio teftatoris. Nam fi intermiffio faceret plures ex eo genere fervitutes, quia nunquam effet una, nunquam una aqua, vel quæ alia fervitus, fed effet omnis fervitus ruftica multiplex, quia omnis fervitus ruftica fui natura intermiffionem habet : non poffum uti via femper, vel itinere, vel aqua: nam non femper fundus meus indiget aqua, & fundi tamen gratia fervitus aquæ conftituitur. Et hoc diftant potiffimum rufticæ fervitutes ab urbanis: nam urbanæ habent continuum ufum, i. fervitutes quæ, infra de ferv. ruft. præd. Exempli gratia, ædes altius elatas, aut fuppreffas continuo habeo. Igitur habeo continuo in ædes vicini fervitutem, nec habet ullam intermiffionem. Ufusf. quoque fui natura non habet intermiffionem, quia etfi non fructus capio femper, tamen jus uter femper, dum habito femper in fundo, vel in ædibus, vel in villa. Nam fructuario habitare licet, & morari perpetuo in re fructuaria; ita quod eft notandum, proprietario licet in prædio, cujus ufusf. eft alienus, habere cuftodem prædii invito fructuario, habere faltuarium vel infularium. Quia intereft proprietarii fines prædii tueri, l. fi ita legatus, §. 1. de ufufruct. & hab. Ergo ufusfr. non habet intermiffionem fui natura; confequenter, fi aliud voluerit teftator, id eft, fi intermitti voluerit, ut fi eum legaverit alternis annis, plura legata conftituere voluiffe videtur, plures ufusfr. Et ita, per vices temporis renovabitur ufusfr. nec erit idem fingulis annis, fed alius. Notandum eadem ratione ufumf. legatum alternis annis uni vel duobus feparatim, non amitti capitis deminutione, quia plura tempora funt. Regulariter ufusfr. amittitur morte naturali, quod eft certiffimum, fed & capitis deminutione fructuarii amittitur; qualicunque fecundum jus vetus, id eft, maxima, media, minima. Maxima facit te fervum: media facit te peregrinum: minima facit te extorrem domo, penatibus, familia fua, falva civitate. Hodie amittitur ufusfr. maxima & media, non minima: non amittitur emancipatione fructuarii, non adrogatione, quibus familia commutatur. Sed notandum eft etiam, ufusf. amitti morte ejus, in quo eft ufusf. ut fi fit legatus ufusfr. fervi. Adficio etiam capitis deminutione fervi ufusfruct. amitti: quafi vero fervus poffit capite minui. Certe non poteft, quia caput non habet, id eft, neque civitatem ullam habet, neque libertatem, nec familiam, l. *fervus, de capit. minut*. Sed fi manumittitur fervus, etiam capite non minuitur, quandoquidem manumiffio aliud facit, quam capitis minutio. Capitis minutio fervum facit, & peregrinum, manumiffio, facit liberum, & civem & patrem.

tremis. Ergo manumissio non est capitis deminutio, sed in ususr. amittendo manumissio habetur pro capitis deminutione: nam ususr. amittitur manumissione servi, in quo erat, quia nec potest in libero homine ususfr. esse alteri, *l. ult. C. de ususr.* Sed relinquamus eum hominem, in quo est ususf. Redeamus ad eum hominem, qui habet usumfr. Regulariter, morte ejus & capitis minutione amittitur ususf. excepta minima capitis minutione ex Constit: Justin. *l. pen. C. de ususr.* Verum est hoc, si ususfr. sit legatus singulis: sed si alternis annis, non amittitur capitis deminutione, hoc est, illius tantum anni ususfr. amittitur, quo legatarius capite minuitur, non sequentium annorum: illius, inquam, tantum anni ususf. amittitur, & perit, si non sit ei collegatarius conjunctus, cui adcrescat. Ideo posuit, si animadvertistis supra, speciem in ususf. alternis annis duob. legato separatim, non conjunctim. Cur vero illius tantum anni ususf. perimitur, quo fructuarius capite minuitur? Quia plura sunt legata, & ut Pap. ait in hoc §. *commemoratio temporis vim repetitionis habet.* Repetitio est relegatum: ait repetitio legati, ergo repetitio plura constituit legata, unum legatum, si amitto capitis deminutione, sequens non amittam, nisi accedat nova capitis deminutio. Qui ergo legat ususfr. alternis annis, plura ususfr. legata constituit, & interveniente capitis deminutione, ille tantum ususfr. perimitur, qui eam præcessit, *l. 1. §. usque, hoc tit.* non qui subsequitur. Idem omnino erit dicendum, si ususfr. legetur in annos singulos, vel in menses, vel in dies: namque quot sunt menses, quot dies, anni, tot etiam legata, & commemoratio temporum facit plura legata: qui ita legat, non legat tantum, sed & relegat, iterum ac iterum *d. l. 1. §. ult. hoc tit. & l. 1. de servit. præd.* Idem etiam erit, si quis legaverit ususfr. ad certum tempus, puta ad decennium: nam perinde est, ac si legasset in annos singulos usque ad decennium: hæc definitio temporis pro repetitione habetur, & plura sunt legata, quæ non amittuntur simul omnia usque una capitis minutione. Idem erit omnino, etiamsi quis legaverit ususfr. quamdiu vixerit legatarius, quod tacite intelligatur id quod voluit exprimere, & dixit, *lego tibi usumfr. quamdiu vives.* Hoc non videtur quod tacite inerat, expressisse frustra: hæc finitio vitæ pro repetitione habebitur, *l. 3. hoc tit. & l. si quem rem, §. ult. de evict.* Ac ita hoc casu non eadem est vis taciti, quæ expressi: nam si exprimat quamdiu vives, plura sunt legata, si id retineat, unum est legatum ususfr. quod evenit sæpe in jure: expressa pupillaris excludit vulgarem, tacita quæ inest vulgari, non excludit vulgarem, *l. precibus, C. de impub. & aliis subst.* Idem est, si non legetur ususf. adscripto tempore certo, sed legetur aliud certum quid in annos singulos, vel in menses singulos, & usque ad certum tempus, veluti certa pensio, certa quantitas alimentorum nomine: nam plura intelliguntur esse legata, quæ omnia mors una existinguet, sed non una capitis minutio una, *l. 4. l. cum in annos singulos de ann. leg. l. si duas, l. si cum præfinitione, quand. dies leg. ced. l. rem, de ususf. leg.* Idem est, quod est notandum, si legetur perpetuus rei eventus ad certum tempus, vel in annos singulos, quod ipso jure non valet. Eventus non potest finiri tempore solo, eventus non potest acquiri ad tempus, *l. nemo potest, de leg. 1. l. obligationum fere, §. placet, de oblig. & act.* Sed si ita constituatur dominium ad tempus, rarum erit legatum. Rata conventio remedio cautionis: nam legatarius cavebit de restituenda re post tempus, vel etiam remedio exceptionis: Nam si eam nanciscatur heres, heres retinebit rem ope exceptionis doli mali, quæ est sententia *l. ult. C. de leg.*

Ususfr. repetitus & relegatus esse videtur, qui legatus est alternis annis, mensibus, diebus, quo genere perspicuum est, testatorem intermitti ususfr. voluisse. Et hæc voluntas satis idoneum argumentum præbet repetitionis. Sed etsi testator noluerit ususfr. intermitti, verum legaverit in annos singulos, vel si ad certum tempus, puta usque ad decennium, vel ad tempus vitæ, quamdiu vivat legatarius: his quoque modis non videtur repetitus ususfr. Et his quidem omnibus modis repetitur palam, sed

A repetitus intelligitur. Igitur commemoratio illa sine definitione temporis vicem repetitionis habet, ut hic ait Papin. Videamus an nunc repeti nominatim ususfruct. possit, ut proponetur in *l. 3. in princ. hoc tit.* Titio lego usumfr. illius fundi, quotiensque Titius capite minutus fuerit, alii eundem ususfr. do, lego, vel quotiens amissus erit ususf. ei eundem do lego, & recte Florentiæ scriptum, *quotiensque,* pro *quotiescunque.* Et ita est scribendum in *l. in singulos, de ann. leg. & l. 2. §. merito, ne quid in loco publico, quotiensq. in publico aliquid fieri permittitur, oportet promitti, ut sine injuria cujusque fiat.* Ergo ex principio *l. 3.* intelligimus, non tantum tacite, sed etiam expressim ususf. in eum casum, quo amittatur, repeti & iterari, id est, relegari posse atque restitui. Repetitio ususfr. est relegatum vel relegatio, quæ fit in casum capitis minutione, ut sc. & post capitis deminutionem, alius ejusdem personæ, quæ capite minuta est, ejusdem rei ususf. comperat & debeatur, & non tantum post capitis deminutionem, sed postquam amissus erit qualicunque ratione, dummodo non morte, *l. 5. hoc tit.* nam post mortem frustra repetitur, nisi heredibus legatarii legetur quasi novæ personæ, quo tantum casu heredum appellatio pertinebit tantum ad proximos, non ad quoscunque in infinitum, argumento *l. antiquitas, C. de ususfr.* Alioquin si ususf. pertineret ad omnes heredes in infinitum, inutilis fieret proprietas, semper abscedente ususfruct. Qui legat igitur ususfr. heredibus, primis tantum heredibus legat. Sed notandum valde quod ait *d. l. 5.* repeti posse ususfr. amissum qualicunque ratione, dummodo non morte: qui excipit amissum morte, qualicunque alia ratione amissum concedit repeti posse. Et ob id in *l. 7. h. t.* nec tantum datur formula repetendi ususf. quæ est specialis, *quotiescunque capite minutus fuerit.* Septem sunt rationes amittendi ususf. morte, capitis minutione, tempore, si ad certum tempus sit legatum, non utendo legitimo tempore, & rei mutatione sive peremptione, itemque cessione in jure, id est, si fructuarius ad prætoris sellam ususfr. cedat proprietario. Ac postremo dominii seu proprietatis acquisitione, quod est confusione, sive consolidatione. Excepta morte, his omnibus modis, postquam amissus est, ususfr. repeti potest. Post capitis minutione nominatim certum est: postquam intermisit uti, *l. si ususfr. alternis, h. t.* Post tempus, cur non etiam repetetur? Item restituta re, quæ debuit ususfr. puta restituta domo, cujus ususfr. fuerat legatus, & quæ post fuit exusta: cur etiam non repetetur ususfr. hoc modo, *quotiens res perimetur, eidem ususmfr. do, lego, & si* restituatur. Item postquam fructuarius cesserit proprietario, cur in hunc casum etiam non repetetur? Ac postremo proprietate acquisita fructuario, & ea reversa ad heredem, cur etiam in hunc casum non repetetur? ergo verum est, quod ait *d. l. 5.* qualicunque ratione amissum repeti posse ususmfr. Videamus, an etiam qualicunque capitis minutione amissus ususfr. repeti possit. Accurs. existimat, non posse repeti nisi amissum minima capitis deminutione, quandoquidem existimat, non posse his legari, qui passi sunt maximam & mediam capitis deminutionem, quod falsum est: nam *l. 5.* ait *qualicunque ratione:* ergo & qualicunque minutione: aut si hoc restringatur ad minimam, inutile est quidquid scriptum est in *l. 3. h. t. & l. 1. in singulos, de ann. leg.* Nam hodie ex Const. Justin. ususfr. non amittitur minima capitis minutione, *l. pen. C. de ususfr.* Quod non amittitur, inutiliter repetitur. Tribonian. ex Constit. Justin. *l. 1. de ususr. leg.* dum ibi dicitur, ususfr. amitti, & legatarius minutus fuerit, adjecit ex magna causa, hoc est, si subierit maximam & mediam capitis minutione, quia sc. hodie non amittitur minima deminutione: & fortiter defendi potest; hodie nullam esse minimam capitis deminutionem. Emancipatio & adoptio est minima capitis deminutio, redigitur enim his modis quis in imaginariam servitutis formam, antequam adoptetur, vel emancipetur, *l. ult. de capit. minut. l. ult. C. de adopt.* Hodie æ imaginariæ venditiones non sunt in usu: qui emancipatur, apud acta emancipatur. Ergo qui adoptatur, fit alieni juris sine capitis minutione. Et qui emancipatur, fit sui

sui juris sine capitis deminutione. Sicut qui morte patris, vel adoptione fit sui juris sine capitis deminutione; Nec quod ex. filiof. paterf. fio, ideo capite minuor, *l. 3. §. ult. ad Maced. l. 1. §. sed etsi morte, quando de pecul. act. an-nalis est*. Et similiter dignitatib. quibusdam certis mei juris fio sine capitis minutione, *Nov. 81.* & jure veteri Sacerdotio & Flaminio Diali mei juris efficior. Ac similiter hodie mei juris fio sine capitis minutione per emancipationem. Merito igitur hodie emancipatione non amittitur ususfr. Tribonian. igitur, qui ex Constit. Justin. in *d. l. 3.* adjecit hæc verba, *ex magna causa*, non reliquisset tot locos de usuf. relicto post capitis minutionem, si non possent accommodari ad maximam & mediam capitis deminutionem. Ergo profliganda hæc opinio Accurs. quin potius affirmandum nobis est, aptari posse ad quamlibet capitis deminutionem. Non est præterea omnino verum, non posse legari his, qui passi sunt maximam & mediam minutionem: maxima facit servos pœnæ, media facit peregrinos. Constat autem primum servis alienis posse legari ex persona dominorum, *l. non minus, de hered. inst.* Ergo & relegari. Et consequenter, legatum libero relictum, post servitutem repeti constat etiam damnatis in metallum, quamvis nullius sint servi: ex cujus persona possint designari, & habere testamenti factionem: non servis Cæsaris, non fisci: sed servis pœnæ metallicis, quamvis nullius sint servi quam pœnæ, ut ex obnoxii sunt, tamen eis recte legatur ex causa alimentorum, *l. is cujus, de alim. leg. l. 1. de his, quæ pro non script. hab.* Et similiter deportatis, id est, perpetuis recte legatur ex causa alimentorum, *l. 16. de interd. & releg.* Et ususfr. nonnunquam legatur alimentorum causa, *l. cum hi, §. si annos, de transact.* Ergo ususfr. relegatur recte maximam & mediam passis capitis deminutionem. Obstat *l. licet, de ususfr. leg.* quæ ut scripta est, videtur velle, uno tantum casu repeti ususfr. legatum: videl. si relegatur in annos singulos, quod pugnat cum his, quæ diximus: nam & repeti diximus, si legetur ad certum tempus, vel alternis annis ad certum tempus, vel si legetur, quamdiu vivat legatarius, & etiam nominatim recte repeti. Videamus quæ sint verba legis: *licet, inquit, testatori repetere legatum ususfructus, ut & post capitis deminutionem debeatur*. Quod autem licet, lege licet aut constitutione aliqua: & ideo quia dixit, *licet*, subjicit, *& hoc nuper Imperator Antoninus ad libellum rescripsit*. Ergo ex ea Constitutione licet testatori repetere legatum ususfr. & subjicit, *tunc tantum huic Constit. locum esse, cum in annos singulos legaretur*: male Accurs. legit, *res legaretur*, melius *relegaretur*, ut in *l. 3. h. t.* Etiam male Accurs. legem intellexit de tacita repetitione: nam major erat quæstio, an posset repeti expressim: facilius quid sit tacite, quam expresse, *l. nonnunquam, de condit. & demonstr. l. si quis Sempronium, de hered. instit.* Est varia lectio illius loci: alii habent, *tunc tantum*, alii, *tunc tamen*: utraque falsa est: legendum est, *nec tantum*. Lex enim ait, *licet testatori repetere legatum ususfr.* Et hoc ait esse ex rescripto Antonini, *nec tantum huic Constit. locum esse, cum in annos singulos relegaretur*: sed cum relegaretur nominatim: nam ita omnino scriptum est in princ. *l. 3. hoc tit.* id est, non tantum legari posse in annos singulos, atque ita tacite repeti, sed etiam palam posse repeti. Et de eo dubitabatur magis, quod repetitio ususfr. post capitis deminutionem, videtur fieri fraus juri publico, quo cautum est, ut ususfr. capitis minutione. Verum fraus non fit in totum, aut naturali ratione: nam is ususfr. amittitur capitis minutione, qui jam præcessit, non qui insequitur: & qui insequitur secundum jus publicum extinguetur contingente alia capitis minutione. Ergo ex Const. Antonini, non tantum tacite, sed & palam repetitio ususfr.

Ad §. Hæc autem repetitio L. III. quibus. mod. ususfruct. amitt.

*Hæc autem repetitio, quæ fit post amissum capitis minutione ususfructum, quæritur, an & jus accrescendi salvum secum habeat; ut puta Titio & Mævio ususfructus le-*
Tom. IV.

gatus est: *& si Titius capite minutus esset, eidem ususfructum legavit: quæsitum est, si Titius ex repetitione ususfructum haberet, an inter eos jus accrescendi salvum esset? Ex Papin. lib. 17. quæst. scribis, salvum esse, perinde ac si alius esset Titio in ususfructu substitutus. Hos enim tametsi non verbis, re tamen conjunctos videri.*

His quæ retulimus ex *l. 2. hoc tit.* necessario addendæ sunt quæstiones duæ, quæ referuntur ab Ulpiano in *l. 3. h. t.* Prior hæc est, *an repetitio ususfr. quæ fit post amissum ususfr. capitis deminutione, etiam jus accrescendi salvum secum habeat,* quæ proponitur in §. *hæc autem repetitio*. Eadem est quæstio posterior proposita in §. *idem Pap.* ejusdem legis. Et hoc tantum interest, quod una est de usuf. toto, altera de parte, & hæc subtilior illa. Ad priorem quæstionem fac speciem hoc modo: legatus est fundi ususfr. Titio & Mævio iisdem verbis: *lego usumfr. Titio & Mævio*: sunt conjuncti re & verbis, & inter eos locum habet jus accrescendi, id est, repudiante, vel moriente, vel capite minuto alter retinet totum ususf. Quid est jus accrescendi? & est retentio totius legati. Quid est jus accrescendi? nullius in legato concursus. Sed rursus finge: idem ususfr. separatim repetitus est in persona Titii, hoc modo: *quotiensque Titius capite minutus erit, ei ususfr. lego*. Quæritur, Titio capite minuto, *& nunc habente ususfr. ex repetitione*, an Titius *& Mævius conjuncti sint? atque ita, an sit inter eos jus accrescendi?* An Titio mortuo, vel capite minuto adcrescet Mævio, vel contra, Mævio mortuo, aut capite minuto, an adcrescat Titio? Et certissimum est, quod Papin. ait, inter eos salvum esse jus accrescendi: nam initio quidem fuerunt Titius & Mævius re & verbis conjuncti, post capitis minutionem Titii, Titio habente ususfr. ex relegato, non sunt conjuncti quidem verbis, quia separatim, id est, separata oratione in persona Titii repetitus est ususfr. sed sunt re conjuncti, quia unicuique in solidum legatus aut relegatus est ususfr. Ergo inter eos est jus accrescendi: nam jus accrescendi locum habet non tantum inter re & verbis conjunctos, sed etiam inter re tantum conjunctos, secundum regulam Celsi, quæ est in *l. 3. de ususfr. accres.* quia singulis ab initio solidum relinquitur, nec nisi concursu partes faciunt. Inter verbis tantum conjunctos, quibus ab initio adscribuntur partes, atque ita qui quasi in diversas res vocantur, puta hoc modo: *Titio & Mævio usumfr. ex æquis partibus*. Inter hos non est jus accrescendi, quia concursu non faciunt partes, sed eas habent ab initio factas separatim. Et inter verbis tantum conjunctos non esse jus accrescendi, quod & ex veteribus animadverti, ostendit aperte lex *pen. de ususfr. accresc. & l. 66. de her. inst.* Conjunctio orationis nihil facit, quia plerumque affectatur celeritatis & brevitatis studio. Conjunctio rei hæc est, quæ momentum habet, & pondus, quæque gignit jus accrescendi. Et idem etiam ostendit §. *si eadem, Instit. de leg.* qui statuit jus accrescendi inter re & verbis conjunctos, & inter re tantum conjunctos, & nihil adjicit de verbis tantum conjunctis, quia inter verbis tantum conjunctos non est jus accrescendi: nisi testator adscripserit partes ab initio ea mente, non ut eos separaret, & in diversas res vocaret, sed ut fieri adsolet, ut ostenderet, quas partes facturi essent concursu: quo casu verbis sunt conjuncti palam, non re, sed etiam re intelliguntur esse conjuncti ex mente defuncti. Et ita est casus ad *l. re conjuncti, de leg. 3.* dum ea lex non tantum re & verbis conjunctum præfert re conjuncto, sed etiam verbis tantum conjunctum, qui ex mente defuncti & re conjunctus est. Alioqui frustra quæris, an verbis conjunctus tantum præferatur ceteris, qui detracta voluntate defuncti, nullum jus accrescendi habet. In hac specie, quia & Titio habente ususfr. ex repetitione, Titius & Mævius judicantur esse re conjuncti, licet non sint conjuncti verbis inter eos versatur jus accrescendi: & idem eveniet ususfr. legato Titio & Mævio, si non repetieris usumf. post capitis minutionem Titii, sed in eum casum Titio Sempronium substituerit: nam substitutio fit etiam recte in legatis, *l. ut in heredib. de leg. 1.* Ergo non ita dixit, si capite minu-

minutus erit, tibi usumfr. lego, sed ita: si capite minutus eris, Sempronius tibi substitutus esto. Hoc casu inter Mævium & Sempronium erit jus accrescendi, quia sunt re conjuncti, quamvis non eodem gradu. Gradus non mutat conjunctionem rei inter me & te: si sit jus accrescendi, erit inter me & substitutum tuum. Et similiter in causa proprietatis, quæ potest transmitti ad heredem, erit jus accresc. inter me & heredem tuum, *l. hæc scriptura*, §. *ult. de cond.* & *demonst. l. cum ex filio*, §. *ult. de vulg. subst.* Et hæc sufficiant de priori quæstione.

### Ad §. Idem, eodem.

*Idem Papin. quærit, si Titio & Mævio usufructu legato, in repetitione ususfructus non totum, sed partem Titio relegasset, an viderentur conjuncti? Et ait, si quidem Titius amiserit, totum socio adcrescere. Quod si Mævius amisisset, non totum accrescere, sed partem ad eum, partem ad proprietatem redire. Quæ sententia habet rationem: neque enim potest dici, eo momento, quo quis amittit usumf. & resumit, etiam ipsi quicquam ex usufr. accrescere: Placet enim nobis, ei qui amittit usumf. ex eo, quod amittit, nihil accrescere.*

Sequitur posterior quæstio. Finge: legavi usumfr. Titio & Mævio: sunt conjuncti re & verbis: & si Titius capite minueretur, eidem relegavi non totum usumf. sicut in priori specie, sed partem ususfr. tantum. Sed hoc casu, an etiam Titius ex ipso capitis minutionem, quam subjecit, & Mævius conjuncti sint? Et dicam esse etiam conjunctos re, non verbis: nam cum uni legatur totum, alteri pars, sunt invicem conjuncti re, quia pars est in toto: & cui legatur totum, ei etiam legatur pars, quæ legatur alteri. *l. Mævio, de leg.* 2. *l.* 3. §. *non solum, de usuf. accresc.* Mævio legatus est totus ususfr. Titio pars. Ergo inter Mævium & Titium habentem partem ususfr. ex repetitione erit jus accrescendi mutuum. Omne enim jus accrescendi est mutuum, & reciprocum. Sed tantum hæc est differentia hujus casus posterioris a priore, quia Titio amittente ususf. quem habet ex relegato, totus accrescit socio, §. *idem Papin.* id est, Mævio, collegatarium vocat socium, ut *l.* 8. *ususfr. quemadm. cau.* Nam & collegatarios omnes conjungit ad societatem, *l. heredes*, §. *non tantum, famil. ercisc.* Et omnes re conjuncti, socii sunt. Hoc ergo dicas, Titio amittente partem ususf. quam habet ex relegato, quum ex legato habebat totum, totum illud parti accrescere Mævio: contra, Mævio amittente usumf. qui totus ei fuerat legatus, totus is, quem habuit Mævius, non accrescit Titio ex repetitione habenti partem ususfr. sed pars tantum: pars altera redit ad heredem scriptum, id est, ad proprietatem, atque ita ususfruct. fiunt tres partes: unam habebit Titius jure repetitionis, alteram jure accrescendi, tertiam autem habebit proprietarius, sicut heres scriptus jure consolidationis. Et ratio hæc est valde elegans & subtilis Papiniani nostri, quia Titius initio totum amisit capitis minutione, & mox partem tantum resumpsit, sive recepit ex repetitione. Ac consequenter partem alteram omnino amisit, nec resumpsit: quia accrescere ea pars ei nullo modo potest: quæ non resumitur, nec accrescit: ne fiat contra voluntatem testatoris, si legatarius plus habeat parte legati prioris, quæ si non accrescit, ergo recurrit ad proprietarium, id est, heredem scriptum. Pars ususf. quem amittit collegatarius, mihi accrescit sane, etiamsi amiserim meam partem, *lite cum alio contestata, l. idem, de usufr. accresc. l. si Titio fructus*, §. *ususf. de usuf.* Pars autem mea, quam amisi, mihi nunquam accrescit: igitur ex repetitione partem tantum ususfr. resumo: pars altera, quam non resumo, mihi non accrescit contra voluntatem defuncti, arg. *legis cum tale, in fin. de cond.* & *dem.* sed accrescit collegatario, veluti Mævio, in hac specie, ac deinde deficiente collegatario, etiam pars illa, quam amisi semel, nec resumpsi, mihi non accrescit, sed recurrit ad proprietarium, pars altera mihi adcrescit. Itaque peritissime dixit in specie proposita Papin. ususf. quem habuit Mævius, qui defecit capitis minutione, partim ad Titium redire, partim ad proprietarium: nec totum posse redire ad Titium collegatarium: quæ in usuf. Mævii fuit pars, quam amiserat ante Titius, nec receperat jure repetitionis, nec recipiet etiam jure accrescendi. Hic est certissimus sensus, in quo multum laborat Accurs. Notandum ex eo præterea, hanc esse vim repetitionis, si intermissionem non habeat, ut si non legetur usufr. alternis annis, vel non singulis, quo genere repetitur quidem, sed cum intervallo temporis. Si igitur repetitio intermissionem non habeat, ut si legetur in annos singulos, vel dies, vel si legetur ad certum tempus, vel ad tempus vitæ, vel manifesta repetitione, quoties capite minutus erit, vel amissus erit, vis ejus repetitionis hæc est, ut eodem prorsus momento legatarius amittat usufr. & resumat, ut eodem momento amittat & resumat legatum, vel partem, si pars tantum relegata fuerit. Partem autem amissam, nec resumptam, nec possis dicere accrescere parti resumptæ eodem ipso momento, & nec postea ex intervallo, puta collegatario amittente usumf. Et omnino ita se res habet: ei, qui amittit usumfr. ex eo, quod amittit, neque mox, neque postea quicquam accrescere posse, etiamsi ex eo, quod amisit portionem aliquam resumserit potestate repetitionis.

### Ad L. VIII. de Usufr. ear. rer. quæ usu consum.

*Tribus heredibus institutis, ususf. quindecim millium Titio legavit, & duos ex heredibus jussit pro legatario satisdare. Placebat, utile esse cautionis quoque legatum: nec refragari Senatusconsultum, quia cautio non impediretur, & esse alterum legatum velut certi, alterum incerti. Ususfructus itaque nomine partem pecuniæ petendam ab eo, qui satis accepit a coherede, incertiore cum eodem agendum, si satis non dedisset. Eum vero, qui satis præstitit, ac propter moram coheredis satis non accepit, neque fructus nomine interim teneri, propter SCtum: nec actione certi, quia coheredi satisdedit. Illud etiam nobis placet, legatarium cogendum promittere. Finito autem ususf. si coheredes ex causa fidejussoria convenirentur, eos mandati non acturos: non enim suscepisse mandatum, sed voluntati paruisse: denique cautionis legato liberatæ. De illo nec diu tractandum fuit, secundum legatum, id est, cautionis, non heredum videri, sed ejus, cui pecuniæ ususfr. relictus est, cuique testator prospicere voluit, & cujus interesse credidit, fidejussores non suo periculo quærere.*

Totus hic tit. Senatusc. est, quo cautum fuit, ut earum rerum, quæ in bonis essent, legari usus & fructus possent, *l.* 1. *h. t. l.* 1. *de usufr. leg. l. usufr. ad l. Falcid.* Igitur ante SC. omnium rerum usus, ut fructus legari non potuit, quoniam nec omnium rerum est usus, id est, non omnes res in us consistant: sunt quæs perdis, si incipias servire: perdis oleum, frumentum, esculenta, si utaris, sed senatus decrevit, ut & harum rerum, & generaliter omnium, quæ in bonis nostris essent, usus & fructus legari possent, ad quod SC. totus hic titulus pertinet. Pecunia numerata id est, nummi, vinum, oleum, frumentum, lana, odores, aromata, vestimenta sunt in bonis nostris: ergo earum rerum usum, vel usumf. legare possumus. Quod tamen cum dixeris, cum natura ipsa pugnare videbere, quia vi & natura harum rerum non est usus, sed abusus est, ut est in *l.* 5. §. 1. *h. t.* hæ res non sunt in usu sed in abusu uno loco, & alio loco ait, in absumptione. Abusus est absumptio rei, privatio vel peremptio usu: abuti, quod & denti dixit Æm. Probus, est absumere, & ut legendum videtur in *l.* 7. *h. t. supr. ha res abusu continentur*, vulgo legitur, *usu consumuntur*. Sed & Pandectæ Flor. habent, *continentur*, & Bas. ἐν ἀποχρήσει, id est, in abusu, & ususfr. est jus utendi, fruendi salva rerum substantia, *l.* 1. *de usufr.* ea verba, salva rerum substantia, cur maxime in definitione adjicit? An, ut vulgo existimant omnes, quia exempli gratia domo exusta, aut fundo peremto terræ fragore sive chasmate, vel ut ait *l. penul. C. de usufr.* perempta rei substantia finitur ususf. ejus rei? An ob id igitur adjecit, *salva rerum substantia*? quod vix crediderim: nam cur hanc rationem amittendi

tendi ususf. comprehenderet in definitione potius quam alias? Aut quid attineret in definitione exprimi rationem ex septem unam amittendi ususf. Dixit ergo, *salva rerum substantia*, quia si utendo pereat statim rei substantia, non est usus, sed abusus: si utendo rem perdas & consumas, si interimas rei substantiam, si vino aut pane abutaris, non utaris. Quid est igitur usus? quo scilicet utimur re salva, alioqui est abusus, usus non perimit rem. Abusus perimit. Eadem est ratio pecuniæ vel nummorum: nam pecunia qua utimur, quodammodo disperit. Et ut ait §. *constituitur, Instit. de usuf*. pecunia ipso usu assidua permutatione, complurium manuum attrectatione, quodammodo extinguitur. Eadem est etiam ratio vestimentorum: nam & hæc usu deteruntur: nec igitur eis utimur, quin aliquatenus abutamur. Supra dixi, nec feci gradus harum rerum: nam usus sum exemplo vini, pecuniæ, & vestis; tollis & absumis vitium quo uteris, nummos, quibus uteris, non tollis, manent, sed quodammodo tollis cum permutas, & in alias manus pervenire finis: vestimenta, quibus uteris, minuis, dum usu atteris, ut in *l.1.hoc tit. tolluntur aut minuuntur*: contra agrum, qui proprie in usu consistit, quo uteris, neque minuis, neque tollis: possis defrugare, veluti ligno, segete aut satione continua, non tollere aut minuere; quemque etiam nec ita defrugare possis, ut non possit ad fruges, ad vires redire nova cultura. Igitur nullo SC. fieri potest, ut earum rerum, quæ sunt in abusu, sit usus vel ususfruct. natura rerum mutari non potest jure civili. Verum Senatusconsultum, de quo agit in hoc tit. efficit, ut etiam earum rerum, quæ sunt in abusu, quasi ususfr. esset, introducto remedio cautionis: nam ita res procedit. Si legatus sit ususf. pecuniæ, sive nummorum, legatarius numeratione ejus pecuniæ dominus sit pleno jure, sed cavet heredi de reddenda tanta pecunia, si morietur aut capite minuetur. Hi duo tantum casus excipiuntur: nec enim non utendo, nec aliis modis perpetuis usus amitti potest, *l.9. & 10. hoc tit. l.7. §. ult. ususfr. quemad. caveat*. Eodemque modo, si legatus sit ususfruct. vini aut cellæ vinariæ, legatarius traditione dominus fiet, sed cavebit heredi de reddenda tanta pecunia, cum morietur aut capite minuetur, quanti vinum æstimatum fuerit: traditur enim illi æstimatum, vel etiam cavebit de reddenda eadem mensura, bonitate vini, *l.si vini 7. h.t.* Et ex his etiam apparebit horum trium generum differentia: is, cui legatus est ususfruct. vestis, cavet de reddenda eadem veste, in omnem casum amisli ususfr. nec tenetur, si usu atteritam reddat, *l.9.§.pen. usufru.quemad.cav.inf.* vel etiam, quod est melius, ut superioribus casibus vestis ei tradatur æstimata, & cavet sit de reddenda æstimatione tempore mortis suæ, aut capitis minutione, *d.§. constituitur, Instit. de usuf*. Videtur ita per cautionem hanc rei, cujus non est proprie usus, quodammodo usus constitui, & in accipientem legatarium transferri sane dominium, sed propter cautionem, hoc dominium effectum tantum habere usus, namque sinitur morte, aut capitis minutione. Remedio cautionis multa fiunt, quæ alias fieri non possent. Remedio cautionis dominium constituitur ad tempus nominatim, ut, *lego tibi rem ad decennium*. Et remedio cautionis ita dominium finitur tempore quodammodo, quod alias non finiretur tempore, *l.ult. C. de leg*. Remedio cautionis quasi ususf. constituitur earum rerum, quarum sua natura non est usus, sed abusus, ut sane hodie locus non sit argumento Cic. in *I op*. eam, cui maritus legavit fructus omnium bonorum, cellis vinariis & olearriis plenis relictis non posse uti, quia usus sit legatus, non abusus: nam id quidem ita est detracto remedio cautionis: verum adhibita cautione, longe aliud est : ac proinde oblata cautione, mulier etiam utetur cellis vinariis & olearriis, cum legatus est ususfructus omnium bonorum: nam ex SCto nihil est, quod non cedat in ususfr. legatum, *l.ususfr. ad l. Falcid*. Quin & cautio forte omissa tacite intelligitur, *l.5.§.pen. hoc tit*. Plus efficit remedium cautionis, ut scilicet constituatur quasi ususf. vel usus itineris, viæ, actus, aquæductus, vel aquæ haustus, quod neque etiam natura fit, neque ex SC. videtur

*Tam. IV.*

A fieri : nam natura non fert ut sit usus, vel ususf. itineris, id est, servitus servitutis: servitus est qualitas: qualitatis qualitas non est: ergo est valde absurdum, si dixeris, usus usum esse: itineris est usus, sed hujus usus non potest esse abusus: neque enim utile est legatum propter Senatusconsultum, quod loquitur tantum de his, quæ sunt in bonis nostris: servitutes non sunt in bonis nostris, ob id quia nec sunt, nec intelliguntur : sunt enim res intellectuales, quæ sensibus non percipiuntur, sed intellectu solo separantur & abstrahuntur: non potest esse in bonis nostris, quod non est, sed neque etiam ex sunt extra bona: nam latissima est bonorum significatio: etiam jura, actiones, obligationes, servitutes, & quælibet res omnes incorporales patrimonio nostro accensentur. Ergo videbatur esse inutile legatum, si quis legaret usumfructum itineris, id est, servitutis illius: sustinetur tamen legatum remedio cautionis: nam heres persolvit legatum, si legatarius ei caveat de restituenda ea servitute, quoties mortuus, aut capite minutus erit, *l.1. ff. de usu & usuf. leg*. Et eadem ratione

B dubitabatur etiam post SC. an posset legari ususf. nominum: nomina sunt jura, obligationes, &c. Dubitabatur propterea, quod non sunt proprie, quæ corpore prædita non sunt, quæ juris tantum intellectum habent, juris fundamentum : sed placuit etiam usumf. nominum recte legari, & usuras videri legatas, *l.3.h.t*. Usura est quasi usuf. nominis: & ita quod notandum maxime, in hoc proposito remedio cautionis: nam usura nominis non debetur nisi ex cautione, id est, stipulatione, *l.3. C. de usur. l. Titius, sup. de præscript. verb*. Remedium, inquam, cautionis seu stipulationis efficit, ut pecunia quodammodo pariat pecuniam: nec mirum, si pariat, quod sæpe abortum facit. Hæc

C autem cautio SC. ut indicat hæc *l. 8*. est satisdatio fidejussoris, id est, cavere hanc cautionem legatarius debet datis fidejussoribus, nec satis est, si ipse promittat solus, promissore ipso opus est, & adpromissore : denique hæc cautio est satisdatio, nec potest remitti a testatore, *l. 1. C. de usufr*. alioquin nullus esset effectus legati, & focum ipse testator pugnaret, si legaret usumfruct. nummorum, & detraheret istam cautionem, non potest impediri hæc cautio a testatore : nam & SC. nominatim injungitur *l.pen. hoc tit*. & cautio legib. usitata non posset etiam remitti a testatore, nisi id D. Marcus permisisset, *l. 2. us in poss. leg*. Nam testator non potest facere, ne leges locum habeant. in suo testamento, nisi alia lex hanc ei potestatem dederit, *l. nemo potest, de leg. 1*. Et

D verum est, non posse testatorem auferre satisdationem, & si velit ea exonerare legatarios, potest, id est, nolit eos fidejussores quærere, suo periculo posse onus fidejussionis transferre in heredes suos, ut scil. ipsi fidejubeant pro legatario sibi invicem, & aliis coheredibus, ut in specie hujus l. quæ est talis. Quidam tres heredes scripsit, & legavit ab omnibus Titio usumfr. quindecim millium, & duos heredes jussit pro Titio fidejubere de reddenda ea pecunia mortuo, aut capite minuto legatario. Duplex est legatum relictum Titio, unum est legatum ususfr. quod quidem petet actione certi ex testamento, quæ est certa summa, cujus traditione fiet dominus, & petet ab omnibus heredibus pro portione hereditaria. Alterum legatum est legatum cautionis sive fidejussionis, quod petet a duobus illis heredibus actione incerti ex testamento :

E nam cautio, obligatio, liberatio jura omnia incorporalia sunt, quæ peruntur actione incerti, cautio petitur actione incerti, *l.5.§.1. hoc tit*. eas cautiones petet actione incerti, id est, ut fidejubeant pro eo de reddendo ususfr. pecuniæ tempore mortis suæ, aut capitis minutionis, & ut de ea re caveant invicem sibi & tertio coheredi. Igitur Titius ea de re promittet prius, post pro eo fidejubebunt illi duo heredes invicem sibi, & tertio coheredi. Et quod notandum, quod est subtilius, in hac l. poterit conveniri ex illis duobus heredibus actione certi, ut præstet partem pecuniæ hereditariæ is, cui coheres satisfaciderit : poterit etiam conveniri actione incerti, ut satisfdet, si nondum satisdederit. Is autem, cui coheres non satisdederit, non poterit conveniri actione certi, ut petat

Ee 2 partem

partem summæ, nec actione incerti, si jam satisfiderit. Et notanda ad hæc sunt duo singularia, usumfr. quindecim millium peti actione certi, cum tamen dicatur in *l. ubi autem, ff. de verb. obl.* usumf. peti actione incerti. Nam & ufusfruct. jus est, ergo incertum est; quam legem Accurf. oppoſuit huic noſtræ. Sed breviter reſpondendum ; hic non tam videri legatum uſumfruct. quam dominium & pecuniam certam, cujus ſane fit dominus adnumeratione. Petit igitur certum, quia petit ſibi dari oportere, id eſt , ſe dominum fieri oportere, oblata cautione, quæ dominum perducet ad effectum quaſi uſusfr. Ultimo notandum, heredes, qui fidejuſſerunt, ſi ſolverint, non habituros regreſſum actione mandati adverſus reum principalem, hoc eſt , legatarium vel heredem ejus, quia ſcil. non mandavit is, non mandatu ejus fidejuſſerunt, ſed juſſu teſtatoris, & non propter alienam obligationem, ſed propter ſuam, ut ſe liberarent legato cautionis ſibi a teſtatore injuncto, propter quam fidejuſſores non habent regreſſum, ut ſi donandi animo, vel in rem ſuam. Et hoc caſu agnoſcimus ſumma ratione hos fidejuſſores non habere regreſſum adverſus legatarium.

### Ad L. LXXVII. de Hered. inſtit.

*Affe toto non diſtributo, ita ſcriptum eſt : quem heredem codicillis fecero, heres eſto, Titium codicillis heredem inſtituit : ejus quidem inſtitutio valet ideo, quod licet codicillis dari hereditas non poſſit, tamen hæc ex teſtamento data videtur. Sed hoc tantum ex hereditate habebit, quantum ex aſſe reſiduum manſit.*

EST perbrevis & facilis quæſtio hujus l. Sciendum eſt hereditatem verbis civilibus teſtamenti dari : codicillis dari non poſſe, quod per manus eſſe traditum, id eſt, veterem regulam juris eſſe didicimus ſupra *lib.* 15. *Pap. & l. quod per manus, de jure codicill. lex* 10. *de cent.l.inſt.* ait, interdictum eſſe hereditatem verbis directis codicillis dari vel adimi. Inde quæritur huc loco, an valeat inſtitutio heredis teſtamento facta, hoc modo, *quem codicillis heredem fecero, ille heres eſto*, ſi poſtea codicillis heredem fecerit Titium ? Et ait, quod erat non admodum difficile, inſtitutionem valere : quia non videtur data hereditas codicillis, ſed teſtamento potius: codicilli declarant teſtamentum, non heredem faciunt, & vero codicilli poſſunt declarare teſtamentum, non idem etiam efficere, quod teſtamentum : & eo quoque modo codicilli declarant teſtamentum, non teſtamentum condunt, hoc eſt, non inſtitutionem heredis faciunt. Et idem etiam erit multo magis, ſi in teſtamento ſcripſerit hoc modo : *cujus nomen codicillis ſcripſero, ille heres eſto*, & poſtea codicillis ſcripſerit nomen Titii, ita palam hoc modo, nomen tantum heredis refertur in codicillos, inſtitutio ſcribitur teſtamento, *d.l.* 10. *de condit. inſt.* Et ita ſuperiore caſu, cum dixit, *quem codicillis heredem fecero, heres eſto*, videtur tantum contuliſſe nomen heredis inſtituti in codicillos, & quem heredem codicillis fecero, hoc eſt, quem nominavero codicillis, ille heres eſto. Codicillis ergo recte ſcribitur nomen heredis, ſed non recte inſtituitur heres. Et ſimiliter codicillis quoque recte adſcribitur pars heredis inſtituti, hoc eſt, partis hereditariæ definitio recte confertur in codicillos, hoc modo : *ex qua parte codicillis Titium heredem ſcripſero, heres eſto*. Qua oratione videtur tantum conferre partem in codicillum, non inſtitutionem ipſam. Et cum ita dixit, ut proponit, ſi poſtea forte codicillis nullam adſcribat Titio partem, an nihilominus Titius erit heres? ſic ſane, ut aperte demonſtratur in *l.* 36. *hoc tit.* quæ eſt conjungenda cum *d.l.* 10. nam ut valeat heredis inſtitutio, non eſt neceſſe adſcribi partem, etiamſi adjiciatur cohæres: recte quis heres inſtituitur ſine parte, quandoquidem ſatis poteſt intelligi, quam partem eum habere voluerit. Erit igitur Titius heres, etiamſi poſtea codicillis nullam ei partem adſcripſerit, quaſi ſine parte inſtitutus, & erit heres ex eo, quod aſſi deerit, hoc

eſt, ex reſiduo aſſis, ſi teſtator totum aſſem non diſtribuerit, ut in ſpecie *h.l. & l.item quod, h.t. in pr. & §. ſed etſi aſſe.* Vel erit heres in alterum aſſem, id eſt, in dimidiam hereditatis partem, ſi teſtator totum aſſem expleverit, diſtribuerit, *d.l. item quod, §. ſed etſi ex aſſe, h.t.* His conſequens eſt, ut etiam valeat hæc inſtitutio : *ſi Titium codicillis heredem fecero, heres eſto*. Nam & hoc caſu Titio codicillis ſcripto, non codicillis, ſed teſtamento dari videtur hereditas. Denique idem erit, ſi ita dixerit: *ille Titius, quem codicillis heredem ſcripſi, heres eſto, d.l.* 10. Et uſus ſum nuper his omnibus legibus in hac ſpecie. Quidam inſtrumento donationis donaverat inter vivos primo & ſecundo, & ejus liberis maſculis bona quædam, & ſi hi omnes decederent ſine liberis maſculis, dixerat, ſe in ea bona ſubſtituere, quos poſtea ſubſtitueret in teſtamento, quod facere meditabatur : poſtea facto teſtamento ſubſtituit in ea bona, in hunc caſum : *ſi primus & ſecundus morerentur ſine liberis maſculis*, neque adjecit quicquam, *de liberis maſculis primi & ſecundi*, id eſt, non dixit plene, ut dixerat in donatione, *ſi primus & ſecundus & eorum liberi maſculi moriantur ſine liberis maſculis*, illi ſubſtituti ſunto, ſed mentionem tantum fecit primi & ſecundi, quæritur, *quæ ſcriptura, quis caſus ſubſtitutionis ſpectandus potius ſit, an qui ſcriptus eſt in donatione, aut qui ſcriptus eſt teſtamento ?* Dixeram, donationem potius ſpectandam eſſe, quoniam ſubſtitutio ea non videtur facta teſtamento, ſed inſtrumento donationis.

### Ad L. Mævius LXVI. de Leg. 2.

*Mævius fundum mihi ac Titio ſub conditione legavit, heres autem ejus eundem ſub eadem conditione mihi legavit : verendum eſſe, Julianus ait, ne extante conditione pars eadem ex utroque teſtamento mihi debeatur. Voluntatis tantum quæſtio erit: nam incredibile videtur id egiſſe heredem, ut eadem portio bis eidem debeatur. Sed veriſſimile eſt de altera parte eum cogitaſſe. Sane conſtitutio principis, qua placuit eidem ſæpe legatum corpus non onerare heredem, ad unum teſtamentum pertinet. Debitor autem non ſemper, quod debet, jure legat, ſed ita ſi plus ſit in ſpecie legati. Si enim idem ſub eadem conditione relinquitur, quod emolumentum legati futurum eſt ?*

HIc verſatur mentio Conſtitut. D. Pii, aut ſane pendet omnis ea quæſtio ex conſtit. principis, quem ſic vocat, hoc eſt, D. Pii, ut apparet ex *l.plane, §.* 1. *& 2. de leg.* 1. id eſt, ex ea conſtitutione ſic ſtatuo, ſi eadem res eidem ab eodem herede, eodem teſtamento bis, aut ſæpius legetur, ſemel tantum debetur, & re ſoluta, vel æſtimatione rei, heres omnino liberatur. Hæc eſt conſtitutio D. Pii, quæ locum obtinuit generaliter ſine ulla diſtinctione legatorum. Nam in ea re nulla eſt differentia inter genera legatorum, id eſt, nullum eſt genus legati, ſive ſit per damnationem, ſeu per vindicationem, quod mutet regulam, aut vitiet. Et idem etiam juris eſt in ſtipulatione, *l.* 18. *de verb. oblig.* qui bis promittit eandem rem, ſemel tantum eam debet, quod obſervant etiam hodie negotiatores. Nam millies promittent eandem rem, ſcientes ſemel tantum debitam iri. Dixi in ſuperiore concluſione, *eidem*. Quæro, quid ſi diverſis ſeparatim ea res legetur Primo & Secundo. Primo lego fundum & Secundo? Et hac in re erat olim differentia inter genera legatorum : Nec enim eodem jure erat legatum damnationis, quo legatum vindicationis. Sed hodie ſublata differentia legatorum ex Conſtitut. Juſtin. ſemel tantum eis præſtabitur ea res, concurſu partes facient, niſi appareat, teſtatorem evidenter voluiſſe utrique eam dari ſolidam, uni rem ſcil. alteri æſtimationem. *l. un. C. de cad. toll. l. ſi pluribus, de leg.* 2. Item dixi, *ab eodem*: quid ſi a diverſis heredibus ? ut a primo herede mihi legavit fundum, & idem quoque fundum a ſecundo herede ſcripto mihi legavit : & erat etiam differentia hac in re olim, quæ hodie ſublata eſt Conſtit. Juſtiniani, & res ſimpliciter procedit, ut ſcilicet heredes ſemel tantum præſtent eam rem collatis partibus, *per moitie*, quo de-

mon-

monstratur plenius §. *eum h. l.* Præterea dixi, *eadem res*, id est, idem corpus, ut ait hoc loco constitutio principis, ad differentiam quantitatis, si idem corpus legetur, semel tantum debetur. Quid si eadem quantitas sæpe legetur? Legavi Titio 100. prima parte testamenti, eidem ima parte legavi etiam 100. an debentur 200. quantitas facile duplicari potest, aut multiplicari. Et sane volente testatore quantitas sæpius debebitur eadem, & quidem legatarius id probare debet, alioqui videtur testator repetiisse legatum, inculcasse idem legatum heredibus, vel id fecisse videbitur oblivione prioris legati, ut est in *l. quingenta, de probat.* Quod in multis negotiis observari nonnunquam oportet, oblivione quid factum sit, nec ne, *l. Aristo, qua res pig. l. ult. §. 1. de liber. leg.* Uno tantum casu præsumptio facit pro legatario: & ideo non tenetur probare testatorem voluisse duplicare legatum quantitatis, quia a quo præsumptio stat, ei non incumbit facile probare. Igitur hoc casu onus probationis incumbit heredi, ut probet testatorem noluisse duplicare summam, ut casus est *d. l. quingenta,* si testamento 100. legavi eidem, & codicillis æque centum eidem: nam cum diversæ sint scripturæ, testamentum & codicillus, facilius præsumitur multiplicatio, & heres probare debet posteriorem scripturam esse inanem & supervacuam ex mente defuncti, alioqui præstabit legatario ducenta. Et ut ostenditur in *d. l. plane,* §. 1. & 2. & 3. *de leg.* 1. ratio differentiæ inter rem & quantitatem est evidens, quæ notanda est plurimum, quia res sæpius dari non potest, ne volente quidem testatore, hoc est res eadem sæpius mea fieri non potest, *l. si servus* 108. §. *Sichum, de leg.* 1. at eadem quantitas sæpius præstari potest volente testatore, quia etsi sit eadem quantitas, non est tamen eadem res: est idem genus, sed non eadem species. Ergo res sæpius dari non potest. Dices, legavi rem eandem sæpius, puta fundum legavi bis eidem, cur non erit præstatio duplex: puta una rei, altera æstimationis? Fateor rem ipsam bis non posse dari, sed æstimatio potest. Hoc enim jus non patitur, quia non legavit æstimationem, nec legare voluit, sed rem eandem bis legavit: & ideo nec æstimatio peti potest ex secundo legato, quia obstat hæc regula juris, duas causas lucrativas in eandem rem; & eandem personam concurrere non posse, *l. omnes,* §. 1. *de obl. & act. & si res aliena, Inst. de leg.* Ergo si rem jam consecutus ex causa legati semel, & lucrativa, non possum ejus rei nomine nec æstimationem petere, nisi hoc voluerit testator. Et summa hæc fit: non volente testatore eadem res bis dari potest: quia hoc nec naturalis, nec civilis ratio patitur, ut ejusdem rei fiat dominus sæpe. At volente testatore potest mihi dari res, atque etiam æstimatio ejusdem rei, *l. si alii, de usufr. l. nutu,* §. 1. *de leg.* 3. Postremo dixi *eodem test.* id est, testamento unius hominis, vel testamento & codicillis ejusdem hominis: nam codicilli sunt pars testamenti. Quid ergo, si duorum testamentis eadem res mihi legetur? Et placet hoc casu eam rem bis deberi, ex uno testamento deberi rem, ex altero æstimationem. Sed multum interest, quod legatarius primum consecutus fuerit, ut explicatur *d. l. plane §. si res al.* Nam si ex uno testamento sit consecutus æstimationem, ex altero petet rem, atque ita consequetur bis. Sed si uno ex testamento prius sit consecutus rem, postea non petet ex alio æstimationem, propter illam regulam, ne concurrant duæ causæ lucrativæ. Sed quid rursus, si eadem res mihi legatur testamento Titii & testamento heredis Titii? testator mihi legavit rem, eandem mihi legavit heres, an bis debebitur? non hoc casu, quamvis sint duo testamenta, quia heres legavit rem, quam debuit jam ex testamento. Inutile autem est legatum, si debitor leget quod debet, nisi plus sit in legato, quam in debito, *l. si debitor, l. legavi, de lib. leg.* Et huc pertinet species hujus l. proprie, quæ talis est: Mævius legat mihi & Titio fundum sub conditione, quo casu singulis partes debentur, aut concursu partes facturi sumus: deinde condente posteriore herede Mævii eundem fundum, vel partem fundi, nil refert, ut probat §. *duobus* in *h. l.* mihi legavit sub eadem conditione ita, ut non sit amplius in legato heredis, quam in legato Mævii: extitit conditio uniuscujusque testamenti, an bis mihi eadem pars debeatur ex utroque testamento quæritur? Et placet mihi eandem partem deberi ex testamento Mævii tantum. Inutiliter esse legatam eandem partem testamento heredis Mævii, quia fuit debitor ejus partis, & incredibile est, heredem duplicare legatum voluisse, ut scil. haberem partem ex testamento Mævii, & æstimationem ex testamento heredis, & potius est credibile, eum de alia parte cogitasse, id est, de æstimatione alterius partis debitæ Titio, hoc est, non legasse heredem mihi meam partem, sed partem adscriptam Titio collegatario meo, hoc est, æstimationem hujus. Hac ratione ergo consequar partem ex testamento Mævii, & alterius partis æstimationem ex testamento heredis: non eadem partis æstimationem ex testamento heredis, sed una ex uno testamento, altera ex altero, id est, æstimatio alterius. Pars autem ipsa altera debetur collegatario ex testamento Mævii. Et in summa ita ratiocinatur Papin. in specie proposita: Videtur eadem pars bis legari mihi, & deberi pars ex testamento Mævii, & ejusdem partis æstimatio ex testamento heredis. Sed incredibile est, inquit, nisi aliud probetur, heredem duplicare legatum voluisse ejusdem partis, quod si voluisset, utique valeret, & ex uno deberetur pars, ex altero æstimatio ejusdem partis: nam nihil obstaret D. Pii constitutio, quæ vult semel tantum deberi eandem rem sæpius legatam, quia loquitur de eodem testamento. Hic sunt duo testamenta, id est, duorum; ergo si hoc voluit heres, sane valebit utrumque legatum, quamvis utrumque sit ejusdem partis. Sed incredibile est, voluisse heredem duplicare, id est, minus verisimile. Incredibile est, quod credi non potest: sed & non verisimile: incredibile non est ἀνύστατον, sed κακοσύστατον, *qui malaisément peut estre, qui ne peut estre.* Ergo an dices inutile esse legatum relictum testamento heredis, quasi a debitore relictum? quia heres legavit id quod debuit, hoc est, eandem partem. Hoc cavere maxime debemus semper, ne inutilia faciamus legata vel inania: eam debemus semper accipere interpretationem quæ non faciat inutile legatum, *l. Titia,* §. 1. *de leg.* 2. *l. quoties* 2. *de reb. dub.* quoniam nemo intelligitur legare frustra & inutiliter. Ideoque ne legatum relictum ab herede sit inutile, melius erit, & est verisimilius, heredem sensisse de altera parte, Mævium puta legasse mihi partem fundi, & heredem ejus alterius partis adscriptæ Titio æstimationem. Ac ita concludit eleganter Papinian. verisimilius esse, nisi aliud probetur, heredem legasse alteram partem, hoc est, æstimationem, ne videatur frustra legasse, aut partem alteram ipsam, si collegatario fit contentus æstimatione.

*Ad §. 1. 2. 3. 4. eod.*

*Duorum testamentis pars fundi, quæ Mævii est, Titio legata est: non ineleganter probatum est, ab uno herede soluta parte fundi, quæ Mævii fuit, ex alio testamento liberationem obtingere: neque postea parte alienata revocari actionem semel extinctam.*

*§. 2. Sed si pars fundi simpliciter, non quæ Mævii fuit, legetur, solutio prior non perimit alteram actionem, potest etiam hanc eandem partem aliquo modo suam factam poterit alter heres solvere, (neque) plures in uno fundo dominium juris intellectu, non divisione corporis obtinent.*

*§. 3. Non idem respondetur, cum duobus testamentis generatim homo legatur: nam qui solvente altero herede vii factus est, quamvis postea sit alienatus ab altero herede, idem solvi non poterit: eademque ratio stipulationis est: hominis enim legatio orationis compendio singulos homines continet, atque ab initio non consistit in his qui legatarii fuerunt: ita frustra solvitur, cujus dominium postea legatarius ademptus est, tametsi dominus ejus definit.*

Gravior fuit transitus legis facilis, ad legem difficilem hanc de leg. 2. Et licet, quod ad eam pertineat, nihil omiserim, tamen quo res levior, & facilior, quod cogni-

cognitu dignissimum est, & quod valde pertinet ad §. seq. hodie interpretari debeo. Ex his, quæ dixi paulo ante, repetam duo vel tria, & si possim ratione faciliore quadam. Et hæc duo vel tria comprehenduntur uno verbo. Sane subtilis adeo est quæstio prima hujus legis, & secunda, quæ est §. seq. ut opus sit ista repetitione. Ceteræ quæstiones erunt facillimæ. Primum repetam differentiam inter corpus & quantitatem. Constitutio Divi Pii hæc est: *si eadem res eidem ab eodem herede uno testamento eodemque legetur, semel tantum debetur: si eadem res*, dixit, quia in diversæ res sint legatæ, quis nescit omnes deberi? & *res*, id est, corpus: nam quantitas eadem sæpius legata, sæpius debetur volente testatore, quod eum voluisse legatarius probare debet, alioquin testator præsumitur potius repetiisse legatum ejus pecuniæ, quam duplicasse, vel id secisse forte ima parte testamenti oblivione prioris legati. Et ratio differentiæ inter corpus & quantitatem, est evidens: res eadem, nec volente quidem testatore, sæpe dari aut præstari potest, quia res, quæ semel facta est mea, amplius non potest fieri mea: res, quæ mihi data est semel, iterum mihi dari non potest. At nec æstimatio quidem debetur ex repetitione, quia res legata est, non æstimatio, & secundum regulam juris, duæ causæ lucrativæ in eadem re concurrere non possunt, nisi appareat hoc voluisse testatorem, ut & res, & æstimatio præstaretur, quod legatarium probare convenit, *l. si alii §. rerum, sup. de usufr. l. nutu, §. 1. de leg. 3.* At quantitas eadem volente testatore sæpius præstari potest, quia etsi sit quantitas eadem, non est tamen eadem species, non sunt eadem corpora: denique quantitas eadem facile multiplicatur: quingentis addam quingenta, quidni? Corpus quidem non recipit multiplicationem, ac proinde duæ causæ lucrativæ in eadem rem, id est, in idem corpus concurrere non possunt. Duæ causæ lucrativæ in eadem quantitatem concurrere possunt. Hæc est species, & summa brevis totius quæstionis propositæ initio hujus legis. Mævius mihi & Titio legavit fundum sub conditione: heres Mævii eundem mihi legavit sub eadem conditione. Existente conditione videtur ejusdem fundi pars mihi deberi, id est, ex utroque testamento, ex testamento Mævii, & heredis ejus. Nec enim obstat quicquam constitutio Divi Pii, quæ vult semel tantum deberi eandem rem sæpius legatam, quia de re loquitur unius testamenti sæpius legata. Hoc casu, duorum testamentis proponitur eadem res mihi fuisse legata. Et sane si voluit heres eandem partem mihi deberi bis, bis debebitur, & ex uno testamento consequar rem, ex altero æstimationem, *l. plane, §. 1. de leg. 1.* Sed vix credibile est, ut ait, heredem eandem partem bis deberi voluisse, nisi hoc eum voluisse legatarius probet evidentissimis probationibus. In dubio hoc non præsumemus. Quid ergo? an in dubio dicemus, inutile esse legatum relictum testamento heredis, quasi a debitore relictum? Præsertim, si non plus sit in legato, quam in debito, ut hic non suit plus in legato relicto testamento heredis Mævii, quam Mævii: Fuit namque portio eadem in utroque testamento: nam relicta duplicandi animo ab herede Mævii, nec pure relicta: alioquin plus est in posteriore legato, & valeret, sed sub eadem conditione: si, inquit Papinian. heres Mævii non animo duplicandi legatum idem sub eadem conditione legavit, quod emolumentum legati futurum est? Ex qua disputatione sequitur, ejusdem rei, seu partis legatum mihi relictum testamento heredis Mævii esse inutile, quia in eo non plus est, quam in legato relicto testamento Mævii: cum & testamento heredis ejus sit relictum sub eadem conditione. Sed tandem concludamus post istam disputationem, verisimilius esse, heredem noluisse legare inutiliter, ac proinde, ut legatum magis valeat, quam pereat, heredem legasse videri, non eandem partem fundi, quæ mihi erat relicta testamento Mævii sub conditione, alioquin inutile esset legatum, sed alteram partem sub eadem conditione, non mihi relictam testamento Mævii. Et secundum hanc conclusionem, existente conditione pe-

tam partem fundi ex testamento Mævii ab herede ejus, & alteram partem ex testamento heredis, ab herede ejus, heredis scil. Et nihil præterea continet initium hujus legis, sed difficile erat rem ita digerere. Et tamen illud iterum repetam. Si res eadem eidem legetur duorum testamentis, bis eam deberi, *l. plane, §. 1.* Et addamus nihil referre, res propria legata sit, an aliena: nam utraque potest venire in speciem legati. Sed id sane refert, quia si rem consecutus fuero ex uno testamento, perimitur altera actio, quia duæ causæ lucrativæ in eandem rem concurrere non possunt, ut nec ex altero testamento æstimationem petere possim. Contra vero, si prius æstimationem abstulerim, superest mihi rei repetitio, & hoc solum modo bis petere possum. Denique si bis idem consequi velim ex utroque testamento, prius debeo ex uno nancisci æstimationem, ut ex altero nanciscar rem, quia si prius rem nactus sim, jam rei, quæ mea est, non possum æstimationem petere: sed si æstimationem prius nactus sim, non prohibebor postea rem petere, quamvis ea res tanti sit, quanti summa, quam percepi, *§. si res aliena, Inst. de leg.* His cognitis singe, quæ sit species §. *duorum*.

Duo testatores ejusdem fundi, qui alienus erat, partem mihi legaverunt: fundus ille alienus non erat unius proprius, sed erat duorum communis pro indiviso, Mævii partem aut Titii: testatores in eo fundo nihil habuerunt juris, & legaverunt mihi, ut dixi, non totum eum fundum: nam si totum legassent, nullus esset labor, sed legaverunt mihi hujus fundi partem. Videndum est, quæ forma eam partem legaverint mihi. Ita enim distinguit Papinianus: aut eam partem mihi legaverunt cum finitione certa, *une portion certaine*, hoc modo, *partem, quæ Mævii est*, aut mihi legaverunt partem simpliciter, ut ait, *lego tibi partem illius fundi.* Ita ergo distinguit: aut sic legaverunt partem hujus fundi, *partem quæ Mævii est*, cum illa finitione, aut partem simpliciter. Priore casu, si mihi legaverunt partem, quæ Mævii est, ex unius testamento eam partem percepero per heredem redemptam a Mævio, nihil petam ex altero testamento, quia duæ causæ lucrativæ in eandem rem, & in eandem personam concurrere non possunt, atque ita ex unius legati casu, perimitur actio alterius legati, *l. non quacunque, de leg. 1.* Sed obiter quæram, an perempta actio alterius legati restituatur, si forte rem acceptam ex causa unius legati postea alteri alienavero, an alii re alienata, nunc mihi liceat agere ex altero testamento? minime: actio semel extincta non restituitur, *l. 10. §. pen. de in rem verso, l. qui res, §. arca, de solut.* A privatione ad habitum non est regressus, alioquin subinde renascerentur lites, nec ullus esset litium finis. Et ut si res mea mihi legetur, quæ testamenti tempore fuit mea, inutile est legatum, licet postea alienaverim, *l. cetera, §. 1. de leg. 1.* Ita si mihi legetur res non mea, quæ post fiat mea, inutile redditur legatum, nec restituitur eadem re abalienata. Ergo in hoc casu priore, si partem quæ Mævii fuit, nactus fuero ex uno testamento, omnimodo amitto actionem ex altero testamento. Quid autem altero casu, si duo illi testatores partem illius fundi mihi legaverint simpliciter? Priore casu singuli videntur mihi legasse eandem rem, quia uterque mihi legavit partem, quæ Mævii fuit. Ergo non possum eam rem consequi ex utroque testamento. Sed hoc casu posteriore singuli mihi non legaverunt eandem rem, quia partem simpliciter, & quam quisque partem legaverit, incerta est: Fundus enim erat communis pro indiviso: legaverunt igitur partem pro indiviso, quæ incerta est: qui partem pro indiviso dicit, partem incertam dicit: quia pars pro indiviso non est, sed intelligitur, id est, intellectu solo concipitur: pars pro diviso sensu corporis percipitur, & digito demonstratur: pars pro indiviso, non oculis concipitur, nec cerni potest, intelligi tantum potest. Et facere quidem possis partem pro indiviso certam, si dixeris, partem quæ Mævii est, partem quæ Titii est, quæ finitio certam eam quodammodo efficit, *l. unus, infra, de acq. poss.* Ceterum eam demonstrare, eam cernere aut tangere, aut per omnia certam efficere non possis sine divisione. Et hoc est, quod ait Papin. hoc

hoc §. plures in uno fundo communi pro indiviso habere dominium juris intellectu, non divisione corporis. Et legendum omnino in hoc §. *namque plures in uno fundo dominium juris intellectu, non divisione corporis obtinent,* id est, in fundo communi pro indiviso dominii partes intelliguntur secundum jus quod cuique competit, nondum autem funt ante divisionem, nondum sub sensum cadunt propter incertum, *l. 5. de stip. serv.* Ex quo efficitur, ut si duo testatores fundi alieni, qui erat communis pro indiviso inter Mævium & Titium, partem mihi legaverint simpliciter, & ex unius testamento partem consecutus fuero, liceat mihi etiam partem persequi ex alterius testamento, quasi non eadem re legata utroque testamento. Et hoc etiam, ut si partem acceptam ab unius herede forte aliquo casu alter heres acquisierit, mihi ab eo petenti partem possit eandem solvere, quam ego acceperam, & ipse postea acquisivit aliquo casu, ut possit illius partis solutione defungi, quia certa non est pars eadem, eadem est intellectu, non eadem sensu, eadem non est corpore. Denique aut utroque testatores in proposita specie mihi partem cum finitione personæ domini, puta partem, quæ Mævii est, & utroque testamento mihi videtur legari eadem res, nec possum eam ex utroque petere: aut mihi legaverunt simpliciter partem, & non videntur legare eadem rem singuli. Itaque ex utroque testamento mihi portio partis competit efficax: & proposita ista distinctione Papinian. ostendit deinde, quod dixit de parte fundi legata indistincte, simpliciter, idem non obtinere in homine indistincte & generaliter legato duobus testamentis: qua in parte Papinian. ostendit magis ingenii sui acumen: habuimus in priore parte §. duorum, de parte fundi pro indiviso legata simpliciter, ut etiamsi partem ex uno testamento cepe- rim, supersit mihi actio ex altero testamento, qua conventus heres altero testamento scriptus, etiam illam eandem partem, quam prius ex alio testamento cepi, ac post alienatam, aliquo modo suam factam mihi solvere possit, & liberari, quod non sit omnino idem, neque eadem pars, etiamsi dicatur eadem. Nunc ex posteriori parte intelligimus, aliud servari, si duorum testamentis homo mihi legatus sit generaliter, id est simpliciter. Idem enim omnino est, *l. si domus, de leg.* I. Ostendamus, aliud esse, si homo legetur simpliciter duorum testamentis, ac primum, si Stichum consecutus fuero ex uno testamento, superest mihi quidem actio ex altero. Verum heres ex altero testamento, eundem Stichum mihi solvendo non liberatur: quæ pars, quæ ex uno testamento soluta est, solvitur recte ex altero. Idem Stichus, qui solutus est ex uno, non recte solvitur ex altero. Qui homo meus factus est solvente uno herede, quamvis postea sit alienatus a me, non potest idem solvi altero herede. Et ut legato hominis non continetur homo, qui ab initio meus fuit; ita etiam non continetur Stichus, puta, qui postea factus est meus, licet dominus esse desierit. In quo non consistit legatum, vel obligatio legati, nec in eo solutio, nec liberatio consistit, *l. qui decem, §. Stichus, de solut.* Et notat Papin. idem juris esse in stipulationibus: Nam si a duobus stipuler homines separatim generaliter, & ab uno accepero Stichum, ab altero promissor is Stichus aliquo casu ejus factus, mihi solvitur frustra; quemadmodum etsi ab initio is Stichus fuisset meus, frustra solveretur, licet postea desiisset esse meus. Et ut dixi, in quo non consistit obligatio, nec solutio: nec refert ab initio Stichus fuerit meus, an postea factus sit: non refert inutile quid sit, an postea deveniat in eam causam; a qua incipere non potuisset, §. *item contra, Inst. de inutil. stipul.* nihil refert: an quid sit initio vitiosum, an postea in vitium prolabatur. Ergo legato homini relicto generaliter, neque continetur Stichus, qui tunc meus fuit, nec is, qui postea factus est meus, licet desierit esse meus. Et ratio differentiæ inter partem simpliciter legatam, & hominem simpliciter legatum redditur a Papiniano hoc in loco perquam ob-

A scure: *hominis enim legatum orationis compendio singulos homines continet: hominis legatum or ationis compendio,* id est, sub illo nomine generis, *continet singulos homines,* unius quidem præstatione heres liberatur, sed tamen quodammodo, ut ait *l.3. qui & a quib. man.* singuli videntur legati sub conditione, *si legatarius elegerit:* singuli, qui in familia fuerunt testatoris, etiamsi quinque millia fuerint, vel in aliena, si ex ea præstari servum voluit, adeo ut interim heres testatoris servum nullum manumittere possit, *d. l. 3.* Denique legatum hominis singulos homines continet, quia hominis proprietates eædem sunt in singulis, & hominis est finitio & notio certa. Ergo legatum hominis continet Stichum, qui defuncti erat vel alterius: non continet Stichum, qui tunc meus erat, ergo nec eum, qui postea factus

B est meus solvente uno herede, quia obligatio perimitur re deducta in eam causam, qua incipere non potuisset. Et in quo non consistit obligatio, nec solutio, non poterit igitur idem Stichus ab altero herede solvi. Ac partis legatum non continet singulas partes, quia nec partium proprietates sunt eædem, nec partis pro indiviso est notio certa: ergo legatum partis non continet partem, quæ defuncti fuit, vel alterius fuit, nec eam, quæ socii, nec eam, quæ mea fuit, aut quæ post mea facta est, definit nunc esse mea, quia eadem ipsi pars non videtur legata, sed incerta, & opponitur pars pro indiviso parti certæ, *l. placuit, quib. mod. usufr. amit. l. 1. §. hoc interdicto, ut poss.* Quod voluit significare Papinian. sed breviter adstringit, ut solent Jurisconsulti persæpe dicere rationes suas, propositiones & conclusiones omittentes. Habuimus etiam ita concisam rationem diffe-

C rentiæ inter iter & viam in *l. eum usumfr. de usufr. leg.* Conclusio igitur hæc sit; parte simpliciter legata duorum testamentis, si ex uno cepero partem, ac post alienavero, & pervenerit in dominium alterius heredis, is heres eandem partem solvendo se liberare potest: quia nec plane eandem solvere videtur, & ut legato non intelligitur contineri: ita quæ nunc postea es solvitur, non intelligitur contineri posse priori solutione, vel quæ posterius solvitur, non eadem esse intelligitur, quæ est soluta prius. At homine generaliter legato duorum testamentis, si Stichum ex uno testamento accepero, & alienavero, ex altero testamento eum non accipiam, quia idem est, & res eadem sæpius dari non potest. Duo (*) concludamus in hoc §. Primum in §. stipulatione hominis

D concepta generaliter, non contineri hominem, qui tunc fuit stipulatoris. Obstat huic sententiæ *l. qui decem §. Stichum, de solut.* In illo §. tres ponuntur species, & in omnibus idem jus est. Prima est. Stipulatus sum Stichum & Pamphilum, & tamen meus erat Pamphilus: si is desierit esse meus, promissor solvendo Pamphilum, non liberabitur, quia in Pamphilo nec obligatio, nec solutio consistit. Idemque erit, si Pamphilus postea fiat meus, *l.16. de verb. oblig.* quia res recidit in eam causam, a qua incipere non potuit. Secunda species hæc est: Stipulatus sum hominem generaliter, eadem est ratio stipulationis & legati. Ergo stipulatione non continetur is homo, qui tunc meus fuit. Et ita tamen est scriptum in *d. §. Stichum:* unum ex his, qui tunc stipulatoris servi erant dando promissor liberabitur, quod rationem nul-

E lam habet: nam hac stipulatione non continetur is homo, qui tunc fuit stipulatoris, sed de alio, non de suo sensit. Et ut legato homine relicto generaliter non continetur, qui fuit legatarii: ita nec is, qui fuit stipulatoris. Et eadem est ratio stipulatoris & legatarii. Et legendum in illo §. *num ex his, qui stipulatori tunc serviebant, promissor dando liberabitur?* ut & in specie tertia ejusdem §. *num mortuis duobus, qui alterius erant, &c.* Si igitur quis hominem stipulatus sit generaliter, num ex his, qui tunc stipulatoris erant, postea servi esse desiderant, postea dando liberabitur? Et respondet, *vi quidem ipsa, & hic & his dari stipulatus est, qui ejus non erant:* ac si diceret,
non

(*) *Vide Merill. Variant. ex Cujac. lib.3. cap.8.*

non tantum prior ille, qui stipulatus est Stichum & Pamphilum, intelligitur stipulatus eos, qui ejus non erant, sed etiam hic, qui homines est stipulatus generaliter, intelligitur vi ipsa stipulatus ex his, qui tunc non erant ejus, & *vi ipsa*, id est tacite, etiamsi non expresserit. Atque ita nihil obstat. Tertia species hæc est: stipulatus sum homines ex his, quos Sempronius reliquerit: moriens tres servos reliquerat Sempronius: unus erat stipulatoris, post esse desiit, mortui fuerant, qui alterius erant, non stipulatoris: Quæritur, *an debeatur, an solvatur rectè reliquus servus, qui erat stipulatoris, & post esse desierat?* Et ait, eum nec deberi, nec solvi posse. Sed addit exceptionem, nisi ante mortem duorum reliquus servus desierit esse stipulatoris. Et ita distinguit: aut ille superstes servus post mortem duorum desiit esse stipulatoris: Et hoc casu morte duorum omnino extinguitur stipulatio, in mortuis extinguitur: in superstite etiam nulla est , quia eo tempore , quo alii sunt mortui, is erat in dominio stipulatoris. Aut ille superstes servus alienatus est ante mortem duorum: Et hoc casu morte duorum non omnino tollitur obligatio, quia in obligatione superest servus superstes, quia non omnino intelligitur stipulatoris esse is, qui ejus non erat tunc: quandoquidem aliam adjecit finitionem, alium modum scil. ex his quos Sempronius reliquit. Si stipulatus esset hominem simpliciter, subintelligeretur is modus, ex eis, qui mei non sunt, sed alio adjuncto, puta, ex his, quos Sempronius reliquit, non subintelligendo, hic modus, & ante mortem duorum, si superstes desierit esse stipulatoris, debebitur, nec solvetur frustra, quia eum solvendo liberabitur promissor. Notandum postremo stipulatione hominis generaliter concepta, sicut legato hominis, non contineri eum, qui post factus est stipulatoris. Obstat huic sententiæ *l. si quis duos, de solut.* cuidam promisit duos homines generaliter, & Stichum solvit, & ita factus est stipulatoris post stipulationem : antequam solveretur alter homo, iterum is Stichus, qui solutus fuit, casu aliquo rediit in dominium promissoris, an liberabitur obligatione omni, solvendo rursus eundem Stichum, dicendo se homines duos dedisse? Ait esse omnino liberatum . Ergo homine generaliter promisso, servus, qui post factus est stipulatoris, & alienatus, rectè solvitur. Sed respondendum nos loqui de servo, quem stipulator post stipulationem ab extraneo acquisivit. Promissor hujus solutione fungi non potest, obligatione per acquisitionem dominii in ipso servo extincta. Et res recidit in eam causam, à qua non potest incipere. At *d. l. qui duos*, loquitur de servo, quem post stipulationem stipulator ab ipso promissore acquisierit, id est, facto & solutione promissoris: hic facilius ab eodem ad eundem recurrit. Et ut in §. *item contra, de inutil. stipul.* inutilis est stipulatio, si in eam causam devenerit, in eum casum, à quo incipere non possit, modò devenerit, sine facto promissoris: Nam si ejus facto, non prohibebitur promissor ejusdem hominis solutione fungi, eodem homine ad se reverso: & id magis apparere in nummis: Nam si quis velit(*) paucos nummos accipere, & liberare debitorem in solidum, poterit accipere certos nummos, & retrodare, ac rursus accipere: puta, est debitor centum: nolo eum liberare acceptilatione, sed solutione, nec totum volo mihi solvi, sed decem tantum, quid faciam? accipiam decem, & retro ei reddam, quæ mox mihi referet, & ultima tantum retinebo, cum plures, hoc est, decies mihi solverit, videbitur debitor solvisse centum : qua de re dubitari tamen poterat, quia, qui accipit, & retrodat, & deinde accipit, *non potest videri solvisse potius, quam dedisse*, ut scriptum est *l. Floren.* sed legendum, ut est rectius in aliis libris, videri accepisse potius, quam *dedisse*, *l. qui solvit, eod. tit.*

(*) Vide Merill. Variant. ex Cujac. lib. 3. cap. 7.

Ad §. In fundo, eod.

*In fundo legato, si heres sepelierit, æstimatio referenda erit ad totum pretium fundi, quo potuit ante sepulturam æstimari: quare si fuerit solutus, actionem adhuc ex testamento propter locum alienatum durare rationis est.*

Explicabo quæstionem §. *in fundo*, quæ non est difficilis. Sed prius debeo rationem differentiæ, quam supra tractavi inter partem & hominem, inter partem fundi simpliciter legati, & hominem æque simpliciter legatum, facilius & melius explicare. Hesterna explicatio non satisfacit vobis, nec certe mihi, & intempestiva hora mihi fuit impedimento, in cogitando & dicendo. Cur parte fundi pro indiviso mihi legata duorum testamentis simpliciter, & generatim pars, quæ solvente uno herede mea facta est, quamvis postea sit alienata ab altero herede, idem mihi solvi non possit: Cedo rationem differentiæ inter partem simpliciter legatam, & hominem simpliciter legatum: nulla est fere ratio, quæ me torserit unquam magis. Eam Papinian. breviter præcidit his verbis: *hominis enim legato compendio orationis singulos homines contineri* scil. Aperit rationem, tamen non patefacit, non absolvit, cetera nobis cogitanda relinquit: vix ulla ratio alia in jure invenietur explicatu difficilior, id est, quæ ita possit explicari, ut illa ratio plane intelligatur ab omnibus : *legato*, ait, *hominis contineri singulos homines*, hoc est verissimum: nam homo, ut Seneca loquitur, est genus speciale, quod in se continet singulos, puta Stichum, Pamphilum, Damam, & alios. Singulos dicimus, quos vulgo vocant individua: species vel genus speciale continet singula individua, & genus generale continet singulas species. Ergo nihil est verius, quam quod proponit, homini legato contineri singulos homines, & aliud est contineri, aliud consistere: nam Papinian. *in §. duorum*, his verbis contineri, & consistere etiam distinctè utitur . Continetur legato, quod legatum est, quod in legato esse intelligitur, hoc est clarum. Consistit autem legatum in ea re, quæ solvi potest rectè, & qua soluta se heres liberare potest. Qua autem in re consistit legatum, non continuo, & ea res continetur legato. Ex quo apparet differentia inter consistere & contineri: retro etiam, quæ res continetur legato, non continuo etiam in ea consistit legatum. Hoc si planum facio exemplis, teneo rationem Papiniani. Exempla sunt rationis obsides seu sponsores, ut ait Plato. Exempla hæc sint: Si res mea mihi legetur, res mea continetur legato, in ea tamen non consistit legatum: item legato decem nummorum mihi relicto, sane non continetur legati decem, qui sunt in arca mea, in eis tamen consistit legatum: Nam si ii decem, qui in arca mea erant, fortasse ad heredem pervenerint, eos mihi solvendo non liberatur heres: Nam in eis consistit legatum rectè, id est, eorum solutione legato liberatur heres, licet legato non continerentur primitus: Et ita legato partis fundi mihi relicto, non continentur partes singulæ fundi: Ergo nec continetur ea pars, quæ tunc mea fuit in eo fundo, nec quæ post facta est mea. Quod si contineretur, sane in ea non consisteret legatum, sed quia non continetur, etiam in ea consistit legatum, ut possit heres eandem partem aliquo modo suam factam mihi solvere & liberari. Contra, homine mihi generaliter & simpliciter legato, continentur singuli homines, singuli scil. homines servi. Ergo & is continetur, qui fuit meus, vel qui postea factus est meus, ac consequenter in eo non consistit legatum, & eundem hominem mihi dando heres non liberatur, quia fuit meus tempore testamenti, vel post cœpit esse meus. Restat, ut breviter ostendam, cur legatum hominis continet singulos homines, legatum partis non contineat singulas partes. Ratio est, naturalis, & in promptu. Quis nescit differentiam esse inter totum & genus, & similiter inter partem & speciem. Homo est species, vel quod ante dixi

genus

genus speciale, quod habet in se singulos. Pars non est genus vel generale, vel speciale, nec continet singulas partes ejus rei, cujus est pars, ut pars fundi non continet ceteras partes fundi, pars hominis non continet omnes partes hominis, in nomine partis nullum est compendium orationis. In nomine hominis est compendium orationis: compendium est veluti genus, quod multa continet, homo multos continet, pars multas non continet. Compendio fit substitutio, sic est legendum in *l. quamvis, C. de imp. & aliis*, id est, compendio orationis, quod plura tempora pluresve continet ætates, hoc modo: *si hæres erit, & post vita decesserit, non expressa ætate, ille hæres esto*, quæ substitutio fideicommissi consistit post pubertatem, ne jure quidem fideicommissi consistit post pubertatem, nisi ex humano jure transit in divinum jus: non potuit hæres minuere jus legati. Ergo etiamsi eum fundum solverit legatario, post solutionem poterit a legatario conveniri actione ex testamento, ut præstet æstimationem loci facti religiosi per hæredem, pro rata videlicet habita ratione totius fundi quanti fuit, antequam illum locum religio occuparet, quia legatum fuit fundi puri, non mixti religione: ergo aut fundum purum ex integro præstare debet, aut supplere ejus loci, quem fecit religiosum, æstimationem. Ex quo colligitur generalis definitio: etiam post solutionem legatæ rei, post solutam rem legatam durare actionem ex testamento, quandiu aliquid interest, aliquid deest rei legatæ: quæ definitio etiam comprobatur *l. hujusmodi, §. ædes, de leg. 1. l. etiam, de solut. l. dolum, ad Trebel. & in l. si imaginem, de auro & arg. leg.* Quæ lex est ex eodem lib. Papin. & omnino est conjungenda cum hoc §. Verba autem legis hæc sunt.

Brevis est quæstio §. *in fundo*. Hæres in fundo legato forte sub conditione, interim sepelivit: is locus, quo sepelivit, factus est religiosus mortui illatione. Eum ergo locum alienavit, quem tamen testator legaverat ante cum fundo toto: qui locum sacrum fecit, alienat, *l. ab agnato, ff. de curat. fur.* Ergo & qui locum religiosum facit, alienat: nam uterque locus sit divini juris, ex humano jure transit in divinum jus: non potuit hæres minuere jus legati. Ergo etiamsi eum fundum solverit legatario, post solutionem poterit a legatario conveniri actione ex testamento, ut præstet æstimationem loci facti religiosi per hæredem, pro rata videlicet habita ratione totius fundi quanti fuit, antequam illum locum religio occuparet, quia legatum fuit fundi puri, non mixti religione: ergo aut fundum purum ex integro præstare debet, aut supplere ejus loci, quem fecit religiosum, æstimationem. Ex quo colligitur generalis definitio: etiam post solutionem legatæ rei, post solutam rem legatam durare actionem ex testamento, quandiu aliquid interest, aliquid deest rei legatæ: quæ definitio etiam comprobatur *l. hujusmodi, §. ædes, de leg. 1. l. etiam, de solut. l. dolum, ad Trebel. & in l. si imaginem, de auro & arg. leg.* Quæ lex est ex eodem lib. Papin. & omnino est conjungenda cum hoc §. Verba autem legis hæc sunt.

### Ad L. Si imaginem, de aur. & arg. legato.

*Si imaginem legatam hæres derasit, & tabulam solvit, potest dici actionem ex testamento durare: quia legatum imaginis non tabulæ fuit.*

Species est talis. Legavit testator imaginem, quæ erat depicta in tabula quadam: hæres derasit imaginem, & tabulam solvit derasa imagine. Durat, inquit, actio ex testamento etiam post præstitam tabulam, videlicet, ut ait hoc loco, *æstimatione relata ad totum pretium tabulæ, quo potuit æstimari, antequam deraderetur*. Ergo durat actio ex testamento, etiamsi soluta sit res legata, si non sit soluta integra: denique solutione tali non tollitur obligatio legati, id est, actio ex testamento. Et ita notandum *d. l.* omnino esse conjungendam cum hoc §. Sed adversus hunc §. opponitur, quod legitur aliis locis, hæredem in fundo legato non posse locum religiosum facere, inferendo mortuum, *l. si locus, de relig. l. si fundum, de cond. & demonstr.* ut servum legatum aut servos, qui legato continentur, hæres non potest ad libertatem perducere, *l. 3. qui & a quib. l. si erit, de opt. leg.* Et tamen sic res ita tractabitur in hoc §. quare hæres fecerit locum religiosum, in quo sepelivit mortuum, ejus scil. fundi, qui legatus erat alteri. Et vero ita est, fecit locum religiosum: videamus quomodo leges hæ sint adducendæ in concordiam. Hæres in fundo legato non potest locum religiosum facere, hoc est verum generaliter: specialiter est falsum. Valde est elegans quod ait *l. moris est, §. sunt autem, infr. de pœn.* pleraque esse generaliter vera, quæ sumpta specialiter falsa sunt: & contra: pleraque specialiter, &c. In hoc §. ait, in fundo legato si hæres sepelierit, non dicit, si quemcumque sepelierit generaliter: nam cujusque sepultura non faceret locum religiosum. Et hoc tantum est intelligendum de hærede, qui in fundo legato testatorem sepelivit, quem alio loco opportune sepelire non potuit, quo casu sit sane locus religiosus, *l. 4. de religios.* & tamen tenetur legatario, ut eum indemnem præstet, quia testator, qui eum fundum legavit, vel alio voluit inferri, vel loci æstimationem legatario offerri: maxime si ipse eum locum sepulturæ suæ destinavit. Nam si jussu suo in eo fundo sepeliatur, hæres nullo modo tenetur, *l. quid ergo, §. sed si, de leg. 1.* Sed si suo arbitrio, non testatoris jussu testatorem sepelierit in fundo legato, quem alio opportune sepelire non poterat, locus sit religiosus, & nihilominus tenetur legatario de indemnitate. Et quod ait hoc loco, *in fundo legato si hæres sepelierit testatorem,* scilicet suo arbitrio, non ex testatoris jussu. Objicitur etiam adversus hanc *l. ab Accurs. l. si hæres rem leg. hoc tit.* In hoc §. Papin. ait, hæredem teneri actione ex testamento, si in fundo legato testatorem sepelierit, atque ita eum locum religiosum effecerit. *L. si hæres*, loquitur de hærede, qui rem legatam, puta vestem dedicavit in funus testatoris, & ait, teneri non actione ex testamento, sed actione in factum, ut indemnitatem præstet legatario. Hic §. dat actionem ex testamento: illa in casu simili, actionem in factum. Hæc vero non sunt pugnantia: nam in *d. l.* actio utilis appellatur in factum. Actio in factum est actio ex testamento utilis. Omnis actio utilis appellatur in factum, & in hoc actio ex testamento, est actio ex testamento utilis, sive in factum, non directa. Directa datur ad rem ipsam, utilis ad æstimationem. Igitur nulla est repugnantia.

### Ad §. Eum qui ab uno.

*Eum qui ab uno ex hæredibus, qui solus oneratus fuerat, litis æstimationem legatæ rei abstulit: postea codicillis apertis, ab omnibus hæredibus ejusdem, dixi dominium non quærere. Eum enim, qui pluribus speciebus juris uteretur, non sæpius eandem rem eidem legare, sed loqui sæpius.*

Restant in *l. Mævius* quæstiones tres. Prima quæstio, quæ est in §. *eum qui*, vertitur circa speciem hujusmodi. Testator eidem bis, puta testamento & codicillis legavit eandem rem, non eandem quantitatem, alioqui cum hoc §. pugnaret lex *quingenta, de probat.* Ei dum respondit Accurs. hoc loco, rectissime separavit quantitatem a re: ergo non quantitatem eandem, sed rem eandem, corpus idem testator eidem legavit tam testamento, quam codicillis, & non ab eodem hærede, sed testamento eam legavit ab uno ex hæredibus, codicillis ab omnibus hæredibus. Quæritur, an bis debeatur, ita ut &c. legatarius acciperet æstimationem, possit ex codicillis consequi rem? Et ita ponit Papinian. legatarium accepisse prius æstimationem ex testamento ab uno ex hæredibus, qui in testamento solus oneratus fuerat: neque abs re ita ponit speciem, quoniam etsi bis deberetur legatum, & legatarius prius accepisset rem ex testamento, postea non posset æstimationem consequi ex codicillis, quia duæ causæ lucrativæ, &c. nisi apparuerit perquam evidenter, & rem, & æstimationem rei testatorem legatario præstari voluisse, *l. si alii, in fin. de usufr.* Sed si ut ponit, prius æstimationem legatarius acceperit ex testamento priusquam codicilli aperirentur, an postea codicillis apertis poterit ex codicillis rem petere & consequi? Et breviter ita se res habet: legavit idem corpus testamento & codicillis: testamento, ab uno ex hæredibus, codicillis, ab omnibus: testamento oneravit unum hæredem, codicillis omnes, & legatarius ex testamento consecutus est æstimationem, an postea ex codicillis petet rem? Et ait ex codicillis nullam petitionem competere, quia rem semel legatam ad eum pervenire voluit: nec enim sæpius legando testator ampliat legatum ejusdem corporis, *d. l. si alii, §. ult.* repetit potius, quam ampliat, ut eleganter ait Papinian. hoc loco, *qui pluribus speciebus juris utitur*, id est, qui & testamento & codicillis eandem rem legat, ut legatarius eam habeat duplici jure, ex testamento, & ex codicillis, id non tamen sæpius legat, quam sæpius loquitur. Et hoc tantum ponit in arbitrio legatarii, ut vel ab uno herede petat legatum, vel ab omnibus, vel jure testamenti, vel jure codicillorum, sicut qui idem eidem legat jure legati, & jure fideicommissi. Hoc ponit in arbitrio legatarii, ut vel legatum persequatur jure directo, vel fideicommissi, quo genere plerumque ita legatur, *do, lego, darique volo*. Nam *do, lego*, sunt verba legati proprie: *davi volo*, sunt verba precaria, & fideicommissi: & ita eidem idem & per legatum, & per fideicommissum relinquitur, *l. Publius, l. non ad ea, de cond. & demonstr. l. quisquis, de leg. 3. l. si quis servo, de manum. testam. l. Aurelius, §. testamento, de lib. leg.* Et simili modo, ut dixi, cum quis idem corpus eidem legat testamento & codicillis, duplex tantum jus confert in legatarium persequendi legati, vel ex testamento ab uno ex heredibus, vel ex codicillis ab omnibus, non etiam ampliat legatum, id est, non vult ex testamento æstimationem præstari, ex codicillis rem. Et hoc est, quod ait eleganter in hoc §. Et omnino, quod hic scribit Papin. est etiam relatum ex Jul. in *l. si tibi homo, de legat.* 1. nec posset dari locus quisquam alteri similior, neque aqua aquæ usquam magis similis est, quam ille huic locus: miror dumtaxat Accurs. qui hos locos inter se pugnantes facit, qui huic §. opponit §. 1. *d. l.* & laborat etiam in his conciliandis. Et ex *d. l. si tibi homo*, §. 1. etiam in hoc §. est notanda ταυτολογία quædam: Nam ait in *d. l. si tibi homo*, §. 1. legatum ex testamento litis æstimationem abstulisse: hic ait, eum ex testamento abstulisse litis æstimationem legatæ rei. Sane illa verba abundant, *legatæ rei*: nam litis nomen satis significat rem legatam. Quid est abstulisse litis æstimationem? legatæ rei æstimationem: non possit alia lex alii esse magis similis per omnia, tantum abest, ut sit vel minima inter eas pugnantia. Sed quia usus fert jam sæpius testimonio legis, *si alii*, §. *ult. de usufr.* ad quam Accurs. male ponit speciem, præstat, ut eam apponamus: ait §. *ult. d. l.* multum interesse, rerum tibi an æstimationis ususf. legetur: nam si rerum ususf. legetur tibi, deducto eo, quod tibi præterea legatum est ex reliquis bonis, usuruf. feres. Finge; legavit tibi fundum Titianum, deinde legavit tibi usumf. ejusdem fundi Titiani, & aliorum fundorum: posteriore legato non continetur usuf. fundi Titiani, qui satis continetur priori. Qui prius legat totum, deinde partem, partem inutiliter legat, *l. qui usumf. de verb. oblig.* nec ampliatur legatum: qui idem corpus sæpius legatum, quia nihil agit: deducto igitur fundo Titiano ex reliquis bonis, feret usumf. tam quod ad fundum Titianum attinet, qui jam ante legatus erat, bis deberi non potest consequitur amplius: sed si legarit usumf. æstimationis fundi Titiani, & aliorum fundorum, non deducetur fundus Titianus, qui ante ei legatus est, & præstanda ei erit non tantum reliquorum fundorum, sed etiam fundi Titiani æstimatio: Nam legata re etiam legando æstimationem ejus rei, legatum ampliare possis manifesto, sed legando eandem sæpius, ampliare legatum non possis, quia eadem res non potest mea fieri sæpius. Intellexistis responsum Papin. quod in pauca comprehendit hanc sententiam: semel tantum deberi rem eidem legatam testamento ab uno herede, codicillis ob omnibus. Obstat huic sententiæ lex *si pluribus heredibus*, §. *ult. h. t.* Hoc lex breviter ait, si testator legavit quinque ab uno herede, & totidem ab altero herede, bis deberi legatum, id est, quina ab utroque herede deberi, ut habeat decem. Quod ne quis dixerit in quantitatis legato facile procedere: Idem enim in re legata separatim a duobus heredibus est proditum in *l. quid ergo*, §. 1. *de leg.* 1. quæ eadem ratione objici potest responso Papiniani: nam ait, bis deberi rem, quæ mihi legata est ab uno herede, ac deinde, eadem ab altero separatim: utrumque legatum mihi solidum deberi: unum rem, alterum æstimationem debere, perinde atque si eadem res esset legata duorum testamentis. Nescivit hæc explicare Accurs. Sed observandum est nominatim *d. l. si plurib.* §. *ult. & d. l. quid ergo*, §. 1. loqui de legato damnationis, quando testator ita dixit: *damnas esto Titio dare quinque*, vel *fundum illum*: & idem etiam dixit alteri heredi, *damnas & tu esto illi dare quinque*, vel *fundum illum*: uterque locus est de legato damnationis, quo casu uterque debet solidum. Sed quod scribit Papin. in hoc §. pertinet ad legatum vindicationis, quod ita relinquitur, *istam rem tibi do, lego*: & hunc §. pertinere ad legatum vindicationis, illa verba demonstrant, *dominium non quærere*: nam de dominio quærendo rei legatæ, ipso jure scil. & recta via non tractatur, nisi in legato vindicationis, quod acquiritur ipso jure: legatum damnationis acquiritur traditione heredis, non ipso jure, *l. a Titio, de solut. l. servo legato, de leg.* 1. *l. legatum, de leg.* 2. *l.* 3. §. *si rem, de leg.* 3. Et ita Papin. cuius legatum dixit relictum per vindicationem, scribit hoc loco: *legatarium, qui consecutus est restitutionem rei ex testamento, non posse ex codicillis dominium quærere ipso jure secundum conditionem legati*, quorum verborum loco, lex *l. si tibi*, §. 1. *de leg.* 1. quam dixi huic esse persimilem, ait, *eum non posse ipso jure vindicare rem ex codicillis, qui jam ex testamento tulit æstimationem.* Erat igitur hæc in re differentia inter legatum damnationis & vindicationis, ut & re legata duobus separatim erat differentia inter legatum damnationis & vindicationis, ut Ulp. scribit in fragm. Paulus in Sentent. Cajus in Inst. nam si erat legata per damnationem, singulis debebatur solidum: si per vindicationem, singulis partes; quæ tamen differentia sublata est a Justiniano: & quod jus erat in legato vindicationis, ex Const. Just. idem est in legato damnationis, *l. un. C. de ead. toll.* Verum ad hæc notandum est, in specie hujus §. legatarium ex testamento accepisse æstimationem rei solidam ab uno herede, qui non solus tenebatur. Proponitur in specie hujus §. legatarium ex testamento accepisse æstimationem rei solidam ab uno ex heredib. qui solus ex testamento oneratus erat legato. Recte: nam solus tenebatur legati nomine in solidum. Et falsum est, quod Accurs. tentavit: si quis unum ex heredib. oneravit legato, eum tantum teneri pro parte sua, coheredes in reliquum: alioquin nihil interesset, ab uno res legetur, an ab omnibus. Et verissimum est, eum, qui solus oneratus est legato, teneri in solidum, ut præstet legatum pro parte sua, & pro parte coheredum, id est, vel rem integram solvat redemptis partib. coheredum, vel æstimationem integram, *l. legatorum*, §. 1. *h. t.* Neque obstat, quod imposuit Accurs. lex *si fundum*, §. *si ræstit. de leg.* 1. cujus species hæc est: libertus patronum heredem scripsit ex septunce, alium vero ex quincunce. Deinde ita legavit: *quisquis mihi alius* (quam patronus scil.) *ex supra scriptis cum patrono meo erit heres, ab eo Titio illos servos do lego*. Videtur legatum reliquisse a coheredib. patroni, non a patrono. Et Titius non poterit vindicare nisi quincuncem in servis, ex quo sunt scripti heredes, a quib. Titio legatum est. Sed ut hoc paucis exponam. Accurs. rectissime hanc affert rationem, non esse mirum, si coheredes patroni, qui soli sunt onerati legato, teneantur tantum pro parte heredis, id est, pro quincunce, quia testator confulere voluit patrono, ut & in eis retineat portionem suam, id est, septuncem: alii igitur etiam suas partes præstabunt: hoc fit ex voluntate defuncti: quam suggerunt illa verba, *quisquis mihi alius*, &c. alioqui præsumetur voluisse testator semper solidum præstari ab eo, quem solum oneravit: cetera erunt faciliora.

---

**Ad §. Fundo pen. h. t.**

*Fundo legato, si ususfr. alienus sit, nihilominus petendus est ab herede: ususf. enim, etsi in jure, non in parte consistit, emolumentum tamen rei continet. Enim vero fundo relicto, ob reliquas præstationes quæ legatum sequentur, agetur. Verbi gratia, si fundus pignori datus, vel aliena possessio sit. Non idem placuit de ceteris servitutibus: sin autem res mea legetur mihi, legatum propter istas causas non valebit.*

Ait,

A It, fundo legato, si ejus fundi ususf. sit heredis vel alterius etiam, usumfr. heredem debere præstare legatario, quia fundus legatus est, plenus scilicet. Ergo usumfr. heres debet redimere ab altero, vel suum cedere legatario, *l. 26. l. cum filius, §. dominus, de leg. 2.* Et subjicit rationem Papinian. elegantissimam, quia quamvis ususfr. in jure, non in parte consistat, quod exposui in *l. si Titio, de ususfr.* quæ fuit prima ex hoc libro Papin. Ususf. igitur, quamvis in jure consistat, quamvis sit jus & servitus, quam homo in fundo alieno habet, non pars fundi, tamen partis instar obtinet, quia omne emolumentum rei continet. Quid enim mihi protuerit res sine ususfr. vel species ejus? Ergo heres, a quo fundus legatus est, non præstat fundum integrum legatario, si etiam ususfr. non præstat, quia habetur pro parte rei, licet revera non sit pars rei, sed servitus. Et ita etiam fundo legato, si aliena sit possessio jure emphyteutico, vel alieno jure, & hæc possessio legatario præstanda est, quasi portio fundi & emolumentum. Eadem ratione fundo legato, si is sit pignori obligatus, heres eum luere debet, & liberum præstare hypotheca, quia jure pignoris possessio avocari posset, *l. si cum venditor, de evict.* & possessio, ut dixi, instar partis obtinet. In summa fundo legato heres debet præstare usumfr. & possessionem vacuam & fundum liberum. Hæ præstationes legatariæ sequuntur necessario. Heres liberatur, si plenum dominium præstet: non liberatur, si præstet dominium sine possessione vel sine luitione, si forte hypothecæ obligata sit. Et ita ususfr. multum distat a possessione, a servitute prædii, veluti a via & itinere, & similibus. Nam fundo legato heres & usumfructum debet præstare, si sit alienatus: sed non debet eum liberare a servitute viæ, vel itineris, vel similibus, *d. l. cum fundus, §. dominus, l. servo legato, §. si fundus, de leg. 1.* sed tantum præstabit qualis est: nam servitutes prædiales non sunt partes fundi, sed qualitates, sicut ususfr. & possessio, quæ habentur pro portione: nam etiam per has servitutes quod imposita nihil ex emolumento fundi deperit, aut adeo parum, ut non sit id parti adnumerandum. Et postremo subjicitur, *sin autem res mea*, in quo versu explicando quis non laboraret? Sed omnem rem expedivit laborando, qui *præter* legit, non *propter*. Primum: si res mea mihi legetur, est inutile legatum, sed aliquando est utile. Excipiendæ enim sunt testamentariæ causæ: nam si rei meæ ususfr. sit alienus, vel si rei meæ possessio sit aliena, vel si res mea pignori sit obligata, utile est legatum rei meæ, quia videtur mihi legari hoc, ut heres rem meam liberet ususf. ut liberet pignore, & me possessorem faciat. Igitur propter istas causas valebit legatum rei meæ mihi datæ, & præter istas causas non valebit.

### Ad §. ult. Eod.

*A municipibus heredibus scriptis, detracto ususfructu legari proprietas potest: quia non utendo possunt usumfruct. amittere.*

Unicipes possunt heredes institui, quamvis sit corpus incertum. Finge: illis heredibus institutis testator legat fundum detracto ususf. volens usumfr. remanere apud municipes heredes scriptos. Non valet legatum ususfr. non valet detracto ususf. seu retento, nisi aliquando ususf. sit rediturus ad proprietatem: & retro non valet legatum fundi detracto ususf. nisi aliquando ususfr. rediturus sit ad proprietatem: esset enim inutile. Hunc autem usumfr. cum apud municipes residere voluit, nunquam videtur finem acceptarus, non capitis minutione, neque enim municipium capite minuitur, & ut Tull. pro Cecinna, non morte: nam non etiam moritur. Quia igitur municipes semper sunt, ususfructus, quem testator eos retinere voluit, nunquam videtur reversurus ad proprietatem. Sed respondet Papin. posse reverti, & posse amitti non utendo. Et addit recte Accurs. etiam posse amitti quasi morte, veluti si deleatur urbs, *l. si ususfruct. quib. mod. ususfruct. amit.* Imo

A & amittitur ususf. relictus civitati tempore centum annorum, ut & ususfruct. relictus Ecclesiæ, ut finiatur quasi morte hominis, quoniam hæc est vita longissima hominis. Qua ratione & hodie utimur in ususfructu relicto ecclesiæ, ut finiatur quasi morte hominis spatio centum annorum, ac si ecclesia fingatur esse velut homo, & in feudis quæ morte clientis redeunt ad dominum, nisi solvantur ἰοδεχτικά: si feudum obtineat ecclesia, quæ nunquam moritur, in feudo renovando observandum spatium centum annorum: vel ecclesia debet dare domino suo aliquem hominem, cujus mors expectetur, cujusque morte ecclesia compellatur renovare feudum, aut renovationem feudi a domino postulare. Valde notandum, quod ostendit §. *ult.* Municipium est capax ususfruct. *l. mortuo de fidejuss.* Municipium dicitur esse velut persona quædam, ut hereditatis jacentis, sed magis est municipii persona quædam, quia ex personis constat: & ob id recte ei legatur ususfr. hereditati inutiliter: nam ususf. non consistit nisi in persona vera, non fictitia, *l. ususfr. de stip. serv. l. 2. de usu & ususfr. leg.*

Quod dixi ad §. *sin autem, l. Mævius, de leg.* 1. non-nunquam valere legatum si res mea mihi legetur, puta, si ejus rei ususf. sit alienus: namque oneratus heres intelligitur esse, ut eum usumfr. rei meæ, qui meus non est, mihi præstet. Et eadem ratione legatum illud, si aliena sit possessio: nam non proprietas mihi videtur legari, quæ mea est, sed possessio, quæ mea non est, & onerari heres videtur, ut eam redimat, & mihi præstet. Idem erit, si mea res sit alteri pignori obligata: nam ea mihi legata, oneratus in hoc tantum videtur heres, ut eam rem luat: atque ita legatum rei meæ mihi datum, propter istas causas valet, ut Papin. dixit in §. *pen.* secundum Noricam scripturam, *propter istas causas non valet*, id est, inutile est, quod per oblivionem factum est, ut non probarim in *l. si tibi homo, in prin. l. si domus §. ult. de leg. 1. l. 1. §. 1. de lib. leg.* Hi loci multum valent ad confirmandum id, quod ante dixi: sed addamus etiam illud, non esse mirum, si propter istas causas res mea mihi legetur utiliter, cum & propter similem, sive eandem causam ego mihimet, quamvis sim liber, leger recte, *l. senatus, §. ult. de leg.* 1. ut in hac specie: captum me ab hostibus servum, me servum hostium, tamen tua pecunia redemisti: redemptio ista facit me liberum quasi postliminio, non servum redemptori, sed redemptoris tantum sum vinculo veluti pignoris obligatus, quoad pretium redemptionis ei persolverim. Et hoc casu, si testator me ipsi legarit, utile est legatum, quia mihi videtur remisisse pretium redemptionis, seu pignus naturale, quo me vinctum tenebat: videtur mihi donasse pecuniam, quam expendit pro redemptura, sive ut vocant λύτρον, quasi lustrum. Latini veteres dicebant a luendo, ut tranquillitatem aquæ maris, auctore Festo, Latini appellarunt lustrum. Ergo illo casu recte ego mihimet legabor, nec erit veluti pignoris retentio heredi, a quo redemptor me mihimet legavit. Nunc transeamus ad *l. 2. de ususfr. leg.*

### Ad L. II. de Ususfr. leg.

*Hominis operæ legatæ capitis deminutione vel non utendo non amittuntur: & quoniam ex operis mercedem percipere legatarius potest, operas ejus ipse locare poterit, quas si prohibeat heres capi, tenebitur. Idem est, & si servus se locaverit. Et quia legatarius fructuarius non est, ad heredem suum operarum legatum non transmittit, sed servo ususcapio legatum perit.*

Quæ tractavit Papin. in hoc libro, fere omnia sunt de *usu & ususfr.* Quare & in hoc libro tractavit de operis servi legatis, quia ut est in *l. 5. de op. serv. operis servi legatis usus datus intelligitur:* sic habent omnes libri, non *ususfructus*, nec quicquam mutari volo. Et *l. 3. & 4. eod.* ait, in fructu servi esse operas, & retrorsum factum

&um esse in operis. Igitur operæ servi quodammodo imitantur usum, vel usumfructum. Sed multum tamen interest ususfru. servi legetur, an operæ. Et quicquid scriptum est *h. l.* de operis servi legatis, id est scriptum comparatione usus vel usufructus, in quo aliud juris est. Ac primum quidem scribitur, operas servi legatas, non amitti capitis minutione, vel non utendo, quod & in usu & usufructu longe secus est: deinde scribitur ei, cui legatæ sunt servi operæ, debere servum acquirere ex iis operis quicquid parat: quod non ita procedit in usuario: nam in usufructuario idem est sane, sed non in usuario. Item subjicitur, operas servi legatas non amitti morte legatarii, quod quis nescit secus esse in usufructu. Ac postremo legatum operarum perire cum servo usucapto, quod etiam inferius demonstratur. Longe secus est in usu & usufr. Ergo quicquid in hac lege scribitur, eo fine duntaxat scribitur, ut intelligatur, quam longe lateque distent operæ ab usu & usufr. Usus & usufr. amittitur capitis minutione, & non utendo legitimo tempore: & operæ his modis non amittuntur, *l. 2. de op. serv.* Nec obstat §. 1. *Inst. de acquis. per arrogat.* quoniam ut Accurs. animadvertit, quod ait illo loco, operarum obligationem amitti capitis minutione, id non est de operis servi legatis, sed de operis a liberto officii causa patrono debitis ex stipulatione, vel ex jurejurando, quæ perimuntur arrogatione patroni, hoc est, capitis deminutione, quia si debeantur patrono arrogato & arroganti debebuntur statim, qui non est patronus. Nam jus patronatus in arrogatorem non transit, & operæ officiales non debentur nisi patrono, id est, ei cui officium debetur: item usus & usufr. amittitur morte legatarii, quod est notissimum: is, cui operæ servi sunt legatæ moriens legatum istud transmittit ad heredem suum. Idcirco recte in *l. huic stipulat. usufr. quem. cau.* legatum operarum est, non per omnia imitari usufr. Et aperte Papin. *h. l. 2.* eum, cui legatæ sunt operæ servi, non esse fructuarium, & *l. 1. §. sed operis, ad l. Falc.* in eo legato, nec usum, nec usumfr. esse videri. Quod videtur pugnare cum *l. 3. & 4. & 5. de op. serv.* nisi ita exponatur: in legato operarum servi, nec usus, nec ususfr. esse videtur, sed quasi proprium aliquod jus, ut de habitatione dicitur in §. *pen. Inst. de usu & hab.* habitationem nec usum plane esse, nec usufr. sed jus quasi proprium aliquod. Servo usucapto, usufr. non perit, *l. locum, §. pen. de usufr.* legatum operarum autem, ut hoc loco: item usufr. divisionem recipit, operæ sunt individuæ, *d. l. 1. §. si usuf. & seq. ad l. Falc.* qua de causa in *l. 5. de op. serv.* ait, operis legatis usum dumtaxat sibi præstari, & ipse sc. est individuus, usufr. est dividuus, usus individuus. Operæ igitur magis usum imitantur quam usufr. Item usufr. vel usus legatum cedit ex die aditæ hereditatis, *l. 1. quan. dies leg. ced.* Operæ cedunt ex die petitionis, id est, ex die, quo legatarius petiit eas operas sibi præstari, quia ex commodo legatarii cedendæ sunt, *l. 7. h. l. 1. de op. serv.* Non est omittendum id, quod ait Papin. *h. iii.* in quo operæ distant ab usu, non ab usufr. videlicet eum cui legatæ sunt operæ servi, ex operis servi mercedem percipere posse, quod sit, si servus se locarit mercede certa, vel etiam legatarius ille poterit locare operas servi: qui ex operis servi, cum se ipse servus locavit, potest capere mercedem, & locare potest: & contra, qui illud non potest, neque hoc potest, *l. 13. in princ. de usu & hab.* Et ex operis mercedem capere, non est imponere operæ mercedem, de qua convenit inter conductorem & servum, qui se locavit ipse. Et Papin. ita ratiocinatur hoc loco: si legatarius potest capere mercedem ex operis servi, ergo & locare potest operas servi: si ex contractu servi mercedem capere potest, ergo & ex suo contractu: & si heres, a quo operæ sunt legatæ, qui est dominus servi, prohibeat eum capere mercedem, hoc vel illo modo, sive servus se locaverit, seu illum ego locavero: alii scil. non ipsimet servo, quod esset inutile, *l. 25. §. idem Jul. de usufruct.* si, inquam, heres legatarium prohibeat capere mercedes operarum, sive ipse servus contraxerit, sive alius, tenebitur ex testamento. Et hoc eum dixisset Papin. subjicit, *idem est, etsi servus se locaverit,* quod est supervacuum, cum id jam intulerit ante, & est error, qui a me notatus est sæpius. Nam legendum est, *id est,* quo casu videbatur heredi esse jus prohibendi quasi domino servi qui contraxit locationem: sed & eum servus contraxit locationem, si heres prohibeat legatarium capere mercedem, tenebitur ex testamento: Sed non idem habet usuarius: nam usuarius quidem potest operis servi in re sua uti, vel potest pro operis mercedem ei imponere, ita ut vel operas exhibeat vel sinat imponi, *l. 13. de usu & hab.* Et ita est accipiendum, quod est in *Instit. per quas pers. nob. acq.* per servum, in quo habemus usum, nobis acquiri ex suis operis, non quomodocumque, sed quia in re nostra possumus ab eo operas exigere ab ancilla, ut nobis lanam faciat, a servo, ut tabernæ vel officinæ præsit, vel etiam possumus pro operis mercedem imponere, id est, operas taxare: sed non possis locare operas alii, vel si ipse locarit, non possis mercedem capere, *l. 12. §. ult. l. 13. l. 14. in pr. l. servus cujus, de usu & hab.* Notanda est subtilis differentia inter hæc duo, *pro operis,* & *ex operis,* usuarius ex operis mercedem capere non potest, pro operis potest: is autem, cui legatæ sunt operæ, & ex operis, & pro operis potest. Et ratio differentiæ est, quia plenius est operarum legatum, quam usus: nec mirum, cum & plenius sit quodammodo operarum legatum, quam usufr. si plus est in legato operarum, quam in legato usufr. & plus in legato usufruct. quam usus, §. 1. *de usu & hab.* ergo & plus est in legato operarum, quam usus: denique plus juris tribuit operarum legatum, quam vel usus, vel usufruct. Et hic sigillatim explicabuntur rationes ceterarum differentiarum facillime: Operæ non utendo amittuntur, usus & usufr. amittuntur, quia scilicet & usufr. consistit in persona legatarii, quo nec utente vel fruente, consequens est amitti usum vel usumfructum constituto tempore: Operæ non consistunt in persona legatarii, sed in facto vel actu servi, quo non faciente, non recte dixeris, operas amitti, sicut fundo fructum non ferente, non recte dixeris usumfruct. amitti, quia per fructuarium non stat, quo minus utatur fruatur: ususf. consistit in fructu vel facto legatarii, *l. 1. quan. dies leg.* Item amittitur morte usufructuarii, quia interiit persona, in qua consistebat usus. Operæ non amittuntur, quandiu manet is, qui eas operas exhibere potest, tametsi mortuus sit is, cui operæ legatæ sunt. Ac præterea usufr. est potius juris, quam facti, quia alio jure civili facile tollitur, tollitur capitis minutione. Operæ sunt potius facti, *d. l. 1. §. sed operis:* quod est facti, naturale est: ergo jure civili perimi non potest, veluti capitis minutione, qua ratione etiam habitatio, si sit legata, capitis minutione non perimitur, *l. legatum, de cap. minut.* morte finitur habitatio, quia videtur tantum relinqui donec vivat legatarius, *l. 10. §. ult. de usu, & hab.* Operæ videntur legari, quandiu vivat servus, quare transmittuntur ad heredem. Præterea servo usucapto ususf. non perit, legatum operarum perit. Ratio est, quia usumfruct. debet fundus, non heres. Est enim jus in re. Operas non debet servus in quem non cadit obligatio, sed heres tantum legato obligatur, ut scilicet patiatur legatarium uti operis servi, & ex operis mercedem capere, quia non est obligatus is, qui eum servum usuceperit, sed etiam obligatus heres, nisi quia is servus in dominio ejus est. Et notandum est, usumfr. esse dividuum, quia subjectum ejus est dividuum: nam fructus qui percipiuntur, possunt dividi: operæ sunt individuæ, quia in usu consistunt: partim non potes uti re aliqua, partim non uti, pro parte frui potes, & pro parte non frui. Operæ pars intelligi non potest: nam aut non præstatur opera, aut solida præstatur: fructus pars intelligi potest, *d. §. sed operis.* Ac postremo ususfr. cedit a die aditæ hereditatis, ex quo die cedunt omnia legata, quod non transmittuntur ad heredes, cetera, quæ trasmittuntur, cedunt a morte. Operæ cedunt ex die petitionis tantum, quia non sunt in rerum natura operæ, antequam petantur, *l. 1. de op.*

op.ferv.quæ lex utitur fimilitudine eleganti. Finge: legavit mihi. teftator. quod nafceretur ex ancilla: dies legati non cedit, antequam partum ediderit ancilla: ut edi dicitur partus, ita. edi dicuntur operæ: igitur hæ operæ etiam non cedunt antequam edantur, vel antequam edi petierit legatarius: atque ita expofuimus omnes rationes fuperiorum differentiarum, & nihil eft præterea in hac l.

### Ad L. LXXI. de Condit. & demonft.

*Titio centum, ita ut fundum emat, legata funt: non effe cogendum Titium cavere Sextus Cæcilius exiftimat, quoniam, ad ipfum duntaxat emolumentum legati rediret. Sed fi filio fratris alumno minus induftrio profpectum effe voluit, interesse heredis credendum eft, atque ideo cautionem interponendam, ut & fundus comparetur, & poftea non alienaretur.*

§. 1. *Titio centum relicta funt, ita ut Mæviam, uxorem quæ vidua eft ducat, conditio non remittetur: & ideo nec cautio remittenda, eft. Huic fententiæ non refragatur, quod fi quis pecuniam promittat, fi Mæviam uxorem non ducat, prætor actionem denegat: aliud eft, cum eligendi matrimonii pœna metu libertatem aufert, aliud ad teftamentum certa lege invitari.*

§. 2. *Titio centum relicta funt, ita ut a monumenta meo non recedat, vel ut in illa civitate domicilium habeat: poteft dici non effe locum cautioni, per quam jus libertatis infringitur, fed in defuncti libertis, alio jure utimur.*

Hæc l.fere tota eft de modo adjectis legatis, & continet quæftiones quatuor ex quibus tres hodie explicabuntur. Primæ propofitio hæc eft, *Titio centum lego, ita ut fundum emat*. Secundæ hæc eft: *Titio centum lego, ita ut Mæviam, quæ vidua erat uxorem ducat.* Tertiæ, *Titio centum lego, ita ut a monumento meo non recedat, vel, ut in illa civitate domicilium fuum conftituat.* Et in omnibus his propofitionibus hæc verba: *ita ut*, modum faciunt, non conditionem, ut etiam eft definitum in *l.libertas, §.hæc fcriptura, de manum.teftam.* Figuram verborum fi fpectas, modus eft, non eft conditio injecta legato, fi quis ita legaverit, *lego Titio ita ut faciat illud*, vel, *ut detur illi illud*: ita fere femper concipitur modus, fed ex voluntate defuncti hæc verba quandoque conditionem faciunt, *l.2.C.de his quæ fub modo*, conditionem non faciunt verba, fed voluntas defuncti, *l.in cond.& §.1. de cond.& demonft.l.2. de his, quæ pœn.nom.infr.* Et ita modum quoque non tam verba faciunt, quam voluntas defuncti. Sed conditio plerumque in cipitur, *lego illi, fi illam uxorem duxerit.* Modus autem hoc modo, *lego illi, ita ut illam uxorem ducat.* Qui hoc modo loquitur vel fcribit, plerumque modum facit: qui autem illo modo, conditionem, nifi probetur aliam fuiffe ejus voluntatem. Nam voluntas certe eft, quæ facit conditionem vel modum, potius quam fermo. Multum autem intereft fcire conditio fit, an modus: nam magna eft differentia inter conditionem & modum. Conditio impleri debet antequam capiatur legatum, vel donatio, fi folo confenfu contracta fit, ut jure veteri contrahitur folo confenfu, etiamfi non intervenerit traditio, vel mancipatio inter conjunctas perfonas, ut inter parentes & liberos ex Conftitut. D.Pii, *l.ult.C.de don.quæ fub modo, l.4.C.Theod. de donat.* Et jure novo ex Conftit. Juftin. inter omnes donatio perficitur folo confenfu, ut empti venditio: ex qua tamen, fi fit incerta conditio, non ante agi poteft, vel impetrari quicquam, quam impleta conditio fuerit. Modus autem etiam impletur poft perceptionem legati: Nam fatis eft, fi in percipiendo legato, legatarius caveat heredi de implendo modo. Cavere debet heredi, etiamfi heredis nihil intereft, an futurum fit, quod defunctus voluit, *l.19.de leg.* alioquin petenti legatum relictum fub modo, nec offerenti cautionem heredi, obftat exceptio doli mali, *l.eas, h.t.l.cum in teftamento, de fideicommiff. libert*, vel præftito legato omiffa cautione, officio judicis, non alio remedio, omnino compellitur implere modum, *d.l.libertas, §.hæc fcriptura, & l. Mævia, in fi. ff.de man. teft.* Ne dicas præftito legato, & omiffa cautione poffe legatum repeti ab here-

A de: Nam hoc eft falfum, cum purum fuerit legatum, fed vel officio judicis, ut dixi, compellitur obtemperare voluntati defuncti, vel heres etiam condicet cautionem, quam omifit per errorem, *argum. l.5.§.1.de ufufruct. ear. rer.quæ ufu conf.* Item, quod nemo ignorat, conditionale legatum non tranfmittitur ad heredem, fi legatarius moriatur pendente conditione: legatum relictum fub modo tranfmittitur ad heredem: eft enim purum, *d.§. hæc fcriptura.* Modus in arbitrio ponitur legatarii, ut, fcilicet quid det vel faciat: conditio etiam in cafum confert, puta, *fi fulferit cras, fi tonuerit, fi navis ex Afia venerit.* Quæfo, quid eft conditio? quid modus? An conditio eft eventus futurus, qui in dubio eft, fit, an non fit? Quæ definitio prima fpecie videtur elegans, fed non placet. Nam eventus eft qui cafu contingit, *l.cum B pupillis, §.ult.l.in facto, h.t.* Omnis autem conditio non ponitur in eventum, in cafum: Quædam confertur in voluntatem, arbitrium, poteftatem perfonæ, non fortuna, *d.l.in facto.* Denique alia ponitur & collocatur in perfonam, alia in fortunam. Ergo conditio plus eft, quam eventus. Ac præterea quodcunque futurum eft, etiamfi non fit pofitum, in conditione, fane eft eventus futurus, qui in dubio eft, fit, an non fit. Et eadem ratione non placet definitio Bartoli: conditio eft, *quæ habet fe ad effe vel non effe.* Nam eventus tantum fignificatur his verbis: vel etiam, fi vis, me concedente facile, his verbis contineri etiam quod confertur in voluntatem perfonæ, eadem eft definitio modi. Cur non recte fic definias modum, *qui habet fe ad effe & non effe*: & eodem quoque modo definies, quodcunque futurum eft licet non fit in modo, vel in conditione pofitum? An igitur rectius con- C ditionem fic definies: conditio eft adjectio, quæ fufpendit legatum, vel aliud quodcunque, de quo agitur? Hæc etiam non placet: nam & mora fufpendit legatum, nec tamen eft conditio, *l.qui ex lege* eft die certo, puta ex Calend. Mart. mora injicitur legato, non conditio: vel, etiamfi legato tacite infit tempus, ut fi legetur quod ex ancilla natum erit, mora injicitur legato, non conditio: vel etiamfi legetur extraneo res dotalis mulieris alia re pro dote relicta, ut declarat latius lex *quod pure, quam dies leg. ced.* & pertinet etiam ad hæc comprobanda lex *heres meus, hoc tit.* mora ita injecta legato, tranfmiffioni impedimento non eft, quia non eft conditio, quia effectum conditionis non habet, & ita femper mora feparatur a conditione, *l.1 de legat. 2. l.5. quan. dies D leg. ced.* Conditioni quidem ineft mora & dilatio, maxime collatæ in futurum tempus: poteft enim conferri in præteritum & præfens: cum tamen, quæ alia eft differentia, modus conferetur tantum in futurum: fed conditioni, ut dixi, collatæ in futurum fane ineft mora & dilatio, *l.29. de legat. 1.* quæ eleganter ait, obligationem differri quatuor modis, modo, tempore, conditione, loco. Conditioni igitur ineft dilatio, ergo mora: moræ omni non ineft conditio. Mora autem omnis fufpendit legatum, feu obligationem quamlibet. Ergo non conditio fola, feu notandus eft χιασμός, qui fcil.eft in *d.l.29.* debitum differri modo, tempore, conditione, loco: nam modus refpondet conditioni. Et enim modus quafi conditio, tempus refpondet loco, quia loci additio eft quafi temporis adjectio, *l. 6. §. ult. ad Trebell.* Et ita pofitis E quatuor terminis, primus terminus refpondet tertio, & fecundus quarto, quod ita iu decurfu, fi collocaveris facies χιασμόν, ut 3.Catilinaria fecundum tenorem fcripturæ urbem & cives urbem cives integram, incolumefque
fervavi. Sed quod non- integram incolumes dum puto fuiffe animadverfum, formatur etiam χιασμός alio modo, puta pofitis quatuor terminis, fi primus refpondeat quarto, & fecundus tertio. Inft.eft χιασμός, majeftatem Imperatoriam, non folum armis decoratam, fed legib. armatam effe oportet. Primo refpondet quar- armis decoratam tus, fecundo tertius. legib. armatam
Et

Et illo loco Virgilii:
— Eborisve talenta,
Et sellam.
Et illo Horat.
*Mulæ nautæque caput limbosque.*
Verum ad rem. Quid est conditio? Est causa, qua existente nascitur obligatio: deficiente nulla constituitur: suspensa suspenditur: causæ est commune genus modi & conditionis, *l. eas, h. t.* atque etiam rationis legandi, quæ testatorem impulit ad legandum, ut cum ita scribit, *lego illi, quia mea negotia curavit*; vel etiam conditio est lex vel pactio, quæ inseritur in constituenda obligatione: vel possis addere, atque ita efficit, ne ante nascatur obligatio, vel costituatur, quam ea lex impleta fuerit. Modus autem est lex certa, quæ imponitur dationi rei: alias modus est ratio legandi, ut *l. ult. de hered. inst. sup.* Alias est alternatio, ut cum stipulatus fueris decem, mox addes, aut Stichum, *l. obligationum, §. modus, de obl. & act.* Et Dialecticis modus aliud est, veluti impossibile, impossibile necessarium, contingens. Categorica propositio hæc est: non potest pupillo facere testamentum, nisi & qui fecerit sibi. Modalis vero hæc est, necesse est, ut faciat testamentum sibi, qui & pupillo volet facere. In hoc proposito, ut diximus, modus est lex certa, ut ait in hac *l. §. 1.* sub qua quid relinquitur: Conditio ut idem demonstremus & finiamus varie, causa, quæ præcedere præstationem debet: Modus est causa vel conditio, quæ & sequi præstationem potest: Nam & modus sæpe appellatur conditio, non contra, ut in hac *l. §. 1. & l. libert. eod. tit. & l. 2. §. ult. & l. 3. de donat. l. libert. §. Lucius, de annuis legat. l. Mævia, de man. test. l. 8. §. pen. de cond. inst.* Et inde etiam in *l. 1. C. de his, quæ sub modo*: modum pro conditione haberi, primum sc. quia implendus est omnino: sed conditio priusquam præstetur legatum: modus etiam post præstationem legati; & conditio, si non sit impleta, vel si defecerit, protinus repellit agentem, modus admittit oblata cautione, *d. l. eas, h. t.* quia non quominus quis habeat legatum, sed quominus retineat, efficit, quandoquidem cavere debet de implendo modo, aut reddendo legato. Ac præterea modus fideicommissum facit hodie, *l. 2. C. de his quæ sub modo*, ut si ita legaverim: Titio *lego fundum, ita ut Cajo det decem.* Cajo est fideicommissi petitio adversus Titium, quia qui modum adjicit, indicat se valde velle, ut in his impleatur modus, quandoquidem sic scribit, *lego, ita ut det illi decem.* At conditio non facit fideicommissum, ut *lego illi fundum, si Titio decem dederit.* Titius non est fideicommissarius: conditio igitur non facit fideicommissum, ut declarat *d. l. 2.* cujus vera hæc interpretatio est, conditio sit concepta verbis modalibus, videlicet, *ita ut, &c.* nisi oratio fuerit modalis: voluntas testatoris conditionis conditionem faciet, voluntas, non oratio: fac illis verbis voluisse conditionem facere, non modum: sic concepta enixæ voluntatis argumentum præbet: aliter ac si dixisset, *si illi dederit decem.* Ad hæc notandum, etiamsi legatum sit relictum cum modo, aliquando legatarium admitti non oblata cautione de implendo modo, & ita modum remitti, id est, perinde remæstimari, ac si non esset illius legato impositus modus. Hoc ostenditur in hac *l.* duobus exemplis. Unum est in §. 2. quæ est tertia propositio initio a me exposita. Finge: ita legavi; *Titio lego centum, ita ut a monumento meo non recedat: vel ut in hac tantum civitate moretur.* Legatarius perveniet ad legatum, & exoneratur cautione, quia modus ille remittitur; & conditio & modus quicunque impugnat publicam utilitatem, veluti libertatem, quæ publica res est, cujus vindicta omnes respicit, remittitur semper, *l. imperat. §. ult. de pollicit. & l. 2. §. tractari, ad SC. Tertyll.* Hic autem modus, ut ait *l. 2. de libero homine exhib.* non multum differt a specie servorum is, cui non est libera recedendi facultas: si modus remittitur, & cautio igitur supervacua est. At remittitur modus, quia impugnat libertatem, vel imminuit, & tamen hic modus usu receptus est, ut Papin. ait hoc loco, ut legato relicto

A libertis adjiciatur utiliter: si adjectus sit legato relicto ingenuis, remittitur, sed si libertis nostris, non remittitur, ut si liberto ita legato, *tibi lego centum, ita ut a monumento &c.* Monumenta illa, quibus apponebantur custodes, non erant qualia sunt hodie nostra sepulchra, sed veluti ædiculæ quædam, in quibus & habitatiunculæ erant constructæ custodum gratia, quam in rem sane utebantur opera servorum, ut *l. servus, de adim. leg.* Et Lucianus in Nigrino deridet. testatores sui temporis, quod juberent servos assidere perpetuo ad sepulchra: hoc jure utebantur, ut & eundem modum injicerent libertis legando, qui ingenuis indicitur inutiliter. Ergo illo casu modus remittitur & cautio. Alius casus hic est: *Titio lego centum, ut fundum emat*: non igitur implebit hunc modum, si volet, nec cavebit heredi de implendo modo, quia ad eum duntaxat emolumentum legati pertinet, & est potius consilium vel causa legandi, ut habeat unde fundum emat, si velit emere, quam modus, ut *l. 2. §. ult. de don. l. pen. §. ult. ff. de alimen. leg.* Sed finge, quod est valde subtile ut Papiniani: legavit Testator Titio centum, qui erat suus filius, vel frater, vel alumnus, minus industrio atque provido illi legavit 100. *ita ut fundum sibi emeret*, summa providentia, ut scilicet consuleret: denique his affectibus suis legavit, sub modo, *ut sibi fundum emeret*, dum ei prospectum vult: an interest heredis modum impleri? Minime: quia etiam modo non impleto ad eum legatum non redit, sed non ideo minus exiget cautionem heres, *l. 19. de leg. 3.* quia sc. ut ait prudenter Papin. *heredis interesse creditum est*: non interest quidem, sed interesse videtur, ut satisfiat providentiæ defuncti. Et pertinet hic modus etiam ad manes defuncti, non ad filium solum, ac proinde quodammodo heredis interest, ne fiat contra providentiam defuncti, & consequenter, nec emptum semel fundum legatarius alienet. Ergo heres curabit sibi caveri de emendo fundo, atque de empto fundo retinendo nec abalienando. Videbatur etiam esse tertius casus, quo non esset præstanda cautio implendi modi, qui proponitur in §. 1. hujus *l.* Testator ita dixit: *Titio centum lego, ita ut Mæviam quæ vidua est, ducat.* Multum faciunt ad rem illa verba, *quæ vidua est*: an remittitur hic modus, vel, ut loquitur, hæc conditio: utrum cautio? neutrum. Ergo non admittetur legatarius ad legatum, nisi caverit heredi de deducenda Mævia, quia etsi nihil hoc videatur expediri heredi, expedit tamen quodammodo, ut satisfiat voluntati defuncti, qui viduæ consultum voluit, quæ miseratione digna est. Sed objiciebatur in contrarium: non valere stipulationem, si quis promiserit pœnam, *si Mæviam uxorem non duxerit*. Videtur ergo & illius legati vel modus esse nullus, aut debere remitti: argumentum a stipulatione ad legatum, quod argumentum est frequens: argumentatur a conditione mera ad modum: hoc modo hæc conditio, *si Mæviam uxorem non duxerit*, non me obligat pœna, quam promitto; ergo hic etiam modus adjectus legato, ut Mæviam uxorem ducam, si eam non duxero, vel si ea de re non cavero, mihi non aufert commodum legati. Sed prudentissime respondet Papin. Aliud esse pœnæ metu auferri libertatem eligendi matrimonii, quod est contra bonos mores, *l. 2. C. de inutil. stip.* nam libera matrimonia esse oportet, & eam ob rem stipulatio illa non valet. Aliud est ad lucrum invitari, puta ad legatum sub certo modo, ut si admittatur ad legatum, si Mæviam uxorem duxerit, non admittetur, si non duxerit, vel nisi de ea re caverit. Denique aliud est pœnam de suo inferre, aliud pœnam de alieno inferre: nec vero quod est in objectione congruit cum eo, quod est in propositione *d. §. 1.*

Ad §. Titio genero.
*Titio genero meo heres meus dotis Sejæ filiæ meæ nomine 100. dato. Legati quidem emolumentum ad Sejam, quæ dotem habere incipit, pertinebit: Sed quia non tantum mulieri, sed Titio quoque, cui pecuniam legavit, consultum videtur, prope est, ut ipse legatarius intelligatur; & legatum petere debeat. Si post divortium genero pecuniam heres solverit, æque liberabitur: quoniam in dotem solutio convertitur.*

titur. *Constante autem matrimonio, etiam prohibente muliere, Titio recte solvetur. Hoc enim & mulieris interest ut incipiat esse dotata*: *Nam & si quis ipsam quoque petitionem habere responderit, eaque pecuniam petat, neque dotis fieri velit, non dubie dolis submovebitur exceptione. Ante nuptias vero Titio, vel muliere defunctis, legatum apud heredem manet, quod si nolit eam uxorem ducere, causa legati quod ad mulieris personam attinet, satisfactum intelligetur, sed Titio legatum petenti, nocebit exceptio doli. Sabinus autem existimabat nupta muliere Titio sine cautione legatum deberi, quoniam pecunia dotis efficeretur. Sed cum ante nuptias, quia purum legatum est, peti potest cautio, mulieri pecuniam reddi, necessaria erit. Quod si maritus vitio suo causa ceciderit, neque solvendo sit, nunquid adversus heredem mulieri, quæ nihil deliquit, succurri debet ob eam pecuniam, quæ doti fuerat destinata? sed quoniam ambo legati petitionem habuerunt, salvam habebit, non soluta pecunia viro, mulier actionem.*

Ex hæc nostra est de legato relicto sub modo, & de cautione implendi modi, quam legatarius heredi cavere debet, & continet quæstiones quatuor, de quibus jam exposui tres, & in his duos casus, quibus cautioni locus non est, id est, quibus legatum relictum sub modo præstatur sine cautione. Quarta quæstio, quæ tractatur in §. ult. hujus l. dabit alium casum, quo legatum etiam relictum sub modo præstatur sine cautione: namque observandum est in hujus specie, non ut in superioribus, his verbis, *ita ut*, sed his, *dotis nomine*, concipi & significari modum, non eadem semper est formula conditionis, neque modi eadem: nam mens est, quæ modum facit, non oratio, non lingua. Ergo in hoc §. ult. hæc verba *dotis nomine*, modum faciunt. Et propositio seu species hæc est: *Titio genero meo dotis filiæ meæ nomine, heres meus centum dato*, & genero hoc loco dicitur non tantum maritus filiæ, sed etiam sponsus: nam & generi nomen acquiritur ex sponsalibus, *l. Labeo, l. servus, de grad. & aff. & gener* dicitur non tantum γαμβρὸς, sed μνηστὴρ, sed improprie. Quare in *l. servo legato, de leg. 1.* maluit JC. dicere *gener*, vel *sponsus*, hoc loco satis habuit dicere *gener*. Nunc ad §. nostri explicationem revertamur. Et primum necesse est, ut videamus, legato relicto, *Titio genero filiæ meæ nomine centum*, quis sit legatarius? quis legati petitionem habet? gener an filia? an uterque? Et initio Papin. significare videtur solum generum esse legatarium, & legatum petere posse actione ex testamento: legati quidem emolumentum ad filiam pertinere, sed generum esse legatarium, ut similiter Ulp. in *fideicomm. interdum, de leg. 3.* Si testator jusserit heredem solvere publicanum publicum, id est, vectigal pro Titio, quod Titius se. publicano debet, aut debiturus est, ait, Titium esse legatarium, non publicanum, tametsi emolumentum ei quæratur & obveniat. Et sic igitur, dum ait Papin. initio hujus quæstionis quartæ, generum esse legatarium, emolumentum autem legati redire ad filiam, sane significat generum esse legatarium, non filiam: nec enim omnis ad quem emolumentum legati redit, legatarius est. Ideo autem hujus legati emolumentum pertinet ad filiam, quia incipit dotem habere, quia incipit esse dotata, & soluto matrimonio repetit eam pecuniam actione de dote quasi dotalem, quia legato hic modus est injectus, *dotis nomine*, id est, dotis contemplatione, dotis loco, id est, ita ut gener eam pecuniam habeat dotis loco. Et hoc quidem initio scripturæ suæ Pap. indicat. Sed postea duobus locis in hoc §. demonstrat aperte, utrumque pro legatario haberi, & generum & filiam, licet soli genero adscriptum sit legatum, quia testator utrique consulere voluit, & utriusque contemplatione legavit: igitur utrique legati petitionem esse, quod etiam probat, *l. tale, §. ult. de jure dot.* Sed qui agere & exigere occupaverit, sane heredi debet cavere de defendendo eo adversus alterum: namque æquum non est utrique heredem præstare eandem quantitatem, quia nec voluit testator eam summam duplicare, & ejus rei argumentum dictat *l. fideicom. §. plerumque, de leg. 3. l. 4. de lib. leg.* Et ita, ut asseram similes casus, si quis legaverit Titio, quod ei Cajus debet, non tantum Cajo, sed etiam Titio legati petitio est, & uterque pro legatario habetur, quia testator utrique consultum voluit: debitori, ut liberaretur: creditori, ut haberet plures reos, id est, plures debitores ejusdem pecuniæ: & quidem si prius agere cœperit debitor, id est, Cajus, satis erit, si heres ei caveat defensum iri eum adversus creditorem, id est, si promittat se curaturum, ne quid ab eo creditor exigat, vel si creditor ipse cœperit agere ex testamento, legati nomine feret pecuniam, quam ei Cajus debet, si modo caveat heredi, defensum iri heredem adversus debitorem, *l. 3. §. ult. & l. 4. de lib. leg.* Qua in re maxime notandum est, fuisse controversiam inter Julianum & Marcellum, & *d. §. ult.* inter hos fuisse discordiam ostendit planissime. Nam Julianus in specie proposita creditori denegabat actionem legati nomine, quod nihil ejus interesse videretur, sicut si debitor quod debet, creditori leget, nihil creditoris interest, & inutile est legatum. Sed merito reprehenditur a Marcello, quoniam in casu proposito creditoris interest etiam habere se plures reos ejusdem pecuniæ, quamvis prius debitor sit solvendo: potest enim fieri non solvendo. Atque ita secundum Marcellum concludendum, utriusque interesse, utrumque esse legatarium, debitorem & creditorem, utrique esse actionem. Et hæc nota Marcelli addenda est ad speciem *l. si cui legetur §. si Titio, de leg. 1.* Species hæc est: legavi tibi aliquid, & rogavi te, ut quod debeo, creditori meo solveres: legatum consistit in persona heredis, cujus maxime interest creditori solvi ne conveniatur quasi heres debitoris, & ut ait, consistit legatum in persona heredis, non in persona creditoris: quod nihil ejus interest, & nihil præterea additur in *d. §. ea de re.* Sed nos supplere oportet, quod deest ex jure, & adnotare primum, quod Ulp. refert in *d. l. §. si Titio*, esse ex Juliani libris, cujus rei conjecturam facit §. *Julianus*, qui sequitur. Ergo secundum Julianum verum est, quod ait §. *si Titio*, sed addenda est nota Marcelli: imo etiam creditoris interesse, ut habeat plures debitores, quod non observavit Julianus, atque ob id in hac specie merito reprehendi Julianum a Marcello, *d. l. fideicom. §. plerumque, de l. 3.* Cujus speciei hæc est, aut esse debet, atque ideo in ea lege, ut scriptum est, *quamvis unius legatum sit*: legendum est, *quamvis uni legatum sit*: & similiter paulo post, dum ait, *legatum heredem vel fideicommissarium, ut eis solveret*, scribendum, ut *ei solveret*. Et species hæc est: Titius debet eandem summam, ut rem pluribus reis stipulandi, id est, singulis debet solidam, non sæpius eandem rem vel quantitatem, sed uni solvendo liberatur. Ego meo testamento, quod ei debet Titius, legavi uni eorum: legati petitio datur, non tantum ei, cui legatum adscripsi, sed etiam ceteris correis stipulandi, quorum etiam contemplatione legavi, sed qui agere occupaverit, sane cavere debet, heredem defensum iri adversus ceteros, *d. §. plerumque.* Ac ita legatum non tantum debetur ei, cui adscribitur, sed etiam ei, vel eis, quibus non adscribitur, modo si eorum contemplatione relinquatur, & eorum etiam intersit legatum exsolui, quod omnino congruit cum eo, quod Papinianus in hoc §. *Titio genero* concludit. Et genero & filiæ legati petitionem esse, genero, cui est adscriptum legatum propalam: & filiæ etiam, cui non est adscriptum legatum propalam, sed quasi adscriptum esse intelligitur, quia filiæ interest dotem habere, & contemplatione etiam ejus reliquit legatum genero vel sponso. Huic definitioni duo obstant vehementer, a quibus eum se expedivit Accursius. Et delendum est, quicquid in ea hoc loco adnotavit. Obstat primum *l. servo legato §. si testator, de leg. 1.* Duo proponuntur casus in eo §. in quibus idem juris est. Prior hic est: testator unum ex pluribus heredibus jussit creditoribus omne æs alienum solvere, an creditoribus competit actio adversus illum solum in solidum? Minime: quia nihil eorum interest: legatum illud nihil adjicit obligationi, & nullum est; & nil eorum interest, quia jam satis reum obligatum habent & heredem ejus: coheredibus autem competit fideicommissi petitio, quorum causa testator id fecit, & quorum

rum maxime intereft, ut exonerentur ære alieno pro fuis portionibus. Alter cafus eft perfimilis. Teftator filiæ nomine juffit heredem genero dotem dare: non competit genero, quia nihil intereft ejus, fed competit filiæ, cujus maxime intereft. Hoc eft in jure perpetuum, ejus, cujus magis aut maxime intereft, & principaliter intereffe, *l.19.de lib.cauf.* Ergo & ei principaliter eft danda actio. Denique illo cafu, quia filiæ maxime intereft, ut fc.fit dotata, ei foli dabitur actio ex teftamento, genero non dabitur, quia nec genero maxime, fed minimum intereft, quod omnino evertit, quæ ante pofuimus pro certis atque confeffis: fed neceffe eft, ut illi duo cafus, in quibus idem jus conftituit, conveniant in omnibus. Priore cafu juffit unum heredem folvere creditoribus, & hoc pofteriore neceffe eft ponamus, teftatorem juffiffe genero folvere dotem, quæ ei debebatur, quam ei jam promiferat teftator, ex quo contractu obligatio acquiritur foli genero, non filiæ, *l.5.C.de dot.prom.* quia genero debebam dotem ex ftipulatu, filiæ non debebam. Quamobrem in perfona generi non confiftit legatum, quia nihil ejus intereft, cui ego vel heres meus fatis obligatus eft ex ftipulatu, fed in perfona filiæ confiftit, & quidem folius, *l.cum pater, de jure dot.* Sed in fpecie §.*ult.* ad quem refertur fuperior conclufio, focer genero non debuit dotem, & ut ait in fi.§.*ea pecunia quam legavit dotis nomine*, doti fuit deftinata, non promiffa. Igitur neque filiæ tantum eo cafu, fed etiam generi debetur dotem præftari, quæ neutri debebatur ex alia cauſa. Obſtat etiam fuperiori definitioni *l.fideicomm.* §.*interim, de leg.3.* Ego legavi publicano publicum quod ei Titius debet, an uterque eft legatarius, publicanus & privatus? Lex ait, folum Titium effe legatarium, non publicanum, licet legati emolumentum publicanus refpiciat. Et videretur tamen fecundum ea, quæ antea dicta funt, utrumque effe legatarium, quia utriufque interfit, & quod non Titio tantum voluerit teftator providere, fed etiam publicano, ut utrumque liberaret. Sumenda eft refponfio valde probabilis ex conjectura voluntatis defuncti. Cur Titius folus eft legatarius in hac fpecie, non publicanus, ut in fuperioribus, non uterque? quia fcilicet teftator videtur tantum legaffe contemplatione privati, id eft, Titii, quia non folemus effe liberales erga publicanos: quis unquam eft liberalis erga publicanum, aut quis præfumitur effe? eft enim hoc genus hominum omnibus invifum. Ideoque præfumitur teftator contemplatione Titii tantum, non contemplatione publicani legatum reliquiffe. Fuit tamen ei animus liberandi Titii, & in dubio ita præfumitur, nifi aliud probaverit publicanus. Non ero multus in tradendis iis quæ reftant ex quæftione quam heri propofui de legato ita relicto: *Titio genero meo heres meus Seja filia mea nomine centum dato.* Quæftio vertitur circa hoc genus legati, & quæ ad eam fpectant, licebit paucis explicare. Ergo pergamus: quod attinet ad quæftionem motam h.§.*ejus legati*, quod propofuimus quis eft legatarius? Ejus legati effectus hic eft, quia tam mulieri, quam Titio confulere voluit teftator, erga utrumque ductus affectione pari, ut ambo fint legatarii, ambo legati habeant petitionem, fed occupantis melior eft conditio: nam heredem utrique condemnari iniquum eft, & confequenter conftante matrimonio ea pecunia genero folvitur recte, etiam invita muliere, ut ait, quia ea folutio, & viro & mulieri proficit: quandoquidem id quod folvitur convertitur in cauſam dotis ftatim, & dos cedet commodo utriufque, mariti & uxoris, & jure civili conftitutum eft generaliter, ut etiam inviti liceat meliorem conditionem facere, ut *l.folvere, de folut.* mulier invita dotatur, quia & viri intereft eam effe dotatam. Ergo viro dotis nomine recte folvetur legatum etiam invita muliere, etiamfi velit effe indotata. Notandum quod dixi, hoc effe generale, ut poffit etiam inviti melior conditio fieri, quod ad nos attinet, fcilicet, quia eam facere meliorem fatagimus, ut ait *l.fi debitor tuus, de folut.* nam quod ad illum attinet, cujus melior conditio fit, licet ei eam afpernari poftea: & ut eleganter quodam loco dixit Æmilius Ferretus, duo funt extrema in acqui-

A rendo, unum ex perfona ejus, a quo acquiritur: alterum ex perfona ejus, cui acquiritur. Et invito quidem acquiritur, quod ad prius extremum attinet, non etiam quod attinet ad pofterius, licet enim acquifitioni abrenunciare, lucro oblato non uti. Ergo non mirum, fi dicat Papin. hoc loco, *etiam invita muliere, marito conftante matrimonio recte folvi legatum, quod si focer reliquit dotis filia fua nomine*. Et eadem ratione, ut idem Papin. oftendit, etiam poft divortium, quod plus eft, ea pecunia genero folvitur recte, & heres folvendo ei perinde liberatur, atque fi folviffet conftante matrimonio, quia & folutio, quæ fit poft divortium, in dotem convertitur: nec etiam tantum dotem habet, quæ nupta eft, fed & quæ nupta fuit, dotem habere poteft, quamvis B dos ea non conftante matrimonio foluta fit, fed poft divortium: quæ nupta nunquam fuit, dotem non habet antequam nupferit; denique dos non eft fine matrimonio præfenti vel præterito, *l.3.de jur.dot.* futuri matrimonii vel fponfalium dos nunquam eft. Pergamus: ut invita muliere viro ea pecunia, quæ legata eft dotis nomine folvitur recte, & quod folvitur, convertitur in cauſam dotis: ita mulieri recte folvitur, cum heres fit utrique obligatus, & præterea recte quoque mulier petit: fed fi nolit dotis fieri pecuniam quæ folvitur in dotem, in cauſam dotis, cum dotis nomine fit relicta, & dotis tantum nomine peti poffit, petenti mulieri obftat exceptio doli mali, *l.apud Celfum, §.præterea, de doli except.* Noluit enim defunctus filiam generumve alio nomine legatum percipere, quam dotis, cum utrique confultum voluerit, & genero & filiæ: quæ non dotis nomine accipit, fibi foli confultum vult, quod eft contra judicium defuncti, C & femper in jure, qui agit contra judicium defuncti, repellitur exceptione doli mali. Hæc igitur verba, *dotis nomine*, efficiunt, ut a teftatore fubmoveatur vir aut mulier, qui eam pecuniam dotis fieri non vult, id eft, qui fuo nomine proprio accipere vult, non matrimonii nomine. Item ea verba id efficiunt, ut ante matrimonium muliere vel viro defuncto, quia matrimonium atque adeo dos fieri jam inter eos non poteft, pecunia legata remaneat apud heredem fcriptum: non poteft peti a fuperftite, quem certum eft jam modum legati implere non poffe: non poteft etiam tranfire ad heredem defuncti vel defunctæ, quamvis fit purum legatum: Nam legatum, quod relinquitur fub modo, fane eft purum, *l.libertas,* §.*hæc fcriptura, de manum.teftam.* Et Papinianus hoc loco apertiffime (quia purum legatum eft) qua ratione D ftatim peti poteft legatum, quamvis impletus fit modus, modo poft impleri poffit, & fubfit fpes implendi ejus. Hoc ergo eft, quod fumme notandum, quamvis fit purum legatum quod eft relictum fub modo, modus tranfmiffioni impedimento eft, quia expleri ab herede legatarii jam non poteft, fublato altero conjugum vel fponforum. Nam fi modus poffit expleri ab herede legatarii, fane legatum tranfmittitur ad heredem: ut fi quis ita legaverit, Titio lego centum, ita ut mihi monumentum faciat, & mox poft mortem teftatoris moriatur etiam Titius, legatum tranfmittitur in heredem Titii, quod purum eft, quia monumentum facere poteft heres ejus, & modum legati adimplere. Et fimili modo, fi uterque fponfus dirimant fponfalia, & omnem fpem nuptiarum, dicimus etiam hoc cafu pecuniam remanere apud heredem, & E neutri effe legati petitionem, quia neuter vult implere modum. Et hoc conftat, antequam peratur legatum, quia fibi repudium miferunt, quia fibi ipfi legati petitionem ademerunt, profitentes fe nolle modum implere. Quid fi Titius nolit, mulier velit? Et hoc cafu certum eft, mulieri effe petitionem legati, quia per eam non ftat, *l.5. §.pen. quan. dies leg.ced.* Titius autem fi petat, qui illam non vult uxorem ducere, repelletur exceptione doli mali: & idem eft e converfo, quia fponfo dabitur legati petitio, non mulieri. Quæro, quid fit dicendum, fi uterque velit, non tamen contraxerint nuptias, & petat ille vel illa legatum illud ante nuptias, quas fperat futuras? Sane legatum petere poterit fponfus oblata ta cautione tamen, mulieri dotem reddi, si per eum steterit, quo minus contrahantur nuptiæ, si ipse postea mutaverit voluntatem. Et ita etiam mulier, si in petendo legato possit prævenire virum & occupare, ipsa petet legatum oblata eadem cautione, viro pecuniam reddi, si ipsa mutaverit voluntatem, & repudiaverit sponsum. Hoc ergo casu præstatur cautio de implendo modo, ut solet plerumque præstari ab eo, qui petit, sed in sequenti casu non præstatur cautio. Finge, jam esse contractas nuptias, & peti legatum ab illo vel illa, nulla cautio præstanda est de implendo modo, quia ipsa numeratione pecuniæ, pecunia statim efficitur dotalis, quæ numeratur post nuptias, & ita reipsa modus invenitur adimpletus, nec necessaria est cautio de eo adimplendo, cum suapte sponte impleatur, vel impletus jam sit, aut certe potius impleatur numerata pecunia post nuptias. Quod & ita docet Papinianus in hoc §. ult. Ad hæc unum tantum notandum est, id quod diximus jam sæpe, utrique competere petitionem legati, sed eum præferri, qui agere occupaverit, & excludere alterum, qui festinaverit agere: Hoc ita procedere, si ei, qui agere occupaverit, soluta sit pecunia: nam non est satis agere, sed oportet exigere, agere, & peragere: nam si ei non sit soluta pecunia, qui eam petere occupavit, ea vitio suo causa ceciderit, quo genere etiam idem Papin. loquendi usus est in quasi specie simili, l. Stichum, §. pen. de solut. nec possit adserre concinnius exemplum, quam quod ex jure veteri de periculo plus petitionis? qui plus petit summa, causa cadit. Finge igitur in hac specie: is, cui legata erant centum dotis nomine, petiit centum quinquaginta, & amisit litem vitio suo. Ac rursus etiam finge, mulierem ab eo suum servare non posse vi cautionis quam heredi obtulit, litis initio forte, atque præstitit, non posse, inquam, mulierem ab eo suum servare, quoniam solvendo non est, potest uti potestate cautionis, an excluderetur mulier, quia vir occupavit? minime. Æquum est mulieri succurri, quæ nihil deliquit data actione adversus heredem scriptum, maxime etsi vir ei caverit, si non possit mulier ab illo solidum consequi propter inopiam ejus. Et notandum, hanc cautionem de implendo modo esse nudam repromissionem, non satisfactionem, l. 96. §. ult. h.t. in quo sit mentio hujus quæstionis. Satisdare non est dare fidejussores, sed cavere nuda cautione, sed repromittere: satisfacere, ut in jure sæpe satisdare, satisfacere significat quocumque modo, vel nuda cautione, l. pen. §. ult. de constit. pec. l. 2. de hered. vend. l. satisdare, de verb. signif. Satisfactio igitur est genus: & alia satisfactio fideicommissariorum, alia satisfactio solius rei principalis, id est, nuda repromissio. Si genero legavero certam summam dotis filiæ meæ nomine, uterque est legatarius, gener & filia, & occupantis potior est causa, sed, ut dixi, si vir puta, agere occupaverit, heredi cavere debet, defensum iri eum adversus mulierem collegatariam. Solet enim heredi caveri de implendo modo, l. 19. de leg. 3. videlicet futurum, quod defunctus voluit, & versam in dotem pecuniam iri, quam legavit, quia modum legandi demonstravit. Sed hoc casu, quia mulier est collegataria, si vir non habeat, unde petat legatum dotis nomine, potius cavere debet mulieri pecuniam reddi, nisi per eam fuerit, quo minus nuptiæ sequantur: cum stipularetur heres, inutilis esset stipulatio, quasi alteri facta, §. alteri, Inst. de inutil. stip. Ac proinde isto casu heredi tantum cavetur de indemnitate mulieris: mulieri autem cavetur de implendo modo legato injecto, quia ipsa est legataria. Sed addamus tamen aliquid. Hæ duæ cautiones, quarum una heredi præstatur, altera mulieri, agente viro præstandæ sunt, antequam ad sententiam veniat. At post sententiam, sive secundum eum judicatum sit, sive contra eum, puta, quod vitio suo causa ceciderit plus petendo, nuptiis non secutis, mulieri in eum ex cautione est actio, quæ tamen si inanis sit propter inopiam viri, qui non est solvendo,

A cum scilicet causa ceciderit vir, & heres ei pecuniam legatam non solvit, tunc æquum est, eam pecuniam mulieri ab herede solvi, quia delictum seu vitium mariti mulieri, quæ nihil deliquit, nocere non debet. Delictum socii socio, collegatarii collegatario, coheredis coheredi non nocet, l. si heredis, §. 1. de legat. 1. Et ita omnino explicandum est, quod est in extremo d. l. Titio centum. Et illud repetendum atque inculcandum rursus, hanc vel illam cautionem esse nudam repromissionem, non satisdationem, aut satisdationem simplicem, non satisfactionem fidejussorum, ut loquitur lex, nec non, ex quibus cauf. major. supra.

### Lex LI. ad Senatusc. Treb.

*Cum heres deductis legatis hereditatem per fideicommissum restituere rogatur, non placet ea legata deduci, quæ peti non poterant. Sed cum uxori pro parte heredi scriptæ dos legetur, eaque deductis legatis hereditatem restituere rogatur, etiamsi quarta, quam per legem Falcidiam retinet, tantum efficiat, quantum in dote est, tamen pro sua portione dotis prælegatæ partem deducit. Cum enim utrumque consequitur; nihil interest inter hanc mulierem, & quemvis alium creditorem heredem institutum, & hereditatem restituere rogatum. Idem probatur, etsi non deductis legatis fideicommissum ab ea relictum sit.*

B Quæstio hujus legis est elegantissima: dicit eum, cui restituitur fideicommissaria hereditas, sustinere onera omnium legatorum, non heredem. Restituitur ei hereditas solida, sine deductione Falcidiæ, si heres coactus adierit, vel si sponte adierit, restituitur ei dodrantem tantum. Nam heres deducit Falcidiam, hoc est, quadrantem quem debet habere illibatum & immunem; ergo pro quadrante non obligatur legatarius, & consequenter solus fideicommissarius legatariis respondere cogitur, qui loco est heredis, a quo legata relicta sunt: Nam cum heres adversus legatarios debeat habere salvam Falcidiam, non ideo minus debet eam habere, quoad dodrantem hereditatis restituat alteri, & retinuerit ipse sibi tantum quadrantem Falc. Ergo æquissimum est, ut onera legatorum agnoscat solus fideicommissarius, quoniam quadrans debet remanere apud heredem sine ullo onere, quoties est locus Falcidiæ. Et hoc quidem ita procedit, si heres rogatus sit restituere hereditatem totam l. 12. C. ad Treb. Nam si heres ex asse scriptus rogetur tantum restituere partem hereditatis, ita ut apud eum remaneat plus quam quadrans, ut sponte restituere semissem vel trientem, sane hoc casu onera legatorum inter eos dividuntur pro rata, l. 1. §. si is, qui quad. &c §. pen. & ult. hoc tit. l. 2. C. eod. tit. l. etiam, §. 1. ut leg. nom. cav. Rata est portio competens cuique in ea hereditate, portio contingens, portio virilis, inter id, quod proposui initio fideicommiss. Trebell. subire onera legatorum, non heredem scriptum, ita procedit, nisi heres deductis legatis rogatus sit restituere hereditatem. Nam hoc casu sane heres deducit legata, quæ utilia sunt, id est, quæ debentur & peti possunt, eorumque legatorum solvendorum onus ad eum pertinet, & fideicommissario cavere debet, defensum iri eum adversus legatarios, ut testator voluit, qui idem jussit deducere legata, & residuum restituere fideicomm. sine onere legatorum, l. seq. §. inde quæritur, h. tit. Inutilia autem legata, quæ peti non possunt, heres non detrahit, sed ea restituit fideicommissario, quasi hereditatis bona salva Falcidia, si sua sponte adierit hereditatem: & hoc quidem quasi utile principium quoddam juris proposuit Pap. initio legis: deducentur utilia legata, inquit non inutilia. Hoc cum proposuisset, excipit unum casum tantum, quo heres cogetur restituere hereditatem deductis legatis. Deducet igitur legatum quamvis sit inutile, & sibi habebit: nam quod peti non potest a legatario fideicomm. id non restituet: illo, inquam, legatum inutile deducitur ab herede, & non venit in restitutionem fideicommissi: neque mirum hoc videri debet:

bet: Nam eodem ipso casu, etiamsi heres non deductis legatis rogatus sit restituere hereditatem simpliciter, deducet illud legatum, quamvis sit inutile, & sibi habebit. Quam in rem ita ratiocinatur quodammodo Papin. Si quod legatum possum deducere, etiamsi non deductis legatis a me fideicomm. relictum sit ergo multo magis id deducam, si deductis legatis a me fideicommissum relictum sit. Finge: maritus uxorem heredem scripsit ex parte adjectis aliis coheredibus, & eam rogavit, ut deductis legatis portionem hereditatis restitueret Titio. Ac præterea eidem uxori dotem prælegavit, quod legatum est utile, etiamsi sit relictum quasi creditori a debitore, quia in eo plus est, quam in debito. Legatum enim dotis est præsens, debitum autem dotis est in diem: Nam soluto matrimonio dos solvitur tribus pensionibus, annua, bima, trima die, *à trois payes*, sed non est per omnia utile prælegatum dotis. Nam relictum est prælegatum dotis ab omnibus heredibus. Ita ergo & ab uxore ipsa, quæ est heres ex parte, eidem ipsi uxori: & pro parte quidem coheredum est utile, pro parte uxoris non potest esse utile, quia heredi a semetipso inutiliter legatur: nulla est sententia in jure frequentior, *l. legatum, §. 1. de leg.* 1. Nam nemo potest sibi ipsi debere, denique pro parte coheredum utile est legatum dotis, pro parte uxoris inutile: & tamen in ponenda ratione legis Falcid. in computatione legatorum, & bonorum prius deduci oportet æs alienum, etiam quod defunctus heredi debuit, licet aditione sit confusum. Deinde ex reliquo deducitur Falcidia, & præstantur legata aut fideicom. qualiacunque. Et sane etiamsi uxor jussa esset restituere partem hereditatis sibi relictam non deductis legatis, deduceret legatum dotis pro parte sua jure proprio, non jure legati: Nam pro ea parte inutile est legatum, residuam autem dotem consequitur a coheredibus præsenti de jure legati pro portione coheredum, pro qua tantum legatum illud consistit. Ergo mulier hoc casu sive deductis, sive non deductis legatis jussa sit restituere partem certam sibi relictam, deducit legatum, quod est inutile, & est alienum sc. id est, quasi debitum sibi. Deinde deducit etiam Falcidiam, & reliqua bona restituit sub fideicom. Ergo, quod notandum, duplici deductione utitur: deductione dotis pro parte sua jure suo sibi debitæ, & deductione quartæ, hoc est, Falcidiæ, etiamsi tantum sit in Falcidia, quantum in dote, atque ita utrumque consequitur & dotem & Falcidiam, id est, quadrantem portionis suæ hereditatis, etiamsi is quadrans sufficiat doti, sicut & quilibet creditor extraneus heres institutus a debitore, & rogatus restituere hereditatem, deducit primum quod sibi debuit defunctus, deinde Falc. integram, & quidem Falcidia tantum efficiat quantum est in debito, *l. in ponenda, C. ad l. Falc. l. pater filiam, ad l. Falcid.* Nihil igitur in hoc proposito distat uxor a creditore, uxor cui debetur dos a creditore, cui quid aliud debetur, uterque deducit sibi debitum, ac præterea Falcid. integram, uterque utrumque consequitur, & hereditatem seu Falcid. & quod sibi defunctus debuit. Hæc est sententia Papin. quæ ponitur in hac L. & nihil addit præterea. Sed objiciar: imo contenta mulier alterutro, vel dote, vel hereditate, aut Falcid. quæ jure hereditario capitur, si modo in Falcid. tantum sit, quantum in dote, & fuit ea de re olim edictum, quod dicebatur de alterutro, cujus fit mentio in *l. un. §. sciendum, C. de rei uxor. act. l. un. C. Theod. de testam.* quo jubetur mulier contenta esse alterutro. Ex edicto igitur non potest utrumque consequi, quod quidem locum habet dote debita judicio rei uxoriæ, non si debeatur ex stipulatu: nam si debita sit ex stipulatu, mulier utrumque consequetur, dotem & Falc. si debita sit judicio rei uxoriæ, alterutrum ex illo edicto. Et hic quia non ponitur dos debita ex stipulatu a Papin. pono eam debitam, nec male, judicio rei uxoriæ. Ergo in casu hujus l. nec est locus edicto *de alterutro*, nec uxor utrumque consequetur. Sciendum est, edictum hoc esse sublatum hodie a Justin. simul & actionem rei uxoriæ. Igitur hodie soluto matrimonio mulier repetit dotem actione ex stipulatu, etiamsi non sit stipulata dotem sibi reddi. Sunt tacita pignora quædam, & tacitæ stipulationes quædam: sunt igitur quasi ex tacita stipulatione: mulier hic repetit dotem, vel morte vel divortio soluto matrimonio. Et si is casus evenerit, qui proponitur in h. l. ut ea mulier heres instituatur a marito, ipsa utrumque percipiet, & hereditatem & dotem, sicut & quilibet alius creditor heres institutus, nec ut ait Papin. erit ulla differentia inter mulierem & quemvis alium creditorem, *l. un. §. igitur, C. de rei uxor. act.* Sed & cum obtinuit edictum illud *de alterutro*, & nec dum esset sublatum a Justin. nec dum sublata actio rei uxoriæ, vitiabitur edictum illud, si maritus utrumque mulierem habere voluisset, hereditatem & dotem, ut in hac specie, cum heredem scripsit uxorem ex parte, & dotem etiam ei prælegavit. Ponamus debitam judicio rei uxoriæ, quod non sit stipulata dotem sibi reddi secundum jus vetus: Etiam hoc posito, non erit locus edicto de alterutro: quia testator utrumque uxorem habere voluit, & similiter etiam hodie, quo jure receptum est ut mulier utrumque percipiat, si testator voluerit eam esse contentam Falcidia pro dote, si voluit eam compensare Falcidiam cum dote, in qua modo tantum sit, quantum in dote, hereditate electa, non debet dotem contra voluntatem defuncti, non consequetur utrumque, *l. si filia, §. pen. famil. ercisc. l. 6. quan. dies leg. ced. l. cum ab uno, de leg. 2. l. Titius, §. maritus, hoc tit. l. 2. §. 1. de dote præleg.* Et in §. maritus ostenditur, ex voluntate defuncti hoc ita procedere, ut non utrumque ferat uxor, quamvis etiam eam heredem scripserit, & ei dotem prælegarit, videlicet si probetur hoc eum sensisse, ut alterutro contenta esset, utque Falc. electa dotem restituere fideicommissario. Quod procedit etiam in quolibet creditore herede instituto: Nam si sit locus Falcidiæ, non deducet, quod sibi defunctus debuit, si crediti compensandi animo eum heredem fecerit. Denique non poterit, quod ipsi defunctus debuit reputare legatariis, sed id debebit contribuere bonis, si modo Falcidia adimpleat debitum, *l. 12. ad l. Falcid. l. non potest Titio, de leg.* 2. Ex hoc libro citatur Papin. ab Ulp. *l. 3. quib. mod. usufr. amitt.* restat *l. 3. §. pen. de adim. leg.*

### Ad §. pen. L. III. de Adim. legat.

*Conditio legati an adimi possit, vel hereditatis vel statuliberi, videndum. Et Julianus scribit in statulibero detractam conditionem non repræsentare libertatem. Papin. quoque libr. 17. quæstion. scribit generaliter, conditionem adimi non posse: nec enim datur, inquit, conditio, sed adscribitur. Quod autem adscribitur, non potest adimi, sed quod datur. Sed melius est sensum magis, quam verba amplecti, & conditiones, sicut adscribi, ita & adimi posse.*

Legatum quod testator dedit, adimere potest codicillis, vel eodem testamento. Finge: legatum dedit sub conditione, an conditionem adimere potest, quando non legatur? Et refert Ulp. generaliter Papin. scripsisse, conditionem non adimi recte. Ideoque adempta conditione non ideo legatum fieri purum, sed manere conditionale, hac ratione, quia id tantum adimitur, quod datum est, conditio non datur, sed adjicitur, apponitur legato, quod datur. Ergo non potest adimi: nil nisi quod datur, adimitur. Sed concludit, melius esse, ut etiam quod adscribitur adimi possit: ut igitur conditio adimi possit, & ut hæc adempta legatum purum efficiat, quia verba sunt consideranda pro voluntate, ut ait eleganter *l. 1. in princip. & §. conditionem, de condit. & demonstrat.* Ac præterea sæpissime conditio dari dicitur, quæ adscribitur & apponitur legato, *l. un. de leg. hoc tit. l. in plurium, de acq. hered. l. 5. de cond. inst. l. Sticho, de usufr. leg. & l. qui vulgo, de manum. test. & l. inter illam, de verb. sign.* Explicitus est 3. Decemb. 1572.

JACO-

# JACOBI CUJACII J.C.
## COMMENTARIUS
In Lib. XVIII. Quæstionum ÆMILII PAPINIANI.

**Ad L. LXXXVII. de leg. 1. & L. XC. eod. & L. pen. de His quæ ut indign.**

**Lex LXXXVII.** *Filio pater, quem in potestate retinuit, heredi pro parte instituto, legatum quoque reliquit. Durissima sententia est existimantium denegandam ei legati petitionem, si patris abstinuerit hereditate. Non enim impugnatur judicium ab eo, qui justis rationibus noluit negotiis hereditariis implicari.*

**Lex XC.** *Quid ergo, si ita legaveris? hoc amplius filio meo: non dubie voluntatis quidem quæstio erit: Sed non absimilis est prioris casus circa filii providentiam, nisi evidens voluntas contraria patris probetur. Plane si pluribus filiis institutis, ratione legatorum actio denegabitur ei, qui non agnoverit hereditatem.*

**L. penult.** *Si testamentum patris jure factum filius negavit, quoniam de jure disputavit non judicium impugnavit aut accusavit, retinet defuncti voluntatem.*

QUÆSTIO hæc & explicatio tres leges complectitur, *l.87. l.90. de l. 1. & l.pen.de his, quæ ut ind.* Quæstio hæc est, an filius, qui sprevit & omisit hereditatem patris indignus sit legato, quod ei præter hereditatem pater legaverat eodem testamento? An qui omittit hereditatem paternam, omittere etiam debeat legatum? Filius aut est emancipatus, aut in potestate patris, & qui in potestate est, dicitur filiusf. & dicitur nonnunquam in jure filius suus, qui emancipato opponitur, *l.6. de jure patron. l. nepos, de leg. præf.* Verum est differentia inter emancipatum & suum multa. Sed quod ad propositionem nostram attinet, hanc differentiam annotare satis erit. Filius emancipatus a patre institutus, est extraneus & voluntarius heres. Nam liberum arbitrium habet adeundæ vel repudiandæ hereditatis paternæ: filius autem suus a patre institutus, patri est heres suus & necessarius, nec in eo est necessaria aditio, quia statim ipso jure heres existit, *l. in suis, de suis & leg.* Emancipatus aditione heres fit, suus heres non fit, sed existit, hoc est, apparet protinus heres, vel ut Græci dicunt, ἀναφαίνεται, & est proprium suorum: suus, inquam, ipso jure heres existit etiam invitus & ignorans, nec in eo repudiatio locum habere potest. Denique neque aditio in eo locum habet, neque repudiatio. Adire & repudiare sunt verba juris civilis, suus jure civili invitus heres existit: at jure prætorio in ejus arbitrio est, ut vel immisceat se bonis paternis, vel abstineat. Immiscere & abstinere sunt verba juris prætorii. Est igitur filius suus quodammodo voluntarius heres jure prætorio, quia liberum arbitrium habet immiscendi vel abstinendi se bonis, & cum, qui miscuit se bonis prætor habet heredis loco, eum qui abstinuit, prætor non habet heredis loco, *l. si filius, de interr. in jur. fac.* tantum vero valet in suo institutio, quantum in emancipato aditio heredis, & similiter in suo tantum valet abstentio, quantum in emancipato repudiatio, *l. pro herede, §.pen.de aug.hered.* Ergo sicut filius emancipatus heres institutus a patre, & legato honoratus repudiata hereditate non prohibetur legatum capere, *d. l. 89. h. t.* ita filius suus institutus, & legato honoratus, si abstinuerit se hereditate, non repellitur a legati petitione. Et ita definit Papin. *in h.l.* 89. & reprehendit sententiam eorum, qui repellebant filium a legato, qui repudiarat hereditatem paternam, per abstentionem scil. prætoriam quasi durissimam sententiam, id est iniquissimam. Et idem etiam alius Papin. respondisse refert Imp. *in l. cum respon/o, C. de leg.* quod responsum non exstat alio loco. Et in summa, vult filium, qui omittit hereditatem patris, non prohiberi legatum accipere & petere, quod ei idem pater reliquit. Ratio dubitandi erat, quia impugnare videtur judicium patris, qui abstinuit se hereditate patris, quandoquidem quantum in se est, intestatum patrem facit destituto testamento & neglecto : nam intestatus est etiam, qui testamentum fecit, si ex testamento nemo fiet vel existat heres: ergo videtur indignus esse filius ullum lucrum ferre ex judicio patris, quod per eum non stetit, quin destitueretur testamentum patris secundum regulam juris in *l. Papin. §. meminisse, de inoffic. test.* Ac rectissime Papin. ut respondeat huic objectioni, negat impugnari ab eo judicium patris, qui se abstinet bonis paternis, quia non ut impugnet testamentum hoc facit? non est ei hic animus, sed hoc facit, ut non obligetur æri alieno testatoris, nec impliceatur negotiis hereditariis, justis rationibus adductus, quod existimet hereditatem non esse solvendo, esse litium hereditatem, non bonorum, esse honorem, non fructum. Providentia hæc est filii, ut ait eleganter *l. 90. ex eod.lib.* non etiam studium impugnandi testamenti paterni. Non est igitur æquum, eum repelli a legato, quod non potest esse detrimentosum, hereditas sæpe est damnosa, *l. si hereditas, mand.* Et ita concludit Papin. *l. 89. his verbis, filio pater, quem in potestate, &c.* Puto Papinian. adjecisse statim quod est in *l. pen.de his, quæ ut indign. auf.* eum quoque filium non repelli a voluntate, beneficio, honore, quem ei habuit pater : nam & hereditas & legatum honor est, eum, inquam, non repelli a voluntate patris, sed eam retinere, & secundum eam, hereditatem vel legatum persequi, qui testamentum patris dixit non esse jure factum, non esse justum, id est, non solemne, deesse in illo solemnia juris, veluti signa, testium subscriptiones, legitimum numerum testium, non factum uno contextu, non in conspectu omnium testium. Quæ omnia plane jus requirit. Qui, inquam, dixit, testamentum patris non esse solemne nec obtinuit, non repellitur ab hereditate, si forte in eodem testamento heres institutus sit, non repellitur a prælegato, quia ut ait lex nostra, *de jure disputatur*, id est, an solemnia jura deessent nec ne : non impugnavit judicium patris, nec justam voluntatem : ut si dixisset, falsum esse testamentum vel inofficiosum : quod non obtinuisset, sed quam existimabat non esse solemnem voluntatem, eam locum obtinere noluit: hic ducitur studio juris tuendi; ille qui falsum dicit, vel inofficiosum temere, ducitur studio juris impugnandi. Et hoc ita esse probat *l. post legatum, §. 1. de his, quæ ut indign.* Et videtur quidem, huic rei obstare *l. pen. in princ. de except. rei jud.* Sed ubi posuero speciem, statim indicabo, nihil omnino, eam obstare. Species hæc est: erant duo agnati testatoris proximi, Titius & Cajus, qui etiam ab intestato ei heredes futuri erant, erant namque ambo ejusdem gradus : at ille testator Cajum heredem scripsit ex sextante, Titium ex reliquo, ab intestato singuli habuissent semissem, id est, dimidium, ex testamento habet Cajus sextantem, Titius dextantem. Cajus dixit, testamentum non recte, non jure factum esse, atque ita vindicavit semissem hereditatis, quasi ab intestato, & non obtinuit, an repellitur a sextante sibi adscripto in testamento ? Considerandum in primis, eum vindicasse semissem totius assis. Ergo vindicasse etiam semissem sextantis, id est, dimidiam partem sextantis, nec obtinuisse. Ergo si dimidiam partem sextantis petat, repellatur exceptione rei judicatæ, quia eam amisit, contra eum judicata, quandoquidem eam temere in judicium adduxerat, sed non amittit alteram unciam, imo eam vindicat recte ex testamento, qui non est indignus testamento, qui dixit, illud non esse solemne, etiamsi non obtinuerit, quia tueri voluit solum jus, non impugnare justum testamentum: ergo retinebit partem sextantis, id est, unciam ex testamento : alteram partem amisit sua culpa, quia eam temere in judicium deduxit, & lapsus est. Et ita congruit ea lex etiam cum iis, quæ dicta sunt. Concludamus ergo. In *d.l.24.de his, quæ ut ind.* datur casus, quo filius heres institutus testamento patris retinet voluntatem patris, etiamsi id impugnasse videatur, dicendo testamentum non esse solemne, quia hæc dictio non est impugnatio proprie testamenti, & videtur huic casui iste fuisse applicatus, qui est in l. filio pater, vel etiam ille huic: nam in proposito etiam filius heres institutus a patre, qui abstinuit se hereditate, non proprie accusavit, vel etiam impugnavit testamentum patris, quia hereditatem quidem amittit sua culpa; quia ea se abstinuit, ceterum legatum retinebit, non repelletur quasi indignus, & quidem percipiet totum legatum: quanquam videtur ab initio non valuisse pro ejus parte, sed pro parte coheredum tantum, l. quæsitum, §. duobus, & l. qui filiabus, §. ult. cum l. seq. de leg. 1. Ab hac definitione excipiendus est unus casus, qui proponitur in l. 88. & 90. de leg. 1. si appareat, testatorem noluisse filium admitti ad legatum, nisi etiam hereditatem retineret. Nam satis est, si appareat: non enim exigitur expressa voluntas: sufficit tacita, modo sit evidens, ut nihil intersit in jure fare semper expresserit quid testator, an intellexerit, l. 6. de assig. lib. l. Lucius, §. Martius, ad Trebell. Demum aliquod exemplum hujus tacitæ voluntatis. Finge: pater plures heredes habet, eosque heredes instituit, & genere legandi, id est, dicendo lego tibi illum fundum, & tibi illam domum, &c. ita inter eos omne patrimonium, omnemque hereditatem distribuit, ita ut nihil prætermiserit, reliquerit in hereditate individuum: dixit quidem se legare ita singulis, sed hoc legatum aliud nihil est, quam hereditatis distributio, legatum mixtum est hereditati, & contra hereditas mixta est legato, l. Marcell. §. pen. ad Treb. Ergo evidens est, eum velle, ut qui amittit hereditatem, perdat etiam legatum, quia etsi sit usus verbo legati, tamen hereditatem distribuere voluit: verba sunt legatorum: mens est hereditatis dandæ, & distribuendæ inter filios, quod etiam ita definivit Papin. in l. 90. Sed quærebatur, an eadem esset voluntas patris, ut non haberet legatum, qui amiserit hereditatem, si filio instituto ex parte, adjecit, hoc amplius, tibi fundum, do, lego. Nam dicendo, hoc amplius, videtur convertere hereditatem in legatum, ita ut debeat utrumque amplecti: an statim dicam probe, hanc fuisse mentem defuncti? minime: nam possit quidem esse eadem, sed in dubio, qui dicendo, hoc amplius, repetit institutionem tantum, non etiam immiscuit hereditatem legato. Et ita etiam respondet Papin. in l. 90. Exposui sententiam trium illarum legum, sed non, quæ objici possunt: male a Florentinis hæc verba absunt, inter eos verbis legatorum bona diviserunt. Hæc enim ad legis explicationem omnino necessaria sunt. Diximus, filium in potestate patris heredem institutum ex parte, & honoratum prælegato, si omiserit hereditatem paternam, totum legatum capere, quod & in extraneo herede procedit. Videamus sententias, quæ objiciantur: sunt sane multa, ex quibus quidam efficiunt, non totum legatum eum capere ex legato, & omissione hereditatis, sed pro parte coheredum tantum. Quidam autem, nihil prorsus eum capere ex legato & omissione hereditatis, esse amissionem integri legati. Ac primum quidem sic argumentantur: legatum relictum heredi ex parte instituto, non valet in totum. Nam pro parte ejus heredis, cui relictum est legatum, sane non valet quasi ei a semetipso relictum, pro parte coheredum valet, l. legatum, §. 1. h. t. Ergo in totum non valet. Consequenter totum non debetur heredi, cui relictum est, etiamsi postea omiserit hereditatem propter regulam Catonianam, quia legatum, quod ab initio non consistit, vel quatenus ab initio non consistit, ex post facto non convalescit. At respondebo statim, legatum heredi ex parte instituto relictum non valet nisi pro parte coheredum, si ipse heres cui relictum est, hereditatem adierit, & miscuerit se bonis, quia non potest idem & in eadem parte heres esse & legatarius, debitor sc. & creditor: sed si omiserit hereditatem, puta si eam repudiaverit, vel si ea se abstinuerit, totum capit jure legati a semetipso relictum, quibus portio ejus accrescit. Et hoc ita est proditum in l. quæsitum, §. duob. & l. qui filiab. §. ult. & l. seq. h. t. de leg. 1. Nec locus est regulæ Caton. hoc casu quia legatum ab initio constitisse intelligitur in totum, cum non idem inveniatur esse heres & legatarius, sed legatarius tantum omissa hereditate: nec enim omnis, qui scribitur, vel nuncupatur heres, & heres est statim: non extraneus, antequam adierit: non suus, jure prætorio sc. antequam miscuerit se. Hic igitur, qui omisit hereditatem, nunquam heres fuit, sed quæ pars ejus esset, si non omisisset hereditatem, ea accrevit coheredibus: merito igitur coheredes legati nomine tenentur in solidum. Et idem etiam obtinet, si heredi ex parte instituto, cui prælegatum etiam datum erat, aliqua ex causa sit ablata pars hereditaria quasi indigno per fiscum: nam & hoc casu integrum legatum petet a coheredibus: erepta ei est hereditas, non legatum: igitur a coheredibus petet in solidum, etiamsi pars hereditaria, ex qua sit scriptus, fisco obvenerit, non coheredibus, l. cum qui, §. ult. de his, quæ ut indig. Dices forte, mirum hoc esse, quod is, cui eripitur hereditas quasi indigno, non ideo desinat esse heres, quod ipse non amiserit hereditatem, imo agnoverit, sed erepta fuerit, juxta illud, quod dicitur, qui semel heres factus est, heres esse non definit. Et sane is, cui eripitur hereditas, heres manet, l. ex facto, §. ult. de vulg. substit. Sed respondeas, manere quidem heredem jure ipso, sed non haberi hereditatis loco, id est, nudum nomen heredis habere, non rem: nam & is, qui abstinet se hereditate, jure civili heres manet, l. cum quasi §. sed etsi, de fideicomm. libert. l. 6. §. si suus, de bon. libert. sed non habetur apud prætorem heredis loco, heres est nomine, non re: uterque igitur est heres sine re, & is, cui eripitur hereditas, & is qui se abstinuit hereditate, sed prætor non nomen spectat, sed rem. Igitur non prohibetur legatum integrum capere sicut extraneus quilibet, qui non sit heres scriptus. Objicitur etiam l. miles, §. 1. de legat. 2. Species hæc est: unum heredem scripsit ex parte datis coheredibus, & aliquid prælegavit: is post diem legati cedentem, id est, post mortem testatoris, vel ex lege Julia, post apertas tabulas, nam ex eo tempore cedit dies legatorum, lege Julia ex apertis tabulis, jure antiquo, quo utimur, ex morte testatoris, quæ cessio prosuit ad transmissionem legati? quid est cadere diem legati: transmitti posse legatum ad heredem legatarii. Is igitur heres post diem legati cedentem ante aditam hereditatem mortuus est, interim scil. dum deliberaret de adeunda, vel repudianda hereditate, non transmisit hereditatem ad heredem suum, quia hereditas non adita non transmittitur, sed & pars hereditatis pertinet ad coheredes substitutos, ut ait, vel jure antiquo, si coheredes non sint substituti, ad fideicommissarium. Denique pars ea hereditatis non transmittitur ad heredem, sed legatum, cujus dies jam cesserit: verum non totum, sed pro parte coheredum tantum, pro qua constitit. Ergo totum legatum ei non debetur, alioqui deberetur etiam heredi ejus. Sed verissimum est, quod in l. filio statim adnotavit Accurs. observandum esse, nos loqui de eo, qui omisit hereditatem repudiatione vel abstentione: huic totum legatum debetur, & proinde totum transmittitur in heredem ejus: illa l. miles §. 1. non loquitur de eo, qui amisit hereditatem, sed qui inter deliberandum de admittenda vel omittenda hereditate, vita decessit: huic non debebatur totum legatum, qui nondum omiserat hereditatem, nondum in eo res erat, ut ad eum totum legatum pertineret. Ergo totum etiam non transmittitur ad heredem suum, sed pro parte coheredum tantum. reliqua pars hereditati accrescit & commiscetur: quandoquidem, ut dixit, pertinet ad coheredes substitutos: nihil est certius. Pergamus ad reliqua, quibus efficere sperabunt eum, qui omisit hereditatem, nihil omnino ex legato sperare posse. Et ducitur primum argumentum ex l. apud Celsum §. si quis ex uncia, de dol. & metus exc. Duæ sunt partes ejus §. prior consentit cum sententia Papin. posterior pugnare videtur. Et ita quidem prioris ponitur species: Heres scriptus est quidam ex uncia, ex qua pouit consequi ducenta, ac præterea ei legatum relictum est, in quo erant centum: ipse prætulit legatum 100. hereditati: prætulit centum ducentis: hereditatem omisit, legatum agnovit, & hereditatem omisit prudenti consilio: ne implicaretur molestiis hereditariis, cum videretur hereditas ei non esse solvendo: in electione ejus fuit, vel hereditatem capere, vel legatum, vel etiam utrumque: Nam suo marte tantum fingit Accurs. legatum ei ita fuisse relictum, ut caperet alterum tantum, hereditatem vel legatum, non utrum-

utrumque, quod lex non ponit: sed generaliter ita ponit speciem, ut intelligatur in arbitrio fuisse heredis, vel hereditatem capere, vel legatum, vel utrumque: hereditatem noluit, legatum agnovit, & petit legatum a coheredibus, an repelletur exceptione doli mali? non: nec enim petit contra voluntatem defuncti, quod congruit omnino cum *l. filio pater*. Verum quod sequitur, pugnare videtur: nam ait, si ille heres omiserit hereditatem accepto pretio a substituto, quia fingendum est datum fuisse substitutum, & ut eam omitteret, si petat legatum a coheredibus, repelletur, substitutum ei dedisse pretium, vel pretii loco aliquid, *d.l. apud §. auctores, l. 1. §. ult. & l. 2. de calumniis*. quia omisit quidem hereditatem in gratiam substituti, sed ab eo tulit pretium: nunc si petat legatum a coheredib. dolo fecisse intelligitur, & per hoc repelletur exceptione doli mali. Ecce casus, quo qui omisit hereditatem, repellitur a legato: hujus rei ratio erit pro responsione. Cur repellitur a legato? aut quatenus repellitur ab hereditate, an in totum repellitur? minime. Ratio hæc est: simulavit se omittere hereditatem quæ simulatio doli mali est: reipsa non omisit, quia pretium accepit: qui pretium habet, rem habere videtur. Sic igitur statuo: re ipsa non omisit hereditatem, qui pretium tulit. Ergo si petat legatum nunc, repelletur exceptione doli mali, quandoquidem pro parte sua hereditaria inutile est, & ita accipiendus est ille locus: Nam si petat legatum pro parte coheredum tantum, cur repelletur? cum etsi palam adiisset hereditatem non repelleretur. Objiciunt præterea *l. ult. §. ult. de dol. except.* Finge: mulier maritum & filium heredes scripsit ex semisse, & alteram filiam ex priore matrimonio ex semisse sub conditione, si remitteret actionem tutelæ suis coheredibus, quandoquidem mater ei tenebatur, quia pater ejus, avus hujus puellæ tutelam gesserat: denique illam filiam scripsit sub conditione, si remitteret actionem tutelæ coheredibus, si partem rationem faceret, *si elle les en tenoit quittes*, si apocham faceret. Nam ita Græci interpretantur *l. qui Titium, de manum. test.* illa noluit remittere debitum tutelæ, prætulit actionem tutelæ hereditati. Namque hereditatem omisit, ut actionem tutelæ salvam haberet. Quæritur, *an possit petere prælegatum?* Et ait, potentem legatum posse repelli exceptione doli mali. Ergo illo casu, ut omisit hereditatem, repellitur a prælegato? Respondeo, hoc ideo fieri, quia legatum filiæ videtur relictum sub eadem conditione, si actionem remiserit coheredibus, id est, conditio adscripta in institutione videtur repetita in prælegato, quæ conditio si deficiat, si non impleatur, si agat tutelæ, nec liberet coheredes eo nomine, consequens est, eam repelli & ab hereditate, & a legato: utrumque enim fuit datum sub eadem conditione. Et notandum in prælegatis semper videri repetitam conditionem adscriptam in institutione. Et ratio hæc est: si quis post institutionem ita loquatur: *Titius heres esto, si navis ex Asia venerit, & eo amplius ei do, lego centum*. Ea verba, *eo amplius*, repetunt conditionem, *l. avia, l. liberis, de cond. & demon.* Eandem vim habet dictio præterea, si dixerit hoc modo, *heres esto si navis ex Asia veneris, & præterea sumito centum ex hereditate*; videtur in prælegato repetita eadem conditio, *l. Sejo, §. pen. de an. leg.* Ergo & in omni prælegato: nam prælegare est præter hereditatem dare. Sic ergo verissime possis constituere, in prælegato omni, nihil aliud voluerit defunctus, repetitam videri conditionem adscriptam in institutione, & non esse mirum, si cum, qui defecit conditione & institutione, repellamus tam a legato, quam hereditate. Objicitur *l. si non solus, §. 1. si quis omissa causa test*. Species est: si is sit institutus heres, qui testatori potuit succedere ab intestato, velut proximus agnatus, & ab eo relicta sint legata, fideicommissa, libertates, quæ sane non debentur, imo ad irritum constituuntur omnia, si non adeatur hereditas ex testamento. Is, inquam, dolo malo, ne præstet fideicommissa & legata, si repudiet hereditatem ex testamento, & adeat ab intestato, ut potest, est enim heres voluntarius, nihilominus obligatur legatariis ex illo edicto, si quis omissa causa testamenti, perinde atque si ex testamento adiisset hereditatem. Hoc cognito, finge: duo erant defuncto proximi agnati ejus-

dem gradus, qui simul ei succederent ab intestato. Erat Cajus & Titius. Cajum heredem instituit, & ab eo legavit multis, atque etiam Titio, *si Cajus heres esset, & si Cajus heres non esset, ei substituit Titium*. Quid accidit? uterque & institutus, & substitutus, & Cajus, & Titius, omisit hereditatem ex testamento, & eam possidere cœpit ab intestato: institutus ex illo edicto tenetur legatariis, perinde ac si adiisset ex testamento. An tenetur etiam substituto? minime. Solvet quidem aliis legatariis legata, sed non substituto. Probe, inquit, recusabit solvere legatum substituto, qui & ipse omisit hereditatem ex substitutione: noluit universa bona obtinere, & nunc petit legatum, repellitur; atque ita, qui omisit hereditatem, repellitur a legato. Nos loquimur de eo, qui omnino omisit hereditatem, nihil sperans ab intestato, coheredibus testamentum sustinentibus, quæ est, species *l. filio pater*. Illa *l. si non solus, §. 2.* loquitur de eo qui non omnino omisit hereditatem, ut eam haberet ab intestato, qui non omisit simpliciter, sed dolo malo in fraudem defuncti & legatariorum, & libertatum; qui non providentia quadam, sed malitia & calliditate, atque ita impugnavit plane testamentum defuncti. Fraudem fecit, quam alii intentavit: fraudabitur legato, qui alios voluit fraudare, & improbe ab instituto petet legatum, & in eo coarguit vitium, in quo & ipse deprehenditur, ac ita non fert legatum is, qui causam intestati affectavit, ut etiam indicat *l. bonorum, de leg. præst.* & *l. quidam, si quis omis. cauf. testam.* Falcidiam etiam fert is, qui omisso testamento ab intestato possidet hereditatem, *l. duo heredes, in fine, cod. l. 1. §. ad eos, ad l. Falcid*. Quia Falcidia non tantum capitur jure testati, ut *l. qui duos, de vulg. subst*. sed etiam jure intestati ex Const. D. Pii, *l. filiusfam. ad l. Falcid*. Postremo objicitur *l. si patroni, §. quid ergo, ad Trebell*. Heres institutus dicitur & rogatus hereditatem restituere Titio: recusat eam adire, sed coactus adiit postulante fideicommissario: amittit Falcidiam, & solidam hereditatem restituit: amittit etiam fideicommissum & legatum: Nam indignus est, qui aliquid ferat ex voluntate defuncti, qui ejus supremam voluntatem destituit. Cur enim is, qui destituit testamentum omissa hereditate, quantum ad se attinet, non amittit omne lucrum, quod ei ex testamento obveniebat? Sic respondeo: Illic recusavit adire, & coactus id fecit, qui potuit adire, quique adivit periculo fideicommissarii oblata cautione indemnitatis, *l. namque, §. ult. ad Treb*. vel etiam tutus est ipso jure & extra periculum omne est, extra onera hereditaria, si postulante fideicommissario ejus periculo adeat, quo casu & adire cogitur. Nos autem loquimur de eo, qui recusavit adire, cum non posset adire sine suo periculo, nemine offerente cautionem indemnitatis: hunc non est æquum repelli a petitione legati aut fideicommissi.

### Ad L. VII. de Dot. præl.

*Pater dotem a nuru acceptam filio exheredato legavit: heres patris opposita doli exceptione, non ante solvere legatum cogendus est, quam ei cautum fuerit de indemnitate soluto matrimonio.*

§. 1. *Sed si prius, quam legatum filio solveretur, mulier dotem suam recuperavit, frustra filius de legato aget.*

§. 2. *Sed si lex Falcidia locum in legato dotis adversus filium exheredatum habuerit, & mulier solutionem ratam fecerit, propter eam quantitatem, quam heres retinuerit, utilis actio dotis dabitur: quod si ratum non habeat, defendi quidem debebis heres a viro, qui se defensurum promisit: Sed si tantum litem vir solus subierit, actio judicati, si cautum non erit pro ea quantitate, quæ jure Falcidia petenda est, adversus heredem dabitur.*

§. 3. *Sed si prius quam legatum filio solveretur, mulier divertit, quamquam ipsa nondum præcipere dotem possit, non ideo tamen actio filii differtur: quia tunc iisdem diebus filio solvi dotem responsum est, cum patri pro parte heres extitit, & ad præceptionem dotis soluto matrimonio postquam heres extitit, admissus est.*

§. 4. *Si forte per errorem cautio defensionis omissa sit, & ex causa fideicommissi filius dotem acceperit, ut indebitum fi-*
dei-

deicommissum non repetetur: cautionis enim præstandæ necessitas solutionem moratur, non indebitum facit, quod fuit dubium: sed non erit iniquum heredi subveniri.

§. 5. *Quid ergo, si patris heres solvendo non sit, nonne justè mulieri dabitur adversus virum utilis actio dotis? cui dos perire non debet, quia non interposuit per errorem heres cautionem.*

Ex est difficillima & molestissima. Thesis seu propositio legis hæc est: *pater dotem a nuru acceptam filio exheredato legavit.* Parit hæc propositio quæstiones, & dubitationes innumeras. Solet nurus dotem dare, non marito, sed socero, in cujus potestate maritus est, quia socer & filii, & nurus onera sustinet, & est solus in ea familia princeps, *l. 20. §. hoc amplius, famil. ercisc.* Dos datur pro oneribus matrimonii, ei igitur danda est, qui sustinet onera matrimonii, *l. si is qui Stichum, §. 1. de jur. dot.* onera matrimonii sunt uxor, nurus, liberi, & homines eorum, quos omnes alere, tueri, curare, vestiri oportet, *d. l. si is qui Stich. §. 2. l. 4. in fin. de pact. dot. l. si maritus, famil. ercisc.* Mortuo socero qui quandiu vixit sustinuit onera matrimonii, onera nurus & filii, hæc omnia tacito jure filium sequuntur, etiamsi heres patri non extiterit: sicut tutela quoque legitima, puta agnatorum vel eorum, quos manumisimus, aut emancipavimus, filium sequitur, quam scil. gessit pater, nec peregit, si modo filius sit justæ ætatis: ut onus matrimonii, quod sustinebat pater quasi socer, filium sequitur, ita onus tutelæ legitimæ, licet patri heres non extiterit, *d. l. si maritus, l. 3. §. ult. & l. 4. de l. 1. l. tutor l. tutela, de tut.* Hæc sunt certissima. Ex quib. efficiuntur multa: atque istud in primis: post mortem soceri, qui nuru dotem acceperat, quia onera matrimonii transferuntur in maritum, consequenter, marito competit persequutio dotis adversus coheredes, judicio fam. ercisc. si patri heres extiterit, vel si nondum patri heres extiterit, aut exheredatus sit, utili judicio fam. ercisc. nam directum quidem judicium datur tantum inter coheredes, sed utile judicium famil. ercisc. datur etiam inter heredem scriptum, & filium adoptivum, impuberem exheredatum, obtinendæ quartæ gratia, quæ ei debetur ex constitutione D. Pii, *l. 2. fam. ercisc.* Et ita dabitur etiam utilis actio famil. ercisc. inter heredem scriptum, & filium exheredatum dotis præcipiendæ causa, quia quem onus matrimonii sequitur, eum & dos sequi debet, licet exheredatus sit; sed repellet eum exceptione doli mali heres scriptus, nisi caveat heredi de indemnitate & defensione, id est, indemnem heredem futurum, & defensum iri eum adversus mulierem agentem postea dote repetenda, alioqui duplici præstatione dotis oneraretur heres; non igitur eam præstabit filio, nisi ei caveat filius de indemnitate. Et hæc omnia ita probantur *d. l. 20. §. hoc amplius, d. l. si maritus, & l. fundus qui, famil. ercisc. l. 2. C. eod. tit. l. 1. §. Celsus, & §. sed & marito, hoc tit. l. un. §. cautionis, C. de rei uxor. act.* Ex quibus legibus obscurior est *l. si maritus, fam. ercisc.* quam res præsens omnino postulat, ut latius exponamus: Nam in toto hoc tractatu duæ tantum sunt leges difficiles, hæc quam sumpsimus, & illa. Præstemus operam, ut prius intelligamus, *l. si maritus.* Pater a nuru dotem accepit, & mortuus est constante matrimonio inter filium & nurum, filio sub conditione herede instituto, adjectis aliis coheredibus; pendet conditio institutionis, fuit institutus sub conditione, ergo exheredatus sub contraria conditione: pendet conditio institutionis, an potest filius dotem præcipere, quia jam sustinet onera matrimonii? Et placet, pendente conditione institutionis filii, interim filium dotem præcipere posse, quia sustinet onera matrimonii, *d. l. si maritus*: nec dicit, qua actione dotem præcipiat, qui nondum factus est heres propter suspensionem conditionis, sed necesse est, ut dicamus, illum dotem præcipere utili judicio fam. ercisc. alioqui illa *l. si maritus*, nihil pertinet ad tit. fam. ercisc. Imo & si deficiat conditio institutionis filii, eadem utilis actio indulgetur filio, *l. 1. §. Celsus, de dote præl.* Nam quod notandum, pendens conditio non impedit præceptionem dotis, nec deficiens igitur, *l. cum tale, §. si arbitratu, de condit. & demonst.*

Sed præcipiendo dotem, sane semper compelletur cavere coheredibus, indemnes eos fore adversus mulierem, postea divortio facto agentem de dote repetenda, ut ipse solus subeat onus reddendæ dotis, & exoneret coheredes, a quibus dotem abstulit. Et hæc de præceptione dotis, quæ competit marito constante matrimonio, sive patri heres extiterit, sive non, sive pependerit institutionis conditio, sive non. Dicamus nunc de repetitione dotis, quæ competit mulieri soluto matrimonio. Præceptio dotis pendente conditione institutionis filii non pendet, ut diximus, sed præcipitur statim dos integra: an vero pendet repetitio dotis pendente conditione institutionis filii? Et *d. l. si maritus, in princ.* ait, pendere repetitionem dotis ex conditione illa, quia nondum certum est, integram dotem mulier petere debeat a coheredibus filii, an pro portionibus hereditariis. Si deficeret conditio, integram repeteret a coheredibus filii: si existeret, ab omnib. heredibus eam repeteret pro partibus hereditariis: interim, id est, pendente conditione, non potest repetere a marito ulla ex parte, sed neque a coheredibus, nisi pro portionibus hereditariis, *l. si marito, §. cum patri, sol. matrim.* & postea si extiterit conditio, residuum repetit a marito pro parte mariti hereditaria, quæ est residua: si defuerit residuum, repetet a coheredibus. Igitur videtur hæc ejus *l. si maritus*, brevis sententia: pendente conditione institutionis filii pendere repetitionem dotis, quæ mulieri competit, non pendere præceptionem dotis, quæ marito competit manente matrimonio. Nec distinguo, ut Accus. utrum divortium factum sit ante mortem soceri, an post mortem soceri. Nam etiamsi post mortem divortium factum sit inter filium & nurum, quandiu pendet conditio institutionis filii & uxoris, actio de dote pendet, quia incerta est cum quo aut quatenus experiri debeat, dum spes est, & maritum patri heredem existere posse, videlicet, si evenerit conditio. Male enim colligunt ex *d. l. si maritus*: post divortium filio dotis præceptionem esse, quod est falsissimum, quia nulla jam sustinet onera matrimonii: & unus tantum casus excipiendus est, nisi dos filio sit prælegata, quod patri heres non extiterit, quæ dos scil. mulieri post divortium sit reddenda annua, bima, trima die, quæ forte consistit pondere, numero, & mensura, secundum jus vetus. Nam hoc casu filius dotem præcipiet etiam post divortium, ut ea per ea intervalla temporis interim ipse fruatur commodo legati potius, quam heres scriptus. Et ita ostenditur in hac *l. 7. §. pen.* nam est lucrum quoddam legatarii in tribus illis pensionibus: Nam exempli gratia, si trecenta sint in dotem, tantum centum redduntur, non initio primi anni, sed fine, alia centum fine secundi anni, alia centum fine tertii. Interusurium, id est, commodum medii temporis erit filii quasi legatarii, potius quam heredis scripti, alioqui filio post divortium non est præceptio dotis. Et hic casu non ponitur in *l. maritus*: nec enim in specie ejus legis dos filio fuit prælegata, & interpunctiones sunt etiam eversæ *d. l. si maritus*: vulgo ita disjuncta sunt: *plane, inquit, si post mortem soceri divortium factum sit.* Et hic additur comma, ac sequitur deinde, *quamvis pendente conditione institutionis.* Hic additur punctum geminatum, & mox sequitur, *dicendum est præceptioni dotis locum esse.* Quo modo si pungas, efficies, filio, cui dos non est prælegata, post divortium dotis præceptionem esse. Sed pungamus aliter, ut fecerunt etiam Græci, *plane si post mortem soceri divortium factum sit*, & hic affigas punctum geminatum, & cetera legas una consequentia, *quamvis &c.* quod & translatio Græca comprobat, quam proferemus Latine: *si repudium miserit mulier post mortem soceri, etiam pendente conditione sub qua vir ejus heres scriptus est, datur filio præcipua dos uxoris ejus, non ut heredi, sed ut marito.* Nunc quoniam illam legem intelligimus, attingamus etiam aliquid ex *l. nostra*, quam invenimus etiam valde esse vitiatam in fine, & §. pen. ab interpunctionibus, quod tamen vitium non est secutus Vivianus, nec est secutus interpunctiones: ipse videtur intellexisse, quomodo essent pungenda verba hujus l. & inveniemus etiam esse vitiatam. Propositio hæc est: *pater dotem a nuru acceptam filio exhe-*

exheredato legavit, alium heredem scripsit: filius egit ex testamento legati nomine: non audietur, id est, nihil exiget, nisi caverit heredi, indemnem eum fore adversus mulierem quandoque facto divortio dotem repetentem: neque enim facto divortio mulier potest experiri cum marito, qui dotem non accepit, & qui non extitit heres patri, qui dotem non accepit, quamvis scil. dos ad eum pervenerit ex legati causa, *l. si cum dotem, §. pen. sol. matr. l. 1. §. per contrarium, de dote præleg.* non potest etiam mulier cum eo experiri ex cautione illa indemnitatis, quia filius eam non cavet uxori, sed heredi: igitur facto divortio dotem repetet ab herede soceri, licet dos penes eum non sit jam soluta filio soceri, sed filius heredem ex cautione defendere debet, quod faciet dotem præstando mulieri, licet ei non sit obligatus, vel quam ei solvit heres, heredi refundendo. Denique cogetur refundere dotem mulieri effectu ipso, quam consecutus est ex legati causa: quid si mulier aget prius de dote, antequam filius dotem reciperet, puta facto divortio per arbitrum recuperandæ dotis, an postea filius poterit agere adversus eundem heredem ex legati causa? minime; *frustra agere*, inquit, id est, legati nomine nulla ei competit actio ipso jure adversus heredem scriptum, quia nihil est jam, quod marito præstare possit, cum solutum sit matrimonium, & soluta dos mulieri, *l. 1. §. idem Jul. quærit, hoc tit. l. si marito, §. cum patri, sol. matr.* Quæ tamen dos, si nondum sit soluta mulieri, ut si annua, bima, trima die solvi debuerit, tamen interim jure legati filius exheredatus dotem prosequetur sine dilatione ulla, statim post divortium, ut inferius demonstrabitur. Sed interim notandum est quod retuli ante, quodque his verbis significavit Papin. prima parte in verbo, *dotem recuperavit*, heres recte aget soluto matrimonio, quia mulier non potest agere de dote recipienda antequam solutum sit matrimonium, vel uno casu constante matrimonio, scilicet propter inopiam ejus, qui dotem accepit. Est verissima annotatio: male autem Accurs. mulierem dotem recipisse constante matrimonio, non quidem jure, sed facto ipso: male item Joannes, & quidem audacius statuit, dotis recipiendæ actionem mulieri nasci etiam constante matrimonio, quocunque casu, sive inops sit, sive locuples is, qui dotem accepit heresve ejus: nam præterquam uno illo casu, id est, propter inopiam ejus, qui dotem accepit, vel heredis ejus, actio de dote non nascitur constante matrimonio, & suæ sententiæ confirmandæ gratia Joannes abutitur, *l. si constante, §. 1. sol. matr. & l. 5. inf. de bon. dam.* Primum hodie constat, *legem si constante, §. 1.* pertinere ad unum duntaxat illum casum, quo solo dos repetitur constante matrimonio, quod apparebit statim evidenter: Nam cum lex dixisset initio, ex eo dote dotis exactionem mulieri competere constante matrimonio, quo evidens fuerit inopia mariti, subjicit exemplum in §. 1. de filio, qui dotem accepit ab uxore & exheredatus est a patre, cum nihil habeat in bonis, nisi forte peculium profectitium, quod tamen extinguitur morte patris: ab eo filio exheredato dotem constante matrimonio mulier dotem repetet, quam ei dedit, ex die aditæ hereditatis patris, quia ex eo die vires habet exheredatio, & evidens est inopia mariti. Igitur ille §. non quocunque casu probat constante matrimonio nasci repetitionem dotis, sed uno illo tantum casu sive unico. Abutitur etiam *l. 5. in fi. de bon. damn.* hoc modo, cogitans in casu illius legis in fi. humanitatis gratia non nasci repetitionem dotis, nisi soluto matrimonio: ergo inquit, alias constante matrimonio nascitur repetitio dotis quocunque casu, ubi cessat eadem humanitatis ratio: circumscibit nos, nisi animadverterimus. Lex illa loquitur de uxore deportata, quam pœna sequitur, bonorum publicatio semper, *l. ult. §. ult. C. de sentent. pass.* Ergo ut cetera bona mulieris, ita dos publicata videtur: sed lex ait tantum manente matrimonio, neque etiam soluta deportatione sola, si affectionem conjugalem deportato retineat, eandemque præstet vicissim maritus, qui mansit in civitate, manente, inquam, matrimonio lex ait, dotem manere apud maritum, non confiscari, & soluto matrimonio dotem reddi mulieri quasi humanitatis intuitu, hodie nata dotis actione, hodie, hoc est, post deportationem. Ergo jura vel bona, quæ post deportationem adquiruntur, deportatus vel deportata retinet, nec eunt in fiscum, *l. 15. de interd. & releg.* Hodie nascitur actio dotis, cum solvitur matrimonium, sed habuit vetustiorem causam, quæ fuit ante deportationem, qua ratione sequi dos videtur debere cetera bona, hoc est, fiscum: & humanitas non est in eo, quod non nascitur actio dotis ante solutum matrimonium, quod est generaliter verum omnibus casibus, sed in eo est, quod nascatur & competat deportato matrimonio actio da dote, quam deportationis pœna publicasse videatur. Sed in actione de dote pleraque benigne recipiuntur: magnus est favor dotis, *l. eas obligationes, de cap. min.* atque ita illis duab. legibus Joannes abusus est: ne discedas ergo ab annotatione Rogerii. In secunda parte legis intelligimus dotem, quam a nuru pater accepit, & filio exheredato legavit, si lex Falc. intervenerit, Falcidiam pati, quasi rei alienæ legatum. Est enim dos mulieris, non filii: dos legata uxori Falcid. non patitur, quia res sua reddi ei potius, quam dari videtur, non res propria mariti, non res aliena, *l. sed usufr. §. 1. ad l. Falcid.* Et idem dicit, si legata sit dos mulieri, nurui, *l. 1. §. sed & marito, h. t.* cujus speciès inferius declarabitur. Idem erit, si quid aliud pro dote sit legatum uxori vel nurui: nam & hoc quoque legatum non subjicietur Falcidiæ, *l. 1. hoc tit.* Idem erit, si dos alii extraneo sit legata, ut uxori vel nurui restituatur, *l. cum dotem, ad l. Falc.* Quod omne ita procedit, si nullum sit in legato commodum repræsentationis sive antecessionis, *si le legat n'avance la paye*, si legetur dos, que in fundo consistebat, quæ sicut legatur præsenti die, ita citra legatum præsenti die redderetur: nullum quidem in illo legato est commodum repræsentationis, *s'on n'avance point la paye*, sed non est inutile legatum, maxime relictum per vindicationem, vel præceptionem, cum pro actione personali, qua dos repeteretur, legatum adferat rei vindicationem, quæ utilior est actio, *l. 3. §. si rem, de legat. 3.* neque tamen ob id lex Falcid. minuit legatum illud dotis, quod non repræsentat dotem, *l. si cred. infi. de legat. 1.* Quia commodum illud melioris actionis & facilioris, nihil minuit bona testatoris, vel heredis: commodum repræsentationis minuit. Igitur si legato insit commodum repræsentationis, ut si dos, quæ redderetur annua, bima, trima die, legetur præsenti die, constat in eo commodo legem Falcid. locum habere, *l. 1. §. idem quærit, hoc tit.* Observandum est ad hæc in superiore casu, quo dos extraneo legatur, ut mulieri restituatur, &. nullum est commodum repræsentationis, diffidium quoddam fuisse inter Julianum & Marcellum, ut semper Juliano Marcellus obloqui solet. Julianus volebat illo casu legatarium, cui non sua res, sed aliena legatur, Falcidiam pati, & quod Falcid. resciderit seu detraxerit, mulierem ab herede consequi actione de dote, *d. §. idem quæris.* Marcellus autem sublato illo circuitu volebat legatarium Falc. non pati, *d. l. cum dotem*, quæ est Marcelli. Julianus spectabat personam interpositi, hoc est, legatarii, qui interpositus ut, ut dotem restitueret mulieri. Marcellus spectabat personam capientis, hoc est, ipsius mulieris, ad quam omne emolumentum redit, & rectissime: nam, ut & ipse Marcellus ait, in aliis plerisque casibus persona accipientis spectatur, non interposita persona, per quam capit, ut *l. cogit, §. hi qui solidum, ad Trebell.* Et similiter etiam alia in specie idem Marcellus circuitum tollit, *l. videamus, si cui plusquam per l. Falcid.* Observandum item est, quod diximus initio, dotem nurui prælegatam Falcid. non pati, nisi legato insit commodum repræsentationis. Ad id pertinet *l. 1. §. sed & marito, hoc tit.* Species hæc est: socer a nuru dotem accepit, filium heredem instituit ex parte, & dotem nurui prælegavit, ut Vivianus posuit recte. Accurs. male, eum legasse dotem filio: mortis soceri tempore constabat matrimonium inter filium & nurum: legatum non valet, si jus actionis de dote, id est, si quod debetur actione de dote, socer nurui legare voluit, quia nondum quicquam debetur constante matrimonio, *l. 1. §. Celsus hoc tit. l. 10. §. 1. de leg. præst.* nisi uno casu, de quo diximus supra,

supra, propter inopiam soceri, vel heredis ejus: sed si pecuniam dotalem nurui legare voluit, valet legatum & praestabitur nurui oblata cautione indemnitatis adversus filium. Commodum legati est magnum, quia mulier recipit dotem constante matrimonio, cui jure suo reddi non debet ante solutum matrimonium. Quapropter in eo commodo Falcidia locum habebit, sed quod Falcidia resciderit, mox filius heres. institutus ex parte praecipiet judicio famil. ercisc. vel quod addi velim ad illum §. *sed & marito,* si non sit heres institutus, id praecipiet utili judicio ex d. §. *Celsus,* quia & totam dotem filius praeciperet, si a socero nurui non fuisset praelegata: imo si a socero nurui fuerit praelegata, filius petet ab herede dodrantem, quem heres mulieri praestitit, sed indemnis a muliere servabitur heres, atque ita mulier tandem manente matrimonio compelletur marito dodrantem refundere, ut integram dotem habeat maritus, quandiu manserit matrimonium. Et hoc quidem dote legata uxori vel nurui: nunc dicamus, quo de agitur in secunda parte hujus legis, de dote legata filio exheredato, vel instituto a patre, qui a nuru eam acceperat, quod legatum initio jam dixi Falcidiam pati. Et finge; pater dotem acceptam a nuru filio exheredato legavit: filius prior egit legati nomine constante matrimonio, heres ex legato detraxit Falcid. & dodrantem filio solvit, & mulier ratam solutionem dodrantis fecit. Igitur dirempto matrimonio, mulier id tantum repetet ab herede utili actione de dote, id est, efficaciter, quod Falcidia reciderit, quia residuo heredem liberavit ratihabitio, *l. solutam, de solut.* Filius quoque exheredatus de residuo mulieri non tenetur actione de dote, sed vix solutionem ei factam mulier sana unquam ratam habitura est, quin ei prius ab eo satis cautum eo nomine fuerit. Quod si mulier solutionem illam dodrantis marito factam per heredem scriptum a socero ratam non fecerit, integram dotem repetet ab herede soceri dirempto matrimonio, sed defendi heres debebit a filio secundum fidem cautionis ei praestitae de indemnitate, & defensione, hoc est defendere eum debebit adversus mulierem agentem de dote repetenda: defendere, est pro herede litem subire, & si quidem filius totam litem subjerit solus, puta de dote repetenda; & condemnatus sit dotem mulieri reddere, actio judicati in quem dabitur? In heredem quem defendit, an in maritum defensorem? Sane ut prudenter Papinian. animadvertit in hac secunda parte, in maritum actio judicati dabitur pro dodrante, quem accepit ab herede, qui pro dodrante in rem suam intervenisse videtur juxta *l. Plautius, de procur. l. ult. de re jud.* In heredem autem actio judicati dabitur pro modo Falcidiae, hoc est, pro quadrante, quia pro ea parte maritus rem alienam defendisse videtur: quia non ipse, sed dominus rei judicatae tenetur, *q. l. 1. §. in proprium. quand. app. sit.* Et hoc quidem ita est, si cautum non sit mulieri judicatum solvi: nam si maritus caverit judicatum solvi, in solidum ex stipulatione convenitur, sed pro modo Falcidiae regressum habebit adversus heredem, cujus voluntate totam litem subjit, vel si heres praesens caverit judicatum solvi, non maritus juxta *l. si ad defendendum, inf. judic. sol.* ipse heres in solidum tenebitur, sed indemnis servabitur a marito secundum fidem cautionis interpositae inter eum & maritum. Et hoc est quod Papinian. voluit in secunda parte his verbis, *sed si lex Falcid. &c.* & niendum in illo loco, *qua jure Falcidia petenda est,* nam mulier eam quantitatem non petit jure Falcidiae, sed jure dotis, judicio dotis: & rursus eam quantitatem heres jure Falcidiae non petit, sed retinet. Est enim Falcidia in retentione, non in petitione, *l. 14. & 15. §. 1. & 33. ad l. Falcid.* Igitur scribendum, *qua jure Falcidia retenta est,* ut supra dixit, propter eam quantitatem, quam heres retinuerit. Et sequitur in ea lege quam facio tertiam partem, *sed si priusquam legatum filio solveretur.* Quae ante dicta sunt, eo casu procedunt, quod filius exheredatus prior egit ex testamento, & legatum consecutus est, deinde factum est divortium: nunc ponit mulierem divertisse, antequam

filius exheredatus legatum consequeretur, quo casu mulier ipsa quidem non potest statim dotem praecipere, quae scil. continetur pondere, numero, vel mensura, sed statis temporibus, puta, annua, bima, trima die: verum filius exheredatus, cui dos legata est, statim dotem praecipiet, etiam post divortium, & per ea intervalla temporis fruetur legato, sed indemnem servabit heredem ex cautione indemnitatis, quam interposuit, ubi scilicet mulier petet primam vel secundam, vel tertiam pensionem. Ergo non iisdem diebus filio dos solvitur, quibus mulieri: filio solvitur statim, mulieri annua, bima, trima die: videlicet, si sit praelegata filio exheredato: nam aliud erit, si sit praelegata filio heredi instituto ex parte, nec abstinente se: filio ex asse instituto, omnino legaretur frustra: ex parte instituto, utiliter legatur pro parte coheredum. Et hoc casu coheredes filio solvunt dotem iisdem diebus, quibus mulieri solvi debet, hoc est, annua, bima, trima die. Et hanc differentiam inter filium exheredatum, & heredem institutum, Papinian. evidenter exponit in hac tertia parte, si modo ejus verba punctis distinguantur recte, nempe hoc modo, *responsum est,* hic pone virgulam, *cum patri, &c. admissus est,* punctum, ut §. *ult.* incipias ab his verbis, *& forte per errorem.* Omnes libri habent hoc vitium, non habuit Vivianus, nec Bartolus. Sed videamus, quae sit ratio differentiae inter filium exheredatum, & heredem institutum. Filio exheredato post divortium dos, quae ei legata est, solvitur statim: filio instituto, annua, bima, trima die. Redde rationem: locus hic est singularis in Papiniano. Ratio est aliquantum obscura: filium exheredatum, cui nihil praeter dotem reliquit pater, videtur voluisse pater fructum aliquem ferre ex legato, quem nullum ferret, si post divortium iisdem diebus ei dos solveretur, quibus mulieri solvi dos debet. Ergo ne sine fructu sit legatum, per intervalla eorum dierum, filius exheredatus, qui nihil habet aliud, fruetur commodo legati potius, quam heres scriptus: ei filio vero, quem heredem scripsit ex parte, non videtur dotem praeterea legasse, ut ex ea fructum caperet solus sine concursu coheredum post divortium, sed magis ut ipse solus, siquidem non abstineret se hereditate paterna, munere fungeretur reddendae dotis quasi heres & maritus. Qua de causa post divortium, non statim praecipit dotem, sed annua, bima, trima die, & indemnes coheredes suos servat, mox pensiones, quasque mulieri reddendo, vel alias defendendo coheredes suos adversus mulierem pensiones repetentem. Quod est in §. *ult.* est apertissimum. Si filius exheredatus, ut intelleximus ex initio legis, dotem petat ex legati causa, heres non ante cogitur solvere, quam filius ei caverit de indemnitate soluto matrimonio, quo tempore repetitio mulieri competit adversus heredem: quaeritur, quid fiat, si in solvendo legato per errorem heres omiserit illam cautionem, & postea soluto matrimonio coactus sit mulieri solvere dotem, an poterit condicere legatum, quod solvit filio sine cautione, quasi indebitum? minime, quia sane non fuit indebitum, *quia,* inquit, *cautionis praestandae necessitas solutionem moratur, non indebitum facit, quod fuit debitum.* Quid igitur faciet heres? Aequum erit, subveniri heredi, ne duplici praestatione dotis oneretur contra voluntatem defuncti, & subvenietur illi non conditione sine causa, vel conditione cautionis incerti, quae est fera, jam dote mulieri soluta, sed subvenietur ei utili conditione quasi ex tacita cautione, perinde ac si intervenisset cautio, ut *l. 5. §. pen. de usufr. ear. rer. qua usu. & l. his verb. de adopt.* Quid ergo in eodem casu, si heres per errorem omiserit cautionem, cum solvit legatum filio, & soluto matrimonio doti solvendae non sit idoneus? an dos perierit mulieri, cui heres nec dotem potest solvere: nec cedere actionem ex cautione, quam omisit: nec rursus cedere actionem quasi ex tacita cautione, quae non competit, nisi dote mulieri soluta? an ergo mulier erit indotata? Minime: erit aequum hoc casu similiter mulieri subveniri data utili actione dotis adversus maritum: regulariter, si pater accepit dotem,

non

non filius, filius exheredatus non tenetur mulieri de dote, *l. 1. §. pen. hoc tit.* quamquis dotem sit consecutus ex causa legati, *l. si cum dotem, §. pen. solut. matrim.* Sed in proposito casu æquum erit, dari utilem actionem de dote adversus maritum, qui dotem habet ex causa legati, tametsi non ipse, sed pater eam ab initio acceperit, cui ipse non successit, ne dos pereat mulieri. Occurrunt utiles actiones iniquitati.

### Ad L. Cum tale LXXII. de Cond. & demonstr.

*Cum tale legatum esset relictum Titiæ, si a liberis non discesserit: negaverunt eam recte cavere, quia vel mortuis liberis legati conditio possit existere: sed displicuit sententia, non enim voto matris opponi tam omninosa non interponenda cautionis interpretatio debuit.*

Quod est initio *l. cum tale & §. 1.* est de cautione Muciana. Sciendum est, conditiones, quæ legatis adscribuntur alias in faciendo consistere, alias in non faciendo. Conditiones, quæ in faciendo consistunt, legati obligationem, actionem, solutionem differunt: neque enim antequam impletæ sint, peti legatum potest. Conditiones, quæ in non faciendo consistunt, legati obligationem, actionem, solutionem non differunt: nam si cui ita legetur, *si Capitolium non ascenderit,* vel, *si Alexandriam non iverit,* ei heres statim legatum solvere debet, si modo caverit se non facturum ( quod ne faceret in conditione testator posuit ) aut si secus fecerit; nam certe id addi cautioni oportet, rem legatam, vel, quanti res ea erit, cum fructibus & usuris medii temporis redditurum, *l. heres, §. qui post, l. cum sub hac, hoc tit. l. cum filius, §. qui Muciana, de leg. 2. & Novel. 22. de secund. nupt.* Cavere autem debet is, cui legatum est sub conditione non faciendi aliquid : quibus? his quorum interest, inquit, *l. servo, §. si testator, ad Trebell.* iis, ad quos deficiente conditione legatum pertinere potest, inquit *l. 18. h. t.* quod est obscurum: quibus igitur cavere debet? dic apertius, heredi scil. & substituto: nam & in legatis sit substitutio, vel conjuncto vel legatario, a quo fideicommissum relictum est sub conditione non faciendi aliquid : nam ad hos redit legatum quod deficit, *d. Novell. 22.* Cavere autem in hoc proposito, est satisfacere fidejussoribus, vel jurato repromittere, cum hypotheca bonorum suorum, ut constat ex eadem Novella. Et hæc cautio appellatur cautio Muciana, ab inventore Q. Mucio Scævola Jurisconsulto. Proprium munus Jurisconsultorum est cavere aliis, multo magis sibi ipsis, ut ait M. Tull. ad Trebat. cautiones, invenire, cavere formulas. Jurisconsultus et cautor formularum, & remediorum, quibus quisque id jus suum perveniat. Et hæc cautio Muciana, etiam remedium dicitur duobus locis, *l. 7. hoc tit.* & alio quodam loco ejusdem tit. qui post affertur. Cautiones omnes sunt remedia, juris sui obtinendi, & locum habet hæc cautio Muciana non tantum in legatis & fideicommissis relictis sub conditione non faciendi, sed etiam in heredibus relictis sub eadem conditione, *d. l. 7. & 18. hoc tit.* Et locum habet etiam in mortis causa donationibus, ut constat ex *d. Nov. 22.* Comparantur legatis semper fere donationes causa mortis. Et hoc vero cum ait Justinianus in *sup. d. Nov. 22.* cautioni Mucianæ locum esse in donationibus mortis causa, satis constat in donationibus inter vivos semper strictius accipi. Sunt juris auctores in illis approbandis & recipiendis restricti : nam neque est optimi patrisfamilias donare, & frequentius peccavero, si pro donatario, quam si contra donatarium judicavero. Donationes non valent sine insinuatione : non valebant, ut constat ex C. Theod. donationes omnium bonorum factæ inter vivos, nisi in donando donator recensuisset singula bonorum suorum, quod habuit summam rationem. Tu donas omnia tua bona stulte & insipienter, insipide, nescis, fortasse, quæ bona habeas, recense singula, quo jure tamen non utimur: posset multis aliis exemplis demonstrari, donationes quodammodo

Tom. IV.

improbari factas inter vivos: nam quod restrictius accipio, ægre probo, & ingratis probo. Unde si tibi donavi sub conditione, *si Capitolium non ascenderis,* perinde est, ac si tibi donassem *cum morieris,* quoniam antequam morieris, non est certum te Capitolium non ascendisse: non ergo donato frueris statim, nec unquam frueris ipse, sed heres tuus : exspectabitur mors tua, antequam perficiatur donatio, nec ullo remedio capere potes donationem tu, nec heres tuus, antequam morieris. Ergo hoc sit primum, cautioni Mucianæ locum non esse in donationibus inter vivos. Secundum sit : Cautioni Mucianæ non esse locum etiam in stipulationibus, quæ & restrictius accipiuntur, *l. stipulatus es, de fidejussoribus, l. quicquid, de verb. obl.* Declaremus exemplis: si stipuler sub conditione, *si Capitolium non ascenderis, centum mihi dari spondes?* & tu spondeas mihi centum sub eadem conditione, & etiamsi de non ascendendo offeram cautionem ad exemplum Mucianæ, non agam ex stipulatu, ac perinde erit, ac si stipulatus essem nominatim, *cum moriar mihi dari* : denique exspectabitur mors mea, antequam sit actio ex stipulatu, *§. si ita quis, Instit. de verb. oblig.* Et similiter, si stipuler hoc modo, *si Capitolium non ascenderis, centum spondes & spondeas,* perinde erit, atque si stipulatus essem cum morieris, quia nec antequam morieris, statim potest extitisse conditio, *l. ita stipulatus, inf. de verb. oblig.* Item, quod congruit etiam cum superioribus, licet positurus sim in legatis vel hereditatibus, si legavero vel herede te instituero sub hac conditione, *si Capitolium non ascendero,* perinde est, atque si legassem, *cum moriar, tibi dari, l. Stichus, de manum. testam.* & exspectabitur mors mea, quæ etsi pure legatum, exspectaretur. Sed quod non congruit cum his, quæ diximus de stipulationibus, si ita legavero, *si Capitolium non ascenderis,* interposita cautione Muciana, remedio cautionis Mucianæ, capies legatum statim, nec exspectabitur mors tua, nec perinde erit, atque si legassem, *cum morieris tibi dari,* quamquam hic sensus superiori conditioni tacite insit. Sed aliud est, quid exprimere palam, aliud intelligere tacite, *l. heres, §. quamvis, hoc tit.* Lego tibi usumfruct. cum morieris : legatum est inutile, quia confertur in tempus, quo solet finiri ususfruct., *l. Titio, de usufr.* lego tibi usumfruct. *si Capitolium non ascenderis:* valet legatum, & remedio cautionis Muc. statim id consequi potes, *d. §. quamvis.* Ergo in stipulationibus nihil refert, de te stipuler *cum morieris,* an si *Capitolium non ascenderis,* vel *cum moriar,* an *si Capitolium non ascendero*: sed in legatis multum interest, legem tibi *cum morieris,* an *si Capitolium non ascenderis, si Romam ieris.* Et ratio differentiæ plenior inter legata & stipulationes hæc est : nam hæc non explet animum non legata plenius accipi stipulationes strictius : hæc, inquam, sola ratio non satisfacit ad plenum, vel ita dilatetur hoc modo: legatum ex sola defuncti voluntate valet, qui cum legatum nominatim non contulerit in ultimum momentum vitæ legatarii his verbis, *cum morieris, cum morietur Titium Titio lego* sed si ita scripsit : *si Titius Capitolium non ascenderit si lego,* modum potius, quam conditionem fecisse videtur, nisi aliam fuisse ejus mentem heres probaverit. Ergo oblata cautione de non faciendo, aut de reddendo legato præstabitur legatum, quasi sub modo relictum : stipulatio ex duorum consensu valet, stipulatoris & promissoris, *l. inter, §. si Stichum, de verb. obl.* Neque igitur tantum spectamus quid senserit unus, sed etiam quid senserit alter: & in obscuro vel ambiguo secundum promissorem interpretationem facimus, & imputamus stipulatori, cur apertius stipulationes non conceperit, *l. quicquid, de verb. obl.* Et hanc conditionem, *si Capitolium non ascendero,* quæ est ambigua: nam vel pro modo, vel conditione accipi potest, pro conditione potius accipiemus, ne statim promissor conveniatur ex stipulatione : quia commodius est promittori, tardius quam ocyus conveniri. Idemque erit omnino, si stipuler de te, *si Capitolium non ascenderis, mihi dari.* Et ita explicanda est ratio differentiæ. Sed adjiciendi etiam his sunt

H h                                                                                               alii

alii casus, quibus non est locus cautioni Mucianæ. Addo, non esse locum Mucianæ cautioni in libertatibus, ut puta, *liber esto, si Capitolium non ascenderis*: etiamsi caveas de non ascendendo, non pervenies ad libertatem propter solum illud remedium cautionis: denique remedio cautionis non pervenies ad libertatem, non est in hac specie locus cautioni Mucianæ, quod apparebit ex *l. libertas, l. 1. §. ult. de man. testam.* Videamus, quæ sit ratio, cur in libertatibus non est locus cautioni Mucianæ. Qui ita libertatem adscripsit, *liber esto si Capitolium non ascenderis*, aut voluit libertatem conferre in ultimum vitæ tempus servi, aut non. Si voluit libertatem conferre in ultimum vitæ tempus, non est locus Mucianæ cautioni, quia non fuit ei animus dandæ libertatis, ac proinde inutilis est libertatis datio, sicut si nominatim dixisset, *cum morieris liber esto, d. l. ult.* Si noluit, quod sit plerumque libertatem conferre in ultimum vitæ tempus, si serio libertatem conferre in ultimum vitæ tempus, si serio libertatem adscripsit, non ludibundus, videtur servus pervenire ad libertatem posse, præstita veluti Muciana cautione: *si secus fecerit pretium sui reddi, quanti fuit antequam liber fieret, ut l. Papin. §. ult. l. seq. de inoffic. testam.* Nam & cautio Muciana, ut superius diximus, ita concipitur, *quanti ea res erit*, quæ verba pretium rei verum demonstrant, *l. cum sub hac, hoc tit.* Sed verius est, hoc etiam non esse locum Mucianæ cautioni: nam Muciana cautio interponitur de re ipsa restituenda, quæ præstatur vel de ejus pretio, *d. l. cum sub hac.* Libertas autem, quæ semel competiit, restitui non potest, ac ne pretium libertatis quidem, quia res est inæstimabilis. Ergo de libertate cautio Muciana caveri non potest. Sed ne impediatur libertas, quam, ut posuimus, testator impediri noluit, melius erit verba illa, *liber esto si Capitolium non ascenderis*, interpretari, si cum primum potuerit Capitolium ascendere, non ascenderit: namque ita cum primum potuerit servus Capitolium ascendere consequetur libertatem. Recipienda est hæc interpretatio, quia testator non habuit ludibrio servum, id est, noluit libertatem conferre in tempus mortis: non potest fieri ergo remedio cautionis Mucianæ, fiet liber remedio interpretationis voluntatis defuncti. Quæ ratio est valde notanda. Et addendum, non esse etiam cautioni Mucianæ locum, si legatum relictum sub conditione non faciendi, per aliam conditionem differtur, quod est evidentissimum, & a Papiniano scriptum in *l. avia, §. 1. hoc tit.* Finge: ita legavi, *si Capitolium non ascenderis, & si navis ex Asia venerit, centum do, lego*, an oblata cautione Muciana legatarius consequetur legatum? minime: quia alia conditio differtur in casum, in eventum collata. Item, non est locus cautioni Mucianæ, si testator eam remiserit in testamento, id est, si significavit eum, cui legavit sub conditione non faciendi, se velle consequi legatum etiam non præstita cautione, se velle fidem ei haberi: quod & ita proponitur *in sup. d. Nov. 22.* Ac postremum, non est cautioni Mucianæ locus in his conditionibus, quæ vivo legatario alterius morte, vel alio modo expleri possunt. Quod ut intelligatur, sciendum est, conditiones, quæ in non faciendo concipiuntur, de quibus tractavimus, alias esse, quæ non nisi morte legatarii expleri possunt, ut illa conditio, *si Capitolium non ascenderit*, quia etiam quamdiu vivit legatarius, Capitolium potest ascendere: non ante potest dici non ascendisse, quam mors eum prævenerit, & in his conditionibus locum habet cautio Muciana, ut ostenditur *in l. seq. & l. servo, §. ult. ad Trebel.* Alias autem esse, quæ vivo legatario alterius morte, vel alio modo expleri possunt & finiri, & in his non habet locum cautio Muciana, sed exspectatur omnino, quoad expletæ sint: ut in hoc casu, lego mulieri nuptæ alii sub conditione, *si a marito non diverterit*: an capiet legatum statim oblata cautione Muciana? minime, quia conditio viva ea expleri potest præmortuo marito, vel divortio facta culpa mariti, *l. pater, §. socrus, hoc tit.* Addamus aliud exemplum: lego mulieri sub conditione, *si Titio non nupserit*: an statim capiet legatum oblata cautione Muciana? minime, quia conditio expleri potest ea viva mortuo Titio, *l. hoc genus, hoc tit.* Etiam aliud addamus exemplum: lego Titio sub conditione, *si mulieri non nupserit*, an capiet statim legatum oblata cautione Muciana? minime, quia conditio hujus modi non expletur morte Titii legatarii, sed expleri potest eo vivo, mortua muliere, *l. avia, §. Titio, hoc tit.*

### Ad §. I.

*Et cum patronus liberto certam pecuniam legasset, si a liberis ejus non decessisset, permisit Imper. velut Mucianam cautionem offerri: fuit enim periculosum ac triste libertum conjunctum patroni liberis, eorundem mortem exspectare.*

§. 1. *Titius heredem institutum rogavit, post mortem suam hereditatem restituere; si fideicommissi cautio non fuisset petita: Muciana cautionis exemplum ante constitutionem remissæ cautionis, locum habere non potuit, quoniam interim vivo eo, cui relictum est, impleri conditio potuit.*

Diximus cautionem Mucianam locum habere in conditionibus, quæ in non faciendo consistunt, si non possint expleri, nisi morte legatarii, ut non possint expleri vivo legatario, ut scilic. interposita cautione non infringendæ conditionis, legatarius statim legatum accipere possit, eoque uti frui: cautionem Mucianam non habere locum in his conditionibus, quæ vivo legatario expleri possunt, etiamsi conceptæ sint in non faciendo, & harum tria proposuimus exempla, unum ex *l. pater, §. socrus, hoc tit.* alterum ex *l. hoc genus, eod.* tertium ex *l. avia, §. Titio, eod.* nunc addamus quartum ex §. *Titius, legis nostræ.* Sciendum est, legato relicto aut fideicommisso in diem vel conditionem, quoniam interim posset dilapidari ab herede, non legatum illud tantum, sed & res omnes hereditarias, ex edicto prætoris desiderante legatario cavere heredem debere de servando legato vel fideicommisso, & restituendo suis diebus. Quod si nolit cavere, mittitur legatarius in possessionem bonorum ex his titulis, ut legati nomine caveat, & ut in possessionem legati. Hæc cautio præstatur ex edicto prætoris, nec potuit testator eam remittere, juxta *legem nec pater, de legat. 1.* quia non potest testator facere, ne leges in suo testamento locum habeant: sed hodie ex Constitut. D. Marci testator potest remittere eam cautionem, puta prohibere, ne legatarius exigat a suo herede cautionem ejusmodi: non potest prohibere istam cautionem, nisi constitutio D. Marci permitteret, quæ est *in l. 2. C. ut in possess. leg.* ut non posset etiam prohibere Falcidiam, nisi Constitut. Justinian. permitteret. Ergo cui permissum non est nominatim, non potest facere, ne leges habeant locum in suo testamento. Hodie igitur cautio, vulgarem illam cautionem, quæ interponitur legatorum servandorum causa, a testatore remitti posse ex Constitution. Marci. Nunc finge, ut hæc est species §. *Titius*, quidam heredem instituit, & eum rogavit, ut post mortem suam restitueret hereditatem Cajo sub conditione, *si Cajus non peteret cautionem fideicommissi servandi causa*: quo plane indicavit, sibi non placere ea cautione heredem onerari. Quæritur, *an possit legatarius admitti ad legatum statim oblata cautione Muc. de non exigenda cautione fideicommissi servandi causa, ut in conditione est expressum seu præscriptum?* Et respondetur, non posse, sed exspectare debere, quoad impleta sit ea conditio, quia, *inquit Papinian.* ea conditio impleri potest vivo fideicommissario, cui sub ea conditione fideicommissum relictum est post mortem heredis, & mori heres potest vivo fideicommissario: & impleta dicitur conditio, si quandiu vixit heres, ab eo fideicommissi cautionem fideicommissarius non petierit: quæ ratio Papiniano sufficit: quia, *inquit*, ut eam declaremus apertius, morte heredis vivo fideicommissario conditio impleri potest, nec scilic. quod est subintelligendum, morte fideicommissarii vivo herede impletur utiliter, cum sit conditionale fideicommissum, collatum in mortem heredis, quod in heredem fideicommissarii non transmittitur, *l. heres, §. 1. hoc tit.* Frustra igitur caveret fideideicommiſſarius, ſe non petiturum cautionem fideicommiſſi ſervandi cauſa, cujus morte, ſi contingat vivo herede, legatum extinguitur, id eſt, fideicommiſſum. Et prudenter Papinian. oſtendit in hoc §. *Titius*, huic diſputationi locum fuiſſe ante conſtitutionem D. Marci, ex qua hodie a teſtatore poteſt remitti cautio ſervandi legati vel fideicommiſſi, ut ante diximus. Nam poſt Conſtitut. D. Marci ſuperflua eſt hæc diſputatio. Ergo poſt eam Conſtitut. teſtator declaravit, ſibi non placere cautionem legatorum interponi. Adſcripta legato conditione non interponendæ cautionis, ea conditio non intelligitur eſſe conditio, nec etiam poteſt deficere, cum invito heredi extorqueri non poſſit, *l. licet, ut leg. nom. caveat. l. avia, §. ult. hoc tit.* Juriſconſulti noſtri in his libris diſputant ſæpe multa de jure etiam abolito Conſtitutionibus, & ſeparant jus a Conſtitutionibus, atque ideo miſſis Conſtitution. ſæpe de ſolo jure tractant. Ut cum tractant de obligatione naturali pupilli, qui contraxit ſine tutoris auctoritate, & obligatur tantum naturaliter, etiamſi factus ſit locupletior, & tractant, ac ſi ita jus ſit certiſſimum de ea re, ut in *l. ſi pupillus, de verb. oblig.* Cum tamen conſtet, hodie pupillum civiliter obligari ex Conſtit. Divi Pii, ſi factus ſit locupletior, *l. 3. de neg. geſt. l. pupillus, de auct. tut.* & ita in *tit. de precario*, tractant de interdicto de precario ac ſi non eſſet civilis actio de precario, cum tamen conſtet, hodie ex precario etiam eſſe civilem actionem. Puto igitur ex Conſtit. ut ex eo tit. de precario intelligi poteſt, & ita quoque in hoc §. de re jam ante a nobis expoſita, ut ipſe ait, nominatim Pap. tractat, ac ſi Conſtit. D. Mar. non permiſiſſet eam cautionem legatorum ſervandorum cauſa remitti voluntate teſtatoris. Et verba Pap. hæc ſunt, *Titius heredem, &c.* Quod ſequitur, quid ergo? Eſt alia quæſtio, quæ nihil pertinet ad ſuperiora. Nunc tentare poſſumus contra ea, quæ ante poſuimus quaſi certa & confeſſa, etiam in his conditionibus, quæ vivo legatario expleri poſſunt, cautioni Mucianæ locum eſſe ex *l. 7. & l. cum ſub hac, h. t. l. 4. §. ult. C. de cond. inſt.* ut in his conditionibus, ſi ſervum non manumiſit, ſi ſervum non alienaverit, quæ expleri poſſunt morte ſervi vivo legatario. In his conditionib. locus eſt Mucianæ cautioni, ut ſupra dictæ leges oſtendunt. Item in hac conditione, *ſi uxorem non duxerit, lego illi centum*, conſtat ex N. 22. locum eſſe Mucianæ cautioni, tametſi ante mortem legatarii explere poſſit, puta ſacerdotio ei obveniente, quod fibulam imponit viro. Sed reſpondeo, quod diligenter advertendum eſt: hoc modo teſtator, qui præſcripſit conditiones hujuſmodi, *ſi ſervum non manumiſerit, ſi ſervum non alienaverit*, non mortem ſervi, ſed mortem legatarii ſpectavit, id eſt, non hunc caſum cogitavit, ſi ſervus moriatur in ſervitute & poteſtate legatarii vel heredis, & adſcripta ſit ea conditio: ſed hunc tantum caſum cogitavit, ſi legatarius uſque in diem ultimum vitæ ſuæ obtinuerit manumiſſionem, vel alienatione ſervi, quia quaſi hoc ſolo inſpecto caſu legato relicto, ſane ſtatim legatarium admittemus oblata cautione Muc. de non manumittendo vel alienando ſervo, aut ſi ſecus fecerit de reddendo legato cum fructibus. Eadem eſt ratio iſtius conditionis, ſi iterum nuptias non contraxerit, quia non ſacerdotium, quod incertum erat an obveniret legatario, ſed mortem tantum legatarii ſpectavit teſtator, ſi uſque in eam permaneret cœlebs. Ergo merito hoc caſu cautioni Muc. locus eſt quaſi legato relicto in caſum tantum mortis legatarii, quamvis & ſacerdotio obveniente legatario, atque adeo vivo legatario, quæ adimpleatur conditio. Eadem etiam eſt ratio earum conditionum, quæ proponuntur vel ſuggeruntur initio hujus legis, quod jane indiget explicatione tametſi videatur eſſe faciliſſimum prima fronte. Finge: vir legavit uxori ſub conditione, *ſi a liberis non diſceſſerit*, non dixit, *ſi a liberis non nupſerit*, quæ conditio remittitur, *l. Julia*, quæ indicit viduitatem, *l. ſed ſi hor, §. ult. hoc tit.* ſed dixit, *ſi a liberis non diſceſſerit*, quæ conditio non remittitur, & morte liberorum impleri poteſt viva matre: & tamen in ea locus erit cautioni Muc. quia ſc. in ea

*Tom. IV.*

conditione præſcribenda patri, non venit in mentem mors liberorum, contra votum parentum ſperabat certo liberos morti ſuperſtites: non igitur de hoc caſu cogitavit triſti & miſerabili, ſed de morte tantum uxoris, cui ſupervixerent liberi communes. Quid ergo ſi extraneus non vir mulieri habenti liberos ſub eadem conditione legaverit, *ſi a liberis non diſceſſerit*? puto hoc etiam caſu mulieri petenti legatum oblata cautione Muciana non poſſe objici. rem ominoſam, deteſtabilem & triſtem, minime modeſtam, quæ ſane liberos ſibi etiam ſuperſtites cupit, non poſſe, inquam, huic voto naturali matris objici, morte liberorum expleri conditionem poſſe: & ideo non eſſe legati petitionem, antequam mortui fint liberi, & ceſſare remedium cautionis Mucianæ. Quia quod notandum, ſicut nemo intelligitur filio patrem ſubſtituere contra votum parentum, *l. Julianus, ſi quis omiſ. cauſa teſt.* ita nemo creditur patri vel matri male ominari, & in tempus mortis liberorum legatum relinquere: Et hæc, ut opinor, eſt ſententia hujus *l. in princ.* Hic, inquam, eſt caſus, qui ponitur in principio legis, quem videtur mulieri habenti liberos ita legavit, in quo caſu plus erat dubitationis, quam in priore caſu, cum vir uxori eodem modo legavit. Nam quod obſervandum eſt, Papinian. non ponit virum uxori legaſſe, ſed mulieri habenti liberos relictum fuiſſe legatum ſub conditione, *ſi a liberis non diſceſſerit*. Et ſequitur in eodem initio legis, idem ſervari, ſi liberto patronus ita legaverit, *ſi a liberis non diſceſſerit*, ſi ut ait, conjunctus erit, fuerit conjunctus ſcilicet hoſpitio, familiaritate, convictu, ſi adhæſerit liberis patroni, eiſque prorſus fuerit affixus; conjunctio ſignificatur hoſpitii atque conſuetudinis ſeu convictus, non alia conjunctio, qua enim alia eſt libertus patroni liberis conjunctus? Si igitur liberto legaverit ſub conditione, *ſi a liberis ſuis non diſceſſerit*, hæc conditio morte liberorum expleri poteſt vivo liberto, & tantum in ea erit locus cautioni Muc. quia teſtator nihil videtur quicquam cogitaſſe de morte liberorum ſuorum, ſed ſpectaſſe tantum mortem liberti, & hoc ſenſiſſe, ſi quandiu vixeris, cum liberis meis remanſeris. Et ſane ſi oportet libertum expectare mortem liberorum, nec poſſet ſtatim venire ad legatum, oblata ſatisfactione Muc. periculum eſſet, ne inſidiaretur vitæ liberorum, cum quibus habitat, cum quibus conjunctus eſt hoſpitii jure. Quod eadem omnino ratione ſtatuendum eſt, non tantum de liberto, ſed & de quocunque extraneo, cui dixit, *ſi a liberis meis non diſceſſeris*. Nam & ei præſtatur legatum ſtatim oblata cautione Muc. nec expectatur mors liberorum. Quid eſt evidentius? Ergo maxime notandum, quod hic dicitur de liberto, trahendum etiam eſſe ad quemlibet extraneum, ut in vexata illa *l. ſi inquam C. de rev. don.* quæ eſt ſcripta de donatione facta liberto, ut revocetur ſupervenientibus liberis donatori. Quod tamen aliqui reſtringere volunt ad donationem factam tantum liberto, ſed licet porrigere ad donationem factam extraneo cuilibet, ut revocetur donatio ſupervenientibus liberis. Quo jure etiam utimur, quia ſi cogitaſſet habiturum liberos, ſane non donaſſet immenſe, ut fecit. Verba Papin. hæc ſunt in princ. *leg. cum tale*, ait hoc loco, *veluti Mucianam cautionem*, quia interponitur ad exemplum cautionis Muc. ut loquitur §.1. *h. l. & l. avia*, §. *Titio hoc tit.* quæ vivo legatario impleri non poſſunt. Veluti Muciana ſeu quod Muciana locum quandoque etiam habet ex mente teſtatoris in iis conditionibus quæ vivo legatario expleri poſſunt, ut in caſibus quos expoſui. Addendum eſt his etiam ejus rationem conditionum, quæ ponuntur in *l. pater, §. ſocrus, l. hoc genus, l. avia, §. Tit. h. t. & in §. Titius l. noſtra. In l. pater §. ſocrus*: hæc eſt conditio, ſi cum marito in matrimonio perſeveraverit, quod perinde eſt, atque ſi dixiſſet, *ſi a marito non diverterit*, id eſt, hæc conditio vi ipſa in non cautionis exemplum remittitur. Hæc vero conditio ſane conferatur in mortem mariti hoc ſenſu, ſi uſque ad mortem mariti in matrimonio perſeveraveris, ut etiam conferatur in divortium factum culpa mariti. Ergo expectandus eſt hic caſus, nec antequam extiterit, legatarius,

tarius, remedio cautionis ad legatum pervenire poteſt. In l. hoc genus eſt hæc conditio, ſi Tit. non nupſeris, quod nominatim lex ait perinde eſſe, ac ſi poſt mortem Titii: teſtatorem igitur intuitum mortem Titii: ergo exſpectanda eſt mors Titii, nec remedio cautionis ante capi legatum poteſt. Et hoc idem evidentiſſime in ea conditione eſt, quæ proponitur in l. avia §. Titio. Legavi tibi ſub conditione, ſi Terentia non nupſerit: non poteſt in hac ſpecie ullo modo eſſe locus cautioni Mucianæ, quia conditio non expletur poſt mortem legatarii, & quia poſt mortem ejus Terentia nubere poſſit, ſed ex morte mulieris tantum: Ergo neceſſarium eſt expectare mortem mulieris, hoc eſt, eventum conditionis. Idem eſt evidentiſſime in ea conditione, quam propoſui in §. Titius, quoniam in eo §. palam teſtator fideicommiſſum contulit in mortem heredis ſcripti, id eſt, fideicommiſſum reliquit poſt mortem heredis ſui. Ergo mors heredis expectanda eſt, nec poteſt cautioni Muc. locus eſſe. Et hæc ſufficiant de Muciana cautione, quæ ſunt notatu digniſſima.

### Ad §. Quid ergo.

*Quid ergo ſi ita ſcriptum ſit? peto poſt mortem tuam reſtituas hereditatem, ita ne ſatis fideicommiſſi petatur, neve ratio exigatur: ſine dubio per hujuſmodi verba non interponenda quidem cautionis conditio videbitur adſcripta, rationi vero non exigendæ modus adhibitus, ſcil. ut culpa non etiam dolus remiſſus intelligatur: Idque in ejus perſona, qui negotia geſſit, cuique rationis reddenda neceſſitas fuerat teſtamento remiſſa, reſcriptum eſt.*

OMne quod diximus, fuit de ſtipulatione Muc. cujus remedio legata relicta ſub conditione ſtatim recipiuntur, ſub conditione, iaquam, non faciendi aliquid: nam in eis conditionibus, quas jus remittit, hoc eſt, quas impleri neceſſe non eſt, fruſtra diſputatur de interponenda ſtipulatione Muciana. Ejuſmodi eſt conditio non petendæ cautionis legati, aut fideicommiſſi ſervandi cauſa, ut ſi heredem meum rogavero, ut hereditatem reſtitueret poſt mortem ſuam ſub hac conditione, *ſi cautionem fideicommiſſi ſervandi cauſa ab eo non petiiſſet*, vel ita, *ne fideicommiſſi cautionem ab eo peteret*, quæ cautio eſt prætoria, proficiſcitur n. ex edicto prætoris, ut legati nomine caveat. Finge igitur, fideicommiſſum adſcribi tibi ſub conditione, *eam cautionem ut non peteres ab herede meo*, vel ſub modo, *ita, ut eam cautionem non exigeres ab herede meo*. Hæc conditio, hic modus ſatis declarat, mihi illam cautionem diſplicere, id eſt, non placere mihi, ut ea cautione oneretur heres meus. Igitur remiſſa ea cautio videtur: Namque hodie conſtat ex Conſtitutione D. Marci quocunque indicio voluntatis hanc cautionem remitti poſſe, non opus eſſe expreſſa conditione, vel prohibitione, vel modo, ſufficit qualibet conjectura voluntatis, *l. avia, §. ult. hoc tit. l. 2. C. ut in poſſ. l.* Poteſt igitur hæc conditio remitti teſtamento, ſine conjectura voluntatis teſtatoris: poteſt & remitti pacto, *l. pactum, de pactis*. Quod ſit teſtamento, & fit pacto recte. Hodie Falcidia recte prohibetur teſtamento, ergo & pacto convento. Et viciſſim, quod fieri poteſt pacto, & teſtamento poteſt, *d. l. pactum*. Cum igitur teſtator voluit remittilli illam cautionem fideicommiſſi ſervandi cauſa, & remiſſa intelligitur illa conditio, adeo ut poſſit fideicommiſſarius pervenire ad fideicommiſſum, etiam non præſtita cautione Muciana, niſi dies moretur petitionem fideicommiſſi. Nam & poſt præſtationem fideicommiſſi exigeretur ea cautio fruſtra. Qua de cauſa & in hac ſpecie fideicommiſſi eſſet locus cautioni Mucianæ: tamen diſputari poteſt ante Conſtitutionem D. Mar. Eaque eſt ſententia, *l. Titius, hujus legis*, quem ego jam ante expoſui. Sed ut hæc, quæ ſequuntur, cum his coaptemus, quemadmodum, quæ ante diximus, cohæreant cum his, quæ dicturi ſumus, neceſſe fuit ea repeti. Quæritur in §. *quod ergo hujus legis*, an conditio vel modus non reddendæ rationis eidem fideicommiſſo adſcriptus, omnino videatur re-

A mittere rationum redditionem. Finge: heredem meum rogavi, ut tibi reſtitueret hereditatem poſt mortem ſuam ita, ne exigeres ab eo cautionem fideicommiſſi, & ne ab eo exigeres rationem adminiſtratorum bonorum hereditariorum, remiſſa videtur cautio omnino, an etiam omnino videtur remiſſa redditio rationum? Et docebit, non etiam omnino videri remiſſam redditionem rationum: dolum enim malum remiſſum non videri, ſive intermiſſionem rationis fraudulentam. Quod ut intelligatur, ſciendum eſt, heredem rogatum reſtituere hereditatem alteri poſt mortem ſuam, vel in aliam diem, vel conditionem, fideicommiſſario rationem reddere debere eorum, quæ ex bonis deperierunt dolo malo ejus, vel lata culpa, ut ſi culpa ejus magna ædes hereditariæ exuſtæ ſint, hujus rei damnum præ-

B ſtabit fideicommiſſario, *l. mulier, §. ſed enim, ad Treb. l. dom. & ſeq. de leg. 1*. Non reddit heres rationes levis culpæ, aut leviſſimæ, doli rationem tantum reddit, vel magnæ culpæ, magnæ negligentiæ. Contra vero videtur heredem teneri levis culpæ nomine atque leviſſimæ, *leg. cum res, §. culpa, de leg. 1*. Si culpa heredis res legata perierit, heres tenebitur legatario ad æſtimationem. Ceterum culpa quemadmodum accipienda eſt, utrum quæ dolo proxima eſt, ideſt, lata, an & quæ levis eſt? Et adjicit quod plus eſt, an & diligentiam heres præſtare debet? id eſt, exactiſſimam cuſtodiam rei legatæ, ita ut & culpæ leviſſimæ nomine teneatur? Hoc ait, eſſe verius: debuit eſſe diligentiſſimus in ſervanda re legata. Caſum tamen fortuitum non præſtat heres, cetera præſtat, id eſt, omnem culpam præſtat. Qui quem dicit præſtare diligentiam vel cuſtodiam, hic dicit ex oppoſito præſtare omnem culpam, omnem negligentiam. Et tamen §. *ſed enim* ait heredem non præſtare levem culpam. Et ſane nulla eſt concordiæ ratio idonea ex his, quæ vulgo afferuntur, nec poteſt inveniri ulla, niſi repetatur ex jure veteri. Et interim adnotandum eſt cum d. §. *culpa*: qui ab herede exigit etiam leviſſimam culpam, diligentiam, & cuſtodiam congruere *l. ſi vendidero, §. ſi ad exhibendum, ff. de furtis*. Sed hi libri Digeſtorum ſunt pleniſſimi earum differentiarum, quæ fuerunt olim inter legata & fideicommiſſa, & quæ fuerunt inter genera legatorum, nempe damnationis & vindicationis: poſſim innumera exempla adferre & monſtrare harum differentiarum innumera veſtigia, ſed non eſt neceſſe: in propoſito videamus, quæ ſit diffe-

D rentia §. *culpa, & §. ſi ad exhibendum*, qui eſt de legato, & de legato vindicationis: igitur, ut apparebit ex §. *ſed enim, & l. donationis cum ego*, ff. de fideicommiſſo. Eodem autem jure fuit legatum damnationis, quo fideicommiſſum, quod etiam varie poteſt oſtendi. Ergo quod eſt in fideicommiſſo, idem eſt in legato damnationis, & conſequenter, ſi quid ſcribitur hic de legato, id eſt acceptandum de legato vindicationis, non damnationis. Fideicommiſſum eſt in petitione, non in vindicatione, *ille faut prendre la main de l'heritier*, fideicommiſſi dominum me facit heres traditione. Idem procedit in legato damnationis, dum ita dixit, *damnas eſto heres dare tot Titio*. Legatum autem vindicationis eſt in vindicatione, id eſt, ſtatim acquiritur legatario ipſo jure, id eſt, ex 12. tab. De hoc enim genere legati intellexit Ul-

E pianus *in fragm. cum dixit*, per legatum acquiri dominium ex 12. tab. Et ita hujus legati dominium aut rei hoc modo legatæ ſtatim acquiri eſt proditum in *l. 3. §. ſi rem, de leg. 3. l. ſervo legato, in pr. de leg. 1*. dominium acquiri recta via, *l. actio, de fur. l. legatum, de legat. 2.* poteſta, id eſt, ſine facto heredis, id eſt, ſine traditione, quia ne momento quidem dominium rei ita legatæ reſidet apud heredem, *l. 9. §. ſed & eam, de pecul.* Denique legatum vindicationis in vindicatione eſt, & poteſt vindicare quaſi dominus ſic legatarius, fideicommiſſum eſt in petitione. Nunc ita conſtituo: ego, qui pleraque alia ſum conſequutus ex judicio defuncti, debeo eſſe diligentiſſimus in ea re cuſtodienda, cujus alterum fieri ſtatim dominum teſtator voluit, ejus dominium, ne momento obtineo ullo: at in

at in custodienda ea re, quæ sine facto meo acquiri alteri non potest, licet ei relicta proponatur testamento vel codicillis, licet mihi versari negligenter quasi in re mea. Est enim sane mea, & potest quisque in re sua esse negligens absque reprehensione, & ob id non tanta ab herede diligentia exigitur in servando fideicommisso, vel ei assimili legato damnationis, quanta in servando legato vindicationis: satis est, si dolum præstet & culpam dolo proximam, hoc est, latam culpam, &, quæ dicitur doli faciem habere. Sed ut nos accedamus ad rem propositam, si fideicommissum sit relictum post mortem heredis *ita, ne fideicommissarius exiget cautionem ab herede administrationis hereditatis*, hoc casu, an reddet rationem heres culpæ saltem magnæ, negligentiæ magnæ, culpæ latioris? minime: nam videtur judicio defuncti remissa culpa magna: culpam omnem levem aut levissimam remitti non fuit necesse, quia nec ejus rationem reddere heres fideicommissario tenetur: Igitur remisisse videtur culpam magnam, cujus nomine teneretur heres, si non esset remissa. Remisisse videtur negligentiam magnam & scrupulosam inquisitionem, *l.si servus vetitus, de leg.* 1. Dolum non videtur remisisse, si in fraudem fideicommissarii heres bona disputaverit: non videtur tantum indulsisse heredi defunctus: noluit anxie requiri rationem ab herede, patefacere viam fraudandi fideicommissarii noluit. Et hoc obtinet generaliter in quolibet administratore, in tutore, curatore, procuratore, negotiorum gestore, actore civitatis, ut si sit ei remissa redditio rationum, videatur remissa culpa omnis, non etiam fraus & dolus. Et Papinianus in hoc §. *quid ergo*, ita ait fuisse rescriptum ab Imperatore. Et similiter Ulpianus ita sæpissime fuisse rescriptum ait, *l.si quis rationes, de lib. leg.* ut plane aberit in regulam juris: nam ex iis, quæ sæpissime constituuntur, tandem fiunt regulæ juris. Quod dicturus sum de leg. Julia, erit perbreve, §. *si arbit.* & §. *Mævia*, uterque pertinet ad *l. Juliam*, quæ dicitur Miscella, hoc est, & ad caput illud legis Juliæ Miscellæ, quod erat commune marium & feminarum. Alia capita legis Juliæ erant tantum de maribus, alia de feminis tantum, istud caput de utroque sexu. Et sententia hæc fuit: si testator legaverit mulieri sub conditione, *si non nupserit*, statim capiet legatum, etiamsi nubat, quia hæc conditio remittitur lege Julia: repugnat enim publicæ utilitati: legatum ergo capiet relictum sub conditione viduitatis, neque huic conditioni parendum est, quæ publicæ utilitati adversatur, *l. 2. §. tractavi, ad Tertull. De hac lege Julia est in hoc tit. l. sed si hoc, §. ult. l. cum ita legatum, & l. sequens, l. mulieri, l. heres, §. ult. & l. servo, ad Trebell. & tit. C. de indicta viduitate tollenda, & Novel. 22. & l. ult. de statulib.* quæ nunc essent explicanda. Est aliud quod addam ad §. *Titius*. Erat adhuc obscurum in *eodem* §. quod non apparuit, sed mox reddam clarissimum. Legatum est tale: testator ita cavit, *heres meus fidei tuæ committo, ut post mortem tuam hereditatem Cajo restituas si fideicommissi cautionem a te non petierit*, his verbis, *si fideicommissi a te cautionem non petierit*: testator videtur omisisse cautionem fideicommissi, & rata est voluntas testatoris hodie ex constitutione Divi Marci, quæ ante eam constitutionem rata non fuit contra edictum prætorium, quo jubetur ea cautio interponi, *in l. pactum, de pactis*, dicitur ea constitutio fuisse relata in Semestribus ejusdem Marci Imperator. cognomento Philosophi. Marcus Philosoph. Imperator vacabat quotannis juri reddendo mensibus sex, exemplo Augusti & Tiberii, & aliorum Imperatorum, & inde Semestria dicti sunt libri, in quibus collecta sunt hæc, quæ de jure constituit. Semestria sunt veluti codex Marcianus: & hoc de Semestribus memini me attingere in tit. *de excusat. tut.* Ergo Constitutio Marci, cui etiam adjungitur Commodus, *l. penult. C. ut in poss. leg.* concessit testatori, ut inhibeat cautionem prætoriam legati aut fideicommissi servandi, quam ante non potuit inhibere contra jus prætorium, contra jus publicum: nam nisi lex permiserit, nihil testatori licet statuere in suo testamento contra jus civile vel pretorium, contra jus publicum. In proposito igitur themate testator, qui fideicommissum reliquit sub conditione non petendæ cautionis fideicommissi, videtur eam cautionem remisisse. Et rata est voluntas testatoris hodie ex ea constitutione, quæ ante non fuit rata. Hoc est certissimum. Nunc sic constituo: in ea conditione, *si fideicommissi cautionem ab herede non petierit*, neque olim, neque hodie stipulationi Mucianæ locum esse posse: hoc cum probaro, rem omnem, quæ possit movere scrupulum in §. *Titius*, expediero. Hodie non potest in ea conditione stipulationi Mucianæ locus esse, quia remissa videtur hæc conditio: remittitur recte judicio testatoris, ac rursus ea conditio argumentum remissæ cautionis facit, conditionem non facit. Proinde ea conditio non est conditio: nec spectamus igitur extiterit, an defecerit, *l. licet, ut legat. nom. cau. & l. avia, §. ult. hoc tit.* Olim autem ante constitutionem Divi Marci ea conditio conditionem fecit, conditionis potestatem habuit. Excludebat enim fideicommisso eum, qui cautionem exegisset. Est verum, nec tamen tunc in ea conditione consistere potest utilitas Mucianæ cautionis in §. *Titius*, hac ratione, quia in iis tantum conditionibus consistit utilitas Mucianæ cautionis, quæ vivo legatario & fideicommissario expleri non possunt, quæ non nisi fine vitæ fideicommissarii expleri possunt, *l. Titio fund. hoc tit. l. servo, §. si testator ad Trebell.* Illa autem conditio in casu proposito, *si fideicommiss. cautionem ab herede non petierit fideicommissarius*, expleri potest vivo fideicommissario: puta præmoriente herede, nulla ab eo petita cautione fideicommissi. Et hoc ita evidenter proponitur in §. *Titius*, cum scil. heres rogatus est restituere hereditatem post mortem suam sub ea conditione non petendæ cautionis. Sed tamen idem erit dicendum, si non post mortem suam fideicommissum relictum sit ab eo; sed in aliam diem certum vel incertum. Proponitur species in §. *Titius*, ut contigerat, non quod & in alia specie idem non possit, non deberet responderi. Quare dicimus, non tantum ut proposui §. *hoc Titius*, si post mortem heredis fideicommissum fideicommissario, sed etiam si in aliam diem certum vel incertum relictum sit fideicommissum, idem esse: quia eadem ratio est, quia vivo fideicommissario intra eum diem mori heres potest, a quo non fuit petita cautio fideicommissi. Plus dico, idem esse in puro fideicommisso: puro, id est, relicto præsenti die sine dilatione ulla temporis aut mora. Nam & de puro fideicommisso possit peti cautio fideicommissi servandi & reddendi. Hoc est certissimum, puta herede litigante & renuente fideicommissum præstare, quia nonnullas moras exercitio litis habet, inter quas posset heres bona fideicommisso subdita dilapidare. Et hoc ostenditur in *l. hæc stipul. & seq. ut leg. nom. cau. l. uxorem, §. ult. de leg.* 3. Et inter eas moras judicii sive litis, nondum petita cautione mori heres potest vivo fideicommissario, atque ita morte heredis impletur ea conditio non petendæ cautionis ab herede superstite fideicommissario. Nihil igitur refert fideicommissum illud relictum sit post mortem heredis, an in alium diem certum vel incertum, an pure sub ea conditione non petendæ cautionis: quoniam quocumque casu, vel quocumque modo relictum sit fideicommissum sub ea conditione, non potest in ea conditione usus esse stipulationis Mucianæ. Denique quod notandum maxime, nullus casus inveniri potest, in quo in conditione non petendæ cautionis fideicommissi servandi, possit esse locus stipulationi Mucianæ, quia & post præstitum fideicommissum frustra caveret fideicommissarius, se non petiturum cautionem, quia utique jam constat frustra peti: frustra enim peto mihi caveri de servando & præstando eo, quod mihi jam præstitum est, quodque ipse jam mihi servare debeo, non alius: ergo nihil nos moveat, qui opponitur §. *Titius*: nam etsi pure fideicommissum relictum sit sub ea conditione, sane non potest in ea conditione intervenire stipulatio Muciana. Et hæc pauca solvent omnem dubitationem, quæ fuit,

fuit, omnibus perspicuis modo, etiam plane absoluta sententia §. *Titius*. Quod sequitur in §. *quid ergo, de conditione non reddenda rationis*, eam jam satis exposui: quæ autem sequentur in §. *si arbitratu*, & §. *Mævia*, sunt explicanda.

### Ad §. Si arbitratu, & §. seq.

*Si arbitratu Titii Seja nupserit, heres meus ei fundum dato, vivo Titio etiam sine arbitrio Titii eam nubentem legatum accipere respondendum est, eamque legis sententiam videri, ne quod omnino impedimentum nuptiis inseratur. Sed si Titius vivo testatore decedat, licet conditio deficiat, quia tamen suspensa quoque pro nihilo foret, mulieri succurretur. §. 5. Mævia si non nupserit, fundum cum morietur lego: potest dici, etsi nupserit, eam confestim ad legatum admitti. Non idem probatur si certus dies incertusve alius legato fuerit adscriptus.*

JAm cœpi dicere, ea pertinere ad caput legis Juliæ Miscellæ, quæ ad mares pertinet, atque etiam fœminas de indicta viduitate. Caput illud legis Juliæ eam improbabat: improbatur ergo indicta viduitas viro aut mulieri testamento vel codicillis: ut puta, si quis legatum reliquisset mulieri sub conditione, si non nupserit, lex Julia mulierem admittebat ad legatum, etiamsi nupsisset, perinde atque si conditioni paruisset, si vidua permansisset: conditio repugnabat publicæ utilitati: merito igitur habita est pro non scripta. Et supra adduxi multos locos, qui pertinent ad illud caput leg. Juliæ. Omisi addere ex hoc eodem tit. *l. avia* §. *Titio*, & *l. Titia*. Species *l. Titia* est cognitu dignissima: legavi Titiæ ducenta, *si non nupserit*, & eidem Titiæ, *si nupserit*, legavi centum duntaxat: nupsit: quia nupsit petit centum: quia conditio, si non nupserit, remittitur, & non servatur ex l. Julia, petit ducenta: denique petit trecenta, an audienda est? minime: Nam ducenta, quæ ei relicta sunt sub conditione, *si non nupserit*, accipit perinde atque si non nupsisset, hoc est, accipit ea, ut vidua, *l. mulieri, eod. tit.* Ridiculum autem est, eam admitti ut viduam & ut nuptam: non potest ut vidua ducenta capere, & ut nupta centum, sed vel ut nupta hoc capiet, vel ut vidua. Lege Julia habetur pro vidua, quæ nupta est, quod attinet ad commodum legati relicti sub conditione viduitatis. Etiam valde notanda est species *l. ult. de statul.* quæ ad eam *l.* pertinet. Species hæc est: legavi mulieri servum, & adjeci, ut liber esset is servus cum nupsisset mulieri: nubente muliere servus merito liber fiat, atque ita quodammodo prohibeo nuptias; pleræque fortasse non nuberent metu amittendi servi. Illa nupsit ex l. Julia, (& ut Græci addunt recte in Basil. ex *l. Julia Miscella*, quanquam sit in translatione Herveti male translatum *ex Miscella*) puta intra constituta tempora, ut est in Apologetico Tertulliani. Denique illa paruit legi Juliæ, & nupsit intra constituta tempora, an servus fiet liber? sic videtur: is homo fiet liber, carebit eo homine mulier per nuptias, nec addit rationem *d. l. ult.* Sed est ratio in *l. Titio ususfr.* §. *pen. h. t.* quam omisit Accurs. in qua etiam omisit *d. l. ult.* non potest lex legi magis esse similis: quia potior est legato libertas. Præstat fraudari legato mulierem, quam libertate servum: sed iterum *d. l. ult.* dum ait, *ex lege*, de hac lege Julia Miscella intelligit. Ergo certissimum hoc est, mulierem, cui relictum est legatum sub conditione viduitatis, hoc est, si non nupserit: capere legatum, etiamsi nupserit: huic conditioni non esse parendum. Finge aliter: Ego non relinquam legatum mulieri sub conditione, *si non nupserit*, sed sub alia conditione, quæ tamen idem efficiet, ne nubat, nisi volet cadere legato: non dicam palam, si non nupserit, sed recte hoc modo, *lego centum, si arbitratu Titii nupserit*, non palam prohibeo nuptias, sed volo, ut si nubat, arbitratu Titii nubat. Sane hoc perinde est, atque si dixissem, *si non nupserit*, cum nuptias ejus voluerit pendere ex arbitrio alterius: nam quid si Titius arbitrari nolit? quid si nullam conditionem nuptiarum comprobet? Igitur non tam oportet spectare verba, quam sententiam le-

gis Juliæ, quæ talis est, ut ne minimum quidem impedimentum inferatur nuptiis. Igitur ex sententia legis Juliæ, mulier etiamsi nubat sine arbitratu Titii, puta vivo Titio post mortem testatoris capiet legatum, etiamsi nubat inconsulto Titio post mortem testatoris: alioqui nunquam nuberet, forte nunquam nuptiis arbitrium accommodante Titio. Idemque erit, si Titius moriatur vivo testatore, ut ostenditur in hoc §. *si arbitratu*, & *l. filiæ, in pr. h. t.* & *l. turpis* §. 1. *de leg.* 1. quo quidem casu deficit conditio illa, *si arbitratu Titii nupserit*: sane deficit Titio moriente vivo testatore, aut Titio moriente, antequam illa velit nubere, vel si nubilis. Igitur etiamsi defecerit conditio admittitur ad legatum, quia æque admittitur ad legatum, si sit suspensa conditio, ut puta, *si Titius vivat post mortem testatoris*. Et ut ait eleganter Papin. quæ conditio suspensa pro nihilo est, & deficiens igitur habetur etiam pro non adjecta: non observo conditionem suspensam: deficiens igitur nihil officiet, non me excludet legato aut fideicommisso, quam suspensam contemno, insuper habeo: percepto legato ea deficiens, aut juri meo nocere non potest: quæ est sententia §. *si arbitratu*. Pertinet etiam ad caput illud *l. Julia* §. *Mævia*. Testator ita dixit: *Mæviæ, si non nupserit*, deinde adjecit diem incertum, *cum morietur*. *Mæviæ si non nupserit, lego fundum cum morietur*: duo dixit, *si non nupserit*. Deinde adjecit diem incertum, *cum morietur*, nupsit, capiet legatum. Si dixisset tantum *si non nupserit*, sed quia adjecit, *cum morietur*, an expectanda est mors illius? minime: imo statim capiet legatum, etiamsi nubat, nec expectanda mors ejus, licet testator conditioni adjecerit nominatim, *cum morietur*, quia scil. his verbis omnibus, *si non nupserit, fundum lego ei cum morietur*, videtur dicere testator: si usque ad ultimum vitæ diem vidua permanserit, quæ conditio nihil est: verba illa, *cum morietur*, serviunt latiori interpretationi conditionis, id est, *si usque ad mortem vidua permanserit*: Nam merito adjicias aliud esse dicendum, si huic conditioni, *si non nupserit*, testator adjecerit alium diem certum vel incertum, qui nihil pertineat ad lariorem interpretationem conditionis impositæ, injunctæ mulieri: ut si dixerit, *si non nupserit post quinquennium, centum dato*. Hoc casu conditio quidem remittitur; nam etiamsi nupserit: non ideo minus perveniet ad legatum, sed oportet expectare quinquennium. Quod congruit cum *l.* 8. §. *si qui sub cond. de cond. inst.*

### Ad 3. §§§. sequentes.

*Falsam causam legato non obesse verius est, quia ratio legandi legato non cohæret, sed plerumque doli exceptio locum habebit, si probetur alias legaturus non fuisse.*

*§. 7. Falsam conditionem Cassius & Cælius Sabinus impossibilem esse dixerunt, veluti Pamphilus si quod Titio debet, solverit, liber esto. Si modo nihil Titio fuit debitum, quod post testamentum factum testator pecuniam exsolvit, defecisse conditionem intelligi.*

*§. ult. Falsam legati demonstrationem non facere legatum, Sabinus respondit, veluti si quis cum Titio nihil legasset, ita scriptum reliquit: ex centum, quæ Titio legavi, quinquaginta heres Seio dato, idque sumpsit ex defuncti voluntate, quia non animo legandi legatum, quod falso datum existimaret: ita scriberet, propter falsam tamen demonstrationem legati non plus Sejus adsequetur, quam si vere demonstratum fuisset.*

ESt de falsa causa, vel demonstratione adjecta legato, vel fideicommisso, aut libertati, aut institutioni heredis. Ac primum igitur de falsa causa legati. Causa est ratio legandi in præteritum tempus collata, ut si ita legavero: *lego Titio centum, quia negotia mea curavit*; *lego Titio centum, quia mihi patrocinatus est in causa capitali, vel existimationis*. Causa igitur est, propter quam lego, quæ jam est præterita. Et hæc causa, etiamsi falsa sit, non vitiat legatum. Legavi tibi, quia *negotia mea curasti*, neque tamen ea curasti unquam, an nullum est legatum? minime: falsa causa non vitiat legatum; *quia ratio legandi*, inquit Papinian. *non cohæret legato*, id est, legatum constat etiam sine fine ratione, ficut donatio quælibet: fupervacua eft igitur rationis adjectio: & fupervacanea nunquam nocent, *l. teftam. C. de teftam.* Et hoc ita procedit, nifi probetur teftatorem alias legaturum non fuiffe, §. *falfam caufam, infra.* cujus rei exemplum eft in *l. ult. de hered. inft.* Addenda eft etiam alia exceptio, nifi caufa conditionaliter enuntietur, puta hoc modo, *lego Titio centum, fi negotia mea curavit, fi frater ejus ex arca mea tot aureos fumpfit.* Sic eft Flor. recte *l. demonftratio, §. quod autem, de cond. & dem.* non *fi curaverit, fi fumpferit*: fic etiam fcribendum in §. *longe, Inft. de leg.* Ergo cum ita legavit, lego Titio centum, *fi negotia mea curaverit*, fane non debetur legatum, nifi olim curaverit negotia teftatoris. Multum intereft, dixeris, *fi, an quia*. Si, eft dubitantis, quia, confirmantis: *fi*, non confirmat, etiamfi præterito jungatur: cum tamen *fi*, quandoque pro *quia* ponatur, & confirmare quandoque eum articulum interpretes volunt, ut illo loco, *fi qua pios refpectant numina*, &, *veftro fi munere tellus, & c.* ubi interpretes dicunt *fi* accipi pro *fi quidem* feu pro *quia*, ut vulgo dicimus. Sed manifeftum ex d. *l. demonftratio*, multum intereffe dixeris, *quia negotia mea curavit*, an vero, *fi negotia*. Hoc poftremum, quod ita eft conceptum, extitiffe neceffe eft, ut legato fit locus: illud extitiffe non eft neceffe, quia illo fermone ratio demonftratur, hoc vero conditio. Et hæc quidem de caufa, de ratione legandi præterita. Alia eft caufa legandi futura, quæ proprie dicitur modus vel res, ut *ob rem dare* dicitur, quod datur ob caufam futuram proprie, & ob caufam dari, quod datur ob caufam præteritam. Alia igitur eft ratio legandi præterita, quæ non habet aliud nomen, quam caufæ. Alia eft ratio legandi futura, quæ dicitur modus aut res, ut *lego tibi, ut monumentum facias mihi meifque*. Et hæc ratio five caufa futura, fi fit falfa, puta, *fi impoffibilis fit*: Nam quodcumque eft impoffibile & falfum eft, *Ariftot. 5. Metaphyf. ad fin.* ut fi ita dixero, *lego tibi fundum, ut in cælum afcendas*. Hæc enim caufa non vitiat legatum, quæ eft falfa & impoffibilis, non vitiat fideicommiffum, vel libertatem, vel inftitutionem, *l. 1. de cond. inft. fi fub impoffibili conditione, vel alio modo*, fic habent Flor. non modo, ut vulgo, factam inftitutionem placet non vitiari, placet valere. Quæ fententia pertinet ad legata, & alia quæ in teftamentis relinquuntur. Impoffibilis conditio adfcripta, in teftamento habetur pro mendo, & ideo habetur pro non fcripta. Eft vitium & mendum, *l. hereditas, de hered. inft.* Vitium non vitiat fcripturam teftamenti fub impoffibili conditione, id eft, fub falfa caufa, fub falfa demonftratione, fub falfo modo, five impoffibili. Falfa conditio vel impoffibilis, item demonftratio falfa, caufa falfa, hæc vitia non viciant inftitutionem vel legatum. Non eft omittendum, caufæ nomen in jure accipi latiffime. Caufæ nomine fignificatur modus, hoc eft, ratio legandi futura. Caufæ nomine & ratio legandi præterita fignificatur & demonftratur, atque etiam jus ipfum legati, caufa legati, hoc eft, legatum, ut caufa peculii, hoc eft peculium, caufa dotis, id eft, dos. Sed hoc loco fpecialiter caufa eft ratio legandi præterita, quæ tamen etiam dicitur modus in *l. ult. de hered. inft.* cum frequentius modus dicatur pro caufa legandi futura. Sequitur in §. *pen. hujus l.* falfam conditionem etiam non vitiare legatum, cujus rei exemplum extat: *Pamphilus liber efto, fi quod Titio debeo folverit:* vel *Cajo lego centum, fi quod Titio debeo folverit*: vera eft conditio, *fi quod Titio debeo*: nec legatarius capiet legatum, nifi Titio folverit quod debui. Item non capiet legatum ita relictum, *fi ego poft teftamentum factum Titio folvero*, quia conditio legati defeciffe intelligitur: neque enim jam poteft impleri a legatario, & conditio femel defecta non refumitur. At falfa eft hæc conditio, *fi nihil Titio debui, lego tibi fundum, fi quod Titio debeo folveris*: nihil Titio debeo, an perveniet ad legatum? Sic fane, quia ea conditio falfa eft & impoffibilis. Ea, inquam, conditio eft impoffibilis, ergo falfa: quod eleganter demonftrat

Papin. his verbis, *falfam conditionem*. Notandum eft falfam conditionem non vitiare legatum præteritum[1], *l. demonftratio, l. falfa, l. nominatim, hoc tit. l. Quintus, de auro & arg. leg.* Proponamus exempla; *lego Titio fundum Cornelianum, quem de Cajo emi*, non de Cajo emi, fed alia ratione illum fundum acquifivi : non ideo minus debetur fundus, qui demonftratus eft proprio nomine fatis: & adjectio illa, *quem de Titio emi*, eft fupervacua. Supervacuus fermo non vitiat id, quod agitur, atque ita non fpectatur unquam, verus fit an falfus. Quod ex abundanti adjicitur, pro nihilo eft. Vel finge: ita cavi teftamento; *lego Titio decem, quæ ei debeo*, Titio nihil debeo, an debentur decem? Debentur, quia falfa demonftratio nihil nocet, *l. 2. C. de falfa caufa adi. leg. l. fi fic, §. 1. de legat. 1.* vel etiam legavi hoc modo uxori: uxori lego fundum Cornel. vel, uxori lego decem, quæ mihi in dotem dedit, cum fundum vero mulier, eave decem in dotem non dedit: an perveniet ad legatum? Sic fane, *l. quib. §. quæ dot. b. t. l. 1. §. fi quis uxori, de dote prælegi. l. fi divortio, de verb. obl. & l. 3. & ult. C. de falfa caufa ad. leg. §. fed fi uxori, Inft. de leg.* Neque adverfus hanc facit *l. is qui, §. ei qui dotem, de leg. præft. inf.* ad quam Accurf. ex Azone illo loco, & plenius in *l. 3. C. de falf. cau.* refpondit. Et breviter refponfio eft talis: ex teftamento jufto, non injufto, debetur legatum dotis nomine relictum, etiamfi nunquam res legata dotis fuerit, quia falfa demonftratio non vitiat legatum rei certæ vel fummæ certæ: alioqui fi legaverit dotem fimpliciter ; nec ulla effet dos, inutile effet legatum. Sed fi legavero certam rem vel fummam dotis nomine, nihil nocet adjectio dotis, etiamfi falfa fit. Hoc in teftamento jufto non refciffo. Aliud eft juris in teftamento refciffo per bonorum poffeff. contra tabulas, quo remedio refcinditur totum teftamentum, refcinditur inftitutio, refcinduntur legata. Excipiuntur tamen edicto prætoris *de leg. præft.* legata relicta parentibus & liberis. Excipiuntur etiam relicta uxori vel nurui dotis nomine, ut fi legaverit uxori certam fummam, quam ab ea acceperat in dotem, neceffe eft, ut revera acceperit in dotem, ut confiftat legatum: Nam fi non acceperit dotem, ei non confervabitur legatum certæ rei vel fummæ, quamvis fit relictum prætextu dotis; nam ea legata, quæ non refcinduntur, non temere non fervamus, aut non temere ftatuimus, non effe refciffa. Ergo concludamus ex fuperioribus, falfam caufam, five ea fit præterita, five futura, id eft, rationem legandi præteritam vel futuram , falfam conditionem vel demonftrationem, non perimere legatum. Huic conclufioni obftat *l. fi fic, §. 1. de leg. 1.* quæ lex differentiam facit inter falfam demonftrationem, & falfam conditionem five caufam. Falfam demonftrationem ait, non vitiare legatum : falfam conditionem five caufam aperte ait vitiare legatum. Sed ne fim longus, illo loco conditio & caufa, alio fenfu accipitur. Conditio illo loco non eft adjectio, quæ fufpendit legatum, caufa non eft ratio legandi, fed utroque nomine fignificatur jus ipfum legati, fubftantia legati, ftatus legati, & id ipfum quod legatur, & ut ante dixi, ficut dotis caufa, id eft, dos, & ita legati caufa, id eft, legatum, quomodo & alii auctores frequentiffime utuntur, caufa poffeffionis, hoc eft, poffeffio, caufa venditionis, hoc eft, venditio, & fimiliter conditio legati , id eft, ftatus legati, & res ipfa, quæ eft in legato. Quod etiam *d. lex fi fic, §. 1.* demonftrat hoc exemplo: *legavi primo decem, quæ mihi fecundus debet*: fecundus nihil debet, nullum eft legatum, quia fcil. legavi nomen, hoc eft, debitum, non quantitatem. Idque evidenter apparet. ex eo, quod fi debuerit ea decem heres legatario non cogitur præftare decem, fed liberatur præftando actionem adverfus fecundum : quia non quantitas eft in legato, fed obligatio. Igitur fi obligatio nulla fit, id eft, fi fecundus mihi nihil debeat, confequens eft, nullum effe legatum: ficut fi lego tibi rem, quæ non fit in rerum natura, nullum eft legatum, deficit fubftantia legati, caufa & ftatus, quod confirmat *l. cum illud, §. 1. quan-*

dies leg. ced. Eadem erunt omnino, si dixerit, decem, quæ mihi Titius debet, heres meus damnas esto illi dare, id est, ei condonare & remittere, nihil mihi Titius debet: inutile est legatum, quia liberationem legavi, non quantitatem, & non obligato homini liberato inutiliter legatur, l. legatum, & l. 62. §. penul. de lib. leg. l. si servus, §. qui quinque de leg. 1. At priore casu, si legavi Titio decem, quæ ei debeo, si nihil debeo, ei nihilominus debentur decem jure legati, quia quantitatem legavi, non obligationem quantitatis. Ergo nemo legat obligationem passivam, qua ipse est obstrictus, sed activam, qua alium obstrictum habet, & legarem ridiculus, si ego legarem tibi obligationem, qua tibi sum obstrictus. Legantur activa nomina, non passiva. Denique his verbis quantitatem legari, non obligationem. Quantitas est certa, quæ debebatur. Hæc verba, *Quæ Titio debeo*, pro demonstratione sunt, illa autem verba, *quæ mihi Titius debet*, sunt pro jure legati ipso, & substantia, sicut si dixerit, *decem, quæ sunt in arca mea*, si nihil sit in arca, nihil debetur, quia deficit substantia legati. Neque enim simpliciter decem legavit, sed illa decem, quæ sunt in arca, si nulla sint in arca, & nullum erit legatum, d. l. si servus legatus, §. quinque, l. 1. §. sed etsi, de dote prælegat. Illis verbis, *decem, quæ sunt in arca*, demonstratur, me legare certa corpora nummorum ; illis *decem*, *qua Titius debet*, demonstro me legare nomen Titii & actionem, qua Titius mihi tenetur. Duplex est demonstratio : alia necessaria, quæ nem ipsam, quæ legatum ostendit : hæc si falsa sit, si nulla, nullum est legatum, quia est status & causa legati principalis potius, quam demonstratio. Est enim proprie demonstratio accessio ; Alia est, quæ est abundans accessio, & supervacua, quæ rei certæ adjicitur, & si non demonstratæ: hæc si falsa sit, non vitiat legatum. Falsa demonstratio igitur, quæ scilicet abundat, nec necessario adjicitur rei, de qua satis constat, non vitiat legatum. Adamus, non facit etiam legatum, quod ostenditur in §. ult. hoc tit. ut in hoc casu, testator ita dixit, *ex centum quæ Titio legavi, Cajo lego quinquaginta* : falsa est demonstratio, quia Titio nihil legavi, non vitiat legatum relictum Cajo, *ex centum quæ Titio legavi, quinquaginta heres Sejo dato*. Sejo debentur quinquaginta, non vitiatur legatum, etiamsi Titio nihil sit legatum, sed Titio nihil debetur, quia non fuit ei mens legandi Titio, sed diminuendi legati, quod falso sibi præsumpserat, & persuaserat se Titio reliquisse. Summa igitur hæc sit : falsam demonstrationem non extinguere legatum, sed non etiam facere. Ad hæc pertinet, l. cum illud, quand. dies leg. ced.

### Ad L. XXV. Quand. dies leg. ced.

*Cum illud aut illud legatur, enumeratio plurium rerum disjunctivo modo comprehensa, plura legata non facit. Nec aliud probari poterit, si pure legatum alterum, vel alterum sub conditione legaveris. Nam pendente conditione non erit electio, nec si moriatur in heredem transisse legatum videbitur.*

INitio legis, cum illud, hoc proponitur, si legetur *illud vel illud*, si legetur *servus & fundus*, hæc enumeratio singularum rerum posita conjunctim, plura legata facit. Nam quot sunt res, tot sunt legata, l. 2. de leg. 2. nomine generis, si legentur plures res, atque ita nec enumerentur, ut si legetur grex, si legetur peculium, si instrumentum fundi, si argentum, id est, vasa argentea, si vestes omnes, scil. si supellex, si pecus, unum est legatum, & singulare nomen generis contrahit legatum. Enumeratio autem singularum rerum dispergit legatum, id est, plura legata efficit, hoc est, quod Dialectici dicunt, τὸ μέρος εἶναι συστηματικὸν καὶ περὶ τήνδε καθ᾽ ἕκαστα εἶναι διαιρετικόν. Ergo enumeratio, singularum rerum enumeratio τῶν καθ᾽ ἕκαστα, plura legata facit, scil. si factum sit conjunctivo modo. Nam si factum sit disjunctivo modo, ut si legetur, *illud, aut illud, fundus, aut pecunia*, unum tantum est legatum ; & res ea tantum erit in legato, quam elegerit legatarius, vel quam elegerit heres, si electio heredis fuerit. Est autem regulariter electio legatarii, cum legatur *illud aut illud*, si legetur per vindicationem, l. 19. & 23. de leg. 2. l. plane, §. pen. de leg. 1. si per damnationem, electio est heredis, *damnas esto dare illud, aut illud*, dabit quod volet, nisi testator nominatim legatario electionem reservaverit hoc modo, *damnas esto dare illud, aut illud, utrum volet, l. si ita relictum, §. ult. de leg. 2.* Ergo si eidem legetur illud aut illud, unum est legatum, nec quicquam interest ab uno herede ei legetur, an duobus vel pluribus, veluti ab uno illud, ab altero illud : nihil denique interest illud aut illud, eidem ab uno, an a diversis legetur : nihil etiam interest utrum pure legetur, an sub contrariis conditionibus hoc modo, *Titio lego fundum Cornelianum si navis ex Asia venerit, aut si non venerit, fundum Tusculanum* : nam etiamsi diversis legetur illud aut illud, illud Titio, aut illud Sejo, nihil refert pure leget, an sub conditionibus contrariis, quoniam utrobique unum legatum est, l. si dos, de leg. 2. Et ita quoque, quod pertinet proprie ad hanc legem, nihil interest eidem an diversis pure legetur, aut illud, sub conditione hoc modo, *lego Titio fundum Cornelianum, aut si navis ex Asia venerit fundum Tusculanum* : nam & hoc casu unum legatum est, & non plura, neque enim inanis est inquisitio. Sequuntur effectus inde innumeri, ex quibus patefaciam modo nonnullos ; si fundus alter legetur pure, aut alter fundus sub conditione, si navis ex Asia venerit, vel sub alia simili, unum est legatum. Hoc Papinianus comprobat hoc loco subtilissimo argumento : si duo essent legata non unum, sua cuique legato esset dies, qua cederet, duobus diebus cederent, legatum purum cederet statim a morte testatoris, legatum conditionale a die existentis conditionis : atqui nulla fuit dierum divisio, sed totius hujus legati dies unus, licet unum purum sit, alterum conditionale, quod utrumque unum tantum efficit, duo quodammodo efficiunt unum : totius, inquam, ejus legati dies cedit a tempore existentis conditionis, quia nec antequam exstiterit conditio, electioni locus esse potest, hoc est, legatarius non potest eligere, hoc an illud legatum amplecti malit, quoniam nondum est delatum utrumque. Et hoc genere legati electio tantum datur illius, aut illius fundi, non legatur fundus conjunctim uterque. Quæ quidem electio, ut manifestum est, si non competit antequam exstiterit conditio, consequens est, nec ulla ex parte cedere diem, antequam exstiterit conditio. Ergo unum est legatum. Ex quo efficitur, moriente legatario ante diem legati cedentem, id est, antequam exstiterit conditio, ut nec fundi pure relicti petitio transmittatur in heredem ejus, quia non transmitto in heredem nisi id legatum, cujus causa a me cœpit, id est, cujus dies me vivo aut moriente cessit. Denique hoc casu neque transmitto fundum sub conditione relictum, quia mortuus sum pendente conditione, cum nondum cessisset dies, neque transmitto etiam fundum pure relictum, quia nec ejus dum cesserat dies, nec enim cedit dies antequam possim eligere fundum illum, si nominatim pure mihi relictum est, atque eligere non possum, nisi & alterum eligere possim, & alterum eligere non possum ante conditionem, neutrum igitur. Denique neutrius dies cedit ante conditionem, & consequenter si interim moriar, nihil transfero in heredem meum ex eo legato: quæ illa sententia Papiniani in hoc loco. Quid vocat legatum ? non illud neque illud, sed illud, aut illud. Et idem procedit in specie legis, *cum ita in pr. hoc tit*. Ita legavi : Titio lego Stichum, aut quod ex Pamphila nascetur : si non ante cedet dies legati, quam Pamphila pepererit, purum est legatum, & unius istius legati dies nulla ex parte cedit, antequam Pamphila pepererit, & si legatarius moriatur viva Pamphila, antequam pepererit, nihil omnino transfert in heredem suum. Eadem est ratio hujus casus. Sed obstat valde huic definitioni nostræ l. si ususfr. hoc tit. non lex si penum, ut Accurs. notavit. Ad quam quemadmodum respondendum sit Accurs. intellexit, sed tradidit satis obscure, & indiget illius responsio tibicine. Principia juris hæc sunt, regulariter diem

legati

legati cedere a morte testatoris, quæ cessio ad transmissionem proficit: Nam si post mortem testatoris moriatur legatarius, transmittit legatum ad heredem, etiamsi nondum acceperit aut vindicaverit; sed si decesserit vivo testatore nihil transmittit, quia mortuus est legatarius antequam dies legati cessisset. Regulariter, quando dies cedit a morte testatoris, si legetur mihi pecunia certa, dies legati cedit a morte testatoris: excipitur ususfr. & alia quædam. Sed res exigit, ut agamus de usufructu, qui cedit, non a morte, sed ab aditione hereditatis, *l. 5. hoc tit.* Ergo legatum pecuniæ cedit a morte, legatum ususfr. tardius cedit, nempe ab aditione. Nunc finge: legavi Titio usumfructum, aut decem: unum est legatum, in quo etiamsi contineatur pecunia, tamen non cedit a morte testatoris, sed cedit ab aditione hereditatis: sed si pendente conditione moriatur Titius, sane non transmittit legatum ususfructus, quod finitur morte: an transmittit legatum pecuniæ? Et lex ait, legatarium morientem pendente aditione hereditatis transmittere legatum pecuniæ in heredem suum. Quod pugnat omnino cum his, quæ dixi. sed ratio, quæ redditur perobscure etiam in *d. l. si ususfr.* pro responsione sufficit: quia, inquit, mortuo legatario dies legati cedit, vivo legatario dies legati non cedit, antequam adjerit heres, ut diximus ante, mortuo legatario, id est in ipso momento, quo mortuus est legatarius, quo scil. momento certum esse cœpit ususfr. in ejus persona non posse consistere, etiamsi eo ipso momento adiretur hereditas, quia & in tempus mortis legatarii ususfr. conferretur inutiliter, *l. Titio, de ususfr.* Hoc, inquam, casu propter eam rationem dies pecuniæ legatæ retro cessisse videtur a morte testatoris. Ergo transmittitur legatum in heredem rei inutili. Quod demonstratur etiam alio exemplo in *d. l. si ususfr.* legavi mulieri decem pure, aut si pepererit, fundum: dies legati non cedit, antequam pepererit: sed si morietur antequam pepererit, legatum pecuniæ transmittit in heredem suum, quia moriente ea dies legati cessit: ex qua non cederet dies legati, antequam pepererit, ante conditionem, id est, ante editionem partus: moriente ea, quia in ipso articulo legatum fundi extinguitur, quoniam certum est cœpit jam parere eam non posse, dies legatæ pecuniæ retro cessisse videtur a morte testatoris: ergo transmittitur. Quæ est sententia *d. l. si ususfr.* Sed alia est ratio legati relicti ita, ut proponitur in hac *l. cum illud, & l. cum ita.* Finge: lego Titio fundum Cornelianum, aut si navis ex Asia venerit fundum Tusculanum, vel aliter: lego Titio centum, aut si Cajo dederit decem, fundum Cornelianum, si moriatur Titius ante impletam conditionem, nihil transmittit in heredem suum, quia hæ conditiones, aut similes impleri potuerint moriente eo priore ultimo vitæ momento ejus, quia magis vitæ deputatur, quam morti. Hæ conditiones impleri potuerunt moriente eo, puta ultimo vitæ momento ejus, quod vitæ deputatur potius, quam morti: potuit navis ex Asia venire, potuere Cajo dari decem per alium ejus nomine, *l. ult. de cond. inst.* Hæ igitur conditiones moriente eo impleri potuerunt. Quæ res efficit, ut vivo eo, si non fuerint impletæ, vel moriente, quod tempus magis vitæ, quam morti deputetur, non videatur cessisse dies legati Corneliani, vel decem: quod si non cessit, nec transmissio est ulla legati. Hæc valde aperiunt ingenium. Unum tantum proponam, si illud aut illud legetur, unum est legatum. Obstant tria huic definitioni: primum si illud aut illud legetur, utrumque est in obligatione, *l. si duo rei, de verb. oblig.* Hoc est certissimum, si utrumque est in obligatione, & in legato igitur: nam legatum est causa obligationis, & si utrumque est in legato, duo sunt legata. Neganda est consequentia: non enim ideo, quod utrumque sit in obligatione, vel in legato, duo sunt legata: nam utrumque est in legato, non ut petatur utrumque, sed ut eligatur alterutrum: ante electionem utrumque est in obligatione disjunctivo modo, non conjunctivo, post electionem ea res sola est in obligatione, quæ electa est, ut ait eleganter lex *112. de verbor. obligat.* Ergo

nec ante electionem proprie utrumque debetur. Quid debetur proprie? quod peti potest, utrumque peti non potest, aut qui petat utrumque, plus petat causa. Ergo utrumque non debetur proprie: hæc duo verba commeant semper, debetur & petitur, *l. ita stipul. de verb. obl.* Sed si quid ita sit in legato, ut utrumque peti possit: tunc sane duo sunt legata: utrumque vel conjunctim accipitur, vel disjunctim: utrumque, id est, illud & illud, & Latini sæpe utrumque, id est, alterutrum. Fallacia est, non uno modo accipis utrumque, si ego accipiam altero, ut si conjunctim tu, ego disjunctim accipiam. Obstat huic regulæ lex *8. §. 1. de leg. 2.* quæ ait, duo esse legata, si ita legaverim: *Titio decem, aut si noluerit ea decem, Stichum do, lego,* sed unico Titio contentum esse debere. Sed respondeo ex eo §. confirmari potius regulam superiorem: namque ait, hoc casu duo esse legata. Cum dicat, hoc casu duo esse legata, significat aliis casibus duo non esse legata, & regulariter igitur unum legatum esse. Cur vero hoc casu duo sunt legata videamus. Et ratio sumitur ex illis verbis, *si noluerit,* quia ita dixit, *Titio decem, aut si noluerit decem, Stichum lego,* quæ verba efficiunt, ut Stichum peti non possit, vel exigi antequam pecunia repudiata sit. Cedit ergo dies pecuniæ primum, & ea repudiata, tum cedit dies Stichi legati. Duo sunt dies, ergo duo sunt legata, & aliud alii quasi vicarium & succedaneum: unius legati dies, quibus cedat, duo esse non possunt, quæ ratio est manifesta, cujus tamen odorem Baldus nullum sensit, Accurs. subolvit: ut si ita legavit, *decem aut Stichum do, lego,* non inserendo illa verba, *si noluerit decem,* proculdubio unus dies est legati: ut intelleximus ex initio *l. cum illud.* Unum est igitur legatum alterutrius rei, unum legatum in alterutra causa, ut ait *l. 8. §. ult. de legat. 1.* Hoc apertissimum. Sed obstat etiam superiori regulæ *l. plane, §. pen. de legat. 1.* quæ, si legetur fundus, aut ususf. disjunctivo modo, ait, duo esse legata, & in arbitrio esse legatarii, an velit fundum vindicare, an velit esse contentus uf fr. Plerumque contenti sumus leviori legato, & pinguia spernimus, quidni? Cum & legatum omne sint sæpe qui spernant, & repudient: potest quis certa ratione duci, ut malit usufruct. quam fundum plenum, vel ut gratificetur heredi, vel fastidio quodam honoris sibi delati, aut dum quis non vult videri avarus in exigendo legato, hoc non debet mirum videri. Hoc igitur mittamus, & interea retineamus, quod lex ait, *si legetur fundus, aut ususfr. duo esse legata,* quod mirum in modum adversatur superiori regulæ. Quid respondeamus? Sciendum est, primum fundi appellatione significari plenum dominium, ut appellatione cujuslibet rei, id est, proprietatem, & usumfr. Ergo qui fundum legat, usumfr. etiam legat: ususf. est pars fundi, vel potius, non est certe pars fundi: neque enim est corpus, ut fundus, sed jus incorporale: sed in jure habetur pro parte fundi, ita ut liceat Jureconsulto dicere, ususfr. est pars fundi, quod non liceret philosopho, *d. l. si Titio, de ususfr.* ubi id latius exposui. Item sciendum est, unum legatum non posse scindi a legatario: scinditur, si legatarius partem legati amplectatur, partem respuat: legatum est honor: honorem neque decet, neque licet fastidire insipide & inconstanter: aut suscipi omnis debet ex integro, aut nullus: hereditatem non possum adire pro parte, & repudiare pro parte: hanc superbiam, hanc inconstantiam: hoc fastidium non recipimus. Exemplum hereditatis sequimur in legato, si duo sunt legata, ut si legetur fundus, vel pecunia conjunctivo modo, sane possum fundum amplecti, pecuniam spernere, vel contra pecuniam amplecti, fundum spernere, quia non discindo legatum, non illud discindo, & non etiam illud, neutrum discindo, sed illud amplector, illud non amplector. Duo sunt legata, illud volo, illud nolo, *l. 4. 5. & 6. de leg. 1.* Et ut posui, legato mihi fundo, & pecuniæ certa, non possum partem fundi petere, & partem pecuniæ, ceteras partes negligere, quia scindo legatum, scindo & dissipo judicium defuncti. Idemque erit omnino, si disjunctivo modo legetur fundus, aut pecunia certa, quamvis eo casu unum fit legatum, non duo, non poſſum eligere fundum integrum, vel ſummam integram: quicquam non diſſipo, quia non ſcindo quicquam hoc modo; verùm non poſſum petere partem fundi, & partem pecuniæ quia ſcindo legatum, *l*.8.§.*ult.de leg.*2. Quid igitur, ſi legatur fundus, aut uſusfruct. ejuſdem fundi, quæ eſt ſpecies *d.l. planè §. pen.* an poſſum eligere uſumfructum? quod non videtur, quia eligendo uſusfr. ſcindo legatum fundi, cujus pars uſusfr. eſt. Atqui hoc eſt contra voluntatem defuncti, ut non poſſim eligere. Ergo quod ad hanc regulam attinet, ne quid fiat contra voluntatem, melius eſt, ut dicamus, duo eſſe legata, & omiſſo fundo uſumfr. ſolum eligi poſſe, ſicut ſi legaſſet fundum aut partem fundi. Si totum quiddam aut partem, ſi familiam aut unum ex familia, ſi gregem aut aliquot capita ex grege, poſſum totum ſeu univerſum mittere: & amplecti partem, quaſi duobus legatis relictis ſecundum voluntatem defuncti, qui voluit hoc modo, ut poſſim fundum ſcindere admiſſo uſufr. ſolo, vel parte fundi tantum: uſusf. electio ſciſſio eſt fundi: quod admittitur ex voluntate defuncti, quaſi relictis duobus legatis. Cum autem legatur fundus aut pecunia certa, pecuniæ electio non eſt ſciſſio fundi, quia ea pecunia nec pars fundi. Igitur ut pecuniam eligere liceat, non eſt neceſſe ut legatum quod eſt unum, conſtituamus eſſe duplex: quod eſt neceſſe legato fundo aut uſumfr. ut exitum habeat voluntas defuncti, qui vel uſumfr. ſolum, quamvis ſit pars fundi, voluit eligi poſſe, id eſt, qui fundum ſcindi poſſe: in hoc mallet legatarius. Et ita explicanda eſt ratio *d.§.pen.*ad quod facit *l.Titio, de leg.*2. ſi Titio, *de uſufr.leg.* Nunc tranſeamus ad alteram partem hujus legis.

### Ad §. heres.

*Heres meus Titio dato, quod mihi Sejus debet: ſi Sejus pupillus ſine tutoris auctoritate nummos accepiſſet, (nec) locupletior factus eſſet, quia nihil ejus debet, nullius momenti legatum erit: quod ſi verbo debiti naturalem obligationem, & futuram ſolutionem cogitavit, interim nihil Titius petet, quaſi tacitè conditio inſerta ſit: non ſecus, ac ſi ita dixiſſet, Titio dato, quod pupillus ſolverit: vel ſi legaſſet, quod ex Arethuſa natum erit, vel fructus, quod jam in illo fundo naſcentur. Contrarium non eſt, quod ſi medio tempore legatarius moriatur, & poſtea partus edatur, fructus perveniant, pecuniam pupillus exſolvat: heres legatarii petitionem habet: namque dies legati, cui conditio non adſcribitur, quamvis extrinſecus expectanda ſit, cedit.*

Propoſitio hæc eſt: teſtator ita legavit, *heres dato Titio, quod mihi Sejus debet,* quibus verbis viderat legaſſe Titio obligationem Seii, ita ut in hoc tantum teneatur heres legatario, ut ei cedat actionem adverſus Sejum. His igitur verbis legavit nomen Seii, quod legari non potuit alio genere, niſi eo, heres dato, hoc eſt, per damnationem: nomen nunquam legatur per vindicationem. Igitur ſi nihil debeat Sejus, nullum eſt legatum, quia id, quod legato continetur, non eſt, quia deficit ſubſtantia legati, ut diximus in *l.cum tale, ſup.* Nunc finge: Sejus defuncto debuit aliquid naturaliter, non civiliter, & ut dixi, teſtator damnavit heredem dare quod Sejus debet, ſed naturaliter tantum, non civiliter, puta, Sejus eſt pupillus, qui accepit mutuam pecuniam ſine tutoris auctoritate, ex qua factus eſt locupletior, quæ ſpecies ponitur in *l.b.* Certiſſimum eſt, pupillum accipientem pecuniam ſine tutoris auctoritate, non obligari civiliter. Idemque erit, ſi promiſerit pecuniam ſtipulanti ſine tutoris auctoritate: nam & in minore idem juris eſt, ut ſi ſtipulanti promittat, non obligetur: quia lex Lætoria vetat minorem 25. annis ſtipulari, id eſt, promittere. Ergo, hoc eſt certiſſimum, pupillum mutuam pecuniam accipientem, & promittentem ſine tutoris auctoritate, non obligari civiliter: quæritur, an obligetur naturaliter? Sunt hæc in re multæ leges, quæ pugnant invicem, & eſt ſummus omnium labor in eis adducendis in concordiam: fuit mihi olim maximus, & diu in deſperatione fui, ſed hodiè liquidò conſtat, quod poſuimus in *l. pupillus, de verb. obligat.* pupillum mutuam pecuniam accipientem ſine tutore, obligari naturaliter, ſi ex ea fuerit factus locupletior. Et ita eſt accipienda *l. ſi pupilli, ad leg.Falcid. l. ſi ejus pupilli, ad Trebell. l. 1. de novat.* ut conſtat ex *l. naturaliter in fine, & ſeq. de condict. indeb.* Et notandum eſt, hac lege noſtra, quæ ponit, pupillum obligari naturaliter ex pecunia mutua, pupillum factum locupletiorem: nam peſſimè vulgò legebatur, *nec locupletior factus eſſet*: qui articulus *nec* abeſt à Florentinis, non deeſt. Eſt igitur illo loco ἀσύνδετον, hoc eſt, oratio ſoluta ſine conjunctione, ſi pupillus nummos accepiſſet, ſi locupletior factus eſſet, hoc eſt, & locupletior, & naturaliter obligatur, *l. pupillus, de obligat. & action. l. quod pupillus, de condict. indeb.* Et hoc quidem caſu, ſi non eſſet factus locupletior, non valeret legatum, quod initio propoſuimus, ſiquidem damnato præſtare, quod pupillus deberet: quia nihil deberet, nec civiliter, nec naturaliter: at pupillo obligato naturaliter, puta facto locupletiore ex pecunia credita, nonnullas vires habebit legatum, ſi, ut veriſimile eſt, teſtator verbo debendi, id eſt, his verbis ſignificare voluit naturalem obligationem, *l. quibus,* §. *dominus, de condit. & demonſtrat.* ut ſæpe teſtatores impropriè loqui ſolent, ut ait lex *non aliter,* §. *pen. de legat. 3.* Propriè enim id tantum debetur, quod peti poteſt, hoc eſt, quod civiliter debetur: naturale debitum peti non poteſt, *l. ſi is, qui nummos* §. *fundus, de ſolut. & l. Stichum,* §. *à Titio, eodem tit.* ſiquidem adhibeatur interpretatio ea, quam tradidimus in *d.l. ſi pupillus, de verborum obligat.* ſatis perſpicuè. Idem oſtenditur in *l. fidejuſſor, l. qui eum, l. heres,* §. *ſervo, de fidejuſſor. l.* 1.§. *id quod natura,* ad legem Falcid. Denique, quod natura tantum debetur, peti non poteſt: & hunc tamen habet effectum, quod ſi ſit ſolutum, non poſſit etiam repeti quaſi indebitum, ut ſuperiores tituli oſtendunt, & ut ſoleo dicere, in eo, quod natura debetur, neque verbo, *peto,* neque verbo *repeto,* eſt locus: igitur neque eſt debitum prorſus, neque indebitum: quia nec quaſi debitum petitur, nec quaſi indebitum repetitur: & conſequenter, ſi in ſpecie propoſita pupillus heredi ſolverit, quod naturaliter defuncto debuit, id heres legatario præſtare cogitur: non poteſt ei cedere actionem, ſive petitionem debiti, quæ nulla eſt: ſed ſi pecuniam ſolverit, prius debet eam legatario præſtare, atque ita hoc legatum nonnullas vires habet, quaſi ſcilicet tacita conditione injecta legato, ſi pupillus heredi ſolverit heres dato: quod pupillus mihi debet, ſi id pupillus tibi ſolverit: ſicut ſi ita legaſſet palam, *heres dato, quod pupillus tibi ſolverit*: nam his verbis etiam ineſt tacita conditio, ſi ſolverit: ſicut ſi legavero hominem, qui ex illa ancilla naſcetur, ineſt tempus, ita & in hoc legato ineſt conditio, *ſi quis naſcetur*. Et ſimiliter, ſi legentur fructus, qui ex fundo naſcentur, ineſt tacita conditio. Quibus omnibus exemplis Papinianus utitur hoc loco. Ergo in propoſito caſu, ſi heres damnetur Titio dare, quod pupillus debuit naturaliter, ineſt tacita conditio, ſi pupillus ſolverit heredi, quod naturaliter debuit defuncto, quæ tamen conditio tacita non impediet tranſmiſſionem: Nam ſi interim deceſſerit legatarius, antequam pupillus ſolverit heredi, non ideo minus tranſmittit legatum ad heredem ſuum, quia tacita conditio non efficit legatum conditionale, quæ venit extrinſecus, et ut ait Papinianus in fine hujus legis, hoc eſt, extra ſcripturam teſtamenti, quæ non eſt ſcripta in teſtamento, *l.*6. *hoc tit. l. in his, l. cond. de demonſtr.* Quæ lex conditionis eſt ex eodem libro, & ſtatim eſt applicanda ad finem hujus legis. Ait enim conditiones, *quæ extrinſecus veniunt,* ut cum hac lege in fine ait, *quæ extrinſecus veniunt, non ex ipſo teſtamento,* hoc eſt, quæ tacitè inſunt, non faciunt legata conditionalia, hoc eſt, non impediunt tranſmiſſionem ad heredes legatariorum. Hæc eſt ſententia hujus §. Unum

Unum est notandum, quod omni: dixi ex naturali obligatione, qua tenetur pupillus, non nasci actionem; est ita secundum jus antiquum; sed hodie ex Constitutione Divi Pii, nascitur utilis actio, si ex pecunia credita factus est locupletior, *l. pupillus, de auctorit. tutor. l. 3. commod. l. 3. §. pupillus, de negot. gestis*. Ergo post Constitutionem Divi Pii, nempe hodie, major esset effectus istius legati. Namque heres tenetur hodie legatario cedere utilem actionem. Sed quod tractat Papinianus in hoc §. ita tractat, ac si non esset Constitutio Divi Pii. Denique tractat de eo, quod obtinuit ante Constitutionem Divi Pii, sicut etiam Scaevola in *l. si pupillus, de verb. obl.* Et sane idem Papinianus in *l. cum tale, §. 1. de cond. & demonstr.* de jure tractat, quod fuit ante Constitutionem Divi Marci. Et ita etiam in *tit. de precario*, sane tractatur de interdicto de precario, respicit tamen jus antiquum: nam hodie non est necesse ire ad interdictum de precario, cum suppetat actio civilis ex precario, id est, praescriptis verbis, *l. 2. l. interdictum, l. duo, §. ult.* De precario multa scribunt juris auctores, de jure antiquo, tanquam de jure recenti, non quod ignorent, antiquum esse, sed quia libeat illis se exercere, quod non est absque fructu: alioquin non recte disputaretur eo modo de quaestione proposita hac *l. cum illud*: nam hodie non esset expectanda solutio, quandoquidem statim heredes tenerentur legatario cedere actionem.

### Ad princip. L. X. de Usu & habitat.

*Si habitatio legetur, an perinde sit, atque si usus, quaeritur? Et effectu quidem pene esse legatum usus & habitationis, & Papin. consensit lib. 18. quaest. Denique donare non poterit, sed eas personas recipiet, quas & usuarius: ad heredem tamen nec ipsa transit, nec non utendo amittitur, nec capitis deminutione.*

Papinianus citatur ab Ulpiano in *l. 10. in princip. de usu & habit.* in hanc sententiam: effectus idem pene est legati habitationis, & legati usus aedium; effectum pene utriusque legati eundem esse. Et ita Pomponius in *l. si quis unas aedes, de usufr.* legata habitatione, vel excepta habitatione, usum aedium exceptum videri. Idem igitur pene est habitatio, & usus aedium. Quid est habitatio usus aedium. Quid *usus*? habitatio aedium. Effectus utriusque legati idem est: nam utriusque jus perimitur morte testatoris, nec transit ad heredem. Et inde feudum habitationis dicitur finiri morte accipientis, *lib. 4. feud.* secundum distributionem naturalem *tit. de feud. habitat*. Et utriusque legati dies cedit ab adita hereditate, non a morte testatoris, *l. 2. l. si habitatio, quando dies leg. ced.* Ac praeterea is, cui legata est habitatio, non solus ipse habitare potest, sed eas personas, si velit, recipiet, quas & usuarius recipere potest, puta familiam suam, uxorem, liberos, servos, libertos, mercenarios, hospitem, inquilinum, cui forte locaverit coenaculum aedium, dum ipse quoque inhabitet, & alias quasdam personas, quae enumerantur in illo *tit. de usu & habit.* Item sicut usuarius usum alii donare, aut gratis concedere seorsum sine se non potest, *l. 8. eod.* ita etiam is, cui legata est habitatio, non potest seorsum sine se aliis concedere, sive donare habitationem totam: ut est scriptum in *d. l. 10.* Quod Constitutio Justiniani etiam non permisit, *l. cum antiquitas, C. de usufr.* quae loquitur de locatione tantum, si habitatio competit, possit etiam alii locare: non permittit etiam donare: plus est donare, quam locare: nam qui locat, fruitur habitatione percipiendo mercedem. Qua ratione, & quod Constitutio ait de locatione, possis trahere ad venditionem, quae duo negotia similima sunt, locatio & venditio. Nam & qui vendit, quodammodo fruitur habitatione, dum pretio fruitur: qui donat, omne jus illud a se alienat. Ergo dicam, hodie etiam non licere donare alii habitationem: nam hoc est jus omne a se abdicare. Constitutio Justiniani loquitur de locatione, non de donatione. Ex ea Constitutione inducitur una

differentia inter usum & habitationem, habitationem posse alii locari, usum non posse alii locari. Plus inesse videri habitationi, quam usui nudo. Et in aliis causis etiam differentia est inter usum & habitationem. At recte Papinianus, ut refertur in *l. 10.* dixit, pene idem esse. Primum enim usus capitis deminutione amittitur: habitatio non item. Et ratio redditur in *l. legatum, de capit. minus.* quia legatum habitationis in facto magis, inquit, quam in jure consistit. Difficilis est ratio (ut solent saepe juris auctores suas astringere rationes) sed dilatanda est. Usus juris est potius, quam facti, hoc est, jus utendi potius significat jus aliquod, quam actionem seu factum ipsum utendi, atque ideo facile jure civili tollitur, maxime jus tale, quod personae coheret, quandoquidem persona capitis deminutione immutatur. Habitatio autem facti est potius quam juris: quod facti est, naturale est, quod autem naturale est, jure civili non perimitur. Ergo habitatio jure civili, hoc est, capitis minutione non perimitur; usus nomen est juris, habitatio facti nomen est. Item usus amittitur non utendo, habitatio non amittitur non utendo, quandiu domus manet, quia scil. usus nomen refertur ad personam ejus, qui utitur; eo igitur non utente, usus disperit; habitatio autem refertur ad rem ipsam, quae inhabitatur, adeo ut saepe accipiatur pro domo. Et ut constat ex *d. l. cum antiquitas*, fecit dubitationem, an habitatione legata, videatur domus legata, hoc est proprietas. Verbum enim habitationis est ambiguum, nam & rem ipsam, quae inhabitatur, significat, seu proprietatem. Sed in dubio videbitur legasse tantum inhabitationem, habitatione legata, non aedes ipsas, nisi eam fuisse mentem defuncti legatarius probaverit. Potuit enim (nec mirum) habitationem accipere pro domo ipsa: usus nudus numquam accipietur pro domo ipsa. Igitur non est eadem vis utriusque vocabuli: nec mirum igitur, si non sit per omnia idem effectus utriusque legati.

## JACOBI CUJACII J.C.

### COMMENTARIUS

### In Lib. XIX. Quaestionum AEMILII PAPINIANI.

### Ad L. VII. de Jur. & fact. ign.

*Juris ignorantia non prodest acquirere volentibus, suum vero petentibus non nocet.*

Regula est de errore juris vel potius ignorantia: nam juris ignorantia stultitia est potius, quam error. Nostri auctores stultitiam vocant juris ignorantiam, stultum juris ignarum. Error proprie est ignorantia facti, de qua non est regula in *d. l. sed de ignorantia juris* tantum. Et est regula, *juris ignorantiam non prodesse in acquirendo*, id est, si quis aliquid velit acquirere, nihil ei proficiet ad acquirendum ignorantia juris; juris item ignorationem non obesse in conservanda aut persequenda re sua, & ut est in *l. 8. hoc tit.* juris ignorantiam non prodesse in compendiis, in lucris, si quod captes lucrum: non obesse etiam in damnis amittendae rei suae; juris ignorationem praemio non affici, sed neque damno mulctari. Denique ob juris ignorationem, neque nos expensum captare, nec acceptum metuere. Haec est regula, quae ita varie concipi potest, sed nihil ago, si hoc declaro, quid sit juris ignorantia, & quae sit ratio hujus regulae, & quid juris ignorantia efficiat, vel non efficiat, & nisi omnia exemplis facie dilucida. Juris ignorantia, non est ignorantia artis nostrae, sed juris ignorantia, est ignorantia ejus juris, quod sciunt omnes, etiam plebeii & idiotae, plerumque rustici. Omnes sciunt jus naturale, idomnes ex natura ipsa hausimus, & ad id non eruditi, sed facti, non inftituti, fed imbuti fumus. Et hoc de jure naturali eft certiffimum, adeo ut nec ad id pertineat regula, fed ad jus civile. Porro omnes fciunt jus civile, id eft, leges publicè propofitas, & in æs incifas, aut ut hodie fit, fcripturæ expreffione frequenti, multiplici divulgatas paffim, & frequentatas. Hæ leges finitæ funt, fane poffunt effe, aut effe debent, ut eleganter ait *l. 2. eodem tit.* infinitas leges perdere remp. Solebant olim publicè perfcribi leges in foro, vel incidi planis literis, unde de plano rectè legi poffent. Et iniquiffima mens fuit Caligulæ Imperatoris, qui, ut Suet. refert, leges quidem, ut irretiret populum, proponebat minutiffimis literis, & anguftiffimo loco, ut ne cui leges legere & defcribere liceret, nec tamen ideo minus his legibus teneretur, quod erat iniquiffimum, & jufta eft earum legum ignorantia. Quod palam publicatum eft claris literis, ut legendi fit poteftas unicuique, jus ignorare non poffum, aut fi ignoro, ipfe mihi ignorantiæ caufa fum. Quamobrem eo jure teneor, perinde atque fi hoc fcirem. Lex omnis eft publica, nemo ignorare videtur, quod eft publicum, hoc eft, quod patet omnibus, aut fi quis ignorat, profciente habetur, alioqui nemo non depelleret publicam utilitatem. Quod fi ex ipfis legibus oriatur aliqua dubitatio, eft in urbe benè conftitutâ copia juris interpretum, quos licet confulere, quam rationem fpectavit *l. regula*, §. *fed juris ignor. hoc tit.* Et ait rectè, ita facile effe jus fcire unicuique jus civitate utitur. Id ergo nefcire effe latam culpam, magnam negligentiam, ftultitiam nefcire, quod fciunt omnes. Et ait Arift. 3. Eth. *puniri eos, qui quid eorum, quæ legibus continentur, ignoraverint, vel oportuit fcire; & erat facile ea fcire.* Et fane punitur, qui committit in legem, qui deliquit contra jus, etiamfi obtendat juris ignorantiam: neque enim caufatio hæc recipitur, five fit jus naturale, five jus civile: fane jus naturale neminem excufat crimine aut pœna, fi fit atrocius crimen, quod natura prohibet, ut furtum, homicidium, adulterium: non excufat feminam ignorantia juris naturalis, non minorem 25. annis, non rufticum, fed quandoque miferatio fexus vel rufticitatis, vel ætatis, judicem perducit ad mediocrem pœnam, *l. auxilium, de minor.* in militè pœna exafperatur, *l. quædam, de pœn.* At juris civilis ignoratio fane his pœnis excufabit feminam, & rufticum, & minorem 25. annis, *l. divus*, §. *pen. l. 5. ad leg. Cornel. de falf. l. fi quis in gravi* §. *fi quis ignorans, l. fi id quod* §. *doli, de jurifd. omn. jud. l. 1.* §. *ult. de edendo, l. 5.* §. *noftrum, ad l. Jul. de adult.* Punitur etiam dolus, non lata culpa. Citra delicta autem in aliis negotiis gerendis juris ignoratio nemini nocet, ut fi indebitum folvero per juris ignorantiam, non ideo mihi eft deneganda conditio, puta, fi id nec naturaliter, nec civiliter debui: Contra juris civilis ignoratio etiam non prodeft, hoc eft, lucrum non adfert, non prodeft in lucro, non obeft in damno: ut fi per juris ignorantiam folvero indebitum, non ideo condicam, quod nec alias condicerem, non hoc lucro afficiar, quia jus ignoravi, quia res, quam folvi facta eft aliena, nec vel remota ignorantia juris condici poteft; ac confequenter ignorantia juris, etiam condici non poteft, *l. cum quis, Cod. de jur. & fact. ign. & l. regulariter*, §. *fi quis hoc tit.* In ufucapione quoque juris ignorantia non prodeft, ut fi emero a pupillo fine tutoris auctoritate, putans me poffe id ufucapere, non eft idonea hæc caufa ad ufucapionem, *l. nunquam, & l. fi fur. de ufurp. & ufuc. l. 4. hoc tit.* Et fimiliter heredi volenti acquirere hereditatem non prodeft ignoraffe jus, quia in acquirenda hereditate præftituta funt quædam tempora, put centum dies, non prodeft, inquam, ut poft ea tempora admittatur. Quod adeo verum eft, ut nec feminis jus ignorantibus fubveniatur in lucris, *l. 3.* §. *quamvis, hoc tit.* nifi fint minores 25. annis, nam hoc ætati fine diftinctione fexus fæpè dari folet, etiamfi jus ignoraverit, *l. reg.* §. *1. hoc tit.* Mulieribus quoque folet fubveniri jus ignorantibus, fed non in lucris, *d. l. reg.* §. *fi quis.* Aliquando rufticis non habentibus copiam Jurifconfulti, quem confulant, fed rarò parcitur ructicitati ob ignorantiam juris:

aliquando excufabit rufticum judex, fylvicolam puta, qui plerumque juris eft ignariffimus, imo juris percipiendi incapaciffimus. Et rectè *d. l. regul.* §. *fed juris,* fi non fuerit ruftico copia Jurifconfulti: aliquando fubveniri etiam iis in compendiis: fed raro, non temere. Regula hæc difficillimos explicatus habet: & cujus periti ita funt vulgò interpretes noftri, ut ad primam quidem partem fciant multa exempla, ad fecundam nullum; juris ignorantia non prodeft acquirere volentibus, in negotiis fc. civilibus gerendis: neque enim hanc regulam aptari velim ad pœnales caufas, de quibus tamen poftea, fed ad contractus, & alias caufas non pœnales. Ergo in gerendis civilibus negotiis juris ignorantia non prodeft acquirere volentibus. Acquifitio eft lucrum, quod fc. obvenit fine deminutione rei fuæ: & retro, lucrum eft acquifitio rei alienæ ex caufa lucrativa, non onerofa; quod acquirimus ex venditione emptione, non eft lucrum, fi emero vero pretio, quod acquiro ex legato, ex donatione, eft lucrum. Lucrum eft, quod ex alieno mihi obvenit fine ullo onere meo. Quæ fententia hujus partis eft, juris ignorantiam in lucris non prodeffe, in acquifitionibus lucrativis, ut quemadmodum in *l. 45.* juris ignorantia non prodeft in ufucapione: ufucapio eft acquifitio lucrativa, eft lucrum conjunctum cum alieno detrimento, *l. 18. & 19. ex quib. cau. major.* Ergo in ufucapione nunquam prodeft juris ignorantia, hoc eft, ignoranti jus non procedit ufucapio. Exempli gratia, non poffum ufucapere rem, quam a pupillo emi fine tutoris auctoritate, etiamfi putem, me eam rem jure emiffe: neque enim exiftimatio mea eft ignoratio juris, *l. nunquam, in prin. de ufuc. l. 2.* §. *fi a pup. pro empt.* non poffum etiam ufucapere, quod licet mihi ufucapere, fi ignarus juris putem, id me ufucapere non poffe, *l. fi fur.* §. *1. de ufuc.* Quod notandum. Neque huic exemplo obftat *l. jufto* §. *filius, de ufuc.* in cujus fpecie poffidet quis, quod poteft poffidere, licet putet fe id non poffe poffidere: Cur ergo etiam non ufucapit quis, quod poteft ufucapere, licet putet fe id non poffe ufucapere? Et eft fpecies §. *filiusfamil.* hujufmodi. Sciendum eft filiumfam. peculium non poffidere, aut rem peculiarem fibi, fed patri; filium igitur tenere quidem rem peculiarem corporaliter, fed non poffidere, quia jus peculii ad patrem pertinet: non poffidet rem ex caufa peculiari quæftiam, quia & hæc res eft peculiaris. Hoc eft certiffimum. Finge nunc, filiumfam. emit rem alienam, ignorans effe alienam, a non domino, atque etiam ignorans fe patremfam. factum morte patris: putabat fe effe filiumfam. & erat paterfam. ac in ea cum effet opinione, rem quam emerat fibi traditam, cœpit poffidere, exiftimans fe effe filiumfam. atque ita ignorans, fe eam poffe poffidere, non ignorans filiumfam. qualem fe effe putabat non poffe poffidere rem peculiarem, an poffidet & ufucapit? fic videtur, quia plus eft in re, quam in opinione, & eft paterfam. revera, & poffidere eam rem poteft, ac vere nihilominus poffidet & ufucapit. Refpondendum, omnem eum errorem, de quo agitur in §. *filiusfamil.* confiftere in facto, quia talem fe exiftimat effe, ut non poffit poffidere ignarus conditionis fuæ, qui error eft facti, non juris, ignorans fc. mortem patris, qua factus eft paterf. ipfe. Unde magis fpectatur quod in veritate eft, quam quod eft in exiftimatione mentis, ut fi quis putet fe emiffe rem a non domino, qui tamen erat dominus & accepiffet errans in qualitate venditoris, non in jure civili, non ideo minus videtur traditione dominium acquififfe, *l. pen.* §. *qui ignorans, hoc tit.* At fecus eft, fi putet fe ufucapere non poffe, quam poteft ufucapire, errans in jure, non in rei qualitate, five natura, non in facto. Hic eft merus error juris, idcirco non procedit ufucapio, & ita accipienda *d. l. fi fur.* §. *1.* Unde relinquitur, verum effe, in ufucapione non prodeffe ignorantiam juris, effe enim ufucapionem fpeciem lucri. Error juris non prodeft in acquirenda hereditate aliena, puta non prodeft jus ignoraffe, quo agnofcendæ bon. poffeffionis præfcripta funt certa tempora, ut poftea admittatur, quod imperitia juris peccaverit, ac nec

nec feminis quidem prodeft, *l. 3. l. quamvis, C. de jur. & fac. ign. l. juris, qui admit. ad bon. poff.* Minoribus 25. annis prodeft etiam in lucris, & militibus, & rufticis aliquando, *l. pen. hoc tit.* Ergo nec feminis, nec mafculis majorib. 25. annis, juris ignorantia prodeft: in lucris, & rufticis etiam raro. Et ita quoque in damno amittendæ rei fuæ, non tantum feminis fuccurritur, *l. ult. C. de jur. & fac.* Idque Juftinianus ait in *l. ult. C. qui pot. in pign. hab.* non fc. pro lucro fovere mulieres, fed ne damnum patiantur, fuifque rebus defraudentur, in damno, inquam, amittendæ rei fuæ, non tantum feminis fubvenitur, fed etiam maribus, *l. 8. hoc tit.* Cujus rei exemplum eft in *l. 8. fideicommiffa, de leg. 2.* Eft fpecies elegans: vir ab uxore herede inftituta, certorum prædiorum fideicommiffum reliquit fuis liberis poft mortem uxoris: ipfa moriens ea prædia per fideicommiffum reliquit, non libertis mariti, quibus erant relicta priore fideicommiffo, fed etiam libertis propriis, & libertis mariti, qui petere poterant ea prædia ex teftamento mariti, cujus non erant ignari, in folidum fc. repulfis libertis mulieris: lapfi ignorantia juris, longo tempore ufi fideicommiffo funt promifcue cum libertis mulieris, an amiferunt petitionem prioris fideicommiffi? Minime. Ignorantia juris fecit longo tempore, ut non peterent liberti mariti fideicommiffum fibi debitum: longo tempore non tollitur actio fideicommiffi, quia perpetua eft actio, quæ fi tempore fublata effet, puta triginta annis prætextu juris ignorantiæ non reftitueretur, *l. ficut inf. C. de præfcrip. 30. ann.* At ea actione nondum perempta tempore, juris ignorantia fuum potentibus nihil obeft. Suum enim eft, non tam quod fuum proprietate, fed etiam, quod fuum eft obligatione, id eft, fibi debitum. Et ita fæpiffime accipitur in jure, & ita fane accipere oportet in *h. l. 7.* fuum fc. vel proprietate, vel obligatione, & rem fuam in *l. 8.* Et ita quoque, ut utar alio exemplo, mulieri in petenda dote nihil obeft ignorantia juris, quia rem fuam petit, quæ fc. dominio fuo nunquam abfceffit, neque enim dotis datio plane alienatio eft: fed ea ignorantia obeft mulieri, hoc eft, non prodeft perfequenti lucra nuptialia ex donatione propter nuptias. Cujus rei exemplum, fed fatis difficile explicatu eft apud Harmenop. 1. Epitom. *l. 3. ad fin.* De eo jure, quod ea ætate obtinebat, quodque obtinuit olim, ut refert Leo philofophus in *Nov.* 110. & quod jus effet hodie perquam utile. Quæfo quid non hodie mulieres poft mortem viri artibus omnibus deripiunt? & convafant mobilia omnia, quæ maritus reliquit etiam in fraudem propriorum filiorum: huic rapacitati quemadmodum occurremus? exemplo Leonis philofophi in *d. Nov.* reftituto jure veteri, ut fc. mulier, quæ poft mortem viri infidens bonis defuncti, non feciffet inventarium omnium rerum, quæ in bonis, aut ex bonis fuiffent, fubmoveatur a petitione rerum dotalium non extantium, quod fc. ipfa eas fuppreffiffe præfumeretur potius, quam maritus ipfe confumpfiffe veluti ὑπόβολα aut donationis propter nuptias. Qua conftitutione placebat etiam, ut eam mulierem filio, vel filiis teneri ceterarum rerum nomine, quas filii juraffent in bonis patris fuiffe mortis tempore. Eft præclariffima Conftitutio, & poterit quandoque in ufum revocari. Placebat etiam, ut quæ noluiffet facere inventarium, non effet potior in hyp. ob caufas dotis aliis creditoribus defuncti. Nam non poteft non duci malo confilio, quæ inventarium facere detrectat. Id vero interpretes Leo vult fieri intra menfes tres. Hoc interpretes id accipiunt ut fiat intra tres menfes in urbe, in provinciis vero intra annum, ut ait Harmenopul. exemplo inventarii, quod fit ab herede, *l. ult. C. de jure delib.* & inventarii, quod fit a tutore vel curatore, ut idem Harmen. refert 5. Epit. *tit. 11.* Dices, tu vis remedio inventarii occurrere fraudibus, & dilapidationibus mulieris: nec occurris tamen. Nam dum jubes inventarium fieri intra tres menfes, fatis das eis fpatii ad dilapidanda bona defuncti, & unus dies quandoque fufficerit ad evertenda vafa pretiofa, & pecunias omnes: fatius itaque effe ita conftitue-

re, ut ftatim a morte mariti coram publico fcriba faceret inventarium rerum, quæ in pecunia funt, quæ faciliores inveftigatu funt, & quæ facilius averti poffunt, & fubduci; ceterarum autem rerum, quæ funt in longinquo intra dies, quibus ad ea loca, in quib. funt, perveniri poteft, alioqui, fi dixi, fpatium ei dabimus fatis, ad evertendam rem defuncti. Sed refpondeo, tempus illud non præftituit inchoando, fed abfolvendo inventario; inchoari fcilicet voluit inventarium, & perfici faltem intra tempora, & pretiofa quæque confcribi primum primo die fine mora ulla, deinde cetera prædia prout exigit familiæ, vel prædiorum, vel opulentiæ ratio. Quod obtinet etiam in inventario conficiendo a tutore: Et valde pertinet etiam, quod iidem interpretes multis locis volunt, & eft quod proprie pertinet ad quæftionem, ut ignofcatur mulieri dotem fuam perfequenti, fi ignorantia juris inventarium non fecerit, non etiam perfequenti lucra nuptialia, juxta id, quod diximus, mulieri fubveniri ne damnum patiatur rei fuæ, non etiam, ut lucrum faciat. Hoc tamen neceffe eft, ut mulieri, fi dotem fuam perfequatur, qua lapfa ignorantia juris non fecit inventarium, præftet jusjurandum: jus ἀποκριβὴς eft error in una litera, oportet fcribere ἀποκρύβης per υ, ut fe purget jurejurando, nihil fe fubtraxiffe, aut fubduxiffe ex bonis defuncti, & ita quoque Græcis actio ad exhibendum quæ eft de exhibendis rebus, quæ fuppримuntur, cælantur appellatur περὶ ἀποκρύβης πραγμάτων ἀγωγὴ l'action du recelement des chofes. Nec vero mirum videri debet eo cafu, fi fiat diftinctio rei dotalis, & lucri nuptialis, damni & lucri fecundum regulam noftram; cum etiam, fi, quod notandum eft, mulier ignorans jus, ignara juris, quæ nefciens fe in caufa dotis præferri omnibus creditoribus, etiam anterioribus, quod eft privilegium dotis comprehenfum jure communi; fi ignorans, inquam, hoc jus, alios creditores defuncti prætulerit fibi, nihilominus habebit integram petitionem dotis, *fi elle ne s'eft payee la premiere*, nec propter imperitiam juris damnum dotis fuæ faciet: fed non habebit perfecutionem lucrorum nuptialium, puta, fi in eis perfequendis exiftimarit, potiorem effe caufam pofteriorum creditorum defuncti, quæ non eft potior, fi fint pofteriores, *l. ult. fup. qui pot. in pign. hab.* Ergo in lucro captando nuptiali, vel quo alio, nec mafculo, nec feminæ juris error quicquam prodeft. Ex hac regula juris oritur quæftio in debito foluto, *an fc. indebitum folutum per ignorantiam juris poffit repeti condictione indebiti?* Si fit folutum per ignorantiam facti, conftat poffe repeti: Sed quæritur, *an etiam indebitum folutum per ignorationem juris poffit repeti?* Res non caret dubitatione. Nam in damno verfari videtur, qui indebitum folvit per imperitiam juris; ergo ne imperitia juris ei noceat, fubveniri ei debet, data condictione indebiti. Contra, lucrum cogitare videtur, qui indebitum quod folvit repetit. Nam quid eft lucrum? Acquifitio rei alienæ ex caufa lucrativa, vel ex caufa non onerofa. Is autem, qui rem indebitam folvit, ac poft condicit rem alienam fibi dari oportere, intendit in rem, quæ fua fuit quidem, & nunc eft aliena, acquirere vult rem alienam fine impendio ullo, & ut dictum fupra, juris error non prodeft. Ergo non pariet ei condictionem indebiti: oblitus fum dicere deeffe negationem circa finem *tit.* 13. *lib.* 1. Harmenopuli, Illo loco, ὑπόβολον ἡττώμενον & legendum effe, ὑπὸ ὑβωλιομένη ὡττώμενον Nunc tractemus de quæft. fupra propofita tantum, non decifa, an ei, qui indebitum folvit per ignorantiam juris, competat condictio indebiti? Oftendi rem non carere dubitatione. Sane opus fuit eam definiri Conftitutionibus principum, ut fc. indebiti foluti per ignorantiam juris, non effet repetitio: ut foluti per ignorantiam facti, effet repetitio, quod conftat ex lege pen. §. *ult. hoc. tit. l. cum quis, C. eod. l. error, C. ad l. Fal.* Ergo Conftitutionibus definitum eft, indebiti foluti per ignorantiam juris, non effe condictionem; imo & confequenter, non effe actionem mandati, puta fi fuiffet inutiliter obligatus ignarus juris, inutilem ftipulationem habens pro utili folvesolverit, quod fide sua esse jussit: neque id quod solvit, repetit ab eo, cui solvit, conditione indebiti, neque ab eo, pro quo solvit, per actionem mandati, *l. si fidejussor, §. non male, mand.* Quo loco male Accursius eum habiturum alterutram actionem saltem, vel mandati, vel conditionem scribit: nam utriusque denegandæ eadem ratio est consequentiæ. Denique (quod statuo generaliter) in eo, quod amisi recuperando, ac rursus acquirendo, ignorantia juris mihi non prodest, puta si quid amisi solutione, ut dixi, vel temporis præscriptione legitimi, *l. scire, inf. C. de præscr. 30. ann.* Juris ignorantia facit, ne quid meum amittam: non faciet, ut id, quod amisi, non amiserim, facta infecta non facit. Ea ratione *l. 2. inf. de confess.* is qui per errorem juris confitetur se debere, quod non debet, non ideo minus habetur pro confesso. Confessio similis est solutioni. Qui solvit errore juris, non ideo minus videtur solvisse, & alienasse rem suam, quam qui confessus est errore juris, qui habetur pro confesso, qui errore facti, non habetur pro confesso. Nam nihil est magis contrarium confessioni, quam error facti. Confiteor enim de facto, etiam si mihi factum non liquet: nihil igitur confiteor; sed cum de facto mihi liquet, si errans in jure confiteor, sane habebor pro confesso. Nec enim ignorantia juris potest efficere, ut qui est confessus, non sit confessus, ut qui sibi sua confessione damnum accersivit, non accersiverit, qui damnum jam fecit, ut non fecerit, qui rem suam amisit præscriptione temporis vel solutione, ut non amiserit. Denique ignorantia juris non restituit quicquam rei amissæ. Sed hoc tantum præstat, ne rem amittat nondum amissam, ut in exemplis relatis de fideicommisso ex *l. qui fideicommissa, de leg. 2.* & de dote *ex Harmenop.* Et eadem ratione, si filiofam. pecuniam credidi contra S. Ctum Macedonianum, cum existimarem eum factum patremfam. errore juris, puta existimans eum factum militem excessisse potestate patris, quod est falsum, *§. filius f. Inst. quibus mod. jus pat. pot. l. 3. §. 1. ad Maced.* Nec quod jus ignoravi, hoc colore consequar, ut quod perdidi non videar perdidisse, *d. l. 3.* Et similiter si uxorem duxi eam, quæ nondum virum eluxerit, infamis sum ex edicto prætoris: mulier quæ nubit antequam eluxerat virum, infamis est; is quoque qui eam duxit uxorem, antequam peregerit luctum prioris mariti, infamis est. Igitur si eam uxorem duxi, quæ nondum eluxerat priorem maritum, ipso jure infamis sum, nec possum me excusare ignorantia hujus juris, dicens me edictum prætoris ignorasse: Nam prætextus ignorantiæ juris non potest delere infamiam, in quam incidi, *l. liberorum, §. notatur, de his qui not. infa.* Statuamus igitur, in eo quod amisimus, recuperando seu recipiendo, juris ignorantiam nobis non prodesse. In hoc tantum prodesse, ut ne incidamus in damnum, quod veremur, quodve impendet nobis. Accursius contra Constit. principum, quas retuli initio de non repetendo indebito soluto per errorem juris, sæpissime scribit indebitum solutum per errorem juris repeti posse, hac ratione, quæ illum decepit, ne damnum faciat, qui solvit: inepta ratio : Qui enim solvit indebitum, versatur in damno, non damnum timet; Damnum enim jam ipse sibi attulit, solvendo indebitum, ipse sibi defuit, ut & modo si vult resarcire damnum, quod sibi ipse fecit: & creavit: si vult sibi restitui solutum, lucrum captat non per cautionem futuri damni, quia non jam rem suam petit, sed alienam : solutio species alienationis est. Idem etiam Accursius male accepit indebitum, quod scilicet uno jure debetur, non altero, puta jure naturali , non civili , vel contra . Nam in hac quæstione de conditione indebiti indebitum dicitur, quod nullo jure debetur , id est , in hoc tantum genere indebiti valet differentia inter errorem facti, & errorem juris: puta quod nullo jure debui, nec civili, nec naturali, si per errorem facti solvi, repetam: si per errorem juris, non repetam. In alio genere indebiti , puta quod uno tantum jure fuit indebitum, non utroque, sane nihil interest solverit, quis errans in jure, an errans in fa-

A cto, & neutri etiam repetitio competit: quia & debiti naturaliter tantum , & debiti civiliter tantum retentio est. Sane debiti naturaliter , & multo magis debiti civiliter, fit retentio, cum & hujus sit petitio. Abutitur etiam Accursius sæpissime in hoc tractatu legib. ipsis : de errore juris accipit, *l. sicut dotem, §. si mulier, sol. matr. l. 5. C. de condict. indeb.* quæ sunt de errore facti. Item in lege *mulier ad SCtum Turpill.* quæ de neutro errore est, sed non opus, ut hæc faciam perspicua. Pergamus ad majora. Diximus, parem esse causam masculorum & fæminarum, in lucris nec masculis, nec fæminis jus ignorantibus succurri, in damnis succurri. Addamus etiam in pœnalibus cau-

B sis citra negotia civilia , ubi dolus coercetur tantum , non culpa, utrique sexui subveniri jus ignoranti, evidentissima ratione, quia dolo caret, qui in jure errat, *l. sed etsi, §. scire, de pet. hered. l. si quid §. doli , de jurisd. omn. jud. l. 1. §. ult. de edendo, l. si quis in gravi, §. si quis ignorans, de Senatusc, Syl. & Claud. & l. 12. si quis in jus.* Juris ignorantia non est dolus, sed lata culpa. Quod rectissime Accursius scripsit in *d. leg. liberorum, §. ult.* ubi autem etiam culpa coercetur , mari jus ignoranti majori 25. annis non succurritur, ut si mas jure civili incestum contraxerit per illicitum matrimonium errore juris, per matrimonium scilicet , alioquin sciet se facere stuprum saltem , & contra legem Juliam , quæ est de omni stupro; sed si per illicitum matrimonium errore juris jure civili incestum contraxerit, ut si duxerit sororis filiam , putans matrimonium non esse illicitum, conjunctionem istam esse illicitam, ei non subveniri quamvis careat dolo : quia & hoc casu culpa coercetur, quæ la-

C ta est & magna: non omnis juris ignorantia, lata ignorantia est, & summa negligentia atque inexcusabilis. Mulieri tantum , jus civile ignoranti succurritur etiam si incestum contraxerit per illicitas nuptias , incestum jure civili , ut *l. si adulterium, & seq. §. stuprum, ad leg. Jul. de adulter.* & in casu etiam *d. l. liberorum, §. ult.* Nam ei parcitur, quæ ignorantia juris nupsit, antequam eluxisset virum . Si mulier jure gentium incestum contraxerit, puta cum parente, avo , aut proavo, nepote , pronepote, vel cum his, qui parentum aut liberorum loco sunt , cum quibus jure naturali incestum contrahitur, tum mulieri non parcitur, mulieri in jure naturali erranti non subvenitur; imo nec illi unquam : quia nemo sc. ignarus juris naturalis, aut possit esse, aut præsumatur esse . At contra ea, quæ ante proposuimus , videtur

D etiam in contractibus de causis non pœnalibus, quamvis lucrosæ sunt , hoc est, etiam in lucris mulieri jus ignoranti subveniri, ut in *specie l. de, §. si servus, qui satisf. cog.* Proponam primum rudius sententiam hujus §. Ait Papin. in *d. §.* reum actori cavere judicatum solvi ante litem contestatam, maxime in judiciis in rem, & cavere dato fidejussore. Finge : dedit servum fidejussorem, ait Paul. *actori subveniri, ut ex integro caveatur,* id est , ut detur alius fidejussor idoneus: actori subvenitur etiam majori 25. annis , sc. quoniam subjicit, *majori quoque si bveniri:* & mox, *forsitan, & mulieri subveniri propter imperitiam,* juris igitur, nam regulariter ignorantia non dicitur imperitia. Valde quæritur, qui sit sensus eorum verborum, *minime subveniri, forsitan & mulieri*, *&c.* An hic est sensus, minori & mulieri subveniri, qui

E quæve judicatum solvi fidejussorem accepit , ut ei sc. ex integro caveatur? An vero hic est sensus, minori, & mulieri subveniri, nec obligetur, qui quæve pro altero cavit judicatum solvi? Vel hic necesse est sit sensus, vel ille, utroque offenditur. Priore sensu offendimur, quia & majori 25. annis, innuit subveniri, & foemince quae acceperit judicatum solvi, ut frustra sit adjectum etiam minori subveniri & mulieri. Posteriore etiam sensu offendimur, quia constat & in aliis omnib. causis minori subveniri causa cognita, & mulieri ipso jure ex SCto Vell. non propter imperitiam juris, *ut ais §. si Servus,* sed propter infirmitatem sexus, aut facilitatem, quod facillime intercedant pro aliis, *l. 2. ad SCtum Vell.* Priori tamen sensui acquiescendum est non huic ultimo: magis enim hoc vult Paul. in *d. §. si servus* wus pro reo fidejusserit, judicatum solvi, quem constat, nec obligari naturaliter ex ista causa fidejussionis, nec etiam de peculio, *l. 2. de fidejussor*. Hoc casu actori ignoranti conditionem fidejussoris, hoc est, existimanti eum esse liberum hominem, erranti igitur in facto, non in jure subveniri, ut ex integro ei caveatur; actori, inquam, majori 25. annis, actori autem minori 25. annis etiam ignoranti jus subveniri, ut existimet servum recte intercedere. Adjicitur, *forsan & mulieri subveniri* propter imperitiam juris: forsitan, verecunde & timide ait, mulieri jus ignoranti subveniri in lucro. Regulariter enim minori quidem subvenitur etiam in lucro, sive masculo, sive feminae, sed non feminae majori. Qui ergo regulariter feminae majori 25. annis in lucro non subvenitur, si jus ignoraverit, verecunde ait, hoc casu quo lucri causa agitur, forsitan mulieri subveniri : nam lucrum est satis acceptio, hoc est, fidejussoris acceptio, quia promissori jungitur adpromissor, & interest duos reos habere, *l. 3. §. ult. de fib. leg*. Sed non adeo magnum lucrum, ut respondeat statim, ut hoc invidere oporteat mulierculae jus ignoranti. Nam & ejus emolumenti rationem non habent JCti in hoc genere legati, *heres meus solvito Titio, quod ei Cajus debet*: nam ex eo legato JCti non dabant actionem Titio petitori, quasi non fuisset remissa a testatore, benigne, ut ait *l. 1. ut in poss. leg*. mihi conceditur, ut liberationem condicere possim, quia non adeo magnum lucrum capto. Est igitur in d, §. *si servus*, unus casus quo mulieri jus ignoranti subvenitur: nec mirum, cum sit etiam alius casus, quo mulieri jus ignoranti in lucro subvenitur, *l. Divus, ad l. Corn. de falsis*. Tertius etiam casus est in *l. 2. de jure fisci*. Jus ex SCto Liboniano est ut qui sibi adscribit legatum dictante testatore, repellatur a legato quasi falsarius. Finge: filia jussu matris testatricis sibi adscripsit legatum ignara SCti, non repellitur a legato, a lucro non repellitur, sed ideo, quia illud fuit nominatim exceptum SCto, *l. Divus §. pen. ad l. Corn. de falsis*. Idem evenit in hoc casu: Finge mulieri legatum relictum est: illa putat ducta errore juris, non posse eo capere solidum legatum, ne rem ipsam celet fiscum, se ipsam defert fisco dicens: mihi ille reliquit legatum, quod ego mihi videor solidum capere non posse: spe praemii sc. quod promissum est se deferentibus, ut scil. se ipsum deferens corradat aliquid ex legato, ne totum amittat. Seipsam igitur deferens fisco quasi incapacem solidi, quae tamen erat capax, an sibi praejudicat? minime. Ergo ei jus ignoranti in lucro subvenitur facillime, quia ita Constit. cautum est in fraudem fisci, cui boni principes raro favent, *l. 2. §. ult. de jure fisc*. Hi sunt tres casus. Et ita verum esse reperio quod ait *l. pen. §. 1. hoc tit*. mulieri acquirere volenti in quibusdam subveniri propter imperitiam juris. Regulariter non subvenitur, nec abs re, *l. quamvis, C. eod. tit*. Non solet mulieri in lucro subveniri, quae verba, *non solet*, significant plerumque juris ignorantiam mulieri non prodesse in lucro captando, nonnunquam prodesse ut in *l. non solet, loc*. Non solet locatio dominium mutare, ita est: sed ait, *non solet*, quia nonnunquam dominium mutatur, ut in specie *legis item si pretio §. pen. & l. in navem, eod. tit*.

### Ad L. XXXV. de Milit. test.

*Miles, si testamentum imperfectum relinquat, scriptura, quae profertur, perfecti testamenti potestatem obtinet: nam militis testamentum sola perficitur voluntate. Quique plura per dies varios scribit, saepe facere testamentum videtur.*

QUod traditur in *l. 35*. est de imperfecto testamento militis, quae cum regula praecedenti converti potest: militibus jus ignorare permissum est ex Constitutionib. principum; adeo, ut etiam in lucris eis subveniatur propter imperitiam juris, *l. pen. §. si filiusfam. de jur. & fact. ignor. l. 1. C. de juris & fact. ignor. l. ult. C. de jure delib*. Quia ut significatur in *d. l*. etiamsi ex militibus quidam possint esse periti juris, tamen omnes arma magis, quam jura scire praesumuntur, aut certe obliti esse legum, si quas sciverint olim, postquam ceperant arma. Denique milites praesumptione sunt ignari juris. Et recte Jul. Frontin. de limitibus agrorum, *Dum inquit magis armorum exercceri curis, totum hoc negotium* (literarum sc.) *veluti oblitus intermiserum, nec quicquam aliud, quam belli gloriam cogitabam*; & Tacit. *in Agric. credunt plerique militaribus ingeniis subtilitatem deesse, quia castrensis jurisdictio secura & obtusior ac pluria manu agens calliditatem fori non exerceat*. Et privatio haec subtilitatis & calliditatis forensis est, quae dicitur *simplicitas militaris*, *l. 1. hoc tit. l. 3. C. eod. tit*. Denique omnes milites simplices esse existimantur, id est, incallidi rerum forensium, expertesque subtilitatum & apicum juris. His consequens est, quod iisdem Constitutionibus principum cavetur, ut si milites in faciendo testamento non observaverint diligentem observantiam & subtilitatem legum, nihilominus rata sit eorum voluntas, nec eis imputetur, si JCtum non adhibuerint: nam sine Jurisconsulto quomodocunque fecerint testamentum, valet, ut in antiquo monumento, quidam ita praescripsit quasi testamento suo: *dolus malus abesto & jurisconsultus*. In illo monumento sequitur: *jus aditus, libertas libertatisque meis danto*: huic voluntati, ne fraus fieret, praescripsit, ut ab esset dolus malus, nec adesset Jurisconsul. qui cavillari jonum est callidissimus. Et similiter in *l. pen. §. Lucius, de legat. 2*. quidam contestatur se testamentum fecisse sine ullo JC. his verbis: *Lucius Titius hoc testamentum scripsi sine ullo Jurisperito rationem animi mei secutus potius, quam miseram & nimiam diligentiam, & si minus quid legitime minusve perite fecero, pro jure legitimo haberi debet hominis sani voluntas*: paganus fuit qui ita scripsit, & plectitur; nam haec voluntas non habetur pro testamento, & sustinetur tantum jure codicillorum, quia his verbis satis declaravit, qualemcumque voluntatem se valere velle: non potest valere ut testamentum, valebit tantum ut codicillus. Voluntas pagani imperfecta, non est testamentum, ut quaelibet voluntas militis, ut ait *l. proxima sup*. quae est etiam Papin. ex lib. 14. testamentum est, & ut ait in hac *l. testamentum militis imperfectum perfecti potestatem obtinet*, quia sola voluntate perficitur. Est voluntas, id est, nuda voluntas, nec exigit solemnia, nec testes probationis exigit: testes, id est, hanc speciem probationis non exigit, signa, subscriptiones non exigit, legum observationem nimiam non exigit. Denique testamentum militis nuda voluntate perficitur: imperfectum testamentum dicitur duobus modis, specialiter & generaliter. Specialiter & proprie dicitur, quod non est signatum septem testium signis: nec testes sufficient septem, sed signa requiruntur, non tantum jure civili, sed etiam praetorio. Hoc ergo testamentum, quod signatum non est, destituitur & jure civili & praetorio. Ergo plane imperfectum est, quia si laboret alio vitio, ut puta, si sit incogitatum, id est, si in eo filius fam. sit praeteritus, vel si sit ruptum agnatione sui heredis, jure praetorio valet, id est, modo sint signa testium, praetor daturus est bonorum possessionem secundum tabulas, *l. postumus, de inj. rup. l. cum tab. de bon. poss. secun. tab*. Quae tamen post constituetur sine re, ubi constabit aut injustum, aut ruptum esse testamentum. At si tabulae non sint obsignatae septem testium signis, praetor non est daturus bon. possess. sec. tabulas. Itaque omni jure imperfectum est testamentum, quod signatum non est. Ergo plane imperfectum est. Et haec est summa imperfectio testamenti, summum vitium. Et ita perfectum testamentum pro eo quod obsignatum est 7.

est 7. testium signis accipitur in *l.6. ad l.Corn. de falf.* Et *imperfectum* in *l. hac consultissima §. non subscriptum, .C. de testam.* ubi *pro imperfecto* legend. non, *pro insecto*, quod 7.test. signis obsignatum non est. Generaliter imperfectum dicitur, quod vitio quocunque laborat, sive non signatum sit, sive injustum, ob præteritionem sui heredis, sive irritum ob cap. minutionem, sive ruptum ob agnationem postumi. Falsum quoque quis non dicet esse imperfectum, quinimo potius nullum est prorsus: hæc omnia vitia imperfecti generali appellatione continentur, *l.1. §.sive, de tabul. exhib.l.2. §.1. quemad. test. aper. l.si duobus §. si prius, de bon. possess. §. cont. tab.* Imperfectum etiam est, quod notis, *par chifres*, conscriptum est, non literis, si sit factum a pagano. Imperfectum est etiam, quod quis cœpit facere, nec perficere potuit morte præventus, aut verbis amissis, ut in specie *legis si is qui testam. qui testam.fac.pos.* Imperfectum etiam est, quod quis fecit super portione bonorum tantum. Et quoquo modo imperfectum sit testamentum militis, si modo falsum non fuerit, perfecti testamenti potestatem obtinet. Nam etsi notis conscriptum sit, valet, *l. Lucius, h. tit.* si signatum non sit valet, si sanguine proprio, ut *l. milites, C. de testam. mil.* scriptum sit in clypeo, aut vagina, aut thorace, aut gladio: si in pulvere in ipso articulo morienti. Hegef. lib. 5. *Vere*, inquit, *bellicum testamentum est, quod non atramento scriptum, sed sanguine, non in charta, sed in mucrone*. Item testamentum militis irritum non fit cap. minutione, *l.6. §. irritum, de ini. tup. l. miles filiusfamil. & seq. h. tit.* Et præterea nec injustum est testamentum militis, sive non jure factum, in quo sciens se habere filium, eum præteriit; nec rumpitur etiam agnatione postumi, ubi scilic. scierit, uxorem esse gravidam, quia præteritio & silentium militis pro exheredatione habetur, silentio exheredat filium mater, non pater, nisi sit miles. Item non rumpitur testamentum adoptione filii, puta si post factum testamentum miles aliquem adoptaverit ad vicem filii naturalis & legitimi: non rumpitur successione in locum sui, *l.7.l.8. h.t. si tui, C.eod.tit.* Ac postremo non rumpitur etiam testamentum militis post facto alio testamento, si quidem miles plura testamenta facere voluerit, *l.quærebatur,hoc tit.* Ut in hac specie. Finge: Miles de tertia portione bonorum primum testamentum fecit: potest enim de parte bonorum testari, de parte non, quod tamen paganus non potest. Deinde idem miles secundum testamentum fecit de alia tertia parte bonorum, postea aliud de alia tertia. Tria testamenta sunt & omnia valent. Et hoc est quod ait Papin. in hac *l.quique plura per duos varios scribis, &c.* Miles igitur pluribus testamentis decedere potest; paganus uno tantum! Nam si eandem speciem posueris in pagano, quam ego posui in milite, non dicam tria esse testamenta, & omnia valere, sed dicam ultimum testamentum tantum valere, etiamsi in eo sit heres institutus ex tertia tantum parte bonorum: namque ne sit pro parte testatus, pro parte intestatus, quod jus civile abhorret, dicimus tertiam partem adscriptam heredi, assem ad se trahere, in *l.1. §. si ex fundo, de hered.instit.* nihil refert unicum heredem scribas. Causa testati, ut dicitur, trahit ad se causam intestati, *l. pen. de ini. rupt.* Illud non est omittendum, vehementer hodie errare nonnullos, qui idem esse existimant, milites & nobiles, sive ut diximus gentiles, *gentilhommes*, qui quæ jura prodita sunt de militibus, putant pertinere ad nobiles: nec enim istas personarum conditiones confundere unquam oportet. Nam & plerunque plebeii, & ignobiles milites sunt, nec militia nobilitates esse plebeii, non definimus esse plebeii, sicut nec filiusfam. militia definit esse in potestate patris, quod ex definitione militum & nobilium constabit. Milites sunt qui in numeros relati, & in expeditione degunt, *enrollez*; nobiles sunt, quorum non dico parentes, sed majores, (Nam opus est ad comparandam nobilitatem longa avorum serie) qui feudum a Principe acceperunt, vel ut constat ex lib. Feudorum a valvasore Principis, puta Duce, vel Comite, Marchione, &c. Sunt igitur nobiles, quorum majores feudum acceperunt a Principe, vel a valvasore Principis sive capitaneo adjuncto onere militiæ. Nobilitati adjunctum est onus militiæ, fateor, sed non sunt milites, nisi quandiu in expeditione occupantur & testamentum eorum citra expeditionem non pertinet ad privilegia militum. Etiam vehementer errant, qui id solum testamentum militis putant esse solutum legibus, quod miles facit in procinctu, in acie, in hostico, in ipso discrimine vitæ. Nam & testamentum, quod miles facit in expeditione, in castris, in stativis, jure militari valet, alioquin nihil distaret hac in re miles a pagano. Potest fieri ut in ipso procinctu interveniat paganus aliquis: hic in acie, in ipso procinctu, si fecerit testamentum minus solemne,si fecerit testamentum imperfectum, fecisse potius videbitur, & perfecisse, quia & pagano deprehenso in acie remittitur juris solemnitas, & id temporis testamentum a pagano factum licet perfectum, vires habet, *l.ult. hoc tit. l. un. de bonor. possess. ex test. mil.* Et hac ratione patet, quia tunc temporis, hoc est, in procinctu apud quemlibet prope intermortua est memoria. Obliviscuntur disciplinæ, qui ad pugnam eunt, inquit Xenophon, par est eo tempore subtilitatem legum remitti tam pagano, quam militi. Alio tempore soli militi remittitur, ut si miles testamentum fecerit in expeditione, in castris, vel ut loquitur, *lex 3. §. si de re milit.instit.* vel in fossato, vel in stativis, in præsidiis, *en garnison*, jure militari valet. Et puto in §. 1. *de milit. test.Instit.* dum ait, in testamento faciendo non uti privilegio militum eos, qui citra expeditionis necessitatem in suis sedibus degunt, vel aliis locis: puto inquam, male quosdam sedes interpretari stativa: jure possumus, & debemus interpretari ædes suas, ut nominatim *l.ult. C. de instit. milit. Basil.* pro *in suis sedibus*, habent *in suis ædibus*, nihil moror sive legere volueris sedibus, sive ædibus idem est: & male Theoph. sedes interpretatur *sedea*: quia sedeta, ut Suidas interpretatur, sunt fossata, id est,castra, aut sane sedeta sunt stativa. Et falsum est, militem testari non posse in stativis jure militari. Igitur non possis sedes, sedeta interpretari sed ædes potius. Explicarem etiam *l. 11. & l.13.* sed ne sim tædio, reservabo in diem crastinum.

## Ad L.XI. XII. & XIII. de jure codic.

*Qui gravi utero uxorem esse ignorabat, codicillis ad filium scriptis, libertates dedit: nata post mortem patris filia, cum de ea nihil patrem sensisse, constitisset, placuis libertates a solo filio præstari posse.*

L. XII. *Redemptis a sorore partibus.*

L. XIII. *Illud enim sine dubio dici non potest, etiam filiam manumittere cogendam, cum ab ea nihil pater petierit, & jure suo heres extiterit.*

EXplicabo duas quæstiones, quæ sunt in *l.11.12. & 13. de jure codic.* Et his, quæ diximus de militari testamento, non male coaptari poterunt ea, quæ dicentur hodie de posteriori quæstione: nam ex ea intelligitur, imperfectum testamentum esse etiam id, in quo institutio heredis scribitur verbis precariis. Sed de prima quæstione prius dicamus, quæ pendet ex specie hujusmodi. Vir, qui putabat uxorem non esse gravidam, testamentum non fecit, codicillos fecit: nam & codicilli ab intestato fieri possunt, & eos codicillis scripsit ad filium, quam habebat, nihil cogitans de postumo vel postuma, existimans scil. uxorem vacuam utero, & in eis codicillis filium rogavit, *ut servum aliquem manumitteret*: non potest codicillis factis ab intestato, relinquere directam libertatem, relinquit fideicommissariam. Post mortem ejus nata est postuma, de qua nihil sperabat: codicilli non sunt rupti agnatione postumi, quia ab intestato facti esse pronuntur, qui si facti essent ad testamentum, sane rupto testamento agnatione postumi vel postumæ, & ipsi rumperentur, *l.3. l. ab intestato, l. pen. hoc tit. l.1. Cod.de codic.* Sed, ut dixi, codicilli, qui facti sunt ab intestato, non rumpuntur agnatione postumi vel postumæ. Ergo in specie proposita uterque, filius scil. ad quem scripti sunt codicilli & postuma ma patri heredes extiterunt. Quæritur, *an uterque obligetur præstare fideicommissariam libertatem* ? Hæc est prima quæstio hujus l. an & a filio & a filia peti possit fideicommissum libertatis scriptæ in codicillis scriptis duntaxat & missis ad filium? & videtur neuter obligari. Ac primum quidem sane non obligatur filia postuma, quia nihil ab ea petiit pater, hoc est, eam non oneravit fideicommisso præstandæ libertatis. Ac præterea filia suo jure heres existit patri ut ait Papinian. initio. l. 13. non ex judicio defuncti filius heres extitit patri, ex judicio defuncti, quia scribendo ad eum codicillos, videtur sua sponte ei relinquere legitimam hereditatem, *l.8.§.1.hoc tit.* Denique filius venit ad successionem ex tacito judicio patris, filia suo jure, non ex judicio patris, cum de ea pater nihil cogitaverit, qui gravi utero uxorem esse ignoravit. Hæc duo sunt opposita, jure suo, & judicio defuncti, *l.cum ab uno, de leg. 2.* Ab uno unave, qui quæve venit ex judicio defuncti, fideicommissum relinqui potest, ab eo autem eave, qui quæve non venit à judicio defuncti non potest, *l. 3. de leg.1.* Et vero etiam a filia fideicommissum non relinqui potest, de qua nihil etiam sensit. Ergo constat filiam postumam non obligari fideicommisso præstandæ libertatis. Dico etiam filium non obligari, licet rogatus sit servum manumittere in codicillis ab intestato, quia servus ille est communis inter illum & sororem. Unus autem ex dominis servum communem non potest manumittere, & libertas pro parte individua, quia pro parte libertas non potest præstari. Ac præterea ea libertate fideicommissaria pater non onerasset filium solum, ut verisimile est, nisi solum putasset eum sibi heredem futurum, quod est traditum *in l. pen. inf. hoc tit.* Ergo neuter obligatur onere præstandæ fideicommissariæ libertatis: filia non obligatur, filius non obligatur, quamvis rogatus sit & oneratus. Et ita quidem scil. libertatis, ne pereat libertas, ut Papin. docet hoc loco oblata æstimatione pretii filio, qua scil. redimat partem servi a sorore ipse filius post redemptionem servi, libertatem præstabit, ut scil. scribitur in lege *l. cum filius, de leg. 2. l. judicatæ, de except. rei judic. l. duobus, de lib. cau.* Et ita redempta parte sororis, servus fideicommissariam libertatem a solo filio petet, non a filia postuma. Redimet autem partem sororis frater de pecunia oblata a servo, aut pro servo, non de pecunia sua, arg. *d. l. cum filius, & soror compelletur vendere partem suam, l.1.C.de com.serv.man.* ne scil. servus defraudetur libertate sibi relicta, & hoc est quod ait hæc l. 11. Obstat huic sententiæ quod est in fin. *l. pen. hoc tit.* in eadem specie: quæ pro parte præstari non possunt, eorum nihil esse præstandum: si libertas pro parte præstari non potest: ergo nullo modo est præstanda. Ergo nulla est præstanda, nec a filio, nec a filia, ergo nulla debetur. Sed ut dixi, ita est accipienda lex *pen.* & adjiciendum, summo jure ita est, non deberi libertatem, sed ex æquitate & favore libertatis, redempta parte sororis a filio; hoc est, postquam redemerit filius partem sororis de pecunia oblata a servo, aut nomine servi, præstabit servo libertatem, arg. *d. l. cum filius.* Et ita oblata pecunia, & redempta parte servus petet fideicommissariam libertatem a solo filio, non a postuma. Denique solus filius præstabit libertatem fideicommissariam. Obstat huic sententiæ rursus *lex alieno, §. 1 de fideicomm. libert.* ubi ponitur eadem species: moriens aliquis intestatus filium rogavit nominatim, ut servum manumitteret. Natus est postumus vel postuma. Ait ab utroque præstandam esse libertatem, quod mirum in modum videtur pugnare cum illis legibus: sed nihil est, quod tam facile expediri possit. Ita distinguendum est : aut filius redemit partem a sorore, & tunc ab eo solo præstatur libertas : aut filius a sorore partem non redemit, sed ipsemet servus se ab ea redemit, oblato vel soluto partis pretio. Et hoc sane casu libertas præstabitur ab utroque, arg. *d.l. cum filius* In l. 11. dixit Papinia. a solo filio præstari libertatem, sed adjicitur modus ex alio loco Papiniani, redempta parte

sororis ab ipso filio scil. Quæ species addenda est sive modus etiam ad *l.olind. §.1. & ads.l.pen. hoc tit.* nisi scilicet filius redemerit partem postumi vel postumæ de pecunia servili. Obstat etiam *l. cum pater, §. cum existimaret, de legat. 2.* species est pene eadem. Quidam fecit codicillos ab intestato, eosque scripsit ad consobrinam, nesciens se etiam habere consobrinum : qui simul ab intestato cum consobrina veniet ad successionem, quod eodem gradu sit: & ab eadem consobrina fideicommissum reliquit utroque herede existente ab intestato lex ait, consobrinam pro parte dimidia fideicommissi relevari, quia pars bonorum ei aufertur concurrente consobrino, & pro alia parte dimidia consobrinum non teneri, qui rogatus non est: fideicommissum igitur præstari pro parte, quandoquidem proponitur sola consobrina rogata nominatim, non consobrinus: ergo pro parte consobrini infirmatur fideicommissum. Et jure quidem ita est; sed post emendabitur. Interea illud observabis, illum §. loqui de rebus dividuis per fideicommissum relictis, & eas separari a libertatibus fideicommissariis, quæ dividi non possunt, & debentur omnino ac præstantur redempta parte consobrini. Et idem obtinet in servitutibus prædiorum, quæ & ipsæ sunt individuæ, *d.l.cum filius* : aliæ res dividi, & pro parte præstari possunt : & integræ præstabuntur indistincte, sive ad filium scripto codicillo, & ab eo relicto fideicommisso postuma postuma nata sit postea, de qua nihil cogitavit defunctus, & fideicommissum a filio relictum sit eis verbis, *quisquis mihi heres erit*, vel nominatim a filio : primo casu, *quisquis mihi, &c.* certum est, filium teneri pro parte, & postumam pro altera, quia omnem heredem oneravit illis verbis, *quisquis mihi heres erit, l.3.& l.ab intestato, hoc tit.* Quid si nominatim fideicommissum relinquatur tantum a filio? Et hoc casu videtur solus filius teneri, vel in solidum, vel quod magis est, pro parte dimidia tantum, ut releventur, quæ interim videtur solius ipse teneri, *l.pen.hoc tit.l.post emancip. §. 1. de leg.3.* Et in simili casu, *l.quidam §.ult.h.t.* Sed æquior est sententia Ulpiani, qui hac in re Marcellum notavit in *d.l.pen.* his verbis : *imo duntaxat partem debet*, *lex pen.* est Marcelli. Sed hæc verba sunt ex nota Ulpiani: *imo duntaxat partem debet.* Marcellus scripsit filium totum debere, qui rogatus est nominatim. Ulpian. notat, *quisquis mihi heres erit, aut pro parte infirmatur* fideicommissum ; hoc est, pro altera parte non tenebitur postuma, quod est verius. Cur tenetur filius pro parte tantum, ut voluit Ulpianus, quamvis ipse solus sit rogatus nominatim? quia hoc fit ex æquitate, quia filia ei facit partem & aufert partem. Æquum est igitur ut pro ea parte filius relevetur, quod res divisionem patiatur: & eadem nota est addenda ad Scævolam, sicut in simili casu eadem nota additur ad Scævolam, *d.l. quidam, §.ult.h.t.* ex Africano in *l. quæ eam sequitur, l. sed sum, de jure codicill.* Summa hæc est : libertatem fideicommissariam præstari omnino, quia dividi non potest, & præstari remedio redemptionis ; eodemque remedio individua fructuere servitute prædii, quæ etiam est individua, rem dividuam, si relicta sit his verbis, *quisquis mihi heres erit*, præstari a filio, a sorore pro altera parte: si relicta sit nominatim a filio, præstari tantum pro parte filii, pro parte intercidere fideicommissum.

Ad §. Tractati ejusd. L. XIII.

*Tractati solet de eo, qui cum tabulas testamenti non fecisset, codicillis ita scripsit : Titium heredem esse volo : sed multum interest, utrum fideicommissariam hereditatem a legitimo per hanc scripturam, quam codicillorum instar habere voluit, reliquerit, an vero testamentum facere se existimaverit : nam hoc casu nihil a legitimo peti poterit. Voluntatis autem quæstio ex eo scripto plerumque declarabitur : nam si forte a Titio legata reliquit, substitutum adscripsit, heres si non extitisset, sine dubio non codicillos, sed testamentum facere voluisse intelligitur.*

Altera quæstio est perbrevis, quæ proponitur in §. 3. *l. 13.* Species est: *Titium heredem esse volo.* Hæc verba

verba sunt precaria, non directa: verbum *volo*, est precarium, sicut verbum, *rogo*, *mando*, *cupio*, *peto*: non est directum verbum, *sient si dixisset*, *heres esto*. Hæc igitur verba sunt precaria, *l. quidam testamento*, *de leg.* 1. *l.* 11. §. *si filio*, & *l. nomen*, *de leg.* 2. §. *ult. Instit. de sign. reb. per sed.* Hæc igitur scriptura, *Titium heredem esse volo*, non est testamentum, etiam si. Si quis ita dixit, *volo facere testamentum*, quia testamentum non fit verbis precariis. Quid est testamentum? institutio heredis directa. Istitutio non fit verbo precario, non fit verbo, *volo*, sicut nec verbo, *facio*, nec verbo, *instituo*: Nam ut Ulp. scripsit in fragmentis, hanc institutionem plerique improbant, *Titium heredem instituo*, & illam quoque, *Titium heredem esse volo*, sed ita erat instituendus heres: *Titius heres esto*, vel, *Titius heres sit*, quæ verba sunt directæ & imperativæ. Quæ tamen differentia verborum hodie est sublata a Justin. in *l. quoniam*, *C. de testam.* Nam hodie si ita testator heredem scripserit, *Titium heredem esse volo*, si voluerit facere testamentum, verbum precarium accipitur pro directo, & valet testamentum. Sed mittamus constitut. & tractemus, quod hic a Papiniano dicitur, ut debemus. Secundum jus vetus, quod obtinuit ante Const. hæc scriptura, *Titium heredem esse volo*, non est testamentum, etiamsi voluit facere testamentum, quia id non fecit solemni verbo, & civili, quo facere debuit. At quemadmodum intelligemus, voluerit facere testamentum an codicillos? Est quæstio voluntatis: voluntas sola non facit testamentum, nisi velim. *Volo facere testamentum*, utor & verbis precariis ego, qui sum paganus, imperfectum est testamentum meum, quia non sola voluntate perficitur, sed & verbis solemnibus, & aliis quibusdam observationibus adhibitis. Ergo si volo facere testamentum, nullum est testamentum: si volo facere codicillos, valebunt codicilli, & proximus agnatus mihi heres erit ab intestato, & deducta Falcidia restituet bona Titio, quia videor fideicommissariam heredi. Titio reliquisse a legitimo herede, quandoquidem codicillos facere volui, non testamentum. Et hæc voluntatis quæstio declaratur ex scripto: *voluntatis quæstio*, inquit, *plerumque declaratur ex scripto*. Tullius de invent. *propius accedere ad voluntatem scriptoris illum*, &c. Et sane in hac specie, cum ita scriptum est heres, *Titium heredem esse volo*, illum voluisse facere testamentum ex scripto declarabitur, ut puta, *si a Titio legatum reliquerit*: nam legata ab herede relinqui non possunt, §. *præterea*, Inst. *de fideic. heredit.* Item, si in eadem scriptura Titio substituerit vulgari modo, si heres non esset directo volo, quia nec codicillis scriptis factis ad testamentum substitutio scribi potest. Idem quoque erit, si in eadem scriptura filium exheredaverit, eadem ratione, quia exheredatio inutiliter scribitur codicillis, sive ad testamentum facti sint, sive ab intestato, §. *ult.* Inst. *de cod.* *l. non codicillum*, *C. de testam.* quæ ait, satis probari ex institutione & exheredatione, defunctum noluisse facere codicillos, sed testamentum. Ex scripto igitur colligitur, voluisse eum facere testamentum: Hoc est, si ita heredem scripserit, *Titium heredem esse volo*, ex scripto satis apparet, eum voluisse testamentum facere: testamentum est imperfectum propter verbum *volo*. Non voluit etiam jure codicillorum, quia noluit facere codicillos, sed testamentum, & non apposuit clausulam codicillorum, vel hanc clausulam, *ut & ab intestato valeret sua voluntas.* Denique ea voluntas nullo jure valet, propter id solum verbum, *volo*, etiam si nihil sit præterea in ea scriptura, quod reprehendas. Et confirmatur *l. testamento*, *C. de fideic.* quæ lex est conjungenda cum *l. non codicillum*, *C. de testam.* nam est eorundem Imperatorum ad eundem, & substitutio eadem, quæ ita integritati est restituenda: sub *die 8. Id. Decemb. Casarib. Coss.* Et rés est eadem. Utriusque legis nexus evidentissimus *lex non codicillum*, ait, ex institutione, & exheredatione defunctum testamentum facere voluisse, non codicillos. Additur in *l. ex testamento*, si id testamentum, quod voluit facere, jure factum non sit,

A si solemniter factum non sit, nec fideicommissa ex eo deberi, id est, nec jure codicillorum id testamentum valere, quia omissa est clausula codicillaris. Et ita in specie nostra, si voluit facere testamentum illis verbis, Titium heredem esse volo, nullo jure testamentum sustinetur, etiamsi omni alio vitio careat, & Titius nihil poterit petere a legitimo herede jure fideicommissi, quia non fideicommissum facere voluit, sed directam institutionem.

Ad L. unum Ex familia LXVII. de leg. 2.

*Unum ex familia, propter fideicommissum a se cum moreretur, relictum, hæres eligere debet: ei quem elegit frustra, testamento suo legat, quod postquam electus est, ex alio testamento petere potest. Utrum ergo non consistit, quod datur, quasi creditori relictum? an quamdiu potest mutari voluntas, non recte creditori comparabitur, sive tamen durat electio, fuisse videtur creditor, sive mutetur, ex neutro testamento petitio competit.*

L Ex valde celebrata ab omnibus, nec immerito. Est enim plena rerum quotidianarum copia. Ejus legis prima propositio hæc est: *unum ex familia*, &c. Finge: heres rogatus uni ex familia relicturo dare fundum illum, cum moreretur, hoc modo: *rogo te heres, ut uni ex familia mea fundum illum des sive restituas, cum morieris*: valet legatum seu fideicommissum, quia in arbitrio heredis non ponitur, an det, quod esset inutile, sed cui det, *l. utrum* §. *cum quidam de reb. dub.* Et heres eligere debet unum, cui det. An possit eligere duos vel plures ex familia defuncti, post videbimus, modo consistamus in terminis superioris propositionis: *unum ex familia* heres eligere debet, quia & uni proponitur relictura esse fideicommissum, non uni nominatim; quo casu non esset electioni locus, sed uni incerto, hoc est, uni ex duobus vel pluribus, quem elegerit heres, cui constituerit se velle dare, vel si heres nullum elegerit, omnibus debetur fideicommissum ab herede heredis, qui scilicet sunt in familia, & nomine testatoris, quod latius demonstrabitur inferius. Nunc adnotemus, multum interesse, utrum quis fideicommissum reliquerit simpliciter uni ex familia, cui voluerit heres dare, *cum morietur*: Hoc adjecto pono duos casus, & inter eos esse discrimen: Nam priori casu, si fideicommissum reliquerit simpliciter uni, cui vellet heres dare, heres semel tantum eligere potest, cui velit dare, nec tamen statim post mortem testatoris cogitur eligere & dare, sed datur ei modicum & justum spacium arbitrio boni viri, ad deliberandum & consultandum, cui det, in *l. 24. infr. hoc tit. l. cum quidam erit, de legat.* 2. Et obtinet semper: tota enim causa testamentorum constat voluntate defuncti, modo nuda, modo solemni & justa. Igitur, etiam si simpliciter testator fideicommissum reliquerit uni, cui vellet heres dare ex voluntate defuncti, heredi erit plena & perpetua eligendi libertas, ut in specie quam tractat Quintilianus declam. 318. amicus heredem instituit, & petiit ab eo, ut ex duobus libertis, quos reliquerat, utri vellet decem millia daret, hoc consilio, ut spe electionis adductis liberti vivo heredi obsequerentur, tanquam patrono, quæ prædivinaret, nullam apud eos fore reverentiam amicitiæ, quæ inter eum & heredem erat. Si probetur hoc fuisse consilium patroni, hoc propositum, hæc ratio testamenti, heres non compelletur alterum eligere, quamdiu vivet, non ei præstituitur certum tempus arbitratu boni viri, intra quod hunc vel illum eligat, sed electionem trahet, si velit, usque ad extremum vitæ diem, perinde ac si patronus nominatim fideicommissum contulisset in tempus mortis heredis ut in posteriore casu ante proposito, *rogo te heres, ut uni ex familia mea, quem elegeris, fundum illum restituas, cum morieris.* Quo casu constat, heredem posse subinde mutare voluntatem & electionem §. 1. &. §. *rogo hoc tit.* heredem posse variare, pœnitere, modo hoc velle, modo illud: modo

modo velle, modo nolle, quia quicquid confertur in mortem, ejus arbitrium currit sursum deorsum tota vita, atque ideo omne spacium vitæ heredi est liberum ad eligendum, & suprema electio servatur non prima: non sufficit hunc eligere, si non durat electio, & contra non officit hunc rejicere prælato altero, si qui rejectus fuit primum, nunc eligitur. Ergo certissimum est, hoc casu ambulatoriam esse voluntatem heredis usque ad supremum vitæ exitum; sicut dicitur de voluntate testatoris, eam non esse firmam & stabilem, sed fluctuare & ambulare usque ad mortem: morte sola confirmari testamentum, morte item sola heredis confirmari electionem. Et hoc diximus, si fideicommissum sit ita relictum, cum morietur heres. Hæc adiectio manifeste rem confert in mortem heredis. Sed idem erit omnino, eadem erit vis verborum, si non dixerit, *cuius morietur heres*, sed *cum volet heres*, hoc modo: *rogo te heres, ut uni ex familia mea, cui volueris, & cum volueris fundum illum præstes & restituas*. Idem igitur est, si non dixerit, cum morietur heres, sed cum volet, aut cum volueris, sed quandocumque volet, aut volueris, ut in *l. uxorem, §. Scævola tit. seq. l. cum patet, §. ult. hoc tit*. Et ita observandum, vehementer, multum interesse dixerit testator, *tantummodo cui volueris, rogo te uti des*, nullo alio adiecto: nam hoc casu heres semel duntaxat eligere potest. Hæc enim verba, *cui volueris*, non habent tractum, nisi justi & modici temporis ad deliberandum, *ut dixi ante*. Verum si dixerit, *cum volueris, vel quandocumque volueris*, hæc verba tractum & extentionem habent usque ad mortem heredis: interim si quem elegerit, variare potest, & ab electione recedere aliumque eligere. Notanda est hac in re alia verborum differentia, *rogo te, cui volueris dare*: nam semel tantum eligere potest, *l. 17. §. ult. hoc tit*. At si dixerit, *cui volueris relinquere* hoc modo, *rogo te, ut uni ex familia cui volueris fundum illum relinquas*: hoc casu heres subinde sententiam, electionem mutare potest: heredi est perpetua voluntas eligendi, quamdiu vivit, *§. sed si fundum*, in *h. l.* quia volueris, *retinquendi*, rem trahit usque ad mortem, in *l. 11. §. si filio, l. seq. l.1. §. ult. de tab. exhib*. Retinquere est morientium, non viventium: dare est viventium magis. Atque ita differentia est inter dare & relinquere hoc modo: *heres rogo te, ut des, vel rogo te, ut relinquas*, quam differentiam etiam observat Grammatici quodam loco Hom. Il. 2. Qui locus etiam servit exemplo fideicommissi: Scribit, Vulcanum sceptrum, quod fabricaverat dedisse Jovi, Jovem Mercurio, Mercurium Pelopi, Pelopa Atreo, cum hi dederint ultro & sua sponte: at subjicit, Atreum reliquisse Thyesti, & Thyestem reliquisse Agamemnoni, quia scil. uterque non rem libenter dedit, quam necessario reliquit. Atreo Thyestes fuit frater, cum quo gerebat justas inimicitias. Agamemnon autem Atreo fuit filius major natu, sed adhuc impubes: noluit pater lubrico ætatis sceptrum relinquere, & maluit vel fratri inimico relinquere, fide interposita restituendi Agamemnoni, quam fidem fratri Thyestes etiam exhibuit, & proprio Ægystho filium fratris prætulit Agamemnonem. Atque ita uterque Atreus Thyesti, & Thyestes Agamemnoni magis necessario reliquit, quam libenter dedit, ut testamentis certe non tam libenter damus, quam necessario relinquimus, non daturi si viveremus. Denique relinquimus, quod asportare nobiscum non possumus. Et hæc differentia satis colligitur ex supradictis locis, ex *§. sed si fundum hujus l. conjuncta leg. 17. §. ult. hoc tit. & ex supradictis aliis legibus*. Ex his intelligimus, quod initio dixi, multum interesse, utrum quis legaverit simpliciter cui voluerit heres dare; an cui voluerit heres dare, cum morietur, vel cum voluerit, vel quandocumque voluerit, vel cum voluerit relinquere. Sed addendum in utroque casu hoc jus esse commune, ut priore casu, si legaverit simpliciter cui voluerit heres dare, ut herede non eligente, omnibus competat petitio fideicommissi, *d. l.17. §. ult. l. Labeo, §. ult. de statulib*. Sin vero fideicommissum reliquerit hoc modo, *cui volueris dare cum*

Tom. IV.

moritur: nemine electo, omnes, qui sunt ex familia defuncti vocantur ad fideicommissum, *§. sed si uno hoc tit*. Ergo quodam modo videtur esse duplex fideicommissum, purum & conditionale, perinde ac si ita dixisset, *uni ex familia, quem moriens heres elegerit, vel si non elegerit, omnibus*. Qua de causa in hac *l. §. si fil. uno electo ex familia ab herede*, lex ait, *ceteros conditione deficit*: quasi scilicet, videatur in omnium persona legatum fuisse conditionale, in electi persona purum. Eligit autem libere heres, quem vult ex familia, defuncti, vel proximiorem, vel ulteriorem, non servatis gradibus cognationis, & unius electio excludit ceteros. Et ita accipiendum est, quod ait initio hujus legis, *& unum eligere sufficit*, cujus scil. cumque gradus sit, ad excludendos ceteros, qui sunt ex eadem familia & nomine. Non eligente, autem herede & moriente, nemine electo, ipso jure omnes, qui sunt ex eadem familia, invitantur ad fideicommissum. Sed si quamplurimi aut pene innumeri, sane si diversis fideicommissum inter partes, in minutissimas diversis, atque ita inutile fideicommissum effeceris. Ideoque hoc casu cum nimis magnus est numerus eorum, qui sunt ex ea familia, æquius est ita rem temperare, ut proximiores admittantur, *l. 32. §. ult. de leg. 2. l. peto, §. frater, de leg. 2. hoc tit*. Sicut si testator generaliter petierit ab herede, ne fundum alienaret extra familiam: nam hoc casu heres elegit, quem vult, *§. sed & si fund. hoc tit. & l. pater filium*, ad *l. Falc. & l. filius§. §. cum pater, de leg. 1*. Nemine autem electo, omnes vocantur gradatim: quando & magnus numerus familiæ, proximiores admittuntur, ut ante dixi, *d. l. peto, §. m. fideic*. Inde subsequitur quæstio, quam post proponemus. Initio legis propositæ, subjicit Papinianus. Heres rogatus est uni ex familia quem elegerit, fundum restituere cum morietur, vel post mortem suam, unum elegit & ei testamento suo eundem fundum legavit: an valet legatum? Et respondet, statim inutile esse legatum, quia ei quem elegit, heres fundum debere, cœpit ex priori testamento. Debitor autem creditori, non jure legat id quod debet, *l. Mævius, §. 1. hoc tit*. Et ita respondet Papinian. hoc loco. Sed objicies: non ita videretur heredem obligari ei quem elegit statim, ut non possit se absolvere, cum voluerit mutata voluntate, & alio electo. Sed respondeo: heredem obligari ei, quem elegit, ex priore testamento, quamdiu non mutaverit voluntatem: & si, forte mutaverit, desinet obligari, & ex heredis testamento, quo ei quem elegerat, fundum legaverit, non esse legati petitionem, quia mutata voluntate legatum illud extinguitur, quod etiam non fuit proprie legatum, sed electio, vel electionis repetitio supervacua, si prius elegerit, deinde legaverit electo eundem fundum: deinde, si heres alium elegit incipit obligari ei quem novissime elegerit: ambulat obligatio ambulante voluntate heredis: vel si neminem elegerit heres heredis obligatur omnibus, qui sunt ex ea familia. Denique vel non facta electione ab herede, omnes, qui sunt ex ea familia, intelliguntur creditores: vel facta electione, is tantum intelligitur esse creditor, qui novissime electus est. Priore casu heres heredis omnibus frustra legaverit; posteriore heres electo frustra legaverit, quia debitor creditori inutiliter legat id, quod debuit: nisi amplius aliud sit in legato, quam in debito. Didicimus, herede rogato per fideicommissum restituere, vel dare cum morietur uni ex familia testatoris, quem ipse heres elegerit, hoc sit thema, quod versatur in hac leg. ei esse plenam & perpetuam libertatem eligendi cui velit fundum dare, & variandi quamdiu vivit, & ultimam demum hujus electionem valere, non primam, & nullo electo, omnes qui sunt ex familia testatoris, ad fideicommissum vocari, non servata gradus prærogativa, nisi ingens sit familiæ numerus, & eligi ab herede posse vel unum ex familia testatoris, cujuscunque gradus sit, & unius electione ceteros excludi, ceteros conditione deficere, ut in *§. 1. hoc tit*. ait si forte tres sint ex familia ejus, qui fideicommissum reliquit

eodem

eodem vel dispari gradu, nil refert, & satis unum esse eligere, & postquam paritum est voluntati, ceteros conditione deficere. Didicimus etiam, ei quem elegerit, heredem frustra in suo testamento legare fundum, quem statim electio secit, ut ei deberet heres ex alio testamento: nam sive in ea electione perseveraverit heres, videri creditori legasse, & debitor creditori jure non legat; sive electionem mutaverit, neque a primo testamento, neque ex testamento heredis ei quicquam deberi quia neutro testamento quicquam ei legatum videtur; non priore testamento, quia legatum proponitur ei, quem elegerit heres ; nam istius personæ electio non duravit: non testamento heredis, nam legatum illud heredis mutatur. Porro mutatur electio non tantum alio electo sed etiam nullo alio post electo, nuda sc. voluntate, si declaraverit heres, se ei dare nolle, quem ante elegerit: nec est eadem ratio testamenti, & electionis testamentum non infirmatur nuda voluntate: electio infirmatur nuda voluntate, quod Accurs. servat recte in princ. hujus l. ad verbum, mutetur. Hæc est brevis comprehensio ante dictorum, cui illud adjecimus postremum, quod diximus de electione.

### Ad §. Si Falcidia.

Si Falcidia quæratur, perinde omnia servabuntur, ac si nominatim ei, qui postea electus est, primo testamento fideicommissum reliquisset: non enim facultas necessaria electionis, propria libertatis beneficium est. Quid est enim, quod de suo videatur reliquisse, qui quod relinquit, omni modo reddere debuit.

§. 2. Itaque si cum forte tres ex familia essent ejus, qui fideicommissum reliquit, eodem vel dispari gradu, satis erit uni reliquisse: nam postquam paritum est voluntati, ceteri conditione deficiunt.

SEquitur alia quæstio, cui conjungitur explicatio §. 1. An heres, qui rogatus est uni, cui voluerit fundum restituere, possit duos, vel plures eligere, vel omnibus relinquere fundum? Et dicam statim posse: nam in §. 1. hujus l. ait, satis esse uni relinquere. Sensus hic est: posse omnibus relinqui, sufficere uni relinqui. Et ideo, sicut in hoc genere legati conditionem subintelligimus, ut si heres neminem elegerit, omnes vocentur ad fideicommissum, qui sunt ex familia defuncti: ita non male subintelligimus, ut fundum restituat uni, cui volet, vel pluribus, quibus volet: nam & istud genus legati ita extenditur in §. sed etsi fundum, & §. 10 fundum, hoc tit. Ac præterea, si non eligendo heres efficere potest, ut omnes ad fideicommissum veniant, qui familiares defuncti fuerunt, cur non possit etiam idem eligendo, sive relinquendo omnibus? Ac rursus, si partem hujus fundi heres potest assignare, & adscribere duobus, vel pluribus ex ea familia, §. si duos hoc tit. cur etiam non totum fundum poterit omnibus relinquere nulla habita electione, nullo habito discrimine personarum, quæ sunt ex familia? Nec quicquam mutat, quod fideicommissum uni relictum sit. Nam hæc verba sic accipiuntur, ut vel uni restituat ex familia. Idemque est sensus horum verborum, peto ut fundus de familia mea exeat: nam vel uni vel quibusdam, vel omnibus fundum heres relinquere potest. Et similiter e contrario, si dixerit, quibus volet ex familia restituas, satis erit, si uni restituat, uni relinquat, unum eligat, l. 24. h. t. in testam. & in legibus & in sermonibus, plerumque multa subaudiuntur: nam non possumus omnia fari, quæ meditamur, & non ita fari, ut meditamur: vis mentis vim orationis nostræ superat longissime: in testamentis pleraque προσυπακούομενα, id est, quæ subintelliguntur & subaudiuntur, ut Grammatici dicunt, quæ quidem ut in narrationibus, quas breves esse oportet, rhetores omitti jubent, quod satis per se intelligantur: ita omissa in testamentis supplentur facile: nam & testamenta brevitatem habent, testamentum fit tribus verbis, Petrus heres esto, l. 1. l. cum in testamento, l. si itaque heredes, de heredib. instit. Juvenal. omnia soli forsan Pacuvio breviter dabis. & alibi : qui se cautum atque legatum exiguis tabulis & gemma fecerat una, l. 1. l. si ita quis heres, de heredib. instit. Si igitur heres omnes, qui erant ex familia defuncti elegerit, omnes creditores fuisse intelligentur, & fundus eis in testamento heredis frustra legabitur, res scil. debita a debitore creditoribus frustra legabitur, vel si omnes heredes scripserit in suo testamento interveniente Falcidia, in ære alieno fundum deducent, quasi sibi debitum, deinde Falcidiam ex legatis, seu deductionem Falcidiæ præcedit semper deductio æris alieni, in quo computabunt illum fundum, quasi sibi debitum; nam deducent non tantum æs alienum, sed & sibi debitum & id, quod cui ex eis defunctus debuit, l. paterfamil. ad l. Falcid. Nec quicquam mutat, quod heres unum vel quosdam eligere potuerit, & unum præferre alteri: nec enim ideo videtur beneficium dedisse ei, eisve quos elegerit, quia necessario, vel hunc, vel illum, vel quosdam eligere debuit, vel omnibus relinquere illum fundum. Et quod necessitate fit, non est beneficium, non est liberalitas. Et hoc est, quod ait in §. 1. facultatem necessariam electionis, non esse beneficium propriæ liberalitatis, cum idem pareat, l. rem legatam, de adim. leg. Qua tamen in eandem rem quidam abutuntur, dum ajunt, neminem in necessitatibus liberalem existere. Nam ea lex hoc vult, multum interesse, utrum rem legatam testator vendiderit, an donaverit; nam si vendiderit, distinguimus: aut vendidit propter necessitatem rei familiaris, & debetur legatum, quia non habuit animum adimendi legati, sed coactus necessitate rem legatam vendidit: si vero mera voluntate vendiderit, videtur ademisse legatum. Eadem distinctione non utimur, si donaverit : nam quicunque donat mera voluntate, donat semper: nemo donat propter necessitatem rei familiaris, ut ea se absolvat dum premitur. Ergo nemo in necessitatibus liberalis existit, id est, nemo dum premit eum egestas donat ; non enim hic est sensus, ut non sit donatio, quæ necessitate fit. Sed redeamus unde abiimus: consequens est, quod ante diximus, ut si heres ei quem elegerit, fundum in suo testamento legaverit, aut prælegaverit, & interveniat Falcidia in testamento heredis, ex eo legato non detrahatur, quia non est legatum, quod necessitate relinquitur. Legatum est in genere liberalitatis, l. cum non facile, sicut plus quam per leg. Falcid. l. pen. de testam. Necessaria electio non est liberalitas, & legatum illud nihil aliud est, quam electio necessaria: electio est, quia heres est debitor fideicommissi. Necessitatis verbo significatur obligatio in l. post certi temporis, C. de liber. cau. Pactum nullam habere necessitatem, id est, ex pacto non nasci obligationem; quod & varie possit comprobari. Ergo quod ait Papinianus initio hujus l. unum ex familia heres eligere debet, plane necessitatem significat : debet, id est, cogitur, eligere vel reddere. Et ut ait in §. 1. omnino debet eligere vel reddere ipse, aut heres ejus: nam si priusquam eligat, moriatur heres, heres ejus omnibus cogitur reddere fideicommissum, fundus quidem est in legato ex testamento priore, non ex testamento heredis. Et ideo, si in testamento heredis interveniat Falcidia, in primo non interveniat, fundus ab herede legatus Falcidia non minuitur: contra, si in primo intervenerit Falcidia, etiamsi non intervenerit in testamento heredis, fundus minuitur per legem Falcidiam ; quia perinde est atque si is fundus in primo testamento fuisset legatus nominatim ei, quem elegit heres, vel eis, quos elegit: non fuit legatus nominatim, quia incertum est legatum; hæc sunt opposita, incertum esse legatum, & nominatim esse relictum, ut in illa declamatione Quintiliani 318. Ac rursus non est plane incertum legatum, alioqui esset inutile, quia certæ sunt personæ, quia incerto legavit, puta quem eligeret heres, §. sub cond. Inst. de leg. Ex his intelligimus §. 1. Ex §. si Falcidia, inter cetera intelleximus, legata esse in genere liberalitatis, legatum sive fideicommissum in liberalitate, & beneficio consistere. Sane legatum definitur esse donatio
quæ-

quædam, *l. 36. hoc tit.* quo modo, & fideicommissi definitio inchoari potest. Et definitur recte esse donatio quædam: nam est proprii cujusdam generis donatio: non est donatio inter vivos, reliquitur enim potius, quam datur: legatum vel fideicommissum mortis causa dicitur capio, *l. mortis causa capitur, de mort. causa donat.* & non insinuatur: non est etiam donatio causa mortis, quia convalescentia non revocatur, sicut donatio causa mortis. Est igitur proprii cujusdam generis donatio, hoc est, donatio quædam, ut in *l. rogasti, de præsc. verb.* si me rogaveris mutuam pecuniam, & ego cum pecuniam non haberem, tibi rem vendendam dedero, ut pretio utaris, lex ait esse genus quoddam proprii contractus, negotium gestum esse quoddam; id est, non esse mutuum, non esse commodum, sed proprii cujusdam generis contractum. Et ita Arist. *4. Ethic.* verecundiam esse metum quendam infamiæ: neque enim idem est prorsus, quod metus, verecundia ruborem, metus pallorem inducit. Ex eo autem quod diximus, legatum esse donationem quandam, & munificentiam, sive liberalitatem, scil. cujusdam generis, in jure multa sequuntur ex eo verbo: ut non possis obligare rogando eum, cui nihil dederis, non possis ab eo legatum, aut fideicommissum relinquere, quia de suo, non de alieno quemque largiri oportet, *l. 6. §. ult. t. seq.* Largitio, quæ fit de alieno: non est liberalitas: ergo nec legatum: quin in multis casibus largiri de alieno, est species furti, *l. si pignore, §. 1. de furt.* Ex eo etiam sequitur, ut turpia legata non valeant, *l. turpia, de leg. 1.* quibus convitio aliquo oneratur legatarius, ut si quis ita mulieri legaverit: *illi ut habeat, unde ingluviem suam exsaturet, sues omnes meas do, lego, scrophos, trojas meas omnes do, lego,* ut Messalla in *lib. de orig. Augusti,* scribit sues vulgari sermone Latino appellari *trojas*: ut solemus nos Galli appellare *des truyes,* & inde vexillo Trojanorum insculptam fuisse suem. Ergo non sunt beneficii aut liberalitatis, quæ contumeliose relinquuntur: contraria sunt honori, ergo è legato, legatum enim est honos. Denique contra naturam legati est, alicui cum convitio contumeliose legare. Qua ratione etiam jure veteri non valebat legatum relictum pœnæ causa, *§. pœnæ, Inst. de legat.* quia contra naturam legati est, ut sit pœna, non liberalitas, non honos. Et similiter ex his sequitur, quæ proprie pertinent ad thema legis nostræ, ut id non intelligatur esse legatum, quod necessario relinquitur: nam quod necessario fit, non fit liberaliter, necessaria electio non est legatum. Parere voluntati defuncti, non est legare, quia cogimur parere voluntati, exequi voluntatem defuncti, vel nos, vel heredes, si non ei obsecuti fuerimus.

### Ad §. Sed si 3.

*Sed si uno ex familia herede instituto, ille fundus extraneo relictus est, perinde fideicommissum ex illo testamento petetur, ac si nemo de familia heredi heres exstitisset.* Verum is, qui heres scriptus est, ratione doli exceptionis, ceteris fideicommissum petentibus facere partem intelligitur: nam qua ratio ceteros admittit, eadem tacitam inducit pensationem.

*§. 4. Si duos de familia non æquis portionibus heredes scripserit, & partem forte quartam extero ejusdem fundi legaverit, pro his quidem portionibus quos jure hereditario retinent, fideicommissum non petetur, non magis, quam si alteri fundum prælegasset, pro altera vero parte, quæ in exterum collata est, virilem, qui sunt de familia petent, admissa propter heredes virilium portionum pensatione.*

NUnc exponamus §. *sed si.* In hoc §. persequitur idem thema, quod proposui initio: est quæstio hæc laciniosa, & multis implicita interrogatiunculis, & quasi punctis. Heres rogatus est ex familia defuncti testatoris, cui vellet fundum restituere cum morietur. Hoc est thema hujus legis. Is heres precibus defuncti non præbuit fidum obsequium: Nam moriens heredem scripsit unum quidem ex familia testatoris sui, sed fundum extraneo legavit per vindicationem: ita ut ne momento quidem resideret apud heredem scriptum. Quid

fiet? non paruit voluntati defuncti, qui fundum extraneo legavit, licet unum ex familia sibi heredem fecerit. Quæritur, an fideicommissi petitio competat his, qui sunt ex familia prioris testatoris? Et sane ait Papinian. omnes, qui sunt ex familia, perinde fideicommissum petere posse, atque si neminem ex ea familia sibi heredem fecisses heres prioris testatoris fideicommisso oneratus. Finge: tres erant ex familia testatoris, & heres ejus unum ex eis sibi heredem fecit, fundum extero legavit, certe ceteri duo fideicommissum petent ab eo, id est, ab herede heredis, tametsi ipse etiam sit ex eadem familia, una cum ceteris duobus: non potest a seipso fideicommissum petere; ceteri ab eo poterunt rectissime ipse a se non potest petere. Et præterea, quod ad ejus personam attinet, obligatio descendens ex primo testamento, aditione confusa est, quia creditor intelligitur debitori heres exstitisse. Quid ergo heres heredis, licet sit ex eadem familia, nihil ex eo fundo feret? ita jus est summum: sed æquitas est, ut retineat portionem virilem in eo fundo, quod fiet ratione, hoc est, beneficio exceptionis doli mali. Nam ceteri petentes solidum fundum ab eo, repellentur ratione, hoc est, exceptione doli mali, a petitione solidi fundi, & bessem tantum fundi consequentur, triens remanebit apud heredem heredis, & in partem faciet ceteris, hoc est, persona ejus numerabitur in partibus faciendis. Et sic fundus dividetur in tres partes, in tres trientes, & non tantum partem faciet ceteris, sed etiam partem virilem sibi deducet, & retinebit. Non omnis, qui partem facit, & partem fert, *l. 7. hoc tit.* Hic & partem faciet, & partem feret, sive retinebit. Idque est æquissimum: *Nam,* ut ait Papinianus, *qua ratio ceteros admittit, eadem,* inquit, *tacite inducit pensationem.* Est obscura ea ratio, *qua ratio admittit ceteros:* Cur ceteri admittuntur? quia sunt ex familia prioris testatoris, & extitit conditio fideicommissi fundo ab herede legato, non uni ex familia, sed extraneo eadem ratio vocat heredem heredis in partem virilem, cum ipse sit ex eadem familia. Ergo admittitur, partem facit ceteris, partemque retinet sibi, hoc est, trientem: admittitur autem, ut ait, *per tacitam pensationem:* nihil refert dicas *pensationem,* an *compensationem,* utrumque idem potest. Vocat autem pensationem non improprie, ut vult Accursius, sed proprie. Quid est compensatio? *reputatio partis debitæ pro rata.* Ceteris petentibus solidum, ipse compensat, & reputat partem sibi contingentem, partem, quam ex primo testamento testator secundus sibi debuisse intelligitur. Denique ceteris petentibus solidum, compensat partem sibi debitam, atque ea minus præstat ceteris. Hoc sane est compensare, & quasi solvere solidum: nam compensatio vicem solutionis obtinet. Et ita in §. *seq.* ubi eadem æquitas compensationis servatur, ait, *admissa propter heredes, virilium portionum pensatione.* Verum cur hanc pensationem vocat tacitam, nec enim fit tacite, ut videtur, quia ante dixit, eam induci ratione exceptionis doli mali. Opus est igitur facto, hoc est, oppositione exceptionis, ergo compensatio non fit tacite, non fit tacito jure, sed opposita exceptione doli mali. Ea autem opposita non fit pensatio. Sic posset quis argumentari summa ratione. Sed nihilominus dicendum est hoc casu, ut in omnibus aliis semper induci tacitam compensationem ab herede heredis adversus ceteros, quia fit ex eadem familia pro portione virili, hoc est, eam pensationem induci tacito jure, magis est: etiamsi sit omissa exceptio doli mali, quæ inest omnibus judiciis tam bonæ fidei, quam strictis. Nam quod attinet ad causam compensationis, hodie exceptio doli mali inest omnibus judiciis, tam strictis, quam bonæ fidei, *l. 4. l. posteaquam, de compens. l. 4. & 5. C. eod. l. inter, de adm. tut.* ubi idem Papin. Æquitas merum jus compensationis inducit, id est, æquitas facit, ut fiat compensatio tacito jure: mero jure fiebat in strictis judiciis opposita exceptione doli mali. Hodie hæc exceptio inest omnibus judiciis, hoc est suppletur a judice: etiamsi sit omissa: & inducitur compensatio, minuiturque petitio acto-

actoris vel confumitur ratione compenfationis tacitæ, ratione exceptionis doli mali tacitæ. Nam hæc non funt contraria. In hoc §. induci tacitam exceptionem, & fieri penfationem ratione exceptionis doli mali : fit enim ratione ejus exceptionis, quæ ineft, & quam exprimi neceffe non eft, aut peti a prætore, & adjici actioni. Hæc eft fententia hujus §. Ex eo intelligitur, confufionem, quam inducit aditio hereditatis, tolli quidem obligationem, fed compenfationem non tolli, quod eft frequens in jure, *l.* 14. *C. ad l. Falcid. l. ultim. ad Trebell.* Obfervandum etiam hoc eft, recte ita poni fpeciem in hoc §. heredem fcripfiffe unum ex familia, fed fundum extero legaffe: nam fi heredem fcripferit unum ex familia, & fundum nemini legaverit, ceteri excluduntur, quafi defecti conditione, *l. filiusfam. §. cum pater, de leg.* 1. quia penes unum ex familia fundum remanere fatis eft, & remanebit penes heredem fcriptum, qui eft ex familia, fi non fit alii legatum. Rurfus ad hæc poffet quæri, *quid fit ftatuendum de legato relicto extraneo : an extraneo erit legati petitio?* Fideicommiffi petitio ratione ejus fundi competit omnibus, qui funt ex familia, *an & legati petitio competit extero?* Diftinguendum eft : Aut heres, qui eo fideicommiffo oneratus fuit, fundum legavit extero, fciens effe debitum ex teftamento teftatoris fui, *l.* 49. *mand.* Aut ignorans. Si fciens fundum effe debitum, eum legavit extero, heres ejus extero tenebitur ad æftimationem fundi folidam, familiæ autem ad fundum : extero tenebitur quafi legatario, familiæ quafi creditoribus. Priores potiorefque funt creditores legatariis, *l.* 1. *Cod. de bon. auct. jud. poff.* nam legata non debentur nifi deducto ære alieno, *l.* 1. §. *denique, ad Treb.* Ideoque rem ipfam primum heres præftabit his, qui funt ex familia : deinde æftimationem legatario. Sed fi ignorans, heres heredis legatario tantum tenetur pro parte ceterorum, §. *fi rem* in hac l. Intelleximus ex §. *fed fi uno,* herede rogato fundum uni ex familia teftatoris, cui vellet relinquere, fi is unum ex familia heredem fcripferit, fundum autem extraneo legaverit, ceteris qui funt ex familia heredes heredis teneri fundum reftituere, compenfata & deducta portione virili fibi obtingente, & delata ex priore teftamento : portionis virilis ei compenfationem effe, petitionem effe confufam aditione hereditatis, quia ut debitoris heres extitit, teftator fuus debitor ei fuiffe intelligitur ex caufa fideicommiffi priori teftamento relicti ; compenfationem autem falvam manere, nec perimi confufione, imo fieri eam tacito jure ratione doli exceptionis, quæ hodie ineft omnibus judiciis, ex caufa compenfationis, & ex omni alia caufa judiciis tantum bonæ fidei. Hæc eft fincera hujus §. interpretatio: eadem eft ratio compenfationis in fpecie §. *fi duos.* Heres rogatus eft uni ex familia teftatoris cui vellet certum fundum relinquere : & duos ex ea familia fibi heredes fcripfit, fundi partem quartam extraneo legavit : cum fcripfiffet autem duos heredes ex difparibus partibus paruit voluntati defuncti pro dodrante, quia dodrantem reliquit duobus ex familia, quos fibi heredes fecit, pro quadrante autem non paruit voluntati defuncti, quia quadrantem fundi extraneo legavit : quo fit, ut omnibus qui funt ex familia, competat fideicommiffi petitio pro quadrante, non etiam pro dodrante, quia dodrans duobus ex familia relictus eft, dividendus pro hereditariis portionibus, qui etfi alteri eorum prælegatus fuiffet, ceteris quadrantis petitio non competeret. Unde fi heres fideicommiffo oneratus, unum ex familia heredes fcripferit, & fundi quadrantem extero legaverit : ceteri omnes, qui funt ex familia, quadrantem duntaxat fundi petere poterunt a duobus illis heredibus, fed in partibus faciendis numerabunt duos heredes fcriptos: retinebunt ergo finguli heredes fcripti ex fundi parte quarta viriles portiones, jure penfationis tacitæ, & reliquum reftituent ceteris, qui funt ejufdem generis, nominis, familiæ, qui fimiliter id inter fe dividunt pro viribus portionibus, quia prior teftator omnes videtur vocaffe ad viriles portiones, *l. cum pater,* §. *heredem, l. pen.* §. *Lucius, h. t.* Et hoc eft, quod ait in hoc §. quæ verba indigent

interpretatione, *pro altera vero parte, quæ in exterum collata eft,* id eft, pro quarta parte, quæ extero legata, virilem qui funt de familia petent: *qui funt de familia,* hoc eft ceteri, qui non funt heredes fcripti ab herede onerato fideicommiffo, & funt ex eadem familia prioris teftatoris, & quomodo petent ? *admiffa,* inquit , *ut recte Florentiæ, propter heredes,* id eft , propter illos duos heredes, *virilium portionum penfatione.* Quæ verba ita fient perlucida, fi fic exponantur: ceteri qui non funt heredes fcripti, & funt ex eadem familia, tantum petent fundi quadrantem legatum extero, verum tacito jure, mero jure, ipfo jure : illi duo heredes fcripti eis partem facient in eo fundi quadrante, quem petent. Ac præterea, quoniam Azo & Hugolinus aliquantulum laborant in interpretatione horum verborum, *pro his quidem portionibus, &c.* optimum effe puto, ea facere clariora. Ea verba nefcio qua mente fic accipi poffe arbitrantur, ac fi palam diceret Papinianus, illos duos heredes dodrantem in eo fundo retinere jure hereditario, quod eft manifefte falfum : nam fundus ille non fuit in hereditate heredis primo teftamento inftituti. Ideoque jure fideicommiffi illi duo heredes retinent dodrantem fundi jure fideicommiffi fibi relicti primo teftamento, non jure hereditario, quia heredes extiterunt ei, a quo fuerat fideicommiffum relictum : & confequenter , fi eis Falcidia interveniat in pofteriori teftamento, eum dodrantem non imputabunt in Falcidiam, *l.* 4. *ad l. Falc.* Quia in Falcidiam ea tantum imputantur, quæ jure hereditario capiuntur, *l. in quartam, ad l. Falcid. l. filium quem, C. fam. ercifc.* Et ut debitor inutiliter creditori legat id, quod debet, titulo legati fcil. ita & titulo hereditatis. Denique eum dodrantem capient titulo fideicommiffi ex primo teftamento, non titulo hereditatis ex pofteriori teftamento. Et alius eft fenfus horum verborum, nempe hic : eos duos heredes, quafi electos ab herede primo per inftitutionem, fecundum modum inftitutionis dodrantem ejus fundi inter fe dividere pro hereditariis portionibus, non pro virilibus, quia ut propofuimus in princ. non fuerunt heredes fcripti ex æquis partibus, fed ex difparibus : non ergo divident fundi extraneo legati dodrantem inter fe ex æquis partibus, fed ex difparibus, prout heredes inftituti funt. Quadrantem autem fundi extraneo legati contra voluntatem defuncti, omnes, hoc eft, heredes & non heredes, ejufdem familiæ & gentis inter fe divident pro virilibus portionibus, quia, ut dixi, primo teftamento prior teftator intelligitur omnes vocaffe in viriles portiones, ut in capita. Ambiguitas orationis folvitur difcrimine veri & falfi, quæ videbatur ineffe illis verbis, *pro his quidem portionibus, quas jure hereditario retinent.* Senfum, ex quo efficitur falfum, rejiciamus : fenfum ex quo efficitur verum, amplectamur, quæ eft certa regula ambiguitatum dirimendarum : ut fi dicam hoc modo: *conftat filium in poteftate habere patrem,* utrum dicam explicare facillimum eft. Nam vel hoc dico, patrem effe in poteftate filii, quod eft falfum, vel filium effe in poteftate patris, quod eft verum. Et hoc eft, quod diximus, ambiguitatem folvi difcrimine veri & falfi. Illud non eft omittendum, ut & in fpecie h. §. *fi duos*, & in fpecie §. *fed fi uni,* ponendum effe neceffario fundum vel partem fundi, de quo quæritur, extraneo fuiffe legatum ab heredibus, vel herede heredis primo teftamento fcripti, nec fuiffe traditum extero : unde quæritur, *quid fit dicendum, fi heres heredis fundum vel partem fundi extero legatum antequam ceteri agerent ex caufa fideicommiffi?* Sane hoc cafu ceteris, qui funt ejufdem gentis & familiæ, non tantum in heredem, fed etiam in extraneum poffefforem, eft fideicommiffi perfecutio, & in rem miffio, aut in rem actio, *l.* 1. *l. ult. C. comm. de leg. Nov.* 39. Et eft fideicommiffi perfecutio ceteris folummodo, non etiam heredi, quia tradidit, licet fit ex eadem familia: quia fideicommiffi tantum compenfationem habet pro portione virili, non petitionem : non dabitur etiam heredi conditio certi vel incerti adverfus exterum, cui tradidit ratione omiffa retentionis, ratione non retentæ partis virilis, quafi plus debito tradiderit : quia fcil. retentionem

nem tantum habuit adversus ceteros, qui sunt ex eadem familia pro portione virili, non adversus extraneum legatarium. Hæc habent rationem suam: sed sequitur ex eo magnum incommodum; nam ita fit, ut deterior sit conditio legatarii extranei traditione ei facta, quam traditione nondum facta: nam si nondum tradiderit heres heredis fundum extero, vel partem fundi, ab eo consequetur æstimationem rei legatæ, si testator sciens legaverit: vel si ignorans, partem virilem, quam heres sibi detraxit. Igitur ne hoc eveniat, æquissimum est, legatario subveniri adversus heredem, a quo ei legatum relictum est, perinde atque si nihil accepisset, quandoquidem id, quod accepit, abstulere ceteri, qui erant ex eadem familia. Et æquissima videtur esse sententia Accurs. ut si ab extraneo possessore, cui jam traditus est fundus, ceteri vindicent fundum, ille se defendat adversus eos ex persona heredis, a quo accepit: potest uti defensione ex persona heredis, qui adversus heredem regressum habet. Reputabit ergo ceteris, quod & reputasset ipse, a quo legatum accepit. Et hæc sufficient ad hunc §. Valde notandum, quod diximus in extremo ultimæ recitationis. Duobus ex familia prioris testatoris ab herede fideicommisso constitutis, vel uno ex familia instituto, fundo, de quo agitur, extraneo legato & tradito, si ab extraneo fundum vindicent, ceteri qui sunt ex eadem familia, eum possessorem extraneum posse compensare viriles portiones, aut virilem portionem, quam heres, qui fundum tradidit, compensaret, si cum ipso ageretur, & eundem extraneum in residui æstimationem cum herede legatus experiri posse, si sciens prior heres fundum familiæ deberi, eum extraneo legaverit: alioqui, quod sit iniquum deterior erit conditio legatarii post traditionem fundi, quam fuerit ante traditionem: nam ante traditionem vel agens consequeretur totius fundi æstimationem, si sciens prior heres ei legasset, vel portionem obtingentem heredi, si ignorans legasset prior heres, ut in §. si rem, in h.l. Hæc sunt subtilia magis, quam difficilia.

*Ad §. Sed etsi fundum* 5.
*Sed etsi fundum heres uni ex familia reliquerit, ejusque fidei commiserit, ut eum extero restituat, quasitum est, an hoc fideicommissum peti possit? dixit, ita demum peti posse, si fundi pretium efficiat. Sed si quidem ille prior testator ita fideicommisso reliquisset, rogo fundum, cui velis, ex quibus voles ex familia relinquas, rem in expedito fore. Quod si talia verba fuissent, peto, ne fundus de familia exeat, heredis heredem propter sequens fideicommissum, quod in exterum collatum est, oneratum intelligi, petituris deinceps ceteris ex primo testamento fideicommissum, post mortem videlicet ejus, qui primo electus est.*

*§. 6. Et ideo, si electo uno fideicommissum in exterum non conferatur, non alias ei, qui electus est fideicommissum præstandum erit, quam interpositis cautionibus, fundum cum morietur, si non ex familia cum effectu relinqueretur, restitui.*

Quæ hactenus dicta sunt de fideicommisso fundi uni ex familia relicto, omnia locum etiam habent in fideicommisso ita relicto, peto ut fundus ille ex familia mea exeat. Itaque quo ad ea, quæ hactenus diximus attinet, nihil interest, dixerit testator, peto ut fundum uni ex familia relinquas, aut peto, ut fundum ille exeat de familia mea. Sed ex hoc §. sed etsi fundum, intelligemus in aliis causis esse differentiam inter hoc & illud genus fideicommissi, & duæ sunt præcipuæ differentiæ. Fundo relicto uni ex familia & tradito ab eo, qui fundum accepit, fundus potest transferri in extraneum, nec perpetuo remanere debet in familia: fideicommisso autem relicto familiæ, vel herede rogato, ne fundus exeat de familia, ab eo, qui prius accepit fundum ab herede, non debet fundus in extraneum transferri, sed reservari debet, & relinqui aliis, qui sunt ex eadem familia. Qua de causa is, cui priore loco heres fundum tradidit, cavere debet heredi, se eum fundum, cum morietur, familiæ relicturum, vel heredi redditurum, quandoquidem ceteris competit fideicommissi petitio adversus heredem, fundo quandoque in extraneum collato, *l. peto, §. ult. supra*, & ob id heredi caveat de indemnitate: denique heres rogatus, ne fundus exeat de familia, eliget unum ex familia, cui fundum relinquat exacta cautione, *fundum extra familiam alienatum non iri, aut sibi restitui*, propterea quod fundo alienato extra familiam, ipse heres obligatur ceteris, qui sunt ex eadem familia, quamdiu ea permanebit. Est igitur sane, cur heredi caveatur de indemnitate. Cautionis formulam totam Papinianus exposuit hoc loco, *fundum cum morietur, &c. fundum quem tibi trado, cum morieris, si non in familia cum effectu relinqueretur, mihi restitui, cum effectu, id est, non verbo tenus, re non verbo*. Hæc sunt opposita *l. 1. §. ult. quod quisque juris in al.* Posset spe relinquere in familia, relinquere in familia verbo, non effectu ipso. Quid enim si reliquerit uni ex familia, & jusserit eum extraneo solvere æstimationem fundi? Sane hoc casu verbo tantum tenus fundum reliquit in familia, non cum effectu. Igitur cautioni recte inserit ea verba, Papinian. *cum effectu*. Est etiam alia differentia inter hoc & illud genus fideicommissi. Si heres rogatus sit uni ex familia fundum restituere, & in suo testamento uni ex familia sua eundem fundum legaverit, inutile est legatum, ut didicimus *in princ. hujus l.* quia debitor id, quod debet ex primo testamento creditori legasse videtur. Et consequenter ab eo fideicommissum relinqui non potest; ab eo, cui legavi inutiliter, & fideicommissum relinquo inutiliter, *l. 7. §. ultim. tit. seq.* Frustra igitur eum rogabo, ut fundum extraneo restituat, quamquam ipse sua sponte eum possit alienare extraneo. Unus tantum casus est, quo ab eo fideicommissum relinquitur utiliter, puta, si præter fundum eidem testamento legaverit, quantum fundi pretium efficiat. Hoc casu ipse rogabitur fundum extero restituere, non quod fundus ei sit legatus, sed quia præter fundum aliquid amplius, quam efficit verum pretium fundi. Ergo agnito legato compellitur subire onus fideicommissi, id est, fundum extero restituere. Neque ob eam causam heres heredis quicquam obtinet. Et hæc quidem ita, si heres rogatus sit, uni ex familia fundum restituere. Quid fiet altero casu, si testator ab herede petierit, ne fundus de familia exiret? Hoc casu res procedit longe aliter: Nam si heres elegerit unum ex familia, eumque ita rogaverit, fundum extraneo restituere, puta amplioribus legatis relictis, hoc casu heres heredis ab eo, qui electus est non exiget cautionem: illam, de qua diximus supra, *fundum in familia relictum iri, vel sibi restitutum iri*, ne scil. faciat contra voluntatem sui testatoris, qui fundum in extraneum transfire voluit: heredis est tueri voluntatem defuncti, non infringere: atque ideo non exigit sibi caveri de ea non infringenda: & tantum eo, qui primus electus est, mortuo, adversus heredem heredis, cui cautum non est, sequentibus qui sunt ex eadem familia, dabitur persecutio fideicommissi: denique adversus heredem heredis, ceteris erit persecutio fideicommissi, neque tamen ei erit exactio cautionis adversus eum, qui primus electus est: illa cautio exigitur ab eo, qui fundum extraneo restituere rogatus non est, non ab eo qui rogatus est. Esset enim absurdum heredem a legatario exigere cautionem de fide non exhibenda testatori suo, a quo heres ipse scriptus est. Itaque hoc casu valde oneratur heres, propter sequens fideicommissum, quia remedio cautionis non potest sibi prospicere. Priore casu propter sequens fideicommissum nil oneratur heres heredis. Et ita posteriorem partem hujus legis interpretatur recte Azo: in verbis hujus §. Accurs. male legit, *propterea* pro *præterea*. Item in Pandectis Florent. perperam deest versus in hoc §. Et sane est frequens hoc in Pand. Flor. Igitur sic legamus, *sed etsi fundum, &c.* Dixi ita demum peti posse, si præterea tantum eidem relictum esset, quod
fundi

fundi pretium efficiat. Circa priorem partem dubitat Accurf. non abs re, cur heres rogatus uni ex familia fundum restituere, si unum ex familia heredem instituerit, ejusque fidei commiserit, fundum extraneo restituere, heres heredis familiae teneatur? ut in §. *sed etsi uni*. Et tamen ut oftenditur in hoc §. *sed etsi fundum*, si heres rogatus uni ex familia fundum restituere, eum fundum uni ex familia legaverit, & alia quaedam, quae fundi pretium efficiant, & ejus fidei commiserit extraneo fundum restituere, heres heredis familiae non tenetur. Et ratio differentiae breviter apertissima haec est: herede instituto uno ex familia, & fundo extraneo relicto a primo herede, scil. ceteri, qui sunt ex familia, conditione non deficiuntur, quinimo extitisse videtur conditio fideicommissi, quia unus ex familia electus non est, quia nemini ex familia fundus relictus est: nec enim videtur relictus heredi instituto, cum fit relictus in legatis, non in hereditate : & relictus, quod magis est, per vindicationem, aut etiam ita, ut paululum confifteret in perfona heredis instituti, & quasi nihilum temporis. Legata autem funt separata ab hereditate. At fundo ab herede relicto uni ex familia, etiamsi eum jure rogaverit fundum extraneo restituere amplioribus legatis relictis: ceteri, qui sunt ex familia conditione deficiuntur : fideicommisso excluduntur penitus, quia verum est uni ex familia fundum fuisse relictum titulo legati, qui propter ampliora ea legata, non inutiliter fuit rogatus eundem fundum extraneo restituere : sequitur §. *rogo hic*. Sed antequam ulterius progrediamur, res ipfa postulat, ut diligentius exponamus id ipfum, quod ex §. *sed etsi fundum*, discrimen constituimus inter hoc genus fideicommissi, *peto uni ex familia, cui voles fundum relinquas cum morieris*, & illud, *peto ne fundus de familia tua exeat*. Communia quidem haec sunt inter haec duo genera fideicommissi. Primum quod heredis est electio, cui velit fundum relinquere ex ea familia, & ea quidem ambulatoria usque ad supremum vitae exitum. Deinde quod ei quidem, quem elegerit heres, frustra testamento suo legat eundem fundum, tum etiam, quod ab eo, quem elegerit, frustra alteri fideicommisso relinquit, praeterquam uno casu, si ampliora legata ei legaverit. Ac postremo, quod non unum tantum here eligere possit, sed & duos, vel plures, vel omnibus relinquere eum fundum, & quod fundo nemini ex familia relicto, omnibus, qui sunt ex familia fideicommissi petitio competit. Quae omnia demonstrata sunt in superioribus §§. & sunt communia utriusque fideicommissi, sive dixerit, *peto ut uni ex familia relinquas cui volueris cum morieris*, sive dixerit, *peto ne fundus de familia exeat*, haec, inquam, sunt communia. Differentiae autem hae sunt, quae ponuntur in §. *sed etsi fundum*, satis obscurae, ut rursus eas explanari sit operae pretium: si fideicommissum relictum uni ex familia incerto, si heres unum ex familia elegerit, & in voluntate perseveraverit usque ad mortem, vel si uni ex familia fundum legaverit, quod legatum nihil aliud est, quam electio suprema; nec jure proprio legati censetur, vel si unum ex familia sibi heredem instituerit fundo extraneo, non relicto: is quicumque ex familia fuerit, ad quem fundus pervenit, eum fundum alienare extra familiam, & extraneo dare vel relinquere potest, quia testator noluit, ut is fundus curreret per omnem familiam, feu per omnem agnationem: imo vero & uno illo casu, de quo ante dixi, heres rogatus uni ex familia fundi restituere, ab eo quem elegerit eundem fundum extraneo per fideicommissum relinquere potest, puta, si ei, quem elegit, aliquid amplius legaverit, quam fundi pretium efficiat, neque ob istud fideicommissum quicquam onerabitur heres heredis. At fideicommisso relicto familiae, vel herede rogato, ne fundus de familia exeat, is, quem elegerit, non debet fundum in extraneum trasferre, sed conservare eidem familiae: imo ea de re cavere heredi heredis debet, se eum fundum non collaturum in extraneum. Alioquin heres heredis onerabitur, cui scil. cau-

tum non est de indemnitate, si electo fundum praestiterit, & is eum in extraneum contulerit, propterea quod post mortem electi, cui fundum praestiterit, ceteris, qui sunt ex ea familia, heres heredis tenebitur ex causa fideicommissi primo testamento relicti. Atque ita duplici praestatione fundi, hoc est, fundi & aestimationis praestatione onerabitur, quod non est verisimile testatorem onerare priorem heredem voluisse, *l. Titia*, §. *qui invita l. Mævius, hoc tit. de leg.* 2. *l. qui dotem, de dote praeleg*. Ergo ne oneretur duplici praestatione heres heredis, juste desiderabit sibi caveri ab eo, qui electus est, cuique ipse fundum restituit, se eum fundum in familia relicturum. Et hoc ita sicut posui, quem elegit fundum extraneo per fideicommissum non reliquerit, sed ipse, qui electus est, accepto fundo eum in extraneum contulerit, vel conferre velit : nam ne conferat in extraneum in onus, sive perniciem heredis, obstringendus est cautione illa. At si prior heres ab eo, quem elegit, fundum extraneo per fideicommissum reliquerit, quo scil. casu relinquere potest, puta amplioribus legatis eidem relictis, tunc sane heres omnino onerabitur, nec ulla erit ratio expediendi se onere isto, videlicet, si is, qui electus est, cuique heres heredis fundum praestiterit, eum ex causa fideicommissi, ut debuit, extraneo restituerit. Nam de fundo non restituendo extraneo, ut jussit prior heres, aut si restituatur, de reddenda aestimatione, heredis heres ab eo cautionem exigere non poterit contra voluntatem testatoris sui, *hoc est*, prioris heredis, cui ipse heres extitit, & qui fundum in extraneum transire voluit. Esset enim absurdum, si heres impugnaret voluntatem defuncti, vel ut dicam explicatius, si heres a legatario exigeret cautionem, de non exhibenda fide testatori suo, quam ipse debet, si praestaret quidem ipse fidem testatori suo, sed nollet praestari ab aliis, vel satis ageret, *id est*, saragere ne praestaretur, & hac ratione, non potuit exigere cautionem superiorem, atque ita sibi prospicere de indemnitate, & nihilominus ceteris, qui sunt ex familia, tenebitur ex causa fideicommissi primo testamento relicti, quia fundus non permansit in familia. Atque ita hoc posteriore casu omnino onerabitur heres heredis, propterea quod remedio cautionis indemnitati suae consulere non potest : atque ita videtur prior heres omnino eum onerare voluisse, quando ab eo, quem elegit nominatim fideicommissum illud extero reliquit. Et haec est sententia §. *sed etsi fundum*: verum opus est, ut huic rei clarissimum lumen adhibeatur : ait, *propter sequens fideicommissum*, quod sc. prior heres reliquit extero ab eo, quem elegerat ex familia : ait *heredis heredem oneratum intelligi*. Ergo, ut subjicit, ceteris tenetur ex causa posterioris fideicommissi is, qui electus est, a quo heres heredis cautione exacta sibi prospicere non potuit. Denique heres heredis propter sequens fideicommissum, ita oneratus est, ut nec exonerari possit, quia deficit remedium cautionis, nec suppetit aliud. Deinde ait, *si electo uno fideicommissum in exterum non conservatur*. Sensus hic est: si prior heres ab eo, quem elegit ex familia fundum extero per fideicommissum non reliquerit, non oneratur heres heredis, si modo sibi prospexerit cautione, quoniam hoc casu si exigat ab eo, qui electus est, nihil contra voluntatem testatoris sui facit, qui extero ab electo fideicommissum non reliquit. Ergo heres heredis prospiciat sibi cautione, & non onerabitur, *hoc est*, indemnis servabitur ab eo, qui electus est, cuique fundum praestitit, nec etiam alias ei, qui electus est, fundum praestabit, quam si caverit fundum in familia relictum iri, vel si non relinquatur, restitutum iri, aut aestimationem: sive quanti ea res est: hac cautione interpolita, si is, qui electus est, fundum transtulit in extraneum, heres tenebitur ceteris petentibus fideicommissum ex primo testamento, sed indemnis habebitur beneficio cautionis interpofitae, quae ei parat actionem ex stipulatu adversus electum, cui fundum praestitit.

Ad

## Ad §. Rogo. 7.

*Rogo fundum, cum morieris, vestitutus ex libertis cui voles, quod ad verba attinet, ipsius erit electio, nec petere quisquam poterit quamdiu praeferri alius potest defuncto eo, prius quam eligat, petent omnes. Itaque eveniet, ut quod uni datum est, vivis pluribus unus petere non possit sed omnes petant, quod non omnibus datum est, & ita demum petere possit unus; si solus moriente eo superfuit.*

Facilior est species §. rogo. In summa hoc vult, ut quae dicta sunt de fideicommisso relicto uni ex familia, *cum morieris heres*, eadem obtineant in fideicommisso relicto uni ex libertis, hoc modo: *rogo fundum, cum morieris, restituas uni ex libertis, cui voles*. Quid enim refert relinquere uni ex familia an uni ex libertis, vel ex cognatis, vel ex fratribus? Igitur his omnibus casibus heredi est electio perpetua, electio ambulatoria, atque adeo incerta usque ad supremum vitae exitum. Haec enim verba, *cum morieris*, hanc ei licentiam variandi dant. Ex sententia autem defuncti, quamvis uni figura verborum fideicommissum datum sit, heres potest, non tantum unum eligere, quod habuimus in superiore §. sed etiam duos, vel plures, vel omnibus relinquere potest fundum. Item nemine electo omnes liberti veniunt ad fideicommissum fundi, §. *sed si uni*, & *l.17.§.ult.de legat.1*. Atque ita, quod datum est uni, non omnibus, figura verborum, sc. omnes liberti petent, si heres omnibus reliquerit, vel si nemini reliquerit, & petent ab herede heredis. Nam haec verba, *cum morieris*, etiam tempus, quod erit post mortem heredis, complectuntur in fideicommissis, atque ita nihil refert dixero, cum morieris, an cum mortem objeris, *l. fideicommissi, §.si filio, de leg. 3*. Et consequenter, quod uni datum est, unus non petet, si heres mortem objerit, vivis pluribus libertis, & nemine electo. Nam omnes admittuntur pro virilibus portionibus, & ita demum unus tantum admittetur, si solus superfuerit moriente herede, priusquam eligeret. Denique si morieri te herede nemine electo plures liberti fuerint, facient inter se partes viriles, hoc est, fundum partientur in partes viriles, §. *si duo, sup. l. cum pater*, §. *hereditatem, de leg. 2*. Si superfuerit unus tantum ex libertis; is solidum fundum capiet. Haec est sententia §. rogo. Sed repetamus, quod diximus ultimo loco; si unus tantum ex libertis superfuerit, moriente herede solidum fundum capiet, non concurrentibus aliis collibertis. Obstat vehementer huic dicto *l.pater §.filium de leg. 3*. Species haec est: *filiam heredem scripsi, & ita dixi: veto domum illam de nomine meo exire, sed ad vernas, quos testamento nominavi, pertinere volo*: legavi vernis domum per fideicommissum, hoc est, per verbum volo, ut in *l.species, de auro & arg. leg*. non legavit servis vernis, quia inutile esset legatum; sed libertis vernis: nam ut servorum alii sunt vernae, hoc est, domi nati, *ut Martiali Apri verna in vivariis nostris nati: lupi verna, in piscinis nostris nati: alii sunt servi pecunia comparati, alii hereditate relicti*: ita liberti vernae, qui servi vernae fuerunt, & in antiqua inscriptione, *Libertus Aclaeus Tyrannus verna, scriba librarius Tyranni*, & in alia: *Caius Julius Fortunatus Augusti libertus verna*. Vetat ergo testator fundum exire de nomine suo, sed ad libertos suos pertinere, quia scil. liberti sunt de nomine patroni. Lact. *de vera sap. Servus*, inquit, *liberatus patroni nomen accipit*: & Tertull. alibi, *manumissus*, inquit, *patroni nomine ac tribu mensa honoratur*. Voluit igitur is testator post mortem filiae fundum pertinere ad libertos suos vernas, quos eodem testamento fecerat libertos, vel ut loquuntur nostri auctores, quos libertos perduxerat. Finge: familiae superfuxisse unum libertum tantum vernam. Quaeritur, *an ad eum tota domus pertineat*? Scaevola respondet in eo §. virilem tantum portionem ad eum pertinere, quod non parum pugnat cum hoc §. Accurs. adfert duas aut tres solutiones, novam excogitavit Alciatus in *l.virilis*, *de verb. sig*. Has omnes refellamus, & perspicuam vere asseremus. Intelleximus §. *rogo*, herede rogato uni ex libertis, cui volet fundum restituere, *cum moreretur*, & moriente nemine electo, superstitibus pluribus libertis, omnes ad fideicommissum admitti, atque ita evenit, ut fundum uni datum, non omnibus, omnes percipiant, non unus, eumque inter se dividant pro virilibus portionibus. Et ut ita demum unus fundum petat & percipiat, si is solus heredi supervixerit. Et haec sunt verba ejus §. *rogo*. Itaque si unus tantum ex libertis heredi superfuerit, aut supervixerit, ad eum totum fideicommissum pertinet. Et quin hoc Papin. sentiat in hoc §. nemo negat. Sed objicitur *l.pater §.filiam, tit. seq*. ubi ut constat ex specie, ad unum ex libertis, qui solus supervixit heredi. Scaevola respondet, virilem duntaxat partem fideicommissi pertinere, non ergo totum fideicommissum: Exspectas solutionem? dicam quam sentio veram, non eadem est species, §.*filiam, &* hujus §. *rogo*. In hoc §. proponitur testator praedium per fideicommissum legasse uni ex libertis, in §. *filiam* ponitur testator praedium sive aedificium, aut domum per fideicommissum legasse libertis, non uni ex libertis, sed libertis vernis: & adjecisse, quia hoc testamento nominavi, scil. dando libertatem, quia ex *l. Fusia Caninia* erat danda nominatim, hoc est, servorum propriis nominibus expressis, §. *libertas, Instit. de leg*. Quos ergo in hoc testamento nominavi, hoc est, quos in hoc testamento manumisi, *l.pen. §.Lucius, hoc t*. Nam & qui manumisit, necessario nominavit: denique si fideicommissum reliquit libertis, quos testamento nominavisset, plane retulit se ad nomina vernarum testamento expressa, atque ita videtur omnibus nominatim legasse, id est, omnibus propriis nominibus expressis, quandoque retulit se ad nominationem testamento factam. Proinde aedificium vernis legavit, nominibus propriis expressis: nominum nuncupatio partes viriles facit ab initio, maxime in fideicommissis, ut inferius demonstrabitur: & ideo singulis ab initio quasi divisum partes adscriptae fuisse videntur, & consequenter inter eos non est jus accrescendi. Nam hoc est ratum & certum, inter eos, qui partes habent ab initio, vel qui habere intelliguntur, nihil refert *l.si duobus, §.1.de legat.1*. inter eos, inquam, non est jus accrescendi, sed inter eos tantum, qui initio solidum habent singuli, & concursu partes faciunt, *l.3. de usufruc. accresc*. Proponitur in *d.§.filiam*, praedium fuisse relictum libertis vernis his verbis, *dari volo*: ergo peto fideicommissum. Et appellatur etiam fideicommissum in eo §. Porro, quo jure est legatum per damnationem, eodem jure est fideicommissum: quae per damnationem possunt legari, & per fideicommissum, ut definit Ulp. in *Inst. de fideicom*. Res aliena per damnationem potest legari, non per vindicationem: ergo potest etiam legari per fideicommissum, quod demonstrabitur in §. *seq*. Si homo generaliter legetur per damnationem, vel illud aut illud, electio est heredis. Ergo idem obtinet etiam in fideicommisso, *l.si ita relictum fuerit, hoc tit. l.qui concubinam §.1. tit. seq*. Si per damnationem eadem res legetur disjunctim ac separatim duobus aut pluribus, singulis solidum debetur, uni res qui occupaverit agere, petitum est: & inter eos non est jus accrescendi, quia concursu partes non faciunt, sed unusquisque solidum percipit. Ergo idem obtinet etiam in fideicommisso, *l.un. §. sin autem disjunctim, C.de cad.toll. illo loco, in uno tantummodo genere legati*, in legatis per damnationem, ut constat ex Inst. Ulp. Caii, & *Sentent. Pauli*, non ut Accurs. tentavit, in legatis per vindicationem. Et similiter, si conjunctim eadem res legetur duobus aut pluribus per damnationem, hoc jure, quod tractamus, quodque obtinuit ex Constitut. Justin. *de cad. toll*. singuli ab initio partes habere intelliguntur, *l. 7. hoc t*. Ergo idem obtinet in fideicommisso, *l.uxorem, §.agri, de leg. 3*. His consequens est, ut non sit inter eos jus accrescendi, quia ab initio partes habent, ut non concurrente uno nihil accrescat ceteris, sed deficientium portiones remaneant in hereditate: atque ideo in specie §.*filiam*, inter libertos qui-

quibus una oratione prædium reliquit per fideicommissum, quod intelligitur præterea reliquisse propriis eorum nominibus expressis, quando ad ea se retulit oratio patroni: inter eos, inquam, libertos non esse jus accrescendi, nisi (quod non adjecit) adjecisset, donec ad unum perveniat, hoc modo, prædium ad libertos meos vemas pervenire volo, donec ad unum perveniat, ut in *l.pen. §. Lucius, h.t.* Quo casu sane ex verbis testatoris, quæ sunt judicia certissimæ voluntatis, etiam in fideicommisso induceretur jus accrescendi, *l. codicill. de usu & usufr.leg.* Ceteroquin non adjecit eam clausulam testator in eo §. *filiam.* Unde sequitur, inter eos libertos fideicommissarios, non esse jus accrescendi, & eos, qui partes non ferunt, qui non concurrunt, qui ante heredem moriuntur, facere partem ei, qui heredi supervivat, id est, nihil refert dicas, inter aliquos non esse jus accrescendi, aut partem non auferentem, partem facere alii, vel aliis: utriusque sermonis idem est sensus, idem effectus. Unde in ea specie, si moriente herede unus tantum ex libertis superflit, prædii pars tantum virilis ei debebitur, quia inter fideicommissarios maxime nominibus propriis expressis, non est jus accrescendi; quia testator videtur singulis adscripsisse partes ab initio, & ideo noluisse, ut ultra portionem suam quisque quicquam amplius ferret: denique poterit heres moriens, ceterorum, qui præmortui sunt, portiones transmittere in exteros, quia libertorum tantum gratia, in ea specie, quam heri exposui, voluerat testator prædium exire de suo nomine, non universæ familiæ suæ gratia: deficientibus ergo portionibus quorundam libertorum, quia non possunt accrescere superstiti, heres eas jure transmittet in extraneum, sive conferet. Et ita ratio ejus §. explicanda est secundum jus antiquum, ut innumeri in hoc tractatu, ant nunquam intelligentur, aut sumere debent interpretationem ex jure antiquo. Hodie ex Constit. Just. in specie §. *filiam.* libertus superstes peteret totum fideicommissum, ut in specie §. *rogo,* quia hodie inter collegatarios & fideicommissarios, quocumque genere legatum relictum sit, & non habita differentia inter legatum & fideicommissum, inter eos est jus accrescendi, & non concurrente uno, accrescit aliis: non concurrentibus aliis adcrescit uni: denique non ab initio partes habere videntur, sed facere concursu, ubi non est concursus, deficientium portiones adcrescere ceteris. Nunc videamus, quid respondeat, aut quemadmodum interpretatus sit Accursius, & Alciat. *d. §. filiam.* Accurs. primum, quo loco lex ait, *defuncta herede & legatariis vernis,* mavult legere, *defuncta herede ad legatariis vernas,* an *ad unum legatarios, &c.* id est, fideicommissarios, ut legatum sæpe significat fideicommissum; sed non contra: mavult autem ita legere, ut ponat heredi supervixisse omnes libertos, & quod lex ait, *ad unum, qui superest, virilem portionem pertinere;* Ipse sic interpretatur, ad omnes, qui supersunt viriles portiones pertinere, non totum ad unum libertum, id est, ad alium legatarium, non vernam. Hæc est prima solutio Accurs. Sed neque illa scriptura, *ad legatarios vernas,* auctorem ullum habet, nec interpretatio illa *ad eum,* id est, *ad eos,* ullam usquam approbationem habitura est. Præterea quod urget omnino hac ratione fit, ut §. si fideicommissum, quod est relictum vernis, non pertineat ad vernas, sed ad unum non vernam: hac de re nemo nisi stultus, quæsiverit, esset plusta quæstio, & ipse etiam Accurs. transit ad aliam solutionem. Et aliter, *virilem portionem* interpretatur totum fideicommissum. Quid non audet? confundit ea, quæ Jurisconsultus facit adversa. Quærit enim, *an totum fideicommissum ad libertum superstitem pertineat?* Quod si totum pertinere putasset Scævola, statim suo more respondisset, pertinere. Cum vero tantum id simpliciter scripserit, sed virilem pertinere, qui quæsierat, an totum pertineret, proculdubio significat, totum non pertinere. Et abutitur etiam Accurs. in ea re *l.virilis, de verb.signif.*

A quod dicat virilis partis appellatione, interdum totam hereditatem contineri. Ergo fretus illa lege, licebit cuilibet deinceps exemplo Accursii partem interpretari totum: licebit passim illa lege uti pro arbitrio suo ac libito, quod exemplum est vitiosum. Et sane illa *l.virilis* pertinet tantum ad *l.Papiam,* ut inscriptio indicat. Et interdum ait, ad accidere, interdum contineri assem ex sententia sc. legum, quoniam æquitas postulat incidente aliquo casu, augeri significationem verborum. Jurisconsulti est augere significationem verborum pro loco & tempore, ac circumstantiis ceteris, ut in illa lege Papia si libertus filiis reliquerit, patrono debetur virilis portio, *l.postea de succ. lib.* An etiam si filii repudiaverint hereditatem liberti, non habebit, nisi virilem portionem? imo totam hereditatem, *l.intestato, de suis & legit.* Nam mens legis non fuit alia, quam ut virilem tantum parte haberet patronus, filiberto filii heredes exsisterent cum effectu. Ergo eo casu virilis partis appellationem, in *l.Papin.* producemus etiam ad assem, sed ne abutamur passim: imo vero nunquam sine auctoritate veterum. Alciat. in *d.l. virilis,* aliter explicavit *d.§. filiam:* qui multa innovare visus est, sed pleraque incallide & infeliciter. Ponit
B filiæ supervixisse omnes libertos, quod primum etiam Accurs. posuerat, æque ita diem fideicommissi cessisse in persona omnium, quod ad transmissionem proficit: mox vero defunctos fuisse omnes libertos relictis heredibus extraneis, excepto uno, qui supervixit ceteris: & quæri in §. *filiam,* portiones defunctorum, utrum pertineant ad heredes eorum extraneos, an ad superstitem collibertum?
C Scævolam respondere, pertinere ad heredes extraneos quasi transmissione, scilicet post diem fideicommissi cedentem mortuis fideicommissariis, & libertum superstitem parte tantum suam retinere. Sane erat cuilibet facile ita posita specie respondere, quia certissimum est, ubi est transmissioni locus, jus adcrescendi cessare, heredem meum præferri socio meo, post diem legati cedentem, perinde atque si legati dominium adquisivissem: nam etsi nondum dominium adquisivi, tamen actionem adquisivi. Hoc ergo transmitto in heredem meum. Sed interim quo minus eam ponam speciem, moveor eo, quod lex ait, *unum tantum libertum remansisse, unum tantum superesse.* Igitur sane verum est superesse, non tantum colliberis, sed etiam heredi, nec recte ordine illorum verborum, *defuncta herede & legatariis vernis,* colligit, priorem decessisse heredem: nam in conjunctionibus nullus est ordo, *l.quidam, de pecul.leg.* Ergo ut speciem posuimus initio, decesserunt fideicommissarii, id est ceteri liberti prius decesserunt, deinde heres, atque ita decesserunt ante diem legati cedentem, excepto uno, qui superest omnibus & heredi & colliberis, qui quæ tamen totum fideicommissum non percipit, quia non fuit inter eos fideicommissarios jus adcrescendi, & mortuorum libertorum portiones manserunt in hereditate, non accreverunt superstiti.

---

### Ad §. Si rem tuam, & seq.

*Si rem tuam, quam existimabam meam, te herede instituto, Titio legem, non est Neratii Prisci sententiæ, succursioni locus, qua cavetur, non cogendum præstare legatum heredem: nam succursum est heredibus, ne cogerentur redimere, quod testator suum existimans reliquit. Sunt enim magis in legandis suis rebus, quam alienis comparandis, & onerandis heredibus faciliores voluntates, quod in hac specie non evenit, cum dominium rei sit apud heredem.*

§. 7. *Si omissa fideicommissi verba sint: & cetera, quæ leguntur, cum his, quæ scribi debuerant, congruant: recte datum, & minus scriptum, exemplo institutionis, legatorumque intelligetur: quam sententiam optimus quoque Imperator noster Severus secutus est.*

Equitur nova quæstio in §.*si rem tuam,* de legato rei
S alienæ, vel rei heredis propriæ, an valeat? Et fuit in ea re jure civili constituta differentia inter genera legatorum; nam res aliena vel res heredis per vindicationem

legari

legari non potuit hoc modo: *illam rem L.Titio do, lego*: non potuit etiam legaci per præceptionem, hoc modo: *heres meus L.Titius eam rem præcipito*: nam præceptio est id, quod uni ex heredibus relinquitur præcipui titulo. His vero modis ea tantum res potuit legari, quæ fuisset testatoris ex jure Quiritium, utroque tempore, hoc est, tempore mortis & tempore faciendi testamenti, exceptis rebus quæ pondere, numero, & mensura continebantur. In his enim satis erat, vel mortis duntaxat tempore rem fuisse in bonis testatoris, quod *Ulp.in Instit.* docet, idque demonstrat *l.Stichus servus, de manumiss. testam.* dum in ea re libertatem comparat legato: libertas servo alieno inutiliter legatur: res quoque aliena inutiliter legatur, videlicet per vindicationem, sicut nec libertas vindicationis modo relinquitur directò. Comparat ergo libertatem legato per vindicationem non aliis legatis. Idem demonstrat *l. 88. de verb. signif.* quem locum nondum observavit quis in eam rem. Illa lex significat aperte, non valere legatum fundi alieni: non loquitur de fundo incerto, quod ad vilissimum quid redigi possit: nam glebula quælibet potest appellari fundus, quodcumque mitti potest funda est fundus, nisi exciderit, inquit Varro, qua cava funda patet; sed loquitur de fundo alieno, & eo quidem certo, cujus legatum apertè demonstrat non valere, quanvis is fundus possit emi pecunia hereditaria, & satis sit pecuniæ in hereditate: non valere igitur legatum fundi alieni relicti per vindicationem. Nam per damnationem valet res aliena, res heredis, res quæ nullo tempore testatoris fuit, legari potest per damnationem: *damnas esto heres illam rem L. Titio dare*. Item legari potest sinendi modo: *damnas esto heres sinere L.Titium rem illam sumere, & sibi habere*: quo tamen modo res tantum heredis legatur, non res aliena. Nam rem alienam heres facile siverit L. Titium sumere si possit, & sinendi modo heredi imponitur frustra, nisi prohibere possit legatarium rem sumere, & sibi habere. Ex quo efficitur liquidò, sinendi modo non legari rem alienam, sed rem heredis: *damno te heros mi, sinere rem tuam illum sumere*: res aliena atque etiam res heredis per damnationem legari potest, & per fideicommissum: nam quodcumque per damnationem relinqui potest, & per fideicommissum potest. Et hæc omnia Ulp. & Cajus plene demonstrant in *Instit.& Paul.4. Sententiarum tit. 1.* Et hæc quidem in hac re distinctio legatorum introducta est jure civili. Post S.C. Neronianum, ut eædem Instit. Ulpiani docent, cautum est, ut quocumque genere legati possent legari res, quæ non utroque tempore testatoris fuissent ex jure Quiritium, sed quæ testatoris fuissent mortis tantum tempore: nam novissime primus Justinianus constituit; ut res quæ nullo tempore testatoris fuissent, quocumque genere legati legari possent. Et notandum etiam hodie, quoquomodo legata, sive relicta re aliena, aut heredis, differentiam esse aliquam inter rem alienam, & rem heredis. In re aliena ita distinguimus: aut testator rem alienam legavit sciens: quod legatarius probare debet, *l. verius, de probat*. Et hoc casu heres debet eam rem a domino justo pretio redimere, & legatario præstare, *l. non dubium 14. §. ult. tit. seq.* Justum pretium est, quod judex fecerit *l.is qui concubinam, §. ult. tit. seq*, vel si dominus ejus rei nolit eam vendere, aut si injusto & immodico pretio velit eam vendere, heres legatario debet præstare justum pretium, quod judicavit judex, *§.non solum, Inst. de leg.* & hoc si sciens legaverit. Si ignorans legaverit tanquam suam, cum putaret esse suam, non alienam, hoc est, si per errorem legaverit rem alienam, heres neque redimere eam cogitur, neque æstimationem præstare. Igitur inutile est legatum, inutile fideicommissum: quia forsitan, si testator scivisset rem esse alienam, non legasset. Facile legant res suas morituri: non ita facile legant res alienas, non ita facile enunt res alienas, vel emi volunt ab herede suo. Ergo in dubio magis præsumitur testator non legaturus fuisse rem alienam, si scivisset esse alienam, nisi aliud suadeat conjectura voluntatis evidentissima: ut si rem alienam tanquam suam errans legaverit filio, *l.cum pater,§.evictis, h.t.* vel si propinquo, cognato, affini, *l.cum alienam, C.de leg*. vel si uxori, *l.11.in fi. de auro,& arg.leg.* vel si alumno: Nam in alumnos omnes educatores sunt perinde affecti ac patres: & fere non minor affectio erga alumnum, quam erga filium, *l. in testamento, de fideic.libert*. His personis præsumitur legaturus fuisse rem alienam, etiamsi scisset esse alienam. Ea propter his personis relictum legatum rei alienæ per errorem testatoris debebitur, & nihil officiet error legatario. Hoc casu excepto, error facit inutile legatum aut fideicommissum, quod Papin. in hoc §. ait esse ex Constitut. nempe Constitutionem hoc casu subvenire heredi, ne præstet quod testator errans legavit, errans sc.in proprietate rei. Et intellige esse Constitut. Divi Pii ex §. *non solum, Inst. de leg*. Multa constituit D.Pius de legatis & fideicommissis: ut pœnæ causa relictum legatum non valeat, ut Capitolinus scribit, ut lex Falcid. habeat locum in fideicommissis ab intestato, *l.filius.ad leg.Falc*. ut res eadem sæpius legata eodem testamento, semel tantum debeatur, *l. plane, §.sed si municip.de leg.1.& l.Mævius, h. t.* & hoc quod tractamus modo, ut legatum relictum per errorem, puta, si rem alienam tanquam suam legaverit testator, non debeatur. Et Papin. hoc loco non tantum utitur auctoritate Constitutionis, quam dixi esse D.Pii, sed etiam ei præfert auctoritatem Neratii prisci JCti, quod scil. secundum sententiam Neratii ita constituisset D. Pius. Sicut in *l. 7. de cond.& dem*. narratur sententiam Neratii de cautione Muciana fuisse comprobatam Constitutione D. Pii, & aliam sententiam Neratii de vendendis bonis ejus, qui latitat, adversus actionem in rem, fuisse comprobatam Constit.Adriani, *l.Fulcinius,§.idem videtur,ex quibus causis in possess*. Florere cœpit Neratius temporibus Adriani,ut *l.ult.si a parente quis manumiss*. eumque Trajanus sibi successorem destinavit, sed Plotiæ suasu adoptavit Adrianum. Optimi principes nullam Constit. dabant in medium sine auctoritate & sententia Jurisconsultorum, *l. Divi, de jure patron*. Const. principum sunt sententiæ Jurisconsultorum, vel opiniones. Et ita in §.pen.hujus l.Pap.sententiam suam ait, secutum fuisse Severum Imper. edita Constitutione. Quæ legimus igitur in Codice, ex iisdem auctor. prompta sunt, ex quibus ea, quæ habentur in D. Et sententia Pap. quam secutus est Severus, pertinebat ad hanc speciem: Quidam fideicommissum reliquit oratione imperfecta, omisit quedam verba, nec cœptum sermonem absolvit, puta dixit, *Titio centum dari*, nec adjecit, *volo*. Imperfecta est oratio, *an inutile fideicommissum?* modo inq. inquit, cetera, quæ leguntur, cum his, quæ scribi debuerant, congruant, in *l.cum pater, §. imperf. h. t*. si dicto scriptum congruat, hoc est, si nulla fit scribiligo: nam obscurata est ratio recti sermonis, *l.Plotius,de auro & arg. leg*. Finge dixisse Titium, *centum dari*, inutile est legatum propter scribiliginem, vel dixisse, *Cajo dari centum volo, Titio decem*; Titio nihil debebitur, quia dicto scriptum non congruit, vel quia dictum scripto accommodari non potest congruè. Ergo, si salva sit ratio recti sermonis, sane propter omissionem quorumdam verborum non erit inutile fideicommissum, sed intelligetur plus dictum, minus scriptum, quod rem quæ agitur, non corrumpit. Superior enim est voluntas defuncti, quam & scriptura imperfecta indicat satis, & hoc se probasse Papin. ait, exemplo institutionis & legatorum: institutionis, ut in *l.1.§. sin autem, l.quoties,§.1.l.de hered.inst. Titius heres*, valet testamentum valet institutio, quasi plus dixerit, minus scripserit, & subintelligimus verbum *ex*, vel quod est majus: Finge, dixisse eum, scribere se eum *ex semisse* heredem, & scriptum sit ex quadrante tantum: nihilominus erit heres ex semisse, quia scripto potior est dictio testatoris, ubi scil. ostenditur plus eum dixisse, quam scripsisse, *d. l. quoties,§.1.* Exemplo legatorum,ut in *l.si in testam.de leg*. Si ita dixerit, *heres meus damnas esto Titio centum*, debetur legatum. Res ita servatur in institutionib. & in legatis, quæ reguntur summo jure, & multo magis in fideicommissis. Et sic idem Papin. in *l. cum avus, de cond.& demonst*. quod est celebratissimum, vult in fideicommisfariis hereditatibus semper intelligi hanc conditionem, si sine liberis decesserit, quod magni ingenii vir primus excogitavit, & probarunt posteri usque in hunc diem, & in hanc rem pro coronide observanda est definitio *l. cum pater §. cum imperf. h. t.* si sit imperfecta scriptura, puta, si quæ verba omissa sunt legati aut fideicommissi, verbum quod præcedit, vel sequitur, ad communionem assumi. Ad communionem est, quod Grammatici vocant ἀπὸ κοινοῦ, ut si ita dixit: *Cajo dari centum volo, Sejo decem*, & nihil addiderit præterea, repetitur, *dari volo*. Ad communionem assumuntur verba, quæ præcedunt, & dum ait, *verbum, quod præcedit, aut sequitur*, significat duplam repetitionem ἀπὸ κοινοῦ: nam vel sumitur ex verbo præcedenti, vel ex sequenti, duplex ζεῦγμα est. Et hanc sententiam at Papinian. optimus Imperator Severus secutus est, imo vix ullus, ut supra dixi, princeps ullam Constit. dedit in vulgus sine jurisperito. Jurisconsultorum sunt, vel sententiæ, vel opiniones, in §. *responsa, Inst. de jure nat.* sicut etiam judicum sunt sententiæ, sunt & opiniones, *l. 6. §. 1. de interd. & vel.* Non potest præses Provinciæ sententia sua aliquem deportare in insulam, sed potest ea de re opinionem suam scribere, & mittere ad principem, sibi enim hominem deportandum videri, hoc est, non potest ea de re sententiam ferre, non prohibetur tamen edere opinionem suam. Et ita ut philosophi docent, alii sunt ἀνεπίληπτοι λόγοι, hoc est, certæ sententiæ & irreprehensibiles, alii sunt δοξαστικοί λόγοι, hoc est, opiniones verisimiles, quæ etiam dicuntur πιθανοὶ λόγοι. Et cum alii Jurisconsulti scripserunt libros opinionum, Labeo scripsit libros πιθανῶν, hoc est opinionum. Sicut etiam a Diogene refertur Chrysipp. scripsisse libros opinionum, non sententiarum. Verum ut rediam unde abii: intelligimus in re aliena distinguendum esse inter testatorem scientem & ignorantem: distinguendum esse, utrum testator sciens rem alienam, an ignorans legaverit: an eadem distinctione utemur in re heredis propria, quam testator legaverit? minime. Et hæc est differentia inter rem alienam, & rem heredis, quam perstrinxi ante: nam sive sciens, sive ignorans legaverit res heredis, hoc est, si etiam rem heredis legaverit errans, tanquam suam, legatum ab herede omnino præstandum erit, & quidem præstanda erit non æstimatio, sed res ipsa, si eam malit legatarius præcise, ut *l. 70. si duobus §. qui confitetur, & seq. de leg. 1. l. Titium §. 1. de auro & arg. leg.* quia legata res est, non æstimatio, & rei præstatio est in facili, cum ejus heres dominus sit. Quæ vero est differentia? cur si ignorans legaverit rem alienam tanquam suam, non valet legatum? Cur error testatoris officit legato? quia falsa opinio fecit utique, ut legaret, quod non esset legaturus. Nam facilius legat quis rem suam, quam alienam emit ipse, vel emi vult ab herede suo: *faciliores*, inquit, *sunt voluntates in rebus suis legandis quam alienis comparandis, & onerandis heredibus ademptionem rei*. Onus est heredi emere rem, quia curare debet, ut rem reddat, quia res legata est, non pretium. Cur autem, si rem heredis legaverit tanquam suam, error non officit legato? quia facilius quisque legat rem heredis, quam rem alienam, cum & facilior præstatio heredi sit rei suæ, quam rei alienæ: denique facilius quis legat, quod jam habet ipse, vel heres suus, quam quod è longinquo petendum est. Ergo sententia Neratii, & Constit. D. Pii, ut Papin. ait, quæ induxit illam distinctionem inter scientem & ignorantem, pertinet tantum ad rem alienam, non ad rem heredis.

Ad §. ult.

Item. *Marcus Imperator rescripsit verba, quibus testator ita caverat: non dubitare se quodcumque uxor ejus cepisset, liberis suis redditurum, pro fideicommisso accipienda*. Quod rescriptum summam habet utilitatem, ne scil. honor bene transacti matrimonii, fidei etiam communium liberorum decipiat patrem, qui melius de matre præsumpserat. Et ideo princeps providentissimus, & juris religiosissimus, cum fideicommissi verba cessare animadverteret, eum sermonem pro fideicommisso rescripsit accipiendum.

Diximus, non esse inutile fideicommissum rei alienæ, vel rei heredis propriæ: fideicommissum rei alienæ, si sciens legaverit, non si ignorans: fideicommissum autem rei heredis, etiamsi ignorans legaverit. Cui volumus addi etiam fideicommissariam libertatem: Nam & hanc si quis reliquerit servo alieno, tanquam suo per errorem, heres eum redimere debet, & manumittere: vel si dominus nolit eum vendere, si quando is servus ad heredem pervenerit, eum debet manumittere, *l. Paulus, de fideicommiss. libert.* Ergo ut fideicommissum heredis valet indistincte, sive sciens, sive ignorans eam rem reliquerit testator: ita & fideicommissaria libertas relicta servo alieno: nam & multa alia favorabiliter contra rigorem juris recepta sunt pro libertate. Intelligimus ex §. *pen.* non esse inutile fideicommissum, si omissa sint verba fideicommissi: verba fideicommissi sunt multa, sed cujusque fideicommissi unum est verbum principale, quod fideicommissum facit, veluti verbum, *rogo*, aut *volo*. Et hoc si omissum sit, non vitiari fideicommissum, ut si testator dixerit, *Titio centum dari*, nec adjecerit, *volo*, atque ita omiserit verbum fideicommissi, non ideo fideicommissum minus valet, *l. verbum, C. de fideicommiss.* Nunc intelligimus ex §. ult. non esse inutile fideicommissum, etiamsi testator, qui fideicommittere voluit, non sit usus verbo proprio fideicommissi: non est quidem scriptura imperfecta, sed est adstricta, & ligata verbo suo, ceterum non proprio fideicommissi: an valet fideicommissum? Primum videamus, quæ sunt propria verba fideicommissorum, quæ precaria dicuntur, & inflexa, verba fideicommissaria, verba codicillaria, quibus adversa verba directa, civilia, imperativa, sunt verba testamentaria, id est, verba testamentorum propria, sine quibus non sunt testamenta. Verba fideicommissi propria hæc sunt, *rogo, peto, volo, mando, fideicommitto §. ult. Inst. de sing. reb. per fid. l. 2. C. comm. de leg.* Mando etiam in tit. mandati idem est quod *rogo*, mandatum perficitur his verbis: *rogo te, ut id facias, vel, mando tibi, ut id facias*. Denique nihil aliud est *mando*, quam *volo, l. illud §. 1. de jure cod.* Hæc quoque verba fideicommissum faciunt, *deprecor, cupio, desidero, opto*. Optativa verba sunt precaria. Idemque *exigo credo te daturum, certus sum te daturum*. Et quod plus est, *injungo uti des*: injungo non est directum verbum, sed precarium, *l. etiam hoc modo, l. & eo modo, de legat. 1.* Et ut adiicit Paul. 4. *sent.* tit. 1. *impero*, quod fideicommissi verbum non est legatum: *impero tibi des Titio centum*. Minus est imperare, quam jubere. Princeps imperat, & inde Imperatoris nomen. Dominus jubet: mitior est potestas principis, quam domini. Aliis forte auctoribus plus est impero, quam jubeo, sed nostri auctores sunt peritiores proprietatum verborum. An etiam verbum, *commendo*, est precarium? Commendo non facit fideicommissum, ut si ita caverit testator, heres *L. Titium tibi commendo*, neque voluerit rogatus heres, ut ei restituat bona, neque si servus sit, videtur rogatus, ut eum manumittat. Verbum igitur, *commendo*, utile fideicommissum non facit, *l. ex verbo, C. de fideic. libert. l. quoties, C. famil. ercisc. l. 1. §. si ita quis, de leg. 3. l. Thais §. Titius, de fid. libert. l. 65. de hered. inst. l. & l. Titia §. ult. hoc tit.* M. Tull. 3. *de fin. ex hac animorum affectione testamenta & commendationes morientium natæ sunt.* An illo loco commendationes sunt fideicommissa? minime, fideicommissa obligant, commendationes non obligant, quod obtinet etiam in contractibus. Neque enim mandatum contrahitur hoc modo: *illud tibi commendo*. Aliud est mando, aliud commendo, *l. si vero §. cum quidam mand.* Commendatitiæ epistolæ non obligant, *l. ult. C. quod cum eo, qui in aliena est pot.* Denique verbum, *commendo*, neque facit fideicommissum, neque legatum: neque ergo est directum, neque precarium. Verba aut sunt directa, aut neutra: communia nulla scio. Semper autem excipio ab eo, quod constituo de verbo *commendo*, nisi aliud senserit testator: nam non tam verba faciunt fideicommissum, quam voluntates defunctorum, etiam nuda voluntas & tacita fideicommissum facit, *l. cum proponebatur, hoc tit.* etiam nutus fideicommissum facit, ut si quis moriens interrogatus, an velit

velit Titio dari eum fundum, si annuat, utile est fideic. *l. nisi tit. seq.* Ergo ex voluntate defuncti, etiam quodlibet verbum fideicom. facit; quia nec tam id verbum facit quam voluntas defuncti. Etiam illud vehementer observandum est, quod idem Paul. eodem lib. scribit, verbum *relinquo* non facere fideicommissum, & multo minus legatum: *illi illum fundum relinquo, neque est legatum, neque fideicommissum*: hæc nomina omnia incognita fuere. Placet valde, ut *relinquo* neque sit directum, neque precarium, quod demonstratur etiam *l. 2. C. de his, quæ sub mod.* Sed semper excipio voluntatem defuncti, quæ poterit colligi ex sequentibus verbis, vel antecedentibus. Finge ut in *d. l. 2.* testatorem ita dixisse: *illi illum fundum relinquo*, & mox eum rogasse, ut eum fundum restitueret alteri: onus fideicommissi, quod ei injunxit, argumentum præbet fideicommissi ante relicti, etiam parum apto verbo *relinquo*. Et sic in *l. Lucius §. filiam, ad Trebell. ibi: illum fundum relinquo*, legatum est, sive fideicommissum, quia mox subjecit, *quia legato contentus esse debet &c.* & ita plane declaravit, se legare velle, vel per fideicommissum, alioqui verbum *relinquo* solum fideicommissum non facit. Nam etiamsi dicatur, *relinquo legatum, relinquo fideicommissum, relinquo hereditatem*, tamen hæc non recte relinquuntur: verbo *relinquo* non recte heres scribitur, hoc modo: *illum heredem relinquo*. Nam licet heres dicatur institui, vel substitui; tamen neque recte instituitur verbo, *instituo*, neque recte substituitur verbo *substituo*, ut Ulpian. docet *In Instit. tit. quemad. heres scribi debet*. Hæc verba, *relinquo, instituo, substituo*, neque sunt directa, neque precaria, & longe errant interpretes, qui *instituo* & *substituo* accipiunt pro directis verbis. Sunt enim neutra verba, & abutuntur *l. jam hoc jure, de vulg. subst.* illo loco, *hoc communi verbo: eosque invicem substituo*. Ex quo efficitur verbum *substituo* esse commune, hoc est, modo directum, modo precarium, quod longe abest a sententia Jurisconsulti: Nam commune verbum dicit in eo loco non verbum *substituo*, sed hanc orationem, *eosque invicem substituo*, qua perficitur substitutio reciproca, quæ est communis, si fiat impuberibus filiis, hoc est tam vulgaris est, quam pupillaris. Alias certe verbum *substituo*, vel *instituo*, neutrum est: sed interim ex eo intelligimus, etiamsi heres institutus dicatur, non recte eum institui verbo *instituo*: vel etiamsi substitui dicatur, non recte substitui verbo *substituo*: nec mirum igitur si licet fideicommissum relinqui dicatur, non tamen relinquatur verbo *relinquo*. Nam & similiter legatum dicitur relinqui verbis imperativis, id est, directis, hoc est tamen recte relinquitur verbo *impero*, quod magis est precarium: recte relinquitur verbo *jubeo* hoc modo per damnationem *heredem meum dare jubeo*, sicut heres scribitur recte hoc modo, *illum heredem esse jubeo*, ut Ulpian. scribit *Reg. tit. 21.* Et quod in *l. Corn. §. ult. de lib. leg.* verbum *jubeo*, videtur constituere fideicommissum, hoc fit voluntate defuncti, qui adjecit verbum restitui, sive reddi, hoc modo, *reddi illi jubeo pecuniam quam ei debeo*: fideicommissum est magis proprio verbum *reddi* quam *jubeo*, quod magis directum est. Nam hoc verbo rectissime hereditas relinquitur, atque legatum simul hoc modo, *heres esto, vel heres sit, vel heres erit*, ut idem Ulpian. docet. Quæ verba etiam observantur in exheredatione, quæ non valet, nisi concipiatur verbis directis, veluti *heres esto, vel sit, aut erit, vel heredem esse jubeo, l. filii exhæred. de lib. & post.* Justinianus qui veterem differentiam horum verborum noluit tam accurate observari, dicit in *l. 2. C. comm. de leg.* dubitatum fuisse de verbo ἱτρωμι. Non est ferendus isto loco Alciat. nec alii, qui cum in ea *l. Justin.* referat verba precaria, & verba directa, velut *jubeo*, quod numerat inter directa, verbum *rogo, volo*, inter precaria, illi faciunt duo nomina, hoc modo ἱτρωμι, pro ἱτρωμι, ἱτρωμι, ut *οσιω τοιμ* id est, *adjuro, confestor & convenio te jurejurando*, ut id facias sive des. Hoc verbum non dicebant esse commune: non habuere juris auctores verba communia, quæ directe accipi possunt, & inflexe, sed alii dicebant, id esse directum, alii esse precarium, nec narrat Justin. quid definiat, quia nec necesse fuit, cum

velit quocunque verbo perfici legatum & fideicommissum, sicut Imp. Constantinus in *l. quoniam C. de testam.* Hæsitatum enim fuit de his verbis, *non dubito te redditurum*, sed non multum fuit dubitatum: Nam certum est, his verbis parum aperte scribi fideicommissum. Hæc verba non faciunt fideicommissum, hæc verba neque sunt legati, nec fideicommissi verba, nec ullam voluntatem certam exprimunt, nisi scil. suffragetur voluntas defuncti, quæ exceptio est perpetua, ut in specie hujus §. *item*: quæ est talis. Vir uxorem heredem instituit ex asse, sic proponenda est species, ut constat ex *l. seq.* & adjecit, *non dubito te bona mea liberis communibus redditurum*, qui scil. liberi erant impuberes: eos igitur exheredavit: alioquin inutilis esset institutio, inutile testamentum, & fuit summa providentia testatoris: Nam eos non exheredavit notæ causa, sive mala mente, sed bona mente; non ut eis obesset, sed ut eis consuleret. Exheredatio non semper est nota, sive injuria, aut damnum, sed providentia, aut cura suorum, ut scilic. interim dum essent impuberes, donec pervenissent ad justam ætatem, mater fideicommissaria, hoc est, quæ præsumebatur fore fideicommissaria, & liberorum amantissima, ea bona tueretur, & administraret: quæ exheredatio facta eo consilio consistit, & non parit querelam inofficiosi testamenti, nec excludit exheredatos bonis paternis omnino, non excludit etiam lucris nuptialibus obvenientibus liberis communibus. Nam *Novell. 22.* quæ est de his lucris, loquitur de exheredatis mala mente. Et sunt hujus providentiæ testatorum multa exempla in jure *l. pen. de cur. fur. l. multi, de lib. & post. l. si prius, §. si qui non mala, & l. pen. 2. de bon. lib.* Recte igitur fuit instituta uxor ex asse. Sed quæritur, an ex illis verbis, *non dubito te liberis communibus bona redditurum*, possit induci fideicommissum? Sane quod ad verba attinet, non videtur uxori fideicommisisse, ut bona restitueret, sed testatoris constituit, ea verba pro fideicommisso accipienda esse ex voluntate defuncti. D. Marcus providentissimus princeps, inquit, quia philosophus, & juris religiosissimus, quia Jurisconsultus fuit, *l. 5. C. de repud.* Et eodem modo in Constit. Justin. quæ auspicium facit, Justinianus Princeps juris religiosissimus. Habet autem hæc Constitutio D. Marci utilitatem summam, ne honor transacti matrimonii cum uxore dulciter fine offensa, fine querela, & ne fides communium; liberorum quibus subnixum fuit matrimonium, ut *l. 1. §. ult. de lib. exhib.* ne bona spes, & fiducia, quam exinde accipit pater, decipiat patrem, qui melius de uxore præsumpserat. Ergo melius est dicere, matrem invitam cogi reddere bona liberis communibus cum morietur, quia enixa fuit voluntas patris, quam contulit in liberos. Enixa voluntas, id est, quoties testator valde vult, fideicommissum est. Hoc est, quod ait in §. *ult.* Et eadem est utilitas, *l. Pamphilo, tit. seq.* Legavi liberto centum, & adjeci: *scio, quæ tibi relinquo ad filios meos perventura*, id est, post mortem tuam, *cum sciam, eos tibi esse carissimos*: tamen verba fideicommissi cessant, quia non videtur ei fideicommisisse, ut restituat centum filiis suis. Sed tamen, quia inhumanum est, decipi patrem a liberto, de quo melius sperabat, exigente etiam & impellente caritate filiorum, ut *l. liberorum, de verb. sign.* melius est, ut libertus invitus compellatur centum restituere, vel heres ejus filiis patroni, veluti ex causa fideicommissi, quod confirmatur eo loco, arg. hujus Constit. D. Marci. Sunt igitur duo casus persimiles. Nec obstat quicquam his, quæ proponuntur in §. *ult.* & *d. l. Pamphilo*, lex generalis, in *prin. de usuf. leg.* Testator liberto legavit usumfruct. fundi, & adjecit: *puto si non contenderis cum herede meo, sed potius concordaveris, etiam proprietatem fundi te consecuturum.* Et hoc etiam fecerit heres & curaverit, ut cum liberto non contenderet. Quæritur, *an vivente herede libertus possit petere proprietatem fundi ex causa fideicommissi?* Et respondet, non esse fideicommissum: verba illa non inducere fideicommissum. Respondet, in hoc §. *ult.* dixit; *non dubito*, quod est *scio*, in *l. Pamphilo*, dixit, *scio* at in *d. l. generali*, dixit *puto*, quod verbum est opinantis. Scientia testatoris fideicommissum facit, vel quasi fideicommissum ex interpretatione voluntatis. Opinio fideicommissum non facit: cùm dicimus: *puto*, non quasi certi dicimus ita ut sentientes, sed quasi existimantes, ut Plut. in Demonst. ait, Demosthenem dicere solitum, *νομίζω* ὑ *πείθομαι* : & Augustinus 1. *retractationum*, excusat se quod aliquid non confirmaverit, sed putare se dixerit, *scio & non dubito &c.* scientiam exprimit, ut *l. & eo modo de leg.* 2. quomodo Philostratus scripsit Apollonium semper locutum, & nimirum verecunde usum his verbis, *τὸ οἶδα, & τὸ δοκεῖ μοι, & τὸ χρὴ εἰδέναι* : & in vitis sophistarum eosdem sophistas his verbis arroganter semper usos, *λέγω ἢ γινώσκω πάλαι*, id est, *jampridem scio*, non verecunde, puto, quod nostri auctores nunquam faciunt. Nec obstat *l. testatores*, §. 1. *tit. seq.* sic dixit testator villicis suis: *curate agros attendere*, ut scil. rustici agros colant, *& ita fiet ut filius meus filios vestros vobis condonet :* an filiis ejus videtur relicta libertas per fideicommissum ? Minimè : Quia hæc verba consilium dant potius, quam fideicommissum indicunt : *ut agris attendant diligenter, ita fore, ut filii eorum eis condonentur.* Consilium est, non fideicommissum. Consilium non obligat, *l. cum pater*, §. *mando, hoc tit.* nisi aliud suadeat conjectura voluntatis, ut in *l. 11. §. hac verba, tit. seq.* ut in obligationibus quoque, quæ sunt ex contractu, consilii nulla est obligatio, *l. 2. §. ult. mand. l. consilii, de reg. jur.* non in obligationibus, quæ ex maleficiis nascuntur: nam consilium potest esse maleficium non potest esse contractus, vel legatum, vel fideicommissum. Ac postremo obstat *l. pater*, §. *ult. tit. seq.* mater prædia legavit filiis, & adjecit, ut ea con servarent successioni suæ, non abalienarent, ut ea de re invicem sibi caverent per stipulationem, & restipulationem. Quæritur, *an sit fideicommissum ?* Resp. non esse, quod mirum, sed nihil est facilius: voluit testator eos obligari ex cautione, non ex fideicommisso, ut in *l. Balista, ad Trebell.* & ob id non est fideicommissum.

### Ad L. Peto LXIX. de Leg. 2.

*Peto Lucî Titi, contentus sis centum aureis : fideicommissum valere placuit*, idque rescriptum est . Quid ergo, si cum herede ex parte instituisset, ita locutus est? *peto pro parte tua Lucî Titi contentus sis centum aureis*: petera posterunt coheredes partem hereditatis, retinente, sive præcipiente, quo contentum esse voluit defunctus. Sine dubio facilius est, hoc probare, quam probari potuit illud : cum sibi fideicommissum petatur ab his quibus testator non est locutus . Idem dicemus, si cum ex asse scripsisset heredem, ejus gratia, qui legitimus heres futurus esset, ita loquatur : *peto pro hereditate, quam tibi reliqui : quæ ad fratrem meum jure legitimo rediret, contentus sit centum aureis.*

Fideicommissorum verba sunt preces in eum collatæ, à quo fideicommissum relinquitur. Fideicommissoris verba diriguntur ad eum, qui fideicommissis oneratur, sermo habetur cum eo, non cum alio, & ita jure civili fideicommissum relinqui oportet : sed ex constitut. principum, utile est fideicommissum, etiamsi quis non loquatur cum eo, a quo fideicommissum præstari vult, sed cum eo, cui reliquit fideicommissum, veluti, *peto Cai Sei*, ut contentus sis illâ re. Hic sermo non dirigitur ad heredem, sed ad fideicommissarium solum, ut hoc loco, & *l. cum quis*, §. *nuptura, inf. t. seq.* vel etiam ita, sufficiat tibi ea res, *l. 11.* §. *si quis ita, t. seq.* vel ita: *volo tibi illam rem dari*, apud Paul. 4. Sent. *tit. 1.* vel ita : *rogo te*, ut acceptis centum aureis tuum manumittas. His verbis heres etiam videtur esse rogatus, licet non sit rogatus, ut ei dare centum, §. *l. si servus legatus*, §. *pen. de leg. 1. & d. l. 11.* §. *cum esses, tit. seq.* vel etiam hoc modo : *scire te volo, donare me tibi aureos octingentos* ut in specie *l. miles, hoc tit.* in qua miles ita proponitur epistolam scripsisse ad sororem suam, *scire te volo, donare me tibi aureos octingentos.* Sed idem sequendum in epistola pagani: sive is eam epistolam scripserit miles, sive paganus, fideicommissum facit, & si defunctus, sic est legendum in *d. l. miles*, cum eo loquatur, qui precario remuneratur, non cum herede, qui oneratur eo fideicommisso : verbum *dono*, in ea specie habetur pro precario : Est sanè directum, sicut verbum do, *l. Aurelius, l. Titius Sejo, de lib. leg. l. quasitum.* §. 1. *de leg.* 3. Sed ex voluntate defuncti verbum directum habetur pro precario, sicut sæpissime directa institutio & substitutio, & libertas ex sententia defuncti, vel ex privilegio quodam veluti militari, habetur pro fideicommissaria, *l. precibus, C. de impub. & al. subflit. l. Scavola, ad Trebell. inf. l. generaliter, l. si servo, de fideic. libert. inf.* Ideo autem in *d. l. miles*, verbum dono, habetur pro precario, quia scriptum est in epistola fideicommissaria, in qua nihil directo scriptum valet : sic vocatur in *l. cum quis*, §. *pater tit. seq.* quæ est imitatio codicillorum, *l. un.* §. *sancimus, C. de lat. lib. toll.* vel est supplementum codicilli, *l. uxorem, §. codicillis, tit. seq.* Quid est epistola fideicommissaria ? quam quis post mortem suam demum aperiri voluit, non se vivo. Non est igitur, ut quælibet alia epistola . Ergo verbum *dono*, quod est directum, scriptum in epistola fideicommissaria habetur precum loco, ne scil. pereat voluntas defuncti, quam utique voluisse ei dari satis apparet ex verbo *dono.* Et differentia est inter *relinquo* & *dono*, quia *relinquo*, sive *derelinquo*, etiamsi relinquo certæ personæ, non continuo ejus dominium in eum transire volo, quod est evidentissimum. Quid si relinquo in causa deposita ? Quid si *derelinquo* potius, quam *relinquo*, quod sperno. Quod autem dono testamento vel codicillis, ut epistola fideicommissaria, vel alio justo instrumento mortis causa, vel inter vivos sanè in alium transferre volo. Relinquo plerumque invitus, puta moriens, intestatus maxime : *do sive dono mea sponte &* rectissime Eustat. *μα-λος. Hom.* relinquere esse necessitatis, dare benevolentiæ, & munificentiæ : relinquo non est verbum liberalitatis: legatum est liberalitatis, fideicommissum est liberalitatis: ergo ex solo verbo relinquo, non ducitur idoneum argumentum legati vel fideicommissi . Ex verbo *dono*, ducitur argumentum alterius, ex ipso verbo argumentum legati, quia directum est verbum : ex mente defuncti potius, quam verbo argumentum fideicommissi. Verum quod ad rem principalem attinet, constat jam satis ex supradictis locis, utile esse fideicommissum, etiamsi quis non cum eo loquatur, quem onerat, sed cum eo tantum, quem honorat fideicommisso. Plus dico, utile fideicommissum esse, etiamsi quis neque cum hæc, neque cum illo loquatur, sed cum extraneo quodam, ut in specie, *l. cum pater* §. *donationis, de legat. 2.* quæ talis est : Mater epistolam ad filium scripsit, nec misit tamen : fuit enim epistola fideicommissaria, quæ non mittitur ad eum ad quem scripta est licet quælibet alia epistola, nec ei traditur legenda, nisi post mortem scriptoris. Igitur scripsit quandam epistolam ad filium, sed eam non misit ad filium, sed nesciente filio eam sacro commendavit, & deposuit eam apud æedituum, vel pontificem. Ea vero epistola mater filio donabat prædia quædam, *donandi* verbum est directum, non præcarium, sed ex voluntate defuncti trahi potest ad fideicommissum, etiamsi in epistola nullum sit aliud verbum precarium, ut in specie *d.* §. *donationis* postea mater ad ædituum scripserit literas tales, *Si instrumentum, quod apud te deposui post mortem meam filio tradi volo :* Donatio prædiorum habebitur pro fideicommisso, nec quicquam refert, quod mater precariam suam voluntatem declaraverit literis ad ædituum scriptis, cum de eo constet, in quem voluntatem suam contulit. Et eleganter in *d.* §. *donationis*, non oportet quæri cum quo quis loquatur de supremis suis, id est, de suprema sua voluntate, sed in quem voluntatis intentio dirigatur. Igitur eo casu filius fideicommissum petet ab heredib. instituit testamento matris, licet neque cum eis, neque cum filio locuta sit, sed cum extraneo, cum æedituo. Et ait in illo §. *cum pluribus heredibus intestato diem suum obiisset.* Certum est esse scribendum, *cum pluribus heredib. institutis diem suum obiisset.* Nam ab intestato filius ipse matris heres extitisset ex Senatusconsulto Orfit. Eadem vero ratio est in specie *l. cum quis*, §. *Sejum, tit. seq.* Species hæc est: Sejum & Mævium libertos suos heredes scripsit , & Mævio substituit Sempronium. Deinde codicillos scripsit ad Sejum, non ad Mævium cohe-

coheredem, & in eis ita cavit: *Mævium quem testamento pro parte dimidia heredem institui, eam partem accipere volo, cujus in loco, Sempronium heredem esse volo:* & ei Mævio legavit (*ut ponit*) vini vetusti lagenas aliquot: hæc verba, quibus vult Mævium accipere partem hereditatis ei testamento adscriptæ, & in ejus locum Sempronium vocavit, accipiuntur pro fideicommisso, & Sempronius fideicommissum petet a Mævio, non a Sejo: licet codicilli non sint scripti ad Mævium, neque ad Sempronium. Denique, neque sunt scripti ad eum, qui fideicommissum debet, neque ad eum, cui debetur. Et placet tamen consistere fideicommissum: denique nihil refert, ad quem scribantur, satis esse intelligere quid voluerit, qui codicillos fecit, nihil referre ad quem, sed cujus gratia, sicut nihil refert, ut Senec. 5. *de benefic.* ait, cui des beneficium, sed cujus gratia : si filio dedisti alieno patris gratia & honore, sive affectione, non filius accepit beneficium, sed pater in cujus honorem id dedisti filio: mens enim semper spectanda est dantis. Summa igitur hæc sit conclusio, fideicommissum consistere & valere etiamsi quis non alloquatur eum, a quo præstari vult fideicommissum, sed cum eo, cui præstari vult: imo etsi cum neutro loquatur, sed cum extraneo quodam inde colligit Papin. eleganter hoc loco, multo magis valere fideicommissum, si quis cum eo loquatur, a quo fideicommissum relinquitur, etiamsi palam non edicat, cui, vel quibus relinquat, ut si Titium ex parte heredem instituit,& deinde cum eo ita locutus sit,*peto,ut pro parte tua contentus sis centum aureis*, non adscripta ea parte alii nominatim. Ex his verbis fideicommissi petitio est coheredem Titii, quia videtur rogatus partem suam restituere coheredibus, retentis aureis centum, quos imputabit in Falcidiam,& si quid deest Falcidiæ id in supplementum deducet, retinebit sive præcipiet, quia contentum esse eum defunctus voluit. Differentia est inter *retinere* & *præcipere*, l. in quartam, *ad leg. Falcid.* Retentio est facti, præceptio fit beneficio actionis: sed sive retinere, sive præcipere jussus sit pecuniam solidam, imputat in Falcidiam,quia eam videtur sumere ex sua parte *l.cum pater, in princ. hoc sit.* Idem dicitur in specie *l. Paul.*27.§.1. *tit. seq.* ad quam facit etiam *l.*2. *C. de cod.* Filium & filiam heredes scripsit : deinde ita cavit: *filia pro omni hereditate contenta esto illo prædio:* videtur filia rogata restituere suam portionem fratri suo. Et idem omnino erit, si quis heredem scripserit ex asse, ut Philium. hoc loco, & deinde cum eo ita loquatur, *peto pro hereditate, quam tibi reliqui, &c.* Nam his verbis heres institutus ex asse,videtur rogatus, ut fratri legitimo heredi testatoris hereditatem restituat retentis centum aureis. Et recte ait, *quæ ad fratrem jure legitimo rediret:* nam proprie legitima hereditas *redire* dicitur, quia ad eandem familiam recurrit. Et assentior Placentino, qui in *l. quotiens* 73. *de reg. juris:* ita legendum putat, *quo hereditas redit*, ab intestato scil. eo & *tutela pervenit*. Hæc sunt quæ continentur in 1.quæst. hujus *l.* quibus duo objicit Accurs. Primum, *l. filiusfam.* §. *Divi*, *de legat.*1. Ex quibus hoc eruimus, nudum præceptum nullius esse momenti, exempli gratia, vetuit,*ne fundus alienaretur,& nihil præterea adjecit :* nudum est præceptum, quod obligationem nullam parit, quando quidem non dixit, cujus gratia id præciperet; sicut si dixerit,*veto fundum alienari extra familiam*,non est nudum præceptum, quia fit familiæ suæ gratia: cui etiam eo nomine competit fideicommissi persecutio fundum alienato, & collato in exterum. Alias nudum præceptum nullius est momenti. In hac specie videtur esse nudum præceptum, *peto contentus sis*: nudum præceptum nullius est momenti, si non appareat, cujus gratia præceperit: sed in specie proposita apparet, cum præcepisse gratia alterius, cujus gratia præcepit, ut contentus esset tot aureis. Deinde objicitur *l.cum pater, hoc tit.* §.*pater,qui filio.* Filium pater heredem scripsit ex semisse, filias duas ex quadrante : deinde ita cavit: *filis pro tuo semisse contentus esto ducentis aureis, & vos filiæ pro quadrantibus vestris contentæ estote centenis*: usus est hisce verbis, quæ proponuntur in hac *l*. Et tamen ait, von videri relinqui mutuum fideicommiss. inter fratres. Sed ratio est evidens: non posse induci fideicommissum

quia etsi induceretur, inutile esset: nam si esset mutuum fideicommissum, quantum daret filius sororibus, tantum acciperet a sororibus, mutuarium, & e converso. Igitur non voluit testator mutuum fideicommissum facere, sed magis, ut solent, frugi patresfamil. voluit æstimationem sui patrimonii facere, & æstimare semissem filii ducentis, quadrantem filiarum centenis, quæ tamen æstimatio nunquam propellet veritatem: hoc est, si quis ita æstimaverit portiones inscriptas, ea æstimatio nihil officit veritati, *l.*14. §. *alia ad leg. Falcid. l.si fundus,&su libertus,de leg.*2.*& 1. C. ambit. tut.* Atque ita nihil omnino obstant illæ duæ leges.

Ad §. Prædium I.

*Prædium, quod nomine familiæ relinquitur, si non voluntaria facta sit alienatio, sed iota & heredie veniant: tamdiu emptor retinere debet, quamdiu debitor haberet bonis non vendi tis post mortem ejus non habituus, quod exter heres præstare cogeretur.*

HUjus §. species hæc est, quidam unum ex familia sua heredem scripsit, & prædium nomine familiæ reliquit. Sic rectissime legit Haloander in §.1. *hujus l. quod nomine familiæ relinquitur*, hoc est, quod relinquitur his, qui sunt ex nomine, gente & familia eadem. Sed quod ad juris effectum attinet, exponamus quid sit prædium nomini familiæ relinquere. An relinquitur pure, ut adita hereditate, mox præsenti die peti possit? minime : qui enim sibi heredem instituit unum ex familia sua, & ab eo nomine familiæ prædium reliquit, sane hoc vult, ut unus heres, qui est ex familia, eo prædio fruatur, moriens id familiæ relinquat, ut interim prædium extraneo non alienet, sed familiæ conservet: hæc est vis & potestas hujus sive legati, sive fideicomm. Hoc casu si vivus heres prædium extero vendiderit sua sponte, statim ceteris, qui sunt ex familia, competit fideicommissi petitio, perinde ac si moriens id reliquisset extero, *l. cum pater* §. *libertis, hoc tit*. Nam etsi familiæ fideicommissum, quod relictum est, videatur collatum in tempus mortis heredis, ut scil. ab eo prædium transeat ad ceteros, qui sunt ejusdem nominis & familiæ, tamen. si is vivus dissolverit a præcepto defuncti, si maturaverit prædium alienare, fideicommissarii, qui sunt ex eadem familia quodammodo, petent præmature fideicommissum. Denique, si is heres vivus sua sponte alienaverit, statim competit ceteris petitio fideicommissi. Quæritur in hoc §. quid sit dicendum, *si alienatio sit necessaria*, non *voluntaria*, id est, si is heres alienavit coactus. Finge, heredis bona veniunt sub hasta ex edicto prætoris, urgentibus creditoribus heredis, & bona etiam prædium legatarii: an familiæ competit fideicommissi persecutio, quod cætera sit alienatus fundus? Differentia est constituenda: hac in re inter creditores testatoris, & creditores heredis: prohibitio illa, ne prædium heres extero alienet, non potest esse fraudi creditoribus testatoris, *l. filiusfamil.* §.*Divi, de legat.*1. Nam & legata sive fideicommissa non debentur, nisi deducto ære alieno, *l.*1.§. *denique ad Trebell.* Et ideo si propter creditores testatoris, heredis bona venierunt, & inter illa bona illud prædium, de quo agitur secundum id, quod ceptum est, heredem, qui inventarium non fecit teneri creditoribus ultra vires, *l. pupus dotis, sol. matrim.* Et hoc est, quod dicitur, *quamlibet hereditatem esse solvendo, hoc est, modo habeat heredem, qui sit solvendo:* locupletem esse omnem hereditatem, quæ habet locupletem heredem, *l. libert.de pan. libert.* Si igitur propter creditores testatoris bona omnia heredis venierunt, jure pignoris alienatio tenet, nec potest infringi ex causa fideicommissi, *l.ejus solidum,*§.*ult. de leg.*2.*& d.*§.*Divi.* Hoc enim casu familia nunquam competet fideicommissi persecutio, & rata erit perpetuo jure alienatio prædii, etiamsi sit collata in exterum, quia facta est propter testatorem ipsum quodam absolvi æquius est,quam fideicommissum præstari. Quid vero si heres prædium illud ultro vendiderit, creditorum testatoris dimittendorum gratia videlicet, cum non esset aliud in hereditate, unde debita commodius exsolvi tur. Quidam fratrem heredem instituit, unum igitur ex familia sua, & eum rogavit, *ne domum quandam alienaret extra familiam*, quæ prohibitiones hodie sæpissime scribuntur, testamentis præcipue nobilium, *sed ut eam conservaret in familia*, heres non paruit voluntati, forte, quia moriens reliquit heredem extraneum, ad quem domus transiit cum bonorum universitate: filiæ competit fideicommissi petitio, hoc est petitio domus ex causa fideicommissi: nam prohibita alienatione, videtur prohibita heredis institutio: nisi dixerit, ne alienetur extero, quoad vivet, ut *l. cum pater, §. fundum, de leg. 3*. Sed si dixerit generaliter, *ne alienes*, neque vivus, neque moriens alienare extero domum potest: competit igitur etiam fideicommissi petitio, si vivus extero domum vendiderit: nam statim fideicommissi petitio familiæ competit. Quid est familiæ? hoc est, omnibus, qui sunt ex ea familia, gradatim tamen si plures sint, non ejusdem gradus, ne per minusculas partes fideicommissum inutile fiat, *l. 32. §. ult. de leg. 2*. Prima igitur erit causa proximarum, deinde sequentium: nec enim propter proximiores, qui priores admittuntur ad fideicommissum, causa sequentium in posterum læditur: imo qui priores admittuntur, cavere debent, se domum in familia relicturos, & cavere debent non servo publico, non filiis, ut Glossa ait, sed heredi, vel heredi heredis, ut in *l. unum ex familia, §. sed etsi fundus, sup. quia & heredis interest fundum servari in familia*, propterea quod domo in extraneum collata, ceteri ab eo fideicommissum petere possunt, & etiamsi non interesset, interesse credendum esset heredis, ut satisfaceret voluntati defuncti, *l. 19. tit. seq. de leg. 3*. Exigitur autem cautio opposita exceptione doli mali adversus petitorem fideicommissi, ut & in aliis casibus, *l. eas causas, de condit. & demonstr. l. cum in testamento, de fideicom. libert.* Nam petenti fideicommissum, proximiori puta, heres opponet exceptionem doli mali, hæc dicens: *dolo facis, qui petis fideicommissum, non oblata cautione semper servandæ domus in familia*, atque etiam remedio exceptionis hujus, non aliter præstabit fideicommissum quam scilicet ei ea de re cautum fuerit. Et, quod est notandum maxime, ea cautio exigitur, etiamsi is, qui fideicommissum petit solus ex familia superfit, quod prima fronte videtur deridiculum: nam cum solus ipse sit ex familia, frustra videtur cavere, se domum in familia relicturum, quando quidem ipse finis est familiæ: imo vero non est supervacua cautio, quoniam alii agnasci possunt, vel ex ipso, qui fideicommissum petit. Et ita etiam proponitur in hoc *§. ult.* Nam valde notandum hoc est, hoc fideicommissum familiæ relictum pertinere etiam ad eos, qui moriente testatore in rerum natura non fuerunt, nec enim item est familia & cognatio: in hoc proposito, qui post mortem testatoris concepti sunt, ejus cognati non sunt, aut fuerunt *l. Titius, de suis & legit*. Familiam tamen appellatione continentur, quia ex eadem stirpe prodeunt, & ita etiam, quod tamen erat dubium magis, propter capitis deminutionem, fideicommissum pertinet ad eos, qui mortis testatoris tempore in familia fuerunt. Nam tempus mortis spectatur, non tempus testamenti, *d. l. 32. §. ult. hoc tit.* Et postea desierunt esse familiæ per emancipationem, quæ est capitis minutio. Nam & hi ad fideicommissum vocabuntur tanquam ex familia, *l. filiusfam. §. cum pater, de leg. 1*. In hoc igitur genere fideicommissi latius familiæ accipitur, quam agnationis, sive cognationis nomen. Postremo ad hoc quæritur in hoc *§. ult.* quid sit dicendum, si petenti proximiori fideicommissum, quod familiæ relictum est, puta, existente conditione, heres fideicommissum præstiterit, non exacta illa cautione, domum in familia relictum iri? quid si per errorem omiserit heres illam cautionem? an competit conditio indebiti? Et Papinianus ait, nullam competere. Sed si domus quandoque ad exterum pervenerit, familiæ competere fideicommissi persecutionem in rem, hoc est, in quemlibet possessorem: nullam esse conditionem, incerti

A sc. ut quidam interpretantur, id est, post solutionem fideicommissi, heredem non posse condicere cautionem, quam omiserit per errorem. Cautio est res incerta, & obligatio. Conditio igitur, qua repetitur, est conditio incerti: vel etiam, non posse eum condicere possessionem, quæ est res incerta, quæ potuit retineri ratione exceptionis doli mali, quoad præstaretur illa cautio. Denique, ut illi volunt, non est conditio incerti, non est conditio possessionis. Hoc est iniquissimum, cum per errorem omiserit retentionem possessionis, exceptionem doli mali: cautionem, & videtur enim per errorem plus debito solvisse, qui cautionem non exegit, quia nulla cautione accipientem obligavit sibi in familiæ gratiam. Ergo sane competet conditio incerti, ut accidit sæpissime in aliis casibus, *l. qui exceptionem, §. si pars, quo-

B dict. indeb. l. heres, ad Trebel. l. 3. §. ult. si cui plus, quam per leg. Falc. l. 5. §. 1. de usufr. earum rer*. Sed Papin. loquitur de conditione certi, dum ait, *nullam esse conditionem*, certi scilicet, id est non possum ipsam solutam condicere, quasi indebitam, quia cautionis præstandæ necessitas solutionem tantum moratur, non etiam indebitum facit, quod fuit debitum, ut idem Papinianus ait in *l. testamento, de dot. præl*. Ergo non condicer ipsum fideicommissum, seu ipsam domum, quasi indebitam, & ita in jure sæpissime, quoties denegatur conditio, denegatur certi conditio, non incerti. Quid est pertritum magis, quam quod dicitur, neminem rem suam condicere, id est conditio certi non conditio incerti possessionem rei meæ possum condicere, *l. 2. de condict. tritic. & l. 25. de furt*. Et similiter dicitur in *l. si in area, de condict. indeb.* eum qui in area aliena ædificavit, posse sibi servare impensas, non per actionem, sed per retentionem ædificii, & exceptionem doli mali: qua non usus, si ædificium restituerit per errorem, non potest condicere, id est, rem ipsam: ædificium ipsum, quæ est conditio certi: potest autem condicere possessionem. Et ita in *l. ex quib. eod. tit*. quæ denegatur conditio, generaliter est conditio certi, non conditio incerti. Et ita hic locus accipiendus est.

---

**Ad L. XXII. de Lib. leg.**

*Quod mihi Sempronius debet, peti nolo: non tantum exceptionem habere debitorem, sed & fideicommissum, ut liberetur petere posse responsum est.*

D Ait Papinian. *peti nolo*. Ut verbum, *volo*, est precarium, adeo ut testamentum non recte fiat his verbis, *illum heredem esse volo, l. illum, §. 1. de jure cod*. ita etiam verbum *nolo*, est precarium, non directum. Utrumque verbum *volo* & *nolo*, fideicommissum facit non legatum. Nolo peti a Sempronio, quod is mihi debet, non tantum petenti heredi obstat exceptio doli mali, sed etiam ex causa fideicommissi, ut Papinianus ait, agere & petere liberationem potest, quasi liberatione relicta, ut scilicet solemni acceptilatione, vel pacto liberetur, secundum distinctionem *legis 3. §. nunc de effectu, hoc tit*. Opponit huic responso Accurs. *l. 1. §. si reus, de eo per quem fact*. nec respondet quicquam, & res tamen responsionem aliquam desiderat. Nam ex *d. §. si reus* efficitur, non dari actionem ei, qui exceptione contentus esse potest. In specie hujus *l*. debitor excep. doli mali contentus esse potest, ergo non est danda ei actio. Ut respondeam; certissimum est, ei cui datur actio, multo magis dari exceptionem: cui datur petitio multo magis dari retentionem, *l. 1. §. plane de superfic*. Sed cui datur exceptio, non continuo etiam ei datur actio. Exemplo actionis datur exceptio, ut loquitur *lex nec non §. pen. quib. caussis major*. Non exemplo exceptionis actio. Esset enim absurdum exemplo exceptionis actionem dari. Et ita debitori, qui pactus est de non petenda pecunia, datur exceptio pacti vel doli, non actio ut liberetur. Idque procedit in specie *d. l. 1. §. si reus*. Si quis promiserit judicio sisti cum pœna, & per aliquem extraneum factum sit, quo minus ad judicium veniret, hoc est, si reus, qui pro-

promiserat judicio sisti, fuerit impeditus ab aliquo ad judicium venire, atque ita commissa fuerit poena, ei datur actio in factum in id, quod interest ex illo edicto, *de eo per quem factum erit*, adversus eum, qui impedimento fuit, qui coegit reum vadimonium deserere, sive promissionem judicio sistendi causa factam: sed si actor ipse, qui stipulatus est, in judicio sisti cum poena, dolo malo impedierit reum, ne veniret in judicium, non datur adversus eum actio in factum ex illo edicto, quia edictum loquitur de extraneo, non de actore ipso, & stipulatore, & quia inquit, contentus esse potest exceptione, si ab actore conveniatur ex stipulatu de poena, quod ad judicium non venerit. Atque ita in ea specie, cui datur exceptio, non datur etiam actio. Et ita quoque, si quis in alieno loco sua impensa aedificaverit, impensae servandae causa ei datur exceptio doli mali, & nomine ejus exceptionis retentio possessionis. Actio vero nulla ei datur impensarum nomine, *l. Paulus respondit, de doli excepti. l. 14. comm. divid.* Quod idem procedit & in aliis plerisque causis, juxta id, quod Demost. ait in oratione quadam, *legibus dantur exceptiones seu παραγραφαί etiam earum rerum, quarum nullæ prodita sunt actiones*: atque ita, quod non possum consequi actione, saepe assequor exceptione: quod autem possum consequi actione, & exceptione possum consequi: & breviter, cui datur actio, ei multo magis exceptio: cui autem datur exceptio, non continuo & actio datur. At ex voluntate defuncti, ut in specie proposita, cui datur exceptio, datur etiam actio, veluti ex causa legati aut fideicommissi, *l. dolo facis, de do. exc.* aut certe, quod notandum, quia ei datur actio ex testamento, veluti ex causa legati aut fideicommissi, & exceptio multo magis, ut in *l. 3. in pr. h. t.* dicitur, exceptionem dari debitori, cui moriens creditor chirographum reddiderit. Cui, inquit, chirographum dedit de manu in manum: quia inquit, ea datio instrumenti pro fideicommisso est, id est, quia et etiam actio competit, ut liberetur, atque ita exceptio ei datur exemplo actionis, non actio exemplo exceptionis. Et sane formula exceptionis doli mali haec est, dolo facis qui petis, quod redditurus es, *d. l. dolo*, redditurus scilicet jure actionis, id est, dolo facis, qui petis id, de quo mihi competit actio. Ex formula apparet, exceptionem referri ad actionem, non contra. At in specie *d. §. si reus*, fuit tantum exceptio, non actio in actorem, qui dolo fecit, ne reus obiret vadimonium, quia scilicet edictum loquitur de extraneo, non de ipso actore. Ubicumque igitur actio est, dicamus semper ad ejus exemplum exceptionem dari, & ita evenire in specie hujus legis: nunquam vero ad exemplum exceptionis actionem dari.

### Ad L. LXXIII. de Cond. & demonst.

*Titio fundus, si in Asiam non venerit: idem, si pervenerit, Sempronio legatus est: cum in omnibus conditionibus, quae morte legatariorum finiuntur, receptum est, ut Muciana cautio interponatur: heres cautionem a Titio accepit, & fundum ei dedit: si postea in Asiam pervenerit, Sempronio heres quod ex stipulatu cautionis interpositae consequi potest, utili actione praestare cogitur. Sed si cautio medio tempore defecerit, quae sollicite fuerat exacta, non de suo praestabit heres, sed quia nihil ei potest objici, satis erit, actiones praestari: si tamen Titius, cum in Asiam venisset, Sempron. prius quam legatum accipiat, decesserit, heredi ejus debetur, quod defunctus petere potuit.*

Ex Titio fundus 73. de cond. & demonstrat. est de cautione Muciana, de qua non ita dudum fat multa diximus *lib. 18. sup. ad l. cum tale legatum*, & nihil praetermisimus, quod pertinet ad eum tractatum, praeterquam interpretationem hujus leg. cujus species haec est: Testator legavit Titio fundum sub conditione, *si in Asiam non venerit*, & si veniret, hunc fundum transtulit in Sempronium, Sempronio legavit. Conditio, quae in non faciendo concipitur, veluti illa, *si in Asiam non venerit*, non differt legati petitionem, solutionem, praestationem, interveniente scilicet Muciana cautione: nam heres cogitur Titio statim fundum praestare offerenti cautionem Mucianam, quae, ut generaliter definit Papinianus hoc loco, locum habet in his conditionibus, quae morte legatarii finiuntur, ut *l. servo, §. si testator, ad Treb.* qualis est illa conditio, *si in Asiam non venerit*. Nam quandiu vivit legatarius, pendet conditio, nec ante finitur, quam legatarius vita decesserit. Igitur si legatarius heredi caveat, quae est cautio Muciana, se in Asiam non perventurum, vel si pervenerit, se fundum, vel quanti ea res erit, redditurum, heres confestim cogitur eum fundum praestare. At quid fiet, si contra fidem cautionis, Titius postea in Asiam pervenerit? sane committetur stipulatio Muciana. Sed an heres tenetur Sempronio, cui idem fundus legatus est sub contraria conditione, nempe, si Titius in Asiam pervenerit? Et sane, ut hoc loco ait Papinianus, ille heres Sempronio tenetur causa legati, ut scilicet, quodcumque a Titio consecutus fuerit ex stipulatione Muciana, id Sempronio praestet, sive fundum, sive quanti ea res erit: & tenetur, inquit, utili actione, hoc est, efficaci actione ex testamento, ut Accursius interpretatur, & laudo: Nam & utilis actio ab eodem Papiniano eodem modo accipitur in *l. pater, de dote praeleg.* Quid autem fiet, si heres a Titio nihil consequi possit propter inopiam Titii & fidejussorum? Nam cautio Muciana est fidejussorum satisdatio, *l. hoc genus*, hoc tit. & *Nov. 22.* Fuerat quidem ab initio idonea cautio, fidejussores idonei, fuerat cautio sollicite exacta, ut ait, non quilibet fidejussor fuerat admissus, sed is cujus jam ante heres vires exploraverat: denique fuerat idonea cautio initio, sed postea defecit, lapso facultatibus Titio, & fidejussoribus. An hoc casu heres de suo cogitur Sempronio solvere legatum? Minime: quia nihil ei imputari potest, nihil objici, cum cautionem sollicite exegerit a Titio propter legatario. Igitur liberabitur heres qualemcumque actionem ex ea cautione Muciana cedendo Sempronio: cessio sive delegatio pro justa praestatione erit, ut *l. quod debetur, de pecul.* nec omnino erit inutilis Sempronio, cum postea possint fidejussores pervenire ad pinguiorem fortunam. Accursius non intellexit hoc loco linguam Latinam; non intellexit, quid sit *exigere cautionem*, quam Papinianus ait, ab herede fuisse exactam sollicite. Plus est exigere quam agere: nam exigere est rem, sive cautionem extorquere & exprimere, satis accipere. Et Accursius contra manifesta verba legis ponit quasi certissimum, Titium heredi non cavisse cautionem Mucianam, qui error tolerari non potest, & delenda est Glossa ad verbum *actiones*. Et ad haec in extremo hujus legis additur, mortuo quidem Sempronio posteriori legatario sub conditione, si Titius in Asiam veniret, mortuo, inquam, eo pendente ea conditione, hoc est antequam Titius venerit in Asiam legatum intercidit, & Sempron. nihil transmittit ad heredem suum, quia in hereditatibus, & in legatis spes non transmittitur in heredem, quae transmittitur in stipulationibus, & omnibus contractibus, *§. ex conditionali, Inst. de verb. oblig.* Quare dicitur stipulatorem conditionalem esse creditorem, etiamsi adhuc pendeat conditio: legatarius conditionalis non est creditor, quandiu pendet conditio, *l. is qui sub cond. de oblig.* & act. Et in jure frequentissime occurrit ista differentia inter legata & stipulationes conditionales. Sed mortuo Sempronio post existentem conditionem, hoc est, postquam Titius in Asiam venit, certissimum est, ad heredem transmitti actionem legati, cujus dies jam cessit, & heredi deberi, quod defunctus petere potuit: nam secundum regulam in *l. 1. C. ut actio. ab hered. &c.* heredi deberi, quod defunctus petere potuit, heredi non deberi quod defunctus petere non potuit, hoc est, eam tantum actionem jure hereditario heredi competere, quae coepit a defuncto: & retro eam tantum actionem in heredem competere, quae coepit in defunctum competere. Et haec est sententia hujus legis.

### Ad L. IX. Ad leg. Falcid.

*In Falcidia placuit, ut fructus postea percepti, qui maturi mortis tempore fuerunt, augeant hereditatis aestimationem*

*fundi nomine, qui videtur illo in tempore fuisse pretiosior.*
§. 1. *Circa ventrem ancillæ nulla temporis admissa distinctio est, nec immerito, quia partus nondum editus, homo non recte fuisse dicitur.*

SEquitur ut exponamus *l. 9. ad leg. Falcid.* est lex elegantissima, & cognitu dignissima. Lege Falcidia cautum est, ne quid plus testamento legetur, quam ut quarta pars hereditatis illibata apud heredem remaneat, ne legata excedant dodrantem. Quamobrem ubi locus esse dicitur l. Falcidiæ, solet iniri ratio quantitatis bonorum hereditariorum & legatorum, ut ex ea appareat, legata exsuperent modum lege constitutum nec ne : & in exquirenda quidem quantitate hereditatis mortis tempus spectatur, id est, id solum hereditati computatur, quod fuit in patrimonio testatoris mortis tempore, *l. in quantitate 73. hoc tit.* Inde quæritur hoc loco, *an etiam fructus hereditati computentur*, vel quod idem est, *an augeant hereditatem, qui maturi erant mortis tempore, nondum percepti*, puta *vindemiæ pendentes, olivæ, frumenta pendentia?* Et Papinianus docet hoc loco, fructus ex fundo hereditario perceptos ab herede post mortem testatoris hereditati imputari, augere quantitatem hereditatis, augere æstimationem hereditatis, si maturi fuerint mortis tempore, non si fuerint immaturi. Denique maturos fructus imputari hereditati, *si fundi*, inquit, *nomine*, hoc est, quasi pars fundi qui videtur illo tempore fuisse pretiosior propter fructus, qui solo cohærebant. Et hoc est, quod dicitur fructus pendentes esse partem fundi, *l. fructus, de rei vindic. l. si servus 2. §. locavit, de furt.* Fructus pendentes immobilibus rebus annumerantur, cum sint pars rei immobilis, *l. 12. de reg. jur.* Et quod notandum, hi tantum fructus fundi pretium augent, qui maturi sunt. Et in *l. ult. §. pen. quæ in fraud. cred.* significatur, fundum pluris esse sub messium, aut vindemiæ tempus, quam hiberno tempore post sationem, post sementem, quia nondum certum est, sati fructus an sint bene proventuri : omnes quidem fructus, sive maturi, sive immaturi sint pars fundi, sed hi tantum augent pretium fundi, qui maturi sunt. Et eam ob rem dixit Papinianus, *qui maturi mortis tempore fuerunt.* Nec his, quæ diximus, obstat quicquam lex *in ratione 11. hoc tit.* quæ dicit, fructus hereditati non imputari in ponenda ratione *l. Falc.* sed heredis lucro cedere, quoniam non est intelligenda ea lex de fructibus, qui maturi erant mortis tempore ; hi enim proculdubio hereditatem augent, sed de fructibus, qui sati sunt post mortem testatoris, vel qui maturuerunt post mortem testatoris, & post ab herede lecti sint, demessi sunt, si scilicet pura essent legata : nam si fuerunt conditionalia, vel in diem, fructus, qui interim maturuerunt, & percepti sunt ab herede, heredi imputantur in Falcidiam, quasi jure hereditario percepti : non tamen veniunt in restitutionem fideicommissariæ hereditatis . Et ita est accipienda lex *cum fideicommiss. ad Trebell,* quandoque in fideicommissariæ hereditatis restitutionem veniunt tantum fructus, qui maturi erant mortis tempore, mortis testatoris tempore, vel qui jam ab ipso horreis conditi erant, *l. postulante, §. ult. ad Trebell. l. 14. de usufr. leg. l. 1. C. de his quibus ut indign. l. centurio, de vulg. substitut.* Ostendit autem hoc loco Papinianus hac in re esse differentiam inter fructus prædiorum & partus ancillarum : Nam fructus prædiorum, ut diximus, sive fœtus pecorum, qui etiam fructibus annumerantur, sed fructus prædiorum proprie, qui maturi erant mortis testatoris tempore, hereditati imputantur : qui erant immaturi, non imputantur hereditati. Partus autem ancillarum, sive gravidæ fuerint mortis tempore, sive postea factæ fuerint, indistincte dicimus, non imputari in hereditatem, etiamsi mortis tempore partui proximæ fuerint . Fructus recte dicitur esse pars fundi, vel post sementem statim. Partus nondum editus, non recte dicitur pars ancillæ, nunquam recte dicitur esse maturus, cum nec homo recte dicatur antequam editus sit, ut idem Papinianus ait hoc loco. Et consequenter ancilla, quod sit prægnans, non

A ideo videtur esse pretiosior. Fundus, cujus fructus sunt maturi, videtur esse pretiosior. Igitur in hoc proposito, qui est in utero, non habetur pro nato : hoc mirum : nam si haberetur pro nato, prodesset legatariis, & qui est in utero, aliis non prodest, antequam nascatur, *l. 7. de statu hom. l. quod dicimus, de verb. sign. l. 2. de excusat. tut.* addo, ut non prosit patri, qui est in utero ad excusationem tutelæ vel curæ : & postquam natus est, jam non prodest legatariis, sed heredi, cum ad lucrum ejus pertineat, nec hereditati computetur, quia sicut fructus immaturus non auget hereditatem, sed postea perceptus lucro heredis cedit, ita ut non propter eum fructum videatur ad eum locupletior hereditas pervenisse : ita partus nondum editus, sicut fructus immaturus, cum necdum homo recte dicatur, non auget, sed ad lucrum he-
B redis pertinet : fructus nondum perceptus recte dicitur, vel oleum, vel vinum, vel frumentum, maxime si sit maturus. Nec his, quæ diximus modo, obstat *l. intelligendus, de verb. signif.* quæ ait, eum, qui relictus est in utero, videri fuisse mortis tempore : nam ea vox non est generaliter accipienda, sed aptanda propriis casibus accommodatis & congruis. Pertinet ea lex ad leges caducarias Juliam & Papiam, quibus orbi, hoc est, qui non habent liberos, quasi incapaces aliquatenus repelluntur a commodis testamentorum, & quæ eis relicta sunt, in fiscum rediguntur. Finge : propter istas leges non habenti liberos quidam legavit in tempus liberorum ( quandocunque habuerit liberos ) is decessit uxore prægnante relicta : extitisse videtur conditio legati, & habuisse liberos, odio scilicet legum caducariarum, ut legatum transeat in postumum, & ejus commodo cedat, ut solet plerumque postumus haberi pro nato, quoties agitur de ejus commodo, ut scilicet legatum transeat ad postumum potius, quam ad fiscum, *l. 20. ad Treb. l. is cui, quand. dies leg. ced.* Non obstat etiam, quod est in *l. 1. §. ex hoc rescripto, de ventre inspic.* partum antequam edatur, ait esse portionem mulieris. Nam ex eo potius efficies, quod Papin. ait, nondum esse hominem : nam portio hominis non est homo : qui dicit, partum esse portionem mulieris, negat esse hominem. Et licet quandoque natus dicatur esse pars viscerum matris, ut illo loco Quintil. declam. 338. *filium matri eripere conaris, & partem viscerum avellis*, tamen ex eo non efficies, hominem eum esse, quamvis revera sit homo, qui jam natus est, & ita ut Galenus docet in lib. de hist. Philosophi, Stoici, qui negabant embryon esse animal,
D non tamen negabant esse portionem matris . Et quod dicitur, partum non esse partem ancillæ furtivæ in *l. partum, de verb. signif.* quæ hodie non habet locum, sed novissima sententia jurisperitorum , ea lex est accipienda de partu jam edito, id est, secundum eos, qui existimabant, partum esse in fructu : fructus autem jam perceptus non est pars rei. Ergo secundum illorum sententiam, partus jam editus non est pars matris furtivæ. Sed illorum opinio non obtinuit, & verius est, partum esse partem matris furtivæ, & ob id nec ancillam furtivam posse usucapi, nec vindicari actione Publiciana, ancilla furtivæ, *l. si ego, §. partus, de Publ. in rem act. & l. qui vas, de furt. l. pen. de statu hom.* Denique verius est, hodie partum non esse in fructu, *l. vetus, de usufr.* Et ita etiam in hac lege sollicite distinguitur partus a fructu, *l. in peculdum, de usuf.* Non obstat etiam his, quæ dicta sunt, *l. 2. de mortuo inf.* quæ ait mulierem prægnantem, si mortua sit, non debere humari aut sepeliri ; antequam partus exscindatur : ne, inquit, cum gravida species animantis perimatur. Ille locus confirmat potius, quod ait Papinianus, eum, qui est in utero, nondum esse hominem . Est enim species animalis, non animal. Igitur & in *l. 1. §. si quis prox. unde cogn.* quæ ait, nondum conceptum, nondum animatum esse, sic est scriptum recte Florentiæ, nec recte, tantum abest, ut sit animal, ut ne sit animatum quidem, sive animationis capax, eo significatur conceptum jam animatum quidem esse, sed non animal. Et rectissime in *l. vel vivo, de suis & leg. ced.* acceptum quodammodo videri esse in rerum natura. Nam adhibito

## In Lib. XIX. Quæst. Papin.

hibito hoc articulo facile feram quemlibet dicere, conceptum partum quodammodo animal esse. Hæc autem fuit Stoicorum sententia, quam nostri auctores sequuntur, qui sunt omnes imbuti a Stoicis, embryon non esse animal, ac proinde nec hominem esse, antequam nascatur & exeat utero, nam non omnis, qui exit utero, nascitur. Qua de causa dubitabatur olim, an ea, quæ sibi partum abegisset, damnanda foret. In altera parte erat ratio illa, quod embryon non sit animal: quam secutus Lysias in oratione de abacto partu, ut Theon Sophista refert in præexercitamentis. In altera parte est, quod quæ partum abegit, spem animantis peremit. Ergo damnanda est. Et hæc pars obtinuit, *l. Cicero, de pœnis, l.4.de extraord. crim.* Idque etiam esse ex legibus Licurgi & Solonis Galenus scribit in eo libro, quem de hac sola re scripsit, atque inscripsit, *an embryon sit animal.* Et tentat duabus rationibus sumptis ex jure, esse animal. Una, qui est in utero potest institui heres suus jure civili, alienus jure prætorio: ergo est animal. Sed dicimus hoc fieri fictione quadam, qua habetur pro nato, cum de commodis ejus quæritur. Altera ratio est, quia, quæ partum abigit, punitur quasi infanticida: sed hoc ideo, non quod animal, sive infantem peremerit, sed spem animalis, ut in *d. l. 2. de mort. inf.* Lege divina constituitur differentia inter aborsum & abortum, Exodi cap. 21. Abortus mortem dat, morte punitur, aborsus mulcta pecuniaria. Et ex Nonio Marcel. intelligimus, aborsum fieri in exordio conceptionis, abortum prope tempus pariendi, aborsum esse, ut illo loco Exodi septuaginta interpretes vertunt, si partus non fit ἐξεικονισμένος, formatus, s'il n'est point encore bien formé, vel ut volunt in Psalmis, si fit ἀκατέργαστος. Abortum autem esse, si fit ἐξεικονισμένος, hoc est, bene formatus. Et sane Aristoteles non videtur improbare aborsum, dum ait, si quis velit, abortionis poculum dare, aut efficere, ut mulier abortiat, ut effundat partum eum, id debere efficere antequam quid sentiat partus, Polit. 8. Tertull. in Apol. damnat etiam aborsum, qui & lege divina mulctatur, & ait, *etiam conceptum utero, dum adhuc sanguis in hominem deliberatur, dissolvere non licet: homicidii festinatio est prohibere nasci, nec refert natum quis animam eripiat, an nascentem disturbet.* Igitur sive aborsus, sive abortus, quem quis paraverit, vel procuraverit, pœna dignus est, non tam quod partus nondum editus, sit animal, sed quod sit spes animalis. Et ne hanc quidem perimi oportet.

### Ad L. LII. ad Senatusconf. Treb.

*Si res aliena Titio legata fuerit, isque domino rei heredi instituto petierit, ut hereditatem Mævio restituat, Mævius legatum inutiliter petet: non enim poterit consequi, quod ad institutum, id est, rei dominum pervenire non poterat.*

IN *l. si heres aliena*, duæ tractantur quæstiones, in utriusque interpretatione est, quod desideres. Ad priorem quæstionem parum aperte ponitur species, quæ perspicue ita poni debuit. Cajo herede instituto rem alienam puta Sempronii rem, Titio legavi sciens, quod legatum utile esse hoc eod. lib. didicimus ad *l. unum ex famil. de leg. 2.* Et Titius eam rem alienam ab herede meo, cum nondum consecutus esset ex legati causa, mortuus est, herede instituto Sempronio domino ejus rei, cumque Sempronium rogavit, ut Mævio hereditatem restitueret: in ea hereditate, id est, in hereditate Titii fuit actio, quæ ei competebat legati nomine adversus heredem meum, id est de re Sempronii legaveram: ea, inquam, actio est in hereditate, ergo & in restitutionem sive fideicommissum ejus hereditatis venit ea actio. An igitur restituta hereditate Mævio, Mævius legati nomine poterit experiri cum herede meo, quod ea actio fuit in hereditate, quæ ei restituta est? Et rectissime Papinian. respondet, *Mævium inutiliter acturum cum herede meo legati nomine*, quia restituta hereditate, hæ tantum actiones fideicommissario dantur, quæ heredi instituto competebant. At heredi competebat utilis petitio hujus rei, quæ sua erat: quæ res cujusque propria est, ejus fieri amplius non potest, *§. sed si rem, Inst. de leg. §. sic itaque, de act.* Ergo non competet etiam fideicommissario, puta Mævio. Denique sicut Sempronius ipse testamento Titii heres institutus inutiliter peteret rem suam ab herede meo: ita eam rem quoque petit inutiliter is, cui Sempronius rogatus est restituere hereditatem: non potest fideicommissario, quod nec heres potuit, *l. cogi §. Mævius, hoc tit.* Eæ tantum actiones fideicommissario competunt ex Senatusconsulto Treb. quas habuit heres eo tempore, quo fideicommissario restituit, *l. ita tamen §. qui ex Trebell. hoc tit.* nullas autem habuit heres ejus legati nomine; id est, rei suæ non habuit vindicationem, quam possidebat. Ergo non habebit etiam fideicommissarius, & inutiliter petet legatum, hoc est, rem alienam. Inutiliter petet ab herede ejus, qui eam legavit, quod & heres fideicommisso oneratus, quasi dominus & possessor hujus rei, ab eodem herede peteret inutiliter. Et ita explicandum, quod est initio hujus legis.

### Ad §. servus.

*Servus ab altero ex heredibus libertatem, & ab altero fideicommissum hereditatis accepit: si neuter adire velit, nulla prætoris partes erunt, quia neque propter solam libertatem compellitur adire, neque is, a quo libertas data non est, propter eum, qui nondum liber est, ut adeat compellitur. Et Senatusconsulto locus est, cum ab omnibus directa vel fideicommissaria libertas ab eo datur, a quo hereditas quoque relinquitur. Sed si forte is, a quo libertas data est, portionem suam repudiavit, vel conditione exclusus est, cum portio ejus ad alterum pervenerit, defendi poterit, adire cogendum: quid enim interest, quo jure debitor libertatis, & hereditatis idem esse cœperit?*

SEquens quæstio est de servo testatoris: nam quæ de eo dicuntur, non habent locum in servo heredis instituti, qui si ab eo sit relicta fideicommissaria libertas & hereditas, non potest compelli a suo servo, ut adeat & restituat hereditatem sibi manumisso prius, quia videtur facere contra servitutem debitam domino suo, si invito velit extorquere libertatem, *l. ergo, §. sed si servo, h. t.* Ergo quæstio non est de servo heredi proprio, sed de servo testatoris proprio, cui ab uno ex heredibus testator reliquit libertatem fideicommissariam, & ab altero hereditatem fideicommissariam in portionem alterius hereditatis. Finge, cum ita esset servo ab uno herede fideicommissaria libertas ab altero fideicommissaria hereditas relicta, utrumque recusare adire hereditatem. Regulariter heres rogatus restituere hereditatem, si nolit adire, si suspectam hereditatem dicat, & implicitam multis negotiis, molestiis, idcirco se nolle eam adire: ne fideicommissaria hereditas intercidat, ex SCto Pegas. hodie Trebelliano, per prætorem cogitur adire periculo fideicommissarii, & restituere fideicommissariam hereditatem: an is hoc casu servus, vel hunc vel illum heredem compellere potest, ut adeat? Minime: non potest compellere eum, a quo libertatem fideicommissariam accepit, quia propter libertatem solam, vel propter aliud quodlibet legatum aut fideicommissum singulare, nemo cogitur adire hereditatem, atque ita se implicare negotiis hereditariis, quod ostenditur in *l. seq. h. t.* Non potest etiam cogere adire eum, a quo fideicommissaria hereditas ei relicta est, quia non potest heres cogi, nisi ab eo, cui restitui potest hereditas. Huic autem servo non potest restitui, quia nondum est liber. Ergo non potest postulare decretum prætoris, quo cogatur heres adire, *l. si cui pure §. h. t.* Ergo neutrum cogere potest. Et ita initio definit Papinianus in hoc §. videlicet, si uterque recusat adire hereditatem: nam si unus sua sponte adeat hereditatem, puta is, a quo fideicommissaria libertas relicta est, sane alter, a quo relicta est fideicommissaria hereditas, cogitur etiam adire & restituere, tametsi non sit ab eo data fideicommissaria libertas, sed hereditas tantum, *l. cogi §. ult. h. tit.* Idemque

que probandum est omnino, atque ita erunt duæ exceptiones, si is a quo relicta est fideicommissaria libertas, repudiaverit portionem suam, vel conditione exclusus sit, cum esset heres institutus sub conditione, atque ita amiserit suam portionem, quo casu portio ejus, quæ deficit, defertur alteri coheredi, a quo servo relicta est fideicommissaria hereditas, & defertur cum onere fideicommissariæ libertatis, *l. si Titio, §. ult. de leg.* 2. Et ita idem incipit esse debitor libertatis & hereditatis. Ac propterea, ut idem Papinianus ostendit hoc loco, cogetur adire hereditatem: cum portio alterius ad eum pervenerit, defendi potest adire cogendum. Portio deficiens, quo jure pervenit ad heredem, num alio jure, quam jure accrescendi? Atqui non adcrescit, nisi ei, qui adivit pro sua parte: non habenti partem suam, nihil accrescit, *l.* 33. *de usufr.* Ergo ponit portionem ad eum pervenisse jure accrescendi, & deinde eum adivisse coactum, aut cogi posse adire. Sane verbum *pervenire*, aliter accipitur, quam usurpatur vulgo, nempe pro deferri, non pro cedere diem, vel pro acquiri. Idem hæc duo verba possunt, *pertinere* & *pervenire*, *pertinere* est deferri, *l. si ita scriptum, §. si sub conditione, de leg.* 2. *l.* 14. *de lib. & post.* Et ita quoque *pervenire* hoc loco, id est, deferri juri accrescendi, quod postquam adierit adcrescere demum, atque ita adeundo etiam obtinebit, & restituendo etiam restituet assem: quamvis rogatus sit de sua portione tantum, etiam restituet, quod jure accrescendi ei obvenerit, id est, portionem coheredis, qui repudiavit: nam qui compulsus est adire, nihil potest retinere ex testamento defuncti, id est, ex voluntate defuncti expressa vel tacita non retinere potest legatum, non fideicommissum, non Falcidiam, sed restituet assem integrum, non substitutionem pupillarem, quando quis eum, quem sibi heredem fecit, jussit etiam filio suo impuberi heredem esse: denique perdit omnia, & jus accrescendi, *l. nam qui §. qui compulsus, l. ita tamen §. qui suspectam, l. si patroni §. qui fideicommissum, in fine hoc tit.* Et hoc erat præcipuum notandum ad hunc §. Et hoc quidem de duobus heredibus institutis, sicut initio pure posuimus speciem, quorum ab uno servo relicta sit libertas fideicommissaria, ab altero hereditas per fideicommissum pure, vel sub eadem conditione, vel in eandem diem. Certum est heredem posse compelli adire hereditatem, etiam postulante servo: nam licet alias servus non possit jure consistere, vel causas defendere; tamen propter spem libertatis & hereditatis, etiam per se aditum habet ad prætorem, *l. mulier, cui non est, & l. cogi, §. pen. hoc tit.* Et hoc quidem, nisi servus sit impubes: nam impuberes non habent aditum in jus sine tutoribus, & jus servus adhuc est, tutorem habere non potest: est enim tutela jus in capite libero: sed poterit idem postulari per alium, nomine servi impuberis. Et ita nos, exposuimus latius *lib.* 11. *quæst. ad l. si impuberi, de tut. & curat. dat.* Ergo concludamus: si ab eodem herede eidem libertas & hereditas sit relicta per fideicommissum pure, vel sub conditione, aut in diem, is heres cogetur adire & manumittere, restituere manumisso. Idem admittemus, si libertas sit relicta pure ab eodem herede, & hereditas sub conditione, quia etiam ante conditionem fideicommissi, suspectam hereditatem dicit, & ob id adire, recusat compelli potest adire; & non ante tantum, sed & manumittere & restituere ante conditionem fideicommissum, & ante diem, *l. apud §. ult. l. si cui pure, in princ. hoc tit.* Si sua sponte velit adire, etiam non interveniente prætore, non jubente prætore, sane non restituet fideicommissum ante diem, aut ante conditionem, *l. sed etsi, hoc tit.* Sed si compulsus adeat, qui dicebat sibi suspectam esse, cogetur statim restituere, ut in superioribus. Sed non erit idem e contrario, si libertas sit relicta sub conditione, hereditas pure: nam hoc casu non poterit cogi adire, antequam conditio libertatis extiterit, quia nondum facto libero, non potest restitui: frustra postulat adire hereditatem, cui ea nondum potest restitui, *d. l. si cui pute, §.* 1. Idemque dicemus, si libertas & hereditas relinquantur sub diversis conditionibus: nam eadem ratione exspectanda erit conditio libertatis, antequam heres, qui suspectam dicit, possit per prætorem compelli. Et hæc quidem de fideicommissaria libertate. Fideicommissaria libertas potest relinqui ab uno ex heredibus. Directa autem libertas inutiliter relinquitur ab uno ex heredibus: relinquenda est ab omnibus, puta post institutionem omnium heredum: Nam quæ post institutionem omnium heredum scribitur directa libertas, ab omnibus relinqui videtur: si relinquatur directa libertas ante institutiones heredis, inutilis est, quia a nemine heredum relicta videtur: Et similiter libertas, directa relicta inter medias heredum institutiones, non valebat, quia videbatur relicta a primo herede, non a sequenti: non poterat autem relinqui libertas directa ab uno, §. *ante heredis*, *Instit. de leg.* nisi scil. scriptus heres prior adiisset, ut ostendit Ulp. *Inst. tit.* 1. Relicta autem directa libertas ab omnibus, ut oportet unum heredem adire sufficit, ut competat libertas, sed is tantum potest compelli adire per prætorem, a quo etiam eidem servo relicta est fideicommissaria hereditas, quia propter libertatem solam nemo compellitur adire, videlicet si libertas fuit relicta pure. Alioquin exspectanda est conditio, aut dies libertatis, quia nondum est persona, cui hereditas restitui possit, *l. si patronus, §. Imperator, hoc tit.*

### Ad L. Titius LIV. ad SC. Trebell.

*Titius rogatus est, quod ex hereditate superfuisset Mævio restituere: quod medio tempore alienatum, vel deminutum est, ita quandoque peti non poterit, si non interveniente fideicommissi gratia tale aliquid factum probetur: verbis enim fideicommissi bonam fidem inesse constat. Divus autem Marcus cum de fideicommissaria hereditate cognosceret, his verbis, (quicquid ex hereditate mea superfuerit, rogo restituas) & viri boni arbitrium inesse credidit. Judicavit enim erogationes, quæ hereditate factæ dicebantur, non ad solam fideicommissi deminutionem pertinere, sed pro rata patrimonii, quod heres proprium habuit, distribui oportere, quod mihi videtur non tantum æquitatis ratione, verum exemplo quoque motus fecisse. Cum enim de conferendis bonis fratribus ab emancipato filio quæreretur, præcipuum autem, quod in castris fuerat acquisitum, militi relinqui placeret, consultus Imperator sumptus, quos miles fecerat, non ex eo tantummodo patrimonio, quod munus collationis, pati debuit, sed pro rata etiam castrensis pecuniæ decedere oportere constituit. Propter ejusmodi tractatus, Mævius fideicommissi nomine cautionem exigere debet: quod eo pertinet, non ut ex stipulatione petatur, quod ex fideicommisso peti non poterit, sed ut habeat fidejussores ejus quantitatis, quam ex fideicommisso petere potuit.*

Hæc quæstio: an heres, qui in diem, vel sub conditione rogatus est reddere alteri, quod ex hereditate superfuerit, cedente die fideicommissi, interim medio tempore aliquid ex hereditate alienare vel deminuere possit, & quatenus? & an si quid alienaverit interim, vel deminuerit, id ab eo fideicommissarius petere possit, cedente die fideicommissi? Alienare est rei hereditariæ dominium in alium transferre: deminuere est, veluti rem hereditariam pignori obligare, vel prædio hereditario servitutem imponere, aut debitam remittere, aut non utendo amittere. His enim modis deterius fit jus, deterior conditio prædii hereditarii. Item deminuere est sumptus & erogationes facere, victus sui ac suorum causa, puta penum hereditarium ebibere vel absumere. Unde dicitur etiam deminutum, quod usucapione de hereditate exiit, ut si res ab herede alicui data fuerit non animo alienandi animo, & ab eo, cui dedit vendita sit, & usucapita a bonæ fidei emptore, *l. deperditum, de petit. heredit.* Ut autem quæstioni propositæ respondeamus: heredi rogato *post mortem suam restituere*, *quod ex hereditate superfuerit*, videtur permittenda alienatio: quia hoc voluisse testatorem palam est, cum dixerit: ut id tantum restitueret, quod ex hereditate superesset. Et ita etiam *l. deducta, §. pen. & ult. hoc tit.* Sed quæso quis

quis erit hujus deminutionis modus? An permittemus deminutionem in infinitum? minime. Sed si quid bona fide alienaverit heres, si ex justa causa, veluti ex causa dotis, cum mulier heres instituta non posset aliunde sibi dotem conficere, *l.mulier, §.cum prop.hoc t.* vel ex causa donationis propter nuptias, vel ut redimat parentes suos, aut fratres ab hostibus. Finge, heredem ex hereditate aliquid deminuere, ut redimat suos ab hostibus, quæ est causa justissima & piissima, ut alat se & suos: nam sæpe prædia, quæ alere solent, ipsa ali oportet, tantum abest, ut sufficiant nostris alimoniis. Ita igitur heres, si quid ex hereditate alienaverit bona fide, & ex justa causa, id fideicommissarius ab eo petere non potest cedente die fideicommissi, ut si quid bona fide pignori obligaverit, non potest heres cogi a fideicommissario, ut id luat & repigneret. Denique id tantum peti ab herede potest, quod tantum relui & repignerari ab herede debet, quod dolo malo fecit, hoc est, quod alienavit vel deminuit dolo malo interveniendi sive deminuendi fideicommissi causa, hoc est, in necem fideicommissarii, ut *d.l.deducta, §.ult.l.sed etsi lege, §.quod autem, de petit.hered.* in petitione fideicommissi, ut ait *d.l.mulier, §.cum proponebatur, h.t.* Id enim peti ab eo potest, quorum pretia convertit in rem suam, ut *d.§.quid autem*, quia nec proprie deminuisse videtur, nec absumpsisse, quod vertit in suum patrimonium heres,*l.Imperator, §.ult.* adhibitis duabus *legibus seqq.de leg.2.* Ergo ex hujus fideicommissi causa heres restituet tantum atque præstabit, quod dolo malo deminuerit in fraudem fideicommissi: vel quod convertit in suum patrimonium. Non igitur deminutio vel alienatio ei in infinitum permittitur, non passim, non dissolute, sed adhibita bona fide, fraudem non permittit, sive alienationem aut deminutionem fraudulentam & copiosam. Et subjicit Papinianus in hac ipsa specie, Imperatorem Marcum cognomento philosophum decrevisse, his etiam verbis fideicommissi inesse arbitrium boni viri: nam idem est bona fides, & arbitrium boni viri. Et ob id, cum constaret verbis fideicommissi inesse bonam fidem, addit Marcus, etiam inesse arbitrium boni viri, scil. ut id tantum heres alienare, vel deminuere possit ex hereditate, quod bonus vir, aut arbiter æqui & boni censeret, probaret, & arbitraretur: videlicet, non tantum pro modo hereditatis fideicommissariæ, sed etiam pro modo ceterorum bonorum heredis, ut est in *l.3.§.nonnunquam, de usur.* Et hoc decretum D.Marci, quod affert Papinianus hoc loco, adducitur etiam in *d.l.sed etsi lege §.quantum*. Ergo non est satis bona fide deminuere, sed etiam oportet deminutionem fieri boni viri arbitratu, ut si quid heres erogaverit & impenderit, quod dicatur sumpsisse ex hereditate, ex quo locupletior factus non sit, id reputet pro rata, non tantum hereditati, sed etiam proprio patrimonio. Exempli gratia, si in patrimonio heredis sunt ducenta, in hereditate fideicommissaria centum, & erogaverit duodecim, patrimonio suo expensi feret octo, hereditati quatuor, servata scilicet eadem proportione, nempe duplæ in distribuenda erogatione, quæ est in bonorum quantitate. Et hoc ita prudenter Papinianus ait, D. Marcum decrevisse, non tantum æquitatis ratione motum, sed etiam exemplo, quia scil. DD. Imperatores olim eandem secuti erant rationem in alia specie, quam exponit Papin. Scieudum est, filium emancipatum, qui admittitur ad bonorum possessionem ex edicto unde liberi, vel ex edicto de bonorum possessione contra tabulas, una cum fratribus, qui non fuerunt emancipati, hunc, inquam, filium emancipatum debere conferre, *rapporter*, & in commune contribuere bona paganica, quæ habuit a patre, vel aliis, hoc est, profectitia & adventitia bona, castrensia autem, vel quasi castrensia non communicat fratribus, sed retinet præcipua, *l.1.§.nec cast.de coll. bon.* quod est ex Constitutionibus principum. Nunc finge: filius emancipatus, qui habebat bona pagana & castrensia, multos sumptus in militia fecit, an eos omnes sumptus imputabit bonis paganis, ut eo minus conferat fratribus, & integram pecuniam castrensem retineat? Recte

pecuniam *castrensem* dicit, non *peculium*, quia filius fuit emancipatus, & emancipati pecuniam vel patrimonium habent,non peculium, *l.1. quand. de pec.act. annal. l.pen.de verb. sign. l.ult. C.de inoff. testam.* Ex quo etiam palam est, in hac lege olim male legisse quosdam *peculium*, pro *præcipuum*, quia emancipatus non habet peculium, dum scilicet Papinianus ait, filium emancipatum, quod in castris acquisivit, retinere præcipuum, hoc est, non conferre fratribus. Respondeamus quæstioni propositæ: quibus bonis eos sumptus expensos faciet, paganis an castrensibus? Et ait ad Imperatorem, forte D.Pio, constitutum fuisse, ut ex utroque patrimonio pagano & castrensi: sunt enim veluti duo patrimonia duorum hominum, eos pro rata decedere oportere. Exempli gratia, si in bonis paganis sint quadraginta, in castrensibus viginti, & in militia impenderit 24.paganis bonis imputabit sexdecim, castrensibus octo, ubique servata proportione dupla. Eadem etiam ratio servatur in specie *d.l.sed & si lege §. quod omnium*, quam nos attulimus hoc loco ut summe notandam. Quidam bona fide possidebat hereditatem quasi heres, cum non esset heres, sed esset forte scripto testamento injusto, quod tamen ipse justum esse arbitrabatur. Denique bona fide possidebat hereditatem, ergo petitione hereditatis non tenetur, nisi ut restituat quod restat ex ea hereditate, & id ex quo ipse factus est locupletior, *d.l.sed & si lege §.constat.* Is vero, dum possidebat hereditatem, bona fide deminuit quædam ex hereditate, & consumpsit in suos usus aliquanto latius, quam fecisset, si non existimasset se heredem esse, cum sumptum expensum ferret non tantum hereditati, sed etiam bonis suis propriis pro rata: & bonis quidem suis pro rata ejus, quod etiamsi heres non fuisset, impendisset, suæ vitæ tuendæ causa frugaliter, ut ante delatam hereditatem solebat ætatem vivere suam, hereditati autem expensum ferret eum sumptum pro rata ejus, quod latius impendit contemplatione hereditatis. Et legendum in illa lege, non ut Haloand.*latius*, quod Duar.probat, sed ut Florent.*lautius*. His exemplis moti concludamus, & in specie proposita erogationem factam ex hereditate, sive impensas, secundum quod exigit arbitrium boni viri, decedere debere, non ex hereditate tantum, sed ex bonis heredis propriis pro rata. Illud non est omittendum, quod in extremo hujus legis ait Papinianus, *propter hujusmodi tractatus*, hoc est, propter ea omnia, quæ diximus ante de ea quæstione, cum, qui heres rogatus est restituere quod ex hereditate superfuerit, posse ab eo exigere satisdationem fideicommissi nomine, ne plus æquo deminuat heres. Et eleganter ait, non exiget satisdationem, ut exigitur plerumque, & potest exigi, ut scil.petat ex stipulatu, quod ex fideicommisso petere non potest, ut sit in *l.fideicommissum, de condict.indeb.* si sit locus legi Falcid. heres, qui ex testamento non tenetur ultra dodrantem legatario vel fideicommissario, potest se in solidum obligare, si velit ex stipulatu, fidei plenæ defuncto exhibendæ gratia: Sed in hoc proposito exigit cautionem ab herede, sed ut quod ex fideicommisso peti potest, petat etiam ex stipulatu, vel ab herede, vel a fidejussoribus ejus quantitatis, quam ex fideicommisso petere potest. Idque exemplo edicti, *ut legatorum nomine caveatur*. Quod trahitur etiam ad hereditatem, *l.Imperator, hoc tit. l.inter, qui satisd.cog.l.hac stipulatio, ut leg. non.cau. l.4.C. ut in possess. leg. & Nov. 108.* Cavebit igitur heres fideicommissario datis fidejussoribus de restituendo eo, quod bonum & æquum erit, & de dolo malo, ut *l.11.ut legat.nom.cav.* Puta de non deminuendo fideicommisso, ultra quam æquitas ferat, & arbitrium boni viri.

Intelleximus, heredi rogato post mortem suam restituere quod ex hereditate superfuerit, medio tempore eas tantum alienationes sive deminutiones permitti, quæ non fiunt fideicommissi intervertendi causa, & his fideicommissi verbis inesse bonam fidem, & arbitrium boni viri. Nunc videamus, cur hanc definitionem Papiniani Justinianus improbavit in *Nov. 108.* & quid tandem fixe de quæst. proposita novissime definierit Justin. Papiniapiniánum, quæ senfit de hac quæstione, quasi dedita opera scripsisse in ænigma, ut ait, quia scilicet his verbis, *bona fide, boni viri arbitratu, non intervertendi fideicommissi causa*, quibus in definienda hac quæstione Papin. utitur, non exprimit certam quantitatem; & sunt obscura admodum verba. Fateor veluti certam exprimere, *l. 1. de leg. 2.* maxime illa, *viri boni arbitratu*, sed nego exprimere certam: Nam & bonæ fidei verbum non exprimit certam quantitatem, ut ob eam rem actiones bonæ fidei, dicantur actiones incertæ pecuniæ. *Cicer. in orat. pro Rosc.* Ac præterea modum illum, quem præscripsit Papinian. non esse modum· finitum, illud non esse finitionem. Ac veluti ænigma potius quoddam esse, sive obscurissimam finitionem, quæ constat veluti quibusdam involucris verborum. Nam solemus omnia verborum involucra, imo omnia quæcunque fiunt ex obscuro appellare ænigmata, ut Theb. insidias hostium, quæ fiunt ex occulto semper vocaverunt ænigmata, ut refert Eustathius *Odyss.* 14. dum reddit rationem hujus appellationis. Volunt enim, inquit, qui sunt in insidiis latere & subsidere occultissimo loco, etiam media nocte. Captant enim tenebras ipsi tenebrosiorem locum, quare & ænigmata dicimus quæcunque superant obscuritatem omnem, & quæ non apparent. Et ita in *Novel.* 97. veluti in ænigmate idem Just. fecit, ut quoties inæqualis est quantitas dotis & donationis propter nuptias, quam contulit vir uxori, cum in dote sint sex millia, in donatione propter nuptias duo millia, & in casum mortis, vel in alium casum vir ex dote stipulatur quartam partem, & mulier ex donatione similiter quartam partem, ut æquales quidem videantur esse partes lucri, cum sint quartæ ultro citroque, nec tamen sunt æquales reapse sive quantitate propter inæqualitatem dotis & donationis propter nuptias. Inde fit veluti ænigma, ut quæ sunt æquales lucri partes, non sint æquales: sicut illud, ut vir, non sit vir, nempe spado: percussit non percussit, cum conjecit quidem lapidem, sed non attigit: avem & non avem puta vespertilionem, quod Athenæus explicat *lib.* 10. Et ita quoque non videre idem in ænigmate, id est, videre & non videre. Et similiter *l. un. C. de nudo jure Quirit. toll.* rem suam dicere ex jure Quiritium, ut *l. 1. de vei vind.* non multum, inquit, discrepare ab ænigmate, quia quod dicitur esse jus Quiritium, id non est in usu rerum, nec apparet uspiam hodie. Etenim jus habet sua ænigmata: Juvenal. *qui juris nodos, & legum ænigmata solvat.* Justinian. *d. Nov.* 108. sublato omni ænigmate in proposita quæstione novissime certum modum constituit, quem sequatur heres, & servet in alienando, vel deminuendo aliquid ex hereditate fideicommissaria, puta ne ex hereditate heres, qui rogatus est post mortem suam restituere quod ex hereditate superfuerit, interim plus alienare, vel deminuere possit, quam ut quadrans fideicommissario conservetur illibatus. Dodrantem igitur ille heres consumere potest, quacumque ex causa prodigere, si velit, & dissipare, sive ex liberis, sive extraneis: quin etiam quadrantem residuum attingere potest ex justissima causa, veluti ex dotis causa, vel donationis propter nuptias, ut eam sibi conficiat, sive compleat, vel ex causa alimentorum, vel ex causa redemptionis captivorum. Vt his causis non sufficiat dodrans, licebit etiam quod deest replere ex quadrante, qui alioqui integer servandus est fideicommissario. Ac propterea, ut jam Justin. constituit, quadrantis nomine fideicommissarius ab herede cautionem exigere potest, qui rogatus est restituere superfluum hereditatis: neque enim exigendo cautionem videtur agere de hereditate viventis, quod quidam objiciunt, quia non vivo testatore, sed mortuo cautionem exigit, ut habeat fidejussores ejus quantitatis, quam ex fideicommisso quandoque petere poterit, quod congruit cum fine hujus leg. *Titius.* Ita intelligimus modo, quemadmodum huic legi derogaverit, Justin. certiore modo alienationi, sive deminutioni fideicommissariæ hereditatis constituto atque præscripto. Nunc circa hanc quæstionem incurrunt quatuor aut quinque quæstiones. Prima

est, si heres nil consumpserit ex hereditate fideicommissa, an heres heredis possit dodrantem deducere aut retinere, quem prior heres consumere potuit? Et quod miror, Accurs. respondet, posse, *in authent. contra, si rogatus, C. ad Trebell.* Quæ opinio est falsissima. Quia palam est, testatorem qui rogat restitui quod ex hereditate superesset herode moriente ea mente fuisse, ut si aliquid consumpsisset, residuum restitueret, si nihil consumpsisset, assem restitueret: nam & superflui nomine continetur as, nec ineleganter etiam as dicitur superesse, ex quo nihil abest, nihil absumpsit heres. Et sane restituet assem, si fructus medio tempore percepti sufficiant quartæ Falcid. quæ in fructus imputatur, *l. in fideicommissariam, l. ita tamen §. 1. hoc tit.* nisi heres institutus sit ex liberis, qui liberi onerati fideicommisso, quo jure utimur hodie, fructus medio tempore perceptos, non imputant in quartam, *l. inhemus, C. eod. tit.* Sed si fructus medio tempore percepti nulli sint, vel si non sufficiant quartæ, extraneo herede instituto: nam ex liberorum corpore sive numero, ea repleta sive deducta, residuum heres fideicommissario præstabit: heredi igitur, qui nihil consumpsit ex hereditate fideicommissa, vel etiam heredi heredis datur quartæ retentio sive deductio, *l. 10. C. ad leg. Falcid.* Qua tamen hac in re abutitur Accurs. Quare etiam heredi heredis datur interdictum quod legatorum, quod propositum est Falcidiæ retinendæ gratia, *l. 1. §. 1. quod legat.* Dodrantis deductio non datur heredi heredis, quia nec ipsi heredi datur, sed consumptio tantum. Si daretur heredi deductio dodrantis, daretur & heredi heredis, sed nec heredi priori datur, quadrans deducitur jure testamenti, hoc est, jure hereditario, *l. qui duos de leg. 2.* Dodrans non deducitur, sed consumitur pendente conditione fideicommissi ex præmissa Novella Constit. Justin. Rursus quæritur, *an qui rogatus est restituere quod ex hereditate superfuerit, etiam fructus superfluos restituere debeat?* Sed hanc quæstionem non debeo explicare hoc loco, sed lib. seq. ubi pluribus explicabitur *d. l. 3. §. nonnunquam, de usur.* Et ibi etiam explicabitur alia quæstio, an qui rogatus est restituere, non quod ex hereditate superfuerit, sed quod ex hereditate aut eam pervenerit, debeat etiam restituere fructus exstantes existente conditione fideicommissi. His igitur duas quæstiones reservabimus. Sequitur quarta quæstio, *an is, cui superfluum hereditatis restituitur ex causa fideicommissi, sit Trebellianus fideicommissarius, an pro rata ejus, quod ei restituitur, in eum transeant actiones & obligationes activæ & passivæ.* Et videntur non transire ex *l. cogi §. inde quæritur, h. t.* quia non hereditas relicta est per fideicommissum, sed res sive quantitas ex eo, quod superorit. At sane verius est, in eum transire Trebellianas actiones, cui superfluum hereditatis restituitur, atque ita fideicommissarium esse Trebel. fideicommissarium hereditatis, non rei, aut quantitatis certæ, quoniam nihil hæc ius pertinenet ad hunc tit. Et *d. l. cogi. inde quæritur*, ut rectissime Bartolus animadvertit hoc loco, loquitur de eo, qui rogatus est restituere superfluum hereditatis, deductis oneribus hereditariis omnibus, deducto ære alieno, deductis legatis: hic debet fideicommissarium indemnem servare, aut debet hereditatem restituere sine deductione æris alieni, vel legatorum. Ultima quæstio hæc est, quid fit dicendum de eo, qui simpliciter rogatus est hereditatem restituere, non superfluum hereditatis, sed hereditatem, an potest aliquid ex hereditate alienare vel deminuere? Et regulariter non potest. Et id quod alienavit, fideicommissarius persequi potest judicio in rem adversus quemlibet possessorem. Est enim ei actio personalis ex testamento adversus heredem, *l. ult. §. sed quæritur, C. comm. de legat.* Illud tantum observandum est, libertatem, quam heres dedit servo hereditario ante restitutam hereditatem, cum ipsius erat servus, nondum factus fideicommissarii, servo non posse eripi, sed fideicommissario esse persecutionem æstimationis servi adversus heredem, *l. quidam §. pen. l. si heres institutus §. 1. h. t.* Vix unquam eripitur servo libertas, cui semel competit, nihil est, quod ægrius revocetur. Et ut ait

ait *d. l. quidam*, libertas servo conservatur. Nam & similiter idem obtinuit *in specie l. qui pure, in princ. h. t.* servo relicta est libertas pure, hereditas fideicommissaria sub conditione: heres instituitus suspectam dicit hereditatem antequam exiftat conditio fideicommissi. Ergo cogitur adire statim ante conditionem fideicommissi, & non tantum adire, sed etiam restituere. Aditio eripit servum in libertatem, & aditionem sequitur restitutio fideicommissi. Sed quid fiet, si postea deficiat conditio fideicommissi? Bona non debent remanere apud fideicommissarium: & ea hereditas constituetur sine effectu: non est enim æquum heredem, qui coactus adiit, alligari oneribus hereditariis. Itaque quod ad onera attinet, hereditas adita habebitur pro non adita, sed quod ad libertatem attinet, in quam raptus est servus ex ipsa aditione, non habebitur pro non adita, neque enim servo eripi poterit. Item illud notandum, heredi scripto rogato hereditatem restituere permitti alienationes quartæ Falcidianæ, quibus casibus quartæ locus est, & poterit alienare ad modum quartæ, ad finem quartæ, & res alienatæ imputabuntur in quartam, *l. 3. §. 2. h. t.* quod supra quartam alienabitur, vindicabitur. Item sciendum est, si liberis non extraneis heredibus instituitis, quarta in substitutio doti, vel donationi propter nuptias constituendæ pro dignitate personarum & natalium, sicut constitui eam semper ad eum modum oportet, hoc casu licebit etiam liberis ex residuo sumere præter quartam, quantum satis est doti, vel donationi propter nuptias. Sed hoc liberis tantum permittitur, non extraneis, quando simpliciter sunt rogati restituere hereditatem: Nam si rogati sint tantum superfluum restituere, quod ad constituendam dotem attinet, idem est jus extraneorum & liberorum. Et hæc comprobantur ex *l. mulier §. cum propon. h. t. & Nov. 39.* Et observandum, quod in hoc proposito vult *d. §. cum propon.* ut heres simpliciter rogatus restituere hereditatem, si sit ex liberis, præter quartam detrahat & alienet interim quantum satis est, doti vel donationi propter nuptias, nisi sc. fructus medio tempore percepti sufficiant doti. Neque mirum: nam ante *l. jubemus, l. ad Treb.* liberi imputabant fructus in quartam, & similiter in dotem vel donationem propter nuptias. Cum autem hodie fructus non imputent in quartam, ergo nec imputabunt in dotem, non sufficiente quarta, vel dote, & utentur liberi quasi duplici deductione, quartæ scilicet & repletione dotis, vel donationis propter nuptias.

## Ad L. etiamsi IX. ut in possess. legat.

*Etiamsi condemnatus heres fuerit, nec pecuniam solverit, legatarius potest desiderare mitti in possessionem. Cum sub conditionibus contrariis eadem res duobus legetur, si non caveatur, uterque mittitur in possessionem.*

IN hac l. proponuntur duæ breves sententiæ Papiniani. Priorem vulgus interpretum non intelligit, & Accurs. male eam notat *l. 1. §. plane, & l. etiam, tit. sup.* quasi scilicet in ea idem, quod in illis contineatur, quod longe secus est. Ejus sententiæ verba hæc sunt: *etiamsi, &c.* Quæ ut perspicue intelligantur, est sane intellectu dignissima, quia singularis, sciendum est, ex edicto proposito *tit. sup. proximo*, ei, cui legatum relictum est in diem, vel sub conditione, si hoc desiderabit, heredem satisdare debere, se iisdem diebus daturum facturumve, quibus testator dari fieri voluit, & dolum malum afuturum, quod plerique legatarii & fideicommissarii exigere solent, ut habeant fidejussores legati aut fideicommissi, quod quandoque sit licebit ipsi, cum medio tempore posset heres profligare & dissipare omnem hereditatem. Verum non interponitur hæc satisdatio, si testator heredi eam remiserit, si vetuerit ab herede satis exigi, vel si quocunque alio judicio appareat, noluisse testatorem ea satisdatione heredem suum onerari. Nam hodie ex Constitutione Marci & Commodi, quocunque judicio voluntatis hæc cautio remitti potest, *l. 2. C. ut in possess. leg. l. cum tale §. 1. l. avia, §. ult. de cond. & demonst. l. pactum, de pact. & Nov. 108.* Alioquin si testator non remiserit istam cautionem, locum ea habet, & cavenda est postulantibus legatariis aut fideicommissariis. Et locum habet etiam in fideicommissaria hereditate, ut diximus *ad l. Titius, ad Trebell.* Imo & in directa hereditate, ut in substitutione vulgari, herede primo scilicet instituto sub conditione, & pendente conditione, postulante bonorum possessionem secundum tabulas, quam prætor facile dat antequam extiterit conditio, licet jure civili bona non possint adimi antequam exstiterit conditio, *l. inter, qui satisd. cogant. l. 8. de prætor. stip.* Quid fiet, si heres nolit satisdare? In civile est quodammodo liberum hominem cogi quid facere invite. Qua de causa, si nolit satisdare, sane non cogetur satisdare. Verum vice satisdationis legatarius mittetur in possessionem omnium rerum, quæ ex causa hereditaria sunt, ex edicto proposito in hoc tit. Quaquidem missione in possessionem legatario & fideicommissario, neque proprietas datur, neque possessio, sed jus pignoris, ut cui cautum non est satisdatione, sit cautum pignore, missio in possessionem constituit pignus, quod dicitur prætorium pignus: nam mittitur in possessionem per prætorem, vel præsidem ex edicto, *l. misso, pro empt. & in tit. C. de prætor. pign. l. jure legati, C. ut in possess. leg. l. filiusfam. §. Divi, de legat. 1.* id est misso in possessionem datur jus pignoris, & per hoc datur etiam ei custodia & observatio rerum hereditariarum, ut vel tædio custodiæ heredi extorqueat cautionem, quam initio desideravit, *l. 3. §. ult. & l. 10. de acqu. possess. l. cum legati, quibus ex causis in possess. l. 5. in princ. hoc tit.* Nec enim missus in possessionem potest heredem expellere possessione, sed simul cum eo possidet res hereditarias, vel in earum possessione est. Est enim proprius in possessione, quam possidet, *d. l. 10.* quamdoque possessio dicitur vicaria, *l. postquam, §. 1. tit. sup. prox.* quia scilicet est vice cautionis, *l. si furtum §. si quis damni, de dam. infec.* At quæso rursus, quid fiet, si heres legarium prohibeat, quem prætor jussit ire in possessionem, ingredi possessionem? Sic tandem legatarius perveniet ad jus suum ocissime, etiam ante diem, puta, vel ante conditionem: nam heres, qui ingredientem prohibuit, ei tenebitur actione in factum, in id, quod interest, hoc est quanti ea res erit, quæ legata est, perinde atque si conditio legati extitisset, coercendæ heredis contumaciæ gratia. Nec enim in hac specie, id quod interest egrediatur pretium rei, sed propter contumaciam heredis, æstimatio rei repræsentabitur, videlicet non exspectata die vel conditione, *l. pen. quib. ex causis in possess. eat. l. 4. §. condemnatio, de tab. exhib.* Hic est ordo juris, quem in hac re servari convenit, ut satisfadiani, si deficit, succedat missio in possessionem, & missioni, si impedimentum afferat heres, succedat repræsentatio legati, ac si purum esset legatum & præsens. Verum hæc notandum est, interdum etiam de puro & præsenti legato hanc cautionem interponi, puta, si heres velit litigare, & legatum quod est purum & præsens, non debere: Nam hoc casu post litis contestationem, nec enim ante litis contestationem liquido apparet velle heredem litigare, postulante legatario, hæc cautio exigitur ab herede, quia nonnullas moras exercitio judicii habet, & inter eas moras posset heres rem legatam disperdere. Et hoc ostenditur in *l. 1. §. plane, l. hæc stipulatione, in princ. l. etiam, tit. sup. prox. l. uxor. §. ultim. de legat. 3.* Sed addamus etiam post condemnationem, hoc est, herede damnato legatum solvere, si appellaverit, eadem ratione cautionis, si omissa fuerit, interponi, quia appellatio trahet negotium, & interim posset res legata perire dolo, aut culpa magna heredis. Igitur, si sit purum legatum, hæc cautio interponitur, non tantum post litis contestationem, sed etiam post condemnationem, si adhuc heres velit litigare, & provocet ad majorem judicem. Sed hoc postremo casu notandum est, hoc interesse, quod herede condemnato appellante, legatarius non mittitur in possessionem omnium ninm rerum hereditariarum, ficut fit ex edicto, dum recufat cavere heres, sed mittitur tantum in possessionem rei legatæ, de qua judicatum est ex Constit. Marci. Ait, si modo is legatarius paratus sit cavere de ea re confervanda, & heredi restituenda, si forte secundum eum pronuntiatum fuerit, *l. postquam q. tit. sup. prox.* Hoc igitur casu cum heres damnatus est solvere, nec solvit, sed appellat, cessat hoc edictum, & locum habet illa Constitutio Marci, inter quæ jura longa est differentia: Nam ut dixi, ex edicto, non cavente herede, legatarius mittitur in omnia bona, quæ ex hereditate sunt: ex Constitutione Marci mittitur in eam rem tantum de qua judicatum est: item ex edicto legatarius, qui mittitur in possessionem, nihil omnino cavet heredi: ex Constitut. cavet, ut dixi ante *d.l. postquam*. Et ob id, quia cavet, quia legatarius oneratur cautione propter extinctam condemnationem per appellationem. (Nam verissimum est appellationem extinguere judicium, nec confirmatam sententiam ab eo, ad quem appellatum est, retrotrahi, *l. furti, §.1. de his qui not. infam.*) Ob id igitur, quia oneratur cautione legatarius, ex ea constitutione etiam solus possidet, & expellit heredem possessione. Ex edicto non possidet solus, sed ambo sunt in possessionem, heres & legatarius. Et verius heres possidet, legatarius custos & observator, quasi saltuarius, vel insularius. Quod & aliis multis exemplis confirmatur in *tit. de satisfd. lib.* 1. *Sententiarum Pauli*. Nondum satis est. Quæro quid sit dicendum, si legatarius aut fideicommissarius omissa satisdatione & possessione, litem de legato contestatus sit, quasi puro & præsenti, & vicerit, id est, condemnaverit heredem, & post condemnationem non appellet quidem heres, sed non solvat legatum? Finge, esse difficile conventu, ut sunt plerumque, quid fiet, quemadmodum legatariis prospicietur? Nam hoc casu, neque ex edicto, neque ex Constitutione Marci cautio exigi potest, cum præsens legatum aut fideicommissum debeatur, nec de eo jam heres litiget amplius, sed cunctetur tantum, moretur, & trahat solutionem? Verum æquissimum est, etiam hoc casu legatario subveniri, non quidem exacta cautione: Nam certe si non est locus, sed non solvente herede, legatario misso in possessionem bonorum, ut ita nanciscatur jus prætorii pignoris, quasi creditor quilibet judicati servandi causa. Et fuit sententia Papiniani hoc loco, dum ait, *etiamsi condemnatus heres fuerit, nec solvat*, nihil de appellatione loquitur, legatarium posse desiderare mitti in possessionem, videlicet judicati servandi causa. quasi creditor quilibet, ac proinde hoc casu mittetur etiam in bona heredis, ne dum in bona hereditaria, *l. 3. C. qui pot. in pign.* Ex hoc edicto non mittuntur in bona heredis, excepto casu *l.3.§. Imperator, h.t.* sed in bona hereditaria tantum, & ex Constitutione Marci mittitur tantum in rem legatam, de qua pronunciatum est. Hoc vero casu mittitur in omnia bona, quæcunque possit heres, undecumque ei obvenerint. Et præterea ex hoc edicto, & ex Constitutione Marci, missio sit vice cautionis non præstitæ: missio est vicaria: post condemnationem heredis, qui non appellat, sed calumniatur, ut est in *l.12. tab.* & legatum solvere detrectat, etiamsi nullus locus sit exactioni cautionis, legatarius non inducitur in possessionem vice cautionis, sed rei suæ servandæ causa, hoc est, debiti servandi causa: non datur hæc possessio, nec dicitur possessio vicaria. Et ita fit dilucida sententia Papiniani.

Posterior quæstio est facilis, *cum sub conditionibus, &c.* Duobus est legata eadem res sub contrariis conditionibus hoc modo: *Primo illum fundum do, lego, si navis ex Asia venerit, aut si non venerit, Secundo*. Idem est, si sub diversis conditionibus, hoc modo: *Primo illam rem, si navis ex Asia venerit, Secundo eandem rem, si consul factus fueris, l. 3. t. supr. prox.* Utrique heres debet satisfacere legati nomine, quia uterque est legatarius conditionalis ejusdem rei, uterque separat legatum, nec debeo hujus rei declarationem facere. longiorem, quod idem omnino jam expressi in *l.5. & l. 8. de prætor. stipulat.*

Ex hoc libro citatur Papinian. duobus tantum locis *l. 4.*

A de usu & habitat. Finge; mulieri est legatus usus domus: potest in ea habitare cum marito, cum liberis, libertis, & aliis plerisque personis, licet parum digne videatur maritus sequi domum mulieris, & in ea habitare, quandoquidem domus mariti debet esse domicilium matrimonii, *licetorum, & rit. nupt.* Finge rursus, viduæ legatus fuisse, & constitutum usum ædium, ac postea eam nupsisse, an novum quoque maritum excipere poterit? Et refertur in eo loco, ita sensisse Papinianum, ut mulier, cui vacanti constitutus est ususfr. ædium, possit in eis cum novo nupto habitare. Citatur Papin. ex eodem lib. in *l. 14. de leg. 1.*

Ad §.I. L. XIV. de Legat. 1.

Sed & Papinianus lib. 19. Quæst. ait: Et si post legata sæpius adscripta, idem hoc subjecit, semel præstari velle, & B hoc ante impletum testamentum fecerit, ipso jure videri cetera legata adempta. Sed quo magis erit ademptum: non enim apparet, & ait, posse dici exiguius esse præstandum.

Quidam Titio adscripsit plura legata eodem testamento, & ante consummatum testamentum subjecit, se velle, ut Titio semel tantum præstaretur, hoc est, unum tantum legatum ei præstaretur, nec quicquam præterea adjecit, ei autem Titio initio adscripserat plura legata per damnationem; qua de causa dicitur ei deberi exiguius legatum, quoniam potestas eligendi est penes legatarium quoties legata sunt relicta per damnationem, & utique heres si non est stultus, electurus est exiguius, vel exiguiorem summam, ut *l. si ita relictum, §.ult. de legat.* 2. Cetera legata ipso jure adempta sunt, unum tantum præstatur, quod elegerit heres, quia nec data C videntur quandoque adempta sunt eodem testamento. Idemque dicitur, si adempta sint codicillis testamento confirmatis, hoc est, si in eis scripserit, semel se tantum Titio dare velle, *l. si quis eum, de vulg. subst.* Ademptio legati, vel fideicommissi, vel sit ipso jure, vel remedio exceptionis doli mali, puta, si ademptio facta sit per epistolam, vel codicillos testamento non confirmatos, vel nuda voluntate, *l.3. §. pen. de adim. leg. l. quærebatur, §. pen. de test. mil.* Posui legata fuisse relicta per damnationem: Nam si plura legata ei relicta fuissent per vindicationem, unum quidem legatum deberetur, sed quod ipse legatarius eligeret, non quod heres.

## JACOBI CUJACII J.C.

COMMENTARIUS

In Lib. XX. Quæstionum ÆMILII PAPINIANI.

Ad L. Cum in rem LXIV. de Rei vindic. & §. ult.
L. III. de Usur.

*Cum in rem agitur, eorum quoque nomine, quæ usui, non fructui sunt, restitui fructus certum est.*

§. ult. L.III. de Usur. *Si auro, vel argento facto per fideicommissum relicto mora intervenerit, an usurarum æstimatio facienda sit, tractavi solet. Plane si materiam istam ideo* E *relinquit, ut ea distracta pecuniæ refecta, fideicommissa solverentur, aut alimenta præstarentur, non oportere frustrationem impunitam esse, responderi oportet. Quod si forte ideo relinquit, ut his vasis uteretur, non sine rubore desiderabuntur usuræ: ideoque non exigentur.*

DABIT initium huic libro lex *cum in rem, de rei vindic.* ad quam conjungemus ex eodem libr. §. ultim. *l. 3. de usuris*. Et ait in hac leg. *cum in rem, &c.* Quæ verba, ut existimo, non sunt facilia cuilibet. Hoc vero sentit his verbis Papinianus: etiam eorum, quæ usui non fructui sunt, fructus venire in rei vindicationem, & in eos possessorem condemnari debere, cui res evincitur, quia scil. omne legatum

tum poſſeſſori auferendum eſt, *l. poſt SCtum, de petit. her.* Hoc ergo dicit, fructum eſſe ejus rei, quæ fructui non eſt, quod videtur abſurdum, ſed eſt figura πoκй. Aliud enim ſupra, aliud infra ſignificat fructus. Supra ſignificat, qui naturaliter ex re ipſa gignuntur, ut ex arbore poma, qui ex re ipſa naſcuntur, quæ optimi auctores vocant gignentia, & naſcentia ut Græci γιγνόμενα. Infra autem fructus ſignificat, non quod natura provenit, ſed quod ex obligatione, vel officio judicis percipitur, ut ex ſtipulatione, uſura, ex locatione, merces. Nam & hæc pro fructu cedunt, *l. ſi navis h. t. l. uſuræ, l. prædiorum, de uſur. l. poſtulante, §. ſed & in hujuſmodi, ad Treb.* Infra fructus eſt quaſi fructui. Aliæ autem ſunt res uſui & fructui, ut fundus: aliæ nec uſui nec fructui, ſed abuſui, ut pecunia, vinum, frumentum; aliæ ſunt uſui, non fructui, ut vaſa, neque enim ullum fructum ferunt, aut gignunt. Et non dicuntur etiam eſſe fructui niſi improprie, *l. ult. inf. uſuf. quemadm. cau.* & de vaſis ad hanc legem, primum exemplum ſumere licet ex eodem libro Papiniani, nempe ex *d. l. 3. §. ult. de uſur.* cujus ſententiam exponere volo.

Certi juris eſt, in fideicommiſſis uſuras deberi ex mora. Finge: per fideicommiſſum relictum eſt aurum, vel argentum factum, hoc eſt, vaſa aurea & argentea, an ex mora debentur uſuræ quaſi fructus? Et illo loco Papinianus diſtinguit hoc modo: Aut vaſa ea mente relicta ſunt, ut pretium ex eorum venditione redactum heres fideicommiſſario præſtaret, & debentur uſuræ ejus pecuniæ. Aut vaſa ipſa relicta ſunt, ut eis fideicommiſſarius uteretur, & non debentur quidem uſuræ vaſorum, ſed quod vice fructus eſt, debetur, quanti ea vaſa aurea, vel argentea fideicommiſſarius locare potuit, ſi in eis præſtandis moram non feciſſet heres; non ſunt quidem fructui vaſa, quæ nullum edunt fructum, ſed tamen in rei vindicatione eorum fructus æſtimatur, id eſt, quaſi fructus, quanti ſcilicet locari ab herede potuerunt, *l. videamus, §. penult. de uſuf.* uſuræ non debentur, niſi ex quantitatib. id eſt, ex iis, quæ numero, menſura, aut pondere conſtant, non ex iis, quæ certa ſpecie certoque corpore continentur: vaſa ſpecie, forma, corpore valent, non quantitate, & ob id vaſorum etiam uſuræ, ut ait in *d. l. 3. §. ult.* non ſine rubore deſiderantur, hoc eſt inverecunde deſiderantur, quoniam ex corporibus non percipitur uſura, ſed quaſi fructus vaſorum recte deſideratur. Et ex his verbis, *non ſine rubore,* Græci notant eleganter, judicem non debere admittere poſtulationes inverecundas. Poteſt etiam ad hanc legem ex *d. l. videamus* poni exemplum in veſtimentis: Nam & hæc uſui ſunt, non fructui. Et licet adnumerentur rebus, quæ ſunt in abuſu, *§. conſtituitur, Inſtit. de uſufr.* non tamen plus ſunt in abuſu, quam uſu, deteruntur tantum, non conſumuntur, & abuſus conſumptio eſt. Quare etſi legetur uſufr. veſtis de eadem veſte reddenda, quandocumque finitus erit uſuſf. legatarius heredi cavere ſolet & liberatur, ſi reddat etiam uſu attritam, *l. q. §. pen. uſufr. quem. cau.* Nec veſtimentorum uſus legatur ſicut pecuniæ, *l. ſed ſi quid §. etſi veſtimenta de uſuf.* Pecunia abuti licet ſtatim, ſi modo caverit de tantadem pecunia reddenda, legatarius ſcilicet: veſtimentis abuti non licet. Quamvis autem veſtimenta non ſint fructui, hoc eſt, nullum fructum gignant, tamen vice fructuum æſtimantur in actione in rem, quanti his locatis mercedis nomine capi potuerit, *d. l. videamus.* Ex qua etiam aliud exemplum poni poteſt in ſervitutibus prædiorum. Iter, actus, via uſui eſt, non fructui, res incorporalis non poteſt eſſe fructui, & tamen, ſi vindicetur ſervitus, vice fructuum reſtituetur aliquid commodum, quod habiturus erat actor, ſi ſtatim eo tempore, quo exigit, ire prohibitus non fuiſſet, *d. l. videamus, in fi.* Reſtituetur id, quod intereſt, ſe prohibitum non fuiſſe, *l. 4. §. in confeſſoria, ſi ſervit. vind.* Non dicitur quod valde notandum eſt, haberi rationem ejus mercedis, qua ſervitus locari potuit, ſicut dictum eſt de vaſis & veſtimentis, quia ſcilicet ſervitus locari non poteſt, *l. locare ſervitutem nemo poteſt, inf. locati.* Cujus rei ratio inferius explicabitur. Sed poterit æſtimare petita ſervi-

tute, quanti eam pignori obligare actor potuit, & beneficio pignoris iſtius pecuniam, qua indigebat, efficere. Nam ſervitus pignori dari poteſt, puta iter, vel actus, vel via, vel aquæductus, *l. 12. de pignoribus,* & fructus eſt, id eſt, quaſi fructus, vel pignori dare licere, *l. ult. de uſur.* Etiam aliud eſt exemplum in *d. l. videamus,* de proprietate nuda. Nam ejus uſus quidem eſt aliquis, ut proprietarius etiam invito fructuario poteſt fundum, vel ædes cuſtodire per ſe, vel per ſaltuarium, *il pourra avoir un concierge en la maiſon,* vel per inſularium, qui tueatur prædium, aut fines agri, *l. ſi ita legatus, §. ult. de uſu & habit.* Et poteſt teſtatorem mortuum in fundum inferre, ſi non fit, ubi tam opportune ſepeliri poſſit, *l. locum, §. 1. de uſufr.* Et ſervum invito fructuario coercere, & noxæ dedere poteſt fine dolo malo, *l. locum, §. ex eo, & ſeq.* Ergo nudæ proprietatis eſt uſus nonnullus, fructus autem nudæ proprietatis nullus eſt. Sed ſi petita ſit nuda proprietas actione in rem, & inter moras judicii amiſſus fuerit uſuſf. ex eo tempore, quo uſufr. conſolidatus eſt proprietati, quo nuda, quæ erat proprietas, facta eſt plena, fructuum ratio habetur. Idemque erit, ſi quid interim fundo per. alluvionem accreverit, *d. l. videamus, l. fructus non modo, & l. ſeq. hoc tit. l. ſi ego, §. idem ait, de Publ. in rem act.* Ultimo ex eadem *l. videamus,* ponamus ad hanc exemplum in uſufructu. Nam certe uſuſfr. ruſſum fructui eleganter non computatur: jus utendi fruendi fructum non gignit, non progenerat. Eo tamen jure utimur, & petito uſufr. actione confeſſoria damnabitur reus in fructus, quos actor perciturus erat, ſi eo poſſidere licuiſſet, *d. l. videamus,* non in fructuum fructus, qui vix ulli æſtimari poſſunt: fructus non eſt fructus, ſed quaſi fructus, *l. neque, de uſur. l. heres §. ult. de peti. heredit.*

## L. XI. §. ult. & L. XII. ff. de Pignor. explicata.

HÆc ſufficerent ad hanc legem, ſed attigi in ea enarranda ante difficillimam, & male explicatam, cujus rationem reddam fortaſſe perſpicuam. Dixi ſervitutes non poſſe locari, & poſſe pignori dari. Cur tam varie? Cur ſi pignorari poſſunt, non etiam locari? Cur rurſus, cur ſervitutes ruſticorum prædiorum pignorari poſſunt, non ſervitutes urbanorum prædiorum ? Nam hæc differentia perquam evidenter proponitur in *l. 11. §. ult. & l. 12. de pignorib.* Et perquam evidenti calumnia eam eludunt: qui quod in *l. 11. §. ult.* eſt ſcriptum de ſervitutibus urbanorum prædiorum, porrigere etiam ad ſervitutes ruſticorum. Et quod in *l. 12.* eſt ſcriptum de ruſticis ſervitutibus, id porrigunt etiam ad urbanas. Eſt mira licentia. Cum *d. l. 11. §. penult.* nullam conſtituiſſet differentiam: uſufr. daret pignori dominus an fructuarius, ac proinde nec velit hanc diſtinctionem fieri in ceteris ſervitutibus, illi *d. l.* acceperunt de ſervitutibus quibuſcunque pignori obligatis, five pignoris nomine impoſitis a domino in fundo proprio, quæ ſunt omnia vaticinantium imagines ſunt. Et merito debemus illis omiſſa, five neglectæ adſerre perſpicuam differentiam, quæ ponitur in ſupradictis locis inter ſervitutes urbanas, ut hæ non poſſint pignorari, & ſervitutes ruſticas, ut hæ poſſint pignorari. Et ſimul inquirere debemus rationem juris, rationemque differentiæ. Præterea adhuc in hac re dubitatur, cur ſine diſtinctione ulla ſervitutes ſint urbanæ, an ruſticæ, tamen placet, quaſcunque ſervitutes precario concedi poſſe, *l. 3. l. & habet §. precario, de prec. l. ſi quis ſer. de relig.* Cur etiam indiſtincte pignorari non poſſint? & cur etiam locari non poſſint? Sciendum igitur hac in re uſumfr. ſeparari a ceteris ſervitutibus: uſuſfructus vendi, locari, pignorari poteſt, *d. l. 11. §. pen.* quia ſc. fructus eſt, vel locare & pignorare licere, *d. l. videamus, & l. ult. de uſur.* Et uſuſfructus nomen ſive jus comprehendit omne commodum, omne emolumentum, omnem obventionem, omnem fructum, vel quasi fructum, & est jus plenissimum: qua ratione usus ab usuario vendi, locari, pignorari non potest, §. 1. Instit. de usu. & habitat. Qui nudum usum habet sine fructu, non habet fructum: ergo nec locari aut pignorari potest, quia hæc pro fructu cedunt. Servitutes autem prædiorum urbanorum vel rusticorum a domino, vel ab eo, cui debeantur, etsi vendi possunt, l. pen. §. 1. de contr. empt. l. 3. §. si iter, l. illud, §. si ille, de act. emp. locari tamen non possunt, quia omnis locatio fit ad tempus, & servitus non potest constitui ad tempus, l. 4. de serv. ubi hæsit fundo semel, vix avelli potest: & ideo petita servitute actione in rem in d. l. videamus, non dicitur in fructu computari, quod servitute locata mercedis nomine capi potuit, quod tamen dicitur de veste & vase. Ergo servitus locari non potest, l. locare, locato: est generaliter accipienda, ut nemo, neque dominus, neque is, cui servitus debetur, eam locare possit. At contra, ut nunc tractemus de pignore, servitus tam a domino, quam ab eo, cui debetur servitus rustici prædii, veluti iter, via, actus aquæductus, pignori opponi potest, d. l. 12. de pignorib. Et quod dicitur in d. l. videamus, petita servitute rustici prædii, in fructibus numerari omne commodum, quod habiturus erat petitor, si non fuisset prohibitus ire, agere, aquamve ducere, puto exempli gratia aptari posse ad pignerationem, quia fructus cujuslibet res est: sive corporalis, sive incorporalis, vel pignori dare licere, l. ult. de usur. Non potest objici omnino, quod locationi objicimus etiam pigneratione servitutem constitui ad tempus, cum lex semper insit pignori, ut vendi & distrahi possit in perpetuum, adeo ut conventio, ne possit, non sit efficax saltem debitore trina denuntiatione convento, l. 4. de pign. Et hæc de servitutibus rusticis. Servitutem autem urbanam veluti tigni, vel stillicidii immittendi, vel protegendi, vel projiciendi dicimus ex d. l. 11. §. ult. neque a domino, neque ab eo, cui debetur ea servitus, pignorari posse. Et ratio differentiæ hæc est: ut valeat pignus servitutis, non tantum necesse est, creditorem habere vicinum prædium: hoc enim omnino necesse est, quod ipsum exigit d. l. 12. sed etiam, ut hujusmodi pignus alii vicino distrahi possit, quia inutile est pignus, quod alii non potest vendi, l. 4. de pign. act. l. mulier, de dist. pig. Atqui creditori habenti ædes vicinas, cui concessum est pignori, jus tigni immittendi, non est vicinus, cui ea servitus usui esse possit, cui vendi possit: Nam quod ex ædibus suis tignum immittit creditor in ædes debitoris, non æque alii vicino ex suis, in eam partem immittendo ullus est usus, ullave utilitas, & consequenter id certe alius vicinus empturus non est, & alius non vicinus emeriet etiam frustra. Ergo ejus servitutis inutile pignus est, quia non potest nisi vicino vendi, & vicino emere non expedit, quia si emerit, emerit frustra, & inutiliter. At vero jus prædii rustici, veluti, iter, alii vicino vendi potest. Idque forsitan magno alius vicinus redempturus est, cum possit uno eodemque itinere plurium patere aditus in suos fundos. Et hæc est ratio differentiæ, quam satis notavit d. l. videamus: quæ de venditione servitutis rusticæ loquitur nominatim, sed veteres non animadverterunt. Quod autem dicitur indistincte, servitutes posse precario concedi, id habet summam rationem, quia possessio sola, vel quasi possessio precario conceditur. Et hujus possessionis utilitas non consistit in distractione, ut jus pignoris, neque enim licet unquam mihi vendere, quod precario accepi. Precarius denique usus non consistit in distractione, sed in usu nudo, & ad libitum domini, qui precario concessit usum itineris, vel immissi, vel projecti. Igitur non fuit, cur in precario constitueremus differentiam inter genera servitutum.

---

**Ad L. Si superatus III. de pignor.**

*Si superatus sit debitor, qui rem suam vindicabat, quod suam non probaret, æque servanda erit creditori actio Serviana probanti rem in bonis illius eo tempore, quo pignus contrahebatur, fuisse. Sed etsi victus sit debitor vindicans hereditatem, judex actionis Servianæ, neglecta de hereditate dicta sententia, pignoris causam inspicere debebit. Atquin aliud in legatis & libertatibus dictum est, cum secundum eum: qui legitimam hereditatem vindicabat, sententia dicta est. Sed creditor non bene legatariis per omnia comparatur, cum legata quidem aliter valere non possunt, quam si testamentum ratum esse constaret. Enimvero fieri potest, ut pignus recte sit acceptum, nec tamen ab eo lis bene instituta.*

§. Per injuriam victus apud judicium rem, quam petierat postea pignori obligavit: non plus habere creditor potest quam habet qui pignus dedit. Ergo summovebitur rei judicatæ exceptione, tametsi maximo nullam propriam, qui vicit, actionem exercere possit: non enim quid ille non habuit, sed quid in ea re, quæ pignori data est, debitor habuerit, considerandum est.

Sequitur, ut exponamus quæst. l. 3. de pignor. Actio hypothecaria est persecutio pignoris, quæ creditori competit, actio in rem, non ut hodie plerique in foro certant in personam l. pignoris, hoc tit. & l. pignoris C. eod. l. ult. C. si unus ex plur. hered. Quæ actio hypothecaria etiam dicitur Serviana, simpliciter, ut in hac l. 3. quanquam non sit directa Serviana, sed utilis, vel quasi directa. Directa enim Serviana est de rebus coloni, pro mercede pignori obligatis, §. item Ser. Instit. de act. Sæpissime etiam in jure actio hypothecaria dicitur pigneratitia, & sane pigneratitia actio nomen est ambiguum: Nam alias actio pigneratitia, est actio in personam, quæ datur debitori de recuperando pignore soluta pecunia, in tit. de pign. act. Alias est actio hypothecaria, quæ datur creditori, actio in rem, non in personam. Si quem ut circumforaneis consulas, an actio hypothecaria sit in rem, an in personam, dicet statim, esse in personam: error est irreconciliabilis. Vindicatio enim est rei: vindico rem non tantum jure dominii, sed etiam jure pignoris. Et tantum abest, ut dici possit in personam, ut d. l. ult. nominatim dicat, esse in rem, & adjiciat statim non obligare personam. De hac autem actione hypothecaria jam ante dictum est in l. 1. §. cum prædium h. tit. Si per usucapionem creditor dominium rei pignori datæ amiserit, creditorem tamen non amittere jus pignoris, creditori servari hypothecariam actionem: usucapione rei non perimi persecutionem pignoris, quæ nulla societate dominio conjungitur, ut ait l. justo, §. non mutata de usur. & usucap. Usucapio dominium non mutat: non pignus: usucapitur res cum sua causa libera, si sit libera: obligata, si sit obligata. Et hoc demonstratum est, ut dixi sup. d. §. cum prædium. Nunc dicitur in hac l. 3. æque habita relatione ad id, quod dictum est in d. l. 1. quod hoc ipso libro 20. forsitan scripserat Papinianus, æque, inquam, si debito alio possidente rem, quam ipse pignori dederat, egerit de dominio hujus rei actione in rem, & victus fuerit, vel per injuriam judicis, sordes, aut gratiam, vel defectu probationis, dum non probat, se ejus rei esse dominum, si, inquam, adversus debitorem judicatum fuerit, eam rem ejus non esse videri, creditori servari tamen actionem hypothecariam, modo probet creditor, tempore contracti pignoris eam rem in bonis debitoris fuisse. Satis enim est, si ab initio pignus recte contractum fuerit, nec spectatur quod post subsecutum est, non spectatur usucapio pignoris, non spectatur sententia de dominio dicta contra debitorem. Certissimum est, rei alienæ pignus non valere, quod multis locis confirmari potest. Duo sunt satis obscuri, quibus soleo uti, l. servus quem, §. ult. de act. emp. & l. sed etsi lege, §. si quis re sua, de petit. hered. In quo loco velim vos animadvertere, quod non observant, ejus loci rationem in eo consistere, quod rei alienæ pignus non valet. Finge: qui possidebat hereditatem alienam bona fide, existimans se esse heredem, res hereditarias pignori obligavit suo creditori; an videtur aliquid attigisse ex hereditate? minime: non attingit ex hereditate,

tate, qui rem hereditariam pignori dat: cur ita? quia, inquit, ipse suis obligatus, id est, quia ipse fuit debitor, non hereditas, & rei alienæ pignus non consistit. Ac proinde nihil egit, nihil attigit ex hereditate, rem hereditariam pignerando: Nec enim eam jure pigneravit, nec Græci omisere istam rationem, ἐ ταῦτ᾽ μὴ ὢν δεσπότης ὑπόθετο hoc est, quia cum non esset dominus, rem pigneravit. Ex quo sequitur nihil eum egisse: rei alienæ pignus non valet nisi scil. contrahatur sub conditione, l. si fundus, §. aliena, hoc tit. l. idemque, §. ult. qui pot. in pign. vel nisi ea res debitori sit debita vel obligata, hoc est, pignerata: nam nomen & pignus pignerari potest, l. 1. in princip. l. grege, §. cum pignori, hoc tit. Et quæ est tertia exceptio, nisi fuerit generalis conventio pignoris, quæ comprehendat etiam bona postea acquisita, l. 15. §. 1. hoc tit. Potest addi quarta exceptio ex l. aliena res ff. de pign. act. Aliena res voluntate domini potest pignori obligari, pignori dari: sed etsi ignorante eo data sit, & ratum habuerit, pignus valebit. Hanc quartam exceptionem adjeci ex meo more, ex l. si fundus, §. si nesciente, hoc tit. Rei debitoris proprie pignus valet etiamsi postea fiat, vel pronuncietur esse aliena: igitur, quod ab initio constitit, pignus, quod satis est. Quod autem diximus, victo creditori, qui egerat de proprietate pignoris judicio in heredem debitoris servari hypothecariam, id ita procedit, ut recte annotavit Accurs. si debitor egerit de proprietate ignorante creditore: nam si eo sciente egerit, præsente, interveniente, & contrariam sententiam acceperit, ea res nocet creditori, & aufert hypothecariam actionem; nec locus est regulæ juris, rem inter alios judicatam aliis non nocere, quia sane non nocet aliis, quorum ex voluntate judicatum non est, sed nocet aliis, ex quorum voluntate judicatum est. Et hoc casu ex voluntate creditoris, qui sciebat debitorem agere de proprietate pignoris, & sciebat eum agere, qui poterat prohibere, & litem suscipere ratione pignoris, videtur judicatum de jure pignoris, quia ex persona agentis debitorem habuit, l. sæpe, de re judic. l. 4. §. pen. de appellat. Scienti igitur creditori obest sententia, quæ dicta est contra debitorem in judicio in rem. Hæc sit conclusio: cui subdantur exceptiones duæ, l. præses C. de pignor. Si debitor causam proprietatis lusorie egerit, hoc est, collusorie, perfunctorie, dicis causa, hoc est, si debitor colluserit cum adversario in necem creditoris, ut sit sæpe inter conjunctas personas: simulant enim litem, unus eorum patitur se vinci in fraudem tertiæ personæ, ut apud Terent. in Phor. act. 1. scena 2. Si ita debitor causam proprietatis collusorie egerit, perfunctorie egerit sciente creditore causam agi, nesciente collusionem, nihil ea res nocet creditori. Idemque dic, si alter casus, si debitor non sit victus causa cognita, id est, utraque parte præsente comminus, quod est in Codice cognitionaliter, sed ex præscriptione, vitio suo, quia scil. tardius judicio adfuit, si victus sit propter absentiam suam, vel contumaciam, quo casu potest agi causa una tantum parte præsente, id est, μονομερῶς: nihil enim ea res scienti creditori nocet, quoniam non videtur victus debitor, quod haberet malam causam, sed quod abesset vitio suo, l. Herennius, de evict. l. si expressè, de appellat. l. 1. §. si quis, quan. appell. sit. Et hæc quidem, si debitor egerit de dominio speciali actione in rem. Quæro quid sit dicendum, si debitor egerit petitione hereditatis, in qua scilicet erat ea res, quam creditori pignori dederat, & victus fuerit? Et hoc etiam casu dicemus, creditori absenti vel ignoranti, servari actionem hypothecariam, secundum superiorem definitionem. Et ut eleganter ait Papinianus, judicem actionis hypothecariæ, neglecta sententia dicta de hereditate, pignoris causam solam inspecturum, & pronuntiaturum secundum creditorem, si modo probaverit tempore contracti pignoris; eam rem debitoris fuisse: sententiam creditori non nocere: nihil igitur referre; victus fuerit debitor, de proprietate rei pigneratæ agens speciali actione in rem, an petitione hereditatis. Obstat huic conclusioni, quod sententia de hereditate data contra heredem scriptum, secundum here-

dem legitimum cum lis esset inter heredem scriptum, & heredem legitimum, etiamsi per injuriam judicis data sit, ea nocet legatariis, & testamento manumissis tam ignorantibus, quam scientibus. Exceptis tamen etiam in hac specie duobus illis casibus, si heres scriptus collusorie causam egerit, aut si ex præscriptione, aut ex edicto peremptorio victus sit absens: quoniam his casibus, nec scientibus legatariis nocet sententia, quæ data est contra heredem scriptum. Uno casu non fuit vera lis, collusoria lis non est lis, c'est un jeu. Posteriore casu, quia non videtur de jure testamenti pronuntiatum, id est, videtur heres victus, non quod habuerit malam causam, sed quod abfuerit, & non egerit causam, l. si victus, de evict. Et hæc omnia plenius comprobantur lege, si perlusoria jud. de appellat. l. qui repudiantis, §. ult. & seq. & l. si suspecta, de inoff. test. & l. si servus plurium, §. 1. & §. pen. de leg. 1. Sed in d. §. 1. non est legendum affirmare, injuria facta heredi scripto nocebit legatariis, quod plenius docebit Obser. 2. cap. 7. quæ causam explicat. Nec a me repetetur hoc loco, quemadmodum sit respondendum leg. 1. de except. rei jud. & l. statuliberi, §. Quintus, de statulib. quæ huic obstare videbantur. Pergamus ergo & concludamus ita: his tantum duobus casibus exceptis, sententia dicta contra heredem scriptum, etiam ignorantibus legatariis & manumissis nocet, quæ tamen non nocet creditori ignoranti in causa pignoris, ut diximus sup. Cedo rationem differentiæ? Eam reddit Papinian. hoc loco: legata & libertates testamento relicta, non aliter possunt valere, quam si constet, ratum esse testamentum, quia ex testamento pendent: si corruit testamentum, corruunt & legata & libertates. Quod si contra testamentum pronuntiatum sit, contra heredem scriptum testamenti, & contra ceteros omnes pronuntiatum est, quibus quid testamento adscriptum est. Denique contra omnem scripturam pronuntiatum. Pignus autem valet, consistit & perseverat, quod valuit initio, etiamsi res debitoris postea esse desierit usucapione, vel pronuntiatum sit, non esse eum dominum hujus rei, vel propter malam instantiam forte, vel propter litem male institutam, vel propter defectum probationum, vel propter injuriam judicis, nihil interest. Sæpe bonæ causæ est mala instantia, ex quo fit sæpe, ut pereat lis actori, l. & post, de judic. Tertull. lib. de patientia: Quoties, inquit, instantia ejus deterior est causa sua. Sæpe enim, licet rei persequendæ jus suum habet actor, fit ut rem amittat, vel quod non veniat instructus probationibus ad agendum, vel quod non utatur propria actione & congrua, ut si persequatur rem jure hereditario, quæ non est hereditaria, vel ejus propria, jure proprio, quo eam persequi debuit. Ergo quoquo modo pronuntiatum sit contra debitorem, non videri cum esse dominum rei, nihil ea res præjudicat creditori ignoranti. Et hoc est, quod ait Papinianus in hac lege. Hæc autem, quæ hac lege diximus, ita procedunt, si pignoris conventio sententiam præcesserit, quæ dicta est contra agentem in rem, vel petitorem hereditatis; sed si post sententiam dictam contra debitorem, res ab eo sit data pignori, creditor videtur in locum victi successisse: & ideo frustra agit hypothecaria, qui causam habet a victo, sive ex persona victi debitoris, quandoque, si agat hypothecaria, repelletur exceptione rei judicatæ, l. si mater, §. ult. l. rei judicatæ §. ult. de except. rei judic. Quod utrumque procedit, etiamsi debitor victus sit per injuriam judicis. Nam etsi eo casu iniqua sententia victori præbeat retentionem tantum rei, non actionem, sive persecutionem, tamen non spectamus, quid victor non habuerit, sed quid debitor habuerit, non quid victor, sed quid debitor habuerit in ea re, quam pignori dedit. Et non potest creditor plus habere, quam habuit debitor, in cujus locum successit. Utrique igitur erit inefficax vindicatio rei, victo & creditori ejus, qui postea quam victus est, rem pigneravit: uterque si agat, repelletur exceptione rei judicatæ, exceptione

(*) Vide Merill. Variant. ex. Cujac. lib. 3. cap. 17.

ne inquam: nam sententia dominium non mutat, quod habet debitor ipso jure, *l. 28. de except. rei judic.* Et hæc sunt ex §. *ult. hujus l.* Et sunt duo singularia, quæ ex hoc §. notantur. Primum est, rem judicatam nocere ei, qui a victo causam habet, sive sit emptor seu creditor, qui successit in rem singularem, etiamsi non in jus universum. Alterum est, iniquam sententiam, si manifesta sit judicis iniquitas, victori præbere quidem retentionem rei, si eam possideat, non persecutionem, non actionem.

## Ad L. III. de Usuris.

*In fideicommissi persecutione, cum post judicis sententiam moram fecisset heres, jussit Imper. Marc. Antoninus intermisso legitimo tempore, quod condemnatis præstatur, ut usque ad sententiam commoda fideicommissarius accipiat* (\*): *quod decretum ita accipi oportet si ante judicis sententiam mora non intervenerit, tametsi non facile evenire possit, ut mora non præcedente, perveniatur ad judicem. Sed puta legis Falcidiæ rationem intervenisse. Ceterum si antequam ad judicem perveniretur, in mora heres fuit, exinde fructuum præstandorum necessitate adstrictus, quia tandem ratione, quoniam & sententia victus est, legitimi temporis spatio fructibus liberabitur, cum ea temporis intercapedo judicato dilationem dare, non lucrum adferre debeat?*

§. 1. *In his quoque judiciis, quæ non sunt arbitraria, nec bonæ fidei, post litem contestatam actori causa præstanda est in eum diem, quo sententia dicitur: certe post rem judicatam tempus a fructibus dependendis immune est.*

IN *l. 3. de usur.* quod tractatur initio, pertinet ad quæstionem de usuris & fructibus fideicommissorum, & est obscuram, & incognitum satis, & tamen perquam interest nobis id esse cognitum. Proponitur in eo decretum M. Antonini Imper. cujus sensus hic est: In persecutione fideicommissi, si heres fideicommissario condemnatus judicio post sententiam judicis, & tempora judicati solvendi moram fecerit in solvendo fideicommisso, sicut est in *l. solidum, §. etiam, de leg.* 2. si post dictam sententiam solvere judicatum supersedit, decrevit Imperator, ut usuras & fructus, & commoda omnia fideicommissario præstet a tempore litis contestatæ usque ad sententiam, quæ sc. fideicommissario perceptarus erat, si statim eo tempore, quo egisset de fideicommisso, fideicommissum ei restitutum fuisset, nec enim quid perceperit heres, considerandum est, sed quid fideicommissarius percipere potuit, *l. si navis, §. ult. de rei vindic.* Denique, si post sententiam moram fecerit heres, præstat omnia commoda, quæ perceptarus erat fideicommissarius ex fideicommisso, etiamsi ea non perceperit heres, a tempore, scil. litis contestatæ usque ad sententiam. Quid fiet de fructibus, quos fideicommissarius percipere potuit post sententiam? Sciendum est, post sententiam dies aliquot dari condemnato ad judicatum solvendum, & restituendum fideicommissum, qui dies justi appellantur in 12. tab. Hi dies immunes sunt a dependendis usuris & fructibus his, quos fideicommissarius percipere potuit, ex eodem decreto, ut illud *lex, in bonæ fid. C. de usur. & l. ult. §. pen. C. de usur. rei jud.* Et ratio est optima, ut illud tempus sit immune a usuris & fructibus percipiendis, quia tempus illud conditamnatis datur humanitatis gratia, dies illi humanitatis gratia indulgentur, *l. cum militi* 14. §. *ult. de compensat.* Ergo expertes esse debent omnis inhumanitatis, nempe soluti & immunes a dependendis usuris vel fructibus percipiendis, hoc est, quos fideicommissarius percipere potuit. Quare post rem judicatam cessat ratio usurarum ac fructuum percipiendorum, intra tempus scil. illud legitimum, quod condemnatis præstatur. De præteriti temporis usuris & fructibus erat quæstio, an essent fideicommissario præstandi, & decrevit Imperator, esse præstandos a tempore litis contestatæ, usque ad sententiam, cum heres post sententiam & tempora judicati moram fecit in præstando fideicommisso. Cur vero erat quæstio de usuris & fructibus præteriti temporis ante condemnationem, ante sententiam? quia scilicet fructus & usuræ non erant in condemnationem deductæ, neque vero deduci poterant, quia ut poni necesse est in hac specie, quod notandum, heredis fuit ratio litigandi justa, heres juste ad judicium provocavit, quo modo moram facere non videtur, *l. sciendum, si qui, hoc tit. l. qui sine dolo, de reg. jur.* Et post condemnationem nullum est officium judicis *l.1. hoc tit. l. judex, de re judic.* Quare opus fuit decreto Imperatoris, quo declararetur, etiam in executione judicati venire præteritam causam, id est, præteriti temporis usuras & fructus tempore litis contestatæ usque ad rem judicatam, cum post rem judicatam moram fecit heres. Sententia (\*) hoc loco non est admonitio, non interlocutio, ut Accursius vult, sed res judicata, finito litis ultima ex eo intelligitur, quod si heres moram non fecerit post sententiam, qui nec moram fecit ante sententiam, ab eo fructus & cetera commoda fideicommissario præstari non debere, quæ habiturus erat fideicommissarius, si initio litis statim ei fideicommissum restitui contigisset. Mora heredis facit, quæ hem judicatam sequuta sit, ut retro habeatur ratio usurarum & fructuum a lite contestata, usque ad sententiam, ut habeatur ratio præteritæ causæ, præteritorum commodorum. Atque ita erat quæstio de præteritis usuris & fructibus, post tempora judicati moram faciente herede, de usuris & fructibus futuri temporis non erat quæstio, quia certissimum erat ipso jure usuras & fructus ex natura judicati deberi, a lapsu temporis judicati faciendi, & graviores quidem usuras, puta centesimas, *l. ult. C. de usur. rei judic.* olim duplices centesimas, *l. 1. C. Theod. eod. tit.* Intelligimus sententiam tenoremque decreti simul, ac causam & rationem. Nunc tractandum est de interpretatione, quam ad illud decretum adhibuit Papinianus hoc loco perquam subtilissimam. Hoc decretum Imperatoris, ut intermittatur spatium legitimum, quod condemnatis datur, & sit immune a dependendis usuris & fructibus, Papinian. ita interpretatur: Verum quidem hoc esse & æquum, si ante sententiam heres moram non fecerit, sed post sententiam, ut etiam posuimus, puta ut si quis existimans legi Falcidiæ locum esse, non dederit integrum fideicommissum quod petebatur, & contendens summa ratione, prius esse ineundam rationem Falcidiæ, quam rationem fideicommissum præstandum, *l. qui solidum, in pr. de leg.* 2. *l. 2. C. de usur. & fruct. legat.* moram non facit, quia obtinente Falcid. litigat cum fideicommissario, & ei recusat statim restituere fideicommissum. Sed si ante sententiam moram fecerit heres, ut sane plerumque sic contestatur cum eo, qui jam moram fecit, quem jam interpellavimus, ut Græci dicunt hoc loco, non facile dubitari esse is ante moram. Et plerumque moram facit, qui mavult litigare, quam restituere, *l. nemo, inf. de ver. obligat.* Hoc casu ex tempore moræ heres præstat fructus & omnia commoda, etiamsi mora fuerit antiquior contestatione litis, *l. 39. §. fructus, & l. quæsitum, §. ult. de leg.* 1. *l. si quid servo, de leg.* 2. præstat, inquam, omnia commoda a tempore moræ, quoad solverit, nec legittimi temporis, quod datur condemnatis, fructibus liberabitur, quia, ut ait Papinian. *Illa intercapedo temporis condemnato dilationem dare debet, non adferre lucrum*, cum ante sententiam in mora fuerit, & deinde etiam sententia victus. Et inquit eleganter, *si ante litem contestatam in mora fuerit, exinde fructuum præstandorum necessitate adstrictus,* id est, ex eo tempore factus est obnoxius præstandis fructibus: *qua tandem ratione*, inquit? *quoniam & sententia victus est legitimi temporis spatio fructibus liberabitur: à quel jeu gagnera il cela?* Ergo intervallum illud non liberabit eum fructuum præstatione, quinimo ex mora refundet omnia commoda fidei-com-

(\*) *Vide Merill. Variant. ex Cujac. lib.* 1. *cap.* 32.

(\*) *Vide Merill. Variant. ex Cujac. lib.* 1. *cap.* 32.

commissario, usque in diem solutionis, *il faut bien noter cela*. Et ad rem subjicit Papinianus, quod est in §. *in his quoque*, *qui doit estre conceint avec le premier*, non tantum in fideicommissi persecutione, sed *in his quoque judiciis*, *quæ nec arbitraria sunt*, &c. Et hoc vult: idem servari, quod dictum est, in persecutione fideicommissi, quæ est extraordinaria, *l. pecunia*, §. *persecutionem*, *de verb. signif.* & arbitraria, quæ obtinet instar actionis in rem, cum adversus quemcunque possessorem detur, *l. sic quoque* §. *ult. de leg. 1*. Omnes autem actiones in rem, aut quasi in rem, arbitrariæ sunt, *l. qui vestituere*, *de rei vindicat.* de quarum natura alibi tractabimus. Actiones autem sunt bonæ fidei, aut strictæ. Non est perfecta divisio, *il faut adjouster*, aut arbitrariæ, *ou bien*, & strictæ, aut arbitrariæ, aut non. Quod dictum est in persecutione fideicommissi servari, servari idem Papinianus subjicit in omnibus judiciis strictis, quæ nec sunt arbitraria, nec bonæ fidei. Quid vero servari? Resumere oportet breviter, quæ ante dicta sunt. Et secundum ea accipite §. *in his quoque*, hoc modo: ut qui ante sententiam moram non fecit, sed post sententiam, aut tempora judicati, præstare debet actori usuras & fructus, & ceteras accessiones, hoc est, omnem causam a tempore litis contestatæ usque ad rem judicatam, non etiam post rem judicatam intra legitimum tempus, quod condemnatis datur humanitatis gratia: namque id tempus immune esse oportet ab usuris dependendis, ac fructibus. Quod si moram fecerit ante litem judicatam, ut puta, quia non fuit ei ratio litigandi, etiamsi moram non fecerit ante litem contestatam, præstat commoda omnia à tempore litis contestatæ in strictis judiciis usque in diem solutionis, non intermisso legitimo spatio, quod judicatis datur. Et ita est accipiendum semper quod dicitur etiam in strictis judiciis venire omnem causam post litem contestatam, *l. 2. h. t. l. 8. de re jud. l. videamus 2. §. si actionem hoc tit.* Hoc in strictis judiciis. In arbitrariis usuræ & fructus veniunt a tempore moræ etiam ante litem contestatam, si ante litem contestatam in mora fuerit reus. Nam & in arbitrariis ante moram, non veniunt fructus, quod latius exposui lib. 6. ad l. 2. hoc tit. In bonæ fidei judiciis fructus veniunt etiam ante moram plerumque, ut plurimum, *d. l. videamus 2. §. pen.* Et usuræ tamen non veniunt, nisi ex mora officio judicis, *l. mora*, §. *in bonæ fidei*, *hoc tit.* In *l. usuræ*, *hoc tit.* dicitur, usuras vicem fructuum obtinere, nec debere a fructibus separari. Hoc est verum plerumque, sive ἐπὶ τὸ πλεῖστον. Nam separantur tribus casibus in fructibus. In bonæ fidei judiciis fructus veniunt ante moram, usuræ post moram tantum: hæc una differentia. Altera est, usuræ non præstari possessa pecunia inventa in hereditate, quam non exercuit, non fœnori occupavit: fructus tamen præstat, puta nauta, & vecturas navis, quam non exercuit, *l. si navis*, *de rei vindicat.* Est & tertia separatio, si fundus venierit fructibus maturis, fructus sequuntur emptorem. Et pessime nobilis quidam Gallicus, qui vendiderat pratum fœno nondum cæso, calumniabatur se pratum vendidisse, non fœnum. Sed si fundus, qui fuerat locatus venierit pensiones sequuntur venditorem, *l. Julianus*, §. *si fructibus, de act. empt.* Atque ita his casibus usuræ separantur a fructibus. Sed interea in hac quæstione fructuum hanc inter judicia constituimus differentiam, ut in strictis judiciis, si moram non fecerit reus ante sententiam, sed post, ut veniant fructus a tempore litis contestatæ, usque ad sententiam, intermisso legitimo tempore, quod judicatis indulgetur. Si moram fecerit ante sententiam, ut veniant a tempore litis contestatæ, in diem solutionis sine intermissione. In arbitrariis autem, ut veniant etiam, qui percipi poterunt ante litem contestatam. Si reus in mora fuerit ante litem contestatam, non aliter, ex tempore moræ, scilicet in diem solutionis: in bonæ fidei autem judiciis, ut fructus veniant etiam ante moram.

### Ad §. Nonnunquam

*Nonnunquam evenit, ut quanquam fructus hereditatis aut pecunia usura nominatim relicta non sit, nihilominus debeatur: ut puta si quis rogetur, post mortem suam quicquid ex bonis supererit, Titio restituere: ut enim ea, quæ fide bona deminuta sunt, in causa fideicommissi non deprehenduntur, si pro modo ceterorum quoque bonorum deminuantur, ita quod ex fructibus supererit, jure voluntatis restitui oportebit.*

*§. 3. Cum Pollidius a propinqua sua heres institutus rogatus fuisset, filia mulieris, quicquid ex bonis ejus ad se pervenisset, cum certam ætatem puella complesset, restituere; idque sibi mater ideo placuisse testamento comprendisset, ne filia tutoribus, sed potius necessitudini res committerentur, eundemque Pollidium fundum retinere jussisset præfecti prætorii suasu, fructus, qui bona fide a Pollidio ex bonis defunctæ percepti essent, restitui debere, sive quod fundum ei tantum prælegaverat: sive quod lubrico tutelæ fideicommissi remedium mater prætulerat.*

*§. 4. Si auro & argento facto per fideicommissum relicto, mora intervenerit, an usurarum æstimatio facienda sit, tractari solet. Plane si materiam istam ideo relinquit, ut ea distracta pecuniaque, refecta fideicommissa solverentur, aut alimenta præstarentur, non oportere frustrationem impunitam esse respondi. Quod si forte ideo relinquit ut his vasis uterentur, non sine rubore desiderabuntur usuræ: ideoque non exigentur.*

(*) PErtinet hæc lex ad persecutionem fideicommissi. Et sciendum est, regulariter in fideicommissariam hereditatis restitutionem fructus vel usuras non venire hac ratione, quia qui rogatur hereditatem restituere, id tantum videtur rogatus reddere, quod hereditatis fuit: fructus autem vel usuræ non hereditati. Sui rebus ipsis, vel nominibus accepto feruntur, *l. in fideicommissaria*, *ad Treb. fideicommissum est de hereditate*: in hereditate non sunt fructus vel usuræ. Ergo fideicommisso non continentur, ac proinde restituendi non sunt fideicommissario. Verum quamvis non sint restituendi, tamen hæredi imputantur in id, quod defunctus debuit, adeo ut eos non possit deducere in ponenda ratione legis Falcidiæ, veluti si fructus debitum æquaverit, *l. cum pater*, §. *Titio*, *de leg. 2. l. 9. quod de bonis*, §. *fructus*, *ad l. Falcid.* Hæredi enim imputantur in Falcidiam, hoc est, subvent Falcidiam, si tantum sit in fructibus, quantum quarta facit, & quartæ fructus, ut si ex hereditate percepti sint fructus jure hereditario, hoc est, ex judicio defuncti vel tacito, puta, cum diem fideicommissi cedentem: nam qui diem apposuit fideicommisso, sane voluit, ut ante eum diem fructus perceptos sibi haberet heres: ut sibi igitur haberet jure hereditario, & consequenter sibi eos imputaret in Falcidiam. Nam quodcunque jure hereditario capitur, in Falcidiam imputatur, *l. quod quarta 74. & l. in quartam*, *ad l. Falcid.* Ergo heres fructus imputat in Falcidiam, quos cepit jure hereditatio ex judicio defuncti, puta ante diem fideicommissi cedentem: non etiam, quos percepit negligentia fideicommissarii non petentis fideicommissum, puta ex puro fideicommisso vel post diem fideicommissi cedentem ante moram, *l. mulier*, §. *si hæres*, *ad Treb.* Non imputat etiam fructus heres, quos jure dominii proprio percepit, veluti ex re sua propria, quam defunctus legavit, quoquo tempore eos perceperit, quia nunquam percipiuntur jure hereditario, sed jure proprio quasi ex re sua, non veniunt a defuncto, *l. 24. §. ult. ad l. Falc.* Notandum etiam, filios heredes institutos, nullos fructus imputare in Falcidiam, nec eos quidem, quos percipiunt ex judicio defuncti ante diem fideicommissi. Filiis hoc datum ex *l. jubemus, C. ad Treb.* Et quidem filiis solis, non sequentibus liberis, liberis primi gradus non sequentibus, ut indicat *d. l. jubemus*, §. *ult.* ante quam etiam filii fructus imputabant

(*) Vide Merill. Variant. ex Cujac. lib. 3. cap. 32.

tabant in Falcid. *l. Pap. §. unde , de inoff.* imputabant etiam in dotem, ut in specie *l. mulier §. cum proponeretur, ad Trebell.* Unde argumento *d. l. jubemus*, poſſet tentari hodie, filios nec in dotem fructus imputaturos, vel in donationem propter nuptias. Ceterum fructus fideicommiſſario non ſunt reſtituendi. Et hæc eſt regula, quam propoſui initio. Habet hæc regula multas præſcriptiones. Prima hæc eſt, ut ſint reſtituendi fructus fideicommiſſario ſupplendi fideicommiſſi gratia, ut in ſpecie *l. ſcribit, & l. ita tamen §. heres ex aſſe, ad Trebell.* quam ſpeciem vobis excutiendam relinquo : Secunda præſcriptio hæc eſt, ut locus ſit regulæ in fructibus immaturis, vel qui ſati & percepti ſunt poſt aditam hereditatem , & in uſuris nominum ab herede contractorum poſt aditam hereditatem : hi vel hæ non reſtituuntur. Sed qui erant maturi fructus mortis tempore vel ab ipſo teſtatore percepti jam, & in horrea reconditi quaſi hereditarii, ut ſimiliter uſuræ nominum in hereditate relictorum , in fideicommiſſaria hereditatis reſtitutione veniunt , *l.9. ad l. Falcid. l. 24. de uſuf. leg. & l. centurio , de vulg. ſubſt.* Tertia præſcriptio hæc eſt, ut reſtituendi ſint fructus ex tempore moræ , ſi heredis mora interceſſerit, in *d.l. in fideicommiſſaria, & l. ita tamen §. 1. l. poſtulante §. pen. & ult. ad Trebell. & d.l.24.* Nam conſtat fructus uſuras, & commoda omnia ex mora venire in perſecutionem fideicommiſſi, quod obtinere etiam diximus in omnibus actionibus arbitrariis, quarum inſtar obtinet perſecutio fideicommiſſi, ut ſcil. ex mora veniunt fructus, & ceteræ ceſſiones, vel ex lite conteſtata, ſi nulla ratio litigandi fuerit, nec heres ante litem fecerit moram, vel etiam ſi fuerit ratio litigandi, ſi fecerit moram poſt condemnationem, quia hæc mora retro agitur ad tempus litis conteſtatæ uſque ad condemnationem. Et hac in re dicebam diſtare arbitrarias actiones ab actionib. ſtrictis & bonæ fidei. Et breviter conſtituebam, hanc eſſe differentiam, ut in arbitrariis fructus veniant ex mora, vel ex lite conteſtata ſecundum ſuperiorem diſtinctionem : in ſtrictis, ut fructus veniant ex lite conteſtata, etiamſi mora litem præceſſerit, in bonæ fidei, ut fructus veniant etiam ante moram, & ante litem conteſtatam. Atque ita non eſt perpetuo verum, quod plerique ſcribunt, actiones arbitrarias imitari actiones bonæ fidei. Quomodo? non imitantur actiones bonæ fidei , ſed ſtrictas potius , quod maxime notandum. Primum hæc ſit differentia inter arbitrarias & bonæ fidei quam modo expoſui circa fructus. Deinde quod actioni bonæ fidei inſint exceptiones omnes, & quaſi inſint, intelligantur ſemper & ſuppletur officio judicis, *l. hujuſmodi, §. qui ſervum , de leg. 1. l. 3. de veſc. vend. l.1. §. ſi oneranda , quar. ver. actio non det.* Actionibus arbitrariis nulla ineſt exceptio, nec omiſſa ſuppletur officio judicis, *l. Pap. de Pub. in rem act.* Item in actionibus arbitrariis non exigitur cautio ante diem, cum quid debetur in diem ; & ſingularis eſt caſus *l. prege §. pen. de pignorib.* quia præſens debitum erat : quod ſi eſſet in diem vel ſub conditionem, nec cautio interponeretur. In bonæ fidei judiciis cautio exigitur ante diem, *l. in omnibus, de judic.* item in arbitrariis nunquam datur cautio, de qua in *l. etſi, de re judic.* ſed in bonæ fidei tantum actionibus. Et imitatur ſane actio arbitraria ſtrictam magis actionem, quia & ipſa origine eſt ſtricta , nec media eſt inter ſtrictam & bonæ fidei, ſed ſtrictæ proximior, vel ſtrictæ ſpecies una. Quarta præſcriptio hæc eſt, & notiſſima omnium, ut fructus reſtituendi ſint fideicommiſſario & uſuræ, ſi nominatim a teſtatore relicti ſint, & ſpecialiter, vel ſi cum incremento juſſerit fideicommiſſum præſtari, cum omni cauſa incrementi, hoc eſt, cum commodis omnibus medii temporis, cum interuſurio, *d. l. in fideic. & l. facta, §. ſi heres, ad Trebell. l. ſi ita relictum, §. Pegaſus, de legat. 2.* Quinta præſcriptio hæc eſt, ut etiam ſi fructus nominatim relicti non ſint , vel uſuræ reſtituantur ; tamen ſaltem ſuperflui , ex tacita voluntate defuncti, *ut l. rogaverit heredem poſt mortem ſuam reſtituere, quod ex hereditate ſuperfuerit*, quia hæc verba, *quod ex hereditate ſuperfuerit*, demonſtrant, mentem hanc

fuiſſe defuncti, ut reſtitueret etiam fructus ſuperfluos, & uſuras nondum exactas, hoc eſt, ut contentus eſſet deminutione medii temporis , quam illa verba permittunt, ſed moderatur ita legibus , ut fiat ea deminutio bona fide, & arbitrio boni viri , id eſt , pro rata bonorum omnium teſtatoris & heredis, ut hoc loco Papiniani, & nos exponemus in *l. Titius, ad Trebell.* Et hodie ex Nov. fieri poteſt quacunque ex cauſa, uſque ad quadrantem. Dodrans demum conſumi poteſt impune , & ſatis eſt, fideicommiſſario ſervari quadrantem. Voluit igitur teſtator, qui ita reliquit fideicommiſſum, ut eſſet contentus deminutione medii temporis , quod hæc verba ei permittunt : *& quicquid ſupereſſet, id omne ut pleniſſime reſtitueret.* Quare reſtituet etiam fructus ſuperfluos. Et hoc eſt, quod ait §. *nonnunquam.*

Obſtat vehementer *l. deducta §. pen. ad Trebell.* quæ eſt etiam ejuſdem Papin. *ſi heres rogatus ſit reſtituere , quod ex hereditate ſuperfuerit, cum moveretur , non videtur rogatus,* inquit , *reſtituere fructus ſuperfluos*: non reſtituet igitur fructus ſuperfluos, lex deducta eſt ex *lib. reſp.* ut Scævola, ita & Papin. quod ſcribit *lib. Quæſt.* idem ſolet reponere *lib. Reſp.* at in hac ſpecie non idem, ſed omnino contrarium reponit. Et ſane Papinianus ſublata negatione ſcripſiſſe videtur, *videtur rogatus fructus ſuperfluos, &c.* Neque hoc vero eſt verius quicquam, & ratio, quam ſubjicit, hoc demonſtrat, *quia,* inquit, *ea verba fideicommiſſi deminutionem admittunt, &c.* id eſt, permittunt interim heredi deminuere fideicommiſſum, *fructuum autem additamentum non recipere*, quid hoc eſt, niſi ea verba non pati, ut fructus ſibi habeat heres, qui ſuperſunt, nec reſtituat fideicommiſſario? Ergo deminuere quidem poteſt , ſed fructus ſuperfluos retinere non poteſt ; imo reſtituere debet fideicommiſſario ſimul cum hereditate. Nam & eodem modo, inquit, *in hac l. Pap.* in cauſa fideicommiſſi non eſſe bona deminuta, ſed fructus ſuperfluos eſſe, id eſt, ea verba, fructus non adjicere heredi ſuperfluos : ſuperflui igitur fructus reſtituendi ſunt, quando heres rogatus eſt reſtituere quod ex hereditate ſuperfuerit. Aliud dicitur, quod etiam valde notandum eſt, ſi rogatus ſit reſtituere *quod ex hereditate ad eum pervenerit*, in hujuſmodi fideicommiſſo, nec ſuperflui fructus continentur optima ratione , quia ea verba non permittunt deminutionem fideicommiſſi : cui non licet deminuere, licet fructus retinere ; ut contra, cui licet deminuere, non licet fructus retinere ſuperfluos. Et hoc oſtendit in *l. heredes, in princ. ad Trebell. l. quod his verbis , de leg. 3.*

Neque huic dicto quicquam refragatur *l. Balliſta, ad Trebell.* Nam ut antea oſtendi, miſſis innumeris ſolutionibus interpretum, teſtator quod ex hereditate ad heredem pervenerit, id voluit reſtitui, ſed non ex fideicommiſſo, ſed ex cautione conventionali, ex ſtipulatione, quandoquidem non rogavit heredem ut quidquid ad ſe ex hereditate pervenſet, reſtitueret, ſed ut caveret illi, ſe reſtituturum , quæ ſtipulatio cæpit incrementum fructuum, quod id egiſſe contrahentes intelligantur , *l. pecunia, §. 1. de verbor. ſignif.* Plenior eſt ſtipulatio, quæ geritur inter duos quam teſtamentum. Et eadem ratio *l. pater §. ult. de leg. 3.* ut expoſ. ſup. *lib. ad l. unum ex fam. §. ult. de lop. 2.* Sexta & ultima præſcriptio hæc eſt , ut reſtituantur fructus ex tacita voluntate , non non reliquerit nominatim, & non tantum ſuperflui fructus, ſed præteriti omnes, quos perceperit heres, etiamſi rogatus ſit, quod ex hereditate ad eum pervenerit, ut puta , ſi teſtator diſtulerit præſtationem fideicommiſſi fideicommiſſarii contemplatione & gratia, ut ſi filio ſuo impuberi fideicommiſſum hereditatis reliquerit in tempus pubertatis, aut in tempus legitimæ ætatis, quam ſcilicet non vult tutori committere bona ſua, & mavult ea committere propinquo aut amico, ut non tantum ea bona, ſed fructus etiam omnes temporis intermedii ſervet filio ſuo, quoad pervenerit ad juſtam ætatem, & poterit ipſemet ſua bona adminiſtrare. Ea providentia teſtatoris facit, ut heres nihil poſſit retinere præter Falcidiam, aut ne Falcidiam quidem hodie, ſi prohibeat eam teſtator,

tor, & hæc eſt ſententia *d.l. ſi ita relictum §. Pegaſus, de leg. 2.* Et multo magis *§. cum Pollidius, h.l.* mulier, quæ filium habebat, propinquum ſuum heredem ſcripſit, & eum rogavit, ut quod ex hereditate ſua *ad eum pervenißet, cum certam ætatem complēßet* (quia tempore teſtamenti erat impubes) & quod plus eſt, adjecit nominatim mater, hoc ſibi placere, ne res filiæ committerentur tutoribus, quod eſt lubricum & periculoſum, & ut committerentur potius neceſſitudini ſuæ, propinquitati, fidem habere magis propinquo, quam tutori. Ac præterea juſſit, propinquum heredem inſtitutum ſibi retinere fundum, quem imputabit in Falcidiam, ſi Falcidia interveniat. Ergo duplici ratione propinquus reſtituit filiæ fructus omnes, etiam anterioris temporis, quoniam ſcilicet voluit ut eſſet contentus fundo, & quia palam declaravit, ſe differre fideicommiſſum gratia filiæ ob lubricum tutelæ, quod tutelæ adminiſtratio ſit facillima ad lapſum ſeu labem. Duplex eſt ratio, ſed altera ſufficeret: meliori loco voluit mater rem filiæ eſſe, quam ſi tutoribus tradita eſſet: hi porro fructus ſervaſſent filiæ. Ergo & heres eos debet ſervare filiæ. Et ita judicarunt præfecti prætorio, ad quos fuerat appellatum; illo tempore habebant Imperatores plures præfectos pro arbitrio eorum: his, inquam, præfectis prætorii cognoſcentibus hac de re, Papinianus ait, ſe ſuaſiſſe, heredem debere reſtituere fructus omnes præteritos, quod belle etiam confirmat lex *liberto §. ſcrib. de adim. leg.* Et eadem eſt ratio *l.2.§. ult. de dote præleg.* ubi voluit, mulierem eſſe contentam dote, quam ei legavit tantum pro dote. Qua de cauſa ex eo, quod eſt ſupradictum, ea mulier onerata fideicommiſſo, ne fructus quidem retinere poteſt, quia voluit, ut eſſet contenta dote ſua, ut hoc loco voluit, heredem eſſe contentum fundo. Et hoc eſt, quod ait in *§. cum Pollidius.* Et notandum hoc loco retentionem eſſe prælegationem, *§. ult.* jam expoſui ad *l. cum in rem, de rei vind. hoc lib.*

---

### Ad L. Procula XXVI. de Probat.

*Procula magnæ quantitatis fideicommiſſum a fratre ſibi debitum poſt mortem ejus in ratione cum heredibus compenſare vellet, ex diverſo autem allegaretur, nunquam id a fratre, quamdiu vixit deſideratum, cum variis ex cauſis ſæpe (in) rationem fratris pecunias ratio Procula ſolviſſet. Divus Commodus cum ſuper eo negotio cognoſceret, non admiſit compenſationem, quaſi tacite fratri fideicommiſſum fuiſſet emiſſum.*

DE perſecutione fideicommiſſi eſt etiam lex Procula. Ex cujus verbis apparet, in ea proponi decretum unum Commodi Imperatoris, ſane quam æquiſſimum, & quod ſæpe uſuvenire poteſt. Plerumque quodcumque peti poteſt, etiam compenſari poteſt, id eſt, ſervari jure compenſationis, *l. in reb. §. ult. commod.* niſi petitum petitioni poſſit per exceptionem peremptoriam, *l. quæcunque, de compenſat.* Quia nec videtur peti poſſe, quod facile poteſt exceptio elidere vel eludere: nec mirum, ſi quæ peti poſſunt, etiam compenſari poſſunt: nam aliquando, & quæ peti non poſſunt, ſaltem compenſari poſſunt, veluti debita naturalia, *l 6 de compenſat.* Et ex diverſo etiam quandoque quæ peti poſſunt, compenſari non poſſunt, verbi gratia, mecum agente aliquo depoſiti non poſſum compenſare, quod is mihi viciſſim debet ex alia cauſa. Hic eſt favor depoſiti, ut ejus reſtitutionem nec compenſatio retardare poſſit, vel impedire, & tamen id quod mihi viciſſim debet, ab eo poſſum petere. Ergo quod poſſum petere, non poſſum compenſare, *l. qui invicem, de cond. indeb. l. 13. C. de compenſat.* Quia vero plerumque quod peti poteſt, & compenſari poteſt, & fideicommiſſum peti poteſt, ergo & compenſari poteſt. Hoc cognito fac ita eſſe: frater ſorori debuit fideicommiſſum magnæ quantitatis, quod ad rem maxime facit: non fuit exiguum aut modicum, ſed

*Tom. IV.*

amplum & grande. Illa autem cum fratre ſæpe rationem habuit ex variis contractibus, & nunquam reputavit, vel compenſavit fideicommiſſum, quod ei debebat frater, nunquam habuit rationem fideicommiſſi, quantumvis licet ampli: ſed quod apparebat ex ratione accepti & expenſi eam debere, ſolvit ſæpius fratri interim & parem rationem fecit. Nunc mortuo fratre, cum ex rationibus & negotiis cum eo habitis aliquid reſederit, agentibus cum ea heredibus fratris, objicit compenſationem fideicommiſſi ſibi a fratre debiti, quam nunquam in retractandis rationibus objecerat fratri. Quæritur an ſit audienda? Et refert Papinianus, Imperatorem Commodum decreviſſe, non eſſe compenſationi locum, quod fideicommiſſum ſoror fratri tacite videretur remiſiſſe, fideicommiſſi petitioni obſtare exceptionem tacitæ remiſſionis, taciti pacti de non petendo fideicommiſſo, & quæcunque exceptione elidi poſſunt, nec veniunt in compenſationem. Placet valde decretum: ex quo poſſunt multæ quæſtiones dirimi, ut quod fratri defuncto, vel alii conjunctæ perſonæ debitum magnæ quantitatis reputare neglexi ſæpius, cum eo habens rationem ex variis cauſis, non poſſim etiam reputare heredi ejus. Obſervare vos oportet neceſſario, has omnes circumſtantias, crebras ſolutiones, crebras variationes, crebro omiſſam compenſationem fideicommiſſi, fideicommiſſum magnæ quantitatis, & rationes geſtas inter fratres: extra has circumſtantias non eſt huic decreto locus. Itaque nihil obſtat *l. ſi cum dos, in prin. rer. amot.* Si divortio facto mulieri agente de dote vir ſolverit dotem, nec oppoſuerit compenſationem ob res amotas divortii cauſa a muliere, non proteſtatus ſit ſe acturum rerum amotarum, non ideo habet maritus actionem rerum amotarum poſt ſolutam dotem integram, quia ſcil. eam actionem remiſiſſe non videtur; nec ideo minus compenſationem opponere poteſt ob res amotas ex alia cauſa agente muliere. Et ratio hæc eſt: quia ſemel tantum muliere agente de dote compenſationem omiſit, quia etſi eam per errorem omiſerit, eo nomine agere poteſt conditione quaſi indebita dote ſoluta, *l. 1.§. pen. de imp. in res dot. l. 10. §. 1. de compenſat.* In ſpecie hujus legis, ſoror ſæpius omiſit compenſationem fideicommiſſi, & ultro citroque habita inter eam, & fratrem ſæpius ratione univerſa omnium negotiorum, quæ habuerant invicem, in eam fideicommiſſum nunquam deduxit, quod utique cum eſſet magnæ quantitatis, deduxiſſet, ſi id fratri remittere noluiſſet. Ex eo ſumitur perquam idonea conjectura, & certiſſima tacitæ remiſſionis: non minus valent tacitæ pactiones, quam expreſſæ, *l. 2. de pact. remiſſio, pactio eſt.* Solet etiam opponi huic decreto lex *libertis §. 1. de alim. leg.* Libertis relictum eſt fideicommiſſum: hi ceſſaverunt in petitione fideicommiſſi, quia neque id petiverunt ab herede, neque ab herede heredis, quæritur, an poſſint petere a noviſſimo herede? Et ait poſſe, quod eſt veriſſimum, etiamſi decem annos inter præſentes ceſſaverint, quia perſecutio fideicommiſſi eſt perpetua, nec perimitur niſi triginta annis, *l. quæ fideicommiſſa, de leg. 2.* habetur enim inſtar actionis in perſonam, actio autem in perſonam non finitur longo tempore. Unde, ut reſpondeam, ita diſtinguo: ex ſolo tempore, quo ceſſavit fideicommiſſarius, ex ceſſatione ſola, ut tarda petitione non induci remiſſionem fideicommiſſi, ex ratione ſæpe tractata cum herede debitore fideicommiſſi, & in ea re nunquam deducto amplo fideicommiſſo, quod tamen erat dignum deducere, ſi id noluit remittere heredi, non facile ſumere argumentum remiſſi fideicommiſſi. Opponitur lex *Titio, de obl. & act.* debes mihi pecuniam ex cauſa judicati, necdum ſolviſti, & ego certam pecuniam credo mutui nomine, de qua tu cautionem ſeu chirographum emittis, in quo non facis commemorationem pecuniæ, quam mihi debes ex cauſa judicati non dicis præter pecuniam debitam ex cauſa judicati, te debere tot nummos, an ex cauſa crediti, *an omiſſa commemoratio prioris debiti mihi nocere poteſt? an vero integra mihi*

mihi sunt utræque petitiones? Et ait, esse integras: commemorationem omissam nihil nocere, quod est æquissimum: nam & commemoratio facta prioris debiti nihil prodest, id est, non habet vim obligationis, nisi probetur vere debitum fuisse, *l. ult. hoc 1. & Nov. 119.* Lex Titio igitur est de omissa commemoratione antiquioris debiti, nos loquimur de omissa compensatione semel atque iterum, & compensatione magnæ pecuniæ, & de ratione habita cum propinquo: nam omnes has circumstantias concurrere oportet, ut sit decreto locus. Nec abs re. dixit, fideicommissum fuisse magnæ quantitatis, quia non videtur in rationem omisisse magnam quantitatem, nisi qui eam remittere voluit. Observandum est, quod ait, ex eo decreto quasi tacite fideicommissum fratri remissum fuisse: quibus verbis hoc significatur, quia dicit, *quasi videri sororem, quæ sciens solvit fratri, quod debebat donasse fideicommissum, quod vi debebat frater.* Quod & Græci expressius demonstrant, dum inquiunt, videri sororem remisisse fratri κατὰ χάριν, *pour l'amour de luy*. Præsumi igitur fideicommissum esse remissum: nam verbum *quasi* aut *videri*, præsumptionem significat *hoc t. qui tit. est de probationibus & præsumptionibus:* hæc lex pertinet ad præsumptiones, non ad probationes, qua de causa probatio potest admitti in contrarium, puta sororem solvisse, quod debebat, solvisse fratri, quod debebat, non remittendi fideicommissi gratia, quod ei debebat frater, sed, ut Græci ajunt, plenæ fidei evidendæ gratia, *elle l'a voulu payer entierement*. Nam in partem, à qua est præsumptio, licet alteri parti asserre probationem contrariam, *l.generaliter, §.si petitum, de fideicom.libert. l.ult. in pr.quod met.cau.* Et eadem ratio intervenit in specie *l.qui fandum, §.servus, pro empt.* Species hæc est: servus meus, qui peculium habebat, mandavit Titio, ut fundum emeret peculiari nomine. Titius fundum emit, & mox manumissus est servus ademptо peculio, & ut eum jam non possit sequi peculiaris obligatio. Titius tamen servo tradidit fundum, existimans ei fuisse concessum peculium, quæritur, an possit manumissus servus usucapere fundum? respondet non posse, quia scit aut scire debuit, sibi ademptum esse peculium, atque ita putavit, se esse creditorem, & ademptо peculio desierit esse creditor, & in jure nihil refert scierit quis, an scire debuerit, *l.1.§.pen.de ædil. edic. l.Jul.§.quod autem, de act.emp.l.si duo,de acq.her.l.pen.ad Maced.& l.48.de fideic. libert.* Quid autem erit, si Titius, qui manumisso fundum tradit, scierit manumisso ademptum esse peculium? Hoc casu intelligendus est, inquit, hoc est, videtur servo eum fundum donasse potius, quam indebiti solvisse: ergo contra hanc præsumptionem probatio recipi potest, si sit paratus probare, se ideo tradidisse fundum manumisso, quod etsi nullum jus ei competeret, nulla obligatio, tamen ipse esset auctor emptionis, quia mandaverat emi eum fundum, & ut de manu servi potius quam de sua dominus fundum acciperet: hoc nisi probetur, valebit præsumptio donationis. At contra in *l.cujus,de reg.jur.*quæ non omnino bene commiscetur cum specie *d.l. qui fundum, §.servus*, dicit donationem esse si quis sciens indebitum solverit, non dicit donationem esse videri, sed donationem esse absolute. Si quis sciens indebitum solverit, indebitum autem est, quod compensatio consumit, vel minuit; sit enim ipso jure in omnibus judiciis, *l.priusquam, C.de comp.l.iniquam, de adm.tu. l. unum ex fam.l.5.sed si non, d.l. de leg.2.* ubi dicimus, donationem esse, nec dicimus videri. Non admittitur probatio in contrarium, secundum regulam illam *l.cujus*, accipienda est de eo, qui solvit indebitum, nulla præcedente obligatione: hic sane donat: sed cui debetur ex obligationis causa, cui tamen poterat objicere compensationem,non plane donat, sed videtur donare, & admittitur contra præsumptionem istam probatio.

A *Quod autem vulgo dicitur tutoris dolum pupillo non nocere, tunc verum est*, cum ex illius fraude pupillus locupletior factus non est. Quare merito Sabinus tributoria actione pupillum conveniendum ex dolo tutoris existimavit: scilicet, si per iniquam distributionem pupilli rationibus favit. Quod in depositi actione quoque dicendum est: item hereditatis petitione, si modo quod tutoris dolo desiit, pupilli rationibus illatum probetur (*).

Hujus summa est hæc: nullo judicio teneri pupillum ex dolo tutoris. Et verba satis perspicua sunt. Proponitur initio regula juris, dolum tutoris pupillo, neque nocere, neque prodesse, quæ produci etiam potest ad curatorem, neque est omissa in tit. *de reg.jur. l. neque in interdicto*. In qua regula est concepta verbis generalibus hoc modo, *neque in interdicto, neque in ceteris causis*, hoc est, in nullis causis dolum tutoris pupillo nocere, quamvis tutor dicatur esse loco domini, hoc est, pupilli, in interdicto, puta, quod vi aut clam. Si quid a servo pupilli, tutoris jussu factum sit vi aut clam, non ipse pupillus tenetur, sed tutor utili interdicto, quod vi aut clam, vel utili actione in factum ex causa interdicti, *l.11. §.si tutoris, quod vi aut clam. & in interdicto de tabul. exhib.* Si tabulæ, quæ apud pupillum erant, tutoris dolo desierint esse, in ipsum tutorem, non in pupillum competit interdictum de tab.exhib. *l. pen. inf.de tab.exhib.* In ceteris quoque causis locus est regulæ, veluti in actione empto, & in actione de dolo, si tutor rem pupillarem vendiderit, & emptorem deceperit, ipse tutor solus tenetur ex empto, vel si pupillus vendiderit tutore auctore, & tutor emptorem deceperit, ipse tutor solus tenetur actione de dolo, non ex empto: quia ipse non vendidit, sed pupillus *l.Julianus, §.sed etiam in factum, de act. emp.l.heredis. §. ult. de dolo*. Idem licet ponere ac servari in persecutione fideicommissi. Et quoniam hic liber XX. totus fere est de fideicommissis, ideo videtur Papinianus, quæ sunt in hac l. scripsisse ad persecutionem fideicommissi, & potest poni exemplum commodissime. Heres rogatus restituere hereditatem post mortem suam, vel in aliam diem tenetur fideicommissario, si quid dolo ejus, aut lata negligentia interim ex hereditate deperierit, *l.mulier, §. sed eum, ad Treb. l.domus, l. seq.de leg.1.* sed pupillo rogato restituere hereditatem, si quid dolo tutoris ex hereditate deperierit, ea res nihil pupillo nocere debet. Idemque procedit in actione tributoria, si servus pupilli negotiatus sit in merce peculiari sciente tutore, & is servus debeat aliquid pupillo domino suo, & agentibus creditoribus mercium, tutor inter pupillum suum & creditores mercium, iniquam distributionem faciat mercium dolo malo, ea res nihil nocet pupillo, hoc est actione tributoria tenetur tutor, non pupillus, *l.30.§.si servus, de trib.act*. Actio tributoria emendat iniquam distributionem, ut hæc lex indicat in illo loco, *per iniquam distrib.* propter quam datur actio distributoria, quæ est actio iniquæ distributionis. Quod etiam ostendit *l.4.& 5.in pr.l.7.l.8.l.ult.eod. t.& §.introduxit Inst.quod cum eo, qui, &c*. Et idem etiam hæc lex indicat procedere in actione depositi, si res deposita apud pupillum dolo tutoris interierit: id enim pupillo nihil nocere oportet; & in petitione hereditatis,si quid ex hereditate dolo tutoris pupillus desierit possidere, si quid ex hereditate tutor dolo malo deminuerit, corruperit, perdiderit, quod etiam trahi debet ad actionem in rem specialem. Igitur plane cernis, in omnibus judiciis hanc regulam observari, ne dolus tutoris pupillo noceat. Et quod plus est, adjicitur in *d.l.neque interd.de reg.jur.* huic regulæ locum esse, ut dolus tutoris non lædat pupillum, sive solvendo est tutor, sive non. Nam etiamsi tutor sit solvendo, si sit idoneus & locuples, ita ut quod ex dolo ejus conventus pupillus præstiterit, possit ab eo consequi, & servare sibi, non ideo magis tenebitur ex dolo tutoris, quia scil. quod ex dolo tutoris, potest recipere a tutore, qui est solvendo, *l.minor. de minor*. Interest pecuniam retinere potius, quam

---

Ad L. Dolus III. quand. ex fact. tut.
*Dolus tutorem puero neque nocere, neque prodesse debet.*

(*) *Vide Merill.Variant. ex Cujas. lib.1. cap.34.*

quam folutam repetere, *l. quod debetur, de pecul.* vel maxime propter incertum eventum litis, *d. l. nunquam.* Sed huic definitioni objiciuntur multa, in quibus laborant interpretes, & vix quicquam poſſis haurire purum ex illis. Primum obſtat huic ſententiæ, *l.1. §. hoc edicto, ff. ne vis fiat ei, qui in poſſeſſ.* ubi ſi dolo tutoris factum ſit, ut miſſus in poſſeſſionem bonorum pupilli ex decreto prætoris, arceretur poſſeſſione, dicitur pupillum teneri interdicto illo, ne vis fiat, &c. vel actione in factum ex cauſa interdicti, ſi modo tutor ſolvendo ſit: ergo regulam ceſſare, ſi tutor ſolvendo ſit, id eſt, ſi quod ſolverit propter dolum ſui tutoris, pupillus id ab eo ſervare poſſit. Et ita *l.1. hoc t. ex Pomponio,* quod notandum dixi, ob dolum vel culpam tutoris pupillum teneri actione in rem, vel petitione hereditatis, ſi tutor ſolvendo ſit, hoc eſt, ſi rem a tutore ſervare poſſit, non quidem, quanti actor in litem juraverit, ſed quanti res eſt, hoc eſt, in æſtimationem litis. Et ita ex eodem Pompon. Ulpianus refert in *l. ſumma, §. ſi de dolo, de pecul.* ſi dolo tutoris factum ſit, quo minus quid in peculio eſſet, pupillum teneri de peculio, ſi tutor ſolvendo ſit. Quod & ſimiliter ex eodem Pompon. proditum eſt in actione tributaria *in l.3. §. ſi ſervus, de tribut. act.* Utroque loco in utramque rem Ulpian. utitur etiam auctoritate Pompon. *ex lib. 8. epiſt.* Et fruſtra adjicit Ulpian. in *d. l. ſumma §. ſi dolo:* maxime, ſi quid ad eum pupillum pervenerit. Nam etiamſi ex dolo tutoris nihil ad pupillum pervenerit, locus eſt ſententiæ Pomponii, ut teneatur pupillus, ſi tutor ſit ſolvendo. Sed Ulpianus in *d. l. 3. §. ſi ſervus,* ſententiam Pomponii ita moderatur ſive interpretatur, ut ex dolo tutoris, qui ſolvendo eſt, pupillus in hoc tantum teneatur, ut cedat actionem, quam adverſus tutorem habet, non etiam, ut damnum actori præſtet, ſive litis æſtimationem, quæ tamen mens non fuit Pomponii. Nam Pomponius exiſtimavit tutore exiſtente ſolvendo, ex dolo ejus pupillum conveniri poſſe in litis æſtimationem, ut in petitione hereditatis idem Pomponius palam definit in *l. ult. de admi. tu.* In quam actionem conſtat venire non tantum, quod poſſeſſor dolo deſiit poſſidere, ſed quod culpa, *l. ſed etſi, §. quod ait, de peti. heredit.* & in *d. l. ult. de admin. tut.* ſive dolo, ſive culpa tutoris pupillus ex hereditate aliquid deſierit poſſidere. Pomponius verum eſſe ait quod Ariſto dicebat, pupillum teneri in æſtimatione litis, quando tutor eſt ſolvendo; quod ſi tutor non ſit ſolvendo, tunc ait pupillum liberari cedendo qualemcunque actionem, quam habet adverſus tutorem, licet inanis ſit actio eo tempore propter inopiam tutoris, ſed diteſcet forſitan quandoque. Qualiſcunque ceſſio etiamſi ſit inanis, in præſentia pro ſatisfactione eſt, quod maxime notandum ex *l. Titio fundus, de condit. & demonſtrat.* Ergo mittamus complexiones, & ambages omnes, & ita concludamus, (*) veriſſimum eſſe Ariſtonem & pomponium diſtinxiſſe, ſolvendo eſſet tutor, an non, & ex dolo tutoris, qui eſt ſolvendo, actionem dediſſe in pupillum. Sed hæc ſententia Pomponii non obtinuit, & eam quaſi velamento quodam excuſavit aperte Ulpian. in *d. l. 3. §. ſi ſervus.* Nam verius eſt, ex dolo tutoris pupillum non teneri, ſive tutor ſolvendo eſt ſive non. Unus tantum caſus excipitur, qui explicatur in *hoc l. 3.* ſi ex dolo tutoris pupillus locupletior factus ſit: Nam tunc pupillus tenetur in id quod ad eum pervenit, & tenetur indiſtincte ex ea cauſa, ſive tutor ſit ſolvendo, ſive non fit, *l. Julianus, §. ſed cum in factum, de actio. emp. l. ſed & ex dolo, de dolo, l. apud Celſum, §. illa quæſtio, de dolí except.* Tenetur, ut ait hoc loco Papin. in id, in quo tutor pupilli rationibus favit. Sane per tutorem favetur pupillo, *d. §. in illo, inf.* In hoc inſtituitur tutor, ut faveat pupillo. Verum exigitur, ut ei faveat ſine detrimento, ſine fraude, bona fide : tutoris eſt favere pupillo, dum tamen, ne cui alii noceat dolo malo : Nam non licet tutori, quod nec pupillo liceret doli capaci. Et aliter ait Papin. in *hac l. ex dolo tutoris pupillum teneri in id, quod rationibus pupilli illatum probatur, l. 4. de evict.*

Tom. IV.

(*) *Vide M. till. Variant. ex Cujac. lib. 1. cap. 34.*

in id, quod pupilli rationib. acceptolatum eſt, juſqu'à la concurrence de ce qu'il aura receu par la reddition de compte. Extra hanc cauſam dolus tutoris nunquam nocet pupillo, ſive tutor ſolvendo eſt, ſive non eſt. Et hoc eſt, quod ſubjicit *l. 4. hoc t.* extrinſecus, hoc eſt, extra iſtam cauſam videlicet, ſi factus ſit pupillus locupletior ex fraude tutoris, ſi quid tutor admiſerit dolo malo, id nihil nocere pupillo. Iſtius igitur regulæ una tantum eſt exceptio : nam altera, quam adjiciebat Pomponius non obtinuit. Non eſt illud omittendum, ubi non intervenit dolus tutoris, ſed bona fide res geſta eſt nomine pupilli, teneri pupillum non tantum in id, quo locupletior factus ſit, ſed etiam in ſolidum, etiamſi nihil ad eum pervenerit ex negotio bona fide contracto, *l. 4. ff. §. 1. de eviction. l. cum plures, §. 1. de admin. tu.* Et hoc, ut ita ſervetur, ipſius pupilli magnopere intereſt: nemo enim vellet cum tutore negotiari, ſi contractus habiti a tutoribus bona fide non obligarent pupillum in ſolidum : ſed de his quæ geſſit bona fide, non eſt lex : quæſtio tantum eſt de geſtis dolo malo.

## Ad L. LXX. de Leg. II.

*Imperator Antoninus reſcripſit, legatarium, ſi nihil ex legato accepit, ei, cui debet fideicommiſſum, actionibus ſuis poſſe cedere : nec id cogendum ſolvere. Quid ergo, ſi non totum, ſed partem legati relicti reſtituere rogatus, abſtinuit eo? utrum actionibus ſuis in totum cogetur cedere, an vero non niſi ad eam quantitatem quæ fideicommiſſo continetur? quod ratio ſuadet. Sed etſi legatum perceperit, non amplius ex cauſa fideicommiſſi cogendus erit ſolvere, quam recepit.*

PRima quæſtio hæc eſt, quatenus legatarius, a quo fideicommiſſum relictum eſt, fideicommiſſario teneatur? Heres qui adiit, legatariis aut fideicommiſſariis, omnimodo tenetur ſalva Falcidia. Legatarius autem fideicommiſſario omnimodo non tenetur, etiamſi legatum agnoverit & acceperit. Porro a legatario legatum relinqui non poteſt: fideicommiſſum poteſt, ut in *Inſtit. de ſingul. reb. per fideicom. rel.* Ideoque ita quæſtionem inſtituimus; quatenus legatarius fideicommiſſario teneatur, cui ſcil. a legatario alteri fideicommiſſum relictum eſt? Et diſtinguitur hoc modo : aut legatarius accepit legatum, aut non accepit. Et rurſus, ſi non accepit, aut eo ſe abſtinuit, neque id repudiavit, ſed cum id petiiſſet per judicem, ſuperatus eſt ſententia judicis, abſoluto herede : ſi abſtinuit ſe legato, caſus proponitur in hac lege ex reſcripto Imp. Antonini, nec dum ex eo quicquam accepit, aut accipere voluit, ſane fideicommiſſarius fideicommiſſum, quod ab eo relictum eſt, ſolvere non cogitur, nec debet, quia, ut ait *l. fideicommiſſum, ff. de leg. 1.* fideicommiſſum, quod a legatario relinquitur, ita demum ab eo debetur, ſi ad eum pervenerit legatum. Si igitur non pervenerit, non debet. Verum enimvero tenebitur in hoc, ut cedat actionem legati ſibi competentem, actionem ex teſtamento adverſus heredem ſcriptum, ut eam, inquam, cedat fideicommiſſario, vel ei, cui fideicommiſſarius voluerit, ut eſt in *l. filius, §. ultide fideicommiſſ. libert.* Jure actionis ceſſæ fideicommiſſarius perſequetur legatum, & ſibi retinebit jure ſideicommiſſi, quando id, id, quod legatum heres ſpernit & reſpuit. Ergo qui abſtinet ſe legato, qui legatum accipere non vult, non amittit actionem legati. Argumentum certiſſimum non amiſſæ actionis, eſt ceſſio: ita eſt omnino, niſi a petitione ſua heredem liberavit, *l. Titius, de action. emp.* per acceptilationem, vel ut olim fiebat, per æs & libram. Et conſequenter hoc caſu heres, cum teneatur legatario, a quo non eſt liberatus, licet legatarius ſe abſtineat legato, non eſt æquum, ut etiam teneatur fideicommiſſario directa actione, quod ſc. legatum apud eum remaneat, niſi ſc. legatarius ceſſerit ſuam actionem: tunc etiam heres, apud quem legatum remaneret, conveniri poteſt a fideicommiſſario, ac ſi ei legatum eſſet ab herede relictum: forſitan & non interveniente ceſſione legatarii, poteſt heres a fideicommiſſario conveniri utili actione, ut

O o 2

Bartolus sensit in *l.8.§. captum hæc 1.* rectissime, ut opinor, nam hoc bellissime comprobari potest ex *d.l.Titius, de act. emp.* Ex qua efficitur, legatum, quo se abstinuit legatarius, remanere apud heredem cum onere fideicommissi, cum onere fideicommissariæ libertatis, quia sc. vel utili actione tenetur fideicommissario. Idemque erit omnino, si legatarius legatum perierit per judicem, & non exegerit superatus sententia judicis: Nam & hoc casu non cogetur solvere fideicommissario, qui de legato litem amisit, quia litis periculum non pertinet ad legatarium, nisi dolo ejus aut culpa lis perierit. Dolo, ut si cum herede egerit lusorie, culpa, ut si impudens plus petierit, & causa cecident: si absit dolus & culpa, periculum litis non pertinet ad legatarium, sed ad fideicommissarium: & ideo non cogitur ei solvere fideicommissum, sed liberatur cedendo actionem legati, *l.8. tit. seq.* Nam sententia judicis non perimitur actio, sed actioni objicitur exceptio rei judicatæ, quæ tamen non objicitur fideicommissario facto procuratori in rem suam: quia & sine cessione habiturus erat adversus heredem scriptum actionem utilem, quia alia res est, vel alia res facta videtur, aliaque lis interveniente procuratore in rem suam, quia priori liti non interfuit. Alia est conditio personæ, quæ nunc agit, *l. an eadem, l. is qui, de except.rei judic.* Nunc de legatario dicamus, qui repudiavit legatum. Si legatarius repudiaverit legatum, videtur repudiatione amisisse actiones suas ipso jure, ut jam nec possit eas cedere fideicommissario. Et sane ita est: differentia est inter repudiationem, & abstentionem: repudiatio fit in jure apud prætorem solemniter *l.3. & 4. C. de repud.* hereditatis abstentio fit quoquo modo, non verbis tantum, sed re, & quocumque indicio voluntatis, sicut recusatio, *l.recusati, de acq. hered. l.recusare, ad Treb.* Ei, qui se abstinuit hereditate, integrum est intra tempora constituta hereditatem adire: qui repudiavit, non est integrum hereditatem adire citra beneficium restitutionis in integrum, *l.quod si minor §. Scævola, de minorib. l. si quis suus de jure delib. l. nam quod §. 1. ad Treb. l.ult.C.de rep.vel abst.hered.* Et similiter ei, qui se abstinuit legato, integrum est petere legatum, nisi petitione sua heredem liberaverit, ut *d.l.Titius.* Et legatario abstinente se heres ei, cui legatarius erat rogatus restituere, tenetur utili actione, vel directa, si suam ei cesserit legatarius, qui non liberavit heredem, ei autem, qui repudiavit legatum, non est integrum petere legatum. Et eo casu fideicommissario, cui relictum est fideicommissum integrum, heres tenetur directa actione; heres, inquam, apud quem legatum manet, quod repudiavit legatarius, *l.9.de usufr. leg.* Ex quo generaliter constituendum est, quod ad effectum rei attinet, sive abstentione, sive repudiatione deficiat legatum, id apud heredem remanere cum onere: sicut & caduca hodie, hoc est, quæ erant olim caduca, vel in causa caduci, atque etiam jure veteri certis casibus, apud heredem remanere cum onere: & ea tantum legata dicuntur apud heredem remanere sine onere, quæ pro non scriptis habentur, ut quod relictum est ei, qui non est in rerum natura, *l.un. §.2. vers. ea etenim, C.de caduc.toll.* Exceptis duobus casibus, quibus id, quod pro non scripto est, id est, quod deficit ipso initio, remanet apud heredem cum onere, *l.cum vero, §. si non pro scripto, de fideicom. liber.& l.ult.de his, quæ pro non scriptis.* Verum ad id, quod diximus initio, quodque proponitur principio hujus leg. ex rescripto Antonini legatarium, qui se abstinuit legato, cogi fideicommissum suis fideicommissario, non cogi fideicommissum præstare: Quæritur hoc loco a Papiniano, si legatarius rogatus sit restituere partem legati, non totum, & abstineat se legato, utrum cogatur fideicommissario cedere actionibus suis in totum? an in partem tantum, quæ fideicommisso continetur? Videbatur in totum: quod non soleat scindi actio legati: non scindi legatum, ergo nec actionem legati. Sed tamen rectissime Papin. ait, æquius esse, ut non cogatur cedere actionibus suis, nisi ad eam quantitatem, quæ fideicommisso continetur, ne scil. plus capiat fideicommissarius, quam testator eum habere voluit. Residua igitur pars remanebit apud heredem, residua pars heredis potius lucro cedit, quam fideicommissarii. Atque ita propter fideicommissum scindit legatarius actionem legati, sicut & alias propter fideicommissum capacem, legatarius incapax admittitur ad legatum, vel heres ad hereditatem, *l. cogi, §. hi qui solidum, ad Trebell.* Et in multis aliis casibus juris, quod quis per suam personam non habet, habet propter personam alterius *l.cum hereditate, de acquir. hered.* Et hæc quidem omnia pertinent ad legatarium, qui legatum non accepit. Quid si legatarius acceperit legatum, quatenus tenetur fideicommissario? Et constat, eum teneri fideicommissario solvere pro modo legati, quod accepit, nisi quid amplius acceperit ex testamento: neque enim fideicommissi nomine tenetur ultra quam acceperit ex testamento. Et ideo centum legatis, si rogatus sit restituere ducenta, nec quicquam amplius ex testamento ceperit legatarius, quam centum, ad summam legati videbitur fideicommissum constituisse, id est, constitisse, id est, in centum tantum. Et ita sæpissime Florentiæ veteres more scriptum est in libris nostris, *constituere* pro *consistere*, *l. 8. §. ult. rem. rat. hab. & l.Titium, §. 1. ad l. Jul.de adult. l. non dubium, §.3. de custod. reor.* Sallust. in Jugurt. *agmen constituit, le camp s'arreste, & ne bouge:* in Bæotia copias exercitus constitisse. Et e contrario etiam constitere est constituere, ut illo Lucretii versu, *& quæ possem vitam constitere tutam.* Ergo legatarius oneratus fideicommisso, si velit accipere legatum, & accipiat, computare debet quantum sit in legato, quantum in fideicommisso: heres tenetur fideicommissariis ultra vires hereditatis, modo salvam Falcidiam habeat, id est, quartam partem bonorum, quia videtur adeundo se obligasse in solidum: sane creditoribus tenetur in solidum. Legatarius magis est ut non teneatur in solidum, id est, supra vires hereditatis, sicut etiam diximus, legatarium non obligari fideicommisso supra modum legati: imo dicimus, legatarium amplius obligari, quam heredem. Nam legatarius non habet deductionem Falcidiæ: absumi potest legatum omne fideicommisso, non hereditas omnis. Ergo legatarius eatenus duntaxat tenetur, quatenus ad eum pervenit. Non dico, quatenus ei legatum est, sed quatenus ex legato ad eum pervenit. Quid enim, si non omne legatum pervenerit propter legem Falcidiam? Igitur legatarius oneratus fideicommisso conferre debet quantitatem legati: supra quantitatem fideicommissi, conferre etiam & computare alia quædam debet, quæ explicabo seq. recitatione.

### Ad §. Si centum.

*Si centum legatis duplum restituere rogatus sit, ad summam legati videbitur constituisse: si autem post tempus fideicommissum relictum sit, usurarum dumtaxat additamentum admittet. Nec mutanda sententia erit, quod forte legato percepto magnum emolumentum ex aliquo negotio consecutus est, aut pœnam stipulationis imminentem evasit. Hæc ita, si quantitas cum quantitate conferatur. Enimvero, si pecunia accepta, rogatus sit rem propriam, quamquam majoris pretii est, restituere, non est audiendus legatarius, legato percepto, si velit computare. Non enim æquitas hoc probare patitur, si quod legatorum nomine perceperit legatarius, offerat.*

HEri diximus quid esset differentiæ inter abstentionem, & repudiationem legati, & quatenus teneretur legatarius fideicommisso oneratus, qui legatum non accepit, & quatenus heres, apud quem legatum remansit, quod legatarius non accepit: Et item quatenus teneretur fideicommissario legatarius, qui legatum accepit: Ubi quod initio prælectionis non explicavi bene, hanc constituo differentiam inter heredem & legatarium. Legatarius non tenetur ultra vires legati, quod accepit, pro viribus tenetur: in solidum heres, nec pro virib. hereditariis tenetur in solidum, quia deductionem Falcidiæ habet, quam legatarius non habet, præterquam uno casu, quo Falcidiam heres non habet, ac præterea heres legatariis
& si-

& fideicommissariis tenetur ultra vires ex Constit. Justini- A.
si bonorum inventarium non fecit: alioquin, si inventarium fecit, legatariis & fideicommissariis heres non tenetur ultra vires hereditatis, *l.* 1. §. *denique, ad Trebell.* ne ex testamento quidem militis, in quo tamen Falcidia cessat. Creditoribus autem hereditariis certe heres, qui adiit tenetur, ultra vires hereditatis. Nullum hac in re, quod sciam, aliud est discrimen inter heredem & legatarium: Nam quod attinet ad fructus & usuras medii temporis, idem in utroque jus valet: nam si heres, vel si legatarius post tempus aliquod rogetur restituere fideicommissum aliquod majoris quantitatis, quam esset legatum, vel hereditas, ex incremento medii temporis suppletur fideicommissum, *l. ita tamen,* §. *heres ex asse,* l. *scribit, ad Treb.* Et ita heres, qui rogatus est restituere aliquid, quod est majoris pretii, quam hereditas: post tempus scil. certum, ex fructibus medii temporis Falcidiam B
sibi reficit, & si fructuum quantitas ferat, fideicommissum supplet *d.* §. *heres.* In quo ostenditur idem esse, aut procedere in legatario: nam legatarius oneratus fideicommisso, non tantum ex quantitate legati, sed etiam ex interusurio, id est ex commodo usurarum intermedii temporis implet fideicommissum: adeo, ut si legatis centum, rogatus sit post annos 20. restituere ducenta, & medio tempore ex usuris ejus pecuniae perceperit centum, fideicommissario teneatur restituere ducenta, quia fideicommissum suppletur interusurio medii temporis, seu adimpletur, cui non erat initio par quantitas legati. Major enim erat quantitas fideicommissi duplo, id est, altero tanto, quam quantitas legati. Et hoc est, quod ait Papin. hoc loco, usurarum duntaxat additamentum admitti, nempe ex interusurio suppleri fideicommissum, cujus etiam C
supplendi gratia in tempus distulisse praestationem eam testator videatur, atque ita tempus apposuisse fideicommissarii, non heredis causa. Recte autem dixit Papin. usurarum duntaxat additamentum admitti, & scil. pro modo quantitatis & usurarum duntaxat, quae medio tempore accreverunt, fideicommissario praestari: Nam aliud commodum medii temporis, si quod ex legato legatarius perceperit, in computationem non venit. Finge: legato percepto legatarius evasit exstantem, & imminentem poenam stipulationis, aut poenam commisit, poenam stipulatitiae pecuniae, vel finge: percepto legato fideicommissarius magnum commodum consecutus est negotiatione aliqua, ut pecuniam legatam in salis coemptionem impendit, & ex ea merce fecit uberrimum quaestum: an hujus com- D
modi, quod extrinsecus evenit, ratio habebitur, ut & pro modo ejus obligetur fideicommissario? minime. Denique usurarum duntaxat incrementum admittetur. Et hoc est, quod ait, *si centum legatis,* &, *si autem &c.* Atque ita in aestimando eo, quod interest, ea tantum utilitas spectatur, quae nimirum circa rem ipsam consistit, non quae extra rem accedit, *& qui revient de la chose,* & *non du labeur,* & *industrie,* ut in *l. si sterilis,* §. *cum per vend. de act. emp.* Qui meo judicio est perquam difficilis, sed facillimum reddam.

Finge: emptor in pretio solvendo moram fecit, tenetur in id, quod interest actione ex vendito, in quo aestimando usurarum quantitas ratio habebitur, id est, usuras duntaxat pretii non soluti emptor praestabit, *l.ult. de peric.* E
*& comm. rei vend.* sicut hoc loco usurarum duntaxat additamentum, nec praestabit quod venditor pretio soluto ex negotio aliquo, ex mercibus plusquam ex usuris acquirere potuit. Denique usuras duntaxat praestabit, non compendium negotiationis, quod mora emptoris intercipit venditori, vel etiamsi venditor moram fecerit in re tradenda, praestabit fructus duntaxat, quos percepit, aut percipere potuit, *l. venditor, de hered. vend.* Et vendito mancipio praestabit partus & acquisitiones servi, *l. venditor, de evict.* & praestabit quoque eadem ratione, quanti ea res, quae venit, hodie pluris est, cum scilicet auctum est ejus rei pretium post moram venditoris: sed non praestabit, quod emptor re tradita in tempore ex negotiatione aliqua lucrari potuit, *d. l. si sterilis,*

§. *cum per vend. & l. Titius, eod. tit.* Et similiter damnum praestabit rei, si deterior facta sit, aut vilior, hoc est, vilioris pretii: non praestabit damnum, quod extrinsecus advenerit, forte non tradito tritico, aut pabulo vendito, si mancipia emptoris, aut jumenta fame perierint. Et rectissime Accurs. in *l.26. tit. seq.* cum lex diceret heredem aut legatarium fideicommissarii praestare debere post moram fructus, & omne damnum, quo affectus est fideicommissarius, puta inquit perititissime, si res, quae relicta est, perierit, quod confirmat, *l.22.* §. *ult. eod. tit.* Et adde, vel sc. deterior facta sit, aut viliori: non inquit, si in rebus propriis fideicommissarii damnum passus sit propter moram, heredis aut legatarii, ut puta, si ob non traditam in tempore pecuniam mancipia aut pecora fideicommissarii enecta sint fame: nam hujus, extrarii damni ratio non habetur. Ex commodis sive incommodis quaedam sunt conjuncta rebus, quaedam eventa rerum: conjuncta non se junguntur, sive res perierit, vel damno affecta sit, nec accrescunt sine rei emolumento. Eventa abeunt, adveniunt re salva, incolumi & illaesa: dixere quidam conjuncta & eventa, quae alii propria & accidentia. Conjuncta sunt rei, in hoc proposito, quae, ut Rogerius dixit, cohaerent rei, veluti pretium, fructus, quos res fert, usura quae ex pecunia redigitur: eventa sunt rei, veluti compendium negotiationis, vel dispendium, quod ea re salva & incolumi, rebus contingit nostris: conjuncta in computationem veniunt, eventa in computationem non veniunt. Ad haec Papin. noster notavit unum casum in seq. quaestione legis, quo legatarius tenetur fideicommissario ultra quantitatem legati. Finge: rogavi te, ut accepta certa quantitate, puta centum, Titio restitueres rem propriam tuam, quae sc. pluris erat centum, quae forte digna erat ducentis: haec verba, accepta certa quantitate, acceptis centum, hi ablativi absoluti, ut dicunt interpretes nostri, alias pro legato seu fideicommisso accipiuntur, *l.*11. §. *cum esset, de leg.* 3. alias accipiuntur pro conditione, si heres dederit centum, atque adeo pro mortis causa capione *l. sacta,* §. *rescripto, ad Treb. & l. acceptis, ad l. Falc.* Quae ambiguitas declaratur etiam in *l. a testatore, de cond. & dem.* ut scil. alias ablativi absoluti, ut dicunt, alias accipiantur pro fideicommisso, alias pro conditione, sed in proposito pro fideicommisso accipiuntur, & videtur testator tibi legasse centum, & onerasse fideicommisso praestandae rei tuae, quae majoris erat pretii longe: tu vero pecuniae legatum agnovisti & accepisti, ante cogere potest legatarius, ut ei rem propriam praestes, quae longe exuperat quantitatem legato sive fideicommisso priore comprehensam? Et sane verum est, te teneri in solidum, ut rem tuam praestes, etiamsi majoris sit pretii, quam quantitatis, quae legata est, quia accipiendo quantitatem legatam, non pluris videris aestimasse rem tuam, & unusquisque est legitimus aestimator rei suae. Quod adeo verum est, ut post aeptum legatum non audiaris, si velis conferre quantitatem legatam cum aestimatione rei tuae ne supra modum scil. teneraris: Nec enim admittitur collatio seu computatio ejusmodi, sed praecise coget te fideicommissarius rem tuam praestare, cujuscunque sit pretii, nisi scil. fueris minor 25. annis, qui temere legatum agnoveris: Nam beneficio restitutionis minori succurritur agnito legato, si offerat quantitatem legatam, ut scil. retineat rem propriam, quae majoris est pretii, & liberatur praestando quantitatem legatam, quam acceperat temere, *l. si minor, ff. de minor. l. tut. de liber. leg.* Alias vero illo casu quem exposui sacis intelleximus evenire, ut legatarius teneatur ultra quantitatem legati, puta ad praestandam rem suam: quamvis sit majoris pretii, quam quantitas legata: nam eam quantitatem accipiendo, non pluris videtur aestimasse rem suam: quae eadem est ratio, *l. plane,* §. *si cui de leg.* 1. *& l. sed si non servus, ad l. Falc.* Recte autem posuit Papin. te fuisse rogatum accepta certa pecunia restituere rem propriam, quae erat majoris pretii: nam idem non potest statim in re aliena si etiam legatarius rogatus sit rem alienam praestare: propriam non propriam: audietur agnito & accepto legato si offerat legatum quod accepit, nec cogetur redimere rem alienam, aut ejus aestimationem praestare, quae

scili-

scilicet valde excedit modum legati *l.6. de fideicom. libert.* Et similiter, ut initio demonstratum est, si legata certa quantitate, legatarius rogatus sit præstare majorem quantitatem, audietur accepto legato, si offerat quantitatem quam accepit, nisi post tempus rogatus sit præstare majorem quantitatem. Nam hoc casu non tantum quantitatem legatam, sed etiam interusurium ad finem fideicommissi offere & præstare debet. Quapropter hæc verba Papin. *hæc ita si quantitas &c.* hunc habent sensum: interusurii rationem admitti duntaxat, si legata certa quantitate rogatus quis sit aliam quantitatem præstare: nam si legata quantitate rogatus sit non quantitatem præstare, sed rem propriam, accepto legato omnino præstare debet rem propriam, etiam si majus sit ejus rei pretium, quam legatæ quantitatis. Ad confirmanda ea, quæ diximus, valde pertinet §. penul. hujus legis.

### Ad §. penult.

*Cum quidam filio suo ex parte herede instituto, patruum ejus coheredem ei dedisset, & ab eo petiisset, ut filium suum pro virili portione filiis suis coheredem faceret, si quidem minus esset in virili portione, quam fratris hereditas habuit, nihil amplius peti posse. Quod si plus etiam fructuum, quos patruus percepit, vel cum percipere potuit, dolo non cepit, habendam esse rationem, responsum est: non secus, quam si centum millibus legatis rogetur post tempus majorem quantitatem restituere.*

Speciei §. pen. hæc est: Quidam filium suum ex parte heredem scripsit, & fratrem suum patruum filii sui ex alia parte, & rogavit fratrem, ut cum filium suum pro virili portione una cum filiis suis consobrinis ejus, sibi heredem faceret. His verbis, ut heredem illum faceret, tametsi puram aperte fideicommissum, relinquatur, quia nemo obligari potest, ut alium heredem faciat, *l. ex facto, in prin. ad Treb. l. stipulatio hoc modo concepta, de verb. oblig.* tamen ea verba, ne inanis sit voluntas testatoris, hoc modo interpretantur, testatorem fratrem suum rogasse, ut post mortem fratris portio virilis hereditatis fraternæ filio suo restitueretur. Et sane ex his verbis, vel ex hac interpretatione verborum, eatenus restituenda erit, quatenus voluntate testatoris ad eum pervenerit, *l. filius§. §. ult. tit. præced. de leg.1.* Et ideo, si hereditas testatoris tanti sit, vel si pluris sit quam portio virilis hereditatis patrui, filius testatoris portionem virilem a consobrinis petere poterit mortuo patruo, & nihil amplius: quia scilicet, non poterit petere integram hereditatem, quæ a patre suo ad patruum pervenit, nec fructus, quos ex ea hereditate patruus medio tempore percepit. Quod si minor sit hereditas testatoris, hoc casu replebitur fideicommissum ex fructibus vel usuris medii temporis pari pecunia. Et ideo si legatariæ acceptæ certa quantitate ex causa legati, rogetur post mortem suam restituere majorem quantitatem, quam accepit jure legati, ex usuris medii temporis fideicommissum suppletur; nec dici poterit, quod notandum, etiam nullis fructibus perceptis, puta confestim mortuo herede ad legatario, deberi virilem portionem, aut quantitatem integram, sicut si rem propriam, quæ majoris erat pretii, rogatus esset restituere, quo casu rem præstaret in solidum, etiamsi sit majoris pretii agnito legato: Nam non est eadem ratio rei propriæ per fideicommissum relictæ a legatario, & herede, & virilis portionis, & quantitatis: nam relicta potest legatariæ, si legatariæ legatum accepit, non pluris videtur æstimasse rem propriam, quam fit in legato: quod dici non potest similiter in virili portione, vel quantitate: dici, inquam, non potest heredem, qui agnovit hereditatem testatoris, non pluris æstimasse hereditatis suæ portionem virilem, aut legatarium, qui accepit quantitatem legatam, non pluris fecisse quantitatem per fideicommissum ab eo relictam, hoc, inquam, dici non potest. Omnis enim res tanti est, quanti a domino æstimatur, quantitas autem, hoc est, certa summa tanti est, quanti est per se, nec alterius æstimationem requirit.

Et ita virilis etiam portio hereditatis, puta sextans, quæ quantitatis est nomen, tanti est, quanti est per se, nec æstimationem desiderat. Et verissimum est quod ait Accurs. hoc loco, virilem portionem hereditatis cum virili, sicut quantitatem cum quantitate recte conferri, ut scilicet, non teneatur quis ultra virilem, vel ultra quantitatem, quam accepit, & usurarum duntaxat medii temporis additamentum admittatur. Quantitatem autem legatam cum re propria legatarii, ab eo per fideicommissum oneratis, non conferri, quia accipiendo quantitatem legatam, quæ legata est cum onere præstandæ rei suæ, videtur fecisse quantitatem legati, aut parem fecisse rem suam videtur quantitati legatæ, quia non pluris res ulla est, quam a domino æstimatur.

### Ad §. ult.

*Cum autem rogatus quicquid ex hereditate supererit post mortem suam restituere, de pretio rerum venditarum alias comparat, deminuisse, quæ vendit, non videtur.*

Quæ sunt in §. ult. erunt faciliora his. Loquitur de herede, qui rogatus est restituere *quicquid ex hereditate supererit post mortem suam.* His verbis deminutio hereditatis ei permittitur, quo modo non fiat intervertendi fideicommissi causa, *l. Titius, ad Treb.* quam exposuimus superiore libro. Ergo si heres hoc fideicommisso oneratus aliquid deminuerit ex hereditate fideicommissa, puta si aliquid vendiderit bona fide, non in fraudem fideicommissarii, id non venit in restitutionem fideicommissi, nisi scil. ex pretio rerum venditarum alias res sibi comparaverit. Quia hoc casu venditio non minuit fideicommissum: & consequenter ex pretio rerum venditarum aliæ res comparatæ in fideicommissi restitutionem veniunt, sicut res permutatæ: non videtur etiam deminuisse fideicommissum hereditatis, qui res hereditarias permutavit cum aliis. Et hoc est quod ait in §. ult. & recte additur in *l. seq. sed quod inde, &c.*

### Ad L. LXXII. eod.

*Idem servandum erit etsi proprios creditores ex ea pecunia dimiserit: non enim absumitur, quod in corpus patrimonii retinetur.*

Et subjicitur ex eodem lib. Papin. l. 72. idem esse dicendum, si heres eo fideicommisso oneratus, ex pretio rerum venditarum, quæ erant in hereditate creditores suos dimiserit, id est, si ex eo pretio rerum hereditariarum, quas vendidit, se liberaverit a creditoribus suis, quia id in rem suam convertit, in patrimonium suum ut in *l. quantum, quod met. cauf.* videtur in corpus patrimonii versum id, quo quis se debito liberavit; Nam ut obligatio minuit bona nostra, ita æris alieni liberatio auget. Et ut ait Papin. *absumptum non videtur, quod in corpus patrimonii retinetur.* Et hoc idem servatur *l. sed etsi §. quod autem quis ex hereditate, de petit. hered.* in illo loco, *nec pretium in corpus patrimonii rediisset.* Et idem dici potest, si pecunia redacta ex venditione rerum hereditariarum exstet: nam absumptum non videtur, quod extat in bonis. Quod produci potest ad mores Gallicos, quibus quæ conjuges acquirunt constante matrimonio, sunt communia inter eos, non propria. Propria sunt, quæ ante matrimonium acquisierunt, vel quæ hereditate obvenerunt. Finge: maritus res proprias vendidit constante matrimonio, & ex his alias comparavit: hæ quoque censebuntur propriæ. Idemque judicium esse pecuniæ redactæ ex venditione rerum propriarum: alioquin sæpe ita venderentur animo donandi viro aut uxori, si haberentur pro communibus, non propriis, quæ donationes legibus semper coercentur, quoad fieri potest. Quod autem ait Papinian. in hac l. 72. *non absumitur, quod in corpore patrimonii retinetur,* potest etiam aptari ad multas alias spe-

species, & est quasi generalis quædam ratio juris. Ipsemet Papinian. , hanc rationem accommodat ad aliam speciem in *l. pater, de adim. leg.* Et est operæ pretium nosse eam speciem.

Pater inter filias bona sua divisit supremo judicio suo, & filiæ prælegavit trecentos aureos ex salariis seu commodis, quæ ei debebat respubl. ex administratione principali, & ex erogatione militaris annonæ. Deinde pater ipse ex eis trecentis aureis possessionem comparavit, an ea possessio debebitur filiæ jure prælegati? Videtur non deberi, quia trecentos aureos ipse pater consumpsit empta possessione. Lex ait, deberi, quia non videtur consumptum, quod versum est in corpus patrimonii. Alia est ratio legis *alteri*, *eod. tit. de adim. leg.* Et notandum, quia posset imponere multis, pater filium & filiam heredem scripsit ex æquis partibus, & filiæ prælegavit prædia ; Coheredes autem jussit filio præstare actiones ad finem pretii, quo prædium fuerat emptum, ut scil. jure actionis tantum haberet filius, quantum emptum est prædium : Denique voluit pater, ut in omnib. essent æquales, in hereditate primum, deinde etiam in prælegatis, puta, ut filia haberet prædium, & filius pretium prædii, quod scilicet emptum fuerat, pro modo ejus pretii cessis ei actionibus adversus debitores hereditarios. Quid accidit postea ? Pater prædium, quod filiæ prælegaverat, vendidit sua voluntate, non necessitate coactus, & extra offensam filiæ, *sans qu'elle luy aye donne occasion de ce faire*. Atque ita pretium prædii rediit in corpus patrimonii, an pretium filiæ poterit prælegari? Minime : licet versum sit in corpus patrimonii, sed dividetur ex æquo inter fratres, quia scilicet testator videtur filiæ ademisse omnimodo prælegatum, & si ademit filiæ prælegatum, ergo ademit etiam onus prælegato injunctum & innexum, puta onus cedendarum actionum fratri. Quare nec fratri erunt cedendæ actiones, & tamen pretium redactum ex venditione inter eos communicabitur sublatis prælegatis. Et cur posuit, distraxisse patrem id prædium, distraxisse citra offensam filiæ? quia si iratus filiæ distraxerit, si succensuerit filiæ, sola filia offensæ suæ pœnam feret, & amittet prælegatum omnimodo sed non frater, quia nihil offendit patrem : nec enim est tunc par utriusque conditio. Igitur servandum erit hoc casu prælegatum filio, quod maxime notandum est. Et omnibus illis locis dicunt auctores nostri, corpus patrimonii pro patrimonio ipso, seu universitate patrimonii, sicut corpus juris dicimus pro pandectis, *l. 1. in princ. C. de rei uxor. act.* Et Livius 3. adjectis duabus tabulis posse absolvi corpus Romani juris. Et eodem modo recte dicimus, corpus Homeri, *l. librorum , §. si Homeri corpus. seq.* Corpus, disciplinæ Columella, corpus historiæ, Polybius, & Tull. ad Att. *ab initio ad redditum suum modicum quoddam corpus confici posse*: corpus historiæ scil. Verum non satis est. Obstat his, quæ diximus valde *l. sed etsi lege*, §. 1. *de hæred.* Diximus, *rem comparatam ex pretio vendita rei hereditariæ in fideicommissum venire*, contra ea lex ait, *si bonæ fidei possessor hereditatis alienæ rem hereditariam distraxerit, & ex pretio aliam comparaverit, eam rem non venire in petitionem hereditatis, sed pretium*. Cur tamen ea res venit in fideicommissi persecutionem ? quia, ut breve faciam, hic bonæ fidei possessor sui causa emit rem, ideoque sibi retinet & pretium præstat, *l. item veniunt*, §. *denique*, *eod. tit. de petit. heredit.* Hic quoque heres rogatus restituere quicquid ex hereditate superent, ex pretio aliam rem sui causa emit, ita est: & stultus est Accurs. quem eo nomine etiam deridet Bartolus, qui fingit comparasse hereditario nomine: imo suo nomine : sicut cum pretio se liberat a creditoribus, id sui causa facit : ita etiam in proposito sane ex pretio heres aliam rem comparavit sui causa. Sed hoc genere intervertit fideicommissum, quia suum facit, quod testator destinaverat alteri. Quid est fideicommissum intervertere ? *s'approprier*, non potuit autem intervertere , *d. l. Titius*. Deminutio, quæ fit intervertendi causa, & defraudandi quodammodo fideicommissi causa, non minuit fideicommissum. Re-

ctissime dicitur, eam rem in fideicommissum venire. Deminutio, quæ fit intervertendi causa, non est deminutio. Postremo obstat, *l. cum pater*, §. *dulcissime*, *hoc tit.* ex qua intelliginus, in fideicommisso bonorum maternorum non venire , quæ testatrix convertit in corpus sui patrimonii. Et species hæc est brevitèr: mulier habebat bona materna communia cum fratribus, scripsit filium suum heredem , & eum rogavit, ut suis avunculis, fratribus testatricis relinqueret ea bona materna in solidum , & adjecit causam fideicommissi, ne sit inter se & avunculos ulla communio, nec materies discordiarum. Postea ea mulier ex bonis maternis sumpsit pecuniam, eamque convertit in suum patrimonium, alia re comparata, vel quædam nomina hereditatis maternæ, divisit cum fratribus: cum esset adhuc superstes : an ea venit in fideicommisso ? minime : quia in elogio, id est, causa fideicommisso adscripta, satis declaravit mater, se tantum fratribus reliquisse, quæ mansissent communia inter eam & fratres, non si quæ inter se divisisset, non si pecuniam ipsam in proprium patrimonium convertisset.

### Ad L. quod supra X. ad L. Falcid.

*Quod supra quadrantem apud heredem potest pervenire supra dodrantem in pecuniam legatam , non onerat heredem, veluti hereditas pupilli, si forte substitutus sit exheredato, qui patri hereditas pupilli heres extitit .*

CErtum est, ex lege Falcidia legatis heredem onerari non posse supra dodrantem bonorum, quia quadrans apud heredem integer & illibatus remanere debet. Hoc verum esse ostendit Papinianus in hac *l. 10.* etiamsi hereditas pupilli exheredis filii testatoris ad heredem pervenerit, aut pervenire possit ex substitutione pupillari, quia etsi videatur ex uno eodemque testamento pervenire , propterea quod juris auctores existimant, unum esse testamentum patris & filii, id est, primas & secundas tabulas, unum efficere tantum, *l. paterf. de priv. cred. l. patris*, *de vulg. substit.* tamen alia atque alia est hereditas, alia patris, alia filii, maxime exheredati, ad quem hereditas paternæ nulla portio pervenit, §. *igitur*, Instit. *de pupill. substit.* *l. si ita scriptum*, §. *ult. de bon. possess. sec. tab.* Nec enim est testamentum duarum hereditatum, unum testamentum propter effectum juris, sed de eo non est agendum hoc loco. Ergo hereditas pupillaris non imputatur heredi in Falcidiam, non auget legata ab eo relicta, non proficit legatariis, sed supra quadrantem bonorum heres habiturus est etiam bona pupillaria. Et hæc est sententia Papiniani in hac *l. 10.* In contextu est varia lectio. Vulgares Codic. habent (*in pecunia legatum*) Floren. habent, *in pecuniam legatam*. Sed nihil est evidentius, & movet conjecturam certissimam scriptura Floren. esse legendum, *pecuniam legatam*. Nec obstat huic sententiæ *l. 1.* §. *id quod ex substitutione*, *hoc tit.* quæ dicit, id , quod ex substitutione coheredis ad coheredem pervenit proficere legatariis, coherede omittente hereditatem, cui coheres substitutus est . Hoc ergo dicit , propter commodum substitutionis, quod heredi accessit, onerari heredem in pecuniam legatam, obligari ad id, ad quod obligaretur, si substitutionis defecisset. Sed loquitur ille §. de substitutione vulgari, non de pupillari. Ex vulgari substitutione, quæ fit in hanc causam, si omiserit hereditatem, ex ea, inquam, quod obvenit portio coheredis coheredi, non alia hereditas, sed ejusdem hereditatis portio est , & merito onerat heredem legatorum nomine aut fideicommissorum. Ex substitutione autem pupillari, quæ obvenit hereditas pupilli exheredati, alia est hereditas: quare non auget ab herede instituto, eodemque substituto pupilli relictum , sive relictum sit primis aut secundis tabulis , sive utriusque nihil refert . Nam a substituto exheredati recte fideicommissa seu legata relinquuntur , si idem etiam primis tabulis heres institutus sit : jure, inquam, relinquuntur ab eo, quasi ab herede patris, non quasi ab herede pupilli, *l. 11. §. ult. hoc t. l. plane si filium*, *de leg. 1.* Et quod notandum in ponenda ratione

tione legis Falc. cum quæritur quantum sit in legatis, cum bonorum & legatorum ratio ponitur & subducitur, confunduntur, commiscentur, contribuuntur, hoc est, communi calculo subjiciuntur legata utriusque tabulæ relicta ab herede instituto, eodemque substituto pupilli, & ex omnibus his legatis commixtis heres deducit Falcidiam. Illud longe fuge credere, quod scripsit Accursius, etiam confundi hereditates paternam, & pupillarem. Nam si confunderentur, hereditas pupilli exheredati augeret legata, quod falsum est. Et merito etiam in eo est reprehensus Accursius à Fulgosio, & Alexandro, & Goveano. Quid autem fiet, si pupillus non sit exheredatus, sed vel illis vel utriusque tabulis heres sit institutus? Et constare nobis debet, hoc casu augeri legata pro modo facultatum paternarum tantum, quæ ad pupillum pervenerunt, & a pupillo ad coheredem, *l. qui fundum, §. qui filium, hoc 1.* Atque ita confundi & commisceri partes hereditatis paternæ, partem quæ obvenit pupillo, & partem quæ obvenit heredi extraneo, & ex eo conciliatu partium, sive pro modo ejus confusionis, præstare legata. Ac proinde circa legem Falcidiam totius assis paterni rationem haberi : bona patris cum bonis pupilli adventitiis nunquam confundi.

### Ad L. Acceptis XCIII. de L. Falcid.

*Acceptis a Mævio centum, hereditatem Mævio restituere, pecuniamque post mortem suam Titio dare rogatus est, quanquam hæc centum quartam bonorum efficiant, tamen propter fideicommissum sequens quartæ retentioni locus erit. Tunc enim ex constitutione D. Hadriani Falcidiæ satisfacit ea quantitas, cum apud heredem remanet, sed Falcidiam patietur solus, cui hereditas relicta est. Nam in centum, quæ mortis causa capiuntur admitti Falcidia non potest : plane si quis ita scripsit, acceptis centum peto restituas hereditatem, neque personam dantis demonstraverit, quasi retentam perceptam pecuniam, si quarta sufficiat, inducere Trebellianum.*

Mortis causa capio, aut dicitur specialiter aut generaliter. Generaliter mortis causa capere, est ex morte alterius nancisci capiendi, id est, adquirendi occasionem: mortis causa capit, qui jure legati, jure fideicommissi, qui donationis causa mortis capit: Nam hi omnes nanciscuntur capiendi occasionem. Ex morte demum alterius hereditas est, ergo mortis causa capio, legatum fideicommissum, donatio causa mortis. Sed mortis causa capionem proprie appellamus, quæ aliud nomen non habet proprium, hoc est, quæ neque vocatur hereditas, neque legatum. Exempli gratia: legavi Titio fundum sub conditione, *si daret heredi decem:* si legatarius heredi dederit decem conditionis implendæ causa; heres ea non capit jure legati, nec jure hereditatis, &c. Denique non capit jure testamenti, *l. 8. si quis omis. cau. l. Mævius, de con. & demonst.* Denique nullo jure ea capit, quod proprium nomen habeat. Quare dicitur ea proprie capere mortis causa. Atque ita mortis causa capio est, quæ alio nomine non appellatur, *l. mortis causa, de dona. cau. mort.* Ut lignorum appellatione continentur quæcunque sunt parata comburendi causa; si modo proprio nomine non appellentur: quanquam & quæ proprium nomen habent, generaliter possunt dici ligna, sed non dicuntur proprie. Virgæ etiamsi comburendi causa habeantur, non continentur lignorum appellatione. Nuclei, etiamsi comburendi causa habeantur, non continentur lignorum appellatione, nec carbones, &c. Denique lignorum appellatio, coangustatur tantum ad ea, quæ aliud nomen non habent proprium, *l. ligni, §. 1. de leg. 3.* Sic mortis causa capionis nomen aptatur tantum ad ea propriæ, quæ alio nomine carent. Nunc finge: heres rogatus est restituere hereditatem Titio acceptis centum, hoc modo: *acceptis centum peto restituas hereditatem Titio,* in ea centum imputat in Falcidiam? non demonstravit personam a qua acciperet centum, sed dixit simpliciter, *acceptis centum, &c.* Et certissimum est, ea centum imputari in Falcidiam, quia vi-

detur capere a se ipso. Igitur tota ea pecunia capitur jure hereditario, sicut si jussus esset eam retinere, vel præcipere: nihil refert, quo verbo usus fuerit, *l. in quartam, hoc t. l. deducta, §. acceptis, ad Trebell. l. si heres, hoc 1.* Et ea quæ capiuntur jure hereditario, certum est computari in Falcidiam, non ea, quæ capiuntur alio jure. Et in hoc loco Papinianus ait, in hoc casu induci Trebellianum, hoc est, locum esse Trebelliano, non Pegasiano Senatusconsulto. Quid hoc est? Interveniente Falcidia locus erat Pegasiano; non interveniente Trebelliano locus erat ut constat ex Inst. Qui ergo dicit, locum esse Trebell. hoc dicit, cessare deductionem Falcid. videlicet, cum illa centum Falcid. sufficiant, cessat Pegasianum, hoc est, cessat Falcid. & locus est Trebelliano. Et hoc significat Pap. in fine. hujus legis. Quid vero si testator demonstraverit certam personam, a qua heres acciperet centum, ut si dixerit hoc modo, *acceptis a Mævio centum peto ut restituas hereditatem,* an ea centum, quæ acceperit a Mævio imputantur in Falcidiam? minime. Quia cum ea capiat ab alio, non a se ipso ex alienis bonis, non ex testatoris bonis, sane ea non capit jure hereditario. Et in Falcidiam tantum imputatur quod capitur jure hereditario indistincte, ut docui prius, sive deducatur ex legatis, aut fideicommissis pecuniariis, sive ex fideicommissariis hereditatibus: non imputantur quæ capiuntur jure legati vel fideicommissi, vel conditionis implendæ causa, hoc est, mortis causa capionis. Denique imputat in Falcidiam heres ea tantum, quæ capit quasi heres, non quæ capit quasi legatarius vel fideicommissarius, vel quæ capit mortis causa, quia heredi soli tribuitur Falcidiæ beneficium, *d. l. in quartam, l. in ratione 2. §. tametsi, & l. si a me tibi h. t.* Ergo ea centum, quæ a Mævio accipere jussus est, habebit supra quadrantem, quia non imputabit ea in quadrantem, cum non ei obvenerint. quasi heredi, sed quasi capienti mortis causa. Excipitur tamen unus casus, si voluerit testator eam pecuniam hereditatis, aut Falcidiæ loco cedere, ut si tanti jusserit hereditatem vendi & restitui Mævio, quia pretium hereditatis, hereditas est, & hereditario jure capitur, *d. §. tametsi.* Idem etiam voluisse testatorem præsumitur, si quod heres accipere jubetur a fideicommissario, ipsam Falcidiam efficiat, ut in *l. si heres, hoc t. l. facta, §. rescripto ad Trebell.* Ut puta, si quis gnarus sui patrimonii, quod erat quadringentorum, exempli gratia, rogavit heredem, ut acceptis a Mævio centum, quæ est quarta Falcidiæ, restitueret hereditatem: hic quid aliud egit, quæso, quam ut heres ea centum haberet Falcidiæ loco? Ergo ex voluntate defuncti ea centum imputabit in Falcidiam, qui, accurate æstimato suo patrimonio, solum quadrantem a fideicommissario herede jussit accipere: id jussit observare & cogitare, ut haberet Falcidiam, non temere, & restitueret dodrantem. Et generaliter quod alias non imputatur in Falcidiam, imputatur ex voluntate defuncti, etiam legatum aut fideicommissum, voluntate vel expressa, vel tacita, *l. cum quæ §. ult. l. quod autem, inf. hoc t.* Et secundum hoc est ponenda species hujus legis, hoc modo: Heres rogatus est restituere hereditatem Mævio, acceptis ab eo centum. Et idem heres rogatus est, post mortem suam ea centum Titio restituere. Ea summa, si sufficiat Falcidiæ, et ponendum est in specie suffecisse. Ea, inquam summa, si efficiat Falcidiam, habet excludere deductionem Falcidiæ, si apud heredem remanet: Nam id tantum imputatur in Falcidiam, quod remanet apud heredem perpetuo jure. At eam summam testator noluit remanere apud heredem perpetuo jure, sed eum rogavit, ut post mortem restitueret: eam ob rem non imputabit ea summam in Falcidiam. Alioquin esset aperta via sæpe fraudandi heredem Falcid. Ergo integra erit heredi deductio Falc. ex Senatusconsulto Pegasiano, nec locus erit Trebelliano, nisi post Justinianum, quia Pegasianum est transfusum in Trebell. Deducet, inquam, Falcidiam heres ex hereditate, quam restituet Mævio, non deducet etiam Falcidiam ex mortis causa capione, hoc est, ex summa centum aureorum, quam conditionis implendæ causa ei dedit Mævius, & quæ post mortem suam debet restituere Titio. Restituet namque Titio soli-

solidum sine deminutione Falcidiæ, quia sc. eam summam non capit quasi heres, & soli heredi ex hereditate, vel portione hereditatis datur Falcidia, non legatario, non fideicommissario, non capienti mortis causa. Ratio eadem efficit ne mortis causa capio imputetur in Falcidiam, & ne ex ea detrahatur Falcid. Et generaliter placet ex mortis causa capione, non deduci Falcidiam, non tantum, si heres ipse ceperit mortis causa, sed etsi dederit heres ipse, cum esset institutus sub conditione, *si Titio centum dederis*. Nam ea centum dabit sine detractione, *l. 1. §. item si ita legatum, hoc tit.* Generaliter igitur ex mortis causa capionibus non detrahitur Falcidia excepto uno casu *l. ult. C. ad l. Falcid*. Falcidia detrahitur ex legatis, & Falcidia detrahitur ex fideicommissis ex Senatusconsulto Pegasiano, quod porrexit legem Falc. ad fideicommissa. Detrahitur ex donationibus causa mortis ex Constitut. Severi, non detrahitur ex mortis causa capionibus, quoniam nondum *l.* ulla Falcidiam porrexit ad mortis causa capiones. Hoc generaliter nobis constituendum est, hæc verba *acceptis centum*, non demonstrata persona, à qua acciperentur, pro jure hereditario haberi; centum, quæ heres accipere jussus est simpliciter, accipi jure hereditario, quasi à se ipso: demonstrato autem coherede, vel alio, quicquid ex testamento ceperit, ita ut potuerit onerari fideicommisso, ea verba accipiuntur pro fideicomm. ut in *l. 11. §. cum esset, de leg. 3. l. à testatore, de cond. & demonst.* Demonstrato autem eo, qui nihil acceperit ex testamento, ut in hac specie *l. nostra, acceptis à Mævio centum ei restitutas*, Mævius non poterit onerari fideicommisso, qui nihil ante ex testamento acceperit, nec sane ea verba habentur pro fideicommisso, sed pro mortis causa capione, ut declarat hæc lex, & *l. facta, §. rescripto, ad Trebell.*

### Ad L. sed cum XII. ad Treb.

*Sed cum ab hærede pro parte instituto fideicommissa hereditas sub conditione relicta esset, Imperator Titus Antoninus rescripsit, non esse locum constitutioni suæ, neque pupillum extra ordinem juvandum, præsertim, si novum beneficium cum alterius injuria postularetur.*

HOdie explicanda est lex 12. ad Senatusconsultum Trebellian. Afferendæ igitur sunt, & explicandæ difficultates multæ. Et vix ullum esse existimo, qui non horreat lectionem hujus *l.* 12. Est ea lex applicata quæstioni *§. utrum l. p. aced.* vel potius interjecta inter ea, quæ ex eodem Ulpiani lib. referuntur in *l. præced. & in princ. seq.* Igitur ab eorum narratione, quæ utroque loco exponit Ulpianus, nobis incipiendum est. Si heres rogatus sit restituere hereditatem: Quæritur, *an in restitutione hereditatis sit necessaria præsentia fideicommissarii? an etiam absenti restitui possit hereditas: hoc est, procuratori absentis, vel an absens per procuratorem possit adire hereditatem? & postulare decretum, quo heres cogatur adire & restituere hereditatem. Et breviter, utrum ut præsentis, sic etiam absenti restitui possit hereditas? Et an nomine absentis cogi possit heres adire & restituere?* Dubitatur hac de re, quia per procuratorem non potest adiri hereditas, *l. per procuratorem, de adquir. hered.* & restitutio hereditatis est successio quædam, *l. non enim eriss. h. t.* Adeo ut judicium familiæ, etiam cum eo cui restituta est hereditas ex Trebelliano, quasi cum herede, *l. 24. & 40. fam. ercisc. l. ita tamen, §. si ex Trebell. & seq. hoc tit.* Sed magis est, ut sicut bonorum possessio potest agnosci per procuratorem etiam voluntarium, qui non habeat mandatum nomine ejus cui delata est bonorum possessio, *l. 3. §. adquirere, de bon. poss. l. si quis alieni, de adq. hered. l. servo invito, §. si pupillo, hoc tit.* ita etiam possit per procuratorem quemlibet recipi fideicommissaria hereditas, & ut possit procurator quilibet nomine fideicommissarii cogere heredem per prætorem, ut adeat & restituat. Atque ita definitur in *d. §. utrum*. Neque huic definitioni quicquam obstat *l. sed nec ipse, h. t.* quæ dicit tutori fideicommissarii non posse restitui hereditatem: qui tamen plus esse videtur quam procurator. Ergo nec procuratori videtur posse restitui. Sed observandum, quod lex ait indistincte: non posse restitui tutori, quia scil. tutori pupilli præsentis, nec infantis, non potest restitui, ut *l. pen. C. eod. tit.* tutori vel procuratori absentis potest restitui. Et non obstat etiam lex *si mulier, §. ex asse, de jure dot.* quoniam ut omittam, quod Accurs. ait, perspicuum est, eam legem loqui non de restituenda hereditate, sed de transferendis actionibus. Hereditas potest restitui alii nomine fideicommissarii, sed transeunt actiones in fideicommissarium, non in eum, cui restituitur. In eum igitur, cujus nomine restituitur, non in eum, cui re ipsa restituitur, *l. ita, §. 1. & l. restituta. hoc tit.* Actiones autem in alium transire, quam fideicommissarium ex Senatusconsulto Trebell. non possunt. Et non obligatur heres, ut ostendit *§. ex asse*, alii promittere ex voluntate fideicommissarii, se in eum translaturum actiones: quia impossibilium nulla est obligatio, & impossibile est, quod Senatusconsultum non patitur, ut *l. 1. hoc tit.* Verissimum igitur est absentis procuratorem etiam voluntarium, amicum voluntarium fideicommissarii posse desiderare adiri & restitui hereditatem, & restituta hereditate procuratoris actiones transire in fideicommissarium, non in procuratorem: transit autem statim, si verus procurator fuerit, hoc est, si mandatarius fuerit, *argum. l. 13. de adquir. rer. dom.* vel si voluntarius procurator fuerit; tunc transire, cum fideicommissarius ratum habuerit, *d. l. qui ita §. 1.* Hæc igitur sententia sit rata & firma. Dicet nunc aliquis percepta hac sententia, posse evenire nonnunquam, ut heres, qui postulante procuratore compulsus adiit, in damno moretur, ut hæreat actionibus, ut sustineat onera hereditaria, quod et iniquum, ut qui invitus adiit, subeat onera quasi adierit suo periculo, non periculo compellantis. Quid enim, si voluntarius procurator sine mandato coegerit heredem adire & restituere, & fideicommissario ante decesserit, quam ei restituatur hereditas, id est, antequam ratum habuerit? Restitutio hereditatis fit non tantum actu, sed etiam verbo, *d. l. restituta*. Et ratihabitio fit quoque non tantum actu, puta accepta hereditate, sed etiam verbo, *l. 5. rem rat. hab.* Ergo non tantum, si fideicommissarius acceperit hereditatem à procuratore voluntario qui eam prior accepit ab herede, sed etiam acceperit habuerit. Et ita proponitur in *d. §. utrum*, ex quo necessario colligitur, moriente fideicommissario antequam ratum habuerit fideicom. hereditatis non transiri, quia scil. heres ejus ratum habere non potest, cum ad eum non transeat fideicommissaria hereditas, cujus jus nondum adquisitum fuerat. Et procedit his gradibus, directa hereditas non adita, non transit in heredem, *l. 6. §. ult. l. 7. de inoff. test. l. un. C. de caduc. tol. §. novissime*. Bonorum enim possessio non agnita non transit ad heredem, & forte si petita fit alieno nomine, & is, cui petita est, moriatur, antequam ratum habuerit, non transit ad heredem ejus, nec heres ejus ratum habere potest, *d. l. 3. §. adquirere, de bon. poss. l. 7. rem rat. hab.* Consequens igitur est, exemplo bonorum possessionis, quo etiam usi ante sumus, nec fideicommissariam hereditatem transmitti in heredem, cujus jus non fuit quæsitum defuncto. Neque obstat huic conclusioni lex *postulante, hoc tit.* qua impulsus Accurs. putat fingendum esse fideicommissarium ante restitutionem decessisse sine herede. Sed nihil moveri debuit hac lege, quia ibi hereditas intelligitur fuisse restituta defuncto, licet non sit restituta, quia postulaverit eam adiri, quæ postulatio pro restitutione est. Non obstat etiam *lex cogi, §. item Mecianus, hoc tit.* quoniam in ea lege illa verba, *sive alius in locum eorum successerit*, id est in locum fideicommissariorum, quia nondum desideraverunt sibi restitui illa inquam verba sunt accipienda de substituto vel de fideicommissario, cui ceterorum portiones accreverunt, non de herede: Nam nulla hereditas, sive directa, sive precaria, aut fiduciaria, aut fideicommissaria, non adquisita, in heredem transit. Ergo rursus ita concludamus, petitionem hereditatis civilem, si non sit adquisita defuncto redi-

reditatis, non transmitti ad hæredem, ut Paulus scribit 1. *Sentent. tit.* 13. Possessoriam quoque petitionem, si a defuncto non fuerit agnita bonorum possessio, non transmitti ad hæredem, & similiter, fideicommissariam hereditatis petitionem eo casu non transmitti ad hæredem. Nec rursus obstat huic rei lex 3. *de fideic. hered. pet.* quæ dat fideicommissariam hæreditatis petitionem hæredi fideicommissarii, vel bonorum possessori, vel alii successori: sed hoc sane ita procedit, si fideicommissario restituta sit hæreditas, vel verbo tenus, non si ante restitutionem mortem obierit. Ergo procurator, qui mandatum non habuit, si nomine fideicommissarii coegerit hæredem adire, & restituerit hereditatem, & fideicommissarius decesserit, antequam ratum haberet heres, qui coactus adiit, sustinet onera hereditaria, quod est iniquum. Iniquum est eum, qui compulsus adiit obligari æri alieno; iniquum adire suo periculo: iniquum astringi oneribus hereditariis, quod in eo casu superstit solus, qui possit teneri perempto fideicommisso hereditatis. Istud incommodum obiicit Ulp. in *d. l. utrum.* Et movit juris auctores valde rescriptum D. Pii, quo huic incommodo subventum est: Nam hodie his casibus ex rescripto D. Pii non tantum, si hæredi caverit procurator de rato, sed etiam, si non caverit: plerunque cautio interposita redditur inutilis, puta deinde lapsis facultatibus fidejussoribus. Cautiones sunt fragiles, inquit lex *qui ita*. §. 1. *hoc tit.* quoniam potest fidejussor, qui pro alio cavit, redigi ad inopiam, nihil igitur refert, sive procurator hæredi caverit de rato sive non: Nam utroque casu hæredi, qui compulsus adiit, perempto fideicommisso, puta quod mortuus sit fideicommissarius ante ratihabitionem, hæredi succurritur per prætorem data restitutione in integrum. Dicitur beneficium istud extraordinarium in *l.* 12. cujusmodi est restitutio in integrum, *l. in causa, D. de minor.* Et hoc quidem ita fuit introductum a D. Pio, qui dicitur Titus Antoninus in *l.* 12. in alia specie, in qua tamen suberat idem incommodum, aut iniquitas eadem occurrebat. Et licet Constit. pertineat ad unam speciem, exemplum tamen ejus possumus sequi etiam in aliis omnibus in quibus occurrit idem incommodum, vel eadem iniquitas. Et ut ostenditur in §. *utrum*, species, ad quam proprie pertinet rescriptum, hæc est: Quidam Titium ex asse hæredem scripsit, & Albinam ancillam suam directo manumisit. Hæc quidem Albina habebat filiam in servitute ejusdem domini, quæ testatoris, & eidem Albinæ filiam impuberem per fideicommissum reliquit, & rogavit, ut eam manumitteret, ut mater filiam manumitteret. Titium quoque hæredem rogavit, ut manumissæ filiæ Albinæ restitueret hereditatem sub conditione, cum nubilem complesset ætatem, *quando elle avoit posse douze ans*: heres recusavit adire hereditatem, dicens suspectam esse, an potest cogi? Et D. Pius rescripsit, posse. A quo vero potest cogi? a pupilla? a serva impubere? minime, sed nomine ejus pupillæ hæredem compelli adire, quolibet postulante pro ea, *l. si impuberi, de tut. & curat.* quod exposui lib. 11. Et postquam adierit heres, statim Albinæ competit libertas, & heres ei tradet filiam ex causa fideicommissi manumittendam, & manumissæ mox heres restituet hereditatem: statim etiam antequam impleverit nubilem ætatem, antequam pubuerit, quia qui compulsus adivit, etiam ante diem, vel conditionem, vel qui suspectam dicit hereditatem, etiam ante diem, vel conditionem fideicommissi, potest cogi adire, restituere, repræsentare fideicommissum, *l. seq. in princ. l. si cui pure, hoc tit.* Sed actiones non transeunt ante conditionem: restituitur quidem hereditas ante conditionem, *l. sed & si ante, hoc tit.* nec æquum esset cum posset deficere conditio. Igitur restituta hereditate filiæ impuberi, herede coacto adire filia non obligabitur æri alieno, antequam pubuerit. Quid igitur, si impubes moriatur? morte ejus extinguetur fideicommissum, quia mortua est pendente conditione, & non est, in quem transeant onera: an igitur sustinebit onera heres, qui compulsus adiit? an hærebit actionibus hereditariis? Sic videtur ipso jure. Sed per prætorem ex eo rescripto ei succurritur, ita ut perinde a creditoribus hereditariis bona veneant

A nomine testatoris, atque si nemo ei heres extitisset. Et similiter in proposito casu, si procurator voluntarius absentis fideicommissarii coegerit hæredem adire, & restituere, nec fideicommissarius ratum habuerit, hæredi succurritur, qui compulsus adiit eodem exemplo, ita ut bona veneant nomine testatoris, ac si ipse non adiisset. Hoc beneficium D. Pii est novum, ut ait *l.* 12. puta, ut hereditas adita habeatur pro non adita, & ex causa prætor restituet in integrum quemlibet etiam majorem 25. annis. Itaque ut subjicitur in princ. *l.* 13. quæ est conjuncta cum *l.* 11. hodie heres, qui suspectam hereditatem

B dicit, non potest causari, se non posse cogi adire ante conditionem, puta, ne in damno versetur, conditione forte postea defecta, quia, ut diximus, etiamsi deficiat conditio fideicommissi, ei succurritur per prætorem, ut pro eo habeatur, ac si non adiisset: hæc causatio non efficiet, ne compellatur adire cum nullum damnum ei futurum sit, etiamsi deficiat conditio. Unde ita concludit *l. seq. in princ. jam igitur,* id est, post rescriptum D. Pii, *non desideratur heredis præsentia:* ubi manifestissimum est, non esse intelligendum nomen *heredis*, sed *fideicommissarii*, quæ est conclusio prioris quæstionis: Nam potest procuratori ejus restitui cuilibet, quæ res hæredi damno futura non est, qui compulsus est adire, etiamsi fideicommissarius ratum non habeat. Et similiter in §. *ult. l. præcedentis*, illo loco, *nec oporteat damno affici eum, qui rogatus adiit hereditatem,* ubi evidentissimum est legendum esse, *qui coactus adiit hereditatem,* ut infra, ait, succurri hæredi, succurri ei qui compulsus adiit.

C Diximus ante, hæredem rogatum restituere hereditatem sub conditione, qui sibi eam suspectam dicit, & recusat adire, etiam ante conditionem compelli posse adire, & restituere, nec hodie quicquam vereri, ne in damno moretur, quia etsi deficit conditio fideicommissi, atque ita solus heres ipse, ut diximus hæreat in luto, hæreat actionibus ex Constitut. D. Pii ei succurritur rescissa aditione per prætorem, & bonis venditis nomine testatoris, non nomine heredis, qui pro eo est, qui non adiit beneficio restitutionis. Et posuimus speciem in herede instituto ex asse: diversum enim esse ostendit lex 11. *hoc tit.* in herede instituto ex parte: nam si heres institutus ex parte rogatus sit partem suam restituere sub conditione, & suspectam dicat hereditatem, ante conditionem non cogitur

D adire, & restituere, *l. non est cogendus, hoc tit.* quæ est ex eod. lib. Et quæ, ut inferius demonstrabitur, est accipienda de herede instituto ex parte, licet id non edicat palam. Cur vero heres ex parte ante conditionem non cogitur adire? quia etiamsi non adeat, nihil damni facit fideicommissarius, etiamsi recuset, vel repudiet: nihil refert adire hereditatem, cum portio ejus accrescat hæredi cum onere fideicommissi, *l. si Titio, inf. de leg.* 2. Et ideo ad eum non pertinet beneficium restitutionis Divi Pii, quod quidem pertinet tantum ad eum, qui cogitur adire: & heres institutus ex parte, si forte sua sponte adierit, cum non posset compelli deficiente conditione fideicommissi, non restituitur adversus aditionem, sed omnino creditoribus hereditariis satisfacere cogitur, & bona veneunt ejus nomine, non testatoris: proscriptionis infamiam heres sustinet, non testator. Et hoc ita proponit Papin. in

E hac *l.* 12. & adjicit, hoc adeo verum esse, ut etiamsi pupillus sit institutus ex parte, qui sponte adierit tutore auctore, ut oporteret: nam & hic pupillus non restituetur adversus aditionem sponte factam tutore auctore: non restitueretur, scil. deficiente conditione fideicommissi, hoc est, ex hac causa, quod defecerit fideicommissi conditio, ne sc. injuria fiat creditoribus hereditariis, qui forte jam bona vendiderunt nomine pupilli, qui adierat sua sponte. Ex causa quidem pupilli restituetur adversus aditionem si res sit integra, si bona nondum sint vendita: sed bonis venditis nomine pupilli, ne pupillus quidem auditur postulans novum & extraordinarium beneficium restitutionis cum injuria creditorum, qui jam distraxerunt bona pupilli nomine, & distraxerunt jure optimo, cum pupillus adiisset tutore auctore. Et sic etiam ex contrario dicitur in *l. nunquam*

quam §.1. hoc tit. postulante fideicommissario, ne pupillum quidem, qui repudiavit tutore auctore ut oportet restitui in integrum adeundi causa, bonis jam venditis, & finitis negotiis hereditariis, quia hoc retractari non potest sine gravi injuria creditorum. Et ita vobis est explicata lex 12. & sic etiam mea sententia cum procuratore nomine fideicommissarii petit restitui hereditatem ab herede, si mandatum fuerit incertum, & heres sua sponte adjerit, postulante eo procuratore, cum posset non compelli adire propter incertum mandati, etiam oblata cautione potuit non cogi adire, cautione de rato, propter lubricum cautionis & fragilitatem, *l. qui ita §. 1. hoc tit.* fideicommissario ratum non habente, heres non restituetur in integrum, ut pro eo habeatur, ac si non adjisset, quia de se queri debet, & esse contentus cautione de rato. Et sic explicanda sunt verba *legis 12. sed cum ab herede, hoc titulo.*

### Ad L. non est LIII. ad Senatusconsultum Trebel.

*Non est cogendus heres suspectam adire hereditatem ab eo, cui libertas a legatario, hereditas ab herede relicta est, cum status hominis ex legato pendeat, & nemo se cogatur adstringere hereditariis actionibus propter legatum. Quid enim si inter moras non manumittente legatario servus decesserit? si autem vivo testatore legatarius decesserit: benigne respondetur, cogendum adire: cum in ipsius sit potestate, manumisso restituere hereditatem.*

His cognitis facile cognoscemus ex eodem lib. & eadem re *l. non est cogendus 33. hoc tit.* Species legis hæc est: testator legavit Titio servum, & ab eodem Titio eidem servo reliquit fideicommissariam libertatem. Eidem quoque servo ab herede, ut ponit per fideicommissum reliquit hereditatem. Lex ait, non posse cogi heredem suspectam hereditatem adire, servi nomine scil. hac ratione, quia servo non potest restitui hereditas antequam factus sit liber, *l. si cum pure §. 1. hoc tit.* Et libertas ei relicta est non ab herede, a quo relicta est hereditas, sed a legatario: nemo autem propter legatum ut valeat legatum, vel propter libertatem solam cogitur adire, ut ait *l. prox. §. ult.* quam exposuimus lib. 19. nemo, inquam, cogitur, vel propter legatum, vel propter libertatem alicui, ne in damno moretur, forte mortuo servo antequam legatarius eum manumiserit. Et ita scribit Papin. in *h. l. non est cogendus;* cui scripto mirum in modum adversatur *l. 11. §. utrum, & l. 13. in princ. hujus tit.* Ex iis quæ diximus heri, intelleximus, heredem cogi adire, a quo relicta est servo hereditas fideicommissaria, & a legatario libertas, & remedium dedisse D. Pium, ut jam non versetur in damno, mortuo forte servo, ante aditionem fideicommissarii, vel ante manumissionem. Sed ut breviter respondeam, jam antea diximus *d. §. utrum legem. 13.* loqui de herede instituto ex asse & aliud esse in hered. institutio ex parte Papin. ostendit *l.12.* cum qua hæc debet conjungi omnino. Atque ita hæc etiam debet accipi de herede instituto ex parte, a quo sit relicta fideicommissaria hereditas servo, & servus alii legatus, & legatarius porro rogatus eum servum manumittere. Hic enim heres non cogitur adire antequam servus pervenerit ad libertatem. Uno tamen casu in hac l. Papin. ostendit, heredem ex parte institutum posse cogi adire, & restituere hereditatem, videlicet, si legatum servi detecerit vivo testatore mortuo legatario, quandoquidem legatum remanet apud heredem, si habuerit jus antiquum, si habuerit jus excludendi fisci, qui alias ex l. Papia vocatur ad legata, quando deficiunt vivo testatore, & dicuntur esse in causa caduci. Imo remanet illud legatum apud heredem, etiamsi heres non habeat jus antiquum propter fideicommissariam libertatem, quia leges Caducariæ non pertinent ad libertates, *l. generaliter §. si heres, de fideic. libert. l. si privatus §. ult. qui & a quibus man.* Ergo legatum illud servi remanet apud heredem, & remanet igitur cum onere fideicommissi, id est, cum onere præstandæ servo libertatis. Atque ita hoc casu, heres idem incipit esse debitor, qui

A libertatis & heredis. Ac merito nomine servi cogitur adire, & manumisso restituere hereditatem, ut demonstratum jam est in *l. præced. §. ult.* quæ, & hoc notandum, quod hæc lex consentiat, merito ei subjuncta est. Et hoc argumento confirmari etiam potest, hanc legem non esse accipiendam de herede instituto ex parte, cum & de eo fuerit lex præcedens. Confirmari denique id potest conjunctione *d. l.12.* & vicinitate l. præcedentis, neque de eo quicquam ambigendum est.

### Ad L. LV. ad Senatusconsultum Trebell.

*Si patroni filius extrario restituerit ex Trebelliano hereditatem, operarum actio, quæ transferri non potuit, apud heredem manebit, nec ei nocebit exceptio, cum eadem*
B *prodesse non posset ei, qui fideicommissum accepit. Et generatim ita respondendum est, non summoveri heredem, neque liberari ex his causis, quæ non pertinent ad restitutionem.*

*§.1. Imperator Titius Antoninus rescripsit in tempus directo data libertate, non esse repræsentandam hereditatis restitutionem, quando persona non est, cui restitui potest.*

*§.2. Qui fideicommissam hereditatem ex Trebelliano, cum suspecta diceretur, totam recepit, si ipse quoque rogatus sit alii restituere, totum restituere cogetur. Et erit in hac quoque restitutione Trebelliano locus. Quartam enim Falc. jure fideicommissarius retinere non potuit. Nec ad rem pertinet, quod nisi prior, ut adiretur hereditas, desiderasset, fideicommissum secundo loco datum intercidisset. Cum enim semel adita est*
C *hereditas, omnis voluntas defuncti rata constituitur. Non est contrarium quod legata cetera non ultra dodrantem præstat: aliud est enim ex persona heredis conveniri, aliud proprio nomine defuncti precibus adstringi: secundum quæ potest dici, non esse priore tantum desiderante cogendum institutum adire, ubi nulla portio remansura sit apud eum: utique si confestim, vel post tempus cum fructibus rogatus est reddere: sed & si sine fructibus rogatus est reddere, non erit idonea quantitas ad inferendam adeundi necessitatem; nec ad rem pertinebit, si prior etiam libertatem accepit: ut enim pecuniam, ita nec libertatem ad cogendum institutum accepisse satis est. Quod si prior recusaverit, placuit ut recta via secundus possit postulare, ut heres adeat, & sibi restituat.*

*§.3. Quid ergo, si non alii, sed ipsi heredi rogatus sit*
D *restituere? Quia non debet eidem, quandoque quarta reddi, quam perdidit, propter hujus portionis retentionem erit audiendus. Sed nec illud translatitie omittendum est, instituto, qui coactus est adire, fideicommissi petitionem denegandam esse. Cum enim non videatur indignus, ut qui destituit supremas defuncti preces, consequatur aliquid ex voluntate? quod fortius probabitur, si post impletam conditionem coactus est adire: nam si pendente conditione durum erit idem probare cum & Falcidia pænitendi potuit inducere. Nec ignoro posse dici nullo modo fideicommissi petitionem denegandam eis, qui jura sepulchrorum adquiri insequuntur. Adeo Senatus nihil apud eum ex ea parte, quam derelinquit, voluit relinquere, ut nec Falcidia exercere possit, nec præceptio, apud eum relinquatur, nec substitutio quoque secundarum tabularum ita facta: Quisquis mihi heres erit, filio meo heres esto, eidem daretur.*

*§.4. Cui Titiana hereditas ex Trebelliano Senatusconsulto restituta est, Mævianam hereditatem, quam Titius*
E *defunctus ex Trebelliano Sempronio restituere debuit, & ipse restituere poterit, sicut alius quilibet successor.*

*§.5. Actiones temporariæ Trebelliani solent esse evicta hereditate ab eo qui posteaquam fideicommissum restituit hereditatem, victus est: scilicet ante restitutionem, lite cum eo contestata: potestas enim evictionis tollit intellectum restitutionis, indebito fideicommisso constituto. Plane si fideicommissum ab eo quoque, qui postea vicit, relictum est, quia possessor in ratione reddenda hereditatis partem, quam fideicommissario restituit, heredi reputat: defendi potest, actiones Trebelliani durare.*

PRima quæstio *l. si patroni,* est de operis libertorum, quæ necessario conjungenda est cum *l. si bona 40. de op.*

op. *libert.* quæ est ex eodem libro. Certum est, restituendo hereditatem ex Senatusconsulto Trebelliano heredem transferre obligationes & actiones omnes in fideicommissarium, cui restituitur, quas scil. habuit tempore restitutæ hereditatis, & quibus fuit astrictus, hoc est, & activas, & passivas, sive jure civili competerent, sive jure prætorio: imo & causa naturalium obligationum transit ad fideicommissarium, *l. quamvis hoc tit.* Et ideo, si heres conveniatur in solidum a creditoribus hereditariis post restitutam hereditatem, potest se tueri & defendere exceptione restitutæ hereditatis, quia restitutio liberat heredem, si non ipso jure, saltem per exceptionem: Et contra si post restitutionem heres, qui restituit, agat cum debitore hereditario, repellitur adversus eadem exceptione restitutæ hereditatis, & transfusarum per restitutionem, sive translatarum actionum in fideicommissarium, *l. 1. §. quanquam, & l. ita tamen, §. qui ex Trebell. hoc tit.* Quæ exceptio etiam dicitur exceptio Trebelliani *l. 28. de judic.* sicut actiones Trebell. quæ ad fideicommissarium transierunt per restitutionem hereditatis in §. *ult. hujus leg.* Quod autem dicimus, restituta hereditate omnes actiones fideicommissario, & in fideicommissarium competere, non habet locum in actione operarum, quæ heredi instituto filio patroni competit adversus libertum paternum: Nam hæc actio non transit in fideicommissarium extraneum, cum non sit patronus, & hæ operæ debeantur tantum reverentiæ patroni. Finge: libertus patrono debuit operas, primus filium heredem instituit, & rogavit fideicommissario restituere hereditatem: post certum tempus restituta hereditate, an actio operarum, transit in fideicommissarium? minime, quia non est patronus: filius patroni est C patronus, *l. cum patronum 10. de jure patron.* ei debentur operæ quasi patrono, *l. sciendum, de verb. sign.* & restituta hereditate apud eum remanebit actio operarum, nec petenti operas obstat exceptio Trebell. nec ut annotavit Accurs. recte, has operas imputat in Falc. videlicet, si post mortem patroni deberi cœperit, si post mortem patroni ab ipso filio inductæ fuerint, & imperatæ liberto patroni: quia etiam omissa hereditate paterna ei debentur, modo non sit exhereditus: & in Falcidiam imputantur tantum, quæ jure hereditario capiuntur, id est, quæ quis non caperet, si heres non esset, vel si repudiaret hereditatem, aut ea se abstineret. Ergo non imputabit, quæ ea pit jure patronatus. Recte autem dicimus, etiam restituta hereditate, filium patroni retinere actiones operarum, cum non possint transire in extraneum, qui non est patronus: hæ operæ sunt officiales. Porro officium tantum D constat inter libertum & patronum: filius ipse est patronus, fideicommissarius Trebellianus non est patronus. Et eadem ratione extraneus heres institutus a patrono, non est patronus: Et consequenter ei non debentur operæ, quæ debitæ fuerunt defuncto, quia non jus hereditarium sequuntur, sed jus patronatus, atque commutantur *l. libert. C. de op. libert. l. pro herede §. si quis tamen, de acqu. hæred.* Et eadem ratione filio exhereditato non debentur operæ, quia non est patronus. Exhereditatio non tantum jus sui filio aufert, sed etiam jus patroni in libertos paternos, *l. si operam, de op. libert.* Et hæc quidem, ut jam antea significavi, accipienda sunt de operis officialibus, hoc est, quas libertus, ut libertus patrono debet officii causa, non tantum jure civili, puta ex stipulatione, vel etiam jurejurando, quo solo casu ex jurejurando actio est, sed etiam eas debet patrono jure naturali, cujuscunque sint ministerii, E artificiive generis, quas modo libertus ipse edere patrono possit, & exhibere: & debentur non quidem statim, ut promisit vel juravit, etiamsi pure promiserit, sed cum eas patronus indixerit, cum commodum erit patrono eas sibi edi, jubente puta patrono. *Præsta mihi hodie illam operam struendo parieti, dato mihi hodie operam*, vel quid aliud: quas autem debet libertus, ut quilibet extraneus, hæ non in officio consistunt *ce n'est pas pour luy faire honneur*, sed quasi in pecuniæ præstatione. Et hæc transeunt ad quemcunque heredem, *l. 6. de op. libert.* Officiales transeunt ad filium heredem institutum, non ad extraneum heredem institutum,

non ad fideicommissarium Trebellianum, ut ostendit hæc l. Papiniani, sed remanet apud filium heredem institutum, & earum actio. Nec filio eas operas petenti obstat exceptio Trebelliani, quod Papin. ostendit elegantissima ratione, quæ sic erat enarranda: cur filio heredi instituto, qui restituit hereditatem, agenti de operis adversus libertum paternum, non obstat exceptio Treb. sicut si ageret alia de re? quia si noceret filio, prodesset fideicommissario extraneo, id est, extraneo competeret operarum persecutio, quas non posset filius persequi, *l. 1. §. 4. hoc tit.* Atqui extraneo operarum persecutio competere non potest, cum non sit patronus. Ergo persequenti operas filio, non debet nocere exceptio. Est elegantissima ratio. Et inde generaliter definit Papin. ex omnibus his causis, quæ ad restitutionem non pertinent, id est, quæ in restitutionem fideicommissi non veniunt, quæ non sequuntur fideicommissarium Treb. heredi agenti non nocere exceptionem Treb. unde sequitur, ut pro rata Falcidiæ, pro rata quadrantis, quam retinet heres oneratus fideicommisso, agenti heredi non possit nocere exceptio Trebell. nec prodesse convento pro rata Falcidiæ, quia jura omnia sive onera creditorum, aut actiones debitorum dividuntur inter heredem & fideicommissarium pro quadrante & dodrante. Idemque erit in fructibus medio tempore perceptis, qui in restitutionem non veniunt. Nam si eos persequatur pro rata quadrantis heres post aditam hereditatem, non oberit exceptio Trebel. & etiam non proderit, si conveniantur eorum causa: puta reddendorum sumptuum nomine quos colonus fecit in serendis fructibus aut legendis. Et consequenter idem etiam erit in his, quæ heres alienavit, vel quæ deminuit ex hereditate; cum esset rogatus restituere, quod superesset: & generatim, ut ait in omnibus, quæ ad restitutionem non pertinent.

Diximus, filio heredi instituto etiam post restitutam hereditatem deberi operas a liberto patrono. Dixi extraneo heredi patroni non deberi operas. Videamus, quemadmodum hæ duæ sententiæ accipiendæ sint. Prior vera est, filio heredi instituto deberi operas, quas libertus patrono debuit, etiamsi restituerit hereditatem: imo etiamsi abstinuerit se hereditate, modo non sit exhereditus, *l. si operarum, de op. libert.* Quod ea lex significat his verbis, *etiamsi heres non existat*: aliud est, heredem exsistere, aliud exstare: nam exstare, constare est, & perseverare, heredem esse, non nomine tantum, sed re: filius heres exsistit statim, etiam invitus & ignorans, sed non exstat heres, si se abstinuerit: nec tamen ideo minus petit operas. Et idem etiam est, si de operis lis a patre non fuerit contestata cum liberto, hoc est, filio debentur etiam futuræ operæ, quas ipse indixit, nedum præteritæ quas pater indixit, (*nedum, id est*, multo magis) & de quibus litem contestatus est in d. *l. §. pro operarum.* Sane præteritæ filio debentur, cum & debeantur heredi extraneo patroni, quoniam jam cesserunt, & sunt in hereditate, in *l. 4. de op. libert.* Sed in filio hoc est præcipuum, ut ei debeantur etiam futuræ, quæ tamen non deberentur heredi extraneo novarum operarum indictio non est: præteritarum, quas indixit defunctus, & de quibus litem contestatus est, etiam heredi extraneo petitio est. Et secundum hæc, quæ sunt certissima, jamdiu ostendi, in *l. pro herede §. si quid tamen, de acq. her.* sic esse legendum, *cum petitio earum etiam non heredibus competat, & maxime futurarum.* Nam hoc vult dicere §. filium patroni heredem institutum petendo operas, non videri ei jure heredis gessisse, atque adeo petendo operas, cum se non immiscuisse negotiis hereditariis, quia sc. filiis patroni etiam non heredibus puta abstinentibus se bonis paternis, datur petitio operarum, modo non sint exhereditati, & futurarum maxime, id est, quæ post mortem patroni deberi cœperunt. Posset dubitari, *an abstinentibus se hereditate filiis, etiam esset petitio operarum præteritarum?* Sed idem est etiam in præteritis, ut dixi ante, minus dubitabatur de futuris. Ergo ita concludamus, filiis heredibus institutis etiam abstinentibus se, petitio est operarum, cum futurarum, tum præteritarum. Extraneis autem heredibus, qui adierunt hereditatem, est petitio præteritaritarum tantum, quæ jam cœperant deberi defuncto, quæque ab ipso defuncto indictæ fuerant, *l.4. de op. libert.* Et fecundum hoc recte in *l.9.eod.tit.* operas futuras non alii deberi quam patrono, quia scil. præteritæ debentur etiam non patrono, puta heredi patroni extraneo, qui adiit. Et fecundum hæc etiam est certiſſimum, in prima parte legis *ſi. operarum*, tollendam eſſe negationem. Nam ut ſumtuatim illa lex exponatur, facit differentiam inter filium patroni heredem inſtitutum, & extraneum heredem inſtitutum. Nam filius patroni petit operas omnino etiamſi abſtinuerit ſe hereditate, etiamſi de eis non egerit pater, id eſt, non fuerit litem conteſtatus pater, antequam moreretur. Extraneus autem ita demum petit operas, ſi a defuncto fuerit lis conteſtata, conteſtatum judicium operarum, & pendente judicio mortuus fuerit. Nam translatio judicii datur extraneo heredi, id eſt, lis transfertur in extraneum heredem: lex *tam ex contractib. de judic.* ait translationem dari, quem locum juvenes quidam depravaverunt. Filio fam. poſt litem conteſtatam procuratorio nomine mortuo pendente lite aut etiam poſt condemnationem erit, *in eum, quem defend.* hoc eſt, in eum cujus nomine egit, *translatio, non transactio*, ut Flor. *datur in eum, cujus nomine egit*, datur translatio litis, ut ab eo peragatur lis vel ſi procurator fuerit condemnatus, datur in eum judicati actio. Et ita Græci μεταβαίνει δίκη, id eſt, *transfertur judicium*, vel condemnatio in eum, quem defendit. Hæc ſunt certiſſima, ſed ut magis confirmentur, applicanda eſt *l. 40. de op. liber.* quæ eſt ex eodem libro.

### Ad L. ſi bona XL. de Oper. libert.

*Si bona patroni venierunt, operarum, quæ poſt venditionem prætierint, actio patrono dabitur, & ſi alere ſe poſſit, ante venditionem præteritarum non dabitur, quoniam ex antegeſto agit.*

Species hæc eſt: bona patroni decoctoris vendiderunt creditores ejus: præteritæ operæ ante venditionem bonorum, quas patronus jam indixerat ſequuntur creditores patroni, vel emptorem bonorum, qui eſt pro ſucceſſore, non ſequuntur patronum. Cur? quia cujus bona venierunt, non poteſt agere ex antegeſto, ex eo, quod geſſit ante venditionem bonorum, *l. pen. de curat. bon. dand.* ad quam omnino eſt quaſi ſimilis adjungenda hæc, & ad hanc illa, nec ſine illa vix ullus hanc intelligit. Operæ autem præteritæ poſt venditionem bonorum, puta quas patronus indixit poſt venditionem bonorum debentur patrono etiamſi citra eas operas habeat unde ſe alat. Hoc ait Papin. in hac *l.40.* ſed verbum poſſit, reponendum eſt punctum. Sed exponamus illud: *operæ præteritæ poſt venditionem patrono debentur, etiamſi aliunde ſe alere poſſit.* Cur hoc ait? *etiamſi aliunde &c.* quia eſt ei relinquendum, quo ſe alat, ſi poſt venditionem cum eo agatur, ſicut agi poteſt, quia ſcilicet poſt venditionem tantum tenetur in id quod facere poteſt, *l. ult. C. de rev. his*, quæ *in fraudem cred.* in quantum facere poteſt, quod ratio ejus habenda eſt, ne egeat ſecundum regulam legis, *in condemnatione, de reg. jur.* Quid hoc eſt, *ne egeat*, id eſt, ne deſint ei alimenta, *l. 6. de ceſſio. bon.* Ergo hoc vult lex, quod etiamſi el ſufficiant alimenta quotidiana, tamen habeat etiam operas, quæ poſt venditionem ceſſerunt, quas creditores habere non poſſunt.

### Ad §. Imperator Titus Ant.

Ponitur reſcriptum D. Pii, quo cavetur, ut ſi teſtator ſervo ſuo pure reliquerit hereditatem per fideicommiſſum ab herede ſcripto, & libertatem directam in tempus, puta, ut poſt biennium liber eſſet, non poſſe cogi heredem adire, antequam ſervo libertas competierit, non poſſe cogi adire ante biennium, quia non eſt cui hereditas reſtitui poſſit. Pendet hereditas ex libertate fideicommiſſarii, quod conjungendum eſt cum his, quæ ex eodem libro attulimus in *l.12.& l. non eſt cogendus*,

A *h.t.* Quamquam in illis locis agitur de libertate fideicommiſſaria, hoc loco de directa: illis locis de libertate a legatario, hereditate ab herede relicta, hoc loco de utraque relicta ab herede. Et pertinet etiam valde ad hæc, quæ poſui latius *lib. 19. ad l. ſi res alienæ, hoc tit.* Et veriſſima ſunt quæcunque ſcripſit Accurſ. in hunc §.

### Ad §. qui fideicommiſſam.

Tranſeamus igitur ad §. *qui fideicommiſſam*, & eum totum exponamus, ſi placet. Et ſatis longus, & multa complectitur. Sciendum eſt, heredem, qui ſuſpectam & damnoſam hereditatem dicit, poſtulante fideicommiſſario ex Senatuſconſulto Pegaſ. cogi a prætore adire & reſtituere hereditatem totam non deducta Falcid. quia Falcidia utitur tantum is, qui ſponte adit: ſed B fideicommiſſario & in fideicommiſſarium, qui recipit hereditatem, dabuntur omnes actiones, perinde atque ſi reſtituta eſſet hereditas ex Senatuſconſulto Trebell. Quod etiam proponitur in initio hujus §. Verum ſciendum eſt præterea, & hunc quoque fideicommiſſarium, ſi rogatus ſit eandem hereditatem alii reſtituere, æque alii reſtituere hereditatem totam, quam recepit, non deducta Falcid. ita ut tranſeant omnes actiones ad ſecundum fideicommiſſarium, *l.1. §. de illo, h.t.* Heres non detrahit Falcid. ſua culpa, quia quantum in ſe fuit, hereditatem dereliquit, nec niſi coactus adiit *l. quia poterat, hoc tit.* Fideicommiſſarius autem, quod obtinet etiam in legatario, non detrahit Falc. nullus, inquam, fideicommiſſarius, ſive particularis, ſive univerſalis detrahit Falcidiam, quia lex Falcidia lata eſt ſolius heredis cauſa, *l. pater ad l. Fal.* C ut ne hereditatem derelinqueret, aut deſtitueret: qui non eſt heres non exercet Falcidiam. Ergo legatarius aut fideicommiſſarius qualiſcunque ſit non exercet Falcidiam, quod probatur ex *l. 1. §. denique, & §. ſeq. l. mulier, §. ult. hoc tit. l. lex Falc. §. ult. ad l. Falc. l. coheredi, §. quod ſi heredem, in fin. de vulg. ſubſtit.* Et veriſſimum hoc eſt, ſive uſus jam ſit heres Falcidia adverſus fideicommiſſarium, ut non poſſit rurſus & fideicommiſſarius uti Falcid. ſive heres non ſit uſus Falcid. quia nec tunc ea uteretur fideicommiſſarius, ut in ſpecie hujus §. ſi coactus adiit. Et ita apertiſſime definitur in hoc §. qui continet multa præclariſſima principia juris. Hoc primum eſt, quod dixi ſolum heredem exercere Falc. non fideicommiſſarium ullum, ætt legatarium. Et reſpondet Papin. quibuſdam, quæ poſſent objici huic principio, ſeu D ſententiæ juris ſed poſſent etiam objici alia, quæ non memoravit Papin. quæ nos tamen proferemus & refellemus. Diceret primum forſitan aliquis in hac ſpecie, æquum eſſe, fideicommiſſarium exercere Falcidiam adverſus ſecundum fideicommiſſarium, quia, niſi ipſe prior coegiſſet heredem adire, intercidiſſet fideicommiſſum ſecundo loco datum, quia aditione non ſecuta omnis vis teſtamenti ſolvitur, & nihil teſtamento ſcriptum valet: aditio confirmat omnem ſcripturam teſtamenti. Et eleganter ait, quod eſt aliud principium, *cum ſemel adita eſt hereditas, omnis voluntas defuncti rata conſtituitur.* Sic ergo argumentatur prior fideicommiſſarius: Ego curavi, ut adiret heres, ego compuli, & ita ratam conſtitui voluntatem omnem defuncti, aut rata ut conſtitueretur, effeci per aditionem: ſervavi ergo tibi fideicommiſſum poſterius: cur non ex eo deducam quartam, ut E tu habeas tantum dodrantem, quia nihil habuiſſet, niſi ego compuliſſem heredem ad adeundum? Papin. contemnit inſpectionem iſtam, & ait, hoc nihil ad rem pertinere, abſurdam eſſe argumentationem, id eſt, hujus rei rationem nullam haberi debere, nec ideo magis fideicommiſſario priori Falcidiam exercere licere adverſus poſteriorem: alioquin in caſibus, quibus ceſſet Falcid. ut in teſtamento militis, per hanc cauſam heres induceret Falcidiam, dicendo ſe adiiſſe & ita ſervaſſe legata aut fideicommiſſa, ne interciderent, qui poterat repudiare teſtamentum & hereditatem. Igitur hæc cauſa non eſt idonea ad inducendam Falcid. quibus caſibus non habet ea locum. Hoc nihil ad rem pertinet,

nec

nec declarat, cur nihil ad rem pertineat, quod satis quilibet id videatur per se capere posse. Ergo verum manet illud, fideicommissarium non exercere Falcid. Videtur contrarium esse huic sententiæ rursus, quod fideicommissarius legata ab herede data præstat deducta Falcid. si eam non deduxit heres. Præstat igitur tantum dodrantem legatarius. Quod etiam opponit Pap. hoc loco, & probatur *l.* 3. §. 1. *l. facta*, §. *si cum suspecta, hoc tit.* Ceterum hoc sane non est contrarium sententiæ nostræ, quia eo casu hanc Falcid. deducit fideicommissarius ex persona heredis, a quo relicta erant legata aut fideicommissa, & qui ea deducere potuit, alioquin secus, *l. cogi*, §. *Mecianus, & Lex asse, hoc tit.* non enim eo casu fideicommissarius deducit Falcidiam ex persona sua, & nomine proprio. Nam ex fideicommissis a se relictis, fideicommissarius non deducit Falcidiam. Et superior sententia est sic accipienda, ut fideicommissarius non exerceat Falcidiam ex sua persona: nam ex persona heredis potest. Non est etiam contrarium huic sententiæ, quod fideicommissarius, qui passus est Falcidiam, hoc imputat suis fideicommissariis pro rata, & eo minus præstat, *l. pen.* §. *ult. ad l. Falcid. l. factam.* §. *si Titius, hoc tit.* Quia ut respondeam, hæc imputatio non est deductio Falcidiæ, permissa ob id tantum, ne fideicommissarius obligetur in plus, quam acceperit, ne de suo fideicommissa præstare cogatur. Non est etiam contrarium huic sententiæ, quod si heres rogatus sit hereditatem restituere Titio, & rursus Titius rogatus sit eam alii restituere, si Titio restituerit heres, non deducta Falcidia, eo scilic. animo, ut ipse Titius potius eam deduceret, & sibi haberet, Titius potest uti Falcidia adversus sequentem fideicommissarium, *l. 1.* §. *1. h. t.* Hoc non est contrarium superiori regulæ, quia, ut respondeam, hoc facit liberalitas heredis, qui Falc. quam omisit donare voluit priori fideic. non posteriori. Itaque sit nobis semper illa sententia, ut murus æneus. Et hæc, quæ dixi pertinent ad hunc partem §. *qui fideicommissariam hereditatem*, usque huc adstrinxi, persequar reliqua. Intelleximus heredem rogatum restituere hereditatem Titio, qui eam alii restituere rogatus est, postulante Titio, si heres suspectam hereditatem dicat, profiteatur sibi non expedire eam hereditatem adire, compelli posse per prætorem, ut adeat, & restituat. Compelli igitur potest a priore fideicom. Hoc non est usquequaque verum, ut eleganter docet: Nam hoc verum est quidem, si aliqua portio hereditatis ex fideicommisso apud Titium remansura sit, at si non sit rogatus alii restituere totum, sed partem: quia portio hereditatis apud eum est remansura, ei jus est cogendi heredem, ut adeat & restituat, ne eam portionem hereditatis amittat: nemo cogit adire heredem propter legatum, ut valeat testamentum: nemo cogit adire heredem propter fideicommissum pecuniarium, nec propter ullum aliud emolumentum: imo nec propter libertatem, ne pereat libertas, sed propter hereditatem tantum fideicommissariam, aut partem hereditatis. Igitur si Titius prior fideicommissarius rogetur aliis restituere totum statim, vel post tempus, cum fructibus. Sane quia nihil ejus interest, non potest cogere heredem adire: imo & si Titius rogetur alii restituere post tempus hereditatem totam sine fructibus, quia apud illum nulla est remansura portio hereditatis, cum totum restituere rogatus sit, non potest compellere heredem ad adeundam hereditatem propter commodum fructuum medii temporis, quia nec propter legatum, nec propter libertatem, sed propter partem hereditatis solam, quod est aliud certissimum principium juris, atque adeo propter partem hereditatis solam, ut nec is, cui relicta est fideicommissum, possit heredem cogere adire nisi pars aliqua hereditatis apud eum sit remansura. Quod confirmatur etiam *l. si res*, §. *ult. & l. seq. hoc tit.* Ceterum, quo casu prior fideicommiss. non potest cogere heredem adire, si recuset fideicommissarium, certissimum est, sequentem fideicommissarium, apud quem fideicommiss. est remansurum recta via, ac si non esset medius alius fideicommissarius, posse compellere heredem adire, & sibi restituere, *l. cogi*,

§. *ult. hoc tit.* Et hæc pertinent ad illa verba, secundum quæ usque ad hæc verba, *sibi restituat*. Et his proxime subjungitur quæstio hæc: an heres cogi possit adire, si fideicommissarius non alii sed ipsimet heredi, rogatus sit restituere sub conditione aliqua? Et respondetur, cogi posse, quia heres sic coactus adivit, perdit quartam, & hæc quarta, quam perdidit, remanet apud fideicommissarium, nec venit in restitutionem fideicommissi relicti eidem heredi. Igitur propter eam portionem audiendus est fideicommissarius, si postulet decretum, quo heres cogitur adire. Plus tentat Papin. nec heredem fideicommissarium teneri ex causa fideicommissi, hoc est, fideicommissarium retinere posse totum, quod recepit, quia scil. qui coactus adiit, non tantum perdidit quartam, sed etiam fideicommissum ejusdem hereditatis: merito, quia ab initio sprevit & dereliquit. Denique eo est indignus. Et ait Pap. hoc non esse omittendum translative, id est, ὑπερβατῶς sive saltuatim, hoc est, hoc non esse dissimulandum, quoniam est verissimum, fideicommissum hereditatis ejusdem non deberi heredi compulso eam adire. Sane verissimum est, si post conditionem fideicommissi coactus adierit, non si pendente conditione: etiamsi cogi possit adire, si suspectam dicit etiam pendente conditione fideicommissi prioris, *l. 1.* §. *ult. l. 13. l. si cui priore, hoc tit.* tamen interim locus est pœnitentiæ, ut & Falcidiam, & fideicommissum sibi servare possit, puta res est integra, cum nondum restituerit, adire quidem cogitur ante conditionem, qui suspectam dicit, sed ei non restituendam, lex *quod*, §. *qui nam compulsus, hoc tit.* quæ negat pœnitentiam admitti Falcidiæ servandæ causa, non est accipienda eo, qui ante conditionem adivit, sed de eo, qui adivit post conditionem. Conclusio igitur hæc sit: heredem, qui coactus adivit, non tantum quartam amittere, sed etiam fideicommissum ejusdem hereditatis, quod ei testator reliquit a fideicommissario. Dicit Papinianus ad hanc conclusionem: se non ignorare, posse dici, eum non amittere fideicommissum, non amittere petitionem fideicommissi, sed se eo non moveri, *non ignoro*, inquit, posse dici. Sed suppleamus, & non moveor eo. Qua ratione? quia etiamsi non esset heres institutus, id fideicommissum haberet. Denique id fideicommissum non capit, ut heres, qui perdit etiam relinqui non instituto vel exheredato, & qui coactus adierit, ea tantum amittit, quæ habiturus est si adierit, ea tantum amittit, quæ habiturus erat ut heres, qua ratione non amittit jura sepulchrorum familiæ defuncti, etiamsi coactus adierit, & restituerit, *l. quia perinde, l.* 1. *h. t.* quæ & exheredati ea jura habent, *l. 6. de rel. & sump. fun.* non aufertur etiam heredi coacto mortis causa capio, *l. qui heredi,* §. *cum heres, de cond. & demonstr.* qui eam capit, ut quilibet, non ut heres, & ex alienis bonis, non ex bonis defuncti, cujus judicium dereliquit, aut dereliquisset, nisi coactus fuisset: non auferuntur etiam heredi coacto fructus ex bonis percepti ante mortem, *l. ita tamen,* §. *1. h. t.* quia nec hereditati accepti feruntur, sed rebus ipsis, *l. in fideicommiss. hoc tit.* His exemplis posses dicere, etiam non auferri fideicommissum hereditatis, quippe tamen nihil movetur Papin. Et concludit, æquum esse, ut heres, qui compulsus adiit, amittat fideicommissum, quod est ex hereditate, quam dereliquit, ad quam non potuit, nisi per prætorem impelli: eidem etiam aufertur prælegatum. His non est contraria *l. filio, de leg. 1.* quia is coactus non adiit, sed abstinuit se, cum nollet suo periculo adire, qui coactus adit, adit alieno periculo, & ob id caret commodis omnibus, & aufertur eidem commodum substitutionis pupillaris, si modo ad bona pupilli per substitutionem sit vocatus, quasi heres patris hoc modo: *quisquis mihi heres erit, idem filio meo heres esto*, quia hæc formula vocatur ut *heres*, & his omnibus caret, ad quæ vocatur ut heres, qui compulsus adiit. Et similiter aufertur ei jus adcrescendi, quod obvenit etiam ut coheredi, *l. tamen, & l. si res,* §. *ult. h. t.* Et generaliter qui compulsus adiit, amittit omnia quæ sunt ex hereditate quam dereliquit, & ea etiam quæ sunt ex aliena hereditate pura pupilli, quæ non erat habiturus, si heres institutus non fuisset. Et hoc est, quod in reliqua parte continetur.

tur. Illud tamen notandum, manifeste esse depravatum hunc locum, *eis qui jura, dicendum, eos, quos jura sepulchrorum sequuntur*, ut in *l. is qui. famil. ercisc.* Hesterno die ultimam quæst. §. *qui fideicommissa debui concipere* in hunc modum, *an heres cogi possit adire, si is, cui sub conditione rogatus est restituere hereditatem, non alii, sed ipsimet heredi eandem restituere rogatus sit?* Et ita velim vos emendare, ut scil. quod subjicitur de herede, qui coactus adiit post impletam conditionem, vel pendente, referatur ad conditionem adscriptam priori fideicommisso, & ita omnia erunt facillima. Et quod dixi illo loco, *nec ignoro posse dici*, videri legendum, *quos jura sepulchrorum sequuntur*: Videamus, an nulla facta mutatione interpretari possimus, *insequuntur*, hoc est, dicunt seu pergunt dicere, ut apud M. Catonem *insequenda*, id est, dicenda & oratione persequenda, notavit Gellius. Idemque Gellius & Festus in quodam loco Ennii, ex initio Odyss. Junii Andronici, *virum mihi Camæna insæque versutum*, id est, *dic*, quod ita Homerus ἄνδρα μοι ἔννεπε, &c. Sed nimis elegans forte illa versio Andronici. An igitur hoc loco qui jura sepulchrorum adquiri insequuntur, hoc est, qui etiamsi compulsi adjerint & restituerint, jura sepulchrorum sibi adquiri persequuntur, pergunt, pertendunt dicere, ut scil. qui hoc dicunt atque pertendunt, possint etiam dicere, sibi non esse denegandam petitionem fideicommissi. Et hæc sane mihi interpretatio placet valde. Nunc ad §. pen. hujus l. accedamus.

### Ad §. Cui Titiana.

*Cui Titiana hereditas ex Trebelliano Senatusconsulto restituta est, Mævianam hereditatem, quam Titius defunctus ex Trebelliano, Sempronio restituere debuit, & ipse restituere poterit sicut alius quilibet successor.*

Notandum est, non tantum heredem rogatum restituere hereditatem, obligari fideicommisso, sed etiam heredem legitimum: nam & a legitimo herede fideicommissum hereditatis relinqui potest: & non tantum heredem, sed etiam bonorum possessorem, & alium quemlibet successorem, *l. 1. §. bonorum, l. recusare, §. 1. hoc tit.* Est non tantum heredem, qui rogatus est, obligari, sed etiam heredem heredem, aut bonorum possessorem, aut alium successorem hereditatis, ut scil. hereditatem, quam primus heres adivit, restituat fideicommissario, & transferat actiones ex SCto Trebell. *l. quamvis, §. 1. & l. si ejus pupilli, §. si quis, hoc tit.* Ergo heres heredis rogati restituere hereditatem, potest restituere eam hereditatem, & vero debet, si modo primus heres eam adjerit. Hoc necessario addendum est, ne sit contraria lex 13. §. 1. *in fin. hoc tit.* Nam si primus heres eam non adjerit, non transmittitur ad heredem ejus. Ergo ut heres heredis obligetur fideicommisso hereditatis, necesse est, ut primus heres eam adjerit, nec dum restituerit: Nam restituet heres heredis. Plus dico ex hoc §. pen. etiam fideicommissarium, cui heres restituit hereditatem, debere & posse restituere fideicommissum hereditatis, quod defunctus debuit, & heres ejus. Finge: ( hæc est species hujus §. ) Titius a Mævio heres institutus est, & rogatus eam hereditatem Mævianam Sempronio restituere. Idem Titius Cajum sibi heredem instituit, rogavitque, ut hereditatem suam, in qua erat Mæviana, restitueret Claudio. Cajus Claudio ex causa fideicommissi Semproniū obligatur, ut ei restituat hereditatem Mævianam, quam Titius restituere debuit, & heres ejus: atque ita fideicommisso hereditatis, quod defunctus debuit, obligatur non tantum heres, sed etiam heres heredis, & alius quilibet successor: imo & is, cui heres bona defuncti restituit ex SCto Trebell. Et hoc tantum est, quod ait in §. *cui Titiana*.

### Ad §. Ult.

§. *ult. Actiones temporariæ Trebelliani solent esse evictæ hereditate ab eo, qui postquam fideicommissam restituit hereditatem victus est, scilicet ante restitutionem lite cum eo contestata. Potestas enim evictionis tollit in-*tellectum restitutionis, indebito fideicommisso constituto: *plane si fideicommissum ab eo quoque, qui postea vicit, relictum est, quia possessor in ratione reddenda hereditatis partem quam fideicommissario restituit, heredi reputat, defendi potest actiones Trebelliani durare.*

Hic §. ultimus vulgo pessime accipitur, qui melius tamen accipi erat dignissimus, & delenda est Glossa magna ad eum §. omnino : in eo ostenditur aliquando ab herede ad fideicommissarium, cui restituta est hereditas ex SCto Trebell. actiones quidem transire, sed non durare apud eum, & esse temporarias, hoc est, ad tempus apud eum remanere. Post tempus haberi pro non translatis in fideicommissarium. In hac specie, quæ proponitur in hoc §. ult. Cum herede scripto & rogato restituere hereditatem, antequam restitueret Titius, quasi legitimus heres ab intestato, egit petitione hereditatis, & litem contestatus est: dicens, nullum esse testamentum, in quo petierit hereditatis heres scripto fuerat, scil. pendente eo judicio, necdum finito, heres fideicommissario restituit hereditatem. Post Titius vicit heredem scriptum, & hereditatem evicit, quia probavit, injustum aut irritum esse testamentum, in quo is, a quo petiit hereditatem, heres scriptus erat : ex quo apparuit, etiam indebitum fideicommissum fuisse : nam res judicata contra heredem scriptum, & contra testamentum etiam legatariis & fideicommissariis nocet, *l. 3. de pignor. & hypoth.* Et inde sequitur, non esse cum effectu restitutam hereditatem fideicommissario, id est, restitutionem pro non facta haberi, non esse in fideicommissarium cum effectu translatas actiones, non durare actiones apud eum, cum indebitum fideicommissum restituatur evicta hereditate ab herede legitimo jure intestati. Posui ante restitutionem fideicommissi, cum herede scripto litem de hereditate fuisse contestatam, cum adhuc eam possidebat. Et hac ratione constat res ipsas, quas ex hereditate possidebat, tempore litis contestatæ venire in judicium & in condemnationem : post restitutionem hereditatis non potuit cum eo agi petitione hereditatis in solidum, quia non possidebat solidum: si deduxit Falcidiam, potuit agi pro quadrante tantum: si non deduxit non potuit cum eo agi petitione hereditatis. Hæc actio datur in possessorem, & pro modo ejus quod possidetur pro herede aut pro possessore, non potuit agi cum fideicommissario utili petitione hereditatis, quia non possidet, hoc est, id est, quia quasi pro herede de possidet, *l. etiam §. idem erit dicendum, & §. seq. l. item venimus, §. licet, de petit. hered. l. 11. de inoffic. testam.* Non potuit, inquam, post restitutionem agi cum herede qui restituit, nisi dolo fecerit, sciens, in qua causa esset testamentum, restituendo hereditatem, hoc est, sciens injustum esse testamentum : irritum, aut ruptum, quia dolus pro possessione est, *d. l. 13. §. ult.* Si nihil dolo fecerit restituendo, omnino tenetur petitione hereditatis in solidum, nisi in hoc tantum quasi juris possessor, sive actionis, ut cedat petitori conditiones indebiti adversus fideicommissarium, quia indebitum fideicommissum est, *l. quod si in diem, §. pen. & de pet. hered.* Hæc sunt certissima. At contra posset quis objicere *l. facta, §. si heres, hoc tit. & ex eo §.* efficere etiam post restitutionem hereditatis heredem scriptum teneri petitione hereditatis in solidum. Nam ille §. posuit, heredem restituisse hereditatem primum; deinde post restitutionem controversiam hereditatis passum esse, puta herede legitimo petente hereditatem; ex causa injusti testamenti victum esse, aut circa lite cessisse. Quo casu etiam ait ille §. durare actiones in fideicommissarium semel in eum translatas. Nemo est, quem non perturbet prima fronte plurimum ille §. & perturbet etiam semper, nisi accipiatur in suo & conveniente casu. Unde ita constituamus; quod est in eo §. suis quibusdam casibus propriis & convenientibus, verum est, puta si heres dolo fecerit. Dolo facit duobus modis. Primum, si post restitutionem hereditatis, se offerat petitioni hereditatis, quasi possessor, cum non sit possessor. Dolo facit, qui se offert petitioni,
non

non possessor, & tenetur in solidum, *l. etiam, §. non solum, & l. qui se liti obtulit, de pet. hered.* Dolo etiam facit heres, ut diximus, qui sciens causam testamenti, in utilitatem testamenti, restituit hereditatem: nam & dolus præteritus venit in petitionem hereditatis; *d. l. 13. §. ult. & l. sed etsi lege, §. quod ait, eod. tit. l. sin autem, §. sed & is, de rei vind.* Ex his causis ob dolum suum si victus sit heres, aut lite cesserit, præstabit æstimationem litis, hoc est pretium hereditatis: neque enim res ipsæ veniunt in petitionem hereditatis ex his causis. Ergo actiones remanent apud fideicommissarium. E contrario ex hoc §. ultimo notandum est unus casus valde elegans, quo si heres, cum quo actum est petitione hereditatis, ab herede legitimo ante restitutionem, ut est species ejus §. victus sit, post restitutionem durare tamen actiones in personam fideicommissarii, ut puta, si fideicommissum hereditatis non tantum sit relictum ab herede scripto, sed etiam ab herede legitimo, ab eo, qui evicit hereditatem, non tantum ex testamento, sed etiam ab intestato, puta his verbis: *quisquis mihi testato, vel ab intestato heres erit, rogo ut illi restituas illam hereditatem,* ut *l. Titia, de inoffic. testam.* Nam hoc casu victus possessor hereditatis, qui testamento scriptus erat, quique tempore litis contestatæ possidebat hereditatem, heredi legitimo, qui egit petitione hereditatis, & vicit, reputabit partem hereditatis, quam restituit fideicommissario pendente judicio, puta dodrantem, quem & ipse heres legitimus cogeretur ei restituere, & ei restituet tantum quadrantem, si retinuerit Falcidiam, atque ita actiones Trebell. perdurabunt apud fideicommissarium. Quæ est sententia hujus §. ultimi. Hic est finis libri 20. nam quæ supersunt leges, sunt rejiciendæ in lib. 27.

# JACOBI CUJACII J.C.
## COMMENTARIUS
In Lib. XXI. Quæstionum ÆMILII PAPINIANI.

### Ad L. XXXIV. de Statuliberis.

*Servus, si heredi decem dederit, liber esse jussus est: statuliberum heres eum manumisit, ac postea defunctus est: heredis heredi pecunia danda non est: quod enim placuit heredi heredis dari oportere, tunc memineris locum habere, cum prior heres dominus acceptæque pecuniam fuit, quæ causa facit ambulatoriam, ut ita dixerim, conditionem. Duæ sunt enim causæ, per quas in primi heredis persona conditio impletur, dominii ratio, item personæ demonstratio. Prior causa transit in omnem successorem, ad quem perveneris statuliber per dominii translati continuationem: sequens persona dumtaxat ejus, qui demonstratus est, adhæret.*

EX Lib. XXI. quæst. tantum habemus *l. 34. de statuliber.* & in ea quæstiones duas, de prima primum dicamus. Statuliber est, cui directo data est libertas sub conditione. Finge: datam eam sub hac conditione (*si heredi decem dederit*) hæc conditio impleri potest non tantum in persona heredis, sed etiam ejus, qui heredis heres extiterit: imo vero, si impleta non sit in persona heredis, debet impleri in persona ejus, qui heredi heres extitit, ut competat libertas, alioquin non competet, quia pecunia, quæ est in conditione, in solutione est, in præstatione est, non in obligatione, non in petitione, *l. 8. si quis omiss. cau. test.* Nam aufert eam statuliber, si velit, si nolit, non compelletur. Hoc est, quod dico, eam pecuniam esse in præstatione, non in petitione: est necesse est, ut competat heredis, *eam pecuniam præstare*, hoc est, conditionem libertatis impleri, quæ impletur, & hoc modo implicatur, non tantum in persona heredis, sed etiam in persona ejus, qui heredi heres extiterit: & generaliter in persona ejus, qui heredi quoquomodo in dominium statuliberi successerit, ut in persona emptoris, cui heres vendiderit: statuliberum, & in persona hereditatis emptoris, & in persona legata-

rii, cui heres statuliberum legaverit. Et similiter, in persona donatarii, & in persona patris, vel domini heredis instituti, ad quem redit emolumentum hereditatis, & in persona ejus, cui statuliber noxæ deditus fuerit ab herede, in persona ejus, cui statuliber adjudicatus fuerit judicio familiæ erciscundæ, & in persona ejus, qui statuliberum usuceperit. Et generaliter, in persona non heredis tantum, sed etiam in persona cujuscunque novi domini, qui fit *l. 12. tabul. l. 6. non solum, & l. peculium, §. heredi, l. statuliber a ceteris, §. ult. h. t. si servus, §. ult. de furt.* Et notandum, hæc in re esse differentiam inter legatarium & libertatem, inter legatarium & statuliberum: Nam si legatarius jussus sit dare heredi hoc modo, *lego tibi fundum si heredi decem dederis*, non implet conditionem dando heredi heredis. Servus autem, si jussus sit esse liber sub conditione, *si heredi dederit decem*, fit liber & implet conditionem dando heredi heredis. Et hæc est differentia, quæ proponitur inter legatum & libertatem, in *l. sub diversis, §. ult. de condit. & demonstr.* in cujus sensu exquirendo nihil habent vulgo certi, quod tradant interpretes: ille §. eos in multas adduxit angustias, nec sciunt, cui potius sensui hærere debeant. Hodie satis esset dicere, quis sit certissimus sensus hujus §. Alii volunt hunc esse sensum, ut si legatarius jussus sit dare decem heredi, & statim legatum capere datis decem heredi, non possit heres deinde implere conditionem, quia defecit semel conditio mortuo legatario ante numeratam pecuniam, quandoquidem ea conditio fuit injunctæ personæ legatarii, ut ipse dans alii ita perveniet ad legatum. Et sane hoc est verissimum, sed longe aliud a sententia §. Alii volunt, hunc esse sensum §. hujus: si servo data sit libertas sub conditione, *si legatario dederit decem*, eum non posse dando heredi legatarii implere conditionem, & pervenire ad libertatem sub ea conditione relictam. Quod etiamsi sit aliqua ex parte verum, tamen non congruit menti auctoris in *d. §. ult.* & non est usquequaque verum: Nam si ita dixerit, *liber esto, si illi legatario centum dederit*, & ei legatario sit legata alia res, non ipse servus, non potest impleri conditio, nisi in persona ipsius legatarii, quia omnimodo cohæret personæ legatarii, cum non sit dominus servi per legatum: videtur aliter, si cui servus sit legatus, & eidem servo relicta libertas, si legatario dederit decem, qui implebit conditionem dando heredi legatarii, sicut dando heredi heredis similiter implet conditionem, & dando heredi emptoris ex *l. 6. §. non solum, h. t.* Et ita si statuliber jussus sit extraneo dare, qui non fiat dominus servi, non potest dari heredi extranei, nisi servi dominium extraneus adquisierit, ut si ab herede servum redemerit, vel si heredi heres extiterit, quod exigitur prudentissime in *l. 6. §. an & si quis, & l. si is cui dare, h. t.* Conditio statulibertatis a domino transfertur in non dominum, a non domino non transfertur in alium, sed personæ omnino cohæret conditio, quæ adscripta est non domino; heredi quoque, si sit adscripta, id est, si servus sit jussus heredi dare decem, & liber este, heredis personæ cohæret conditio, quæ demonstrata est, sed non ut, ut heredi, quam ut domino: & quatenus heredi, non transit in heredem heredis, quatenus domino transit in heredem heredis, si modo, & in eum dominium servi non transierit: conditio transit in eum, in quem dominium statuliberi transit, non in heredem heredis: atque ita semper a domino hæc conditio ambulat ad dominum, non a domino ad dominum, nec retro a non domino ad alium quemquam. Et ita quod illi statuunt, statuliberum jussum dare legatario, non posse dare heredi legatarii, non est omnino verum: & ut sit verum, longe dissidet a mente Jurisconsulti, quæ potius hæc fuit, ut notarunt quidem, non quasi hæc effet certus sensus, sed hæsitantes, cum tamen res sit præclarissima, ut mox ostendam. Observandum est eam leg. *sub diversis* esse ex lib. different. Modest. Et in ea lege poni duas differentias inter legatum & libertatem. Prior hæc est, ut si data sit libertas sub diversis conditionibus disjunctim, *liber esto, si heredi decem dederis, vel si navis ex Asia venerit*, aut similib. libertas, inquam, sic data, modo

do sint conditiones in potestate statuliberi, competet, si vel leviorem conditionem impleverit: nam eligere potest eam, quæ ei levior videtur: favor libertatis hoc extorsit: sed si legatum pecuniæ, vel rei sit relictum sub diversis conditionibus disjunctim, legatarius non eliget leviorem conditionem, sed necesse habebit parere novissimæ. Posterior differentia hæc est, ut data libertas sub conditione, *si heredi decem dederit*, competat, si dederit heredi heredis. Sed datum legatum sub conditione, *si heredi decem dederit*, non pertinet ad legatarium, si dederit heredi heredis: Nec enim ea conditio potest impleri in persona heredis heredis, sicut nec in persona patris, vel domini heredis: legatarius visus est heredi dare, cum non dedit, *l. qui heredi, §. 1. de cond. & demonstr.* & tamen statuliber perveniet ad libertatem, si patri dederit heredis vel domini, *d. §. non solum*. Hæc est summa *d. §. ult.* Nec ei quicquam obstat lex *si peculium, §. heredi, hoc tit.* nihil est, quod tam facile sit: nam ait, *si hoc senserit testator, etiam legatarius dando heredi heredis capiet legatum.* Fateor, si hoc senserit testator, & si hoc probavit legatarius sensisse testatorem: alioquin non capiet legatum, nisi primo heredi dederit, cujus personæ adscripta est conditio legati. Et in eo §. *heredi*, etiam certam interpretes de vero sensu, qui tamen apertus est, & idem §. *ult.* ita est proditus à Græcis 48. Basil. quem librum transtulit Hervetus. Sed recte quidem secundum hunc sensum in ipso contextu Basil. dum ait, *capere legatum eum, qui dat heredi heredis, si hoc senserit testator, sicut libertatem capit indistincte.* Sed in eo τλωσία, hoc est, latiori interpretatione ille perperam eum transtulit, & emendandus est ita: *si hoc autem sensit testator ad heredem heredis transfire conditionem, idem etiam observari in legatario, ut heredi heredis dando impleat conditionem*: quia scilicet hoc sensit testator: alioquin non transiret conditio legati in heredem heredis, & transiret tamen conditio libertatis. Nunc redeamus ad speciem legis nostræ. Data est libertas sub conditione, *si heredi decem dederit*, heres statuliberum manumisit, & postea defunctus est. Quæritur, *an heredi heredis danda sit pecunia conditionis gratia?* Et ait Papinian. non esse dandam, quod est verissimum, quia is servus intelligitur statim liber ex testamento, statim atque eum heres manumisit ultro. Et hac ratione intelligetur esse libertus Orcinus, non libertus heredis manumissoris, quia heres manumittendo non potuit causam statuliberi facere deteriorem, *l. prox. hoc tit. supra.* Atque ita sibi facere liberum eum, qui nullius futurus erat libertus, nisi Orci. Denique manumissione extinguitur conditio statulibertatis, quia heredi, qui manumisit, danda non est pecunia, nec heredi heredis, sed ei, qui manumisit. Objicies, quod dicitur, heredi heredis dari oportere pecuniam in conditione positam, ut competat libertas, quod & ante nos affirmavimus. Huic objectioni Papinianus respondet, hoc esse verum scilicet, ut heredi heredis dari oporteat, cum primo heredi danda pecunia fuit, quæ causa facit, ut ambulet conditio ab herede ad heredem heredis, vel alium quemlibet successorem. At hæc causa hic cessat, quia heredi, qui manumisit, pecunia non fuit danda. Ergo nec heredi heredis danda est. In contextu autem illo loco, *tunc memineris*, in authentico Flor. est, *nec memineris*, legendum, *hoc memineris.*

---

Ad §. Imperator.

*Imperator Antoninus rescripsit, jussum rationes reddere, & liberum esse, si heres causabitur accipere rationes, nihilominus liberum fore. Quod rescriptum ita accipi debet,*
Tom. IV.

ut si reliqua non trahat, liber sit: quod si trahat, ita demum, si obtulit eam quantitatem, quæ refundi debuit ex fide veritatis: Non enim libertati sufficit, heredem in mora fuisse, si non id fiat per statuliberum, quod remota mora, libertati aditum daret. Quid enim, si ita manumissum, Dama, si in Hispaniam profectus anno proximo fructus coegerit, liber esto, Romæ retineat heres, neque proficisci patiatur? nunquid dicturi sumus, statim ante fructus exactos liberum fore? nam & cum Romæ stipulatio concipitur ita, centum in Hispania dare spondes? inesse tempus stipulationi, quo possit in Hispaniam pervenire, nec ante jure agi placuit. Sed si heres acceptis rationibus, & reliquis computatis donare se eas statulibero non habenti, quod inferat, proscribat, aut etiam litteris ad eum missis palam faciat, conditio libertatis impleta videbitur. Quid ergo, si neget se reliqua traxisse, atque ideo, quia per heredem steterit, ut accipiat rationes, libertum factum: heres autem neque se fecisse moram, & reliqua debere statuliberum contendat? apud eum, qui de libertate cognoscat, ea conditio sit impleta, constabit: cujus officio continebitur de mora considerare, nec minus computare rationes, & reliqua trahi compererit, non esse liberum pronunciare. Sed si nunquam negavit, se reliqua debere: cum autem conveniret heredem, & rationes offerre professus sit, refusurum quidquid in reliquis esse constiterit, & ipsa pecunia verum numerare paratum idoneum obtulit, & heres in mora fuit, sententia pro libertate dicetur.

Secunda quæstio est facillima: libertas relicta est servo dispensatori, aut villico sub hac conditione, *si rationes actus sui heredi reddiderit*. Reddere rationes, non est tantum dispungere rationes, legere aut percontari, sed etiam reddere reliqua, *l. cum servus, de condit. & demonstr.* Quod in hoc titulo multi admodum loci demonstrant: inter ceteros est unus in l. 12. *hoc tit.* vexatus ab Accursio, & ab aliis, quod nec quicquam profecit ob non intellectam speciem, vel non bene positam. Species hæc est: scripsi quinque, aut sex heredes, & servo dedi libertatem sub conditione, *si reddiderit rationes primo, secundo, tertio, Titio, Cajo, Sempronio*, scilicet nominibus expressis, aliorum quidem nominibus prætermissis. Quæritur, si quid sit in reliquis, *s'il yades arrerages*, an ea reliqua sint dividenda inter omnes heredes pro hereditariis portionibus? Videntur tantum pertinere ad eos, qui nominati sunt pro virilibus portionibus, quia enumeratio personarum viriles semper partes facit, *l. nonnunquam*, *ad Treb. l. si heredes, in fi. de leg. 1.* Sed Jurisconsultus ait, reliqua esse solvenda omnibus pro hereditariis portionibus. Cur ita? nempe, quia hæc proculdubio fuit mens defuncti, ut illi tres heredes, quos nominavit, percontarentur, & dispungerent rationes, & computarent reliqua, *qu'ils ovissent les comptes*, non etiam ut illi soli ferrent reliqua: nam mixta est hæc conditio, *d. l. cum servus*, & una pars conditionis pertinet tantum ad eos, quorum nomina sunt expressa, altera pars ad omnes. Finge igitur: statuliber jussus est reddere rationes: conficiatur accipere rationes, hoc est, moras trahit & differt, quia per heredem stat, quo minus impleatur, conditio habetur pro impleta, & servus statim fit liber. Et ita cautum esse ait rescripto Antonini, quod tamen ita rectissime interpretatur Papinianus, ut servus statim liber fiat, ob moram heredis in accipiendis rationibus, si modo servus reliqua non trahat, & si nihil in reliquis sit, vel si quæ sunt offerat, aut eorum nomine expromissorem idoneum & locupletem: alioquin, si fiat reliqua, nec ea offerat, non fiet liber, antequam ea solverit, aut eo nomine satisfecerit heredi: nec enim sufficit mora heredis, sed oportet etiam reliqua offerri, sicut si jussus sit statuliber heredi præstare decem dierum operas, & nolit heres accipere, nolit eas sibi edi operas, non fiet liber antequam dies illi prærierint, qui insunt conditioni: vel etiam, si jussus fit Capuam ire, & heres prohibuerit ire, retinuerit eum domi, non ante fiet liber, quam tempus prærierit, quod conditioni tacite inest, quo scilic. Capuam pervenire potuit, *l. si peculium, §. quadam, hoc tit. l. interdum*,

Q q

verdum, de verb. obligat. l. quoties, de oper. liberi. vel ut ponit Papinian. si. talis conditio fuerit adscripta statulibero, si *in Hispaniam profectus, anno proximo ex agris meis fructus toegerit*: Non ante fiet liber, quamquam extiterit tempus fructuum cogendorum. Et ita in specie proposita, etiamsi causetur heres rationem accipere, id est, si moretur, non ante fiet liber, quam reliqua solverit, vel obtulerit: quia conditioni reddendarum rationum hæc causa semper inest, ut par fiat ratio, per calculus, ut reliqua solvantur: nihil autem refert reliqua obtulerit statuliber, an heres ei donaverit. Quid est *donaverit*? donasse videtur heres reliqua, hoc est, remisisse, si acceptis rationibus & computatis reliquis, scripserit sua manu, se ei reliqua condonare & remittere, ut solebant semper a dominis rationes subscribi, reliquationes, pariationes; *l. Aufidius, de legat. 3. l. ult. §. idem quæsiit, de cond. indeb.* Donasse etiam videtur, si per epistolam statulibero significaverit, se ei reliqua condonare: Hæc enim scriptura, sive subscriptio, vel hæc epistola habetur pro pactione, si el modo assentiatur statuliber, si ei fit grata liberalitas heredis, *l. qui negotia, mand. l. 15. de fund. dot.* Ex his causis statim eripitur in libertatem. Quod si incidat controversia aliqua inter heredem & statuliberum, si heres dicat esse reliqua, neget statuliber: si heres neget se moram fecisse, dicat statuliber, causam dirimet Prætor, qui de liberalibus causis cognoscit & statuet, vel eum liberum fuisse, vel non fuisse.

## JACOBI CUJACII J. C.

### COMMENTARIUS

In lib. XXII. Quæstionum ÆMILII PAPINIANI.

Ad L. Si legatario XXII. de Fideicomm. libert.

*Si legatario fundi decem pretii nomine relicta sint in hoc, ut servum suum manumittat: quamvis fundi legatum agnoverit, si tamen legatum pecuniæ propter interventum Falcidiæ non agnoverit, cogendus est, & pecuniam accipere habita legis Falcidiæ ratione, & servo fideicommissariam libertatem præstare, cum semel fundi legatum adgnovit.*

EX Lib. XXII. quæst. quatuor sunt tantum ll. quarum primam jam exposui ad *l. 10. & 13. de jure codicill. lib. 19.* Igitur incipiam ab ea quæ est *lex si legatario 22. de fideicommiss. libert.* In qua nihil est difficilius, quam aptam & convenientem ponere speciem, quod nescio, an nostri præstiterint, & ubique meo quidem judicio, summa est speciei positio: nam qui speciem tenet, reliqua facile comprehendit. Finge vero quidam legavit mihi fundum, legavit quoque mihi decem pro pretio servi mei, ut cum manumitterem: pretium servi mei erat decem: ego legatum fundi agnovi, legatum pecuniæ non agnovi; viderar potuisse unum legatum repudiare, alterum amplecti, quia non unum legatum, sed duo legata sunt, legatum fundi, & legatum pecuniæ: unum legatum scindi non potest, id est, nec res, quæ legata est, discindi & delegari potest; nec actio legati, *l. cum filius, §. variis, de legat. 2.* nisi scilicet propter fideicommissarios, ut didicimus lib. 20. & ex *l. Imperator, eod. tit.* Si duo sunt legata, possum unum velle, alterum nolle. Quid ni? *l. 5. eod. t.* sed excipitur unus casus, qui comprobatur in *d. l. 5.* tum in hac *l. si legatario*, videlicet si unum legatum onus habeat, & hoc nolim: alterum onus non habeat, & hoc velim, ut in specie proposita, legatum pecuniæ; cui injunctum manumittendi servi non agnovi, legatum fundi, cui nullum erat onus, agnovi: quia enim legatum fundi agnovi, cogor etiam legatum pecuniæ agnoscere cum suo onere, ne intercidat fideicommissaria libertas relicta servo meo, repudiata pecunia: nisi forte (qua de re Prætor decerneret) servus ille

meus sit de me male meritus, *l. 41. de bon. libert.* Nam si temperem me legato relicto sub onere manumittendi servi mei, si abstineam me legato, iniquum est, me cogi non accepto legato, servum de me male meritum manumittere, & hoc impetrato beneficio prætoris; *d. l. 41.* Notandum est in specie proposita, quod non explicatur ab interpretibus, ideo me non agnovisse legatum pecuniæ, quod sufficiebat pretio servi manumittendi, quia, ut declarat Papin. locus erat legi Falcidiæ, & deminuta pecunia per legem Falcidiam, dodrans non sufficiebat pretio servi. Itaque mallem servum retinere, & dodrantem repudiare ob inverventum Falcidiæ, ut ait, sed non sum audiendus, quia agnovi legatum fundi, quod tamen æque minuetur lege Falc. quia, inquam, agnovi legatum fundi, cogor etiam agnoscere dodrantem pecuniæ, & servum manumittere, quamvis servus pluris sit, quam dodrans pecuniæ: agnoscendo legatum, quod est, sine onere, huic me oneri subjeci. Et sane mens testatoris hæc fuisse videtur, ut non subterfugeret onus, qui lucrum amplecteretur, ut non sperneret onerosum legatum, qui lucrum affectaret, ut non sentiret incommodum nisi alicujus delegationis gratia. Et hæc est mera ratio legis, nec quicquam difficultatis superest. Eadem ratio intervenit in specie *d. l. 5. de leg. 2.* Quidam legavit mihi pecuniam, legavit quoque Stichum, ut manumitterem: si agnovero legatum, quod est fine onere, cogar etiam agnoscere Stichum, & fideicommissariam ei præstare libertatem, quæ etiam libertas, ne intercidat ad interventum Falcidiæ, communicato Sticho inter me & heredem, Falcidia non deducetur ex Sticho, sed integra præstabitur pecunia, integer Stichus manumittendi causa, & pecunia autem utriusque legati quarta deducetur, *d. l. 5.*

Ad §. penult. & ult.

§. 1. *A duobus heredibus, qui tres servos habebat, petit, ut duos ex his, quos voluissent, manumittant: altero latitante, alter declarat, quos velim manumittere. Potest dici, fieri libertos, ac perinde libertas competat, ac si præsens solus manumittere potuisset.* Quod si ex servis unus decesserit, sive justa ex causa absit heres, sive fari non possit, a quo pretium est, decernente prætore, duos, qui supersunt, fieri libertos conveniat.

§. 2. *Cum his, qui fideicommissam libertatem præstare debet, justa ex causa abest, aut latitat, aut quidam præsentes sunt, alii ex justa causa absunt, nonnulli frustrandi gratia fideicommissi copiam sui non faciunt, aut ei, qui libertatem debuit, heres non extitit, aut suus heres hereditate se abstinuit, prætor pronuntiare debet, ex testamento L. Titii fideicommissam libertatem competere.* Idque Senatusconsulto demonstratum est, quo Senatusconsulto comprehensum est, in dubium & obscurum esse, cujus libertus fieret prætorem pronuntiare debere, qui ex justa causa & qui detractandæ libertatis gratia absit.

SEquentem §. & ult. simul explicabimus. Quidam tres tantum servos habebat, in frugalitate verum, qui erant contenti tribus servis, ut de Catone scribit Valer. 4. & de Cæsare in Britannica expeditione Athenæus 6. cujus frugalitatis respectu constitutum opinor in *l. 1. de opt. leg.* ut fi cui sit relicta optio servorum, cum plures essent servi testatoris, is tantum possit tres eligere, non plures, hæc est frugalitas. Ita in specie §. hujus a duobus, frugi paterfamil. qui habebat tantum servos tres, duos heredes scripsit, & eos rogavit, ut ex his tribus servis duos, quos eligerent, manumitterent: unus ex heredibus latitat. Quid est *latitare*? copiam sui non facere frustrandi fideicommissi gratia, in fraudem fideicommissariæ libertatis: alter præsens est, & elegit duos servos, ac manumittit latitante cohærede, an valet electio? Electio valet & libertas, & plectitur coheres, qui latitat; quoniam manumissi præsentis tantum fiunt liberti, qui manumisit, non latitantis. Hic perdit libertos Senatusconsulto Rubriano: pars latitantis proficit coheredi: namque is solus patronus est, perinde atque si solus rogatus

tus esset duos eligere & manumittere, *l. 1. l. si cum servum §. eorum, hoc tit.* Sed notandum est, Senatusconsultum Rubrianum multare tantum jure patronatus eos, qui latitant, vel qui evocati a prætore, venire nolunt, servi manumittendi gratia: non continetur Senatusconsulto Rubriano is, qui ex justa causa abest, non latitandi causa, non intervertendæ aut frustrandæ libertatis causa: non continetur etiam infans, qui rogatus est manumittere, qui nondum potest manumittere per ætatem, quia fari non potest, neque hic defectus suppleri potest tutoris auctoritate, *l. pupillus, de manum. vind.* Ad hos, qui fari non possunt, vel qui absunt ex justa causa, non pertinet Senatusconsultum Rubrianum, sed Dasumianum, de quo hoc tit. agitur, quo quidem cavetur, ut si eo, qui rogatus est servum manumittere, absente ex causa justa, vel infante prætor pronuntiaverit servo deberi libertatem, liber fiat, & libertus eorum: perinde atque si ab eis fuisset manumissus ex fideicommisso: his non eripitur jus libertatis, sicut latitantibus, *l. neque, l. non tantum, §. Senatusconsulto, hoc tit.* Et ideo bene in proposita specie, si unus tantum heres rogatus sit duos ex trib. servis manumittere, & absit justa ex causa, vel si infans sit, mortuo uno servo alii duo liberi fient, jure patronatus heredi conservato: mors unius declarat alios duos superstites debere manumitti: alioquin si vivant omnes, nullus interim fiet liber, quia non est qui eligat duos, ut in priori specie, & ita declaret, quos velit manumitti, cum unus tantum heres rogatus proponitur. Idemque erit, si duo heredes sint rogati, duos ex tribus manumittere, & ambo absint justa ex causa, vel fari non possint. Pendebit namque libertas, quoad unus ex servis mortem obierit: mortuo uno, alii duo fient liberi & liberti heredis, qui non latitat. Latitantis igitur dumtaxat pæna est amissio liberti, amissio juris patronatus. Et hoc satis declarat Papinian. in *§. pen.* Notandum etiam illud est, ex Senatusconsulto subveniri libertatibus fideicommissariis, si heres, qui debuit libertatem, sine successore decesserit ante præstitam libertatem, vel etiam si suus heres, qui debuit fideicommissariam libertatem abstinuerit se: quoniam heredem extitisse satis est, ut fideicommissaria libertas debeatur: existentia heredis sui sive ἀνάφαιρος, nudum nomen heredis sinere, quoniam se abstinuit, confirmat libertatem, *l. sciendum, de manum. test.* confirmat substitutionem pupillarem, *l. si filius qui patri, de vulg. subst. l. filius, l. Julianus, in princ. de acq. hered.* & hoc satis opinio vera. Imo confirmat omnia, quæ in testamento scripta sunt, *l. si post mortem, de leg. 1.* nec minus potest existentia sive ἀνάφαιρος, quam aditio. Qua de causa & idem dicemus, si heres oneratus fideicommisso libertatis, qui adiit postea beneficio ætatis, quod sit minor 25. annis, restitutus sit in integrum abstinendi causa: Nam his omnibus casibus servi manumissi per fideicommissum ex decreto prætoris liberi fient, *l. cum quasi §. sed & si quis, cum duob. seq. hoc tit.* liberi fient, ut dixi his casibus. Quorum autem erunt liberti? Erit distinguendum. Si ab eo fuerit debita libertas, qui latitavit, erunt liberti Orcini, perinde ac si decreto esset manumissi ex testamento, non liberti ejus, qui rogatus est. Si autem ab eo fuerit debita libertas, qui sine successore decessit ante præstitam libertatem, credentur esse liberti ejus, perinde atque si ab eo fuissent manumissi ex fideicommisso, *d. l. cum quasi, §. si alter,* nisi post moram decesserit. Hoc enim casu pro Orcinis habebuntur, *l. Ancillam, §. eod. tit.* Quod si debita fuerit libertas ab eo, qui justa causa abest, vel ab infante, furioso & similibus personis, jam ante dixi, eos libertos fore ejus, a quo relicta est libertas, perinde atque si eos manumisisset ex fideicommissi causa. Et hoc ne sit obscurum, prætor qui decernet libertatem deberi: debet explicare causam, cur debeatur, non manumittente eo qui rogatus est, vel quia abest ex justa causa, vel quia fari non potest, vel quia latitat. Et ex eo apparebit aperte, cujus sit libertus ex decreto prætoris: decretum prætoris debet tollere dubitationem & ambiguitatem omnem.

*Tom. IV.*

Ad L. IV. si Ingenuus esse dicatur.
*Oratio, quæ prohibet apud consules, aut præsides provinciarum, post quinquennium a die manumissionis in ingenuitate proclamare, nullam causam aut personam excipit.*

ORatio principis solebat in senatu recitari, quæ & constitutio dicitur generali nomine, de ea re relic. quæ placebat principi, cujus princeps instituendæ vel introducendæ auctor erat, & sequebatur fere semper Senatusconsultum congruens cum oratione principis. Qua de causa, quod hic ex oratione, ex Senatusconsulto dicitur esse in *l. 1. C. de ingen. manumiss.* Quod & confirmat inscriptio *l. 3. hoc tit.* quæ est ex lib. Senatusconsultorum, & in qua Senatusconsulti verba aliqua explicantur: sed quod Senatusconsulto huic fuerit nomen, cujusve principis oratio hæc fuerit, ignoratur. Nam illud cave credere, quod Accur. annotavit hoc loco esse orationem D. Marci, de qua in *l. 1. §. sed inter eum, tit. seq.* Nam illa oratio D. Marci longe alia de re est: ea cavetur, ut pro ingenuitate dicta sententia retractari possit. Hoc erat singulare in causis liberalibus, ut possent retractari, & in causis centumviralibus. Regulariter enim sententiam semel dictam, retractare non licet. Hoc ergo erat cautum oratione D. Marci, sententia dicta pro ingenuitate retractari posset vivo eo, qui ingenuus pronuntiatus esset, non etiam post mortem, etiamsi eo ipso anno mortem objicisset, quo scivisset, se ingenuum esse, vel ea ipsa die, aut altera, ut cœpta causa retractationis morte ejus extingueretur. Qua de re nihil fuit in ea oratione, de qua Papinian. agit hoc loco. Oratione, qua de agitur hoc loco, qua cavetur, ut manumisso, atque ita per manumissionem facto libertino, liceat agnitis natalib. originem suam repetere, hoc est, ex libertinitate in ingenuitatem proclamare, intra quinquennium tamen a die manumissionis, relictis bonis restitutisque, quæ ex domo vel ex familia manumissoris, vel ex rebus ejus acquisivit ut libertus: post quinquennium non potest proclamare, etiamsi agnoverit, & probare liquido possit, natales suos ingenuos esse, ac proinde ingenuitati suæ manumissionem officerne non debuisse, quod ostendit *l. de bonis, ff. de liber. cau. l. 3. hoc. tit. l. 1. de ing. manum.* Proclamare, est asserere se ingenuitati liberali causa, non nostris auctorib. tantum, sed aliis etiam. Senec. 1. *controv. proclama ingenuum te esse,* quæ proclamatio actio quædam est, quæ proprio nomine dicitur præjudicium, seu præjudicialis actio, *l. ul. hoc tit.* Et inde locus Ciceronis de M. Gellio apud Plutar. cum M. Gellius vulgo non existimaretur esse ingenuus, sed libertinus, & tamen gereret se pro ingenuo, & in senatu recitasset literas clara & alta voce, *nolite mirari,* inquit Cicero: *nam & unus ex his est, qui proclamant,* quod ignorantia verbi juris Alexander non assequitur. Idque fatetur ingenue, *non satis hoc assequor,* inquit, *nisi proclamator est præco, aut filius præconis,* quæ officia sordida & parum digna ingenuis habebantur. Sed imo proclamasse dicitur, qui habitus pro libertino se adseruit ingenuitati. Ex ea autem oratione, cujus hunc potes facere titulum *de agnoscendis, adserendis, restituendis natalib. intra quinquennium a die manumissionis,* hæc est recta paraphrasis hujus præjudicii, cujus initium formulæ est, *si ingenuus esse dicitur,* ex, inquam, oratione de ea re cognitio erat consulum in urbe & proconsulum in provinciis, ut indicat Plin. in epist. *ad Trajanum de assertione ingenuorum.* Qua de causa hoc loco Papin. ait, hanc orationem vetare manumissos post quinquennium proclamare apud consules, aut provinciarum præsides, id est, proconsules, non præsides quoscunque. Cognitio hac de re erat consulum, aut proconsulum intra quinquennium: post quinquennium cognitio erat solius principis ex magna causa, puta post quinquennium repertis instrumentis certissimis, & probationibus natalium, *l. 2. §. ult. hoc tit.* Hodie ex Constit. Justin. ex causa etiam post quinquennium; cogni-

Qq 2

cognitio erit magistratuum supradictorum, nec erit necesse adire principem, *l. ult. C. ubi causa status*. Et adjicit Papin. in hac l. quod non assequuntur interpretes, ea oratione nullam causam excipi, nullam conditionem personarum. Quid hoc est, *nullam causam ?* nullam personam ? nullam conditionem excipi ? nempe ad interpellandam jurisdictionem consulum vel proconsulum, qui hac de re cognoscunt : nihil efficere privilegium, vel casus vel personæ, nihil efficere privilegium civitatis cujusque, vel corporis, hoc est universitatis cujusdam, nihil efficere privilegium officii, in quo quisque est, nihil conditionem personæ, nihil sexum muliebrem, nihil rusticitatem personæ. Nam & libertinus universitatis cujuscunque, & universitas quæque, hos habebit judices, nec poterit revocare forum, & id est, non poterit uti privilegio fori, *il ne demandera point d'estre renvoye devant son juge*, ut dicitur similiter in *l. nequa, §. ult. ste fideic. liber.* non interpellari jurisdictionem prætoris fideicommissarii ob privilegium civitatis, vel corporis, vel muneris, aut officii. Nam in hac re ; de qua agimus, etiamsi sit senator, vel miles, vel officialis quilibet adversus quem sit proclamatio, vel qui proclamat, hos habebit judices, nec revocabit forum, sive domum. Et hanc esse sententiam liquido demonstrat *d. l. ult. C. ubi causa status egi*. Ex ea l. quo casu olim erat cognitio solius principis hac de re post quinquennium, hodie est cognitio magistratuum & judicum ordinariorum, quorum etiam est cognitio ex hac oratione intra quinquennium. Et adjicitur nominatim, cognitionem esse magistratuum, sublata præscriptione, aut revocatione fori: etiam clarissimam personam, puta senatorem subire cognitionem consulum aut proconsulum hac de re, qui alias revocaret forum, & uteretur privilegio fori sui. Notandum ad hoc, quod ait Papinian. in hac oratione, *nullam causam aut personam excipi*, quasi quoties lex nihil excipit, nec nos excipere debeamus. Hoc enim significat, quoniam oratio nihil excipit, ex eo conjecturam capi, quasi sententia principis hæc sit, ut nulla causa aut persona exciperetur, sicut dicitur in vulgatissima *l. de pretio, de Public. in rem act.* ut si sit locus Publicianæ actioni, non est necesse, ut emptor, qui bona fide emit rem alienam a non domino, & solverit pretium, quia nihil in edicto exprimitur de pretio soluto, unde conjectura capiatur quasi hæc sententia fuerit Papiniani, ut non exigeretur solutio pretii : datur Publiciana ei, qui rem alienam emit a non domino bona fide, atque adeo etiam cui ea res tradita est bona fide accipienti, si necdum eam usuceperit: nam si usuceperit, habet civilem vindicationem & directam, cum sit dominus per usucapionem : si nondum usuceperit, amissa possessione habet tamen prætoriam vindicationem, id est, Publicianam, in qua fingitur usucepisse propter bonam fidem, qui nondum usucepit, & quasi usuceperit, indulgetur ei vindicatio a prætore. Exigimus traditionem rei omnino, ut diximus, ut possessio in eum transierit, quæ transit etiam pretio non soluto: dominium non transit, nisi pretio soluto, *l. quod vendidi, de cont. emp*. ut vero competat Publiciana, satis est possessionem transiisse, nec exigitur ut emptor, cui res tradita est, solverit pretium: non exigimus, quod prætor in suo edicto non exprimit. Nec male illo loco interpretes, ubi lex non distinguit, nec nos distinguere debere : Nam & ita Hermogenes lib. de statu, *lex*, inquit, *non distinguit, sed simpliciter loquitur & indistincte*. Unde significat, nec nos distinguere debere, nihil horum distinxit lex, sed simpliciter locuta est, inquit. Qua tamen sententia non debemus, ait, in his causis, in quibus a scripto recedere non licet, in quibus jus scriptum factumque sequimur, ut in testamentis, cum nulla est verborum ambiguitas, res judicatur ex scripto, nec quæritur, quæ fuerit voluntas, non admittitur quæstio voluntatis, *l. ille aut ille, l. non aliter, §. 3.* Puta cum non est evidens contraria voluntas defuncti. Idem de legibus judicium est, ut si lex non distinguat, nec nos debeamus distinguere, sed scripto stare, nisi aliud suadeat mens legis, & sententia, quæ potior est omni scripto.

### Ad L. Heres XLIII. de Usurp. & usucap.

*Heres ejus, qui bona fide rem emit, usu non capiet, sciens alienam, si modo ipsi possessio tradita sit. Continuatione vero non impedietur heredis scientia.*

§. 1. *Patrem usu non capturum, quod filius emit, propter suam, vel filii scientiam, certum est*.

Summa legis hæc est, ut constituat in ea re, quam tractat tantum, differentiam esse inter heredem & patrem: De herede dicamus primum. Si defuncto res aliena sit vendita, & tradita a non domino, bona fide ementi & accipienti, usucapio, quæ a defuncto cepit, nec dum impleta est, non interpellatur heredis scientia, id est, ob malam fidem heredis, si heres sciat esse alienam, *l. pro emptore, §. si defunctus, tit. seq*. Nec mirum, cum nec interpellet usucapio scientia postea superveniente, id est, post traditionem, *l. bona fidei, §. in contrarium, de acq. ver. dom*. Satis est initium possessionis esse sine vitio, satis est emisse & accepisse bona fide : superveniens scientia non interpellat usucapionem. Sed si a defuncto res sit empta bona fide, tradita autem heredi scienti rem esse alienam, usucapio non procedit, quia in emptione, & tempore actus, & traditionis tempore, bonam fidem intervenire oportet, *d. l. bona fidei, l. sed et si res, §. ult. & l. seq. de Pub. in rem act*. E contrario, si defunctus rem emerit, & acceperit mala fide, vel si emerit tantum mala fide, usucapio non procedit, etiamsi heres putaverit rem venditoris fuisse. Nam heres est successor malæ fidei defuncti, & bonæ fidei : & est successor vitiorum & virtutum defuncti. Et hac in re heres differt a patre, ut subjicitur in 2. parte hujus l. Nam quod filiusfam. emit & accepit bona fide, continuo acquisivit patri : igitur possessionem filii ejus rei, pater non usucapiet, si scierit rem esse alienam, quamvis filius eam emerit, & acceperit bona fide : si modo hæc scierit pater eo tempore, quo filius emit aut accepit, quia ipse pater videtur emisse aut accepisse. Heres autem non videtur emisse, quod antequam heres esset, defunctus emit. Sed si post emptionem & traditionem factam filio ementi & accipienti bona fide, pater cognoverit rem esse alienam, usucapio non impedietur, quia uterque pater & filius fuit bonæ fidei, utroque tempore emptionis & traditionis, nam & ipsius filii scientia postea superveniens non interpellaret usucapionem, ut ante diximus: & contra nunc si filius emit aut accepit mala fide, usucapio non procedit, etiamsi pater ignoraverit rem esse alienam, cui initium fuit vitiosum: nam hoc casu nihil distat heres a patre. Denique ita concludamus : bona fides defuncti heredi prodest, mala fides nocet : bona fides filii, patri non prodest, scienti rem esse alienam: mala fides filii patri nocet, etiam ignoranti rem esse alienam, quia interpellatur usucapio, vel impediritur non tantum propter scientiam patris, sed propter malam fidem filii, propter scientiam filii. Et quod hic dicitur in patre & filio, idem juris est in servo & domino, *l. pro emptore, §. Celsus, & seq. ff. pro empt*.

## JACOBI CUJACII J.C.
### COMMENTARIUS
In Lib. XXIII. Quæstionum ÆMILII PAPINIANI.

### Ad L. LXXIII. de Legat. 2.

*Si quod ex Pamphila nascetur, legatum mihi fuerit, & ego Pamphilam emam, eaque apud me sit enixa, ratione summa responsum est, non ex lucrativa causa partum intelligi meum factum: ideoque petendum ex testamento ; tan-*
*quam*

quam istum emisset: ut scilic. pretii contributione facta consequar tantum, quanti puerum, deducta matris æstimatione constitisse mihi judex in causa legati datus æstimaverit.

SEQUITUR *l. 73. de leg. 2.* quæ datur prima ex lib. 23. *quæst.* quæ quidem pertinet ad regulam illam vulgarem: duas causas lucrativas in eandem personam, & in eandem rem concurrere non posse; causam lucrativam & causam onerosam concurrere posse, §. *si res aliena, Inst. de leg. l. omnes, & duabus sequent. de oblig. & actionib.* Causa lucrativa est, si nihil ob eam causam possessori abest: onerosa est, si quid abest: ut causa legati vel donationis est lucrativa, causa emptionis est onerosa, quia pretium abest possessori rei. Igitur si rem habere cœpi ex causa legati, eandem ex causa donationis, vel ex alia legati causa petere non possum; quia, ut dixi, duæ causæ lucrativæ in eandem speciem & eundem hominem concurrere non possunt. Sed si rem habere cœpi ex causa legati, eandem petere possum ex causa emptionis, & contra, si eam habere cœpi ex causa emptionis, eandem petere possum ex causa legati. Nunc finge: quidam mihi legavit quod ex Pamphila nasceretur, quod legatum valet, §. *ea quæque res, Inst. de legat.* Ego vero, ante quam legaretur Pamphila, Pamphilam prægnantem emi, eaque apud me enixa est puerum: videor puerum habere ex causa emptionis, id est, ex causa emptionis, quia emendo mulierem prægnantem, & partum emisse videor, & ob id evicto partu mihi competit actio ex empto in id quod interest. Et ita Julianus respondit in *l. non quocunque 82. §. Julianus, de legat. 1. l. venditor, de evictionib.* de quo Juliani responso Papinianus sensit, meo quidem judicio hoc loco, dum ait, *summa ratione responsum esse, non ex causa lucrativa partum intelligi meum factum:* verna, id est, qui domi est conceptus & natus meus est ex causa lucrativa, sed qui natus est ex ancilla, quam emi prægnantem, non intelligitur esse meus factus ex causa lucrativa, sicut verna, sed ex causa onerosa, id est, emptionis: denique comparatitius servus est, non verna. Posui me emisse ancillam prægnantem, & ita poni debet: Nam si emi vacuo utero, ea postea conceperit & peperit apud me, ut jam dixi, verna causa lucrativa est, & evicto eo partu mihi non competit actio ex empto in id, quod interest. Id quod interest persæpe est pretium rei emptæ, & quod rei emptione continetur atque accedit, & in omnibus causis onerosis, id quod interest non excedit, non eregreditur pretium rei, *l. 3. §. condemnatio, de tabul. exhib. l. pen. quibus ex causis in poss. eatur, l. si vendidero, §. ult. de furt. l. si sterilis, l. cum per vend.* in illo loco, *tractati, de action. emp.* Idem etiam ostendit *l. 1. C. de his qui a non dom. manum.* maxime si in ea deleatur disjunctio, vel, quæ etiam exulat a Basil. & ab aliis exemplaribus, ut recte Thalelæus in legem, *nota*, inquit, *pretium hoc vocari, quod mox vocatur, quanti interest.* Et etiam in eadem specie, res dicitur computari in pretium rei, *l. 15. §. ult. de rei vind. & in id quod interest, l. de eo, §. si posi, ult de exhib.* Igitur sæpe id quod interest, pretium rei non egreditur, ut in proposito, in causa legati evictionis, pretio rei emptæ accedit: quæ res emptione rei continetur, ut emptione ancillæ prægnantis continetur partus, ac proinde de eo evicto recte agitur ex empto in id quod interest, de quo non ageretur, si ancilla non prægnans empta esset. Et quod notandum, exemplo partus, distinctionem, quam in partu facimus, trahere etiam debes ad hereditatem servo vendito debitam, si evincatur: Nam si emi servum ab alio heredem institutum, jussu meo adierit hereditatem, evicta hereditate mihi competit actio ex empto in id quod interest, id est, in pretium hereditatis, quod etiam emptioni inesse videtur: emptus est servus; empta etiam intelligitur hereditas, quæ ei servo jam delata erat, & ob id evicta hereditate agam in id quod interest, *d. l. venditor.* Sed si ponas post emptionem servi servum fuisse heredem institutum, evicta hereditate mihi non competit actio ex empto in id quod interest, quia ea hereditas est extra causam

emptionis & venditionis, quod maxime notandum est, ne quem alioquin in fraudem impellat *d. lex venditor*, non intellecta hoc modo, & non adhibita ad eam superiori distinctione. Dixi, empta ancilla prægnante, videri etiam emptum partum, qui post editus est, & id eo agi de evictione evicto partu, de qua non egeretur, si partus non contineretur emptione. Obstat huic sententiæ *l. si prægnans de evict.* prægnans ancilla vendita est & tradita, quæ peperit apud emptorem, deinde evictus est partus. Quæritur, an venditor teneatur de evictione. Et ait, non teneri evictionis sed, quod non ignoravit Accurs. *d. lex* non intelligitur de actione ex empto, quæ in ea specie evicto partu competit in id quod interest, ut diximus ante, sed intelligitur de actione ex stipulatione duplæ, quæ quandoque interponitur evictionis nomine in emptione & venditione: evicto partu, ex stipulatu agi non potest evictionis nomine. Et illam *l. si prægnans*, debere intelligi de stipulatione duplæ, ut lex, quæ eam sequitur, indicat, quæ proponit similem speciem simileque responsum, & in stipulatione duplæ nominatim. Vacca empta est, quæ jam erat fœta & gravida: natus est vitulus apud emptorem, ait, evicto vitulo, non posse agi ex stipulatione duplæ, quia neque vacca evicta est, inquit, quæ principaliter in stipulationem venit, neque ususfructus vaccæ: Nam vitulus est quidem in fructu, sicut agnus & hœdus in pecudum fructu: vitulus est fructus vaccæ, non ususfructus: Nam fructus est nomen ambiguum: vel enim significat corpus ipsum fructuum, vel jus, utendi fruendi: specialiter namque ususfructus sæpe dicitur fructus: frumentum, vinum, oleum, est fructus fundi, non est fructus, id est, non est jus, non est ususfructus. Si evincerétur ususfructus vaccæ, committerétur stipulatio duplæ: cum evincitur vitulus, non evincitur ususfructus: & ideo cessat actio ex stipulatu in duplum, sed non cessat actio ex empto in simplum in id quod interest. Et ita sane multæ sunt leges in illo tit. *de evictionibus* & multæ quæstiones, quæ facta distinctione inter actionum nihil inter se discrepant, quod demonstrabo breviter quibusdam exemplis: si res vendita & tradita minor, aut deterior sit, aut melior effecta sit, deinde sit evicta: in *l. ex mille 64. ff. de evict.* scriptum est neque minui obligationem evictionis, neque augeri, & ita effe ait jure, id est stricto jure, ipso jure: qua de causa lex illa accipienda est de actione stricta ex stipulatione duplæ, in qua non minuatur obligatio ne deminuta, non augeatur re aucta: alioquin obstaret valde lex *si cam vend. §. ult. & l. evicta re, eodem*, cum quibus congruit lex *Titius §. ult. & l. 16. de action. emp.* ut si quantitas evictionis minuatur deminuta re vendita, augeatur aucta re vendita, quod est verissimum in actione ex empto, non in actione ex stipulatu. Et ita etiam ut constat ex lege *bonitatis*, *eod. tit. de eviction.* adhibita interpretatione Accursii, fundo vendito & evicta parte, certa est æstimatio bonitatis ejus partis, quæ fuit evictionis tempore, quod congruit cum superiore differentia, in actione ex stipulatu. Nam in actione ex empto fit accessio bonitatis, quæ fuit evictionis tempore. Eadem differentia servatur in specie legis *nave, eod. tit.* Nave vendita & evictis tabulis quibusdam, evictis transtris, & similibus, an potest agi de evictione quasi parte evictæ? minime: quia tabulæ non sunt pars navis: remi non sunt pars navis: transtra, antennæ non sunt pars navis, nec nave empta, neque emptæ videntur tabulæ. Idemque procedit domo empta, si evincantur cæmenta, vel columnæ, vel tigna quædam: quia hæc non intelliguntur pars domus empta, nec sunt pars domus emptæ: partes domus sunt duæ tantum, solum & superficies. Et ita est proditum in d. *l. nave.* Sed id est intelligendum de actione ex stipulatu, ut cesset evictis tabulis, tignis, evicta columna: Nam actio ex empto non cessat, *l. cum qui, de usurp. & usucap.* Nondum. exposuimus quod ait lex *si prægnans*: Si prægnans ancilla venierit, evicto partu venditor non tenetur de evictione, ex stipulatu scilicet. Cur ita? quia partus venditus non est. Hoc non pugnat cum eo quod diximus, eum, qui mercatur mulierem prægnantem, & par-

partum mercari, five emere videri: nam aliud est, esse, aliud, videre. Actio ex stipulatu de evictione est stricta: si strictum jus spectes, partus non est venditus, sed ancilla prægnans, & ob id evicto partu non committitur stipulatio, quia partus non est venditus, sed quin intelligatur non esse venditus, hoc nunquam dixi. Imo intelligitur esse venditus, & hac ratione venit in actionem ex empto: in actionem ex empto non venit quod non est emptum, vel consequenter, vel accessorie. Partus sane est potius accessio ancillæ venditæ: & ideo si strictum jus accipias, sane partus non est venditus, sed accessio venditæ ancillæ: sicut in *l. 4. de penu. leg.* dicitur, penu legata vasa penuaria non esse legata, nec tamen si dicam intelligi esse legata, sive strictius re accepta, sane vasa non sunt legata, sed sunt accessiones potius penus legatæ. Et ita partus ancillæ, quæ venit prægnans, est potius accessio ancillæ, & accessionum nomine, si evincantur, competit semper actio ex empto, *l. evicta re vendita, de evict.* non actio ex stipulatione duplæ, *l. ex empto, §. si quis rem vendiderit, de act. emp.* Nunc facile erit claudere & absolvere speciem simul ac definitionem propositam in hac lege: *Titius mihi legavit quod nasceretur ex ancilla: emi ancillam prægnantem, ea si pepererit apud me, ac deinde evictus mihi est partus, an agam actione ex testamento legati nomine, ut mihi præstetur partus: nam partum jam habeo?* Ait, agi posse. Ergo partum non habeo ex causa lucrativa, quasi vernam, sed ex causa emptionis, quia fuit accessio matris jure comparatæ, matris emptæ. Ergo etsi ipse partus emptus non sit, tamen accessionis jure emptus esse intelligitur, sicut ancilla quam precario quis rogavit, *l. 10. de precar.* Ergo partum habere cœpi ex causa emptionis, non ex causa lucrativa. Nunc igitur mihi licebit eum consequi ex causa lucrativa: nam hic nullus est concursus duorum lucrorum. Proinde agam cum herede, ut mihi præstet pretium partus, & judex datus legati causa deducet in contributionem, id est, in computationem pretii utriusque matris & partus, & deducto pretio matris, condemnabit mihi heredem in pretium partus. Notandum est, quod ait, *de judice dato in causa legati:* dabatur judex in causa legati, non in causa fideicommissi. De fideicommissis cognoscebat magistratus extra ordinem, id est, prætor fideicommissarius: de legato jure ordinario dabatur judex specialis: fideicommissa sunt extraordinarii juris, *l. pecunia, §. 1. de verb. sig.* Qua de causa fideicommissa proprie dominium non transferunt, sed possessionem, quam tamen prætor tuetur pro dominio, *l. qui usumfructum, si sisusfr. petat. l. si quis usumfructum, de usuf. l. 42. de usur.* Non dabatur ergo judex vel arbiter in causa fideicommissi. Et arbiter alter accipitur in *l. 2. C. de usur. & fr. rei leg.* pro eo qui dandus est probandis fidejussoribus datis a fideicommissario, & aliter arbiter accipitur pro eo, qui exequitur restitutionem fideicommissi, quam prætor fieri jussit, ut in *l. si quando, §. ult. de leg. 1. l. Stichus 12. de leg. 3. l. pen. de confess.*

Ad L. Peregre XLIV. de adquir. vel amit. possess.

*Peregre profecturus pecuniam in terra custodiæ causa condiderat: cum reversus locum thesauri in memoria non repeteret, an desiisset pecuniam possidere, vel si postea cognovisset locum, an confestim possidere inciperet, quæsitum est. Dixi quoniam custodia causa pecunia condita proponeretur, jus possessionis ei qui condidisset non videri peremptum, nec infirmitatem memoriæ damnum adferre possessioni, quam alius non invasit; alioquin responsuros, per momenta servorum, quos non vidissemus, interire possessionem. Et nihil interest pecuniam in meo, an in alieno condidissem, cum si alius in meo condidisset, non alias possiderem, quam si ipsius rei possessionem supra terram adeptus fuissem. Itaque nec alienus locus meam propriam aufert possessionem, cum supra terram, an infra terram possideam, nihil interest.*

Sequitur ut exponamus quæstionem legis *peregre, de adquir. possess.* tit. est, *de acquir. vel amit. possess.* hæc lex pertinet ad posteriorem partem, *de amit. poss.* an amisi possessionem thesauri, si immemor sum loci, quo illum defodi. Hæc est quæstio legis. Thesaurus proprie dicitur, vetus quædam depositio pecuniæ, cujus memoria non extat, ut jam dominum vel possessorem habeat nullum: quod est notissimum omnib. ex *l. nunquam, §. 1. de adq. rer. dom.* vel ut Cassiodorus definit *6. variarum.* Thesaurus, *est depositiva pecunia, quæ longa vetustate competentes dominos amisit,* & brevius Græci : ἡ ἀμνημόνευτος τῶν χρημάτων ἐπίθεσις, immemorialis pecuniæ depositio. Et hujus thesauri dominium aut possessio nullius est, sed potest adquiri, & plerumque adquiritur ei, qui eum invenerit: dominium adquirit qui invenerit, possessionem jure gentium adquirit, & quasi divino munere ut ait *l. 1. C. de thesaur. lib. 10.* fortunæ dono, ut ait *l. si is qui, de adquir. rer. dom.* Secundum Stoicos, qui & Deum dixere fortunam, & casum fortuitum, vim divinam, a quibus nostri auctores imbuti sunt. Sed hoc loco non ita thesaurum accipimus. Hoc loco thesaurus dicitur improprie, pecunia a domino præsidii vel custodiæ gratia sepolita & recondita, cujus idem manet dominus & possessor, qui condidit, adeo ut ea subrepta ei competat actio furti, aut vi bonorum raptorum, & conditio furtiva, & rei vindicatio, & actio ad exhibendum, *d. l. nunquam, & l. thesaurus, in fi. ad exhib.* Nec quicquam interest in suo quis suam pecuniam condiderit, an in alieno: Nam etsi in alieno loco condiderit, ejus dominium retinet & possessionem. Et ita thesaurus accipiebatur in comœdia Luscii, in qua quasi Jurisconsultus aut juris non ignarus Terentius eum merito reprehendit, quod induxerit possessorem causam dicere, quare suus sit thesaurus, quem dicebat a se defossum per tumultum hostilem, prius quam petitorem, sc. qui dicebat se esse heredem ejus, qui thesaurum defoderat. Nam ordo juris est, ut causam dicat petitor priusquam possessor, & ut possessori non detur actio in rem, nisi de servitutib. *§. æque, de actionib.* Et ille inducebat prius causam agere possessorem quam petitorem, cum possessori nulla competat actio in rem. Sed hoc omittamus. Quæritur in hac l. an ejus thesauri possessor esse desinat, qui custodit, si peregre profecturus condiderit, & reversus locum, quo condidit, memoria non repetat, non recognoscat? Utitur Papinianus verbo, *immemoriæ,* quod vix invenimus apud alios auctores, sed ut *immemorem,* cur non & *immemoriam,* ut Græci ἀμνημοσύνην. Et rursus quæritur, an si postea locum agnoverit, denuo amissam possessionem recipiat? Sic priori quæstione finita & hæc finietur simul: Hanc vero ita finit Papinianus, ut sentiat eum non amisisse possessionem suæ pecuniæ, etiamsi locum, quo eam condidit, non recognoscat: imbecillitatem memoriæ non adferre damnum possessioni. Et utitur comparatione servi: Nam etsi per momenta servum meum non video, quod & de animali quolibet dici potest, & nescio ubi sit, tamen non amitto ejus possessionem: ita thesaurum meum, aurum meum, sive id sit in meo, sive in alio loco, sive supra terram, sive infra terram, in superficie terræ, in imis aut perimis, dum id non video, aut non recordor plane quo loco illud reliquerim, non desino possidere. Excipitur tamen unus casus, si alius eum thesaurum effoderit & invaserit: invasio enim mihi aufert possessionem. Invasio exigitur, id est, occupatio & contrectatio, alterius incubatio. Finge: In alieno solo pecuniam meam condidi: hoc enim si sciat dominus soli, non ideo ipse incipit, non ego desino possidere: scientia illa non facit eum possessorem: sed si eam pecuniam loco moverit, attrectaverit, & sibi habere cœperit, tum ipse eam incipit possidere, ego possessionem amitto, *l. 3. §. Neratius, hoc tit. l. thesaurus, ad exhib.* Si eam non loco moverit, etiamsi sciat locum, quo est condita, non est ea pecunia sub custodia ejus, ergo nec possidetur ab eo. Et enim certissima juris definitio: *Res mobiles eatenus possideri, quatenus sub custodia nostra sunt, quatenus eas appre-*

apprehendere possumus, ut ecce pecus meum, quod aberravit, desino possidere, d. l.3.§.Nerva, hoc tit.licet non desinam esse dominus, bovis aberrantis desino esse possessor, non desino esse dominus l.1.§.abigei, de abigeis, & bovis ejus furtum fit, si quis eum intercipiat aberrantem. Et similiter feras bestias, quæ sunt in sylva mea desino possidere, quoniam sunt in naturali libertate, nec aliter eas possidere intelligor, quam si incluserim vivariis, en un parc, eas autem, quæ vagantur in sylvis nostris, non possidemus, quamquam earum domini simus: sic etiam pisces, quos in piscina colligimus, hos possidemus, qui sunt in stagno nostro, hos non possidemus, licet domini simus, d. l.3.§.item feras. Et ita lapidem aut vas nostrum, quod ita excidit aut demersum est in mare aut in flumen ut non inveniatur, desinimus possidere, non desinimus esse domini, l. Pomponius refert, in princ. hoc tit. Et generaliter rem mobilem quam ita perdidimus, ut ignoremus ubi sit, desinimus possidere, l.si id quod, in prine.h.tit.quia non est sub custodia nostra: dissimiliter atque si sit sub custodia nostra, si custodia nostra custodiatur, si sit in præsentia nostra, si non absit a nobis, si custodiæ nostræ subjecta sit, licet non sit inventu facilis: hanc enim rem non desinimus possidere, nisi ab alio possideri cœperit. Illa autem est extra custodiam nostram, desinimus possidere, licet ab alio possideri non cœperit, d.§.Nerva. His consequens est: thesaurum non desinimus possidere, licet locum fundi ignoremus, quo defossum est, cum si diligenter inquiratur, inveniri possit, etiamsi locum fundi ignoremus, id est, non recognoscamus: Scimus enim esse a nobis, vel ab eo, cui heredes exstitimus, defossum in illo fundo, sed locum nescimus, vel recognoscimus. Nec tamen propterea est inventu difficilis vel impossibilis: diligens inquisitio inveniet thesaurum. Alioquin non possideretur, si esset inventu difficilis aut impossibilis : Et ita quidem proponitur in hoc loco. Definitio illa, quam tradidi, est de rebus mobilibus, res mobiles eatenus possideri, quatenus sub custodia nostra sunt. Et in custodia nostra videtur esse thesaurus, quem defosimus in fundo nostro, licet primum non memineris, quia si diligentiam adhibueris, invenies locum. Rerum mobilium appellatione continentur etiam moventes, quæ per se moventur, ut bruta & homines, sicut e contra moventium appellatione continentur etiam mobiles, quæ motus principium sumunt extrinsecus, l.moventium, de verbor.significat. Igitur & definitio pertinet etiam ad semoventia. Non quidem ad omnia: Nam excipiuntur ab ea definitione homines, quia etiamsi servi non sint sub custodia nostra, etiamsi eorum custodiam neglexerimus & omiserimus, a nobis possidentur : imo & fugitivi servi a nobis possidentur, dummodo alius eos non apprehenderit, vel sub pignori non gerant se pro liberis parati subire liberale judicium. Cur excipiuntur servi? quia scilicet, hi quorum custodiam neglexerimus animum habent ad nos revertendi, l.si rem mobilem 47.hoc tit.Ex proposito hominis possessi possessio domino conservatur. Fugitivos quoque possideri utilitatis ratio postulat, qui non habent animum revertendi, ne sit in potestate servorum fugiendo dominis intervertere possessionem sui, qui nec alterius rei possessionem sui domino subvertere possunt, l.rem quæ, l.Pomponius, in princ. hoc tit. l.non solum, §. si rem pignori, tit. seq.Denique ut est in d.l.si rem, illa definitio juris tantum locum habet in his, quæ ratione vel anima carent. Ratione, ut pecus, anima, ut vas: Quæ anima carent, & ratione carent: sed contra, quæ ratione carent, non continuo sunt corpora animata. Et ob id d.l.si rem, ait, ratione vel anima: sed velim etiam ab illa regula excipi animalia quædam, quæ ratione vacant, ea scilicet, quæ ex consuetudine aut a nobis & redire solent, ut gallinas vel anseres, vel, si & hæc sunt tanti, passeres, vel cardueles mansuefactos, & columbas, & apes, & cervos quoque mansuefactos: Nam etiamsi per momenta quædam exeant custodia nostra & avolent, nihilominus a nobis possidentur, retinetur-

que non tantum eorum dominium, sed & possessio quandiu habent animum revertendi, d.l.3.§.item feras, hoc tit.Et ut hominis, ita & eorum animantium proposito revertendi possessio conservatur domino. Denique proposito rei possessa, quæ propositi est capax, possessio domino conservatur, nedum proposito domini. Sed hoc proprium est in hominibus, ut & hi non desinant a nobis possideri, licet non habeant animum revertendi, ut fugitivi quos veteres dixere, cervos a celeritate, ut Festus scribit, cum tamen cetera quæcunque animalia desinant a nobis possideri, si amiserint animum revertendi, id est, si desierint reverti. Et hæc tantum ad hanc quæstionem erant adnotanda.

---

### Ad §. quæsitum.

*Quæsitum est, cur ex peculii causa per servum ignorantibus possessio quæreretur? Dixi, utilitatis causa jure singulari receptum, ne cogerentur domini per momenta species & causas peculiorum inquirere: nec tamen eo pertinere speciem istam, ut animo videatur adquiri possessio: Nam si non ex causa peculiari quæratur aliquid, scientiam quidem domini esse necessariam, sed corpore servi quæri possessionem.*

SUperiori recitatione explicavi quæstionem primam legis peregre, de acquir. poss. Ex qua intelleximus, possessionem rei non amitti propter infirmitatem memoriæ, puta si memoria non teneam locum, quo rem aliquam posuerim, modo si qua in prædio, qua in domo, vel quo in fundo eam posuerim, non ignorem, & eam non invaserit alius: ignorantiam loci solius rei, non auferre possessionem rei. Quod si ignorem penitus ubi sit, id est, si neque locum scio, neque prædium, amitto possessionem, in quo ea res locum occupat quendam, l.si id quod, in prin. hoc tit. Item si possessionem ejus rei alius invaserit, tametsi hoc ignorem, etiam amitto possessionem rei mobilis. l.si rem, in fi.hoc tit. Quod & in re immobili procedit, si quam possidebam per servum vel colonum, desertam ab eo & prodita alius invaserit me ignorante, ut in §. ult. hoc tit. Denique his casibus ignoranti possessio tollitur, nec solo animo retinetur. Regulariter ignorans non amittit possessionem, & regulariter quoque ignorans non adquirit possessionem, præterquam uno casu, qui explicatur in §. quæsitum, h. l. Quem nunc explicare aggredior, videlicet, si quid servus meus, cui peculium concessi, ex causa peculiari, & nomine peculiari, paravit & tenet me ignorante. Ejus enim rei possessio mihi etiam ignoranti adquiritur. Hoc jus Papinianus ait in hoc §.esse jus singulare, quia scilicet, est contrarium regulis juris: Regulariter enim scienti adquiritur possessio. In ea enim adquirenda non tantum corpus exigitur, quo rei incumbamus & insistamus, sed etiam exigitur animus, id est affectio, seu voluntas, l.ea quæ, tit. prox. & ut Græci loquuntur in h.tit. λογισμὸς, διάθεσις, προαίρεσις. Ignorantes autem non potest habere animum possidendi: ergo ignoranti regulariter non adquiritur possessio, & multo minus procedit aut competit usucapio: facilius enim possessio competit quam usucapio. Exempli gratia: per procuratorem meum etiam ignorans possessionem adquiro, sed tamen ejus rei, quam possideo ignorans per procuratorem usucapio mihi competit, l.possessio quoque, §.ult. hoc tit. Cui igitur aut per servum possessio non adquiritur, ei multo minus datur occasio usucapionis. Ideo autem per procuratorem meum mihi ignoranti adquiritur possessio: cui scilicet mandavi, ut rem emeret mihi & acciperet, quia sciens, animo meo videor possidere, quod procurator meus mandatu meo tenet meo nomine, licet ignorem, quo tempore id tenere cœperit. Hæc ignorantia adquisitioni possessionis nihil obest, & videor nihilominus sciens, sciente animo nancisci possessionem per procuratorem. Mandatum pro scientia est. Id autem jus quod diximus, ut ex causa peculiari per servum ignoranti adquiratur possessio, jus singulare est, ut ait Papinianus, non tam, quod ignorans possideat eam rem, quam servus peculiariter tenet: nam & ignorantes possidemus
per

per procuratorem; sed hoc jus singulare est in rebus peculiarib. non tam , quod ignorans dominus possideat, quam quod usucapiat etiam ignorans. Quod non ita est in procuratore & domino, *l. Labeo, tit. seq. l. pro emptore,* §. *Celsus, pro empt. l. pen. de captiv. & postlim. reverf.* Et inde rectissime *lex si emptam rem, de usurpat.* ut ignorantes usucapiamus in peculiaribus tantum rebus esse receptum; quod sit non tantum per servum, sed etiam per filiumfamil. qui peculiari nomine rem nanciscitur alienam, *l. 1. §. item adquirimus, hoc tit. l. si servo, tit. seq.* Ex eo jure singulari, ut ignorantes per servum aut filium ex causa peculii possideamus & usucapiamus, multa sequuntur. Sequitur ex eo primum, ut infantes & furiosi per servum aut filiumfamiliæ possideant & usucapiant ex causa peculiari: hi enim sunt ignorantium loco. Et generaliter, quibus ex causis ignorantes adquirunt, & furiosi adquirunt, infantesque & pupilli, §. *sui autem, Instit. de hered. quæ ab intest.* Infanti, de quo scribit d. §. *item adquirimus,* adjungo etiam pupillum majorem infante: Nam & is ignorantis loco est, & fere plerunque, non tamen semper, licet infanti adjungatur pupillus, id est, omnem ætatem pupillarem, ut in §. *testam. Instit. de hered. qual.* infanti Theop. recte adjungit pupillum. Item ex eo jure singulari sequitur, ut si servus hereditarius (dicitur autem hereditarius quandiu jacet hereditas, & nec dum ullus extitit heres:) si is, inquam, peculiari nomine rem aliquam possidere cœperit, ut usucapio pertineat ad heredem qui postea adierit, quia etiam ignorantis procedit. Qua de re tractabitur hoc eodem lib. ad *l. justo,* §. *nondum, tit. seq.* Item ex eo sequitur, ut ad eum, qui captus est ab hostibus, usucapio pertineat eorum, quæ servus post captivitatem peculii nomine comprehenderit. Qua de re tractabitur in d. *l. justo,* §. *ult.* Intelligimus quale sit jus illud singulare, & quæ ex illo sequantur. Videamus quæ sit hujus juris ratio. Cur per servum ignorantes adquirimus possessionem ejus rei, quam peculii nomine paravit & tenet? Et ratio hæc redditur in d. *l.* 1. §. *item adquirimus,* quod nostra voluntate intelligatur servus possidere, cum ei peculium permiserimus: quod etiam infans permittere videtur, si à parre ejus vel tutore servo permissum fuerit. Igitur & in infante domino ea ratio locum habet, & in furioso, sane si peculium permiserit, antequam furere cœpit. Sed in procuratore eadem ratio locum non habet, qui rem tenet nostro nomine, quia ei non permissimus peculii patrimonium, sicut servo permittimus peculium, sed procuratori permisimus administrationem tantum & gestionem. Atque ideo nostra voluntate intelligitur usucapere, & non intelligitur possidere, quod ad usucapionis causam attinet, nisi sciamus eam rem accepisse, & tenere nostro nomine. Idem dici potest de ratione, quam attulit Papin. in *h.* §. *quæsitum,* quem sic inchoat, ut quæret rationem juris singularis. Et ait (quæ ratio eandem vim habet, quam superior) utilitatis causa esse receptum, ut in rebus peculiaribus servorum, aut filiorum nostrorum ignorantes possideamus, atque etiam usucapiamus: loquitur de possessione effectrice usucapionis, non de possessione inani, quæ non præbet occasionem usucapionis: utilitatis, inquam, causa hoc esse receptum, ne alioquin per singula momenta cogamus sciscitari & inquirere species & causas peculiorum: species, id est, res, corpora, jura, quæ sunt in peculio, causas, id est, titulos quibus tenentur, puta emptionis titulo, an legati, an donationis, an permutationis, quæ perquisitio esset perquam molesta dominis & negotiosa: ideoque utilitas civium postulat, ne ista perquisitione onerentur domini, qui peculium servis concesserunt, atque adeo ut omissa hujusmodi inquisitione eis etiam ignaris rerum peculiarium procedat tum possessio, tum usucapio. Hæc ratio locum non habet in procuratore. Videamus cur non possit hæc ratio aptari ad procuratorem: quia cum minus permittatur procuratori, cui alieni tantum negotii administratio mandatur, quam servo, cui peculium conceditur quasi proprium ipsius

A servi patrimonium, adeo ut servus servi, qui est in peculio id est, servi vicarii dicatur dominus, ac similiter dominus totius peculii sibi concessi: & per hanc rationem finita sit potestas procuratoris, servi peculiaris determinata & finita non sit, quod sit dominus, circa procuratoris gesta admodum per singula momenta curiosus & diligens, quod tamen, non est necesse, si servo permiserit peculium quasi patrimonium, quæ permissio plenior est mandato, sive procuratione. Id, inquam, est necesse, ut diligenter inquirat, quid servus in peculio gerat, qua ratione rem peculiarem augeat vel minuat, ac denique tractet, nisi sc. admiserimus, etiam ignoranti possessionem per eum servum, acquisitam præbere occasionem usucapionis, quod utilitatis ratio postulat, id est utilitas servorum singulorum, ut per eos res suas expediant quos habent in po-
B testate, nec destringantur inquisitione assidui peculii, sicut ratio quoque utilitatis postulat, & hoc indulsit, ut per procuratorem nobis etiam ignorantibus, quo tempore rem accepissent, saltem possessio competat, licet non usucapio, *l. 3. C. de acq. pos.* Nunc quod maxime notandum est ex hoc jure singulari, quod jam satis exposui, posset quis forte argumentari in hunc modum: si jus singulare hoc est, ut ex causa peculiari per servum ignoranti possessio adquiratur, id est, ut ex ea causa sine animo nostro possessio nobis acquiratur: Ergo jus commune hoc est, ut animo acquiratur possessio, quod est falsum. Nec enim animus sufficit, sed & corpus exigitur, id est, apprehensio rei, nec animus sufficit per se, nec corpus per se, *l. 1. in princ. l. quemadmodum h. t. d. licet, C. eod.* Huic objectioni elegantissime respondet Papin. in hoc §.
C & ait, id non esse verum, extra causam peculiarem, extra hunc casum singularem, sane si quid servus tenet extra causam peculiarem, puta nomine domini, non nomine peculii, quia nec forte peculium habet, aut si habet, id nomine domini tenet, domino possessio non adquiritur solo animo domini, postquam scivit rem servo fuisse traditam, sed & corpore servi. Sciendum enim est nos non adquirere possessionem animo alieno, nisi ex causa peculiari, corpore autem nos adquirere possessionem quacunque ex causa, tam nostro, quam alieno, ut corpore servi, & filiifamilias, coloni, inquilini, procuratoris, *l. quod meo, l. 3. §. saltus, hoc tit.* Et Paulus 5. *Senten. tit. 2.* ceterum animo tantum nostro adquirimus possessionem. Et recte Papinianus ait, *necessariam esse scientiam domini, ut possessio adquiratur domino per servum, qui rem nomine domini tenet*
D *non peculiari:* quia etsi corpore servi possit dominus acquirere possessionem, non potest etiam animo servi acquirere possessionem nisi ex causa peculiari. Hæc est certissima definitio. Neque ei obstat *l. nunquam,* §. *si servus, de usurp. & usucap.* dum ait dominum ignorantem possidere per servum quicquid nomine domini possidet, ac si possessionem acquirat corpore, ita etiam animo servi, absque animo domini sive scientia. Sed ille §. omnino intelligendus est de illo servo, qui rem tenet nomine domini, ex jussu domini, quando dominus jussit servum eam accipere ab extraneo, hanc enim rem utique dominus intelligitur possidere animo suo, sicut & rem quam procurator tenet, quia mandato ejus eam tenet. Et hæc est differentia ultima inter dominium & possessionem. Dominium ignoranti domino acquiritur per servum, *l. etiam invitis,*
E *tit. præced.* Possessio & scienti & volenti per servum acquiritur, *d. l. ea, qua tit. præced.* nisi jusserit aut mandaverit: & huic quoque jussit aut mandavit, possessio tantum competit, non usucapio, nisi ex causa peculiari, ex qua & possessio ignoranti procedit & usucapio, quia plenior est permissio peculii, quod attigi jam supra, quam jussum aut mandatum. Ad summam igitur, possessio nuda procedit, non usucapio: ita fit, ut quod possideo, non intelligar possidere, quod ad usucapionem attinet, sicut è contrario fit nonnunquam, ut debitor, qui pignus non possidet, quod tradidit creditori, intelligatur possidere, quod ad illam tantum causam, id est quod ad usucapionem attinet. *l. servi nomine, tit. seq. & l.* 1. §. *per servum corporaliter, h. t.* Hæc est vera sententia h. §. *quæsitum.*

Ad

### Ad §. Quibus explicitis, & L.XLV. eod.

Quibus explicitis, cum de amittenda possessione quaeratur, multum interesse dicam, per nosmetipsos, an per alios possideremus: nam ejus quidem quod corpore nostro teneremus possessionem amitti vel animo, vel etiam corpore, si modo eo animo inde digressi fuissemus ne possideremus. Ejus vero, quod servi vel etiam coloni corpore possidetur, non aliter amitti possessionem, quam eam alius ingressus fuisset, eamque amitti nobis quoque ignorantibus, §. ult. Illa quoque possessionis amittendae separatio est: nam saltus hybernos & aestivos, quorum possessio retinetur animo.

### L.XLV. Licet neque servum neque colonum ibi habeamus.

NE sensus sit inanis, uno tenore & spiritu legenda est lex sequens, quae est ejusdem Papin. ex 2. definit. conjungenda huic §. verba sunt, licet neque servum neque colonum ibi habeamus. Quod initio h. legis memini me dicere, eam totam pertinere ad illam partem tituli, quae est de amittenda possessione, id non muto, etiamsi in §. praeced. Papin. tractaverit tantum de adquirenda possessione: Nam ideo fecit, ut collata ratione acquirendae, cum ratione amittendae possessionis, apparet separatas & diversas esse rationes, idque his verbis a quibus incipit, qui sequitur §. ult. satis ostendit, quibus explicitis,&c. demonstrata sc. ratione adquirendae possessionis, videndum esse ait, an eadem sit ratio amittendae ejus qui fuit praecipuus finis Papin. & ait, quibus explicitis, ut in l.5. de praescr. verb.explicitus est articulus ille de quo tu des: & l. 1. ad Treb. explicite tractatu,&c. Et male a quibusdam rejicitur verbum explicit, quod solet annotari in fine librorum. D. Hieron. in epist. ad Marcell. Solemus nos, inquit, completis opusculis ad distin. alterius sequentis operis medium interponere, explicit,aut feliciter, aut aliud ejusmodi. Porro explicitum illud jam est, possessionem nobis adquiri animo & corpore, non animo solo, non corpore solo. Neque verum est, quod Labeo dicebat, quarundam rerum nos possessionem acquirere animo solo, l.quarundam, h.t. Nulla enim res est, cujus possessionem possis adipisci, nisi concurrat corpus & animus .i. apprehensio rei & affectio possidendae rei, sed acquiritur quidem possessio animo tantum nostro, & corpore nostro, vel alieno. Ex causa peculiari solo etiam animo alieno:nam animo meo non possideo, quod servus acquirvit ex causa peculiari, etiamsi peculii ei potestatem permiserim, si nescio rem, quam adquisivit, aut causam ex qua adquisivit: si ei specialiter jussissem, aut mandassem rem emi & accipi, videor post traditionem ei factam eam possessione animo meo, etiamsi tempus ignoraverim, quo emisset & accepisset, quia specialiter de certa re jussi sive mandavi. At quoties generaliter periculum permisi servo, si nescio ex causa peculii, quam rem acquisierit servus, eam non possideo animo meo, sed receptum est ex hac causa, ut eam intelligar possidere animo alieno, puta servi, vel filiifam. ut ait l.3.§.servus, h.t. Et nunc videndum est an etiam in amittenda possessione hoc requiratur, ut sc. animo & corpore discedam possessione rei. Et sane Paulus videtur nullam differentiam constituere hac in re inter acquisitionem & amissionem possessionis, l.quemadmodum h.t. Nam inquit Paulus, quemadmodum nulla possessio acquiri potest nisi animo & corpore, ita nulla amittitur, nisi in qua utrumque in contrarium actum est. Ergo & in amittenda possessione utrumque exigitur. Sed non desuere stulti, qui existimantes id esse incredibile, aut prorsus falsum, ei legi praescripserunt negationem hoc modo, non quemadmodum, qui sunt solo silentio & contemptu digni. Sed haec res liquido ita explicari potest. Ea definitio legis quemadmodum, plerumque repetitur falsa, nisi temperatur verbo fere, quod etiam huic definitioni addidisse constat Paulum ex l.fere, de reg.jur. c'est a dire le plus souvent, ou presque le plus souvent: sententia igitur haec sit, ut fere quemadmodum,&c. Possessio non acquiritur nisi animo & corpore, ita non amittitur nisi animo & corpore. Hoc est verum fere, non perpetuo, non semper, non usquequaque. Primum enim ut possessio non acquiritur corpore, nisi accedat etiam animus acquirendae ejus, ita sane non amittitur corpore, puta, si fundo discedam nullo relicto in possessione, nisi & animus meus possessione recedat, nisi deserendae possessionis animus mihi fuerit, nisi ea mente, ut ait §.ult. hujus leg. inde digrediar, ut id non possideam,alioquin solo animo retineo possessionem. Et ita rectissime eam definitionem accipiunt Bulgarus,Placentinus,& Joannes, & Graeci interpretes uno consensu. Et idem omnino dicendum est, si possideam corpore alieno,puta coloni: Nam si colonus decesserit fundo, id est, si deseruerit fundum, vel si vita decesserit, ego non desino possidere, quamdiu ejus possessionis retinendae animum habeo, & cum alius non invaserit: nam invasio alterius facit ut abeat mihi animus possidendi. Quid est possidere animo? an quodcunque animo complexus fuerit, imaginaris fueris, possidere? Minime, alioquin quid quis non possideret? Sed animo possidere, est id possidere animo nostro,sive affectione, cui possidendo nihil impedimento est: Nam si alius invasit possessionem, quae fuit mea, non possum animo non deponere animum possidendi, qui cerno alium possidentem. Ergo si colonus, cujus corpore possidebam, fundo digressus fuerit ea mente, ut non possidere amplius, ego non amitto eam possessionem, si ejus retinendae animum habeam, & si invasio alterius eum mihi animum non eripuit, quod est secundum Proculianos, quorum sententia constitit. Justiniani comprobata est, l.cum quis, de dolo, l.ult. C.de acq. poss. Sabinianorum aliud erat judicium,ut ostendi ad Africanum ex l.si de eo, §.1.& l.colonus, hoc t.illud valde notandum est, quod si possessionem desertam a colono, quam corpore coloni possidebam, alius invaserit, etiam ignorans amitto possessionem, quam corpore alieno possidebam: solo igitur corpore amitto quod possidebam, quia nondum deposui animum possidendi, qui sum ignorans invasionis, quod ostendit §.ult.hac l.& l.1. §. quod servus, de vi & vi arm. Hoc casu igitur solo corpore nunquam acquiro, item solo corpore amitto possessionem, ignorans scilicet, rei mobilis si rem deposui apud alium, vel commodavi alii, & is constituerit possidere sibi. nec mihi reddere, confestim amitto possessionem, etiam ignorans, quia definit esse sub custodia mea, interversa possessione ab alio,l.si rem hoc t. Item ut appareat magis quantum distet amissio possessionis ab acquisitione, non certis casibus tantum, sed generaliter possessio amittitur solo animo: ut si quid possideo meo animo & corpore, & nunc nolo possidere mihi, sed forsan alii, desino possidere, etiamsi corpus meum fundo non abscedat, l.3.§.in amittenda, hoc t. Et haec est altera differentia inter dominium & possessionem. Ante attuli aliam, quia dominium non amittitur solo animo, ut si dicam, me nolle rem meam esse, non ideo desino esse dominus, nisi tradam alteri, l.si quis vi, §.1. h.t.l. jus agnationis, de pact. Possessio amittitur solo animo semper, quae tamen non amittitur solo corpore, nisi certis & paucissimis casibus. Et ut explicitius dicam, sed & proprie aliquid adjungam, eam quoque possessionem amitti solo animo, quae solo animo retinebatur, non corpore meo, vel alieno, & haec non amittitur nisi animus accesserit. Aliquando, quae solo animo corpore solo amittitur; sed haec quae solo animo retinetur, solo quoque animo amittitur, adeo ut si alius ingressus sit eam possessionem, & hoc ignorem, nondum amittam possessionem. Invasio ignorantem non spoliat possessione, quae solo animo retinebatur; quod ostendit §.ult. h.l. & l.3. §. in amittenda, h.t. addatur etiam l.si id quod, §.ult.hoc t. quod solo animo possideo, inquit, etiam si alius occupaverit possessionem, eousque possideo, quod reversum me is, qui occupavit, repellat: quia repulso deficit animus possidendi: vel etiam quoad suspicer, me posse repelli ab eo, qui ingressus est possessionem me absente, quia & hoc casu suspicione labascit animus, neque vero antequam deposuerim animum possidendi, possessionem amitto, licet eam occupaverit alter me ignorante. Et rectissime in l.quamvis, hoc t. ex eodem lib. Papiniani.

### Ad L. Quamvis, D. eod.

*Quamvis saltus proposito possidendi fuerit alius ingressus, tamdiu priorem possidere dictum est, quamdiu possessionem ab alio occupatam ignoraret: ut enim eodem modo vinculum obligationum solvitur, quo quæri adsolet, ita non debet ignoranti tolli possessio, quæ solo animo tenetur.*

Titur in hac specie comparatione obligationis, qua etiam utitur *d.l.sere*. Obligatio eodem modo solvitur, quo acquiritur: acquiritur consensu ementis & vendentis, solvitur etiam consensu. Acquiritur verbis ex stipulatione, solvitur etiam verbis, nec alio genere quam verbis. Quod contractum est verbis, non solvitur consensu nudo: & ita quæ solo animo retinetur possessio, non amittitur nisi solo animo: quia nihil ignoranti invasione alterius aufertur. Et mens Papin. hæc est in hac *l.* & in *l.peregre*, §.*quæsitum*, usque ad fin. & in sequenti. & fuit, ut ostenderet, differentiam esse summam inter adquirendam & amittendam possessionem, quam vocat in §.*ult.* separationem, & differentiam in *l. quamvis*, ad Treshell. ut Græcis διαίρεσις, & διαμερισμός. Exemplum autem ejus possessionis, quæ solo animo retinetur sine corpore nostro vel alieno, Papin. ponit in saltib. æstivis & hibernis, quoniam hos parte anni relinquimus, nullis quandoque servis aut colonis ibi relictis, nec possidemus tamen minus animo, sine corpore ullius. Saltus sunt sylvæ, & pastiones, in quibus pecora hieme in hibernis, æstate in æstivis sunt, *l.qui saltum,de leg.3*. Nam & pecorum hiberna & æstiva dicuntur, *d.l.qui saltum*, & Varroni, Virgilio, Papiniano. Hos igitur saltus parte anni relinquimus, ut ait *l.3.saltus,h.t*. quoniam in hibernis pecora hiematum mittimus, in æstivis æstivarum umbræ causa, juxta illud Horatii, *Pecusve ante sidus fervidum Lucana mutet pascua*, saltib. accedunt etiam causæ custodiæ finium, aut fructuum causa, paratæ saltuariis: hi sunt, qui custodiunt fines saltuum, & fructus, qui in saltib. sunt, quos constat cedere instrumento prædii, & servi sunt vel adscripti prædio, *l.8.* & *l.quæsitum*, §.*saltuarium,de inst.vel inst.leg.* & separantur a colonis in *l.cum quæreretur*, §.*prædiis,de leg.3*. quoniam non colunt saltum, sed tuentur tantum aut custodiunt glandium fundi, aut sylvæ pastionisve gramen. Virg. *cui late custodia credita campi*, id est saltuarius. Ideoque rectissime in *l.seq.licet*, inquit, *neque servum, neque colonum ibi* (in saltibus) *habeamus*, saltus scil. possidemus nudo animo, servum vocat *saltuarium*, & recte separat a colono: nam saltuarius non est colonus, nec legato colonorum continetur, *d. §.prædiis*. Sunt tamen in saltibus interdum coloni: nam possunt etiam in saltibus esse fundi: qui colantur, qui arentur: potest esse particula in sylvis, quæ aretur pastorum aut custodum gratia, & ut elegantissime dixit Ælius Gallus JC. apud Festum, ea res non perimit nomen saltus, sicut si in fundo, qui est in agro culto, particula quædam sylvæ sit, ea res non perimit nomen agri culti. Ager cultus opponitur saltui. Et ita in *l.creditor,de ad. emp.* ponitur in saltu fuisse fundus, qui coleretur, nam generaliter saltus ipse potest fundus dici. Et in *l.si servus,de pignor.act.* grandem saltum fuisse, quem creditor excoluerit magno sumptu. Sed ut equidem arbitror, illo loco, verius est, nos non debere accipere saltum pro *sylva*, & pastione, pro agro compascuo, pro pascuis, sed pro ampla possessione, quæ aretur & excolatur omnis. Nam ex Siculo Flacco, *de liminibus agrorum*, & Varrone *de re rustica*, constat etiam diei saltum, *latifundum*, sive *latam possessionem*, quæ includat multas centurias, puta 25. ut ait Siculus. Non omittam etiam illud, ut restituam locum Festi unum, nondum restitutum, etiam saltum dici nemus, ut Festus explicat in definitione nemoris, a verbo Græco νέμος, quod comprobaverat Festus auctoritate Homeri. Sed locus est perquam mutilus. Ex vestigiis, quæ remanserunt, intelligimus restituendum esse locum, hoc modo, vocabuli auctor est Homer. Iliad. xi. ἐν νέμει σκιερῳ, id est, *in nemore umbroso*. Verum non tan-

A. tum Papinianus. hoc loco, sed alii auctores passim, quoties volunt adferre exemplum possessionis, quæ solo animo retinetur, utuntur exemplo saltus hiberni vel æstivi: recte exemplo: nam idem dici potest de omnibus prædiis, de omnibus rebus vel mobilibus vel immobilibus, ut earum possessionem, quam nacti sumus animo & corpore, post retineamus solo animo sine corpore ullo. Sed frequentius utuntur exemplo saltus, quod hæc prædia manifestum sit relinqui altera parte anni. Sed hoc idem dicendum de omnib. rebus, *l.1. §. quod vulgo dicitur, de vi & vi arm. l. clam, l. ul. h.t. l. licet, C. eod.*

### Ad L. XLIV. de Usurp. & usucap.

*Justo errore ductus Titium filium meum, & in mea potestate esse existimavi, cum adrogatio non jure intervenisset: eum ex re mea quærere mihi non existimo: non enim constitutum est, in hoc, quod in homine libero, qui bona fide servit: placuit ibi enim propter assiduam & quotidianam comparationem servorum ita constitui, publice interfuit: nam frequenter ignorantia liberos emimus: non autem tam facilis, frequens, adoptio vel adrogatio filiorum est.*

EX lib. 13. Quæst. restant tantum leges tres, quæ omnes sunt de usucapione, & earum præcipua est *l. justo errore, de usurp*. cujus initium explicabimus. Certissimum est, per liberum hominem, quem bona fide possidemus, nobis acquiri ex re nostra, & ex ejus operis, non ex re aliena, nec ex aliis causis: nam postquam apparuerit, liberum eum esse, retinebimus tantum ea, quæ ex re nostra paravit, quamdiu eum bona fide possidemus, vel ex suis operis, parsimonia, ex sua industria: nam operæ videntur quodammodo esse ex re nostra, quia jure nobis eas exhibere debet, quoniam a nobis bona fide possidetur, *l. qui bona, de adq. rer. dom.* Ergo hæc tantum retinebimus, cetera ei restituemus. Est quod proponitur hoc uno tantum loco, & aliqua ex parte in *l. per eum, sup. t. prox*. videlicet quod diximus, per liberum hominem nobis acquiri ex re nostra, si eum possidemus bona fide, locum tantum habet in libero homine, quem quasi servum bona fide possidemus ex causa emptionis, vel donationis, vel qua alia justa causa existimemus, eum nos a domino accepisse: hic acquirit nobis ex re nostra, quoad appareat liberum esse: Nam si liberum hominem possedi, quasi filiumfam. vel quasi filium meum, qui esset in mea potestate bona fide, puta ex causa adrogationis vel adoptionis, quæ jure facta forte non est, quod exemplis demonstrabo, per eum nulla ex causa, ne ex re quidem nostra nobis acquiritur, sed adoptione injusta pronuntiata, omnia iterum restituentur, quæ acquisivit: rem meam mihi retineo, quod ex re mea paravit, ei restituam. Hoc notandum: Nam quibus est amica disputatio privata vel publica, possunt certe primo congressu valde turbare asseverantem, per liberum hominem bona fide possessum ex re nostra nobis acquiri: Nam hoc est falsum in libero homine, qui possidetur quasi filius familias, nec unquam nobis istud excidere debet, sed hoc uno tamen loco proponitur ex *d.l. per eum*. Igitur, quod proponitur initio legis est tantum differentia, ut ait Bart. & Accurs. inter servum putativum & filium putativum. Per servum putativum acquirimus ex re nostra, quæ quodammodo nostra esse videntur, per filium putativum nulla ex re acquirimus: mallem dicere Græce, quam Latina putativum, νομιζόμενον. Quæ est ratio differentiæ? Est acutissimus Papin. in reddendis rationibus: cur per servum acquirimus ex re nostra, non per eum, quem quasi filiumfamil. possidemus. Servorum comparatio erat assidua & quotidiana: nullius fere rei olim erat commercium frequentius, quia nec etiam nullius rei quæstus uberior, quam habere plures servos, qui acquirerent nobis quidquid acquirunt. Magnæ hæ divitiæ sunt, quorum operæ possis tibi exstruere brevi tempore ædificium, aut te liberare periculo. Ergo, inquit Papinian. propter frequentissimam comparationem servorum, in qua possit etiam accidere, ut tibi obtrudatur liber pro servo, publice interfuit ita

con-

constitui, ut per liberum hominem, quem ignoranter quasi servum comparavissemus, nobis acquiratur, saltem ex re nostra: & ita propter frequentem mutationem, & assiduum pecuniae usum, nec alia ratione, multa sunt singularia recepta circa pecuniam mutuam, *l.singularia, de reb. cred.* propter utilitatem inquam, promiscui usus, *l.si quis mancipis, §.si impubes, de inst.act.* & in hac *l.constitutum*, id est, consensu receptum, ut per liberum hominem nobis bona fide emptum, nobis acquiratur ex sua opera & ex re nostra. Non ita frequens filiorum adoptio vel adrogatio. Possumus vel hodie etiam in Gallia filium adoptare vel adrogare, sed vix quisque adoptat, nec alia ratione rex sibi regnum Neapolitanum vendicat, quam adoptionis jure. Non est frequens filiorum adoptio, quia nec ita facilis factu, non licet temere plures adoptare, omnis adoptio fit causa cognita, vel auctoritate Principis, vel Imperio magistratus. Olim auctoritate populi lege curiata non licebat plures adoptare, *l.15. §.ult. de adopt.* Si velit aliquis unum aut alterum adoptare, potest solatii ergo, tres vel plures vix potest *d.l.15.* non licet feminis adoptare, *§.femina. Instit.eod.* quin & feminae adoptare non licet, nisi ex rescripto, *l.nam & de adopt.* non licet minori majorem adoptare, *d.l.15.* Adoptio locum habet in his, in quibus natura potest: non potest natura esse major filius minori, non licet etiam temere adoptare ei, qui magis procreationi liberorum studere debet, vel potest, sexagenario licet adoptare, minori sexagenario vix licet, *d.l.15.* Non est igitur facilis adoptio liberorum, atque adeo infrequens est. Seneca in controvers. *adoptionem esse remedium fortunae*. M.Tullius pro domo sua: *causa adoptandi quari solet, eum is, qui naturales liberos assequi non potest, adoptat*. Ac praeterea adoptio fit solemniter, & est legis actio, ut ait Th. *d. t. de adopt. l.post mortem, §.ult.eod. l.1. & 4.C.eod.* Nihil horum observatur in comparatione servorum: Nam & femina comparat servum, & ancilla comparatur, nec inspicimus rem quam comparamus, nec cetera multa: servorum enim usus est necessarius. At adoptivae prolis, id est, adoptionis, non est necessarius usus, sed magis voluptuarius, ut sint quasi senectuti solatio, vel orbitati. Ex his intelligitur ratio differentiae, quae est elegantissima: Nam frequens usus exigit, ut recipiamus singularia contra jus: & contra jus est, ut liber homo nobis acquirat, & tamen acquirit, si quasi servus fuerit bona fide comparatus. Dices: hoc intelligo, sed quaeso quid hoc ad titulum hunc pertinet? Nec enim hic ulla fit mentio usucap. vel usurpationis, quae interruptio est usucapionis: ideo nec sunt referenda ad titul. *de usurp.& usucap.* Hoc sc. dicimus, ut intelligamus nos non posse usucapere, quae acquisivit liber homo, quem quasi filium possidemus lapsi justo errore, id est, justa ignorantia, scil. facti, non juris: Nam sola ignorantia juris impediet usucapionem, *l.4. ff. de jur.& fac.ignor.* sed ignorantia facti non item. Puta existimabamus eum, quem adoptabamus esse minorem aetate, dum scilicet hoc ipse fingebat, ut in *l.apud, §.quid enim, de doli except.* Decipimur sape in cognoscenda aetate hominum, & facile credimus affirmanti, se hujus vel illius aetatis esse: haec est ignorantia facti, quam attulit dolus adoptati, vel existimantis patrem esse, a quo puer dabatur in adoptionem, cum non esset pater: haec est ignorantia facti etiam, quae justissima est, quem nisi patrem is error non caperet? Igitur hic error non impediet solus usucapionem, sed obstat usucapioni alia res, quod per eum, quem adoptavimus non jure, cum existimaremus nos adoptasse jure, ducti ignorantia probabili facti, quod inquam, per eum nec possessio quidem nobis acquiritur: rerum scilicet quas interim acquisivit, *l.per eum, ti.prox.sup.* Et usucapio sine possessione non procedit. Ergo quod acquirit, non acquirit nobis statim, neque id fieri nostrum esse ex causa usucapionis, cum possessio ad nos non pertineat: nec mirum, cum nec ipse filius proprie possideatur, sed magis quasi possideatur, qua de causa non potest vindicari, nisi causa adjecta ex jure Quiritium, quo jure pater videtur esse dominus filii, cum habeat in eo, quae necisque eo jure, *l.1.§.per hanc, de rei vindic.* Sed si filius

...*Tom.IV.*

meus sit apud alium, vel apud eum ipsum filium, ut se gerat pro homine sui juris, petitus praejudicio adversus filium ipsum, vel adversus extraneum interdicto de liberis exhibendis, vel extraordinarie praetoris interventu, *d.§. per hanc*, non poterit quasi res sua vindicari, nisi ex jure illo antiquo Quiritium ex x11. Tabul. quod desiit esse in usu, ut pleraque alia temporibus auctorum nostrorum erant abrogata ex 12.tab. Et tamen certum est, subrepto filio meo filiisfamil. nomine, mihi esse actionem furti, quasi interversa possessione rei meae, aut certe melius quasi possessione, quasi res mea sit, *l.2. de interdict.* Dicimus interdictum de filio exhibendo esse quasi proprietatis: cujus rei quasi dominium dicimus esse, necesse est ut sit quasi possessio: cujus absolute dominium, & absolute possessio. Et furti actionem competere patri ostenditur in *l.eum, qui §.si filiusfam.de furt.* non in pretium filii certum, quia liberi hominis pretium non est, sed in id, quod interest, veluti in lucrum acquisitionis, ut Graeci rectissime interpretantur. Qua de causa mater non agit furti subrepti filii nomine, *l.mater, eod.t.* quia matri nihil acquirit filius & neuter quidem agit condictione furti, quae soli domino datur, & pater non est dominus. Sunt casus innumeri, quibus hae duae actiones furti & conditionis furtivae non concurrunt. Si per eum, quem existimamus factum filium nostrum adoptione, cum non sit factus, jure possessio nobis non acquiratur, cum non ipse a nobis proprie possideatur: Quae res de his, quae liber homo bona fide possessus quasi servus acquisivit ex re nostra, an ea possumus usucapere? Ex hoc quoque dicemus, nos non posse usucapere, quia statim nostra fiunt ipso jure. In *l.4. §. lana, hoc t.* oves sunt furtivae, lana detonsa est apud bonae fidei possessorem, non potest usucapi lana, quia statim fit lucrum possessoris bonae fidei, cum lana fit in fructu. *l.in pecudum,de usuris:pleno jure*, inquit, *sit bonae fidei possessoris*, ne intelligatur non posse intervenire usucapionem, quae tribuit plenum. jus *l.17.de rei vindic.* Fructuum plenum jus tribuitur bonae fidei possessori, statim atque fructus percipit. Sed videntur *d.§.lana* exigere consumptionem fructuum, dum quod dixit in lana, idem esse ait in agnis, si consumpti sint, quia consumptio dominium effecerit eum, qui bona fide quod accepisset, consumpsit. Exstantes autem fructus non sunt possessoris, sed possunt vindicari a domino. Consumptio igitur plenissimum jus tribuit, *l. quaesitum, in fi.de ret.ret.dom. §.si quis a non domino, Inst.de rer.divis.* Ergo, quae liber homo quasi servus bona fide possessus paravit ex re nostra, non usucapimus, quia statim nostra facta sunt ipso jure, & quod nostrum est, amplius nostrum fieri non potest. Cetera etiam, quae extra rem nostram acquisivit, non usucapimus, quia nec ceterorum possessio nobis acquiritur, sine qua usucapio non consistit, cum nec ei acquiratur: neque enim potest possidere sibi scilicet, qui ab alio possidetur, *l.54. in fin.de acquir.rer.dom*,

### Ad §. primum.

*Constat, si rem alienam scienti mihi vendas, tradas autem eo tempore, quo dominus ratum habet, traditionis tempus inspiciendum, remque meam fieri.*

ITa vero in §. 1. hujus l. licet non fiat mentio usucapionis, tamen quod est scriptum in eo continenter, est referendum ad usucapionem. In hac specie, qui rem alienam sciens a non domino mala fide emit, deinde eam accipit tradente venditore, cum jam dominus ratum habuisset, aut domino ratum habente satis est, si dominus ratum habuerit tempore traditionis, licet non tempore venditionis, quia ex tempore venditionis videtur ratum habuisse, quia ratihabitio retro agitur, *l. si fundus, §.1. de pignor*, quod est ex constitutione Justin. Ex sententia Sabinianorum est receptum, ut in omnibus ratihabitio retrotrahatur, & mandato comparetur: neque enim constabat olim in omnibus ratihabitionem retrotrahi, sicut etiam conditionem hodie non in omnibus retrotrahi constat.

ſtat. Igitur res videtur mea ſtatim atque vendita eſt, quia tradita eſt eo tempore, quo dominus ratum habuit. Et nihil eſt præterea in §.1. Sed debemus ſubjicere, quod eſt in §.2.

**Ad §. Etſi poſſeſſ. & L.III. & pen. D. pro legato.**

§.2. *Etſi poſſeſſionis, non contractus initium, quo ad uſucapionem pertinet, inſpici placet: nonnunquam tamen evenit, ut non initium præſentis poſſeſſionis, ſed cauſam antiquiorem traditionis, quæ bonam fidem habuit, inſpiciamus: Veluti circa partum ejus mulieris, quam bona fide cœpit poſſidere. Non enim ideo minus capietur uſu puer, quod alietam matrem priuſquam eniteretur, eſſe cognovit. Idem in ſervo poſtliminio tuverſo dictum eſt.*

Explicabimus nunc §. *etſi poſſeſſionis*, ſed ei adjungemus etiam explicationem *l.3. & l.pen. D. pro leg.* quæ ſunt ejuſdem libri Papiniani. Certum eſt in uſucapione bonam fidem poſſeſſoris exigi, malæ fidei poſſeſſorem non uſucapere. Et regulariter quidem, in omnibus cauſis ſive contractibus bona fides exigitur, non initio contractus, ſed initio adeptæ poſſeſſionis, quia & a poſſeſſione uſucapio incipit. Excipitur tantum emptio & venditio, in qua bona fides exigitur & contractus & traditionis tempore, *l.prox.ſup.h.l.7. §.ult. de Publ. in rem act.* Neque huic exceptioni quicquam obſtat *l.ſi aliena re, in prin.h.t.* quæ tamen prima ſpecie videtur ſignificare, in emptione venditione traditionis, id eſt, poſſeſſionis duntaxat tempus ſpectari oportere. Sed veriſſimum eſt, quod etiam voluit Accurſ. ejus legis hanc mentem eſſe, ut non tantum emptionis, ſed etiam traditionis initium inſpiciatur, ex ſententia Sabinianorum, ut ait: nam Proculiani initium tantum emptionis ſpectabant, ut id, ſufficere exiſtimabant, ſi bona fide emiſſet, etiam ſi rem traditam poſtea bona fide non accepiſſet, quod ex eorum Proculianorum ſententia videretur referri in *l.qui fundum, §.ſi bona fide, tit.ſeq.* videlicet ſi in eo §. legas, ut eſt in Florentinis, *ſimilis*, non *diſſimilis*. Sed forſitan, ut vulgo rectius legitur, *diſſimilis*, quoniam ea lex eſt Juliani, qui ex Sabinianis fuit, & utroque tempore exigit bonam fidem, *d. l.7. §.ult. de Publ. in rem act. & ita in l.cum quis, §.de peculio, de ſolut.* alias notavi, non *ſimile*, ſed melius *diſſimile* legi, quod Accurſ. notaverat ſe loci. Utut ſit, obtinuit Sabin. ſententia, ut bonam fidem in emptione & venditione exigamus ab emptore, non tantum emptionis tempore, ſed etiam traditionis, cum tamen in aliis contractibus ſufficiat intervenire bonam fidem traditionis tempore. Quia igitur etiam emptionis initium ſpectari placet, ex eo apparet, non aliter procedere uſucapionem per emptore, vel pro ſoluto, quaſi reſoluta in cauſa emptionis, niſi revera emptio intervenerit, nec ſufficere ex cauſa emptionis traditionem fieri bona fide accipienti, ſi nulla emptio præceſſerit, ſi nullum tamquam emptionis fuerit, ſi non fuerit duplex tempus, & utroque bona fides: & tamen in aliis contractibus uſucapio pro ſoluto procedit, ſi quis rem ſibi ſolutam quaſi debitam bona fide acceperit, licet nulla præceſſerit obligatio, nullum debitum, quia in aliis cauſis præterquam in emptione & venditione, poſſeſſionis, ſolutionis, traditionis, ſolius initium intuemur, *l.ſi is, qui pro emptore, §.ult. l.pen.h.t. l.2.ti.ſeq.* Idemque eſt ſi præceſſerit obligatio, ut, ſed exempli gratia, ſi ſciens ſtipulatus ſum rem alienam a non domino, quam ſciebam non eſſe meam. Nam ſi tempore ſolutionis, quo mihi res promiſſa ſolvitur, in ea opinione ſum jam, ut exiſtimem, eam rem eſſe promiſſoris, non alterius, uſucapio pro ſoluto procedit, quia bonam fidem intervenire ſolutionis tempore ſatis eſt, nec exigitur, ut & ſtipulationis tempore intervenerit. At in emptione venditione non tantum accipi, ſed etiam emi rem bona fide oportet, & conſequenter in aliis cauſis præterquam in emptione venditione, falſa cauſa non officiet uſucapioni, ſi modo res ſit tradita & bona fide accepta, ut ſi ex falſa cauſa judicati, ex falſa cauſa ſtipulationis, vel legati, vel noxæ deditionis, res ſoluta & tradita ſit bona fide accipienti. Nam etſi falſa ſit cauſa traditionis, uſucapio procedit, *l.5. de Publ.in rem act.*

At, ut jam dixi, falſa cauſa emptionis obſtat uſucapioni, etiam ſi quis rem ex ea cauſa accipiat bona fide. Videtur tamen Papin. hac in re in hoc eodem lib. comparare, aut parem facere cauſam legati, cauſæ emptionis in *l.3. pro leg. Non magis*, inquit, *quam ſi quis emptum exiſtimet, quod non emerit*, pro legato poteſt uſucapi, adhibita *l.2.eod.* ubi negatur procedere uſucapionem, ſi rem poſſideam quaſi legatam, quæ non erat legata, vel quaſi emptam, quæ non erat empta. Eandem igitur eſſe conditionem legati & emptionis, cum diſtinctione aliqua nobis explicandum eſt hoc modo: ut ſi res tradita non ſit ab herede ex cauſa legati, vel a venditore ex cauſa venditionis, fatemur nullum eſſe diſcrimen inter legatum & emptionem, vel alias poſſeſſionis cauſas: nulla ex cauſa uſucapionem procedere, quando traditio non intervenit, *l. Celſus, h.t.* errorem falſæ cauſæ non parere uſucapionem, niſi errorem traditio ſecuta ſit, *§.error, Inſt.eod.t.* Sed ſi ex aliis cauſis quibuſcunque res ſit tradita bona fide accipienti, quaſi rem debitam ſibi ex cauſa, ex qua tradebatur, quamvis falſæ ſint cauſæ, uſucapio procedit, *l.3. & 4. §. ult.inf.pro ſuo, l.1. pro donato, l. Proculus, de jur.dot.* Sed ſi res tradita ſit ex cauſa emptionis, quæ falſa eſt, ſane uſucapio non procedit, *d. l.2. 1. ſeq.* niſi ſcil. ſit magna præſumptio emptionis, & erroris juſta, magna, probabilis cauſa, ut in ſpecie legis, *quod vulgo tit. ſeq. & l. ult. pro ſuo*. Si mandavi ſervo meo, aut Procuratori rem emendam, nec emerit, ſed quacunque alia ratione eam rem nactus ſit, mala fide tamen, atque ita mihi perſuaſerit ſe emiſſe, & mihi tradiderit rem, uſucapio procedit. Nam hic error eſt tolerabilis. Idemque eſt, ſi idem mihi perſuaſerit ſervus, aut procurator ejus, cui ego heres exſtiti, cuique defunctus dederat in mandatis, ut rem emeret: idque ita ponitur in *dd.ll.* Alioquin, quod traditum eſt ex falſa cauſa emptionis, non poteſt uſucapi. Etiam illud adjungamus, quod eſt in *l. pen. pro leg.* quamvis res legata non ſit tradita ab herede legatarii, ſed legatarius ejus rei poſſeſſionem ingreſſus ſit *ſine vitio*, ut id, id eſt, non vi, non clam, ſed prætore auctore, vel herede ſciente & tacente procedere uſucapionem pro legato, ſi legata ſit res aliena: idque eſt notiſſimum.

Sed revertamur unde abjimus. Quæro, cur in emptione venditione exigimus, ut & emptionis & traditionis initium habeat bonam fidem, & tamen in aliis contractibus veluti in ſtipulationibus, quæ ſunt pandectæ contractuum: nullus enim contractus non cadit in ſtipulationem, ſicut Grammatici dicunt adverbia eſſe pandectas omnium partium orationis: cur, inquam, in ſtipulationibus initium duntaxat traditionis ſpectamus? cur exigimus tantum bonam fidem initio poſſeſſionis adeptæ, & traditionis? Laborant aliquantulum interpretes in reddenda ratione differentiæ, ſed mihi videtur illa reddi in *d.l. ſi is, qui pro emptore, §.ult.* quia ſcilicet ſalva fide & illæſa ſciens non poſſum emere rem alienam a non domino & pudorem mihi hæc emptio injicere debet, ſi ſcio rem alienam. Stipulari autem rem alienam unicuique conceſſum eſt abſque rubore, ut ſcil. promiſſor mihi præſtet æſtimationem ejus rei, vel redimat eam rem a domino, ſi poſſit, & præſtet; nec enim rem ab eo ſtipulor quaſi a domino, ſicut emo rem quaſi a domino. Igitur ex alienæ rei ſcientia non oneratur verecundia ſtipulatoris, aut fides. Et ſumma eſt igitur ratio ſeparandæ emptionis a ceteris negotiis, quæ omnia ſuo ambitu ſtipulatio comprehendit. Porro in omnibus contractibus nullo excepto, bona fides exigitur poſſeſſionis tempore, quod ad uſucapionem attinet. Sed addamus non tantum tempore adeptæ poſſeſſionis, ſed etiam tempore recuperatæ poſſeſſionis, non tantum initio primæ poſſeſſionis, ſed etiam initio ſecundæ bonam fidem exigi, *d.l.ſi is, qui pro emptore, §.pen.hoc t. l.qui fundum, §.qui bona, tit.ſeq.* Finge: ego bona fide emi & accepi: deinde amiſſa poſſeſſione eam recuperavi eo tempore, quo ſciebam eam alienam eſſe. Non poſſum eam uſucapere, quia initium redintegratæ poſſeſſionis eſt vitioſum, vel rurſus: Finge: ego vendidi rem alienam,

quam

quam bona fide possidebam? & cum ea res esset in causa redhibitionis propter morbum aut vitium aliquod, quod ei latenter inerat, ea res mihi redhibita ab emptore, jam scienti rem esse alienam: non possum eam usucapere, quia initium secundæ possessionis vitiosum est, nec satis est bonam fidem intervenisse in prima possessione. Et finge iterum: ego fundum possideo bona fide, & ex eo dejicior per vim, post recupero possessionem remedio interdicti unde vi, sciens jam fundum esse alienum, non usucapiam, quia possessio quam recuperavi, vitiosa est. Concludamus igitur, bonam fidem exigi non tantum initio adeptæ, sed etiam initio recuperatæ, redintegratæ possessionis quod ad usucapionem attinet. Sed excipiamus ab hac definitione duos casus, qui proponuntur in hac lege, quib. initio recuperatæ possess. bona fides non exigitur, & satis est si intervenerit initio primæ. Primus casus est: ancillam prægnantem emi, aut alia ex causa bona fide possidere cœpi, post cognovi eam esse alienam, antequam pareret, deinde pariens enixa est puerum: an puerum possum usucapere, licet eo tempore, quo editus est, sciverim matrem ancillam alienam esse? Maxime, quia non videtur quasi initio secundæ possessionis bona fides desiderari: nam videntur esse duæ possessiones pueri: una temporis, quo fuit in utero, altera temporis, quo exiit utero, sed fingitur (& hæc est ratio) una tantum fuisse possessio pueri, & continua nec interrupta. Fingitur ab initio comparatæ ancillæ natus, ut in plerisque causis etiam quæ non pertinent ad commodum ejus qui est in utero: qui est in utero habetur pro nato, & enumerantur multæ causæ, maxime in *l. pen. de statu hom.* Et ad unam causam quæ ibi refertur de usucapione partus, velim ex hoc §. etiam hanc addi, his verbis: *si liber, & si ancilla prægnans bona fide empta sit, quamvis mox scierit emptor ancillam alienam esse, id, quod natum erit, usucapietur, l. justo, §. etsi possessionis, de usuc.* Ei ideo posui ancillam non fuisse furtivam, quia si ea fuerit furtiva, bona fides exigitur, ut partus usucapio procedat etiam editionis tempore, *l. 4. §. si antequam, l. non solum, in princ. hoc tit.* Secundus casus est: servum bona fide emi, is captus est ab hostibus, captivitate interrumpitur possessio: deinde, priusquam reverteretur postliminio cognovi servum alienum esse, non ideo minus potero eum usucapere, quamvis ejus recuperati tempore scierim alienum eum esse, quia scilicet postliminium fingit unam possessionem ejus servi fuisse, & continuam nec interruptam: postliminium retro fingit eum casum non accidisse, fingit servum nunquam abiisse potestate domini, aut possessoris. Itaque utroque casu fuit una possessio, quamvis videantur duæ fuisse, & inter eas media interruptio, ut satis sit initium primæ possessionis caruisse vitio, nec quicquam nocebit usucapioni superveniens mala fides.

### Ad §. Nondum aditæ.

§. 3. *Nondum aditæ hereditatis tempus usucapioni datum est, sive servus hereditarius aliquid comparaverit, sive defunctus usucapere cœperat. Sed hæc jure singulari recepta sunt.*

EXplicemus §. *nondum*, in quo ponuntur duo casus singulares, quibus jacentis necdum aditæ hereditatis tempus ad usucapionem heredi procedit. Priore casu ad inchoandam eam, si servus hereditarius aliquid comparaverit, posteriore ad continuandam & complendam eam, si defunctus aliquid possidere cœperit & usucapere. Et hæc duo esse in usucapione singularia recepta, quib. scilicet sine possessione, aut sine possessionis continuatione, videtur contingere usucapio contra regulas juris, & definitionem usucapionis. Quid est usucapio? Adeptio dominii per continuationem possessionis certi temporis, lege definiti: quia scilicet hereditas jacens, possessionem non habet, *l. 1. §. Scævola, si quis test. lib. esse.* Est enim possessio facti & animi, hereditas autem res incorporalis & non est factum, vel animus sine corpore; denique non est possessio sine corpore. *Nondum*, inquit, *aditæ hereditatis tempus usucapioni datum est, &c.* Et quod ad priorem casum attinet, ex eo, quod diximus hoc eod. lib. & *l. peregre, §. quæsitum, tit. prox. sup.* jure singulari, utilitatis ratione esse receptum, ut ex peculiari causa sola per servum dominus ignorans, vel per filiumsam. pater ignorans possideat & usucapiat, per servum scilicet, quem ipse dominus possidet, non per fugitivum, quem non possidet, non per eum quem alius possidet, *l. homo liber, in fi. de acquir. rerum dom.* Jure communi scientem tantum possidere, & usucapere. Ex eo, inquam, jure singulari sequitur, ut si servus hereditarius, jacente, nedum adita hereditate, peculiari nomine aliquid comparaverit, ejus possessio & usucapio hereditati quæratur, quia quod ignoranti homini quæritur, & jacenti hereditati quæri potest, quæ ignorantis, absentis, dormientis, mortui loco est. Et hoc probatur apertissime in *l. 1. §. item acquirimus, sup. tit. prox. l. pen. inf. de cap. & postlim. l. qui a servo hereditario, de oblig. & act.* ubi Accurs. male etiam extra causam peculiarem, id est, ex causa dominica non peculiari, nomine domini non suo nomine, (idem est suo nomine & peculiari nomine) scribit servum ignoranti domino possessionem acquirere. Hoc est falsum, ut ostendi & probavi *d. l. peregre, §. quæsitum*, nisi servus habeat jussum domini. Et quod ait *l. si me in vacuum, §. ult. sup. tit. prox.* servum meum mihi ignoranti acquirere possessionem, sic est accipiendum, nempe ex causa peculiari vel ex jussu meo, causa mea, sicut procurator meus vel servus alienus ex mandato quoque meo, causa mea, mihi acquirit possessionem etiam ignoranti, quam meo nomine adipiscitur. Et altera lex, qua nititur Accursius, id est, *l. quod servus, eod. tit.* aperte loquitur de causa peculiari tantum, ut ex ea scilicet ignoranti domino acquirat possessionem, secundum hoc, quod Papinianus ait in hoc §. nondum hereditatis aditæ tempus usucapioni datum esse, si servus hereditarius aliquid comparaverit. Sic accipiendum, si peculiari nomine comparaverit, non si alieno nomine. Verum huic sententiæ officit vehementer lex seq. §. ult. ubi negat, ante aditam hereditatem procedere usucapionem ejus rei, quam servus hereditarius comparavit peculiari nomine, *quemadmodum etenim usucapiatur*, inquit, *quod ante defunctus non possidet.* Denique concludit, usucapionis primordium esse tempus aditæ hereditatis. Manifesto igitur ille §. pugnat cum superiori definitione. Et si quid aliud quæsieris diligenter, aut respondeas liquido, frustra fueris diligens. Nec enim invenies aliud, quam hoc unum, verum id quidem esse, quod positum est in hoc §. ult. jure civili, jure communi, sed jus singulare, consensu jus receptum, mortem suadere, admittere aliud. Nam quæ Accurs. scribit ægroti somnia videntur, ut hoc loco fingit, eum servum possidere cœpisse ante mortem domini, contra manifesta verba Papin. qui servum hereditarium comparare rem ait, servus autem hereditarius non est ante mortem testatoris, sed post mortem, ante aditam hereditatem, interim scilicet dum jacet & vacat hereditas. Et ita semper in jure accipitur servus hereditarius, ut cum dicitur, per servum hereditarium heredi non posse acquiri rem hereditariam, vel hereditatem ipsam, *l. per hereditarium, de acqui. rer. dom.* Et cum dicitur heredi ex asse scripto adscriptam conditionem hanc, si servum hereditarium non alienaverit, impossibilis est conditio, *l. quæstio, §. pon. de conditionib. instit.* Et in multis aliis locis, si quis dixerit, servum hereditarium esse ante mortem testatoris, vel post aditam hereditatem, id ridiculum & delirum esse videtur, quod tamen scripsit Æmilius Ferretus, *l. 1. §. veteres, sup. tit. prox.* Et longe lapsus est a vero. Is homo in contemnendis & reprehendendis doctoribus, ponit fastus multum, in tradenda veritate studii nihil, & ob eam rem ejus scripta plane sunt juris studiosis inutilia. Igitur, ut in *l. seq.* ita in hoc §. *nondum*, ponendum est, servum hereditarium post mortem testatoris ante aditam hereditatem comparasse aliquid peculiari nomine. Nam si posueris, comparasse ante mortem testatoris, ipse testator id possedisse intelligitur, atque ita non erit hic prior casus de servo hereditario

rio diverſus a poſteriori, quo etiam placet hereditatis jacentis tempus ad uſucapionem heredi procedere, ſive defunctus, inquit, uſucapere cœperat: non erunt duo caſus, ſed unus, & aliquid poſſederit: palam facit duos caſus his verbis, *ſive ſervus, ſive defunctus uſucœperit*, *&c.* Et quidem jam ſatis diximus de priori ſententia. Poſterioris hæc eſt, ut cœpta uſucapio a defuncto necdum impleta jacente hereditate & poſſeſſione vacua (nam hereditas jacens, ut dixi ſupra, poſſeſſorem non habet) nihilominus procedat, procurrat, perficiatur, peragatur, impleatur jure ſingulari, quamvis non ſit continuata poſſeſſio, ſed vacet jacente hereditate, in *l. nunquam*, *§. vacuum*, *l. captum, hoc tit.* ubi conſtitutum eſt, cæptam uſucapionem a defuncto poſſe & ante aditam hereditatem impleri, conſtitutum eſt, id eſt, receptum eſt jure ſingulari, ut initio hujus legis conſtitutum me interpretari memini. Idem *l. qui cum*, *§. ult. tit. ſeq. & l. cum miles*, *ſup. quib. ex cauſis major*. Denique morte mea non interrumpitur uſucapio, quæ a me cœpit initium, ſicut morte coloni mei per quem poſsidebam, etiamſi mortuum eum eſſe ignorem non interrumpitur uſucapio, *l. ſi de eo fundo*, *§. 1. ſup. tit. prox.* Igitur his duobus caſibus, qui notantur breviter in hoc §. & ut breviter, ita eleganter, hereditas jacens intelligitur, id eſt, fingitur poſſidere, ut ait *d. l. qui ſervo, de obligat. & action.* Fingitur, inquam, quia cœptæ poſſeſſionis res incorporea & inanima non eſt capax. Atque ita priori caſu inchoatur uſucapio, poſteriore continuatur & impletur uſucapio jacente hereditate, videlicet, ſi medium illud tempus jacentis hereditatis vacuum fuerit, id eſt, ſi eo tempore alius non ſit poſſeſſionem ingreſſus, *l. Pomponius*, *§. quæſitum*, *ſup. tit. prox.* nam ſi poſt mortem teſtatoris, qui poſsidere cœperat, non prior heres poſſederit, ſed alius quidam, poſſeſſio teſtatoris interrupta eſt, nec continuatur in herede, *l. poſſeſſio, hoc tit. Poſſeſſio*, inquit, *teſtatoris ita demum heredi procedit, vel accedit, ſi medio tempore a nullo fuerit poſſeſſa*, ſed ſi medio tempore vacarit, continuatur in herede, nec intelligitur morte teſtatoris interrupta fuiſſe, & eo tantum continuatur, quæ morti teſtatoris injuncta fuit, id eſt, quæ duravit uſque ad ſupremum exitum vitæ teſtatoris, ſed etiam, quæ unquam teſtatoris fuit, quæ aliquando teſtatoris fuit, licet proxima morti ejus non fuit, ſi modo medius poſſeſſor non intervenerit. Et hæc eſt ſententia *legis Pomponius*, *§. non autem tit. prox. ſup.* ubi Florentiæ recte legitur, *unquam*, vulgo perperam, *expreſſa falſa ſententia*: Nam hoc vult in hoc §. non tantum poſſeſſionem teſtatoris heredi procedere, quæ morti fuit injuncta, ſed etiam eam, quæ unquam teſtatoris fuit, etiamſi non fuerit morti conjuncta: ſi dixeris, quæ nunquam teſtatoris fuit, falſum dixeris. Et ita *l. inter omnes, in pr. de furt.* ſi res furto ſubrepta extincta ſit, ſi ſervus furto ſubreptus mortuus ſit, nihilominus competere actionem furti, *non quia nunc res abeſt, ſed quia unquam*, inquit, *beneficio furis abfuit, par ſon moyen*, ubi etiam vulgo perperam, *nonnumquam*. Hi vero duo caſus ſunt valde notandi quibus jure ſingulari recipitur, ut uſucapio procedat ſine poſſeſſione, aut ſine continuatione poſſeſſionis ſi verum fatemur. Et his exemplis uti oportet ad definitionem juris ſingularis, quod ponitur in *l. jus ſingulare, de legibus*, ut jus ſingulare ſit, quod contra tenorem rationis contra regulam juris, παρὰ τὸν ἀκρίβειαν, παρὰ κανόνα, id eſt, *contra exactam diligentiam contra canones propter utilitatem aliquam, introductum eſt*. Nullum, quod eſt mirum, ibi Accurſius affert exemplum idoneum, cum ſit luculentiſsimum in *d. l. peregre*, *§. quæſitum*, & in hoc §. & in *l. ſingularia recepta*, id eſt *jure ſingulari*, *ff. de rebus credit*. Et poteſt etiam ex Theophilo ſumi exemplum ex conditione furtiva, quæ datur domino παρὰ κανόνα, quia regulariter dominus non condicit rem ſuam, ſed utilitas publica, odiumque furum, admiſit conditionem, & eam concedit dominus adverſus fures.

Ad §. Filiusfamilias.

§. 4. *Filiusfamilias emptor alienæ rei, cum patremfamilias ſe factum ignoret, cœpit rem ſibi traditam poſsidere: cur non capiat uſu, cum bona fides initio poſſeſſionis adſit, quamvis eum ſe per errorem eſſe arbitretur, qui non ex cauſa peculiari quæſitam nec poſsidere poſsit? idem dicendum erit, etſi ex patris hereditate ad ſe pervenisſe rem emptam non levi præſumptione credat.*

EXplicemus nunc ceteros §§. Et primo loco §. *filiusfamilias*, in quo ponitur caſus, quod qui putat ſe non poſsidere quod poſsidet, nihilominus poſsidet & uſucapit. Aut certe ſunt duæ hujus §. partes. Priori parte, is qui putat ſe non poſsidere, nihilominus intelligitur poſsidere, & uſucapit. Poſteriori, qui putat ſe ex una cauſa poſsidere, nihilominus ex alia cauſa intelligitur poſsidere & uſucapere. Poſterioris partis verba ſunt, *idem, &c.* Finge: filiusf. ex cauſa peculiari emit rem alienam, & quo tempore jam erat paterfamilias factus morte patris, quem ipſe vivere exiſtimabat, eam rem ſibi traditam accepit. Emit autem & accepit bona fide, ignorans rem eſſe alienam. Quæritur, an ei uſucapio procedat pro emptore, vel pro ſoluto, vel pro ſuo, non ex cauſa emptionis? Qui tres tituli concurrunt. Ratio dubitandi hæc eſt, quia filiusf. erravit in conditione ſua, nempe exiſtimavit ſe eſſe filiusfam. atque ideo eam rem, quam emit & accepit, exiſtimavit ſe non poſsidere, ſed patrem, quia peculium aut rem peculiarem, aut rem ex peculii cauſa quæſitam & partam, poſsidere putabat filius ſed pater, non ſervus ſed dominus, *l. quod ſervus, & l. poſſeſſio, §. 1. t. prox. ſup.* Qui igitur exiſtimat, ſe eſſe filiumf. exiſtimat ſe non eſſe poſſeſſorem ejus rei, quam tenet. Porro in eo errore erat ille, ignorans mortem patris: hæc ignorantia, hic error, facit dubitationem, rationem dubitandi, τὸ αἴτιον τῆς ἀμφιςβητήσεως, ut ait *Ariſtot. l. 1. Polit. c. 3.* Sed hic error, error eſt facti, non juris: ignorantia ſcilicet mortis paternæ, & error facti non obſtat uſucapioni, ſi initio emptionis & poſſeſſionis bonam fidem habuerit. Error juris impediret uſucapionem, ut ſi quis juris ignarus putaret ſibi non licere poſsidere, quod licet, ut in *l. ſi fur*, *§. 1. hoc t. quod explicavimus latius, lib. 19. ad l. 7. de juris & facti ignor.* Et ideo rectiſſime Accurſius notavit, in hac ſpecie fuiſſe errorem facti, non juris. Alioquin eſſet ſummum diſſidium inter hunc §. *& d. l. ſi fur*, *§. 1.* Idem vero procedit, ut oſtendetur in poſteriori parte hujus §. ſi idem filiusf. non levi argumento ductus, putet quidem ſe poſsidere, ſed ex alia cauſa, qua poſſeſſionem adeptus eſt, & obtinet, ut qui putat ſe poſsidere ex cauſa hereditaria, qui rem habet ex cauſa emptionis, non ex cauſa hereditaria. Finge: filiusf. ex cauſa peculiari emit rem alienam bona fide, & cum ignoraret ſe patremfamilias factum morte patris, eam ſibi traditam accepit bona fide: exiſtimavit igitur, ejus rei poſſeſſionem patris eſſe, non ſuam, quæ tamen erat ſua mortuo jam patre ante traditionem rei. Deinde cognita morte patris, tempore autem mortis non ſatis bene cognito, cum patri heres exſtitiſſet, credidit ſe ex hereditate patris eam rem habere, non ex emptione, a ſe emptam ſcil. & acceptam perveniſſe ad patrem, mox a patre ad ſe rediiſſe jure hereditario: erravit in titulo poſſeſſionis, *non levi*, inquit, *præſumptione ductus*, cui ſcil. non erat bene cognitum tempus mortis patris: præſumptio plus eſt quam putatio, ſeu exiſtimatio: & hoc loco, *credat*, inquit, non putet, exiſtimet, aut arbitretur. D. Hieronym. adverſus Ruffinum: *de auctoribus, ſic noſſe te dicis, ut putes potius quam præſumas*. At nihilominus concluditur, etiam hoc caſu procedere uſucapionem pro emptore: atque ita, qui putat ſe non poſsidere pro emptore, nihilominus poſsidet & uſucapit pro emptore: Et conſequenter priori parte hujus §. ponenda ita videtur ſpecies in poſteriori. Sed Accurſius longe aliam ponit ſpeciem: patrem rem alienam emiſſe bona fide, nondum accepiſſe, eo tamen mortuo forte fortuna eam rem in hereditate inventam fuiſſe, & filium

filium ſtatim exiſtimaſſe, eam patri traditam fuiſſe ex causâ emptionis, quæ tamen ei tradita nunquam fuerat: uſucapio pro emptore filio procedit, quod admittit, quia licet poſſeſſio a venditore non ſit tradita, eam, filius ingreſſus eſt ſine vitio, argumento *l. pen. inf. pro leg.* Nam & e contrario, ſi res non ſit empta, ſed tradita ex causâ emptionis, quæ non præceſſit, & non leve ſit argumentum emptionis, uſucapio pro emptore procedit, *l. quod vulgus tit. ſeq. l. ult. pro ſuo*, quod etiam dixi *ſup. in §. etſi poſſeſſionis*: ego admitterem quidem ſpeciem Accurſii, & rationem definiendæ ejus, ſed ſpeciem quam poſuimus, dico eſſe conſequentiorem priori parti hujus §.

### Ad §. non mutat.

§. 5. *Non mutat uſucapio ſuperveniens pro emptore, vel pro herede, quo minus pignoris perſecutio ſalva ſit : Ut enim uſusfructus uſucapi poteſt, ita perſecutio pignoris, quæ nulla ſocietate dominii conjungitur, ſed ſola conventione conſtituitur, uſucapione rei non perimitur.*

Sententia hujus §. hæc eſt: Uſucapione rei dominium mutari: pignus vel uſumfructum non mutari, non perimi. Uſucapio eſt adeptio dominii, non ſolutio pignoris, non liberatio uſusfructus. Finge: uſucapta eſt res Titii, quæ erat creditori ejus pignori obligata, cum ſua causâ uſucapta eſt, non libera, ſed uti erat, pignerata: dominium Titius amittit, creditor pignus non amittit, imo etiam adverſus eum, qui uſucepit rem, habet actionem pignoris, id eſt, hypothecariam, *l. 1. §. cum prædium, ſup. de pignor. l. uſucapio, C. eod.* Et hæc redditur ratio in *d. §. cum prædium,* & in hoc §. *ab eo auctore*: quia quæſtio pignoris ab intentione dominii ſeparata eſt, ut ait hoc loco, nulla ſocietate intentione dominii conjungitur: ergo dominio amiſſo, non conſequitur & pignus eſſe amiſſum: quod adeo verum eſt, ut etiam victo debitore in quæſtione dominii, non perimatur actio pignoris, ſive actio hypothecaria, *l. 3. ſup. de pign.* Dominium, ut magis diſcrimen intelligatur, ex poſſeſſione incipit, *l. 2. in princ. tit. prox. ſup.* Pignus ex ſola conventione ſine poſſeſſione conſiſtit, ut ait hoc loco, & *l. 1. de pigner. act.* Et hoc loco dicitur, uſucapione rei pignus non perimi, item dominium eſſe non obligationem pignoris, locum habet non tantum in pignore conventionali, ſed etiam in prætorio pignore, quod miſſio in poſſeſſionem conſtituit. Neutrum uſucapione rei perimitur, *l. miſſio, tit. ſeq. l. 2. pro herede.* Idem etiam procedit in uſufructu. Finge: uſucapta eſt res Titii, id eſt, cujus dominium ſive proprietas nuda erat Titii, uſusfructus erat Sempronii: nihil commune habet proprietas cum uſufructu, id eſt, cum ſervitute uſusfructus, ac proinde uſucapita proprietate, amittit quidem eam Titius, uſumfructum non amittit Sempronius. Hoc etiam oſtenditur in *l. locum §. 2. ſup. de uſufr.*

Summa igitur hujus §. hæc eſt: Uſucapione rem alienam noſtram fieri, ſed non optimo jure, id eſt, non optima conditione, non optimo maximo jure, id eſt, liberam, ſolutam, immunem non fieri, ſed uſucapi cum ſua causâ, cum qualitate ſua & conditione: uſucapio res, non uſucapio etiam pignus vel uſumfructum: pignus, id eſt, liberationem pignoris, uſumfructum, id eſt, liberationem uſusfructus, id eſt, libertatem, quia & uſusfructus non utendo amittitur certo tempore. Et ut Paulus definit. 1. Sentent. Quæ non utendo amittuntur, eorum libertas uſucapi non poteſt. Pignus autem amittitur ipſo jure, ſola conventione, ſicut ſola conventione conſtituitur: eodem ſcilicet modo ſolvitur, quo quæritur, vel etiam ſolvitur per præſcriptionem ſilentio longi aut longiſſimi temporis ſecundum diſtinctionem traditam in *tit. de præſcript. 30. vel 40. annorum*: non ſolvitur uſucapione rei. Jus etiam pignoris non poteſt quæri uſucapione, nec jus uſusfructus, ſicut nec jus ſervitutis cujuſcunque, nec jus hereditatis, quia hæ res incorporales ſunt, & incorporales nec poſſeſſionem recipiunt, nec uſucapionem, *l. ſervus, qui bona fide, §. 1. de acq. rer. dom.*

### Ad §. eum qui.

*Eum qui poſteaquam uſucapere cœpit, in furorem incidit, utilitate ſuadente relictum eſt, ne languor animi damnum etiam in bonis adferat, ex omni causâ implere uſucapionem.*

Sequitur alius §. *eum qui*; diximus jam *ſup. in §. non dum,* jure ſingulari utilitatis causâ eſſe receptum, ut cœpta uſucapio morte poſſeſſoris non interrumpatur: eodem jure ſingulari utilitatis ratione, hoc loco oſtenditur etiam eſſe receptum, vel, ut eſt Florentiæ ſcriptum, *relictum,* non male, puta a prudentibus, ut alibi dicitur proditum, vel traditum per manus, *l. 9. de jure cod. 15. quæſt.* ut ſcilicet furore poſſeſſoris, qui ſupervenit poſt cœptam uſucapionem, non interrumpatur uſucapio. Quod etiam probat *l. 4. §. furioſus, hoc tit. & l. nunquam §. ſi ſervus, & ſeq. hoc tit.* Et ratio utilitatis hæc redditur, ne languor animi etiam bonis damnum afferat: furor eſt languor animi, id eſt, morbus: ut languor corporis, id eſt, morbus, *l. inter, §. non omnia, mand.* Horat. *aquoſus languor, id eſt, hydrops.* Seneca 10. epiſtol. *in corporibus languorum ſigna præcurrunt, quædam enim ſegnitia nervis ineſt, & ſine labore oſcitatio,* quod congruit cum illo Hippocratis aphoriſmo κόπος αὐτόματος, &c. Et idem medici morbos grandes ajunt, non eſſe curandos, ſed moderando intendos, ne medela languorem exaſperent, ut refert Hieronymus in epiſt. *de erroribus Origenis.* Videtur autem deſiiſſe poſſidere furioſus, cui animus languet, quod etiam de dormiente dici poteſt, ut in *d. l. nunquam, §. ſi ſervus:* cui aliquo ſopore animus languet quodammodo. Sed utilitas ſuadet ne ſopore, quemadmodum fit furore, etiam interrumpatur uſucapio, quæ nec ( quod longe plus eſt ) morte interrumpatur: mortui neque eſt corpus, neque animus: furioſi vel dormientis eſt corpus, & animus, ſed languidus. Et ſi dixeris, eos deſiiſſe animo poſſidere, dicam, imo potius, non poſſe eos animo deſinere poſſidere, quorum animus ſopitus eſt, vel ſede ſua motus, *l. ſi is qui animo, ſup. tit. prox.* Et animum dico, non *animam*: anima eſt causa vitæ, ut Cornelius Fronto ait, animus eſt, quo ſapimus, cogitamus, intelligimus, volumus, nolumus, quæ & mens dicitur. Anima eſt, *qua vivimus.* Et eleganter Accius Poeta; *Sapimus animo, fruimur anima ſive animo: anima eſt debilis, anima eſt communis cum brutis, non animus.* Juvenalis: *illis tantum animas, nobis animum quoque.* Et idem quoque omnino, ne quis arbitretur, non eſſe Chriſtiani D. Auguſtinus *in princip. 15. de Trinitate: dormientis animus ſopitur, non anima: furioſi animus ſive mens quodammodo extinguitur, anima manet, animus augetur vel minuitur pro ætate.* Lactantius 7. Inſtit. *Anima in ſtatu ſuo ſemper eſt, etiam poſtquam corpore exivit.* Et ſi Epicurus non faceret idem animum & animam, ut fateor, recte facit, *exſtingui pariter cum corpore, & una creſcere ſentimus pariterque ſeneſcere mentem,* ait Lucretius.

### Ad §. ult.

*Si, cum apud hoſtes dominus, aut pater agat, ſervus aut filius emat, an & tenere incipiat? Siquidem ex causâ peculii poſſedit, uſucapionem inchoari, nec impedimento domini captivitatem eſſe, cujus ſcientia non eſſet in civitate neceſſaria: ſi vero non ex causâ peculii comparatur, ut non capi, nec, jure poſtliminii quaſieum intelligi; cum prius eſſet, ut quod uſucaptum diceretur, poſſeſſum foret: ſin autem pater ibi deceſſerit, ex tempore captivitatis ex die, quo capitur morti jungerentur, poteſt dici filium & poſſediſſe ſibi, & uſucepiſſe intelligi.*

In §. *ult. hujus l.* & hæc quæſtio proponitur: ſi patre vel domino capto ab hoſtibus, filius aut ſervus aliquid emat, an traditione ſequente, id etiam tenere incipiat, quod filius aut ſervus tenet naturaliter, pater aut dominus creditur poſſidere, *l. quod ſervus, ſup. tit. prox.* Hoc ergo quæritur, an pater vel dominus, per eum ſervum vel filium rem

rem emptam & acceptam bona fide, possidere & usucapere incipiat? Hæc est quæstio Papiniani. Et distinguit Papinianus: Aut filius vel servus eam rem ex causa peculiari comparavit, aut non, atque ita scribit: *si cum apud hostes dominus aut pater agat, servus vel filius emat, an & tenere incipiat?* Sequitur distinctio: *si quidem ex causa peculii, &c.* Priusquam hanc distinctionem exponam, scire vos velim aut memoria repetere, duas esse fictiones, quarum in jure, quotiens de bonis captivorum agitur, frequens est usus: una est fictio postliminii, quæ jure gentium comparata est: altera est fictio legis Corneliæ, quæ jure civili comparata est: fictio postliminii efficit, ut si captivus redeat ab hostibus, retro credatur in civitate fuisse, & recipiat pristina jura, recipiat, inquam, ea quæ sunt juris, non ea quæ sunt facti: possessio est facti: quod igitur verum est, in sua vita eum desiisse possidere per captivitatem, postliminium non efficit, ut non desierit possidere, ut possidere factum est, ita desinere possidere factum est, non facere, facere est: nam & qui non facit, hoc facit, ut nolit facere: privativa actionis, actio est: & ob id non male Stoici, omne peccatum esse actionem, quamvis quædam peccata in non faciendo consistant: non potest igitur ullum jus, ulla constitutio juris, ulla fictio facta facere infecta: ut quod quis possedit, non potest facere ne possederit; vel quod non possedit, non potest facere ut possederit: & possidere, & desinere possidere facti est, & quod facti est, nulla fictio infectum reddere potest, *l. in bello, §. facti, de capt. & postlim. l. denique, ex quib.cauſ.major.* Jura restaurari & redintegrari possunt: ita postliminium jura redintegrat, sed non facit ut qui destit possidere, non desierit possidere, ita & , interruptam possessionem restituit, ita scilicet, ut non videatur medio tempore fuisse interrupta: fictio autem legis Corneliæ efficit, ut si captivus mortuus sit apud hostes, retro credatur mortuus eo ipso die, quo captus est, nec unquam pervenisse in potestatem hostium. Quæ fictio etiam legis Corneliæ, non efficit, ut qui desierit possidere, non desierit, sed ut ab eo intelligatur continuata possessio in hærede, ac per hoc in hæredem postea facto aditione, & ob eam rem ab omnibus judicatur plenior esse fictio legis Corneliæ, quam fictio postliminii. Hæ sunt ut proposui duæ fictiones, quarum est frequens usus in jure, quoties disceptatur de bonis captivorum, & plenior legis Corneliæ, quod ex sequentibus magis apparebit. Ergo in proposita quæstione Papin. ita distinguit: aut patre vel domino capto ab hostibus filius vel servus rem comparavit ex causa peculiari, aut non. Si patre agente apud hostes filius vel servus rem comparavit non ex causa peculiari, reverso patre vel domino, jure postliminii non intelligitur ei processisse usucapio, quæ non cœpit ante captivitatem, cum & quæ cœpit ante captivitatem interrupta sit, nec postliminio recipiatur, ut inferius demonstrabitur. Patre autem ibi mortuo, usucapio hæredi ejus procedit, in cujus dominium etiam servus transit. Et hoc quidem est certissimum, cum filius vel servus rem non ex causa peculiari comparavit. Sed quid si ex causa peculii? quod est alterum membrum distinctionis: Est major quæstio: Si quid filius vel servus patre vel domino agente apud hostes comparavit ex causa peculiari, non nomine patris vel domini, ex qua causa constat ignorantiam vel mortem patris aut domini non impedire usucapionem, dicam eam captivitatem non impedire aut retardare usucapionem, sed statim usucapionem capere primordium, & patri vel domino reverso ab hostibus prodesse jure postliminii, aut hæredi ejus eo ibi mortuo, quod ostenditur in *l. an prætor, §. plane, ex quib.cauſ.major. & l. in bello, §. facti, §.bona, §. qua peculiari, l. pen. de capt. & postlim. & l. si is qui pro emptore, hoc t.* Et multo magis dicam usucapionem procedere, si quis captivus ante captivitatem per servum ex causa peculiari

A possidere cœpisset, remanente eo servo in possessione, *d. §. facti.* Et hæc omnia esse ex Juliani sententia, quæ obtinuit, constat ex *d. §. facti, & ex d. §. qua peculiari, & ex d. l. si is qui pro emptore.* Marcellus dissentiebat: consentiebat etiam in quibusdam hac in re Julianus & Marcellus. Primum enim Julianus distinguebat hoc modo: aut per semetipsum possidebat, qui ad hostes captivitate pervenit, aut per subjectam juri suo personam, veluti filium aut servum. Si per semetipsum, possessio & usucapio captivitate interrumpitur, quia qui ab alio possidetur, nihil possidere potest, *l. homo liber, in fine, de acquir. rer. domin. l. qui in servis. de regul. juris.* Captivus possidetur ab hostibus, quia servus est hostium. Si interrumpitur captivitate, ergo etiamsi postliminio reversus sit, tempore captivitatis non intelligitur implesse usucapionem, *d. l. ait prætor,*

B *§. is autem, ex quib.cauſ.major. & d. l. is qui pro emptore,* quia possessio est facti: possidere aut desinere possidere est facti, & quæ sunt facti, ut ante præmunivi, nulla fictio infecta facere potest. Postliminium jura redintegrat; facta aut non facta non diffingit: non facta & facta sunt, aut quæ desierunt fieri facta sunt, quæ diffingere non potest postliminium. Denique captivitate possessio, & usucapio interrumpitur, nec postliminio recipitur, ut scilicet medio tempore, dum apud hostes fuit, intelligatur usucepisse: quæ tamen, quod notandum, non interrumpitur morte possessoris, ut in *sup. d. §.demon* stratum est: captivitate interrumpitur, non morte, quia hæreditas, quæ vice defuncti est, continuare possess. intelligitur, & furore etiam non interrumpitur, quia non potest furiosus animo desinere possidere, cujus languet animus, aut propemodum ex-

C stinctus est, *l. si is qui animo, sup. tit. prox.* Ad si captivus non revertatur, sed ibi moriatur, filio, vel hæredi ejus usucapio processisse intelligitur, velut si mortuus fuisset eo die, quo captus est, nec unquam pervenisset in potestatem hostium, quod & lex Corn. fingit. Igitur hac in re plus estet fictio legis Corn. quam postliminii, & plenior est. Idemque Julianus, ut opinor existimabat, in his quæ captivus ante captivitatem ex causa non peculiari, per servum possedisset, eorum sc. possessionem interrumpi, nec postliminio recipit: ceterum eo mortuo apud hostes, possessionem continuari in hærede ejus, ac si mansisset semper in civitate: tempus captivitatis ex lege Cor. jungi morti. Neque in his quæ retuli officium erit difficilius intellectu inter Julianum & Marcellum, sed est aut fuit in his, quem sequuntur: si quid captivus per servum possed-

D disset ex causa peculiari ante captivitatem, Julianus existimabat, remanente servo in possessione, eam non interrumpi captivitate, cum, & si post captivitatem domini, servus ex causa peculiari aliquid possedisset, Julianus existimaret, in eo quoque tempore captivitatis dominum potuisse usucapere, & postliminio reverso prodesse ad usucapionem: ibi mortuo prodesse hæredi ejus, quia ex causa jure singulari etiam ignorans usucaperet, & captivus similiter, quasi sit ignorantis loco, ut sibi sc. prosit usucapio reverso, vel hæredi suo, si non revertatur, in *l. pen. inſ. de capt. & postl. reverſ. & in sup. d. ll.* Nam & Marcellus quidem admittebat, eo ibi mortuo, hæredi prodesse usucapionem: non admittebat etiam, reverso prodesse usucapionem, atque ita hoc etiam casu plenius accipiebat fictionem legis Corneliæ, quam postliminii: & ut contra

E Julianum ostenderet, reverso non prodesse usucapionem, utebatur ratione seu argumento hujusmodi: *Quid interest ipse captivus possederit an servus ejus?* Postliminio reverso non procedit usucapio ejus, qui per se possedit, vel per eum servum ex causa non peculiari. Ergo non potest procedere etiam in reverso prodesse, qui per servum possedit nomine peculiari ante captivitatem. Et rursus, si reversus in his, quæ ante captivitatem per servum possedit ex quacunque causa, nihil habet juris ex postliminio, cur plus juris debet habere ex postliminio, si quid post captivitatem per servum possederit, peculii nomine, *d. l. si quis pro emptore.* Hæc ratio proponitur. Inde Marcellus statuebat, usucapionem eorum non interrumpi quæ captivus possedisset ante captivitatem ex omni causa, nec ex causa pecu-

peculiari: imo vero poft captivitatem, aut reverfo domino prodeffe, quod videtur juvari poffe, eo quod ita demum dominus ignorans per fervum ufucapit ex caufa peculiari, fi fervum poffidet, *l. homo liber, inf. de adqrer. dom.* Servum autem captivum non poffidet: fed dici poteft confervari poffef. fervi, fpe & propofito fervi ipfius, qui fperat quandoque dominum reverfurum, ut in *l.fi rem, fupra t.prox.* Aliter quam fi fugitivus effet fervus, qui fe pro liberto gereret, atque ita domino fubduceret, ut in *d.l. homo liber, in fi.* Nam per hunc ignorans dominus non ufucapit peculii nomine: per illum ufucapiet, dum eft apud hoftes, quia confervat ipfe fervus poffeffionem fui domino, velut fervo ipfo capto ab hoftib. fervi poffeffio confervatur fpe & propofito domini manentis in civitate, §. *& fi poffeffionis, fupra.* Et omnino fecundum Julianum, cujus fententiam obtinuit, ita eft concludendum: ex caufa peculiari poffeffionem rei, quam fervus tenere cœpit ante captivitatem domini, propofito ferui domino confervari quandoque reverfuro, & poft captivitatem ex eadem caufa adquiri, at reverfo domino proficere. Quæ eft definitio h. quæftionis.

Sed ut fit perfpicua magis, nec quicquam in ea obfcuri refideat, paucis enarranda nobis eft *d. l. fi is, qui pro emptore* 15. ff. h. tit. quæ in hac quæftione obfcurior effe exiftimatur: eft enim lex Pauli, qui eft concifus admodum, & comprehenfione rerum brevis & ἐκρωπικός, idemque unius collectionis frequenter partem unam tantum ponit, more Ariftotelico, qui fæpe omittit affumptionem vel conclufionem: eo fit, ut multa Paulo nos fupplere oporteat, & fubintelligere, quod accidit plane in hac lege *fi is, qui,* fed ita tamen, ut quæ omiffa funt a Paulo facile fuppleri poffint ex *fup. d. locis* ex ea definitione, quam vobis diftincte expofui, quærit primum Paulus, an poffeffore capto ab hoftibus, antequam impleffet ufucapionem, & ibi mortuo, heredi ejus ufucapio procedat? Et tentat primum, imo hoc unum tentat, non procedere heredi ufucapionem ejus rei, quam ante captivitatem poffidebat per femetipfum. Argumentum eft tale: quæ ipfi reverfo ufucapio non prodeft, nec heredi ejus prodeffe poteft. Ipfi autem reverfo non prodeft jure poftliminii, quia interrupta eft ufucapio captivitate, & poftliminium factam femel interruptionem infectam facere non poteft. Ergo (quam tamen conclufionem omittit) nec heredi ejus prodeft, fi ibi moriatur. Omittit etiam definitionem hujus quæftionis propofitæ. Nec n. ita eft concludendum, heredi ejus non prodeffe, imo potius, ipfi quidem reverfo non prodeffe, fed heredi ejus, fi ibi moriatur poffeffor quafi pleniori fictione legis Cornel. quam ff. poftliminii. quæ eft prior quæftio, quæ proponitur in *l. fi is, qui*. Altera hæc eft, fi fervus captivi poft captivitatem aliquid ex caufa peculiari comparavit, non hoc adjicit, ex caufa peculiari: quod etiam fæpe omittunt noftri auctores, ut in §. *nondum,* legis *jufto errore,* d.t. Quod conftat fatis effe intelligendum, & ab Accurf. fuppletur rectiffime. Verum ad rem. Quæftio eft, fi fervus captivi poft captivitatem, &c. an hujus rei ufucapio procedat, & cui procedat? Et refert Julianum exiftimaffe, videlicet in *d. l. nondum,* §. *quæ peculiari, de capti. & poftl. reverf.* in fufpenfo, in pendenti effe ufucapionem. Si quæramus, cui contingat, cui procedat, aut profit: fi dominus reverfus fuerit, ufucapio ei procedit: fi ibi mortuus fuerit, dubitari ait, *an pertineat ad heredem ejus, an heredi ejus procedat,* neque hoc definit, fed in *d. l. bona, §. quæ peculiari,* palam Julianus concludit, ufucapionem heredi procedere. Nec fane fuit caufa dubitandi, cum & Marcellus hoc exiftimet, propterea quod hereditati jacenti, quæ obtinet locum defuncti, procedit ufucapio cœpta a defuncto, *d. §. nondum.* Et quando captivus deceffit apud hoftes, lege Corn. fingitur hereditas jacuiffe eo ipfo die quo captus eft: per hereditatem autem ad heredem aut fucceflorem poftea factum ufucapio procedit. Et ideo concludit ex Marcello, non diffentiente hac in re Juliano, in fuccefforibus & heredibus locum

habere ufucapionem, ut annotat Accurf. legi rectius: vulgo legitur cum negatione: quam negationem miror etiam retinere Bafilica, fed evidens eft ex his, quæ ante retulimus, in omnibus caufis ante agitatis in heredibus ufucapionem locum habere, fi captivus mortuus fit apud hoftes, quod plenior fit fictio legis Corn. quam poftliminium, & controverfia tantum fuit de poftliminii fictione. Et Marcellus certe non admifit ufucapionem procedere reverfo jure poftliminii, cum fervus poft captivitatem ex caufa peculii aliquid comparaffet, hac ratione, ut ait, quemadmodum poftliminio reverfus plus juris habere poteft in his, quæ fervus adquifivit peculii nomine, pendente captivitate, quam in his quæ per fe, vel per fervum poffidebat, cum ad hoftes pervenit, id eft, ante captivitatem. Paulus proponit tantum hanc fententiam Marcelli, nec fententiam Juliani integram exponit: quid ftatuendum fit, non poffis ex *l.fi is qui,* liquido definire: fuppletionibus indiget multis, non tantum hæc lex Pauli, fed & fere omnes quæ Pauli funt. Igitur omnino ad extremum fupplendum eft, Juliani potius fententiam effe fequendam, non Marcelli, ut eft in *d. §. facti,* ut fcil. ufucapio cœpta poft captivitatem per fervum peculii nomine non tantum procedat heredi captivi mortui apud hoftes ex lege Corn. quod admittebat etiam Marcellus, fed & eidem ipfi reverfo ab hoftibus jure poftliminii, quod Marcellus non admittebat.

## JACOBI CUJACII J. C. COMMENTARIUS

In lib. XXIV. Quæftionum ÆMILII PAPINIANI.

Ad L. Si uxor, D. de judic.

Ex Lib. XXIV. Duæ tantum ll. breves & verbis & fententia fuperfunt. Prima eft lex, *fi uxor, de judic.* cujus verba funt.

*Si uxor a legato Romæ diverterit, dotis nomine defendendum Romæ virum refponfum eft.*

LEGATI in hoc tit. *de jud.* frequentiffime, & in tit. *de legationibus,* non funt, quos mittimus ad hoftes aut fœderatos: fed fere in omni jure legati funt, qui a fuis civitatibus, municipiis, provinciis mittuntur publicæ rei fuæ caufa, ad S. P. Q. R. vel ad Imperatorem: hi dicuntur fæpe legati provinciales & legati municipales, *l. tutor, §. ult. de jurejur. l. Situs 21. §. de tut. & cur.* Hi habent privilegium aliquod, ne a publico munere avocentur, id eft, a legatione fufcepta, ne impediatur legatio: eft privilegium, quod eis tribuitur, maxime fi conveniantur. Nam fi Romæ conveniantur quafi in patria communi: eft enim Roma, ut fcitis, patria communis, id eft, omnes quicunque funt fubjecti Romano Imperio, funt cives Romani, *l. in orbe, de ftatu hom. & l. Roma,* ad municip. Quod eft ex Antonini Imperatoris fummo beneficio: Nam olim fingulis erat petenda civitas, quæ fæpe non nifi magno ære redimebatur. Qui funt fubjecti Romano Imperio hodie non habent neceffe petere jus civitatis Romanæ, quia ipfo jure funt cives Romani. Et hoc eft, quod dicitur, Romam effe patriam communem: ergo non mirum, fi legati provinciales Romam miffi, ibi conveniantur. Conveniuntur enim in patria communi, in civitate fua, communi fcilicet, non propria. Sed fi conveniantur Romæ ex eo, quod contraxerunt vel deliquerunt in civitate fua propria, vel intra aut extra provinciam fuam, vel etiam Romæ ante legationem, non compelluntur refpondere, quandiu ibi legationis caufa demorantur, fed jus habent revocandi domum, ut fcil. conveniantur in patria fua propria, *l. 2. §. omnes,* hoc tit. Alia eft patria communis ut Roma, ficut dixi: alia propria. Et propria duplex eft, originis, quam germanam Tullius vocat

vocat 1. *de legib.* alia domicilii. Legati igitur a patria communi, si in ea ex eis conveniantur, habent jus revocandi ad patriam propriam maxime domicilii. Nam in jure magis domicilii patria spectatur quam originis. Potest quis in pluribus civitatibus habere domicilium & plurium civitatum esse civis, *l. ejus qui*, §. *Celsus, ad municip.* Non existimandum, idem jus esse revocandi forum, & jus revocandi domum. Revocat forum qui ab incompetenti foro postulat rem referri ad forum competens, & id, in quo conveniatur, contendit esse incompetens & incongruum : revocat quis domum etiam a foro competenti, vel a patria communi, & revocat privilegio legationis, ut publici muneris, ne ab eo avocetur sive conveniatur in personam sive in rem, *l. non alias, in fi. & l. de eo, & l. seq. h.t.* Cui tamen rationi locus non datur, si quid Romæ contraxerit in ipso legationis tempore, vel si quid deliquerit, vel si quid possidere cœperit : nam de eo, quod contraxit Romæ tempore legationis, Romæ se defendere debet, si conveniatur, nec potest revocare domum, *d. l. non alias*, §. 1. *& l. seq. l. cum furiosus*, §. *ult. eod. tit. l. non distinguemus*, §. *item si quis Roma*, *de recept. & qui arbitr. recep.* Et hac ratione in hac *l. si uxor*, quam tamen rationem male rejicit Accurs. si uxor mariti, qui legatione Romæ fungebatur pro civitate sua, diverterit Romæ, cum secum forte Romam duxisset, Romæ potest conveniri actione de dote, quia divortium est contractus, & factum id esse proponitur legationis tempore. Divortium esse contractum optime probat lex *jurisgentium*, §. *ut puta*, *ff. de pact.* qui locus non expenditur in eam rem, & est tamen apertus. Servandum est autem ex § in bonæ fidei judiciis pacta facta incontinenti, pacta conventa inesse ex parte actoris, id est, parere & formare actionem, non inesse autem ea pacta, quæ postea fiunt. Exemplum hujus regulæ proponitur in *d.* §. *ut puta*, si post divortium convenerit aliquid de dote solvenda alio die, quam legitimo : ex pacto non est actio, quia factum est post divortium ex intervallo; quia divortium est contractus, & contractus, ex quo nascitur judicium bonæ fidei, id est, actio de dote, facto divortio statim exstitit actio de dote. Igitur si in ipso divortio pactum sit adjectum ex continenti de diebus solvendæ dotis, formabit actionem. Et hoc valde notandum est ad eum §. *ut puta*. Porro dos exigitur, vel ubi est domicilium matrimonii soluto matrimonio, *l. exigere*, *hoc tit.* vel exigitur ubi divortium factum est, licet ibi non fuerit domicilium matrimonii. Nam per matrimonium mulier mutat domicilium & forum : non exigitur dos, ubi facta est conventio dotis, ubi conscriptum est instrumentum dotale, nisi & ibi fuerit domicilium matrimonii : si non fuerit ibi non exigetur dos, non repetetur soluto matrimonio, quia scilicet non eo loco, quo dotis conventio facta fuisset ubi est domicilium mariti.

### Ad L. LXXVI. de Regul. jur.

*In totum omnia, quæ animi destinatione agenda sunt, non nisi vera & certa scientia perfici possunt.*

His verbis, *in totum*, significatur esse generalis regula, quæ in toto jure locum habeat, ut sane possent referri innumeri casus, sed referam tantum illos, quos notavi, ut vera & certa scientia, id est, certo animi proposito, certa animi destinatione, propositione non possis dicere alio nomine προαίρεσιν, quam propositum animi. Exempli gratia divortium, quod pendet ex animi destinatione non est divortium, nisi fiat certo animi proposito, certa animi veraque scientia, non si fiat impetu & calore quodam iracundiæ, *l. quidquid, hoc tit.* Non est divortium, nisi perseverantia apparuerit non jurgio abactam mulierem fuisse, sed vero judicio. Item in *l. pen, de concub.* scriptum est, concubinam ex sola animi destinatione æstimari : non fuit turpe concubinæ nomen, imo legitimum : concubinatus imitatur justas nuptias : est species matrimonii, *l. 1. de concub.* Concubinatus nomen ex legibus assumpsit, id est, legitimum est, non infame. Porro concubina, inquit, ex sola animi destinatione æstimatur ; non est igitur concubina, si quis non vera & certa animi scientia ducatur ad eam, quasi in concubinatum assumenda, sed impetu quodam libidinis, nec diu cum ea deinde perseveret, & non videtur fuisse concubinatus cum ea, sed stuprum, & qui nascentur ex ea conjunctione, non erunt naturales, sed erunt spurii, id est, sine patre filii.

### JACOBI CUJACII J.C.
#### COMMENTARIUS
In Lib. XXV. Quæstionum ÆMILII PAPINIANI.

### Ad L. Cum tutor, de tutel. & rat. distrah.

*Cum tutor negotiis impuberis administratis pupillum paterna hereditate abstinet, bonis patris venditis tractari solet, utilis actio pupillo relinqui, an creditoribus concedi debeat? Et probatur, actionem inter pupillum & creditores patris esse dividendam : scilicet ut quod rationi bonorum per tutorem deevit, creditoribus reddatur: Quod autem dolo vel culpa tutoris in officio pupilli perperam absenti contractum est, puero relinquatur ; quæ actio sine dubio non prius competet, quam pupillus ad pubertatem pervenerit, sed illa confestim creditoribus datur.*

EX Lib. XXV. est lex 13. *de tut. & rat. distrah.* Altera est *l. 2. de separ.* Singulæ continent singulare quiddam. Species *l. cum tutor* hæc est : tutor gessit negotia pupilli, in quibus erant bona paterna, deinde pupillum bonis abstinuit beneficio prætoris, quasi esset damnosa hereditas patris ob æs alienum. Et in ea re dolo versatus est tutor aut culpa, quia utilius erat pupillum retinere bona paterna : quia tutor perperam abstinuit, & in officio suo deliquit: creditores patris bona vendiderunt: lex ait, tutorem teneri non tantum pupillo, sed etiam creditoribus patris, qui abstinente pupillo bona patris distraxerunt. Sed est triplex differentia inter pupillum & creditores patris, qui bona vendiderunt. Nam pupillo tenetur tutor, quod perperam abstinuerit, quod in officio suo lapsus sit vehementer, quod fecerit quod facere non debuerit. Creditoribus autem tenetur tutor, quod per eum factum sit, ut aliquid abesset ex bonis paternis, quæ ipsi vendiderunt. Ergo non eadem ratione tenetur pupillo & creditoribus, *l. 4. C. arbit. tut.* Et rursus est alia differentia : tutor pupillo tenetur finita tutela, ratione tutelæ : nam actio tutelæ non datur ante finitam tutelam : creditoribus autem tutor tenetur actione negotiorum gestorum etiam nondum finita tutela, quæ actio negotiorum gest. (& hæc est tertia differentia,) est utilis actio, non directa: quia tutor ultro non accessit ad negotia pupilli, sed coactus necessitate officii, quod etiam invito injungitur, quasi civile munus, sicut etiam curator pupillo vel adolescenti tenetur utili negot. gest. & tenetur curator longe aliter, quam tutor tutelæ, etiam ante finitatam administrationem, etiam nondum finita administratione, *l. nisi* §. *ult. l. si cum adhuc*, §. *ult. h.t.* Actio tutelæ non datur utilis nisi finita administratione tutelæ. Actio negotiorum gestorum datur etiam non finita omni administratione rerum ad pupillum pertinentium, & actio tutelæ, qua pupillo tenetur tutor, quod eum perperam abstinuerit, quodve quid aliud fecerit perperam, aut non fecerit : Nam est actio generalis, quæ ambitu suo multa complectitur, omnem dolum, omnem culpam tutoris. Et actio est directa, non utilis, nec possis in hac parte actionem tutelæ dicere utilem, sicut Papinianus videtur dicere. Itaque rem ita distingueftinguere debemus: utilis quidem eft ea, qua creditores experiuntur negotiorum geftorum: qua pupillus experitur, eft directa, non utilis, nifi utilem interpreteris efficacem, ut hoc fenfu fæpe hic auctor uti folet, *l. Titio fundus, de cond. & demonftr. l. pater, de dote præleg.* Nec male. Accurf. hoc idem notavit in hanc legem. Ex his intelligitur quod ait Papinian. hac lege, actionem dividi inter pupillum & creditores patris, ita effe verum in genere, non in fpecie. Nam idem genus actionis non dividitur inter eos. Alia eft actio, quæ pupillo datur, alia quæ creditoribus patris, nec ex eodem facto ambæ proficifcuntur.

Ad L. II. De feparat. bonor.

*Ab herede vendita hereditate, feparatio, fruftra defiderabitur: utique fi nulla fraudis incurrat fufpicio: Nam quæ bona fide medio tempore per heredem gefta funt, rata confervari folent.*

Minoris eft negotii *l. 2. de feparat.* Separatio bonorum datur ex decreto prætoris, poftulantibus creditoribus defuncti. In hac fpecie finge: heres Titii obligatus eft creditoribus defuncti nomine hereditario, & fuis creditoribus nomine proprio: habuit defunctus creditores fuos, habet & heres creditores fuos: urgentibus creditoribus bona venierunt: bona defuncti fufficiunt creditoribus defuncti, fi eis non commifceantur creditores heredis, fi creditores feparentur a creditoribus, fi bona defuncti a bonis heredis. Ideoque fi creditores defuncti defiderant bona defuncti feparari a bonis heredis, ut fibi fatisfiat ex bonis defuncti, audientur. Et hac de re eft hic tit. *de feparationibus.* Et recte poftulant hanc feparationem creditores defuncti, etiamfi heres bona defuncti forte hypothecæ obligaverit, quia hypotheca non eft alienatio, & manet nihilominus hereditas apud heredem femper, *l. 1. §. fciendum, hoc tit.* Sed hæc *l. 2.* demonftrat, non idem effe dicendum, fi heres bona five hereditatem defuncti vendiderit bona fide antequam poftularetur feparatio bonorum, aut urgerent creditores, aut ipfe heres factus effet non folvendo: fruftra deinde poftulabitur feparatio bonorum defuncti, quæ exierunt bona fide dominio heredis. Denique omnes creditores confundentur, & contenti effe cogentur bonis heredis. Si venditio hereditatis facta effet in fraudem creditorum, revocaretur actione Pauliana ex edicto, *quæ in fraudem creditorum*, & deinde recte poftularetur feparatio bonorum: fed hæc venditio illius hereditatis bona fide facta non poteft refcindi. Ergo ftultum effet petere feparationem bonorum, quæ revocari non poffunt, cum fint alienata bona fide.

## JACOBI CUJACII J.C. COMMENTARIUS

In Lib. XXVI. Quæftionum ÆMILII PAPINIANI.

Ad L. Creditor I. de Diftractione pignor.

*Creditor, qui prædia pignori accepit, & poft alium creditorem, qui pignorum conventionem ad bona debitoris contulit, ipfe quoque fimile pactum bonorum, ob alium & eundem contractum interpofuit: ante fecundum creditorem dimiffum, nullo jure cetera bona titulo pignoris vendidit, fed ob eam rem in perfonam actio contra eum crediturs, qui pignora fua requirit, non competit: nec utilis danda eft, nec furti, rerum mobilium gratia recte convenietur, quia propriam caufam ordinis errore ductus perfecutus videtur, præfertim cum alter creditor fuæ poffeffionem, quæ non fuit apud eum, non amiferit. Ad exhibendum quoque fruftra litem excipiet: quia neque poffidet, neque dolo fecit ut defineret poffidere. Sequitur ut fecundus creditor poffefores interpellare debeat.*

LIBER XXVI. incipit a *l. 1. de diftract. pign.* cujus fpecies hæc eft: Quidam primo creditori fuo pignori obligavit prædia quædam fpecialiter, deinde alii fecundo creditori generaliter obligavit omnia fua bona, quæ haberet, quæque habiturus effet, fola conventione, fola pactione, ex qua conftat jure prætorio nafci obligationem, nafci actionem, *l. fi tibi §. de pignore, de pact.* contra regulam communem, cum ex pactione non nafcatur actio vel obligatio. Poft idem ille illi primo creditori fimiliter, forte denuo ab eo accepta pecunia mutua, obligavit generaliter omnia bona fua, ob alium contractum, inquit, vel etiam ob eundem, ob priorem contractum, novatione facta fcil. ut *l. 3. l. cred. §. Papinian. fup. tit. prox.* Primus creditor certe potior eft fecundo in prædiis fpecialiter obligatis. Secundus autem potior eft primo in ceteris bonis: & ideo prædia quidem illa fibi fpecialiter obligata, vendere primus poteft jure pignoris, non etiam cetera bona, antequam fecundo creditori fatisfactum fuerit. Sed quid fi primus creditor vendiderit etiam cetera bona titulo pignoris ex pofteriori hypotheca generali, an tenebitur fecundo creditori, qui in generali hypotheca, in ceteris bonis eft certe prior tempore, atque adeo potior jure? Hæc eft quæftio, de qua agitur in hac lege: ad quam Papinian. ita refpondet; primum fecundo nulla actione teneri ob id, quod cetera bona vendiderit titulo pignoris, quamvis ea non jure vendiderit: nulla, inquam, teneri primum fecundo actione in perfonam, directa, vel utilis ex contractu, quia non cum fecundo contraxit, neque pro debitore apud fecundum fidejuffit: fed neque eum teneri actione furti, videlicet nomine rerum mobilium, quæ in ceteris bonis erant, aut fe moventium, quia primus non per fallaciam aut dolo malo, non furandi animo eas res vendidit, fed ordinis errore ductus, dum in omnibus exiftimat fe effe primum, & ignorat forte pofteriorem obligationem contractam a debitore cum pofteriori creditori. Atque ita, ut ait, ordinis errore ductus fuam rem egit, vendendo omnia bona debitoris fui, fuam caufam perfequutus eft bona fide, fuo jure ufus eft. Ergo furtum non fecit, qui fuo jure utitur, vel ut ipfe exiftimat longe abeft a furto. Et rurfus non poteft videri primus earum rerum furtum feciffe fecundo, qui neque dominium, neque poffeffionem earum rerum habuit, juxta *l. fi gratuitam, §. ult. de præfcr. verb. & l. fi vendidero, §. ult. de furt.* Secundus creditor fane non habuit dominium earum rerum, non habuit etiam poffeffionem, quia ut propofuimus, pignus conftitutum fuit fola conventione, non traditione. Et eleganter Papin. rerum mobilium meminit, quæ appellatione etiam fe moventes continentur. Et vice verfa fæpe moventium mobiles, quia fcil. hodie conftat rerum immobilium furtum non fieri, fundi, ædium non fieri, *l. quam rem, de ufurp. & ufuc.* abolita fententia veterum, puta Mafurii Sabini, & aliorum hujus fectæ, qui non hominum tantum, neque mobilium aut fe moventium, quæ auferri occulte poffunt, amitti & fubripi, fed etiam fundi & ædium dicebant furtum fieri. Verius eft furtum non fieri, nifi res loco moveatur, & non fine contrectatione. Contrectare eft fuo loco movere, alioquin non eft furtum: res autem immobilis non poteft loco moveri, ergo nec contrectari: proinde rei immobilis furtum non fit, & ob id meminit rerum mobilium, cum quæritur de actione furti, an ea primus fecundo teneatur. Cur autem ait, furti non agere fecundum creditorem adverfus primum, venditis reb. mobilibus, quarum pignus generali & nuda conventione non traditione contractum erat? quia poffeffio earum rerum non fuit apud fecundum creditorem, & folius poffeffionis furtum fit, ut inferius demonftrabitur. Hoc vero quod ita fcribit Papin. pugnare videtur cum eo, quod Julianus dicebat in *l. in actione, §. ult. l. fi is qui rem 66. de furt.* debitorem furtum facere pignoris, neque effe hoc novum, ut quis faciat furtum fuæ rei, & teneri eum debitorem furti creditori, fi pignus vendiderit, etiamfi is creditor nunquam tradiderit: poffeffio pignoris non fuit apud creditorem, quia

con-

constitutum fuit nuda conventione, & tamen ei furtum fit. Et Idem Julianus similiter existimabat, & utebatur in eam rem auctoritate Sabini, furtum fieri servi, cujus usumfructum defunctus legasset, & furti agere fructuarium eo servo subrepto, etiamsi ejus servi possessionem nondum apprehendisset fructuarius, vel heres, etiamsi nemo eum possedisset, videlicet si subreptus esset post aditam hereditatem, quo tempore fructuarius uti frui potuisset si servus non fuisset interceptus : post aditam hereditatem, recte, quia servi hereditarii furtum non fit, & hoc omne ostenditur in *l. si homo, de usurp. & usucap.* Ex his ita concludatur : ergo furtum fit non possidenti, furtum fit ejus rei, quæ a nemine possidetur. Prava igitur est ratio, qua utitur Papin. hoc loco, ut primus secundo non teneatur furti nomine rerum mobilium, quas vendidit titulo pignoris, quia secundus creditor possessor non fuerit, quia possessionem nullam amiserit. Sed animadvertendum est, in omnibus locis supradictis, hanc sententiam, quæ Papiniano objicitur, Juliano tantum adscribi, ut scilicet jure pignoris, vel jure ususfruct. detur actio furti, licet possessio non fuerit apud creditorem, vel usufructuarium. Ergo & jure dominii dat actionem furti, etiam si possessio non fuisset apud dominum tempore ablatæ rei : Juliano, inquam, tantum adscribi, Juliani sententiam referri, non probari in loco nominatim : itaque non videri probatam ab illis sententiam Juliani, quia regulariter furtum non fit ejus rei, quæ a nemine possidetur. Furtum fit solius possessionis, ut Scævola dicebat, *l. 1. §. Scævola, si quis testam. liber esse. &c.* veteribus quidem placebat, etiam rei hereditariæ furtum fieri, quæ tamen a nemine possidetur. Hoc placebat Sexto Ælio, Marco Manilio, Marco Bruto Jurisconsultis : quæ tamen sententia novis Jurisc. non probatur, ea ratione, quia solius possessionis furtum fit, *d. §. Scævola, & l. hereditaria, de furt. l. in eo, de acq. rer. dom.,* & hereditas jacens non habet possessorem. Et certissimum est, hac in re abolitam fuisse sententiam veterum, quod solius possessionis furtum fiat. Cur non tentabimus in illa re etiam eadem ratione, abolitam videri sententiam Sabini, qui fuit ex veteribus, sive Juliani? quæ tamen an aliquo colore defendi possit videamus. In specie *d. l. si homo*, si quis post aditam hereditatem subripuerit servum, cujus ususfructus alii legatus erat, nunquam possessum ab herede : vel fructuario, fructuario tenetur furti : res est furtiva, nec potest usucapi, antequam purgatum vitium fuerit : hoc defendam isto colore, quia fructuario possessionem, si non subripuerit, præripuerit, qui eo tempore potuit uti frui, post aditam hereditatem nempe. Et in specie *d. l. in actione, §. ult. & l. is qui rem*, debitorem furtum facere pignoris, si id vendiderit, & creditori teneri furti, etiamsi nunquam creditor pignus illud possederit, sed id nudo pacto constiterit, quia sc. vendendo pignus, debitor possessionem, quam habuit intervertit : ut sit furtum, satis est intervertam possessionem, etiamsi non fit interversa ei, qui furti agit. Ergo quoquo modo interversa possessione, etiamsi ea non fuerit apud creditorem pigneratitium, sed apud debitorem, vel alium, jure pignoris creditori competit actio furti : Nam & placet, jure dominii solius dari actionem furti, si alii possessori, non domino, res ablata fuerit, divisam actionem furti inter dominum & possessorem, *l. furtivum, d. l. si is qui & l. inter omnes, §. si servus, de furt. & d. l. si homo 1. in ultim.* versu *l. 1. de furt.* furtum definitur esse interversio rei, vel usus, vel possessionis. Sed & definiamus plenius, & sit certissima & plenissima definitio, furtum est interversio rei (rei autem nomine significatur proprietas) vel usus, vel fructus, vel hypothecæ alienæ, sive pignoris alieni : hæc est definitio, sed quidquid horum intervertatur, nunquam intervertitur, quin & possessio intervertatur, vel naturalis, corporalis, vel civilis, quæ apud aliquem fuerit : non fit interversio rei, nisi & possessionis fiat, nec pignoris fit interversio, nisi interversio possessionis fiat, quod si non fuit apud creditorem, fuerit apud alium. Et secundum ea in proposita specie, si primus creditor possessio-

nem intervertisset, quæ fuit apud debitorem, non apud secundum creditorem, proculdubio jure pignoris etiam secundus creditor furti agere posset rerum mobilium nomine, sed ut diximus, eam non intervertit, qui in causa pignoris priorem se esse arbitratur, justo errore ductus. Ergo ut ante diximus, hic primus creditor, qui nullo jure vendidit cetera bona titulo pignoris ante dimissum secundum creditorem, secundo creditori non tenetur actione in personam ex principali obligatione : non tenetur etiam furti, ob res mobiles. Et ait non teneri etiam eum secundo creditori actione hypothecaria, vel actione ad exhibendum, quæ solet dari etiam acturis hypothecaria actione, quæ vindicatio est, *l. 3. §. est autem, ad exhib.* Cur non teneatur hypothecaria, & propter eam ad exhibendum? Ratio est facilis, quia neque possidet cetera bona, neque dolo malo desiit possidere. Et hæ actiones erunt tantum adversus possessores, vel adversus eos, qui habentur pro possessoribus, ut qui dolo desierunt possidere. Nam dolus pro possessione est. Et inde concluditur, secundo creditori in hac specie superesset tantum actionem hypothecariam adversus emptores, & possessores ceterorum bonorum, qui scil. redire poterunt ad primum creditorem ob evictionem, *ils auront recours contre le premier pour la garantie*, quia nullo jure vendidit. Et hæc est definitio elegantissima Papin. cui tamen opponitur *lex creditor* 12. §. *Papin. sup. tit. prox.* Species hæc est : primo creditori obligavit rem aliquam specialiter, deinde eandem rem specialiter obligavit secundo creditori ; post primo creditori novatione facta prioris contractus, & credita majore pecunia ut fit frequenter, pignori obligavit eandem rem, adjectis aliis pignorib. quibusdam : novationem fecerunt majore credita pecunia, ut utramque pecuniam in unam summam redigerent, & unam obligationem, & pignori dedit eandem rem, atque alias quasdam. Sane primus creditor potior est in omnibus rebus, quia prior est in ea re, quæ primum obligata est, & in adjectis rebus, est solus. Igitur primus in omnibus sane est potior, & jure vendet pignora, si ei non solvatur, sed non vendet eam rem, quæ fuit specialiter pignerata, nisi ad modum, *à la concurrence*, pecuniæ primo loco creditæ, id est, quod ex venditione pignoris redegerit, id expensum feret primæ tantum pecuniæ, non ei, quæ credita est post secundum creditorem. Si quid superfluum fuerit, id est, si ex venditione pignoris plus redegerit, quam sit in prima pecunia, hoc debet restituere secundo creditori. Ergo secundo creditori tenetur, non conditione ex lege, ut ait Accurs. non officio judicis, non actione in factum, sed ut opinor, utili actione hypothecaria, quod sc. secundo creditori ejus rei hypotheca, *la plus vaille, la prevalence en Savoye*, videatur fuisse obligata, in *l. quærebatur, eod.* id est, quod plus esset in pretio rei, quam in prima pecunia. Vides in hac specie primum creditorem secundo teneri actione hypothecaria, ut ei restituat, quod plus tulit ex venditione pignoris, quam ei prius creditum fuisset ante contractam obligationem cum secundo creditore. Cur & in hac specie secundo non teneatur hypothecaria, facile verit demonstrare nullam aut paruam esse differentiam. Species de qua agitur hoc loco hæc fuit : primo creditori fuisse obligata prædia specialiter, secundo autem creditori omnia bona, ac post secundum, ob eundem contractum, novatione facta, ut fit credita majore pecunia, fuisse obligata omnia bona. Primus jure vendit prædia, hoc est certissimum, non cetera bona : quod autem ex venditione redegit, imputat primæ pecuniæ, quam credidit sub pignore prædiorum specialiter. Superfluum autem sane restituet secundo creditori actione hypothecaria eodem jure, *d. §. Papinian.* Cetera autem bona nullo jure vendidit, nec tamen eo nomine tenetur secundo creditori utili hypothecaria, vel alia actione ulla, cum scilicet ei sufficiat directa hypothecaria adversus possessorem ceterorum bonorum, quæ cessat adversus possessorem prædiorum, qui jure emit, ab eo, qui jure vendebat, atque ideo æquum est, ei consuli de super-

superfluo, data actione utili adversus primum creditorem. Quod & ita hoc loco etiam Accurs. sensit rectissime.

### Ad Leg. si rem XLVII. de Acquiren. possess.

*Si rem mobilem apud te depositam, aut ex commodato tibi possidere neque reddere constitueris, confestim amisisse me possessionem vel ignorantem responsum est. Cujus rei forsitan illa ratio est, quod rerum mobilium neglecta atque omissa custodia, quamvis eas nemo alius invaserit, veteris possessionis damnum adferre consuevit. Idque Nerva filius libris de usucapionibus retulit. Idem scribit aliam causam esse hominis commodati omissa custodia: Nam possessionem tamdiu veterem fieri, quamdiu nemo alius eam possidere cœperit, videlicet ideo, quia potest homo proposito redeundi domino possessionem sui conservare, cujus corpore ceteras quoque res possumus possidere. Igitur earum quidem rerum, qua ratione vel anima carent, confestim amittitur possessio: homines autem retinentur, si revertendi animum haberent.*

EX *l.1.de distract. pignor.* intelleximus, hanc esse differentiam inter res mobiles & immobiles, (quanquam is non fuerit præcipuus finis ejus legis:) quod rerum mobilium furtum fiat, non rerum immobilium, abolita sententia veterum, qui dicebant, etiam rei immobilis furtum fieri, *l.quam rem, de usurpat. & usucap. l.rerum, de furt.* Nunc ex *l.si rem mobilem, de acquir. possess.* eadem differentia confirmatur, atque etiam ex ea aliæ elicientur veluti necessaria consequentia. Sed huic legi facile erit addere interpretationem legis 18. *qua in fraud. credit.* Hæc est differentia, quæ proponitur hac *l.si rem*, rei mobilis possessionem amittit etiam ignorans, ut puta, si rem mobilem apud te depositam, *vel ex commodato*, ut est Florentiæ scriptum, vel ex alia causa: (nam deponendi multæ sunt causæ, commodatum, sequestro datum, pignus, & quod proprie dicitur depositum:) si, inquam, *rem mobilem apud te depositam ex commodato, vel ex alia causa, tibi possidere, si sit live ninsi cecy, nec reddere constitueris, id est*, si eam rem furandi animo contrectaveris, ita est necesse interpretari ex *l.3.§.si rem, hoc tit.* etiamsi hoc dominus ignoret, te rem seposuisse tibi lucrandi animo, ejus rei possessionem amittit. Furtum fit etiam ignoranti, quis hoc nescit? Est autem furtum, possessionis interversio. Ergo possessio intervertitur etiam ignoranti: inficiatio depositi non est furtum, sed contrectatio, loco motio, possessionis interversio, cum jam non depositori, sed tibi rem habere constitueris, *l. inficiando, de furt.* Inficiando depositum, nemo furtum facit, sed contrectando lucri faciendi animo. Et subjicit recte in *d.l.eam, lict.* furtum non est furtum, sed tamen prope furtum sit. Et ex ea *l.ut puto*, non ineleganter ita est scriptum in consuetudinibus Neustriæ, cap.7. *Iacoit que l'on ne die pas que ce soit larrecin, que denier, si est-ce qu'il y a un peu de saveur de larrecin.* Ipsa quidem inficiatio non est furtum, sed est proprope furtum. Et hoc de re mobili. Verum si colonus, vel inquilinus fundum aut ædes, id est, rem immobilem sibi possidere constitueris, neque reddere domino, puto aut potius præsumo, non statim dominum possessionem amittere, quia rei immobilis furtum non fit, id est, quia rei immobilis non temere, non confestim possessio intervertitur: scientem possessorem amittere, puta si rescieret, colonum fundum sibi fugitive, & possidere, & palam profiteri, ac præ se ferre, nolle se eum finita conductione domino reddere; scientem, inquam, quia animus desit scienti alium usurpasse possessionem, & constat solo animo amitti posse. Et ita quoque rei immobilis possessionem, quam quis solo animo retinebat, non corpore suo, vel alieno, non amittit inscientie animo suo, non amittit ignorans, etiamsi alius eam occupaverit, & hoc ipse ignoret, *l.prox.sup. hoc tit.* Nec etiam ignorans possessionem amittit, si colonus, vel inquilinus, per quem possidebat rem immobilem, id est, ejus corpore, eam deseruerit, id est, non amittit eam ignorans statim, atque deserta est a colono, vel inquilino, nisi scilicet hoc casu alius

eam ingressus sit: Nam hoc uno casu, puta alio ingresso possessionem, quam deseruit colonus, vel inquilinus, placet etiam ignoranti possessionem auferri, *l. peregre, §.1.ult. hoc tit.* Vix igitur rei immobilis possessio tollitur ignoranti, facile rei mobilis. Et constituenda hæc in re est differentia inter invitum & ignorantem: invitus multo pluribus modis amittit possessionem rei immobilis, quam ignorans: ignorans illo casu; invitus etiam aliis, ut si in locum fundi mortuum intuli, etiamsi sim contemptor religionis, id est, etiam invitus possessionem ejus loci amitto, nec tantum ignorans, *l.qui universas, §.1. hoc tit.* Item si prætor me possessione expellat, & alium faciat possessorem, ut facit sæpe, propter contumaciam & inobedientiam, invitus possessionem amitto, nec tamen ignorans. Quibus casibus invitus amitto, non semper & amitto ignorans. Contra quibus casibus invitus adquiro, & adquiro ignorans. Et separata est ratio amittendi & adquirendi, sicut in *d.l.peregre, hoc tit.* dicimus, non eandem esse rationem adquirendæ & amittendæ possessionis. Si quis solvat creditori meo me invito, liberat me. Idem erit si me ignorante solvat, *l. solvere, de solution.* Suus heres invitus fit heres. Ergo & ignorans, *§.sunt autem, instit. de hered. qus ab intest.* Servus vel filiusfamilias mihi adquirit dominium invito: ergo & ignoranti, *§. item nobis, Instit. per quas person. nob. adq.* denique non est eadem ratio adquirendi & amittendi semper. Et huic differentiæ alia subiicitur in hac lege, ex qua hæc proficisci videtur, sicut & hæc ex illa quam habemus in *l.1.de distract. pignor.* Rei mobilis, excepto homine, possessionem amitto statim atque desiit esse sub custodia mea, sub potestate mea, quamvis eam nemo alius invaserit. Desinit enim esse custodia mea non tantum, si ab alio interversa sit sive occupata, sed etiam, si ejus neglexerim & omiserim custodiam, & sic eam ita perdiderim, ut ignorem ubi sit, licet eam nemo apprehenderit, *l.3. §.Nerva, & l.si is, qui, hoc tit.* Quod proprie hoc loco demonstrandum esset latius. Sed cum etiam ego id demonstraverim latius in *l.peregre*, ideo in ea re nunc ero brevis. Videamus quid sit in re immobili. Res immobilis non potest non esse sub custodia nostra, quæ non potest moveri, auferri, celari, occultari, quamvis scilicet eam alius non invaserit. Ergo res immobilis semper est sub custodia nostra, quamdiu alius eam non occupat. Ideoque si negligam & omittam ejus custodiam, non ideo statim possessionem amitto, sed si negligam & omittam possessionem ipsam, ut est scriptum in *l.si de eo fundo §.1.hoc tit.& l.cum fundum, de vi & vi arm.* Aliud est custodia, aliud possessio, quod maxime notandum. Ex primo decreto, quo quis mittitur in possessionem, fit custos non possessor, *l.3. §.ult. hoc tit.* Ex secundo fit possessor. Igitur aliud est negligere & amittere custodiam, aliud negligere & omittere possessionem, in rebus immobilibus scilicet, quia etiam in homine: excipio enim hominem servum a rebus mobilibus. Nam etiamsi hominis mei, servi mei neglexerim & omiserim custodiam, non ideo statim ejus possessionem amisi, antequam alius eum possidere cœperit, quia proposito redeundi, servus, possessionem sui & ceterarum rerum omnium, quas tenet, domino conservat, maxime, ut dixi, quod volo suppleri ad hanc legem, quia idem etiam obtinet in servo fugitivo, id est, ejus possessionem non amittimus, qui exierit custodia nostra, nec sciamus ubi sit, licet non habuerit animum revertendi, id est, ignorans revertendi, *l.1.§.per servum, quia in fuga, l.Pomponius, in princ.l.rem, quæ nobis, hoc tit.* Qua de causa in lege Caninia, etiam fugitivi numerabantur inter servos, quia eorum possessio retinetur animo, & amittitur duobus tantum modis, si alius eos possidere cœperit, vel si se ipsi pro liberis gerant, & sint parati suscipere liberale judicium. In aliis rebus mobilibus, quæ ratione vel anima carent, idem est, negligere & omittere custodiam, & negligere ac omittere possessionem. Idem est custodia & possessio. Hæc differentia maxime notanda est.

Ad

### Ad Legem XVIII. quæ in Fraud. credit.

*Etsi pignus vir uxori, vel uxor viro remiserit, verior sententia est, nullam fieri donationem existimantium. Quod sine dubio si in fraudem creditorum fiat, actione utili revocabitur. Idemque est etsi quivis debitorum in fraudem creditorum pignus omiserit.*

IN *l.* 18. *quæ in fraudem credit.* sciendum est, ex illo edicto, quæ in fraudem, actione utili ut vocatur in hac *l.* 18. id est, actione in factum: omnis actio utilis est in factum, & contra, quæ dicitur actio Pauliana, *l. videamus,* 38. *de usur.* ea, inquam, actione revocari & rescindi, quæ a debitore gesta sunt, omnia in fraudem creditorum, quod verbum, *gesta,* latissime patet, ut ait *l.* 1. *h. tit.* Quia eo verbo comprehenditur etiam liberatio & remissio pignoris, *l.* 2. *hoc tit.* Si debitor fraudandorum creditorum causa pignus remittat suo debitori, ea remissio rescinditur, & reintegratur pignus postulantibus creditoribus, quia creditores fraudare voluit, non beneficio voluit afficere debitorem suum. Remissio pignoris non est donatio, quia nihil largitis de tuo, nihil minus de tuo. Idque ex eo apparet, quod remissio pignoris consistit inter virum & uxorem, ut puta, si uxor viro remittat pignus dotis, quod crediti causa constitutum, remissio valet, donatio non valeret. Lex Cincia, quæ prohibuit donationes certis casibus, aut eis modum imposuit, de qua sunt intelligendi omnes loci in titulis de donationibus vel aliis titul. quibus agitur de modo donationum: nec enim licebat in immensum donare. Lex Cincia, quæ & lex Muneralis dicta est, imposuit modum donationibus, ut *l.* 1. *de dotib.* Sicut hodie constitutionibus regiis, donationibus modus est impositus: lege Falcidia legatis & fideicommissis. Ea lex Cincia, quo capit impediret donationem, non impedit remissionem pignoris, quia remissio pignoris non est donatio, *l.* 1. §. 1. *quib. mod. pign. vel hypot. solv.* ubi lex Cincia, de quo est locus corruptus in Nov. 162. ut alias ostendi, ubi est scriptum, *Sentia,* simpliciter, & Haloander adjecit perperam, *Ælia,* in Græco legendum, κιγκια, non εἴνια. Ita etiam ex *l.* 3. *in fine de leg.* 3. ab eo, cui donavi mortis causa, possum relinquere fideicommissum, ab eo cui remisi pignus, non possum relinquere fideicommissum, quia nihil ei donavi: donatio de suo proprio largitio est, de sua re. Ergo non mirum, si jure remittat conjux conjugi pignus vel hypothecam, si utilis dicatur esse remissio: Nam & hoc addendum, etiam remisso pignoris non est intercessio, alioquin non valeret propter Senatusconsultum Vellejan. de intercessionibus mulierum. Denique remissio pignoris non est donatio, neque intercessio, quod præter supra dictas leges etiam ostendit *l. quamvis, in pr. ad Vell. & l. etiam, & l. jubemus, C. eod. tit.* Et tamen si quis pignus remiserit in fraudem creditorum, quia incurrit fraus creditorum in ea re, ea remissio rescinditur, quia omne quodcumque geritur in fraudem creditorum, hoc judicio rescinditur. Et hæc est sententia hujus legis.

### Ad L. cum Fundum XVIII. de vi & vi armata.

*Cum fundum, qui locaverat, vendidisset, jussit emptorem in vacuam possessionem ire, quem colonus intrare prohibuit. Postea emptor vi colonum expulit: interdictis unde vi, quasi sum est. Placebat colonum interdicto venditoris teneri: quia nihil interesset, ipsum an alium ex voluntate ejus missum intrare prohibuerit. Neque enim ante omissam possessionem videri, quam si tradita fuisset emptori; quia nemo eo animo esset, ut possessionem amitteret propter emptorem, quam emptor adeptus non fuisset. Emptorem quoque, qui postea vim adhibuit, & ipsum interdicto colono teneri: non enim ab ipso, sed a venditore per vim fundum esse possessum, cui possessio esset ablata. Quæsitum est, an emptori succurri debeat, si voluntate venditoris colonum postea vi expulisset? dixi non esse juvandum, qui mandatum illicitum susceperit.*

EX lib. 26. Quæstionum superest dumtaxat *l. cum fundum, de vi & vi armata,* quæ etiamsi tot in eam non impenderim dies, quot habui aut præsumpsi mihi potius vacuos a labore ipso duro difficillimoque, imo nec centesimam quidem partem temporis in eam impenderim, tamen dignissima erat tot dierum meditatione, ac si non fuisset earum jam tentata diu, non potuisset ejus intelligentia promissa, & tractatio non difficilis evenire mihi. Duas autem continet quæstiones de interdicto unde vi. Ad priorem quod attinet: sciendum est, hoc interdictum pertinere ad recuperandam possessionem fundi vel ædium possessionem; igitur rerum immobilium: Nam mobilium vel etiam quasi, ut possessionem ususfructus, qui inter eas res numeratur, quæ neque mobiles sunt neque immobiles: his intermediæ sunt res incorporales. Et sæpe plerique falluntur hoc dilemmate: aut res mobiles sunt, aut immobiles; sunt enim quædam neutræ, ut servitutes & res omnes incorporales. Hoc igitur interdictum pertinet ad recuperandam possessionem rerum immobilium, vel etiam ususfructus, cujus possessione quis expulsus est, vel ad restituendum eum in pristinam causam, qui prædio vi dejectus est, cum non possederit, sed in possessione esset. Et sic est duplex interdictum, *de vi & vi armata*: ut conceptus est hic titul. *de vi,* simplici scilicet. Vis simplex est vis quotidiana, ut veteres J. C. loquebantur, vel quod de ea proponitur interdictum quotidianum. Hæc vis dicitur potius quam sit: dicitur verbo, non fit manu, ut multitudine coacta. Et in plerisque causis ea hodie utimur non inciviliter. Vis armata est, quæ fit ferro & viribus & manu coacta. Multæ sunt differentiæ inter hanc & illam vim, inter hoc & illud interdictum. Inter ceteras hæc una est, quod interdictum de vi armata datur, non tantum possessori, qui dejectus est, sed etiam non possessori, qui in fundo erat tunc cum dejectus est, licet eum sibi non possideret, veluti colono, *l.* 1. *C. comm. de usuf. le conducteur peut former complainte en certain cas.* Interdictum de vi simplici datur possessori tantum dejecto de possessione sua non domino, *l. Fulcinius, hoc tit.* certe datur ei qui modo possessor fuerit, non possessori non datur, *l.* 1. §. *interdictum autem, hoc tit.* Et hanc differentiam M. Tullius notavit in oratione pro Cæcinna his verbis: In interdicto quotidiano, unde me vi dejecerit, addi, cum ego possiderem, in interdicto de hominib. armatis, non addi: Et rursus: *in interdicto quotidiano eum, qui fatetur se dejecisse, vincere, si ostendat actorem non possedisse: in interdicto de hominibus armatis eum, qui ostendere possit, eum non possedisse, qui dejectus sit, condemnari tamen si fateatur a se dejectum.* Et perseveremus in eodem exemplo coloni, quem constat nullam possessionem habere, ut est in *l. non solum,* §. 1. *& seq. de usur. & us.* Si nondum finita locatione dominus fundum vendiderit, nec exceperit, ut emptor colonum perfrui fineret, sed vel tacite emptori permiserit ire in possessionem fundi, emptor colonum expellere potest vi quotidiana, *s'en emparant sans force,* non coactis hominibus armatis, atque prohibere potest eum frui: quo casu colono erit regressus adversus dominum locatorem actione ex conducto, perinde ac si dominus ipse colonum perfrui vetuisset, *l. emptor, C. de loc. l. arbores,* §. 1. *sup. de usuf.* Emptor, qui expulit colonum vi quotidiana, neque colono tenetur interdicto unde vi, quia colono non possidebat, *l.* 1. §. *dejic. hoc tit.* neque domino, quia voluntate ejus ivit in possessionem. Vis igitur hæc est impunita quasi vilis vis. Unde merito dubitatur, cui in casu proposito in hac lege, emptor, qui expulit colonum, colono teneatur interdicto quotidiano unde vi? Et intelligemus quidem paulo inferius hoc ideo fieri, quia in specie hujus legis colonus prius prohibuerat emptorem ingredi vi adhibita, quotidiana tamen, quo facto videtur dominum dejecisse de possessione: cum scilicet dejecit eum, quem miserat dominus: ita hoc facto colonus cœpit possidere, qui ante prohibitionem non possidebat. Colono igitur, qui cœpit possidere, si postea emptor eum dejiciat, quasi possessori dabitur interdictum unde vi adversus emptorem, sed speciem legis latius exequamur. Locasti colono fundum, deinde vendidisti eum Titio nondum peracta locatione: debuisti ex natura emptionis venditionis tradere emptori vacuam possessionem fundi; & vacua est, quæ libera est, nec detenta ab alio, *l*. 2. §. 1. *de act. emp.* non tradidisti, sed jussisti eum ire in vacuam possessionem, jussisti colonum, per quem fundum possidebas, emptori tradere possessionem: si tradiderit, sane jam tradidisti: si non tradiderit, nondum tradidisti. Finge, colonum non tradidisse emptori possessionem, sed vi adhibita sive hominibus coactis armatisve prohibuisse emptorem ingredi fundum: postea finge, ex intervallo colonum emptorem dejecisse de possessione, quam colonus per prohibitionem illam vimque priorem quam jam suam fecerat, an utraque vis coercetur hoc interdicto? Sic videtur Papiniano. Ergo definit ita: colonum teneri domino interdicto unde vi, colono autem emptorem de vi armata. Videndum est, quæ sunt causæ utriusque interdicti. Est D. Hilarii dignissima vox episcopi, *ex causis dicendi esse sumendam dictorum intelligentiam*. Cur hoc interdicto colonus tenetur domino? quia dominum dejecisse videtur qui non admisit emptorem, imo repulit & rejecit sive dejecit: quid est dejicere? missum voluntate domini non admittere. Nihil interest dominum prohibuerit, an emptorem missum voluntate ejus, *l. colonus, supra hoc titulo*. Imo vero emptorem non videtur dejecisse, qui nactus non erat possessionem, sed venditorem tantum, quia venditor non ante videtur amisisse possessionem, quam emptor eam ingressus sit, nec enim amittitur possessio sine animo, & animus est venditori retinendæ, non amittendæ possessionis, donec eam emptor ingressus sit. Igitur venditor quasi possessione, quæ sua erat, nondum emptoris, deturbatus a colono, recte aget cum colono interdicto unde vi. Ex his colligitur, nec desinere possidere fundum, quem possideo corpore coloni & animo meo, si colonus vel me, vel alium ex voluntate mea introire volentem prohibuerit: prohibitio hæc vis est; vis mutat causam possessionis, non destinatio animi sola, si fundum colonus sibi possidere animo cogitaverit: nam non mutat etiam sola animi destinatio, aut non facit furem rei mobilis, puta si quis rem depositam abnegaverit, nisi & intercipiendi causa occultaverit, *l*. 1. §. 1. *de furt. l*. 3. §. *si rem*, *l. si rem*, *de acquir. possess.* Quod in re immobili contingere non potest, ut occultetur. Imo & venditio fundi sola non mutat causam possessionis si colonus fundum conductum alii vendiderit, *l. cum nemo, & l. ult. C. de acquir. possess.* quia ex regula juris, nemo potest sibi ipsi mutare causam possessionis. Colonus igitur, qui sibi non possidet, non potest efficere, vel cogitatione vel venditione fundi, ut quod tenet ex causa conductionis, sibi possederit, aut sibi possedisse intelligatur, ut quod tenet pro alieno, possideat pro suo, nisi alia major causa extrinsecus accedat, veluti traditio ipsius fundi facta alteri, *l*. 3. §. *quod si servus*, *sup. de acquir. possess.* Si modo legatur, *tradiderim*, *tradiderimus*, argum. *l. non solum*, §. *qui pignori*, *de usurp. & usucap.* vel etiam nisi accedat vis vel suspicio, vis quæ efficiat, ut dominus deponat animum possidendi. Quæso, cur vero emptor tenetur colono eodem interdicto? quia post prohibitionem colonus sibi possidere cœpit dejecto domino. Ergo ei quasi jam facto possessori, merito competit interdictum unde vi adversus emptorem, qui colonum dejecit, quod non competeret non possessori. Ac præterea, quod maxime notandum in hac lege colonus non videtur possedisse, antequam possideretur ab emptore, sed a venditore: sic ab eo dicitur quis vi possidere, quem vi dejicit: colonus autem prohibendo emptorem introire, venditorem videtur dejecisse, non emptorem, videtur dejecisse venditorem, quia venditor possidebat ergo a venditore vi possidet, *il tient la possession de luy par force*. Cur hoc diximus? quia si ab emptore vi possideret, aut clam aut precario, non posset cum eo experiri interdicto unde vi, *l. prox. sup. h. t.* Si ego te vi dejeci, & confestim tu me, deinde ego te, habes utile interdictum unde vi adversus me. Cur? quia non videris a me possidere, id est, qui in ipso congressu, in continenti possessionem sibi vi adeptam, vi recuperat, videtur potius reverti in pristinam causam, quam vi possidere, alioqui videreris a me possidere vi, & si hoc esset verum, non posses mecum agere hoc interdicto. Et recte in *l*. 1. §. *qui a me, h. t. qui a me vi possidet, si ab alio dejicitur, habes hoc interdictum*: recte si ab alio: Nam si a me ipso dejiciatur, non habet hoc interdictum, qui a me vi possidet, & loquitur tota illa lex 1. de interdicto quotidiano: Nam, quæ est altera differentia inter hæc duo interdicta de vi & vi armata, interdicto de vi armata agere licet ei, qui ab eo vi possidet, in quem agit, puta si ab eo postea quam eum ipse prior dejecit, ex intervallo dejectus fuerit vi armata, *l*. 14. *h. t.* Secus si ex continenti dejectus sit, quia propulsio, quæ fit ex continenti, non est vis: vim vi, arma armis repellere licet, *l*. 3. §. *eum, hoc tit.* Igitur non impune dejicio vi armata eum, qui me vi dejecerat, nisi hoc faciam in continenti. At impune dejicio etiam ex intervallo vi quotidiana sine armis eum, cui me vi dejecerat, nec teneor interdicto unde vi: & ita Paulus recte 5. *Sent. tit. ult.* & Marcus Tullius in eadem oratione. Igitur ad propositam speciem, si colonus dejecisset emptorem, non posset cum eo experiri hoc interdicto, quia non possessorem videtur dejecisse, sed venditorem: sed colonus cum emptore potest experiri hoc interdicto si ab eo postea vi dejicietur, etiamsi mandato venditoris emptor postea hoc faciat, quia mandato illicito non debuit obtemperare. Et observandum est, qui tenetur interdicto vi agere interdicto unde vi, cum qui furti tenetur, non agat furti: furti causa est inhonesta, turpis, famosa, & quod ex ea igitur prætenditur, id quod interest: vis quotidianæ causa non est famosa, sed civilis, *l. neque hoc tit.*

### Ad §. Eum qui.

*Eum, qui fundum vindicavit ab eo, qui interdicto unde vi potuit experiri, pendente judicio nihilominus interdicto recte experiri placuit.*

IN hoc §. Papinian. scribit, *placuisse*, quo verbo significantur constitutiones Principum, ut is, qui fundum vindicavit ab eo cum quo potuit experiri interdicto unde vi, pendente eo judicio, vindicationis scilicet, nihilominus posset experiri interdicto, quod ex hoc loco relatum est etiam in *cap. pastoralis*, *de causa possess. & prop.* Sciendum est, rei corporalis, ut penitus hoc intelligatur, vindicationem dari domino, qui non possidet rem adversus rei possessorem, *l*. 1. *C. ubi in rem actio exerceri debeat*, §. *æque*, *Instit. de action.* Possessio, ut est in *l. un. C. de alienat. jud. mut. causa facta*, in rem actionem parit adversario, possessio scilicet ex parte ejus unde petitur, ut in *l*. 17. *de pignor. Pignoris possessio*, sic legendum, *in rem actionem parit creditori*, juxta quod in *l. si fundus*, §. *in vindicatione*, *eod. tit.* In vindicatione pignoris quæritur, an rem de qua agitur, possideat is, cum quo agitur: si non possideat, vel dolo non desiit possidere, absolvendum eum esse. Possessio creat actionem in rem. Et ita in *l. non alias*, §. *ult. de judic.* in rem actionem ex præsenti possessione esse, vel præterita scilicet, quam dolo malo omiserit, quæ habetur pro possidente, licet non sit præsens. Et in *l. ult. de rei vindic.* Facile esse evadere actionem in rem, quia is non compellitur pati eam actionem, qui dejerat & asseverat se non possidere: *la demande au petitoire se concoit ainsi, pour declarer à quel titre il tient, occupe, & possede.* Licet autem exitus rei vindicationis hic sit, ut possessio rei transferatur in actorem, *l. qui restituere, & l. ult. de rei vindic. l. si cum venditor, de evict.* non tamen per eam actionem, per vindicationem possessio vindicatur, sed proprietas. Est legitima vindicatio proprietatis: ususfructus legitima vindicatio pignoris, nulla est legitima vindicatio possessionis. Ælius

Ælius Gallus Jurisconsultus apud Festum: *In legitimis actionibus*, inquit, *nemo ex jure Quiritium possessionem suam vocare audet, id est, vindicare, sed ad interdictum venit uti possidetis, vel utrubi.* Igitur interdicto prætorio, non legitima actione ulla possessio, vindicatur: denique actione in rem, rem meam voco, rem meam esse, non possessionem meam voco. Et si quidem probavero rem meam esse, possessio in me transfertur a reo, qui eam se possidere non negaverit: Nam ab eo qui negat se possidere, si convincatur possidere, statim possessio in me transfertur per judicem jure dominii, licet rem meam esse non probavero: hæc est mendacii pœna, *d. l. ult. de rei vindic.* Ergo actio in rem est intentio dominii. Et excepto illo casu *d. legis ult.* illi, qui agit hac actione, ob id incumbit probatio dominii quæ probatio, quia plerumque est difficilis; consilium dant. omnes Jurisconsulti, ut si possit quis, interdicto potius agat, quo vel adipiscatur, vel recuperet, vel adseret, vel defendat sibi possessionem, id est, vindicet, quam legitima actione, qua rem suam esse petat, qua rei se dominum esse contendat: quia longe commodius est agere possessori judicio possessorio, quam petitorio; longe commodius possidere, quam alio judicio petere, *l. is qui destinavit, de rei vindic.* quia scilicet, possessori nullum incumbit onus probationis, nec necesse habet causam, titulum, auctoritatem possessionis suæ edicere, vel edocere, *l. in speciali, eod. tit. l. pen. C. eod. tit. l. pen. C. de pet. hered.* Et in pari causa melior est conditio possessoris, fortuna pro possessore judicat. Igitur in specie hujus *l. ult.* non satis prudenter sentit is, non satis consulto facit is, qui fundum vindicavit ab eo, cum quo poterat experiri interdicto unde vi ad recuperandam possessionem sibi ab eo vi ereptam: Sed facto suum quæritur, an, tamen adhuc sit ei integrum emendare, pendente judicio rei vindicationis, & experiri interdicto unde vi: Et Papinianus ait, etiam pendente eo judicio, nihilominus utiliter agi interdicto unde vi. Quod sic accipiendum esse reor, non tantum, ut suspenso tantisper, vel penitus omisso judicio, rei vindicationis mutata formula, *changeant de conclusion*, experiatur interdicto unde vi, sed etiam ut utroque judicio agat, petitorio & possessorio, ut pendente scilicet, nec intermissa vindicatione, etiam agat interdicto unde vi. Quo jure etiam hodie utimur, & vel proposita tantum vindicatione, etiam de possessione certamus, vel proposito tantum interdicto, etiam proprietatis probationes in judicium adserimus, vel utramque simul, id est, proprietatem, & possessionem in judicium deducimus, vindicationem & interdictum. Fabius *lib. 7. Instit.* In interdictis, inquit, *etiamsi non proprietatis quæstio est, sed tantum possessionis, tamen non solum possedisse nos, sed etiam nostros possedisse docemus*: utrumque scilicet docemus, utrumque cumulamus, utrumque conjungimus, in uno eodemque judicio. Neque vero mirum, simul agi posse rei vindicatione & interdicto unde vi, ut hoc loco ostenditur, cum duo remedia sive judicia non sunt contraria, cum & usu receptum sit, non absque ratione & auctoritate juris contraria remedia sive judicia posse cumulari subalternatim, ut definit Bartol. *l. 1. C. de furt.* Contraria judicia non sunt vindicatio & interdictum unde vi, sed vindicatio rei & interdictum uti possidetis. Nam in rei vindicatione adversarium possessorem esse fateor, in interdicto uti possidetis, adversarium possessorem esse, nego, & me solum possessorem esse assero, atque ita mihi vindicare soli possessionem: & tamen, qui cœpit rem vindicare, potest agi nihilominus interdicto uti possidetis, *l. naturaliter, §. nihil commune, de acquir. possess.* Quod etiam sic accipio, non tantum ut possit mutare genus judicii, *changer de demande, de conclusion*, & remissa vel intermissa rei vindicatione, agere interdicto uti possidetis, sed etiam, ut possit utroque simul experiri sub alternatione, vel sub protestatione, ut in *l. 1. §. quia autem, quod legat. l. contra, C. de inoffic. testam.* Cum & de utroque constet, judicem simul pro-

nuntiare posse, & cognoscere ex constitutionibus Principum: Symmach. 1. epistol. eleganter. Recitata est constitutio, quæ judicibus tribuit copiam, non imponit necessitatem, ut quoties de possessione judicant, continuo si casus tulerit, etiam de jure cognoscant, id est, de proprietate. Nec obstat quod dicitur vulgo, prius esse cognoscendum de possessione, quam de proprietate, quod etiam sit plerumque hodie, *l. 3. C. de interdict. l. ordinarii, C. de rei vindicat.* causam proprietatis esse secundam actionem in *l. ult. C. quor. bonor.* Nam fateor, hunc esse solemnem ordinem juris, sed ex constitutionibus licet etiam utrumque simul introducere & disceptare. Si vis ordinem servare, eum serva, ita ut quæstionem possessionis anteponas quæstioni proprietatis. Sed si non vis servare, non serves: hoc enim constitutiones permiserunt. Hunc ordinem, ut de eo vos admoneam, quoniam multi in eo falluntur, male existimant comprobari *l. si de vi, de judic. & l. 5. de leg. Jul. de vi publ.* Ex eo loco efficiunt, prius agi debere de possessione, quam de proprietate, perperam. Nam, ut quodam loco me ostendere memini, nec ideo ero in hac re longior, non id vult *l. si de vi*, sed hoc tantum, ut si quæratur de vi criminaliter, judicio publico, & civiliter de possessione vel de proprietate, præferatur criminale judicium civili. Hoc ita Adrianus rescripsit & decrevit. Male etiam ad eum ordinem comprobandum utuntur *l. multi, C. de judic.* quæ ut id etiam breviter stringam, non hoc vult, prius esse cognoscendum de possessione, quam de proprietate, sed hoc tantum præscribit, ut de utraque quæstione, unus idemque judex cognoscat, quod etiam ex eo loco refertur in *capit. 1. de causa possess. & propriet.* Ergo ad rem: etiamsi sit ordo solemnis, quem servare cuique liceat, tamen & non servare licet. Omnia judicia hodie sunt extraordinaria, id est, licet agere ordine vel extra ordinem. Nec enim sunt sublata ordinaria, si quis eis malit experiri, sed est liberum quacumque de re agere extra ordinem. Est igitur mihi liberum cumulare petitorium judicium & possessorium quodcumque. Nec huic definitioni obstat quicquam, lex *penult. in princ. de acquir. possess.* dum ait, permisceri non debere possessionem & proprietatem. Nam hoc non est, cumulari non debere utramque in uno eodemque judicio: Namque ea cumulatio permissio non est, sed sive uno judicio, sive diversis agatur, semper accurate discerni debere possessionem a proprietate, nihil commune habere possessionem cum proprietate. Proprietatem separatam esse, *l. prima, §. hujus, l. penultima, in fine, titul. sequen. l. & an eandem, §. ultim. de except. rei judic.* Sæpe qui est dominus, non est possessor, & qui est possessor, non est dominus, & nonnunquam idem est possessor & dominus: ut sit, semper hæc discernenda sunt, non confundenda, licet per abusionem quandoque possessionem pro proprietate: ut cum quis legat possessiones suas, proprietatem legat, *l. interdum, de verb. signif.* Seneca 10. epistol. *Stultam avaritiam mortalium discernere proprietatem possessionemque:* imo vero prudentiam mortalium summam, & necessarium rerum usum. Additur in *d. §. nihil commune, non videri renuntiasse possessioni eum, qui agit rei vindicatione, alioqui vindicatio faceret conditionem nostram deteriorem, & actionem exercentes, deteriorem non facimus conditionem nostram, imo meliorem, *l. aliam, de novat.* vindicationis rei servandæ non perdundæ inventam esse, ut Plautus, sed perquam nequiter jusjurandum rei servandæ, non perdendæ esse inventum. Non eo animo ad vindicandum venio, ut possessionem omittam, si quam habeo. Est enim possessio suo jure metienda potius quam confessione mea, nec mihi confessio mea sic quæ adeo nocere debet, ut eam non possim retractare, vel in eodem judicio utrumque mihi adserere & possessionem & proprietatem sub alternatione, ut dixi, vel sub protestatione. Sicut is qui agit cum alio familiæ erciscundæ, videtur quidem fateri eum esse coheredem, *l. 1.*

*l. fun-*

l. fundus, l. qui dotis, §. si ergo, famil. ercisc. & l. 1. §. etsi possess, si pars hered. pet. non tamen ita id fatetur, quin sit ei integrum mutato judicio, agere petitione hereditatis, & ita negare, eum sibi coheredem esse, qui est sensus d. legis qui dotis. Sicut etiam is, qui excipit, qui opponit exceptionem actioni, non ideo videtur omnino fateri de intentione actoris, admittere videtur intentionem, non fateri omnino: ut si ego propono aliquam regulam juris forte falsam, in ea re, de qua disputamus, & tu quasi sit vera excipias casum aliquem, non ideo videtur adversarius coarguere, te confessum esse, secundum regulam l. non utique videtur, ff. de except. Et ut nihil vetat inficiari simul & excipere hoc modo, nihil debeo, & ut debeam pepigi tecum, de non petenda pecunia; Cur enim non mihi liceat agere in hunc modum: non tu possides, sed ego possideo, sed etiamsi possideas, rem meam esse ajo, mihique restitui debere. Et ut eleganter Libanius Sophista, ei, qui possit esse tutus ipso jure, legem nonnunquam dare exceptionem ex abundanti, ἐκ περιουσίας: ita nihil agenti rei vindicatione veluti ex abundanti, licebit etiam agere interdicto, & contra: saltem, ut dixi sub alternatione, vel sub protestatione.

## JACOBI CUJACII J.C.

### COMMENTARIUS

In Lib. XXVII. Quæstionum ÆMILII PAPINIANI.

#### Ad L. Eum qui XLIII. de Judic.

*Eum, qui insulam Capuæ fieri certo tempore stipulatus est, eo finito, quocumque loco agere posse in id quod interest, constat.*

INCIPIT Liber XXVII. a L. XLIII. de judic. ait l. eum qui certo tempore, id est, intra tempus, ut est in Basilic. insulam Capuæ fieri, &c. Non recte stipulor insulam fieri, id est, domum ædificari non adjecto loco, quo eam fieri velim, l. 2. §. si quis, ff. de eo, quod certo loco, l. qui insulam, l. ita stipulatus, de verb. obligat. adjici locum debere, veluti, insulam Romæ, &c. Nec necesse est etiam tempus adjici, quia stipulationi satis inest tacitum tempus, intra quod fieri Capuæ insula potest, l. interdum, de verb. obligat. Sicut huic stipulationi, Capuæ dari, si fiat alio loco, tacite inest tempus, quo Capuam perveniri potest, d. l. 2. §. qui ita stipulatur. Et hoc ipso lib. Papinianus, l. si in testamento, §. ult. de fidejussor. l. servus heredi, §. pen. de statulib. Et nihil interest verbis an re ipsa insit obligationi tractus temporis, l. quoties, de oper. libert. In specie hujus l. etiam stipulationi, Insulam Capuæ fieri, verbis expressis adjectum est tempus, veluti intra annum fieri, quæ stipulatio potest esse inutilis, si impossibile sit intra illud tempus Capuæ insulam fieri, quo modo in stipulationem venit, sed si possit intra illud tempus fieri, & consummari, est perutilis, etiamsi tempus non sit adjectum: omissio loci vitiat hanc stipulationem, non omissio temporis, quoniam tempus suppletur vel tacito intellectu. De stipulatione, quæ in dando consistit, illud est observandum maxime, valere eam etiam non adjecto loco, veluti, centum dari. Et ratio differentiæ evidens hæc est, quia qui domum fieri stipulatur sive insulam, superficiem fieri stipulatur; superficies autem non est sine loco, quo fundetur, insideat, ædificetur, inhæreat: ac proinde si is locus sit incertus, si nullus sit adscriptus stipulationi, imperfecta est stipulatio, quia non potest esse superficies sine solo, licet contra solum possit esse sine superficie. Numeratio autem pecuniæ nullo hæret loco certo vel perpetuo. Est & alia differentia, si stipuler centum Capuæ dari, alio loco non possum agere actione directa & pura ex stipulatu, quia certi

obligatio est: quod si detraho utilitatem loci, plus peto & male ago: possum tamen agere alio loco utili actione, facta scilicet commemoratione ejus loci, quo pecunia dari debuit, ut utilitas ejus loci æstimetur, id est, quod propter eum locum interest, arbitrio judicis, §. ult. Inst. de act. Sed si stipuler insulam Capuæ fieri, finito tempore, quæ fieri ea insula debuit & potuit, nec facta est, possum agere quocumque loco, competenti & congruo scilicet, ut Accurs. recte annotavit, directa & pura actione ex stipulatu, non in id quod interest, nec mihi necesse est descendere ad arbitrariam, quia incerti obligatio contracta intelligitur, id est, id actum videtur inter contrahentes, ut promissor teneatur in id quod interest, si non fecerit insulam intra justum tempus, sicut, si promisisset certo loco judicio sisti, esset actio incerti in id quod interest. Et hæc est vis & potestas hujus legis.

#### Ad L. Cum servus LIV. mandati.

*Cum servus extero se mandat emendum, nullum mandatum est. Sed si in hoc mandatum intercessit, ut servus manumitteretur, nec manumiserit, & pretium consequetur dominus ut venditor, & affectus ratione mandati agetur. Fingæ, filium naturalem vel fratrem esse: placuit enim prudentioribus affectus rationem in bonæ fidei judiciis habendam. Quod si de suis nummis emptor pretium dederit (neque enim aliter judicio venditi liberari potest) quæri solet, an utiliter de peculio agere possit. Et verius, & utilius videtur, prætorem de hujusmodi contractibus servorum non cogitasse, quo se ipsi mala ratione dominis auferant.*

EST lex elegantissima & utilissima, quæ frequenter in medium adduci solet. Servus mandavit extraneo, ut se emeret, ut se redimeret a domino, simpliciter nullo alio adjecto. Initio legis hoc tantum proponit Papinianus, nullum esse mandatum, nec rationem reddit nullitatis, sed redditur aperte in l. un. C. si serv. ext. se emi mand. quæ est veluti interpretatio hujus legis. Cur nullum est mandatum, si servus se emi mandet? Quia neque mandatum illud ex persona servi consistere potest, propterea quod liber factus se emi mandaret inutiliter, quia non potest, cum liber homo emi non possit, idem esse emptor & res, quæ emitur: ea demum valent ex persona servi, quæ si liber esset, valerent, l. debitor, §. servo, de leg. 2. l. si maxime, de serv. leg. Nec mandatum quoque illud consistere potest ex persona domini, quia inutiliter mando, ut quis a me servum meum emat, vel aliam rem, quia non possum a me ipso rem meam emere, & quod per me non possum, nec per vicarium possum: quod is emit, ipse emere videor. Igitur mandatum illud plane nullum est, & ex eo non nascitur actio mandati ultro citroque. Sed finge, ut servus mandaverat, extraneus eum servum emit a domino, contracta emptione venditione: sane inter extraneum & dominum erit actio ultro citroque ex empto vendito: non ex ipso mandato nascitur actio, quod nullum est, quia & hoc non agebatur inter extraneum & servum, ut ex ipso mandato nasceretur actio, sed propter mandatum ex alio contractu, id est, emptione venditione, ultro citroque est actio inter extraneum & dominum. Secuta igitur emptione venditione, non prorsus est inutile mandatum, cum etsi non ex mandato actio sit, tamen propter mandatum sit actio alia. Diversa hæc sunt ex, & propter, l. eo tempore, in si. de pecul. Si servum alienum bona fide possideo, & is servus mutuatus pecuniam ab alio, eam mihi det pro capite, id est, pro libertate, ut eum manumittam, mihi non acquiritur ea pecunia, sed vero domino, quia is servus non acquirit mihi, nisi ex duabus causis, ex suis operis, & ex re mea. Ea autem pecunia non est ex re possessoris, sed propter rem, id est, propter servum. Et ita l. venditor, de hered. vend. pretium hominis venditi non esse ex re, sed propter rem. Et similis differentia inter ex, & per in l. pen. de sepul. viol. heres immiscet se bonis, & obligat æri alieno, si quid capit ex hereditate, non si quid capit per hereditatem: ut puta, si egerit de viola-

violato sepulchro hereditario; articulo *ex*, significatur causa, articulo *propter*, occasio: & aliud est causa, aliud occasio. Sed pergamus. Quid dicemus si non simpliciter servus se emendum mandaverit, sed adjecta causa, ut scilicet post emptionem ab emptore manumittatur, & nolit emptor manumittere, quomodo Papinian. ponit speciem in prima parte hujus l. & ponunt etiam Græci ad *l.un.C.si serv. ext.* Mandati hæ duæ sunt partes, ut emat, & ut manumittat. Propter priorem partem, non ex priori, si contracta sit venditio, extranea est actio ex empto, ut servus tradatur, domino autem est actio ex vendito, pretii consequendi gratia, quod nihil agit emptor, si inferat ex nummis peculiaribus servi, sed id inferre debet ex suis nummis, ut liberetur judicio venditi, ut Papin. ait hoc loco, quod est secundum differentiam juris, ut sit differentia inter venditorem & emptorem: venditor liberatur etiam re aliena, quam vendidit, tradita; emptor non liberatur alienis nummis solutis, *d.l.un. & l.1.inf. de rer. permut. l. ex empto, §.1.de actian. emp.* ubi Accurs. attulit veram rationem differentiæ, quia venditor debet certum corpus, certam rem, quæ venit: emptor debet quantitatem, quam facile potest conficere ex suis bonis. Concludamus igitur: propter priorem mandati partem, non ex priore, esse actionem ultro citroque, id est, esse actionem ex empto & vendito, non mandati. Nunc dicamus de posteriori mandati parte. Ex posteriori parte dicimus plane, domino esse actionem mandati, quasi quæsitam sibi per servum, antequam eum alienaret, & emptori traderet: domino, inquam, qui servum tradidit, esse actionem mandati ex posteriori parte mandati, præcedentis traditionem, cum adhuc servus esset in sua potestate, & esse scilicet, ut servus manumittatur ab emptore, quoniam scilicet venditoris interest servum manumitti: nam si nihil interest, cessat actio mandati, *l.8. mandati, D. mand.* Sed hoc casu nihil videtur interesse, ut is servus manumittatur, quia jam est consecutus pretium, aut est forte consecuturus: non interest quidem, fateor, sed interesse creditur, quoniam in bonæ fidei judiciis idem pollet, ac si interesset revera: interest revera, si quid pecuniariter interest, si quid scilicet ex mea abscesserit, vel non accesserit, & ita interesse dicimus in omnibus judiciis. Sed placet, etiam in judiciis bonæ fidei haberi rationem ejus, quod interesse creditur pii & benevoli affectus ratione: sicut heredis interest, aut creditori interesse, impleri modum relicti legato, etiam si nihil interfit pecuniariter. Heredis enim interest impleri voluntatem defuncti, *l. jus 19. de leg. 3. l. Titio centum, in princ. & §.1.de cond. & demonstr.* Et similiter interest patris, filium suum manumitti aut fratrem aut sororem. Et similiter in hac specie, in domino, qui servum tradidit, sit actio mandati in hoc, uti servus manumittatur, fingere debemus, ejus interesse, puta eum servum fuisse ejus filium naturalem, vel fratrem naturalem, ex contubernio forte, quæ causa est justa minori 25. annis servum manumittere volenti, *l. si minor annis, de manum. vind.* filius naturalis est is, quem in servitute quæsivit ex contubernio. Finge, me post susceptum filium pervenisse ad libertatem, & comparasse filium meum naturalem, qui mansit in servitute, ac deinde vendidisse: interest plane mei manumitti, & eo nomine possum agere, si fuerit ea lex mandati etiam contracti non a me, sed ab ipso servo filio meo naturali: filius vel est ex contubernio, vel ex concubinatu, vel ex matrimonio, vel ex adoptione: ex contubernio & ex concubinatu & ex adoptione est legitimus, non naturalis: ex scortatione neque est legitimus, neque naturalis. Affectum igitur hoc loco accipimus, pro benigna & humana animi propensione erga aliquem, cujus quidem affectus ratione, & sane nulla res pluris æstimatur, *l. ult. de oper. serv. l. pretia, ad leg. Falcid.* Sed, ut inter nos nuper agitabatur, affectus ratione quasi creditur nostra interesse, licet pecuniariter nihil intersit, & eo colore nobis datur actio affectus explendi gratia, *l.6. de servis export.* Et plerumque nullum lucrum est tanti, quam si desiderium expleatur, sive affectio animi nostri. Addendum his omnibus, domino etiam esse actionem mandati ex posteriori illa parte, ut vel emptor servum manumittat si ejus interfit, ut diximus, ut si sit ejus filius vel frater, vel etiam ut servus sibi restituatur, quem emptor non manumittit: ergo duo veniunt in actionem mandati, ut manumittatur, vel ut reddatur venditori: & prius quidem concurrit facile cum actione venditi, id est, possum agere venditi, ut pretium consequar, atque etiam mandati, ut affectioni meæ satisfiat secundum legem mandati a servo interpositam, id est, ut servus liber fiat. Posterius autem, ut vel servus reddatur, non potest concurrere cum actione venditi: nam repugnat rei emptæ pretium petere, & rem quoque emptam repetere. Non possunt igitur hæc duo judicia concurrere pure, cum sint omnino contraria, *l. 1. C. de furt.* subalternative, altera actione concurrerent, ut ostendimus postrema prælectione. Ex priori autem parte mandati, ut se emat, domino non est actio mandati, ut jam ante diximus, sed quod mandum diximus, non est etiam extraneo emptori in dominum actio mandati de peculio, ut recipiat pretium, quia servus ex mandatu servi suis nummis ab eo redimit, quia, ut eleganter ait Papinianus, quod confirmat lex *eo tempore, §.ult. de pecul.* dominus non tenetur de peculio eo servitio quo servus domino se abstulit, nec de eo contractu cogitavit prætor, cum generaliter dedit actionem de peculio ex contractibus servorum: nam ita dedit de peculio actionem, si ex eis contractibus non se domino subduceret servus. Et hoc mandato quid aliud est servus, quam ut se domino auferret? Et quidem mala ratione, inquit. Cur sit mala ratio mandare se redimi? An quod dominus invitus cogatur vendere oblata pecunia? minime: nec enim cogitur *l. servus, h. t.* Et apud Plautum servus quidam ita quidem loquitur: *vobis invitis atque ingratis una littera liber fieri possum.* Nam id servus dicit uxori domini, & filio, non domino, nempe hoc scil. se vel una litera, & exiguo pretio posse libertatem promereri a domino invita uxore ejus & filio, sed non etiam domino invito. Igitur mala ratio hæc fuit, quia servus supposuit emptorem clam domino ignorante, ut ait *d.l.un.* ut se ei auferret, quam artem servi dominus si cognovisset forsitan, non indulsisset ei animo servi & malevolentiæ, ut eum a se alienaret: mala ratio est suppositio illa, quæ fit clam domino. Et hoc est omnino quod Papinian. vult his verbis, *cum servus extero se mandat, &c.* Sequitur ut exponamus alteram quæstionem *l. cum servus,* quæ scilicet continetur in §.ult. his verbis.

**Ad §. si liber.**
*Si liber homo bona fide serviens redimi se mandaverit, idque nummis emptoris factum sit, contraria mandati actione agi posse constat, ut tamen actiones præstentur, quas habet emptor adversus venditorem, finge non manumisisse liberam personam emptorem.*

ET rei ejusdem communio sive affinitas efficiet, ut ex eodem lib. Papiniani etiam huic §. conjungamus explicationem *l. verbum facere, de verb. signif. & l. servus, de ser. export.* Ac primum verba *l. verbum facere,* sunt hæc: *Verbum facere omnem omnino faciendi causam complectitur, dandi, solvendi, numerandi, judicandi, ambulandi.* Papinianus scribit de verbo *facere,* eo significari, non tantum factum, sed etiam jus, non tantum factum, veluti *judicare, orare, scribere, ambulare, ædificare,* sed etiam eo significari dationem proprietatis, sive translationem dominii, sive alienationem aut pignerationem, veluti *solvere* aut *credere: credere* etiam *facere* est, neque tamen solvit aut in contrario est, nisi qui suos nummos credit aut solvit, id est, qui dominium transfert. Ita hoc eodem lib. e contrario Papinianus idem scripsit de verbo *dari, l. 4. de usur.* verbo *dari,* scilicet non tantum significari

gnificari effectum transferendi dominii, id est, alienationem, ut scilicet in illa formula, *si paret dari oportere*, §. *sui itaque*, *Instit. de action.* & in stipulatione rem dari, *l. ubi autem non apparet*, §. *ult. de verbor. obligat.* Verum etiam eo verbo *dari*, significari factum nudum, id est, traditionem nudam rei sine effectu, id est, sine translatione juris ullius, sine translatione dominii, vel constitutione hypothecæ, ut *l. qui heredi*, & *l. qui in facto*, *de cond.* & *demonstr.* Atque ita dare non tantum est dominium transferre, sed etiam facere tantum. Et hoc mox apparebit evidenter ex hoc §. *ult.* & *ex l. 6. de ser. export.* in verbo *manumittere*. Quod non tantum significat *ex servo liberum facere*, vel *libertatem dare*, quod tamen solum videtur significare, atque adeo videtur esse nomen juris, nomen quo significatur collatio juris summi & inæstimabilis, nempe libertatis, sed etiam *manumittere* significat, quasi *liberare* & *manumittere sine effectu ullo*, *non data libertate*, ita *manumittere*, est spe tantum manumittere, aut verbo tenus, non re ipsa, ut in *l. mulier*, §. *pen. de condit. inst.* Si quis sit heres institutus sub conditione, si servum hereditarium manumiserit, quod est si ante aditam hereditatem manumiserit: Nam aditione definit esse hereditarius, aditione sit heredis, & si is heres ita scriptus, nondum adita hereditate, servum hereditarium manumiserit, quamvis ea manumissio nullius sit effectus, nullius momenti, quasi facta a non domino, tamen veluti implera conditione institutionis, perveniet ad hereditatem, quia aliqua significatione manumisit, licet non manumiserit: nec enim præstitit effectum beneficii, sed egit tantum actum manumittentis, fecit, non perfecit. Idemque est, si quis liberum hominem, quem bona fide possideat, existimans esse suum servum, manumiserit, quia ea manumissio nullam rem, nullum effectum habet, nec ingenuitati quicquam officit, §. *ult. Instit. de ingen.* *l. si quis*, §. *ult. de cap.* & *post.* Et tamen si liber homo, quæ est species hujus §. *ult.* alii bona fide serviens, Titio se emendum mandaverit & manumiserit, qui non potest manumitti cum effectu, cum jam sit liber, hoc tamen cum ignoraret, mandavit se emi, si Titius eum suis nummis redemerit, postea patefacta conditione hominis, eoque ingenuo pronuntiato, non potest emptor agere in liberum hominem actione mandati contraria, videlicet pretii, quod de suis nummis dedit, recipiendi causa, nisi emptor ei cedat actiones, quas habet adversus venditorem evictionis nomine, quia is homo, qui venit, se evicit in libertatem, & liber pronuntiatus est: habet autem actionem ex stipulatione duplæ evictionis nomine, de qua actione est necessarium, ut intelligamus §. *ult.* Iterum dico, ut rem explicatius proponam, liberali manumittendo nihil egerit, ipse tamen videtur eum hominem sua voluntate perdidisse, priusquam non proclamaret is homo, se ingenuum esse, atque ideo non aliter is homo ei videtur evictus, quam si emptor eum non manumisisset, sed ipse se homo, qui veniit liberali judicio, asseruit in libertatem, *l. si servum, de eviction.* & *l. si hominem, de adil. edic.* Necesse est, ut committatur stipulatio de evictione, rem evinci judicio: non sufficit, si evincatur alio modo, *l. non tantum, de evict. l. utique, de rei vindic.* Et ob id ponimus, eum hominem in judicio se vindicasse in libertatem, & seipsum evicisse emptori. Est autem necessario hic §. accipiendus de actione ex stipulatione duplæ, quæ solet interponi ob evictionem, maxime vendito homine, alioquin valde pugnaret hic §. *ult. cum l. 8.* §. *si liber homo*, *hoc tit. quæ loquitur manifeste*, non de hac actione ex stipulat. sed de actione empti nominatim, quam quidem actionem empti, etiamsi emptor manumiserit, ab eo vult cedi libero homini, adversus venditorem, quia scilicet, etiamsi is, qui manumisit liberam personam, quique hoc quali

quali facto eam personam perdidit, non teneatur actione ex stipulatu de dupla evictionis nomine, postea libera persona in judicio vindicata in libertatem, tamen habet actionem ex empto adversus venditorem, quod libertum non habeat, quem ex manumissione putabat se habiturum, *l. sed hoc nomine, de evict. quæ sequitur d. l. si servum*. Atque ita conjunctio utriusque legis, ut fieri alias ostendi in casibus innumeris, demonstrat in proposito quoque casu esse inter has actiones constituendam differentiam, non esse ex stipulatu actionem evictionis nomine, & esse tamen ex empto: non esse in duplum, esse in simplum ejus quod interest. Simile autem discrimen inter effectum beneficii, id est, libertatis, & actum solum manumittentis, idem Papinianus *eod. lib.* notavit in *l. 6. de servis export.* quam totam breviter explicabo.

### Ad L. VI. de Serv. export.

*Si venditor ab emptore caverit, ne servus manumitteretur, neve prostituatur: & aliquo facto evictionis nomine, quasi vacat exceptum, evincatur, aut libera judicetur, & ex stipulatu pœna petatur: doli exceptionem quidam obstituram putant: Sabinus non obstituram. Sed ratio faciet, ut jure non teneat stipulatio, si ne manumitteretur, exceptum est: nam incredibile est, de actu manumittentis, ac non potius de effectu beneficii cogitatum. Ceterum si ne prostituatur, exceptum est, nulla ratio occurrit, cur pœna peti, & exigi non debeat, eum & ancillam contumelia adfecerit, & venditoris affectionem forte, simul & verecundiam læserit: etenim alias, remota quoque stipulatione placuit ex vendito esse actionem.*

§. 1. *Si quid emptor, caverit, fecisset, aut non fecisset, nobis aliquando placebat, non alias ex vendito propter pœnam homini irrogatam agi posse, quam si pecunia ratione venditoris interesset, veluti quia pœnam promisisset: Ceterum viro bono non convenire credere, eventus inesse, quod animus sævientis satisfactum non fuisset. Sed in contrarium me vocat Sabini sententia, qui utiliter agi arbitratus est, quoniam hoc minoris homo venisse videatur.*

IN hac specie, vendidi ancillam ea lege, ne manumitteretur, vel ne prostitueretur, & si fieret contra legem venditionis, ut jus mihi esset manus injiciendi, id est, jus evincendi & deducendæ ancillæ quasi meæ: vel cavi, ut libera esset. Ac præterea, si quid fieret contra legem venditionis, certam pœnam pecuniariam stipulatus sum. Nunc si quid emptor faciat contra legem venditionis, proculdubio manus injectio erit, vel libera fiet ipso jure: si manumittat contra legem injectio, non autem fiet libera: quia hoc venditor noluit, si prostituatur, prout convenit, vel manus injectio erit, vel libera fiet ipso jure, *l. 2. C. si mancip. ita.* Et hoc est extra omnem controversiam. Sed quæritur, an etiam venditori, ubi emptor facit contra legem venditionis, ut pœnæ persecutio in stipulationem deducatur, an sit ei actio ex stipulatione pœnali efficax? Et quidam dicebant non esse ex stipulatione pœnali actionem, agenti obstare exceptionem doli mali: tamen alius dicebat esse utilem & efficacem. Papin. peritissime distinguit, & componit rem, & quod ad primam conventionem attinet, ne manumittatur, scribit, stipulationem pœnalem ipso jure non valere, & manumissa ancilla non committi pœnam, quia ea manumissio nullius est momenti, id est, non confert libertatem ancillæ, quia lex venditionis, ne manumittatur inhibet libertatem: manumittat emptor quando volet, vel manumittant sequentes emptores; hæret semper hæc conditio ancillæ, ne manumittatur, & dicitur hæc lex non tam emptori, quam ancillæ, *l. servus hac lege, de manumiss. l. 3.* §. *is quoque*, *ad Syllan.* & in ea conventione, ne manumittatur, de beneficio libertatis & effectu videtur cogitari, non de actu solo manumittentis sive effectu, & cum inanis sit manumissio emptoris, non igitur committi stipulationem pœnalem, quia manumissus, non est manumissus, nec videtur esse ctu implevisse emptor legem venditionis, quam effectum convenit spectari magis, quam actum nudum & inanem. Et ita omnino definitur in *l. pen. C. si mancipium ita ven.* Quod autem ad alteram conventionem attinet, ne prostitueretur, si prostituta sit ab emptore, Papinianus scribit, committi stipulationem pœnalem, ancillam abduci, vel liberam fieri prout convenerit, ac præterea pœnam peti & exigi ab emptore, qui contra legem fecit, quia fiducia est, ut eleganter ait Papinian. ancillam contumelia affecit, & venditoris affectionem læsit honestissimam, simul ac verecundiam & pudorem, & ut etiam subjicit, quamvis non esset interposita ea stipulatio pœnalis, ratione affectionis piæ & sanctæ, agi posset ex vendito in id, quod interest quod emptor contra affectionem venditionis fecerit: Nam in bonæ fidei judiciis, ut in *l. cum servus* diximus, ratione affectionis interesse credendum est, etiamsi nihil intersit pecuniarie, & bono viro, qui est arbiter bonæ fidei, convenire, ut credat, venditoris interesse, vel quod piæ & sanctæ affectioni ejus satisfactum non sit. Ergo quod ad alteram conventionem attinet, si ei non obtemperavit emptor, committetur stipulatio pœnalis, quia & omissa stipulatione eo nomine, solius affectus ratione liceret agere ex vendito. Sed inde quæritur, & nihil intactum relinquit, an etiam solius vindictæ nomine, id est, pravæ & iniquæ affectionis ratione, venditoris interesse credendum sit? Quæ ante dicta sunt, sunt de affectione pia & benigna. Finge: vendidi servum, quem oculi mei ferre non possunt, atque ideo in vendendo cavi, ut longe exportaretur, & non exportatur, an agam ex vendito, quia animo sævientis satisfactum non sit? Si interposita esset stipulatio pœnalis eo nomine, puta hoc modo, *si non exportaveris, tot dari*, etiamsi nihil omnino interesset pecuniariter, posset agi ex stipulatu: Nam ut lib. 10. ostendi, nullus contractus, nulla lex contractus est pœnalis, quoniam omnes pertinent ad rem familiarem; sola stipulatio potest esse pœnalis & mera pœnalis, etiamsi nihil intersit pecuniariter, ergo ex stipulatu quidem posset agi vindictæ solius nomine, & peti pœna in stipulationem deducta: quærebatur, an possit agi ex vendito eo etiam nomine, sicut agi ex vendito bonæ affectionis ratione, ut si fuerit lex nec contractus, si exportaretur, agam ex vendito, sed si hæc fuerit, ut exportetur, quæ est severa lex & dura, & indignatio potius, & non exportaretur, an erit actio ex vendito? Papinianus refert in hac *l. 6.* se alias existimasse, non esse actionem ex vendito solius vindictæ ratione, quod animo sævientis satisfactum non sit, honestæ tantum affectionis nomine credendum esse, non ultionis, non vindictæ. Et vero ita Papinianus scripserat libro 10. *quæstion.* & ob id est subjecta *l. 7. ex illo libro 10.* quæ hanc, quæ fuit prima, sententiam Papiniani exponit, ut non sit actio ex vendito vindictæ nomine, si nihil præterea intersit. In collocandis legibus Papin. & ceterorum, quoties una serie collocantur libros ejusdem auctoris, semper solet observari ordo librorum. Hic ordo cur hic non servatur, *l. 6.* est ex libro 27. *l. 7. ex 10.* Sed inde apparet de industria Tribonianum subjecisse huic *l. 6.* eam legem Papiniani, quod anteriori lib. Papin. scripserat, non esse actionem ex vendito, quod recantavit, mutavit hoc lib. Nec est quærenda ratio conciliandarum harum legum, cum ipse fateatur se revocasse sententiam invitatum Sabini sententia: dicit enim, *in contrarium me vocat Sabini sententia, similiter agi ideo arbitratus est*, &c. Quia cum venditor addit hanc legem, ut exportetur, semper videtur venditionis interesse, ut impleatur lex, & interesse pecuniariter, quia in partem pretii ea ex lex venditionis cedere intelligitur, id est, eo viliore pretio videtur vendidisse, ut is servus ablegaretur, asportaretur, nec unquam veniret in suum conspectum. Igitur cum ejus interest, recte putavit Papinianus, potius Sabini sententiam esse sequendam, quam suam primam: secundæ sententiæ sunt meliores; hæc ingenuitas Papiniani mihi valde placet, &

A

B

C

D

E

debet omnibus esse documento. Ego memini me hæc fusius ad *l. 7. hoc tit.* explicasse, ideo longior non fui.

## Ad L. VIII. de Serv. export.

*Quæsitum est si quis proprium servum vendidisset, ut manumitteretur intra certum tempus præcepisset, ac postea mutasset voluntatem, & emptor nihilominus manumisisset: an aliquam eo nomine actionem haberet? dixi ex vendito actionem, manumisso servo, vel mutata venditoris voluntate, evanuisse.*

INtelleximus heri ex ult. quæstione *l. 6.* quæ eadem est *legis 7.* non tantum pecuniæ ratione, sed etiam affectionis ratione honesta & humana, vel amica venditori, dari actionem ex vendito, vel ex stipulatu mandati, vel aliam quamcunque bonæ fidei: ut dictum est *l. cum servus, mand.* vel etiam dari ex stipulatu, non pecuniæ tantum, sed etiam affectionis ratione. Vindictæ autem solius ratione, vel affectionis acerbæ & pravæ, aut inhumanæ, dari actionem ex stipulatu, non etiam ex vendito, vel aliam quamcunque bonæ fidei actionem, nisi alias actoris intersit pecuniariter: igitur in actione ex stipulatu haberi rationem cujuscumque affectionis etiam malæ & odiosæ: in actione bonæ fidei tantum probæ & honestæ rationem haberi, actionem bonæ fidei duritiem non admittere, quam admittunt catenæ, ut dicunt, stipulationum, *l. 7.* ut si servum vendidi ea lege, ut exportetur peregre in longinquam provinciam, nec exportetur, eo nomine agere possum ex vendito, si mea intersit pecuniæ ratione, ut quia scilicet eum servum emi eadem lege, & stipulanti venditori promisi certam pœnam, si non exportaretur: sed si ita non intersit mea, Papinian. primum dicebat, solius vindictæ ratione non posse agi ex vendito. Sed postea mutata sententia deprehendit, verissimum quidem esse solius vindictæ ratione non posse agi actione bonæ fidei, sed in ea casu proposito non solius vindictæ rationem versari, sed etiam pecuniæ, quia hoc minoris videtur vendidisse servum, ut exportaretur, nec moraretur eo loci, quo venebat. Atque ita non tam venditi, quam pecuniæ ratione, ex lege venditionis, etiamsi solam duritiem videatur continere, datur actionem ex vendito, quæ summa superioris quæstionis, vel potius elucidatio plenior est valde notanda, & ex ea facile perveniemus ad alteram quæstionem, quæ ex eodem libro pronunciatur in *l. 3. hoc tit.* Finge: vendidi tibi servum ea lege, ut cum intra certum tempus manumitteres: si non manumiseris, finito tempore, certum est servum liberum fieri ipso jure ex constitutione Marci & Commodi ad Aufidium, cujus sæpe fit mentio in jure: hæc constitutio repræsentat libertatem, quam emptor non detulit intra tempus, adeo ut non committatur stipulatio pœnalis huic legi venditionis subjecta, quia constitutio implet legem sine facto emptoris, *l. ult. C. si mancip. ita.* Sed huic constitutioni ita demum locus est, si intra illud tempus intra quod dictum est, ut emptor servum manumitteret, non mutaverit voluntatem: nam si ante diem præscriptum legis dictæ pœnituerit, cessat beneficium constitutionis *l. 1. & l. ult. C. eod. l. 3. hoc titul.* Hoc cognito rursus fingamus eodem modo: vendidi tibi servum ea lege, ut intra certum tempus manumitteres, deinde intra illud tempus mutavi voluntatem, & vetui ne manumitteretur ex intervallo longe post perfectam venditionem, & tu nihilominus manumisisti. Quæritur, *an mihi tenearis actione ex vendito, quod contra posteriorem voluntatem meam manumiseris servum:* quia quæritur de actione ex vendito, ex eo apparet manumissionem illam effectum habere: alioqui constaret non esse actionem venditi, si nihil egisset: sed quia manumissio effectum habet, quia servus perductus est ad libertatem ab emptore, ideo quæritur, an ob id emptor venditori teneatur actione venditi, quod contra suam novissimam voluntatem servum perduxerit ad libertatem: manumissio illa effectum habet, ita est. Et non obstat primum *l. 6. h. t.* quam modo exposui: Nam ita

ita distinguendum: Aut initio venditionis servus prohibitus est manumitti, id est, venditus est ea lege, ne manumitteretur, & manumissio nihil agit *d. l. 6.* Aut initio venditor non prohibuit servum manumitti, quinimo, præcepit manumitti intra certum tempus, & manumissio effectum habet, licet ante manumissionem venditor mutaverit voluntatem. Rursus nihil obstat *l. 3. s.t.* Nam distinguenda est etiam libertas, quæ competit ipso jure ex constitutione Marci & Commodi, a libertate, quæ non competit beneficio emptoris: Nam post pœnitentiam venditoris non competit libertas ex constitutione ipso jure, *d.l.3.* beneficio emptoris competit etiam invito venditore, qui post venditionem perfectam non potest emptori novam legem dicere. In specie igitur proposita manumissio effectum habet, & ob id quæritur, an emptor teneatur actione empti, qui manumisit? Ex respondet Papinian. ex vendito actionem manumisso servo, vel mutata venditoris voluntate, id est, etiam post pœnitentiam venditoris evanuisse. Ergo ex posteriori voluntate venditoris, quæ fuit ne manumitteretur servus, libertatis, quam ante dederat emptor, vel libertatis datæ, vel dandæ ab emptore indignatio, quia solam duritiem continet, non parit venditori actionem ex vendito. Et generaliter nunquam solius vindictæ, aut severitatis ratione est actio ex vendito, vel quæ alia bonæ fidei. Sed neque ratione pecuniæ in hac specie dici potest esse actionem. venditi, quasi venditoris intersit, quia hoc ipso servum minoris vendiderit, in *l. 6.* cum initio venditionis non hæc dura lex sit apposita venditioni, sed contraria, ut manumitteretur. Est igitur plane verum manumissione evanuisse actionem venditi, etiamsi facta fuerit post pœnitentiam venditoris. Et hoc est quod ait in *l.6.*

### Ad L. VIII. de Præscr. verb.

*Si dominus servum, cum furto argueretur, quæstionis habendæ causa æstimatum dedisset, neque de eo compertum fuisset, & is non redderetur, eo nomine civiliter agi posse, licet aliquo casu servum retenturus esset, qui traditum accepisset, tunc enim & datam æstimationem reddi a domino oportere. Sed quæsitum est, qua actione pecunia, si eam dominus elegisset, peti posset? dixi, tametsi quod inter eos ageretur, verbis quoque stipulationis conclusum non fuisset: si tamen lex contractus non lateret, præscriptis verbis incerti, & hic agi posse, nec videri nudum pactum intervenisse, quotiens certa lege dari probaretur.*

Actio præscriptis verbis datur ex contractibus, qui nomine vacant, qui nomen non habent proprium, & sic appellata est, quod concipiatur secundum id, quod contrahentes habuere præscriptum & conventum: & dicitur etiam in factum, quia proprium nomen non habet, atque adeo dicitur tantum formari & concipi ex narratione facti: actio præscriptis verbis, est narratio facti, nec habet aliam appellationem propriam, & dicitur etiam civilis actio, quia datur ex negotiis, sive contractibus, qui civiles contractus imitantur, ut *do ut des*, imitatur emptionem venditionem: *ut facias*, locationem & conductionem: *facio ut facias*, imitatur mandatum: *facio ut des*, quia non imitatur civile negotium, ex eo articulo etiam non datur actio præscriptis verbis, & cur non imiteur non est hic locus demonstrare. Igitur actio præscriptis verbis dicitur etiam incerti, quia intenditur in id quod interest, cujus æstimatio est arbitraria, in id sc. quod interest dari aut fieri id de quo convenit. Nunc finge: servus meus in suspicionem furti venit, & arguitur tibi furtum fecisse, ego eum tibi do, ut torqueas, quæstionem de eo habeas: uno loco in hac *l. 8.* ait, *do*, altero, *trado*. Igitur & hoc verbum *dare*, potest facere ambiguitatem, dederim ego cum effectu, an tradiderim tantum: hoc verbo significatur vel effectus, *l. 4. de usufr. dare*, vel efficere est vel facere. E vero servus alienus, quem arguit furti, solebat facile in quæstionem dari, sed dabatur æstimatus, stipulatione interposita de eo reddendo, vel æstimatione ejus, *l. certo, inf. de quæst.* At finge, me tibi dedisse servum meum in quæstionem, nec eam stipulationem interposuisse, sed servum æstimasse ac dedisse in quæstionem ea lege, ut *eum mihi redderes, vel æstimationem ejus, utrum ego mallem, utrum eligerem*: hæc est species, ex qua quæritur, qua actione ego possum petere æstimationem servi, seu pecuniam, ut elegerit, quod est observandum. Non quærit hac actione an possim repetere servum, sed de pecunia tantum quærit, qua actione peti possit. Et distinguit hoc modo: aut is servus habita de eo quæstione, furti compertus est, aut non: si furti compertus est, nec ipse peti potest, nec æstimatio ejus. Imo vero, ut ait Papin. si æstimatio ejus fuerit prorogata, si fuerit data in antecessum, *si elle est donnée devant la main*, & inveniatur nocens, æstimatio conditione sine causa repetetur, quia non fuit causa prorogandæ ejus, *l. 1. de condit. sine causa.* Nam id tacite videtur actum, ne servi nocentis nomine, dominus quicquam consequeretur. Ipse autem servus extra ordinem coercebitur a præside, vel a præfecto vigilum in urbe, ut *l. penul. de condict. causa dat. sup.l.interdum, §. qui furem de furt.* Et hoc si furti fuerit compertus, sed si furti compertus non fuerit, domino reddetur servus conditione sine causa, si servum fecit accipientis. Nam conditio domino rei suæ non datur. Ergo ut repetatur conditione sine causa, necesse est, ut servum datum in quæstionem dederit cum effectu, id est, fecerit accipientis. Atque ita postea in eo furto non comperto, eum quasi non suum condicet conditione sine causa, videlicet si servum elegerit, si non fecit servum accipientis, sed tradidit tantum torquendum, vindicabit servum, vel aget actione ad exhibendum: sed si malit pecuniam, qua actione pecuniam petet? Et ait, competere actionem præscriptis verbis ad consequendam pecuniam, veluti pro eo, quod interest: nec enim æstimari hic potest, quod interest eum reddi, vel æstimationem ejus. Et esse actionem præscriptis verbis indistincte dico: sive dederit initio servum cum effectu, sive tradiderit tantum, electa pecunia dedisse videtur. Erit igitur actio præscriptis verbis, quasi ex negotio, *do ut des: do servum ut des pecuniam*. Dices, cur non erit actio ex vendito ? quoniam pro servo pretium peto, quia non intelligitur contracta venditio: Imo, inquies, quia æstimatio venditio est. Respondeo, æstimatio venditio est, & quidem vera; si de æstimatione tantum reddenda convenerit, non de alterutro, ut hic convenit, vel servum reddi, vel pretium, quod abhorret a conditione & natura emptionis venditionis, *l. plerumque, de jur. dot.* Non erit etiam actio ex stipulatu, quia, ut initio posuimus, non intercessit stipulatio, non intercessit conclusio contractus: solet stipulatio concludere omnes contractus, quo verbo utitur hic Papinian. & soleo semper adducere hanc l. ut ostendam, stipulationem esse vinculum, formulam conventionum, & omnium contractuum conclusionem, *l. juris.§. quod fere, de pact.* in novissima parte conventionum stipulari stipulationem, stipulationem inventam esse obligationum firmandarum causa. Sed in hac specie omissa fuit stipulatio, ergo non erit actio ex stipulatu: denique quia desunt aliæ actiones, decurrendum est ad actionem præscriptis verbis, quæ est subsidiaria, quæ utique datur hoc casu, quasi ex civili negotio, seu contractu. Est etiam contractus seu συνάλλαγμα; *do tibi servum, ut vel eum mihi reddas vel æstimationem ejus, tot nummos utrum malim*, & inquam, contractus, non pactum: nam si esset pactum, ex eo daretur actio præscriptis verbis. Hæc actio datur ex contractibus, non ex pactis. Cur non est pactum? quia intervenit datio servi: pactum est conventio, quæ nomine vacat, & quæ ex datione vel facto non sumpsit effectum. Et videimus nunc, quid sit dicendum, si servus ea lege in quæstionem extero detur, ut ipse servus reddatur, si innoxius compertus fuerit, & nihil actum sit de æstimatione, quod non tractat quidem Papinianus, sed a me non debuit prætermitti. Ideo dicemus hic quoque esse conditionem sine causa, adhibita eadem distinctione, si servus factus sit accipientis, vel si non sit factus accipientis, esse vindicationem aut exhibitoriam actionem, vel esse præscriptis verbis in id quod interest servum reddi, quasi negotio ita gesto, *do ut reddas*: dico esse conditionem sine causa, si ipsum servum velim ut reddas omnino, id quod interest nolim. An non potest etiam esse conditio ob causam dati causa non secuta? Minime: quia causa secuta est, datus est in quæstionem, & quæstio secuta est. Altera est actio *legis pen. sup. de condict. causa data*. Quia alia est species, quæ examinanda est breviter. Ego servum meum, qui arguebatur furti, dedi extero in quæstionem, in tormenta, nec tortus est servus, sed quasi in facinore deprehensus: non dicit in furto. Quæ observatio est Græcorum, & placet, sed in facinore aliquo ingenti deprehensus: igitur in facinore deprehensus ab extero, cui torquendum dederam, perductus est ad præfectum vigilum, & affectus ultimo supplicio; qua actione servum repetam: nam æquum est mihi restitui: distingue: aut eum feci accipientis, & eum repeto conditione ob causam, causa non secuta; dederam enim ob quæstionem, & quæstio non est sequuta. Si non feci accipientis, vindicabo servum, vel agam ad exhibendum; imo etiam agam furti adversus exterum, quia sciens aut scire debens, me nolle abuti servo in aliam rem, quam in quæstionem, non debuit eo uti invito me: *sciens*, inquit, *aut scire debens*, adiiciunt Græci recte: dixi alias, semper in jure hæc esse paria scire, aut scire debere, *l. 1. §. causa, de ædilit. edic. l. Julianus, §. quod autem, de action. emp. l. si duo, de acquir. hered. l. pen. ad Macedon. l. si Titius 48. de fidejuss. l. qui fundum, §. servus, pro empt.* Alia igitur est species *d. l. pen.* per hoc etiam ex ea aliæ sunt actiones.

## Ad L. IV. de Usur.

*Si stipulatus sis rem dari, vacuamque possessionem tradi, fructus postea captos, actione incerti ex stipulatu propter inferiora verba, consequuturum te, ratio suadet. An idem de partu ancillæ responderi possit, considerandum est: nam quod ad verba superiora pertinet; sive factum rei promittendi, sive effectum per traditionem dominii transferendi continet, partus non continetur. Verum si emptor a venditore novandi animo ita stipulatus est, factum tradendi stipulatus intelligitur: quia non est verisimile, plus venditorem promisisse, quam judicio empti præstare compelleretur: sed tamen propter illa verba; vacuamque possessionem tradi, potest dici partus quoque ratione committi incerti stipulatione. Etenim ancilla tradita, partum postea editum in bonis suis reus stipulandi habere potuisse.*

*§. 1. Si post contractam emptionem, ante interpositam stipulationem partus editus, aut aliquid per servum venditori adquisitum est, quod ex stipulatu consequi non potest, judicio empti consequitur. Id enim quod non transfertur in causam novationis, jure pristino peti potest.*

Hac lege initio hujus libr. 27. usus sum sæpius, ut ostenderem, *dandi* verbo, modo factum significari tradendi possessionis, modo effectum proprietatis. Sciendum est, eum qui vendit, necesse non habere rem facere emptoris, & liberari judicio empti, si vacuam possessionem tradat & liberam, & se obliget ob evictionem, & se purget dolo malo, neque enim liberatur dolo malo rem alienam vendidit, *l. 1. de rer. permut.* vel si quicquam in eo contractu dolo malo admiserit, *d. l. 1. l. 25. de contrah. emp. & l. si duo 13. §. si quis, de jurejur. l. ex empto, l. Julianus 13. §. Titius, l. servus quem 30. §. ult. de act. empt.* Atque ita non similiter obligatur venditor ut emptor: emptor enim cogitur nummos facere accipientis venditoris. Item sciendum est, qui stipulatur rem dari, plerumque dominium stipulari, id est, rem suam fieri: id dari dicitur, quod habendum traditur alteri: habere est possidere jure dominii: vel dicamus apertius, id dari dicitur, cujus dominium transfertur in accipientem, & frequens est significatio hæc. Qui autem stipulatur rem tradi, possessionem, non proprietatem significat, *l. 28. de verbor. oblig.* Inde fit, ut inutiliter stipuler, *rem meam mihi dari*, quia dominus sum, utiliter stipuler, *rem meam mihi tradi*; cujus possessor non sum: pro eo igitur cui adaptatur, vel rei dominium significat, vel possessionem. Et stipulatio quidem illa *rem dari*, est certa stipulatio, quia res certa venit, id est, proprietas certa: & ex ea competit certi conditio: stipulatio autem *rem tradi* est incerta, quia possessio incerta res est, cum sit incorporalis, & ex ea stipulatione competit actio ex stipulatu, quæ proprie de re incerta est, quæ in stipulationem venit, *l. ubi autem, §. qui id & §. ult. de verb. oblig.* Hæc sunt vera, ut plurimum. Sed ut in *l. cum servus, mand.* diximus, his verbis, *dari & tradi*, promiscue utimur plerunque secundum mentem præferentis: nec tam ea spectanda sunt, quam mens eorum qui iis utuntur: & sane si emptor a venditore stipuletur rem tradi, quod fit novandi animo plerunque, obligationis scilicet empti in stipulationem transferendæ causa, ut quod homines prudentes malunt, debeatur nobis stricto judicio, non bonæ fidei: prudens homo mavult sibi deberi ex stipulatione quam ex vendito, judicio stricto, quam leni. Et ita igitur, si novandi animo emptor a venditore, ut fit, rem dari stipuletur, factum tantum tradendi stipulari intelligitur, quia non est verisimile plus venditorem promittere stipulanti emptori, quam judicio empti præstare compelleretur. Judicio autem empti compelleretur tantum tradere vacuam possessionem: ergo ex natura contractus, qui novatur & transfunditur in stipulationem, rem dari sic interpretabitur, non dari proprietatem, sed possessionem tradi. Neque obstat *d. l. ubi autem, §. ult.* quæ ait, hanc stipulationem, *fundum dari*, esse certi stipulationem, & ex ea dari certi conditionem, non ex stipulatu, nimirum, quod omnino contineat, ut dominium transferatur quoque modo, & quidem plenum dominium, *l. Nerat. de condict. ind. l. ult. §. ult. mand.* Quod intelligendum est de stipulatione, quæ ex alia causa interponitur, non ex causa emptionis, quæ novat conditionem emptionis: hæc enim sequitur naturam emptionis, & fere stipulatio sequitur naturam contractus, cui applicita est. Novatione tollitur obligatio: sed & post novationem, non est in totum falsum, si quis dicat ex priore causa deberi, licet sit sublata novatione: quod confirmat *l. cum filius, §. heres, de leg.* 2. Unde constat, novationem non prorsus extinguere priorem causam, manere enim effectum prioris causæ, naturam constantem, conditionemque, licet & hoc tantum interesset, quod in judicio de stipulatione non sit latissima potestas judicis, qualis est in judicio empti aut venditi. Imo ut ait *l. 3. §. 1. de act. emp.* non plus debet esse in stipulatione, quæ novat causas emptionis, quam in judicio empti aut venditi: minus potest esse: quia hoc non videtur egisse emptor, ut stipulatio augeret contractum: stipulatio, quæ subjicitur actioni venditi, vel quæ eam novat, si subjiciatur, est stipulatio duplæ: stipulatio autem duplæ est prætoria: solemnem autem formam prætoriarum stipulationum contrahentes immutare non possunt, *l. in conventionalib. de verb. obl.* Ergo non possunt efficere, ut plus veniat in stipulationem duplæ, quam in formula comprehendatur, nihil autem comprehenditur de proprietate transferenda. Eadem interpretatio fiet, si emptor rem dari stipuletur, vacuamque possessionem tradi: nec enim priorem partem stipulationis, rem dari scilicet, accipiemus de proprietate, posteriorem de possessione, sed utramque accipiemus de possessione, quæ stipulatio geminata naturaliter inest, ut possessio tantum rei venditæ tradatur. Dices, supervacua est igitur illa inferior adjectio, *vacuamque possessionem tradi*, si idem ea cavetur, quod superiori; si sit πυραλληλισμός, si idem bis dictum sit, ut sit loquendo sæpe, cum non satis habemus dixisse semel, nisi aliis verbis rei exprimendæ causa magis dicamus: imo aliquando plenior est ea additio, & inferior pars stipulationis: atque ita differentia est inter superiorem partem *rem dari*, & inferiorem, *vacuam possessionem tradi*, utraque quidem est de possessione, nec licet aliter interpretari in causa evictionis

nis venditionis, sed inferior illa clausula continet etiam fructus postea perceptos, ut non tantum possessio rei tradatur, sed & fructus, qui postea percepti sunt a venditore: continet etiam partus postea editos. At superior illa clausula, *rem dari*, non continet fructus postea perceptos, aut partus postea editos: hæc igitur est uberior, & ideo non est supervacua, cum adjiciat priori quod non inerat. Et hæc est sententia Papin. *hac l.* propter inferiora verba, *vacuam possessionem tradi*, fructus postea captos ex re vendita venire in actione incerti, actione incerti ex stipulatu, quam vocat incerti actionem, non quidem, ut Accursius voluit, quod fructus in stipulationem veniant, quorum perceptio & quantitas erat incerta tempore stipulationis, sed magis quia & remota ratione fructuum postea captorum sive capiendorum, stipulatio concipitur in faciendo, id est, in tradenda possessione, & possessio est res incerta, cum sit incorporalis, & incorporalia sunt incerta, nec certum dici potest nisi corpore præditum sit: facta omnia futura sunt incerta, cum non sint, nisi cum fuerint, vel postea facta sint. Addit Papinianus, *in hanc stipulationem incerti venire partus postea editos*. Cur his verbis vacuam possessionem tradi etiam fructus & partus intelligentur tacite? quia scilicet *vacui* appellatio facit, ut ex causa rei venditæ præstetur, *l. in conventionalibus*, §. *ult. de verb. oblig.* Si quis stipuletur, vacuam possessionem tradi, effectum quidem dominii transferendi non stipulatur quod est certum, sed nudum factum, & aliud est factum, aliud nudum factum. Qui stipulatur rem tradi, nudum factum stipulatur; qui stipulatur vacuam possessionem tradi, non stipulatur nudum factum, sed ut ait *d.* §. *ult.* stipulatur rei tradendi: quid est causa rei? causa rei non est dominium, non proprietas, sed omne id quod habiturus esset stipulator, si ei res tradita fuisset: porro habiturus esset fructus & partus, ergo veniunt in stipulationem. Denique pleniora sunt inferiora verba, *vacuam possessionem tradi*, quia, ut non male Græci notant, *vacui* appellatio facit, ut ab eo tempore, quo ita quis stipulatus est rem, vacasse possessionem etiam ipsius venditoris quodammodo videatur. Et ideo fructus interim percepti emptorem potius sequuntur, quam venditorem, qui debuit omnem causam præstare. Superiora verba, *rem dari*, sola, quoquo modo accipiantur, sive pro facto tradendi, sive pro effectu dominii transferendi accipiantur, quamvis hoc loco accipiantur, magis pro facto, tradendi stipulatione relata ad causam emptionis, venditionis, naturam potestatemque, ait non continere fructus postea captos, & addo, non venire etiam in eam stipulationem fructus postea captos, nisi post litem contestatam, *l. si filiusfam.* §. *ult. de verb. oblig. l. videamus*, §. *si actionem*, *hoc tit.* Hæc est sententia Papiniani, ex qua apparet breviter plus contineri stipulatione, *vacuam possessionem tradi*, quam, *rem dari*, si scilicet interponatur ex causa emptionis venditionis. Obstat valde huic differentiæ quam adducit, aut potius quam ait timide, posse introduci, *l.* 3. §. 1. *de action. empt.* Ex qua efficitur, in stipulatione *vacuam possessionem tradi*, non venire fructus, quæ scilicet interponatur ex causa emptionis venditionis. Utitur hac ratione Pomponius: qui stipulatur rem dari, nihil aliud stipulatur, inquit, quam vacuam possessionem tradi ex causa emptionis & venditionis. Et si adjicias, *vacuamque possessionem tradi*, posteriora verba adjicies ex abundanti, ut plerumque in stipulationibus abundant multa. Et inde illud frequens dictum, quæ abundant in conventionibus vel testamentis, nihil nocere, imo prodesse magis. At stipulatione *rem dari*, non continetur fructuum præstatio: ergo nec stipulatione vacuam possessionem tradi. Et adjicit aliam rationem: non debet etiam plus inesse stipulationi duplæ, scilicet interpositæ ex causa emptionis, quia prætoria est, & in ejus formula non fuisset omissa mentio fructuum. Solemnis formula prætoriæ stipulationis, non potest immutari a contrahentibus. Quid igitur, an non consequetur emptor fructus postea captos? Imo vero, sed non ex hac stipulatione, vel *rem dari*, vel *vacuam possessionem tradi*, vel ex utraque juncta: Nam quod ex singulis non fit, nec fit ex conjunctis. Sed consequetur fructus actione ex empto, quæ supererit. Multum laborant in concilianda illa lege cum hac *l.* 4. Doctores, nec quicquam. afferunt probabile, & quod possit quibusdam videri probabile, est falsissimum & captiosissimum. Aliæ rationes componendi dissidii sua sponte ruunt. Sed hæc quod possit quibusdam imponere, ejusmodi est. In *l.* 3. §. 1. per stipulationem non fit novatio actionis ex empto, & ideo manet actio ex empto, ad fructuum præstationem, quod tamen non venit in stipulationem, in actionem ex stipulatu: in hac *l.* 4. stipulatio fuit interposita novandi animo. Novatione igitur transfunditur in stipulationem quodcunque actione ex empto peti potuit. Atqui peti potuere fructus postea capti, ergo non mirum, si in hanc speciem, per quam novata est causa empti venditi, veniant fructus postea capti. Hoc est valde captiosum: quia scilicet hæc ipsa *l.* 4. ostendit, quod si novandi causa stipuler rem dari, non veniunt fructus, qui tamen veniabant in actione ex empto, minus continetur hac stipulatione, quam actione empti, & venire tantum fructus in alteram stipulationem, *vacuam possessionem tradi*. Ac præterea, qui hoc renuntiant nobis, in *l.* 3. §. 1. stipulationem non novasse causam empti venditi? Imo verum est, potius novare, novandi causa intercessisse, quia hoc plerumque fit. Hoc agit maxime emptor, in cujus rem est deberi sibi ex stipulatione potius: novationem intervenisse etiam lex indicat, dum ait, *ex empto superesse actionem ad fructuum postea captorum præstationem*, quasi velit non superesse actionem ex empto ad cetera, quod sit novata, secundum id quod est in fine hujus legis 4. *Id quod non transfertur in causam novationis*, id est, si id sit reliquum, quod non venerat in novationem, jure pristino peti, id est, jus pristinum superesse: nescio rationem probabilem componendi dissidii, nisi eam, quam Græci quidam tradunt, admiseris, ut loquatur hæc *l.* 4. de act. incerti: fructus peti posse conditctione incerti ex stipulatu, si fuerit concepta stipulatio hoc modo: *vacuam possessionem tradi*: illam *l.* 3. esse intelligendam de conditione certi, ut conditione certi definiatur stipulatio ex conditione fortiter defendere, qui velit. Nam in jure possum multis exemplis ostendere, ita conciliari multos locos. Vulgo dicitur, nemo potest rem suam condicere: hoc verum est, conditione certi, conditione incerti quilibet potest rem suam condicere, si emptor a venditore stipulatus sit novandi animo: in stipulationem ita conceptam, *vacuam possessionem tradi*, ex Papin. sententia fructus postea capti & partus veniunt; in stipulationem ita conceptam, *rem dari*, non veniunt: sed quod ex ea stipulatione emptor consequi non potest, judicio empti consequitur, *l.* 3. §. 1. *de act. emp.* quia quod non transfertur in causam novationis, pristino jure peti potest: quod non continetur stipulatione novandi causa interposita, quod non continetur stipulatione nova, jure veteri peti potest; jure pristino. Et ita in §. *ult. hujus l.* 4. cum constaret inter omnes, in hanc vel illam stipulationem *rem dari*, aut, *vacuam possessionem tradi*, non venire fructus, vel partus editos post emptionem perfectam, ante interpositam stipulationem, de quibus fructibus nondum egimus, sed tantum de his, qui obveniunt post stipulationem. Ergo superiora verba hujus *l.* sunt de fructibus captis post stipulationem novandi causa interpositam: hos venire in unam stipulationem, in alteram non venire: §. *ult.* est de fructibus perceptis ante stipulationem; hos constabat non venire in stipulationem postea interpositam novandi causa, nec partus aut fructus, nec quod per servum, qui venit interim, acquisitum esset. Et ob id docet Papin. in §. *ult.* ea tantum emptorem posse consequi, vel partus vel acquisitiones servi venditi factas post perfectam emptionem ante stipulationem, emptorem consecuturum semper actione ex empto; eadem ratione, quia quod non transfertur in causam novationis, jure pristino peti potest

test, quòd non transfertur in stipulationem, judicio empti peti potest. Ex quo intelligitur manifeste, si quo ex alio loco juris, post perfectam emptionem ( perficitur autem solo consensu ) id est, si traditio rei non sit secuta, vel numeratio pretii, statim omnes fructus, obventiones omnes, partus, foetus, acquisitiones servi venditi factas post perfectam emptionem, deberi emptori judicio ex empto, *l. Julianus, §. si fructibus, & §. si quis servo, de act. emp. l. fructibus, & l. pen. C. eod. tit.* Omnis ratio est generalis, ergo regula veluti quædam. Regula igitur hæc sit ex hac lege: *id quod non transfertur in causam novationis, jure pristino peti posse.* Sed cavendum est semper a regulis juris, quoniam omnes sunt periculosæ, omnes vitium faciunt aliquod aliquando. Sane hæc regula, *id quod non transfertur in causam novationis pristino jure peti posse,* non est adeo generalis, ut ea liceat uti in omnibus causis. Græci hoc ipso loco scribunt, eam non esse firmam. Primum enim non est vera, si quis quod sibi Titius debet, a pupillo sine tutoris auctoritate stipuletur novandi animo, quia scilicet debitum illud non transfertur in novationis causam, non trasfertur in pupillum: posterior obligatio nulla aut inutilis est, & tamen pristino jure agi non potest. Nam & debitor prior liberatur, & posterior pupilli, cujus interfit plurimum, obligatio nulla est, *§. præterea, Instit. quib. mod. toll. obl.* Quod tamen, ut credo, locum tantum habet eo casu, quo pupillus obligatur naturaliter sine tutoris auctoritate: Nam ut novatio valeat, id est, ut liberetur prior debitor, satis est, si sequens obligatio teneat naturaliter, etiamsi jure civili nulla sit, nullamque actionem pariat, *l. 1. de novat. & ob id in d. §. præterea,* mox ostendit aliud esse in servo, pristino scilicet jure agi posse, si quis quod sibi alius debeat a servo stipuletur novandi animo. Nam servus extra causam peculiarem, qui pro alio intercedit, non obligatur naturaliter vel civiliter. Quod ex eo apparet, quia fidejussor ab eo datus, vel dominus ex ea causa de peculio non tenetur, *l. in persona, §. 1. de pact. l. 20. de fidejuss.* Ergo si in servum transferatur obligatio, novatio non fit, & pristino jure agi potest, quia ex intercessione servus nullo jure obligatur, nec civili nec naturali. Sed si transferatur in pupillum sine tutoris auctoritate, novatio fit, & pristino jure agi non potest, licet posterior obligatio sit inefficax, quia est aliqua obligatio, nempe naturalis, quæ suos effectus habet. Item hæc regula, ut *quod non transfertur, &c.* est falsa in usuris, in poenis, in pignoribus, & hypothecis, quæ etiamsi in obligationem non venerint, novatione perimuntur, nec peti possunt, nova aut veteri actione, *l. 15. & 18. & l. aliam, de novat.* nisi sit aliud cautum posteriori obligatione, *l. 1. C. etiam ob chirograph. pecun.* Sed regula hæc locum tantum habet in fructibus & partubus vel foetibus, qui ex re percipiuntur, aut per rem, ut in acquisitionibus servorum, qui post perfectam emptionem, emptorem necessario sequi debent: atque ideo si non veniunt in novationem, in stipulationem novam, æquum est, ut emptori conserventur jure pristino. Ex hoc notare etiam debemus, quantum differentiam inter usuras & fructus. Novatio non extinguit fructuum persecutionem, qui ante sunt vel postea percepti, novatio extinguit usurarum persecutionem, quia sc. a tempore novationis desinunt usuræ currere, *d. l. 15.* Est & alia differentia in *l. si navis, de rei vind.* malæ fidei possessor tenetur de fructibus percipiendis, de usuris percipiendis non tenetur. Est & alia in *l. videamus §. pen. hoc tit.* In bonæ fidei judiciis usuræ veniunt ex mora, fructus veniunt etiam ante moram. Ergo non est per omnia aut in omnibus verum quod ait *l. usura, hoc sit,* usuras obtinere vicem fructuum, nec separari debere a fructibus. Omnes sententiæ juris sunt periculosæ: habet hæc tria pericula, quæ illam propositionem falsam reddunt.

## Ad L. LXXIV. de Leg. 2.

*Titio centum aureos heres præsens dato: deinde protulit diem legatorum: non est verum quod Alfenus retulit, centum præsenti deberi: quia diem proprium habuerunt.*

SCiendum est, vulgo in testamentis hanc clausulam scribi solere, qua dies legatorum solvendorum prorogari solebat, quæ vulgaris clausula dicitur, *l. talis, de leg. 1. & vulgaris modus prorogandorum legatorum, l. cum vulgari, de dot. præl.* Et ita concipiebatur, quas pecunias legavi, eas heres meus annua, bima, trima die dato, his verbis, *annua, bima, trima die,* ut scribunt omnes, significantur tres pensiones, *trois payez,* ut sc. legata solvantur triennio, ut Livius loquitur *lib. 6.* æquis pensionibus. Pertinet autem ea clausula ad ea tantum legata quæ pondere, numero, mensura continentur, non ad corpora legata. Nam corporum solutio non solet prorogari. Item pertinet ea clausula ad ea legata, quibus dies apposita est, non ad ea, quæ diem suum habent: puris tamen legatis, id est, quæ initio pure relicta sunt, hæc clausula adjicit diem. Igitur si quid legatur in annos singulos, vel in menses singulos, hoc legatum hac clausula non continetur, quia diem suum habet. Item si quid legetur sub conditione, non continetur vulgari clausula, quia diem suum habet. Conditio est dies incertus *d. l. talis.* Item si quid legetur Titio, cum erit annorum 20. statim ut ad eam pervenerit ætatem, legatum petere poterit, nec licebit heredi differre in annuam, bimam, trimam diem ex vulgari clausula, quia non pertinet hæc clausula ad ea, quæ suum diem habent proprium. Item si vir uxori legaverit dotem, quod legatum valet propter commodum repræsentationis, quia si dos legatur præsenti die, quæ alioquin ex XII. tab. esset reddenda statim annua, bima, trima die, & ex constitutione Justiniani annua die, quæ consistit in pondere, numero vel mensura. Corpora autem dotalia statim sunt reddenda, veluti fundi, aut mancipia, aut pecora: præ legatum igitur dotis non continetur vulgari clausula, quia suum diem habet, nimirum ut dos repræsentetur, id est, præsenti die reddatur uxori defunctí, *d. l. cum vulgari.* Ergo si quid aliud testator dari jusserit præsenti die, vel si quid præsens dari jusserit, non continetur vulgari clausula, quia suum diem habet, id est, præsentem diem: & aliud est quidem legatum purum, aliud præsens. Purum proprium diem non habet, & continetur vulgari clausula, & poterit diem conferrari in diem, per quam fit in diem quod initio fuit purum. Præsens, proprium diem habet, id est, præsentem diem, & ideo non continetur vulgari clausula, imo præsenti die additum est, nec præstatio dividenda est tribus pensionib. Et hæc fuit sententia Servii & Labeonis, ut constat ex *d. l. talis.* Alfeno aliud judicium fuit, qui ob id reprehenditur in hac l. nam judicavit centum legatis præsenti die hoc modo: *centum dato præsenti die, &c.* ea deberi annua, bima, trima die ex vulgari clausula, si esset scriptum in testamento, non præsenti die, quamvis heres jussus esset dare præsenti die: nec movebatur inani ratione: existimavit n. adjectionem illam, *præsenti die,* esse supervacuam. Et sane est supervacua, quod attinet ad effectum testamenti & vim legati, & effectu nihil differt purum a præsenti: quod purum, præsens est. Et sæpissime in jure, atque etiam in hoc proposito, præsentia, non est præsenti die relicta, *l. 12. §. ult. de leg. 1.* sed pure, nullo die adscripto, ne minimo quidem tempore. Et eundem etiam effectum Pap. idem lib. eod. ostendit in *l. lib. §. pen, de verb. obl. qui* 3. ob id etiam conjungendus cum hac l. 74. Nam conjunctio præclare convenit, & ex eo §. intelligitur, quid differt legatum præsenti die relictum, a legato relicto in diem. Res promissa præsenti die, & res promissa in diem. Nam si sit promissa in diem, puta *calendis dabis,* non potest peti antequam calendæ prætererint: sed si ita dixerim, *hodie dabis:* potest peti statim, nec expectare debet stipulator, quoad finiatur ille dies, quia dies ille, *hodie,* non inseritur differendæ solutionis causa,

sed

sed ut oftendatur effe præfens, quod deducitur in ftipulationem, atque ita fane fupervacuum eft adjicere, hodie, vel *præfenti die*, quod ad effectum rei, quoniam ftatim agi poteft, fed non ideo fupervacua eft illa adjectio in omnibus. Nam in hoc proficit, ut legatum præfenti die debeatur, ut ait *d.l.talis*, & præfenti die deberi, (hocque annotari & adfcribi nominatim maxime utile eft) legatario, ne legati præftatio differatur ex vulgari claufula, & fcindatur in penfiones tres, quia fc. vulgaris claufula non pertinet ad ea legata, quæ fuum diem habent. Et hoc legatum fuum diem habet, id eft, præfentem diem: de induftria videtur teftator adfcripfiffe præfentem diem, ut a generali claufula hoc legatum eximeret, & ob id merito reprehenditur Alfen.a Pap. qui nefcio quam male feriatus fuerit, femper. n. reprehenditur, qui ex futore factus eft jurifconf. ut ait Horat. verum ait Pap. *Titio centum aureos heres præfens dato*, Flor.recte, *præfentato*, præfenti die dato. Deinde, inquit, *protulit diem legatorum vulgari illa claufula*, & fequitur, *non eft verum quod Alfenus retulit, centum præfenti deberi*: fic fæpe loquitur Græcorum more præfenti, id eft, præfenti die, ut *l.1.§. fi legata, fi cui plufquam per leg. & l.11. de cond. & dem*. Sed ut alias oftendi, manifefte hic locus eft corruptus, & deeft negatio, ut conftat ex *d.l.talis*, & ex ratione fubjecta: *Non eft verum, quod Alfenus retulit, centum præfenti die non deberi*, fed deberi ex vulgari claufula, annua, bima, trima die. Cur non eft verum præfenti die non deberi? quia diem proprium habuerunt: ratio fatis emendat affertionem, nec ob id quifquam defendere poffit.

---

### Ad L. III. de Separat.

*Debitor fidejufsori heres extitit, ejufque bona venierunt; quamvis obligatio fidejufsionis extincta fit, nihilominus feparatio impetrabitur petente eo, cui fidejuffor fuerat obligatus: five folus fit hereditarius creditor, five plures: neque enim ratio juris (quæ) caufam fidejuffionis propter principalem obligationem, quæ major fuit, excluferit, damno debet adficere creditorem, qui fibi diligenter profpexerat.*

1.§. *Quid ergo fi bonis fidejufsoris feparatis folidum ex hereditate ftipulata confequi non poffit? utrum portio cum ceteris heredis creditoribus ei quærenda erit? an contentus effe debebit bonis, quæ feparari maluit? fed cum ftipulator ifte, non adita fidejuffore a reo hereditario, bonis fidejufsoris venditis, in refiduum promiferi debitoris creditoribus potuerit, ratio non patitur eum in propofito fummoveri.*

2.§. *Sed in quolibet alio creditore, qui feparationem impetravit, probari commodius eft, ut fi folidum ex hereditate fervari non poffit, ita demum aliquid ex bonis heredis ferat, fi proprii creditores hæredis fuerint dimiffi: quod fine dubio admittendum eft circa creditores heredis, dimiffis hereditariis.*

AD hanc l. ut facilior pateat aditus, fciendum eft, obligationem fidejuff. extingui confufione, puta fi debitor principalis fidejufsori heres extiterit, atque ita in eandem perfonam concurrere cœperit obligatio princip. & obligatio fidejuff. quem concurfum jus permanere aut confiftere non finit diu. In ipfo n. concurfu ac veluti confluctu, principalis abforbet fidejufs. oblig. quia qui eft principalis debitor, & fidejuffor pro feipfo effe non poteft, *l.5. & l.debitori, de fidejuff. l.fi reus, de duob.reis*. Major oblig. tollit minorem, major autem & plenior effet intelligitur effe obligatio princ. fi modo jure civili confiftat, non naturali tantum, *l.heres, §.fervo, de fidejuff. l. Stichum aut Pamphilum, §. quod vulgo, de folutionib*. In illo loco ut emendavi ex Bafil. nam fi reus natura duntaxat fuit obligatus, fidejuffor non liberatur: igitur fi debitor fidejufsori heres extiterit, principalis obligatio, quæ confiftit ipfo jure manet: fidejuffio. tollitur, quia ut fignificavi ante, in eam caufam res deducta eft, a qua incipere non poterit: nec n. poffet quis ab initio pro fe fidejubendo obligari. Ergo nec ex poft facto poteft fieri fidejuffor pro fe ipfo. Denique non poteft idem ex eadem caufa effe & debitor &

---

fidejuffor. Conftituit quis etiam pro ipfo, fidejubet nemo pro fe ipfo. Item fciendum eft, ex hoc edicto de feparationibus, fi fint creditores defuncti, & creditores heredis proprii, decernente prætore feparationem bonorum defuncti & bonorum heredis; dari pofterioribus creditoribus defuncti, non pofterioribus creditoribus heredis, ita fc. ut hi & illi creditores coeant, & herede non exiftente folvendo, velint poffidere & diftrahere bona, quæ heres habet propria, vel quæ ad eum nunc jure hereditario pervenerunt, ut, inquam, feparentur bona defuncti creditoribus defuncti, qui exiftimant effe idonea fibi, fi non confundantur bonis heredis, bona autem heredis propria, ut feparentur creditoribus heredis, quo jure utimur hodie fæpiffime. Sed quæro, cur creditores heredis non audiantur fi primi defideraverint feparationem fieri bonorum, & quafi duorum bonorum venditionem? Cur hoc tantum defiderantes creditores defuncti audiuntur, non creditores heredis, *l. 1. §. ex contrario, h.t*. Ubi hæc ratio redditur, quæ eft certiffima, quia heres adeundo hereditatem, atque ita adjiciendo fibi alios creditores, nam aditio obligat æri hereditario, poteft onerare fuos creditores, creditorumve fuorum conditionem facere deteriorem; poffum creditori meo conditionem adjicere: poffum priorum creditorum adjectis aliis conditionem deteriorem facere, creditorum hereditariorum conditionem adeundo hereditatem non poffum deteriorem facere: & ideo facile impetrant, ut fibi feparentur bona defuncti, non etiam illi priores, ut fibi feparentur bona heredis. Et inde vero oritur magna quæftio in fi.h.l. an creditores defuncti impetrata feparatione bonorum fi ex bonis defuncti folidum confequi non potuerint, poffint redire ad bona heredis, fi qua fuperfint dimiffis creditoribus heredis, *les creditoires payez*: conftat fane creditores heredis facta feparatione bonorum ex poftulatu creditorum defuncti, fi folidum confequi non potuerint ex bonis heredis, poffe reverti ad id, quod fupereft ex bonis defuncti, dimiffis creditoribus hereditariis, hoc effe ait Papin.fine dubio in fine hujus legis. Dubitatur tantum de creditoribus defuncti, qui maluerint feparationem fieri, fi ex bonis defuncti folidum confecuti non fint, an poffint reverti ad id, quod fupereft ex bonis heredis, dimiffis creditoribus heredis? fed priufquam finiatur hæc quæftio, nobis lex tota ab initio enarranda eft. Finge: Debitor principalis fidejuffori heres extitit, & non eft folvendo fuis & hereditariis creditoribus: patitur venditionem bonorum ex edicto prætoris: creditores defuncti, cui fc. defuncti fuit obligatus fidejuff. nomine, vel folus vel cum aliis creditoribus defuncti, dicit bona defuncti fibi fufficere, & defiderat ea feparari a bonis heredis ejufdemque debitoris fui, bona defuncti vendi a fe, bona heredis propria vendi a ceteris creditoribus heredis, atque ita duorum quafi bonorum venditionem fieri. Quæritur initio h.l. *an impetrare debeat feparationem quam defiderat?* Movet dubitationem, quod obligatio fidejufs. extincta eft, quia debitor ipfe fidejuffori heres extitit: aditione confufæ funt perfonæ debitoris & fidejufs. quæ confufio perimit perfonam minus principalem, id eft, efficit, ut heres fuftineat vicem defuncti hac in re, ut fit fidejufs. loco, ut quafi fidejufs.teneatur, cum fit principalis debitor: idcirco ejus obligationis ratione, quæ extincta eft, non jure videtur poftulari feparatio bonorum. Sed Pap. hoc loco negat hanc confequentiam, & concludit, ita extingui obligationem fidejufs. debitore fidejuffori fuccedente, ut tamen ea res damno & fraudi non poffit effe creditori in impetranda feparatione bonorum, qui quantum in eo fuit, bene fibi cavit fidejuffore accepto, ut non poffit, inquam, damno afficere creditorem, qui diligenter fibi profpexerat accepto fidejuff. Igitur heres quidem ipfe fidejufsoris, qui debitor eft principalis, non tenetur fidejufsorio nomine, quia idem ex eadem caufa non poteft teneri & principalis & fidejufs. nomine: fed tantum fidejufs.defuncti bona feparari recte poftulat creditor, qui eum fidejufforem accepit. Et hoc refpectu vere poffis dicere, refidere ex fidejufsoria obligatione, quamvis fit perempta, veftigia adhuc & jura quædam, ficut & pignoris obligationem remanere

nere constat quod fidejussor dederat, *l. cum quis, §. ult. de sol.*

### Ad §. Quid ergo.

ET hæc, quod ad primam quæstionem h. l. sunt n. in ea tres quæstiones, quæ tamen nexæ sunt invicem, & sequitur alia ex alia. Rursus igitur quæritur, si imperata hujusmodi separatione bonorum defuncti, id est, fidejussoris, creditor ex bonis fidejussoris solidum consequi non potuerit, an possit venire in partem bonorum heredis una cum ceteris creditoribus, quia & ipse est creditor heredis? Movet dubitationem, quod contentus videatur fuisse bonis fidejus. qui separationem eorum bonorum maluit fieri, eo quod maluit, stare debet, eo quod semel postulavit, stare debet, ut est in *l. creditores, h. s.* At contra eleganter Pap. scribit hoc loco, etiam petitionem separationis ei non esse fraudi, ei non præjudicare, quo minus in partem bonorum heredis, ejusdemque debitoris sui principalis admittatur cum ceteris creditoribus heredis. Nam etsi debitor fidejussori heres non extitisset, bonis fidejussoris separatim venditis, nec solido ex venditione redacto; integrum ei esse partem facere ex venditione bonorum heredis ejusdemque debitoris, *integrum ei esse*, ut ait, *in residuum permisceri ceteris creditoribus debitoris*, sicut creditor electo fidejussore, potuit eligere ante Novellam Justin. *de fidejussoribus*, omisso principali: electo, inquam, fidejussore, nec recepto solido, potest in residuum experiri cum reo principali, *l. 23. & l. ult. de fidejuss. C. & l. qui mutuam, sup. man.* Et hic quidem casus est singularis, cum heres fidejussoris est debitor principalis: nam regulariter aliud statuitur. Regulariter postulata separatio bonorum nocet creditori, qui eam postulavit, ut postea non possit venire ab bona heredis, si solidum ex bonis defuncti consecutus non sit.

### Ad §. Sed in quolibet.

Sed hic quæritur etiam, & hæc tertia quæstio: an huic regulæ sit locus, si creditoribus heredis in totum satisfactum sit, si in totum dimissi sint, an tum non liceat etiam creditoribus defuncti ex reliquis bonorum heredis implere suum debitum? Videtur hoc non esse eis invidendum. Cum impleti sint creditores heredis, cur ex residuo bonorum heredis etiam non implebuntur creditores defuncti, tametsi postulaverint sibi separari bona defuncti? Sane, ut initio retuli, hoc est sine dubio, dimissis creditoribus hereditariis, id est, defuncti licere creditoribus heredis venire ad reliqua defuncti bona. Sed hac in re magna est differentia inter creditores defuncti & creditores heredis, ut ostenditur in *l. 1. §. pen. t.* Nam defuncti creditores postulant separationem bonorum, non creditores heredis ex *l. 1. §. ex contrario, hoc t.* Nihil igitur imputari potest creditoribus heredis, quia non postularunt separationem, sed in eam venerunt, aut inciderunt postulantibus creditoribus defuncti: creditores defuncti sibi debent imputare suam facilitatem, quia separatio quam petierunt, eos a bonis heredis separavit. Eo quod semel petierunt, stare debent: contenti igitur debent esse bonis defuncti, nec tamen & contenti bonis heredis creditores heredis, hæc sunt notanda. Verum ex causa justa ignorantiæ, ut puta, si erraverint in æstimatione bonorum, Ulp. ait, creditoribus defuncti subveniri, ut scilicet, si solidum non sint consecuti ex bonis defuncti, ex residuis bonis heredis impleant suum debitum, impetrata restitutione in integrum, non aliter: Nam jure summoventur penitus a bonis heredis, etiamsi bona defuncti eos non impleverint: quia penitus recesserunt a persona heredis petita separatione bonorum, secuti bona defuncti: ergo opus est restitutione in integrum, & ad eam impetrandam justissima causa erroris. Et ita Ulpianus sentit in *d. l. 1. §. pen.* ita sentit Paulus in *l. si creditores, hoc t.* Contra vero Papinianus in hac *l. 3.* rem ita præcidit absolute, ut sit commodius; & dum ait, *commodius*, æquitate pugnat, dimissis A creditoribus heredis, ut creditoribus defuncti tribuatur id quod superfuerit ex bonis heredis, si solidum ex bonis defuncti consequi non potuerint. Non fuere ignari hujus sententiæ Papiniani Ulpianus & Paulus, qui in libris quæstionum ejus etiam notas scribere affectarunt. Et quod tentavit Accurs. rectissime in *d. l. si creditores*, proculdubio dissentit Papinianus ab Ulpiano & Paulo. Nec ulla ratio componendi diffidii. Pugnant hæ leges: Nam in *d. l. creditores*, dum Paulus ait, *quidam putant*, sane Papinianum intelligit, & notat satis aperte, ut etiam in *l. lecta de reb. cred.* Paulus dum ait, *quidam dicebat*, Papinianum intelligit: nam & in ea lege agitur de cautione recitata in auditorio Papiniani. Et ita etiam in *l. qui heredi, §. si duorum, de cond. & demonst, & l. 8. usufr. quemad. cau.* Idem Paulus, *quidam & Marcianus*, & contra quoque Papinianus in *l. 6. de ser. export.* dum ait, *quidam putant*, forte Paulum intellexit. Videtur inter eos fuisse æmulatio quædam. Sed in proposito valet mihi plus, quod ait Papin. æquius esse suam sententiam probari, commodius esse, verius, utiliusque: ceteros certare jure, se certare æquitate, & ita possis respondere, si qui opponat alteram alteri. Qua ratione in jure componuntur multæ & magnæ dissensiones.

### Ad L. XXVIII. de Except. rei jud.

*Exceptio rei judicatæ nocebit ei, qui in dominium successit ei, qui judicio expertus est.*

LEx est pusilla & verbis & rerum momentis satis. Ait Pap. exceptionem rei judicatæ non tantum nocere ei, qui in dominium successit ejus, qui judicio expertus est, ergo exceptionem rei judicatæ non tantum ei nocere qui judicio expertus est, & contrariam sententiam accepit, sed etiam ei, qui in dominium successit. Exemplum poni potest in legatario. Finge: petii rem meam a possessore, & vindicavi, ac deinde victus sum per injuriam judicis: mox eam rem moriens tibi legavi, legati dominium tibi ipso jure acquiritur, *l. 1. in fi. de pub. in rem. act. ex 12. tab.* ut Ulp. scribit in fragm. *tit. de dominiis.* Si tu eam rem petas, quæ tua facta est jure legati, a possessore, qui me eam vindicantem exclusit, certe nocebit tibi exceptio rei judicatæ, quæ rursus mihi petenti noceret, nocebit exceptio hæc, quod res judicata sit inter me, & eum possessorem, in cujus dominium successisti: idemque potest poni in donatario causa mortis, & in herede, quoniam his etiam personis dominium ipso jure acquiritur, *l. 2. de Publ. in rem act. l. si ager, de rei vind.* Idem poni potest in emptore hoc modo, non quolibet, quia vulgo dici solet, emptori dominium non acquiri ipso jure sine traditione naturali. Fac igitur ita esse: petii rem meam a possessore, ac victus sum per injuriam judicis: sententia tenet, sed mihi dominium non aufert injuria judicis, imo victori non dat actionem, sed retentionem tantum, *l. 3. §. ult. de pign.* Mox vero tibi eam rem vendidi & mancipavi, vel tradidi nexu, quo genere tibi dominium acquiritur ipso jure sine traditione corporali: si eam rem vindices quasi tuam, ut sane tua facta est, a possessore, qui me vicit de proprietate sive dominio, nocebit tibi exceptio rei judicatæ, *quod res judicata sit inter me & eum possessorem.* Nam & e contrario, si ego rem emero, ac deinde vendidero tibi, & tradidero, mox eam a te petam, eadem exceptio rei judicatæ tibi proderit, etiam si auctor tuus vicerit per injuriam judicis, *l. si a te, §. ult. l. si mater, §. item Julianus, hoc t.* Cui prodest eadem exceptio, & vice versa nocet: plus dico, quam dixerit Ulp. in hoc loco. Exceptionem rei judicatæ non tantum ei nocere, qui in dominium victi successit, sed etiam ei, qui in locum, non dominium victi successit, ut creditori pignoratitio. Finge: petii rem meam a possessore, & victus sum per injuria judicis: mox eam rem creditori meo pignori obligavi, quod fit rea conventione sine traditione: creditor agit hypothecaria adversus possessorem, repellitur exceptione rei judicatæ, quod res judicata sit inter possessionem & debitorem,

torem, in cujus locum creditor succeffit, l.si mater, §. alt. & l.seq. §.ult.h.t. l.3. §.ult. de pign. Hoc solum ita vellem Accurs. annotasse.

### Ad L. XXVII. de Oblig. & Act.

*Obligationes, quæ non propriis viribus consistunt, neque officio judicis, neque prætoris imperio, neque legis potestate confirmantur.*

IN L. hac XXVII. de oblig. & act. obligationes, inquit, *quæ non propriis viribus consistunt*, id est, quæ ab initio nullas vires habent, vel apertius, quæ ne naturaliter quidem consistunt, quæ nullo jure consistunt, nec civili, nec naturali, in Basil. *αἱ μὴ κατὰ φύσιν οἰκείαν συνιστάμεναι,* id est, *quæ non secundum naturam suam consistunt*, neque confirmantur officio judicis nec præsidis. Cedo exempla, si sub impossibili conditione concepta sit stipulatio, ex ea neque naturalis, neque civilis obligatio nascitur: si nasceretur naturalis, posset ei adhiberi fidejussor: nam naturali tantum recte adhibetur fidejussor. Ergo ne naturaliter quidem consistit ex ea stipulatione obligatio, quia non potest ei adhiberi fidejussor, l. si sub impossibili, inf. de fidejuss. l. non solum, hoc t. impossibilis conditio est, quam rerum natura prohibet. Et convenit igitur huic loco valde lex *ubi pugnantia*, §. ult. de reg. jur. quæ, inquit, *rerum natura prohibentur, nulla lege confirmantur*. Sed demus etiam alia exempla: obligatio, quæ deportatione debitoris perimitur, ut constat, tota perimitur, ut ait l. si debitori, de fidejuss. adeo ut nec naturali quidem jure constet. Ergo neque officio judicis, neque prætoris imperio, neque legis potestate convalescere, aut confirmari potest. Item obligatio feminæ intercedentis pro alio, tota improbatur Senatusconsulto, ut ait l. si mulieri contra Senatusconsultum, §. 1. ad Vellejan. ita sc. ut nec naturaliter consistat. Senatusconsultum Vellejanum expungit etiam naturalem obligationem, ea causa intercessionis mulieris, non admittit, vel probat; *nullis*, inquit, *viribus, ea obligatio consistit*: ae proinde, nec officio judicis, nec prætoris imperio, nec legis potestate probari potest: quod vel natura non consistit, nullo modo confirmari potest. Et mox subjicietur etiam ex l. liber homo, de verb. oblig. aliud exemplum: sed priusquam ad eam legem venio, addam ad hanc, e contrario obligationem ex pacto nudo, quæ jure naturali consistit, & prætoris imperio aliquando confirmari, quia est aliqua obligatio: quod nihil est, confirmari non potest, quod est aliquid, confirmari potest: obligatio igitur ex pacto nudo, quæ jure naturali consistit, aliquando prætoris imperio confirmatur, ut de pignore, quod constituitur nudo pacto ex edicto prætoris, l. si tibi, §. de pign. de pact. confirmatur legis potestate, ut XII. tabul. de injuriis & de furtis, l. legitima, & d. l. si tibi, §. 1. eod.t. Ac præterea confirmatur officio judicis, veluti ex pactis, quæ contractibus bonæ fidei adjiciuntur ex continenti, vel quæ ex intervallo adjecta contractui detrahunt aliquid, quæ pactiones contractui inesse dicuntur, & contineri officio judicis bonæ fidei, qui supplet eorum actiones, vel exceptiones etiam omissas a litigatoribus: quod idem non potest de obligationibus, quæ propriis viribus non consistunt, id est, quæ neque jure naturali, neque civili consistunt, neque ullo alio jure. Nunc igitur transeamus ad l. *liber homo*, quæ ut dixi, suppeditabit aliud exemplum.

### Ad L. XVIII. de Verb. oblig.

*Liber homo, qui bona fide servit mihi, quod stipulanti mihi promittit, prope est, ut omnimodo sit utile, quamvis ex re mea promittat: nam quid aliud dici potest, quo minus liber homo teneatur? nec tamen ideo, si stipulanti eidem ex eadem causa spondeam, tenebor: quemadmodum etenim habebis ejus actionem adversus me, quod ab alio stipulatus quæreret mihi? hoc itaque latere fructuario servo vel alieno, qui bona fide servit, comparabitur: servus autem fructuarius si promittat ex re ipsius, vel alienus, qui bona fide*
Tom. IV.

A *servit: emptori, nulla de peculio dabitur in dominum actio: nam in his causis domini esse intelliguntur.*

CErtum est, liberum hominem, vel servum tuum, qui mihi bona fide servit, mihi acquirere, quod acquirit ex re mea. Itemque fructuarium servum, in quo ususfr. habeo, mihi acquirere ex re mea: omnes igitur mihi acquirunt ex re mea, & in hoc pares sunt. Sed inde quæritur, an etiam, si omnes mihi obligentur, si quid mihi promittant stipulanti ex re mea, finge ex pecunia mea, quam eis credo, quam eis mutuam do, eos mihi stipulanti promittere eam ipsam pecuniam, vel usuras, eam ipsam, id est, tantandem, ut fit in mutuo, an ex stipulatione mihi obligantur? an ex re mea in se mihi acquirunt obligationem, vel in suum dominium de peculio? Et sane hac in re inter has personas multum dif-
B fert: nam si liber homo, quem possideo bona fide quasi servum, mihi stipulanti promittat ex re mea, vel extra rem meam, revera mihi obligatur, & convenire eum possum cognita conditione ejus, l. liber homo, de acqu. rer. domin. Sed si servus alienus, quem bona fide possideo, vel servus fructuarius, mihi promittat stipulanti aliquid extra rem meam, sine dubio dominus eorum mihi obligatur de peculio: si ex re mea mihi promittat aliquid, dominus mihi non obligatur de peculio, optima ratione, quæ Papinianus perstringit paucis verbis, quia in his casibus, cum servus alienus mihi bonæ fidei possessori, vel fructuario stipulanti promittit aliquid ex re mea, non alius, quam ego, videtur esse dominus: ut dum quæris, an dominus mihi teneatur de peculio, absurde hoc videaris quærere, *an ego mihi tenear de peculio;* quoniam ex illis casibus, qui pendent ex re mea, non alius, quam meus ille homo
C servus esse intelligitur: hominis autem liberi non potest quisquam, vel esse dominus, vel videri, nec in eo quidem, quod per liberum hominem bona fide possessum acquiro ex re mea, videor esse dominus. At quid dicemus e contrario, *si hæc persona non mihi promittant, sed illis promittant aliquid ex re mea?* nullo modo. Et in causa hoc est, ne quod ab alio stipulanti mihi acquirerem ex re mea, ejus nomine actionem, ne habeant actionem vel ipsi vel domini eorum, l. sed & si qui 25. §. Julianus, de usufr. aut si ejus nomine in me, qui quid eis promisi, ex re mea habeant actionem, acquirant igitur mihi actionem in me ex re mea, quod rerum natura non patitur. Non potest fieri, ut mihi in me fit obligatio, nec officio ju-
D dicis, nec prætoris imperio, vel legis potestate: quia natura non patitur, ut idem sit actor & reus ex eadem causa; id est, ut quis in se ipsum agat, & ita commodissime poteris uti isto exemplo ad d. l. 17. Igitur *hoc latere*, ut loquitur, & in l. 49. §. ult. de fidejuss. eod. lib. hoc latere, *en cet esgard*, *inter has personas nihil interest*, id est, si quid eis promittant ex re mea, quoniam nulli eorum teneor: contrario latere, videlicet, si quid mihi promittant ex re mea, differentia intercedit, differunt inter se: nam liber homo mihi obligatur, ceterorum domini mihi non obligatur de peculio, & cum servis etiam nulla consistit obligatio. Unum est tantum, quod huic postremæ sententiæ obstat, & sane vehementer prima specie, atque adeo, ut videantur non bene hanc difficultatem alii data opera dissimulasse. Obstat vehementer l. si creditor, §. ult. de pecul. ex qua efficio, si
E quid mihi debeat servus fructuarius ex re mea, si quid mihi promittat ex re mea, dominum ejus teneri de peculio, quod valde pugnat cum hac lege. Sed latius exponam quod est in d. §. ult. si mutuam pecuniam dedi servo fructuario, & forte, ut fit, stipulatus sim, eam reddi mihi, nihil refert. Nam debet utique mihi ex mutuo eam pecuniam. Verum ut appareat magis, quam pugnet ille §. ita dicimus: si mutuam pecuniam, ut dixi, &c. & stipulatus sum mihi reddi, dominus mihi tenetur de peculio computato eo quod de peculio apud me est. Idem etiam erit, si servo fructuario operas ipsius locavi certa mercede, & forte stipulatus sim mercedem mihi præstari, & promiserit ipse mihi, ex re mea agitur. Nam operæ sunt quasi ex re mea, l. qui bona fide, de acq. rer. dom. Et primo casu, cum

cum mutuam pecuniam ei dedi, pecunia fuit mea. In omnibus his casibus dominum mihi teneri de peculio. Idemque est, si meam rem tibi locavi, & promiserit se mercedem mihi daturum, dominus ejus mihi tenetur de peculio. Brevis distinctio rem explicabit. Ita distinguendum est: Aut servus fructuarius accepit mutuam pecuniam nomine domini, & eam ei acquisivit, vel etiam conduxit suas operas, vel rem meam nomine domini, ut sc. emolumentum perveniret ad dominum: & hoc casu dominus mihi tenetur de peculio. Aut ( quod est alterum membrum distinctionis ) non nomine domini mecum contraxit, mihique promisit, & hoc casu dominus mihi non tenetur de peculio, cujus ratio in contrahendo habita non est. Et ut confirmetur hæc distinctio, quæ rem omnem componit, adnotanda tantum est *d. l. sed & si quis §. item Julianus*, quæ eam distinctionem explicat. Cum proposuisset, nihil agere servum fructuarium promittentem fructuario, illud excipit, nisi rem egerit nomine domini, nomine proprietarii.

### Ad §. Decem pen.

*Decem hodie dari spondes: dixi posse vel eo die pecuniam peti, nec videri præmaturius agi non finito stipulationis die, quod in aliis temporibus juris est: nam peti non debet, quod intra tempus comprehensum solvi potest. In proposito enim diem non differendæ actionis insertum videri, sed quo præsens ostendatur esse responsum.*

Sequitur, ut interpretemur, quæ sunt reliqua in *l. liber homo*, ac præterea principium *l. 9. de duob. reis const.* In §. pen. l. liber homo, agitur de stipulatione hujusmodi, *decem hodie dari*, vel *decem præsenti die dari: & præmaturius agi*, id est, *plus peti*, Inst. de act. qui præmature petit, plus petere videtur. Quod autem ait in hoc §. eo pertinet, ut intelligatur, quantum ad vim & effectum stipulationis attinet. supervacuam esse adjectionem diei, supervacuam esse adjectionem illam, *hodie*, quia effectum ea stipulatio habebit puræ stipulationis, cui nulla dies inserta est, non stipulationis in diem. Quod & de pecunia legata die præsenti, ut sc. eo ipso die præstaretur, quo heres adiisset, est proditum in l. *talis scriptura, de leg. 1*. Puræ autem stipulationis effectus hic est, ut statim agi possit, sine ullo laxamento temporis, præterquam ejus, quod sufficit ad solutionem, vel traditionem faciendam; §. *ult. Inst. de inut. stipul.* Quod admodum breve est tempus, si pecunia sit promissa, vel si res promissa sit in præsentia, non si ex longinquo petenda sit. Idemque de puro legato dici potest, ut sc. heres statim atque adierit solvat, dato tamen aliquo spatio, quod sufficiat ad solutionem faciendam. Nec enim, ut eleganter ait lex *quod dicimus, de solut. l. 1. §. item si ita legatum, D. ad leg. Falcid. cum sacco adire hereditatem cogitur heres*, quod cogitur adire hereditatem cum solle, *avec la bourse en la main*. Igitur datur spatium ad solutionem faciendam, quod permodicum est tamen, nec explet diem integrum. Et alia est ratio constituti pure, id est, non adjecta die. Nam omni constituto tempus tacite inest, & tempus non minus, quam decem dierum, *l. promissor, §. 1. de constit. pec*. Constituere enim latine, est constituere ad diem aliquem: constituo me soluturum: etiam si diem non adjicio, sane constituo semper ad diem: non venio ad constitutum, id est, constitutum diem: cum ita constituisti, id est, constituisti certo die: stipulationi etiam aliquando tacite tempus inest, *l. interdum, hoc t.* sed non omni stipulationi. Ex pura igitur stipulatione, cui dies non inest, debetur præsenti die, *l. eum qui §. ult. hoc t.* Quod ita intelligendum, ut statim peti possit, nec plus peti videatur, si petatur non finito die. Stipulationis autem in diem effectus hic est, ut plus petat qui petit, antequam is dies, in quem stipulatio collata est præterierit, quia, totus dies tribuitur arbitrio solventis §. *omnis, Inst. de verb. obl.* quandoquidem inferitur differendæ tantum actionis causa, obligatio est præsens, *l. cedere, de verbor. sing*. At cum hæc stipulatio hodie dari, vel præ-

senti die dari, puræ comparetur, non in diem, quasi die incerto, non differendæ actionis causa, sed ut ostenderetur præsens esse responsum; ideo recte concludit Papinianus hoc loco, ex ea stipulatione statim agi posse, etiam si dies non præterierit: totum diem non relinqui arbitrio promissoris: denique supervacuam esse adjunctionem illam, *hoc die*, vel *præsenti die*, quantum pertinet ad vim & effectum stipulationis. Adnotandum est, quantum ad alia pertinet, non semper esse supervacuam eam adjectionem, maxime legato præsenti die: namque ea adjectio legatario proficit in hoc, ut vulgari clausula, prorogandorum legatorum tale legatum non contineatur, ut præstetur præsenti die sicut relictum est, non annua, bima, trima die, ex vulgari clausula. Quod cum eodem libro Papinianus scripserit in *l. 74. de leg. 2*. ita videtur ea lex commodissime conjungi debere cum hoc §. *pen.* sicut memini me dicere in explic. *d. l. 74.* Et hac quidem de re hactenus.

### Ad §. Ultimum.

*Decem mihi aut Titio, utrum ego velim, dare spondes? ex eo quod mihi dandum est, certi stipulatio est, ex eo quod illi solvendum, incerti. Finge mea interesse, Titio potius quam mihi, solvi: quoniam pœnam promiseram, si Titio solutum non fuisset.*

Sequitur in §. ult. de stipulatione hujusmodi, *decem mihi aut Titio dari, utrum ego velim, dare spondes?* si stipuler mihi & Titio dari, pro parte Titii inutilis est stipulatio, cum alii facta stipulatio non valeat, pro parte mea utilis est, *l. ult. in fi. hoc t. §. quod si quis, Instit. de inutil. stip*. Sed si stipuler mihi, aut Titio dari, ut in proposito casu, in totum utilis est stipulatio, propterea quod non hoc agitur, ut obligatio Titio acquiratur, quæ non potest etiam Titio acquiri per me, sed ut mihi soli acquiratur obligatio, solvatur autem vel mihi, vel Titio, quasi procuratori meo: ego sum reus stipulandi, Titius est procurator adjectus solutionis accipiendæque pecuniæ promissæ gratia. Conjunctio facit nos pares, me & Titium, si dixero, *mihi & Titio dari*: disjunctio facit nos dispares, si dixero, *mihi aut Titio dari*: nam in persona quidem mea consistit obligatio, in persona Titii solutio, non obligatio: hoc sermone *mihi aut Titio dari*, Titius solutioni applicatur, quod fit utiliter. Illo sermone, *mihi & Titio dari*, Titius obligationi applicatur, quod fit inutiliter. Stipulatio igitur, quam proposuimus ita conceptam, *decem mihi aut Titio, utri ego velim dari*, ex mixtura quadam constat, datione, scilicet, & facto: & verbum, *dari*, bifariam accipitur: *mihi dari*, id est, me dominum fieri: *Titio dari*, tradi, quasi procuratori meo: solvere creditori, est dare, solvere procuratori vel tutori, vel curatori creditoris, est facere, *l. consilio, §. ult. de cur. furios*. Igitur ex ea stipulatione si intendam mihi dari oportere, eam pecuniam, quæ in stipulationem venit, certi conditio est: si intendam Titio dari opertere, puta quod mea intersit potius, quam mihi: finge, me in pœnam promisisse, ni ei solveretur ea pecunia, quia omnis stipulatio, quæ in faciendo consistit, vel quatenus in faciendo consistit est incerti, hoc casu est actio incerti ex stipulatione: omnis enim stipulatio in facto consistens, est incerti, *l. ubi autem, §. quique, hoc t. l. 4. de usur*. In hoc autem proficit, me adjecisse in hac stipulatione, *utri ego velim*, ut ne Titio solvatur me invito, si mihi solvi malim: alioquin omissa hac clausula, electio esset promissoris, & invito me solveret Titio, *l. vero, §. pen. l. aliud, de solut*. & ut inito sermone ad *l. 9. de duobus reis* veniamus.

### Ad Leg. eandem rem IX. de duobus reis.

*Eandem rem apud duos pariter deposui, utriusque fidem in solidum secutus: vel eandem rem duobus similiter commodavi: fiunt duo rei promittendi, quia non tantum verbis stipulationis, sed & ceteris contractibus veluti emptione, venditione, locatione, conductione, deposito, testamento, puta,*

*puta, si pluribus hæredibus institutis testator dixit: Titius & Mævius Sempronio decem dato.*

**Q**Uemadmodum multum interest, stipuler *mihi & Titio dari*, an, *mihi aut Titio dari*, ita pluribus heredibus institutis multum interest testamento scripsero, *Titius & Mævius Sempronio decem dato*, an, *Titius aut Mævius Sempronio decem danto*: nam ex priori oratione, *Titius & Mævius Sempronio decem dato*, singuli debent partes viriles, nec sunt duo rei debendi, in *l. si heredes nominatim, de leg. 1.* ex posteriori oratione, *Titius aut Mævius Sempronio decem danto*, sunt duo rei debendi in solidum; nam singuli tantum debent partes viriles: hæc est definitio hujus §. Duo rei debendi sunt, qui parem obligationem in solidum susceperunt singuli, quorum uno electo alter liberatur: nam hoc addi necesse est ex *l. decem* 116. *de verb. obl. & l. 2. de duobus reis*. Et hoc, quod dico duos reos debendi constitui, si ita dixerim, *ille aut ille meus heres dato*, probavit aperte in *l. 8. §. 1. de legat. 1. l. ille aut ille, de leg. 3.* id est certissimum. Nec est prætereundum, quod alias affirmavimus, esse mendosam hanc *l. 9.* in illo loco, dum duos reos debendi testamento constitui ait hoc modo: *Titius & Mævius Sempronio decem dato*: nec enim esse possunt duo rei, cum singuli non debeant solidum: legendum est igitur, *dato, non danto*, ut etiam de Florentiæ. Ex quo tamen sequitur, & ante esse legendum disjunctim, *Titius aut Mævius, Sempronio decem dato*, quo genere verissimum est, duos reos testamento debendi constitui. Et non hoc solum proponit Papinian. initio hujus *l. 9.* sed etiam duos reos debendi constitui non tantum stipulatione, si interrogati Titius & Mævius spondetis? respondeant spondeo, vel spondemus, *l. 4. hoc tit.* sed & alio quolibet contractu, aut quasi contractu duos reos debendi constitui posse: constitui deposito, ut si apud duos rem deposui pariter utriusque fidem in solidum secutus, ut utriusque fidem mihi in solidum obligarem: constitui etiam commodato, si eandem rem duobus similiter commodaverim, ut singuli mihi eo nomine tenerentur in solidum: constitui (qui tertius modus est) emptione & venditione, si duobus pariter eandem rem vendidi, vel locatione & conductione, si locavi. Et addamus etiam, constitui duos reos nominibus factis, obligatione nominis quæ dicebatur contrahi apud argentarios, *l. idem, l. si unus, in pr. de pact.* Et ultimo loco hoc Papin. subjicit, constitui referentur duos reos, sed non hoc eodem modo, *Titius & Mævius Sempronio decem danto*: verum isto, ut legendum est, *Titius aut Mævius Sempronio decem dato*. Sicut etiam in *l. 16. de leg. 2.* ostenditur eodem modo in testamento constitui duos reos credendi, id est, duos legatarios creditores ex legati causa, *Titio aut Mævio decem utri heres volet*, sunt duo rei credendi, & uno dimisso ab herede, dimittitur alter. Quod si dixerit aut dicere voluerit: nam aliquando disjuncta pro conjunctis accipiuntur in testamentis atque etiam in legibus, si inquam, dixerit, *Titio aut Mævio decem dato, per damnationem*, non sunt duo rei credendi, sed singulis debentur dena, & uno dimisso non dimittitur alter.

Ad §. I. Sed si quis.

Sed si quis in deponendo penes duos paciscatur, ut ab altero culpa quoque præstaretur ? verius est non esse duos. reos, a quibus impar suscepta est obligatio. Non eodem probandum est, cum duo quoque culpam promisissent, si alteri postea pacto culpa remissa sit: quia posterior conventio, quæ in alterius persona intercessit, statum & naturam obligationis, qua duos initio reos fecit, mutare non potest: quare si socii sint & communis culpa intercessit, etiam alteri pactum cum altero factum proderit.

§. 2. Cum duos reos promittendi facerem: ex diversis locis Capuæ pecuniam dari stipulatus sim, ex personæ cujusque ratio proprii temporis habebitur: nam etsi maxime parem causam suscipiunt, nihilominus in cujusque persona propria singulorum consistit obligatio.

**P**Apinianus in *l. 9. de duob. reis*, cum initio dixisset, duos reos debendi fieri non tantum stipulatione, sed deposito, & ceteris contractibus, atque etiam testamento, subjecit in §. *sed si quis*, hoc ita demum deposito duos reos fieri, duos debitores, ut loquitur *l. Senatus, §. pen. de mort. causs. donat.* si duo depositarii aut plures parem obligationem susceperint, quod etiam verbo, *pariter*, significavit, jam initio hujus legis, non etiam si imparem obligationem susceperint. Finge in deponendo apud duos convenisse, ut ab altero quoque culpa præstaretur: dolus duntaxat venit in depositum, non culpa, nisi aliud convenerit: conventio enim legem contractibus dat, *l. contractus de reg. jur. & l. 1. §. si convenit depos.* Si igitur ab initio convenerit, ut unus depositarius culpam etiam præstaret, nihil autem convenerit cum altero depositario ea de re, non sunt duo rei debendi, quia non parem obligationem susceperunt singuli in solidum : duo rei debendi, sunt qui parem obligationem susceperunt singuli in solidum, & quorum uno electo liberatur alter. Par autem est obligatio, si nec plus, nec minus re vel causa debeat unus, quam alter : & plus vel minus dicitur quatuor modis, re sive summa, & tempore, & loco, & causa sive qualitate, & æstimatione. Si re aut summa dispar sit obligatio, ut si unus promittat quinque, alter decem, unus partem rei, alter totum, unus dolum & culpam, alter dolum tantum ; non sunt duo rei : quod ex effectu verum esse demonstrabo: quia sc. unius solutio non liberat alterum, si conveniatur unus ex culpa, qui se culpa quoque obstrinxit, non ideo minus tenetur alter ex dolo, & e contrario. Et hoc est quod ait in pr. §. *sed si quis*. Si dispar sit obligatio in causa, ut si unus promittat decem, alter Stichum aut decem, quem maluerit, vel si unus promittat ejusdem speciei rem meliorem, alter deteriorem, non sunt duo rei eadem ratione, quia & hic unius solutio non liberat alterum : si unus præstiterit Stichum, non ideo minus tenetur alter in decem : si unus præstiterit ejusdem speciei rem deteriorem, non ideo tenetur alter in meliorem. Et ejus rei arg. est lex *si id quod, hoc tit.* Et hoc quidem si dispar sit obligatio in re vel in forma, vel si dispar sit in causa, vel qualitate: hæc disparitas impedit constitutionem duorum reorum; sed si in tempore tantum sit dispar, ut si unus promittat præsenti die, alter annua die, vel menstrua vel incerta die, nihilominus sunt duo rei, & unius solutio liberat alterum , *l. 7. hoc tit.* Idemque etiam quæritur in §. *ult. hujus l.* Si stipulationi tacite insint diversa tempora, veluti unus ex Massilia, alter ex Lutetia promittit se daturum Romæ decem . In singulis enim habetur ratio taciti proprii temporis , ut hoc eodem lib. idem Papin. loquitur in *l. 49. §. ult. de fidejuss.* temporis sc. quo vel hic Lutetiæ, vel ille Massilia Romam pervenire potest. Atque ita dispar est obligatio in tempore . Citius enim Massilia quam Lutetia pervenitur Romam, & tamen duo sunt rei debendi, & unius solutio liberat alterum . Hoc non satis attendit Accurs. in §. *ult.* dum non videt, qua ratione fieri potuit, ut uno eodemque tempore eidem alius Lutetiæ, alius Massiliæ promittat, & existimat duos reos non fieri, nisi uno eodemque tempore promittant, quod est falsissimum: fiunt enim etiam separatim , *l. 3. h. tit.* id est , diversis temporibus & locis . Nec quicquam moveor *lege* 6. §. *ultim. hoc titul.* quæ non hoc vult, quod existimant vulgo, modicum tantum intervallum intervenire posse inter unius & alterius rei constitutionem, sed modicum tantum intervallum intervenire posse inter interrogationem & responsionem hujus vel illius, vel inter interrogationem & responsionem hanc spondetis? cum ambo eodem loco convenerint, & responsionem utriusque: quandoquidem nihil agitur nisi interroganti mox respondeatur priusquam ad alia negotia fiat digressio, *l. 1. §. qui præsens, de verb. obl. l. si ex duob. hoc tit.* Et ita est accipienda omnino *d. l.* 6. §. *ult.* nam nihil refert me hodie de te stipulari eandem rem, & post mensem de altero, alio etiam loco, eo animo, ut uterque mihi sit obligatus in solidum, ut sint duo rei. Et hoc est quod ait in §. *ult. h. l.*

Et

Et addendum in fine, ex d. l. 49. de fidejuffor. quod ad rationem temporis attinet, in cujufque propria perfona fingulorum confiftit obligatio: Sed tamen par caufa fufcipitur. Ergo nihilominus funt duo rei. Dixi plus aut minus dici quatuor modis re vel fumma, tempore, loco, & caufa, five qualitate, & quid juris fit expofui fi difpar fit obligatio in re vel fumma, vel fi difpar fit in caufa vel qualitate, vel fi difpar fit in tempore. Nunc videamus quid fit dicendum, fi difpar fit in loco: ut fi unus promittat fe Romæ daturum, alter fe Lutetiæ daturum. Et facile eft refpondere, videlicet, non ideo minus effe duos reos debendi: ut difparitas temporis non impedit conftitutionem duorum reorum: ita nec difparitas loci: loci adjectio eft quafi temporis adjectio, l. 6. §. ult. ad Trebell. Ergo initio parem obligationem ita definivi, fi nec plus, nec minus re vel caufa debeat unus quam alter, etiamfi non fit par tempore, vel loco. Quibus explicitis videamus quid præterea fit in §. fed fi quis. Si cum uno ex depofitariis ab initio pacifcar, ut non tantum dolum, fed & culpam præftet, non cum altero: non funt duo rei, quia non parem caufam fufcipiunt, fed fi uterque ab initio mihi culpam promiferit. Promittendi verbum eft commune pactionis, & ftipulationis, & pollicitationis, & commune omnium conventionum, ut initio hujus l. dum ait, duos reos promittendi fieri omnibus contractibus. Si inquam, uterque mihi ab initio culpam promiferit, & alteri poftea pacto culpa remiffa fit, id eft, convenerit poftea, ne alter culpam præftaret, manifeftum eft duos rei, quia pofterior pactio, quæ ex intervallo cum uno facta eft, naturam & ftatum prioris obligationis, quæ contracta eft cum utroque mutare non poteft. Hoc eft, ut dicitur, pactio nuda obligationem tollere feu mutare non poteft, l. fi unus §. pactus, de pact. Et ut ipfa verba Papiniani elegantiffime exprimam, quid, inquit, pofterior conventio, &c. Breviter hoc eft: pactum nudum non poteft mutare obligationem, quæ eft certiffima regula juris noftri: igitur fi convenerit poftea cum uno ex depofitariis, ut culpam non præftaret, manent duo rei debendi, ut facti funt ab initio, & finguli conveniri poffunt in folidum, prout elegerit ftipulator: fed ex pofteriore pacto excepto pacti vel doli competit ei, cui culpa remiffa eft, & quidem foli, fi focii non fint, l. qui in hominem, §. ult. de folut. l. 3. §. nunc de effectu, de liber. leg. Nam fi focii fint, pactio facta cum uno, id eft, remiffio culpæ facta uni, proderit etiam alteri fi communis culpa interceferit, alioqui nec pacifcenti proderit, quandoquidem quod is præftiterit culpæ nomine, qui pactus non eft, id focio, qui pactus eft, reputabit actione pro focio, l. idem eft, de pact. l. 1. C. de duob. reis. Denique pacifcentis intereft, cui culpa remiffa eft, nec a fe, nec a focio culpæ rationem ullam exigi: nam fi exigatur a focio, & a fe τὸ δυναμένον, id eft vi ipfa exigetur contra pofteriorem pactionem. Igitur fi focii non fint, pactio pacifcenti tantum prodeft, fi focii fint utrique prodeft, ut eadem diftinctione intervenit in fpecie. l. feq. Si duo rei debendi non fint focii, non in rem communem pecuniam mutuam acceperint, & unus conveniatur, non poteft compenfare, quod actor debet alteri, nifi (vice mutua fidejufferint: fidejuffor enim recte compenfat, non tantum quod fibi debet actor, fed etiam quod debet reo, l. 4. & 5. de compenfat. Si focii fint, is qui convenitur poteft etiam compenfare quod actor focio debet fuo. Ad hæc forfitan quæret aliquis, an pactum unius ex reis debendi noceat alteri? An profit diximus, an noceat quæret aliquis, & in hac quæftione, an etiam fit adhibenda eadem diftinctio focii fint vel non. Finge: res depofita eft penes duos, nec quicquam eft conventum de culpa præftanda ab hoc vel illo: poftea ftipulator cum uno pacifcitur ex intervallo, ut is fibi culpam præftet, non cum altero: an hæc pactio nocet alteri? At alter culpam utique præftabit, maxime fi focii fuerint? Refpondeo nihil attinuiffe quæri, quia ea pactio neutri nocet, quandoquidem ex pacto nudo non nafcitur actio: ex eo igitur pacto nudo nemo obligatur culpæ nomine: in duobus reis ftipulandi hoc quidem ap-

te quæritur, ac unius pactio, veluti fi unus pactus fit de non petenda pecunia, noceat alteri. Et eft proditum non nocere, l. fi unus ex arg. in princ. de pact. In duobus reis promittendi hoc quæritur inepte. Igitur quod ait l. pen. hoc tit. ex duobus reis ejufdem Stichi promittendi factis, alterius factum alteri quoque nocere, non poteft intelligi de pacto: aliud eft factum, aliud pactum: fed nec poteft intelligi de quocunque facto. Alia funt facta, quæ rei univerfæ cohærent, quæ perfonæ tantum cohærent; mora perfonæ cohæret, mora fit in perfona tantum. Et ideo mora unius ex reis promittendi non nocet alteri, l. mora, §. pen. de ufur. l. in condemnat. §. pen. de regul. jur. Et is, qui moram non facit, liberatur re promiffa naturaliter extincta, etiamfi conreus fecerit, & folus conreus obligatus manet. At fi hominem promiffum unus ex reis occiderit, quod factum interpretes etiam moram appellant male, feparatur enim mora a facto hujufmodi, a delicto hujufmodi, l. fi fervum, §. fequitur, de verbor. obl. d. l. mora, §. ult. de ufur. Si, inquam, unus ex reis hominem promiffum occiderit, non liberatur alter, qui non occidit, factum unius nocet alteri, ut ait l. pen. nec enim alter liberatur, quia hæc culpa in rem eft, & perpetuat obligationem totam, rem univerfam apprehendit five obligationem univerfam. Idemque erit, fi unus ex reis debendi debitum agnoverit, qua re interrumpitur præfcriptio actionis, hoc etiam factum nocet alteri, quia interruptio eft generalis, interrumpitur præfcriptio actionis in univerfum. Unus eft contractus, ut ait in hanc rem, l. ult. C. de duob. reis, una obligatio, l. 3. circa fin. hoc tit. Et una interruptio, quæ nocet utique, & interrumpit præfcriptionem, atque ita his exemplis uti debes ad explic. l. pen. dum indiftincte ait, factum unius ex reis nocere alteri: nec enim id quoque eft intelligendum de pacto: non poteft etiam intelligi de mora, nec de quocunque facto.

### Ad L. Si fervus XVIII. de Stipul. ferv.

*Si fervus communis Mævii & caftrenfis peculii, defuncto filiofamil. milite, antequam adeat inftitutus hereditatem, ftipuletur focio, qui folus interim dominus invenitur, tota ftipulatio quæretur: quoniam partem non facit hereditas ejus, quæ nondum eft. Non enim fi quis heredem exiftere filiofam. dixerit, ftatim & hereditatem ejus jam effe, confequens erit, cum beneficium principalium conftitutionum, in eo locum habet, ut filiusfam. de peculio teftari poffit: quod privilegium ceffat, priufquam teftamentum aditione fuerit confirmatum.*

### Ad L. XIV. de Caftr. pec.

*Filiusfam. miles fi captus apud hoftes vita fungatur, lex Cornelia fubveniet fcriptis heredibus: quibus ceffantibus, jure priftino peculium pater habebit. Proxima fpecies videtur, ut fcriptis heredib. deliberantibus, quod fervus interim ftipulatus eft, vel ab alio fibi traditum accepit, quod quidem ad patris perfonam perinet, five peculium apud eum refederit, nullius momenti videatur, cum in illo tempore non fuerit fervus patris: quod autem ad fcriptos heredes, in fufpenfo fuiffe traditio itemque ftipulatio intelligatur: ut enim hereditarius fuiffe credatur, poft aditam hereditatem fuerit. Sed paterna verecundia nos movet, quatenus & in illa fpecie, ubi jure priftino apud patrem peculium remanet, etiam adquifitio ftipulationis, vel vei tradita per fervum fiat. Legatum quod ei fervo reliftum eft, quamvis tunc propter incertum nulli fit adquifitum, omiffo teftamento, patri tunc primum per fervum adquiretur: cum fi fuiffet exemplo hereditatis peculio adquifitum, jus patris hodie non confideraretur.*

EXplicanda nunc nobis occurrit quæftio l. 18. de ftip. ferv. conjuncta l. 14. de caftr. pecul. quæ eft eadem de re, quæftio fane fubtiliffima & difficillima, & controvertroversa, etiam inter ipsos juris auctores. Servus quidam erat communis Mævii & filiusfam. militis, qui in eo servo partem quæsierat per occasionem militiæ, atque ita eum habebat in castrensi peculio. Denique servus erat communis Mævii & castrensis peculii: filiusfam. eo jure, quod in castrensi peculio filiosa. militi, atque etiam veteranò concedunt constitutiones principum, testamentum fecit de castrensi peculio vivo patre, & Sempronium sibi heredem instituit, quo deliberante de adeunda vel repudianda hereditate, interim is servus aliquid stipulatus est ab extraneo. Quæritur utrum stipulatio soli Mævio acquiratur in solidum, an Mævio pro parte, & hereditati filiis. pro altera parte, quasi dominæ: vulgo dicitur hereditatem jacentem fungi vice dominæ, *l. non minus*, §. *ult. de hered. inst. l. cum hereditas*, C. *depos.* nulla vox frequentius occurrit in his libris, & ob id servus hereditarius recte stipulatur hereditati quasi dominæ, *l. 35. hoc tit.* vel si stipuletur sibi aut impersonaliter, stipulatio interim acquiritur hereditati, & per hoc etiam heredi postea facto, ut est in *Inst.* scriptum, *eod. tit.* Verum ad hæc sciendum est, filiumfamil. in castrensi peculio, quasi patrem famil. esse, *l. 2. ad Maced.* sed non omnino quasi patremfam. esse, ut ait *l. ult. ad Tertull.* Et confirmatur *l. 1. 2. 9. & l. pen.* §. *pater, de castren. pec. l. 1.* §. *si is qui bona, de collat. bon. l. filiusfam. ad leg. Falcid.* Nam si filiusfam. moriatur infestatus, in castrensi peculio heredem non habet, nisi hodie ex Novel. 118. liberos suos, sed veluti quodam postliminio bona castrensia jure peculii remanent apud patrem, perinde ac si retro peculium fuisset acquisitum patri, nec ullum jus in eo habuisset filiusf. id enim jus, quod ei in eo dederunt constitutiones principum, privilegium est personale, privilegium militiæ, quo si non utatur filiusfam. ut si testamentum non faciat de castrensi peculio, pater peculium quasi rem suam suo jure occupat: non habet igitur filiusfam. heredem castrensi peculii, nisi testamento heredem sibi instituerit. Hoc non est satis. Addendum, ut is heres institutus hereditati adierit: Nam si non adierit hereditati, nec retro filiisfam. hereditas fuisse intelligitur. Testamentum filiisfam. militis, ut ait eleganter Papinian. hoc loco, aditione confirmatur, quod ut mox dicam, non potes etiam dicere de testamento patrisfam. Testamentum igitur filiisfam. militis aditione confirmatur, id est, hereditas ejus post aditione, *d. l. filiusfam. ad leg. Falcid.* nec enim ante aditionem videtur ejus hereditas fuisse, & patrisfam. testamentum morte confirmatur, ut & D. Paulus ait in epist. ad Hebræos, & statim a morte defuncti hereditas esse intelligitur, antequam adita sit: ergo filiosfam. qui testamentum fecit de castrensi peculio heres est, qui scriptus est, & adire potest, *heres existit*, ut loquitur Papinian. hoc loco. Quod notandum. Nam heredem *existere* alias est ipso jure hereditatem acquirere, etiam ignorantem & invitum: alias est miscere se bonis: hoc loco est heredem institutum esse, ut adire possit. Unde sic dico, filiofamil. qui testamentum fecit de castrensi peculio, heres est, qui scriptus est, & adire potest, sed non est hereditas antequam adierit heres, non est hereditas, antequam adita sit. Neque hoc valet argum. a conjugatis, *si heres est, & hereditas igitur*, quod etiam genus argumentationis Quintilianus non magnopere probat: valet tamen argumentum concludendo negative hoc modo: *si hereditas non est, nec servus igitur hereditarius est:* Nam servus hereditarius ab hereditate, non ab herede, dicitur hereditarius; & ob id semper *servus hereditarius* dicitur: tamen jacente hereditate & vacante, nec dum adita, quoties hereditas dici potest, ante aditionem veluti de bonis patrisfam. Ex quo efficitur, quod ante aditam hereditatem filiisfam. stipulatur servus communis, Mævii & castrensis peculii, id hereditati acquiri non posse, quæ nondum est, quia non est hereditas filiisfam. ante aditionem: ei igitur acquiri in solidum, quia solius est, cui acquiri potest, & nemo ei partem facit, nemo concurrit, ut servus solus Mævii est interim, nec potest dici hereditarius, quia nondum est hereditas: sed quæso

legamus integra verba Papin. *Si servus.* Verum addendum est ex eodem Papin. libro, ex *l. 4. de castrens. pecul.* ante aditionem nihil videri adquisitum hereditati, ex stipulatione servi castrensis, qui nondum est, sed post aditionem retro intelligitur servus hereditarius, & hereditas fuisse a morte filiisfamilias, quia aditio retrotrahitur semper in jure, *l. heres quandocunque, de acquir. hered. l. si ex re,* §. *ult. hoc tit.* Et consequenter, pars stipulationis ad heredem, qui adiit, pertinet, pars ad Mævium: quod si non sit adita hereditas, si omissa sit ab herede scripto; patri, apud quem peculium resider, sane stipulatio non acquiritur, sed omne ejus emolumentum in solidum pertinet ad Mævium: legatum autem, puta, si interim servo sit relictum, omisso testamento patri acquiritur, saltem eo tempore, quo omisso testamento servus sit patris, atque ita est hac in re differentia inter stipulationem & legatum. Et ratio differentiæ hæc est, quia ex stipulationibus tempus contractus spectatur. Eo autem tempore non fuit servus patris, ergo per eum nihil acquiritur patri, nec si postea fiat patris, quia non quod postea successit, tempus spectatur in stipulationibus, sed tempus contractus tantum, in legatis non spectatur tempus, quo legatum relinquitur, *l. si filiusfam. de verbor. oblig. l. usufruct. h. tit.* Quæ differentia inter stipulationes & legata manat latissime, & serit alias innumeras.

Sed quæso transeamus modo ad eam *l. 14.* ex qua hoc sumimus, ut eam totam interpretemur per partes, alioquin non possit probe intelligi. Initio *d. l. 14.* ponit, quod est certissimum, filiumfam. militem ante captivitatem fecisse testamentum de castrensi peculio jure concessum, & deinde eundem mortuum apud hostes: testamentum ejus confirmatur lege Cornelia, quæ fingit non mortuum eum esse in captivitate, sed paulo ante captivitatem civem Romanum: fictio legis Corn. & hereditatem, & heredem facit, *d. l. filiusfam. ad l. Falcid.* Eo igitur ibi mortuo herede ejus, qui testamento scriptus est, si cessaverit, id est, si non adierit, non erit hereditas filiisfa. sed erit peculium, quod jure pristino pertinebit ad patrem, jure scil. eo, quod pater habuit in omnibus filiisfa. indistincte ante privilegia constitutum, jure primo, jure patriæ potestatis, jure patris, ut ait hoc loco, & in *l. pen.* §. *pater, hoc tit.* Quod & jus pristinum dicitur, & jus antiquum, quod fuit ante constitutiones in iisdem locis, in *d. l. filiusf.* & hoc est quod ait in 1. parte *l. 14. filiusfamilias.*

Sequitur secunda pars. Finge: post mortem filiisf. qui testamentum fecerat, ante aditam hereditatem servus castrensis aliquid stipulatus est ab extraneo, vel etiam aliquid per traditionem nactus est. Pap. ait in hac *l. 14.* hanc speciem esse proximam, id est, esse consequentem superiori, ut sc. inspiciatur ex cujus persona vires habeat id, quod servus castrensis interim acquisivit ex stipulatione, vel ex traditione. Et Papin. distinguit inter patrem & heredem: quantum ad patrem attinet, nulla est stipulatio, nulla traditio, quia etiamsi peculium apud patrem resederit repudiata hereditate testamentaria filii sui, nihil ei acquiritur ex stipulatione, vel traditione, quia eo tempore, quo intervenit stipulatio, vel traditio, servus neque fuit, neque intelligitur fuisse patris: quod ad heredem attinet, stipulatio & traditio in pendenti est, in suspenso, quia si heres adierit, servus ei retro intelligitur acquisiisse ex stipulatione, propterea quod aditio retro recurrit, si non adierit, nulla est acquisitio. Et ita quidem Papin. constituit hanc differentiam inter patrem & heredem, tractans de stipulatione, & traditione, nondum de legato his verbis, in secunda parte, *proxima species.* Ergo hac parte Pap. ponit differentiam inter patrem & heredem, quam exposui. Quod subjicitur in tertia parte est nota Ulpiani ad Pap. ut apparet ex *l. in eo, de acqu. rev. dom.* Supprimitur nomen Ulpian. nomen ejus, qui notat Pap. ut *lib. 3. l. filius, qui patri,* §. *cum filius, de bon. libert. l. pen. de jure cod.* Et ita suppresso nomine Ulpiani, qui scripsit notas ad Pap. subjicitur in tertia parte: paternam verecundiam postulare, ut &, quod ad patris personam attinet, intelligatur stipulatio & traditio esse in suspenso, ante aditionem,

nem, ita ut si peculium remanserit apud patrem, servus retro intelligatur acquisisse peculio, & per hoc patri jure patris postea nacto peculio: si adjerit heres, acquirat heredi, excluso patre. Et hæc sunt verba notæ, *sed paterna*, *&c.* quæ tertia pars plane abrogat secundam. Ac præterea ut apparebit ex 4. *& ult. parte*, idem Pap. constituebat differentiam inter stipulationem & legatum, si repudiaretur hereditas filii si.militis, si omitteretur testamentum: Nam ex stipulatione dicebat nullo modo acquiri patri, sed notatus fuit ea in re; legatum tantum acquiri patri, quod ei servo interim esset relictum, & eo sc. tempore demum, quo repudiata esset hereditas, nec eis retro legatum patri acquisitum fuisse videri. Imo vero interim propter incertum nulli acquisitum fuisse legatum. Et dicebat hanc esse differentiam inter hereditatem & peculium, quod si adeatur hereditas, servus interim videatur legatum acquisisse hereditati, quia aditio retrotrahitur: si omittatur hereditas, & jure patris peculium resideat apud patrem, servus deliberante herede scripto legatum non videatur acquisisse peculio: jus patris non retrotrahi, quia medium tempus obstat, quod deliberante herede scripto imaginem hereditatis præbuit, ut eleganter ait *l. pen. §. 1. hoc t.* Et ob id aditio quidem hereditatis retrotrahitur, sed jus patris non retrotrahitur, vel si retrotrahitur, ut ait, *hodie*, id est, nunc primum omissum est testamentum, *non consideraretur*: atqui nunc primum consideratur: ergo non retrotrahitur, ergo nunc primum per servum patri acquiritur legatum, nec retro ei censetur acquisitum esse. Et ita explicanda est ult. pars hujus legis. Atqui hodie consideratur, ergo retro peculio non videtur acquisitum legatum, id est, licet retro videatur acquisitum hereditati, exemplum hereditatis non admittimus in peculio. Sed ad hanc ult. partem volo adjici etiam superiorem notam Ulp. ut etiam legatum videatur retro fuisse acquisitum servo, & jus patrium retrotrahatur, *d. l. in eo*, *de acq. rer. dom.* Cui in hanc rem conjungenda est *l. 9. h. t.* quæ est ex eod. lib. Ulp. Et utraque ostendit, non adita hereditate filii si castrense videri accessisse bonis paternis, & hanc etiam forte cuilibet licebit expedire quæstionem propositam in *l. pen. §. pen. h. t.* si dum deliberat heres scripto testamento filii si. cesserit dies legati relicti servo castrensi in testamento ejus, ex quo pater nihil capere potest, heres filii capere potest. Quæritur, *an postea repudiante herede scripto, legatum pertineat ad patrem jure peculii, cum pater ejus testamenti sit incapax, quo legatum servo relictum est*? Sane legatum pertinebit ad heredem si adierit, quia heres fuit capax, atque secundum Pap. sententiam si non adierit heres scriptus, legatum pertinebit ad patrem, quia ex Pap. sententia, tunc cum cessit dies legati, pater dominus servi fuisse non intelligitur; ita ut ex ejus persona possit dici inutiliter cessisse diem legati: nam dominus est legatarius & servus quoque: vel si capax, & servus quoque. Et id est quod dicitur, *cum servo esse testamenti factionem ex persona domini*: nam si non est cum domino, nec cum servo, *l. debitor*, §. *servus*, *de leg. 2. l. non minus*, *de her. inst*. Non possis igitur dicere, legatum inutiliter cessisse, quasi incapaci relictum, cum quo tempore cessit pater qui erat incapax, non fuerit dominus servi, ex sententia Pap. secundum aliorum sententiam, quæ obtinuit, addamus legati diem cessisse etiam servo non habenti dominum, ac post acquiri novo domino, puta patri omisso testamento filii si. etiamsi ex eo testamento non potuerit capere, in quo legatum relictum est servo castrensi; at si contra aliorum sententiam legatum non acquiratur patri, qui tempore cessionis legati pater intelligitur fuisse dominus servi, ergo incapacitas ejus legatum inutile constituit. Est quod addam in illum locum: *sed paterna verecundia*, verecundia paterna, ut verecundia materna, *l. 32. §. 1. de do.* verecundia patronalis, *l. 20. eod. t.* non est verecundia, quæ in eis personis est; sed observantia quædam, quæ eis debetur & exhiberi debet ab omnibus, quoties de eorum jure disceptatur, quæ ratio efficit sæpe, ut quod jure non debetur patri vel matri, ei tamen concedatur, indulgeatur, accommodetur; jure nihil quic-

A quam debetur patri, apud quem peculium castrense filii remansit, omisso testamento filii, ex stipulatione, quam servus castrensis medio tempore contraxit, deliberante herede scripto in testamento filii, neque ex eo, quod is servus interim ab alio per traditionem accepit: legatum autem quod ei servo interim relictum est, patri debetur ex eo tantum tempore, patrive acquiritur, quo omisso testamento filii, peculium apud eum jure patris priscino residere cœpit, & acquisitio peculii, sive jus patris non retrotrahitur. Jus ita est, sed paterna observantia, ut notatur ad Pap. in *d. l. 14.* facit, ut ex omnib. causis indistincte retro censeatur peculio is servus acquisivisse, quod acquisiit medio tempore, deliberantib. scriptis heredib. testamento filii si. & per hoc etiam patri postea nacto peculium. Atque ita non existimandum est, temere omnino & perperam judicare B eos, qui plus deferunt patri vel matri, quam juri, plus verecundiæ paternæ vel maternæ, quam rationi juris. Erubescimus contra has personas pronuntiare, quoties de eorum jure agitur, etiamsi contra eas pronuntiari jus velit. Quo colore, hodie nobis licet excusare & defendere Senatus decreta, & hujus animadversionis quos meminisse semper velim; sæpe occurrit Senatus decretum, quod nemo est, qui non arguat iniquitatis, quod licet defendere, obtentu paternæ aut maternæ observantiæ, cui postponitur ratio juris. Non male nunc persequar reliquas quæstiones, quæ sunt in *l. 18. de stipul. serv.*

Ad §. Si servus L. XVIII. de Stip. serv.

*Si servus Titii & Mævii partem, quæ Mævii est, C sibi dari stipuletur, nulla stipulatio est: cum si Titio davi stipulatus fuisset, Titio acquireretur. Quod simpliciter concepta est stipulatio: veluti, partem eam, quæ Mævii est, dare spondes? non adjecto mihi, prope est, ut quia sine vitio concepta est stipulatio, sequatur ejus personam, cujus potest.*

Quæritur in §. *si servus*, an valeat stipulatio, si servus communis Titii & Mævii, de Mævii partem, quæ Mævii est, sibi dari stipuletur? Et distinguit eleganter Pap. hoc modo; Aut stipulatur eam partem Titio dari alteri domino, & Titio acquiritur obligatio absque dubio: aut eam partem sibi dari stipulatur hoc modo: *partem tuam Mævii mihi dare spondes*? & vitium inest stipulationi propter verbum, *mihi*, quia non possum me mihi stipulari, ergo nullius momenti est stipulatio, *l. 2. hoc t.* Servus ipse D sibi stipulari non potest, ipsa ultima syllaba hujus vocis, *ipse*, absorbuit alterum, se, quæ sequebatur, namque ita corrigenda est lex, *servus communis ipse se mihi stipulari non potest, alteri domino se stipulari potest*. Et ita etiam verbum *mihi*, vitiat stipulationis in specie leg. *si servus meus*, hoc t. & l. 10. *de oper. libert*. Si servus meus stipulatur a liberto meo operas sibi dari, quæ non possunt deberi nisi soli patrono, inutilis est stipulatio: quæ tamen esset utilis si non dixisset *mihi*, si sibi stipulatus non fuisset. Itaque quod dicitur in *l. 1. & l. 15. hoc t.* nihil interesse servus stipuletur sibi, an domino, an simpliciter, an impersonaliter, ita intelligi debet, si id quod stipulatur sibi, sibi dari possit; nam per eum domino acquiritur, perinde atque si domino stipulatus esset, non si seipsum sibi stipuletur ab uno ex dominis: Nam si operas sibi stipuletur a dominis, quia E aliis casibus prorsus inutilis stipulatio est: vitium etiam inest in substitutione pupillari, propter verbum *mihi*, ita concepta, si filius meus intra pubertatem decesserit, tunc ille mihi heres esto, quia substitutio pupillari, non mihi, sed filio impuberi heres institui potest: substitutio pupillaris est testamentum filii, non tamen meum, & ubi testamentum ibi hereditas, ut eleganter Ambrosius epistola 73. *Si sub lege Dei sumus, & lex est testamentum vetus, ergo heredes sumus: nam ubi testamentum ibi hereditas*. Et tamen utilis est substitutio ea, licet adjecerit mihi, *l. 1. l. coheredi, §. ult. de vulg. subst. l. si ita scriptum, §. qui filio, de bonor. possess. secund. tabul.* Cur ita? quia testamentorum vitia aut menda non vitiant testatoris voluntatem, *l. 1. de condit. instit. l. hereditas, de hered. instit.*

*inflit.* quia teſtantium voluntates latius accipiuntur : ſtipulationum vitia vitiant obligationem, quia ſtipulationes ſtrictius accipiuntur, *l. quicquid, de verb. oblig. l. ſi ſtipulatus , de fidejuſſor.* Reſtat adhuc tertium membrum diſtinctionis : Aut ſervus ille communis Titii & Mævii partem Mævio dari ſtipulatus eſt ſimpliciter, *l.* 15. *h.tit.* non adjecto verbo *mihi*, vel alio. Et tunc conſtat valere ſtipulationem, quia ſine vitio concepta eſt : conſequenter obligationem adquirit Titio alteri domino in ſolidum, quia is ſolus eſt, cui adquiri poteſt. Et ita in *l. ſi ſervus meus, h. tit.* detracto verbo *mihi* : Detracto illo vitio, ſi ſervus meus ſtipuletur operas dari a liberto meo ſimpliciter, valet ſtipulatio, perinde ac ſi nominatim mihi ſtipulatus fuiſſet, non ſibi. Et ita proculdubio *l. ſervus ,* 10. *de oper. libert.* dum ſignificatur, eos qui ſunt in poteſtate patroni, recte ſtipulari operas a liberto ejus, in cujus ſunt poteſtate, hoc debet intelligi, ſi modo rite conceptâ ſtipulatione, puta ſi eas ſtipuletur patrono, vel imperſonaliter : nam ſi ſibi, nihil agunt. Et hoc eſt quod ait §. *ſi ſervus.*

### Ad §. Servus II. eod.

*Servus capto domino ab hoſtibus, domino dari ſtipulatus eſt : quamvis, quæ ſimpliciter, vel ab alio accepit, etiam ad heredem captivi pertinent, aliudque ſit juris in perſona filii, quia nec tunc fuit in poteſtate cum ſtipulavetur, nec poſtea deprehenditur, ut ſervus, in hereditatem : tamen in propoſito poteſt quæri, enim ex hac ſtipulatione nihil acquiſitum heredi videtur, quomodo ſi ſervus hereditarius defuncto, aut etiam heredi ſervo ſtipulatus fuiſſet. Sed in hac ſpecie ſervus filio exæquabitur : nam etſi filius captivo patri ſuo ſtipulatus fuerit dari, res in pendenti erit etſi pater apud hoſtes deceſſerit, nullius momenti videbitur fuiſſe ſtipulatio, quoniam alii , non ſibi ſtipulatus eſt .*

SEquitur alia quæſtio in §. *ſi ſervus*, non jam de ſervo communi, ſed de ſervo unius proprio, an valeat ſtipulatio vel traditio, ſi ſervus captivo alicui dari ſtipulatus fuerit, vel per traditionem acceperit, & dominus apud hoſtes deceſſerit : ſi reverſus fuerit poſtliminio, nullus eſt labor : quia retro creditur in civitate fuiſſe propter fictionem poſtliminii, & perinde omnia ſervantur, atque ſi nunquam veniſſet in poteſtatem hoſtium. Sed ſi moriatur apud hoſtes, quæſtionis eſt, quid fiat de his, quæ ſervus ejus, vel filius interim acquiſivit. Et in hac quæſtione utemur varia, & multiplici diſtinctione, cujus prima pars hæc erit : Aut ſervus captivi ſimpliciter ſtipulatus eſt dari , vel ſimpliciter ab alio rem ſibi traditam accepit, non dicens, cui ſtipularetur, nec cui acciperet. Et hoc caſu heredem captivi quem fictio legis Corneliæ heredem facit, ita ut retro credatur ei fuiſſe delata hereditas eo tempore, quo ille captus eſt, *l.* 18. *de capt. & poſtlim.* ut ait *l. juſto, in fine , de uſurp & uſuc.* tempus captivitatis ex die, quo captus eſt , morti poſtea ſecutâ jungitur , concinnatur unum tempus, confuſio captivitatis & mortis tempore: heredem, inquam, captivi ſequitur ſtipulatio ſimpliciter concepta a ſervo vel traditio facta ſervo ſimpliciter, & imperſonaliter, quia lege Corneliâ ſervus hereditarius fuiſſe intelligitur : quod autem ſervus hereditarius ſimpliciter ſtipulatur, id hereditati, & per hanc heredi poſtea facto acquiritur. Et hâc in re notatur hoc, differentiam eſſe magnam inter ſervum, & filium : nam ſi quid filius captivi ſtipuletur vel accipiat ſimpliciter, mortuo patre apud hoſtes, id videtur ſibi acquiſiſſe in ſolidum, non hereditati, non heredi patris, ſi ipſe exheredatus ſit, non coheredi pro parte, *l. in bello, §. ſi quis capiatur, de capt. & poſtlim.* Et ratio differentiæ redditur inter filium & ſervum cum in hoc loco, tum in *d. §. ſi quis capiatur*, evidenter, quia ſervus ſtipulationis tempore fuit in bonis defuncti, & in bonis eſſe perſeverat, heredemque defuncti ſequitur, id eſt, in hereditate deprehenditur : filius ante non fuit in poteſtate ſtipulationis tempore, nec poſtea deprehenditur ut ſervus in hereditate, quia ſui juris eſt.

*Tom. IV.*

eſſe videtur, ex quo captus eſt pater, ac proinde ſibi interim acquiſiſſe ex ſtipulatione traditioneve, itemque legato, non hereditate, ut ait *d. §. ſi quis capiatur* : qui hereditatem interim capere non poteſt, acquirere non poteſt, propterea quod modus ſtatus ejus in pendenti eſt, & ſi redeat pater, videbitur ſemper fuiſſe filiusfam. ſi ſibi moriatur, videbitur fuiſſe paterfam. ſtatim ex quo captus eſt pater, *l. bona, §. quod ſi filius, eod. tit. §. ſi ab hoſtibus, Inſt. quib. mod. jus pat.* Qui dubitat de ſuo ſtatu filiusfam. ſit an paterfam. poteſt acquirere ſibi delatam hereditatem adeundo vel pro herede gerendo , *l. ſed etſi de ſuâ, de acquir. hered.* non etiam is cujus ſtatus eſt, cujus ſtatum in ſuſpenſio eſſe certum eſt, atque compertum. Sed perſequar alias partes diſtinctionis. Aut ſervus captivi ſtipulatur nominatim Titio domino ſuo, qui eſt apud hoſtes : Et hoc caſu nihil valet ſtipulatio, nec pertinet ad heredem captivi eo ibi mortuo, quia ſervus hereditarius fuiſſe intelligitur, ut dominus ille fingitur mortuus ſtipulationis tempore : ſervus autem hereditarius inutiliter ſtipulatur Titio domino ſuo mortuo jam, *l. pen. de reb. cred.* quia deſiit eſſe dominus, & non domino facta ſtipulatio non valet : alteri facta ſtipulatio, qui neque eſt dominus, neque pater, id eſt, cujus juri ſubjectus non eſt, non valet. Idemque etiam dicendum eſt, ut oſtendit hoc loco Papin. in filio captivi, ſi quid patri ſtipuletur, mortuo poſtea apud hoſtes, quia intelligitur ſtipulatus ei, cujus juri ſubjectus non fuit, & extraneo facta ſtipulatio nullius momenti eſt. Ergo quod attinet ad priorem partem diſtinctionis, eſt differentia inter ſervum & filium. Quod ad ſecundum, nulla eſt differentia, ſed exæquatur ſervus filio , filius ſervo. Sequitur tertia pars diſtinctionis. Aut ſervus captivi ſtipulatur eſt dari heredi futuro nominatim, ut extraneo cuilibet, hoc modo: *Titio dari, qui poſtea heres exerierit captivo* : Et hoc caſu videtur non valere ſtipulatio , quia heres non fuit dominus ſtipulationis tempore, *l.* 16. *hoc tit. l. ſi ſervus,* §. *ult. de pact.* Aut ſtipulatus eſt dari heredi futuro non nominatim hoc modo: *heredi domini mei futuro dare ſpondes?* Et hoc caſu valet ſtipulatio & acquiritur heredi , qui poſtea adierit , quia retro intelligitur fuiſſe dominus ſervi, eique ſervus ſtipulatus eſt, ut domino, non ut extraneo, *l. ſi ex re*, §. *ult. l.* 35. *hoc tit.* Quia, ut diximus, ſemper aditio retrotrahitur, ſive tempus aditionis tempori mortis teſtatoris jungitur, necturque, & ex duobus temporibus conſtatur unum tempus. Idemque erit ſi ſervus ſtipuletur hereditati, quia ex vice domini. Idem erit ſi ſibi ſtipuletur rem quæ ſibi dari poſſit, *d. l. pen. de reb. cred.* Sed his ultimis caſibus, quos adnotavi, & in quibus idem eſſe conſtitui, præterquam ſi ſtipuletur nominatim heredi futuro, differentia eſt rurſus inter ſervum & filium: nam ſive filius captivi ſtipuletur heredi patris poſtea aditurum, ſive non nominatim, ſive ſtipuletur hereditati, nihil agit: at ſi ſtipuletur ſibi, ſibi acquirit, non hereditati. Et hæc eſt finitio hujus quæſtionis.

### Ad §. Ultim.

*Cum ſervus fructuarius operas ſuas locaſſet, & eo nomine pecuniam in annos ſingulos dari ſtipulatus eſſet: finito fructu domino reſidui temporis acquiri ſtipulationem Julianus ſcriptum reliquit. Quæ ſententia mihi videtur firmiſſima ratione ſubnixa: Nam ſi in annos forte quinque locatio facta ſit, quoniam incertum eſt, fructus in quem diem duraturus ſit, ſingulorum annorum initio cujuſque anni pecunia fructuario quæreretur: ſecundum quæ non tranſit ad alterum ſtipulatio, ſed unicuique tantum acquiritur, quantum ratio ejus permittit. Nam & cum ſervus ita ſtipuletur ; quantam pecuniam tibi intra illum diem dedero, tantum dari ſpondes? in pendenti eſt, quis ex ſtipulatu ſit habiturus actionem : ſi enim ex re fructuarii , vel operis ſuis pecuniam dedero, fructuario: ſi vero aliunde, domino ſtipulatio quæretur.*

IN princ. *l.* 18. *de ſtip. ſerv. & in* §. 1. actum eſt de ſervo communi duorum vel plurium. In §. *ſervus*, de ſervo unius

nius proprio. Nunc in §. *ultim.* in quo sane magno labore opus est, agitur de servo fructuario, in quo sc. unus usus f. habet, alter proprietatem nudam, qui neque est proprius hujus vel illius pleno jure, neque communis inter eos: nam communio est societas juris ejusdem, non pro solido, sed pro partibus indivisis, & inter proprietarium & fructuarium non est communio juris ejusdem, sed neque inter duos fructuarios est communio, qui pro solido singuli usumf. habent, non pro parte, *l.* 32. *h. tit.* & usus f. potest esse duorum in solidum, non dominium, *l. si is incerto,* §. *ult. com. præd.* non possessio ex Proculianorum sententia, quæ obtinuit. Communio igitur est communio juris ejusdem non pro solido, sed pro partibus indivisis. Servus autem fructuarius fructuario acquirit ex duabus causis tantum: ex re fructuarii, ex peculio, quod habet à fructuario, & ex suis operis, ut si se locaverit, vel si fructuarius ipse eum locaverit, *l.* 2. *de usuf. leg.* Quod obtinet etiam in servo alieno aut libero homine bona fide possesso, imò & in servo communi effectu ipso, *l. si ex re,* §. *l. h. t.* non in servo usuario: nam hic usuario acquirit ex re usuarii tantum, non ex suis operis, *l.* 14. *in pr. de usu & hab.* nisi quatenus operis ejus utitur usuarius, tabernæ fortè præpositi, vel officinæ, vel cui alii rei operas ei pertinenti, *l.* 12. *in p.l.* 16. §. *ult. h. t.* Atque ita non semper operæ, licet exhiberi nobis jure debeant, habentur & ex re nostra. Et rectè huic sententiæ adjicitur articulus, *quodammodo, l. qui bona fide, de acq. rer. dom.* sed de servo fructuario tractemus. Finge: Servus fructuarius operas suas locavit in quinquennium, & eo nomine pecuniam, id est, mercedem certam, in annos singulos dari stipulatus est, & interim nondum peracto tempore locationis, ususf. interiit morte fructuarii. Papin. refert hoc loco Julianum scribere residui temporis stipulationem proprietario acquiri. Et vehementer laudat sententiam Juliani, cum eam dicat esse firmissima ratione subnixam: nam in pendenti esse ait, cui & quatenus acquiratur ea stipulatio, fructuario an domino, proptereà quod incertum est, in quem diem duraturus sit ususf. qua ratione acquirere in obligationem deducere, qui usumfructum stipulatur, *l. ubi autem,* §. *fin. de verb. oblig.* Denique non est certum, an quinquennio integro duraturus sit ususfructus. Et ideò incertus est rei eventus & res in pendenti est, *l. bovem,* §. *ultim. de ædil. edic.* Si ususfructus biennio tantum duraverit, pro rata tantum biennii stipulatio fructuario acquiretur, sequentium annorum stipulatio acquiretur domino. Non possis igitur ab initio constituere eam totam stipulationem acquiri fructuario: sed hoc rectè dices, esse in pendenti, in eventu, in casu, in accidente. Et notandum est valde, quod ait Papinian. hoc loco, *singulorum annorum initio cujusque anni pecuniam,* id est, actionem petendæ mercedis in stipulationem deductam, *in annos singulos fructuario stipulatio,* quia sc. pura est stipulatio, si quis certam pecuniam annuam, vel in annos singulos dari stipuletur, §. *at si ita, Inst. de verb. oblig.* Et consequenter initio cujusque anni pecunia peti potest, quia purè debetur. Qua de causa si in ingressu cujuslibet anni moriatur fructuarius, dicam mercedem hujus anni integram ad heredem fructuarii pertinere. Nec quicquam moveor *l.* 8. *de ann. leg.* nec §. *is vero, Inst. de rer. divis.* quibus locis legatis, fructuarium heredi suo relinquere fructus, qui mortis suæ tempore maturi erant, nec dum percepti, & à solo separati: nam est differentia aliqua inter fructus & hanc stipulationem. Fructus ejus anni, quo mortuus est fructuarius, qui moriente eo pendebant, domino acquiruntur, non heredi fructuarii: stipulatio pertinet ad heredem fructuarii, quæ jam non pendebat, sed acquisita erat fructuario ab initio anni. Sed & hoc vos maximè notare velim: ut dominus, ex fructibus debet conferre & contribuere heredi fructuarii pro rata temporis, quo eo anno ususfructus stetit, quia etsi ususfruct. ei acquiratur, non ideò minus fructus sunt contribuendi, *il faut qu'il soit tembourse*, quia dominium non impedit contributionem. Nam & ita fructus pendentes facto divortio, quamvis mulieri acqui-

rantur, tamen in contributionem veniunt, ut ex eis vir partem ferat pro rata temporis, quo eo anno matrimonium stetit, *l.* 7. §. *interdum, l. si filiofam.* §. *ult. solut. matrim.* Ita verò, licet illa stipulatio in annos singulos, initio cujuslibet anni, mortuo fructuario, quasi semel acquisita fructuario transmittatur ad heredem, tamen pati debet heres, ut in partem pecuniæ veniat dominus pro rata residui temporis, quo ususfruct. non stetit. Et est hac in re paululà quædam differentia inter hanc stipulationem, & legatum relictum in annos singulos: nam cœpti anni legatum debetur heredi legatarii in integrum, ita ut heres testatoris ex eo nihil deducere, vel deminuere possit, *l.* 5. *de ann. leg.* Cœpti anni stipulatio interposita ex causa locationis operarum à servo fructuario, ad heredem fructuarii etiam pertinet, sed ex ea debet domino partem contribuere, ne videatur ultra mortem fructuarii ususf. permansisse, quod utique Accurf. non malè ait, dominum consecuturum difficultatem sine causa. Sequentium autem annorum stipulatio domino acquiritur ipso jure. Et ita concludit Papinian. Ex quo apparet, & in hoc versari potissimum difficultatem rei propositæ, stipulationem semel acquisitam fructuario, non transire ad dominum, sed ad heredem fructuarii, secundum communem formam juris, puta stipulationem quæsitam fructuario jam ab initio ejus anni, quo vita functus est, licet ex ea debeat heres partem domino contribuere, & sequentium quoque annorum stipulationem non transire ad dominum a fructuario, quæ nunquam videtur fuisse acquisita fructuario, non transire, inquam, sed acquiri domino. Et ideò reverà Julianus scripsit: *Residui temporis stipulationem domino acquiri,* non dixit, *transire,* sed, *acquiri,* & Paulus *pertinere,* in *l. si. operas, de usufr.* & Papinian. tacitè hoc loco reprehendit Ulpianum, & hoc est certissimum, qui scripserat stipulationem quæsitam semel fructuario transire ad dominum in *l. sed & si* §. *si operas, de usufr.* contra regulas juris, quæ volunt, ut stipulationes vel obligationes quæcunque nobis acquisitæ semel, non transeant nisi ad successorem universi juris nostri, id est, ad eum, qui in jus nostrum universum successerit, veluti ad heredem, bonorum possessorem, fideicommiss. Trebellianum, vel patrem adrogantem, sed reprehendit Ulpianum Papin. ut dixi, non nominatim, sed tacitè, non multo notandi, sed inquirendi veri, his verbis, *secundum quæ non transit ad alterum stipulatio,* quasi velit dicere, non debuit Ulpianus uti verbo transeundi, sed acquirendi, *quia unicuique tantum acquiritur,* ut ait, *quantum ratio juris permittit,* nec ab uno ad alterum transit stipulatio, quasi ad successorem, cum non sit successor juris fructuarii dominus. Fuit, ut alias dixi, inter Ulpianum & Papin. æmulatio quædam, quæ dicitur alere firmiores professus in literis, uberiores fructus in literis, & quodammodo laudabilis: evidens est dissidium inter juris auctores, quoties alter alterius verbum aut rationem perstringit & rejicit, ut in *l. singularia, de rebus cred. & l. qui negotia, mand.* idemque in *l.* 3. §. *pen. de act. emp. & l.* 4. *de usur.* Et stultè est aut obscurè diligentiæ, quod evidens est, dissidium inter auctores, id modo quocumque finire conari. Jam sumus prætervecti hunc scopulum. In extremo hujus §. ne novum videretur quod dixi ante, in pendenti esse illam stipulationem, de qua fuit posita species, cui scilicet acquiratur, tradit similem casum, quo etiam in pendenti est stipulatio cui acquiratur, fructuario an domino, quem & ex Juliano Ulpianus retulit in *d. l. sed & si quis* §. 1. Finge: Servus ex numeraturus pecuniam, Titio mutui nomine, & antequam numeret, stipulatur de Titio, tantam pecuniam sibi reddi, quantam intra biduum illi numeraverit: nihil refert stipulatio præcedat mutuum, an sequatur, *l.* 6. §. *ult. de novat. l.* 3. §. *ult. & l. contra, ad Maced.* In pendenti est, cui acquiratur stipulatio: in pendenti est acquisitio stipulationis hujusmodi, & numeratio declarabit, quæ post sequetur, cui sit acquisita: nam si servus pecuniam numeravit ex re fructuarii, vel ex suis operis, retro videbitur acquisita fructuario: si aliud

aliud numeraverit domino, & interea traditio quoque five acquisitio domini in plerisque casibus in pendenti est, ut in *d.l.sed & si quis*, §.1.*l.arboribus* §.*ult.l.quid ergo*, §.1. *de usufr.l.servus*, §.*ult.de acq.rer.dom.l.pen.*§.*ult.de cast.pec. l.bovem*, §.*ult.de ædil.edic.* Stipulatio est pura, fateor, traditio est pura, sed propter conditionem juris, ut eleganter ait lex *bovem*, §.*ult.* in pendenti est, id est, propter tacitam conditionem, cujus ratione stipulatio vel traditio non fit conditionalis: tacita conditio non est conditio, *l.conditio, de cond.& demon. l.3.de leg.1.* Non omne quod suspendit rem, est conditio: hæc stipulatio est pura, & tamen in pendenti est. Male igitur Joannes hoc loco generaliter definit, puram stipulationem in pendenti esse non posse: ut stipulatio usufr. quam facit servus hereditarius, non potest esse in pendenti, quia initium vitiosum habuit, non existente persona, aut jacente hereditate, cui acquiri posset usufructus, *l.usus-fruct. hoc tit.* Item stipulatio interposita a servo communi duorum hoc modo, *ut Cal. Januariis illi aut illi dominis suis, uter eorum viveret, daretur aliquid*, in pendenti esse non potest: quia initium est vitiosum, non existente persona, cui acquiratur stipulatio propter illam adjectionem, uter eorum vixerit, *l.2.hoc tit.* Fateor, has stipulationes in pendenti esse non posse, sed non idem statuendum est in ceteris omnibus stipulationibus puris, ut in pendenti esse non possint, si modo existat homo certus, cui acquiri poterit stipulatio, aut retro acquisita fuisse ex post facto apparere poterit ab initio contractus. In specie *d.l.usufruct.* usufructus stipulatio inutilis est, non existente persona, aut jacente hereditate, cui ab initio contractus acquireretur usufructus, quod jus sine persona esse non potest, vel constitui. In specie *l.21.* non est dominus, cui retro possis dicere, fuisse acquisitam stipulationem: nam tempore contractus uter alteri obstitit, nec poterat vivo utroque alteri acquiri: nec potest igitur alteri acquisita videri retro; & in stipulationibus semper spectamus tempus contractus: si enim in conditionalibus spectamus, & multo magis in puris stipulationibus.

### Ad L. Si testamento XLIX. de Fidejuss.

*Si testamento liberatum debitorem heres omittat, fidejussorem autem ejus conveniat, proderit exceptio doli mali fidejussori, propter improbitatem heredis, qua prodesse reo debuerat si conveniretur.*

Restat tantum ex hoc libro *l.49.de fidejuss.* cujus initio ita scriptum est, *si testamento*, &c. Liberatur debitor testamento, si testator dixerit vel scripserit, se eum liberare, vel se ei remittere debitum, vel si heredem noluerit ab eo petere, quem ita liberavit testamento. Itaque si eum conveniat heres, repelletur exceptione doli mali propter improbitatem suam: improbæ petitioni opponitur exceptio doli mali, & improbitas est non sequi voluntatem testatoris, & quæ indevotio dicitur, & contumacia, improba petitio est, quam intendit heres contra judicium defuncti. Idemque erit, si heres conveniat fidejussorem debitoris testamento liberati, quia quia fidejussore petit, vi ipsa a debitore petit, *l.adversus, de recep. qui arbit.* Debitor fidejuss. qui coactus est solvere, tenetur actione mandati, ut refundat quod solvit, *l.si quis reum, in princ. de liber.leg.* Igitur si nulla fit actio mandati fidejussori, ut li donandi animo fidejusserit, aut si in rem suam fidejusserit, ut *l.si qui reum*, vel si pro invito fidejusserit, *l.si pro te, mandat.* vel si jussu testatoris, ut in specie legis *tribus, de usufr. ear. rer. quæ us.consum.* his casibus, quibus fidejussori, qui solvit, non competit actio mandati, nec regressus hoc ἀναφορὰ, adversus reum principalem: dicimus exceptionem doli non prodesse fidejussori, quæ prodesset tamen reo, si conveniretur, *l.quod dictum, de pact.* Nec enim his casibus, qui a fidejussore petit, a reo vi ipsa petit, quia ad reum non est fidejussori regressus. Idem etiam erit, si fit actio mandati, sed testator nominatim caverit, ut duntaxat a debitore non peteretur a fidejuss.

*Tom. IV.*

fore peteretur: neque enim omnino inutile est legatum aut fideicommissum, licet fidejussor adversus debitorem regressum habiturus sit, cum & simile pactum, ut duntaxat a reo non petatur, non sit inutile, *l. nisi hoc actum, de pact.* Utilitas in eo est, quia forte debitoris interest fidejussori potius solvere, quam creditori, vel heredi creditoris. Et hoc est quod attinet ad initium h.l.

### Ad §.1.

Ex duobus fidejussoris heredibus, si per errorem alter solidum exsolvat, quidam putant habere eum condictionem, & ideo manere obligatum coheredem. Cessante quoque conditione durare obligationem coheredis probant, propterea quod creditor, qui dum se putat obligatum, partem ei, qui totum dedit, exsolverit, nullam habebit condictionem. Quod si duo fidejussores accepti fuerint, verbi gratia in viginti, & alter ex duobus heredibus alterius fidejussoris totum creditori exsolverit: habebit quidem decem, qua ipso jure non debuit, condictionem: an autem & alia quinque millia repetere possit, si fidejussor alter solvendo est, videndum est: ab initio enim heres fidejussoris sive debitoris ut ipse fidejussor obligati audiendi sunt, ut scil. pro parte singuli fidejussores, qui sunt, conveniantur. Severior & utilior in utroque casu est illa sententia, solutionem non indebita quantitatis non debere revocari, quod etiam epistola D. Pii significatur in persona fidejussoris, qui totum exsoluerat.

Sequitur alia quæstio in §. 1. quæ pertrahitur usque ad §.*ult.* Unius fidejussoris & solius duo sunt heredes, singuli ex causa fidejussionis tenentur non in solidum, sed pro hereditariis portionibus, jure, id est, ex *l.XII. tabul.* quibus æs alienum hereditarium dividitur inter heredes pro hereditariis portionibus, *l.pacto, C.de pact. l.6. C.fam. ercisc.* At finge: unus ex eis heredibus per errorem solidum solvit, qui non debuit nisi partem hereditariam: si per errorem juris solvit solidum, qui solvendo pro parte hereditaria se liberare potuisset, non habet condictionem indebiti, nisi sit ex eis personis, quibus jus ignorare permissum, *l.cum quis, de jur. & fact. ignor.* Si per errorem facti solidum solvit, forte dum putavit, testatorem sibi injunxisse onus exsolvendi, pro parte sua liberatur, pro parte coheredis habet condictionem indebiti, quia pro altera parte non tenebatur, & pro ea parte in coheredem creditori integra est actio; coheres manet obligatus pro sua parte. Is, qui solvit solidum, & partem, pro sua parte liberatus est: ergo omnino liberatur ex *l.12.tabul.* Imo vero & conditione cessante, id est, si is qui solvit, non condixerit, quod plus debito solvit, id est, quod solvit ultra portionem hereditariam, coheres ejus pro parte, qua heres est, obligatus manet, nec censetur liberatus solutione coheredis ejus, qui totum solvit: quia non communi nomine solvit, quo casu ipse & coheres procul dubio liberaretur etiam invitus, *l.solutione, in fi. de solut.* nec competerer condictio indebiti, ut Accurs. recte in *l.ex parte, inf.de solut.* sed solvit suo proprio nomine, cum putaret se totum debere. Igitur non liberabit coheredem, & sive condixerit, sive non condixerit quod plus solvit, coheres obligatus manet: & coheredem liberatum non esse probat, aut probant hi, quorum sententiam refert Papin. hoc argumento subtilissimo: Si coheres esset liberatus, creditor qui dum putat se plus debito accepisse, & teneri condictione indebiti pro parte heredis, qui non solvit, si partem reddidisset ei, qui totum solvit, haberet condictionem ejus partis, quam reddidit si utrique esset liberatus, non haberet condictionem ejus partis quam reddidit, cum quod plus debito accepit, id ipse jam debuerit, atque ita debitum reddideris: ergo ille liberatus non est, & pro sua parte conveniri potest a creditore, licet nihil ab eo creditore condixerit is, qui totum solvit. Et hoc quidem de duobus heredibus unius, & solius fidejussoris hic refert Pap. ex aliorum sententia, quam non improbat.

Nunc

Nunc tractemus, quid sit dicendum de duobus fidejussoribus ejusdem rei, si unus ex iis solidum exsolverit, puto vos scire, quod sciunt in foro omnes: fidejussores ex epist. D.Hadriani, cui ideo plerumque, dum se obligant, solent renuntiare satisagentibus tabellionibus, aut creditoribus, ex ea epistola, inquam, eos habere beneficium dividendæ actionis, ut tametsi ipso jure singuli teneantur in solidum, tamen non conveniantur nisi pro parte virili, videlicet si omnes sint solvendo. Nunc igitur finge: duo sunt fidejussores, unus ex eis solidum solvit, qui usus beneficio epistolæ D.Hadriani, partem tantum solvisset virilem: quæro, *an pro parte confidejussoris condictionem habeat*? Et est certissimum non habere: & esse differentiam inter hunc & superiorem casum, inter hunc casum de duobus fidejussoribus, & superiorem de duobus heredibus unius fidejussoris: quia singuli heredes unius fidejussoris ipso jure debent tantum partes hereditarias, id est, ex xii.tab. Singuli autem fidejussores ipso jure solidum debent, & sunt duo rei debendi §.*si plures, Inst. de fidejuss. & l.si plures §.1. eodem tit.* Nec obstat quod si anno solvendo sint litis contestatæ tempore, uti potest beneficio epistolæ D.Hadriani, id est beneficio divisionis, qui in solidum convenitur, ut sc. pro parte tantum virili in se detur actio & fiat condemnatio: nam hoc beneficio uti potest ab initio, antequam solverit, sed postea, quam soluit solidum, quod sane debuit ex ea epistola, non datur ei condictio. Denique ex ea epistola datur exceptio, ne ultra partem virilem solvat, si confidejussor sit solvendo, non item datur condictio, ut repetat quod soluit, id est, ultra partem virilem. Paulatim progredimur ad difficiliora. Nunc igitur, quod est difficilius, quodque diximus in duobus fidejussoribus, an idem procedit in duobus heredibus unius fidejussoris, cum essent duo fidejussores, si unus heredum soluerit solidum? Finge, est elegantissima species: duo sunt fidejussores ejusdem pecuniæ, puta xx. millium, ut ponit Papin. primus & secundus: primus duos ex æquis partibus heredes reliquit superstites secundo fidejussori, & unus ex heredibus primi, creditori solidum soluit, id est, viginti millia: sane pro parte coheredis habet condictionem decem millium, quia ipso jure: id est, ex xii.tab. debuit tantum decem: alia decem debuit coheres, non ipse. Et hoc est certissimum. Verum dubitatur maxime, an quia alter fidejussor, qui superest, est solvendo, & epistola D.Hadriani dividit actionem, ita ut alter fidejuss. convenietur in decem millia, heredes autem mortui fidejussoris in alia decem, non quidem singuli in totum, quia in ea decem cogantur, sive rediguntur beneficio epistolæ, sed singuli in quinque millia, pro hereditariis portionibus, an hic, qui integra viginti millia soluit, & condivit decem, quæ non debuit ipso jure, sed coheres, possit etiam ex aliis decem condicere quinque, qua beneficio epist. potuisset non solvere? Et ait, nihil posse eum condicere ex aliis decem, quia ipso jure decem debuit, & indistincte. Ita distinguit eleganter Pap. *utroque casu*, id est, sive unus ex duobus fidejussoribus solidum soluerit, sive unus ex heredibus unius fidejussoris, soluerit solidum, pro parte hereditaria, id est, decem, qui usus beneficio epistolæ non soluisset nisi quinque, non posse condicere partem decem, nihil posse condicere, quia uterque solidum soluit, quia uterque quod soluit, ipso jure debuit. Et hoc ita omnino proponitur in eo, quod sequitur, *quod si duo, &c.* In qua parte observandum est, quod est scriptum Florentiæ, *severior & utilior* est, rectius legi vulgo, *fed verior & utilior*: ratio veterum Jurisconsultorum ut Juliani, Marcelli & aliorum ut idem Papin. ait in *l.cum servus, mand. verius & utilius*. Item illo loco, *epistola D.Pii*, observandum est, epistolam Divi Hadriani tribui Divo Pio, hoc uno loco juris nostri. Ex quo apparet, illam epistolam non esse Hadriani, sed Divi Pii, quem Hadrianus adoptaverat. Et ita sæpissime in jure Divus Hadrianus est Divus Pius, non ille, qui singulari nomine dicitur Hadrianus, sed qui Pius adoptionis jure, Hadriani nomen assumpsit, §.1.*de Senatusc.Tertyll.* Senatusconsultum Tertyllianum factum fuisse Hadriani temporibus, quod ex consulibus, qui nomen dederunt Senatusconsulto, Tertyllo, & Sacerdote constat factum fuisse D.Hadriani temporibus, *& l.acceptis, ad l.Falc. l. ducta, §.acceptis, ad Trebell.* D.Hadrianus est D. Pius, un constat ex *l.in quartam, §.1. ad l.Falc.* & sic in *l.si de vi, de judic.* quod tribuitur Hadriano, tribuitur Pio in *l.de vi publ.* In illa igitur Hadrianus, id est, Pius: & sic in *l.3.si pars hered. pet.* ad Hadrianum fuisse perductam mulierem quandam cum quinque liberis, quos enixa erat uno partu. Ex Capitolino in Pio constat perductam fuisse ad D.Pium. Ac similiter in *l.3.§.Divus, de sepulc. viol.* D.Hadrianum constituisse, ne quis in urbe sepeliretur: quod idem Capitolinus D. Pio tribuit, & nulla est diffidentia: Nam Hadrianus illo loco est D.Pius, ut in ceteris. Non mihi satisfacio, nisi quæstionem, quam heri tractavi ultimo loco, facio summam, brevem & dilucidam. Duo sunt fidejussores viginti millium: unus eorum defunctus est, relictis duobus heredibus ex æquis partibus: defunctus ipso jure debuit solidum, id est, viginti millia, quoniam erant ex ejusdem pecuniæ. Sed qui solutione nondum facta, beneficio epistolæ D.Hadriani conventus tantum in decem condemnatus fuisset: solutis viginti integris, condictionem nullam habuisset, quoniam ipso jure debuit xx. Singuli autem heredes ejus ipso jure debent, non viginti, sed decem tantum, divisa obligatione pro hereditariis portionibus ex xii.tab. Sed solutione nondum facta beneficio ejusdem epistolæ, adscriptis decem fidejussori superstiti, singuli heredes convenientur tantum in quinque, aliis scil. decem ex æquo inter se divisis secundum xii. tab. Quod si unus eorum per errorem solverit integra viginti, potest quidem condicere decem, quæ debuit coheres, non ipse. Ex aliis decem non potest condicere quinque, quoniam ipso jure debuit decem integra ex sua persona, & coheres alios decem cessante beneficio epistolæ, quod utique post solutionem cessat. Nunc facillime rem intelligetis. Jam transeamus ad §. *ult*.

### Ad §. ultim.

*Quæsitum est, an fidejussor, qui Capuæ pecuniam se daturum Romæ promisit: si reus promittendi Capuæ esset, statim conveniri possit? dixi non magis fidejussorem confestim teneri, quam si ipse Capuæ spopondisset, cum reus adhuc Capuam pervenire non potuisset: nec ad rem pertinere, quod hoc latere nemo dubitet, nondum fidejussorem teneri: quia nec ipse reus promittendi teneretur. Nam e contrario quoque, si quis responderit, quoniam debitor Capuæ sit, fidejussorem confestim teneri, non habita ratione taciti proprii temporis, eventurum, ut eo casu fidejussor conveniatur, quo debitor ipse si Romæ fuisset, non conveniretur. Itaque nobis placet fidejussoriam obligationem conditionem taciti temporis ex utriusque persona recuperare tam rei promittendi, quam ipsius fidejussoris, quoniam aliud respondentibus, contra juris formam in duriorem conditionem acceptus intelligetur.*

Fidejussor, cum esset Romæ, promisit se pecuniam Capuæ daturum pro reo principali, qui jam erat Capuæ, & Capuæ promiserat: Quæritur, an fidejussor statim conveniri possit? Movet, quod principalis reus, cum sit Capuæ, statim conveniri potest. Ergo est eadem conditio fidejussoris, ut statim possit conveniri: At respondet Papin. non ideo fidejussorem statim conveniri posse, quod possit reus principalis: quoniam stipulationi, quæ Romæ est interposita pecuniam Capuæ dari, inest tacitum proprium tempus, quo Capuam fidejussor pervenire potest. Inest tempus, ut Græci ajunt hoc loco, πρὸς τῆς ὁδοῦ διανύσῃ, id est, *propter viæ distantiam*, in *l.2. §.qui ita stipulatur, de eo quod cer. loc. l.9.§.ult. de duobus reis, l.servus si heredi, §.1. de statulib. l.quoties, de oper. libert.* Nec quicquam vetat, reum statim conveniri posse, non etiam fidejussorem: nam & reo pure accepto, fidejussor recte accipitur ex die, nec ut reus statim conveniri potest, *l.Græce, §.item accepto, hoc tit.* Obstare tamen

tamen videtur lex *fidejuſſor obligari*, §.1.*hoc tit.*quæ ait, fi-A dejuſſorem non obligari, ſi reo accepto pure fidejuſſor accipiatur cum adjectione loci, ut contigit in hac ſpecie: quia ſcil.durior eſt conditio ejus, qui promiſit cum adjectione loci, id eſt, qui certo loco ſe daturum promiſit, quam ejus, qui pure promittit, quoniam is, qui certo loco dare promiſit, nullo alio loco, quam in quo promiſit, ſolvere compelli poteſt invito ſtipulatore, *l.2. §.idem Julianus, & l.pen. de eo quod cer. loc.*Fidejuſſoris autem non poteſt eſſe durior conditio, poteſt eſſe levior, non durior, aut deterior. *l.hi qui h. t. §.fidejuſſores, eod. Inſt.* At ita reſpondendum eſt ad *d.l.fidejuſſor*, §.1.Quod ea lex ait, verum eſt, ſi alio loco pure reus accipiatur, quam quo fidejuſſor ſe daturum promittit, non ſi eodem uterque loco, ut in hac ſpecie uterque promiſit ſe daturum Capuæ, ſed reus præſens, fidejuſſor abſens. Verum modo convertamus caſum, quem propoſuimus initio, & inveniemus idem juris eſſe e converſo. Finge : Reus cum eſſet Romæ, promiſit ſe Capuæ pecuniam daturum: B fidejuſſor autem jam erat Capuæ, & Capuæ promiſit: certe reus non poteſt conveniri ſtatim, ſed neque fidejuſſor. Neque priore igitur caſu, neque poſteriore fidejuſſor poteſt conveniri ſtatim, ſed obligatio dilationem capit: priore caſu ex perſona fidejuſſoris: & poſteriore ex perſona rei, obligatio, inquam, utriuſque. Nec rurſus obſtat huic parti, quod reo accepto ex die, fidejuſſor pure acceptus non obligatur ei, *d.§.fidejuſſores*: ne contra juris formam in duriorem cauſam obligetur: Nam hoc verum eſt, ſi reus ex certo die acceptus ſit nominatim, fidejuſſor præſenti die : non ſi in eodem quiſque loco ſe daturum promiſerit, ut in hac ſpecie, ſed reus C abſens ab eo loco, fidejuſſor præſens. Eſt enim utilis fidejuſſio, licet fidejuſſor non teneatur, antequam reus teneri cœperit, id eſt, antequam prætierit tempus, quo reus pervenire Capuam potuit, cum & futuræ obligationi fidejuſſor poſſit adhiberi, *l.6.hoc tit.* Et in priore caſu ſi fidejuſſor fuerit Romæ, reus Capuæ, cur ſtatim non tenetur fidejuſſor, exemplo ſcilicet rei? quoniam & reus, ſi Romæ fuiſſet, non teneretur ſtatim, ut ait Papin.Et in ſumma concludit, utroque caſu fidejuſſoriæ obligationi ineſſe tacitum tempus. Priore caſu, ſi fidejuſſor fuerit Romæ, reus Capuæ, ineſt tacitum tempus ex perſona fidejuſſoris: Poſteriore caſu, ſi fidejuſſor Capuæ fuerit, reus Romæ, ineſt tacitum tempus ex perſona rei. Quod quidem utriuſque obligationem moratur atque ſuſpendit : alioqui priore caſu eſſet inutilis D fidejuſſio, quaſi fidejuſſore accepto in duriorem cauſam: eſt enim durior cauſa ejus, qui promittit cum adjectione loci, *d.l.fidejuſſor obligari*, §.1.Et fidejuſſor inutiliter accipitur in duriorem cauſam: Ergo rapienda eſt occaſio, quæ utilem facit potius quam inutilem obligationem : & portio utilis erit obligatio fidejuſſoria, ſi dixeris, eam obligationem differri in tempus, quo fidejuſſor Capuam pervenire poſſit. Quidam negabant priori caſu comparandam eſſe poſteriorem obligationem priori. Comparat Papin.priorem poſteriori, utroque caſu fidejuſſorem non poſſe ſtatim conveniri: alii non admittebant hanc comparationem : Nam poſteriore caſu facile admittebant fidejuſſorem nondum teneri, quoniam nec ipſe reus ante tenebatur, qui Romæ promiſerat ſe Capuæ daturum. Priore autem fidejuſſorem dicebant confeſtim teneri, E quoniam & reus confeſtim teneretur, qui præſens Capuæ promiſiſſet. Quod ita eludit Papin. ſi hoc non magis priore, quam poſteriore caſu ſtatim conveniri fidejuſſorem poſſe : neutro igitur caſu poſſe, quoniam et in priori caſu eadem intervenit ratio, quæ in poſteriori, quæ efficit ne teneatur fidejuſſor, *quoniam*, inquit, *nec reus ſi Romæ fuiſſet, teneretur ſtatim*. In qua eluſione Papin. eſt captio evidens, & ſi animadvertimus ſubtilitatem ingenii, Papiniano excidunt nonnunquam κακοσοφισμοί, id eſt, captiones quædam. Captio hic eſt evidens, quoniam quod poſteriore caſu dicitur ſimpliciter, non ſtatim teneri reum, qui Romæ promiſit ſe daturum Capuæ, id Papinian.in priore caſu adſumit conditionaliter, non teneri reum, ſi Romæ fuerit. Sed tamen utilior eſt Papin.ſententia, & tenenda omnino, quoniam commodius eſt ita accipi, quo ſtipulatio magis valeat, quam pereat, & æquum eſt etiam priore caſu ex perſona fidejuſſoris, eum qui Romæ promiſit, ſe Capuæ daturum, habere rationem taciti proprii temporis, quo Capuam ire fidejuſſor poſſit. Et in illum locum, *nec ad rem pertinere*, ut res ſit dilucidior, velim vos notare, quod notavit Rogerius, nihil attinere, quo magis, inquit, fidejuſſor conveniri poſſit, in priori caſu ſtatim quam in poſteriori, id eſt, ut ſentit Accurſ.non eſſe differentiam inter primum & ſecundum caſum. Et in illum locum: *nam e contrario*, idem Rogerius ita notat, & eleganter eorum objectis reſpondet : qui primum caſum ſecundo comparandum inficiabantur, facillimus hic §.ita videbitur, ſi reus principalis cum eſſet Capuæ, Capuæ promiſerit certam pecuniam, fidejuſſor autem, qui pro eo interceſſit, cum eſſet Romæ, promiſerit ſe eam pecuniam Capuæ daturum : reus quidem, qui jam eſt Capuæ, ſtatim conveniri poteſt, fidejuſſor autem ex ſententia Papin.ſtatim conveniri non poteſt, quoniam habenda eſt ratio taciti proprii temporis, quo fidejuſſor Capuam pervenire poteſt. Ergo licet reus ſtatim teneatur & conveniri poſſit, tamen fidejuſſor conveniri non poteſt. E contrario, ſi principalis reus cum eſſet Romæ promiſerit ſe Capuæ daturum, fidejuſſor autem jam eſſet Capuæ, Capuæ promiſerit, hoc caſu, non poterit etiam fidejuſſor Capuæ conveniri ſtatim, quoniam & fidejuſſoriæ obligationi ineſt tacitum tempus ex perſona rei. Denique fidejuſſor, licet jam ſit Capuæ, & Capuæ promittat pure, non tenetur ſtatim, quoniam nec tenetur ſtatim, & priore illo caſu fidejuſſor etiam non tenetur ſtatim, licet reus teneatur ſtatim : quod tamen quidam non admittebant. Sed eorum ſententiam improbat Papin. hac ratione, quoniam ſi dixeris, priore illo caſu fidejuſſorem conveniri poſſe confeſtim, ut reus principalis poteſt, qui jam eſt Capuæ, inutilem efficies fidejuſſoriam obligationem, quaſi fidejuſſore accepto in duriorem cauſam. Quærebam, cur videretur acceptus in duriorem cauſam ? & dicebam, quoniam durior eſt cauſa ejus, qui promittit cum adjectione loci, qualiter fidejuſſor promiſerat ex *l.fidejuſſor obligari*, §.1.*de fidejuſſ.male*, & jam ante bene explicaveram *d.l.fidejuſſor*, hoc modo : Si priore illo caſu fidejuſſor tenetur ſtatim ſicut reus, qui jam eſt Capuæ, durior eſt ejus cauſa quam rei: nam ſi reus Romæ eſſet, non conveniretur ſtatim: fidejuſſor Romæ eſt, & vis eum conveniri ſtatim : duriorem igitur conditionem ejus facis contra regulas juris, atque ita ſecundum regulas juris, inutilem facis fidejuſſoris obligationem : in perſona rei habetur ratio taciti proprii temporis, & ſi vis fidejuſſorem ſtatim conveniri qui Romæ eſt, necdum Capuam pervenit, aut pervenire ſubito poteſt, non habes in perſona fidejuſſoris rationem taciti proprii temporis, ergo duriorem ejus cauſam facis. Denique inutilem fidejuſſoris obligationem facis. Id accipiamus, quod utilem potius quam inutilem obligationem fidejuſſoris faciat: melius eſt conſtituere generaliter fidejuſſoriæ obligationi ineſſe tacitum tempus, non tantum ex perſona rei, ſed & fidejuſſoris. Ego nolui hoc diſſimulare, & miror, quod nemo hoc animadverterit, & reprehenderit.

## JACOBI CUJACII J.C.
### COMMENTARIUS
#### In Lib. XXVIII. Quæſtionum ÆMILII PAPINIANI.

Ad L. III. de Condict. indeb.

*Idem eſt etſi ſolutis legatis nova & inopinata cauſa hæreditatem abſtulit : veluti nato poſtumo, quem heres in utero fuiſſe ignorabat: vel etiam ab hoſtibus reverſo filio, quem pater obiiſſe falſo præſumpſerat: nam utiles actiones poſtumo, vel filio,*

*lio, qui hereditatem evicerat, dari oportere in eos, qui legatum perceperunt, Imperator Titus Antoninus rescripsit: scilicet quod bonæ fidei possessor in quantum locupletior factus est tenetur: nec periculum hujusmodi nominum ad eum, qui sine culpa solvit, pertinebit.*

ERIT breve initium, sicut omnia debent esse initia, nam & cœpisse multum est. Condictio indebiti, vel est directa, vel utilis: Directa datur ei, qui solvit indebitum. Quid est condictio indebiti? solutionis non debitæ quantitatis, vel rei revocatio. Condictio indebiti revocat solutionem non debitæ quantitatis. Utilis autem datur etiam nonnunquam ei, qui non solvit, adversus eum, qui ab alio solutum accepit, ut si heres scriptus testamento, vel nuncupatus, legata aut fideicommissa solverit testamento relicta, & postea apparuerit falsum testamentum fuisse, vel ruptum mutatione, vel irritum capitis deminutione, vel si rescissum fuerit querela inofficiosi, atque ita si apparuerit indebita fuisse legata vel fideicommissa: Nam res judicata contra testamentum, etiam legatariis nocet, *l. 3. de pignor.* Legatorum solutorum condictio competit heredi legitimo, qui ab herede scripto hereditatem abstulit & evicit. Competit igitur ei, qui non solvit, utilis, *l. 2. §. ult. hoc tit. l. Papinian. §. ult. de inoffi. testam.* Atque ita evenit, ut est scriptum in *l. 5. hoc tit.* ut quod alius solvit, alius condicat, ut quod solvit heres scriptus, condicat heres legitimus evicta hereditate, Idem subjicitur in *l. 3. ex Papin. & si solutis legatis, nova & inopinata causa hereditatem abstulerit: nova & inopinata causa*, id est, improvisus casus, ut ipse ait in *l. militis, §. miles insuper, de milit. test.* ut puta, si post solutionem legatorum ruptum fuerit testamentum agnatione postumi, quem heres qui solvit legata ignorabat esse in utero uxoris testatoris. Testamentum rumpitur duobus modis, mutatione testamenti, & agnitione sui heredis, qui neque institutus sit, neque ut oporteat exheredatus, id est, qui sit præteritus silentio. De testamento rupto mutatione est lex 4. itemque *l. 2. hoc tit.* Et est emendanda glossa *l. 2. ad verbum, ruptum, ut per secundum tabulas,* inquit, legendum, *ut per secundum testamentum.* De testamento autem rupto agnatione sui heredis est *l. hæc 3.* veluti agnatione postumi testamento præteriti: huic postumo, qui evicerit hereditatem, dabitur condictio legatorum solutorum, licet ea ipse non solverit, sed scriptus. Et idem erit, si post solutionem apparuerit injustum fuisse testamentum. Injustum proprie dicitur, in quo filius est præteritus, non dico postumus: Nam ejus præteritio non facit injustum testamentum, sed rumpit. Præteritio filii ab initio facit injustum testamentum. Finge: filius captus est ab hostibus: pater falso præsumit eum obiisse apud hostes, & eum omittit testamento, & alium heredem scribit: heres bona fide solvit legata, post revertitur filius: videtur injustum fuisse testamentum ab initio, quia filius retro creditur in civitate fuisse, & ita injustum dicitur in *l. 6. §. sed si pater, de injust. rup.* Porro his casibus condictio solutorum legatorum datur ei qui postliminio reversus est, atque etiam postumo, qui hereditatem evincit, condictio utilis, & directa etiam ei datur ex cessione heredis scripti, qui solvit, *l. quod si in diem, §. ult. de petit. hered.* Et ita frequenter in jure, sine cessione directa actio, sine cessione competit utilis, *l. 1. §. nunc tractemus de tut. & rat. l. ex legato, C. de leg.* Hoc vero casu & ceteris, quos supposuimus, heres solvit legata bona fide, & sine culpa, culpa ei nulla potest imputari: Ponamus igitur, eum legata solvisse bona fide de hereditate ipsa. At post quæremus de suo solverit-ne, an ex hereditate: heres tenetur petitione hereditatis postumo vel filio, in hoc tantum, ut cedat condictionem indebiti, nec tenetur in amplius quicquam, nec si hi, qui legata perceperunt, solvendo sunt: si egeni sunt, & inopes, qualiscunque cessio actionis, etiamsi sit inanis, propter inopiam reorum, pro satisfactione est, *l. ult. de admin. tut. l. Titio fundus de cond. & demonst.* Ergo liberatur heres scriptus cedendo condictionem indebiti, sive ea sit inanis, sive efficax, quia scil. qui bona fide possidet hereditatem pertinentem ad alium, tenetur tantum in quantum locupletior factus est: non ergo tenetur in legata, quæ erogavit & distribuit bona fide, secutus scripturam testamenti. Et hoc est ex Senatusconsulto de pet. hereditatis, ut qui bona fide possidet hereditatem, in id tantum teneatur, quo factus est locupletior. Senatusconsultum illud appellatur Hadrianum in *l. quod si possessor, de petit. hered.* Senatusconsulto Hadriano bonæ fidei possessor neque lucro, neque damno afficitur. Igitur periculum rerum puta legatorum indebite solutorum, ad eum non pertinet, si qui ea perceperunt, conveniri, non sunt ea redditui propter inopiam: & sufficit qualiscunque cessio condictionis indebiti, qua etiam omissa dabitur utilis postumo vel filio reverso ab hostibus. Recte posui heredem scriptum bona fide solvisse. Nam si solverit mala fide etiamsi solverit ante controversiam motam, ut ponendum est, nam post controversiam bona fide non potest solvere, puta sciens, in qua causa esset testamentum, sciens vitium testamenti, non liberatur cedendo condictionem indebiti: non semper cessio aut delegatio pro solutione est, sed omnimodo tenetur, atque si nec solvisset, quia dolo desiit possidere, & dolus præteritus venit in petitionem hereditatis. Et hoc ostenditur in *l. 17. §. ult. de petit. hered.* nos expofuimus latius in lib. 20. in *l. si patroni, §. ult. ad Trebel.* Igitur, si post controversiam motam de hereditate, heres solverit legata, quia mala fide solvit, id ei imputatur, & venit in petitionem hereditatis in solidum: cum etsi ante controversiam motam dolo fecerit, id veniat in eandem actionem. Igitur cogetur præstare æstimationem litis, & heredi legitimo non est necessaria condictio indebiti, cum petitione hereditatis sit consecuturus pretium legatorum solutorum post litem contestatam. Vix etiam dabitur condictio heredi scripto, quia sciens solvit, & qui sciens solvit, donare videtur. Donati autem non est repetitio, & valet ea Donatio, si (quod pauci animadvertunt) non excedat legitimum modum, puta 300. aureos, & non intervenerit insinuatio. Nam si excedat, & non intervenerit insinuatio, hæc solutio, quæ pro donatione est revocari poterit. Et hæc omnia comprobantur in *d. l. Papin. §. ult. & l, militis, §. miles, de milit. testam. & l. 4. §. pen. si cui plus quam per leg. Falcid.* A Papiniano adducitur rescriptum D. Antonini: is est D. Pius, qui & D. Hadrianus dicitur, adeo ut possit tentari in *l. 2. & 4. h. t.* rescriptum, quod affert Ulpian. & Paulus esse D. Pii. Et hæc, ut initio posui, si heres scriptus legata solverit de hereditate. Quid si ea solverit de suo? sane hoc casu ei heredi scripto competit condictio indebiti: non competit legitimo per petitionem hereditatis, nacto hereditatem totam, cum nec deminuerit solutionem legatorum, nisi scilic. legatario cedatur condictio indebiti ab herede scripto, qui de suo legata solvit bona fide: & cedi debet heredi legitimo, si heres in judicio petitionis hereditatis actori velit reputare legata, quæ de suo solvit bona fide, & ea retinere ex hereditate, quod utique potest, si malit uti retentione quam condictione indebiti, & adversus eos, qui legata perceperunt, forte quia non sunt solvendo, utetur retentione ejus quod solvit de suo, & cedet qualem qualem condictionem indebiti: Potest, inquam, heres reputare legata, quæ solvit de suo, quia scilicet ea bona fide solvit, licet revera fuerunt indebita ex scriptura testamenti: Excusatur qui solvit ex scriptura testamenti, justa ratione motus, sicut qui solvit ex condemnatione, *l. 2. §. solet, de hered. vend.* Hoc potest reputare evincenti hereditatem. Alia prorsus indebita, quæ solvit neque motus scriptura, neque condemnatione, neque ulla ratione justa, non potest reputare actori, quia temere ea solvit. Et ita accipienda est lex *item veniunt, §. sed si Senatus de pet. hered. & d. §. solet,* alioqui pugnaret cum *l. quod si possessor,* quæ rem hanc etiam evidenter explicat de herede scripto, qui bona fide ex suo solvit legata aut fideicommissa.

Ad

### Ad L. LXVI. de Evictionib.

*Si cum venditor admonuisset emptorem, ut Publiciana potius, vel ea actione, quae de fundo vectigali proposita est, experiretur, emptor id facere supersedit, omnimodo nocebit ei dolus suus, nec committetur stipulatio. Non idem in Serviana quoque actione probari potest: haec enim etsi in rem actio est, nudam tamen possessionem avocat, & soluta pecunia venditori, dissolvitur: unde fit, ut emptori suo nomine non competat.*

Sciendum est, stipulationem duplae, qua emptor sibi a venditore cavet evictionis nomine committi, id est, ex ea agi posse, non tantum, si possidenti emptori res judicio evicta sit, sed si etiam emptor ex possessore petitor factus sit, casu aliquo amissa possessione sine culpa sua, & victus fuerit, *l. 19. §. 1. hoc tit.* Secus est, si culpa aut sponte emptoris possessio amissa sit, *l. si rem quam §. 1. h. tit.* quia hoc casu, culpa ei obesse debet, neque etiam interveniente oportet culpam venditoris, qui rem adhuc habet in potestate sua: habere enim est possidere, & stipulationis hujus formula haec, *habere recte licere, aut duplam praestare.* Item secus est, quod ostenditur initio *h. l.* si initio, cum vellet emptor rem petere, cujus possessionem amiserat sine culpa sua, a venditore admonitus fuerit, ne eam peteret directa vindicatione, sed Publiciana, aut vectigali, id est, emphyteuticaria, quae proponitur in tit. *si ager vectigalis, id est, emphyt. petatur,* si admonuerit, his judiciis superiorem eum fore, directa vindicatione inferiorem, & tamen emptor voluerit agere directa vindicatione, nec admonitionis venditoris audiens fuerit, atque ita superatus sit absoluto possessore, a quo rem petierat. Nam hoc quoque casu, non committitur stipulatio duplae ob evictionem, quia vitio suo litem amisit dolo malo utens actione incongrua, contra quam, admoneretur a venditore, quo magis vinceret, & venditorem sibi obstringeret evictione duplae, quod rationem summam habet. Idem etiam erit, si ab initio emptor non fuerit admonitus a venditore, sed ipse emptor ultro egerit directa, & victus fuerit, ac postea admonitus noluerit agere Publiciana aut vectigali. Nam quod notandum, victo in proprietatis judicio, non obstat exceptio rei judicatae, si postea agat Publiciana, quae est utilis praetoria, aut vectigali, quae de agro emphyteuticario proponitur. Et hoc esse verum aperte ostendit lex *minor, §. si servus, h. t.* Quamvis Accursius, & eo loci frustra revocet in dubium: nihil enim adfert quod quenquam in dubium plane vocet. Et hujus sententiae ratio est evidentissima, quia, alia est causa Publicianae, alia civilis & directae vindicationis. Si alia est causa, ergo, qui una non obtinuit, non prohibetur venire postea ad alteram: civilis & directae vindicationis causa est proprietas: Publicianae justa possessio: vectigalis, jus emphyteuticum. Diversae igitur sunt, harum actionum causae, ergo alia aliam non elidit, in *l. & eadem, de except. rei jud.* Cum quaeritur, an obstet exceptio rei judicatae, videndum est, an eadem sit causa petendi denuo. Nam si sit eadem, obstat exceptio: si sit alia, nihil obstat, & quaerenda causa actionis proxima, ut ait lex, *cum de hoc, de except. rei jud.* ut Aristot. monet in 8. cap. 4. Metaphysicor. semper esse quaerenda αἰ ἐγγύμω αἰτία, id est, proximas causas, & eam esse proximam causam, quae rei est propria, ut propria causa vindicationis est dominium: Publicianae bonae fidei possessio, quam praetor tuetur perinde ac proprietatem si amissa sit casu quodam. Ergo ita concludamus: sive initio sive postea admoneatur emptor a venditore, ut agat potius Publiciana, aut vectigali, quam directa, & admonitioni locum non reliquerit, sed egerit directa, & succubuerit, non committitur stipulatio duplae. Additur hoc loco a Papiniano, non idem esse dicendum, si venditor, cui ea res erat pignerata, nec ullum aliud jus habebat, admonuerit emptorem ut ageret Serviana, id est hypothecaria: nec enim ideo minus committitur stipulatio duplae, etiamsi admonitioni emptor non paruerit, quia recte agere non potuit suo nomine actione Serviana: si non potuit suo, nec alterius igitur nomine. Competit enim ei tantum, in cujus persona pignus constitutum est, nec transit in emptorem: dominium transit in emptorem: vel quod dominio simile vel proximum, veluti jus vectigale, superficiarium jus, jus bonae fidei possessoris quod parit Publiciana: non transit jus pignoris in emptorem, venditorem posse experiri actione Serviana, nondum sibi soluta pecunia, non etiam emptorem. Ergo non est quod imputet venditor emptori, si monitus non egerit Serviana, qui nec potuit: & ideo si non obtinuerit, habet regressum adversus venditorem ex stipulatione duplae. Alia igitur est possessio nuda, alia conjuncta dominio aut veluti dominio, aut brevius, conjuncta juri perpetuo: jus hypothecae non est perpetuum; quod solutione dissolvitur, & alio genere, quod sit solutionis vice.

### Ad §. I.

*Si is, qui reipublicae causa abfuit, fundum petat, utilis possessori pro evictione competit actio, Item si privatus a milite petat, eadem aequitas est emptori restituenda pro evictione actionis.*

In §. 1. ostendit stipulationem duplae committi non tantum si judicio ordinario, & usitata actione res emptori evicta sit, sed etiam si evicta sit judicio extraordinario, puta per restitutionem in integrum, quod est auxilium extraordinarium, *l. in causa, ff. de minor.* Finge: vendidi rem militis vel alterius, qui aberat Reip. causa, vel captivi: nam & hujus eadem est conditio: & emptori. cavi duplum, & milite vel alio absente nondum reverso, res ea ab emptore qui eam bona fide possederit usucapta est: usucapione peremta est militi actio, in rem, emptori peremta est. stipulatio duplae, quia jam factus est dominus rei, *l. qui alienam, in princ. hoc tit.* At reverso milite restituitur actio in rem, rescissa usucapione ex edicto *ex quibus cauf. major.* Ergo aequum est, etiam emptori restitui stipulationem duplae, idque actionem pro evictione per eundem praetorem, quae dicitur utilis actio, quia est restitutoria, ut in *l. minor, in princ. hoc tit.* omnis actio rescissoria vel restitutoria est utilis. Idem vero evenit a contrario, si quis militi vendiderit rem alienam, quem constat abesse Reipub. causa, rem alienam privati hominis, inquit, id est, pagani: privatus opponitur militi hoc loco: & miles cum abesset nec defenderetur, usu eam ceperit: Nam privato, cujus res fuit in militem, cum reversus erit, datur actio rescissoria, quae rescindit usucapionem, & restituit privato, id est, pagano actionem in rem. Ac proinde etiam militi in venditorem restituitur actio ex stipulatione duplae: ob evictionem, quam usucapio peremerat: & haec est sententia hujus §. ex quo intelligitur tam militi in privatum, quam privato in militem dari actionem restitutoriam ex illo edicto ex quib. causis majores, quod probatur *l. 1. l. item ait praetor, ex quib. cauf. major l. non quocunque, §. 1. de leg. 1. l. 18. C. de captiv. & postlim.* Et ratio dandae actionis ex utroque latere est in *l. 29. ex quib. cauf. major.* ne cui militia vel damno vel compendio sit: compendio, si perniciem alterius scilicet. Et non est ferendus interpres quidam, qui negat dari rescissoriam militi in privatum: in §. *rursus Instit. de act.* qui est de hac actione, datur tantum privato in militem haec actio. Sed non ex eo sequitur, denegandam esse militi in privatum, quod supra dd. ll. demonstrat, ut & haec. Et quod est stultius, idem negat, actionem rescissoriam esse restitutoriam, id est, negat remedio actionis rescissoriae in integrum restitui eum, cujus

cujus res ufucapta eft. Nam fi ita eft, titulus ergo, *ex quib. cauf. major.* nihil pertinet ad caufam reftitutionis, quod falfum eft, *l. 1. C. de reftit. in integ.*

### Ad §. Pen. & ult.

*Si fecundus emptor venditorem eundemque emptorem ad litem hominis dederit procuratorem, & non reftituto eo damnatio fuerit fecuta; quodcunque ex caufa judicati præftiterit procurator, ut in rem fuam datus, ex ftipulata confequi non poterit, fed quia damnum evictionis, ad perfonam pertinuit emptoris, qui mandati judicio nihil percepturus eft: non inutiliter ad percipiendam litis æftimationem agetur ex vendito.*

*§. 1. Divifione inter cohæredes facta fi procurator abfentis interfuit, & dominus ratam habuit, evictis prædiis in dominum actio dabitur, quæ daretur in eum, qui negotium abfentis geffit: ut quanti fua intereft, actor confequatur fcilicet ut melioris aut deterioris agri facti caufa, finem pretii, quo fuerat tempore divifionis æftimatus, deminuat, vel excedat.*

SEquitur altera pars hujus legis, quæ continet etiam duas quæftiones. Et ad primam, quæ proponitur in *§.pen.* fciendum eft, in ftipulationem duplæ, quæ interponitur evictionis nomine, inter cetera ita emptorem cavere fibi & ftipulatori, *fi ea res a me petita erit, tam de ea re agenda adeffe, & litem recte defendere, ubi denuntiatum erit fpondes? fpondeo:* fecundum quæ verba emptor, a quo res petitur, debet denuntiare venditori, ut de ea re agenda adfit: debet, ut brevius dicam fermone noftrorum auctorum, laudare auctorem: denuntiare venditori eft laudare auctorem, *fommer fon garent, a ce qu'il prenne le fait en main*: & in *l. qui abfentem, de procur.* puftulare venditorem, ut ab eo defendatur, *l'appeller a ce qu'il prenne la garentie pour luy*. Hoc eft laudare auctorem; & laudare, eft nominare, eique denuntiare. Alioquin omiffa denuntiatione emptor re evicta agere non poteft de evictione, *l. fi fundo §. ult. hoc tit. l. 8. C. eod. tit.* nifi pacto remiffa fit denuntiandi neceffitas, *l. Herennius h. tit.* Et notandum eam denuntiationem quocunque tempore fieri poffe, *l. fi tem quam §. ult. h. tit.* Quocumque tempore, eft vel ante litem conteftatam, vel poft, pendente judicio, necdum finito. Et hoc eft, quod vulgo dicitur, *fommation de garant eft perpetuelle*, dummodo non fiat prope fententiam, re perducta prope ad condemnationem, quia fane fit tum intempeftive: poft denuntiationem non debet venditor, qui auctor laudatus eft, defugere auctorem fuum: *il ne doit point de faillir en garant*, fed liti adfiftere, adeffe, rem defendere, & inftruere debet, qua de re memini, me planius tractare ad Afric. in *l. 24. h. tit.* vel ipfemet venditor debet litem agere mandatu emptoris, quo genere fit procurator in rem fuam. Nam ea lis non minus eft venditoris quam emptoris, fed emptoris principaliter vocati, ad judicium nimirum & venditoris, quia eft procurator in rem fuam. Ideo fi venditor, qui litem agit mandatu emptoris, condemnetur in æftimatione ejus, quo de agetur, forte dum non reftituitur res; quam actor ab emptore vindicat fecundum denunciationem, *l. qui reftituere, de rei vind.* inquam, condemnetur in litis æftimationem, & folvat, non habet actionem mandati adverfus emptorem, ut confequatur litis æftimationem quam folvit procurator in rem fuam, non datur actio mandati, ut fidejuffori in rem fuam, *l. fi quis rem, §. 1. de lib. leg.* Atque ita hoc cafu, cum emptori neque res abfit, neque æftimatio, non committitur ftipulatio duplæ, *l. fi fervus venditus, §. 1. h. t.* Quibus præmiffis, finge: Primus vendidit fervum Secundo, & cavit de evictione interpofita ftipulatione duplæ: poft Secundus eundem fervum vendidit Tertio, & fimiliter cavit duplam. Quidam a Tertio fecundo emptore eum fervum vindicat, Tertius laudat auctorem fuum, puta Secundum, eumque ad eam litem procuratorem facit: procuratorem igitur in rem ejus, quia res eft venditoris non minus, quam emptoris, cum defenfio rei venditori incumbat auctoritatis nomine: egit igitur eam litem Secundus, qui vendiderat Tertio, a quo homo

vindicabatur, & non reftituitur is homo arbitrio judicis. In vindicatione funt duæ claufulæ, ut fere in omni actione arbitraria, una eft de reftitutione, altera de condemnatione in litis æftimationem, id eft, quanti adverfarii intererit, vel quanti adverfarius in litem juraverit, in quantum litem juratus ipfe æftimaverit, *d. l. qui reftituere.* Sunt duæ quodammodo fententiæ: fi pareatur primæ, res finita eft: fi non pareatur primæ, tranfitus fit ad fecundam, & claufulas illas vocat Afconius in prætura Sicilienfi, ftricti juris obfervationes: quia igitur Secundus non reftituebat fervum, non parebat præcepto judicis jubentis reftitui, Secundus ex condemnatione litis æftimationem fubiit & folvit Primo, quia in eum competit actio judicati, cum non in rem alienam, fed in fuam factus fit procurator, *l. 4. de re jud.* Si effet in rem alienam, actio judicati daretur in dominum, non in procuratorem. Et eadem ratione, ut diximus fupra, quod folvit Secundus, actione mandati a Tertio, cui ipfe rem vendiderat, & cujus nomine litem fufceperat, ac peregerat, recipere non poteft. Et in *hoc §.* additur, quod plus eft, etiam Secundum non habere regreffum adverfus Primum auctorem fuum, fcil. ex ftipulatione duplæ, ut confequatur quod folvit ex caufa judicati, quia fcil. id non præftitit fuo nomine, fed procuratorio, alioqui fuo nomine emptore condemnato in litis æftimationem, committitur ftipulatio duplæ, perinde atque fi res ablata fuiffet, quia & ablata ei res fuiffet, fi litis æftimationem fuftuliffet: & jam emptor, qui litis æftimationem fuftulit: rem habet, non ex prima emptione, fed ex fecunda, id eft, ex litis æftimatione, *l. 16. §. 1. & d. l. fi fervus, §. 1. h. t.* quia litis æftimatio eft fimilis emptioni. Ceffat igitur actio ex ftipulatu, quod judicatum fecerit Secundus, non fuo nomine fed procuratorio: verum non ceffat tamen actio ex empto: nam æquitas & bona fides, quæ in hoc judicio maxime obfervatur, poftulat, ut & litis æftimationem, quam non fuo nomine præftitit, ab auctore fuo id eft Primo, confequatur, quia omne damnum evictionis ad eum pertinet, non ad emptorem fecundum, a quo nihil poteft percipere actione mandati, qui procurator fuit in rem fuam. At actio ex vendito venditori, ex empto emptori proprie datur: fed hæ appellationes nonnunquam permifcentur, ut hoc §. pen. quæ datur emptori ob evictionem: dicitur ex vendito. Et in caufa hujus promiffui ufus hoc eft, quia integra oratione, quæ datur actio emptori vel venditori, dicitur ex empto vendito, vel ex vendito empto, *l. nullum, de hered. vend. l. etfi uno, de act. emp.* & apud Varronem fecundo de re ruftica. Adeo ut non male emptor dicatur agere ex vendito, cum agat ex empto vendito, vel retro. Sic igitur videmus in fpecie ejus §. deficiente actione ex ftipulatu ob evictionem, non deficere actionem ex empto, quod accidit in fpecie legis *24. h. tit.* Et in alia fpecie, quam tractavimus in *l. 6. de ferv. export.* Et in principio alias cafibus a me notatis ad eundem Papin. *lib. 23. in l. 73. de leg. 2.* Et mox in §. *ult.* hujus legis: deficiente actione ex ftipulatu ob evictionem, non deficit tamen actio ex empto, vel potius non competit actio ex ftipulatu evictionis nomine in id, in quod competit actio ex empto. Et fciendum evictionis nomine actionem dari, non tantum ex emptione venditione, fed etiam ex permutatione, *l. 1. & 2. de rer. permut.* Quia permutatio eft fimilis emptioni. Ergo & ex divifione hereditatis: nam divifio hereditatis inter cohæredes fit mutua partium permutatio, *l. cum pater, §. hereditatem, de legat. 2.* Quid eft divifio? permutatio partium, vel diftributio, quæ fit viciffim partibus commutatis, quas fociorum quifque habuit pro indivifo, in minimo quoque momento rem, quæ communis erit, per divifionem incipies habere pro divifo, nec potes facere partes pro divifo, nifi permutaveris partes pro indivifo, quæ fuerant ante. Nunc fac ita effe: tres funt cohæredes, duo præfentes, & unus abfens: præfentes adhibito procuratore voluntario abfentis, id eft, negotiorum geftore, intervenientes nomine abfentis coheredis divisionem fecerant bonorum, eamque divisionem ratam postea habuit absens. Evicta sunt prædia quædam, quæ divisione facta bonorum heredibus obtigerant: evictionis nomine competit actio præscr. verbis: Nam ex divisione sicut permutatione datur actio præscriptis verbis, similis actioni ex empto, *l.his consequenter,§.idem quærit,l.si filia,§.si pater,fam.ercisc.l.licet,l.si familiæ,C.eod.l.si fratre,C.comm.utr.judic*. Competit autem in casu proposito actio præscriptis verbis ob evictionem, in procuratorem, qui divisioni interfuit, imo & in dominum competit, prout libuerit coheredibus, quia divisionem ratam fecit. Competit autem in hunc, vel illum id quod interest, ita scilicet, ut si post divisionem deteriora facta sint prædia, minuatur quantitas evictionis, & spectetur quanti sint prædia evictionis tempore, non quanti fuerint divisionis tempore. Et retro si meliora facta sint prædia, ut augeatur obligatio evictionis, & omne lucrum & commodum sit emptoris, non venditoris, ut in *l.70.h.t. l.Titius, §.ult. l.id quod, de action. emp*. Et hoc est quod ait in fine hujus legis, scil. vel *melioris vel deterioris*. Nec obstat quicquam lex *ex mille*, *hoc t.* quæ docet, non minui obligationem emptionis, si fundus venditus deterior factus sit, & non acceptior, si factus sit melior, in causa evictionis spectari quanti fuerit venditionis tempore. Sed ut Accurs. animadvertit, lex *ex mille*, loquitur de actione ex stipulatu, quæ stricta est, *d.l.70.& d.l.Tit.& lex id quod, de act.emp*. de actione ex empto, quæ est bonæ fidei, & hic §. *ult*. de actione ex stipulatu simili actioni ex empto, id est præscriptis verbis, quæ etiam est bonæ fidei, quando datur ex permutatione, vel divisione: Nam ex aliis articulis actio præscriptis verbis est stricta. Et ita apparet differentiam esse constituendam inter actionem ex stipulatu, & actionem ex empto, quod non idem veniat in utraque, cum res, quæ evicta est, deterior aut melior effecta est post divisionem, vel post venditionem, vel permutationem.

### Ad L.V. de Usuris.

*Generaliter observari convenit, bonæ fidei judicium non recipere præstationem, quæ contra bonos mores desideretur.*

Generaliter definitur in hac l. bonæ fidei judicium non recipere præstationem, quæ contra bonos mores desideretur: quæ definitio est certissima & pulcherrima, sed exemplis illustranda. Si ancilla vendita sit ea lege, ut prostituatur, ex ea lege nihil præstatur judicio empti venditi, si non fuerit prostituta: nec enim posset venditor sine rubore ex ea lege quidquam desiderare. Nam & vindictæ rationem actio ex vendito non recipit, *l.7. de serv.export*. Vindicta est contra bonos mores: jus enim bonis moribus tuendi se, non ulciscendi, *l.scientiam, §.pen.ad l.Aquil*. Item petitio hereditatis, quæ est bonæ fidei (quod tamen obtinet etiam in rei vindicatione speciali, quæ est arbitraria) non recipit fructus, qui inhoneste percipi potuerunt, veluti ex lupanari, domo locata lenoni, perceptos inhoneste recipit, *l.ancillarum, in f.l.si possessor, de petit.hered*. id est, si ex domo hereditaria possessor alienæ hereditatis inhonestum quæstum fecerit, utique eum restituet, is scilicet quæstus veniet in petitione hereditatis, *ne scilicet,ut ait d.l.si possessor,in honesta interpretatio adhibita inhonesto quæstui, lucro possessoris cedat,* id est, nisi dixeris honestæ speciei, non esse honestum inhonestum quæstum auferre possessori, ita effeceris, ut inhonestæ quæstus apud eum remaneat: huic sane vel utrique est auferendus, vel si alterutri est dandus, innocenti sane potius quam nocenti, petitori potius quam possessori dandus erit. Ergo in petitionem hereditatis fructus veniunt inhoneste percepti, non etiam, qui inhoneste percipi potuerunt. Communiter veniunt percepti & percipiendi, sed percepti qualicunque ratione: percipiendi honesta tantum ratione, *l.fructus non modo, de rei vind*. Atque ita verum est, petitionem hereditatis, non recipere præstationem, quæ extra bonos mores postuletur, id est, non imputari possessori quod turpem quæstum non fecerit: sed si quem fecerit, ei auferretur: omne enim lucrum ei auferretur. Item non recipit judicium bonæ fidei, aut si quod bonæ fidei judicio est vicinum, veluti actio ex testamento, usuras ex rebus, quæ corpore non quantitate valent: Nam usuræ percipiuntur tantum ex quantitatibus, non ex corporibus. Et idem Papin. in *l.3. §.ult.hoc t*. etiam ait, ex eis rebus usuras non sine rubore desiderari. Hæc sententia Papin. loquitur de bonæ fidei judicio. Quæres, an non idem sit in *stricto judicio*? Strictum judicium non recipere præstationem, quæ contra bonos mores desideretur. Quis non dixerit idem esse in stricto judicio? Nam & stipulatio concepta contra bonos mores non valet, *l.stipulatio hoc modo concepta, de verb.oblig*. Sed maxime valet in bonæ fidei judiciis, si *saut peser ce mot maxime, id est, principalement*. Sicut dicitur in *l.1. C.de rescind.vend*. bonam fidem maxime desiderari in contractib. bonæ fidei. Nam desideratur in omnibus contractibus. Nullus est contractus, qui recipiat dolum, qui non infirmetur ratione doli, vel ipso jure, vel per exceptionem, sed maxime observatur bona fides in contractibus bonæ fidei. Et ita dico hanc regulam valere maxime in judiciis bonæ fidei, sed debere etiam valere in omnibus negotiis, & rationibus nostris, & esse regulam sanctissimam juris.

### Ad L.XL. Sol.matr.

*Post dotem & nuptias contractas stipulatus est pater, filiæ voluntate divortio facto dotem dari: si conditio stipulationis impletur, & postea filia sine liberis decesserit, non erit impediendus pater, quo minus ex stipulatu agat: viva autem filia, si agere vult, exceptione submovendus erit.*

Sciendum est, patrem qui dat dotem pro filia, initio dandæ dotis ex continenti pacto posse sibi dotem recipere, citra voluntatem filiæ interposita stipulatione, *l.avia, C.de jure dot*. id est, recte stipulari initio etiam dotem sibi reddi divortio facto, etiam sine voluntate filiæ. At post dotem datam, & nuptias contractas, cum jam dos filiæ adquisita est, dos est proprium patrimonium filiæ, etiamsi sit profecta a patre, in cujus est potestate, *l.pater, ad l.Falcid. l.4.de collat. bon. l.denique, §.ergo, de minorib*. Communis dicitur esse patris & filiæ in *l.3.hoc t*. Sed certe magis est filiæ. Et ita in omnibus partibus juris habetur pro proprio patrimonio filiæ sam. sicut castrense peculium, & quasi castrense pro proprio filii sam. Post, inquam, dotem datam, & nuptias contractas, non rite stipulatur pater divortio facto dotem sibi reddi sine voluntate filiæ. Adjuncta ejus voluntate, recte etiam eo tempore stipulatur dotem sibi reddi divortio facto, & ei soli competit actio ex stipulatu efficax, sine metu exceptionis etiam viva filia, quæ consensit semel, *l.quotiens, l.si cum dotem, §. eo tempore, l.Titius,h.t*. Hoc est & æquissimum & justissimum, sed incertum redditur per hanc *l.48*. quæ vult, patrem, qui filiæ voluntate stipulatus est, divortio facto dotem sibi reddi, post dotem datam & contractas nuptias, divortio secuto, si agat ex stipulatu summoveri exceptione viva filia. Inutilem igitur esse stipulationem. Et ob eam rem nulla est lex in *h.t*. quæ magis vexarit ingenia interpretum, & inde immensi commentarii in hanc legem, nemine non adhibente aliquid plerumque ex animi sui sententia, ut eludant sententiam Papiniani, quæ est manifesta tamen, vel ut potius eam transforment. Sed ut ego pridem ostendi ex duobus locis βασιλικων deprehenditur mendosus contextus hujus legis, & inserendus est articulus, *sine*, qui vulgo deest. Atque ideo ita legendum, *stipulatus est pater sine voluntate filiæ*. Græci παρὰ γνώμην τῆς θυγατρός. Et quod magis est, interpres contextus Basilic. exprimit eleganter formulam exceptionis, qua repellitur pater, qui viva filia agit, hoc modo: ἀλλ᾽ εἰ μὴ κακῶς ἐπιρώτηκας μετὰ σύστασιν τοῦ γάμου παρὰ γνώμην τῆς θυγατρός: at si non post contractas nuptias male stipulatus es sine voluntate filiæ. Hac formula eliditur actio ex stipulatu, quam intendit pater viva filia, quia male stipulatus est, non adhibito consensu filiæ. Sed mortua

tua filia cessabit hæc exceptio, id est, si mortua filia agat pater, & mortua filia sine liberis: nam jure veteri propter liberos erat deductio & retentio certæ partis dotis. Si sunt liberi, non poterit pater ex stipulatu solidam dotem repetere, si superstites liberos reliquit. Si mortua sit sine liberis, repetet solidam dotem, & morte filiæ retro valuisse intelligitur stipulatio.

### Ad L. VIII. de Tutel. & rat. dist.

*Quamvis jure postliminii tutelam pristinam possit integrare.*

Appendix est legis 7. superioris, in qua additur, tutelam finiri captivitate tutoris. Igitur fidejussores, qui pro tutore spoponderunt rem pupilli salvam fore, recte conveniri ex stipulatu statim atque tutor captus est, ut *l. 4. §. si tutor, rem pup. salv. fore*. Defensorem quoque captivi, qui ultro paratus est suscipere judicium tutelæ, recte conveniri judicio tutelæ pro captivo. Item curatorem datum bonis captivi, recte conveniri actione tutelæ, quia finita est tutela. Notandum, captivos in litibus procuratorem habere non posse, *l. ab hostibus, ex quibus causis major.* quia hoc est liberorum hominum proprium, quia lis non potest esse cum servis: defensorem habere possunt qui ultro subeat litem eorum nomine, procuratorem voluntarium habere possunt, qui litem faciat suam. Item, ut ait *d.l.ab hostib.* plerumque bonis captivi curator datur, qui sci.intendat, & excipiat omnes actiones: hic curator poterit conveniri actione tutelæ vel defensor, quia finita est tutela, finitur captivitate tutoris, *l. si adrogati, de tutel.* Alioqui in locum captivi non posset alius dari, quia tutorem habenti tutor non datur, & tamen datur. Et consequenter competit actio tutelæ & actio ex stipulatione, rem pup. salv. fore, quæ ante finitam tutelam non competeret, *l.1. l.4. §.hanc, rem pup.salv.& l.16.hoc t.* Finitur, inquam, tutela captivitate tutoris, sed postliminio recuperatur, si tutor ab hostibus advenerit. Nec tamen hæc spes postliminii differt actionem ex stipulatu, *§. ab hostibus, Inslit.de Attil.tut.* Si pater sit captus ab hostibus patria potestas est in suspenso, dominium rerum est in suspenso, *§. si ab hostibus, quibus mod. jus patr.pot.Inst.* Postliminium dicitur suspensi juris constitutio, *l. pen.de suis, & leg.* Tutore capto ab hostibus tutela non est in suspenso, sed finitur. Hoc exigit utilitas pupillaris, & finis tutelæ proprium est. Qua ratione & usumfructum, qui ante captivitatem fuit captivi, dicerem finiri captivitate, quia & usufructus finis est proprium, licet redintegrari speretur postliminio: denique spes postliminii alia suspendit, alia finit. Et ita in hac *l.8.* ait Papinian. tutelam captivitate tutoris finiri, quamvis jure postliminii tutelam pristinam possit integrare: hæc scilicet spes non suspendit tutelam, imo finit, & novus tutor datur, qui desinit esse tutor, si alter redeat ab hostibus.

### Ad L. II. ut Leg. seu fideic. serv.caus.cau.

*Nec si forte velit pater cavere, neminem amplius petiturum, compellendus erit heres legatum, quod jam filius petere potest, alii, quam cui debetur, exsolvere.*

Sciendum est, in hoc titulo proponi edictum prætoris de stipulatione legatorum servandorum causa, quæ se legatariis heredes obstringunt fidejussoribus. Et licet nobis formulam stipulationis componere: *Quod mihi ex testamento vel codicillis L.Titii dari fierive oportet, id quibus diebus L.Titius dari fierive voluerit, iisdem dari fierive, aut quanti res erit tantam pecuniam recte præstari, dolumque malum huic rei promissioni abesse abfuturumque esse spondesne? spondeo.* Stipulatur legatarius, promittit heres: adpromittit fidejussor, quem addiderit heres. Et ait, *Quod mihi ex testamento vel cod.* codicillis scil. ad testamentum factis: Nam legata non debentur, nisi ex testamento, & edictum loquitur tantum de legatis, sed quia placet hodie etiam in fideicommissis huic stipulationi locum esse,

*l.1. §. plane, & l. hæc stipulatio, hoc t.* quæ quidem fideicommissa ab intestato relinqui possunt: ideo etiam ab intestato codicillis, aut epistolæ aut quocunque alio judicio fideicommisso relicto hæc stipulatio locum habet, *l.etiam §.ult. hoc t.* Et rursus ait, *dari fieri oportet*, ut *l.10.hoc t.* quo verbo certum est, id quod oportebit etiam contineri, id est, quæ post debebuntur ex legati causa, veluti fructus aut usuras ex mora, *l.1. §. bellissime, hoc t.* Igitur in formula non est necesse adjici, *oportet, oportebitve*. Nam verbum, *oportet*, etiam futurum tempus complectitur: nam eadem ejus verbi interpretatio fit in actionum formulis, *l.76. §. 1. de verb.oblig.* Et hæc stipulatio legatorum instar actionis obtinet. Est enim stipulatio prætoria cautionalis, & omnis stipulatio prætoria cautionalis instar actionis obtinet, & qui actionem dicit, & hæc genera stipulationum dicit, *l.1. §.cautionales, de prætor. stip.l.actionis, de obl. & act.l.non solum, rem rat.hab.l.si ambo, §.in stipul. de compensat.* Et ita e contrario in actionibus, & consequenter in stipulationibus, ut arbitror, verbum *oportet*, etiam id quod oportet, comprehendit. Et licet eodem argumento uti, quo Pomponius in *l. verbum erit, de verb.sign.* Si, inquit, verbum, *est*, ex mente scribentis, vel loquentis, non tantum præsens tempus sed etiam præteritum significat, ergo & verbum, *erit*, non tantum futurum, sed etiam præteritum tempus demonstrat. Eodem igitur modo licebit argumentari, si in actionum & stipulationum cautionalium, quæ ex edicto proficiscuntur, formulis, verbum, *oportet*, non tantum præsens, sed etiam præteritum significat: Ergo in iisdem, *oportebit*, non tantum futurum, sed etiam præsens demonstrat. Nec igitur interest si ita conceperis, *quod mihi dari fieri oportet*, an *oportebit*. Et ita ad actionum editionem, quod inscriptio *l.*demonstrat,sive ad actionum formulas refero, quod est in *l.8. de verb. sign.* verbo *oportebit*, tam præsens, quam futurum tempus significari: nec probo, quod quidam mutavit verbum, *oportebit*, in verbum, *oportet*. Nam si in verbo oportet verum id est, & in verbo oportebit pariter, non in omnib.causis, sed in actionibus, aut quas referenda ea lex, vel in stipulationibus, quæ pro actionibus sunt. Nam quod subjicitur in ea *l.8. est* de actionibus: actionum verbo non contineri exceptiones, & in exceptionibus forte eadem interpretatio non fiet, sicut nec fit eadem interpretatio in stipulationibus conventionalibus, quæ instar actionum non habent, *l.76. §.1. l.89. l.125. de verb. obli. l.& uno, de acceptil.* Nec etiam in legatis fit eadem productio temporis, *l.si ita scripsisset, de leg. 2. l. 17. de liber. leg.* sed omissum tempus habebitur pro omisso, & qui nolet utrumque tempus complecti, necesse est ita scribat, *oportet, oportebitve.* Rursus in formula diximus, *quibus diebus dari fieri, &c.* ex *l.1.& l.18. h. t.* Nam edictum prorsus pertinet ad legata relicta ex die certa vel incerta, metuente forte legatario, ne interim, antequam conditio sive dies incertus exiterit, heres dissipet bona sua, ne inane legatum, inanem actionem faciat, & ob id solum prospicere legatario sibi cautione licet. Sed tamen notandum, porrigitur edictum etiam ad pura legata, si heres judicem quærat & litigare velit, *l. hæc stipulatio, l.etiam,hoc t. l.uxorem, de legat. 3.* Item adjecimus, *aut quanti ea res erit, ex l.1. §.item quæritur, hoc t.* quæ ait, in hanc stipulationem res aut pretia deduci. Hæc postrema clausula est de dolo malo, quæ solet fere omnibus stipulationibus, *l.1.hoc t. l.doli. l.ex ea parte, de verb.oblig. l. novissima, jud.solvi.* Et præterea cognita formula omnino sciendum & hoc, interponi eam stipulationem, ut nova actio sit, ut est proditum in *l.1. §.cautionales, de prætor.stipul.* id est, ut ex stipulatio legatario actio sit legati nomine, sed non, ut novatio fiat, non ut moveatur actio de legato: nova actionis adquisitio, novatio non est, quia & interposita stipulatione ejusmodi, id agitur solum, ut legatario fidejussoribus sit cautum, non ut ab obligatione testamenti recedatur. Ideoque fimul dies legati cessit, & ex testamento & ex stipulatione debetur, *l. 8.hoc t.* & perperam ante Florent. in *d. l.1. §.cautionales*, legebatur, *ut novatio fit*, nec enim fit novatio. Sed diligentius expli-

explicandum, qui præftent ejufmodi cautionem, & quibus fit ea præftanda.

Cautionem legatorum præftant heredes, a quibus legata relicta funt, heredes inquam, ex affe, vel ex parte, & inftituti vel fubftituti, *l.1.§.certe, hoc t.* Imo & honorarii fucceffores five prætorii eam præftant, *d.l.1.§. non folum.* Qua appellatione, non fignificantur tantum bonorum poffeffores hereditarii, ut interpretes male exiftimant, fed quam plures alii, ut heredes fcripti fub conditione jurisjurandi, qui jure prætorio & non impleta conditione, quam prætor remittit, pro eo habentur, quafi impleta conditione heredes extitiffent, *l.1.§. ad eos, ad leg. Falcid.* & heredes fcripti, qui omiffa fcriptura ab inteftato poffident hereditatem, *l.duo heredes, fi quis ex causa testam.* De quibus etiam nominatim fcriptum eft in *l.13. hoc t.* fatisfactionem ut præftent : hi funt honorarii fucceffores, qui ultra prætoris edictum jure civili ex teftamento heredes non exiftimarentur effe, quippe cum illi non impleverint conditionem, & omiferint teftamentum. Præftant eandem cautionem heredes heredum, quod notum eft & fucceffores fucceforum, quia & eos obligatio legatorum tenet, quæ tenuit defunctum, veluti æs alienum, quod erat defuncti. Item præftant cautionem fideicommiffarii Trebellianici : nam & eos onera legatorum fequuntur, *l.1. §.it etiam, l. etiam, §. 1. hoc t.* Et poftremo hi etiam hanc cautionem præftant, qui per alios heredes effecti funt, ut qui fervum aut filium ab alio inftitutum hereditatem adire juffurunt, *d.l.1.§.non folum, h.t.*

Sequitur, quibus fit præftanda ea cautio, & id quod certiffimum eft proponam : legatariis & fideicommiffariis, imo & fucceforibus eorum præftanda eft, in quos jus legati tanquam ab alieno tranfmiffum eft : Imo & procuratoribus eorum. *d.§.non folum.* Imo & difpenfatoribus legatorum, *l.quidam, §. pen. de leg.1.* Et poftremo cavetur domino etiam legatarii fervi & patri, *d.l.1.§. plane fi ei qui hoc t.* Sed ut oftenditur in eadem *l.1.§. ult.* ex quo pendet noftra lex, patri vel domino non cavetur præcife, id eft, fine ulla exceptione, præcidendo ita, ut dixi, in formula, *dari fierive*, fed fub conditione, fi filius vel fervus die legati cedente, in ejus poteftate fit, atque hoc novum non eft : Nam & procuratori legatarii non cavetur præcife, fed fub conditione, fi is cujus nomine cavet heres, vivat, fi legatarius vivat, videlicet ne teneatur hæres illo ante defuncto, præftare legatum a defuncto relictum, *l.1.§. procuratori, h.t.* Ex his apparet, his cafibus, fi ftipuletur procurator vel pater, vel dominus, formulam ftipulationis, quam ex eo, quod plurimum f., confecimus, eas conditiones recipere.

Dicebam modo procuratori legatarii non caveri præcife, fed fub conditione, *fi legatarius vivat*: & fimiliter patri vel domino non caveri præcife, fed fub conditione, *fi legatarius in ejus poteftate fit*, cum dies legati cedit, ex *l.1. §. ult. hoc t.* Ergo nunc ita conftituamus : patri vel domino caveri, fi die legati cedente legatarius in ejus poteftate fit : quo cafu debetur legatum patri vel domino quafi fibi adquifitum jure poteftatis. In alium ergo cafum, videlicet, fi legati die cedente fui juris fit, iniquum effet patri vel domino caveri : cum in eum cafum patri vel domino legatum non debeatur, & ei tantum cautionem præftari oportet, cui debetur legatum, vel ei, cui nondum debetur in eum cafum, fi forte debebitur : debetur autem legatum non tantum quod peti poteft, fed etiam quod nondum peti poteft, fi modo jam fit nata obligatio, id eft, fi dies cefferit, *l.9. hoc t. l.fi dies, fup.tit.proximo* : ut fi ex die certa legatum relictum fit, ftatim dies legati cedit a morte teftatoris, id eft, nafcitur obligatio, & incipit deberi legatum, ftatim dies legati cedit, five dies fit brevis five longa: ut Cal.centefimis, quod non abs re notatur in *d.l.fi dies.* Actio autem, petitio, perfecutio non nafcitur, antequam dies venerit : quod fi ex die incerta legatum relictum fit, veluti, *cum navis ex Afia venerit, cum Titius confulatum incœperit*, neque debetur, neque peti poteft legatum, vel neque cedit, neque venit dies, quod idem eft. Et breviter, neque obligatio, neque actio nafcitur, antequam dies cefferit, vel conditio obtigerit, *d.l.fi dies & l.cedere, de verb. fign.* Spes tamen eft debitum iri. Et hujus fpei nonnulla habetur ratio in jure : nam & ex alia caufa interpofita ftipulatione conditionali, mortuo ftipulatore pendente conditione, fpes tranfmittitur in heredem, *§. ex conditionali, Inftit. de verb. oblig.* Et hujus fpei ratione, antequam exiftat conditio legati, id eft, antequam dies legati cefferit, & cœperit obligatio, hæc ftipulatio de legato interponitur, fed non tranfmittitur in heredem, mortuo legatario pendente conditione, quia nec fpes legati conditionalis tranfmittitur : Et eadem eft caufa hujus ftipulationis, & hujus legati, eademque caufa actionis ex ftipulatu, & actionis ex teftamento, quia utraque interponitur legati nomine, *l. 1.§. fi quis fub conditione hoc t.* Et obfervandum in *d. §. ult. ejufdem l.* cum quæritur de cautione legati præftanda in genere, quod filiofamil. vel fervo relictum eft, poni legatum fuiffe relictum incerta die. Nam fi ex die certa relictum fit, conftat ftatim a morte teftatoris patri vel domino legatum deberi, neque ab eo difcedere obligationem, etiamfi poftea ante diem legati filius vel fervus fui juris fiat, *l. 5. §. ult. fup. tit. prox.* Et confequenter conftat, patri vel domino ex caufa ejus legati, omnimodo cautionem præftandam, nec locum effe quæftioni propofitæ in hoc §. ult. quod recte notat Accurf. Igitur in eo §. recte inftituitur quæftio, non de legato relicto ex certa die, fed incerta die, quæ & paulo poft vocatur conditio : nam cum conditio eft dies incerta, ut *fi navis ex Afia venerit* : & retro, dies incerta eft conditio, aut conditionis inftar, *l. dies, de condi. & demonft. l.talis fcriptura, de legat. 1. l.fufficit, de cond. indeb.* Dies, inquam, incerta, eft conditio, fi & dies in certa fit, & res ipfa, quæ in eam diem confertur, veluti, *fi Titius erit conful.* Nam & quo die Titius futurus fit, conful, & an futurus fit, incertum eft : alias vero fola dies incerta certe non eft conditio : veluti fi ita legetur, *heres meus Titio, cum morietur, fundum dato*, purum eft legatum, non conditionale : hæc verba, *cum morietur*, non faciunt conditionem, *l. fub conditione*, cum *l. feq. de condict.indeb. l.heres meus, de cond. & demonft.* Nam Titium moriturum certum eft, mors certa, mortis dies incerta eft, denique dies cum morietur, reipfa certa, tempore incerta eft. Et ad fummam, dies incerta, conditio eft, quæ & re & tempore incerta eft, certa re. Ideo non minus, imo magis hæc dici dies certa, quam incerta poteft, cum ex re ipfa certius fit certum æftimare, quam ex curriculo temporis. Et quæftio §. ult. non minus ceffat in hac die ambigua, quæ partim certa, partim incerta eft, quam in illa, quæ omni ex parte certa eft, & re, & tempore : Nam & cedit utraque ftatim, licet nondum venerit, & ftatim igitur a morte teftatoris patri vel domino debetur legatum fub hac vel illa die fervo vel filio relictum, & ei foli eft præftanda cautio fine cunctatione ulla, & fine exceptione ulla præcife. At fi fub conditione, vel fub die penitus incerta filiofam. aut fervo legatum fit, non eft præftanda fatisfatio patri vel domino præcife, fed cum hac exceptione, *fi die legati cedente, in ejus poteftate legatarius fuerit*, quo folo cafu patri domino ve tale debetur legatum. Et ita cum hac adjectione conditionali & exceptione confultius fecerit, fi his perfonis caverit heres non pure. Sed & fi forte caverit abfcife fine exceptione, ut oftenditur in §. ult. & poft manumiffionem fervi, aut emancipationem filiifam. dies legati cefferit, agenti patri vel domino ex ftipulatione illa obftabit exceptio doli mali, quod in eum cafum non fit actio vel ftipulatu, quo nec ei licet agere ex teftamento, *d.§.fi quis fub conditione*. Caufa ftipulationis fequitur caufam legati, quafi principalem. Stipulatio eft veluti acceffio obligationis principalis, & additur recte ex Papin. in *l.2. hoc t.* non audiri etiam patrem vel dominum, cui præcife cautum eft, detracta omni conditione, fi agat ex ftipulatu, vel ex teftamento, quamvis offerat cautionem pater, filium non petiturum, neminem amplius petiturum : nec enim heres compellitur alii, quam cui debetur, legatum exfolvere. Debetur autem filio vel fervo, qui fui juris inveniuntur, exiftentis conditionis tempore, non patri vel domino, & licet non utique femper peti poffit quod debetur,

tur, ut quod debetur ex die certa, tamen quod non debetur, nunquam petitur efficaciter, ἐνεργῶς, quia vel exceptione repellitur actor, cui nihil debetur. Sed ad hæc notandum in hoc proposito, non tantum patri caveri oportere, sed etiam filio, non tantum domino, sed etiam servo: patri, in casum si filius in ejus potestate sit die legati cedente, & similiter domino: filio autem & servo, in casum, si sui juris sit: nam utrique caveri in suum casum æquum est. Dices, onerari heredem si caveat utrique, quod cogitur uni quærere unum fidejussorem, & alii alium, fidejussores non esse faciles inventu, nec unum facile suscipere plures obligationes. Dicam, non onerari heredem ex l.seq. quia utrique caveri poterit adhibito uno eodemque fidejussore, qui ideo non onerabitur, nec detrectabit cavere utrique, cum futurum sit, ut uni tantum teneatur, non utrique, prout casus hic obtigerit, vel ille: nec enim uterque casus concurrere potest. Cavebit igitur heres utrique eodem fidejussore: nam æquum sane est cuique cavere in suum casum. Nam ex stipulatione filii non potest actio adquiri patri in casum, quo sui juris sit. Et retro ex stipulatione patris vix unquam filio adquiritur actio l.cum dos, de pact.dot. Et ita etiam lib. 3. & 19. quæst. Pap. jam ante didicimus, eodem legato relicto duobus, sub diversis aut contrariis conditionibus, heredem utrique cavere, quamvis tamen uni tantum debeat, l.Paulus, §.ult. de præt.stip.l. etiam, §.ult.s.seq. adhibito eodem fidejussore, l.3.h.t. Quod obtinuit in specie l.si duo h.t. Si Titio legatum sit relictum, & duo sint ejusdem nominis amici testatoris, nec certum sit, de quo senserit testator, & desperemus an certum esse possit, interim utrique satisdabis, adhibito eodem fidejussore, dum illi duo de legato contendunt.

### Ad L. V. eod.

*Posteaquam heres ab hostibus captus est; conditio legati, cujus nomine proposita stipulatione cautum fuerat, extitit: fidejussores interim teneri negavi: quia neque jus, neque persona esset, ad quam verba stipulationis dirigi possint.*

TRes aut quattuor quæstiones de eadem materia in hac l.5. de qua tractatum est supra, proponuntur, de prætoriis stipulationibus scilicet legati, vel fideicommissi servandi causa. Et primæ quæstionis species hæc est: Heres de legato relicto sub conditione satisdedit: post captus est ab hostibus, & post captivitatem ejus extitit conditio legati: Quæritur, an fidejussor conveniri poterit herede nondum reverso ab hostibus? Et Papin. ait, non posse. Videretur posse, quia fidem suam in hoc interposuit, ut cum legati conditio extitisset, legatum solveretur. Porro extitit conditio, & legatario liberum est agere cum herede, vel cum fidejussore. Et hoc sane casu plane cogitur convenire fidejussorem solum, nisi captivus defensorem habeat in civitate. At Papin. alt, *fidejussorem interim non teneri, dum heres est apud hostes*. Rationem non intellexit Accurs. quæ talis est, quia fidejussor ante quam reus principalis debeat, conveniri non potest, l.fidejussor. antequam, de fidejuss. Heres autem, qui reus est principalis, neque ante captivitatem pendente conditione legatum debuit, l.legata sub conditione, de cond.& demonstr. neque etiam postquam extitit conditio, cum sit apud hostes, legatum debet aut debere potest, quia in personam servientem non cadit civilis obligatio, nec heredem habet, quia successio ejus est in pendenti propter spem postliminii: denique non est persona principalis, quæ debeat legatum, & consequenter non est jus, id est, non est obligatio: jus nonnulli in locis juris nostri sumitur pro obligatione, ut l.fidejuss.obligari, §.pen. de fidejussorib.l.hac stipul.h.t. Si non est persona, quæ debeat principaliter, nec igitur obligatio est, quia obligatio civilis sine persona, in qua consistat, nullo modo esse potest, nec initium sine ea capere potest, & verba hujus stipulationis prætoriæ referuntur ad obligationem civilem, *quod mihi ex testamento dari fierive oportebit, oportebit*. Obligatio enim ex testamento est civilis, id est, ex 12. tab. Cum ergo non sit obligatio civilis in casu proposito, nec sit persona, quæ

civiliter debeat, sequitur fidejussorem interim non teneri: *sauf attendre qu' il y aye un principal*. captivi persona nulla est, cum servus sit hostium, servi nulla est persona. Persona est civile nomen, & servus non est civis. Homo est naturale nomen, servus est homo, non persona: denique servus non obligatur civiliter, l.servi, de ob.& act.l.in personam de reg. jur. Herede reverso ab hostib. tum demum fidejussor conveniri potest, quia jam existit persona principalis, quæ legatum debeat si legati conditio extiterit: & hæc est sincera ac vera interpretatio hujus legis, sive explanatio quæstionis primæ propositæ in hac lege. In contextu illo loco, *proposita stipulatione*, scio Pap. scripsisse, *prætoria*, non *proposita*, & simili errore in l.3.§.*quamvis, si qui plus quam per l.Falc.* In illo loco, quod præterea cautionis, legendum, *prætoria cautionis*, etiam herede postea capto ab hostibus, si ante captivitatem legati extitisset conditio, fidejussor proculdubio tenetur: hæc igitur talia sint Papin. verba, *postquam*, &c. quia heres legatum debere cœpit, & captivitate obligatio non perimitur, l.hactenus, de const. pec. Rursus si post mortem heredis, qui satisdederat, extiterit conditio legati, fidejussor tenebitur, non quidem ante aditam hereditatem heredis, quia etsi obligatio, quæ jam cœpit in persona aliqua, consistere possit postea sine persona, etiamsi nullus appareat postea, qui debeat, ut si mortuus sit debitor, & hereditas ejus nondum adita sit, non apparet debitor, apparet tamen obligatio, d.l.hactenus, quæ jam cœperat in personam: tamen obligatio exordium capere non potest sine persona: perseverare potest, etiamsi non perduret persona, sed hoc casu fidejussor tenebitur post aditam hereditatem heredis vita defuncti, antequam existeret conditio, quia heres, a quo legatum relictum est sub conditione, si moriatur pendente conditione, heredem suum qui adierit obligatum reliquit, l.legato, sub cond. de cond.& dem. Aliter legatarius, cui legatum relictum est sub conditione, qui si moriatur pendente conditione, heredi suo nihil relinquit, quia legatum conditionale non transmittitur in heredem, l.1.§.si qui sub cond.h.t. Ubi quod notant esse mendum in Pand.Flor.non est mendum, illo loco, quia nec legatum non transmittitur. Sunt enim duæ negationes pro una, quod est frequens in his libris, & aliis auctoribus, l. 6. de extraord. criminib. Ne ab his, qui supprimunt cœmptas merces nè annona onevetur, & l.cum autem,§. 1.de adil.ed. nihil amplius consequatur, quam non haberet, & illo loco Terent.faciunt ne intelligendo, ut nihil intelligant. Et ad secundam quæstionem ad quam male Accurs. addit, hanc rationem, cur fidejussori interim non teneatur, quia, inquit, *extincta obligatione principali fidejussoria,male*: quia nec hæc fuit extincta, quæ nec dum cœpit, & quæ si cœpisset nec expiraret extingueretur, d.l.hactenus. Et subjicit etiam male, *quia exceptio, quæ reo competit fidejuss.prodest*: nam hic nulla competit exceptio personæ non obligatæ, quoniam nec est reus principalis quisquam. Et hoc cum ita sit, male adfert legem si decesserit, qui satisd.cog.ut ex ea efficiat, quod tamen est per se verum, exceptionem reo competentem fidejussori prodesse, veluti exceptionem transactionis, l.fidejussores 68.§.ult.de fidejuss.l.exceptiones, de except. §.exceptiones, Inst. de repli. Verum hoc non vult lex si decesserit, sed hoc tantum, mortuo reo ante moram, id est, ante diem quo sistere debuit, qui satisdederat judicio sisti, fidejussorem liberari: cur liberatur? an quia exceptio reo competit? minime: sed quia impossibilium nulla est obligatio: impossibile enim quenque hominem mortuum sisti: frustra etiam in hoc proposito ponit, exceptionem rei prodesse fidejussori fidejussore reo exceptionis jure, & jure eodem liberari fidejussorem. Huic tamen sententiæ obstat legem 1. C. de fidejuss. ex qua colligitur, liberato reo non liberari fidejussorem, quod contingit sæpe, puta reo morte liberato, sive mors sit naturalis sive civilis: civilis mors est deportatio, publicatio bonorum: cuiademptis sunt & publicata sua omnia, pro mortuo habetur: cui publicata est pars, pro semimortuo. Igitur ipse quidem liberatur, sed fidejussor non liberatur, qui utique adhibetur hac providentia sive contemplatione, ut sive reus moriatur morte sua, sive confiscetur, sit creditori, a quo suum servare possit lapso reo

reo facultatibus: sed, ut dixi, nihil attinet hoc loco de hac re disputare, puta in hac specie, non liberatur reus, cum nondum sit ullus reus: & fidejussor non tenetur, non quia sit liberatus reus, sed quia nullus adhuc est reus.

**Ad §. 1. Imperator.**

*Imperator Marc. Antoninus Julio Balbo rescripsit, eum a quo res fideicommissa petebatur, cum appellasset, cavere: vel si caveat adversarius, transferri possessionem debere. Recte placuit Principi post provocationem quoque fideicommissi cautionem interponi. Quod enim ante sententiam, si petitionis dies moraretur, fieri debuit: amitti post victoriam dilata petitione non potuit. Sed quare non caverat de fideicommisso, qui provocaverit, si caveret adversarius, ad eum possessionem de transferendam rescripsit: cum alia sit edicti conditio: non enim exigitur a legatario vice mutua cautum: sed vicaria custodiæ gratia possessio datur: & qui obtinuit, in possessionem per prætoris aut præsidem inducitur: sed prætor quidem in omnium rerum possessione quæ in causa hereditaria permanent, commodo fideicommissi servandi gratia esse permittit. Princeps autem earum rerum nomin, de quibus fuerat judicatum, mutuas admisit cautiones. Sicuti cum de bonis suis conferendis filius accepta possessione cavere non potest: quia denegamus ei actiones: deferrtur conditio cavendi fratribus ex forma jurisdictionis, quod ex portione fratris fuerint consecuti, quam bona propria conferre cœperint, se restituturos: sed si nec ipsi cavere possint, utiliter probatum est, virum bonum ab utraque parte eligendum, apud quem ut sequestrum fructus deponantur, quique utiles actiones a prætore datas exerceat: possessio autem ex rescripto supra relato, non aliter ad eum, qui fideicommissum petit, transfertur, quam si caverit: tametsi maxime adversarius non per inopiam, sed per contumaciam cavere voluerit, sed is, qui vivit, non possit cavere, vel res deponenda, vel jurisdictio restituendaerit.*

Sequitur in §. rescriptum M. Antonini. Ut ejus quæstio intelligatur, quæram statim an hæc cautio, de qua agimus, præstetur & exigatur post litem de legato contestatam actione ex testamento, idest, si jam cœperit legatarius petere legata actione ex testamento. Qua de re austim ita constituere, exemplo aliarum stipulationum prætoriarum, quæ interponuntur ante litem contestatam, non post, veluti, judicatum solvi, judicio sisti, rem ratam haberi; & hanc stipulationem legatorum interponi ante litem contestatam. Et ita secundum scripturam Pandect. Flor. l.1. §. plane si quis, hoc tit. perspicue traditur. Si omissa stipulatione prætoria de legato legatarius litem contestatus est actione ex testamento, cessare hanc stipulationem? Cur ita? quia videtur legatarius elegisse diem consequendi legati, & contempsisse remedium stipulationis; & quia, ut est in l. 3. tit. seq. de legato ante potest constare, quam de satisdatione, idest, de legato, & quo litem contestatus est constare potest ante, fierique judicium, quam satisdatio excuti, probari, præstarique possit: non desiderabit igitur cautionem, qui elegit actionem ex testamento & litem contestatus est. In aliis libris legitur in d. §. plane nec cessare. Sed major est fides Florentinorum. Neque moveor eo, quod dicitur etiam de legato puro, & præsenti caveri: nam & caveri dicam, antequam de eo legato lis contestetur, l. etiam, huc tit. Non moveor etiam eo, quod dicitur in h. §. ante sententiam hanc cautionem exigi. Nam subjicitur, si petitionis dies moraretur, id est, si nondum peti legatum potest, si lis de legato nondum contestari potest. Ergo ante sententiam, & ante litem, non post litem contestatam. Non moveor etiam eo, quod dicitur in d. §. 1. etiam post condemnationem heredis, cum quo egerat legatarius ex testamento, hanc cautionem exigi. Si post condemnationem, cur non etiam post litem contestatam? Nam, ut respondeam, ita demum post litem contestatam, imo post condemnationem hæc cautio exigitur, si heres, qui condemnatus est, appellaverit, quæ appellatio extingit superius judicatum: ne dicas suspendit, imo extinguit, l. 1. §. ult. ad Turpillian. Quod evidenter apparet ex eo, quod si quis judicio famoso sit con-

demnatus, veluti furti, & appellaverit, & non sit visa appellatio justa, si la primiere sentence a esté confirmée hodie fit infamis, non retro; quia prior condemnatio fuit extincta appellatione, l. furti, §. 1. de his, qui not. infam. Sic igitur post condemnationem heredis, si appellaverit heres, extinguitur judicatum, & ideo, antequam lis nova ex causa appellationis contestetur, recte hæc stipulatio exigitur, quandoquidem exigitur ante litem contestatam. Sed & hoc casu, cum post condemnationem exigitur, non exigitur ex edicto prætoris, sed rescripto Antonini, quod proponitur in hoc §. inter quæ est magna differentia. Primum enim, ubi ex edicto non cavetur legatariis, legatarii mittuntur in possessionem omnium rerum, quæ sunt in causa hereditaria, sui legati conservandi causa, l. 1. quib. ex causis in possess. eat. Ubi autem post condemnationem & appellationem heredis non cavetur, ex rescripto Antonini legatarii mittuntur tantum in possessionem rerum legatarum, de quibus judicatum est. Et ita demum legatarius mittitur in possessionem, non cavente herede condemnato, si sit paratus ipse cavere heredi, de conservanda re legata, in quam mittitur, & restituenda heredi, si forte vicerit heres in judicio appellationis, quæ est secunda differentia. Ex edicto autem legatarius cum mittitur in possessionem, nihil cavet heredi: denique ex rescripto Antonini, ut loquitur Papin. in hoc §. 1. mutuæ cautiones exiguntur, nam ex edicto, & mutuæ cautiones, id est, recurrentes, commeantes ab uno ad alium, non quod alter alteri simul caveat: sed quo herede non cavente caveat legatarius, si velit mitti in possessionem rei legatæ, & ita oportet vel heredem cavere legatario & non mitti legatarium in possessionem bonorum, vel legatarium cavere heredi & mitti. Est & differentia tertia, quod ex rescripto Antonini legatarius, cui non cavet heres post condemnationem, missus in possessionem rei legatæ, solus possidet rem legatam. Ex edicto autem legatarius missus in possessionem non possidet solus, sed simul cum herede. Et ut eleganter ait Papinianus, vicaria possessio datur legatario custodiæ gratia: vicaria dicta ex eo, quod sit vice cautionis, quam heres præstare detrectat, ut l. si finita, §. si quis damni, de dam. infec. & custodiæ gratia quod custodia legatario detur rerum hereditariarum potius, quam possessio, ut saltem tædio custodiæ extorqueat heredi cautionem prætoriam legati servandi causa, l. 3. §. ult. l. 10. de acquir. poss. & l. cum legati, quibus ex causis in poss. eat. l. 5. sit. seq. In summa, multum interest, caveatur ex edicto, an ex rescripto Antonini: nullum interest exigatur cautio ante litem de legato contestatam priori judicio, an posteriore judicio appellationis: sed utrobique exigitur ante litem contestatam. Et sic ordo, qui demonstratus est ex eo rescripto Antonini, confirmatur uno exemplo, & collatione bonorum: in hoc §. illo loco, sed quare non caveret, vulgo legitur, caveat, at ut ostendi jamdudum, legendum est, sed quare non caveret, herede scil. nam hoc dicit, non cavente herede, si caveat legatarius, in eum transferri possessionem. Etiam in illo loco qui obtinuit, idest, qui a prætore impetravit hanc satisfactionem: est enim instar actionis, & petitur a prætore, sicut actio, non ipso jure ex edicto competit, & qui petit hanc stipulationem agit, l. quib. §. ult. de verb. sign. ut intelligatur, an apte cohæreant his, quæ diximus heri, ex his quædam restruere & sensum construere sive copulare necesse est. Si omissa stipulatione legatarius de legato litem contestatus sit, & condemnaverit heredem, appellaverit heres: Imperatori M. Antonino æquum visum est, antequam lis denuo contestetur, cautionem interponi fideicommissi servandi causa, si hoc desideravit legatarius, qui vicit: nam si ex edicto ante condemnationem heredis mora petitioni sit interjecta, vel ex die, vel ex conditione, hæc cautio interponi debet, & multo magis post condemnationem heredis, dilata petitione per appellationem antequam causa appellationis agatur & contestetur. Sed multum interest inter edictum prætoris & constitutionem Marci Antonini; Nam ante condemnationem, & litis contestationem cautio ex edicto præstatur, & non cavente herede legatarius mittitur in possessionem omnium rerum hereditariarum, quasi custos rerum,

rerum, herede nihilominus manente in possessione earum rerum, & nulla ab eo heredi vice mutua præstatur cautio. Quid enim opus est heredi caveri manenti in possessione hereditatis? Post condemnationem vero, & appellationem heredis cautio ex const. M. Antonini interponitur, & herede non cavente, legatarius mittitur in possessionem rei legatæ, ut solus eam rem habeat, & possideat, ut sit possessor, non custos, heredi ablata possessione, si modo caverit heredi, de ea re conservanda, & restituenda, si secundum heredem pronuntiatum sit. Et ut ostenditur in extremo hujus §. hanc utique cautionem debet heredi cavere legatarius, non tantum si heres per inopiam, quæ neminem non eximit hominum gratia, cavere non possit, sed etiamsi per contumaciam cavere nolit, quod sit inops tum pecuniæ, tum gratiæ, etiam contumaci cavetur ex fine ejus §. Porro hunc ordinem juris, ut exigatur cautio a reo, & si nolit cavere, ut transferatur possessio rei controversæ in petitorem, qui modo idem cavere paratus sit; qui quam reus detrectat, ipse ultro subeat cautionem, hunc inquam, ordinem, & in aliis causis servari, propter exemplum de collatione bonorum Pap. in hoc §. ostendit: Filius defuncti emancipatus, patre defuncto, non admittitur una cum fratre, qui mansit in patria potestate, ad bonorum possessionem contra tab. nisi conferat in commune bona propria, quæ post emancipationem adquisivit, quia jus filii vult habere, qui vult particeps fieri bonorum paternorum: filii autem quæ sunt, patris sunt: bona igitur propria, quasi paterna debet conferre, quod sit non tantum re ipsa, id est, divisione propriorum bonorum habita cum fratre, sed etiam cautione ex edicto prætoris, si caveat, se bona propria cum fratre divisurum. Collatio fit cautione aut divisione, vel si tanto minus pro rata ferat ex bonis paternis: Quod si nullo modo conferat emancipatus, si neque dividat, neque caveat, denegantur actiones, etiamsi bonorum possessionem acceperit, quasi acceperit sine re, sine effectu, actiones possessoriæ vel hereditariæ, quæ in possessorem bonorum dantur, vel hereditario jure efficiunt, ut heres nisi caverit legatario, nihil ex bonis paternis judicio fam. ercisc. consequi possit, sed portio ejus, quam habiturus erat, si contulisset, transfertur ad fratrem, qui fuit in potestate; si modo caveat emancipato, ut formulam concipit Papin. hoc loco. Sunt enim verba formulæ, quam suus in quem transfertur portio emancipati præstat emancipato: quod ex portione fratris fuerit consecutus, cum bona propria conferre frater cœperit, se restituturum: & cavere utique debet suus, in quem transfertur portio emancipati indistincte, sive per inopiam non caveat emancipato, sive per contumaciam: ut in proposita specie, de stipulatione legatorum, nihil interest, heres inops sit, an contumax. Et male Accurs. sentit hac in re, esse differentiam inter hunc casum de satisfactione legatorum, & illum de collatione bonorum, & movetur leviter verbo, non potest: nam in consuetudine, & non posse dicitur, qui non vult, & contra non velle, qui non potest: & ita nullo constituto inter hos casus discrimine, sicut mitius agitur cum filio emancipato, qui per inopiam vel contumaciam cavere non potest, veluti non continuo translata portione ejus in fratrem, non temere & quandoque non in totum denegatis actionib. possessoris, ut l.1. §. si frater, & §. si duobus, & l.1. §. ult. de coll. bon. ita meo judicio æquum est, etiam mitius agi cum herede, qui per inopiam cavere non potest de legato, non facta translatione possessionis protinus in legatarium, sed suspensa ea, donec diligentius quæerat fidejussorem. Quid autem fiet illo casu de collatione bonorum, si neque suus neque emancipatus cavere velit, aut possit? Et sane existimo possessionem remanere penes eum, penes quem est, & vindicias dari possessori: unumquemque frui sua possessione, quam accepit, contra tab. vel unde liberi, quia in pari causa melior est possessor. Sed ut Papin. ostendit hoc loco, ab utroque fratre est eligendus sequester vir bonus, apud quem fructus prædiorum deponantur, qui que medio tempore exerceat actiones hereditarias utiles pro portione emancipati, donec caverit. Et ita in stipulatione de legatis etiam comprehensa rescripto

M. Ant. si neque heres avere velit, qui victus est, neque legatarius qui vicit, ut Papin. ait, res legata est deponenda apud sequestrum: res sc. mobilis, quæ legato continetur: nam rerum immobilium sequestratio nunquam fit, res enim mobiles facil interverti & corrumpi possunt: Et consequenter sequestrato sit fructuum ex prædiis perceptorum, quia facile interverti possunt: & generaliter post condemnationem & appelationem possessoris, si non caveat, fructus rei controversæ deponantur apud sequestrum, l. ab executione, C. quor. appell. non recip. Et interdum post condemnationem petitori, si possessor depopuletur fructus, l. Imper. §. ult. de appell. Sequestratio etiam fit rerum se moventium, etiam liberarum personarum, quia & hæ plagio interverti possunt, .1. §. in hoc interdicto, de liber. exhib. & cap. cum locum, de sponsal. Sequestratio non fit rerum immobilium, sicut nec fructum. Sequestratio etiam non fit pecuniæ, id est, quantitatis nummariæ, tit. C. de prohib. sequestr. pec. quia quantitas interverti non potest. Est enim genus, & generis nullum subest corpus: incorporalia interverti non possunt Igitur nec cavente herede, nec legatario, possessio quidem immota manet rei immobilis, sed fructus sequestri deponuntur, vel res ipsa sequestro deponenda est, videlicet si sit mobilis: vel, inquit Papin. jurisdictio restituenda est, ubi etiam adde, maxime, si res sit immobilis, id est, ex forma jurisdictionis & hujus edicti, quod hoc titulo proponitur. Omisso remedio constitutionis Marci, legatarius est mittendus in possessionem omnium rerum hereditariarum custodiæ gratia, ut simul possideat eas res cum herede. Jurisdictio igitur restituenda est, id est, regrediemur ad edictum nulla cavente, & quasi cessante constitutione. Et ita duob. locis in hoc §. jurisdictio est prætoris edictum, ut l. quamvis, de postul. l. certa, C. ut in poss. legat. Et inde jurisdictio nonunquam, id est, prætura, & separatur a consulatu Capitol. in Gordianis, prætram nobilem init, post jurisdictionem consulatum iniit, id est, post prætram. Huic exemplo addi oportet aliud simile. Is a quo petitur hereditas, vel quæ alia res, cavere debet, si hoc desideraverit petitor, de ea reconservanda, vel si cavere nolit, possessio transfertur in petitorem, qui modo idem cavere paratus sit, l. de bonis, §. ult. de Carb. edic. l.5. & pet. hered. l. ex libero, §. ult. de quæst. l.1. C. ubi poss. & Paulus 1. sent. tit.11. Atque ita reus, qui cavere non vult, ex eo fit actor: hæc est pœna non caventis: ex possessore, fit non possessor, ut l. si priusquam, de oper. novi nunt. l. 45. de dam. infec. quia possessio transfertur in actorem, si actor caveat: neutro cavente, possessio manet penes possessorem, quia in pari causa sit potior, qui possidet. Sed his casibus, æquum est, fructus perceptos deponi in sequestro, ἐν μεσιτεία.

### Ad §. Si dies.

*Si dies aut conditio legati, fideicommissi petitionem, actionemve differre dicatur, & ideo satisfactio desideretur, heres autem per calumniam postulari contendat, & relictum neget: non aliter audiendus erit qui cavere postulat, quam si scripturam, qua relictum adfirmet, exhibuerit.*

Satisdatio legatorum præstatur ante litem de legato contestatam actione ex testamento, non post litem contestatam. Summa superiorum, & verissima sententia hæc est, & nova tamen, si spectes scripta doctorum. Post condemnationem autem si omissa sit satisfactio priore judicio, antequam lis denuo contestetur postulatione judicio: prius enim appellatio extixit, eandem cautionem interponi, vel ex constitutioni Marci, ita ut non cavente herede legatarius mittatur in possessionem rei legatæ, & eam solus possideat expulso herede, eique præstita cautione de ea restituenda, si forte obtinuerit in judicio appellationis: vel post condemnationem & appellationem heredis eandem cautionem interponi ex edicto prætoris: neutro cavente, ut legatarius simul possideat bona heredis omnia quasi custos magis quam possessor: atque ita post condemnationem, vel appellationem heredis, nos sequi ordinem constitutionis Marci, vel si nemo cavere velit, servari

servari ordinem jurisdictionis, id est, edicti, restitui edictum sive jurisdictionem, cessante remedio constitutionis novæ. Restant ex eodem libro tres quæstiones pertinentes ad eandem cautionem, quarum prima est in §. pen. secunda in §. ult. tertia in l.4.tit.seq. ex eod. lib. Pap. Prima quæst. hæc est : *An hæc cautio sit præstanda, si dicatur peti per calumniam*, id est, *vexandi tantum heredis gratia, cum petenti cautionem nihil sit relictum, vel non ea res.* Ergo hodie a quo satis petitur contendente per calumniam satis peti, non aliter audiendus est legatarius, quam si proferat tabulas testamenti, vel codicillos, quib. probet sibi relictum, atque ita probatio exigitur, antequam peti possit legatum, quia constare utcumque de legato debet, priusquam satisdatione oneretur heres: constare, inquam, non actione de legato, quia nondum competit, sed prætoris aut præsidis cognitione summaria, quia summatim cognoscet, an sit relictum legatum, an debeatur, an conditio legati defecerit : nam conditio quæ semel defecit, non restituitur, l. quidam, & l. rogo, de fid. libert. l. pater, §. ult. de cond. & demonst. Et hoc l.3.§.1.tit.seq. ait, esse commune omnium satisdationum prætoriarum, & confirmat l.1. §. ult. de præt. stip. ut si per calumniam peti dicantur ab eo, a quo petuntur, summatim exploret prætor vel præses, an causa, quæ prætenditur petendæ satisdationis ulla subsit : quia si non subsit, iniquum est, heredem onerari supervacua cautione, d.l.3.§.1.l.1. §.pen.eod. tit.l.hac stipulatio, §. ult. h.t. Qui us tribus locis rescriptum D. Pii in hanc rem adducitur, & licet exemplum sumere ex d.l.1.§.1. t.seq. Si solutum sit legatum ante repræsentationem, constat non deberi. Igitur hoc casu non admittet prætor petitionem cautionis. Licet aliud exemplum sumere ex d.l.1. §.ult. t.seq. Si certum sit heredem institutum repudiasse vel omisisse hereditatem, vel se abstinuisse, frustra exigitur hæc cautio, nisi ab intestato legatum relictum sit, l.eam quam, C. de fideic. quia repudiatione vel omissione irrita fiunt legata, irrita sit omnis scriptura testamenti. Et notandum etiam ex eo §. abstentione etiam omnem vim testamenti dissolvi, licet heres institutus retineat nomen heredis, sed nudum, inane, vane re, quandoquidem se abstinuit ultro: abstentio jure prætorio tantum potest, quantum repudiatio jure civili, l. pro herede, §.pen. de adq. hered. l. nam nec, de leg. 1. Utroque genere irritum fit totum testamentum. Illud etiam notandum, si certum sit heredem nondum adiisse, qui potest adire, sed consultat forte, cautionem nondum exigi, sed sustineri, donec adeat. Et ita accipienda l.2. t.seq. Sed si dubium & incertum sit, an adeat qui forte est institutus sub conditione, & ante conditionem decernere nihil potest, si defecerit conditio, non poterit adire, si exstiterit forte, adibit. Si igitur ob conditionem adscriptam institutioni incertum sit, an adeatur hereditas, quod deficiente conditione corruat omne testamentum, si sit heres ex asse, interim a prætore cautio peti potest, sed nemo eam præstabit: impetrabitur, sed nullus existet, qui interpellari possit, & consequenter ea impetrata a prætore legatarius mittetur in possessionem hereditatis quasi nemine cavente, l.1.§.ult. t.seq. quia, ut est in ead. l. §. *non exigit*, ut legatarius mittatur in possessionem : non exigimus, ut stet per heredem, quominus caveat, sane & si per legatarium non stet, quominus ei caveatur: Petitur igitur hæc satisdatio, quasi tamen nullus sit, cum quo agatur, & quasi non existente reo ullo, sequitur missio in possessionem. Etiam illud notandum, si prætori videatur, cum calumniose dicitur satis peti, res esse obscurior, quam ut summatim decerni possit, satis esse si legatarius juraverit, se non calumniæ causa dolo malo, cautionem supervacuam postulare, ut fit in specie l. prætor ait, in pr. & l. qui bona, §. qui damni, & §. si quis stipulaturus, de dam. infec. Ubi poterit summatim de ea re cognoscere prætor, aut præses cognoscet, & vel dabit vel negabit cautionem re summatim cognita per judicem, per annotationem: translatione deducta a computatione rationum, quod vel sit summatim vel minutatim.

Et hæc cognitio summaria non habet vim rei judicatæ, nec facit præjudicium actioni de legato, quæ post competierit, ut in l. a D. Pio, §. si rerum, de re judic. & Nov. 53. Si modo in ea ταχυμερῶς, summatim interpretemur, par provision. Neque est existimandum, idem esse de plano & summatim: quod sit de plano, id sit passim, ubique, cœnando, ambulando, ludendo: cognitio, quæ sit summatim, sit pro tribunali, *l'on abuze de ces mots, sommairement, & de plain*.

## Ad §. Cum quærebatur.

Cum quærebatur, ubi fideicommissi servandi causa caveri oporteat: Imperator Titus Antoninus rescripsit, si domicilium Romæ non haberet heres, & omnis hereditas in provincia esset, ad satisdationem fideicommissi nomine in provincia fideicommissario remittendum esse. Quare si heres in eum locum cavendi gratia mitteretur, ubi domicilium habet, legatarius autem ibi caveri postulet, ubi est hereditas non erit heres remittendus, idque Imperator Titus Antoninus rescripsit.

§.4. *Quibus literis adjectum; & si bona jam distracta sunt, vel testatoris permissu, vel concedente legatario- pretium eorum fideicommissi servandi causa in deposito habendum.*

PLus curæ exigit sequentis legis quæstio, sed contenta erit paucioribus verbis. Quæritur quo loco sit præstanda hæc cautio? & præstandam dico, ubi & legatum peti potest, aut poterit. Peti autem potest tribus locis, vel ubi est omnis hereditas, aut major pars, vel ubi heres domicilium habet, vel ubi est res legata, non aliis locis; nisi aliud voluerit testator, vel aliud convenerit inter heredem &. legatarium, l. un. C. ubi fid. peti. op. l. si fideic. in pr. & §. pen. l. sed etsi suscepit, §. ult. eod. Est in arbitrio legatarii, quo loco malit petere, nec si petat, ubi res est legata, vel ubi heres domicilium habet, remittere heredem oportet, ubi est hereditas. Et e contrario, si petat ubi est hereditas, non est remittendus ubi res est, vel ubi heres domicilium habet. Et similiter satisdatio legatorum his trib. locis petitur & si uno agatur, non remittitur heres in alium locum : Et hoc frustra postulaverit heres, ut si petatur cautio ubi est hereditas, remittatur in locum domicilii sui, vel si cautio petatur, ubi est domicilium : etiamsi ibi nulla sit res hereditaria, remittatur heres cavendi causa in locum, ubi est hereditas, d.l. sed etsi suscepit, §. ult. Neque dicas hoc heredi esse fraudi : Nam quid veretur heres si petatur cautio alibi, quam ubi est hereditas? cum pœna non caventis hæc tantum sit, ut legatarius mittatur in possessionem rerum hereditariarum, ii eo loci nullæ sint res hereditariæ. Itaque legatarius sibi imputare debet, qui petit cautionem eo loco, quæ si non præstetur, non potest mitti in possessionem rerum hereditariarum, cum nihil sit ibi hereditarium, nam præses, qui uno loco cavere jubet, si ei non pareatur, non potest mittere in possessionem earum rerum, quæ sunt in alia provincia, l. cum unius, §. ult. de reb. auct. jud. l. a D. Pio, de re judic. Ceterum extra hæc tria loca si petitur, obstat præscriptio fori, & fit remissio, *renuvy*, ut si ab herede hæc cautio petatur Romæ, ubi domicilium non habet, vel ubi non est res legata, remittitur heres in provinciam, ubi est hereditas: sed etsi petatur in provincia ubi est hereditas, aut major pars, remittetur heres in ejusdem provinciæ civitatem suam, si hoc desideraverit, in municipium suum, quia est necessaria satisdatio. Hæc est ratio legis de dic. §. tutor, & §. seq. qui satisf. cog. Sane satisdatio legatorum est necessaria, quia injungitur edicto prætoris, quamvis non sit semper necessaria, si constet legatum non deberi, si constet de calumniosa petitione. Hæc igitur cautio necessaria est, l.6. hoc t. & inde in l.6. h.t. Si necessitas dandi intercedat, in dandi est, satisdandi, ut in l. 43. §. 1. de procur. Cum igitur sit necessaria, heres, qui facile non potest cavere ubi petitur, quamvis is locus non sit incongruus, juste desiderat se remitti in ejusdem provinciæ civitatem suam, domicilium, municipium suum, ubi facilius inveniat fidejussores: sunt enim inventu difficiles. Et hæc constituitur differentia inter satisdationem voluntariam & necessariam in l. si fidejussor, §. pen. qui satisf. cogant. Nam si sit voluntaria & conventionalis, promissor non remittitur in alium locum; nec

nec enim id meretur, qui ipse sibi necessitatem satisfactionis imposuit. Intelligimus satis, quo loco sit præstanda hæc cautio: quam in rem vocat in testimonium Papin. rescriptum D. Pii, & addit, ex eodem rescripto, quod ad eandem materiam pertinet, non ad eandem quæstionem, rebus hereditariis distractis, puta permissu testatoris vel legatarii, hoc quoque casu non esse necessariam satisfactionem: quia frustra exigitur satisfactio, quam (si non præstatur) non potest sequi missio in res hereditarias, quæ non potest sequi, si distractæ sunt permissu testatoris vel legatarii: igitur cessabit edictum prætoris. Sed ex eo rescripto pretium redactum, id est, corpus nummorum ex venditione bonorum hereditariorum redactum, deponendum erit apud sequestrum, ut res sit salva legatario cum dies legati venerit aut conditio extiterit: deficiente remedio edicti prætoris, vel remedio constitutionis sive rescripti D. Pii itur ad sequestrum, hoc est extremum remedium servandi legati, vel fideicommissi.

### Ad L. IV. Ut in poss. leg.

*Plane si nova causa allegetur, veluti quod fidejussor decesserit, aut etiam rem familiarem inopinato fortunæ impetu amiserit: æquum erit præstari cautionem.*

Quæritur tertio loco, an hæc cautio sæpius sit præstanda: forte si prior cautio non duret, ut fit sæpe mortuo fidejussore sine herede ullo, vel eo lapso facultatibus, redacto ad incitas: commune esse dictum omnium satisdationum prætoriarum, ut si per calumniam petantur, ea de re cognoscat prætor, vel præses summatim. Commune etiam est, ut & procuratoribus præstentur & assumatur eorum nomen quorum interest, *l. 3. de præt. stip. l. 1. §. non solum, sup. tit. prox.* Commune etiam hoc tertium est, ut præstentur sæpius, si quæ datæ sunt, non durent, veluti fidejussoribus redactis ad inopiam, videlicet si stipulatoris culpa non desierit esse cautum, ut si vel initio acceperat minus idoneos fidejussores, vel sciens dissolutos homines, vel prodigos, ut in *l. 3. §. ult. hoc t.* Sed si casu quodam desierit esse cautum, ut idem Papin. ait, si decesserit fidejussor sine successore, vel si impetu quodam fortunæ rem familiarem amiserit, æquum erit iterum legatario caveri, *l. 4. de præt. stipul.* cum quo conjungenda est lex 12. *qui satisd. cogant.* quæ ex eodem est lib. 28. Papin. in qua Paulus idem probat.

### Ad L. XCV. de Solut.

*Stichum aut Pamphilum, utrum ego velim, dare spondes? altero mortuo, qui vivit solus petetur, nisi si mora facta sit in eo mortuo, quem petitor elegit: tunc n. perinde solus ille, qui decessit, præbetur, ac si solus in obligationem deductus fuisset.*

*§. 1. Quod si promissoris fuerit electio, defuncto altero, qui superest æque peti poterit. Enimvero si facto debitoris alter sit mortuus, cum debitoris esset electio, quamvis interim non alius peti possit, quam qui solvi etiam potest, neque defuncti offerri æstimatio potest si forte longe sit vilior, quoniam id pro petitore in pœnam promissoris constitutum est: tamen si & alter servus postea sine culpa debitoris moriatur, nullo modo ex stipulatu agi poterit, cum illo in tempore quo moriebatur, non commiserit stipulationem. Sane quoniam impunita non deberet esse admissa, doli actio non immerito desiderabitur, aliter quam in persona fidejussoris, qui promissum hominem interficit, quia tenetur ex stipulatu actione fidejussor, quemadmodum tenebatur, si debitor sine herede decessisset.*

IN l. hac multa de stipulationibus voluntariis, quæ ex conventione rerum fiunt aguntur indiscriminatim, quæ plurimum laboris exigunt: & prima quæstio est de stipulatione ita concepta, *Stichum aut Pamphilum dare spondes?* Ex qua est quidem uterque homo in obligatione; ergo & in petitione: sed ita vel in obligatione vel in petitione, ut est in ipso contractu, in ipsa formula stipulationis. Nec enim aliter debentur, aut petuntur recte, quam sunt deducti in stipulationem.

A Igitur ut sunt positi in stipulatione ambo, ita sunt ambo in obligatione, vel petitione: sed alter tantum est in solutione, *l. si duo rei, de verborum obligat.* puta is, quem elegerit promissor, quem dixerit se dare velle, videlicet si in stipulatione de electione nihil sit adjectum. Nam in eo genere stipulationis, electio est promissoris, utrum præstet, utrum det: vel si adjectum sit in stipulatione, ut is daretur quem vellet stipulator, ut proponitur initio hujus l. *Stichum aut Pamphilum, utrum ego velim dare spondes?* electio est stipulatoris, & is quem elegerit, est in obligatione, & in petitione, & solutione, *l. si quis stipulatus sit Stichum aut Pamphilum, de verborum obligat.* Ergo eo casu electio est promissoris, aut stipulatoris: si stipulator sibi electionem receperit, mortuo altero exstinguitur electio, & is solus, qui vivit, est in obligatione & petitione, si ille mortuus sit ante moram & culpam promissoris: Nam si post moram promissoris mortuus sit is, quem elegerat stipulator: nec enim potest mora fieri, antequam elegerit aliquem stipulator, eo casu electio stipulatoris non ideo perit, quod superest tantum alter: Nam vel is præstatur stipulatori, si eum maluerit stipulator, vel is qui mortuus est, quem elegerat stipulator: præbetur: inquit, Papin. id est, æstimatio ejus præbetur, si forte longe majoris pretii fuerit, quam superstes. In pœnam promissoris hoc est constitutum, ut possit eligere stipulator pretium mortui, qui longe fuit altero pretiosior, atque ita ad coercendam moram promissoris, electio durat etiam post mortem electi. Quod si electio fuerit promissoris, & de hoc casu incipit tractare in §. 1. & quæso attendite: mortuo altero, is qui superest, peti & solvi potest, scilicet, ut dictum est, in priori casu, nisi in eo, qui mortuus est, accipiendo jam stipulator moram fecerit: hoc enim casu promissor omnimodo liberatur, ac ne superstitem quidem debet, *l. stipulatus sum 115. de verb. obl.* Sed si stipulator moram non fecerit, debetur superstes, peti & solvi superstes potest, *l. si in emptione, §. pen. de cont. empt.* An solus debetur? an durat electio promissori, ut liberetur præstando æstimationem mortui, qui forte longe fuit vilior? Et verissimum est, integram esse electionem promissori, ut vel pretium mortui præstet, si sine culpa ejus mortuus sit. Et ita accipienda est *l. cum res, §. sed si Stichus, de leg. 1.* quam opponit Accurs. Nam si culpa promissoris mortuus sit, exstinguitur electio, & is solus peti & solvi potest, qui vivit, & ita proponitur in §. 1. Neque obstat quod dictum est in principio *l. stipulatorem*, eum qui sibi recipit electionem, post moram promissoris mortuo altero, mortui pretium eligere posse, si forte fuerit pretiosior superstite: Nam hoc ut respondet Papin. ita constitutum est pro stipulatore in pœnam promissoris, qui moram fecerat, ut in eo coerceatur mora. Electio igitur conservatur stipulatori etiam post mortem hominis electi, & in pœnam promissoris morosi & frustratoris: & vice versa, si electio fuit promissoris, jure stipulationis mortuo altero vel electio aufertur. Nam mortui æstimationem solvendo non liberatur, si forte longe vilior, sed necesse habet eum præstare, qui superest, perinde ac si solus deductus fuisset in stipulationem. Sed quod notandum, non habet etiam necesse, si forte velit stipulator, mortui æstimationem præstare, qui forte longe fuit pretiosior, etiamsi ante moram culpa ejus interierit, quia stipulatoris non fuit electio, & promissor poterit eum non dare. Quamobrem ita concludamus. In pœnam promissoris qui moram fecit, non transfertur electio a promissore, cujus erat electio in stipulatorem. In pœnam promissoris electio, quæ fuit stipulatoris, stipulatori conservatur etiam post mortem electi. Et tertia conclusio in pœnam promissoris, qui moram fecit, electio, quæ ejus fuit, ei aufertur mortuo altero, ita ut eum solum præstare possit, qui superest, nec potest cogi a stipulatore, ut præstet pretium mortui, quod longe fuit majus, ne præripiatur promissori electio, quæ ei competit conventionis sive stipulationis jure. Atque ita ex his intelligitur, cum est electio promissoris, multum interesse,

alter

alter servus moriatur culpa promissoris, an non; nam si sine culpa, etiam post mortem unius electio ei conservatur, si culpa, existinguitur, & solus qui superest, peti, ac solvi potest, neque defuncti offerri æstimatio potest, si longe fuit utilior, nec peti a stipulatore, si longe fuit pretiosior. Multum etiam alia in re interest, utrum alter servus mortuus sit culpa promissoris, an sine culpa: Nam ut omnes casus, qui incidere possunt comprehendamus, quod fiet quadripartito, si sine culpa promissoris unus decesserit, deinde alter ante moram æque sine culpa promissoris, procul dubio omnimodo liberatur promissor. Hoc erit primum membrum. Sequitur aliud: si unus decesserit culpa promissoris, puta quod eum occiderit, deinde alter moriatur, sed sine culpa promissoris, non tenetur promissor actione ex stipulatu, ne in æstimationem quidem: quia posterior, qui mortuus est, in quo consistebat obligatio, mortuus est antequam stipulationi locus esset, id est, ante moram & culpam promissoris: neque enim posterior culpa ejus interiit, sed tenetur actione de dolo in id quod interest, ne impunita sit culpa, ne impunitus sit dolus. Cessat igitur actio ex stipulatu, ut nec possit peti pretium occis, quia electio non est stipulatoris, neque electio mortui suo fato, quia sine culpa promissoris mortuus est, sed competit actio de dolo, quia ejus dolo sit factum ne prior servus quem occidit præstari possit. Sequitur tertium membrum: si uterque mortuus sit culpa promissoris, procul dubio competit actio ex stipulatu, quasi commissa stipulatione: quia secundum regulam juris, quotiescumque culpa intervenerit promissoris vel mora; culpa ut si occiderit, mora ut si interpellatus congruo loco & tempore eum non solverit, sed ad judices provocaverit, obligatio solet perpetuari, produci, l. si servum, §. sequitur, de verb. oblig. Et similiter, ut est §. 4. casus: si prior servus decesserit sine culpa promissoris, & posterior, in quo solo consistebat obligatio, culpa promissoris interierit, æque tenetur actione ex stipulatu. Sed ut redeamus ad secundum casum, qui solus proponitur hoc §. 1. Si posterior servus sine culpa promissoris decesserit, cessat actio ex stipulatu, etiamsi prior culpa ejus decesserit. Sed tenetur actione de dolo in id quod interest, deficiente actione ex stipulatu. Ad eam quæstionem subjicit Papinian. aliud esse dicendum in persona fidejussoris. Docuit illo casu, quem jam exposui, promissorem non teneri ex stipulatu, sed de dolo. Docet vice versa, fidejussorem teneri ex stipulatu, non de dolo, ut sit differentia inter promissorem & fidejussorem: nam illo casu promissor tenetur de dolo, fidejussor ex stipulatu, ut si fidejussoris culpa homo interierit ante moram, quo genere liberatur promissor, qui vacat culpa & mora, fidejussor tamen tenetur ex stipulatu, non de dolo: Nam quod consensum meretur omnium, ubi est alia actio, cessat famosa illa de dolo, & tenetur fidejussor, qui hominem interfecit, utili actione ex stipulatu, in l. mora, l. si pupill. 127. de verb. obl. l. mora, §. ult. de usuf. l. cum quis, §. pen. de fidejuss. Et actione utili ex stipulatu, id est restitutoria, vel ut Græcus interpres ait, actione in factum: omnis actio utilis est in factum, omnis actio restitutoria, quæ extincta fuerat, est utilis: Nam competit directa ex stipulatu, quia ipso jure liberato reo, & ipse liberatus est, sed æquum non est, ut suo facto dolo malo liberetur ipse, ut dolo malo se ipsum liberet, interficiendo hominem promissum, quamquam contingat, ut promissorem liberet, ne ex dolo suo lucrum faciat. Ergo sublata principali obligatione, manet fidejussoria: denique tenetur hoc casu utili actione ex stipulatu: & tamen superiore casu noluit tenebatur de dolo: voluit ostendere esse discrimen inter hos casus. Sed quod ait, fidejussorem non teneri de dolo, obstat l. si fidejussor, de dolo, quæ ponit eandem speciem, fidejussorem ante moram occidisse hominem promissum, & teneri de dolo, propterea quod non tenetur ex stipulatu, quod liberato reo, & ipse liberatus est. Respondeo hoc modo: fidejussorem, qui ante moram hominem promissum interfecit, non teneri de dolo in id quod interest,

Tom. IV.

sicut reus, qui promiserat Stichum aut Pamphilum, & occiderat Stichum, altero postea mortuo sua morte tenetur de dolo in id quod interest, non ita & fidejussor tenetur de dolo in id quod interest, sed ut res vel actio, quæ periit stipulatori, restituatur mortuo homine ante moram, ut reponat se fidejussor in pristinam obligationem stipulati, qua liberatus est promissore liberato. Et ita per actionem de dolo hoc consequetur, ut sibi restituatur actio ex stipulatu in fidejussorem, quæ fuerat extincta. Restituitur inquam: utilis est ergo ut d. l. mora, in fine, de usur. vel si non patiatur restitui pristinam obligationem & actionem ex stipulatu, actione de dolo plane condemnabitur in id quod interest, sicut promissor. Atque ita si velis brevius respondere, dicto, fidejussorem teneri de dolo, & hoc verum esse, si recuset accipere judicium restitutorium ex stipulatu: Neque autem novum videri debet, ut liberato reo non omnino liberetur fidejussor: Nam subjicit alium casum, quo idem contingit, si promissor sine herede decesserit, & ob id creditores ex edicto bona ejus possederint, & distraxerint, ut in l. heres, §. quod si stipulator, h. tit. debitor liberatur, fidejussor obligatus manet, & tenetur actione utili ex stipulatu, quod significat Papinian. his verbis, quemadmodum, &c. Et est similis casus in l. capitis, & alius in d. l. cum quis, §. pen. de fidejuss. & alius in l. 1. C. de fidejuss. Quæ in §. 1. traditur differentia inter æuam & fidejussorem, ut hic teneatur ex stipulatu, non de dolo; ille de dolo, non ex stipulatu, maxime velim vos animadvertere, eam non versari in ea specie: Nam æs omnis ita distinguenda est: vel Stichus est solus in obligatione deductus, vel Stichus aut Pamphilus sub distinctione. Si solus Stichus, & eum reus occiderit, tam fidejussor, quam reus tenetur directa ex stipulatu. Et culpa rei fidejussori nocet, quia cum eodem casum intercepit, l. mora, l. cum fidejussor in diem, de verbor. obl. l. si a colono, §. ult. de fidejuss. Sin autem fidejussor eum occiderit, reus liberatur, nec culpa fidejussoris ei nocet: fidejussor tenetur utili ex stipulatu, nec necessaria actio de dolo, nisi recuset accipere judicium ex stipulatu. Quod si Stichus aut Pamphilus disjunctim in obligationem deductus sit, & Stichum reus occiderit, deinde Pamphilus moriatur suo fato, reus neque directa, neque utili actione ex stipulatu tenetur: si de dolo in ea non sit cautum, ut plerumque doli clausula adjicitur stipulationibus prætoriis & necessariis, non in voluntariis, & conventionalibus, sed reus tenetur de dolo, fidejussor vero omnimodo liberatur, quia perempta stipulatio est, & ipse dolo nihil admisit. Contra, si fidejussor Stichum occiderit, deinde moriatur Pamphilus suo fato, reus omnimodo liberatur, fidejussor tenetur tantum de dolo. Itaque, ut apparet modo, ex quadripartita divisione, illa differentia non vertitur in una specie, sed in diversis.

---

Ad §. aditio hereditatis.

Aditio hereditatis nonnunquam jure confundit obligationem, veluti si credito debitoris adierit hereditatem: aliquando pro solutione cedit, si forte creditor, qui pupillo sine tutoris auctoritate nummos crediderit, heres ei exstitit: non enim quanto locupletior pupillus factus est, consequeretur, sed in solidum creditum suum ex hereditate retinet: alignando evenit, ut inanis obligatio aditione hereditatis consumetur: Nam si heres, qui restituerit ex Trebellian. hereditatem, fidejcommissario heres exstiterit, vel mulier, quæ pro Titio intercesserat, eidem heres exstiterit, incipit obligatio civilis propter hereditatem ejus, qui jure tenebatur, auxilium exceptionis amittere. Etenim inconditum est subvenire sexui mulieris, qua suo nomine periclitetur.

IN hoc §. qui sane multa perquam utilia & necessaria complectitur, ponuntur tres effectus aditionis hereditatis, quantum attinet ad causas quibus is cujus adita est hereditas adstrictus fuerit. Et unus effectus pertinet ad obligationem civilem, quæ ex parte actoris petitionem habet efficacem, ex parte rei nullum auxilium, subsidiumve exceptionis habet: alter effectus pertinet ad obligationem naturalem, quam constat, neque petitionem habere, antequam solutio facta sit, neque repetitionem, postquam solutio facta est, *l. praecedente*, §. *Fabius, hoc tit.* Tertius effectus pertinet ad obligationem civilem, quae ex parte rei habet auxilium exceptionis, veluti Trebelliani & Vellejani. Et primus effectus hic est, ut aditio hereditatis aliquando jure confundat obligationem: jure, id est, civili jure, *l. ubicunque, de fidejussorib. l. fundum Cornel. de novat.* Sane si debitor creditoris, vel creditor debitoris hereditatem adierit, jure civili sit confusio totius obligationis, quia in eandem personam jus debiti & jus crediti confunditur. Confusio est concursus debiti & crediti in eandem personam, ex quo sequitur interitus utriusque, quia idem homo non potest esse actor & reus, creditor & debitor, & ita quia ea confusio pro solutione est, hereditas ipsa heredi, vel heres hereditati protinus in articulo ipso aditionis, id quod debet, videtur exsolvere, *l. si ei tui, §. ult. de evict. l. debitori, l. Gramius, de fidejuss. l. si id quod, de liber. leg.* Et is quidem primus effectus satis patet. Secundus effectus hic est, ut aditio hereditatis aliquando pro solutione cedat. Dices statim: hic effectus videtur idem esse cum superiori: nam & confusio pro solutione cedit: dicam confusionem pro solutione esse, quanquam id non sit per omnia verum, ut constat ex his, quae notantur in *l. quae doris, sol. mat. 7. ad Afric.* Contra, quodcunque est pro solutione, non esse confusionem, ut compensatio & depositio pecuniae & obligatio, nec tamen est confusio. Et ita in hoc secundo effectu aditionis hereditatis, aditio hereditatis pro solutione est, nec tamen est confusio. Est enim hic casus de naturali obligatione, quae proprie non est obligatio, cum petitionem, actionem non habeat. Non potest autem fieri confusio jure civili obligationis, quae civilis non est, id est, quae non valet ad agendum. Et ut id intelligatur, sciendum est (quo exemplo utitur Papinianus) pupillum accipiendo mutuam pecuniam sine tutoris auctoritate, neque civiliter, neque naturaliter obligari, videlicet si ex ea pecunia locupletior non sit factus. Et ita accipienda *l. pupillus, de obligat. & act. l. quod pupillus, de cond. indeb.* Sed si ex ea pecunia factus sit locupletior, naturaliter obligatur, quia natura aequum est, ne quis alieno detrimento suas augeat commoditates, *l. naturaliter, §. ult. de condict. indeb. l. cum illud, §. heres, quando dies leg. ced.* si secundum Florentinam scriptura, legamus, accepisset locupletior, ubi tamen ex priori dictione repetita syllaba legendum est; & accepisset & locupletior factus esset; haec omnia fusius tractatur in *tit. ult. lib. 3. Inst.* Et ex hac naturali obligatione, cum pupillus factus est locupletior, ante constitutionem D. Pii dabatur actio in pupillum, sed nec pupillo, dabatur repetitio si solvisset. Hoc est commune omnium obligationum naturalium, ut ex his nec sit petitio, nec repetitio, petitio non soluti, repetitio soluti, *d. §. Fabius, l. 1. §. id quod natura, ad l. Falcid. l. §. fidejuss. §. fidejussor, l. quod enim, l. heres, §. servo, de fidejuss.* Hodie autem ex constitutione D. Pii in pupillum datur actio utilis, quia deficit directa, propterea quod non solet obligatio naturalis parere actionem, & datur utilis, quatenus locupletior factus est, *l. pupillus, de auctor. tut. l. 3. commod. l. 3. §. pupillus, de negot. gest.* Quibus praemissis finge: Quidam pupillo credidit pecuniam, sine tutoris auctoritate, & inde pupillus aliquantulum locupletior factus est. Id autem constitutione D. Pii creditor a pupillo nulla actione consequeretur: sic recte scriptum in Florentinis, non, *consequetur*: sed si & creditori solvisset, solutum non repetiit, quia id naturaliter debet. Porro idem ille creditor adiit hereditatem pupilli: aditio non confundit obligationem, quae civilis, nulla fuit ante constitutionem D. Pii, sed ea aditio pro solutione habetur, ac si pupillus ipse solvisset, quia hereditas videtur heredi solvere quod pupillus debuit naturaliter. Et ideo in ponenda ratione legis Falcid. in qua constat, heredem deducere bonis,

quod sibi defunctus debuit, vel jure civili vel naturali, *l. 1. §. si debitor, ad l. Falcid. l. 6. & 8. C. eod. tit.* in ponenda, inquam, ratione legis Falcidiae, & ineunda ratione bonorum & legatorum, heres in hac specie, qui creditor fuit defuncti, id est, quanto locupletior factus est pupillus, retinebit ex hereditate & deducet, quoniam debiti naturaliter est retentio: non est quidem petitio, sed nec repetitio, ne in hoc quidem casu. Denique heres creditum suum, id est, quanto locupletior factus est pupillus, retinebit *in solutum*: malo legere *in solutum*, quam *in solidum*. Nam & hic non proponitur de solida pecunia pupillo locupletior factus. Et congruit haec lectio propositioni, ut aditio cedat in solutum, & est frequens ista μετάθεσις, *solidum*, vel *solutum*, ut in *l. ult. de dist. pig. l. filio, ad leg. Falcid.* Hodie ex constitutione D. Pii, ea aditio confunderet obligationem, quia ex ea constitutione veluti civiliter pupillus obligatur, cum teneatur utili actione, quatenus est locupletior: sed Papin. respicit ad id juris, quod fuit ante constitutionem Divi Pii, secundum quod aditio potuit esse pro solutione, non pro confusione: hodie & pro confusione, quia introduxit D. Pius quasi civilem actionem prodita utili. Et ita in eadem quaestione respicit Papin. etiam ad id juris, quod fuit ante eam constitutionem, *l. cum illud, §. heres, quando dies leg. ced.* Et Scaevola in *l. cum pupillus 127. de verb. obligat.* uterque tractantes jus vetus ut novum, ut Plinius in epistolis scribit, Aristoni semper fuisse curae, sic antiquum jus & recentia tractare, & ait Papinian. *non enim quanto locupletior, &c.* Nulla scilicet actione id consequeretur ante constitutionem D. Pii, & ideo nulla esset obligatio civilis, quae confunderetur, nec aditio confusionem faceret: & sequitur, *sed in solutum*, id est, aditio vim solutionis habet. Primo casu habet vim confusionis, secundo vim solutionis tantum. Tertius effectus hic est, ut aditio hereditatis aliquando confirmet inanem obligationem. Inanis est, quae perimitur exceptione, quae sine re & effectu est, cui opponitur efficax in *l. ordinata, de liber. causa.* Et aliquando, quae inanis est, dicitur efficax, ut Inst. §. 1. *de except.* quia efficax est origine, non effectu, exitu, eventu, si allegetur exceptio quae competit, quia eludi potest. Sed ut utamur exemplis Papiniani duobus, quibus utitur, inanis est obligatio heredis, qui restituit fideicommissario hereditatem ex Senatusconsulto Trebelliano, quia perimitur exceptione hereditatis restitutae, exceptione Trebell. *l. 18. de judic. l. 1. §. quanquam, l. ita tamen, §. qui ex Trebell. ad Trebellian.* Et tamen si postea heres adierit hereditatem fideicommissarii, qui restituerat priorem, a qua retinet nomen heredis, qui fuit inanis obligatio, redditur utilis & efficax, amissa exceptione Trebelliana: neque enim ei competit cum successerit fideicommissario Trebell. in quem efficaces actiones transierunt per restitutionem: & similiter obligatio mulieris, quae intercessit pro alio, inanis est, *l. quamvis, §. Marcellus, ad Vellejan.* quia perimitur exceptione Vellejani. Et ne dicas, ut Accurs. eam obligationem non approbari Senatusconsulto, sed dicas penitus reprobari, *l. si mulier contra, §. ult. ad Vellejan.* Et tamen si mulier hereditatem ejus adierit, pro quo intercessit, tum firma sit obligatio mulieris, amissa nempe exceptionis, per aditionem hereditatis: quia, ut ait Papinian. *inconditum est subvenire sexui mulieris, quae suo nomine periclitatur.* Suo nomine tenetur, quae adiit hereditatem debitoris, *l. si quid possessor, de petit. hered.* Senatusconsultum Vellejanum opitulatur mulieri, quae alieno nomine periclitatur, ne suam pecuniam perdat: *inconditum*, est indecens, de *mauvaise grace*, ineptum, incivile, ἄκοσμον, ut *inconditi versus*, Livius lib. 4. qui Homero ὄνοι ἄκοσμοι. Senecae 2. de benef. *inconditа carmina*. Ergo obligationes, quae propriis viribus non consistunt, quae eluduntur exceptionibus, neque officio judicis, neque praetoris imperio, neque legis potestate confirmantur, ut dixit Papinian. *sup. libro, l. obligationes, de oblig. & act.* quae meo judicio meave suspicione debetur huic libro. Confunduntur tamen illae obligationes aditio-

aditione hereditatis: quia nova eis accedit causa, novæ rationes & inexpugnabiles, novum robur, succeffio in locum ejus, qui efficaciter tenebatur, & quasi novæ obligationis jure. Itaque in hac quæstione nihil refert expromiserit mulier, quod fit per novationem, an fidejufferit, vel alio modo intercefferit pro alio: expromiffio, quæ inanis fuit, aditione confirmatur, quia licet cum muliere experiri directa actione ex stipulatu ipfius mulieris, vel utili, id est restitutoria, qua defunctus efficaciter teneatur. Quid enim mulieris intereft, qua actione conveniatur? Et ita elegantissime est scriptum in *l. quamvis, §. mulier, ad Vellejan*. Et notandum hodie, plane nihil interfuisse (quia sunt omnia judicia extraordinaria) in quibus, ut ait *lex actio, de negot. gest.* conceptio formularum non observatur, id est, non venit in disquisitionem, & ad *d. l. actio* nulla est lex, quæ pertineat proprie, quam *d. §. si mulieri*: quod notandum. Denique utilis actio non tollit directam: quandoque licet hac, vel illa cum muliere experiri, quamvis utilis actio utique fuerit major, id est, efficacior. Et similiter fidejussio mulieris, quæ inanis fuit, aditione confirmatur, & licet cum muliere experiri, vel ex causa fidejussionis, vel ex causa principali, ex qua defunctus tenebatur, quia in extraordinariis judiciis nihil intereft, quo judicio agatur cum eo, a quo omnino habiturus est quod petit, vel alio judicio. Denique hodie principalis obligatio non tollit fidejufforiam, quamvis principalis utique sit major : major non tollit minorem, sed licet agere ex hac vel illa jure ordinario : major non tollit minorem, si spectes formulas *l. debitori, de fidejuff. l. si duo, hoc tit.* Et vitiosa est igitur distinctio Accursii, inter promissionem mulieris, & aliam quamlibet intercessionem.

### Ad §. Quod vulgo.

*Quod vulgo jactatur, fidejufforem, qui debitori heres exstitit, ex causa fidejussionis liberari, totiens verum est; quotiens rei plenior promittendi obligatio invenitur : nam si reus duntaxat fuit obligatus, fidejussor liberabitur; è contrario non potest dici, non tolli fidejufforis obligationem si debitor propriam & personalem habuit defensionem: Nam si minori 25. annis bona fide pecuniam crediti, isque nummos acceptos perdidit, & intra tempora in integrum restitutionis decessit, herede fidejussore; difficile est dicere, caufam juris honorarii, qua potuit auxilio minoris esse, retinere fidejufforis obligationem, quæ principalis fuit, & cui fidejufforis accessit sine contemplatione juris prætorii : auxilium igitur restitutionis fidejuffori, quia adolescenti heres exstitit, intra constitutum tempus salvum erit.*

Paragraphus quod vulgo, (*) pertinet etiam ad effectus obligationis naturalis, & potest ex eo constitui quartus effectus: Namque docet aditione hereditatis fidejufforiam obligationem confundi & tolli hereditaria manente, si fidejussor debitori heres exstiterit, quia scilicet major & plenior obligatio tollit minorem, minor majori cedit loco, ut in *l. 5. l. debitori, de fidejuff. sup. l. fidejufforis, C. eod. tit. l. si duo, hoc tit. l. debitori, de separat*. Hereditaria autem obligatio est major & plenior, quia est principalis. Si igitur recidat in eandem personam obligatio principalis & fidejufforia, prævalet major, & fidejufforia pro nulla habetur : Nam & qui principalis reus est, ipse pro se fidejussor esse non potest. Denique superveniens. principalis abfumit fidejufforiam jure ordinario. Ait enim §. *hoc vulgo jactari*, id est, esse regulam juris ordinarii : quod vulgo dicitur vel jactatur, jus ordinarium est. Titulus omnis de regulis juris, est de jure ordinario & summo, non de extraordinario aut mitiori : quod vulgo jactatur, ut Græci, τὸ κοινῶς λεγόμενον, quod ordinarium est. Hodie si de jure extraordinario disputas, nihil refert, etiamsi in hac specie, cum fidejussore, qui debitori heres exstiterit, agatur ex causa fidejussionis : quid enim intereft qua ex causa agatur, ut in *l. quamvis, §. si mulier, ad Vellejan*. quem locum vе-
Tom. IV.

(*) *Vide Merill. Variant. ex Cujac. lib. 3. cap. 23.*

lim vos memoriæ figere. Conclusio hæc sit-juris ordinarii : aditione hereditatis fidejufforia obligatio tollitur, principalis manet. Et notandum quod in §. hoc docet, hanc regulam ita veram esse, si utraque obligatio principalis & fidejufforia sit civilis & efficax: nam si principalis sit naturalis tantum, fidejufforia civilis, & fidejussor reo principali heres exstiterit, neutra tollitur vel consumitur, neutra cedit alteri, neutra se plus efferre altera potest, quasi potiorem vel pleniorem : principalis non est major, cum non sit πρωτότυπος, cum non pariat actionem: neque fidejufforia etiam est major, cum non sit principalis. Et licet exemplum ponere in pupillo, qui mutuam pecuniam accepit sine tutoris auctoritate, & ex ea locupletior factus est, videlicet secundum jus, quod obtinuit ante constitutionem D. Pii : Nam si fidejussor pupillo heres exstiterit, potest conveniri, vel ex principali causa, vel ex fidejufforia, quia neutra tollitur: sed post constitutionem Divi Pii ex fidejufforia tantum, quia ea pupillis obligatio facta est per eam constitutionem veluti civilis, prodita actione in pupillum : & licet etiam aliud exemplum ponere ex *l. heres, §. servo, de fidejuff*. in servo. Servus mutuam pecuniam accepit, & fidejussorem dedit liberum hominem : servus obligatur naturaliter tantum, cum in eum non cadat actio : fidejussor autem civiliter obligatur, & post servi manumissionem, si fidejussor manumisso heres exstiterit, neutra obligatio consumitur, *d. §. servo*. Et hoc voluit docere Papinian. in priori parte hujus §. nec est, quod pluribus explicemus, cum vere non fidejussor. Et menda est evidentissima, quam sustulisse de his libris satis est, & ut jamdiu ostendi ex Basil. constat ita legendum : *Nam si reus natura duntaxat fuit obligatus, fidejussor non liberabitur*, & verba Basil. hæc sunt, εἰ γὰρ ὁ ἐνοχόμενος φύσει μόνον ὑπόκειται, οὐκ ἀπολύεται ὁ ἐγγυντής. *Nam si reus*, inquit, *duntaxat natura obligatus sit, non liberatur fidejussor* : quo sunt obscuriora scripta Papiniani eo mendosiora ad nos pervenerunt. E contrario ut subjicit, si reus fuit etiam civiliter obligatus, aditione hereditatis fidejussor liberabitur, quia plenior obligatio extinguit minorem, quod Papinian. subjicit verum esse, scil. si fuerit obligatio principalis civilis & efficax : In ipso concursu, cum perimat fidejufforiam, id esse verum, etiamsi reus principalis proprium & personale habuerit beneficium restitutionis in integrum : verbi gratia, beneficium ætatis, quo eximeretur ab ea obligatione civili : proprium hoc est beneficium personæ, nec commune cum fidejussore ejus adolescentis xxv. quod tamen beneficium transmittitur in heredem adolescentis, *l. non solum, de restit. in integr. l. minor, de minorib. l. 2. & 4. C. de tempor. in integ. rest*. Eo igitur casu obligatio principalis est plena, efficax, sed rescindi potest per restitutionem beneficio ætatis rei : nec ideo minus est plena, quod potuit reo vel heredi ejus tribui auxilium restitutionis beneficio prætoris, quia beneficium illud non cohæret rei & obligationi, sed personæ: & extrinsecus adsumitur, & incertum est, ut ait *si Titius, de fidejuff*. Datur enim a prætore causa cognita: forte id dabit prætor, forte denegabit, obligatio per se consideranda est, insuperhabita spe restitutionis, quæ nihil adhæret obligationi. Finge igitur minorem xxv. annis, mutuam pecuniam accepisse : obligatur civiliter, & pleno jure, licet mox eam pecuniam perdiderit, nec sit ex ea locupletior factus, dummodo ei adolescenti credita sit bona fide, ut dicit Papinianus : hoc cur dixit, Accursius non intellexit. Sed hoc ideo dicit rectissime, quia qui bona fide credit pecuniam adolescenti, ignorans scilicet, adolescentem mox eam perditurum, retinet jus crediti ; sed qui sciens forte luxuriofo adolescenti, quasi perdituro, & mox scorto daturo pecuniam credidit, jus crediti non habet, nec adolescens nec fidejussor adolescentis ullo modo obligatur, *l. si vero non remunerandi, §. si adole-*

*adolefcens, mandl. l. quod fi minor, §. reftitutio, de minorib. l. fi quis eum, pro empt.* quia non debuit creditor fciens prudens in eam rem adolefcenti credere, non debuit in focietatem venire turpis confilii. Et eleganter Seneca *libro de beneficiis:* pecuniam non dabo, quam numeraturum adulteræ fciam, ne in focietate turpis facti aut confilii inveniar. Et Nicolaus quoque in libro quem edidit de legibus & moribus variarum gentium apud Stobæum hanc legem retulit his verbis, ἐὰν δέ τις ἁλῶτο, &c. *Si quis deprehendatur pecuniam luxuriofo credidiffe, creditum amittit.* Ergo minor xxv. annis, qui pecuniam mutuam accepit, & mox abligurierit, nihilominus creditori tenetur, fi modo creditor ei bona fide crediderit, non fi fciens, quam in rem rogaret adolefcens. Finge igitur, minorem xxv. annis mutuam accepiffe pecuniam, numeratam bona fide, & fidejufforem dediffe, & mox eam pecuniam perdidiffe: obligatur civiliter, fed poteft reftitui in integrum, quod lapfus fit lubrico juventæ. Verum antequam reftitueretur in integrum, mortuus eft fidejuffore herede relicto. Atque ita idem eft & principalis & fidejuffor. Re tamen vera fidejuffor liberatur ex caufa fidejuffionis, & tenetur tantum ex caufa principali, nec caufa reftitutionis in integrum, quæ tribui potuit reo, vel heredi ejus: ea, inquam, caufa non retinet obligationem fidejufforis ne pereat quafi ob eam rem principalis non fit major, aut cenfeatur minor, quod poffit refcindi, quia ea caufa reftitutionis in integrum fuit perfonalis, non realis, & fine ejus contemplatione ei fidejuffor acceffit. Nec igitur contemplanda eft, five refpicienda caufa illa reftitutionis in integrum, quæ contingere poteft. Itaque nihil plane cum caufam extraordinariam & incertam, & rei non cohærentem contractus jure fpectabimus, fed perinde ac fi non effet, aut effe poffet, rem æftimabimus, & dicemus, fidejufforem, quia adolefcenti heres exftitit, jam non teneri ut fidejufforem, fed ut principalem, quia major obligatio abfumpfit minorem, & confequenter eum, quafi principalem poffe implorare auxilium reftitutionis intra annum utilem, vel hodie ex conftitutione Juftiniani, intra quadriennium continuum, quod auxilium non haberet, fi ex caufa fidejufforia conveniretur: fed utitur eo, quia ex principali tantum caufa convenitur. Sed nonne iniquum eft, rationem juris, quæ caufam fidejuffionis propter principalem obligationem, quæ major fuit, excludit, damno afficere creditorem, qui fibi diligenter profpexerat, *l. debitor, de feparat.* Sed hoc ita fi liberato minore, liberetur & fidejuffor, ut in *l. in caufa, D. de minor.* Et in hac parte inhæret labes illo loco, *quæ principalis fuit:* quæ caufa, reftitutionis in integrum fcilicet, principalis fuit, perfonalis fuit, hoc fenfu: caufa illa extraordinaria cohæret perfonæ adolefcentis obligati, nec ob eam obligationem principalis fuit minor: fuæ funt certiffima. Obligationem igitur, cujus reftitutionis caufa fcilicet perfonalis fuit, & cui fidejuffor acceffit etiam fine contemplatione ejus, fidejuffor abfolvitur; ait *l. acceffit:* acceffio enim eft fidejuffio, *l. fi fervum, §. nunc videamus, de verbor. oblig.*

**Ad §. Naturalis.**

*Naturalis obligatio, ut petunia numeratione, ita jufto pacto, vel jurejurando, ipfo jure tollitur, quod vinculum æquitatis, quo folo fuftinebatur, conventionis æquitate diffolvitur: ideoque fidejuffor, quem pupillus dedit, ex iftis caufis liberari dicitur.*

Ex hoc §. intelligemus quæ fit naturalis obligatio, & quibus modis tollatur ipfo jure. Ergo naturalis obligatio eft, quæ folo æquitatis vinculo fuftinetur, & fola ratione naturali, non jure naturali, non jure civili: quid eft obligatio civilis? vinculum juris civilis, quod nos neceffitate folvendi adftringit. Obligatio naturalis eft vinculum juris naturalis quod nos neceffitate folvendi non adftringit: non eft proprie obligatio, cui non eft adjuncta neceffitas. Ergo naturalis obligatio, proprie non eft obligatio: aut brevius: obligatio naturalis eft fo-

lius æquitatis vinculum: fi velis dilatare, fine ullo auxilio juris civilis. Et utitur exemplo pupilli contrahentis fine tutoris auctoritate, & qui ex eo factus eft locupletior; qua ex caufa pupillum teneri natura æquum eft, ne cum alieno detrimento locupletetur; fed non obligatur jure civili ante conftitutionem Divi Pii. Ergo naturaliter tantum obligatur. Et fervi quoque fere ex omnibus caufis naturaliter obligantur, & filiusfamilias patri, in cujus eft poteftate, pater filiofamilias, frater fratri, fi ambo fint in ejufdem poteftate: & ex pactis naturaliter obligamur, non civiliter, ex pacto enim nulla nafcitur civilis obligatio, ac proinde nec actio, *l. Imperator, §. in his, de folut.* Ex contractibus etiam civiliter obligamur. Ex pactis non datur actio, ex contractibus datur. Contractus eft conventio, ex qua datur actio. Pactum eft conventio ex qua difficile eft dare actionem, datur namque nonnunquam: contractus & pacta funt fub eodem genere conventionis, & contraria invicem. Si quæras quid fit pacto contrarium, nullum aliud contrarium invenies quam contractum, vel fi quæras quid fit contractui contrarium, utique pactum invenies. Et nonnulla alia exempla funt in jure naturalis obligationis, quæ prætermittimus confulto. Videamus, qui finis eft hujus §. quibus modis ipfo jure tollatur naturalis obligatio. Hic titulus eft de tollendis obligationibus, non civilibus tantum, fed etiam naturalibus. Porro naturalis obligatio tollitur multo pluribus modis, quam civilis. Et primum quibus modis ipfo jure tollitur civilis, eodem tollitur & naturalis obligatio. Certi funt modi, quibus ipfo jure tollitur obligatio civilis, qui enumerantur in titulo *quibus modis toll. oblig. Inftitut.* nec alium his poffis addere modum: certis tantum modis tollitur obligatio civilis, non quibufcunque, *l. obligationum fere, §. 2. de oblig. & act.* naturalis & aliis quibufcunque propemodum. Porro civiles modi, quibus tollitur civilis, funt folutio, acceptilatio, novatio: & contrarius confenfus, fi confenfu folo contracta fit civilis obligatio, ut in emptione, venditione, locatione, conductione. Ergo his etiam modis ipfo jure tollitur naturalis obligatio. Solutione ejus quod debetur tollitur omnis obligatio, tota, *l. fi unus, §. fed fi ftipulatus, de pact.* id eft, etiam naturalis: qui totum dicit, etiam vinculum naturale comprehendit, & ita in *l. fi debitori, de fidejuff.* deportatione exftingui totam obligationem, *& l. fi mulier, in fin. ad Vellej.* Senatufconfultum Vellejanum improbare totam obligationem, id eft excepturæ etiam naturalem. Igitur folutione tollitur etiam naturalis obligatio *pecunia numeratione,* id eft, folutione. Numeratio non tantum creditum, fed folutum fignificat, ut in *l. 3. §. debitor, de tranfaction. l. 1. qui potior, in pignor. & l. 1. de non numer. pecu.* Et recte Accurfius numeratione, inquit, id eft folutione. Imo non tantum folutione illa naturali tollitur naturalis, fed etiam acceptilatione, quæ eft imaginaria folutio, ut eft in *Inftitut. eod. tit.* & quocunque alio modo, qui pro folutione cedat; ut additione hereditatis, fi debitor creditori heres exftiterit, etiam naturalis obligatio perimitur, *l. heres, §. quod fi ftipulator, de fidejuff.* quia fcilicet ipfe creditor fibi folviffe intelligitur adeundo hereditatem non imparem credito, adeo ut fidejuffor liberetur, *l. Granius, de fidejuff.* qui utique non liberatur, fi remanet naturalis obligatio: nam vel fola naturalis retinet fidejufforiam, ut & pigneratitiam & conftitutoriam, id eft, conftitutæ pecuniæ. Satis namque eft, vel natura deberi, ut & hæ acceffiones locum habeant, *l. ubicunque, de fidejuff.* Ergo naturalis obligatio tollitur etiam novatione & contrario confenfu, §. ult. hujus legis. Obligatio civilis, quæ & eadem naturalis eft, non naturalis tantum, aut contrahitur re, aut verbis, aut confenfu: contracta verbis, verbis folvitur, veluti acceptilatione, re contracta re folvitur, contracta numeratione folvitur numeratione, confenfu contracta contrario diffolvitur, re integra fcilicet, nam fi res non fit integra, rem retroagi, vel retractari oportet, fi velint contrahentrahentes ab eo negotio diſcedere. Ideoque ſi perfecta venditione, & emptione re integra, nondum re tradita, vel numerato pretio, inter emptorem & venditorem convenerit, ut diſcederetur ab emptione, tota obligatio ſolvitur; conſequenter fidejuſſor liberatur, & ita in hoc §. *ult.* ait, fidejuſſorem liberari contrario conſenſu: & eſt argumentum certiſſimum extinctæ totius obligationis. In ſumma quibus modis tollitur obligatio civilis ipſo jure, iiſdem & naturalis. Sed addamus aliis etiam modis, ipſo jure tolli naturalem obligationem, quibus civilis non tollitur ipſo jure, ſed per exceptionem tantum. Ecce pacto obligatio naturalis ipſo jure tollitur, non civilis; denique tota obligatio pacto non tollitur, quia manet civilis: certis modis tollitur civilis, extra quos eſt pactum conventum. At naturalis etiam pacto convento ipſo jure perimitur, ſi convenerit nihil dari. Et inquit Papinianus, *pacto juſto*, quo verbo non ſignificatur pactum non nudum. Nullum enim eſt pactum non nudum. Nihil refert dixeris: *pactum conventum, an pactum, & conventum, an pactionem*: omnis pactio, omne pactum etiam legitimum nudum eſt, & quod hic juſtum dicitur, & ipſum nudum eſt, *nudum*, dicitur, non πρὸς διατολὴν, non quod aliud ſit veſtitum, ſed κατ᾽ ἐξαίρετον, quod ſola æquitate conventionis conſiſtit, ſine adminiculo juris Romani: civis Romanus ex pacto non obligatur efficaciter, ſed ex contractu jure gentium & civili recepto. Sed *juſtum pactum* dicitur id, quod nititur æquitate conventionis, quod non eſt contra leges, vel bonos mores, ut in *l. epiſtola*, §. 1. *de pactis*: quod ſolum prætor ſe ſervaturum pollicetur in edicto, *pacta quæ neque contra leges*, &c. *id eſt*, pacta juſta non abhorrentia ab æquitate naturali nec contra leges. Et ſervabo datis exceptionibus tantum, non datis actionibus, quoniam ex pactis non eſt obligatio civilis ſed naturalis tantum, ac proinde nec actio. Igitur injuſtum pactum non ſervat prætor. Injuſtum pactum non tollit naturalem obligationem, *l. jurisgentium*, §. *prætor*, *de pact. l. pacta, l. pen. C. eod.* Et ne circumſcribamur, ne dixerimus unquam, idem eſſe pactum legitimum & juſtum: magna eſt differentia. Legitimum eſt, quod pactentit cum æquitate naturali. Legitimum eſt, quod nominatim legis poteſtate confirmatur, ut pactum de furtis & injuriis lege duodecim tabul. *l. legitima, de pact.* Legitimum pactum parit, & perimit actionem ipſo jure. Juſtum, quod etiam non eſt legitimum, non lege certa confirmatur, neque parit, neque perimit actionem ipſo jure: prætor tuetur non legitimum pactum data exceptione: non juſtum, non tuetur, non ſervat. Et ita non male Apulejus in Apol. 2. differentiam facit inter juſtum & legitimum heredem, quia poteſt eſſe defunctio quis legitimus heres, veluti proximus agnatus, ſed non juſtus, tanquam ingratus, indignus: *ſciebat*, inquit, *inteſtati pueri ſe legitimum potius, quam juſtum heredem futurum*. Igitur juſto pacto ipſo jure tollitur obligatio naturalis, id eſt, æquitate conventionis vinculum æquitatis, ut ait Papinianus: quibus verbis demonſtrat: quid juſti nomine ſignificet: conventio jure naturali, jus naturale tollitur, æquitas æquitate, & prout quæque conſtitit obligatio, ita diſſolvitur, *l. prout, hoc tit.* Si conſenſu ſit contracta, conſenſu tollitur: ut ſtipulatio acceptilatione: ſi æquitate, æquitate: & hujus rei argumentum eſt, quod ſi quis ſciverit, quod natura debuit per ignorantiam, qui vel ipſe, vel is, qui heres exſtiterit, pepigiſſet cum creditore de non petenda pecunia, habet conditionem ſoluti indebiti, quam non haberet, ſi poſt pactionem ſupereſſet naturalis obligatio: nec enim condicitur, quod vel natura debetur, ſed id naturali, nec jure naturali debetur: ex quo apparet, pacto ſolvi vinculum naturæ, *l. ſi non ſortem*, §. *libertus, l. ſi quis indebit. de pact. l. ult. de jurejur.* Objicit Accurſ. *l. ſi unus*, §. *pactus, de pact.* Ex qua efficit, naturalem obligationem ipſo pacto non tolli: nam ait aperte is §. pactum prius, quod fuit de non petenda pecunia, non tolli poſteriore ipſo jure, quod eſt de petenda pecunia, ſed per replicationem. Atqui prius pactum pepererat naturalem obligationem: nam ex pacto illo de non petenda pecunia, obligatus erat creditor ad liberandum reum. Et hoc fatemur facile, ex priori pacto ortam naturalem obligationem, & tamen text. ait, eam naturalem obligationem ipſo jure, non tolli poſteriore. Sed nihil eſt facilius. In §. *pactus*, agitur de jure civili, & prætorio: in hoc §. *naturalis*, de jure naturali. Jure civili eſt neceſſaria exceptio vel replicatio: jure naturali, non eſt neceſſaria, ſed ipſo jure, ἰδίῳ δικαίῳ, ut Græci hoc loco ajunt, per ſe naturalis obligatio pacto perimitur. Exceptio autem ex priori pacto quæſita jure prætorio non perimitur ipſo jure, ſed per replicationem pacti poſterioris. Etiam illud adjicitur hoc §. jurejurando tolli naturalem obligationem, quod eſt certum, *l. ſi quis jurevit, de condict. indeb.* ut ſi pupillus juraverit ſe dare non oportere, vel ſe non accepiſſe pecuniam: nec enim intereſt cujus ætatis ſit qui juraverit, ſed omnimodo cuſtodiri debet jusjurandum, & contentus eo eſſe debet creditor, qui id detulit pupillo, *l. qui juraſſe, de jurejur.* Denique jusjurandum cujuſcunque tollit naturalem obligationem. Nam maxime ſi delatum ſit ab adverſario, pro pactione, vel tranſactione cedit, *l. 2. l. liber, l. tutor, D.t. l. ſi ſervus, de jurejur.* Imo & pro ſolutione, & in locum ſolutionis ſuccedit *l. jusjurandum & l. ſeq.* D.t. Ex quo intelligitur, quodcunque eſt pro ſolutione, veluti jusjurandum, & pactum quod & pro ſolutione eſt, qualitercunque tollere naturalem obligationem, non etiam civilem: nam omne quod pro ſolutione cedit, tollit civilem obligationem ipſo jure, non jusjurandum. Denique non omnis imago ſolutionis tollit civilem, non jusjurandum: tranſactione tota obligatio perimitur, & de tranſactione locus eſt in *l. fidejuſſores, de fidejuſſ.* Ex quibus ſequitur, quia pacto & jurejurando tollitur naturalis obligatio etiam ex iſtis cauſis, puta jurejurando fidejuſſorem pupilli liberari, cum tota obligatio exſtincta ſit.

### Ad §. Quæſitum eſt.

*Quæſitum eſt, an ita ſtipulari quis poſſit? Mihi aut filio meo decem dari? vel ita: mihi aut patri? ſed non incommode poteſt adhiberi diſtinctio, ut filio quidem ſtipulante patris tunc adjiciatur perſona, cum ſtipulatio ei acquiri non poſſit: e contrario autem nihil prohibent patre ſtipulante, filii perſonam adjici, cum totiens quod pater filio ſtipulatur, ſibi ſtipulatus intelligitur, cum ipſe ſibi ſtipulatus non eſt: & in propoſito manifeſtum eſt, non obligationis ſed ſolutionis gratia, filii perſonam adjectam.*

SEquitur alia quæſtio de adjecto ſolutionis gratia: ſic appellatur ſæpiſſime in jure, quæ paulo inferius definietur. Sed repetendum ex regula juris, inutilem ſtipulationem eſſe, ſi quis extraneo ſtipuletur vel paciſcatur, veluti Titio dare, quia nec per eum extraneæ perſonæ adquiri poteſt: nobis adquirimus, non aliis, quorum juri ſubjecti non ſumus. Et nobis igitur ſtipulamur: nam ſtipulatio interponitur adquirendi cauſa, *l. inter §. alteri, de verb. oblig. l. quo tutela, §. ult. de reg. jur.* Ergo & ſi quis ſtipuletur conjunctim, *ſibi, & Titio dari*, pro parte Titii inutilis eſt ſtipulatio. Adjectio prorſus inutilis, *l. ſi mihi & Titio, & l. ult. in fine, de verb. oblig.* vel Titii adjectio ſuperva ua habetur, & ſtipulatori tota ſtipulatio acquiritur, & nulla ex parte inutilis eſt, *l. proprium, comm. præd. l. fundus, de contr. empt.* Aut igitur cum ſtipulatus ſum mihi & Titio, ſtipulatio eſt utilis pro parte tantum, aut in totum pro qualitate reorum, qui in ſtipulationem deducti ſunt. Adjectio autem eſt inutilis vel ſupervacua: adjectio inutilis vitiat ſtipulationem pro parte, ſupervacua nihil vitiat ſtipulationem, quandoquidem habetur pro non ſcripta aut non numeris expreſſa. Et hoc ſi quis ſtipuletur ſibi & Titio. Quod ſi ſtipuletur ſibi aut Titio, ſupervacua eſt adjectio Titii, quod ad obligationem attinet, quia non acquiritur Titio, nec id agitur, ut ei acquiratur, quando Titius in disjunctione ponitur. Utilis autem eſt adjectio Titii, quod attinet ad ſolutionem: Nam promiſſori

sori liberum est vel stipulatori solvere vel Titio, etiam invito stipulatore secundum conceptionem stipulationis, non eo genere, mihi aut Titio. Titius adjicitur non obligationis gratia, ut & obligatio quæratur, quod fieri nequit, sed solutionis gratia, ut promissor vel Titio solvat, & utique Titio solvendo liberatur, etiamsi postea stipulator Titio solvi prohibuerit. Titius est velut procurator, ut accipiat pecuniam, sed eam procurationem non potest mutare stipulator, ne fraudem faciat promissori, cui initio stipulationis dedit arbitrium solvendi utri mallet, *l.* 12. §. *pen. l. aliud* 106. *hoc tit.* Atque ita eo casu evenit, ut stipulatio obliget ultro citroque non promissorem tantum, sed etiam stipulatorem, ut sit ἐπίκαιρος, quæ solet esse μεσίτευμα: nam eo genere stipulator alligatur conditione stipulationis, ut vel Titio solvi possit quasi procuratori ab initio contrahendæ stipulationis constituto, nec eam legem stipulationis immutare potest. Ergo si quis stipuletur sibi aut Titio, stipulatio tota ei adquiritur, Titio solvitur recte, etiam nolente stipulatore. Ipse stipulator est creditor, Titius est adjectus solutionis gratia, non crediti five obligationis gratia. Denique extraneus est capax solutionis, non obligationis, id est, adjici potest solutionis, non obligationis gratia. Et hæc de extraneo, id est, de eo qui neque habet stipulatorem in potestate, neque ipse est in potestate stipulatoris. Sic extraneum accipere hic oportet. Nunc dicamus de eo, qui habet aut habetur in potestate stipulatoris: filiusfam. patri in cujus potestate est, si stipulator, utilis stipulatio est, & adquiritur patri confestim, vel si quo casu non potuit adquiri patri veluti ex causa castrensi peculii aut quasi castrensis, inutilis est stipulatio perinde ac si filius non esset in ejus potestate. Et e contrario si pater stipuletur filiofam. sic ei acquiri potest perinde atque si sibi stipulatus esset: quia vox patris tanquam filii est, §. *ei vero*, *Instit. de inut. stip. l.* 42. *de dam. inf.* Igitur cum stipulatus est pater filio, si ei adquiri possit, adquiritur ei soli, non filio, licet filio stipulatus sit: filii est acquirere patri, non patris filio, *l. cum dos*, *de pact. dot.* Alioqui si stipulatio patri adquiri non potest, inutilis est, *l. dominus*, *l. quod dicitur, de verb. oblig.* Et hoc si filius patri vel pater filio stipulatus sit: quid si stipuler, mihi & patri dari? Hic etiam videndum est utrum adquiri possit, an non: non ex omni causa adquiritur patri, non omnis res per filium adquiruntur patri multas excepit Justinianus. Et primum, si patri possit adquiri, supervacua est adjectio patris, quia eo quod ait, *mihi*, satis patri adquisivit, ac si dixisset tantum mihi. Ergo tota stipulatio utilis est, *l. sed si sibi, de stip. serv.* Aliter quam si extraneus sibi & Titio stipulatus esset certam summam, quia Titio adjectio inanis est: ergo stipulatio pro parte tantum utilis est. Et ita si patri non possit adquiri, cum mihi & patri stipulatus sum, inutilis est adjectio patris, stipulatio utilis pro parte. Et sic multum interest, an inutilis, an supervacua sit adjectio: inutilis pasem vitiat stipulationis, supervacua nihil vitiat: & e contrario, si stipuler *mihi & filio*, tota stipulatio utilis est, & supervacua adjectio filii: nec distinguo, potuerit mihi adquiri necne, cum mihi stipulatus sum, nec id mihi obveniat per filium. Et hæc si stipuler *mihi & patri*, & contra, *mihi & filio*. Hinc quæritur, quid sit dicendum, si stipuler *mihi aut patri*, vel *mihi aut filio*, adjiciendo patrem vel filium solutionis gratia? Adjectio obligationis gratia sit per conjunctionem, *mihi & illi*, & est in extraneis inutilis, in his personis, quæritur, sit utilis an supervacua. In his personis quæritur, sit utilis an supervacua, necne. Et Papin. hoc loco subtiliter advertit distinguendum, utrum stipuler *mihi aut patri*, an *mihi aut filio*. Si *mihi aut patri*, supervacua est adjectio patris, si patri potuit adquiri stipulatio, quia ei solvi potest, imo debet etiam non adjecto, nec inutilis est stipulatio, sed patri adquiritur in totum. Et alia est ratio *legis qui rem*, §. *si servus hoc tit.* quæ in contrarium adduci potest: nam loquitur de servo, cujus proprietas est unius, ususfr. alterius: hic servus ex re fru-

ctuarii fructuario adquirit, proprietario non potest ex re fructuarii adquirere. Nunc finge: hic servus ex re fructuarii stipulatus est disjunctim, *proprietario aut fructuario dari*, prorsus est inutilis stipulatio, quia ea non consistit in persona proprietarii, cum res ejus non fuerit, nec in persona fructuarii, cum in solutione ponatur per disjunctionem, non in obligatione, & per proprietarium fructuario non potest adquiri: & ubi deficit persona, in qua consistat obligatio, & deficit in qua consistat solutio, nec enim esse potest solutio sine obligatione, solutio, obligationis solutio est, *l. sed si sibi si. de stip. serv.* At in casu proposito, si stipuler *mihi aut patri*, obligatio consistit in persona mea, & patri confestim adquiritur: non est igitur inutilis obligatio, si patri adquiri possit. Sed si pater non sit capax obligationis, veluti interposita stipulatione ex causa castrensi, utilis est adjectio patris, ut ei recte solvatur: nec enim patri non adjecto solveretur recte, quia ei non debetur. Contra quoque si stipuler *mihi aut filio*, utilis est adjectio filii. Nec aliter filio solveretur recte: nec hic distinguo, potuerit filio adquiri stipulatio, an non: nam certum est, quod mihi stipulor, mihi adquiri, mihi obvenire per me, non per filium. Verum dices, quod monuit etiam Papinianus, videri supervacuam adjectionem filii, quia sibi stipulari intelligitur pater, qui filio stipulatur, *l. quod dicitur, de verb. obligat.* & sibi pater eam si stipulatus pater: atque ita perinde videtur esse, ac si sibi stipulatus esset, non sibi aut filio, quod pro supervacuo haberetur. Sed respondet, eum qui *sibi aut filio* stipulatur, non stipulari filio, sed sibi tantum, & filium adjici tantum solutionis gratia, solutioni applicari, non obligationi. Et rursus, si stipuleretur *sibi & filio*, supervacua esset adjectio filii. Sed hic non est stipulatus sibi & filio, sed sibi aut filio, quo modo persona filii solutioni applicatur, non obligationi: ergo non supervacua adjectio filii. Quamobrem quæ definitio maxime notanda est, non aliter quod filio stipulor, mihi videor stipulari, quam si & mihi non stipuler, *l. eum qui ita*, §. *qui sibi, de verb. oblig.* Quod si etiam mihi stipuler, aut supervacua est adjectio filii: puta, si mihi & filio, aut in persona filii consistit solutio, in mea persona obligatio, puta si stipuler mihi aut filio.

---

Ad §. Ususfructum mihi.

*Usumfructum mihi aut Titio dari stipulatus sum. Titio capite deminuto, facultas solvendi Titio non intercidit, quia & sic stipulari possumus: mihi aut Titio cum capite minutus erit, dari: Nam si furiosi vel pupilli persona adjecta sit, ita tutori vel curatori pecunia recte dabitur, si conditionis quoque implendæ causa, recte pecunia tutori vel curatori datur. Quod quidem Labeo & Pegasus putaverunt utilitatis causa recipiendum. Idque ita recipi potest, si pecunia in rem, vel pupilli, vel furiosi versa sit: quomodo si domino jussu dare servo dedisset, ut domino daret: ceterum qui servo dare jussus est, domino dando non aliter implevisse conditionem intelligendus est, quam si ex voluntate servi dedit. Idem respondendum est in solutione si stipulato Sempronio sibi aut Sticho, Mævii servo decem dari, debitor Mævio domino pecuniam solverit.*

De adjecto solutionis gratia, alia quæstio est in hoc §. an alii, quam adjecto solvatur recte: adjectionem, quæ adhibetur solutionis gratia, personalem esse, adeo ut si stipuler *mihi aut Titio*, nec heredi solvi possit, *l. cum quis, de verb. oblig. l.* 81. *hoc tit.* Sicut legato relicto sub conditione, si legatarius Titio dederit 10. non implet conditionem, si dederit heredi Titii, *l. cum ita datur, de condit. & demonst.* quia utroque casu certa persona demonstratur. Ac propterea in ejus tantum persona solutio vel conditio impleri potest: jus transmittimus in heredem nostrum, factum non transmittimus, & eo genere stipulationis mihi aut Titio, factum confertur in Titii personam, non jus, solutio est facti, *l. consilio,* §. 1. *de furat. fur.* Ex acceptio igitur: maxime si non creditor accipiat: in his quæ sunt juris, eadem est persona heredis & defuncti, non in his, quæ sunt facti: ac proinde procuratio alieni negotii, quæ

quæ facti est, finitur morte procuratoris, & adjectio illa tanquam procuratio est, non solvitur etiam recte domino servi adjecti, vel patri filii adjecti solutionis gratia, non obligationis, *l. 9. h. tit.* Sicut ut eadem stipulatione utamur legato relicto sub conditione, si dederit 10. Pamphilo, non implet conditionem dando domino vel patri Pamphili, quia ea, quæ sunt facti, non transeunt ad patrem vel dominum, *l. qui heredi, de condit. & demonstr. l. quod dicitur, de verb. oblig.* Ergo domino vel patri ejus, in quem collata est conditio vel solutio, non solvitur recte, nisi ex voluntate ejus, in quem collata est conditio vel solutio, quia ut qui mandat solvi, ipse solvere videtur, *l. qui mandat. h. tit.* ita qui mandat accipi, accipere videtur, & e contrario si in personam domini collata sit conditio vel solutio, non recte datur servo ejus, nisi consenserit dominus, *d. l. qui heredi.* Sed addenda alia exceptio ex hoc §. vel nisi detur aut solvatur servo ejus, ita ut verterit in rem ejus, quia pro eo est, ac si domino datum esset in manum, cum datum servo ejus mox sit versum in rem ejus: ut autem solvere est facti, ita dare, cum eligitur certa persona cui detur, & nonnunquam ei etiam dari sufficit, qui est positus in conditione quocunque modo sine effectu juris, jam effectu dominii transferendi, *l. Mævius, de condit. & demonstrat.* cum tamen alias verbum *dare*, juris sit, non facti: sed & hoc tantum interest, quod in solutione pupillo, qui adjectus est, solvi potest sine tutoris auctoritate, *l. 11. h. tit.* quia talis est lex stipulationis, cui se uterque subjecit. In conditione autem posito pupillo, veluti relicto legato Titio sub conditione si decem dederit pupillo, non potest dari sine tutoris auctoritate, ne fiat contra providentiam testatoris, qui pupillo consulere voluit, & qui confestim forsitan eam pecuniam perditum iret, nisi accederet tutor, *l. 68. h. t.* Illud nunc generaliter tenendum est, cui recte datur conditionis implendæ causa, ei etiam recte solvi, quod positum est in adjectione stipulationis, non alii personæ: nam & adjectio, quæ adhibetur solutionis gratia, est personalis, & conditio dandi certæ personæ legatario vel fideicommissario, est etiam personalis, ut in cujus persona hæc impleri potest, vel non impletur pari ratione impleri quoque illa possunt, vel non possunt. Et hac comparatione plerumque utitur Pap. in hoc §. Igitur sicuti heredi, domino, patri, servo, filio ejus, in cujus persona implenda est conditio legati, non recte datur, ita etiam non solvitur recte heredi, domino, patri, servo, filio adjecti in stipulatione solutionis non obligationis gratia. Et his consequenter ponitur, legato relicto sub conditione dandi Titio, non posse dari Titio postea capite deminuto, quia etsi Titius adjectus sit solutionis gratia, in stipulatione disjunctiva, ei non potest solvi post stipulationem capite minuto, *l. eum quis, h. t.* nimirum, quia capitis deminutione fit alia persona quam fuerit antea, vel ex libero servus, vel ex cive peregrinus, vel alieni juris, qui fuit sui, vel sui, qui fuit alieni: capitis minutio est mutatio sive creatio novæ personæ: adjectionis igitur utilitas, quæ personæ cohæret, finitur capitis deminutione adjecti, sicut procuratio capitis deminutione procuratoris, adjectus tanquam procurator est, tanquam procurator constitutus ad accipiendam pecuniam. Cui sententiæ objicitur quod est in principio hujus §. & in eo laborant Interpretes: Nam si stipulatus sim mihi aut Titio usumfructum, Papin. ait: Titio solvi posse capite minuto. Sed ut ostendam, in utraque *l. cum quis, h. t. & l. cum quis, de oblig. & act.* & utrumque velim studiosa lectione recoli, non loquitur Papinianus de adjecto capite minuto post stipulationem, sed de capite minuto tempore stipulationis, veluti deportato aut emancipato nuper, cujus persona adjici potuit, quia nihil refert, cujus status sit adjectus, cujus conditionis, sexus, ætatis, quando res ita agitur ex conventione utriusque partis. Et hanc fuisse mentem Papin. sequens oratio ostendit, quia etsi stipulavi possum, &c. Sic ratiocinatur, si quis adjici potest solutioni in eum casum, quo capite minutus erit, *Quand il changera d'estat.*

A

B

C

D

E

Et adjici igitur potest capite minutus jam. Et ponit speciem Papin. in usufr. non quod aliud sit in proprietate observandum, sed quod major sit dubitatio in usuf. cujus maxime proprium est interire capitis minutione, non tantum jus ipsum utendi fruendi, sed etiam obligatio & actio, *l. 1. quibus mod. ususf. amit.* Et si obligatio, & solutio igitur nam quod corrumpit obligationem, & solutionem igitur: *l. cum enim, de stip. serv.* Sed placet usumfr. ab initio recte constitui in personam capite deminuti, veluti deportati, vel in casum, quo capite deminutus erit, ut diximus *l. 2. quib. mod. ususf. amit.* At semel constitutus ususf. post finitur capitis deminutione fructuarii: non præsens capitis deminutio obstat obligationi, sed superveniens, constituto jam usufr. Et ita superveniente capitis deminutione adjecti præsentem capitis deminutionem nihil officere adjectioni, non etiam negavit superveniente capitis deminutione exstingui usumf. quod confirmatur *l. eum qui ita, §. qui sibi. de verb. obl.* Recte solutioni adjici filium emancipatum, mihi aut filio meo emancipato. Et tamen si stipuler mihi aut filio existenti in potestate mea, emancipato postea filio meo, adjectio dissolvitur, quia emancipatio mutavit personam. Verum ut solvatur omnis hæc quæstio, an alii, quam adjecto solvi possit, videamus, an, si solutionis gratia adjectus sit pupillo, tutori ejus solvi possit, aut curatori furiosi. Qua de re tractat Papinianus: ubi particula *nam* subjungitur priori dicto, sed inchoat aliam rem, ( *nam* non semper est subjunctiva, sed & inchoativa) quæ tamen pertinet ad illam generalem quæstionem superiorem. Et ait, tutori vel curatori pupilli aut furiosi non solvi recte, nisi uno tantum casu, si pecunia tutori vel curatori soluta vertatur in rem pupilli aut furiosi: hoc enim casu id esse receptum contra jus commune, id est, contra ea, quæ præstrinximus ante, ut non recedere debeamus a persona adjecti, & alii solvere, nec heredi, nec domino, nec patri, nec servo, vel filio adjecti: hoc inquam casu id esse receptum, ut videatur recte solutum tutori propter utilitatem earum personarum, quæ solutionis non admodum capaces sunt: in hoc casu tutori plus concedi, quam heredi, plus quam patri, vel domino, ut in quæst. *l. ult. §. pupillus, de verb. oblig.* Plus concedimus tutori quam patri, plusque videtur tutor habere auctoritatis in pupillum quam pater: nam pupillus obligatur absente patre, non obligatur absente tutore. Denique tutorem plane esse vice domini, id est pupilli, etiam in his, quæ facti sunt, quibus dominus aut pater jus nullum habet quod exerceat. Curatorem quoque furiosi plane esse vice ipsius, non etiam curatorem adolescentis, quoniam hic est capacissimus solutionis, & utitur in hac rem eodem argumento, quo usi sumus ante a pari: si conditionis implendæ causa recte datur tutori pupilli, & solvitur ei recte ex causa adjectionis applicatæ stipulationi, atque conditionis implendæ causa: illo tantum casu tutori vel curatori datur recte, si pecunia versa sit in rem pupilli. Et ita accipienda *l. 13. de condit. & demonst.* Ergo illo tantum casu solvitur illi recte: tutori vel curatori tutoris vel curatoris furiosi, ceteroquin ei non solveretur recte: si pupilli esset obligatio, tutori solveretur recte: imo ei debet solvi, non pupillo, si pupilli sit solutio, tantum, ut in proposita specie, quia adjectio est electio certæ personæ, qua contentus fuit stipulator, pupillo solvi debet, præterquam illo casu, eoque recepto non communi jure, sed ex æquitate propter utilitatem pupillorum & furiosorum: ut pleraque alia in jure favorabiliter recepta sunt propter utilitatem earum personarum, §. *pupillus, Instit. de inutil. stip. & l. pupillus, de adquir. hered.*

### Ad §. si creditor.

*Si creditor debitoris hereditatem ad se non pertinentem possedit, & tantum ad eum pervenit, quantum si quilibet alius bonorum possessor ei solveret, liberaret heredem: non potest dici fidejussores liberari: neque enim ipsum sibi solvisse pecuniam credendum est, a quo hereditas evincitur.*

In-

Intelligemus primum ex hoc §. multum interesse, creditor debitori heres exstiterit, an debitoris hereditatem pro herede possederit, ad alium, non ad se pertinentem. Quod si debitor heres exstiterit, aditione confunditur obligatio, saltem solutionis potestate, quia ipsum sibi solvisse credendum est, *l. debitori, & l. Gratius, de fidejuss.* vel secum pensasse, ut ait *lex qua dotis, sol. matr.* pensasse creditum suum eum hereditate, quam a debitore vice mutua percepit, & consequenter liberantur fidejussores debitoris. Et hoc est notissimum. Sed si creditor debitoris hereditatem possederit, cum alius esset heres, non ipse, & tantum ex hereditate possederit, quantum est in credito, quantumque si verus heres ei solverit, liberaretur, vel si alius possessor ei solveret, liberaret heredem, & in petitione hereditatis, id heredi reputaret, *ut l. si quid possessor, de adq. hered.* Denique creditor possidens hereditatem debitoris ad se non pertinentem, si tantum ex ea redegerit, quantum est in suo credito: certe hoc casu, nec principalis nec fidejussoria tollitur obligatio, *quia ipse,* inquit, *sibi solvisse non videtur,* cum scilicet hereditas ab eo evincitur aut evinci potest, & omne quod ex hereditate percepit, & nec secum pensasse videtur: nam si secum pensasse videretur, & sibi solvisse quoque: Atquin hoc non videtur, ergo nec illud. Pensatio cedit loco solutionis, *l. 4. qui pot. in pign.* Et rursus si videatur vel solvisse vel pensasse rationem solutionis aut pensationis, quæ loco solutionis est, id quod sibi deberetur, retineret ex hereditate, nec ei evinceretur. Atquin hereditas vindicatio id est petitione hereditatis, quæ vindicatio est: *evictionis* verbo significatur tantum vindicatio, nec de evictione actio competit, nisi res ablata sit emptori vindicationis genere aliquo, *l. stipulatio ista, §. si quis forte, de verbor. obligat.* Et idem est, *vindicare & evincere,* quod *iquipis,* in Solonis legibus. Ergo non compensat possessor, cum evincitur hereditas debitoris quod is sibi debuit, aut non compensat creditum suum possessor hereditatis debitoris ad se non pertinentis, cum eo quod ex hereditate percepit, sed id restituit actori quod percepit, salva crediti sui actione. Compensatio non opponitur in actionibus in rem, id est, vindicationibus, sed actionibus in personam tantum, quod vel definitio compensationis demonstrat, quæ est debiti & crediti inter se contributio; omne debitum & creditum personale est. Et hæc est mens hujus §. nam si possessor sibi non videtur solvisse, nec secum pensasse igitur. Ex quo restat, in vindicationibus compensationi locum non esse. Obstant valde tres leges eo quod dicitur actioni in rem non obici compensationem. Obstat primum *l. cum qui, §. ult. de inoffic. test.* quæ ponit creditorem a debitore heredem institutum fuisse, & adiisse, ac deinde per petitionem hereditatis ex causa inofficiosi testamenti evictam ei hereditatem fuisse. Aditio confundit suum creditum, suam obligationem, sed quia post inutilis redditur evicta hereditate, æquum est obligationem ei redintegrari, eique dari petitionem debiti & compensationem. Possessori igitur, cui evincitur hereditas datur compensatio debiti. Denique compensatio locum habet in judicio etiam, veluti in petitione hereditatis. Respondeo, lex ait, ei compensationem debere dari. Quod non ita est accipiendum, ut compensare id quod sibi defunctus debuit, possit, cum hereditate usque ad summam concurrentem, ut si quid vicissim ipse debuerit defuncto, quod constat venire in compensationem hereditatis, compensare id possit, cum eo, quod sibi defunctus debuit: compensare igitur debitum suum cum credito defuncti, non cum hereditate, quæ evincitur. Proinde fit ea compensatio magis in personalibus præstationibus quam in actione ipsa in rem. Secundo non obstat *l. Titia, hoc tit.* ubi mulierem, quæ bona defuncti mariti possidet, ait in dotem sibi debitam reputare, quod ex re mariti perceperit, interim dum possedit bona, & *reputare,* id est, ipso jure reputare, quod pensare est vel compensare. Sed ut & huic loco respondeam, non loquitur *l. Titia de muliere, quæ pro herede possedit bona mariti, & potuit convenire petitione hereditatis, sed de ea, quæ possedit bona*

mariti propter dotem, id est, dotis servandæ causa, ex edicto prætoris, ut *l. ea, quod, §. 1. ad municip. l. offic. de rei vind. l. pen. §. item danda, de diverf. & temp. præscr.* Puta, quod heres mariti non exstaret, jussa est possidere bona mariti: vel quod heres suspectus satisdare jussus, non satisdederit, ut *l. 15. de rebus auct. jud. poss.* Comparatur enim creditor vel creditrix missa in possessionem bonorum gestori bonorum & negotiorum, *l. creditore, §. ult. eod.* sicut gestor domino agenti negotiorum gestorum, potest reputare & pensare, quod sibi dominus debet, ita creditor debitori agenti actione in factum, de eo quod ex ipsius bonis ad creditorem pervenit, qui missus est in possessionem bonorum suorum, *d. l. creditore, §. 1.* & potest reputare, quod sibi debuit is, cujus bona possessa sunt. Obicitur reputatio sive compensatio hæc actionibus in personam, non actionibus in rem, nempe actori agenti negotiorum gestorum, vel in factum, quia utraque est in personam. Ergo nihil movemur etiam *d. l. Titia.* Sed obstat vehementius *l. si quid possessor, §. sed si ipsi aliquid prædoni, de petit. hered.* Quæ lex ait aperte, possessorem hereditatis ad alium pertinentis, a quo petitur hereditas, posse deducere, quod sibi defunctus debuit. Quid aliud est deductio, quam compensatio. Ergo ea opponitur petitioni hereditatis. Sed aliud est deducere, aliud compensare, *l. filium, C. famil. ercisc.* Et multis aliis locis, inquam, aperte constituitur differentia inter hæc tria verba, *reputare, compensare, deducere:* cum quæritur de Falcidia. Imputo in Falcidiam, quod a me accipio jure hereditario, quod sim heres institutus, compenso Falcidiam, quod vice mutua accipio a coherede meo: deduco e Falcidia, residuum ex hereditate. Igitur aliud est deducere, aliud compensare, & aliud imputare. Compensatio fit jure meo, *l. posquam, de compensation. l. inter, de administ. tut.* Deductio est retentio possessionis, quæ fit per exceptionem, nisi sit retentio, quæ fiat ipso jure: nam fateor, esse retentiones deductiones, quæ fiunt ipso jure, ut *l. servus quem, de act. emp. l. quod dicitur, §. ult. de impens. in res dotal.* Et hæ nihil aliud sunt, quam compensationes. Sed illo loco agitur de deductione, quæ facti est, non juris, & fit per retentionem, quæ beneficio acceptionis fit, non aliter. Ergo ut eum §. qui sane desiderat interpretem, totum exponamus, sic statuo: possessor hereditatis non potest compensare, quod sibi defunctus debuit, in petitione hereditatis scilicet, quasi ipso jure minor sit hereditas propter creditum suum, & ideo in propterea ipso jure minuitur hereditas. Et hoc de compensatione. Nunc de deductione. Non potest etiam quilibet possessor, a quo evincitur, hereditati deducere, quod sibi defunctus debuit, sed hoc tantum potest bonæ fidei possessor. Malæ fidei possessor, id est, qui scit hereditatem ad se non pertinere, quam possidet, nec civile debitum deducere potest, sed integram hereditatem, & quod ex ea percepit, petitori in assem restituere debet; nec etiam naturale debitum retinet, ut si sit filiusfamilias exheredatus testamento patris, cui pater aliquid debuit naturaliter, & cum quo agat heres scriptus petitione hereditatis, compellet eum filius, id debitum naturale sibi servare per deductionem; quia nemo actione ulla debitum naturale consequi potest, deductione potest & retentione; sed bonæ fidei possessor tantum, non prædo, quod valde est singulare: ut malæ fidei possessor, nec per actionem, nec per deductionem debitum sibi servare possit, quod tamen justus possessor sibi servat: civile debitum non deducit prædo, sed restituta hereditate integram habet petitionem sortis, non usurarum, non pœnarum. Si pœnale debitum fuerit, ea pœna forsitan fit promissa. Nam cohibendarum usurarum gratia, & pœnarum, quæ odiosæ sunt, dici potest, cum sibi debuisse solvere statim ab initio apprehensæ possessionis, atque ita inhibere usuras aut pœnas. Et sic plane imputatur sibi, quod sibi solvere potuerit, nec solverit, quod ad usurarum rationem aut pœnarum, qui sciebat hereditatem ad se non pertinere, ac passus est procurare usuras, quas coercere & sistere potuit: quæ est sententia *d. §. sed si ipsi.* Sed animadvertendum & perpetuo memoria

reti

retinendum, hodie ex constitut. Justiniani nihil esse discriminis inter deductionem & compensationem, adeo ut his nominibus uti promiscue liceat plerumque: Nam & Falcidia, quæ deducebatur olim per exceptionem, hodie ipso jure minuit legata, *l.pen. C. ad leg. Falcid.* Et debitum, quod deducebat olim possessor bonæ fidei, conventus in rem actione, id veluti compensationis jure minuit rem, quæ petitur ex constit. Justin. *l.ult. C. de compens.* Atque ita compensatio hodie obstat etiam actioni in rem: & in definitione compensationis, secundum constit. Justin. deberi dicitur non tantum, quod debetur actione in personam, quod solum proprie debetur, sed etiam quod actione in rem exequi licet, ut verbum, *deberi*, accipitur in definitione actionis & stipulatione emptæ venditæ hereditatis. Sed illud manet hodie in actione in rem, malæ fidei possessorem non habere compensationem, seu deductionem crediti sui, nec civilis, nec naturalis, *d. l. ult. in fi.* dum ait, *possessionem autem alienam perperam occupantibus*, id est, mala fide, *compensatio non datur*, quod congruit cum *d. §. sed si ipsi.* At bonæ fid. possessori datur ipso jure etiam in judicio in rem. Et omnis deductio, retentio, reputatio hodie fit ipso jure, & compensatio est: & in eo tantum est nova constitutio legis ult. ut etiam in actione in rem compensatio locum habeat. Nam cetera, quæ sunt in ea lege, constant etiam jure veteri: malæ f. possessori unde petitur aliquid, non dari deductionem vel compensationem, ut jam ostendi ex *d.§. sed si ipsi*, & compensationem fieri ipso jure. Hoc idem obtinuit ante Justin. & compensationem fieri tantum debiti, liquidi, confessi, præsentis, & in actione depositi cessare compensationem, redditionis depositi compensationem, impedimento esse non posse, quod idem etiam obtinuit olim. Hæc igitur quatuor quæ recensui consentiunt cum jure veteri. Illud tantum dissentit, & novum est, quod vult Justinianus, etiam in actione in rem compensationi locum esse, in qua fuit tantum deductionis locus. Justin. eam deductionem vult hodie fieri ipso jure, perinde ac compensationem.

### Ad §. Dolo fecisti.

*Dolo fecisti, quo minus possideres, quod ex hereditate ad alienum pertinebat adprehenderas: si possessor corpus aut litis æstimationem præstitit, ea res tibi proderit: quia nihil petitoris interest. Ceterum si tu ante conventus ex præterito dolo præstiteris, nihil ea res possessori proderit.*

Sequitur §. *dolo*. Cum ostendisset Papinianus in §. *si creditor qui præcedit*, in petitionem hereditatis venire id, quod possessor ex hereditate percepit, nec si tantum ei debuerit defunctus, quantum percepit, id ipsum sibi solvisse aut pensum pensatæ videri, subjicit in petitionem hereditatis pervenire etiam, quod possessor dolo malo desiit possidere, præteritum dolum venire, *l. nec ulla §. ult.de petit. hered.l.fin autem*, §. *sed si is qui, de vi vind.* eumque dolum pro possessione esse, *l. qui dolo, de regul. jur.* Et si quidem is, qui dolo desiit possidere, eo nomine condemnatus præstiterit litis æstimationem, non liberatur possessor, ad quem ea res pervenit. Sed & possessor tenetur petitione hereditatis, si eam rem possideat pro herede, vel pro possessore. Et ratio hæc est, quia qui desiit dolo possidere, propter sui delicti præstitit, habitus pro possessore, quia non erat possessor, & pendens sive præstans quod solus possessor videbatur debere præstare. Denique pœnam sui doli præstitit, & pœnæ exactio non perimit persecutionem rei, sed cedit lucro actoris, *l.3. §.condemnato, & §. pen. de tab. exhib.* Ergo si heres prius convenerit eum, qui dolo desiit possidere, non liberatur possessor. Non enim est e contrario: nam si heres prius agat cum possessore ejus rei, quam alter dolo desiit possidere, & rem consequatur aut æstimationem, alter liberatur, qui dolo malo desiit possidere, nisi quid amplius ejus intersit. Et liberatio non tantum a petitione hereditatis, sed etiam ab actione in factum ex edicto, *de alien. jud. mut. causa facta.* Nec mihi probatur differentia Accurs. inter hanc & illam actionem, ut hac non liberetur, illa liberetur, quia neutra actione ratione doli pœnæ petitio competit, nisi ei cujus interest: sicut nec actio de dolo, *l.cum quis, de dolo.* Et jam nihil ejus interest, cum rem aut æstimationem a possessore consecutus sit, fructus, accessiones, &c. Nec quicquam amplius ejus intersit. Et rursus animadvertendum, in eum, qui dolo desiit possidere, dari actionem, tanquam possessorem, licet non sit possessor; & ideo quasi pœnalem, dari, inquam, in eum, non tam odio ejus, quam petitoris gratia, ne rem suam amittat, qui si rem suam jam consecutus sit, plane cessat dandæ ejus actionis causa. Et in summa, licet exactio pœnæ non perimat rei persecutionem, persecutio tamen & exactio rei perimitur exactione pœnæ, quæ non competit nisi ei cujus interest. Alias pœnæ exactio est etiam ei, cujus nihil interest, ut *l. inter, §. alteri, de verb. oblig.* Sed in hac specie, non est prodita hæc actio quasi pœnalis, nisi in id quod interest actoris. Et bellissime congruit cum hoc §.*lex næc ullam 13. §. pen. de pet. hered.* Cujus sententia hæc est cum supradicta eadem, *Si is, qui dolo desiit possidere ante conveniatur, & præstet, is, qui possidet, non liberatur: contra si is, qui possidet ante conveniatur, & rem præstet, is, qui dolo desiit possidere, liberatur a judicio.* Et inde quæritur in eo §. pen. an etiam liberatur is, qui dolo desiit possidere, si se priorem possessori liti offerat, dicens se paratum judicium accipere, & accipiat, necdum rem præstet. Et ait eum, qui dolo desiit possidere, nondum re præstita, hac ratione liberari, nisi petitoris intersit, ut puta, quia possessor sit difficilis conventu, δυσπρακτος, vel δυναριε grand Seigneur, vel impar præstando, quibus exemplis Græci utuntur in eo §.*rectissime.* Sed eadem saliva eodemve gradu aggrediamur §. *si mandatu*, qui sequitur.

### Ad §. Si mandatu, &c.

*Si mandatu meo Titio pecuniam credidisses, ejusmodi contractus similis est tutori, & debitori pupilli: Et ideo mandatore convento & damnato, quamquam pecunia soluta sit, non liberari debitorem ratio suadet. Sed & præstare debet creditor actiones mandatori adversus debitorem, ut ei satisfiat. Et huc pertinet, tutoris & pupilli debitoris non fecisse comparationem: nam cum tutor pupillo teneatur ob id, quod debitorem ejus non convenit, neque judicio cum altero experiri liberatur alter, nec si damnatus tutor solverit, ea res proderit debitori: quin etiam dici solet, tutela contraria actione agendum, ut pupillus adversus debitorem actionibus cedat.*

§.11. *Si creditor a debitore culpa sua causa ceciderit, prope est, ut actione mandati nihil a mandatore consequi debeat: cum ipsius vitio acciderit, ne mandatori possit actionibus cedere.*

§.12. *Si inter emptorem & venditorem convenerit prius, quam aliquid ex alterutra parte solveretur, ut ab emptione discedatur: fidejussor eo nomine acceptus, soluto contractu liberabitur.*

Intelleximus convento eo, qui dolo amisit possessionem, non liberari possessorem, convento possessore liberari eum, qui amisit possessionem. Et hoc in judiciis in rem, in petitione hereditatis. Nunc in judiciis in personam idem ostendit Papinianus in §. *si mandatu*, quoties duo ejusdem rei nomine conveniri possunt, id est, quoties a duobus non correis creditum servari convento uno non liberari alterum, in duobus casibus, qui proponuntur in hoc §. nec enim in omnib. idem licet colligere, *Accurs. in l. nec ullam 13. §. pen. D. de petit. hered.* Sed in aliis plerisque electio unius liberat alterum. Hic igitur duo casus explicandi. Prior hic est, pupillus egit tutelæ judicio culpans tutorem, & arguens negligentiæ, quod debitorem suum non exegisset eo tempore, quo erat idoneus, qui postea factus est pauperior, qua ex causa tutorem teneri constat *l. 2. C. arbit. tut.* Conventus tutor condemnatus est, & solvit pupillo id, quod ille debuit pupillo, quem non appellavit tutor in tempore, *an liberatur debitor?* minime, quia tutor non solvit nomine debitoris: solvendo nomine debitoris quisque liberat debitobitorem, *l. solvendo*, *h.t.* sed solvit tutor suo nomine, damnatus culpæ suæ nomine, atque ita tutor per exceptionem non solum antequam solvat, sed etiam postquam solvit, per contrariam actionem tutelæ consequi potest, ut pupillus cedat actione sua adversus debitorem: cessio actionis est argumentum non liberati debitoris. Convento igitur tutore & damnato, non liberatur debitor. Et e contrario, si pupillus convenerit debitorem, & litem eo contestatus fuerit, non continuo liberatur tutor electione debitoris: certe non liberatur, si a debitore pupillus parum, aut nihil exegit propter inopiam. Conventio unius non liberat alterum. Et alter casus hic est. Finge: tu mandato meo Titio pecuniam credidisti, me convenisti, & condemnasti, & solvi. Debitor non liberatur, quia solvi meo nomine, id est, propter meum mandatum, obligatur ex contractu mandati, non nomine debitoris. Imo tu contraria actione mandati mihi teneris, postquam solvi, in hoc ut mihi cedas actionem tuam adversus debitorem, *l. Papinian. mand.* quæ non posset cedi, si debitor esset liberatus, *l. Modestinus, de solutionib. l. cum possessor, de censib.* Liberatur quidem debitor per exceptionem, si tu agas, qui pecuniam habes: sed non si ego agam. ex cessione tua, quia in rem meam fit cessio mihi, & procuratio ad agendum, non in rem tuam: & e contrario debitore convento, ego non continuo liberor. Certe non si parum aut nihil ab eo consequi potueris, propter inopiam ejus, *l. si quis alicui*, *§. ult. D. mand. l. 14. de fidejuss.* si ob inopiam, ut dixi, vel difficultatem exigendi hominis: Nam & condemnati plerique sunt exactu difficillimi, puta potentiores. Nam ut subjicit §. *pen.* si convento debitore vitio tuo acciderit ut nihil ab eo consequaris, puta si vitio tuo & culpa causa cecideris, plus petendo, re, vel tempore, vel loco, ut in *l. Titio* 100. §. *ult. de cond. & demonstr.* §. *si quis ag. Inst. de act.* & apud Cassiodorum in Psalmos, Promissa in suo tempore expectemus, ne dum volumus festinantius exigere, causa amissione mulctemur. Si igitur conveneris debitorem, & vitio tuo causam amiseris, ego quoque liberabor, & te repellam exceptione, quod non possis a me exigere quicquam ex contractu mandati, nisi mihi cedas actionem adversus debitorem, & vitio tuo factum est, ut non possis cedere: & quod in mandatore, idem in fidejussore & tutore, & si debitore convento, in quo exigendo negligens fuerat, si vitio tuo pupillus causa ceciderit; postea non possit experiri cum tutore, quia non habet actionem, quam ei cedat adversus debitorem: causam namque amisit vitio suo. Idem, inquam, est in tutore, quod in mandatore, ut scribitur in §. *pen.* Nam ut ostendit §. *si mandatu*, in hac re mandatoris & debitoris principalis comparatio fit semper cum tutore, & debitore pupilli principalis. Ex quo satis intelligitur, quod per se erat obscurissimum. Quod quis nunquam intellexisset sine subjecta interpretatione. Et hodie disputando, si quis ita proponeret, cui non facesseret negotium? Et ut respondeamus legi, *si stipulatus esses*, §. *ult. de fidejuss.* quæ opponitur §. *pen.* & nihil præterea, hæc nobis constituetur distinctio & custoditus. Si vitio suo litem amiserit creditor cœptam cum debitore, mandator, aut fidejussor, aut tutor, defendet se exceptione, quod vitio suo factum sit, ne cedere potuerit ei, cum quo agit actione adversus debitorem: sed si duo sunt mandatores, vel duo fidejussores, vel duo tutores, quorum unum pactione liberaverit creditor, & conveniat alterum, is non se defendet exceptione, quod adversus collegam ei cedere non potuit actionem, quam ipse ultro liberavit. Sed hac exceptione, quod non si cedatur actio adversus debitorem, quæ cedenda est omnino, atque ita ex omni hac disputatione eliciamus hanc conclusionem, solutionem mandatoris, fidejussoris, aut tutoris non liberare rerum principalem: solutionem extranei liberare, quia hic non solvit nisi nomine debitoris. Illi solvunt suo nomine proprio, §. *ultim.* exposuimus in §. *naturalis*, *supra*.

Ad L. I. Rem rat. hab.

*Cum quis de rato stipularetur, quamvis non idera, sed alius a domino conveniretur, qui conveniri non posset, si ratum habuisset, committi stipulationem placuit, veluti si cum fidejussor, aut alter ex reis promittendi, qui socius est, convenitur.*

EX hæc, ut fere omnis titulus est, de stipulatione de rato, cujus formula in hoc ipso titulo, in omnibus judiciis, est in rem, vel in personam, & in præjudiciis, ut *l. 8. §. ult. hoc tit.* id est, cognitionibus de statu, de liberali causa, & in extraordinariis judiciis, & breviter in omnibus ut in formula demonstrant hæc verba, *actio*, *petitio*, *persecutio*. Actio est in personam: petitio in rem: persecutio extraordinaria. Igitur in omnibus judiciis, stipulationem de rato adversario præstat ante litem contestatam procurator, & interdum defensor, ut *l. 8. hoc tit.* qui agit vel defendit alieno nomine, sive mandatum præcedat, sive non præcedat, ut apparet ex *l. 3. hoc tit.* Ergo etiam præcedente mandato hæc cautio interponitur & exigitur a vero procuratore, aut defensore litis alienæ. Quod ita verum est, nisi dominus litis professus sit, eum se procuratorem fecisse, libello præsidi dato, *libello principi dato*, inquit *l. 21. h. t. sed malim, præsidi*, ut *l. si quis obrepserit*, *ad l. Corn. de fals.* Cur enim principi potius, quam præsidi, aut nonne idem si præsidi? An parva hæc res aditionem principis requirit? minime. Idem erit, si literis ad adversarium scriptis, dominus litis significet, se procuratorem fecisse, & ratum se habiturum quod cum eo actum erit, *l. si procuratorem, de procur.* Hoc enim casu, literis ejus approbatis, veluti præsentis procurator videtur esse. Præsentis autem procurator, qui olim cognitor dicebatur, non satisdabat de rato. Et rece ait *d. l. si procuratorem*, *literis ejus approbatis*. Necesse enim est epistolam approbari, sicut hodie videmus nihil agi ex chirographo, nisi agnoscatur, nisi adprobetur, *si la cedulle n'est recognove*, ut est in *l. qui agnitis*, *de except.* & *d. l. si procuratorem*, eo loco, *literis ejus approbatis*, & ut indicat *d. l. si quis*, approbatio literarum fit, si forte eis non subscripserit, subscribente eo ex interlocutione, & præcepto judicis, postquam recognovit dominus, qui ante non subscripsit *si apres avoir recogneu sa letre*, *il est contraint d'y soubsigner*. Idem erit, si dominus litis procuratorem fecerit apud acta, *du greffe*, vel in judicio. Nam & hoc casu supervacua est cautio de rato, *l. 1. C. de satisd. §. sui autem*, *Instit. eodem*. Alioqui mandatum solum non excludit stipulationem de rato, *d. l. 3. hoc tit.* Et hæc stipulatio vel interponitur hoc modo: *rem ratam haberi*, *rem ratam eum*, *cujus lis est*, *habiturum*, vel hoc modo, *amplius eam rem non peti*, *l. 14. hoc tit.* vel, *amplius non agi*, *l. 4. §. Cato, de verb. obl.* vel de utroque cavetur conjunctim, *rem ratam haberi*, *& amplius non peti*, ut *l. 23. hoc tit.* Et præstatur his quoque modis etiam a domino ipso, maxime transigente cum adversario, ut in *d. §. Cato*. Nec enim est de cautione de rato, quam cavit procurator, sed quam dominus ipse cavit, ut *l. inter*, §. *si quis stipulatus*, *fam. ercisc.* M. Tull. pro Roscio Comœdo: *satis non dedit*, *amplius ab eo neminem petiturum*: qui de parte sua decedit, reliquis sociis integram actionem reliquit: qui pro sociis transegit, satisdat, neminem eorum postea petiturum. Et inter has formulas sane nihil interest, ut constat ex *d. §. Cato, & ex h. t.* In quo auctores promiscue his formulis utuntur. Interponitur autem ex edicto prætoris. Est ergo prætoria & judicialis, quia propter judicium interponitur, ne inane fit lite contestata a domino, *l. 1. §. 1. de præt. stip.* ubi illa verba, *ut ratum fiat*, sunt accipienda de stipulatione de rato, ut efficiant unum exemplum stipulationis judicialis: & aliquo casu hæc cautio est cautio prætoria, sive stipulatio prætoria cautionalis, quæ adhibetur majoris cautionis gratia, ut novum sit vinculum, nova actio. Et ita potest defendi *d. l. 1. §. cautionales*. Recte igitur inter cautionales numeratur, rem ratam haberi, quo scil. casu

inter-

interponitur in locum alterius actionis, veluti conditionis indebiti, ut in *l.si sine, & l.ult. §.ult. hoc tit.* Et interim est cautionalis, non prætoria, *l.interdum, hoc tit. & seq.* Nunc videamus quando hæc stipulatio committatur. Sane committitur si postea dominus petat abs stipulatore, qui est procurator: qui prior egit, sibi cavit hac stipulatione: at etiamsi dominus non petat abs stipulatore, sed a fidejussore ejus, stipulatio committitur. Quia qui a fidejussore petit, τῇ δυνάμει, vi ipsa a reo petit, *l.adversus, de recept.* cum id, quod præstiterit fidejussor, mox sit recuperaturus a reo actione mandati, nisi in rem suam fidejusserit, vel donationis causa. Et eadem ratione hæc stipulatio committitur, si dominus postea petat a correo stipulatoris, qui ejusdem obligationis socius est, *l. 14. hoc tit.* Nam & hic vi ipsa videtur a stipulatore petere, quoniam correus actione pro socio ei reputaturus est, quod litis domino exsolverit, *l. eandem, §.2. de duobus reis:* ubi id exposuimus latius, libro 27. superiore. Et in summa, hoc tantum continetur in *h.l.1.* stipulationem de rato committi, etiamsi dominus non petat a stipulatore, sed a fidejussore ejus, vel a correo socio ejusdem obligationis, a quo non posset petere, si ratum haberet. Nam ratihabitione stipulator a domino liberaretur, & propter consequentias fidejussor quoque & correus ille, qui socius est: non comparatur correus fidejussori, nisi socius sit, *l.si duo, de recept.* Ergo aliud quicquam, si duo rei socii non sint, si socii non sint, si societatem inter se non coierint. Nam unum si convenerit procurator, eique caverit de rato, stipulatio non committitur, si dominus petat ab altero: quoniam id, quod domino exsolverit alter, nulla actione repetere potest, cum nulla inter eos sit coita societas. Et ideo quod dominus petit ab altero, qui stipulatus non est, & cum quo procurator non egit, neque τῇ ἐνεργείᾳ, neque τῇ δυνάμει, neque vi, neque re ipsa videtur id petere ab eo, qui stipulatus est, nec fit quicquam contra stipulationem, convento altero correo, non socio: non omnis conreus est socius. Et rectissime Accurs. hoc loco, non sine hac distinctione, utrum correi socii sint an non, si vice mutua fidejusserint, sed eo casu indistincte verum esse committi stipulationem de rato, sive dominus petat ab eo, qui stipulatus est, sive ab altero, qui stipulatus non sit, quia, cum alter alterius sit fidejussor, dum ab uno petit, τῇ δυνάμει, vi ipsa & potestate, ab alio petit, in quem is, quem petit, si solverit, est regressum habiturus per actionem mandati. Ex quo intelligitur non semper correos videri vice mutua fidejussisse. Certe non nisi id actum sit nominatim, *l.reos, de duab.reis, l.vir uxori, §.ult.ad Vellejan.* Alioquin nunquam esset locus superiori distinctioni, socii sint; nec ne, si semper viderentur vice mutua fidejussisse, quod plenius tractatur ad Afric. in *d.l.vir uxori, §.ult.* Ad hæc notandum est, ut quoniam diximus de eo, a quo dominus petit, nunc agamus de eo, qui petit postea post litem actam aut susceptam cum procuratore, finitamque. Notandum, inquam, hanc stipulationem committi, non tantum, si dominus petat, aut verus procurator, sed etiam si alius, ad quem res pertineat, puta heres ejus vel successor, nisi ut aperte actum sit; ut quis omitteretur, nimirum stipulatione de rato concepta, non in personam domini, sed in rem, quod tamen fit perraro, ut in *l.si sine, §.si stipulatione, hoc tit.* Imo, non tantum si alius petat juris successor, sed etiam si successor singularis rei, cui dominus litis vendiderit rem & tradiderit. Nam & tunc ejus rei petitio est, si possessionem amiserit, vel si vacuam non obtinuerit. Ergo, etsi emptor petat, qui a domino rem nactus est, stipulatio committitur, *l.16.§.ult. hoc tit.* Et solemne est in hac stipulatione adjici, non petiturum eum, cujus de ea re actio, petitio, persecutio sit generaliter: quæ verba comprehendunt multas personas, ut *l.25.h.t.M. Tull.* in Bruto: *non solvam nisi prius a te cavero, neminem, cujus petitio sit, amplius petiturum*. Quamobrem hæc stipulatio non committitur, si is postea petat, qui petitionem non habet, ut falsus procurator, *d.l.13.* Et postremo no-

A tandum est, hanc stipulationem quoquo modo concepta sit, etiamsi dominus ratum non habeat, repetere velit, si in jus vocet, si exigat cautionem judicio sisti, non committi stipulationem, antequam perierit, id est, antequam contestatus litem fuerit, *l.8.in fin.& l.15.hoc tit.* & aliud esse committi stipulationem, aliud agi ex ea stipulatione posse. Committitur stipulatio vel peccat, ut ait *d.§.Cato,* cum quid in eam committitur, vel peccat, id est, (ut ad exitum rei spectemus) cum incipit ex ea stipulatione deberi, licet nondum agi possit: debetur sæpe id, quod nondum peti potest, *l.7.ut leg. nom. cav. l.si dies, quando dies leg. & §.omnis, Inst.de verb. obl.* Stipulatio de rato committitur, si dominus petierit eandem pecuniam. Agi autem ex eo potest, quantum interest. Actio ex stipulatione in id datur, si dominus non petierit tan-
B tum, sed etiam exegerit aut litem peregerit, licet non obtinuerit. Nam & hoc casu agi potest, in procuratorem, ad impendia in litem facta, quæ a domino, qui victus est, victor servare non potuit, *l.si sine §.Marcellus, hoc tit.* Uno casu, qui valde notandus est, ex hac stipulatione agi potest statim, id est, antequam dominus aliquam solverit: ut puta si quis per ignorantiam, vel errorem procuratori solverit indebitam pecuniam sine judice (nam soluti ex sententia judicis conditio non est) & acceperit satisdationem de rato, etiam, antequam dominus quicquam petat, aget ex ea stipulatione is, qui solvit & stipulatus est, ut scilicet sciat, cui debeat condicere pecuniam, quam solvit indebitam per errorem, vel ignorantiam, utrum domino si ratum habeat, an procuratori, si ratum non habeat, ut possit dignosci
C utri debeat condicere, quod eleganter ostenditur in *d. l.16. h.t.* Et quod notandum, in hoc casu non agitur ex hac stipulatione in id, quod interest, sed hactenus tantum utiliter promissor dominum exponere sententiam suam, & vel ratum habere, vel retractare actum procuratoris, ut proinde sciat utri debeat condicere pecuniam indebitam. Aget duntaxat hoc casu, ut est in Basil. ἀναφωνίᾳ, ut curet dominum ratum habere, & domino improbante actum, procurator tenebitur conditione indebiti, qui non teneretur, si stipulator non ita properasset agere ex stipulatione, sed exspectasset quo ad dominus ab eo eandem pecuniam peteret; quo casu procurator non teneretur stipulatori. conditione indebiti, sed in id omne, quod interest, quia interposita stipulatione id videtur actum, ut stipulatio succederet con-
D dictioni; ut magis esset actio ex stipulatione, quæ est. strictior quam conditio, quæ est ex bono & æquo, *d. l.si sine, & l.ult. §.ult.* sicut pecunia credita interposita stipulatione, id agitur, ut sit actio ex stipulati, non si certum petetur, *l.6. §.ult. de novat.* Alioquin valde pugnaret *l. 16. hoc tit.* quæ domino ratum non habente ait, teneri procuratorem conditione indebiti, cum *d. l. si sine,* quæ hoc negat.

Ad L. LXXVII. de Reg. Jur.

*Actus legitimi, qui recipiunt diem vel condictionem, veluti mancipatio, acceptilatio, hereditatis aditio, servi optio, datio tutoris, in totum vitiantur per temporis vel conditionis adjectionem: nonnunquam tamen actus supra scripti tacite recipiunt. Nam si acceptum feratur, ea*
E *sub conditione promissi, ita demum egisse aliquid acceptilatio intelligitur, si obligationis conditio exstiterit . quæ si verbis nominatim acceptilationis comprehendatur, nullius momenti faciet actum .*

Residua est L.LXXVII. ex libro 28. quæ est varia & multiplex, & multo respersa pulvere ab interpretibus. *Actus legitimi* sunt, qui in jure peraguntur solemnibus verbis, & solemni ritu atque ordine juris: melius detraxeris illa *solemnibus verbis:* Nam pleraque fiunt solemnibus verbis, quæ non sunt actus legitimi. Stipulatio fit solemnibus verbis: & tamen non est actus legitimus quamvis fiat jure. Magis igitur actus legitimus sit, qui in jure peragitur solemni ritu, & ordine juris, & actus solemnes qui peraguntur cum observatione, & religione multa in jure,

jure, id est, apud magistratum vel principem. Omne scilicet genus actus legitimi sunt legis actiones, quæ in jure peraguntur, & certe idem sunt legis actiones, & actus legitimi. Sed hac appellatione quandoque posteriores interpretes abusi sunt, ut liceat mihi per abusionem, *ἀντιςροϕικῶς*, quicquid jure agitur, appellare actum legis, actum legitimum. Et ita *l.pen.C.de hæretic.* testimonii dictionem vocat actum legitimum, non quo sensu dicitur *in h. l.* sed ut eadem lex interpretatur, conversationem legitimam, conversationem forensem: quod si proprie accipiamus actum legitimum & precise, testimonii dictio non est actus legitimus. Si quis hoc proponeret, rem inopinabilem videretur proponere, veram tamen. Sicut autem denuntiatio testimonii, nec ulla alia denuntiatio, est actus legitimus, non denuntiatio novi operis, quæ fit ex edicto, non denuntiatio applicanti se ad ancillam meam, quæ fit ex Senatusconsulto Claudiano. Igitur in hanc *l.perperam* adducitur *d.l.pen.C.de hæret.* quæ actum legitimum cum dicit, non dicit legis actionem, quæ peragatur in jure, legitima observatione, religione modoque. Et falsum est etiam in *l.2.§.deinde ex his legibus, de orig. jur.* definiri legis actiones hoc modo: *Quibus inter se cives disceptant ex XII.tabul.* veluti finium regund.vindicatio, furti, injuriarum, quas certas & solennes esse voluerunt. Certas & numerorum pertinet, *l.quia actionum, de præscript.verb.* Solemnes pertinet ad verba. Si definit ita legis actiones: hæ igitur solæ sunt legis actiones. Atquin non definit recte, quia has actiones XII. tabul. proditas, quibus homines inter se disceptant, ait appellari legis actiones. Sed non has solas: sunt aliæ multæ legis actiones, nec minus complectitur legis actionis, quam actus legitimi nomen. Enumerantur in hac lege quinque, *mancipatio,* &c. Mancipationis verbo significatur imaginaria alienatio, & comprehendit multa, veluti mancipationem familiæ, quæ fiebat in testamentis per æs & libram, ut ex Ulpiano constat & Theoph. & mancipationem, quæ fit nudum nexu dationis per æs & libram, sive nexus dationem ex causa donationis, vel venditionis, vel noxæ deditionis, vel ex causa solutionis, vel ex alia quacumque causa transferendi dominii. Comprehendit etiam mancipationem filii, quæ fit a patre, cum dat eum in adoptionem alteri, *l.ult. C. de adopt.* Tertul. *in Apol. adoptandos melioribus parentibus mancipato:* vel quæ fit, ut omnino filius fiat sui juris, *l.8. §.ult. de ini.rup.* ubi Florentini recte *emancipatione.* Et hæc nominatim dicitur legis actio in *Nov.81. l.4.de adopt.* notum est omnibus, quæ sint alia quatuor. Quid sit acceptilatio? *c'est quitter sans avoir rien receu:* quid sit etiam aditio hereditatis, quid servi optio, puta cum quis legavit mihi servum, quem optarem ex sua familia. Ea servi optio legis actio est, id est, qui eam peragit, lege agit. Quid sit etiam tutoris datio, notum est: sed hereditatis aditionem trahi volo etiam ad cretionem, quæ tamen hodie est sublata. Et servi nomen trahi volo ad aliam quamcumque rem, cujus optio legata sit. Et tutoris dationem accipi volo de ea, quæ fit decreto magistratus ex inquisitione, solenniter accersitis amicis pupilli, & optimis viris qui sunt in civitate, ex quibus magistratus optat quem vult. Et tutoris datio, tutoris optatio est, quæ si fiat testamento, jure quidem fit, sed non est actus legitimus, & testamento etiam non datur tutoris optio cuilibet, nec a quolibet, sed a viro tantum mulieri (quoniam mulieres erant in perpetua tutela) ut post mortem viri, in cujus manum convenerat mulier, in ejus fine tutore fuerat, quia in manum conventio mulierem solvit tutela (*Terent. amicum, tutorem patrem*) ut, inquam, post mortem viri optet sibi tutorem quem volet, ut intelligere licet ex Livio 39.cum de Hispala scribit, quæ detexit Bacchanalia. Pupillo optio tutoris daretur inutiliter, cujus nullum judicium est, & daretur tantum utiliter a patre, in cujus potestate est pupillus. Igitur actiones illæ, quibus inter se cives disceptant, sunt actus legitimi, sunt legis actiones 12. tabul. quibus inter se disceptant, disceptante ipso quoque judice: nam disceptare, est commune verbum reorum & judicum, *l.*

*3.C.de recept.* atque etiam lege agere, est commune 'reorum' & judicum: imo & lictorum aut viatorum, sive apparitorum: nam & lictor lege agere dicitur, dum exequitur rem judicatam ex præcepto magistratus. Qua de causa, executiones lictorum possunt etiam numerari inter actus legitimos, sed ut dixi, non hæ solæ sunt legis actiones, sed & hi quinque actus, qui recensentur in hac lege: Et adoptio omnis, cum a Theoph. definiatur, *πρᾶξις νόμιμος*, actus legitimus & etiam legis actio dicitur, &*l.1. C.eod. l.3.de offic. proconf.& l.4.de adopt. actus legitimus,* & etiam legis actio dicitur, quæ fit per magistratum, legis actio est, *l.2.de offic.proconf.* non quæ fit testamento, non quæ censu vel alio modo, sed quæ fit apud magistratum, vel per magistratum: hi soli actus sunt legitimi, qui fiunt apud magistratum, vel per magistratum, id est, a magistratibus. Ut adoptio similiter, quæ fit imperio magistratus aut principis, non quæ fit testamento, quæ etiam jure non fit & indiget confirmatione. Et mancipatio quoque omnis five nexi datio, fiebat in jure, id est, ad sellam prætoris vel præsidis. Et similiter hereditatis aditio sicut repudiatio, *l. suus, & l.si cut, C. de rep. hered.* Et servi optio similiter in jure, & hæc erat præcipua solemnitas ut non passim fieret, sed in jure: nam sicut ad adeundam hereditatem, ita & ad adoptandum diem decernebat prætor vel præses, *l. 6. l. si optio, de opt. leg.* Et acceptilatio in jure quia fit per nexi dationem & per æs & libram definitur nexu soluto, *l.1. de acceptilat.* Et cessio in jure similiter, ut acceptilatio ipsa ostendit, quæ & legis actio dicitur a Cajo in *Instit.* ut retulit Boetius in Topicis. Hos solos actus ausim appellare legitimos, & legis actiones, quos invenio ita appellari: & non ausim alios adjicere, quos nusquam invenio sic appellari, alioquin unum si super adjicerem, sane paulatim adjicerem omnes, ut omnes inducunt, qui scribunt, actum legitimum esse usurpationem, & procuratoris dationem, quam constat fieri nudis verbis, non solennibus, & mancipationem testamenti, & stipulationem, ergo & omnem contractum, quia stipulatio est conclusio omnium contractuum, *l. si dominus, de præscri. verb.* Si omnem contractum, quem non actum igitur? quid enim non venit contractus nomine? Et eadem licentia adjicerent jusjurandum, & vadimonium, id est, promissionem judicio sistendi causa factam, & satisfationem omnem, & comperendinationem ex jure veteri, & addictionem in diem, quæ est pactio quædam venditionis. Si non sunt actus legitimi, non tuentur tutoris auctoritas, qua interposita pupillus contrahit aut paciscitur. Alioquin omnes actus legitimi sacerent legitimos, & ex his quod quædam fiant verbis solennib. non ideo sunt actus legitimi, non quodcumque fit verbis solennibus, non quodcumque fit testib. præsentibus est actus legitimus. Hoc habent commune actus legitimi cum aliis multis, qui non sunt legitimi, licet jure agantur, & in ipsis actibus legitimis, & legis actionibus solennia verba hodie pro dictis habentur, *l.manumissio, de manumiss.* manumissionem valere, etiamsi lictor omiserit solemnia verba, quod non in libertate est recipiendum tantum favore libertatis: sed generaliter in omnibus actibus legitimis, solemnium verborum omissionem, nihil nocere hodie, cum omnia extra ordinem agantur, non observata conceptione formularum. Ex his quoque quæ negavi esse actus legitimos, quibusdam recte adjicitur & dies & conditio. In diem recte fiunt & conditionem, ut stipulatio & addictio in diem, & alia quædam. Atquin omnis actus legitimus momento temporis perficitur, nec capit dilationem ex die, vel conditione. Et in hac *l.* non est legendum negative, quasi sint alii actus, qui recipiant, sed affirmative ut Florentiæ, id est, quibus aperte & nominatim dies vel conditio adjicitur: tacite recipiunt diem vel conditionem, sed non aperte, non nominatim. Imo qui recipiunt diem vel conditionem tacite, in totum vitiantur. Acceptilatio, cui adjicitur dies vel conditio, vitiatur, *l.4. & 5. de accept.* in totum quia scilicet nec valet ut pactum, *l.8. eod. tit.* nec potest sustineri exceptione pacti, quasi acceptiptilationi inutili infit pactum de non petendo, ficut conſtitutio ſervitutis, quæ fit ex die vel conditione, ipſo jure eſt inutilis, ſed non vitioſa in totum, quia ſuſtinetur exceptione doli vel pacti, *l.4.de ſervit.* quæ vitiaretur in totum, ſi eſſet actus legitimus: Nam adſcriptio temporis certi vel incerti in totum vitiat. Igitur acceptilatio non valet ut pactum, mancipatio ſimiliter non valet ut traditio, quæ non eſt actus legitimus, & fit quocumque modo: hereditatis aditio etiam vitiatur in totum, quæ recipit conditionem, *l.eum cui,* §.*ult.de acquir. hered.* Ergo nec ſuſtinetur ut agnitio, quæ fit quocumque indicio voluntatis: ſervi optio non valet, ut electio quælibet. Tutoris datio, quæ per magiſtratum fit, etiam non valet in totum, *l.muto,* §.1.*de tutel.* Igitur nec ſuſtinetur ut datio curatoris, quæ fit qualitercunque, nec adeo ſubtilis eſt vel ſolemnis. Idem omnino dicemus in adoptione, *l.34.de adopt.* & in manumiſſione, *l.pen.C.de manum.* & in ceſſione in jure. Et tandem ita concludamus: Qui actus legitimi aperte recipiunt diem vel conditionem, in totum vitiantur, non vitiantur, ſi eam recipiant tacite. Et hac ratione in *l.pen. C.pro ſoc.* definitur, ſocietatem recte contrahi ſub conditione, quia ſcilicet videtur intervenire mancipatio & induxiſſe communionem bonorum, ſed tacita, *l.2.pro ſoc.* licet loquatur de traditione tantum. Et ſimiliter acceptilatio recipit diem, vel conditionem tacite, ut ſi accepto feram, quod mihi debes ſub conditione: acceptilationi tacite ineſt conditio, ſi conditio exſtiterit, id eſt, ſi mihi debere cœperis, ut *l.12.de acceptil.* Et manumiſſio quoque, ſi id agatur tacite, ut qui manumittitur apud magiſtratum, utique liber non fit ante mortem domini, *l.mortis,ſup.de manumiſſ.* Summa eſt, κεφάλαιον: Actus legitimi in totum vitiantur, qui recipiunt diem vel conditionem expreſſe, non etiam qui recipiunt tacite, ut multis aliis partibus juris dicitur, expreſſa nocent, tacita non nocent, *l.expreſſa, h.tit. l.nonunquam, de cond.& dem.ſ.ſi ita legatum,* §.1.*de leg.*1.*l.ſi quis Sempronium, de hered.inſtit.& l.ſi unus,* §.*illud,de pact.* Illud notandum, quod diximus legi recte Florentiæ, *qui recipiunt,ſine negatione:* nam oportet ita accipere ut recipiant non quidem jure, ſed facto ipſo. Ergo actus legitimi ſunt legis actiones, quæ in jure peragi ſolent, id eſt, ordine juris, veluti actiones ex 12.tab. quibus adverſarii inter ſe litigant, & executiones lictorum, quæ ſunt imperante magiſtratu, & mancipationes, adoptiones, acceptilationes, & hereditatis cretio, ſeu aditio, & ſervi cujuſvis alterius rei optio, & tutoris datio, optioque facta a magiſtratu, & manumiſſio facta lictoris, & magiſtratus interventu, & ceſſio in jure. Neque igitur ſolæ hæ ſunt legis actiones, quib. inter ſe homines diſceptant, nec ita definitur in *l.2.§.deinde ex his legibus, de orig.jur.* ſicut Cajus enarrata formula ceſſionis in jure, ſubjicit, *idque legis actio vocabatur,* id eſt, juſta, ut Boet. refert. Sane non definit legis actionem. Quos autem commemoravi, ſcio legitimos actus: has legis actiones neſcio: nec addo alias, quam quas invenio eo nomine appellari, ne paulatim creſcente acervo, omnes actus, qui jure fiunt, actus legitimos faciam, ſeu legis actiones, quas alia mente alioque ſenſu & abuſu potuit homo dicere actus legitimos: legitimi actus peraguntur ſolemnibus verbis, & teſtibus præſentibus, ſed hoc habent commune cum aliis pleriſque non legitimis. Proprius ordo actuum legitimorum hic eſt, ut fiant in jure, deinde ut in totum vitientur, ſi aperte recipiant diem vel conditionem, non ſi tacite. Qui aperte recipiunt diem vel conditionem, nec vitiantur, non ſunt legitimi actus. Acceptilatio igitur in totum vitiatur, ſi recipiat expreſſam conditionem, non ſi tacitam. Et manumiſſio ſimiliter, *l.mortis, de manumiſſ.* & tutoris datio facta a magiſtratu, §.1.*de Atil. tut.* Et mancipatio igitur, expreſſa ſcilicet, recipit tantum tacitam conditionem vel diem: mancipatio tacita recipit etiam expreſſam conditionem ſine vitio, veluti contracta ſocietate ſub conditione, *l.pen.C.pro ſocio:* quia tacita mancipatio intervenire videtur, *l.2.pro ſoc* Quod & generaliter de omnibus actibus legitimis dici poteſt, ut expreſſi vitientur expreſſa conditione, non tacita:

A taciti, ut nec vitientur expreſſa, nec tacita conditione, nec die. Eſt etiam hoc proprium actuum legitimorum, ut non iterentur, ut fiant ſemel tantum: ut aditio hereditatis fit ſemel, *l.ſi ſolus,* §.*ult. de acquir. hered.* optio ſervi ſemel, *l.5.de leg.1.* ut non poſſit retractari. Seneca controverſia 24. *Non oportet amplius tibi quam ſemel opus.* Et ſubjicit rationem, *omnis nimia potentia ſaluberrime brevitate conſtringitur.* Et ita tutoris datio fit ſemel, nec iteratione opus. Adoptio non iteratur, nec juſta libertas, *l.2.C.de manumiſſ.vind.* Latina libertas fit quidem iteratione juſta & legitima, juſta nunquam iteratur. Dices, filium trina mancipatione, & manumiſſione fieri ſui juris, juxta *l.xii. tab. ſi pater filium ter venum dedit,* ſic legendum apud Ulpian. *filius a patre liber eſto.* Et rurſus filius trina mancipatione, & bina manumiſſione a patre alii in adoptionem datur, *l.ult.C.de adopt.* Ergo mancipatio iteratur, manumiſſio iteratur, actus legitimus iteratur. Dicam hoc ideo fieri, quia filius revertitur in poteſtatem patris poſt primam & ſecundam manumiſſionem ipſo jure antiquo: ſi ſervus, cui dedi libertatem juſtam, millies revertatur in poteſtatem meam, millies eum manumittam. Si non reverteretur, una manumiſſio conficeret rem. Dices rurſus, actionem pro libertate, quam conſtat numerari inter legis actiones, & potuiſſe etiam intendi per alium quemlibet, ut eſt in titulo, *de his per quos ag. poſſ.* 4. *Inſtit.* & ita Livius 3. In his, quæ in libertatem aſſeruntur quivis lege agere poteſt. Dices hanc actionem ter quaterque iterari, *l.1.C.de adſert. toll.* ergo legis actio iteratur. Dicam ceteras aſſertiones, five actiones in libertatem, eſſe perſuſorias, quæ fiant dicis cauſa. Sic Suetonius vocat in Domitiano: poſtremam tandem rem peragere, nec denuo idem poſt eam agi poſſe. Eſt etiam hoc proprium actuum legitimorum, ut eorum ſolemnitas non poſſit peragi per procuratorem. Acceptilatio non fit per procuratorem. Inventum tamen eſt remedium, quo adhibito etiam per procuratorem acceptilatio fiat, non procuratorio nomine jam, ſed proprio, nempe remedio novationis. Primum procuratori mandabo delegato debitore meo, ut ſtipuletur ſibi dari, quod is mihi debet, ac ita novet obligationem. Deinde ipſe poterit debitori acceptum facere ſuo nomine: vel ſi ego debeam, primum mandabo, ut expromittat pro me, id eſt, ut novet obligationem, eamque in ſe ſuſcipiat, atque ita me liberet. Deinde ipſe poterit accepto liberari: ego liberabor novatione: ille acceptilatione: ſed & fine mandato hoc modo liberabor novatione: geſtor, qui ultro expromiſit, acceptilatione ex ſententia *l.13.§.tutor, de acceptilat.* ſecundum quam non accipienda eſt lex 3.*eod.* §.*ut.* ut acceptilatione liberare, aut liberari nemo poſſit per procuratorem ſine mandato, id eſt, quin præcedente mandato ei jus ante permiſſum novare obligationem: nam ſane hoc remedio non poteſt per procuratorem, etiamſi ſpeciale mandatum habeat, fieri acceptilatio: nec ulla, eſt cauſa mutandorum illorum verborum, *ſine mandato,* quæ retinent Baſil. *ἄνευ ἐντολῆς.* Et male in hanc quæſtionem, *an per procuratorem acceptilatio poſſit fieri* adfertur *l.penult. ejuſd. titul.* quæ de ſervo loquitur, non de procuratore: ſed per ſervum accepto liberamur, *l. ſpecies, eod: tit.* non per procuratorem, non præcedente novatione. Contra per ſervum debitor noſter, nec juſſu noſtro accepto liberatur, *d.l.pen.* quia edictum *quod juſſu* pertinet ad contractus, non ad liberationes, *l. ſi dubitet,* §.*ult. de fidejuſſ.* Sed de acceptilatione hactenus. Aditio hereditatis non fit etiam per procuratorem, *l.per procuratorem, de acq. hered.* niſi ſit procurator Cæſaris ſive rationalis, vel catholicus, ut dixere poſteriores, *l.1.de off. proc. Cæſ.* Et ſimiliter manumiſſio non fit per procuratorem, *l.3.C.de manumiſſ.vind.* niſi ſit procurator Cæſaris, *l. bonorum de jur. fiſc.* Sed hæc remediis quibuſdam per procuratorem fient, & manumiſſio ſervo procuratori ante mancipato per æs & libram, & aditio hereditatis procuratori ante ceſſa hereditate in jure, quæ ceditur recte, & antequam

adea-

adeatur ut Ulp. in fragmen. fiduciaque interpofita ejus reftituendæ. Et regulæ quoque ejus legis remediis quibufdam occurrunt, puta actibus legitimis abfolute perfectis & pure, & eo acto tacite, ut non fortiantur effectum ante diem vel ante impletam conditionem, *d. l. mortis.* Quo genere quælibet dies, five conditio non inutiliter inferetur, aut fuftinebit actum legitimorum effectus. Actiones autem illæ, quibus inter fe homines difceptant, etiam jure antiquo, (quod in defuetudinem abiit, nam litigamus per procuratores) non potuerunt intendi vel excipi per procuratorem: nemo potuit per procuratorem lege, aut legitimo judicio agere, nifi pro patria, & pro libertate, ut ante notavi ex Livio, & pro tutela: & in cafu legis Hoftiliæ, *d. tit. de his per quos ag. poff.* Qui locus eft fingularis, maxime de lege Hoftilia. Et hoc eft, quod ait lex *nemo, hoc tit. Nemo alieno nomine lege agere poteft*: eft enim regula juris antiqua, non nova, fecundum tit. qui eft *de regulis juris antiqui*, & eft ea regula fic accipienda, non tantum, ut non poffit adverfarius lege agere per procuratorem, fed etiam ut magiftratus æque non poffit lege agere per eum, cui mandaverit fuam jurifdictionem, *l. 2. de off. proconf. l. nec mandante, de tut. & curat. dat.* Lege agere eft commune reorum vel magiftratuum, & neutri lege agunt per mandatarium, fed per fe. Et jure antiquo procuratores dantur ad adminiftrandum, non ad agendum. Male autem quidam hac ratione quod nemo poffet lege agere alieno nomine, patrem non poffe filii nomine agere querela inofficiofi teftamenti materni, *l. Pap. in prin. de inoff. teft.* cum ea lex non dicat id fieri hac ratione juris antiqui, fed alia ratione, *quia filii*, inquit, *injuria eft.* Ac præterea dicit invito filio non poffe, volente igitur poteft. Atquin procurator ne volente quidem aut mandante domino, agere jure antiquo poteft. Porro idem etiam cenfendum de mancipatione, ut non fiat per procuratorem per æs & libram, cum. nec fiat acceptilatio, quæ æque fit per æs & libram. Idem & de optione fervi, ut non fiat per procuratorem, fed per ipfum legatarium. Nam optionem fervi non eft dubitandum effe actum legitimum, cum & fiat pure & præcife, & femel, & prætore decernente diem ad optandum, ficut ad adeundum: & ficut filius non adit injuffu patris, ita nec optat, *l. 10. de leg. 1. l. 25. de liber. cauſa.* Et fit ea optio folemniter præfente herede. Ac proinde non fit ante aditam hereditatem, *d. l. 10. & publice exhibita univerfa familia, l. 3. §. item fi optare, & exhib. l. fi vendidero, § ad exhibendum, de furt. & in jure certis, ut opinor, verbis, & teftibus præfentibus.* Ergo & per fe, & non per procuratorem. Et peffime quidam per procuratorem fieri poffe, ex *l. pen. de opt. leg.* quod ibi fiat per matrem legatarii. Nolumus vos data opera Jurifconfulti verbo circumfcribere, cum matri optio permiffa fit in ea lege nominatim judicio teftatoris. Legavit filio fervum, quem vel filius vel mater ejus optaret. Quæri poffet, an fymbola, quæ interveniebant in actionibus legitimis, fint eorum propria? Sane non funt propria, nifi abufu quodam, quia non his folis funt propria. Quo abufu folemnia verba, & teftes licet dicere effe propria actuum legitimorum, quod omnibus, quæ fub ea appellatione continentur, funt propria, quæ tamen non his folis adhibentur, fed & ftipulationi cuilibet, & multis aliis negotiis: in mancipationibus, & acceptilationibus fuit fymbolum æs & libra: in manumiffionibus fuit fymbolum fidei religiofe obfervatum *l. ult. C. de emancip. lib.* Græci μυείοφατα dixere: fymbolum autem illud fuit alapa, & alio modo Salapitta, in Gloffis vett. & apud Arnobium. In aditionibus hereditatum pro fymbolo fuere percuffiones digitorum, ut Cic. eft auctor in *lib. de offic.* hoc enim figno fignificantur fe agnofcere hereditatem, fe pofcere bona fibi debita, quomodo etiam folebant ut ex Martiale colligere licet, pofcere matellam. Petronius Arbiter: *digitos concrepuit: ad quod fignum matellam fpado fuppofuit.* Omnium verifimile eft reliquorum interveniffe propria fymbola.

# JACOBI CUJACII J.C.
## COMMENTARIUS
### In Lib. XXIX. Quæftionum ÆMILII PAPINIANI.

#### Ad L. VI. de Ufuris.

*Cum de in rem verfo cum herede patris vel domini ageretur, & ufurarum quæftio moveretur, Imperator Antoninus adeo folvendas ufuras judicavit, quod eas ipfe dominus vel pater longo tempore præftitiffet.*

§. 1. *Imperator quoque nofter Severus filiæ Flavii Athenagoræ, cujus bona fuerant publicata, de fifco ideo numerari decies centena dotis nomine juffit, quod ea patrem præftitiffe dotis ufuras allegaffet.*

LIBRO XXIX. initium dabit *l. 6. de ufur.* Cujus quæftio eft in ufu fæpe. Sciendum ex contractu filiifamil. vel fervi, patrem vel dominum teneri actione de in rem verfo, id eft, de eo quod filius famil. vel fervus patrem vel dominum locupletiorem fecit, & vere facere voluit: nam ut fit actio de in rem verfo, neceffe eft ut voluerit negotium gerere domini, vel patris. Tenetur ergo pater de in rem verfo ex contractu filii, & dominus ex contractu fervi, id eft, de eo quod dominum locupletiorem facere voluit & fecit. In qua actione veniunt etiam ufuræ pecuniæ verfæ in patrimonium patris vel domini, fi in ftipulatum deductæ fint, non etiam fi promiffæ non fint, *l. fi pro patre, §. fed utrum, de in rem verfo.* Et conftat etiam hac actione teneri heredem patris vel domini, ad quem ob eam rem locuplecior hereditas pervenit. Et ita Papinianus notat de in rem verfo agi in heredem patris vel domini. Nunc finge: Agit creditor de in rem verfo cum herede patris vel domini, & petit non tantum fortem principalem, fed & ufuras: non conftat eas promiffas fuiffe, fed hoc tantum, patrem creditori præftitiffe longo tempore. Quæritur, an etiam heres patris vel domini eas præftare debeat, quoad integram fortem exfolvat? Et fane, fi non probet folviffe indebitas ufuras patrem vel dominum, exemplo patris vel domini, cui heres extitit, deficientibus aliis probationibus, cogetur ex more, defcripto ejus pecuniæ ufuras præftare. Et ita refert Papin. Imp. Antoninum judicaffe. Longam igitur præftationem patris argumentum effe ufurarum debitarum, etiamfi de ftipulatione non conftet. Solutio ufurarum argumentum eft fortis. Et ficut omnia videntur folemniter acta, fi quis fcripferit fe accepiffe, id eft, præfumitur folemni ritu facta ftipulatio, *l. fciendum, de verbor. oblig.* ita videntur omnia folemniter acta, fi folverit veluti ex promiffione fua, nec probet fe folviffe indebitum per errorem. Et hoc eft, quod proponit priori parte. Huic objicitur *l. creditor, C. de ufur.* quæ L ait, ufurarum obligationem non conftitui fine ftipulatione, quod eft certiffimum in credita pecunia, neque ex pacto facto in continenti ftipulationem acquiri; Porro ufurarum obligationem non conftitui fine ftipulatione, etiamfi aliquo tempore ex confenfu, vel ex voluntate ejus, qui eas præftitit, vel ex pacto præftitæ funt. Præftatio illa fola, vel diuturna non potuit obligare, cum tamen ex pacto folutæ, quia natura debentur, *l. in his, §. Imperator de folution.* non condicuntur, non in fortem imputantur, *l. 3. C. de ufur.* Sed nec in pofterum petuntur a creditore, quod ei fint præftitæ in præteritum tempus, præftatio præterita non eft idonea caufa gignendæ obligationis quæ nulla fuit, etiamfi pactum præceferit: nam neque ex pacto, neque ex longa præftatione & continua annorum aliquot præftatione nafcitur obligatio. Et idem eft fcriptum de operis libertorum in *l. operis non impofitis, de oper. libert.* Si libertus patrono aliquo tempore ex fua voluntate præftitit certas operas, quas ei non impofuerat patronus,

nus, & quas ipse nunquam ei promiserat, certe non ideo perseverare cogitur in his præstandis. Idem est scriptum de qualibet pensione, *l. si certis annis, C. de pact.* Tu certis annis ex pacto convento mihi præstitisti pensionem aliquam, quam non poteram te cogere, ut præstares, cum ex pacto non sit actio, an igitur quod eas præstiteris ex pacto, quod pacto obtemperaveris, & sequentibus annis te compellam, ut fidem impleas pacti? Minime: quia nulla subest obligatio: ergo nulla coactio est mihi, nec ex præstatione annorum aliquot potest duci ulla obligatio atque constitui. Hi tres loci objiciuntur huic decreto sive rescripto Antonini Imperatoris. Sed his omnibus est facile hoc modo respondere: non sunt adferendæ tres aut quatuor rationes, quas Accursius attulit: sed dicendum est, longam præstationem sortis vel usurarum, sive fiat in solidum, sive pro parte, quotannis, vel quot mensibus, non constituere obligationem, quæ fuit initio: consuetudinem pensitationis indebitæ, non constituere debitum, ut qui præstitit ante & deinceps post præstare cogatur, quasi obligatus. Sed quamvis hunc effectum non habeat solutio, sive præstatio, sive pensitatio longa, habet tamen alios effectus, & primum, ut inducat tacitum pactum, quod non est inducere obligationem, ut in specie *l. qui semisses, hoc tit. & l. 5. & 8. C. eod.* Tu promisisti mihi majores usuras, & aliquot annis mihi præstitisti minores, nec expostulanti tacite videtur convenisse, ne peterentur majores. At si post petam majores, me repelles exceptione taciti pacti: longa igitur præstatio tacitam pactionem inducit. Est & alius effectus, ut præbeat præsumptionem & argumentum certissimum obligationis, si de ea dubitetur pactum præcesserit, an stipulatio: usurarum ex longa præstatione debitarum, ex longa præstatione præsumam præcessisse stipulationem, nec debitorem fuisse adeo supinum, ut mihi diu præstiterit indebitas, videlicet non probantem fuisse indebitas & solutas per errorem. In dubio igitur non induces obligationem, sed præsumptionem obligationis, quæ habetur pro probatione, & sufficiat judici, ut & Imperatori in hac specie sufficit. Et tertius effectus hic est, ut si fuerit obligatio ab initio, & hoc constet, longa pensitatio eam perpetuet & producat, ut in specie alimentorum relictorum testamento vel codicillis, *l. 1. C. de fideic.* Mihi sunt relicta alimenta testamento vel codicillis, & hoc constat, hoc probo, cui fuerint relicta: non ambigitur, an debeantur, sed quæritur, utrum in perpetuum, an ad tempus debeantur. Porro mihi fuere præstita per multum temporis, id est, non minus quam triennio: lex ait, ex hac præstatione trienuii duci conjecturam perpetui debiti, nisi probet heres alimenta fuisse relicta tantummodo in triennium. Et observandum in d. l. multum tempus accipi pro triennio, & triennium accipi pro multo tempore: si præstantur usuræ quasi promissæ, quæ præstitæ sunt triennio & in posterum præstentur, nisi probes non deberi; ubi præsumptio pro me facit, tibi incumbit probatio, in qua si deficis vincit præsumptio, & ita multos annos accipi convenit in *d. l. qui semisses, & l. 5. C. de usur.* maxime cum *l. 8. eod. tit.* in eadem specie non exigat numerum annorum, ut non male Greci velint illo loco, vel unicam præstationem usurarum minorum sufficere, ut quis per exceptionem pacti taciti liberetur a majoribus, quod *d. l. 8.* non exigat numerum annorum, vel unius anni satisfactio pro pactione est. Et quod ponitur in *l. 5. per certos annos fuisse præstitas minores usuras*, ex pacto proponitur in præscriptione tamen pateor exigi 10. annos, ut colonus scilicet vindicet in libertatem: repelleturque exceptione hujusmodi, quod longo tempore, id est, 10. annis præstiterit reditus, atque quasi colonariæ conditionis homo, quo jure utimur hodie, *l. litibus, C. de agric. & censit. lib. 11.* Eaque ratione conficiuntur antapochæ, *une contrequictance*, in *l. plures, C. de fide istrum.* quibus probat creditor, sibi solutam pensionem fuisse. Apocha creditor profitetur pecuniam sibi solutam fuisse. Antapoca autem colonus profitetur se solvisse. Apoca debitori datur: Antapoca domino. Sed addamus quartum effectum, præstatio vel semel facta, vel partis præstatio, obligationem quæ fuit, corroborat, quia exstinguit exceptionem S. C. Macedoniani: qui enim ultro solvit, cum esset tutus exceptione S. C. Maced. videtur renuntiasse exceptioni, *l. 9. §. ult. sup. ad Maced. l. 4. C. eod.* Exstinguit etiam exceptionem non numeratæ pecuniæ: nam si cœpi solvere, postea non allegabo mihi non solutam pecuniam fuisse, *l. 4. C. de non num. pec.* Facile ea exceptio perimitur: nam & coercetur biennio: præstatio etiam exstinguit præscriptionem fori, ut si hoc loco cœpi solvere, si hoc in foro, cui non sum subjectus, eodem cogar peragere solutionem, nec potero revocare forum posita exceptione fori, *l. si fideicommissum, §. ult. de jud.* Ac præterea exstinguit facultatem appellandi, si condemnatus feci, judicatum in totum, vel pro parte, non est mihi integrum appellare, quia videor acquievisse sententiæ & renuntiasse appellationi, *l. ad solutionem, C. de re jud.* In quam rem recte etiam adducit Accurs. *l. cum ex causa de appell.* Et hæc de priori parte. In posteriori similem casum Papin. adjungit, quo ex præstatione certi temporis ducitur argumentum obligationis. Prior casus est ex decreto Antonini, posterior ex decreto Severi. Verbum enim *jussi* in posteriore parte, significat decretum, ut *l. 3. hoc tit. l. Imperator, ad Treb.* ut indicavimus in priori parte. Prior pars fuit de actione, de in rem verso, posterior, ut Græci ponunt speciem qui in eo mihi mirum in modum placet, quod conjungant duas vicinas actiones, quibus tenetur pater vel dominus, vel quilibet eorum heres ex contractu filiifam. vel servi. Posterior ergo est de actione quod jussu. Finge: filia jussu patris marito promisit decies centena millia nummorum dotis nomine, & ea fuit olim legitima dos. Martialis: *Centena decies, quæ tibi dedit dotis.* Et Juvenal. *& ritu decies centena dabuntur, Antiquo.* Lex Papia est, quæ modum imposuit dotibus, *l. 2. C. Theodos. de inoffic. dotibus,* ut certe par est ei opponi modum, sicut donationibus & legatis, & est impositus constitutione quadam Regia. Respublica Massiliensium (fuit olim excellentissima, ut omnes auctores testantur) modum dotis constituit centum aureorum, nec produci poterat ultra 100. aureos. Strabo: quarumcumque facultatum effet, & quinque aureorum in vestem, & quinque in mundum muliebrem, ὡς χρύσῳ κόσμον, *la dot en argent, & le vestement & ornement*. Sed redeo unde abii: filia jussu patris marito promisit in dotem decies centena, obligatur pater actione, quod jussu, atque etiam directa, quia ipse videtur contraxisse, *l. ult. quod jussu.* At proinde pater ejus dotis usuras præstitit aliquo tempore, in exhibitionem scilicet filiæ, *pour l'entretenement,* ne sumptibus mariti aleretur, sed ex usuris suæ dotis, quia interim, dum non solvitur dos, maritus de suo uxorem exhiberet, & ejus mancipia. Qua igitur ratione solet pater inferre usuras dotis, ut exhibeatur filia a marito, *l. creditor, §. si inter mand. l. pen. de acq. hered. l. cum post, §. in domum, de jure dot. l. in insulam, §. usuras, sol.* Ex constitutione Justiniani hodie etiam marito pater debet usuras trientes dotis ipso jure sine stipulatione, sine pactione ἀνεγκλήτως post biennium a die contracti matrimonii, *l. ult. §. præterea, C. jure dot.* Sed persequamur speciem. Filia promisit dotem jussu patris: pater præstitit usuras: post confiscata sunt bona patris, fiscus quasi successor tenetur creditoribus, inter quos est gener. Is igitur cum fisco agit, & petit decies centena sibi promissa, petit etiam usuras in quas sibi promissas, fiscus veluti successor juris universi tenetur, *l. 5. C. de bon. proscript.* ut bona intelligantur deducto ære alieno. Sane fiscus præstabit usuras, quas præstitit is qui confiscatus est. Et præstatio usurarum idoneum est argumentum debitarum usurarum, atque ex eo fiscus obligabitur solvendæ doti & usuris. Debentur quidem marito fateor, sed numerabuntur recte filiæ, & petentur adhibito marito, vel a marito petentur adhibita filia, quia ejus est proprium matrimonium, & quasi communis res est, uxoris & mariti, ti, unius est jure naturali, alterius jure civili, *l. in rebus, C. de jure dot.*

Quod diximus ante ex longa & multa præstatione, sive pensatione, non constituí obligationem, quæ non fuit constituta ab initio, manifesto confirmatur eo, quod si pater, qui pro pupillo non obligatur, nisi de peculio, & aliis actionibus prætoriis : si, inquam, pater cœperit ultro solvere debita pupilli quædam, non ideo obligatur, & reliqua debita solvere, *l. ult. C. ne uxor pro mar.* solvet pro filio, quibus libuerit ; nec si quibusdam solverit liberaliter, ideo compelletur aliis creditoribus solvere. Item quod heres interveniente Falcidia, qui præstitit quædam legata solida sine detractione Falcidiæ, non obligatur cétera præstare solida, sed utetur in ceteris, si volet Falcidia, *l. 15. §. non idcirco, ad leg. Falcid. l. 6. in fi. C. eod.* Atque ita etiam ex his apparet, præstationem longam aut multam non obligare eum, qui obligatus non est : præstita tamen non posse repeti, quia donasse ea videtur ultro, & donati non est repetitio.

### Ad L. XL. de Vulg. & pupil. substitut.

*Causa cognita impubes adrogatus decesserat quemadmodum legitimis heredibus auctoritate principali prospicitur vinculo cautionis : ita, si forte substituit naturalis pater impuberi, succurrendum erit substituto : Nam & legitimis heredibus futuris non alia, quam utiles actiones præstari possunt.*

L Ex qō. est de adrogatione pupilli morte patris facti sui juris. Olim pupillus adrogatus non potuit, ut ex Gellio intelligere licet. Ratio fuit, quia is qui adrogatur, ejus rei esse debet auctor : pupillus autem nullius rei auctor est idoneus, & tutori quoque in pupillum non est tanta potestas, vel auctoritas, ut ipsum possit subjicere alienæ potestati, proinde adrogari non potest, nisi jam *vesticeps*, id est, *pubes*. Pubes olim adrogari potuit sine curatoris auctoritate, hodie non potest ex constitutione Claudii, *l. 7. & 8. de adopt.* Pupillus ne tutore quidem auctore adrogari potest, hodie adrogari potest eo auctore ex constitutione Anton. *Ulp. in fragm. tit. de adopt.* Is est D. Pius, *l. 2. fam. ercisc.* Ea constitutio, sive rescriptum significatur in hac *l.* his verbis, *auctoritate principali*, id est, constitutione D. Pii, & in *l. si adrogator, de adopt.* his verbis, *principali providentia*. Ex ea constitutione pupillus adrogari potest, hodie tutore auctore observatis his, quæ eadem constitutione præscribuntur, non adrogatur sine observatione magna. Ac primum fit adrogatio causa cognita : ut initio ejus *l. causa cognita impubes adrogatus est ut oportet.* Sed hoc videtur non esse proprium in pupillo : Nam & puberis adrogatio fit causa cognita, *l. 15. §. ult. & seq. de adopt.* Gell. *lib. 5.* ait, adrogationem *non fieri temere, nec inexplorate ; Nam & ætatem ejus, qui adrogare velit, consideramus, an liberis potius gignendis idonea sit, & num bona ejus, qui adrogatur, insidiose appetita sint : Nam adrogatus cum capite bona sua trasfert in adrogatorem,* & consideratur innumera alia. M. Tullius *pro domo sua* causam adoptandi quari solere. Sed fateor, in adrogatore pupilli diligentissimam inquisitionem fieri, ne sit in potestate tutoris, qui ejus rei auctor est, & sine quo non valet adrogatio, ne fit in ejus potestate finiri tutelam a patre naturali pupillo factam, quod est testamentum pupilli, qui per ætatem non potest sibi facere testamentum. Nam tutela finitur adrogatione, qua filiusfamilias tutorem habere non potest (qui est en puissance d'autruy, ne peut avoir de tuteur) Substitutio quoque cum sit testamentum pupilli, adrogatione irrita fit, quia adrogatio capitis deminutio est, & omni capitis deminutione testamentum irritum fit. Et hoc ita ostenditur *l. nec. ei permittitur, §. de adopt.* Finitur etiam agnatio adrogatione, & perimitur jus legitimarum hereditatum jus agnationis, id est, adrogatus desinit esse agnatus his, quibus fuit ante, & vicissim, quia adrogatione auctore fuerunt legitime agnati, definunt esse. Adrogatio igitur perimit agnationem, & jus legitimæ hæ-reditatis, mutat gentem, familiam, nomen, sacra, quæ omnia tutoris auctoritas non temere abolere debet, qui

fuerit auctor pupillo dandi se adrogandum. Ac præterea illud exigitur in adrogatione pupilli ex constitut. D. Pii, ut adrogator satisfacto caveat mortuo pupillo ante pubertatem, restituturum se bona quæcunque fuerint illius, ad quos ea pertinerent, perinde ac si adrogatus non esset. Et ita cavet servo publico, tabulario, actuario apud prætorem, quomodo etiam rem pupilli salvam fore tutor cavet servo publico, *l. 2. rem pub. salv. for.* Et sicut ex stipulatione hac, rem pupilli salvam fore, pupillo heredibusve ejus, acquiritur utilis actio, non directa, quia per servum publicum, ut nec per alienum, ipso jure pupillo, vel alii non voruit acquiri actio, *l. 4. eod. tit.* ob id non acquiritur directa, sed utilis ex civili stipulatione, alii non acquiritur : ex prætoria utilis actio acquiritur etiam per liberam personam, veluti per procuratorem, quod est proprium stipulationum prætoriarum, *l. 5. de prætor. stip.* quæ non reguntur jure stricto, sed æquitate prætoria. Ita ex hac stipulatione, quæ interponitur ex constit. D. Pii, pupillo adrogato, per servum publicum acquiritur utilis actio his, quorum interest, id est, qui læduntur adgnatione pueri. Et his verbis, *ad quos ea res pertinebit*, non tantum continentur legitimi heredes pupilli, ut *l. 2. §. impuberem, & §. pen. ad Senatusc. Tertull.* sed continentur etiam heredes testamentarii, id est, si quos pater naturalis pupillo substituit secundis tabulis in hunc casum, si ante pubertatem moreretur : Nam his omnibus ex stipulatus utilis actio datur, sive stipulatus sit servus publicus, sive nemo sit stipulatus : Nam in hac specie inducitur tacita stipulatio, & omissa stipulatio pro expressa habetur, & competit utilis ex stipulatu. Denique actio ex stipulatu datur substituto, licet ipso jure substitutio irrita sit propter adrogationem : Nam si datur actio legitimæ heredibus, & substitutis eam dari æquum est, quia substitutio ipso jure non veniunt, cum agnatio peremta sit adrogatione. Utrique igitur veniunt vinculo & potestate cautionis : & hoc est quod ait Papinian. in hac *l. causa cognita futuris heredibus utiles actiones præstari*, id est, qui futuri erant ipso jure, si adrogatio non intervenisset : Et omnino ratio Papin. ita explicanda est, ad quam non animadverterunt interpretes, ut adrogatio jus substitutionis perimatur, quia ut omne testamentum per capitis diminutionem, ita & jus legitimarum hereditatum. Et si hoc conservas legitimis heredibus, & illud debes conservare substitutis : nec enim plus juris habent legitimi, quam substituti : utrique veniunt remedio cautionis, vel tacitæ, vel expressæ : nam tacita, si omissa fuerit expressa, subintelligitur, *l. his verbis, de adoption.* ut multis aliis casibus in jure sunt pleræque tacitæ cautiones. Et maxime hoc admittitur in prætoriis, ut quod solet fieri, videatur factum, etiam si re vera non sit factum. Et hodie tot cum multi non utuntur cautionibus, non cautione judicio sisti, de rato, judicatum solvi, non cautione legatorum, non pupilli rem salvam fore, an contemnimus jus civile? minime, sed solemnia, quæ erant, præsumimus semper acta, ut intelligantur intervenisse : & fidejussorum satisdationes nullæ tam hodie, sed repromissiones. Denique cautiones, de quibus fit mentio in jure, omnes locum habent, quia tacite intelliguntur, vel sunt nudæ repromissiones. *Car s'il y avoit un respondant, il faudroit qu'il parlast*. Ergo ut ait Papinianus, utilis actio mortuo pupillo adrogato ante pubertatem, datur substituto pupilli a patre naturali, cujus effectu & potestate consequentur hereditatem pupilli, & perinde ac si substitutio non fuisset irrita, conservatur. Conservantur igitur secundæ tabulæ, & omnia quæ sunt scripta in secundis tabulis, *d. l. his verbis*. Sed multum interest decesserit pupillus vivo adrogatore, an mortuo : Nam si eo vivo, ipse adrogator vel fidejussor ejus tenetur utilibus actionibus substitutis, vel legitimis heredibus pupilli, ut restituat, quod pupillus transtulit in familiam ejus ab initio, & quod postea ei acquisivit. Sin autem post adrogatorem pupillus decesserit, heredes adrogatoris heredibus pupilli

pilli non tenentur jam ex cautione, quæ in eum casum non concipitur, nec hoc jure conciperetur recte ante Justinianum post mortem promissoris, sed tenentur heredibus pupilli ipso jure ex constitutione Divi Pii, conditione ex ejusdem rescripto, non tantum ut restituant quæ a pupillo ad adrogatorem pervenerunt, sed etiam bonorum adrogatoris, quæ fuerunt mortis tempore, ut præstent quartam, quæ est quarta Antoniana, debita pupillo, quæ omnia & pupillo deberi cœperunt, qui supervixit adrogatori vel exheredato vel emancipato, vel instituto ex minima parte, deberi, inquam, & cœperunt statim a morte adrogatoris, & ab eo peti potuerunt ex ea constit. D. Pii, *l. ult. si quid in fraud. patr. §. cum autem, Instit. de adoption. l. Papin. §. si quis impubes, de inossic. test. l. 1. §. si impuberi, de collat.bon. & d. l. si adrogator:* peti, inquam, potuerunt, ex rescripto scilicet D. Pii, atque etiam utili judicio famil. ercifcund. instituto cum herede scripto, *l. 2. famil. ercisc.* Et inde quæritur in *d. l. si adrogator, de adoption.* an adrogator pupillo substituere possit? an possit ei facere substitutionem pupillarem? quod videtur, cum sit in ejus potestate. Verum magna ratione placuit, ut adrogator non posset ei substistere, nisi in suis bonis, quæ dedit, vel alius ipsius contemplatione, & nemo dubitabat quin iis potuerit substituere: dubitabatur, an posset ei substituere in quarta, quæ debetur ex rescripto D. Pii, quasi æs alienum. Pater in eo, quod debet filio non substituit recte, quia id non ei obvenit judicio patris, sed debetur necessitate juris. Verum placuit permitti adrogatori, ut in ea quarta substituat pupillo vel directo, vel per fideicommissum usque in pubertatem, puta in hunc casum si moriatur ante pubertatem, ut illa quarta Titio obveniat vel restituatur, non ultra pubertatem, nec per fideicommissum quidem, *d. l. si adrogator, & l. sed si plures, §. in adrogato, de vulg. substit.* In ceteris bonis quæ dedit adrogator poterit substituere etiam ultra pubertatem per fideicommissum. Nam puberi directo non substituimus in secundum casum, id est, quo substituitur pupillis, sed vulgari modo tantum, si pubes nolit esse heres, qui est primus casus substitutionis. Secundus est, si sit heres, & moriatur intra pubertatem, non post, quia pubes ipse potest sibi facere heredem, non possum ei dare heredem, qui sibi facere potest: pupillo possum, quem in potestate habeo. Ex his oriuntur tria vel quatuor valde nova. Primum hoc est, ut puberi non pupillo substituere per fideicommissum in bonis a me profectis, veluti in quarta illa, quod est contra regulam juris, ut non possim per fideicommissum substituere in bonis a me profectis, *§. ult. de pupill. substit.* Et ratio hæc est, quia non judicio meo debetur ea portio adrogato, quæ non datur mea sponte, sed ex necessitate juris, ex providentia Divi Pii: in eo, quod tibi debeo, de fideicommisso onerare non possum. Fideicommisso onerari possunt qui judicio nostro ex bonis nostris aliquid perceperunt. Secundum quod valde novum est in specie pupilli adrogati, hoc est, ut ad substitutionem pupillarem, quam fecit adrogator, non pertineant omnia bona pupilli, sed quarta illa, & bona ab adrogatore profecta, non quæ pupillus ei acquisivit, vel ab initio adrogationis vel postea, quod est contra regulam *l. sed si plures, §. ad substitutus, hoc tit.* Nam heres unicus, qui scribitur, non potest non esse heres ex asse. Et ratio novitatis hæc est, quia cetera bona sunt obnoxia cautioni, nec possunt comprehendi substitutione. Et tertium est, quod novum est, ut si forte pater naturalis ei pupillo substituerit ante adrogationem, deinde decesserit, atque etiam adoptivus post adrogationem, fit in hac specie, ut non habeat omnia bona substitutus a patre naturali, nec omnia substitutus a patre adoptivo, atque ita, ut duo quodammodo pupillus videatur habere patrimonia, duas hereditates, duo testamenta, quod æque est contra regulam juris. Unius hominis non sunt duo patrimonia, duæ hereditates, vel duo testamenta, *l. jurisperitos, §. 1. de excusation. tut. l. si certarum, de milit. testam.* nisi militis, cujus duo possunt esse patrimonia, paganum & castrense. Et hac in re comparatur militi pupillus adrogatus, *d. §. ad substitutos, & seq.* Addamus etiam quartum, ut si ei pupillo substituerit adrogator, non substituerit pater naturalis, pro parte moriatur testatus, pro parte intestatus, quia substitutio pupillaris ei facta amplectitur tantum partem bonorum pupilli; & pro parte igitur testatus videtur. Nec dubitemus, quin exemplum militis, ad hanc partem trahere liceat. Addamus ultimum, licet addubitet Accursius *in d. l. si adrogator,* ut plus tribuatur adoptivo filio, quam naturali & legitimo: nam naturalis jure exheredatus excluditur omnibus bonis paternis, ut ne terunciam quidem habere possit ex bonis patris: Adoptivus exheredatus semper salvam habet quartam. Sed hoc obtinet in pupillo tantum adoptivo in suprad. Constitut. non impubere, non etiam in pupillo, qui pubuerit apud adrogatorem. Cautio finitur pubertate, *l. his verbis, & seq. de adopt.* Constitutio D. Pii finitur pubertate, qua ratione etiam nihil attinet caveri pupillo pupillo a patre naturali post pubertatem, quia substitutio pupilli finitur pubertate, *l. in pupillari, hoc tit.* Nihil attinet etiam caveri legitimis post pubertatem. Nota, pour les legitimations de France, que les parens du pere legitimant & naturel, ne peuvent pretendre interest, & n'ont besoin d'estre appellez: cum certo non sint futuri heredes post pubertatem: possint etiam facere testamentum, & excludere legitimos. Possis quærere de quarta hac Antoniana, quæ debetur pupillo adrogato, qui supervixit adrogatori, pupillo, inquam, ex heredato ab adrogatore, quæ exheredatio excludit illum bonis omnibus, vel etiam emancipato sine causa, quæ emancipatio omnimodo permittit jus filii adoptivi: emancipato filio naturali remanet cognatio, emancipato adoptivo nihil remanet, nec post emancipationem est agnatus, nec cognatus: debetur etiam hæc, quarta non quidem instituto ex asse, vel justa parte, sed ex minima, velut ex uncia debetur unciario heredi: nam hunc comparo exheredato, *l. 2. quod cum eo.* Quæres, quid si sint plures pupilli adrogati, utrum singulis debentur quartæ in bonis adrogati, an omnibus una quarta? Dicam, vix permitti adrogationem plurium pupillorum, quæ sit ægre, & non nisi causa explorate cognita; sed si permittatur, dico omnibus pupillis adrogatis his casibus deberi quartam bonorum omnium adrogatoris: singulis autem quartam legitimæ partis, id est, quartam ejus partis, quam haberent ab intestato, ex coadunatæ quartæ omnibus simul quadrantem omnium bonorum, exemplo naturalium & legitimorum, quibus & eo modo satisfit, non exheredatis. Ad postremo si adrogatori supersint filii naturales & legitimi; dicam: vix habenti justos & naturales permittitur adrogatio pupilli, *l. nec ei, §. pen. de adoption.* vel si permittatur, aut post adrogationem susceperit naturales, quos non habuerat ante, pupillo, aut pupillis adrogatis & exheredatis, & emancipatis sine causa, vel institutis ex modica parte, similiter sua quarta servanda omnibus bonorum omnium adrogatoris, cetera relinquenda ab intestato liberis naturalibus.

### Ad Leg. XI. ad leg. Falcid.

*In ratione legis Falcidiæ retentiones omnis temporis heredi in quadrantem imputantur.*

A Deo laborem multum in explicanda *l. 11. ad l. Falcid.* cujus singulis versibus singula sententia controversa significatur. Primo versu quid significatur? In ratione *l. Falcid.* quædam sunt causæ, ex quibus retentionem habemus, petitionem non habemus, *l. ex quibus, de condict. indeb.* ut quartæ hereditatis, quæ pro-

propter l. Falcidiam apud heredes remanere debet; retentio est, non petitio, nisi ex constitutione Justiniani, l. 14. §. 1. & sequ. & l. 93. hoc tit. Et dotis ob liberos est retentio, non petitio, tit. de dotibus, apud Ulpian. debiti naturalis est retentio, non petitio, l. Stichum, §. aditio, de solut. Quod evenit & in aliis multis causis; Ex his causis retentiones factæ a testatore, vel ab herede, post aditam hereditatem, cum conviniretur, id est, retentiones omnis temporis heredi imputantur in Falcidiam, quia factæ retentiones a testatore, perveniunt ad heredem jure hereditario, & fiunt ab herede similiter jure hereditario. Et certum est, in Falcidiam venire, aut imputari ea omnia, quæ heres habet jure hereditario pro modo quadrantis, & ea quidem sola, non quæ alio jure vel ex alia causa habet, l. 5. l. si a me, l. quod autem, & l. in quartam, hoc tit. Falcidiam capit jure hereditario, leg. patet filium, hoc tit. vel quod idem est, jure testamenti, id est, jure institutionis, l. qui duos, de vulg. subst. Habet autem heres jure hereditario non tantum corpora, quæ testatoris mortis tempore fuerunt, sed etiam actiones, petitiones, persecutiones: & non tantum actiones, sed etiam retentiones, deductiones, reputationes, computationes, compensationes, & quocunque tempore hæ etiam ei imputantur in Falcidiam. Et hanc puto esse sententiam hujus versus: neque enim eum accipi volo de retentionibus, sive prælegationibus, cum retentis quibusdam heres rogatur restituere hereditatem: quanquam & hæc videatur heres sumere ex hereditate ipsa, & consequenter debeat etiam hæc imputare in Falcidiam, d. l. in quartam. Nam si de his retentionibus sensisset, non adjecisset omnis temporis: nec enim hæ recipiunt varia tempora. Nolo etiam hunc versum accipi de legatis inutilibus, quæ remanent apud heredem, quanquam & hæc consset imputari in Falcidiam & augere cetera legata, l. 50. 51. & §. 1. hoc tit. Instit. Nam si de his sensisset, non fuisset ei grave scribere: (retentionibus legatorum:) Ac rursus non adjecisset, omnis temporis, quibus verbis complectitur & tempus mortis testatoris, quod in hoc tractatu legis Falcidiæ potissimum spectatur, & tempus quodcunque fuit post mortem ejus: ut omni tempore, quod quandoque bonis accessit per retentionem, opposita exceptione doli mali, id pleniorem hereditatem faciat, & hæc heredi imputetur in Falcidiam, veluti, si heres post mortem testatoris per retentionem servari id, quod aliquis defuncto debuit naturaliter, ut in l. cum quis, §. quid ergo si idem, hoc tit. quia etsi retentio illa contingat post mortem testatoris, tamen ipsa naturalis fuit mortis tempore. Qui sensus etiam congruit, aut est proximus valde §. 1. hujus leg. in quo etiam ponitur alius casus, quo aliquid imputatur in hereditati & in Falcidiam, ex eo, quod contigit post mortem testatoris, quorum utrumque videtur esse contra regulam juris, ut in ponenda ratione legis Falcidiæ, inspiciatur tempus mortis testatoris, id est, ut inspiciatur, quanti eo tempore fuerit hereditas, quid eo tempore fuerit in bonis, & quod postea perit, pereat heredi, quod postea accedit, ut lucro cedat heredis, l. in quantitate, l. cum quo, l. in ratione 2. hoc tit.

ro prius agamus; quæritur, si post mortem testatoris moriatur statuliber pendente conditione libertatis, utrum pereat heredi, an non? Si perit heredi, heres ejus pretium sibi imputat in Falcidiam, Si non perit, non imputat. Et eleganter Papinian. docet, hoc ex eventu dignosci oportere. Distinguit hoc modo: aut post mortem statuliberi extitit conditio libertatis, aut defecit libertatis conditio. Si extitit conditio libertatis, pretium ejus bonis deducitur, hereditati deducitur, perinde ac si vivus pervenisset ad libertatem existente conditione, quia constat in ponenda ratione legis Falcidiæ, pretia manumissorum detrahi bonis, ils ne sont point en compte, ut æs alienum, lequel n'est point du compte des biens, l. sed si non servus, §. 1. l. avis alieni, hoc tit, §. ultim. Instit. eodem tit. Quod sit etiam in ponenda ratione legitimæ debitæ liberis, aut parentibus, l. Papin. §. quarta, de inoffic. test. Igitur eo casu pretium ejus hereditati peribit, id est, non intelligetur in hereditate fuisse in hereditati, id est, heres non id imputabit sibi in Falcidia. Sic igitur, si post mortem statuliberi extiterit conditio libertatis, pretium ejus peribit heredi, quia non intelligetur in hereditate fuisse, non peribit heredi, quia heres pretium ejus sibi non imputabit in Falcidiam: male dixeram ante fine negatione: quia nec si viveret, ullum pretium, ulla æstimatio ejus iniri posset: esset enim liber, & liberi hominis nulla est æstimatio. Absurdum autem est mortuum æstimare, qui vivus non æstimaretur. Observandum est multum interesse utrum qui dicat, pretium hereditati perire, an heredi: nam quod heredi perit, imputatur heredi in Falcidiam, & non perit hereditati, quia intelligitur in hereditate fuisse. Contra, quod hereditati perit, non intelligitur in hereditate fuisse, & non perit heredi, quia non imputatur in Falcidiam. Ex hac observatione facile quis apprehendet cetera omnia. Et hoc quidem, si post mortem statuliberi extiterit conditio libertatis. Nunc sumamus alterum membrum. Quid si defecerit conditio? Et hoc casu hereditati non perit is homo, cum intelligatur in hereditate fuisse: heredi perit, quia pretium ejus sibi imputat in Falcidiam: nam etsi viveret, quia defecit libertas sive conditio libertatis, ipse vel pretium ejus bonis computaretur. Et hoc est quod ait in §. 1. Sed notandum est, multum interesse tamen una in re, utrum is homo vivat, an mortuus sit, cum defecit conditio libertatis: Nam si viveret, tanti æstimaretur, quanti fuit tempore mortis testatoris: si moriatur pendente conditione, ut dixi, quæ postea deficiat, tanti æstimabitur, quanti fuerit mortis suæ tempore, non testatoris, id est, æstimabitur ut statuliber: nam & mortuus est statuliber, non æstimabitur ut servus, eaque sola æstimatio heredi imputatur in Falcidiam. Minor igitur æstimatio, quam si servus mortuus esset, quia minoris semper æstimatur statuliber, quam servus propter implicitam statulibero causam, & statum libertatis. Et id est quod ait in ult. vers. §. 1. sed quanti statuliber moriens videtur fuisse. Hæc verba sunt de æstimatione mortui statuliberi. Superiora sunt de peculio, an heredi perierit statuliber nec ne. Et hæc de statulibero. Nunc videamus quid fit dicendum in servo pure manumisso testamento domini, de quo est §. si servus 4.

### Ad §. Si servus.

*Si servus sub conditione libertate data, vita decessit, si quidem impleta conditio quandoque fuerit, heredi non videbitur periisse, quod si defecerit, in contrarium ratio trahit, sed quanti statuliber, moriens fuisse videbitur.*

AGit hic §. de statulibero, & pro his verbis, si servus sub conditione, brevius licet reponere, si statuliber. Statuliber est servus manumissus sub conditione in testamento. De servo manumisso proprie agitur in §. si servus. Quo paulo inferius conjuncto cum hoc §. 1. intelligimus in eadem quæstione, quantum intersit inter servum sub conditione manumissum, id est, statuliberum, & servum pure manumissum. Sed ut de statulibe-

### Ad §. Si servus 4.

*Si servus testamento manumissus ante aditam hereditatem decedat, heredi quidem periisse intelligitur, sed cujus pretii erit, qui si viveret, non æstimaretur? Num & eos, qui moriente domino ea valetudine affecti fuerant, ut eos non posse vivere certum esset, tamen, si postea moriantur, hereditati periisse responsum est. Nec aliud in his, qui sub eodem tecto fuerunt, cum dominus a familia necaretur.*

FInge, servo pure datam libertatem in testamento, & post mortem testatoris eum servum mori ante aditam hereditatem, id est, antequam cederet dies testatis.

tatis. Nec enim libertas cedit antequam sit hereditas, *l. Julianus, de cond. & demonstr. l. qui putat, §. ult. de acqu. hered. l. un. §. in novissimo, C. de cad. tol.* Et ideo regula Catoniana non pertinet ad libertates, quoniam est de his tantum, quæ cedunt a morte, non ex alio tempore. Hic igitur servus, ut posuimus speciem, cui erat relicta libertas pure, decessit ante aditam hereditatem, cui periit. Et periit quidem heredi reverâ, non hereditati, quia certe in hereditate fuit tempore mortis testatoris, & fuisse eventus docuit confirmavitque, cum dies libertatis inutiliter cesserit illo jam ante defuncto. Sed tamen ut concludit Papin. magis est, ut dicamus illum hominem perire hereditati, non heredi, propterea quod pretium ejus heres in Falcidiam imputare non potest, quia nec si viveret ipse ullum reciperet pretium, quoniam esset liber: non possum æstimare mortuum, quem non æstimarem vivum: si non possit æstimari, non possit igitur imputari in Falcidiam. Atque ita evenit, ut qui fuit in bonis mortis testatoris tempore, non videatur fuisse, imo pro eo habeatur in ratione legis Falcidiæ, ac si non fuisset. Quod non videtur novum Papin. cum in §. *si servus* ponit alios duos casus, quibus servus, qui revera fuit in nobis mortis testatoris tempore, non videtur fuisse, & mortuus hereditati perit, non heredi. Primus hic est, si servus, qui ægrotabat mortis testatoris tempore, eo tempore deploratus fuerit, & certissimæ morti proximus: Nam & hic, licet superfuerit testatori, licet decesserit post mortem testatoris, mortis tempore conclamatus, heredi potius videtur periisse, quam hereditati, id est, non videtur in hereditate fuisse, licet fuerit utique. Et alter casus hic est, si servus sub eodem tecto fuerit, vel, ut veteres loquebantur, *si suffuerit*, cum dominus a familia necaretur, & is postea ultimo supplicio affectus sit ex Senatusconsulto Syllaniano, quo cavetur, ut servi, qui sub eodem tecto fuerunt cum dominus necaretur, quæstione de his habita, post supplicio afficiantur: hic servus fuit revera in bonis mortis testatoris tempore, cum decesserit post mortem testatoris, sed tamen pro eo est, ac si non fuisset, quia heredi non imputatur in Falcidiam, *l. æris alieni, hoc tit.* Atque ita his tribus casibus evenit, ut in ratione leg. Falcidiæ, in qua spectatur quid fuerit in bonis tempore mortis testatoris, subducantur bonis quædam, quæ fuerunt in bonis tempore mortis testatoris, & videatur non fuisse in bonis, quod ad rationem legis Falcidiæ attinet. Et his casibus, ut mortuus servus effectu videatur periisse hereditati, non heredi. Græci in summam illum §. rediguntur, conjunctis illis tribus casibus, quorum primum malè quidam distinguuntur a duobus consequentibus. Summa Græcorum est. *Servus libertate honoratus & ante aditionem mortuus, & is, de cujus incolumitate vivente testatore, desperabatur, qui deploratus & conclamatus erat, & is, qui sub eodem tecto erat, cum testator occisus est, hereditati perit.* Hæc est summa Græcorum, id est, unus, & alter, & tertius homo non videtur in hereditate fuisse mortis testatoris tempore, licet post mortem obierit. Ergo his verbis, *sed quanti*, concludit hereditati magis periisse, quam heredi, ut apparet in consequent. casib. quod diligenter retineatis velim.

Ad §. Imperator 2. & §. cum quidam 3.

*Imperator Marcus Antoninus decrevit heredes, quibus pars bonorum ablata est, non in ampliorem partem, quam pro ea, quæ relicta est, legatorum nomine teneri.*

§.3. *Cum quidam, parte dimidia bonorum adempta fuisset relegatus, idemque provocatione interposita, testamento postea facto objisset, atque post mortem ejus non justè appellatum, esset pronuntiatum: quæsitum est, utrum æris alieni loco pars dimidia abscederet, & residua sola videretur fuisse in bonis, an vero succurri heredi necessarium esse videbitur, si velit, succurri debere, cum animus litigantis, & obtinendi votum, hanc opinionem admittit.*

SEquitur ut exponamus, quæ proponuntur in §. *Imperator*, simul & speciem §. *cum quidam*, quæ ad decretum D. Marci accomodari possit, hoc autem efficit decretum, ut heres non teneatur legatariis legatorum aut fideicommissorum nomine usque ad dodrantem, ut solet plerumque, sed usque ad trientem tantum, & semiunciam, & Falcidiæ nomine heres retineat, non quadrantem, sed sesquiunciam totius assis, videlicet si heredi ablata sit dimidia pars bonorum, in hoc vid. casu, & ait *Imperator*, &c. Quomodo autem ablata est pars dimidia bonorum hereditati, vel quo jure? veluti per bonorum possessionem contra tabulas datam filio præterito, cujus frater est heres scriptus: Nam heres scriptus exoneratur in partem, quæ ei aufertur legati nomine, & pro ea parte legatum penitus intercedit, quod non fuit relictum a præterito, *l. & si contra, §. ult. de vulg. & pup. subst.* Vel etiam per bonorum possess. contra tabul. datam patrono adversus extraneum heredem scriptum testamento liberti: nam bonorum possess. contra tabulas ei competit in semissem tantum, & pro eo semisse, qui quidem aufertur scripto, scriptus relevatur onere legatorum, quod est ex edicto prætoris de bonis libertorum, *l. Plautius, de condit. & demonstr. l. 20. §. libertus, de bon. libert.* Idem erit, si per bonorum possess. *unde cognati*, vel, *unde legitimi*, pars aufertur heredi legitimo, qui solum defunctus bona sua perventura existimabat nesciens, se habere cognatum vel agnatum ejusdem gradus, & a quo solo fideicommissa reliquerat: Nam & hunc, cum partem tantum dimidiam ferat ex bonis etiam legatorum onere levari æquum est, ne in ampliorem partem teneatur quam pro ea, quæ apud eum remansit, *l. cum pater, §. cum existimaret, de leg. 1.* Quod ibi Papinianus ait, congruere rationibus æquitatis, & exemplo edicti perpetui: nec possit intelligere aliud, quam illud de bonis libertorum. Sed licet addere, id etiam congruere decreto Marci quod proponitur ab eodem Papiniano. Neque §. *cum existimaret* obloquitur *l. post emancipationem, in pr. de legat. 3. & l. pen. de jur. cod.* quæ heredem, cui pars aufertur, fideicommissis obstringunt in solidum, cum ut ostendi 19. Papinianus ad *l. 11. & 13. de jure codic. & 2. ad Africanum ad leg. 15. eod. tit.* Scævola in *d. l. post emancipationem*, & Marcellus in *d. l. pen.* spectant jus summum, quo heres in solidum obstringitur legatis, cum in solidum heres exstiterit, etiam si postea contigerit ei auferri partem. Papinianus autem spectat ex, ait, rationem æquitatis, & exemplum edicti perpetui, &, ut licet addere, decretum M. Antonini: cui decreto etiam locus erit, si per querelam inofficiosi testamenti filius, exheredatus heredi scripto abstulerit partem dimidiam, *l. cum duobus, C. de inoffic. testam. l. cum filius, in princ. de leg. 2.* His omnibus casibus pro parte, quæ heredi aufertur, legata intercidunt, nec præstantur vel ab eo, a quo sunt relicta, vel ab eo, cui partem aufert. Ergo penitus intercidunt pro ea parte. Et rursus, his casibus ipso jure pars hereditatis heredi non aufertur, sed per bonorum possessionem, vel per querelam inofficiosi testamenti: & ipso jure non liberatur heres, cui pars aufertur, a præstatione solidi legati, sed per exceptionem doli mali, quod ei pars bonorum ablata sit, quod non sit æquum solidum præstare eum, cui pars ablata sit bonorum: conveniri potest ipso jure in solidum, cum heres exstiterit in solidum ab initio, sed succurritur ei per exceptionem beneficio & æquitate decreti. Et rursus evenit his omnibus casibus, ut damnum, quod contigit post mortem testatoris, damnum scilicet ablatæ partis, non pertineat ad heredem, ita ut nihilominus cogatur præstare solidum legatum: quia sc. ejus damni causa est vetustior morte testatoris: præteritio vel exheredatio filii, aut patroni conjuncta est morti testatoris. Regulariter damnum, quod accidit post mortem testatoris pertinet ad heredem, nec nocet legatariis, si culpa careat, vel si corpora ipsa legata deperdita vel diminuta vel non sint, *l. in ratione 30. in princ. & §. rursus diligenter, hoc tit.* His casibus, ut jam dixi, pars hereditatis aufertur heredi, non ipso jure, sed per bonorum possessionem, aut petitionem hereditatis. Possit quidem hereditas, quæ relicta est,

est, ipso jure minui pro parte, veluti legibus Julia & Papia: quod heres semissem tantum capere possit ex testamento, puta ratione orbitatis. Et hoc casu ipso jure tutus est heres, nec tenetur ultra partem, ex qua extitit heres: non extitit autem heres, nisi ex semisse. Alter semis ipso jure cedit legitimo heredi, quæ est sententia legis 1. §. *qui minorem, ut leg. nom.* Sunt quidam capaces semissis tantum, *l. cum ei qui partem, de leg. 2.* veluti jure veteri orbi, id est, mariti steriles. Ac eo etiam casu legata intercidunt pro parte, quæ non capitur, nec etiam legatis oneratur heres legitimus, cui obvenit pars, quam heres scriptus capere non potest. Possit etiam heredi auferri pars hereditatis post fideicommissi persecutionem, puta, quod rogatus sit partem hereditatis Titio restituere. Et hoc casu solo legatarii non læduntur: nam eis heres & fideicommissarius obligantur pro rata, *d. §. qui minorem, l. 1. §. pen. ad Trebel. l. 2. C. eod. tit.* Nec ad hunc casum quicquam pertinet decretum D. Marci, quia legatariis nihil perit. Nec pertinet etiam ad illum casum, quo ipso jure minuitur hereditas pro parte, quia eo casu heredi necessaria non est exceptio, cum ipso jure non sit heres nisi ex parte, vel non fiat, nisi per aditionem, nec indiget auxilio hujus decreti: sed ad decretum istud omnino pertinet casus, qui data opera subjicitur §. *seq.* qui est hujusmodi. Quidam relegatus est adempta parte bonorum: nec enim relegatio possunt adimi omnia bona, quia relegatus manet liber, manet civis. Relegatio non est capitis deminutio: si relegato licet auferre & adimere omnia bona, licet libero, & civi auferre id omne, quo vitam toleret suam, quo nihil est indignius: invenies relegato ademptam partem bonorum, assem nunquam. Et ita igitur pono speciem: Quendam fuisse relegatum adempta parte bonorum, & eum appellasse a sententia. Appellatio extinguit condemnationem: deinde pendente appellatione mortuus est facto testamento. Post mortem ejus pronuntiatum est, non recte appellatum esse. Et ita Papin. proponit pronuntiatum esse in causa appellationis. Et notanda est formula pronuntiandi, *non recte appellatum videri*: vel contra, *recte appellatum videri*, aut *justam provocationem videri*, aut *injustam*. Ita semper concipiuntur hæ sententiæ, *l. qui Romæ §. Seja, de verb. oblig. l. Officiis, de leg. 3. l. 2. quando appell. sit, l. Imperatores, §. 1. negotiorum, de appell. l. intra, de minorib. & l. 1. C. de appell. l. maritus, de quæstion. l. chirographis, §. ab eo, de admin. tut.* Et sicubi legas, ita pronuntiatum apud interpretem aliquem, vel me ipsum, ita pronuntiatum, *justam sententiam videri*. Id sic emenda, *injustam appellationem videri*. Nec enim confirmari sententia, sed & *conservari* dicitur in *l. ult. quod cum eo*, ut Florentinæ, non *confirmari*: non confirmatur, non rata esse pronuntiatur, alioquin illa pronuntiatio retrahetur, quod est falsum, *l. furti, §. 1. de his qui not. infam.* Ergo, ut redeam ad speciem, relegatus adempta parte bonorum appellavit, & post mortem eius pronuntiatum est, *non recte appellasse*. Ac ita pars bonorum adempta est heredi ejus. Nam constat pœnam ademptionis bonorum, post litem contestatam, post condemnationem transire in heredem. *l. ex judiciorum, de accusat.* veluti si pendente appellatione nondum peracta causa appellationis mortuus fuerit, *l. 3. C. eod.* Heres eo casu ipso jure tenetur legatariis usque ad dodrantem, quia heres extitit in assem, & ea pars, quæ adempta est, fuit in bonis mortis testatoris tempore, & partis damnum, quod accidit post mortem, pertinet ad heredem, nec potest videri non fuisse in bonis mortis testatoris tempore, & deduci debere bonis, veluti æris alieni loco: quia, ut subtiliter Papinianus animadvertit, si spectas animum morientis, & votum obtinendi, utique suis bonis noluit detrahi eam partem. Adnumerabitur ergo ejus bonis & quod ademptum est postea, id damno cedet heredis, non legatariorum, & ipso jure: sed neque est heredi subveniri ex decreto Marci, cum in ampliorem partem, quam pro ea, quæ apud eum remansit legatorum nomine conveniatur, quia & causa adimendæ partis bonorum originem sumpsit ante mortem testatoris. Et observandum est quod ait §. *cum quidam, succurri debere heredi*, quia ea pars ipso jure non potest deduci bonis: hoc vetat animus morientis, & votum obtinendi in causa appellationis: denique ipso jure ea pars fuit in bonis mortis testatoris tempore, & quod postea amittitur, hoc damnum pertinere debet ad heredem: ideoque succurri ei non debet: non debet niti heres ut roboretur ipso jure, sed ex æquitate: si agat jure ipso, vincetur. Sed observemus longe aliam esse rationem servorum, qui in §. *si servus hujus l.* etiam si fuerint in vivis tempore mortis, tamen bonis detrahuntur veluti æris alieni loco, nec pertinent ad damnum heredis, quia nec eos animus fuit defuncto adnumerandi suis bonis: non eum, cui pure libertatem adscripserat, non eum de cujus salute nulla spes erat, quem moriente testatore certum erat non victurum diu. Et hunc sane moriens non habuit in suis bonis: non etiam eum, qui necis suæ auctor, vel conscius fuit, & de quo ultimum supplicium sumendum esset, *d. §. si servus*: sed neque statuliberum, si existeret conditio libertatis, ut in §. 1. *hujus l.* Quæcumque hactenus proposuit Papinianus sunt nova, & contra regulas juris singularia recepta: ut post mortem testatoris retentiones, quibus utitur heres in hereditate, in Falcidiam heredi imputentur, *in princip. hujus leg.* cum alias cedant lucro heredis, nec imputentur heredi in Falcidiam, aut bonis hereditariis. Item, ut damna, quæ accideunt post mortem testatoris, alia ipso jure non pertineant ad heredem, & quæ fuerunt in bonis tempore mortis testatoris, non fuisse intelligantur, vel propter difficultatem æstimationis, ut in §. *si servus*, vel propter tacitam voluntatem testatoris. Alia vero damna, ut ipso jure pertineant ad heredem, sed ei succurratur ex decreto D. Marci Ant. Adjiciuntur etiam valde nova in §. *quod vulgo*, ut scilicet tempus mortis pupilli non spectetur in pupillari testamento, id est, in substitutione pupillari, nec exquiratur, quanti eo tempore sit hereditas pupilli, contra *l. in quantitate, hujus tit.* & multas alias, & ut heres nihil retineat ex legatis, ut Falcidiam: & tertium, ut aliquando heres plus habeat quarta, quæ per legem Falcidiam apud eum remanere debet, & hoc intelligetur fusius ex interpretatione §. *quod vulgo.*

### Ad §. Quod vulgo V.

*Quod vulgo dicitur, in tabulis patris & filii unam Falcidiam servari, quam potestatem habeat, videndum est. Quamvis enim substitutus, quæ a pupillo relicta sunt, cum filius heres extiterit, ut as alienum quodlibet debeat, tamen propterea, quæ data sunt tabulis secundis, contributioni locus est. Secundum quæ poterit evenire, ne substitutus quicquam retineat, vel ut longe plus habeat quarta parte hereditatis. Quid ergo si non sufficiat pupilli hereditas legatis, cum patris suffecisset? de suo quadrante nimirum dabit substitutus: quoniam pater legavit de suo : nec ad rem pertinet, quod ex illo testamento præstatur ultra vires patrimonii, cum hæc in parte juris legata, quæ tabulis secundis relinquuntur, quasi primis sub conditione relicta intelliguntur.*

Ait Papin. *quod vulgo dicitur*, seu quod regulariter dicitur, *in tabulis patris & filii*, id est in testamento patris & filii impuberis, *unam Falcidiam servari*, id est, unicam Falcidiam retineri, non duas, *quam potestatem habeat videndum est*, id est, quem sensum, quæ sit vis & potestas hujus regulæ, sive, quæ sit mens regulæ: nam vis & potestas regulæ consistit in mente regulæ: *quamvis enim substitutus*, pupilli scilicet, id est, licet substitutus, *quæ a pupillo relicta sunt*, in tabulis pupilli scilicet, legata scilicet quæ in tabulis secundis pater scripsit, *cum filius heres extiterit*, id est, postquam pupillus heres extitit, id est, post mortem patris, quia existit statim a morte, cum sit suus heres: postquam ergo heres exstitit, & decessit vita, *ut as alienum quodlibet debeat*, quasi si id substistitutus deberet, veluti æs alienum debitum a pupillo, quia pupillus ea scilicet debebat, cui successit, tamen propterea, ratio diversitatis, nihilominus tamen *contributioni locus est*, id est, confundenda sunt legata paterna cum pupillaribus, confunduntur & contribuuntur legata relicta primis tabulis & relicta secundis, id est, legata utriusque tabulis relicta confundenda sunt, *secundum quæ poterit evenire, ne substitutus quicquam retineat*, ex bonis paternis scilicet, nullam Falcidiam retineat: non dat exemplum, id est, ut nihil ex bonis paternis remaneat apud heredem, nullam Falcidiam, ne quadrantem quidem retineat: *vel ut longe plus habeat*, id est ex bonis & hereditate patris, neque dat exemplum, *quid ergo si non sufficiat*, id est, si hereditas pupillaris sit minor legatis ab eo relictis, cum paterna sit idonea? De suo quadrante, quem retinuit ex bonis paternis, *dabit substitutus*, dabit legatariis scilicet, quoniam pater legavit de suo, non de re pupilli: *nec ad rem pertinet, &c. ultra vires patrimonii*, ultra dodrantem: *cum in hac parte juris*, in hac specie: *legata quæ tabulis secundis*, a pupillo scilicet reliquuntur: *secundæ tabulæ sunt filii*, id est, substitutio pupillaris: *quasi*, id est, quodammodo *primis*: tabulæ patris sunt primæ & principales tabulæ: *sub conditione relicta intelliguntur*, id est, finguntur relicta primis sub conditione, si casus substitutionis extiterit. Quæstio ergo §. *quod vulgo*, est de contributione legatorum relictorum in testamento patris, & in testamento pupilli, nullius non trita commentationibus. Et proponit quidem initio Papinianus vulgarem regulam, *in tabulis patris & filii unam Falcidiam servari*. In tabulis scilicet filii impuberis factis a patre: Nam puberi pater non facit tabulas, §. *ult. Instit. de pupill. substitut. & unam Falcidiam servari*, id est, unam retineri, non duas, & semel legem Falcidiam admitti, non iterum. Et quærit Papinianus, quæ sit vis & potestas hujus regulæ. Vis & potestas consistit in mente regulæ. Hoc igitur quærit, quæ sit mens regulæ. Et hanc esse ait, ut in unum contribuantur & confundantur legata relicta primis tabulis, & legata relicta secundis, & ex universis ita compositis una servetur heredi Falcidia, *qu'l'on en fasse une masse, & de la masse sera delaissée une Falcidienne sur les biens du pere*; si utraque quantitas oneret, vel exhauriat hereditatem paternam, quod nobis latius explicandum. Hoc enim est fundamentum totius materiæ, quæ nos occupavit fere per tres aut quatuor dies. Tabulæ patris sunt primæ & principales tabulæ, filii sunt secundæ: & secundæ tabulæ nihil aliud, quam substitutio pupillaris, quæ filio impuberi fit heredi instituto a patre, qui eum habet in potestate, in hunc casum, *si heres extiterit, & ante pubertatem decesserit*. Potest etiam fieri impuberi exheredato in hunc casum, *si ante pubertatem decesserit*. Sed in hoc paragrapho agitur tantum de ea substitutione pupillari, quæ fit heredi instituto. Duæ igitur sunt tabulæ, duo quodammodo testamenta: alterum patris, alterum filii, tanquam si ipse filius sibi testamentum fecisset, & utrumque tamen fecit pater: duplex est testamentum, *l. in duplicibus, hoc tit. l. 1. §. 1. tit. seq.* Sed in ratione legis Falcidiæ & legatorum, & fere etiam, quod ad alia omnia attinet, duplex testamentum pro uno habetur: Nam & legata relicta tabulis, intelliguntur quodammodo sub conditione esse relicta, si substitutio locum habeat, *si la substitution a lieu*, primis tabulis. Et perinde atque si legata relicta secundis tabulis essent relicta primis tabulis, confunduntur & commiscentur his, quæ sunt legata primis, & ex universa summa, *de toute la masse*, una Falcidia detrahitur, quæ est mens & potestas superioris regulæ. Denique legata secundarum tabularum comparantur legatis primarum, & finguntur relicta primis non secundis tabulis, ut ait in hoc §. *& in d. l. in duplicib.* Atque ita substitutus in secundis tabulis comparatur instituto in primis, & mortuo pupillo intelligitur esse institutus, ut ait in §. *seq. & l. qui fundum*, §. *ult. hoc tit.* Heres scilicet scriptus in secundis, videtur scriptus in primis sub conditione, *si casus substitutionis extiterit*, *l. coheredi*, §. *coheredes, de vulg. substit.* At proinde, qui primis tabu-

lis scriptus, esset necessarius heres volens nolens, veluti filiusfamilias testatoris vel servus, si sit scriptus secundis, erit etiam necessarius heres pupillo, quasi scriptus primis, qui tamen voluntarius esset heres, non necessarius, si ipse filius sibi testamentum fecisset, vel si secundæ tabulæ haberentur pro altero testamento, non pro parte paterni testamenti. Et eadem ratione fit, ut qui potest institui in testamento patris, veluti posthumus suus, possit etiam substitui in testamento pupillari, quamvis pupillo is sit posthumus alienus, non suus, & jure civili valeat institutio posthumi sui, non posthumi alieni, quæ omnia ostenduntur in *l. 2. §. prius, & l. sed si plures*, §. 1. *de vulg. subst.* Ex quo planum sit, scripta secundis tabulis videri scripta primis, & valere quasi scripta primis: & ut aliis quoque argumentis comprobemus, duplex testamentum pro uno haberi: in duplici testamento jure civili septem testes sufficiunt, & jure prætorio septem signa. Constat signa esse ex jure prætorio: numerum testium ex jure civili. Ergo duplex testamentum in utroque jure pro uno habetur: Nam & septem signa sufficiunt, quibus scilicet signatæ sint tabulæ patris, nec exigitur, ut signatæ etiam sint tabulæ filii totidem testium signis, *l. patris, de vulg. subst. l. ut bono. de bonor. poss. secund. tab.* Si essent duo testamenta, unum non sufficeret esse signatum. Ac præterea in tabulis patris & filii ordo scripturæ servatur, qui solebat in uno testamento observari diligentissime, ita scilicet, ut semper testamentum inciperet a capite & fundamento, id est, ab institutione heredis, nec eam præiret quicquam, ut in §. *ante heredis, Instit. de leg.* Hic ordo servatur in tabulis patris & filii, ut scilicet præcedant paternæ, sequantur pupillares, *d. §. prius*: qui non observaretur, si essent duo testamenta duorum, & constaret unum absque altero. Atqui pupillare non consistit sine paterno. Non sunt igitur duo testamenta, aut non censentur esse in jure, sed unum, quod est paternum testamentum: & pupillare, pars & sequela est paterni testamenti, *l. penultima, quemadmodum test. aper. §. liberis, de pupill. substitut.* Si est pars, unum igitur testamentum est, quod constat parte principali, & parte secundaria. Si est sequela, sequitur ergo pupillare, præcedit paternum, quasi caput, servato ordine legitimo atque solemni. Proculiani duo faciebant testamenta: Sabiniani unum, *l. paterfamilias, de bon. auctor. jud. possid.* Et horum opinio prævaluit, receptaque est omnium jurisperitorum sensu. Unum est igitur testamentum, licet duæ sint hereditates, & retro duæ sunt hereditates, licet unum sit testamentum, nec quot sunt hereditates, tot testamenta sunt, quod mirum videtur, *d. §. prius, & §. igitur, de pupill. substit.* Quod evenit etiam in milite, qui uno facto testamento alium facit heredem castrensium, alium paganorum. Nam & hic duæ sunt hereditates separatæ, *l. si certarum, de milit. test.* Et in proposito, duas esse hereditates, licet unum sit testamentum, ex eo apparet, quod in venditione separantur, nec vendita hereditate patris, videtur vendita hereditas pupilli, *l.* 2. §. *illud, de hered. vend.* Et separantur etiam in bonorum possess. secundum tabulas, quæ separatim datur bonorum patris, separatim bonorum pupilli, *l. si ita scriptum*, §. *ultimo, de bonorum possess. secund. tabulas.* Idem etiam ex eo apparet, quod utraque hereditas non commiscetur in ratione legis Falcidiæ, sed paterna hereditas secernitur a pupillari, & sola paterna hereditas spectatur & æstimatur, id est bona, quæ habuit pater mortis tempore: non quæ post mortem patris filius acquisivit vel deminuit, non bona, quæ pupillus habuit mortis suæ tempore, *d. l. in duplicibus*. Igitur quantitas hereditatis paternæ spectatur, quæ fuit morientis patre, non quantitas hereditatis pupillaris, quæ fuit moriente pupillo. Atque ita omnis æstimatio revocatur ad ipsam hereditatem paternam, quod aperte ostenditur *in d. l. in duplicibus*. Non potest haberi ratio utriusque hereditatis, non potest spectari utraque, ne eadem bis in rationem deducatur, aut alia, quæ onera-

onerata est legatis. Cum igitur ratio habeatur alterutrius tantum, paternæ potius habenda est ratio, quæ est principalis, & quæ sola est onerata legatis, tam his, quæ a filio, quam his, quæ a substituto relicta sunt. Et hæc quidem de ratione hereditatis, utra potius spectetur: ex quibus apparet aliam distingui ab alia. Denique unum esse testamentum, aliam atque aliam hereditatem.

Nunc tractemus de ratione legatorum & legata non distinguimus alia ab aliis: namque constat simul omnium legatorum rationem haberi, tam eorum, quæ relicta sunt a filio, quam eorum, quæ relicta sunt a substituto in secundis tabulis, perinde ac si relicta a substituto essent relicta a filio sub alia conditione, quam substitutionis, *d. l. in duplic. & l. non solum autem, §. ult. de liber. leg.* Sic igitur quæso observemus in illis principiis, quæ si bene teneamus facile assequemur cetera nullo negotio, distingui hereditates inter se, quod sola paterna spectetur, id est quantitas hereditatis paternæ, non pupillaris: & rursus legata tamen non distingui ab aliis, & quod omisimus, spectari solam hereditatem paternam, etiam probat, *l. si filius, qui patri, de vulg. substit.* in illo loco, *ut alias solet*, scilicet inspici hereditas paterna, quanquam in specie ejus legis, *si filius*, ratio tantum habetur bonorum pupilli, non patris, qui unus filius fuit institutus a patre, idemque substitutus fratri impuberi exheredato, non coheredi, & filius abstinuit se bonis patris, miscuit se bonis fratris mortui ante pubertatem. Igitur habet tantum bona fraterna, quæ spectare possit quia sprevit paterna. Hoc igitur casu, in legatis secundarum tabularum Falcidia exercebit, pro modo facultatum pupilli; non pro modo facultatum patris, quibus se abstinuit; alioquin mortuo pupillo ante pubertatem, quem testamento heredem instituerat, si substitutus veniat, ratio habetur facultatum paternarum, non pupillarium, duæ hereditates constituuntur & legata omnia commiscentur, quibuscumque tabulis sint relicta. Nam & relicta secundis, videntur relicta primis a pupillo sub alia conditione quam substitutionis. Itaque filius ipse, si solvat legata a se relicta in primis tabulis, interponit cautionem prætoriam, & stipulatur hoc modo: *Quod amplius solverit, quam debuerit per legem Falcidiam, aut quam debuisset postea compertum fuerit existente casu substitutionis, in qua relicta erant alia legata a substituto:* filius hanc interponit cautionem, si solvat legata a se relicta, ut ait in §. seq. *d. l. 1. §. interdum, l. is cui, & l. si is, qui quadringenta, hoc tit.* Et stipulatio proficit committiturque substituto ejus, si is moriatur ante pubertatem, quia existente casu substitutionis, simul habita ratione legatorum omnium, id est, in unum facta contributione omnium legatorum, fieri potest, ut omnia excedant dodrantem, & legi Falcidiæ locus sit. Falcidiam inducit contributio, quæ non induceretur, si separarentur legata. Falcidiam inducit confusio illa legatorum, *communis calculus*, ut dictum in §. *quæsitum*, *infra*; aut communis ratio, seu communiter habita ratio legatorum utriusque tabulis relictorum. Quid est contributio, de qua agimus? communiter habita ratio legatorum, utriusque tabulis relictorum, & collata cum quantitate hereditatis paternæ, quæ fuit tempore mortis patris. Hæc est definitio contributionis, de qua tractamus, quæ in Basil. dicitur ἀπόδοσις, cum hac adnotatione, ut rectius dicatur ἐπόδοσις, quia legatis primarum tabularum accumulat legata secundarum. Sed & ἀμόδοσις sustineri potest, sine μείωσις, quo etiam verbo significant contributionem, quia contributio inducit Falcidiam, id est, deminutionem legatorum, quæ non induceretur, si separarentur. Et hanc separationem neque heres, neque legatarius inducere possit, contra sententiam defuncti, quæ cum ea omnia his vel illis tabulis ex suis bonis erogaverit, sane in unum contribui voluit mortuo pupillo ante pubertatem, quo tempore demum legata in secundis tabulis relicta peti possunt; licet dies eorum jam ante cesserit vivo pupillo, *l. 1. quand. dies leg.* Et quod dicitur, in duplicibus tabul. unam Falcidiam servari, hunc sensum habet, ut contributio & confusio, sive consummatio fiat legatorum omnium, & ex summa ipsa summarum, ut loquitur Plautus & Seneca, si excedant dodrantem, una Falcidia detrahatur vel suppleatur. Posset quis tentare contributionem non esse admittendam hoc argumento, quod etiam attingit Papinianus hoc loco, quia mortuo filio impubere, qui patri heres extitit, nec dum solvit legata a se relicta, ea substitutus ejus debet ut æs alienum ex persona pupilli, non ut legata, quia pupillus ea debere cœpit anteaquam moreretur, *l. 1. C. de bon. auct. jud.* Et non debet æs alienum confundi cum legatis, quis hoc nescit? Ergo substitutus ea solvere debet ut legata, quæ a se relicta sunt in secundis tabulis. Et consequenter ex eis solis deducenda est Falcidia, ex ære alieno non deducitur Falcidia. Intelligimus ex omni interpretatione hujus §. tres esse differentias inter legata, & æs alienum: prima quod lex Falcidia minuat legata, non æs alienum, (*en matiere de debtes il faut tout payer*) Item quod obligatio æris alieni incipiat a defuncto, obligatio legatorum ab herede. Et postremo, quod æs alienum heres præstet ultra vires hereditatis, quando agnovit hereditatem, *l. si de bonis 10. C. de jure deliber.* Quia solvendo videtur esse hereditas omnis, quæ invenit heredem, (*il faut qu'il paye du sien*) *l. libertus 36. de bon. libert.* Legata tamen non debentur ultra vires hereditatis, quod ostenditur etiam in hoc §. Verum ad rem: secundum id quod ostendi, legata primarum tabularum substitutus debet ut æs alienum pupilli, legata secundarum, & hæc vero sola, ut legata. Ergo hæc sola patiuntur Falcidiam, si sint immensa, & contributioni locus non est. Respondet Papinian. hoc modo: si nulla legata sint relicta a substituto, verissimum esse, substitutum legata a pupillo relicta in primis tabulis debere ut quodlibet æs alienum, sed si ut proposuimus, tam a substituto, quam a pupillo relicta sint legata, propter legata a substituto relicta, quæ confundi necesse est cum legatis relictis a pupillo, perinde ac si relicta essent ab ipso pupillo sub conditione, ut diximus ante, ea ratione legata primarum tabularum adnumerantur legatis, non æri alieno, quia nec ea pupillus liquido debuit ante contributionem, ante communem calculum omnium legatorum. Idque cautio quam exposuimus ante, satis demonstrat, quæ præstatur heredi, cum solvit legata a filio relicta, quo casu & soluta legata postea constat subjici Falcidiæ, loco habente substitutione, commistione facta aut confusione omnium legatorum, ex universa summa unam Falcidiam servari. Itaque regulæ initio propositæ mens hæc non est, ut una Falcidia servetur tantum ex legatis secundarum tabularum, & legata primarum integra præstentur, quasi æs alienum. Sed ejus mens hæc est, ut utriusque legatis compositis, & communi calculo subjectis, si sint ultra dodrantem, pro rata ex omnibus decedat & portio, quæ per legem Falcidiam efficiatur ex æstimatione bonorum, quæ pater habuit mortis suæ tempore. Id hoc est, quod his verbis significat Papinianus, *In tabulis patris & filii, &c.*

Intelleximus ex principio §. *quod vulgo*, illius regulæ vulgo confirmatæ, *in tabulis patris & filii unam Falcidiam servari*, hanc esse sententiam, hanc mentem, hanc potestatem, contributionem & permixtionem fieri legatorum utriusque tabul. relictorum, mortuo pupillo ante pubertatem, & pro modo eorum ex omnibus unius Falcidiæ rationem habere substitutum, ad æstimationem bonorum, quæ tempore mortis reliquit pater. Et ita in §. *seq. de eadem regula*, aliud responderi, quam quod vulgo probatum est, id est, responderi contributionem non fieri legatorum. Vulgo etiam probatur contributionem fieri. Et hæc est mens regulæ vulgo comprobatæ, ut contributis omnibus legatis, Falcidia bonorum, quæ pater reliquerit, remaneat apud substitutum, resideat apud substitutum: secundum quod evenit plerumque, ut substitutus, qui ex sua persona suo nomine, quasi institutus sine contributione non posset retinere Falcidiam,

cidiam, verbi gratia, si is qui quadringenta habuit in bonis, ab eo substituto legavit tantum ducenta, ut eam tamen Falcidiam retineat, tanquam substitutus nomine pupilli, facta contributione legatorum a se, & a pupillo relictorum: ut puta, si pupillus ducenta, ipse totidem, id est, ducenta dare jussus est. Contributa enim & commista legata exhauriunt hereditatem paternam. Potest autem evenire quemadmodum subjicit Papinianus in hoc §. ut is substitutus nihil retineat Falcidiæ nomine, veluti, si minor sit hereditas pupilli, quam fuerit paterna, & contra potest evenire, ut ex hereditate pupilli substitutus longe plus habeat, quam efficiat Falcidia hereditatis paternæ, si forte amplior & uberior fuerit hereditas pupilli. Et tractemus primum de eo casu, quo evenit, ut substitutus nihil retineat. Finge: pater, qui habuit quadringenta in bonis; a pupillo herede instituto legavit ducenta, a substituto ejus centum: l. beneficio patris sufficit legatis, quia salvi & illibati remanent centum aurei pro Falcidia, id est, pro quadrante hereditatis paternæ. At post mortem patris pupillus deminuit hereditatem paternam in centum, vel quo alio casu deminuta ea est in centum, atque ita in hereditate pupilli inventa sunt trecenta tantum, cum ex hereditate patris perierint centum. Substitutus præstabit legata utriusque tabulis relicta pro modo hereditatis paternæ, non pro modo hereditatis pupillaris. Præstabit igitur integra trecenta, sine deductione Falcidiæ, quia patris hereditas sufficiebat legatis tempore mortis, quam solam intuemur semper, l. qui fundum, §. qui filium, hoc tit. Si intueremur hereditatem pupilli, quæ minor est, ex trecentis retineret Falcidiam, puta septuaginta quinque, sed intuemur hereditatem patris non pupilli, & pro modo hereditatis paternæ rationem ponimus legatorum & Falcidiæ, perinde ac si nullæ extarent secundæ tab. nulla bona pupillaria, nulla alia quam paterna, & relicta secundis tabulis, essent relicta in primis. Est qui scripserit legata relicta secundis tab. solvi de hereditate pupilli, quod nunquam admittendum est. Id manifesto pugnat cum hoc §. cum ait, *de suo nimirum quadrante dabit substitutus legata*, scilicet relicta secundis tabulis, non sufficiente hereditate pupilli. Et subjicit; *quoniam pater legavit de suo*, sic est scriptum Florentiæ, ac etiam Basil. ὁ γὰρ πατὴρ ἐκ τῶν ἰδίων ἔδοξε λεγατεύειν: *quoniam de suis bonis videtur pater legare*: si legavit de suo, & solvi ea voluit de suo. Præstabuntur igitur ab solventur de bonis paternis, non de bonis pupilli. Et quod ait, de suo quadrante dabit substitutus, hoc est legata relicta secundis tabulis, substitutus implebit de quadrante bonorum, quem salvum habebat tempore mortis patris, quo scilicet tempore, in bonis erant quadringenta, in legatis trecenta. Ac ita lege non excedebat modum legis Falcidiæ, sed post mortem patris perierunt centum. Ea substituto perierunt, non legatariis: Reliqua trecenta præstabit legatariis nihilo retento. Et ita evenit, ut substitutus perdat quadrantem, quem salvum habuit tempore mortis testatoris: nec ea res damnosa est substituto, cum liberum ei fuerit non adire hereditatem pupilli, ut ait l. in quantitate, hoc titulo, quod congruit cum illa regula, *quod quis ex sua culpa damnum sensit, &c*. Ad quem commode possis applicare verba illa dict. l. in quantitate, cur temere adiit hereditatem pupilli infructuosam propter legata, ac forte detrimentosam propter onus æris alieni? Et hæc est sententia Papin. hoc §. evidentissima. Cui tamen objicitur, legata non præstari ultra vires hereditatis, ex nullo testamento præstari ultra vires patrimonii, id est, ne ex testamento quidem militis, ex quo tamen præstantur legata ultra dodrantem, quia l. Falcid. cessat in militari testamento, sed non præstantur ultra assem, l. I. §. *denique, ad Trebell*. Sane ita est, ex nullo testamento plus legatorum nomine præstari, quam quantitas est hereditatis, neque ex testamento militis, in quo tamen cessat Falcidia, neque ex testamento pagani, in quo Falcidia locum habet, & vires hereditatis, pro quibus legata præstari oportet, æstimantur deducta Falcidia: in testamento militis vires hereditatis finiuntur asse: in pagani testamento dodrante assis. Et ita perspicue §. seq. *ultra vires portionis*, id est, ultra dodrantem. Atqui in proposito casu, ut diximus, heres præstat legata de suo quadrante, cum eum non retineat. Ergo ea præstatio ultra vires hereditatis, ultra dodrantem est. Hæc igitur videntur inter se pugnare. Verum huic argumento respondeo hoc modo: ex sententia Papiniani aliud esse heredem præstare legata de suis bonis, aliud de suo quadrante. De suo quadrante præstat sæpe, ut in multis casibus, quibus Falcidia locum non habet, si militare testamentum sit, ut dixi, si coactus adierit, l. *quia poterat, ad Trebell*. quo casu restituitur integrum fideicommissum, nec utitur beneficio Falcidiæ: vel si id egerit, ut legata aut fideicommissa intercideret, vel si incapaci rogatus est restituere, & precibus fidem tacitam accommodaverit, l. beneficio, hoc tit. & hodie ex Nov. I. Justiniani si testator prohibuerit Falcidiam. Heres igitur de suo quadrante præstat sæpe legatum vel fideicommissum: de suis bonis, nunquam, quod sciam, nisi ex constit. Justiniani uno casu, si omiserit inventarium, quo casu & de suo quadrante, & eo amplius, de suis bonis explet legata, l. ult. C. *de jure delib. & Nov. 1*. In proposito igitur, si in bonis paternis fuerint quadringenta, in legatis trecenta, & perierint centum post mortem testatoris sine culpa heredis aut substituti, substitutus nihil retinebit quadrantis nomine, & præstabit legatariis trecenta integra: qui non retinet Falcidiam, qui non retinet quadrantem, dat de suo quadrante. Sed si perierint centum quinquaginta, non præstabit legatariis nisi ducenta quinquaginta: si perierint ducenta, non nisi ducenta reliqua: si omnis hereditas patris perierit, nihil præstabit. Nam eo quod acceperit amplius, æquum non est heredem præstare legata, l. I. §. *Marcellus, tit. seq*. Et ita in l. *in quantitate, hoc tit*. cum dicitur damnum, quod contingit post mortem testatoris pertinere ad heredem: ut puta si reliquerit testator centum mortis tempore, & legaverit septuaginta quinque, ita ut superfit heredi salva Falcidia, & post mortem ejus in tantum decreverit hereditas, ut superfint tantum septuaginta quinque: solida septuaginta quinque præstabit legatariis, imo etsi in tantum decrevit hereditas, ut relinquantur minus quam septuaginta quinque, solida legata præstabit, id est, sine deductione ulla Falcidiæ, sicut in hoc tit. sæpissime dicuntur, *plena, integra, solida præstari legata*, quibus nihil decedit nomine Falcidiæ. Ergo dum ait, eum solida legata præstare illo casu, quo relinquitur minus, quam septuaginta quinque, id sic est accipiendum, ut rectissime notat Accurs. ut præstet de suo quadrante, non etiam de suo proprio patrimonio: ut præstet solida, quantum quadrans facere poterit, qui apud eum remansisset, si non decrevisset hereditas post mortem testatoris. Atque ideo Pap. recte, *de suo quadrante* dixit, non *de suo*, simpliciter, sed adjecit quadrante. Et faciunt imprudenter, qui movent verbum quadrante, quod retinuerunt etiam Basil. Latine dicitur, *de suo triente*. Nam in Oriente, ubi valebant Basil. in quibus ita est ex τοῦ οἰκείου τρίτου, Falcidia quæ erat olim quadrans, versa fuerat in trientem producta Nov. Just. *de triente & semisse*, etiam ad extraneos heredes. Locus igitur hic elegans est, ut heres vel primus vel secundus obligetur legatariis, & præstet legata sæpe de suo quadrante, non etiam de suo, ne amplius præstet, quam reliquerit testator mortis tempore. Verum enim vero & cum heres, ut in proposito casu, præstat legata de suo quadrante, si quis argumentetur, ut supra, & dicat, debet igitur præstare ultra vires hereditatis paternæ: hoc negabo, quia hereditas patris mortis tempore sufficiebat legatis: pupillis quidem hereditas morienti pupillo non sufficiebat, sed solam hereditatem patris spectamus, ex qua etiam legata utriusque tabulis relicta erogari oportet. Nam & legata relicta in secundis tabulis, quodammodo videntur relicta in primis sub conditione, quoniam moram eis injicit substitutionis casus, l. *in duplic. hoc tit*. Et perinde res est, ac si a pupillo ipso sub conditione, legasset centum, quæ ab ejus substituto legavit. Quo sane casu, damno incidente post mortem patris in centum pupil-

pupillus exiſtente conditione præſtaret trecenta, non deducta Falcidia. Nec recte diceretur, præſtare ultra vires hereditatis paternæ, cum tempore mortis legatis præſtandis idonea fuerit hereditas, ac proinde deminutio illa aut damnum illud, deminutio. eſt, vel potius conſumptio Falcidiæ, non deminutio legatorum, nemo eſt, qui non intelligat hunc priorem caſum, quo evenit, ut ſubſtitutus non retineat quadrantem, ut damnum faciat quadrantis. Alter caſus, quo evenit, ut longe plus habeat quarta paternæ hereditatis, hic eſt. Finge: pater qui quadringenta habuit in bonis, legavit a pupillo ducenta, & a ſubſtituto totidem ducenta; hereditas patris non ſufficit legatis ſalva Falcidia: poſt mortem patris pupillus centum adquiſivit, adeo ut moriente pupillo fuerint in bonis pupilli quingenta: ſubſtitutus mortuo pupillo, non tantum retinebit quartam bonorum paternorum, puta centum, ſed etiam alia centum, quæ pupillus poſt mortem patris adquiſivit, vel etiam mille, ſi adquiſierit pupillus: atque ita longe plus habebit quarta paternæ hereditatis. Nam & augmentum, quod acceſſit, præter eam quartam habebit, Unde notandum eſt, non eandem eſſe omnino rationem damni & lucri. Damnum heres facit quadrantis tantum, deminuta hereditate patris poſt mortem ejus. Lucrum autem facit ſupra quadrantem etiam immenſum ex bonis poſt mortem patris, a pupillo aliunde adquiſitis, ut *l.* 101 *h.t. & l.* 14. §. *ultim. & l. qui duos impuberes, de vulg. ſubſtit.* Prior. ille caſus, quo heres nihil retinet, exponitur a Papiniano in illo loco; *Quid ergo ſi non ſufficiat hereditas, &c.* hic poſterior caſus non exponitur a Papin. quia poteſt facile intelligi ex contrario.

Ad §. Si filio.

Si filio ſuo duos ſubſtituerit, & alterius portionem oneraverit, tractari ſolet, an ex perſona ſua Falcidiam poſſit inducere ſubſtitutus, quam pupillus non haberet, vel unius pupilli ſubſtitutus. Et facile quis dixerit conſequenter prioribus, quæ de patrimonii ratione dicta ſunt, non eſſe Falcidiæ locum, & ultra vires portionis convenieundum alterum ſubſtitutum. Sed verior eſt diverſa ſententia, perinde huic quartam relinquendam exiſtimantium, atque ita ſi patri heres extitiſſet. Ut enim opes patris & contributio legatorum inde capiunt & formam & originem: ita plures ſubſtituti ſubducta perſona pupilli, revocandi ſunt ad intellectum inſtitutionis. Quid tamen dicemus de ſubſtituto, qui non eſt oneratus ſi forte nondum legata pupillus a ſe relicta ſolvit, & aliquid ultra dodrantem ſit: in omnibus & ipſum Falcidiam habiturum? Atquin quartam habet, neque idem patiatur inſtituti comparatio. Rurſus ſi negemus, aliud aperte quam quod vulgo probatum eſt, reſpondetur: itaque varietas exiſtet, ut is quidem qui proprio nomine oneratus eſt, velut inſtitutus deſiderec quartam: alter autem qui non eſt oneratus, ut ſubſtitutus, licet portio largiatur ejus non in ſolidum conveniatur propter calculi confuſionem. Huic conſequens eſt, ut ſi pupillo de Falcidia cautum fuit, duobus committatur ſtipulatio: videlicet in eam quantitatem quam unuſquiſque ſibi retinere potuiſſet.

Tractavimus de uno ſubſtituto pupilli, qui etſi tanquam inſtitutus ſuo nomine Falcidiam inducere non poſſet, quod ab eo legata non ſint relicta ultra dodrantem, tamen propter contributionem legatorum a pupillo relictorum, nomine pupilli tanquam ſubſtitutus Falcidiam inducit: puta ſi conjuncta ſimul legata utriſque tabulis relicta dodrantem excedant & quandoque nullo modo inducit Falcidiam, quandoque plus Falcidia conſequitur. Hoc intelleximus ex §. *quod vulgo*, nunc in *hoc §. ſi filio*, tractabimus de duobus ſubſtitutis pupilli, quorum alter Falcidiam inducit ſuo nomine ſine contributione tanquam inſtitutus, alter ex contributione nomine pupilli tanquam ſubſtitutus. Et ſpecies hæc eſt: Pater qui quadringenta reliquit in bonis, filium impuberem ex aſſe heredem inſtituit, & ei duos ſubſtitutos dedit, Primum & Secundum, a filio legavit centum, a Primo ducenta, a Secundo centum quinquaginta: pupillo mortuo ante pubertatem, atque ita locum habente ſubſtitutione, ex hereditate pupilli ad ſingulos ſubſtitutos pervenient ducenta. Primi portio onerata eſt, quia quot aureos capit ex hereditate pupilli, capit autem ducentos, tot dare juſſus eſt legatariis. Exhauſta igitur eſt Primi portio potius quam onerata, ſed & quæ exhauſta eſt, onerata eſt, non contra. Poſſit eſſe onerata, & non exhauſta. *Exhauritur hereditas*, ſi legata aſſem abſumant: *oneratur*, ſi legata excedant dodrantem; nec aſſem conſumant:*delibatur,*ſi non excedant dodrantem, & lege Falcidia hereditatis delibari poteſt, non exhauriri, non onerari legatis. Et definitio illa legati; *legatum eſt delibatio hereditatis,* eſt ſecundum legem Falcidiam, delibatio non exhauſtio. Primi igitur portio exhauſta eſt. Secundi autem portio onerata non eſt, cum ſalvam habeat quartam portionis ſuæ, nempe quinquaginta, quia centum quinquaginta dare juſſus eſt; & ad eum pertinent ducenta ex hereditate pupilli. Quæritur primum in hoc §. an Primus, qui oneratus eſt ex ſua perſona, proprio nomine Falcidia uti poſſit, quod portio ejus ſit exhauſta: non poſſet pupillus ipſe, ſi eſſent ab eo legata ducenta, quia legato ſufficeret hereditas: non poſſet etiam Primus ipſe, ſi ſolus ſubſtitutus eſſet, eadem ratione, quia legatis ſufficeret hereditas paterna, cum etſi Primo adjectus ſit alius ſubſtitutus, habita ratione totius aſſis, inſpecto univerſo patrimonio teſtatoris, quia diximus ſemper habendam eſſe rationem, legata, quæ Primus debet, non excedunt dodrantem. Ergo Falcidia uti non poteſt, & convenietur ultra vires portionis ſuæ, id eſt, præſtabit integra ducenta, qua ex hereditate pupilli ad eum pervenerunt. Et ita videtur prima ſpecie. Sed non probat hanc ſententiam Pap. nam verius eſſe ait, ut Primus Falcidia utatur, qui oneratus eſt hereditate habita ratione portionis ſuæ, non totius aſſis, quia duo ſubſtituti, ſubducta perſona pupilli, ex eo eſt, pupillo remoto, e medio ſublato, non extante, licet pupillo heredes exiſtant, *revocantur,* inquit, *ad intellectum inſtitutionis,* id eſt, intelliguntur eſſe inſtituti primis tabulis (id eſt, perinde eſt ac ſi inſtituti, non ſubſtituti eſſent.) Quod & de uno ſubſtituto dicitur, qui oneratus eſt legatis ex ſua perſona, *l. coheredi,* §. *coheres, de vulg. ſubſt. l. qui fundum,* §. *ult. h. t.* Illi igitur duo ſubſtituti intelliguntur eſſe inſtituti primis tabul. mortuo pupillo, & cum ſint duo inſtituti, conſtat in ſingulis inſtitutis poni rationem leg. Falcidiæ ſeparatim, *l. in ſingulis, lδιαζόντως, h. t.* §. *& cum quæſitum,* *Inſt. eod.* Et hoc eſt quod dicitur, *legatorum rationem eſſe e pavandam,* §. *quæſitum ſeq.* Quod videtur pugnare cum §. *quod vulgo,* in quo dicitur, *legatorum rationem eſſe confundendam.* Sed facile eſt rem dirimere. Confunditur ratio legatorum, ſi unus ſit inſtitutus vel ſubſtitutus, & totius aſſis habetur ratio. Separatur, ſi duo vel plures ſint inſtituti vel ſubſtituti, quia & portiones hereditariæ ſeparantur quaſi duo aſſes. Duo igitur inſtituti ſecundis tab.comparantur duobus inſtitutis in primis, & ſicut inſtituti ſeparatim detrahunt Falcidiam ſinguli ſuæ portionis, ita & ſubſtituti ſinguli. Et ſic etiam, inquit Pap. in *hoc* §. elegantiſſime, ſi intelligatur, *opes patris, & contributio legatorum, inde capiunt, &c.* Inde, id eſt, ex primis tabulis, ut duo ſubſtituti videantur inſtituti primis tabulis. Sic etiam opes patris, & contributio legatorum ex primis tabulis capiunt formam & originem, omnibus revocatis ad primas tabulas. *Opes patris*, id eſt, facultates paternæ, bona patris formam capiunt ex primis tabulis, formam, quæ advenit bonis ſtatim atque exiſtunt. Omnis enim forma materiæ advenit in ipſa generatione ſtatim, ut Philoſophi ajunt. Forma, inquam, quæ advenit bonis, ſtatim ac exiſtunt, nihil aliud eſt, quam pretium & æſtimatio bonorum. Hæc enim ſola id agit, ut bona ſint aliquid, quæ vis eſt formæ, & bona paterna ex ea tantum forma cenſentur, quæ hæret bonis eo tempore, quo primæ tabulæ valere incipiunt, id eſt, tempore mortis patris, ut intelleximus ex tractatu §. *quod vulgo.* & eſt fuſum per hunc titulum omne jus paternæ hereditatis, & contributio legatorum. Nunc de bonis patris utriſque tabulis relictis, originem & cauſam capit

capit ex primis tabulis: Nam quæ relicta in secundis tabulis, intelliguntur esse relicta in primis, & omnibus contributis atque permistis pro modo eorum, ex omnibus l. Falcid. habetur ratio. Et hac denique comparatione Papinian. utitur: sicut legata relicta secundis tabulis ideo contribuuntur, quod videantur relicta etiam ipsa in primis tabulis: & sicut patrimonium id duntaxat spectatur, quod versatur in primis tabulis: videntur etiam ita substituti secundis tabul. instituti in primis sublato pupillo. Igitur in proposita specie, Primus qui oneratus est suo nomine, ut instituus Falcidiam inducet, & cum ex hereditate pupilli ad eum pertineant ducenta, & legatorum nomine totidem debeat, quæ dare jussus est, & debeat etiam quinquaginta ex centum, quæ a pupillo sunt relicta; primum detrahentur quinquaginta, quæ sunt extra quantitatem bonorum paternorum, extra quantitatem portionis Primi, ut dicitur in §.*ult. Inst.eod.tit.l.1.§.Marcellus, tit. seq.* deinde ut instituus suo nomine, quartam retinebit ex ducentis. Plerisque videbantur hæc verba Papiniani, *ut etiam opes, &c.* non verba esse, sed θαύματα sive portenta, sed sunt facilia, si adhibueris hanc interpretationem, quam utique ferunt verba, nec ulla est causa mutandi aut trajiciendi ea. Et hæc quidem de Primo, qui oneratus fuit, & ait, *si filio &c.* Nunc videamus quid sit dicendum de Secundo, qui oneratus non est, an utetur Falcidia? Et cum ad eum, a quo erant tantum legata centum quinquaginta, ex hereditate pupilli pertineant ducenta, & centum quinquaginta dare jussus sit, quia salvam Falcidiam habet suæ portionis, nempe quinquaginta: sane ex sua persona Secundus, ut institutus Falcidiam inducere non potest, sicut heres ex semisse institutus primis tabulis, a quo essent legata centum quinquaginta, Falcidiam non induceret. Igitur instituti comparatio non patitur, ut Secundus Falcidiam inducat, quia nec institutus eam induceret, in simili casu. Et hoc est quod ait, *atquin quartam habet, &c.* ut scilicet inducat Falcidiam eique imputet, qui habet Falcidiam. Sed si nondum solutis legatis pupillus decesserit, quia ex persona pupilli Secundus debet quinquaginta, cum a pupillo legata essent centum, ex sua autem persona, centum quinquaginta, facta contributione legatorum, cui locum esse negare non possumus, quia vetat regula §.*quod vulgo*, & ut ait, *si negemus,* Secundum scilicet Falcidiam habiturum, *negemus aperte, quod vulgo probatum est*, negemus contributionem fieri. Placet igitur Secundum facta contributione omnium legatorum, in omnibus posse habere rationem legis Falcidiæ, non ut institutum jam, cum ejus portio sufficiat legatis, sed ut substitutum. Ergo non semper substitutus comparatur instituto, non utique hoc casu ubi ex sua persona suo nomine substitutus oneratus non est, sed ex persona pupilli tantum propter contributionem legatorum: ubi suo nomine oneratus est, etiamsi fiat contributio, institutio comparatur, d. §.*coheres, & l.qui fundum, §.ult.* Atque ita specie proposita, ut eleganter concludit, varietas existit & differentia magna inter Primum & Secundum. Nam Primus, qui suo nomine oneratus est, non pupilli, ut institutus detrahit Falcidiam suæ portionis. Secundus autem, qui nomine pupilli oneratus est, ex persona pupilli, non ex sua, detrahit Falcidiam ut substitutus, *propter confusionem calculi*, propter contributionem legatorum utrisque tabulis relictorum. Denique in Secundo Falcidiam inducit contributio. In Primo Falcidiam separata propriaque ratio. Et hinc fieri explicit, ut si legata a se relicta pupillus solverit id oportet exacta cautione, quod amplius solverit reddi: existente casu substitutionis stipulatio committatur utrique substituto, quia utrique substituto competit beneficium legis Falcidiæ, alteri sine contributione, alteri ex contributione, *l.1.§.1. t.seq.* Hanc stipulationem interpositam a pupillo posse committi heredi pupilli: si heredi, & heredibus quoque, quicumque possunt inducere Falcidiam. Et hoc est quod deinde ait, *quid tamen dicemus de altero substituto, &c.* In omnibus legatis, addito (contributis) licet portio largiatur ejus, id est, non si onerata, sed sufficiat. Sed quia dicit in ultima parte, stipulationem interpositam a pupillo in proposita specie, posse committi utrique substituto, quod uterque uti possit Falcidia, alter tanquam institutus, alter tanquam substitutus, non tamen uterque eodem modo, quod confirmavi etiam ex *l.1.§.1. t.seq.* ut & ejus *l.1. §.Marcellus,* exponamus quod in hac materia afferri solet. Observandum est ex eo §. hanc stipulationem, *quod amplius solverit reddi*, nonnunquam interponi ab heredibus pupilli, veluti substitutis, non ab ipso pupillo. Et quod mirum est, ab his etiam specie: Pater qui quadringenta habet in bonis, pupillum heredem instituit, & ei substituit Primum & Secundum: a pupillo, & a Secundo nihil legavit, a Primo legavit trecenta, ad quem tamen non sunt perventura nisi ducenta ex hereditate paterna. Ergo a Primo tantum legavit & quidem trecenta, & forte dubium est, an interveniat Falcidia, id est, in solida debeantur legata, quia ratio æris alieni, quod pater contraxisse dicitur, nondum est certa. Et in ponenda ratione legis Falcidiæ utique semper ante omnia deducitur æs alienum, & id tantum quod superest intelligitur esse in bonis, aut fuisse mortis tempore. Et ita etiam nominatim fuit expressum l.Falc.& Senatusconf.Pegasiano, *l.successores, C.ad l.Falc.* Et interim causa bonorum & æris alieni nondum explorata atque cognita, Primus cogitur solvere ducenta, non trecenta, quia centum sunt extra quantitatem bonorum, extra quantitatem portionis suæ, & nemo plus portione sua legatariis cogitur præstare, ut est in d.§.*Marcellus*. Interim igitur Primus cogetur solvere non trecenta, quæ ab eo legata sunt, quia centum sunt extra quantitatem bonorum, extra quantitatem portionis suæ, sed ducenta integra, interposita scilic. cautione, *quod amplius solverit reddi*, quam interponi etiam Secundo, licet ab eo nihil legatum sit, oportet: quia cum & Secundus ex æri alieno defuncti obligetur, fieri potest, ut ducenta, quæ solvit Primus ante causæ cognitionem, causa cognita postea, & emergente ære alieno, non debeantur legatariis, aut appareat non fuisse debita legatariis: & ideo ab utroque substituto repeti debeant, æris alieni solvendi gratia, cui uterque est obstrictus pro portione hereditaria: atque ita evenit, ut cautio interponatur etiam ei, qui nihil præstat legati nomine, a quo nihil legatum est. Et hoc tantum proponitur in d.§.*Marcellus*.

### Ad §. Quæsitum VII.

*Quæsitum est, si quis pupillo coheredem substituisset; quemadmodum legis Falcidiæ ratio inquiri debeat; & quale est, quod vulgo diceretur, legatorum rationem separandam: dixi, quantum ad legata, quæ pater a filio, item a substituto reliquit, nullam fieri posse separationem: cum communi calculo subjiciantur, & invicem inducant contributionem. Sed legata quæ ad institutos extero data sunt permisceri ceteris non oporteret, ideoque quartam pupillo datæ portionis habere substitutum, quamvis suam portionem habeat, ut institutus. Et aliam causam esse ejus, qui ex variis portionibus heres scriberetur: ibi enim legatorum confusi rationem, non minus quam si semel fuisset nuncupatus ex ea portione, quæ conficeretur ex pluribus, neque referre pure sæpe, an sub diversis conditionibus sit heres institutus.*

IN §.*quod vulgo*, & in §.*si filio*, tractatum est, de legatis relictis a pupillo, & a substituto, vel ejus substitutus. In §.*quæsitum* tractatur de legatis relictis a coheredibus ejus, extraneo eodemque substituto. Incipiam a regula, quam habuimus anteriori §. in singulis heredibus institutis vel substitutis separatim poni rationem legis Falcidiæ, separari rationes, separari legata, secundum quæ evenit, ut si duo sint coheredes, Primus & Secundus, & Primi portio onerata sit; Primus ex sua persona Falcidiam inducat, & detrahat quadrantem portionis suæ, tametsi habeat Secundus coheres ejus integrum quadrantem totius assis, vel etiam amplius. Nec quicquam interest, uterque sit institutus pure, an sub conditione, an alter pure,

pure, alter sub conditione: quoniam semper inter coheredes fiet separatio partium in ponenda ratione legis Falc. & separatio legatorum a singulis nominatim relictorum, §. *& cum quasitum esset, Instit. de lege Falcidia*. Nec legata, quæ relinquuntur generaliter, veluti, *quisquis mihi heres erit, Titio centum dato*, utrumque heredem tenent, nec in eausam separationis veniunt, *l. ab omnibus, de leg. 1. l. 1. §. id quod ex subst. h. t.* Coheredes autem sunt non tantum hi, qui sunt scripti iisdem tabulis, sed hi, quorum alter scriptus est primis tabulis ut institutus, alter secundis ut substitutus. Instituus & substitutus coheredes sunt sane, licet sint scripti diversis tabulis, alter in primis, alter in secundis, sicut collegatarii sunt, quorum uni res legatur in primis tabul. & alteri eadem in secundis, *l. plane, §. si conjunctim, de leg. 1.* Et ita coheres pupilli & alius substitutus pupilli coheredes sunt, quasi unus sit scriptus pure, alter sub conditione. Coheres pupilli tam substituto pupilli coheres est, quam ipsi pupillo, si existat substitutioni locus. Ideoque in legatis a se, & a pupillo relictis, quæ confundi constat, substitutus recte inducit Falcidiam, etiamsi coheres pupillo datus obtineat quadrantem integrum hereditatis paternæ. Et hæc est sententia legis *coheredi, §. coheres, de vulg. subst.* In posteriori parte, quæ incipit ab his verbis, *non idem servabitur*: prior infra explicabitur. Aliquando igitur ratio legatorum separatur, aliquando confunditur. Et utraque regula vera est suis casibus, legatorum rationem separari, legatorum rationem confundi. Prior vera est in duobus coheredibus: posterior in uno coherede: ut si quis instituatur ex duabus vel pluribus partibus, hic confundit partes, & legata earum partium, etiamsi altera pars ei sit adscripta pure, altera sub conditione: quia perinde est, ac si semel heres institutus fuisset ex ea portione, quæ conficeretur ex pluribus, *l. quidam, C. de jure delib.* Et in ultima parte hujus §. cum ait, *& aliam causam, &c.* Finge, Titium heredem institutum ex sextante pure, ex triente sub conditione, & ab unaquaque portione jussum dare aliquid: hic pro eo habetur, ac si semel institutus fuisset ex semisse, nec scindere eum semissem potest, & separare sextantem a triente, nec separare legata a se relicta ex sextante, & ea etiam legata a se relicta ex triente, sed simul in omnibus rationem legis Falcidiæ componere debet. Eo quoque fit, ut si idem sit coheres & substitutus, coheredi comparat & contribuat legata a se relicta in institutione, & legata a se relicta in substitutione, si pars coheredis integra non onerata ad eum reciderit ex substitutione vulgari vel pupillari: nec refert, quia, & hic coheres idemque substitutus coheredi, videtur institutus esse ex parte pure, ex parte sub conditione. Ergo ex asse. Confundere igitur debet partes partiumque legata. Et hoc ita fit in substitutione vulgari, & in pupillari probat lex *qui fundum, §. qui filium, h. t.* & in substitutione pupillari, *l. coheredi, §. coheres,* in priori parte. Atque ita tenemus totum eum §. Idemque in substitutione vulgari esse probat lex 1. §. *id quod ex subst. h. t.* Igitur si ex parte integra, quæ ad eum recidit ex substitutione, quadrantem hereditatis sibi servare possit, non utitur beneficio l. Falcidiæ in parte ei adscripta pure, tametsi onerata sit vel exhausta. Pars integra, quæ accedit oneratæ, replet partem oneratam, & cessat Falcidia, si pars, quæ accedit Falcidiæ, sufficiat, quamvis ea pars, cui accedit, non suffecerit Falcidiæ. Verum notandum est, non idem esse e contrario, si pars coheredis onerata, ex substitutione vulgari vel pupillari pervenerit ad coheredem, qui oneratus non est, cujus pars est integra: hoc enim casu perit & legatorum separatim habetur ratio. Atque ita fit ut etiam in uno herede, quasi sustineat vicem duorum, prior regula servetur, & ex parte onerata, quæ accedit, detrahatur Falcidia, perinde atque si pertineret ad eum coheredem, a quo ex substitutione ea pars obvenit alteri, licet coheres, cui obvenit ex sua institutione, salvum quadrantem herediraris obtineat. Quod ita de substitutione pupillari est scriptum in *d. l. qui fundum, §. qui filium*: atque etiam in hoc §. *quasitum*. Nam ut ejus sententiam exponamus bre-

A viter: si pupillo extraneus quidam datus sit coheres & substitutus, is coheres & substitutus confundit quidem legata a se in substitutione relicta, & legata a pupillo relicta. At retro e contrario, hæc legata ita confusa non confundit cum legatis a se in institutione relictis, & ex his, quæ sunt a pupillo & a se relicta in substitutione, Falcidiam detrahit, etiamsi ex sua institutione habeat quadrantem integrum hereditatis paternæ. Atque ita fit, ut portione onerata accedente portioni integræ, non fiat confusio vel contributio, sed ponatur Falcidia separatim. Et hoc est quod ait in hoc §. *legatorum rationem, &c.* id est, in singulis heredib. ponendam ab instituto, qui est extraneus. Hoc in substitutione pupillari. Et idem etiam de vulgari substitutione est scriptum in *l. 1. §. id quod ex subst. hoc t.* in posteriori parte. Priorem partem ejus §. jam exposui 

B ante. Posterioris hæc est sententia: Si ab eo coherede, inquit, cui est facta substitutio vulgaris, legata sint relicta, quæ exhauriant ejus partem, ac proinde omiserit partem suam, eaque pervenerit ad coheredem jure substitutionis vulgaris, cujus quidem portio est, integra legata ab eo relicta, qui omisit partem suam, non augentur, id est, in eis inducitur Falcidia, seu minuuntur Falcidiæ interventu. Atque ita pars onerata vel exhausta, quæ jure substitutionis accedit parti integræ, non repletur per partem integram, cui accedit. Et ex his, quæ disputavi & demonstravi, orta est hæc definitio Doctorum: si pars non gravata, quam appello integram, accedat gravatæ, contributioni locus est: si pars gravata accedat non gravatæ, contributioni locus non est: quæ definitio verissima est, non tantum si jure substitutionis accedat vel vulgaris vel pupillaris, sed etsi accedat jure 

C accrescendi, *l. quod si alterutro, hoc t.* In qua lege maxime velim observare vos, Jurisconsultum a rebus singulis ad res universas, a legatis ad portiones hereditarias progredi & argumentari hoc modo: *si legata integra singularum rerum quæ deficiunt & remanent. apud heredem, replent portionem heredis oneratam,* quod est certum, *l. id autem, l. 51. 52. hoc t.* & portio hereditatis integra, quæ deficit & adcrescit coheredi, auget portionem coheredis, quæ non est integra: contra vero portio onerata, quæ deficit & accrescit integræ, non repletur per integram, non augetur per integram. Idemque licet confirmare ex *l. si Titio & Mævio, de leg. 2.* ac etiam ex *l. 1. §. si coheredis, hoc t.* In quo observandum est, fuisse hac in re dissidium inter veteres juris auctores: Nam Cassiani, parte coheredis onerata adcrescente integræ existimabant confundendas esse partes: Proculianis aliud judicium erat: Namque ajebant, separandas 

D esse partes, quæ est verior opinio. Et Julianus ipse in hac specie, quamvis fuerit Cassianus, assensit Proculianis: quo magis probatur Proculianorum opinio esse verior, quæ confirmatur ab ipso adversario. Et Paulus quoque in *d. §. si coheredis,* sequitur hanc Proculianorum opinionem: atque Julianum, qui ea in re discedit a sua familia, ait, sibi videri probabiliorem: licet, ut idem Paulus refert, Imperator Antoninus, dicatur aliquando judicasse pro Cassianis. Sed Paulus sæpe improbat decreta Principum, *l. Æmylius, de minor.* nec decreta Principum jus faciunt, nisi quæ invaluerunt: nam quod cognoscens decernit Princeps, scio esse legem, sed cum hoc modo, si invaluerit. Et ita possis te expedire illo §. *si coheredis.* Si tibi nimia religio est addendæ negationis (qua de re observatio IV. 

E c. XXXV.) potes & concludere hoc modo; veram esse definitionem Doctorum indistincte, ut accedens integra portio oneratæ, repleat oneratam; accedens autem onerata integræ, non repleatur, sive jure substitutionis accedat, sive jure accrescendi. Et ratio differentiæ hæc est; quia non potest eadem portio locum principalis, & locum accessionis obtinere: quæ accedit portio, accessio est: ea cui accedit, portio est principalis: pars deficiens accedit parti agnitæ, *id est,* non omissæ, non agnitæ, non deficienti, & accessionis est replere principalem, non principalis replere accessionem: accessionis est augere, non augeri. Igitur non probo eorum opinionem, qui hac in re differentiam faciunt inter jus substitutionis, & jus accrescendi: & in jure accrescendi, veram esse existimant defi-

definitionem illam juris, quam Doctores tradiderunt, non usquequaque veram esse, in jure substitutionis. Subruitur etiam hæc differentia posteriori parte, §. *id quod ex substitutione*, quam exposui ante. Utraque enim pars hujus §. est de substitutione. Sed ut effugiant illam posteriorem partem, quæ hanc differentiam impugnat, non ex animi sententia, ut puto, eam interpretantur de jure accrescendi, ac ita efficiunt, ut de jure accrescendi quidem mox repetatur exposita sententia Cass. & Procul. §. *si coheredis*, qui sequitur, §. *id quod*, de eodem jure accrescendi accipiunt, & superfluum reddunt §. *si coheredis*. Hanc vero mentem eorum falsam esse prodit rerum ordo, quæ tractantur in d. §. *id quod*, & §. *si coheredis*, qui sequitur, & §. *coheredem*, qui & mox subsequitur. Primum enim in §. *id quod*, agitur de jure substitutionis, & ostenditur, si eo jure portio integra accesserit oneratæ, confundi partes, contra si onerata accesserit integræ, separari partes. Mox in §. *si coheredis*, agitur de jure accrescendi, idemque juris esse constituitur in jure accrescendi, ut distinguamus, accrescat portio integra oneratæ, an onerata integræ. Et licet etiam idem constituere in jure hereditatis, vel dominicæ vel paternæ, ut *l. si pupillus*, §. *si ego*, & *l. maritum*, *in prin. hoc tit.* Ac post eadem serie, & quasi filo eodem in §. *si coheredem*, statim agitur de jure adrogationis, quoties pars coheredis meæ parti accedit per adrogationem, quod eum adrogem in locum filii: nam adrogatio coheredis omnia bona coheredis meæ subjicit potestati. Agitur & in eodem §. de jure legitimæ aut prætoriæ hereditatis coheredis. Et ostendit, duobus heredibus scriptis, si uterque adierit hereditatem, quod est extra omnem dubitationem, separari partes, cum quisque suam acquisierit, nec jam esse disputandum de confusione, & separari partes, etiam si pars unius accesserit alteri jure adrogationis, vel jure intestatæ successionis, vel jure testamenti facti a coherede. Unus locus est loco, quo propugnatur opinio illorum, qui hac in re differentiam putant esse constituendam inter jus substitutionis, & jus accrescendi in *l. qui fundum* §. *qui filium*, *hoc tit.* Locus est, in quo aperte Julianus scribit, substitutum eundemque coheredem, qui integram partem habet, id est, non gravatam, & cui jure substitutionis vulgaris accedit pars coheredis oneratæ: atque ita parte omnis accedente integræ ex substitutione vulgari, ait Julianus, ejus partis solida legata deberi. Ergo non posse in ea parte separatim inveniri Falcidiam, quod sufficiat pars integra, cui ea accedit. Et aliud esse statuit in substitutione pupillari. Et hoc vult in summa totus ille §. *qui filium*, si pars onerata accedat integræ ex substitutione pupillari, separari legata: si ex substitutione vulgari, confundi legata: contra si pars integra accedat oneratæ ex substitutione vulgari, vel pupillari, vel reciproca, nihil refert; confundi partes, confundi legata, non tamen semper. Ante diximus, nullam esse constituendam differentiam inter substitutionem vulgarem & pupillarem. Memini me huic §. *si filium*, respondisse observ. d. cap. 35. & id, quod respondi, etiam sine opera mea erit cuilibet facile statim atque legerit, apprehendere, cum sit verum. Sumitur enim responsio ex jure quodam, quod obtinuit Juliani tempore. Reliqua sunt ἐυωτὰ μᾶτις τοῖς ἰξάρπαςι. Et illud si cui sit cura repetere intelliget. Velim vos animadvertere, esse *in cap. 2.* transpositionem manifestam: nam ibi in illis locis, *adeuntis*, vel *superstitis portio*, reponendum est loco *adeuntis*, *deficientis*, & loco *deficientis*, *adeuntis*. In cap. 3. velim hæc verba deleri, *vel ex primis*. Loci duo restant, qui pertinent ad hanc materiam: in §. *ult.* hujus legis, unus: alter in *l. qui fundum*, §. *ult. hoc tit.* qui facilitates erunt. Intelleximus ex supradicta recitatione, in ponenda ratione legis Falcidiæ, portionem integram accedentem oneratæ, replere oneratam per calculi confusionem, id est, contributionem portionis legatorumque, portionem autem oneratam accedentem integræ, non repleri, & accessionis esse replere, non repleri, augere, non augeri. Et hoc naturam ipsam satis dare. Et nihil refert, portio portioni accedat jure accrescendi, an jure substitutio-

nis, ubique locum esse superiori definitioni. Nihil etiam referre, portio accedat ex substitutione vulgari, an ex pupillari: & ad *l. qui fundum*, §. *qui filium*, *hoc tit.* in quo portio quidem onerata accedens integræ ex substitutione pupillari non repletur, sed accedens ex substitutione vulgari, repletur. Ad eum, inquam §. ita respondere volebam, id Julianum scribere in eo §. cujus ætate nondum legata relicta ab instituto nominatim, debebantur a substituto vulgari. Hoc enim primum increbuit ex constitutione Severi, *l. licet, de leg. 1. l. si Titio & Mævio*, §. 1. *de leg. 2. l. 4. C. ad Trebell.* Igitur legata relicta ab instituto, ante constitutionem Severi non debebantur a substituto vulgari, nisi ab eo substituto repetita fuissent hoc modo sc. *quæ ab herede meo legavi, quæque eum dare jussi si heres esset, & si heres non erit, a substituto ejus præstari volo.* Necessaria erat repetitio, alioquin substitutus vulgaris non præstabat legata nominatim relicta primo gradu institutionis ab herede instituto primo gradu. Cum igitur Julianus ponat in d. §. *qui filium*, ea deberi a substituto vulgari, & illud tacito intellectu ponit, quod etiam olim vulgo adscribi solebat in testamentis, ab eo substituto vulgari fuisse repetita legata. Unde consequens est, confundi debere tam ea, quæ a se relicta sunt, quam ea, quæ relicta sunt a coherede, cujus portio ad eum pervenit ex substitutione vulgari, quia scilicet ab eo sunt relicta omnia. Sicut & si testator legata non reliquisset nominatim ab herede instituto sed generaliter hoc modo: *quisquis mihi heres erit dato*: hic coheres idemque substitutus confunderet omnia legata, & in eis ita confusis inquireret rationem legis Falcidiæ, *l. 1.* §. *id quod ex substitutione hoc tit.* Et ita est respondendum ad eum §. *qui filium.* Cetera omnia congruunt bellissime, ut a me exposita fuerunt. Nunc videamus quid juris sit, si portio onerata accedat oneratæ, si exhausta exhaustæ. Qua de re videtur esse §. *ult.* d. *l. qui fundum*: quo quidem explicato, absoluti sumus ista materia. Si integra portio accedit integræ, hic casus non pertinet ad hanc materiam contributionis, quia locus Falcidiæ non est. Ubi in totum Falcidia cessat, inanis est disputatio de contributione legatorum. Tota enim hæc disputatio vertitur circa legem Falcidiam. Itaque pertinet tantum ad testamenta paganorum, non ad testamenta militum, ad quæ non pertinet lex Falcidia. Quid si onerata portio accedat oneratæ in totum: quo casu intervenit Falcidia? Et distinguo ita: aut plus onerata est una quam altera, aut æque onerata est una quam altera. Si plus onerata sit una quam altera, consequenter superiori definitioni dicemus, contributionem fieri, si portio plus onerata accedat minus oneratæ. Quod omnino est superiori definitioni consentaneum, ut idem juris sit in toto, quod in parte, aut idem juris, quod in toto juxta *l. in ratione*, §. *rursus, hoc tit.* Quid si utraque pariter sit onerata, utraque exhausta? Sane nihil refert. Et hoc statim cuilibet probatur, si separatim in singulis portionibus ponatur ratio legis Fal. aut confuse. Et si forte coheres in sua portione posuerit separatim Falcidiam antequam ei obvenerit portio coheredis, deinde obvenerit ei portio coheredis ex substitutione vulgari vel pupillari, nihil refert, vel ex jure accrescendi, ut quartam habeat omnium bonorum, quid aliud restat, quam ut & in portione coheredis, quæ ei accedit, similiter ponat Falcidiam? Et tamen in d. *l. qui fundum*, §. *ult.* vult Jurisc. de integro Inquiri rationem legis Falcidiæ in universo esse contributis & confusis legatis utriusque portionis. Cur hoc vult? ut, inquit, coheres idemque substitutus habeat quadrantem omnium bonorum. Denique coheres, qui ante posuerat Falcidiam in sua portione, obveniente ei portione coheredis, retractat rationem Falcidiæ, confuso & permisto patrimonio, ut Falcidiam habeat integram. Et ejus §. summa brevis hæc est : si portio exhausta accedat exhaustæ ex substitutione vulgari vel pupillari, nec enim interesse ait, contributionem legatorum fieri; imo videtur esse supervacua contributio, & non necessaria. Fateor contributionem fieri oportere, sive computationem legatorum, & communem calculum, ut quod pro parte sua plus, aut minus coheres præstitit, antequam ei obve-

obveniret portio pupilli vel alterius coheredis, id repetat, vel solvat pro rata legatorum. Quod exemplo demonstrari necesse est. Si testator reliquerit quadringenta in bonis, & duos coheredes, Primum & Secundum, a Primo egaverit trecenta, a Secundo ducenta, & Primus pro sua parte præstiterit legata habita ratione legis Falcidiæ, puta initio detractis centum, quæ sunt extra quantitatem portionis suæ, uti oportet, §.*ult. Inst. de lege Falcid.* deinde detracta quarta ex ducentis, id est, detractis quinquaginta, atque ita præstiterit centum quinquaginta tantum, deinde ei obvenerit portio coheredis, a quo erant legata ducenta, & qui similiter induxisset Falcidiam, præstitisset centum quinquaginta, retinuisset quinquaginta, ex integro ponenda est ratio legis Falcidiæ, ut facta contributione omnium legatorum, quæ contributa efficiunt quingenta, & detractis centum, quæ sunt extra quantitatem bonorum, coheres idemque substitutus repleat sibi Falcidiam, detractis aliis quinquaginta, qui jam detraxit quinquaginta, & præstet legatariis trecenta pro rata, id est, servata proportione eadem, quæ ab ipso testatore constituta, ratio sescupla, cum his reliquerit trecenta, illis ducenta, Ergo servata eadem ratione ex trecentis, quæ supersunt deducta Falcidia, his quibus erant relicta trecenta, præstari debent centum octoginta, his autem quibus relicta erant ducenta, præstari debent centum viginti. Nam eadem est ratio trecentorum ad ducentos, & ducentorum ad centum, nempe sescupla: Ideoque illis, quibus a se relicta erant trecenta, minus præstitit coheres, qui præstitit centum quinquaginta tantum, initio separatim posita Falcidia in sua portione, & quod minus præstiterit actione ex testamento, ab eo legatarii petere possunt, retractata ratione simul omnium legatorum, *l.etiam, de solut.* ut e converso, si ab eo proponantur relicta ducenta a coherede, cujus portio ei accedit, trecenta, & suis legatariis præstet centum quinquaginta, plus præstitit, & quod plus præstiterit, denuo habita ratione legis Falcidiæ nempe quingentorum, ab eis repetet condictione indebiti, vel actione ex stipulatu, si stipulatione Falcidiæ sibi prospexerit, *l.18.hoc t.* Fateor igitur computationem fieri omnium legatorum, quoties totus as accedit ad coheredem eundemque substitutum, & fieri computationem, ut pro rata servetur legatariis, quod quibusque contingit. Nego autem, eam computationem fieri oportere, ut quartam habeat heres, id est, centum, quod tamen ait ille §. id est, centum cum & centum habiturus sit, discrete & separatim habita ratione legis Falcidiæ. Quod æque posset consequi discreta ratione, quid opus est perspeuti & inducere confusa? Et tamen in *d.§.ult.*ait confundi rationem in hoc, ut quartam habeat heres: & ne id omittamus quod adjicit Accurs. in *d.§.ult.* falsum hoc esse, si pupillus non exstiterit heres, atque ita portio pupilli obvenerit coheredi ex tacita vulgari, quæ inest semper pupillari, *l. jam hoc jure, ff. de vulg. subst.* Verum tamen esse, si pupillus heres extiterit, & eo mortuo ante pubertatem, portio ejus coheredi obvenerit ex substitutione pupillari. Hæc, inquam, distinctio Accurs. refellitur eod.§.*ult.* quo dicitur, nihil referre, ex qua substitutione portio coheredis ad coheredem pervenerit, ex vulgari an pupillari, sicut & supra ostendimus, ubi portio onerata portio accedit integræ, vel integra oneratæ, nihil referre, ex qua substitutione accedat. Igitur quicquid scribit Accurs. in eo §.*ult.* non eum nobis perspicuum reddit. Videamus an alii aliquid adinvenerint subtilius. Sunt quidam, qui ut ostendant in specie *d.§. ult.* necessario contributionem induci, ut heres quartam obtineat omnium bonorum, quæ testator reliquit, hoc ajuntur sive commento, sive prætextu, ut si non facta contributione coheres, qui jam posuit Falcidiam in sua parte, separatim eam ponat in parte pupilli coheredis, nec inducat confusionem, non sit habiturus quadrantem omnium bonorum, videlicet, si pupillus ex sua portione aliquid deminuerit: quod fateor evenire, si pupillus deminuerit, & non injuria evenire contendo, ut minus habeat quadrante. Exempli gratia: Si quis cum haberet 400. in

A bonis filium impuberem, & extraneum instituerit ex æquis partibus, & extraneum pupillo substituerit, a singulis legaverit ducenta, deminuerit pupillus centum, & coheres extraneus jure Falcidiæ retinuerit 50. pro sua portione, postea si pupillo mortuo ei heres extiterit ex substitutione pupillari, reliquerit scil. tantum centum, quod deminuerit semissem suæ portionis pupillus, detrahet tantum ex hereditate pupilli 25. & summatim ex omnibus bonis 75. non detrahet igitur integrum quadrantem, id est, centum. Nec hoc iniquum est, quia patris hereditas spectatur, non pupilli, & patris hereditas fuit idonea exsolvendis legatis usque ad dodrantem, *d.l. qui fundum, §.qui filium.* Et deminutio facta a pupillo est deminutio Falcidiæ, non legatorum, ut in §. *quod vulgo* : nec quicquam interest, substitutus quis sit tantum pupillo, non coheres datus pupillo. Nam ut coheres & substitutus pro eo habetur, ac si in primis tabulis ex parte pure, ex parte sub conditione heres scriptus fuisset, *l.coheredi,* §. *coheres de vulg. subst.* & is, qui tantum substitutus est, videtur primis tabul. scriptus sub conditione, videtur heres esse patris, non pupilli, *d.§.coheres, & §.si filio, h.l.* Et quemadmodum quarta hujus, qui tantum substitutus est, minuitur vel consumitur ob deminutionem, quæ contingit post mortem patris: ita & quartam illius, qui & coheres & substitutus est pupilli, minui æquum est, & consumi eadem ratione, ut & quandoque hi retineat pro Falcidia, sed de suo quadrante solvat legata, ut dictum est supra ex §. *quod vulgo.* Ex his omnibus efficitur, nullo modo posse defendi sententiam *d.§.ult.* ut scilicet si portio exhausta accedat exhaustæ, coheres, qui jam pro sua parte separatim Falcidiam induxit, postea existente casu substitutionis, ex integro Falcidiam inducere debeat, non separatim in portione pupilli, sed confusim contributis omnibus legatis, ut salvum quadrantem habeat: quæ finis ejusmodi est, ut a nobis concipi non possit, cum & salvum sit quadrantem habiturus etiam sine contributione, si ut in sua portione, ita etiam in portione coheredis, quæ noviter accessit, separatim Falcidiam inducat. Quare existimavi jam olim, & placet etiam hodie in *d.§.ult.* esse legendum, *nec semis pupilli exhaustus esset*, non, *& semis.* Et consequenter ita debere poni speciem, ut integra portio pupilli accesserit portioni coheredis, ejusdem pupillo substituti, exhaustæ. Quo casu certum est, confusionem fieri legatorum, ut coheres, idemque substitutus quadrantem habeat perinde atque si esset ex una parte, quæ accessit primis tabulis, sub conditione heres scriptus: nam etsi pupillo heres existit, non patri, tamen comparatur instituto, si est, ei quem pater filio heredem fecit, comparatur substituto vulgari, *d.§.si filio, & d.§.coheres:* quo colore sustinetur substitutio pupillaris facta a patre hoc modo: *si filius heres extiterit, & ante pubertatem decesserit, ille mihi heres esto*: atque existet heres pupillo, non mihi: sed qui pupillo existit, circa legem Falc. pro eo habetur, ac si mihi extitisset heres, ut non male dicam substituendo pupillo, ille mihi heres esto, *l.1.l.coheredi, §.ult.de vulg.subst. l.si ita scriptum, §.si filio, de bon.pos. secund.tab.* Et apud Tullium 2.*de Inven.* Verum hac comparatione utimur, si onerata pupilli portio accesserit integræ portioni coheredis, ejusdemque substituti : Neque enim hoc casu substitutus comparatur instituto, sed Falcidiam inducit in portione pupilli, etiamsi in sua portione quadrantem bonorum habeat integrum, ut ex §.*si filio,& §.quæ sit tum,& §.coheres,& l.1.§.id quod ex substitutione, h. t.* intelligi potest, ac etiam ex *d.l.qui fundum, §.qui filium.*

Disquisivi heri multa, & disputavi non sine molestia circa §.*ult. legis,qui fundum,* quo loco nullus est obscurior in hac materia contributionum, nec dum mihi satisfeci: sed,ut spero, faciam, ut & mihi & vobis hodie, & simul huic materiæ extremam manum imponam. Lumen quod affero ad hunc §.*ult. l. qui fundam*, videbitur clarissimum. Velim primum vos semper in mente habere eam speciem, quam heri posui, instituta explicatione *d.§.ult.* Eum qui habebat 400. in bonis, duos heredes fecisse ex æquis partibus,

tibus, singulos ex semisse, & ab uno legasse trecenta, ab altero ducenta. Velim etiam, vos meminisse duarum interpretationum, quas retuli, maxime prioris, quæ propius vero accedit, & quam patefaciemus cunctis hodie. Posterior ineptissima est. Eis vero rejectis interpretationibus tentavi ad extremum idem, quod olim in *d. §. ul.* vexatissimo sc. loco horum verborum *& semis*, reponere, *nec semis*, ex quo efficitur, contributionem fieri legatorum, si integra portio exhaustæ accedat ex substitutione pupillari aut vulgari, & fieri eam contributionem, ut quarta bonorum apud coheredem eundemque substitutum remaneat. Quæ verba ita debui evidenter interpretari, ut contributis legatis omnibus, ab utroque herede relictis, quarta apud eum remaneat, beneficio portionis, quæ accedit & commiscetur suæ portioni. Atque ita si ea portio, quæ accrescit, Falcidiæ sufficiat, ut Falcidiam, quam præsumpsit aut occupavit detrahere ex sua portione, reddat legatariis quasi indebite præsumptam, hoc ex inferioribus intelligetur melius. Et si ita legendo & intelligendo dixeris, idem fuisse traditum in §. *qui filium, eadem l.* nec esse verisimile, ut paulo post fuerit repetitum in §. *ult.* dicam, aliter poni speciem in §. *ult.* nempe coheredem in sua portione jam posuisse rationem legis Falcidiæ, antequam ei coheredis portio obveniret jure substitutionis; & post eveniente & existente casu substitutionis, retractari rationem omnem legis Falcidiæ confusis semissibus, perinde ac si ab initio ex asse heres scriptus aut nuncupatus esset, & confusis legatis tam a se, quam a coherede relictis, qui casus non ponitur in §. *qui filium*. Retractatione rationis id est, retractata ratione legis Falcidiæ, quod notandum, retractatione calculi, hæc propria res est de qua agitur in §. *ult.* Et sane ita posita specie retractationem rationis legis Falcidiæ fieri oporteret: sed nihil mutemus. Namque animadverti receptam scripturam, *& semis*, explicari posse satis dilucide hoc modo: ut si portio exhausta jure substitutionis accedat exhaustæ in ponenda ratione legis Falcidiæ, fiat contributio legatorum omnium, etiamsi jam, antequam locus esset substitutioni, separatim in sua portione coheres idemque substitutus posuerit rationem legis Falcid. ut scil. quartam bonorum sumat ex confusione legatorum, non separatim ex his, quæ a se separatim, & his, quæ a coherede relicta sunt, ne occurrat iniquitas, quæ occurreret, si plus aut minus præstet his vel illis legatariis, quam oportet: nam separatim habita ratione legis Falcidiæ, his, quibus a se relicta sunt trecenta, initio detraheret centum, quæ sunt extra quantitatem portionis suæ, deinde jure Falcidiæ detraheret 50. ex ducentis, & præstaret 150. Quibus confusa ac simul habita ratione legatorum, essent præstanda pro rata portione, & his, quibus a coherede relicta sunt ducenta, si separatim habuerit rationem Falcidiæ similiter retentis 50. præstaret 150. quibus tamen confusa ratione legatorum, essent præstanda centum duntaxat. Igitur ne fiat injuria legatariis, nec ulla inæqualitas existat, melius erit eam quartam deducere ex confusis non ex separatis legatariis, hoc modo, ut confusa efficiant 500. deinde detrahantur 100. quæ sunt extra quantitatem bonorum, ut in *tit. de lege Falc. Inst.* sub finem, post detrahantur alia centum, quæ per legem Falcidiam habere debet, & ex residuis trecentis, his quibus a se relicta sunt trecenta, præstat pro rata portione, id est, ἐκκη̃ρε nempe ducenta. His autem quibus a coherede relicta sunt ducenta, præstet centum duntaxat, legata enim a se relicta augentur, si ex substitutione alteram quoque partem hereditatis acceperit. Igitur si cœperit in sua portione habere rationem Legis Falcid. antequam existeret casus substitutionis, hæc ratio erit pro non habita, quia nec jure habita est, cum minus debito eum præstitisse legatariis suis appareat ex postfacto, existente casu substitutionis. Et ideo existente eo casu, atque ita obveniente altera portione hereditatis, denuo inducitur Falcidia in omnibus legatis. Et brevis ita & elegans summa §. hæc est. Si exhausta portio exhaustæ accedat ex substitutione vulgari aut pupillari, contributionem portionum & legatorum fieri, & si

qua fuerit habita ratio legis Falcidiæ separatim, eam corrigi, & retractari, & eam fieri confusim, & ita cuique legatario servari ratam portionem. Quod mihi nunc videtur esse evidentissimum, nec in eo §. quisquam debet accedere ad Accus. In §. *ult. hujus l.* nullus erit labor.

---

### Ad §. ultimum.

*Si quis exheredato filio substituit heredem institutum, & ab eo tabulis quoque secundis legaverit: necessario ratio confundetur: cum ideo legata valere dixerit Julianus a substituto relicta, quod idem patri heres extiterit.*

CErtum est a substituto filii impuberis exheredati, non posse relinqui legata, quia nec ab exheredato possunt relinqui, etiamsi ei data sint ampla legata, *l. miles ita, §. si miles, de milit. test.* quia a legatario legari non potest, & testatori non debet plus licere in substitutum, quam in eum, cui substituit: si ab eo, cui substituit, non potest legare, nec a substituto ejus igitur, *l. qui fundum, §. qui filio, h.t. l. ult. de leg. 3.* Unus inter alios est casus, qui exponitur in *h. §. ul.* quo a substituto exheredati recte legatur, puta si testator substitutum exheredatum in secund. tab. heredem instituerit in primis. Hoc enim casu valere legata ab eo relicta tam primis quam secundis tabulis, *l. plane si filium in princ. de leg. 1. l. si filius, qui patri, de vulg. subst.* & ut ait in hoc §. *ult.* in ponenda ratione Falcidiæ legis heres institutus primis tabulis atque substitutus secundis, dicitur confundere & contribuere legata a se relicta utrisque tabul. Quod putare sæpe jactata ratio, duplex testamentum pro uno haberi: heredem filii heredem patris esse videri, substitutum secundis tab. videri primis scriptum, huic filii esse patris, ut Græci ajunt, τῷ πατρὸς οἰκέτα, κὴ ἡτὰ δηίζα ἀντί in *h. §.* Verum ne dixeris confundi bona paterna & pupillaria: confunduntur legata ab eo relicta utrisque tab. sed bonorum paternorum & pupillarium as non confunditur, imo substitutus exheredato bona pupillaria habet supra quadrantem bonorum paternorum, *l. 10. sup.* & in §. *quod vulgo.* Nunquam hereditas paterna confunditur cum hereditate pupilli: licet enim unum sit testamentum, tamen duæ sunt causæ, duæ hereditates. Confunduntur quidem partes hereditatis paternæ, confunduntur semisses assis paterni ut *l. 1. §. id quod ex subst. & l. qui fundum, §. qui filium, h. t.* hereditas paterna & pupillaris non confunditur, sed separatim earum habetur ratio. Et in ponenda ratione l. Falc. semis paternæ, quod memini me latius exponere in *d. l. 10. lib. 10.* Et erravi supra in ponenda ratione sescupla: Nam 300. & 200. quæ legaverat is, qui 400. habuit in bonis comparare debui non cum 200. & 100. sed cum 180. & 120. quæ 300. quæ superfunt deducta Falcidia legatariis præstare debet iis quibus a se relicta sunt 300. & 180. Iis autem, quibus a coherede relicta sunt 200. 120. & ita moneo vos corrigere adversaria vestra. Superest unum, quod in tractanda materia confusionis omisi, non parvi ponderis, quod omissum possit scrupulum inicere multis. Cum dixi ex *l. 1. §. si coheredi, & l. quod si ab alterutro*, separationem fieri portionum & legatorum, si portio onerata accesserit integræ jure accrescendi, ex Proculi & Juliani sententia contra Cassium, hoc sc. omisi dicere, portionem oneratam accrescere, vel quod repudiata sit a coherede. Et hanc hodie quidem accrescere cum onere legatorum ex constitutione Severi: olim accrevisse sine onere legatorum, *l. 29. in fine, l. si Titio & Mævia, in fin. de leg.* Nec de ea quicquam sensisse Proculum aut Cassium aut Julianum, cum nondum prodiisset constitutio Severi, vel portionem oneratam accrescere, quod defecerit mortuo coherede, post testamentum vivo testatore, vel post mortem testatoris, ante apertas tabul. & hanc portionem deficientem omni jure accrevisse, cum onere præstandorum legatorum etiam ætate Cassii & Juliani & Proculi, sicut legata, quæ deficiebant similiter, cum onere remanebant apud heredem, *d. l. 29. in prin.* Et hac in re recte fit comparatio legatorum cum portione hereditatis, *d. l. quod si alterutro.* Et jure etiam novo,

novo, id est, per legem Juliam & Papiam, etiam portionem accrevisse coheredi excluso fisco, cum onere legatorum. Conjunctio excludit caducum, sicut substitutio. Conjunctio est tacita substitutio. Et hæc genera accessionum significantur in *d.§.si coheredis verbo vindicavero*, si portionem onerata vindicavero, quod sc. defecerit vivo testatore, vel ante apertas tabulas. Hanc enim vindicavero cum onere, & ideo separatim in ea posuero rationem legis Falcidiæ, quamvis pars mea sit integra & quadranti par. Et hoc idem etiam demonstrat verbum *vindicare, l. 5. in fine, de vulg. substit.* cum ait, *se per legem*, scil. Juliam Papiam. Igitur non est verum, quod quidam scribit, in *d.§. si coheredis*, nihil referre, qua ratione portio onerata accedat integræ. Imo vero refert maxime, secundum jus, quod obtinuit ante constitutionem Severi. Et de eo Cassius & Proculus, disputare tantum potuerunt in portione deficiente, non in repudiata, vel omissa. Quod valde notandum est.

### Ad L. VII. Si tabulæ testamenti nullæ exstabunt unde liberi.

*Scripto herede deliberante filius exheredatus mortem obiit, atque ita scriptus heres omisit hereditatem: nepos ex illo filio susceptus, avo suo heres extitit: neque pater videbitur obstitisse, cujus post mortem legitima defertur hereditas: nec dici potest: heredem, sed non suum nepotem fore, quod proximum gradum nunquam tenuerit: cum & ipse fuerit in potestate, neque pater eum in hac successione prævenerit. Et alioquin si non suus heres est, quo jure heres erit, qui sine dubio non est agnatus: Ceterum & si non sit exheredatus nepos, adiri poterit ex testamento hereditas a scripto herede, filio mortuo. Quare, qui non obstat jure intestati, jure testati videbitur obstitisse.*

PErtinet hæc lex ad jus legitimarum hereditatum. In legitimis hereditatibus prima ex causa suorum heredum, §. 1. de hered. quæ ab intest. Suorum appellatio est ex 12. tab. *l. liberorum, de verb. sig.* ex jure civili, *l. cum ratio, de bon. damnat.* ut in illo loco 12. tab. Si intestatus moritur, cui suus heres non extabit. Et ratio appellationis hæc est, quia liberi vivo parente quodammodo domini existimantur, atque adeo parente mortuo continuatione dominium potius, quam hereditatem adipisci, suam quodammodo hereditatem adipisci, suaque bona & suos sibi heredes esse. Et ita de eadem continuatione dominii Paulus in *l. 11. de lib. & postum.* & 4. Senten. *In suis heredibus a morte testatoris rerum hereditariarum dominium continuari.* Si igitur vivo parente quodammodo videntur esse domini, & sui ipsius videntur, heredes esse mortuo parente; & quidem alii legitimi heredes veluti agnati, vel ex transverso sunt sive ex latere, licet dicantur quasi venire ab bona propria, *l. 1. §. largius, de successi. edic.* tamen sui heredes non dicuntur, quia ut est in *d. l. 11.* continuatio dominii evidentius apparet in liberis, qui heredes sunt, quam in agnatis, & ardentiore voto optamus liberos nobis heredes esse, quam agnatos, faciliusque vivi liberis nomen domini cedimus, ut ait Lact. 4. Inst. quam agnatis, atque ideo liberos suos heredes appellamus. Ceteros appellamus alienos, extraneos, licet sint agnati. Sui autem aut sunt naturales, aut non naturales. Non naturales, ut adoptivi, & jure veteri uxor, quæ convenit in manum viri matrimonii causa, uxor, quæ in manu est viri, sua heres est viro jure veteri, quia filiæ loco est, vir loco patris, & viri filius loco matri five novercæ, est loco patris, & illa loco sororis. Item nurus, quæ est in manu filii jure veteri sua heres est, quia nepotis loco est ex jure veteri. Et similiter pronurus, quæ est in manu nepotis, sua heres est, quia proneptis loco est. Sed hoc jus in desuetudinem abiit. Naturales autem sui heredes sunt liberi ex justis nuptiis progenerati, vel etiam ex injustis, si per errorem contractæ fint, & erroris causa probata fuerit ex *l. Ælia Sentia*, ut intelligitur ex fragm. Ulp. Caii & Pauli. Namque hæc erat vetus ratio nondum nobis patefacta quondam faciendi filii legitimi, & faciendi quoque patris legitimi. Nec enim ulla ratione fit filius legitimus, quin & pater fiat legitimus pater. Inter civem Romanum, aut peregrinum aut Latinum, vel e contrario, non erant justæ nuptiæ, sed si contractæ essent per errorem, & erroris causa probata esset concilio, ex *l. Ælia Sentia* confirmabatur status liberorum & parentum, id est, filii fiebant legitimi, & patres legitimi, ac donabantur civitate. Qua ratione etiam videmus hodie, & ob erroris causam etiam, incestos filios fieri legitimos, confirmari eorum statum, confirmari statum parentum, confirmari nuptias, & plerumque non dissolvi, nec puniri incestum si accrissimus error fuit, ut in *l. qui in provincia, §. ult. de ritu nupt. l. si adulterium, §. incestum, de adult. l. 4. C. de incest. nupt.* veniam dari errori accrissimo, non affectato insimulatoque. Nam omnes libri veteres habent in *d. l. 4. accrissimo*, ut apud Priscianum, *canis malus celerissimus advolat Hector*, & apud Charisium, *equitum celerissimus*. Sui heredes igitur sunt liberi ex justis nuptiis progenerati, vel sui sunt liberi legitimis concepti, vel qui facti sunt legitimi, & civitate donati causa probata ex lege Ælia Sentia, vel hodie, qui alia quacunque ratione facti sunt legitimi: nam jus novum protulit varias rationes faciendi legitimii filii patrisque, vel etiam filii adoptivi, qui sunt sui, non naturales, quos sc. in potestate habemus. Sed nondum est satis ad constituendam definitionem suorum heredum. Nam si filium, nepotem, &c. habeam in potestate, & sint omnes legitimi, omnes mihi non sunt sui heredes. Quare in definitione addendum est, & *quos nemo gradu præcedit*, id est, qui proximum gradum in linea liberorum obtinent *l. 4. §. 1. de bon. pos. contra tabul.* Et addi etiam oportet, *hereditatis nostræ defendæ tempore*. Et perfecta hæc erit definitio. Sui heredes sunt liberi legitimi, qui sunt in potestate morientis, & primum gradum obtinent tempore delatæ hereditatis: quæ definitio eruitur omnino ex hac *l. 1.* Nam si moriente patre intestato, in ejus potestate fuerit filius, & nepos ex eodem filio, filius suus heres erit, quia nepotem gradu præcedit, & nepoti obstat, juxta id quod Paulus ait 4. Sent. parentes liberis, cum quibus in potestate fuerunt, ipso ordine successionis obsistere. Sed quæ est species hujus *leg. 7.* Si filius exheredatus fit, nepos silentio præteritus, extraneus scriptus in testamento, & post mortem patris etiam moriatur filius deliberante herede scripto; deinde heres scriptus repudiaverit hereditatem, nepos hoc casu avo intelligitur suus heres esse ab intestato, cum desertum sit testamentum, & repudiatum ab herede scripto, quia etsi mortis avi tempore, eum præcesserit filius, tamen tempore delatæ hereditatis, id est, eo tempore, quo scriptus repudiavit, eum filius non præcessit, qui jam mortem obierat. Et id etiam ostendit *l. 9. §. si filium, de lib. & post. l. 1. §. sciendum, de suis & legitim. l. si quis filio, de iniust. rupt. test. l. ult. in fine de condit. inst.* ut ibi exposui: est enim Papin. lib. 13. quæst. & §. *cum autem, Inst. de hered. quæ ab intest.* Nec enim spectamus hoc casu, quis fuerit proximo gradu tempore mortis testatoris, sed quis tum fuerit proximo gradu, cum certum esse cœpit neminem ex testamento heredem fore, veluti repudiato & destituto testamento, vel rupto, vel defecta conditione institutionis. Et verba XII. tabul. *si intestatus moritur* referimus non tam ad tempus mortis, quam repudiatæ hereditatis testamentariæ, quia primum defertur hereditas legitima ab intestato, & in ea inveniitur proximior nepos. Ergo suus heres est, nec ei obstitit filius, quamvis eum præcesserit. At e contrario, in eadem specie, si post mortem testatoris, ac etiam filii scriptus heres adjerit hereditatem, an dicemus testamentum rumpi, ruptumve esse propter præteritionem nepotis? an, inquam, quasi præteriti nepotis ruperit testamentum, dicemus inanem esse aditionem, & nepotem admitti ab intestato? Quod negat Papin. quia nepos sui heredis locum tempore mortis avi non tenuit præcedente filio, nec nepoti satisfieri oportuit in testamento eo instituto, vel exheredato, sed filio tantum: & filio satisfactum est per exheredationem quæ effectum habuit adita hereditate patris. Scripti igitur, qui adiit potior est causa, quam nepotis, & præteritio nepotis non rumpit testamentum. Hodie tamen ex constitutione *l. si quis filium, C. de inoffic. test.* ex persona filii, patris

patris scil. sui potest agere querela inofficiosi testamenti, quasi patre suo immerito exheredato, in qua forsan vincet. Secundum quod evenit, ut in jure, vel causa intestati, id est, repudiante herede scripto, filius nepoti non obstet, quin intelligatur nepos esse suus: jure testati, id est, adeunte scripto, filius obstet. Priore casu ex die repudiationis defertur hereditas intestati, & eo die proximior invenitur nepos. Ergo intelligitur esse suus. Posteriore autem casu ex die mortis testatoris defertur hereditas, quo tempore nepos non obtinuit primum gradum, sed filius, & potuit nepos impune praeteriri.

Repetam summatim, quod circa speciem legis nostrae septimae dixi definiri: Repudiante herede scripto, nepotem avo suum heredem esse jure intestati, quod nemo ex testamento heres existat: adeunte autem herede scripto obtinere testamentum, nec rumpi testamentum praeteritione nepotis, quia sui heredis locum non tenuit, filio praecedente tempore mortis avi, atque ita filium obstare nepoti jure testati, id est, si ex testamento adita hereditas fuerit: non obstare jure intestati, si repudiata fuerit, quia repudiationis tempore filius non praecedebat, qui jam erat sublatus e vivis. Et nunc videamus, quemadmodum Papin. refellat opinionem eorum, qui in hac specie repudiante herede scripto dicebant, nepotem non esse quidem suum heredem avo, quod eum filius praecesserit, sed esse legitimum heredem, ut agnatum. Qui in ea opinione erant, non sibi constabant: quod enim statuebant, nequibat consistere, quandoquidem is, qui dicit nepotem non esse suum heredem, & hoc dicit, legitimum non esse: legitimi sunt agnati, legitima successio est agnatio. Ergo, qui dicit, nepotem suum non esse, & hoc dicit, nepotem agnatum non esse. Itaque parum sibi constabant illi, qui dicebant suum non esse, & agnatum esse, non venire jure suitatis, venire jure agnationis. Verum objicies, quod multis non parvum exhibet negotium, quod abest species, non continuo abesse genus. Suitatem esse speciem agnationis. Agnationis species hae sunt; Suitas, consanguinitas, & reliqua cognatio legitima. Suitas est igitur species agnationis, l. filius, de suis & legit. l. Jurisconf. §.1. de grad. & affi. l. de bonis, §.1. de Carb. edic. l.2. unde leg. l.1. §. sed videndum de success. ed. Si quis non sit suus, non ideo sequitur non esse agnatum. Potest quis non esse suus, & agnatus, 'ut frater non est suus, & est tamen agnatus, si sit frater consanguineus: si uterinus, est cognatus, non agnatus. Item nepos, si filius praecedat, non est suus, sed est agnatus: a quo abest species, necesse non est & genus abesse. Et hoc ita si objicias, contra objiciam, hoc esse falsum in individuis, id est in singulis rebus: ut si negas L. Titium esse hominem, & hoc negas L. Titium esse animal, quia non potest L. Titius esse animal, quin sit homo. Aut enim non est animal, aut si est animal, homo est: & ita hunc nepotem, quem nemo praecedit tempore delatae hereditatis legitimae, tempore repudiati testamenti, si negas esse suum heredem, & eundem negas esse agnatum, quia non potest esse agnatus, quin sit suus heres, hic nepos scili. de quo ago. Aut enim non est agnatus hic nepos, aut si est agnatus, suus est: atquin suus non est, ergo nec agnatus. Agnatus vel est in transversa linea, vel in directa: certe nepos non est in transversa, non est eis agnatus in directa, cum non sit suus, ut jure agnationis venire ad hereditatem possit, qui non potest venire suitatis jure: Falsum est igitur, quod illi statuebant, eum venire ut agnatum, non ut suum: Haec enim separari in eo non possunt, & verius est, eum esse suum heredem, quia etsi pater eum praecesserit tempore mortis avi, ac ita eo tempore nepos non tenuerit proximum gradum, tamen fuit in potestate morientis avi, & in ea hereditate pater eum non praevenit, qui jam mortuus erat, antequam locus esset legitimae hereditati, per repudiationem testamenti. Ceterum adeunte herede scripto, nepos avo suus heres non est, & scriptus obtinebit hereditatem: quam adiit, quia tempore delatae hereditatis ex testamento, quod abtinuit, cum adierit heres, id est, tempore mortis testatoris, filius praecedebat nepotem, nec aliud tempus existit, quo delata sit hereditas. Denique eo tempore, quo fuit delata, filius praecedebat, filius obstabat nepoti, in cujus locum nepos potuisset quidem succedere vivo avo; sed mortuo avo, mortuo testatore non fit successio in locum sui heredis, puta, si filius moriatur, vel si exheredatus sit, ut in hac specie, quae exheredatio effectum habuisset, si vixisset, cum adita est hereditas ex testamento, & exheredatione amisisset jus sui: exheredatio perimit suitatem, l.9. si filium, de lib. & post. l.1. §. post suos, de suis & leg. l. filium, §. videamus, de bon. poss. cont. tab. Et hoc est quod ait Pap. l.7. & est elegans conclusio: filius qui non obstat jure testati, obstat jure intestati.

## Quod sequitur in §. ult.

*Non sic parentibus liberorum, ut liberis parentum debetur hereditas. Parentes ad bona liberorum ratio miserationis admittit: liberos natura simul & parentum commune votum.*

ID eo pertinet, ut intelligatur, suos heredes praeferri parentibus defuncti, qui legitimi sunt sive agnati, nec praetor eis dat bonorum possessionem ex prima parte edicti, quae tantum pertinet ad suos heredes, sed ex sequenti parte, unde legitimi vocantur vel agnati. Igitur liberi defuncti excludunt parentes defuncti, ut nec simul admitti possint, etiamsi defunctus fuerit in potestate parentis. Quod obtinet hodie ex Nov. 117. in his scilicet, quae patri non adquiruntur, de his, quae patri acquiruntur, dicemus in l. pen. de suis & legit. ex eod. lib. Ratio autem, quod liberi defuncti excludant parentes defuncti, haec est, quia hereditas magis debetur liberis nostris, quam parentibus, quandoquidem plures rationes invitant liberos, quam parentes. Parentes invitat sola ratio miserationis, ut ad quos summus moeror pervenit morte liberorum, ad eos hereditas perveniat, quae ob id ipsum dicitur luctuosa & tristis, l. ult. C. de inst. & substit. l. ult. C. com. de success. Liberos autem vocant plures rationes: ordo naturae, naturalis erga filios caritas ac propensio, naturae ipsius ratio, lex tacita, & parentum omnium commune votum, communis optatio. Quod idem retulit ante Papinian. lib. 19. in l. nam si pariter, de inoffic. testament. Et ex hoc §. ultimo, veluti conjuncta scriptura, ut res exigit transeamus ad l. pen. de suis, & legit. hered.

## Ad L. Si pater. pen. de suis, & leg. hered.

*Si pater apud hostes moriatur, defunctum jam in civitate filium, credimus patremf. decessisse, quamvis patria potestate, quandiu vixerit, non fuerit in plenum liberatus: itaque heredem habiturus est iste non reverso patre. Sed si postliminio redierit pater jam defuncto filio, quicquid medio tempore per eum quaesitum est, habebit: & non est mirum, si peculium quoque defuncti filii desertur patri: cum eo so natus potestatis ipsius fiat per suspensi juris constitutionem.*

NOtandum est, in his bonis, quae patri adquiruntur, filiusfam. neque ex testamento, neque ex intestato heredem habere posse, sed patrem superstitem omnia occupare jure peculii. Inde quaeritur in hac l. quid fit dicendum, si filiusf. decesserit patre capto ab hostibus & vivente adhuc, an heredem legitimum habiturus sit filiusf. qui in incerto statu decessit propter captivitatem patris nam si redeat pater, filiusfam. intelligitur decessisse filiusf. propter fictionem postliminii, neque heredem habet: sed si ibi moriatur pater, etiamsi moriatur post filium, filius intelligitur paterf. id est, sui juris decessisse, & heredem habet legitimum, quia lege Cornelia pater praemortuus fingitur, id est, ea ipsa hora qua captus est, l. in omnibus, de captiv. & postlim. Et hora captivitatis jungitur horae mortis, & retro, l. justo. in fin. de usucap. & usurp. Interim igitur, quandiu pater vivit apud hostes, si filius moriatur, filii bonorum possessio ab intestato peti non potest, quia nondum apparet eum patremfa. decessisse. Et hoc ita est proditum in l.2. §. si quis decesserit, unde legit. & l.1. §.1. tit. seq. l. in bello, §. si quis, capiatur, &
l. bo-

*l. bona*, §. *quod si filius*, *de capt. & postl.* Sed si ibi moriatur pater, fictio legis Corneliæ facit, ut filius defunctus pridem in civitate intelligatur paterfam. decessisse, & heredem habeat proximum agnatum, quasi præmortuo patre, tametsi, quandiu vixerit pater, in plenum liberatus non fuerit patria potestate; quia pependit jus filii patrisque propter spem postliminii. Paterfam. est, qui liberatus est potestate patria, vivente patre apud hostes, non dum apparet an liberatus sit patria potestate: nondum est igitur in plenum ea liberatus, & tamen si ibi moriatur pater, fingetur filius supervixisse patri, & quasi morte patris sui juris effectus fuisse, ac ita habiturus est heredem legitimum. Et ait Papinianus, *credendum est eum patrem decessisse propter fictionem* scil. legis Corneliæ: ait, *credendum est*, in re ficta, ut *l. retro*, *& in l. in bello*, §. *si quis*, *de capt. & postlim. l. Titio centum*, *in princip. de condit. & demonst.* Quia plerumque falsum aut fictum est, quod credimus. Et ideo in comœdiis dicenti, *gaudeo*, responderi solet, *credo*, quia multi gaudere se significant cum debeant gratulari: cum maxime doleant non respondetur, *scio*, sed *credo*. Sic igitur in fictionibus juris sæpissime usurpatur verbum *credo*, quod scil. pater postliminio redeat, mortuo jam filio, filius intelligitur filiusfamil. decessisse, & bona quæ medio tempore acquisivit stipulatione, vel traditione, vel legato, ( nam hereditate non potuit, quandiu pater vixit apud hostes, d. §. *si quis capt.* ) non potest adire hereditatem, qui et incerti status. Igitur bona, quæ alia ratione acquisivit interim, ea omnia pater occupat jure peculii, & nepos quoque ex eo filio natus medio tempore, sit in potestate patris reversi ab hostibus propter fictionem postliminii, quia retro fingitur in civitate mansisse, nec venisse unquam in manus hostium. Hæ duæ fictiones sunt frequentissimæ in jure nostro, fictio l. Corneliæ, & fictio postliminii, quæ efficiunt, ut credamus multa, quæ sunt falsa. Et observandum est in hac *l. pen.* Papinian. *postliminium* appellare, & quasi definire suspensi juris constitutionem, quia species postliminii suspendit jus filii, patrisque, si vel hic, vel ille sit captivus: suspendit jus omne captivi, eorumque jus, qui in ejus familia sunt, non abrumpit, *l. illa institutio*, §. 1. *de hered. instit.* Et eventus, id est, reditio omnia jura restituit in integrum. Et hoc est quod ait in hac *l. pen.*

Ad L. pater instituto 10. & 11. ff. de capt. & postl. revers.

*Pater instituto impuberi filio substituerat, & ab hostibus captus decessit: postea defuncto impubere legitimam admitti quibusdam videbatur: neque tabulas secundas in ejus persona locum habere, qui vivo patre sui juris effectus fuisset. Verum huic sententiæ refragatur juris ratio: quoniam si pater, qui non rediit, jam tunc decessisse intelligitur, ex quo captus est: substitutio suas vires necessario tenet.*

§. 1. *Si mortuo patre capiatur impubes institutus, vel exheredatus, in promptu est dicere, l. Corneliam de tabulis secundis nihil locutam, ejus duntaxat personam demonstrasse, qui testamenti factionem habuisset. Plane captivi etiam impuberis legitimam hereditatem per legem Corneliam deferri: quoniam verum est, ne impuberem quidem factionem testamenti habuisse. Et ideo non esse alienum, prætorem subsequi non minus patris, quam legis voluntatem, & utiles actiones in hereditatem substituto dare.*

Lex 11. *Quod si filius ante moriatur in civitate, nihil est, quod de secundis tabulis tractari possit: sive quoniam vivo patre filiusfam. mori intelligitur: sive quoniam non reverso eo, exinde sui juris videtur fuisse, ex quo pater hostium potitus est. Sed si ambo apud hostes, & prior pater decedat; sufficiat lex Cornelia substituto, non alias, quam si apud hostes patre defuncto, postea filius in captivitate decessisset.*

Quæstionem tractemus *l.* 10. *de capt. & postl.* rev. quam postrema recitatione dixi esse conjungendam cum his, quæ tractavimus in *l.* 7. §. *ultim. si tab. testam. nul. & l. pen. de suis & legit.* Et conjungi debet hoc modo: in bonis, quæ patri non adquiruntur, patri præferri liberos filiisfam. quamvis in ejusdem parentis potestate sint, eique filios. liberos ab intestato legitimos heredes esse in ejus bonis: his autem bonis, quæ patri adquiruntur, patrem præferri omnibus, ut vivo, ita mortuo filiofamil. & eum, qui filiusfam. moritur vivo patre, neque ab intestato, neque ex testamento heredem habere posse, sed quod is acquisierit patrem tenere quasi peculium, non quasi hereditatem; denique in eis eum, qui filiusf. moritur, neque ab intestato, neque ex testamento habere posse, quia in causa testati, & in causa intestati lex XII. tabul. qua obveniunt hereditates cum legitimæ, tum testamentariæ, loquitur de patref. non de filiof. In causa testati his verbis: *paterf. uti legassit, &c.* In causa intestati: *paterf. si intestato moritur, cui suus heres non extabit*, &c. Si filiusfamil. ex testamento heredem habere non potest, ergo nec ex substitutione pupillari, quia testamentum est filii impuberis, quod valet, si morte patris factus sit paterfam. & postea decesserit impubes: irritum fit: si filiusfam. decesserit vivo patre. Ex his principiis constat ratio legis 10. & 11. Sed repetendum est etiam breviter, quod dicemus ex *l. pen. de suis & legit.* Si vivo patre captivo filius moriatur, postea reverso patre, filius intelligitur decessisse filiusf. & heredem nullum habet, nec ab intestato, nec ex testamento, vel principali, quod ipse fecit interim, vel pupillari quod ei fecerit pater ante captivitatem. Mortuo autem patre apud hostes, filius, qui ante decesserat, intelligitur paterfamilias decessisse, factus sc. sui juris morte patris, quem lex Cornelia fingit prædecessisse, atque ideo hic filius habiturus est heredem, vel ex suo testamento, si pubes fuerit, & testamentum fecerit: vel ex pupillari substitutione, si impubes fuerit, & impubes decesserit, eique pater ante captivitatem substituerit: vel nullo facto testamento, habiturus est legitimum heredem, & quod medio tempore adquisierit, post captivitatem patris pertinebit ad heredem legitimum filii, non ad heredem patris. Quæ est sententia, *d. l. pen. & l. proponebatur*, §. *ult. de pecul. castr.* Cui obstat vehementer, quod opinione, lex *bona*, §. *quod si filius*, *h. t.* quæ ait, filium captivi, quod interim acquisivit, patre mortuo apud hostes, sibi acquisiisse videri. Et sequitur perperam in ea lege, quæ pugnat cum superioribus, *Et si filius vivo patre decesserit*, post pater decesserit apud hostes, quod filius quæsierit medio tempore, pertinebit ad heredem filii, quod est absurdum, ut quod filio quæsitum est, non pertineat ad heredem filii. Et ut etiam Accurs. ipse præsentit in *d.* §. est legendum, *nec si vivo patre decesserit, ad heredem patris pertinebit*: quandoque pater decesserit apud hostes, non pertinebit scilicet ad heredem patris defuncti apud hostes, quod interim filius adquisierit. Nunc proponamus speciem *l.* 10. & explicemus quæstionem totam facillime, quæ plerisque videtur difficillima. Ego aliquando desperavi, me posse venire ad intelligentiam ejus *l.* 10. & 11. præcipue. Finge: pater filio impuberi instituto vel exheredato substituit in secundum caput, substituit pupillariter: deinde captus est ab hostibus, & decessit apud hostes: post mortem patris filius decessit in civitate impubes: nam pubertate finitur substitutio pupillaris, an valet substitutio pupillaris? Sane valet, quia fictione l. Corneliæ jam tunc filius intelligitur morte patris sui juris effectus, ex quo captus est pater: substitutio pupillaris valet in eo, qui morte patris sui juris efficitur, fit sui juris, & post moritur impubes. Et ita definit Papinian. initio hujus legis, & Julianus in *l. lex Cornelia*, §. 1. *de vulg. subst.* Quidam dicebant, non valere subst. pupillarem isto casu, & habiturum filium heredem legitimum, non substitutum. Et utebantur hac ratione, quia vivo patre sui juris effectus est, & substitutio pupillaris in ejus tantum persona consistit, qui fuit in potestate morientis patris, *l. coheredi*, §. *cum filius*, *de vulg. subst.* Sed refellitur hæc ratio alia ratione, quia vivo patre non in plenum sui juris effectus est, ut dixit Papin. *d. l. pen.* Imo morte patris sui juris videtur factus ex *l. Corn.* quæ fingit, mortuum patrem eo ipso momento, quo captus est, quæ fingit, mortuum esse, qui vixit eo momento, ac etiam sat diu post, vivus

vus habetur pro mortuo. Igitur valet substitutio pupillaris, quia non vivo patre, sed morte patris videtur filius paterf. factus, qui post decessit impubes. Et hoc est quod ait in 1. parte *l.10. jam tunc*, &c. si reversus fuisset pater, non in captivitate decessisset, postea mortuo filio vivo patre certissimum esset, non valere substitutionem pupillarem, quia vivo patre filiusf. decessit sine ullis bonis: cujus nulla sunt bona, ejus nulla hereditas est, & cujus nulla hereditas, nullus est heres. Et hoc si, ut posuimus, praemoriatur apud hostes, deinde filius in civitate ante pubertatem. Quaero quid sit dicendum, si filius vivente patre adhuc apud hostes decesserit in civitate impubes, si praemortuus fuerit filius? Et ex *l.11.* quae sequitur, in priori parte, quae est coaptanda priori parti *l.10.* & est ejusdem Pap. ex lib. 31. ostendit, idem juris esse etiam hoc casu, & hoc maxime casu, id constare. inter omnes, ut scil. reverso patre non valeat substitutio pupillaris, quia filius intelligitur decessisse filiusf. vivo patre propter fictionem postliminii: mortuo autem patre apud hostes, ut valeat substitutio pupillaris, quia paterf. fuisse intelligitur, etiamsi prior decesserit, morte patris, quae fingitur anterior, sui juris esse ctus, quia mors patris, licet sit posterior, fingitur fuisse prior lege Cornelia. Et fictio legum veritate potentior est. Nihil igitur refert, filius decesserit post, an ante mortem patris: & ut priore casu praemortuo patre Papin. rejicit in *l.10.* eorum sententiam, qui admittebant legitimum, non substitutum: ita posteriore casu, id est, praemortuo filio rejicienda est sententia Accursii in *l.11.* & in *d.l. pen. admittentis* legitimum, non substitutum: substitutus enim praefertur legitimo, quia substitutio suas vires tenet. Et quod ait *l.11.* praemortuo filio nihil esse, quod de secundis tabulis tractari possit, non hoc est, irritas esse secundas tabul. sed rem esse certam, ut reverso patre non valeant secundae tabulae, mortuo ibidem patre valeant, tractationem esse rei difficilis & controversiae, non rei certae atque confessae. Et est quod ait *l.11. quod si filius, &c.* id est, constat inter omnes non valere reverso patre, valere non reverso: *hostium potitus* est pro ὑπάρχειν, ut Lucret.4. *mortis lethique potitus*. Et ita, ut nunc tractare incipiamus de filio capto ab hostibus, quandoquidem hactenus satis est dictum de patre capto, si mortuo patre filius captus sit ab hostibus, ibique decesserit impubes, cui pater substituerat, similiter posset dici, legitimum admitti non substitutum, hoc colore sive praetextu, quod lex Cornelia videatur eorum testamenta confirmare, qui testamenti factionem habuerunt, quam impubes non habuit. Id rejicit Papin. in §.seq. *l.10.* hac ratione contraria atque fortiori, quia si lex Cornelia impuberis legitimum hereditatem confirmat, nulla facta substitutione, & habet pro intestato impuberem, qui tamen testamenti factionem non habuit, *l.1. §.1. de suis & leg. l. bona, in pr. hoc t.* & pro intestato quoque impuberem eum habet, si & testamentum fecerit pater. Igitur ex mente leg. Corn. & voluntate patris, qui substituere venire voluit, aequum est, hoc etiam casu praetorem dare substituto utilem petitionem hereditatis, quod idem ostenditur in *l. lex Cornel. §. sed si potest, de vulg. substit.* Ubi est manifestissimum illo loco: *Quare etsi pubes*, legendum esse (*impubes*) non *pubes*, quod & sic initio §.seq. *l.10.* ait, *mortuo patre capiatur impubes, &c.* Hoc proponitur in contrarium quasi verum, quod posset tentari quasi verum, sed refellitur statim his verbis, *quanquam*, non *quoniam*, ut alias demonstravi: his verbis igitur plane, ubi etiam plusquam manifestum facit superior interpretatio esse legendum, *quanquam*, non *quoniam*, hoc loco ait, non esse alienum, & *l. lex Corn.* non incommode dici, quae omnino congruit cum hoc loco, lege Cornel. dari utiles actiones, non directas: quia jure civili, id est, ex XII. tab. ejus, qui apud hostes decessit, nulla est hereditas, & captivitate filii impuberis irritae factae sunt secundae tab. sed l. Cornel. confirmantur, contra 1.12. tab. Notandum etiam ex hoc §. ult. praetorem subsequi voluntatem testatoris, custodem esse, non eversorem testamentorum, *l. factum. §. si condit. ad Trebell.* esse absurdum, praetorem plus tribuere fideicommissario, quam voluerit testator: item praetorem subse-

qui voluntatem legis Corneliae, subsequi jus civile, ut ait *l. scio de testib.* & custodiam igitur esse praetorem testamentorum, custodem legum. Et §. quidem hic ult. loquitur de filio impubere capto mortuo patre. Unde quaero quid sit dicendum, si captus sit vivo patre. Et sane hoc casu substitutio pupillaris non valet, quia filiusf. intelligitur decessisse vivo patre, nullis bonis in civitate relictis, nec ad hunc casum porrigi potest lex Cornelia: nec enim potest lex Cornelia efficere, ut cujus nulla est hereditas, id est, cujus nulla bona fuerunt in civitate, ejus sit heres aliquis. Lex Cornelia & hereditatem & heredem facit, ut ait *l. filiusfamilias, ad l. Falcid.* Utrumque sc. simul: Nam heredem certe non facit absque hereditate. Nulla autem sunt bona filiisfamilias vivo patre mortui, aut quem credimus esse mortuum vivo patre: captus est vivo patre, ergo mortuus si non redeat: captivitas mors est. Itaque patris hereditas pertinet ad heredem patris, ad proximum agnatum ex XII. tab. non ad filii substitutum ex l. Cornel. quae deficit hoc casu. Et ita definitur in *d. l. lex Cornelia*, illo loco, quo dixi apertissime liquere, esse legendum, *quare etsi impubes*. Exposui duos casus, quorum altero solus pater captus est, altero solus filius. Restat tantum tertius, si uterque captus sit, pater & filius, & siquidem etiam uterque ibi decesserit, nec redierit aut redire possit, licet pater prior decesserit substitutio pupillaris non valet, quia filius nulla unquam bona habuit in civitate: sed si patre mortuo apud hostes filius reversus postliminio in civitate decesserit impubes, substitutio pupillaris valet perinde ac si ambo decessissent in civitate ex l. Cornelia, atque ita primae tab. sustinentur l. Cornel. ergo & secundae. Nam si non valerent primae, nec consisterent secundae. Et hoc est quod ait in posteriori parte legis undecimae: *Si ambo apud hostes sint*, id est, si pater & filius capti sint ab hostibus, & prior pater ibidem decedat, *non alias sufficere legem Corneliam substituto, εἰ ἕπως τὸν νόμον προσφέρει*, id est, non aliter legem Corneliam pertinere ad pupillarem substitutionem (*Sufficere* dicitur, quae non deficit) quam si post mortem patris reversus filius in civitate decesserit, hoc etiam casu substitutio pupillaris filio decedente impubere valet. Alioquin si uterque decesserit captivus, substitutio pupillaris non valet. Nihil habentis substituto non valet: quod proponitur in *l. si pater captus, de vulg. subst.*

### Ad L. XXVII. de Donat.

*Aquilius Regulus juvenis ad Nicostratum rhetorem ita scripsit: Quoniam & cum patre meo semper fuisti, & me eloquentia & diligentia tua meliorem reddidisti, dono & permitto tibi habitare in illo cœnaculo, eoque uti. Defuncto Regulo, controversiam habitationis patiebatur Nicostratus, & cum de ea re mecum contulisset, dixi, posse defendi non meram donationem esse, verum officium magistri quadam mercede remuneratum Reguli. Ideoque non videri donationem sequentis temporis initam esse. Quod si expulsus Nicostratus veniat ad judicem: ad exemplum interdicti, quod fructuario proponitur, defendendus erit: qua si loco possessoris constitutus, qui usum cœnaculi accepit.*

Proponitur in hac lege brevis epistola Aquilii Reguli ad Nicostratum Rhetorem, praeceptorem & magistrum suum in arte dicendi, qui ut hodie sciunt omnes ex Suida floruit aetate Papiniani sub M. Antonino Imperatore, & Rhetor cum esset, non Jurisconsultus, ut ex hoc loco apparet, de jure consuluit Papin. retulitque elegans responsum, quo causam suam tenuit, ut probabile est. Verba epistolae haec sunt: *quoniam & cum patre, &c.* videtur esse donatio, non tam quod dicat, *dono*: nec enim hoc verbum semper donationem facit, ut constat ex quodam loco *l. sed addes, loc.* sed quod ei gratis habitare permittit in cœnaculo aedium suarum: Namque hoc modo videtur ei donare id quod pro habitatione non solvit, *l. in aedibus, in princ. h.t.* Et brevitas epistolae non vitiat donationem, *l. si aliquid C. eod.* Donatio autem hodie quidem perficitur nudo consensu, ut emptio venditio, ex constitutione Justin. non satis

satis æqua, quoniam juris auctorum mos est vetustissimus, ut donationes non facile admittant, non temere approbent. Sane ex jure veteri ex l. Cincia, quæ fuit de donationibus, & ob id dicta est lex muneralis a Plauto, ex illa lege, ut dicitur in *Nov.* 162. donatio perficitur re, non consensu solo, non consensu, non nuda voluntate, nisi inter parentes & liberos ex const. D. Pii, *l.* 4. 5. *& 7. C. Theod. de donat.* non perficitur nuda ratione, ut si quis donandi animo referat in rationes suas, se debere aliquid Titio, nulla donatio est: nuda ratio non facit donationem, quod proponitur in *l.* quæ præcedit: quia nuda ratio non habetur pro traditione. Retentio ususfr. quæ hodie in omnib. causis tantum potest, quantum traditio, quæ vim & effectum traditionis habet, in donationib. non habebatur pro traditione, *l. pen. C. Theod. de donat.* Hodie etiam retentio ususfr. in donationibus habetur pro donatione, & eo quoque genere perficitur donatio, quasi is qui retinet usumfructum in re sua, quem nemo habet in re sua, sed in re aliena, quia nemini res sua servit, is videtur eam rem facere alienam traditione fictitia, in qua retinet usumfruct. *l. quisquis, l. si quis argentum,* §. *sed si quidem, C. hoc tit.* Est etiam in servitutibus patientia pro traditione, quia servitutes tradi non possunt corporaliter, non possunt tangi aut cerni: sed patientia est pro traditione. Si dominus patiatur alium in re sua uti servitute aliqua, patientia est pro traditione, & cessio & permissio, *l.* 3. *de ususfr. l. si ego,* §. 1. *de Public. in rem act. l.* 1. §. *ult. de serv. rust. præd,* ubi inquit Jurisconsultus, traditio, hoc est cessio, si quis dicat, se cedere servitutem illam vel illam, & patientia & cessio servitutum inducit: officium prætoris nempe hoc efficit, ut eum, quem dominus patitur uti servitute veluti usufructu, usu, habitatione, prætor tueatur quasi possessorem, data exceptione, & data etiam actione Publiciana, si forte ceciderit possessione, *d. l. si ego,* §. 1. *& l. si actione, si serv. vind.* Atque etiam dato interdicto quasi possessorio, veluti uti possidetis, vel unde vi, quod constat dari fructuario & usuario, si prohibeantur frui vel uti, *l.* 3. *uti, uti poss. l.* 3. *unde vi, l. item si non, l. si plures,* §. *dejectum, de vi & vi arm.* Ergo exemplo fructuarii & usuarii, dabuntur etiam hæc interdicta veluti possessoria Nicostrato in hac specie, cui est permissa habitatio cœnaculi, cui habitatio & usus cœnaculi pene idem est. Is igitur cui cessa est, aut permissa habitatio, pene usuarius est, in plerisque usuario comparatur, nisi quod habitatio non amittitur capitis deminutione, vel non utendo, usus amittitur: utrumque tamen jus finitur morte ejus, cui concessum est jus habitandi. Et hoc est quod dicitur habitationem & usum ædium pene idem esse, *l.* 32. *de ususfr. l.* 10. *de usu & habit.* Et rursus hoc est, quod Papin. ait in fine hujus *l.* Nicostratum expulsum ab hæredibus donatoris, esse tuendum quasi possessorem, ad exemplum interdicti, quod datur fructuario vel usuario, puta dato interdicto unde vi, vel si alias inquietetur, dato interdicto uti possidetis. Donatio autem Nicostrato facta per epistolam, quod fit recte, *l.* 5. *& 13. C. eod. tit. l. Lucius, inf. h. t.* Nam & traditio, vel quasi traditio recte fit per epistolam in *l. prædia, de acq. poss.* Traditio non tantum fit re, id est, naturali apprehensione, sed etiam verbo. *l. quod meo,* §. *si vendit. de acquir. poss.* & literis sive epistolis, *d. l. prædia,* sed exigitur, ut donatarius, ad quem scripta est epistola, eam acceperit, & liberalitatem agnoverit, ac amplexus fuerit, hoc est gratam habuerit, nec enim intelligitur donatio sine acceptione. Et recte *l.* 8. *de bon. libert. si patrono,* inquit, *libertus donavit, illa accepit.* Et hoc est, quod dicitur, donationem non fieri μονομερῶς, *l.* 15. *C. de sacrosanct. Eccles.* & Gallice, *donner & retenir ne vaut au coustumier de Champagne, titre des donat. art.* 1. At quærebatur in specie hujus legis, an ita Nicostrato donata habitatione, & ejus cœnaculi in ædibus Aquilii Reguli civis Romani, an, inquam, defuncto eo donatore, heredes ejus donatoris Nicostratum expellere possint cœnaculo? Dubitationem faciebat, quod Scævola ait in *l. Lucius, inf. h. t.* in qua proponitur, quendam per epistolam donasse cuidam quandam habitationem superioris cœnaculi, vel superioris diætæ, ut ait donatario se concedere superioris diætæ habitationem; se concedere habitationem superioris partis domus suæ, quamdiu vellet donatarius: *quamdiu volueris, utaris gratuito superioribus diætis ædium mearum.* Post mortuus est donator, quæritur, *an heredes ejus possint donatarium prohibere habitatione?* Et respondet, posse: posse expellere habitatione donatarium. Fuit Scævola peritissimus juris. Et hoc ita respondit ex ipso jure, nempe ut opinor ex lege Cincia, quæ modum imposuit donationibus certum, de quo agitur in *l. cum de modo, & l. ut mihi, l. fidejussori, h. t.* Nec enim permisit donare in infinitum vel immodicum, exceptis certis quibusdam personis, *l. contra de legi.* In qua etiam fit nominatim mentio legis Cinciæ. Atque etiam de ea lege Cincia est inscriptio *d. l. contra.* Ac præterea lex Cincia ex pluribus causis infregit donationes, ac reddidit inutiles, *l.* 1. §. 1. *quibus mod. pig.* Denique donationes restrictius accepit, & ipse Scævola: & accipere libenter inhibuisset, deinceps etiam Jurisconsulti omnes & Imperatores. Nam & in donationibus exigunt actorum confectionem, sive insinuationem, & ex facili eas infirmant. Inter cetera hoc jus fuit ut constat ex *d. l. Lucius,* ut donato vel gratis concesso usu cœnaculi, vel diætæ habitandi causa, non cogatur heres donatoris eum ferre inquilinum vel habitatorem, nisi aliud dictum sit, nisi nominatim caverit donator in instrumento donationis, ut inquam, non cogatur ferre eum inquilinum, etiam si dictum sit, ut quamdiu vellet habitaret, ut *d. l. Lucius,* quoniam id ita restringitur, quandiu vellet vivo donatore. Cum igitur de herede suo donator fecerit mentionem, non cogetur heres ejus eum ferre inquilinum, sed poterit eum expellere. Et hac ratione mot heredes Aquilii Reguli Nicostrato faciebant controversiam, quin imo abire & migrare jubebant. Et Papin. refert hoc loco, Nicostratum secum ea re contulisse, ut loquitur etiam Plinius 4. *epist. Contuli,* inquit, *cum prudentibus.* Et refert Papin. se Nicostrato respondisse, non valere quidem eam rem mortuo donatore, vel donationem, nec ab initio fuisse meram donationem, sed remunerationem. Sæpe fit, ut quod non valet ut donatio, valeat ut pactum, *l.* 1. §. 1. *quib. mod. pig. vel hyp. solv.* Emptor venditori pignus dedit pretii nomine; deinde venditor donavit pretium emptori: mortuo donatore constitit inutilem esse donationem, an pignus valet? minime: quia donationi inutile inest pactum, & constat pacto solvi pignus: non valet res ut donatio, id est, nulla est remissio pretii: integra est petitio pretii, sed petitio pignoris non est integra. Et ita etiam *l. Modestinus, h. tit.* si creditor remiserit usuras futuri temporis, aut minuerit, hæc res valet ut pactum, & petenti usuras obstabit exceptio pacti, neque exigetur hæc res ad modum donationis: alioquin esset plerumque inutilis, si esset immensa quantitas, aut immodica usurarum. Igitur ut ea lex ait, in ea donatione usurarum nihil vitii potest incurrere ex modo legis Cinciæ, sive summa quantitatis, quia res æstimabitur ut pactum. Et ita etiam in specie hujus legis nostræ, res æstimatur non ut donatio mera, sed ut remuneratio, quia & verius remuneratio est, quasi merces doctrinæ; sive minervale, aut permutationis genus quoddam, sive ἀνθύπευρον, *l. sed ejus lege,* §. *consuluit, de hered. pet.* Male objicitur huic legi lex *Lucius.* Nam tantum abest, ut Papinian. dissentiat a Scævola, ut maxime probet, quod est scriptum in *l. Lucius,* sed respondet ita, hoc non fuisse donationem meram, sed remunerationem præceptorum, quam utique non oportet accipi restrictè, quia & ad eam non pertinet legis Cinciæ modus aut rigor. Licet enim præceptori donare in infinitum, non servato modo legis Cinciæ: quia doctrina certo modo non æstimatur. Ita etiam in specie *l. si pater,* §. *ult. h. t.* si me liberaveris a latrunculis vel ab hostibus, sive eripueris, & pro eo tibi donavero aliquid immodicum & immensum, donatio valet, est irrevocabilis, quia non tam est donatio quam remuneratio, & merces eximii laboris, quod vi me eripueris, non certo pretio, & contemplatio illa salutis non potest æstimari certo modo. Itaque ad eam non pertinet lex Cincia. Igitur ad meras donationes tantum pertinet, non ad remunerationes eximii & inæstimabilis beneficii. Quare

nec

nec in his remunerationibus hodie insinuatio requiretur, quia permutationes potius sunt beneficiorum, quam donationes. Igitur Papinian. fatetur esse verissimum quod est in *l. Lucius*, heredem non cogi stare donationi defuncti, qui gratis concessit usum coenaculi, vel habitationem, nec de heredibus huius illam mentionem habuit, sed interpretatur hanc legem, ut pertineat tantum ad meras donationes, non ad remunerationes.

### Ad L. XL. de Mortis causa don.

*Si mortis causa inter virum & uxorem donatio facta sit, morte secuta reducitur ad id tempus donatio, quo interposita fuisset.*

Nihil est in L. XL. *de mortis causa donat.* quod non exposuerim in *l. 76. de hered. inst. lib. 15.* Donatio inter vivos non valet inter virum & uxorem, donatio directa & absoluta: donatio causa mortis valet, quia id tempus excurrit, quo solutum erit matrimonium. Sed videndum est, an mortuo donatore donatio retrahatur: ut si servus donatus fit mortis causa, an quod retrò acquisierit is servus medio tempore, pertineat ad donatarium, an fundi donati fructus? an ancillæ donatæ partus pertineat ad donatarium mortuo donatore? Et distinguendum : aut ita facta est donatio, ut tunc dominium transferretur in donatarium, cum mortuus erit donator; & hæc non retrahitur, *l. sed interim, l. si is servus, de don. int. vir. & uxor. l. 76. de hered. inst.* aut ita facta est donatio causa mortis, ut ex eo ipso tempore valeat, quo interposita est. Et hæc retrahitur.

# JACOBI CUJACII J.C.
## COMMENTARIUS
In Lib. XXX. Quæstionum ÆMILII PAPINIANI.

### Ad L. Si metus LXXXV. D. de Acq. her.

*Si metus causa adeat aliquis hereditatem: fiet, ut quia invitus heres existat, detur abstinendi facultas.*

Ex Lib. XXX. sunt tantum leges tres. Prima est lex 85. *de acqu. hered.* cujus verba sunt, *si metus, &c.* Quemadmodum suis heredibus, qui ipso jure inviti heredes existunt, prætor dat facultatem abstinendi, & si abstinuerint se bonis, solvuntur omnibus oneribus hereditariis beneficio prætoris: nam jure civili necessarii sunt, *l. necessariis, hoc tit.* ita voluntariis heredibus, puta extraneis, qui non sunt ex familia testatoris, si forte aliquo casu inviti heredes existunt, ut si metu illato a creditoribus hereditariis adierint, hoc casu etiam his prætor dat abstinendi facultatem post aditionem. Et est sententia hujus legis, & *l. si mulier, §. pen. quod met. cau.* Necessariis autem heredibus veluti servis a domino heredibus institutis cum libertate, licet inviti hereditatem adeant, non datur abstinendi facultas. Hi vero sunt necessarii heredes, qui omni jure necessarii sunt, *d. l. necessariis.* Est igitur novum, ut inviti heredes fiant, qui ipso jure necessarii & civili, & prætorio jure: sui civili jure sunt per prætorem, postulante fideicommissario, ut sæpe legitur *in tit. ad Senatusconf. Trebellian.* fiunt & qui adeunt metus causa, ut in hac lege, quo genere & inviti contrahuntur nuptiæ, *l. si patre cogente, de ritu nupt.* quia coacti tandem voluerunt. Denique voluerunt, sed inviti per se, voluerunt, sed ægre, non libenter, non jucunde, non sponte. Principia necessitatis fuerunt, post principia quasi voluntatis, *d. l. si patre*, ex Celsi lib. 15. Digest: Et videtur esse conjungenda cum eo, quod ex eod. libro Celsi refertur in *l. 6. §. ult. hoc tit.* quæ objicitur huic legi, & *d. l. si mulier, §. pen.* Conjungenda, inquam, hoc modo, ut sint quidem nuptiæ, si quis eas contraxerit volens li-

cet coactus, non etiam si fallens, id est, simulans se velle, cum nollet: sicut is, qui volens adiit hereditatem, licet coactus metu, verbere, vel alio timore, heres sit aditione, non etiam si fallens adiit. Et ita loquitur Celsus in dicto §. ult. & notat non male Accurs. an fallens adierit, protestatione præcedente, declaratione habita seorsim. Et eo jure utimur sæpissime in multis negotiis.

### Ad L. XIX. de Manumiss.

*Si quis ab alio nummos acceperit, ut servum suum manumittat, etiam ab invito libertas extorqueri potest, licet plerunque pecunia ejus numerata sit, maxime si frater, vel pater naturalis pecuniam dedit : videbitur enim similis ei, qui suis nummis redemptus est.*

His proxime adjiciemus recte, quod eod. lib. scripsit Pap. de eo, qui invitus servum suum manumisit, *l. 19. de manumiss.* Aliquando invito domino extorquetur libertas, sed volenti tandem potius, quam nolenti, ut si a Titio libero homine nummos acceperis, non quasi pretium servi, sed veluti eliciendi, aut promerendi istius beneficii gratia, ut servum tuum manumitteres, invitus manumittis, & poteris compelli per actionem præscriptis verbis, *l. naturalis, §. at cum eo, de præscript. verb.* Quod utique verum est, ut eleganter Pap. docet hac lege, si Titius non nummos suos sibi numeraverit; sed nummos tuos, id est, nummos servi peculiares, modo si Titii intersit servum manumitti, puta effectus ratione, quod is servus sit ei frater naturalis, id est, ex eodem contubernio procreatus vel filius aut pater naturalis, ex contubernio scil. pater civilis, est tantum ex justis nuptiis. Affectus autem ipsius, quo ducimur omnes erga cognatos, habetur ratio in omnibus judiciis: sive sint bonæ fidei, *l. cum servus, mand.* sive strictæ, *l. 6. & 7. de serv. export.* Et nostra interesse creditur servum manumitti propter affectionem justam & naturalem, licet nihil intersit pecuniariter: denique interest nostra fictitie, non vere. Et in judiciis igitur aliquando admittitur ficta quædam ratio ejus quod interest. Alioquin si Titii nihil intersit servum manumitti, cujus manumittendi gratia tibi dedit pecuniam non suam, sed peculiarem servi, non potest te cogere, ut servum manumittas. Non est autem mirum, si nummis acceptis peculiaribus servi, quos non ignorabas esse peculiares, cogaris eum manumittere, cum si ab ipso servo acceperis sciens nummos peculiares, atque etiam tuos, cogaris etiam eum manumittere, ex constit. Divorum fratrum ad Urbium Max. *l. 4. hoc tit. l. vix certis, l. qui se, de judic.* Dedit tibi servus tuus pecuniam peculiarem, ut eum manumitteres, non manumittis, moraris, cunctaris: non fiet liber ipso jure, sed extra ordinem interventu prætoris : servus tuus poterit te compellere, & tibi invito extorquere libertatem. Posui initio, Titium non dedisse nummos quasi pretium servi: nam si dedit quasi pretium, servus, cui mora fit in præstanda libertate, fiet ipso jure liber ex constitutione Marci & Commodi ad Aufidium Victorinum, *l. Paulus resp. de lib. causa, l. 4. C. si mancip. ita fuer. alien. ut manum.* Male Accurs? contra ponit, Titium dedisse nummos quasi pretium: nam hoc casu non esset compellendus dominus manumittere; sed lex faceret liberum sine tacto domini, non eligeretur factum domini. Constitutio repræsentat libertatem post moram domini : Illa constitutio scilicet quæ scripta est ad Aufidium. Ac præterea, si deesset pretium, Titius non solveret recte de peculiaribus nummis : nam pretia oportet emptores dare de suo : alioquin non liberantur, *d. l. cum servus, mand. & l. un. si serv. ext. se emi mandav.*

### Ad L. XII. ad L. Falcid.

*Si debitor creditore herede instituto, petisset, ne in ratione legis Falcidiæ ponenda creditum suum legatariis reputaret, sine dubio ratione doli mali exceptionis apud arbitrum Falcidiæ defuncti voluntas servatur.*

Sciendum est, heredem in ponenda ratione legis Falcidiæ, in ponenda ratione legatorum & bonorum a defuncto relictorum, prius deducere bonis æs alienum. Bona intelliguntur deducto ære alieno. Deducere autem bonis æs alienum, etiam id, quod sibi defunctus debuit, cum creditor debitori heres extitit : idque reputare legatariis: quamvis creditum sane sit confusum aditione : sed confusione tollitur tantum actio, non deductio, retentio, reputatio. Et hoc est proditum in *l*. 15. §. *quod avus*, *h. tit. l. qui fundum*, §. *si quis heredem*, *h.t. l.* 6. & 8. *C. eod. l. un.* §. *igitur*, *C. de rei ux. act.* Et sic vice versa, id quod heres defuncto debuit, cum debitor creditoris heres extitit, certum est, eum bonis computare, contribuere, connumerare, quamvis aditione, confusum sit, confusione non tollitur reputatio, *l. 1.* §. *si debitor*, & *l.* 56. *h. tit.* Hæc sunt certissima principia juris, quæ vitiantur in casu proposito in hac l. 12. in qua exponitur unus casus, quo heres non deducit bonis quasi æs alienum id, quod sibi defunctus debuit in ponenda ratione legis Falcidiæ, puta, si compensandi animo debitor creditoris suum heredem scripsit ea lege ne creditum suum bonis deduceret, & legatariis reputaret, sed id compensaret cum Falcidia : necesse est, ut id caverit aperte. Et hoc ita, si caverit, ut servetur hæc voluntas defuncti, legatarii consequentur, eoque augebuntur eorum legata, hoc, inquam, consequentur, ut ait, apud arbitrium legis Falcidiæ, apud quem inquiritur ratio legis Falcidiæ, qui & judex dicitur, *l. cum Titio*, *h. t.* hoc, inquam, consequentur opposita exceptione doli mali : nam si heres præter Falcidiam velit deducere etiam creditum suum, repelletur exceptione doli mali, per quam certum est solere compensationem opponi. Aut fane, quod maxime notandum, ratione doli exceptionis, quæ hodie tacite inest in omnibus judiciis, ipso jure fiet compensatio crediti cum Falcidia, *l. unum ex famil.* §. *sed si uno, de leg. 2. l. inter*, *de administr. tut. l. posteaquam*, *de compensat.* Et observandum maxime Papinian. hoc loco dicere, legatarios hoc consequi, ne scilicet, quod sibi defunctus debuit, heres detrahat bonis, non opposita exceptione doli mali : non enim necesse est opponi : sed ratione doli exceptio, quæ scilicet inest tacite, etiam non opposita : nam in omnibus judiciis, hodie compensatio fit ex tacita exceptione doli, quæ fiebat olim ex expressa. Et est sententia hujus legis 12. Finge : Debitor, qui quadringenta habuit in bonis, me creditorem suum heredem scripsit, & oneravit legatis, & cavit, ut hereditatem suam compensarem cum meo credito: ex hereditate ejus cum effectu percipiam Falcidam tantum, dodrantem erogo legatariis : si tantum mihi debuit, quantum jure Falcidiæ percipio: ut si debuit mihi 150. cum Falcidia sit tantummodo 100. detraham 100. pro Falcidia, & 50. tantum pro superfluo debiti in *l.* 15. §. *cum fideicommissum*, *h. t.* Nam ut ibi ait, compensatio fit tantum ad finem Falcidiæ, ad parem quantitatem, ad concurrentem quantitatem, & superfluum debiti detrahitur dodranti. Et male Accurs. & aliqui, quantulamcumque Falcidiam sufficere compensationi. Falcidiam centum sufficere credito 200. Nam mens hujus l. 12. eadem est, quæ §. *cum fideicommisssum*, ut compensentur tantum concurrentes quantitates pari pecunia, pari ære, pari numero, ut etiam in specie *d. l.* 15. §. *quod avus*, & *l. cum pater*, §. *Titio*, *in priore parte*, *de leg. 2.* nunquam quantulicunque fructus sufficiunt compensationi. Et male, quod proponitur testator cavisset in hac *l.* 12. ne heres creditum suum reputaret legatariis, his verbis, *testatorem non induxisse compensationem crediti cum quadrante bonorum suorum* : nam quid aliud agere potest? quid aliud egit, quam ut fieret compensatio ? Porro hæc voluntas testatoris creditum compensare volentis, non prohibet Falcidiam, quod etiam hoc jure non potuit, prohibet palam, *l. nemo*, *de leg.* 1. Sed fraudem ei facit quodammodo : nam si tantum sit in credito, quantum est in Falcidia ; nihil videtur retinere jure Falcidiæ, quandoquidem id, quod retineo jure Falcidiæ, jam mihi debebatur. Atque ita hac arte quodammodo inhibetur Falcidia, & fit non male, tamen servanda est hæc testatoris voluntas. Igitur si creditor, quem testator heredem scripsit, possit ei succedere etiam ab intestato, puta, quod fit ei proximus agnatus, prudentius fecerit si repudiaverit testamentum, ne fraudetur Falcidia, & possideat hereditatem ab intestato. Et ita suadent juris auctores, ut se ita in hac re gerat, id eum facturum impune, id est, citra metum edicti, *si quis omissa causa testam.* quia id facit fraudis testatoris excludendæ gratia, qui voluit fraudare legem Falcidiam. Et hæc est sententia *d. l. cum pater*, §. *Titio*, quæ confirmatur etiam *l.* 42. *de acquir. hæred. l.* 6. §. *si patronus*, *de bon. liberti l. Papin.* §. *quarta*, *de inoffic. testam.*

## JACOBI CUJACII J. C. COMMENTARIUS

In lib. XXXI. Quæstionum ÆMILII PAPINIANI.

### Ad L. IX. de Stat. hom.

*In multis juris nostri articulis deterior est conditio feminarum, quam masculorum.*

EX LIBRO XXXI. quæst. sunt II. quatuor, e quibus exposui unam nuper, eamque difficiliorem, libro 29. ad leg. 10. *de captiv.* & *post. rev. leg.* 11. scilicet, ejusdem lib. Restant igitur tres tantum, & notæ quædam Pauli in hunc Papiniani librum. Prima erit lex 9. *de statu hom.* Omittam quæcumque scripsit Accursius in hanc legem, non quod sint ea commentanda, sed quod sit vobis in promptu ea legere, *deterior*, inquit *est conditio.* Conditio, quantum ex titulo intelligere licet, est status, *l. qui cum alio*, *de diversr. regul. jur.* status conditionis, *l. cujus de jure patron.* Status etiam ex sexu discrimen aliquod accipit. Et ob id in *l. seq.* de hermaphrodito, quæritur, cujus sexus æstimari debet, sed sane hoc sit improprie. Nam status proprie non decernitur ex sexu, sed ex conditione libertinitatis, aut servitutis, aut brevius ex statu capitis, & servitutis. Status proprie discrimen non accipit ex sexu. Et tamen ex hac lege 9. & *leq. cernis*, sub tit. *de statu hominum*, agi de discrimine sexus ; quamvis uterque ponatur esse ejusdem status, puta mas, & femina liber uterque, aut servus uterque, quem ego abusum vix sero. Quod autem ait, deteriorem esse conditionem feminarum, quam masculorum, hoc natura ipsa confitari satis, ut Aristoteles in Politic. 1. τὸ ἄρρεν εἶναι κρεῖττον τῇ φύσει, sexum masculum esse meliorem, muliebrem deteriorem, vel, quod *natura maris sit imperare*, *feminæ obsequi.* Sed præter naturam etiam in multis articulis juris civilis, id est, in multis partibus deterior est conditio feminarum quam masculorum. Jus civile subsequitur naturam, dixerim pene, non in multis, sed in omnibus partibus & juris naturalis & civilis. Nam & in quibus causis melior videtur esse conditio feminarum, puta, quod ex intercessionis causa non obligantur ex Senatusconsulto Vellejano, & quod in pœnis parcitur, lapsis juris ignorantia succurritur, & generaliter, quod non nocet juris ignorantia, quæ maribus nocet : in his ipsis apparet deterior conditio mulierum. Cur subvenitur deceptis ? Cur ignoscitur lapsis ? quia deterior & imbecillior est conditio earum, est deterior natura, non etiam jure, in his causis. Unde dicemus rectius, in multis causis juris civilis, non in omnibus deteriorem esse causam feminarum : in omnibus sane, si naturam spectas : non in omnibus, si leges, sed tamen in multis leges deteriorem fecere conditionem feminarum aliquanto plus, quam natura. Lege Voconia masculorum here-

hereditas jure agnationis non pertinet ad feminas ultra consanguinitatem, id est, fratrum legitimorum graduum, femina fratri aut sorori est legitima heres, non filio fratris, non patruo, & tamen filius fratris amitæ est legitimus heres. Patruus filiæ fratris est legitimus heres. Non est igitur successio reciproca, quia ad feminas non redit masculorum hereditas ultra gradum consanguineorum, id est, fratrum, In jure semper consanguinei nomine significantur fratres. Unde apparet illorum abusus intolerabilis, qui dicunt arborem consanguinitatis, consanguinitatem accipientium pro cognatione, cum semper accipiatur pro fraternitate tantum, nec etiam descriptio graduum unquam appellata est arbor, nam nec arboris speciem habet ullam. Et de hoc capite legis Voconiæ Paulus scribit 4. *Sentent.tit.de intest.success.* & intellige de eo §. *ceterum, Institut. de legit. agnat. success.* Lege item Voconia non licet feminam heredem scribere; lege tamen quidam unicam, ut aperte scribit Divus Augustinus 3. *de civitate Dei, cap. 21.* Nolebant, inquit, *divites fieri feminas, sciebant nihil esse intolerabilius divite femina.* Patroni quoque liberi masculi idem jus habent in hereditatem liberti, quam & ipse patronus, non etiam feminæ, quod constat ex fragmentis Ulpiani, & ex constitutione Græca Justiniani, *de jure patronat.* Ac præterea filii præteritio, quæ injuria quædam est, nullum facit testamentum patris, non præteritio filiæ: filius nominatim exheredandus est, non etiam filia, quod obtinuit ante Justinianum. Et, ut ex M. Catone Gellius refert, deprehensam in adulterio uxorem licebat impune necare sine judicio, quod & Nov. quædam permisit contra legem Juliam de adulteriis, quæ hanc potestatem marito omnino non dedit. Uxori autem virum, ut Cato dixit, si adulteraret, jus non erat ne digito quidem contingere. Et constat enim hodie virum non posse accusari adulterii: mulierem posse, l. 1. C. *ad leg. Jul. de adult.* & præterea uxores viros elugere, non contra *l. uxores, de his qui not. infam.* & coerceri secundas nuptias mulierum, *Novell. 22.* Et libertum unum, qui procurat negotia Senatoris masculi, non qui feminæ, constare habere vacationem tutelarum, *l. 15. §. ἐπιτρόπευσον, de excusation. tutor.* Senatorem, feminam dico, quæ Senatori matrimonio juncta est; ne enim potest femina ingredi in Senatum, & multo minus in secretius consilium Principis, caputque ejus devotum est inferis Senatusconsulto, quæ id esset factura: Lampridius in Heliogabalo. Ex quibus omnibus quæ Accursio addimus, intelligere est, verum esse quod Papinianus ait, *in multis, &c.*

### Ad L. LII. de Adoptionibus.

*Nonnunquam autem impubes, qui adoptatus est, audiendus est, si pubes factus emancipari desideret, idque causa cognita per judicem statuendum erit.*

1. §. *Imperator Titus Antoninus rescripsit privignum suum tutori adoptare permittendum.*

Certum est, patrem naturalem vel adoptivum non posse cogi filium emancipare, quod proponitur in l. 31. *nec indiget probatione.* Sunt tamen quidam casus, quibus cogitur. Unus est in *l. ult. si a parente quis man.* quo cogitur filium emancipare extra ordinem, ut si sit impius & atrox erga filium, causa cognita & probata extra ordinem cogetur emancipare: alius est in *l. si cui legatum, de condit. & demonstr.* & alius in hac l. 52. si impubes sit adoptatus, & pubes factus probaverit sibi non expedire adoptionem: nam causa probata cogetur pater eum emancipare, atque ita recipiet pristinum jus. Hoc dicitur de impubere in leg. seq. sed idem procedit in pubere minore xxv. annis, qui se præbuit adrogandum: nam & hic potest restitui in integrum adversus adrogationem, *l. 3. §. si quis minor, de minor.* adoptionem impuberis permittit constitutio Titi Antonini, ut dixi, *l. causa, de vulg. & pup. subst. 29. quæst.* Nam ante illam constitutionem impubes non potuit adoptari, & ut subjicitur in hac lege, eam permisit etiam tutori, ut etiam si vellet tutor pupillum suum adoptaret, maxime causa cognita, si affectu paterno ducatur, ut si vitricus datus sit tutor privigno. Est enim sæpe vitricus in privignum animi paterni, *l. 15. de neg. gest.* Et ideo jure datur tutor privigno, *l. ult. C. de contr. jud. tut.* Et sive sit tutor ex constitutione Antonini, sive non sit tutor, privignum adoptat jure. Plinius in 10. *Epist. &* inquit, *adoptionem a vitrico meruit.* Ponendum est, vitricum adoptasse, privignum puberem: nam ætate Plinii impubes non potuit adoptari: non solet permitti adoptio ei, qui tutor fuit, ne ratio reddendæ tutelæ cohibeatur, *l. nec ei, hoc t.* Qua ratione etiam interdictæ sunt nuptiæ cum ea, cujus tutelam gessimus vel curam, *l. pen. de ritu nupt.* ne cohibeatur ratio tutelæ reddendæ tutelæ, vel occasio retrahendæ rationis tutelaris intra tempora restitutionis in integrum. Ergo permitti etiam non debet tutori adoptio pupilli, sed causa cognita permittitur, maxime si vitricus tutor privignum adoptaverit, quia pene patris loco est.

### Ad Leg. Quod si filius XI. de capt. & post rev. vide lib. XXIX. ad L. X. eod.

### Ad Leg. LXXVIII. de Reg. jur.

*Generaliter cum de fraude disputatur, non quid habeat actor, sed quid per adversarium habere non potuerit, considerandum est.*

Non recte videtur concepta hæc regula. Qui actius eam & accuratius acceperit, desiderabit in ea semper aliquid; *cum defraude disputatur,* inquit, *non consideratur quid habeat actor,* qui de fraude sibi acta agit, sed quod sequitur recte, consideratur, quid non habeat, per fraudem adversarii. Sed cur etiam admonuit non consideraria, quid habeat actor? Et vulgo quidem proprie hanc regulam referunt ad actiones fraudatorias, quamquam cum sit generalis, possit referri ad omnia judicia, in quibus de fraude quæritur vel principaliter, vel per consequentiam. Actiones fraudatoriæ sunt, veluti Pauliana ob fraudatos creditores; vel Fabiana, aut Calvisiana ob fraudatum patronum. Et si hanc regulam ad has actiones referes, quia sane his proprie convenit, & quia ad eas etiam constat referre legem seq. & ego fateor. Hoc igitur proposito, hic erit sensus huius regulæ; Si creditor agat Pauliana, ut rescindat, quæ debitor gessit & donavit in fraudem suam, in necem suam, ne quæratur in hoc judicio, quid creditor habeat de bonis debitoris possessis: nam Pauliana non datur, nisi creditore ante misso in possessionem, & bona debitoris possidere jusso, §. *item, si quis in fraud. de action.* Ut igitur actione Pauliana non quæritur, quid habet actor e bonis debitoris, quæ possidere jussus est, & quæ distraxit, sed quæritur & consideratur, quid amplius habere potuerit, si ei fraudator, id est, debitor ipse fraudem non fecisset, vel is, qui contraxit cum fraudatore, si ei non obstitisset: nam actio Pauliana datur in utrumque, *l. 1. inf. quæ in fraud. cred.* ut scilicet recipiat quod habere potuit, si ei possidere licuisset, quod fraudator in ejus fraudem alienavit. Et si hic est sensus, inelegans videtur esse & inconsequens: Nam quis nescit hoc non considerari, quod jam habet actor, cum quæritur quanto fraudatus sit? Igitur melius est, sic struere verba huius regulæ, & disponere apud se tacito intellectu, ut non consideretur quid habeat adversarius, cum quo agitur fraudatoria actione, sed quid actor habere potuerit, si ei possidere licuisset per adversarium, ut similiter Papin. definit in *l. si navis, §. ult. de rei vindicat.* Cum agitur de mala fide possessoris, & de fructibus ex re aliena perceptis, quos restituere debet actor, non spectari, quos habeat fructus adversarius: quid enim, si fuerit negligens in eis percipiendis? sed spectari, quos fructus actor percipere potuisset, si possedisset, aut possidere licuisset per adversarium, *l. ait prætor, §. per hanc, quæ in fraud. credit.* Qui duo loci adducuntur ab Accurs. hoc loco rectissime. At certe probabilior

bilior est scriptura Græcorum, quæ mihi sane visa est semper elegantissima, ut ita legatur, *cum de fraude disputatur, non quid non habeat actor, sed quid habere per adversarium non potuerit, consideratur*: quam utique arcte teneri optimum judicem oportet, hoc scilicet sensu, ut non quicquid non habet actor, eo omni fraudatus videatur, sed eo tantum, quod ei abest per adversarium, id est, dolo aut culpa sive negligentia adversarii. Sane ita habent Basil. Et tamen ex regula hujus legis, videtur commodissime adhiberi interpretatio facilis, non mutata scriptura vulgari: ut cum de fraude disputatur, non consideretur quid habeat actor, ut si residuo, quod non habet fraudatus intelligatur, nec eo fraudatus intelligatur, si absit dolus aut culpa adversarii, sed consideretur, quid. dolo aut culpa adversarii factum sit, ut actor habere non potuerit: fraudem nos metiri, non ex eo, quod actor habet, sed ex eo quod per adversarium factum est, ne haberet. Non quantum erat est, tanto fraudatum videri actorem, sed quantum ei abest dolo aut culpa rei, cujus sententiæ meo judicio facilius exprimendæ gratia, videntur Græci scripsisse, *non quid non habeat actor*: sed etsi non adjicias hanc alteram negationem, regula idem significabit, & patietur eandem interpretationem. Et est elegans regula, ut ad extremum dicat, non videri quem non fraudatum eo, quod habet, nec etiam fraudatum eo, quod non habet, nisi dolus aut culpa rei fecerit, ut id non habeat.

### Ad L. XVIII. de Servitut.

*Papinianas notas, in omnibus servitutibus, quæ aditione confusæ sunt, responsum est, doli exceptionem nocituram legatario, si non patiatur eas iterum imponi.*

Jam perfuncti sumus hoc libro, si modo addamus, quod refertur l.18.de servitut.hoc lib.Papin. Paulum notare, *in omnibus servitutibus, &c.*nescimus, in quam sententiam Papin. vergat & doleamus, nec vaticinandi ullo modo datur nobis facultas. Restat tantum igitur illa nota explicanda. Finge: Ædes tuæ meis ædibus serviunt, vel fundus tuus meo servit fundo, debet iter aut viam, tu me heredem facis, confunditur servitus aditione, quia post aditionem ego sum dominus utriusque prædii, & meo prædio meum prædium servire non potest. At finge rursus, tu, qui me heredem fecisti, prædium illud tuum, quod meo serviebat a me legasti Titio, & legasti per damnationem. Ita ponendum est, alioquin aditione, ego non acquirerem dominium hujus prædii, quia fundi (*) legati per vindicationem dominium recta transit ad legatarium ex morte testatoris, nec sit heredis, nisi sit legatum per vindicationem conditionalem: nam pendente conditione est hereditatis. Igitur ita ponenda est species, ut prædium illud serviens, quod a me legavit, meum factum fuerit aditione, atque ita confusione servitus interierit: deinde vero tu ages ex testamento, ut præstem prædium, ego per exceptionem doli, per retentionem prædii consequar, ut tu patiaris redintegrari servitutem, quæ est extincta, priusquam præstetur tibi fundus, vel ut eam imponas rursus prædio; cum tibi tradetur a me, quia testator legavit tibi prædium, quale fuit testamenti tempore: fuit autem serviens, ergo pati debes, ut ad te veniat servum jure legati, quod est in l.*si serv.Titii, l.legatum,* §.*ult.l.cum filius,*§.*dominus,de leg.*2. Confusio tollit actionem, non exceptionem. Quæ est sententia notæ Pauli. Sed observandum est, Paulum loqui tantum de servitutibus prædiorum, non de usufructu, qui est servitus debita personæ: loquitur de servitute, quam prædium prædio debet, non de usufructu, quam servitutem prædium personæ debet, nam ususfructus non redintegraretur, sed præstaretur fundus plenus, quia ususfructus est pars rei, ergo continet omne emolumentum rei. Testator legavit fundum, ergo plenam rem, plenum dominium: nec enim, si tu ante aditionem habueris in eo usumfructum, qui testatoris heres extitisti, poteris efficere per retentionem, ut is ususfructus rursus tibi cedatur, quia palam est testatorem legasse fundum plenum, proprietatem plenum.

(*) *Vide Merill. Variant. ex Cujac. lib.* 1. *cap.* 14.

tatem plenam. Hic recte conjungitur §.*ult.l.*73.*ad Treb.*

## JACOBI CUJACII J.C. COMMENTARIUS
### In Lib. XXXII. Quæstionum ÆMILII PAPINIANI.

### Ad L. dote LXI. de Rit. nupt.

*Dote propter illicitum matrimonium cadúca facta, exceptis impensis necessariis, quæ dotem ipso jure minuere solent, quod judicio de dote redditurus esset, maritus solvere debet.*

EX hac l. intelligimus illiciti matrimonii dotem fieri caducam, non inhonesti tantum, ut incesti, sed etiam illiciti dotem redigi in fiscum: ut puta, nam res eget explicatione, & exemplis, si quis uxorem duxerit in provincia, in qua officium gerit. Est enim illicitum matrimonium, id est contra mandata principum. Solemnia erant mandata quædam, quæ dabant Principes euntibus in provincias cum potestate vel imperio, vel curatione aliqua, vel ministerio publico, & inter cetera, ne in ea provincia, durante officio uxorem ducerent, ne quid emerent, ne fœnus exercerent, ne mutuam pecuniam darent. Ratio potentatus ut ait lex *præfectus, hoc tit.* hæc prohibuit, ne quid scilicet sub specie nuptiarum, vel emptionis vel mutui, sub honesto titulo facerent per concussionem, ne opprimerent provinciales, ne elicerent ratione potestatis suæ nuptias invitis, venditiones, usuras: fuit hoc unum caput mandatorum. Igitur illicitæ sunt nuptiæ, id est, contra mandata principum, si quis duxerit uxorem in provincia. Et ideo dos fit caduca, si qua data sit, quod ostendi alias ex rescripto quodam Gordiani esse ex constitutione Severi. Severus constituit, ut ex hac causa dos caduca fieret, nisi scilicet veterem sponsam duxerit, quam scil. desponderat ante delatum sibi officium, & post in illo officio duxerit: hanc enim licet ducere, nec dos fit caduca, *l.si quis,*§.*veterem,h.tit.* Ubi autem dos fit caduca, quam maritus accepit ob illicitum matrimonium, maritus fisco id reddit, quod redderet conventus judicio de dote ab uxore, vel heredibus uxoris. Et minorem igitur dotem quandoque reddit si eam impensæ necessariæ fecerint minorem, quæ est sententia hujus l. Constat enim necessariis impensis dotem ipso jure minui, retentionem ex dote fieri ipso jure nomine impensarum necessariarum, quas fecit maritus in res dotales, *l.*5.*de impens. in res dot. fact.* Utiles autem impensæ non minuunt dotem ipso jure, nec retinentur ipso jure, sed eo nomine est retentio dotis veluti pignoris, *l.*5.*de dote præleg.* Alia retentio fit ipso jure, quæ nihil aliud est, quam deminutio dotis : alia fit per exceptionem, quæ non est deminutio dotis: Etiam illud notandum est, ex hac causa, si quis uxorem duxerit in provincia contra mandata principum, dotem semel caducam factam non posse recuperari a fisco, etiamsi postea conjuges in eadem voluntate perseverantes deposito officio justas nuptias effecerint: nam post depositum officium nova voluntate justæ nuptiæ fiunt, *l.eos qui, hoc tit. l.etsi contra, C.de nupt.* Justæ quidem fiunt nuptiæ, quasi ex nova voluntate, sed dos, quæ semel cecidit in fiscum, non revocatur, quicquid cecidit in fiscum vix ab eo revocatur, *l.*2.*C.de sent.pass.* nisi jussu & speciali beneficio principis. Item maxime notandum est, quod diximus, ex ea causa dotem fieri caducam, sic accipiendum esse, ut omnimodo fiat caduca, & eripiatur aut viro, aut mulieri, excepto uno casu, quo eripitur quidem viro, non etiam mulieri, qui exponitur in *l.præfectus, h.tit.* quæ vulgo male explicatur. Nec lusisse videbimur operam, si modo ejus sensum domum referatis.

Casus hic est : si virgo nupserit, hac appellatione intelligiligitur tenera ætas & mollis, puellaris ætas infirma est: huic non eripietur dos, etiamsi contraxerit matrimonium cum præside provinciæ, aut præfecto cohortis, aut tribuno, vel quo alio gerente officium in provincia, quæ tamen eriperetur robustæ ætatis feminæ, id est, non imperitæ rerum. Virgini deceptæ, quandoquidem semper decepta præfumitur, parcimus: & marito quidem eripit fiscus dotem, quo casu eam maritus lucraretur, non puella, aut heres ejus, & etiam, quod puella huic viro testamento reliquerit, viro eripit fiscus quasi indigno, non etiam quod is vir puellæ reliquerit, fiscus eripit puellæ, quæ decepta est *l. 2. §. 1. de his, quæ ut ind. & d. l. præf.* quæ hæc tota nobis enarranda est: duo tractat genera illiciti matrimonii, eaque comparat invicem. Illicitum est, si verbi gratia, præses provinciæ, aut præfectus cohortis, uxorem ducat in provincia in qua officio fungitur: est etiam illicitum, si tutor pupillam uxorem ducat, id est, eam, cujus fuit tutor: est enim contra Senatusc. sive orationem D. Marci, & utrumque matrimonium est prohibitum eadem ratione. Ratione potentatus tutor facile sibi conciliaret nuptias locupletissimæ feminæ, terrore potestatis. Eadem igitur ratio, & has & illas prohibet nuptias. Sed quærit deinde, *an huic, viro gerenti officium in provincia fiscus possit auferre, quod ei relictum est testamento puellæ, si virgo ei nupsit, non veterana quædam?* Et ait deliberari posse, an viro sit auferendum & eripiendum, quod ei virgo testamento reliquit. *Deliberari potest*, inquit: quib. verbis significare posse auferri. Et confirmat hæc formula loquendi ea, quæ in deliberationem, & quæstionem prolata erant: *affirmat ergo*. Et constat ita esse ex *d. l. 2.* dotem tamen ei non auferri a fisco, sed, ut ait in fine, eam restitui heredi testatricis, heredi mulieris: contra vero id, quod vir testamento puellæ reliquerit, ei non auferri a fisco, neque etiam dotem. Et idem servari, si tutor pupillam uxorem duxerit, quod confirmat lex *ult. de leg. 1. & si tutor, C. de interd. mat.* Nam dos pupillæ non eripietur, non redigetur in fiscum: nec etiam quod ei reliquerit vir, viro eripietur, imo & fit infamis tutor ex hac causa, & coercetur extra ordinem, *l. non est, h.t.* Porro illud etiam notandum est, si quis eam duxerit uxorem, in cujus adulterio damnatus est, etiam illicitum esse matrimonium, licet duxerit indemnatam: si damnatus adulterii indemnatam uxorem duxerit, quam pridem adulteraffe damnatus sit, illicitum est matrimonium. Et hoc casu dos omnino sit caduca, & eripitur uterque: hereditas quoque eripitur viro, si talis mulier eum heredem scripserit, & contra eripitur etiam mulieri, si vir eam testamento heredem scripserit, & bona vindicantur fisco: quæ est sententia *l. 13. de his, quæ ut ind.* quæ est ex eod. lib. Papin.

### Ad L. XIV. De his, quæ ut indign.

*Mulierem, quæ stupro cognita in contubernio militis fuit, etsi sacramento miles solutus intra annum mortem obierit, non admitti ad testamentum jure militiæ factum, & id quod relictum est, ad fiscum pertinere proxime tibi respondi.*

ET idem erit omnino, si ex alia causa sit illicitum matrimonium, ut alter non possit quicquam capere ex alterius testamento, vel si ceperit, ut ei eripiatur, & redigatur in fiscum: nam & ab intestato eis eripitur hereditas: eripitur quod deficientibus cognatis ceperint per bonorum possessionem unde vir & uxor, *l. 1. unde vir & ux.* nam constat jure prætorio conjugem conjugi succedere deficientibus cognatis, & fisco præferri, si licitum sit matrimonium: atque adeo, ne virgo quidem, id est, tenera puella, si fuerit illicitum matrimonium quicquam capit ab intestato, ut opinor, licet capiat ex testamento, *l. Claudius Seleucus, eod.* Est singularis lex. Neque obstat huic legi primum *l. uxori maritus, de usufr. leg.* Illicitum ibi est matrimonium. Finge: Maritus uxori testamento reliquit usumfructum & alia quædam & dotem. Illa post mortem mariti biennio integro percepit usumfructum quasi uxor justa: post

biennium illicitum matrimonium apparuerit. Quæritur, *an heredes mariti possint ab ea repetere fructus, quos percepit?* Et ait posse: non ergo redigitur in fiscum, quod uxori illicite relictum est testamento viri puellæ, quæ cum nupsit puella erat. Sed observandum est breviter, eam legem tantum loqui de usufructu: in usufructu nusquam est fisco locus, alioquin nunquam interiret, proprietas redigitur in fiscum, vel nuda vel plena: cum quid confiscat lex, confiscat proprietatem, id est, rem ipsam: ususfructus confiscatio non est. Quare leges caducariæ, non pertinent ad usumfructum, *l. 9. eodem tit. de usf. leg. l. si Titio in pr. de usuf.* loquitur *l. 9.* uxori de usufructu: nam aliæ res, quæ uxori legatæ sunt, redigentur in fiscum ablatæ quasi indignæ. Nihil etiam obstat *l. quæsitum, ad l. Jul. de adult.* ex qua efficitur, non esse injustum matrimonium, si adulter duxerit adulteram, si is, quem maritus destinaverat reum adulterii, a se dimissam uxorem duxerit postea: lex non loquitur de damnato adulterii: is non posset eam ducere, in cujus adulterio damnatus est: sed de eo, quem maritus adulterii suspectum habuit: hic sane impune ducet dimissam, cum damnatus non sit, sed suspectus tantum viro. Et confirmat hoc idem *l. miles, §. licet, eod. tit. & l. commissum, C. eodem.* Observandum maxime est ad hæc, Papinianum proponere in hac lege mulierem fuisse indemnatam, & cum ea damnatum adulterum contrahere injustas nuptias: nam si damnata fuerit adulterii mulier, nec adulter, nec alius poterit cum ea justas contrahere nuptias, *l. mariti, §. 1. ad l. Jul. de adult. l. auxilium, de minorib.* imo nec ream factam adulterii licet cuiquam pendente accusatione uxorem ducere vivente marito, licet nondum peracta sit rea: mortuo marito potest, si non sit peracta rea, *l. reas, de ritu nupt.*

### Ad L. Mulieri LXXIV. de Cond. & demonstr.

*Mulieri & Titio ususfructus, si non nupserit mulier, relictus est: si mulier nupserit, quandiu Titius vivit, & in eodem statu erit, partem ususfructus habebit: tantum enim beneficio legis ex legato concessum esse mulieri, intelligendum est, quantum haberet, si conditioni paruisset. Nec si Titius, qui conditione defectus est, legatum repudiet, ea res mulieri proderit.*

HAbuimus duas leges, quæ pertinebant ad leges caducarias. Restant aliæ duæ, quæ pertinent ad easdem, *l. mulieri, de cond. & demonstr. & l. fraudis, de reg. jur.* Sane lex *mulieri*, pertinet ad caput illud legis Juliæ & Papiæ, de quo sæpe ante agitur in hoc tit. quo scilicet conditio viduitatis remittitur heredibus, legatariis, fideicommissariis, si cui vir legaverit sub conditione, *si vidua permanserit*, vel *si non nupserit*. Hæc conditio lege Julia & Papia circumscribitur, & mulier admittitur ad legatum, licet nupserit, quia hæc conditio pugnat cum publica utilitate, & lex *fraudis* etiam, ut arbitror, proprie pertinebat ad ea, quæ fiunt in fraudem fisci vel legum caducariarum. Sed quia illæ leges hodie sublatæ sunt magna ex parte, ideo ex hoc libro, & ex præcedenti, & ex sequentibus, ut arbitror, paucæ admodum leges in hos libros a Triboniano sunt relatæ. Noluit enim in Digesta hæc transferre, quæ jam obsoleverant. Ubi cernis ex libro quodam Jurisconfulti paucas restare leges, & quandoque unum versum tantum, ut ex lib. 14. existimato cetera fuisse de caducis, de orbis, de cœlibibus, &c. de rebus, quæ jam in usu esse cessarant. Sed tractemus de specie *l. mulieri.* Nemini non placebit species hæc ejusque definitio, quæ ob controversiam sæpe in materia de jure accrescendi, quia continet hæc lex unum casum singularem, quo inter conjunctos re & verbis non est jus accrescendi, quoquo genere legati sint conjuncti. Species est: Mulieri, & Titio legavit usumfruct. sub conditione viduitatis: conditio utrumque tenet, sed lege Julia mulieri remittitur, propter utilitatem publicam: atque ideo, si mulier non paruit conditioni, si nupserit, nihilominus admittitur ad legatum. Titio autem hæc conditio non remittitur, *l. 1. C. de ind. vid. tol.* Et

sane,

sane, si soli Titio legatum proponeretur sub conditione, *si Sempronia non nuberet*, cui nihil legabatur Sempronia nubente, Titius non haberet legati petitionem: sed si etiam soli Titio legaretur sub hac conditione, *si uxorem non duceret*, tum conditio hæc remitteretur Titio, quia lex Julia dicta ob eam rem Miscella, pertinet tam ad mares, quam feminas, *l.ultim.C.de indict.viduit. toll.l.heres §.ult. hoc tit.* Idemque erit, si quis legaverit filio Titii, quem Titius habet in potestate, sub conditione, si pater uxorem non duceret: nam hæc etiam conditio remittitur filio, licet filio non sit indicta viduitas, quia scilicet in hoc genere legati est fraus, & circumventio legis Juliæ, quandoquidem testator, quod voluit legare patri sub conditione, *si uxorem non duceret*, nec potuit per l. Juliam, hanc excogitavit fraudem, ut id legaret filio ejus familias sub conditione, *si ipse pater uxorem non duceret*. Itaque magis est, ut videatur patri legasse ita, non filio, atque adeo, ut remittatur illa conditio: Nam legando filio, videtur quæsisse rationem illudendi legi Juliæ. Et idem erit omnino, si quis legarit patri sub conditione, *si filia non nuberet*, vel si filius, quem habet in potestate, non duceret uxorem: Nam & hoc casu videtur fraudem quæsisse legi Juliæ, voluisse scil. legare filiæ sub ea conditione, & eam conditionem expleri a filia. Sed cum id non posset cavere per l.Jul. quæ remittit eam conditionem, legavit patri sub ea conditione, si filiaf. non nuberet. Proinde videtur potius legasse filio sub ea conditione, & perinde ac si legasset filiæ remittenda est conditio, qui hoc omne excogitavit in fraudem l. Juliæ, quæ est sententia d. *l. heres, §.ult.* Et valde est notanda illa ratio fraudandæ legis, & eadem etiam est ratio in specie *l.avia, §. Titio, hoc tit.* Ut non redeamus ad speciem legis nostræ; Pono testatorem non legasse soli Titio, sed legasse mulieri & Titio usumfructum sub conditione, *si mulier non nuberet*: quia mulier admittitur ad legatum, etiamsi nupserit, quæritur, *an & Titius admittatur, quia proculdubio non admitteretur, si ei soli esset adscripta ea conditio*. Et ratio dubitandi hæc est, quia Titius defectus est conditione legati, quoniam mulier nupsit, & ideo totus ususfructus videtur pertinere ad mulierem jure accrescendi, quia fuerunt conjuncti re & verbis. At contra Papinian. definit subtiliter, hoc beneficio legis Juliæ non amplius esse concessum mulieri, quam haberet, si conditioni paruisset. Remissa conditio habetur pro impleta: alioquin si implevisset conditionem, si vidua permansisset, non haberet nisi partem ususfructus, Titius alteram haberet. Ergo idem servabitur, si conditionem non implevcrit, id est, si nupserit, & ut sæpe alias evenit, ut quod quis non habet per se, habeat per alium vel propter alium, ut in *l.cum hereditate, de acqu.hered.l. si communem, quem.ad. serv. amitt.* Et sæpe in tit. *de bon. possess. contra tab.* fit, ut filius institutus propter præteritum petentem bonorum possess. contra tabul. veniat ad bonorum possess. contra tabul. quod non posset solus, sed propter fratrem præteritum, & institutus amplectitur una cum fratre bonorum possessionem contra tabulas. Et ita in hac specie propter mulierem, quæ venit ad legatum beneficio legis Juliæ pro sua parte, Titius etiam veniet ad idem legatum pro sua parte, licet conditione defectus sit: & utetur fruetur simul cum muliere quandiu vivet, & in persona steterit Titius: nam mortuo Titio, vel capite minuto secundum naturam ususf. finietur in persona Titii. Pone igitur utrumque cepisse legatum, mulierem & Titium, post mortuum Titium, aut capite minutum, *an pars Titii accrescet mulieri?* quod etiam quæri potest, si Titius repudiaverit, si noluerit amplecti legatum. Et Papinianus ostendit, non accrescere. Ergo significat partem Titii recurrere ad proprietarem ex natura ususfructus consolidati cum proprietate. Et hic est casus singularis, quo inter collegatarios conjunctos re & verbis non est jus accrescendi. Conjunctim enim legatus fuerat ususfructus mulieri & Titio. Et ratio hæc est, ne mulier plus habeat sua parte, quæ

venit ad legatum contra voluntatem defuncti, non impleta conditione, quæ venit ut Bartolus ait recte jure singulari, & beneficio legis Juliæ, non ex judicio defuncti. Ergo sive Titius conditione deficiente nubente muliere, sive repudiet, sive moriatur, aut capite minuatur, mulieri non accrescit pars Titii: sed primo quidem casu, id est, si nubat mulier, Titio debetur pars legati, ceteris autem casibus pars Titii redit ad proprietarium. Atque ita ex hac l. habemus tria singularia. Primum est, ut is, cui non remittitur conditio, si conditione deficiatur, nihilominus veniat ad legatum, propter collegatarium cui illa conditio remittitur. Alterum est, ut is, cui non defertur legatum, propter defectum conditionis scilicet, id tamen recte repudiet: cum tamen regulariter delatum quod est, id solum repudiari possit, *l. 1. §.decretalis, de succes. edic.* Sed hoc fit singulariter in hoc casu etiam: propter collegatarium, propter conjunctam legato commixtamque personam, legatum consistit in persona utriusque & deferri etiam videtur utrique, ergo repudiatio ejus valet. Tertium quod est singulare, est id quod jam retuli, ut inter conjunctos re & verbis, etiam per vindicationem: nam dicit lex *habebit* quod est verbum vindicationis, inter eos, inquam, non esse jus accrescendi hac ratione, quia non ex judicio testatoris venit, cum non sit impleta conditio, nec sunt producenda latius (quod servatur in toto jure), quæ conceduntur contra judicium defuncti: jus accrescendi productio est legati. Objicit Accurs. *l.ult.§. Sejo, de leg.* 2. ut efficiat conditionem adscriptam legato duobus conjunctim relicto eum solum tenere, cui propius convenit, non collegatarium, ut, quæ est species hujus §. *Sejo*, quem heredi suo substituerat, ita legavit, *Sejo, si heres non erit, & uxori ejus tot dari volo*. Conditio solum Sejum tenet, ut in specie *l.Julius, hoc tit.* secundum quam est accipienda *l.3.de statulib.* Et ideo Sejo existente herede ex substitutione vulgari, ac ita defecta conditione legati, nihilominus uxor ejus admittetur ad partem legati dimidiam, non ad totum legatum, quia inter fideicommissarios semper cessat jus accrescendi, & verba illa, *dari volo*, sunt verba fideicommissi. Igitur neque in specie legis nostræ, neque in specie §. *Sejo*, inter collegatarios est jus accrescendi, & qui partem non capit legati, facit partem collegatario, sed diversis rationibus. Ceterum, quæ conditio in specie l. nostræ dicitur utrumque tenere, in §. *Sejo*, tenet alterum tantum. Quid ita? id breviter stringit Accurs. dicens in specie hujus legis, palam conditionem adscribi utrique hoc modo, *mulieri & Titio illud lego, si illa non nupserit*. Hoc legato quis non diceret statim conditionem adscribi utrique, conjungi non re tantum, sed etiam conditione?

Ad L. Fraudis, de Reg. jur.

*Fraudis interpretatio semper in jure civili, non ex eventu duntaxat, sed ex consilio quoque consideratur.*

Lex fraudis est apertissima. Ait, *fraudis interpretatio, ut doli mali interpretatio, l.si servus, §.circa de furt.* Et bonæ fidei interpretatio, *l.ab emptione, de pact.* Interpretatio hæc pertinet ad judicem, & in interpretatione fraudis jam admonuit Papinianus in *l. præcedenti judice*, instruxitque ne consideraret, quid actori adesset, vel abesset, sed quid ei abesset facto adversarii, ut id solum interpretaretur esse fraudem, quod ei abesset facto. Nunc in hac lege iterum monet eundem judicem ne interpretetur fraudem esse, quod actori abest re ipsa, sed quod conditio adversarii actori abest, ne ex eventu solam fraudem æstimet, sed etiam ex consilio, animo, & conscientia adversarii, ut *l.ait prator, §.ita demum, & illud, & l.si quis cum haberet, que in fraud. cred. §.in fraudem, Instit.qui & quibus ex causis manum. non poss.* Et ait semper in jure civili fraudem esse interpretandam, *semper*, id est, sive disputetur de his, quæ facta sunt in fraudem creditorum, sive patronorum, seu legum, sive fisci. Et sane videtur hoc libro proprie hoc retulisse ad causas fiscales, ad jus fiscale. Denique semper jure civili œerceri fraudem

dem eam tantum, quæ ex confilio adverfarii profici-
fcitur: nos non metiri fraudem ex eventu, fed ex
eventu & confilio adverfarii fimul.

## JACOBI CUJACII J. C.
### COMMENTARIUS.
In Lib. XXXIII. Quæftionum ÆMILII PAPINIANI.

### Ad L. XIV. de his, quæ ut indign.

*Mulierem, quæ ftupro cognita in contubernio militis fuit, etfi facramento miles folutus intra annum mortem obierit, non admitti ad teftamentum jure militiæ factum, & id, quod relictum eft; ad fifcum pertinere, proxime refpondi.*

EX hoc libro primo fefe dat *l.* 14. *de his, quæ ut indig.* quæ pertinet ad incapaces, qui fcilicet jus capiendi non habent ex aliorum teftamentis. Fuere multa genera incapacium, & unum exponitur in hac *l.* 14. quæ loquitur de milite & de muliere libera, quam ftupro cognitam miles in contubernio habuit: *ftupro cognitam* dicit, ut Cornelius Tacitus 20. *Pofthumiam ftupro cognitam*, & Lampridius in Heliogabalo, *Antoninò Caracalla ftupro cognitam*. Et obfervandum eft, militem eam mulierem non habuiffe in concubinatu, non habuiffe in matrimonio, quæ conjunctiones funt legitimæ: fed ut ajunt, eam habuiffe in contubernio: quæ conjunctio non eft legitima. Ponit ergo lex, militem cognitam ftupro mulierem habuiffe in contubernio. Matrimonium jufta eft conjunctio, concubinatus etiam jufta eft conjunctio, & quafi matrimonii fpecies: Et qui ex concubinatu nafcuntur non funt fpurii, fed quafi jufti liberi, qui dicuntur naturales: fpurii nec naturales dicuntur, fed hodie nullus eft ufus concubinarum, nifi in quibufdam provinciis. Concubinatus igitur, & matrimonium conjunctiones funt legitimæ, non etiam contubernium: cum contubernali ftuprum committitur, non cum concubina, vel uxore. Hanc quæ eft in contubernio *focariam* dicimus, *une garfe*, *une gouine*, quæ plerumque habetur per caufam coquinariam. Nam & μαγειρίσσας D. Hieronymus interpretatur focarias 1. Samuelis *cap.* 8. *& l.* 1. *§. caupones, nau. caup. ftab.* focarii, qui in caupona, vel ftabulo minifterium præbent, funt coqui, quibus etiam lex merito conjungit *atriarios*, ad quos pertinet cura, mundicies, nitor atrii. Nam in atrio erat coquina, unde & *atrium* dictum eft tefte Servio, atrum enim erat ex furno: focariæ fi donaverit miles, nulla donatio eft, *l.* 2. *C. de donat. inter. vir.* Et hoc ita conftitutum eft, ut in *d. l.* 2. ait Imperator, ne milites harum illecebris capti exuerentur ftipendiis, bonifque fuis. Id enim non eft conftitutum de paganis. Majori curæ principibus funt milites, quam pagani, quafi Reipubl. neceffarii magis. Concubinis militibus prohibitos donare, non reperio, quod tamen temere affirmat paffim Accurf. confundens focarias cum concubinis. Concubinam uxorem imitatur, ut ait Julianus. Idem non dices de focaria. Concubinæ donare quilibet poteft, *l.* 3. *§. Divus, l. fi prædia, de don. inter vir. l. donationes, fup. de donat.* Et tamen uxori donare non poteft maritus, quod mirum. Utriufque conjunctio eft legitima, & tamen uxori donare non licet, aut fi quis donaverit, donationem poteft revocare ftatim, aut cum libuerit: concubinæ facta donatio revocari non poteft, *d. l. donationes*. Cur ita? cur tam varie? quia plenior eft affectio maritalis, & ideo legibus reprimitur potius quam incitatur, *l. ult. C. Theod. de hered.* Et eadem ratione concubina ex teftamento folidum capere potuit, *l. cum tab. §.* 1. *hoc tit.* uxor non potuit capere folidum ex l. Papia. Focariæ autem, ut dixi, concubinæ donatio illegitima eft, & donatio ei facta a milite revocari poteft quafi nulla. Imo fi focariæ quid ei relictum fit teftamento militis, & fi quid ei relictum fit teftamento, ei aufertur quafi indignæ, & in fifcum redigitur, quæ
*Tom. IV.*

eft fententia hujus *l.* 14. *& l. miles ita, §. mulier, de milit. teftam.* Et addit in hac *l.* 14. etiamfi miles teftamentum fecerit jure militari, ex eo mulierem eam, in quam turpis fufpicio cadit, focariam nihil capere poffe: etiam, inquit, fi decefferit miles intra annum miffionis, honeftæ fcilicet, vel caufariæ. Sciendum enim eft, teftamentum, quod miles fecerit in militia jure militari, poft miffionem honeftam, vel caufariam, non valere eodem jure, nifi fi intra annum mortem obierit, *l. quod conftitutum, l. quod dicitur, de milit. teftam. l. fi poft, & l. fimiles, ad leg. Falcid.* intra annum militiæ, *l. fraudem, §. pen. de milit. teftam.* intra annum fcil. militiæ emeritæ. Sed fi miffio fuerit ignominiofa, poft miffionem nullo momento temporis confiftit teftamentum, quod miles fecit in militia jure militari, *l. teftamenta eorum, de milit. teftam.* Ergo fententia hujus legis hæc eft, focariam militis, cui miles aliquid teftamento legavit facto jure militari, eam non admitti ad legatum, & non incapacem quidem effe, fed quodammodo incapacem: & ob id legatum ei relictum auferri quafi indignæ. Nam non oportet, ut paffim interpretes, confundere incapaces cum indignis. Incapaces funt quibus ab initio inutiliter relinquitur. Indigni quibus relinquitur utiliter quidem ab initio, fed relictum a fifco eripitur. Et ita non ponitur quidem in hac lege proprie incapacis genus, fed indigni fecundum titulum. Porro alia eft conditio meretricis, atque ita erant conditiones quatuor: uxoris, concubinæ, focariæ, & meretricis. Cum meretrice impune committitur ftuprum, meretrici licet donare, *l. affectionis, de donat.* & teftamento legata relinquere, licet apud Suetonium dicatur Domitius aliquando his mulieribus ademiffe legata & hæreditates. Sed hæ, quæ fint, nefciunt definire omnes: hæ funt, quæ licentiam ftupri vulgarunt apud ædiles plenam, ut Cornel. Tacit. 2. lib. indicat, quæ in communi loco habent fellam, & titulum infcriptum, juxta illud poetæ.

*Titulum mentita Lyciscæ,*

& alius poeta
*Intrabis quoties infcripta limina fella.*
Ceterum hæc lex de focaria intelligitur.

### Ad L. LXXX. de Reg. jur.

*In toto jure generi per fpeciem derogatur, & illud potiffimum habetur, quod ad fpeciem directum eft.*

ALtera lex eft 80. *de diverf. reg. jur.* In toto jure, inquit, *generi per fpeciem derogatur, &c.* Derogare generi eft minuere genus, modum facere generi, detrahere, excipere, eximere de genere, *l.* 10. *de manumiff. teftam.* vel ut fubjicit Papinian. in hac ipfa lege, id potiffimum habere quod ad fpeciem directum eft, non quod ad genus. Et notandum eft, nihil referre, utrum genus præcedat, fequatur fpecies: an præcedat fpecies, fequatur genus: ut fi alii legentur veftimenta generaliter, veftis omnis, alii veftis muliebris, nihil refert, utri prius fit legatum, & detracta vefte muliebri, atque affignata ei, cui relicta eft muliebris, reliqua veftis præftabitur ei, cui generaliter veftis relicta eft. Item fi mundus muliebris alii legetur, alii argentum omne, id eft, vafa argentea, prius fpecies, deinde genus, excepto argento, quod eft in mundo muliebri, argentum præftabitur. Item, fi alii fint legati fervi urbani, alii difpenfator, quem conftat effe ex numero urbanorum, detracto difpenfatore, priori legatario fervi urbani debebuntur, quia fpecies derogat generi, *l.* 1. *de auro & argen. leg.* Ad quem ex iifdem Pomponio funt conjungenda *l.* 2. *de tritic. vino, & oleo, & l. Titia textores, de leg.* 1. Sed addamus etiam alia exempla. Si alii fit legatus fundus Tufculanus, alii hereditas Sejana, in qua fit fundus ille, fi prius fpecies, deinde genus legetur, detracto fundo Tufculano præftabitur hereditas Sejana, quia generi per fpeciem derogatur, *l. quæren, §. Feliciffimo, de leg.* 3. Item fi alii fint legati vernæ generaliter, quo verbo continentur omnes fervi domi nati, non ære comparati,

Eee

parati, & alii curſores ſervi, vel alii textores, & quidam ſint verna & curſores, cedunt legato curſorum, & detrahuntur legato vernarum, vel cum alii ſint legati vernæ, alii textores: vel contra, alii textores, deinde alii vernæ, & quidam ſint textores & vernæ, textoribus cedunt vernæ, quia ſemper ſpecies derogat generi. Legatum vernarum eſt generale legatum: curſorum aut textorum ſpeciale. Et hoc igitur eſt potius, hoc prævalet. Potior eſt in jure, qui ex ſpeciali legato petit, quam qui ex generali rem petit. Et hoc oſtenditur in *l. ſervis urban. §. ult. de leg. 3.* Cui tamen videtur obſtare *d. l. Titia textores, de leg. 1.* Nam aperte ait, ſi alii ſint legati textores, nullo excepto, alii vernæ, nullo excepto, id eſt, ſimpliciter, & quidam ſint textores & vernæ, lex ait eos communicari inter hunc & illum, nec in eis potiorem eſſe eum, cui legati ſint textores: denique ſpeciem non derogare generi. Et quem non perturbaret ſtatim B illa ſpecies? Sed obſervandum eſt, quod indicat etiam illa lex *in princ. & d. l. ſervus, in fi.* proponi & textores generaliter. & vernas generaliter: quomodo? nempe ita: *huic omnes textores, illi omnes vernas*; Utrumque legatum generale eſt, quia dixit, *omnes,* & nullum excepit, genus non derogat generi? Quid fiet igitur? concurrent legatarii in his ſervis, qui & textores ſunt, & vernæ, & communicabuntur hi omnes inter eos. Et ita quoque ſpecies non derogat ſpeciei, ut ſi teſtator legaverit uni vernas tanquam ſpeciem, & alii textores tanquam ſpeciem: qui erunt & vernæ & textores, neutrius legato cedent in ſolidum, ſed communicabuntur, quia ſpecies ſpeciei non derogat, neque hoc fert natura. Et ſimiliter genus generi non derogat: ſpecies derogat generi, non genus ſpeciei, & hoc quoque aliis exemplis patefaciamus: finge: Si alii ſint legati C horti inſtructi, alii argentum muliebre, & mulier, quæ ita legavit, in hortis habuerit argentum, puta, vaſa argentea, ut ibi eſſet inſtructior, eo argento detracto, horti præſtabuntur, argentum muliebre detrahetur inſtructo, generaliter legato hortorum inſtructorum, *l. quæſitum, §. ult. de inſt. vel inſt. leg.* Item ſi teſtator alii legaverit pœnum generaliter: alii deinde vinum, vel contra detracto uno debetur primum, quia ſemper ſpecies derogat generi, *l. 2. de trit. vino, & oleo leg.* Et ſimiliter, ſi ſervo ordinario manumiſſo in teſtamento, dominus ei legaverit peculium: deinde manumiſerit in eodem teſtamento ſervum, qui erat in peculio, qui dicitur vicarius ſervi, legato peculii is ſervus detrahetur, cui libertas ſpecialiter relicta eſt, *l. 1. de manumiſſ. teſtam.* Et nihil igitur refert, præcedat genus an ſpecies, præcedat generale legatum, an ſpeciale, quod & ita obſervatur in pœnis legum. Lex eſt quæ continet multa capita, multas cauſas. Certis cauſis fin- ge, addita eſt pœna ſpecialis, ſi quis contra legem faceret. Deinde ultimo loco legis, ut fieri ſolet, addita eſt pœna generalis, quæ dicitur ſanctio, ſi quis adverſus legem fecerit. Hæc ſanctio non pertinet ad eas ſpecies ſeu cauſas, quibus addita eſt ſpecialis pœna, generalis pœna tantum pertinet ad eas cauſas, quibus nulla eſt addita pœna, atque ita ſpecialis pœna, quæ præceſſit, derogat generali, id eſt, ſanctioni, quæ ſolet inſcribi noviſſimæ parti legis, *l. ſanctio, de pœn.* ubi etiam Papinian. ait, in omni jure obſervari, ut ſpecies deroget generi, ſicut hoc loco in toto jure, inquit, nullam differentiam conſtituens inter omne & totum, quomodo etiam dicimus, ſolutione tolli omnem obligationem, alias totam: totum de ſingu- E lis dicitur, omne de multis: totum ſignificat unius corporis integritatem, omne ſignificat numerum plurium: totum forum habet lites, id eſt, forum plenum eſt litib. omne forum habet lites, id eſt, omnia fora, ſed hæc non obſervamus plerumque. Verum, ut ad legata revertamur, & hanc rem finiamus, quinimo, nihil referre præcedat genus, an ſpecies, cum alii legatur genus, alii ſpecies. Addamus alterum: nil etiam referre, ſi alii legetur genus, alii ſpecies, an idem genus & ſpecies. Nam verbi gratia, ſi Titio ſint legatæ duæ ſtatuæ marmoreæ, deinde legetur Titio omne marmor præter duas ſtatuas, nulla ſtatua ei præſtabitur, etiamſi ei legatum ſit omne marmor, quia ſpe- cies derogavit generi, *l. 1. de auri leg. l. heres, §. 1. de legat. 3.* Idem erit e contrario, ſi omne marmor legetur Titio, deinde eidem legentur ſtatuæ duæ vel nominatim, puta ſtatua Auguſti, & ſtatua Trajani. Nam præter eas ſtatuas nulla alia debebitur, *l. legata de ſupell. leg.* Diverſum tamen erit, ſi omne marmor legetur Titio, deinde eidem legentur ſtatuæ non adjecto nomine, vel numero, quia hoc modo ſtatuæ videntur legatæ ex abundanti, quæ ſatis continebantur priori legato, ſi erant marmoreæ potius, quam deminuendi, aut derogandi prioris legati gratia, *d. l. legata, & l. ſupellex, de ſupell. leg.* Igitur & legata ſupellectile generaliter, ſi exprimatur ſpecies certi nominis aut numeri, generali legato derogatur, ſi neque adjiciatur nomen, neque numerus: abundans eſt legatum & ſupervacaneum, quod nihil derogat priori. Et ſimiliter legato fundo inſtructo, quod legatum latiſſime manat, ſi ſpecies certi nominis deſignetur, vel certi numeri: ſi legentur mancipia certa nominatim, generali legato derogari, non ſi deſignentur ſpecies, non adjecto numero, vel nomine: abundantia legata non derogant generi. Ac poſtremo notandum eſt etiam, nihil referre, teſtator, qui legat genus, deinde ſpeciem, legando genus declaraverit, ſe ei derogare nolle, & ſi ei derogaret teſtamento, vel codicillis, id nolle eſſe ratum: nam ſi id caveat etiam legando genus & poſtea legarit ſpeciem alii vel eidem, & legaverit ſciens, meminenſque prioris cautionis ſuæ, generi derogabitur per ſpeciem, quia ut dicitur vulgo, nemo poteſt eam ſibi legem dicere, teſtamento ſcilicet, a qua non poſſit recedere, ut dicitur in *l. ſi quis in princ. de legat. 3. l. Divi, §. licet, de jure codic.* Et ita etiam in legibus obſervatur, nulla fere lex erat, quæ ſe non ſepiret difficultate derogationis, vel abrogationis hoc modo, *ne quid abrogato, ne quid derogato unquam,* ne quid liceat contra leges aut conſtitutiones. Et tamen hæ ſanctiones obſervari neque poſſunt, neque ſolent. Eadem eſt conditio teſtamenti & legis, ut non poſſit populus legem ſibi dicere, a qua non recedat, ac ne quidem etiam teſtator.

## JACOBI CUJACII J. C.
### COMMENTARIUS.

In Lib. XXXIV. Quæſtionum ÆMILII PAPINIANI.

Ad *l. LXXV de Cond. & demonſtr.*

*Dies incertus conditionem in teſtamento facit.*

EX *Lib. XXXIV. quæſt.* unus tantum verſus ſupereſt. Miſera ſors libri, quod hic tantum ex ſo verſiculus ſupereſt, quod ſcilicet, ut veriſimile eſt cetera eſſent antiquata & obſoleta. Id enim tantum voluit Juſtinianus ex veterum ſcriptis referri in his Digeſtis, *quod,* ut ipſe loquitur, *in ipſis rerum argumentis obtineret. Dies incertus,* inquit, *conditionem in teſtamento facit.* Dies incertus eſt, cum ita ſcribitur: *heres meus Titio dato centum cum pubes erit,* vel, *heres meus Titio dato centum, cum inieris conſulatum,* vel, *cum uxorem duxerit:* hic dies incertus conditionem facit, quia fieri poteſt, ut non pubeſcat Titius legatarius: fieri poteſt, ut moriatur impubes, ut non ineat conſulatum, vel, ut moriatur cœlebs: vel etiam, cum ita ſcribitur, *heres meus cum morieris Titio dato centum,* quia licet certum ſit heredem moriturum, tamen fieri poteſt, ut non moriatur vivo legatario: fieri poteſt, ut præmoriatur legatarius, atque ita legatum ad eum non perveniat, ut dies legati non cedat vivo legatario. Et conſtat inutile eſſe omne legatum, cujus dies non cedit vivo legatario. Et hoc ita oſtenditur in *l. 1. & l. heres, §. 1. hoc tit.* Idemque erit, ſi ita ſcripſerit teſtator, *heres meus cum morieris, Titio illud facito,* ædificato domum ſcilicet: Nam & hoc genus

genus legati, quod in faciendo confiſtit, cum morietur is, qui facere jubetur, valet, *l. ultim. in fin. C. de contr. ſtipul.* Sed fieri poteſt ſimiliter, ut hoc legatum ſit inutile, puta præmoriente legatario, ac ita is dies incertus, *cum morietur heres*, conditionem facit, id eſt, legatum ſuſpendit quaſi conditionem, ex quo multa ſequuntur, ut ad ea legata, quibus dies incertus adjicitur, non pertineat regula Catoniana: Nec enim pertinet ad conditionalia, *l. cetera §. 1. de legat. 1.* Et ut eorum legatorum dies non cedat morte teſtatoris, ſed cum exſtiterit conditio, *l. un. §. ſi autem, C. de caduc. toll.* Et ut, ſi legatarius, antequam exiſteret ea conditio, vita deceſſerit, legatum non tranſmittat ad heredem ſuum, cujus ſcilic. dies non ceſſit eo vivo, *l. 1. hoc tit. l. 4. quando dies leg. ced. l. ſi pecunia, §. ult. de leg. 2.* Licet ergo diem incertum appellare conditionem, ut in *l. 1. §. ult. ut leg. nom. cav. l. ſi dies, quando dies leg. ced.* in illo loco, *tempus conditiove*, ſignificans nihil intereſſe dicas, tempus incertum, an conditionem. Nam & conditio appellatur dies incertus & dies incertus conditio, *l. talis ſcriptura, de leg. 1.* Et ita licet definire conditionem: Conditio, eſt dies incertus, ex quo ita ſuſpenditur obligatio, ut poſſit eſſe, vel non eſſe. Dices: nihil igitur intereſt inter diem incertum & conditionem. Imo vero hoc intereſt, quod omnis conditio eſt dies incertus, non contra. Nam alias dies incertus, conditionale legatum facit, alias purum, ſi poſſit non exſtiterit: ſi poſſit non exſtitere, inquam, dies incertus conditio eſt, ut in ſuperiori exemplo: ſi cum morietur heres, Titio legavero, poteſt non exſtitere ea conditio, puta, ſi vivo herede legatarius deceſſerit. Igitur ſi poſſit non exſtitere, dies incertus, conditio eſt: ſi non poſſit non exſtitere, dies incertus, conditio non eſt: ut ſi cum morietur Titius, non dico jam heres, ei legavero, quia fieri non poteſt ullo caſu, ut non debeatur Titio legatum: Nam etſi poſt mortem heredis moriatur Titius, heres heredis ejus heredi tenetur, *l. 4. quando dies leg. ced. & l. heres, hoc tit.* Atque ita cum morietur legatarius, purum eſt legatum: cum morietur heres, conditionale, quod maxime notandum. Cum morietur legatarius ita relicto legato, legatum quidem ſuſpenditur, ſed non ideo eſt conditionale. Mora enim ſuſpenditur, non conditione. Et differentia eſt inter moram & conditionem, *l. 1. de legat. 2. l. quod pure, quando dies leg. ced. l. 5. C. eod.* Et ita, ſi promiſero tibi aliquid dare, vel facere, *cum moriar*, dies eſt incertus, non conditio, & quod interim ſolvitur, repeti non poteſt: quod repræſentatur, repeti non poteſt, quod tamen poſſet repeti, ſi eſſet conditio, *l. ſub conditione, & l. ſeq. de condict. indeb.* Non igitur omnis dies incertus, eſt conditio. Et recte ait Papinianus hoc loco, *in teſtamento*, quod notandum ſumme. Nam aliud eſt in ſtipulatione, vel contractu: heres eſt debitor legati, promiſſor eſt debitor rei deductæ in ſtipulationem, uterque eſt debitor. Et tamen hæc verba: *cum morietur heres*, conditionem faciunt: Hæc verba, *cum morietur promiſſor*, conditionem non faciunt, *d. l. ſub conditione, & l. ſeq.* Ergo recte dicit, *in teſtamento*: neque enim idem eſt in ſtipulatione. Nec quicquam obſtat *l. ſufficit, de condict. indeb.* dum ait, *defenſionem juris*, id eſt, exceptionem, *quæ incertam cauſam continet*, conditionis obtinere, id non eſt de die incerto: non dicit diem incertum obtinere inſtar conditionis in ſtipulatione, vel in conventione, ſed ait, cauſam incertam exceptionis habere inſtar conditionis, puta, ſi incertum ſit, utrum exceptio ſit temporaria, an perpetua, quod ea lex latius explicat. Quid eſt exceptio? defenſio juris oppoſita intentioni adverſarii. Hæc ſi ſit incerta, id eſt, ſi noadum ſit certum, perpetua ſit an temporaria, pro conditione habetur. Igitur non loquitur de die incerto: & breviter, ut in teſtamentis intelligamus, quando dies incertus faciat conditionem, vel non, res ita eſt concludenda. Dies incertus conditio eſt, ſi dies legati poſſit non cedere: conditio non eſt, ſi non poſſit non cedere.

*Tom. IV.*

# JACOBI CUJACII J. C.
## COMMENTARIUS

In Lib. XXXV. Quæſtionum ÆMILII PAPINIANI.

### Ad L. Pater XV. de Caſtr. pecul.

*Pater militi filio reverſo, quod donat, caſtrenſis peculii non facit, ſed alterius peculii, perinde ac ſi filius nunquam militaſſet.*

**1. §.** *Si ſtipulanti filio ſpondeat, ſi quidem ex cauſa peculii caſtrenſis, tenebit ſtipulatio: ceterum ex qualibet alia cauſa non tenebit.*

**2. §.** *Si pater a filio ſtipulatur, eadem diſtinctio ſervabitur.*

**3. §.** *Servus peculii, quod ad filium ſpectat, ab extero ſi ſtipuletur, aut per traditionem accipiat, ſine diſtinctione cauſarum, res ad filium pertinebit: non enim ut filius duplex jus ſuſtineat, patris & filiifamil. ita ſervus, qui peculii caſtrenſis eſt, quique nullo jure quamdiu filius vivit, patri ſubjectus eſt, aliquid adquirere ſimpliciter ſtipulando, vel accipiendo patri poteſt. Qua ratio ſuadet, ut ex ipſo patre ſervus, qui ad filium pertinet, ſtipuletur ex quacunque cauſa, vel traditum accipiat, ſic adquiratur filio res & ſtipulatio, quemadmodum ſi exter promiſiſſet, quoniam perſona ſtipulantis & accipientis ea eſt, ut ſine differentia cauſarum, quod rerum agitur, emolumentum filii ſpectet.*

**4. §.** *Si ſervi pater uſumfructum amiſerit, cujus proprietatem in caſtrenſi peculio filius habeat, plenam proprietatem habebit filius.*

EX Libro autem XXXV. ſupereſt una lex tantum, *l. 15. de caſtr. pecul.* In qua, quod proponitur initio pertinet ad definitionem caſtrenſis peculii. In caſtrenſi peculio eſt, quod pater donat eunti ad militiam, vel etiam agenti in militia filiofamil. ut ibi ſit inſtructior. Quod autem donat filiofamil. reverſo a militia, & ſacramento ſoluto, eſt in peculio pagano, non caſtrenſi, perinde ac ſi filius nunquam militaſſet. Inter peculium paganum & caſtrenſe eſt differentia varia, & multiplex, ſed vel una poſita, ex ea nectuntur aliæ omnes, & una quidem tantum proponitur in §. 1. hujus l. Ex cauſa caſtrenſis peculii pater filiofamil. ſtipulanti, vel contra, filius patri ſtipulanti obligatur civiliter, & efficaciter, non ex cauſa peculii pagani: diſtinguimus cauſas; ſi ex cauſa caſtrenſi, tenet ſtipulatio patrem vel filium: ſi ex cauſa pagana, inutilis ſtipulatio eſt. Nam peculium paganum ſpectat ad patrem, peculium caſtrenſe ſpectat ad filium ſolum. In peculio pagano, eſt filiusfam. in caſtrenſi paterfamilias: in pagano pater & filius pro uno habentur, in caſtrenſi pro duobus, nec habetur ratio vinculi patriæ poteſtatis, quod quidem vinculum unam conſtituit perſonam duorum, patris & filii: & conſequenter ex peculio caſtrenſi lis poteſt eſſe inter patrem & filium, ut in *l. 4. de judic. l. ſi quis uxori, §. ſed ſi, de furt. l. ſi dubites, in fi. de fidejuſſ.* Ex cauſa pagana non poteſt ulla lis conſtitui. Et præterea, quod adquirit filius ex cauſa caſtrenſi, ſibi adquirit ſoli: quod ex pagana, patri adquirit. Atque ita cauſam paganam a caſtrenſi diſtinguimus ſemper, eum de filio ipſo agitur. Nam ut ſubjicitur in §. *ſervus*, cum agitur de ſervo caſtrenſi filiofamil. non diſtinguimus cauſam paganam a caſtrenſi. Nam ſervus caſtrenſis totum adquirit filiofam. domino ſuo, ex omni cauſa & pagana, & caſtrenſi, ſi quid adquirat in caſtris, vel extra caſtra, vel ex illa cauſa. Denique hæc diſtinctio cauſarum, quæ ſervatur in filiof. non ſervatur in ſervo caſtrenſi filiifam. Et rationem differentiæ elegantiſſimam Papin. tradit in §. *ſervus*: quia ſcil. filiusfam. duplex jus ſuſtinet, duaſve perſonas: jus patrisf. in caſtrenſi peculio, & jus filiif. in pagano peculio, & jus patrisf. ex conſtitutione in caſtrenſi peculio, *l. 2. ad Maced.* quamdiu vivit filius;

lius: Nam si moriatur intestatus vivo patre, in omni peculio exitum facit filiusfam. Igitur omnino jus sustinet patrisfamil. in castrensi peculio: non, si moriatur intestatus. Nam eo mortuo, id peculium pater occupat quasi paganum, *l. ult. ad Tertullian.* Et hoc de filiofamil. Servus autem castrensis filiifamil. jus tantum sustinet servi filiis. non servi patris, non sustinet duorum servorum vicem: & ideo soli filio adquirit ex omni causa, non patri: *si quid simpliciter,* inquit, *stipuletur, vel per traditionem accipiat, quandiu vivit filius, quem solum dominum agnoscit.* Cur dicat *quandiu vivit filius,* jam exposui: quia mortuo filio intestato, vivo patre servus castrensis recidit in potestatem patris, quasi jure peculii pagani. Cur ait *simpliciter?* quod est impersonaliter, si stipulatus sit hoc modo, *promittis centum dari?* non adjecto meo, vel patri domini mei, quod miror non explicasse Accurs. quia scil. si servus castrensis stipuletur patri, quamvis eo tempore stipulationis sit in potestate filii non patris, tamen si postea filius moriatur intestatus vivo patre, utilis stipulatio est, quia pater retro creditur in eo servo dominium habuisse. Ergo & tempore stipulationis, tempore contractus, quod utique semper in stipulationibus observatur, *l. si filiusfam. de verb. oblig.* Et ita retro agi dominium ostenditur in *l. ult. hoc tit. l. sertum filii, in princ. de leg. l. in eo quod, de acquir. dom.* Et secundum haec, quae proposuit Papin. in §. *servus,* si servus castrensis filiifamil. heres instituatur, quia non sit distinctio causarum, nihil refert, a quo heres instituatur, a commilitone filii, commanipulo, contubernali, an ab extraneo: quia adire debet hereditatem jussu filii, non patris, eaque hereditas, posteaquam adita erit, deputabitur castrensi peculio, *l. de hereditate,* §. 1. *hoc tit.* Et ut jam dixi, nihil etiam refert, stipuletur is servus castrensis, vel accipiat ab extraneo, an a patre domini sui ex quacunque causa: nam ut extraneus, qui promisit servo castrensi, ex quacunque causa filio tenetur: ita & pater: pater scilicet pro extraneo est, quod ad servum castrensem attinet: aliter atque si filio promisisset pater: Nam tunc essent distinguendae causae: si promisisset ex causa castrensi tenetur: non, si ex pagana: & ut magis appareret filiumfamil. servi castrensis ceterarumque rerum castrensium solum esse dominum quandiu vivit, id demonstratur in §. *ult. hujus l.* hoc argumento, quod verbi gratia, si servi cujusdam ususfruct. pertineat ad patrem, & amiserit pater ususfruct. non utendo, vel cessione in jure, si ultro cesserit ususfruct. ususfructus recurrit ad solum filium. Et ita incipit in eo servo habere plenam potestatem: dos profectitia dicitur esse proprium patrimonium filiae multis in locis, sed verius est communis patris & filiae, & communalis actio de dote, *l. 3. l. si cum dotem,* §. 1. *sol. mat.* Idem non possis dicere de castrensi peculio, commune esse patris & filii. *Quemadmodum si exter legendum, non extero, quod rerum agitur,* id est, quodcunque agitur sive sit traditio, sive stipulatio.

## JACOBI CUJACII J.C. COMMENTARIUS

In Lib. XXXVI. Quaestionum ÆMILII PAPINIANI.

Ad L. In omni XIII. de Adopt.

*In omni fere jure, finita patris adoptivi potestate, nullum ex pristino retinetur vestigium. Denique & patria dignitas, quaesita per adoptionem, finita ea deponitur.*

IN hac lege proponitur haec regula, finita patris adoptivi potestate, nullum ex pristino vestigium retineri: nam illa verba, *in omni jure,* significant esse regulam. Finitur potestas patris adoptivi, filio desinente esse in familia, quod fit per capitis deminutionem, id est, per emancipationem: Nam mortuo patre adoptivo, filius in adoptiva familia permanere dicitur, *l. utrum, de bon. poss. contra tab.* sicut filius naturalis mortuo patre dicitur esse in familia patris, *l. non tantum,* §. *si pater eod. tit.* Uterque fit sui juris morte patris sine capitis deminutione, *l. 3. §. ult. ad Macedon.* Ergo permanet in eadem familia, nec migrat in aliam. Ceterum emancipatione uterque familiam pristinam mutat, & amittit. Sed differentia est magna inter adoptivum, & naturalem filium: Nam adoptivus emancipatus, nullum vestigium retinet ex pristino jure adoptionis, id est, omnia jura perdit, ut ait in *l. seq.* non retinet nomen filii post emancipationem, non retinet nomen liberorum. Tullius pro domo sua: *Adoptatum emancipari statim, ne filius sit ejus, qui adoptavit.* Ergo emancipatione filius adoptivus desinit esse filius, & ideo nec ab intestato, nec contra tabul. admittitur ad bona patris adoptivi, qui eum emancipavit, §. *eadem, Instit. de hered. quae ab intest. & §. adoptive liberi, de exhered. lib. & l. 1. §. liberos, & l. liberi, si tab. test. nulla exst.* Ex quibus locis, id est, ex §. *adoptivi liberi,* & ex aliis etiam, inter cetera apparet liquido, quod temere Andreas quidam scripsit, nusquam jure liberos adoptivos appellari, sed filios adoptivos tantum, & hoc praeter se neminem comperiisse. Et sane ita est, neque enim quod non est, comperiisse potis est quisquam, & id scripsit in *l. si unquam, C. de revoc. donat.* Dicamus igitur liberos adoptivos, ut est proditum illis locis, per emancipationem amittere nomen liberorum, simul ac jus liberorum omne. Filius autem naturalis emancipatus, non amittit nomen filii, & praeteritus admittitur ad bonorum possessionem contra tabulas, & ab intestato ad bonorum possessionem unde liberi praetorio: jus naturale emancipatio perimere non potest. Et evidentissima haec est differentia inter naturalem & adoptivum, sed sunt etiam aliae. Nam filius adoptivus emancipatus amittit patriam dignitatem, quam per adoptionem adquisierat, ut ait in hac *l. 13. de adopti.* Unde si a Senatore vel a decurione, qui minor Senator a veteribus dicebatur, plebejus adoptatus fuerit, filius est Senatoris vel decurionis, quandiu manet in ejus familia, & iisdem privilegiis fruitur quibus Senatoris vel decurionis filius naturalis, eodem jure censetur, *l. 6. & 7. de Senator. l. 4. C. de decurion.* Ceterum emancipatus eam dignitatem amittit, nec postea habetur pro Senatoris filio: filius autem naturalis emancipatus a patre Senatore vel decurione, non amittit dignitatem patris, habeturque non ideo minus quasi filius Senatoris vel Decurionis. Item quae est tertia differentia, filius adoptivus emancipatus, definit esse civis civitatis patris adoptivi, cujus & ipse per adoptionem factus fuerat civis, quod ostenditur in *l. ordine,* §. *u't. & seq. ad municip.* Filius autem naturalis emancipatus, non desinit esse civis civitatis patris, cujus & ipse origine est civis. Atque ita videmus finita patris naturalis potestate, remanere ex pristino multa vestigia. Contra, finita potestate patris adoptivi, nulla remanere vestigia, & rem haberi perinde ac si nunquam adoptatus fuisset. Verum adjicit Papinianus hoc loco *fere,* id est, in omnibus fere partibus juris, quoniam, ut recte Accurs. animadvertit, in jure nuptiarum etiam post emancipationem filii adoptivi, aut filiae adoptivae remanet memoria, aut vestigium quoddam ex pristino jure. Neque enim eam uxorem ducere possum, quae mihi fuit filia adoptiva, nec eam, quae fuit uxor filii adoptivi, quem postea emancipavi. Et filius quoque adoptivus emancipatus, non potest uxorem ducere eam, quae fuit uxor ejus quondam adoptivi, *l. adoptivus, l. quin etiam, de ritu nupt.* quia fuit ei loco novercae. Soluta adoptione jure possum ducere eam, quae mihi fuit filia adoptiva, perinde ac si nunquam fuisset mihi filia adoptiva, sed non permittitur, quia pudor vetat, *non omne quod jure fit, permittitur.* Libertini ordinis homines ab ingenuis maxime dante patrono, jure adoptari possunt, ut ex Sabino refert Gellius in fin. lib. 5. cap. 19. sed ex eodem adjicit, id non permitti iisdem verbis, ne libertini ordinis homines per adoptionem in jura ingenuorum irrepant, vel invadant. Et haec quidem est

est sententia hujus l. Verum restat illa inspectio, quemadmodum intelligendum sit, quod ait in hac lege, *per adoptionem dignitatem adquiri, augeri*, ut ait l. *per adoptionem*, hoc tit. *Et deponi per emancipationem*. Quid hoc est, *per adoptionem dignitatem augeri*? an, qua de re plurimum hodie controverti video: an ignobilis, si adoptetur a nobili, nobilis fiat? an per adoptionem adquiratur nobilitas? Et soleo hac in re separare dignitatem a statu, & conditione hominis, ut etiam separatur honor a statu, dignitas a conditione sive statu capitis, l. *falsa*, §. *sed si cui*, *de condit.* & *demonst.* & in §. *quibus*, *Instit. de capit. demin.* quod apparebit hac demonstratione: mutatio status est capitis deminutio: mutatio dignitatis non est capitis deminutio, ut qui Senatu movetur, aut qui in Senatum asciscitur, non capite minuitur, d. §. *quibus*. Haec igitur in hac quaestione distinguimus honorem a conditione & statu. Conditione alii sunt cives, alii peregrini: adoptio ex cive peregrinum, vel contra non facit, imo nec civitatem mutat, sed adjicit, ut ait l. 7. *C. de adopt.* id est, adoptatus tam in patria sua, quam in patria adoptatoris, munera & honores civiles subire cogitur, d. l. 7. & l. 1. & l. *ordine*, §. *ult. ad municip.* Rursus conditione alii sunt libertini, alii ingenui: adoptio ex ingenuo libertinum, vel ex libertino ingenuum etiam non facit, l. *ult. de statu hom. sup. l. ult. hoc tit.* Ingenuum adoptari a libertino nusquam invenies, aliquo loco invenies libertinum ab ingenuo adoptari, veluti a patrono ipso, vel ab alio causa cognita, l. *ult. h. tit. l. 3. C. eod.* Et hoc cum contingit, libertinus qui adoptatur, nanciscitur quidem jura ingenuitatis in familia adoptatoris, ingenuus tamen non fit, l. *sciendum, de ritu nupt.* Aliud est nancisci jura ingenuitatis, aliud ingenuum fieri. Libertinus, qui a principe consequitur jus annuli aurei, ingenuus non est, sed quandiu vivit, jura ingenuitatis habet, l. 2. *C. de jure annul. aur.* Ergo aliud est habere jura ingenuitatis, aliud ingenuum esse. Solus princeps ingenuum facit eum, qui non est natus ingenuus, puta restituendo natalibus, quod & ipsum debet facere consentiente patrono, l. *ult. de natal. restit.* Sicut & sicut de civitate Romana libertinum princeps non potest invito patrono, ne fiat ei injuria, quod Plinius indicat lib. 10. *Epist.* petens civitatem Romanam Harpocrati a Trajano Imperatore. Rursus conditione alii sunt servi, alii liberi, & adoptio, ut hodie definitum est, & ex servo liberum facit, ut si servus adoptetur a domino, vel si a domino in adoptionem detur, §. *ult. Inst. de adopt.* Sed hoc vere possis dicere extorsisse favorem libertatis, non esse solemnem modum dandae libertatis, sed vindictam, censum, testamentum, admitti tamen etiam adoptionem, ut hoc quoque remedio servus exeat ex servitute, & fiat liber: qua ratione alia, quam favore libertatis? d. §. *ult.* Praeterea conditione alii sunt sui juris, alii alieni juris, adoptio facit eum, qui est sui juris, alieni juris, & eum, qui est alieni juris, transfert ex unius familia in aliam, l. *qui ex liberis*, §. 1. *de bon. poss. sec. tabul.* Adoptio igitur mutat statum hominis, cur & non mutat superiores status? quia comparata est adoptio hujus rei gratia tantum, ut faceret filiumfamil. maxime non habenti naturalem filium. Haec causa fuit inveniendae adoptionis, non, ut faceret civem ingenuum, non etiam ut faceret liberum, sed ut filium tantum. Vix mutabit alias conditiones. Conditionem generis sane non poterit mutare, non potest efficere, ut ego non sim ex sanguine illo, ex illo genere, quia jus naturale est immutabile, l. 1. §. *cognationem*, *unde cogn.* Denique adoptio genus non mutat, gentem mutat, id est, familiam & nomen familiae. Ceterum conditiones, quae ex genere ducitur, non mutat, & notum est discrimen inter genus & gentem. Ergo ignobilem nobilem non facit, si adoptetur a nobili: & contra etiam nobilem ignobilem non facit, si ignobilis nobilem adoptet: nam haec nobilitas ex genere ducitur, vel largitate Principis per concessione feudi, cui tamen largitati sc. necesse est, ut accedat longa series avorum & posterorum, qui huic feudo insederunt & incubuerunt. Et haec de conditione. Dignitatem autem fateor adoptionem augere, non etiam minuere, ut plebejus adoptatus a patritio,

vel Senatore vel a decurione adquirit dignitatem, honorem, praerogativam, privilegium in poenis, vel qua alia in re, filii patritii vel Senatoris, quod haec l. 13. demonstrat. Et quod notandum, ea dignitas propagatur etiam in liberos plebeji adoptati a Senatore, l. *liberos*, *de Senator.* Et in liberos ejus, qui est adoptatus a decurione, non quidem in infinitum, sed usque ad gradum pronepotum, l. *Divo*, *C. de quaest.* Atque ita adoptio dignitatem affert, dignitatem auget, sed non minuit dignitatem. Nam Senator, aut Senatoris filius adoptatus a plebejo, non desinit esse Senator, aut Senatoris filius, l. *per adopt. hoc tit.* l. 1. *inf. de Senat.* M. Tull. pro domo sua: adoptionem nihil minuere de dignitate generis. Inventa est adoptio, aut ea utimur, in eamque nos damus, non ut minuamus dignitatem, sed ut augeamus. Et alia est ratio matrimonii & adoptionis: Nam matrimonium minuit dignitatem, si mulier clarissima nubat plebejo, ut de Virginia nominatim scripsit Livius. Et auget quoque matrimonium dignitatem, si plebeia nubat Senatori, l. *mulieres*, *C. de dignitat.* In qua etiam utitur *nobilitandi* verbo, quod latissime patet, neque eo significatur ea nobilitas, seu gentilitas, de qua initio quaestio proposita fuit. Et ait, mulieres genere mariti nobilitari, id est, splendescere, quod aliis verbis exprimit, honore mariti erigi. Ceterum, ut licet colligere, nunquam admittam adoptione nobilem fieri ex ignobili, neque ignobilem ex nobili.

In quaestione de qua tractavimus, an adoptio ex plebejo nobilem faciat, est quod iterum de ea quod statuendum sit, succincte perstringamus, & ut diximus in praecedenti praelectione, inventa est adoptio, ut filium faceret tantum, non ut ex peregrino civem, non ut mutaret civitatem adoptato, sed adjiceret ei civitatem adoptatoris. Potest enim quis plurium civitatum esse civis: & rursus inventam esse adoptionem, ut filium faceret, non ingenuum faceret ex libertino, non ut liberum faceret ex servo, quanquam hodie admittamus favore libertatis, per adoptionem liberum fieri: ac denique inventam esse adoptionem tantum, ut filium faceret tantum, & hominem sui juris vel alieni juris redigeret in potestatem adoptatoris quasi filium, vel nepotem aut pronepotem: ut igitur redigeret in potestatem, vel homines sui juris, vel etiam filiumfam. alterius, vel etiam filium suum emancipatum, l. 12. *de adopt.* Ego in hac summa illas tantum leges afferam, quas alia praelectione non attuli. Adoptio igitur filium meum emancipatum, & naturalem etiam in servitute quaesitum, sive in contubernio, redigit in potestatem meam, l. *ult. de adopt.* l. *ult. de his qui sunt sui vel al. ju.* atque etiam filium naturalem susceptum ex concubinatu, ex constitutione Anastasii, l. *jubemus*, *C. de natur. liber.* Naturalis filius vel ex contubernio, vel ex concubinatu, & uterque fit justus filius heresque patri per adoptionem. Quod tamen postremum Justinianus non admisit, scil. in naturali suscepto ex concubinatu. Hunc enim noluit fieri legitimum per adoptionem. Et est etiam hoc novum in constitutione Justiniani, ut cum concubinatus probetur legibus antiquis & constitutionibus quasi conjunctio legitima & licita, quandoquidem habet speciem matrimonii, & concubina, ut ait Julianus Antecessor Constantinopolitanus, imitatur uxorem, Justinianus tamen tanquam Christianus non videtur concubinatum admisisse, quod indicat l. *legem* 7. *C. de nat. lib.* his verbis, *injusta libidinum desideriis*, quibus utitur loquens de concubinatu. Et ob id etiam in d. l. *legem*, ut in *Nov.* 74. & *Novel.* 89. non vult Justinianus, ut praetextus adoptionis, vel commentum adrogationis, filios susceptos ex illicita coitione, ut ipse existimat ex concubinatu faciat justos & heredes legitimos patri. Et ex his omnibus colligere efficies atque efficiebam ego, adoptionem quoque nobilem non facere, si plebejus det se in adoptionem nobili, quia adoptio non mutat genus, aut sanguinem. Et haec nobilitas ducitur ex genere, vel ex speciali beneficio Principis, & ex concessione feudi, in quod constat adoptivum filium non succedere, in feudum scil. adoptatoris, quod omiseram. Igitur bejus

bejus per adoptionem non fit nobilis. Galli solent dicere *la verge ennoblit, voyez la coustume*, hoc est, ducitur ex genere nobilitas. Non fit igitur nobilis plebejus per adoptionem, nisi adoptione plebeji facta auctoritate Principis, id agatur, ut exeat ex plebe, argum. *l. sed si hac lege*, §. *patronum*, *de in jus voc.* At nunc videamus, *an aliud dicendum sit*, *si nobilis det se in adoptionem plebejo*, *an desinit esse nobilis? an mutat genus?* Quod negavi obiter in prælect. sup. sed verius est per adoptionem ex nobili plebejum fieri, quia ipsemet prodit suam nobilitatem, qui se subjicit ditioni & familiæ plebeji. Et ita Clodium, qui se dedit adoptandum plebejo, Marc. Tullius scripsit exiisse a patriciis, & transiisse in plebem, ut fieret tribunus plebis, quem magistratum capessebant soli plebeji. Mea igitur sponte fio plebejus ac degener, sicut licet mihi mea sponte ex libero servum fieri, si patiar me venundari ad pretium participandum. Et ita quoque mulier patricii generis, si elegerit nuptias plebeji transit in plebem, & de se queri debet, quæ nupsit plebejo, atque ita prodidit nobilitatem sui generis & sanguinis. Contra autem mulier plebeja per matrimonium, non mutaret genus, videlicet si abesset constitutio Imperatoris, quæ specialiter constituit, ut plebeja per matrimonium, puta, si nupserit patricio, non tantum erigatur honore mariti, sed etiam nobilitetur genere mariti, atque ita proprium genus commutet in genus mariti, *l. mulieres*, *C. de dignit. l. ult. C. de incolis*. Si deesset illa constitutio, mulier plebeja per matrimonium non mutaret genus, sed augeretur tantum dignitate mariti. Et in hac quæstione, ut in eadem prælectione ostendi, separanda est dignitas a conditione personæ.

### Ad L. CXIX. de Verb. oblig.

*Doli clausula, quæ stipulationibus subjicitur, non pertinet ad eas partes stipulationis, de quibus nominatim cavetur.*

HÆc lex pertinet ad illam regulam juris, quam habuimus libro 33. In toto jure generi per speciem derogatur, *l. in toto*, *de reg. jur.* veluti in legibus, *l. sanctio*, *de pœnis*, & in testamentis, veluti in legatis, quod variis exemplis demonstravi, ac etiam in substitutionib. Specialis nempe substitutio derogat generali, *l. coheredi*, §. *qui patrem*, *de vulg. substit.* Et ut intelligitur ex hac lege, in stipulationibus sive contractibus: & forte mendum est in inscriptione hujus legis, vel legis *in toto*, vel in numero librorum. Subjici solet stipulationibus clausula generalis, *dolum malum abesse abfuturumque esse*. Hæc est novissima clausula stipulationum, *l. novissima, judic. solvi*. Quod non pertinet ad ea, de quibus specialiter cautum est in stipulatione, sed pertinet tantum ad ea, quæ non sunt stipulatione comprehensa nominatim: Nam de clausula illa generali sunt eximenda ea, de quibus cautum est specialiter. Denique hæc clausula generalis pertinet tantum ad casus incertos, & qui in præsentia contrahentibus occurrere non potuerunt, *l. 53. hoc tit.* ut in emptione pecorum, cum ita stipulamur, Quod exemplum Accursius significavit in hac lege, paucis verbis, *esse, bibere, posse habereque recte licere, & dolum malum abesse abfuturumque esse*. Et in emptione mancipiorum, cum ita stipulamur, *sanum esse, furem non esse, fugitivum non esse, habere recte licere, dolumque malum abesse abfuturumque esse*. Et similiter in stipulationibus prætoriis, veluti legatorum servandorum causa, de rato, vel de judicato solvendo. Et hoc est apertissimum. Sequitur nobilissima lex 38. *ad leg. Jul. de adulter.*

### Ad L. XXXVIII. Ad L. Juliam de adult.

*Si adulterium cum incesto committatur, ut puta, cum privigna, nuru, noverca: mulier similiter quoque punietur: Id enim remoto etiam adulterio eveniret.*

DIfferentia est inter adulterium & incestum in re. Quæ sit differentia, non est explicandum, quia notum est omnibus, sed in jure differentia est. Nam adulterium jure naturali prohibetur, vel ut ait *l. probrum, de verborum significat.* adulterium est natura probrum, id est, jure naturali: Lactantius in Epito. *Instit. Corrumpere alienum matrimonium communi omnium gentium jure prohibetur*. Incestum autem non omne committitur jure gentium, sive naturali. Nam aut committitur jure gentium, aut jure civili. Et ut indicat in hac lege, ita evenit, ut incesti crimen, quamvis natura sit gravius, humanius vindicetur, vel ut de eo tractetur humanius, quam de adulterio, quia omne adulterium est natura probrum: omne incestum non est natura probrum, sed aliud natura, aliud civili jure. Ac primum quidem, ut ostenditur in *l. ult. de condict. sine causf.& l. ult. de ritu nupt.* & in hac lege multis in locis, incestum jure civili committitur inter parentes & liberos cujuscumque gradus in infinitum, atque etiam inter affines, qui maxime parentum & liberorum locum obtinent, ut inter vitricum & privignam : vitricus quasi pater est, privigna quasi filia, vel ut Ovidius loquitur de Ponto, *pene filia*, qui & marito privignæ, dicit se esse pene socerum, id est, quasi, pene patrem uxoris. *Numina pro socero pene precare tuo*, scribens ad maritum privignæ. Incestum jure gentium committitur similiter inter novercam & privignum, quæ est, vel quæ fuit noverca, quia noverca matris, privignus filii locum obtinet, §. *affinitatis, & §. socerum, Inst. de nuptiis*, *l. Aristo*, *de ritu nupt*. Et recte sanctissimus Phocylides.

Μητρυιῆς μὴ ψαῦε γε δευτέρα λέκτρα γοναος.
Μυτέρα δ' ὡς τίμα τὴν μητέρος ἴχνια βαίνει.

Id est, *ne attinge novercam, secunda cubilia patris, sed eam cole ac matrem, quæ insequitur vestigia etiam matris*, id est, quæ locum tenet matris. Et pari ratione jure gentium incestum committitur inter socerum & nurum, inter socerum & generum, quia socer & socrus parentum locum obtinent, gener & nurus liberorum, *d. §. affinitatis, & §. socerum*, *l. quia parentis*, *solv. matr.* Et nurus nomen sive socrus, aut generi, accipitur largissime. Exempli gratia: Nurus dicitur non tantum filii uxor, sed etiam nepotis, & usque in infinitum in *l. adoptivus*, §. *nunc videamus*, *& l. seq. de ritu nupt.* Ex transverso etiam jure gentium incestum committitur cum sorore, quod evidenter demonstrat *l. 8. de ritu nupt.* cum quo matri jungit sororem . Et matrem, aut sororem uxorem ducere moribus prohibitum, id est, jure gentium : mores illo loco ac etiam in *l. sororis eod.* id est, jus naturale, jus gentium. Et quod scripsit Æmilius Probus, Atheniensem in matrimonio sorores suas habuisse jure licito, non est verisimile, ut populus Atheniensis adeo bene institutus, eam conjunctionem admiserit contra jus gentium. Si quam barbaram gentem diceres, hoc admitterem, sed Atheniensem populum, nunquam admittam, licet Æmilius Probus id scribat, qui etiam quasi falsi reus a doctissimis viris reprehenditur : quoniam Athenæus & Plutarchus multis in locis referunt Cimonem Atheniensem duxisse sororem in matrimonio, atque ideo exulatum iisse, cum fecisset contra instituta Atheniensium, & omnium gentium instituta, jurisque naturalis. Et recte etiam Phocylides, qui nobis tradidit præcepta juris naturalis:

Μηδὲ κασιγνήτης εἰς ἀποτρόπον ἐλθέμεν εὐνήν.

*Ne conscendamus cubile infandum sororis:*

Igitur ex transverso sive a latere, etiam incestum committitur jure gentium, veluti cum sorore. Et similiter, ut heri demonstravimus, cum sororis filia, & nepte, & pronepte in infinitum; quia avunculus est loco parentis. Ergo & cum fratris filia, quia patruus est loco parentis, quod hodie etiam obtinet, §. *fratris, Inst. de nupt. l. nemini, C. eod. tit. l: ult. C. de incest. nupt.* Posset quis ita facile induci, ut existimaret jure gentium incestum committi cum sororis filia, vel fratris, quod tamen non est verum. Nam cum his personis committitur tantum jure civili: cum sorore jure gentium ; cum sororis filia jure civili,

civili, quod cur ita sit, cras explicabo. Et multum intereſt ſane, utrum jure gentium inceſtum committatur, an jure civili. Nam error juris gentium, vel ignorantia ejus, non remittitur mulieri. Igitur etiam mulier, cui remittitur error juris civilis, ſi inceſtum commiſerit jure gentium, nullo modo excuſatur obtentu erroris, quia nemo ignorat jus gentium, *l. ſecunda, Cod. de in jus voc.* Et Menander eleganter, ἐκ ἐσι τῆς φύσεως λαθεῖν νόμοις. *La loy de nature n'eſt cachée a perſonne.* Ergo mulieri non remittitur error juris gentium, cui tamen remittitur inceſtum juris civilis. Et ita Papinianus in hac lege ait, mulierem eam pœnam, quam mares ſuſtinere, cum inceſtum jure gentium prohibitum admiſerit. Et ſimiliter in principio hujus legis, ſi adulterium committatur cum inceſto, veluti cum nuru, vel cum privigna, vel cum noverca, non minus puniri feminam quam marem: neutrum poſſe obtendere ignorantiam hujus juris. Idem eſſe, ſi ſolum inceſtum ſit admiſſum, quoniam cum his perſonis committitur jure gentium. Oportet addere, idem etiam eſſe, ſi ſolum adulterium, non tantum cum his perſonis, ſed cum aliis quibuſcumque. Æque ex cauſa adulterii punitur femina, ac maſculus, quia eſt natura probrum ſimiliter, id eſt, jure gentium, quod nemini licet ignorare. Et hoc eſt quod ait in princ. h. l.

Ex his, quæ diximus intellexiſtis, æque puniri feminam ac marem, ſi per adulterium inceſtum committatur jure gentium, vel ſi inceſtum tantum committatur jure gentium, veluti cum parentibus vel liberis cujuſque gradus, vel inter affines, qui maxime parentum liberorumve locum obtinent, veluti cum privigna, nuru ſocru, noverca. Et idem eſſe, ſi adulterium tantum committatur: Nam & adulterium jure gentium probrum eſt, & neque mari, neque feminæ remitti errorem, vel ignorationem juris gentium, omnes homines præſtare debere ſcientiam juris gentium, neminem non ſcire adulteram neſas eſſe, neminem neſcire, commiſceri his, qui ſunt parentum vel liberorum loco, neſas eſſe. Igitur æque puniri feminas ac mares in his omnibus, quæ prohibentur jure naturali. Et adjeci eum ſororeetiam inceſtum committi jure gentium, cum ſorore ſcilicet germana. Nam cum ſorore patrueli, jure civili aut gentium inceſtum matrimonium non eſt, §. *duorum, de nupt. l. celebrandis, C. eod.* Quo tamen jure non utimur, & merito quidem: nam verecundia & pudor potiſſimum ſpectatur in nuptiis. Et ob id prohibitio nuptiarum eſt extendenda potius ac coanguſtanda, nec debemus ea in parte diſcedere ab inſtitutis majorum noſtrorum, qui pudoris inter nos conſervandi gratia, & licitas quarumdam perſonarum nuptias inhibuerunt, & in Phil. 2. Cic. illo loco, ſorore & uxore tua: non oportet intelligere germanam, ſed patruelem. Et hæc de inceſto, quod committitur jure gentium. Reſtat ut tractemus de inceſto, quod committitur jure civili. Inceſtum committitur jure civili cum ſororis filia, vel nepte, vel pronepte, vel etiam hodie cum fratris filia, nepte, pronepte, vel cum amita, vel cum materterâ. Cur vero cum his perſonis inceſtum contrahitur jure civili, non jure gentium, cum & hæ perſonæ inter ſe ſint parentum liberorumve loco, §.*item amitam, Inſtit. de nupti. l. ſororis de ritu nupt.* Patruus ſcilicet filiæ fratris pene pater eſt. Amita filio patris pene mater. Idem licet ſtatuere de avunculo & materterâ. Et tamen inter eas perſonas inceſtum committitur non jure gentium, ſed civili. An verum eſt, non inter eos omnes inceſtum jure gentium committi, quia invicem ſunt parentum, vel liberorum loco? Sic ſane. Sed inter eos tantum verum eſt, inceſtum committi jure civili, qui *maxime ( ce maxime emporte la ſauſſe )* quive propius ſunt parentum aut liberorum loco, ut inter novercam & privignum: noverca mater eſt propius quam amita, cum ſit uxor veri patris, cujus amita eſt ſoror. Ac ſimiliter inter vitricum & privignum, inter ſocerum & nurum, inter ſocrum & generum: Nam cum aliis perſonis (licet quodammodo accedant ad vicem parentum aut liberorum) legibus modo permiſſæ fuerunt nuptiæ, modo prohibitæ. Et conjunctio earum perſonarum puta patrui, & filiæ fratris, avunculi & filiæ ſororis, amitæ, & filii fratris, materteræ & filii ſororis, tota ſita eſt in arbitrio legum, tota eſt juris poſitii, ut Ulp. loquitur, vel ut æque dicunt recte, juris poſitivi. Et rectiſſime Accurſ. in *l.1.§.initium, de poſtul.* eorum, quæ ſunt juris poſitii, non admodum quærendam eſſe rationem. Invenies in Dig. inceſtum committi cum ſororis filia ab avunculo, non a patruo cum fratris filia, *l. ult. de cond. ſine cauſa, l.qui in provincia, l.aliam, l.ſororis, de ritu nupt. & hujus l. §.1.* Nullum locum invenies in Dig. de patruo & fratris filia: nam cum ea permiſſum connubium ex S. C. & auctoritate Claudii, ut Suetonius & Tacitus ſcribunt. Et ob id Ulpianus in fragm. non nuquam ex tertio gradu licet uxorem ducere, veluti fratris filiam, non etiam ſororis. Hæc diſtinctio hodie merito ſublata eſt: Nam neutram licet ducere ex conſtitutionibus noviſſimis. Jure Digeſtorum, ut ita loquamur, licet ducere fratris filiam, quamvis eodem jure non liceat ſororis filiam, nec ſit differentiæ ratio ulla, niſi quod jus ita poſitum ſit. Filius tamen fratris eo jure non poteſt ducere amitam, ſive patrueram, ſic vocatur in antiquis inſcriptionibus, ſicut nec filius ſororis materteram, quin admittatur inceſtum jure civili.

Ad §§. 1. 2. 3. 4. 5. 6. & 7.

*Stuprum in ſororis filiam ſi committatur, an adulterii pœna ſufficiat mari, conſiderandum eſt: quia multum intereſt, errore matrimonium illicitè contrahatur, an contumacia juris, & ſanguinis contumelia concurrant.*

2. *Quare mulier tunc demum eam pœnam quam mares ſuſtinebit, cum inceſtum jure gentium prohibitum admiſerit. Nam ſi ſola juris noſtri obſervatio interveniet, mulier ab inceſti crimine erit excuſata.*

3. *Nonnunquam tamen & in maribus inceſti crimina, quamquam natura graviora ſunt, humanius quam adulterii tractari ſolent: ſi modo inceſtum per matrimonium illicitum contractum ſit.*

4. *Fratres denique Imperatores Claudii crimen inceſti propter ætatem remiſerunt, cum alias adulterii crimen, quod pubertate delinquitur, non excuſetur ætate. Nam & mulieres in jure errantes, inceſti crimine non teneri, ſupra dictum eſt, cum in adulterio commiſſo nullam habere poſſint excuſationem.*

5. *Iidem Imperatores reſcripſerunt poſt divortium, quod cum noverca bona fide privignus fecerit, non eſſe crimen admittendum inceſti.*

6. *Iidem Pollioni in hæc verba reſcripſerunt: inceſta nuptiæ confirmari non ſolent, & ideo abſtinenti tali matrimonio pœnam præteriti delicti, ſi nondum reus poſtulatus eſt, remittimus.*

7. *Inceſtum quod per illicitam matrimonii conjunctionem admittitur, excuſari ſolet ſexu, vel ætate, vel etiam puniendi correctione, quæ bona fide intervenerit: utique ſi error allegetur, & facilius, ſi nemo reum poſtulaverit.*

His cognitis videamus, quæ tractet Pap. in hoc §. 1. & ſeq. uſque ad §. *Imperator Marcus.* Cum ſororis filia inceſtum jure civili committitur, & ut ait Pap. in hoc §. 1. *ſtuprum.* Ergo duplex crimen, inceſtum & ſtuprum, vel ut M. Tul. loquitur in Miloniana, *inceſtum ſtuprum.* Et quærit Papin. *hoc §.* 1. an maſculo ſufficiat pœna adulterii *l. Juliæ?* nomine adulterii, quod etiam eſt generale, ſignificatus ſtuprum inceſtum, ut ſæpiſſimè J. C. maxime cum tractant de pœna, dicunt promiſcue, adulterium vel ſtuprum. Si igitur in ſororis filiam commiſſum ſit ſtuprum inceſtum, quærit Papin. an avunculo ſufficiat pœna *l. Juliæ,* hoc ſc. quærit, an mulier quoque ſimiliter puniatur, i.e. an ſufficiat marem puniri, ſi inceſtum committatur jure gentium: non ſufficit marem puniri, utrumque puniri oportet. Videamus tamen, inquit, an ſufficiat marem puniri, ſi inceſtum jure civili committatur, veluti cum ſororis filia. Dubitationem facit, quod duplex eſt admiſſum, junctum ſc. ſtupro inceſtum. Simplex forte non vin-

vindicaretur in femina. Duplex videtur esse vindicandum, non minus in femina, quam in mare. Et hoc significat Papin. in illis verbis, *occurrit, quod duplex admissum est*. Verbo *occurris*, significatur ratio dubitandi. Item dubitationem facit, quod multum interest, errans committat stuprum incestum, an sciens: Nam sciens peccat dupliciter, & quod contumelia afficit sanguinem suum, generisque dignitatem. Quid est incestum? Contumelia, quæ infertur sanguini, vel necessitudini per nefarium illicitum coitum. Peccat etiam sciens in eo, quod contemnat leges, & jura civilia, quæ contemptio eleganter dicitur a Papin. *contumacia juris*: contumacia a contemnendo: nam videtur J.C. *παρυπομνηστής*, in *l.contumacia*, §.1. *de re judic.* dum ait, *contumax est, qui tribus edictis propositis, &c.* Vox contumax dicitur ab intentione & pertinacia, quod eo nomine videatur significari is, qui intentos habet & defixos oculos in rem aliquam, ut per translationem & contumax videatur dici pertinax quique, ut in jure augurali apud Varronem 6.de ling. lat. erat scriptum, *conspicionem Cortumionem*, id est, conspectum intentissimum. Et hæc de sciente. Non potuit de quæstione proposita respondere sine distinctione inter scientem & errantem. Errans non offendit legem, sed sanguinem tantum inquinat. Igitur, ut revertamur ad quæstionem propositam, si mulier per errorem juris civilis incestum commiserit cum avunculo, excusatur, si existimarit non esse vetitas nuptias: aut certe datur ei venia majoris pœnæ, nec subit eandem pœnam quam mas, qui debet præstare scientiam juris civilis. Quod idem dici potest etiam de minori 25. annis, aliter quam si incestum jure gentium committatur, vel adulterium, quod omne etiam contra jus gentium committitur: nam ab adulterio, vel ab incesto jure gentium, neque ætas, neque sexus excusat, *l.auxilium, de minor.* Certe, quod maxime notandum est, & si alias militem excusat ignorantia juris civilis, non excusat tamen eum a stupro commisso in sororis filiam, sive eam habuerit in matrimonio, quoniam illicitum est, sive in contubernio, *l.miles §.1. h.tit.* ubi, quam habuit miles in contubernio, Græci appellant Latino vocabulo, *focariam*, *l.mulierem de his quæ ut indig.* quam *lib. 33.* interpretati sumus. Igitur miles, etiamsi erraverit in jure civili, qui error alias solet ei remitti, hoc casu non remittitur, si sororis filiam, vel focariam, vel uxoris habuerit loco. Et hoc est rectius, inquit, id est, honestius. Et maxime notandum, quia vulgo dicitur, errorem juris civilis excusare militem, sane hac in re non excusat. His adjicit Papin. in hoc §. *quod etiam est* singulare, ut hic auctor noster vix solet unquam quicquam profiteri, quod non sit singulare, & præclarum. Adjicit enim, nonnunquam in mare, vel minore, vel majore, humanius tractari incesti, quam adulterii crimen, quod scil. excusationem mereatur majorem mas, qui incestum admisit, quam qui adulterium, *l.ult. de ritu nupt.* Primum, vel propter ætatem minoris, si per matrimonium jure civili incestum commiserit palam, ut dixi, errans in jure civili, qui tamen non excusaretur a pœna adulteri, vel etiam major 25. annis, si errans in facto: (nam majorem error juris civilis non excusat:) puta, nesciens eam, quam ducebat uxorem, esse sororis filiam, palam cum ea contraxerit nuptias, quasi jure licito, modo errore comperto protinus eam dimiserit, antequam reus postularetur, quia, qui ducitur pœnitentia, id est, qui errore cognito protinus eam dimittit & adversatur, nec voluisse videtur cum ea matrimonium incestum contrahere: erranti in facto venia datur, *l.4. C. de incest. nupt.* que etiam sua est, ut hic error sit acrissimus, non fictus, non simulatus hic error facti. Et eleganter Arist. in 3. *Ethic. τὸ ἀκούσιον ἐν μεταμελείᾳ εἶναι,* eum quem pœnituit facti, nec voluisse videri. Et eleganter Papin. libro singulari, *de adult.* scripsit, ut ex eis fragmentis didicimus, quae nuper prodierunt in lucem, *ei qui conjunctione sororis filiæ bona fide abstinuit, pœnam remitti palam est.* Et subjicit rationem; *quia qui errore cognito diremit*

*coitum, creditur ejus voluntatis fuisse, ut si scisset, se in eo gradu necessitudinis esse positum, non fuisset cum ea matrimonio copulaturus.* Notanda sunt illa verba, *si scisset se in illo gradu*, id est, si scisset se avunculum, quæ sane sunt de errore facti. Igitur, & quod hic similiter scribit Papinian. contra quam velit Accurs. est accipiendum de errore facti in majore 25. annis. Nec vero mirum est, si hunc errorem facti excuset pœnitentia secuta, antequam reus fieret incesti, si, inquam excuset ab incesto jure civili cum excuset etiam ab incesto jure gentium, ut ostenditur in §.*idem Imperator*. Si privignus novercam uxorem duxerit, inquit, & post bona fide cum ea divortium fecerit, quod sc. non fecisset ante errorem facti, & ignorantiam necessitudinis, quæ sibi fuit cum illa, sed divortium cum ea fecerit, quod nunc primum cognoverit, ejus se mulieris avunculum esse, error. facti eum relevabit a crimine incesti. Excusatio hujusmodi nulla est in adulterio: Nam vix possis in adulterio primum constituere errorem facti, nec cetera, quæ posuimus. Incestum quidem est natura gravius adulterio, & ob id incestum non finitur quinquennio, sed vicennio, sicut cetera crimina graviora, cum tamen adulterii crimen finiatur quinquennio, *l.seq. §.præscriptione*: incestum igitur est certe natura gravius, quam adulterium, & tamen aliquando tractatur humanius, ut apparet ex præcedentibus. Itemque quod in crimine incesti servi non torqueantur adversus dominos, *l.de (alias in) incesto, & l.extraneo, de quæstion.* & torqueantur tamen in adulterio, vel in incesto adulterio, *l.si quis viduam, eod.tit. l.1.C.eod. & l.seq. §.ult.* Ita vobis sunt enarranda ea omnia, quæ Papin. scripsit in hac *l.a §.stuprum* usque ad §.*Imper. Marcus*.

---

Ad §. *Imperator Marcus*.

*Imperator Marcus Antoninus, & Commodus filius rescripserunt, si maritus uxorem in adulterio deprehensam impetu tractus doloris, interfecerit, non utique l. Cornel. de sicariis pœnam excipiet.* Nam & Divus Pius in hac verba rescripsit Apollonio: *Ei, qui uxorem suam in adulterio deprehensam occidisse se non negat, ultimum supplicium remitti potest, cum sit difficillimum justum dolorem temperare. Et quia plus fecerit, quam qui se vindicare non debuerit, puniendus sit*. *Sufficiet igitur, si humilis loci sit, in opus perpetuum eum tradi, si qui honestior, in insulam relegari.*

Intelleximus ex §.1. *l. si adulterium*, ad *l. Jul. de adul.* ab incesto prohibito jure naturali, & ab adulterio, quod etiam natura nefarium est crimen, neque marem excusari, neque feminam ullo modo: ab incesto stupro, quod prohibetur jure tantum civili, feminæ remitti errorem juris, vel remitti pœnam ob errorem juris civilis, non mari ob errorem juris civilis, nisi fit minor 25. annis: quod ob errorem facti etiam majori remittitur pœna, si per matrimonium ignarus cognationis & necessitudinis incestum commiserit, & errore comperto mox dissolverit conjunctionem, & correxerit factum. Nunc sequitur in §.*Imperator Marcus*, de viro, qui uxorem necavit deprehensam in adulterio, quod prohibet l.Julia nominatim. Ideoque facit contra l.Juliam, qui deprehensam necat. Sed ex constitutionibus Marci & Commodi, atque etiam Pii Imperatoris, non punitur tanquam homicida, aut parricida l. Cornelia de sicariis, quamvis alias, qui uxorem occidit, teneatur l.Cornelia de sicariis, *l.1.infra ad l.Corn.de sic.* sed ex constitutionibus ut dixi, ei, qui deprehensam necavit, remittitur pœna legis Corneliæ, id est, ultimum supplicium, quod mortem interpretamur, quia, ut est in his constitutionibus *difficillimum ei suit justum dolorem temperare*. Juvenal. 10. Satyr.

*Exigit iste dolor plus, quam lex ulla dolori Concessit, &c.*

Vix enim quicquam leges dolori concedunt, vix dant locum vindictæ. Ex hac causa concedunt aliquid constitutiones, dum de pœna remittunt aliquid, si vir deprehensam occiderit. Remittunt enim ultimum supplicium aliam tamen pœnam vir sustinebit. Nam humilior, humiliore loco positus, puta plebejus, ut ait hoc loco, dam-
nabi-

nabitur in opus publicum perpetuum. Contra *l. 1. §. ult. sup.* *ad l. Cornel. de sicar.* ait, eum damnari in exilium perpetuum, non in opus, & exilium accipit proprie pro deportatione. Sed nullum est dissidium. Nam est par pœna deportationis, & damnationis in opus perpetuum, *l. 1. C. de pœn.* Hi, qui in opus perpetuum, id est, publicum damnantur, similes sunt deportatis: Nam uterque patitur mediam capitis deminutionem, uterque civitatem amittit, & peregrinus sit. Igitur nihil refert, damnetur in opus publicum aut exilium perpetuum. Honestior autem, veluti positus in dignitate aliqua relegatur in insulam ad tempus, quæ pœna contingit sine capitis deminutione, relegatio non est capitis deminutio, *l. relegatorum, §. sive, de interd. & relegat.* Et ita Paulus secundum hæc secundo Sentent. *Maritum*, inquit, *qui uxorem in adulterio deprehensam occidit, quia hoc impatientia justi doloris admisit, levius puniri placuit.* Puniri igitur, sed levius excusari a majori pœna tantum, puta, *l. Corn. de sicar.* sive *l. Pomp. de parricid.* Et male in eam rem adfertur *l. Gracchus, C. eod. tit.* Nam non loquitur de adultera occisa, sed de adultero, in quem plus aliquando licuit marito, quam in uxorem, quanquam non omnem adulterum potuerit occidere impune, sed infamem personam tantum, veluti ludionem, vel lenonem. Aliam personam si occiderit impetu doloris tractus, exemplo mulieris etiam punietur, sed levius. Et hoc tantum ait *l. Gracchus.* Notandum, quod est in rescripto D. Pii relato a Pap. hoc loco, maritum, qui uxorem deprehensam occiderit, puniri vel deportatione, vel relegatione, non ultimo supplicio, & puniri, non quod se vindicare non debuerit: Nam hæc vindicatio suit permissa, sed quod plus fecerit, quam scil. vindictæ modus ratioque postulet. Ex quo loco licet nobis interpretari, quod vulgo dicitur ex *l. 1. C. unde vi*, unumquemque posse vim, injuriam, contumeliam propulsare, adhibita moderatione inculpatæ tutelæ, id est, cum tutela inculpata, nempe, ut ne quid plus faciat, quam vindictæ ratio desideret, ut si ulciscatur ex continenti in deprehensos, ut vindicet injuriam lecti & domus. Et ita licet omnino ad *l. ut vim, de justit. & jure*: sumere exemplum ex hoc loco, veluti, ut Pap. ait aliquo in loco in fragmentis, *injuriam lecti genialis & domus licet vindicare & ulcisci, cum modo tamen aliquo & pari.* Vindicatio hæc moderata permittitur jure gentium. Nec debemus restringere verbum *vindicandi*, quod usurpatur etiam illo tit. *quando liceat unicuique sine judice se vindicare*. Licet enim se vindicare adversus vim, quæ nobis infertur, vel his, qui nobis cari sunt, *l. 1. §. pen. ad l. Corn. de sicar.* Et ad ulciscendam injuriam & contumeliam, veluti, ut ait eleganter Pap. in fragm. *lecti & domus*, quod est appositissimum exemplum ad verbum *d. l. ut vim, de just. & jure*. Potuit igitur se vindicare & ulcisci in adulterio deprehensam uxorem, idque impune jure gentium: sed quia plus fecit, quam debuit, ideo punitur, leviore tamen pœna, quam homicida. Quæres, cur liceat patri filiam deprehensam in adulterio occidere, non marito? Sunt multi loci in hoc tit. quibus ostenditur hoc licere patri ex *l. Julia*, si modo & adulterum simul occidat uno ictu, si licet possit, unoque impetu. Et ratio differentiæ optima redditur in *l. 22. §. ult. h. t. quia plerumque pietas paterni nominis consilium pro liberis capit*, id est, efficit, ne occidat filiam, simul ac ne occidat adulterum: non potest enim parcere filiæ, quin pareat adultero. Non est igitur nimia hæc licentia, quæ datur patri, quoniam vix necabit filiam, ac proinde servabitur uterque, & permittitur legibus publicis. Ceterum mariti calor, & ut ait *d. l. impetus*, facile discernentis suit refrænandus, id est, nullius consilium in ea re capientis, nihil in eo articulo apud se deliberantis. Primum non data ei potestate occidendi cujuslibet adulteri, sed infamis personæ tantum, & nullo modo data potestate occidendæ uxoris. Et similis est ratio Imperatoris Marci Philosophi apud Capitolinum, nolentis severius agi in rebelles, id est, in reos perduellionis, sive majestatis. Non placet, inquit, Imperatori vindicta sui doloris, quæ etsi justior fuerit, acrior videtur semper. Paulatim

crevit potestas marito: primum, ut dixi, prohibitus fuit *l. Julia* occidere deprehensam: deinde constitutionibus occidenti deprehensam inflicta est minor pœna: post tertio loco in Pauli fragmentis refertur, Marcum Antoninum (is est Bassianus Caracalla) pepercisse omnino ei, qui adulteros impatientia doloris interfecisset, id est, utrumque marem & feminam. Nam hoc exigitur, ut neutri pareat, vel ut pareat utrique: non infixit minorem pœnam ei marito, qui occidisset adulterum & adulteram, sed ei pepercit. Et secundum eam auctoritatem Antonini accipiendum, quod est in *l. 3. §. si maritus, ad Syllan.* Ignosci marito, qui exequutus est adversus uxorem dolorem suum. Dicit, *ignosci absolute*, quod scil. ignoscerent sæpe Imperatores maritis, & remitterent omnem pœnam. Sed nondum data est potestas marito occidendæ uxoris, concessa est venia & indulgentia ei aliquando, qui occidisset, non etiam data potestas occidendi, non porrectus est gladius, nisi tandem Novella Majoriani, ut refert Pap. in responsis suis, permissum est marito deprehensam occidere simul cum adultero uno ictu, & æquali ira adversus utrumque sumpta, sicut patri, *l. quod ait, §. ult. h. t.* Neque hodie ulla est differentia, si spectas illam Novel. inter patrem & maritum. Nam utrique jus est occidere adulteros, uno ictu modo id fiat, unoque impetu. Et ita Pap. scribit Majorianum revocasse jus vetustius: Nam certe ante *l. Juliam* in severitate prioris seculi licuit marito impune deprehensam occidere sine judicio, ut ex M. Catone refertur apud Gell. Et hoc jure usi sunt posteriores, utimurque hodie. Unde Cassiod. 1. Variarum: *Pro more*, inquit, *pudicitiæ ferrum porrigere maritis, non est calcare legem, sed condere.* Pergamus ad reliqua.

### Ad §. penult.

*Liberto patroni famam lacessere non facile conceditur, sed si jure mariti velit adulterii accusare, permittendum est, quomodo si atrocem injuriam passus esset. Certe si patronum, qui sit eo numero, qui deprehensus ab alio interfici potest, in adulterio uxoris deprehenderit, deliberandum est, an impune possit occidere, quod durum nobis esse videtur: nam cujus famæ, multo magis vitæ parcendum est.*

Quod sequitur in §. *pen.* est de liberto, an possit patronum jure mariti adulterii accusare? Quid est jure mariti accusare? privilegiario jure scilicet, ut præferatur omnibus accusare volentibus in judicio damnationis, ut dicitur, ut præferatur omnibus intra sexaginta dies præscriptos *l. Julia*, & ut uxorem accuset sine metu calumniæ, etiam ex suspicione sola. Quæritur ergo, an libertus possit patronum jure mariti accusare? Dubitatur, quoniam hæc actio irrogat infamiam condemnato. Et ut proponit elegantissime Papinianus, *liberto patroni famam lacessere non temere conceditur*: non potest libertus adversus patronum agere actione famosa, veluti de dolo. Imo nec actione non famosa, si oneret famam aliquantulum, si suggillet aliquantulum, ut si actio ea, quæ non est famosa, habeat mentionem doli vel fraudis, vel vis, non licet ita experiri cum patrono, sed uti oportet aliis verbis: oportet verbis actionem temperare; non denegabitur quidem actio, sed dabitur detracta mentione causæ veluti famosæ. Nullum interdictum est famosum. Et tamen in patronum non datur interdictum unde vi, quia vis mentio fit, id actio in factum ex eo interdicto, *l. neque, unde vi, de vi & vi ar.* Nulla conditio est famosa, *l. cef. de obl. & act.* & tamen conditio furtiva non datur in patronum, quia sit mentio furti. Nulla exceptio est famosa, & tamen non dabitur in patronum exceptio doli, vel vis, metuve causa, *l. licet, de obseq. pat. præst.* An igitur nunquam licet lacessere famam patroni? non utique licet, non temere. Idemque statui de parente potest. Ceterum ex magna causa etiam famam patroni impetere licet. Actio injuriarum est famosa, & licet tamen liberto agere injuriarum, si atrox fuerit injuria, qua eum excepit patronus, si gravissima pœna servilis, ut si flagris eum vulneraverit non mediocriter, *l. sed si hac, §. pen. de in jus voc. & l. præt. §. præterea, de inj.* Licet etiam cum patrono experiri de vi arma-

armata, non de quotidiana in *l.1.§.interd.hoc, de vi & vi arm.* Et similiter licet accusare patronum adulterii, quamvis sit famosum, turpissimæque judicium, non etiam occidere deprehensum, licet sit infamis persona, quæ potuerit ab alio impune occidi in ipso actu. Ex hac igitur causa parcit quidem vitæ patroni libertus, non etiam famæ. Et recta est collectio hæc, qua utitur etiam Pap. cujus famæ parcere debemus, multo magis & vitæ. Argumentum valet ab affirmando, non valet ad negandum, cujus famæ parcere non debemus, nec vitæ parcere debemus. Collectio est vitiosa. Et hæc est sententia §.*pen.*

## Ad §. Ultim.

*Si quis in honore ministeriove publico sit, reus quidem postulatur, sed differtur ejus accusatio, & cautione judicio sistendi causa promittitur in finem honoris. Et hoc ita Tiberius Cæsar rescripsit.*

Quæritur, an crimine adulterii accusari possit is, qui in honore ministeriove publico est, adulterii scilicet commissi tempore honoris ministeriive publici, quibus nominib. significatur magistratus, imperium, potestas, ut *l.1.ad l.Jul.repet.* si scilicet ministerio publico præfectus fuerit, ut apud Vellejum Paterculum, dum scribit M. Catonem missum fuisse in Cyprum pecuniæ regiæ publicandæ, & provinciæ constituendæ gratia sub honorificentissimo ministerii titulo. Et ministerium igitur publicum, honor est, sive magistratus, aut pro magistratu. Et de hac quæstione ita definit Pap. ex rescripto Tiberii Cæsaris, cujus nomine hic locus singularis admodum est, ut is, qui in magistratu vel in potestate aliqua est publica, possit quidem adulterii reus postulari, sed non accusari, non peragi reus: Nam differenda est accusatio in finem honoris ministeriive publici, interim interposita cautione judicio sistendi causa ad annum, vel ad diem; qua finietur honor, promisso vadimonio in finem honoris, in diem finiti honoris. *Si quis*, inquit, *in honore.* Ergo aliud est reum postulari, aliud accusari. Reus postulatur inscriptione libelli. Et ideo in Basil. loco horum verborum: *reus postulatur*, legitur γραφὴν ὑφίσταται. Et ut Asconius Pedianus scribit in secunda contra Verrem, reo apud prætorem interrogato reus sit, id est, defertur, si apud prætorem interrogatur legibus, quod sit lite contestata, & accusatore dicente, *ajo te L. Titium occidisse dolo malo*, vel, *ajo te, cum illa stupri consuetudinem habuisse*, quo negante, inquit, petebatur dies inquirendi criminis a magistratu, & instituebatur accusatio: prius postulabatur reus, quam instrueretur accusatio: hic fuit ordo judiciorum publicorum vetus; qui accusat reum, etiam post damnationem postulationem habet, si & ipse alio crimine damnatus sit, reum peragere potest, *l.5.de public.jud.l.deserre,§.1.de jure fisci*: non etiam, qui reum postulavit tantum, puta, qui subscripsit tantum in crimen, *l. 1. C. qui accus. non poss.* Item abolitione generali, & indulgentia criminum concessa a Principe, non convenitur is, qui reus postulatus, nec dum accusatus est. Et qui eum postulavit, nec profert accusationem, incidit in Senatusconsultum Turpillianum, *l.2.C.de gener.abol.l.Lucius, inf.ad Turpill.* qui autem accusavit reum, non incidit in Turpillianum, si non persequatur reum, sive accusationem, *l.si interveniente,eod. tit.* quia generalis abolitio pertinet ad accusatos, non post abolitionem jus est persequendæ accusationis, vel instituendæ ab alio, in *l.hos accusare, §.hoc beneficio, de accusat.* Et ita apparet aliud esse reum postulare, aliud accusare: sicut in causis civilibus, aliud est interrogationem in jure facere, id est, interrogare reum in jure, cum quo acturi sumus, aliud agere. Et postulatio rei, ut diximus, interrogatio rei est, quæ fit in jure, id est, apud prætorem, qui legibus publicorum judiciorum nititur. Proinde is, qui in magistratu vel potestate aliqua est publica, neque in jus vocare, neque invitus in jus vocari potest ante annum, id est, antequam magistratu abierit: nam plerumque erant annui magistratus saluberrimo reipub. instituto, non potest agere vel conveniri civiliter, non accusare vel accusari: quod ita constitutum est, non tantum propter honorem, sed etiam propter periculum impressionis, & potentatus, propter periculum judicii corrumpendi, *l.2. de in jus voc.l.pars, de judic.l.sed etsi per prætorem, §.hæc clausula,ex quibus causis major.l.si reus, jud.solv.l. qui accusare, & l.hos accusare, de accusat. l. nec magistratibus, de injur.* Jure nec magistratui novum opus nuntiari potest , *l. 5. §. si quis ipsi prætori, de novi oper.nunt.* ut Varro apud Nonium Marcellum eleganter: *Prætor noster mihi eripuis pecuniam, de ea quæstum veniam ad annum,* De ea quæstum veniam, id est, ad annum, & ad novum magistratum , neque enim intra annum licebat cum magistratu experiri. Et licet ita jus sit merito constitutum, tamen hoc remedio uti solemus, ut publice testemur, nos non posse cum eo agere, qui magistratu fungatur, nos non posse ei nuntiare novum opus, ut in *d.§.si quis* proponitur remedium hujusmodi, quæ protestatio pro petitione cedit, & perpetuat actionem, perinde ac si lis contestata esset, ut *l.2. de naut. fæn.* vel etiam ex causa criminali cum interim reum postulamus, tantisper dilata accusatione, donec magistratu abeat, ut proponitur in hoc §.*ult.* accusari non posse adulterii, reum postulari tantum posse interim. Et e contrario quoque ipse alium non potest accusare adulterii, ne jure mariti quidem, *l. si maritus 2. h. t.* Reum postulare potest, & queri de violato matrimonio, & litem contestari. Denique potest procedere tantum usque ad litis contestationem interim, ut *l.hi tamen, de accus.l.Se satusf.de offic.pr.sf.* Illud hodie singulare est in crimine repetundarum, eoque adegit imperatores judicum rapacitas & avaritia; turpitudo in crimine repetundarum, puta, si dicatur magistratus pecuniam accepisse ob judicandum, ob condemnandum, vel absolvendum, si dicatur pecunia corruptus dixisse sententiam, ut etiam magistratu nondum finito possit eo crimine accusari, *l.4.ad l.Jul. rep. C. & Nov.8.& 86.* Hoc tantum est receptum in crimine illo repetundarum, in crimine illo turpitudinis: nam turpitudo proprie significat αἰσχροκερδίαν, sordes, avaritiam, ut in *l.Cassius, de Senat.* dum dicitur magistratus motus ob turpitudinem, *pour avoir prins de l'argent.* Tull. 1. ad Attic. *si quæris causam absolutionis, egestas judicum fuit, & turpitudo.* Quamobrem prudentissime Scipio dicebat, non esse creandos magistratus vel eos, qui nihil haberent, vel eos, quibus nunquam satis esset quicquam, id est, neque egenos, neque illiberales. Odio igitur maximo fuit crimen repetundarum, hoc certe non licet intendere durante magistratu, & hoc liceat. Nec adulterii crimen quidem, quod est contra jus gentium, licet intendere durante magistratu, instituta scilicet accusatione, sed tantum inscripto nomine rei, & interrogato, dum abeat honore ministeriove publico.

## Ad L. ult. ad L. Jul. pecul.

*Publica judicia peculatus, & de residuis, & repetundarum similiter adversus heredem exercentur, nec immerito, cum in his quæstio principalis ablatæ pecuniæ moveatur.*

Constituemus etiam aliam differentiam inter crimen adulterii, & crimen repetundarum. Crimen adulterii solvitur morte rei, sicut omnia crimina, quibus persequimur nostrum dolorem tantum & vindictam, sive publicam, sive privatam tantum, non pecuniam, non rem familiarem. Hæc crimina non transeunt in heredes nostros, *l. in S.C. §. si propter, ad Turpill.l.ult.ad l.Jul.majest.* excepto semper scilicet illo crimine perduellionis, quod impietatis crimen dicitur. Alia igitur est conditio eorum criminum, quæ pecuniæ persecutionem habent; veluti repetundarum, si magistratus sordes arguantur, & turpitudo; vel peculatus, si dicatur pecuniam publicam cepisse, nec retulisse in publicum, si pecuniam publicam intercepisse, avertisse, abstulisse; vel crimen residuorum, puta si quæstor ex administratione pecuniæ publicæ dicatur aliquid retinuisse, nec parem rationem reddisse. Publica horum criminum actio durat etiam adversus heredes mortuo reo, & exercetur similiter adversus heredes, ut ait Papin. in hac *l.ult.* id est, similiter atque in ipsum reum exerceretur, si viveret. Quid hoc est? Hæc publica judicia repetunpetundarum, residuorum, peculatus, similiter in heredem exerceri, atque in defunctum? nempe etiam pœnæ persecutionem in heredem competere in *l. ex judic. de ac.* cum principalis quæstio, ut ait, quod notandum, sit de ablata pecunia. Principalem quæstionem sequitur pœna, alioquin inane esset judicium. *Quid enim salvis infamia nummis,* inquit Juvenal. nihil est reum repetundarum damnari exilio, nisi cogatur etiam pecuniam ablatam restituere, ac porro pœnam inferre, id est, pati bonorum publicationem in partem saltem, *d. l. judic.* Principalis quæstio transit in heredem proculdubio, quod sit æquum heredem restituere pecuniam, quam defunctus eripuit injuria, vel intervertit. Si principalis quæstio transit in heredem, ergo & pœna: nec liberabitur heres, si simpliciter inferat sive restituat, simplo subducto, super exigetur pœna ab herede defuncti. Morte autem adulteri, vel adulteræ exstinguitur pœna, quia principalis quæstio exstinguitur, quæ suit de injuria lecti. Superest tantum quæstio civilis de dote etiam mortua adultera ante accusationem, ut in *l.ult.C. ad l.Jul.de adult.* Quæ tamen quæstio, quod maxime notandum, jam non disceptabitur apud judicem publicarum quæstionum, sed apud eum, qui de pecuniariis causis cognoscit civiliter. Ita accipienda est *l.def.de pub.jud.* Nam ob adulterium olim pars dotis cedebat lucro mariti: hodie cedit dos tota ex *Nov.Leonis* 32. Morte autem rei repetundarum, vel residuorum, vel peculatus, pœna non exstinguitur, ut dixi, quia principalis quæstio manet, & durat in heredem: ergo & sequela, quod fuit olim jus vetus, sed aliquandiu fuit intermissum, ut Plin. scribit in epist. *de crim. rep.* illato post mortem rei. Et licet sumere exemplum ex Val.Max.*lib.*9.*c.*12. de Cajo Licinio reo repetundarum, qui sudario, quod forte manu tenebat, incluso spiritu, pœnam morte præcurrit, dicens, se non damnatum perire, nec bona sua publicari posse, quod scilicet tum esset intermissum jus vetus, ut crimen repetundarum transiret in heredem, quia pœna exstingueretur morte; sed, ut idem Plinius ait, post longam intercapedinem est reductum, ut pœna repetundarum sequatur heredem rei, ut principalis quæstio.

### Ad L. VII. de Vacat. & excus. mun.

*A muneribus, quæ non patrimoniis inducuntur, veterani post optimi nostri Severi Augusti litteras, perpetuo excusantur.*

Ex rescripto Severi, quem solet optimum Imperatorem appellare, ostendit, inter cetera privilegia, quæ dantur veteranis, id est, dimissis militia & sacramento solutis honesta missione, non etiam ignominiosa, propter honorem & merita militiæ, hoc etiam dari, ut veterani excusentur à muner. personalibus patriæ suæ; à muner. corporalibus, non etiam à patrimonialibus, id est, ab his, quæ patrimoniis & possess. indicuntur, *l. veterani,* C. *quando prov. non est nec.* Et hoc ait *d.l.7.* Ergo Pap. in hoc *lib.*36. tractavit de pœnis, de causis criminalibus. Puto eum incidisse in hunc sermonem, ut exponeret etiam veteranos perpetuo excusari à muner. personalibus, deinde ostenderet etiam in pœnis veteranos separari à plebeiis, id est, mitius puniri, quam plebeios, non damnari in opus publicum, vel in metallum, non exuri vivos, non sustib. cædi, sed plerumque relegari in insulam. Quod & datum est filiis veteranorum, *l.3. de priv. vet. & in l.hon. C. de pœn.* Et similiter puto in hoc lib. Pap. tractantem de pœnis, scripsisse, quod habuimus in *l.13.de adopt.* ut intelligeremus, filios senatorum adoptivos, post emancipationem non habere privilegium in pœnis, quod constat habere Senatores & Decuriones, & veteranos, & filios eorum. Et eodem respicientem, puto etiam hoc lib. Pap. scripsisse, quod est in *l.doli clau.de verbor. sig.* cum scil. scripsisset, sanctionem legum, quæ solet præscribi in ultima parte legum, id est, generalem pœnæ irrogationem, si quis præceptis legum non obtemperaverit, non pertinere ad eas species, quibus in ipsa lege pœna specialiter indicta est, ut in *l. sanctio, de pœn.* quia species derogat generi. Id scilicet Pap. confirmasse exemplo clausulæ doli, quæ in stipulationibus etiam subjicitur novissimo loco in *d.l.doli.* Nec pertinet ad speciales cautiones stipulatione comprehensas, quod & hic species deroget generi. Atque ita explicatus est liber 36.

## JACOBI CUJACII J.C
### COMMENTARIUS
In Lib.XXXVII. Quæstionum ÆMILII PAPINIANI.

### Ad L. XIX. de Dolo.

*Si fidejussor promissum animal ante moram occiderit, de dolo actionem reddi adversus eum oportere Neratius Priscus, & Julianus responderunt, quoniam debitore liberato, per consequentias ipse quoque dimittitur.*

EX *lib.*17. & *ult. quæst. Pap.* initium dabit quæstio difficillima, quæ tractabitur conjuncta *l.* 19. *de dolo,* cum *l.* 54. ad leg. *Aquil.* Quæstio pertinet ad hanc speciem. Certus homo, vel certum animal debetur ex stipulatu, & occiditur: quæritur, *an promissor liberetur, & an promissori in occisorem sit actio legis Aquiliæ, & an stipulatori in occisorem sit actio de dolo?* Nec enim stipulatori potest esse ullo casu actio l.Aquil. cum non sit dominus hominis occisi, & actio l.Aquil. competat soli domino. Sunt quinque actiones, quæ competunt solis dominis, actio l.Aquiliæ, condictio furtiva, arborum furtim cæsarum, finium regundorum, & actio aquæ pluviæ arcendæ. In his autem quæstionibus ita distinguendum est: aut promissor hominem promissum occidit, aut fidejussor ejus, aut extraneus, aut stipulator: & vel occidit ante moram promissoris, vel post moram. Si promissor occidit post moram, postquam moratus est in præstanda stipulatione, vel fidejussor ejus, vel extraneus, vel stipulator, certum est hominem periisse promissori, & eum stipulatori teneri ex stipulatu, quia homo interiit post moram rei; fidejussorem autem qui occidit, vel extraneum promissori tanquam domino teneri legis Aquil. Tenebitur, inquam, fidejussor vel extraneus, qui occidit etiam post moram rei, promissori actione l.Aquiliæ, de homine occiso; in quo judicio tanti homo æstimatur, quanti plurimi fuerit in anno proximo, qui retro computabitur ex eo die, quo occisus homo est. Annus l.Aquiliæ, ad quem refertur æstimatio, retrorsum computatur non prorsum: nam ut ait Accurs. *l.*55. ad l.Aquil. *in fin. in verbo fuisse,* habet lex Aquil. oculos retro: sic & *inf.de servo corr.l.doli, §.ult. Aquilius* oculos habuit in occipitio, id est, præteritam æstimationem hominis occisi spectavit, non præsentem. Item si promissor ipse hominem promissum occiderit ante moram, tenetur ex stipulatu, quia per eum factum est, quo minus eum dare possit. Itaque periculum, quod suum non fuit ante moram, suum fecit occidendo ipsum, *l.si ex legati causa, l.si servum, de verbor. obligat.* Aliud in fidejussore juris est, qui eum hominem occiderit, ante moram rei, quia fidejussor stipulatori tenetur de dolo hac actione, *l.*19.*de dolo.* Non ergo tenetur ex stipulatu, quia homine occiso ante moram rei, sine facto aut culpa rei, reo liberatio contigit. Ideoque nec in fidejussorem ei competit actio l.Aquiliæ, cum eum liberavit, sicut nec in extraneum, qui occiderit, qui & ipse tantum tenetur stipulatori actione de dolo, *l. prox. sup. §.ult.h.t.* qui ita est conjungendus cum hac *l.* 19. Cum igitur fidejussor occidit hominem promissum ante moram, reo contingit liberatio, sicut si extraneus occidisset. Reo autem liberato, per consequentias, ut ait *l.* 19. per sequelas necessarias, & fidejussor ipse liberatur. *Per consequentias,* solent dicere auctores nostri, & alii omnes. *l. sin autem, §. sed & is, de vind.l.*7.*§.dubitatum, de interd.& rel.l.*1. *de auct. tut.l.*1. *§. idem ait, de injur.l.*14. *de legib.* Et in hac *l.* 19. per consequentias, non *per consequentiam,* ut ex-

Chrysippo refert Gellius, dixerunt ωσει παρακολυθων. Igitur cum liberato reo ( liberatur autem si fidejussor hominem promissum occiderit ) etiam fidejussor liberetur, id est, cum sublata principali obligatione, & per consequentias tollatur fidejussoria : Ergo non tenetur fidejussor ex stipulatu, quamvis ipse hominem occiderit, & est quod ait hac *l*.19. Sed pugnat *l.Stichum*, §.1.*de solut.* quæ ait, in hac specie fidejussorem teneri ex stipulatu, non de dolo. Sane non tenetur directa actione ex stipulatu, cum liberatus sit per consequentias, sed tenetur utili, ut ait *l.mora,in fin.de usur.* Utili, id est, restitutoria, quæ utique restituetur arbitrio judicis in actione de dolo, ut exposui in *d.l.Stichum*, §.1. *lib.*28. *quæst.&c l.cum quis*, §.*pen.de solut.* Vel etiam sublato illo circuitu, boni prætoris erit, statim restituere actionem ex stipulatu in fidejussorem, *l.pen.de restit.in integr.*

### Ad L. LIV. ad L. Aquiliam.

*Legis Aquiliæ debitori competit actio, cum reus stipulandi ante moram, promissum animal vulneravit. Idem est, & si occiderit animal. Quod si post moram promissoris, qui stipulatus fuerat, occidit, debitor quidem liberatur. Lege autem Aquilia hoc casu non recte experitur: nam creditor ipse sibi potius, quam alii injuriam fecisse videtur.*

NUnc de stipulatore tractemus, qui hominem sibi promissum occidit. Et Papinianus hoc ipso libro in *l.*54.*ad l.Aquil.* ad quam proseamus modo, ita distinguit : aut stipulator eum occidit ante moram, aut post moram promissoris. Si post moram promissoris, promissor quidem liberatur, sed non habet actionem l. Aquil.in stipulatorem, qui servum necavit, quia ut eleganter ait Papin. *stipulator ipse sibi potius, quam promissori injuriam fecisse*, id est, damnum dedisse, *videtur*, quandoquidem periculum, quod erat debitoris post moram, in se transtulit occidendo servum promissum. Et hoc quidem est manifestum, si stipulator eum occidit post moram rei : impune igitur occidit, & debitori tantum competit liberatio, non actio leg. Aquiliæ. Quid si ante moram stipulator occiderit ? Et ut idem Papin. ostendit in *d.l.*54.*in priori parte*, cujus ratio obscurior est, quamvis homine occiso ante moram ab ipso stipulatore, ab ipso creditore debitor liberatus sit, quod ante moram periculum ejus non fuerit, tamen, quia ei debitori stipulator injuriam fecit potius, quam sibi in hoc casu, ideo tenebitur debitori actione legis Aquiliæ. Et hæc est sententia *l.* 54. cujus ratio plerisque nulla esse videtur in hac priori parte, quia stipulator, cum occidit hominem ante moram rei, quia lex Aquilia exigit injuriam cum damno, & damnum cum injuria, non damnum tantum, non injuriam tantum, *l.si quis sumo*, §. 1. *hoc tit.* Nihil autem damni videtur fecisse debitor, cum sit liberatus. In posteriori parte hujus l.puta, cum stipulator servum occidit post moram, liberato debitori non datur actio legis Aquiliæ, non datur etiam liberato stipulatore debitori actio legis Aquiliæ in specie *l.*18.§.*ult.de dolo.*

Cur in priori parte tamen hujus leg. 54. liberato debitori datur actio *l.* Aquiliæ in stipulatorem, qui hominem promissum necavit ? Respondeo, posse debitoris interesse ex causa damni, puta quod careat commodo medii temporis vel acquisitionibus, quas interim fecisset servus ; cujus commodi ratio habebitur in actione legis Aquil. ut Græci nominatim notant in hac *l.* 54. επι προσαυξησις του μεσου χρονου. In acquisitione & commodo medii temporis debitori dabitur in stipulatorem actio legis Aquil. Quæ ratio manifestissima est, causave ea damni ; sed licet etiam aliam causam damni fingere ex specie *l.seq.*55. quæ efficit, ut liberato debitori detur actio legis Aquiliæ in stipulatorem. Et licet in specie *l.seq.* ut ait ipsa lex, nihil differat stipulator ab extraneo, tamen in specie hujus legis 54.esse differt stipulator ab extraneo, quod *l.* sequens demonstrat, dum ait in suo casu nihil differre creditorem ab extraneo, tacite significans in casu, qui præcedit, differre stipulatorem ab extraneo, quod comprobat *d.l.*18. §.*ult.* Et differentia hæc est, quia si stipulator ante moram hominem promissum occidit, debitori tenetur actione legis Aquiliæ, debitoris competit actio legis Aquiliæ, quia solius debitoris interest, vel ratione commodi medii temporis, vel ratione commodi ejus, de quo tractatur in specie *l. seq.* Sed si extraneus ante moram rei hominem promissum occiderit, licet stipulatoris videatur interesse, debitoris & creditoris, tamen utrique non datur in occisorem extraneum, sed in eum tantum, cujus principaliter interest : & hujus principaliter interest, cujus maxime interest, *l.*3.§.*sed utrum, de minor. l.servo legato*, §.*si testator, de leg.*1. *l.*19. *C. de liber. cauf.* Et stipulatoris magis interest, quam promissoris, cum promissor sit liberatus omnino. Et ideo debitori, cujus principaliter non interest, non occisum fuisse servum, non datur actio legis Aquiliæ, quæ daretur, si qua esset danda de occiso servo : sed stipulatori deficiente actione legis Aquiliæ, cum non sit dominus servi occisi, datur in occisorem extraneum actio de dolo, *d.l.*18. §.*ult.* sicut in fidejussorem, si fidejussor occidisset ante moram, *d.l.*19. Denique stipulatore occidente solius debitoris interest, extraneo vel fidejussore occidente, stipulatoris potius interest, quam promissoris, quæ consideratio valde notanda est, & jam erit absoluta, si exponatur species *l.seq.*quæ talis est. Quidam promisit disjunctim *Stichum, aut Pamphilum,* Pamphilus est 20. Stichus 10. electio est debitoris, quem velit dare: stipulator ante moram occidit Stichum, tenetur debitori actione *l.Aquil.* in id quod interest, nec aliud est in extraneo, qui occidit Stichum: nam etsi extraneus occiderit, similiter tenetur debitori actione legis Aquiliæ in id quod interest, quia hoc casu debitoris principaliter interest, quia occiso Sticho, necesse habet dare stipulatori eum, qui superest, puta Pamphilum, qui longe pretiosior est. Ergo vel stipulator vel extraneus, si occiderit Stichum, tenetur lege Aquilia debitori in integram æstimationem Pamphili, quem occiso Sticho necesse habet dare debitor, non deducto pretio Stichi. Dices: imo occiso Sticho adhuc est in potestate debitoris offerre pretium occisi & liberari, quia sine culpa ejus interiit, *l.cum res*, §.*sed si Stichus, de leg.*1. Dicam hoc fortasse judicem admissurum. Et ita loquitur *d.*§. *sed si Stichus*, vel fortassis, inquit, mortui pretium. Ceterum, dicam Pamphilum solum absolute peti posse, & omnimodo præstari debere, si forte debitor non obtulit pretium occisi, vel judex non audierit offerentem. Quo casu tantum videtur debitoris interesse, quanti is est Pamphilus, quem præstare cogitur, & tanti fiet æstimatio & condemnatio, tanti lis æstimabitur, tametsi debitor interim omnino liberetur etiam a præstatione Pamphili, puta Pamphilo postea mortuo suo fato ante moram ; quia scilicet verum est in eo anno, qui retro computatur ex lege Aquilia, Stichum tanti fuisse, propterea, quod Sticho dato, debitor servasset sibi Pamphilum, qui longe pretiosior est. Idemque dicendum est, ut similiter docet Paulus in *l.seq.* non tantum, si Stichus occidatur a stipulatore, deinde moriatur Pamphilus sine mora sua morte, sed etiam e contrario, si prior moriatur Pamphilus sine mora intra annum legis Aquiliæ, deinde occidatur Stichus a stipulatore, quia scilicet verum est, eo anno Stichum pluris fuisse, propterea quod datio Stichi liberasset a pretiosiore servo, id est, Pamphilo. Et in hoc judicio præterita æstimatio hominis occisi versatur, nec minuitur ex post facto. Et hæc etiam species potuit commodissime poni ex *d. l.* 55. ad priorem partem *l.*54.quia post mortem Pamphili suo fato defuncti, Stichus solus, cum occideretur, erat in obligatione. Et licet tunc debitoris nihil interfuerit, quia tamen interfuit retro, intra annum, cum adhuc erat in rebus humanis Pamphilus, hoc satis est, ut ei debitori etiam liberato, qui occidit Stichum, detur actio legis Aquiliæ in stipulatorem, nec abs re hæc lex subjecta est legi 54.Ex qua ita sumes causam damni præteriti retroacto anno, quæ efficiat, ut & liberato debitori competat in stipulatorem *l.* Aquiliæ actio. Quid autem sit dicendum, si Stichus

chus sit occisus facto promissoris vel extranei, cum erat promissus Stichus aut Pamphilus, id ego tractavi lib. 18. ad l. Stichum, §.1. de solut.

### Ad L. XLI. Sol. Matr.

*Si pater ignorans filium divertisse, dotem ex causa promissionis numeravit, non per indebiti conditionem, sed de dote actione pecunia petetur.*

Hujus l. ratio, aut vis & potestas vera an adhuc sit explicata liquido, dubito. Loquitur primum lex de filiafamilias non de emancipata: nam dicit, soluto matrimonio dari actionem de dote, quæ si filia esset mancipata, daretur soli filiæ non patri, *l. si cum dotem, §. eo autem tempore, h. tit.* Pater igitur pro filia, quam habuit in potestate, dotem genero promisit, eamque numeravit genero: post divortium, cum ignoraret intervenisse divortium inter filiam & generum, Papinianus ait, eum non repetiturum dotem profectitiam conditione indebiti, sed actione de dote. Cur non conditione de dote? quia scilicet solvit debitam ex stipulatione, cui inerat tacita conditio nuptiarum, si nuptiæ sequantur, *l.4. §.1. de pact. l. stipulatio, de jure dot.* Et semel fuit impleta contractis nuptiis. Et semel exstitisse conditionem satis est, etiamsi non duraverit, veluti, si nuptiæ solutæ sint divortio: videbatur tamen locus esse conditioni indebiti, sed Papinianus non negavit esse conditionem indebiti, quin videretur esse. Cur igitur videbatur esse conditio indebiti? quia finita jam causa promittendæ dotis, id est, solutis nuptiis, pater dotem solvit, & solvit tutus exceptione doli, quæ solet parere conditionem indebiti, *l. qui se debere, de cond. caus. data, l. pen. de cond. ob. turp. causf.* quandoquidem, si post divortium ageret gener ex stipulatu, non soluta dote, repelleretur exceptione doli mali, quia in causa res est, ut jam non dos ei dari, sed ab eo restitui debeat, si quam acceperit. Videtur ergo soluta eo tempore, quo indebita erat dos. Cur ergo non repetitur conditione indebiti? Papinianus scribit, patrem habiturum actionem de dote, scilicet solam, patrem repetiturum dotem, quam solvit post divortium, divortii ignarus, actione de dote: rectissime & sapientissime. Alioquin & dote soluta ante divortium, dici posset, iisdem rationibus dotem posse repeti conditione indebiti, quod causa dotis finita sit. Verum sic se res omnis habet. Quod ita solvi, ut nulla obligatione me liberaverim, qui scilicet nec obligatus eram: conditione indebiti repetam, quo soluto me obligatione liberavi, vel mihi prospexi in causam obligationis finita causa obligationis. Si repeto quidem ut indebitum, quod post finitam causam non debeatur, sed id non repeto conditione indebiti, verum id repeto actione ex ipso principali contractu, ut in *l. sed addes, §. si quis, loc.* Finge: ego domum conduxi in annum, & totius anni pensionem prorogavi, id est, dedi in antecessum, ut loquitur Seneca, *ie l'ay avancée, & donne devant la main,* post sex menses domus corruit, nec possum frui conducta habitatione, repetam pensionem residuorum sex mensium, quam dederam in antecessum: qua actione? nam repetam sane, an ut indebitum conditione indebiti, quod residui temporis, quo mihi non licet frui ædibus, pensio non debeatur? minime: verum actione ex conducto, ex principali contractu. Et ita etiam de actione ex conducto, non de conductione indebiti, est accipienda *l. si quis imperator, eod. tit.* Quam Accursius male videtur hoc loco accipere de conditione indebiti, cum ut in specie hujus *l. ita* & in specie illius, negandum sit, prorogatam mercedem repeti conditione indebiti, sed actione ex conducto. Igitur & in specie hujus legis, ignorantia divortii non parit conditionem indebiti: error prioris causæ negotii constituendæ dotis possit parere conditionem indebiti forte, ut si putavit pater se promisisse, qui non promisit, qui error non fuit in hac specie: Patrem enim promisisse verum erat, sed etsi non promisisset, quod notandum & falsa opinione ductus, cum putaret se promisisse, dotem solvisset pro filia, quia solvit pietatis gratia, non haberet conditionem indebiti, *l. cum is, §. pen. de condic. indeb.* Pietas paterni nominis exigit dotem filiæ constitui. Igitur merito scripsit Papinianus hic patri non esse conditionem indebiti, licet ignarus divortii dotem solvit, sed esse de dote actionem, quia dotem initio filiæ nomine constituit, quam nec constitutam semel ei auferre aut minuere potest, *Novell. 77.* Et dos est, quamvis numerata sit post divortium, quæ fuit promissa ante divortium. Ideoque licet jam non debeatur genero, debetur tamen filiæ, & ut dos petitur adjuncta persona filiæ, non ut indebitum, quæ est mens hujus legis. Recte autem hoc loco Græci ponunt generum auctorem fuisse conditionis: nam ignorante patre filiafamil. non potuisset divertere, *Novell. 22. de nuptiis.*

### Ad L. Si tacitum XIII. ad L. Falcidiam.

*Si tacitum fideicommissum servus injungente domino susceperit, habiturum eum legis Falcidiæ beneficium, quia parere domino debuit, constitutum est. Idem placuit in filio, qui sub in patris potestate.*

Sunt quædam personæ incapaces legibus, id est, quibuscum non est testamenti factio, quæ legata aut fideicommissa ab hereditatis capere non possunt: his legibus quæ appellantur caducariæ illudunt, & fraudem faciunt sæpe testatores per tacita & secreta fideicommissa, cui fraudi, qui participant heredes, puniuntur iisdem legibus: nam fideicommissa tacita, quæ heredes susceperunt, quibusque se secreto onerant, fisco vindicantur in solidum, ut etiamsi intervenerit lex Falcidia, non possit heres ex eis tacitis fideicommissis retinere Falcidiam, quæ est ex Senatusc. Planciano, *l. pen. de jure fis. l. beneficio, hoc tit. l. 2. C. eod.* Ergo integra fideicommissa tacita fisco eripit, nec ex eis retinendæ Falcid. jus est, licet ex exhaustus sit legatis vel fideicommissis. Verum excusantur heredes quidam, nec amittunt Falcid. tacitorum fideicommissorum: excusantur, puta necessitate potestatis patriæ, vel dominicæ, puta injungente & imperante patre, vel domino, qui heredis scripti tacitum fideicommissum in se receperunt, eique dandi personæ incapaci, domestica cautione se obligarunt: ergo hi necessitatem habuerunt parendi ei, in cujus erant potestate, quæ est sententia hujus *l. 13. & in l. fraudem §. ult. de his, quæ ut ind.* Et congruit hoc regulæ juris: nam delinquit quidem filius aut servus, qui tacitam fidem interponit præstandi fideicommissi personæ incapaci, quia est particeps fraudis, quæ fit legibus, sed delictum non est atrox, non est grave, & ad ea delicta, quæ non sunt atrocia, ignoscitur servo vel filiofam. Hæc est regula juris, si patri vel domino obtemperaverint. Quod obtinet non tantum in hac specie, sed & in aliis plerisque, *l. 11. §. si tutor, quod vi aut clam, l. si mulier, §. 1. rerum amot. l. 1. de his, qui not. infam. l. Divus, & l. filius, in princ. ad l. Corn. de falf. & l. 2. §. 1. de nox. act. l. liber 2. in princ. ad l. Aquil.* Alia sunt delicta leviora, alia atrociora. In levioribus necessitas imperii & potestatis excusat delinquentem, *l. 2. §. 1. de nox. act.* ibi, *quasi ignoverit,* quia forte periisset, si non paruisset patri vel domino, qui jus imperandi habet. In atrocioribus delictis, veluti in homicidio, in furto, in proditione patriæ perpeti, mori denique satius fuit, quam hujusmodi imperio obtemperari, quia in atrocioribus delictis habetur quilibet pro libero, nec parere cogitur, qui compellatur ad facinus, flagitium, obscoenitatem aliquam, *l. servus non in omnibus, & de obl. & act.* Et non est igitur legitima illa excusatio apud Corn. Tacit. *l. 3. adolescentem,* inquit, *crimine civilis belli purgavit, patris quippe jussa eum non potuisse detectare.* Hic prætexus, ut dixi nihil valet in crimine civilis belli, quod ex atrocioribus est, in quibus quilibet debet se gerere pro homine sui juris, suæque potestatis. Et hæc pertinebant ad hanc *l. 13.* Jam poenæ terram videmus, ex hoc *lib. 37. & ult.* restant tantum tres leges, ex quibus est *l. 19. de duobus reis,* quam si meministis, *lib. 27.* jam exposuimus ad *l. 9. ejusd. t.*

Ad

## Ad L. CXX. de Verb. oblig.

*Si ita stipulatus fuero, hanc summam centum aureorum dari spondes? Et si maxime ita exaudiatur ille sermo, si modo centum aureorum sit, non faciet conditionem hæc adjectio, quoniam si centum non sint, stipulatio nulla est, nec placuit instar habere conditionis sermonem, qui non ad futurum sed præsens tempus refertur, & si contrahentes rei veritatem ignorant.*

Restant igitur ex libris quæst. Papiniani duæ leges tantum, *l.120.de verb.oblig. & l. 50. de fidejussor.* & ad *l.* 120. notandum est, aliud esse stipulari summam centum aureorum, aliud stipulari hanc summam centum aureorum. Qui stipulatur summam centum aureorum, genus stipulatur, seu quantitatem in genere. Qui hanc summam centum aureorum, speciem stipulatur: His enim verbis demonstrat certam summam, quæ est in conspectu, ut qui in rem agat ex formula, *hanc ego rem meam esse ajo*, in rem præsentem agit. Ideoque solet de re exhibenda agi priusquam agatur in rem. Igitur his verbis stipulationis, *hanc summam centum aureorum*, aut hæc verba stipulationis, *hanc summam si centum aureorum*, sic accipi possunt, hanc summam, quæ est centum aureorum, vel hanc summam, si modo est centum aureorum. Et licet sic accipiantur hæc verba, tamen conditionem non faciunt: hic sermo non suspendit obligationem, sed vel statim valet stipulatio, si tacita sit summa in conspectu, vel non valet, si tacita non sit. Conditio confertur in futurum tempus: hic sermo confertur in præsens tempus, conditio non confertur in præsens aut in præteritum tempus, quod non ineleganter Marcianus Capella vocat *extans & raptum*: præsens scilic. *extans*: præteritum, *raptum*: futurum autem vocat *instans*, cum tamen alii præsens vocent *instans*, si præsens, quod immineat præterito, ille futurum, quod immineat præsenti. Conditio igitur, ut dixi, non confertur in præsens, vel in præteritum, sed in futurum, & hic sermo, *hanc summam centum*, confertur in præsens tempus: igitur non facit conditionem, vel ut Pap. ait, non habet instar instar conditionis, id est, potestatem: *instar* non significat figuram, sed vim & potestatem, τὴν δύναμιν. Et ita etiam idem loquitur *l. sufficit, de cond.indeb.* Hic igitur sermo, *hanc summam, si est centum*, vel ille, *hanc summam centum* ita acceptus, figuram quidem habet conditionis, sed non instar, id est, potestatem, quia non differt obligationem. Conditio est dies incertus, qui potest existere, vel non: hujus stipulationis dies est præsens, licet contrahentes veritatem rei ignorent, id est, nesciant quanta sit summa. Nam licet hoc ignorent, tamen statim ex ea stipulatione, vel nascitur obligatio, & actio, vel non nascitur: Nam quid sit in re spectatur potius, quam quid sit in animo contrahentium. Igitur si ea summa est centum, licet hoc nesciant contrahentes, statim nascitur obligatio, si non sit centum, nulla est obligatio, etiamsi contrahentes eam voluerint postea esse centum, & satis est potuisse scire, licet nescierint, aut scisse alios, licet ipsi nescierint: id est, satis est cognitionis huius rei non superare captum hominum. Conditio sane differt obligationem atque suspendit, & conditio est, cujus eventus superat captum hominum, & ex hac differentia, ut Græci loquuntur αἱρετικῶν καὶ αἱρετικότερον, id est, conditionalium stipulationem, atque quæ figuram habent conditionalium, ex hac, inquam, differentia, in iure nostro sequuntur innumera, ut patet ex *l. cond.h.t.§.condit.Inst. eod tit.l.inst.§.ult.de condit.inst.l.cum in præsens, & seq.duab. de reb. cred.l.3.§. si patronus, de bon.lib. l. cum in secunde, de inj. rup.* ubi memini, me id etiam ex philosophis confirmare. Porro quod diximus ex hac l. nullam esse hanc stipulationem, hanc summam centum, si tanta non sit summa ea, quæ præsens est, quæque demonstra-

tur veluti digito, illis verbis, *hanc summam*, ei obstat *l. si servus legatus, §. qui quinque, de leg.* 1. in quo ait, valere stipulationem, si quis stipulatus sit *centum, quæ sint in arca*, licet non sint centum, sed quinquaginta tantum, & 50. quæ sunt in arca dumtaxat deberi. Et in hac lege tamen dicitur, nullam esse stipulationem si centum non sint præsentia, cum stipulatio hoc modo concepta est hanc summam centum aureorum, vel hanc ultimam, quæ est centum aureorum, nihil refert, ut Accurs. notat recte: nam est vox, quæ exprimit similem conditionem. Respondeo, hoc modo ex formula stipulationis satis declarari differentiam, quæ est inter hanc & illam legem: cum dico, hanc summam centum aureorum; vel quæ est centum, numerum demonstro, qui si non sit, nihil ago, ut est in hac lege: cum autem dico, *centum quæ sunt in arca*, locum demonstro, quem satis est esse & non esse inanem, ut valeat stipulatio, nec etiam exigitur, ut congruat numerus. Et ita est respondendum.

## Ad L.L. de Fidejuss.

*Debitori creditor pro parte heres extitit, accepto coherede fidejussore; quod ad ipsius quidem portionem attinet, obligatio ratione confusionis intercidit, aut (quod est verius) solutionis potestate, sed pro parte coheredis obligatio salva est, non fidejuss.sed hereditaria, quoniam major tollit minorem.*

Certum est, quod si creditor debitori heres extiterit, confunditur obligatio aditione hereditatis, quia in eandem personam concurrit jus crediti & debiti. Quid est confusio? quod crediti & debiti in eandem personam concursus: ex quo concursu sequitur interitus utriusque: quia idem homo non potest esse creditor & debitor, actor & reus. Confunditur igitur obligatio, si creditor adeat hereditatem debitoris, vel quod Papinian. hoc loco ait esse verius, obligatio tollitur solutionis potestate, quia ipse sibi creditor adeundo hereditatem debitoris pecuniam solvere creditur, *l. Granius, h.t.l.si id quod, de lib.leg.l.si ei, §.ult. de evict.* Aut sane videtur secum pensasse creditor, *l.quæ dotis, sol.matr.* id est, creditum pensasse cum hereditate, & bonis debitoris, & pensatio cedit loco solutionis, *l.4. qui pot. in pign. l. 15. rem ratam hab.* His cognitis, finge, quæ est hujus legis, debitor creditorem heredem instituit & fidejussorem, quem dederat creditori, ex æquis partibus: uterque adivit: in totum sublata est obligatio? minime: pro parte creditoris sublata est obligatio confusione, id est, concursu debiti & crediti, vel potius solutione, ut dixi, pro parte fidejussoris non est sublata obligatio principalis, quæ nunc est hereditaria: fidejussoria sublata est, quia major obligatio tollit minorem, & major utique est principalis & plenior. *l. si duo, de solut.l.debitor, de separat.l.cum reus, h.t.l.fidejussoris, C. eod. t.* Ubi igitur in eandem personam concurrit principalis & fidejussoria obligatio, principalis extinguit fidejussoriam, major minorem, quia non potest idem homo esse & debitor principalis & fidejussor, quod tamen hodie jure extraordinario non procedit, ut ostendi in *l. Stichum, §.aditio, de sol.* Namque hodie, quia agitur extra ordinem, si fidejussor debitori heres extiterit, nihil refert qua actione conveniatur, ut principalis, an ut fidejussor. Nam in judiciis extraordinariis hæ subtilitates negliguntur. Quod autem diximus, confusionem pro solutione esse, recte notat Accursius, non esse perpetuum, & ego ostendi latius in *d.l.quæ dotis*. Confusio non tollit obligationem pignoris, solutio tollit: confusione non liberatur correus, si duo sint rei debendi, & creditor uni heres extiterit: solutione naturali uterque liberatur, confusione non liberatur reus principalis, si creditor fidejussori heres extiterit, vel contra: solutione, id est, si fidejussor solverit, & debitor principalis liberatur. Igitur non per omnia confusio pro solutione est. Laus Deo, qui nos ad finem perduxit hujus laboris,

*Finis Quæstionum Papiniani:*

JACOBI

# JACOBI CUJACII J.C.
## COMMENTARIA
### IN LIBRUM PRIMUM
## RESPONSORUM
## ÆMILII PAPINIANI.

NON erit alienum proponere differentiam inter Quæstiones, & Responsa Papiniani, ut in utrisque quam rationem observaverit facilius intelligatur. Ac primum quidem facienda contentio Quæstionum, & Responsorum. Papinianus in quæstionibus tractat, ut ait *l. 6. §. si ades, ff. si servit. vind.* Tractat hoc est, disputat: ut & in *l. 3. C. de summa Trinit.* Ne quis audeat de fide tractare : hoc est, disputare ; unde tractatores posterior ætas dixit, auctore Vincentio Lyrinensi 1. Commonitorio adversus hæreses, Doctores, qui disputationes instituunt agitantque publice. In Responsis autem Papinianus non disputat, sed præcidit de jure quid sentiat, hoc est, respondet vel rescribit abscisse, & respondet quidem. Respondet præsenti, rescribit absenti, ut in *l. ex contractu, inf. de re judic.* Scævola *lib. 5. responsorum*, rescripsisse dicitur. Et hanc quoque verborum differentiam servat Seneca 9. epist. dum ait : *Si quando interveniunt epistolæ tuæ, tecum mihi esse videor, & sic afficior animo, non tanquam rescribas, sed respondeas.* Qua distinctione servata etiam dixeris recte, ex responso promissorem obligari stipulatori, non ex rescripto, quia stipulatio contrahitur verbis, non literis, & inter præsentes, non inter absentes, *l. 1. de verb. oblig.* Verum ad rem. Quæstiones, ut aliter rem explicem, sunt uberes quidam diffusique tractatus juris ; Responsa sunt tanquam oracula admodum brevia. In quæstionibus Papinianus doctoris ; in Responsis Jurisconsulti munere fungitur. Responsa redduntur consultoribus. Quæstiones petentibus non redduntur, sed proponuntur auctoris arbitratu. Denique in Quæstionibus electio est juris auctoris: in Responsis, aut responsorum causis electio est ejus, qui rogat & consulit juris auctores. Quo fit ut in libris quæstionum Papinianus nonnisi difficiles & arduas quæstiones tractet, quia ei pudori fuisset eligere faciles & leves. Ceterum Responsa sunt pleraque facillima, prout res fert & causa, & factum, quod in consultationem deducitur. Nobis autem a facillimis erit ducendum principium, & a *l. 20. de offic. præs.* quæ se prima offert ex libro Resp. 1.

---

Ad L. Legatus XX. de Offic. Præsid.

*Legatus Cæsaris, id est, præses, vel corrector provinciæ, abdicando se non amittit imperium.*

HOc loco *abdicare se*, est dicere, nolle se amplius magistratum esse : sicut abdicare se tutela libro regularum Ulp. est dicere, nolle se amplius tutorem esse, quæ abdicatio tutelæ, ut ipso jure nulla est, si tutela fuerit legitima, eodem Ulpiano auctore, ita abdicatio legitimi magistratus sane non valet : ac proinde si præses provinciæ, cui Princeps provinciam decrevit, abdicaverit se, non desinet esse præses, *non amittet imperium*, inquit Papinianus, hoc est, abdicando se nihil agit, videlicet si hoc faciat sine nutu Principis, qui provinciam decrevit : jussu aut consensu populi vel Principis recte se abdicat, *l. 2. §. cum placuisse, de orig. jur.* & ita in auctoribus sæpe legimus, multos se abdicasse magistratu. Contra prohibente vel nolente principe, vel populo, is qui se magistratu abdicat, id est, qui ejerat magistratum, nihil agit, quia publicum munus est, quod ut inviti suscipimus, ita & eo perfungimur. Et sic apud Livium *lib. 6. & 37.* conantem se abdicare magistratu prohibet senatus & populus. Ait autem lex, *Legatus Cæsaris, &c.* Idem tamen est in Proconsule, & quolibet rectore provinciæ, & in magistratu urbano & municipali, sed non quod voluit Bart. etiam idem est in Imperatore. Exemplo sunt Diocletianus & Maximianus, qui se abdicarunt imperio, & in privatam vitam concessere : quod & in summo Pontifice admittit Cælestini constitutio quædam. Et nihil obstat hoc responsum Papiniapiniani, quia de magiſtratu eſt, non de Principe; qui ut Princeps non eſt magiſtratus, quia nec juriſdictionem habet, ſed cognitionem extraordinariam: unde res cognitionis, quæ ſcilicet pertinent ad cognitionem Principis ſeparantur ab iis, quæ ſunt juriſdictionis & juris ordinarii, quæ ſunt magiſtratus. Plin. in epiſt. & Sueton. in Claud. *Princeps eſt major & celſior magiſtratus*, quod etiam de Senatore dixit Tacitus lib. 3. annal. Et male igitur idem interpres ex hoc reſponſo colligit, Conſtantinum Imperatorem non potuiſſe Sylveſtro Pontifici cedere imperio Occidentali, quod eſt donare, & transferre imperium ad curam Pontificis, quia reſponſum eſt de magiſtratu, non de Principe, non de Imperatore. Deinde, quia de abdicatione eſt, non de ceſſione : & longe aliud eſt abdicare ſe, longe aliud cedere, ut Ulp. lib. regul. oſtendit, ubi proditum eſt : *Legitimum tutorum legitima tutela cedere poſſe in jure, abdicare ſe non poſſe.* Contra, *teſtamentarium tutorem tutela ſe abdicare poſſe, cedere in jure non poſſe.* Ceſſionem autem illam Conſtantini Bart. ponit pro certa, quam tamen Nicol. de Cuſa Cardinalis pro nulla habet lib. de concordia Cathol. Et etiamſi noſtro tempore vir doctiſſimus ( quem honoris cauſa nomino ) Auguſtinus Steuchus ex profeſſo librum ediderit, quo conatur probare & adſerere, illam donationem eſſe veram, tamen quod deficiatur idoneis legitimiſque teſtibus, id nunquam omnibus probabit. Sed pergamus: quod lex ait, *Legatus Cæſaris*, id omnino exigit, ut exponamus, quis ſit hic legatus Cæſaris, quove jure utatur, & quia interpretatio eadem lex, eum eſſe *correctorem & præſidem provinciæ*; videamus quid diſtet Proconſul a Præſide : non poteſt enim fieri, ut jure non diſtet, qui titulo diſtat: diverſi tituli præbent ſignificantiam diverſi juris. Alius eſt titulus , *de officio Proconſulis*, alius *de officio Præſidis*. Ac primum quidem ſciendum eſt, præſidis nomen modo generaliter accipi, modo ſpecialiter : generaliter pro quolibet rectore cujuſvis provinciæ, ſive ſit Proconſul, ſive legatus Cæſaris, ſive procurator Cæſaris, qui vicem legati præſtet, & tueatur, ſive Corrector, ut Corrector Lucaniæ, Bruttiorum, ſive Conſularis, ut conſularis Paleſtinæ & Campaniæ, ſive Præfectus Auguſtalis, qui regebat Ægypti provinciam : denique omnes rectores provinciarum præſidis appellationem ſortiuntur, licet Senatores ſint, inquit, *l. 1. hoc tit.* quod eſt , *præſidis nomen non eſſe indignum Senatore*, ſicut Dio *lib. 53.* ſcribit : *Propratoris nomen non eſſe indignum conſulari viro: quamquam nomen ipſum Præſidis*, ſit infimi hominis gradus. Qua de cauſa & Præſides dicuntur judices ordinarii, milites gregarii & manipulares. Speciali autem nomine in hoc tit. Præſides vocantur legati Cæſaris, legati Imperatoris, legati Auguſti, ut hoc loco, & *l. hos accuſare, de accuſat. l. 4. inf. de off. adſeſſ. l. non eſt, de manum. vindic.* Hi ſunt, quos Princeps mittit in provincias ſuas: aliæ enim ſunt provinciæ Cæſaris, aliæ ſenatus, ut non tantum Strabo docuit lib. 3. & 17. ſed etiam Theoph. noſter in §. *per traditionem*, *de rer. diviſ.* In ſuas Senatus mittit Proconſules, & Proconſules vocantur, etiamſi ſint ex prætoriis, non ex Conſularibus, vel ex iis, qui Præturam, non Conſulatum geſſerunt. In ſuas autem Cæſar mittit Legatos : & ita Legatum Ciliciæ accipere oportet in *l. 3. §. 1. de teſt. l. 2. de jure immun.* Legatum Aquitaniæ, *l. milite, ff. de cuſt. reor.* Legatum Lugdunenſis provinciæ, *l. 15. §. ult. de exc. tut.* ut & Græca etiam antiqua numiſmata vocant Legatos Propratores: ſic enim eſſe accipiendum Dio ſuprad. lib. oſtendit, qui eos vocat πρωβυταὶ ἀντιστρατηγᾶς, Legatos propratores, qui & ſimpliciter propratores dicuntur, inquit, legati ex conſularibus eſſent, nempe quia validiores, & ferocioras provincias vel agreſtiores, quas annuis magiſtratuum imperiis ſine manu militari regi, nec facile, nec tutum erat, Cæſar in ſua poteſtate retinuit : Pacatiores autem provincias, quæ regi poterant ſine armis, & legibus ſolis, reliquit Senatui populoque Romano, hac quidem ſpecie, ut levia imperii onera Senatus ſubiret , ipſe ſolus diſcrimina bellorum

adiret, ſed revera, ut arma ſolus haberet in ſua poteſtate. Qua de cauſa adminiſtratores, ſive rectores miſſos in ſuas provincias vocavit Propratores priſco more, quia Propratores olim bella adminiſtrabant , quorum tabernaculum quoque Prætorium appellabatur , ut non tantum Dio eod. loco , & alii plerique ſcribunt, ſed & Juſtinianus noſter *Nov.* 24. & *l. 2. §. capta, de orig. jur.* Sardinia capta, & redacta in provinciæ formam, item Sicilia, & Hiſpania ; & Narbonenſi Gallia tot fuiſſe creatos Propratores, quot provinciæ venerant in ditionem populi Romani, ut iis præeſſent cum armis, tum legibus. Et de Sardinia obiter non erit ingratum forte, ſi admonuero in *l. 2. C. de offic. præfect. prætor. Afric.* quo loco ita ſcriptum eſt. *In Sardinia ducem jubemus ordinari , & eum juxta montes , ubi barbaricæ gentes videntur ſedere*; quod ante hunc diem nunquam mihi obtigerat animadvertere, omnes libros manu exaratos habere non *barbaricas gentes*, ſed *barbaricinas* ſimpliciter , quod eſſe rectiſſimum Procopius oſtendit, *lib. 2. de bello Vandalico*, dum ait ; *Ex Mauritania barbaros quoſdam montes obſediſſe in Sardinia ; & multa in ea paſſim inſula exercuiſſe latrocinia , quos Vandali debellarunt , expugnarunt, qui*, inquit , *Barbaricina dicebantur*. Verum ad rem. Certum eſt ex Dione, Præſides, id eſt, legatos Cæſaris, non amplius, quam ſex lictoribus & faſcibus uti, ſed dubitatur de proconſulibus, an plures haberent, an pluribus uterentur, quia pro Conſulibus ſunt, & conſules in urbe utebantur XII. faſcibus , & fortaſſe etiam primum habuerunt faſces XII. ii, qui poſt conſulatum provinciam obtinebant proconſularem , ut Dio ſignificat eodem loco, & M. Tullius de proconſule Macedoniæ, dum ſcribit in hunc modum : *Ipſe cum duodecim hominibus*, inquit, *male veſtitis ad portam Capenam pervenit.* At generaliter proditum eſt in *l. 14. ſup. de off. proconſ.* hodie proconſules non amplius, quam ſex faſcibus, ſex lictoribus uti : Unde vere dices & ſtatues , nullas eſſe provincias hodie, quæ plures quam ſex faſces habeant, ſecundum jus novum ; quo ſub Imperatoribus populus Romanus utebatur, Egeſip. *cap. 9. Plurimi populi*, inquit, *ſex faſcium virgulis metu coercentur* : quod ita Joſephus ἓξ Ῥωμαίων ὑπίκοοι μαβέλει, qua de cauſa eos etiam vocabant ἑξαπελέκεις , ut docet Appianus in Syriaco bello. Commune autem hoc eſt & conſulum & proconſulum, ut adjungantur eis legati, quibus mandent juriſdictionem ſuam: unus, aut plures; proconſuli viro unus, conſulari tres, & plures adjungi oſtendit *l. 4. inf. de offic. aſſeſſor. l. 2. inf. quis & a quo appell. & l. pen. inf. de off. ejus cui mand. eſt juriſ.* Non tantum Præſidibus, hoc eſt, legatis Cæſaris, ſed & Proconſulibus, ut idem Dio aperte definit. Itaque licet in titulo *de officio Proconſulis*, addatur, *& legati* (quod accipiendum eſt , non de Legato Conſulis, ſed de legato Proconſulis ) & licet non addatur in hoc titulo: *De officio præſidis & legati* : tamen ( quo in errore eſt Alciatus ) non ideo exiſtimandum eſt præſidibus datos non fuiſſe legatos: ſed omiſſa eſt mentio legati in hoc titulo, quia de eo nulla ſub hoc titulo lex extat, cum de legato proconſulis exiſtant pleræque in tit. *de offic. proconſ.* Et hos vero legatos, ne cum Dione confundamus cum adſeſſoribus ſive conſiliariis præſidum : nam adſeſſores Præſes ipſe ſibi optat, *l. 10. §. quorum, inſ. de excuſ. tut.* legati autem ei dantur a Senatu, ut apud Vopiſcum in *Probo*, & *Capitolinum* in *Gordiano*, vel a Principe, ut apud Dion. eod. loco. Sed ut finem faciamus, poſtremo hoc tantum nobis notandum eſt, in aliis pleriſque multum diſtare Proconſules a Præſidibus, hoc eſt legatis Cæſaris, quod perſtringam breviter. Proconſules erant annui magiſtratus ; Præſides, perpetui, quoad Princeps ſucceſſorem miſiſſet. Proconſules erant κληρωτοὶ, ut Dio ait, quia, ſortito creabantur, niſi cum cœlebs vel orbus in decemnda, vel petenda provincia objiciebatur patri vel marito : nam pater vel maritus præferebatur cœlibi vel orbo , etiam non ducta ſorte: Præſides autem erant αἱρετοὶ, electi, quia creatio eorum erat in arbitrio Principis. Item Proconſules, non habebant jus gladii, vel chlamidis,

midis, id est, stolæ militaris. Præsides habebant jus stolæ militaris atque jus gladii, *l.6. §. qui universas, h. tit.* Quod est non tantum jus animadvertendi in facinorosos homines, sed etiam accingendi se gladio, quod non habebant proconsules: & consequenter præsidibus erat jus animadvertendi in milites, *l.21.C.de exhib.reis, l.1.C.ad l.Corn. de sicar.l.3.inf.de re militar.* nam cui jus est gladii, ei est animadversio in milites, sive sit ex Senatorio ordine, sive ex equestri, ut generaliter definit Dio: quæ definitio summe notanda est. Ac præterea proconsules sumebantur ex Senatoribus, Præsides ex Equitibus Romanis, ut Præfectum Augustalem Cæsar mittebat in Ægyptum, non ex Senatoribus, metu, ne res novas moliretur cum populo levi ac seditioso Senator, qui valeret potentia, auctoritate, gratia ac opibus. Qua de causa in notitia etiam imperii Romani legibus, Ægyptum consularem non habere, otiosum imperium. Et ita explicanda est *l.1. & 2.sup.de off.proconf.* Et similiter Proconsules redeuntes e provincia, quoad pomerium urbis ingressi sint, fascibus utuntur, ac ceteris insignibus & ornamentis, & jurisdictionem voluntariam & imperium habent, licet eo non utantur in itinere, usque ad portam urbis, & jurisdictionem contentiosam, & hoc est quod ait *l.ult.de offic. Proc. Proconsul,* inquit, *portam Romæ ingressus deponit Imperium.* M. Tullius 7.*ad Attic. epist. 7.* scribens de Imperio Ciliciæ, quod habuit etiam post reditum, antequam ingressus esset urbem: *Si imperium,* inquit, *mihi molestum erit, utar ea porta,quam primum videro.* Et inde in auctoribus Prætor vel Consul ad portam, id est, qua Proconsul it in provinciam, vel redit e provincia, a porta, hoc est, ex qua Consul exit, qua vel per quam exit e provincia, aut redit e provincia. Præsides autem statim atq; cognoverunt venisse successores vel excesserunt provincia, privati fiunt ac deponunt imperium, *l.3.h.t.* ac ne jurisdictionem quidem voluntariam habent, imo nec ea, quæ neque imperii sunt, neq; jurisdictionis, si ad officium jus dicentis pertineant, *l.si forte, h.t. Si preses provincia antequam cognoverit,* inquit, *advenisse successorem, manumiserit, vel tutorem dederit, rata hæc esse:* retro igitur rata hæc non esse, si postquam cognoverit adventum successoris, manumiserit, quod est jurisdictionis voluntariæ, vel si tutorem dederit, quod neque est imperii, neque jurisdictionis, *l.muto, §.tutoris, de tutelis,* quia ad officium jus dicentis pertinet, ut ait *l.1.de jurisdict. omn.jud.* Et ita omnino Dio supradicto loco, Præsides non ante sumere insignia, quam venerint in provinciam, & mox deponere atque excesserunt provincia: non sunt separanda insignia ab imperio: alioquin falsa essent insignia. Qui negat insignia ante adventum, & imperium negat. Contra, qui jubet ab excessu deponere insignia, certe jubet abire imperio: nec usquam reperio alterum ab altero disjungi & distingui. Et vulgo male idem statuitur in Proconsule ex *l.meminisse, de offic.proconf.* ut scilicet officium Proconsulis duret usque in adventum successoris tantum. Quod dixi durare usque ad pomerium urbis, quia illa *l.meminisse,* hoc nullo modo dicit, sed Proconsulem circumacto anno suo jus dicere posse, quoad successor venerit, quia licet ipso jure desierit esse Proconsul (quia annuus est magistratus) tamen utilitas provinciæ exigit, aliquem esse, per quem provinciales sua negotia expedire possint. Et hic est finis, si tamen dixero, ex hac distinctione summe notanda, vos posse intelligere, quid sit quod est in *l.123.de reg. jur. temporariam permutationem non innovare jus provinciæ.* Nam ut de Augusto scribit Suetonius c.47. (quod nescio an unquam ante hac bene explicatum fuit) facta sub illo divisione provinciarum, postea, inquit, nonnullas Augustus commutavit, ut Achajam ac Macedoniam, quam sibi retinuerat, Senatui reddidit, Cretam, quam Senatui dederat, sibi recepit. Quod & de Tiberio traditur in Claudio, *c.21.* & de Marco tradit Capitolin. eum Proconsulares provincias fecisse plerasque Præsidiales, pro belli necessitate prove tempore præsenti. Cum in provinciam, inquam, mittendus est Proconsul, etsi mittatur legatus Cæsaris mutatione pro belli necessitate facta, non ideo provincia ita definit esse proconsularis, non innovatur jus provinciæ, ea temporaria permutatio non innovat jus provinciæ, id est, non ideo hæc provincia desinit esse proconsularis.

### Ad L. Ult. de Offic. Adsessor.

*In consilium curatoris reipublicæ vir ejusdem civitatis adsidere non prohibetur: quia publico salario non fruitur.*

Curator Reipublicæ non est, ut Accurs. dixit, procurator fisci vel Cæsaris. Aliud enim est Respublica, longe aliud fiscus vel Cæsar. Respublica hoc loco accipitur pro qualibet civitate fundata legibus. Curator ergo Reipublicæ est Curator civitatis cujuscunque, qui & pater civitatis dicitur innumeris locis juris nostri, & Græco nomine λογιστής, ut nominatim ait *l.3.C.de mod. mult.* quod maxime ponatur supra rationes operum publicorum, *l.1.C.de ratiocin.oper.pub.& de patr.civitat.* hoc est. *de curatoribus rerum publicarum.* Alius est igitur Curator sive procurator fisci vel Cæsaris, alius Curator Reipublicæ. Uterque tamen jurisdictionem habet, Curator fisci jus dicit inter fiscum & privatum: Curator Reipublicæ inter civitatem & privatum. Procurator fisci, qui & rationalis dicitur (sicut ille λογιστής) decidit causas ad fiscum pertinentes; Procurator reipublicæ decidit causas pertinentes ad rempublicam. Denique uterque habet jurisdictionem; ergo uterque magistratus est. Quis est magistratus? Is est magistratus quicunque jurisdictioni præest, qui jurisdictionem habet, quam exerceat publice. Ac proinde curator reipublicæ, sive procurator, cum jurisdictionem habeat, adsessores habet, & consiliarios, quorum consilio utatur in causis dirimendis. Omnes magistratus adsessorum solatia requirunt. At dubitatur, an Curatori Reipublicæ, sive civitatis, adsidere possit in consilium vir ejusdem civitatis? Videbatur non posse, quia vel præsidi provinciæ in consilium adsidere potest vir ejusdem provinciæ citra speciale beneficium Principis, *l.3.h.t.l.si cui 38. inf. ex quib.cauf.major.* videlicet ultra tempus constitutionibus concessum. Præsidi, inquam, vir ejusdem provinciæ adsidere non potest sine speciali Principis beneficio ultra tempus constitutionibus concessum, quod est breve tempus, *d.l. si cui,* hoc est menses quatuor, *l.10.C.de adsessorib.l.1.C.Theod. eod.tit.* Et in eum, qui adsederit præsidi in patria sua ultra constitutum tempus sine permissu Principis, est publicum crimen, & pœna, proscriptio & publicatio omnium bonorum, *d.l.10.* Cur autem nemo possit in patria sua Præsidi adsidere nisi hoc est: ne apud suos sit gratiosus, ambitiosus,vel calumniosus nimis. Quæ ratio etiam efficit, ut nemo in patria sua præses esse possit sine speciali beneficio Principis. Nec, quod legitur apud Cassiodorum 1.*Variar.* eum patriæ suæ Lucaniæ Correctorem fuisse, id ille obtinuit sine speciali privilegio Principis, quo nominatim derogaretur juri communi, ut ostendit *l.ult.C.de crim.sacrileg.& tit.C.ut nulli patr. suæ admini. suæ spec. privil.* Quam constitutionem Dio vel Xiphilinus, qui Dionem in compendium redegit, tribuit Antonino Philosopho Imperatori, quod Cassius adversus fus eum rebellasset, cum esset Præses in patria sua: idcirco, eum lege cavisse ne quis in patria sua imperium obtineret: ἀνομοθέτησε δὲ τόδε, inquit, μηδένα ἐν τῷ ἔθνει ἴδιον τὸ ἀρχαίων ἴσιν ἄρχειν, ὅτι ὁ Κάσσιος ἐν τῷ Συρίᾳ τῇ πατρίδι αὐτοῦ ἰσχύων ἡγεμονίαν ἐπέχωσε. Id est, constituit autem, ut nemo cum imperio esset apud eam gentem, ex qua ortus esset, propterea quod Cassius, in Syria patria sua imperium haberet, res novas molitus fuerat. Eademque ratio facit, ut nemo possit in patria sua officium fiscale administrare, puta, ut non possit in patria sua fungi officio Procuratoris Cæsaris, ut Paulus 5. *Sententiarum* refert *tit. de jur. fisc.* In ea provincia, inquit, ex qua originem ducit, officium fiscale administrare prohibetur. Et subjicit rationem, ne aut calumniosus, aut gratiosus apud suos esse videatur. Quam rationem etiam attigit Cassiodorus supradicto loco, dum ait: *Gloriosum esse, in patria sua Præsidatu fungi præclare, ubi necesse est, ut vel gratiam cognitio provocet, vel odium longæ contentionis exasperent.* An, inquam, ut hic resumam, quod initio proposui, sicut præsidi provinciæ propter eam rationem non potest adsidere vir ejusdem provinciæ, non poterit etiam curatori civitatis adsidere vir ejusdem civitatis? Et respondet Papin. non idem esse dicendum in adsessore curatoris civitatis: hunc enim sumi posse ex eadem civitate: & hoc distare ab adsessore præsidis, qui ex eadem provincia sumi non potest: & subiicit rationem differentiæ breviter, atque ideo satis obscure. *Quia adsessor Curatoris Reip. publico salario non fruitur.* Quæ ratio ita explicanda est necessario. Curator civitatis sibi optat adsessores ex eadem civitate, quia vix ullos unquam eliceret ex alia civitate, eo quod publico salario non fruuntur, & istius oneris & operæ nullum præmium ferunt: At Præses provinciæ, & similiter Procurator Cæsaris facile potest ex alia provincia adsessores, & consiliarios advocare: quia iis adsessoribus majorum judicum de publico salaria constituta sunt, ut patet ex *l. 4. hoc tit. & l. 1. C. de annon.* & ideo debet Præses provinciæ ex alia provincia adsessores accersere publicis salariis, quæ Principes constituerunt adsessoribus majorum judicum, potius, quam ex ea provincia, quam administrat. Hanc quoque rationem Hugolinus sequitur. Cetera Accursii merito quis una litura deleverit, quæ tamen Bartol. valde commendavit.

### Ad L. XIV. de in jus voc.

*Libertus a patrono reus constitutus, qui se defendere paratus, pro tribunali præsidem provinciæ frequenter interpellat, patronum accusatorem in jus non videtur vocare.*

Sciendum est, si libertus sine venia edicti prætorii patronum in jus vocaverit, teneri patrono actione in factum pœnali in aureos quinquaginta, vel si non sit solvendo ex querela patroni fustibus castigari eum a præfecto urbi, tanquam inofficiosum libertum, quia officium debitum patrono non exhibuerit, quod veniam vocandi eum in jus non petierit, *l. ult. h. t.* Inde quæritur, quid, sit dicendum, si patronus libertum fecerit criminis capitalis reum apud Præsidem provinciæ, & libertus Præsidem sæpius interpellet, nullam precatus veniam, ut compellat patronum rem in judicium deducere, se paratas habere defensiones innocentiæ, an videatur committere in edictum prætoris, quod sine venia frequenter interpellat Præsidem, provocetque adversus patronum? Respondet Papin. nihil eum facere & committere videri contra edictum Prætoris, quod vetat tantum, ne in jus vocentur patroni sine venia impetrata; hanc interpellationem non esse vocationem in jus, libertum in jus vocare patronum sine venia & lacessere prohiberi, non se defendere, maxime in capitali judicio. Quoniam defensionem jus naturale permittit: idem scilicet jus, quod officium exigit a liberto erga patronos, *l. 2. C. eod. tit.* Denique non prohibetur libertus urgere patronum, qui adversus eum accusationem instituit, ut crimen exequatur,

nec moras in judicio trahat, ut se reum peragat, quia patronus litem fecit, non ipse. Et probo etiam, quod Accur. not. arg. *l. qui cum major, §. si libertus, inf. de bon. liber.* libertum retorquentem crimen in patronum, accusatorem non esse, ac proinde audiri, imo & calumniæ puniri patronum desiderantem: quia ignoscendum est ei, qui voluit se defendere provocatus, vitamque tueri suam.

### Ad L. XL. de Pactis.

*Tale pactum:* Profiteor te non teneri, *non in personam dirigitur; sed cum generale sit, locum inter heredes quoque litigantes habebit.*

Pactum quo debita pecunia remittitur, vel in rem concipitur, vel in personam. In rem concipitur, si generaliter paciscatur debitor, ne petatur pecunia, quam debet. In personam concipitur, si specialiter paciscatur, ne a se petatur, hoc scilicet animo, ut sibi soli prospiciat, & consulat suæ personæ tantum, *l. jurisgentium, §. pactorum, h. t.* Pactum in rem prodest heredi debitoris, quia generale est. Pactum in personam non prodest heredi debitoris, quia specialiter pactum est in personam. Non prodest igitur heredi, licet cum effectu a debitore peti non possit propter exceptionem pacti personalis, tamen ab herede ejus peti poterit sine metu exceptionis. Ac similiter pactum in rem emptori prodest, ad quem ea res transit de qua pactum est debitor non petenda generaliter: atq; si pactum illud non tantum prodest successori juris, puta, heredi, sed etiam successori rei, puta emptori, secundum plurium sententiam, ut ait *l. si tibi, §. pactum, h. t.* quæ obtinuit. Plurium sententia melior, ut ait Apoll. πολλῶν μέτις ἀρείων. Et ita in *Instit.* initio tituli, *de heredibus inst.* Secundum plurium sententiam. Cum ergo ait *d. l. si tibi, §. pactum*, Secundum plurium sententiam, pactum in rem etiam emptori prodesse, nedum heredi, ex diverso significat pactum in personam non prodesse emptori. Et tamen subiicit in eodem §. secundum sententiam Sabini etiam pactum in personam prodesse emptori & donatario, quamvis heredi non prosit, prodesse, inquam, pactum in personam emptori & donatario, quamdiu vivit is, qui fecit pactum in personam suam: sicut cum filiusfamilias pactus est sibi, pactum prodest patri ejus, ne teneatur de peculio, vel de in rem verso, atque etiam heredi patris, quamdiu vivit filius, qui pactus est sibi, *l. & heredi, h. t.* Porro in hoc responso proponitur exemplum pacti in rem, quod vocat generale pactum, quod non coarctatur personis paciscentium, atque adeo non tantum paciscentes tenet ex utraq; parte, sed etiam heredes & successores eorum, ut puta, si pactum ita sit conceptum dicente creditore: *Profiteor te mihi non teneri:* pactum est in rem & generale, quoniam his verbis creditor plane abrogat obligationem, & sermonem dirigit in rem ipsam, non in personam: aliter quam si ita pactum conciperet: *profiteor me a te nihil petiturum,* hoc est pactum in personam. At illud, *profiteor te mihi non teneri,* est pactum in rem. *Profiteri* est plusquam *confiteri.* Cicero pro M. Tullio ( sic est legendum omnino apud Nonium non pro Manlio ) *hic ego non solum confiteor, verum etiam profiteor.* Et pro Cæcin. *Ita confitetur, ut non tantum fateri, verum profiteri videatur.* De confessione igitur frustra hic tractant interpretes, quoniam professio plusquam confessio est. Et hæc verba: *plane profiteor te mihi non teneri,* negant ullam existere obligationem, & habent vim pacti generalis, seu in rem. Aliud est dicendum, si creditor ita dixerit: *Profiteor te mihi pecuniam debitam solvisse*: nam hæc verba non habent vim pacti, neq; liberationis, nisi revera ipsa pecunia soluta esset, *l. si acceptolatum, §. 1. de accept.* His verbis fit apocha, *Profiteor, te mihi pecuniam debitam solvisse*: vel latius, *Luc. Titius profiteor P. Mævium mihi solvisse decem, quæ mihi debet ex testamento Caii Seii. Lutetia anno, & die illo,* quæ apocha dicitur professio solutionis, *l. 2. C. de solut.* Chirographum solutionis, *l. creditor, inf. de act. empt.* quod tamen non liberat debitorem, nisi revera solverit,
quod

quod creditor scripsit eum solvisse. Et hoc distat apocha ab acceptilatione. Nam acceptilatio liberat, etiamsi nihil solutum sit, quia pro solutione est: apocha non liberat, sed solutio tantum, cujus fit mentio in apocha. Igitur si solutio nulla intervenerit, apocha nullius momenti est, si modo intra trigesimum diem opposita fuerit querela, vel exceptio non solutæ pecuniæ adversus apocham, secundum *l.14.in contractibus, C.de non num.pecun.* nam post 30. diem apocha plenam fidem facit.

### Ad §. I.

*Qui provocavit, pactus est intra diem certam pecuniæ, quam transegerat, non soluta, judicatis se satisfacturum: judex appellationis, nullo alio de principali causa discusso justam conventionem velut confessi sequitur.*

Debitor certæ pecuniæ creditori condemnatus appellat: mox cum creditore transegit de remittenda parte pecuniæ, ea lege, ut si reliquam partem creditori non solveret Kal. proximis, solidam summam præstaret, quæ in condemnationem deducta est (etiam post rem judicatam facta transactio valet, si appellatum sit, *l.7.in pr.tit.seq.*) pecunia de qua convenit, ad diem non soluta, quæ sint partes judicis ejus, ad quem appellatum est, videndum est. An ut disquirat discutiatque, pecunia in condemnationem deducta debeatur, nec ne? an ut disquirat, an ita convenerit inter creditorem & debitorem, ut pecuniæ parte soluta intra diem certam debitor judicato liber abiret: non soluta autem ea parte ad diem, ut in solidum teneretur. Quæritur ergo utrum hoc an illud judex appellationis disquirere debeat? Et respondet Papin. judici appellationis non esse quærendum, an pecunia debeatur, sed de fide transactionis tantum, an inter eos, ut proposuimus, ita transactum sit negotium post condemnationem & appellationem interpositam, & proinde judici appellationis non esse quærendum de principali negotio, sed de transactione tantum, & confessione, quæ transactioni inest, justam esse hujus transactionis conventionem, & justam conventionem esse servandam, hoc est, quæ jure non improbatur, ut in *l.epistola, §.pactum h.t.* Itaque a judice appellationis damnandum est debitorem, non tanquam jure damnatum a priori judice, sed tanquam confessum pacto transacto, etiamsi jure damnatus non sit a priori judice: nam confessionem omnem rei, etiam factam in jure sequi condemnatio debet, *l.5. de confess.l.5. de custod. reor.* Ex qua condemnatione etiam nascitur actio judicati, cujus in hac specie proculdubio executio pertinebit ad judicem appellationis, qui debitorem tanquam confessum condemnavit, non tanquam jure damnatum priore sententia, nec jure potuit judex appellationis tanquam jure damnatum priore sententia damnare, quia ea de re non cognovit, an jure damnatus esset, sed an pactus & confessus esset. Et vero etiam judex appellationis frustra inquireret in principale negotium, qui habet reum confitentem, *l.proinde, §.1.ad l.Aquil.* nam etsi debitorem judex appellationis tanquam jure damnatum a priore judice damnaret, proculdubio hoc casu jure civili ex opinione interpretum, quam usus admittit, executio judicati non pertineret ad judicem appellationis, sed ad priorem judicem, qui sententiam dedit, si modo priori judici suæ sententiæ exequendæ jus & potestas fuerit. Æquum est enim, ut si sententiam major judex ex appellatione pronuntiet esse justam, ejus executio redeat ad eum, qui sententiam dedit, si modo jus habuerit exequendarum sententiarum suarum: nam si sit judex datus, judex delegatus, a quo appellatum sit, redire oportet ad eum, qui dedit, *l.1. inf.qui & a quo appell.* Rei judicatæ a judice dato legitimus executor est is, qui dedit judicem, ad quem de eo appellatum est, non ipse judex datus. Non omnis, qui sententiæ dictionem habet, & sententiæ executionem habet: alterum est nudæ cognitionis, alterum jurisdictionis, quam judex datus non habet, *l. a Divo Pio*

in pr. inf.de re jud. Et similiter ex Novel. *de sanctiss. episc.* sive ex auth.*si quis litigantium, C.de episc.audien.* si ab episcopi sententia appellatum sit ad præsidem provinciæ, & is conservavit sententiam episcopi, eam ipse præses exequetur, *l.episcopale, C.de episc.audien.* quia episcopus suæ sententiæ executionem non habet, hoc est, jurisdictionem non habet, vel forum, ut ait Novella Valentin. *de episc.jud.* sed cognitionem tantum habet & audientiam, sicut judex delegatus. Et inde titulus, *de episcopali audientia*, non *de episcopali jurisdictione*. Et nominatim Sozomenus historiæ ecclesiasticæ lib.1. c.9. ὡς ἔργον τῶν χριστιανῶν παρὰ τῶν ἐπισκόπων ἄγειν τοὺς ἄρχοντας, hoc est, res judicatas ab episcopis ad effectum perducere præsides & apparitores eorum. At si priori judici jus sit exequendæ sententiæ, ut si sit magistratus, cui jus sit exequendæ suæ sententiæ, & ex appellatione major judex ejus sententiam pronuntiaverit esse justam, appellationem injustam, eam ipse non exequetur, sed prior judex. Nec quicquam judex obstat, qua moti sunt interpretes, una *l.præcipimus, §.in his autem, C.de appellat.* quæ ait, officio judicis appellationis judicatum exequi, quia ille locus non intelligitur, neque loquitur de judicato, quo confirmatur sententia prioris judicis habentis executionem, sed de judicato, quo infirmatur sententia prior, & injusta esse pronuntiatur. Quo casu fateor executionem pertinere ad judicem appellationis, qui novam sententiam tulit, non etiam superiori casu. Sed tamen alio jure utimur, ut scilicet utroque casu sibi judex appellationis vindicet judicati executionem, majori scilicet judice, ad quem appellatur commoda executionis præcipiente minori? *Ut pisces sæpe minutos magnus comest.* Male etiam interpretes loquuntur, dum tractant in hoc §. de specie proposita, & dicunt conventionem esse exequendam, cum dicere condemnationem judicis esse exequendam, qui conventionem veluti confessi sequitur. quia nullius conventionis per se executio est: nulla conventio vel obligatio habet executionem forensem paratam citra sententiam judicis, *l. minor 40. de minoribus*

### Ad §. Post Divisionem.

*Post divisionem bonorum & æris alieni, singuli creditores a singulis heredibus, non interpositis delegationibus, in solidum, ut convenerat, usuras acceptaverunt: actiones, quas adversus omnes pro partibus habent, impediendæ non erunt, si non singuli pro fide rei gestæ, totum debitum singulis offerant.*

Sciendum est inter coheredes fieri divisionem æris alieni hereditarii duob. modis: Vel ipso jure, hoc est, ex 12.tab. pro hereditariis portionibus, ut *l.1.C.si cer.pet. l.ult. C.de hered. act.* Exempli gratia, si sint tres heredes instituti, primus ex semisse, secundus ex triente, tertius ex sextante, & in ære alieno sint trecenta, pro qua parte singuli heredes sunt, pro eadem parte ex 12.tab. æri alieno obligantur: atque ita primus debet 150. secundus 100. tertius 50. Vel etiam inter coheredes fit divisio æris alieni ex conventione ipsorum coheredum. Et hæc divisio rursus vel fit interpositis delegationibus, *l. ut cum pater, §. hereditatem, de leg.2.* Vel fit non interpositis delegationibus nuda conventione sive nudo pacto. Interpositis delegationib. fit, veluti quod omnes heredes ex 12.tab. pro hereditariis portionibus debent L.Titio uno in solidum promittente Titio stipulanti per delegatione coheredum. Et quod debent Sempronio similiter uno promittente Sempronio in solidum ex delegatione ceterorum: quæ divisio rata est, & omnes tenet etiam creditores, quia novatio obligationis intercessit, quæ obligationem plurium heredum divisam pro partib. ex 12. tab. omnem transtulit ad unum ex heredib. in solidum. At divisio æris alieni, quæ fit inter coheredes non interpositis delegationibus, non facta novatione consentientibus hereditariis creditoribus, creditores non tenet. Finge, coheredes inter se æs alienum, hoc est, nomina hereditaria ita divisisse, ut unus solveret nomen Titii in solidum, alter nomen Sempronii, alter nomen Caii in solidum, nec ullam fecisse delegationem: Hoc casu, quia nulla delegatio interposita est, non læditur jus creditorum, & omnibus in singulos heredes est actio pro hereditariis portionibus, quia pactio inter coheredes facta iis nocere non potest, *l. pactio, C. de pact. l. licet, C. san. eccles.* Quintilian. declam. 336. *Etiamsi conventione*, inquit, *æs alienum transferatur ad coheredem, jure tamen & veritate commune est.* Hinc quæritur in h. §. si non interpositis delegationibus ex conventione nuda inter coheredes facta divisione æris alieni, singuli creditores, perinde ac si interpositæ delegationes fuissent, a singulis heredib. secundum conventionem heredum, debiti usuras quisque sui in solidum acceptaverint ( quo verbo significatur acceptio, ut in *l. 10. in fin. ff. de ann. legat. & l. 9. in fine, ff. de alim. leg.*) Quæritur, inquam, an illa frequens acceptio usurarum totius sortis, creditoribus postea agentibus adversus omnes coheredes ex 12. tab. pro hereditariis portionibus obesse possit, quasi tacite pacti intelligantur, ne agant cum singulis ex 12. tab. divisa actione pro portionibus hereditariis, sed ut singuli agant tantum in solidum in eum, a quo diu solidi usuras acceptaverunt? Et respondet Papinian. obesse creditoribus taciti pacti exceptionem, si velint agere ex legib. 12. tab. si modo totum solvere cuique creditori quisque heres paratus sit, & offerat secundum legem conventionis habitæ inter eos. At si solidum quisque heres solvere paratus non sit, sed pro parte tantum hereditaria, secundum divisionem legis 12. tab. quæ potior est divisione nuda & conventione nuda ( lex obligat, conventio nuda non obligat ) hoc casu integrum etiam erit creditori uti lege 12. tab. & dividere actiones in omnes pro hereditariis portionibus.

Et hæc est sententia hujus §. *post divisionem*, quam ita conficies breviter. Pactio facta inter heredes & creditores hereditarios expresse vel tacite, qua convenit ut a coherede quisque creditor suam pecuniam persequeretur in solidum, non interpositis delegationibus, non tollit jus publicum, hoc est, legem 12. tabul. qua creditores singuli singulos heredes possunt convenire pro portionibus hereditariis, non unum ex heredibus in solidum, nisi singuli heredes ex fide pacti singulis creditoribus solidum offerant.

Addatur & alia sententia. Pactionis tacitæ argumentum esse diuturnam acceptationem usurarum totius pecuniæ. Hoc etiam colligunt interpretes ex hoc §. extraneum solvere posse pro debitore creditori invito: sicut ut est certissimum, extraneus potest solvere pro debitore invito, *l. solvere de solut.* ita etiam possit pro debitore solvere creditori invito: quod non absolute verum est, sed cum hac exceptione, si tacite convenerit inter extraneum & creditorem, ut extraneus sortem solveret pro debitore, puta, usuris ab extraneo pro debitore sæpius acceptis, non aliter.

Ad §. Pater, qui dotem.

*Pater qui dotem promisit pactus est, ut post mortem suam in matrimonio sine liberis defuncta filia, portio dotis apud heredem suum fratrem remaneret a conventio liberis a socero postea susceptis, & heredibus testamento relictis per exceptionem doli proderit: cum inter contrahentes id actum sit ut heredi consuleretur: & illo tempore, quo pater alios filios non habuit in fratrem suum judicium supremum contulisse videatur.*

Ultimum responsum pertinet ad hanc speciem. Pater in promittenda dote pro filia ita pactus est, ut post mortem suam in matrimonio defuncta filia, partem dimidiam dotis, quam promiserat, necdum dederat, vellet remanere apud heredem suum fratrem ( quem scilicet, destinarat heredem suum facere, cum non essent ei alii liberi ) alteram vero partem dimidiam dotis genero præstari jusserat si filia, ut dixi, moreretur in matrimonio sine liberis: mortua autem filia relictis liberis totam dotem, quæ promissa est, jussit genero præstari. Recte pactus est fratri suo, ut partem dimidiam dotis retineret: quia ut heredi pactus est, alioquin pactus fuisset inutilior, quia nemo alteri paciscitur utiliter, nisi patri, in cujus est potestate, vel domino, vel heredi suo, *l. si pactum, ff. de probat. l. avus, ff. de pact. & l. avus, ff. de pact. dotal.* hic pactus est fratri, & futuro heredi suo: Postea vero pater suscepit liberos, eosque omisso fratre, quem destinaverat facere heredem, heredes fecit, & post mortem ejus mortua est filia in matrimonio sine liberis. Quæritur an liberi heredes scripti possint retinere partem dimidiam dotis? Dubitationis causa hæc est: quod non liberis pactus sit, sed fratri. At Papin. eleganter respondet, Liberos petente genero dotem ex stipulatione per exceptionem pacti, sive doli mali, quæ semper est subsidio exceptioni pacti, partem dimidiam dotis retinere posse, quia pater fratri pactus est, non tanquam fratri, alioquin inutile pactum esset, sed tanquam heredi, quia dixit, *ut remaneret apud heredem suum fratrem*, & heredes hodie sunt liberi, quos pater præter spem sustulit, non frater. Ergo liberis danda est retentio partis dimidiæ: quia in paciscendo fratris appellatio demonstrabat tantum, quem sibi heredem destinaret eo tempore, quo desperabat se habiturum liberos: fratris appellatio demonstrabat, in quem esset collaturus supremum judicium suum. At heredis appellatio demonstrabat, cui consultum vellet. Summa igitur sententia hæc est: Pactum fratri ut heredi, quem scilicet animo destinarat facere heredem, nec dum faciebat heredem, prodesse cuicunque alii heredi, si frater heres non fuerit: non tantum filio, quem postea suscepit, sed etiam extraneo, quem postea pœnitentia ductus fecit heredem, nullo suscepto filio. Hæc est mens Papin. unde male ex h. §. colligunt interpretes: donationem quam orbus contulit in extraneum, revocari postea adnascentibus liberis, quæ est sententia *l. si unquam, C. de revoc. don.* non hujus §. *ult.* quia in specie ejus nulla fit revocatio: sed pactum fratri ut heredi, consistit in persona cujuscunque heredis, non in persona fratris, qui non extitit heres: ergo & in persona heredis extranei, nedum in persona filii heredis instituti.

Ad L. IX. de Postulando.

*Ex ea causa prohibitus pro alio postulare, quia infamiam non irrogat, ideoque jus pro omnibus postulandi non aufert, & in ea tantum provincia pro aliis non recte postulat, in qua præses fuit, qui sententiam dixit: in alia vero non prohibetur, licet ejusdem nominis sit.*

Inter genera pœnarum hoc quoque receptum est, ut ex causa advocato advocationibus & postulationibus interdicatur, hoc est, prohibeatur postulare pro aliis, & adesse litigatoribus, *l. moris, de pœnis*, quod est silentium irrogare advocato, *l. 8. hoc tit.* & pœna silentii. At silentium vel irrogatur sine infamia, vel cum infamia. Quod irrogatur cum infamia, aufert jus postulandi pro omnibus, hoc est, jus postulandi ubique gentium, non pro omnibus omnino personis: nam certæ sunt personæ pro quibus etiam infames postulare possunt, *l. 1. §. at prætor, h. tit.* veluti pro parentibus & patronis etiam infames postulare possunt. Silentium vero, quod irrogatur sine infamia, id est, salva existimatione, non aufert jus postulandi pro omnibus, hoc est, ubique gentium: nam etsi quis sit prohibitus postulare in una provincia salva existimatione, licet non possit in ea provincia postulare, in qua prohibitus est a Præside, poterit tamen in alia provincia, quia non est infamis, licet alia provincia sit ejusdem nominis, ut si fit prohibitus postulare in Mysia inferiori, quæ hodie dicitur Bulgaria, non prohibetur postulare in Mysia superiori, quæ dicitur Servia. Exemplo adsessoris, qui si ortus sit ex Mysia inferiori, licet in ea provincia Præsidi in consilium adsidere non possit, tamen adsidere præ-

præſidibus Myſiæ ſuperioris poterit, *l.3.ſup. de offic. ad-ſeſſ. l.9. inf. de capt. & poſtlim.* Si ſit ortus ex Germania inferiori, poterit adſidere Præſidibus Germaniæ ſuperioris, quo exemplo etiam utitur *d.l.3*. Et quæ ſit Germania inferior, quæ ſuperior, Dio 53.explicat: ſuperior qua effluit Rhenus, inferior qua influit in mare Britannicum, & utraque cis Rhenum in Galliis dicitur.

### Ad L. ob hæc XX. de His, qui not. infam.

*Ob hæc verba ſententiæ præſidis provinciæ; callido commento videris accuſationis inſtigator fuiſſe, pudor potius oneratur, quam ignominia videtur irrogari; non enim qui exhortatur, mandatoris opera fungitur.*

CErtum eſt calumniæ damnatum notari infamia ex edicto Prætoris. At quæritur in hac l.20. an calumniæ damnatus, an notatus tanquam calumniator videatur is, de quo Præſes provinciæ ita pronunciavit cauſa cognita: *Callido commento videris accuſationis inſtigator fuiſſe*. Verbum, *videri*, eſt ſolemne in ſententiis, quod primus notavit Budæus: Reſpondet autem Papin. hujuſmodi ſententiam onerare quidem ejus pudorem & verecundiam apud bonos & graves viros, ſed ipſo jure ei infamiam non irrogare, quod pronuntiatus ſit fuiſſe inſtigator calumnioſæ accuſationis: nam aliud eſt inſtigare, aliud mandare. Inſtigare eſt exhortari, non calumniari, non mandare alteri, ut calumnietur. Mandatoris quidem eadem pœna eſt, quæ calumniatoris, ſicut mandatoris & homicidæ, *l.non ideo, C.de accuſat.* ſed non eadem conditio eſt calumniatoris & hortatoris ſeu inſtigatoris ad calumniam faciendam alteri. Opponitur vero huic legi *l.1.§.incidit, inf. ad SC. Turpill.* quæ lex aperte dicit eum, qui inſtigat accuſatorem, ſi ſubornatus accuſator non potuerit probare quod intendit, teneri Senatuſconſulto Turpill. tanquam calumniatorem, denique inſtigatorem puniri tanquam calumniatorem. Qua in re laborat hic Accurſius fruſtra, cum nihil ſit expeditu facilius, illa *l.1. §.incidit*, non loquitur ſimpliciter de eo, qui inſtigat, ſed paulo poſt ſubjicit, *& inſtruit accuſatorem dando probationes, &c.* hic pluſquam inſtigator eſt, denique hic calumniator eſt. Papinianus hoc loco agit de nudo inſtigatore.

### Ad L. XVII. de Compenſat.

*Ideo condemnatus, quod arctiorem annonam tempore ædilitatis præbuit, frumentariæ pecuniæ debitor non videbitur. Et ideo compenſationem habebit.*

SCiendum eſt differentiam eſſe inter Ædilem plebis, & curatorem rei frumentariæ, vel curatorem frumenti coemendi, quem & noſtri auctores σιτῶνα vocant. Huic de publico datur pecunia, frumenti & annonæ comparandæ gratia, quæ coudatur in horrea publica, & erogatur militibus *l.1.3. C.eod. tit.* vel aliis, quibus de publico ſalaria debentur. Hic curator rei frumentariæ, ſi condemnetur quaſi ejus pecuniæ debitor, aut quaſi ejus pecuniæ reliquator, quam accepit de publico annonæ coemendæ gratia, an poterit opponere compenſationem ejus pecuniæ, quam ei inviceni debet reſpublica vel fiſcus? Minime: hoc enim conſtitutum eſt in debitore pecuniæ frumentariæ, ut non poſſit uti ulla compenſatione, ſed protinus reliquam pecuniam inferre cogatur, *l.aufertur, §.ut debitoribus, de jure fiſci, l. ob negotium, h.t. l.3. C.eod. tit.* Publica utilitas, ſive ratio annonæ publicæ præferenda eſt utilitati privatæ. At alia eſt ratio Ædilis: Hic enim annonam quaſi curator rei frumentariæ coemit præbere ſolet & erogare populo vel militibus, vel iis, quibus debentur panes civiles, & ſi forte condemnatus fuerit, quod præbuerit arctiorem annonam, hoc eſt, quod eam præbuerit parcius, aut iniuſto pondere, quod fraudarit annonam publice debitam, ut in *l.vix, de judic.* non prohibetur uti compenſatione ejus pecuniæ, quam ſibi viciſſim reſpubl.vel fiſcus debet: nam compenſatio talis inhibita eſt debitoribus pecuniæ frumentariæ: hic non eſt debitor pecuniæ frumentariæ, ſed arctioris præbitæ annonæ. Et omnino legendum eſt, ut in Florentiniis legitur, hoc loco Ædilitatis tempore eum præbuiſſe arctiorem annonam, ut in Baſilicis ὁ τῇ ἀγορανομίας nam quod tentavit Duarenus reponere *edulitatis*, nemo unquam approbavit, quoniam vox eſt barbara, & decepit eum corruptus Lampridii locus in Alexandro: *cum edulitatem populus Romanus ab eo peteret*: cum ſit legendum ex veteribus; *cum vilitatem populus Romanus ab eo peteret* ( hoc eſt, ut annonæ pretia villa conſtituerentur) interrogavit per curionem, quam ſpeciem caram putarent: illi continuo exclamaverunt, carnem bubulam, atque porcinam: tunc ille non quidem vilitatem propoſuit, id eſt, edictum quo minuebantur ejus annonæ pretia, ſed juſſit ne quis ſuminatam occideret, ne quis lactantem, ne quis vaccam, ne quis damalionem, & idem auctor in Commodo: *Propoſuit*, inquit, *vilitatem, ex qua majorem penuriam fecit*. Igitur faceſſet illa vox edulitatem, & retineamus, quam poſuimus ſpeciem; Quendam Ædilitatis tempore præbuiſſe viliorem annonam, hunc frumentariæ pecuniæ debitorem non eſſe: & ideo conventum eo nomine habere compenſationem pecuniæ, quam ſibi Reſpublica debet ex alia cauſa.

### Ad L. LV. Mandati.

*Procurator, qui non res incluſas ſubtraxit, ſed traditas non reddidit, judicio mandati, non furti tenetur.*

SEntentia eſt apertiſſima: Meo procuratori dedi res aliquas incluſas in ciſtam, ut perferret ad Sempronium: non pertulit, ſed retinuit ciſtam, nec tamen aperuit eam, aut fregit, atque adeo res non contrectavit; ait Papinianus, hunc domino non teneri actione furti, quia furtum ſine contrectatione non fit, id eſt, quin res loco moveatur; ſed eum teneri actione mandati, quod mandati fidem non expleverit: neque vero earum rerum nomine tenetur furti, quia eas res non contrectavit, ut dixi, neque ciſtæ nomine, quia lucrandæ ciſtæ animum non habet, & tamen ſi res contrectaſſet, etiam ciſtæ nomine furti teneretur, etiamſi non fuiſſet ei animus ſubripiendæ ciſtæ, *l.qui ſacrum, de furtis*.

### Ad L. I. de Jur. aur. annulor.

*Inter ceteros alimenta liberto relicta, non idcirco non debentur, quia jus aureorum annulorum ab Imperatore libertus accepit.*

§.1. *Diverſum in eo probatur, qui judicatus ingenuus, colluſione per alium patronum detecta conditioni ſuæ redditus, alimenta ſibi, quæ tertius patronus reliquerat, præberi deſiderat; hunc enim etiam beneficium annulorum amittere placuit.*

SPecies hæc eſt: duo vel tres erant patroni plurium libertorum, Primus, Secundus, Tertius. Tertius moriens teſtamento reliquit legatum libertis ſuis omnibus generaliter. Poſt unus ex libertis impetravit jus a Principe aureorum annulorum: quæritur, an hic qui donatus eſt jure annulorum aureorum a Principe, admittatur ad legatum, quod relictum eſt libertis, quoniam videtur deſiiſſe eſſe libertus accepto jure annuli aurei? ſed apertiſſimum eſt, quod initio reſpondet Papinianus, nihilominus eum admitti ad legatum, quia non deſinit eſſe libertinus. Honorem tantum & jura ingenuitatis habet, ingenuus non eſt; non mutat conditionem neſtatuui, qui augetur dignitate ingenui, non mutat ſtatum libertini, *l.33.§.2.ſup.de cond.& demonſtrat. l.2. C.de jure aur.an.l.1.C.ad leg.Viſell.* Ergo cum non deſinat eſſe liberinus, admittitur ad legatum relictum libertis, quia non mutat ſtatum: augetur tamen honore ingenuitatis, & adſcribitur in numerum equitum Romanorum. Ideoque hoc jus non dabatur, niſi ditioribus libertis, puta, ta, habentibus in bonis 400. millia sestertium, qui erat cenfus equestris. Arnob. lib. 4. *Pecuniam donare, annulos aureos, & loca priora in spectaculis.* Sueton. in Jul. *Jus annulorum dedit cum millibus quadringentis.* Sed, quod erat difficilius, quæritur in hac lege : si is libertus, qui impetravit jus aureorum annulorum, postea proclamaverit ad ingenuitatem, asserens se ingenuum esse, & neminem patronum se agnoscere, negant patronum, & collusione habita cum secundo uno ex patronis ingenuus pronunciatus sit: deinde Primus alter patronus detexerit collusionem, & quam rem detegendam etiam quilibet extraneus admittitur, cui jus postulandi est, *l. 2. §. 1. de colluf. deteg.* post detectam collusionem hic, quem res judicata fecerat ingenuum, quia pro veritate habetur, *l. ingenuum sup. de statu hom.* redditur conditioni pristinæ, hoc est, redigitur ad libertinitatem, & fit libertus Primi, qui detexit collusionem, ut *l. pen. C. de colluf. deteg.* An ergo admittitur ad legatum relictum libertus, qui impetravit jus annulorum aureorum, deinde e patrono ingenuus pronunciatus est colludente adversario, post detecta collusione redditus est libertinitati, an capiat inter alios ? & dicitur non capere, quia videtur renuntiasse testamento, qui curavit se ingenuum pronuntiari. Qua ratione etiam Papinianus ait placuisse Principibus, ut hic etiam amitteret jus aureorum annulorum, quod impetraverat ante sententiam pro ingenuitate dictam per collusionem adversarii: quia etiam affectando ingenuitatem videtur se eo jure abdicasse, videtur depofuisse jus aureorum annulorum, quod etiam confirmat *l. 2. hujus tit. & l. homo, de statu hom.*

### Ad L. LXXXI. de Furtis.

*Ob pecuniam civitati subtractam, actione furti, non crimine peculatus tenetur.*

Finge: Curator rei frumentariæ pecuniam civitatis subtraxit & in usus suos convertit : constat eum teneri furti, sicut si quamvis aliam rem civitatis subtraxisset, *l. sed etsi imaginem, §. ult. hoc tit.* Dubitabatur an etiam criminaliter teneretur judicio peculatus ? Dubitationis causa hæc est, quia crimen peculatus intenditur tantum in furem pecuniæ publicæ populi Romani, & civitates aliæ privatorum loco habentur, *l. 15. de verbor. signif.* Et sane ita respondet Papinianus, ob pecuniam civitati subreptam eum teneri quidem furti, privata actione & civili, non crimine peculatus, non actione criminali; cui oppone *l. 4. §. ult. ad l. Jul. peculat.* qui ait evidenter : *Recte instituti accusationem peculatus in eum, qui pecuniam subripuit civitatis cujuscunque, vel municipii:* sed addit *d. l. 4. hoc esse ex constit. Trajani & Adriani,* qui scilicet legem Juliam peculatus, quæ erat tantum de pecunia pop. Romani, porrexerant etiam ad pecuniam civitatis cujuscunque, sicut edictum, *ex quibus causis majores,* certum & exploratum est, constitutiones porrexisse ad quascunque civitates, quod erat tantum de civitate Romana, *l. legati, ex quibus causis majores.* Igitur necessario hac distinctione utimur, ut dicamus in aliis plerisque causis separandum esse jus a constitutionibus. Papinian. respicit ad jus, hoc est, ad ipsam legem peculatus, quæ tantum est de pecunia pop. Rom. & quod ait *l. 4. §. ultima, ex constitutionibus,* plane ostendit ipso jure non ita esse, de quo Papinianus respondet. Male Antonius Augustinus has duas leges non pugnare, quia videantur diversa proponere, non contraria, quia plane sunt contraria, cum una negat, altera affirmet. Alciati etiam sententia jampridem explosa est, qui metu illius *l. 4.* adductus, non metuit in hac *l. 81.* addere negationem, & legere *actione furti, necnon crimine peculatus tenetur:* quod omnino falsum est.

### Ad L. I. de Crimine stellionatus.

*Actio stellionatus neque publicis judiciis, neque privatis actionibus continetur.*

His verbis Papinianus significat actionem stellionatus non venire ex legibus, non esse legitimam & ordinarium judicium, non verti in ea actione crimen legitimum aut poenam legitimam, ut ait *l. 3. §. penult. hoc tit.* poenam stellionatus nullam esse legitimam, cum nec legitimum crimen sit, hoc est, ordinarium ; ut legitimi gladiatores, id est, ordinarii, non caterarii: Legitimæ feriæ, id est, ordinariæ, hæ sunt dicuntur extra ordinem & præter consuetudinem. Publica judicia ex legibus veniunt, ut ait *l. 1. de pub. jud.* puta ex l. Julia Cornelia, Pompeja, Fabia, Rhemnia, Visellia. Hæ sunt leges publicorum judiciorum : sed lex Julia est multiplex: ceteræ sunt singulares, hoc est, de certis & specialibus quibusdam criminibus singulæ privatæ actiones, veluti furti, vi bonorum raptorum, injuriarum, damni injuria dati, quatuor actiones sunt, quæ etiam veniunt ex legibus certis, vel ex Edictis Prætorum. Et privatis actionibus actionem stellionatus non contineri certissimum est ; quia hæ actiones sunt civiles, non criminales. Actio autem stellionatus est criminalis. Qua ratione dubitabatur an actio stellionatus, an judicium stellionatus publicis judiciis posset adscribi: sed eleganter *l. 1. infra de publicis judiciis* ait, non omnia judicia, in quibus vertitur accusatio criminalis, esse publica. Hujusmodi est judicium stellionatus, in quo quidem vertitur crimen, nec tamen est publicum judicium, *l. 3. de extra. crim. l. quid ergo, §. ult. de his qui non. infam. l. tertia, C. de crimin. stellion.* Privatorum, aut publicorum judiciorum, quæ ex maleficiis nascuntur, poena est legitima, hoc est, certa lege definita; stellionatus nulla est poena legitima, ergo stellionatus neque publicum neque privatum crimen est, sed extraordinarium. Extraordinarium crimen est, cui nulla specialis poena imposita est legibus aut constitutionibus, sed liberum arbitrium est magistratui, qui de eo crimine cognoscit, causa cognita statuendæ poenæ, *l. 1. de effract.* Statuendæ, inquam, poenæ, quod nulla lex statuit: qua de causa hæc crimina extraordinaria a Rhetoribus in declamationibus dicuntur *crimina inscripta,* quod de eis nulla lex scripta sit, sicut de publicis vel privatis: sed vel sunt inducta moribus, ut de crimine prævaricationis extraordinario dicitur in *l. 3. de prævar.* vel etiam constitutionibus adnotata sunt, non imposita certa poena, quia & inscriptum esse videtur crimen, cujus poena non adscripta est, etiamsi ipsum crimen sit scriptum, notumve legibus. Stellionatus autem est omne crimen, quod aliud nomen non habet proprium, vel malitiosa quælibet & vafra calliditas, quæ proprio nomine vacat. Exempla multa dat *l. 2. hoc titulo.* Est autem hoc crimen, licet publicum non sit, aliquando famosum, ut ait *l. quid ergo, §. ult. de his qui not. inf.* sicut crimen expilatæ hereditatis, licet publicum non sit, est famosum tamen & turpe, *l. si te, C. ex quibus causis. infam. irrogatur,* non ergo sola judicia publica sunt famosa, sed etiam privata quædam & extraordinaria, *d. l. quid ergo, §. ult.* Plane præcidit crimen stellionatus esse famosum, & tamen *l. 2. hoc tit.* ait crimen stellionatus non esse famosum, sed poenam, & coercitionem extraordinariam habere. Videtur ἐναντιοφανὲς, hoc nemo melius expedivit, quam Joannes vetus interpres, ex *l. infamem, de publ. judic.* quod dicat illa lex quædam judicia, quæ non sunt publica, irrogare infamiam, videlicet, ut ait, si ex causa infami descendant ea judicia : si ex ea causa descendant ea judicia criminalia, ea crimina, quæ non sunt publica, ut si descendant ex causa furti, quæ in civili judicio, id est, in actione furti, proculdubio condemnato importat infamiam: nam actio furti est famosa. Ab-
fur-

surdum autem est, actionem civilem esse famosam, & criminalem, venientem ex eadem causa non esse famosam, quæ actio asperior est. Itaque rectissime Joannes hac utitur distinctione. Aut crimen stellionatus ex ea causa venit, quæ judicio civili irrogat infamiam, veluti, ex causa depositi, & hoc casu crimen stellionatus est famosum: Aut venit ex ea causa, quæ in judicio civili non importat infamiam, ut ex causa pigneratitia, vel ex causa empti, vel ex causa indebiti soluti, ut in specie *l.1. & l. tutor, §.1. de pigner. act. & l.cum as pro auro, de furt. l. si fidejussor, §. in omnib. mand. l. statuliberum, §.1. de statulib.* Et in his tantum causis procedit, quod ait *l.2. h.tit.* crimen stellionatus non esse famosum. Causa criminis est inspicienda, hæc crimen famosum facit, vel non facit.

---

### Ad L. XII. ad Municipal.

*Et ei contra nominati collegam actionem utilem dari non oportet.*

LEx est de magistratibus municipalibus, ut ea quæ præcedit, & ea quæ sequitur, quibus hæc lex 12. interjecta est, ut in urbe duo erant Consules, qui rempub. administrabant, ita etiam instar consulum in singulis municipiis creabantur quotannis duo magistratus municipales, qui & passim ob eam rem Duumviri appellantur. Duumviri & magistratus municipales idem est. Hi suo periculo rempublicam administrant: qua de causa, & initio magistratus cavent datis fidejussoribus rempublicam salvam fore, quam ipsi administrandam suscipiunt, & sub finem anni (quoniam, ut dixi, annuus est magistratus) suo periculo sibi nominant successores: quam nominationem nunquam non sequitur respublica, vel ordo civitatis, quare fit, ut ea nominatio etiam creatio appelletur, & nominatores creatores vocentur, vel χειροτονηtοί: Quoniam eam nominationem respublica semper sequitur, quia suo periculo semper sibi nominat successores in sequentem annum. Igitur ex nominatione & laudatione successorum reipublicæ tenentur, perinde atque fidejussores, si quid ii male gesserint in republica, quos sibi successores nominaverunt. Obligatur etiam quisque eorum pro collega suo, quia licet duo sint, unus tamen est magistratus, una respublica, cujus vicem sustinent, *l.magistratus, hoc tit.* denique pro magistratu municipali sive duumviro obligatur fidejussor & nominator & collega. Sed videamus quo quisque ordine conveniatur. Ac primum quidem, qui ob rem male à se gestam in magistratu, veluti ob pecuniam publicam non idoneis collocatam debitor est reip. principalis primum convenitur si solvendo non sit tempore depositi magistratus, fidejussor ejus convenitur, post fidejussorem convenitur nominator, ut in *l.seq. & ultimo loco*, si ab illis res civitatis servari non possint convenitur collega. Igitur fidejussor prius convenitur quam collega, itemque nominator, qui instar est fidejussoris prius quam collega: & ita definit Papinianus in *l.11. præcedenti*, optima ratione: quia major est ratio conveniendi nominatoris quam collegæ: nominator enim tenetur fidei suæ ratione, quia nominator eum quem nominavit idoneum esse fide sua jussit, atque ita tenetur ex contractu suo & fide data: denique fidem suam pro eo abstrinxit, quem suo periculo nominavit. At collega non tenetur fidei ratione, quia nullam fidem dedit, qui nihil cavit, nihil promisit. At tenetur negligentiæ tantum & pœnæ nomine, quod negligens fuerit in admonendo collega, ut rem bene gereret in observando actu omni collegæ sui, vel etiam, quod rem, quam collega gessit male, non gesserit ipse: quoniam utriusque officium est individuum & commune, ut ait *l.11. in princ. hoc tit.* negligentiæ pœna hæc est, ut teneatur pro collega, qui male rempub. administravit. In collegam igitur est pœna; in collegam, est culpa: in nominatorem est fidei datæ sive rei persecutio. Et æquius est pœnæ exactionem posteriorem esse: id est, non ante perveniri ad pœnam, quam defecerit omnis ratio servandæ rei, ut in *l.3. C. quo quisque ord. conven. lib. 11.* Apparet igitur hac in re nominatorem comparari fidejussori: nam ut fidejussor, ita nominator prius est conveniendus, quam collega. Additur in hac *l. 12.* alia etiam in re comparati nominatorem fidejussori: nam ut fidejussor, qui solidum solvit creditori, adversus alium fidejussorem non habet utilem actionem, qua ab eo recipiat partem pecuniæ solutæ, ut constat ex *l. 5. de fidejuss. l.cum alter, C. eodem tit.* ita nominatori, qui solidum solvit, non datur actio utilis adversus collegam, qui simul cum eo nominaverat successores: & hoc est, quod ait in hac lege: *Et ei, qui nominaverit contra collegam utilem actionem dari non oportere;* & additur, *sicut nec fidejussori dari oportet utilem actionem adversus confidejussorem;* & sic vulgo legitur in hac *l. & ei, qui nominaverit contra collegam utilem actionem dari non oportet,* frustra repetitis ex *l. proxima superiori* illis verbis, *qui nominaverit*, quæ sunt in extremo legis superioris. Qui vero nominaverit, fidei ratione convenitur. Et subjicitur: *& ei*: frustra additur, *& ei, qui nominaverit*, quod satis intelligitur conjuncta lege superiori. Et etiam ea verba, *qui nominaverit*, in hac *l. 12.* supplevisse interpretem aliquem verum est, cum nec sint in Pandectis Florentinis: in quibus tamen Pandectis Florentinis etiam vocem *nominati*, quæ in eis ita legitur, *& ei contra nominati collegam*, hanc, inquam, vocem *nominati* ex interprete aliquo subrepsisse ostendit Accursii glossa, quæ vocem illam *nominati* supplet, & perperam, quia non contra collegam nominati successoris, sed contra collegam suum nominatori, qui solidum solvit reipub. contra collegam scilicet nominatoris Papinianus denegat utilem actionem. Denique detractis glossis ita legendum hoc loco: *& ei contra collegam actionem utilem dari non oportet.* Ei, hoc est, nominatori, de quo ante egi sicut fidejussori, qui solidum solvit contra collegam actionem dari non oportet, qua ab eo recipiat partem soluti. Quæ sit ratio mox explicabimus, sed prius opponamus huic responso Papiniani, quod tutori, qui solidum solvit ex culpa communi admissa in administratione tutelæ adversus contutorem est utilis actio pro parte pecuniæ solutæ, *l.2. §.nunc tractemus, de tut. & rat. distrah. l.2. C. de contr. jud.* Item quod duumviro, qui ex causa administrationis in solidum satisfecit reipubl. adversus collegam datur utilis actio, ut est diserte proditum in *l.2. §. jus reip. de admin. rerum ad civitat. pertin.* Cur ergo fidejussori etiam qui solidum solvit non datur actio utilis adversus confidejussorem? Cur nominatori, qui solidum solvit, quod debetur reipubl. non datur actio utilis adversus connominatorem, & ei, collegam suum? Ratio differentiæ hæc est: Quia duo fidejussores & duo nominatores sunt duo rei debendi: singuli debent solidum suo nomine, ipso jure; qui igitur ex iis solvit solidum, solvit suo nomine, ut se liberet obligatione qua tenetur in solidum. Non est igitur quod partem reposcat a collega, cujus nomine non solvit, sed suo tantum qui tenebatur in solidum. At duo tutores, vel duo magistratus non sunt duo rei debendi; quoniam si ambo solvendo sint tempore depositæ administrationis, singuli non tenentur in solidum, sed pro utilibus portionibus, *l.2. §. nunc tractemus, de tut. & rat. distr. & l. si pupillus, de admin. tut.* Ergo ex iis, qui solidum solvit, non totum solvit suo nomine, quia suo nomine totum non debuit, sed partem suo nomine, partem collegæ nomine solvit. Proinde æquum est ut partem a collega recipiat, quem liberavit, utili actione negotiorum gestorum, quia collegæ negotium gessit non pro se tantum solvendo, sed etiam pro collega.

### Ad L. XV. Eod. tit.

*Ordine decurionum ad tempus motus, & in ordinem regressus, ad honorem exemplo relegati tanto tempore non admit-*

mittitur, quanto dignitate caruit. Sed in utroque placuit examinari, quo crimine damnati sententiam ejusmodi meruerunt, durioribus etenim pœnis affecti, ignominia veluti transacto negotio postea liberari. Minoribus vero quam leges permittunt, subjectos, nihilominus inter infames haberi. Cum facti quidem quæstio sit in potestate judicantium, juris autem auctoritas non sit.

IN primo responso vel in specie primi responsi quæritur: an decurio, qui ex crimine aliquo ad tempus ordine motus est, vel qui ad tempus relegatus est in insulam, aut partem aliquam provinciæ: (nec enim omnis relegatio fit in insulam, sed & in civitatem & regionem aliquam) an, inquam, expleto illo tempore decurionatum recipiat, an reducatur in ordinem, & ad novos honores municipales aspirare possit? Papinianus relegato ad tempus comparat eum, qui ordine movetur ad tempus: quoniam in hac re idem fere jus observatur in utroq; puta, quod proponit initio legis, ut quanto quisque tempore dignitate & decurionatu caruit, tanto regressus in ordinem abstineat novis honoribus civitatis vel municipii, ut si ordine motus fit vel relegatus in biennium, & expleto biennio redierit in ordinem decurionatu adepto vel recepto, non potest capere novos honores antequam aliud biennium fecerit in decurionatu, quem recepit vel adeptus est, quod etiam proponitur, in l.2. C. de iis qui in exil. dati vel ord. moti sunt lib. 10. Et ratio hæc est: quia ut novo decurioni non statim patent honores reipubl. ita patere non debent ei, qui recens ex pœna rediit in ordinem, quo exciderat, decurionatus pristino honore recepto: nam & hic quasi quodammodo novus decurio est. Aut sane sicut in honorib. petendis & adipiscendis antiquiores præferuntur novis decurionibus, ita æquum est, ut ii, quorum in vita nulla fuit intercapedo dignitatis, præferantur iis, qui dignitati suæ intercapedinem aliquam fecerunt, deinde reversi sunt in ordinem. Est quidem hæc differentia inter relegatum & remotum ad tempus, quod Senatu vel curia remotus domicilium non mutat, sedem non mutat, l.3. de Senat. relegatus domicilium mutat & necessarium domicilium habet in eo loco, in quem relegatus est, ut ait l. filii, §. relegatus, inf. hoc tit. At in eo, quod dixi ante, quodque Papin. proponit initio hujus legis, jus est commune utriusque, relegati ad tempus, remoti ad tempus, ut post reditum in ordinem tanto tempore abstineat novis honoribus, quanto curia abfuit. Commune etiam hoc est utriusque, ut neuter mutet statum, capite minuatur, hoc est, ut neque libertatem neque civitatem neque familiam mutet, d. l.3. de Senat. l.7. §. sive ad tempus, de inter. & releg. statum autem dignitatis ut uterque mutet: alius est status capitis, alius status dignitatis: statum capitis non mutant, statum dignitatis mutant, hoc est, habentur inter infames, l.2. de Senat. l. penult. §. minuitur, de extr. cogn. Et ratio est: quia nulla ex causa legibus solent irrogari ejusmodi pœnæ, ut reus eat in exilium, vel exeat ordine ad tempus, quæ non sit causa turpis & famosa. Crimen turpe æquum est ut sequatur pœna turpis, quæ importet infamiam: proinde decurio vel relegatus vel ordine motus ad tempus expleto tempore non potest redire in ordinem, quia ordo ille non admittit infamem, ac pro eo est ac si damnatus fuisset in perpetuum. Infamia tempore non aboletur sed tantum beneficio Principis aboletur, non beneficio temporis: Princeps famæ restituit, quia placitum Principis lex est, & legis est tollere infamiam & restituere famæ. At tempus per se solum non restituit famæ. Infamiæ autem effectus hi sunt: ut in perpetuum, privet omni honore & dignitate, ut arceat Senatu, curia, equite, militia, rostris, l.8. de int. & rel. l.4. de tempore, de re milit. l.3. C. cod. titul. l. quisquis, §. filii, C. ad l. Juliam majest. l.2, C. de dignit. l.8. C. de decur. & ita lege Julia de vi nominatim cavetur, ne damnatus de vi, quam ea lex

infamem fecit, fiat Senator, neve decurio (qui & Senator est municipalis, minor Senator:) neve, ait, ullum honorem capiat, & addit, in l.1. sup. ad leg. Jul. de vi priv. neve in eum ordinem sedeat: corrupte: quia lex Julia scripsit, neve in quatuordecim ordinibus sedeat. Et hoc est, quod ait Tertullianus libr. de spectaculis. Damnatos ignominia & cum capitis minutione arceri equite, & addit etiam lex Jul. ne judex sit, nec judex dari possit, ut l. cum prætor, de jud. l.2. de Senat. quæ etiam adjicit, nec testimonium dicat, videlicet, qui judicio criminali notatus est, non quocumque judicio, nam depositi damnatus civili judicio sit quidem infamis, sed a testimonio non repellitur. Adde etiam nec infamem publico judicio quemquam accusare, nec populari actione agere posse, l. qui accus. de accus. l.4. de pop. act. nec in consilio magistratibus adsidere posse, l.2. de off. adsess. nec postulare posse pro omnibus, l.1. §. ait prætor, ff. de postul. Et postremo severius puniri infamem, si quid deliquerit, quam integræ frontis, non inscriptæ frontis hominem, l. capitali, §. ult. de pœn. Illi sunt effectus infamiæ. Summus ille, ut in perpetuum privet omni honore & dignitate, ut excludat omni honore & dignitate. Nunc hoc adsumamus. At ille decurio ordine motus, vel relegatus, exactus ad tempus, notatur infamia, ergo decurio fieri vel esse non potest: denique in ordinem venire aut redire non potest, & tamen initio posui ordine motum, vel relegatum ad tempus expleto tempore in ordinem reverti: h. e. decurionem fieri vel esse, ac si nunquam desierit. Quid nunquid a me ipse diffideo? Aut qui hoc pono, sine juris auctoribus pono? minime. Sciendum enim est, non semper notari infamia decurionem, qui relegatur vel removetur ad tempus: notatur quidem infamia, si hanc pœnam relegationis vel remotionis ab ordine, in quam reum judex damnavit, ipsa lex indixerit nominatim: quod est etiam proprium legis. Damnatio est judicis: pœna est legis solius jure ordinario, vel extraordinario cum agitur. Etiam notatur infamia, cui lex graviorem pœnam inflixit, si ei judex extra ordinem hanc tanquam mitiorem pœnam indixerit: ut si cui lex indixerit deportationem, quæ capite minuit, judex indixerit relegationem ad tempus, vel in perpetuum, quæ pœna non minuit statum: nec enim ideo minus, imo, ideo magis damnatam sequitur infamia, quia boni consulere debet humanitatem sententiæ, quæ eum relevat pœna legitima, quæ est acerbior, nec desiderare etiam potest contra legem præterque sententiam, ut etiam liberatur infamia, quod proponitur in l.3. tit. seq. At non notatur infamia is, cui judex duriorem pœnam inflixit, quam lex permittit, ut si quem lex mulctat bonorum, eum judex ordine moveat vel releget ad tempus, quæ pœna utique gravior est. Nam graviore pœna videtur cum reo transactum de fama, ut scilicet, urbe vel curia abiret illæsa existimatione, l. quid ergo, §. pœna de his qui notant. infam. l. in servorum, §. ult. de pœn. l.5. tit. seq. Et hoc est, quod ait Papinian. in hac lege: Veluti transacto negotio, h. e. quia severitas sententiæ cum ceteris damnis transigere videtur, ut ait l.4. C. ex quibus caus. infamia irrog. In qua ut hoc obiter admoneam, manifestum est, ubi est, relegatum: legendum esse relegandum: ubi damnandum, legendum esse damnatum: quæ commutatio est frequens in auctoribus, nam species hæc est: Proconsulem Possidonium in annum relegandum tantum, damnasse in quinquennium, & damnatum paruisse sententiæ, id est, quinquennium fuisse in exilio, non fuisse refugam pœnæ: nam refugæ pœnæ augeretur pœna: visum igitur Possidonium duriorem sententiam passum, quod sit damnatus in quinquennium, cum damnari tantum debuerit in annum: & ideo reversum, ait, inter infames non haberi: licet actio, ex qua damnatus fuerit, famosa sit: quia severitas sententiæ cum ceteris damnis transigere videtur. Ergo ille, qui graviorem sententiam patitur, ob hoc quod relegatur summovetur ad tempus, non fit infamis, aut certo expleto

pleto tempore videtur liberari infamia, & consequenter decurionatum adipisci vel recuperare, potest relegatus reversus adipisci, si quis locus vacet, non etiam recuperare pristinum decurionatum: ordine autem motus recuperare potest, nisi quis in ejus locum interim sublectus sit: & hæc est alia differentia inter relegatum ad tempus, & ordine motum ad tempus, quæ notatur in *l.2.tit.seq.* notatur etiam in *l.3.* illo loco: *non ad tempus sit relegatus, sed ad tempus sit ordine motus*. Quod ita ponit, quia hac in re inter hunc & illum differentia est. Et hoc etiam satis evidenter ostendit *l.falsi,§. 1.ad leg.Corn.de falf.* dum ait: *Exulem post reditum decurionem recte creari*: decurionem, inquam, creari, non decurionem esse, *ordine motum ad tempus post reditum in curiam confestim decurionem esse*, quod est confestim decurionatum recuperare pristinum. At uterque novos honores decurionatus adepto, vel recepto capere potest; tanto tempore post reditum, ut dixi, in curia transacto, quanto pœna functus est & curia abfuit. Secundum hæc quæ certissima sunt multum interest, ex causa famosa judex extra ordinem minorem an majorem pœnam inferat quam lex ferat. Si minorem, non potest efficere, ut damnatum non sequatur infamia, si majorem, damnatum non sequatur infamia, licet causa criminis sit turpis & famosa, videlicet si judex reum oneraverit pœna non pecuniaria, ut si relegaverit sed ordine moverit, quem lex pecunia tantum mulctabat; nam si eum oneraverit pœna pecuniaria tantum, ut si furem nec manifestum, quem lex 12. tabul. duplo subjicit, damnaverit in quadruplum, damnatum proculdubio sequitur infamia, *d.l.quid ergo, §. pœna.* Et hoc est quod ait *l.non poterit, de furt.* non posse præsidem provinciæ efficere, ut furti damnatum non sequatur infamia, non posse ejus, quem furti damnat, servare existimationem. Quod est generaliter verum: sive furi instigat pœnam legitimam, sive majorem, sive minorem. Rationem autem differentiæ Papinian. proponit elegantissime hoc loco inter minorem & majorem pœnam, non pecuniariam, quam judex infligit, et non majorem, sed minorem sequatur infamia, quam rationem ex hoc ipso loco alias retulit Marcianus. *Quia facti quidem*, inquit, Papinian.*quæstio est in potestate judicantium: juris autem auctoritas non est.* Retulit, inquam, hanc rationem Marcianus in *l.1.§. sed non utique*, ad *SC. Turp.* & sensus hic est: juris auctoritatem non esse in potestate judicis, hoc est, pœnam criminibus non imponi arbitrio judicis, sed constitui lege: judicem pœnam legitimam minuere vel augere non posse: corruptam videri sententiam si sit legibus mitior aut durior. M. Tullius in prætura urbana: *lex est, pœna est*, inquit, *Quid hoc ad eum, qui jus dicit? in pœnis feretis nullæ sunt partes judicis*. Et ideo quem pronuntiavit judex calumniam, aut furtum fecisse videri, quæ causæ turpes sunt, etiam si ei legis pœnam non indicat nominatim, aut si indicat minorem, nihilominus pœna legis statim reum apprehendit, id est, infamia quæ ipso jure infligit. Relegatio autem vel ordine motio, quia facti est, ipso jure non infligitur sine executione judicis. Et punitur judex, quod minorem pœnam inflixerit, quodve majorem, ut *l.servos 8. in si. C. ad leg.Jul. de vi,* *l.8. C. Theod.de appellation.* Quod si judex majorem pœnam instigat reo, quam lex permittat, cessat pœna legis, hoc est, infamia, quia non tali pœna afflicto lex irrogat infamiam, sed multo minori. Et plane recessit judex a legis pœna, qui minorem inflixit. At contra non omnino recessit a pœna legis, qui majorem inflixit: nam in majori minor inest, in minori non inest major. Denique pœnam infamiæ sola lex exequitur. Pœnam relegationis vel remotionis ab ordine solus judex exequitur, quia facti res est, & ut ait facti quæstio, hoc est, ut Græci interpretes notant, ἐπιζήτησις est, in arbitrio judicis, eaque res propterea sæpe judici præbet materiam gratiæ vel ambitionis, *l.eum, qui, in fine, de judic.* non tantum infamia, sed & quælibet alia pœna legis est, sed infamia solius legis infamia juris est.

Tom. IV.

Alia pœna facti, hæc desiderat executionem judicis, infamiæ pœna nullam desiderat executionem judicis. Et hæc est hujus quæstionis sive responsi interpretatio & definitio, cui hoc unum tantum opponitur, quod est in *l. 1. C. de iis, qui in exil. dati & ordine moti sunt, & l. 3. C.ex quibus cauf. infam. irrog.* etiam ordine motum ad tempus mitiore pœna, expleto tempore recipere pristinum decurionatum, addita ratione: *ne pœna, sententia determinata contra fidem sententiæ ulterius porrigatur*: quod etiam idem traditum de relegato ad tempus mitiore sententia, *l. Imperator, §. 10. de postli.* At ut respondeamus utendum est eadem separatione, qua ante usi sumus ad *l. ob pecuniam, de furt.* In qua Papinianus ait, *eum qui subripuit pecuniam civitatis cujusdam, non teneri crimine peculatus*: & tamen lex 4. §. *ult. sup. ad leg. Julian* pecul. infam. ait, eum teneri crimine peculatus, sed addit, *ex constitutionibus Trajani & Adriani.* Pap. non respicit ad constitutiones, sed ad jus ipsum, quod semper separatur a constitutionibus, ut *l.falsa, de cond. & demon. l.4. §. deinde, ff. de doli exc.* Plane apud Capitolinum Macrinus Imperator jus separabat a Constitutionibus, cum id se acturum testabatur, ut jure non rescriptis ageretur. Et ita quod ante maxime ex Pap. proposuimus, jure ipso verum est: at ex constitutione Antonini aliud est receptum & constitutum; imo ex edicto Antonini, quod est gravius rescripto, ut ait *l.3.h.t.* Cujus edicti pars est in *d.l.1.C.de iis qui in exil.dati sunt: ne posthac*, id est, ne in posterum ( quibus verbis abrogat jus vetus quod sequitur Pap. ) *pœna temporaria post impletum pœnæ tempus ulterius porrigatur, & impediat quo minus quis, vel recipiat pristinos honores, vel novos adipiscatur*.

---

Ad §. In eum, qui successorem.

*In eum, qui successorem suo periculo nominavit, si finito magistratu successor idoneus fuit, actionem dari non oportet.*

IN hoc §. ostenditur, non aliter dari actionem in nominatorem magistratus, quam si magistratus, quem nominavit, non fuerit idoneus eo tempore, quo conveniri potest, id est, tempore depositi magistratus. Responsum est de magistratibus municipalibus sive duumviris, qui annui erant magistratus, & sibi sub finem anni successores nominabant, qui sequenti anno duumviratu fungerentur, & nominatum suo periculo: neque tamen si quid successores male gesserint, ipsi, qui nominaverant, statim conveniri poterant, quia prius sunt excutiendi rei principales, hoc est, duumviri, qui Rempub. administraverunt, & ita demum agi potest cum nominatoribus, si principales rei solvendo non fuerint, si ab eis respub. suum servare non possit, aut consequi. Denique prius respublica convenire & excutere debet reum principalem, qui remp. gessit, quam nominatorem vel fidejussorem, ut *l.17.§.filium, hoc tit.l.3.§.ult.de adm.rer.ad civit.pertinent.* *l.1.C.de decur.* Et alia est ratio privati creditoris, alia reipublicæ. Plus sæpe datur privatis, quam fisco vel reipub. quoniam sunt acerbiores exactores, quam privati creditores. In privati creditoris arbitrio est, aut fuit sane in electione, quem prius conveniat, debitorem ipsum principalem, an fidejussorem vel nominatorem, puta, *l.1.C.de fidej.tut. l.3. C. de fidej.* Quod tandem ad extremum Justiniani Novella mutavit, adempta privato creditori potestate electionis, & restituto jure vetustissimo, quo non licebat fidejussores appellari, cum reus principalis erat locuples & idoneus: aut sine, ut Marc. Tul. ait, hoc habuit quandam δυσωπίαν, fidejussorem appellare, cum reus est idoneus. Est igitur hodie hac in re idem jus privati creditoris & reipublicæ vel fisci, ut excutiantur prius vires rei principalis, quam inquietetur vel fidejussor, vel nominator, aut affirmator, sive laudator, qui veluti fidejussor tenebatur, vel collega.

### Ad §. In fraudem.

*In fraudem civilium munerum per tacitam fidem prædia translata, fisco vindicantur: tantumque alterum interdictæ rei minister de suis bonis cogitur solvere.*

UT intelligatur hic §. sciendum est, munerum civilium quædam esse patrimonialia, quæ prædiis & possessionibus indicuntur; alia esse *corporalia*, sive *personalia*, quæ personis indicuntur, nec sumptum aut impensam ullam requirunt, sed laborem corporis tantum. Personalia obsequia solvunt tam opulenti quam inopes. Patrimonialia fortunati tantum; quia ipsa non habendi necessitas, ut ait *l.4.§. pen. de mun. & honorib.* inopes satis excusat, etiamsi aliquando locupletes fuerint, ut in *l.4. de iis, qui num. lib. vel paupert. excus. meslit. 10. C.* Inopes sunt, qui non habent prædia: nam opum nomine propriæ continentur prædia tantum, quæ solo continentur, ut in *l.11.§. si filio, ad l. Falcid. l.2. C. quando & quib. quart. pais debeatur, lib. 10.* Quibus ita præmissis, finge aliquem in fraudem reipub. ut se subtraheret, liberareve muneribus patrimonialibus, prædia, quæ possidebat, alienasse senatori populi Rom. qui ea munera non agnoscit, & alienasse per imaginariam venditionem, vel, ut Pap. ait, per tacitam fidem, id est, interposita fide servandi sibi ea bona, eorumque bonorum reditus omnes, interposita tacita conventione. Hoc vero genere fraus manifesta facta est reip. cui debentur munera civilia. Et hæc fraus etiam ex Constitutione aliqua plectitur, ut opinor, plectitur videlicet prædiis fisco vendicatis ab emptore, qui tacitam fidem interposuit servandarum possessionum venditori, & quasi rei illicitæ minister fuerit, eo emptore inferente fisco eorumdem prædiorum æstimationem: uterque punitur venditor & emptor, quia communis est fraus, ut *l.1. ad leg. Fab. de plagiar. l. circumcidere §.1. ad l. Cornel. de sicar. l.19. C. de cursu pub. Plin. 2. Epist. ep. 11. Æquissimum est commune crimen emptoris & venditoris, ab utroque defendi, & si dilui non possit, in utroque puniri.* Et placet elegans sententia Cypriani Epist. 68. *Qui junguntur in culpa, in pæna non separentur:* ut similiter in *l. si quenquam, in fi. C. de episcop. & clericis.* Quos par facinus coinquinat & æquat, utrosque similis pæna comitetur.

### Ad §. Ultimum.

*Jus originis in honoribus obeundis, ac muneribus suscipiendis, adoptione non mutatur. Sed novis quoque munerib. filius per adoptivum patrem adstringitur.*

EX responso ultimo hujus legis notandum est, per adoptionem non mutari civitatem, in qua is, qui adoptatur vitam accepit, sed augeri cum alia civitate, ut si te, verbi gratia, Lugdunensem Massiliensis adoptaverit, duæ tibi sunt civitates, quasi bis genito: civem non tantum origo facit, sed etiam adoptio, *l.1.h.t. l. cives, C. de incolis, lib. 10. l. in adoptionem C. de adopt.* Idcirco non tantum in ea civitate, unde originem ducis, munera civilia facere debes, sed etiam in civitate & patria adoptatoris, quandiu durat adoptio, ut additur in *l. seq.* Si adoptio emancipatione solvatur, & filius esse desinis adoptatoris: desinis etiam civis esse ejus civitatis, in quam per adoptionem transferas. Denique adoptatus & jus civitatis suæ retinet, & patriam adoptivi patris adsequitur. Patria a patre dicitur, *l.1. C. ubi petant. tut.* ut alius est pater naturalis, alius civilis ei, qui adoptatus est, ita duplex est patria, naturalis, & civilis, nec enim adoptio naturalem patriam perimit. Civilis ratio non potest corrumpere jus naturale, originis & sanguinis.

### Ad L. XVII. eod.

*Libertus propter patronum a civilib. muneribus non excusatur: nec ad rem pertinet, an operas patrono, vel ministerium capto luminibus exhibeat. Liberti vero senatorum, qui negotia patronorum gerunt, a tutela decreto patrum excusantur.*

LIbertum non excusari a muneribus personalib. reipublicæ, patriæ suæ, propter operas, propter obsequia, vel ministeria, quæ patrono suo debet & præstat, etiamsi, ut ait Pap. quod notandum, patrono, cui Deus cœlum abstulerat, ducatum exhibeat; si ductarius sit patroni luminibus orbi. Utrique servire debet patriæ & patrono, ut *l.1. C. de libert. l.1. C. ad l. Visell.* Patria vero liberto non alia est, quam quæ patrono, ut constat ex *l. filii, §. municipes, & l. ejus, l. assumptio §. ult. h. t.* Manumissio quasi natalis dies municipem sive civem facit, *l.1. h. t.* Ælius Gallus apud Festum, *Municeps est,* inquit, *qui in municipio a servitute se liberavit a municipe.* Et hoc quidem, ubi Pap. proposuit initio hujus legis, addit mox veluti exceptionem quamdam in §.1. ut libertus tamen senatoris, qui senatoris negotia omnia procurat, excusetur a tutelis, licet tutela etiam sint munera civilia, quod ait esse ex Senatusconsulto. Sed hoc Senatusconsultum juris interpretes strictius acceperunt, puta, ut hanc immunitatem a tutelis habeat unus libertus tantum senatoris, qui ejus negotiis instat, non plures liberti, & ut libertus senatoris maris non feminæ, h. e. libertus clarissimi viri, non clarissimæ feminæ, *l.15. §. libertus, de excus. tut. l.13. C. eod. tit.* & ut immunitatem habeat a tutelis tantum, non a ceteris muneribus civilibus: & rursus libertus, qui, ut dictum est, patroni senatoris negotia procurat, non etiam, qui tutelam filiorum ejus administret, *l. libertus, eod. tit.* non etiam libertus, qui jus annuli aurei impetravit, qui habetur pro ingenuo, non pro libertino, & ita est proditum in *l.1. & l. cum ex oratione, §. ult. eod. t. de excus. tut.* Itaque apparet SC. quod proponitur in hoc §.1. accipi restricte.

### Ad §. Filium.

*Filium pater decurionem esse voluit. Ante filium ex persona sua respublica debet convenire, quam ex persona filii. Nec ad rem pertinet, an filius castrense peculium tantum possideat, cum ante militasset, vel postea.*

NOtandum est, patrem, cujus voluntate filiusf. decurio factus est, qui in re sufficit satis voluntas, id est, taciturnitas patris, quæ consensum imitatur, eum, inquam, patrem, cujus voluntate filiusfamilias decurio factus est pro filio reipub. obligari ex nuda voluntate atque tacita quasi fidejussione, videl. eorum nomine, quæ filius gesserit in persona sua, *l.2.h.t. & l.1. C. de filiisfam. & quemadmod. pater pro iis teneat. lib.10.* Sed uti proponitur in hoc §. filium prius conveniri debere ex sua persona ob rem male gestam, quam patrem ex persona filii *l.1. C. de decurion.* sicut ante diximus in *l.15.* prius esse conveniendum nominatum ad magistratum vel munus publicum, quam nominatorem; prius esse excutiendum reum principalem. Ergo in hoc proposito pater non tenetur reip. aliter, quam si filius solvendo non sit; ut si nihil habeat filius in bonis proprium, nihil habeat: sed si eo tempore, quo factus est decurio, habuerit castrense, vel quasi castrense peculium, vel acquisierit post decurionatum, nihil refert, ut ait Pap. quo quidem peculio periculum & damnum pecuniæ reip. sarciatur; & si sufficit, omnimodo liberatur pater, quia reus principalis est idoneus.

### Ad §. Præscriptio.

*Præscriptio temporum, quæ in honoribus reputandis, vel aliis suscipiendis data est, apud eosdem servatur, non apud alios. Sed eodem tempore non sunt honores in duab. civitatib. ab eodem gerendi.* Cum simul igitur utrobique deferuntur, potior est originis causa.

No-

**N**Otandum est legibus esse præscripta tempora certa post depositum honorem municipalem, intervalla certa temporum, ut ait, quibus is, qui perfunctus est honore aliquo municipali, neque repetere cogitur eundem honorem, neque capere novum: hæc sunt tempora quinquennii in repetendo eodem honore. Nam qui eo functus est semel, non cogitur eundem repetere ante quinquennium. In honore autem novo adipiscendo est præscriptum triennium, ut ostenditur in *l.2.C. de munerib. & honor. non continuandis*, hæc obtinent in municipiis vel provinciis. In urbe autem post depositum honorem consulatus, vel præturæ ex Senatusconsulto servabatur quinquennium, puta, ne quis ante quinquennium sortiretur provincias, ut scribit *Dio 40.&53.&58.* Ac ne volens quidem ante quinquennium potest post Consulatum, vel præturam obtinere provinciam. At in municipiis etiam intra illa tempora, quæ dixi, quinquennii vel triennii volentes ad eosdem, vel alios honores accedere possunt, modo non eosdem junctim percurrant atque continuent, nec omni quidem spatio intermisso saltem, & hoc est, quod ait *l.18.* quæ sequitur. *Intervalla temporum, de quibus agimus in continuandis honoribus, invitis non etiam volentibus concessa*, dum ne quis continuet honorem sine intermissione ulla. Ergo qui perfuncti sunt honore aut munere publico, intra ea tempora inviti si vocentur ad eadem vel alia munera publica, ii possunt se tueri præscriptione legibus constituti temporis, cujus immunitate uti licet. Item ( ut Papinianus ait in hoc §.) *præscriptio hæc temporum servatur apud eosdem.* Quod male initio Accursius interpretatur de familia ejus, qui semel munere publico, semel honore functus est, cum hoc potius velit, hæc tempora servari apud eosdem, id est, in eadem civitate, ut & in Basil. ἐν τῇ αὐτῇ πόλει, non in alia civitate. Nam si duarum civitatum civis sum, & in una functus sim hoc anno duumviratu vel curatione quadam publica, mox sequenti anno in alia idem honos, idemve munus mihi invito deferri potest. Præscriptio igitur illa temporum pertinet tantum ad eandem civitatem, non ad aliam civitatem. At non omittit Papinianus, quod etiam non potuit omittere, non posse nos eodem tempore, eodem honore in duabus civitatibus fungi. Ut ecce non possum duumvir esse in duabus civitatibus. At cum forte in utraque civitate, quæ me civem habet, simul mihi idem honos deferatur, quid fiet? Potior erit causa civitatis, ex qua ortus sum, potior erit causa originis: plus debemus patriæ originali & naturali, quam adscititiæ aut civili. In vindicando cive duarum civitatum potiorem causam habet civitas quæ genuit. Et hæc est sententia hujus §.

---

### Ad §. Sola ratio.

*Sola ratio possessionis, civilibus possessori muneribus injungendis, circa privilegium specialiter civitati datum, idonea non est.*

**I**N hoc §. Papinian. ait, Solam rationem possessionis muneribus civilibus injungendis idoneam non esse, citra speciale privilegium, quod civitati dedit Princeps. Hanc sententiam Papiniani male Accursius accipit de personalibus muneribus, cum nominatim loquatur de muneribus possessori injungendis, hoc est, de muneribus quæ possessoribus injunguntur, quæ constat esse patrimonialia, non personalia *l.6.§.ult.& l.ult. §. patrimoniorum, de mun.& honor.* nominatim ergo loquitur de muneribus, quæ possessori ratione possessionis, tanquam possessori injunguntur, quæ munera patrimonii sunt. Munus patrimonii & munus possessionis idem est. Nec est quod Accursius moveatur *l.form.§. is vero, de censib.* quæ, si hæc Papiniani sententia accipiatur de patrimonialibus muneribus cum ea pugnare videtur, dum ait: Eum, qui in territorio alienæ provinciæ vel civitatis agrum possidet, in ea civitate, in qua ager est, tributum soli pendere debere: quod æquum sit agri tributum eam civitatem levare, in cujus territorio possidetur: & tamen Papin. ait: Solam rationem possessionis agri non sufficere, ut possessori indigantur munera, quæ possessionibus, possessoribusve indicuntur. Sciendum enim est, munera patrimonialia esse duplicia. Quædam possessoribus prædiorum indicuntur, tam exteris quam civibus & incolis; ut tributiones functionesque solemnes, ut tributa solemnia, quæ debentur fisco, *d.l.forma, §. is vero, & d.l.6.§.ult.l.ult.§. patrimoniorum, de muner. & hon.* Eadem etiam munera, quæ dixi, omnibus possessoribus injungi, injunguntur nullum prædium possideat, quod maxime notandum est ex *l. filii, §.ult. hoc t.* etsi possessionem non habeant. Plerumque fœneratores omne patrimonium in pecunia habent. Ideoque ab iis videntur esse muneribus immunes, quæ possessoribus indicuntur: quia ipsi possessores non sunt: Nam possessores cum dicimus, prædiorum possessores dicimus. Et eam ob rem etiam veteri Senatusconsulto fœneratores jubentur duas partes patrimonii in solo collocare, apud *Sueto.* in *Tib.* ne fraus fiat solemnibus intributionibus, vel tributis soli. At postea placuit ut fœneratores, tametsi rem soli nullam habeant, perinde atque possessores solemnibus intributionibus fungerentur, *d.l.filii, §.ult.* Quædam alia sunt munera, quæ & possessoribus indicuntur, sed debentur civitati, non fisco; ut munus exigendi tributi, quod non penditur fisco. Munus exigendi tributi patrimoniale est, quia exactio fit periculo ejus, quem civitas exactorem creavit atque constituit; itemque munus hospitii (quod metatum dicitur) in domum recipiendi, quo etiam non sine functione sumptu aliquo & erogatione: hæc munera, quæ civitas indicit: hæc civitatis onera non indicuntur omnibus possessoribus, sed iis tantum, qui cives sunt, vel incolæ, *d.l.6.§.ult.* Et hoc est quod ait Papin. in h.§. solam rationem possessionis prædii, cui scilicet non est adjuncta causa originis, vel domicilii, seu incolatus, nudam rationem possessionis non obstringere nos iis muneribus, quæ civitas possessoribus indicere potest, quia sola possessio per se neque civem facit, neque incolam; & hoc est quod repetit idem Papin. in §. *sola domus*, inf. *Sola domus possessio, quæ in aliena civitate comparatur, domicilium non facit*, id est, ejus civitatis incolam eum, qui domicilium in ea possidet, non facit, & consequenter non obligat eum sola domus possessio civilibus muneribus, ne iis quidem, quæ patrimonio injunguntur, quod est proditum in *l.4.C. de incol. & l.52.C.Theod. de Decur.* Sedium positio & certa larium collocatio domicilium facit, non sola fundi aut domus possessio: & hoc est etiam, quod ait lex 35. hoc tit. Sententia legis hæc est, eum, qui in agro demoratur, vel diversatur ad tempus ruris colendi gratia, non esse ejus loci vel civitatis, sub qua ager est, incolam. Qui moratur ad tempus in agro suo in aliena civitate, aut territorio alieno civitatis, non ideo est ejus civitatis incola, quia non utitur, ut ait ἀπείρως, id est, ejus civitatis muneribus non utitur præcipuis, veluti foro, curia, balneo, spectaculo, honoribusque publicis, qui iis utuntur, vel cives sunt, vel incolæ, ut *l.ejus qui, §.1. hoc tit.* At iis hic non utitur. Ergo neque civis est ejus civitatis, neque incola; & ita etiam explicanda est *l. pupillus 239.§. incola, de verb. sign.* eum non esse incolam, qui uncunque in oppido moratur, sed qui se in oppidum quasi in sedem suam recipit, qui in eo oppido sedes suas habet, & constitutionem rerum suarum fecit. Et ita etiam explicanda est *l.3.C. de incol.* si legatur negative ut vulgo. Verum huic sententiæ Papin. additur hæc exceptio; *Citra privilegium specialiter civitati datum*, quibus verbis significatur, ex speciali privilegio civitati dato etiam eos obligari muneribus patrimonialibus, qui neque cives sunt, neque incolæ, si vel unum prædium in ea civitate vel territorio possideant: jure communi non obligari, jure singulari, id est, privilegio obligari, ut in *l.6.C. de incol.l.ult.§. præterea, de mun. & honor.*

### Ad §. Postliminio.

*Postliminio regressi, patriæ muneribus obtemperare coguntur, quamvis in alienæ civitatis finibus consistant.*

Sententia hæc est: Captivitate amissam patriam postliminio recuperari: omnia jura recuperari postliminio; ergo & jus patriæ. Sed ait, postliminio recuperari jus patriæ, etiamsi nondum ingressi simus civitatem ipsam, ex qua pater ortus est, sed in finibus consistamus, & in territorio alienæ civitatis in eadem provincia tamen, ut in *l. postliminio, §. postlim. de cap. & postlim. revers.* Ideoque statim atque postliminio regressi patriam attigimus, patriæ muneribus obtemperare cogimur, id est, inviti vocamur ad munera civilia: proprie patria, sive, ut Cic. loquitur, germana patria est ea, ex qua pater naturalis naturalem originem suam duxit, ut *l. assumptio, §. si filius, h.t.* non ea, ex qua originem nostram duximus. quod aperte est proditum in *l. 3. C. de munic. & orig. lib. 10.* Denique non ea, in qua nati sumus, sed in qua pater naturalis natus est. Itaque natus Lutetiæ, si pater sit oriundus a Roma, non Lutetiam, sed Romam habet patriam, Romanus nuncupatur, nisi & ipse pater Lutetiæ natus sit. Patria igitur non est omne natale solum, sed natale solum patris: hoc est jure civili certissimum.

### Ad §. Exigendi.

*Exigendi tributi munus inter sordida munera non habetur, & ideo decurionibus quoque mandatur.*

Munus exigendi tributi, quod est patrimoniale munus (quoniam exactio fit exactoris periculo, *l. 1. §. 1. l. 3. §. exactionem, de mun. & honor.*) hoc inquam munus recte decurionibus mandatur, quia non habetur inter sordida & viliora munera. Decurionibus sordida munera non mandantur, veluti obsequium pistrini, vel coquendæ calcis, vel etiam panis civilis, *l. pen. C. de subscriptorib. & arcar. lib. 10.* at munus exigendi tributi, redigendi tributi quod debetur fisco, injungi potest etiam decurionibus. Ergo non est sordidum munus.

### Ad §. Ex causa.

*Ex causa fideicommissi manumissus in muneribus civilibus manumissoris originem sequitur, non ejus, qui libertatem reliquit.*

Dubitabatur cujus originem sequatur is, qui ex causa fideicommissi manumissus est, an testatoris, qui reliquit fideicommissariam libertatem, qui rogavit manumitti: an heredis vel legatarii, qui manumisit: nam in plerisque causis is, qui manumisit ex causa fideicommissi, pro patrono non habetur, tametsi revera sit patronus. Ideo autem in plerisque causis pro patrono non habetur, & jus patroni non habet, quia libertatem non dedit, sed solvit debitam. Is tantum jure civili videtur esse patronus, qui gratuitam libertatem dedit, non debitam. Hic quia libertatem debitam dedit, in plerisque causis jus patroni non habet, *l. nequaquam, aut l. qui ex causa, de bon. liber. l. 1. C. de lib. & eorum lib.* Attamen in quæstione proposita placet manumissum ex causa fideicommissi, sequi potius patriam heredis vel legatarii, qui manumisit, & in ea fungi muneribus civilibus, quam patriam testatoris: quia ea fuit mens testatoris, ut manumissoris patriam sequeretur, utque eum solum patronum haberet, nec esset libertus orcinus.

### Ad §. In adoptiva.

*In adoptiva familia susceptum, exemplo dati muneribus civilibus apud originem avi quoque naturalis, respon-*

dere Divo Pio placuit: quamvis in isto fraudis nec suspicio quidem interveniret.

Jam diximus in *l. 15. §. ult. h.t.* filium adoptivum etiam patris naturalis naturalem originem sequi, nedum patriam patris adoptivi, denique utriusque patris originem sequi. Cur etiam patris naturalis? ratio, quam ibi non exposuimus, hæc est: nam si etiamnon patriam patris naturalis amitti per adoptionem, per hanc causam, in fraudem resp. se quisque dabit in adoptionem, ut se subtrahat muneribus. patriæ suæ originariæ. Fraude carere adoptio debet, *l. cum ratio, de bon. damn. l. fideicommissum, de cond. & demon.* & Cic. pro domo sua: *Ne qua in adoptione calumnia, ne qua fraus, ne quis dolus adhibeatur.* Et huic adoptioni, aut omni adoptioni videtur inesse fraus, aut suspicio fraudis justa: ut mutet quis familiam suam, ne patriæ suæ naturalis muneribus fungatur, sperans aut existimans per adoptionem mutari civitatem: quod jus non patitur, ne commento adoptionis etiam fraus admittatur. Unde dubitatur cum fraudis suspicio faciat, ut qui se dat in adoptionem, non ideo minus sequatur originem patriæ patris sui naturalis, an nepos ex filio adoptivo natus, susceptus in adoptiva familia, aut naturalis originem sequatur, quia in nepote nato in adoptiva familia ex adoptivo filio cessat suspicio fraudis, cum non sit datus, non adscitus in adoptivam familiam, sed natus. Et eadem ratione mulier per matrimonium longe aliter, quam per adoptionem desinit sequi originem patris sui naturalis, *l. ult. §. item rescripserunt, h. tit. l. uni, C. de mulierib. in quo loco mun. sexui congr. & conv. exequi debent.* Quia scilicet nulla potest intervenire suspicio fraudis in votorum festinatione, in nuptiis contrahendis: nec videtur de fraudanda sua civitate potissimum cogitare, quæ per nuptias in aliam civitatem transit. Ideoque per matrimonium mulier amittit naturalem originem sui patris: quia necessario eligit nuptias, & in rem etiam publicam. At in nepote susceptio in adoptiva familia, licet datus non sit, sed natus in ea, quoniam hoc res ipsa attulit, natura perfecit, non opera nostra, non commentum nostrum, aut fraus excogitata a nobis, videtur æquum, ut desinat sequi patriam avi naturalis. Sed ut proponitur in hoc §. Divus Pius idem constituit in nepote edito in adoptiva familia, ut sc. sequatur utramque patriam patris sui, id est, filii adoptivi. Nam ita jus est, ut conditionem patris sequatur filius ex justis nuptiis procreatus. Pater est duarum civitatum civis in hac specie. Ergo & duarum civitatum civis erit nepos ex eo susceptus.

### Ad §. Error ejus.

*Error ejus, qui se municipem aut colonum existimans, munera civilia suscepturum promisit, defensorem juris non excludit.*

Quidam cum falso existimaret, se esse municipem vel incolam certæ civitatis, vel colonum, per errorem ei civitati promisit, se facturum munera civilia, respublica in eo laboraret, & quæreret idoneum, qui ea obiret munera civilia. Deniq; per errorem promisit, se ea suscepturum munera, ac si deberet his muneribus fungi, tanquam civis vel incola. Ex hac promissione in eum reipublicæ competit actio, sed tueri se potest exceptione doli mali, qui rem indebitam promisit per errorem, quam Papinianus vocat juris defensionem, ut *l. sufficit, de cond. indeb.* Exceptio qualis est? defensio juris: poterit ergo se tueri exceptione doli mali: & addatur, ei quoque competere conditionem liberationis, conditionem incerti, ut scilicet eum liberet respublica, & absolvat promissione sua, argumento *l. 2. §. aliud juris, ff. de donationib.*

### Ad §. Patris domicilium.

*Patris domicilium filium aliorum incolam civilibus muneri-*

neribus alienæ civitatis non adstringit: cum in patria quoque persona domicilii ratio temporaria sit.

Hoc loco necessario repetendum est, quod supra attigi, filium sequi originem patris naturalis, non originem propriam, *l. adsumptio, §. filius, h.t. l.3. C. de municip. & orig. lib. 10.* pro qua heri male adduxi *l.3. C. de incolis*, quoniam, est *h. §. C. de municip. & orig.* quæ aperte demonstrat, filium sequi originem patris naturalis, non propriam, nisi in ea retineatur jure naturali, non etiam originem matris. Patria dicitur a patre, ut ostendit *l.1. C. ubi petant. tut.* Patriam a patre dicimus, non a matre, quod etiam ostendit *l. nullus, C. de decurionib.* Præterquam si speciale privilegium datum sit civitati, ut eam civitatem sequantur, quibus matres sint ejus civitatis cives, *l. eos qui C. eod. tit.* Alias patrem patriæ non ducimus a matre, sed patriam a patre totam. Et inde notum, quod Virgilius lib. 8. ait:

*Gnatum exhortarer, ni missus matre Sabella*
*Hunc partem patriæ traheret*

Non est secundum jus, sed poeticè dictum, ut & Sidonius Apollinaris docet 4. Epistol. cum ex eo loco Virgilii tentat, & originem matris computari in partem patriæ. Sequitur etiam filius originem patris adoptivi, ut dixi in *§. in adoptiva*, & *l.15. §. ult.* Domicilium autem patris filius non sequitur, & ita est expressum in *d.l. adsumptio, §. filius:* filius civitatem, ex qua pater ejus originem ducit, non domicilium sequitur: hoc Papinian. in h. §. ita verum esse declarat, ut filius non sequatur domicilium patris, si ipse filius non in ea civitate, in qua pater domicilium habet, sed in alia civitate sibi domicilium fecit. De filios. loquitur: filiusf. potest domicilium proprium habere ubicunque voluerit, *l. 3. & 4. hoc tit.* ergo non cogitur sequi domicilium patris, sed quodcunque vult sequitur, & addit rationem Papinian. quia in patris quoque persona domicilii ratio temporaria est, non perpetua; hoc est, incolatus patris non est certus, non est certum domicilium. Filius non sequitur incertam & temporariam sedem patris, sed eam, quam ipse sibi sedem delegerit. Cœli & domicilii libera cuique electio est, patrisfamilias vel filiifamilias, *l. miles, hoc tit.* & ita sive etiam ingenuo sive liberto: nam & libertus si alterius civitatis sit incola, *h. e.* si in alia civitate domicilium fixerit, non sequitur domicilium patroni, originem sequitur. Originis ratio est perpetua, originem patroni sequitur, non domicilium, qui sibi aliud domicilium fecit, *l. ejus qui manumisit, h. t.* At filius vel libertus, si alterius civitatis sit incola, tum sane sequitur domicilium patris vel patroni, ut *l. adsumptio, §. ult. l. filii in pr. hic.* Et hæc sententia hujus §. Quod dixi initio, originem patris naturalis patriam facere, non originem propriam: ex eo jure nostro, quod est certissimum, non jure quoniam, velim vos annotare, quoties in jure nostro fit mentio loci, ex quo quis oriundus sit (fit autem mentio in numeris locis, *l. adsumptio, in pr. l. pen. hujus tit. l. pen. de senat. l. 7. §. interdicere*, & *§. seq. de interd. & releg. l. Divus, de §. cur. datis*) in his omnibus locis oriundi, originis appellationem esse accipiendam proprie pro origine paterna, ut scil. notetur ea appellatione locus originis paternæ, non natale solum, in quo quis natus est. In his omnibus locis retenta propria est significatio verborum aliter, quam sentiat Ant. Augustin. & ut sentit Alciatus significatur locus originis paternæ, non natale solum in quo quis natus est. Nec obstat *l. provinciales, de verb. signif.* quæ prima facie videtur esse difficilis, imo falsa, quia & generaliter facta est, & vera tamen specialiter, *h. e.* non pertinet ea lex ad omnes partes juris, sicut nec ulla lex tituli illius, vel tituli de reg. jur. Et ait, *provinciales esse eos, qui in provincia domicilium habent:* hoc est verissimum, sed subjicit, *eos non esse provinciales, qui ex provincia oriundi sunt*, id est, *qui patrem habent provincialem;* quod generaliter est falsum, ut patet ex superioribus. Specialiter est verum: nam pertinere videtur tantum ea sententia ad eas constitutiones principum, quibus Præses provinciæ, vel Procurator Cæsaris, vel Præfectus cohortis, vel tribunus militum, vel etiam quicunque in provincia meret, & officium aliquod administrat, prohibetur mulierem provincialem uxorem ducere, quia per impressionem sæpe, & potestatem invitas plerumque ducerent uxores nobiliores in ea provincia, ideoque qui officium aliquod administrat in provincia, provincialem ducere non potest, *l. 3. §. 1. de don. inter vir. & uxor.* In his Constit. provincialis non æstimatur ex sola origine patris naturalis sine domicilio. Nam ea, quæ oriunda est ex provincia Narbonensi, nec tamen eam provinciam incolit, id est, in ea domicilium non habet; jure ducitur uxor a Præside provinciæ Narbonensis, vel ab eo, qui ibi meret; quia cessat ratio potentatus, qui hujusmodi nuptias prohibuit *l. præfectus, de rit. nupt.* neque enim Præses provinciæ, vel qui aliud officium in provincia administrat, quidquam potest in eam, quæ ibi domicilium non habet. Igitur quod ait *l. si quis officium, de ritu nupt.* eum, qui officium administrat in provincia non posse ducere ibi oriundam, vel ibi domicilium habentem, pugnare videtur cum *d. l. provinciales*, quæ pro provinciali non habet eam, quæ provincia oriunda est. Sed brevis distinctio rem expediet. Non potest ducere ex ea provincia oriundam, si in ea habeat domicilium, sed alibi domicilium habentem, licet inde oriunda sit, quasi non habeatur pro provinciali, jure ducere potest. Denique provincialis non est in hac quæstione, quæ ex provincia oriunda est, si in ea domicilium non habet, si in ea larem non habet, sed quæ in ea domicilium habeat, licet aliunde oriunda sit: & ita explicanda *d. l. provinciales*.

### Ad §. In quæstionibus.

*In quæstionibus nominatos capitalium criminum ad novos honores ante causam finitam admitti non oportet. Ceterum dignitatem pristinam interim retinent.*

His verbis non significat simpliciter nominatos ab indice, sed etiam accusatos capitalium criminum. Nam qui tantum nominatus fuit ab indice, necdum reus postulatus est judicio publico, non prohibetur ab arcendo novis honoribus, *l. 6. §. si quis accus. de muneris. & honor.* At quia accusatus est, qui factus ab accusatore reus capitalis criminis, novos honores, quamdiu est in reatu, petere non potest ante causam finitam, antequam purgaverit innocentiam suam, ante sententiam, *l. 3. §. quod pater in reatu*, & *l. reus, de muneris. & hon. & l. 1. C. de reis post. lib. 11.* cum qua puto esse conjungendam *l. reum, C. de proc.* quæ etiam reo postulato in causis agendis interdicit procuratoris officio. Tantum igitur abest, ut reus delatus, honore novo fungi possit, ut non possit in litibus ut procurator pro alio intervenire. Rectè ait, *Novos honores, nam pristinum retinet*, ut si sit decurio, qui in crimen vocatur, decurionatus honorem retinet, ideoque tormentis & pœnis plebejorum subjici non potest. Et hæc est sententia Papin. Ut priscos honores in crimen vocatus retineat, non novos adipiscatur ante absolutionem, ante finitam litem. Quod jus ex urbe videtur manasse ad municipia: nam apud Sallustium legimus, Catilinam fuisse prohibitum consulatum petere, quod reus esset repetundarum. Et M. Tullius contra Rullum, cum recensueret justas causas repulsarum, quæ tamen non erant exceptæ lege Agraria: *Hac lege*, inquit, *non excipitur adolescentia, non legitimum aliquod impedimentum, non magistratus, non potestas ulla aliis negotiis & legibus impedita, non reus denique, quominus decemvir fieri possit.*

### Ad §. penult.

*Sola domus possessio, quæ in aliena civitate comparatur, domicilium non facit. Nominati successoris periculum fidejussorem nominantis non tenet.*

Sententia hæc est: fidejussorem magistratus sive duumviri municipalis, qui cavit rempublicam salvam fore, tene-

teneri pro iis, quæ gessit magistratus in magistratu ipso: non teneri autem eum fidejussorem pro eo, quem honore deposito magistratus sibi successorem nominavit : quia sc. in causam administrationis fidejussit, non in causam nominationis, ut *l.2. C.de per. tut.* Tenetur ergo de administratione magistratus tantum, non ex nominatione, sed ipse solus, qui nominavit tenetur, si res servare non possit ab eo, quem nominavit, ut *l.15. §.in eum, sup.* At notandum, aliud esse in patre, cujus voluntate filius decurio factus est, nam & hic reip. obligatur pro eo, quem filius sibi successorem nominavit in magistratu, *l.2. h.t.* Plenior est obligatio patris quam fidejussoris, quoniam pro eo tenetur pater generaliter, quod gessit filius in rep. & in eo jure Gesti appellatio latissime manat. Pars gesti est nominatio. Ergo cum filius patris voluntate decurio factus sibi successorem nominaverit, eo nomine tenetur etiam pater, quia plus est quam fidejussor, & quasi reus ipse, cum pater & filiusf. pro uno homine habeantur. Et hac distinctione inter fidejussorem & patrem etiam utimur in specie §.ult.ad quem venio.

### Ad §. ult.

*Fidejussores, qui salvam rempublicam fore responderunt, & qui magistratus suo periculo nominant, pœnalibus actionibus adstringuntur, in quas inciderunt hi, pro quibus intervenerunt. Eos enim damnum Reipublicæ præstare satis est.*

Fidejussores magistratus cavent, sive ut loquitur Papin. in hoc §.ult. spondent rempub. salvam fore, h.e. damnum præstare, quod re per magistratum male gesta reip. contigerit. Itemque; respondisse .i. respondisse intelliguntur nominatores magistratuum, qui suo periculo successores nominant: utitur Papin.ut dixi, *respondendi* verbo; cum etiam in idiotismo nostro utimur aptissime, *Ie respons, ie say bon pour toy*, quia omnis fidejussor aut quicunq; pro fidejussore habetur, tenetur ex responso, aut velut ex responsio, quod interroganti responderit, se daturum vel facturum est de quo interrogatus est. Eodem sensu etiam Græci dicunt ἀντιφωνεῖν, & ἀντιφωνητοὶ, respondentem: sed nostri auctores eo verbo tantum utuntur in constituta pecunia, non fidejussione, quamquam, & fidejussioni conveniret non minus, quam constitutæ pecuniæ respondendi verbum. Ergo fidejussores & nominatores magistratuum cavent de re pecuniaria, cum caveant remp. salvam fore, non etiam cavent de pœna aut mulcta, in quam inciderit magistratus, qui male administraverit, quia pœna ea est extra remp. & consequenter tenentur tantum reipublicæ iis actionibus, quæ rei persecutionem habent, non actionibus pœnalibus: ut si magistratus pœnæ sit obnoxius, ob interversam pecuniam publicam: eo nomine reip. non tenentur, *l.fidejussores, de fidejuss. l.un. C.de per.eorum, qui pro magistr. interven.lib.11.* Ut autem diximus in §. penult. aliud esse in patre, ita jure videmus nos posse dicere, & in hoc §.ult. aliud esse in patre, quoniam latior est obligatio patris, cujus voluntate filius decurio factus est: ergo tenebitur pater in pœnam quam incurrit filiusf.culpa sua, qui præstat omne factum filii. Verum trahi velim, quod ait Papin. in hoc §. ult. de fidejussoribus magistratuum, etiam ad fidejussores tutorum: nam & tutela munus civile est, & stipulationis eadem est formula: rem pupilli salvam fore, ita qua etiam nominatim dicitur in *l. cum pupillus, rem pupil.sal. fore*, id venire tantum, quod venit in actionem tutelæ, quæ rem familiarem pupilli persequitur, ut salva sit pupillo, non pœnalem. Ideoque fidejussor tutoris tenetur in ea, quæ veniunt in actionem tutelæ, quæ rem persequitur, non in ea, quæ veniunt in actionem rationibus distrahendis, quæ est pœnalis in duplum, quoniam non in causam pœnalem se obligavit, sed in causam tantum servandæ rei pupillaris.

### Ad L.VI. de Decurion. & eor. fil.

*Spurii decuriones fiunt: & ideo fieri poterit ex incesto quoque netus: non enim impedienda est dignitas ejus, qui nihil admisit.*

IN hac *l. 6.* respondet Papin. spurios, hoc est, natos ex stupro, ordine decurionum non prohiberi, quia? inquit, *impedienda non est dignitas ejus, qui nihil admisit*, qui innocens est, qui patris, non suo vitio laborat, ut *l.legem, C. de natur. lib.l.2. §. pen. hoc tit.* quia nec in potestate cujusquam est, quemadmodum nascatur: eademque ratione, nec qui nati sunt ex incesto prohibentur, decuriones fieri. Nascendi conditio infamem non facit, sed vitæ institutique tantum ratio turpis & nocens. Itaque spurii incesti si re & vita honesti sunt, non prohibentur decuriones fieri & Senatores municipales, maxime si deficiant competitores legitime quæsiti: quia id nec sordi erit ordini, cum ex ejus utilitate sit, semper ordinem plenum habere, *l.3. §.spurios, h.t.* & contra ex inutilitate ejus, & incommodo ordinem paucitate hominum languescere, ut in *l.32. C. Theod. eod. tit.* denique propter penuriam maxime competitorum, qui legitime quæsiti sunt, vulgo quæsiti recipiuntur in civitatem & curiam: ut & ipse Aristot. ait 3. Politic.

### Ad §. Minores.

*Minores 25. annorum decuriones facti, sportulas decurionum accipiunt, sed interim suffragium inter ceteros ferre non possunt.*

IN secundo autem responso ponit minores 25. annis decuriones creari & Senatores municipales, quod tamen non fit temere, ut ostendit *l. non tantum, hoc tit. & l.3. C.quando prov. non est nec.* sed ex causa, ut si sit inopia civium majorum natu, *l.1.C.qui, & adv.quos rest. in int. l.1. C. qui ætate se excus. lib. 10.* vel si minor 25. annis liberos jam quæsierit ex justis nuptiis: nam ex *l. Julia & Papia* singuli anni per singulos liberos remittuntur, *l.2. de minor.* ut si tres habeat liberos anno vigesimo secundo decurionatum in patria sua petere potest: nam quot habet liberos, tot etiam legi annuariæ deminuuntur anni. Idem etiam dat hujus ætatis hominibus municipii longa consuetudo, *l. ult. in fin. hoc tit.* aut princeps, ut *l. pen. §.1. hoc tit.* nonnunquam etiam hoc datur infanti, ut a patre allegatur in ordinem decurionum, ut a patre detur curiæ, quæ datio etiam naturalem filium justum & legitimum facit, & quandoque etiam infantes a patre cooptari in curiam ostendit *l.Lucius, §. Impp. ad municipal. l.1. C. de mun. & hon. non cont. l.19. C.Theod. de decur.* Verum ut exponamus dictam *l. pen. §.1. h.t.* initio ea lex sit, Plebejos relegatos ad tempus, & reversos finito exilii tempore, non posse allegi in ordinem decurionum sine permissu & indulgentia principis, quæ proficiscatur ex aliqua justa causa, cujus mox exemplum subjicit in §. 1. Si reversus ab exilio minor sit 25.annis, quamvis eum repelleret a decurionatu, cum exilii causa, quod sustinuit, tum ætatis ratio: tamen permotus princeps vultu & dignitate, quæ in ea ætate potissimum efflorescit, hoc ei permisit, ut decurionatum in patria sua obtineret, peteret, nec expectaret Princeps progressum ætatis ab excellente eximiaque virtute, cujus spem faciebat dignitas, id est, reverentia oris, vultus, indoles. Dignitas, id est, reverentia oris, quæ etiam eo loco definitur certa spes ejus honoris, certa spes bene gerendi magistratus, certa spes bonæ frugis, ut a Græcis indoles definitur κακὴ ἐλπὶς ἐν τῷ πρόσωπῳ. Verum in ea *l.pen. §.1.* sic lego, *nisi ejus ætatis fuerint, ut nondum decuriones creari possent, & dignitas*: addita subdistinctione, *certa spes ejus honoris,* & alia addita subdistinctione, *id faceret, ut princeps id indulgere posset*: sic denique lego, ut non recedam a Florent. nisi quatenus pro *spem* lego *spes certa*. Certa spes ejus honoris, est definitio dignitatis, quo verbo etiam in eadem significatione usus est Marcus Tullius pro Cælio: *Quid non tribui possit huic ætati?* inquit, *quid dignitati? Dignitas oris id efficit, ut Princeps possit*

possit indulgere decurionem minori 25. annis; & hic sensus est §.1.l.pen, elegantissimus; nec in ea lectione quicquam potest demi. At si minores 25. annis ex causis supradictis, aut ex aliqua causa, quæ supradicta est, fiant decuriones, Papinianus docet hoc loco accipere quidem eos sportulas & honoraria decurionum, sportulas, inquam accipere inter ceteros, quas ordini erogant novi decuriones, ut significat l.6.de donat.int.vir.& ux. Si mulier, inquit, pecuniam a marito acceptam in sportulas pro cognato suo ordini erogaverit. Erogantur pro introitu, sicut Plinius ait in epist.ad Trajanum lib.10.ep.48.& 115.de ejectiveve decurionum, sicuti pro introitu militiæ in l.pen. §.pen. & ult. de leg. 3. pro introitu sacerdotii apud Suet. in Claud. Erogantur, inquit, sportulæ ordini a novo decurione, nisi gratuito ei decurionatus concessus sit: ut in antiqua inscriptione, quæ sic habet: Titio ob merita patriæ honorem decurionatus gratuitum decrevit ordo decurionum & Augustus & plebs universa. Minor igitur 25. annis si forte factus sit decurio, accipit quidem sportulas & commoda decurionatus inter ceteros, sed in curia interim suffragium inter ceteros non fert, antequam pervenerit ad justam ætatem, id est, ad 25. annum. Et hæc est sententia hujus responsi, quæ proponitur etiam in l.8.de mun,& honor, & quod ante notavi ex l.pen.inf. hoc tit. constat dignitatem in adolescente nonnunquam efficere, ut ei Princeps decurionatus honorem indulgeat: quod faciat certam spem bene gerendi hujus honoris, congruit cum eo, quod ait Marc.Tull.5.Philippica, ab eximia ætate non esse expectandum progressum ætatis. Et Plin. in epist. ab optima indole non exigi annorum numerum, & Valerianus apud Vopiscum in Probo: Non expectari ætatem in eo, qui fulgeat virtutibus & moribus polleat. Et hoc solum est, quod nos adnotare oportet de minoribus 25. annis.

### Ad §. Decurio.

*Decurio etiam suæ civitatis vectigalia exercere prohibetur.*

SEquitur in §. decurio, Decurionem non posse suæ civitatis vectigalia conducere & exercere, quod etiam est proditum in l.97. C. Theod. eo. tit. & videtur ab urbe pervenisse ad municipia: nam in urbe Senatoribus non licebat, neque per se, neque per interpositam personam ab ærario vectigalia conducere, ut Asconius scribit ad orationem in Antonium, & Dio in Adriano, μὴ τις βουλευτὴς, μήτε λογιστὴς τελώνει ἔστω, ne quis senator ullum vectigal, ne minimum quidem conducat, vel per se, vel per alium, quia res est indigna Senatore & decurione, qui est Senator municipalis. Qua ratione non patitur Senatores vel decuriones conducere publica vel fiscalia prædia, l.2.§.1.de admin.rerum ad civit. pert. l. 1. C. quib.ad cond. præd. fisc. acced. non lic. non licet conducere prædia privatorum, l.curialis, C.de loc,l.4.hoc tit. nec suscipere procurationem alienorum negotiorum: & quia indignum est, & ne avocentur aut summoveantur muneribus civilibus, l. si quis procur. C. de decur. μὴ ἐξίσταται τελωνεῖσθαι. Et conductio est procurationis species, ut eleganter ait Novella Theodosii: ne curia alterius prædium conducat. Conductor est veluti procurator domini.

### Ad §. Qui Judicii.

*Qui judicii publici quæstionem citra veniam absolutionis deseruerunt, decurionum honore decorari non possunt, cum ex Turpilliano SC. notentur ignominia, veluti calumniæ causa judicio publico damnati.*

EX hoc §. intelligimus, infames fieri decuriones non posse, quia decurionatus honor est, quod habuimus in l.15. ad municip. Sed ponit exemplum Papin. in hoc §. in damnatis calumniæ publico judicio legis Rhemmiæ, qui utique famosi sunt: itemque in accusatoribus damnatis desertionis lege Petronia & SC. Turpilliano, ob desertam judicii publici accusationem non petita venia abolitionis. Et ait Papinianus, Publici judicii, quia qui deserit accusationem extraordinariam, non incidit in pœnam SC. Turpilliani, nec si damnetur, notatur infamia, l.si quis, §.1.ad SC.Turpill.

### Ad §. Pater qui.

*Pater qui filio decurione creato provocavit, etsi præscriptione temporis exclusus fuerit, si quod gestum est non habuit ratum, muneribus civilibus pro filio non tenebitur.*

EX hoc §. notandum est, Patrem, qui decurionatui filiis non consensit, civilibus muneribus non obligari pro filio, in id, quod Reip. abest, ob ea, quæ filiusf. gessit in republica, quia huic honori non consensit, ut l.3.C.me fil.pro pat. Et non consentire patrem Pap. ait, si filio decurione creato contrariam voluntatem contestatus sit, ut l.seq.§.ult. vel ut Pap. si, quod gestum est, fatum non habuit, etiamsi appellaverit a nominatione seu creatione filii ad decurionatum, & forte causam vitio suo perdiderit, per præscriptionem lapsis temporibus appellationis, ut in l.furti, §. 1. de his qui not. infam. l. Hærenius,§. ult. de evict. quia etiam necesse non habuit appellare, l.ult.C.de filiisf.& quemadm. pater pro iis ten. Itaque facile potuit omittere appellationem, nec exequi, cui satis erat contradicere civitati nominanti filium, & vocanti ad decurionatum, apud acta Præsidis, vel alio modo. Et hæc est sententia hujus §. cui tamen prima facie videtur obstare l.2.C.de filiisf. & quem adm. pater. dum ait, patrem, qui filio creato decurione appellat, ostendere causam ad se pertinere, hoc est, causam suam facere, cum satis habuerit contestari contrariam voluntatem: quod cum non fecit, appellando causam suam fecit, & reip. tenebitur, si pronuntiatum sit, non juste appellatum fuisse. Sed apparet eam l. 2. esse intelligendam de patre, qui appellavit, cum contrariam voluntatem contestatus non esset; hic sive perferat causam appellationis & vincatur, sive non exequatur, acquiescere & consentire creationi videtur, quia appellando rem suam fecit. At in hoc §.Papinian.ponit, patrem, quod gestum est, id est, nominationem filii ratam non habuisse, hoc, contradixisse, ac deinde appellasse, quæ appellatio cum sit supervacua, etiam omittitur impune, ac si non intervenisset.

### Ad §. Ultimum.

*Privilegiis cessantibus ceteris, eorum causa potior habetur in sententiis ferendis, qui pluribus eodem tempore suffragiis jure decurionis potuissent esse. Sed & qui plures liberos habet, in suo collegio primus sententiam rogatur, ceterosque honoris ordine præcedit.*

PApinianus in hoc §.ostendit, quo ordine in curia rogentur sententiæ a decurionibus, & ordo quidem vetus & translatitius, cujus exemplum etiam ab urbe pervenit ad municipia, hic est, ut antiquiores primi rogentur sententiam, primi proponant arbitrium suum, ut l.1. tit.seq. Sed Papinian.ostendit in hoc §. aliquando præferri etiam juniores, aut novos decuriones, puta eos, qui pluribus suffragiis eodem tempore concordibus honore decurionatus decorati sunt tanquam excellentiores & potiores. Et præferri etiam eos, qui numero liberorum subnixi sunt: nam patres & in sententiis ferendis, & in processu, & concessu, & in albo scribendo præferuntur orbis, l.in albo, C.eod.tit. Constat etiam omnino eos præferri, qui specialem suffragii prærogativam habuerint, quam in Senatu plerumque habuit princeps, ut de Tiberio Tertullianus scribit in Apologetico, retulisse Tiberium ad Senatum de Christo cum prærogativa suffragii sui. Constat etiam eos præferri, qui privilegium aliquod summæ dignitatis habent, ut l.1.tit.seq. Sed his privilegiis cessantibus, ut Papinian. ait hoc loco, quæ sunt potiora, sine ordine primi rogantur sententiam, qui plurium consensu decurionatum adepti sunt; & qui liberos habent, hi rogantur post privilegia. Qui primus sententiam rogatur, princeps Senatus dicitur in urbe, & Senator primæ sententiæ: secundus vero senator, dicebatur secundæ sententiæ, aut consularis secundæ sententiæ apud Spartianum in Adriano, & Vopiscum in Aureliano & Tacito: consularis primæ sententiæ.

### Ad L. VIII. de Vacant. & excus.

*In honoribus delatis neque major annis septuaginta, neque pater numero quinque liberorum excusantur, sed in Asia sacerdotium provinciæ suscipere non coguntur numero liberorum quinque subnixi: quod optimus maximusque Princeps noster Severus Augustus decrevit, ac postea in ceteris provinciis servandum esse constituit.*

EX primo responso hujus legis intelligimus a muneribus civilibus in provinciis excusare numerum quinque liberorum, qui modo incolumes sint, id est, vivant, sive bello amissi sint, quoniam in bello amissi pro superstitibus habentur, *l.ult.hoc tit.l.bello, de excus. tit.* quia ut est in Instit. *per gloriam vivere intelliguntur, qui pro Republica ceciderunt*, qui per virtutem bellicam interierunt. Et additur a muneribus civilibus excusare ætatem septuaginta annorum, a muneribus civilibus personalibus, veluti a cura frumenti comparandi, *l. 3. §. quominus, & §. cura, sup.tit.prox.* vel a tutelis & curationibus, & aliis muneribus personalibus, *l. 3. tit.seq.l. si ultra, C.de decur.* & jampridem ostendi in *l.ult.C.qui ætate se excus. lib. 10.* non esse legendum majores LV. C annis, sed majores LXX. annis, invitos ad munera personalia non vocari, quia nonnulli hujus ætatis senes a muneribus personalibus excusantur: at ab honoribus municipalib. neque ætas LXX. annorum excusat, neque numerus quinque liberorum, sed neque a muneribus, quæ honoribus cohærent. Excusat quidem a muneribus personalibus, sed non etiam ab honoribus vel muneribus quæ honores necessario consequuntur, *l.2.§.1.hoc tit.l.2. §.ult.de decur.l.1.C.qui num.lib.se excus.* ubi hoc modo legendum est: *Numerus liberorum ab honoribus non excusat*, id est, numerus quinque liberorum: & hoc est, quod ait Papinianus in hoc primo responso: In honoribus delatis, neque majorem annis LXX. neque patrem numero quinque liberorum excusari, qui tamen in re decurionatus, quamvis hic quoque honos sit, multum D distat a ceteris honoribus: nam a decurionatu excusat ætas LV. annorum, *l.2.§.ult.non tantum, ff. de decur.* ab aliis honoribus nulla ætas excusat. Distat & in aliis plerisque: nam ab honore ad eundem, vel alium honorem, est certi temporis, puta, quinquennii vel triennii vocatio, *l.17.§.præscriptio, ad munic.* a decurionatu suscepto ad alium honorem nulla intercapedo est, nulla vacatio, *l. 5. hoc tit.* item impuberes ex causa ad decurionatum admittuntur, *l.Lucius, §.Imperatores ad munic.* non ad alios honores, nec si sit inopia civium, antequam pervenerint ad justam ætatem, *l.2.§.ult. tit. seq.* item decurio vel plebejus relegatus ad tempus finito tempore beneficio Principis decurio creari, & in ordinem legi potest, non etiam adipisci novos honores, antequam tantum temporis in curia, in quam allectus est, fuerit, quantum fuit in exilio, quod habuimus supra in *l. 15. ad municip.* At hæc dicere quis posset, & obloqui? Si a decurionatu excusatur major LV. annis, & per consequentiam a ceteris honoribus excusatur, quia ceteri honores solis decurionibus deferuntur, non plebeiis, *l.honores, §.pen.de decur.* Ergo falsum est, majores LXX. annis non excusari ab honorib. Equidem facile concedo, majores septuaginta annis, imo quinquaginta quinque annis per consequentiam excusari ab omnibus honoribus si se excusarint a decurionatu: at si quis ad decurionatum vocatus fuerit, antequam excessisset LV. annum, vel cum excessisset, si sua sponte decurio

A natum suscepit, ut in *d.l.2.§.ult.de decur.* tum sane verum est, quod proponitur in hoc responso, majores LXX. annis, qui scilicet decuriones sunt, non excusari honoribus municipalibus: & adde etiam non excusari muneribus, quæ honoribus adhærent, sicut nulli fere erant honores in Rep. sine sumptibus, sine erogatione aliqua, veluti datione sportularum, vel editione muneris, aut venatione, ut sacerdotium provinciæ, honor erat, cui tamen onus in honorem deorum ludorum edendorum adhærebat, ut recte Basilica in *l.8.C.de mun.patrim.* sacerdotium interpretantur, τὸ ἑοριτικὸν ταῖς κυνηγεσίαις, edere munus, edere venationem. Et quamvis ab aliis honoribus & muneribus non excuset numerus quinque liberorum: tamen hoc loco Papinianus docet, jure singulari, & speciali numerum quinque liberorum excusare a sacerdotio provinciæ, & hoc primum decrevisse ait Severum Augustum B in Asiæ sacerdotio, quod proprio nomine dicebatur Ἀσιαρχία, & qui eo munere fungebantur Ἀσιάρχοι, ut in Act. Apostolorum, *c. 19.* & Ruffinus *munerarios* interpretatur. Et postea, ait idem, Severum constituisse in omnibus aliis provinciis, ut scilicet a sacerdotio cujuscunque provinciæ excusaret numerus quinque liberorum incolumium: & idem constituisse in omnibus sacerdotiis provinciarum, ut in Syriarchia, Bithyniarchia, Cappadocarchia, *l.1.C.de naturalib.lib.1.6.§. ἐθνει ἱεροσύνη*, id est, *provinciæ sacerdotium, de excus.tut.* pro varietate provinciarum varia sunt horum sacerdotiorum nomina, & Alytarchia est speciale nomen sacerdotii, & flaminis civitatis Antiochenæ, *l.1. de offic. Comit. Orient.* ubi hodie, ut arbitror, constat pro *Lyciarchie* legendum esse *Alytarchiæ*, & similiter ex veteribus, & Basil. in *l.ult.C.de cupressis* Ἀλυταρχίαν. *l.2.C.Theod. de expensis publicorum ludorum, l. 15. C. Theod.de jure fisci*.

### Ad §. Non alios.

*Non alios fisci vectigalium redemptores a muneribus civilibus, ac tutelis excusari placuit, quam eos, qui præsentes negotium exercerent. Vacationum privilegia non (vetant) liberos veteranorum.*

SEquitur in hoc §. conductores sive redemptores vectigalium fisci, id est, publicanos excusari a tutelis & ceteris muneribus civilibus. Hæc est Constitutio Divorum fratrum, *l.pen.§.conductores, tit. seq.* & non honori publicorum hoc privilegium, vel hæc immunitas data est, sed ne in gerendo munere civili minuantur eorum facultates, quæ conductionis nomine tacite fisco obligatæ & subsignatæ sunt, ut ait in *l.penult.§.conduct.tit.sequenti*. Idque etiam de iisdem in antiqua inscriptione cautum legi his verbis: *Qui publica redemerit, prædes dato, prædiaque subsignato, duumvirum arbitratu.* Ne igitur publicani patrimonium ex alia causa onaretur, ne minus idoneus fiat exercendis vectigalibus fisci, ideo hæc ei vacatio & excusatio munerum civilium datur, sed iis publicanis tantum, ut ait Papinianus hoc loco, qui præsentes hoc negotium exercent: ac si idem non habeant absentes qui per alios, quibus hoc mandaverint, idem negotium exercent, quod omnino est falsum, *l.1.C.de conduct. vect. fisci.lib.10.* Itaque in Basilicis pro *præsentes*, recte scriptum, *per se, eos, qui per se negotium exercent*, δι᾽ ἑαυτῶν, E quod est sui nomine officium exercent in *d.l.1.* dum ait, eos tantum a muneribus & honoribus vacationem habere, qui suo nomine, hoc est, per se a fisco vectigal conduxerunt, non etiam eos habere vacationem ab honoribus & muneribus, qui ab eis publica quædam vectigalia exercenda acceperunt, quoniam ea non exercent suo nomine, sed alieno, puta, publicani nomine, qui solus vacationem habet, quia cum eo solo contraxit fiscus, & in ejus tantum bonis habet tacitam hypothecam conductionis nomine, non etiam in bonis eorum, quibus mandavit vectigalium curam, quæ causa tacitæ hypothecæ facit, ut excusetur a muneribus civilibus, ut initio dixi. Neque huic sententiæ Papiniani quicquam obstat *l.decimaquinta, ra* §. *qui vectigal. de excusat. tut.* quæ ait: *Conductorem vectigalium civitatis a tutelis non excusari*, quia, ut breve faciam , non loquitur ea lex de conductoribus vectigalium fisci, de quibus loquitur Papin. sed de conductoribus vectigalium civitatis, in quibus cessat ratio Papiniani : quia in bonis conductoris fiscus habet tacitam hypothecam suo jure, civitatis autem non habet : hæc est differentia inter Rempublic. sive civitatem, & fiscum, *l. 2. C. de jure Reipubl. l. simile ad municip.* quæ differentia inducit aliam , ut conductor vectigalium civitatis non excusetur a tutela, vel muneribus civilibus ; conductor vectigalium fisci excusetur : & mox subjicit Papinianus, vacationum privilegia non spectant ad liberos veteranorum : Veterani habent vacationem a decurionatu, & omnibus honoribus & muneribus personalibus, non patrimonialibus, habent vacationem a tutelis & curationibus , a navium fabrica, ab exactione tributorum , quamvis non sit sordidum munus, *l. 3. hoc tit. l. 2. & 5. de veteran. l. ult. §. penul. sup. tit. prox.* Est autem hoc privilegium, quod veteranis conceditur, personale privilegium, quia nec ad liberos veteranorum transit, & bene ait, *Vacationum privilegia* : nam alia privilegia , quæ veteranis Constitutionib. conceduntur, transeunt ad liberos eorum, ut privilegium, quod habent in pœnis, ne subjiciantur tormentis aut pœnis plebejorum, hoc transit etiam ad liberos eorum, *l. 3. de veteran.* non privilegium vacationis : & in Pandectis Florentinis scriptum est hoc modo, *vacationum privilegia non vetant liberos veteranorum*, id est, non transeunt ad eos, non excusant filios. Ex auctoribus nostris soli Papiniano amicum est abuti verbo prisco; solus dixit *insuperhabere*, pro *negligere* & solus, *vetare*, pro *transire*.

### Ad §. Qui muneris.

*Qui muneris publici vacationem habet per magistratus ex improviso collationes indictas recte recusat, eas vero , quæ e lege fiunt, recusare non debet.*

OStenditur in hoc §. quid ei, cui Princeps concessit vacationem publicorum vel civilium munerum, remissum videatur. Et ait Papinian. non videri remissas solemnes & ordinarias attributiones, quæ legibus, vel Senatusconsultis, vel Constitut. injunguntur, ut *l. 1. C. de vacat. pub. mun.* ubi his verbis, *merito responsum est*, proculdubio significatur responsum hoc Papin. ut cui concessa est specialiter vacatio munerum civilium, non excusetur a solemnibus muneribus, indictionibus, functionibus, quia nec possunt remitti rescripto principis, *l. 2. C. de ann. & trib. l. 1. C. de immunit. nemini conced.* Itaque rescripto §. 1. Principis specialiter certæ personæ data vacatione publici & civilis muneris, videntur tantum remissa onera extraordinaria, quæ ex improviso ad tempus indicuntur, ut munus muniendæ vel sternendæ viæ militaris, *l. qui munerib. sup. tit. prox. l. 6. hoc tit. l. 15. §. ὁ λαβὼν , de excus. tut.* Beneficium principis non interpretamur latissime in fraudem publicam.

### Ad §. Philosophis.

*Philosophis, qui se frequentes atque utiles per eandem sectam studiorum contendentibus præbent tutelas*, *item mu nera sordida corporalia remitti placuit* : *non ea , qua sumptibus expediuntur. Etenim vere philosophantes pecuniam contemnunt, cujus retinendæ cupidine fictam adseverationem detegunt.*

DOcet , quod est apertissimum , Philosophis dari vacationem a tutelis, & sordidis muneribus personalibus, non a muneribus patrimonialibus, in quibus sumptus maxime postulatur, addita ratione elegantissima : quia, qui hæc munera refugiunt, quæ patrimonio imponuntur, jam produnt se fictos esse, non veros philosophos, quia veri Philosophi pecuniæ studiosi non sunt: idemq; proditum est in *l. 6. §. Philosophi, de excusat. tut. l. 6. C. de muner. patrimon. l. 8. C. de professor. & medic.* eademq; ratione utitur in Christianis *l. 104. C. Theod. de decurionib.* quæ tamen abrogatur in *l. 12. C. de episc. & cleric.* namque ait *d. l. 104.* decuriones , qui clerici fieri malunt, ut Ecclesiæ potius serviant, quam curiæ, non aliter liberari curia, quam si patrimonio suo cedant, & nudi eant in clerum: quia, inquit, animos divina observatione devinctos non decet patrimoniorum desideriis occupari: aut sane , qui iis desideriis occupantur, hoc ipso satis produnt, simulatam esse religionem suam. Notandum maxime quod ait , & usu servatur in omnibus professoribus, philosophisque , hanc scilicet immunitatem dari tantum eis, qui se frequentes , atque utiles per eandem studiorum sectam contendentibus præbent, ut in *d. l. 6. §. Philosophi*, qui juvenibus publice prosunt, non aliis : & ita eleganter in *l. 9. C. de sacros. eccles.* neminem sub specie muneris, quod minus exequitur, alterius muneris oneribus relevari debere, quod congruit cum *l. pen. §. licet, tit. seq.*

### Ad §. Qui maximos.

*Qui maximos Principes appellavit, & causam propriam acturus Romam profectus est* : *quoad cognitio finem accipiat, ab honoribus & civilibus muneribus apud suos excusatur.*

PApinianus in §. *ult.* docet, eum qui Romam profectus est, apud Principem exequendæ appellationis causa, interim excusari a muneribus civilibus patriæ suæ, qui locus est singularis : nec enim puto alibi notari eam ipsam speciem vacationis.

### Ad L. VII. de Legationibus.

*Filius decurio pro patre legationis officium suscepit: ea res filium quo minus ordine suo legatus proficiscatur , non excusat : pater tamen biennii vacationem vindicare poterit: quia per filium legatione functus videtur.*

SCiendum est , legationem publicam esse personale munus non patrimoniale, quia plerumque solo ministerio ejus , quem civitas mittit legatum de certis rebus ad principem, & sumptu publico peragitur , dato viatico de publico, quod legativum dicitur in *l. ult. §. legati quoque , de muner. & honor. l. secunda, §. ult. l. 6. h. t. l. Titio, ad municip.* Et hoc quidem munere decuriones funguntur in orbem vice pari, ex πєριοδῷ, & πєριδρομῇ in *l. 4. §. penult. h. t.* Ordine unumquemque decurionum munere legationis fungi debere, pro proponitur simpliciter initio hujus §. & ita mox explicatur, ut non alias decurio compellatur munere legationis fungi, quam si ii , qui priores in curiam lecti sunt , functi sint eo munere, servandum esse ordinem albi in deferenda legatione, quæ pro civitate suscipitur ad principem. Deinde subjicit veluti exceptionem in eo §. si legatio desideret, id est, si res propter quam legatio suscipitur, desideret mitti aliquem de primoribus viris civitatis, & ii, quos ordo albi vocat, inferiores sint, non esse servandum ordinem albi , & ita rescripsisse Adrianum, hoc est, non esse mittendum eum, qui ordine prior est, sed eum, qui potior est. Ex quo loco omnino explicanda est *lex honores, in prin. de decur.* dum ait, *honores & munera non ordinationibus, sed potioribus potius injungenda esse.* Ordinationem vocat χειροδονιαν, & hoc vult, non semper spectandum esse, qui priores in ordinem venerint in deferendis honoribus , sed qui potiores sint, quoties ratio postulat mitti aliquem de primoribus viris: alioquin ordo albi & allectionis observandus est. Dixi, plerumque munus legationis decerni sumptu publico dato legativo de publico, non sumptu legati, atque ideo corporis munus esse non patrimonii. Dixi , inquam , *plerumque*, quia aliquando sunt , qui gratuitam legationem obeunt, hoc est, suis sumptibus, non accepto legativo e Republica, *l. 2. in fine, & l. 11.*

hoc titulo. Et hi quidem, qui gratuitam operam præbent Reipubl. hac in parte quemlibet alium suscepta legatione vicarium dare possunt, quem in legationem mittant vice sua, *d. l. undecima*. At qui sumptibus Reipublicæ legationis obeunt munus, non suis sumptibus, alium vicarium dare non possunt, qui legatione fungatur, quoniam eorum opera potissimum electa est, & industria cum sumptu publico: alium, inquam, vicarium dare non possunt, nisi filium suum, *l. 4. §. legati, hoc titulo*. Hoc cognito finge: Patrem legatum creatum decreto publico, decreto curiæ, filium suum vicarium dedisse, qui eam legationem obiret sumptu publico, filiumque legationem suscepisse jure patris, vice patris, an ideo minus filius suo ordine legatione fungatur, cum scilicet pater & filius decuriones sunt? Et respondet Papin. in hac lege, non ideo filium excusari, quo minus vice sua legatione fungatur, & patri, qui filium vicarium dedit, perinde atque si ipsemet legatione functus fuisset, expleta legatione per filium vice patris dari vacationem biennii, sicut constitutum est a legatione ad aliam legationem, vel ad aliud munus, aliumve honorem publicum esse vacationem biennii, ut constat ex *l. 8. §. 1. l. 3, C. de leg. lib. 10. l. 2, C. de mun. & honor. non cont.* Patri igitur, quia pro eo habetur, ac si ipsemet legatione functus fuisset, qui filium vicarium dedit, qui legationem explevit, a finita legatione dabitur vacatio biennii, ceterum filio non dabitur: nec excusabitur, quo minus suo ordine legatione fungatur, si res exigat. De hac præscriptione biennii agitur hoc titulo, & aliud est responsum Papin. de ea in *l. 13.* quam nunc ordine explicabo.

### Ad L. XIII. eod.

*Vicarius alieni muneris voluntate sua datus, ordine sua legationem suscipere non admissa biennii præscriptione cogetur.*

Quod definivit Papinian. in filio vicario patris *l. 7.* idem statuit in quolibet vicario jure dato, ut si decurio, qui gratuitam legationem suscepit, alium decurionem vicarium dederit: hic enim vicarius, qui vice alterius, verbi gratia, hoc anno legatione perfunctus est, non ideo excusabitur anno sequenti, quo minus legatione fungatur, si hoc exigit albi & ordinis ratio, nec poterit se tueri illa præscriptione biennii, quia non suo nomine legatione functus est, sed alieno: non ipse, sed alius, cui indicta erat legatio, legatione functus videtur quemadmodum diximus in *l. 8. §. 1. de vacat. mun.* vacationem tantum dari publicanis, qui suo nomine vectigalia exercent. In proposito ita recte dico: vacationem tantum dari legatis, qui suo nomine proprio, propria sua legatione perfuncti sunt. Et hoc ita procedit, ut vicario functo legatione indicta, alteri non detur vacatio biennii. Hoc ita procedit, inquam, si vicarius datus sit sua sponte sine decreto Curiæ: nam si invitus datus sit vicarius ex decreto Curiæ, quia ei dandam esse vacationem biennii, perinde ac si ab initio principaliter et delata legatio fuisset, quia hoc casu non tam alieno, quam suo nomine videtur legatione functus, nimirum, ut obtemperaret Reipub. quæ vicariam istam operam injunxit. Et hoc puto significari in hac *l. 13.* his verbis, *voluntate sua datus*: ac si idem non sit in eo, qui invitus datus est, quoniam is, qui invitus sit vicarius, suo potius nomine videtur rem exequi. Et hæc funt, quæ continentur in *l. 13.*

### Ad L. III. de Administrat. rerum ad civit. pertinent.

*Curatores communis officii, divisa pecunia, quam omnibus in solidum publice dari placuit periculo vice mutua non liberantur.* ( Ulpianus ) *Prior tamen exemplo tutorum conveniendus est is, qui gessit.*

IN primo responso hujus legis agitur de duobus Curatoribus communis officii, communis muneris. Finge, ordinatos fuisse duos curatores frumenti parandi, & omnibus publice in solidum datam fuisse pecuniam, qua frumentum reipubl. coemerent: post, eos inter se pecuniam eam & curam divisisse, quæ data & injuncta erat singulis in solidum. Quæritur, si eo munere unus negligenter aut fraudulenter versatus sit, an alter pro eo conveniri possit? Quod videtur, quia commune fuit & individuum officium, & communiter in solidum omnibus data est pecunia ad annonam civitatis comparandam. Ergo commune periculum esse debet, & communis ratio præstandi damni, quod fecit respublica, ut in *l. Imperator, in prin. ad munic.* Denique singuli reipubl. tenentur etiam nomine collegæ in solidum. Nec quicquam mutat divisio illa, quam fecerunt inter se, quia nec potuit illa divisione facta privatim inter eos convelli jus reipublicæ, *l. 2. §. jus reipub. h. t.* & ita Papinianus respondet: quod & notat Ulpianus, quæ nota subjicitur huic primo responso, addito tamen hoc modo, ut prius conveniatur, qui rem male gessit ex sua persona, quam qui non gessit ex persona collegæ, & si res ab eo servari non possit, qui rem male gessit fit inveniatur non esse idoneus, tum vult, ut eatur ad collegam, ut in *l. 1. C. quo quisque ord. conven. lib. 11.* Prius esse excutiendas facultates ejus, qui rempublicam gessit & perdidit, ut fit in duobus tutoribus, quum individua tutela est; & ipsi tutores inter se privata conventione administrationem diviserunt, quia alter non convenitur pro altero statim. Tutor non convenitur pro contutore, inexcusso contutore, qui rem pupilli perdidit, qui gessit, & perdidit, sed ita demum, si contutor, qui rem gessit, solvendo non sit, *l. 3. C. de divid. tut. l. 2, C. de hered. tut.* cui definitioni, licet sit certissima, Accursius opponit *l. 2. §. ult. de curat. bon. dando.* Cujus sententia hæc est: cum a defuncto relictis multis creditoribus nondum ullus extat bonorum possessor, nec ullus heres, tum postulant creditorum bonis defuncti custodiendis curatores dantur, & si res exigat, distrahendis. Finge, plures curatores constitutos bonis: quosdam rem defuncti attigisse, quosdam nihil attigisse, an coguntur creditores prius agere cum eis, qui rem attigerunt, quam cum aliis? minime: sed eorum arbitrio est, quem conveniant: arbitratu suo, illo non servato, quis gesserit, vel non? Sane necessario dicendum est, aliud esse in curatore bonis dato. Et ita est omnino. Ratio enim discriminis hæc est: quia munus civile quale est tutela, injungitur invitis. At ut est expressum in *l. 2. §. penul.* curator bonis non constituitur, nisi voluntarius, præterquam, si aliud jubeat Princeps ex magna causa. Regulariter non nisi voluntarius. Cum ergo voluntate sua hoc munus suscipiat non invitus, non est, quod ei quidquam indulgeatur, tribuatur beneficium excusationis, quod datur tantum eis, qui inviti munera civilia suscipiunt. Qua de causa *d. l. 2. §. ult.* ait: *quoties Princeps ex magna causa invitum curatorem bonis fecit, tum non esse prius conveniendum eum, qui nihil attigit*: quod ostendit magnam esse differentiam inter curatorem voluntarium, & coactum. Non omittam quod Papin. proponit in hoc responso, curatoribus pro frumentariæ datam fuisse pecuniam publicam omnibus in solidum. Cum quæret aliquis: an igitur si data sit eis pecunia pro virilibus portionibus & separatis, commune & administrationis commune periculum? E omnino dicendum est, non esse prorsus hoc casu commune periculum, & multum interesse, an individuum sit officium an dividuum, pro dividuis & virilibus portionibus: nam si sit dividuum ipso jure, singuli tenentur pro portionibus virilibus, pro quibus rempublicam attigerunt, ut *l. 1. C. quo quisque ordine conveniat.* & si forte unus non sit solvendo, non ante conveniri collegam, quam sit excussus fidejussor & nominator ejus, qui solvendo non est, ut *l. 2. C. eod. tit.* At si individuum fuerit officium, ipso jure singuli in solidum tenentur vice mutua, & uno non existente solvendo, statim pro eo alter conveniri potest tanquam correus principalis, etiam inexcusso fidejussore ac nominatore ejus, qui solvendo non est, *d.l.2.& l.3. C. de conven. fisc. deb.* quod etiam receptum est exemplo tutorum, ut patet ex *l. 4. C. de magistratib. conven.* Et hoc omnino ita se habet in muneribus civilibus: Nam in magistratibus municipalibus, ut in duumviris hac distinctione non utimur, sed sive divisum sit eis injunctum officium, sive pro indiviso; prius sunt excutiendae facultates rei principalis, & fidejussoris, & nominatoris, quam veniatur ad collegam, ut omnium novissimus collega conveniatur *l. 3. & 4. C. quo quisque ordine conveniat. l. Imperator, ad municip.* Et ratio differentiae haec est: quia in muneribus civilibus, duo collegae correi sunt debendi, in magistratibus non usque adeo. Quod patet, quia si ambo magistratus sint solvendo tempore depositi officii, non nisi pro parte conveniri possunt, qui tamen si omnino essent correi, possent conveniri in solidum, *l. si pupillus, de admin. tut.*

### Ad §. Praedium publicum.

*Praedium publicum, in 5. annos idonea cautione non exacta, curator reipublicae locavit: ceteris annis colonus, si reliqua traxerit, & de fructibus praedii mercedes, quae servari non potuerint, successor, qui locavit, tenebitur. Idem in vectigalibus non ita pridem constitutum est, scilicet ut sui temporis periculum singuli praestarent.*

EX secundo responso videtur posse colligi: Curatorem reipublicae, de cujus magistratu memini me ante dicere, hoc ipso libro in *l. ult. de offic. adsess.* fuisse quinquennalem magistratum, quemadmodum in hoc secundo responso Papinianus ponit; eum locasse fundum reipub. in quinquennium: nam & ita in urbe censor, & quo etiam praedia publica locari solebant in quinquennium, olim fuit magistratus quinquennalis auctore T. Liv. lib. 4. Proponit autem Papinianus Curatorem reipub. locasse fundum reipub. in quinquennium, ut solebat fieri, non exacta, ut debuit, a conductore idonea cautione, mercedes recte solvi, exacta quidem cautione, sed non idonea non locuplete. Ceterum eo quinquennio nihil ex ea causa reip. attulit damni, nihil reipub. abfuit; conductor mercedes persolvit quinquennii: at cum successor Curatoris reipub. in sequens quinquennium eidem eundem fundum locasset iisdem mercedibus, conductor reliqua traxit plurima, debita plurima, nec solvit reip. & de fructibus fundi, qui tacite pro mercedibus pignori obligati sunt, *l. in praediis, sup. ex quib. caus. pign.tac.contr.* ex iis fructibus, inquam, & hypothecis tacitis mercedes, quas conductor reliquatus est, servari non possunt, denique versatur in damno resp. Quaeritur, in id, quod reipub. abest, quis reip. teneatur? Prior ne curator reip. qui auctor est conductionis, & qui a conductore non exegit idoneam cautionem, an posterior curator reip. qui probavit eam conductionem, probavit cautionem alteri praestitam, nec aliam exegit? Et recte respondet Papinianus posteriorem tantum curatorem teneri, quia aequum est sui quemque temporis periculum praestare reipub. Idemque est in duobus conductoribus vectigalium, si unus vectigalia. conduxerit in quinquennium, deinde alius successor ejus vectigalia in aliud quinquennium conduxerit, posita eadem specie, quod summe notandum.

### Ad §. In eum qui.

*In eum qui administrationis tempore creditoribus reipublicae, novatione facta, pecuniam cavit, post depositum officium actionem denegari non oportet. Diversa causa est ejus, qui solvi constituit. Similis etenim videtur ei, qui publice vendidit aut locavit.*

PRoponitur haec species: Curator reip. creditoribus reip. cavit novatione facta; quo genere liberavit rempublicam creditoribus, & in se transfudit omnem obligationem. Quaeritur, an teneatur creditorib. etiam post depositum officium? Et respondet teneri, quia obligationem suam fecit, alioquin creditores versarentur in damno, quia jam non possent experiri cum republica, quae novatione liberata est. Verum addit, diversum esse si Curator reip. creditoribus reip. constituerit, se pecuniam debitam solventem, qua ratione obligatio non novatur. Non novat constitutum sive constituta pecunia, sicut fidejussio non novat priorem obligationem, *l. item illa, §.ult. & l.ubi quis, de constit.pecun. l. si filius. de in rem vers.* Et hic quidem deposito officio liberatur, & potest dici solutionem eum quidem deposito officio liberari citra captionem creditorum, cum eis sit salva actio in remp.quia constitutio non fuit novata obligatio, & quidquid hic constituit se soluturum, constituit tantum reip.id est publico nomine. Idem etiam erit si quid curator reip.vendat publico nomine, vel locet publico nomine, & emptori vel conductori caveat, conductori habere licere, emptori de evictione publico nomine, quia deposito officio emptori vel conductori est salva actio in remp.& aequum est eum liberari, qui invitus munus publicum obiit, nec propriam suam obligationem fecit novationis genere. Huic responso Papin.opponitur *l.procurator, de proc.* ubi ponit lex procuratorem private hominis vendidisse rem domini, & cavisse de evictione, tum negotia ejus domini gerere desiisse. Quem tamen lex ait deposito officio procuratoris, non relevari onere obligationis contractae, ex causa venditionis & evictionis postea secutae.

Dico aliud esse dicendum in procuratore reipub. privati hominis, aliud in procuratore reipub. quod probat eadem *lex procurator,* Quae in Florentinis est ex lib.2.Resp.Pap. In aliis libris omnibus est ex lib.1. quod magis placet: vindico ergo legem illam *lib. 1.* & consequenter eam conjungo cum hoc §.qui est ex lib.1. responsi.haec conjunctio quum sit, apparet hanc certe esse differentiam constituendam hac in re inter procuratorem privati hominis & procuratorem reip. nam & ratio differentiae est evidens: Quia curator reip. invitus creatur, & ideo aequum est ne ultra tempus suae administrationis teneatur his, quibus publice cavit: at ille procurator negotiorum privati hominis est amicus voluntarius: qua ratione etiam tenetur post depositum officium, quod ultro suscepit: nam cur se huic obligationi immiscuit ultro, & qua ratione curator reip. qua publice constituit se soluturum, vendidit vel locavit non facta novatione post depositum officium liberatur, ita etiam tutor quoniam gerit munus publicum quod defertur invito, deposito officio tutelae solvitur obligationibus, quas contraxit nomine pupilli, *l.1.C. quan. ex fac. tut. l. cum quidam C. de admin. tut.* nisi tutor, ut diximus, in curatore Reipub.fecerit novationem transfusa in se obligatione, ut est in *l. post mortem, quan. ex fac. tut.& curat.*

### Ad §. Filium.

*Filium pro patre curatore Reipublicae creato cavere cogi non oportet. Nec mutat, quod in eum pater emancipatum, prius quam curator constitueretur, partem bonorum suorum donationis causa contulit.*

IN §. pen. ostenditur filium emancipatum non cogi cavere pro patre curatore Reip.Remp. salvam fore, licet in eum pater tempore emancipationis donationis causa partem suorum bonorum contulerit, ut in emancipando moris erat, semper patrem donare aliquid filio, *l. ut liberis, in fi.C.de collat.*donare aliquid quo vitam toleraret, *l. 2. & ult. C. de eman. lib.8. de bonis proscrip.* & in *l.ult. Cod. Theod. de revoc. donat. & Novella Leonis 25.* Et hujus rei legimus vestigia apud Spartianum in Adriano: *Filiam,* inquit, *dato patrimonio emancipaverat.* Alioquin abdicatio potius esset, quam emancipatio. At ut saepe fit, licet in emancipatum filium multa pater contulerit

rit donationis causa, tamen filius pro eo facto curatore Reipub. fidejubere non cogitur, quia scilicet inter volentes tantum stipulatio contrahitur, & fidejussor obligatur tantum per stipulationem : & sic est in *l. æstimationem §. invitus, de munerib. & hon.*

### Ad §. Ultimum.

*Pro Magistratu fidejussor interrogatus pignora quoque specialiter dedit: in eum casum pignora videntur data, quo recte convenitur: videlicet postquam res ab eo servari non potuerit.*

IN hoc §. ult. ostenditur eum, qui pro magistratu fidejussit, & pignora certa dedit, non aliter posse conveniri actione in personam. Itemque non aliter posse excuti pignora quæ supposuit, & non aliter posse distrahi, quam si res ab ipso magistratu servari non possit, ut ait *l.15.§.1.& l.17.§. filium, ad municip.* Prius esse excutiendum reum principalem, prius magistratum, quam fidejussorem aut nominatorem, aut pignora, quæ Reip. fidejussor opposuit nomine magistratus.

## JACOBI CUJACII J.C.
### COMMENTARIA
### In lib. II. Responsorum ÆMILII PAPINIANI.

### Ad L. XXXI. de Negot. gest.

*Liberto vel amico mandavit pecuniam accipere mutuam cujus literas creditor secutus contraxit: & fidejussor intervenit. Etiamsi pecunia non sit in rem ejus versa, tamen dabitur in eum negotiorum gestorum actio creditori, vel fidejussori scilicet ad exemplum institoriæ actionis.*

HUIC libro hanc legem vindico, qui *l. 67. de procurat. libro 1.* vindicavi. Sunt autem in hac *l. 31.* septem octove responsa, brevia admodum, si verba numeres, sed comprehensione rerum longa atque obscura. Primi responsi species hæc est : liberto vel amico meo mandavi per literas, ut negotia quædam mea gereret, puta, creditoris mei, vel pignoris mei liberandi causa, pecuniam mutuam acciperet a L. Titio, non ab homine incerto, ut Glossa ponit, sed ab homine certo, puta, a L.Titio, ut ponit *l.pen. C. de instit. act.* quæ congruit omnino cum hoc responso Pap. Procurator meus libertus ille vel amicus, quem in rem meam procuratorem feci, literas meas ostendit L. Titio, & mox L. Titius meas literas secutus, amicitia & contemplatione mei, negotiorumque meorum, procuratori meo pecuniam credidit. Intervenit interim quidam amicus meus, qui inspectis literis meis, eas literas secutus pro L. Titio eo nomine fidejussit, me absente & ignorante. At postea ea pecunia non est versa in rem meam, in negotia mea. Finge, periisse pecuniam illam: quæritur, an in me Luc. Titius creditor, vel fidejussor, si ei solverit, negotiorum gestorum agere possit, quod uterque habuerit animum gerendi negotii mei, & me obligandi si non procuratorem meum, uterque intuebatur meas literas, non procuratorem meum? Et creditor quidem videtur in me agere non posse negotiorum gestorum, quia pecunia non est conversa in mea negotia: quod si verum est, creditorem in me agere non posse: sequitur ergo nec fidejussorem, si forte creditori solverit, ea actione uti adversum me posse, quia negotium meum gessisse non videtur; negotium meum non gessit, qui ei solvit, cui obligatus non sum. Et tamen respondet hoc loco Papinianus, utrique competere utilem actionem negotiorum gestorum ad exemplum institoriæ actionis, h. e. quasi institoriam actionem, licet pecunia non sit consumpta in rem meam. Omnis actio utilis dicitur dari ad exemplum & ad similitudinem directæ actionis, quia in casu tantum adsimili datur, non prorsus eodem; & dicitur quasi illa esse actio, cujus exemplo datur, ut quasi Serviana, & quasi institoria in hoc proposito, *l.actori, C. de reb. cred. l. is cui, §. patri, ut in possess. legat.* At institoria actio vel quasi institoria quæ dicitur, adjectio sive appellatio est, quæ accommodatur cuilibet actioni legitimæ vel honorariæ: ut institoria actio mandati, institoria actio ex empto; & in hoc proposito institoria negotiorum gestorum, vel quasi institoria negotiorum gestorum. Creditori igitur in me competit actio negotiorum gestorum ; quia negotiorum meorum contemplatione pecuniam credidit procuratori meo. Nec quicquam obstat, quod pecunia illa perierit, nec versa sit in rem meam, quia quantum in eo fuit, rem meam gessit, & animo meo obtemperavit; & teneor negotiorum gestorum actione, ad exemplum institoriæ actionis, quemadmodum, qui institori meo, quem præposui tabernæ, vel negotiationi, ejus rei contemplatione pecuniam credidit, habet in me actionem institoriam negotiorum gestorum : ita qui procuratori meo constituto mutuæ pecuniæ accipiendæ, credidit pecuniam mei contemplatione, habeat in me utilem actionem, quasi institoriam negot. gestorum, quod quum procuratorem meum veluti institorem videar præposuisse mutuæ pecuniæ accipiendæ. Denique, ut ex contractu institoris tenear, quem habuit cum aliquo ejus negotiationis causa, cui erat præpositus: sic etiam ex contractu procuratoris, veluti institoris tenear, quasi actione institoria, quod etiam Pap. non tantum hoc loco tradit, sed etiam in *l.pen.in prin. de inst.act.* & confirmat *l. pen. C. eod. l.6. §.1. h.t.* utilem, inquam, actionem, h. e. quasi institoriam, non directam, quia cum non præposui ut institorem propter quæstum, sed ut procuratorem propter necessitatem negotii mei, *l. 5. §.sed & eum, de inst.act.l.Julianus, §. si procurator, de act. rer.* Qua ratione & ex contractu villici, quem etiam præposui mercibus distrahendis, quasi institoria teneor, non institoria directa, quia eum habui principaliter ut villicum propter fructus percipiendos, non ut institorem, *l.si cum villico,de inst.act.* Non datur etiam in hac specie creditori in me actio mandati, quia nihil ei mandavi, sed procuratori tantum meo per epistolam mandavi, ut ab eo pecuniam mutuam acciperet; ceterum ei nihil mandavi.Non potuit igitur inter me & eum contrahi obligatio mandati; eademque ratione nec fidejussori, qui me absente & ignorante fidejussit, in me potest competere actio mandati, sed neg. gest. tantum; ut in fidejussore infra explicabitur *l. ex mandato §. 1. inf. mand.* Alia est species *l. si literas, C.mand.* quam hic adduxit Accursius, quoniam proponitur in ea, mandasse me L. Titio, ut tibi pecuniam numeraret in rem tuam, quo casu Titio in te est conditio creditæ pecuniæ, in me est actio mandati, qua auctor sui L. Titio, ut tibi pecuniam numeraret, & ita est explicanda *d.l. si literas.* At in specie proposita hoc loco nihil ponitur me mandasse Luc. Titio : non datur ergo creditori in me actio mandati, neq; actio institoria directa, sed quasi institoria sive utilis neg. gest. Quod verum est, etiamsi procurator meus, qui pecuniam mutuam accepit, sit solvendo, qui stipulanti creditori Luc. Titio promiserit, se soluturum eam pecuniam. Nam hoc casu non tantum procuratorem L. Titius ex stipulatione obligatum habet : sed etiam quasi negotiis meis gestis me obligatum habet, ut *l.pen.de inst. act.l.6.§. 1. h.t.* Addita hac ratione, quia creditor ex abundanti, inquit, hanc stipulationem interposuit, id est, quo magis sibi cautum esset, non ut me liberaret, non novandi animo. Quæ ex abundanti cautio interponitur, ea non novat priorem obligationem, *l. pen. §.ult. de in rem verso.* Prior autem & principalis fuit obligatio negotii mei, quæ permanet etiamsi procuratorem quoque meum creditor sibi obligatum per stipulationem. Igitur interposita hujusmodi stipulatione, obligatione hujusmodi, utrumque creditor obligatum habet, me judicio neg. gest. exemplo institoriæ actionis ; procuratorem autem meum actio-

actione ex stipulatu: at non interposita hujusmodi stipulatione, me solum habet obligatum judicio negotiorum gestorum utili, exemplo institoriæ actionis: procuratorem autem meum non habet obligatum mutuæ pecuniæ nomine, vel alio nomine, quia non procuratorem meum, sed me solum creditor obligare voluit, quas literas meas secutus, quas scripseram procuratori meo, cognita mea voluntate, mox, cognito meo desiderio, pecuniam procuratori meo credidit in negotia mea, contemplatione mei, neque a meo procuratore quidquam stipulatus est. Me igitur solum obligatum habet, quasi negotiis meis gestis: nulla autem mutui obligatio contrahitur; mutua pecunia datur procuratori meo, & nemo ex causa mutui obligatur ea actione, quæ ex mutuo nascitur, h.e. actione si certum petatur, sed propter mutuum quod mei contemplatione intervenit, in me solum datur actio quasi institoria, cum procuratori meo mei contemplatione pecunia data est; nam si non mei contemplatione procuratori meo mutua pecunia data sit, sive ei mandaverim, ut eam sumeret mutuam, sive non: hoc casu solus procurator tenetur ex causa mutui, & vere contrahitur obligatio creditæ pecuniæ, *l. eum qui, C. si cert. pet.* Quod autem dixi de creditore, idem videtur in fidejussore, quem posui fuisse adhibitum huic obligationi, si fidejussor creditori solverit, & me ab eo liberaverit, cum scilicet fidejussisset mei contemplatione, ut quemadmodum creditori est quasi institoria actio in me, si ei non solverit fidejussor, ita etiam fidejussori si ei solverit, in me competat quasi institoria actio neg. gest. perinde atque si pro institore suo tabernæ præposito fidejussisset, quod & idem Pap. respondet *lib. 3. l. idemque, §. idem Pap. mand.* Sed hoc plus est in hoc responso, quam in illo responso libri tertii, quod in hoc responso libri secundi, non tantum fidejussori, sed etiam creditori datur quasi institoria actio: item quod in hoc responso datur indistincte, sive pecunia sit versa in rem meam, sive non: quoniam satis est, quod mihi uterque rem cœpit gerere bono animo & utiliter, etiam si eventus non sit secutus, ut in *l. sed an ultro §. ult. l. successori §. ult. & l. sive hereditaria, h.t.*

### Ad §. Inter negotia.

*Inter negotia Sempronii quæ gerebat ignorans Titii negotia gessit: ob eam quoque speciem Sempronio tenebitur: sed ei cautionem indemnitatis officio judicis præberi necesse est adversus Titium, cui datur actio. Idem in tutore juris est.*

SPecies hæc est: In gerendis negotiis Sempronii etiam Titii negotium gessi ignorans, quod forte permistum erat negotiis Sempronii, sed putavi me tantum gerere negotium Sempronii, cum partim esset Titii. Quæritur: An Sempronio tenear negotiorum gestorum actione, non tantum Sempronii, sed etiam Titii negotii nomine? Titio sane teneor, quamvis non ejus contemplatione negotium gessi, quia reipsa & in rei veritate negotium ejus gessi, & teneor Titio utili actione, ut in damno versetur Titius. At vice versa mihi etiam Titius tenetur utili actione neg. gest. quia æquum est ne verser in damno, quia reipsa Titii negotium gessi: & ex hoc contractu est actio ultro citroque, actio mutua, directa & contraria. Et si Titio teneor, consequens est & vicissim, ubi causa subest, Titium mihi teneri eadem actione; atque ita proditum est in *l. 6. §. si Titii servum, h.t.* Curavi, ne Titii servus occideretur, cum putarem esse servum Sempronii. Reipsa servavi rem Titii, quamvis animus mihi fuerit servandæ rei Sempronii, non Titii, & mihi Titius eo nomine tenetur, ut in *d. §. si Titii servum.* Idemque confirmat §. *quid ergo d. l. 6. & l. 15. in fi. & l. quæ utiliter §. ult. h. t. & l. in hoc judicium 14. §. diversum, comm. divid. & l. si mandavero 2. §. si curator, mand.* quæ, dum ait, ei, cujus negotia gessi ignorans, dari actionem in factum, non aliam significat actionem, quam utilem negotiorum gestorum: Nam in factum appellatio non est nomen actionis, sed appellatio, quæ aptatur cuilibet actioni utili, comparatæ ad exemplum actionis in factum. Omnis actio utilis est in factum, & retro omnis actio in factum est actio utilis. Ergo cum inter negotia Sempronii, gessi etiam negotium Titii, & ego Titio teneor, & vicissim Titius mihi utili gestorum negotiorum, etiamsi ignoraverim negotium esse Titii. Quamobrem quod additur in *l. 6. §. si quis, h. t.* in eadem specie, scientem me gessisse negotium Titii, hoc abundat, ut Accur. sensit recte: nam subintelligitur maxime: nam idem etiam est in ignorante; sed in ignorante Pap. ponit speciem augendæ dubitationis gratia. At idem Pap. in hoc responso ostendit, me non tantum teneri Titio, cujus reipsa negotium gessi, sed etiam Sempronio, cujus contemplatione negotium gessi. Æquum est, me non idem bis præstare, me non utrique respondere in judicio. Ideoque subjicit Pap. quod si mecum agat Sempronius Titiani negotii nomine, non aliter ei me condemnabit judex, quam si mihi caverit, indemnem damno servari me adversus Titium, cui etiam in me est actio negotiorum gestorum. Sic fit, ut idem bis non solvam, remedio cautionis de indemnitate, quam officio judicis mihi præstabit Sempronius, si prior mecum agat neg. gest. At quod dicitur, etiam Sempronio in me esse actionem Titiani negotii nomine, pugnare videtur cum *l. 5. in fi. & l. 6. §. quid ergo, h. t.* quæ negat, eum negotiorum gestorum agere vel conveniri posse, cujus negotium nullo modo gerere, cum esset negotium alterius: in hac specie putavi, me gerere negotium Sempronii, cum esset Titii, ergo Sempronio in me nulla competit actio, sed Titio soli in me competit actio, quod utique verum est, si Sempronii nihil intersit: nam omnes actiones nunquam dantur nisi eis, quorum interest, hoc est, quod Marcus Tullius ait: *Dari actionem ex damno & injuria cujusque.* Ei cujus nihil interest non datur actio. At si Sempronii intersit, bene gestum esse negotium Titii, finge, Sempronium fuisse procuratorem negotiorum Titii, atque ita me in rebus Sempronii invenisse etiam res Titii, easque attigisse errantem, tanquam Sempronii, non Titii, æquum est hoc casu Sempronio, cujus contemplatione negotium Titii gessi, ignorans esse Titii, in me dari actionem negotiorum gestorum oblata cautione indemnitatis. Et ita hic locus accipiendus est, ut suadet, quod subjicit Pap. idem in tutore juris esse, puta, ut si Titius inter negotia Sempronii gesserit etiam negotia pupilli, cujus Sempronius erat tutor, Sempronio teneatur, cujus interest propter officium tutelæ, ita tamen, ut officio judicis Sempronius Titio præbeat cautionem indemnitatis adversus pupillum, cui etiam in Titium competit actio: sicuti vice versa non tantum competit actio Titio in Sempronium, sed etiam in pupillum, si pupillus ex gesto locupletior factus sit, *l. 6. in princ. hoc tit.*

### Ad §. Litem.

*Litem in judicium deductam, & a reo desertam frustratoris amicus ultro egit, causas absentiæ ejus allegans judici: culpam contraxisse non videbitur, quod sententia contra absentem dicta ipse non provocavit.* Ulpianus notat. Verum est: quia frustrator condemnatus est. Cæterum si amicus cum absentem defenderat, condemnatus negotiorum gestorum aget: poterit ei imputari, si, cum posset, non appellasset.

QUæstio quæ proponitur in §. *litem*, est de defensore absentis voluntario, cujus duas partes facio. Prima est de defensore ejus, qui litem contestatus est. Secunda de defensore ejus, qui litem contestatus non est. De prima parte primum dicamus. Si reus litem contestatam deserat nec edictis, quæ ut literis judicis evocatus ad judicium adsit, peracto isto ordine edictorum vel literarum, vel denuntiationum, quibus denuntiatus & evocatus fit, si non pareat, si non adsit judicio, contumax est, quia contemnit judicis auctoritatem, quem adierat semel, & apud quem litem inchoaverat: ut Jurisconsultus in *l. contumacia 53. §. 1. de re jud.* ait; contumacem esse eum, qui con-

contemnit: & Nonius, hoc nomen venire a contemnendo. Fruſtrator dicitur hoc loco a Papiniano contumax, quia fruſtrandi tantum actoris cauſa judicio abeſt, ne poſſit actor litem ad exitum perduci, *l.ult. de procur.* dum ſcilicet putat litem non poſſe ad exitum perduci, niſi præſente utraque parte, ut cavetur lege XII. tabularum, *Ne cuiquam lis addicatur, niſi utraque parte præſente.* Qua tamen in re longe opinione fallitur, quia ea lex non ſequatur in contumace tergiverſatore, fruſtratore. Nam contra abſentem per contumaciam ex eremodicio d. ſententia valet. At fruſtratoris hujus ſive contumacis, ſi extiterit defenſor aliquis, qui amicitia ductus, litem, quam ille deſeruerat, ultro ſine mandato redditis judici cauſis, cur ille abeſſet, ſuſcepit, & nihilominus abſens quaſi ex eremodicio peracto ordine edictorum condemnatus ſit; Quæritur: an ſi ab ea ſententia defenſor non appellaverit, tanquam culpæ reus & quaſi re geſta negligenter, teneatur abſenti judicio negotiorum geſtorum: quia negotiorum geſtor, non tantum dolum præſtat, ſed etiam culpam ſive negligentiam, ut *l. ſi negotia h.t. l. tutori, C. eod. tit.* Et Papinianus reſpondet, eum defenſorem voluntarium nullam culpam feciſſe, & contraxiſſe videri, quia non appellaverit a ſententia dicta contra amicum abſentem, cujus ille defenſionem ſuſceperat. Et ratio ſtatim apponitur ex nota Ulpiani (qui ſcripſit notas ad libros reſponſorum Papiniani) *quia fruſtrator condemnatus eſt.* Legamus totam hanc partem legis: *litem in judicium deducam, &c.* Et deinde: *Ulpianus notat, hoc verum eſt, quia fruſtrator condemnatus eſt:* quam rationem, quæ vim & proprietatem omnem hujus reſponſi continet, Interpretes noſtri nullo modo interpretantur, qui omittunt per conniventiam rationem legis non ſine ſcelere: cum ratio ſit, ut quidam Rhetor ait: anima, medullaque legum, quæ æquum & bonum tuetur. Ratio eſt elegantiſſima: qui ultro ſuſcepit defenſionem contumacis abſentis, eo condemnato, ſi non appellaverit, nullam culpam contraxit, quia condemnatus eſt reus, cujus ille, qui non appellavit, ſuſceperat defenſionem, ex eremodicio, ex fruſtratione, ex contumacia, ex deſertione litis, hæc omnia adimi poſſunt. Et condemnato ex contumacia jus appellandi non eſt, *l. & poſt edictum, §. ult. de judic. l. properandum, §. cum autem, C. eod. tit. l. 1. quorum appellat. non recip. l. ex conſenſu, §. 1. de appell. & Nov. 82.* Eſt juris certiſſima regula, & hoc eſt, quod ait *l. contumacia, de regul. jur.* Contumaciam litis damno coerceri, quia ſcil. ad eam litem contumax nullum regreſſum habet, ſi condemnatus ſit, neque per appellationem, ut ſit plerumque neque per reſtitutionem eremodicii, niſi ſit minor xxv. annis, *l.7. §. ult. de minor.* Itaque non culpatur defenſor, qui non appellavit, quia non poſſet appellare. Non potuit appellare, quia reus contumax condemnatus eſt; & vero reus ipſe, non defenſor condemnandus fuit, quia cum reo fuiſſe contestata, non cum defenſore. Defenſor ſupervenit liti conteſtatæ: & æquum eſt, ut cujus quiſque litis initium fecit, ejus etiam eventum excipiat, nec unquam accidit, ut alius damnetur, quam qui litem conteſtatus eſt. Merito ergo fuit condemnatus reus principalis, non defenſor, qui ſupervenit liti conteſtatæ, & quia condemnatus eſt ex eremodicio, ex contumacia, ideo, neque per ſe, neque per alium appellare poteſt, quia quod quis non poteſt per ſe ſuo nomine, neque per alium, *l.2. de adm. rerum ad civit. pert. l. quæritur, de Carbon. edict.* Et hæc eſt ſententia evidentiſſima hujus partis prioris. Sequitur altera pars, quæ eſt de defenſore abſentis, qui litem conteſtatus eſt. Finge: cum moveret quidam controverſiam hominibus L. Titii abſentis de proprietate fundi, quem Titius poſſidebat, q. dam abſentis poſſeſſoris amicus ſe rei defenſioni obtulit ultro, & inter eum & actorem lis conteſtata eſt. Si ſecundum actorem judici videatur danda eſſe lis, condemnandus eſt defenſor, non poſſeſſor, qui abeſt; quia defenſor litem conteſtatus eſt tanquam alieni juris vicarius: abſens enim nunquam huic judicio adfuit. Et ita oſtenditur in *l. 1. C. de ſent. & interloc. omn. judic.* lite inchoata & conteſta-

ta inter actorem & procuratorem, vel geſtorem ſive defenſorem voluntarium, non eſſe condemnandum eum, qui judicio abfuit, ſed procuratorem vel geſtorem tantum. Idem oſtenditur in *l. minor, & l. Plautius, de procurat. l. alia cauſa, ſol. matrim.* Hoc autem caſu ſi defenſor, qui condemnatus eſt ſententia non appellaverit, culpam contrahere videtur, quod cum poſſit, non appellavit: hæc, inquam, culpa vel ei imputabitur vel repenſabitur, ſi agat judicio directo negotiorum geſtorum: vel objicietur ei ſi cum eo agatur directo judicio negotiorum geſtorum. Et hoc eſt, quod ſubjicit Ulpian. in hac eadem nota, quam facio ſecundam partem hujus §. *Ceterum, &c.* directo judicio negotiorum geſtorum aget voluntarius amicus, & bonæ fidei defenſor, licet condemnatus ſit : ut recipiat, quod ob rem judicatam ſolvit, veluti litis æſtimationem, quam ſolvit, ſed non etiam, ut recipiat ſumptus in eam litem factos, quia apparuit non fuiſſe ei rationem litigandi. Et ita eſt proditum in *l.5. §. in hac ſtipulatione, jud. ſol.* Et hoc quum condemnatus ſit. Nam ſi vicerit, ſi cauſam tenuerit, etiam ſumptus litis recipiet, perinde ac ſi rem defendiſſet ex mandato rei, ſi litem, ex mandato ſuſcepiſſet. Quo caſu, ſive vicerit, ſive non, recuperat ſumptus ad eam litem factos, ſumptus litis: quia quidquid fecit, ex mandato fecit. Et ita hic §. explicandus eſt. Male autem Joannes & Accurſius ſtatuunt contra ea, quæ diximus, defenſorem ultro interveniente poſt litem cum reo conteſtatam, eſſe condemnandum. Quod eſt contra manifeſtiſſima verba prioris partis, quæ condemnat reum principalem, qui litem conteſtatus eſt. Neque quidquam mutat, quod defenſor in hac priore parte tantum allegavit cauſas abſentiæ, quia hoc tantum ſupererat defenſioni, quoniam ſe reus in litis conteſtatione ſatis defenderat, vel rem, de qua agebatur: nec ſi quid ſuperfuiſſet amplius, id defenſor omiſiſſet: denique hoc tantum ſupererat, ut allegaret cauſas abſentiæ; idque efficeret, ne judex gravem ſententiam dare feſtinaret adverſus abſentem. Quod cum non obtinuerit, æquum eſt, ut condemnatio recurrat ad eum, qui litem fecit, & conteſtatus eſt. Contra, male Doctores omnes Accurſium reprehendunt, ſcribentem hoc loco, etiam actorem invitum agere compelli cum eo, qui ultro ſe liti offert & defenſioni rei abſentis, abſente reo paratus ſatisfacere judicatum ſolvi, ut fit, alioquin non admittetur, non erit defenſor idoneus, itemque paratus obligationem, & in ſe transferre liberato abſente, pro quo intercedit. Hæc eſt ſententia Accurſii, ut actor compellatur cum eo agere, qui ſe offert defenſioni litis, reo abſente, & ſatisfactionem paratus ſolvere: quæ veriſſima ſententia eſt. Quia juſtius eſt ejuſmodi defenſorem admitti, etiam invito actore, quam abſentem quaſi contumacem & indefenſum gravi condemnatione percelli, a qua non poſſit appellare, quæ ſunt verba *l. exigendi, in fi. C. de procur.* Æquiſſima eſt ſententia, a qua non debuit dimovere Doctores, *l. ſi mandatu 1. §. 1. mand.* quo utuntur, quæ nihil huic ſententiæ adverſatur. Nam hoc tantum vult, non cogi conventione novatione facta mutare obligationem reſtituendo eam in priſtinum ſtatum, ſive reponendo in priorem perſonam, a qua obligatio erraverit ad defenſorem, qui interceſſit novandi cauſa ; non dicit creditorem non cogi novare obligationem, puta, judicio accepto cum defenſore voluntario ſatisdante judicatum ſolvi, & in ſe transferente principalem obligationem, hoc eſt expromittente: ſed dicit ita forte ſemel mutatam obligationem rurſus mutare creditorem non compelli. Remaneamus igitur in ſententia Accurſii.

### Ad §. Qui aliena.

*Qui aliena negotia gerit, uſuras præſtare cogitur: ejus ſcilicet pecuniæ, quæ purgatis neceſſariis ſumptibus ſupereſt.*

EX hoc §. hoc tantum intelligimus, negotiorum geſtorem debere uſuras pecuniæ debitæ ob cauſam adminiſtrationis, quam percepit vel percipere potuit. Eam

Eam autem duntaxat pecuniam debere, ac proinde ejus tantum pecuniæ usuras præstari, quæ superest deductis necessariis sumptibus, quos negotiorum gestor fecit in rem alienam. Quod est Papiniani hoc loco, *purgatis sumptibus necessariis,* ut purgatis rationibus in *l. 12. C. de bon. proscript.* Apud Suetonium in Caligula: *Decimo quoque die apud judicem rationes suas purgabat.* Sed adde etiam purgari debere sumptuum usuras, quia & veniunt in contrarium judicium negotiorum gestorum *l. ob negotium, C. eod. tit.*

### Ad §. Libertos.

*Libertos certam pecuniam accipere testator ad sumptum monumenti voluit, si quid amplius fuerit erogatum, judicio negotiorum gestorum ab herede non recte petetur de jure fideicommissi, cum voluntas finem erogationis fecerit.*

Ponit testatorem per fideicommissum rogasse heredem, ut daret ducenta libertis suis, ad sumptum extruendi monumenti, libertos autem expendisse trecenta, quod forte minore summa non posset extrui monumentum pro dignitate patroni. Quæritur: an quod amplius expenderunt, ab herede recuperare possint actione negotiorum gestorum, veluti hereditario negotio gesto? ut *l. hereditas, de petit. hered.* Et ait, libertos, neque judicio negotiorum gestorum petere posse, quod amplius erogarunt in extructionem monumenti, *nec jure fideicommissi.* Ita enim habent omnes alii libri; male Florentini, *de jure fideicommissi.* Et addit rationem, quæ est communis, hoc est, quæ utramque actionem excludit, negotiorum gestorum, & fideicommissi; quia *voluntas testatoris finem erogationis fecit:* noluit amplius expendi, dixitque, ut expenderentur ducenta. Quod confirmatur arg. *l. ult. C. eod. tit.* Et inde Joannes recte putat; quod si mandavi tibi, ut mihi fundum emeres octo, & emeris decem, ejus quod superest, tibi repetitionem non esse. Quid tamen fiet, si libertus minus expenderit in extructionem monumenti? Id quod restat hoc casu, constat heredis commodo proficere, *l. Lucius, §. 1. de leg. 2.* Atqui dicitur, non minus erogari posse, quam jussit testator, *l. cum in testamento, de verb. signif.* Sed ut respondeam illi loco, heredem jussit in monumentum, vel funus certam duntaxat summam expendere, usus hoc articulo *duntaxat,* & heredem, ait, non videri facere contra voluntatem testatoris, si plus expendat, sed si minus expendat, quia articulus *duntaxat,* qui abest ab hoc §. modum facit in *d. l. cum in testamento.* Non tantum quoad erogare liceat, sed etiam quoad necessarium sit. Et ita hoc mihi explicandum videbatur.

### Ad §. Tutoris.

*Tutoris heres impubes filius, ob ea, quæ tutor ejus in rebus pupillæ paternæ gessit, non tenetur: sed tutor proprio nomine judicio negotiorum gestorum conveniatur.*

Hujus §. quæstio est: Tutor pupilli & heredis patris, id est, qui heres extiterat patri, qui quidem pater tutelam cujusdam pupilli, qua moreretur administrabat, hic, inquam, tutor non tantum negotia pupilli sui gessit, sed etiam negotia ejus, cujus tutelam pater gessit sui, cum moreretur, administrabat. Quæritur, an ex hoc facto tutoris, pupillus paterno pupillo teneatur? respondet Papinianus, non teneri, sed solum tutorem, qui gessit, sub nomine sui teneri judicio negotiorum gestorum, non pupilli sui nomine, quia pupillus ipse nihil gessit in rebus pupilli paterni, nec gerere quicquam potuit aut debuit; atque adeo nec explicare potuit, aut debuit ea, quæ pater inchoaverat in rebus pupilli sui, *l. 1. de fidejuss. tut.* Quod pupillus ipse explicare non debuit, ergo nec tutor ejus nomine, ut eum, non se obligaret. Quamobrem pupillo paterno solus tutor obligatur judicio negotiorum gestorum, quod negotium ejus gessit suo nomine, vel si pupilli nomine, quod non debuerit pupil-

li nomine, quod non debuit nec potuit pupillus ipse: Pupillus non est legitimus administrator rerum alienarum, quia nihil scire intelligitur, *l. ult. de jur. et fac. ign.* Et valde sane corrupta est *l. 3. h. t. in §. pupillus,* quo scriptum est, pupillum si negotia aliena gesserit, teneri judicio negotiorum gestorum in id, quo locupletior factus est ex ea administratione. Quia cum pupillus non sit legitimus administrator rerum alienarum, consequens est, & ex administratione sive negotio, quod gesserit, eum non teneri, quasi nihil egisse videatur, qui quod gerit, nescit. Et sane illo loco pro *pupillus,* esse legendum *pupilli,* manifeste quod præcedit, quodque sequitur, indicat. Quod præcedit: quia cum in edicto prætoris de neg. gestis scriptum esset hoc modo, *Si quis negotia gesserit alterius,* ante eum paragraphum, *Pupillus,* interpretatur hanc vocem, *Alterius,* etiam pertinere ad feminam, ut sit, *Si quis negotia gesserit alterius,* id est, *maris,* vel *feminæ.* Idem ostendit etiam, quod sequitur, quia *Alterius* interpretatur pertinere ad furiosum, ut sit *Alterius,* sani vel furiosi. Ex quo sequitur in intermedio, id est, in *§. pupillus,* eum interpretari, *alterius,* etiam ad pupillum referri, ut sit *Alterius* pupilli vel puberis, ut scilicet si pupilli negotia gesserim ultro, in eum agere possim, id est, contrario judicio negotiorum gestorum, in id, quo locupletiorem eum feci bene gerendo ejus negotium. Aut vicissim si is agat directo judicio negotiorum gestorum, me posse ei imputare quod gessi, quoque locupletiorem eum feci. Mutemus speciem hujus §. Si patri tutori pupilli cujusdam filius non impubes, id est, justæ ætatis, heres institutus, heres exstiterit, & aliquid gesserit in rebus pupilli paterni post mortem patris, quamvis ipse filius non sit tutor, quia tutela non sequitur tutorem tutoris: morte finitur: tamen ob ea, quæ gessit in rebus pupilli paterni non dicemus eum teneri negotiorum gestorum, sed tutelæ actione, qua defunctus tenebatur, cujus heres negotia pupillaria gessit, aut gerere perseveravit, *l. 4. de fidejuss. tut.* etiam finita tutela in herede tutoris. Nam non tantum ob ea, quæ gessit defunctus, sed ob ea, quæ ipsemet gerere perseveravit, datur actio tutelæ.

### Ad §. Quanquam.

*Quanquam mater filii meæ negotia secundum patris voluntatem pietatis fiducia gerat: tamen jus actoris periculo suo litium causa constituendi non habebit, quia nec ipsa filii nomine recte agit, aut res bonorum ejus alienat, vel debitorem impuberis accipiendo pecuniam liberat.*

Femina nec filii sui impuberis tutrix aut curatrix esse potest, nisi hoc specialiter a principe impetraverit, *l. ult. inf. de tut.* vel nisi certis conditionibus hodie ex constitutione Valentiniani, *l. 2. C. quan. mat. tut. off.* fungi poss. at regulariter nec filii sui mater tutrix esse potest: at negotia ejus administrare non prohibetur: non tamen temere aut passim, sed si forte pater testamento ea commendaverit & commiserit matri, ut plerumque, pietatis maternæ fiducia pater libentius committit matri negotia filii communis, quam extero, & hanc fiduciam habuerit pater de ipsa, cum injunxit matri administrationem negotiorum filii communis quem relinquebat impuberem. Tutorem vel curatorem matrem dare testamento pater non potest: at negotia filii communis ei committere & injungere potuit. Alioquin mater non habet jus administrationis in rebus filii sui impuberis, *l. filia, in fin. de solut.* sed ex suprema voluntate patris habet jus administrationis. Nec enim abs re posuit Papin. matrem gessisse negotia filii sui patris voluntate: nam citra voluntatem patris non habet jus administrationis rerum filii vel filiæ. Denique, inter matrem & filium non potest esse judicium tutelæ, vel curationis judicium, negotiorum gestorum ex hac causa potest esse ultro citroq; Et consequenter, licet commissa sint matri negotia filii impuberis testamento patris, tamen non potest ea agere omnia, quæ tutoribus permittuntur vel incumbunt. Quod Papin. breviter hoc loco demonstrat exemplis quatuor, aliam scil.

esse

esse causam tutoris, aliam matris, cui pater testamento commendavit negotia filii communis. Primum non potest mater filio impuberi suo periculo litium causa actorem constituere, quod permittitur soli tutori vel curatori, ut litium pupillarium causa actorem constituat, qui eas lites agat, quoties diffusa sunt negotia pupilli, aut dignitas, vel ætas, aut valetudo tutoris id postulat: quod multis locis ostenditur, *l. tutor, quan. ex sac. tut. l. decreto, de adm.tut. §.ult.Inst.de cur.l.10.C.de appell.l.10.C. qui dare tut. vel cur. poss.& * in *tit. C. de act. a tut. sive cur. dan.* Et aliquando hîc actor a tutore necessario constituitur, ut puta, si pupillus procuratorem ad lites facere non possit tutore auctore, quod absens sit pupillus, vel quod infans sit *d.l.decreto*: nam ipse tutor sine pupillo, non potest facere procuratorem ad lites, ulsi ad eas lites, quas ipse tutor jam contestatus est. Ceterum ante litem contestatam, tutor non potest facere procuratorem litis, quia ipse non est dominus litis, sed pupillus, *l.neque,C. de proc.* Sed decreto Prætoris vel Præsidis, si litibus sufficere non possit contestandis pupilli nomine, ei permittitur, ut causæ actorem constituat ad lites, adjutorem ad cetera negotia si id postulat negotiorum multitudo, *l. solet, de tut.* Hoc soli tutori vel curatori permittitur specialiter ex decreto judicis, non permittitur procuratori vel gestori negotiorum alienorum. Ac ne matri quidem ex voluntate patris gerenti negotia filii. Hoc igitur primum ostendit Pap. maxime distare matrem, cui permissa est administratio rerum filii testamento patris, a tutoribus & curatoribus. Sequitur alia differentia. Tutor pupilli nomine recte agit in judicio: recte rem pupilli deducit in judicium. At mater, quæ negotia pupilli gerit, rem pupilli in judicium deducere non potest. Aliæ igitur sunt partes tutoris, aliæ matris, cui hoc commissum est a patre. Aliud officium tutoris aut curatoris, aliud matris, cui hoc permissum est a patre. Neque vero mirum, si mater non possit negotium pupilli in judicium deducere, quia nec ullam rem alienam potest ultro, nisi parentis nomine ex causa, si non sit alius, qui agat parentis sui nomine, *l. feminas de proc.* filii autem sui impuberis nomine idem non potest, quia tutorem ei petere potest, qui agat, *l. alienam C. de proc.* Non potest etiam mulier ex mandato, ut procurator agere litem alienam, nisi in rem suam, *l.4.C.de proc. l.2.de reg.jur.* Et hac ratione Pap. probat matrem sane actorem pupillo constituere non posse: quia, inquit, nec ipse filii nomine recte agit Actorem non facit, qui ipse agere non potest: judicem non facit, qui ipse judicare non potest. Adducuntur & aliæ differentiæ inter tutorem & curatorem, & neg. gest. Tutor rem pupilli legitime alienare potest, si hoc exigat utilitas pupilli, *usi cum pluses §.1.de adm.tut.*at gestor voluntarius jus alienandi nullum habet. Item tutor debitorem pupilli liberare potest, pecuniam debitam accipiendo, vel rem novando, quod gestor non potest, qui mandatum non habet, aut voluntatem creditoris, *l.vero,§. quod si forte,de sol. l. 22.de adm.tut.* Ergo in specie proposita mater, cui in testamento pater mandavit administrationem negot. filii communis impuberis, non potest debitorem filii, hereditarium puta, liberare accipiendo pecuniam debitam; & debitor filii solvendo matri, non recte solvit; hoc est, solutione matri facta non liberatur. Huic sententiæ obstat vehementer *l.filius de sol.* Species est elegantissima. Mater negotia filiæ suæ pupillæ gessit ultro, non ex voluntate, aut præcepto patris, sed ipsa se immiscuit negotiis filiæ pupillæ suæ, & res ejus vendendas argentariis dedit, quod tamen jure non habebat, ut ullum administrandi habebat, ut eadem *l.filii* nominatim ait, quæ voluntatem patris, aut mandatum non habebat; Argentarii vero ex mandato matris eas res vendiderunt, & pretium persolverunt, ac pertulerunt ad matrem: quæritur: an recte solverint matri? an jure sint liberati? Et Scævola illo loco respondet, jure liberatos esse. Ergo mater, quæ negotium gerit pupillæ, pecuniam accipiendo debitam pupillæ, liberat debitores pupilli. Jure, hoc est, jure ipso, quod est contra hunc §. Jure, inquam, quia ut ad Scævolam notat

A Claudius illo loco, superest illa quæstio, quæ pendet ex jurisdictione, hoc est, quæ officio judicis dirimenda est, ac si diceret: Bene ait Scævola, jure liberatos, hoc est, ipso jure, summo jure, quoniam subest adhuc quæstio, quæ pendet ex officio judicis: an scil. nihilominus argentarii pupillæ condemnandi sint, si scil. ignoraverint negotia pupillæ fuisse, si existimaverint matris fuisse, quæ mandabat res vendi, & mater non sit solvendo; denique si ignoraverint matrem administrare rem pupillæ, nec habuisse jus administrationis, & falso existimaverint fuisse matris res illas: Nam hoc casu melius est, ut dicamus non esse liberatos, nec liberandos officio judicis, cum mater solvendo non sit, hoc est, cum a matre filia rerum suarum pretia recuperare non possit atque servare. Et Scævolæ responso ita demum locus non est, si sciebant argentarii ne-
B gotia pupillæ fuisse, & matrem non habuisse jus administrationis, & mater solvendo non sit: quia non liberantur, nec enim scientes debuerunt solvere matri inopi & egenæ. At hujus casus inspectio pertinet ad officium judicis, ut eum excipiat a responso. Ergo responso ita demum locus est, si argentarii nescierunt pupillæ fuisse negotium, vel si sciebant, & mater sit solvendo. Unde res omnis, adhibita hujusmodi distinctione, facile expedietur. Aut debitores pupillæ solverunt, quod debent ex causa negotii, quod gesserunt cum matre pupillæ idonea aut locuplete, & recte solverunt, & liberati sunt. Aut solverunt ex causa hereditaria, quia debitores erant patris, cui pupilla ab intestato heres extiterat, & tunc non recte solverunt matri, cum qua nihil contraxerunt, nec liberati sunt solvendo matri. Hæc distinctio totam rem expediet. In summa autem hoc ait Pap. §.ut ostendat quantum
C interfit: an tutela pupillæ permittetur matri, an negotiorum administratio, quantumque intervallum sit interjectum inter hæc duo genera administrationis, inter tutelam & negotiorum gestionem.

---

### Ad §. Ult.

*Uno defendente causam communis aquæ, sententia prædio datur: sed qui sumptus necessarios probabiles in communi lite fecit, negotiorum gestorum actionem habet.*

SPecies §.ultimi hæc est. Lis est de servitute ducendæ aquæ, vel hauriendæ, quæ est communis mihi & tibi, hoc est, quæ debetur fundo communi meo & tuo:
D Tu eam litem defendisti solus adversus vicinum, qui negabat eam servitutem deberi, & eam obtinuisti; tu igitur commune negotium gessisti. Quæritur, an sumptus in litem factos necessarios ac probabiles a me repetere possis pro parte judicio negotiorum gestorum? In hanc actionem veniunt tantum sumptus necessarii, & probabiles §. *qui aliena*, §. *libertos*, sup. hac lege, *l. 25. hoc tit.* At videntur in hac specie non venire sumptus, quos tu in eam litem fecisti, quia sententia dicta est tibi, qui eam litem defendisti, non mihi qui cessavi. Ergo non videris gessisse rem communem. Sed hoc Papinianus negat, quia non tibi sententia dicta est, sed dicta est fundo communi, cui debebatur servitus aquæ, non tibi, vel mihi. Et ratione fundi vicisti non minus mihi quam tibi, vicisti etiam mihi, *l. loci*, §. *si fundus, si servit. vind.* Ergo æquum est, litis sumptus esse
E communes, quia victoria est communis. At quod ait Pap. eos repeti actione negotiorum gestorum, id valde pugnat cum *l. 6.* §. *hoc autem, comm. divid.* quæ generaliter dat actionem communi dividundo, denegat negotiorum gestorum: ideoque eam opponit Accursius ibid. Illa lex dat actionem communi dividundo, cum quid necessario actum est in solidum, quod pro parte commode explicari non possit, & ita impensa facta ab uno in rivum aquæ communem, vel in viæ communem eundem locum; Cassius & Pomponius, qui fuit ex Cassii amicis, dabant actionem communi dividundo impensæ pro parte recuperandæ gratia, vel pro socio, non negotiorum gestorum, *l. cum duobus,* §. *item si in commun.*

*mun.pro foc.l.arbor*, §.*si eundem*, *comm.divid.* quia servitutis causa individua est, & qui diviserit servitutem, eam corruperit: non potuit in causam servitutis fieri ullus sumptus pro parte: quicunq; igitur factus est, in solidum necessario factus est. Ergo venit in judicium communi dividundo: nam in judicium negotiorum gestorum id tantum venit, quod gestum est in solidum (nam possit experiri pro parte, ut definitur in *d.§. hoc autem*. Et ita in proposito casu, cum communis servitutis causa fuerit individua, & necessario fuerit defensa in solidum ab uno, nec potuerit defendi pro parte, videtur sumptus in litem factus esse repetendus judicio communi dividundo, non judicio negotiorum gestorum. Sed hæc opinio Cassii refellitur in *d.l.arbor*, §.*si per eundem*: elegantissima ratione, quia proprie communis nulla servitus est. Duorum proprie non est communis aqua, aut via, quæ ad duos pertinet, sive ad fundum communem. Commune est, quod pro parte indivisa meum est, pro parte tuum: at aqua, vel via, vel quæ alia servitus, unicuique nostrum in solidum competit, non pro parte. Et hoc est, quod ait lex *si duorum*, ff.*de oper. libert.* individuorum nullam esse juris communionem. Servitus, jus est individuum: jus commune dividum esse nequit, nec cogitatione quidem scindi in partes. Et ait *l.arbor*, §.*si per eundem*, *quæ communio juris separatim intelligi potest*. Sensus hic est: Servitus uniuscujusque separatim in solidum: Ergo inter eos nulla potest esse servitutis communio. Communio & separatio sunt contraria. Atque ubi una est, alia esse non potest; & ideo impensa facta servitutis communis tuendæ gratia, quæ debetur prædio communi, & facta ab uno ex sociis non venit in judicium communi dividundo, quia licet prædium sit commune, cui servitus debetur, ipsi tamen servitus non est communis: at venit ea impensa in actionem neg.gestorum; quia cum possem rem defendere, quasi mihi in solidum competente jure aquæ, malui defendere communi nomine meo & tuo, te contente. Quæ species in hoc §.necessario ponenda est, alioquin difficile esset hanc rem expedire.

### Ad L. XLII. de Recept. arb.

*Arbiter intra certum diem servos restitui jussit: quibus non restitutis, pœnæ causa fisco secundum formam compromissi condemnavit: ob eam sententiam fisco nihil adquiritur, sed nihilominus stipulationis pœna committitur, quod ab arbitrio statuto non sit obtemperatum.*

INter duos orta est controversia de quibusdam servis, quos unus eorum possidebat, alter dicebat, sibi deberi ex causa depositi, vel commodati, vel mandati. Et ex compromisso sumptus est arbiter, qui eam litem, eam controversiam dirimeret, qui statueret, an servi essent restituendi petitori. Utrinque ut fit (alioquin inanis & inutilis esset sumptio arbitri) promissa pœna aureorum quinquaginta, si quis arbitri sententiæ non staret; & in compromisso præterea convenit, ut eum qui arbitri sententiæ non staret, arbiter condemnaret centum pœnæ nomine fisco inferre. Post arbiter jussit servos restitui petitori intra Calendas proximas, & iis non restitutis intra Calendas proximas, jussit, ut compromisso promissum erat, non obtemperantem præstare fisco pœnæ nomine aureos centum. Quæritur, an ex ea sententia fisco pœnæ petitio sit? Et ait Pap.non esse, quod verum est: quia nec ipse fiscus eum arbitrum elegit, quoniam ad fiscum ea res non pertinebat: nec si eum elegisset, ulla actio esset ex sententia arbitri, quia sententia arbitri rem judicatam non facit, *l. 1. C.de rec.arb.* & servatur tantum metu pœnæ compromissæ; qua de causa sine vinculo pœnæ, nihil valet electio arbitri compromissarii: imo nec compromissarius est judex, nisi utrinque pœna compromissa. Sed pœna quinquaginta inter eos promissa, qui compromiserunt in eum arbitrum, ex stipulatu peti & exigi potest ab eo, qui arbitro non paret, qui arbitri sententiæ non stat: pœna fiscalis non fuerat in stipulationem deducta, nec si fuisset de-

A ducta, fisco adquireretur actio, quia per liberam personam non adquiritur actio, *l. 1.C.per quas pers.l.solutum.* §. *per liberam de pign.act.* Neque obstat *l.1.de jure fisc.* quæ ait, fisco deberi pœnam ex contractu privati: quia, ut breve faciam, quod est facillimum, in ea lege non intelligit pœnam, de qua convenerit inter contrahentes, ut fisco inferretur, sed pœnam legitimam, & jure irrogatam iis, qui contraxerunt illicite, & adjudicatam fisco, ut in *l.Senatus, de contr. em.* Ita Græci hoc loco ad eam legem respondent, & ita eam ipsam suo loco accipit Accurs. Bartolus aliter, & male.

### Ad L.XLIV. de Judiciis.

*Non idcirco judicis officium impeditur, quod quidam*
B *ex tutoribus post litem adversus omnes inchoatam, reipublicæ causa abesse cœperunt: cum præsentibus & eorum, qui non defenduntur administratio discerni, & æstimari possit. Cum postea servus apparuit, cujus nomine per procuratorem fuit actum, absolvi debitorem oportet, quæ res domino quandoque propriam litem inferenti non obstabit.*

SUnt duo responsa in hac lege. Ad primum sciendum est in primis, Regulariter non valere sententiam, quæ dicta est non præsente utraq; parte, non præsentibus omnibus, quos causa contingit, ut ait *l.de unoquoque, de re judic.* *De unoquoque negotio ejusque pœna omnibus, quos causa contingit, judicari oportet:* quod obtinet non tantum in sententia judicis; sed & in arbitri compromissarii, *l.diem*, §.*si quis*, *l.inter, de recep..arb.* Et manat ex *XII.tab.* in quibus ita est, *Præsente ambobus litem addicito*. Hoc cognito te finge: Plures fuisse tutores pupilli, plures contutores, cum quibus finita tutela pupillus egit actione tutelæ, ut reddant rationes, & litem cum iis omnibus contestatus est. Post litem contestatam judicio tutelæ (ut ponunt Basilica) quidam ex tutoribus Reipub.causa abesse cœperunt, nec ullum defensorem reliquerunt, quæritur, an iis absentibus ceteris præsentibus, judex suo officio fungi & sententiam dicere possit? Dubitationis causa hæc est, quod omnes litigatores præsentes non sunt, & exigat rite judicatum præsentiam omnium, ad quos res pertinet. Et tamen Pap. respondet, judicem suo officio fungi posse, & sententiam dicere, non quidem de re absentium, sed de re præsentium tutorum tantum: quia administratio ab-
D sentium, & præsentium a judice dividi & discerni potest. Ergo & judicari separatim, & sic administratio præsentium recte separatim æstimabitur sententia judicis, pupillo præsente: non prohibetur judex litem dividere, si ita res exigat, idque constituto Græca Justiniani definit in *l.pen.C.de sent.& interl.* & confirmat *l.cum in una, in princ. de ap.* Nec obstat, quod ait *l.nulli, C.de jud.* causæ continentiam, id est, πρόχειρον non posse dividi. Quia non loquitur de judice, sed de litigatore, qui dividit continentiam aut consequentiam causæ: puta qui apud unum judicem agit de proprietate, apud alterum de possessione ejusdem rei, cum apud eundem de utroque agere debeat, *l. ordinarii, C. de rei vindicat.*

Ad secundum responsum hujus legis hæc pertinent. Certissimum est cum servo nullum consistere judicium,
E nullam litem: ac proinde servum non posse habere procuratorem litis, *l. servum quoque, de procur.* Unde si eum, qui per procuratorem egit de pecunia debita, tanquam de pecunia sibi debita, aut suo nomine, celans tamen, se esse servum (quoniam si palam fuisset in ingressu judicii, eum esse servum, repulsus statim fuisset a judice) eum, inquam, qui per procuratorem de pecunia debita egit, si postea servus appareat, facere, ut debitor absolvatur, cum quo egerat. Creditori autem suo obligatus manet, id est, domino servi, quia absolutus tantum ab observatione judicii, quod nullum est cum servo; non ab obligatione principali qua tenetur creditori suo. Et hæc est sententia hujus secundi responsi. Nullum igitur est judicium, quod postea apparuit fuisse habitum cum servo, vel procuratore servi: sicut etiam nulla est libertas, quam dedit is, qui postea servus apparuit, *l. nulla competit, qui & a quib. ma-*

nu. *lib. non stans*. item nullum est testamentum, quod obsignavit is, qui postea servus apparuit, ut ex contrario sensu demonstrat *l.* 1. *C. de testam.*

At contra non est nulla sententia, quam dixit ut judex legitimus is, qui postea servus apparuit, *l. Barbarius, de offic. Præt. l.* 2. *C. de sentent. & interloc.* Nihil est, quod tam facile explicari possit. Respondeo separanda esse, quæ quis sua auctoritate privata constituit, ab iis, quæ publica auctoritate. Si sua auctoritate, ut si manumisit, si testamentum obsignavit, litigavit, nihil egisse videtur, qui postea servus apparuit. Si publica auctoritate, ut si judex creatus a Principe judicavit, rata sunt ea, quæ judicavit, licet postea servus appareat: quia ut judicium infantis suppletur auctoritate tutoris, *l. quamvis pupillus, §. infans, de adquir. poss.* ita, quod ejus judicio deest, suppletur auctoritate Principis, qui etiamsi sciens servum judicem fecit, utique & liberum fecisse videbitur; sed si ignorans, non etiam videbitur fecisse liberum. Ceterum, quia quidquid fecit judex, jure publico fecit: humanius est, ut ait *d. l. Barbarius*, conservari ea, quæ judicavit, vel propter utilitatem eorum, qui apud eum egerunt, & quietis causa finisque litium: ut Cicero suadet, conservari acta Cæsaris, vel otii & quietis causa, quantumvis ipso jure nulla fuerint. Sensus hujus responsi hic est: quod cum eum, qui per procuratorem ejus de debita pecunia, ex suo contractu, postea servum esse apparuit, debitor absolvitur; domino autem servi obligatus manet, quia ab observatione tantum judicii, quod nullum est, debitor absolvitur, & ab obligatione παραστάσεως, id est, judicio sistendi, quod nullum est, sed non etiam absolvitur ab obligatione principali, quæ tenetur domino ejus servi. Et hanc interpretationem omnino exigit verbum *domino*, quod est in eo responso: nam intelligit dominum ejus servi, qui procuratorem dederat ad petendam pecuniam debitam ex suo contractu.

### Ad L. XVI. de Inoffic. testam.

*Filio, qui de inofficioso matris testamento contra fratrem institutum de parte ante egit, & obtinuit, filia quæ non egit, aut non obtinuit in hereditate legitima, fratri non concurrit.*

Hujus legis duo sunt responsa. In primo proponitur casus, quo per querelam inofficiosi testamenti (quæ liberis aut parentibus exheredatis datur) testamentum rescinditur pro parte tantum, hoc est, testator sit intestatus pro parte tantum, & pro alia parte manet testatus: quod videtur esse παραδοξον; nec enim ab initio fieri potest, ut si quis partim testatus, partim intestatus, nisi sit miles testator; sed ex post facto fieri potest, veluti per querelam inofficiosi testamenti, ut in casu hujus responsi. Tres sunt fratres, duo præteriti testamento matris, cujus præteritio pro exheredatione habetur, unius heres institutus; Contra heredem institutum egerunt querela inofficiosi testamenti fratres præteriti a matre separatim de parte hereditatis singuli, & unus obtinuit, alter non: Testamentum pro parte rescinditur, ita ut habeat heres testamentarius semissem, alterum semissem præteritus, qui obtinuit in querela tanquam legitimus heres ab intestato, prorsus excluso fratre, qui non obtinuit. Idem est, si unus ex iis egit querela, alter non egit, repudiandi animo scilicet, ut in *l. seq. & l. si ponas, §. ult. h. t.* Denique qui repudiantis animo non agit, vel qui agit & non obtinet, partem non facit fratribus, hoc est, non numeratur in partibus faciendis & pro nullo habetur. Et hoc Papinianus respondet initio hujus legis, qui tamen alio loco, hoc est in *l. Papinianus, §. quoniam, hoc tit.* dicitur respondisse, diversum esse, si quis non repudiandi animo taceat, & non queratur de inofficioso testamento, in quo est exheredatus, quoniam hic partem facit fratri; idque forte huic primo responso etiam subjecerat Papinianus.

### Ad §. Contra tabulas.

*Contra tabulas filii possessionem jure manumissionis pater accepit, & bonorum possessionem adeptus est: postea filia defuncti, quam ipse exheredaverat, quæstionem inofficiosi testamenti recte pertulit. Possessio quam pater accepit, ad irritum recidit: nam priore judicio de jure patris, non de jure testamenti quæsitum est. Et ideo universam hereditatem filia cum fructibus restitui necesse est.*

Ad secundum responsum hujus legis sciendum est, patri præterito testamento filii emancipati, id est, instituto, nec exheredato, quia ea præteritio pro exheredatione habetur, competere querelam inofficiosi testamenti, ut patri: ut manumissori autem, si filium in emancipatione manumiserit; quod non faciebat semper pater, qui emancipabat nisi contraxisset fiduciam, ut ipse manumitteret mancipatum alii filium, ut manumissori, inquam, si in emancipatione filii manumissor exticerit, exemplo patroni competit bonorum possessionem contra tabulas, *l.* 1. *§. ult. si a paren. quis man. l.* 14. *h. t. l. si a milite, §. ult. de testament. milit.* Multum autem interest, quo jure pater præteritus veniat ad hereditatem filii emancipati; Nam per querelam inofficiosi testamenti aufert totam hereditatem: per bonorum possessionem contra tabulas, semissem tantum, vel hodie trientem debitum verecundiæ manumissoris. Item si filius emancipatus, quem patrem prætermisit, quod pro exheredatione habetur, etiam filium suum exheredaverit, & prior pater egit querela inofficiosi testamenti & obtinuerit, victoria ejus proficit filio exheredato, patri non proficit, *l.* 6. *§. si quis, h. t.* quod non fit quidem directo, nam res inter alios judicata aliis non proficit, sed per consequentiam: propterea quod re judicata, secundum eum, qui egit querela inofficiosi testamenti, testator factus est intestatus hoc est, rescissum est testamentum. Pater igitur via filio vindicandæ hereditatis ab intestato, in causa intestati præfertur patri: sic fit, ut victoria patris profit filio, hoc est, nepoti ejus patris, non ipsi patri. At alio casu, si pater prius acceperit bonorum possessionem contra tabulas certæ partis, nihil hoc proficit filio exheredato, nepoti suo, nec patri, si postea filius exheredatus agat querela inofficiosi testamenti, & obtineat contra heredem scriptum, aut contra patrem, sive avum suum, qui jure bonorum possessionis contra tabulas partem bonorum filii emancipati occupaverit. Victoria filii exheredati in querela inofficiosi testamenti excludit heredem scriptum, atque etiam patrem, qui anteverterat accipere possessionem bonorum contra tabulas, & uterque filio tenetur in hoc, ut filius habeat assem, hoc est, universam hereditatem cum fructibus, nisi sint consumpti jam bona fide: & ratio differentiæ redditur a Papiniano, quia in quæstione accipiendæ bonorum possessionis contra tabulas, de jure tantum patris quæritur, pater jus manumissoris habeat, nec ne? non de jure testamenti. Et si rem obtineat pater, jus suum obtinet, id est, legitimam portionem datam patrono pro beneficio libertatis, non etiam rescindit testamentum, non repellit heredem scriptum. At in querela inofficiosi testamenti quæritur de jure testamenti, an in ea causa sit testamentum ut rescindi debeat: quod etiam in *l. si impubes §.* 1. *de Carb. edict.* declaratur: qui in querela obtinet, testamentum rescindit, testatorem intestatum facit, & consequenter filius, qui postea in querela obtinet, patrem excludit commodo bonorum possessionis ante acceptæ; quia locum habere non potest hæc possessio bonorum contra tabulas, quæ patrono datur, aut quasi patrono debetur: locum, inquam, habere non potest ab intestato, in hereditatem legitimam vocato defuncti filio beneficio querelæ inofficiosi testamenti,

### Ad L.LI. de Petit. hered.

*Heres furiosi substituto, vel sequentis gradus cognato fructus medii temporis, quibus per curatorem locupletior furiosus factus videtur, præstabit: exceptis videlicet impensis, quæ circa eandem substantiam tam necessario, quam utiliter facta sunt. Sed & si quid circa furiosum necessario fuerit expensum, & hoc excipiatur, nisi alia sufficiens substantia est furiosi, ex qua sustentari potest.*

SCiendum est homini tantum sanæ mentis, non etiam furioso, aut mente capto hereditatem, aut bonorum possessionem ex testamento, vel ab intestato, legibus aut edictis deferri, *l.1.§.furiosi, de success.edic. l.1.de bon.possess.fur.comp.l.1.C.de suc.ed.* quia deferri dicitur ea hereditas, vel bonorum possessio, quæ potest adquiri, vel repudiari: atqui adquiri potest, & tantum repudiari utiliter ab homine sano; igitur insano non defertur. Ideoque certum est, hereditatem neque furiosum adquirere, neque bonorum possessionem accipere jure & ex edicto, neque per se, neque per procuratorem suum. Excipitur unus casus, si suus heres patri, vel si necessarius heres domino furiosus existat: Existit enim heres ipso jure etiam ignorans, & sine curatoris auctoritate, *§.sui autem, Inst.de her.quæ ab intest. l.ult.§.sin vero perpetuo, §.C.de cur.fur.l.63. de acqui. her.* ubi additur alius casus, si per eum, quem habet in potestate furiosi obvenerat hereditas, adeuntem jussu curatoris. Iis duobus casibus exceptis, furiosus, neque per se, neque per curatorem suum hereditatem adquirere potest, neque accipere bonorum possessionem edictalem, & ordinariam. At decretalem bonorum possessionem, quæ scilicet extra ordinem datur decreto Prætoris vel Præsidis ex causa, non ipso jure, non edicto promittitur, curator furiosi nomine accipere potest, ut interim furiosus fruatur bonis, & inde se alat atque exhibeat, *l.2.§.si quis ex liberis, Senatus.Tertul.l.pen. §.nos itaque, C.de cur.fur.* Quæ tamen decretalis bonorum possessio datur temporis causa, quandiu furiosus in ea conditione fuerit; *par provision*: neque enim ideo bona habiturus est, de quibus agitur, perpetuo & directo jure, antequam resipuerit, & præterea mox acceperit edictalem possessionem, vel hereditatem adierit. Ideoque petita a curatore furiosi bonorum possessione decretali, curator cavere vel satisdare debet hoc modo: *Si furiosus in eodem statu decesserit, hoc est non resipuerit, & ex eo aut in eo morbo diem suum obierit, neque adita hereditate, neque adquisita possessione bonorum edictali; se bona restituturum eis, ad quos ea res pertinet,* veluti substituto furiosi, ad quem, furioso herede instituto non acquirente hereditatem ex testamento, hereditas defertur jure substitutionis vulgaris, quia in hunc casum substitutus est: *Si institutus heres non erit, quæ est causa substitutionis vulgaris.* Et verum est eum heredem non esse, qui in eo statu decessit, licet interim nomine ejus curator bonorum possessionem adeptus sit, qui non jure & ex edicto eam adeptus est, sed ex decreto temporis causa, quandiu institutus ureretur. Non pono igitur, furioso heredi instituto datum fuisse substitutum in secundum casum, ut Accursius ponit, ad exemplum & similitudinem pupillaris substitutionis, hoc modo: *Si institutus heres erit, & in furore decesserit, ille heres esto*; non sic pono, datum substitutum in hunc casum, qui dicitur secundus casus substitutionis, *l.precibus, C. de impub.& al.subst.* ideo autem non sc pono ut ponit Glossa, quia ante Justinianum hoc jure in eum casum furioso substitui non potuit sine speciali venia principis, *l. ex facto, de vulg.subst.* sed pono ei datum fuisse substitutum vulgari modo, hoc est, in primum casum: *si heres non esset, ut in l.1.de bon. poss.fur. comp.* It Albericus, & Angelus Perusinus ponunt rectissime reprehenso Ac. Et hujus positionis fortissimum argumentum est in hac lege, quia in lege ponit; *Ab extero quolibet furioso heredi instituto substitutum datum, non a patre;* ergo in primum casum, Si he-

Tom. IV.

res non erit, quæ est vulgaris, non in secundum casum, id est, si heres erit, & in eo statu decesserit, nec ex constitutione Justiniani hodie, id est, ex *l. humanitatis C.de imp.& ali.subst. l. ult. §. sui autem parentis, C: de cur. fur.* potest a quolibet furioso substitui in secundum casum, sed a patre tantum vel avo, qui furiosum habet in potestate. Aliud etiam hujus rei argumentum rectissime ducitur ex hoc responso Pap.quoniam Pap.in eo alium facit heredem furiosi, quam substitutum, legitimum heredem scilicet ab intestato, qui substituto furiosi restituat hereditatem tantum eam, ex qua furiosus testamento extranei heres fuit institutus: ergo substituto in primum casum: nam ad substitutum in secundum casum, si is datus fuisset furioso, non tantum ea hereditas pertineret, sed etiam cetera omnia bona furiosi undecumque quæsita, *l.sed si plures, §.ad substitutarum, de vulg. subst.* nec alium haberet heredem furiosus quam substitutum, quia substitutio facta in secundum casum nihil aliud est, quam testamentum, sive datio heredis, *l.Papin.§.sed neque impuberi, de inoff. testam.* Ergo his argumentis freti dicamus, curatorem, qui accepit bonorum possessionem furiosi nomine, vel agnoscit, ut sit hodie nuda voluntate sine solemnitate decreti, exemplo tamen decreti Constitutione Justiniani, hoc est, *ex l.ult.C.de cur.fur.* debere cavere in hunc modum: furiosi restituturum furioso substituto in primum casum: vel ut hodie obtinet ex eadem Constitutione, ipso jure ea bona pertinent ad substitutum in primum casum, id est, ad substitutionem vulgarem, mortuo scilicet furioso in eadem conditione. Et addamus, vel si non sit furiosus heres institutus, eiq;datus substitutus vulgaris, sed cum defuncto esset proximior cognatus, nomine ejus curator decretalem bonorum possessionem accepit, curatorem cavere debere bona restituturum iri cognato sequentis gradus, ad quem ea bona pervenissent, si furiosus defuncto proximior non fuisset; videlicet furioso moriente ante sanitatem receptam, & petitam bonorum possessionem edictalem: nam decretalis finitur sanitate & respicentia: eaque finita suo nomine petere debet bonorum possessionem edictalem, aut jure civili hereditatem adire: aut sane locum faciet substituto vulgari, vel sequentis gradus cognato, *d.l.2.§.si quis ex liberis, ad Senatus.Tertullia.* His cognitis res erit facilior, quæ iis incognitis vix poterat intelligi. Finge: furiosus testamento Lucii Titii heres institutus est, eique datus est substitutus vulgari modo, id est non esset, illa heres esset: & L.Titio mortuo ab intestato, furiosus ei proximior cognatus est: deinde ex testamento, vel ab intestato bonorum possessionem curator bonorum agnovit ejus nomine; interim temporis causa, & ex illis bonis fructus percepit: postea mortuus est furiosus in eodem statu, & furioso Cajus ab intestato heres extitit, nunc a Cajo legitimo herede furiosi, substitutus furiosi vel sequentis gradus cognatus (qui scilicet eum, quem furiosus contigerat primo gradu, contingit secundo) petit hereditatem L.Titii, quam possidet pro herede. Justa petitio est, eamque hereditatem Papinianus ait, Cajum heredem legitimum furiosi debere restituere substituto vulgari, vel sequentis gradus cognato, cum fructibus medio tempore a curatore perceptis, quibus per curatorem furiosus locupletior est factus. Et recte: *quibus locupletior est factus,* quia bonæ fidei possessor (qualis fuit furiosus, cum ex decreto vel ex Constitutione Justiniani per curatorem bona possideret) eos tantum fructus petitori hereditatis restituere tenetur, quibus locupletior factus est, *l.illud, §.in bonæ fidei, hoc tit.* Et hoc est, quod ait Pap.initio hujus *l. Heres furiosi, &c.* quæ verba agnosco esse Pap.At quæ sequuntur stylus prodit esse Triboniani, nempe hæc: *Exceptis videlicet impensis, quæ circa eandem substantiam tam necessario, quam utiliter facta sunt.* Quibus verbis adjecit Papiniano Tribonianus, fructus, qui in restitutionem veniunt, ut dixit Papin. esse intelligendos deductis sumptibus, non tantum factis fructuum quærendorum, cogendorum, conservandorum gratia, quod est certissimum, & obtinet in omni par-

Kkk 2     te jute juris, etiam deductis sumptibus factis in res & corpora hereditaria, si necessarii vel utiles illi sumptus fuerint, ut in *l. plane, h.t.* Quid si voluptuarii fuerint, ut si in prædiis hereditariis curator furiosi medio tempore fecerit picturas, vel incrustationes? nihil scribitur de voluptuariis. Unde apparet, eum non dare deductionem sumptuum voluptuariorum, quæ tamen datur bonæ fidei possessori, *l. utiles, h.t.* Et ratio hæc est, quia non debuit curator supervacaneos sumptus facere, supervacuas facere impensas in bona, quæ possedit furiosus temporis tantum causa, in bona restitutioni forte subjecta : dat tamen heredi legitimo furiosi deductionem sumptuum factorum, furiosi ex eis bonis alendi & exhibendi causa, si eum curator aliunde tueri non potuit & alere. Quoniam & ii sumptus minuunt hereditatem, nec repeti possunt aut reputari heredi legitimo furiosi a substituto, vel a sequentis gradus cognato, ut fit in bonorum possessione Carboniana; quæ etiam est decretalis & temporaria: nam finitur pubertate, & datur impuberi, controversia status & bonorum paternorum, ut interim fruatur bonis, & ex iis toleret vitam suam, qui sumptus, si factus pubes excedat bonis (quod probatum forte fuerit filium eum non esse defuncti) non repetuntur. Interim igitur de alieno alitur, *l. ult. C. de Carbon. edic.*

### Ad §. Fructuum.

*Fructuum post hereditatem petitam perceptorum usuræ non præstantur. Diversa ratio est eorum, qui ante actionem hereditatis illatam percepti hereditatem auxerunt.*

IN hoc responso facit differentiam inter fructus perceptos ante petitam hereditatem, ante illatam actionem hereditatis, id est, ante litem contestatam, quorum fructuum usuras præstari ait : & fructus perceptos post petitam hereditatem, quorum usuras præstari negat. Et hoc intellige de fructibus venditis, & in fortem redactis, ut in *l. 4. de pact. dotal. l. eum qui, de iis quib. ut indig.* nam corpora ipsa fructuum in judiciis usuras non recipiunt, sed pretia tantum & sortes. Rationem autem hujus differentiæ Papinianus non explicat aperte, sed subindicat & innuit eam, dum ait, *fructus perceptos ante petitam hereditatem, ipsam auxisse hereditatem*: non igitur etiam eos auxisse hereditatem, qui percepti sunt post petitam hereditatem. Nam si fructus percepti post petitam hereditatem non auxerunt hereditatem, sequitur eos non fuisse deductos in petitionem hereditatis, non fuisse petitos, sed venisse in judicium officio judicis, ut etiam ait, *l. neque, de usur.* Ejus autem, quod officio judicis accedit, alia accessio nulla esse potest: accessionis accessio non est, ne sint infinitæ præstationes, *d. l. neque.* Denique usura usuræ, compendium compendii, commodum commodi non est, ut ait *l. 5. §. si indemnitas, de admin. re. ad civit. pert.* & constat ex multis aliis. Ita fructuum, qui vice accessionis officio judicis veniunt, non deducuntur in judicium, non petitorum, alia accessio veluti usura, & quasi fructuum fructus esse non potest. At fructus percepti ante petitam hereditatem, quia hereditatem auxerunt, actione hereditatis petiti intelliguntur, & in judicium veniunt actionis jure & potestate, non officio judicis. Nam hæc verba petitionis hereditatis, *si paret hereditatem meam esse*, etiam fructus continent, quibus aucta est hereditas, tanquam partes hereditatis, *l. item veniunt, §. fructus, h.t.* Denique fructus percepti ante petitam hereditatem, quia hereditate petiti intelliguntur tanquam pars hereditatis, & rei principalis; & ideo facile accipiunt accessionem usurarum. At fructus percepti post petitam hereditatem non intelliguntur petiti actione hereditatis: itaque accedunt hereditati officio judicis: ex quo sequitur, hujus accessionis aliam accessionem esse non posse. Et hanc quidem rationem differentiæ etiam Irnerius probavit, & Græcus interpres: & quis non probaret Papiniano ipso eam innuente, dum ait, *fructus perceptos ante aditam hereditatem auxisse hereditatem*, quod non ait de fructibus perceptis post petitam hereditatem? Ex hoc discrimine & illius potissimum, quod ponit, sumenda est ratio: nec hanc differentiam quicquam infirmat, quod Accursius objicit ex regula juris: non fieri deteriorem conditionem ejus qui litem contestatus est, quod litem contestatus sit, sed plerumque meliorem, *l. non solet, de reg. jur.* Atqui deteriorem fieri conditionem petitoris, si non præstentur ei usuræ fructuum perceptorum post litem contestatam. Quæ assumptio perneganda est: nam fieret quidem deterior conditio actoris, si usuræ, quæ ceperint ante litem contestatam, eædem post litem contestatam non currerent, quod etiam non fit; nam lite contestata usuræ non consistunt, sed porro currunt semper, *l. lite, de usuris*: At si post litem contestatam, deterior fit conditio actoris: quia ejus res vel jus non minuitur. Quod autem ait Papinianus, fructuum perceptorum post litem contestatam usuras non præstari, in utroque possessore verum est, non tantum bonæ fidei, sed etiam malæ fidei, quia & post litem contestatam omnes incipiunt malæ fidei possessores esse, etiam qui ab initio bona fide possederunt, *l. sed etsi lege, §. si ante, h.t.* Omnes igitur præstant fructus perceptos post petitam hereditatem, etiam ii, qui ab initio bona fide possederunt, ignorantes rem alienam esse : sed eorum fructuum usuras, qui percepti sunt post litem contestatam, nec malæ fidei possessor præstat, *d.l.neque.* Quod item ait de fructibus perceptis ante litem contestatam, ut usuræ eorum præstentur, etiam aliquatenus in utroque possessore verum est, non per omnia : quoniam id tantum in eo plurimum locum habet, & indistincte sive omnimodo, qui malæ fidei possessor fuerit, nam bonæ fidei possessor non præstat fructus perceptos ante litem contestatam, nisi quatenus ex iis locupletior factus est, ut dixi in primo responso. Et horum quoque fructuum, quibus locupletior factus est ante litem contestatam, usuras non præstat, nisi a die litis contestatæ, quo primum scivit rem esse alienam, *l. 1. C. de petit. hered.* Et eatenus quidem, quod ait de fructibus perceptis ante litem contestatam, etiam dici potest in utroque possessore verum esse. Nec ais te Papinianus nullam fecit mentionem possessionis aut fidei possessoris, quoniam quod ait de omni possessore, aliquatenus verum est, vel etiam per omnia : ut quod ait de fructibus perceptis post litem contestatam, per omnia verum est in utroque. Quod de perceptis ante litem contestatam, aliquatenus tantum, sive id aliquid, quoniam magis id convenit soli malæ fidei possessori, qui fructus perceptos ante litem contestatam omni modo restituit cum usuris legitimis: & ita scriptum hoc est nominatim in malæ fidei possessore in *l. heredem, & l. eum qui, de his quibus ut indign. l. illud, §. præsco, h.t.* ubi ait, Prædonem, id est, malæ fidei possessorem, fructuum, qui hereditatem auxerint (ii sunt fructus præteriti, qui sunt percepti ante litem motam) fructus præstare, hoc est, usuras fructuum eorum, pretii usuras prædonem præstare. Usura est fructus pretii pecuniæ. Usura est fructus pecuniæ. Idem ait *d.l. neque.* Verum tamen quod vi de cum eo, quod ait Papin. hoc loco, fructuum perceptorum ante litem contestatam usuras præstari, quoniam ait *l. neque,* nec eorum fructuum usuras præstari, qui ante litem contestatam percepti sunt, qui quasi a malæ fidei possessore ante litem contestatam percepti condicuntur. Non loquitur ea lex de petitione hereditatis, in qua, si cum malæ fidei possessore agatur, omnimodo veniunt fructus percepti ante litem contestatam actionis jure tanquam rei hereditariæ: & quia de hereditatis petitione non loquitur, ideo utitur verbo condicuntur: sed loquitur de conditione fructuum, de conditione sine causa, vel ex injusta, quam scil. intendit is, qui vicit actione proprietatis, vel actione in rem speciali, ut *l. 3. C. de cond. ex lege.* Quoniam in actionem in rem specialem veniunt quidem fructus percepti post litem contestatam officio judicis, sed non etiam ante percepti, nisi nominatim petiti sint, *l. :. C. de pet. her.* sed finito judicio proprietatis, in quo fructuum ratio habita non sit, vel deducta a petitore, qui vicit rem suam esse, deinde extantes fructus vindicantur, consumpti condicuntur a malæ fidei possessore, fructus enim rem certam, hoc est, corpus certum augere non intelliguntur, ut eo corpore petito & ipsi petiti intelligantur. At hereditatem fructus augere intelliguntur, quia hereditas est nomen juris, quod scilicet intellectu tantum abstrahitur & percipitur, non sensu. Hereditas est jus successionis, & hoc jus, augmentum & diminutionem recipit, & sic fit, ut petita hereditate, quæ ei augmenta accesserunt, etiam petita intelligantur. Differentia autem est maxima inter petitionem hereditatis & condictionem, de qua loquitur *l. neque*, quia condictio sine causa est actio stricta: petitio hereditatis est actio bonæ fidei ; & in strictam actionem non veniunt usuræ, nisi sint deductæ in stipulationem, *l. Titius de præscr. verb.* Et ideo in condictionem fructuum præteritorum, quæ intenditur adversus malæ fidei possessorem, qui de proprietate victus est, usuræ non veniunt, quia non sunt deductæ in stipulationem, nec possunt deberi, nisi ex contractu. At in bonæ fidei judiciis usuræ veniunt officio judicis citra obligationem ex tempore moræ, ex sola mora, *l. mora, §. in bonæ fidei, de usur.* Est tamen notandus unus casus, quo etiam in petitionem hereditatis non veniunt usuræ fructuum ante litem contestatam perceptorum a malæ fidei possessore, puta si fiscus petat hereditatem ex causa taciti fideicommissi ab herede, qui tacitam fidem interposuit incapaci restituendi fideicommissi, qui quidem heres est loco prædonis, *l. prædonis h. t. nobis prædo vel, quicunque malæ fidei possessor, non invasor tantum*: hoc vero casu benigne decrevit, ut ait Papinianus, Severus Imperator, non admissa superiore distinctione temporis, nec post litem motam, id est, post petitam hereditatem, nec ante, ex hac causa taciti fideicommissi perceptorum fructuum usuras præstari, *l. eum qui, de his, quæ ut indign.* Benigne hoc decrevit in hoc casu: Ergo regulariter aliud esse sequitur, sed in hoc casu noluit nimium favere fisco suo: & cum ea lege *eum qui*, nihil pugnat *l. cum quidam, §. in tacito, de usur.* quam obiiciunt: quæ non dicit heredem, qui tacitam fidem interposuit, præstare usuras fructuum, sed præstare usurarum emolumenta, quod scil. ipse percepit a debitoribus: nam usuræ ab eo collectæ omnimodo restituendæ sunt ; fructuum autem collectorum usuræ sequuntur. At rursus, quod ait *d. l. eum qui*, excepto illo casu taciti fideicommissi, malæ fidei possessorem post litem contestatam, hoc est, a die tantum litis contestatæ, præstare usuras fructuum ante litem contestatam perceptorum, hoc congruit cum *l. 1. C. de his, quæ ut indig.* sed non tamen bene congruit cum Senatusconsulto de petitione hereditatis, quo bonæ fidei possessori hoc tantum datur ut fructuum ante litem contestatam perceptorum, quibus scil. locupletior factus est, usuras præstet a die litis contestatæ tantum, *l. 1. C. de petit. hered.* Quamobrem Ulpian. in *l. item veniunt, §. ceterum, hoc tit.* mirum in modum coarctat eam *l. 1. C. de his, quæ ut indig.* quæ idem videtur statuere hac in re in malæ fidei possessoribus, quod præcipue Senatusconsultum dedit bonæ fidei possessori. Et eum modum igitur, quem imponit Ulpian. *d. l. 1. quæ est etiam Severi constitutio ad Celerem,* nos oportet addere *d. l. eum qui,* quæ congruit cum eo rescripto Severi. Modus hic est, quem ponit Ulpianus *d. l. 1. ut locum habeat d. l. 1. & quod ex ea tradit Papidianus in d. l. eum qui,* in iis tantum fructibus, aut rebus, quas malæ fidei possessor vendidit ante litem contestatam, quæ onerarent magis hereditatem, quam fructui essent, veluti, quod essent res steriles aut tempore periturae. Harum rerum sive fructuum, quos ex justa causa vendidit malæ fidei possessor non præstat usuras, nisi ex die litis contestatæ. Et ita auctore Ulpiano accipienda est *l. 1.* Aliarum autem rerum vel fructuum, qui usui & fructui esse poterant, qui servari poterant, si eos distraxerit ante litem contestatam malæ fidei possessor, eum usuras præstare statim a die petitionis, nec petitionis tantum, sed a die venditio-si hoc actor malit, aut res ipsas, vel fructus debere præstare, quoniam eas, eosve possidere intelligitur, qui dolo malo desiit possidere. Dolus pro possessione est, ergo districte in eum agi potest, ut eas res, eosve fructus, quos distraxisset, præstet, quasi possessor, ut redimat ab emptore, & præstet, aut si non possit præstare, ut damnetur, quanti in litem juravit actor, hoc est, quanti eas res juratus actor, eosve fructus æstimarit: quod plerumque est immensum pretium, vel infinitum ; & hinc apparet, quam distent hac in re bonæ fidei possessores a malæ fidei possessoribus, quamque non sit in utrisque in omnibus, & per omnia, idem jus in hac quæstione.

## Ad L. XLVIII. de Rei vindic.

*Sumptus in prædium, quod alienum esse apparuit, e bonæ fidei possessore facti, neque ab eo, qui prædium donavit, neque a domino peti possunt: verum exceptione doli opposita per officium judicis, æquitatis ratione servantur: si fructuum ante litem contestatam perceptorum summam excedant: etenim admissa compensatione, superfluum sumptuum meliore prædio facto, dominus restituere cogitur.*

QUæstio in hac l. est de ratione sumptuum a possessore rei, de qua agitur, factorum ante litem contestatam: in qua quæstione arbitror non esse admodum separandum justum possessorem a prædone, hoc est, malæ fidei possessore, neq; petitionem hereditatis a speciali in rem actione: nam in utroque judicio uterque possessor actori sumptus necessarios & utiles, quos fecit in eam rem, qua de agitur reputat: vel opposita exceptione doli mali, vel per officium judicis, etiam omissa exceptione doli mali, quia utriq; judicio hæc exceptio tacite inest, & si sit omissa, huic rei consulitur aut subvenitur per officium judicis, *l. plane, & l. ult. de pet. her. l. bonæ fidei, de nox. act. l. sin autem, §. in rem, h. t.* & hoc est, quod ait Papin. in hac lege, *Bonæ fidei possessorem sumptus necessarios & utiles, quos fecit in prædium alienum, quod possidebat bona fide, repetere quidem non posse a domino, qui prædium vindicat; neq; ab auctore hoc,* id est, ab eo, a quo rem habuit: non posse, inquam, per actionem fructus repetere a domino, vel ab eo, a quo rem habuit, ut puta, a quo prædium ei donavit. Et caute Papinian. custoditeque loquitur de donatore tantum, quia donator de evictione non tenetur donatario, ideoq; nec ei sumptuum nomine tenetur donator, quib; rem donatam meliorem fecit. Donator immunis est omni obligatione, atq; liber, post perfectam donationem, ab obligatione evictionis, & obligatione ædilitii edicti ob redhibitionis causam. Caute igitur donatore tantum loquitur, a quo dicit bonæ fidei possessorem petere non posse: nam a venditore prædio evicto proculdubio eos sumptus consequeretur judicio evictionis, in quod venit id omne quod interest, omnes etiam sumptus, quib; res evicta melior facta est, *l. 9. C. de evictio. l. 2. C. eod. tit.* at venditor tenetur in id omne, quod interest: ergo & in sumptus factos in rem venditam si evicta sit, & si eos bonæ fidei emptor jam sibi non servaverit a domino, qui prædium vindicavit & evicit: nam si eos sumptus a domino repetere non possit, ut Papin. ait per actionem, eos tamen sibi servare potest per exceptionem doli mali, vel per officium judicis: qui judicat de proprietate prædii: repetere igitur eos fructus non potest, reputare potest per exceptionem doli, vel per officium judicis. Et quod ait in hac lege: *Exceptione doli opposita per officium judicis,* est ἀνάλογον. Servat, inquit, sumptus a domino, qui vindicat rem proposita exceptione doli vel per officium judicis, sunt enim duo remedia, non unum. Et hoc deinde Papinianus ita declarat procedere, si minus sit in fructibus ante litem contestatam perceptis quam in sumptib. Fit enim compensatio concurrentis quantitatis fructuum, & sumptuum, & quod plus est in sumptibus in rem alienam bona fide factis servatur possessori, qui fecit, per exceptionem doli mali, vel per Officium judicis, ut dictum est. Et hæc est sententia legis. Ceterum lex hæc, hoc tantum tradit in bonæ fidei possessore de quo loquitur. Ergo aliud videtur esse in malæ fidei possessore: neque frustra, aut otiosum quicquam unquam Papin.scribit. Et ut aliud sit in malæ fidei possessore, ratio juris stricta suadet, quia prædo de se queri, & sibi non petitori imputare debet, qui sciens in rem alienam impendit, §. *certe*, *Instit.de rer.divis.* Ideoque in *l. domum*, *C.de rei vind.* etiam prædoni tantum datur deductio sive reputatio sumptuum necessariorum, non etiam utilium: sed si utiles sumptus fuerint, hoc tantum ei permittitur, ut asportet & tollat ex eo, quod fecit, quod sine detrimento rei principalis tolli potest, sine læsione prioris status rei. Ergo aliud jus est prædonis, aliud justi possessoris. At initio hujus recitationis, idem constitui esse jus utriusq; Et vero ita est; nam etsi prædonem a deductione sive reputatione expensarum utilium repellat stricta ratio juris, qui sciens prudensq; in rem alienam impendit, *d. §. certe, & d. l. domum*, tamen benignius est, ut ait *d.l.plane, de petit.her.* & prædonem, hoc est, malæ fidei possessorem beneficio exceptionis doli mali, vel officio judicis recipere sumptus, quibus rem meliorem fecit, ne scilicet actor ex aliena jactura lucrum faciat, ne ex alio incommodo suum augeat commodum. Quod ad strictam illam rationem, quæ etiam proponitur in *d. l. plane*, addit eadem lex, atque etiam *l. Julianus, h. t.* illo loco, *Nisi forte quis dicat exceptionem malæ fidei possessori prodesse de damno sollicito*, id est, de jactura, qua locupletior actor fiat. Ita vero idem addi potest *d. l. domum, & d. §. certe*, quibus auctor spectat solam rationem strictam juris. Strictæ scripturæ auctoris licet addere benignam interpretationem ex aliis legibus: ita tamen hoc addamus, ut si dominus non habeat unde sumptus utiles possefsori refundat, tunc necessario dicamus, quod est in *l. domum*, hoc tantum permitti possessori, ut tollat quæ salva re tolli possunt, qui aliter, quod impendit, servare non potest: sed possessori non tantum malæ fidei, ut *d. l. domum*, sed etiam bonæ fidei, quando dominus aliunde solvere non potest, *l. sin autem, §. in rem petitam, & l. in fundo, h. t.* nunc huic legi omnino recte conjungenda est *l. 65. hoc tit.* quæ est Papiniani, ex eodem libro.

### Ad L. Emptor Prædium LXV. eod.

*Emptor prædium, quod a non domino emit, exceptione doli mali posita, non aliter domino restituere cogetur, quam si pecuniam creditori ejus solutam, quia pignori datum prædium habuit, usurarumque medii temporis superfluum recuperaverit: scilicet si minus in fructibus ante litem perceptis fuit: nam eos usuris novis duntaxat compensari, sumptuum in prædium factorum exemplo æquum est.*

Quod dixit Papinianus in *l. 48.* quam modo exposui, de sumptibus factis in prædium alienum a domino recuperandis, idem in primo responso h. l. 65. statuit de pecunia, quam creditori domini, qui prædium illud habuit pignori obligatum in sortem, & usuras solvit possessor, si modo ea pecunia & usuræ medii temporis (quod uno verbo a nostris solet appellari *Interusurium*) excedant summam fructuum ante litem contestatam perceptorum. Nam fructuum & usurarum admissa & facta compensatione, quod plus erit in usuris, dominus, qui prædium vindicat, possessori restituere cogetur; quia in rem & utilitatem ejus reipsa possessor eam pecuniam expendit, ut in *l. si creditor, de pign. actio.* Denique quod dixit *d. l. 48.* de sumptibus, idem in primo responso hujus tit. statuit de usuris, *ad exemplum sumptuum*, ut ait, *in prædium factorum*. Quibus verbis Papin. plane se refert ad *d. l. 48.* Sed nondum est satis: necesse est etiam explicare speciem hujus primi responsi, quæ positu facilis non est, sed intellectu placebit. Pone: Creditori meo prædium pignori obligavi in sortem & usuras quas deduxerat creditor in stipulatum: deinde me absente, & ignorante Lucius Titius prædium meum emit, & traditum accepit non a me, non a creditore distrahente jure pignoris, sed ab alio non domino. Ita recte ponit Accurs. tertio loco in prima gloss. Deinde cum L. Titio creditor agit hypothecaria actione: quamobrem L. Titius solvit creditori sortem & usuras debitas, atque ita pignus meum, & meipsum liberavit a creditore, non quidem principaliter hoc animo, ut me liberaret, & rem meam gereret, sed ut sibi confirmaret & optimo jure haberet empti prædii possessionem. Sic vero L. Titius successit in locum creditoris mei, & ideo L. Titio ab eo tempore, quo creditorem meum absolvit, debentur usuræ, quæ creditori debitæ fuissent, si non fuisset absolutus; Quare me vindicante prædium a L. Titio, is non tantum mihi reputabit sortem & usuras, quas meo creditori solvit, sed etiam a die solutionis mihi reputabit usuras ejusdem quantitatis, tanquam sibi perinde, atque priori creditori, cujus in locum successit, debita sorte & usuris iisdem: at non reputabit etiam earum usurarum usuras, ut *l. 12. §. sciendum, qui pot. in pig. hab. l. secundus creditor, C. de pign.* quia eas usuras magis sui, quam mei negotii gerendi causa solvit, magis rei suæ, quam meæ servandæ causa. Si magis mei gratia hoc fecisset, usuræ solutæ loco sortis essent, & reciperet usuras in judicio negotiorum gestorum, *l. idem quoque, §. si procurator, l. qui negotia, §. 1. & §. ult. mand.* Si magis sui gratia, ut in specie proposita, usuræ solutæ loco sortis non sunt, sed tanquam usuræ, alias non admittuntur: quia nihil est, quod magis jus abhorreat quam usurarum usuras. Sunt igitur duo genera usurarum, quæ mihi L. Titius reputare potest: usuræ veteres, quas solvit creditori meo, & usuræ novæ, quæ ei L. Titio deberi cœperunt a die solutionis: ad exemplum prioris creditoris cui successit. Sed hoc interest inter veteres, & novas usuras, quod novas compensari cum fructibus, si quantum est in usuris, tantum sit in fructibus perceptis ante vindicationem prædii: at si quid plus est in usuris, id solum reputat atq; deducit. Veteres autem usuras non compensat cum fructibus: nam etsi tantum sit in fructibus quantum in veteribus usuris, quas creditori meo solvit omnimodo earum usurarum deductionem, reputationem, & retentionem habet. Et hoc est, quod ait Papin. hoc loco: *Fructus usuris novis duntaxat compensari*: duntaxat, ut excludat, veteres, quas non vult compensari cum fructibus, quod vicem habeant quorundam sortis, sed restitui possessori. Male igitur scribitur, ut quidam Codices habent *Nobis*, & recte *usuris novis*, ut in Basilicis, τοῖς νέοις τόκοις, & apud interpretem βασιλικῶν, τόκοις καινοῖς, & in hoc responso, *usurarum medii temporis superfluum*, hoc est, quod plus est in usuris novis, quam in fructibus. Medium igitur tempus vocat, quod intercessit a die solutionis in diem vindicationis prædii, ut Glossa notat recte: quæ ubique etiam est sana & rectissima, præterquam ad illa verba, *a non domino*, ex qua quidam retineri tantum volo, quod ait, *vel dic tertio*, id est, tertiam opinionem. Recte etiam Florent. hoc loco habent *ante litem perceptis*, & Basil. πρὸ τῆς προκαταρξίας, male alii, *a lite contestata.* Recte *ante litem*, ut ante litem contestatam in *l. 48.* Ideo autem ait, fructus perceptos ante litem contestatam pro modo quantitatis concurrentis compensari cum usuris novis, vel cum sumptibus in rem factis, non quod non & similiter compensentur fructus percepti post litem contestatam, sed quod de illis magis dubitari poterat. Nam fructus percepti post litem contestatam veniunt in actionem in rem officio judicis, qui ipsa pendente lite sunt percepti. At percepti ante litem motam nullo modo veniunt in eam actionem, nisi nominatim petantur, & vindicentur: & tamen licet petiti non sint, jure compensantur. Et sic etiam sumptus hoc loco intelligimus factos ante litem contestatam, *d. l. sin autem, §. in rem petitam*. Non quod habeatur etiam ratio sumptuum factorum post litem contestatam, sed quod dubitari magis poterat, de iis qui non in ipsa lite, sed ante litem sunt.

### Ad §. Ancillam quæ non.

*Ancillam quæ non in dotem data, sed in peculium filia con-*

concessa est, peculio filiæ non legato, mancipium hereditarium esse convenit. Si tamen pater dotis ac peculii contemplatione filiam exheredavit; & ea ratione reddita, nihil ei testamento reliquit, aut eo minus legavit, filiam defensio tuebitur voluntatis.

MUltum interest filiæfamil. detur aliquid in dotem, an in peculium: nam si datum sit in dotem, statim sit proprium patrimonium filiæ: filiusf. habet proprium patrimonium, castrense peculium aut quasi castrense; filiasf. dotem a patre profectam, quæ statim fit propria filiæf. ut nec auferri possit a patre per exheredationem filiæ vel alio modo, *l. un. §. videamus, C. de rei ux. act.* Exheredatio non aufert omnia liberis, non aufert jus sepulchrorum *l. 6. de relig.* non aufert jus dotis suæ, vel filiæ a parente datæ, *d. §. vid. l. dotem de coll. bon.* non aufert assignationem libertorum, *l. 1. §. sed etsi, de adsign. liber.* non aufert casum militiæ, *Le vacant d'un office, Nov. 22.* non aufert etiam ab intestato jura libertorum, ut declarat Justinianus in illa constitutione Græca *de jure patronatus,* quæ desideratur in fine tituli *C. de bon. libert.* Quod autem filiæ datum est in peculium, quandocumque filiæ auferri potest a patre, & ablatum videtur, si exheredata est, non legato peculio, nisi, ut ait, exheredationi sit additum elogium hoc modo: *Exheres esto, quia sufficit tibi peculium quod dedi.* Idem i. in modico legato simile elogium additum sit : *lego tibi quinque, quia abunde sufficit quod dedi peculium* nam in hoc casu non legatur peculium nominatim per illa verba: *quia abunde sufficit pec. quod dedi inter vivos.* Ergo non potest petere peculium, sed si id heredes vindicent a filia potest retineri, non potest peti, sed retineri per exceptionem doli mali ex voluntate defuncti; quoniam, inquit, filiam tuetur voluntas defuncti. Denique legati, quod nominatim non est relictum, petitio non est, non enim debetur: retentio tamen ejus est ex conjectura voluntatis defuncti per exceptionem doli mali, ut *l. ult. §. avus, de doli exc.*

Ad L. IV. de Servitut. rust. præd.

*Pecoris pascendi servitutes, item ad aquam appellendi, si prædii fructus maxime in pecore consistat, prædii magis quam personæ videntur: si tamen testator demonstravit cui servitutem præstari voluit, emptori vel heredi non eadem præstabitur servitus.*

ILlud in primis præsumendum est : Servitutes aut personarum esse aut prædiorum: eorumque vel urbanorum vel rusticorum, *l. 1. l. quoties, de ser.* aut in rem esse, aut in personam, ut ait *l. Cajus, de annuis legat.* Quæ prædiorum servitutes vel in rem sunt, prædiis: quæ personarum, personis debentur: & quæ prædiis debentur, sequuntur emptorem prædiorum, heredemve, ad quem ea prædia pervenerunt, hoc est, successorem omnem: nam emptoris nomine hoc loco, ut in XII. tabulis significatur quilibet successor rei; heredis autem nomine significatur successor juris. Quæ vero servitutes personis debentur, cum personis extinguuntur, nec ad eis transeunt in emptorem vel heredem, quod hæc lex ostendit, & *l. cum fundo, & l. pen. b.t. l. usus aquæ, de usu, & hab. l. pater, de serv. leg. l. non solum §. tale, de lib. leg.* Item, ut aliam differentiam ostendam, servitus prædii tantum præstatur possessori vicini prædii, vicinæ possessionis, *l. 5. h.t.* illo loco, *Jus esse non posse, nisi fundum vicinum habeas* : denique ita est : in fundo tuo non possum habere servitutem prædialem, nisi vicinum fundum habeam, quia eam servitutem fundus fundo debet, non homo homini non personæ, nec constitui utiliter potest, nisi inter adfines fundos, confines fundos. At servitus personæ etiam ei præstatur, qui nullam vicinam possessionem habet, *l. Mela 14. §. ult. inf. de alim. leg.* Potest autem eadem servitus modo esse prædii, modo personæ, nec ulla est quæ semper sit prædii, hoc est, quæ non possit esse personalis, quod Pap. in hac l. demonstrat in jure sive servitute pascendi pecoris, vel ad aquam appellendi, quod nume-

ratur quidem inter servitutes prædiorum, *l. 1. hoc tit.* tamen personalis esse potest, non solum prædialis. Illa servitus prædialis est, si, ut inquit Papinianus, fructus prædii maxime in pecore consistat : prædii scilicet in quo est pecus, cujus pascendi vel ad aquam ducendi jus vicino testator legavit : nam lex est de servitute legata; & maxime hoc loco idem est, ac si dicat, maxima ex parte, ut in *l. fundo legato, de inst. vel instr. leg.* Legato fundo instructo cum omni instrumento deberi venationis instrumenta, si quæstus fundi ex maxima parte in venatione consistat. Et ita hoc loco *maxime*, id est, maxima ex parte, si maxima pars fructuum prædii cogatur a pecore, si maximus reditus prædii sit a pecore, si nullus fere sit alius fructus prædii, quam fructus quem tollit pecus, atque tollitur ex pecore, fructus pecoris, ut si id prædium sit saltus & pastio pecuaria, ut in *l. de grege, de inst. vel inst. leg. l. si quis uvas, de usufr.* Nam si & in eo saltu quædam particula aratur pastorum aut custodum gratia : Ælius Gallus apud Festum ait, eam rem non perimere nomen saltus, quia satis est maximam partem prædii non alii rei esse utilem, quam pascendo & sustinendo pecori. Denique saltus est prædium, cujus fructus maxime in pecore consistit, id est, maxima ex parte: nam non mutat nomen saltus particula agri quæ aratur. Quamobrem recte dicemus, pastus servitutem impositam vicino agro, cum pecori in saltu constituto majore pabulo opus esset, aut servitutem appellendi pecoris ad aquam aut fontem vicini, ad aquam vicinam, qua forte saltus caret, esse servitutem saltui debitam non personæ, & ut Pap. ait, magis esse prædii, quam personæ. *To maxime*, respondet τὸ *magis.* Uterque articulus in comparando est, & huic servituti etiam adjungi potest, ut tugurium vel casam pastoralem habere liceat in agro vicino, in quam, si hiems ingruerit, pastores se recipiant, *l. 6. in fine h.t.* ubi hiems sumitur, ut Græcis χειμών, pro vi ventorum aut imbrium. At notandum est, quod diximus, fructus vel reditus fundi, veluti saltus in pecore consistere, nihil aliud esse, quam fundi reditum constare ex fœtu pecorum, lana, lacte, vellere, villis & ceteris, quæ sunt in pecorum fructu, *l. in pecudum, de usufr.* Sicuti reditum fundi ex melle constare in *l. si reditus, de inst. vel instr. leg.* est fundi reditum consistere in apibus, & fit in ea lege mellis mentio tantum, qui olim, ut scribunt auctores rei rusticæ, cera & propolis fuit exigui æris, exigui pretii; nihilque ex apum fructu fuit in pretio præter mella. At non est omittenda hoc loco distinctio, qua Juriscons. utitur in *l. de grege*, quam attuli, *de fundo inst. & instr. leg.* cum quæritur : an instrumento fundi legato debeatur pecus, quod in eo fundo est? Primum enim instrumento fundi non cedit pecus, quod in fundo eo paterfamilias habebat pascendi causa, si id comparavit in hoc, ut ex eo fundo ipse fructus perciperet, quæstum faceret & negotiaretur, ut ex eo scilicet ferret agnos, vitulos, hinnulos, lanam, & similia, quæ sunt in pecorum fructu, vel ex eis instrueret suas epulas, ut ait *Paul. 3. Sentent. tit. de legatis* Pecus, quod ea causa, aut eo fine comparatum est, non est instrumentum fundi, aut patrisfamilias instrumentum, & instructo quidem legato, quoniam est plenius, legato cedit, *l. 2. C. de verb. signific.* Ceterum instrumento non cedit. At si pecus in eo fundo habuerit paterfamilias, ut ex eo fundo aliquem fructum perciperet, quem alioquin nullum perciperet (fingee eum fundum esse saltum incultum & sylvestrem) si, inquam, fructus fundi maxime in pecore consistat, hoc casu, placet pecus cedere instrumento fundi : quoniam manifestum est, paratum id esse instrumentum fundi causa (nam & hoc casu pecus habetur pro instrumento fundi, ut *l. cum quæreretur §. ult. de leg. 3.*) ut per gregem ex fundo caperetur fructus aliquis, *l. fundi instrum. de instr. & inst. leg.* Idemque est si pecus in fundo habetur stercorandi fundi causa. Nam hoc casu pecus habetur pro instrumento fundi, ut *d. l. cum quæreretur §. ult. d. l. 2. C. de verb. signific.* Et Paulus eodem loco, *Instrumento fundi legato, deberi pecora stercorandi fundi causa parata.* Sed addendum, deberi etiam ea pecora, per

per quæ ex fundo fructus tollatur, qui alioquin nullus tolleretur. Et ita est explicanda distinctio *d.l.de grege*, quæ erat satis difficilis. Ac præterea in hac lege notandum est, quod in ea est præcipuum : etiamsi fructus prædii in pecore non consistat, ut sit ager frumentarius, qui & sine pecore fructus fert, jus pascendi vel appellendi pecoris ad aquam, quod in eo fundo est, etiam prædii magis esse, quam personæ : jus pascendi oves, quibus ager meus stercoratur, magis prædii esse, quam personæ : altero casu, videlicet, si paterfam. in eo fundo pecus habuerit stercorandi fundi causa : nam si jus pascendi boves in vicino agro, quibus ager meus colitur jus est agri mei, ut *l. 5. h.t.* consequens etiam est agri mei jus esse pascendi oves, quibus ager meus stercoratur, quia stercorationis pars culturæ est. Breviter sic statuamus : Pascui servitutem, & appulsus pecoris duobus casibus esse prædii servitutem, si prædium non aliunde fructus habeat, quam ex pecore, ut si sit saltus & pastio, & altero casu, si sit ager cultus, qui tamen pecore illo stercoretur, cujus pascendi vel ducendi ad aquam jus constituitur. At cum testator, qui pascui servitutem legavit, vel appulsus pecoris, certam personam demonstravit : ut Pap. ait, cui servitutem præstari voluit, usum sive jus personale, non prædiale legasse videtur, ideoque ad emptorem vel heredem transmitti non potest, quod cohæret personæ legatarii, & cum ea extinguitur. Idemque est si ita personam demonstraverit, ut declaret, se ei soli servitutem præstari velle, ut si dixerit : *Heres meus L. Titium vicinum meum pecus suum in meo fundo pascere sinito* : si hic dixerit simpliciter, si modo appareat ita sensisse testatorem, ut hoc jus non egrederetur personam L. Titii : forte, ut proferam argumenta voluntatis defuncti, quia prædio vicini, hoc est, L. Titii nulla tali servitute opus sit, quoniam in eo forte nullum est pecoris genus. Hoc enim casu personæ non prædio servitutem legasse videtur, si modo & personæ usui esse possit : ut si L. Titius pecus habeat in alio agro forte remotiore à conspectu. Ex utilitate æstimamus omnia vel ex necessitate, vel ex voluptate, vel amœnitate : quæ servitus neque prædio neque homini usui vel voluptati esse potest, quæ nullam utilitatem habet, aut voluptatem, plane inutilis est, *l. quotiens, de servitut.* cui nihil obstat *l. si fundo, eod.* in qua tamen Labeo ait, servitutem aquæ lege venditionis imponi posse fundo vendito, ut scilicet ex eo fundo venditori liceat aquam ducere in alium fundum proximum, quam retinuit, tametsi ea servitus venditori vel fundo, quem retinuit venditor, utilis non sit : *Quædam enim*, inquit, *habere possumus, quamvis ea ipsis utilia non sunt.* Est vexata ab omnibus lex mirum in modum, sed nihil erit facilius ea, si modo conjungatur cum eo, quod idem Labeo scribit in *l. Labeo, h. t.* Ubi cum scripserit nondum inventa aqua servitutem aquæ constitui posse, quia scilicet quæri & inveniri & scaturire potest : & nondum ædificato ædificio servitutem imponi posse, quia scilicet ædificari quandoque potest, *l. si Labeo.* Similiter dicemus ita esse accipiendam sine controversia, *d. l. ei fundo* ut aquæ nondum utilis aut necessariæ servitus constitui possit, quia scilicet quandoque utilis esse potest propter spem utilitatis. Spes pro re est ; qua ratione & in infante & in agro squallido & sterili prorsus recte constituitur ususfructus propter spem futuræ utilitatis : sæpe fundus sterilis fit industria nostra fertilis longaque cultura, *l. arboribus §. ult. l. de illo, l. si infantis de usufr.* Quæ autem servitus prædii, ut hoc quoque statuam, causam meliorem, aut amœniorem facit, non facturam est, ut prospectus, ut non meliores sed amœniores fundos facit, *l. 2. sup. tit. prox.* & nonnumquam aqua, *l. h. jur. in princ. de aqua quot.* Sane utilis est servitus prædii ; quæ autem hoc non facit, non valet, ut servitus prædii, sed valere potest, ut servitus personalis, ut est in *l. ut pomum, de ser.* ut mihi liceat poma decerpere ex arbore vicini, vel ut mihi liceat spatiari in agro vicini, aut cœnare, servitus imponi non potest prædialis : quia nihil hoc pertinet ad utilitatem prædii : sed quæ tantum pertinet ad nonnullam utilitatem, ad voluptatem hominis, ea servitus valet, ut personalis, non potest valere, ut prædialis : quia meliorem non facit, aut voluptuosiorem, vel gratiorem causam prædii, quod semper exigitur in prædiali servitute, *l. 5. & 6. h. t.* Jus etiam personæ potest esse, quælibet servitus, quæ prædii servitus est ex voluntate defuncti, qui hæc lex ostendit in servitute pascui & appulsus, itemque *l. Mela §. ult. de aliment. leg.* In servitute aquæ haustus, si relinquatur homini non habenti vicinum fundum : & in servitute appulsus pecoris, si eidem quoque homini relinquatur, vel in jure gestandi, ut possit vehi sella gestatoria in fundo Lucii Titii, qui vicinus non est, id est, cujus prædio vicinum fundum nullum habet, quem possideat. Idem est si relinquatur tibi jus in meo torculari uvas premendi, qui meo fundo vicinum non possides, vel etiam, ut in area mea tibi liceat fruges terere vel exprimere, ut in *d. l. Mela §. ult.* in illo loco : *Nam & haustus aquæ*, ubi legendum est hoc modo, *Nam & haustus aquæ, ut pecoris ad aquam appulsus est servitus* : addita subdistinctione, quæ vulgo deest : *Personæ tamen jus, qui vicinus non est non inutiliter relinquitur*, ut hic sit sensus : Aquæ haustus sicut pecoris ad aquam appulsus est servitus prædii. Personæ tamen, hoc est, ei qui vicinus non est non inutiliter relinquitur : hic denique sensus est : inutilem servitutem relinqui prædio, si personæ non sit inutilis cui relinquitur, soli personæ relictum videri. Et ita in specie, *l. pen. hic* : aqua personæ relinquitur. Est lex Græca, qua proponitur frater fratri legasse digitum aquæ, quia solebat aquæ modulus digito institui rotundo, vel quadrato, ut est apud Frontinum, & in antiqua inscriptione Suessæ, *ut digitus aquæ in domum ejus flueret commodisque publicis, ac si decurio, frueretur*. Et jus illud aquæ ait esse personale *l. pen.* quod neque emptorem, neque heredem fratris sequitur. Personale, inquam esse, non ut Alciatus docuit, quia testator dixit, δίδωμι καὶ χαρίζομαι: quoniam hæc sunt vulgaria verba legatorum, sicut Do, lego, ita Δίδωμι καὶ χαρίζομαι, ut in donatione illa, quæ fuit subrepta pervincendæ securitatis Theodosii causa, eidem Theodosio à Pulcheria sorore, per quam fit Theodosius dono dabat uxorem suam, quod soleret temere subscribere porrectis quibuscunque libellis, in ea, inquam, ita fuit scriptum : δίδωμι καὶ χαρίζομαι τῇ γλυκυτάτῃ ἀδελφῇ μου τὴν γυναῖκα μου : δίδωμι καὶ χαρίζομαι. Sed ratio cur in *l. penult.* aqua sit servitus personalis hæc est, quia dixit testator, *ut aquæ digitum duceret in domum suam ὑς τὸν οἶκον αὑτοῦ, vel quocunque vellet* ; quæ verba demonstrant omnino testatorem non donasse digitum aquæ domui, vel certo prædio, sed personæ, quia permisit ei, ut quocunque vellet duceret eum modulum aquæ. Et ita in *l. 1. §. præterea Labeoni, de aqua quot. & æsti.* Interdictum illud pertinere etiam ad aquæ ductus, qui fundi non sunt, quia quocunque duci possunt. Unde manifestum est aquam, quæ quocunque duci possit vel aquæ jus quocunque ducendæ, personale esse, non prædiale jus.

### Ad L. XI. Finium regund.

*In finalibus quæstionibus vetera monumenta, census auctoritas ante litem inchoatam ordinati sequenda erit : modo si non varietate successionum, & arbitrio possessorum fines, additis vel detractis agris ; postea permutatos probetur.*

HOc responso Pap. ostendit in lite de finibus regundis probationes finium sumi ex antiquis monumentis, & monumenta intelligit, quæ sunt in agris sculpta ; saxis vel ære prisco, quæ constituitio Tiberii Imperat. de lege agrorum & limitum apud Julium Frontinum ait, publicam fidem tenere : & sic Siculus Flaccus de conditionibus limitum : illam tantum fidem agrorum videri, quæ tabulis æris manifestatur, continentibus formas agrorum, quas tabulas, qui fregit, tenetur *l. Julia peculatus l. qui tabulas, ad l. Jul. pecul.* quia publica monumenta sunt publicæ res. Sumi etiam Papinianus ostendit hoc loco, probationes finium, & terminari litem finium regundorum ex tabulis census acti ante litem contestatam de finibus, quia & hæc publica monumenta sunt, quibus con-

continentur agri cujusque & eorum agrorum fines, *l.4. A de cenſib.* Et hæc quidem omnia monumenta in causa finium potiora sunt testibus, ut Senatus censuit, *l.cenſus, de probat.* nisi scil. probetur, ut Papinianus ait hoc loco, postea antiquos fines, qui in publicis monumentis continentur, fuiſſe permutatos, vel varietate successionum vel possessorum, vel novo possessorum consensu, additis vel detractis agris, & confusa agrorum pristina facie, quæ verba etiam usurpat *l. 2. C. fin. reg.* Ubi sane, dum ea lex ait, *additis vel detractis agris alterutro*, placet quod Accursius notat ἀρχαικῶς apud aliquos scriptum *Alterutro*, non tantum quod *alterutri*, sed ut ipse ait, ὑποθίποδαν : id est, *alterutrubi*, ut dicimus *utrubi*.

### Ad L. XXXII. Famil. ercisc.

*Quæ pater inter filios non divisit, post datas actiones vice divisionis ad singulos pro hereditaria portione pertinent : modo si cetera quæ non divisit, in unum generaliter non contulit, vel res datas non sequuntur.*

Dixit superiori lege poſſeſſionum fines aliquando perturbari, aut permutari poſſeſſorum arbitrio & consensu : hoc plerumque fieri ait Aggenus Urbicus in Frontinum : *quum veteranus miles unam poſſeſſionem, quæ ei fuerat adſignata pro emerito, filiis suis dividit in tres aut quatuor portiones, pro numero liberorum diſtinctas terminis, quos veteres comportionales appellarunt, quod vice tabularum intercidentis portionibus inter filios deſigerentur*, ex quo loco Urbici emendandum eſt, quod eſt ſcriptum in ſupradicta conſtit. Tiberii. *Eſt & aliud monumentum*, inquit, *quod proximis ædibus vix unus*, pro *vix unus emenda veteranus*, ut ita legamus : *veteranus quas miles, vel conſors*, hoc eſt, *ſocius, condidit, in portionibus suis, vel ad progeniem futuram heredibusve suis (juſti teſtamenti loco)* heredibus juſtis, loco & vice inſtrumentorum tabellarumque. Et ad eundem modum Papin. in hac lege ponit, patrem habentem plures liberos, non feciſſe quidem teſtamentum, quod Accurſ. fingit fruſtra, ſed non facto teſtamento inter filios diviſoris arbitrio functum, ſingulis dediſſe res & actiones certas, nomina certa dediſſe, id eſt, adſignaſſe, non tradidiſſe, ut ait *l. ſi cogitatione, C.fam.erſiſc.* quæ cum iſta conſentit : officium arbitri eſt adſignare portionem conſortibus cohæredibuſve, *l. ſervum communem, C. eod.* Ubi portiones adſignatas intelligere oportet adſignatas ab arbitro famil. erciſcundæ, non, ut gloſſa ait, *lege xii. tabularum*, quia lex eſt de ſervo communi, at lege xii. tabul. diviſio fit nominum ſive actionum, non ſervorum vel aliorum corporum aliarumve rerum *l. 6. C. eod.* Porro officio arbitri functus eſt pater, qui in vita filiis suis portiones adſignavit, quas poſt mortem ſuam haberent in ſuis bonis, facta inter eos diviſione bonorum & actionum ſuarum, quæ utique diviſio rata eſt, tanquam ſupremum judicium patris , *l. ſi filia, §. ſi pater, h. t.* quia tametſi neque codicillorum jure cenſeatur, ſed ſit judicium tamen minus ſolemne minuſque legitimum, aut juſtum, ſi ſpectas ſolemnia juris, tamen eſt patris ſuprema voluntas, cui non tantum filios obtemperare neceſſe eſt, etiamſi ab inteſtato patri ſuccedant, ſed etiam accepto arbitro familiæ erciſcundæ arbitrum in adjudicandis bonis ſequi oportet eam voluntatem patris, *d. l. ſi cogitatione, l. quoties, & l. filii, C. eod.* Denique non tantum eam voluntatem, quæ portiones fecit inter filios ſequi debent filii, ſi modo eis ſatisfactum ſit, quod attinet ad portionem legitimam, ſed etiam arbitrum ſumptum ad adjudicationem faciendam. Ita tamen eam voluntatem, & diviſionem patris ſequi debet arbiter ſive judex familiæ erciſcundæ, ut Falcidiam cuiq; liberorum ſervet intactam & illibatam, ſi forte aliquis minus legitima portione habere deprehendatur, quia nec judicio patris filius non impius legitima portione defraudari poſſit . Sed neceſſe eſt, rem explicari appoſita ſpecie . Finge : duos eſſe filios Primum & Secundum. Patrem facta diviſione inter vivos Primo erogaſſe , ſive adſignaſſe

deuncem, aut quod deuncem efficit . Secundo autem adſignaſſe unciam tantum, quæ portio eſt minor legitima portione, quoniam in hac ſpecie, legitima portio debita filio eſt ſeſcuncia, *une once & demie*. Nam legitima portio eſt quarta pars ejus ; quod filius haberet ab inteſtato. Secundus quid haberet ab inteſtato concurrente fratre ? Semiſſem tantum . Semiſſis autem quarta eſt ſeſcuncia . Seſcuncia igitur eſt legitima portio in propoſita ſpecie . Deinde mortuo patre inteſtatus, quia illa diviſio non eſt teſtamentum : mortuo patre filii ab inteſtato ſuccedunt patri ex æquis partibus, id eſt, ſinguli ex ſemiſſe, ſed Primo Secundus veluti jure fideicommiſſi, videtur reſtituere debere quincuncem, ut uncia tantum ei ſuperſit, & primus habeat deuncem, ſecundum diviſionem ſupremi judicii patris, quod qualecunq; ſit, hoc eſt, & ſi ſolemne non ſit, obſervari oportet, *d.l.ſi cogitatione*, in qua iſta eſt legendum, *Si cogitatione futuræ ſucceſſionis*, vel cogitatione commortalis naturæ, officium arbitri dividendæ hereditatis præveniendo pater communis ſuo, vel qualicunque judicio ſuam declaravit voluntatem, eam eſſe ſequendam omnimodo, & vim habere fideicommiſſi. Quamobrem etſi Secundus ipſo jure ſit ab inteſtato heres ex ſemiſſe, tamen debet Primo reſtituere quinque uncias, ut illi expleat deuncem, ſervata voluntatem ſupremam patris. Quod ita poſita ſpecie ſi ſtatuamus, certe erit iniquiſſimum : nam ita Secundo ſuperfuerit uncia tantum, quæ minor eſt portione legitima. At Secundo conſulitur duobus modis, uno, ſi filius accuſet eam voluntatem patris tanquam inofficioſam, quod minus ei legitimum adſignaverit, cujus rei inſtituta querela, plane reſcindet totam eam voluntatem & diviſionem, & æquabuntur filii in ſucceſſione, *l. parentibus , C. de inoſſic. teſt*. Altero modo conſulitur Secundo, ſi ut quilibet extraneus ultra unciam retineat ſemunciam, quæ deeſt legitimæ portioni; exemplo Falcidiæ ait ex *l. ſi cogitatione*, quia non proprie ex ipſa lege Falcidia retinetur ex fideicommiſſis, ſed ex legatis tantum, verum retinet ultra unciam & ſemunciam, exemplo Falcidiæ ex Senatuſconſulto, ut ait *l.filii, eod.tit.* id eſt, ex Senatuſconſulto Pegaſiano, quod hodie ineſt Senatuſconſulto Trebelliano, quodque legem Falcidiam, quæ minuebat legata tantum ad modum dodrantis, porrexit etiam ad fideicommiſſa, *l.ſucceſſores, C.ad leg. Falcid.l.1.§.hodie , ſi plus quam per leg. Falc.§.ſed quia heredes, Inſt. de fideicomm. hered*. Et hoc ſecundo remedium tum filio, in quem minus contulit pater, uti commodum erit, cum excluſus erit primo remedio, vel tempore(nam querela inofficioſi finitur quinquennio ) vel alio modo ; nam perit multis modis. Alioquin ei eſt conſultius uti primo remedio, quia primo remedio aufert ſemiſſem integrum, ſecundo ſeſcunciam tantum, non ſemiſſem. At ponamus quod eſt in hac lege, Patrem inter filios aliquid indiviſum reliquiſſe, non omnia diviſiſſe jura vel corpora, ſed aliquid indiviſum reliquiſſe, quid fiet illo, quod indiviſum reliquit? utrum id inter filios dividet arbiter famil. erciſcund. pro hereditariis portionibus, hoc eſt, pro virilibus portionibus, pro quibus patri ab inteſtato ipſo jure heredes extiterunt? An vero pro modo rerum ei adſignatarum? Hæc eſt quæſtio legis, & reſpondet Papinia. judicio famil.erciſcundæ, id quod indiviſum remanſit ad eos pertinere, & inter eos dividi pro hereditariis portionibus, *d.l.ſi cogitatione ait , pro virili portione,* quod idem eſt, quia ex æquo ab inteſtato heredes patri extiterunt, ſed hoc ita procedere Papia. ait, & oſtendit etiam *d.l.ſi cogitatione*, quæ iſtius voluti commentarius eſt, ſi nulli filio pater id, quod indiviſum reliquit, generaliter adſignavit. Nam ſi poſt diſtributiones multarum rerum & actionum, pater ſubjiciat generaliter, *Cetera ad illum filium meum pertinere volo*, quod indiviſum pater reliquit, illi filio adjudicabitur in ſolidum, nec veniet in diviſionem cum fratribus. Item, ut ait Papinianus hoc loco, ſi id, quod indiviſum reliquit pater, tacite ſequatur, quæ uni adſignata eſt, veluti villa fundum ſequitur tacite , *l. fundi uſusfructus quib. mod. uſusf. amit.* ad eum, villa, quæ relicta eſt indiviſa in ſolidum pertinebit, cui fundus adſignatus

gnatus est. Male Græci hoc loco ponunt exemplum in peculio. Nam peculium non sequitur legatum aut venditum servum, *l. si legatus, de pecul. leg. l. 3. de evict.* nisi legetur nominatim. At villa sequitur fundum venditum, vel legatum tacito intellectu, quia pars est fundi, *l. si ita, in fin. de instr. vel inst. leg.* peculium non est pars servi. Male etiam iidem Græci interpretes pro exemplo ponunt, στρώματα ὑποζυγίων, id est, *ornamenta jumentorum*, quoniam ad hæc levicula Papinianus non videtur respexisse; ac præterea legata aut vendita jumenta, nisi id dictum sit nominatim sane ornatus non sequitur, *l. ædiles, §. vendidit, de ædil. edic.* & male etiam Accurs. exemplum ponit in pullo & equa; nam legatam equam pullus non sequitur, nisi qui post moram editus est, *l. equis, de usur.* Sicut nec legatas oves sequuntur agni non legati nominatim, *l. legati, §. ult. de leg.* 3. & illa adsignatio patris, quæ sit vice divisionis, habet legati, aut saltem fideicommissi vim. Ad hæc itaque notandum est, primum responsum hujus legis, sine ulla distinctione uno ductu esse legendum hoc modo: *Qui pater inter filios non divisit*, ut sit: *Qui post divisionem actionum & rerum indivisa restant*, subintelligo *Rerum*, atque suppleo ex fine legis; initio ait, *datas actiones*, atque inductas res, & has igitur & illas datas sive adsignatas: verbo *divisionis*, addo subdistinctionem, quod & Accursius notat recte initio glossæ ad verbum, *post datas*, mox tamen transit male in aliam sententiam.

### Ad L. ult. eod.

*Arbitrio quoque accepto, fratres communem hereditatem consensu dividentes pietatis officio funguntur, quæ revocari non oportet, licet arbiter sententiam jurgio peremto non dixerit, si non intercedat ætatis auxilium.*

Superiori lege actum est de divisione facta a patre; in hac l. ult. agitur de divisione hereditatis paternæ facta a fratribus mutuo consensu post acceptum arbitrium famil. ercisc. pendente judicio, pendente lite, quam si fecerit, ut ait Papinian. fratres pietatis officio functi sunt missa lite omni. Ambros. lib. 5. de fide: *Bona pietas arbitros refugit etiam in divisione patrimonii.* Rata autem est ea divisio, rata transactio litis cœptæ inter fratres, vel jurgii potius. Mavult Papinianus hoc loco mitiore verbo uti inter fratres, *jurgii*, quam *litis*, ut inter vicinos quoque & inter maritos jurgium esse dicitur potius, quam lis, lenitate verbi tristitiam rei mitigante. Divisio patrimonii plerumque sit transactionis genere, ut in *l. cum putarem, hoc tit. l. qui Romæ, §. ult. de verb. obl. l. tres fratres, de pact.* Rata, inquam, est ea divisio & transactio, etiamsi nulla sit secuta sententia arbitri. Res transactione finita nihil pertinet ad arbitrium, sive judicem. Confessionem quidem patris sequi debet sententia judicis: jusjurandum item, quod patri judex detulit, sequi debet sententia judicis: At transactionem habitam inter partes pendente lite, nullam sequi necesse est sententiam judicis; Denique additur, eam transactionem, sive divisionem factam inter fratres pendente judicio, etiamsi sententiam non dixerit judex, rescindi non posse, nisi beneficio ætatis, si quis eorum fuerit minor 25. annis: nam beneficio ætatis restituuntur adversus transactiones & divisiones, ut in *tit. C. si adv. division. & transact.*

### Ad L. II. de Distract. pign.

*Fidejussor conventus officio judicis adsecutus est, ut emptionis titulo prædium creditori pignori datum susciperet, nihilominus alteri creditori, qui postea sub eodem pignore contraxit, offerendæ pecuniæ, quam fidejussor dependit, cum usuris medii temporis facultas erit. Nam hujusmodi venditio transferendi pignoris causa, necessitate juris fieri solet.*

Hæc l. est de re eadem a debitore duobus creditoribus diversis temporibus pignori obligata ex diversis contractibus & causis: in quo pignore certissimum est potiorem esse priorem creditorem, quia id pignus poste-

rior creditor, neque priori creditori auferre potest, neq; ei, qui emerit a priori creditore distrahente pignus jure conventionis: sed hoc tantum juris habet posterior creditor adversus priorem, cum ambobus idem pignus datum est vel positum, ut priori creditori etiam invito solvat omnem pecuniam, quæ ei debetur, atque ita in jus & locum ejus succedat, & sibi pignus servet, retrahat atque confirmet, *l. 12. §. simpliciter, & §. pen. sup. tit. prox.* ut solvat, inquam, priori creditori pignoratitio omnem pecuniam, vel eam offerat, obsignet & deponat tuto in loco, veluti in tabulario civitatis, aut sanctuario Principis, aut in æde sacra, quod pro solutione est, *l. 19. C. de solut.* Denique posteriori creditori est jus auferendi priori creditori quod dependit. At si prior creditor pignus vendidit jure conventionis, posteriori creditori non est jus offerendi emptori pretii, quod dependit priori creditori, atque ita non est ei jus avocandi pignoris ab emptore, oblata & deposita pecunia, quam dependit priori creditori, jure suo distrahenti pignus. Et hoc ostendit *l. 3. hoc tit. l. 1. & 2. C. si antiq. cred. pign. vend. & l. 1. C. si pign. pig. datum sit*. Igitur posterior creditor habet jus offerendi priori creditori, sed non etiam jus offerendi ei, qui a priore creditore emerit. Et ratio hæc est, quia sera nimis est oblatio, quæ fit post perfectam venditionem pignoris jure creditoris. Hæc enim est extrema linea & extremus finis: pignoris venditione perimitur pignoris causa facta jure creditoris, quia rei dominium mutatur. His cognitis finge, quæ est species hujus *l. 2.* priorem creditorem, qui & pignus, & fidejussorem acceperat sui crediti servandi causa, egisse cum fidejussore actione ex stipulatu, & officio judicis fidejussorem obtinuisse, ut solutam omnem pecuniam, hoc est, sortem & usuras prior creditor acciperet, veluti pro pretio pignoris, & titulo emptionis pignus in se transferret, & transcriberet: denique ut venderet pignus fidejussori, etiam in actione stricta, qualis est ex stipulatu, aliquid potest officium judicis, ut patet ex hac lege. Nam etiam in actionibus strictam ex æquitate, hoc est, officio judicis veniunt fructus percepti post litem contestatam *l. videamus, §. si actionem, de usur. l. 8. de re judic.* Sed ad rem: ex ea specie, quam proposui nascitur hæc quæstio, cum ut dixi prior creditor fidejussori vendidit pignus soluta ab eo omni pecunia, propter quam pignus tenebatur: an hoc casu posteriori creditori sit jus offerendæ pecuniæ fidejussori, quam priori creditori solvit, veluti pro pretio, ut quod pignus emit a priori fidejussor, posteriori præstet, atque restituat? Et videtur posteriori creditori non esse jus offerendi fidejussori, quia pignus a priore creditore accepit titulo emptionis, qui actionis titulo pignus tenet, & quia, ut dictum est initio, posteriori creditori non est jus auferendi emptori pignus. Sed tamen aliud respondet Papinian. hoc loco, & Martianus in *l. 5. §. ult. hoc tit.* nempe posteriori creditori esse jus offerendæ pecuniæ, quam fidejussor solvit priori creditori cum usuris, scilicet non tantum, quas fidejussor solvit priori creditori, sed etiam cum usuris novis, quæ fidejussori debentur a die solutionis sive emptionis, quia locum subjit prioris creditoris, cui præstandæ usuræ fuissent, *l. secundus, C. de pign. l. emptor. de rei vind.* Debet igitur posterior creditor offerre totam pecuniam, ut sibi confirmet pignus, hoc est, sortem & usuras cum veteres, tum novas: alioquin imperfecta oblatio est, nulliusque momenti, id est, nihil posteriori creditori proficit ad transferendum pignus in se, ut hic eleganter Papinian. respondet; & addit, nihil huic sententiæ obstare rationem dubitandi, quam actuali, titulum emptionis, quo fidejussor pignus tenet: nam ea emptio simplex emptio non est, sed emptio pignoris habendi causa. Et ut multum interest, emptio simplex sit, an emptio contracta dotis causa, *l. quoties, de jur. dot.* quod latius explicat initium 17. Obser. Et item interest multum donatio simplex sit collata in filiumfam. an donatio facta divisionis causa, *l. si filia, §. si pater, fam. ercisc.* ita multum interest simplex emptio sit contracta dominii adquirendi causa, an sit emptio contracta

tracta pignoris habendi causa, quia hæc sit non tantum dominii adquirendi causa, ait *l. 6. h. t.* quæ tamen est plerumque finis emptionis, ut domini adquiratur, *l. pen. §. ult. de contrah. empt.* quam sit servandi sibi, & habendi pignoris causa: & sit etiam hæc venditio pignoris habendi causa, non tam sponte prioris creditoris, quam necessitate juris, ut ait Papin. hoc loco, quia non est aliter quicquam laturus prior creditor à fidejussore, quem elegit atque convenit, quam si jus pignoris ei vendiderit & transcripserit, *l. 2. C. de fidejuss.* ut Glossa recte interpretatur illa verba, *necessitate juris.* Longe igitur dissimilis hæc emptio est, quæ sit pignoris causa, ab emptione simplici & mera. Is igitur inspicitur in emptione mera, quod scriptum est instrumento emptionis, hoc est, sola & nuda emptionis causa, quia nec alia est causa, quæ inspici possit. At in emptione facta pignoris causa, non tam quod scriptum est, quam quod actum est, inspicitur, ut eleganter ait *l. 3. C. plus val. quod agit. quam quod sim. conc.* Id autem actum est, non ut fidejussor pignus emeret simpliciter, sed ut pignus obtineret & servaret debitori, cui fidem etiam suam obstrictam habet jure mandati, quia mandato ejus fidejussit, ergo principaliter facta hæc venditio est, ut ipse fidejussor pignus haberet, & bona fide servaret debitori, & interim locum prioris creditoris subiret, quem absolvit. Et cum priori creditori potuerit posterior creditor offerre, consequens est, ut etiam possit offerre fidejussori, qui loco prioris creditoris substitutus est. Denique ita concludamus & statuamus: Posterior creditor non habet jus offerendi simplici emptori, cui prior creditor sua sponte pignus vendidit jure conventionis. Et hæc sit una conclusio: sequitur alia. Posterior creditor habet jus offerendi emptori pignoris causa, cui scilicet prior creditor pignus vendidit, cum cogeretur pignus in eum transferre. Et ratio differentiæ hæc est: quia hac emptione necessaria jus pignoris non perimitur; illa autem emptione voluntaria & simplici sane pignoris permittitur. Est etiam alius casus, quo eadem ratione emptori pignoris secundus creditor offerre potest pecuniam, quam solvit, & pignus ab eo auferre, de quo casu est *l. 3. h. t. l. 1. C. si antiq. cred.* Et casus hic est. Si debitor ipse vendat pignus, non simpliciter, scilicet, sed ut ex pretio priorem creditorem dimittat, & loco ejus emptor succedat. Nam & hoc casu, quia simplex venditio non est, posteriori creditori jus est offerendæ pecuniæ; quia, ut ait *l. 3.* nihil refert debitor rem priori creditori obligatam alii obliget, an vendat prioris creditoris dimittendi gratia. At si alii obliget, ut scilicet facta versura, & ab eo accepta pecunia dimittat priorem creditorem, non est dubium posteriorem creditorem huic, à quo debitor versuram fecit, qua dimitteret priorem creditorem, & illum admitteret in prioris creditoris locum, a quo versuram fecit, jus habere offerendæ pecuniæ, & transferendi in se pignoris, *l. 12. §. a Titio, sup. tit. prox.* Ergo & æquum est, etiamsi debitor pignus vendat, ut dimittat priorem creditorem, & in locum ejus submittat emptorem pignoris, ut huic emptori, qui successit loco prioris, ut in *l. 3. C. de iis, qui in loc. prio. cred.* perinde atque ipsi creditori priori, posterior creditor habeat jus offerendæ pecuniæ; totius scilicet pecuniæ cum usuris omnibus medii temporis, veteribus & novis.

### Ad L. VII. de Usuris.

*Debitor usurarius creditori pecuniam obtulit: eam cum accipere noluisset, obsignavit, ac deposuit. Ex eo die ratio non habebitur usurarum. Quod si postea conventus ut solveret, moram fecit: nummi steriles ex eo tempore non erunt.*

INitio hujus legis ostenditur, debitorem certæ pecuniæ sub usuris, quem vocat debitorem usurarium ex eo die non debere usuras, ex quo pecuniam obtulit creditori, & eam cum creditor accipere nollet, obsignavit in sacculo, & deposuit tuto in loco, quia scilicet depositio pro solutione est. Ergo desinunt currere usuræ, ac si soluta esset pecunia in manum creditoris, quod & ostenditur multis locis juris, *l. 1. in si. h. t. l. si creditori, & l. acceptam, C. eod. tit. l. tutor pro pupillo, §. ult. de adm. tut. Mar. Tul. 6. ad Atticum, Consistere,* inquit, *debuit usura, quæ erat in edicto meo, deponere volebant.* Significat depositionem pecuniæ sistere usuram, & 13. Epist. ad famil. *Ajunt,* inquit, *se depositam pecuniam habuisse, id velim cognoscas, & si cognoveris eos, neque ex edicto, neque ex decreto depositam habuisse, des operam ut usuræ Curio instituto suo conserventur.* Quia scilicet deposita pecunia non debentur usuræ: non est depositæ debentur: sed necesse est, ut tota pecunia, quæ debetur, sit deposita & obsignata, quoniam depositio partis non retardat totius pecuniæ usurarum præstationem, non sistit usuras totius sortis, *l. tutor, §. 1. h. t.* verum addit Papin. in hac *l.* quod si post obsignationem totius pecuniæ publice factam, debitor a creditore interpellatus & conventus, ut pecuniam solveret, moram fecerit, ex tempore moræ præstabit usuras, quas præstabat ante obsignationem & depositionem. Posterior mora debitoris purgat priorem moram creditoris, qui noluit accipere oblatam pecuniam, ut in *l. illud, de per. & comm. rei vend.* Sed hoc loco, ne fallamur, ponamus necesse est, debitorem post depositionem pecuniæ pecuniam recepisse, nec perseverasse in depositione & oblatione, quod tamen omnino exigitur, *l. ita quis, §. Seja, de verb. oblig.* nam si debitor in depositione perseveraverit, si depositam pecuniam loco non moverit, creditor eum convenire non potest, cui solvisse intelligitur, sed habet tantum utilem actionem depositi in depositarium, ut si sit deposita in æde sacra, in ædituum, vel etiam habet earum pecuniarum vindicationem in possessorem quemlibet, ut ostendit *l. acceptam, in fin. C. eod.*

### Ad L. XX. de Tut. & rat. distrah.

*Alterius curatoris heredem minorem, ut majore pecunia condemnatum, in integrum restitui placuit. Ea res materiam litis adversus alterum curatorem instaurandæ non dabit, quasi minore pecunia condemnatum, si non sit ejus ætatis actor, cui subveniri debeat, sed æquitatis ratione suadente, per utilem actionem ei subveniri, in quantum alter relevatus est, oportet.*

PRimi responsi species hæc est. Minor 25. annis duos curatores habuit, quorum unus decessit, relicto herede alio quodam minore 25. annis, alter curator superstes, vivendo vicit alterum, egit autem adolescens utili actione neg. gestorum, quæ solet dari in curatorem. Ea, inquam, egit cum curatore superstite, & cum herede alterius curatoris, & ita egit, vel jam factus major, vel cum adhuc esset minor 25. annis, nondum finita curatione: nam & manente curatione, manente administratione, hæc actio intenditur recte in curatores vel heredes eorum, ut quæq; res salva adolescenti esse desinit, *l. 4. §. ult. l. 16. §. ult. h. t.* Et cum hac actione adolescens, ut dixi, egisset cum curatore superstite, & cum herede curatoris mortui, judex quidem curatoris mortui heredem, qui minor erat ætate, ut posui initio, majore pecunia condemnavit, curatorem autem superstitem minore pecunia, cum debuisset utrumque pari pecunia damnare, nec ab ejus sententia appellari potuit: finge, judicasse eum vice Principis. Post vero heres curatoris mortui beneficio ætatis, quoniam erat minor ætate, adversus sententiam judicis, qua majore pecunia damnatus erat adolescenti, in integrum restitutus est, quod de negotiis gestis lis restauraretur, & iterato eadem re disceptata, & deminuta condemnatione ipse relevaretur. Relevandi verbo utitur Papinian: & sane in integrum restitutio nihil aliud est, quam relevatio lapsi captive minoris ætate: quo etiam verbo in idiotismo utimur, significantes restitutionem in integrum. At inde quæritur: An herede defuncti curatoris relevato onere sententiæ beneficio restitutionis in integrum, adolescenti, qui egit neg. gest. restauretur etiam lis adversus curatorem superstitem, quem dixi minore pecunia condemnatum,

natum, ut majori condemnetur causa retractata ex integro? Et hoc quidem justum est, si egit negotiorum gest. cum esset adhuc minor 25. annis. Nam & ipse quoque adversus sententiam judicis, qua curator minor condemnatus est, in integrum restitui potest, ipse restituitur adversus curatorem, heres autem alterius curatoris restituitur adversus ipsum, id est, minor adversus minorem, quod sit recte, cum uterque eadem in re captus non est, *l.* 1. *C. si major. fac. alien.* At si adolescens jam factus major egit negotiorum gestorum, & obtinuit sententiam quam dixit, in eo cessat auxilium ætatis, quia major factus egit negocium. Veruntamen, ut ostendit Papin. æquum est ex hac causa, quæ justissima est, ex generali clausula, *Si qua justa causa videbitur*, quæ est in edicto *ex quibus caus. major.* relevato herede alterius curatoris pro modo ejus, in quo relevatus est, etiam majori, qui egit negotiorum gest. dari utilem actionem adversus curatorem superstitem, id est, adversus eum restitui & instaurari litem, in quantum heres alterius curatoris relevatus est. Et utilem actionem Pap. vocat actionem restitutoriam neg. gest. sicut muliere subducta, quæ intercessit pro alio, facta novatione subducta & liberata beneficio SC. Vellejani, vel etiam minori 25. annis, qui expromisit pro alio, subducto beneficio restitutionis in integrum, dicitur dari in veterem debitorem, qui novatione fuerat liberatus, dari, inquam, utilem & restitutoriam actionem, *l. quamvis* §. *si convenerit,* §. *si Marcellus,* §. *si mulieri, l. aliquando* §. *ult. ad SC. Vellej. l. si Titius, in fine, de fidejuss. l. ult. de min.* Omnis actio restitutoria est utilis, quia ex æquitate datur, ut Pap. ait, æquitate suadente, non vero directo jure, non mero jure competit: & hæc est sententia primi responsi, explosa merito Accursii sententia.

### Ad §. Non idcirco.

*Non idcirco actio, qua post. 25. annos ætatis intra restitutionis tempus adversus tutorem minore tutelæ judicio condemnatum redditur, inutilis erit, quod adolescenti curatores ob eam culpam condemnati sunt. Itaque si non judicium a curatoribus factum est, per doli exceptionem curatoribus consequi poterunt eam actionem præstari sibi.*

SEquitur alterum responsum, quod est in eadem lege, & quod etiam Ulpianus nominatim in testimonium vocavit, ipsius Papiniani verbis in *l. si minoris, de administ. tut.* prolatis; ideoque responsum etiam eo loci interpretatum erit facilius quæ operam responso, cujus interpres est Ulpianus & enarrator. Species hæc est. Finita tutela, adolescens curatores accepit, ut sit, qui etiam curatoribus adsistentibus liti, & auctoribus egit tutelæ adversus tutorem, eumque minore pecunia condemnavit culpa curatorum, qui minus deduxerant in petitionem, in tutelæ judicium, quam pupillo deberetur, & ob hoc adolescens, id est, ob culpam curatorum egit cum curatoribus utili actione negotiorum gest. in id, quod interest, tutorem pecunia minore condemnatum esse, & curatores condemnavit per judicem: Quæritur, an curatoribus condemnatis, per quos res adolescentis servari potest, quoniam sunt solvendo, sit salva lis & integra adolescenti restitutio in integrum adversus tutorem, restitutio litis, restauratio litis post legitimam ætatem intra annum utilem, ut olim obtinuit, & hodie obtinet intra quadriennium continuum, & ad summum intra 29. annos & respondet Papin. etiam condemnatis curatoribus ob culpam, adolescenti salvum esse beneficium restitutionis in integrum adversus tutorem minore pecunia condemnatum, & actionem neg. gest. vel actionem judicati, qua res adolescenti servari potest a curatore non excludere beneficium restitutionis in integrum, ut *l. etiam ea,* §. *Imperator, de minorib. l. ult. C. si tutor, vel curator.* Neque obstat *l. in causa 2. de minor.* quæ ait: non competere restitutionem in integrum minori, si ei alia actio sit, si minori alia actio sit, prætorem se non debere interponere: huic est actio judicati, qua suum servare potest. Ergo non

A est restitutio in integrum. Abutuntur plerique omnes ea lege, & Accurs. sæpissime non animadvertens, eam legem non loqui de qualibet actione, quæ suppetat minori 25. annis, sed de jure dicendi, ipso jure nullum esse contractum, ipso jure nullum esse negotium, quod cum minore gestum est, ut in edicto de dolo his verbis. *Si alia actio non sit.* Constat etiam contineri jus dicendi, nullum est negotium gestum cum minore, aut cum pupillo, si gestum sit sine tutoris auctoritate, nec locupletior sit factus, nullum est ipso jure. Nullum est etiam negotium, si minoris prædia venierunt sine decreto, nullum ipso jure: ubi munitus est ipso jure, nihil indiget auxilio restitutionis in integrum, nec Prætor suam operam interponit in re non necessaria, quod exemplis demonstrat *d. l. in causa, & l. 3. C. de tut. & curat. qui non satisf. & l. 2. C. de præd. min.* quo

B etiam casu, hoc est, si ipso jure munitus sit, non dicimus etiam districte minori non posse dari restitutionem in integrum, sed non esse omnino necessariam, ut *d. l. 2.* nam quid erit vitii, etiamsi tutus ipso jure restituatur in integrum? Breviter ea lex loquitur tantum de ratione, hoc est, de jure dicendi negotium ipso jure nullum, quo casu verum est, minori supervacuam esse restitutionem in integrum. At si alia actio competat in eundem, vel in alium, qua minor suum conservare possit: non ideo est supervacua statim & inutilis restitutio in integrum, ut in proposita specie, etiam condemnatis curatoribus, adolescentique parata in eos actione judicati, adolescenti salva restitutio in integrum adversus tutorem, neque est inutilis, ut Pap. ait; quod sic ostenditur, quoniam, si curatores condemnati nondum judicatum impleverint, &

C actione judicati conveniri cœperunt, per exceptionem doli mali conveniti actione judicati consequuntur, ne prius solvant, quod in condemnationem deductum est, quam eis adolescens cesserit auxilio restitutionis in integrum, quod habet salvum, quoniam auxilium restitutionis in integrum, ut transmitti in successorem potest, *l. 6. de in integ. restit.* ita & cedi procuratori in suam rem, *l. quod si minor, in princ. de minorib.* Denique per exceptionem doli mali curatores hoc assequantur, ut habeant actionem tutelæ utilem, & restitutoriam adversus tutorem, nomine adolescentis impetrata restitutione in integrum. Atque ita restitutio in integrum maxime est utilis minori, ut scilicet eam cedat curatoribus condemnatis, qui alioquin non sint facturi judicatum, ut id faciant opposita doli mali exceptione consequentur, si

D conveniantur actione judicati. Verum Ulpianus in *d. l. si minori,* addit ad Pap. verbum *provocaris,* id, scilicet, ut curatores provocarent, id, quod dixi, consequantur per exceptionem doli mali. Quid hoc est, *provocantes?* Provocat quicumque agit, & agit non tantum actor, sed etiam reus, *l. 1. de excep.* Agere est commune verbum actoris & rei, sicut & rei nomen est commune utriusque, & provocandi quoque verbum, uterque, dum de jure suo experitur, provocat & proclamat ad tutorem. Et ita verbum *provocantes,* illo loco accipitur sine ulla dubitatione, rejectis glossarum commentis, de appellatione a sententia, qua tutor vel curatores condemnati sunt, neque enim dicit Pap. hoc curatore consequi per appellationem, sed per exceptionem doli mali: qui excipit, provocat. Et inde apparet etiam post sententiam exceptionem pe-

E remptoriam, qualis est doli mali in actione judicati opponi & provocari posse. Nam etiamsi dicatur in *l. 2. C. sent. resc. non posse,* & *l. 8. C. de except.* exceptionem peremptoriam opponi ante sententiam, tamen evenit innumeris casibus, ut opponatur etiam post sententiam in actione judicati, ut in hac specie, & in *l. 1.* §. *non tantum, h. t. l. si fidejussores,* §. *ult. de fidejuss. l. tantum, ad Senatusc. Macedon. l. Nesennius,* §. *ult. de re jud. l. 1. C. de jur. & facti ign.* vis videre, quam hoc sit verum? Etiam lex 2. *de except.* ait, exceptionem excludere id, quod in condemnationem deductum est, quod, quid aliud est, quam exceptionem opponi post sententiam, post condemnationem in actione judicati, quod non potest accipi, nisi de exceptione peremptoria: nam dilatoriam certum est omnino opponendam esse

ante

ante litem contestatam. Quærit autem Ulpianus in d. l. si minori, quoniam Pap. ita posuit speciem, ut diceret condemnatos quidem fuisse curatores, sed nondum judicatum fecisse, nec vero cogi facere, nisi primitus eis cedatur auxilium restitutionis in integrum adversus tutorem, quærit, inquam, quid sit dicendum, si jam curatores judicatum fecerint, & ait Ulpianus, hoc casu non videri adolescenti salvam esse restitutionem in integrum adversus tutorem, quia nihil ei abest cum curatores, quod ejus intererat, persolverint, & si forte petat restitutionem in integrum adversus tutorem, postquam rem consequutus est a curatoribus judicatis, non de damno erit sollicitus, quod nullum fecit, sed de præda & lucro, quam ob rem non est comparata restitutio in integrum, comparata est damni præstandi, & sarciendi nomine, non prædæ faciendæ causa. Præda est, bis idem exigere ab eodem, vel ab alio. Sed dici tamen potest, ut subtiliter concludit Ulpianus, etiamsi curatores judicatum fecerint, nec quicquam absit adolescenti, salvum ei esse auxilium restitutionis in integrum adversus tutorem, non quidem, ut ejus commodatum ad eum redeat, cui nihil abest, sed ut eo jure & auxilio cessurus curatoribus, si hoc velint, curatores a tutore minoris condemnato consequantur, quod eis abest, hoc est, quod adolescenti ex sententia persolverunt; nam & eo nomine tenetur adolescens tutoribus contraria actione neg. gest. ut eis cedat restitutionis auxilium, & utilem actionem tutelæ adversus tutorem, l. Stichum, §. si mandato, de solut. Igitur dicemus, ut dicit l. cum is, de fidejuss. ideo adolescentem, cui curatores satisfecerunt, habere auxilium restitutionis in integrum, quia tenetur ad hoc ipsum, ut id auxilium, & eas actiones, quæ eo auxilio instaurantur, curatoribus suis: habet restitutionem, habet actionem utilem, non propter se, sed propter curatores, ut eis cedat, si velit: nam cogi non potest, nisi contraria actione neg. gest. quia jam judicatum fecerunt.

### Ad L. VI. de Fidejuss. & nominator.

*Pupillus contra tutores, eorumque fidejussores alter judex datus est. Officio cognoscentis conveniet: si tutores solvendo sunt, & administratio non dispar, sed communis fuit, portionum virilium admittere rationem ex persona tutorum.*

SPecies legis hæc est; plures erant tutores, qui singuli datis fidejussoribus singulis, caverunt rem pupilli salvam fore: finita tutela, contra eos tutores simul atque fidejussores a Prætore judex datus est. Potuit hoc jure adolescens a tutoribus, & a fidejussoribus partes petere divisis actionibus apud eundem judicem, potuit partem a tutoribus petere, partem a fidejussoribus tutorum. Hodie cogeretur totum petere prius a tutoribus, qui sunt rei principales; sed est Nov. Just. potuit scindere actionem, & partem petere a reo principali, partem a fidejussoribus, l. 3. §. ult. de duob. reis, l. grege, §. etiam, do pignor. reos, C. de fidejuss. l. 1. C. de fidejuss. tutor. sic igitur finita tutela pubertate, adolescens accepit judicem contra tutores & fidejussores, partem scilicet petens a tutoribus ejus, quod sibi abesse ostendit ex administratione tutelæ, partem a fidejussoribus, ac priusquam is judex adiretur, & apud eum lis contestaretur, vita functus est: si post litem contestatam vita functus fuisset, non mutaretur judicium, quia non est integrum mutare actionem post litem contestatam, nisi ex magna causa, l. edita, C. de eden. Non mutaretur ergo judicium, non mutaretur actio, quæ cœpit in tutores & fidejussores eorum; sed non mutata actione in locum demortui judicis, alius judex daretur, qui substitutus judex dicitur, l. si judex, l. mortuo, de judic. l. pen. C. de ped. jud. At quoniam ille judex, quem pupillus acceperat contra tutores simul atque fidejussores, vita functus est ante litem contestatam, licet pupillo vel adolescenti judicium actionemque mutare, &, ut fecisse proponitur, alium judicem accipere contra fidejussores solos, in solidum, omissis tutoribus: quo casu quæritur in hac lege pro qua parte quisque eorum fidejussorum condemnandus sit? An unus damnari possit in solidum, si alii rei judicatæ tempore solvendo non sint, licet fuerint tempore litis contestatæ? Et respondet Pap. eum, in condemnatione fidejussorum modum, eamque legem esse servandam, quæ servaretur in tutoribus, si conventi fuissent tutores. Conveniuntur autem fidejussores ex persona tutorum, ut ait in fine legis; ut pater, qui intelligitur fidejussisse pro filio decurione, dicitur conveniri ex persona filii, l. libertus, §. filio, ad municip. ita fidejussor quilibet dicitur conveniri ex persona rei principalis. Ergo ad eum modum legemque, qua tenetur reus principalis, perinde & fidejussores tutorum easdem reputationes habent quas tutores, l. 5. h. t. Et ad eam rationem usurarum pupillarium revocantur, ut eas præstent, ad quas tutores revocari solent, l. 3. h. t. l. 10. rem pupil. salv. for. Et similiter fidejussores tutorum eandem condemnationem sustinent, si contra eos solos sumptus sit judex, quam sustinerent tutores, si conventi fuissent actione tutelæ. At tutores, si conventi fuissent, etsi eorum administratio fuisset indivisa & commune periculum administrationis, si tamen omnes solvendo sint litis contestatæ tempore, inter eos divideretur actio pro virilibus portionibus, l. 1. §. nunc tractemus, de tut. & rat. distr. quia divisionem actionis tutelæ inter tutores, qui initio litis locupletes sunt & idonei, æquitas ipsius actionis, quæ est bonæ fidei desiderat maxime, cum ob id pupillus non distringatur diversis judiciis, quandoquidem ex Constitutionibus omnes tutores ad unum judicem mittuntur, l. 2. de quibus ad eund. jud. l. 5. C. arb. tut. Et propterea, si convenianur plures tutores, quorum indivisa non dispar fuerit administratio, & quidam solvendo sint initio litis, æquum est inter eos dividi actionem tutelæ, ut singuli teneantur tantum in virilem portionem. Ergo etiam conventis fidejussoribus eorum tutorum, qui conveniuntur ex persona tutorum, licet non eadem actione, ut puta tutelæ, sed ex stipulatu, inter eos est dividenda actio pro virilibus portionibus exemplo tutorum, ut quæ divisio fit in actione tutelæ, eadem fiat in actione ex stipulatu, qua fidejussores conveniuntur. Denique tutores habent beneficium divisionis, etiamsi indivisa eorum administratio, individuum officium fuerit, si modo omnes solvendo sint litis contestatæ tempore. Ergo fidejussores eorum idem beneficium habent. Recte autem ponit Pap. plurium tutorum plures fuisse fidejussores, singulos tutores singulos fidejussores dedisse, tot fuisse fidejussores, quot tutores: nam si unius tutoris plures fidejussores fuerint, non habent beneficium dividendæ actionis: & ratio hæc est, quia non est æquum, pupillum sive adolescentem distringi adversariis, litibusque plurimis suæ tutelæ causa, cum non ipse contraxerit cum tutore, qui fidejussores dedit, sed in eum inciderit ignoras, quominus nesciens quid ageretur: qua & causa & actio tutelæ non dicitur esse ex contractu, sed quasi ex contractu, idque ostenditur in l. ult. in fin. rem pup. salv. fore. Distringeretur autem pupillus, si dividenda ei esset actio in plures fidejussores, si divisim illi agendum esset cum singulis: quia, non ut tutores omnes ad eundem judicem mittuntur, ut ante dixi, quod ita constitutum est ex constitutionibus, non ita etiam fidejussores plures: si dividenda esset actio, ad eundem judicem non mitterentur, sed ad diversos, atque ita distringeretur pupillus, l. l. ult. in fin. ideoque si plures sint fidejussores unius tutoris, pupillus agit in solidum, quo cum vult; non est distringendus, sed in quem fidejussorem, quem elegit, ei danda est actio in solidum, ut eum condemnet in solidum, sicut in tutorem, qui unicus est, ageret in solidum: ita in querelimet fidejussorem unius tutoris agit in solidum, excepto casu l. sequentis, quæ explicabitur lib. 3. Et non tantum agit in solidum, sed etiam eum condemnat in solidum, quia non habet beneficium divi-

divisionis, vel etiam, si pupillus egerit cum omnibus fidejussoribus unius tutoris. Finge duos fuisse; si egerit cum duobus, & post litem contestatam unus factus sit non solvendo, alterum proculdubio damnabit in solidum, etiamsi initio litis ambo solvendo fuerint, quia & unius eligendi & condemnandi in solidum pupillo jus, potestasque fuit. Fateor alio agente, fidejussores habere beneficium divisionis ex epistola D. Adriani, notissima etiam hodie tabellionibus, si omnes solvendo sint litis contestatæ tempore, etiamsi desierint esse ante litem judicatam: at pupillo agente in plures fidejussores unius tutoris, nego tutoris fidejussores habere beneficium divisionis, d. l. ult. si fuerint, ut diximus fidejussores plures plurium tutorum, ut tutores habent beneficium divisionis, & habebunt quoque fidejussores eorum, quoniam ex persona tutorum conveniuntur, pro tutoribus condemnantur: quæ est sententia hujus legis summe notanda.

### Ad L. XX. ad Senatusconf. Sillan.

*Heres qui veneni causam persequitur, res hereditarias urgentes ordinare, salvis probationum indiciis non prohibentur.*

UT intelligatur hæc lex, sic statuo, aliam esse quæstionem veneni, aliam necis per vim illatæ, quod patet ex l. seq. Quid vero interest veneno quis necatus sit, an vi, clam, vel palam? hoc maxime, quia si per vim dominus a familia necatus esse dicatur, Senatusconsulto Sillania, cavetur, ut non possit heres, si nolit sibi hereditatem eripi a fisco, ut non possit, inquam, adire hereditatem, vel quoquomodo acquirere ante quæstionem habitam de servis, qui sub eodem tecto locove fuerunt, quo tempore dominus per vim occisus est, & ante sumptum supplicium de noxiis: post habitam quæstionem, post sumptum supplicium, & ultam necem defuncti, tunc adire hereditatem potest ejus, qui necatus est, cum effectu adire potest, non ante. Quod si veneno a familia dominus clam necatus esset, heres non prohibetur adire hereditatem, aut petere bonorum possessionem, quia Senatusconsultum Sillanian. loquitur tantum de domino per vim occiso; non de occiso clam vi carminis aut veneno, l. 1. §.occisorum, l.necessarios, §.ult.hoc tit.l.9.C.de iis quib.ut indig. Et consequenter, ut ait Papinianus in hac lege, heres res hereditarias, urgentes, inquit, ordinare potest, ut puta luere pignora pretiosa, quæ sunt ex bonis defuncti; vel reficere ædificia, quæ ruinam minantur, vel servos hereditarios pascere, aut in opus rusticum mittere, aut distrahere res hereditarias, quæ magis onerant hereditatem, quam fructui sunt. Hæc sunt urgentia negotia hereditaria. Urgentia hæc faciendo, sane videtur heres se pro herede gerere, atque ita sibi adquirit hereditatem. Nam gestio pro herede, est species adquirendæ hereditatis, videlicet si hoc fecerit animo heredis, ut declarat l.pro.herede, de adquir.hered. verum ait, heredem qui veneni causam persequitur, res hereditarias urgentes ordinare non prohiberi Senatusconsulto, quod non pertinet ad causam veneni: & non prohiberi *salvis probationum indiciis*. Nec enim potest distrahere, aut manumittere servum hereditarium probationi idoneum, ne subducatur quæstioni. Et breviter, pendente causa veneni, quam heres persequitur, ut debet, urgentia negotia hereditaria tractare potest, & necessaria est, tametsi adierit hereditatem, quandiu pendet quæstio l.Cornel.de venef. tametsi adierit hereditatem; ut potest pendente causa veneni, quod notandum. Nam hoc est præcipuum in hac lege. Si adierit, inquam, pendente causa veneni, non potest tractare, nisi ea negotia hereditaria, quæ urgent maxime. Quid enim; si ipsum heredem apparet infudisse venenum? quid si causam veneni non pertulerit? si deseruerit? vel quid, si pertulerit lusoriæ, & perfunctorie? quibus casibus hereditas fisco vindicatur. Igitur interim

melius est res hereditarias integras servare, quia fiscus venire potest; & eas tamen tractare interim, quæ urgent. Et hæc distinctio fit inter causam veneni, & causam per vim illatæ necis, cum dominus a familia necatus fuisse dicatur, ut si per vim, prohibeatur heres adire ante causam peractam; si veneno, non prohibeatur adire & tractare, quæ urgent, etiam nondum peracta causa veneni. Nam si quis dicatur necatus ab extraneo, non utimur hac distinctione. Nam sive necatus sit veneno, sive per vim, heres non prohibetur statim adire hereditatem sibi delatam, licet postea debeat ulcisci mortem defuncti, ne ei ut indigno hereditas auferatur. Ceterum statim adire potest, quod Azo sentit recte, & probat *l.ejus, qui §.ult.de jure fisci, l.eum, qui, §.bonis,de his quib.ut indig.* Neque quidquam obstat *l.6.& l.9. C.eod.* quoniam non pertinent ad hunc casum, cum quis est occisus ab extraneo, sed sunt aptandæ ad casum Senatuscon. Sillaniani, cum quis dicitur occisus a familia sua, hoc est, a servis suis, ubi distinguimus fuerit occisus per vim an clam. At non distinguimus si dicatur occisus ab extero.

### Ad L. XLI. de Mortis causs. donat.

*Quod statuliber uni ex heredibus de peculio dedit: ei qui accepit, in Falcidiæ rationem venit, & in hereditatis petitione, item ex Trebelliano restituitur. Ex peculio autem videtur dari, quod statuliber donatum accepit, & dedit. Et quod ab alio nomine ipsius eo præsente datur: prope est, ut ab ipso datum intelligatur.*

COnstat in quartam partem hereditatis quam per legem Falcidiam, aut exemplo legis Falcidiæ per Senatusconsultum Pegasianum, & hodie Trebellianum, heres habere debet, ea tantum imputare heredem, quæ quasi heres hereditario jure capit, non etiam ea, quæ capit jure legati, quasi legatarius, vel jure fideicommissi, quasi fideicommissarius, *l. si a me tibi, ad l. Falcid.* non imputat etiam heres in quartam ea, quæ capit mortis causa, veluti conditionis implendæ causa, ut si quis heres institutus sit ex parte, vel si cui legatum relictum sit, aut data libertas testamento sub conditione, si heredi aut coheredi dederit decem, ea decem heres neque jure legati capit, neque jure fideicommissi, sed mortis causa, & ea non imputat in Falcidiam, quia non ea capit jure hereditario, imo nec jure testamenti, *l. 8. si quis omiss. causs. test.* sed dicitur generaliter ea capere mortis causa, quod & ei capio obvenit per occasionem mortis testatoris. Ergo multo minus imputabit in Falcidiam heres mortis causa capionem, hoc est, quod ei fuit donatum conditionis implendæ gratia. Et hoc ostendit aperte *l. in ratione, §. tametsi, & l. in quartam, in princ. & in fi. & l.id autem, ad leg.Falcid.* Et quod aliter scriptum in d. *l. in quartam, §. pen.* iis fere verbis, *sed & quod implendæ conditionis causa, fideicommissum heredi datur in ea causa esse admittendum, sciendum est*, ut scilicet in quartam imputetur: nam hic est sensus: id, inquam est, falsum & subdititium. Nam & a Basilicis, & Pandect. Florent. abest; & prodit falsitatem in eo etiam satis verbum fideicommissi. Quoniam id, quod heredi datur implendæ conditionis causa, non est fideicommissum, sed generali nomine, quia non habet proprium, appellatur mortis causa capio, *l. 31. hoc tit.* & inter hanc mortis causa capionem, & fideicommissum longa differentia est: Fideicommissum invitus præstat, qui eo oneratus est: mortis causa capio sive adimpletio conditionis dandi est in arbitrio ejus, cui est imposita conditio dandi, nec invitus dare cogitur, & accipere, quod ei relictum est sub ea conditione, *d.§. tametsi.* Item de fideicommisso heres detrahit Falcidiam ex Senatusconsulto Pegasiano, non de mortis causa capione, *l. 1. §.item si ita legatum, & l. accepisti, ad l.Falcid.* Et in dicto §. *item si ita legatum*, ait, *mortis causa capionem, non imputari in Falcidiam*, quæ verba sunt alio sensu accipienda, quam quo nos deinceps frequenter dictu-

dicturi sumus imputari aliquid, vel non imputari in Falc. & quod Pap. ait in hac lege, id, quod statuliber de peculio dedit heredi, imputari in Falcidiam. Duobus modis dicimus aliquid imputari in Falcidiam ; Uno , cum numeratur inter ea, quæ patiuntur Falcidiam, quæ minuuntur lege Falcidia ; ut in d. §. *item si*, *l. si a servo*, *& l. si quis*, *l. si a me*, *eod.tit.*quod & hoc loco ita accipiendum esse in d. §. *item si ita legatum*, Accurs. notavit hoc loco, licet id explicet incondite & ineleganter . Ergo dum ait in d.§. *item si ita legatum*, *mortis causa capionem non imputari in Falcidiam*, hoc est, ex ea heredem non deducere Falcidiam. Altero autem modo, quo sensu locuturi sumus deinceps , imputari aliquid in Falcidiam, id est , numerari inter ea , quæ heredi explent , conficiuntque Falcidiam. Et hoc sensu etiam dicimus, mortis causa capionem imputari heredi in Falcidiam, exceptis certis casibus, de quib. infra tractabimus . Sicut & priori sensu in §. *item si*, mortis causa capionem non imputari heredi in Falcidiam, hoc est, non detrahi ex ea Falcidiam, excipiendus est *l. pen. C. eod. tit.* excipiendus etiam hic casus, si servo data & adscripta sit libertas sub conditione, & extraneo dederit ex periculo suo , quod fuit in bonis testatoris mortis tempore, *l. 44. eod. tit.* Ceterum illa juris definitio, ut ea tantum heres imputet in Falcidiam, id est , ut ea tantum heredi explent Falcidiam, quæ jure hereditario capit , est generalis & certissima , quam tamen omnes Interpretes nostri tantum admittunt in Falcidia sive quarta, quæ per legem Falcidiam ex legatis deducitur, non etiam in quarta, quæ per Senatusconsultum Pegasianum, & hodie Trebellianum ex fideicommissis deducitur, & cruciant se in invenienda ratione differentiæ, quæ nulla est : Nam hunc ego jampridem depuli, & profligavi omnium Interpretum errorem, docens per omnia esse legata exæquata fideicommissis : & quod scripsit Ulpianus in *l. 1. de legat. 1.* non scripsisse eum in omnibus casibus existimo, deducto argumento ex inscriptione, sed in causa legis Falcidiæ tantum , in qua non vult deduci , aut separari legata a fideicommissis. Sed cum quæritur, quæ heres computet in quartam sive in legem Falcidiam, quid imputet , inquam, in quartam, sive detrahat, ex legatis, sive ex fideicommissis, indistincte respondendum est, ut ea tantum res computet in quartam, quas capit jure hereditario. Nam constat & in quartam Pegasianam, quæ ex fideicommissis detrahitur , heredem non computare, quæ capit causa mortis , *l. filium, C. fam. ercisc.* nec quod capit causa mortis , sive conditionis implendæ gratia, d. §. *tametsi*. Ergo nulla est differentia omnino inter hanc, & illam quartam , hanc , quæ ex fideicommissis Senatusconsulto Pegasiano , & illam , quæ ex legatis lege Falcidia detrahitur : quia verum est, in neutra computari alias res, quam quæ jure hereditario obveniunt heredi. Et in hac re per omnia esse exæquata legata fideicommissis . Et *d. l. in quartam*, quæ in illum errorem sola omnes induxit, ut putarent faciendam esse differentiam inter quartam , quæ ex legatis detrahitur, & quartam, quæ ex fideicommissis, ne te decipiat : sic tibi meo autore accipienda est, ut ostendam modo plane atque dilucide explicata tota *l. in quartam*, quæ lex ait : *In quartam hereditatis , quam per legem Falcidiam heres habere debet, imputari eas res , quas jure hereditario capit*, non quas jure legati vel fideicommissi, vel implendæ conditionis causa accipit , nam hæ , inquit , *in quartam non imputantur*. Primum accipe legem Falcidiam latissime, prout dilatata & extensa est Senatusconsultis vel constitutionibus : nam quæ erat tantum de legatis , Senatusconsulto Pegasiano porrecta est ad fideicommissa , & constitutione Severi ad mortis causa donationem , non ad mortis causa capionem, ut in hanc quartam unde detrahatur, heres computet tantum ea , quæ jure hereditario capit: optima regula , quia omnis quarta , sive fit ex legatis, sive ex fideicommissis, sive ex donatione mortis causa, est quarta hereditaria , hoc est ex his omnibus debet habere heres salvam quartam hereditatis. Et si omnis

A quarta est quarta hereditatis, ergo in eam tantum imputatur , quod velut ex bonis hereditatis , ex bonis defuncti jure hereditario capitur. Non ergo computantur in quartam, sive ex legatis, sive ex fideicommissis vel aliunde detrahatur, ea, quæ heres capit jure legati, vel fideicommissi, vel conditionis implendæ causa, quæ extero jure capit, ut ait *l. a patre, C. de collat.* Et subjicit eadem lex : *Sed in fideicommissaria hereditate restituenda*, &c. quia articulus SED decepit interpretes. SED non est discretiva particula superioris sententiæ atque regulæ, sed conjunctiva, ut in auctoribus nostris & exteris sæpissime articulus ( *sed* ) non facit differentiam inter quartam, quæ detrahitur ex legatis, & quartam, quæ detrahitur ex fideicommissaria hereditate alteri restituenda : verum conjuncta scriptura JC. ut regulam initio propositam aperiat exemplis, ait , *In fideicommissaria hereditate restituenda detracta quarta, sive legati, sive fideicommissi verbis quid datum sit heredi*, scilicet habenti coheredem, alioquin non posset legari heredi, hoc est: si quid præcipuum prælegatum præceptionis titulo ei relictum sit, præceptionis nomine , quoniam id capit duplici jure, partem a seipso jure hereditario, partem a coherede jure legati aut fideicommissi, *l. legatum*,§. 1. *de leg. 1. l. in fideicommissariam*, §.*ult. ad S.C.Trebell. l.eum, qui*, §.*ult. de his quib. ut indign.* Eum imputare in Falcidiam partem, quam jure hereditario capit a se ipso , non partem, quam a coherede capit jure legati, ut in *d.l. filium, C. fam.ercisc.& l. quod autem*, ad *l.Falcid.* secundum regulam propositam initio *l. in quartam.* Item si aliquo deducto, vel retento, vel accepto, non demonstrata persona , a qua acceperit heres , ut si dixerit : *Rogo te acceptis ducentis restituere hereditatem meam L. Titio* : denique si quo deducto, vel retento, vel accepto simpliciter heres rogatus sit restituere hereditatem , id quod deducere , vel retinere , vel accipere jussus est, imputat in Falcidiam, quia id totum a seipso jure hereditario ex bonis mortui capit , *l.deducta*, *l.accepti*, ad *SC.Trebellian.* His traditis , quibus exemplis planior sit regula proposita initio *l.in quartam*, regulam illam magis ac magis explicans, ut in quartam, quæ ex legatis detrahitur , aut fideicommissis imputentur ea tantum , quæ heres capit quasi heres jure hereditario, non adventitia lucra. Ad extremum *d.l. in quartam*: regulam illam magis atque magis explicans, quod dixit initio , ea quæ heres capit conditionis explendæ causa non imputari in quartam, id posito exemplo familiari magis dilucidum reddit in fine legis. Et nihil est præterea in *l.in quartam*. Versus penultimus spurius est, ut dixi. Verum ad hoc notandum est, quosdam esse casus , quibus etiam id , quod heres accepit conditionis explendæ causa, hoc est, quibus mortis causa capionem imputat in quartam. Unus casus est in *d.§. tametsi*, si non figura conditionis heres jussus sit accipere pecuniam a fideicommissario Trebelliano, ut si testator non dixerit in hunc modum : *Rogo te heres restituere illi hereditatem, si tibi mille dederit*, sed dixerit hoc modo : *Heres , rogo te illi restituere hereditatem, acceptis ab eo* 1000. quæ verba non habent figuram conditionis, & acceptis ab eo 1000. titulo emptionis, veluti pretio restitutæ hereditatis, si hoc sensisse testatorem appareat, heres eam pecuniam computabit in quartam : quia pretium est loco hereditatis , & quasi habet vice hereditatis . Alter casus est in *l. acceptis,eod. tit.* si tamen citra figuram conditionis, aut titulum emptionis accepti a Cajo 100. quæ scilicet continebant quartam hereditatis, rogatus sit Cajo restituere hereditatem : nam perinde est, ac si dixisset , accepta quarta restituas ei hereditatem . Igitur etsi ea 100. acceperit de manu Caii, tamen de hereditate capere videtur, & consequenter, ea computat in quartam. Tertius casus & ultimus est in hac *l.41.*si quis servus, liber esse jussus, implendæ conditionis causa heredi dederit de peculio suo : finge, servum liberum esse jussum sub conditione, si heredi dederit 100.& heredi decem de peculio dederit, quod tamen ei prælegatum non erat. Nam

etsi

etsi peculium quod servo testamento manumisso prælegatum non est, ad heredem pertineat, *l. 1. C. de pec. ejus, qui lib.* tamen receptum est statuliberum, id est, servum, cui relicta est libertas sub conditione dandi decem heredi, conditionem libertatis implere posse de peculio suo, sive heredi, sive alii dare jussus sit, *l. 3. §. 1. & §. cum igitur, l. 13. §. 1. de statul.* Et ratio hæc est, quia visum est prudentibus, id esse concedendum servo, ut libertatis causa de peculio quasi de patrimonio suo libertatis conditionem impleret, *l. si decem, eod.* Nam peculium quasi patrimonium servi est, *l. hinc quæritur, §. 1. l. peculium, de pecul.* Et ut ex peculio, quod pertinet ad venditorem servi, servus se redimere potest, *l. 4. §. 1. de manum.* cur non etiam concedamus servo testamento manumisso sub conditione dandæ certæ pecuniæ heredi, ut ex peculio suo, licet pertineat ad heredem, impleat conditionem & perveniat ad libertatem ? Id prudentibus, ut ait *d. l. si decem*, existimarunt posse concedi servo sine injuria dominorum. Quod autem ita servus dat heredi de peculio implendæ conditionis. causa, Papin. ait hoc loco, heredem imputare in Falcidiam, totum scilicet quod accepit, si sit heres ex parte sua, si fit heres ex parte, ut Glossa notat recte ex *l. id autem, ad l. Falcid.* Id vero hanc rationem habet, quia cum peculium quod prælegatum non est servo manumisso testamento, ipso jure pertineat ad heredem, id quod ex eo capit heres de manu statuliberi non mortis causa capere, sed jure hereditario habere intelligitur, *d. l. id autem*. Ergo merito id imputabit in Falcidiam; & id eum habere jure hereditario patefecit, & probat adjiciens, *id quod heredi de peculio dat statuliber implendæ conditionis causa, venire in petitionem hereditatis*, ut in *l. nec ullam, §. sed etsi in fi. de pet. her.* Ergo hereditarium est ; item venire in restitutionem hereditatis ex SC. Trebelliano : ut ait Pap. hoc loco : Ergo hereditarium esse, & proficisci ex hereditate defuncti, & ab herede pro herede possideri : denique jure hereditario capi, jure hereditario haberi. Qua ratione & id etiam supra legitimum modum non capit, qui ex hereditate testatoris solidum capere non potest, *l. qui conditionis, §. 1. h. t.* Ergo est ex ea hereditate, & merito computatur heredi in quartam. Et hoc cum ostendisset Papinianus in hac lege, subjicit ; *ex peculio datum videri, quod statuliber ab alio donatum accepit ac dedit, & non tantum, quod ipse dedit heredi conditionis implendæ causa, sed & quod alius dedit, nomine ipsius, præsente eo*. Quibus verbis Papinianus nihil aliud significat, quam quocunque modo peculium adquisitum statuliber habuerit, ut ait *l. 13. §. 1. de statulib.* ex eo nam dare posse heredi conditionis implendæ causa, & quod dederit heredi imputari in Falcidiam quasi hereditarium peculium, quasi hereditariam pecuniam. Nec obstat huic sententiæ Papiniani *l. quod conditionis, §. 1. hoc. tit.* quæ negat ex hereditate esse id, quod dedit statuliber ex eo, quod quæsivit post mortem testatoris, vel quod alius pro eo dedit de suo post mortem testatoris, quia scilic. non fuit in bonis, quæ testator habuit mortis tempore, non fuit in hereditate, quam reliquit moriens. Et sane verissimum est, nec aliter sentit Papin. nec enim quocunque tempore peculium habuerit acquisitum vivo aut mortuo testatore, vult, quod ex eo dedit heredi imputari in Falcidiam, quocunque tempore id quæsierit, sed quocunque modo acquisitum tempore id quæsierit, dummodo id jam acquisitum habuerit mortis testatoris tempore, vel donatum sibi ab alio, & relatum in peculium, vel aliunde quæsitum, quod deinde det ipsi post mortem testatoris conditionis implendæ causa, vel alius nomine ipsius præsente eo. Si alius pro eo daret de suo, frustra desideraretur ejus præsentia : at si alius det de peculio ejus, & nomine ejus, exigitur præsentia ejus, ut ipse dedisse videatur, sicut conditione cautum est, si decem heredi dederit : alioquin non viderētur impleta conditio, quo uti concepta est, ita impleri debet, *l. qui heredi, de condit. & demonst.* heredi dare jubetur : ergo alii dando non implet conditio-

nem, & ipse dare jubetur : ergo alius dando non implet conditionem, nisi det nomine ejus præsente eo, quia prope est, ac si ipse daret. Præsente me, quod fit meo nomine & tacente, ego facere videor : præsente me, si quis stipuletur mihi, ego stipulari videor, & valet stipulatio, *l. si procuratori, de verb. oblig. l. si dictum, §. si præsente, de eviction.* denique quod alius pro eo dedit de suo, vel quod ipse dedit, non ex peculio suo, quod habuerit mortis tempore extra hereditatem est, & heredi, qui id accepit mortis causa, non imputatur in Falcidiam, ut *l. si mortis, §. 1. qui, & a quibus man.* Quod autem ipse, vel alius pro eo dedit, eo præsente ex peculio, quod habuerit mortis testatoris tempore, quia id heres intelligitur capere jure hereditario, debet etiam id computari in Falcidiam.

---

### Ad L. XXII. de Appell.

*Ad principem remissa cognitio, ab eo circumduci potest qui remisit.*

PErtinet hæc lex, sicut & *l. 26. h. t.* ad illam partem tituli hujus, quæ est de relationibus, non ad partem de appellationibus, ut Glossa putat, quæ tota delenda est in hac lege. Nam judex causam, de qua non pronuntiavit, nec pronuntiare audet certas ob causas, certis quibusdam rationibus, per relationem remittit & reiicit ad Principem, *la renvoye aeu conseil prince.* Et ut quamlibet interlocutionem mutare judex, tollere & circumducere potest, *l. quod jussit, de re jud. l. dicere, de recept. arb.* ita & illam interlocutionem, qua censuit causam esse remittendam ad cognitionem Principis, mutare & circumducere potest. Et hoc est, quod ait, *id principem remissam cognitionem ab eo circumduci*, hoc est, obliterari, posse, *qui remisit.* Denique eum, qui rem ad Principem remisit cognoscendam, mutata voluntate ipsam causam discepta repossę, si modo ab ejus notione non sit prorsus aliena. Basilica sic interpretantur : ὁ δικαστὴς ἀνατίμψας βασιλὰ διάγνωσιν ὑπόθεσιν δύναται τιμῶν αὐτῶ. Judex, qui remisit ad Principem cognitionem causæ, eam ipse dirimere potest, nec transmittere ad Principem, ut initio constituerat, & dixerat utrique parti. Verum addit *l. 26. h. t.* hoc fieri debere consentientibus partibus, non invitis, si forte eorum intersit, Principem causæ disceptationem habere. Et idem statuere licet, si quis judex quos censuerat remittendos non ad Principem, ad vel Præfectum urbi, vel alium judicem, non quod causa ad ejus cognitionem non pertineat, quia tunc plane non potest se interponere, sed debet causam remittere ad competentem judicem, sed cum etiam notio ad eum pertinet, ut Divum Marcum legimus apud Julium Capitolinum Curatoribus regionum, & viarum dedisse potestatem, ut ipsi punirent, vel ad Præfectum urbi puniendos remitterent, & eos rejicerent, quia ultra vectigalia quicquam ab aliquo exegissent, ut Præses quoque provinciæ, militem, de quo statuere potuisset, si voluisset, criminis reum aliquando remitti ad ducem suum, vel magistrum militum, *l. 3. de milit. l. de militibus, de custod. reor. l. ult. de accusat. l. 1. C. de exibend. reis:* ut & Præses provinciæ eum, qui deliquit in sua provincia, de quo sane potuit statuere, interdum remittit ad Præfectum provinciæ, ex qua ille oriundus est, *l. non dubium, §. ult. de custod. reor.* Verum in ea sententia perstare non cogitur, sed de eo etiam, quem remittendum censuit ad alium judicem, cum & ad ipsum notio pertineat, postea mutata sententia decernere potest.

---

### Ad L. CCXIX. de Verb. signif.

*In conventionibus contrahentium voluntatem potius, quam verba spectari placuit. Cum igitur ea lege fundum vectigalem municipes locaverint, ut ad heredem ejus qui susce-*

suscepit, pertineret: jus heredum ad legatarium quoque transferri potuit.

CUratores reip. vel magistratus municipales, agrum civitatis vectigalem, hoc est, quem solent municipes dare in emphyteusin, qui contractus est satis frequens, aut jure emphyteutico locari solitum, locaverunt in perpetuum, ea lege, ut ad heredes conductoris pertineret, soluto Reip. annuo vectigali & canone. Certissimum est, in hoc contractu heredem intelligi in infinitum per multas successiones, ut in *l. 65. & 70. h. t.* Igitur certum est jus ἐμφυτεύσεως, ex lege hujus conventionis, sive contractus transferri in heredem heredis & ulteriores heredes, aut bonorum possessores, quia loco heredum sunt. At quæritur, an transferri etiam hoc jus prædii vectigalis, sive jus emphyteuticum possit in legatarium, puta conductore, vel herede ejus legante fundum vectigalem alteri, quo genere non legat proprietatem, quæ Reipubl. est, sed jus emphyteuticum, quod in eo agro habet. Et respondet Pap. ex hac conventione, & jus emphyteuticum posse transferri in legatarium, idque aliquatenus confirmat *l. si dominus 74. §. ult. de leg. 1.* Nec obstat, quod in lege locationis, facta est mentio heredis tantum, non legatarii, & quod ut hereditatis nomine non continetur legatum, *l. si Titius, de leg. 3.* ita heredis nomine non videtur contineri legatarius, ergo lex conventionis non continet legatarium, ac proinde emphyteusin non posse transferri in legatarium. Etsi enim ita est si spectes verba; tamen ex mente contrahentium, quæ verbis potior est, Pap. ait, jus emphyteuticum etiam in legatarium posse transferri, quia id actum videtur inter contrahentes, quod sit vulgo in locandis & conducendis agris vectigalibus, ut perpetua ea locatio esset, utque transiret in quemlibet successorem ex supremo judicio defuncti emphyteuticarii. Et hæc est sententia legis. Alciatus putat, etiam hoc jus in specie proposita posse transferri in donatarium. Ego subsisto: quia facile mihi persuadeo, videri quidem contrahentes, qui heredi caverunt, etiam cavisse aliis successoribus, qui modo heredi similes essent, ut legatario vel fideicommissario, quia, ut heres est successor ex voluntate ultima & judicio defuncti; sunt in hoc similes, heres & legatarius, in ceteris dissimiles, fateor; quia heres est successor juris, legatarius successor rei. At non credam eos cavisse per omnia dissimili successori ab herede, ut puta donatario vel emptori, qui successor est ex contractu, & ex liberalitate viventis, non ex ultima voluntate, *l. de accessionibus, de divers. & temporal. præscri.* Non nego, quin jus emphyteuticum possit alii donari, aut vendi salvo jure vectigalis, *l. 1. C. de fund. patrimon. lib. 11.* Sed dico in specie proposita, neque ex verbis, neque ex mente contrahentium esse, ut, quod ad heredem pertinere cavemus, pertineat etiam ad successores heredi dissimiles per omnia. Et quod dicitur statuliberum, qui heredi dare jussus est, emptori dando, cui heres vendidit, implere conditionem, hoc lex XII. Tabul. nominatim induxit favore libertatis, *l. statuliberum, §. ult. de statulib.* & Ulpianus *lib. regul. eod. tit.* Porrexit lex nomen heredis ad emptorem, & emptoris rursus nomen produxit ad omnem dominum statuliberi: proinde & heredis quoque nomen produxit, & pertulit ad legatarium, & donatarium, & emptorem, & omnem dominum, qui quoquomodo dominium in statulibero nactus est, ut ei dando, qui heredi dare jussus est, adipisceretur libertatem. Legis ad augere, & producere vim, & significationem verborum. Hæc est lex ultima hujus libri. At hoc nondum est explicasse leges sumptas ex eo libro, sed explicandi etiam sunt loci, in quibus Pap. libro 2. respons. ab aliis auctoribus citatur.

Ad §. Sed & quod Pap. L. VII. de Minoribus.

*Sed & quod Pap. libro 2. Respons. ait, minori substitutum servum necessarium, repudiante quidem hereditatem minore necessarium fore: &, si fuerit restitutus minor, liberum*
*Tom. IV.*

*nihilominus manere: si autem prius minor adiit hereditatem, mox abstentus est, substitutum pupillo servum cum libertate, non posse heredem existere, neque liberum esse, non per omnia verum est, nam si non est solvendo hereditas, abstinente se herede, & Divus Pius rescripsit, & Imperator noster, & quidem in extraneo pupillo, locum fore necessario substituto, & quod ait liberum manere, tale est, quasi non & heres maneat, cum pupillus impetrat restitutionem, posteaquam abstentus est; cum enim pupillus heres non fiat, sed utiles actiones habeat, sine dubio heres manebit, qui semel extitit.*

ULpianus in *l. 7. §. sed & quod Pap. de minorib.* refert, Pap. hoc libro 2. tractasse hanc speciem. Finge: Quidam extraneus L. Titium minorem xxv. annis puberem vel impuberem, heredem instituit, & vulgariter ei substituit cum libertate Stichum servum suum hoc modo: L. Titius heres esto, si Titius heres non erit, servus Stichus meus liber & heres mihi esto. Hæc est substitutio vulgaris. Minor repudiavit hereditatem, & abstinuit hereditate, & confestim servus vocatus est ex substitutione vulgari, & defuncto factus heres necessarius, simul ac factus est liber, quia cum libertate ei fuit relicta hereditas, nec sine libertate potuit relinqui. At postea minor restitutus est in integrum rescissa repudiatione, vel abstentione, ut hereditatem obtineret, quam inconsulto repudiavit, Papin. ait, jure restitutionis in integrum eum ablaturum servo bona hereditaria, quæ occuparat jure substitutionis; non etiam libertatem, quæ semel ei obtigit ex testamento, sed ablatis bonis nihilominus, inquit, liber remanebit. Et ita Pap. respondit, quem reprehendit Ulpianus vel calumniatur, quasi voluerit Pap. quod sane non credo voluisse, propterea quod tantum scripsit liberum eum manere: liberum quidem eum manere, non heredem scripsisti, inquit, Ulpianus, liberum eum manere, non adjecisti, etiam eum heredem manere. Ergo existimasti eum heredem non manere; quod falsum est, quia heres manet, qui semel extitit secundum regulam juris, semel heres, est in perpetuum heres, *l. ex facto, §. ult. de vulg. subst. l. ei, qui solvendo, de her. inst.* Ergo liber & heres manet ipso jure, sed habet tantum nudum nomen heredis, quia heres est sine re, propterea quod minor ei rem abstulit per restitutionem in integrum; at jure & nomine sane heres est: & Prætor minorem in integrum restitutum non potuit facere heredem, quia Prætor non facit heredem, sed bonorum possessorem, §. *quos autem, Inst. de bon. poss.* Ergo minorem restitutum non facit heredem, sed tantum tuebitur eum tanquam heredem, non datis directis actionibus, quia datis utilibus actionibus, non est heres, sed quasi heres, ideo utiles, & quasi hereditariæ actiones ei dantur, *l. 2. §. interdum, de vulg. subst.* At quid dicemus e contrario, si prius minor 25. annis adierit hereditatem, mox abstentus sit beneficio restitutionis in integrum? Et hoc casu Pap. respondet, servum substitutum non posse ad hereditatem venire ex substitutione vulgari, quia ea substitutio perempta est aditione hereditatis instituti, *l. post aditam, C. de imp. & aliis subst. l. 6. C. de legat. l. 13. C. de fideicom.* nec restitutio minore adversus aditionem, restituitur substitutio, quæ interiit semel. Non est regressus, ut Dialectici dicunt, a privatione ad habitum; & consequenter respondit Pap. eum servum non posse pervenire ad libertatem, quia ei relicta est a gradu substitutionis, & a semetipso, ut sublato eo gradu per aditionem, plane sit necesse etiam extingui libertatem. Et alia est ratio *l. 2. de manum. test.* quia in ejus legis specie servo substituto vulgariter, libertas relicta fuit: & a primo & a secundo gradu, ideoque licet repellatur a secundo gradu, h. e. a substitutione vulgari, tamen non repellitur a libertate, sed ea pervenit ex primo gradu, quia utroque relicta fuit. At in proposito casu fuit tantum relicta libertas a secundo gradu, & ideo aditio minoris, qui adivit ex testamento, ex institutione, exclusit servum tam hereditate, quam libertate. Exclusit

Mmm etiam

etiam legitimum heredem, quia ubi extitit heres ex testamento, removetur legitimus. Consequens est igitur, ut in propofito cafu fifcus vocetur ad ea bona, tanquam vacantia, ut in *l. ult. de sucress. edic.* Ad hoc quoque responsum vellicat Ulpianus, dicens non esse per omnia verum, esse partim verum, partim falsum. Nam in propofito casu, si hereditas solvendo non fit, & ideo periculum fit, ne bona veneant a creditoribus defuncti nomine, quod olim defuncto irrogabat infamiam (id est certissimum, ex oratione pro Quintio, & ex Instit. duobus aut tribus locis) ex rescripto Divi Pii, & Anton. servum substitutum minori etiam post aditionem minoris, qui postea se abstinuit, vocari ad hereditatem jure singulari, famæ defuncti conservandæ causa: ne scilicet, nullo existente herede, nempe excluso servo substituto aditione instituti ipso jure, & pariter excluso legitimo herede, & fisco utique non vindicaturo hereditatem, quæ non est solvendo, ne bona veneant defuncti nomine, sed servi potius nomine: vocari servum non tam ex substitutione, quæ expiravit ipso jure, quam ex illo rescripto: sicut ex Novell. Justiniani, *de hered. & Falcid.* alio casu jure singulari post aditionem substitutus vocatur. Et fit igitur rescriptum illud heredem facere poteft. Princeps heredem facere potest, & vere facit, tanquam ex testamento, sed reipsa non magis hereditatem quam infamiam consequitur, ut in *l. 3. C. Theod. de inossic. test.* quoniam servi nomine bona veneunt, atque ita servus infamabitur, idemque liber nuper factus. Et sane a responso Papiniani hic casus excipiendus est, ergo huic responso non est locus aliter, quam si solvendo fit hereditas. Locus est elegantissimus: cetera sunt facilia.

### Ad L. XX. de Minorib.

*Papinianus lib. 2. Responsor. ait: exuli reverso non debere prorogari tempus in integrum restitutionis statutum: quia abfuit, cum potuerit adire prætorem per procuratorem. Nec dixit, vel præsidem ubi erat. Sed quod idem dicit, & indignum esse propter irrogatam pœnam, non recte. Quid enim commune habet delictum cum venia ætatis? si quis tamen major 25. annis intra tempus restitutionis statutum contestatus postea destiterit: nihil ei proficit ad in integrum restitutionem contestatio: ut est sæpissime rescriptum.*

Idem ex eodem libro citatur in *l. 29. eod.* in hac specie: minor 25. annis circumscriptus in negotio aliquo, deinde ex delicti causa relegatus in exilio consumpsit legitimam ætatem, & tempora petendæ restitutionis in integrum: Quæritur, an reversus ab exilio possit restitui in integrum post tempora petendæ restitutionis in integrum, ob id, in quo circumscriptus fuit ante relegationem, prorogato ei tempore restitutionis in integrum, quo affuerit? (ut Florentiæ scriptum est prisco more, *affuit* pro *abfuit*, quod non intellexit Accursius, & ita in *l. curator, de tut. & cur. datis*, curator pupillo dari potest, si tutor ejus *affuerit* pro *abfuerit* sine dubio,) Respondet autem Papinian. non posse eum restitui in integrum redeuntem, hac ratione, quæ etiam proponitur in relegato in *l. sed etsi per procuratorem, §. 1. quib. ex causf. major.* quia imputatur relegato, cur non intra tempora petendæ restitutionis in integrum eam petierit a Prætore: nam relegatus potuit facere procuratorem ad petendam restitutionem in integrum, cur non fecit? Per procuratorem eam obtinuisset a Prætore; non adjecit a Præside, ubi erat, ubi pœna fungebatur. Et recte hoc non adjecit, nec reprehenditur, ut Glossa existimat ab Ulpiano, quia hoc non adjecit, quia nec potuit a Præside provinciæ, quia relegatus erat impetrare restitutionem ex negotio gesto in urbe, & non in ea provincia: ergo non dixit ei imputari, qui non petierit restitutionem a Præside provinciæ, in quam relegatus erat, sed quod eam non petie-

rit sibi dari in urbe ipsa, & civitate quam retinuit a Prætore per procuratorem suum. Verum Papinianus addit aliam rationem; quia indignum est, eum restitui propter pœnam exilii ei irrogatam, quod scilicet in exilio consumpserat tempus petendæ restitutionis. Hanc secundam rationem reprehendit Ulpianus: quia causa restitutionis separata est a causa pœnæ: & non obstat ullo modo altera alteri, sed causæ restitutionis obstat sola temporis præteriti ratio.

### Ad §. Papinianus L. VIII. de Inoff.test.

*Papinianus libro 2. Responf. ait, contra veterani patrisfamilias testamentum, esse inofficiosi querelam, etsi ea sola bona habuit, quæ in castris quæsierat.*

In hoc §. ex libro 2. Responsor. Papiniani refertur, quod est facillimum; primo, contra testamentum veterani patrisfamil. in quo exheredavit filium, posse filio exheredato dari querelam inofficiosi testamenti, etiamsi is veteranus habuerit tantum bona castrensia, de quibus sit testatus jure communi, non jure militari intra annum missionis, quod est certissimum. Et caute ait: *veterani patrisfamil.* Nam contra filiifamil. testamentum, qui testatus est de castrensi peculio non daretur querela inofficiosi testamenti, *l. ult. C. eod. tit.*

### Ad §. Unde ead. l.

*Non male Papin. lib. 2. responsor. refert, si heres fuit institutus, & rogatus restituere hereditatem: deinde in querela inofficiosi non obtinuit: id quod jure Falcidia potuit habere, solum perdere.*

Est etiam facile, quod est in §. *unde*, qui egit querela inofficiosi testamenti, & non obtinuit, perdit id omne, quod ex testamento ferre potuit jure legati, aut fideicommissi, vel jure Falcidiæ, vel alio modo ut in §. *meminisse, ead. l.* Finge, filium fuisse heredem institutum, & rogatum post mortem patris restituere hereditatem L. Titio: est institutus, sed nihilominus agere potest querela quasi exheredatus, quod mox rogatus sit hereditatem restituere alteri: Et forte non sufficiet Falcidia legitimæ portioni. Finge, fuisse heredem ex parte tantum, & rogatum partem restituere confestim, & ideo egisse querela adversus fideicommissarium, quod eum posse probat *l. 1. C. de inoff. testam.* sed non obtinuisse, quid fiet? Perdet ne Falcidiam? sic videtur, ut in *l. 5. §. pen. de his, quib. ut indig.* perdet Falcidiam, ut nihil ferat ex testamenti causa, ex testamento, qui testamentum in vanum accusavit & quantum in ipso fuit, evertit. Dodrans autem servabitur fideicommissario, nec cedet fisco, non fiet hæc injuria fideicommissario, ut ei fiscus auferat dodrantem, sed fiscus aufert tantum filio, qui non obtinuit quadrantem, id est, Falcidiam, ut indigno.

## JACOBI CUJACII J.C.
### COMMENTARIA
In Lib. III. Responsorum ÆMILII PAPINIANI.

### Ad L. LXVIII. de Procur.

*Quod procurator ex re domini, mandato non refragante, stipulatur: invito procuratore dominus petere potest.* (\*)

Hujus legis est unus tantum versus, maxime tamen operosus. Primum enim, quia in Basilic. lib. 8. tit. 2. sententia hujus legis negative concipitur hoc modo: *Quod procurator ex re do-*

(\*) Vide *Merill. variant. ex Cujac. cap. 9. lib. 1.*

domini non refragante mandato stipulatur: invito procuratore, dominus petere non potest; videndum est, utra sit verior, negativa an affirmativa. Etiam videndum est, quid sit ex re domini stipulari; & cur adjecta sint illa verba, non refragante mandato: & procurator, qui proponitur stipulatus aliquid ex re domini, utrum sibi sit stipulatus an domino? an quidquam intersit sibi, an domino stipulatus sit? ac praeterea videndum est, quo referantur, quidve significent illa verba, invito procuratore? Prima & principalis quaestio, quae profligabit ceteras omnes, est de veritate scripturae, quoniam non affirmative, ut vulgo, sed negative legitur in Basilicis: Invito eo dominus petere non potest, his verbis, ἄκοντος αὐτοῦ ἀκαίτητος ὁ δεσπότης ἢ δύναται. Pro negativa facit omnino l. possessio quoque, §. ult. de acquir. poss. quae de procuratore loquitur, qui rem emit ab alio mandato aut voluntate domini, nec distinguit ex pecunia domini emerit, an pecunia sua vel aliena; ergo loquitur etiam de procuratore, qui rem emit ex pecunia domini, ut sit plerumque, ex re domini, & stipulatus est duplam evictionis nomine; & tamen lex ait, re evicta actionem evictionis contra venditorem domino non dari invito procuratore: utitur iisdem verbis idem auctor, re evicta actionem ex stipulatu de dupla non dari domino invito procuratore, hoc est, sine cessione procuratoris, ut ipsa lex interpretatur. Ceterum cogitur eam cedere per actionem mandati, & tamen eam actionem procurator paravit ex re domini, id est, ex pecunia domini empta re, & paravit sibi, atque quaesivit eam actionem, quia emit sibi: alioquin si domino emisset, nihil egisset l. multum, C. si quis alt. vel sibi: quia si domino emisset, neque sibi emisset, quia noluit sibi emere, & cessat voluntas ejus, qua cessante sibi non emisset, nec domino jure prohibente, quia alteri liber homo emit inutiliter: & quod ait l. multum, ei est simile, quod proponitur in l. si genero, C. de jur. dot. Pro negativa etiam facit, quod si ex re domini parata actio domino competit invito procuratore, semper per procuratorem domino acquirerentur actiones: quia quicquid procurator gerit, id omne consistit in re domini, in administratione rerum domini: & nihil interest, ex re dicatur, an in re, ut l. homo liber, §. 1. de acq. rer. dom. & Graeci hoc loco, ἐν τοῖς παράγμασι τοῦ δεσπότου. At regula juris est: Per procuratorem non semper nobis acquiri actiones, l. 72. h. t. non semper: hoc est plerumque non acquiri, ut in l. solutum §. per liberam, de pig. act. Initio ait, per liberam personam, veluti per procuratorem plerumque non acquiri actionem: & in fine, non semper acquiri actionem, sicut etiam in l. 5. C. de cont. stip. non semper ex nuda pactione actionem nasci, quae regula juris esse dicitur in l. jurisgentium, de pact. Regulae juris constituuntur ex iis, quae fiunt plerumque, ἐπὶ τὸ πλεῖστον. Tertio loco confirmatur etiam negativa hoc argumento: jure singulari receptum est utilitatis gratia, propter crebrum & necessarium usum creditae pecuniae, propter quam, & pleraque alia singularia recepta sunt in credita pecunia, ut ait l. singularia, de reb. cred. ut scil. ex causa creditae pecuniae indistincte, ex qua pecunia fuerit domini sive procuratoris, ut patet ex l. 126. §. Chrysogonus, de verb. oblig. ut inquam, ex ea causa domino ipso jure sine ulla cessione, ut ait l. 2. C. per quas pers. nob. adq. ut inquam, ex ea causa domino ipso jure sine cessione procuratoris eo invito acquiratur actio creditae pecuniae, si modo ejus nomine credita sit: ipso jure invito procuratore habet actionem creditae pecuniae si certum petetur ex numeratione, sive condictionem ex mutui causa; ergo jure communi si nomine suo non domini procurator pecuniam domini det mutuam, vel etiam si ex alia causa procurator ex pecunia domini sibi quaerat actionem non domino; ea domino sine cessione procuratoris & mandato non competet, d. §. Chrysogonus, At specialiter etiam ea negativa confirmatur ex eod. §. Chrysogonus. Nam ex illo §. patet, etiamsi libertus rem agens patroni sui, patroni mutuam pecuniam dederit & stipulatus sit, patrono eam pecuniam reddi, neque patrono acquiri actionem ex stipulatu, quia alteri liber homo stipulatur inutiliter, qualis est libertus, qui juri nostro subjectus non est, neque bona fide nobis servit; neque acquiri liberto actionem ex stipulatu, qui non sibi est stipulatus: denique stipulando patrono nihil egit, vel etiamsi libertus stipulatus sit, ut ille §. ponit, in usuris, quas ait libertum sibi stipulari ex re domini: hoc casu patrono sine cessione liberti non datur actio ex stipulatu. Ceterum libertus compelli potest, ut eam cedat per actionem mandati, ut in l. possessio quoque, §. ult. At sine cessione ex stipulatione procuratoris sibi facta, dominus suo jure nullam actionem habet, etiamsi ejus pecunia fuerit, quam negotiatus est libertus. Denique ille §. ostendit, ex re domini sibi liberto stipulante invito patrono, non dari actionem, & quod ille §. ait de usuris, id confirmat exemplum, quo utitur Glossa hoc loco, dum stipulari ex re domini interpretatur stipulari fructus vel usuras ex re domini: fructus veluti partem fructuum, vel certam pensionem locato praedio domini patrono partiario, vel constituta pecuniaria mercede, certoque pretio (alii enim colunt nummis, alii colunt parte frugum locatori data, qui dicuntur coloni partiarii) vel etiamsi stipuletur usuras pecunia domini foenori occupata, ut vult Accurs. si stipulatur ex re domini. Et usurarum exemplum, ut dixi, confirmat ille §. Chrysogonus. Confirmatur etiam Theoph. videtur in §. de iis, Inst. per quas personas nobis acquir. Bartolus hoc loco male rejecit illud exemplum usurarum, quod ex pecunia domini usura non proveniat: non provenit quidem pecunia usura natura, l. si navis, de rei vindic. l. usura, de verb. signif. Quia pecuniam pecunia naturaliter non generat; qua ratione Aristoteles dicit, usuram esse contra naturam; sed provenit usura tamen jure obligationis, & quasi fructus reditusve pecuniae est, l. 3. de usufr. ear. rer. l. alumno, de alimen. leg. Ergo recte dices, ex re domini stipulari procuratorem, qui credita pecunia domini stipulatur usuras, quia usurae pecuniae fructus esse intelliguntur jure civili. Addamus etiam alia argumenta, ne videamur temere illam negationem admittere. Confirmatur belle negatio in libris Basil. ex eo quod, ut ex re mea mihi liber homo acquirat actionem, quam sibi ut quaereret satagit nominatim, hoc tantum receptum est jure civili in libero homine, qui mihi bona fide servit, qui se putat esse servum, me etiam existimante eum esse servum, qui quod stipulatur sibi ex re mea, mihi acquirit. Et hoc constitutum est, in l. justo, de usurp. & usucap. in eo tantum homine, qui bona fide nobis servit, adeo ut nec per liberum hominem, quem filium meum, & in mea potestate esse existimo, mihi ex re mea acquiratur actio, l. per eum, in princip. de acquir. possess. & ratio explicatur in l. justo, cur per liberum hominem, quem possidemus ut servum, acquiramus ex re nostra, & tamen per liberum hominem, quem possidemus ut filiumfam. non acquiramus ex re nostra. Unde restat & per procuratorem meum non acquirere me actionem ex re mea. Et postremo cum negationem corroborem tot testimoniis, & argumenta adfirmativa nuda sint, & destituta omni adminiculo, dicamus veriorem esse negationem. Et, ne qua dubitatio redeat, legem hanc esse accipiendam de procuratore, qui ex re domini stipulatur partem fructuum locato fundo domini, vel qui stipulatur usuras, credita pecunia domini, vel qui vendita re domini, stipulatur pretium dari sibi soli, ut l. liber homo, §. ult. de stipulat. serv. vel qui pecuniam domini mutuo dat suo nomine, & sibi reddi stipulatur. De procuratore igitur haec legem loqui dicamus, qui ex re domini stipulatur; non refragante mandato, hoc est, etiamsi hoc faciat voluntate domini vel mandato : ut scilicet, id, quod stipulatus fuerit, volente domino ex re domini, dominus invito procuratore, id est, sine cessione actionis ex stipulatu petere non possit. Ex quo etiam apparet (*) loqui Papinianum de procuratore, qui sibi stipulatus est ex re domini, alioquin non posset cedere actionem, & cessionis significatio inest illis verbis invito

(*) Vide Merill. variant. ex Cujac. lib. 1. cap. 9.

to procuratore: atque ideo non loqui Pap. de procuratore, qui domino stipulatur. Multum enim interest domino stipuletur, ut custodite ait *l. 3. C. de contrah. stipulat.* an sibi stipuletur etiam ex re domini. Nam si domino absenti stipuletur, nihil omnino agit, ut ait *l. 3. C. de contrah. stipul. l. 3. C. de inutilib. stip.* Quoniam si præsenti stipuletur, præsens ipse stipulatus videtur, & valet stipulatio, eique actio competit quasi ex suo stipulatu, ut diximus in *l. quod statulib. de mort. causf. donat.* Alioquin qui domino, licet ex re domini, absenti stipulatur, nihil omnino egit, & prorsus inutilis stipulatio est, *l. quacunque, de obl. & act.* exceptis casibus certis, quibus ex æquitate datur domino utilis actio, quos adnotare hoc loco non est necesse, quoniam tota quæstio est de procuratore, non qui domino stipuletur, sed qui sibi stipulatur. Procurator etiamsi stipuletur ex re domini, & voluntate, jussu, mandato domini absentis, non nihil agit, quia sibi acquirit actionem, eamque domino cedere debet, & præstare cogitur actione mandati; alioquin domino ipso jure, neque directa, neque utilis competit actio procuratore stipulante sibi ex re domini. Et hoc quidem regulariter verum est, & hæc etiam lex habet formam, & speciem regulæ; sed quidam sunt casus, quibus & sine cessione domino competit actio utilis causa cognita, etiamsi sibi procurator stipulatus sit; si stipulatus sit, ut sit, ex re domini, ut servatur in omnibus stipulationibus Prætoriis utilitatis causa, quoniam eas plerumque interponimus per procuratorem, veluti stipulationem judicatum solvi, vel de rato, vel damni infecti. *In prætoriis stipulationibus*, inquit *l. 5. de præt. stip.* (cujus pars est *l. damni §. ult. de damn. inf.*) *non ergo in conventionalibus, sed in Prætoriis hoc observatur*, inquit, *contra regulam juris, uti causa cognita non passim domino detur utilis actio*, licet procurator suo nomine stipulatus sit; idque probat *l. 1. in causa, §. ult. & l. seq. h. t.* Additur etiam alius casus in *d. l. 5. de præt. stipu.* cum scil. dominus ex contractu procuratoris ad exemplum institoriæ actionis, tenetur actione ex contractu, licet sibi contraxerit procurator, & sit procurator solvendo, nam cum is procurator veluti institor sit, ex contractu ejus, omisso procuratore, ei, qui cum eo contraxit, est utilis actio institoria in dominum, quam exposui ante lib. 1. in *l. liberto, in prin. de neg. gest.* Hoc vero casu æquum est, ut etiam ex contrario domino detur actio utilis in eos, qui cum procuratore contraxerunt, maxime si procurator non sit solvendo, h. e. si rem a procuratore servare non possit, ut in *l. Julianus, §. si procur. de act. emp. l. 1. in fi. & l. 2. de inst. act.* Est etiam tertius casus singularis, si procurator militis, pecuniam militis mutuam det, & sibi reddi stipuletur, nam receptum est favore militiæ, ut & sine cessione militi competat actio utilis creditæ pecuniæ, *l. si pecuniam, de reb. cred.* sicut in tutore & curatore est receptum favore minorum, ut si pecuniam pupilli crediderint & sibi stipulati sint, vel si ex pecunia pupilli sibi emerint fundum, ut pupillo detur repetitio creditæ pecuniæ etiam invito tutore vel curatore, sine ulla cessione, vel utilis vindicatio rei emptæ sua pecunia, *l. 2. quando ex fact. tut.*

### Ad L. XXXII. de Neg. gest.

*Fidejussor imperitia lapsus, alterius quoque contractus, qui personam ejus non contingebat, pignora vel hypothecas suscepit: Et utramque pecuniam creditori solvit existimans indemnitati suæ, confusis prædiis, consuli posse. Ob eas res judicio mandati frustra convenietur, & ipse debitorem frustra conveniet, negotiorum autem gestorum actio utrique necessaria erit. In qua lite culpam æstimari satis est; non etiam casum: quia prædo fidejussor non videtur; creditor ob id factum ad restituendum judicio, quod de pignore dato redditur, cum videatur jus suum vendidisse, non tenebitur.*

Sunt in hac lege duo responsa Papin. quorum primo adjungemus aliud ex eod. lib. quod est in *l. 2. inf. de pignorib.* secundo adjungemus aliud ex eod. lib. in *l. 25. depos.* In ponenda specie primi responsi interpretes nullo modo inter se conveniunt: aliam speciem ponit Paulus Cast. aliam atque aliam incertus atque inconstans Odofredus, ceteri quique suam, nec ulli eam tenere videtur, propterea quod nec verba ejus legis tenent, quod apparet potissimum in illis verbis; *Confusis prædiis*, quæ sic Paulus interpretatur, *retentis prædiis, repetitis*, quod, quis non rideat? alii, *confusis prædiis*, id est, *confuse obligatis*; alii *confusis prædiis*, h. e. *confuse liberatis & repignoratis*. Species verissima hæc est: Creditor, cui debebat quidam pecuniam ex duobus contractibus sub diversis pignoribus vel hypothecis prædiorum, in unum tantum contractum fidejussorem accepit, non in utrumque contractum. Dico eum fidejussorem accepisse in unum contractum, non in utrumque. Pignora autem singula, sive prædia singula pignori accepisse in singulos contractus, non eadem in utrumque contractum: nam si eadem prædia pignori creditor accepisset in utrumque contractum, fidejussor conventus non posset ulla pignora in se transferre, aut compellere creditorem, ut in se transferret, nisi soluta utraque pecunia, quia utramque pecuniam eadem pignora tenentur creditori, & ita est proditum in *l. 2. C. de fidejuss.* At si singuli contractus sua habere pignora, potuit fidejussor soluta pecunia, in quam fidejussit, ejus contractus pignora ad se traducere, non soluta altera pecunia, in quam non fidejussit, & ita debuit versari in illo negotio, quia fidejusserat in unum contractum tantum, debuit solvere pecuniam ex eo contractu debitam, atque ita ad se traducere pignora ejus contractus, de altero contractu, aliisve pignoribus non curare. At, ut ponitur in hac *l.* fidejussor imperitia lapsus, ex utriusque contractus causa, quamvis in utrumque non fidejussisset, utramque pecuniam solvit creditori, atque ita utriusque contractus pignora, utraque prædia a creditore suscepit titulo emptionis, ut fit, *l. 2. l. 5. 8. ult. de distrah. pign.* In quo fuerit imperitia lapsus, valde diligenter quærunt interpretes, non animadvertentes Pap. ipsum, in quo ipse fidejussor fuerit imperitia lapsus, solvendo utramque pecuniam, & liberando utraque pignora, satis demonstrare, dum ait, *existimans indemnitati suæ confusis prædiis consuli posse*; in quo est imperitia lapsus, aut cur est imperitia lapsus? Quia, inquit, existimavit indemnitati suæ confusis prædiis consuli posse: non erravit in facto, ut quidam volunt, non ignoravit, se in unam tantum causam fidejussisse, non in utramque, sed quod perire suæ indemnitati prospexit, dum existimavit, sed id quod solveret creditori melius servare posse, confusa ratione utriusque pecuniæ, & utriusque hypothecæ, & utrisque prædiis communi calculo subjectis, quam discrete & separatim habita ratione contractus & hypothecæ cujusque. Imperite: quia non potuit confundere & commiscere diversorum contractuum causam. Itaque quod solverit creditori suo nomine ex contractu in quem fidejussit, id ex pignoribus tantum ejus contractus sibi servare poterit per vindicationem, & retentionem eorum pignorum, quasi in locum creditoris successerit, non etiam per vindicationem, aut retentionem pignorum alterius contractus, quæ in eam causam non tenerentur: quod autem solverit ex altero contractu, in quem non fidejussit, id neque poterit servare ex pignoribus ejus contractus, in quem fidejussit, quia in hanc causam obligata non sunt, neque ex pignoribus ejus contractus in quem non fidejussit, quia tametsi soluta pecunia ex eo contractu debita, in quem non fidejussit, pignora titulo emptionis acceperit, ut posuimus, ea tamen ut extraneus quilibet emptor accepit. Et alius quidem extraneus emptor ea teneret jure dominii, quasi empta a creditore jure conventionis, vendente pignora jure suo; quoniam hoc casu evenit, ut docent Inst. ut qui non est dominus pignorum, puta creditor, transferat dominium eorum in emptorem. At ipse fidejussor, neque ea pignora jure dominii tenebit, quia non tam adquirenti dominii causa emit, quam ut suæ indemnitati con-

confusis prædiis consuleret, neque tenebit etiam ea jure pignoris, quia ut extraneus emit, cum ei non debuissent ea pignora esse curæ, propterea quod in eorum causam non fidejusserat, & extraneus emptor pignorum tantum abest, ut succedat in pignus, id est, in jus pignoris, ut solvat potius & extinguat pignus : denique extraneus emptor, aut in dominium succedit, aut nullo jure succedit. Igitur fidejussor neque caute, neque perite consuluit sibi, qui utraque pignora redemit soluta utraque pecunia ut confusis & commixtis utrisque pignoribus alia aliis subsidio essent servandæ fidejussori indemnitatis causa, quod fieri nequit, quia non potest fidejussoris arbitrio confundi, quod divisit, & distinxit conventio contrahentium, unde nec actione mandati contraria potest fidejussor sibi servare solutam pecuniam ex contractu, qui personam ejus non contingebat, hoc est, in quem non fidejusserat, nec mandatum ei erat, ut fidejuberet, quia res ea extra causam mandati est; extra negotium mandati, quod est gestum inter eum & debitorem, qui ei mandavit, ut fidejuberet in unum contractum tantum, non in utrumque, ut unius contractus tantum esset sponsor non utriusque, ut de uno contractu curam susciperet, non de utroque. Et similiter cum eo fidejussore debitor eadem ratione, oblata ea pecunia, non potest agere mandati directo judicio, ut ea pignora recipiat, quæ fidejussor ultro redemit, cum ejus contractus onus fidejussorem non respiceret ; denique quantum attinet ad eum contractum, ejus nomine fidejussor non intercessit, frustra cum fidejussore agit mandati, frustra agitur inepta actione & incongrua, inepta actio manis est. Et utique in hac causa, quia cessat mandati actio ultro citroque, utique est necessaria actio negotiorum gestorum, ut ait; debitori, quia negotium ejus est, ut pignora ejus contractus recipiat oblata pecunia fidejussori, quam ultro solvit creditori, negot.gestor.actio utrique necessaria est, debitori, ut pignora servet: fidejussori autem, ut pecuniam, quam ex causa ejus contractus solvit ultro recuperet a debitore. Potest tamen dici, fidejussorem habere retentionem pignoris, non tanquam pignoris jure, ut ante docui, sed per exceptionem doli mali, quod cui datur actio neg.gestorum, multo magis sit danda exceptio, ut *l.invitus*,§.1.*de reg. jur.* Nam & si quis sola amicitia ductus pignora amici sua pecunia liberaverit, neque eorum dominium, neque in ius hypothecæ adipiscitur, sed pecuniam, qua solvit pignora repetere potest actione neg.gestorum, vel si pignora possideat, exceptione doli se defendere, quia non ea restituat debitori, antequam pecunia, quæ ea liberavit, ei restituta sit, *l.res*, *C.de pignor.l.1. quibus mod. pign. vel hypot.* In actione autem neg.gest. qua fidejussor convenitur, ait Pap.fidejussorem culpam præstare, si culpa ejus ea pignora perierint, negotiorum gestorem, non tantum dolum, sed etiam culpam præstare, *l. si negotia, h. t.* fidejussor ergo conventus actione directa neg.gest.ut ea pignora reddat, si perierint culpa ejus, condemnabitur in æstimationem litis, quia in hoc judicio negot.gest.venit culpa, sed non venit etiam casus fortuitus, casus improvisus, casus major. Itaque hic fidejussor culpam quidem præstabit, sed non casum fortuitum, quia est possessor bonæ fidei, qui stulte & imperite existimavit, suæ indemnitati consuli posse, confusis utrisque pignoribus: stultitia est imperitiave, non mala fides. Malæ fidei possessor præstabit etiam casum fortuitum, ut *l.6.§.etsi quis*, *h.t.* Et hoc est, quod ait Pap.fidejussorem non præstare casum fortuitum, scilicet, quia prædo fidejussor non est. Imperitus est, non prædo, id est, malæ fidei possessor. Et hæc quantum attinet ad pecuniam & pignora ejus contractus, qui personam ejus non contingebat. Sed quantum attinet ad pecuniam & pignus ejus contractus, qui personam ejus contingebat, hoc est, in quem fidejusserat, non est dubium esse ultro citroque mandati actionem, *l.si mandavero*,§.1. *mand.l.1.C.de dolo.* Ubi *de dolo*, hoc est, mandati, cui, cum sit bonæ fidei, ut omni actioni bonæ fidei, inest actio & exceptio de dolo, quod ita esse accipiendum perspicue docet *obs.3.cap.37.* Sed addatur etiam hujus rei comprobandæ gratia, *l.2.de pignor.* quæ est ex eod.ubi ait : *fidejussorem teneri mandati qui solvit pecuniam, atque ita pignora suscepit*, *& in hanc actionem mandati etiam venire culpam*, sicut ante dixi eam venire in actionem neg.gest.Adjicit autem Pap.in hac lege : Creditorem, qui jus pignorum vendidit, ut initio posuimus, non teneri debitori pigneratitia actione, ut pignora ei restituat: cum ei omnis pecunia soluta sit a fidejussore, quia suo jure ea vendidit, atque ita suum recepit ; non teneri etiam ea actione pigneratitia fidejussorem, qui pignora emit, sed mandati tantum ut ea pignora restituat. Idem Pap. eodem libro scribit in *d.l.2.* quia, cum dixisset, fidejussorem teneri actione mandati reo principali, & in eam actionem venire culpam, exemplo creditoris, inquit, conventi, scilicet pigneratitia actione, cum pignora non vendidit, & offertur ei omnis pecunia, *l.sicut*, *C.de pignor.* Subjicit non etiam exemplo creditoris fidejussorem teneri pigneratitia actione, licet in locum ejus successerit, quia hæc non est successio universi juris veluti hereditas, sed successio in rem tantum & speciale jus pignoris, quæ est sententia dictæ *l.2.*

### Ad §. Ignorante.

*Ignorante virgine mater a sponso filiæ res donatas suscepit, quia mandati vel depositi cessat actio ; negotiorum gestorum agitur.*

Species hæc est in §. ult. hujus legis. Sponsus matri virginis sponsæ, ignorante virgine, res, quas ei donabat pro munere sponsalitio, tradidit matri puellæ; puella cum matre non agit actione mandati vel depositi, ut munera sponsalitia sibi reddat, quia nullum tale negotium intercessit inter filiam & matrem : & nihil ageret, inepte ageret, atque adeo frustra ageret in matrem mandati, quia non mandavit, ut ea munera acciperet a sponso ; frustra etiam depositi ageret, quia non ea filia deposuit apud matrem, sed recte ageret neg.gestorum, quia mater negotium ignorantis virginis gessit suscipiendo munera sponsalitia. Neque obstat huic responso *l.25.depos.* quæ dicit : *Patrem, qui ea munera susceperat de manu sponsi, puellæ emancipatæ teneri actione depositi, ut ea restituat* ; Non obstat, cum sit conjungenda cum hoc §.ult.quia ea est ejusdem ex eodem libro, sed dicta *l.25.* est accipienda de filia, eademque sponsa, qua sciente & præsente patre sponsalitia munera ei oblata accepit de manu sponsi die sponsaliorum, vel post eum diem : videtur enim filia, quæ præsens erat, patri ea munera dedisse in depositi causam, cum ea dedit patri sponsus nomine sponsæ, præsente sponsa, ut in *l.quod statuliber, de mort. causa donat.* Vis videre, quam fuerit præsens puella & sciens? Lex ait, eas fuisse oblatas puellæ. Offerimus tantum præsenti, ceterum fuisse traditas patri, tanquam, ut præsumimus, in depositi causam, & ideo inherent patris filiæ teneri ait, non tantum ad exhibendum, ut ea munera exhibeat filiæ vindicaturæ, sed etiam actione depositi, quia fuisse deposita apud patrem intelliguntur. Hæc enim verba *l.25. heres ejus, ut exhibeat, recte convenietur etiam actione depositi*, sic Græci recte interpretantur, ut heres patris non tantum teneatur ad exhibendum, sed etiam depositi,

### Ad L.XLV. de Judic.

*Argentarium, ubi contractum est, conveniri oportet: nec in hoc dilationem, nisi ex justa causa dari, ut ex provincia codices adferantur. Idem in actione tutelæ placuit.*

Hujus legis duæ sunt partes, utraque probatur, ibi quemque conveniri posse, ubi contraxit, etiamsi domicilium ibi non habeat. In prima parte sic ait: *Argentarium, ubi contractum est, &c.* in qua parte comparat argen-

argentarium tutori, actionem tutelæ, qua tutor tenetur, actioni in factum, qua argentarius tenetur ex edicto Prætoris: uterque, ut actus sui & administrationis rationem edat reddat; utriusque officium est publicum & virile, non muliebre, ut de officio tutelæ scriptum est in §. 1. *Instit. de excus. tut. l. 16. de tut. & rat. distrah.* & de officio argentarii in *l. argentarius*, §. 1. *& l. pen. de eden. l. si ventri*, §. *in bonis, de rebus auct. jud. poss.* officio tutoris incumbit, ut actus sui rationes diligenter conficiat, & pupillo edat finita tutela: ceterum, si eas non exhibeat, pupillo hoc nomine tenetur actione tutelæ. Edere rationes actus sui est exhibere librum rationum, & tutelam restituere, indemnemque pupillum præstare, *l. 1. §. officio, de tut. & rat. distrah. l. quidam, de eden. l. Lucius Titius §. tutelæ, de administr. tut.* Officio etiam argentarii sive trapezitæ incumbit, cum soleat non sine magno quæstu, multorum sæpe pecunias tractare, & cautiones, & rationes nummarias sane omnium, qui fidem ejus quasi publicam sequuntur (nam fides mensæ argentarii, fides publica est) officio, inquam, ejus, incumbit, ut rationes actus & professionis suæ diligenter conficiat, ut perscribat quas, cujus pecunias, qua die, quove Consule dederit, erogaritve fœnori occupando vel alio modo, quas item acceperit, quas crediderit, quas obligarit nomine facto, hoc est, contracta obligatione nominis, quæ præcipue contrahebatur cum argentariis apud mensam in foro, ubi argentarii tabernas positas habebant: & inde *l. si plures, de pact.* argentarii, inquit, quorum fides simul facta sunt, hoc est, cum quibus simul contracta est obligatio nominum: quæ species erat obligationi literarum, sive scripturæ mensæ; ad quam obligationem nominum refero, *l. non figura verborum, de oblig. & act.* quoniam est ex Pauli 3. ad edictum, quo tractavit de hac obligatione nominum, quam ait non tam figura verborum contrahi, aut non tam scriptura contrahi, quam oratione, quam exprimit scriptura, ut plenissime eod. libro tractavit de rationibus argentariorum sive mensariorum & trapezitarum. Incumbit officio argentarii, ut perscribat, quas pecunias solverit, quas receperit, sive constituerit se soluturum pro alio, & ut eas rationes edat iis, ad quos pertinent, hoc est, quos earum rationum contextus maxime contingit, ut eis instruant se, & tueantur causam suam quam habent, vel cum ipso argentario vel cum aliis. Hoc incumbit igitur officio argentarii, quod si non præstat, & maxime, si decernente Prætore, ut edat rationes, postulanti morem non gerat, si eas non edat, aut si malitiose & perperam edat, in eum datur actio in factum ex edicto Prætoris de edendo, per quam demnatur, quanti interest actoris, ratione sibi editas esse. Et hæc omnia probantur aperte in *l. 4. l. 6. §. rationem, & §. ex hoc edicto, l. 9. in princip. §. nummularios, l. 8. §. 1. l. argentarios, §. cum autem, de eden.* At, ut in aliis perseveremus, confert inter se argentarios & tutores, si plures tutores simul administrarunt tutelam, omnes debent rationes edere actus sui, aut unius oblitio subscribere: Idem placet in pluribus argentariis, qui tractarunt rationes ad alios pertinentes voluntate eorum, *l. 6. h. t. de eden.* Item tutor, qui ibi tutelam gessit conveniri oportet tutelæ judicio, *l. heres, §. 1. h. t. l. neque, §. ult. de procurat. l. 1. C. ubi de rationes ag.* & ut eleganter Theodosius Imperator in Novel. 2. *de amota militantibus fori præscriptione*, ait, veteres leges specialiter fori præscriptioni contractus & negotia gesta & delicta subtrahere, hoc est, non utitur suo foro, non utitur privilegio sui fori, qui in alieno foro contraxit, in aliena provincia, aut negotia gessit alterius, aut in ea deliquit delictum aliquod. Et hoc est, quod dicunt vulgo, nos sortiri forum ratione contractus vel quasi contractus, vel delicti. Unde si Senator populi Romani in provincia contraxerit, ex eo contractu, in ea provincia conveniri potest, *l. interdum, §. ult. hoc tit.* Alioquin reiicitur in urbem, in qua domicilium dignitatis habet, *l. pen. de Senatusconf.* Marcus Tullius 13. Epistol. *ad fam. feceris mihi pergratum, si eos, quando cum Senatore res est, Romam rejeceris.* Item legatus ex provincia missus Romam, vel quis alius pro-

A vincialis homo, si Romæ contraxerit, Romæ conveniri potest ex eo contractu, nec habet jus revocandi in domum suam, *il n'a pas droict de renuoy*, id est, non habet præscriptionem fori, *l. 3. §. omnes, l. si legationis, l. non alias, in princ. l. cum furiosus, §. ult. h. t.* Et sic tutor ibi conveniri potest, & debet, ubi tutelam administravit, atque ita quasi contraxerit cum pupillo, etiamsi domicilium habeat alibi, nec potest posita hac præscriptione fori, ad forum, judicemque suum revocare: sed ibi judicium tutelæ pati debet, ubi tutelam administravit, ibi tutelæ rationes edere pupillo & reddere. Ac similiter argentarius ubi argentariam mensam exercuit & administravit, ibi conveniri potest & compelli rationes edere per metum actionis in factum *l. 4. §. ult. de eden. l. heres, §. 1. h. t.* etiamsi, forte fugitans litem, dicat se habere in alia provincia librum rationum. Neque enim

B hoc prætextu differendum est judicium tutelæ in tutorem, si dicat tutor, se librum rationum non habere ad manus & in promptu, in mundo ut veteres loquebantur, non esse differendam actionem in factum ideo, quod dicat se ad manum non habere rationum codices, se non habere in hac provincia, non esse hoc prætextu differendas actiones, nisi ex justa causa. Et hoc est, quod ait Pap. hoc loco, *argentarium, ubi contractum est*, hoc est, ubi argentariam fecit, & administravit, ubi hanc artem quæstuariam exercuit, conveniri oportere. Oportere; quia sicut, si ipse ibi conveniatur judicium recusare non potest, ubi argentariam fecit; ita nec ipse potest compelli alibi edere rationes, quam quo loco mensam habuit & exercuit, *l. 4. §. ult. de eden.* Nec in

C hoc, inquit, dilationem dari, ut ex provincia codices rationum adferantur, nisi ex justa causa cognita, ut in Basil. τῆς αἰτίας διαγινωσκομένης: idemque servari in actione tutelæ, quia plerique aut tutores, aut argentarii morandi tantum aut frustrandi causa simulant, se alibi rationes habere. Itaque animadvertere debet judex, an verum sit, eos rationes habere in alia provincia, in eam bona fide translatas, an dolo malo eas in aliam provinciam transtulerint, interdum negotii gratia, ut si fieri revera & bona fide translatæ in aliam provinciam, tum spatium eis detur, & dilatio ad eas perferendas, ut *l. 3. de eden.* Omnis dilatio datur causa cognita, pro tribunali, quod est legitimum sedile judicis, *l. 4. de dilat.* Glossa hoc loco male existimat, hæc verba Papin. *ut ex provincia codices adferantur*, esse posita pro exemplo justæ causæ, & rectius Albe-

D ricus *ex justa causa*, si codices, inquit, alio sint translati ex necessitate: ut neget Pap. ob causam perferendarum rationum ex provincia dari dilationem tutori vel argentario, nisi ex justa causa, ut puta, si in aliam provinciam ex necessitate, non dolo malo translatæ fuerint.

---

### Ad §. Nomine pupillæ.

*Nomine pupillæ tutoribus in provincia condemnatis, curatores puellæ judicatum Romæ facere coguntur, ubi mutuam pecuniam mater accepit, cui filia heres extitit.*

Species hæc est. Mater, quæ in provincia domicilium habet, Romæ mutuam pecuniam accepit, & contraxit, forte de mensa argentarii, filia pupilla ei heres extitit,

E quæ etiam in provincia domicilium habuit. Creditor, qui mutuam pecuniam dederat matri in urbe nomine pupillæ, tanquam heredis debitoris, convenit tutores ejus in provincia: actor sequitur forum & domicilium rei; est certissima regula juris, non potuit creditor eos tutores nomine pupillæ convenire Romæ, quia Romam non venerat. Et quod dicitur ibi quemque conveniri, ubi contraxit, ita verum est, si ibi inveniatur, non aliter, *l. heres, in prin. hujus tit.* Ei autem creditori, qui in provincia egit cum tutoribus nomine pupillæ, tutores condemnati sunt, deinde finita tutela, antequam puella judicatum fecisset, antequam solvisset creditam pecuniam, Romæ matri suæ, & pupillæ constitutis curatoribus, si curatores ejus Romæ inveniantur, ait eos Romæ judicati actio-

actione conveniri posse, quia & ibi potuissent conveniri, si inventi fuissent, principali actione pecuniæ creditæ nomine. Nam ubi defunctus contraxit, aut heres ejus, aut nomine heredis tutores vel curatores conveniri possunt, *d. l. heres, in prin.* Et hæc est sententia hujus §. Unde notandum est, condemnatum in provincia posse conveniri Romæ judicati actione, si & ibi judicari & condemnari potuit ab initio. Et sic executio judicati in provincia fiet Romæ captis pignoribus, ut fit, si quæ ibi puella habuerit, nec requiritur jussus Præsidis, qui tutores condemnavit; quia quo loco quis conveniri potest principali actione, si alio loco condemnatus sit, conveniri etiam potest actione judicati. Actio judicati nihil aliud est, quam executio judicati; alioquin is, qui condemnatus est in provincia, si Romæ conveniri non potuit, neque judicati agi ibi potuit, vel e contrario aliquo loco agi judicati, & alibi dicta sententia ad effectum perduci non potest, quam quo lata est sententia, sine jussu ejus, qui sententiam tulit, ut in *l. a. Divo Pio,* §. 1. *de re judic.* dum ait, *sententiam Romæ dictam Præsides in provincia exequi posse, si jussi fuerint,* inquit, hoc est, si rogati fuerint. Nam jubere, ut ait in Panegyrico Plinii, est adulationis, non imperii verbum, & verbum precarium non directum: ut cum dicimus: *jubeo te salvere.* Non potest Præses extra Provinciam suam pignora capere in causam judicati, quod ipse judicavit, ut nec mittere creditores in possessionem aliorum bonorum, quam quæ sub ejus jurisdictione sunt, *l. cum unus,* §. *pen. de reb. auct. jud. possid.* sed potest rogare per literas alium judicem, sub quo sunt alia condemnati bona, ut ea pignori capiat sui judicati exequendi gratia. Illud est notandum etiam ex hoc §. quid dixi probari in utraque parte, contractus rationem sive causam esse excipiendam a præscriptione fori, hoc est, præscriptionem fori sive revocationem ad forum suum non habere eum, quia alio loco convenitur, si modo in eo loco contraxerit, aut quasi contraxerit.

### Ad L. XVII. de Relig. & sumpt. fun.

*Sed si nondum pater dotem recuperaverit: vir solus convenietur, reputaturus patri, qui eo nomine præstiterit.*

SCiendum est ei, qui mulierem funeravit suis sumptibus, non donandi animo, non pietatis causa, sed quasi alienum negotium gerens, dari actionem funerariam, de recuperandis sumptibus factis in funus mulieris. Actio est Prætoria, & privilegiaria, *l. pen. & ult. hoc tit., l. quasitum, de reb. auct. jud. possid.* & datur hæc actio cessante alia actione, ut patet ex *l. si qui,* §. *Labeo ait, hoc tit.* datur, inquam, cessante alia actione & deficiente, ad similitudinem actionis negotiorum gestorum, *d. l. si qui.* §. *Idem Labeo, eod. in fin.* quia & negotium defuncti gerere videtur, & cum defuncto quasi contrahere, cum eo, cui funus & justa fecit, non cum herede ejus, ut est eleganter scriptum in *l. 1. hoc tit.* Nam si cum herede ejus quasi contraheret, si in funerando eius haberet animum gerendi negotii heredis, cessaret hæc actio funeraria, & in heredem ei competeret actio negotiorum gestorum, cujus contemplatione justa defuncti fecit: sed quia negotium potius defuncti fecit, ipsius negotium gerere videtur, & cum eo quasi contrahere, ideo cessat hæc actio negotiorum gestorum: quia hæc actio negotiorum gestorum est tantum de negotiis gestis, quæ cujus, cum is viveret, vel cum moreretur fuerunt, in qua tamen veniunt etiam ea, quæ negotiis cœptis illo vivo post mortem accesserunt, ut fructus, partus, fœtus, acquisitiones servorum, *l. 3.* §. *hæc verba, de neg. gest.* Non ergo, ut patet ex illo loco, est actio negotiorum de negotiis, quæ post mortem alicujus geri cœperunt. Hoc autem negotium funeris defuncti geri cœpit post mortem: ergo ex eo non ipsa actio negotiorum gestorum: sed ad exemplum ejus necesse fuit ex ea causa inducere, & dare propriam actionem, quæ funeraria dicitur & funeratitia passim in hoc tit. Et in proposita specie, cum quis funus duxit mulieris suis sumptibus, ei datur actio funeratitia, de impensa funeris consequenda, in eum, ad quem dos mulieris pervenit. In patrem, si dos fuerit profectitia, & supervixerit filiæ pater: in maritum si dos fuerit adventitia: in extraneum si fuerit dos receptitia, quia æquissimum est, ut ait *l. prox. sup.* æquissimum visum est veteribus, mulieres quasi de patrimoniis suis, de dotibus funerari; quia & olim fere omne patrimonium mulierum consistebat in dotibus, *l. assiduis, C. qui pot. in pign.,* nempe lege Voconia impediente, ne mulieres ditescerent, & dante frenos huic sexui: sicut Cato apud Livium 34. pro *l. Oppia: Date,* inquit, *Quirites frænos impotenti naturæ, & indomito animali:* & paulo post: *exemplo simul pares esse cœperint, superiores erunt.* Quia igitur fere omne patrimonium mulierum consistebat in dotibus olim, ideo in hanc sententiam itum est consensu omnium præsertim jurisperitorum, ut de suis dotibus funerarentur, etiam si alia bona habeant, etiamsi hereditatem habeant, ita scil. ut si heredem habeant, heres pro portione conferat in funus mulieris: is etiam, qui dotem ejus lucratur, similiter, pro rata conferat in funus mulieris, licet non sit heres, modo dotem lucretur: imo & cum hereditas mulieris non est solvendo, funeris impensa non sumitur ex inopi hereditate & minus idonea: sed ex dote, hoc est, repetitur ab eo, qui dotem lucratus est morte mulieris, non ab herede, *l. 20.* §. *pen. l. 22. & 23. h. t.* Nunc finge: Dotem mulieris esse profectitiam, esse profectam a patre, & patrem filiæ supervixisse, extraneum mulieri funus fecisse suis sumptibus: pater si dotem recuperaverit a genero, tenetur extraneo, qui fecit impensam funeri, funeratitia actione: quod si pater nondum dotem recuperaverit, ei maritus tenetur eadem actione, qui dotem habet, necdum restituit patri, & quod eo nomine præstiterit extraneo, reputabit patri agenti de dote, hoc est, repetendo ex profectitium judicio rei uxoriæ vel ex stipulatu: reputabit, id est, eo minus patri restituet ex dote, ut *l. 29.* §. 1. *h. t.* & hæc est sententia hujus *l.* 17. reputare, *c'est rabatre,* ut *l. si merces,* §. *si vicino hoc. Si vicino ædificatum* obscuraverit lumina cœnaculi, quod tu mihi locasti, vel si ostia aut fenestras cœnaculi corruptas tu non restituis, & mecum agas de pensione debita, reputationis, inquit, ratio habenda est, *Ie pourray rabatre,* & eo minus præstare de pensione. Ex diverso autem, si pater, antequam dotem profectitiam recuperaverit, aliquid impenderit aut præstiterit in funus filiæ *l.* 30. *h. t.* ait id patrem recipere a marito actione de dote, puta rei uxoriæ actione, vel ex stipulatu, hoc est, eo amplius recipere ex dote, eo ampliorem dotem recuperare a genero. Impensa enim funeris, ut ait lex sequens, æs alienum dotis est.

### Ad L. LVII. de Cond. indeb.

*Cum indebitum impuberis nomine tutor numerabit, impuberis conditio est.* §. 1. *Creditor, ut procuratori suo debitum redderetur, mandavit: majore pecunia soluta, procurator indebiti causa convenietur. Quod si nominatim, ut major pecunia solveretur, delegavit: indebiti cum eo (qui) delegavit erit actio, quæ non videtur perempta, si frustra cum procuratore lis fuerit instituta.*

SI tutor nomine pupilli per errorem solverit indebitam pecuniam, puta majorem pecuniam, quam pupillus debuit, initio hujus *l.* Papin. ait conditionem indebiti pupillo competere, cujus nomine tutor indebitum solvit aut plus debito: nec distinguit suam an pupilli pecuniam tutor solverit, unde potest conjectura capi, quasi nihil intersit suam an pupilli pecuniam solverit, modo solverit pupilli nomine: quod etiam confirmat *l. 6.* §. *ult. hoc tit.* Sed hoc ita intelligi debet, si pupillus pubes factus ratam solutionem habuerit, aut si quasi ex bona fide gesta eam pecuniam tutor pupillo reputaverit in judicio tutelæ, ut tum pupillo conditio indebiti competat. Nam si pupillus solutionem eam non fecerit ratam, si eam pecuniam tutor pupillo non imputarit in reddendis rationibus, ipsi tutori hoc casu datur non pupillo: datur, inquam, tutori utilis conditio indebiti, utilis, non directa, quia non suo nomine, sed pupilli solvit. Et ad hunc casum est referenda *l. ult.* §. 1. *hoc tit.* Eadem vero est ratio tutoris & procuratoris. Nam si procurator nomine domini solverit per errorem bona fide indebitam pecuniam, domino ratum non habente, quod gessit procurator, ipsi procuratori datur utilis conditio indebiti, *l. 6. in princ. hoc tit.* domino autem ratum habente, quod ita per errorem gessit procurator, ipsi domini competit conditio indebiti, perinde atque si ipse solvisset, *l. si per ignorantiam, C. eod. t.* sicut si procurator suam vel domini pecuniam, (nihil refert) nomine domini crediderit, domino agnoscenti & approbanti nomen competit conditio creditæ pecuniæ. Ut in *l. certi,* §. *si nummos, de reb. cred. l. 126. §. Chrysogonus, de verb. obl.* Reprobante vero domino nomen, quod fecit quodve contraxit procurator sua vel domini pecunia, nulla competit domino conditio indebiti, sed procuratori domini competit utilis conditio creditæ pecuniæ, *l. 4. C. si cert. pet.* Eadem est ratio conditionis indebiti & conditionis creditæ pecuniæ: eadem est ratio mutui & promutui. Indebiti solutio est promutuum, hoc est, quasi mutui datio, *l. 4.* §. *is quoque, de obl. & act.* Et hæc cum tutor nomine pupilli, vel procurator nomine domini indebitam pecuniam solvit, suam vel pupilli vel domini, vel cum hanc vel illam credidit, nomine pupilli vel domini. Quid autem dicemus e contrario, si quis tutori nomine pupilli quasi debitam pupillo, aut procuratori, nomine domini, quasi debitam domino, solverit per errorem? hæc est quæstio §. 1. hujus legis. Finge: creditorem mandasse debitori, ut debitam pecuniam solveret suo procuratori, procuratorem vero suum delegasse, a quo eam pecuniam acciperet de manu debitoris sui, & debitorem procuratori per errorem solvisse majorem pecuniam, puta 100. cum deberet 50. tantum. Quæritur, in quem, ei qui solvit, competat conditio indebitæ pecuniæ, conditio superflui, quod solvit indebitum? utrum ei competat in procuratorem qui accepit: an in dominum, qui mandavit ut solveret procuratori? Illud quidem est comperti & explorati juris, quod hic Papinianus notat, in dominum competere conditionem indebiti, si nominatim procuratorem suum delegavit, ut illa 100. acciperet, hoc est, majorem pecuniam, quam sibi debebatur: quam actionem, quæ ei, qui solvit competit in dominum, repetitionemque indebiti soluti eleganter Papin. ait non perimi, si debitor elegerit initio procuratorem (quod notandum est) & cum eo frustra egerit conditionem indebiti, hoc est, si victus fuerit, quod inepte ageret in procuratorem ea actione, quia hac debuit experiri in dominum, qui specialiter procuratorem delegarat, ut ab eo acciperet 100. idest, altero tanto amplius quam deberet: quo casu conditio indebiti est in dominum absq; dubio, non in procuratorem. Si tamen frustra elegerit procuratorem,& succubuerit, non ideo intelligitur amisisse actionem sive conditionem: ineptæ aut inanis actionis electione, non amisit ideo conditionem in dominum. Ineptæ actionis electio actori non consumit actionem aptam, rei & proposito negotio competentem, *l. fidejus. de neg.gest. l. tutor. §. adolescens, de adm. tut. cap. examinatam, extr. de judic.* Miror quod Glossa in *l. 1. si mens. fals. mod. dix.* quæsierit: an, qui ineptam actionem proposuit, & causa cecidit, possit agere actione propria & conveniente rei? Et respondet quidem posse: recte id; nec tamen sciverit tot locis auctorum eam sententiam comprobari posse, ut hoc §. 1. & *supradictis ll. & supradicto cap.* Verum si nominatim creditor procuratorem in hoc non delegarit, ut majorem pecuniam acciperet, sed simpliciter ut pecuniam debitam acciperet, quam ei debitor numeraret, eam acceperit a debitore, cui mandaverat etiam creditor, ut eam pecuniam suo procuratori exsolveret: hoc casu Papin. ait, debitori procuratorem teneri conditione indebiti; quod utique verum est, ut Glossa supplet

A rectissime, si dominus ratum non habeat, quod gestum, quodque solutum plus debito est. Priore casu quum nominatim mandavit, ut 100. acciperet, quæ major pecunia est: etiamsi ratum non habuerit dominus, omnino tenetur conditione indebiti, quia nec necessaria est ratihabitio, ubi mandatum speciale intercessit. Hoc vero casu, cum simpliciter mandavit, ut pecuniam a debitore acciperet procurator, ut debitor numeraret procuratori, & numeraverit majorem pecuniam per errorem, dominus non aliter tenetur conditione indebiti, quam si ratam solutionem fecerit: quia non intelligitur mandasse, ut plus debito acciperet. Ergo si ratum habuerit, in dominum dabitur conditio, debitor dominum condemnabit : si vero ratum non habuerit, ut est verisimile, etiam ratum non habiturum solutionem, solventi competit

B conditio indebiti in procuratorem solum, *l. 6. §. idem Labeo, & §. Celsus, hoc tit. l. si indebitum, rem rat. hab. l. 6. §. item quæritur, de neg. gest.*

### Ad L. XL. de Pignerat. act.

*Debitor a creditore pignus, quod dedit frustra emit, cum rei suæ nulla sit emptio, nec si minoris emerit, & pignus petat, aut dominium vindicet: ei non sunto debitum offerenti, creditor possessionem restituere cogetur.*

Hujus l. tria sunt responsa, quibus licebit addere quartum ex *l. pen.* Ad primum responsum sciendum est, actionem pigneratitiam, quæ de restituenda possessione pignoris proponitur, debitori non aliter dari, quam si totum debitum solvat, vel offerat in judicio,

C ut in *l. si rem,* §. *ult. hoc tit.* vel eo nomine creditori satisfaciat, *d. l. si rem,* §. *omnis, l. heredes,* §. *idem observatur, fam. ercisc.* Et hoc est, quod dicitur, individuam esse pignoris causam, *l. rem, de evict.* quia nec pars nec pecunia soluta, ullo modo ullave ex parte pignus liberatur, & vel propter unum assem, qui explendo debito superest, nexum tenetur ipsum pignus in solidum, *l. 6. C. de distr. pign.* Universa pecunia soluta creditori vel oblata, ut dixi, pignus liberatur, & creditor actione pigneratitia cogitur restituere naturalem, sive corporalem possessionem pignoris, quæ apud eum est, quia pignus solam possessionem naturalem, quæ etiam corporalis dicitur, ad creditorem transfert, ut in §. *ult. hujus leg. & l. 35. §. ult. hoc tit. l. 3. §. ult. ad exhib.* Inde quæritur hoc loco, quid

D sit dicendum, si debitor a creditore pignus vendente suo jure, pignus minoris emerit? Finge: in summa debiti esse centum, & debitorem pignus emisse 50. id est, altero tanto minore pecunia, an potest repetere possessionem pignoris actione pigneratitia? an potest dominium ejus vindicare? Pignus enim manet in dominio debitoris, & eo liberato in arbitrio est debitoris, utrum malit agere in personam actione pigneratitia, & pignus petere a creditore, an agere in rem actione, & dominium vindicare, *l. nec creditores, C. eod.* Verum ad quæstionem propositam videmur posse respondere, alterutra actione debitorem uti posse, quia a creditore pignus minoris emit & pretium numeravit, videlicet, si creditori per omnia satisfecerit dato illo pretio, ex *d. l. si rem,* §. *omnis,* in qua dicitur: Nasci pigneratitiam actionem, & competere debitori, si creditori satisfecerit pretio aliquo:

E Ergo, etiamsi pretio minore, & sive hic creditor ab ipso debitore ceperit, sive ab extraneo emptore, & hoc ei satis fuerit, contentus fuerit: quo casu, nec quod amplius ei debetur a debitore petere potest, *l. a D. Pio,* §. *pig. de re jud.* Nam ut & alio modo ait *d. §. omnis,* si creditor, ut voluit sibi cavit, *s'il a asseurance à son plaisir*, competit debitori actio pigneratitia, licet creditor in hoc deceptus sit; in hoc, est, in reipsa, non circumscriptus dolo adversarii, ut in *l. 7. in fine, de excepto.* In fraus fuerit in re, non in persona debitoris. Et ita videmur posse non absque ratione quæstioni propositæ respondere. Attamen Papin. longe aliud respondet hoc loco, nempe creditorem, neque pigneratitia actione, neque rei vindicatione posse compelli restituere possessionem pignoris, nisi debitor

bitor totum debitum offerat, hoc est, etiam id quo minoris emerit. Sed ne obstet, quod ante dixi, hoc ita intelligi debet, si creditori non satisfaciat pretium, quo debitor pignus emit, & velit, quod amplius debetur, sibi præstari: nec enim compellitur venditioni stare, quæ nulla est, quia debitor emendo pignus, emit rem suam: & rei suæ emptio nulla est, quod constat ex innumeris locis juris. Itaque si debitori agenti pignoratitia, rem vindicandi creditor opponat hanc exceptionem: si non ea res pignori data, nec dum soluta omnis pecunia est: quæ dicitur exceptio pigneratitia, *l.6.§.idem scribit, cornu. dividun.* frustra debitor replicabit de ea re minori pretio empta, quia emptio ipso jure nulla est, ut nec ex empto agere possit de ea re sibi præstanda. Et quia (quod notandum est) si extraneus a creditore pignus emisset minore pretio, quæ emptio valeret, semper in reliquum sortis debitæ debitor creditori tenetur, *l.quæsitum, §.ult. de distra. pignor. l. adversus, C. de oblig. & actio.* Æquum vero est, in quo debitor tenetur alio emente minoris, & in eo teneatur ipse, cum emit minoris, nec eo creditori satisfecit. Quod autem dicitur, rei suæ emptionem non valere, hoc est (quia rei nomen proprietatem significat & dominium) hoc, inquam, est proprietatis sive dominii rei suæ emptionem non valere. Nam si hoc agatur, ut debitor possessionem naturalem, quæ est apud creditorem pigneratitium sive hypothecarium emat vel conducat certo pretio, forte ut in judicio possessorio, quod habet cum alio, potior fit: nec enim semper dominus in judicio possessorio potior est, *l. ad probationem, C. de loc.* hoc vero casu venditionem vel conductio rei suæ valet, ut *l.si emptione, §.rei suæ, de contrah. empt. l.35.§.ult. l.37. hoc tit.* creditori salva manente causa pignoris vel hypothecæ. Et errat vehementer Glossa hoc loco, quæ ait venditionem, emptionem possessionis pignoris factam debitori a creditore non valere. Imo valet ut probavi ante: & male Glossa pro se adducit, *l.servum meum, de cond. ind.* quæ de emptione proprietatis rei suæ loquitur, non de emptione possessionis. Illud maxime observandum est, Papinianum in hoc primo responso loqui de debitore, qui pignus emit jure suo vendente creditore, qui emit minori pretio: nam si tanti emit quanti est summa, quæ creditori debetur, licet initio non valeat, pretio tamen soluto pignus liberatur, quod mox idem Papinianus ostendit in secundo responso hujus legis, cujus species talis est.

### Ad §. Debitoris.

*Debitoris filius, qui manet in patris potestate, frustra pignus a creditore patris peculiaribus nummis comparat, & ideo si patronus debitoris contra tabulas ejus possessionem acceperit, dominii partem obtinebit. Nam pecunia quam filius ex re patris in pretium dedit, pignus liberatur.*

FIlius, quem pater libertinæ conditionis habuit in potestate, cum pater L. Titio deberet certam pecuniam sub pignore, pignus jure suo vendente L. Titio, id ab eo emit de peculio profectitio, hoc est, ex re patris. Peculium filii profectitium est res patris, hoc est, in bonis, in patrimonio filii revera: in quasi patrimonio filii, quamdiu patitur pater. Emit autem pignus ex pecunia peculii profectitii tanti, quanti erat summa debita L. Titio. Post filius in testamento patris jure exheredatus est, nec potuit rescindere testamentum per querelam inofficiosi testamenti. Hoc enim cum Accursio ponamus, licet retineat Papinianus, satis tamen suggerit, dum ponit, Patrono patris præterito dari partis debitæ verecundiæ patronali, id est, legitimæ patronalis bonorum possessionis contra tabulas in heredem scriptum: quæ non daretur in filium heredem scriptum, nec exheredatum rescindentem testamentum per querelam, *§.sed nostra, Instit. de success. libert.* At ponamus, filium fuisse exheredatum cum effectu, quæ res etiam ei peculium aufert, *l.emptor, §.ult. de rei vindic.* Exheredatio aufert jus & nomen heredis, & jus peculii, hoc ut dixi, licet non dicat Papin. ut omnia bene

conveniant, ponamus necesse est. Multa nobis Papin. subintelligenda & subaudienda reliquit, & plus habet in recessu quam in fronte, ut est comprehensione rerum brevis. Aut sane ponamus: præmortuum fuisse filium, patrem supervixisse, & testamentum fecisse, inque eo extraneum instituisse, patronum omisisse. Aut ponamus, quod etiam nimis obscure notat Glossa: Patrem filium instituisse ex parte, adjecto coherede extraneo, & filium repudiasse hereditatem patris, ejusque portionem accrevisse coheredi extraneo: quoniam hoc etiam casu patrono competit in coheredem, qui assem habet portionis debitæ, bonorum possessio, *l.20.§.ult. de bon. libert.* Pono filium fuisse institutum ex parte: nam si institutus filius liberti ex asse repudiaverit, tum patronus non vocatur in partem, sed in assem, *l.6.§.pen. l.eod. l. ult. eod. l. sive libertus, §.ult. de jure patron.* Atque hic postremus casus non conveniet huic responso, quo tantum agitur de bon. possessione contra tabulas, quæ patrono datur in partem bonorum liberti, hodie trientem, olim semissem. Ita vero posita congruente specie ad hoc responsum, quæritur: An in pignore, quod filius emit ex re patris, sive ex peculio profectitio, patronus jure bonorum possessionis contra tabulas habeat in pignore partem dominii: nam portio debita patrono deducitur ex singulis rebus, quæ in bonis liberti fuerunt tempore mortis, sicut Falcidia in *l. Plautius, ad l. Falcid.* sicut legitima portio, quæ natura debetur liberis & Falcidia quælibet, deductio quælibet, *l.6. de pecul. leg.* Omnis deductio partis fit ex singulis corporibus, nisi aliud convenit, ut fit plerumque inter eos, quorum res est. Et ad hanc quæstionem Papinianus respondet hoc loco, etiam in eo pignore patronum habiturum partem dominii. Bonorum possessio tribuit dominium, hoc est, effectum dominii tuitione Prætoris, *l.1. de bon. poss.* Et ratio hujus responsi hæc est: quia filius f. emendo pignus ex re patris, in cujus potestate erat, id neque dominii sui facere potuit, neque patris, in cujus dominio jam erat, quia pignus semper manet in dominio debitoris, & hoc distat a fiducia, antiquo genere contractus. Denique emendo neque pignus suum fecit, neque patris, cum jam prius patris esset. Proinde nulla & supervacua emptio est. Ceterum liberatum pignus intelligitur, quia tantum in pretium dedit, quantum erat in debito. Et in fine hujus responsi, illo loco *nam pecunia, quam filius ex re patris in pretium dedit, pignus liberatur,* ne fallamur, *nam,* non est particula causalis, quia etiam pignore non liberato patronus in eo haberet partem dominii, sed *nam,* est conjunctio repletiva, ut Grammatica loquitur, & accipitur pro *ceterum,* ut sæpe in libris nostris, ut sit sensus emptionem pignoris non valere, pignus tamen liberari: *ceterum pignus liberatur &c.* Et recte loquitur Papin. de filiofamil. Nam si filius emancipatus emisset suis nummis pignus, jure suo vendente creditore, valeret emptio, nec in eo patronus haberet partem dominii, quia desiisset esse in liberti bonis. Recte etiam loquitur de peculio profectitio. Nam si filiusf. pignus emisset ex peculio castrensi, quod in re ejus est, non patris, æque valeret emptio pignoris, nec in eo quicquam juris patronus haberet, quod & Glossa notat rectissime: tota Glossa hujus responsi est rectissima.

### Ad §.ult.

*Soluta pecunia, creditorem possessionem pignoris, quæ corporalis apud eum fuit, restituere debet; nec quicquam amplius præstare cogitur. Itaque si medio tempore pignus creditor creditori dederit; domino solvente pecuniam, quam debuit, secundi pignoris neque persecutio dabitur, neque retentione relinquetur.*

IN tertio responso, sive §.ult. ostenditur, pignus quidem a creditore alii creditori suo pignori obligari posse, quod Græci dicunt ἀντιχρησιάζειν, idque constat ex *l. grege, §.cum pignori, de pign. l.1.C.si pign.pign.dat.* Sed si debitor, qui dedit pignus primo suo creditori solverit omnem

omnem pecuniam, utraque obligatio pignoris perimitur, & creditor primus debitori tenetur pigneratitia actione, ut pignoris possessionem restituat tantum, non ut quicquam amplius præstet, id est, (quod etiam Glossa intelligit) non etiam, ut liberet pignus a secundo creditore. Et ratio hæc est: quia ipso jure liberatur pignus, quod etiam in id duntaxat temporis dedisse intelligitur secundo creditori, quoad pignus in sua persona consistat, ubi desinit in sua persona consistere pignus, soluta omni pecunia, etiam desinit consistere in persona secundi. Nihil est apertius hoc responso: ei tamen opponitur *l. petenti h. t.* quæ dicit, creditorem primum debitori teneri, ut pignus liberet a secundo creditore. Sed necesse est, ut res intelligatur, apponi speciem ad *l. petenti*. Hæc est species, quæ frequenter occurrit. Creditori repetenti pecuniam, quam ei debebam, cum præ manibus pecuniam non haberem, ut eum a me dimitterem & placarem quoquomodo, dedi res certas, ut sub earum pignore pecuniam, qua se indigere dicebat, conquireret & sumeret ab alio creditore: Aut eas creditor meus postea recipit ab alio creditore, & mihi, maxime offerenti debitum, tenetur ad exhibendum ut restituat eas res, non pigneratitia actione: quia eas res non pignoravi, sed permisi tantum, ut pignoraret alteri: Aut res illæ meæ sunt apud creditorem creditoris, & hoc casu creditor meus mihi tenetur, sed non ad exhibendum, quia eas res non tenet: non pigneratitia, quia, ut dixi, eas res ei non pignoravi, non commodati actione, ut in specie *l. si ut certo,* §. *nunc videndum, sup. tit. prox.* quia eas res etiam ei non commodavi liberaliter & benigne, sed coactus dedi, ut tantisper eum placarem, ne me acerbius exigeret, & ut earum beneficio aliunde pecuniam sumeret, verum offerenti mihi pecuniam debitam creditor tenetur, ut eas res liberet a suo creditore, & mihi reddat, tenetur, inquam, mihi propria actione, ut in *l. petenti*; hoc est, actione præscriptis verbis quasi ex novo & proprio contractu, quasi ex negotio proprii contractus, ut ait *l. rogasti, de præscrip. verb*. Et hæc est sententia *legis petenti*: verum vis nosce, quam nihil obstet huic tertio responso? Hoc responsum est de pigneratitia actione, quod negat soluta omni pecunia, creditorem quicquam amplius præstare quam possessionem naturalem pignoris, etiamsi secundo creditori obligavit: Ergo non teneri eum pignus liberare a secundo creditore, quod etiam evanuit ipso jure. Illa autem *l. petenti*, non est de pigneratitia actione, sed de propria quadam actione præscriptis verbis. Item in hoc responso primus, & secundus creditor fuere pigneratitii creditores. In illa *l. petenti*, secundus creditor tantum fuit pigneratitius, non primus: & præterea in illa pignus datum est secundo creditori voluntate debitoris, in hoc responso non item. Proinde in illa *l. maxime* oblato debito creditori primo, pignus non solvitur, quod nexum est voluntate debitoris: in hac pignus solvitur omnimodo, quod nexum non est secundo creditori voluntate debitoris.

---

## Ad L. XLII. eod.

*Creditor judicio, quod de pignore dato proponitur, ut superfluum pretii cum usuris restituat, jure cogitur. Nec audiendus erit, si velit emptorem delegare: cum in venditione, quæ fit ex facto, suum creditor negotium gerat.*

Ostenditur in hac lege creditorem, qui pluris pignus vendiderit, quam sibi debebatur, debitori teneri actione pigneratitia, quam Papinianus noster solet appellare actionem, quæ de pignore dato proponitur, ut hoc loco, & *l. 2. de pign. l. fidejussor, de neg. gest*. Creditorem igitur, qui pluris vendidit pignus debitori teneri actione pigneratitia, ut id, quo plus vendidit pignus, hoc est, superfluum pretii restituat debitori cum usuris, inquit Papinianus, puta, iis, quas ex superfluo pretii percepit, si id forte fœnori occupavit, vel quas non percepit, si in reddendo superfluo pretii moram fecerit, vel si id in usus suos convertit, *l. 6. §. ult. & l. 7. hoc tit.* Nec dissing uit Papinianus, creditor pretium ab emptore acceperit, necne. Ergo sive acceperit pretium ab emptore pignoris, sive nondum acceperit, de superfluo reddendo debitori tenetur actione pigneratitia, ut *l. ult. C. de distract. pignor. l. in fraudem*, §. *si plus, de jure fisci*. Ubi creditor nondum pretium accepit, non est audiendus, inquit, invito debitore, si velit ei emptorem pignoris delegare, puta, ut promittat debitori, sed id, quo plus emit ei præstiturum. Delegare enim proprie est, vice sua alium reum, alium debitorem, qui expromissor dicitur, sive intercessor novandi causa, creditori dare, *l. delegare, de novat*. Et in hac specie debitori creditor, qui pluris pignus vendidit, in superfluum pretii debitor est, ille vero creditor: & ita quoq; hoc loco verbum delegare Græci accipiunt in Basil. dum ajunt, ὑπέχρεων ποιῆσαι τῷ χρεώστῃ τὸν ἀγοραστήν, hoc est, emptorem substituere debitori: eidemq; creditori, scil. in superfluo pretii, quod ei creditor restituere tenetur, idque sit stipulante debitore, & emptore promittente superfluum se ei soluturum: quo genere creditor liberatur a debitore quasi novata obligatione. Sed ut initio dixi, invitus debitor non cogitur mutare creditorem, si malit sibi superfluum pretii solvi a creditore, eodemque venditore pignoris. Invitus non recedit ab actione pignoris, quam habet in venditorem pignoris: Invitus non novat eam obligationem neque commutat cum obligatione ex stipulatu in emptorem pignoris. Et hoc est, quod ait Papin. *nec audiendus erit si velit emptorem delegare*. Et ratio, qua utitur Papin. hæc est, *quia*, inquit, *in venditione quæ fit ex facto*, creditor suum negotium gerit. Sic habent Pandect. Flor. *quæ fit ex facto*, sed perspicuum est scribi debere, *quæ fit ex pacto*, ut in §. *contra autem creditor, Instit. quib. alien. lic. vel non*, hoc est, quæ fit jure conventionis, *l. 3. de distract. pign. l. contractus, l. 7. C. eod. t*. In venditione igitur pignoris, quæ fit ex pacto, creditor suum negotium gerit, non debitoris negotium, ut in *l. creditori, §. sciendum, qui pot. in pign. hab*. Si geret negotium debitoris, non suum, nec ulla ejus culpa interveniret, æquum esset liberari eum delegando emptorem, esset iniquum eum teneri ultra quam ut deleget emptorem, si nulla culpa in eo argui possit, qui negotium alienum gessit, non suum. Et hæc est sententia hujus legis. Objicitur ei *l. 24. §. si vendiderit, h. t.* quæ dicit, nondum soluto pretio pignoris creditori, non esse cogendum creditorem actione pigneratitia ad solutionem superflui, sed vel expectare debitorem debere, quoad emptor pignoris solvat pretium, vel si nolit expectare, mandandum ei esse & cedendam actionem ex vendito adversus emptorem: actionem pretii: periculo tamen venditoris, creditoris periculo, si vendidit, ut si forte non vincat debitor adversus emptorem, semper ei sit salva actio superflui adversus creditorem, atque ita periculum litis institutæ ex mandato creditoris adversus emptorem ipse creditor subeat. Mandare autem est delegare, non minus, quam vice sua alium reum creditori dare, ut *l. cum indebitum, de cond. ind. l. 11. C. de donat*. Ergo auditur creditor, qui delegat, hoc est, qui mandat actionem adversus emptorem pignoris. Sed ut respondeamus: inter hæc duo genera delegationum multum interest: nam delegatio emptoris liberat creditorem, quia novatur obligatio & substituitur vice creditoris alius debitor superflui; & ideo merito non satisfacit ea delegatio debitori, quæ liberat creditorem principaliter obligatum ad solutionem superflui: non satisfacit, inquam, creditor delegato emptore, hoc solo quod emptorem delegare paratus est, quia hoc facit se exonerandi & absolvendi causa. Altera delegatio, h. e. cessio, sive mandatum actionis ex vendito adversus emptorem non liberat creditorem & satisfit debitori, si eam suscipiat periculo creditoris, h. e. salvo regressu, si non obtineat adversus creditorem. Plane hoc modo quis dicat vel non satisfieri interim, dum non vult expectare quoad emptor solvat. Et ita mihi videntur clarius, & certius in concordiam adduci posse hæ duæ leges hac differentia posita inter delegare emptorem, & delegare sive mandare actionem in emptorem; quæ est quarta

solu-

solutio Accursii, cetera facile refelli possunt. Ita vero demum mandata actione adversus emptorem periculum litis pertinet ad creditorem, si creditoris culpa arguatur, quod tardius pretium exegerit ab emptore pignoris, & interim emptor lapsus sit facultatibus. Nam si culpa a creditore abest, ut puta, si fortuito & repentino casu emptor suas facultates amiserit paulo post emptionem pignoris, de superfluo pretii nulla superest quæstio, cum debitor maneat obligatus creditori: quia ut ait *l. quæsitum de distract. pign.* ex necessitate facta venditio pignoris non liberat debitorem nisi pecunia percepta ab emptore pignoris: ubi ex necessitate fieri dicitur venditio pignoris, non quod fiat invito creditore (nec enim creditor invitus cogitur vendere pignus, *l. 6. in pr. hujus tit.*) sed quod tunc maxime creditor decurrat ad venditionem pignoris, cum aliter rem suam servare non possit, sicut in *l. 2. de distr. pign.* necessitate juris dicitur venditio fidejussori fieri, quod aliter a fidejuss. suum creditor consequi non possit, *l. 2. C. de fidejuss.*

### Ad L. XIX. de Instit. act.

*In eum, qui mutuis accipiendis pecuniis procuratorem præposuit, utilis ad exemplum institoriæ dabitur actio: quod æque faciendum erit, & si procurator solvendo sit qui stipulanti pecuniam promisit.*

Hujus legis sunt quatuor responsa. In primo responso ostenditur: quod si procuratorem præposui, ut mutuam pecuniam acciperet mea causa, & accepit, creditori in me non datur actio institoria directa, quia procurator ille institor non est meus, cum non sit quæstui faciendo, seu quæstuariæ negotiationi præpositus, sed dari creditori in me utilem actionem ad exemplum institoriæ actionis, ut idem Papinianus respondit *lib. 2. l. liberto in princ. de neg. gest.* & confirmatur *l. in omnibus, de præt. stip. l. si mutuam, C. de instit. act.* Et verum illud est, etiam si procurator qui mutuam pecuniam accepit, & eo nomine stipulanti creditori cavit, solvendo sit, ut ab eo creditor suam pecuniam facile recuperare possit, si procurator solvendo sit, ut ait hoc loco, & probat *l. 6. §. 1. de neg. gest.* hoc latius exposui in *d. l. liberto.* Inde assumes, quæ ad hunc locum pertinent. Illud tamen addendum, ut quemadmodum utili institoria actione creditori dominus tenetur, qui procuratorem præposuit mutuis pecuniis accipiendis: & similiter quemadmodum utili institoria actione emptori dominus tenetur, qui procuratorem præposuit vendendæ certæ rei, ut in *l. Julianus, §. si procur. de action. emp.* Ita ex diverso dicamus, creditorem vel emptorem domino teneri ex *d. §. si procur.* utili actione, sive extraordinaria: Omnis actio utilis est extraordinaria: sed in hoc est differentia summe notanda, quod creditori dominus tenetur ut dixi, quasi institoria actione, etiam si rem creditor servare possit a procuratore: quia principaliter cum domino contraxisse intelligitur, qui nomine eius procuratori credidit. At ex diverso domino creditor non tenetur utili actione, si dominus a procuratore suo rem servare possit exemplo institoriæ, *l. in omnib. de præt. stipul. l. 1. in fi. & l. 2. h. t. l. 1. §. sed ex contrario, de exercit. act.* quia scil. principaliter dominus cum procuratore contraxit, nec alio auxilio indiget, si procurator solvendo est.

### Ad §. Si Dominus.

*Si dominus, qui servum institorem apud mensam pecuniis accipiendis habuit, post libertatem quoque datam, idem per libertum negotium exercuit, varietate status non mutabitur periculi causa.*

Notandum est, dominum teneri jure Prætorio in solidum institoria actione ex contractu servi institoris, quem præposuit mensæ nummulariæ ad pecunias accipiendas in omnem causam, ut argentarii sive nummularii solent; & teneri non tantum ex contractu

habito cum illo institore in servitute, quandiu servus mansit, sed etiam ex contractu habito cum eo post libertatem in eodem actu, perseverante patroni voluntate: varietatem sive mutationem status non mutare causam periculi, hoc est, ob mutatum statum institoris non desinere eorum, quæ gerit, periculum ad dominum pertinere ex edicto, de institoria actione. Manumissione sola non desinit quis esse institor: & hæc est sententia hujus responsi. Objicitur, quod dispensator Calendario præpositus, hoc est, pecuniis exigendis & fœnerandis est institor, ut in *§. ult. hujus leg. l. 5. §. ult. h. t.* & tamen manumissione desinit esse dispensator, *l. si quis servo, de solut. l. pen. de reb. cred. §. item si adhuc, Inst. de mand.* At ut respondeamus, non est novum quendam institorem separari a ceteris institoribus: Magister navi præpositus est institor, & tamen separatur passim in jure, ac præcipue in tit. *de exercit. act.* a ceteris institoribus propter singularia quædam, quæ in eo recepta sunt, ut & illo Horatii loco, seu *vocat institor*, seu *navis Hispanæ magister*, institor separatur ab institore, & sic dispensator, licet institor sit, separandus est a ceteris institoribus. Nam & morte domini finitur dispensatoris officium, *l. pen. de reb. cred.* Non morte domini officium institoris faciendi mercaturam, aut mensæ negotium exercendi, *l. 11. in pr. l. 17. §. si impulses, h. t.* At similiter manumissione officium servi dispensatoris finitur, non officium institoris. Non varietatis consistit in utilitate & necessario usu commerciorum, quo omnis hominum vita eget, vel mensæ argentariæ, quæ negotia exerceri per institores: nec tanti est dispensatio sive fœneratio pecuniarum cujusque; ideoque facilius dispensatio finitur, quam commercii aut mensæ cura, quod maxime notandum.

### Ad §. Tabernæ.

*Tabernæ præpositus a patre filius, mercium causa mutuam pecuniam accepit. Pro eo pater fidejussit: etiam institoria ab eo petetur, cum accepta pecuniæ speciem, fidejubendo negotio tabernæ miscuerit.*

Notandum est ex tertio responso, Patrem teneri ex contractu filii, quem præposuit tabernæ, h. e. mercibus exercendis: teneri institoria actione, ut si filius ille mercium causa mutuam pecuniam accepit, ex ea causa pater tenetur creditori in solidum institoria actione. Res est apertissima. An etiam institoria actione tenetur, si apud creditorem, qui filio institori mercium causa credidit, mercium gratia fidejusserit pro filio? Et breviter: an tenebitur institoria, si fidejusserit pro filio? quia obligatio valet, sicut cum dominus fidejubet pro servo, *l. 1. §. quid ergo, quod jussu, l. si domino, ad SC. Vellej.* Respondet Papinianus, patrem eo minus teneri institoria actione, quia fidejubendo pro filio institore non novavit obligationem. Si novasset, utique cessaret institoria actio, ut in *l. habebat, §. 1. hoc tit.* Sed ei obligationi miscuit aliam ex stipulatione, sive fidejussione, quæ nunquam novat principalem obligationem: fidejubendo miscuit tabernæ, negotio, τῷ πραγματείᾳ, acceptæ pecuniæ speciem, hoc est, creditum, τὸ δάνειν (& ut usurpem verba *l. 5. §. pen. de exercit. act.*) licet sint scripta alia de re) pater non transtulit obligationem, sed adjecit. Erit igitur in arbitrio creditoris utra actione malit experiri in patrem institoria, an ex stipulatu, ex fidejussionis causa.

### Ad §. Servus.

*Servus pecuniis tantum fœnerandis præpositus, per intercessionem æs alienum suscipiens, ut institorem dominum in solidum jure prætorio non adstringet. Quod autem pro eo, qui pecuniam fœneravit, per delegationem alii promisit: a domino recte petetur, cui pecunia credita contra eum, qui delegavit, actio quæsita est.*

Differentiam facit Papinianus in *§. ult.* inter expromissionem, quæ fit novandi animo per intercessionem, tem, & eam, quæ fit per delegationem: & nisi rem quis acute inspiciat, vix assequetur sensum Papiniani. Videamus quemadmodum fiat expromissio per intercessionem, & quemadmodum per delegationem. *Per intercessionem* fit in hac specie: Servus peculii tantum fœnerandis, sive Calendario præpositus est, non alii negotio, is servus novandi animo suscepit in se æs alienum, quod Titio Cajus debuit: quæritur, an ex hoc facto, ut institor obliget dominum actione institoria (legendum *ut institor.*, non *ut institorem*) & respondet, non obligari dominum ex ea causa. Rectissime: quia ea res nihil pertinet ad causam Calendarii, & institoria actio non porrigitur ad ea, quæ institor contraxit extra eam rem sive causam, cui præpositus est institor, *l. 5. §. non tamen, hoc. t.* Hæc pars est apertissima. Videamus quemadmodum fiat expromissio *per delegationem*: fit autem hoc modo. Servus Calendario tantum præpositus, cum rogaretur à L. Titio mutuam pecuniam dare sub fœnore, qua se Lucius Titius liberaret à suo creditore, a quo urgebatur: si is servus institor non numeravit pecuniam Lucio Titio, sed creditori ejus delegatus ab eo, cavit de solvenda pecunia, quam ei debet Lucius Titius, facta novatione & suscepta in se obligatione Lucii Titii: denique institor rogatus fœnerare pecuniam, non numeravit, sed delegatus cavit creditori, a quo urgebatur is, qui mutuam pecuniam rogabat: hoc perinde est, ac si ei, id est, Lucio Titio pecuniam numerasset: quod patet, quia domino ejus in L. Titium est actio creditæ pecuniæ, perinde atque si institor pecuniam numerasset, *l. Lucius Titius* videtur ab institore pecuniam accepisse, eum delegando. Denique ex hoc facto institoris domino adquiritur conditio creditæ pecuniæ: ergo æquum est, ut ex eo obligetur actione institoria: si ex actu institoris, & quæritur actio, æquum est, ut etiam ex eo contrahente institoria teneatur. Hæc est ratio inducendæ actionis institoriæ, *l. 1. §. t. h. t.* Denique ex eo contractu dominus obligabitur ei, cui institor delegatus est: At priore casu facta expromissione per nudam & simplicem intercessionem, ex actu institoris, qui simpliciter intercessit pro alio non rogatus fœnerare pecuniam, nulla domino adquiritur actio: ergo neque ex eo actu obligatur institoria actione. Res est aperta, si modo illo loco hujus §. *Qui pecuniam fœneravit*, non accipias *fœneravit*, ut Interpretes in patiendi significatione, in una nunquam accipitur, sed ut frequentissime in Pandectis Flor. si accipias *Qui pro cui*; innumeris locis ita scribitur. *Qui id fecit pro Cui id fecit*; ergo qui pecuniam fœneravit, id est, cui intelligitur fœnerasse: intelligitur autem fœnerasse ei, qui eum delegavit creditori suo, unde etiam nascitur competitque domino actio creditæ pecuniæ. Denique qui delegat debitorem, pecuniam dare intelligitur, *l. qui debitorem, de fidejuss.* Et similiter, qui delegat creditorem sive fœneratorem, credere & fœnerare paratam pecuniam accipere creditur, *l. 12. & 13. de novat.* Et hoc est, quod ait, *Quod pro eo cui pecuniam fœneravit*: promittendo sc. ei, cui delegatus est, *per delegationem promisit, a domino petetur*.

### Ad L. XXVII. ad Senatusc. Vellejan.

*Bona fide personam mulieris in contrahendo secutus, ob ea, quæ inter virum & uxorem accepta pecunia gesta sint, exceptione Senatusconsulti non submovetur.*

Quod attinet ad hanc legem, sciendum est Senatusc. Vellejanum irritas facere intercessiones mulierum; quas deceptæ facilitate sua, aut fragilitate faciunt pro aliis, conventis mulieribus ex causa intercessionis, quam fecerunt pro alio, data exceptione, qua repellant actorem, apud quem intercesserunt, si uti beneficio velint SC. Vellejani. Nec enim invitis ipso jure hoc beneficium datur: dato denique eo non utuntur mulieres, nisi profiteantur, se velle uti proposita exceptione S.C. Vellejani. Et intercedere mulier videtur pro alio, non tantum si fidejubeat vel expromittat, vel constituat pro alio, vel rem suam pignori obliget pro alio palam & aperte, sed etiam si tertiorem gerat intercedendi animo, fingens se rem suam agere, *l. 4. & 19. C. eod. tit.* Ut si cum alius accepturus esset mutuam pecuniam, ipsa intervenerit, & acceperit suo nomine, quam mox alii annumeraret & crederet, sane intercedere videtur pro alio. Et hoc casu mulieri ita demum subvenitur data exceptione Senatusconsulti adversus creditorem, si creditor non ignoraverit quid ageret, quidve moliretur mulier, ut in *l. 11. & 12. & 19. §. ult. hoc tit. & in l. seq. §. ult.* Nam si creditor ignoraverit mulierem rem alii gerere, & bona fide ei pecuniam crediderit, tanquam in rem suam, & in usus suos, licet mox acceptam eam pecuniam marito suo crediderit, cui tacite rem gerebat, cessat Senatusconsultum Vellejanum, & creditori propter bonam fidem ejus mulier obligatur cum effectu: & hoc est, quod ait B in principio hujus legis. *Bona fide personam mulieris in contrahendo secutus, ob ea, quæ inter virum & uxorem accepta pecunia gesta sunt, exceptione Senatusconsulti non summovetur*. Et confirmatur *l. vir uxori, §. 1. hoc tit.* Verum objicitur *l. 13. C. eod. tit.* quæ dicit: eum qui mala fide crediderit mulieri non ignarus in usum mariti eam sumere mutuam pecuniam, non submoveri Senatusc. Vellejani, licet sciverit quid mulier ageret. Sed, ut statim respondeam, ratio hæc est: quia in specie hujus legis mulier non fuit interposita vel submissa a marito, ut vice locove ejus mutuam pecuniam acciperet, sed ultro in usum mariti sciente creditore, mutuam accepit: quo casu cessat Senatusconsul. Vellejanum. At si fuisset mulier interposita a marito pecuniæ accipiendæ gratia, quam ipse erat accepturus (qui est casus, de quo tracta- C mus in hac lege) & hoc sciverit creditor, procul dubio summoveretur exceptione Senatusconsulti Vellejani non si hoc ignorasset: hoc casu est constituenda differentia inter creditorem scientem & ignorantem, non illo casu *d. l. 13.* Item objicitur, quod est in prin. *d. l. vir uxori, h. t.* Si mulier, quæ nil debet marito, creditori mariti ex delegatione ejus promiserit, submoveri creditorem exceptione Senatusc. Vellejani, etiam si bona fide secutus sit personam mulieris, existimans eam esse debitricem mariti. Sed eadem lex respondet, multum interesse, utrum quis cum muliere ipsa primum contraxerit credita pecunia, an cum marito, vel eum alio primum, deinde ei mulier delegetur ab eo, cum quo primum contraxit. Nam hoc casu a creditore curiositas & diligentia exigitur, ut perquirat mulier, quæ delegatur, debitoris debitrix sit D nec ne: & aliis calibus quibusdam certis curiosos esse creditores oportet, id est, inquirere oportet, in quam rem rogentur pecuniam mutuam, *l. 1. §. sed si acceperit, de in rem verso, l. ult. de exerc. act.* Et ita cum is, qui principaliter contraxit cum creditore, delegat creditori mulierem tanquam debitricem suam, debet creditor, qui mulieris fidem sequitur, aut sequi vult, prius scrutari an vere sit debitrix delegantis, alioquin submovebitur exceptione Vellejani si convenjat mulierem. Priore vero casu, cum quis roganti mulieri pecuniam credidit ab initio (qui est casus hujus legis) non exigitur, ut perscrutetur & quærat quid de ea pecunia mulier factura sit, alioquin nemo feminæ auderet credere pecunias incertus animi mulieris, *l. 11. h. t. M. Tull. pro Rab. Post. non debuit is, qui dabat, quo ille pecuniam insumeret, quærere*. Et ideo hoc casu E dicimus creditorem non summoveri exceptione SC. Vellejani, si ignoraverit mulierem rem alii administrare, & ita demum submoveri, si sciverit, quid mulier ageret.

### Ad §. Cum Servi.

*Cum servi ad negotiationem præpositi, cum alio contrahentes personam mulieris, ut idonea sequuntur, exceptione S.C. dominum submovet; nec videtur deterior causa domini per servum fieri, sed nihil esse domino quæsitum, non magis quam si litigiosum prædium servus, aut liberum hominem emerit.*

Sententia hæc est: Mulier intercessit pro eo, qui cum servo institore contraxit, puta, pro emptore mercium,

cium, cum servus mercaturis faciundis præpositus esset, ex hac causa, domino per servum adquiritur actio ex vendito in emptorem mercium, & actio ex stipulatu in mulierem, quæ fidejussit pro emptore: sed in emptorem adquiritur actio efficax, in muliere actio inefficax & inanis per Senatusconsultum Vellejanum. Ita est omnino. Verum potest objici: per servum domini deteriorem conditionem fieri non posse, *l. melior, de regul. jur.* Deteriorem vero fieri accepto non idoneo fidejussore, puta, muliere, & adquisita actione inani. Huic objectioni respondet Papin. hoc loco, & negat deteriorem fieri conditionem domini, eo quod servus non acceperit idoneum fidejussorem, atque ita adquisierit inutilem actionem & inanem: eum enim facere conditionem domini deteriorem, qui facit, ut dominus quod habet non habeat, non qui facit, ut dominus quod non habet, nec habeat, ut qui non adquirit dominium certæ rei vel possessionem, *l. ult. C. de ac. poss.* vel, quod idem est, qui adquirit inutiliter, puta, qui emit liberum hominem aut fundum litigiosum, quæ emptiones inutiles & irritæ sunt, quibus exemplis hic Papinianus utitur rectissime: & similiter, qui personam mulieris pro alio fidejubentis sequitur, quæ intercessio inutilis est. Et ita recte diximus in *l. heres, §. ult. de pet. her. lib. 2.* post litem contestatam petitori hereditatis non præstat usuras fructuum, nec tamen eo fieri deteriorem conditionem actoris, qui litem contestatus est, contra regulam juris: quia fieret per litis contestationem deterior conditio actoris, si per causam litis contestatæ desinerent deberi usuræ, quæ ante deberi cœperunt. Verum hoc non fit *l. lite, inf. de usur.* sed quæ non cœperunt deberi ante litem contestatam, nec per litem contestatam incipiunt deberi, quo genere non fit deterior conditio actoris, sed neque melior. Denique aliud est non facere conditionem meliorem, aliud facere deteriorem. Qui non facit meliorem, non facit etiam deteriorem.

### Ad §. Uxor.

*Uxor debitricem suam viro delegavit, ut vir creditori ejus pecuniam solveret, si fidem suam pro ea quam delegavit, apud virum obligaverit: locum exceptio Senatusconsulti non habebit: quia mulier suum negotium gessit.*

SPecies hæc est: Uxor quæ Lucio Titio debebat aureos 100. marito suo mandavit, ut L. Titio creditori suo eam pecuniam solveret, & quo tutus esset maritus, uxor delegavit ei debitricem suam, quæ ei totidem debebat jure 100. ut scil. marito stipulanti promitteret, se eam pecuniam solituram novata obligatione tam mulieris quam etiam sua: qua ex causa mandati uxor invicem tenebatur, quæ mandaverat marito ut solveret Titio, & uxor pro ea muliere, quam delegavit marito suo, fidejussit apud maritum. Quæritur, an adversus maritum si conveniatur ex stipulatu possit se tueri exceptione Senatusconsulti Vellejani? Et recte respondet non posse, quia pro suo negotio fidejussit, non pro alieno, *l. si dominus, hoc tit.* Illam quoque mulierem, quæ pro uxore expromisit, non uti auxilio SCti Vellejani certissimum est, quia debitrix fuit uxoris, quæ eam expromittere jussit, quæ eam delegavit, intercessit in rem suam, quia erat debitrix uxoris. Et mulieribus intercedentibus in rem suam non succurritur, *l. 2. 13. 22. & 24. in princ. hoc tit.* Non omnis fidejussio aut expromissio intercessio est: ut prima facie intercessio est, non secunda, ut puta, si fiat in rem suam, non in rem alienam.

### Ad L. XVIII. de Compensat.

*In rem suam procurator datus, post litis contestationem si vice mutua conveniatur, æquitate compensationis utetur.*

SI procurator absentis conveniatur ob proprium debitum, quæro an possit actori compensare, quod is non sibi, sed domino absenti debet? Et certum est, non

A posse compensare id, quod domino absenti debet, eum, qui suo nomine conveniatur, sed id tantum, quod sibi debet vice mutua non alii, *l. ejus, C. eod. tit.* Compensatio est computatio vice mutua debitæ quantitatis. Et e contrario, si debitor conveniatur a procuratore creditoris, eadem ratione non potest compensare actori, quod sibi procurator debet, qui agit nomine alterius, sed id tantum, quod vice mutua ei debet, is cujus nomine procurator agit, ut in tutore proditum est, *l. pen. hoc tit.* Et hoc in procuratore in rem alienam est verissimum indistincte, sive jam litem contestatus sit nomine domini absentis, sive non. At in procuratore in rem suam quid dicemus? de hoc agitur in principio hujus legis: procurator in rem suam est veluti emptor nominis, cautionis, obligationis, vel is cui donatum nomen aliquod,

B & mandata actio creditæ pecuniæ, actio nominis: hic est procurator in rem suam, cui mandatum est, ut ageret in rem suam, ut sibi haberet; quod ferret ex condemnatione, tanquam emptum vel donatum, & in procuratore in rem suam, hæc lex ait, *in rem suam procurator datus post litis contestationem, &c.* ostendit in eo esse faciendam distinctionem temporis hoc modo, ut si post litem contestatam procuratorio nomine procurator datus in rem suam conveniatur a reo ob proprium debitum, compensare possit, quod domino actor debet, non si conveniatur ante litem contestatam, a reo ob proprium debitum. Et ratio hæc est, & ut sit necesse est, quia licet sit datus procurator in rem suam, tamen non ante intelligitur res sua esse, & sibi suo nomine deberi quasi principali creditori, quam litem inchoaverit, ut suam, & contestari fuerit. Objicies merito, imo ante litem contestatam rem suam esse, & utilem actionem habere suo nomine procuratorem datum in rem suam, *l. 6. & 7. C. de oblig. & action. l. procuratoris, de procur.* Nec procurator datus in rem suam potest revocari, etiamsi res sit integra, puta, ante litem contestatam non potest revocari, qui factus est procurator ad agendum in rem suam, quia revocaretur emptio aut donatio perfecta, quod fieri nequit: & in eo valde errat Glossa, dum putat ante litem contestatam (tota glossa delenda est) posse revocari procuratorem in rem suam. Et *l. 3. C. de novat.* quam adducit, est de procuratore in rem alienam, non in suam, ut scilicet non possit revocari procurator in rem alienam his tribus casibus: si jam litem contestatus sit, si partem

D pecuniæ acceperit, si denuntiaverit creditori ut solveret. His tribus casibus non potest revocari, quia res non est integra. Hi tres casus nihil pertinet ad procuratorem in rem suam, quoniam is nullo modo, nullove tempore revocari potest, non magis quam emptio aut donatio, quia causa eum procuratorem fecit in rem suam. Sic igitur colligo; etiam ante litem contestatam res videtur esse procuratoris dati in rem suam, quia revocat, non potest, & habet utilem actionem suo nomine. Adde, & quia potest etiam ante litem contestatam alium facere procuratorem ad agendum, quasi principalis creditor: & quia si moriatur ante litem contestatam transmittit actionem ad heredem suum, *l. ille, C. de donat.* Cur non idem esse dicimus in procuratore in rem suam, etiamsi litem contestatus non sit, quia &

E ante litem contestatam hæc omnia habet? Difficile est, imo impossibile huic argumento respondere, & laudo plurimum Paulum Castrensem, qui fatetur, quamvis Papinianus dicat, *post litis contestationem: tamen & ante litis contestationem,* procuratorem in rem suam per omnia haberi pro domino rei, & creditore principali, ac proinde etiam compensare posse, quod ab eo a quo convenitur ob proprium debitum potest petere, ut procurator in rem suam. Sed his verbis, *Post litem contestatam,* Papinianus proponit difficiliorem casum, in quo plus inerat dubitationis: quia dubitari poterit, an etiam id, quod jam petitum est in judicio lite contestata, postea compensari possit dimissa petitione, dimisso priore judicio? sed placet etiam id compensari posse, ne fiat contra regulam juris, quæ non patitur litis contestatione deteriorem

riorem fieri conditionem actoris, *l. non solet, de reg. jur.* Et ita est proditum in *l. 8. hoc tit.* Hoc igitur initium hujus l. consentit cum l. 8.

## Ad §. Creditor.

*Creditor compensare non cogitur, quod alii, quam debitori suo debet, quamvis creditor ejus pro eo, qui convenitur ob debitum proprium velit compensare.*

PEto a Lucio Titio quod mihi debet: meus creditor paratus est pro L. Titio compensare, quod ei debeo ut L. Titium dimittam; an cogor admittere compensationem? Minime, quia ejus tantum pecuniæ justa compensatio est, quam actor debet reo, non alii, *l. ejus, C. eod. tit.* Sed si creditor meus velit gratificari L. Titio debitori meo solvat pecuniam pro illo: Compensatio illa non est pro solutione, sed justa compensatio tantum, ut *l. 4. qui pot. in pign. hab.*

## Ad L. XXV. Depos.

*Die sponsaliorum, aut postea, res oblatas puellæ, quæ sui juris fuit, pater suscepit. Heres ejus ut exhibeat, recte convenietur etiam actione depositi. Qui pecuniam apud se non obsignatam, ut tantundem redderet, depositam, ad usus proprios convertit: post moram in usuras quoque judicio depositi condemnandus est.*

DUæ sunt partes hujus legis. Primam exposui in *l. fidejussor, §. ult. de neg. gest.* Secunda pars est apertissima. Ego deposui apud te sacculum pecuniæ non obsignatum: Videor tibi facere potestatem utendi pecunia & convertendi in usus tuos, quia non obsignavi sacculum pecunia plenum, ut scilicet tu mihi tantumdem reddas, vel etiam palam pecuniam non obsignatam apud te deposui, ut non eadem, sed tantundem in genere mihi redderes: si eam convertisti ad usus tuos, aut est mutuum, aut depositum. Quæritur, utrum sit? quod magni interest scire. Nam si est mutuum, nec post moram ejus pecuniæ debentur usuræ, quia non sunt deductæ in stipulatum, *l. 3. C. de usur. l. qui negotia, mand. l. Titius, de præscrip. verb.* si est depositum, in in bonæ fidei judiciis sit, debentur usuræ ex mora: depositum est contractus bonæ fidei, *l. mora, §. in bonæ fidei, de usur.* Et respondet Papinianus potius depositum esse, licet nonnihil degeneret a depositi conditione; quæ talis est, ut eadem pecunia reddatur in specie, quæ deposita est, non eadem quantitas in genere, ut sit in mutuo. Denique depositum est nonnihil accedens ad mutuum, sed tamen quod depositi jure potius censendum sit: secundum hoc dicit, ex mora ejus pecuniæ deberi usuras.

## Ad L. VII. Mandati.

*Salarium procuratori constitutum, si extra ordinem peti cœpit, considerandum erit; an laborem domino remunerare voluerit, atque adeo fidem adhiberi placitis oporteat, an eventum litium majoris pecuniæ præmio contra bonos mores procurator redemerit.*

NOnnunquam procuratori litium salarium constituitur remunerandi laboris gratia. Constituitur autem non tantum pactione, sed etiam pollicitatione certæ quantitatis, puta, solo domino offerente & promittente, non interrogato, se daturum salarium certum, si bene rem gesserit & utiliter. Regulariter ex pollicitatione actio, aut persecutio non est, sed excipiuntur casus quidam in tit. *de pollicit.* & hic etiam casus: si dominus procuratori suo salarium polliceatur, & is, cui constitutum est salarium, appellatur salariarius in *l. 10. §. idem Labeo, hoc tit.* Non omnis procurator est salariarius, sed is tantum, cui constituit dominus salarium. Unde apparet procuratori non esse petitionem salarii, si ei

constitutum non fuerit: quare maxime distat ab advocato: nam advocato honorarii petitio est, etiamsi ei cautum non fuerit, *l. 1. §. in honorariis, de extraord. cog.* Et ratio differentiæ hæc est, ut infra demonstrabitur plenius, quia officium procuratoris constituitur mandato, quod est gratuitum, advocati officium non est gratuitum. Petit autem procurator salarium, quod ei constitutum est non per actionem, sed per persecutionem, id est, extra ordinem, cognitione Prætoris vel Præsidis, ut omnia salaria & honoraria constat pertinere ad cognitionem Prætorum vel Præsidum, & extra ordinem peti persecutione extraordinaria, *d. l. 1.* ut fideicommissa Ulpianus *lib. sing. Reg.* scribit non peti per actionem, sed in urbe cognitionibus esse consulum vel Prætoris fideicommissarii: in provinciis autem præsidum provinciarum, hoc tit., extraordinariam persecutionem fideicommissorum, ut in *l. pecuniæ, §. persecutionis, de verbor. signif.* Nec dicas cum interpretibus procuratorem salarium petere, quod ei constitutum est per actionem mandati ex *l. prox. in princ.* quia causa salarii nihil habet commune cum causa mandati, cum iste, cujus executio procuratori mandatur; & nominatim in *l. 56. §. salarium hoc tit.* dicitur, procuratorem actione mandati non petere, ut sibi salarium constituatur: qui locus etiam probat, quod initio diximus, salarium constitui pollicitatione nuda, ut *l. ult. §. ult. de oblig. & act.* ubi mulier quædam ita scribit ad quendam: Veni huc, tibi quamdiu vivam præstabo aureos decem: veni, & præstabo tibi salarium, id est, decem annuos. Quæritur; an ex ea scriptura, si ille venit, possit petere salarium? Respondit Scævola illo loco, judicem æstimare debere ex causis & personis, an sit danda actio, id est persecutio extraordinaria, actionis nomine accepto latissime. Nam posset mulier eum vocare turpi ex causa, ex qua non esset danda persecutio salarii. Denique ut posuimus initio, verum est salarium constitui nuda pollicitatione, & peti non actione proprie, sed persecutione extraordinaria, hoc est, cognitione ipsius Prætoris vel Præsidis, non ut in judiciis ordinariis a Prætore vel Præside accepto speciali judice. Et quod ait *l. prox. supr. Si remunerandi causa honor interveniret,* id est, si salarium, sive honorarium procuratori constitutum fuerit remunerandi laboris causa, esse mandati actionem, non significatur salarium peti actione mandati, sed etiam si salarium intervenit, nihilominus ex negotio gesto esse ultro citroque mandati actionem: salarium enim si est mercedem, sed honorarium, sive honorem: alioquin salariarius non esset procurator, quia procurator constituitur per mandatum, & mandatum nisi gratuitum nullum est *l. 1. hoc tit.* Nam, inquit, originem ex officio & amicitia trahit: hominum autem charitas & amicitia gratuita est, contraria officio, contraria amicitiæ merces. Hinc manifestum est, quam distet officium procuratoris, ab officio advocatorum: qui ut Seneca ait in Hercule furente.

*Clamosi rabiosa fori jurgia vendunt*
*iras & verba locant.*

Nec ducuntur amicitia, ut procuratores, sed quæstu. Non loquor de procuratoribus hujus temporis rapacissimo hominum genere: sed de amicis, qui nobis absentibus rogatu nostro libenter suscipiunt defensionem litium nostrarum, & nobis suam operam accommodant. Officium advocati, non est amici officium, sed procuratoris, & sic vocatur a Marco Tullio *amicus voluntarius:* & negotiorum gestor sine mandato, procuratori est assimilis. Locatio est si intervenit merces, & pretium operæ; non si intervenit modicum salarium honoris gratia, *l. 7. si mens. fals. mod. dix.* si intervenit salarium ἀντίδωρον, non ideo minus est mandatum, non ideo minus est ultro citroq; actio mandati. Est hoc est, quod ait *l. prox. in prin. Si remunerandi gratia honor interveniat,* id est, ἀντίδωρον, nihilominus ultro citroque esse actionem mandati. Non ex ea constitutione salarii, quæ alia res est, sed ex ipso contractu:

ctu: non ergo petitur falarium procuratori conſtitutum actione mandati, vel qua alia actione ordinaria, ſed petitur extra ordinem, ut ait hæc lex. Et in *d.l.56. §.ult.* proditum eſt, *extra ordinem*, id eſt, cognitione Prætoria vel præſidiali, ut *l.1. C.eod.t.* non accepto ſpeciali judice à magiſtratu, ut fit in judiciis ordinariis, quia jure ordinario Prætor non cognoſcit nec judicat, ſed dat judicem ſpecialem in quaque lite: at ſalario petito extra ordinem, Pap.ait hoc loco, conſiderandum eſſe, hoc eſt, Prætorem vel Præſidem, apud quem petitur ſalarium, debere animadvertere, utrum vere ſalarium dominus conſtituerit remunerandi laboris gratia, ut ejus petitionem admittat: an vero malo more atque perverſo procurator eventum litis redemerit, puta, interpoſita cautione hujuſmodi, quæ damnatur etiam in advocatis, ut ſi vinceret, ferret tertiam vel dimidiam partem litis, quæ plerumque majoris pecuniæ eſt, quam ſalarium, quod tenue eſſe ſolet atque modicum, cum honoris tantum gratia detur. Exiguum eſt ſemper, quod defertur tantum honoris ergo. Hæc pactio longe egreditur modum ſalarii ſolemnem, & eſt contra leges, contra bonos mores, nec ex ea Prætor vel Præſes petitionem admittere poteſt *l.20.C.mand.l.litem, C.de procur.l.proxima, §. ult. ſup. h. t.* quæ etiam ait idem eſſe (quod notandum) ſi procurator ex eventu litis de proprietate ſibi, qualis fuit ea de qua hic agitur, pactus ſit ſibi dari certam quantitatem, puta, quingentos aureos: quæ forte adæquent dimidiam, aut tertiam partem litis. Nam quid refert partem paciſcatur, an quantitatem parti parem? nec cum Interpretibus ulla nobis unquam eſt in hoc conſtituenda differentia.

### Ad L. LVI. Mandati.

*Qui mutuam pecuniam dari mandavit, omiſſo reo promittendi, & pignoribus non diſtractis, eligi poteſt: quod uti liceat, ſi literis exprimatur, diſtractis quoque pignoribus ad eum creditor vedire poterit. Etenim quæ dubitationis tollendæ cauſa contractibus inſeruntur, jus commune non lædunt.*

SI creditor ex mandatu alterius L. Titio pecuniam crediderit ſub pignorib. vel hypothecis, certum eſt hoc jure creditorem poſſe omiſſo debitore principali, & omiſſis pignoribus mandatorem convenire, qui mandavit, ut pecuniam crederet, quod obtinuit ante Nov. Juſt. *de fidejuſſ.& mandat.* Nam ex ea Novella non poteſt creditor eligere mandatorem, ſed creditori jus electionis, quod erat vetuſtiſſimum, adimit Juſtinianus. At ſervato jure veteri fingamus ita convenire atq; etiam ut ait hoc loco, literis cautum fuiſſe, forte facto nomine, ut *l.non figura, de oblig.& act.* vel mandato contracto per epiſtolam, ut *l.1.h.t.* conveniſſe, inquam, ut liceret creditori, omiſſo reo principali, & omiſſis pignoribus eligere mandatorem, quod hoc jure utique liceret, etiamſi nihil de eo conveniſſet. Inde quæritur: ſi creditor non eligat mandatorem, ut conventio permittit, ſed eligat pignora, & minoris diſtrahat, an poſſit reliquum, quod credito deeſt, a mandatore petere? & poteſt quidem jure communi, *l.reos, C.de fidejuſſ.* ſed quia convenit hoc tantum, ut omiſſo debitore, & omiſſis pignoribus poſſit eligere mandatorem, non etiam, ut electis pignoribus poſſit redire ad mandatorem: quod omiſſum eſt in conventione, videtur creditori non licere, & minor eſſe electio permiſſa conventione, quam ſit electio permiſſa jure communi: imo jus commune conventione reſtringi & coarctari. Sed aliud ſequitur Pap. hoc loco: quia conventio illa ex abundanti facta eſt, cum ipſo jure ita ſe res haberet: igitur ſupervacua conventio eſt, & facta in hoc tantum, ne quis dubitaret de mente contrahentium, an in jure electionis jus commune ſervari voluiſſent. Denique ut appareret perſpicue, eos velle ſequi jus commune, & permittere electionem creditori, & quæ dubitationis tollendæ gratia, ἐξ ἀφαιρέσεως ἐνοχῆς, contractibus inſeruntur, jus commune non lædunt, quæ ſententia etiam repetitur in *tit. de reg. jur.* Ergo in ſpecie propoſita jus commune per omnia ſervatur, non tantum in caſu conventione expreſſo, ſed etiam in non expreſſo, in omni caſu. Valde notandum eſt hodie (quia ſublatum eſt jus electionis Novella Juſtiniani) illam conventionem, ut liceat creditori omiſſo reo principali eligere mandatorem, non eſſe ſupervacuam, quia aliud Novella conſtituit, & eſſe juſtam, vel quod ſentiat etiam cum jure veteri, quo contrahentes etiam poſt Novellam ſi velint, uti poſſunt. Quidni? nec Novellæ locus eſt, aliter quam ſi aliud non convenerit. Hodie igitur, quia illa conventio non eſt ſupervacua, etiam accipiemus ſtricte, nec aliud permittemus creditori, quam quod in ea ſcriptum eſt, ut omittat reum principalem ſi velit, & eligat fidejuſſorem vel mandatorem, ut conventio ea quam minimum recedat a Novella: denique quod in ea erit omiſſum, pro omiſſo habebitur.

### Ad §. Fidejuſſor.

*Fidejuſſor, qui pecuniam in jure obtulit, & propter ætatem ejus, qui petebat, obſignavit, ac publice depoſuit, conſeſtim agere mandati poteſt.*

FIdejuſſor conventus a creditore minore xxv. annis, debitam pecuniam ei obtulit in jure, hoc eſt, dixit ſe habere pecuniam in manu, & ſe paratum eſſe eam recte ſolvere, & ita in jure, ad tribunal Prætoris obtulit ei pecuniam, ſed non tradidit, metu, ne minor eam perderet, & perdita pecunia reſtitueretur in integrum adverſus ſolutionem ſibi factam, & rurſus cogeret fidejuſſorem ſibi ſolvere eandem pecuniam: hac ratione motus fidejuſſor obtulit minori pecuniam debitam, non tradidit, ſed obſignavit & depoſuit in æde ſacra, ut in *l.7. de minor. l. 64. de fidejuſſ.* Quæritur: an conſeſtim poſſit fidejuſſor agere mandati adverſus reum promittendi, quod mandatu ejus fidejuſſerit? & reſpondet poſſe, nimirum, quia obſignatio & depoſitio pro ſolutione eſt, cum nunquam ſit fidejuſſor eam pecuniam recuperaturus.

### Ad §. Non ideo.

*Non ideo minus omnis temporis bonam fidem explorari oportet, quod dominus poſt annos 5. provincia reverſus, mox reipublicæ cauſa profecturus, non acceptis rationibus mandatum inſtauraverit. Cum igitur ad officium procuratoris pertinuerit, quicquid ex prima negotiorum geſtorum adminiſtratione debuit ad ſecundam rationem transferre, ſecundi temporis cauſa priorem litem ſuſcipiet.*

DOminus profecturus in provinciam, Romæ procuratorem rerum ſuarum reliquit L. Titium, & reverſus ex provincia poſt quinquennium, mox Reip. cauſa in alium locum profecturus eſt non acceptis rationibus quinquennii a procuratore, videtur tacito intellectu reſtauraſſe mandatum, quia neque exigit rationes, neque accepit. Non ponit id, dominum inſtauraſſe ſpecialiter, ſed tacite, quod diſceſſerit non acceptis rationibus. Nec ſentit Pap. reditione domini ex provincia revocari mandatum: revocatur enim redditione rationum quaſi actu peracto, negotio confecto, non reditione domini ex provincia in urbem. Verum ut duæ ſunt profectiones, ita quaſi inſtaurato mandato duæ intelliguntur eſſe adminiſtrationes, & pro ratione profectionum diſtinguenda ſunt tempora adminiſtrationis negotiorum abſentis, ſive procurationis negotiorum abſentis, ita ut, quod ex prima adminiſtratione procurator domino ſe non debere non ignoret, id a ſeipſo exigat, & transferat in rationem ſecundæ adminiſtrationis, ut ſcilicet quod in aliorum perſona præſtare debet, id præſtet in ſuam, ut *l.ſi neg.h.t.* Denique, ut quod debet ex prima adminiſtratione, id transferat in ſecundam, quæ cæpit a ſecunda profectione domini. Quamobrem in lite de ſecunda adminiſtratione veniet etiam ratio

tio primæ administrationis, quasi translata in secundam, nec videbitur procurator liberatus prima, quod sit ei restauratum mandatum non accepta ratione primæ imo non in omni contractu, ut ait *l.si mandati §. 1. h.t.* In utraque administratione utroque tempore se bona fide rem gessisse probare & præstare debet: & nihil est præterea in hoc §.

### Ad §. Salarium.

*Salarium incertæ pollicitationis neque extra ordinem recte petitur, neque judicio mandati, ut salarium tibi constituat.*

EX hoc loco ( ut solent Imperatores uti libentius Pap. quam ceteris ) sumpta est *l.salarium, C. eod. 2.* sic legenda : *Salarium incertæ pollicitationis peti non potest.* Sententia hæc est : Salarium incertum, quod pollicetur dominus procuratori, puta hoc modo; seres non leve præmium, si bene gesseris rem meam, neque posse peti extra ordinem, ut solet peti, cum jure constitutum est, nec actione mandati, ut scilicet constituatur certum atque præstetur. Denique constitutio salarii incerti, nullius momenti est. Interdum & tutori constituitur salarium a Prætore, a testatore, vel a judice, ut eo contentus non deprædetur pupilli bona, ut Demosthenes in Aphobum 1. orat. ait, patrem constituisse salarium tutori filii: sed eximius, ut etiam salarium, quod tutori constituitur, sit certum ; alioquin nihil agitur, *l. a tutoribus, §. ult. de administ. tut.* Votum quoque incertæ pecuniæ pontifices censent non valere apud Titum Livium 35.

### Ad §. Sumptus.

*Sumptus bona fide necessario factos, etsi negotio finem, adhibere procurator non potuit, judicio mandati restitui necesse est.*

PRocurator ad litem vel ad negotium sumptus fecit necessarios bona fide, eventus rei non est secuutus, non potuit optatum negotio finem imponere, an ideo non restituuntur ei sumptus bona fide facti ? Imo vero restituentur etiamsi eventus non responderit, ut in *l.ex mandato, h.t. & l.4.11.C.eod.t.* Idem est etiam in tutore, *l.3.§.sufficit, de contr.jud.tut.* non idem est in negotiorum gestore, qui non rogatus, ultro se offert defensioni litis alienæ, & causa cadit. Hic quod ex condemnatione præstiterit sane recuperat, quia bona fide accessit ad negotium alienum : sumptus litis non recuperat, quia debuit exploratius litem alienam non rogatus defendendam suscipere, quod Glossa recte notat & exponit : & memini me tradere *lib.2. ad leg. liberto de negot.gest.*

### Ad L. LXXXII. Pro socio.

*Jure societatis per socium ære alieno socius non obligatur, nisi in communem arcam pecunia versæ sint.*

POnit unum ex sociis mutuam pecuniam accepisse, & cum quæreretur, an ex ea causa, alter socius obligatus esset: Respondet Pap. non esse obligatum eo nomine alterum socium, nisi pecunia versa sit in rem & in arcam communem : quod non ita est accipiendum, ut dicat alterum socium eo tantum jure creditori, qui mutuam pecuniam dedit alteri, socio non obligari aliter, quam si pecuniæ versæ sint in rem aut arcam communem : neque enim hoc sentit Pap. quia etiamsi pecunia, quam socius mutuam accepit, versa sit in arcam communem, alter socius eo nomine creditori non obligatur, cum quo nihil contraxit : sicut quum quis alius mutuam pecuniam sumit, & eam mox vertit in rem meam, ego creditori non teneor condictione, quæ de mutuo dato proponitur, vel qua alia actione, *l.cum qui, C.si cert.pet.* Non quærimus in credita pecunia, ad quem ea pecunia pervenerit, sed quis eam mutuam rogarit, quis contraxerit, ut hic solus obligetur. Etiam Seneca. 5.de benef. *Pecunia ab eo petitur, cui credita est, quamvis illa ad me aliquo modo pervenerit.* At semper excipio ab hac definitione argentarios socios , in quibus jus hoc esse consuetudine receptum Cornificius scribit *secundo ad Herennium*, ut quod, quis argentario expensum tulerit, id a socio argentarii in solidum repetere possit. Nec mirum, cum e diverso, quod quis argentario acceptum tulerit, id socius argentarii in solidum repetere possit, ut aperte dicitur jure singulari esse constitutum in *l.si unus ex argent.in princ.sup.de pact.* Hoc jure singulari in argentariis tantum sociis receptum est, non in ceteris sociis: falsum igitur , quod Cynus & Baldus generaliter statuunt, socium communi nomine mutuum in solidum accipientem, alterum socium obligare creditori in solidum conditione creditæ pecuniæ, hoc est, creditorem, quod uni ex sociis expensum tulerit, id ab altero socio, cum quo non contraxit, in solidum repetere posse, quod receptum tantum est in argentariis sociis propter necessarium usum argentariorum & mensæ, propter utilitatem publicam , *l. quod prius, depos.* sicut & pleraque alia constat esse recepta singularia in argentariis ex Novel. 136. Verum quod attinet ad sententiam hujus responsi, hæc verba Papiniani : *Jure societatis*, aperte demonstrant, hanc esse Papiniani sententiam, ut nomine æris alieni , quod socius fecit atque contraxit, ei socio alter socius non obligatur, nisi in communem arcam pecuniæ versæ sint: nam hoc casu, quum pecuniæ in communem arcam versæ sunt, socio qui mutuam pecuniam sumpsit; alter socius obligatur, & tenetur actione pro socio, ut ejus pecuniæ reputationem admittat in distrahenda societate, & deductionem ex arca communi, in quam ea pecunia versa est, videlicet, si præsente die pecunia debeatur: vel si debeatur sub conditione, aut in diem, ut alter socius pro sua parte, ei qui mutuam pecuniam sumpsit caveat de indemnitate, & hac denique ratione fiat, ut quod in arcam communem versum est, ex communi arca solvatur, *l.27. & 28. hoc tit.* Omnis societas habet arcam pecuniamque communem, sicut omne collegium & omnis universitas, *l. 1. §. quibus. quod cujusque univer.* At si ea pecunia, quam unus ex sociis mutuam sumpsit, versa non sit in arcam communem, alter socius ei non obligatur jure judiceique societatis, hoc est, actione pro socio. Atque ita apparet, quod unus ex sociis pecuniam mutuam sumpserit non hoc quæri in hac lege, an alter socius creditori teneatur actione creditæ pecuniæ, sed hoc quæri tantum, an alter socius teneatur socio actione pro socio, ut nomen quod fecit socius, ratum habeat, patiaturque dissolvi ex arca communi, quod nequaquam faciet, nisi pecuniæ versæ sint in arcam communem societatis.

### Ad L. LXXXIII. de Contr. empt.

*Æde sacra terræ motu diruta, locus ædificii non est profanus: Et ideo venire non potest.*

CErtum est loci sacri vel religiosi emptionem nullam esse, *l.6.in pr.l.22.l.51.h.t.§.ult. Inst. de emp. & vend.* quia scilicet res sunt divini juris, non humani. Et ideo Pap.ait in hac lege, si ædes sacra corruerit, si terræ motu, aut vetustate areæ, quæ superest, emptionem non esse, quia area sacra permanet, nec diruto ædificio mutatur jus & conditio soli. Et hoc quidem est ex Pap. nominatim relatum in *Inst. §. locus, de rer. div.* & confirmatur etiam Epistola Trajani ad Plinium: *Si*, inquit, *sacræ ædes essent, licet collapsæ sit, religio ejus occupavit solum.* Victoria quidem locus desinit esse sacer, aut religiosus, non ruina ædificii, victoria fit profanus *l.cum loca, de rel. & sum.* quod etiam M. Tullius indicat libro de signis, *Has tabulas*, inquit, *M. Marcellus cum omnia victoria sua profana fecisset, tamen religione impeditus non attigit.* Et Virgilius in 12. Æneid.

*Quæve*

*Quæve loca Æneadæ bello fecere profana.*
Locus etiam, quem mortui illatio religiosum fecit, profanus fit mortui reliquiis translatis in alium locum, *l. cum divers. de relig.* quam translationem ait lex impetrari debere, a Principe scilicet vel collegio Pontificum, ut in *l. ossa, eod. t.* Et legenda est ad hanc rem Epist. Plinii ad Trajanum, de transferendis mortui reliquiis. Nec omittam, quod additur in *d. l. cum in diversis.* Si in diversis locis sepultum sit, utrumque locum non esse religiosum, quod unius hominis sepultura, plura sepulchra efficere non possit, sed eum locum esse religiosum in quo quod principale est conditum & inhumatum est, vel ut in ead. l. dicitur, *ubi quod est principale conditum est, id est, caput, cujus imago fit, inde cognoscimur.* Sic enim recte in Florentinis est scriptum *principale caput, cujus imago fit,* non reliqui trunci: In pompa funebri scilicet circumfertur imago vultus tantum, quod inde cognoscamur potissimum. Et hanc rationem etiam adfert Ari. Problematum parte secunda, διὰ τῆς τὸ πρόσωπον ἰκάνας ποιεῖται, ὅτι μάλιστα γινώσκεται: & ita recte illo loco principale, id est, caput, cujus imago tantum fieri soleat, quod inde cognoscimur potissimum.

### Ad §. Intra maceriem.

*Intra maceriem sepulchrorum hortis, vel ceteris culturis loca pura servata, si nihil venditor nominatim excepit, ad emptorem pertinet.*

Sepulchra olim, quod nemo ignorat, erant divitibus propria & privata in agris suis & suburbanis, servis autem & inopibus erant communia atque publica; quæ ad urbem puticuli, ad municipia culinæ, quia ex 12. tabulis jus non erat, nec fuit unquam jure civili populi Romani sepeliendi vel urendi in urbe, *l. mortuum, C. de relig. l. 8. §. Divus, inf. de sepul. viol.* Sepulchra autem propria qui habebant in agris suis, plerumque macerie circumdare solebant, intra maceriem relictis hortis aut vineis, aut aliis culturis aut ædificiis. Et ipsa quidem sepulchra erant religiosa, quatenus corpus vel ossa condita erant, quatenus corpus humatum erat, nec vero totus locus sepulturæ destinatus, & forte, ut posui, maceria reclusus, religiosus erat, nec qua fines sepulchri finiti erant in frontem & in agrum, & in ambitum quaqua versus, ut est in *l. 2. §. sepulchrum, sup. de relig.* ut Celsus definit. *Non totus locus est religiosus, qui sepulturæ destinatus est, sed eatenus duntaxat, quatenus humatus est.* Loca igitur sepulchris cohærentia vel adiacentia ædificia, horti, vineæ, ceteræque culturæ, etiamsi positæ sunt intra maceriem sepulchrorum, loca sunt pura, id est, profani jura, *l. locum, C. eod. t.* Et huc maxime pertinent antiquæ sepulchrorum inscriptiones, Romæ: *Agrum, sive hortum cum ædificio macerie inclusum posteris suis, & libertis libertabusque suis dominus consecravit.* Et Neapoli: *Hujus monumenti jus, qua maceria clusum est cum taberna & cœnaculo heredem non sequitur, nec intra maceriem humari quemquam licet.* Hæc autem loca pura, quæ sunt intra maceriem sepulchrorum fundi emptorem fundi totius sequi Pap. ait, si ea venditor nominatim non exceperit. Nec mirum, cum & sepulchri locus sequatur emptorem si exceptus non sit. Nec obstat quod dicitur loci sacri nullam esse venditionem, quia etiam non ipse locus sepulchri venit, sed emptioni majoris partis accessit, puta agri totius *l. 22. 23. 24. h. t.* ut rei suæ nulla emptio, sed si fundi portiuncula sit mea emendo fundum totum, & partem meam videor emere, *l. 13. t. seq.* Sic igitur locus sepulchri vendi specialiter non potest, accedere tamen potest venditioni majoris partis. Et ita eleganter Ambrosius lib. 1. de Abrahamo: *Sæpe,* inquit, *cum alienationibus possessionum, venales fiunt quæ in iisdem locis sunt sepulturæ.* Sed hoc ita in sepulchro procedit, si ad sepulchrum venditori vendito agro aut fundo aditus nullus supersit; Finge, sepulchrum esse in meditullio agri, nam si venditori sit aditus ad sepulchrum, sac sepulchrum positum secundum viam publicam, jus sepulchri venditor retinet etiam si id non exceperit in vendendo fundum, *l. si mercedem, §. 1. inf. de act. emp.* In qua cum ita Labeo scripsisset: *Si fundum vendidisti, in quo sepulchrum habuisti, nec sepulchrum tibi nominatim excepisti, parum eo nomine tibi cautum habes:* notat Paulus, minime: si modo ad sepulchrum iter publicum transit, hoc est, si habeat aditum ad sepulchrum venditor fundi, quia non excepit sepulchrum, si habeat aditum per viam publicam, non amittit jus sepulchri. Ceterum excepto sepulchro in venditione fundi vel nominatim vel tacite, ut dixi, cum venditori superest aditus ad sepulchrum. Denique excepto tantum sepulchro, non videntur excepta loca pura, quæ sunt intra maceriem sepulchri. Et hæc est sententia Pap. dum ait, *intra maceriem sepulchrorum hortis vel ceteris culturis.*

### Ad Leg. ult. de in diem addict.

*Prior emptor post meliorem conditionem oblatam, ob pecuniam in exordio venditori de pretio solutam, contra secundum emptorem citra delegationem jure stipulationis interpositam agere non potest.*

Sententia l. hujus hæc est. Si venditor emptori fundum in diem addixerit, hoc est, si ea lege fundum ei vendiderit, tradiderit ut si alius intra certum diem meliorem conditionem venditori offerret, ut puta, si pretio adjiceret, fundus esset inemptus, & dominium ejus abiret a priore emptore: hac lege interposita, alio, intra eum diem pretium adjiciente, eique venditore fundum addicente, prior emptio irrita constituitur, & inter emptorem priorem & venditorem ultro citroque est actio empti & venditi, nimirum venditori in priorem emptorem est actio emendi, ut pretium restituat, & fructus medio tempore perceptos, *l. item quod, l. Imperator, h. t.* Et retro, priori emptori in venditorem est actio empti, ut pretium restituat, quod ei prænumeravit, & sumptus necessarios, quos in rem emptam fecit medio tempore, *d. l. Imperator.* Priori, inquam, emptori non nomine est actio in venditorem, non in posteriorem emptorem, qui meliorem conditionem obtulit. Prior in posteriorem nullam habet actionem, quia nihil cum eo contraxit: nullam, inquam, habet actionem, nisi si posteriorem emptorem priori venditor delegaverit, & is posterior emptor novatione facta priori promiserit se redditurum pretium, quod solveret venditori, & sumptus in rem necessario factos. Et hoc est, quod ait Pap. in hac lege: *Citra delegationem jure stipulationis interpositam priori in posteriorem nullam esse actionem.* Delegatio peragitur per stipulationem, delegato scilicet promittente stipulanti ei cui delegatus est, *l. 11. inf. de nov. l. 1. l. pen. C. eod.* Delegare est jubere debitorem nostrum, quod debet nobis, expromittere (quod verbum significat novationem) creditori nostro stipulanti, quo genere fit novatio obligationis, hoc est, in proposita specie liberatur posterior emptor a venditore, & obligatur priori emptori: potest etiam citra delegationem in posteriorem prior agere de pretio venditori soluto, si posterior constituerit se id soluturum, quod solverat venditori, *l. 1. pen. C. de novat.* sed hoc genere non fit novatio, *l. item, l. ubi quis, de conts. pec. l. si filiusfam. de in rem verso, l. 3. §. 1. de admi. rer. ad civit. pert.* Potest etiam priori emptori venditor cedere actionem ex vendito adversus posteriorem emptorem ob pretium, quod fecit posterior emptor, *l. ult. C. quando fiscus, vel priv.* sed hoc etiam genere non fit novatio obligationis, *l. 3. C. de nov.* Pap. igitur hoc loco eum tantum casum expressit, quo fieret novatio obligationis.

### Ad L. pen. de Peric. & comm. rei vend.

*Habitationum oneribus morte libertorum finitis, emptor domus*

*domus ob eam caufam venditori non tenetur fi nihil aliud convenit, quam ut habitationes fecundum defuncti voluntatem fuper pretium libertis præstarentur.*

DUo funt refponfa in hac lege. Prioris fpecies hæc eft. Quidam in teftamento liberis fuis legavit habitationem in domo illa, quam poft mortem teftatoris heres vendidit fub onere præftandæ habitationis libertis fecundum voluntatem teftatoris: habitatio five habitationis legatum, quod libertis relictum eft, finitur morte libertorum, quia jus eft perfonale quod non tranfit in heredem, *l. fi habitatio, fup. de ufu, & habit.* Unde quæritur, an finito onere habitationis morte libertorum, quicquam heres ab emptore domus exigere poffit: hac ratione, quod minoris domum vendiderit propter onus habitationis, & nunc eo onere fublato morte libertorum, debeat ei præftari, ut intendit, quanto pluris ea domus nunc valet? Et refpondet Pap. ob eam caufam venditori emptorem non teneri, quia nihil fibi eo nomine cavit, & de fe queri heres debet, qui in eum cafum fibi non caverit. Opus eft cautione five conventione fpeciali, puta, ut remoto onere habitationis pretio aliquid adjiciat emptor, alioquin, fi hoc non convenit, commodum finitæ habitationis pertinet ad emptorem domus fecundum regulam hujus tituli, ut poft perfectam venditionem omne periculum, & omne commodum pertineat ad emptorem, & fic legato, quod notandum, ufufructu domus & herede vendente proprietatem, poftea mortuo fructuario confolidationis commodum dicerem pertinere ad emptorem proprietatis, non ad venditorem.

### Ad §. Ante pretium.

*Ante pretium folutum dominii quæstione mota, pretium emptor folvere non cogetur: nifi fidejuffores idonei, a venditore ejus evictionis offerantur.*

SEntentia hæc eft: actione ex vendito non cogi emptorem, cui res tradita eft fide habita de pretio, folvere pretium venditori, fi ei ftat ftatim in ipfo limine five exordio emptionis, controverfia dominii ab extraneo quodam, nifi paratus fit venditor emptori dare fecundum auctorem, hoc eft, fidejufforem idoneum evictionis nomine. Hæc eft fententia pofterioris refponfi; cujus auctoritas tacite refertur & comprobatur in *l. fi poft, C. de evict.* alias venditor non fatisfdat, fed repromittit tantum nuda cautione ob evictionem, quæ nihil aliud convenerit nominatim, *l. 4. l. empt. l. fi dictum, inf. de evict. l. 1. §. ftipul. de præt. ftip.* quod etiam olim in venditionibus caveri nominatim folebat, ne venditor daret fidejuffores evictionis nomine, fed contentus effet emptor nuda repromiffione: id, hodie etiam fi omiffum fit pro cauto habetur, & tranfit in jus commune, ut non aliter fatisfiet de evictione venditor, quam fi id nominatim convenerit inter emptorem & venditorem. Varro 5. de lingua Latina: *Cavere lege certum eft ab iis, qui prædia venderent vadesve darent, evictionis nomine, ne pofcerentur.* At in cafu propofito, cum in ipfo limine venditionis movetur emptori quæftio dominii, ftatim venditori emptor exprimit & extorquet fatisfactionem per retentionem pretii, fi cum ex venditor agat ob pretium ex vendito, nempe oppofita exceptione doli mali, & ideo feribit Pap. hoc loco; ante folutum pretium dominii quæftionem motam, quia poft folutum pretium nulla ratio eft emptori extorquendæ fatisfactionis. Ait, *dominii quæstione mota*, fed idem eft, fi emptori moveatur quæftio hypothecæ, ut *d. l. fi poft, in fin.* Valde etiam notandum eft, quod ait Pap. *ejus evictionis*, non omnis evictionis generaliter, fed ejus evictionis, quæ intentatur in ipfo limine contractus: quod aperte demonftrat hoc cafu, non generalem evictionem, fatisfactionem extorqueri venditori, fed fpecialem ejus evictionis quæ fit in ipfo limine contractus, quo nihil eft certius ex illis verbis *ejus evictionis*: ut plane fint refupini Doctores, qui

hoc loco concertant generalis an fpecialis evictionis nomine fit fatisfandum emptori in hac fpecie. Non eft autem aliena hæc fententia Pap. ab hoc tit. *de peric. & com. rei vend.* quia a regula hujus tituli excipitur periculum evictionis, *l. 1. C. de peric. & comm. rei vend.*

### Ad L. XLI. de Actionibus empti.

*In venditione, fuper annua penfitatione pro aquæ ductu infra domum Romæ conftitutam, nihil commemoratum eft. Deceptus ob eam rem ex empto actionem habebit. Itaque fi conveniatur ob pretium ex vendito, ratio improvifi oneris habetur.*

SPecies l. 41. hæc eft: domus Romæ conftituta veniit: quæ debuit fifco, vel ærario annuam penfitationem pro aquæ ductu, id eft, pro forma aquæ ductus, quæ tranfibat infra eam domum, κατὰ τῆς οἰκίας, fubtus eam domum. Ut in *l. cum fervus, §. heres, de leg. 1.* Fuit hujus penfitationis mentio pro forma aquæ ductus, five pro aquæ forma, quod idem eft, ut in *l. fi pendentes, §. fi quid cloacarii, de ufuf. l. 1. C. de aquæ ductu lib. 11.* Quibus locis etiam dicitur oftenditur: poffefforem per quorum prædia aquæ ductus tranfit penfitare certum tributum, aquæ ductus reficiendi & purgandi caufa, & inde agrimenfores, qui de limitibus agrorum fcripferunt, Mago & alii quidam: *aquarum,* inquit, *ductus per medias poffeffiones diriguntur, qui a poffefforibus ipfis vice temporum repurgantur, propter quod levia tributa perfolvunt.* In domo autem illa, quæ veniit, fi venditor non dixerit emptori quod fciebat aut fcire poterat & debebat domum huic oneri effe fubjectam pro aquæ forma, decepto emptori, qui id ignorabat, tenetur actione ex empto, ut vel præftet emptori, quanto minoris empturus effet, fi id ita effe feiviffet, ut in *l. fi minor, C. eod. tit.* Quæ lex idem effe ftatuit, five venditor dixerit fciens vel ignorans, minus effe tributum aliudve quoddam, vel minorem effe capitationem prædii, quod notandum illo loco Capitationem dici etiam de prædiis, tributum foli etiam, Capitationem appellari, ut in *l. ult. Cod. Theodof. fine cenfu vel reliquis fundum comparari non poffe.* Ergo lex ait, quod fi venditor minus id tributum dixerit, quod majus effe poftea invenitur, five feiverit, five ignoraverit onus prædii, aut oneris quantitatem certam, emptori tamen tenetur, quanto minoris actione ex empto. Ergo in hac fpecie emptori venditorem, qui reticuit onus ædium, competit actio ex empto quanto minoris, qui & fi venditor agat cum emptore domus ob pretium, oppofita exceptione doli mali, ut fit in fecundo refponfo, *l. pen. de peric. & comm. rei vend.* habebitur ratio improvifi oneris, quod veluti ex improvifo emerfit, cum ante latuiffet emptorem domus, hoc eft, quanto minus ex pretio confequeretur venditor. Et hæc eft fententia hujus legis, cui merito poteft opponi lex *fi fterilis, §. 1. h. t.* Quæ differentiam facit inter venditorem ignorantem & fcientem: ita, fi venditor fciens de tributo non dicat, quod debet prædium quod vendit, iftius reticentia caufa emptori tenetur ex empto: ignorans autem fi de tributo nihil prædixerit, ut non teneatur ex empto: & tamen ante non indiftincte diximus teneri venditorem, five fcierit, five ignoraverit: Sed ita eft, fi quod ignoraverit, fcire debuerit aut potuerit, fi igitur non fuerit ignorantia ejus, non fi jufta fuerit ignorantia, ut in exemplo propofito in *d. l. fi fterilis §. 1.* Si domus hereditaria erat, quam heres vendidit poft aditam hereditatem, nam qui fuccedit in jus alterius, ignorantiæ habet juftam caufam, nec ftatim fcire poteft conditiones, & jus rerum hereditariarum, atque ita plane ignorans, qui vendidit domum hereditariam, & nihil dixit de tributo, quod debet, ignorantia eum excufat: At qui fcire debuit, aut potuit pro fciente habetur, ut *l. pen. fup. ad Senatufc. Macedon. l. fi Titius, de fidejuffor. l. 1. §. caufa, de ædil. edic.* ubi ait, venditorem teneri, quia potuit vitia rei venditæ nota

habe-

habere, ut Marcus Tull. eadem de re scribens 3. *de offic.* unus, quia scire debuit, alter quia scire potuit: utrumque idem potest. Et ita Græci in *l. pen. de condict. causa data*; illo loco: *Cum sciret, se invito domino uti, hæc* supplent, γινώσκων, ἢ γινώσκειν ὀφείλων, *sciens vel scire debens*, quia hæc sunt paria. Nec vero alia est ratio, cur nunquam ignorantia excuset venditorem vasorum, si vasa non sint integra, quod generaliter dicitur de omnibus vasis, non de doliis tantum in *l. sed addes*, §. 1. *loc.* Sed etiam de omnibus vasis in *l.* 6. §. *sed si vas, h. t.* ut si vasa vendita sint vitiosa, si non sint integra, ut semper eo nomine venditor emptori teneatur, etiam habens justam ignorantiæ causam, quoniam in venditione aliarum rerum, quæ non sunt integræ, ignorantia aliquatenus excusat, *l. Julianus h.t.* Ignorantia in venditione vasorum, numquam excusat, quoniam integra ea præstare semper debet, quo jure utimur. Integra vasa semper præstare debet venditor, quia scilicet scire potest facile, aut scire debet quæ vasa habeat integra vel non. Non est adferenda hæc ratio, quam alias audivi aliquem adferentem; quod in doliis curandis soleant optimi patresfam. adhibere summam curam & diligentiam, quod soleant ea picare & defricare, & insolare, ut non possint non vitia doliorum nota habere, quoniam hoc ita proditum est in quocunque vase, & singulare est in venditione vasorum.

### Ad L. II. de Pignor. & hypoth.

HÆc lex exposita est supra ad *l. fidejussor.* 32. *de neg. gest.*

### Ad L. II. Qui potior. in pign.

*Qui generaliter bona debitoris pignori accepit, eo potior est, cui postea prædium ex his bonis datur: quamvis ex ceteris pecuniam suam redigere possit. Quod si ea conventio prioris fuit, ut ita demum cetera bona pignori haberentur, si pecunia de his quæ specialiter accepit, servari non potuisset, deficiente secunda conditione: secundus creditor in pignore postea dato, non tam potior quam solus invenietur.*

HUjus legis duæ sunt partes. Primæ partis sententia hæc est: duo sunt creditores hypothecarii ex diversis contractibus, alter prior altero, seu antiquior altero, & priori five antiquiori generaliter omnia bona debitoris pignori seu hypothecæ obligata sunt, posteriori autem creditori specialiter ex eis bonis certum prædium: quæritur, uter in eo prædio potior sit? Is, cui generaliter, an is, cui specialiter obligatum est? Et respondet Pap. privilegio temporis in eo prædio priorem esse eum, cui generaliter omnia bona obligata sunt, etiamsi omisso illo prædio possit ex aliis bonis redigere suam pecuniam; mavult redigere ex prædio & repulso posteriore creditore, cui tantum id prædium specialiter & nominatim obligatum erat, quia scil. in generali hypotheca prioris inest specialis: proinde quasi singulæ res debitoris pignoratæ sunt, *arg. l. si chorus, in pr. de leg.* 3. Est autem in arbitrio creditoris ex rebus sibi obligatis, quib. velit, electis ad suum commodum pervenire, *l. creditore, de distr. pign.* Et cum hoc responso Pap. congruit etiam *l. generaliter, C. de distract. pign.* Nec ab eo discrepat *l. 2. C. de pign.* quam objicit Acc. hoc loco, quoniam in dict. *l.* 2. non ponitur eadem species generalis hypothecæ in priori creditore, & specialis in posteriore, qualis ponitur in prima parte hujus responsi, ut perperam illa lex hujus legis primæ parti objiciatur, quæ non eandem sed aliam speciem continet. Et cum notatio igitur in *l.* 2. *C. de pignor.* ponitur species, quæ in prima parte hujus responsi, sed ea ipsa species, quæ mox a Pap. subjicitur in secunda parte hujus legis, videlicet primæ hypothecæ specialis & puræ, ac secundæ hypothecæ generalis & conditionalis in priore creditore, in posteriore autem specialis tantum, in specie idem constituit *d. l.* 2.

A quod Pap. hoc loco. Est autem species talis. Priori creditori specialiter res quædam pignoratæ sunt, subdita conventione sive hypotheca generali sub conditione, ut si ex iis rebus, quas specialiter creditor pignori accepit, integram pecuniam redigere non posset, tum cetera bona præsentia & futura persequeretur, quæ conventio vulgaris erat, hoc est, vulgo adjici solebat in hypothecis. Speciali hypothecæ solebat subjici generalis sub conditione ante *l. & quæ nondum,* §. 1. *de pign. l.* 9. *de distr. pign.* Et quod hac conventione vulgo agitur, agique solebat, ut ita demum generali hypotheca ea creditor utatur, si specialis, quæ præcessit, non sufficiat, id etiam actum semper intelligitur, ubicunque speciali hypothecæ subjicitur generalis, etiamsi omissa sit illa conditio, ut *d. l.* 2. *C. de pignor.* Quia quod vulgo fieri solet, si sit omissum

B suppletur, & subintelligetur: atque ideo æquale jus in bonis omnibus, quæ volet eligere, creditor exercere potest, sed prius æquum bonum est, ut excutiat specialem hypothecam, quoniam ita sensisse intelliguntur contrahentes, hoc est, egisse tacite, quod vulgo agi solet expresse in contrahendis hypothecis. Pono igitur priori creditori res certas specialiter fuisse pignori nexas, & si eæ res non sufficerent redigendo seu servando debito, cetera bona generaliter: Posteriori autem creditori ex ceteris bonis specialiter fuisse obligatas res certas, & ita posita specie, si priori creditori specialis hypotheca non sufficiat, hoc est, si exsistat conditio generalis, in ceteris bonis, prior potior est posteriore; at si priori sufficiat specialis, hoc est, si deficiat conditio generalis, posterior in speciali sua hypotheca ex ceteris bonis non tam po-

C tior, ut eleganter Papinian. ait, quam solus habetur, non concurrente alio creditore, quia deficit conditio hypothecæ generalis factæ priori creditori. Et hæc est sententia secundæ partis hujus l. in qua illo loco, *Ut ita demum cetera bona pignori haberentur, si pecunia de his quæ generaliter accepit servari non potuisset*; manifestum est, pro *generaliter*, esse scribendum *specialiter*, ut in marginis spatio quidam adnotavit, alias legi *specialiter*, non *generaliter*, & profecto rectissime: alioquin ita poneret convenisse Papin. ut ita demum cetera bona pignori haberentur, quæ verba *Cetera bona*, demonstrant generalem hypothecam, ut *l.* 1. *de distract. pign.* Ut igitur ita demum generali hypothecæ locus esset, si de generali hypotheca pecuniam servari non posset, quæ conventio esset inepta & ridicula. Accurs. cum illo loco legit *generaliter*, in

D secunda parte hujus legis ex depravata scriptura hausto errore, perperam ponit in priori creditore præcessisse generalem hypothecam, quod ponit etiam male in *d. l.* 2. *C. de pign.* Non est omittendum huic responso Papiniani locum esse non tantum, si inter priorem & posteriorem creditorem sit controversia de jure hypothecæ, puta priore contendente, se etiam in generali hypotheca esse potiorem, in posteriore negante, hac ratione, quia sufficiet specialis, qua præcessit, ejus intentio posterioris, scil. melior & verior est: sed etiam huic responso locum esse, si sit inter debitorem & creditorem, qui casus frequenter contingit, puta creditore, qui habet specialem & generalem hypothecam agente statim eo generali hypotheca, & debitore negante, jus esse creditori persequi generalem hypothecam, quandiu specialis justa & idonea

E est, & sufficit servando æri alieno; quod æquius est, licet subtili jure omissa conditione illa, creditor æquale jus habet in omnibus bonis, quia generali hypothecæ, quæ subjicitur speciali, semper inest tacita conditio, si specialis idonea non sit, quia quod vulgo agi solet pro acto habetur. Observandum est etiam, secundam partem hujus legis esse exceptionem primæ partis. Primæ enim partis definitio hæc est, priorem creditorem habentem generalem hypothecam præferri posteriori habenti specialem. Et exceptio secundæ partis hæc est; nisi prior creditor habuerit etiam specialem hypothecam, quæ præcesserit generalem, & convenerit tacite vel expresse, ne uteretur generali, si sufficeret specialis, & sufficiat specialis; hoc enim casu in alia speciali hypo-

theca,

theca, quam posterior creditor habet, posterior creditor, ut ait, non tam potior, quam solus habetur, quia sufficiente priori creditori sua hypotheca speciali, cetera bona ei non tenentur, ergo posteriori soli tenentur, quæ ex ceteris bonis ei specialiter obligata sunt: denique in eis posterior creditor est solus. Cui dicto Pap. Accurs. objicit *l. idemque*, §. *si tibi*, *h. t.* ubi si tibi generaliter obligaverim bona futura, quæ habiturus sum, & Titio specialiter fundum certum, quem acquisiturus sum, nondum adquisivi, adquisito fundo illo lex ait, utrumque creditorem concurrere in pignore fundi, non solum in eo haberi Titium cui specialiter fundus obligatus est; nec te item solum haberi, tametsi ex pecunia debitoris tibi soli obligata, in quam habuisti generalem hypothecam, cum fundum debitor comparaverit, quæ est sententia *d.§.si tibi*. Sed Acc. recte respondet in *d. §. si tibi*, duobus creditoribus, tibi & Titio simul eodem tempore ita fuisse nexa pignora, ut proposuimus, idcirco concurrere in persecutione fundi. In specie autem hujus legis separatim diversis temporib. priori creditori res certas fuisse obligatas specialiter, etsi hæ specialiter obligatæ non sufficerent, res ceteras generaliter: posteriori autem creditori ex ceteris reb. res certas specialiter, & non concurrere utrumque in ceteris rebus, quia si deficit conditio generalis hypothecæ in persona primi, id est, si specialis hypotheca fuit idonea, sed & si exstitit conditio generalis hypothecæ, id est, si specialis hypotheca non fuit idonea, dicemus utrumque creditorem non concurrere, sed meliorem esse causam prioris, quia quum conditio exstitit, pignoris obligatio retrotrahitur atque recurrit ad præteritum tempus, quo de hypotheca sub conditione convenit, & pro eo habetur, ac si ab initio pure contracta fuisset, ut probat aperte *l. potior*, §. 1. *h. t.*

### Ad L. III. de Distr. pign.

*Cum prior creditor pignus jure conventionis vendidit, secundo creditori, non superesse jus offerendæ pecuniæ convenit. Si tamen debitor, non interveniente creditore pignus vendiderit, ejusque pretium priori creditori solverit: emptori poterit offerri, quod ab alium creditorem de nummis ejus pervenit, & usura medii temporis: nihil enim interest, debitor pignus datum vendidit, an denuo pignori obligatur.*

Legis 3. *de distract. pign.* duæ sunt partes. Prioris sententia hæc est. Certum est, posteriori creditori esse jus offerendæ pecuniæ creditori priori cum interusurio, id est, cum usuris medii temporis, ut scil. posterior in pignore, quod utique diversis temporibus obligatum est, potiora jura habeat adimpleto priori & absoluto, *l.12.§. simpliciter*, & *§.pen.quí pot.in pign. l.1.C.cod.t.* At si prior creditor ex pacto pignus distraxerit, posteriori creditori non est jus offerendæ pecuniæ emptori, & auferendæ rei sibi olim pignoratæ, quia venditione pignoris rite facta jure creditoris, pignoris obligatio omnino perimitur in persona omnium creditorum, & res in emptorem transit libera, optimo jure. Et hoc quidem proponitur in prima parte hujus legis, & in tit. *C. si anter.cred.pign.vend.* Et aliis plerisque locis. At in secunda parte ostenditur, aliud esse dicendum, si debitor ipse, qui est dominus pignoris, non prior creditor pignus vendiderit, ut ex pretio satisfaceret priori creditori: nam hoc casu posteriori creditori jus est cum interusurio offerendæ pecuniæ emptori, quæ ex arca emptoris pervenit ad priorem creditorem, quia emptor in prioris creditoris locum succesit, & venditio pignoris facta a debitore non perimit jus pignoris secundi, *l. 12. C. de distr. pig.* Sicut nec si debitor versura facta tertio creditori accepta pecunia idem pignus obligaverit primi creditoris dimittendi gratia, jus secundi non perimitur, sed tertius creditor in locum primi succedit, & secundo jus est offerendi tertio, *d.l. 12. §. a Titio stip. qui pot.in pig.hab.* Hoc vero agitur semper, ut tertius succedat in locum primi, quando primi dimittendi gratia pignus

ei obligatur, non etiam, si simpliciter a debitor a tertio creditore versuram faciat primi dimittendi gratia, non obligato ei eodem pignore, quia licet ejus pecunia primus dimittatur, tamen non potest succedere in jus primi sine conventione expressa pignoris, *l.3.quæ res pig.obl.pos.* Atque ita, ut ait lex, melior est conditio emptoris quam tertii creditoris: nam qui emit pignus a debitore primi creditoris dimittendi gratia, omnino succedit in jus & locum primi: qui autem credit pecuniam debitori primi creditoris dimittendi gratia, non aliter succedit in locum primi, quam si de pignore convenerit, ut tertius succederet in jus pignoris. Non est omittendum postremo, quod in hac secunda parte hujus legis ait, dum tractat de venditione pignoris facta a debitore, dum ait, *Si tamen debitor non interveniente creditore*. Unde notandum est, venditione pignoris a debitore facta auctore creditore, interveniente creditore, & quodammodo vendente pignus per interpositam personam debitoris, quo magis ei satisfiat, ut ait *l.sicut §. illud,1.seq.* perinde esse, atque si ipse creditor jure suo pignus vendidisset, & posteriori creditori non esse jus offerendæ pecuniæ emptori, quia utriusque pignus perimitur ita facta venditione. Ubi autem interveniente creditore animo remittendi pignoris debitor pignus vendit, aut obligat tertio creditori, non est necesse offerre pecuniam emptori, vel tertio creditori, quia neque hic, neque ille succedit in locum primi, sed primo consentiente venditioni aut obligationi pignoris, ac pignus suum remittente, ipso jure secundi causa melior efficitur *l. Paulus, in princ. tit. seq.* Et ex his potest intelligi, quam sit verum, quod est in titulo de reg.juris: aliud esse vendere, aliud vendenti consentire, ad quam regulam creditor vendendo pignus etiam secundi pignus perimit, consentiendo autem vendenti debitori, pignus secundi non perimit. Et hæc sufficiant ad hanc legem, de qua etiam diximus lib. 2. ad *l. h. t.*

### Ad L. IV. de Naut. fœn.

*Nihil interest trajectitia pecunia sine periculo creditoris accepta sit, an post diem præstitutum, & conditionem impletam, periculum esse creditoris desierit. Utrubiq; igitur majus legitima usura fœnus non debebitur. Sed in priore quidem specie semper, in altera vero discusso periculo nec pignora, vel hypothecæ titulo majoris usuræ, tenebuntur.*

Illud in primis sciendum est, regulariter creditæ pecuniæ periculum pertinere ad debitorem, qui mutuam pecuniam accepit, & hoc esse, quod ait *l. incendium, C. si cert. pet.* Incendium ære alieno non liberat debitorem; de quo solo ille titulus est: debitorem enim intelligit creditæ pecuniæ, non qualemcunq; debitorem, & æs alienum non quodcunque debetur quacunque ex causa, sed quod debetur ex crediti causa: alioquin falsa ea definitio esset. Et eodem sensu *l. ult.Cod.de naut.fœn.* Naufragium non liberare debitorem, hoc est, debitorem creditæ pecuniæ; debitorem corporis certi quis nescit liberari naufragio vel incendio, si corpus debitum perierit sine culpa ejus ante moram? At debitorem creditæ pecuniæ nullus casus liberat, etiamsi confestim acceptam pecuniam incendio vel naufragio perdiderit, nec converterit in usus suos. Hoc vero utique verum est, nisi ita convenerit, ut pecuniæ creditæ periculum pertineret ad creditorem ipsum, non ad debitorem, id est, ut amissa ea pecunia incendio vel naufragio, vel quo alio casu majore, creditor jus crediti amitteret, nec quod credidisset repeteret. Hæc conventio justa est, ut fieri solet, quum impenditur aut subest amittendæ pecuniæ creditæ, & periculi metus aliquis, ut quum athletæ vel gladiatori descensuro in arenam fœnerator mutuam pecuniam dat, qua se exerceat, ornet, & exhibeat, & comparet ad pugnam ea lege, ut si non vicerit, nihil referat, nihil reddat. Quæ lex sive pactio periculum quod fuisset debitoris, transfert in creditorem, & justa pactio est: vel quod etiam ( quod sit frequenquentius) quum negotiatori trans mare navigaturo fœnerator mutuam pecuniam dat, qua instruat navem, vel comparet merces ea lege, ut si naufragium fecerit, nihil reddat; neque vero solent navigaturi negotiatores a fœneratorib. mutuam pecuniam sumere, nisi sub hac lege ut periculum, quod metuitur ex navigatione maris, fœneratores in se recipiant: qua de causa cum dicimus nauticam pecuniam vel trajectitiam vel maritimam, eam dicimus quæ periculo fœneratoris mutuo datur. Verum istud onus suscepti periculi fœnerator compensat cum usuris, quas contra sibi pacisci & cavere potest in infinitum, quantumvis licet maximas: in hunc casum scilicet si navis salva redierit, vel si ad portum appulerit quem petit: sive perierit navis, aut pecunia, vel merx ex pecunia comparata, ut sibi perierit, nec sibi sit repetitio pecuniæ. Olim potuit sibi pacisci infinitas usuras pro pretio suscepti periculi, ut Paulus scribit 2. *Sentent. tit.* 14. Infinitas quum dicimus, hoc dicimus, ut possit sibi pacisci duas, tres, quatuor, quinque centesimas, ut de fœneratore quoque est apud Juvenalem:

*Quinas hic capiti mercedes exigit.*

Id est, ut quinas sortis centesimas exigit, idem possit sibi pacisci usuras ultra duplum, quoniam regulariter ubi usuræ æquaverunt sortem, ut sors sit centum, & usuræ jam effecerint centum, quod est duplum, hoc est, alterum tantum, consistunt usuræ nec ultra excurrunt, sed tamen pro præmio suscepti periculi creditori debentur etiam ultra duplum. Hoc quidem obtinuit jure veteri, de quo est hæc lex: nam hodie ex constitutione Justiniani, is qui credidit mutuam pecuniam suo periculo, qui credidit nauticam pecuniam, non potest sibi pacisci vel stipulari infinitas usuras, sed usuram centesimam tantum, quæ scil. in centenos aureos quotannis reddit duodenos, & centesimo mense æquat sortem, non ut Accurs. arbitratur duodecimo mense, cujus opinio jamdudum explosa est. In idiotismo centesima usura est, *au denier huit. & tiers.* Proinde ex constitutione Justiniani, qui credit pecuniam suo periculo, non potest sibi cavere usuras majores centesimis, ergo nec ultra duplum: nam usuræ, quæ accipiunt taxationem certam, puta finem centesimæ, vel bessis, vel semissis usuræ, semper etiam duplo finiuntur, id est, ne altero tanto majores sorte inferantur aut debeantur. Denique ubi æquaverint sortem usuræ, quod deinde usuris supernumeratur, imputetur in sortem, minuat sortem, deducatur ex sorte. Et hoc quum creditor suscepit pecuniæ periculum: nam non suscepto pecuniæ periculo, creditor nullas usuras, ne pacisceretur utiliter sine stipulationis vinculo, *l.* 3. *C. de usur.* quia mutuæ pecuniæ usuræ non debentur ex pacto nudo sine vinculo stipulationis. At jure veteri adhibita stipulatione non potuit sibi cavere, nisi centesimam usuram creditor, qui non recipiebat in se pecuniæ periculum. Centesima usura fuit olim legitima usura in omnibus causis *l.* 2. *C. Theod. de usur.* Idemque patet ex §. *pen.* hujus legis, & ex *l. si pro mutua, C. si cert.pet.* in illo loco, *Usurarum tit. legitima tantum recte petitur,* sic legendum. Et legitimam vocat, quam paulo ante dixit centesimam. Ergo centesima usura est legitima usura. At hodie creditor, qui non recepit in se periculum, non potest stipulari sibi centesimam usuram, sed semissem tantum, aut bessem, aut trientem, secundum distinctionem Justin. in *l.* 3. *C. de usur.* Nec tamen ultra duplum hodie ut olim, ut in hac *l. §. pen. l. si non sortem,* §. *sup.duplum, de cond.ind. l. pen. C de usur.* Pro mercede autem & pretio suscepti periculi olim, ut dixi, creditor sibi infinitas usuras, & supra duplum cavere potuit: hodie centesimas tantum & intra duplum, & cavere sine stipulatione pacto nudo, ut in *l. seq. & l.* 7. *b. sit.* quod etiam hodie locum obtinet. His cognitis non erit difficile, quod scribit Papinian. in hac lege; si modo, ut oportet, id omne, quod scribit accipiamus secundum jus vetus, quod obtinuit ante Justinianum. Primum ait Papinianus: *Trajectitiæ sive nauticæ pecuniæ, cujus periculum creditor noluit suscipere, nunquam fœnus ei deberi majus le-*

*gitima usura:* hoc est majus centesima usura, quia usura major centesima legibus non permittitur, nisi repensandi suscepti periculi gratia. Ergo qui periculum non suscepit, ei non potest deberi fœnus majus centesima legitima, & vulgari sive communi usura. Item si nauticæ pecuniæ periculum susceperit creditor ad diem tantum & conditionem certam, non in omne navigationis tempus, puta si navis perierit intra trigesimum navigationis diem, intra certum diem, ut in *l.* 6. *h.t.* Papin. ait, hoc casu ante diem ei potest deberi usura major centesima, si de ea convenerit, puta, duæ, aut tres, aut quatuor centesimæ in infinitum: post diem vero periculi, quia periculum esse desiit creditoris, non possunt ei deberi usuræ majores centesima, nec ultra duplum. Addit Papinianus: *Nec pignora, nec hypothecas titulo majoris usuræ teneri,* quæ de re dubitari poterat, nam pignoris retentione sæpe servamus usuras, quas alio remedio consequi non possumus, veluti usuras mutuæ pecuniæ creditæ ex pacto nudo, si & in eas pignus acceptum sit. Nam etsi non sint peti ex pacto, tamen servabuntur per retentionem pignoris, *l. per retentionem, & l. pignor. C. de usur.* Similiter retentione pignoris secundum quasdam leges veteres, ut refert Justinianus in *l. pen. C. de usur.* Usuræ poterant servari supra duplum, sed non etiam usuræ majores centesimis poterant servari per retentionem pignoris, *l. pretii, C. man.* hoc hodie, nec olim, nisi ex quibusdam legibus servari poterant usuræ supra duplum per retentionem pignoris, *d. l. pen.* Et hoc est, quod ait Papinian. *titulo majoris usuræ,* hoc est, titulo illegitimæ usuræ, non posse retineri pignus vel hypothecam, non posse servari illegitimas usuras per retentionem pignoris: illegitimas esse, quæ dupli finem excedunt, vel finem centesimæ. Sequitur §. penultimus.

Ad §. penult.

*Pro operis servi trajectitiæ pecuniæ gratia secuti, quod in singulos dies in stipulatum deductum est, ad finem centesimæ, non ultra duplum debetur.*

INcipit §. penultim. ab his verbis: *Pro operis servi,* & in Basil. & Flor. (nam antea perperam hæc verba aptabantur superioribus) cujus §. sententia hæc est: Cum creditor non susceperit periculum totius navigationis, sed verbi gratia Roma in Salonæ portum tantum, in specie *l. pen. C. eod. tit.* qui portus est in Dalmatia, & cavet, ut salva nave in eum portum delata, sibi fœnebris pecunia reddatur Salonæ cum usuris gravissimis, de quibus convenit, tum solet etiam servum, qui naviget, cum debitore mittere prosequendæ pecuniæ nauticæ gratia, ut nave salva delata in portum sua die, servus eam pecuniam exigat cum usuris, ac si tardius solvat debitor eam pecuniam, in hunc casum solet stipulari certam summam pœnæ nomine in dies singulos. *In hunc casum,* hoc est, si non ut convenit sua die servo pecunia reddatur, *l. trajectitia de oblig. & act. l. qui Romæ,* §. *Callimachus, de verb. obl.* Stipulatur autem hanc pecuniam, hanc pœnam pro operis servi, atque adeo in dies singulos, quia operæ sunt diurnum officium, *l.* 1. *de oper. libert.* pro operis, inquam, servi, quibus caret propter moram debitoris, quæ de causa, & stipulatio operarum dicitur in extremo hujus legis. Hæc autem stipulatio operarum, sive pro operis, quia interposito discusso periculo jam finita est, in quam creditor periculum suscepit, & vice usurarum cedit plerunque, ut *l. pœnam, sup. tit. prox.* Non potest excedere finem centesimæ, quæ legitima usura est, neque finem dupli, hoc est, altero tanto sorte major esse non potest, quia stipulatio in id tempus confertur, quo periculum desiit esse creditoris, qua de causa etiam stipulatio exigitur, nec pactum nudum ad augendam obligationem quicquam proficit. Sic apertissima videbuntur esse hæc verba, *Pro operis servi trajectitiæ, &c.* quia stipulatio confertur in tempus, quo periculum desiit esse creditoris, hoc est, post diem periculi, ut jam non possit de-

deberi nisi centesima, quæ est communis usura, & intra duplum.

### Ad §. ultimum.

*In stipulatione fœnoris post diem periculi separatim interposita, quod in ea legitima usuræ deerit, per alteram stipulationem operarum supplebitur.*

Post diem periculi creditor, vel pœnam stipulatur pro operis servi nauticæ pecuniæ exigendæ gratia secuti debitorem, vel stipulatur usuras, vel stipulatur utrumque, ad finem tamen & modum legitimarum usurarum. ut si post diem periculi stipulatus sit bessem usurarum, qui stipulari potuit centesimam, quoniam hæc erat vulgaris & legitima usura, subdita alia stipulatione pro operis servi, poterit supplere, quod centesimæ usuræ deest, puta, trientem; Idemque est e contrario, si quod primum pro operis servi stipulatus est, minus sit centesimæ, nimirum quod deest centesimæ, suppleri potest per alteram stipulationem usuræ trientis. At si vel stipulatio usurarum, quæ interposita est ab initio sufficiat ad centesimam, si per eam creditori caveatur centesima usura, ei stipulationi non potest subjici altera, quia supplendæ tantum usuræ legitimæ, non etiam augendæ, alteram stipulationem subjici lex concedit.

### Ad L. XV. de Fundo dot.

*Dotale prædium, cujus vir possessionem retinuit post literas ad uxorem emissas, quibus dotis non fore prædium declaravit in matrimonio defuncta muliere, virum retinere placuit: quia mulier actionem ex pacto non habuit.*

Legis 15. de fundo dot. eadem est sors, quæ fuit superioris legis, quoniam neque hanc, neque illam glossæ, vel commentarii intellexerunt. Dotale prædium in hoc titulo, sive fundus dotalis est, cujus dominium marito per traditionem adquisitum est, l. 13. §. dotale, hoc tit. l. 5. inf. sol. matrim. Ergo & in hac lege sic potius accipiamus dotale prædium, quod traditione, non ut Glossa, & commentarii, quod conventione sola constitutum est. Fateor constitui etiam conventione sola, ut in l. si ego 9. & l. si rem, de jure dot. l. creditor, §. prædium, de act. emp. Sed in lege de fundo dotali, de qua est hic titulus, tantum id prædium dicitur dotale, cujus lex alienationem prohibet, quod traditione constitutum est, & in specie hujus legis, etiam traditione constitutum fuisse, vel ex eo apparet, quod ait, Maritum post literas ad uxorem missas, quibus prædium dotis, dotis nomine non fore declaravit uxori, ait, eum maritum possessionem prædii retinuisse. Si possessionem retinet, ergo etiam ante tradita ei fuit. Denique species legis hæc est: Maritus inter cetera prædium sibi traditum a muliere accepit in dotem, dos adventitia fuit, id est, non profectitia a patre mulieris, vel desiit esse profectitia morte parentis, qui dotem dederat: deinde per literas ad uxorem scriptas, maritus declaravit, id prædium se non habiturum in dotem, quod tamen in dotem acceperat, quæ literæ pro nuda pactione habentur, l. qui negotia, ff. mand. Si modo uxori gratum fuerit, quod maritus scripsit: hoc vero tantum maritus scripsit & declaravit per literas, ceterum uxori prædium non restituit, sed retinuit possessionem ejus; restitutio prædii dotalis inutilis fuisset, quia instar donationis obtineret, l. 1. C. si const. matrim. dos sol. Et donatio inter virum & uxorem constante matrimonio non valet: donatio autem, ait semper obtinuit ante Justinianum, re, non nudo consensu, aut nuda pactione perficitur, re, id est, traditione, non nudo consensu nudove pacto, quo jure etiam utimur, & vulgo, dicimus; *Donner, & retenir ne vaut*, nec utimur nova constitutione Justin. ex qua donatio perficitur sicut emptio nudo consensu. In hac specie igitur maritus, qui non restituit dotale prædium, sed id dotis non fore tantum scripsit,

A nihil donavit uxori, quia nihil tradidit, sed ut dixi hoc tantum pactus est per epistolam, ne prædium datum in dotem, doti esset, ex quo pacto solo non desiit esse dotale, nec mulier ex eo pacto, ut ait Papinianus, actionem habet propter regulam juris, ne ex eo pacto nudo obligatio nascatur vel tollatur. Unde sequitur, mortua in matrimonio muliere, maritum, quamvis pactus sit doti non fore, prædium id retinere jure dotis, nec restituere heredi mulieris, quia dos fuit adventitia & mortua in matrimonio muliere, dotem adventitiam constat ipso jure remanere apud maritum, & remanere semper, ut ait Ulpianus *lib. sing. reg. tit. de dot.* Semper, id est, sive exstent liberi ex eo matrimonio, sive non extent. Et hoc quoque probant multæ admodum leges, *l. mulier, de cond. instit. l. Celsus, de usurpationib. l. ei, qui mortem, de his, quibus*
B *ut indig. l. 5. de bonis damnat. l. 23. de evict. l. si ab host. §. ult. sol. matrim. l. 1. C. si advers. dot.* Ex alienis auctoribus etiam Cornutus in Persium: *Dos,* inquit, *a cive Romano data, non patrio dicta nomine, id est,* dos adventitia, *dotalium non intervenerit, post mortem mulieris remanet apud virum.* Et imperitiæ arguuntur, qui hoc nesciunt in *l. si filia 20. in. pr. fam. erc.* idemque; procedit in dote profectitia præmortuo patre, qui dotem dedit, superstite filia & genero: nam si postea filia moriatur in matrimonio, æque dos illa remanet apud maritum, quia desiit esse profectitia morte patris auctoris dotis: quod idem Ulpian. scribit eo loco, & probat *l. cum patrem, C. de jure dot.* Dixi autem mortua in matrimonio muliere, dotem illam ipso jure remanere apud virum, quoniam etiamsi vir pactus non sit de dote lucranda in casum mortis mulieris, ipso jure ita se res habuit ante Justinian. Imperatorem. Et quod hoc loco Græci interpretes fingunt, tale pactum intervenisse, & ex pacto maritum retinere prædium dotale, ex est constitutione Justiniani, quæ vetat mortua in matrimonio muliere citra speciale pactum, dotem cedere lucro mariti, sed jubet eam restitui heredi mulieris, *l. un. §. illo proculdubio, C. de rei uxor. act.* Hoc inquam, Græci affingunt ex constitutione Justiniani, quia jure veteri supervacuum est tale pactum, cum ipso jure ita se res habeat. Ceterum recte addunt Græci, *Si quæ ejus prædii possessio ad heredem mulieris pervenerit,* id eum per exceptionem alterius pacti, ne prædium dotale esset, retinere
C posse, quia ex pacto, etiamsi non nascatur actio, nascitur tamen exceptio jure prætorio, quod est notissimum, & ob id ipsum Papinianus ponit in hac lege, virum prædii possessionem retinuisse, & actionem tantum denegat heredi mulieris, qua prædium repetat ex pacto, quoniam nec mulier ipsa habuit: & ita hæc lex explicatur, Accursii omni glossa obliterata.

### Ad L. VII. de Fidejuss. & nom.

*Si fidejussores, qui rem salvam fore pupillo caveant, tutorem adolescens ut ante conveniret, petierunt, atque ideo stipulanti promiserunt se reddituros, quod ab eo servari non potuisset; placuit inter eos qui solvendo essent, actionem residui dividi: quod onus fidejussorum susceptum videretur. Nam etsi mandato plurium pecunia credatur, æque dividitur actio. Si enim quod datum pro alio, solvitur: cur species actionis æquitatem divisionis excludit?*

Plures sunt fidejussores unius tutoris, qui caverunt rem pupilli salvam fore, ii fidejussores finita tutela adolescentem rogaverunt ( quo verbo constat, contrahi mandatum, *l. 1. §. rogatus, mand.* Et apud Virgil.
E ... *Orans mandata dabat.*
Verbum *oro,* vel *rogo,* mandatum perficit, verbis *rogo & recipio,* perficitur mandatum, si qui rogatus est recipiat se facturum, quod rogatus est. Denique verbo *oro,* & *rogo,* mandatum perficitur. ) Fidejussores igitur finita tutela adolescentem rogaverunt, & impetrarunt, ut prius tutorem excuteret & conveniret, & ideo stipulanti adolescenti promiserunt, se reddituros, quod a tutore servari, & consequi non potuisset, propter ejus inopiam. Potuisset autem statim ab initio finita

finita tutela adolescens convenire unum ex fidejussoribus in solidum dimisso tutore sine metu exceptionis epistolæ Adriani, quæ inter plures fidejussores dividit actiones, ut singuli conveniantur non in solidum, sed in partem virilem, quoniam huic epistolæ non est locus inter fidejussores unius tutoris, id est, fidejussores unius tutoris non habent beneficium divisionis, *l. ult. rem pupilli salv. fore.* Et alia est ratio *l. 6. hoc t. ut docui lib. 2. sup.* ex quo ducta est. At in hac specie, quia adolescens maluit convenire tutorem dimissis fidejussoribus, & quasi novatione facta post pubertatem a fidejussoribus stipulatus est sibi reddi id, quod a tutore servare non posset: si agat ex hac stipulatione posteriori, in id forte, quod a tutore servare non potuit, quæ actio residui dicitur hoc loco, fidejussoribus uti licet beneficio divisionis, & desiderare, ut pro parte virili tantum singuli conveniantur, si omnes, ut epistola D. Adriani exigit, solvendo sint litis contestatæ tempore. Et ratio cur hoc casu fidejussores habeant beneficium divisionis, quod non haberent, si converirentur ex priore stipulatione, rem pupilli salvam fore, hæc redditur a Papiniano hoc loco, quia videtur adolescens onus fidejussorem suscepisse cum electo tutore, ab eis denuo stipulatus est residuum, id est, quanto minus a tutore consequerentur. Onus, inquam fidejussorum videtur suscepisse, puta, si quis eorum rei judicatæ tempore non esset solvendo, inopia ejus oneraret adolescentem non ceteros confidejussores, sive collegas, qui id promiserunt novissime, quod adolescens a tutore consequi non posset, & quod ii ita promiserunt, non pro tutore id promiserunt quasi fidejussores, sed in rem suam, sive pro se, quoniam adolescenti mandaverunt, ut prius tutorem excuteret, *l. si mulieri dederim, ff. ad Senatusc. Vell.* Igitur nunc plures mandatores sunt in rem suam, non plures fidejussores tutoris. Placet autem non tantum inter fidejussores debitoris, sed etiam inter mandatores, puta, quorum mandato pecunia credita est, vel quid aliud factum est, dividi actionem ex epistola D. Adriani. Fateor epistolam tantum fuisse scriptam de fidejussoribus, sed ex æquitate, quæ eadem est in mandatoribus, atque in fidejussoribus, & ex auctoritate Papin. epistola Divi Adriani porrigitur etiam ad plures mandatores. Nam, hæc est ratio Papin. si plures mandatores creditori, quod dedit pro alio solvunt, aut solvere coguntur actione mandati, perinde atque fidejussores actione ex stipulatu, cur diversa species actionis æquitatem divisionis excludet? cur æquitas divisionis non valebit in omnibus actionibus, vel mandati, vel ex stipulatu, vel aliis, quæ dantur in eum, qui pro alio obligatus est, & solvere tenetur? quæ verba Papin. ipse Justinianus usurpat in *l. ult. C. de const. pec.* Definit etiam epistolam D. Adriani pertinere ad plures reos constitutæ pecuniæ, ergo & ad omnes, qui pro aliis pecuniam solvunt, scut & illud, ut sortis tantummodo damnum agnoscant, non usurarum. Pertinet ad omnes, qui pro aliis pecuniam solvunt, ad omnes intercessores, *l. quæro, ff. locat.* Quod ergo dicitur, singulos mandatores teneri in solidum, non pro virilibus portionibus, *l. ult. sup. quod jussu, l. si mandati, §. Paulus, & l. seq. §. duob. mand.* id sane in mandatoribus excludit beneficium divisionis, sive beneficium epistolæ D. Adriani, non admittit, licet in dicto §. *Paulus.* subjiciat, pluribus mandatoribus simpliciter condemnatis, quorum rogatu pecunia credita erat, dividi sententiam in personas, quoniam id obtinet in omnibus reis condemnatis, *l. 1. & 2. si plur. una sentent. condem. sint.* Sed primus Papin. hoc loco auctor est producendæ epistolæ Divi Adriani etiam ad mandatores. Hoc debetur soli Papin. cui & hæc laus tribuitur ab omnibus, quod auxerit & locupletarit jus civile: & quod mandatores fidejussoribus conjungantur in d. *l. ult. C. de constit. pecun.* quasi omnibus competat beneficium epistolæ D. Adriani. Sane quod ad mandatores attinet, non est ex ipsa epistola, sed ex interpretatione Papin. cujus etiam ratio proponitur iisdem verbis in d. *l. ult.* Quandoquidem in ea loco horum verborum *Æquitatis*

enim ratio diversas species actionis excludere nullo modo potest, ex hac lege nostra omnino est legendum: Æquitatem enim divisionis diversa species actionis nullo modo excludere potest, id est, qui pro alio solvere tenentur, quacunque actione conveniantur, sive mandati, sive ex stipulatu, sive ex constituta pecunia, sive qua alia, impetrare possunt, ut conveniantur singuli, non in solidum, sed pro virilibus portionibus, latius accepto beneficio Epistolæ Divi Adriani.

### Ad L. XXVIII. de Donat.

*Hereditatem pater sibi relictam filia sui juris effecta donavit: creditoribus hereditariis filia satisfacere debet, vel si hoc minime faciat, & creditores contra patrem veniant: cogendam eam per actionem præscriptis verbis, partem adversus eos defendere.*

At in *l. 28. de donat. Hereditatem pater sibi relictam, &c.* Est elegantissimum responsum. Pater donavit filiæ emancipatæ hereditatem Titii, a quo heres institutus erat: filiæ emancipatæ, quia filiæf. donasset inutiliter. Id donando autem usus est nomine *hereditatis*, quod est juris nomen, quo scil. continentur omnia jura & actione omnes, quas heres habet in alios, vel quibus ipse aliis obstrictus est. Continet *hereditatis* nomen non commoda tantum, sed etiam incommoda & onera hereditaria; denique omnia jura continet, quæ defunctus habuit, vel quæ alii habuerant in defunctum, bonave defuncti, & funeris impensam, ceteraque onera, quæ hæredi incumbunt, neque enim semper est lucrativum hoc nomen, sed sæpe etiam detrimentosum *l. 8. §. 1. de legat. 2. l. hereditatis appellatio, de verb. signif.* Nihil autem interest, donaverit hereditatem, an vendiderit, an legaverit. Nam & emptorem, & donatarium, & legatarium vicem heredis, id est, vicem suam obtinere vult, qui scilicet vendit, vel donat, vel legat hereditatem sibi relictam ab alio, nihil inquam interest donaverit hereditatem an vendiderit, nisi quod ad speciem actionis attinet, sive modum & rationem compellendi emptoris hereditatis, vel donatarii, vel legatarii ad subeunda onera hereditaria: nam si vendiderit, actione ex vendito compellit emptorem hereditatis, ut se damno indemnem servet, & defendat adversus creditores hereditarios *l. de her. vel act. vend.* A creditoribus hereditariis emptor compelli non potest ad solutionem, quia nihil cum eis contraxit, vel quasi contraxerit, & venire duntaxat possunt creditores hereditarii adversus venditorem, qui quasi contraxit cum eis adeundo hereditatem, quia heres est, & heres manet, etiamsi hereditatem vendiderit: nec potest, qui semel heres extitit, desinere esse heres. Igitur cum eo sunt acturi creditores hereditarii, sed vel pro eo illis satisfacere debet emptor hereditatis, vel cavere de indemnitate adversus eos, aut præstare id quod interest actione ex vendito. Si donaverit hereditatem, donatarium in idem compelli actione præscriptis verbis, ut defendat, ut ait hoc loco, donatorem adversus creditores hereditarios, vel præstet donatori id quod interest. Nam actio præscriptis verbis semper concluditur in id quod interest dari fierive, quod convenit. Hoc igitur nomine donatori in donatarium est actio præscriptis verbis, quasi scilicet præscriptis verbis proprii contractus negotio gesto, qui nomine vacat, hoc actum sit inter donatorem & donatarium hereditatis, ut donatarius susciperet onera hereditaria, Quod utique satis agit expressim donator, cum dicit se hereditatem donare: nam *hereditatis* nomen etiam onera comprehendit. Donat igitur non tantum lucra, sed etiam onera utraque conjunctim. Id vero non agit, qui donat res simpliciter, vel bona, vel corpora hereditaria, quia hæc nomina non sunt nomina juris. Quamobrem eum, cui donatæ sunt res hereditariæ, vel bona, vel corpora hereditaria, non sequuntur onera hereditaria, nisi ex incontinenti donator id nominatim paciscatur, quo etiam nomine ex casu donatori in donatarium est actio præscriptis verbis, ut impleat pactum, *l. cum res, l. legem, C. de donat. ead.* Quod tamen pactum necesse non est adjici, si

here-

hereditatem donaverit, ineſt enim ſatis verbo hereditatis. Creditores autem hereditarii nullam actionem habent in donatarium, quia, ut ante dixi, nihil cum eis contraxit, vel quaſi contraxit donatarius. Quod ſi quis legaverit hereditatem Titii ſibi relictam per retentionem hereditatis, ex ordine legatarius ab herede compelli poteſt, ut caveat defenſum iri heredem adverſus creditores hereditarios, ut *l. cum filius*, §. *Lucio, de leg.* 2. *l. qui concubinam*, §. *cum ita, de leg.* 3. vel omiſſo iſto ordine, omiſſa iſta cautione, ſi eam hereditatem heres legatario præſtiterit, vel ſi quo caſu inconſulto herede poſſeſſio ejus hereditatis ad legatarium pervenerit, adhuc æquum eſt heredi dari conditionem incerti, qua condicat vel poſſeſſionem, quæ ſine voluntate ejus, vel imprudentiam ejus ad legatarium pervenerit, vel qua condicat cautionem omiſſam, ut in *l. qui exceptionem*, §. *pen. de cond. indeb. l.* 21. *ad Senatuſc. Treb. l. hoc Senatuſconſultum*, §. 1. *de uſufr. earum rer. quæ uſu conſum.* Et ex his apparet verum eſſe, quod initio propoſui, nihil intereſſe donaverit quis an vendiderit, vel legaverit hereditatem alteri, quod ad effectum attinet: intereſſe, quod attinet ad genus actionis, quo res ad eum effectum perducitur.

---

#### Ad L. LI. de Fidejuſſ.

*Inter eos fidejuſſores actio dividenda eſt, qui ſolidum, & partes viriles fide ſua eſſe juſſerunt: diverſam erit verbis ita conceptis: ſolidum aut partem virilem fide tua eſſe, jubes? tunc enim ab initio non niſi viriles partes ſingulos debere convenit.*

IN hac lege plura ſunt reſponſa Papin. quæ fere omnia pertinent ad beneficium diviſionis ex epiſtola Divi Adriani. Hoc beneficium diviſionis, id eſt, dividendæ actionis, in perſonas competit pluribus confidejuſſoribus, qui ab initio ſinguli ſe in ſolidum obligaverunt, ſi omnes ſolvendo ſint tempore litis conteſtatæ, quo cum eis creditor agit: hoc eis dedit epiſtola D. Adriani, id eſt, D. Pii, ut patet ex *l.* 49. §. *quod ſi duo*, *in fi. tit. hujus.* Quod etiam relatum fuiſſe ex ea Epiſtola in edictum Prætoris, atque adeo idem beneficium fuiſſe confidejuſſoribus propoſitum edicto prætoris, docet Paulus 1. *Sent. t. de fidejuſſ. & ſponſ.* Quod etiam docuimus in *l.* 7. *de fidejuſſ. tut.* fuiſſe porrectum ad plures mandatores, & ad plures reos conſtitutæ pecuniæ, & uno verbo ad omnes, qui pro aliis pecuniam exſolvunt, & docebimus inferius, *Novel. Juſt.* etiam fuiſſe idem beneficium porrectum ad duos plures conreos debendi, ad plures debitores principales, qui ſinguli obligati ſunt in ſolidum, & pro ſe in ſolidum ſolvere tenentur. Recte autem hoc beneficium dari confidejuſſoribus, qui ſinguli in ſolidum obligati ſunt. Nam ſi ab initio ſinguli ſe obligaverint, in partem virilem tamen, nihil indigent iſto beneficio, quod ipſi jam ſibi pateſecerint initio contrahendæ obligationis, & de quo ſatis ſibi caverint & proſpexerint. Et hoc eſt quod ait initio hujus §. Inter eos fidejuſſores, qui in ſolidum & partes viriles, conjunctim fide ſua eſſe juſſerunt, ut vulgo dicitur: *Chacun pour ſoy, & un ſeul pour le tout*; divid actionem pro virilibus portionibus ex epiſtola D. Adriani, quia manifeſtum eſt ſingulos ab initio ſe obligaſſe in ſolidum. At ſi disjunctim in ſolidum aut partem viriles fide ſua juſſerint, quia in disjunctivis ſtipulationibus ſemper quod minus eſt adſumitur, quo minuitur obligatio debitoris, manifeſtum eſt ab initio ſingulos interveniſſe in partem virilem tamen, quia cum disjunctim promiſerint in ſolidum aut in partem virilem, utique ſunt ſemper adſumpturi partem virilem, nec igitur ad hanc ſpeciem quicquam pertinet epiſtola D. Adriani, cum ſatis hac in re fidejuſſores ſibi proſpexerint.

#### Ad §. Fidejuſſor.

*Fidejuſſor, qui partem pecuniæ ſuo nomine, vel rei promittendi ſolvit: quo minus reſidui diviſione facta portionis judicium accipiat, recuſare non debet. Eam .n. quantitatem inter eos, qui ſolvendo ſunt, dividi convenit, quam litis tempore ſinguli debent. Sed humanius eſt, & ſi alter ſolvendo ſit litis conteſtationis tempore, per exceptionem ei qui ſolvit ſuccurri.*

SEquitur in §. 1. *Fidejuſſor qui partem*, &c. Recte itaque dixi initio, tempore litis conteſtatæ ſpectari, an omnes fidejuſſores ſolvendo ſint, ut ſi omnes confidejuſſores ſolvendo ſint, dividant inter ſe actionem, qua conveniuntur a creditore: nam & quantum debeatur tempore litis conteſtatæ ſpectamus, ut quod eo tempore debitum apparuerit, dividatur inter confidejuſſores, qui eo tempore idonei fuerint ex epiſtola Divi Adriani. Ergo etiam objecto creditori beneficio epiſtolæ D. Adriani ſinguli recte conveniuntur, & condemnantur in quinque. Et ſane iſto jure ita ſe res habet; ſed Papinianus ait eſſe æquius & humanius, φιλανθρώπον, ut eſt in Baſil. ut dicamus eum, qui ſolvit pro ſua parte ante litem conteſtatam, etſi non liberetur ipſo jure, ſed pro altera parte, etiam maneat obligatus, quia ab initio ſe obligavit in ſolidum, liberari tamen eum, ſi alter ſolvendo ſit per exceptionem doli mali, ut in *l.* 15. §. *ult. hoc tit.* Eo ſcilicet, quod ſolvit toto imputato in partem ſuam, ut eſt in Baſilicis, ἵνα λογισθῇ αὐτῷ τὸ ἴδιον μέρος; non etiam eo, quod ſolvit imputato in partem utriuſque ſive quod idem eſt, non deducto de ſorte eo quod ſolvit, ut ait *l.* 37. *inf. de ſolut.* Quoniam ſi id quod ſolvit decederet de ſorte, de ſumma, non de parte ejus ſola qui ſolvit, ſolutio partis quam facit unus ex fidejuſſoribus ſuo vel debitoris nomine, non ei ſoli proficeret, ſed etiam confidejuſſori, id eſt, uterque liberaretur pro parte dimidia, & uterque in alteram partem dimidiam maneret obligatus. Atqui ſolutio ei ſoli proficit, qui eam fecit, quia ſolus ipſe liberatur, non quidem ipſo jure, ſed per exceptionem doli mali. Atque ita quod is ſolvit, non dicemus decedere de ſumma, ſed de parte ſummæ, quæ eum contingit. Et ita quia ait d. *l.* 37. eum ſolum liberari, intelligere debemus ut liberetur per exceptionem. Sicut in *l. qui rei* 98. §. *mihi Romæ, & l. qui hominum, §. ſtipulatus, de ſolut.* Dicitur eum liberari, quod eſt ſcriptum ſimpliciter, & intelligendum, eum liberari per exceptionem, non jure ipſo, alioquin illæ leges pugnarent cum aliis multis, ſicut & d. *l.* 37. cum hoc §. & reſtat igitur confidejuſſorem hoc caſu ſolum pro ſua parte obligatum manere, & hoc recte notat d. *l.* 37. ſuble tractato eſt acutiſſima. Verumetiam, ſi unus ex fidejuſſoribus ſolverit partem dimidiam nomine debitoris principalis, non ſuo, quod & Papinianus propoſuit initio hujus §. nomine debitoris, nomine rei promittendi, tanquam debitoris negotium gerens, quam cum fidejuſſor ſolvit partem nomine debitoris, id perinde habendum eſt, ut ait d. *l.* 37. atque ſi e converſo reus ipſe ſolveret eam partem nomine illius fidejuſſoris. Quamobrem ſive ſuo, rei debendi nomine unus ex fidejuſſoribus ſolverit partem, ipſe ſolus, qui ſolvit, liberatur per exceptionem, ea eſt ſententia hujus §. Et quod ait de duobus confidejuſſoribus idem hodie, obtinet in duobus correis debendi, quia & iis dedit beneficium diviſionis Juſt. in *Nov.* 99. Ante Juſtinianum unus ex reis debendi ſecundum jus Digeſtorum ſolvendo partem, omnino non liberatur, neque ipſo jure, neque per exceptionem; ſed in reliquum obligatus manet, etiamſi alter correus ſolvendo ſit, *l. ſi ex toto.* §. 1. *de leg.* 1. Niſi ſi ita convenerit ne quid amplius ab eo ultra eam partem creditor peteret, ut in ſpecie *l. ſi creditores, C. de pacti.* Quo ſane caſu correus, qui ſolvit partem ſuam, liberatur omnino per exceptionem pacti, vel doli mali, quæ con-

concurrit semper cum exceptione pacti, liberatur, inquam, per exceptionem pacti, etiamsi alter correus solvendo non sit. At unus ex fidejussoribus liberatur solvendo partem, etiamsi nihil convenerit, ne quid ab eo amplius peteretur, si modo alter confidejussor solvendo sit, vel etiam, si id convenerit, licet alter solvendo non sit, ut in d.l.15.§.ult. Et præterea animadvertendum est in hoc §. agi de fidejussore, qui solvit partem suam, partem virilem, ut in d.l.37. Nam si minus virili solvit, recte Glossa sentit, non omnino eum liberari, sed in id quod deest parti virili obligatum manere, nisi scilicet pactus sit cum creditore, ne quid amplius ab eo peteretur, ut in specie d. l. 15.§.ult. Quod si plus solverit portione virili, proculdubio & ipse liberatur pro sua parte, quia suam partem utique solvit, & quando plus solvit, tanto minus etiam a confidejussore peti potest. Et stulte Angelus hoc loco seductus Glossa in verbo *solvit*, quæ tantum loquitur de eo, qui minus virili, non plus solvit, ait, *eum qui plus solvit, non liberari*, & argumento istius Glossæ, quæ hoc nunquam cogitavit, se advocatum Florentiæ vicisse apud judicem acerte imperitissimum, quo etiam nomine a ceteris Angelus reprehenditur.

### Ad §. Duo.

*Duo rei promittendi separatim fidejussores dederunt: invitus creditor inter omnes fidejussores actiones dividere non cogitur. Sed inter eos duntaxat, qui pro singulis intervenerunt. Plane si velit actionem suam inter omnes dividere, non erit prohibendus: non magis quam si duos reos pro partibus conveniret.*

Recte dixi initio hujus legis, beneficium divisionis dari confidejussoribus: ii sunt, qui pro uno vel pluribus debitoribus in causam unius contractus, unius obligationis fidejusserunt simul, vel separatim, nihil interest. Et ii sunt confidejussores, ut patet ex l. 48. h. t. Nam si fidejusserint in causam diversorum contractuum, diversarum stipulationum, quibus debitores separatim stricti sunt, licet ex diversis contractibus una eademque pecunia debeatur in solidum: tamen confidejussores non sunt. Diversorum contractuum, quibus debitores principales tenentur, fidejussores, confidejussores non sunt, l. 43. h. t. & ideo indulgendum non est eis auxilium divisionis. Finge, duos rei debendi ejusdem pecuniæ, sed singuli stipulanti creditori separatim eam pecuniam reddituros promiserunt, & singulos quoque fidejussores in singulas stipulationes singuli separatim dederunt: hi fidejussores, quia non sunt confidejussores, singuli in solidum conveniri, prout elegerit creditor, & condemnari possunt: nec inter eos invito creditore divideretur actio, quæ inter confidejussores divideretur invito creditore. At volente creditore nemo dubitat, quin, ut inter reos debendi actio dividi potest parte petita a singulis, l. 3. §. ult. sup. de duob. reis, l. reos, C. de fidejus. ita etiam possit creditor sua sponte dividere actionem inter fidejussores reorum, tametsi confidejussores non sint, quæ est sententia hujus §. Adnotandum tantum est, hodie, quia etiam rei debendi invito creditore habent beneficium divisionis ex Nov. 99. ex persona reorum etiam beneficium divideudæ actionis habituros fidejussores eorum, argumento l. pupillus, sup. de fidejuss. tut. Et vero ita est.

### Ad §. Creditor.

*Creditor pignus distrahere non cogitur, si fidejussorem specialiter acceptum omisso pignore velit convenire.*

Excepto responso hujus §. cetera omnia sunt de beneficio divisionis, cujus sententia hæc est, brevis & facilis; creditorem, qui pignus & fidejussorem accepit, omisso pignore posse prius convenire fidejussorem, quod notatur utique eum servare debere hodie ex Novella 4. si pignus possideatur ab extraneo, ut scilicet prius conveniat fidejussorem, quam persequatur pignus quod extraneus possidet, atque distrahat, non si pignus ab ipso debitore possideatur: nam prius debet excutere pignus, quod debitor ipse possidet, quam experiri cum fidejussore, ex eadem Novella. Quod autem ait in hoc §. creditorem omisso pignore fidejussorem convenire posse, & addo, debere, si pignus possideatur ab extraneo, & supradicta Nov. ita verum esse ait, si fidejussor simpliciter, si ἀπλῶστερον acceptus sit, id est, si non acceptus in id tantum, quod ex pignore redigi non possit, ut in l. omissis, C. de fidejussor. & ita etiam simpliciter acceptus fidejussor dicitur in l. reos, C. eod. t. & l. 2. C. de fidej. tut. Hoc vero casu, cum fidejussor acceptus est in id, quod ex pignoris distractione servari non possit, prius debet excuti pignus, quam fidejussor indistincte, propter conventionem, sive pignus possideatur ab extraneo, sive ab ipso debitore.

### Ad §. Cum inter.

*Cum inter fidejussores actione divisa, quidam post litem contestatam solvendo esse desierunt: ea res ad onus ejus, qui solvendo est, non pertinet, nec auxilio defendetur ætatis actor. Non enim deceptus videtur jure communi usus.*

Finge: divisa est actio inter confidejussores, quod quidem desiderare possunt imploratio beneficio epistolæ Divi Adriani quandocunque ante rem judicatam, quia peremptoria defensio est, l. 10. C. de fidejussor. videlicet, si omnes solvendo erant litis contestatæ tempore, vel eo ipso tempore, vel post litem contestatam ante rem judicatam, desiderabunt dividi actionem, & singulos damnari in partem virilem tantum. Finge, inquam, omnes fuisse solvendo tempore litis contestatæ, & inter eos fuisse divisam actionem, sed post litem contestatam unum ex eis ad inopiam pervenisse. Quæritur, quem inopia istius oneret, actorem, id est, creditorem, an confidejussorem? Et definit inopiam ejus, qui lapsus est facultatibus suis, post litem contestatam onerare creditorem ipsum, non confidejussorem, licet creditor minor fuerit 25. annis. Quod habuimus visum in l. 7. de fidej. tut. Nec potest minori ex hac causa dari restitutio in integrum adversus fidejussorem, quia restitutio datur minori decepto tantum: deceptus autem non videtur, qui jure communi usus est: quam sententiam Pap. usurpat Imperator, ut solet sæpe libenter hoc auctore uti, in l. ult. C. de in integr. restit. quæ lex constat tantum hac sententia: *Non videtur minor circumscriptus, qui jure communi usus est.* Et ibidem Græci notant esse antiquam regulam, πολλαῖς τίς ἐστι διατάξεσι κανῶν. Et sane antiqua est cum sit posita sub tit. de reg. jur. antiq. l. nihil consensus, §. 1. Jus autem commune est, sive jus publicum, ut dividatur actio inter fidejussores, qui sunt solvendo litis contestatæ tempore. Minor divisit actionem inter fidejussores, qui erant solvendo litis contestatæ tempore: non videtur deceptus & circumscriptus, licet postea quidam ex eis exuti sint facultatibus. At si ab initio minor inter eos divisisset actionem, qui tempore litis contestatæ solvendo non erant, hoc casu fateor ei subveniri beneficio ætatis per restitutionem in integrum, quia hoc casu jure communi non est usus, qui imprudens inter inopes divisit actionem, ut l. seq. inter h. t. Et potest quidem ad l. ult. C. de in integr. rest. poni speciem congrua ex hoc §. sed propior est & legi conformior species, quæ conficitur ex l. mulier, C. de jur. dot. & l. ult. C. de magistrat. con. si conjungantur cum d. l. ult. de in integr. rest. Secundum quod paritas inscriptionis & subscriptionis in omnibus requirit. Et species hæc est. Mulier 25. annis minor, consensu justi curatoris dotem marito dedit vel promisit pro modo facultatum suarum, & dignitate mariti familiæque suæ, non potest restitui adversus dotem vel dotis promissionem, quia in ea constituenda usa est jure communi. Recte data, recte promissa dos pro modo patrimonii sui auctore curatore, proinde auxilio ætatis non defendetur, quo minus ab ea dos exigatur, ut ait d. l. mulier. Licet culpa scribæ, qui inventarium bonorum ejus fecit, ei curator in minorem, quam dos fuerit, quantitatem caverit, dato fidejussore rem puellæ salvam fore, quo nomine propter culpam scribæ, puellæ quidem est adversus scribam actio in factum in id, quod interest ex Senatusconsulto, de quo in *d.l.ult.* & *in toto tit. de magist. conven.* Sed non etiam restituitur mulier adversus dotem semel jure communi constitutam pro viribus patrimonii, & consensu curatoris legitimi, quæ tamen restitueretur, si ultra vires & contra jus commune dotem constituisset, vel promisisset. *l. si causa*, §.1. *ff. de minor.* Jus commune est, ut mulier dotem constituat pro viribus patrimonii sui, & curatore auctore, si minor sit: hoc quæ fecit, non restituitur in integrum. Quæ secus fecit, id est, cavit dotem supra vires patrimonii sui, quia aberravit a jure communi, restituitur in integrum. Potest etiam ad eandem regulam positam in *d. l. nihil consensui*, §.1. quem ex verbis & inscriptione scimus pertinere ad restitutionem minorum, potest, inquam, & eam quoque poni congrua species ex hoc §. sed propinquior est quæ sumitur ex *l. in causa* 11.§. 2. *de minor.* Quoniam utraque est ex eodem Ulpiani libro, & species hæc est: Adolescens sive minor xxv. annis paulo minore pretio fundum suum rite vendidit, nempe ex decreto Prætoris, & curatore auctore, paulo, inquam, minore pretio, non tamen infra dimidium justi pretii: nam hic casus semper excipiendus est, an potest adversus eam venditionem restitui in integrum, quasi deceptus? Minime; quia in ea venditione facienda jus commune observatum fuit, licet reipsa deceptus sit paulo minore pretio accepto: nam jus commune est, ut liceat venditori quod minus est pluris vendere, si possit, & emptori quod pluris est minoris emere, *l. si voluntate, C. de rescind. vend.* Et in pretio constituendo possunt emptor & venditor citra dolum malum reipsa se invicem circumvenire, hoc est concessum naturaliter sive ἐμπορικῶς, ut ait Novel. 97.c.1. Hæc scilicet est natura contractus emptionis & venditionis, ut vendat unus quanto pluris, emat alter quanto minoris potest, & sibi quisque rem suam bene gerat citra dolum malum, ideoque prætextu minoris pretii, nec a minore jure facta venditio rescindi potest per restitutionem in integrum, quia non videtur captus & circumscriptus, qui jure communi usus est.

Ad §. Bonis.

*Bonis damnati fidejussoris fisco vindicatis, inter fidejussores actio postea si dividi cœperit, ut heredis, ita fisci rationem habere oportet.*

NOtandum est beneficium dividendæ actionis non tantum confidejussoribus dari, sed etiam heredibus eorum, si ex unius persona conveniantur, ut *l.27. sicut, & l.49.§. quod si duo, h.t.* Et non tantum heredibus, sed etiam quibuslibet successoribus eorum, ad quos bona eorum pervenerint; ergo etiam fisco, si fiscus occupaverit eorum bona; ut puta, si unius fidejussoris bona confiscata sint ex causa delicti, & creditor agat cum fisco quasi successore illius fidejussoris, vel cum altero confidejussore, si omnes solvendo sint litis contestatæ tempore. Fiscus semper est solvendo, & ideo nunquam dat fidejussorem, *l. 2. de fin. dot. l. 1.§. si ad fiscum. ut leg. nom. cav.* Fiscus, inquam, si ceteri fidejussores solvendo sint, imploratio beneficio epistolæ Divi Adriani, potest desiderari, ut singuli pro parte conveniantur; atque etiam, ut ipse tantum pro parte conveniatur ex persona damnati fidejussoris: Nam est perpetuum, quod dicitur in *l. fiscus, de jure fisci*, fiscum, qui in jus privati succedit, jure privati uti. Ceterum in hoc §. hæc verba, *damnati fidejussoris*, sic exaudire oportet: *damnati* ex crimine scil. aliquo, ea pœna, quam sequitur publicatio bonorum, veluti morte, aut metallo, aut deportatione, ut *l. 1. de bo. dam. l. bona, de jure fisci* & expunge Glossam hoc loco, quæ dixit, etiam damnatum & confiscatum fidejussorem, si vivat, id est, si ultimo supplicio damnatus non sit, sed vel metallo, vel exilio, a creditore conveniri & condemnari posse: Quod omnino est

falsum, quia damnatione illa tota obligatio perinde ac morte contra eum extinguitur, *l.47.h.t.* & transfertur in fiscum, & ita Bartolus recte, & alii: At non omnino recte quod ajunt ad fiscum non transire stipulationem conditionalem, qua verbi gratia deportatus tenebatur, si post deportationem conditio stipulationis extiterit, cum tamen transeat in heredem: si post mortem promissoris conditio extiterit, *l. quoties, in fi. & l. novatio tit. seq.* Et ita dicunt, fiscum non esse per omnia heredis loco, & hanc esse differentiam inter fiscum & heredem: partim admitto hanc differentiam, partim non admitto. Admitto, si conditio extiterit ante aditam hereditatem, ut loquuntur illæ leges, vel antequam fiscus agnoverit damnati bona, & ratio differentiæ hæc est: quia eo tempore quo cedit, committiturve stipulatio conditionalis, id est, eo tempore, quo conditio existit, necesse est ut sit persona, cui debeatur, alioquin stipulatio conditionalis, existente conditione committitur inutiliter; eo tempore, quo conditio existit, non sit persona, cui debeatur, aut deberi possit, ut *l.38.in fi.h.t.* At conditione exsistente ante aditam hereditatem, est persona, quæ obligatur, puta, hereditas jacens, id est, nondum adita, quæ in nostro jure personæ vice fungitur, *l.22.hoc tit.* At antequam fiscus bona agnoverit, nulla est hereditas, nullave successio, aut nulla hereditas potest esse quæ dicatur capite deminuti, quæ personæ vice fungatur: & ideo inutiliter committitur stipulatio exsistente conditione, antequam fiscus agnoverit bona; quia non est persona ulla, ne fictitia quidem, in quam stipulatio committatur, verum post aditam hereditatem, vel agnita bona existente conditione stipulationis. Non admitto eam differentiam, quia cessat superior ratio diversitatis, propterea quod fiscus, qui agnovit bona, vice heredis est, *l.2.C.ad leg. Jul. de vi.* Hoc igitur casu nulla est differentia inter heredem & fiscum. Falso etiam tentat aliam esse differentiam inter heredem & fiscum, quasi in heredem transeat & transferatur judicium cœptum a defuncto; in fiscum autem non transferatur judicium cœptum a defuncto, vel ab eo, cujus bona postea publicata sunt, quam eruunt ex *l. si costante*, §. *ult. ff. sol. mat.* Quæ tamen non dicit, expirare judicium, quod ad fiscum attinet: judicium, scil. dotis, quo soluto matrimonio egit mulier adversus maritum, si interim pendente judicio dos mulieris publicata sit, non dicit, inquam, expirare judicium, quod ad fiscum attinet, sed quod ad mulierem tantum, quæ cœperat agere de dote, quæ publicata est; id .n. judicium peragat fiscus, nec ante occupabit dotem quam consistent, cedere an debuerit lucro mariti, an restitui mulieri, qua de re cœptum erat judicium inter maritum & mulierem soluto matrimonio, quod sane transferetur in fiscum, si fiscus contendat dotem fuisse mulieris, atque adeo ad se redire jure confiscationis.

Ad L. XXVII. de Novationibus.

*Emptor cum delegante venditore pecuniam ita promittit, quidquid ex vendito dare facere oportet, novatione secuta, usuras neutri post insecuti temporis debet.*

HUjus legis species hæc est: Luc. Titius emptorem sibi obligatum ex causa venditionis delegavit mihi creditori suo, ut quod sibi debet ex ea causa, id novatione facta promitteret mihi stipulanti, hoc modo: *Quidquid te Lucio Titio, ex vendito dare facere oportet, id mihi dari fieri spondesne?*

Finge autem, emptorem Lucio Titio venditori debuisse pretium, & usuras pretii post diem traditionis rei venditæ, ut in *l. Julianus, §. ex vendito, ff. de action. empt.* Ex ea stipulatione, quæ novandæ obligationis causa interposita est, mihi quidem usuræ præteriti temporis debebuntur, quæ venditori debebantur: sed quæritur, an etiam in futurum mihi usuræ pretii debeantur, aut si mihi non debeantur, quod est verius, quia mihi in futurum non cavit, an debebuntur venditori? Et respondet Papinian. post factam novationem usuras insecuti temporis

poris neutri deberi, id est, neque venditori deberi, qui in universum recessit ab obligatione empti venditi, sive quia in ejus, in venditoris scilicet persona, omnino novata est obligatio empti venditi; neque etiam deberi creditori, quia futuri temporis usuras stipulatus non est. Unde generaliter constituamus: post novationem obligationis usuras non currere, ut ait *lex* 18. *h. t.* Et hoc inter cetera distat novatio voluntaria, quæ fit per stipulationem, a novatione necessaria, quæ fit per litis contestationem, alio vice debitoris judicium accipiente, & contestante litem; quæ novatio dicitur necessaria, quia judicium redditur in invitos. Hoc autem dicimus distare novationem voluntariam a novatione necessaria, sive litis contestatione, quia lite contestatâ usuræ currere non desinunt, *l. lite*, *sup. de usur.* quæ est conjungenda cum dicta *l.* 18. *h. t.* quæ aliud statuit in novatione voluntaria, qua interposita negat currere usuras. Sunt & multæ aliæ differentiæ inter novationem voluntariam, & novationem necessariam. Perit privilegium exigendi, quod habuit creditor facta novatione voluntaria, si modo abjiciendi privilegii animum habuerit, non etiam facta novatione necessaria, *l.* 29. *h. t. l. quæsitum, in fi. inf. de bon. auctor. jud. pos.* Facta novatione voluntaria pignora liberantur & hypothecæ, si hoc agatur, ut agitur plerumque, non etiam novatione necessaria, *d. l.* 18. & *l.* 30. *h. t. l.* 5. *C. etiam ob chir. pec. pign.* Item novatione voluntaria fidejussores, mandatores liberantur, *l.* 4. *C. de fidej.* non etiam facta novatione necessaria, *l.* 27. & 28. *C. eod.* Ac postremo stipulatio pœnalis, ut puta, si creditor stipulatus sit pœnam, si ad diem pecunia soluta non esset, ea stipulatio perimitur facta novatione voluntaria, *l.* 15. *h. t.* non facta novatione necessaria, *l.* 90. *sup. de verb. oblig.* Non omittam, quod in formula stipulationis proposita hoc loco, *Quidquid ex vendito, dare facere oportet*, Basilica, *facere*, interpretatur παρασχεῖν, non male imo rectissime: nam præstare facere est, *l. ex empto in princip. sup. de act. emp. l. si mandatum meo*, §. *quoties sup. mandati*.

### Ad L. XXXVI. de Jure fisci.

*Prædiis a fisco distractis, præteriti temporis tributum eorundem prædiorum onus emptorem spectare placuit.*

HUjus legis sententia hæc est: Eum, qui emit prædia, a fisco, quæ quondam privati hominis fuerunt, debere præstare tributum, non futuri temporis tantum, sed etiam præteriti, quod ea prædia scilicet fisco debent, & nihil refert fiscus ea prædia vendiderit jure hypothecæ vel jure successionis, possessore damnato & confiscato, an possessor ipse vendiderit: nam emptor debet semper reliquum præteriti temporis, reliquum tributorum si prædia possideat, quoniam hæc tributa sive vectigalia ipsa prædia debent, non personæ, *l. Imperatores, sup. de publ.* 2. *C. de anu. & trib. lib.* 10. Demosthenes in Timocratem, εἰσφορὰς ὀφείλειν τὰ κτήματα, οὐ πρόσωπα, tributa possessiones debere, non possessores. Aut quod idem est, Possessores debere nomine possessionum. Possessores quoscunque. Et Theodosius Imperator in Novella, cujus thema tale est: Neque domum divinam, neque Ecclesiam, &c. omnem censum agrorum esse, non personarum; omnem censum, inquit, id est, omne tributum. Omne tributum proinde sequitur quemcunque possessorem agrorum. Unde in hac lege, tributum eorundem prædiorum onus est, ἐπέξήγησις, tributum, quod sc. est eorundem prædiorum onus. Ac eadem ratione, cum dixisset *d. l. Imperatores*, emptorem, & quemlibet possessorem prædiorum reliqua, sive præteriti temporis tributum, solvere debere, subjicit, emptori tamen si ignoraverit, prædia esse obnoxia reliquis quamplurimis, qu'il y ayt beaucoup d'arrerages. Emptori, inquam, dari actionem ex empto adversus venditorem, ut vel præstet venditor, quanto minoris empturus erat, si id non ignorasset, ut in *l. si minore, C. de act. emp.* Nam in *d. l. Imperatores* pro exemplo, jam olim ostendi esse legendum, *ex empto*: & hoc ipso libro idem Pap. scripsit de actione ex empto, quod venditor celaverit emptorem onera tributorum, idem scripsit Pap. in *l. in venditione, de act. emp.* cum qua hanc legem non inepte conjunges.

Restant adhuc loci, ad quos nunc veniamus, quibus alii auctores sumunt testimonia ex hoc lib. 3. Responsorum, in quibus Pap. citatur.

### Ad §. Si quis Titio L. X. ff. mand.

*Si quis Titio mandaverit, ut ab actoribus suis mutuam pecuniam acciperet: mandati eum non acturum Pap. libro tertio Responsorum scribit: quia de mutua pecunia eum habet obligatum, & ideo usuras eum petere non posse, quasi ex causa mandati, si in stipulationem deductæ non sunt.*

IN *l.* 10. §. *si quis Titio*, & §. *idem Pap.* & §. *si cui mandavero*, *mand.* proponuntur tria responsa Papiniani nominatim ex hoc *lib.* 3. *Respon.* 5. Primi species hæc est. Cum me Titius rogaret mutuam pecuniam, ei mandavi, ut acciperet ab actore rerum mearum hanc pecuniam, id est, servo meo dispensatore, & accepit. Quæritur utrum mihi Titius ex causa mandati teneatur, an ex causa mutui, quod magni interest scire, ut in *l. qui negotia* 43. *mand.* quia ex causa mandati usuræ; (nam judicium est bonæ fidei) peti possunt: etiamsi in stipulationem deductæ non sint. Ex causa mutui, quia est stricta actio, citra vinculum stipulationis usuræ peti non possunt, *l.* 3. *C. de usur. l. Titius, de præsc. verb. l.* 10. §. *sed utrum, de in sem vers.* Quæ fuit etiam causa dubitandi apud eundem Pap. hoc ipso libro in specie legis 25. §. *ult. depos.* esset ne actio depositi in hac specie, an actio creditæ pecuniæ: quoniam depositæ pecuniæ usuræ debentur etiam ex pacto nudo, creditæ autem pecuniæ non debentur citra pactum nudo sine stipulatione. Et in specie quidem proposita in *d.* §. *si quis Titio*, Pap. respondet, Titium, qui mandato domini pecuniam ab ejus actore accepit, non mandati actione domino teneri, sed conditione, causa de mutuo dato proponitur; quia nihil refert ipse Titio eam pecuniam numeraverit; an actor, qui rem ejus pecuniariam tractabat omnem, & ideo Titius usuris, etiamsi quid de iis conveniret inter dominum & Titium, non obstringitur citra stipulationem, quia non id agebatur, ut mandati contraheretur obligatio, sed creditæ pecuniæ, cujus usuræ non debentur citra stipulationem. Quod autem refertur ex eodem libro Papin. in *d.* §. *idem Papinianus.*

### Ad §. Idem Papinianus, ff. eod.

*Idem Papinianus libro eodem refert fidejussori condemnato: qui ideo fidejussit, quia dominus procuratori mandaverat, ut pecuniam mutuam acciperet: utilem actionem dandam, quasi institoriam, quia & hic quasi præposuisse eum mutuæ pecuniæ accipiendæ videatur.*

IDem Papinian. scripserat in lib. 2. *l. liberto, in princip. de negot. gest.* videlicet actione quasi institoria negot. gestorum, qua dominus, qui procuratori mandavit, ut pecuniam mutuam acciperet in negotia sua, teneturi non tantum creditori, qui pecuniam mutuam dedit, sed etiam fidejussori si solverit. Et jam hujus responsi partem in hoc libro habuimus & exposuimus satis in *l. pen. in princ. de inst. act.* Eique potest adjungi, quod ex eodem libro 3. refertur in *l. Julianus*, §. *si procurator, de act. emp.* Dominus procuratori suo mandavit, ut rem aliquam suam venderet: vendidit & cavit emptori evictionis nomine, dominus tenetur emptori quasi institoria actione ex empto, etiamsi procurator, qui cavit emptori, solvendo sit, *d. l. pen.* Contra quoque emptor domino tenetur actione ex vendito, quod tamen ita demum verum est, si procurator, cui mandavit rem vendendam, non sit solvendo, ut exposuimus in *d. l. pen.* & patet ex *l.* 1. & 2. *de inst.*

*ftit. act. l. in omnibus, de præt. ftip. l. 1. §. sed ex contr. de exer. act. & in d.§. si proc.* Observandum est, actionem, quæ venditori competit, appellari *ex vendito*, quæ emptori *ex empto*. Sed quæ venditori competit appellatur interdum etiam *ex empto*. Id sit imperfecto quodam genere loquendi *ex empto* pro *ex vendito empto*. Nam perfecta oratio est, Actio *ex vendito empto*, quæ venditori competit, actio *ex empto vendito*, quæ emptori competit, & sic in *l. 1. C. si servus ext. emi. se mandav.*

### Ad §. Si cui mandavero, ff. eod.

*Si cui mandavero, ut a Titio stipuletur, potero cum eo cui mandavi, agere mandati, ut eum accepto liberet, si hoc velim, vel si malim in hoc agam, ut eum deleget mihi, vel si cui alii voluero. Et Papin. libro eodem scribit, si mater pro filia dotem dederit, eamque mandante filia, vel illico stipulata sit, vel etiam postea, mandati eam teneri, quamvis ipsa sit quæ dotem dederit.*

Species §. *si cui mandavero, versic. & Pap.* hæc est: Si mater pro filia dotem dederit, & filia mandante illico, id est, initio dandæ dotis, vel postea, id est, ex intervallo, stipulata sit mater, a genero divortio facto dotem sibi reddi, quia stipulata est mandatu filiæ, mandati actione filiæ tenetur, quamvis ipsa dotem dederit de suo, vel ut liberet virum per acceptilationem, si quidem filia malit eum sibi obligatum esse, quam matri, atque ita liberatum eum a matre, velit mutata sententia sibi stipulanti promittere in casum divortii, ut in *l. pen. de negot. gest.* Vel etiam mater tenetur filiæ mandati actione, ut virum deleget sibi, vel alii cui voluerit, vel divortio facto, ut cedat sibi actionem ex stipulatu, vel si jam dotem exegit, ut sibi eam præstet, *l. 59. in princ. ff. mand.* Et notandum, quod ait Pap. in eo responso, filia mandante matrem, quæ dotem dederat pro filia donandi animo, stipulatam dotem sibi reddi, & stipulari vel illico tempore dandæ dotis, vel intermisso spatio: nihil referre igitur, statim stipulata sit, an postea: unde apparet filiam, aut matrem mandatu filiæ etiam ex intervallo recte stipulari dotem sibi reddi, nec necessarium esse, ut ea stipulatio interponatur initio contractus dotis: filia quandocumque dotem a se datam, vel pro se datam recte stipulari sibi reddi divortio facto: at mater, quæ dotem dedit, non recte eam stipularetur ex intervallo filiæ mandatu filiæ cui dos adquisita jam est, Idque patet ex *l. ob res, §. 1. de patt. dot.*

### Ad §. Papinianus quoque L. LII. Pro socio.

*Papinianus quoque libro tertio Responsorum ait. Si fratres parentum indivisas hereditates, ideo retinuerunt, ut emolumentum ac damnum in his commune sentirent, quod aliunde quæsierint in commune non redigetur.*

SI duo fratres consortes socii sint, qui patris hereditatem inter se pro indiviso habeant communem, non omnia bona sua, quod quis aliunde adquisivit, quam ex ea hereditate, id Pap. respondet in commune non redigi. Rectissime: nam e contrario, quod quis eorum amisit ex bonis suis propriis, ex aliis bonis suis, id communi hereditati non reputat, *l. ex parte, §. filius, fam. ercisf.* Et ita jam ante Ulpianus ex rescripto Severi. Si duo sint argentarii socii, quod quis eorum vel adquisivit extra causam mensæ argentariæ, id in commune non redigi. Ergo etiam, si quis eorum amiserit ex aliis bonis suis, id non imputari mensæ communi, ut sit eadem ratio inter eos tam lucri, quam damni. Denique idem jus esse in ceteris sociis omnibus, qui sunt socii non universorum bonorum, sed certorum, certæ rei, negotiationis, professionisque, quod est in argentariis sociis, qui tantum sunt socii mensæ argentariæ, & in ceteris qui argentariis sunt similes, quales erant coactores & nummularii, ii sunt parvi argentarii, qui partem tantum officii argentarii exsequuntur, quod de nummulariis liquet ex *l. quidam, §. pen. ff. de edendo*, & de coactoribus etiam manifestum est, qui, postquam argentarii pro aliis auctionem fecerunt, ostiatim cogunt pecunias sive pretia quæ fecerunt, qui licitati sunt, ut sit hodie, qui & collectarii dicuntur in *l. quisquis, C. si cert. pet.* Ii sunt dicunturque etiam quodammodo argentarii, ut in Glossis Philoxeni interpretatur etiam argentarius, comactor, quod etiam verbum Latinum pro coactor, & etiam apud Hesychium, Κομάκτωρ, qua voce quid significetur non interpretatur, sed dicit eam vocem tantum esse apud Rhinthonem in Medea. Sane est coactor, sive argentarius, sive argentarii minister, vel adsecla: illius Rinthonis auctoritate etiam Hesych. utitur in verbo Καλάβρια, & Athenæus duobus in locis. Fuit poeta Tarentinus, similis Rabelæsio nostro, qua de causa nebulo vocatur a Columella *lib. 8. cap. 16.* Et Varr. *lib. 3. de re rust.*

### Ad §. Item ex facto eadem l.

*Item ex facto consultum respondisse se ait, libro tertio Responsorum: Inter Flavium Victorem & Vellicum Asianum placuerat, ut, locis emptis pecunia Victoris, monumenta fierent opera & peritia Asiani: quibus distractis, pecuniam Victor cum certa quantitate reciperet, superfluum Asianus acciperet, qui operam in societate contulit. Erit per socio actio.*

AIt in hoc §. Papin. recte contrahi societatem inter duos, uno conferente pecuniam, altero conferente artem tantum, vel operam suam, ut in hac lege 52. §. *si in coeunda*, & *l. 1. C. eod. t. §. de illa, Inst. de societ.* Marcus Tullius pro Roscio Am. *Non est captiosa*, inquit, *aut iniqua societas, ubi alter corpus, alter disciplinam in societatem adfert.* Exempla sumuntur ex dicto §. *si in coeunda.* Si pastori pascenda meas pecora dedi, ea lege, ut fœtus essent communes, ego confero rem, pastor operam tantum, & rata est societas, ut *l. si pascenda, C. de patt.* Item si politori meum agrum poliendum dedi, εἰς ἐργασίαι, ut est in Basil. ut poliret meum agrum, ea lege, ut fructus essent communes: & addit rationem in §. *si coeunda*, cur justa sit societas, sibi unus confert rem vel pecuniam, alter artem vel operam suam? Quia, inquit, *pretium artis operæve est levamentum*, sic jampridem ostendi, esse legendum trajectis literis, pro *velamentum.* Pretium autem artis operæve est levamentum, *Esse levamentum*, id est, æquamentum, libramentum, & amussim, ut apud Non. Marcell. Varro *lib. 2. Plaut. quæst.* Amussim esse examen, & levamentum. Denique pretium artis vel operæ tacere libramentum, æquilibrium, quod levamentum dicitur, & tantum pollere artem, quam pecuniam vel rem, quam alter confert. Est & aliud exemplum in specie §. *item ex facto*, de qua Pap. se ex facto consultum respondisse ait. *Ex facto*, quod Theophilus noster in §. *ult. de fid. hered.* interpretatur, φῶκτε συμβάντος, & sæpe hoc modo auctores nostri loqui solent, significantes otiosam quæstionem non esse, sed usum forte natæ rei ita tulisse, ut de ea re quærerentur. Species vero illa est hujusmodi.

Inter me & te convenit, ut loci quidam extra urbem mea pecunia emerentur: in quibus, cum esses faber, tua arte & opera fabricarentur monumenta & conditoria mortuorum, & monumentis venditis ( constat enim pura monumenta, quæ nondum ulla religio occupavit vendi posse, *l. 6. §. ult. de relig.* ) Convenit igitur inter nos, ut venditis monumentis ego pecuniam, quam contuli in emptorem locorum reciperem cum accessione certa ( nam in hoc §. recte scriptum est, *cum certa quantitate* in Flor. & in Basilicis: σὺν ἐπιραδμὴν ποσότητι, ut igitur eo reciperem pecuniam, quam contuli in emptionem locorum cum accessione certa, tu haberes residuum pretii, quod ex venditione monumentorum redigeretur : Contuli pecuniam, ut fabrilem operam tantum : & videtur inter me & te recte contracta societas distrahendorum monumentorum. Er ex hoc negotio est ultro citroque actio pro socio. Nec omittam in hoc §. illo loco, *Bellicum Asianum,*

*num*, recte scribi *Vellieium*, ut & in *l. Julianus*, §. *per contrarium*, *de act. emp*.

### Ad §. Idem Papinianus ead. l.

*Idem Pap. eodem libro ait, si inter fratres voluntarium consortium initium fuerit, & stipendia ceteraque salaria in commune redigi judicio societatis; quamvis filius emancipatus hæc non cogatur conferre fratri, inquit, in potestate manenti, quia etsi in potestate maneret, præcipua ea haberet*.

Subiicitur statim in §. *idem Pap. eod. lib.* aliud responsum. In quo proponitur differentia una inter societatem voluntariam, & necessariam. Voluntariam contractus conciliat, & ex ea nascitur actio pro socio: Necessariam fortuna conciliat, & ex ea nascitur actio pro socio, sed commune dividundo, sicut ex voluntaria utraque actio. Ex necessaria communi dividundo tantum, non pro socio, ut si duobus communiter hereditas, vel legatum obveniat, *l.* 31. *& seq. h. t.* Utramque societatem significat M. Tull. in Quintiana, his verbis: *Socius cui eum te voluntas congregasset, aut fortuna conjunxisset*. Et infra, *Cum eo tu voluntariam societatem coibas, qui te in societate hereditaria fraudarat*. Et sic voluntariam societatem in *l. virum*, §. *in heredem*, *h. t.* quod est, in hoc §. *voluntarium consortium*. In quo differentia quam initio proponi dixi, hæc est. Si societas sit necessaria, sive hereditaria inter fratres, ut puta, si patri simul heredes exstiterint, frater emancipatus fratri in potestate manenti, id est, qui fuit in potestate patris morientis, non confert castrense, vel quasi castrense peculium, sed id sibi habet, retinetque præcipuum, *l.* 1. §. *nec castrense*, *ff. de collat. bon*. Quia etsi mansisset in potestate patris, id præcipuum retinuisset, nec adquisivisset patri. Ex quo generaliter definies, ea quæ sui non adquirunt patri, nec emancipatos conferre fratribus suis, cum quibus vocantur ad successionem patris, quod est verum. At si inter fratres coita sit voluntaria societas omnium bonorum, etiam castrensia, aut quasi castrensia bona in commune conferuntur, & ad ea coguntur actione pro socio. In castrensib. bonis, exempli gratia, Pap. hoc loco numerat stipendia militaria; in quasi castrensibus cetera salaria, quæ merito officii aut dignitatis tribuuntur de publico, *ut l. ult. C. de inof. test*. Et hæc est sententia §. *idem Papin.* Sequitur aliud ex eodem libro relatum in *l. 4. eleganter, de lege commiss*.

### Ad §. Eleganter, L. IV. ff. de Leg. commissor.

*Eleganter Papinianus libro tertio Responsorum, scribit: statim atque commissa lex est, statuere venditorem debere, utrum commissoriam velit exercere, an potius pretium petere, nec posse si commissoriam elegit, postea variare*.

Lex commissoria, est pactum, quod venditoris causa adjicitur emptioni venditioni, *l.* 2. *h. t.* puta, ut si ad diem condictum emptor non solvat pretium, res sit inempta, qua lege commissa, id est, pretio ad diem non soluto, in arbitrio est venditoris ea lege eove pacto uti, aut non uti: Nam si hoc malit, potest pretium petere post diem lege commissoria comprehensum, & non ut lege commissoria comprehensum, & non ut lege commissoria regulam juris, ex qua licet contemnere & remittere cuilibet ea, quæ sua causa introducta sunt, *l. pen. C. de pact*. sed si semel ei legi renuntiavit venditor, si semel constiterit ea lege, sive pactione non uti, & post diem pretium petierit, postea variare, & ex pœnitentia eam legem sive pactionem exercere non potest, ut in *l.* 7. *h. t.* cujus responsi hanc dico esse rationem. Quia non potest iterum variare, qui semel variavit. Semel variatio admittitur in quibusdam causis jure nostro, Bis non item. Et in hac specie variare non potest venditor, qui jam variavit semel, cum legem commissoriam, quæ placuerat initio venditionis post diem lege commissoria comprehensum, non exercuit. Et spisse, aut vix permittitur unquam cuiquam, ut bis variare liceat: & præterea, quia

A venditor variare & mutare sententiam non posset sine injuria emptoris, cui a venditore semel electo, & petito pretio post diem jus emptionis firmo & perpetuo jure acquisitum ac confirmatum est.

Huic responso simile est, quod proponitur etiam ex eodem libro in *l.* 1. *de serv. export*. Si venditor servi hanc legem dicat in venditione, ut is servus exportetur ab emptore, nec Romæ moretur, ubi venibat, venditor hanc legem remittere potest emptori & servo, quia propter ejus securitatem dicta lex fuit, ne periculum subiret, quod metuebat a servo nequissimo, cujus oculos ferre vel conspectum non poterat. Denique unusquisque potest remittere, quod sui causa sibi cavit, & ex hac lege 1. *de ser. export*. *& d. l.* 4. §. *eleganter, de lege com*. sumes duo aptissima exempla ad illam regulam juris, ut unusquisque possit renuntiare iis, quæ pro se introducta sunt, sed in hoc exemplo posteriori dicemus etiam venditorem, si semel emptori permiserit servum Romæ retinere, non posse variare, & ad eam legem redire, nec variatio bis admittatur, quod absurdum est, ne injuria fiat emptori. Præterea in testimonium vocatur etiam Pap. ex eod. li. in *l. creditor* §. *si qui potior. in pign. hab*.

### Ad §. Sciendum L. creditor XII. ff. qui pot. in pign.

*Sciendum est secundo creditori rem teneri etiam invito debitore tam in suum debitum, quam in primi creditoris, & in usuras suas, & quas primo creditori solvit. Sed tamen usurarum quas primo creditori solvit, usuras non consequitur. Non enim negotium alterius gessit, sed magis suum. Et ita Pap. lib.* 3. *responsorum scripsit. Et verum est*.

Hujus §. sententia hæc est: Si duo sint creditores, quibus idem pignus datum & obligatum sit, & posterior creditor priori oblata pecunia cum usuris in locum prioris successerit, & pignus sibi confirmarit, in quo ante oblationem non erat potior, retinet id non tantum in suum debitum, & in usuras sibi debitas, sed etiam in id debitum, easque usuras, quas priori creditori solvit, & ob utramque summam recte pignus distrahit etiam invito debitore, ut in *l.* 5. *in princ. de distrah. pign.* Ceterum in usuras usurarum, quas solvit priori creditori, pignus non tenetur, quod est caput istius responsi, & confirmatur *l.* 2. *C. de pignor. & hypothec*. Ratio autem est hæc, cur pignus non teneatur in usuras usurarum quas solvit priori creditori, quia in solvenda sorte, & usuris priori creditori debitis, posterior creditor magis suum, quam debitoris negotium gessit. Gessit quidem reipsa negotium debitoris, quia solvendo eum liberavit a priori creditore, sed animum tamen habuit gerendi sui negotii, id est, confirmandi sui pignoris. Et ideo sortis quidem solutæ priori creditori usuræ currunt in persona posterioris, quæ currerent in persona prioris, si ei satisfactum non esset, sed non currunt etiam usurarum solutarum usuræ. At si quis alius non creditor negotium soli debitori gerens solvisset creditori sortem & usuras ei debitas, non tantum sortis, sed & usurarum solutarum usuras reciperet judicio negot. gestorum, quia omnis pecunia quam pro alio solvit ultro vice sortis fungitur, ut sit etiam in specie L. qui nego. tiutionem, §. *ex duobus*, *& §. ult. de administrat. tut*.

### Ad §. Si impuberis, L. Illud quæritur de evict.

*Si impuberis nomine tutor vendiderit: evictione secuta, Pap. libr.* 3. *Responsorum ait, dari in eam cujus tutela gesta sit, utilem actionem, si adjirit: in id demum, quod rationibus ejus acceptolatum est. Sed an in totum, si tutor solvendo non sit, videamus, quod magis puto. Neque enim male contrahitur cum tutoribus*.

Si tutor pupilli nomine rem vendiderit ex utilitate pupilli & bona fide, sic enim est ponendum ex *l. cum plures*, §. 1. *de adm. tut.* idemque tutor forte emptori caverit de evictione, secuta post finitam tutelam evictione, quæ-

quærebatur, quis emptori ob evictionem teneretur, tutor qui vendidit & cavit, an adolescens, cujus nomine venditio facta est? Et respondet Pap. adolescentem teneri utili actione ex empto evictionis nomine. Et utique sine dubio adolescens eo nomine emptori tenetur in id, quod rationibus ejus acceptolatum est, & ut dicam vernacule: *Jusques a la concurrence de ce qu'il a receu du prix de la chose vendue, jusques au concurrent de la chose vendue par la reddition du compte, jusques a la reddition du compte.* Imo vero adolescentem teneri in totum evictionis nomine, maxime si tutor solvendo non sit. Qua in re magna est differentia inter procuratorem, qui si vendiderit & caverit, finita procuratione nullo modo liberatur ab emptore, & tutorem, vel alium, qui fungitur invitus munere publico. Procurator munere voluntario fun:itur, quam in rem velim vos relegere, quæ dixi *lib.1. ad l.3. §.in eum, de adm.rer. ad civ.pert.*

### Ad §. ult. Servo CXIII. de Leg. I.

*Ineptas voluntates defunctorum circa sepulturam ( veluti vestes: aut si qua alia supervacua, ut in funus impendantur ) non valere, Pap. libro tertio Responf. scribit.*

**M**Artianus in hoc §. ait Pap. respondisse, ineptas voluntates defunctorum circa sepulturam non valere; ut si jubeant vestes, vel quæ alia impendi supervacua in funus, aut (ut fiebat antiquitus) comburi secum vestes suas. Et inde hoc tacite consequitur heredem non esse indignum, qui his voluntatibus non obtemperat; quæ ineptæ sunt; alioquin indignus est heres jure veteri, qui non exequitur justam voluntatem defuncti. Et tamen videretur posse objici, quod in justas impensas funeris numerantur etiam vestiaria, ut in Basil. est scriptum in *l. funeris, sup. de relig.* & quod pro vectigali datur: denique, quod in justas impensas funeris numerantur vestes, in *l. 14. §. funeris, eod. t.* Et apud Virg. 6. Æneid.
*Purpureasque super vestes velamina nota, Conjiciunt.*
Sed hic Papin. tantum respondet de vestibus, quæ consumuntur supervacue & supervacuæ comburuntur, ut in funere Achillis apud Homerum Odyss.ω, & apud Lucianum in Nigrino, idem refertur.

# JACOBI CUJACII J.C.
## COMMENTARIA
In Lib. IV. Responsorum ÆMILIJ PAPINIANI.

### Ad L. IX. de Senatorib.

*Filiam Senatoris nuptias liberti secutam, patris casus non facit uxorem, nam quæsita dignitas liberis, propter casum patris remoti a Senatu, auferenda non est.*

**H**ÆC verba, ut intelligantur, sciendum est, ex *l. Julia, & Papia, de maritandis ordinib.* libertinam non esse justam uxorem Senatoris, vel filii, aut nepotis Senatoris, non esse justas nuptias inter libertinam & Senatorem aut Senatoris filios *l.23. & 44. de ritu nupt.* Et contra, non ex eadem quidem lege Julia, qui plerique inconsiderate, sed ex SC. & oratione Divi Marci, filiam quoque ac neptem Senatoris non esse justam uxorem libertini hominis *l. 27. & 42. eod. t.* Unde quæritur hoc loco: an tamen filia Senatoris, quæ libertino nupsit fiat justa uxor, si postea pater ejus Senator esse desierit, si ob crimen aliquod Senatu motus sit, & rescribit Pap. eam non fieri justam uxorem, quia etsi pater ejus desierit esse Senator, ipsa tamen non desinit esse Senatoris filia: nec enim dignitas natalium semel quæsita liberis ejus aufertur ob casum patris, quod est æquissimum. Cui tamen responso obstare videtur, quod ex contrario dicitur in *l. 27. eod. t. de ritu nupt.* libertinam, quæ nupsit Senatori fieri justam uxorem, si maritus Senator esse desierit, si Senatu propter turpitudinem aliquam remotus fuerit. At revera nihil obstat: est enim idem juris in utroque casu, sive Senator, aut Senatoris filius duxerit libertinam, sive filia Senatoris nupserit libertino; nam ut priore casu convalescunt, justæque fiunt nuptiæ, si vir clarissimam, id est, Senatoriam dignitatem amittat: ita & posteriore casu justæ fiunt nuptiæ, si filia Senatoris eam dignitatem amittat, ut si profiteatur impudicitiam apud Ædiles, si corpore quæstum faciat, *l. 47. eod. t.* At quandiu manet dignitas integra, injustæ nuptiæ sunt, sive filia Senatoris nupserit libertino, sive filius Senatoris duxerit libertinam. Integra autem eis dignitas manet, etiamsi pater, a quo eam dignitatem habent, ea dignitate exciderit. Nota aspersa patri, non pertingit filium vel filiam: denique non facit justas nuptias, quas filius vel filia Senatoris contraxerit cum libertinæ conditionis hominibus.

### Ad L. IV. de Offic. adsess.

*Diem defuncto Legato Cæsaris, salarium comitibus residui temporis, quod a legatis præstitutum est, debetur: modo si non postea comites cum aliis eodem tempore fuerunt. Diversum in eo servatur, qui successorem ante tempus accepit.*

**H**Æc lex celebratur plurimum, & vexatur ab interpretibus, necdum explicatur, & est repetitio brevis *l. 19. §. ult. locati.* Constat inter omnes, Legatum Cæsaris in hac lege esse Præsidem provinciæ, & Comites in hac lege esse adsessores & Consiliarios quos ex Italia secum Præses ducit in provinciam, Comites sedendi. Et autem, quod notandum in hac lege, ἐπαλλαγὴ numerorum, quia cum de Præside loquitur, initio ait, *Legato Cæsaris;* deinde plurativo numero, *Legatis,* non est existimandum alium esse legatum, alios legatos, sed de præsidibus aut de Præsidum comitibus, sive adsessoribus tota lex agit, & sunt frequentissimæ in jure nostro ἐπαλλαγαί. Constat etiam ex *l. administrantes, §. 1. de exec. tut.* Comitum, five Adsessorum certum fuisse numerum, quem Præsidi jus erat ducere in provinciam, ne multi gravarent rem: Publico enim salario Adsessores fruebantur, ut ex contrario demonstrat *l. ult. h. t.* Ideoque in commentarium Principis, vel in ærarium referebantur, *l. abesse, ex quib. cau. major, Ils estoient couchez en l'estat.* Et erat ei adversus fiscum vel adversus Rempublicam petitio salarii extraordinaria, ut *l. 1. §. sed etsi Comites, & l. 4. de ext. cogn.* uno tantum differunt Comites, altero, juris studiosi, ut in *l. 1, h. tit.* Quoniam omnes Adsessores magistratuum erant Jurisconsulti, & Juris studiosi & Jurisconf. idem est, sicut σοφοί, & φιλόσοφοι, idem est. Defuncto autem Præside provinciæ (quæ est sententia hujus legis) ante annuum tempus, (erat enim plerunque annuus magistratus, vel ante id, quod decreta provincia ei lege, aut SC. finitum erat.) Defuncto, inquam, Præside ante legitimum tempus provinciæ, & administrationis suæ, hoc loco Comitibus, sive Adsessoribus defuncti Præsidis deberi totius legitimi temporis salarium integrum: *Salarium*, inquit, *residui temporis, quod a legatis præstitutum est,* sic Florentini: sed affirmo esse illo loco parvam quandam transfectionem literarum duarum, & legendum: *residui temporis, quod Legatis præstitutum est,* ut sit residui temporis, quod præstitutum, & finitum ac definitum est Legatis, id est, præsidibus, ut provinciam administrarent: nec enim præstitui salarium unquam dicitur, sed præstitui dicitur tempus tantum, *l. 1. de jure deliber.* Et ita Marc. Tull. Proconsul. Ciliciæ epistola 8. *lib.* 2. & 7. lib. 15. ad Fam. optat, nequid accedat temporis ad id, quod lege, & SC. ei præstitutum & finitum erat, nequid temporis accedat ad annuum munus: ne ut ait alio loco, *lib.* 2. tempus provinciæ prorogetur: unde & in fine hujus legis agit de Præside, qui ante tempus præstitutum scil. successorem accepit: proinde nihil est certius,

tius quam præstitutum dici de tempore præsidatus, non de salario. Ita vero demum residui temporis salarium deberi ait Comitibus sive Adsessoribus, si residuo tempore aliis præsidibus operam suam non accommodaverint, si otiosi fuerint, quia per eos non stetit, quo minus injuncto munere fungerentur, sed per casum præsidis, sive absentiam, ut veteres loquebantur, quo argumento in *d.l.*19.§. *pen.loc.* Defuncto præside, vel alio quocunque qui conduxerat operas exceptoris, id est, scribæ sive notarii, vel operas alterius, nihil refert, ut in *l. qui operas, eod.tit.* Defuncto, inquam, eo qui conduxerat operas exceptoris, sive librarii in certum tempus, dicitur exceptori deberi mercedem integram, si modo residuo tempore mercedem ab alio non acceperit, & alii operas suas non locaverit. Et in fine legis Papin. ostendit rectissime in Adsessoribus præsidum sive Comitibus aliud esse dicendum, si præses vita defunctus non sit, sed ante tempus præstitutum, & præfinitum successorem acceperit, quoniam hoc casu Adsessoribus ejus residui temporis salarium non debetur, & ratio hæc est: quia datio successoris & Præsidem, & Comites ejus expunxit ærario sive tabularii Principis, in quod relati erant, perinde ac si legitimum tempus explevissent: hæc est sententia hujus legis. Non quærit lex, an etiam heredibus Præsidis defuncti debeatur salarium residui temporis, nam & Præsides erant salariarii, de eo vero non quærit, quoniam certissimum erat, deberi salarium residui temporis: potest tentari etiam, Adsessoribus defunctis, heredibus eorum deberi salaria etiam residui temporis, sicut proximis sacrorum scriniorum, qui & literarum & juris periti erant non minus quam Adsessores, proditum est deberi salarium totius temporis heredibus eorum, si moriantur in *l.*11.*C.de prox.sacr.scrinor.lib.*12.Itemque defunctis fisci patronis ejus anni, quo defuncti sunt, integrum salarium transmitti in heredes eorum, *l.post duos,C. de advoc. divers. jud.* Et idem obtinuisse audio heredes Equinarii Baronis adversus consilium istius civitatis, fretos auctoritate Accurs. in *l.* 1. §. *Divus de extr.cogn.* Ubi censet Doctoribus Juris defunctis, ejus anni, quo defuncti sunt, integrum salarium heredibus eorum transmitti debere: quod tamen ego nolim temere porrigi ad omnes salariarios, quia hoc privilegii loco concedi solet, & in honorem memoriæ defuncti. Certe qui locavit operas suas in annum, si interim moriatur, non transmittit in suum heredem totius anni mercedem, sed neque miles totius anni stipendium, *l.*41.*C.de re milit.* neque scriba quæstoris missi in provinciam, ut fuisse pronuntiatum refert Plinius 4.*Epist.* in ea quæ incipit, *Amas*. Ergo etiam dicam, procuratori meo si constituero salarium, eo defuncto hoc anno, heredibus ejus residui temporis salarium non deberi, neque item advocatis totius causæ honorarium, si decesserint ante peractam causam, quoniam hoc tantum in advocato constitutum legimus, ut si quid perceperit honorarii nomine, id heredes ejus restituere non cogantur, quia per eum non stetit quamdiu vixerit, quo minus causam perageret, *l.*1.§.*ejus de extraord.cognit.*Nec item si legatus provincialis in legatione decesserit, antequam reverteretur in patriam, sumptus, qui proficiscenti ei prorogati sunt, viaticum quod ei prorogatum est, vel legativum quod dicitur, heredes ejus nec restituere tenentur, ut in *l.legatus,* §.1.*de legation.* Deniq; quod Legatus provincialis, vel advocatus acceperit in antecessum, *d'auance;* sive quod idem est, pro mutuo, & ut Græci dicunt ἐν προχρείᾳ: quod prorogatum ei fuerit; si interim moriatur ante expletum injunctum munus, heredes ejus id restituere non tenentur. Ceterum si nihil prorogatum sit, non possunt etiam petere residui temporis salarium, quoniam hoc tantum proditum est; ne cogantur restituere tantum quod prorogatum est defuncto: non restituunt ergo quod defuncto prorogatum est: obstat quod si prorogata sit nautæ vectura, nave amissa restituit actione ex locato quod ei prorogatum est, sive datum pro mutuo, *l.*15. §.*item, ff.loc.&* in antecessum, ut Seneca loquitur. Ac similiter, si prorogata sit pensio domus, domo combusta, repetitur pensio quæ prorogata est pro rata temporis, quo habitare non licuit, *l.*19.§. *si quis cum in annum, eod.tit.* Hæc vero non sunt contraria iis, quæ diximus, non repeti ab heredibus defuncti advocati· vel legati provincialis, quod eis sui laboris remunerandi causa prorogatum est. Quoniam superioribus casibus per advocatum, aut legatum provincialem non stetit quandiu vixit, quo minus injuncto munere fungerentur, idcirco ab ejus heredibus nihil repetitur. Inferioribus autem casibus per locatorem operarum vel ædium stat propter casum & amissionem rei, sive navis vel ædium, quo minus fidem contractus impleat. Et multum interest, interierim ego, an res mea. Nam si ego interierim, recte dicis per me non stetisse, qui quamdiu vixi fidem servavi, quæ non potest perduci ultra vitam meam, quoniam opera mea fuerat electa, quæ non est eadem in herede meo. At si res mea interierit, vel quid aliud me vivo acciderit, quod me impediat fidem contractus implere, si modo adversarius meus id non effecerit, non attulerit impedimentum, recte dices per me stetisse, quod per adversarium stetisse dicere non potes. Et rectissime Accursius in *l.pen.C.de cond.ob caus.dat.* Pecuniam datam ob causam, ut fieret aliquid, non repeti, si casus fortuitus & fatalis, quo minus ea causa sequeretur non culpa accipientis pecuniam, impedimento fuerit, ut ait lex pen. Hoc ita verum esse, ut ipse interpretatur: si casus is contigerit in persona dantis ab eo, qui accepit, nihil posse repeti, non si is casus contigerit in persona accipientis pecuniam. Sed male subiicit hanc exceptionem non obtinere, nisi in advocatis, ut in *l.*1.§.*dominus, de ext. cognit.* quoniam hac in re advocati nihil habent præcipuum, & debuit dicere, *nisi accipientis mors contigerit.* Nam & hoc casu non potest repeti datum ob causam causa non secuta propter casum accipientis.

### Ad L. LIV. de Ædilitio edicto.

*Actioni redhibitoriæ non est locus, si mancipium bonis conditionibus emptum, fugerit, quod ante non fugerat.*

AIt, *Bonis conditionibus emptum mancipium,* quæ verba Accursius non intelligit, qui modo interpretatur, *mancipium fuisse venditum a bono quodam viro & probo,* & modo, *fuisse venditum mancipium probum & frugi;* modo, *venditorem excepisse fugam mancipii, quæ contingeret post venditionem,* quæ commenta omnia refellet perspicua & vera interpretatio, quam paulo post subjiciam. Sicut & quod stultior quidam in *Institutionib. tit.de iis,* qui sunt *sui vel ali. jur.* Quo loco jubetur dominus servum, quo flagitiose utitur, vendere bonis conditionibus: *bonis conditionibus venditum,* interpretatur, *Justo pretio venditum,* nec aulæ Theophili interpretationem, quo nullus melior, aut antiquior Institutionum interpres, opponentem bonis conditionibus duras conditiones, quibus servus, qui venit, oneratur, ut si veneat ea lege & conditione, ut exportetur in longinquam provinciam, si veneat ἐν̓ ἐξαγωγή, si veneat ea lege & conditione, ut nunquam manumittatur ab emptore, vel in vinculis habeatur; quæ conditiones duræ solent imponi servis nequam, *l.*25.*de statuliber.* Iis conditionibus sunt oppositæ bonæ conditiones, quæ non sunt duræ, quas non onerant emptum venditum mancipium. Bonis conditionibus dicitur emptus, cui non sunt impositæ duræ conditiones, ut si servus venierit simpliciter, nec tanquam fugitivo imposita sit lex, ut vinculis, & in nervo & compedibus habeatur. Et ita quidem simpliciter venditus servus si· fugerit apud emptorem, qui ante non fugerat apud venditorem, cui etiam in vendendo nulla tanquam fugitivo conditio imposita fuerat, venditor eo nomine actione non tenetur redhibitoria emptori, puta ut reddat pretium, quæ est sententia hujus legis, & *l.*3.*C.de ædil.action.* Quam cum adducit Accursius hoc loco, in hoc solo bonus est Accursius. Et generaliter, vitia sive casus, qui cœperunt post venditionem, ad emptoris periculum non venditoris pertinent *l.Lucius, de eviction.l.*1. *C.de per.& comm.rei vend;*

Si venditus servus fugerit ex pristino vitio, quod hauserat apud venditorem sive contraxerat, neque id nominatim venditor exceperit, aut contra affirmaverit, eum fugitivum vel erronem non esse, proculdubio eo nomine venditor emptori tenetur actione redhibitoria, si etiam post venditionem fugerit more suo pristino, ac pridem inveterato, & ingenerato vitio. Cum autem dubitatur, vitium fugæ antiquius sit venditione, necne, hac in re deficientibus indiciis antiquioris fugæ ; servi responso tormentis elicito credendum est *l.58. §.ult.hoc tit.* Quia in se interrogatur, non in dominum, vel pro domino, *l.7. de probat.*

### Ad L. XV. de Ritu Nuptiarum.

*Uxorem quondam privigni conjungi matrimonio vitrici non oportet, nec in matrimonium convenire novercam ejus, qui privignæ maritus fuit.*

HÆc lex est de nuptiis prohibitis ratione affinitatis, quæ quondam intercessit inter aliquos. Nam quamdiu manet affinitas, quæ contrahitur ex nuptiis, id est, quamdiu manent nuptiæ, certum est nuptam ab affine duci non posse. Ideoq;quum tractatur de nuptiis prohibitis ratione affinitatis, tractatur tantum de iis, quæ prohibentur in venerandam memoriam affinitatis, quæ fuit inter aliquos, & docet in hac lege, non tantum inter eam quæ nurus aut socrus, & eum, qui socer vel gener fuit, vetitas esse nuptias, sed etiam inter eam, quæ nurus fuit vel socrus loco, non revera nurus aut socrus, & eum, qui generi fuit aut soceri loco non vere gener aut socer, ac primum quidem eam, quæ fuit uxor quondam privigni, non esse vitrico justam uxorem. Quia quum privignus vitrico fuerit filii loco, sequitur eam, vitrico mariti, fuisse nurus loco, non nurum, sed nurus loco, & vicissim illi vitricum, non socerum, sed soceri loco fuisse : & vice versa, novercam non esse justam uxorem marito quondam privignæ suæ, quia cum privigna fuerit novercæ loco filiæ, sequitur maritum privignæ, fuisse novercæ generi loco, & vicissim illi novercam socrus loco, & ideo nec debere eam in ejus manum convenire, ut Papin. scripsit hoc loco, & quidam codices retinuerunt, ut Tribonian.mutavit cum hoc loco, tum in *l.ex parte, §.1. de verb.oblig.* convenire in matrimonium, quod conventione solemni in manum nuptiæ contrahi desiissent. Hæc vero in sententia hujus legis quam interpres Harmenopuli non animadvertit ob eo referri 4. Epitom. tit. περὶ τῶν ἀπαγορευμένων συναπτομένων. At hæc Papiniani sententia hodie abrogata est decreto Innocentii in *cap. non debet, ext. de consanguin. & affin.* quo in primo tantum genere affinitatis nuptiæ prohibentur, non in secundo vel tertio. Et personæ, de quibus in hac lege agitur, sunt in secundo genere affinitatis, non in primo. Quod ut intelligatur, sciendum est : tria esse genera affinitatis possis facere quatuor vel quinque, sed rei propositæ cognoscendæ, satis erit tria facere. Primo genere cognati uxoris, sunt adfines marito, & vicissim cognati mariti sunt adfines uxori, & ii. sunt proprie adfines, maritus & uxor non sunt adfines, cognati uxoris, & cognati mariti non sunt adfines, sed cognati uxoris sunt marito adfines : & retro, cognati mariti, sunt adfines uxori ; si sunt proprie affines. Secundo autem genere affines uxoris ex aliis nuptiis, quæ ante nupserat, sunt marito secundo adfinium loco, & vicissim adfines mariti ex aliis nuptiis, sunt uxori secundæ affinium loco, ut in specie hujus legis, nurus uxoris marito est nurus loco, & gener mariti, uxori est generi loco. Itaque personæ, de quibus hic agitur non sunt adfines primo genere, sed affinium loco secundo genere. Tertio autem genere adfinitatis uxor secunda quondam sui mariti mihi est adfinis loco: nam privigna est mihi affinis primo genere, maritus privignæ est mihi affinis secundo genere, non gener, sed quasi gener. Uxor autem secunda istius quasi generi est mihi adfinis loco tertio genere. Denique in tertio genere constituendo quatuor personæ intervenient, in secundo tres, in primo duæ. Quamobrem a Græcis primum genus dicitur ἐκ διγενείας, secundum ἐκ τριγενείας, tertium ἐκ τετραγενείας, quod interveniant quatuor personæ. Sic etiam in tertio genere mulieri est adfinis maritus secundus, quondam nurus sui mariti: nam privignus fuit ei affinis primo genere, uxor ejus secundo, quasi nurus : maritus autem secundus istius, quasi nurus tertio. Et olim quidem erant vetitæ nuptiæ, non tantum primo, sed etiam secundo & tertio genere adfinitatis. Secundo vetantur in hac lege, & amplius in canone *& hoc 35. quæst.2. & 3.* quum dicitur, *Non posse matrimonium contrahi cum relicta patris uxoris suæ*, id est, cum noverca uxoris quondam suæ, neque cum relicta fratris uxoris suæ, id est, cum fratria : sic vocatur uxor fratris, id est, cum fratria uxoris suæ, neque cum relicta filii uxoris suæ, id est, cum nuru uxoris suæ, qui casus est expressus in hac lege. Vetabantur etiam olim & vetantur & tertio genere adfinitatis in *c.de propinquis, ead. cauf. & quæstione.* At ex supradicto decreto Innocentii, illi canones antiquantur in *d. c.non dicitur*, & vetantur nuptiæ in primo tantum genere adfinitatis usq;ad tertium gradum inter eos, qui propriæ sunt adfines : nam ceteri non sunt adfines, sed loco adfinium, & recta quidem linea, sive directo limite in infinitum vetantur utroque jure inter eos, qui parentum & liberorum locum obtinent, ut puta inter vitricum & privignam, inter privignu' & novercam, inter socerum & nurum, inter socerum & generum, quæ appellationes latissime patent, quia excrescunt veluti in pronurum & abnurum. Et sic de ceteris ut in *l.prox.sup. h.t.l.4.de grad. & affin.* In transverso autem limite vetamur tantum ducere quondam uxorem fratris, vel quondam uxoris sororem, *l.fratris, l.pen.& ult.C.de incest.nupt.* Jure Pontificio, prohibitio extenditur ad quartum gradum quasi gradum, quia propriè nulli sunt gradus affinitatis, numerandi, scil. non civili more, in causa hereditatum & tutelarum, sed Pontificio more, id est, ut tardius procedant gradus jure Pontificio, quam jure civili. Cujus rei explicatio nihil amplius desiderat, ita ut, a cognati defuncti usque ad quartum gradum non ducant eam, quæ defuncti uxor fuit : quo gradu defuncto sum cognatus, eodem sum affinis ejus uxori. Et ex hac disputatione patet, quanta sit differentia, quam tamen auctores juris Pontificii plerumque confundunt inter genera & gradus affinitatis : & liquet etiam ex ea quid sit, quod Innocentius in *c. non debet*, permittit nuptias in secundo & tertio genere affinitatis contra jus vetus & contra hanc legem : nam & jure civili latius patebat prohibitio nuptiarum, proptereæ quod in nuptiis contrahendis non tam spectatur quid licet, quam quid deceat, ut *l.14. h. t.* In nuptiis contrahendis naturale jus & pudor inspiciendus, & sola honestatis ratio est idonea.

### Ad L. XXXIV. de Ritu Nuptiarum.

*Generali mandato quærendi mariti filiæfamilias, non fieri nuptias, rationis est. Itaque personam ejus patri demonstrari, qui matrimonio consenserit, ut nuptiæ contrahantur necesse est.*

SCiendum est filiamfam.non esse justam uxorem, si nupserit sine consensu patris, in cujus potestate est : unde quæritur hoc loco, an nuptiis videatur consensisse pater, si dederit filiæ mandatum quærendi mariti, & illa optaverit, atque ita junxerit sibi matrimonio aliquem, an justæ sint nuptiæ? Minime, quia debuit eum, quem optaverat prius demonstrare patri, deinde facere nuptias consensu patris : neq;enim illo generali mandato data fuit potestas faciendi nuptias, sed quærendæ conditionis tantum, ut Græci notant iis verbis: ζητῆσαι μόνον ἐπέτρεψεν. Qui etiam recte ponunt mandatum fuisse filiæ non proxenetæ sive parario, in quo id multo certius erat verum. Et ipsi filiæ dato ejusmodi mandato quærendi mariti non intelligitur ei permissum, ut nuberet inconsulto patre, & ita respondit Papinianus. Hoc responsum singulare est, in quod tamen inquiri possit, an justæ sint nuptiæ, quas con-

contraxit filiafamil. non adhibito patre, non consentiente patre, si eas pater posuerit in arbitrio filiæ, si generaliter mandaverit, ut nuberet quicunque vellet: & dico, etiam hujusmodi mandato, eas nuptias filiæ permissas videri tantum, quas verisimile est, specialiter patrem permissuram fuisse, ut de generali hypotheca dicitur in *l. 6. de pignor.* Non ergo cum impari, cum ignobili & infami. Nullus est adeo generalis sermo a quo tacite quædam non excipiantur ex mente loquentis, *l. si cui, de servit.* multa dicuntur ὑπερβολικῶς, a generali hypotheca quædem excipiuntur, *d. l. 6.* & a generali mandato gerendorum negotiorum, *l. mandato, de procurat.* Et a generali quoque mandato quærendæ conditionis, vel contrahendarum nuptiarum.

### Ad §. Primum.

*Ream adulterii, quam vir jure mariti postulavit, non prohibetur post abolitionem uxorem denuo ducere, sed etsi non jure mariti ream postulavit, jure contractum matrimonium videbitur.*

CErtum est maritum qui uxorem, quam dimisit, & damnavit adulterii judicio publico, domum reduxit, teneri pœna legis Juliæ de pudicitia, qua & quicunque alius tenetur, qui duxit damnatam adulterii *l. mariti, §. 1. ad leg. Jul. de adult. l. castitati, C. eod. tit.* Et injustæ sunt nuptiæ, injusta uxor: denique neque ducere, neque reducere licet damnatam adulterii: recte damnatam: Nam si maritus postulaverit tantum adulterii uxorem, inchoata accusatione, nec peregerit ream, sive damnaverit, sed ab accusatione destiterit, pœnitentia ductus, petita abolitione, quod exigit *lex abolitionem, C. ad l. Jul. de adult.* hoc casu non prohibetur eam reducere, *l. sine met'i, Cod. eod.* Nec interest, ut at hæc lex jure mariti eam postulaverit, quod est jus privilegiarium, quo uti potest maritus a repudio, intra 60. dies utiles, & sine inscriptione, an postulaverit eam jure publico, sive jure extranei post 60. dies & cum inscriptione, ut in *d. l. abolitionem, & l. 6. eod. tit.* nam quoque jure mariti postulaverit, satis est adeo damnationem, si impetrarit abolitionem, id est, veniam omittendæ accusationis temere institutæ, & reducendæ uxoris. Prioris pars hujus responsi est de eo, qui uxorem postulavit ream adulterii jure mariti, posterior de eo, qui postulavit jure extranei, illo loco; *si non jure mariti ream postulavit.* Et ex priori parte hujus responsi, in posteriore sunt repetenda illa verba: *post abolitionem*, veluti ἀπὸ κοινοῦ. Quoniam utroque casu idem juris est, ut postulatam adulterii jure mariti, vel jure extranei possit reducere petita abolitione.

### Ad §. inter Privignos.

*Inter privignos contrahi nuptiæ possunt, etsi fratrem communem ex novo parentum matrimonio susceptum habeant.*

PRivignos quos vocat hoc loco Theophil. ἀλληλόγροφους in §. *mariti, Inst. de nupt.* puta, filium uxoris ex alio marito, & filiam mariti ex alia uxore, ii inter se contrahunt justas nuptias; ut patet ex hoc §. & ex *d. §. mariti, & l. Titio, de verb. obligat.* Inter se contrahunt justas nuptias, tametsi ex novo parentum matrimonio fratrem communem habeant, privignum scil. uterinum, & privignam germanam, quo casu evenit, ut frater ille communis susceptus ex novo parentum matrimonio possit dicere nupsisse sororem suam fratri suo, item ut alteruter ex privignis possit dicere, fratrem, aut sororem fratris sui, id est, fratris illius communis, non esse sibi fratrem aut sororem, quia comprivigni inter se non sunt fratres, non sunt cognati vel affines, sane nec affines sunt: quia cognati viri uxori tantum adfines sunt: non cognati uxoris: & flexa vice, cognati uxoris viro tantum sunt adfines, non cognati viri; & ut glutine duo tigna junguntur, sic nuptiis duæ cognationes junguntur, ita tamen, ut extrema tantum & oræ vel fines conjungi & copulari dicantur. Et hoc est, quod ait *l. 4. §. adfines, de grad. & aff.* alteram cognationem ad alterius finem, id est, extremitatem accedere posse, non in totam cognationem irrepere & infundi. Quamobrem comprivigni inter se non sunt adfines, sed neque consoceri, id est, pater mariti & mater uxoris, ideoque inter se matrimonio jungi possunt: neque item filius mariti & mater uxoris: idcirco & ii matrimonio inter se jungi possunt, *l. ult. §. gradu, de grad. & aff.* Et generaliter duo cognati duabus cognatis jungi possunt, avunculus & nepos ex sorore duabus sororibus in *c. quod super, ext. de conf. & aff.* Sed quod notandum, non sunt cognati & adfines utique semper, quibuscum matrimonium contrahere non possumus, ut ii dẽ quibus dicebamus in *l. 15. h. t.* non sunt proprie adfines, & tamen inter eos ex sententia Papin. vetitæ sunt nuptiæ, quia sunt loco adfinium, eorum scil. qui parentum & liberorum locum habuerunt. Ergo prohibitio nuptiarum non semper est idoneum argumentum cognationis & adfinitatis, & impositio quoque propriorum nominum cognationis, vel quasi adfinitatis, licet nulla subsit vel intercedat, non est idoneum argumentum adfinitatis, ut Janitrices, quæ dicuntur propria appellatione, id est, quæ duobus fratribus in eandem familiam nupserunt, quæ ab Homero & Callimacho dicuntur εἰνάτερες inter se non sunt affines, quæ dicuntur a Græcis, nam Latini non habent proprium nomen ἀλλήλοι, id est, duarum sororum viri inter se non sunt adfines.

§. ult. h. l. expositus est in *d. l. 9. de Senat.*

### Ad L. LXII. eod. de Ritu Nuptiar.

*Quanquam in arbitrio matris pater esse voluerit, cui nuptum filia communis collocaretur: frustra tamen ab ea tutor datus eligetur. Neque enim intelligitur persona tutoris cogitasse: cum ideo maxime matrem prætulit, ne filiæ nuptias tutoris committeret.*

QUod est initio legis 62. explicatur simul cum §. ult. Si pater in test. filiæ tutorem dederit, & nuptias ejus, cum nubilis foret ætatis, permiserit arbitrio matris, eam mater nuptum collocabit quum volet pro dignitate familiæ & natalium, sed non poterit tamen, licet generaliter filiæ nuptias in ejus potestate fecerit pater, eam collocare tutori ei dato, ne cohibeatur ratio reddendæ tutelæ. Pater potuisset tutori destinare aut desponderė filiam, *l. 36. h. t.* mater non poterit, quia tantum abest, ut hoc voluerit pater, ut ideo maxime ejus rei arbitrium permiserit matri, ne sibi vindicaret tutor, id commisit matri, ne committeret tutori filiam. Justæ non sunt nuptiæ inter tutorem & quondam pupillam, quamvis adulta est, antequam tutor rationes reddiderit, & præterea exierint tempora petendæ restitutionis in integrum. Denique justæ non sunt nuptiæ inter eum, qui tutor, & eam quæ pupilla ei fuit, nisi post 29. annum secundum novam constitutionem Justiniani. Et hoc est, quod ait in §. *ult. tutorem*, qui rationes curatori reddidit, pupillam suam ante constitutum tempus ætatis, id est, ante 29. annum ex *Const.* Justiniani, intra quem puella in integrum restitui potest adversus tutorem, & rationes tutelæ retractare, etiamsi curatori redditæ fuerint, olim intra 25. annum & annum utilem, ut in *l. filius, §. pen. de lib. & post. l. si patris, C. de interd. matr.* Hodie intra 29. annum, quia pro anno utili Justinianus substituit quadriennium continuum in *Const. Cod. de temp. in integ. rest.* Ergo ait, tutorem etiamsi rationes tutelæ curatori reddiderit, ante constitutum tempus ætatis, id est, ante 29. annum, pupillam suam, uxorem ducere non posse, etiamsi ex alio matrimonio jam susceperit liberos, & post susceptos liberos eum maritum amiserit. Denique sententia hæc est, neque virgini, neque mulieri ante constitutum tempus petendæ restitutionis in integrum, tutorem conjungi posse.

### Ad §. Mulier.
*Mulier liberto viri ac patroni sui mala ratione conjungitur.*

Quod autem ait in §. *mulier*, mulierem liberto viri, ac patroni sui mala ratione conjungi, hunc habet sensum, quem Glossa non percepit. Justas non esse nuptias inter mulierem & libertum mariti defuncti, quod ostendit *l. 3. C. de nup.* Et hoc est, quod ait, *mulier liberto viri mala ratione conjungitur*, mala ratione, ἐκ ἰμπρεσῶν, malo more, *l. cum servus, in fine, mand.* & quod ait *Patroni sui*, non est patroni mulieris, sed viri mulieris, ejusdemque patroni liberti: & ita hic versus accipiendus est.

### Ad L. XXXI. de Jure Dotium.
*Quod si non divortium, sed jurgium fuit: dos ejusdem matrimonii manebit.*

UT intelligatur lex 31. quæ uno tantum versu constat, sciendum est, post divortium redintegratis, & renovatis nuptiis, & reducta uxore non damnata adulterii, tacite dotem renovatam videri, eam quæ fuit in priore matrimonio, nisi nominatim aliud actum & conventum fuerit, ne eadem dos effet in secundo matrimonio, quæ fuit in primo: si nihil actum sit in contrarium tacite eadem dos renovata intelligitur, quia mulier indotata in matrimonium rediisse non creditur, ut *l. prox. sup. l. 40. h. t.* Quod utique verum est, etiamsi medio tempore mulier alii nupserit, deinde ab eo diverterit & renovarit nuptias cum priore marito, *l. 64. h. t. l. pen. §. uxor, sol. matr.* Aliud tamen erit dicendum, si post divortium dos, aut dotalia instrumenta mulieri reddita fuerint, quod *l. 40. hoc tit.* significat his verbis: *non revocatis instrumentis.* Pro quibus Basilica: καὶ μήτω ἀνακλεκομένην τὰ προικῶν, id est, *necdum revocatis instrumentis.* Aliud enim dicendum est, si post divortium maritus mulieri caverit de reddenda dote, ut in *d. l. 64.* quoniam his duobus casibus renovato matrimonio tacita dos non renovatur, quæ reddita est, vel quæ cauta, sed opus est expressa renovatione dotis, ut res omnis restituatur in pristinum statum. Et hæc quidem quum verum divortium intercesserit, & post divortium restauratum est matrimonium: at si non verum divortium fuit, si non divortio, sed jurgio potius abacta uxor fuit, si frivusculum, quod Græci ἀδικίαν, vel ἀδικίαν, *brevem iram, brevem offensam*, Papin. ait in hac lege, hoc casu post jurgium reconciliata & reversa uxore, idem matrimonium esse videri, ergo & dotem esse eandem, quasi dos non functam omnibus oneribus matrimonii, quod ex *l. 33. supra, tit. proximo*, sic intelligi debet: Si non longo tempore jurgium illud sive dissidium duraverit; & interim res manserit integra, uta, neque reddita dote, neque aliis nuptiis mediis interpositis. Effectus autem ejus sententiæ quis est? quem nostri non explicant, hic est. Quod post jurgium etiamsi aliud actum & conventum sit, puta, ne eadem dos maneret, quod convenire plerumque solet, & pacisci vir cum uxore, quam vult reducere, ut eam facilius reconciliet sibi: si igitur hujus rei gratia pacistatur, ne eadem dos maneat, si velit uxor ad se reverti, nihilominus eadem dos manet, & si data sit, retineri, si promissa, peti potest, infirmata illa conventione, quæ donationis instar obtinet. Donatio autem inter eos, qui nec desierunt esse mariti, ob leve jurgium sive dissidium non valet, *l. si liberis, inf. tit. prox. l. vir mulieri, de don. int. vir. & uxor.* Denique hæc est differentia inter divortium & jurgium: quod post divortium si restaurato matrimonio id actum sit inter contrahentes, ne eadem dos maneret, ne restauraretur, rata est conventio, quasi donatione facta medio tempore, quo inter eos nullum fuit matrimonium: post jurgium autem si reversa uxore, vel ut reverteretur idem convenit, conventio nullius momenti est, quia desiit esse uxor, & uxori maritus do-

nat inutiliter. Donat autem uxori, qui manente matrimonio donat ei dotem, restituit ei dotem, vel paciscitur, ne dos data, dos sit amplius, sed ut eam uxor habeat, quasi rem propriam pleno jure: ad hanc quæstionem pertinet, quod scribit Ulpianus *lib. sing. reg. tit. de dotibus.* Dos, quæ semel functa est, amplius fungi non potest, id est, quæ semel fuit dos & desiit esse, amplius dos esse non potest, nisi aliud matrimonium sit, id est, si ante verum divortium fuerit, non si ante jurgium, & ait, *dotem functam*, ut Paulus primo Sent. *functionem dotis pacto mutari non posse.*

### Ad L. LXIX. eod. de Jure Dot.
*Cum post divortium, viro sciente, mulier in possessionem prædiorum, quæ in dotem promisit, longo tempore fuerit: convenisse tacite videtur, ne dos quæ promissa fuerat petatur, & si petere eam cœperit, pacti exceptione a muliere repellitur.*

INitio hujus legis speciem aliter Accurs. aliter Græci ponunt. Accurs. mulierem prædia in dotem promisisse & tradidisse, Græci melius: Promisisse, non tradidisse, & divortio facto, eorum prædiorum, quæ promisit mulier in dotem, petitionem marito competere: Græci, quia ita convenerat: ut divortio facto maritus dotem lucraretur, Accursius melius, quia culpa mulieris factum divortium erat, ex utraque causa marito competit petitio prædiorum dotalium, etiam post divortium. Sed cum Accursio melius erit ponere, *culpa mulieris factum fuisse divortium*, sicut e contrario, ubi dos mulieri restituenda est, ponitur culpa mariti factum divortium, *l. si socero a genero, §. Lucius, inf. sol. matr.* Neque vero pacto solo dotem lucraretur maritus, non interveniente culpa mulieris: nec enim valet pactum, si convenerit, ut dirempto matrimonio bona gratia, vel culpa mariti, maritus dotem lucretur, ut docet recte Accursius in *l. 1. de dote præleg.* Ponamus igitur culpa mulieris factum fuisse divortium, ideoque marito competere petitionem promissæ dotis, sicut retentionem traditæ dotis. Eo etiam casu traditæ dotis haberet retentionem, quæ species congruentior est. Alioquin, si non fuerit factum divortium culpa mulieris, dotem promissam petenti marito mulier objiceret exceptionem doli mali, & diceret: *Dolo facis, qui petis, quod si dedero, mox a te repetitura sum*, ut in *d. §. Lucius*, nimirum, quia divortio facto sine culpa mulieris, dos ad mulierem redit. Imo in hac specie recte desiderabit mulier, quæ promisit dotem divortio facto sine vitio & culpa sua, ut maritus eam liberet per acceptilationem, *l. 41. §. ult. hoc tit.* Dum soluto matrimonio ponit generum dotem promissam a socero petere, sane congruam speciem apponi oportet, quia soluto matrimonio dos pertinet ad maritum, & ita vero, ut dixi, posita specie in principio hujus legis, divortio facto culpa mulieris, dos pertinet ad virum, non ad mulierem, & a viro exigitur, præterquam in casu plaidem exposito. Si post divortium sciente & tacente marito ea prædia mulier longo tempore possederit, id est, decem annis inter præsentes, aut viginti inter absentes, ut Græci interpretantur, quia hoc casu marito petenti dotem obstat exceptio pacti, quia diuturna taciturnitas mariti, tacita pactio est, qua convenisse videtur, ne dotem peteret, & taciti pacti eadem vis est, quæ expressi, *l. 2. 3. 4. de pact.* Et in proposito expressi vel taciti vis hæc est, ut ne in dotis causa fuisse videatur, quod in dotem promissum est, ut in *l. ult. §. ult. tit. seq.*

### Ad §. Mulier.
*Mulier pecuniam sibi debitam a Sejo cum usuris futuri temporis in dote promittenda demonstravit. Eas quoque dotis portionem esse, quarum dies post nuptias cessit, rationis est.*

MUlier ante nuptias promisit in dotem nomen L. Titii, id est, pecuniam sibi debitam a Lucio Titio,

tio, & usuras futuri temporis, id est, quas in futurum debere Lucius Titius, & ait quod mirum est, Papinianus eam promissionem sive conventionem valere, & ex ea conventione usuras ejus pecuniæ fieri portionem dotis, quoniam placuit, ut non tantum nomen doti esset, sed etiam usuræ nominis futuri temporis: usuras, inquam, non eas tantum, quarum dies cessit post promissionem ante nuptias, sed etiam eas, quarum dies cessit post nuptias, quoniam in dotem dicta est illa pecunia sine distinctione ulla cum usuris futuri temporis. Denique id actum est, ut in dotem esset ea sors & usuræ futuri temporis cujuscunque. Et vero si fiat ut convenit, id erit iniquum & falsum, quod ostendo manifestissima ratione: quia si post nuptias usuræ sortis datæ in dotem computantur in dotem, dos nulla constituitur, propterea quod usuris post nuptias insecuti temporis imputatis in dotem, nulli supersunt fructus, aut quasi fructus dotis, qui serviant oneribus matrimonii. Dos est repensatio, sive pretium onerum matrimonii, ideoque *repensatrix* a Martiano Capella appellatur. *Nondum*, inquit, *est repensatrix data*, id est, nondum data est dos: dos quæ est sterilis, & quæ non servit oneribus matrimonii, nulla est, *l.76. in fine*, *hoc tit.* dos, quæ nullos fructus adfert viro, nulla est, quia non habet functionem suam. Denique sicut in dotem dato fundo, & fructibus futuri temporis nulla dos est, *l.4.tit.sequenti*, ita nomine dato in dotem cum usuris futuri temporis nulla dos est. Aliud esset, si vel fructus tantum vel usuræ certæ pecuniæ datæ essent in dotem, tanquam iors quædam, cum hoc ageretur, ut pro oneribus matronii maritus nihil ferat, quod est contra naturam & functionem propriam dotis, nisi evidenter probetur id quoque actum inter contrahentes, ut & fructus & usuræ fundi vel nominis cederent sortis loco, & contentus esset maritus eo, quod redigeret ex usuris fructuum venditorum, vel ex usuris usurarum, vel etiam, nisi uxor in se receperit onera matrimonii, ut *d.l.4*. Nam cum ita placuit, ut nulla subiret onera maritus, sed mulier sua onera expediret, se aleret & suos homines suis sumptibus, tunc sane valet conventio, ut non tantum sors, sed etiam usuræ & fructus sint in dotem, & restituantur mulieri soluto matrimonio. At cum onera matrimonii sustinet maritus, & datur fundus in dotem, inutiliter paciscitur uxor, ut etiam fructus fundi sint in dotem, idemque dato nomine in dotem, si caveat, ut & usuræ ejus nominis, in futurum quæ cederent, sint in dotem, nisi id actum sit, quod ante retuli, quod cum non ponatur actum in hoc §. sed simpliciter Lucii Titii aut Seii nomen cum usuris futuri temporis promissum in dotem, puto Papin. respondisse hoc modo, *eas quoque usuras dotis portionem esse, quarum dies, post nuptias cessit, rationis non est*. Rationis non est: nam hoc sermone uti solent negative, ut in *l.1.C.quo quisque ord.conven. vos damno onerari, rationis non est*, & Marcus Tullius in Epistol. *De Volusio quod scribis, non est id rationis*. Et ita in *l.2.de bon.cor.qui ante sentent*. perspicuis argumentis observ.1.docet esse legendum, *rationis non est*. Sensus igitur responsi Papin.dignissimus hic erit, nomine L. Titii cum usuris futuri temporis promisso in dotem, eas usuras, quarum dies ante nuptias post dotis promissionem cessit, portionem dotis esse, quo tempore nulla maritus subiit onera matrimonii, sed non eas quoque usuras portionem dotis esse, quarum dies post nuptias cessit, ne dos sit sterilis, ne mulier indotata: rationis igitur non est, eas etiam usuras, quarum dies post nuptias cessit, dotis facere portionem.

### Ad §. Usuras.

*Usuras dotis in stipulatum cum dote post divortium deductas, ex dic secundi matrimonii non esse præstandas, placuit, quia nec sortis exactio locum habere cœpit. Medii autem temporis debebuntur.*

Speciem hoc quoque loco Græci aliter ponunt, aliter Accurs. Græci initio contrahendi matrimonii mulierem stipulatam soluto matrimonio dotem sibi reddi & usuras certas, quo tardius sibi dos redderetur. Rectius Accursius, id stipulatam mulierem post divortium, quod verba Papin.probant manifesto, & restaurato matrimonio ac dote, actione ex stipulatu peti non posse usuras dotis, pro ratione ejus temporis, quod restaurationem matrimonii insequutum est, quia nec sors, id est, dos ipsa, quæ in stipulatum deducta fuit, restaurato matrimonio peti potest, *l.13.sup. h.t.l.si mulier diverterit, inf.sol.matrim*. Denique tota stipulatio perempta est renovato matrimonio, tota stipulatio reddendæ dotis cum usuris certis ubi cessat petitio sortis, cessat etiam usurarum, *l.lecta, de reb.cred.l.77.h.t.* Certum igitur est, post renovatum matrimonium extingui stipulationem dotis & usurarum, atq; adeo post restaurationem matrimonii, insecuti temporis usuras peti non posse. At, ut subjicit, *medii temporis usuræ debebuntur*, medii temporis, quod scil. fuit inter primum & secundum matrimonium, quo etiam dos ipsa peti potuisset, usuras peti posse a die divortii in diem repetiti & renovati matrimonii, & peti posse quasi debitas, quod dies earum cesserit. Peti inquam, posse, etiam post secundum matrimonium, quæ est sententia hujus §.

### Ad §. in domum.

*In domum absentis uxore deducta, nullis in eam interea ex bonis viris sumptibus factis, ad exhibitionem uxoris promissas usuras, reversus vir improbe petit.*

Pater filiæ nomine secutis nuptiis promisit, se genero daturum dotem certam, & quoad eam dotem solvisset, usuras certas ad educationem filiæ suæ, ad exhibitionem filiæ suæ, ut loquimur, pour l' entretenement, uxoris ejus; quibus scilicet usuris gener uxorem suam pasceret, vestiret, tueretur, & homines ejus, id est, servos ei datos a patre, quos Cato vocat *receptitios servos*, quos ipsa mulier sibi retinet, nec dat in dotem, retinet sibi, & recipit inter bona παραφερνα. Sicut receptitii sunt servi extra dotem, non dotales, sive παραφερνοι: deniq;socer genero promisit usuras certas, quibus uxorem suam tueretur & exhiberet, hominesque ejus, ceteraque onera uxoris expediret. Deinde filia absenti viro nupsit, quod fieri potest, si deducatur in domum viri absentis: nam consensus solus facit nuptias, & deductio in domum viri, & ita mulierem nubere absenti ostendit *l.5. sup.de rit. nupt*. Et cum esset in domo viri, neu ex bonis viri, sed ex suis, vel patris bonis onera sua expediret, se exhibuit & suos Papiniano ait, reversum maritum dotem quidem petere posse, sed usuras dotis improbe petere, id est, petenti obstare exceptionem doli mali, quia usuræ id ad exhibitionem uxoris promissæ erant, ut in *l. pen. ff.de acquir.hered*. Quod suo non exhibuit de suo, nullamque in eam fecit impensam. Et cum hoc responso congruit aliud ex eodem libro, quod est in *l.in insulam, §.usuras,inf.sol.matrim*. Quod suo ordine explicabitur. At hic vero quæritur, quid sit dicendum, si pater vel quis alius, qui viro dotem promisit pro muliere, non promiserit etiam usuras, an usuræ dotis viro debeantur? & videntur non deberi, quo, etsi ex parte mulieris actio ex stipulatu de dote sit bonæ fidei, ex parte tamen viri est stricti juris qua in re hallucinatur Accursius in *l.de divisione, ff.sol. matrim*. Et in judiciis strictis usuræ non veniunt, aut debentur citra stipulationem, *L. Lucius Titius,ff.de præscr. verb. l.1.§.si cui mandavero, mand*. Verum favore nuptiarum, ut hoc loco Stephanus Græcus Interpres respondet, recte constitutum est, ut & fine pacto vel stipulatione trientes usuræ dotis marito debeantur; non quidem statim a contracto matrimonio, sed post biennium a die contracti matrimonii, *l.ult.§.præterea, C.de jur.dot*. Ex stipulatione deberentur statim a die contracti matrimonii, ipso jure non debentur, nisi post biennium. Item ad hæc quæritur quid sit dicendum, si exhibuerit quidem & aluerit uxorem maritus suis sumptibus, sed usurarum promissarum quantitas superat sumptus. An residuum dotis retinere, aut

pro-

promissori restitui debeat, si solutæ dotis usuræ fuerint? Et in hac re placet distinctio legis *creditor*, §. *si inter*, ff. *mand*. ut si pater exhibitionem filiæ, quam suæ curæ fecerat data certa pecunia genero mandaverit tanquam procuratori vel dispensatori, patri residui petitio sit, si usurarum quantitas excedat summam exhibitionis, ut in *l.pen.§.1.de leg. 2*. At si nihil socer genero mandaverit, sed usuras tantum ei promiserit in exhibitionem filiæ, residui ex usuris, quod gener non consumpsit in uxorem, nulla petitio est. Quæ est elegans distinctio d. §. *si inter*.

### Ad §. Gener.

*Gener a socero dotem arbitratu soceri certo die dari, non demonstrata re vel quantitate, stipulatus fuerat: arbitrio quoque detracto, stipulationem valere placuit. Nec videri simile, quod fundo non demonstrato, nullum esse legatum, vel stipulationem fundi constaret, cum inter modum constituendæ dotis & corpus ignotum differentia magna sit: dotis etenim quantitas pro modo facultatum patris, & dignitate mariti constitui potest.*

SI genero stipulanti socer promiserit, se certo die daturum dotem arbitratu soceri, vel, si gener a socero stipulatus sit sibi dotem dari arbitrio soceri, quæritur an sit utilis stipulatio, quoniam videtur in soceri arbitrio positum, an debeat, & quantum debeat dotis nomine, quod esset inutile & inane. Itemque videtur esse stipulatio incertæ & ignotæ rei : cum simpliciter stipulatur dotem non demonstrata re vel quantitate certa, sed dotem dari simpliciter arbitrio soceri ? At verius est, non esse inutilem stipulationem, quasi ignotæ & incertæ rei, quia ignota res in stipulationem non deducitur, cum stipulationi inseritur arbitrium boni viri, quod semper certum & exploratum est; sicut æquitatis ratio semper est certa, cujus bonus vir est arbiter, atque sacerdos. Illa enim verba, *arbitrio soceri*, non pro libero & dissoluto arbitrio, sed pro arbitrio boni viri accipienda sunt, ut in *l.3.C.de dotis promiss. l.1.ff. de legat. 2*. ut scil. dotem socer constituat pro modo suarum facultatum, & dignitate mariti. Hic est constituendæ dotis modus, quem patres servare debent atque tutores & curatores, ut in §.seq.& *l.quæro, sup.h.t*. Plus adjicit Papin. etiam detractis illis verbis, *arbitrio soceri*, valere stipulationem, licet nulla res aut quantitas certa demonstrata fuerit, sed simpliciter socer genero dotem promiserit. Cui sententiæ, sive responso obstat *l.1 C. de dot.promiss*. quæ stipulationes dotis nullam esse ait, si mulier marito stipulanti dotem promiserit, non demonstrata re aut quantitate certa. Obstat etiam quod dicitur, non valere stipulationem fundi, vel legatum fundo non demonstrato, *l. ita stipulatus, inf. de verb.obligat.l.si domus, de leg.1*. Quibus objectionibus quemadmodum respondendum sit hoc loco, Papin. submonet satis. Ex eo igitur dicamus, quod etiam omnes Græci interpretes dixerunt, & Accursio in mentem venit, multum interesse, an pater dotem promittat pro filia, ut in hoc §. an mulier ipsa, quæ nuptum si dotem promittit pro sese, ut in *d. l. 1. C. de dot. promiss*. Nam pater debet dotem filiæ tanquam ex alienum, *l. qui liberos, sup.de ritu nup.l.ult.C.de dot. promis*. Et quantum debeat non est incognitum, non est incertum vel obscurum : debet enim & cogitur extra ordinem dotem filiæ constituere pro modo patrimonii sui & dignitate generi. Et hanc utiq;dotem, huncve modum dotis semper promittere intelligitur pater, qui pro filia simpliciter dotem promittit, non ergo dotem incertam. At quia nulla est dos certa, quam sibi ipsi mulier constituere debeat, aut cogatur, sed in arbitrio ejus est, quam aut quantam velit marito dare vel promittere, modo omnia bona sua, ut in *l.72.h.t.& l.4.C. eod*. modo exiguam pecuniam, modo nullam, maxime si cui abunde suppetat prima dos formæ. Ideo mulier dotem promittendo simpliciter, non adjecta re vel quantitate certa, nihil agit, quia quantum promiserit non appa-

ret, & leviculæ rei præstatione defungi potest, quam sibi solam dotem esse dicat. Qua ratione etiam, si quis promittat ut leget fundum simpliciter, inanis stipulatio, inane legatum est, quia ignotum corpus promissum, aut relictum est, & ad rem omnium vilissimam atque levissimam & ridiculam redigi ea promissio, idve legatum potest. Dos simpliciter promissa muliere, vel ab extraneo non a socero redigi potest ad obolum, fundus ad cespitem, glebulamque fortuitam; ut in Laurea Tullius scribit, *Fundum Varro vocat, quem possim mittere funda*. Quamobrem si mandem, ut mihi quemvis fundum emas, inane mandatum est, *l.Quintus 48. in fi.ff.mand*. ubi legendum, *Ut mihi quamvis fundum emas, non tibi*, in Flor. &c. Basil. recte, *Mihi*. Igitur si mandem, ut mihi quamvis fundum emas, ridiculum est mandatum, quia mandato defungi potest emptione rei ridiculæ, modici pulveris, aut coeni, quod solo contineatur modo. Fundi finitio non est naturalis, sed positio & arbitraria, *l.quod in rerum, §.pen.de leg.1*. fundus est, quantumcumq;libitum homini terrulæ fundum vocare. Ita vero demum inutilis est stipulatio, ut legatum fundi non adjecto nomine vel demonstratione certa, si promissor vel testator nullos fundos habuerit in bonis : nam si quos constitutos vel finitos habuerit, valebit stipulatio & legatum, & ex eis fundis unum præstabit heres vel promissor, quem elegerit, ut in *l. si domus, de leg.1*. Et ita est accipiendum, quod in *l. ubi autem non apparet, ff. de verb. obl*. inter stipulationes utiles numeratur stipulatio fundi sine propria appellatione vel demonstratione, quæ vice appellationis fungatur, quæ scilicet plurium fundorum possessor simpliciter stipulanti fundum promittit : nam si cui nullæ opes, aut res soli sunt, fundum promittat, inanis stipulatio est, quia redigi potest ad rem ridiculæ præstatio ejus stipulationis. Nec alia est ratio domus simpliciter promissæ ab eo, qui nullam domum habet; nam etiam promissio domus redigi potest ad præstationem vilissimam, inutilissimam liminis sive tugurii. Verum longe alia est ratio hominis sive servi promissi, quam fundi vel domus : nam qui hominem promisit, simpliciter obligatur, sive homines habuerit in bonis, sive non. Idemque in legato, *l. legato generaliter, ff. de legat. 1*. Quia naturalis est finitio hominis, quæ arbitratu nostro mutari non potest, nec sunt in manu corporis deridiculæ, quæ pro homine obtrudi possint, non pusillæ etiam illæ & vanæ homuncionum species, qui sub terra videntur fodinis Germaniæ, & laborantium idem quod operarii, sed nihil promoventium, quos etiam manu prehendere impossibile est.

### Ad §. Nuptiis.

*Nuptiis ex voluntate patris puellæ cum filio tutoris jure contractis, dos pro modo facultatum, & dignitate natalium recte per tutorem constitui potest.*

UT pater debet etiam dotem constituere pro modo facultatum suarum, & dignitate sua, atque mariti, quod dixit in superiori §. ita pupillæ tutor vel curator, quod ostendit in hoc §. & in *l. 6. h. t*. Pater dotem constituit de suis bonis: tutor vel curator de bonis puellæ, *l.si curatores, C. de admin. tut*. Ac sciendum est ex oratione M. Commodi & ex SCto tutorem vel curatorem pupillam suam vel adultam sibi vel filio suo desponderæ, aut matrimonio jungere non posse, nisi pater puellæ cum moreretur id se velle demonstrarit vel designaverit : nisi, inquam, eum filiæ suæ maritum destinaverit vel desponderit, *l.tutor, & l.non est, ff. de ritu nupt. l.si patris, C.de interd.matr*. Et secundum hoc Papin. in hoc §. ponit, nuptias ex voluntate, id est, ex ultima voluntate patris puellæ jure contractas fuisse cum filio tutoris. Dotem autem a tutore puellæ fuisse constitutam ante nuptias, id est, antequam nubilis esset, antequam finita esset tutela, quæ nubili ætate finitur,id est, ætatis puellæ anno XII. completo. Ideo pono a tutore dotem puellæ fuisse constitutam ante nuptias, nondum finita tutela. Nihil quidem refert dos

præ-

præcedat an sequatur nuptias, *l. 7. §. 1. hoc tit.* & Paulus 2. Sentent. tit. de dotib. *Dos*, inquit, *aut antecedit aut sequitur nuptias. Et ideo vel ante nuptias vel post nuptias dabitur : sed data ante nuptias, earum expectat adventum : nihil igitur refert,* an dos data sit ante nuptias, an post nuptias. Sed dubitatur in hac specie, an a tutore jure constituta sive data sit : constat jure contractas esse nuptias : de dote quæritur an etiam jure constituta sit, quâ constituta est a tutore, qui est pater mariti : quamobrem constituta videtur in rem tutoris, & regula juris vetat, ne tutor auctor fiat in rem suam, *l. 1. ff. de auct. tut.* Et tamen Papin. respondet ; etiam ab eo tutore, qui est pater mariti destinati, ultima voluntate patris puellæ, recte dotem constitutam videri, siquidem legitime constituta sit, id est, arbitratu boni viri, pro modo facultatum & dignitate natalium. Et hoc, ut arbitror, favore dotium atque nuptiarum admittitur, præsertim cum in dote constituenda tutor non tam rem suam filiive sui egerit, quam boni viri officio functus sit, servato dotis modo legitimo, quo officio & illo remoto quilibet alius, vel tutor specialiter datus ad dotem constituendam, vel curator fungi debuisset.

### Ad §. Patrona.

*Patrona dotem pro liberta jure promissam, quod extiterit integra, non retinebit.*

IN hoc §. proponitur alius favor dotium & matrimonii, ut quamvis propter ingratitudinem liberti, vel libertæ, libertas quæ ei data est, & quæcumque donatio revocari possit & rescindi, ut constat ex tit. Cod. *de liber. & eor. lib.* & ex tit. *de revoc. donat.* Non tamen possit revocari dos, quam patrona dedit viro pro liberta sua, quoniam vix posset revocari sine injuria & offensa viri, qui substinet onera matrimonii, quique fiducia dotis matrimonium cum ea contraxit, & forte dote revocata divortio eam abigeret. Quod etiam confirmat *l. dotem, C. de jure dotium.* Eademque ratione, si mulier intercedendi animo, pro aliâ muliere dotem promiserit, & forte res etiam suas viro eo nomine obligaverit, ex hac causa non juvatur Senatusconsulto Vellejano, *l. si dotare, & l. ult. C. ad Senatusc. Vellejan.* Multa alia, quæ favore dotium & nuptiarum introducta sunt, colligere licet ex *l. 9. §. si res, & l. 74. hoc tit. l. 1. l. Cajus, inf. sol. matr. l. ult. sup. de ser. cor.* & aliis plerisque locis. Et placet valde quod ait *l. ult. C. ad Senatusc. Vellejan.* favore dotium & antiquos juris conditores severitatem legum sæpe mollire solitos. Denique quod est in hoc §. & in §. nuptiis, favores sunt & studia propensa juris auctorum erga dotes mulierum.

### Ad §. Cum res.

*Cum res in dotem æstimatas, soluto matrimonio reddi placuit : summa declaratur, non venditio contrahitur. Ideoque rebus evictis, si mulier bona fide eas dederit, nulla est actio viro, alioquin de dolo tenetur.*

IN hoc §. subnotatur una differentia inter dotem æstimatam & inæstimatam : si res æstimatæ dentur in dotem, vera venditio contrahitur, *l. 10. §. si ante, hoc t. l. 3. ff. loc.* Non quidem simpliciter venditio contrahitur, sed cum hoc adjuncto, *dotis causa* : nam venditio dotis causa, non eodem jure est, quo venditio simpliciter contracta, *l. 16. hoc t.* Ideoque evictis rebus, quæ æstimatæ in dotem datæ, id est, quæ venditæ sunt dotis causa, mulier viro tenetur ob evictionem, quasi venditrix, actione ex empto vel ex stipulatione duplæ, quæ in venditionibus evictionis nomine interponi solet. Verum divortio facto, quod evictionis nomine ab ea maritus consequutus fuerit, si dos lucro ejus non cedat, id mulieri restituere tenetur, etiam si exsuperet æstimationem rerum datarum in dotem, quia bono & æquo non convenit virum lucrari ex damno mulieris quicquam, *d. l. 16.* Et hoc de rebus æstimatis. Sin vero res inæstimatæ dentur in dotem, eis evictis, mulier viro non tenetur ob evictionem, quia dos non venditio contracta est : imo nec ulla actione marito tenetur, nisi scilicet, cum necesse non haberet, ultro marito caverit de evictione, ut in *l. 25. hoc t.* vel, nisi dotem dari promiserit, antequam daret. Quia dedisse non videtur quod promisit, quæ dedit quod marito habere non licuit, ut in *l. 1. C. eod. tit.* His duobus casibus exceptis, evictis rebus dotalibus, quæ inæstimatæ sunt, nulla actione mulier marito tenetur, si modo bona fide eas viro dederit in dotem. Nam si mala fide, quas sciebat esse alienas, nec permansuras apud virum, dederit in dotem, tenetur de dolo: non dicit teneri actione de dolo directa, quia famosa est actio, & in uxorem, vel eam, quæ uxor fuit, viro famosa actio non datur, in memoriam honoremque pristini matrimonii *l. 1. & 2. ver. amor.* Et perperam Græci hoc loco : *In eam, quæ fuit uxor, post desiit esse per divortium, dari actionem famosam,* quia illæ leges aperte ostendunt, nec in eam, quæ fuit uxor, dari famosam actionem, veluti furti ex antegesto, id est, ex eo quod gessit in matrimonio : ex post gesto non negarem dari. Tenetur ergo de dolo, quæ mala fide, sciens res alienas esse, viro dedit in dotem, non directa actione dolí, sed in factum verbis temperata, ut ait *l. non debet, de dolo.* Idque definit aperte *l. 1. C. eod. tit.* Levior est verbis actio in factum, quæ rem gestam tantum narrat, nec nominatim notat dolum, reipsa tamen est de dolo. Ponit autem hoc loco Papinianus unum casum, quo etsi æstimatæ sint res datæ in dotem, tamen pro inæstimatis habentur. Puta, si convenerit, ut eædem ipsæ res, quæ æstimatæ sunt, soluto matrimonio redderentur, eadem ipsa corpora, quæ æstimatæ sunt, quoniam hoc casu apparet res fuisse æstimatas, non ut venditio contraheretur, sed ut quantí essent maritus animadverteret, ut earum valor sive dignitas declararetur, ut in *l. si inter, C. eod. tit.* ut in *l.cum pater, §. pater, de legat. 2.* Et ita explicandus *§. cum res.*

### Ad §. In dotem, & §. ult.

*In dotem rebus æstimatis, & traditis, quamvis eas mulier in usu habeat, viri dominium factum videretur. §.ult. Partum dotalium ancillarum dotis esse portionem convenit, ideoque frustra pacisci virum, ut inter uxorem & se partus communis sit.*

IN §. penultimo notatur alia differentia inter dotem æstimatam & inæstimatam. Datis in dotem rebus æstimatis, quia vera venditio contrahitur, & earum dominium soli marito adquiritur ex causa emptionis, & adquiritur soli dominium, etiamsi eas res relinquat in usu mulieris. Finge esse animalia, aut vestes, quæ datæ sunt æstimatæ in dotem, & eas maritum ultro relinquere in usu uxoris, eas uxorem usu deterere ; dominium adquiritur viro : atq; ideo periculum etiam, si usu mulieris deteriores fiant, pertinet ad virum, *l. æstimatæ, ff. sol. matr.* nisi aliud pactum sit, ut in casu *l. 1. C. sol. matrim.* Periculum rerum æstimatarum pertinet ad virum, etiamsi atterantur usu uxoris: ergo & commodum omne, quod ex eis rebus percipitur, aut percipi potest, pertinet ad virum, cujus periculo ancillæ sunt, ut cujus sit commodum, ejus etiam sit incommodum. Finge datas esse in dotem ancillas æstimatas, partus earum (quæ est sententia §. ult. ) pertinet ad virum, cujus periculo ancillæ sunt, cujusque in dominio sunt solius, & generaliter sive dos sit æstimata, sive inæstimata, si id actum sit, ut periculum ancillarum dotalium pertineret ad virum, partus ancillarum sunt mariti, *l. 18. sup. hoc tit.* Et hæc de rebus æstimatis. Inæstimatarum autem rerum, quas mulier dedit in dotem, dominium non est solius mariti, sed etiam mulieris, ut ait *l. 75. hoc tit.* Æstimatarum dominium est solius viri pleno jure & firmo atque perpetuo, ut nunquam redeat ad mulierem sine facto viri : inæstimatarum autem rerum non est viri perpetuo jure, sed divortio facto, aut mortuo marito dominium ad mulierem redit, & periculum quoque dotis inæstimatæ, id est, corporum, quæ inæstimata sunt data in dotem, pertinet ad mulierem, *l. 10. in princ. hoc tit.* Ergo & commodum dotis inæstimatæ, quæ proprie dos est, pertinet ad mulierem, itaque recte in §. ultimo hujus legis subjicitur, *Ancillarum dotalium,* ergo inæstimatarum, sicut in *tit. de fundo dotali* ; ergo inæstimata. Quoniam æstimatus non est dotalis : ancillæ æstimatæ non sunt dotales. Ancillarum igitur dotalium inæstimatarum partus pertinere ad uxorem, cujus periculo sunt ancillæ, & pertinere quasi partem dotis, nec cedere lucro mariti, quia, ut hodie constat inter jurisconsultos, partus ancillæ non est in fructu ; & fructus tantum dotis lucratur maritus, suos facit pro oneribus matrimonii : operæ ancillarum & mercedes operarum sunt in fructu, *l. 3. de oper. serv. l. mercedes, de pet. hered.* Et ideo lucro mariti cedunt constante matrimonio, nec possunt esse pars dotis : sicut nec fundi dotalis fructus possunt esse pars dotis, nec nominum dotalium usuræ possunt esse pars dotis, ut dixi in §. 1. quia usuræ vicem fructuum obtinent, *l. usuræ, sup. de usuris.* Ut autem non valet conventio hæc, ut rei dotalis fructus sint pars dotis, veluti operæ mancipiorum dotalium, ut sint pars dotis, nec vice mutata valet conventio, ut partus mancipiorum, quos constat non esse in fructu, non sint pars dotis, vel sicut proponitur in §. ultimo, ut partim sint dotis, partim mariti proprii, id est, communes sive partiarii, quia hæc conventio dotem minuit, & mera donatio est, quam facit uxor viro, ut lucrifaciat sibi & habeat partem partuum, hoc est, partem dotis, quod est inutile, quia inter maritos vetitæ sunt donationes, sicut si paciscatur maritus, ne dotis sit, quod semel doti dictum est, sed id sibi habeat mulier atque recipiat, inutilis conventio est, quia donationis instar obtinet, a viro collatæ in uxorem, cum post dotem datam paciscantur, ut mulier sit indotata, ut quod doti dixit, desinat esse in dotem, *l. si liberis, & l. quæris, tit. seq. l. vir mulieri, de donat. int. vir. & uxor.*

### Ad L. XXVI. de Pactis dotalib.

*Inter socerum & generum convenit, ut si filia mortua superstitem anniculum filium habuisset, dos ad virum pertineret : quod si vivente matre filius obiisset, vir dotis portionem uxore in matrimonio defuncta retineret. Mulier naufragio cum annicullo filio periit : quia verisimile videbatur ante matrem, infantem periisse : virum partem dotis retinere placuit.*

QUod ad primum responsum attinet, species hæc est. Pater cum filiæ nomine dotem daret, pactus est cum genero, ut mortua in matimonio filia superstite anniculo filio ex eo matrimonio procreato, dos tota apud virum remaneret : mortua autem in matrimonio filia sine liberis, præmortuo forte jam ante anniculo filio, ut dotis pars tantum dimidia ad virum pertineret, altera sibi redderetur. Finge : matrem & anniculum filium simul naufragio periisse, vel ruina, vel incendio, vel aggressura latronum (non refert) Quæritur utrum tota dos ad virum pertineat quasi præmortua uxore, an pars dimidia duntaxat quasi præmortuo filio. Res videtur esse dubia & difficilis, quia non apparet quis prior excesserit e vita, mater an infans : si constaret priorem matrem decessisse, dos tota pertineret ad virum ex pacto dotali, si infantem, pars tantum, quid fiet? quid statuemus ? Et Papin. respondet, verisimile esse, tenellum infantem spiritum posuisse confestim, matrem diutius pertulisse casum naufragii, & filio supervixisse : & ideo partem tantum dotis ad virum pertinere, partem socero esse reddendam. Et sane quod statuit Papin. hoc semper verisimile & credibile est, non in infante solum, sed etiam in impubere quolibet, quoniam omnis ea ætas tenerrima & infirmissima est, ut non possit diu colluctari cum morte, *l. si mulier, inf. de reb. dubiis.* Res sive quæstiones dubiæ vel ambiguæ plerumque præsumptionibus justis explicantur, ut in *l. si fuerit, in fi. de reb. dubiis* : & præsumptio hæc justa semper

& probabilis, & verisimilius est, prius mori impuberem quam patrem, aut matrem. Ergo in impubere & patre pariter mortuis, vel impubere & matre pariter mortuis uno casu repentino, nullus est labor, quia semper verisimile est, prius mori impuberem. In filio pubere major est quæstio, quoniam in eo, cum extinguitur una cum patre aut matre, quod magis præsumamus, non habemus : & ideo patre vel matre & filio pubere commorientibus, non quod vero similius sit frustra spectamus, sed quid sit humanius. Et quærimus secundum regulam juris, ut in rebus dubiis benigniorem interpretationem sequamur. Aliquando autem humanius & benignius est credere sive fingere matrem aut patrem supervixisse filio puberi, ut in *l. qui duos, §. si cum filio, ff. de reb. dub.* Si pater libertinus cum filio naufragio vel ruina perierit superstite patrono, cujus reverentiæ & verecundiæ debetur legitima hereditatis liberti mortui intestati sine liberis: Et hoc casu, quum incertum est, quis prior vita decesserit, libertus an filius ejus, quem si constaret posteriorem decessisse, excluderetur patronus per filium quasi superstitem patri libertino, legitima hereditate liberti : Et ideo benignius est credere patrem libertinum supervixisse filio, ne in re dubia & sub incerto temere hereditate legitima patronus excludatur, quæ ei defertur mortuo libertino sine liberis. Et forte verissimum est in reipsa eum esse mortuum sine liberis : puta, præmortuo filio. Itemq; in *l. et facto, §. si quis, ad Senatus. Trebel.* Si heres rogatus restituere hereditatem sub conditione, si sine liberis decederet, suscepto filio simul cum eo naufragio perierit, vel alio casu superstite fideicommissario, dicemus patrem supervixisse filio, ne in re adeo obscura, dubia & incerta temere pronunciamus contra fideicommissarium, & jam excludamus fideicommisso, quod forte in rerum natura certum est ei jure deberi, quod filius ante patrem mortem obierit. In re dubia benigniorem interpretationem esse sequendam. Benignius autem esse, non fraudari patronum vel fideicommissarium hereditate, aliter quam si liquido probetur filium supervixisse : aliquando vero contra, humanius est credere, non patrem supervixisse, ut illis duobus casibus, sed filium puberem. Et placet quod ait *l. cum pubere, de reb. dub.* humanius esse credere filium supervixisse : in his quæstionibus igitur non est quærenda alia ratio quam humanitatis, ubi præponderat magis, & prout suggesserit, vel credere patrem supervixisse, vel filium, non patrem : atque ita fortunam servasse ordinem naturæ, seniore prius extincto. Humanius autem est ita credere, filium supervixisse non passim, ut patet ex superioribus casibus, sed si hic casus sive species proposita, aut res, qua de agitur, suadeat aut non dissuadeat, ut in d. *l. qui duos, §. cum bello.* Si cum filio pater eodem momento temporis interierit superstite matre & agnatis, benignius est credere, hoc est, fingere & dicere ordinem naturæ servasse fortunam, ut in dubio mater faveamus, quæ in luctu est magno propter amissum maritum & filium potius quam agnatis. Item in *d. l. qui duos, §. ult.* si cum filio testamento patris ex asse herede instituto pater simul perierit, favorabilius est dicere diutius vixisse filium, ut bona paterna filius transmittat ad heredes suos, quasi heres exstiterit patri ex testamento, & non simul cum patre, sed post patrem mortuus sit, quod tamen non dicerem dato filio coherede vel substituto, quoniam non abs re ille §. *ult.* ponit filium heredem institutum ex asse ; nec dati substituti mentionem facit : nam dato coherede filio vel dato substituto, in dubio benignius est non eripere coheredi jus adcrescendi vel substituto jus substitutionis, quod forte revera obtigit : æque naturæ ordinem servatum dicas, id est supervixisse filium, si mater, quæ stipulata est dotem sibi reddi se vivente, mortua filia in matrimonio, cum filia simul moriatur, *sere puncto temporis,* ut ait *Lucretius,* in re dubio temere maritus fraudetur lucro dotis, quoniam ex contrario ita intelligitur inter eum & socrum, ut præmortua matre dos remaneat apud virum, ut in §. *cum inter hac lege* : & benignius est favere marito quam heredi mulieris, *l. quæ de pariter mortuus, ff. de reb. dub.*

*dub.* Idem dicas in propoſita ſpecie, quia Pap. de infante tantum loquitur, non de filio pubere & matre ſimul defunctis. Dicam igitur filio pubere & matre pariter defunctis humanius eſſe credere filium ſuperuixiſſe, ut dos univerſa apud patrem ejus remaneat, ſecundum conventionem habitam inter ſocerum & generum, quam initio propoſui. Et ita vides commortuis patre vel matre & filio pubere, prout nos movet benigna ratio, trahi nos in diverſam ſententiam, & modo ſtatuere, ſuperuixiſſe parentem, modo ſuperuixiſſe filium: & ita cum uxor & maritus ſimul perierint, modo dicimus maritum ſuperuixiſſe, ne dotis lucrum auferatur heredi mariti, ut in *d. l. qui duos, §. ſi maritus, & l. ſi poſſeſſor, §. 1. de relig.* ubi, ut hoc obiter admoneam, errore fallitur Acc. non intelligens ea verba, *Pro portione dotis*, nimirum ea ſic accipiens, ut ex pacto in ſpecie ejus legis, lucretur maritus portionem dotis, portionem tantum, non totam dotem, cum longe alia ſit mens ejus legis, quæ ea de re pactionem nullam habitam ponit, ſed de ea igitur ſtatuit ſecundum jus commune. Statuit, inquam, ſecundum jus commune, quo dotem adventitiam præmortua uxore maritus lucratur in ſolidum, atque etiam profectitiam, ſi pater non ſuperſit: & quum ambo ſimul perierunt, lex ait, priorem uxorem periiſſe videri, ideoque dotem totam pertinere ad heredem mariti, nimirum peremptoſt uxorem, ſed pro portione id eſt, ἀναλόγως, ſive pro rata, pro portione eum debere conferre in funus mulieris. Quoniam in funus mulieris non tantum confert heres, qui mulieri extitit, ſed etiam non heres, qui modo commodum dotis percipiat, ad quem modo dos mulieris pervenerit: & ita etiam hæc verba *pro portione* accipiuntur in *l. 1. §. ult. l. 20. §. libertus, ff. de bon. libert.* Sed pergamus ad alia: modo benignius eſt uxorem credere marito ſuperuixiſſe, quum ambos ſimul idem caſus oppreſſit, puta, ſi quid maritus uxori donauerit, hoc caſu dicam, uxorem ſuperuixiſſe, ne in re dubia temere infirmetur donatio, quia forte & revera poſterior mortua eſt, atque adeo confirmatur donatio morte mariti, quæ anteceſſit, *l. cum hic ſtatus, §. ſi ambo, de donat. inter vir. & uxor. l. ſi is cui, ff. de don. cauſ. mort.* Ergo varie de iiſdem quæſtionibus reſpondeamus, ſecundum ſpeciem, quæ proponitur, prout humanitatis ſuggerit ratio, nec hujus rei alia definitio eſt certior. Denique in iis quæſtionibus primum ſpectamus quid ſit veriſimilius & ſequimur, ſi id appareat, ut quum mater & infans naufragio ſimul perierunt, ſane veroſimilius eſt, ſubito periiſſe infantem, deinde matrem: & hoc ſequimur, quod probabile & veriſimile eſt. Quod ſi id non appareat, ſpectamus quod eſt humanius, &, ut eſt in regula juris: *Rapimus occaſionem, quæ præbet benignius reſponſum.* Nam deficiente probabilitate, aut veriſimilitudine, quæ ſunt benigniora ſemper & omnino in dubiis præferenda ſunt, & ut eſt in hiſtoria Nicetæ, ν τοῖς ἀδήλοις χρὴ ῥέπειν πρὸς τὸ φιλανθρωπον. Et hac quidem ipſa benignitatis ratione ducti trahimur in diverſas ſententias, prout res fert qua de agitur, modo ut ſtatuamus filium ſuperuixiſſe, modo patrem aut matrem, cum ambo ſimul perierint.

### Ad §. Vir dotem quam, &c.

*Vir dotem, quam ex pacto filiæ nomine retinere potuit, ſi lapſus errore non retinuit: filiam, quæ patris ſola matri pro parte heres extiterit, apud arbitrum diviſionis non improbe dotis perperam a patre ſolutæ præceptionem deſiderare conſtitit.*

Species ſecundi reſponſi hæc eſt: Inter virum & uxorem convenit, ut divortio facto, uno pluribuſve filiis relictis ex eo matrimonio, dotem maritus retineret, quæ conventio valet, *l. 1. ff. de dote præleg.* Divortio facto una filia communi relicta, vir qui filiæ nomine poterat retinere dotem ex pacto dotali, per errorem facti eam dotem mulieri reſtituit: mulieri reſtituiſſe Cyrillus ponit, & alii omnes interpretes Græci. Et vulgo quoque hoc loco ita legitur: *Dotis perperam a patre matri ſolutæ.* Deinde pater moriens filiam ex aſſe heredem ſcripſit. Mater autem, paulo poſt etiam moriens eandem filiam heredem ſcripſit ex parte. Agit filia fam. erciſc. de bonis maternis dividundis cum coherede ſibi a matre dato. Pap. ait, in hoc judicio per arbitrum diviſionis, per arbitrium familiæ erciſc. filiam præcipere dotem integram, quam matri per errorem pater reſtituerat, cum potuiſſet & debuiſſet eam retinere filiæ nomine, deinde præcepta dote reliqua bona materna erunt ab arbitro inter eos dividenda, pro portionibus hereditariis. Ponit autem filiam a patre heredem inſtitutam eſſe aſſe. Cur? Quoniam ſi ei coheredes pater adjeciſſet, ut fecit mater, ipſa filia in judicio familiæ erciſcundæ dotis præceptionem non haberet, certe non dotis integræ, quia patri non extitit heres ex aſſe, neque forte partis, quia dotis functio & præſtatio ſpiſſe aut vix ſcinditur; neque id actum eſt, ut ejus eſſet retentio pro parte tantum. Ceterum melius erit, heredes patris cum filia coherede agere conditione incerti, id eſt, poſſeſſionis conditione, quam retinere potuit, & per errorem non retinuit, quaſi indebito ſoluto, ut in *l. qui excep. §. ſi pars, de cond. indeb.* Ex hoc reſponſo intelligimus dotis, quam divortio facto pater errore lapſus reſtituit matri, cum poſſet eam ex pacto retinere, communis filiæ nomine, filiam ſi patri ex aſſe, matri ex parte heres extiterit in judicio familiæ erciſcundæ, ejus præceptionem deſiderare poſſe: hanc vero præceptionem deſiderabit filia ex perſona patris, quia etſi pater a matre, id eſt, ab uxore ſua heres inſtitutus fuiſſet ex parte, in judicio familiæ erciſcundæ, haberet præceptionem dotis temere reſtitutæ uxori poſt divortium, ſive perperam, id eſt, per errorem: ergo & ex perſona patris filia, quæ patri heres extiterit ex aſſe, & matri ex parte, in arbitrio diviſionis, ſive dividendæ familiæ maternæ, habebit ejus dotis præceptionem. Unde notandum eſt, eum qui retentionem habet, non petitionem, ut habuit pater in hac ſpecie, heredemve ejus, ſi eam retentionem omiſerit, reſtituta re, rurſus ejuſdem rei poſſeſſionem nactum retentione uti poſſe aut præceptione, ſi quo caſu contigerit, ut eam deſiderare poſſit, quia præceptio retentionem imitatur. Petitionem autem habere eum, qui retentionem tantum habuit. Ac ne eum quidem habere quaſi indebito ſoluto, conditionem certi, de qua intelligatur *l. ex quib. ff. de cond. indeb.* dici tamen poſſe, eum heredemve ejus habere conditionem incerti, id eſt, poſſeſſionis, quam retinere potuit, & errore lapſus non retinuit, ut in *l. qui exceptionem, §. ſi pars, ff. de cond. l. heres, ad Senatuſc. Treb.* Cur autem Papin. ponat filiam heredem a patre inſtitutam ex aſſe, ſi quæras, dicam hanc eſſe rationem, quia ſi a patre ſicut a matre fuiſſet heres inſtituta ex parte tantum, dotis præceptionem non haberet in judicio diviſionis, quia eam habet ex perſona patris. Nam etſi filiæ nomine pater pactus ſit, ut dotem retineret, ſibi tamen pactus eſt, non filiæ. Pater autem non niſi totius dotis retentionem ſive præceptionem habuit, nec potuit partem retinere, partem reſtituere. Hæc inconſtantia rejicitur, & in hereditatibus, & in legatis, & in conventionibus hereditas ſcindi non poteſt, *l. 1. de adquir. hered.* legatum ſcindi non poteſt, *l. 4. de leg. 2.* conventio ſcindi non poteſt, *l. in commodato, §. pen. ff. commod.* quia non tantum ſolutio, ſed etiam exactio partis, multa habet incommoda, *l. 3. ff. fam. erciſc.* Denique, ut debitor non ſolvit partem invito creditore, ita creditor non exigit partem ſciſſo credito invito debitore.

### Ad §. Cum inter.

*Cum inter patrem & generum convenit, ut in matrimonio ſine liberis defuncta filia, dos patri reſtituatur: id actum inter contrahentes intelligi debet, ut liberis ſuperſtitibus filia defuncta dos retineatur, nec ſuperabitur portio dotis additamenti cauſa data, ſi poſtea nihil aliud conveniat.*

Proponit inter ſocerum & generum conveniſſe, ut in matrimonio defuncta filia ſine liberis dos ſocero redderetur, nihil præterea. Plus actum, minus dictum intelligigitur. Nam ex contrario Pap. colligit id actum, ut superstitib. liberis defuncta filia in matrimonio, maritus dotem retineret. Et ita pater, vel extraneus, qui pro muliere dotem dedit, si pactus sit dotem sibi reddi in casum mortis, recte dicitur ἐκ τῆς ἀντιδιαστολῆς, sive ex contrario sensu id actum videri, ut in casum divortii, non ei sed mulieri dos redderetur, ut in §. ult. h. l. & l. cum dotem, in pr. fol. matr. Eodem argumento Pap. utitur in interpretatione legis Juliæ de vi ut in l. 1. sup. de offic. ejus cui mand. est jurisd. ut quod a lege nominatim cavetur, ut is prætor judexve quæstionis, cui forte obtigerit quæstio de vi publica aut privata, possit eam, si proficiscatur, mandare. Ex contrario argumentatur Pap. a præsente eam non posse mandari. Et similiter Paul. atque Ulp. in l. ex eo, de testib. l. qui testamentum, §. mulier. ff. qui testam. fac. poss. ex eo, quod lex Julia de adulteriis, vetat adulterii damnatam testimonium dicere, colligunt ex contrario, etiam mulierem in judiciis testimonii dicendi jus habere. Eodem argumento utimur ut in l. 12. §. idem respondit, domo instructa, de instruct. vel instrum. leg. quod is, qui legavit domum instructam, excepit tamen argumentum & tabulas rationum, ex contrario, cetera omnia eum legasse videri, quæ sunt in supellectili, quibus in ea domo paterfam. fuit instructior. Et eodem fere modo M. Tull. pro Balbo: *Si exceptio*, inquit, *facit ne liceat, ibi necesse est licere, ubi non est exceptum*. Utimur eodem argumento in sententiis judicum, ut in l. 3. C. ex quib. causs. majo. cum proconsul decurionem biennio jubet abstinere ordine decurionum, ἐκ τῆς ἀντιδιαστολῆς quæ verba ipsa eo loci Basilica usurpant; apparet post biennium judicem remisisse decuriones prohibitionem; non est igitur mirum, si in conventionibus eodem argumento utamur, admittamus & approbemus. Et tamen id non admittitur, si quid dictum sit vel scriptum ex abundanti, ut in specie l. qui mutuum, ff. mand. exposita lib. 3. Quod ex abundanti convenerit, ut omisso pignore mandator eligi posset, non ideo prohibetur creditor electo pignore ad mandatorem redire: ex abundanti scriptura nullum ducitur idoneum argumentum. Item hoc argumentum ex contrario admittitur in casu eodem, non in diverso, ut in specie legis *Bebius, h. t.* Si convenerit inter socerum & generum, ut defuncta filia in matrimonio sine liberis partem tantum dotis gener retineret, fateor ex contrario, sive κατὰ τὴν ἀντιδιαστολὴν, ut & loco Basilica loquantur, id tacite actum videri, ut defuncta filia in matrimonio, qui idem casus superstitib. tamen liberis, totam dotem gener retineret, non etiam divortio facto, quoniam hic casus diversus est. Illud etiam argumentum admittitur, quod sensum efficit consentaneum & congruum, non absurdum & dissentaneum, & longe alienum a vero aut mente scriptoris, ut Pap. lib. sing. de adult. in fragmentis collectis a Lucinio Rufino: quod lex Julia de adulteriis patri potestatem facit cum adultero occidendi filiam, quam habet in potestate, id ait, ex contrario non præstare argumentum, ut potestatem occidendi filiam lex Julia dederit non habenti eam in potestate, quoniam certum erat jampridem, eam potestatem patri dedisse legem Regiam, id est, Romuli. Sed id potius arguit adjectum esse in lege Julia, ut videretur pater, qui sensus est congruentior, majore æquitate ductus occidisse adulterum: qui nec filiæ suæ pepercerit. Postremo additur in hoc §. si dos fuerit ampliata post nuptias, quod fit recte, l. si inter, h. t. pacta dotalia facta initio matrimonii, eadem, nisi aliud convenerit, servari in augmento dotis, in additamento dotis, ut in l. etiam, C. de jure dot. Et nihil est præterea in hoc §.

### Ad §. Convenit.

*Convenit, ut mulier viri sumptibus, quoquo iret veheretur, atque ideo mulier pactum ad literas viri secuta, provinciam, in qua centurio merebas petit, non servata fide conventionis, licet directa actio nulla competit, utilis tamen in factum danda est.*

A Species hæc est: Inter virum & uxorem pacto nudo in urbe convenit, ut mulier viri sumptibus quocunque iret, veheretur: post maritus, cum in provincia centurio mereret stipendia, scripsit uxori, ut ad se veniret. Illa pactum ac literas viri secuta (sic Græci legunt recte non ad literas) provinciam petiit, id est, ut succurram Accursio, in provinciam profecta est, Basilica πρὸς αὐτὸν ἀπήχθη, profecta, inquam, suis sumptibus non sumptibus viri. Quæritur: an de sumptibus recipiendis cum viro agere possit? Et videtur non posse, quia ex pacto nudo non nascitur actio, adeoque nec directa eo nomine mulieri dabitur actio. Sed æquum est dari utilem in factum prætoriam, quod est singulare responsum Pap. Cujus ratio hæc est, quia & citra illam conventionem, sive remota illa pactione, ut eundem Pap. huic responso subjecisse patet, ex l. si quis pro uxore, de donat. inter vir. & uxor. ubi in hanc rem Ulpianus allegat quartum respons. Pap. remoto, inquam, illo pacto, ut uxor quocunque iret, sumptibus viri veheretur, maritus uxori semper præstat sumptus itineris, quod modo faciat consensu mariti, atque ideo inter onera matrimonii numerantur etiam viatica, & sumptus itinerarii, nec pro uxore facti tantum, sed etiam pro hominibus ejus, vel ministeriis, sumptus omnes, viatica, vecturæ, vectigalia, sive portoria pro itinere aut transitu pontis, ut in l. cum in plures, §. pen. loc. Seneca 2. de Tranquillit. vitæ: *Cogitans*, inquit, *& in pontibus quibusdam pro transitu dari*. Ludovicus Augustus & Lotharius Cæsar in suis legibus, *ut nullus ad palatium, vel in hostem pergens, tributum, quod transituras vocant solvere cogatur.* Recte C autem dixi, dari uxori in specie proposita utilem actionem in factum prætoriam, quæ est omnium actionum extremum subsidium, quoniam cessat civilis actio præscriptis verbis, ut Isidorus recte notavit. Nec enim ita conventio habita est, *do ut eas ad me*, ex quo contractu nasceretur actio civilis præscriptis verbis, sed quocunque ibis, dabo, quæ pactio nuda est, quia neque datione ulla, neque facto sumpsit effectum, sed dictum est tantum; *quocunque ibis, dabo sumptus quos feceris in itinere*. Igitur pactio nuda fuit, ex qua civilis in factum præscriptis verbis nunquam datur actio, sed prætoria tantum, casibus certis exceptis a regula, ne ex pacto nudo nascatur actio. Igitur male Cyrillus & Anastasius dari uxori actionem præscriptis verbis, quæ ex contractibus tantum datur, qui ex datione vel facto sumpserunt effectum, non ex D pactis nudis, non etiam ex contractu, *facio ut des*, ut docet l. naturalis, ff. de præscrip. verbis. At recte idem Cyrillus, cessare etiam in hac specie actionem mandati, quia non fuit animus mandati contrahendi, cum miles per literas uxorem rogavit, ut ad se veniret, denique ex hoc pacto esse tantum utilem actionem in factum, de sumptibus recuperandis, & subintelligo prætoriam, non civilem.

### Ad §. Filia cum pro se.

*Filia cum pro se dotem promitteret, pepigit, ut si in matrimonio sine liberis decessisset, matri dos solvatur, pacto filiæ nulla matri quæritur actio: si tamen heres puellæ matri pecuniam dotis solverit, viro contra placita petenti dotem, obstabit exceptio.*

Quinti responsi species hæc est: Mulier viro stipulanti promisit dotem, & pepigit, ut si in matrimonio sine liberis moreretur, si in matrimonio *illiberis* decederet, ut Tertullianus loquitur, matri suæ dos solveretur; mortua ea in matrimonio sine liberis, ex hac conventione nulla matri quæritur vel competit actio vel exceptio, quia prorsus inutile est pactum, vel conventio qualibet, quæ fit alteri absenti, l. quo tutela 73. §. ult. de diver. reg. jur. Et nec stipulationi dotis pactum incontinenti subjectum format actionem: hoc enim tantum receptum est in bonæ fidei contractibus, non in stipulationibus, l. jurisc. §. quinimo, de pact. l. in bon. f. C. eod. Et quod dicitur in l. lecta, ff. de reb. cred. pacta facta in-

conti-

continenti stipulationi ineſſe, hunc intellectum habere ea ipſa lex oſtendit, ut inſint ſtipulationi ex parte rei, id eſt, ut pariant exceptionem, non etiam ex parte actoris, ut pariant actionem, ſive ineſſe ſtipulationi, ut actori noceant, non ut proſint. Verum poſt mortem filiæ, heres extraneus quem ſibi filia teſtamento ſecerat heredem, ultro & bona fide matri dotem ſolvit, tum maritus cum herede agit ex ſtipulatione dotis, & intendit dotem ſibi dari oportere, Papin. ait, marito petenti dotem obſtare exceptionem, quod contra placita eam petat, nec exprimit, quæ exceptio petenti marito obſtet. Sed recte Cyrillus interpretatur, obſtare exceptionem doli mali, quia infringit fidem pactam inter eum & uxorem, in qua matri, id eſt ſocrui, ſolveretur. Non obſtat exceptio pacti, quia nihil ſibi herede ſuo filia pacta eſt, ſed obſtat exceptio doli mali, quæ tuetur naturalem æquitatem, l. 1. §. pen. l. qui æquitate, ff. de doli except. Et omne judicium, cui opponitur hæc exceptio, bonæ fidei judicium facit, l. Seja. de mort. cau. don. l. 3. C. de except. Naturali autem æquitati conveniens eſt, ne heres, qui bona fide dotem ſolvit matri ex voluntate viri & uxoris, id eſt, ex pacto convento inter eos, iterum eam dotem marito ſolvere cogatur, quia ſed etiam heres filiæ, quia ſciens ſolvit, non ignarus rei indebitæ: conditionem non habet adverſus matrem, quia ſciens ſolvit, & hæc actio errantibus. tantum datur: exceptio doli mali, vel ut eleganter idem colligit eſt δυσκολώτερα καὶ ὑγιῶν ἔχοντα τὴν ἀκρίβειαν. Exceptio autem pacti juris civilis regulis, & ſubtilitati magis adſtricta eſt: deniq; latius patet, diffunditur exceptio doli mali, & ſæpe ubi ceſſat pacti, non ceſſat doli mali exceptio, Ad hæc quæritur quid ſit dicendum, ſi heres filiæ nondum cuiquam ſolvit dotem, quam quæſtionem movet Accurſius? & contra quam reſpondet, verius eſſe arbitror, hoc caſu marito competere actionem ex ſtipulatu, eique petenti dotem, nullam exceptionem obſtare, neque doli mali, ne heres jam exigatur, quia nondum quiſquam ſolvit, neque pacti, quia nihil heredis intereſt matri ſolvi. Et falſum eſt, quod ait Accurſius illo caſu, marito non dari petitionem dotis, ſed matri dari utilem ex ſtipulatione filiæ, quam fingit intervenſſe, cum tamen Papinianus filiam tantum matri pepigiſſe dicat. Id vero Accurſius probat, adducto principio conſtitutionis de rei uxoriæ actione, in quo ea de re nullum verbum, nulla ſuſpicio: item adducta l. cum dos, §. 1. quæ de patre, & filiaſ. loquitur, per quam, patri adquiri poteſt; non de matre & filia, per quam matri adquiri non poteſt. Forte voluit Accurſius in medium adducere caſus, quos notavi in dict. l. cum dos, quibus ex ſtipulatione patris poſt obitum ejus filiæſa. utilis quæritur actio, & nepoti, vel nepti ex ſtipulatione avi, l. quocunque, §. ſi ita quis, ff. de verb. obligat. l. pater, C. de pact. conven. l. Cajus, ſol. matr. Sed hoc tantum jure ſingulari datur ſummis affectionibus parentum erga liberos, ut d. l. Cajus, in fin. non vice verſa liberorum erga parentes.

### Ad §. Ultimum.

*Pater ſi filia nupta mortem obiiſſet, dotem dari ſtipulatus eſt: conſtante matrimonio capitali crimine damnatus eſt, divortio ſecuto, vel morte viri ſoluto matrimonio ſtipulationis conditio deficit: quod ſi mulier in matrimonio deceſſerit, ex ſtipulata fiſco dotis actio quæritur. Poſt verum autem divortium renovatis nuptiis, non committitur fiſco ſtipulatio, licet defunſa ſit in matrimonio filia, quoniam ad primas nuptias pertinet.*

PAter dotem datam pro filia ſtipulatus eſt ſibi reddi in hunc caſum, ſi filia in matrimonio decederet, ſi filia nupta mortem obiret: in caſum omiſſum, id eſt, in caſum divortii aut mortis viri, in quem pater ſtipulatus non eſt, proculdubio dos eſt reddenda filiæ, ut in l. ſi cum dotem ſolu. matr. In caſum autem mortis filiæ, dos reddenda eſt patri aut heredi ejus, aut fiſco, inquit, ſi forte conſtante matrimonio pater capite damnatus ſit, & conſiſcatus fuerit, quia fiſcus loco heredis eſt, l. inter eos, §. ult. de fidejuſſ. l. 2. C. ad l. Jul. de vi. at finge inter virum & uxorem verum divortium interceſſiſſe; veroque non ficto divortio ſolutum matrimonium fuiſſe, deinde renovatum, & ſecundo matrimonio defunctam filiam. An & hoc caſu, cum pater conſiſcatus eſt, dos fiſco reddenda eſt, actione ex ſtipulatu? Minime, quia ea ſtipulatio, qua pater ſtipulatus eſt ſibi dotem reddi, ſi filia in matrimonio mortem obiret, pertinet ad primum matrimonium tantum, non ad ſecundum. Itaque vero divortio facto expirabit ea ſtipulatio, ut in l. dotis, de jure dot. Nec ex ea patri aut heredi ejus, ergo nec fiſco ulla actio competere poteſt. Recte ait Papin. *verum divortium*. Aliud enim eſt, ſi ſimulatum fuerit & imaginarium divortium in fraudem ſtipulatoris, l. 3. C. de repud. Quia renovatum deinde matrimonium, non aliud ſit matrimonium, ſed idem, quod fuit ante, & mortua filia ante virum, proculdubio ſtipulationis locus eſt. Aliud item dicendum eadem ratione, ſi jurgium fuerit, quoniam reyerſa uxore idem matrimonium eſſe intelligitur l. 31. de jur. dot. Jurgium, vel friuſculum, ut vocat Ulpianus in l. cum hic ſtatus, §. ſi divortium, de don. inter vir. & ux. a fribulo, quod frivolum Iſidor. 9. Originum, per diminutionem ſit friuſculum, ut ab oſculo, oſculum interpres antiquus Horatii, dum ſuave interpretatur amoris oſculum. Eo igitur nomine ſignificatur frivolaris rixa, frivolaria nozia, unde noſtri noiſe, in Auſonius loquitur.

*Sæpe*, inquit, *in conjugiis ſit noxia ſi nimia eſt dos*. & Petronius, *in mediam noxiam*, id eſt, rixam, profertur. Et Donatus in Ennuchum: ad explendam Veneram longiore noxia adverſus virginem utendum ſuit. His vero §. ult. hujus legis non eſt in Baſil: credo, quia ei quodammodo derogatur in Novell. 22. quæ vult, ut non jure conſtat divortium, etiam ſi ſit verum & ſerium, quod fecerit filia ſine conſenſu patris viventis adhuc, metu, ne id fecerit in fraudem patris: ſed conſiſcato patre hoc beneficium, quod Novella dedit patri integri ſtatus, ſane nolim transferri in fiſcum, cum nec ad heredem patris transferatur, & perſonale beneficium ſit,

### Ad L. LIII. de Don. inter vir. & uxor.

*Mortis ſuæ cauſa genero, vel nurui fruſtra ſocerum donare convenit: quia mortuo ſocero nuptiæ non ſolvuntur, nec intereſt an pater filium, vel filiam exheredaverit, divortii ſpecies, eadem ratione diverſa eſt.*

IN hac lege duo ſunt Papiniani reſponſa. Quod ad primum attinet, ſciendum eſt propter matrimonium non tantum virum uxori, vel contra uxorem viro fruſtra donare, qua jure civili, quo etiam hodie utimur, ea donatio improbata eſt: ſed etiam eadem ratione, id eſt, propter matrimonium, ut ait l. cum hic ſtatus, §. oratio, h. t. præ textu matrimonii, ut ait l. vitricus, hoc t, Fruſtra donare ſocerum nurui vel genero, ſi filium vel filiam in poteſtate habeat & contra generum, vel nurum fruſtra donare ſocero, ſi uxorem ſuam vel maritum ſuum in poteſtate habeat, ut in d. §. oratio, & l. 5. C. eod. t. Ratio hæc eſt: quia jus poteſtatis, vinculum poteſtatis unam perſonam facit, patris & filii, vel filiæ, ut quod donat ſocer genero vel nurui, quodve donum ſive munus accipit a genero ſive nuru, id filius, vel filia, qui quæve in ejus poteſtate eſt conjugi donare, vel ab eo accipere intelligatur. Jus igitur poteſtatis donare, vel ab accipere intelligatur. Jus igitur poteſtatis cauſam præſtat inhibendæ donationis inter ſocerum, & generum vel nurum. Vis videre quam hoc ſit verum? Socrus genero vel nurui, vel contra gener vel nurus ſocrui donare non prohibetur, quia hic jus poteſtatis non vertitur, nulla enim femina familiæ poteſtatem habet, & inter ſocrum vel generum vel nurum donationem non prohiberi conſtat ex l. 3. §. ſocrui, hoc t. l. 26. C. eod. tit. l. 12. C. de donat. ante nupt. Et hæc quidem dicimus de donatione directa, quæ ſit inter vivos; hanc

hanc dicimus prohiberi inter supradictas personas, inter maritos, scilicet socerum, socrum & generum vel nurum, si socer filium vel filiam in potestate habeat.

Nam si non inter vivos, sed mortis causa vir uxori, & contra uxor viro donaverit, donatio valet, quia in id tempus excurrit donationis eventus, quo vir & uxor esse desinunt morte donatoris soluto matrimonio, *l. 1. hoc tit.* neque enim mortis causa donatio perficitur antequam mors donatoris insecuta fuerit, *l. non videtur, inf. de mortis causs. donat.* Eademque ratione nurus vel gener mortis causa socero donare non prohibetur, quia donatio confertur in tempus soluti matrimonii morte nurus, vel generi. At quaeritur, an etiam e contrario valeat donatio, si socer mortis suae causa nurui, vel genero donaverit? Et *l. 26. in fi. h. t.* ait valere donationem, quod non est usquequaque verum, sed ita demum, si filius vel filia ante socerum vita decesserit, postea socer non mutata voluntate, quoniam donationis effectus excurrit in tempus soluti matrimonii morte filii vel filiae. Et ita hoc ipso libro Responsorum Papinianum scripsisse Ulpianus refert in *d. §. oratio,* & appingendum esse videtur responso hujus legis, quo ex diverso dicitur, donationem non valere, quam socer mortis suae causa contulit in nurum vel generum, videlicet si socer decesserit superstite filio vel filia, nec soluto matrimonio, quia morte soceri non solvitur matrimonium, atque ita ejus donationis effectus excurrit in tempus constantis matrimonii, cujus ratione initio diximus, eam donationem prohiberi, & ut recte Accursius ait in *l. 1. §. Celsus, de dote prae-leg.* eo casu, id est, quum moritur socer ante filium vel filiam, donatio quam fecit nurui vel socero mortis suae causa, accedit donationi inter vivos potius quam legato, aut donationi causa mortis. Et hoc est, quod ait Papinianus hoc loco ; *Mortis suae causa genero, vel nurui socerum frustra donare convenit :* Et recte ait, *mortis suae causa*. Nam mortis filii, vel filiae causa non frustra donat socer nurui vel genero, quia donatio confertur in casum soluti matrimonii, *l. 11. de mort. causa donation.* Non tantum mortis nostrae causa recte donamus, sed etiam mortis alienae causa, *l. 3. C. eod. tit.* Et addit Papinianus hoc loco : *Nihil interesse an socer filium, vel filiam exheredaverit,* hoc est, non valere donationem mortis suae causa factam nurui vel genero, si constante matrimonio socer mortem obierit, etiamsi filium vel filiam exheredaverit. Et ratio haec est, quia jus potestatis exheredatione non tollitur, sed jus filii tantum, sive jus sui heredis, *l. 1. §. post suos, de suis, & leg. hered. l. si postumos, §. si filiam, de liber. & postumis.* Et jus potestatis praestat causam improbandae donationis : non igitur spes successionis, cum & exheredatis libertis, nec succedentibus, etiam improbetur donatio . Denique non spes successionis improbandae donationis a socero factae causam praestat, ut Odofredus sentit male in *l. 3. hoc tit.* dum scribit, ideo socerum frustra donare nurui, quod ipse maritus, quia socero debeat, succedere, donare videatur ; sed causa improbandae donationis prima, est matrimonium, deinde jus potestatis : unde si in emancipando filio vel filia, vel post emancipationem filii ut filiae, socer nurui vel genero donaverit mortis suae causa, vel inter vivos, proculdubio donatio valet, quia jus potestatis cessat, at solutum est , non etiam , si id fecerit tempore exheredationis, vel post exheredationem filii vel filiae : tunc enim donatio non valet, quia jus potestatis manet interim, nec solutum est exheredatione. Dixi in emancipando filio vel filia, vel post emancipationem, quia si post donationem, quae non valet ab initio, emancipaverit filium vel filiam, donationis vitium emancipatio non corrigit, *l. cum hic status, §. si conscer, hoc tit.* sicut nec divortium postea secutum, nec mors donatarii, licet solvat matrimonium, vitium emendat donationis ante factae, *d. l. cum hic status, §. divortium, & l. & ideo, §. 1. hoc t.* Et multo minus id emendabit post sequuta exheredatio . Idem Papinianus subjicit hoc loco : *Divortii tamen causa omnino permissam esse donationem inter socerum & nurum vel generum,* sicut inter virum & uxorem, qui cum discedunt bona gratia plerumque se mutuis muneribus afficiunt, & donatio valet, quae ita fit divortii causa, id est, sub tempus divortii , non cogitatione futuri divortii constante adhuc matrimonio . Valet igitur donatio divortii causa facta, non tantum inter maritos, sed etiam inter socerum & nurum vel generum : valet indistincte, quia fit sub ipsum tempus solvendi matrimonii, id est, sub divortii tempus, *l. 12. hoc tit.* Et hoc est, quod Papinianus ait : *Divortii species eadem ratione diversa est,* diversa scilicet est causa divortii a causa mortis soceri. Nam ex hac causa socer nurui vel genero frustra donat, id est, in causam mortis suae contingentis manente matrimonio , & filii vel filia superveniente. Ex illa autem causa, puta divortii, indistincte recte donat, & hoc ait : *In utraque specie, sive causa fieri eadem ratione*. Dices, si igitur eadem ratio efficit contrarium, an eadem ratio infirmat & confirmat donationem soceri? Sic sane, eadem in genere, nempe ratio matrimonii, sed non eadem in specie, sed contraria : in donatione mortis causa ratio constantis matrimonii, in donatione divortii causa, ratio soluti matrimonii. Et eodem sensu dicitur in *l. inter, §. sacra, de verbor. oblig. liberandi & obligandi*. Contrariorum unam eandemque causam esse, non quidem prorsus eandem, sed eandem, si in contrarium agatur, ut ait *lex 153. de regul. jur. in qua, utrumque in contrarium actum,* ait illa *lex 153.* ut ecce, consensus obligationem efficit & liberationem, sed obligationem consensus primus, liberationem dissensus, id est, consensus secundus & contrarius, *l. prout, de solut.* Res una obligationem efficit & liberationem , sed obligationem res data, liberationem res reddita . Verbis item obligatio adquiritur & liberatio, sed obligatio stipulatione, liberatio acceptilatione, *l. 8. §. acceptum, ff. de accept.* Utraque fit verbis & stipulatio & acceptilatio, & sic in specie dicti §. *sacrae,* rei promissae qualitas obligationem facit & liberationem, sed obligationem, si talis sit , ut dari possit, veluti res profana , liberationem si talis sit , ut dari non possit, veluti res sacra , & ita explicandus est hic §.

### Ad §. Res in dotem.

*Res in dotem aestimatas consentiente viro mulier in usu habuit. Usu deteriores si fiant, damni compensatio non admittitur: easdem res non potest mulier sibi, quasi donatas, defendere ex illis verbis, quibus donationes ei a viro legata sunt, cum ejusmodi species neque donari, neque auferri videtur.*

IN secundo responso hujus legis Papinianus docet, res aestimatas in dotem datas, etiamsi consensu mariti eas uxor in usu habeat, non ideo minus perfecte mariti fieri quasi ex causa emptionis, ut in *l. cum post, §. pen. de jure dot.* ex eodem libro, cui istud responsum commodissime comparari potest. Igitur rerum aestimatarum, quae datae sunt in dotem, etiamsi eas uxor in usu habeat, dominium perfecte marito adquiritur : & ideo , si eae res perierint, aut deteriores factae fuerint attritu uxoris , damnum est mariti, ut in *l. aestimatae, inf. solut. matrim. l. 10. In princip. sup. de jur. dot.* Nec potest maritus compensare damnum cum dote, vel cum fructibus perceptis dote illo tempore matrimonium, ut fit in specie *l. si constante, §. pen. inf. sol. matrim.* ob damnum illatum aliis rebus mariti , & ob res donatas & amotas, & impensas, *l. 1. §. 1. fructius, §. ob donationes, eod. tit.* Et addit Papinianus, etiam usu earum rerum uxori permisso, non videri eas res uxori donatas, idque apparere ex legato rerum donatarum, quod vulgari modo ita relinqui solebat : *Quae unius uxori dedi , donavi , l. si quando, de leg. 1.* Eo enim legato non continentur, quae in usum maritus uxori concessit, nisi nominatim adjectum sit, *quaeque ei in usum concessi,* in *l. uxori, §. uxori, de legat. 3. l. uxori, ff. de auro, & arg. leg.* Quod in usum conceditur, inquit, Papinianus in fin. legis, *neque donari, neque auferri videtur,* neque donari a viro, neque auferri ab uxore. Nam ut non intelligitur amis-

amissum quod ablatum alteri non est, sicut recte est in Florent. scriptum, *ablatum*, non *oblatum*, in *l. nec utilem, ex quibus. causs. maj.* ita nec ablatum intelligitur, quod amissum, puta donatum non est, & ita sunt intelligenda hæc duo responsa.

### Ad L. XLII. Sol. Matr.

*In insulam patre deportato, qui dotem pro filia dedit, actio dotis ad filiam pertinet. Post divortium quoque patre damnato, qui dotem consentiente filia non petierat, æqua dotis actio mulieris est.*

PRimum responsum hujus legis est, de dote filiæfam. profectitia, id est, quam pater dedit, cujus quidem dotis divortio facto bona gratia, aut culpa mariti, vel morte mariti soluto matrimonio, certum est repetitionem patri, qui eam pro filia dedit, competere, non soli quidem, sed adjuncta persona filiæ, id est, volente & consentiente filia: Quia communis res est, & communis actio est, *l.2.§.1.l.3.h.t. l.2.& l.filia, C.eod.tit.l.Titia, §.qui invita, inf.de leg.1.l.pater inf.ad l.Falcid. l.qui hominem, §. si gener, ff. de solut.* Et hæc quidem ita si pater vivat: nam si pater obierit ante vel post divortium, vel ante mortem mariti, aut post mortem mariti, nondum repetita dote, soli filiæ dotis repetitio competit, etiamsi exheredata sit a patre, non competit heredi patris, vel extraneo, vel suo, puta, fratri filiæ, sed competit soli filiæ, *l.un.§.videamus, & §. & hoc ex rei uxor. C. de rei uxor. act.* Idemque est si pater ante vel post divortium, vel mortem viri, nondum repetita dote consentiente filia, in insulam deportatus fuerit, atque adeo expulsus civitate & confiscatus. Nam deportatio in insulam, est civitatis & bonorum amissio, & mors civilis, & perinde atque si pater excessisset e vita naturaliter. hoc quoque casu, cum in insulam deportatus est, Papinianus docet hoc loco dotis repetitionem soli filiæ competere, non fisco, quia dos est proprium patrimonium filiæ, *l.3.§.ergo, de minorib. l.16. de relig. l.4. C. in quibus caus. pignus tac.contr.* Proprium, inquam, patrimonium filiæ, quod neque heres, neque quasi heres aut successor patris ei auferre potest: imo ne pater quidam ipse qui dedit, invita filia. Fiscum non sequuntur, quæ heredem non sequuntur: nam si heredem non sequuntur, consequens est, non computari ea in bonis confiscatis. Bene autem Papinian. ait: *qui dotem consentiente filia non petierat*: Quoniam, si ante deportationem patris consenserit, ut dotem peteret, mox deportatus sit in insulam, & ad peregrinitatem redactus atque egestatem fuerit, quasi successione actio translata est in fiscum, actio est fisci, non filiæ, & ita est proditum nominatim a Martiano in *l.10. de bonis damnat.* quem ritul. jam pridem restituimus ex Basiliciis, qui valde mutilus erat. Actio autem dotis est fisci, eo casu, sicut Græci interpretes recte notant, ea conditione scilicet, ut notant ad illam *l. 10.* ut fiscus vice patris, quemadmodum cavetur *Novel. 97.* dotem conservet mulieri, quam recuperavit judicio dotis, eamque mulieri quandoque restituat, vel redintegranti matrimonium, vel nubenti alii. Neque huic sentent. quidquam obstat *l.si marito, §.si voluntate, hoc tit.* quæ hoc loco imposuit Accurs. quod dicat, ad exactionem dotis dato procuratore voluntate patris & filiæ, & re judicata secundum procuratorem, judicati actionem postea mortuo patre dari filiæ, non heredi patris: ergo nec datur fisco, postea damnato patre, sive mortuo civiliter: cui nos ita respondemus: judicato novari actionem dotis, judicato novari priorem actionem, id est proditum generaliter in *l.3. §.pen.C. de usur.rei jud.* Denique actionem dotis transferri in actionem judicati, re secundum dotem judicata, & licet filia consenserit patri in actionem dotis, ut ea ageret per procuratorem, non tamen consensit in actionem judicati, non consensit patri in actione judicati nova. Ideoque filiæ est salva actio judicati, in quam non consensit: nec quæ permisit priorem actionem videtur etiam permisisse posteriorem,

A & novam, sicut in *l.si procurator meus, ff. de procur.* Si te feci procuratorem, ut ageres ex stipulatu meo nomine, & viceris, actio judicati mihi dabitur, non tibi, quia non feci etiam te procuratorem in actionem judicati. At similiter filia quæ consensit patri in actionem dotis, non intelligitur consensisse, nisi id probetur etiam in actionem judicati, ideoque filiæ potius quam heredi patris dabitur actio judicati.

### Ad §. Fructus.

*Fructus ex prædiis, quæ in dotem data videbantur, bona fide perceptos, & mulieris oneribus ante causam liberalem adsumptos, quamvis servam fuisse postea constiterit, peti non posse placuit. Sumptus vero necessarios & utiles* B *in prædia, quæ dotalia videbantur facta, compensatis fructibus perceptis, & finem superflui servari convenit.*

SPecies hæc est: Liber homo cum aliena ancilla, quam existimabat esse liberam, errore lapsus contraxit matrimonium, & ab ea prædia quædam peculiaria forte, vel sui domini, in dotem accepit. Neque dos est matrimonium: unde quæritur an fructus ex ea quasi dote a viro bona fide percepti, & quasi in matrimonii onera, consumpti, cognito statu mulieris, & domino prædia vindicante, ut potest, *l. Proculus, ff.de jur.dot.* an domino restituendi sint fructus? Item an impensæ in ea quasi dotales a viro factæ, in prædia quasi dotalia, domino prædia vindicanti reputari possint? Et respondet Papinianus fructus compensandos esse cum impensis necessariis, & utilibus factis in præ- C dia, quæ dotalia videbantur, & si quid sit superfluum in impensis, id est, si minus sit in fructibus, plus in impensis, superfluum impensarum viro servari per officium judicis, vel per exceptionem doli mali, ut in *l.23.hoc tit.sicut fit in quolibet bonæ fidei possessore, l. sumptus, & l. emptor, de rei vindict.* exposita a nobis lib. 2. Quid vero si plus in fructibus, minus in impensis? An superfluum fructuum domino reddi oportet? Respondeo fructus extantes esse restituendos, quatenus impensas exsuperant: consumptos non esse restituendos, aut eorum æstimationem, ut sit in quolibet alio bonæ fidei possessore, *l. certum, C. de rei vindic. l. quasitum, ff.de acquir. rerum domin.l.4.§.post litem, ff.fin.regun.d.l.4.§.lana, ff.de usurp. & usucap.* Et hæc, si injustum fuerit matrimonium: nam si justum fuerit matrimonium, impensæ factæ in D res dotales non compensantur cum fructibus, sed fructus omnes ejus temporis, quo stetit matrimonium, cedunt lucro mariti pro oneribus matrimonii. Impensæ autem necessariæ ipso jure minuunt dotem, vel in tota dote soluta imprudenter, condicuntur, ut in *l.5.§.dos, tit.seq.* Et utiles impensæ repetuntur actione mandati, vel negotiorum gestorum ex Constitutione Justiniani *de rei uxoris actione*, & illæ solæ impensæ cum fructibus compensantur, quæ factæ sunt fructuum quærendorum gratia in annum, non in perpetuam rerum dotalium utilitatem, *l.fructus, §.ult.hoc tit.l.3.tit.seq.*

### Ad §. Usuras.

*Usuras numeratæ dotis ex stipulatu pater in matrimonio defuncta filia, si petat: gener, qui residuæ dotis pro-* E *missæ fœnus stipulatus est, ita demum ad finem vice mutua debitæ quantitatis, compensationem opponere juste videtur, si propriis sumptibus uxorem suam exhibuit. Alioquin si patris sumptibus exhibita sis, inanis usurarum stipulatio compensationi non proderit.*

TErtii responsi species hæc est: Pater pro filia genero promisit dotem certam, puta, mille, numeravit autem partem tantum, id est, quingenta, stipulatusque est mortua in matrimonio filia, eam partem sibi reddi, & quo tardius redderetur usuras certas. Contra quoque gener, de patre sive socero, quoad residuam dotis partem solvisset, id est, residua quingenta, stipulatus est sibi dari usuras certas. Mortua in matrimonio filia pater agit

agit cum genero actione ex stipulatu, dotemque numeratam petit & usuras. Gener ei opponit compensationem quantitatis usurarum, quam vice mutua sibi debet pater ex stipulatione residuæ dotis. Quæritur an justa ea compensatio sit? Et respondet Pap. esse justam, si modo maritus sustinuerit onera matrimonii, & suis sumptibus constante matrimonio uxorem exhibuerit. Et sane, adeo justa est ea compensatio, ut & jure Pontificio, quod usuris, quantum potest, adversatur, approbentur usuræ, quæ pensant onera matrimonii. Nam etsi eodem jure improbetur ἀντίχρησις, quia vicem usurarum obtinet, c. 1. & cap. contestatus, ext. de usur. ἀντίχρησις, id est, pignus contractum ea lege, ut fructus pignoris creditor lucrifaciat vice usurarum, nec imputet in sortem: tamen eo jure ea conventio approbatur, si dotis promissæ nomine marito detur pignus eadem lege, id est, εἰ ἀντίχρησιν, marito, inquam, sustinenti onera matrimonii cap. salubriter, eod. t. ubi illo loco, Nec numerata dote, velim vos emendare numerandæ dote, Eademque ratione invenio in c. 1. ext. de feudis, recte beneficiarium, sive vassallum dare beneficium, sive feudum domino pignori, ea lege, ut fructus lucrifaciat, si modo dominus onera vasalli, vel servitia, quæ vasallus obire debet, in se recipiat. At in specie proposita, si non mariti, sed patris sumptibus mulier exhibita & educata fuerit constante matrimonio, Pap. ait, inanem esse stipulationem usurarum a genero interpositam, quia inest ei semper hæc conditio, si maritus exhibuerit & aluerit uxorem, & ministeria ejus, ut idem Pap. docuit in hoc libro in *l. cum post*, §. *in domum, sup. de jure dot.* Denique usuræ residuæ dotis intelligitur genero promissæ ad exhibitionem uxoris, ergo uxore non exhibita non debentur, & inanis ea stipulatio est, ut nec compensationi prosit. Proinde vir patri præstabit usuras tardius redditæ dotis. Viro autem pater nullas præstabit, vel feret expensas.

### Ad §. Ultimum.

*Ad virum uxore post divortium reversa, judicium acceptum ex stipulatione, quam extraneus, qui dotem dederit, stipulatus fuerit, non dissolvitur, nec officio judicis absolutio continetur.*

NOtandum est ad hoc responsum, multum interesse mulier dotem dederit, an extraneus pro muliere. Nam si extraneus dederit, & in casum divortii stipulatus sit dotem sibi reddi, quæ dos receptitia vocatur divortio facto, committitur stipulatio, & ex ea semel parta actio invito stipulatore non extorquetur: semel acceptum ex eo judicium non dissolvitur, neque ipso jure, neque officio judicis, neque remedio actionis: licet interim pendente judicio renovatum matrimonium fuerit, ut in *l. stipulatio, de jure dotium*. At si mulier ipsa dederit dotem, & divortio facto bona gratia, vel sine culpa sua egerit de dote, quod potest, etiamsi nihil stipulata sit, post reintegraverit cum eodem viro matrimonium pendente judicio dotis, judicium dotis, etiamsi contestatum sit, dissolvitur, quod est in *l. 19. h. t.* Dissolvitur ipso jure judicium rei uxoriæ, quod jam contestatum est, ut *d. l. 19.* vel quod post reconciliationem instituitur, ipso jure nullum est, quia judicium rei uxoriæ est bonæ fidei, & judiciis bonæ fidei tacite inest exceptio doli mali, *l. 21. h. t.* ut necesse non sit eam opponere. Judicium autem ex stipulatu, quia olim erat strictum, non solvitur, aut submovetur ipso jure, sed opposita exceptione doli mali demum, ut in *l. 13. sup. de jure dot.* hodie ipso jure, quia Stipulatianus actionem ex stipulatu de dote fecit bonæ fidei. Ea vero lex 13. cum sit Modestini ex libr. singul. de differentia dotis, facit credo Medestinum post verba *l. 13.* subjecisse, aliud esse dicendum in dote data ab extraneo: atque ita fecisse differentiam inter dotem datam a muliere, & dotem datam ab extraneo: cujus ratio hæc est, Quia jus quæsitum extraneo per divortium invito, ei mulier auferre non potest redintegrato matrimonio, sicut in *l. ult. ff. de pact.* Si per reum principalem, qui pactus est de non petenda pecunia, fidejussori ejus sit quæsita exceptio pacti, ea fidejussori a reo principali postea auferri non potest, si forte pacificatur in contrarium de petenda pecunia, sicut in *l. 2. C. de pignor.* Si primo obligavi generaliter omnia mea bona: deinde secundo specialiter prædium ex meis bonis, specialis hypotheca non derogat generali, quia primo ex generali jus quæsitum est. Jus autem sibi quæsitum mulier remittere potest, quod etiam remississe intelligitur redintegrato matrimonio, qua ratione etiam placet judicium rerum amotarum solvi redintegrato matrimonio, *l. ult. ff. rer. amot.* Ex quo titulo etiam breviter est explicanda lex 27.

### Ad L. XXVII. Rerum amotarum.

*Rerum amotarum actio ob adulterii crimen, quo mulier polluta est, non differtur.*

SEntentia hæc est, Propter adulterii crimen, quod dimissæ uxori intendit maritus (quia non dimissam non potest accusare adulterii, sed prius debet eam dimittere; deinde accusare) non differri: judicium rerum amotarum, quod contra eam semel instituit, aut parat instituere, judicium civile, quia ea actio civilis rerum amotarum nihil præjudicat criminali. Puto hoc scripsisse Pap. de actione rerum amotarum πρὸς ἀντιδιαστολὴν, ad differentiam actionis de dote, quia judicium de dote sane differtur propter crimen adulterii, quo post divortium maritus postulavit uxorem, *l. adulterii, C. ad l. Jul. de adult.* quia scilicet actio dotis, quæ civilis est præjudicat judicio criminali. Nam si judicio dotis judicabitur secundum mulierem, nempe, ut dos ei restituatur, quasi sine culpa ejus divortio facto, utique præjudicabitur, eam non esse adulteram, quia adultera dote mulctatur. Deinde præjudicabitur judicio criminali, quod non est ferendum, quia gravius est judicium. Breviter dicamus, actio de dote differtur propter crimen adulterii, non actio rerum amotarum.

### Ad L. XXVI. de Testam. tut.

*Jure nostro tutela communium liberorum matri testamento patris, frustra mandatur, nec, si provinciæ præses imperitia lapsus patris voluntatem sequendam decreverit, successor ejus sententiam, quam leges nostræ non admittunt, recte sequetur.*

IN hac lege tria sunt responsa, quæ sola explicare liceat. Ad primum responsum notandum est: Tutelam esse virile, non muliebre officium, adeo ut nec matri testamento patris filiorum communium tutela mandari, nec mandata decreto judicis confirmari possit, nec si forte Præses imperitia lapsus eam confirmaverit, decretum ejus, sive sententia rata est, quia est contra leges juraque civilia: nec recte fecerit successor Præsidis, si eam sententiam sequatur quam ipso jure nulla est, male eam probet. Et hæc est sententia primi responsi Ad quod notandum est: decreto tantum Principis matri postulanti tutelam filii impuberis posse mandari, idque constat ex *l. ult. de tut. & §. quid sit pater*, ad *SC. Tertull.* in illo loco: *Nec legitime tutelam mater administrat, legitime, id est, ex decreto Principis, hoc sensu, ut quæ filio impuberi neque tutorem petit, neque ipsa legitime tutelam administrat, id est, ex decreto Principis, amittat jus succedendi filio impuberi. Idemque constat ex l. 2. C. quando mul. tut. offic. fungi poss.* Et olim quidem mater tutelam filii postulare, & impetrare potuit a Principe, non nisi deficientibus testamentariis tantum tutoribus & legitimis, *d. l. 2. & l. 3. eod. t.* hodie non nisi deficientibus testamentariis tutoribus, quia legitimis tutoribus, id est, agnatis mater præfertur, ut in hereditatibus ex SC. Tertull. sic & in tutelis, ex Nov. 118. Verum ex supradictis ll. & aliis plerisque Nov. Justiniani, debet prius mater, quæ affectat tutelam filiorum, renuntiare beneficio SC. Velleiani de intercessionibus mulierum: nam auctoritas tutoris in negotiis pupilli intercedit is, *l. 15. C. de administ. tut. l. 6. C. de curat. fur.* quæ auctoritas interposita a matre inanis & inutilis esset, nisi renuntiasset SC. Vellejalejano. Debet quoque ea mater vidua permanere, alioquin tutela removetur, idemque est in avia ex Novella Justin. Nulla tamen lege, aut constitutione adhuc effectum est, ut contra hoc Pap. responsum jure pater in testamento matri filiorum communium tutelam mandarit, utve mandatam Prætor vel Præses jure confirmarit: sed contra nulla etiam lex vel constitutio vetat quin possit mater negotia filii gerere & attrectare, ut voluntarius procurator, ut negot. gestor ex patris ultima voluntate, ut lib. 2. latius exposuimus ad l. libert. §. pon. de negot. g est.

### Ad §. Honoris causa.

*Honoris causa tutor datus non videtur, quem pater a ceteris tutoribus, quibus negotia gerenda mandavit, rationes accipere voluit.*

Honorarius tutor est is, qui honoris tantum, non oneris causa datus est, ut otiosus observaret gerentes tutelam, non gereret ipse κατὰ τιμὴν, ut ait l. 15. §. ὁ τῆς πόλεως, de excus. tut. Denique qui honestatur nomine tutoris, non munere: nam & tutelæ delatio honor est, hereditas, heredisve institutio honor est : sicut legatum honor est, eadem ratione dictus honorarius, qua in constitutionibus Codicis sæpe honorarii Prætores vel Consules vel Quæstores, qui nudum habent nomen honoris sine re, qui non versantur ἐν τοῖς πράγμασι, in administratione Reipubl. unde vulgo aliam faciunt dignitatem, legitimam & ordinariam, id est, ἔμπρακτον, quæ in actione consistit, aliam honorariam, quæ nihil agit, l. 2. C. Th. ad l. Jul. repet. Et honorarium vinum, quod honoris causa offertur, Cato de innocentia sua: *Cum essem in provincia legatus, quamplures ad Prætores & Consules vinum honorarium dabant, nunquam accepi ne privatus quidem*. Honorarius autem tutor est is, quem pater a ceteris tutoribus, quibus negotia pupillaria gerenda mandavit, rationes exigere, & accipere jussit quoniam hunc plane totum voluit versari in actione tutelæ, quem posuit supra rationes omnium, id est, totius tutelæ. Quid est honorarius tutor, debet quidem ab iis, qui negotia gerunt assidue, quod est regula exigere, etiamsi hoc ei non injunxerit pater, l. 3. §. 1. de adm. tut. Sed cum id nominatim injunxit, ut non modo sæpius, sed in singulis actus singulorum administratorum rationes excuteret, sane honorarius tutor non est, quæ est sententia hujus legis. Imo vero ex tutoribus nullus est minus otiosus, quam qui rationes exigit, tractat, dispungit, conficit, hoc est, tutelæ summum negotium, quod qui attingit, non potest non attingere, & cetera omnia. Effectus autem hujus legis est, quia honoraria tutela in numerum trium tutelarum, qui numerus excusat a quarta tutela, non computatur, hoc est, honoraria tutela & otiosa non computatur in oneribus, licet quandoque ad honorarios administratorum periculum redundet, d. §. ὁ τῆς πόλεως, & l. si quis tutor, §. 1. de ritu nupt. Item quia prius excutiendæ sunt facultates ejus, qui gessit & administravit tutelam, quam honorarii tutoris, d. l. 3. §. 1. Et ob id interest scire, quis esset honorarius tutor.

### Ad §. Ultimum.

*Propter litem inofficiosi testamenti ordinandam, exheredato filio, cui tutorem pater dedit, eundem a Prætore confirmari oportet: eventus judicatæ rei declarabit, utrum ex testamento patris, an ex decreto Prætoris auctoritatem acceperit.*

Sciendum est, patrem etiam exheredato filio, quem habet in potestate, testamento tutorem dare posse, l. 4. h. t. At finge, filium a patre immerito exheredatum, non habuisse patrem justas causas irascendi filio, & removendi eum hereditate sua, & filium per querelam inofficiosi testamenti patrem intestatum facere, testamentum rescindere velle: querela inofficiosi testamenti hoc jure, quod obtinuit ante Nov. Justin. 115. rescindit omnia, quæ in testamento sunt scripta, & testatorem prorsus intestatum facit, id est, non tantum heredis institutionem rescindit, quæ solum & quasi fundamentum testamenti est, sed etiam tutelam, & legata, & fideicommissa, & libertates, & tabulas pupillares, quia re judicata secundum filium exheredatum, qui questus est de judicio patris, totum testamentum præsumitur esse hominis male sanæ mentis, idcirco corruit totum, l. Pap. §. sed nec impub. & §. si ex causa, & l. qui repudiantis, de inoff. test. At quæritur utrum filius exheredatus, qui, cum sit pupillus solus, non potest sine auctoritate tutoris, utrum agat querela inofficiosi testamenti auctore tutore testamentario, an auctore tutore legitimo. Finge patruum filio extare legitimum tutorem futurum ab intestato: videtur testamentarius auctor esse non posse, quandiu testamentum in ea causa est, ut rescindi possit per querelam: videtur etiam legitimus auctor esse non posse, quandiu spes est, ut judicetur secundum testamentum contra filium exheredatum: sed quia potest etiam testamentum non rescindi filio non obtinente in querela, & contra, potest etiam rescindi filio obtinente, sub incerto totius est eundem tutorem, qui testamento datus est, non per se auctorem fieri ad eam litem, sed ex decreto Prætoris pupillo dari. *Dari* ait lex proxima quæ sequitur, hæc lex, *confirmari*: nam & qui confirmati dat, l. pen. §. sed cum veteres, C. de necess. her. Dari igitur & confirmari a Prætore tutorem testamento datum ad ordinandam litem inofficiosi testamenti, ut, quemadmodum ait lex proxima, sine ullo præjudicio justus tutor auctor pupillo ad eam litem fiat. Justus autem tutor, antequam de jure testamenti judicetur, id est, de meritis filii exheredati, interim sane est testamentarius, cum aditam esse hereditatem defuncti ex eo appareat, quod agatur querela inofficiosi testamenti, quæ non nascitur ante aditam hereditatem, l. Pap. §. si conditionis, de inoffic. test. Et hoc distat a bonorum possessione contra tabulas, quæ datur filio præterito, non exheredato, & datur ut vulgo dicebant Jurisconf. *contra tab. contra tabulas*. contra lignum, etiam ante aditam hereditatem nullo ex tabulis testamenti existente herede, l. illud, & l. quod vulgo, de bon. possess. contra tab. Eventus autem istius judicii de inofficioso testamento, ut subjicit Pap. declarabit, is qui auctor ad eam litem pupillo fuit, utrum ex testamento, quo scriptus est & institutus tutor, an ex decreto Prætoris, quo confirmatus est, auctoritatem acceperit. Si non vicerit filius exheredatus, ex testamento videbitur tutor auctoritatem accepisse : si vicerit, ex decreto Prætoris ad eam litem tantum. Nam testamento rescisso per querelam, proculdubio ei succedit legitimus tutor, ut in l. si filia, h. t. l. si impuberi, de tut. & cur. dicit. Non est omittendum, hodie nullum esse locum quæstioni propositæ in hoc §. quia ex supradicta Novella. Justin. testamento rescisso per querelam, cetera firma manent, cetera omnia indistincte, non enim est verius, id est, tutela, legata, fideicommissa, libertates, secundæ tabulæ, sola heredis institutio rescinditur. Itaque in quæstione proposita tutor testamentarius plane auctor esse potest filio exheredato agenti querela inofficiosi testamenti, nec indiget confirmatione Prætoris aut Præsidis, quia etiam rescisso testamento, tutor manet, & hoc est, quod dicitur vulgo: *Ex causa exheredationis sive præteritionis*, quæ scilicet pro exheredatione habeatur, ut si mater vel avus maternus silentio præterierit filium vel filiam, id est, si neque instituerit, neque exheredaverit nominatim, solam institutionem vitiari; cetera quæ sunt scripta in testamento, manere : nam ea Novella pertinet tantum ad exheredationem vel præteritionem, quæ pro exheredatione est, non etiam ad veram præteritionem, ut si pater filium præterierit, quo casu totum testamentum corruit, & rescinditur per bonorum possessionem contra tabulas. exceptis legatis quibusdam, quæ certis personis relicta sunt, puta, liberis, aut parentibus, aut uxori, vel nurui dotis causa, ex edicto de legatis præstandis.

Ad

## A L. XXVIII. Eod.

*Qui tutelam testamento mandatam excusationis jure suscipere noluit, ab his quoque legatis summovendus erit, quæ filiis ejus relicta sunt; modo si legata filii non adfectione propria, sed in honorem patris meruerint.*

IN *l.* 28. *de testam. tut.* sunt tria responsa. Ex primo intelligimus : tutorem filio impuberi testamento datum, si cum in arbitrio ejus esset, uti vel non uti excusatione, & immunitate sua, quam forte habet, nec prohiberetur legibus omissa excusatione ultro tutelam suscipere, maluerit tamen se excusare a tutela, indignum esse legato, quod in eodem testamento relictum est, quia nisi aliud evidenter testator expresserit fidei remunerandæ causa, & quo libentius tutelam susciperet, legatum ei, ut tutori relictum videtur, *l.* 33. *inf. de excus. tut.* Quamobrem si repudiat onus tutelæ, indignus est emolumento legati, quo provocatus est ad tutelam suscipiendam: nec quidquam ad rem facit, quod se excusavit. Id vero legatum, quamvis ei veluti indigno auferatur, tamen non cadit in fiscum, ut plerumque solent ab indignis legata hereditatesque transferri in fiscum, sed transfertur in pupillum, cujus utilitatibus tutor deseruit repudiata tutela jure excusationis, *l.* 5. §. *admittere, de iis quibus ut indig. l. pen. C. de leg.* quod ita accipi debet, si pupillus patri suo heres extiterit, alioquin pupillo exheredato, legatum non transferur in pupillum, sed in heredem patris etiam extraneum, *l. tutor petitus*, §. 1. *de excus. tutor.* Hoc autem loco Pap. ostendit, tutorem, qui se excusavit tutela, non tantum repelli a legato, quod ei relictum est, sed etiam ab eo, quod filiis ejus relictum est, modo si relictum fuerit in honorem ejus, & contemplationem, & gratiam, non propria adfectione filiorum, quia & hoc quoque ei relictum videtur, quod ejus contemplatione filiis ejus relictum est, ut dos profectitia intelligitur, non tantum, quæ data est a patre, sed etiam, quæ data est ab extraneo contemplatione patris, *l.* 5. §. 1. *de jur. dot.* Seneca 5. *de Benef. Sed ut tanquam Jurisconsultus respondeam, mens spectanda est dantis beneficium : Ei dedit, cui datum voluit, si in honorem patris dedit, pater accepisse videtur beneficium.* Iisdem verbis Pap. hoc loco : *Modo si legata filii non adfectione propria, sed in honorem patris meruerunt.* Ad hæc præter eos casus, qui vulgo notantur, quibus tutor, quamvis tutela se excusaverit, non repellitur a legato, sibi vel suis, sui contemplatione relicto, puta, si per eum culpamve ejus non flat, quo minus tutelam administret, vel si non ei, ut tutori, sed alia adfectione legatum relictum sit, qui casus, & a me supra subnotati sunt. Notandus est alius hic, quem vulgo non animadvertunt, quo etiam tutor, qui se excusavit non repellitur a legato, videlicet, si antequam repellere tur pupillus decesserit : quod *l. amicissimos, inf. de excus. tut.* significat his verbis ex contrario sumptis : *Si adhuc viveret pupillus.* Et ratio est aperta, quia non ante legatum amittit, quam ei auferatur, & causa auferendi sublata est morte pupilli. Eadem *l. amicissimos* ostendit, non repelli cum tutorem a substitutione pupillari, si pupillo suo substitutus fuerit in hunc casum, si impubes decesserit : quia *non est verisimilo*: (*ut ait*) *tunc demum eum testatorem substituere voluisse, si & tutelam suscepisset*, cum substitutionem illam contulerit in eassum finitæ tutelæ, id est, in casum mortis pupilli. Sed recte animadvertit primus Ludovic. Rom. in consilio 207. hoc hodie non Nov. Theod. de tutorib. cujus pars est in *l. sciant, C. de legit. her.* ita verum esse, ut non excidat substitutione pupillari, si substitutus, qui se excusavit tutela, alium tutorem pupillo petierit, & dari curaverit intra annum vivo pupillo. Verum, inquam, est ut non excidat substitutione pupillari, si tutorem pupillo petierit, alioquin excluditur substitutione pupillari, *d. l. sciant*. Verum quod idem Romanus ait, repelli quoque eum a substitutione precaria, id est, a fideicommissaria hereditate, relicta in eundem casum mortis pupilli, & repelli, non quod non petierit ei tutorem, sed quod recusaverit onus tutelæ. Quantum ad illam rationem, fateor eum non repelli ea ratione a substitutione precaria, sive fideicommissaria hereditate, *l. ult. inf. qui pet. tut.* Nec enim ob non petitum tutorem amittit quis bona patris, quæ deferuntur substitutione precaria, sed bona pupilli tantum ex constitutione Severi, quæ certum est deferri substitutione directa, quam pupillarem appellamus. Quantum vero ad hanc rationem non susceptæ tutelæ Romani nos scriptura fallit, quia hæc ratio repellit tutorem tantum a præsenti lucro, a præsenti legato, quo invitatus est ad tutelam suscipiendam, non a lucro futuro post tutelam finitam, id est, post mortem pupilli, quia non est verisimile, id ei relinqui hujus rei causa, quod etsi dicta *l. amicissimos*, ponat tantum in substitutione directa, tamen eadem ratio intervenit in precaria, de qua dixi ante, quia utraque confertur in tempus mortis pupilli. Præterea quod idem auctor scribit hodie tutorem, qui se excusat, etiam legatum amittere, quod ei, non ut tutori relictum est, sed alia adfectione, quod etsi verum est, quia ea Novella punit tantum eos, qui legata, aut fideicommissa, aut libertates aliis relictas, post admonitionem judicis intra annum solvere detractant, non eos, qui onus sibi injunctum veluti tutelam suo privilegio subnixi, refugiunt, quia hoc faciunt jure publico, ut ait *l. Jurisperit.* §. *ult. de exc. tut.* Legatorum vero, aut fideicommissorum, aut libertatum præstationem nullo jure refugere possunt. Itaque horum separata ratio est, in quibus tamen ille vult idem jus servari. Et præterea Novellæ constitutiones semper sunt strictius accipiendæ, certe nunquam porrigendæ ad casus, quorum ratio sit diversa, ut in proposito jam satis ostendi esse diversum : quia tutelam refugio meo jure, meo privilegio, & jure publico fretus, legatorum, aut similium præstationem nullo jure refugio. In hunc errorem, & illum, & Bartolum, & Doctores omnes primus induxit Jacobus Belvisius summus aretalogus & commentator novellarum.

### Ad §. Verbis.

*Verbis fideicommissi manumissus, non jure tutor testamento datur : post libertatem itaque redditam, ex voluntate testatoris ad tutelam vocatus.*

AT in hoc responso, servum proprium vel alienum, cui relicta est libertas verbis fideicommissi pure, testamento tutorem datum filio impuberi, non jure datum. Cur? quia scilicet, cum tutor detur verbis directis veluti : *ille tutor esto, illum tutorem do, l.* 1. *t. seq.* & Theophilo auctore in *t. qui test. tut. dar. poss.* & ab ipso testatore tutor protinus proficiscatur, ut ait lex 7. h. t. eo modo quam proposui, tutela servo defertur, antequam ei libertas obtigerit, quod fieri non potest, quia servus justus tutor non datur : ergo etiamsi postea ab herede præstetur fideicommissaria libertas, quæ relicta est; non jure datur tutor videbitur, quia vitium tutelæ dationis, quod fuit initio, non emendatur ex post facto obtingente libertate, sed nihilominus *ex voluntate testatoris ad tutelam vocabitur*. Quibus verbis, ut in §. *ult.* Pap. significat, eum post acceptam libertatem ex causa fideicommissi confirmandum esse tutorem decreto Prætoris. Confirmatio sequitur voluntatem defuncti, & corroborat, quod ab initio non valebat. Et sane ita est: *Omnem non jure datum tutorem indigere confirmatione.* Et ita est accipiendus hic §. non esse jure datum : ergo indigere confirmatione, hoc necessario consequitur. Et idem

idem opinor esse, si servus sine libertate tutor datus sit, quia etsi huic quoque tacite videatur relicta fideicommissaria libertas, *l.si her.§.ult.h.t. l.etsi non adsev. C.de fid.libert.* tamen non jure datus tutor videtur. At observandum est maxime hoc interesse tutor datus sit sine libertate, an adscripta libertate, fideicommissaria: quia ex tutelæ datione non præsumitur data ulla libertas, cum expressim data est fideicommissaria, quia ut vulgo dicitur, expressum facit cessare tacitum, in *l. cum ex filio, §.filio, de vulg.subst.* Et merito reprehenditur Acc. qui hoc loco: *Cui etiam nominatim data fideicommissaria libertate, servo tutori dato:* in eodem adsumit libertatem ex tutelæ datione. Et in ceteris quoque omnibus Acc. glossa in hunc §.ineptissima est, ideoque deleatur tota. At si servus tutor datus sit sine libertate, si sit proprius servus testatoris, potest defendi ex tacita voluntate testatoris, directam libertatem ei competere, ut in *§.1.Inst.qui test.tut.dar.poss.* Quam si adserat sibi atque vindicet, jure tutor datus videbitur, sed si adserat sibi fideicommissariam libertatem proprius non alienus servus, non jure tutor datus videbitur, & confirmatione indiget: est in arbitrio servi proprii testatoris, vel hanc vel illam sibi libertatem adserere & defendere, ut sit in specie *l.si quis servo, ff. de man.test.* Quod Thalælæus sentit in dicta *l.etsi non adsc.* dum ait, *Eum qui abnuit fideicommiss. libertatem non continuo abnuere directam, & utrius maluerit servo proprio adsertionem esse*.

### Ad §. Ultimum.

*Impuberi liberto patronus frustra tutorem dabit: sed voluntatem ejus, si fides inquisitionis congruat, Prætor sequetur.*

IN tertio responso ponitur alius casus, quo tutor non jure datus ex inquisitione confirmatur decreto Prætoris, habita inquisitione prius de moribus & facultatibus, ut si liberto impuberi patronus tutorem dederit, quod jure non facit, quia patri tantum habenti filium in potestate lex duodecim Tab.permisit tutoris dationem. Et hoc est, quod ait *l.impub.de adm.tut.* Tutelam testamento mandari jure patriæ potestatis. Sed is tamen, quem patronus tutorem dederit liberto impuberi, si fides inquisitionis congruat, confirmabitur decreto Prætoris. Quod ita est accipiendum, si patronus libertum heredem instituerit, & quasi in rem magis, quam in personam tutorem dederit, ut *l.4.seq.* non si exheredaverit quia nec a matre tutor datus filio exheredato, sive præterito confirmatur *l.4.h.t.*

### Ad L.Ultim. ad legem Juliam de adulteriis.

*Defuncta quoque socru, gener incesti postulabitur, ut adulter post mortem mulieris.*

SEntentia hæc est: Ut post mortem mulieris adulteræ, adulterii accusari potest a quocumque marito vel extraneo, sive mulier mortua sit in matrimonio, sive in divortio, *l.si miles, §.adulter, l.vim, §.in matrimonio, h.t.* Ita post mortem socrus gener, post mortem nurus vitricus, post mortem novercæ privignus, incesti accusari potest. Et quamvis in aliis emulæ sint & magnæ differentiæ inter adulterium & incestum, puta quod incesti commune crimen adversus mulierem intentari possit, non adulterii, *d.l.vim, §.duos, & §.seq.* Quod in crimine adulterii servi torqueantur in caput domini, non in crimine incesti, *l.4.& l.17.de quæstion.* Quod crimen adulterii tollatur præscriptione quinquennii, incesti, non nisi præscriptione communi vicennii, *d.l.vim, §.præscript.* Quod ignorantia juris civilis excuset incestum, juris naturalis adulterium nunquam, quia jure naturali probrum est, & jus naturale nemini licet ignorare, *l.adulterum, h.t.* Hac tamen in re qua de agitur in *l. ult.* ut ex ea patet, hæc duo crimina nihil inter se distant, quia generaliter proditum est, crimine, quod duorum est, aut plurium commune, extincto in

persona unius (extinguitur autem morte) non extingui in persona alterius, *l.1. C.si reus, vel accus.mort.fuerit.* Ex locis autem ex quibus alii Jurisconf. ex hoc libro Papin. testimonia sumunt, restat unus tantum in *l.15.§.Pap.ff.loc.*

### Ad §. Papinianus. L. XV. Locati.

*Papinianus lib.4. responsorum ait si uno anno remissionem quis colono dederit ob sterilitatem, deinde sequentibus annis contigit ubertas; nihil obesse domino remissionem, sed integram pensionem, etiam ejus anni quo remisit exigendam. Hoc idem & in vectigalis damno respondit. Sed & si verbo donationis dominus ob sterilitatem anni remiserit, idem erit dicendum: quasi non sit donatio, sed transactio. Quid tamen si novissimus erat annus sterilis, in quo ei remiserit? Verius dicetur etsi superiores uberiores fuerunt, & scit locator, non debere eum ad computationem vocari.*

INitio ostendit aliquando propter sterilitatem agri, quam vocant ἀφορίαν, sterilitatem anni, colono pensionis dandam esse remissionem, quam nos appellamus Rabais. Est verbum juris, Columella primo de re rustica, cap.7. Nam *ubi sedulo cogitur ager, plerumque compendium, nunquam (nisi si cœli major vis, aut prædonis incessit) detrimentum affert, eoque remissionem colonus petere non audet.* Plin.9. Epist.37. Nam *priore nocte, quanquam post magnas remissiones, reliqua creverunt.* Et 10. Epist. 24. *Præterea continuæ sterilitates cogunt me de remissionibus cogitare.* Datam autem anno remissionem propter sterilitatem Pap. respondit, nihil nocere eam remissionem domino, si sequentibus annis contigerit ubertas, quæ superioris anni sterilitatem & damna compenset: sed hoc casu, domino esse integram petitionem totius pensionis superioris anni, ut in *l.licet, C. eod.t.* Et subjicit Pap. idem esse in vectigalis damno, id est, si propter sterilitatem prædii emphyteutici domino emphyteutæ vectigalis, id est, canonis emphyteutici remissionem dederit, Basilica loco illorum verborum, Idemque est in vectigalis damno, ajunt, τὸ τὸ γὰρ καὶ ἐπὶ ἐμφυτευτικῆς ἔτι. Ad §. 9. leg. 19. loc. vide sup. ad *l. 14. de officio adsess.*

# JACOBI CUJACII J.C.
## COMMENTARIA
### In Lib. V. Responsorum ÆMILIJ PAPINIANI.

### Ad L. VI. de Confirm. tut. vel curat.

*Si filio puberi pater tutorem, aut curatorem dederit: contra inquisitionem prætor eos confirmare debebit.*

HUJUS legis verba secundum Florentinam editionem, qua nulla est melior, hæc sunt: *Si filio puberi pater tutorem, aut impuberi curatorem dederit*: Recte: verum plenior esset oratio, si dixisset, *aut impuberi, vel puberi curatorem*: denique hoc modo: *Si filio puberi pater tutorem, aut impuberi vel puberi curatorem dederit*: nam ita se res habet. Pater vel avus paternus filio puberi vel nepoti puberi, non jure dat tutorem in testamento, quia lex XII. tab. a qua parentes virilis sexus, & per virilem sexum descendentes, qui liberos habent in potestate, acceperunt jus dandi tutoris, ea lex sentit de tutore dando liberis impuberibus ætate parvis, qui per ætatem se defendere nequeunt, non de tutore dando puberibus: ergo puberibus jure non dantur tutores, quia tutoris datio juris est, sive legis, nec quicquam licet ultra fines lege præscriptos de dandis tutorib. Non dant etiam parentes liberis impuberibus vel puberibus curatorem in testamento, *l.peto, §.mater, de leg.2.* Quia lex XII. tab. de tutore testamento dando loquitur, non de curatore,

tore, de tutela, non de curatione, illo loco: *tutelavo sua rei*, Proinde tutor quidem vel est testamentarius, vel legitimus, vel dativus : curator autem vel legitimus, vel dativus : nullus testamentarius. Et sicut in *l. ventri, de tut. & cur. dat.* dicitur, ideo ventri magistratum curatorem dare posse, non tutorem, quod de curatore constituendo edicto prætoris comprehensum sit, videlicet in titulo de ventre in possessionem mittendo : Et vero in edicto prætoris non potuit comprehendi, de tutore dando, vel constituendo, quia neque directo heredem prætor, neque tutorem facere potest, vel confirmare per se solus, sed ut bonorum possessorem pro herede habet, sic curatorem pro tutore. Et ad eundem modum dicimus, ideo curatorem testamento neque impuberi, neque pupillo jure parentem dare, quia lex XII. tabularum tutorem tantum dare permittit, *l.* 1. *& 20. sup. t. prox.* Summa hæc sit : non jure dari testamento patris tutorem filio puberi, sed impuberi tantum, quem habet in potestate : non jure item dari curatorem testamento puberi vel impuberi : verumtamen non jure datum tutorem vel curatorem confirmari posse decreto prætoris vel præsidis, id est, causa cognita ; neque enim prætor semper sequitur voluntatem patris, non semper confirmat tutorem, vel curatorem non jure datum a patre, *l.* 8. 9. 10. *h. t.* sed aliquando rejecto tutore, vel curatore a patre non jure dato, alium tutorem deficiente legitimo constituit, ut in *l.* 39. §. 1. *& 2. de admin. tut.* quæ est secunda lex hujus libri. Denique non confirmat tamen prætor tutorem, vel curatorem non jure datum a patre, non sine decreto. At confirmat sane eum sine inquisitione, *l.* 1. *h. t.* Eadem ratione & sine satisdatione rem pupilli salvam fore, eum ad tutelæ administrationem admittit , *l.* 3. *h. t.* Ratio hæc est, quæ traditur in Institutionibus *t. de satisd. tut.* quia fides & diligentia ejus satis ab ipso parente approbata est , ut & ea nihil amplius inquiri oporteat, vel caveri satisdato : & recte *l. amicissimos inf. de excus. tut.* ait, parentes, id est, patrem, avum proavum, patronum amicissimos, & fidelissimos tutores liberis eligere solere. Longe alia est conditio matris & parentum, qui per matrem conjuncti sunt, ut avi, proavi materni, quoniam ab iis liberis nunquam jure datur tutor vel curator, sed neque datus confirmatur sine inquisitione, *l.* 2. *h. t. l.* 4. *sup. t. prox.* Cur ita ? an propter reverentiam debitam patri ? minime, Primum enim reverentia debetur matri, & æque præstanda est omnibus parentibus cujuscunque sexus & gradus, sive cognationis, non propter reverentiam patri debitam ( ut quidam insanus ait ) Nam omnibus parentibus debetur reverentia. Deinde hanc reverentiam observant liberi, non magistratus : ex quorum inquisitione & arbitrio, non jure dati a parentibus tutores vel curatores confirmantur. An igitur, ut certatim volunt Glossæ & commentarii omnes, propter infirmitatem consilii, & judicii mulieris, quasi non valeat mater consilio satis ad tutorem filiis eligendum ? Et hanc quoque repudio rationem : nam & idem, quod in matre, jus est in avo aut proavo materno, in parentibus lineæ maternæ : & consilium quoque matris, quod in re non admodum improbari ex eo apparet, quod a tutore, quem illa dederit, si modo per inquisitionem idoneus sit pronuntiatus, satisdatio non exigitur, *l.* 2. *h. t.* sicut nec ab eo, quem pater dederit. Ratio differentiæ verior hæc est, quia majores nostri plus semper tribuerunt judicio & decreto eorum, qui potestatem habuerunt in liberos, quasi jure suo & imperio decernerent quidquid præceperint, voluerint, quidquid præceperint de pecunia & tutela suæ rei, ut nec fas esset magistratui temere ab eo recedere, quod ipsi decrevissent, non magis quam a legibus ipsis : hujusque juris vestigium remanere aliquod etiam soluta potestate & agnitione per emancipationem, quia & filio emancipato datus tutor a patre, qui jure non datur, cum non sit in potestate dantis, confirmatur tamen ἐπ' ὠκ, id est, sine inquisitione, §. *ult. infl. de tut. l. Nesennius, de excus. tut.* Et quod maxime notandum, cum finita patris adoptivi potestate per emancipationem, dicatur ex pristino jure nullum vestigium retineri, *l. in omni, de adop.* hic e contrario demonstrat, finita potestate patris naturalis, ex jure pristino quædam vestigia retineri . Et sane jure prætorio jus successionis retinetur, finita potestate patris naturalis, non adoptivi, §. *minus, Inst. de her. quæ ab intest.* Et non tantum per filiumfam. sed etiam per filium emancipatum recte pater servum suum manumittit. Et fingitur idem esse homo, quod ad manumissionem attinet, non tantum pater & filiusfam. sed etiam pater, & filius emancipatus, tametsi solutum sit vinculum potestatis, *l.* 1. §. *ult. C. comm. de succes.* Et hoc quoque retinetur, quo de agimus, ut tutor a patre datus filio emancipato sine inquisitione confirmetur, perinde ac si filiosfam. non jure datus esset. Non omittam in hoc tractatu de confirmando tutore, maxime notandum esse, confirmatos tutores testamento datos etiamsi dativi potius esse censeantur, quam testamentarii ( quia, qui confirmat, dat, ut diximus in *l.* 26. §. *ult. sup. t. prox.* ) tamen pro testamentariis haberi, & ideo legitimos tutores excludere, ut in *l.* 3. *h. t. & d. l.* 26. §. *ult.*

### Ad L. III, de Admin. & per. tut.

*Tutores qui post finem tutelæ per errorem officii durantes rerum administrationem retinuerunt: nominum paternorum periculum, quæ post pubertatem adolescentis idonea fuerint, præstare cogendi non erunt : cum actionem inferre non potuerunt.*

IN hac lege sunt plurima responsa . Primi responsi species hæc est : Tutor extraneus post finem tutelæ, id est, post pubertatem adolescentis sive pupilli quondam, per errorem forte, dum putat officium suum protendi ultra pubertatem, in rerum administratione perseveravit. Quæritur an agnoscat, & præstet periculum nominum paternorum, id est, quæ fecit & contraxit pater pupilli, cui pupillus heres extitit, si ea nomina deteriora facta sint, post finitam tutelam pubertate pupilli, facultatibus scilicet lapsis debitoribus patris post finitam tutelam, qui tempore finitæ tutelæ in facultatibus idonei & locupletes: & si quidem tutor non perseverasset in administratione, proculdubio periculo eximeretur, post finem tutelæ nominibus factis deterioribus, *l. cum post mortem in princ. inf. h. t.* At in proposita specie, quia in administratione perseveravit, quia rerum administrationem retinuit post pubertatem pupilli, hoc magnam dubitationem facit, & nihilominus Papin. eum, etiamsi post pubertatem perseveravit in administratione, eximit periculo nominum paternorum, si modo tempore finitæ tutelæ debitores paterni, idonei & locupletes fuerint. Et ratio Papiniani hæc est, quia non potest ei imputari, quod debitores paternos post finitam tutelam non exegerit, cum eos non potuerit exigere finito officio tutelæ, nec adsumpto alio officio novo curatoris, vel procuratoris, actionem, inquit, non potuit inferre : nullam exigendi facultatem habet, qui nullam actionem intendere potest, *l.* 6. §. *ult. de neg. gest.*

Posui initio tutorem fuisse extraneum, non abs re : nam si fuit cognatus pupilli vel affinis, vel libertus, in eo cessat Papin. ratio, quia etiamsi nullum sit ei injunctum officium, quod tribuat administrationem rerum pupilli vel adolescentis, tamen finita tutela, sine mandato potuit agere adversus debitores pupilli præstita cautione de rato, *l. sed & his personæ, ff. de procur.* Et ideo imputatur ei, si non egerit adversus debitores pupilli, cujus sua sponte negotia administrabat post finitam tutelam, *l.* 8. *sup. de neg. gest.* Quod & Acc. recte notavit hoc loco, ratio est evidens . Observandum est etiam Papin. loqui de nominibus paternis, id est, quæ pater pupilli fecit, *de ce qu'il luy estoit deu.* Nam si ea nomina fecerit tutor ipse, quocunque tempore deteriora fiant, in potestate adolescentis est, ea nomina adjudicari, ut pertinentia ad tutorem pertinent, qui ea contraxit, *l. cum quæretur, sup. h. t.* Item observandum est, Pap. loqui de nominibus paternis, quæ ut ait, *post pubertatem adolescentis ido-*

sed antequam repudiaret, vel adiret, decessit, quo casu hereditas transit ad legitimum sine onere fideicommissi. Quod autem ad quæstionem propositam attinet, nullus est labor. Recte Papin. respondit, tutores rerum provincialium culpæ nomine pupilli teneri, quod heredem eum, dum vixit, non coegerunt adire hereditatem. Nam etsi ea hereditas fuerit in Italia, non in provincia, tamen heredem potuerunt cogere. Et vero ii soli debuerunt heredem cogere ad aditionem & restitutionem ex Senat. Trebel. quia ea restitutio juris est, non facti, id est, non est restitutio corporum hereditariorum, quæ etiam non erant in provincia, sed in Italia, sed est restitutio jurium sive juris universi, quod defunctus habuit: & uno verbo restitutio transfert omnia jura in fideicommissarium, etiam si res hereditariæ præsentes non sint, *l. restituta, & l. postulante, §. sed & in hujusm. ad SC. Trebell.* Et hoc est, quod ait Papin. hoc loco, *causam juris restituto fideicommisso expediri potuisse in provincia, auctoribus tutorib. provincialib.* in provincia, inquam, in qua heres oneratus fideicommisso domicilium habuit: nam fideicommissariæ hereditatis restitutio petitur, ubi heres domicilium habuit, *l. fideic. §. pen. de jud.* Et restitutio sit verbo tenus ipsi pupillo tutore auctore, vel si tutori, si pupillus abest vel fari non possit, ut in *l. pen. C. ad Trebell.* quia & in restitutione exigitur vox fideicommissarii, ut desideret suo periculo adire hereditatem, & hoc si fecissent tutores provinciales, si causam juris expedissent, deinde causa facti, id est, administratio rerum hereditariarum recidisset ad tutores Italicos, quoniam bona erant in Italia. Denique cum causa juris expedire debuerint per provinciales, quoniam heres in provincia domicilium habuit, non per Italicos, soli provinciales in culpa sunt non Italici.

### Ad §. adversus.

*Adversus tutorem, qui pupillum hereditate patris abstinuit, pecuniam denegari non oportet creditori, qui cum ipso tutore contraxit: quamvis tutor pecuniam in rem impuberis converterit.*

HUjus §. species hæc est: Pupillus patri heres extitit, tutor expediendorum negotiorum hereditariorum gratia in rem pupilli nomine pupilli mutuam pecuniam creditorem rogavit: creditor cum tutore contraxit, & ei mutuam pecuniam dedit, quam mox vertit in eam rem, in quam sumpserat. Post pupillus se abstinuit hereditate patris, quod potuit auctore tutore, etiamsi se jam immiscuisset hereditati, *l. necessariis, de acquir. heredit.* Certum est post abstentionem, pupillum creditori non teneri, quia in rem ejus versum esse desiit, postquam se abstinuit omni re paterna; & versum non videtur, quod non durat versum, *l. 10. §. versum, de in rem verso*, tamen pupillus, si se non abstinuisset, teneretur creditori utili actione creditæ pecuniæ, *l. 3. C. quando ex facto tut. pupill. ten. l. 2. C. de curat. fur.* quia pecunia credita est nomine pupilli, & processit in rem utilitatemq; pupilli: at per abstentionem liberatur, quia desinit res ejus esse; in quam versa pecunia est: unde quæritur, an saltem creditori tutor teneatur? & Papin. respondet: creditori tutorem teneri hac ratione, quia creditor cum tutore principaliter contraxit, personam ejus fidem; secutus non pupilli. Et licet non ignoraret in rem & utilitatem pupilli rem geri, tamen tutorem solum sibi obligari voluit, quem non est cur dicamus liberari abstentione pupilli: denique abstentionem pupilli liberare utili actione, tutorem non liberare directa & principali actione creditæ pecuniæ, quamvis tutor sumpserit eam pecuniam & insumpserit in rem pupilli, & res ea pupilli esse desierit per abstentionem, quia in contrahenda mutui obligatione non inspicimus, in cujus rem vel nomen pecunia accipiatur & vertatur, sed quis accipiat & cujus contemplatione ea detur & numeretur, *l. cum qui, §. ult. si cert. pet.* Et hic creditor solum tutorem contemplatus est. Quod Papinianus scripsit his verbis; *cum tutore contraxit*, proinde tutorem sibi principaliter

obligari voluit, non pupillum, & ideo liberato pupillo per abstentionem, quod res ejus esse desierit, non liberatur tutor, qui principaliter contraxit. Et hæc est sententia hujus §. cui nihil omnino obstat *lex 2. h. t.* quæ post condemnationem tutoris conventi a creditore hereditario, si pupillus se abstineat hereditate, ait, *nec in tutorem, nec in pupillum dandam esse actionem judicati.* Quia scilicet in ea specie tutor conventus est, & condemnatus ex causa hereditaria ex contractu patris, cui pupillus heres extiterat, quo casu abstentio pupilli liberat utrumq; pupillum & tutorem, & tutorem etiam si pupilli nomine pro pupillo satisdederit creditori hereditario, quia ea obligatio pendet ex causa hereditaria. At in specie hujus §. tutor tenetur ex suo proprio contractu, & origo obligationis non venit ex causa hereditaria, sed a tutore ipso primo, qui cum pecunia indigeret & expedienda negotia pupilli pecuniam mutuam sumpsit; & cum eo solo creditor negotium contrahere voluit. Quæ res quid dicendum si creditor pecuniam numeraverit tutori contemplatione pupilli, quid si creditor animo obligandi pupillum tutore auctore & contemplatione ejus declaravit, se pecuniam credere tutori in rem pupilli? Sane hoc casu solus pupillus tenetur actione negotiorum gestorum, *l. si pupillus, §. 1. de neg. gest.* Indistincte sive versa sit pecunia in rem pupilli, sive non, ut fusius explicui *lib. 2. ad l. liberto; in pr. ff. de negot. gest.* nec abstentione hereditatis paternæ pupillus liberabitur, quia ea obligatio non est hereditaria, quam creditor non cum patre, sed cum ipso pupillo contraxit.

### Ad §. Curatores.

*Curatores adolescentis, mutui periculi gratia, cautionem invicem sibi præbuerint, & in eam rem pignora dederunt cum officio deposito solvendo fuissent, irritam cautionem esse faciam, ut pignoris vinculum solutum apparuit.*

PLures sunt curatores adolescentis, quorum cum sit commune & individuum officium, commune etiam mutuumque periculum administrationis est, *l. 3. C. de divid. tut.* Sicut est receptum in omnibus iis, qui sunt collegæ in eodem officio, *l. 2. eod. l. 11. ad munic.* Fac curatores sibi invicem datis pignoribus cavisse mutui periculi gratia: si quid alter pro altero quandoque adolescenti præstaret, deposito officio certum est mutuum periculum finiri, si tempore depositi officii omnes curatores solvendo sint, *l. Æmilius, inf. hoc tit. l. 2. C. de divid. tut.* Ergo & de mutuo periculo, quia interposita mutua cautio est inter curatores, consequens est eam finiri & interire, pignoraque dissolvi, & pigneratitiæ actioni locum esse discusso mutuo periculo. Et hæc est sententia hujus responsi.

### Ad §. Tutor datus.

*Tutor datus adversus ipsam creationem provocavit, heres ejus postea victus, præteriti temporis periculum præstabit. Quia non videtur levis culpa contra juris auctoritatem, mandatum tutelæ officium detrectare.*

POnit initio hujus §. Papinianus, tutorem a creatione appellasse protinus. Creatio, nominatio, datio, ordinatio, idem est. An igitur protinus tutor a creatione appellare potest, antequam se excusaverit, & excusatio repulsa & reprobata fuerit, siquidem Accursio aliud judicium est hoc loco scribenti, a creatione sola non appellari contra manifestam sententiam *l. 20. hoc tit. & hujus §. l. pen. de tut. & curat. dat. l. cum in una, §. tutor, de appell.* Quibus omnibus locis ostenditur recte, datum tutorem statim appellasse: necesse quidem non habet statim appellare, atque datus & creatus est: *necesse non habet*, sic loquitur *l. tutores, C. de excus. tut. & l. 13. princ. inf. de excus. tut.* Neque creati, inquit, a magistratibus, neque dati testamento necesse habent appellare. Et necesse non habent, post ordinem videlicet, quem hac in re constituit consti-

Sss 3 tutio

tutio Divi Marci separans tutelam a ceteris muneribus civilibus, puta, ut ad cetera munera civilia vocatus statim appellare necesse habeat: ad tutelam vocatus, necesse non habeat statim appellare, sed possit intra constituta tempora allegare excusationem & immunitatem suam, & tum demum appellare, cum non fuit recepta causa excusationis suæ, idque patet ex d. l. 13. Post igitur eum ordinem, tutor non habet necesse statim appellare, sed neque prohibetur tamen, si velit eo jure, quod obtinuit ante ordinem D. Marci, statim a creatione appellare prolata causa excusationis suæ. Et quod ait *l.* 1. §. *si quis tutor, ff. quando appell.fit*: qua nititur Acc. frustra tutorem appellare ante repulsam excusationem; hoc est, supervacuam, & non necessariam esse appellationem, ut de suo herede dicitur scripto in testamento, aut vocato ab intestato, in eo esse supervacuam, & non necessariam aditionem, *l. 7. sup. de imsf. test. l. in suis, ff. de suis, & legit. her.* cum tamen possit adire, si velit tanquam extraneus, *l. si duo, de adquir. her. l. si filius, de collat. bon. l. 4. C. de inst. & subst. l. ult. C. de rep. her.* Et similiter, eidem sub heredi prætērito, non esse necesse petere bonorum possessionem contra tabulas, quam tamen petit sæpe, nec perperam, *l. is, qui in potestate 1. de leg. præst.* Finge igitur in specie hujus §. tutorem a creatione appellasse, & pendente appellationis causa mortem obiisse, post victum ejus heredem fuisse, qua ex causa ait, præteriti temporis, quo cessavit administratio tutelæ, periculum præstare heredem tutoris, si quid mali per moram appellationis pupillo acciderit. Quod confirmat etiam *l. si quis tutor, §. ult. ff. de ritu nupt. l. 20. h.t. l. 2. ff. si tut. vel cur. app.* Et morte tutoris ideo finitur lis, sive causa appellationis, ut sciatur, medii temporis periculum heres præstare debeat, necne. Durat igitur lis propter periculum medii temporis, sicut alias dicitur, morte hominis petiti non finiri litem, propter periculum evictionis, ut sciatur, an sit commissa stipulatio evictionis nomine, *l. utique, ff. de rei vindic.* Iniquum autem est, ut periculum medii temporis non redundet ad heredem tutoris, quia, ut perelegantur Pap. ait, *Non videtur levis culpa, contra juris auctoritatem mandatum tutelæ officium detrectare*. Ad quam rationem male hoc loco Albericus notat, ideo Pap. dicere: *quia non videtur levis culpa*: quia, inquit, ex levi culpa tutoris heres non tenetur, quod est manifesto falsum, quia cum hoc tantum proditum sit de culpa heredis propria, culpa levi, id est, ut ei non imputetur, *l. 4. inf. de fidejuss. tut. l. 4. inf. de magistr. conven.* quæ agit de culpa heredis, non de culpa tutoris. Hoc ex contrario argumento præstat, heredi tantum imputari culpam tutoris: idemque est in herede magistratus. Et abundat hegotio in *l. 2. C. de magistr. conv.* sicut, & in *l. 1. C. de hered. tut.* eam abundare Basilica patefaciunt, & Observatio. 13. Non tenetur quidem heres ex quolibet dolo vel culpa lata tutoris, si nihil ad eum ex eo pervenerit, & ita est accipiendus §. *aliquando, Inst. de perp. & tem. act.* ut licet actio, quæ in heredem datur, ex contractu descendat, tamen in eum non veniat dolus defuncti, si nihil ex eo ad eundem pervenerit, quia ex delicto defuncti heres non tenetur, ad quem nihil pervenit: & in actione ex contractu delictum vertitur cum doli mali nomine agitur. Et ideo non est æquum heredem teneri commodati, depositi, mandati, tutelæ, neg. gest. id est, ex contractu, sive versetur dolus malus defuncti: neque enim ex quolibet dolo malo, aut lata culpa defuncti tenetur heres, sed ex eo tantum, quo cum detrimento pupilli tutor captavit lucrum sibi, vel alii, & auxit rem suam vel alienam, *l. de C. de her. tut.* De quo solo dolo, quo scilicet minuitur res pupilli vel dilapidatur, est accipiendum quod legimus, sæpe ex contractu heredem teneri in solidum, vel pro parte hereditaria ob dolum malum defuncti, etiamsi nihil ad eum pervenerit, *l. ex depositi, l. ex contractu, ff. de oblig. & action. l. si hominem, §. datus, ff. depos. l. ad sa §. ult. de reg. jur.* Neque enim heres ex contractu venienti actione tenetur ob quemlibet dolum defuncti, quia dolus delictum est, *d. l. ex contractu*, nisi quid ad eum pervenerit ex eo, vel nisi eo nomine lis fuerit contestata cum defuncto, ut in hoc §. *& d. l.* 11. At ex levi culpa tu-

toris proculdubio heres tenetur, quia ibi nullum delictum versatur. Alioquin ex contractu non tenetur, nisi hoc admittatur ex conventione. Et præterea hoc loco non levis culpa est, non qualibet, ꜱtuχικα, nec enim puto Pap. respexisse ad culparum gradus, latam, levem, levissimam, sed tantum hoc voluisse, non quamlibet esse culpam, *n'estre pas peu de cas*, detrectare mandatum officium tutelæ, cunctari & trahere moras, atque ideo eo nomine merito teneri tutorem, vel si interim decesserit pendente lite, heredem ejus.

### Ad §. Rerum.

*Rerum provincialium tutores, in urbe causas appellationis impuberem agentes, rerum Italicarum curatores ut impuberibus constituantur, ad officium suum revocare debent: alioquin, si prius in provinciam redierint, dolum aut culpam eorum in ea quoque parte judex conveniet.*

Species hæc est: Tutores pupillo dati sunt in provincia rerum provincialium tantum, qui & in Italia patrimonium habuit. In provincia tantum tutores rerum provincialium accepit, quia nec a Præside provinciæ potuerint dari tutores rerum Italicarum. Officio tamen horum tutorum incumbit, ut si quando in urbem venerint forte agendæ causæ appellationis pupilli, ut dum in urbe agunt rem pupilli, & dum ipsis commissum est, procurent, antequam redeant in provinciam, pupillo curatores dari rerum Italicarum: curatores, quia tutorem habenti vix tutor datur, & ita in *l. 3. C. in quib. cauf. tut.* Tutore rerum provincialium desiderante sibi curatores adjungi, qui administrent res Italicas, sed non male ex hac causa etiam propter diffusum patrimonium pupilli desiderabit is curatores dari rerum Italicarum, *l. propter, de exc. tut.* Nam quod dicitur, habenti tutorem non dari tutorem, id ita procedit, ut non detur earumdem rerum, sed aliarum. Hoc vero, si prætermiserit tutor, cum in urbe agit causam appellationis pupilli nomine, merito a judice condemnandus est doli vel culpæ nomine.

### Ad §. Patruus.

*Patruus testamento fratris filio tutor datus cum in Italia domicilium haberet, tam Italicarum rerum quam provincialium administrationem suscepit: atque in pecuniam ex venditionibus Romæ refectam, in provinciam trajecit, & in calendarium pupilli convertit: tutor in locum ejus Romæ substitutus administrationem pecuniæ, quæ non pertinet ad tutelam suam, suscipere non cogitur.*

Hæc proponitur species: Qui in Italia domicilium habet tutor, testamento simpliciter sive generaliter datus est impuberi opulentissimo, qui bona habebat tam in provincia quam in Italia, & ut datus tutor esse intelligitur ad universum patrimonium, *l. propter §. ult. de exc. tut.* ita universi patrimonii administrationem suscepit, id est, tam provincialium quam Italicarum rerum. Post, auctionem fecit Romæ quarundam rerum pupilli, quas habuit in Italia, & pecuniam ex venditione redactam vexit in provinciam, & in calendarium pupilli convertit, id est, fœnori pupilli nomine occupavit. Transtulit scilicet pretia quarundam rerum Italicarum in provinciam, migravit ipse quoque transtulitque domicilium in provinciam, quod necesse est ponamus eum fecisse secundum, quod jus patitur, puta, ex rescripto & indulgentia Principis, non ignorantis, eum ejus pupilli tutelam suscepisse, quæ mutatio domicilii non fiebat arbitrio cujusque, ut hodie, sed ex permissu Principis tantum, causa Principi probata, cur vellet mutare domicilium, vel etiam ex jussu illius, veluti deducta colonia, *l. 12. §. ult. ff. de exc. tut. l. 4. C. de ju. fi.* Tutor ergo testamento datus relicta Italia, in qua domicilium habuit, migravit in provinciam, & in eam quofideicommiffario hereditatem, fi vel primum heredem prætor jufferit vel præfes adire hereditatem, quamvis priusquam adiret, & antequam obtemperarit juffu prætoris, decreto prætoris, vita deceflerit, quem errorem haurit ex *l.4. C.ad Treb.* In qua tamen aperte proponitur heredem coactum adiiffe, nec dicitur fideicommiffario teneri heredem heredis, qui coactus adiit, sed dicit fideicommiffario teneri coheredem. Et hæc eft fpecies d. *l.4.* quam apponi neceffe eft, quoniam male pofita fallit multos. Species hæc eft: Quidam aviam fuam & fratrem ex partibus heredes fcripfit, & aviam rogavit ut portionem fuam cuidam extraneo reftitueret, avia repudiavit hereditatem calliditate & fraude, ut ait *l.4.* id eft, in fraudem fideicommiffarii, ut nepoti fuo, eidemque coheredi, a quo extraneo nominatim (fideicommiffum relictum non erat, potius accrefceret) portio inftitutionis fuæ repudiata hereditate, quam adita hereditate ad extraneum perveniret ex caufa fideicommiffi, in gratiam nepotis ejusdemq; coheredis fui: quid inde factum eft poft repudiationem aviæ? Ut D. Pius fieri poffe refcripfit contra reg. jur. *l. nam quod, §.1. ad Treb. l.2. §. ult. de fuis & leg. her.* Poftulante extraneo, prætor aviam coegit adire, quod eft contra regul. juris, ut qui repudiavit, poftea adeat, fed hoc prætor facit, & inducit propter fideicommiffarium, ne decipiatur. Poftulante igitur extraneo prætor ut licet ex D. Pii refcripto, aviam coegit adire, & adivit igitur reipfa: fed priufquam fe pro herede gereret defuncta eft, ex eo colligit non adiiffe eam, dum fcilicet, putat idem effe adire, & pro herede gerere. Qua in re fallitur. Nam licet pro herede geftio per fe confiftat, & pro herede geftione adquiratur etiam hereditas: tamen omnem aditionem fequitur pro herede geftio. Si igitur avia coacta adierit hereditatem, & priusquam pro herede gereret, id eft, priusquam attingeret res hereditarias, & hereditatem reftitueret fideicommiffario ex SC. Treb. vita defuncta fit: quæritur an interciderit fideicommiffum? quod videbatur dicendum prima fronte, quia neque id coheres, a quo nominatim legatum aut fideicommiffum relictum non eft, neque heres heredis, quia ad illum portio illa hereditatis non pervenit, quoniam ftatim a repudiatione accrevit coheredi, & nemo fideicommiffo oneratur in id, quod ad eum non pervenit, sed quantum pervenit tantum. Verum recte placet in ea lege coheredi portionem illam hereditatis accrevisse cum onere fideicommiffi: quoniam poft refcriptum Severi & Antonini, de quo dixi ab initio, quo ab inftituto, si heres non exiftat, ad subftitutum hereditas tranfit cum onere fideicommiffi, quafi tacite repetito fideicommiffo a subftituto, & fimiliter coheredi exemplo subftituti hereditas coheredis portio accrefcit cum onere fideicommiffi, ut in d. *l. fi Titio & Mævio, §. ult.* Et quidem cum onere integri fideicommiffi in fpecie propofita, fine deductione Falcidiæ, quia avia, cujus portio ei adcrevit, coacta adiit: & placet coactum adire, atque adeo adeuntem periculo fideicommiffarii amittere Falcidiam ex SC. *l. 4. & l. qui totam, ad SC. Treb.* Verum aliter quam ponatur fpecies in ea *l.4. C. ad Trebell.* Si antequam avia cogeretur adire, vita deceflerit, ex eodem refcripto dicemus coheredi adcrefcere portionem hereditatis cum onere fideicommiffi, falva Falcidia tamen, & a repudiatione coheredis protinus non adcrefcere portionem repudiatam, quoniam ea repudiatio convelli poteft, & infirmari avia coacta adire poft repudiationem, & ita eft explicanda *d. l. 4.* Ex iis omnibus concludamus in fpecie hujus §. herede mortuo ante aditam hereditatem fideicommiffum intercidere, quia neque coheredem, neque subftitutum habuit, qui debere poffit fideicommiffum tanquam a fe repetitum, neque heres heredis, ad quem ea hereditas non pervenit, fideicommiffario tenetur, puta nec fi jus deliberandi de adeunda, vel non adeunda hereditate, primus heres in eum tranfmiferit, fecundum conftitutionem *l. cum in antiquioribus, C. de jure delib.* Qui eft alius error Accurfii, quia jus illud deliberandi eft res hereditaria, non eft ex ea hereditate, quæ fubjecta eft

A fideicommiffo, sed ea lege datur heredi heredis. Beneficium eft legis quod datur heredi heredis morientis intra annum ante aditam vel repudiatam hereditatem, ut fcilicet mortuo primo herede intra annum, dum deliberat & confultat de adeunda vel repudianda hereditate fibi delata, aut dum deliberare præfumitur ea de re, mortuo, inquam, eo intra annum, eadem deliberatio permittitur heredi ejus, fed invitum non obligat ad aditionem aut præftationem fideicommiffi. Beneficium eft legis, non commodum quod manet ex ea hereditate. Denique concludamus in fpecie hujus §. fideicommiffum non poffe fervari a coherede vel subftituto, qui nullus eft, nullo modo etiam poffe fervari ab herede heredis, qui obiit antequam adiiffet hereditatem. Nunc dicere quis poffet in fuperiori-

B re exclufæ & submotæ funt: Fideicommiffum non intercidere, quia herede fcripto non adeunte, atque ita ab inteftato vocato herede legitimo, deferto & deftituto teftamento, id fideicommiffum heres legitimus præftare debet, quod tentari poteft infcite ex *l. 2. §. ult. de fuis & leg. hered.* quem locum Bartolus appellat fcabiofum, propterea quod aperte ille locus oftendit, herede fcripto, qui rogatus eft reftituere hereditatem, repudiante eam, tranfire ad legitimum heredem cum onere fideicommiffi, quod eft mirum, quia heres legitimus non eft rogatus, quia fideicommiffum relictum in teftamento ab herede fcripto, non videtur repetitum ab herede legitimo, nifi fit nominatim repetitum, vel nifi fit relictum fimpliciter, id eft, generaliter, ut in *l. eam quam, C. de*

C *fideic.* Puta hoc modo, bona mea poft mortem heredis inftituti ad illum pertinere volo, quæ verba comprehendunt omnem heredem & teftamentarium & legitimum, vel etiam, nifi in teftamento fit adjecta claufula codicillaris, quæ eft in *l. ult. C. eod.* Quid ergo dicemus, aut quomodo interpretabimur dictam legem 2. §. *ult. de fuis & legit. hered.* Dico aliam effe fpeciem illius legis, & aliam hujus §. In fpecie hujus §. non ponitur heredem fcriptum repudiaffe hereditatem, sed antequam adiret vel repudiaret vita deceffiffe. In illa fpecie *d. l. 2. §. ult.* ponitur heredem fcriptum repudiaffe hereditatem, quod fit semper in fraudem fideicommiffarii, ut in *l. 4. C. ad Treb.* Et in gratiam legitimi heredis, vel coheredis: ideoque hoc ca-

D cui honc ad legitimum heredem hereditas tranfit cum onere, cui heres ftruxit callide heres fcriptus: ficut eadem ratione in *d.l.* tranfit ad coheredem cum onere: fideicommiffum igitur ad legitimum heredem cum onere, cui fraus ftructa eft in necem fideicommiffarii, aut cujus in nem legitimi heredis repudiatio facta eft, cui profuit, cui bono fuit, & quidem fine deductione Falcidiæ, fi poft repudiationem heres fcriptus coactus adierit, ut in *d. l. 4.* vel falva Falcidia, fi poft repudiationem non fuerit coactus adire, ut in *d. l. 2. §. ult.* In qua dicitur potuiffe cogi adire, non actum coactum. Et ut intelligatur fpeciem quam apponi neceffe eft *d. l. 2. §. ult.* Præmittendum eft, quod in §. penult. proditum eft, repudiante herede fcripto ex affe ab inteftato, proximum agnatum teftatoris vocari ad legitimam hereditatem, non qui fuit proximus utique tempore

E mortis teftatoris, sed qui fuit proximus, tum certum effe cœpit, teftatorem inteftatum deceffiffe: quod in §. *ult.* declarat pofita fpecie hujusmodi: heres fcriptus rogatus alii reftituere hereditatem, eam repudiavit, an ftatim ab inteftato vocatur, qui proximior eft defuncto tempore repudiationis? Minime, quia nondum certum eft inteftatum deceffiffe teftatorem, propterea quod fideicommiffarius ex refcripto D. Pii etiam poft repudiationem poteft cogere heredem ut adeat, & interim fieri poteft, ut moriatur, qui erat proximior tempore repudiationis: Quod fi ita eveniat, ad pofteriorem, id eft, ad ulteriorem agnatum legitimam hereditatem deferimus, cum onere tamen fideicommiffi, quia in fraudem alterius & ejus gratiam heres teftamentarius repudiavit, qui fideicommiffo oneratus erat. Denique ex iis apparet, non poffe fuftineri in fpecie hujus legis fideicommiffum, quafi debeatur ab herede legitimo, quia heres teftamentarius non repudiavit,

sed

idonea fuerunt, id eft, de debitoribus paternis, qui poft pubertatem adolefcentis idonei fuerunt, five qui aliquandiu idonei fuerunt eo tempore, quo pupillus adolevit, aut pubes factus eft, id eft, finitæ tutelæ tempore, fed poftea defierunt effe idonei. Nam fi durante tutela idonei effe defierunt, ceffante tutore, dolo malo vel nimia negligentia, nec exigente debitores paternos, proculdubio periculum pertinet ad tutorem, *l. 2. C. arbit. tut. l. periculum, de reb. cred. l. ult. §. pen. de adminift. rerum ad civit. pert.*

### Ad §. Curator.

*Curator a patre teftamento datus impuberis negotiis fe per errorem immifcuit: poftea a prætore tutoribus aliis datis, periculum futuri temporis ille, qui poftea nihil geffit, non præftabit.*

Repetamus memoria primum, quæ diximus in *l. 6. de confir. tut.* non jure dari curatorem impuberi teftamento patris, imo nec puberi. At finge: datum curatorem impuberi teftamento patris per errorem, dum fe jure datum putat, fecundum voluntatem patris fe negotiis pupilli immifcere, poft non confirmari quidem ab eo petiit, fed alium tutorem pupillo dari: an fi alio tutore pupillo dato, curator ille hoc cernens continuo deferat negotia pupilli, quibus fe immifcuerat per errorem, an futuri temporis periculo, quo nihil geffit, adftringitur? Et refpondet Papin. non adftringi, quia eum ab adminiftratione Prætor exclufit fubftituto alio tutore five adminiftratore præteriti temporis, quo geffit negotia impuberis, antequam alius tutor daretur: non eft dubium periculum ad eum pertinere, fi quid male gefferit: quod fi antequam alius tutor daretur, fuum errorem ille curator cognoverit, & ideo errore comperto mox deferuerit negotia pupilli, quæ cœperat attingere, in §. *feq.* oftenditur.

### Ad §. Qui fe negotiis.

*Qui fe negotiis impuberis non jure tutor datus, fecundum patris voluntatem immifcuit, errore comperto tutorem a prætore conftitui confulius petet, ne forte, fi rem cœptam deferuerit, fraudis vel culpæ caufa condemnetur, ne iam idem fervatur; fi quis ultro negotium alienum geffiffet, cum fatis abundeque fufficiat, vel in una specie per amici laborem domino confuli.*

In hoc §. oftenditur: eum doli vel culpæ nomine teneri, qui tutorem non petierit a prætore conftitui in locum fuum, fi alio tutore non petito negotia deferuerit, quæ cœperat. Et ea re eleganter Papin. in §. *hoc* docet, differentiam effe inter eum, qui quafi curator ex neceffitate officii ad aliena negotia accedit, & amicum voluntarium, qui ultro fufcipit gerenda aliena negotia. Quoniam hic, id eft, negotiorum geftor, ea deferere quandoque impune poteft, etiam non fubrogato alio in locum fuum, *quia*, inquit, *fatis abundeque fufficit vel in una fpecie per amici laborem domino confuli*. Quæ verba ipfi Imperatores ufurpant, ut affidue Papin. verba ufurpant tanquam principis Jurifconfultorum in *l. tutori, C. de neg. geft.* Curator autem vel quafi curator, non poteft negotia, quæ cœpit, deferere non fubrogato alio, nec intermittere: huic neceffitas officii & muneris, ut ait *d. l. tutori*, finem adminiftrationis facit: finis autem eft legitima ætas: illi autem, id eft, negot. geftori finem adminiftrationis facit propria voluntas, videlicet ut Græci interpretantur, ἢ μὴ βούλεται, puta, illi non omnia negotia amici abfentis ad curam fuam revocaverit, fed quæ federent animo fuo. Geftori eft liberum fcindere adminiftrationem rerum alienarum, non tutori vel curatori, vel procuratori ex mandato generali.

### Ad §. Heres.

*Heres inftitutus, qui non habuit fubftitutum priufquam hereditatem adiret quam impuberi reftituere debuit, vita deceffit. Cum hereditas in Italia effet, fcriptus autem heres in provincia vita deceffiffet, tutores provincialium rerum culpæ nomine condemnandos exiftimavit: fi caufam teftamenti non ignorantes utilitatem impuberi deferuerunt: nam hereditatis in provincia fideicommiffo reftituto, caufam quidem juris expediri potuiffe, rerum autem adminiftrationem ad eos recidere debuiffe, qui tutelam in Italia fufcepiffent.*

Species hujus §. hæc eft. Quidam L. Titium, qui domicilium habebat in provincia Lugdunenfi, ex affe heredem inftituit, atque ita ei coheredem non dedit, quia inftituit ex affe, nec ei etiam directo fubftituit quemquam, fed ab eo petiit verbis precariis, verbis fideicommiffi, ut reftitueret hereditatem Mævio, qui erat impubes, & agebat fub pluribus tutoribus, quoniam erat locupletiffimus, & ditiffimus, aliis adminiftrantibus res Italicas, aliis adminiftrantibus res ejus provinciales fitas in eadem provincia Lugdunenfi, in qua degebat, five domicilium habebat heres fcriptus: Finge, alios fuiffe tutores datos rebus impuberis, quæ erant in Italia, alios rebus, quæ erant in provincia Lugdunenfi, ut in §. *rerum, inf. l. pupilli, fup. de tut. & cur. dat.* Hereditatem autem illam fuiffe in Italia, heredem ut dixi, domicilium habuiffe in provincia, ibique eum vita deceffiffe, priufquam eam hereditatem adiret, & impuberi reftitueret, culpa tutorum, qui per judicem eum heredem oneratum fideicommiffo reftituendo impuberi, non coegerunt adire & reftituere hereditatem, dum vixit, quemadmodum Papin. ponit pro certo in hac fpecie, morte heredis intercidiffe fideicommiffum, five fideicommiffariam hereditatem relictam impuberi, quod etiam confirmat *l. illa quo, in fi. ff. ad SC. Trebell.* Et hoc pofito & conceffo, quærit tantum Papinianus, qui tutores culpæ nomine impuberi teneantur, quod heredem, dum vixit, non coegerunt adire & reftituere hereditatem impuberi, utrum tutores rerum Italicarum, an tutores rerum provincialium. Nobis tamen prius videndum eft, & diligenter difpiciendum, cur morte heredis fideicommiffum interciderit, quoniam in eo ex interpretibus exercitium multi: nam etfi neque coheredem neque fubftitutum habuerit heres in hac fpecie, a quo fuftineatur teftamentum poft mortem heredis fcripti, & a quo fideicommiffum peti poffit, tanquam ab eo tacite repetitum ex refcripto Severi & Antonini, de quo *l. licet, de leg. 1. & l. fi Titio & Mævio, §. ult. de leg. 2. & l. 4. ad SC. Trebell.* tamen plerifque videtur, licet non fit coheres aut fubftitutus, a quo impuberi poffit fervari fideicommiffum hereditatis, id poffe fervari ab herede heredis legitimo vel teftamentario. Quod ego fieri poffe puto, quia primus heres ex ea hereditate nihil juris tranfmifit in heredem fuum, cum nec eam hereditatem adierit: hereditas non adita, non tranfmittitur. In cafu noftro *legis pen.* §.*ult. C.ad SC. Trebellian.* quo §. Accurfius utitur in contrariam fententiam in *l. eam quam, C. de fideicommiff.* ad quam nos hoc loco rejicit, in ea, inquam, *l.* heres primus adierat eam hereditatem, fed antequam eam reftitueret fideicommiffario, vita decefferat, quo cafu fi nullum heredem reliquerit, ipfo jure utiles actiones in fideicommiffarium tranfeunt, perinde atque fi heres reftituiffet hereditatem, ex beneficio dictæ leg. pen. quia utique non interciderat fideicommiffum, quandoquidem heres adierat. Si vero heredem reliquerit, eadem ratione iş heres heredis fideicommiffario tenebitur, *l. quamvis §. 1. l. fi ejus, §. fi quis ad SC. Trebell.* quia in nofter hereditas tranfmiffa eft hereditas fubjecta fideicommiffo, tranfmiffa, inquam, per aditionem primi heredis, quam interveniffe ponimus. Male etiam idem Accurf. in *d. l. ille a quo, §. 1.* ait, heredem heredis teneri adire & reftituere fideiquoque transtulit pecuniam redactam ex venditione quarundam rerum Italicarum facta Romæ. Qua de causa Romæ in locum ejus tutor substitutus est, quod is abiisset Italia, nec sufficeret utrique patrimonio administrando, ut in *d.l.propter*, §.*ult*. Notandum, rerum Italicarum tutorem Romæ dari, ut in §.*rerum*, *sup*. Inde vero quæritur, an ejus pecuniæ, quæ trajecta est in provinciam periculum pertineat ad tutorem postea constitutum rebus Italicis? Causa quærendi & dubitandi hæc est: quia ea pecunia prodiit ex rebus Italicis: & respondet Pap. eum tutorem qui substitutus est rebus Italicis, ejus pecuniæ, quæ trajecta est in provinciam, quamvis confecta sit ex rebus Italicis, periculo & administrationis necessitate non teneri, quia trajectione desiit in Italia domicilium habere, trajectione desiit ad tutelam rerum Italicarum pertinere, sicut tutor testamento datus migratione, desiit in Italia domicilium habere. Et hæc sunt, quæ pertinent ad hunc §.

### Ad §. Curatores.

*Curatores testamento, vel tutores inutiliter dati, neque decreto Prætoris confirmati, negotia gesserunt. Vice mutua periculum præstare coguntur: cum officium sponte citra juris adminiculum, inivierint: & qui fuit idoneus, decretum Prætoris curatores vel tutores constituentis implorare debuerit.*

Mutuum periculum, quod dixit sustinere curatores in §.*curatores, sup*. idem etiam sustinere ostendit in hoc §. Curatores non jure datos, ut puta testamento, nec confirmatos decreto Prætoris vel Præsidis, si se sua sponte secundum testatoris voluntatem negotiis immiscuerint, ut in §.1. & 2.*sup*. Et idem esse in tutoribus non jure testamento datis nec confirmatis, ut si sint dati puberi, vel ab eo, eave, qui quæve impuberem in potestate non habet, vel si non sint dati verbis directis: ergo & tutores vel curatores non jure dati, nec confirmati, mutuum periculum agnoscunt non servati detrimenti rebus minoris. Et ratio mutui periculi, id est, ratio non servatæ rei minoris periculo in locum non idonei idoneum substituendi, hæc est, quia sua sponte citra juris adminiculum, id est, cum jure non cogerentur, officium tutelæ, vel curæ inierunt, & ultro se negotiis minorum implicaverunt, & quia de se queri debent, & sibi imputare, qui ex eis idonei sint & locupletes, si sustineant onera aliorum, qui idonei non sunt, cum decretum prætoris vel præsidis implorare debuerent curatores, vel tutores constituentis decreto: Prætor minus idoneos rejecisset, & soli idoneo permisisset administrationem, & hæc est elegans sententia hujus §. Et præterea nota eum, qui confirmat tutores vel curatores testamento, non jure datos, constituere curatores vel tutores, dum ait constituentis: dare tutores vel curatores diximus in *l. 26. §.ult. de test. tut*. Confirmati igitur dativi sunt tutores, sed pro testamentariis habentur, ut præferantur legitimis, *d.l.26. §.ult.l.3.sup.de confirm.tut*. Alioquin legitimi eis anteponerentur, quoniam post legitimos dativi veniunt, nisi ut dixi habeantur pro testamentariis.

### Ad §. Tutoribus.

*Tutoribus idoneis diem functis, vice mutua periculum ad heredes eorum non redundat: quod non habuit locum officio tutelæ manente.*

Jam supra intelleximus ex §.*curatores*, primo, mutuum periculum finiri, si tempore depositi officii, puta, finita tutela vel cura impuberis pubertate, vel puberis legitima ætate, omnes tutores & curatores idonei fuerint, & locupletes, ultra pubertatem, & legitimam ætatem periculo mutuo tutores vel curatores non obstringi, etiamsi ex eis quidam forte post pubertatem, post finem tutelæ vel cu-

ræ, in administratione perseveraverit, *l. Divi, sup. h.t.l.2.C.in quibus cauf.tut.hab.tut.vel cur. detur*. Mutuum quoque periculum finiri in hoc §. nunc ostendit, si morte tutorum finita tutela fuerit, & omnes tempore mortis fuerint idonei, id est, pares solvendo, pares damno præstando. Nec enim mutuum periculum, quod locum non habuit manente tutela, id est, quod tutores non tenuit, in heredes eorum transit, ita ut si heredum aliquis fiat inops ejus inopia oneret coheredes, quia heredes tutorum, tutores non sunt, *l. 1. de fidejuss. tut*. Mutuum ergo periculum tenet tutores ipsos tantum, heredes eorum non tenet, nisi quod cœpit ab ipsis tutoribus durante tutela. Quinimo uno ex tutoribus mortuo relictis contutoribus idoneis, heredem ejus, postea contutoribus redactis ad inopiam, periculum non tenet, quod mutuum non tenuit: velle dicam atque ostendam ex *l. 1. C. quo quisque ord.conven*. Et idem dicendum est, hoc est, mutuum periculum finiri, si morte pupilli, vel alio modo finita tutela, tempore finitæ tutelæ omnes idonei fuerint: finis tutelæ est finis mutui periculi, quod modo ante non habuerit locum, nec ceperit originem & initium, & ita liquido explicabitur hic §. Male Acc. comminiscitur tutores mortuos post depositum officium, atque ita tutelam finitam ante mortem tutorum, quoniam hoc lex non ponit, nec vero poni potest ullo modo, cum spectet auctor noster Pap. tempus mortis tutorum, quod utique non spectaret, si in vita officium deposuisset, sed spectaret tempus depositi officii. Itaque facessat Acc. Glossa.

### Ad §. In eum.

*In eum, qui tutelam gerere noluit, post ceteros, qui gesserunt, actionem utilem tutelæ dari placuit. Quod tamen ex tutela non pervenit ad eos, qui se negotiis miscuerunt, sed communi negligentia periit: citra substitutionis ordinem, æqualiter omnium periculum spectat.*

Ex hoc §. intelligimus, tutorem unum ex pluribus, qui nihil gessit, arbitrio sine actione tutelæ teneri, utili scilicet, non directa. Directa tenetur is, qui gessit & administravit tutelam, & is quoque heresve ejus prius conveniendus est, quam alter, qui nihil gessit. Prius excutiendæ sunt facultates ejus, qui gessit, quam excutiatur alter, qui nihil gessit, *l.3.§.1.h.t.l.6.C.arbit.tut.l.3.C.de divid.tut. l.1.C.si tutor vel curat. reipub. caussa adfuerit*. Utili autem actione tutelæ, cum directa est inanis, propter inopiam ejus, qui gessit, is tenetur, qui non gessit tutelam, cessationis & culpæ nomine, ut in *l.2.C. de her.tut.l.4.§.1.rem pup.salv.fore*. Hoc tamen ita procedit, si is, qui non gessit, non ignoraverit, nec si is, qui gessit, solvendo non sit, ulla actione tenetur, *l.8.C.de adm.tut*. Idemque est, si non malitia, aut contumacia, sed errore, quod se jure excusatum crederet, ab administratione cessaverit. Quod Acc. hoc loco notat recte ex *l.qui testam. de excus.tur*. Et hæc, cum ex tutoribus quidam administravit, quidam non administravit, nam si omnes cessaverunt ab administratione in totum, vel in partem aliquam, in ea re vel parte, in qua cessaverunt ab administratione, quæ negligentia eorum periit, æqualis est omnium culpa *l.2.C.si tut.non gess*. Et ideo omnes tenentur utili actione tutelæ ultra substitutionis ordinem, ut ait Pap. hoc loco, id est, non servato ordine conveniendi prius unum quam alterum, & nullo alteri quasi damni vicario substituto, sed omnibus principaliter obligatis utili arbitrio tutelæ. Nec enim, quam par est omnium culpa, ullus conventionis ordo servatur, sed in potestate est adolescentis eligere, quem ex iis prius conveniat in solidum. Cum culpa est dispar, tum servatur ordo conventionis, id est, prius convenitur is, qui male gessit, & rem pupilli perdidit, cujus culpa est major, quam is, qui nihil gessit, cujus culpa minor est. Plus peccat, qui facit, quam qui non facit. Quod maxime notandum est.

### Ad §. Tutores.

*Tutores pubere pupillo constituto, litem appellationis inchoatam, jussu consulum ob notitiam rei persecuerunt, eum judicatum persequi non potuerunt, periculo culpæ non subjiciuntur.*

SEntentia hæc est & species hujus §. Tutor Romæ inchoavit causam appellationis pupilli. Finge eum a judice, quem Consules dederant, appellasse ad ipsos consules, ut in *l. 1. §. denique, ff. de appell.* Et præterea finge, pendente causa appellationis, pupillum adolevisse, atque ita finitam tutelam fuisse pubertate, & tamen jussu consulum tutorem, quod optime nosset rem, sive causam, de qua agebatur, litem perfecisse. Denique fac, post finem tutelæ coactum tutorem jussu consulum ob notitiam litis, litem perficere, & reum condemnasse, sic ait, *Perficere litem*, ut perficere crimen, *l. qui cum natu, in fin. de bon. libert.* id est, peragere reum, perficere accusationem. Quæritur vero in hoc §. An post rem judicatam a consulibus instante tutore, si reus, qui condemnatus est, fiat non solvendo, hoc imputari tutori possit, quod cum eo non egerit judicati actione? Et respondet rectissime Papin. non imputari, nec ob id tutorem subjici culpæ periculo: aperta ratione, quia finito officio tutelæ, nullam actionem pupilli nomine inferre possit sine mandato. Eadem est ratio hujus responsi, quæ fuit primi responsi. Itaque ea duo responsa conjungi velim, quod eandem rationem habeant.

### Ad §. Ab eo qui.

*Ab eo, qui restitutionis auxilio non juvatur, quæstio culpæ tutorum conventione remitti potest, nec donatum, sed transactum videtur negligentia tutorum.*

HÆc verba alicui prima fronte obscurissima videbuntur : *Ab eo*, inquit, id est, ab adolescente, non a majore xxv. annis. Ab eo igitur adolescente, qui restitutionis auxilio non juvatur, qui impetravit veniam ætatis, quod beneficium in idiotissimo vocamus : Bail de gouvernement, *quand on est declaré majeur avant xxv. ans.* Veniam ætatis minori dat solus Princeps, ut in *l. 3. in princ. ff. de minorib. l. 1. C. de iis, qui ven. ætat. impetr.* Ei cui datur venia ætatis, permittitur rerum suarum administratio, & curatione liberatur : hæc est vis veniæ ætatis, hic effectus, ut minorem liberet curatoribus, ut curatoribus auferat administrationem, & transferat in minorem : denique venia ætatis permittit minori administrationem rerum suarum, non etiam donationem, quia deminutio, sive donatio non pertinet ad administrationem rerum suarum, sed ad amissionem. Ergo venia ætatis non permittit donationem minori. Venditio olim ei, qui meruisset veniam ætatis, erat permissa, etiam rerum immobilium, & pigneratio. Postea a Constantino Imperatore etiam ei venditio interdicta est sine decreto, *l. 2. C. de iis, qui ven. ætat. &c.* Et deinde etiam pigneratio ei interdicta est rerum immobilium sine decreto a Justiniano, *l. 3. Cod. eod. tit.* Donatio autem nunquam fuit permissa minori, sive obtinuisset veniam ætatis, sive non, nec cum decreto quidem, ut aperte ostendit *l. ult. C. si major. fact. rat. al. hab.* quæ lex est communis omnium minoribus, sive impetravit veniam ætatis, sive non. Sic igitur statuamus: ei, qui impetravit veniam ætatis, quod effecit, ut restitutionis auxilio non juvetur, in iis, quæ gesserit post veniam petitam, pro majore habetur, ei, inquam, permitti administrationem rerum suarum, non donationem, donationem nunquam fuisse permissam, nec cum decreto Prætoris. Porro ad administrationem rerum pertinent conventiones, quæ fiunt transigendi, & decidendi causa, non deminuendi. Ideoque ab eo, qui impetravit veniam ætatis conven-

tione remitti potest quæstio culpæ tutoris. Finge, inter eum, & tutores esse controversiam de iis, quæ culpa tutorum in tutelæ administratione dicuntur admissa : quæstionem eam, & controversiam esse incertam & dubiam, ut plerumque est omnis quæstio culpæ. Difficilis est culpæ disquisitio, definitio, & probatio. Ideoque recte is, qui impetravit veniam ætatis conventione remittit tutoribus quæstionem culpæ, quia cum incerta sit ea quæstio, & dubia transegisse cum tutoribus, non donasse videtur : si donasse, quia venia ætatis, non donavit. Remissio illa transactio est, non donatio : si esset donatio non valeret, ut eadem ratione, si is, qui impetravit veniam ætatis colono remittat pensionem ob sterilitatem, ea remissio transactio est, non donatio, ut ait *L. 15. §. Papinianus, loc.* Ergo valet. Denique utraque remissio rata est, si fiat ab eo, qui meruit veniam ætatis, quia restitutionis beneficio rescindi non potest : venia ætatis amissio beneficii restitutionis in his, quæ post veniam ætatis gesserit, & permissio administrationis rerum suarum.

### Ad §. Negligentiæ Tutorum.

*Negligentiæ tutorum periculo nominum, quæ pater usuris majoribus fecit, adscripto, pupilla quidem actionem calendarii præstare cogitur: exactas autem usuras tutelæ tempore, citra ullam compensationem retinet.*

NEque Accursium, neque eos, qui ab Accursio profecti sunt, hunc §. intellexisse ex eo apparet, quod non explicant quid significetur his verbis: *Citra ullam compensationem retinet*, quæ verba sane obscura sunt, nec cur Papinianus ponat, patrem nomina fecisse sub usuris majoribus, quod sane frustra non ponit, imo ut memini in *l. 49. §. ult. de sol.* dubitationes causam pendere ex his verbis, *Sub usuris majoribus*, ita proculdubio in hoc §. omnis dubitatio ex eo pendet, quod Papinianus ponit, *Patrem pupillæ nomine contraxisse usuris majoris*, & usuras majores dicit ex adverso pupillarium usurarum, quæ exceptis casibus certis, quibus sunt centesimæ, leviores esse solent, ut puta, quincunces, aut trientes, aut si quæ aliæ leviores in provincia frequentantur, *l. 7. §. ex ceteris, ff. hoc tit.* Et ita ex adverso pupillarium usurarum dicuntur majores usuræ apertissime in *l. 9. §. si tutor sub usuris, hoc tit. Sub usuris*, inquit, *gravioribus, quæ usura pupillares sunt.* Et species, sive sententia hujus §. hæc est. Pater, qui calendarium exercere solebat pecuniis fœnerandis, nomina fecit sub usuris majoribus, quam soleant esse usuræ pupillares, deinde minorem, filiam impuberem heredem reliquit datis ei tutoribus. Post mortem patris, nominibus paternis deperditis, puta, debitoribus factis non solvendo, & foro cedere coactis, pupilla agente sub tutoribus, si tutelæ judicio eorum nominum periculum tutoribus adscriptum sit, quod negligentes fuerint in eis exigendis, cum erant idonei, certum est, pupillæ tutoribus cedere debere actiones calendarii, vel nominum cautionem fœneratitiam, ut fit quotiescunque oneratur quis propter alium, *l. 1. §. non tantum, l. cum pupillus, inf. de tut. & rat. distrah. l. si minoris, sup. hoc tit. l. 6. C. arb. tut.* Neque vero tutoribus inanis ea actio erit, aut inutilis, si quando debitoribus facultates ad solvendum accesserint, & quam utique venient usuræ post finem tutelæ insecuti temporis : Quid vero fiet de præteriti temporis usuris, quas tempore tutelæ tutor exegit, & rationibus pupillæ accepto tulit, utrum eas pupilla sibi retinebit, an hoc desiderante tutore contenta erit usuris pupillaribus, quæ leviores sunt. Hæc est quæstio hujus §. Et respondet Papinian. pupillam usuras exactas tempore tutelæ retinere citra ullam compensationem, id est, integras retinere, sine ulla deminutione, nequaquam facta compensatione, usque ad eam summam duntaxat, quæ concurrit cum usuris pupillaribus ut scilicet id, quod plus est in usuris, quas exegit tempore tutelæ, quam in usuris pupillaribus, id tutoris lucro cedat,

dat, hoc non ita fiet, sed pupilla retinebit integras majores usuras, quæ exactæ sunt tempore tutelæ. Compensationem igitur hoc loco Pap. accipit, non pro contributione, & compensatione duarum summarum debitarum ultro citroque, ut in *tit. de compen.* sed simpliciter pro computatione quacunque & collatione duarum summarum, duarum usurarum majorum & leviorum, ut in *l. Titia*, §. *qui in vita, ff. de legat.* 2. Ergo frustra computabimus & conferemus usuras majores, quas exigit, cum pupillaribus, quæ sunt leviores; ut id, quo pupillares exactæ usuræ superant, sibi habeat tutor, quoniam nihil ex tutore sibi habere potest, sed integræ retinentur a pupilla. Et addendum, idem omnino servari, si non sint paterna nomina, sed ab ipso tutore contracta: Præstabit enim tutor exactas usuras, si graviores sint, nedum pupillaribus satisfaciet, *l. 7. §. si tutor, h. t.*

ad tutorem superstitem, qui negligens fuit in herede contutoris exigendo, dum erat idoneus, damnum vicarium redundat, sicut eum tempore tutelæ non idoneum contutorem, contutor suspectum non facit, aut tarde, aut lusorie facit, vicarium damnum ad eum redundat, *l. 14. h. t. l. 2. C. de usur. pupill.* quæ est sententia hujus §. Et est ei locus etiam in tutore honorario, eove qui nihil gerit. Nam & ad eum pertinet periculum contutoris, si suspectum eum non fecerit cum sensim laberetur facultatibus, aut perperam rem pupilli administraret, *l. 3. §. 1. h. t. l. 1. C. si tutor non gess.* Idemque servatur in contutore aliarum rerum, ex eorundem divisa tutela, *l. 2. de divid. tut.* Damni vicarium substitui, hoc loco est quod in *l. 3. C. quo quis. ord. con. damno vicario obstringi*, & sic in §. *in eum sup.* substitutio est damni vicarii substitutio; substitui est in vicem ejus poni a quo damnum servari non potuit.

### Ad §. Adolescens.

*Adolescens tutoribus conventis, a quibus totum servari non potuit, adversus curatores, qui tutelam ad se, negligentia non transtulerunt, integram actionem retinet: neque enim tutelæ judicio consumptum videtur, quod alterius officii querelam habuit.*

Sententia hujus §. hæc est. Post pubertatem finemque tutelæ adolescenti dati sunt curatores, quorum negligentia factum est, dum a tutoribus tutelæ rationem non exigunt, & interim tutores labuntur facultatibus, qui erant idonei tempore finitæ tutelæ, quorum, inquam, negligentia factum est, ut actione tutelæ a tutoribus adolescens totum non servaret, quod sibi debebant ex tutelæ administratione: ait Pap. eo nomine, nempe negligentiæ esse adolescenti in curatores salvam & integram utilem actionem neg. gest. in id quod interest, quia suo periculo cessaverunt reposcere tutelam, & eam in se transferre a tutoribus rationibus acceptis, *l. Æmilius, inf. h.t.l.2.C. de susp. tut.* Ergo utili actione neg. gest. aget adolescens in curatores, ut scilicet, quod a tutoribus servare non potuit, id a curatoribus consequatur, periculo inopiæ tutorum adscripto negligentiæ curatorum. Electio actionis tutelæ, qua prius egit adolescens, non consumit utilem actionem neg. gest. qui est finis hujus §. Quia non idem hæc actio, quod illa continet. Illa continet querelam officii tutelæ, hæc continet officii curationis querelam malæ administratæ; alioquin si utraque actio idem contineret, alia aliam consumeret, *l. habebat, sup. de inst. act.* Quod autem Acc. notat, curatores non conveniri ex hac causa manente administratione, per *l. actus, supra h.t.* cui addi potest *l. 2. & l. 12.C. de admin. tut.* Verum quidem ita est si generaliter cum curatoribus agatur de ratione administrationis, quia absurdum est, administrationis rationem reposcere ante perfectam administrationem & peractam: at specialiter, ut quæque res adolescenti salva esse desinit, cum curatoribus agi posse constat manente administratione, *l. cum curatore, h.t.l. 16. §. ult. ff. de tut. & rat.distr. l. 1. §. sed si pro tutore, infra de contr. act. tut.* Ergo & in hac specie recte convenientur curatores manente administratione specialiter, quod tardius in se translatis tutelæ rationib. rem suam a tutoribus adolescens servare in solidum non potuerit.

### Ad §. Tutor, qui tutoris.

*Tutor qui tutoris idoneum heredem convenire pupilli nomine noluit, damni vicarius substituitur, ut is, qui non idoneum tutelæ tempore suspectum facere supersedit.*

Ex duobus tutoribus uno defuncto, relicto herede idoneo, si is heres postea tutoris superstitis negligentia, id est, dum heredem tutoris non exigit in tempore & mature, dum est solvendo, si postea fiat non solvendo,

### Ad §. Tutelæ.

*Tutelæ judicium ita differri non oportet, quod fratris & coheredis impuberis idem tutelam sustineat.*

Tutor datus est duobus fratrib. consortibus impuberibus, qui pro indiviso possidebant communem hereditatem; unus ex fratribus citius adolevit, & liberatus est tutela. Quæritur an ex persona ejus statim tutor tutelæ conveniri possit, non expectata pubertate alterius fratris consortis sive coheredis? & respondet posse conveniri. Ratio dubitandi, quam non percipiunt nostri interpretes, erat, quia communis inter eos erat res, quam idem tutor administravit, communis hereditas, & ideo videbatur adolescens, qui citius pubuit, posse repelli hac exceptione, quod agat, non adjuncta persona consortis, quam exceptionem invenio etiam aliquando probasse Constantinum *l. 1. C. Th. de dominio rei, quæ poss.* sed ante Constantinum, ei exceptioni locus non fuit, & hodie non servatur ea l. Constantini, sed utimur jure antiquo, ut recte agat consors pro sua parte non expectato consorte, *l. 1. C. de consort. ejusd. lit. l. si petitor, de jud.* Et hæc est vis & potestas hujus §. qui proprie & convenienter adnotabitur ad illum titulum *de consortibus ejusdem litis.*

### Ad §. Ultimum.

*Quod peculio servi actoris, quem adolescens postquam res suas administrare cœpit, manumisit, & retinuit, aut retinere potuit: in ratione reddenda, curatori per judicem accepto feretur.*

Sententia hæc est: adolescens, postquam res suas administrare cœpit, id est, qui major factus est, vel qui impetravit veniam ætatis, is, inquam, servum actorem bonorum suorum sive dispensatorem, quod interpretes nostri non intelligunt, sive Columellam, ut veteres nostri vocant, jure manumisit non adempto, sive non retento peculio, aut retenta peculii parte tantum: deinde agit cum curatore utili actione neg. gest. ut rationem reddat administrationis. Pap. ait, in ratione reddenda, servum manumissum cum peculio, quod adolescens ei concessit, vel quod sibi retinuit, judicem curatori accepto ferre: *Il l'en quittera,* quia non per eum adolescentem abest, sed per adolescentem ipsum, cui hoc patet, si meruerit veniam ætatis, non esse interdictam manumissionem servorum, nisi alienatio prædiorum ei interdicta erat ante *l. 22. C. de iis qui ven. ætat. impetrav.* In qua Constantinus exigit decretum prætoris vel præsidis, ut valeat donatio omnis extra causam libertatis, etiam adhibito decreto, interdicta erat, ut diximus in §. *ab eo sup.* hodie quoque tentari potest post Constantinum, id est, post *leg. 2.* interdictam esse manumissionem servorum rusticorum sine decreto, quia sunt pars prædiorum rusti-

rusticorum, *l. 3. sup. de diversf. & temp. præsc. & Nov. 7.* Et hæc de adolescente, qui liberatus curatoribus, rerum suarum administrationem suscepit. Alioquin adolescens servum manumittere non potest sine curatoris auctoritate, & quam manumissionem, si fecerit curatore auctore, adversus eam in integrum restitui non potest, nisi ex magna causa a Principe solo, si forte actorem manumiserit, ut in *l. 10. sup. de minorib.* quoniam actoris servi amissio plerunque est causa eversionis totius familiæ, quoniam res omnes familiares novit, *l. ult. sup. de offic. præsid.* Et quot sunt domini viri illustres, quibus plane res suæ incognitæ? sunt cognitæ solis actoribus, qui actum eorum gerunt, qui actum earum rerum gerunt quorum amissio ideo pertinet ad amissionem & eversionem totius rei familiaris.

---

### Ad L. V. Quando 'ex facto tut.

*Post mortem furiosi non dabitur in curatorem, qui negotia gessit, judicati actio: non magis quam in tutores, si modo nullam ex consensu, post depositum officium, novationem factam & in tutorem vel curatorem obligationem esse translatam constabit.*

INitio legis 5. hæc proponitur species: Furioso curator datus est, qui furiosi nomine judicium accepit, & condemnatus est, deinde morte furiosi, antequam judicati ageretur, finitum est officium curatoris. Quæritur, an in curatorem detur actio judicati? & respondet Pap. post mortem furiosi in curatorem, quamvis condemnatus sit, & judicatus, non dari actionem judicati, dari igitur in heredem furiosi: denique non in judicatum, sed in non judicatum, hoc casu dari judicati actionem. Idemque esse addit Pap. hoc loco, in tutore condemnato pupilli nomine. Nam & in eum post depositum officium, veluti post mortem aut libertatem pupilli, vel quem alium tutelæ finem, non datur actio judicati, sed datur utilis in pupillum, heredemve ejus, aut curatoris, ut aperte definit *l. ult. ff. si quis caut.* itemq; *l. argentarium, §. 1. sup. de judic.* quæ tutorem condemnatum pupillæ nomine finita tutela, & in curatorem translata, ostendit non teneri actione judicati, quamvis condemnatus sit, sed in curatorem transferri actionem judicati, qui tutori successit absente puella, scilicet quæ erat in provincia: curator autem forte fortuna inventus fuit Romæ, ubi mater puellæ contraxerat, cui puella heres exstitit, ex qua causa tutor puellæ nomine in provincia condemnatus fuerat, quæ est propria & vera species *d. §. 1.* Verum est etiam, in curatorem adolescentis condemnatum nomine adolescentis post legitimam ætatem, atque ita post depositum officium, non dari actionem judicati, sed utilem dari in adolescentem ipsum, *l. 1. C. quando ex fact. tut.* Quod obtinet non tantum in actione judicati, sed etiam in actione ex stipulatu, vel de constituta pecunia, vel de certa pecunia credita, vel qua alia actione & obligatione, quam tutor vel curator pupilli vel adolescentis, vel furiosi, vel prodigi, vel etiam Reip. citra novationem contraxit, nomine ejus, cujus negotia gessit, ut patet ex hac lege in §. *tutor, & l. ult. §. ult. ut leg. nom. cav. l. 28. in prim. sup. de adm. tut. l. cum quidam,* C. *eod. tit. l. 3. §. in eum, de adm. rer. ad. civit.* ut scilicet ii omnes post depositum officium omnium earum obligationum onera recte recusent. Duo tantum sunt casus, quibus post depositum officium tutor vel curator conveniri potest, ex causa obligationis pro eo, cujus tutelam vel curam contraxit vel tutelam vel curam gessit, contractæ tempore administrationis: unus casus hic est, si creditor ejus, cujus tutelam vel curam gerit, pecuniam debitam caverit novatione facta, novationem fecerit: nam ex ea causa etiam post depositum officium actio in eum datur, ne scilicet in damno versetur creditor, qui ejus fide & expromissione contentus per novationem reum principalem liberavit. Et ita de curatore Reip. nominatim proditum est in *d. l. 3. §. in eum,* ut & de tutore in h. l. si ejus verba translata, & transfecta non essent: nam ut verba sunt collocata in hac lege ponit novationem fecisse tutorem post depositum officium, cum ponere debeat, fecisse ante depositum officium: neque enim hic quæritur, qui post depositum officium novatione facta in se transfudit omnem obligationem, vice ejus, cujus pridem tutelam gessit, an teneatur, quod erat extra omnem dubitationem, sed quod maxime dubitabatur, an, ut post depositum officium tutor ceteris obligationibus relevetur, quas suscepit tempore tutelæ pro pupillo, manente etiam obligatione pupillari, quam tutelæ tempore in se transfudit novatione facta. Et ut palam initio h. l. agitur de curatore furiosi, qui eo vivo, scilicet furioso, manente administratione se obligavit, suscipiendo judicium pro eo, an post depositum officium, veluti post mortem furiosi, judicati teneatur. Itaque consequens est & consentaneum, mox in hac ipsa lege agi de tutore, qui tempore tutelæ pro pupillo judicati obligationem susceperit, an post depositum officium judicati actione teneatur, quod & statim, quod sequitur in hac lege, exigit omnino, dum subjicit: tutorem qui non facta novatione se soluturum cavit, pecuniam quam pater, cui pupillus heres exstitit, condemnatus fuit, id est, qui constituit se soluturum pro pupillo, ut similiter de curatore Reip. dicitur in *d. l. §. in eum,* post finitam tutelam, hoc est, post depositum officium, recte recusare actionem constitutæ pecuniæ, quia scilicet constituto, quod contraxit tempore tutelæ, non fuit novata principalis obligatio, *l. filius f. sup. de in rem verso, l. item illa, §. ult. l. ubi quis, ff. de const. pecun.* Et ideo creditori adhuc salva & integra est actio in debitorem principalem, unde luce clarius est, sic esse restituenda suo loco verba hujus legis: *post mortem furiosi non dabitur in curatorem, qui negotia gessit, judicati actio, non magis quam in tutores post depositum officium si modo nullam ex consensu novationem factam, & in curatorem vel tutorem obligationem esse translatam constabit.* Et ait, *ex consensu novationem factam,* ad differentiam novationis necessariæ, quæ fit judicio accepto, qua tutor, ut ante dixi, post depositum officium, absolvitur. *Voluntaria,* id est, facta ex consensu, non absolvitur. Alius autem casus, quo tutor alii ex administratione tutelæ tenetur, etiam post depositum officium, ponitur in extrema parte h. l. Si tutor suo nomine pecuniam mutuam acceperit, & verterit in rem pupilli, si inde pecuniam, in quam pater pupilli condemnatus est, cui pupillus heres extitit, exolvit, atque ita pro pupillo jure hereditario obligato judicati nomine, judicatum fecerit: nam & ex hac causa post depositum officium in tutorem est actio creditæ pecuniæ, quia perinde atque facta novatione voluntaria ex ea causa ipse solus tutor obligatur, ut in *l. tutorem, §. adversus, sup. de adm. tut.* nisi, ut eleganter subjicit, si creditor pupillo contemplatione credidit, ut pecunia verteretur in causam judicati, si pupillum sibi obligari voluit, non tutorem, cui numerabat pecuniam, quo casu solus pupillus creditori tenetur, argum. *l. si pupilli, §. 1. de negot. gest.* Non tutor tenetur post depositum officium: durante officio tutelæ non est dubium, eum pupilli nomine conveniri posse, *l. 1. §. sufficit, ff. de administ. tut.* Et hæc est sincera interpretatio hujus legis.

At circa eam multa quæri possunt: ac primum quidem initio ait, post mortem furiosi, in curatorem nomine furiosi non dari judicati actionem. Quæri potest, an vivo furioso, in curatorem, qui condemnatus est nomine furiosi, detur actio judicati? Et lex ipsa ex contrario significat dari: ac sane ita est hoc velle Pap. ut quo casu in curatorem vivo furioso datur actio, in curatorem, inquam, condemnatum esse post mortem furiosi, quo casu veluti curatore condemnato, vel patre furiosi, vel ipso furioso, antequam furore corriperetur, quia cum furioso nulla actione agi potest, *l. 2. sup. de condict. furti. l. 4. ff. de ns jus tit.* Necesse igitur est judicati agi in curatorem: actio autem judicati exercetur in bona, captis pignoribus, *l. 1. C. eod. t.* an ergo pignora curatoris capi possunt? Sic sane: si scili-

scilicet agat contumaciter & judicatum facere detrectet: sed quod præstiterit consequetur a furioso cum respuerit, vel ab herede ejus contraria actione negotiorum gestorum. Item quæri potest, an tempore tutelæ condemnatus tutor nomine pupilli teneatur actione judicati? & in tutore ita distinguendum est: aut se liti obtulit, aut non. Si se liti obtulit, id est, si cum posset pupillo auctor fieri ad judicium accipiendum, ipse maluerit accipere, proculdubio ipse tenetur judicati actione, *l. 2. sup. de admi. tutor.* Ergo ex causa judicati, in causam judicati pignora capit ex ejus bonis possunt. Si se liti non obtulit, sed ex necessitate officii pro infante, vel absente pupillo, qui judicio accipiendo idoneus non est, judicium accepit, & condemnatus fuerit, ei succurritur, ut non detur in eum actio judicati, *d. l. 2. & l. pen. hoc. tit.* sed detur in pupillum, cum infantiam excesserit, vel abesse desierit, quo tempore idoneus est judicio accipiendo, pupillus idoneus est litigator tutore auctore, ergo & ejus bona pignori capi possunt in causam judicati, ut *l. 1. C. de præd. min.* Hoc, inquam, casu in pupillum datur actio & executio judicati, excepto uno casu, si causa ex qua tutor condemnatus est, descendat ex contractu patris, cui pupillus heres exstitit, & post condemnationem tutoris pupillus tutore auctore se bonis paternis abstinuerit: tunc enim nec in pupillum, nec in tutorem judicati actio competit, *d. l. 2. de administr. tut. l. ult. ff. si quis caus.* Sed dabitur actio judicati in substitutum pupilli, vel coheredem, vel alium successorem patris, qui successerit ex successorio edicto *l. ex contractu, inf. de re indic.* Sane in tutorem eo casu non competit actio judicati, quia nec, si pupillus se non abstinuerit, quum tutor judicium accepit nomine infantis pupilli vel absentis, in eum ejusve bona non exercetur actio judicati, imo nec in fidejussores ejus, si judicatum solvi satisdederit tutor, *d. l. 2. ult. de admi. tut.* Quæ est accipienda de satisdatione judicatum solvi, quæ scilicet, ut satisdato de rato, ex edicto prætoris ante Justinianum, etiam a tutore & curatore præstabatur, §. *tutores, Inst. de satisdat.* hodie non præstatur ab eis ex Const. Just. *l. ult. §. defensionem, C. de administ. tut. l. 1. §. sufficit, sup. de administr. tut.* Cujus §. stylus aperte prodit, totum esse compositum a Triboniano secundum Constitutiqnem Justiniani. Eadem vero distinctio, quam feci in tutore, servatur in curatore adolescentis, ut si pro absente coactus judicium acceperit, ipse judicati non teneatur, si pro præsente liti se obtulerit, ipse judicati teneatur: Nam etiam eadem distinctio admittitur in procuratore, *l. 4. inf. de re jud. l. Plautius, sup. de procur.* nempe, ut in procuratorem voluntarium, id est, negotiorum gestorum, detur actio judicati, non in mandatarium sive procuratorem ex mandato.

Et postremo quæri potest: an quod diximus tutorem vel curatorem ex sua administratione & negotio, quod cum alio contraxit vel quasi contraxit pupilli nomine, vel adolescentis, vel furiosi, vel prodigi, vel etiam Reipubl. non teneri post depositum officium, exceptis duobus casibus supra relatis, an id etiam locum habeat in procuratore? Et sane diximus lib. 1. procuratorem, qua actione teneri cœperit tempore administrationis per causam administrationis, eadem quoque eum teneri post finitum mandatum, vel post depositum officium, nec relevari auxilio prætoris, *l. 67. de procur.* Et in hac re esse differentiam inter munera publica, veluti tutelam & curationem, quam inviti suscipiunt, quæ ratio efficit, ut releventur post depositum officium, & munera privata, veluti procurationem, quæ non nisi volenti defertur, quam differentiam memini me exponere lib. 2. ad supra dictam *l. 3. §. in etiam, de admi. rer. ad civit. pert.* conjunctam cum *d. l. 67.*

### Ad L. XI. de Suspect. tutorib.

*Post finitam tutelam cognitio suspecti tutoris, quamvis pridem recepta solvitur.*

Certum est in tutorem vel curatorem, qui male aut fraudulenter in tutela vel cura versatur, esse ex XII. *Tom. IV.*

A tabulis quasi publicam suspecti accusationem, qua id agitur, ut removeatur vel tutela abeat, ut postquam abierit tutela, cum eo agi possit tutelæ judicio, ut rationem reddat, vel rationibus distrahendis, actione rationum distrahendarum, ut in duplum reddat, quod per fraudem ejus pupillo abest vel adolescenti, vel furioso, vel prodigo. Nunc finge, receptam semel fuisse accusationem cognitionemque suspecti tutoris lite cum eo contestata, receptumque tutorem inter eos, & pendente ac suspensa cognitione, suspenso crimine, non quidem morte tutoris (constat enim morte rei solvi omne judicium criminale, *l. in Senatusc. §. si propter, ad Senatusc. Turp.*) sed alio modo, veluti pubertate, aut adrogatione, aut deportatione, aut servitute, aut captivitate pupilli, finitam tutelam fuisse: finge, inquam, pendente judicio suspecti tutelam finitam fuisse non morte rei, id est, tutoris, sed alio quocumque modo: Quæritur, *an solvatur perimaturque judicium & cognitio suspecti tutoris pridem recepta?* Et respondet Papin. solvi atque perimi. Ratio dubitandi hæc erat, quia semel recepta cognitio criminalis vivo reo ex Senatusconsulto Turp. non temere solvitur sine abolitione, sed crimen suspecti tutoris facile solvitur, cum & ab eo accusator impune desistat sine abolitione, *l. 1. §. suspecti ff. ad SC. Tertull.* Et ratio decidendi hæc est, quia finita tutela agi potest tutelæ judicio, vel rationibus distrahendis, & quibus ut agi possit, in hoc solum instituitur suspecti tutoris crimen: neque enim his actionibus, tutelæ scilicet & rationibus distrahendis agi potest, quamdiu tutor manet, sed tum demum, cum tutor esse desiit, deposito officio finitaque tutela, & cujus criminis, si jam finita esset tutela, cognitio non reciperetur, *l. 3. §. quæri, hoc tit.* ejus quoque criminis, cum post receptam cognitionem tutela finitur, cognitionem durare non oportet, ut cum jam alias non instituitur, nec duret finita tutela, *argum. l. 6. ff. ut in possess. legat. l. Granius, §. & puto, de fidejussor.* Et ita est explicanda hæc lex *pen.* Ex ea vero, mihi temperare non possum, quin aperiam quam mihi sit suspecta scriptura §. *si quis autem, Inst. de suspect. tut.* ubi primo loco ait, is, qui suspectus postulatus, nondum damnatus vel remotus est: *quoad cognitio finiatur interdici administratione rerum pupilli*, ut, inquit, *Papiniano visum est*. Quæ quidem sententia Papiniani nullo loco exstat, verissimum tamen est intercidi administratione, interim postulato suspecto, vel nominatim a prætore vel præside, *l. 7. C. eod. tit.* vel tacite interdictam videri, maxime curatore, qui interim administrat, ut non locum ejus, *l. quod si forte, §. 1. de solut.* Deinde subjicit eodem loco, semel susceptam suspecti cognitionem exstingui, si postea tutor vel curator, qui suspectus postulatus est decesserit: quo nihil erat certius: quis enim nescit, morte rei omnem cognitionem criminalem exstingui? At non erat æque certum, an etiam exstingueretur semel recepta suspecti cognitio, si interim alio modo quam tutoris morte tutela finiretur. Unde apparet in eo §. exprimi, quod erat certum, omitti quod æque non erat certum. Et prudentius Papinianus hoc loco omitti casum mortis tutoris: nec enim dicit; post mortem tutoris, sed generaliter, post finitam tutelam, ut intelligeremus & alio quocumque modo finita tutela exstingui suspecti cognitionem pridem receptam. Qua de causa in *d. §. si quis autem*, suspicor insidere mendum vetustissimum, quod scilicet insederit & involuerit, & ab ipsa scriptura juris auctoris, ut sit sæpe, unde profluxit ille §. *si quis autem.* Nam Institutiones ductæ sunt ex Jurisconsultorum libris, excepta parte ea, in qua refertur jus novissimum, quod Justinianus introduxit. Denique existimo penitus insedisse hoc mendum, & pro *decesserit* scripsisse aut voluisse juris auctorem scribere, *esse desierit.* At cum perperam legeretur, *decesserit*, in re tam manifesta & clara, hæc fuit, ut opinor, causa non necessaria auctoritatem Papiniani transferendi in superiorem sententiam, de interdicenda administratione suspecto postulato, quæ subjici debuit posteriori sententiæ, de cognitione solvenda, nimirum restituta hoc modo: *Sed si suspecti cognitio suscepta fuerit, posteaque tutor vel curator esse desierit,*

T t t  *fierit,*

fierit, exstinguitur suspecti cognitio, ut Papiniano visum est: & Papiniano nimirum visum est in hac l.pen. In eod. tit. Institutionum memini, me alias monere etiam alium errorem gravissimum insidere in §. seq. dum ait, tutorem, qui data pecunia ministerium tutelæ adquisierit vel redemerit, non tantum removeri a prætore ut suspectum, sed etiam remitti puniendum a prætore ad præfectum urbi: ubi manifestum est, ex l.3.§.tutor, hoc tit. esse legendum, qui data pecunia ministeriis tutelam redemerit, ministeriis, id est, officialibus prætoris per quos fit inquisitio. Nam & illo loco veteres libri non habent, adquisierit. Et ostendam etiam alium errorem tertium in eod. tit. §. suspectus autem, ubi duobus locis pro Julianus scripsit, scribendum est, Julianus rescripsit, id est, respondit, ut in l. ex contractu, inf. de re jud. Quamobrem & eo loco id Theophilus vocat Juliani ἀπόκρισιν, id est, responsum sive rescriptionem. Et hæc est sententia hujus legis.

### Ad L. XXVIII. de Excus. tut.

*Tutor petitus, ante decreti diem si aliquod privilegium quærit, recte petitionem institutam excludere non poterit.*

INitio hujus legis ostenditur, tutore nominato & petito veluti a matre vel agnatis, aut liberto, ad excusationem id privilegium eamve immunitatem tantum ei prodesse, quam habuit petitionis tempore, non quam post petitionem acquisivit ante decreti diem, id est, antequam a prætore, vel præside causa cognita tutor decerneretur, ut in l.2.§.pen.hoc tit. & l.pen.§.hoc circa, de jure immu.& l.2.§. qui ad munera, inf. de vacat. mun. Jus liberorum sive corporis, aut collegii, aliudve privilegium ostenditur excusare a tutelis & aliis muneribus civilibus, quod quis habuit, antequam vocaretur ad munera civilia, non quod postea quæsivit: & ita postquam vocatus quis est in jus, privilegium fori, quod deinde adquisivit, nihil ei prodest, quia id non habuit, quo tempore in jus vocatus est, l.7.sup.de jud.l.pen.sup.de jurisdict. Huic sententiæ & responso multa objicit Accursius hoc loco, l. qui autem, sup.si quis caut.l.15.§.1. hoc tit. l. non tantum, §. vacare, hoc tit.l.ab his oneri.& l.prætor, §. si post, de vacat.mun. nec respondet quicquam. Primum l. qui autem, si quis caut. ad quam etiam ei conveniente non apponit speciem, ait, si quis eum, qui in jus vocatus est, judicio sisti promiserit quem utique sistere debet, in eadem causa non videri eum sistere, in eadem causa, si novo privilegio utatur, quod quæsivit post vocationem in jus: ergo licet uti privilegio quæsito post vocationem in jus, & quodammodo cœptam litem; Sed non de quocunque privilegio, non de privilegio fori, non de privilegio excusationis sive immunitatis loquitur, quia uti non licet, si quæsitum sit post vocationem in jus, vel post vocationem ad civile munus aut nominationem & creationem. Verum conveniens exemplum apponi oportet, quo non subvertantur aliæ auctoritates juris, quæ cohærent, nec dissentiunt invicem & obiter dissolvamus. Igitur l. qui autem, de alio privilegio est, ut puta, si in capitali causa, qui reum sisti promisit, eum postea decurionem factum sistat, utentem privilegio curiæ in pœnis evitandis & tormentis. Nam hoc habent privilegium decuriones, ne subjiciantur tormentis in causis capitalibus, ne subjiciantur pœnæ plebejorum, quod est notissimum, l.moris, §.pen.de pœn. Hunc igitur, qui sisti promisit, si postea decurionem factum sistat, non videtur sistere in eadem causa, qui privilegio decurionatus uti potest, etiamsi id adquisierit post vocationem in jus demum, vel cautionem judicio sisti. Denique qui post hanc cautionem factus est decurio, uti potest privilegio decurionatus in pœnis evitandis, sicut servus sisti promissus in causa capitali, si sistatur liber factus, jure liberi hominis uti potest, ne subjiciatur servilibus pœnis, l.pen.ff. si ex nox.cau.ag. Nam in capitalibus causis, ut aliter de servo, aliter de libero homine vindicta sumitur: ita aliter de plebejo, aliter de decurione. Quamobrem qui servum sisti promisit, non videtur eum sistere in eadem causa, si liberum sistat, vel qui plebejum sisti promisit; non videtur eum sistere in eadem causa, si decurionem sistat, maxime in judiciis criminalibus. Privilegium fori vel excusationis statim vires suas exerit & exercet ab initio, eo tempore, quo quis vocatur in judicium, vel ad munus civile. At privilegium in pœna evitanda vires suas exercet tempore accepti judicii, ut probat d. l. pen. non tempore delicti, nisi congruat cum tempore judicii accepti, sive litis contestatæ, non tempore vocationis in jus, non tempore etiam rei judicatæ, ut in l. 1. inf. de pœn. quæ hoc modo in concordiam facile adducetur cum d. l. pen. ut si quæratur, cujus conditionis fuerit is, qui deliquit, dicamus, si conferatur tempus delicti cum tempore rei judicatæ, spectari tempus delicti, quod modo congruat cum tempore judicii accepti: quod si non congruat & conferatur tempus delicti cum tempore judicii accepti, spectari potius tempus judicii accepti, sive litis contestatæ. Nihil enim obstat huic responso l. 15. §. 1. hoc tit. ex qua tutor susceptam tutelam impuberis plebeji ignobilis & inhonorati, deponit, si postea fiat Senator, & excusatur, si fiat Senator populi Rom. quoniam, ut respondet, hoc est speciale in Senatoribus, ut superveniens senatoria dignitas, quam non habuit, eo tempore, quo tutor petitus est & datus, liberet tutela plebejorum; sicut & hoc in aliis quibusdam receptum est, qui & accepta tutela excusantur in perpetuum, vel ad tempus incidente justa causa, de quibus agitur in l. 11. & 12. l.30. in pr. & 40. hoc tit. l.verum, §. ex facto, sup. de minorib. ad quod etiam respicit l. prætor, §. si post, de vacat. mun. hoc loco etiam objecit Accursius. Itaque eodem modo est respondendum d. l. Prætor, & d. l.15. hoc tit. Idem quoque Accurs. objicit l. non tantum, §. vacare, hoc tit. quæ omnino congruit cum hoc responso. Ait n. accepta tutela non excusari tutorem, si postea immunitatem consequatur. Postremo male etiam objicit Accurs. l. ab his oner. §. auctis, de vac. mun. quæ dicit, pauperem imparem oneri tutelæ ferendo, non excusari a muneribus civilibus, si pendente judicio, quod hac de re agitatur, auctus sit facultatibus, quod est longe diversum ab eo, quod proponitur hoc loco. Hic enim agitur de causa excusationis superveniente post nominationem & petitionem tutoris: ibi agitur de causa excusationis prævenientæ. Et tamen in utraque idem juris est, ut neque superveniens prosit ad excusationem, neque præveniens, veluti si pauper ante sententiam finitam sit auctus facultatibus, & ita facile liberabimur ab his omnibus, quæ nobis objicit Accursius.

### Ad §. quæ Tutoribus.

*Quæ tutoribus remunerandæ fidei causa, testamento parentis relinquuntur, post excusationem, ab heredibus extraneis quoque retineri placuit, quod non habebit locum in proprii filii, quem pater impuberi fratri coheredem, & tutorem dedit: cum judicium patris ut filius, non ut tutor promeruit. Tutorem ad tempus exulare jussum excusare non oportet, sed per tempus exilii curator in locum ipsius debet dari.*

JAm ostendi lib. 4. ad l. 24. de test. tut. tutorem, qui se excusat a tutela cum jure non prohibetur tutelam suscipere, id quod sibi testamento patris relictum est, ut tutori fidei & laboris remunerandi gratia, amittere. Quod verum est, etiamsi se in partem excusaverit, puta, pro parte rerum provincialium, pro parte Italicarum susceperit tutelam. Nam & hoc vetus totum amittit, quod sibi testamento patris relictum est fidei remunerandæ causa, l. etiam, de leg. 1. Et ait hoc loco fidei remunerandæ gratia, quæ verba Græci inepte accipiunt de fideicommisso relicto tutori, cum palam sit, ea esse de fide tutoris, ut loquitur l. tutorem, de his quib. ut indign. quam fecisti in gerenda tutela exhibet pupillo: & recte ait, fidei remunerandæ gratia, quia si filio impuberi, alium filium majorem 25. annis tutorem dederit, & coheredem etiam adjecerit, & si sese excusaverit tutela justa ex causa, quæ recepta fuerit, non amittit portionem hereditatis, quia non fidei remunerandæ gratia coheres adjectus videtur. Id enim prome-

promeruit, inquit, ut filius, non ut tutor, & tutor, qui se excusat, id tantum amittit, quod promeruit ut tutor, id est, fidei remunerandæ gratia. Id autem quod amittit tutor ex ea causa, Papinianus ostendit hoc loco remanere apud heredem patris, nec transire in fiscum, quamvis id amittat tanquam indignus, & remanere apud heredem patris, etiam extraneum : quam in rem hic locus est singularis, alioquin videretur remanere apud pupillum, cujus utilitatem tutor deseruit repudiata tutela ex *l. 5. §. amittere, de iis quib.ut indig. l. pen. C.de leg.* sed non aliter remanere apud pupillum, quam si heres patri exstiterit, ex hoc loco intelligitur. Male enim Doctores remanere apud heredem, sed mox restitui pupillo exheredato. Et postremo notandum est, ex §. *ult.* in locum tutoris ad tempus exulare jussi ob crimen aliquod, alium tutorem non dari, sed curatorem, quia datus in exilium temporale tutor esse non desinit, *l.sive heredem, §.ult.sup.de administr.tut.* Et regula juris vetat tutorem habenti alium tutorem dari. Idcirco dabitur curator, non tutor : at in locum damnati tutoris exilio perpetuo, alius tutor datur, quia tutor esse desiit, ut in *l.seq.l.3.C.qui tut.pet.poss.l.3.C.in quib. cauf. tut.hab.* & si tutor dari potest, multo magis curator, ut in *l.quod si forte, §.quid ergo, de solut.* Exilium dicitur de deportatione proprie, quæ est capitis deminutio media *l.2.inf.de pub.jud.* Hoc loco posset quis dicere, exilium dici de relegatione, quoniam distinguit inter exulare jussum ad tempus, & exulare jussum in perpetuum : ergo de relegato loquitur, non de deportato, quoniam deportatio non fit ad tempus, nulla capitis deminutio fit ad tempus. Relegatio non est capitis deminutio, deportatio est capitis deminutio, & ideo non fit ad tempus, *l.7.§.hæc est differentia, & l.8.inf.de int.& releg.* At verius est, exilii nomine significari hoc loco, & deportationem & relegationem. Nam & per errorem judicis quandoque deportatio, sicut damnatio in metallum, quæ est capitis deminutio ejusdem gradus, fit ad tempus, quo casu non habetur, pro capitis deminutione, *l.capitalium, §. Divus, de pœn.* Itaque deportatus ad tempus non desinit esse tutor, ac proinde in locum ejus dandus est curator, non tutor.

---

### Ad L. XXX. de Excus. tut.

*Jurisperitos qui tutelam gerere cœperunt, in consilium Principum adsumptos, optimi maximique Principes nostri constituerunt excusandos, quoniam circa latus eorum agerent, & honor delatus finem certi temporis, ac loci non haberet.*

REgulariter superveniens privilegium, vel dignitas post petitionem ac dationem tutoris cœptamve tutelæ administrationem, nullam præbet excusationem, sed ut diximus initio *l. 28. hoc tit.* excipiuntur tutores, qui post cœptam administrationem tutelæ cooptantur in amplissimum ordinem, ut in *l. 15. hoc tit.* Excipiuntur etiam initio h. *l.* 30. Jurisconsulti, qui in consilium Principis adsumuntur, qui non tantum ne accipiant, sed etiam accepta tutela excusantur, ut *l. verum, §. ex facto, de minor.* Et quidem in perpetuum, sicut Senatores, quia & is honor est perpetuus, id est, ut hoc loco Papinianus ait, certi temporis, vel loci finem non habet. Hoc Græci interpretes accipiunt de Quæstoribus sacri palatii, quos hodie Cancellarios appellamus : sed lex generaliter loquitur de quibuscumque consiliariis intimi, sanctioris & arcani consessus Principis. Et hoc privilegium usum de Arrium Mænandrum Jurisconsultum, qui libros scripsit de re militari, susceptam tutelam depoluisse refert Ulpianus in *l. §. ex facto* : ex constitutione scilicet Severi & Antonini hos intelligit Papinianus hoc loco, cum nominat optimos maximos Principes suos, ut in *l.8. in princ.& §.ult.ff. de vacat. muner.* quorum & ipse Papinianus consiliarius fuit.

---

### Ad §. Cum oriundus ex provincia.

*Cum oriundus ex provincia, Romæ domicilium haberet,*
Tom. IV.

*ejusdem curator decreto Præsidis ac Prætoris constitutus, rerum administrationem utrubique suscepit. Placuit eum duas curationes administrare non videri, quod videlicet unius duo patrimonia non videntur.*

CErtum est tria onera tutelarum vel curationum a quarta præbere excusationem, *l.1.C. qui num. tut.* Unde si quis unius adolescentis curationem susceperit, qui bona possideat in Italia, ubi domicilium habet, & in provincia quoque unde originem traxit, & omnium bonorum administrationem susceperit, cum esset idem tam a prætore datus bonis Italicis, quam a præside provincialibus, ut in *l.pupillo, de tut.& cur.datis.* Quæritur, an hanc curationem pro ratione diversorum bonorum tutor suscipere possit, ita ut eam computet pro duabus, quandoquidem, si partis bonorum administratione se excusasset, puta, provincialium, ut potuit *l. 10. §. 2. & 3. & l. 19. hoc tit. l. 2. C. eodem, l. etiam, de leg. 1.* eo casu adolescenti dati duo curatores fuissent, unus Italicarum, alter provincialium rerum. Hic igitur, qui universi patrimonii administrationem suscepit, omniumque bonorum, sustinet onus duorum. Videtur ergo hæc curatio haberi posse pro duabus. Et tamen aliud Papiniani judicium est, qui respondet hoc loco, eam curationem pro uno tantum onere haberi, non pro duobus ; optima ratione, quia unius hominis non intelliguntur esse duo patrimonia, ergo nec duæ curationes, quia curationes patrimoniis dantur, unius, inquam, hominis vivi, sicut nec mortui duæ hereditates esse intelliguntur, nisi militis, in quo specialiter constitutiones quasi duorum hominum duas hereditates faciunt, castrensem & paganam : testamentariam, & legitimam, si pro parte tantum testatus sit, *l. si certarum, ff. de milit. testam.* Sicut in impubere adrogato, si moriatur, cui præmortuus adrogator substituerit in secundum casum, intelligitur habere duas hereditates, testamentariam, id est, substitutionem pupillarem in quarta Antoniana, quæ ei debetur ex bonis adrogatoris : legitimam, in ceteris bonis, prout Accursius ponit speciem in *l. si adrogator, de adopt.* nec male, cum in *l.sed si plures, §. ad substitutos, ff. de vulg. substit.* miles comparetur impuberi adrogato.

Sequitur in hac lege : *Qui privilegio subnixus est fratris curationem suscipere non cogitur.* Sententia hujus versus hæc est : Immunitate & privilegio, quod quis habet, uti non posse, id adversus fratrem impuberem, cui tutor datus est, quod & supra indicavit in *l.28.§.1.* Et Glossa ait, hoc loco, sic etiam in patre : Ego, sic non esse in patre, quia contra naturales stimulos facit, ut est *l.36.in fin.h.t. παρὰ τὴν στοργὴν φυσικὴν.* Impie igitur, qui se tentat excusare curatione vel tutela filii emancipati, veluti jure trium liberorum. In eo numero computato etiam ipso filio emancipato, cui tutor vel curator petitur, ut in specie *d. l. 36.* Nam, ut eleganter ibidem Græci notant, absurdum est, filium adversus seipsum prodesse patri : ἄτοπον ἐστι τὸν υἱὸν, &c. Et rectissime sic eam l. Græci accipiunt, ut præmium, quod patri datur propter numerum liberorum, ei non denegetur, cum extero curator petitur : denegetur autem plane atque districte, cum filio curator petitur.

---

### Ad §. ultimum.

*Patronus impuberi liberto quosdam ex libertis tutores aut curatores testamento dedit : quamvis eos idoneos esse constet, nihilominus jure publico poterunt excusari, ne decreto confirmentur.*

SEnsus hic est : Si patronus libertum idoneum moribus & facultatibus colliberto heredi instituto, ut exigit *l. 4. supr. de confir. tut.* tutorem dederit testamento vel curatorem, qui licet tutor datus non sit, cum datus sit ei, quem in potestate non habet, tamen decreto confirmari potest, *l. 23. §. ult. sup. de testam. tut.* Ne tamen decreto confirmetur, non prohiberi eum, se jure pu-

publico excusare a tutela colliberti, cui tutor a patrono datus est, veluti jure trium liberorum, aut jure trium tutelarum, quia ei soli liberto non licet uti ullo justo titulo excusationis, qui tutor vel curator datus est liberis patroni ex oratione Divi Marci, *l.14. hoc tit.l.5. C. eod.* non qui datur collibertis. Et addit Papinianus, *ne decreto confirmentur*, quia possunt all'care excusationem, antequam confirmentur. Exequi autem eam non possunt, nisi post confirmationem : executio esset præpostera, *l. Cajus, l. Nessennius, hoc tit.* sequitur ex eod. lib. *l. 14. de cur. jur.*

### Ad L. XIV. de Curat. furiof.

*Virum uxori mente captæ curatorem dari non oportet.*

SEntentia vero Legis XIV. hæc est, Ne maritus uxori mente captæ curator detur, nihil præterea. Cujus sententiæ ratio hæc est, Ne cohibeatur ratio reddendæ curationis sanitate uxori reddita. Hæc sententia ex oratione Marci & Commodi ac Senatusconsulto de inhibendis nuptiis desumpta est. Qua ratione etiam maritus non datur curator uxori minori viginti quinque annis, aut datus, nisi se excusaverit, removetur, *l. 1. hoc tit. l. 4. C. eod. l. 2. C. qui dare tutor. poss.* Eademque ratione nec socer nurui curator datur, *l. licet C.eod. tit.* unde videmus hoc loco jungere posse, quod ex eodem Papiniani libro refertur in *l. si quis tutor, §.quid ergo, ff. de ritu nupt.* Nam eadem oratione & Senatusconsulto, de quo illo loco agitur, & ratione eadem, tutor prohibetur sibi vel filio suo conjungere eam, quæ pupilla sua fuit, ne cohibeatur ratio reddendæ tutelæ, *l.pen.§.sed videamus, eod.tit.* Sed videamus, an ad prohibitionem nuptiarum cum pupilla contrahendarum pertineat tutor, qui cum se excusare vellet justa ex causa, quærendarum probationum causa distulit negotium, traxitque causam excusationis si interim pupilla adolevit. Cujus quæstionis definiendæ causa ante omnia videndum est, an post pubertatem finitamque tutelam excusatio ejus recipi possit. Nam si possit recipi & recipiatur, impune ducet pupillam uxorem, cui nullo modo est obligatus : si non possit recipi, non impune, non licite eam ducet uxorem, quia præteriti temporis periculum ad eum spectat & rationibus reddendis pupillæ obnoxius est, ratione exacti temporis, quo cessavit & moram traxit. Et ita hoc ipso lib. Papinianum respondisse Ulpianus refert in *d.l. si quis tutor.* Sed ejus responsum improbat. Si negotium excusationis, non dolo malo, sed ex necessitate delatum fuerit, cum in promptu probationes non essent, iniquum est, propter hanc dilationem justam non excusari eum post pubertatem pupillæ, vel nuptias impediri excusatione recepta.

Huic loco jungamus etiam alios, quibus Papinianus auctoribus in testimonium vocatur ex eod. libro, qui omnes sunt de tutelis : deinde a tutelis transeamus ad hereditates, ac primum jungamus *l. 5. §. Papinianus ff. de administr. tut.*

### Ad §. Papinianus L. V. de Administr. tutor.

*Papinianus libro 5.Responsorum ita scribit : pater tutelam filiorum consilio matris geri mandavit, & nomine tutores liberavit : non idcirco minus officium tutorum integrum erit, sed viris bonis conveniet, salubre consilium matris admittere : tametsi neque liberatio tutoris, neque voluntas patris aut intercessio matris, tutoris officium infringat.*

IN hoc §. proponitur : patrem mandasse in testamento filiorum suorum tutelam geri consilio matris, &, si quid ex consilio matris tutor fecisset, eo nomine eum liberari, nec obligari voluisse. Tale mandatum patris recte Papin. censuit non infringere aut deintegrare officium tutoris, quo minus gnave & diligenter tutelam gerat, etiam sine consilio matris, aut non sequuto consilio ma-

tris, si videatur non esse ex re pupilli. Nam & in aliis plerisque 9§.eadem lex docet, patris voluntatem non esse sequendam, ut tutores datos jusserit esse ἀνυπολόγους, id est, non obnoxios reddendis rationibus: vel si prohibuerit vendi res tempore perituras, bono tamen viro convenire salubre consilium matris admittere. Et alia est ratio *l. Titium in princip. eod.tit.* in qua non consilio fratris tantum, qui contutor erat, sed etiam opera, pater rem pupilli administrari voluit. Ideoque alteri sine altero alter recte non solvit, quia non uni mandata est administratio ex sententia tantum & consilio alterius, sed utrique, ita ut in ea patrui consilium præpolleret, qui & ipse tutor est. Est & alius elegantissimus locus in *l. pen.§. quanquam, infra de reb. eor. qui sub tut.*

### Ad §. I. L. XIII. de Rebus eor. qui sub tut.

*Quanquam autem neque distrahere, neque obligare tutor pupillare prædium possit : attamen Papinianus libro quinto responsorum ait, tutorem pupilli sine decreto Prætoris, non jure distrahere : si tamen, inquit, errore lapsus vendiderit, & pretium acceptum creditoribus paternis pueri solverit, quandoque domino prædium cum fruct. vindicanti, doli non inutiliter opponitur exceptio, pretium ac medii temporis usuras, quæ creditoribus debentur, non offerenti, si ex ceteris ejus facultatibus æs alienum solvi non poterit. Ego autem notavi : Et si solvi potuerit, si tamen illæ res salvæ erunt, ex quarum pretio æri alieno satisfieri potuit, dicendum est, adhuc doli exceptionem obstare, si lucrum captet pupillus ex damno alieno.*

CErtum est tutorem illicite vendere prædium pupillare sine decreto prætoris vel præsidis : Et si vendiderit, venditionem ipso jure nullam esse, & quandoque pupillo competere vindicationem rei in jure distracti & fructuum exstantium, & conditionem consumptorum, si quis mala fide emerit, *l. 2. C. si quis ign. rem min. l. si prædium, C.de præd.min.* At finge, errore juris lapsum tutorem, prædium pupillare vendidisse sine decreto, & pretio liberasse creditores paternos pupilli, quibus pecuniæ debebantur cum usuris : hoc casu respondet Papinianus, quandoque prædium cum fructibus pupillo vindicanti obstare exceptionem doli mali, nisi pretium offerat, & usuras medii temporis, quæ creditoribus deberentur, nisi pecunia ejus dimissi & liberati fuissent, maxime, si ex aliis pupilli bonis creditores liberari non potuerint, sed ex eo prædio tantum : atque ita remedio sive æquitate exceptionis conservatur venditio, quæ erat ipso jure nulla, aut sane rescinditur in integrum restitutis omnibus. Æquissimum responsum Papiniani, & ab Imperatoribus etiam nominatim comprobatum in *l. utere, C. de præd. min.* imo & ampliatum a Paulo in *d.§. quanquam*, ut ei locus sit, etiamsi ex aliis pupilli bonis creditores liberari potuerint, ne pupillus lucrum captet ex damno emptoris: quod plerumque faceret, si prædium vindicaret non reddito pretio, quod in rem ejus versum est, nec reddito interusurio. Adde, etiam sumptus meliorati prædii ab emptore, emptori esse offerendos ex *l.si prædium, C.de præd. min.* offerendas esse meliorationes, quas Græci ἰμφυτεύσις vocant, non ἰμπονήματα, quo verbo labor significatur, non melioratio: nam in *l.3.C.de jure emphyt.* Justinianus meliorationes vocat detorta voce Latina quasi imbonationes, ut in *l.ult. C. de novat.* ἐνοβατεύτως, vel ut alii ἀνιπεύτως, quod est non facta novatione, vel dixit ἰμπονήματα, quia pronuntiatur π ut β, ἰμβωλήματα.

### Ad L. XVII. de Injust. rupt.

*Filio præterito, qui fuit in patris potestate, neque libertates competunt, neque legata præstantur: si præteritus a fratrib. partem hereditatis avocabit. Quod si bonis se patris abstinuit, licet subtilitas juris refragari videtur, attamen voluntas testatoris ex bono & æquo tuebitur.*

Est

Est singulare hoc responsum, meo tamen judicio, in id, cum vim ejus & potestatem non bene percipiunt interpretes, inani sermone imprudentia utuntur: sunt verbosi & prolixi more suo, ut solent in re facili esse multi, in difficili muti, in angusta diffusi. Cujus rei ego sum optimus testis. In hoc autem responso non insumam, ut Joannes Imola plusquam xxx. columnas, quas vocant majores. Species legis haec est: Pater, qui habebat tres filios in potestate, testamento duos heredes instituit, tertium silentio praeteriit. Nullum est testamentum ipso jure, quia summum vitium testamenti est praeteritio filiisfamil. *l. inter cetera, sup. tit. prox.* Et nullum quidem est totum testamentum, ut neque institutio heredum valeat, neque libertates competant, neque legata praestentur, quod hoc loco sic ait Papin. ut in *l. qui fundum, §. si tu ex parte, infra ad l. Falcid.* in alia specie libertates competere & legata praestari, & in *l. cum mater, sup. de inoffic. testam.* illo loco, *ut libertates & legata praestentur,* subintelligitur verbum, *competant,* ut libertates competant: nec enim directae libertates praestantur ab herede, sed dantur a testatore, *l. pen. inf. de fideicom. lib.* Legata autem quamvis & ipsa relinquantur verbis directis, & sint omnia directa, ab herede praestantur. Et ratio haec est, quia ab herede praestanda sunt propter rationem Falcidiae, quae causa est dandi heredi interdicti quod legatorum adversus legatarium, qui legatum non ex voluntate heredis occupavit. In libertatibus autem non potest intervenire Falcidia, *l. Papin. §. quarta, de inoff. testam.* Sed ad rem. Filio praeterito, qui fuit in potestate patris, nihil ex iis, quae testamento scripta sunt, valet: nec exceptis quibusdam personis legata praestantur, *l. is qui in potestate est, inf. de leg. praest.* Ait, *qui fuit in patris potestate:* Nam filio emancipato praeterito jure civili testamentum valet, sed rescinditur jure praetorio per bonorum possessionem contra tabulas, non tamen, ut & omnia, quae in eo testamento scripta sunt, infirmentur: nam & exceptis personis in *tit. de lega. praest.* puta, liberis, parentibus, uxori, nurui legata praestantur. Itemque portiones hereditatis, & substitutio pupillaris in eo testamento scripta valet, & legata a substituto relicta, non exceptis tantum personis, sed omnibus praestantur, *l. ex duobus, §. ult. ff. de vulg. substit.* Et ratio differentiae haec est: Quia jus civile, quo subnixus est filiusfamil. praeteritus, durum est & asperum, quia nihil omnino conservat eorum, quae in testamento scripta sunt: jus praetorium, quo solo nititur filius emancipatus praeteritus, benignius est, & ideo nec evertit omnia, sed conservat, quae conservari bonum & aequum est. In jure praetorio aequitas dominatur: in jure civili, summum jus. Quod autem diximus quodque proponit Papinian. initio hujus legis, filiofamil. praeterito totum patris testamentum nullum esse; sane prorsus ita est, si filius praeteritus suo jure utatur, si, ut ait in proposita specie, partem hereditatis tanquam ab intestato a fratribus heredibus institutis avocet. Quod utique faciet agendo petitione hereditatis pro sua parte, si fratres ei faciant controversiam hereditatis, in quo judicio licet partem hereditatis pro indiviso restitui jubet, *l. 7. sup. si pars heredit. pet.* vel si fratres ei non faciant controversiam hereditatis, agendo familiae erciscundae, quo judicio partem pro diviso consequetur, *l. 1. §. etsi possessor, eod.* Denique petitione hereditatis praeteritus filiusfamil. avocat partem pro indiviso, actione familiae erciscundae partem pro diviso, quod nostri non tradiderant, nec perceperant. Ponit Papinian. duos fratres fuisse heredes institutos: nam si extranei instituti fuissent, eis filius praeteritus avocaret assem, id est, totam hereditatem, quasi ipso jure testamento nullo. Si fratribus institutis, & multo magis extraneis institutis. Quod si fratribus institutis heredib. filius praeteritus suo jure non utatur, id est, si abstineat se bonis patris, etiam ipso jure nullum est testamentum secundum regulam Catonianam, sed, ut subjicit, ex aequo & bono tuebitur jus patris. Cujus verbi etiam usu mirum est quam laborent. Ex bono & aequo tuebitur voluntas patris, *la volonté du pere sera*

A *gardée.* Recte, voluntas patris, non testamentum: nam ex aequo & bono sustinetur voluntas patris, non tanquam testamentum justum & solemne, & quidem ex aequo & bono sustinebitur voluntas patris jure civili. Quidni? nam, quod notandum, jure praetorio non est dubium, heredibus scriptis, etiamsi testamentum filius praeteritus sit, modo testamentum sit obsignatum septem testium signis, quae signa veniunt ex jure praetorio, dari bonorum possessionem secundum tabulas, quae bonorum possessio erit cum re & cum effectu, ut Ulpianus scribit *lib.regul.tit. 23. & 28.* Erit, inquam, cum re, si non sit alius, qui jure civili heredibus scriptis hereditatem evincat, puta, si filius praeteritus taceat: at jure civili, ex aequo & bono non tuebitur voluntas defuncti, si taceat filius praeteritus tantum,
B sed si, ut est in hac lege, palam profiteatur bonis se patris abstinere. Et ratio est differentiae, quia ut ante dixi, jus civile asperius est jure praetorio: & ita ex irritis vel nullis codicillis libertas servis non debetur, aut competit, si heres simpliciter eos morari sinat in libertate, sed ita demum, si nominatim codicillos ratos habeat, vel actu aliquo ut in *l. 5. ff. rem ratam hab.* demonstret se codicillos ratos habere, puta, aliquid praestando ex eis, *l. cum quasi §. ult. ff. de fideicom. lib.* At hic quaeritur, an etiam extraneis heredibus institutis, si filius praeteritus bonis se abstineat, ex aequo & bono tuenda sit voluntas testatoris? Equidem puto non abs re, imo consulta opera posuisse Papinian. speciem in fratribus, non in extraneis heredibus institutis: inter fratres tuitionem voluntatis paternae benigne admisisse, ut in *l. nonnunquam, ff. de collat. bonor.* Quum
C de bonis paternis disputatur inter fratres, dicitur benigniorem sententiam esse sequendam: extraneis igitur heredibus institutis, non admittemus eandem benignitatem, & summo jure civili cum eis agemus, quo ipso jure nullum est testamentum, etiam filio praeterito se abstinente bonis, & veluti ab intestato inferioris gradus cognato dabimus beneficium edicti successorii, repulsis heredibus scriptis: etiamsi bonorum possessionem secundum tabulas acceperint, quia eam inferioris gradus cognatus constituet jure re..

Item quaeritur, quod lex ait, de filio praeterito, ut si se abstineat voluntatem patris tueamur, an locum etiam habeat in postumo praeterito? Et dico locum habere multo magis, quia postumo praeterito ab initio testamentum valet, *l. 3. §. ex iis, hoc tit.* Facilius ergo convalescet, si deinde
D de ruptum sit agnatione postumi, videlicet postumo abstinente se.

Item quaeritur, an haec lex sit abrogata, quatenus dicit, filio praeterito nec libertates competere, nec legata praestari, quasi ex Novella 115. cujus sententiam Irnerius appinxit in extremo tit. *C. de lib. praet.* quasi scilicet ex ea Novella sola institutio sit nulla filio praeterito a patre, ceteris omnia valeant. Et non poenitet me in ea opinione permanere, in qua fui semper, & fuit Petrus & Azo, & Alciatus, & Accursius etiam ipse, non hoc quidem loco, sed in suprad. Nov.115. ut existimem eam Novellam tantum pertinere ad causam exheredationis, & ad praeteritionem, quae pro exheredatione habetur, non ad eam praeteritionem, de qua agitur in hac lege, quae pro exheredatione non habetur. Et rursus etiam Novell. pertinere ad querelam
E inofficiosi testamenti tantum, quae exheredatis competit, vel praeteritis, qui pro exheredatis habentur, non ad querelam injusti testamenti, quae competit filiofamil. praeterito, non ad querelam rupti testamenti agnatione postumi, non ad bonorum possessionem contra tabulas, quae filio emancipato praeterito competit. Semper enim Novellae constitutiones restrictius accipiendae sunt, nec jurisprudenti convenit ex uno verbo praeteritionis, non per se posito, sed adjuncto exheredationi, ut in *d. Novel.* 115. tanquam ex uno fragmine fortuiti ligni statim arietem vel testudinem aedificare velle, qua oppugnetur vel expugnetur maxima pars Digestorum, non uno verbo, ut ait *l. si quando, C. de inoffic. testam.* totum jus testamentorum civile & praetorium, multis vigiliis excogitatum & inventum, temere sublatum esse credere. Parentum alii sunt virilis

rilis sexus, per virilem sexum descendentes: ii silentio liberos exheredare non possunt, sed debent eos nominatim exheredare. Itaque silentium eorum, id est, præteritio pro exheredatione non habetur, ac proinde, quasi non sit liberis satisfactum, qui vel instituendi sunt, vel exheredandi, totum testamentum nullum est etiam hodie. Alii sunt parentes feminini sexus, vel per femineum sexum descendentes, & ii liberos silentio exheredare possunt, id est, horum præteritio pro exheredatione habetur, §. ult. Instit. de exhered. lib. Nec injustum aut nullum testamentum ea præteritio facit, cum pro exheredatione sit: sed in eorum arbitrio est, si velint instituere querelam inofficiosi testamenti, l. non putamus, in pr. de bonor. possess. cont. tab. videlicet, si ea exheredatione tacita, omissa fuerit causa silentii, sive exheredationis, quod dicitur elogium, vel si, quæ expressa est, probata ab herede non fuerit, vel si adscripta ea non fuerit causa ex numero earum, quam certum constituit suprad. Novel. Denique ex ea Novella per querelam inofficiosi testamenti solam institutionem rescindi, cetera confirmari & conservari, legata, fideicommissa omnia, libertates, tutelas, adsignationes libertorum. An etiam consistit substitutio pupillaris, quæ plerunque non consistit, si non consistat institutio? An igitur etiam substitutio pupillaris conservatur? sic videtur, ad exemplum ejus æquitatis, quam sequitur Prætor, data bonorum possessione contra tabulas emancipato præterito, & ad exemplum ejus, quod definitur in l. 2. §. quisquis, de vulg. substit. videlicet, ut etiam rescissa institutione pupillaris substitutio servetur. Novellæ constitutionis jus est generale in querela inofficiosi testamenti, cui olim tantum fuit locus ex Adriani decreto quodam, non admodum probato a Jurisconsultis uno speciali casu, quum mater per errorem de morte filii ex castris accepto falso nuntio filium præteriisset, l. cum mater, ff. de inoff. testam. Aliis omnib. casibus ante Nov. querela inofficiosi testamenti tanquam civilis totum testamentum infirmavit. Extra rem autem est, quod quærunt istæ homines, an mortuo filio vel postumo præterito, vivo vel mortuo patre, patris voluntas tuenda sit? quoniam hæc quæstio non est ejus loci, sed l. 7. & 8. sup. tit. prox. & l. postumus, hoc tit. Nec cum quæstione hujus loci ullo modo, nisi velis stultus videri, tibi permiscenda: quoniam non utriusque quæstionis eadem definitio est, ut nec liceat, quod in una definitum est, ex eo argumentari ad aliam, quod tamen hic perpetravit Accursius; & non est dubium, quin etiam ceteri. Illud quoque quærunt extra rem, an testamentum manifesti fœneratoris quod ex cap. 2. de usuris, in 6. ipso jure nullum sit, si exactum fœnus non reddiderit, an convalescat, si post factum testamentum reddiderit? ad quam tamen quæstionem Jurisconsulti respondere debent ex regula Catoniana, non convalescere, nulla lege aut æquitatis ratione scripta, ab ea nos regula deterrente; & tamen Joanni Andreæ aliud judicium est.

### Ad L. XXII. de Leg. præst.

*Bonorum possessione contra tabulas testamenti præterito emancipato filio data, scriptus heres alter filius, qui possessionem accipit, vel jure civili contentus non accipit, legata præcipua non habebit.*

Legis 22. species hæc est. Pater, qui habebat duos filios, unum in potestate, alterum emancipatum, eum quem habuit in potestate, ex parte heredem scripsit, eidemque filio prædia quædam prælegavit, emancipatum vero præteriit; Papin. ait in arbitrio esse filii heredis instituti ex parte, emancipato petente bonorum possessionem contra tabulas; utrum velit quasi commisso & aperto edicto per fratrem emancipatum, simul cum eo eandem possessionem contra tab. accipere, perinde ac si institutus non esset, hac via ei patefacta per fratrem emancipatum, an vero omissa bonorum possessione contra tabulas, jure civili, veluti ab intestato se bonis immiscere paternis, & quæ erat quæstio, ait, sive hanc, sive illam viam elegerit filius heres institutus, eum non habiturum prælegata præcipua. Et ratio hæc est: quia tametsi ex edicto in hoc titulo proposito filio emancipato præterito data bonorum possessione contra tabulas, legata filiis conserventur, non tamen conservantur iis filiis, eive filio, qui commisso edicto de bonorum possessione contra tabul. simul cum fratre emancipato præterito bonorum possessionem contra tabulas accepit, ut l. 5. §. omnibus, hoc tit. quia omisit causam testamenti, in quo prælegata sunt relicta, & impugnavit testamentum simul cum fratre petita bonorum possessione contra tab. Eademque ratione, si filius heres institutus non acceperit bonor. possessionem contra tab. sed contentus fuerit jure civili, quo, rescisso testamento per bonorum possessionem contra tab. datam fratri emancipato præterito, pro suo jure, pro sua parte patri heres extitit, & hoc quoque casu prælegata præcipua non habet, quia & hic omisit causam testamenti, in quo sunt relicta, & elegit causam intestati. Et ita omnino hæc l. accipienda est, nec ei quicquam obstabit l. virilis, §. si quis ex liberis, hoc tit. in quo ait, *Aliquo ex liberis vel parentib. herede instituto ex parte, & prælegato ei relicto: filio autem emancipato præterito, illi filio vel parenti, cui portio hereditatis & prælegatum relictum est, conservari tam portionem hereditatis, quam prælegatum.* Ad finem scilicet modumque virilis portionis, ne plus ferat quam filius emancipatus præteritus, quoniam, ut respondemus, in eo §. agitur de eo, qui venit ex causa testamenti, qui ex judicio testatoris amplectitur portionem hereditatis & prælegati. In hac autem lege agitur de eo, qui omissa causa testamenti vel ab intestato venit jure civili, id est, jure legitimo, vel jure prætorio, accepta bonorum possessione contra tab. Ideoque nihil omnino jure testamenti, quod repudiavit, cujuscumque habere potest; nec enim est supplendum cum Accursio, eum legata præcipua non habere ultra virilem portionem, quia ne minimum quidem ex jure præcipere potest, quod omisit: ne minimum quidem ei præcipere licet, quia omittit causam testamenti, & sequitur causam intestati.

### Ad L. IX. de Collat. bonorum.

*Filius emancipatus intestati patris bonorum possessionem accipit: nepos ex eodem in familia retentus, hereditatis cum emolumento collationis habebit. Idem nepos si postea possessionem intestati patris accipiat, fratri post emancipationem patris quæsito, & in familia retento bona sua conferre cogetur.*

Quidam habebat filium emancipatum, & nepotem ex eo in potestate sua, in familia sua: mortuus est intestatus: morte ejus nepos factus est sui juris, quia non potest recidere in potestatem emancipati. §. 1. Instit. quib. mod. jus pat. pot. sol. Certum autem est mortuo avo intestato, ut posuimus, in successione ejus, neque præferri filium emancipatum nepoti, qui avo suus heres est, neque nepotem, quamvis sit avo suus heres, præferri filio emancipato, id est, patri suo, sed utrique simul dari bonorum possessionem, unde liberi, ex edicto novo de conjung. cum emancip. lib. l. si quis ex iis, ff. si tab. testam. nulla extab. Cujus quidem edicti auctor fuit Julianus Jurisconsf. l. qui duos, inf. de conjung. cum emanc. lib. Namque Julianus auctoritate Adriani & Senatus, prætoris edictum perpetuum redegit in ordinem atque composuit, l. pen. C. de cond. ind. l. 2. §. si quid igitur, C. de vet. jur. enucl. quod præter Eutropium etiam Aurelius Victor scripsit, is scilicet, qui nondum editus est longe diversus ab edito, & sunt ejus verba hæc: *Julianus*, inquit, *juris urbani præstans scientia, quippe primus edictum, quod varie inconditeque a prætoribus proferebatur, in ordinem composuit.* In eo autem componendo adjecit, quæ voluit ex auctoritate Principis ejusdem & Senatus, ut Digestis Tribonianus aspersit, quæ voluit ex auctoritate Justiniani, & inter cetera Julianus adjecit edictum illud novum de conjungendis cum eman-

emancipato liberis. Igitur in specie proposita per bonorum possessionem unde liberi, pater & filius bona communis parentis inter se partiuntur ex æquo, & non tantum communis parentis bona, sed etiam patris emancipati bona propria, quæ habuit pater moriente parente communi, neque enim aliter filius emancipatus cum nepote ex eo retento in potestate avi, cui soli jure civili debetur tota hereditas avi, sed jure prætorio filius emancipatus non aliter cum nepote filio suo, qui avo suus heres est, succedit, quam si bona propria in commune redigat atque conferat, *il faut qu'il rapporte*: denique nepos ex eo semissem hereditatis avitæ habebit cum commodo collationis bonorum paternorum : hoc est, semissem bonorum avi defuncti, & semissem bonorum viventis patris. Nunc finge, ex eodem filio emancipato non tantum illum nepotem esse, quem avus retinuit in familia, sed etiam alium nepotem, quem filius quæsivit post emancipationem, & in sua familia habuit, & filium hunc mori intestatum, utrumque vero nepotem ejus tanquam patris sui accipere bonorum possessionem unde liberi, quæritur an is, qui fuit in potestate avi, & nunquam fuit in potestate patris sui, debeat alteri, qui fuit in potestate patris sui bona propria conferre? & respondet, debere, quia hoc est consequens & necessarium, ut frater, qui sui juris est, etiamsi non emancipatio, sed morte avi sui juris effectus sit, nec unquam fuerit in potestate patris sui, bona tamen propria conferat fratri retento in patris potestate, si cum eo velit concurrere in successione patris. Consequens esse ait *l.1.in pr. necessarium, l.2.in pr.h.t.*

### Ad L. V. de Collat. dotis.

*Filius emancipatus qui possessionem contra tabulas accipere potuit, intestati patris possessionem accepit, atque ita filia quæ mansit in potestate, cum ejusdem familiæ fratre heres instituta, possessionem intestati patris errore fratris emancipati secuta, accepit: dotem scripto fratri conferre non cogetur: cum ea possessio frustra petita sit, & filia fratris voluntatem finivirilis partis retineat: id est: ut omnes trientes habeant, & bonorum possessio unde liberi fingatur pro contra tabulas esse petita.*

Sciendum est: filiam soluto matrimonio dotem profectitiam conferre fratribus emancipatis vel suis, cum quibus accipit patris bonorum possessionem contra tab. vel unde liberi, *l.4.C.de collat.* Quod est verum indistincte, sive sit sua heres patri, sive emancipata & extranea heres: semper debet filia fratribus suis dotem profectitiam conferre, si cum eis velit venire ad bona patris per bonorum possessionem unde liberi, vel per bonorum possessionem contra tab. Excipitur tantum unus casus, si heres instituta sit, & commisso edicto beneficio præteriti fratris acceperit cum eo, ut potuit, bon. poss. contra tab.& minus aut certe non plus tulerit ex bonorum poss. contra tab. quam habebat ex testamento patris; hoc casu non confert dotem fratri, quia cum ex judicio, vel ex testamento patris plusquam virilem portionem non habeat, nullo incommodo, nulla injuria fratrem adficit, & causa postulandæ collationis est injuria & incommodum, quo quis afficit fratrem, *l.1.§.pater, & §.seq.l.si filius, supr. de collat. bonor.l.3. hoc tit.* Hoc cognito finge: qui habebat duos filios, unum emancipatum, alterum in potestate, & unam filiam æque in potestate, pro filia dotem dedit, deinde testamento filiam & filium retentum in potestate, heredes instituit ex æquis partibus, alterum filium emancipatum præteriit; Hic errore lapsus, cum putaret patrem intestatum decessisse, veluti ab intestato accepit bonorum possessionem unde liberi, cum debuisset accipere quasi testamento præteritus bonorum possessionem contra tabulas. Alter quoque frater & filia, qui testamento heredes instituti erant, acceperunt bonorum possessionem unde liberi, errorem secuti fratris emancipati, ut alii ab aliis sæpe impellimur in eundem errorem; inde quæritur in hac lege, an filia fratribus dotem conferre debeat?

Quod videtur, quia simul cum eis accepit bonorum possessionem unde liberi ab intestato, nec venit ex testamento patris. Verum ne error ei noceat & petitio agnitioque bonorum possessionis unde liberi, quæ etiam inutilis est, Papin. ait, eam perinde haberi, atque si commisso edicto per fratrem emancipatum præteritum, cum eo accepisset bonorum possessionem contra tabulas. Ergo dotem non conferre debet, quia heres instituta est, *l.3.hoc tit.* & non plus, imo minus ex bonorum possessione contra tabulas, quam ex institutione consequitur. Nam ex institutione habet semissem, ex possessione bonorum, trientem tantum, id est, virilem portionem, quia cum sint tres fratres, bonorum paternorum faciendi sunt tres trientes, ut singuli. habeant trientem. Et hoc est quod ait, *filiam voluntatem patris, ut legendum est, non fratris, habentem, retinere fini virilis partis*, id est, ad finem trientis, non ad finem semissis, ex quo heres instituta erat. In consuetudine Papiniano est sic loqui, *fini virilis partis*, ut *fini peculii, l. debitor, de compensat. fini legitimæ usuræ, l.1. §.pacto, de pign. fini quadrantis, l.15.§.cum fideicommissum, ad leg.Falcid.* ut M.Cato de re rustica, cum agit de oleis, oleribus, & reliquis seminibus serendis; *Operito terra radicum fini.*

### Ad §. Filia.

*Filia quæ soluto matrimonio dotem conferre debuit, moram collationi fecit. Viri boni arbitratu cogetur usuras quoque dotis conferre, cum emancipatus frater etiam fructus conferat, & filia partis suæ fructus percipiat.*

IN fine hujus legis ostenditur, filiam, quæ post solutum matrimonium moram facit in dote conferenda fratribus, quibuscum succedit patri, petita bonorum possessione contra tabulas, vel unde liberi, ex tempore moræ usuras quoque dotis debere conferre viri boni arbitratu, qui locus est Papinianus, ex ait Papinianus, nam ex tempore moræ usuras dotis conferre viri boni arbitratu, respiciens ad edictum, quo prætori jubet collationem fieri viri boni arbitratu, *l.2.§.de illis, l.si quis filium, §.ultim.sup. tit. prox.* Æquissimum autem est & congruentissimum viri boni arbitrio, ut conferre usuras dotis ex mora, cum & partis suæ, in quam succedit patri, fructus percipiat. Eademque ratione filius emancipatus bona propria confert cum fructibus ex tempore moræ, quia & partis suæ fructum percipit: fructum percipiendorum ratio exigit, ut & vicissim præstentur usuræ, vel fructus rerum, quæ conferendæ erant, ut in *l.curabit, C.de act.emp.l.Julianus, §.ex vendito, sup.eod.tit.*

### Ad L.XXXXI. de Oper. libert.

*Liberatus qui operarum obligatione dimissus est, atque ita liberam testamenti factionem adsequutus est, nihilominus obsequi verecundia tenetur. Alimentorum diversa causa est; cum inopia patroni per invidiam libertum convenit.*

Libertus qui libertatis causa operas patrono juravit, vel promisit, operarum obligatione dimittitur, solvitur, liberatur, si eas redemerit a patrono stipulante quotannis promisso pretio, vel mercede certa pro operis, ex qua stipulatione proculdubio patrono pretii sive mercedis operarum petitio competit. Verum ob eam rem quod pecuniam officio cariorem habuerit, ex l. Ælia Sentia patronus amittit jus patronatus, quod habuit in bonis liberti ex 12. tabul. vel ex leg. Julia & Papia, vel ex edicto prætoris, & libertus nanciscitur liberam testamenti factionem, *l.4. & 6.C.eodem tit. l.ult. ff.qui & a quib.man.lib.non fiant. l.Julianus, tit.seq.* & in Constitutione Græca Justiniani *de jure patron.* quæ est *l.4.C.de bon.libert.* Ideoque libertus in testamento patronum impune præterire potest, etiam extraneis heredibus scriptis, quia nactus est liberam testamenti factionem.

Patro-

Patronus jus patronatus amittit vitio suo, quod pretium operarum prætulerit officio, id est, officialibus operis, non tamen amittit patronus ex hac causa etiam obsequia pietatis, honoris, reverentiæ, quæ ei libertus debet jure naturali, sed nihilominus, ut eleganter ait Papin. hoc loco, debet libertus obsequi verecundiæ, id est, verecundiæ patronali, ut est in *l. si patronus, inf. de don.* Ab obsequiis autem Papinianus hoc loco separat alimentorum præstationem, ut in *l. si quis a liberis, §. utrum, ff. de lib. agnof.* Quoniam subjicit Papin. aliam esse causam alimentorum : neque enim patronus, si lapsus facultatibus se alere non possit, alendus est a liberto, quem obligatum habet in pretium, vel mercedem annuam operarum, *d. l. si quis a libertis, §. si quis a libertis,* ubi eleganter hunc libertum, qui redimit operas a patrono, & se eo nomine patrono obligavit ait, Marcellum exæquare ei, qui suis pecuniis, cum nummis redemptus est : utrumque habere liberam testamenti factionem, & non audiri patronum, sive ab hoc, sive ab illo se ali desideret. Et hoc est quod ait Papinianus hoc loco, *Diversam esse causam alimentorum,* diversam scil. ab obsequiis : nam obsequia is libertus debet, non alimenta patrono, quum, inquit *impia patroni per invidiam libertum convenit,* id est, cum liberto inops patronus, dum quæritur se ab eo non ali, apud omnes invidiam cumulat & facit; neque enim ideo magis invitus ei is libertus alimenta præstabit. Nam sufficere videtur patrono ad alimenta pretium, sive merces operarum, cui præstandæ libertus patrono obligatus est. Et hæc est perspicua & vera interpretatio hujus legis, cui nihil refragari inde apparet, imo omnino cum ea consentire *d. §. si quis a liberti :* cui item nihil refragari *l. 1. C. eodem tit.* ad eam adhibita congrua interpretatio & sana monstrabit aperte : ait *d. l. 1.* Solere conveniri inter libertum & patronum, ut pro operis aliquid præstetur. Pro operis præteritis scilicet, ut Azo recte, & jam debitis. Et *aliquid,* veluti rem aliquam aut æstimationem ; nam aliud pro alio volenti creditori solvitur recte, *l. si quis aliam, ff. de solut.* Pretium autem operarum debitarum sive præteritarum, quas indixit patronus, necdum præstitit libertus, pretium, inquam, earum operarum de quo non convenit, ait eadem l. quasi ex venditione ab invito liberto parato præstare operas, quas debet, peti non posse ; quia debitor aliud pro alio non solvit invitus, nisi scilicet uno casu extra ordinem ad alendum patronum, si pecunia indigeat qua tueatur se toleretque vitam suam : non loquitur ea lex de pretio omnium operarum etiam præteritarum & futurarum, de quo convenit inter patronum & libertum venditis operis, quod constat peti posse, *l. 4. C. eod. tit.* Ceterum ob eam rem patronum amittere jus patronatus, & jus petendorum alimentorum, defectis aut eversis suis facultatibus. Præterea observandum est in hac lege Papinianum loqui de eo liberto, qui operarum obligatione dimissus est : maluit dicere *dimissus* quam *liberatus,* maluit uti speciali quam generali nomine. Nam & stulta est glossa, quæ *dimissus* interpretatur *manumissus,* & in reliquis etiam omnibus suis similis, præterquam in eo, quod timide uno loco adserit, & ante probavi Papinianum ab obsequiis separatim præstationem alimentorum : dimittitur libertus obligatione operarum a patrono, in vicem operarum stipulante pretium vel mercedem annuam pro operis ; liberatur eadem obligatione aliis plerisque modis, nec tamen, ut cum dimissus est ab ipso patrono, adsequitur liberam testamenti factionem, adeoque nuptiis confenserit patronus, liberta operarum obligatione liberatur, non jure patronatus, *l. sicut hoc tit. l. 11. C. eodem tit.* Idemque est si libertus beneficio liberorum liberetur operarum obligatione. Nam ex *l. Julia* libertus, qui duos filios in potestate habuit, *natos, natasve,* sic lego in ipsa *l. Julia in l. qui libertinus, h. tit.* de qua in *l. 6. C. eodem tit.* a se natos, natasve, quia adoptivi liberi non profunt ad absolutionem operarum ; vel etiam eadem obligatione ex eadem lege Julia liberetur libertus, qui unicum filium quinquennem habet ; nec tamen usquam dicitur liberis sublatis habere liberam testamenti factionem, quos postea forte amiserit, cum tamen etiam amissi ex lege Julia ei profint ad solvendam obligationem operarum. Et in liberto, qui quinquennio majorem filium habet, id etiam esse singulare Titus Livius scribit libro 45. ne in quatuor tribus urbanas censeatur & describatur, sed in rusticas, quæ honoratiores erant, propter jus suffragiorum & honorum, & stipendiorum, & quod in eas essent descripti nobiles & ingenui homines : verba Livii hæc sunt : *In quatuor urbanas tribus libertini erant descripti, præter eos quibus filius quinquennio major esset.*

Item operarum obligatione liberatur liberta, si ad eam dignitatem perveniat, ut inconveniens sit & indecens eam patrono præstare operas, ut puta, si Augusta eam adsciverit propter ingenii elegantiam aut texendi peritiam, vel aliam industriam, vel egregiam formam, *l. interdum, hoc tit.* quo argumento Frederico Duce Suevorum, qui feudi nomine fidem alii domino debuit, facto Imperatore, cum quæreretur, an ea fide per dignitatem Imperii Fridericus solutus esset, quod videretur iudignum, fidem eum exhibere alii domino, cui exhibent omnes, qua de re agitur in fragmentis feudorum ab Azone collectis & servatis : posset dici, ipso jure per dignitatem & culmen Imperii eam feudi fidem intercidisse : at eadem aut simili ratione libertam solutam operarum obligatione nemo diceret, & patronum ejus jus patronatus amisisse, eamque nactam liberam testamenti factionem. Non ergo omnis, qui quævē operarum obligatione liberatur, & liberam consequitur testamenti factionem, sed is tantum, qui ea liberatus pretio, vel mercede a patrono redemptus operis, quæ est sententia hujus legis.

---

Ad L. XXV. Qui & a quib. man.

*In fraudem creditorum testamento datæ libertates, prioribus creditoribus dimissis propter novos creditores irritæ sunt.*

Certum est irritas esse libertates directas, quæ a debitore in testamento dantur in fraudem creditorum. At quid si debitor creditores, quos fraudare voluit, dimiserit & absolverit, ac deinde alios creditores novos, quos fraudare noluit, quum in testamento libertates dedit, habere cœperit, & eodem testamento manente, decesserit ; an propter novos creditores libertates irritæ sunt ? Videntur non esse irritæ, quia non horum posteriorum creditorum fraudandorum debitorum debitor consilium iniit, sed priorum, qui erant tempore testamenti, qui cum jam sint dimissi & adimpleti, nec jam fraudati sint, fraus omnis expuncta est, & abolita solutione, & in directis libertatibus testamento datis, non tantum eventus damni, sed etiam consi ium fraudis exigitur, *l. 1. C. qui man. non poss.* Novi autem creditores, licet eventu fraudati fiut, quum hereditas solvendo non est, tamen ex consilio & destinatione debitoris fraudati non sunt, itaque libertates ratæ sunt, & ita omnino est proditum in *l. 15. quæ in fraud. cred.* Aliud tamen sensisse Papin. videtur in hac l. Quamobrem notam huic sententiæ Papiniani apposuit Paulus, non esse eam veram, si simpliciter accipiatur, nec esse veram, nisi priores creditores, qui fraudati erant pecunia posteriorum dimissi sint, quo casu posteriores succedunt in locum priorum, qui initio & consilio & eventu fraudati erant : & si fraudati in locum illorum, eodem ergo jure utuntur quo illi fuissent usi, si dimissi non fuissent. Et extat hæc Pauli nota in *l. 16. inf. quæ in fraud. cred.* Et secundum eam notam ad hunc casum hæc lex coangustanda est, nec generaliter accipienda, eamque vero similē est fuisse Papiniani mentem, maxime cum & idem placuerit optimis maximis Imperatoribus suis, *l. ait prætor, §. ita demum, inf. quæ in fraud. credit.*

Ad

### Ad L. XV. de Muner. & honor.

*Etsi filium pater decurionem esse voluit, tamen defuncto, honores, qui filio decurioni congruentes post mortem patris obtigerunt ad onus coheredis filii non pertinent, cum ei decurioni sufficientes facultates pater reliquerit.*

CErtum est, patrem, cujus voluntate filius decurio factus est quasi fidejussorem pro filio Reip. obligari, si quid filius in Republica male gesserit, delato sibi honore aut munere aliquo publico, *l.2.l.17.§.filium, sup.ad municip.* Et non tantum patrem Reipub. obligari, sed etiam heredes ejus, *l.1.C.de decurionib.lib.10.* Quod utique verum est, si jam obligatio cœperit a defuncto, ut si vivo patre honores, aut munera quædam publica congruentia decurioni, filio delata sint, in quibus male versatus sit. Nam si quos honores post mortem patris, vel munera susceperit, quia eorum nomine nunquam fuit obligatus pater quoad vixit, nec ejus heres, *l.Lucius, §.idem respondit heres, sup.ad munic.* Et multo magis in specie *h.l.15.* si pater moriatur relicto eodem filio herede, & ei extraneo coherede adjecto, atque ita relicto filio idoneo patrimonio idoneis facultatibus; deinde post mortem patris filio honores obtigerint, in quibus gerendis male versatus fit, eo quidem nomine ex sua persona ipse tenetur, coheres ejus non tenetur, quia non est hereditaria obligatio.

### Ad §. Item qui Reip. Inst. de excus. tut.

TRes erant loci & omnes de tutelis in quibus auctores alii ex hoc libro sumpserunt auctoritates, sed ii jam a me supra explicati sunt. Addi tamen volo, quod est etiam de tutelis in §. *item, qui Reip. Inst.de excusat.tut.* eum, qui cœpta tutela abesse cœpit Reipub. causa, excusari ab administratione, quamdiu abest: tutorem tamen esse non desinere, ideoque nec tutorem, sed curatorem qui administret interim in locum ejus dari, ut in locum ad tempus exulare justi, *l. tutor petitus 28. §. ultim. sup.de excus.tut.* Reversum autem tutelæ administrationem statim recipere, neque ab ea anni vacationi habere, quoniam, ut refertur eo loco Instit. Papinianus in hoc libr.5.Responf.ait, annum vacationis, qui datur absentibus Reip.causa, postquam reversi sunt, pertinere ad novas tutelas, novave munera civilia, non ad eas tutelas, quas pridem cœperant, antequam peregre proficiscerentur Reip. causa, *l.10. & pen. sup. de excus.tut.* pertinere annum, ut ait *l.10.* πρὸς μέλλουσας κατιέναι.

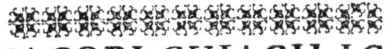

# JACOBI CUJACII J.C.
### COMMENTARIA.
In Lib. VI. Responsorum ÆMILII PAPINIANI.

### Ad L. Ult. ff. de jur. & fac. ignor.

*Verba legis hæc sunt: Impuberes sine tutore agentes nihil posse scire intelliguntur.*

NIhil *posse scire* Papinianus dissolute dempta conjunctione, respiciens ad solemnia verba cretionis, *heres esto, cernitove in diebus centum proximis quibus scieris poterisque*; apud Ulpianum lib. reg. tit. 22. & Marc. Tull.1. de oratore, vel etiam respiciens ad edictum successorium, ex quo dies admittendæ bonorum possessionis ii tantum computantur quibus is cui delata est hereditas, scivit potuitque bonorum possessionem admittere, *l. 2. ff. quis ord. in bon.poss.serv.l.1.de bon.poss.ff.sur.* Quod perinde est ac si diceres: dies cretionis, sive adeundæ hereditatis, & admittendæ bonorum possessionis esse utiles. Nam dies continui etiam nescienti cedunt.*l.genero,sup.de iis qui notant.infam.*utiles cedunt ei tantum, qui scivit & potuit. Porro alia est scientia juris, alia scientia facti: utram exigimus in eo, cui hereditas aut bonorum possessio delata est, juris an facti, an utriusque? Constat scientiam tantum facti exigi, ut dies adeundæ hereditatis, vel admittendæ bonorum possessionis cedant, puta, ut sciat eum, cujus hereditas vel bonorum possessio defertur, esse mortuum, & se heredem scriptum, vel, proximum agnatum, vel cognatum esse, non currunt ei centum dies, *l.2.C.qui adm.ad bon.poss.* Scientiam juris non exigimus. Nam, etsi nesciat proximum agnatum vocari ad hereditatem intestati, nihilominus ei dies cretionis sive aditionis cedunt, modo facti ignarus non sit, *l.1.hoc tit. l.in bonorum, inf.de bonor.possessionibus.* Excipiuntur impuberes sine tutore agentes, id est, qui sine tutore sunt : iis enim non apposita, vel non interveniente tutoris auctoritate, dies non cedunt, quia nihil scire, nihil posse intelliguntur sine tutoris auctoritate: nihil scire, id est, non scire factum, non scire eum mortuum, & se heredem scriptum, quoniam hac in re scientia juris non spectatur, sed scientia facti tantum: nihil scire igitur, id est, plane nescire factum, nihil etiam posse facere sine tutoris auctoritate, puta, adire hereditatem non posse : capere consilium adeundæ hereditatis, quæ est & animi simul, sive consilii, & facti, *l.20.ff.de adq.her.* non posse non apposita tutoris auctoritate admittere bonor. possess. ex edicto prætoris. Tutoris auctoritate suppletur judicium consiliumque pupilli, *l.quamvis, §.infans, ff.de adq.poss.l. pupillus, de R.I.* Et ut municipes intelliguntur scire, quod scit actor municipum, sive curator Reip.*l.14.ff.ad municip.* quæ sententia pertinet etiam ad causam hereditatis & bonorum possessionis, & consequenter cedunt dies Reip. quibus municipum actor scivit delatam esse Reipub. hereditatem aut bonorum possess. ita pupillo cedunt dies, quibus tutor scivit, & hoc est quod ait *l.7.§.ult.de bon.poss.* Dies, (*) quibus tutor scivit, cedere placet, pupillo nimirum. Et valet argumentum ab actore municipum ad tutorem, ut in *l.qui solidum, §.etiam de leg.2.* & a Rep. ad pupillum, & e contrario, *l.3.C.de jure Reip. lib.11.* Et constat etiam pupillo tutore auctore posse adire hereditatem & bon. possess. admittere, *d.l. 7. §. pen. l. pupillus, ff.de adquir.her.* in qua etiam impuberes per se, id est, sine tutoris auctoritate, dicuntur nihil scire, nihil posse decernere & decernere dicit, ut in *l. is qui heres, §.ult.eod.tit.* quod veteres cernere : neque enim cernere est, se cernendum dare, sive facere, ut se omnes cernant heredem esse, sicut Varro ait, sed cernere hereditatem est decernere & constituere se hereditatem amplecti, & se heredem esse velle, ut quod veteres cernere servo, quos Virg. est imitatus, nunc dici decernere auctor est Seneca 8. Epistolarum : & respiciens quoque Philoxenus in glossis ad formulam cretionis, quæ est apud Ulpianum, *cernitoque* interpretatur καὶ ἐχειριζάτω : quod non est facito, ut videant se esse heredem, sed amplectitor hereditatem & apprehendito. Valde notanda est hæc interpretatio & species, ad quam aptavi hanc Papin. sententiam his verbis, *posse scire*, acceptis ἀσυνδέτως : quoniam & palam in Basilicis ponuntur συνδετῶς, δύνασθαι ἢ γινώσκειν : *Posse vel scire*. Aliæ namque sunt species sive causæ, quibus pupillus etiam scire intelligitur & posse, puta, cum egressus infantiam & pubertati proximus, committit in leges dolo malo : qua ex causa etiam nonnunquam deportatur, vel in servitutem redigitur, *§. item finitus, Inst.quib.mod.ust.fin.* vel ut ex XII. tab. apud Gell. 11. cap. 18. & Plin. 18. *Manifesto furto prehensus, aut frugem aratro quæsitam furtim noctis pavisse vel secuisse convictus, Prætoris arbitratu verberatur.*

Quas pœnas utique non sustineret, si pro ignorante in iis causis haberetur. Deinceps igitur hanc Papinian. sententiam referamus tantum ad causam adquirendæ hereditatis vel bonorum poss. vuæ verba illa dissoluta,

---

(*) Vide *Merill. Variant. ex Cujac. lib.1.cap.*43.

accipienda pro conjunctis *posse scire*, demonstrant, quandoquidem ad adeundam hereditatem, vel admittendam bonorum possessionem, dentur centum dies, quibus scierit quis potueritque: scierit mortem testatoris, & potuerit adire hereditatem.

### Ad L. XXXV. de Ritu nupt. & L. XL. de Admin. tut.

*Filiusfamilias miles matrimonium sine patris voluntate non contrahit.*

Justæ non sunt nuptiæ, quas filiusf. contrahit sine voluntate patris, in cujus potestate est. Hoc est certissimum in pagano filiofam. an etiam in milite idem esset, dubitabatur, ut pleraque alia hoc ipso libro idem auctor eleganter docet, contra reg. juris esse recepta favore, privilegio, jure militiæ, *l. centurio,* ff. *de vulg. subſtit.* & *l. 49. ff. de manumiss. testam.* At Papinianus definit hoc loco, nec filiumfam. militem justum matrimonium cotrahere sine voluntate patris, ne privilegium militiæ porrigamus ad contemptum & injuriam patris, quia neque militia liberatur patris potestate, §. *filiusfam. Inst. quib. mod. jus patr. pot. l. 7. C. de patr. pot.* Nec ideo minus obsequitur verecundiæ paternæ vel maternæ, *l. 1. ff. de obseq. parent. præst.* Et rursus, non ideo minus alimentis parentibus, si egeant, præstandis obstringitur, *l. 5. §. a militia, ff. de lib. agnof.* Et in multis quoque aliis jus commune milites sequuntur. Nam neque incertæ personæ possunt legare, §. *incertis vero,* *Instit. de leg.* neque ex eorum testamento legata debentur, nisi deducto ære alieno, *l. 1. §. denique, ad Trebell.* Nec bonorum possessio militis ultra præstituta tempora peti potest, *l. in fraudem,* §. *ult. de milit. testam.* Neque captatoriæ institutiones in militum testamento scriptæ valent, *l. 11. C. de hered. instit.* Nec quicquam efficiunt testamento manumittendo servos contra l. Æliam Sentiam, vel aliam legem, *l. 3. de manumiss. testam. l. si a milite,* §. 1. *in fraudem, in princip. de milit. testam.* Nec in eorum testamento scriptæ conditiones jurisjurandi, vel conditiones inhonestæ recipiuntur, sed remittuntur, *d. l. si a milite,* §. *pen.* Nec quod quis sibi adscripsit in testamento militis valet, *l. ultim. ff. de iis quæ pro non script. hab.* nec intercidit fideicommissum a legatario relictum militis testamento legatario repudiante, *l. q. ff. de usufru. leg.* Nec valet a militibus facta alienatio testamento, vel inter vivos fundi dotalis contra *l. Juliam*. Miles sequitur jus commune in tutoris datione. Et sequitur in *l. 40. de administr. tut.* aliud, in quo etiam miles jus commune sequuntur, in tutoris datione: centurio testamento jure curatorem non dat filio impuberi vel puberi, sicut nec paganus, *l. 6. sup. de confirm. tut.* Sed datus decreto prætoris confirmari potest: quod si non fuerit confirmatus, & ideo nihil gesserit, cessatio officii perperam injuncti & demandati testamenti, ad periculum ejus non pertinet, quia neque dolus ea cessatio est, sive contumacia, neque culpa vel ignavia. Nec obstat privilegium quod militibus datum est, ut quoquomodo facta ab iis testamenta rata sint, quoniam id privilegium illos portet portioj ad alienam injuriam: Fieret autem injuria curatori non jure dato, nec confirmato, si cessationi, quæ justissima est, ratio ei reddenda esset, qua ratione dicitur etiam militem non posse dare tutorem filio manenti in potestate avi, *l. 2. sup. de testiam. tut. l. cum filiusfamil. l. miles ita,* §. *nec tutorem, ff. de milit. testam.* Ne fiat injuria avo in cujus potestate nepos est ex filio milite, cum jus avi minuatur, quod fieret, si liceret patri ei nepoti tutorem dare. Privilegium quod datum est militibus, datum est constit. Principum, qui non solent ulla privilegia dare cum injuria cujusquam, *l. nec avo, C. de emancip. lib. l. 1. Cod. Hermog. de testam.* Trajanus apud Plinium. *Privilegia injuria privatorum a me dari non solere:* & quo magis hoc confirmet addit Papinianus in hac lege, *privilegium illud testandi quoquomodo, quod militibus datur, propter imperitiam juris ut est nominatim scriptum initio tituli de milit. testam. in Inst. privile-*

gium, inquam, illud habet tantum locum in bonis militum, ut si quid minus perite, minusve legitime de bonis suis constituerint, rata sit eorum suprema voluntas, data imperitiæ venia, quoniam jus militibus ignorare permissum est: non si quid oneris alii testamento imposuerint minus legitime, ut si tutorem vel curatorem liberis suis non jure dederint, si filio quem non habent in potestate tutorem dederint: quia & tutela, ut eleganter ait in *fin. d. l. 40.* jure patriæ potestatis datur, non jure aut privilegio militiæ. Ideoque nec miles ei, quem non habet in potestate, jure tutorem dat, non jure injungit officium onusve tutelæ alteri, si filium non habeat in potestate. Est lex elegantissima.

### Ad L. Ult. de Iis, quæ in test. delentur.

*Pluribus tabulis eodem exemplo scriptis, unius testamenti voluntatem eodem tempore dominus solenniter complevit: si quasdam tabulas in publico depositas abstulit, atque delevit: quæ jure gesta sunt, præsertim ex ceteris tabulis, quas non abstulit, res gesta declaretur, non constituuntur irrita. Paulus notat, sed si ut intestatus moreretur, incidit tabulas: sed hoc approbarint hi, qui ab intestato venire desiderant, scriptis avocabitur hereditas.*

Certum est unum testamentum posse pluribus exemplis scribi, *l. unum,* sup. *qui test. fac. poss. l. Sempronius, de leg.* 2. *l. si in duobus, ff. quemad. test. aper.* Sueton. in Tiberio testamentum, inquit, *ante biennium fecerat, altera sua, altera liberti manu, eodem exemplo.* Et sic contractus solent scribi duobus authenticis, & cuique contrahentium dari suum authenticum, *l. quæ tabulas, de furt.* & in pragmatica sanctione Justiniani, quæ subjecta est Novellis Juliani c. 21. Quod si testamentum sit pluribus tabulis scriptum, pluribus authenticis obsignatum, sane unum est testamentum: nunc fingez: Ex eis tabulis testator quasdam deposuit in publico; veluti in æde sacra, aut in tabulario civitatis, vel sanctuario Principis; deinde eas abstulit & delevit vel incidit, an irrituit est testamentum? Minime: Is non ceteras tabulas, ex quibus res gesta declaratur, etiam delevit. Et hoc cum scripsisset Papinianus, Paulus notat, aliud esse dicendum, si probetur, eum eo animo unas tabulas delevisse & cancellasse, ut intestatus moreretur, cujus rei probatio exigitur a legitimis heredibus, qui vocantur ab intestato, quam si impleverint, proculdubio hereditatem evincent heredibus scriptis: evincent, inquam, legitimi heredes non fisco, ut in *l. 1.* §. *pen. ff. si tab. test. nullæ ext.* Si delevit, quod heredes scriptos judicaret indignos, fiscus avocat hereditatem, ut *l. pen. hoc tit. si heredes scriptos non judicavit indignos, sed maluit intestatus mori, & hoc consilio, animoque delevit vel intercidit, confregitque tabulas, legitimi heredes avocant hereditatem excluso fisco.*

### Ad L. LXX. de Hered. inst.

*Captatorias institutiones non eas Senatus improbavit, quæ mutuis adsectionibus judicia provocaverunt: sed quarum conditio confertur ad secretum alienæ voluntatis.*

Captatoriæ institutiones, & captatoria legata, vel fideicommissa improbantur Senatusconsulto quodam, ut patet ex hac lege, & ex *l. seq.* & *l. 1. in fin. ff. de iis, quæ pro non script. hab.* non ex SC. Liboniano, ut Glossa ait, quod non est de captatoriis institutionibus vel legatis, sed de testamentariis, qui sibi quid adscribunt in alieno testamento, sed alio quodam SG. Quæ autem sint captatoriæ institutiones Græci interpretes intellexerunt: ex Latinis nemo intellexit, id est, istam legem nemo ex iis intellexit præter Marianum Socinum juniorem: ceteri omnes captatorias institutiones interpretanpretantur esse eas, quæ conferuntur in arbitrium alterius, veluti; ille mihi heres esto, quem Titius voluerit; quo genere, cum nihil captetur, plusquam manifestum est, captatoriam illam institutionem non esse vitiosam, tamen est non ex SC. quo vitiari diximus & improbari captatoriam institutionem, sed ex veterum Jurisconsul. sententia constantissima, ut ait *l.3.h.tit.* quia testamentum est sententiæ mentis, voluntatis, judicii nostri, non mentis, aut voluntatis, judicii alieni. Nam ut & Philosophi dicunt, motus animorum nostrorum non possunt consummari per motum alieni animi. Non sunt etiam captatoriæ institutiones, ut Papin. hoc loco, quæ mutuis adsectionibus judicia provocaverunt, ut cum duo se invicem heredes scribunt vel iisdem tabulis, vel suis quisque separatim; tu me tuis tabulis, ego te vicissim meis adsectione mutua, quia est in Novella Valentiniani de testamentis, non possunt dici captatoriæ institutiones, quas similis affectio & simplex religio testantium sine calliditate ulla provocavit : at captatoriæ institutiones definiuntur hoc loco, *quarum conditio confertur ad secretum alienæ voluntatis*. Conditionales igitur institutiones sunt, & si conditionales, conditio earum in futurum tempus confertur. Nam quarum conditio confertur in præsens vel præteritum tempus, propriè conditionales non sunt, *l. cum ad præsens, ff. de reb.cred.l.cum in fundo, ff. de inju. rupt. test.* quia ex eventu non pendent, sed earum eventus sive effectus statim exstitit, vel non exstitit, quia, ut Philosophi dicunt, omnis sermo collatus ad præsens, vel præteritum tempus, statim est verus aut falsus. Captatoria autem institutio confertur in id tempus, quo is qui testatur, heres scribetur vel instituetur testamento ejus, quem ipse heredem instituit. Nam secretum alienæ voluntatis hoc loco nihil aliud est, quam alienum testamentum. Secreta judiciorum in *l.si quis test.§.ult.ad leg. Aquil.* id est, testamenta. Exemplum vero hujus rei est in *l. 1. ff. de his, quæ pro non scrip. qua ex parte me L. Tit. in tab. suis heredem scribet, ex ea parte mihi L. Tit. heres esto*. Quod scribit, plane captat & ambit hereditatem L. Titii & hamum jacit, itaque tanquam captatoria institutio pro non scripta habetur SC. Inest his verbis conditio collata in testamentum alienum, ac si dixisset, *si me L. Titius heredem instituerit, L. Titius mihi heres esto*. Nihil vero refert, si quis captet alienam hereditatem, quo modo exposui, an alii, veluti hoc modo , *qua ex parte L. Titius Cajum heredem scribet, ex ea parte mihi heres esto, l. sequ. in fi.* Et hæc institutoria tanquam captatoria inutilis est ex sentent. SC. Quid vero refert si quis captet vel aucupetur sibi, an alii? Item nihil refert, eum cujus quis sibi hereditatem captat, utrum sibi heredem instituat, an alium forte ei carissimum, veluti hoc modo: *qua ex parte me Luc. Titius heredem scribet, ex ea parte mihi Mævius heres esto*. Plus dico : Idem esse dicendum si quis alii hereditatem captet, necnon & alium sibi heredem faciat, quam eum, cujus hereditatem alii aucupatur & captat , vel hoc modo : *qua ex parte L. Titius Cajum heredem scribet, ex ea parte mihi Mævius heres esto*. Omnes hæ institutiones quas proposui, quasi captatoriæ, inutiles sunt ex sententia Senatusconsulti. Eleganter vero in Basilicis dicuntur institutiones factæ repensationis gratia χάριν ἀμειβομένη, id est repensandi fructu nondum accepti beneficii gratia. Nam quæ repensant jam acceptum beneficium, probatissimæ sunt: imo plerumque hereditates & legata nobis non sine causa obveniunt, ob meritum aliquod nostrum ut ait *l.9. pro soc.* Captatoria institutio est repensatio beneficii ante beneficium. Ab iisdem Basilicis captatoriæ institutiones dicuntur χάριν ἀμειβομένη, gratiæ repensatrices, ut loquitur etiam Electra apud Sophoclem, ὦ πάντοσε φιλότητος ἀμειβόμενοι χάριν, ad filias Messenorum: Gratiæ, inquam, repensatrices, futuræ scilicet. Nam institutiones quæ fiunt gratiæ præteritæ referendæ & repensandæ causa, non sunt captatoriæ, nec senatusconsulto, ullave lege improbantur, veluti, *qua ex parte me L. Titius heredem scripsit, ex ea parte mihi idem Lucius Titius heres esto*. Vel , *Si me L. Titius heredem scripsit, idem mihi heres esto l. mulier , §.ult. de cond. instit.* vel hoc

Tom. IV.

modo, *qua ex parte L. Titius Cajum heredem scripsit, ex ea parte mihi idem L.Titius heres esto*. Vel ut in *l. sequ. & in l. 2. hoc tit. hoc modo , qua ex parte me Titius heredem scripsit, ex ea parte Mævius mihi heres esto*. Unde non est auferenda vox *Mævius*, fateor ; in quam me tamen suspicionem deduxit olim Antonii Augustini præstantissimi Jurisconsulti scriptum de captatoriis institutionibus , vel etiam hoc modo , ut omnibus exemplis superioribus collatis in futurum , paria reddam collata in præteritum utiliter, hoc inquam modo , *qua ex parte L. Titius Cajum heredem scripsit , ex ea parte mihi Mævius heres esto*. Omnes hæ captatoriam institutiones ratæ sunt, & secundum hæc rectè dicitur in *l. Clemens, §. ultim. hoc tit.* non esse captatoriam institutionem , si quis ita scripserit, *quanta ex parte me a Titio heredem institutum recitassem, ex parte Sempronius mihi heres esto*. Nam institutio Sempronii confert in tempus exactum , in tempus præteritum , id est, in testamentum Titii ante factum . Recitationem autem futuram ejus testamenti , quod nullam prorsus injicit suspicionem captatoriæ institutionis , neque tamen aliter suspicio Sempronii ad effectum perducitur, quam si is, qui Sempronium heredem fecit, testamentum Titii recitaverit, quia institutioni Sempronii inest conditio futuræ recitationis Titiani testamenti. Et observa quod dicitur in *d.l. Clemens, §.ult.* heres recitare testamentum , in quo heres scriptus est, & alii etiam nuncupare . Ambrosius 9. Epistol. *quomodo testamentum nuncupat, qui mortem testatoris negat?* Porro his exemplis apparet captatorias institutiones non esse eas, quæ ad præteritum tempus conferuntur , quia nec propriè conditionales sunt, ut captatoriæ, nisi alia conditio extrinsecus sit eis inserta , ut conditio recitationis testamenti in *d.l. Clemens*: & in iisdem exemplis institutionem non gratiam reposcunt ut repensetur, sed referunt, cum beneficium acceptum consequantur, non corripiunt aliena bona, sed sua promunt, nec dant hereditatem suam in hamo sub conditione , si sibi & suam dederit , quem heredem scripsit, quæ captatoria institutio est tincta visco , ut Varro loquitur ; & hoc modo captatorium legatum est, quod ita relinquitur : *quantum mihi L. Titius legaverit tantum ei do lego*. Non si ita relinquatur , *quantum mihi L. Titius legavit, tantum ei do, lego*.

---

### Ad legem LXXVIII. de Hered. instit.

*Qui non militabat bonorum maternorum, quæ in Pannonia possidebat, libertum heredem instituit: paternorum, quæ habebat in Syria, Titium. Jure semisse ambos habere constitit, sed arbitrio dividendæ hereditatis supremam voluntatem factis adjudicationibus, & interpositis propter actiones cautionibus, sequi salva Falcidia, scilicet ut quod vice mutua præstarent, doli ratione quadranti retinendo compensetur*.

PRimum responsum hujus l. est intellectu quidem facile, sed explicatu sanè difficile , maxime in extremo , cum agit de Falcidia compensando eo , quod coheredes vice mutua præstarunt, adeo ut Ulpianus, qui cetera omnia ejus responsi diligentius interpretatus est in *l.35.sup. hoc tit.* omiserit eam partem extremam . Credo quod facilius intelligi quam verbis explanari possit : loquitur autem in eo responso Papinianus de testatore pagano, quoniam ait, *qui non militabat*. Cur de pagano? non quia ponit eum in instituendis heredibus separasse species bonorum, & alium fecisse bonorum paternorum , alium maternorum, quoniam , quod de ejus voluntate initio statuit de partibus hereditatis , & de prælegatis , qui invicem præstant heredes, idem servatur in milite, si miles alium fecerit heredem bonorum paternorum , alium maternorum, vel alium rusticorum , alium urbanorum , vel alium Italicorum bonorum , alium provincialium , ut in *l. certarum, in pr. ff. de milit. testam.* non etiam si alium bonorum castrensium, alium paganorum, ut in *§. 1. ejusdem l.* Sed si , ut ponitur in hac specie fecisse , paganus, vel miles alium , fecerit paternorum, alium maternorum heredem , idem servatur in milite etiam in pagano , quod ad portiones

Vuu 2

tiones hereditatum & prælegata attinet. Sed quod ponit speciem in pagano, hoc ideo facit, quoniam in extremo loquitur de Falcidia, quæ habet locum in testamento pagani, non in testamento militis, *l. 12, de milit. testam. l. 7. C. ad leg. Falcid.* Et hæc est vera ratio, non quam Glossæ notant, quam refutat satis *d. l. si certarum, in pr.* Species autem hæc est: Paganus duos heredes instituit: primum bonorum paternorum, secundum maternorum bonorum. Paterna bona faciunt quadrantem, materna faciunt dodrantem totius hereditatis; fac hereditatem esse quadringentorum, & paterna bona facere centum, materna trecenta. Ipso jure certarum rerum certorumve bonorum heredes institui non possunt, neque a pagano, neque a milite, & qui ita instituti sunt, ut proposui, perinde habentur, ac si non adscriptis rebus, partibusque certis heredes instituti essent. Sunt igitur ipso jure heredes æquis partibus, & singuli habent semissem omnium bonorum, tam paternorum quam maternorum, non spectata nec comparata invicem æstimatione bonorum tam paternorum quam maternorum, ex quibus invicem heredes instituti sunt, ut in *d. l. 35. & l. 10. h. t. & d. l. si certarum*. Verum, quod ipso jure non fit, id est, subtili jure, officio judicis familiæ erciscundæ, cognoscentis inter eos de dividenda hereditate, fieri poterit, ut voluntas suprema testatoris impleatur. Primo adjudicatis bonis paternis in solidum, secundo bonis maternis, quod fieri tamen non potest, nisi quia singuli ipso jure semissem habent in omnibus bonis, sic ut primus secundo cedat, & præstet semissem, quem habet in bonis maternis, & vicissim secundus primo semissem, quem habet in paternis, quoniam vice mutua prælegasse singulis testator videtur, secundo partem, quam primus haberet in bonis maternis, primo partem, quam secundus haberet in bonis paternis. Proinde jure prælegati primus secundo præstat centum quinquaginta, id est, semissem trecentorum, secundus primo præstat quinquaginta, vel facta compensatione ad finem concurrentis quantitatis, puta, quinquaginta, primus solus secundo præstat centum: compensatio pro præstatione est. Atque ita quidem fit, ut bona materna secundus capiat partim jure hereditario, sive jure institutionis a seipso, partim jure legati a coherede; & similiter primus bona paterna ut capiat partim jure hereditario, partim jure legati. Verum officio ejusdem judicis familiæ erciscundæ cognoscentis, cautionem sibi invicem primus & secundus præbere debent datis fidejussoribus, hac formula: *quod amplius ceperint quam per legem Falcid. liceat, reddi*. Quæ stipulatio Falcidiæ dicitur in *l. 70. ad l. Falcid.* quia & prælegata patiuntur Falcidiam, *l. 15. §. pen. eodem tit. l. a coherede, C. eod. sit.* Potest autem fieri, ut post factas adjudicationes relictorum sive diversorum bonorum a testatore inter primum & secundum emergat l. Falcidia, postea emergente ære alieno, quod tum latebat, vel emergente onere legatorum prolatis codicillis, qui tum celabantur, vel emergente simul utroque onere æris alieni & onere legati, ideoque sub incerto habet sibi invicem cautionem præbere debent ut si postea emergente Falcidia, alterum, alteri apparet prælegatum ultra dodrantem præstitisse, id quod præstiterit ex stipulatione sine cautione recipiat non est dubium de ea cautione: accipienda esse hoc loco hæc Papiniani verba: *interpositis cautionibus*. Idque patet satis ex *d. l. 35.* id est, commentario hujus responsi, in quo & Ulpianus, dum Papinianum producit testem, proculdubio hoc Papiniani responsum intellexit. Ait autem Papinianus, *has cautiones vice mutua esse interponendas propter actiones?* nimirum propter æris alieni personales actiones, ut loquitur *l. 1. §. si heres, ad Senatusc. Treb.* id est, propter actiones hereditarias, quas emergentes postea creditores hereditati intendunt in heredes singulos pro hereditariis portionibus, id est, pro semisse omnium bonorum, non habita ratione rerum prælegatarum, quæ nec habenda est, quia æs alienum hereditatem sequitur, non legata, vel prælegata *d. l. 35. l. 1. C. si cert. petatur.* Item propter actiones legatorum emergentium, postea prolatis co-

dicillis diu celatis, quæ actiones hereditariarum loco sunt, *l. hereditariarum, inf. de oblig. & action.* Nunc finge: His peractis apud judicem familiæ erciscundæ ex inopinato emersisse codicillos, in quibus erant ab heredibus primo & secundo extraneo legata 120. sicut Glossa, quam postea valde approbamus, ponit speciem, & extraneum egisse in heredes pro hereditariis portionibus, id est, pro semisse totius hereditatis, & singuli abstulisse lx. atque ita recepisse suum, id est, cxx. & remansisse apud secundum ducenta quadraginta, partim jure hereditario, partim jure legati; & similiter apud primum remansisse xl. partim jure hereditario, partim jure legati. Hoc casu, quia primo ad Falcidiam sui semissis qui est l. id est, quadrans ducentorum desunt xxx. quia jure hereditario remanent apud eum xx. quæ tantum imputat in Falcidiam: non imputat autem in Falcidiam alia xx. quæ apud eum jure legati remanent, aut non cogitur imputare, *l. 15. §. pen. l. 32, in fine, l. in quartam, inf. ad leg. Falcidiam*. Ideo quæritur, an si ex stipulatione Falcidiæ repetat a secundo coherede suo xxx. quæ desunt suæ Falcidiæ, summoveatur exceptione doli mali, quæ in strictis judiciis æquitatem compensationis inducit? *§. in bonæ fidei, Instit. de action.* Et verius est, eum ratione exceptionis doli mali debere compensare pro modo concurrentis quantitatis xx. quæ a coherede jure prælegati vice mutua perceperit, ea, inquam, xx. debere eum compensare cum Falcidia, quam repeterit a coherede, id est, ultro ea etiam xx. imputare debere in Falcidiam, si suum prælegatum retinere velit. Compensatio est imputatio voluntaria, & contra imputatio est compensatio necessaria. Ita vero primus a secundo repetet x. tantum supplendæ Falcidiæ gratia. Et hoc est, quod ait Papin. hoc loco, scil. *ut quod vice mutua præstaret doli ratione quadranti retinendo*, id est, Falcidiæ retinendæ, *compensetur*. Quorum verborum enarrationem omisit Ulpianus *in d. l. 35.* qui tamen cetera omnia hujus responsi enucleate & diffuse in ea l. executus est, & ad hæc quidem verba ultima hujus responsi quod apposui exemplum, Glossa apposuit rectissime, si modo cxx. quæ ponit deberi, dicamus deberi, quod totidem sint in legatis, ut exigit etiam Glossa superior ad illum locum, *propter actiones*, non quod totidem sint in ære alieno hereditario. Nam si cxx. sint in ære alieno, quia bona non intelliguntur nisi deducto ære alieno, non intelliguntur haberi in bonis defuncti, nisi cl. lxxx. ex quibus singuli, cum ipso jure habeant semissem, id est, cxl. cujus semissis centum quadraginta videlicet Falcidia est xxxv. & primus secundo jure prælegati præstiterit centum duntaxat, manifestum est apud eum residere xl. id est, quinque amplius Falcidia, quinque supra Falcidiam, & hoc igitur casu locum Falcidiæ non esse. Et hæc ita Dynus recte & subtiliter distinxit primus: in ære alieno exemplum apponi debet alio modo, quam posuerit Glossa, Finge: in hereditate credebantur esse cl. bona materna centum, paterna quinquaginta: secundus maternorum heres institutus est, primus paternorum, & bonis eis adjudicatis officio judicis familiæ erciscundæ secundum voluntatem defuncti, extitit creditor hereditarius, cui defunctus debuit centum, denique apparuit postea in ære alieno esse centum, quo detracto patet singulos ipso jure heredes esse ex vigintiquinque, cujus portionis Falcidiam petet esse sex & quadrantem, quam tantum abest, ut habeat primus, ut detracto ære alieno a singulis pro semisse. i. quinquaginta a singulis detractis, nihil apud eum remanserit, apud secundum remanserit quinquaginta partim jure hereditario, partim jure legati: nunc si primus repetat ex stipulatione interposita Falc. a coherede, repellitur ratione doli, opposita compensatione ejus, quod a coherede vice mutua percipit: atque ita institutio primi redditur inutilis. Hoc responso explicato, debeo & volo eam rationem compensationis quam inducit Papinian. aliis legibus confirmare, veluti *l. heredi, inf. de iis quib. ut indign. l. deducta. §. accepit, inf. ad Treb. l. Nesennius, l. filio, inf. ad leg. Falcid. l. filium quem, C. famil. ercisc.* nec non debeo earum omnium legum speciem & sententiam explicare, sed leg. *heredi & l. deducta, §. acceptis,*

ptis, quoniam sunt ex sequenti libro Responsorum interpretationem differam in suum ordinem & locum: ceterarum ll. quia sunt ex aliis auctoribus mihi interpretatio hoc loco præstanda est: ac primo legis *Nesennis, inf. ad leg. Falcid.* Valde placebit species ejus legis quæ talis est; Mater quæ habebat filias tres, primam, secundam & tertiam, eas heredes instituit ex æquis partibus, ut singulæ haberent trientem, & à singulis legata invicem dedit, veluti a prima legavit secundæ & tertiæ præstandas res quasdam, aut pecunias, & viciffim a secunda legavit primæ & tertiæ, rursus a tertia primæ & secundæ, verum a prima etiam legavit extraneis, a secunda & tertia nihil legavit extraneis. Primæ portio, id est, triens oneratus est legatis, tam sororibus, quam extraneis relictis. Subdividamus trientem illum primæ in duodecim uncias, & fingamus ab ea extraneis legatas uncias quinque & semunciam sororibus totidem omnibus, igitur a prima fuisse legatas undecim uncias. Falcidia ejus portionis subdivisæ in duodecim uncias est trium unciarum, in eam imputat unciam, quæ apud eam remanet jure hereditario, quia ab ea tantum sunt legatæ undecim unciæ, nunc desiderat adhuc duas uncias, quæ Falcidiæ desunt: certum est eam posse unam detrahere ab extraneis, sed quæritur, an etiam possit desiderare, ut & unam unciam detrahat a sororibus, a quibus & ipsa vice mutua legata percipit, & si possit eam unciam desiderare ipso jure, an submovenda sit per exceptionem doli mali, inducta compensationis æquitate mutui prælegati cum illa uncia: & rursus si submovenda sit exceptione doli mali, ut definiemus statim, an eo casu possit duas uncias quæ Falcidiæ ejus desunt deducere ab extraneis? Et respondet posse quidem ipso jure eam uti Falcidia etiam adversus sorores, quia id quod ab iis vice mutua percipit jure prælegati, non proficit legatariis, quo minus Falcidiam patiantur, id est, non imputantur in Falcidiam, sed tamen repellitur ab exceptione doli mali si a sororibus vice mutua jure prælegati acceperit unciam quam deducere desiderat. Et hoc cum id definisset Paulus in *d. l. Nesennius,* quæritur, an cum nihil deducat a sororibus, tunc deducere possit ab extraneis duas uncias, quæ suæ Falcidiæ desunt? & respondet non deducere nisi unam unciam, hoc est, tantum quantum deduceret, si & ex legatis sororum Falcidiam deduxisset; quoniam æquum non est, ut commodum, quod fert ex mutuo prælegato sororum oneret extraneos, & augeat Falcidiam legatorum eis relictorum. Et hoc est, quod ait in *d. l. Nesennius,* primam non imputare in extraneis integrum prælegatum, quod præstitit coheredibus, id est, uncias quinque & semunciam, id est, id quod dedisset sororibus, si nihil ab eis vice mutua percepisset, & perinde igitur rem esse, ac si a sororibus deduxisset unciam, & præstitisset eis tantum uncias quatuor & semunciam, licet præstiterit prælegatum universum, id est, quinque uncias & semunciam, ratione compensationis Falcidiæ. Ratio compensandæ Falcidiæ cum prælegato vice mutua percepto, quam inducit Papinian. in *l. 78. de hered. instit.* confirmatur *l. Nesennius, ad leg. Falcid.* quam heri exposui. Confirmatur etiam *l. filio, eod. tit.* cujus species hæc est: Pater vel mater filium & filiam heredes scripsit, sic ea l. initio proposuit simpliciter. Proponamus igitur etiam non simpliciter, parentem filium & filiam heredes scripsisse, postea apparebit non scripsisse æqualiter, ut Glossa ait, sed inæqualiter, ut est in Basilicis, ἀνίσως. Singulis autem legata invicem dedit pater, quæ proprio nomine dicuntur prælegata & præcipua & præceptiones, sed longe minus filiæ legavit quam filio, quia scil. filium heredem scripsit, exempli gratia, bonorum Italicorum, filiam bonorum provincialium, quæ longe minoris pretii sunt separatæ hæ species bonorum pro prælegatis accipiuntur, ut in *l. 35. sup. hoc tit.* At non tantum filiæ minus prælegavit, sed etiam in bonis, quæ prælegavit filiæ, est domus creditori hereditario pigneratu in centum, quam & filiæ legavit adjecto hoc onere, ut, si libertus filii sui ea centum persolveret, utrique domus esset communis filiæ & liberto filii. Ce-

terum non libertus, quia nec adversus eum creditor ullam actionem habuit, sed heredes, exigente, & urgente creditore ei solverunt centum pro hereditariis portionibus, & domum vinculo pignoris liberaverunt, quo ære alieno detracto, apparuit, quanta portio hereditatis esset. Finge: in hereditate fuisse ducenta, singulos igitur ipso jure quasi sine partibus scriptos heredes fuisse in centum, cujus portionis Falcidia sive quadrans est 25. Illud etiam apparuit deducto ære alieno, bona Italica, quæ filio relicta & ei adjudicanda sunt, esse 180. bona provincialia quæ filiæ adjudicanda sunt, esse 20. quamobrem filia dicit, se in damno versari, nec habere integram Falcidiam semissis totius hereditatis, ex quo ipso jure heres est, id est, non habere 25. integra, sibi adhuc deesse 15. quia habet tantum jure hereditario decem, quæ imputat in Falcidiam, alia decem, quæ jure legati accipit a fratre jure ipso, non cogitur imputare in Falcidiam, quia in Falcidiam ea tantum imputantur, quæ jure hereditario capiuntur, non quæ jure legati, vel alio jure, nisi nominatim aliud caverit testator, ut si ideo dixerit, se legatum dare heredi, ut integra legata præstaret, *l. quod autem, inf. ad leg. Falcid.* Et consequenter filia ipso jure recte postulat 15. a fratre, quæ suæ Falcidiæ desunt, sed repellitur per exceptionem doli mali, opposita compensatione ejus, quod a fratre integrum jure prælegati accepit, sed sane id a fratre prælegatum integrum non consequetur, nisi & ipsa viciffim soror fratri suum præstet integrum, quoniam æquum non est, integrum ferre quenquam, quod viciffim integrum referre vel inferre nolit. Et hoc est, quod ait *d. l. filio, FILIAM non aliter prælegatum quod ei datum est acceptoram si Falcidiam expleat,* quam si voluntati defuncti obtemperavit, fratri solidum prælegatum præstando. Vulgo etiam in Florentinis in ea lege corrupte legitur, *solvendum pro solidum,* ut recte notavit Alciatus 5. *Parerg.* Solidum est integrum prælegatum, intactum, illibatum, sine imminutione Falcidiæ, quod universum dicitur in *l. Nesennius.* Igitur in specie proposita, decem, quæ vice mutua accepit a fratre, compensant Falcidiæ fini concurrentis quantitatis, & quinque tantum supplendæ Falcidiæ a fratre desiderat. Et ita explananda ea lex est. Sequitur alia, qua eadem ratio compensationis comprobatur, *l. filium quem, C. famil. ercisc.* omnium, quæ sunt in Codice longe difficillima omnium quæ sunt in jure pro sua brevitate opulentissima juris, cujus ego speciem & sententiam veriffimam & clariffimum jam sæpe professus sum me accepisse prima ætate a primo jurisconsulto, cujus vita omni laude confecta. Primum in ea lege, quod ait initio, *Filium quem habentem fundum,* deinde in fine: *Quod a ceteris in eo fundo solvitur sup. quartam, habens reddere compellitur.* Est εὐκαμπὴς frequentissima in juris auctoribus, & in exteris quoque, quam plerumque generat longior verborum tractus, ut in eo plane non fit laborandum: sed neque in eo laborandum, quo jure filius fundum habuerit. Nam cum subjiciat ea *l. filium partem prædii capere a semetipso jure legati,* partem a coheredibus jure legati, quæ varietas juris & possessionis propria in prælegato est, *l. eum qui, §. ult. ff. de iis, quibus ut ind.* Plusquam manifestum est, filium habuisse fundum jure prælegati, ut & Joannes sensit recte, nec sane aliter pertineret ea *l. ad tit. famil. ercisc.* sub quo posita est, quam si statuas, filio fundum prælegatum esse, quia constat prælegata præstari arbitrio judicis familiæ ærciscundæ cognoscentis. Miseri sunt, qui vel jure peculii, vel jure nescio quo retentionis, vel jure legati per vindicationem, vel alio, quam prælegati, filium habuisse fundum ariolantur. Et species l. hæc est: pater, qui habebat septingenta in bonis, filios suos tres, numero primum, secundum, tertium, & extraneos quatuor, quartum, quintum, sextum, septimum heredes scripsit ex æquis partibus: & primo, cui forte eum princeps patris nomine donaverat, & ab omnibus heredibus fundum prælegavit dignum 28. Deinde eundem primum filium suum rogavit sub conditione: *si navis ex Asia veniret,* portionem suam hereditatis restituere fratribus, secundo & ter-

& tertio, & extraneis coheredibus quarto & quinto tantum, non etiam sexto & septimo. Portio cujusque facit centum, quoniam sunt septingenta in bonis, & omnes septem ex æquo scripti heredes sunt: Portio, inquam, cujusque facit centum, cujus Falcidia est 25. Fundum autem primus capit partim jure hereditario a semetipso pro parte septima, partim jure legati a coheredibus omnibus pro reliquis partibus: existente conditione fideicommissi, primus a quo duo fratres, secundus & tertius, & duo extranei coheredes, quartus & quintus, quod eis relictum est fideicommissum portionis primi petunt; is primus scil. Falcidiam ex fideicommisso deducere desiderat, juxta Senatusconsultum Pegasianum, vel hodie Trebellianum, ut dodrantem tantum suæ portionis restituat fideicommissariis, id est, secundo, tertio, quarto & quinto. Quæritur, quid in eam Falcidiam imputare debeat? Et certum est, jure eum in Falcidiam imputare partem tantum septimam fundi, quam a semetipso jure hereditario percepit. Et hoc est quod ait l.eum hereditariam partem fundi in quartæ ratione retinere, id est, imputare in Falcidiam. Denique cum fundus, ut posui, dignus sit 28. in Falcidiam imputat 4. hæc est septima pars fundi, quam a seipso capit jure hereditario. An vero etiam imputat in Falcidiam partes fundi, quas a coheredibus secundo, tertio, quarto, quinto, vice mutua percipit jure legati? Percipit autem a singulis quatuor ab omnibus, in summa sexdecim, & non imputat proprie a sexdecim in Falcidiam, sed compensat Falcidiæ retinendæ ex portione sua, quam etiam retinere desiderat, & deducere in restituenda ea portione. Junge nunc illa sexdecim, quæ a coheredibus, quibus rogatus est restituere portionem hereditatis, vice mutua percipit, & Falcidiæ compensat pro modo concurrentis quantitatis: junge, inquam, ea sexdecim cum illis quatuor, quæ jure hereditario a semetipso capit, & Falcidiæ imputat, fiunt 20. & desunt adhuc Falcidiæ quinque, quæ deducet ex portione hereditatis quam ex fideicommisso tenetur restituere coheredibus duobus fratribus suis, & duobus extraneis, residuum eis restituere compelletur, id est, nonagintaquinque. At quid fiet reliqua parte fundi prælegati, quam capit a coheredibus sexto & septimo, quibus vicissim non est rogatus restituere portionem hereditatis: nam fundum prælegatum fuisse primo ab omnibus coheredibus initio recte proposui. Quid igitur fiet octo, quæ sunt residua in fundo, quæque accipit a sexto & septimo? Et sane, ut ea lex ostendit, ea octo, neque imputat Falcidiæ sive quartæ, neque compensat, sed ea habet supra quartam portionis suæ, sive supra Falcidiam, ut in l.15.§.pen.inf. ad leg.Falcid. dicitur, matrem heredem institutam ex parte fideicommissi sit; relictum percipere supra quartam portionis suæ, & l.9 1.eod.tit. in fideicommissaria hereditate restituenda, extra quartam id esse, quod heres oneratus fideicommisso a coherede accipit, jure legati videlicet, si non ei rogatus eam hereditatem, sive portionem hereditatis restituere, sed extraneo. Ea igitur octo in specie proposita filius lucrifacit, & habet ultra Falcidiam, quia fideicommissum non continetur prælegatum, quum heres ex parte rogatur restituere partem sive portionem hereditatis, ut proponit de industria, d.l.filium quem. Nam si simpliciter rogetur restituere portionem, nullo adjecto, tunc prælegatum fideicommisso continetur, nec habetur supra quartam, l.Marcellus, §.quidam, ff.ad Senatusc.Treb. Idemque ostendit l.1.in fideicommissaria §.ult.eod.tit. ubi ponit, heredem institutum ex parte,cui dato legato rogatus est restituere portionem hereditatis alteri, non restituere, inquit, quia dixit, portionem hereditatis, id quod a coherede accipit jure prælegati, id est, prælegatum fideicommisso non contineri: id tamen quod capit a se ipso in re prælegata jure hereditario cadere in fideicommissum, ubi necesse est addas ex l.filium, quem, vel imputari in Falcidiam: denique portionem fundi prælegati hereditariam filius aut debet restituere fideicommissariis aut imputare in Falcidiam.

## Ad §. L. Titio L.

Lucio Titio ex duab. partibus, Publ. Mævio ex quadrante scriptis heredibus: assem in dodrante esse divisum, respondi; modum enim duarum partium ex quadrante declaravi. Quod veteres nummis Titio legatis; nummorum specie non demonstrata, ceterorum legatorum contemplatione, receperunt.

IN specie secundi responsi h.l. proponitur: testator, tametsi omnis hereditas soleat distribui in duodecim uncias, quod hoc numero plerumque significetur universitas, ut ait Aug.20.de Civ.Dei. suam tamen hereditatem distribuisse in 9. uncias tantum, quoniam potest sane paterfam. qui de re sua testatur, in tot partes, quot voluerit vel plures vel pauciores hereditatem suam distribuere, l.13.§.paterfamil. hoc tit. At plerumque solemnis distributio hereditatis fit in duodecim uncias, quæ assis appellatione continentur, quod equidem omnes scire arbitror; quoniam prima res, quæ nota esse debet accedenti ad juris civilis studium, ea est distributio assis, id est §.ult.l.50.hoc tit. sive .hered.Instit.eod.tit. aut certe totus liber Volusii Mætiani de distributione assis, cujus quidem assis duodecima pars est uncia. Siculum nomen, quo significabatur as unum, ut Julius Pollux scribit 9. Et ab uncia reliquas partes, non eadem ratione nomina imposita habere Varro scribit 4. de lingua Latina, sed alias nomen habere a quota parte assis quam heri didici ab uno ex vobis peritissimo hujusce artis Diophantum appellare, partem cognominem, ut sextantem a sexta parte assis; quadrantem a quarta; trientem a tertia; semissem a dimidia, id est, semi asse; alias vero nomen habere a nomine unciarum, ut quincuncem & septuncem; quincuncem, quia numerus quinarius in asse partem quintam non facit, septuncem; quia, ut Remmius Polemo ait in poemate de ponderibus, quod dimidium superat, pars esse negatur, pars scil.quota vel cognominis; alias vero nomen habere a demptione partis, ut bes, quæ olim des, a demptione trientis, ut Ausonius ait:

Tertia defuerit si portio, quid reliquum? Des. Dodrans a demptione quadrantis, dextans a demptione sextantis, deunx a demptione unciæ.

Cum vero testator ita heredes scripsit, ut est in hoc secundo responso: Primus ex duabus partibus, secundus ex quadrante heres esto, assem videtur distribuisse in dodrantem, quia primus videtur institutus ex semisse, qui divisus in duas partes, duos quadrantes facit, & ita in ea prædum institutione duas partes ut accipiamus, comparatio quadrantis infra adscripti secundo declarat atque postulat, sicut nummis legatis, quo exemplo Papinianus utitur, id est, legato nummorum illato in eo quadrante certo numero, ut in l.si servus plurium, §.ult.ff.de leg.1. Quoniam legatum nummorum, non adjecto numero, sane nullum & ridiculum est. Nummis igitur centum legatis, uni distincte & simpliciter, nummorum qualitate non demonstrata, deinde alii legatis quinquaginta nummis sestertiis, veteres juris auctores conjectabant & priori fuisse legatos centum nummos sestertios, ut in d. l. si servus plurium, §.ult. dicitur: Summavum quæ sequuntur scripta spectanda esse, quotiens non apparet quales nummi ante alii legati sint, & l. nummis, ita de legatis 3.contextum testamenti spectandum esse: & l. 44. de legatis 3.contextum totius scripturæ testamenti. Sic igitur adscriptis primo duabus partibus simpliciter, spectanda est pars, quæ deinde specialiter & nominatim adscripta est secundo, quæ quoniam est quadrans, & primo duos quadrantes recte colligemus adscriptos, id est, semissem, atque adeo assem a testatore divisum in dodrantem, quæ divisio quadrantis minor est solemni & legitima divisione assis: verum ad eam legitimam divisionem assis, etiam ita veteres scripti ipso jure sive juris potestate revocantur servata eadem proportione, nempe dupla, ut altero tanto plus habeat primus, quam secundus, puta, besse adscripto primo, & triente secundo, quia paganus, de quo, ut primum responsum, & reliqua

qua hujus legis responsa accipienda sunt, partim testatus, partim intestatus decedere non potest. Et sic in *d. l.* 13. §. *pater*, in duobus tantum heredibus scriptis ex quadrante, as quidem divisus est a testatore in semissem tantum, sed jure ipso singuli heredes sunt ex semisse. Ac similiter primo scripto ex semisse, secundo ex quadrante, as quidem quidem est in dodrantem tantum, sed ipso jure primus feret bessem, secundus trientem, quia quantum de asse diminuit testator, tantum ipso jure accrescit pro rata, id est, ἀναλόγως, & servata proportione geometrica, causa testati trahente ad se causam intestati, sicut e contrario nonnunquam causa intestati trahit ad se causam testati, ut in specie *l. pen. ff. de inju. rupto*.

### Ad §. Filiis.

*Filiis heredibus æquis partibus institutis, ac postea fratris filio pro duabus unciis: unum assem inter omnes videri factum, placuit, & ex eo* 10. *uncias filios accepisse: tum enim ex altero asse portionem intelligi relictam, cum asse nominatim dato, vel duodecim unciis distributis, residua portio non invenitur. Nihil autem interest, quo loco sine portione quis heres instituatur, quo magis assis residuum accepisse videatur.*

Duo sunt filii æquis partibus heredes instituti, ac postea filius fratris pro sextante, quæritur juris potestate quantum filii habituri sint? Et recte respondit Papinian. dempto sextante, qui filio fratris nominatim adscriptus est, ex eo, quod superest, id est, ex dextante filios habituros æquas partes. Ne dicas modum partium filiorum declarari ex sextante adscripto filio fratris, ut in superiori specie: quod si verum esset, as videretur divisus in semissem tantum, & juris potestate omnes trientes haberent: sed ne hoc dicas, quoniam longe diversa hæc species a superiori est. In illa primus scriptus est ex duabus partibus, in hac filii fratris sunt ex duabus partibus, quoniam nihil interest dixerim *filii æquis partibus heredes sunto*, an *filii heredes sunto*: quia & hoc sermone æquis partibus heredes scripti intelliguntur; denique sive hoc, sive illo modo scribuntur, ex æquis partibus scribuntur. In illa autem specie superiori assem testator distribuit in dodrantem tantum; in hac specie assem totum solemniter distribuisse intelligitur in 12. uncias. Ideoque in hac specie singuli filii ferunt quincuncem, filius fratris sextantem, qui adscriptus ei est. Ne etiam dicas, testatorem in hac divisione excessisse 12. uncias, & filiis dedisse assem integrum æquis partibus, filio fratris ex altero asse, qui dupondius dicitur, ut assipondium pro asse, dupondium pro duobus assibus sive 24. unciis, tripondium pro tribus assibus. Nam as, pondo, & libra, idem est. Videtur igitur filio fratris ex altero asse dedisse sextantem. Qua ratione uteremur quidem, si filii nominatim in asse heredes essent scripti, hoc modo: *filii ex asse æquis partibus heredes sunto*, vel etiam, si unus esset scriptus ex semisse, alter item ex semisse nominatim, vel si unus ex triente, alter ex besse, quo genere totus as erogatur & distribuitur: at non ita in hac specie filii scripti proponuntur, sed simpliciter sine partibus certis, quo casu eadem ratione non utitur, ideoque subjicit, *nihil interesse quo loco sive partibus filii scripti sint, priore an posteriore*, ut in *l. quo loco sup. hoc titulo*, vel hoc modo scilicet, *filii heredes sunto, filius fratris ex sextante heres esto*: vel e converso: *filius fratris ex sextante heres esto, filii heredes sunto*, quia quocunque loco filii scripti sint sive partibus, dempto sextante, omnino residuum assis, id est, dextantem accepturi sunt, quæ est sententia hujus responsi: cui nihil obstat *l. quam opponit* Accursius 47. §. 1. *sup. hoc tit.* In qua filia non proponitur heres scripta sine parte, sed ex asse adjecto coherede postumo vel postuma, si postuma nasceretur ex quarta parte, id est, ex quadrante, si postumus nasceretur ex dimidia, & quarta, id est, novem unciis, ex dodrante, ut in *l. quidam, titul. seq.* & si ex dimidia & ex sexta, id est, ex besse in *l.* 13. §. *pen. sup. hoc tit. ex quo in testamento Augusti apud* Suet. *in fi. Augusti & in Tiberii c.* 25. legendum est. *Augustum Tiberium scri-*

*psisse ex dimidia & sexta, & Liviam ex* 3. male vulgo *ex dimidia & sextante*: quamvis idem sit, sed esset inepta locutio. Nam & ita M. Tullius 13. Epist. ad familiares.

*Heres ex parte dimidia & tertia ex capito*, id est, ex dextante. Porro in specie dictæ *l.* 47. nato postumo fiet divisio paternæ hereditatis inter filiam & postumum pro ratione Geometrica, ita scilicet, ut quia filia scripta est ex asse, postuma ex alterius assis dodrante, id est, filia ex 12. unciis, postumus ex novem, quæ ratio est sesquitertia, ut major etiam sit filiæ portio sesquitertia: id est, ut quarta parte amplius habeat quam postumus: nata autem postuma, quia filia scripta est ex asse, postuma ex quadrante, quæ ratio est quadrupla, ut major sit filiæ portio quadruplo; postuma vero & postuma natis simul, similiter quarta parte, ut major sit filiæ postumi portio, postumi autem quam postumæ, ut major sit portio triplo: quia postumus ex novem, postuma ex tribus unciis proponitur scripta, quæ ratio est tripla, filia autem, ut habeat tantundem, quantum uterque postumus & postuma, puta, filia semissem, postumus trientem & semunciam, id est, dimidiam unciam, postuma sesquiunciam, id est, unciam & semunciam. Et hæc est sententia *l*. 47. cui quemadmodum abrogaverit Justinianus in *l. cum quæstio, C. de leg.* & aliis plerisque legibus similibus, similem proportionem exacte servantibus, Geometrica introducta ratione huic adversa, quæ Arithmetica dicitur propter præsumptam voluntatem defuncti, ego fusius ostendi in *d. l.* 47. quoniam est Africani.

### Ad §. Ultimum.

*Sejus Mævium ex parte, quam per leges capere possit heredem instituit: ex reliqua Titium si Mævius solidum capere poterit: Titius adjectus aut substitutus heres non erit.*

Species hæc est: Sejus testator ita heredes scripsit, *Mævius ex parte, quam per leges capere poteris, heres esto: Titius ex reliqua parte*. Finge: Mævius solidum assem capere potest, quid habebit Titius? nihil prorsus, quia nihil est reliquum. Et ut excludat omnino Titium, ait, eum neque venire, ut adjectum, id est, ut coheredem, ut in *l.* 85. *ff. hoc tit. l. verbis, §. qui cum plures, tit. seq.* Nec venire ut substitutum, Mævio accipiente solidum. Sed substituitur ex eodem Papinianum, in eodem libro ex *l. seq.* si non dixerit, *Titius ex reliqua parte heres esto*, sed hoc modo: *Mævius ex hac parte quam per leges capere poteris, heres esto, Titius heres esto*, & Mævius assem capere possit, tantundem habebit Titius in altero asse, quantum habebit in primo Mævius, atque ita ratione revocata ad assem, id est, dupondio revocato ad assipondium, singuli ferent semisses. sed ut est scripta *l.* sequens & in Florentinis & in aliis plerisque, in ea est manifesta commutatio personarum, quoniam pro *Mævius*, scribendum est *Titius*, & pro *Titius, Mævius*. Nec omittendum quod subjicitur in *l.* 80. *ex eod. lib.* 6. *Resp.* Si ut initio proposui, Mævius sit heres scriptus ex parte, quam per leges capere posset, Titius ex reliqua parte, & Mævius nihil omnino capere possit ex ea hereditate, quasi in totum incapax, vult Titium vocari, ut substitutum Mævii in assem sive hereditatem totam; licet ibi addere, vel vocari ut coheredem, nihil refert, ea enim deficiente Mævio: Nam reliquæ partis appellatione etiam as continetur, ut in *l. Julia de residuis*, residui aut residuorum appellatione totum continetur, *l.* 4. §. *hac lege*, & §. *seq. ff. ad leg. Jul. repet.* item in specie *l.* 2. *C. eod. tit.* & *l.* 95. & 160. *de verb. significio.* & *l. cum optio, ff. de opt. leg.*

### Ad L. XII. de Vulg. & pup. subst.

*Verbis civilibus substitutionem post quartum decimum annum ætatis frustra fieri convenit, sed qui non admittitur ut substitutus, ut adjectus heres quandoque non erit, ne fiat contra voluntatem, si filius non habeat totum interim, quod ei testamento pater dedit.*

Verba

Verba civilia hodie non ambigitur esse verba directa, veluti: *heres esto*, quibus adversa sunt verba precaria, veluti: *Rogo ut hereditatem illi restituas*. Dici non potest, quam multa scripserint interpretes, dum digladiantur inter se, & quaerunt, quae sint verba civilia, sed omnem dubitationem sustulit hodie Ulpiani liber regularum, in quo sub titulo de fideicommissis, fideicommissum definitur, *Omne quod non verbis civilibus, sed precative relinquitur*. Unde liquet verba civilia esse verba directa, legitima, imperativa, quibus leges uti solent, & testatores perinde ac leges, quum volunt: quia & testamentum lex est. Quamobrem recte dicam, hanc legem esse de substitutione pupillari a patre pagano facta verbis directis, filio impubere herede instituto ex asse, veluti in hunc casum & modum: *si filius heres erit & intra 25. annum vita excesserit, Mævius ei heres esto*: Nam quod quidam hanc substitutionem, cujus formulam proposui, frustra non fieri dicunt, quod intra pubertatem moriente filio valeat, *l. in pupillari, hoc tit.* non pugnat cum hac lege: quae frustra eam fieri non dicit intra pubertatem, sed post pubertatem moriente filio. Nihil igitur interest, incipiat substitutio a pubertate, hoc modo: *si filius heres erit & post 14. annum decesserit*, an comprehendat etiam pupillarem aetatem, ut supradicto modo: *si filius meus impubes heres erit, & intra 25. annum decesserit, vel intra 15. vel intra 20.* nihil refert. Nihil etiam interest ea substitutio fiat usque ad certam aetatem, ut in superioribus exemplis: an compendio, veluti hoc modo: *si filius heres erit & quandocunque decesserit*, non expressa certa aetate. Compendio est legendum in *l. precibus, C. de imp. & al. substitut.* id est, compendio orationis, ut in *l. Mævius, §. duorum, de leg. 2.* Nam compendiosa substitutio in jure non dicitur: militaris etiam substitutio, quam formarunt recentiores, in jure non dicitur, sed militare testamentum tantum, & duae sunt tantum directarum substitutionum species, sive fiant a pagano, sive a milite, & sive compendio fiant, sive expressim. Duo tantum sunt substitutionum casus, ut loquitur *d. l. precibus*: duo eventus, ut *l.4. hoc tit.* duae causae, ut *l. cum ex filio, §. filio, hoc titulo*. Denique duae substitutiones directae, quia duo tantum earum casus, eventus vel causae: casus primus, & casus secundus, ut est in *d. l. precibus*. Casus primus est casus non adquisitae hereditatis, in quem sit substitutio vulgaris, nempe hic casus; *si heres non erit*. Casus secundus est casus adquisitae hereditatis, in quem sit substitutio pupillaris, nempe hic casus, *si heres erit*: quae sit pupillo tantum a patre, vel parente, in cujus potestate est, quoad pubescat, & ad exemplum pupilli, etiam puberi mente capto, quoad resipiscat. Vulgaris substitutio est testamentum patrisfamil. Pupillaris substitutio est testamentum filiifamil. impuberis, vel mente capti, quod parens in cujus potestate est, ei fecit, nec enim queunt sibi facere testamentum propter aetatem vel mentis lapsum. Pupillaris autem substitutio verbis directis facta, illis tribus modis, quos retuli ante, a patre scilicet qui non militabat, filio impuberi heredi instituto ex asse, etiamsi longius quam pubertatis tempus comprehendat, expressim, vel compendio, tamen finitur pubertate: testamentum est quod finitur tempore, *d. l. in pupillari, hoc tit. l. si frater, C. de fideicommiss.* finitur, inquam, pubertate, adeo ut nec post pubertatem, licet a testatore in longius tempus producta sit, valeat jure fideicommissi, ut Azo sensit recte. Aliis aliud judicium est, quorum sententiam male ab iis instituti Pontificias etiam in jus suum retulerunt; *l. Rainutius, ext. de testamen.*

At nullo jure eam substitutionem post pubertatem valere haec lex demonstrat satis, dum ait, *eam substitutionem verbis civilibus post 14. annum aetatis, id est, post pubertatem filii, frustra fieri convenire*, id est, *constare inter omnes*. Constans hoc decretum omnium Jurisconsultorum. Nam substitutionem eam post pubertatem nullius momenti esse, articulus frustra demonstrat, quem familiare & amicum est Papiniano usurpare in re per omnia nulla, *l. fidejussor, de neg. gest. l. jure, l. qui tutelam, §. ult. de testam. tut. l. 5. de dot. coll.* & multis aliis locis. Frustra

igitur, hoc est, neque in totum valere, neque in partem, ut mox subjicit in ead. lege, sed eo articulo etiam latius accepto, neque jure directo valere, neque jure fideicommissi. Cur non jure directo? quia non potest pater filio puberi heredi instituto substituere verbis directis in secundum casum, id est, ut si heres extiterit, & intra aliquod tempus decesserit, alius ei sit heres, *§. ult. Inst. de pupill. substitut.* quia faceret testamentum hoc genere ei, qui sibi potest facere, cum sit pubes: ea enim substitutio testamentum est, quod jure patriae potestatis pater facit filio, sed filio tamen nequeunti per aetatem de re sua testari, id est, filio impuberi, proinde ejus testamenti finis est pubertas, *l. ex facto §. item quaero, hoc tit.* sicut Carbonianae bonorum possessionis, quae etiam pupillo datur, finis est pubertas, *l. 3. §. puberi, de Carbon. edicto.* Ejus inquam, testamenti finis est pubertas, quia filius pubertate adeptus est jus testandi, & nemo jure facit testamentum, aut jure dat heredem alii, qui sibi heredem facere potest.

Cur autem ea substitutio post pubertatem non valet jure fideicommissi? Quia pater noluit facere fideicommissum, id est, substitutione precariam, quia verbis directis non precariis usus est: potuisset verbis precariis substituere filio puberi, & extraneo cuilibet hoc modo: *Heres esto, rogo ut si intra 25. annum, vel quandocunque decesseris, hereditatem Lucio Titio restituas*: rata est substitutio precaria, *l. coheredi, §. cum filio, hoc tit.* Sed pater quod potuit non fecit, & quod non potuit, fecit, ac proinde nihil egit. Nam & ita libertas data verbis directis, veluti, *liber esto*, servo alieno, quae jure data fuisset verbis fideicommissi, verbis precariis, neque jure directo valet, neque jure fideicommissi. Eadem ratione *lex si servus §. si servus, de legat. 1.* Quo argumento usus est recte in hanc sententiam Raphael Cumanus, licet in servo proprio aliud sit, *l. generaliter, §. si servo, de fideicomm. lib.* Ut vero magis atque magis demonstraret Papinianus, eam substitutionem directam frustra fieri post pubertatem filii, subjicit, substitutum quandoque neque ut substitutum admitti ex asse, mortuo filio pubere, neque ut adjectum coheredem ex parte: imo multo minus admitti, ut adjectum coheredem ex parte, quia ratione, qua si ut adjectus coheres admitteretur in partem hereditatis, veniret etiam vivo filio contra voluntatem patris, qui filium interim dum viveret solidum habere, & heredem ex asse esse voluit. Et cum substitutus non admittatur mortuo filio post pubertatem, tametsi ut substitutus habeat voluntatem patris, multo minus admitteretur ut coheres, quia ut coheres non habet voluntatem patris. Dubitari tamen poterat, qui non admittitur in assem, an admitti possit in partem saltem? qui non ut substitutus, an ut adjectus? ut in *l. qui non militabat, in fine, l. Lucius, sup. tit. prox.* Nam in specie *leg. si paterfamilias, & l. seq. sup. tit. prox.* substitutus vocatur in partem tanquam adjectus, & illim quoque quod etiam alii notarunt ex Ulpiano *lib. regul. tit. 22.* heres institutus his verbis: *Titius heres esto, cernitoque in diebus centum proximis, & si non creveris, tunc Mævius heres esto*. Ita institutus heres non cernendo, sed pro herede gerendo in partem admittebat substitutum, unde etiam quaeri poterat in specie hujus legis, an saltem in partem admitteretur substitutus post pubertatem? Verum in hac specie adeo inutilis nullaque substitutio est post pubertatem, ut neque in totum, neque in partem substitutum admittat, & neque jure directo, neque jure fideicommissi, ut supra dixi, salva Falcidia heredi legitimo, cujus rei etiam ex contrario manifestissimum argumentum praebet lex *centurio, hoc tit. & d. l. precibus*. Nam ibi privilegium militiae, facit, ut substitutio a milite facta verbis directis post pubertatem valeat jure fideicommissi, consequens est, ibi eam non valere jure fideicommissi, ubi nullum est privilegium, ubi jus commune servatur, ut in testamento pagani. Et hac sententia nihil est certius: una tantum est lex, quae adversus eam objici potest, *l. Scaevola 76. ad Senatusc. Trebell.* Cujus species haec est: Pater filium impuberem testamento ex asse heredem scripsit, & codi-

codicillis ei substituit in secundum casum, hoc modo, *si heres erit, & intra pubertatem decesserit, tunc ei primus, secundus, & tertius heredes sunto*. Plures substitutos dedit, quos etiam inter se invicem iisdem codicillis directò substituit in primum casum, id est, vulgari modo: deinde mortuo patre, & filius mortuus est intra pubertatem superstite matre, quæ se agit pro herede filii ab intestato ex Senatusconsulto Tertull. quia substitutio tam pupillaris quam vulgaris reciproca inutilis est, quoniam facta est codicillis, in quibus directò hereditas dari non potest secundum reg. juris, sed testamento tantum, ergo subtili jure mater heres est ab intestato & substitutio omnis, quæ scripta est codicillis verbis directis, nullius momenti est. At benigna interpretatione placet, matrem legitimam heredem filii, veluti ex causa fideicommissi substitutis obligari, ut deducta Falcidia, eis restituat filii hereditatem, & consequenter placet substitutionem vulgarem, qua substituti pupillo invicem iisdem codicillis substituti sunt, jure fideicommissi sustineri, & porrigi ad fideicommissum hereditatis filii quod a matre accipiunt, ut scilicet uno substitutorum mortuo, qui supersunt totum occupent: quæ est species & sententia legis. Et sic videmus in specie hujus legis, substitutionem pupillarem factam verbis directis, quæ jure valere non potest, proptereà quod est scripta in codicillis, sustineri jure fideicommissi: cur non, inquies, & in specie hujus legis sustinetur jure fideicommissi? Reddenda est ratio differentiæ perspicuæ, quæ talis est, quoniam in specie hujus leg. 7. substitutio egreditur pupillarem ætatem, quoniam proponitur ita facta; *Quandocunque filius decesserit, vel si intra 25. annum decesserit*: substitutio hæc palam egreditur pupillarem ætatem, planè egreditur finem pupillaris substitut. In specie legis Scævola, non item, quoniam ita dixit, *si intra pubertatem decederet*. Ac præterea in specie hujus l. 7. filius proponitur decessisse post pubertatem, atque ita substitutio prorsus evanuisse & expirasse: In specie l. Scævola, proponitur filius decessisse intra pubertatem, & ne concidat omnino testamentum filii quod pater ei fecit, si moriatur intra pubertatem, testamentum ejus sive substitutio, quæ non potest valere ut testamentum pupillare jure directo, valet ut codicillus pupillaris ab intestato, & propter pupillum: inter ipsos quoque pupilli substitutos valet substitutio reciproca, facta vulgari modo jure eodem. Quod si in specie l. Scævola pupillus decessisset post pubertatem, sane omnis substitutio intercidisset, nec ullo jure consisteret, quia ut testamentum, ita codicillos nemo jure pot. est facere alii qui sibi ipsi potest facere: esset enim absurdum quem puberi, & sanæ mentis facere testamentum, vel codicillos, quod tamen contigeret, si mortuo filio post pubertatem diceres in specie l. Scævola, hoc detracto quod mortuus est post pubertatem, testamentum, quod ei facit pater, valere ut codicillos.

### Ad L. XV. de Vulg. & pup. subst.

*Centurio filiis, si intra quintum & vigesimum annum ætatis sine liberis vita decesserint, directò substituit, intra quatuordecim annos etiam propria bona filio substitutus jure communi capiet: post eam autem ætatem ex privilegio militum, patris duntaxat cum fructibus inventis in hereditate.*

Quod Papinianus dixit in *l. verbis civilibus*, *sup.* quam exposui ante, substitutionem pupillarem filio impuberi factam a pagano verbis directis, si puberem ætatem egrediatur, post pubertatem nec in partem, nec in totum valere, & ut adjecimus, nec jure directo, nec jure fideicommissi; id nunc idem Papinianus in hac lege ostendit in milite per omnia locum non habere. Nam si centurio filiis impuberibus, vel filio impuberi substituerit verbis directis in secundum casum, hoc modo, *si intra 25. annum sine liberis vita decesserit, mortuo filio intra pubertatem*, ait, jure communi, quo omnes utuntur, & pagani, & milites, substitutum capere etiam bona filii propria, quibus verbis significatur, substitutum admitti jure directo, quo quidem jure non tantum capit bona patris, id est, quæ filius accepit a patre, sed etiam bona filii propria, quæ ei posteà obvenerit, *l. sed si plures*, §. *à substituto*, *sup. hoc tit*. Et hoc casu nulla est differentia inter paganum & militem, quum filius mortuus est intra pubertatem. At mortuo filio post pubertatem, magna existit differentia inter militem & paganum: nam si miles filio substituerit directò ultra pubertatem, ut in specie proposita, in secundum casum. Post pubertatem mortuo filio, ait, substitutum ex privilegio militum, patris duntaxat bona capere cum fructibus inventis in hereditate, non bona propria filio. Privilegium militum, quod jus singulare est, opponit juri communi, & his verbis, *patris duntaxat bona substitutum capere cum fructibus inventis in hereditate*: planè significat, substitutum non admitti jure directo, sed fideicommissi jure. Nam si admitteretur jure directo, caperet etiam bona filii propria. At fideicommisso sive substitutione precaria bona tantum patris tenentur, non bona filii propria. Quod manifestius apparet in filio exheredato, cui nihil reliquit pater, a quo fideicommisso relictum nullius momenti est, quia in causam fideicommissi ejus, qui fideicommisso oneratur, bona propria non veniunt, quod & aperte idem Papinianus scribit in *l. coheredi*, §. *quod si heredem*, *hoc tit.* & quod ait, substitutum etiam capere fructus inventos in hereditate patris, hanc rationem habet, quia fructus inventi in hereditate patris, bonis paternis adnumerantur & fideicommisso continetur, id est, ii qui maturi erant tempore mortis patris, vel ab ipso patre percepti, & in horrea repositi, *l. 9. ff. ad leg. Falc.* Nec in contrarium quidquam moveri debemus *l. in fideicommissaria & l. ita tamen*, §. 10. & *l. postulante* §. *ultim. inf. ad Trebell.* quæ omnes leges fideicommisso fructus contineri negant, quoniam omnes illæ ll. loquuntur de fructibus, qui immaturi erant tempore mortis patris, vel qui ab herede sati & percepti sunt post mortem patris, antequam mora fieret fideicommisso. Ii non continentur fideicommisso, quia nunquam fuerunt in patris hereditate, quæ fuit tempore mortis. Quod ergo ait Papinianus in hac lege, substitutum filio mortuo post pubertatem capere tantum bona patris cum fructibus inventis in hereditate patris, hoc certissimum argumentum præstat, eam substitutionem post pubertatem non valere directo, licet facta sit directo, sed valere quasi fideicommissum: non valere ut directam, sed ut precariam substitutionem: non valere ut directam, quo sanè post pubertatem nullo jure consisteret, ut docuimus in *d. leg. verbis*, sed ex privilegio militum sustineri jure fideicommissi. Et ita accipiendum est quod dicitur in *l. 5. & l. cum filiafamil. l. miles ita heredem*, §. *extraneo*, *ff. de milit. testam.* & in *l. testamenti*, *in fi. C. ead. tit.* militibus scilicet proprio privilegio præmioque militiæ substituere licere etiam heredibus extraneis in secundum casum, verum hoc jus exerceri in his duntaxat bonis, quæ a milite ad eum, cui substituit, pervenerunt, non etiam in his bonis, quæ heres habuerit propria, vel postea adquisierit, nempe, quia ea voluntas militis jure tantum fideicommissi substinetur, & in fideicommissum tantum cadunt bona testatoris, & hoc evidentius est expressum in *l. precibus*, *C. de impub. & aliis substitut.* quæ tota hoc loco nobis perspicuè explicanda est.

Miles testamento filium impuberem heredem instituit, quem habuit in potestate mortis tempore, eique directo substituit; videndum est, quem in casum ei directò substituerit, & duos eadem lex, ut & *l. Lucius inf. hoc tit.* docet esse directarum substitutionum casus, qui & eventus dicuntur & causæ. Primum casum non acquisitæ hereditatis, in quem fit vulgaris substitutio, omnibus & ab omnibus testamenti factionem habentibus. Secundum vero casum adquisitæ hereditatis, in quem fit substitutio pupillo tantum a parente, in cujus potestate est, quoad pubescat, & exemplo pupilli etiam puberi mente capto, quoad resipiscat. Vulgaris substitutio est testamentum, quo paterfamilias primo gradu heredum deftituto & vacante, fibi alium heredem facit. Pupillaris eft teftamentum quod parens filio facit vel nepoti, quem habet in poteftate nequeunti de re fua teftari, propter pupillarem ætatem, vel propter infaniam. Itemque vulgaris fubftitutio finitur aditione hereditatis primo loco graduque fcripti, vel creatione, vel etiam ex conftitutione D. Marci pro herede geftione, ut Ulpianus refert *lib. reg. tit.* 22. Pupillaris autem, vel quæ ad imitationem ejus fit mente capto, finitur pubertate vel refipifcentia, & temporarium teftamentum eft, quod pater filio facit, & hæc de vulgari fubftitutione. Primum agitur id dict. *l. precibus,* fimiles filio impuberi, quem habet in poteftate fubftituerit in primum cafum, ita ut, fi heres non exifteret, Lucius Titius heres effet, & filius heres extiterit patri, ac deinde vita decefferit ante pubertatem, vel poft pubertatem fuperftite matre, certi juris eft, matrem filio ab inteftato fuccedere ex Senatufconfulto Tertull. & fubftitutum omnino excludere, quia vulgaris fubftitutio exfpiravit patris hereditatem amplectente filio, ut *l. 6. Cod. de imp. & aliis fubftit. l. 6. C. de legat. l. 13. C. de fideicommiff.* Et conftitutione divorum fratrum, quæ definit controverfiam illam veterem, quæ fuit inter Craffum & Mutium in caufa Curiana, quæ fcilicet definit in vulgari fubftitutione, quæ fit filio impuberi, ineffe tacitam pupillarem, & in hac viciffim illam, *l. 4. hoc tit. l. 4. C. eod. tit.* huic, inquam, conftitutioni locus non eft, fi filio impubere defuncto fuperfit mater: nam etfi exfpiraverit vulgaris expreffa, tamen non exfpiravit tacita pupillaris, cujus cafus & conditio exiftit filio impubere defuncto: & tamen fubftituto venienti non ex expreffa, fed ex tacita pupillari mater præfertur, ex fententia Papiniani comprobata in *l. ultim. C. de inftitut. & fubftitut.* Datum hoc eft luctui & mœrori matris, ne quæ filium amifit, ex tacito quodam intellectu, tacitaque interpretatione, & bonorum filii damnum faceret. Et hoc eft quod dicitur tacitam pupillarem non excludere matrem a beneficio Senatufconfulti Tertull. & e contrario tamen, tacita vulgaris, quæ ineft expreffæ pupillari excludit matrem, optima ratione, quia per vulgarem fubftitutionem, non filii, fed patris hereditas defertur, cui uxor legitima heres non eft, & ita Accurfius recte in *d. l. ultim.* Hæc de vulgari fubftitutione.

Quid autem dicemus fi filio impuberi, quem habet in poteftate, miles directo fubftituerit ultra pubertatem in fecundum cafum? *L. precibus,* cenfet non effe diftinguendum ei in fecundum cafum fubftituerit ufque ad certam ætatem, veluti *fi intra 25. annum vita deceffferit,* an vero fubftituerit compendio, id eft, compendio orationis, non expreffa certa ætate, puta hoc modo: *quandocunque decefferit filius meus, L. Titius heres efto:* nam five hoc, five illo modo fubftituerit, mortuo filio intra pubertatem fuperftite matre, ex eadem lege dicemus, fubftitutum, fi velit adire filii hereditatem ex teftamento, ex fubftitutione pupillari, præferri matri, quæ jure legitimo ab inteftato contendit, fe filii heredem effe, quia legitima fucceffio cedit teftamentariæ, *l. quandiu, inf. de adquir. hered.* At filio mortuo poft pubertatem fuperftite matre, quia fubftitutio pupillaris poft pubertatem jure directo non valet, mater ab inteftato ipfo jure filio fuccedit, fed ex privilegio militum veluti ex caufa fideicommiffi mater fubftituto hereditatem fideicommiffi nomine reftituere tenetur, etiam non deducta Falcidia, quia lex Falcidia in teftamentis militum locum non habet, veluti ex caufa fideicommiffi: hæc funt verba legis *precibus,* quæ non fimilitudinem faciunt, fed approbationem & confirmationem hujus fententiæ, ut fubftitutio, quæ in fecundum cafum a milite filiofamil. verbis directis facta eft in longius tempus, id eft ultra pubertatem, ultra fuum finem ex privilegio militum valeat jure fideicommiffi: in bonis igitur patris duntaxat, quæ filius teftamento patris confequutus eft. Bona enim quæ poft mortem patris fibi proprie adquifivit, mater retinet ab inteftato, nec reftituit: fi poft pubertatem ex privilegio militum fubftitutio valeret ju-

re directo, nihil retineret mater, alioquin fieret injuria filio, in cujus arbitrio eft, poftquam egreffus eft decimumquartum annum de re fua teftari, vel non teftari, videlicet fi teftamentum ei pater veluti privilegio quodam militis faceret, & præriperet ei libertatem teftandi. At privilegia militum non oportet porrigi ad alienam injuriam, *l. impuberi, fup. de adminift. tutor.* In hac igitur quæftione hic terminus hæreat, fubftitutionem in fecundum cafum verbis directis filio impuberi agenti in poteftate a patre pagano, vel milite factam ultra puberem ætatem expreffa certa ætate, vel in infinitum, compendio orationis, filio mortuo intra pubertatem valere jure directo, & fubftitutum occupare omnia bona propria & paterna. Filio autem mortuo poft pubertatem, a pagano factam fubftitutionem nullo jure confiftere; fubftitutum nihil ferre, a milite factam, jure fideicommiffi fuftineri. Et ideo fubftitutum ferre bona paterna, fed hæc fola, non etiam bona filii propria: communis interpretum definitio hæc eft. Eam fubftitutionem poft pubertatem, fi facta fit a pagano, valere jure fideicommiffi: fi a milite, valere jure directo: quæ fententia nil... eft ineptius, & tamen ut dicebamus nudiuftertius, Pontifices eam in jus fuum retulerunt, fed eorum non eft magis verum atque hoc Papiniani refponfum quod proponitur in *l. verbis civilibus, & in hac leg. centurio.* Et liquet etiam aliam pene fimilem, fed in contraria fpecie differentiam effe inter paganum & militem ex *l. Antoninus, ff. de fideicommiffar. libert. l. neque, §. ult. & feq. inf. de milit. teftam.* Primum in hac fpecie contra rationem fit ex privilegio militum, ut quod fideicommiffum non valet, jure fideicommiffi, fuftineatur jure directo, in pagano nullo jure: fpecies hæc eft: Miles heredem inftituit, eique fubftituit in primum cafum, vulgari modo, & tam ab herede inftituto quam a fubftituto, fervo libertatem & hereditatem dedit per fideicommiffum. Poft, heres inftitutus & fubftitutus uterque fubita morte perierunt, antequam adirent hereditatem: ergo ipfo jure nihil ex iis, quæ teftamento fcripta funt, valet, & libertas igitur corruit fideicommiffaria, & hereditas cum libertate data per fideicommiffum. Sed tamen ex privilegio militum decrevit Anton. libertatem & fideicommiffariam hereditatem tuendam effe, ac fi fideicommiffo data effet: nec tamen idem dici poffit in pagano, quod ad hereditatem fideicommiffariam attinet, quia interceffiffe intelligitur non adita hereditate ab inftituto, vel fubftituto, fed tamen etiam in teftamento pagani Antoninus confirmavit libertatem tantum, quæ eft fpecies *d. l. Antoninus.*

### Ad Legem XXIII. de Vulgari & pupil. fubftitut.

*Qui plures heredes inftituit, ita fcripfit: eofque omnes invicem fubftituo: poft aditam a quibufdam ex his hereditatem, uno eorum defuncto fi conditio fubftitutionis extitit, alio herede partem fuam repudiante, ad fuperftites tota portio pertinebit: quoniam invicem in omnem caufam fubftituti videbuntur. Ubi enim quis heredes inftituit, & ita fcribit, eofque invicem fubftituo: hi fubftituti videbuntur, qui heredes extiterint.*

IN hac lege proponitur fpecies hujufmodi: Quatuor extranei heredes inftituti funt primus, fecundus, tertius & quartus. Idemque invicem fubftituti funt his verbis, *eofque omnes invicem fubftituo,* quæ eft fubftitutio vulgaris mutua & reciproca, ut ait, *l. 4. hoc tit.* Primus, fecundus & tertius hereditatem adierunt, & pofteaquam hereditatem tertius vita deceffit, & portionem fuam tranfmifit heredibus fuis: deinde quartus portionem fuam repudiavit poft mortem tertii. Quæritur, quarti portio an ex fubftitutione reciproca non tantum pertineat ad primum & fecundum heredes fuperftites, fed etiam ad heredem tertii vita defuncti. Et refpondet Papinianus, ad folos heredes fuperftites pertinere pro rata partium, ex quibus inftituti funt, ad primum fcilicet & fecundum, qui directo & principaliter teftatori heredes

exti*

extiterunt, non etiam ad heredem tertii, qui non principaliter, sed per successionem testatoris heres extitit. Et responsi sui hanc rationem reddit Papinianus, quoniam invicem in omnem causam singuli substituti intelliguntur: non dicit singulos esse substitutos invicem, & in utramque causam, id est, & in primum, & in secundum casum, quia secundus casus, sive substitutio pupillaris non cadit in extraneum, sed hoc dicit: singulos videri substitutos in universum sive totam causam substitutionis vulgaris sine ulla diminutione, vel rescissione, vel concursu alterius, quam ejus, qui directo ex testamento testatori heres extitit, quia, ut subjicit: *Ii tantum substituti videntur, qui here.les extiterunt*; directo scilicet & principaliter, id est, qui in testamento heredes scripti sunt & portiones suas adquisierunt, *l.coheredi §.1.inf.hoc tit.* non etiam heredes heredum. Heres heredis non est directo sive principaliter heres testatoris, *l.ultim.ff. de legat.3.* non est proximus heres, *l.scicadna, de verbor.significat.* non est heres ex testamento, vel ex judicio testatoris, *l.8.§. ult. hoc tit.* Ergo ii solum vocantur ex substitutione vulgari reciproca recurrente & commeante, qui testatori ex testamento principales & proximi heredes extiterunt. Spes substitutionis non transmittitur ad heredem, *l.quoties, ff.de adquir.hered. l. si ex pluribus, ff. de suis & legit.* Ratio sumenda est ex veteri regula, quia hereditas vel hereditatis portio non adquisita ex institutione vel ex substitutione ad heredem non transfertur, ne scilicet jus juris transferatur in heredem, quam defunctus habuerit, & ita hoc Papiniani responsum cum ceteris fere omnibus interpretibus libenter accipio, qui tamen rationem Papiniani ne attingunt quidem, in qua tota vis consistit legis sive responsi. Et libenter ita accipio hoc responsum, quod videam & omnes idem, in eadem specie respondisse Paulum in *l.Lucius, §.ultim.hoc tit.* Quidam Germani aliter hoc responsum accipiunt, nempe ut dicant, uno ex pluribus heredibus institutis & invicem substitutis defuncto, priusquam adiret hereditatem, eos solos in portionem ejus venire, qui adierunt, non etiam eum, qui repudiavit, specie posita hoc modo. Qui primum, secundum, tertium, quartum heredes instituit,ita scripsit: *eosque omnes invicem substituo*: primus & secundus adierunt hereditatem, tertius mortem obiit priusquam adiret hereditatem, atque ita conditio substitutionis vulgaris extitit; quartus autem repudiavit partem suam, atque ita etiam in partem quarti conditio substitutionis vulgaris extitit: de quarti parte qui repudiavit, quid fiet? dicunt non quæri in hac lege, sed de parte tertii mortui ante aditam hereditatem, utrum scilicet tota pertineat ad coheredes, primum & secundum, puta, qui adierunt, an etiam ad quartum qui repudiavit. Et Papinianum dicunt respondere, nihil ex portione tertii ad quartum pertinere, qui repudiavit, sed ad primum tantum & secundum, qui adierunt, totam portionem tertii pertinere pro rata, & quo magis verborum dispositio congruat huic sensui enim adstruunt, mutant interpunctionem, & verissimum quidem id esset responsum. Sed non ita in hac lege ponendam esse speciem liquet ex eo, quod Papinianus ait, unum ex iis, qui adierunt defunctum, illi perperam defunctum ante aditam hereditatem.Et quod superfuites heredes Papinianus opponit defuncto heredi, nimirum quia controversia fuit inter heredes defuncti & superstites heredes testatoris: illi perperam superstites opponunt superstiti, id est, ei qui repudiavit, de cujus etiam parte non fuit cur minus quæreret Papin. quam de parte mortui ante aditionem, neque vero, si ea fuisset species, etiam de ea omisisset quærere. Itaque permaneamus in superiori interpretatione.

### Ad L. XLI. Eod.

*Coheredi substitutus, priusquam hereditatem adiret, aut conditio substitutionis existeret, vita decessit: ad substitutum ejus, sive ante substitutionem, sive postea substitutus sit, utraque portio pertinebit: nec intererit, prior substitutus post institutum, an ante decedat.*

Tom. IV.

A Speciei primi responsi hæc est: Qui primum & secundum heredes scripsit, ita eis substituit in primum casum, vulgari modo: *si primus heres non erit, secundus in partem locumque ejus heres esto, si secundus heres non erit, L.Titius heres esto*. Secundus vita decessit, antequam hereditatem adiret, & antequam conditio substitutionis existeret, id est, antequam primus repudiaret hereditatem; vel moreretur ante aditam hereditatem. Deinde primus repudiavit, vel vita excessit, non adita hereditate. Papinianus ait, ad L. Titium, qui secundo substitutus est, pertinere non tantum portionem secundi, sed etiam portionem primi, cui secundus substitutus fuit, quasi substitutus primo & secundo substitutus esse intelligatur, & hoc est quod dicitur, vulgo, *substitutum substituto, esse institutio substitutum, ut l.si Titius, sup.hoc tit. Quod & in l.Inst.tit.de
B vulg. substit.* dicuntur Severus & Anton. rescripsisse sine distinctione: quid sit sine distinctione Papinianus declarat in hoc responso. Nempe, quia nihil interest L. Titius substitutus sit secundo, antequam secundus substitueretur primo, an post substitutionem factam primo. Item, quia nihil interest, secundus post primum moriatur an ante primum. Videbatur Luc. Titius non esse substitutus in utramque partem, nisi quum erat substitutus ultimo loco post substitutionem secundi, ut proposui exemplum; sed idem est, si fuerit substitutus primo loco ante substitutionem secundi hoc modo: *Primus & secundus heredes sunto, si secundus heres non erit, L. Titius heres esto, si primus heres non erit, secundus heres esto*. Et rursus videbatur L. Titius non admitti in utramque partem, nisi secundo
C moriente vel repudiante post primum, id est, post delatam secundo portionem primi. Sed idem est, si secundus moriatur ante aditam hereditatem, vel repudiet ante primum. Et in summa: Non spectato ordine scripturæ vel ordine successionis deficiente primo & secundo L. Titius jure substitutionis utriusque partem capiet. Et hæc in vulgari substitutione, per quam heres testatori constituitur: nam in pupillari substitutione, per quam heres constituitur pupillo non testatori, ordinem successionis spectari, & distinctionem adhiberi pro ratione successionis ostendit *l. qui habebat, hoc tit.* cujus speciei necessario explicanda est. Pater, qui habebat filium & filiam impuberes, filium heredem instituit, filiam exheredavit; filio in secundum casum substituit filiam, ita
D ut si intra pubertatem decederet, filia ei heres esset, filiæ autem exheredatæ (certum est exheredatæ, vel exheredato fieri posse substitutionem pupillarem, fieri posse testamentum usque ad pubertatem, *l.sed.si plures, §.ad subst. hoc tit.*)filiæ igitur exheredatæ, si intra pubertatem, vel ut ait Scævola, *d.l.qui habebat*, si antequam nuberet, id est, antequam nubilis esset, decederet, substituit uxorem & sororem suam: ea verba, *antequam nuberet*, sic necessario accipienda sunt, ante quam nubilis esset, quia substitutio pupillaris non potest egredi nubilem ætatem. In aliis causis facile patiar his verbis significari diem nuptiarum, non nubilem ætatem, tametsi id quoque olim fuerit controversum inter juris auctores, sed controversiam definivit Justinianus in *l.sancimus, C.de nuptiis*: in causa substitutionis pupillaris natura & conditio ejus
E exigit, ut accipiantur ea verba de ætate, non de die nuptiarum. ergo filio instituto in secundum casum substituit filiam, & filiæ exheredatæ in eundem casum substituit uxorem & sororem suam. Quid deinde contigit post mortem testatoris? filia prior decessit impubes, ut recte habent Florentini, non pubes, deinde post filiam filius etiam decessit impubes; quæritur, an ut filiæ, sic etiam filii hereditas pertineat ad uxorem & sororem testatoris, quia filiæ tantum substitutæ sunt? Et respondet Scævola: non pertinere, non reddita ratione, ut solet. Substitutus igitur substitutæ filiæ non intelligitur esse substitutus filio, & hoc ideo, quia filiæ nunquam fuit delata filii hereditas: cum ipsa prior decesserit, alioquin si prior filius decessisset & filia ei heres extitisset ex substitutione pupillari, proculdubio postea etiam mortua
filia

filia impubere utriusque hereditas pertineret ad sororem & uxorem testatoris. Itaque qui ordo successionis non servatur in substitutione vulgari, spectatur in pupillari. Et ratio differentiæ hæc est, quia in specie leg. *qui habebat*, omnino deficit, vel existenda est substitutio pupillaris, quæ filio facta est moriente substituta ante filium, & ideo filiæ hereditas, non jam pertinet ad substitutam, quæ nulla est, sed ex Senatusconsulto Tertylliano ab intestato redit ad matrem solam, id est, uxorem testatoris: filiæ autem hereditas, quæ prior decessit pertinet ad utramque, uxorem & sororem testatoris jure substitutionis. Res est perspicua.

In specie autem hujus legis, non omnino deficit substitutio vulgaris facta primo, moriente secundo ante primum, quia si postea moriatur, etiam primus non adita hereditate jure substitutionis L. Titius utramque partem occupat, quoniam pars secundi primo coheredi suo etiam invito adcrevit, *l. si quis heres*, *ff. de adquir. hæred.* nec ante L. Titius ad utriusque partem admittitur, quam vacaverit pars utriusque. Et in hoc Papiniani responso illo loco: *priusquam hereditatem adiret, aut conditio substitutionis existeret*, illud *aut* subdisjunctionem, id est, falsam & mendacem disjunctionem facit, ut solent plurimum loqui nostri auctores, alioquin mortuo secundo post aditam hereditatem, antequam primus repudiaret, deinde repudiante primo, videretur ad L. Titium pertinere secundi portio, quod est falsum, quia in persona secundi aditione expiravit substitutio vulgaris, & consequenter primi etiam portio eo casu ad L. Titium non pertinet, quia utriusque pars non vacat.

### Ad §. ex His verbis.

*Ex his verbis:* eosque invicem substituo, *non adeuntis portio scriptis heredibus pro modo sibi, vel alii quæsitæ portionis defertur.*

HOc loco docet Papinianus, quod docuit etiam supra in *l. qui plures heredes*, ex substitutione vulgari reciproca non adeuntis, sive repudiantis portionem, deferri scriptis tantum heredibus pro rata partium, ex quibus heredes scripti sunt, qui & portiones suas adierint, vel adquisierint sibi, vel alii, puta, patri vel domino, in cujus potestate permanserunt: nam si servus vel filius exierint potestate patris vel domini, post unus coheredum hereditatem repudiarit, portio ejus jure substitutionis non pertinebit ad patrem vel dominum, quamvis ei filius vel servus suam portionem adquisierit, sed pertinebit ad filium emancipatum vel servum manumissum, quia aliter quam in contractibus, in quibus tempus tantum contractus spectatur, in testamentis non tantum testamenti tempus spectatur, sed etiam tempus delatæ hereditatis vel legati, *l. quæ legata*, *de re. jur. l. si solus*, *§. ultim. in fin. de adquir. hæred.* Igitur in specie proposita spectatur tempus, quo defertur portio hereditatis, portio heredis non adeuntis, ut si eo tempore filius vel servus fuerit in potestate patris, ea portio per filium aut servum patri aut domino adquiritur, si non fuerit in ejus potestate, si emancipatus ante fuerit, aut servus manumissus, ut sibi adquiratur. Et quod in hac substitutione, quæ vice mutua fit inter coheredes vulgari modo obtinere dicimus, idem per omnia servatur in substitutione pupillari hoc modo concepta: *quisquis mihi heres erit, idem filio meo impuberi heres esto.* Nam ex hac substitutione tempus vocatur pater, qui per filium, neque dominus, qui per servum heres extitit, videlicet si filius vel servus eo tempore, quo conditio substitutionis existit, id est, quo moritur impubes, exierit potestate patris vel domini, ut Azo recte notavit ad *l. 8. §. ultim. hoc tit. & l. 3. hoc tit.* Nam filio vel servo manente in potestate patris vel domini, si conditio substitutionis pupillaris existat, patri vel domino certum est per filium vel servum adquiri hereditatem pupillarem. Illud etiam certum est, neque ex hac substitutione pupillari admitti heredem heredis, *d. l. 8. §. ultim. & l. 10. in princ. hoc tit.*

neque ex illa substitutione vulgari, qua coheredes invicem substituuntur, ut docuimus in *d. l. qui plures*, *supra*: quæ ut hic §. est etiam de substitutione vulgari reciproca. Ceterum in illa *l. qui plures*, heredes superstites opponuntur heredi coheredis mortui post aditam hereditatem. In hoc autem §. velim heredes scriptos & superstites opponi fisco, ut scilicet dicat, substitutos invicem coheredes præferri fisco: maxime, cum & ob id potissimum fiat substitutio reciproca, ne portio non adeuntis fiat caduca, *l. un. §. 1. C. de cad. toll. l. 1. C. de iis, qui ante apert. tab. l. miles*, *§. ultim. ff. de legat. 2. l. 5. hoc tit.*

### Ad §. Cum filiæ.

*Cum filiæ*, vel nepoti qui locum filii tenuit, aut post testamentum cœpit tenere, parens substituit: si quis ex his mortis quoque tempore non fuit in familia, substitutio pupillaris sit irrita.

MUltæ sunt &. olim fuerunt ante Justinianum differentiæ inter filium & filiam, ceterosque liberos. Filii præteritio nullum faciebat testamentum: filiæ vel nepotis præteritio, non idem, §. 1. *Instit. de exher. liber. l. ult. C. de liber. præter.* Filius exheredandus erat nominatim; filia, nepos & ceteri liberi exheredari poterant inter ceteros hoc sermone: *ceteri exheredes sunto*, *d. §.* Item filius non potuit institui sub omni conditione, non sub casuali, sed potestativa tantum, quæ in ejus potestate esset: filia, nepos & ceteri sub omni conditione institui poterant, quam differentiam etiam hodie valere verum est, *l. 4. l. 6. §. 1. sup. tit. prox.* Sicut & illam differentiam manere constat, aut noviter introductam esse a Justiniano, ut filius vel filia, rogatus rogatave hereditatem restituere, aut oneratus oneratave legatis aut fideicommissis non imputet in Falcidiam fructus medio tempore perceptos, quos tamen nepos imputat, & ut filio quoque vel filiæ remittatur cautio fideicommissi, vel onus remittendæ cautionis fideicommissi, quæ tamen non remittitur nepoti, *l. jubemus*, *C. ad Senatuscon. Trebell.* Item filius trina emancipatione, & trina manumissione exibat potestate patris: filia, nepos & ceteri una manumissione & una emancipatione, *l. 8. §. ult. sup. de inju. rupt. test.* Hæc sunt vel fuerunt discrimina, hæ differentiæ inter filium & filiam & nepotem ceterosque liberos. At in causa pupillaris substitutionis in hoc §. hoc loco, *cum filia, vel nepoti*, voluit ostendere Papinianus nullam esse differentiam inter filium & filiam vel nepotem ceterosque liberos, hanc substitutionem fieri posse quibuscunque liberis, qui modo sint in potestate testatoris, filio & filiæ & nepoti non recasuro in potestatem patris, *l. 2. sup. hoc tit.* Et in omnibus his liberis, quibus fit substitutio pupillaris, exigi, ut utroque tempore sint in potestate testatoris, tempore testamenti, & tempore mortis testatoris: nam, ut patrisfamil. testamentum irritum fit capitis deminutione, ita & filiifamil. vel nepotis, qui est in potestate avi, nec morte avi est recasurus in potestatem patris sui. Id, inquam, testamentum, id est, substitutio pupillaris, irrita fit capitis deminutione filii vel filiæ, vel ejus nepotis, veluti emancipatione vel adrogatione, *l. nec ei*, *§. 1. de adopt. l. pater*, *ff. de cap. & post.* Et integram orationem Papiniani hanc fuisse opinor. Non solum cum filio, sed etiam cum filiæ vel nepoti & ceteris qui sequuntur in hoc §. non solum cum filio, inquit, sed & quum filiæ vel nepoti, *qui locum filii tenuit*, puta, filio mortuo jam ante testamentum avi, vel post testamentum, inquit, *tenere cœpit*, puta, in locum filii vivo avo, mortui post avi testamentum succedente nepote ex *l. Velleja.* Denique quum nepoti non recasuro in potestatem filii patris sui, cum inquam, filiæ, vel tali nepoti parens substituit in secundum casum, si quis ex his omnibus, & testamenti & mortis quoque tempore non fuerit filius, vel filia, vel nepos, vel si alii datus datave fuerit in adoptionem, substitutio pupillaris irrita fit, nulla facta differentia inter liberos.

Ad

### Ad ℓ. quod si Heredem.

*Quod si heredem filium pater rogaverit, si impubes diem suum obierit, Titio hereditatem suam restituere: legitimum heredem filii, salva Falcidia, cogendum patris hereditatem ut ab impubere fideicommisso post mortem ejus dato, restituere placuit. Nec aliud servandum, cum substitutionis conditio puberem ætatem verbis precariis egreditur. Quâ ita locum habebunt, si patris testamentum jure valuit: alioqui si non valuit, ea scriptura quam testamentum esse voluit Codicillos non faciet, nisi hoc expressum est. Nec fideicommisso propriæ facultates filii tenebuntur. Et ideo si pater filium exheredaverit, & ei nihil reliquerit: nullum fideicommissum erit. Alioquin si legata vel fideicommissa à filio acceperit: intra modum eorum, fideicommissum hereditatis à filio datum, citra Falcidiæ rationem debebitur.*

NOn potest hic §. coaptari superiori §. ullo modo, & tamen ut quibusdam verbis quæ præcesserunt, coaptetur hic articulus, quod necessario exigit, ac sanè hic §. est coaptandus *l. verbis civilibus hoc tit.* Quasi scilicet ita Papinian. scripserit uno tenore, ut integram ejus sententiam exponamus paucis adjectis sive interjectis, quæ etiam ipsum Papinianum interjecisse credimus, quibus verbis ea lex huic §. coagmentetur: hæc sunt verba legis, *verbis civilibus substitutionem post 14. annum ætatis frustrà fieri convenit*: quibus verbis significat, puberi parentem frustrà directò substituere in secundum casum: & sequentibus in *d. l. verbis, Sed qui non admittitur ut substitutus, ut adjectus heres quando non erit*: nec in partem hereditatis substitutum admitti: post quæ verba Papinianum credibile est adjecisse, quod etiam adjicitur in §. *ult. Instit. de pupill. subst.* hoc tamen esse parenti permissum, ut non tantum impuberem, sed etiam puberem filium, & non tantum suum, sed etiam emancipatum per fideicommissum roget non directò si impubes, vel si pubes diem suum obierit, Titio hereditatem suam restituere, quo præmisso rectè insert in hoc §. *quod si heredem filium pater rogaverit,* &c. hoc sensu, ut si filius heres institutus à patre rogatus sit, si impubes vita decesserit, hereditatem Titio restituere, quo genere à filio impubere post mortem ejus Titio fideicommissum relinquitur, id est, fideicommissaria hereditas, sic enim accipienda sunt hæc verba hujus §. *ut ab impubere fideicommisso post mortem ejus dato, &c.* id est, fideicommisso hereditatis paternæ, non de fideicommisso rei cujusdam certæ, ut Glossa voluit, & alii plerique. Si igitur à filio herede instituto post mortem ejus, si impubes moreretur, fideicommissum hereditatis paternæ Titio relinquatur, mortuo filio impubere, ad fideicommissi restitutionem obligari legitimum heredem filii, & debere patris hereditatem Titio restituere retenta Falcidia. Idemque servari ostendit, si fideicommissum illud, sive substitutio illa precaria puberem ætatem: ut si filius quandocunque decesserit, vel si intrà 25. annum decesserit, rogetur hereditatem Titio restituere. Nam & hoc casu fideicommissum hereditatis à filio relinquitur post mortem ejus, & ideo filii puberis heres legitimus vel testamentarius, quoniam pubes potuit sibi facere testamentum, salvâ Falcidiâ cogitur Titio restituere patris hereditatem, quasi relicto fideicommisso ab herede filii, id est, post mortem heredis, quod sit rectè. Et hæc ita se habent, ut hoc §. docet Papinianus. Si jure factum sit *testamentum*: nam si jure non sit factum, id est, si in eo defuerint solemnia juris, nihil ex iis, quæ testamento scripta sunt, valet. Nec ergo valet illa substitutio precaria, nec ex ea Titio debetur fideicommissum hereditatis, quia nec jure codicillorum testamentum sustineri aut tueri potest, *l. ex ea scriptura, in princ. ff. de leg. 1.* Denique testamentum quod non valet ut testamentum jure directo, nec valet ut codicillus jure fideicommissi, nisi hoc sit expressum, id est, nisi in testamento sit adjecta clausula codicillaris, veluti hoc modo: *hoc meum testamentum omni jure valere volo,* ut in *d. l. ex ea scriptura §. 1. omni jure,* id est, directò & precario: *omni jure*: id est, ut vel testati vel ut intestati voluntatem jure codicillorum. Nam & codicilli ab intestato fieri possunt, vel etiam hoc modo: *hoc meum testamentum etiam vice codicillorum valere volo*: ut in *l. 3. ff. de milit. testam.* vel etiam ut in *l. Lucius, §. ult. de legat. 2.* vel ut in *l. cum pater, §. filius matrem, eod. tit.* Non adjecta clausula codicillari testamentum nullo jure consistit, nec quæ in eo sunt scripta verbis fideicommissi ullo jure consistunt. Addit tamen Accursius unam exceptionem scribens, etiam non adjectâ clausulâ codicillari, hujusmodi testamentum, si factum sit inter liberos, si non jure factum sit, & solemniter, servari vice codicillorum, ex *l. ult. C. famil. ercisc.* Quod ita debet intelligi: si de commodis ipsorum liberorum agatur: puta, si illo testamento pater inter eos bona sua distribuerit; quia licet jure factum non sit testamentum, quasi jure reciproci fideicommissi conservari eâ portiones vel bona, quæ eis testamento pater adscripsit, non etiam, quæ exteris legavit, nisi aliud suadeat voluntas testatoris probabilis, *l. in testamento, ff. de fideicommiss. liber.* Et postremò additur in hoc §. fideicommissum illud hereditatis, quod à filio relictum est Titio, continere tantum bona patris, non bona filii propria, quod exposui in *l. Centurio.* In fideicommisso cadunt ea tantum bona, quæ à testatore ad heredem pervenerunt, non bona heredis propria; hoc est alienum à natura & jure fideicommissi: alioquin & ab exheredato filio, cui nihil pater reliquit, fideicommissum hereditatis relictum valeret in bonis scilicet filii. Quod tamen est absurdum, quia neque ab exheredato, neque à substituto ejus, si si substituerit pater in secundum casum, quicquam relinqui potest, nisi heredem institutum vel substituerit, ut *l. in ratione, §. ult. ff. ad leg. Falcid.* At si quid exheredato filio pater reliquit titulo legati vel fideicommissi, pro modo ejus quod reliquit, fideicommisso hereditatis obligari potest integro præstando, non retenta Falcidia. Citra Falcidiæ rationem, id est, non retenta Falcidia, quia soli heredes habent retentionem Falcidiæ, non legatarii vel fideicommissarii, *l. lex Falcidia si intervenerit, §. ult. inf. ad l. Falcid.* Fideicommissum hereditatis ab exheredato filio, cui aliquod legatum est relictum, id vocat, si rogetur filius, cui legatum relictum est, ut Titium sibi heredem faciat, vel ut Titio bona sua relinquat, restituat, præstet, cui fideicommisso obligatur eatenus, quatenus patitur modus legati, *l. ex pacto, §. non tantum, ad Senatusc. Trebell.*

### Ad §. qui Discretas.

*Qui discretas portiones conjunctis pluribus separatim dedit, ac post omnem institutionis ordinem ita scripsit: quos heredes meos invicem substituo: conjunctos primo loco vice mutuâ substituere videtur: quibus institutionum partes non agnoscentibus, cæteros omnes coheredes admitti.*

SPecies hæc est §. *qui discretas.* Quidam heredes instituit numero sex, hoc modo, *primus, secundus & tertius ex semisse heredes sunto, quartus & quintus & sextus, ex altero semisse heredes sunto,* & post institutionem heredum ita scripsit: *quos heredes meos invicem substituo, & quibus eorum heres non erit.* In hac specie omnes heredes simul omnibus substituti non videntur, ut in specie, *l. qui plures heredes, & l. Lucius, §. ult. hoc tit.* Ideoque primo repudiante, vel moriente ante aditam hereditatem, portio ejus non defertur omnibus, qui adierunt, puta, secundo, tertio, quarto, quinto & sexto, sed secundo & tertio tantum, qui separatim instituti, & primo conjuncti sunt. At secundo etiam ipso & tertio partes suas repudiantibus, tunc quartus, quintus & sextus ad illorum partes admittuntur; ac similiter repudiante quarto, quintus & sextus, qui sunt conjuncti institutione vocantur: & his omnibus repudiantibus quarto, quinto & sexto: primus, secundus & tertius vocantur. Denique duo facti videntur gradus substitutionis reci-

reciprocæ, in primum sive vulgarem casum: ac primum invicem substituti, qui sunt primo loco conjuncti, primus, secundus, tertius: deinde ceteri coheredes conjuncti, unius personæ potestate funguntur, *l. plane in princ. ff. de legat.* 1. Et confirmat valde hoc responsum Papiniani *l.* 1.§ *si quis ex nepotibus, ff. de conjung. cum emancip. liber.* quam Accursius adducit hoc loco, ex edicto novo bonorum possessionis contra tabulas, vel unde liberi, filio emancipato conjunguntur nepotes ex eo retenti in potestate avi: at uno ex nepotibus repudiante, portio ejus adcrescit alteri nepoti, quasi conjuncto, non filio patri eorum; at utroque nepote repudiante, adcrescit filio. Eadem est ratio juris adcrescendi & substitutionis. Quamobrem exemplo juris adcrescendi recte notat Antonius Goveanus primo, secundo & tertio, conjunctis in institutione nulla adscripta parte, ut si dixerit: *primus, secundus & tertius*: quarto autem quinto, & sexto, conjunctis heredibus institutis ex parte certa, veluti ex semisse, primo repudiante ceteros omnes coheredes admitti jure substitutionis reciprocæ: quia scilicet primus, secundus & tertius non intelliguntur esse conjuncti, cum in certam partem non sint conjuncti; non sunt conjuncti re, qui sine re scribuntur, & inanis per se sola verborum conjunctio est, *l. item quod,§.* 1.*sup.tit.prox.* Qua de causa caute Papinianus posuit hoc loco discretas portiones separatim conjunctis pluribus datas, & in §.*seq.* cujus species hujus proxima est patrem & filium pro parte conjunctim heredes institutos. Nam ut ad ejus §. sequentis interpretationem accedam, & in specie hujus §.

### Ad §. qui Patrem.

*Qui patrem & filium pro parte heredes instituerat, & invicem substituerat: reliquis coheredibus datis post completum assem ita scripsit, hos omnes invicem substituo. Voluntatis sit quæstio, commemoratione omnium patrem & filium substitutioni coheredum miscuisset, an eam scripturam ad ceteros omnes transtulisset. Quod magis verisimile videtur propter specialem inter patrem & filium substitutionem.*

PRoponuntur pater & filius, qui scilicet emancipatus erat pro parte heredes instituti conjunctim: tota species hæc est: *Marcus pater, & Marcus filius ex quadrante mihi heredes sunto, quos invicem substituo. Titius ex sextante heres esto, Cajus ex quadrante heres esto. Mævius ex triente heres esto.* Atque ita distributo & completo asse toto subjecit: *hos omnes invicem substituo*: Repudiante patre portionem suam, quæritur, *an ad portionem ejus non tantum filius, qui ei conjunctus est in institutione, sed & ceteri coheredes admittantur?* Si dixisset, *hos heredes meos invicem substituo*, ut in superiori §. ad portionem vacantem solus filius, quasi conjunctus admitteretur, sed quia dixit: *hos omnes invicem substituo*, ea vox peremptoria, *omnes*, ut Valentinianus ait in *Novell. de præscript.* 30. *annorum*, facit ut videantur omnes omnibus invicem substituti, ut & in *l. Lucius §. ult. hoc tit.* Et appellatione omnium comprehendi etiam patrem & filium. Quod tamen Papinianus ait, non esse verisimile, quod quod inter patrem & filium specialem substitutionem reciprocam fecisset, & sequenti substitutione in hisce comprehensa verbis: *hoc omnes invicem substituo*, plane non videatur patrem & filium comprehendisse, sed reliquos coheredes tantum, Titium, Cajum, Mævium. At repudiante patre & filio in partem eorum recte dicam ceteros omnes admitti, non jure substitutionis, quoniam patri & filio vice mutua substituti non sunt, sed jure adcrescendi: Titio autem repudiante Cajum & Mævium admitti jure substitutionis reciprocæ in portionem Titii, non etiam patrem & filium quia separatæ substitutiones sunt, una specialis patris & filii, altera generalis omnium, sed omnium reliquorum heredum ex patre & filio nequaquam admissis. Specialis substitutio derogat generali. Quod si specialis substitutio inter pa-

trem & filium facta non fuisset, sane appellatione omnium etiam pater & filius continerentur, nec ut conjuncti separatim inducerent jus substitutionis, sed deficiente uno, ad portionem ejus venirent ceteri omnes, & ita est explicandus hic §. Nec obstat responso hujus §. *l. ult. inf. ad Senatusconf. Trebell.* quam Bartolus objicit, quoniam alia est species hujus §. longe alia illius l. In specie hujus §. prima substitutio, quæ facta est inter patrem & filium, & sequens substitutio, qua omnes invicem substituti sunt, utraque ejusdem generis substitutio est, nempe vulgaris reciproca. Et ejusdem generis substitutionem factam inter aliquos specialiter generali sermone eodem testamento repeti & iterari non est verisimile in specie *d. l. ult.* Prima & sequens substitutio diversi generis sunt, diversæque conditionis: prima, qua duos fratres invicem substituti sunt, est directa substitutio vulgaris: sequens, quæ facta est omnibus fratribus, si quis eorum post aditam hereditatem vita decesserit sine liberis, est substitutio precaria sive obliqua, & non est absurdum vel incongruum, semel uno genere invicem substitutos, & alio deinde genere substitui, semel substitutos, directo, & deinde substitui precario, semel substitutos in primum casum directo, deinde substitui in secundum casum precario. Et ita est lex illa ab isto §. distinguenda.

### Ad §. Coheres.

*Coheres impuberi filio datus, eidemque substitutus, legata secundis tabulis relicta perinde præstabit, ac si pure partem, & sub conditione partem alteram accepisset. Non idem servabitur alio substituto: nam ille Falcidiæ rationem inducere, quasi plene sub conditione primis tabulis heres institutus: tametsi maxime coheres filio datus, quadrantem integrum obtineret. Nam & cum legatum primis tabulis Titio datur, secundis autem tabulis eadem res Sempronio: Sempronius quandoque Titio concurrit.*

PErtinet hic §. ad materiam contributionis, qua nulla est difficilior in jure: hujus §. duas facio partes. In priori agitur de coherede substituto filio impuberi in secundum casum, a quo scilicet & in primis & in secundis tabulis, id est, in institutione & in substitutione legata relicta sunt, & ex substitutione pars pupilli ad eum pervenerit, si ineatur ratio legis Falcidiæ confundere debet & contribuere eam partem cum parte sibi adscripta in primis tabulis, confundere item debere, contribuere, commiscere, subjicere communi calculo relicta a se legata in primis tabulis, & legata a se relicta a pupillo, quoniam perinde habetur, ac si pure ex parte heres institutus esset, ex parte sub conditione: Finge autem, Lucium Titium heredem institutum pure ex sextante, & sub conditione ex triente, & ab unaquaque parte jussum esse dare legata, Lucius Titius pro eo habetur, ac si semel heres scriptus fuisset ex semisse, junge sextantem trienti, exit semis. Ideoque pro eo habetur L. Titius, atque si ex semisse heres scriptus fuisset, nec enim semissem scindere potest separato sextante a triente, proinde separare etiam non potest legata a se relicta ex sextante, & legata a se relicta ex triente, sed confusis portionibus & confusis legatis earum portionum in omnibus rationem legis Falcidiæ inire & componere debet, *l.* 11.§.*penul. ff. ad l. Falcid. l. quidam, C. de jure deliber.* Et eadem ergo ratione coheres substitutus coheredi conditionem partem, ex qua ipse, & partem, ex qua coheres institutus fuit, quæ ad eum pervenit ex causa substitutionis: confundit legata a se relicta primis secundisque tabulis, quia & hic coheres, idemque substitutus coheredi institutus esse videtur ex parte pure, ex parte sub conditione, *d. §. pen.* Et hoc in substitutione pupillari servari docet *prior pars hujus §.* Et in substitutione vulgari, *l.* 1. §. *id, quod ex substitutione, in princip. ad l. Falcid,* & in utraque substitutione, *l. qui fundum §. qui filium, ad leg. Falcid.* Si igitur ex parte pupilli & ex parte
sua,

sua, qui pupillo eidemque coheredi substitutus est, Falcidiam servare non possit confusis partibus & legatis utetur beneficio legis Falcid. sed si ex parte pupilli, quae ad eum pervenit integra ex substitutione pupillari Falcidiam servare possit, non utetur beneficio legis Falcidiae in parte, ex qua heres scriptus est, tametsi ea pars onerata vel exhausta sit legatis: pars integra, quae accedit oneratae vel exhaustae replet partem oneratam vel exhaustam, & cessat Falcidia in parte onerata, si pars, quae accedit impleat Falcidiam. At, quod maxime notandum, non idem erit e contrario, si pars ejus onerata non sit, & ex substitutione pupillari ad eum pars onerata perveniat, id est, si pars onerata ex substitutione accedat integrae: nam hoc casu partes & legata non confunduntur. Partium & legatorum ratio separatur, & ex parte onerata detrahitur Falcidia, perinde ac si remansisset apud pupillum, d. l. qui fundum, §. qui filium: atque ita pars onerata, quae jure substitutionis accedit parti integrae, non repletur per partem integram cui accedit, & hoc est, quod Dd. verissime definierunt, si portio non gravata accedat gravatae, contributioni locum esse: sin autem portio gravata accedat non gravatae, contributioni locum non esse, & ratio differentiae haec est, quia non potest eadem portio & principalis & accessionis locum obtinere: partem, quae accedit accessionem esse: partem cui acceditur principalem esse: accessionis autem esse replere, non repleri, augere non augeri.

In posteriore parte hujus §. agitur de extraneo non coherede, filio impuberi substituto, & alio coherede eidem filio alio dato, quo casu, si legata relicta sunt a substituto, & a coherede, & conditio substitutionis extiterit mortuo filio intra pubertatem, non confunduntur eorum partes, non confunduntur legata ab eis relicta, sed separatim in substituto, & separatim in coherede pupilli ponitur ratio legis Falcidiae, quia coheredes pupilli & alius substitutus pupilli qui coheres non est pupilli, coheredes sunt invicem & substitutus pupilli, quasi scriptus sub conditione, coheres pupilli quasi scriptus pure. Denique coheres pupilli tam substituto pupilli est coheres quam ipsi pupillo: In singulis autem coheredibus certum est separatim rationem legis Falcidiae ponendam esse, *l. in singulis, ff. ad leg. Falcid.* Separatis portionibus, separatis legatis, ergo secundum haec, si pars pupilli, quae ad substitutum pervenit, exhausta vel onerata sit legatis, substituto competit beneficium legis Falcidiae: tametsi coheres pupillo datus totius hereditatis totorumque bonorum integram Falcidiam habeat, id est, quartam partem. Coheredes autem esse non tantum eos, qui iisdem tabulis scripti sunt, sed etiam eos, quorum alter primis, alter secundis tabul. heres scriptus est, veluti coheredem primis tabulis pupillo datum, & alium substitutum secundis tabulis, eidem pupillo datum. Papinianus probat hoc argumento, quod collegatarii etiam sint, quorum alteri res legatur primis tabulis, alteri eadem res secundis tabulis, ut in *l. plane §. si conjunctim, inf. de leg. 1.*

### Ad §. cum Pater.

*Cum pater impuberi filiae, quae novissima diem suum obiisset, tabulas secundas fecisset, & impubes filia, superstite sorore pubere, vita decessisset, irritam esse factam substitutionem placuit: in persona quidem prioris, quia novissima decessit: in alterius vero, quia puberem aetatem complevit.*

IN §. pen. haec proponitur species: Pater duas filias impuberes heredes instituit, & ei, quae intra pubertatis annos novissima diem suum obiisset L. Titium substituit; quae est substitutio pupillaris facta ei, quae suprema moreretur. Et hoc genere inter sorores jus legitimarum hereditatum pater custodiri vult, *l. vel singulis, hoc tit.* Hoc scilicet voluit, ut in partem ejus, quae prior moreretur ab intestato veniret soror superstes, ac deinde etiam altera sorore moriente intra pubertatis annos, ut L. Titius utriusque sororis portionem caperet, & posterioris & prioris, inventam in hereditate posterioris *l. qui duas, de reb. dub.* Quid contigit? una ex sororibus impubes vita decessit superstite altera jam pubere, hoc casu Papinianus ait, irritam esse substitutionem pupillarem, in utriusque persona defunctae impuberis, quia licet videatur intra pubertatem novissima decessisse, quae impubes decessit sorore jam adulta, revera tamen novissima non decessit, quae alteram superstitem reliquit, & ideo in ejus persona exspiravit substitutio pupillaris, substitutum excludente jure legitimo ex mente testatoris sorore superstite, *l. 25. hoc tit. l. pen. C. de impub. & alii substituit.* In persona autem superstitis esse irritam etiam substitutionem, quia puberem aetatem exegit, complevit: substitutio pupillaris finitur pubertate. Quod adeo verum est in testamento pagani, ut nec vis substitutionis post pubertatem verti possit in causam fideicommissi, ut docuimus in *l. verbis civilibus, & l. Centurio, hoc tit.* & haec quum una ex sororibus impubes decessit superstite altera jam pubere. At contra si pubes prior decessisset forte instituto herede extraneo, non sorore superstite, deinde soror superstes impubes decesserit, tunc sane dicerem substitutum venire in partem impuberis, quae novissima diem suum obiit; & ad hunc casum recte accommodatur *l. heredes, §. cum ita, inf. ad Senatusconf. Trebellian.* Quod si utraque pubes decessisset, certo certius est prorsus evanuisse substitutionem, & in nullam partem vocari substitutum; quod si utraque impubes decesserit, vel eodem momento vel diversis, verum est substitutum utrique succedere ex substitutione pupillari, *d. l. pen. & l. qui duos.* Quia & qui substituitur novissimo morienti, utrique in eundem casum substitutus intelligitur, videlicet, si uterque moriatur impubes, *l. ex duobus, hoc tit.* Sequitur §. ult.

### Ad §. Ultimum.

*Non videri cum vitio factam substitutionem his verbis placuit: ille filius meus, si, quod abominor, intra pubertatis annos decesserit: tunc in locum partemve ejus Titius heres esto: non magis quam si post demonstratam conditionem, sibi heredem esse substitutum jussisset. Nam & qui certa res heres instituitur, coherede non dato, bonorum omnium hereditatem obtinet.*

PAter filio impuberi substitutionem pupillarem fecit his verbis: *Ille filius meus, si, quod abominor,* (quod etiam addebant in substitutione vulgari, *l. 4. C. de impub. & aliis substit. l. Lucius, de hered. inst. l. Lucius, §. filiam, de legat. 2.*) *Ille, inquam, filius meus, si, quod abominor, intra pubertatem vita decesserit, tunc in locum partemve ejus Luc. Titius heres esto.* Haec substitutio vitiosa esse videtur, vel ut ait, videtur esse facta cum vitio, videtur ei inesse vitium. Albericus est valde suavis quum legit uno verbo, *convitio,* id est, injuria & contumelia. Videtur, inquam, huic substitutioni inesse vitium, quia scilicet dixit, *in locum partemve ejus,* quae verba substitutioni vulgari magis congruunt, non pupillari, ut ex *l. quum quis, §. Sejam, de leg. 3. l.3. l.ult. C. de hered. inst, l.4. C. de impub. & al. subst.* Quia vulgari substitutione sibi heredem testator facit, pupillari substitutione pupillo heredem facit, non sibi. Et his verbis: *in locum partemve ejus,* quam scilicet ei dedi, de suis bonis sibi heredem facere videtur, nec tamen ideo improbatur substitutio pupillaris, quia nec improbaretur, si palam ita dixisset: *ille filius meus, si intra pubertatem decesserit, tunc L. Titius mihi heres esto.* Substitutio rite concepta est, ut in *l. si ita scriptum, §.cum filio, inf. de bonorum possess. secund. tab.l.1. l. 46. hoc tit.* Ideoque hic substitutionem pupillarem ita concipit. *Si filius ante morietur quam in tutelam suam venerit, tum mihi ille secundus heres esto.* Ergo quem quis hoc modo sibi heredem jussit, idem etiam erit heres filio impuberi, & non tantum patris bona capiet, sed etiam bona filii propria jure substiſtitutionis pupillaris, ſicut & qui ex re certa ſolus heres inſtituitur, & ceteras res omnes capit, *l*. 1. §. *ſi ex fundo*, *ſup. tit. prox.* Voluntas teſtatoris interpretatione adjuvanda eſt, & mendis vitiiſque ſublatis conſervanda quantum poteſt: menda non vitiant voluntatem teſtatoris; Vitia non vitiant, *l*. 1. *tit. ſeq.* Si facta ſit ſubſtitutio ſub conditione impoſſibili, vel alio mendo, ſic in Florentin. recte, non vitiatur. Mendum circumſcribitur, ut in *l*. 34. *ſup. tit. prox.* Deleatur Gloſſa hoc loco, qua parte haec verba Papiniani, *poſt demonſtratam conditionem*, *quae ſunt procul dubio de conditione ſubſtitutionis pupillaris*, ſi intra pubertatem deceſſerit, male accipit de alia extranea conditione. Deinde deleatur conditio, qua parte ponit in ſpecie *h. l.* filium nominatim heredem inſtitutum non fuiſſe, ſed tacite inſtitutum videri, ex his verbis, *in locum partemve ejus*, quia hoc ſi ita eſſet, id eſt, ſi ita res proceſſiſſet, non valeret teſtamentum; propterea quod tacita filii inſtitutio, tacitum teſtamentum non valet, *l*. 19. *&* 65. *ſup. tit. prox.* Et filius haberetur pro praeterito, *l*. 16. *in fin. hujus tit.* Et ut multi Dd. dicunt contra Gloſſam, & contra Bartolum Gloſſae aſſeclam, verba conditionalia non inducunt diſpoſitionem. Liberi poſiti in conditione non ſunt in diſpoſitione, quod probat recte *l. Gallus*, §. *idem reſp.* & in §. *in omnibus*, *ſup. de lib. & poſt. l. filiusfam.* §. *cum quis, de legat.* 1. *l. ex facto*, §. *ex facto*, *inf. ad Senat. Trebell.*

### Ad L. XXIV. de Condit. inſtit.

*Qui ex fratribus meis Titiam conſobrinam uxorem duxerit ex beſſe heres eſto: qui non duxerit, ex triente heres eſto: Vivo teſtatore conſobrina defuncta, ambo ad hereditatem venientes ſemiſſes habebunt, quia verum eſt, eos heredes inſtitutos, ſed emolumento portionum eventu nuptiarum diſcretas.*

QUi habebat duos fratres, ita eos heredes inſtituit: *qui ex fratribus meis Titiam conſobrinam noſtram uxorem duxerit*, (jure civili conſobrinorum nuptiae licitae ſunt) *ex beſſe heres eſto: qui non duxerit, ex triente heres eſto*: qui ſcilicet duxerit, vel non duxerit poſt mortem meam. Finge: Mortua eſt conſobrina vivo teſtatore, hoc caſu ambo fratres in partes aequales vocantur, non in partes inaequales, beſſem & trientem: ſed ſinguli venientes ad hereditatem fratris ſemiſſes habebunt, quia verum eſt eos eſſe heredes inſtitutos, ſed portionibus inaequalibus diſcretos ex eventu nuptiarum tantum, qua cum evenire non poſſint praemortua conſobrina, nec per heredes factum ſit quo minus evenirent, conſequens eſt eos eſſe redigendos ad aequalitatem, ut in *l*. 2. §. *ſi quis ita*, *de bonor. poſſeſſ. ſecund. tab.* Idemque *l.* proxima ſuperius docet reſpondendum eſſe, ſi teſtatori conſobrina ſupervixerit, & neutri nubere voluerit quod eſt certiſſimum. Quid tamen dicemus, ſi poſt mortem teſtatoris conſobrina cum parata eſſet alterutri nubere, neuter eam ducere voluerit? Et Azo idem & hoc caſu eſſe reſpondendum cenſet, fallaci colore, quaſi ſcilicet pure heredes inſtituti ſint, & ex eventu nuptiarum tantum diſcretae inter eos portiones hereditariae, id eſt, quaſi inſtitutio ſit pura, diſcretio partium conditionalis, id eſt, collata in eventum nuptiarum. Ego dicerem & inſtitutionem utriuſque factam eſſe ſub conditione, ſi quis eorum conſobrinam uxorem duceret poſt mortem teſtatoris, & ideo neutro volente eam uxorem ducere, quamvis ipſa parata eſſet nubere, quia per eos ſtat quo minus conditio impleatur, inſtitutionem in utriuſque perſona prorſus deficere, quod non poſſumus negare, & *l. prox. ſup.* ſignificat aperte illo loco: *non quia ipſi ducere noluerunt*. Cujus mens eſt ut non aliter ambo ſemiſſes habeant, quam ſi vel conſobrina mortua ſit vivo teſtatore, vel poſt mortem ejus neutri nubere velit, non etiam, ſi per eos ſtat, quo minus alterutri nubat, & confirmatur haec diſtinctio *l.* 4. C. *de condit. inſert. l. in teſtamento*, *ff. de cond. & demonſt.* Conditionalem vero inſtitutionem eſſe etiam demonſtrat

dicta *lex* 2. §. *ſi quis autem*, *ff. de bonor. poſſeſſ. ſecund. tabul. & l. quotiens*, §. *ſi quis tamen*, *de hered. inſt.*

### Ad L. XII. de Milit. teſt.

*Milites, n. ea duntaxat, quae haberent ſcriptis relinquunt.*

AIt Papinianus, milites ſcriptis heredibus ea duntaxat relinquere, quae haberent: quod Papinian. ſcripſit, ut patet ex *l*. 11. §. *ult.* cui haec applicatur, cum dicat, milites enim: ſubjicitur ratio in hac lege §. *ult.* legis praecedentis: unde dico hoc ſcripſiſſe Papinianum de militibus filiisfam. vel de militibus patribusfam. qui ſe filiosfamil. eſſe exiſtimant ignorantes mortem patris: Ii ſola bona caſtrenſia habent, aut ſe habere exiſtimant. Si circo & ea ſola bona ſcriptis heredibus relinquunt, & ita hic locus explicandus eſt, non etiam bona pagana, quae eis ignorantibus morte patris obvenerunt. At ſi ſciant ſe eſſe patresfam. factos morte patris, & non tantum caſtrenſia, ſed etiam pagana bona habere, credo eos heredibus ſcriptis relinquere omnia ſua bona, niſi aliud ſenſiſſe eos probetur.

### Ad L. XXVII. Eod.

*Centurio ſecundo teſtamento poſtumos heredes inſtituit, neque ſubſtitutos dedit, quibus non additis ad ſuperius teſtamentum ſe redire teſtatus eſt. Ceterae quae ſecundo teſtamento ſcripſit, eſſe irrita placuit: niſi nominatim ea confirmaſſet, ad priorem voluntatem reverſus.*

SPecies hujus legis haec eſt: Centurio teſtamento primo, finge commilitonem heredem inſtituit: Deinde mutata voluntate, ſecundo teſtamento poſtumos heredes inſtituit, quod haberet uxorem praegnantem, nec eis ſubſtitutos dedit, ſi non naſcerentur, ſed eis non natis ſe ad primum teſtamentum redire teſtatus eſt, quo commilito erat heres ſcriptus: non natis poſtumis, puta, abortu facto, irrita ſunt omnia, quae ſecundo teſtamento ſcripſerat, vel ſcripta ſunt, niſi nominatim ea confirmaverit, puta, non natis poſtumis, voluiſſe ſe ad primum teſtamentum redire. Ita ut a commilitone in eo herede ſcripto, praeſtentur etiam legata aut fideicommiſſa ſecundo teſtamento relicta, alioquin irrita ſunt legata & fideicommiſſa, quae eſt ſententia hujus legis elegantiſſima. Verum in ea deleta tota gloſſa Accurſii illo loco: *quibus non additis*, legendum eſt, *quibus non editis*, id eſt, non natis poſtumis ad ſuperius teſtamentum Centurio ſe redire teſtatus eſt, quod confirmant alii quidam libri, qui propius vero habent, *aditis*, non *additis*, & alii qui plane habent: *quibus non natis*, ſed retineamus viciniorem ſcripturam, *quibus non editis* & omnia erunt plana.

### Ad L. XXXVI. Eodem.

*Militis codicillis ad teſtamentum factis, etiam hereditas jure videtur dari, quare ſi partem dimidiam hereditatis codicillis dederit, teſtamento ſcriptus ex aſſe heres partem dimidiam habebit; legata autem teſtamento data communiter debebuntur.*

IN primo reſponſo Legis XXXVI. eod. ait Papianus: *militis codicillis ad teſtamentum factis, etiam hereditas jure videtur dari*. Ad teſtamentum facti codicilli dicuntur, etiamſi teſtamento confirmati non ſint, *l*. 5. §. *qui principale*, *ff. de iis, quibus ut indign.* Itaque gloſſa male codicillis ad teſtamentum factis, id eſt, confirmati, male etiam alter, codicillis ad teſtamentum factis, id eſt, juxta teſtamentum, quoniam hac oratione certum eſt ſignificari tantum codicillos factos ab eo, qui & ſibi teſtamentum fecerit, & codicillos pertinentes ad cauſam teſtamenti *l*. 1. §. *hoc interdictum*, *de tab. exhib. l*. 2. §. *ad cauſam*, *ff. quemadm. teſtam. aper. l*. 3. §. *qui codicillos, de Senatus*, *tuf. Sillan.* vel, ut idem aliter dicamus, codicillos, qui, quasi pro parte testamenti habentur, *l. quidam, de jure codicill.* veluti, quod supplendo, vel corrigendo testamento fiunt. Certum autem est paganum codicillis jure hereditatem non dare verbis directis, vel adimere, etiamsi codicilli testamento confirmati sint, quæ regula juris per manus esse tradita dicitur in *l. quod per manus, ff. de jure codic. l. Scævola, ff. ad Senatus. Trebell.* At miles jure dat, vel adimit hereditatem verbis quibuscunque, verbis precariis, vel directis in codicillis & qualibet voluntate nuda, ut patet ex hoc responso, & *l. in fraudem*, §. 1. *hoc tit.* Finge: Miles testamento L. Titium ex asse heredem instituit, eumque oneravit legatis, deinde codicillis ita scripsit: *Cajus Sejus ex semisse heres esto*: videtur miles tantum Luc. Titio ademisse, quantum dedit Cajo Sejo in codicillis: ambo igitur ad hereditatem veniunt jure directo, & ex voluntate militis semisses capiunt. Legata autem data testamento, licet a solo L. Titio data sint, æquum est ut communiter ea præstent Luc. Titius & C. Sejus pro virilibus portionibus, ut quatenus ablatum est Luc. Titio, eatenus relevetur & exoneretur præstatione legatorum, ut in *l. cum pater*, §. *cum exist. de leg.* 2. *l. Plautius, ff. de condit. & demonst.* quæ in glossa corrupte citatur ex *tit. ad l. Falcid.* cum sit ea lex, *Plautius*, non quæ est in tit. ad *l. Falcidiam*, sed quæ est in tit. *de cond. & demonst.* quæ hoc probat; & hæc est sententia hujus responsi. Bartolus hoc loco patrem paganum liberis facientem testamentum exæquat militi, quasi scilicet possit etiam pater paganus liberis directo hereditatem dare in codicillis, quod merito refellit Angelus Perusinus ex *l. ex parte*, §. 1. *ff. familiæ ercis.* quæ manifesto probat, patrem, qui verbis directis in codicillis bona sua filiis suis distribuit, intestatum decessisse: ergo testamentum non valere jure directo. Neque a parte Bartoli facit *l. consultissima*, §. *ex imperfecto*, *C. de testam.* quo §. sæpe abutitur, dum eum accipit latius quam oportet, quoniam quod ad rem propositum attinet, in eo §. dicitur ex imperfecto testamento tenere voluntatem patris inter liberos. Imperfectum testamentum non vocat codicillos, quibus directo data sit hereditas, qua de re agimus, sed, ut quæ præcedunt in ea lege ostendunt apertissime, imperfectum testamentum id vocat, quod non subscriptum neque signatum est a testibus, quod etiam si eo vitio laboret, non etiam si omni vitio laboret, tenet inter liberos.

### Ad §. Miles.

*Miles castrensium bonorum, & non castrensium, diversis heredibus institutis, postea castrensium bonorum alios heredes instituit: prioribus tabulis tantum abstulisse videtur, quantum in posterioris contulerit: nec videtur mutare, etsi prioribus tabulis unus heres scriptus fuisset.*

MIles primo testamento L. Titium castrensium bonorum, Cajum paganorum heredem fecit: postea mutata voluntate, secundo testamento Sempronium bonorum castrensium heredem fecit pro parte, mutatis superius testamentum intelligitur bonis castrensibus a Cajo translatis ad Sempronium, quod paganus facere non potest. Paganus non potest pro parte mutare testamentum, sed si quid velit mutare, debet omnia ex integro mutare, *l. heredes*, §. *si quid post, sup. qui test. fac. poss.* Militi vero permittitur, quasi bona castrensia & bona pagana, duorum hominum duas hereditates & duo testamenta faciat, *l. si certarum*, §. 1. *hoc tit.* Adeo ut nec coheredes sint ii, quorum unum miles scribit heredem paganorum, alterum castrensium; non sunt coheredes, quia duæ sunt hereditates veluti duorum hominum, & duo testamenta, qua de causa, nec inter eos est jus adcrescendi, nec judicium famil. ercisc. *l. heredes*, §. 1. *famil. ercisc. l. si filius*, §. *castrensium, ff. de bon. libert.* Et addit Papinianus, *nec videtur mutare, etsi prioribus tabul. unus heres scriptus fuisset.* Neq; videtur mutare, id est, non videtur aliud dicendum esse, aut non est mutandum responsum, si ponamus militem testamento unum tantum fecisse heredem omnium bonorum, non duos, ut posuimus, divisis castrensibus & paganis, deinde secundo testamento L. Titium fecisse heredem castrensium bonorum, quia & hoc casu scripto in primo testamento tantum abstulisse videtur, quantum contulit in L. Titium secundo testamento ex castrensibus heredem scriptum. Itaque apud scriptum primo testamento remanebunt tamen bona pagana, utrumque testamentum ponitur factum verbis directis. Et duo igitur sunt testamenta: nam miles potest plura testamenta facere, *l. quærebatur, h. tit.* quam l. male tamen objicit Accurs. hoc loco, quoniam ibi miles in secundo testamento nominatim expressit, se primum testamentum fideicommissi tamen & codicillorum vim habere velle, ideoque non sunt duo testamenta: male etiam objicit *l. Centurio, h. tit.* quam supra exposuimus, quoniam ibi miles, non duo, sed unum tantum testamentum facere voluit.

### Ad §. Miles.

*Miles in supremis ordinandis, ignarus uxorem esse prægnantem, ventris non habuit mentionem: post mortem patris filia nata ruptum esse testamentum apparuit: neque legata deberi: si qua vero medio tempore scriptus heres legata solvisset: utilibus actionibus filia datis, ob improvisum casum esse revocanda. Nec institutum, cum bonæ fidei possessor fuerit, quod inde servari non potuisset, præstari.*

MIles ignorans uxorem esse prægnantem, in testamento postumum silentio præterivit, L. Titium heredem instituit, & ab eo legata reliquit, agnatione postumæ rumpitur testamentum militis propter præteritionem, & irrita sunt omnia, quæ in eo testamento scripta sunt. Ergo nec legata aut fideicommissa ex eo testamento debentur. At quid si medio tempore antequam postuma agnasceretur L. Titius heres institutus bona fide ignorans uxorem testatoris esse prægnantem legata a se relicta solverit? & hoc casu ait, postumæ dari utilem actionem sive conditionem indebiti, ut repetat legata perperam soluta & indebite. Nec etiam est novum, ut quod alius solvit, alius repetat *l.* 5. *ó* *cori. indeb.* Et si forte postuma solida legata ab iis quibus heres institutus ea persolvit, recipere non potuerit, propter inopiam eorum, quia non sunt solvendo, rectissime ait periculum hujus rei pertinere ad heredem institutum quia bonæ fidei possessor fuit, & bona fide solvit, & bonæ fidei possessor in id tantum tenetur, quo locupletior factus est: & idem respondit in quæstione *l.* 3. *de cond. indeb.* Ad malæ fidei possessorem proculdubio hujus rei periculum pertineret, & in petitione hereditatis veniret in solidum, *l.* 13. §. *ultim. de petit. hered. l. Papin.* §. *ultim. de inoff. testam. l.* 4. §. *pen. ff. si cui plus quam per l. Falcid.* illo autem loco hujus responsi, *ob improvisum casum legata esse revocanda*, sive repetenda, improvisum casum vocat agnationem postumi, quod *d. l.* 3. *de cond. ind.* novam & inopinatam causam, & inopinatam fortunam, *l.* 4. *inf. ut in poss. legat.* Ideo autem ponit militem ignorasse uxorem esse prægnantem, atque adeo minime cogitasse de postumo, vel postuma nascitura, quia, si scisset uxorem esse prægnantem, præteritio postumi haberetur pro exheredatione, nec agnascendo postuma rumperet testamentum, quia non est præterita, sed censeretur esse exheredata, *l. sicut, Cod. eod. tit.* Paganus pater debet liberos exheredare nominatim, miles potest tacite exheredare, sicut & mater pagana & avus maternus paganus, quia & horum præteritio pro exheredatione habetur, quod Institutiones docent.

### Ad §. Veteranus.

*Veteranus moriens testamentum jure communi, tempore militiæ factum, irritum esse voluit: & intestatus esse maluit:*

*huit: heredum institutiones at substitutiones in eodem statu mansisse, placuit. Legata vero petentes, exceptione doli mali secundum jus commune summoveri, cujus exceptionis vires ex persona petentis æstimantur. Et alioqui potior est in re pari causa possessoris.*

SPecies hujus §. hæc est: Miles testamentum jure communi fecisse proponitur, non more & jure, tempore militiæ, deinde post missionem cum veteranus esset, id est, militia dimissus, moriens dixit, se intestatum mori, & id testamentum irritum esse velle, quod fecerat in militia jure communi; nuda hæc voluntas non facit irritum testamentum: ut nuda voluntas non perficit testamentum, ita nec evertit, *l. pen.§.ult.ff.de bonor.poss.sec.tab.* Et secundum hoc institutiones & substitutiones in eo testamento scriptæ, valent, quamvis dixerit, se intestatum mori velle, nec fiscus institutis aut substitutis potest eripere hereditatem, quia testator veteranus non judicavit eos heredes esse indignos, aut non meseri suam voluntatem, quo casu fiscus succederet, sed tantum dixit se mori velle intestatum: qua de re diximus in *l.ult.ff.de iis quæ test. del.* Ergo heredes instituti & substituti, heredes permanent. Institutio & substitutio jure consistit, quæ non potuit everti nuda voluntate, minusque solemni. At quæritur, an etiam legata eo testamento relicta valeant, & debeantur, qua de re merito dubitatur, quia licet hereditas nuda voluntate non possit adimi, adimuntur tamen legata nuda voluntate, non quidem ipso jure, sed beneficio exceptionis doli mali legatario petenti legatum contra nudam voluntatem defuncti, opposita exceptione doli mali, ut in *l.3. in fi. ff.de adim.leg.& l.ex parte, eod.tit.* quæ cum sit ex eod. lib. cum hoc §. videtur conjungenda, & ita in specie proposita ait: Institutiones quidam & substitutiones in eodem statu manere, at legata petentes submoveri posse exceptione doli mali, & eleganter: qui locus est satis obscurus, ejus exceptionis quam legatario heres opponit exceptionem legatum, vires æstimandas esse ex persona actoris, id est, ex persona legatarii, qui legatum petit actione ex testamento: nam si talis sit persona legatarii, ut verisimile sit legatum ei testatorem omnimodo præstari voluisse, omni jure etiam ab intestato: Finge, esse alumnum aut sanguine proxime conjunctum, quem is vivus unice dilexerit: eo casu nullæ erunt vires exceptionis doli mali, & legatarius consequetur legatum: sed si non talis sit persona legatarii, efficax erit exceptio doli mali, & in pari causa secundum regulam juris melior erit conditio possessoris, id est, heredis: fortuna dat litem secundum possessorem in re pari: fœlix qui possidet in re pari, hæc est sententia hujus loci. At quod plane est extra eum locum, quod tamen interpretes in hunc locum conjiciunt, si non agat legatarius, sed agat heres repetendo legatum quod per errorem solvit, omissa exceptione doli mali, tum dicemus vires exceptionis, quam legatarius opponeret heredi, non æstimari ex persona actoris, sed ex persona rei, id est, legatarii, ut & in specie *l.pen.§.ult. de bon. poss. sec. tab.* quæ est species hujus §.

### Ad §. Ultimum.

*Miles jure communi testatus, postea testamento jure militiæ super bonis omnibus facto, post annum militiæ vita decesserat prioris testamenti, quod ruptum esse constabat non redintegrari vices consistit.*

MIles jure communi testamentum fecit, postea fecit secundum testamentum jure militiæ, & mortuus est intra annum missionis: certum est testamentum factum jure militari post missionem a militia, valere eodem jure intra annum, si testator moriatur intra annum missionis *l. quod constitutum, l. testamenta, l.quod dicitur, hoc tit.* Quia igitur intra annum missionis mortuus est, testamentum secundum quod fecit jure militiæ valet, & primum testamentum quod semel secundo ruptum est, non convalescit, non restituitur, quia scilicet, secundo testamento ut ponit hoc loco, jure militiæ testatus est de omnibus suis bonis. Alioqui si secundo testamento tantum testatus esset de bonis castrensibus, utrumque testamentum valeret, id est, maneret in suo statu, ut in §. 1. *h. l.*

### Ad L. Penult. eod.

*Filiusfam. equestri militia ornatus, & in comitatu Principum retentus, cingi confestim jussus, testamentum de castrensi peculio facere potest.*

CIngi, inquit, jussus, gladio scilicet; nam hoc est proprium militis cingi gladio, & male in *l. antiqui, sup. si pars hered. pet.* legitur, *cinctos Senatores*, quia Senatoribus non licebat cingi gladio, nisi quum in provinciam mittebantur cum jure gladii, iis licebat gestare gladium, sed eo loco legendum est, *Senatores Cincios*: fuit Cinciorum familia Romæ. Ad rem. Filiusfam. factus est eques & cinctus gladio & retentus in comitatu Principis, ei proficiscenti ad comitatum Principis, & aspiranti ad equestrem militiam, pater aliquid dederat in vicem castrensis peculii: nam castrense peculium dicitur etiam quod proficiscenti ad militiam datur, licet nondum relatus sit in numeros, nondum cinctus, ut loquitur lex 25. & 38. *hoc tit.* & Castrense peculium esse quod datur proficiscenti constat ex *l. 3. de bonis proscrip. l. 3. sup. de don. inter vir. & uxor.* Inde quæritur, an confestim atque cinctus est, possit testari de castrensi peculio ex privilegio militiæ? Respondet, posse: sed vox confestim est trajecta: nam ita est reponenda, *confestim atque cingi jussus est*: & antequam cingatur, suscipiatque habitum militarem, sive Baltheum, non potest testari jure militari, nisi si cinctus est in *l. 25. & 38. 1. hoc tit.* vel nisi cingi jussus est.

### Ad L. LXXXVI. de Adqu. vel omit. hered.

*Pannonius Avitus, cum in Cilicia procuraret: heres institutus ante vita decesserat, quam heredem se institutum cognosceret: quia bonorum possessionem quam procurator ejus petierat, heredes Aviti ratam habere non potuerant: ex persona defuncti restitutionem in integrum implorabant, quæ stricto jure non competit, quia intra diem aditionis Avitus obiisset. Divum tamen Pium contra constituisse Mæcianus libro quæstionum refert in eo qui legationis causa Romæ erat. Et filium qui matris delatam possessionem absens amiserat, sine respectu ejus distinctionis restitutionem locum habere, quod & hic humanitatis gratia obtinendum est.*

PRoponitur in primo responso hujus l. Pannonium Avitum cum esset procurator Cæsaris in Cilicia (male Alciatus, Publium Antonium pro Pannonium) atque adeo abesset Reip. causa, Romæ ab aliquo heredem institutum fuisse, & vita decessisse, priusquam hoc cognosceret, & infra aliis verbis ejusdem ponderis dicit, *eum decessisse intra diem aditionis*, qui dies est centum dierum utilium, quibus scierit potueritque adire, ut in formula eretionis, & in *l. 3. §. & si heres, sup. de minor. l. si Titio, §. 1. ff. quando dies leg. ced.* & edicto quoque prætoris de jure deliberando, non præfiniuntur adeundæ vel repudiandæ hereditati pauciores quam centum dies, *l. 2. de jure deliber.* & ita etiam diem aditionis accipere oportet in *l. pen. §. si filiusf. de jur. & fact. ign.* male autem Glossa diem aditionis accipit pro tempore intra quod petenda est bonorum possessio sec. tab. quanquam & ipsa ab extraneis heredibus petenda sit intra centum dies ex successorio edicto, quæ dies petitionis dicitur, *l. inter, ff. qui satisdar. cog.* nam aditionem hereditatis nunquam invenies accipi pro agnitione vel petitione bonorum possessionis: non abutuntur nostri auctores temere verbis juris, verbis legitimis, nec permiscent temere legitima ma verba Prætoriis: sed non nego, quod de aditione dicitur posse transferri etiam ad agnitionem bonorum possessionis. Male etiam glossa statuit ex *h.l. & cx l.1.C.de test. milit.* diem aditionis cedere ignoranti, quod est omnino falsum; est enim utilis non continuus, nec sane ullo modo est expressum, vel hac, vel illa. Persequamur quam inchoavimus speciem. Avitus procurator Cæsaris in Cilicia, atque adeo absens Reip. causa instituturus, decessit antequam sciret se heredem esse. At procurator quidam voluntarius, id est, negotiorum gestor, amicus ejus eo absente Reip. causa & ignorante in urbe nomine ejus petierat bonorum possess. sec. tabul. Adiri non potest hereditas per procuratorem, *l. 90.ff.hoc tit.* bonorum possessio peti potest per procuratorem etiam ignorante herede instituto, & sine mandato ejus, *l. 3. §. adquirere, inf. de bonor. poss.* sed ut ibidem ostendimus, non aliter competit bonorum possessio, quæ petita est, non aliter adquiritur heredi instituto, quam si intra petitionis diem heredis ratihabitio subsequatur, ut *l. servo invito, §.1.inf. ad Trebell.* & si forte heres, antequam petitionem ratam haberet, vita decesserit, heres heredis ratam habere non potest, quia in eum non transit bonorum possessio, quæ defuncto quæsita non fuit, ut *l.7.rem rat.hab.l.4. C. qui admit. ad bon. possess.* Ergo in specie proposita, neque heres institutus ratam eam petitionem habuit, quam fecit amicus voluntarius, neque heres ejus ratam habere potest. At quæritur hoc loco: an is heres ex persona defuncti possit petere restitutionem in integrum, ut scilicet omissam hereditatem, vel bonorum possessionem adquirat? & sane stricto jure ex persona defuncti heredis instituti, heres ejus in integrum restitui non potest; quia is defunctus est intra diem aditionis, id est, priusquam cognosceret se heredem esse, & dies illi non cedit, nisi scienti, cum postea tota re cognita integrum ei esset adire intra centum dies nondum amisso jure suo. Igitur quum decessit nondum ulla in re captus aut læsus fuit, nullamque habuit causam petendæ restitutionis in integrum: itaque neque in heredem suum transmittit. Si decessit, postquam cognovit se heredem esse, & post diem aditionis, vel petitionis rem reipusl. daret operam, nec per absentiam intra præstituta tempora adire posset hereditatem aut petere bonorum possessionem, hoc casu restitutio in integrum a defuncto transiret in heredem, veluti actio quælibet, *l. non solum, sup.de restit.in integr.l. 1.C. de test. mil.* At quia decessit intra diem aditionis, stricto jure restitutionem in integrum, quæ ei non competiit, non potuit transmittere ad heredem suum, nec igitur ab herede peti potest ex persona defuncti, & ex sua persona nullo modo competit, cum ei nunquam delata fuerit hereditas, quæ tamen delata fuit defuncto, nondum quæsita, & ita se res habet summo jure, mero & subtili jure. Sed aliud benigne constituisse Div. Pium Papinian. ait Mæcianum Volusium referre in ultimis quæstionum scilicet de fideicommissis, ut in *l.propen.inf.de usufr.* In specie non eadem quam proposui, sed per quam simili, quæ talis est. Quidam legationis causa Romæ erat, ubi negotium publicum agebat patriæ, vel municipii sui, qui & Romæ abesse intelligitur, *l. legati, ff. ex quibus causs. majores.* Et Romæ decessit, priusquam sciret sibi delatam matris hereditatem ex SC. Orsitiano, vel bonorum possessionem ex persona ejus; heres desiderabat restitui in integrum, quasi defunctus in captionem inciderit propter absentiam & ignorantiam, ut scilicet ab eo amissam bonorum possessionem, vel hereditatem ipse adquireret, quod stricto jure non recte desiderabat, quia restitutio in integrum non competiit defuncto intra diem aditionis, ergo neque heredi ejus competere potest: & tamen Divus Pius sive respectu superioris distinctionis, id est sive intra, sive post diem aditionis, vel petitionis filius decesserat, constituit, restitutioni in integrum locum esse ex persona defuncti, quasi & defuncto competierit, quæ tamen ipso jure non competiit, cujus constitutionis humanitatem, benevolentiam, benignitatem, Papinianus etiam censet esse porrigendam ad propositam speciem. In utraque specie dandam restitutionem in integrum heredi, quasi ex persona defuncti, licet stricto jure, ( opponit strictum jus humanitati ) defuncto non competierit, quum defunctus est intra diem aditionis, juris sui ignarus. Duplex est ratio, una absentia Reipub. causa, altera justa ignorantia; altera tamen ratio non sufficeret: est enim hoc jus singulare & benigne receptum: quod tamen non est trahendum ad consequentias, ut quam minimum fieri potest, recedamus a jure stricto & scripto, *l. qui negotia, ff. mand. l. peregre, §. quæsitum, de adquir. possess.* Et observandum est illo loco hujus legis, referri, in eo qui legationis causa Romæ erat, & filium, legendum, & filio, ut in vulgatis libris, non & filio, ut in Florentinis, non & in filio, sed & filio, uno tractu, quasi sit una species, legendum est, referri, eo qui legationis causa Romæ erat & filio, qui matris delatam possessionem: hoc igitur loco non notari duas species, unam absentiæ legationis Reip. causa, alteram absentiæ cujuslibet, ex causa probabili, ut Dd. vaticinantur, sed unam tantum notari speciem, quam exposui de legato patriæ suæ, qui Romam venerat & interim ibi matris delatam bonorum possessionem amiserat, moriens non cognita morte matris, non ergo cuilibet absenti idem dabimus, sed absenti Reip. causa tantum, non etiam idem dabimus minori defuncto intra diem aditionis, vel petitionis, quoniam nec infanti hoc datur, *l. si infanti, §. sin vero, Cod. de jure delib.* in quo valde falluntur interpretes nostri. Hæc est sincera hujus responsi interpretatio.

### Ad §. Rei.

*Rei perduellionis hereditatem suspensa cognitione filius emancipatus, cui de patris innocentia liquet, potest quærere.*

REus perduellionis si moriatur in reatu, crimen non extinguitur, hoc est notissimum, *l.ultim.ff.ad leg. Jul.majest.* sed post mortem ejus cognitio peragitur. At suspensa, inquit, cognitione, ut in *l.pen.C. de crim. exp. heredit.* suspenso crimine, *l.pen.inf.de accus.* quæritur, an filius emancipatus, cui de patris innocentia liquet & constat certo, hereditatem ejus adire possit aut adquirere bonorum possessionem? Et respondet Papinianus, posse, quia juris sui certus est, incertus & dubitans non potest adire, *l. cum falsum, sup. hoc tit.* certante juris sui, certo animi judicio ad aditionem hereditatis accedere oportet, vel ad petitionem bonorum possessionis, qua de causa dicitur pupillus non posse adire sine tutoris auctoritate, quia nihil scire intelligitur, aut nullius rei esse certus aut compos, sed si postea forte damnaretur innocentis patris memoria iniquo judicio, fiscus ei auferret hereditatem.

### Ad §. Ultimum.

*Pro herede gessisse filium placet, qui moriens, comperto matrem suam intestato vita decessisse, codicillis petit ab herede suo, ut maternorum bonorum servum manumitteret, ac sibi parentibusque suis in possessionem matris monumentum extrueret.*

SEquitur in §. ultimo, hereditatem adquiri non tantum adeundo, sed etiam pro herede gerendo, quod est notissimum, & docet in hoc §. ultim. pro herede gerere eum videri filium, qui cognita morte matris intestatæ, moriens & ipse postea, codicillis petit ab herede suo, ut maternorum bonorum, servum manumitteret; vel ut monumentum extrueret in prædio materno sibi parentibusque suis: quæ verba in titulis monumentorum sunt frequentissima, quoniam iis indiciis plane moriens demonstravit se agnoscere & amplecti maternam hereditatem, proinde transmittit eam ad heredem suum, tanquam adquisitam. Idem etiam erit, si moriens testamento suo bona materna alii reliquerit, ut in *l. si adeat*,

C. *de jure deliber.* Itaque adquisitio hereditatis sive gestio pro herede, aut gestio, non est tantum actus viventis, sed etiam morientis.

### Ad L.XXVII. Si quis omiss. cauf. testamenti.

*Mater secundis tabulis impuberi filio substituta, locum edicti facit, si omisso testamento legitimam hereditatem filii possideat. Idem juris erit & si filio heres data sit, & substituta.*

AD speciem hujus initii adnotemus: quod si testamento heres institutus sit is, qui & ab intestato testatori heres esse potest, & ab eo legata relicta sint, eo non expresso, ut & ab intestato deberentur, ut in *l. eam, C. de fideicomm.* vel non adjecta clausula codicillari, & is in fraudem legatariorum praetermisso testamento, praetermissa institutione ab intestato, hereditatem totam, partemve ejus possidere coeperit, ut legatarii carerent legatis, quae sane non debentur jure ipso, non adita hereditate ex testamento, id est, destituto, & deserto testamento, praetor ex hoc edicto, quod hic proponitur, calliditati ejus occurrit, data in eum legatariis utili actione, quasi ex testamento, perinde atque si ex testamento adiisset hereditatem, tametsi repudiaverit causam testamenti, & ab intestato rem tenere coeperit, quod primo responso hujus legis ostenditur non servari tantum in testamento principali, tametsi edictum praetoris de principali tantum testamento loquatur, sed etiam ex sententia edicti, in testamento pupillari, quod pater filio pupillo fecit, ut si filio impuberi substituta sit mater in secundum casum, & ab ea legata relicta sint, & filio impubere mortuo, omissa substitutione pupillari, omisso testamento pupillari, maluerit mater jure intestati ex Senatusconsulto Tertull. filii hereditatem amplecti, nihilominus utilibus actionibus iis tenetur, quibus in substitutione sive testamento pupillari legata relicta sunt. Et addit Papinianus, Idem esse, si mater filio impuberi coheres adjecta & substituta sit, & mortuo filio impubere, partem hereditatis, quae filio obvenerat noluerit mater capere jure substitutionis, sed eam possederit ab intestato ex Senatusconsulto Tertull. Nam & edictum praetoris, non tantum eum complectitur, qui hereditatem ex testamento repudiavit totam, sed & qui partem, vel rem unam hereditariam eamque possidet ab intestato, *l. 1. in princ. §. non quaerimus, l. etsi non totam, hoc tit.*

### Ad §. In sententiam.

*In sententiam edicti, propter legatorum causam frater incidisse non videbatur, qui filium suum substitutum impuberi testamento fratris non emancipavit, sed ab intestato per eum bona possidere coepit.*

SEcundi responsi species haec est pulcherrima: frater meus filio impuberi suo heredi instituto, in secundum casum substituit filium meum sub conditione, si eum emancipaverim, & mihi per eum non adquireretur hereditas, quae conditio erat olim frequentissima in institutione filii alieni, ut docui ad *Africanum* in *l. 46. de hered. inst.*

Ab eodem autem filio meo in secundis tab. in substitutione pupillari frater meus legata reliquit: ego filio fratris mortuo intra pubertatem nolui filium meum emancipare, ut substitutione pupillari caperet hereditatem: sed ad intestato per eum bona filii fratris possidere coepi: recte ait: *Bona, non hereditatem,* quia nolui filii fratris mei heres esse jure legitimo, qui eram ei proximior, & malui filium meum venire ab intestato me deficiente, petita scilicet bonorum possessione unde cognati, quia ante Justinianum in legitimis hereditatibus successioni non erat locus, sed deficiente proximo herede legitimo, sequentes vocabantur, non ut legitimi quia legitimo

legitimo non succedit, sed vocabantur ex parte unde cognati, *§. placebat, Instit. de leg. agn. succeff.* Et Paulus 4. *Sentent. tit.* 8. Sed per filium meum, postquam is agnovit bonorum possessionem unde cognati, me jubente, vel ratum habente, ut in *l. 1. Cod. qui admitti*, ego ea bona possidere coepi: Quaeritur, an me legatarii convenire possint, quasi commiserim in edictum? Posset tentari, posse legatarios me convenire, non quidem ex verbis edicti, quae sunt de herede scripto, & filius meus scriptus est, non ego, sed ex sententia edicti, quia nihil interest, ego an filius meus heres scriptus sit, *l. 1. §. 1. l. si filius meus, hoc tit.* At verius est me non incidisse in sententiam edicti, ac proinde legatariis non teneri, quia quod dicitur, nihil interesse, ego an filius meus institutus sit, quod ad vim edicti attinet ita procedit, si per filium meum ex testamento hereditatem meam adquirere potuerim, ex ea causa testamenti filii nomine ab intestato bonorum possessionem acceperim, vel per eum ab intestato bonorum possess. acquisiverim, ut in supradictis ll. At in specie proposita, per filium meum ex testamento hereditatem adquirere non potui, quia institutioni filii mei vel substitutioni fuit inserta conditio emancipationis, & ideo non committo in edicti sententiam, si eum nolo emancipare, id est, si eum nolo sibi hereditatem adquirere, sed malo ei cedere proximo loco successionis ab intestato, ut veniat ad bona patruelis sive consobrini sui ex parte unde cognati, eaque mox mihi per eum adquiratur non per memetipsum. Nec obstat quod dicitur, conditionem quae in nostra potestate est, quae uno verbo dicitur Potestativa, pro pura haberi, *l. 1. §. qui sub conditione, h. tit.* & conditionem emancipationis esse in potestate mea, quoniam hoc ita verum est, si illa conditio mihi imponatur: at cum filio non imponitur, *si pater emancipaverit*, profecto casualis est conditio, non potestativa, neque enim patri invito filius extorquere emancipationem potest.

### Ad §. Ultimum.

*In eum, qui testamento scriptus heres non fuit, si fraudis consilio cum heredibus scriptis participato, legitimam hereditatem solus possideat, actio legatorum ex sententia praetoris dabitur.*

EX verbis edicti legatariis tenetur heres, sive legatorum actio datur in heredem scriptum, qui omissa causa testamenti ab intestato possidet hereditatem. Ex sententia autem & mente edicti datur etiam quandoque actio legatorum in scriptum heredem, veluti in legitimum heredem, qui id egit dolo malo cum herede scripto in fraudem legatariorum, ut repudiaret hereditatem ex testamento, atque ita tota hereditas ab intestato ad eum perveniret: hoc casu etiam in heredem legitimum competunt utiles legatorum actiones: hoc tamen ordine servato, ut si heres scriptus pecunia accepta a legitimo herede testamenti causam omiserit, ipse prior conveniatur a legatariis, & excutiatur, & post eum legitimus heres, qui cum eo fraudem participavit: si gratuito omisit testamentum, ut prior conveniatur heres legitimus, *l. 2. l. 4. l. 10. §. ultim. hoc tit. l. 1. Cod. eodem tit.* Posui hereditatem ad heredem legitimum pervenisse, ut Papinian. solum eum, inquit, hereditatem possidere, quia si partem tantum hereditatis possideret heres legitimus, maxime gratis, pro ea duntaxat parte teneretur respondere legatariis, *l. 10. in princ. & l. 24. hoc tit.*

### Ad L. IV. de SC. Syllan.

*Qui postumos heredes instituerat, non natis postumis, uxorem secundo loco scripsit heredem: cum a familia necatus diceretur, uxor diem suum obierat, heredes mulieris actiones ex constitutione sibi dari postulabant: eos ita demum audiendos esse respondi, si mulier quam in utero nihil gestare constabat, propter Senatusconsultum hereditatem adire no-*

re noluit, alioqui prægnante ea defuncta, nullam injuriæ querelam intervenisse.

IN hac l. hæc species proponitur: quidam postumos heredes instituit, eisque si non nascerentur, uxorem substituit, & cum is a familia necatus diceretur, uxor mortua est ante aditam hereditatem, quæritur: an ad heredem suum uxor transmiserit utiles actiones hereditarias, ut *l. prox. §. pen. sup. hoc tit.* ostenditur, si heres metu SC. Syllan. id est, metu amittendæ hereditatis, quoniam SC. Syllan. cavetur, ut heredi fiscus hereditatem auferat quasi indigno, si, cum testator a familia necatus diceretur, ejus hereditatem adierit apertis tabulis testamenti, antequam de servis quæstio haberetur, si, inquam, heres metu Senatusconf. Syllaniani hereditatem non adierit, & pendente ejus rei inquisitione diem suum obierit, in heredem suum stricto jure non transmittere actiones hereditarias, propter regulam juris, quæ dictat, hereditatem non aditam, in heredem non transmitti, *l. un. §. in novissimo, C. de cad. toll. l. 6. in fi. & l. 7. sup. de inof. test. l. 1. C. Theod. de legit. hered. l. 2. C. Hermog. de succesf.* Sed transmittere tamen in heredem constitutione quadam Principum h. l. demonstrat, nisi malis in ea, ut est in nonnullis libris, & videtur esse rectius, legere *ex substitutione*, non *ex constitutione*, Et ratio dandarum utilium actionum hæc est, ne fiat injuria heredi instituto vel substituto, quem SC. impedivit & deterruit ab adeunda hereditate, si interim defunctus nihil transmittat ad heredem suum, qui voluit quidem adire, sed impeditus fuit SC. quia noluit cum periculo adire: unde quæritur in hac lege, an etiam non editis postumis, mortua uxore ante aditam hereditatem, quod metu SC. territa fuisset ab adeunda hereditate, quod maritus a familia necatus diceretur: an audiendi sint heredes uxoris, qui ex substitutione utiles actiones sibi dari postulant? Et ita distinguit Papin. ut, siquidem cum uxori liqueret, se nihil gestare in utero, solius Senatusconf. metu non adiret hereditatem, tum ut intelligatur in heredes suos, si interim mortua sit, transmisisse utiles actiones hereditarias, sed si, cum existimaret se esse prægnantem, vel propter sarcosin uteri; quæ vulgo *mola* dicitur a Medicis, vel qua alia ratione, vel etiam si cum revera esset prægnans, hereditatem non adierit, non tam metu Senatusconf. quam quod sciret non posse adiri hereditatem a substituto, quamdiu institutus speratur, ut in *l. cum quidam, §. 1. & seq. sup. de adqu. hered. l. antiqui, l. illud, si pars heredit. pet. l. 4. in fi. inf. de bonor. poss. contra tab. l. pen. §. ult. ff. unde legitimi*, hoc casu nihil in heredem suum transmittit, quoniam aliud fuit impedimentum adeundæ hereditatis, quam metus Senatusconsulti, spes scilicet nascituri postumi, quod revera esset prægnans, aut se esse existimaret, hoc, inquam, casu, nihil in heredem suum transmittit, ergo nec directas, nec utiles actiones, quod maxime congruit cum *l. prox. §. ult. sup.* quia quod nec etiam recte & juste queri heres potest sibi vel defunctæ injuriam fieri, si ab ea nihil ad se transmittatur, quod his verbis significat Papinianus dum ait: *Eo casu nullam injuriæ querelam intervenire*. Plus dico, etiam non esse subveniendum uxori, vel heredi ejus, exemplo filii vel heredis ejus, si postumus præteritus dum speratur, dum testamentum est in causa rumpendi, ei fuerit impedimentum in adeunda hereditate, quia filio subveniri æquum est, propterea quod omnimodo, id est, sive nascatur postumus, sive non, patri heres aut bonorum possessor futurus est, quæ est ratio legis *ventre, sup. de adquir. hered.*

Ad Leg. XXI. Eod.

*Propter veneni quæstionem tempus petendæ possessionis non profertur, cum eo quoque suspenso crimine recte petatur. Aliud senatui placuit, cum a familia dominus necatus dicitur; servorum videlicet causa: quorum libertatem quæstionis habendæ gratia negligi necesse est.*

NOtandum est multum interesse, utrum dominus per vim a familia, aut præsente familia, quod perinde est, necatus esse dicatur, an veneno, aut veneficio sive vi carminis: nam si dominus vi aperta a familia necatus esse dicatur, ex Senatusconsulto Syllan. hereditas ejus adiri non potest, antequam de servis, qui sub eodem tecto fuerunt, qui, ut veteres dicebant, *subfuerunt*, quo tempore dominus occisus est, quæstio habita sumptumque de noxiis supplicium fuerit, qui vel occiderunt, vel auxilium domino non tulerunt. Cujus juris duplex est ratio, ne heres facinus familiæ occultet propter suum compendium, dum mavult servos noxios habere ut distrahat, quam pœna eos consumi, *l. 3. §. non tantum, hoc tit.* Notatur & altera ratio initio hujus l. ne forte servis quibusdam testamento manumissis competat libertas, si hereditas statim adeatur ante quæstionem de familia habitam sumptumque supplicium, & necesse sit, si res ita procedat, de liberis hominibus quæstionem haberi, tanquam de servis neglecta eorum libertate, quam melius esset non negligi, quoniam liberi homines vix quæstioni subjiciuntur; sed tamen necesse esset hoc casu eos subjicere quæstioni, cum a familia necatus dominus esse dicitur, & hoc est, quod ait, *servorum causa, quorum libertatem quæstionis habendæ gratia negligi necesse est*: *quorum libertatem*, quæ scilicet competeret statim, si statim liceret adire hereditatem, & quorum libertatem negligi necesse est, & tamen melius esset eam non negligi. Quod si dominus veneno necatus esse dicatur, clam & per insidias, non per vim, heres non prohibetur statim adire hereditatem aut bonorum possessionem petere suspensa cognitione hujus criminis, *l. 1. §. occisorum, l. necessarias §. ult. l. prox. sup. hoc tit. l. 9. C. de iis quæ ut indign.* quia adversus venenariorum, vel veneficorum insidias quid auxilii familia vel quisquam ferre potest? Nihil prorsus: & ideo domino extincto eo modo clanculum etiam non habetur quæstio de servis, qui sub eodem tecto fuerunt. Et hæc est sententia hujus responsi.

Ad §. Neptis.

*Neptis quæ possessionem aviæ petierat, mortem ejus, interfectam sciens, non defenderat: fideicommissum, quod avia ex alio testamento nepti debuit, in restituendis fisco bonis non esse deducendum placuit: dolus enim heredis punitus est, si autem negligentia mulier emolumentum bonorum amiserit, fideicommissum esse retinendum, integrato jure debiti, rationis est.*

SCiendum est, heredem posse adire hereditatem occiso testatore, etiamsi nondum ultus sit necem testatoris, id est, si modo non a familia, sed ab alio occisus esse dicatur, *l. ejus, §. ult. inf. de jure fisci, l. eum, qui, §. bonis, inf. de iis quæ ut indign.* neque huic sententiæ refragatur *l. 6. C. eod. tit.* quoniam, ut ibi ostenditur, ea l. pertinet ad Senatusconsultum Sillan. id est, ad casum domini a familia necati, quia familia præsumitur esse necatus, vel familiæ opera, vel conniventia, de quo casu non est hoc secundum responsum, sed si postea dum hereditatem non ulciscatur heres, & defendat necem defuncti sive sciens, sive ignorans, vindictam & defensionem omiserit, indistincte ei aufert hereditatem fiscus, ut indigno: verum quæritur, an, si forte defunctus heredi debuerit fideicommissum ex alio testamento, quæ actio fideicommissi alio testamento relicti a defuncto aditione confusa & extincta fuit, quia debitoris hereditatem creditor adivit, creditor, inquam, adivit hereditatem debitoris fideicommissi: quæritur erepta ei per fiscum hereditate, quod inultam reliquerit cædem defuncti, an saltem ei ea actio restituenda sit, quæ aditione quidem confusa est? Sed æquum videtur, ut redintegretur ablata ei actio fideicommissi. Et distinguit Papinian. hoc loco, ut, in *l. heredem, inf. de iis quæ ut indign.* Aut sciens heres dolo malo inultam reliquit cædem defuncti,

functi, & tunc confusa actio non restituitur, ut dolus ejus puniatur. Aut ignorans negligentia quadam non inquisivit nimirum in genus mortis defuncti, mortem ejus inultam reliquit, hoc casu, quia dolus abest, æquum est ei, actionem confusam restitui & redintegrari, & ex hereditate fisco restituenda deduci & retineri fideicommissum, quod ei defunctus debet: & huic responso lex, quam objicit Accurs. nullo modo adversatur *l. duo, in fi. sup. tit. prox.* quia non loquitur de actione confusa per aditionem, quæ tamen, quod notandum, herede omissa causa testamenti hereditatem adeunte ab intestato, confunditur, si quid heredi defunctus debuerit, nec sane restituitur, quia hereditas ei non aufertur.

### Ad §. Ult.

*Præsidis iniquitate reis illatæ cædis absolutis heredibus qui non defunctorie debitum officium impleverant: quamvis non provocassent, hereditatem auferri non oportere visum est.*

Notandum est ex ult. responso h. l. non auferri hereditatem heredi, ut indigno, si reos cædis defuncti postulaverit, & peregerit sedulo, non defunctorie, non dicis causa, licet absoluti rei fuerint iniquitate judicis, nec ipse hæres a sententia appellaverit. Ab herede exigimus, ut crimen illatæ cædis peragat & perducat ad sententiam, non etiam, ut vincat, quoniam hoc etiam in eo non est, non item ut victus reportet. Neque huic responso quidquam obstat *l. 6. C. de iis, quæ ut indign.* quoniam in ejus l. specie hæres vicit & condemnavit auctorem cædis, & ideo, si condemnatus appellet, sane erit in dolo aut magna negligentia, nisi appellationem persequatur. In hac autem specie hæres non vicit, hæres non habet sententiam, quæ pro se faciat, nec necesse habet appellare aut litigare pervicacius: Et nihil est præterea in hac lege.

### Ad L. LXXV. de Leg. II.

*Miles ad sororem epistolam quam post mortem suam aperiri mandavit, talem scripsit: scire te volo donare me tibi aureos octingentos: fideicommissum deberi sorori constitit, nec aliud probandum in suprema cujuslibet voluntate: placet enim consistere fideicommissum ac si defunctus cum eo loquatur, quem precario remuneratur.*

Duo sunt brevia responsa in hac lege. In primo ostenditur recte fideicommissum relinqui, etiamsi nemo rogetur præstare fideicommissum, id est, si cum herede non loquatur testator, sed cum fideicommissario, ut in *l. peto, hoc tit. Peto Cai Sei, contentus sis centum aureis,* vel ut in specie h. legis: *Scire te volo donare me tibi aureos octingentos. Dono,* est verbum directum, *l. Aurelius, §. Titius Sejo, de liber. leg.* At in hac specie verbum *dono* pro precario accipitur, quia scriptum est in epistola, in qua nihil directo scribi potest, & quæ ob eam rem dicitur epistola fideicommissaria, *l. cum quis, §. Sejo, situ. seq. l. 7. qui testam. fac. poss.* Et ideo, ex voluntate militis qualis fuit testator in hac specie, vis ejus verbi, *dono* convertitur in causam fideicommissi, ut in *l. precibus, in fi. C. de impub. & ali. subst. & l. centurio, de vulg. subst.* Nec obstat quod idem esset in pagano. Nec obstat quod subjicit: *non esse aliud probandum in cujuslibet suprema voluntate.* Ergo nec. in pagani voluntate, quoniam hoc ad speciem eandem fideicommissi non respicit, quæ proponitur initio hujus legis, sed ad generalem definitionem, quam subjicit: *consistere & si defunctus,* sic esse legendum jampridem ostendi ex Græcis, non, *ac si defunctus:* consistere igitur fideicommissum, etsi defunctus cum eo loquatur, quem precario remuneratur, id est, cui fideicommissum relinquit, non cum eo a quo relinquit, puta, herede, ut in exemplo d. *l. Peto Cai Sei, sis contentus illa re, vel pecunia, &c.* ubi nullum est verbum directum, vel etiam, ut in *l. fideicommissa, §. si quis ita, tit. seq. Cai Sei sufficit tibi illa res,* ubi etiam nullum est verbum directum, quod inflecti necesse sit, vel etiam, ut apud Paul. initio 4. Sent. *volo tibi illud præstari,* ubi est verbum precarium volo, & ibi quoque idem Paulus generaliter definit, eum, qui fideicommissum relinquit, cum eo cui relinquit, loqui posse.

### Ad §. pro Parte.

*Pro parte heres institutus cui præceptiones erant relictæ, post diem legatorum cedentem ante aditam hereditatem, vita decessit: partem hereditatis ad coheredes subditos pertinere placuit, præceptionum autem portiones, quæ pro parte coheredum constiterunt, ad heredes ejus transmitti.*

Non ignoratis, quod sæpissime jactavi, heredem institutum ex parte, cui prælegata sive præceptiones relictæ sunt, partem prælegatorum accipere a coheredibus jure legati, partem a semetipso jure hereditario, *l. in quartam, ff. ad leg. Falcid. l. legatum, §. 1. sup. tit. prox.* Nunc finge: tres heredes instituti sunt ex æquis partibus, primus, secundus, tertius, adeoque invicem substituti sunt, & primo quidem prælegatæ data sunt: primus deinde moritur ante aditam hereditatem, & post diem cedentem prælegatorum, id est, post mortem testatoris, vel, ut olim, post apertas tabulas ex l. Papia, vel post existentem conditionem legatorum. Certum est portionem ejus hereditariam ad coheredes pertinere jure substitutionis reciprocæ: de prælegatis quæritur, an ea pertineant ad heredem primi jure transmissionis, quod post diem eorum cedentem vita decesserit, quæ cessio diei facit, ut legata transmittantur ad heredem: verum ut Papinian. respondet hoc loco, non transmittuntur integra, sed deducta portione hereditaria, quam in eis legatis habet pro rata suæ portionis, quæ pars pertinet ad substitutos coheredes, residuum ad heredem primi, quod pro parte coheredum habuit jure legati. Huic responso valde obstat *l. qui filiabus, §. ult. & l. seq. sup. tit. prox. & l. cum resp. C. de leg.* ubi proponitur heres institutus ex parte, cui prælegata data sunt, se abstinere hereditate tantum non prælegatis, & capere prælegata integra vel transmittere ad heredem suum, non deducta portione hereditaria, quasi tota capiantur jure legati, quia sprevit hereditatis portionem, quæ sibi adscripta est: eo casu prælegata non diverso jure capiuntur jure legati, sed uno tantum jure: & ut respondeamus, recte ponitur in illis ll. heres omisisse hereditatem, quo casu totum prælegatum retinet, quoniam separavit hereditatem a prælegato, sprevit hereditatem & elegit legatum. At in specie hujus responsi heres non omisit, nec repudiavit hereditatem, non separavit eam a prælegato, sed mortuus est ante aditam hereditatem, quum consultabat, & deliberabat, id est, antequam sibi prælegata retinueret, neglecta hereditate, antequam separaret hereditatem a prælegato, & ideo totum prælegatum in heredem non transmittitur, sed partes tantum, quæ ex persona heredum constiterunt. Ad Accursium statim, sine ambagibus respondit in *l. filio, sup. tit. prox.* At hic tres adfert solutiones: secunda est ea, quam attuli & verissima. Prima hæc est: hic agi de substituto coherede, ibi de non substituto coherede, & jure substitutionis etiam prælegatæ portionem hereditariam ad substitutos pertinere: jure adcrescendi, non item, quam differentiam refellit *l. Sextilia, tit. seq.* Tertia autem solutio constituit differentiam inter suum & extraneum heredem, quam differentiam etiam evertit *l. quæsitum §. duobus, sup. tit. prox.* Ergo permaneamus in secunda.

### Ad Leg. XXII. de Adim. & transf.

*Ex parte heres institutus, etiam legatum acceperat: eum testator inimicitiis gravissimis persecutus, cum testamentum aliud facere instituisset, neque perficere potuisset, præteriit:*

teriti: hereditaria quidem actiones ei non denegabuntur, sed legatum si petat, exceptione doli mali submovebitur.

Memoria repetendum est quod habuimus in *l. militis*, *§. veteranus*, *sup. de testam. milit.* cum quo & hanc legem diximus esse conjungendam. Hereditatem testamento datam nuda voluntate non adimi, sed alio testamento solemni & jure perfecto. Legatum autem adimi, etiam nuda voluntate minusve solemni, non quidem ipso jure, sed beneficio exceptionis doli mali oppositæ legatario petenti legatum: hæc differentia inter hereditatem & legatum aperte demonstratur in hac lege. Finge: Heredi instituto ex parte prælegata data sunt, & post testamentum inter eum heredem & testatorem capitales & gravissimæ inimicitiæ intercesserunt, quibus adductus testator cum alio facto testamento eum heredem instituisset mutare, id non potuit perficere morte præventus, atque ita eum heredem præteriit, id est, non ut constituerat exheredavit, Papinian. ait, ei heredi hereditarias actiones competere sine metu illius exceptionis, quia hereditas ei adimi non potuit nuda voluntate. Eundem autem heredem petentem legatum repelli exceptione doli mali. Petentem legatum officio judicis famil. erciscundæ exceptione doli mali, quasi adempto legato pro parte coheredum, ut in *l. pen. §. pen. hoc tit.* quæ est sententia hujus legis. Ne autem dixeris in hac specie, in hereditate fisco locum esse, quoniam hoc vetat oratio Divi Pertinacis, de qua in *§. pen. Instit. quib. mod. test. infirm.* Et ita Julius Capitolinus in Pertinace: *legem*, inquit, *tulit, ut priora testamenta non prius essent irrita, quam alia perfecta essent, neve ob hoc fiscus aliquando succederet.* Ergo ne dicas in hereditate fisco locum esse. Et ad hoc dicendum minime te compellat *l. hereditas, C. de his, quib. ut indig.* in qua testator propalam declaravit heredem a se scriptum indignum & immerentem esse, quod hic non declaratur. Itaque in illa specie vocatur fiscus, non in hac specie. Ad id quoque dicendum minime te compellat *l. cum quidam, de iis, quibus ut indig.* in qua proponitur testatorem secundum testamentum solemniter perfecisse, licet in eo scripserit heredem incapacem nesciens, & ideo primo testamento scriptum heredem non habere supremam voluntatem defuncti, quamobrem fiscum vocari in locum incapacis, nec excludi a primo herede, qui non habet supremam voluntatem defuncti. In hac autem specie heres scriptus primo testamento videtur habere supremam voluntatem defuncti, cum nulla alia superfit voluntas, nullum aliud testamentum, quod sit perfectum, & ideo fisco locus non est in hac specie. Ne dixeris etiam in legato, quod heredi ademptum intelligitur, fisco locum esse, quia etiamsi capitales inimicitiæ intervenerint inter legatarium & testatorem, & ideo legatum ei præsumamus testatorem noluisse præstari, tamen fisco locus non est, nisi uno casu, qui proponitur in *l. si inimicitiæ, ff. de iis, quib. ut indig.* videlicet, si legatarius testatori moverit controversiam status, si vindicaverit in servitutem, quod est caput petere testatoris, quoniam eo modo impugnat testamentum, ut *l. 16. eod. tit.* Et ideo ut indignus repellitur ab eis, quæ ei testamento relicta sunt quoquo titulo id impugnavit; si ut indignus repellitur, ergo in locum ejus venit fiscus: fiscus est successor indignorum & ingratorum heredum.

### Ad Legem XV. de His quibus ut indignis.

*Heredi, qui falsos codicillos esse dixit, neque obtinuit, hereditas non aufertur, si tamen aliquid a coherede codicillis accepit, ejus actio denegabitur: itaque si bonorum inter heredes divisionem defunctus codicillis fecerit, partes quidem hereditariæ, in quibus legatum consistere non potuit, tenebit: sed Falcidiæ beneficio non utetur; si tantum in amissis portionibus erit, quod Falcidiam æquitate compensationis recusaret.*

Sciendum est eum, qui testamentum falsum dixit, nec obtinuit, & a testamento repelli, & a codicillis ad testamentum factis, & in locum ejus quasi indigni fiscum vocari, quia utrumque instrumentum & testamenti scilicet & codicillorum improbasse & coarguisse videtur: qui totum improbat atque coarguit, & partem improbat. Codicilli autem pro parte testamenti habentur. Verum aliud dicendum e contrario, si codicillos tantum esse falsos dixerit nec obtinuerit: non enim hic repellitur a testamento, sed a codicillis tantum, quia non videtur etiam testamentum improbasse, *l. 5. §. qui principale, hoc tit.* Qui partem improbat non continuo & totum improbat: & ideo, ut hoc loco Papinian. ait, a fisco hereditas testamento data non aufertur: verum si codicillis prælegatum ei relictum sit, id eis fiscus ut indigno aufert & eripit, non quidem integrum, sed pro partibus tantum, quas a coheredibus accepit jure legati. Partem autem, quam a semetipso accepit jure hereditario, quod pro ipsius parte legatum consistere non possit, ut in *l. eum, qui, §. ult. hoc tit.* eam partem retinet, quasi ex testamento principali: hoc cognito, Finge: Testator, qui mille habuit in bonis, duos in testamento heredes scripsit æquis partibus, primum & secundum, codicillis autem inter eos coheredes bonorum suorum divisionem fecit: primo adsignatis rebus Italicis, quæ dignæ erant ducentis, secundo provincialibus quæ erant dignæ octingentis. Ipso jure ii heredes habent semisses omnium bonorum, id est, singuli quingenta, quibus portionis Falcidia sive quadrans est 125. At vice mutua videtur testator eis prælegasse, primo partem, quam secundus habuit in rebus Italicis id est, centum: secundo autem partem, quam primus haberet in rebus provincialibus, id est quadringenta, *l. ex facto proponebatur, de hered. inst.* Atque ita fit officio judicis familiæ erciscundæ cognoscentis, ut res Italicas primus capiat, partim jure hereditario & secundo partim jure legati a coherede secundo, & similiter secundus res provinciales. At si idem primus codicillos, in quibus illa prælegata sunt sibi & coheredi facta inter eos divisione bonorum, falsos dixerit, nec obtinuerit, fiscus ei auferet semissem rerum Italicarum, quem ex codicillis a coherede accepit jure legati: alterum semissem, id est, centum primus sibi retinebit jure hereditario veluti ex testamento, quod non accusavit. Ex semisse autem rerum provincialium, quem primus secundo coheredi suo jure legati præstare debet, si velit retinere, quod Falcidiæ portioni suæ deest: nam & Falcidia retinetur ex prælegatis, *l. 15. §. ult. ad l. Falcid. l. a coherede, C. eod. tit.* Desunt Falcidiæ portioni suæ 25. quoniam ipso jure Falcidia portionis cujusque est 125. & is centum duntaxat habet jure hereditario. Si igitur velit retinere illa 25. ex semisse bonorum provincialium coheredi præstando, repellitur per exceptionem doli mali, opposita compensatione ejus, quod vice mutua percipit a coherede, quia semis rerum Italicarum, qui est centum, quem a coherede vice mutua percipit, & amisit sua culpa temere accusando codicillos, abunde supplet, quod jure ex Falcidiæ semisse rerum provincialium deducere desiderat. Et de hoc genere compensationis satis jam ante diximus in *l. qui non militabat, de hered. inst.* explicata *l. Nesennius, & l. filio, ad l. Falcid. & l. filium quem, C. fam. ercisc.* quibus etiam eadem ratio compensationis approbatur. Et hæc est hujus responsi sententia.

### Ad Legem LXXVI. de Condit. & Demonst.

*Fideicommissum a filiis relictum, si quis ex his sine liberis diem suum obierit, adoptionis commento non excluditur.*

Sententia hæc est: Conditionem, si sine liberis decesserit, de liberis naturalibus intelligi, non de adoptivis, alioquin nullum non fideicommissum sub ea conditione relictum eluderetur & excluderetur commento adoptionis. Commentum vocat, quia adoptio est imago naturæ, *l. filio, de liber. & post.* Calphurnius Flaccus in decla-

declamationibus, *Adoptio* inquit, *sancta res est, quæ beneficium naturæ & juris imitatur*: Ausonius.
*Imitatur adoptio prolem,*
*Quam legisse juvet, quam genuisse velit.*
Adoptivi igitur commentitii sunt liberi. Improbatur igitur in hac lege adoptio, quæ fit in fraudem fideicommissarii. Et sic in *l. cum ratio, §. ex bonis, ff. de bon. damn.* Portiones quæ liberis servantur ex bonis damnatorum dicuntur ita demum servari etiam liberis adoptivis: si non fraudis causa facta sit adoptio: & in *l. libertus, §. in adoptiva, ad municip.* significatur ideo jus originis in suscipiendis muneribus civilibus adoptione non mutari, quia inest adoptioni suspicio fraudis, quasi fiat in fraudem Reipubl. civilium munerum evitandorum causa: & omnino recte: M. Tull. pro domo sua: *In adoptione neque calumniam, neque dolum, neque fraudem adhibendam esse.*

### Ad Leg. VI. de Collat. dot.

*Pater filium emancipatum heredem instituit, & filiam exheredavit, quæ inofficiosi lite perlata partem dimidiam hereditatis abstulit, non esse fratrem bona propria conferre cogendum, respondi: nam & libertatem competere placuit.*

HUjus l. sententia hæc est. Pater filium emancipatum ex asse heredem instituit, filiam quam retinuerat in familia exheredavit: filia egit querela inofficiosi testamenti, & fratri evicit semissem hereditatis paternæ, eumque semissem habet jure intestati: alterum semissem frater habet jure testati. Nam etsi ab initio paganus non possit esse pro parte testatus, pro parte intestatus, tamen ex postfacto, maxime per querelam inofficiosi testamenti, pro parte fieri potest intestatus & pro parte manere testatus, ut in *l. nam etsi parentibus, §. ult. l. mater, l. circa, sup. de inoffic. testam.* Et in hac specie, in qua hoc quæritur, an debeat filius emancipatus sorori conferre bona propria & vicissim soror, an debeat fratri conferre dotem profectitiam, respondetur neutrum teneri conferre: optima ratione, quia inter fratres, tunc demum collationi locus est, quum eodem jure veniunt ad bona patris, puta omnes per bonorum possessionem contra tabul. vel bonorum possession. unde liberi, vel etiam per querelam inofficiosi testamenti extraneis heredibus scripsit, & in totum rescisso testamento per querelam, *l. ut liberis, C. de collat.* non etiam collationi locum esse, si diverso jure veniant ad bona patris, ut est in *l. seq. hoc tit. l. filium §. videamus, sup. de bon. poss. cont. tab.* In hac autem specie veniunt jure diverso, soror jure intestati, frater autem jure testati, qua ratione & libertates testamento relictæ omnimodo valent, quia testamentum consistit pro parte, & libertas dividi non potest. Legata autem valent pro parte, *l. judicatæ, inf. de exce. rei jud. l. cum filio, in pr. de leg. 2. l. cum duobus, de inoff. testam.* Ergo in hac specie cessat collatio inter fratrem & sororem.

### Ad L. Filiusfam. VIII. si Tab. testam. nullæ exst.

*Filiusfamilias ut proximus cognatus, patre consentiente, possessionem agnovit: quamvis per conditionem testamento datam, quod in patris potestate manserit ab hereditate sit exclusus: tamen utiliter possessionem agnovisse videbitur, nec in ejusdi sententiam incidat, quoniam possessionem secundum tabulas non agnovit, cum inde rem habere non poterit; nec in filii potestate conditio fuerit, nec facile pater emancipare filium cogi poterit.*

IN hujus legis specie proponitur quidam filium cognati sui heredem instituisse sub hac conditione, *si a patre emancipatus esset*, quoniam erat in potestate patris hanc adjecit conditionem, quod apud filium bona sua permanere cupit, non per eum patri acquiri manentem in familia & potestate ejus. Quamobrem testatores sæpe filiorum alienorum institutioni eam conditionem adjiciunt, vel pe‑ rosi patrem, ut in *l. si quis in suo, §. ult. C. de inoff. testam.* utque apud Plinium 8. Epist. Curtius quidam perosus generum suum dicitur filiam generi sui, heredem instituisse sub conditione, *si esset manu patris emissa*, ne ad illum bona sua pervenirent: vel etiam quod testatores nonnunquam male suspicentur de moribus patris, ut in *l. filius, C. de inoffic. testam.* Neque enim temere bona nostra relinquimus eis, quos suspicamur ea per luxum statim consumpturos. Et sic in *d. l. filiis*, proponitur mater filios suos heredes instituisse sub conditione emancipationis, quod secus suspicaretur de moribus mariti: sed erat etiam olim in matre alia major ratio, qua adducta filium institueret sub conditione emancipationis, quia nec marito donare poterat constante matrimonio, nec maritum heredem instituere ex *l. Papia*. Ergo nec filium, qui esset in potestate mariti, quia marito quæreretur statim, ut *l. 3. §. verbum, de donat. int. vir. & ux.* Eandem conditionem apponunt extranei plerumque quum filios alienos heredes instituunt, ut in hac *l. & l. quidam, ff. de hered. instit. l. 3. §. est heres de minorib.* Sed frequentius in jure proponitur mater aut avia sub ea conditione filium heredem instituere vel nepotem, aut filio nepotive donare inter vivos, ut in *l. ult. sup. de pet. hered. l. Divi, de jure codic. l. duos, l. avia, de cond. & demonst. l. 3. C. de instit. & substi. nor.* quia intra centum dies cernenda & adeunda hereditas erat: non ergo dies decimus adjici vulgo solebat, ut Glossa ponit hoc loco. In donatione autem inter vivos collata in filium alienum vel in filium proprium a matre sub eadem conditione adjiciebatur quælibet alia dies, veluti si intra biennium emancipatus erit, ut *l. 1. C. de donat. quæ sub modo*. Et ex iis quidem apparet, quam sit falsa doctorum quorundam opinio, qui existimarunt etiam ante Constantinum, id est, ante *l. 1. C. de bon. mat. filiumfamil.* non quæsisse bona materna, quia si ei non quæsivit bona materna, supervacua & inepta est conditio emancipationis, quam institutioni filii plurimum inserit mater. Et sane ante Constant. filiumfamil. patri quæsisse etiam hereditatem maternam pleno jure probat *l. 6. in pr. & l. filiusfam. de adquir. hered. l. 1. §. qui operas, ad Senatusc. Tertul. l. 3. §. verbum, de donat. int. vir. & ux. l. 1. C. de lib. exh.* Et hoc probat etiam Accursius ipse, & Stephanus alter Græcorum Accurs. in *d. l. 1. C. de bon. matern.* His cognitis, fac quod filius sororis meæ, cui ego sum avunculus, filium meum consobrinum suum heredem instituit sub conditione, *si a me in dieb. centum emancipatus esset*, & ab eo multa legata reliquit, ac me nolente filium emancipare, filius coactus est omittere causam testamenti, ad quam pervenire non potest ob defectum conditionis testamento datæ, quæ in ejus potestate non est. Omisso testamento mihi tanquam proximiori cognato, nempe avunculo, delata est successio defuncti ab intestato, ut in *l. 6. C. comm. de succeß.* Quam tamen successionem ego omisi aut repudiavi, ut filius meus, qui sequentem gradum occupat, ad ea bona veniret, ut proximus cognatus, me omittente successionem, qui eum gradu præcedebam, atque ita consentiente & cedente patre filius ab intestato agnovit bonorum possessionem unde cognati, & jure patriæ potestatis per eum ego cœpi ab intestato possidere bona filii sororis meæ: quæritur in hac l. an filius meus inciderit in edictum, & si quis omissa causa testamenti, atque ideo, an teneatur legatariis perinde atque si ex testamento bonorum possessionem secund. tabulas delata esset? quod videtur dicendum, quia omisit causam testamenti, quam tamen amplecti potuit etiam pendente conditione emancipationis, non quidem adita hereditate, quam adiri non potest ante conditionem impletam, sed petita bonorum possessione secundum tabulas, quam utique prætor

tor dat etiam pendente conditione, *l.2.§.si sub cond.l.5. & 6.de bonor.possess.secund.tabul.l.inter omnes, qui satisd. cog.* Ergo videtur ei imputari posse, quod non agnoverit bonorum possessionem secund. tabulas, quam potuit etiam suspensa conditione agnoscere : denique videtur conveniri posse a legatariis, perinde atque si accepisset bonorum possessionem secund. tabulas, juxta sententiam edicti, *si quis omissa causa testamenti*. Aliud tamen Papinianus respondet in hac l.cui conjungenda est *l. mater §.1. si quis omissa cau. test.* quæ idem statuit, filio alieno instituto sub conditione emancipationis, quod hæc filiofamil. instituto sub eadem conditione, ut in specie proposita, non intelligatur filiusfamil.incidisse in edictum, *qui omisso testamento,* id est, omissa bonorum possessione secund. tabulas, ab intestato agnovit bonorum possessionem unde cognati. Et ratio hujus responsi hæc est, quia is tantum incidit in edictum, qui causam omittit testamenti, quam cum re, id est, cum effectu amplecti potuit : at filius meus cum a me non emanciparetur in diebus centum, causam testamenti cum effectu amplecti non potuit. Nam etsi bonorum possessio secundum tabulas ei data foret pendente conditione emancipationis, tamen sine re constitueretur, & sine effectu postea conditione defecta, puta, non secuta emancipatione, cuius conditio non fuit in potestate filii mei, nec mihi invito extorqueri potuit emancipatio, quia patris pacta est res inæstimabilis, ut *l.filiusfam.§.2. de leg.1.l.4.de emancip.lib.* Et ait, facile patrem emancipare filium non cogi, quia existunt certæ causæ, propter quas nonnunquam extra ordinem non jure ipso pater cogitur filium emancipare, ut in *l.ultim.si quis a par.man.erit.l.nonnunquam, de adop.l.si cui leg.de cond.& demonst.l.pen.sup.de curat.fur.* Recte autem Ulpianus *lib.sing.reg. r.23. & 28.* bonorum possessionem, aut cum re dari, aut sine re. *Cum re*, si is qui accipit cum effectu bona retineat : *sine re*, cum alius jure civili evincire hereditatem potest, ut si suus heres sit, inquit: Intestati bonorum possessio sine re est, quoniam suus heres evincere hereditatem jure legitimo potest, & ita in *l.filiis C.de inoffic.test.* dicitur filiis a matre institutis sub conditione emancipationis, patrem, qui conditioni non obtemperat, cum re bonorum possess.secund.tabul. non accipere videri. Accipere quidem bonorum possess.secund. tabulas, quia nihil est quod facilius concedat prætor cuilibet petenti, sed accipere sine re. Et ita a nobis Divus Ambrosius 9.Epist. Sunt heredes sine re, sunt & cum re : ut vivente testatore qui scripti sunt, heredes sunt sine re : & infra, *heredes nudum nomen habent* : & infra, *tanquam clausis tabulis cernunt heredita tem, rem non possideat.* Et ex iis quidem facile, quæ sit sententia hujus legis intelligi potest, dum ait, filiumfamil.scilicet, a cognato, veluti a consobrino, ut posui speciem, non a matre, ut Glossa ponit, heredem institutum sub conditione emancipationis, omissa causa testamenti, quod non emanciparetur a patre, agnovisse ab intestato bonorum possessionem unde cognati non unde legitimi ut Glossa tentat, quia non de matris, sed de cognati hereditate quæritur: agnovisse igitur bonorum possessionem unde cognati, patre consentiente & filio cedente locum, nimirum malente patre per filium, quam per se ea bona ab intestato possidere, quando quidem per se venire potuit pater tanquam proximior cognatus, sed maluit filium venire ex successorio edicto, quo Papin.ait, tametsi hereditate ex testamento exclusus sit, defecta conditione emancipationis testamento datæ, id est, non sequuta emancipatione intra dies centum, tamen utiliter, quod etiam Glossa nescit ut explicari debeat utiliter, id est, cum re in Basil. *indurucius*, ab intestato agnovisse ut proximum cognatum bonorum possessionem unde cognati, nec incidisse in edictum, *si quis omissa causa testamenti*, propter causam legatorum aut fideicommissorum, quod non agnoverit bonorum possessionem secund.tabulas, quia, inde inquit, rem obtinere non potuit, id est, ex parte secundum tabulas, quoniam ex ea parte bonorum possessio futura erat sine re non impleta conditione emancipationis : denique filium habuisse justam causam omittendi testamenti ex quo nomen nudum heredis capessere tantum potest, non rem obtinere. Notandum est hanc legem esse de bonorum possessione unde cognati, nec tamen alienam a titulo, qui talis est, si tabulæ testamenti nullæ exstabunt, unde liberi, tametsi non sit de bonorum possessione unde liberi, sed de bonorum possessione unde cognati, quia hujus tit. duæ sunt partes, una generalis, si tabulæ testamenti nullæ extabunt : altera specialis, unde liberi : & hæc lex, etsi non pertineat ad specialem, pertinet tamen ad generalem. Postremo notandum est etiam huic responso locum esse, si filiusfam. a cognato heres institutus sub ante dicta conditione, nec coheredem, nec substitutum habuerit : nam si vel nunc, vel illum habuerit, ut in specie *l.filiis, Cod. de inoff. test.* sine re videbitur agnovisse bonorum possess. unde cognati: in specie *l. filiis*, coheredem, vel substitutum habuerit necesse est, cum de querela inoffic. testam. in ea agatur, an pater eam filii nomine intendere possit non emancipato filio. Nam querela inofficiosi testamenti non datur contra testamentum, non datur contra lignum, ut dicitur de bonorum possessionis contr. tab. quæ datur contra testamentum, etiamsi nullus heres extiterit ex testamento, sed datur contra heredem, qui adierit hereditatem ex testamento. Cum ergo quæratur, an agi possit querela, in specie illius *l.existit* igitur aliquis heres primus aut secundus, in quem agi possit eo judicio. & breviter, summa sententia *l.filiis* hæc est : filiisfamil. a matre heredibus institutis sub conditione emancipationis, non emancipantem patrem filiorum nomine, neque bonorum possessionem secundum tabulas cum re accipere posse, neque agere posse querela inofficiosi testamenti adversus coheredes, vel substitutos filiorum, quoniam non injuriæ causa, sed ut consuleret filiis, mater institutionis filiorum eam conditionem præposuit, & ideo pater, qui forte acceperat bonorum possessionem secundum tabulas, sed sine re, rem tenetur restituere coheredibus, vel substitutis. Quod autem nos dicimus, cum re, vel sine re, heredem aut bonorum possessorem, id etiam alii auctores imitantur sumentes a nobis, ut Vellejus Paterculus 2. dum ait : *Sillani imaginem Tribunitiæ potestatis sine re reliquisse* : & Ovid. 3. Amorum, de illo Deo :

*Aut sine re Deus est, nomen, frustraque timemus,*
*Nudum nomen habet.*

### Ad L. IX. Unde cognati.

*Octavi gradus agnato jure legitimi heredis, etsi non extiterit heres possessio defertur, ut proximo autem agnato, quamvis extiterit heres, non defertur.*

IN hac l. proponuntur duo responsa:& in priore differentia est inter cognatos & agnatos, quod agnati in infinitum, etiamsi decimo, vel ulteriore gradu sint ab intestato, ad hereditatem vocantur jure civili, id est, ex XII. tabul. vel ad bonorum possession. unde legitimi, quæ edicto prætoris comparata est, agnatorum gratia. Nam legitimos prætor vocat agnatos, quos lex vocat ad hereditatem, ut ipse similiter, ad bonorum possessionem, Denique ab intestato agnati veniunt gradatim usque in infinitum, vel jure civili, vel jure prætorio per bonorum possessionem unde legitimi, *l.2.§.agnati, de suis & legit.§.pen.Inst.de suc.cog.* Et deficientibus agnatis, ad hereditatem etiam in infinitum ex XII. tabul. vocabantur gentiles, id est, ingenui homines ex ingenuis parentibus orti, qui ejusdem essent nominis, licet non ejusdem familiæ : agnati sunt ejusdem nominis & familiæ, & habent easdem imagines : *mesmes armes* : gentiles sunt ejusdem nominis tantum, non ejusdem familiæ, unde rectissime, quos in Timæo Plato vocat ἀκύμους M. Tu.lius interpretatur gentiles : & ipse etiam eadem ratione dicit se esse gentilem Servii Tul. regis. Verba 12. tab.

tab. quibus vocantur gentiles ex Ulp. hæc didicimus: *si agnatus nec escit, gentilis familiam habeto*. Hodie jura gentilitia in usu non sunt, sed jura agnatitia tantum, quæ porriguntur in infinitum. Proinde octavi, vel decimi, vel ulterioris gradus agnato defertur hereditas, vel bonorum possessio unde legitimi, etiam si jure legitimo heres non extiterit, ut Papinian. ait hoc loco, id est, etiam si hereditatem non adierit jure civili, vel se pro herede gesserit. At eidem agnato octavi, noni vel decimi gradus, non defertur bonorum possessio unde cognati, quamvis & cognatus sit. Quia qui est agnatus, & cognatus est, non contra: tamen decimi gradus agnato non defertur bonorum possessio unde cognati, etiamsi jure legitimo heres extiterit, ut cœpi dicere, id est, etiam si hereditatem adierit ut agnatus, non poterit accipere bonorum possessionem, ut cognatus, qui est octavo aut decimo gradu, quia ultra sextum gradum, nec agnatis quidem (licet jure civili hereditatem adierint) quasi cognatis defertur bonorum possessio, sed intra sextum gradum tantum. Non est novum, ut qui jure civili heres extitit, velit etiam accipere bonorum possessionem. Plerique melius sibi juríque suo prospici putant auxilio prætoris quam jure civili, ideoque non satis habent adiisse hereditatem jure civili, sed petunt etiam bonorum possessionem sicut in tit. de Carb. edicto, ostenditur, eum, qui accepit bonorum possessionem edictalem, nonnumquam petere bonorum possessionem decretalem, qualis est Carboniana. Et vice versa. At bonorum possessio unde cognati, non datur cognato octavi gradus, licet jure civili heres extiterit, quia hæc bonorum possessio sextum tantum gradum cognatorum complectitur, & in septimo gradu duas personas videlic: sobrina natum vel natam, non totum septimum gradum, *l.1. §. hæc autem, h. tit. §. ultim. Inst. de succ. cogn*. Et ratio cur tantum prætor cognatorum fecerit sex gradus, vel solum septem, propter duas illas personas hæc est. Quia ultra eum fere gradum cognatorum, rerum natura cognatorum vitam, vel gradum consistere non patitur, *l. non facile, in pr. inf. de grad, & affin.* vel ut Paulus ait 4. Sentent. *quia ulterius per rerum naturam, nec nomina cognatorum propria inveniri, nec vita succedentib. prorogari potest*. Et hac ratione sex tantum vel septem gradus cognatorum, sex vel septem gradus cognationis constituuntur: & l. Julia & Papia finitur cognatio usque ad sextum gradum quo capite dant maritis solidi capacitatem. *Si cognati*, inquiunt, *inter se cojerint usque ad sextum gradum*, apud Ulp. lib. reg. tit. *de solidi capac*. & l. Julia publicorum judiciorum, ex qua adversus cognatos inviti testimonium non dicunt, nominantur tantum sobrinus, id est, consobrini filius & sobrino natus, non quod excusentur etiam a perhibendo testimonio adversus cognatum cognati priorum graduum, sed quod finiatur cognatio in persona sobrini, & sobrino nati, hoc ex sexto gradu, & ex septimo adsumpto tantum sobrino, vel sobrina nato natave, *l. 4. sup. de test.* Et in l. Julia repetundarum, ut ei, qui in magistratu est, a sobrinis impune pecuniam accipere liceat, id est, ab omnibus cognatis usque ad sextum gradum, cui ex septimo licet addere sobrinum vel sobrinam natam, *l. 1. ad l. Jul. repet*. Et in l. Cornelia de injuriis, ut de injuriis non judicet, qui ei, qui agit injuriarum, sobrinus erit, cui ex septimo gradu addi potest sobrino natus, significatur ulteriorem judicare posse, quasi sit extra numerum cognatorum, *l. 5. in prin. de injur*. Ideoque quod ad istud responsum attinet breviter constituamus, ut adoptio in adoptionibus & adrogationibus dividitur, adoptionis nomine accepto pro genere & specie, ita cognatio dividitur in agnationem & cognationem: cognati dividuntur in agnatos & cognatos, qua ratione recte dicitur eos, qui agnati sunt, & cognatos esse, non utique autem cognatos omnes & agnatos esse, ut in *l. Jurisc. §. 1. de gradib. & affin.* ut patruus meus, mihi agnatus & cognatus est; avunculus agnatus est tantummodo, non agnatus, quia agnatus me contingit per patrem, cognatus per matrem: ergo patruus, id est, frater patris, mihi agnatus & cognatus est: at frater matris

id est, avunculus mihi cognatus non agnatus est. Agnatus ejusdem nominis est, & familiæ; cognatus ejusdem nominis & familiæ non est, quia tamen, qui agnatus est, & cognatus est, cognati nomine accepto generaliter; ideo agnato ab intestato non tantum defertur hereditas & bonorum possessio unde legitimi, quæ proprie agnatis competit, sed etiam bonorum possessio unde cognati, cum & ipsi sint cognati: sed hoc interest, quod bonorum possessio unde legitimi, defertur agnato cujuscunque gradus, etiamsi jure civili non adierit hereditatem: bonorum possessio unde cognati, defertur tantum agnato sexti gradus, & ex septimo gradu duabus personis tantum sobrino sobrinave, nato natave: ultra eum gradum easque personas ne agnato quidem defertur bonorum possessio unde cognati, sed intra eum gradum sane defertur agnato bonorum possessio unde cognati, etiamsi jure civili heres extiterit ut agnatus, quasi ex abundanti etiam accepta bonorum possessione unde cognati.

### Ad §. Fratris.

*Fratris filius pro parte heres institutus, cum patruum surdum esse contenderet, atque ideo testamentum facere non potuisse, possessionem, ut proximus cognatus accepit, ex die mortis, tempore haberi rationem placuit, quia verisimile non videbatur tam conjunctum sanguini, defuncti valetudinem ignorasse.*

**B**Onorum possessio unde cognati, quæ agnatis & cognatis defertur, petenda est intra centum dies ex edicto successorio, numerando a tempore mortis ejus, cujus de bonis agitur, *l. 3. hoc tit. l. 1. §. si intra, tit. seq.* Hoc cognito fac, quod filius patris testamento patrui heres institutus est adjecto coherede extraneo, & dicit filius fratris neque se, neque coheredem ex testamento hereditatem adire posse, quod surdus fuerit patruus, surdo non fuisset testamenti factionem, ut in *l. 6. §. 1. & l. 7. qui test. fac. poss*. quod obtinuit ante constitutionem Justin. id est, ante *legem discretis*, *C. qui test. fac. po*. Et ideo filius fratris quasi nullo testamento, cum re videtur agnoscere bonorum possessionem unde legitimi, vel unde cognati, si hoc maluerit, intra centum dies, scil. utiles, quibus scierit sibi ab intestato deferri patrui hereditatem. Centum dies cedunt scienti, non ignoranti causam intestati, sive causam ab intestato delatæ hereditatis: cedunt ergo ei centum dies statim a morte patrui, quia præsumitur scivisse adversam valetudinem, id est, surditatem patrui, *non est*, inquit, *verisimile tam conjunctum sanguini defuncti valetudinem ignorasse*, sicut dicitur etiam non ignorasse conditionem, & statum capitis sui cognati, *l. si filium, C. de lib. causa*. Item non esse verisimile, proxima necessitudine conjunctum ignorasse ætatem cognati, *l. 7. C. de in integr. resti. min*. Et hæc est sententia hujus responsi.

### Ad L. Ult. de Success. edic.

*Inferioris gradus cognatus beneficium edicti successorii non habuit, cum prior ex propria parte possessionem accepisset, nec ad rem pertinuit quod abstinendi facultatem ob auxilium ætatis prior cognatus acceperat; igitur fisco vacantia bona recte deferri placuit.*

**P**Roximioris gradus cognatus, puta, frater, cum esset minor 25. annis ab intestato agnovit bonorum possessionem unde proximi cognati: deinde beneficio ætatis in integrum restitutus est, ut se illis bonis fraternis abstineret. Quæritur, an inferioris gradus cognatus ad ea bona admittatur ex successorio edicto? Et respondet Papinianus, non admitti, quia prior cognatus illum prorsus exclusit ab initio semel agnita bonorum possessione unde cognati,
         & non

& non est regressus cuiquam ad jus, quo semel exclusus est, sive beneficio successorii edicti ita demum datur sequentis gradus cognatis, si priores omiserint, aut repudiaverint bonorum possessionem, si eam non petierint intra constituta tempora, non etiam, si eam semel agnoverint, licet postea abstenti sint, unde sequitur fisco ea bona deferri tanquam vacantia & ἐκληρονόμητα. Deficiente successorio edicto fiscus vocatur, quod *l. 1. in princip. hoc tit.* demonstrat, dum ait: Prætorem præstituere tempus iis, quibus defert bonorum possessionem, & dare inter eos successionem, ut creditores scire possint, utrum habeant cum quo congrediantur, an vero vacantia bona fisco sint delata, & in §. *qui semel*, ubi quis noluit amplecti sibi delatam bonorum possessionem ut proximiori, jam cepisse eam ex edicto successionem ad alios pertinere, aut fiscum invitare. In hac specie fiscus invitatur, quia nemo est ad quem bonorum possessio cum effectu pertineat: ad priorem cognatam cum effectu non pertinet, quia abstinuit se beneficio restitutionis in integrum. Ad inferiorem cognatum etiam non pertinet, quia semel exclusus est. Ad coheredem quoque prioris cognati, vel ad substitutum prioris verbis fideicommissi (substitutio enim recte sit etiam ab intestato) etiam non pertinet aut non competit jus vindicandorum eorum bonorum, quia nullum coheredem ejusdem gradus, aut substitutum habuisse proponitur in hac lege: si habuisset coheredem vel substitutum fideicommissarium, is proculdubio in vacantem portionem fisco potior esset, *l. si minor, sup. de adq. hered. l. si pupill. sup. ad SC. Treb. l. ex contractu, de re jud.* Quod & Græci notant recte hoc loco 45. Basil. Cum ergo nullus supersit, ad quem cum re pertineret bonorum possessio intestati, in hac specie consequens est, fisco bona deferri tanquam vacantia. Et hæc est species & sententia hujus responsi. Itaque Glossæ omnes delendæ sunt. Quatuor tantum sunt leges, quæ huic responso opponuntur: oponitur *l. 1. §. si quis adita, ad SC. Tertull. l. 2. §. si bonorum, eodem tit. l. 6. §. si filius, de bon. libert.* & quarto *l. 2. §. interdum, de vulg. subjit.* In *l. 1. §. si quis adita, ad SC. Tertull.* hoc proponit, quod si filius intestatæ matris ex Senatusconsulto Orfitiano adierit hereditatem maternam, vel agnoverit bonorum possessionem unde legitimi, quem constat præferri omnibus agnatis mulieris ex Senatusc. Orfitiano, quamvis non sit agnatus matris, sed cognatus tantum, deinde vero abstinuerit se bonis maternis per restitutionem in integrum, tum ait, agnatos defunctæ vocari ad hereditatem. Cur ergo eodem exemplo, si prior cognatus agnoverit bonorum possessionem, deinde abstinuerit se beneficio restitutionis in integrum, non vocatur ad successionem sequentis gradus cognati, perinde atque si prior nunquam agnovisset bonorum possessionem, cur fiscus vocatur illo excluso? Non est alia quærenda ratio, quam ea, quæ proponitur in *d. §. si quis adita*, quia verba SC. Orfitiani extensiva sunt, ut loquitur *l. filii, §. 1. eodem tit.* Extensiva & παρατατικά, id est, tractum temporis habent, extenduntur scilicet & protrahuntur in annum, intra quem petenda est liberis bonorum possessio, *l. 1. largius, hoc tit.* nimirum, quia ita sunt concepta verba Senatusconsulti Orfitiani, *si nemo filiorum, eorumve, quibus simul legitima hereditas defertur*, ubi obiter exponamus eorumve quibus simul, puta, nepotum ex filiis jam ante mortuis, qui concurrunt cum avunculis & materteris, jure, ut vulgo dicitur, repræsentationis: si nemo igitur filiorum eorumve, quibus simul legitima hereditas defertur, volet eam hereditatem ad se pertinere, jus antiquum esto, id est, tum agnati defunctæ mulieris vocantur ad hereditatem legitimam. Verbum illud *volet*, extensivum est, id est, tractum temporis habet, & admittit pœnitentiam, variationemque usque ad annum, constituentis modo se velle, modo se nolle heredem esse, & satis est, si nunc nolit heres esse, licet aliquando voluerit esse, ut jus antiquum locum habeat, id est, ut veniant agnati defunctæ in hereditatem legitimam. Eadem ratio reddenda est circa Senatusc. Tertyll. ad *d. l. 2. §. si bonorum*, filius defuncti præfertur matri defuncti. Ita

est, sed si filius defuncti emancipatus petierit & agnoverit bonorum possessionem unde liberi, atque ita excluserit matrem defuncti, deinde abstinuerit se bonis paternis per restitutionem in integrum, an mater defuncti vocabitur, quæ semel exclusa fuit? sic videtur, quia & Senatusc. Tertyll. verba fuerunt extensiva, si nemo defuncti filiorum hereditatem ad se pertinere volet, tum mater defuncti heres esto. Verba edicti successorii non sunt extensiva. Proinde alia est ratio successionis inductæ Senatusconf. Tertyll. longe alia ratio successionis inductæ edicto successorio. Verum obstat etiam huic responso *l. 6. §. si filius, de bonis libert.* Filius liberti præfertur patrono in successione legitima liberti intestati, & si filius liberti adierit hereditatem, atque adeo patronum excluserit, deinde abstinuerit se bonis, abstinuerit se per restitutionem in integrum, an patronus vocabitur? lex ait, patronum vocari, & pro excluso non haberi per aditionem filii liberti. Sed ut respondeamus, utitur his verbis, *poterit quis patronum admittere*, id est, poterit hoc dare reverentiæ & verecundiæ patronali, quæ est ratio illius responsi. Sicut & hoc datur reverentiæ & verecundiæ patronali in *l. qui duos, §. si cum filio, de reb. dub.* ut patre libertino, & filio ejus commorientibus uno eodemque momento, pater intelligatur supervixisse filio, ne patronus excludatur, qui excluderetur, si filius intelligeret supervixisse patri, secundum ordinem naturæ, quem in aliis causis fortuna sequuta intelligitur, & prius extinxisse patrem quam filium, sed non ita intelligitur fortuna servasse ordinem, si interveniat patronus, nisi perspicue probetur filium supervixisse patri. Postremo lex 2. §. *interdum, de vulg. & pupill. substit.* quidam extraneum heredem instituit, filium exheredavit, & exheredato substituit in secundum casum, id est, pupillariter, deinde heres institutus repudiavit testamentum, destituto testamento principali, quod contingit per repudiationem heredis instituti, sane coruit pupillare testamentum. At finge, heredem institutum, qui repudiavit, cum esset minor xxv. annis, postea fuisse in integrum restitutum adeundi causa, an convaluerit substitutio pupillaris? sic videtur: & ratio ejus rei propria hæc est, quia quo tempore heres institutus repudiavit primum, deinde adivit, nondum erat delata pupillo hereditas ex substitutione pupillari, quia pupillus vixit: sed illata fuit pupillo mortuo post aditionem heredis instituti, quo casu substitutus vocatur, & dantur ei utiles actiones persequendæ substitutionis pupillaris. At si mortuus fuisset pupillus ante aditionem heredis instituti, sane substitutus non vocaretur ad bona pupilli, sed proximus agnatus sive legitimus heres pupilli ab intestato: hæc si examinaveris, intelliges quam dissentiant quæ Azo Accurs. & Placentinus comminiscuntur.

### Ad L. XLIX. de Manumiss. testam.

*Testamento militis ita manumissam: Samiam in libertate esse jussi: directam libertatem jure militiæ coepisse placuit,*

PRæter alia multa, quæ in hoc lib. Pap. docuit data esse præmia militiæ ostendit in hac lege a milite in testamento directam libertatem ancillæ jure datam videri his verbis: *Samiam in libertate esse jussi*, licet ante non jusserit eam esse liberam. In pagano autem aliud esse, quia datio libertatis directæ non recte confertur in præteritum tempus, sed in præsens tantum, ut liber esto, liberum esse jubeo: in milite voluntatem nudam spectamus, non verba. Voluntas quælibet militis statuentis de rebus suis, pro justo & legitimo judicio est. Itaque in hac specie, jure militiæ directa libertas data videtur.

### Ad Legem XVIII. §. Ultimo, de jure fisci.

*Papinianus tam libro sexto quam undecimo Responsorum scribit, ita demum publicam auferri pecuniam ei, qui eum erat creditor, in solutum pecuniam accepit, si aut sciebat cum accipiebat, publicum quoque esse debitorem: aut postea cognovit, antequam consumeret pecuniam. Sed placet omnimodo ei pecuniam auferendam esse, etiamsi ignoravit cum consumeret, & postea quidam principes directam actionem competere ablata pecunia rescripserunt, ut & Marcellus libro 7. Digest. scribit.*

Restat unus locus tantum, quo Marcianus utitur Papiniani auctoritate in *l.*18. §.*ult.de jure fisci*. In hac specie debitor fisci & privati cujusdam creditoris, privato creditori pecuniam debitam solvit, nec superest ei, unde etiam fisco quod debet solvat: quaeritur an fiscus jure sui privilegii, quo inter omnes creditores chirographarios primum locum tenet, privato creditori solutam pecuniam auferre possit, vel extraordinario remedio: ut in *l.*5.*C.de privileg.fisci.* Et Papinianus cum hoc libro, tum etiam 11. perseverans in eadem sententia, non aliter fisco permittebat avocare pecuniam recte solutam privato creditori, quam si privatus creditor scisset debitorem suum, fisci quoque debitorem esse, vel, si cognovisset, antequam consumeret solutam pecuniam, ignoranti creditori bona fide acceptam pecuniam fisco auferre non posse, sed haec distinctio Papiniani inter scientem & ignorantem Marciano & Marcello displicet, qui indistincte dant fisco persecutionem pecuniae alii creditori solutae, creditori tamen restituta pristina actione in debitorem principalem & in fidejussores, *l.*10. *hoc tit.* restitutis etiam pignoribus, si qua intervenerint, *l.*21.*eodem tit.*

### JACOBI CUJACII J.C. COMMENTARIUS.
In Lib. VII. Responsorum ÆMILII PAPINIANI.

### Ad L. LVII. de Usufr. & quemadmod. qu. utat.

*Dominus fructuario praedium, quod ei per usumfructum serviebat, legavit, atque praedium aliquandiu possessum legatarius restituere filio, qui causam inofficiosi testamenti recte pertulerat, coactus est, mansisse fructus jus integrum ex post facto apparuit.*

In primo responso proponitur dominus proprietatis in testamento suo praedium legasse, quo verbo significatur proprietas praedii, L. Titio, qui erat dominus ususfructus, id est, qui in eo praedio usumfr.habebat, vel ut eleganter scribit Papinianus, cui praedium per usumfructum serviebat. Alia est servitus, per quam homo homini servit, alia per quam praedium praedio, alia per quam praedium homini servit, veluti, per usumfructum, vel per usum, vel per habitationem. Item testator proponitur extraneo herede instituto filium exheredasse, & filium recte pertulisse querelam inofficiosi testamenti, quomodo idem Papinianus locutus est in *l.*16. §. *ult. de inoffic. testam.* pertulisse querelam inoffic.testamenti, hoc est, hereditate petita ex causa inofficio.testam. heredi scripto evicisse hereditatem, & fecisse patrem intestatum rescisso testamento: atque ita Lucium Titium possessionem praedii, in quo usumfructum habuit, quod aliquando possederat ut dominus, fuisse coactum restituere filio, ut vero domino praedii, veroque heredi ab intestato. Fructuarius per usumfructum solum non possidet praedium, in quo usumfructum habet, sed quasi possidet jus tantum utendi, fruendi, *l. acquiritur*, §.*ult. de adquiren. rer. domin.*

A *l.*1. §. *quod ait, quor. legat. l. ait praetor*, §. 1. *ex quibus cauf. maj. l.*3, §, *ult. unde lib.* Aliud est possessio, aliud ususfructus, *l. ultim.* D. *uti possid. Plurimis rebus*, inquit Apulejus 1. *Apol. possessione caremus, usu fruimur.* Proinde in causa possessionis sive interdicto etiam uti possidetis proprietarius est potior adversus fructuarium, & ita filius exheredatus, qui tenuit & pertulit causam inofficiosi testamenti adversus heredem scriptum, recte fructuario avocat possessionem praedii, quam tenet jure legati, quia per querelam inofficiosi testamenti, non tantum heredis institutio, sed etiam legata infirmantur & fideicommissa, & libertates, & omnis omnino scriptura, vel nuncupatio testamenti, & aliud quodcunque ad causam testamenti pertinet, ut semper obtinuit ante Justinianum, *l. Papinianus*, §. *pen. de inoffic. testam.* At jus ususfructus Lucius Titius 
B retinet integrum, quoniam id non habet ex hoc testamento, sed alio jure, & ut ex post facto testatorem intestatum decessisse apparuit, lite data secundum filium exheredatum; ita simul ex post facto apparuit acquisitione dominii, id est, proprietatis, quae & confusio dicitur & consolidatio, extinctum ususfructum non fuisse. Sententia, quod maxime notandum est, dicta in causa inofficiosi testamenti retrotrahitur, quia creditur defunctus quasi furiosus aut demens non habuisse testamenti factionem, *l. qui repudiatis*, §. *ult. de inoffic. testam. l. nec fideicommissa*, *de leg.* 3. Et in hanc rem est singulare istud responsum, dum vult re judicata secundum eum, qui egit querela inofficiosi testamenti, omnia aestimari ex post facto, perinde atque ab initio nullum fuisset testamentum. Neque vero huic responso obstat lex *si tibi*, *quibus mod. ususfru. amitt.* quam 
C opponit Accursius, quia in ejus legis specie, revera ususfructus extinctus fuit consolidatione. In hujus responsi specie ex post facto apparuit, non fuisse extinctum consolidatione, id est, cum re, & utiliter fructuario jure legati quaesitam praedii fructuarii proprietatem non fuisse. Inepte etiam Accursius huic responso opponit leg. *evidenter*, D. *de except. rei judic.* qua definitur, contra aequitatem esse, imo & contra naturam condemnationis esse, ut condemnatio proficiat condemnato. Nam & in specie proposita sane non proficit condemnato, condemnatio scilicet fructuarii, ut filio testatoris praedii possessionem restituat, fructuario non proficit, cum ei eripiat proprietatem & possessionem: non proficit etiam fructuario in hoc, ut nunc salvum habeat ususfructum, quoniam non ex condemnatione eum habet, sed ex pristino 
D jure. Ad haec notandum, quod non debuit Glossa omittere, hodie ex Novell. Justiniani huic responso locum non esse, quia hodie querela inofficiosi testamenti legata non infirmat, sed heredis institutionem tantum. Et hoc est quod dicitur, ex causa exheredationis vitiari institutionem, cetera firma manere. Ususfructus. igitur in hac specie revera extinctus est consolidatione, sive proprietatis acquisitione, quae contingit jure legati, nec filio, qui pertulit querelam inofficiosi testamenti legatarius possessionem praedii restituere tenetur, quam habet ex legati causa, quod querela inofficiosi non infirmat.

### Ad §. per Fideicommissum.

*Per fideicommissum fructu praediorum ob alimenta libertatis relicto partium emolumentum ex persona vita decedentium ad dominum proprietatis recurrit.*

Testator libertis suis per fideicommissum reliquit certorum praediorum usumfructum, cum hac adjectione, *ob alimenta*: heredes facta distributione pro rata *au sol la liure*, ex fructu eorum praediorum libertis alimenta praestiterunt; deinde unus ex eis libertis alimentariis sive fructuariis ob alimenta, vita decessit: quaeritur, utrum partis ejus emolumentum adcrescat ceteris collibertis superstitibus, an ad heredes testatoris, vel ad heredem recurrat, qui proprietatis est dominus? Et ait, par-

partium emolumentum ex persona vita decedentium ad dominum proprietatis recurrere. Si simpliciter libertis suis prædiorum usumfructum legasset nullo alio adjecto, uno deficiente pars ejus adcresceret aliis, quia omnibus conjunctim ususfructus relictus esse intelligitur: sed quum relictus est ususfructus, hoc adjecto, *ob alimenta*, apparet non plus eorum quenquam testatorem habere voluisse, quam quo vitam suam toleraret. Itaque portio deficientis ejus ceteris non adcrescit, quibus suppetit ex fructu prædiorum quo tolerent se. Et ut in agris limitatis dicitur cessare jus alluvionis, *l. in agris, de adquir. rer. domin.* quod quidem jus alluvionis comparatur juri adcrescendi, *l. si Titio fructus, in fine, hoc tit.* ita recte dicam, in usufructu limitato ad finem alimentorum, cessare jus adcrescendi ex hoc responso, quod singulare est. Et recte in causa usufructus dixit, partium emolumentum, ut in *l. Mævius, §. pæn. de leg. 2. l. 3. §. & generaliter, & l. ult. si cui plusquam per leg. Falcid. l. Imperator, ad Trebellian.* illo loco Cæsaris, *sine magno commeatu & emolumento*, id est, sine frugibus, sine annona militari, lib. 1. de bello Gall. Proprie dicimus fruges monere, unde emolumenti nomen. Persius.

*Messe tenus propria vive & granaria fas est, Emole*
In *l. 4. de alim. leg.* quam adducit Accursius, recte idem Accursius notat, non usumfructum prædiorum libertis relictum, sed prædia ipsa pleno jure in causam & nomen alimentorum, cibariorum, vestiariorum; & ideo quod plus est in reditibus, quam in necessariis alimentis ad libertos pertinere, quibus plena proprietas prædiorum relicta est, non ad heredem: proponitur in ea *l. 4. libertis fideicommisso Græce relictum* in hac sententiam, *Libertis, libertabusve quos inter vivos testamento vel codicillis manumisi, vel manumisero, dari volo prædia, quæ habeo in insula Chio, ut ipsimet percipiant alimenta, cibaria, vestiaria suo jure*, tanquam domini scilicet, sed hoc loco, neque Norimbergæ, neque Florentiæ scriptum est recte: in uno libro ἐνοικεῖσθαι, in altero ἐνοικεῖσθαι, perspicue est legendum ἐνοικεῖσθαι, v. ad Modestinum x. Resp.

### Ad Leg. XI. Usufruct. quemadm. caveat.

*Usu quoque domus relicto, viri boni arbitratu cautionem interponi oportet: nec mutat si pater heredes filios simul habitare cum uxore legataria voluit.*

Sententia hujus responsi hæc est, non eum tantum, cui ususfr. relictus est vel legatus, sed etiam eum, cui usus nudus, verbi gratia domus usus nudus relictus est, debere cavere heredi, se usurum boni viri arbitratu, quæ est cautio prætoria, de qua est hic titulus, & ostendit hoc loco Papinianus hanc cautionem præstari heredi vel heredibus, etiam si quis uxori legaverit usum domus, ita ut cum ea heredes filii sui habitarent, ut simul cum ea eadem domo heredes filii sui uterentur. An uxoria uxor hereditaria cavere debet boni viri arbitratu uti frui, cum heredes ipsi sint usuarii? sic videtur Papin. nam heredes non sunt nec possunt esse legatarii, *l. si mulieri, de ususfr. adcresc.* Sed uxor sola legataria est, & ideo cavere debet heredibus filiis suis, tametsi eos secum habeat eadem utentes domo. Recte autem ponit usum fuisse legatum matri. Nam si fuisset legatus patri eadem lege, ut simul cum eo heredes filii habitarent, pater non caveret filiis suis cautione ista. Patri hæc cautio remittitur, *l. ult. §. hoc proculdubio, C. de bon. quæ lib.* at matri non remittitur, ut in *l. 6. §. illud, C. de sec. nupt.* Quod proprie significat hæc lex pen. Nec in id tamen animum advertunt: Itaque quod *d. l. 6. C. de sec. nupt.* exigit a matre cautionem fructuariam præstandam liberis, hoc esse ex jure veteri, ut patet ex hac *l. pen.* non ex jure quodam novo.

### Ad L. XXXIII. Fam. Ercisc.

*Si paterfamilias singulis heredibus fundos legando, divi-*
*sionis arbitrio fungi voluit: non aliter partem suam cohærere præstare cogetur, quam si vice mutua partem nexu pignoris liberam consequatur.*

Hujus legis species & definitio hæc est: paterfamilias non pater, ut dicunt, sed paterfamil. non filios, sed duos quosdam sibi heredes instituit, puta primum & secundum, & singulis fundos prælegavit. Divisionis, inquit, arbitrio functus in *l. si cogitatione, C. eod. tit.* præveniens officium arbitri dividendæ hereditatis: facito autem in bonis fuisse duos fundos, Livian. & Cornelian. Livian. esse liberum, Cornelianum esse pignoris nexu obligatum, Livianum primo legasse, Cornelianum 2. Primo secundus jure legati debet præstare partem, quam habet in fundo Liviano, & vicissim secundo primus debet præstare partem, quam habet in fundo Corneliano, quia ipso jure ex æquis partibus heredes sunt, *l. ex facto proponebatur, de hered. instit.* At ut definit Papin. non aliter primo secundus debet præstare partem, quam habet in fundo Liviano, quam si vice mutua a primo acceperit partem fundi Corneliani solutam nexu pignoris: partem alteram, quam secundus in eo fundo habet jure hereditario ipse reluet, repignerabit, solvet pignore de sua pecunia: denique ita definit, fundum Cornelianum esse dividendum de communi, ut in *l. rem sup. hoc tit.* neque distinguit Papin. in *l. rem*, utrum scierit testator fundum Cornelianum esse pignori obligatum, an hoc ignoraverit, quoniam huic distinctioni locus non est in prælegato a coherede coheredi relicto: nam societas hereditaria exigit, ut coheredes communiter fungantur onere luendi pignoris. Sed huic distinctioni tantum locus est in legato ab herede extraneo relicto, *l. si res, de leg. 1. §. sed etsi rem oblig. Instit. de leg.* Nam si testator scierit rem legatam extraneo esse pignori nexam, heres eam luere debet in solidum: si ignoraverit, initio ejus pignoris incumbit legatario. In prælegatis hac distinctione non utimur: sed indistincte dicimus, rem prælegatam coheredem quemque debere luere pro sua parte, neminem in solidum. Et male Accur. in *d. l. rem*, eam distinctionem produxit etiam ad prælegata, in quibus si locum haberet, proculdubio eam juris auctores non omisissent.

### Ad L. VIII. de Usuris.

*Equis per fideicomm. relictis, post moram fœtus quoque præstabitur ut fructus, sed fœtus secundus ut causa, sicut partus mulieris.*

Ait Papin. equis per fideicommissum relictis post moram heredis, heredem præstare non equas tantum, sed & fœtus editos post moram: fœtus præstare tanquam fructus equorum, ut *l. 39. inf. hoc tit.* Post moram etiam præstare fœtus secundos, id est, fœtus fœtuum tanquam causam, non tanquam fructus, quia fructus fructuum esse non intelliguntur: sicut nec usura usuræ, nec accessio accessionis, *l. neque hoc tit. l. heres, de pet. hered.* Et sic notat Papinian. hoc loco, quæ sit differentia inter fructum & causam, quod pertinet ad illam partem tit. de fructibus & causis. Post moram heredis præstat heres non tantum fructum, sed & causam omnem, & quid sit fructus, quid causa exemplis declarat: fœtus primus, est fructus: fœtus secundus, est causa: quia fructus fructus non est. Ac simili modo ancillis per fideicommissum relictis, post moram qui editi sunt partus ex ancillis præstantur: & partus partuum tanquam causa, ut in *l. partum, l. Paulus, in prin. & l. ult. hoc tit.* tanquam causa, inquam, non tanquam fructus, quia partus hominis non intelliguntur esse in fructu, *l. in pecudum, hoc tit.* Noli autem in *d. l. 39.* dum ait, *equis legatis, post moram heredis fœtus deberi*, noli id accipere, de equis alienis tantum, ut Glossa: quasi scil. equis propriis legatis fructus debeantur statim ab hereditate adita propter leg. 42. *hoc tit.* quæ ait, fundo legato per fideicommissum fructus post adquisitum ex causa fideicommissi dominium perceptos ex fundo ad fidei-

fideicommiſſarium pertinere, licet major pars anni præterierit, antequam cederet dies fideicommiſſi. Neque enim ideo fructus dividuntur inter heredem & fideicommiſſarium, ſed omnes præſtantur fideicommiſſario, quicunque ex terra perciþiuntur poſt adquiſitum ex cauſa fideicommiſſi dominium verum : ubi *poſt adquiſitum ex cauſa fideicommiſſi dominium*, non ſignificat poſt aditam hereditatem, ſed poſt traditionem fundi, ut *l. qui uſumfr. ſup. ſi uſusfr. pet.* Et dominium ibi non eſt proprie dominium, quia ex cauſa fideicommiſſi dominium non tranſit, ſed poſſeſſio, ex cauſa fideicommiſſi non tranſit dominium proprietatis, ſed dominium poſſeſſionis tantum. Et ita *l. 42. explicanda eſt ex d. l. qui uſumf.* Et conſequenter, quod ſubjicit *d. l. 39. hoc tit.* de equitio legato, male etiam Gloſſa accepit de equitio alieno : tantum in ea lege 39. ex lib. 9. differentiarum Modeſtini proponitur una differentia inter legatum equorum, & legatum equitii, quod equis legatis fœtus tantum debeantur legatario, editi poſt moram heredis, legato autem equitio, quod & ἱπποστάσιον dicitur, & a Juriſconſultis noſtris etiam dicitur polia, *haras, troupes de poulains*, in *l. ædiles §. ult. de ædil. edict.* equitio, inquam, legato debentur etiam fœtus editi ante moram heredis : & ratio differentiæ hæc eſt, quia equorum nomen poſitione eſt plurale, ſed poteſtate eſt ſingulare, quoniam ex certis corporibus ſinguli legati intelliguntur. Continet igitur legatum equorum certa corpora, quæ nec augmentum, nec deminutionem recipiunt, proinde eorum legatum fœtus incremento non augetur. Equitium autem eſt nomen poſitione quidem ſingulare, ſed poteſtate univerſale & περιληπτικόν, quod continet plura & incerta corpora, quæ ſunt huic uni nomini ſubjecta : Hoc nomen & augmentum & deminutionem recipit, & augetur quidem maxime fœtura ; fœtura adcreſcit equitio non equis : proinde legato aut petitioni equitii inſunt fœtus primi & ſecundi, & non jam ut fructus vel cauſa, ſed ut partes rei principalis, quæ legata eſt, & non officio judicis in petitionem veniunt, ſed jure & poteſtate actionis, quod actum ſit de equitio præſtando. Et non hic tantum fructus veniunt, qui acceſſerunt poſt mortem teſtatoris, ſed & qui poſt teſtamentum factum ; & non ii tantum, qui acceſſerunt poſt moram, ſed & qui acceſſerunt ante moram. Eandemque differentiam eodem libro Modeſtinus oſtendit eſſe inter legatum ovium & legatum gregis ovium in *l. ſervis leg. in fine, de leg. 3.* quæ conjungenda eſt cum *d. l. 39. hujus tit.* Ovibus legatis non debentur agni & arietes editi ante moram heredis, ovium legato, debentur agni & arietes, etiamſi mora heredis nulla interceſſerit. Eademque differentia eſt inter hereditatem & res ſingulas, quæ ſunt in hereditate. Nam hereditatis nomen eſt etiam univerſale, nomen univerſi juris, quod recipit acceſſionem & deceſſionem, & maxime augetur acceſſione fructuum vel cauſarum, ac proinde, qui petit hereditatem hoc modo, *ſi paret hereditatem meam eſſe*, petit etiam fructus, & cauſam omnem quocunque tempore hereditati adcrevit poſt factum teſtamentum, *l. item veniunt, §. item non ſolum, de petit. hered. l. pecuniæ §. 1. de verb. ſign.* In actione in rem, qua res ſingulæ petuntur, non inſunt fructus, niſi ſpecialiter petantur, *l. 2. C. de petit. hered. l. 10. hoc tit.* Qui igitur rem aliquam ſuam eſſe petit, non intelligitur etiam petere fructus vel cauſam ejus rei, ſed, parte, aut fructuum ſecundum jus in ea actione officio judicis veniunt tantum fructus, qui poſt litem conteſtatam, id eſt, poſt moram percepti ſunt, aut percipi honeſte potuerunt. Eademque eſt ratio actionis ex teſtamento aut perſecutionis fideicommiſſi ſingularum rerum. Nam & in ea actione fructus, & cauſa venit poſt litem conteſtatam tantum, id eſt, poſt moram; denique poſt moram enati fructus vel enata cauſa fideicommiſſario debetur. Qui vero editi & percepti ſunt fructus vel cauſa ante litem conteſtatam, cedunt lucro heredis, hoc eſt certiſſimum, & comprobatur multis legibus, *l. ſi quis bonorum, l. cum ſervus, §. 1. l. quæſitum §. ult. de leg. 2. l. 26. de leg. 3. l. generaliter, §. proinde, de fi-*

deico. libert. l. 1. & ult. C. de uſur. & fruct. leg. Et in hac l. 8. apertiſſime, cum ait, fructus aut cauſam fideicommiſſario non præſtari, niſi eos, qui ſunt editi poſt moram, & *d. l. 39.*

### Ad L. XLI. de Adm. & peric. tut.

*Qui plures tutores habuit : unum qui ſolvendo non fuit, rationem actus ſui vetuit reddere, quoniam ejus liberatio, quod ex tutela percepit, aut dolo contraxit, non eſt relicta: contutores qui ſuſpectum facere neglexerunt, tutor enim legatarius ex culpa, quæ teſtamento remiſſa eſt, non tenetur.*

Adoleſcens, qui plures habuit tutores, jam ſuæ tutelæ factus, teſtamentum fecit, & ex eis tutoribus vetuit unum actus ſui rationes reddere, vel vetuit, ne heres ab uno ex tutoribus exigeret rationem actus ſui : videtur ei legaſſe liberationem obligationis contractæ ex adminiſtratione tutelæ, ſed non plenam liberationem. Nam his verbis videtur teſtator ei tantum remiſiſſe rationem culpæ aut negligentiæ, non etiam ſi quid dolo malo feciſſet, aut ſi quid ex rebus pupilli penes ſe haberet, aut convertiſſet in ſuos uſus : potuit quidem & hæc remittere, id eſt, totam tutelæ obligationem & damnum : denique omne incommodum, quodcunque ex tutela ſenſit, ut in *l. 5. §. Julianus, hoc tit. l. ſi quis, l. Aurelius, §. Titius, de lib. leg.* Potuit in plenum liberare tutorem. Quid ni ? Sed hoc feciſſe aut voluiſſe non intelligitur, quod vetuerit rationes actus ſui ab eo exigi; nam vetuiſſe tantum intelligitur ſcrupuloſius & examuſſim exigi ab eo rationes : voluiſſe, non haberi rationem negligentiæ : dolum malum non intelligitur remiſiſſe, aut quod percipit tutor ex rebus pupilli. Ideoque ex eo infert Papinianus, ſi is tutor, cui hæc non intelliguntur remiſſa, ſed quod culpa tantum admiſit aut negligentia, ſolvendo non ſit, atque ita non poſſit præſtare hereditibus adoleſcentis, quod adoleſcens dolo malo ejus abeſt, vel quod ex rebus ejus perdidit male, ceteri tutores heredi tenentur culpæ nomine, quod eum tutorem ſuſpectum facere ſuperſederint, quæ eſt definitio hujus reſponſi. An vero eis tutoribus heres debeat mandare ſive cedere actiones adverſus illum tutorem, qui ſolvendo non eſt. Accurſius tractat. Et verius eſt tamen, non eſſe mandandas, quia tenentur ex propria culpa, quod ſuſpectum non fecerunt, *l. 2. C. de cont. jud. tut.* ex culpa contutoris non tenentur, quæ remiſſa eſt, & multo minus ex dolo, ſed ex propria culpa, quod cum doloſe verſaretur in actu ſuo, eum non removerint, & ſuſpectum non poſtulaverint.

### Ad L. V. de jure Codicillorum.

*Ante tabul. teſtamenti codicilli facti non aliter valent, quam ſi teſtam. quod poſtea factum eſt, vel codicillis confirmentur : aut voluntas eorum quocunque indicio retineatur, ſed non ſervabuntur ea, de quibus aliter defunctus noviſſime judicavit.*

In hac l. Papin. ait, codicillos factos ante teſtam. non aliter valere, quam ſi poſtea teſtamento facto ſpecialiter confirmati ſint : quæ Papin. ſententia refertur Inſtit. in *§. non ſolum, de codic.* Quidam male dicunt eam non extare, cum iſt hæc ipſa quæ ponitur in *h. l. 5.* Nam dum ait, factos codicillos ante teſtam. non aliter valere, quam ſi teſtamento poſtea facto, vel aliis codic. confirmentur : hoc ſpecialem confirmationem exigit, quæ ſcripta ſit in teſtam. vel aliis codic. Poteſt quis plures codic. facere, plura teſtam. non item. Verum fateor in *hac l. 5.* addidiſſe Tribonianum hæc verba : *Aut voluntas eorum quocunque indicio retineatur*, non *judicio*, ſed *indicio* legendum eſt ; non *judicio* ut Gloſſa, ſed *indicio* ut Florentini, quibus verbis non exigitur omnino ſpecialis confirmatio,
ſed

sed satis esse dicitur, si voluntas codicillorum factorum ante tabul. testam. quocunque indicio, quocunque signo retineatur, id est, si quocunque argumento approbetur in ea voluntate defunctum perseverasse, & ea verba Tribonianus addit ex rescripto Severi & Antonini relato in *d. §. non solum*. Nam ex eo rescripto codicilli valent, licet specialiter confirmati non sint testamento postea facto, si modo defunctum quocunque indicio appareat a voluntate in prioribus codic. expressa non recessisse, sed animadvertendum illud rescriptum loqui tantum de voluntate precaria, id est, de fideicommissis relictis in codic. qui facti sunt ante testam. fideicommissa debentur ex nuda voluntate, ex nutu, ex conjectura sola. At si quid in eis codicillis sit scriptum directo, sint in eis relicta legata, aut libertates, aut tutelæ, quæ omnia relinquuntur verbis directis, verbis civilibus, & non specialiter confirmati sint testamento vel codicil. postea factis, quæ sunt in eis directis verbis scripta pro non scriptis habentur, ut est in *Epistol. Plinii ad Annium, lib. 2.* Ideo specialis confirmatio exigitur etiam hodie, specialis confirmatio codicil. exigitur post rescriptum ut directæ scripturæ valeant, *l. 6. C. eod. l. 22. §. qui codicillos, D. ad legem Cornel. de falf.* Codicilli autem post testam. facti, non indigent confirmatione, sed jus testamenti sequuntur, *l. 3. §. ult. hoc tit.*

Ad L. LXXVI. de Leg. II.

*Cum filius divisis tribunalibus actionem inoff. testam. matris pertulisset, atque ita variæ sententiæ judicium extitissent : heredem qui filium vicerat pro partibus, quas aliis coheredibus abstulit filius, non habiturum preceptiones sibi datas, non magis quam ceteros legatarios actiones, constitit; sed libertates ex testam. competere placuit, cum pro parte filius de testam. matris litigasset : quod non erit trahendum ad servitutes, quæ pro parte minui non possunt : plane petetur integra servitus ab eo, qui filium vicit : patris autem æstimatio præstituitur, aut si paratus erit filius pretio accepto servitutem præbere, doli summovebitur exceptione legatarius; si non offerat patris æstimationem : exemplo scil. legis Falcidia.*

Hæc lex continet plura responsa, & primum quidem satis est difficile. Quæstio hæc etsi hodie locum non habeat, cum ex Novella Justiniani, rescisso testamento per querelam inofficiosi testamenti, legata & libertates conservantur in solidum, & sola heredum institutio vitiatur, tamen disceptatio & definitio ejus quæstionis usui esse potest in aliis plerisque causis : vertitur autem ea circa hanc speciem : Mater in testamento filium exheredavit, at quod idem est, mater præterivit, & plures heredes extraneos scripsit. Uni autem eorum, heredum prælegavit certa quædam prædia, & aliis plerisque non heredibus etiam legata reliquit, & libertates quibusdam servis suis. Post mortem matris filius exheredatus adversus omnes heredes scriptos egit Romæ apud Centumviros, & pertulit quæstionem inofficiosi testamenti, non egit simul adversus omnes heredes scriptos uno tribunali, sed divisis tribunalibus : nam Centumvirorum judicia, ut ex Rhetoribus dicimus, erant divisa in varia tribunalia, & singula tribunalia constitisse viris septem, argumentum præbet, quod querela inofficiosi testamenti modo dicitur centumvirale judicium, ut in *Titia, de inoffic. testam.* modo septemvirale judicium, ut in inscriptionibus *l. 7. & 28. & 31. eod. tit.* Et si quidem corpus universum Centumvirorum spectes, unum judices in hac causa, quam movet filius exheredatus de testamento matris inofficioso adversus omnes heredes scriptos : si tribunalia spectes, diversi judices sunt. Porro uno tribunali filius adversus unum ex heredibus, cui prædia erant prælegata, non recte pertulit querelam inofficiosi testamenti, quia heres ille filium vicit : aliis autem tribunalibus adversus ceteros heredes recte pertulit querelam inofficiosi testamenti evictis partibus eo-

rum : quam varietatem judiciorum citra iniquitatem ullam sæpe efficit comparatio meritorum filii & heredum quum heredes diversi juris, diversæ conditionis sunt, *l. nam etsi parentibus, §. ult. & l. circa, de inoff. testam.* Atque ita in proposita specie filius uno judicio victus est : uno tribunali sive consilio, ceteris vicit, & rem abstulit, ac proinde pro partibus tantum eorum, quos vicit, matrem intestatam fecit, pro parte autem ejus, quem non vicit, imo a quo superatus est, mater testata permansit. Non apparebat ab initio matrem fuisse pro parte intestatam, cum de omni re sua jure testata sit, sed ex post facto apparuit, ut in *l. dominus, in prin. de usufr.* Ex quo sequitur legata ab omnibus heredibus relicta testamento matris deberi pro parte tantum ejus, qui filium vicit pro partibus ceterorum extincta esse legata : denique solida non deberi, minui per querelam inofficiosi testamenti recte perlatam pro parte. Idemque atuendum est de prælegato prædiorum heredi relicto, qui filium vicit, ut pro parte ejus consistat legatum, quam scilicet capit jure hereditario, non pro partibus coheredum, quas eis filius exheredatus abstulit, veluti ex causa intestati. Et hoc est quod ait, heredem, qui filium vicerat, pro partibus, quas aliis coheredibus abstulit filius, non habiturum præceptiones sibi datas, id est, prælegata prædiorum, non magis quam ceteros legatarios actiones legatorum scilicet habituros pro partibus eorum, quos filius vicit. Rescisso igitur testamento pro parte per querelam inofficiosi testamenti, pro ea parte legata irrita constituuntur, ut in *l. cum duobus, C. de inoff. test.* Unde quæritur, an etiam libertates, quæ servis testamento matris datæ sunt, irritæ constituantur, & ait, non fieri irritas libertates, quamdiu vel unus heres exstit, qui ex testamento partem hereditatis possideat, sed omnimodo integras libertates competere : non possunt competere nisi integræ, quia individuæ sunt. Nemo potest esse pro parte liber, pro parte servus, *l. duob. de lib. cauf. l. judicata, de except. rei judic.* Proinde libertates consistunt in solidum, tametsi filius non obtinuerit in solidum contra testamentum matris, sed pro parte tantum ait, quamvis legata constet non deberi nisi pro parte, libertates ex testamento competere placuit. Placuit scil. principibus studiosis libertatum, favorabiliter, ut integræ competerent potius quam integræ interciderent, quoniam alterutrum erat necesse constituere, vel intercidere in totum, vel competere in totum, quoniam ipsæ individuæ, & favorabilius est eas conservare : & ait, libertates ex testamento competere, directas scil. quæ proprie competere dicuntur ipso jure ex ipso testamento : fideicommissarias autem præstari ab heredibus. Et quamvis, ut patet ex *d. l. cum duob.* in hac specie præstari etiam debeant fideicommissariæ libertates, non tamen sine distinctione præstantur, nec sine modo aliquo, qui inferius explicabitur. Inde vero quæritur hoc ipso loco, an etiam si testamento matris legatæ sint servitutes prædiorum, puta via, vel actus vel aquæductus, illud legatum, an in totum consistat? quod videbatur eadem ratione, qua consistunt libertates, servorum & conservantur integræ, quia ut libertates servorum, ita servitutes prædiorum individuæ sunt, nec pro parte minui aut præstari possunt, *leg. via sup. de servo. l. 1. §. usuf. ad leg. Falcid.* Et quod dixit de libertatibus servorum competere eas omnimodo rescisso testamento pro parte, hoc ait, non esse trahendum ad servitutes prædiorum, quamvis & ipsæ individuæ sint; eadem causa diversa habet effecta. Causa individua libertatum, ut semper integræ competant, quia eis etiam est adjunctus favor, qui non est adjunctus tuendis servitutibus prædiorum. Causa autem individua servitutum, ut non semper integræ competant, sed penitus intercidant : nam si is, cui servitus prædii legata est, rescisso testamento pro parte integram servitutem petat ab eo herede qui filium vicit, atque adeo ex testamento solus heres existit, repelletur exceptione doli mali legatarius, si æstimatione facta legati, non offerat victori pretium quo

redi-

redimat partes legati; quas ceteris filius abstulit, recte perlata querela, videlicet, si idem filius paratus sit, quantum in se est servitutem vendere & præbere, id est, cedere, accepto pretio. Quod si nolit filius servitutem vendere, etiam hoc casu servitutis legatum intercidit, quia non potest servitus præstari nisi integra : & integra non potest præstari redempta parte a filio, quam si nolit distrahere, restat inutile esse legatum servitutis. Duobus igitur casibus intercidit legatum servitutis, si filius nolit servitutem cedere, nec pecunia accepta, & si eo volente cedere, pecunia accepta legatarius non offerat pecuniam, id est, partem æstimationis legatæ servitutis. Et hoc Papinianus ait, fieri exemplo l. Falcidiæ, nec id explicat, sed explicandum nobis est ex *l. 7. & l. si is, qui §. ult. ad leg. Falcid. & l. pure, §. 1. de doli except.* Si sit legata servitus prædii quam constat non recipere divisionem, & locus existat legi Falcid. quam constat minuere singula legata, quid fiet ? nam ea servitus pro parte minui non potest, proinde non potest heres ex ea retinere Falcid. sed si legatarius petat ab herede integram servitutem, repellitur exceptione doli mali, si non offerat heredi quartæ partis, id est, Falcidiæ æstimationem, & eadem est ratio, si legata servitus prædii sit legata & legata minuantur per querelam inofficiosi testamenti recte perlatam pro parte tantum : eadem etiam ratio servabitur, si testamento matris, de quo agitur, relictæ sint fideicommissariæ libertates. Diximus ante de directis: dicamus nunc de fideicommissariis. Finge duo sunt heredes instituti a matre & rogati servum manumittere, filius exheredatus agit querela inofficiosi testamenti adversus utrumque heredem, & divisis tribunalibus unum vicit, ab altero victus : Servus petit sibi præstari fideicommissariam libertatem ab eo, qui filium vicit, & repellitur exceptione doli mali, vel officio judicis, ut ait *l. judicatæ, de except. rei judic.* quoniam vel hoc vel illo remedio idem possumus obtinere, id est, vel per officium judicis, vel per exceptionem doli mali, ut in *l. bona fide, de noxal. act. l. plane, de pet. hered. l. sumptus, de rei vindic.* Si igitur servus petat fideicommissariam libertatem ab eo qui filium vicit, repelletur, vel illo remedio, si ei non offerat pretium, quo redimat a filio servi partem: neque enim potest præstare fideicommissariam libertatem nisi redempta parte servi a filio, *l. gravi, & seq. de jur. eod.* secundum quam est accipiendum, quod ait *l. pen. eod. tit.* eorum, quæ pro parte præstari non possunt, id est, quæ individua sunt, nihil eorum præstandum : puta, si relicta sit servitus prædii, vel libertas fideicommissaria: nisi velit. offeratur æstimatio partis. Et accipiendum hæc etiam apparet quod Papin. dixit ante de libertatibus, eas ex testamento competere, omnimodo de directis tantum libertatibus esse accipiendum, quæ proculdubio ex testamento competunt, nulla victori præstita æstimatione partis : Nam in fideicommissariis libertatibus idem juris est, quod in servitutibus prædiorum, quod etiam est adnotandum ad *l. cum duob. in fine, C. de inoff. test. ex dict. l. judicatæ.*

### Ad §. Lucio.

*Lucio Sempr. lego omnem hereditatem Publii Mævii. Sempronius ea demum onera suscipiet, quæ Mæviana hereditatis fuerunt, & in diem mortis ejus, qui heres Mævii extitit, perseverarunt, sicut vice mutua præstabuntur actiones, quæ præstari potuerunt.*

Quod vulgo jactatur, & est scriptum in *l. si hereditatem supr. mand.* legatum acquisitum nunquam damno esse posse. & hoc distare legatum ab hereditate, quia hereditas interdum damnosa est perpetuo : verum causa legati non est semper lucrativa : aliquando legatum detrimentosum & onerosum est, ut quum legatur mensa argentaria, & plus est in ære alieno, quam in quæstu, *l. seq. §. mensæ, inf.* vel etiam ut in specie proposita *in hoc §. Lucio*; si quis alii leget omnem hereditatem,

A quæ morte Publii Mævii ad se pervenit, legato continentur etiam onera & incommoda omnia hereditatis Mævianæ. Hanc enim vim habet nomen hereditatis, *l. hereditatis appellatio, de verb. signif.* ut in hereditate vendita proditum est in *leg. 2. §. sicut, de hered. vend.* & in hereditate donata inter vivos, *leg. hereditatem, ff. de donat.* Et ideo in specie proposita legatarius, cui relicta est hereditas Mæviana, debet cavere heredi testamento scripto de indemnitate, puta se indemnem eum damno servaturum & relevaturum oneribus Mævianæ, *l. qui concubinam, §. cum ita, tit. seq. & d. §. mensæ.* Et hoc modo legatarius suscipiet omnia onera & incommoda hereditatis Mævianæ, quemadmodum Glossa non animadvertit, sed excogitavit tantum, ut novatione facta legatarius promittat se soluturum creditoribus, quibus Mæviana

B hereditas obstricta est, nec tamen inutilem modum vel incongruum. At plerumque auctores nostri in similibus cusus remedio cautionis de indemnitate præstitæ heredi efficiunt, ut legatarius in se suscipiat omnia onera, & vicissim etiam heres debet legatario præstare omnia commoda hereditatis Mævianæ, & cedere actiones, quas habet, inque eum transferre. Non dantur legatario actiones ipso jure, sed ceduntur ab herede, cui ipso jure competunt ; non dantur etiam in legatarium ipso jure actiones, quibus hereditas Iæviana obstricta est ; & nec ulla onera hereditatis Mævinæ in eum transeunt, nisi ab eo suscipiantur interposit( vel præstita heredi cautione indemnitatis, quam utique præstare necesse habet, si velit frui commodis hereditariis, nec enim commode potest separare commoda ab incommodis, & hæc recu-

C sare, illa complecti. Suscipiet autem legatarius onera hereditatis Mævianæ interposita illa cautione onera, inquam, quæ in diem mortis testatoris, qui Mævio heres extitit, perseverant, non ea onera, quibus jam testator perfunctus est. Et vice mutua legatario præstabuntur ab herede actiones, quæ in eum diem supersunt, non quas jam ante testator recte pertulit. Et huc valde pertinet species *in leg. pen. §. qua marito, hoc tit.* quæ talis est. Mater filios & extraneos quosdam heredes scripsit, filiis prælegavit hereditatem, quæ sibi a marito obvenerat, patre eorum, ea lege & conditione : *ut omnes onus hereditatis agnoscerent, tam in præteritum quam in futurum.* His usa est verbis : *nec non etiam onus, quo ipsa mater post mortem mariti, eam hereditatem onerasset.* Quæritur, an si quid mater solvisset, dedisset, in quod tenebatur ad he-

D reditas, si quid, inquam, solvisset vel dedisset post mortem mariti, cum ipsa fructus percepisset, id ad onus filiorum pertineret ? quo loco perspicue sunt trajecta verba Scævolæ, & ita reponenda, ut quæstionem proponat hoc modo : *an si quid mulier solvisset, dedisset post interitum mariti, cum ipsa fructus cepisset, ad onus eorum pertineret ?* Hoc ergo quæritur, quibus mater legavit eam hereditatem, dando, solvendo, satisfaciendo, filii agnoscere debeant quibus ea hereditas prælegata est, quod maxime interest scire, propter heredes extraneos. Nam si filii ea agnoscere debent de suo, coheredibus suis tenetur reddere quæcunque mater solvit : & sane videntur debere ea onera agnoscere, quoniam dixit mater : *ut omne onus agnoscerent, tam in præteritum quam in futurum.* At Scævo-

E la respondet, ea tantum onera filiis imposuisse matrem videri, quibus levata hereditas nondum esset, non ea, quibus mater jam absolvisset hereditatem, maxime cum & ipsa hereditatis fructus interim percepit, nec eos filiis reservaverit, ut eum fructibus compensaret onera. Est elegantissima species.

### Ad §. Dominus.

*Dominus herede fructuario scripto fundum sub conditione legavit, voluntatis ratio non patitur, ut heres ex causa fructus emolumentum retineat, diversum in ceteris prædiorum servitutibus, quas heres habuit, responsum est, quoniam fructus portionis instar obtinet.*

Nota-

NOtatur in hoc §. una differentia inter usumfructum, & servitutem prædialem. Nam si quis excepto milite, dominus fundi heredem instituerit eum, qui in eo fundo usumfructum habet, & fundum alii legaverit sub conditione, fructuarius autem hereditatem adierit, aditione confunditur, & interit ususfructus, & existente conditione legati, legatario debet præstare plenam proprietatem fundi, non deducto, non retento, non redintegrato usufructu, qui semel extinctus est aditione, consolidatione, confusione, comparatione domini: nam adeundo adquisivit proprietatem, id est dominium fundi. Adquisitio dominii perimit usumfructum; ut nec possit restitui, nec redintegrari fundo legatario præstito. Et hoc ita in usufructu procedit.

Verum non idem dicemus in servitute prædii, si dominus fundi, in quo vicinus habet servitutem itineris exempli gratia, non usumfructum, vicinum heredem instituerit, & eum fundum Titio legaverit sub conditione. Nam existente conditione Titium petentem fundum repellet heres exceptione doli mali, si non patiatur fundo iterum imponi iter, si non patiatur servitutem redintegrari, quæ aditione confusa est, l. 18. de servit. l.legatum, §.ult.sup.tit. prox.l. Mævius, §. pen. hoc tit. Hæc una est differentia inter usumfructum, & servitutem prædii, cujus rationem paucis verbis, sed subtilibus Papin. explicat in hoc §. & dicit, eam pendere ex voluntate testatoris, quia voluntas testatoris hæc est, ut fundus legatario præstetur integer cum suo emolumento, quod utique consistit in fructu, non ut præstetur nuda tantum & inutilis proprietas fundi detracto usufructu. Voluntas testatoris declaratur ex scripto, l. illud, §. ult. de jur. codicill. Scripsit autem testator, se fundum legare, quo nomine significatur plena & sola proprietas, l.si Titio, l.si alii, de usufr. leg. sicut servi nomine significatur plena proprietas, plenum dominium, l.26. hoc tit. & nomine cujuscunque rei, vel corporis. Et hoc est, quod dicitur usumfructum partis fundi instar obtinere, l. qui usumfruct. de verb. oblig. & effectum partis in casibus plerisque, l.si Titio, §. 1. de usufr. quæ dum ait: usufructum in quibusdam casibus effectum partis non obtinere. Significat in aliis plerisque obtinere, non in omnibus. Et merito, quia emolumentum rei continet; parum enim mihi profuerit rei proprietas, nisi reipsa utar fruar. At servitus fundi partis fundi instar non obtinet: fundum non præstat, qui detrahit usumfructum; contra fundum præstat, qui detrahit, & sibi retinet iter in eo fundo, ex quo apparet usumfructum obtinere vicem partis, non iter: ideoque heres, cujus in fundo legato ususfructus fuit ante aditam hereditatem, fundum præstabit non integrum, vel reintegrato usufructu, quem habuit ante: at heres qui habuit in fundo legato iter ante aditam hereditatem fundum non aliter præstabit, quam si legatarius sibi jus itineris in eo fundo constituat, quod habuit ante. Fundi appellatio plenum fundum significat, non etiam plenum fundum sive optimum maximum, l. servo legato, §. si fundus, tit.prox. Et hæc est ratio, quam proposuit Papinianus. Restat tantum, ut videamus, cur idem non sit, si legatus sit pure? Sane in usufructu est idem, quem constat non redintegrari: sed in servitute prædii non est idem, quia si fundus, in quo heres habuit iter, fuerit pure legatus, per vindicationem, non per damnationem, & legatarius agnoverit legatum, aditione servitus non intelligitur esse confusa, quia recta via dominium fundi, quod fuit jacentis, nec dum aditæ hereditatis, postea adita hereditate, ad legatarium, qui agnovit legatum, transit, nunquam factum heredis, ergo nunquam facta confusione, l.80. hoc tit. l. si a Titio, de furt. At si fundus per vindicationem fuerit sub conditione legatus, ut in hoc §, & post aditionem conditio legati extiterit, proculdubio aditione confusa servitus est, puta interim fundo facto heredis, sed retinetur per exceptionem doli mali, quæ retineretur ipso jure, quasi non confusa, si pure fundus fuisset legatus: Itaque male DD. omnes in hoc §.hæc verba; *sub conditione* existimant abundare, quasi scilicet idem sit fundo pure legato.

### Ad §. Heres.

*Heres meus Titio dato, quod ex testamento Sempronii debetur mihi, cum jure novationis, quam legatarius idemque testator antea fecerat, legatum ex testamento non debeatur: placuit falsam demonstrationem legatario obesse, nec totum falsum videri, quod veritatis primordio adjuvatur.*

Legavi legatum, quod mihi ex testamento Sempronii debetur. Id vero tum mihi jam non debebatur ex testamento Sempronii, sed ex stipulatu, jure novationis, quæritur, an heres legatario teneatur cedere actionem ex stipulatu, in quam per novationem actio ex testamento transfusa est, licet legata tantum videatur actio ex testamento, cum legatur, quod sibi deberetur ex testamento Sempronii? Et respondet Papin. esse præstandam actionem legatario, actionem, inquam, ex stipulatu, ut consequatur quod testatori deberetur ex testamento Sempronii, quia falsa demonstratio non vitiat legatum, & quod etiam ea demonstratio, quod sibi deberetur ex testamento Sempronii, non est omnino falsa, si initium & originem obligationis spectemus: non est, inquam, in totum falsum, quod adjuvatur primordio veritatis: & mutata etiam non est persona debitoris aut creditoris, sed causa tantum obligationis, perempta omnino obligatione veluti per acceptilationem, sane nihil legatario deberetur, nullum esset legatum, l.si sit, §.ult.sup.tit.prox. At novatione facta non omnino perimitur obligatio, sed nova constituitur, & sic novatione non perimitur legatum liberationis, quoniam idem obligatus manet, non quidem ex veteri, sed ex nova causa, quæ originem capit à veteri, l.ult.§.ult.de lib.leg. Acceptilatione autem perimitur legatum liberationis, quasi supervacuum & inutile, l.si id quod, eod.tit.

Priusquam veniam ad reliqua responsa hujus l.78. addam ad secundum responsum, quod est in §. Lucio Sempronio, quod antea à me prætermissum fuit.

Loquitur in §. Lucio de legatario, cui quis legavit fundum, quod sibi à Mævio obvenerat, quem, ait, debere suscipere onera, quæ fuerunt Mævianæ hereditatis, & vicissim ei deberi præstari actiones, quæ fuerunt in hereditate Mæviana, & in diem mortis testatoris perseverarunt, ipso jure ei, & in eum non dari actiones ex causa hereditatis Mævianæ, sed vel cedi, vel suscipi. Addamus idem esse in fideicommissario. Nam si heres rogatus sit L. Titio restituere hereditatem Mævianam, ei & in eum ipso jure & jus itineris in eo fundo constituat, non transeunt actiones, sed cedendæ & suscipiendæ sunt, quia intelligitur esse fideicommissum speciale, non universale (in quo tantum locus est SC. Treb.) intelligitur esse fideicommissum pecuniarium, non fideicommissaria hereditas. Et hoc probat *l. cogi*, §. *sed esse miles*, *inf. ad SC. Treb*, & docet hoc ita procedere in pagano, non in milite. Et valde notandum est ex eo §.*sed & si miles*, in §. *sed & si quis*, qui eum præcedit, cum eadem fere verba proponantur, negative esse legendum: *non transire actiones*, omnino hoc sensu, ut si heres rogatus sit restituere hereditatem, quæ testatori a Sejo obvenerat, hereditatem Sejanam, non heres non hanc tantum hereditatem, sed universam hereditatem testatoris suspectam dicat, & adire recuset, quia placet, quod Papin. dixisse ait: *ex SC. Treb. non transire actiones in eum, cui hereditas Sejana relicta est & restituta*. Ideo ut transeant actiones, heredem a prætore esse cogendum adire hereditatem defuncti, & restituere L. Titio non tantum hereditatem Sejanam, sed universam defuncti hereditatem: sic proculdubio ei & in eum transibunt actiones.

Item

Item ad responsum, quod est in §. *heres*, hoc addi velim ex eo maxime esse notandum, novatione non omnino extingui memoriam & causam pristinæ obligationis. Nam post novationem non in totum falsum dicit, qui sibi dicit deberi ex pristina causa, quæ novata est, quoniam hæc oratio adjuvatur primordio veritatis: Ac præterea novæ obligationi insunt eædem causæ & conditiones, quæ veteri, *l.1.§.plane*, ut *leg.nom.cav.l.4.supr. de usur.* Nunc venio ad quintum responsum, quod est in §. *servus*: & hoc tantum explicabo, & alterum brevissimum.

### Ad §. Servus.

*Servus pure manumissus, cui libertas propter impedimentum juris post aditam hereditatem non competit, quod status ejus extrinsecus suspenditur, forte propter adulterii quæstionem: ex eodem testamento neque legata, neque fideicommissa pure data sperare potest, quia dies inutiliter cedit.*

SCiendum est, diem libertatum testamento relictarum non cedere a morte testatoris, ut ceterorum legatorum, sed ab adita hereditate demum, cujus rei causa pendere dicitur ex natura libertatum in *l.un.§.libert. C.de cad.toll.* quia scil. libertates personis cohærent, & in heredem non transferuntur; ut plane frustra sit, si quis dicat diem earum cedere ante aditam hereditatem. Propterea enim institutum est ut ceterorum legatorum dies cederet mortis tempore, ut, si herede moram aditioni faciente interim moriantur legatarii, non idcirco minus legata transferant in heredes suos. Cum autem libertatum natura hæc sit, ut non possit transferri in heredes, inutile est dicere, diem earum cedere ante diem aditæ hereditatis, ex quo omnia, quæ in testamento pure relicta & adscripta sunt, valent & competunt, aut præstari debent, *l.32.in pr.sup.h.t.* His autem consequens est, ut & dies legatorum relictorum servis, quibus libertates adscriptæ sunt, non cedat ante aditam hereditatem: alioquin inutilia essent legata, si dies earum cederet antequam libertates competerent, quia servis propriis inutiliter legatur sine libertate: denique dies eorum legatorum cederet inutiliter, *l.8. inf. quando dies leg.cedi l.4. C. de legat.* Quod etiam evenire ostendi, ut scil. inutiliter cedat dies legatorum relictorum testamento manumissis, si servo relicta sit libertas sub conditione, & legatum pure, & die aditæ hereditatis, quo legatum cedit, pendeat conditio libertatis, quia si postea existente conditione libertatis competat servo libertas, tamen legatum ei non debetur, quoniam dies ejus semel cessit inutiliter, cum adhuc esset libertas in pendente, in suspenso, nimirum quia suspensa fuit conditione testamento adscripta, quæ nondum extiterat. Proinde suspensa fuit ex ipso testamento, & ex ipsa scriptura testamenti. Verum idem esse Papin. ostendit in hoc §. si libertas suspendatur extrinsecus, id est, extra causam testamenti, ut si pure & recte quidem testamento data sit libertas, sed exterior aliqua causa vel ratio juris moretur libertatem, veluti quæstio adulterii ex l. Julia, quæ lex jubet intra 60. dies divortii propter quæstionem adulterii, suspendi libertates servorum uxoris, & mariti, & parentum eorum, quos scil. eis in usum & ministerium dederit. Verbo *suspendi* utitur, dum hoc enarrat *l. ult. C. ad l.Jul.de adult.* sicut hic §.eodem verbo utitur: Fingit, ut res sit clarior, post divortium uxorem a viro postulari ream adulterii, & intra 60. diem divortii patrem uxoris mori, testamento pure data libertate servis filiæ in ministerium datis, & eisdem quoque servis libertate legatis quibusdam, & mox adiri patris hereditatem, tamen suspenduntur libertates testamento datæ, quoad finita sit quæstio adulterii, ut de servis possit haberi quæstio: & ne, si admittamus statim competere libertates ab adita hereditate, subducantur quæstioni. Suspenduntur ergo libertates datæ testamen-

A to etiam post aditam hereditatem, non ex testamento ipso, cum pure & jure datæ sint, sed extrinsecus propter cognitionem adulterii, & ideo dies legatorum eis relictorum inutiliter cedit tempore aditæ hereditatis, quia eo tempore libertates eorum in suspenso erant ex l. Julia. Et licet postea ad eam perveniant finitis 60. diebus, vel finita quæstione adulterii, ut in *l.prospexit, ff.qui, & a quibus man.* tamen legata, quæ semel cesserunt inutiliter, non convalescunt, ut in *l.ult.in fi.sup.commu.præd.* Et erravit Rogerius, qui existimavit post purgatam innocentiam & finitam quæstionem adulterii, etiam legatorum deberi, quem vellicat Accursius: dum ad hæc verba Papin. *ex testamento, neque legata, neque fideicom-* B *missa pure data sperare potest,* ita scribit. Audi Rogeri, si ipse dicit, ante purgatam innocentiam. Ipse autem est Papinianus: & merito eum refellit, quia sane legata evanuerunt, quæ cesserunt inutiliter, & quæ non fuerunt in suspenso, ut libertates. Et præterea legatorum dies cedit, quamvis eorum præstatio extrinsecus suspendatur, *l.cum illud, in fine, ff.quando dies legat. cedit.* Sed in hac specie cessisset inutiliter. At libertatum, quæ extrinsecus suspenduntur, dies non cedit, antequam impleta sit conditio juris, quæ libertati impedimento est, quia & frustra diceremus libertates antecedere, cum in heredes non transmittantur. Et serva, nos opponere conditiones juris extrinsecus suspendentes libertatem, conditionibus ex ipso testamento venientibus non valet, quam ab ipso Papin. instructi, in *l.conditiones, de cond.& dem.& d.l.cum illud,* in fine, & a Paulo in *l.6. eod. tit.* Et hæc quidem est vera & perspicua interpretatio hujus re- C sponsi: alia interpretatio, quam Glossa adfert ex *l. his verbis, §.interdum, sup.de hered.instit.* de servo accusato adulterii in dominam, quæ ait, ante finitam cognitionem a domina ejusdem criminis postulata, quoniam id crimen semper est duorum, inutiliter servum cum libertate heredem institutum. Ea vero species non congruit cum hoc responso, in quo ponitur suspendi libertates; in casu §. *interdum* non suspenditur libertas, sed prorsus irrita constituitur. Et interpretationi quam adhibuimus, & probavimus, nihil obstat *l. pen. C. de iis quæ ut indig.* quæ finita quæstione cædis a familia domino illatæ, ait, & libertates & legata competere, quæ interim in suspenso fuerunt, quia in ea specie interim suspensa fuit aditio hereditatis ex Senatusconf. Syllaniano. In hac specie adita fuit hereditas, & legatorum eo tempore dies D cessit inutiliter, quia libertas nondum competebat, sine qua servus proprius testatoris legati incapax est. Non obstat etiam *l.1.C.qui non poss.ad liber.perv.* quæ ait, servum damnatum in vincula temporalia, dum ea pœna fungitur, non posse capere sibi relictam libertatem vel legata, finito tempore pœnæ capere posse, quia ut recte notat Accursius, non id dicit, eum capere posse, quod ei relictum est quum erat in vinculis, quoniam dies ejus cessit inutiliter, sed quod relinquitur expleto tempore pœnæ, quoniam dies ejus cedit inutiliter.

### Ad §. Pater.

*Pater cum filia pro semisse herede instituta, sic testamento locutus fuerat: peto cum morieris, licet alios quoque* E *filios susceperis, Sempronio nepoti meo plus tribuas in honorem nominis mei: necessitas quidem restituendi nepotibus viriles partes, præcedere videbatur, sed moderandæ portionis, quam majorem in unius nepotis persona conferri voluit, arbitrium filiæ datum.*

SPecies hæc est. Sempronius filiam heredem instituit, & adjecit, *rogo te, filia, ut, quum morieris, hereditatem meam restituas filiis, quos susceperis, & si plures suscipias quam habeas modo, ut Sempronio potissimum plus ex bonis meis tribuas, quam aliis, in honorem nominis mei, id est, quod is Sempronius mihi sit cognominis, cui etiam Sempronio est nomen,* ut in antiquo testamento L. Cuspidii. *Consobrinis meis, & Lucio præcipue, quod is nomen meum fe-*

*rat, dari volo, &c.* ut in testamento Lyconis apud Diog. Laert. *quæ sunt in urbe & in Ægina, do lego Lyconi, quod is nomen meum ferat.*

In hac specie Papin. ait, necessitatem filiæ initio impositam videri filiis suis nepotibus testatoris restituendi viriles partes hereditatis, sed posterioribus verbis, cum non sit finita Sempronio certa portio, arbitrium filiæ datum videri moderandæ portionis Sempronii ex bono & æquo, ita ut aliquanto plus habeat quam virilem: arbitrium opponit necessitati, necessitatem imponit heredi, qui nepotibus certam portionem adscribit. Nam preces testatorum permixtæ sunt necessitati: arbitrium autem reliquit heredi, qui nepotibus non adscribit certam portionem. Ideoque arbitrio boni viri mater portionem eam Sempronii moderabitur, ut ex sententia defuncti plus aliquando Sempronius habeat, quam virilem portionem, ceteri nepotes habeant virilem partem.

### Ad §. Non Jure.

*Non jure tutori dato mater legavit, si consentiat, ut decreto prætoris confirmetur, & prætor non idoneum existimet: actio legati non denegabitur.*

CErtum est, tutorem pupillo datum, per quem stat, quo minus tutelam suscipiat, amittere legatum sibi relictum ut tutori, fidei remunerandæ gratia, quod jam docuimus *lib.4. & 5. ad l. qui tutelam, in princ. de test. tut. & l. tutor petitus, §. 1. de excus. tut.* Vice versa igitur, si per tutorem non stat, quo minus suscipiat tutelam, sed alia quæpiam causa ei impedimento sit, non amittet legatum, ut in specie proposita hoc loco. Mater filio impuberi in testamento tutorem dedit: non jure eam dedit: quia tutoris datio est legis, vel ejus cui eam lex dedit, *l. muto, §. tutoris, de tutel.* porro lex 12. tab. non permisit eam matri, sed parenti tantum dedit, qui impuberes haberet in potestate, *l. 1. de test. tut.* Et hoc est quod dicitur tutelam mandari jure patriæ potestatis *l. impuberi, de administrat. tut.* Mater autem liberos non habet in potestate, & ut eleganter ait Leo Philosophus in Novel. 25. *solius virilis personæ est filius.* Quasi dicat scilicet soli matri respondere, veluti ex diverso nomen filiisam. Verum tutor datus a matre in testamento decreto prætoris ex inquisitione confirmari potest, si modo datus sit heredi instituto, *l. 2. de conf. tut. l. 4. de test. tut.* Confirmatus autem erit dativus tutor, non testamentarius, nec enim testamento jure datus est. Nunc facito tutorem a matre datum legato ei adscripto consentire, vel desiderare, ut a prætore confirmetur, sed prætorem habita inquisitione morum ejus & facultatum, & causa cognita, neque eum judicare idoneum, neque confirmare velle, an amittet legatum, quod ei mater adscripsit? minime, quia onus tutelæ non refugit, quantum in ipso est, non removetur etiam ut suspectus, alioquin repelletur etiam a legato, *l. quid autem, de excus. tut.* Sed non admittitur, non confirmatur, & per prætorem, non per eum stat, quo minus tutelam gerat aliud est non admitti, aliud extrudi, excludi vel removeri, & hæc est sententia hujus §.

### Ad §. Qui Mutianam.

*Qui Mutianam cautionem, alicujus non faciendi causa interposuit: si postea fecerit, fructus quoque legatorum, quos principio promitti necesse est, restituere debet.*

MUtiana cautio composita est a Quinto Mutio Scævola, ut ejus cautionis remedio caperent statim legatarii vel fideicommissarii, quæ sibi relicta essent sub conditione non faciendi aliquid, quæ nisi morte legatariorum expleri non posset, ut remedio cautionis adhibito repræsentarentur legata conditionalia ante conditionem impletam; quod utilitas exigebat introduci, propterea

*Tom. IV.*

quod legata relicta sub conditione non faciendi aliquid, veluti sub conditione non eundi Romam, non intelliguntur impleta, antequam mortuus sit legatarius: itaque legatario nihil prodesset, si expectaretur mors ejus, si differretur præstatio legati in diem mortis ejus. Remedio igitur cautionis Mutianæ repræsentantur statim, quam quidem legatarii præstant iis, quorum interest, ut ait *l. servo, §. si testator, ad SC. Treb.* Puta heredi, vel legatario, a quo fideicommissum alii relictum est, vel quia etiam in hereditatibus, hæc cautio necessario recepta est coheredi, aut substituto, ad quos jure civili deficiente conditione non faciendi, puta secus faciente legatario, legatum, aut fideicommissum, aut hereditas pertinere potest, *l. 7. & 18. de cond. & dem.* Et non est ea cautio, nuda repromissio, nuda stipulatio, quoniam huic stipulationi sive cautioni, adhibendi etiam sunt fidejussores, vel repromissioni addendum est jusjurandum, & hypotheca rerum suarum, ut in *Novell.* 22. Cavent autem legatarii cautionem Mutianam hoc fere modo: *Non facturos se, quæ ne facerent conditioni legato præpositæ cautum esset, aut si quid adversus eam fecissent, rem pecuniamve legatam cum fructibus, vel usuris, vel quanti ea res erit, qua de agitur, tantam pecuniam ei, ad quem ea res pertinet restituturum iri.* Dixi rem, vel quanti ea res est ex *l. cum sub hac, de condit. & demonstr.* & adjeci, cum fructibus ex *l. heres, §. qui post, eod. tit.* & ex hoc §. vel cum usuris, si pecunia legata sit, ex *Novell.* 22. Et quamvis non caveat nominatim legatarius de fructibus restituendis, tamen omnimoda stipulatione, si sic sit, si postea fecerit, quod non facere jussus est, etiam fructus restituere debet medio tempore perceptos, de quibus restituendis etiam initio accipiendi legati, ut caveret compelli potuit, ut Papinian. ait hoc loco, quod etiam scripsit quasi certissimum in libris definitionum, *d. l. heres, §. qui post.* Et ratio hæc est: quia quod cautioni vulgo adjici solet, cuique adjicienetur, is qui cautionem præbet, cogi potest, si sit omissum, non habetur pro omisso, sed pro adjecto, ut *l. ult. C. quæ res pign. oblig. poss. l. ult. C. de fidejuss.* Sequitur responsum penultimum.

### Ad §. Variis.

*Variis actionibus legatorum, simul legatarius uti non potest, quia legatum datum, in partes dividi non potest, non enim ea mente datum est legatariis pluribus actionibus uti: sed ut laxior eis agendi facultas sit, ex una interim, quæ fuerat electa legatum petere.*

HOc penultimum responsum est accipiendum de legato per vindicationem secundum jus vetus, quod ita relinquitur, *illi do, lego, vel capio, rem illam sumito, tibi habeto,* quoniam cum dicat, ex variis actionibus legata peti posse, hujus tantum legati nomine, quod per vindicationem relinqueretur, comparatæ erant variæ actiones, ac similiter, quæ leges dicunt legatorum plures actiones secundum jus vetus, sunt omnes accipiendæ de legatis per vindicationem, *l. hujusmodi, §. ult.* & quæ illam sequitur, *l. si servus, §. cum homo, sup. tit. prox. l. 3. C. de leg. l. 4. C. de usur. & fructib. leg.* Et iis quidem, quibus ita legatum est, datur actio in rem, & actio in personam, id est, ex testamento: dari etiam eis actionem ad exhibendum, vel actionem in factum constat ex *l. quod legatum, sup. de jud. l. si heres rem legatam, sup. hoc tit.* Dari etiam in suo casu interdictum quod legatorum, sed hoc interdictum datur etiam ex alio genere legati, veluti per damnationem, *l. 1. §. si quis ex morte, in fine, quod legat. nom.* Illæ actiones superiores erant tantum ex legato per vindicationem, nam ex legato per damnationem, *veluti heres damnas esto ille dare rem illam, vel heres illi dato rem illam,* tantum actio ex testamento, quæ est in personam; at hodie Constit. Justin. id est, *l. 1. C. comm. de leg.* ex omni genere legatorum, aut ex eorum causa tres sunt, tres competunt

petunt actiones. Actio in rem, id est, vindicatio rei, quæ adsertio dominii est, lis dominii, ut ait lex *evictis, de usur.* Et actio in personam, qua legatarius adserit sibi rem legatam deberi ex testamento. Et præterea actio hypothecaria, qua legatarius persequitur res alias hereditarias quasi tacito jure pignori sibi obligatas legati nomine, si legatum ipsum consequi non possit. Quæ actio hypothecaria primum prodita est a Justin. Jure enim veteri nulla fuit tacita hypotheca legatorum nomine, & nulla hypotheca, nisi quam forte testator ipse constituisset legatariis in ipso testamento, ut in *l. non est mirum, de pig. act. l. fundus, de ann. leg. l. Lucius, de adim. leg.* Proinde in potestate legatarii est rem legatam, vel quasi suam petere rei vindicatione, vel quasi alienam, sed sibi debitam conditione: neque hic earum actionum concursus est novus, aut incongruus, cum & ex aliis plerisque causis hæ duæ actiones concurrant, licet videantur adversæ, veluti ob res furtivas, vel ob res amotas divortii causa, *l. 3. §. 1. de condict. furt. l. ob res, ff. rer. amot.* Sed in his causis est propria quædam ratio, ut hæ duæ actiones dentur odio furum, quo pluribus actionibus teneantur, *§. sic itaque, Inst. de act.* Quæ ratio est valde obscura, aut sane enucleatu difficilis admodum, sed hic non est locus enucleandi eam: verum quia ille concursus harum actionum in illis causis admittitur odio furum, vel quasi furum, puta, conjugum, qui res amoverint divortii causa, recensea mus etiam alias causas, in quibus nullum subest odium reor um, & tamen iis duabus actionibus tenentur. Mulier res dotales persequitur actione in rem ut suas, vel actione hypothecaria ut alienas, *l. in rebus, C. de jure dot.* Donator res donatas inter vivos, si omissa sit insinuatio, persequitur vindicatione, vel conditione, *l. pen. C. de don. l. 38. C. de Episc. & cler.* Itemque lege donationis non impleta, donator res donatas inter vivos persequitur hac vel illa actione, *l. 1. C. de don. quæ sub. mod.* Itemque res donatas mortis causa ex pœnitentia revocat, vel vindicatione, vel conditione, *l. qui mortis, ff. de mort. cauf. don.* Et est in potestate ejus utra actione uti malit, qua actione agere maluerit. Causam rei nostram sæpe malumus alienam videri, & petere ut alienam, non ut nostram. Quidni? ut in *l. pen. quand. ap. sit.* At ut ostenditur, potissimum in hoc §. simul his actionibus, quæ legatariis competunt, legatarii non possunt uti in solidum, vel in partem: *in solidum*, quia defunctus semel duntaxat legatum ad eos pervenire voluit, *non in partem*, quoniam legatum, quod unum est, scindi non potest, quæ sententia & rei legatæ, & actionis divisionem inhibet, *l. 4. sup. h. t.* Variæ dantur actiones iis, quibus legatum est per vindicationem: & hodie omnibus legatariis & fideicommissariis, non ut omnibus simul experiantur, ut ait, sed ut latior sit eis agendi facultas. Ceterum una eligenda est, una contenti esse debent, nec una electa, est regressus ad alteram, ut in *l. quod in herede, §. 1. de tribut. act.* Neque huic responso quicquam obstat lex 1. *§. quia autem, ff. quod leg.* ubi legatarius proponit simul diversas actiones: petitionem hereditatis, & interdictum quod legatorum, & admittitur, quia scilicet protestatio ejus rem omnem emendat, neque enim est audiendus, qui varias instituit actiones, quod interdum facere cogitur, dum in dubio est animus, incertus juris adversarii sui, non alter, inquam, est audiendus, quam si protestetur, se ex una tantum earum velle consequi simplum, quod eum contingit. Protestatio igitur rem omnem emendat.

## Ad §. ultimum.

*Repetendorum legatorum facultas ex eo testamento solutorum danda est, quod irritum esse post defuncti memoriam damnatam apparuit: modo si a legatis solutis crimen perduellionis illatum est.*

SEntentia responsi ultimi hæc est: heres solvit legata, bona fide testamento relicta, & ex post facto apparuit testamentum irritum esse, ac proinde ex eo legata, quæ soluta sunt, non fuisse debita, ut in specie, quam ponit de memoria testatoris damnata post mortem ejus ob crimen perduellionis, proditionis adversus Rempub, vel Principem, qua damnatione irritum sit ejus testamentum, *l. 6. §. sed ne eorum, de inj. sup. & irr. test,* Et in Carthaginensis synodi canone 82. qui ostendit etiam ex ea causa irritum fieri testamentum. Damnatur memoria mortui, ut quod pauci sciunt, omnibus notum sit. Bartolus refert in *l. 1. C. de reg. reis.* Dantis poetæ celeberrimi fuisse damnatam memoriam post mortem, quod ex professo edito libro de potestate Imperii, qui superioribus annis in lucem editus est, Imperatoriam potestatem & majestatem extulisset supra Pontificiam. Damnatur, inquam, memoria mortui, vel etiam vivi, quum interdicitur ejus nomen posteris, ut eleganter Mamertinus ait in Panegyr. ad Jul. Cum si forte Consul fuit, nomen ejus satis eximitur & eripitur, ut de Eutropii memoria damnata scriptum est in *l. 17. C. Th. de pœnis*, erepto, inquit, *splendore ejus, & consulatu, & a tetra illuvie, & a commemoratione nominis ejus, ex cœnosi sordib. vindicato, ut ejusdem universis actibus antiquitatis omnia mutescant tempora, & inf. Omnes statuæ ejus & omnia simulachra aboleantur*: hoc est damnare memoriam. In proposito autem damnata testatoris memoria, quia irritum est testamentum, & apparet indebita fuisse legata, quæ soluta sunt, Pap. recte respondet hoc loco, *legatorum solutorum repetitionem dari*. Cui vero? heredi vel fisco, ad quem transeunt bona damnati, & heredi quidem scripto, si de suo solvit legata, fisco autem, si heres solvit de hereditate. Et ita docte Acc. distinguit ex *l. quod si possessor, ff. de pet. her.*

## Ad L. XCI. de Leg. III.

*Prædiis per præceptionem filiæ datis, cum reliquis actorum & colonorum ea reliqua videntur legata, quæ de reditu prædiorum in eadem causa manserunt, alioquin pecuniam a colonis exactam, & in calendarium in eadem regione versam non contineri, neque colonorum neque actorum, facile constabit, tametsi nominatim actores ad filiam pertinere voluit.*

FInita lege *cum filius* 78. *de leg.* 2. accedamus ad leg. *prædiis*, quæ est 91. *de leg.* 3. In qua plura sunt responsa. Initio legis proponitur pater filiæ pro parte heredi institutæ prælegasse certa prædia cum reliquis colonorum & actorum, & actores quoque ipsos. Actores sunt, qui & villici dicuntur, servi præfecti rei rusticæ & rationib. prædiorum, *l. pen. in princ. de adim. legat.* Reliqua vero actorum sunt, quæ resident sive restant debita domino, ex eo actu, eave administratione, & cura prædiorum. Coloni sunt, qui prædia conduxerunt mercede sive pensione certa. Reliqua autem colonorum sunt pensiones sive mercedes, quas reliquati sunt, & domino debent ex causa locationis, quæ in idiotismo vocamus, *Arrearges*. Et plerumque reliqua hæc vel actorum vel colonorum probantur ex scriptura domini prædiorum, qui computatis rationibus actorum sive colonorum subscribit manu sua, tot esse in reliquis, id est, tot nummos accepta superare expensa, & imparem esse rationem accepti, & expensi. Reliquationi adversa est pariatio. Et ita probari reliqua, quæ debentur ostendit lex *Ausidius* infra, *h. t.* At quæritur initio hujus legis, an legato *reliquorum* contineantur etiam pecuniæ, quas actores vel coloni cum reliquati essent, jam dominus prædiorum ab eis exegerat, & in calendarium converterat, id est, fœnori occupaverat in ea regione, cujus cura ad servos actores pertinebat? Ait, eas pecunias non contineri legato, quas exegit paterfamil. & fœnori collocavit, sicut nec eas, quas exegit, & habet in condito, id est, quas recondidit in arca, vel in horreo, *d. l. Ausidius.* Exacta & condita separantur a reliquis, *§. pariter, in hac lege*, quia exactione, & solutione desierunt esse reliqua: Lega-

Legatis reliquis colonorum vel actorum contineri tantum ea, quæ de reditu prædiorum in ea causa manserunt, id est, eam tantum pecuniam, quam adhuc coloni vel actores debent ex actus sui, vel ex locationis causa, & actiones eo nomine competentes adversus colonos, quæ præstari possunt, esse præstandas & cedendas legatario, ut in *l. cum filius*, §. *primo*, *sup. tit. prox.* dixit idem auctor, legata hereditate Mæviana, legato contineri eas tantum actiones, quæ hereditariæ manserunt, cedique & præstari possunt, non quas jam testator ipse pertulit; Plus ut lex *Seja*, §. *prædia*, *de instr. vel inst. leg.* non continet etiam legato reliqua colonorum, qui jam finita conductione coloni esse desierunt, & colonia, id est, agro conducto discedentes, de reliquis pensionum domino caverunt novatione facta; quia post finitam conductionem novatione facta desierunt esse reliqua colonorum: coloni plerumque erant liberi homines, actores sive villici sunt servi patrisfam. Columella lib. 1. cap. 7. *Omne genus agri tolerabilius esse sub liberis colonis, quam sub villicis servis habere.* Quos paulo post vocat actores. Quamvis autem, ut proposuimus initio, actores filiæ legati sint in hac specie, & reliqua colonorum, quæ dominus exegit, translata sint ad rationes actorum, versa pecunia in calendarium ejus regionis, quod actores exercebant pro domino, tamen ea reliqua legato non continentur. Et breviter summa legis hæc est: Legatis reliquis colonorum vel actorum non contineri reliqua colonorum, quæ dominus transtulit ad actores, quæ vertit in calendarium, quod tractabant actores; ac similiter non contineri reliqua actorum, quæ jam exegit, licet actores ipsos etiam legarit. Et recte posui, testatorem ipsum exegisse reliqua, quoniam si post mortem testatoris ea exegerit heres, sane legato continentur, *d. l. Aufidius*, *in fine.* Quæ scilicet usque in diem mortis testatoris in eadem causa manserunt, non quæ ipse testator exegit & avertit alio: iterum dicam summam legis vim hanc esse, legato actorum non contineri reliqua colonorum, quæ dominus transtulit ad actores: nec reliqua actorum, quæ dominus ipse exegit, sed quæ nondum exacta sunt eo vivo, vel quæ post mortem ejus exacta sunt ab herede in fraudem legatarii.

### Ad §. Ex his verbis.

*Ex his verbis: Lucio Titio prædia mea illa cum prætorio, sicut a me in diem mortis meæ possessa sunt, do: instrumentum prædiorum, & omnia, quæ ibi fuerunt, quo domus fuisset instructior, deberi convenit, colonorum reliqua non debentur.*

Quidam legavit certa prædia cum prætorio, quæ est habitatio domini speciosa & voluptaria, fuerat in diem mortis suæ possedisset, & ait, legato contineri omne instrumentum patrisfamil. omne id, quo domus in ea villa fuit instructior, vel in eo prætorio. Idemque omne instrumentum prædiorum, omne instrumentum rusticum, quoniam plenissimum est legatum, quia dixit, *sicut a me in diem mortis meæ possessa sunt*, quæ verba continent omne instructum, & omne instrumentum: sed non continet etiam reliqua colonorum, non continent nomina ex causa locationis, quod congruit omnino cum *l. qui habebat*, §. *ult. inf. hoc tit.* Legato igitur prædiorum quantumlibet amplo, quantumvis pleno, non continentur reliqua colonorum, sed leganda sunt specialiter, siquidem testator ea ad legatarium pervenire voluerit. Quamobrem & ea specialiter fuisse legata proponitur initio hujus legis, & *l. Seja*, & *l. prædia*, *de inst. & inst. leg.* Et sic in §. *sequ.* ostenditur, legata officina purpuraria cum servis institoribus, & purpuris, quæ in diem mortis ibi essent, non contineri pretia purpuræ jam exactæ & condita in arca, nec pretia, quæ emptores debent, nec pretiorum reliquas partes.

### Ad §. Titio.

*Titio Sejana prædia, sicuti comparata sunt, do, lego: cum essent Gabiniana quoque simul uno pretio comparata, non sufficere solum argumentum emptionis respondi: sed inspiciendum, an literis & rationibus appellatione Sejanorum Gabiniana quoque continerentur, & utriusque possessionis confusi reditus titulo Sejanorum acceptolati essent.*

IN hoc §. ostenditur, eum, qui emerat prædia Sejana, & Gabiniana uno pretio, confusis scilicet universis prædiis, confuse constituto pretio, legasse prædia Sejana, sicut comparata sunt, hoc modo: *Illi lego prædia Sejana, sicut a me comparata sunt*, & dubitari an Gabiniana etiam prædia legato contineantur, quod posset quis tentare argumento emptionis, quod uno pretio simul empta sint. Sed eleganter ait, hoc argumentum non sufficere, nisi accedat aliud, puta, nisi etiam ex rationibus testatoris appareat, eum Sejanorum prædiorum appellatione, etiam Gabiniana comprehendisse, hoc est, reditus, quos & redactus vocat, & refectus: & eo nomine proprie nostri auctores significant pensiones atque mercedes redactas ex locatione prædiorum, nisi, inquam, reditus utrorumque prædiorum testator confuse verit confusae rationibus suis acceptos ferre sub nomine & titulo Sejanorum prædiorum. Argumentum optime ducitur ex rationibus defuncti, ut in *l. servis urbanis*, *h. t. l. 1. ff. de reb. dub. l. Seja*, §. *Tyrannus*, *inf. de inst. & inst. leg.* Et ex hoc loco apparet, in quæstione voluntatis defuncti non sufficere unum argumentum, unam conjecturam, exigi plures, ut in *l. librorum*, §. *quod tamen h. t.* ut qui chartas legavit, videatur legasse libros, hoc non præsumemus ex uno argumento, sed ex pluribus, puta, quod dixerit, *chartas universas meas do*, *lego*, & quod alias chartas quam libros non habuerit, & quod studiosus studioso legavit. Hæc tria argumenta efficiunt, ut chartarum legato contineantur libri, unum non sufficit: nec debet judex unquam temere ex una conjectura voluntatis defuncti, quicquam de ea decernere: sic etiam in §. *balneas*, qui sequitur.

### Ad §. Balneas.

*Balneas legatæ domus esse portionem constabat: quod si eas publice præbuit, ita domus esse portionem balneas, si per domum quoque intrinsecus adirentur, & in usu patris familiæ, vel uxoris nonnunquam fuerunt, & mercedes ejus inter ceteras meritoriorum domus rationibus accepto ferebantur, & uno pretio comparatæ, vel instructæ communi conjunctæ fuissent.* Ad §. Pen. *Qui domum possidebat, hortum vicinum ædibus comparavit, ac postea domum legavit: si hortum domus causa comparavit, ut amœniorem domum ac salubriorem possideret, aditumque in eum per domum habuit, & ædium hortus additamentum fuit: domus legato continetur.*

Domo legata dicuntur deberi balnea, quæ sunt in ea domo, & publice præbentur quadrante, ut solebant olim, si modo concurrant multa argumenta, quibus de balneis quoque legandis ejus appellatione domus testatorem quoque sensisse appareat, ut puta, si per domum in balnea intrinsecus aditus sit, si in usu privato nonnunquam fuerint testatoris, & uxoris ejus, si reditus balneorum, & pensiones rationibus accepto tulerit, sub nomine meritoriorum domus. Meritoria domus sunt locis domus, quæ particulatim locari solent, ut stabula, cœnacula, ergastula, diversoria, taberne, balnea: item, si uno pretio balnea fuerint comparata cum domo, vel si fuerint instructa communi conjuncto, id est, communi contextu. Utitur quatuor argumentis, quibus vult probare eam fuisse voluntatem defuncti, ut legato domus cederent balnea. Unum argumentum non sufficit, plura exiguntur, alioquin legato domus cedunt tantum privata balnea, non etiam, quæ

quæ publice præbentur omnibus. Et huc pertinet, quod ait Paulus 3. Sent. *Domo legata, ejus balneum, quod publice præbetur, nisi alias separetur, legata cedit*, id est, nisi separatim balnei reditus rationibus acceptolati sunt. Et simili modo in §. *pen. h.l.* recte docet domus legato contineri hortum vicinum, si eum domus causa comparavit, ut amœniorem ac salubriorem domum possideret : ac præterea, si per domum in hortum aditus fuerit : denique si hortus fuit additamentum & accessio domus, non aliter, quoniam ex uno argumento non recte ducitur præsumptio voluntatis : eodemque modo in §. *ult.*

### Ad §. Ultimum.

*Appellatione domus insulam quoque injunctam domui videri, si uno pretio cum domus fuisset comparata, & utriusque pensiones similiter acceptolatas rationibus ostenderetur.*

Ostenditur domo legata contineri insulam domui injunctam, id est, vicinam, proximam, adjacentem, ut ait *l.si finita §.item , quid dicemus , de dam.inf.& l.qui domum , sup.loc.* quoniam insula, quæ dicitur, non est alii ædificio continua, alioquin ea habitatio non esset insula ; vicina alii ædificio potest esse, & proxima ac adjacens, non adhærens. Domo igitur legata, videri etiam legatam insulam vicinam, si modo uno pretio cum domo comparata sit : ac præterea, quoniam hoc unum non sufficit, si a testatore & domus & insula pensiones simul rationibus acceptolatæ sunt sub titulo domus. Denique ex §. *balneas*, & §. *pen.& §.ult.* atque etiam ex §. *Titio*, intelligimus, ex conjectura voluntatis, quæ modo subnixa sit multis argumentis, non unico tantum, & balneum, quod publice præbetur, & hortum, & insulam vicinam partes domus esse censeri, & legato domus contineri, non aliter. Acc. rationes nescivit esse in his omnibus locis : rationes expensi, & accepti, quas conficit sibi quisque diligens paterfamil. ex quibus eruitur sæpe mens defuncti. Observandum etiam est in §. *ult.* quoniam in Pandectis Florentinis ita legitur: *Appellatione domus insulam quoque injunctam domui videri, nec additur legatam : & pro videri*, quoniam hæc verba sæpe commutantur, legendum esse, *deberi*. Nam idem mendum inolevit duobus locis. Videri pro deberi, in *l.pen.& ult.inf.de dote præleg.* Et apud Senecam 2.natur. quæstion. *Si eum sanitas*, inquit, *videatur esse de fato, cum veteres habeant, si sanitas debetur fato, debetur & Medico, per cujus manus beneficium fati ad nos pervenit*. Et sic explicanda est lex 91. *de leg.* 3.

### Ad L. IX. de Ann. leg.

*Fundus, quem paterf. libertis legatorum nomine, quæ in annos singulos relinquit, pignus esse voluit : ea causa fideicommissi rei servandæ gratia recte petetur. Paulus notat : hoc admittendum est, & in aliis rebus hereditariis, ut & in eas legatarius mittatur.*

In hac l. proponitur, patronum libertis in annos singulos per fideicommissum legatum reliquisse certas quantitates, & ob hanc causam certum fundum libertis pignoris jure obligatum esse, voluisse ; pignus testamento recte constituitur, *l.1.C.comm. de leg. l.non est mirum, sup. de pig. act.l.Lucius, inf.de alim.leg.* Et ideo Pap.ait, eum fundum recte peti, id est, vindicari actione hypothecaria, sive Serviana ; rei servandæ gratia ex causa fideicommissi, id est, ut eum fundum legatarii possideant ex causa legati, per fideicommissum relicti, sicut loquitur etiam *l.5. §. si plures, inf.ut in poss. leg.* hoc ita si legatarii, heres legatorum nomine cavere detrectet, quoniam, quæ relinquuntur in annos singulos, legata conditionalia sunt, *l.1.§.si in annos , ff. ad leg.Falci.* Idcirco de iis præstandis, cum conditio extiterit, heredem legatariis cavere oportet, aut licebit legatariis exercere speciale pignus, & exequi quod testamento constitutum est, & fundum persequi ac possidere legatorum servandorum causa. Et hoc cum scripsisset Pap. notat ad eum Paulus, quæ nota admodum singularis est , etiamsi legatariis in testamento prospectum sit speciali pignore, non idcirco tamen minus & prætorium pignus constitui posse in aliis reb.hereditariis, herede non cavente & legatariis non satis faciente pignore testamentario, quod fiet missis legatariis jussu magistratus in possessionem aliarum rerum, legatorum servandorum causa. Pignus prætorium concurrere posse cum pignore testamentario, nec cautionem testatoris lædere aut tollere vulgarem cautionem legatorum præstandam ex edicto prætoris, quod maxime notandum est. Nam argumento hujus loci tentari potest, legatariis a testatore constituto speciali pignore, eos in ceteris rebus hereditariis exercere posse jus taciti pignoris, quod eis Justin.dedit in *l.1. C.comm. de leg.* Id enim ante Justin. non habuerunt. Nam *l. creditorib. ff. de separat.* est accipienda de prætorio pignore, quod misso in possessionem constituit, non ut Acc.sensisse videtur, adducta *l.1.C.comm.* de tacito pignore, quod facile constat, legatariis Justin. dedisse primum. Et idem Acc.etiam in hanc rem falso in *l.5.sup.§. postquam, ff.ut in poss.leg.* legatarios jure taciti pignoris præferri chirographariis creditorib. quia certo certius est legata non deberi, nisi deducto ære alieno, & adimpletis omnib. creditoribus, ne ex testamento quidem militis, *l.1. §. denique, ff. ad SC.Treb.* Ergo omnes creditores, etiamsi non sint hypothecarii procul dubio præferuntur legatariis, quamvis hodie hypothecarii omnes sint legatarii. Verum quod dixi tentari posse, vel dicam modo vere dici posse, legatariis in testamento constituto speciali pignore, speciali hypotheca, eos etiam jus tacitæ hypothecæ, quod dedit Justin. exercere posse in aliis rebus hereditariis, videlicet, si rei servandæ causa non sufficiat pignus speciale, arg. *l.2.ff.de pig.* Ubi, si cui sit constituta specialis & generalis hypotheca, dicitur, non posse eum exequi generalem, vel excutere, nisi cum specialis non est idonea : sed si specialis sit idonea, abstinere debere a ceteris bonis, licet & ea generaliter pignori nexa habeat ejusdem crediti nomine. Et nihil est præterea, quod ad hanc leg.pertineat.

### Ad L.XXIV. de Usu, & usufructu leg.

*Uxori fructu bonorum legato, fœnus quoque sortium, quas defunctus collocavit, post impletam ex Senatusconsulto cautionem præstabitur. Igitur usuras nominum in hereditate relictorum ante cautionem interpositam debitas, veluti sortes in cautionem deduci necesse est. Non idem servabitur nominibus ab herede factis. Tunc enim sortes duntaxat legatario dabuntur : aut, quod propter moram usuras quoque reddi placuit, super his non cavebitur. Ad §. Scorpum servum meum Sempronia concubina mea servire volo : non videtur proprietas servi relicta, sed usufructus.*

Sciendum est Senatusconsulto caveri omnium rerum, omniumve bonorum, quæ in reb. nostris sunt, usumfructum legari posse, & constitui interposita cautione de restituendis rebus ejusdem generis & qualitatis, *l.1. h.t. l.1.sup. de usufr. ear. rer. quæ usu. con. l. usufr. inf.ad l.Falcid.* Ergo & earum rerum, quæ sunt in abusu, id est, quæ utendo depereunt & consumuntur, quoniam in bonis nostris sunt, ut pecuniæ, quæ assidua contrectatione & permutatione quasi consumitur ; legari potest ususfructus, & vero constitui quasi ususfructus, vel quasi usus, remedio cautionis SC. introductæ : nimirum cavente usuario vel fructuario, cum morietur aut capite minuetur, tantam pecuniam reddi heredi, quantam in usum acceperit. Proinde omnium bonorum legato ususfructu, detracto ære alieno, & detracta Falcidia, cujus rationem ante omnia haberi oportet, etiam eorum bonorum ususfructus legato continetur, quorum proprie

prie non est usus, sed abusus, ut vini, olei, frumenti, pecuniæ numeratæ, sive nominum & cautionum fœneratitiarum, quarum proprie non est usus, *l. 3. sup. de usufr. ear. ver. quæ usu consf.* Nec hodie, si illa cautio adhibeatur, est locus argumento ex contrario, quod est in Topicis. Si quis alii usumfructum suorum bonorum legaverit, cellis vinariis & oleariis plenis relictis, non debere eum existimare, id ad se pertinere, quod usus, non abusus legatus sit, & earum rerum, quæ in cellis continentur, abusio est, non usio, quoniam remedio cautionis, de qua ante dixi, etiam in eis rebus quasi ususfructus constitui potest. Finge, uxori testatorem legasse usumfructum omnium bonorum: secundum ea, quæ diximus, legato continetur etiam usufructus nominum, quæ fecit testator vel heres ejus. Ideoque actiones uxori præstandæ sunt, ut exigat sortes, quas testator vel heres fœnori occupavit præstita cautione ex Senatusconsulto, de tanta pecunia reddenda, quandocunq; mortua, aut capite deminuta erit. At quæritur hoc loco, an etiam ejus pecuniæ, earumve sortium fœnus sive usuræ in cautionem Senatusconsulti deducendæ sint? Et Papinianus ita subtiliter distinguit: Aut testator nomina fecit, id est, fœnus contraxit, aut heres ejus. Si testator, aut quæritur de usuris, quæ jam debitæ erant, ante quam præstaretur cautio Senatusconsulti, & hæ quoque usuræ tanquam sortes, id est, quasi sortes effectæ in cautionem postea interpositam deducuntur, & ex cautione finito usufructu restituuntur heredi. Aut quæritur de usuris, quæ post cautionem interpositam currere & deberi cœperunt, & hæ tanquam fructus sortium in bonis mariti inventarum, nec in cautionem vel restitutionem veniunt, quia usus nominum legatus est, in usu & fructu nominum sunt usuræ, quæ cedunt post constitutum quasi usumfructum, id est, post interpositam cautionem Senatusconsulti. Usura est quasi fructus sive reditus sortis, *d. l. 3. de usufr. ear. ver. quæ usu consum. l. usuræ, de usur. l. Titius in pr. ff. de præscript. verb.* Quod si heres nomina fecit, non testator, usuræ, quæ debentur heredi uxori defuncti non præstantur, quia nunquam fuerunt in bonis testatoris. Quod præter hunc locum etiam aperte ostenditur in *l. postulante, §. ult. ff. ad Senatusconsult. Trebell.* quam miror Accurs. omisisse. Igitur si heres nomina fecit, usuræ debentur heredi, non legatorio, cui ususfructus legatus est omnium bonorum, quia illæ usuræ nunquam fuerunt in bonis defuncti. Sortes autem debentur legatario, quas occupavit heres & vertit in calendarium, quia verum est eas fuisse in bonis testatoris. Verum adjicit, deberi tamen uxori post moram heredis, sive post litem contestatam earum sortium usuras, quas heres occupavit, non jure legati, quia legato non continentur, sed quia placuit mulctari moram & frustrationem heredis præstatione usurarum, ut in actionibus bonæ fidei, & in actione ex testamento, quæ legati nomine instituitur, vel in persecutione fideicommissi, *d. l. usfur. de usur. l. qui solidum, l. si quis servo, de leg. 2. l. Divus, §. 1. ad l. Falcid. & tot. tit. C. de ussur. & fruct. leg.* Itaq; super iis usuris, quæ infliguntur heredi propter moram, uxori etiam nihil cavere necesse est, sed super iis tantum usuris, quarum restitutura est quandoque finito usufructu. Cavemus super iis tantum, quæ restituturi sumus. Et eadem est prorsus ratio usurarum & fructuum Non fructus inventi in hereditate, fructus maturi, veniunt in restitutionem fideicommissariæ hereditatis tanquam res principalis hereditati comprehensa, fructus maturi, qui erant tempore mortis, *l. 9. ad l. Falcid. l. Centurio, de vulg. substit.* Fructus autem immaturi vel percepti ab herede vel sati, non veniunt in restitutionem fideicommissi, sed cedunt lucro heredis omnes, si mora nondum intercesserit, quia nonnisi post moram debentur legatorum aut fideicommissorum usuræ vel fructus vel causæ, *l. in fideicom. l. ita tamen, §. 1. & d. l. postulante, §. ult. ad Senatusconsf. Treb.* Hoc exposito subjicit Papinian. quendam ita legasse per fideicommissum, quoniam verbum *volo*, quo utitur, est precarium: *Serapium servum*

*meum Semproniæ concubinæ meæ servire volo.* Et his verbis ait, quod est apertissimum, concubinæ legatum servi usumfructum videri, non proprietatem; verbum *servire* usum significare non dominium; aliud esse servire, aliud in servitute esse, quod & Rhetores tradunt. Liber homo mercenarius servit, nec tamen servus est. Redemptus ab hostibus redemptori servit, quoad reluerit se & repignoraverit, quoniam vinculo quodam naturali redemptori tenetur obnoxius. Redemptus, inquam, ab hostibus, redemptori servit, nec tamen est servus. Manumissus a proprietario servit fructuario, quandiu durat ususfructus, nec tamen servus est. Idemque dici potest de capto ab hostibus, ut dixi: Idem dicendum est de capto a prædonibus, vel addicto ob æs alienum, nihil est apertius.

### Ad L. VI. de Servit. Leg.

*Pater filiæ domum legavit, eique per domus hereditarias jus transeundi præstari voluit, si filia suam domum habitet, viro quoque jus transeundi præstabitur, alioquin filiæ præstari non videbitur. Quod si quis non usum transeundi personæ datum, sed legatum servitutis esse plenum intelligat: tantundem juris ad heredem quoque transmittetur. Quod hic nequaquam admittendum est: ne quod affectu filiæ datum est, hoc & ad exteros ejus heredes transire videatur.*

EX ea *l. 6. de servit. leg.* intelligimus, iter non tantum esse servitutem prædiorum rusticorum, sed aliquando etiam esse servitutem urbanorum, ut in *l. iter, sup. comm. prædior.* quæ & in hoc esse differentiam ostendit, quod iter in prædiis urbanis constituatur ea lege, ut is, cui servitus conceditur, interdiu tantum eat, non noctu, ut non cogatur, qui servitutem debet, apertam januam relinquere nocte tota, quod esset importunum & incivile: at in prædiis rusticis ita constitui, ut eat quocunque tempore volet. Ac præterea ex hac *l. 6.* intelligimus, iter non semper esse servitutem prædiorum, sed aliquando personarum servitutem, sive hominum, ex voluntate testatoris. Quare domo filiæ legata, & in eam domum itinere per domus hereditarias, Papinianus ita distinguit: Aut pater filiæ legavit jus personale, id est, usum transeundi per domus hereditarias, & quamvis hoc Jus non transeat ad filiæ heredes extraneos, cum sit personale, tamen viro quoq; ejus mulieris ait, transitum esse præstandum, si mulier habitet domum legatam, alioquin non videri mulieri præstari. Nam ut domino, ita transitus debet esse in promiscuo usu viri & uxoris, *l. 4. §. mulieri, & l. 9. de usu & hab.* Aut pater legavit filiæ iter, id est, servitutem prædialem, quam deberet domus hereditariæ domui legatæ, quod vocat, plenum servitutis legatum. Et hoc casu constat jus transeundi per domus hereditarias in domum legatam, transmitti ad heredes filiæ, juxta id quod dicitur in *l. non solum, 2. §. tale, de libertat. leg.* si personæ cohæret id quod legatur, id non transire in heredem: si non cohæret, tansire. Concludit autem Papin. ex extremo hujus legis: Cum affectu filiæ pater id dat jus transeundi per domus hereditarias, personæ, non prædio hoc jus datum videri, nec transire ad heredes extraneos filiæ, videlicet, si ut recte Accurs. rem temperat, aliunde heredes aditum ad domum legatam habeant. Nam si aliunde aditum ad domum legatam, necessario etiam heredibus extraneis, ad quos domus legatum transmittitur, sine dubio aditus præstandus est, sine quo domus legata habitari non potest *l. damnas, §. 1. sup. tit. prox.* quia vero heredes tantum extraneos Papinianus excludit, potest tentari jus affectu filiæ datum, transire ad nepotes ex ea; quia eo jure excluduntur hoc loco soli extranei: & idem reperi esse receptum in privilegio personarum dato mulieri, *l. maritum, & l. etiam, sup. sol. matr. l. 1. C. de privil. dot. & Novel. 91. l. 2. C. Theod. de sponsal.* Ex quibus locis, si conjungantur, apparebit privilegium etiamsi sit personale, non transire quidem ad heredes extraneos, vel exteros, sed ad filios tamen transire.

Ad

### Ad L. VIII. de Dote Præleg.

*Vir uxori, quæ dotem in mancipiis habebat, pecuniam pro dote legaverat, vivo viro mancipiis mortuis, uxor post virum vita decesfit. Ad heredem ejus actio legati recte transmittitur: quoniam mariti voluntas servanda est.*

IN l. 8. de dote præleg. proponitur hæc species: Uxor dotem habuit in mancipiis quibusdam: vir ei legavit certam pecuniam pro dote: mortuis mancipiis dotalibus constante matrimonio quæritur, an deinde morte viri soluto matrimonio pecunia legata pro dote mulieri debeatur? Posset dici non deberi: quod sit legata pro dote, quæ nulla est, mortuis servis dotalibus, qui soli erant dotales. Et tamen respondet, uxori deberi pecuniam a marito legitam pro dote. Et utitur hac ratione, quoniam mariti voluntas servanda est, *l. 1. §. si quis uxori, l. 6. hoc tit.* maritus autem voluit, certam pecuniam dari vice dotis, non mutavit voluntatem servis dotalibus mortuis eo superstite, sed perseveravit in ea voluntate, etiam consumpta dote uxoris, ut ei adnumeraretur certa pecunia in vicem dotis, quæ tunc nulla erat: & aliud est dotem legare, aliud pro dote certam pecuniam. Si dotem legasset, nihil deberetur mortuis servis dotalibus, quoniam legavit certam pecuniam pro dote, quamvis nulla sit dos, ea pecunia debetur, quia adjectio illa *pro dote* supervacua est: nam etsi indotata fuerit mulier, non vitiat ea adjectio legatum. Valde placet mihi concisa illa ratio & simplex, *quoniam voluntas mariti servanda est.*

### Ad L. II. de Instr. vel Instrum. Leg.

*Cum pater pluribus filiis heredibus scriptis, duobus præceptionem bonorum aviæ, præter partes hereditarias dedisset, pro partibus coheredum viriles habituros legatarios placuit.*

PAter filiis pluribus ex disparibus partibus heredibus institutis, duobus ex eis prælegavit bona, quæ ab avia ei obvenerant; & *prælegare* ex hoc loco recte poteris interpretari esse, *præter hereditarias partes præceptionem dare.* Si igitur pater duobus ex filiis heredibus institutis prælegavit ea bona, nemini incognita est conditio prælegatorum: heredes prælegata capiunt partim jure hereditario, partim jure legati, *l. in quartam, ff. ad leg. Falcid.* Ea igitur bona filii capiunt partim jure hereditario, partim jure legati. Jure hereditario a semetipsis pro hereditariis portionibus: jure autem legati a coheredibus, a fratribus consortibus, pro virilibus portionibus: Et hoc est quod ait Papinian. initio hujus legis, quod congruit omnino cum *l. 67. §. ult. ff. de leg. 1.* Varietatis ratio est obscura, ut videtur, hoc est, cur jure hereditario capiant ea bona pro hereditariis portionibus, jure legati pro virilibus portionibus: sensus hic non est: filiis, quibus ea bona prælegata sunt, fratres consortes teneri pro hereditariis portionibus, quoniam constat eos teneri pro hereditariis portionibus, ex quibus heredes instituti sunt; Sed sensus hic est: quod ab eis filii ceperunt jure legati, id eos inter se partiri pro virilibus portionibus; nimirum quia in legati causam vocati sunt æqualiter, non ut in hereditatem inæqualiter. Et hæc est vis hujus responsi, ad quod additur in §. ult.

### Ad §. Dotes.

*Dotes prædiorum, quæ Græco vocabulo ἐνθῆκαι appellantur, cum non instructa legantur, legatario non præstantur.*

PRædiis legatis, legato prædiorum non contineri ἐνθῆκαι, sive dotes prædiorum, videlicet, si prædia simpliciter legata sunt. Nam si instructa prædia legata sunt, etiam prædiorum dotes, sive ἐνθῆκαι legatario debentur: *Dotes,* inquit, *prædiorum, quæ Græce appellantur ἐνθῆκαι.* Ita est ut in *l. 3. §. Lucius, de leg. 1. οὐκ ἐνθῆκαι. Et in No*vella 128. *& l. 7. C. Theod. de pistoribus.* Et Græci ad *leg. 10. ff. qui, & a quibus manum. liberi non fiant,* τοῖς ἐπίτροποις, διακρίσεως ἐνθήκην. Atticos vocasse ἀφορμὰς, nunc vocari ἐνθήκας, Libanius & Hesychius ex Aristophane: Instrumenta scilicet prædiorum, & quæcunque prædii causa reponuntur in horreis, quæ pertinent ad usum & necessitatem prædii: reposita dixit, *l. si mihi Mævia, in fin. sup. de legat. 3.* quod Columel. 1. *Villicus,* inquit, *exhortandus est ad instrumentorum & ferramentorum curam: ut duplicia, quam numerus servorum exigit, refecta & reposita custodiat.* Sed non est omittendum, instructis prædiis legatis, legato contineri ἐνθήκας, sive dotes prædiorum, sed non contineri tamen reliqua colonorum vel actorum, quod ante idem docuit in *l. prædiis, §. 1. de leg. 3.*

### Ad L. XIX. de Pecul. Legato.

*Cum dominus servum vellet manumittere professionem edi sibi peculii jussit: atque ita servus libertatem accipit, res peculii professioni subtractas non videri manumisso tacite concessas apparuit.*

DOminus volens servum manumittere inter vivos, prius jussit edi sibi professionem peculii, id est, ἀπογραφὴν, & quasi inventarium rerum peculiarium, & inspecta ea professione, eo reporitorio rerum peculiarium servum manumisit. Tacite videtur ei concessisse peculium, quod id ei specialiter non ademit, *§. peculium, Inst. de leg.* At quæritur, quoniam is servus non ex fide bona eam professionem peculii edidit, sed subtraxit res quasdam, an etiam dominus videatur ei tacite concessisse res peculiares, quas servus dominum celavit dolo malo, & professioni subtraxit? Et respondet Papin. eas res, quæ professioni subtractæ sunt, manumisso tacite concessas non videri, idque apparuisse ex postfacto, detecta fraude servi, quia nemo intelligitur concessisse quæ ignoravit, quæque dolo malo adversarii subtracta sunt, *l. tres fratres sup. de pact.* Et ita est explicandum initium hujus l. Male Accursius ponit speciem, dum ponit servum non subtraxisse professioni res certas, sed dominum ipsum exemisse peculio res certas, reliquas concessisse servo tacite, quoniam hanc speciem verba non ferunt. Male etiam Germanus quidam Jurisconsultus, qui exactionem professionis peculii accipit pro ademptione peculii, quod nemo unquam nisi temere dixerit: vult dominus scire quid sit in peculio, an ideo videtur adimere peculium? minime vero. Initium autem h. l. sane nihil pertinet ad titulum, quoniam non est de peculio legato, sed de peculio concesso inter vivos, sicut etiam initium *l. 2. sup. tit. prox.* quam heri exposuimus, nihil pertinet ad titulum, ideoque & hujus legis initium, & istius, conjungi debet cum sequentibus, ne a re proposita errare videatur. Et initio quidem hujus legis conjuncto cum §. 1. differentia constituitur inter vivos & manumisso testamento. Nam manumisso inter vivos tacite concessum videri peculium, si ademptum non sit: manumisso autem testamento non aliter concessum peculium videtur, quam si ei sit specialiter legatum, *d. §. peculium.* Cujus differentiæ ratio hæc est, quia inter vivos, cum manumittit dominus servum, nec peculium alii dat, nec sibi recipit, tacite igitur concedit manumisso. Testamento autem peculium cum universo jure suo heredi dedisse videtur, quod servo vel alii non legavit, quamobrem ponit in §. 1.

### Ad §. Testamento.

*Testamento data libertate, peculium legaverat: eumdemque postea manumiserat; libertus sui & nominum peculii actiones ei præstantur, ex testamento consequetur.*

MAnumisso in testamento fuisse specialiter legatum peculium, alioquin manumissum peculium non

non sequeretur ; sed subjicit manumissum testamento, cui legatum est peculium, postea ab eodem domino fuisse manumissum inter vivos repræsentata libertate, ut sæpe testatores etiam legata, quæ testamento reliquerunt, ipsi dum vivunt, legatariis præstant & repræsentant : & sic ponit postea eundem servum ab eodem domino fuisse manumissum inter vivos non adempto peculio, quo casu non dicam quod dixi ante, etiam tacite peculium servo concessum videri, quoniam excipiendus est hic casus, propterea quod jam ante ei dominus peculium legaverat in testamento. Igitur libertatem quidem servus accipit inter vivos : peculium autem non nisi ex testamento jure legati, quo jure consequetur, ut sibi heres etiam cedat actiones nominum peculiarium adversus debitores peculiares : & vice versa cavebit legatarius heredi defensum iri, cum adversus creditores peculiares, cavebit de indemnitate, *l.* 18. *hoc tit.* Peculium est nomen juris sicut hereditas : qua de causa peculium sequi debet omnis obligatio peculiaris, quæ scil. in peculio, vel cui peculium obstrictum est : omnis obligatio activa & passiva, *l.* 1. §. *per contrarium, de dote præl. l. frater a fratre, de cond. indeb.* Ad hæc notandum ex hoc §. 1. manumissione servi non extingui legatum peculii, quod ei relictum est. Hoc tamen pugnare videtur cum *l.* 1. & 2. *hoc tit.* Sed quod etiam Glossa intellexit, ibi agitur de servo alii legato cum peculio, quo casu, manumisso servo a testatore post factum testamentum, & servi & peculii, tanquam accessionis legatum extinguitur. Nam cum principales res perimuntur, necesse est etiam extingui ea, quæ accessionis locum obtinent : hic autem servo legatum est peculium tantum, quo casu peculium non obtinet vicem accessionis, sed rei principalis, quæ sola servo legata est, & ideo manumisso servo non extinguitur legatum peculii, quia tunc vicem accessionis vel sequelæ peculium non obtinet.

### Ad §. Ultimum.

*Filiusfamilias cui pater peculium legavit, servum peculii vivo patre manumisit ; servus communis omnium heredum est exemptus peculio, propter filii destinationem : quia id peculium ad legatarium pertinet, quod in ea causa, moriente patre inveniatur.*

Species & sententia §. ult. hæc est : Pater filiosam. peculium legavit, filius servum peculiarem manumisit vivo patre sine voluntate patris, hæc manumissio licet inutilis sit, ut in *l. seq. & l. filius, infr. de jur. patron.* filio tamen quandoque nocebit præmortuo patre : nam is servus omnium heredum communis erit, tamquam peculio exemptus, non quidem reipsa aut jure ipso, sed facto, & destinatione filii, qui eum manumisit, & in hoc §. post hæc verba, *servus communis omnium heredum*, est, addendus est articulus, *qui exemptus peculio*. Denique id tantum peculium legatum intelligitur, quod in eadem causa fuit in diem mortis patris. In qua tamen per filium factum est, quantum in eo fuit, ne is servus permanserit. Manumissio igitur inutilis nocet manumissori, nocet etiam legatario, si alii servus aut peculium sit legatum, ut *l.* 3. §. *ult. sup. tit. prox.* Et additur ex Marciano in *l. seq.* nihil interesse, manumissio precedat, an sequatur legatum peculii, nihilque interest, an te legatus sit servus, cum peculio scil. & titulo peculii, & deinde manumissus, an contra hæc non esse distinguenda. Et tamen Alphenus in *l. duo filii, ff. de manumiss.* accurate separat atque distinguit, & palam multum interesse ait, planeque videntur inter se diffidere Marcianus & Alphenus in *l. duo filii.* Certe Marcianus dum ait, nihilque interesse, notat aliquem, qui aliquid interesse dixerit. At videamus quomodo probabiliter in concordiam adduci possint ; res est difficilis & abdita pluribus. Lex *duo filii,* ponit patrem filio legasse peculium, & vivo patre filium manumisisse servum peculiarem, proponit eandem speciem, & tamen ait, videndum & distinguendum esse, utrum prius manumissionem fecerit pater, quam filius servum manumitteret, an postea. Priore casu, servum legato peculii contineri, & libertum esse filii manumissoris : posteriori casu, non contineri legato peculii, & servum esse communem omnium heredum patris : Quod cum dicit plane demonstrat falsum esse, quod Glossa adstruit hoc loco, in ejus l. specie. Utilem servi manumissionem fuisse, factam scil. ex voluntate patris. Nam si utilis esset, & efficax, non esset illo posteriore casu is servus communis omnium heredum, sed sua frueretur libertate : ac prætereà, si esset utilis manumissio, multo magis priore casu is servus legato peculii non contineretur, & tamen contineri dicitur in ea lege. Itaque nihil agit Accurs. dum diffidii componendi causa fingit hoc loco inutilem fuisse manumissionem, factam scilicet voluntate patris : illam utilem fuisse. Probabilius dici potest, huic distinctioni locum non esse, cum agitur de peculio legato, sed indistincte, legato peculio non contineri servum peculiarem, quem filiusfamil. manumisit vivo patre : contra hanc distinctionem locum esse quum quæritur, an ex ea manumissione libertas servo competat : nam si pater filio prius legavit peculium, quam filius servum manumisit, is servus legato peculii quidem continetur ex sententia & mente patris, quia eo tempore, quo legavit peculium, revera is servus erat in peculio, sed ex sententia & destinatione filii, qua post insequuta est, quia eum servum manumisit, is servus exemptus est peculio facto legatarii, nec legato continetur : nihil est certius. At manumissio servi licet ab initio fuerit inutilis, convalescit, & manumissio libertus efficitur filii manumissoris, quia ex post facto apparuit, manumissorem fuisse dominum servi, cedente die legati peculii : & regula Catoniana ; quæ vetat, convalescere ea, quæ ab initio inutilia sunt, non habet locum in libertatibus, *l. generaliter,* §. *si hominem, de fid. libert. l. si privatus,* §. *ult. qui & a quibus manumiss. lib. non fiunt.* Nam regula Catoniana pertinet tantum ad ea, quæ cedunt a morte testatoris : libertates non cedunt a morte, sed ab adita hereditate, & hæc de priori casu.

Sequitur altera pars distinctionis propositæ, si post manumissionem servi peculiaris, pater filio legavit peculium hoc casu, neque ex sententia filii, nec ex sententia patris, servus legato peculii contineretur, quem filius noluerit habere in peculio, & jam ante jusserat esse liberum, ideoque nec libertas ei ex manumissione filii competit, quia apparuit, filium non fuisse dominum, quem jam peculio filius subduxerat. Itaque titulis, sub quibus hæ ll. positæ sunt, inspectis, uti oportet, quia ut Divus Hieronymus dixit : *Tituli sunt claves legum sive scripturæ,* dicemus illam *l. duo filii, ff. de manumiss.* locum habere, si de manumissione servi quæratur : hanc autem Marciani legem, si de peculio legato quæratur. Et quod ait Papinianus servum esse communem omnium heredum, non esse verum indistincte, sed ita verum, si manumissio legatum antecesserit. Quod autem subjicitur ex Marciano, ne utamur superiore distinctione, pertinere tantum ad peculium legatum, cui legato is servus nullo casu inest, vel inspecta destinatione filii, alioquin nec priore casu effectus liber esset, cum tamen *l. duo* dicat, eum esse libertatis filii manumissoris, ergo liberum.

### Ad L. IX. de Supel. Leg.

*Legata supellectili, cum species ex abundanti per imperitiam enumerantur, generali legato non derogatur, si tamen species certi numeri demonstratæ fuerint, modus generi datus in his speciebus intelligitur. Idem servabitur instructo prædio legato, si quædam species numerum certum acceperint.*

Initio hujus l. quæritur, supellectili legata, vel instructo prædio generaliter, & si species quædam supellectilis, vel instructi enumerentur, an generi per speciem derogetur? Et Papin. ita distinguit: Aut species quædam supellectilis, vel instructi ex abundanti per imperitiam, id est, dum testator putat non esse eas in supellectili, vel in instructo enumeratæ sunt, & tunc legato generis supellectilis, vel instructi nihil derogatur, quod ex Papiniano Ulpianus retulit in *l. quæsitum*, §. *pen.sup.de inst. vel instr. leg.* Aut consulto consilio enumeratæ sunt species certo & custodito numero, & tunc legato generis derogatur, & ea tantum legatario debentur, quæ specialiter enumerata sunt: legatum supellectilis, vel instructi minuitur. Priore casu exigo, ut propria nomina specierum, quæ legantur non exprimantur, ut d.§.pen. Nam si exprimantur, etiamsi per imperitiam, si relinquantur nominatim, illæ solæ species debentur, *l.cum de lanionis*, §.*qui fundum*, eod.tit. *de inst.leg.* Qua de causa, non abs re in *l.heres*, §.1.sup.de leg.3. dicitur, duas statuas marmoreas nominatim fuisse legatas, & non deberi legatario ceteras statuas marmoreas, licet omne marmor ei legatum sit. Et notandum maxime ex *d.l. cum de lanionis*, §. *pen.* etiam longam & diligentem enumerationem specierum derogare generi, modum facere generi, quoniam non frustra fieri intelligitur, quæ sit prolixe, & accurate, & diligenter, non ex abundanti. Et additur in hac lege: Legato supellectilis cedere etiam supellectilem auream vel argenteam, vel argento inclusam, argento coopertam, cedere aureas vel argenteas mensas, & candelabra, & lectos argenteos, quæ tamen olim non erant in supellectili. Quia veteres non utebantur, ut erant severiores atque justiores, supellectili aurea vel argentea, sed luxus posterioris seculi etiam ejus materiæ supellectilem usurpavit, *l.1.§.ult.l.7.hoc tit.* Et id refert etiam Papin. ex Odyss.Hom. Cujus tamen verba non proponit, lib. 23. *Ulyssem lectum, quem ædificaverat ex oleæ viventis truncis,* ornasse auro & argento, variasse auro vel argento, quem Penelopa, inquit, recognoscendi viri signum accipit. Et *Penelopa* dicit, ut Plautus & Cicero, non *Penelope*, *& recognoscendi viri signum*, ut Homerus. Σῆμαῖ ἀναγνώσῃ, &c. Ex quo etiam hoc loco non est legendum *lectum viventis*, sed *lectum virentis*. Legata igitur supellectile non spectamus materiam, sed speciem, quoniam legato continetur omnis supellex cujuscunque materiæ, ut *d.l.7*, Excipitur tantum in §.ult. supellex argentea, quam testator pignori accepit, vel cujuscumq; alterius materiæ, non argentea modo, sed cujuscumque alterius materiæ supellex, pignori accepta, quoniam hæc legato non continetur: quia aliena est supellex, non testatoris, sicut servis legatis non continentur pignori accepti, *l.servos autem*, §.1.de leg. 3. Prædiis legatis non continentur prædia pignori accepta, *l.qui habebat*, eod. tit. Quia aliena sunt prædia. Pignus non transfert dominium, nisi scil. pignus fuerit in usu & mancipio creditoris voluntate debitoris, id est, nisi sit pignus, quod veteres fiduciam vocabant. Nam fiduciæ dominium transferebatur in creditorem. Qua de causa & cum debitor legavit servos suos, Paulus *lib.3.sentent. tit.de legat.* scribit, non contineri servos, quos debitor fiduciæ dedit, quia sui esse desierunt. Ergo legata supellectile etiam debetur legatario supellex, quæ fiduciaria est testatori. Quod est proprium genus pignoris, quo mutatur dominium, sed ut ait: *sed si propositum*, ubi est legendum *oppositum*. Sed si oppositum sit pignus tantum propter contractus fidem, & restituendæ rei vinculum, si opposita sit pignori supellex, non fiduciæ genere, sed propter contractus fidem & restituendæ rei vinculum, tum legato non continetur, quia non est in dominio creditoris. Et interim ejus finem contrahendi pignoris, *propter*, inquit, *contractus principalis fidem, & restituendæ rei vinculum*.

---

### Ad L.VIII. de Alim.& Cibar.Leg.

*Pecuniæ sortem alimentis libertorum destinatam, unum ex heredibus secundum voluntatem defuncti præcipientem,* cavere non esse cogendum, ex persona deficientium partes coheredibus restitui placuit. Ob eam igitur speciem post mortem omnium libertorum, indebiti non competit actio; nec utilis dabitur. Diversa causa est ejus, cui legatorum divisio mandatur. Nam ea res præsentem ac momentariam curam injungit. Alimentorum vero præbendorum necessitas oneribus menstruis atque annuis, verecundiam quoque pulsantibus adstringitur.

TEstator pluribus heredibus institutis, unum ex eis præter portionem hereditariam præcipere jussit pecuniæ quantitatem certam, ita ut ex incremento ejus pecuniæ sive ex usuris ejus sortis quotannis, vel quotmensibus, vel quot diebus alimenta præstaret libertis testatoris, quo genere libertis per fideicommissum alimenta legasse intelligitur: verum si ex libertis quidam vita decedat, quæritur, quia in ejus persona finitur fideicommissum, alimentorum partium emolumentum ex persona deficientis, ex persona libertorum deficientium, ad quem pertineat? Et ostendit pertinere ad heredem, cui prælegata pecunia est, alimentis præstandis destinata, ut *l.dominus*, §.*ult.sup.de usufr,* pertinere ad eum solum, non ad coheredes. Proinde nec in præcipienda ea pecunia cavere coheredibus debet ex persona libertorum vita decedentium, partes coheredibus restitui, hoc cavere non debet, quia partes deficientes ad eum solum recurrunt, non ad coheredes, quod & Divum Pium constituisse proditum est in *l.divus, ff. si cui plus quam per leg.Falci.* Quinimo mortuis omnibus libertis, atque ita finito onere præstandorum alimentorum, coheredibus ob eam causam non competit adversus eum repetitio pecuniæ quasi indebitæ, quod scilicet causa, propter quam eam pecuniam præcipere jussus est, finita sit: non competere, inquam, coheredibus repetitionem ejus pecuniæ quasi jam non amplius debitæ coheredi, sed quasi ex pacto commodo omnem eam pecuniam cedere. Et adjicit, nec utilem ejus pecuniæ coheredibus conditionem dari, vel indebiti, vel sine causa, vel quasi ex tacita cautione: denique coheredes nulla actione posse coheredi eam pecuniam auferre, etiamsi finitum sit onus fideicommissi injunctum coheredi. At diversam esse causam ejus, cui legatorum divisio mandatur, qui & minister dicitur in *l.17. de legat.2.* & dispensator in Novel. Marciani de testamento duo. aliam esse causam heredis certam pecuniam præcipere jussi ad alimenta libertorum, & extranei jussi dividere legata testamento relicta. Et rationem diversitatis adfert subtilissimam: Ei cui legatorum divisio mandatur, præsens & momentaria cura mandatur, ut scilicet statim impleat exequaturque voluntatem defuncti. Qua de causa & clericis, quibus non licet suscipere tutelam vel curationem minorum, ne revocentur a ministerio sacro, *l.generaliter,* C.*de episc.& cler. & Novel.123.* Divus Cyprianus in epistola ad clerum & plebem Furnis constitutam: *Jampridem*, inquit, *in consilio Episcoporum statutum sit, ne quis de clericis, & Dei ministris tutorem vel curatorem testamento suo constituat: quando singuli divino sacerdotio honorati & in clerico ministerio constituti, non nisi altari & sacrificiis deservire, & præcib. atque orationib. vacare debeant.* Clerici igitur, quamvis tutores vel curatores esse non possint pupillorum vel adolescentum, licet tamen eis esse executoribus & dispensatoribus testatorum ex Novell. Leonis Philosophi 68. nimirum, quia, ut Papinianus ait, ea res præsentem & momentaneam curam exigit, nec clericum adstringit & destringit: Admodum leve & momentaneum est onus; cujus remunerandi causa, sane non videtur testator ei quidquam reliquisse, sed tantum electa probitate ejus divisionem ei legatorum injunxisse, indixisse: ideoque si quis ex legatariis mortuus sit ante diem legati cedentem, legatum non dispensatoris, sed pertinet ad heredem. Idque heres a dispensatore, si penes se habeat, repetere potest, quasi ei indebitum, aut quasi apud eum sit sine causa. At majus est onus heredis, qui pecuniam præ-

præcipere juſſus eſt, ex cujus uſuris libertis alimenta annua, vel menſtrua, menſurna, ut Cornificius loquitur, vel diaria diſtribuat, quia plerumque longo tempore durat ea functio ſive præbitio, & ſæpe, ſi in eo munere exequendo heres ſe præbuerit tardiorem, aut difficiliorem, id eſt, in præſtandis alimentis, quæ dilationem non ferunt, ea res verecundiam ejus pulſat, id eſt, pudorem ei injicit, & irrogat infamiam, aut parit invidiam. Itaq; gravis & moleſta eſt ea provincia ſane plurimum, & ideo penſandi hujus oneris graviſſimi cauſa, placuit non onerari heredem etiam cautione, aut reſtitutione partium deficientium, & quaſi ex mente defuncti pro legatario eum haberi, non pro nudo diſpenſatore alimentorum. Quæ eſt ſententia hujus reſponſi, cui locus eſt non paſſim in qualibet alia ſpecie adſimili, ſed in ea ſolum modo ipſa quam proponit, videlicet ſi heres ſit, qui a teſtatore pecuniam præcipere juſſus eſt ad alimenta libertorum, vel aliorum, veluti pauperum, aut orborum. Nam ſi ab omnibus heredibus relicta ſunt alimenta, & ut ſit, unum ex coheredibus elegerint, cui pecunia daretur, ex cujus uſuris aleret alimentarios, & præberet eis annua, vel menſtrua, hic ſane, etiamſi idem onus ſuſtineat, quia nihil habet ex judicio defuncti, cum non ſit electus a defuncto, ſed ab heredibus, cavere debet heredibus, qui eum elegerunt, ſe redditurum partes ejus pecuniæ, ut quiſque ex libertis deceſſerit, *l.3.h.t.* Et eo nomine tenetur etiam coheredibus conditione indebiti, vel ſine cauſa.

### Ad L. XXIII. de Liber. leg.

*Procurator, a quo rationem exigere heres prohibitus, eoque nomine procuratorem liberare damnatus eſt, pecuniam ab argentario debitam ex contractu, quem ut procurator fecit, jure mandati cogetur reſtituere, vel actiones præſtare.*

HÆc lex eſt apertiſſima, & videtur conjungenda eſſe cum *l. qui plures, ſup. de adm. tut.* Nam ſicut in ea *l.* hoc ipſo libro 7. Papinianus docuit, herede prohibito a tutore defuncti rationem exigere, non videri tutori remiſſum, quod ex tutela percepit & penes ſe habet: Ita in hac lege docet, herede prohibito rationem exigere a procuratore negotiorum defuncti, eoque nomine procuratorem liberare damnatus, non videri ei remiſſam pecuniam, quam exegit ab argentario ex contractu, quem cum eo habuit iſte procurator, & actione mandati eum poſſe compelli eam pecuniam heredi reſtituere, quam penes ſe habet ex negotiorum adminiſtratione, vel ſi nondum exegerit, debere eum heredi cedere actiones, quia domino per procuratorem, cum ſit libera perſona, acquiſitæ non ſunt. Et hæc eſt ſententia hujus legis, cui tamen hic non erit locus, ſi nominatim teſtator id etiam ei remiſerit, quod ex negotiorum adminiſtratione percepit & penes ſe habet, ut docuimus in *l. qui plures,* & probat *l. cum ita, ſup. hoc tit.* Alioquin hoc nequaquam remiſſum eſſe intelligitur.

### Ad L. XXIII. de Adim. leg.

*Pater inter filios facultatibus diviſis, filiam ex ratione primipili commodorum trecentos aureos accipere voluit: ac poſtea de pecunia commodorum poſſeſſionem paravit: nihilominus fratres & coheredes ſorori fideicommiſſum præſtabunt, non enim abſumptum videtur, quod in corpus patrimonii verſum eſt, cum autem inter filios diviſo patrimonio res indiviſas ad omnes coheredes pertinere voluiſſet, ita poſſeſſionem ex commodis comparatam dividi placuit, ut in eam ſuperfluii pretii filia portionem hereditariam accipiat: hoc enim eveniret in bonis pecunia relicta.*

PAter officio arbitri functus cum filios heredes ſuos inſtituiſſet ex diſparibus partibus, vel ex paribus, nihil refert, bona ſua inter eos diviſit, & filiæ prælegavit per fideicommiſſum ex ratione commodorum primipili aureos trecentos. Ea ratio commodorum primipili erat opulentiſſima, ſed ex ea tantum voluit filiam ferre CCC. aureos, ea commoda non debentur niſi poſt finitam primipili adminiſtrationem, *l. 1. C. de primipilo, libro 12.* quia primipilus non militat, non commoda, ſed ſtipendia appellantur. Primipilus eſt primus centurio totius legionis, quem ſequebantur ſexaginta centuriæ, ut Dion. Halycarn. ſcribit, lib. 10. ut Vegetius, quatuor centuriæ, & capiebat is centurio primipili totius legionis merita, ut idem Vegetius ait, commoda, ſtipendia, & annonas militares, eaque omnia erogabat, quamobrem eo nomine erat obſtrictus Reip. ad reddendas rationes, ſed ferebat etiam a Rep. non ſtipendia tantum, dum militabat, ſed etiam honoraria & commoda poſt militiam ſive emerita. Pater igitur ex ratione commodorum primipili, quæ erant in hereditate filiæ per fideicommiſſum reliquit CCC. aureos. Verum poſt teſtamentum factum pater ex pecunia commodorum primipilatus, quæ pluris erat, quam trecentorum aureorum, ut dixi, poſſeſſionem quoque quandam pluris emit ex pecunia illa commodorum, quam commodis primipilatus acceptam ferebat in rationibus ſuis: Quæritur, an videatur filiæ fideicommiſſum ademiſſe, quod trecentos aureos filiæ relictos ex ea ratione, & ampliorem ſummam permutavit ex ea comparata poſſeſſione aliqua? Et reſpondet Papinianus, ademptum filiæ fideicommiſſum non videri, ſi pecuniam primipili commodorum conſumpſiſſet & perdidiſſet male. Sane ademptum videretur legatum, quod non extat: at conſumptum non videtur, quod in corpus patrimonii verſum eſt, id eſt, quo comparata poſſeſſio eſt, quæ verba Papiniano etiam in quæſtionibus uſurpata ſunt, *l. de ſervandum, de leg. 2.* Verum cum hac ſententia prima ſpecie pugnat omnino *l. alteri, inf. h. t.* Quam Accurſius tamen non inſpexit, aut diſſimulavit, quæ *l.* fuſius explicabitur ſuo loco. Nam eſt ex 9. Reſp. Ea, inquam, lex evidenter ſtatuit, ademptum eſſe legatum prædii, prædio vendito, licet pretium redactum ſit in corpus patrimonii. Nihil eſt quod facilius expediri poſſit. In *l. alteri,* legavit prædium: in hac *l.* legavit pecuniam certum numerum: facilius extinguitur legatum prædii ſive cujuſcunque corporis certi, ſpeciei certæ, quam pecuniæ. Nam certa pecunia legata, non corpora numerorum, ſed quantitatem ſpectamus, *l. 12. de legat. 2.* Quantitas autem ſemper ineſt in bonis *l. 88. de verb. ſignif. l. deducta, §. acceptis, inf. ad Treb.* Trecentos aureos habet, qui ne trenuncium quidem habet, ſi modo habeat prædium dignum trecentis, quia ea quantitas refici poteſt ex bonis, quæ habet. Igitur non eſt mirum, ſi in hac ſpecie pecunia commodorum primipili verſa in prædii comparatione, conſiſtit ſemper ejus pecuniæ legatum, quia intelligitur ineſſe hereditati quantitas, quæ ſpectanda eſt: Et nunc finge, patrem diviſo patrimonio inter filios, adjeciſſe, ut ſi quæ res indiviſæ remanſiſſent, hæ ad omnes heredes filios ſuos pertinerent, fundus, qui comparatus eſt poſt teſtamentum factum, indiviſus remanſit, an ad omnes pertinebit pro virilibus portionibus: ſi ſint heredes ex æquis partibus, vel pro hereditariis portionibus: ſi ſint heredes ex imparibus partibus? Et reſpondet, non omnino eum fundum pertinere ad omnes, quia comparatus eſt ex pecunia commodorum primipili, ex qua filiæ prælegata fuit trecenta, quamobrem filia præcipiet eum fundum ad ſinem trecentorum, quæ ei prælegata fuit: *Pater autem vallant.* Superfluum pretii, ſi fundi pretium ſuperet trecentos, inter ſe partientur pro virilibus portionibus, vel pro hereditariis, ut dixi. Quomodo nihil obſtabit *l. ſi cogitation, C. fam. erc.* quam adducit Accurſius. Nam etiamſi ea pecunia commodorum primipili remanſiſſet in hereditate, nec ex ea comparatus fuiſſet fundus, & amplior fuiſſet trecentis, ut & initio propoſui fuiſſe ampliorem & opulentiorem, ratione eorum commodorum, præceptis trecentis a filia, ſuperfluum pecuniæ inter ſe dividerent fratres ad eundem modum, id eſt, pro he-

hereditariis portionibus. Et id est, quod in extremo hujus legis proposuit Papinian.

### Ad L. I. de Reb. Dub.

*Fundum Mævianum, aut Sejanum Titio legaverat, cum universa possessio plurium prædiorum sub appellatione fundi Mæviani rationibus demonstraretur: respondit, non videri cetera prædia legato voluisse defunctum cedere, si fundi Sejani prædium a fundi Mæviani pretio non magna pecunia distingueretur.*

IN *l.* 1. *ff. de reb. dub.* hæc proponitur species: Qui habebat prædiolum, quod fundum Mævianum appellabat, & huic adjuncta pleraque alia prædia, quæ omnia etiam possidebat nomine fundi Mæviani, eorumque omnium prædiorum reditus sub nomine fundi Mæviani rationibus suis ferebat acceptos; denique universitatem illam prædiorum vocabat fundum Mævianum, & specialiter prædiolum unum, non magni pretii, hoc nomine insigniebat: hic vero alii legavit disjunctim fundum Mævianum, aut Sejanum, quem ipse legatarius eligeret: nam ponendum est electionem datam legatario, veluti fundo Mæviano, aut Sejano legato per vindicationem. Quæritur autem, de quo fundo Mæviano testator senserit, utrum de latifundio & possessione, quæ plura prædia complectebatur, an de prædiolo Mæviano tantum? ὁμωνυμία rem dubiam facit, sed Papinianus subtiliter respondet, homonymiam illam esse dissolvendam ex comparatione fundi Sejani, cujus quidem aut Mæviani eligendi testator legatario potestatem facit: nam si fundi Sejani pretium non magna pecunia distinguatur a pretio fundi Mæviani exiguioris, si tanti sit unus fundus quanti alter fundus, aut non multum inter se pretio & dignitate distent, tunc testator videtur legatario reliquisse, utrum ex iis mallet, Sejanum an prædiolum Mævianum, quia non intelligitur cum Sejano comparasse fundum Mævianum, qui erat amplissimus & latifissimus, & cujus pretium longe superabat pretium fundi Sejani. Ex diverso, si fundus Sejanus adæquat latifundii pretium, quod testator etiam nomine fundi Mæviani possedit universum, tum in latifundium testator videtur posuisse in electione legatarii, non fundum Mævianum pretio longe inferiorem quod dixi prædiolum Mævianum: quoniam comparatio & electio apte & convenienter non fit, nisi in his rebus, quæ inter se dignitate sive quantitate pares, aut non valde dispares sunt, & ut Philos. dicunt ἐν ταῖς κοινωνίαις ἔχουσι πρὸς ἀλλήλα, in his, quæ inter se societatem & communionem quandam habent, aut affinitatem quandam. Nam si res legatæ sub disjunctione, utrum ex eis legatarius elegerit, valde dispares sint atque discretæ, frustra electio legatario data videtur, & ea tantum potius dicitur esse legata, quæ longe pretio exuperat alteram; ut si tibi legavero fundum Titianum, qui erat dignus mille, aut fundum Tusculanum, qui erat dignus quinque, quem ipse eligeres; aut si ita legavero tibi, fundum, vel illum per vindicationem, quo genere videor tibi tribuisse electionem, sane in legato tantum videtur esse fundus Titianus, qui est dignus mille, quem proculdubio tu electurus es. Et hujus rei argumentum præbet *l. si ita relictum*, §. *pen. sup. de leg.* 2. Ergo in proposita specie, ex comparatione, contentione, collatione fundi Sejani intelligitur, quod fundus Mævianus legatus sit exiguus, an amplus, sicut in *l. ult.* §. *ult. sup. de trit. vin. & oleo leg.* Cum legatæ sunt amphoræ, *du vin frelaté*, & vino Amineo, & Græco, & dulcibus omnibus, cum dubitatur, an potiones tantum dulces essent legatæ, an vero etiam cibi dulces, ut uvæ passæ, palmæ, ficus, caricæ. Labeo recte respondet ex collatione vini amphorarii, Aminei, Græci, ea tantum dulcia legata videri, quæ potiones essent; comparatio adjunctarum rerum dubitationem omnem tollit. Et ita explicandum est hoc responsum Glossis omnibus obliteratis.

### Ad L. LXXVII. de Cond. & Demonst.

*Avia quæ nepotem sub conditione emancipationis pro parte heredem instituerat, ita postea codicillis scripsit: hoc amplius nepoti meo, quam quod eum heredem institui, lego prædia illa: conditionem emancipationis repetitam videri placet; quamvis avia nullam in legatis, ut in hereditate, substitutionem fecisset. Nam & cum servus pure quidem liber, hæres autem sub conditione scriptus, & si hæres non extiterit, legatum accipere jussus est: in legato repetitam videri libertatem D. Pius rescripsit.*

INitio hujus legis hæc proponitur species. Avia nepotem pro parte heredem instituit sub conditione emancipationis, id est, si emanciparetur a patre, & si heres non esset avia in defectum conditionis, alium ei substituit, deinde codicillis ei pure prælegavit certa prædia, non repetita conditione emancipationis, non repetita etiam substitutione, ac proinde ei substituit in hereditate, non in legato, quia in legato non repetiit substitutionem. Quæritur, an etiam in legato intelligatur repetiisse conditionem emancipationis? Et ait Papinianus in legato eandem conditionem repetitam videri ex voluntate defuncti, quæ etsi aliis modis declarari possit, ut in *l. ult.* §. *ult. ff. de doli except.* tamen in specie proposita, ut proponitur a Papin. fuerat voluntas testatoris apertius declarata his verbis, quibus codicillis prædia prælegata sunt: *Hoc amplius nepoti meo, quam quod eum heredem institui, lego prædia illa: hæc verba, hoc amplius, hanc scripturam jungunt superiori scripturæ testamenti, & vim repetitionis habent, repetuntque eandem conditionem, ac si juncta scriptura ita testator dixisset, heres esto ex semisse, si te pater emancipaverit, hoc amplius quam quod te heredem institui, lego tibi prædia illa*, hæc verba: *hoc amplius*, repetunt superiorem conditionem, ut in *l. libertis, inf. hoc tit.* sed non repetunt etiam substitutionem subjectam: nec igitur deficiente conditione substitutum ad legatum admittemus, sed ad portionem hereditatis tantum. Et subjicit eodem modo, servo pure relicta libertate & hereditate sub conditione aliqua, & hæres non esset legato ei relicto, in legato repetitam videri ei libertatem, ut ait D. Pium rescripsisse, ad quem Marcianus alio loco scribit D. Pium rescripsisse favorabiliter in *l. Divus de man. testam.* rescripsisse, inquam, in legato repetitam videri libertatem, quæ institutioni præposita est, ut scilicet servus perveniret ad libertatem, nec intercideret legatum, quod constat servo proprio inutiliter relictum sine libertate esse, *l.* 6. *C. de leg.* hoc, inquam, rescripsisse favorabiliter, sed suffragante etiam voluntate testatoris, qui non intelligitur servo voluisse legare inutiliter, quod tamen faceret, si non intelligeretur repetita libertas. Idemque hoc libro Papin. a Marciano repetitum iisdem verbis in *l. cum servus, ff. de cond. inst.* In qua ex hoc loco plusquam manifestum est, initio illius legis non esse legendum, ut vulgo in omnibus, *in legato repetitam videri conditionem, ait D. Pius rescripsit,* sed, *in legato repetitam videri libertatem D. Pius rescripsit.* Nam non potest videri in legato repetita conditio adscripta in institutione, aut si repetita videtur & defecerit, heres legatum quam institutio intercidit, & tamen legatum valere ait, deficiente conditione institutionis, & merito valere legatum, quia libertas ei competit, quasi repetita etiam in legato, ut in *l. Trebatius seq. de hered. inst. d.l. cum servus, de man. test.*

### Ad §. Mutiana.

*Mutiana cautio locum non habet, si per aliam conditionem actio legati differri possit.*

*§. 2. Titio si mulier non nupserit, heres centum dato: quam*

quam pecuniam mulieri eidem Titius heres restituere rogatus est, si nupserit mulier ; die legati cedente, fideicommissum petet, remoto autem fideicommisso legatariis exemplum Mutianæ cautionis non habebit.

Hoc demonstrato Papin. tractat aliquid breviter de cautione Mutiana, de qua memini me dixisse eundem auctorem tractasse in l. cum filius, §. qui Mutianam, sup. hoc tit. Et iis, quæ illo loco diximus de cautione Mutiana, cujus utilitas consistit in conditionibus legatorum, vel fideicommissorum, vel hereditatum, quæ in non faciendo conceptæ sunt, ut l.7.ff.hoc tit. his, inquam, quæ illo loco diximus addenda sunt duo casus, qui proponuntur hoc loco, quibus non est locus Mutianæ cautioni. Ac primum quidem ei locus non est, si per aliam conditionem, quæ vel in faciendo, vel in dando consistat, legati petitio differatur. Finge, legatum relinqui sub conditione, si Capitolium ascenderis, vel si heredi decem dederis, &, si Alexandriam non ieris, etiam si paratus sis præstare cautionem Mutianam, te Alexandriam non iturum, non capies legatum antequam impleveris aliam conditionem, quæ in dando, vel in faciendo consistit: conditio quæ consistit in non faciendo, quasi quodam modo impletur præstita cautione Mutiana, quæ in dando vel faciendo non nisi reipsa; & hæc, quia legato conjunctim adscripta est, differt legati petitionem. Non est etiam locus cautioni Mutianæ in specie §. seq. legavi Titio centum sub conditione, si Mævia non nuberet, & sub eadem conditione Titium rogavi, ut Mæviæ 100. restitueret: mulier statim nisi nupserit Mævia, petere fideicommissum non præstita cautione Mutiana, quia ea conditio mulieri remittitur, quæ inhibet nuptias, l. Titio 71.§. Titio, & l.mulieri, h. tit. adeo ut etiam si nupserit Mævia, petere fideicommissum possit. Propter mulierem autem etiam Titius die legati cedente, legatum petet, ut id mulieri restituat, quod tamen non posset petere, si ab eo sub eadem conditione de restituenda pecunia Mæviæ, si non nuberet, fideicommissum non esset relictum mulieri, id est, si Titio tantum legata essent 100. si Mævia non nuberet, nec fuisset oneratus fideicommisso sub eadem conditione de restituenda pecunia Mæviæ, si non nuberet. Petit igitur legatum propter fideicommissariam, quod remota fideicommissaria non peteret, ne præstita quidem quasi Mutiana cautione, veluti, daturum se operam, ne Mævia nubat, &, si Mævia nupserit pecuniam legatam se heredi redditurum, quia Mutiana cautio in his tantum conditionibus locum habet, quæ non sistente morte legatarii expleri possunt, l. Titio fundus, hoc tit. hæc autem conditio, de qua agitur, si Mævia non nupserit, expleri potest vivo legatario, si Mævia moriatur superstite legatario. Eademque est ratio legis hoc genus, inf. hoc tit. Atque ita his duobus casibus non est locus Mutianæ, aut quasi Mutianæ cautioni. Et postremo in hac l. proponitur elegantissima species, quæ talis est.

### Ad §. Ult.

*Pater exheredatæ filiæ tutores dedit: eosque si mater ejus impubere filia decessisset, ad rem gerendam accedere jussit: cum uxori mandatum esset, ut moriens decies filiæ communi restitueret, non sub conditione tutores videbuntur dati: nec si quid aliud interea puella quæsisset ejus administratione prohiberi, cautio vero fideicommissi matri remissa, quocunque indicio voluntatis cautio legatorum vel fideicommissorum remitti potest. Itaque si cautionis non petendæ conditio legato vel fideicommisso præscribatur: conditionem ea res non faciet, non enim deficit, si quis caveri desideravit, onere cautionis non secuto, quod adversus invitum hodie jure publico sequi non potest, postquam remitti posse cautionem placuit.*

PAter filiam impuberem exheredavit, non notæ causa, sed bona mente prudentique consilio, ut ei consu-

leret, ut in *l. multi, sup. de lib. & post.* Quod & postea declaravit in ipso testamento. Nam filiæ exheredatæ tutores dedit, & uxorem heredem institutam rogavit, ut si uxor vita decederet, filia impubere constituta, ei moriens decies restitueret, qui ingens est pecuniæ numerus, id est, decies centena millia, *un million.* Ac præterea si mater decederet filia impubere constituta, tum tutores jussit accedere ad rem gerendam, vetuit interim dum viveret mater eos rem gerere filiæ? Quæritur, an videantur tutores dati sub conditione, si mater decederet relicta filia impubere? Et ait, dationem tutoris esse puram, tutores datos non videri sub conditione, ideoque si qua bona adventitia obvenerint filiæ, post mortem patris ea tutores administrare posse, non etiam bona paterna, quæ impuberi filiæ relicta sunt per fideicommissum a matre herede instituta, quia prohibiti sunt ea bona administrare usque adeo, donec mater moreretur. Dices, frustra prohibitos esse administrare bona paterna, quia vivente matre filia nulla habuit bona paterna, quæ fuit exheredata. Dicam tamen non frustra esse prohibitos, quia his verbis: *ne accedant ad rem gerendam ante mortem matris*, prohibeti intelliguntur, ne a matre cautionem fideicommissi exigant, de restituendis decies, nimirum post mortem. Etiam vivente matre se immiscerent tutores administrationi bonorum paternorum relictorum filiæ per fideicommissum sub conditione, si exigerent cautionem fideicommissi, præstandi existenti conditione, quam tamen non possunt exigere, quia prohibiti sunt ad rem administrandam accedere, ad quam utique accederent, si cautionem exigerent. Est igitur ea prohibitio indicium remissæ cautionis Prætoriæ fideicommissi servandi causa, quam constat hodie quocunque indicio voluntatis remitti posse. Hæc sunt verba Papiniani, quæ sumpsit ex constitutione Divi Marci, id est, ex *leg. 2. C. ut in possess. leg.* ex qua innumeris locis ff. proditum est hodie: *Quocunque indicio voluntatis testatoris remitti posse cautionem legatorum, aut fideicommissorum in diem vel sub conditione relictorum, quæ interponi solet ex edicto Prætoris.* Denique ea prohibitio, non ad rem gerendam accedant viva matre, non facit conditionem, ut videantur dati tutores sub conditione, quoniam aliam rem pupillæ jure administrabunt, aliam rem adventitiam gerent: sed vis ejus prohibitionis hæc est, ut remittant matri tantum cautionem fideicommissi. Et breviter, his consequens est, *legato vel fideicommisso præscriptam conditionem*, ut ait, præscribi dicitur etiam in *l. pater, §.conditionem, hoc tit. & l.dominus, de pecul. leg.* quod est apponi legato vel adscribi, ne vos fallat Accursius, cujus Glossæ delendæ sunt: legato, inquam, vel fideicommisso apponi vel adscribi conditionem si legatarius cautionem legati non petierit ab herede, non minus deberi legatum, quia legatarius cautionem petierit ab herede, quia non videtur defecta conditio, quæ nulla est: sed iis verbis, *si legatarius non petierit cautionem ab herede,* non videtur legato adscribi conditio, sed remitti heredi onus cautionis. Ideoque, etiamsi legatarius desideret sibi caveri, capiet legatum, quoniam & id frustra desiderat, quia jure publico ex constitutione Divi Marci hodie cautio remitti potest, quocunque indicio voluntatis. Hodie, inquam, quoniam ante eam constitutionem non potuit remitti, quia testator non potest facere, ne leges: vel edicta in suo testamento locum habeant, *l. nemo, de leg.1.* nisi ei specialiter lex permittat. Ideoque aliæ cautiones non possunt remitti in testamento, hæc potest remitti, quia id permisit constitutio Marci & Commodi.

### Ad L. C. de Condit. & Demonst.

*Titiæ, si non nupserit, ducenta, si nupserit, centum legavit, nupsit mulier: ducenta, non etiam centum residua petet, ridiculum est enim eandem, & ut viduam & ut nuptam admitti.*

Cer-

Certum est mulieri remitti conditionem viduitatis vel cœlibatus, quasi utilitati publicæ repugnantem, ut puta, si mulieri legetur sub conditione, si non nupserit, & illa nupserit, ex *l.Julia Miscella* mulier perinde admittetur ad legatum, atque si vidua permansisset, idque in hoc titulo probat *l.cum ita legatum, & l. hoc modo*, &, aliæ complures. Quo cognito, fac, mulieri, si non nupserit, legari ducenta, & si nupserit, centum duntaxat: Quæritur, an si nupserit, utrumque legatum capiat, id est, trecenta? & subtiliter respondet Papin. eam capere tantum 200. id est, amplius legatum, tanquam viduam, licet revera non sit vidua, quæ nupsit: tanquam viduam, inquam, quia fingitur conditioni paruisse, *l.mulier, hoc tit.* Alia autem 100. quæ si nuberet si legata sunt, eam non posse capere, altero legato debere esse contentam. Id autem proculdubio electura est, quod est amplius, non capere igitur eam utrumque legatum, quoniam ridiculum esset eandem, & ut viduam admitti ad 200. & ut nuptam admitti ad 100. Ridicula sunt vitanda, *l.jam dubitari, ff. de hered.inst.* Restat etiam *l.56. ad SC.Trebell.*

### Ad L.LVI. ad Senatusconsultum Trebellian.

*Filiam fratribus, certis rebus acceptis hereditatem restituere pater voluit, ante restitutam hereditatem in possessionem hereditatis filiam quoque mitti placuit. Cum autem interea filii res bonorum in solidum distraxissent, item alias pignori dedissent, hereditate postea restituta constitit, ex eo facto ceterarum quoque portionum venditiones, item pignora confirmari.*

Cujus speciei hæc est: Pater filiam heredem instituit ex parte, & rogavit acceptis certis rebus, quas utique pro sua parte imputabit in Falcidiam, hereditatem, id est, portionem suam restituere fratribus coheredibus suis. Certum est, post recitationem testamenti heredes scriptos in testamento, etiamsi dicatur injustum aut ruptum aut falsum, interim, dum ea querela disceptatur, mitti posse in possessionem rerum hereditariarum, quas defunctus possedit mortis tempore, ex edicto Divi Adriani, *l.ult.inf.de appellat.recip.l.26.C.Theod.quorum appell. non recip.* hodie ex constitutione Justiniani, id est, ex *l.3.C.de edic.Divi Adri.toll.* At quæritur, an una cum fratribus coheredibus suis etiam mitti possit in possessionem rerum hereditariarum filia, quæ onerata est fideicommisso restituenda fratribus portionis suæ hereditariæ? Et ait, ante restitutam hereditatem posse, & ipsam ut heredem scriptam cum fratribus mitti in possessionem hereditatis ex edicto Divi Adriani. Missis autem omnibus heredibus in possessionem, si forte fratres res quasdam hereditarias in solidum vendiderint, & alias in solidum pignori obligaverint, etiamsi in solidum eas neque jure vendiderint, neque pigneraverint, sane non jure pro portione sororis citra voluntatem ejus, tamen sorore postea restituente fratribus hereditatem, id est, portionem suam retentis certis rebus, quas retinere jussa est, quæque fratres neque distraxerunt, neque pigneraverint, rectissime Papin. ait ex post facto apparere jure venditas & pigneratas a fratribus alias res fuisse etiam pro portione filiæ, quæ postea restituta est ex causa fideicommissi, restitutionem hereditatis retrotrahi, & pro eo haberi, ac si restitutio hereditatis præcessisset venditionem & pignerationem: ac proinde convalescere pignus venditionemque, non quidem directo, quæ non constitit ab initio pro portione filiæ, sed ex æquo & bono, ut in *l.si Titio, ff.de pig.* Et ait, id apparuisse ex eo facto, quod alias dicit, & dicunt alii, *ex post facto, ex eventu, ex accidente, ex eo quod postea contigit*. Nam & in *l.pen.§.pater.ff.de castr.pec.* est scriptum, *ex facto*, pro *ex post facto*. Et hæc est sincera interpretatio hujus responsi.

### Ad §. 1. L. X. de Usu & Habit.

*Sed si χρῆσις sit relicta, an usus sit videndum.* Et Papi-

nianus *lib.7. Responsorum* ait, usum, esse non etiam fructum relictum.

SI sit χρῆσις legata certæ rei, refertur Papin. eo loci respondisse, usum nudum legatum videri, non usumfructum, χρῆσιως nomine significari usum nudum, ut si χρῆσις domus, χρῆσις τῆς οἰκίας legata sit. Ambiguum est nomen, & multiplex: nam & fructum significat, ut illo loco Ciceronis, *Sum χρῆσις μὲν tuus, κτῆμα δὲ, Attici nostri*, id est, *sum fructus tuus, mancipio vero, Attici nostri*. Significat etiam commodatum in Basil. quod alias dicitur utendum datum, & apud Aristot. 5. Ethic. dum enumerat contractus voluntarios, ubi male Heliodorus interpres Aristot. χρῆσιν accipit pro locatione & conductione: *cum quis*, inquit, *certa mercede domum suam, vel animal suum utendum dedit*, quo in errore versatur etiam Eustathius, quoniam eo loco aperte Aristot. χρῆσιν, id est, commodatum separat a μισθώσει, id est, locatione & conductione: at cum legatur χρῆσις domus, χρῆσις prædii, Papinian. respondet, nudum usum, non usumfruct. legari, χρῆσιν μόνην non χρῆσιν καρπῶν, vel ἐπικαρπίαν.

### Ad §. Ult. L. XII. de Fundo Inst.

Idem Papinianus *l. 7. Responsor.* ait: *Instructis hortis filio legatis, mater argentum muliebre filiæ legaverat: respondit, etiam id argentum muliebre, quod in hortis habuit, ut ibi esset instructior, ad filiam pertinere.*

CErti juris est instructo fundo legato, non tantum deberi instrumentum fundi, sed etiam instrumentum patrisfam.vel matrisfam. qui quæve testator, quod in eo fundo habuit, ut esset instructior: plenius esse legatum instructi quam instrumenti, *d. l. 12. §. sed si fundus hic.* Ergo si materfam. filio legaverit hortos instructos, legato continetur argentum muliebre, quod in hortis habuit factum vel infectum: puta, vasa argentea, aut mensas argenteas, quod ipsa, inquit, in hortis habuit, ut ibi esset instructior: nisi scilic. specialiter argentum muliebre alii mulieri legaverit: legatum est mulieri conveniens, muliebria muliebri: ut proponitur etiam filio legasse hortos instructos, filiæ argentum muliebre, quo casu proculdubio est generi per speciem derogatum, ut in *l.serv.urb.§.ult.de leg.3.* Et filiæ, cui legatum est argentum muliebre, id est legatum videtur, non tantum quod alibi habuit mater, sed etiam quod habuit in hortis, ut ibi esset instructior. Generi per speciem derogatur, si alii legetur genus, alii species: imo etsi eidem genus & species, secundum distinctionem tamen & divisionem a nobis explicatam in *l. 9. sup. de sup. leg.* Et ita instructi legatum, vel instructorum hortorum legatum quod relictum est, minuitur per legatum, quod specialiter filiæ relictum est nomine argenti muliebris. Nec obstat *l. si generaliter, C. qui pot. in pign. hab.* quæ specialem hypothecam constitutam uni creditorum, ait, non derogare generali hypothecæ, quæ alii creditori ante constituta fuerat: generi ergo per speciem non derogari. Sed hoc ideo, quia ex generali hypotheca jam priori creditori jus quæsitum erat, quod ei auferri non potest invito. Ei autem cui genus ante legatum est, nullum jus quæsitum erat vivo testatore, cum testator legatum generis minuit, ex eo genere detrahendo speciem, vel species certas, & alii legando. Et hæc est sententia hujus §.

### Ad §. Papinian. L.XII. de Instr. Leg.

*Papinianus quoque l.7. Responsi.ait, sigilla, & statuæ adfixæ, instrumento domus non continentur, sed domus portio sunt, quæ vero non sunt adfixa: instrumento non continentur*, inquit: *supellectili enim adnumerantur excepto horologio æreo, quod non est adfixum. Nam & hoc instrumento domus putat contineri, sicut prothyrum domus, si velamen est*, inquit, *instrumento domus continetur.*

## In Lib. VII. Responf. Papin.

IN quo refertur ex eodem libro Papinian. figilla, figna habentia formam hominum, vel deorum, figilla, inquam, & ftatuas adfixas domui vel non adfixas, non cedere legatario, cui legatum eft inftrumentum domus. Inftrumento domus, affixa non continetur: quia pars funt domus. Si pars domus, ergo non inftrumentum: nam pars ineft toto: Inftrumentum non ineft ei rei, cujus inftrumentum eft. Optatus Milevitanus 2. adverfus Parmenianum: *si ornamentum eft*, inquit, *corporis, pars corporis non eft, aut fi pars corporis: dos igitur aut inftrumentum, aut ornamentum non eft*. Ac præterea pars domus & domus quafi eadem res eft, *l.7. de except. rei judic.* Quod & Ariftoteles tradidit. At inftrumentum cujufque rei neceffe eft rem aliam effe, & alterius generis, atque ea res quæque fit, cujus inftrumentum fit, quæ eft definitio *l.ult. hoc tit.* Quod Philofophi exprimunt his verbis, τὸ ἕνεκά τι, ἕτερον ἐστι τοῦ ἕνεκα ἐστιν. Magentius in 1. prior. *Annal.* qua ratione in *d.l.ult.* ftatuit, fcaphas non effe inftrumentum navis, quia & ipfa navis eft, nec genere diftat a triremi, vel alia oneraria nave, fed mediocritate tantum: & confequenter fundus fundi inftrumentum effe non poteft, §. *ea vero hujus leg.* Homo liber hominis liberi inftrumentum effe non poteft: at fervus fervi inftrumentum effe non poteft: nam inftrumentum inftrumenti effe poteft, §. *sed an inftrumenti, fup.* & multo magis fervus poteft effe inftrumentum liberi hominis: nam & inftructo continetur, quo plus quam inftrumentum continetur. Inftrumento prædii continetur tantum inftrumentum, quod prædii gratia comparatum eft. Prædio autem inftructo legato continetur & inftrumentum prædii & domini, quo inftructior eft in eo prædio, quodve in eo prædio habet ufus fui caufa. Denique plenius inftructi quam inftrumenti legatum, *fed fi fundus*, hoc loco: & inftructo prædio legato continentur etiam fervi ruftici vel urbani, fi inftructum prædium urbanum legatum fit, §. *idem Celfus, & feq. h. l.* Ideo autem fervus liberi hominis, vel fervi inftrumentum effe poteft, quia jure civili, imo & prætorio fervi pro nullis habentur, & funt ἀπρόσωποι, ut Theophilus loquitur, *l. 1. de jure delib.* & pecudibus exæquantur, *l.2. fup. ad leg. Aquil.* Verum e contrario tamen ne quid omittam, nunquam evenit jure, ut homo liber fit inftrumentum, vel minifterium fervi. Quod vero ait Papinianus: figilla vel ftatuas adfixas partem domus effe, ergo inftrumentum domus non effe propter rationes, quas explanavi ante, id videtur pugnare cum *l. pen. de verb. fign.* quæ negat ftatuas adfixas effe ædium: ergo nec partem vel quafi partem ædium effe, nec venire in emptionem, venditionem, aut in legatum ædium, quod hæ ftatuæ non perficiant ædes. Partes funt quæ perficiunt totum, ftatuæ non perficiunt ædes: ergo partes non funt ædium, fed habentur tantum ornatus caufa. Sed animadvertendum eft, Papinianum hoc loco agere de ftatuis domui adfixis, inædificatis, injunctis, immolitis, quæ & fubftinendo oneri ædium funt, atque adeo partes ædium, quia perficiunt ædes, quum onera ædium fuftineant, ut ftatuæ, quæ dicebantur caryatides. Illo autem loco agitur nominatim de ftatuis adfixis bafibus ftructilibus, quæ fcilicet fiunt ex calce & cæmentis, non de adfixis domui: hæ neque funt pars domus, neque inftrumentum domus, quoniam ornamentorum tantum caufa habentur; Et multum intereft inter partes, & ornamenta, & inftrumenta, §. *fi domus, h. l.* ubi Jurifconfultus refert Celfum dixiffe, *inter inftrumentum & ornamentum multum intereffe*, ut addere licet, fimiliter, & *inter inftrumentum vel ornamentum, & partem multum intereffe*. Et hæc de figillis vel ftatuis adfixis, nunc dicamus de non adfixis. Ea negat etiam Papin. inftrumento domus contineri, quia fupellectili adnumerantur. Supellex autem non domus, fed domini inftrumentum eft, quia domini gratia comparatur, ut menfæ, lecti, candelabra, delphines, & alia innumera. Ac proinde fupellex cedit quidem inftructo, quod complectitur etiam inftrumentum patrisfam. fi domus inftructa legetur; at fupellex non cedit etiam inftrumento domus tantum legato, §. *fupellex, & §. proinde fi fundus, h. l. & l.15, §. 1. l. 16. in pr. h. t.* Breviter hæc eft fententia Papin. figilla & ftatuas adfixas domui, non cedere inftrumento domus, fed adfixas partem effe domus, non adfixas effe in fupellectili. Deinde fubjicit Papinianus *horologium tamen æreum*, ex ære fcilicet, rotundum, quod fcaphium Marcianus Capella appellat in Geometria: horologium, inquam, æreum, fi non fit adfixum domui: nam adfixum pars eft domus, cedere inftrumento domus, quia, meo quidem judicio, id Papin. exiftimavit maxime pertinere ad munitionem domus, ut fcilicet, nota effent horarum fpatia. Nam domus quid fuerint in urbe, multi ignorant: domus indigebant in urbe munitione, quia erant ampliffima & fumptuofiffima ædificia, idcirco pauciffimæ in urbe domus: infulæ vero fparfæ in urbe innumeræ, ut conftat ex Sexto Ruffo, & Publio Victore, qui regiones urbis defcripferunt, & in Exquilina regione ponunt domum Aquilii Jurifconfulti: & Plinius initio 17. *Aquilium illa domo quam juris fcientiæ fuiffe clariorem*. Et in eadem regione domum M. Craffi, & Quinti Catuli, & domum Craffi idem Plinius magnificam fuiffe, Catuli aliquando præftantiorem, Aquilii pulcherrimam. Idem Papinianus ait, πρόθυρον *domus, fi velamen fit contineri inftrumento domus*. Si velamen fit, id eft, fi non cohæreat domui, fed appendatur prælimini: nam fi limini adhæret, magis domus portio quam inftrumentum effe intelligitur. Et ita eft accipiendum quod eft in *l. pen. de verb. fignif.* quod & huic loco adverfari videtur: ædium effe, id eft, partem ædium effe prothyrum, quod in ædibus utrumque fieri folet, ut recte illum locum doctiffimus Auguftinus emendat, quoniam corrupte in Florentinis eft fcriptum, *quod in adibus iterum fieri folet*, nullo fenfu. Igitur partem ædium effe ait, prothyrum, *quod in ædibus utrinque fieri folet*, id eft, quod in ædibus intra & extra inædificari folet: nam & prothyrum fuit extra & intra, ficut προαύλιον, ut vel locus Evangelii indicat Marci 14. de Divo Petro, qui prodit εἰς προαύλιον. Quod demonftrat fuiffe interius oftium, conftat porta, poftibus five angulis, limine, fuperlimine, *linte au, le deffus de la porte*, quod vocant ὑπερθύρον, & antelimine, quod πρόθυρον. Et nihil eft præterea in hoc §.

### Ad §. Papinian. ead L.

*Papinianus quoque prædiis inftructis legatis, mancipia non contineri, quæ temporis caufa illic fuerunt, ac non eo animo eos tranftulit paterfamilias, ut aut fundi aut fuum inftrumentum faceret.*

ADfirmo ex eodem libro Papiniani effe quod refertur in hoc §. idque probabo inferius liquido: ut inftructo prædio legato, domo fcilicet, vel fundo legato, non continentur fervi, qui temporis caufa in eo prædio funt, ut ibi maneant aliquantulum, non ut cedant inftrumento prædii, non etiam ut cum dominus ipfe, in prædium venerit, eis ftat inftructior. Ergo inftructo non continentur fervi, quos dominus in prædio habuit temporis caufa, nec ita apud eos fuum inftrumentum fecit, ut *l.2. C. de verb. fign. Non*, inquit, *eo animo eos tranftulit in prædium, ut prædii vel fuum inftrumentum, eo in loco faceret, fed temporis tantum caufa*, veluti cuftodiæ aut certæ operæ caufa, & continentur tamen inftructo, quæ illi teftator tum non habuit, id eft, teftamenti tempore, fi modo habere confuevit, & ad tempus alio tranfmifit, quia non defierunt effe in inftrumento fuo vel fundi. Finge, effe actorem prædii, quem mifit in provinciam, ut in provincia ordinatis quibufdam negotiis rediret ad idem prædium, eundemque actum, & cum is actor effet in provincia, teftatorem legaffe prædium inftructum, an legato continebitur actor, qui abeft vel nondum rediit? Sic videtur: optima ratione, quia ejus caufa & conditio five actus commutatus non eft: Et fubjicitur etiam refpondiffe Papinianum: inftructis horreis

horreis legatis contineri etiam vina, quæ ibi teſtator habuit, ut ibi ea conſumeret uſus ſui cauſa, non etiam ea, quæ ibi habuit in horreis, in horreo vinario, in apotheca, ut uteretur alibi : puta, in alio prædio, quoniam ea ibi non habet, ut ſe eo in loco iis inſtruat, ſed ut eo in loco ea haberet in depoſito ad uſum loci alterius, non ejuſdem. Quod etiam comprobat §. *proinde ſi fundus*, & §. *inſtructo autem fundo*, in hac *l*. In quo oſtenditur ſimiliter inſtructo prædio legato venire etiam libros, quos ibi paterfamil. habuit, & bibliothecam, ut quoties-veniret, uteretur, ſed non contineri etiam apothecam librorum quos ibi poſuit, ut alibi uteretur. Idemque confirmat *l*.3. C. *de verb. ſignific*. Sed obſtare videtur *l*.15.§.1. *hoc tit*. quæ dicit : *domo inſtructa legata, non videri legata vina*, addita hac ratione : *quia domus vinis inſtructa intelligi non poteſt*. Verum obſervandum, eam abſolute dicere : *vina non videri legata*, qui ſermo eſt accipiendus ſecundum alias leges, quia cum ſit abſolutus ſuppletionem facile recipit, nempe hoc modo, ut dicamus in eo loco agi de vinis, quibus in ea domo dominus non inſtruebatur, non utebatur, quibus vinis ſane nec domus inſtructa dici poteſt, quia non iis utitur.

### Ad §. idem reſpondit eod.

*Idem reſpondit, domo per fideicommiſſum relicta cum ſupellectili Claudio Hieroniano clariſſimo viro ab Umbrio Primo, & menſas & ceteram ſupellectilem, quam in hortis paterfamilias in proconſulatum profecturus contulerat, ut tutiore loco eſſent, contineri.*

PRæterea additur ex eodem libro : Legata domo cum ſupellectile, etiam eam ſupellectilem deberi, quam teſtator in proconſulatum profecturus in hortos contulerat tutelæ cauſa, atque ita domo tranſtulerat in hortos tutelæ cauſa, quia non ideo intelligitur etiam ea ſeparaſſe a reliqua ſupellectile, cum tutelæ tantum cauſa ad tempus eam ſeparaverit : nam dicimus legata domo cum ſupellectile, etiam eam ſupellectilem deberi quam domo tranſtulit in hortos ad tempus, ut tutiore loco eſſet : nam & eadem ratione, mancipia aut vina non intelligitur ſeparaſſe a prædio, cujus gratia comparata ſunt, ſi ad tempus tutelæ cauſa ad alio tranſtulerit. Et jamdiu in hoc §. oſtendi, me malle legere hoc modo, *domo per fideicommiſſum relicta cum ſupellectile a Claudio Hermoniano, Clariſſimo viro Umbrio Primo*, quoniam legi Claudium Herminianum, quem propterea etiam virum clariſſimum vocat, fuiſſe proconſulem Cappadociæ apud Tertullianum in lib. *adverſus Scapul*. quem etiam hoc loco ideo ut profecturum in proconſulatum menſas & ceteram ſupellectilem in hortos contuliſſe : & ex eodem auctore didici eum in ea provincia vita deceſſiſſe, ſuſcepta fide in dominum noſtrum Jeſum Chriſtum. Hunc igitur pono virum clariſſimum proconſulem Claudium Herminianum morientem in provincia, Umbrio primo legaſſe domum cum ſupellectile, & legato cedere menſas, & ceteram ſupellectilem, quam domo movit & tranſtulit in hortos, ut tutiore loco eſſet, quoniam hanc translationem fecit ad tempus tantum.

### Ad §. Idem reſpondit theriacam eod.

*Idem reſpondit theriacam quoque, & cetera medicamenta, quæ ſeceſſus cauſa dominus ibi habuit, & veſtem propter ſeceſſum ibi depoſitam, inſtructo fundo legato ineſſe.*

SEquitur ex eodem libro, fundo inſtructo cedere theriacam, quod medicamentum adverſus ferarum venena valet, & erat frequens in ea ætate, ut de eo proprium librum Galenus ſcripſerit. Theriacam igitur, & cetera medicamenta, quæ in eo fundo ſeceſſus cauſa teſtator habuit, & veſtem ſimiliter, quam ibi propter ſeceſſum depoſitam teſtator habuit, legato cedere, ut in §.

A *proinde ſi fundus*, ſup. Ex quo magis, atque magis demonſtratur ſemper inſtructi plenius eſſe legatum quam inſtrumenti : nam inſtrumento fundi legato, ſane non cederet veſtis, non cederent medicamenta. Deinde ponit, domo inſtructa legata cum omni jure ſuo, contineri ſervos oſtiarios & topiarios, ſi in ea domo ſint viridaria, ut ait *l*. 8. ſup. quoniam horum opera eſt in exprimendis variis animalium figuris in viridariis. Contineri etiam diætarios, quorum miniſterio paterfamil. utitur in diæta, in cœnaculo, triclinio : & aquarios, qui aquam deferunt, Si de mulieribus nomen accipiatur in malam partem, cui nos in idiotiſmo præpoſuimus *m* literam : addita *m* maquarii, quos veteres aquarios, & aquariolos, ſunt mulierum impudicarum ſordidiſſimi afflectæ. Veteres cum Veneri operarentur, aquæ miniſterio vulgo utebantur. Cic. pro Cœlio : *ideo ne aquam adduxi, ut ea tu inceſta uterere ?* Lampridius in Commodo : *aquam geſſit ut lenonum miniſter*. Hos omnes, inquam, ſi domui tantum deſerviant, quæ inſtructa legata eſt, legato contineri, artifices autem eos non contineri, quorum operæ ceteris quoque prædiis exibentur. Uno verbo, non continentur artifices, qui ſunt in uſu promiſcuo variorum prædiorum, qua in re merito reprehenditur Papinianus, quia ſatis eſt, ſi ii artifices proprie ſint domui legatæ deſtinati : nam cetera prædia eos a domo veluti mutuantur, §. *ſi quis eo.tem inſtrumento*, ſup.§. *item*, §.1. *de legat*.3. Si igitur domus cauſa parati ſint artifices, domus inſtructæ legato contineri, licet aliis quoque prædiis commodentur, ſupra ait : *licet alia prædia mutuentur eos a domo*. Unde etiam commodatum, & mutuum : *commodatum eſt mutuum ad uſum, non ad abuſum ; mutuum autem proprie eſt commodatum ad abuſum*. Debuit Ulpianus addere etiam Papiniano cum dixit, contineri oſtiarios, topiarios, & ceteros, non debuiſſe addere taxationem, videlicet domui deſervientes : nam etſi aliis prædiis deſerviant, modo domui præcipuæ ſint deſtinati, legato continentur. Igitur tantum debuit dicere, *domus deſervientes*. Et ita Paulus 3. ſent. *Domo*, inquit, *cum omni jure ſuo ſicut inſtructa eſt legata, urbanam familiam, item artifices, & oſtiarios*, ita emendavi, & *Zetarios*, id eſt dietarios, & *aquarios eidem domui ſervientes legato cedere*.

### Ad §. Idem reſp. domo, eod.

*Idem reſpondit domo inſtructa legata, menſas eboreas & libros non contineri. Sed & hoc falſum eſt : nam omne quidquid in domo fuit, quo inſtructior ibi eſſet paterfamilias continebitur. Supellectilem autem patrisfamil. inſtrumentum eſſe nemo dubitat.*

REprehenditur etiam Papinianus in eo, quod dixit, legato domus inſtructæ non contineri menſas eboreas, quia omnis ſupellex continetur : non contineri item libros, quos ibi habuit ſtudiorum ſuorum cauſa, quoniam & hi continentur legato, §. *inſtructo item*, ſup. Unde etiam apparet quam ſit plenum legatum inſtructi. At in eo tamen approbatur valde quod Papinian. dixerit ſcripſiſſe eodem libro Reſponſ. 7. quem ſolum nominavit ante in §. *Papin*.1. Quamobrem ſuperiora omnia reſponſa ejuſdem recte vindicamus eodem libro. Scripſiſſe autem, domo inſtructa legata, non contineri merces, quæ ſunt venales, non contineri pignora inventa in ea domo, quoniam non ſunt domus, neque domini inſtrumenta, cum temporis tantum cauſa ibi habeantur, *l*.1.C. *de verb. ſig*. Sed addit ſolemnem exceptionem : *niſi aliud ſuadeat voluntas defuncti*, ut in ſpecie, quam propoſuit, ſi is, qui teſtatus eſt, ſit mercator & fœnerator locupletiſſimus, & totidem filias habeat, quot filios, & 2. filios habeat, totidemque filias, eoſque filios & filias heredes ſcripſerit, filiis prælegaverit domum inſtructam, quia pleniſſimum prælegatum feciſſe intelligitur, qui plures facultates vel ampliores relinquebat. Et hoc id quod ait, *facilem judici voluntatis conjecturam fore, ceteris*

teris patris facultatibus examinatis. Et postremo in §. *Papin.* 3. legatis rebus omnibus, quæ in domo essent, non videri legatas cautiones debitorum, id est, nomina, non videri legatas emptiones servorum, id est, instrumenta emptionis servorum nondum traditorum. Unde etiam apud Paulum 3. *Sent.* ita alias ostendi esse legendum: *omnibus quæ in domo essent legatis, cautiones debitorum, emptionesque servorum, legato non cedere.* Sed addit Papinian. vulgarem exceptionem, *nisi aliud suadeat voluntas testatoris*, ut si servos ipsos legaverit: hoc casu etiam intelligitur legatas emptiones servorum, quæ sunt in ea domo, quod autem est in §. *ult.* jam ostendi in *l. 9. de supellect. leg.* esse etiam ex hoc lib. septimo.

## JACOBI CUJACII J.C.
COMMENTARIUS
In Lib. VIII. Responsorum ÆMILII PAPINIANI.

### Ad L. XXXIV. Famil. ercifcundæ.

*Servos inter coheredes tempore divisionis æstimatos non emendi, sed dividendi animo pretiis adscriptos videri placuit: quare suspensa conditione mortuos, tam heredi, quam fideicommissario deperiisse.*

UT vero septimus, ita octavus liber totus est de legatis & fideicommissis: nulla in jure quæstio diffusior, quod Digesta plane demonstrant, in quibus extenditur illa quæstio in septem libros. Hujus legis speciem & sententiam proponam, ut vere a Græcis interpretibus perscripta, & exposita est: Quidam duos heredes scripsit Cajum & Mævium, Cajum rogavit sub conditione ut hereditatem, id est, portionem suam Sempronio restitueret: pendente conditione fideicommissi heredes sumpserunt arbitrum familiæ ercifcundæ, qui inter eos hereditatem dividerent: in ea hereditate erant servi, quos arbiter facta eorum æstimatione Cajo in solidum adjudicavit: ea lege, ut a vicissim certam pecuniam Mævio coheredi numeraret pro parte, quam Mævius in eis servis habuit. Post, servi mortui sunt suo fato pendente, vel ut ait suspensa conditione fideicommissi: deinde extitit conditio fideicommissi. Quæritur, an Sempronio fideicommissario, Cajus teneatur ex causa fideicommissi cum ceteris rebus, quæ ei pro sua parte obtigerunt in dividenda hereditate, & servos præstare jam mortuos aut pretium eorum, quod Sempronius intendit, quasi scilicet Cajo perierint servi, non sibi, hac ratione, quia eos servos Cajus in solidum accepit per adjudicationem æstimatos accepit, & qui quid ita per adjudicationem judicis accipit, emptor est, *l. 7. §. si debitor, tit. seq.* Emptori autem cuique perit res empta, non alii. Dices ad hæc, partem tantum servorum emisse Caium a coherede divisionis causa, facta adjudicatione, & servos quidem totos fuisse æstimatos uti oportet, *l. Mævius*, §. *ult. hoc tit. l. si idem*, §. *ult. sup. de jurisdict.* Ceterum non ideo totos emptionis jure possideri a Cajo, sed ex parte coheredis tantum, non pro parte sua. Dicam etiam quæri ratione de parte, quæ emptionis jure possidetur, cui perierit, servis sua morte defunctis? nam partem hereditariam fideicommissario periisse constat, *l. mulier*, §. *sed enim*, *ff. ad Senatusconsult. Trebel.* De altera parte, quam a coherede Cajus accepit beneficio adjudicationis, & ea tantum quæritur, heredi an fideicommissario, Cajo an Sempronio perierit? Cajus dicit, sibi nec pro ea parte servos deperiisse, quia eos non emit simpliciter, sed divisionis causa, alio jure esse emptionem simplicem, alio emptionem divisionis causa, sicut de donatione etiam proditum est in *l. si filiæ*, §. *si pater, h. t.* Et de emptione dotis causa, *l. quoties, de re judic.* Et de emptione pignoris causa, *l. 2. de distract. pign.* quæ multum distant a donatione vel emptione simplici: Cajus dicit, se emisse partem illam coactum necessitate adjudicationis factæ a judice communionis dirimendæ causa: aliud esse emere simpliciter, aliud emere per adjudicationem judicis, hanc emptionem esse necessariam, illam voluntariam, *l. si pign. h. t.* Hanc non tam emendi, quam divisionis causa fieri. Ei qui simpliciter emerit, rem emptam perire in solidum: at ei, qui per adjudicationem emerit, rem adjudicatam, puta, servos adjudicatos in hac specie, & certis pretiis adscriptos, ut loquitur Papinianus. *transcriptos, & venditos*, ut in *l. quæsitum*, §. *peto, de leg.* 3. non perire ei soli, non perire soli heredi onerato fideicommisso restituendæ hereditatis, sed perire tam heredi, quam fideicommissario: heredi pro quadrante Falcidiana: fideicommissario pro dodrante, ut Græci recte interpretantur his verbis: ἵνα τὸ τέταρτον μέρος. Denique hæc verba Papin. *perire servos tam heredi, quam fideicommissario*, sic interpretantur, ut scilicet quadrantem damni agnoscat heres, dodrantem autem fideicommissarius. Et secundum intentionem Caii Papinianus etiam respondit. Et omnino hæc est sententia hujus responsi: hæc sententia Papin. qui etiam hoc ipso libro in *l. cum pater*, §. *hereditatem, de leg.* 2. similiter respondit non adstringi unum ex heredibus rogatum restituere hereditatem periculo nominum ei attributorum, si deteriora facta sint, aut prædiorum adjudicatorum, si deperierint, & omnino ille §. comprobat nostram interpretationem. In ea igitur permaneamus, & transeamus ad eam speciem & interpretationem, quam Accurs. & fere omnes Latini interpretes & commenti. & secuti sunt. Quidam duos heredes scripsit, & ab eis per fideicommissum servos hereditarios Titio legavit sub conditione: heredes sumpserunt arbitrum familiæ ercifcundæ, & arbiter (pendente conditione fideicommissi ii servi communes heredum sunt) uni ex heredibus æstimatos in solidum adjudicavit, ut potuit, cum sua causa, *l. 12. §. res, h. t.* admissa scilicet licitatione ejus heredis. Is vero heres pretium, quo servos licitatus est emit & coheredi: coheredi non solvit, sed cavit soluturum se, si deficeret conditio fideicommissi, si non essent ei restituendi servi fideicommissario. Servi mortui sunt pendente conditione fideicommissi. Papinianum ajunt definire hoc loco, eos servos periisse tam heredi, quam fideicommissario, & fideicommissario quidem periisse, quia fideicommissum conditionale aut legatum perimi constat, si pendente conditione res, quæ verbis legati aut fideicommissi relicta est, extincta sit, *l. necessario*, §. 1. *ff. de peric. & comm. rei vend.* Et ideo fideicommissarium non habere fideicommissi persecutionem: heredi autem periisse dicunt, id est, ut interpretantur, ei, cui pretium licitationis cavetur, cui coheres cavit per stipulationem, quia desit ei deberi pretium quod cautum est: heredi autem alteri, cui servi adjudicati sunt, non periisse, quia etsi videatur eos emisse, non tamen emptionis principaliter, sed divisionis negotium gessit, atque contraxit: si simpliciter emisset, ei perissent servi, & pretii nomine teneretur ex cautione. Itemque, si in divisione emisset tantum dubium haberum eventum conditionis, quod Accursius notavit ex *l. propter, h. t.* Qua de causa hæc verba legis, *non emendi animo servos pretiis adscriptos*, sic accipienda esse censet Accurs. non emendi scil. spem. Et enim in Glossa legendum, non *speciem*: *spem*, vocat incertum eventum conditionis præscriptæ fideicommisso. Multæ autem sunt & magnæ rationes, quæ nos eam rejicere, nec admittere compellunt. Primum, quia pretium licitationis solvi solet statim, auctio scilicet & licitatio fieri solet præsenti pecunia, quod hodie exacte servatur, *l. a D. Pio,* §. *sed si emptor, ff. de re judic.* Græca facta, κατ᾽ ἰσώπου, ait Ausonius loquitur, juxta illud Varronis ἓὸς καὶ κὰς, quod omnino servere ait, nemique habetur fidem cuiquam. Ei autem, qui licitatione vicit, & rem abstulit, solet caveri de indemnitate, *d. l. propter.* Non autem ipse cavere. Cavisse tamen eum de pretio, non solvisse præsentem pecuniam: quod illi ponunt mera positio est, quia de eo lex nihil dicit, nequidquam etiam de spe empta, sed de servis tantum emptis

emptis divisionis causa. Deinde etiamsi res gesta esset, ut illi ponunt, tamen falsum est, mortuis servis adjudicatis pretium non deberi, quia non desiit deberi ex stipulatione certis modis, certis & custoditis numeris. Desinit deberi, quod ex stipulatione debetur, *l.obligat.§.1.de obligat.& act.* inter quos modus hic non est. Præterea quæ urgent maxime, hæc verba *legis tam heredi quam fideicommissario deperisse*, ex collatione fideicommissarii necessario accipienda sunt de herede, qui debet fideicommissum, & de fideicommissario cui debetur: de herede, inquam, cui adjudicati sunt servi, non de herede, cui pretium deberi confingunt: & consequenter hæc accipienda est, non de fideicommisso servorum singulari, sed de fideicommisso universali, id est, de fideicommisso hereditatis: nam si in fideicommisso soli servi essent, soli fideicommissario deperissent, non etiam heredi, Falcidia non interveniente, quia in fideicommisso singulari non simpliciter, & semper intervenit Falcidia, at semper intervenit Falcidia in fideicommisso hereditatis, *l. in singulis, ad l. Falcid.* etiamsi quis partem tantum hereditatis restituere rogatus sit, ex qua heres scriptus est, quia in singulis heredibus separatim ponitur ratio *l. Falcidiæ, d. l. in singulis.* Quamobrem recte Papin. dixit, *servorum periculum esse commune,* heredis scilicet pro quadrante, & fideicommissarii pro dodrante. Omitto tres interpretationes, quas ultra istam, quæ communis est, adhibere tentant, una tantum approbata Alberici hoc loco. Quoniam sunt silentio & contemptu dignæ, teneamus veram, præterquam etsi nihil hodie didicerimus, frustra a nobis positam operam existimare non debemus.

### Ad L. LIV. de Don. int. vir. & ux.

*Vir usuras promissæ dotis in stipulatum deduxerat, easque non petierat, cum per omne tempus matrimonii sumptibus suis uxorem, & ejus familiam vir exhiberet: dote prælegata sed & donationibus verbis fideicommissi confirmatis: legato quidem dotis usuras non contineri videbatur, sed titulo donationis remissas.*

IN *l.54.de donat.int.vir.& ux.* hæc proponitur species: Uxor viro stipulanti promisit dotem certam, & quo tardius eam solveret, usuras certas, cui stipulationi usurarum certi & explorati juris est inesse tacitam hanc conditionem, *si maritus suis sumptibus uxorem exhibuerit, & familiam ejus, id est, servos uxoris, si sustinuerit onera matrimonii.* Nam si in uxorem nullos sumptus fecerit, usuræ ei ex stipulatione non debentur, quæ promissæ intelliguntur ad exhibitionem uxoris, *l.cum post, §.in domum, de jur.dot.l.in insulam, §.usuras, sol.mat.* Porro vir usuras dotis per omne tempus matrimonii, quod diu stetit, nullas exegit, tacite videtur donasse & remisisse usuras dotis, arg. *l.cum post, in pr.de jur.dot.* quæ tamen donatio jure civili non valet, *l.si quis pro uxore, §.si uxor.h.tit.* ubi ex Juliani sententia dicitur, remissionem usurarum dotis quas uxor stipulanti promisit, esse donationem illicitam, si maritus sustinuerit onera matrimonii, si exhibuerit uxorem & homines ejus suis sumptibus. Et tamen quod posset objici ex eodem Juliano referatur in *l.ex animo, §.ult.l.de fructibus, hoc tit.* fructus & usuras licitam facere donationem. Sed ut totum hoc paucis expliceur, hoc est scriptum non de fructibus donatis, sed de fructibus, qui ex re donata, & usuris, quæ ex pecunia donata percipiuntur, quoniam & fructus lucratur vir aut uxor, cui donata res est, quos sua opera, & suis sumptibus percipit: lucratur item usuras, quas ex pecunia donata sua cura & suo periculo redegit, *l.fructus, sup.de usuris,d.l.ex animo, §.ult.* At remissio usurarum dotis, quam maritus fecit, qui sustinet onera matrimonii, sane illicita donatio est, & donatio fructuum dotis, si ex iis usuris vel fructibus donatarius locupletior factus sit, quas vel quos potius debuit inferre marito sustinenti onera matrimonii, non sibi habere, & lucrifacere, quod etiam non faciet, quoniam remissio usurarum dotis, vel fructuum dotis, quibus vir vel uxor lo-

cupletior facta est, illicita donatio est, *l.pro oneribus, C.de jur.dot.l.si fructus, C.de donat.inter vir. & ux.* Quod etiam aperte probat hæc lex, dum remissionem usurarum demonstrat non valere, nisi confirmata sit, dum demonstrat, eam indigere confirmatione. Confirmari autem potest remissio usurarum dotis, quæ in stipulatum deductæ sunt a marito ex constitutione Severi & Antonini, & Senatusconsulto, si maritus durante voluntate proficiscatur e vita, *l.cum hic status, §.sive autem, hoc tit.* Nam quod Papinianus existimasse dicitur in *l.Papinianus, h. t.* quæ est satis difficilis, orationem Severi & Antonini pertinere tantum ad rerum donationem, id est, traditionem vel mancipationem, quibus modis donatio perficiebatur, non etiam ad rerum promissionem, puta, si quod uxori stipulanti maritus spoponderit donandi animo, hanc scilicet stipulationem non confirmari, non convalescere ex oratione Severi, etiamsi maritus durante eadem voluntate vita decesserit, ideoque mariti heredem ex ea stipulatione non posse conveniri, quæ est certissima sententia *legis Papiniani.* Quæ quidem non excludit remissionem obligationis factam donandi animo, sed obligationem tantum contractam donandi animo. Nec eidem sententiæ Papin. quidquam obstat *lex cum hic status, §.1.h.t.* dum ait, mortuo donatore durante voluntate ipso jure res donatas fieri donatarii, & obligationem esse civilem. Quod ait, *& obligationem esse civilem,* pugnare videtur cum *d.l.Papin.* Verum ea verba sic accipienda sunt, ipso jure silentio & morte donatoris insecuta res donatas adquiri donatario, res donatas autem, & cessas actiones, sive nomina, donatario facto procuratore in rem suam, ipso jure in donatarium transire, & civiles obligationes esse, ex quibus jure civili cum effectu donatarius experiri possit, si in eadem voluntate donator, qui eas cessit, perseveravit in diem supremum. At si quid donandi animo stipulanti promiserit, si se obligaverit viro vel uxori, licet in eadem voluntate perseveraverit in diem supremum, hæc stipulatio non convalescet ex oratione Severi, excepto uno casu: si interposita sit alimentorum causa, *l. si stipulata, h.t.* ubi annuum sive menstruum nihil aliud significat, quam alimenta, ut *l.quædam, de pact.dot.* Si stipulanti uxori vir promiserit alimenta, vel contra, favore alimentorum potest dici, hoc casu stipulationem convalescere, ex oratione Severi & Antonini, vel confirmari etiam potest remissio usurarum dotis per fideicommissum, si maritus heredem rogavit nominatim, ne usuras dotis ab uxore exigeret, vel etiam, ut est in specie hoc loco proposita, si dotem uxori prælegaverit, & generali sermone donationes a se in uxorem collatas per fideicommissum confirmaverit, herede rogato, ne eas ab uxore revocaret, vel etiam per legatum hoc modo: *quæ vivus uxori dedi, donavi, in usum concessi, ei eripi nolo,* ut in *l. si quando, de leg.1.l.uxori, de leg.3.* In specie proposita dotem prælegando, quam uxor promisit, remittit obligationem dotis, non obligationem usurarum, & generali fideicommisso confirmaverit, herede rogato, ne eas ab uxore non sunt pars, sed fructus dotis, *l.3. de usufr. earum rer. quæ usu consum.* At titulo donationis, id est, generali capite confirmatarum donationum omnium, verbis fideicommissi etiam usuras dotis remittit, confirmatve earum donationem & remissionem tacitam, quam arguit longum silentium, quoniam posuit, per omne tempus matrimonii siluisse virum, nec exegisse usuras dotis. Confirmatio donationum generalis non tantum expressas, sed etiam tacitas donationes confirmat. Et hæc est sententia hujus responsi. Multum vero interest, donatio facta inter maritos confirmetur ipso jure, id est, oratione Severi, an a testatore donatore per legatum aut fideicommissum. Nam quæ confirmatur, ipso jure retrotrahitur, quæ confirmatur legato aut fideicommisso, non item, *l.donationes, C.de don.int.vir.& uxor.* quæ ipso jure confirmatur, capitur ut donatio, quæ supremo judicio donatoris, ut legatum vel fideicommissum, *l.ex verbis, C.eod.tit.*

### Ad §. ult. L. LXX. & L. LXXI. de Leg. II.

§.ult.L.LXX. *Cum autem rogatus quicquid ex hereditate supe-*

supererit post mortem suam restituere, de pretio rerum venditarum alias comparat, diminuisse, quæ vendidit, non videtur.

### Ad L.LXXI. Sed quod inde comparatum est, vice permutati dominii restitueretur.

HEres rogatus est restituere post mortem suam, non hereditatem absolute, sed quidquid ex hereditate superesset, superfluum hereditatis. Quibus verbis tacite testator dat facultatem heredi diminuendi ex bonis, quia non rogat eum, ut bona omnia restituat post mortem suam, sed quidquid ex bonis superfuerit tantum. Et sane potest etiam heres ex bonis bona fide, quid libuerit, quid voluerit, diminuere arbitratu boni viri, non maligne intervertendi fideicommissi causa, l.deducta, §.ult.l.mulier, §.ult.l.Imperator, l.Titius, inf. ad Senatusc.Treb. Et ex Nov.Justin.39. quæ hoc certo fine taxavit, heres ita rogatus potest tantum diminuere ex bonis ad finem dodrantis, ut quadrans fideicommissario salvus sit. At in hac specie in l.prox.§.ult.sup. cujus hic Papin. versus appendicula est, ostenditur, diminuisse ex hereditate heredem non videri, quod vendidit quasdam res hereditarias, & ex pretio earum alias comparavit, quia non est diminutum, quod in corpus patrimonii versum est, l. pater, de adim. leg. Et ideo subjicitur in hac l.71. ex Pap. Res ex ea pecunia comparatas contineri fideicommisso, & post mortem heredis esse fideicommissario restituendas, quia, ut ait Pap. vice permutati dominii hoc est, id est, pro eo habetur, atque is heres rem hereditariam cum re permutasset, & alteram submisisset in alterius locum. Sententia igitur hæc est: Reparatas aut permutatas res ex pretio rerum hereditariarum venire in restitutionem fideicommissi, de quo agitur. Verum huic sententiæ duæ leges opponuntur, l.sed etsi, §.1. de pet.hered. quæ ait, eum qui hereditatem ad alium pertinentem bona fide possidet, si rem hereditariam distraxerit, & ex pretio aliam comparaverit, restituere vero heredi, qui agit adversus eum petitione hereditatis, debere pretium, quod regesit ex re hereditaria, non rem comparatam ex pretio: At hic dicimus non pretium fideicommissario esse restituendum agenti fideicommissaria hereditatis petitione, sed rem comparatam ex pretio. Hæc videntur inter se pugnare. Accurs. respondet, hic heredem ex pretio comparasse aliam rem nomine hereditario, ibi suo nomine. Quæ distinctio Accursii Bartolo displicet: placet Immolæ & Reinerio, placebit quoque omnibus, si ita intelligatur secundum mentem Accursii, quam calumniatur ille: Si bonæ fidei possessor, vel heres ex pretio rei hereditariæ sui causa comparaverit, ut rem verteret in suum patrimonium, ut ait d. l. sed si lege §. 1. non quod hereditati ea res utilis aut necessaria esset, tum in petitionem hereditatis vel fideicommissi venire pretium, non rem ipsam comparatam ex pretio. Et sic in l.seq.h.t. si ex pretio rei hereditariæ venditæ heres proprios creditores dimiserit, proculdubio pretium cadit in fideicommissum: sed si rem ex pretio comparatam verterit in hereditatem, si interfuerit hereditatis eam comparari; atque adeo hereditatis gratia comparata fuerit ex pretio rei hereditariæ, tum verum est, rem comparatam, non pretium venire in petitionem hereditatis, vel fideicommissi, quasi permutatione facta rei hereditariæ cum alia re, & altera æ submissa in locum alterius. Opponitur etiam sententiæ hujus legis, l.cum pater, §.dulcissimis, inf. h.t. Ubi quia testator legat fratribus bona materna, non videtur etiam ea bona legare, quæ ex pecunia materna comparavit. Sed hoc ideo, ut breve faciam, quia voluit tantum legare fratribus bona, quæ eis communia habuit, quæ erant profecta a matre. Idque apparet ex verbis testamenti, quæ proponuntur in d.§.dulcissimis. Communia non sunt, quæ ex pecunia communi comparantur, quæ ex communi pecunia quis comparat sibi, l.4.C.comm.utriusque judi. Sed hac de re fusius tractabimus in l.cum pater.

Tom.IV.

### Ad L. LXXVII. de Leg. II.

Cum pater filios eorumque matrem heredes instituisset, ita scripsit; peto a te filia, ut acceptis ex hereditate mea in portionem tuam centum aureis, & prædio Tusculano, partem hereditatis restituas matri tuæ, respondi, prædium quidem hereditarium judicio divisionis, de communi filiam habituram, pecuniam autem de parte sua retenturam.

EXplicabo nunc legem, qua nulla est in jure æque referta acutissimis Papiniani responsis, ex quibus duo tantum interpretabor: ea vero est l.77. de leg. 2. Et primum ex iis responsum pertinet ad hanc speciem. Pater filium & filiam, & eorum matrem heredes instituit, & filiam rogavit his verbis: Rogo te filia, ut partem hereditatis, ex qua te heredem institui, restituas matri tuæ acceptis ex hereditate mea in portionem tuam centum aureis, & fundo Tusculano. Fundus Tusculanus est communis omnium heredum, hoc est certum. Eum igitur fundum proculdubio filia est accepta de communi, partim jure hereditario, partim jure legati, non de parte sua, quia is fundus totus non est in parte sua. Quæritur, an etiam similiter pecuniam, id est, 100. aureos sit accepta de communi, partim jure hereditario, partim jure legati, an de sua parte jure hereditario totam? Tentari posset etiam pecuniam esse accipiendam de communi, quia pater dixit, ut eam pecuniam acciperet ex hereditate sua, quod videtur esse ex communi patrimonio inter heredes suos. Est quæstio elegantissima & quam ita Papin. respondet. Filiam quidem fundum capere partim jure hereditario a semetipsa, partim jure legati a coheredibus officio judicis familiæ erciscundæ cognoscentis, hoc est, fundum Tusculanum totum eam capere judicio fam. ercisc. Quod judicium divisionis vocat, non de parte sua, quia in parte sua, non est totus, sed de communi. Pecuniam autem totam eam capere de parte sua jure hereditario, non de communi, partim jure hereditario, partim jure legati, quia ejus pecuniæ quantitas parti ejus inesse intelligitur, licet in hereditate inventa nulla pecunia fuerit, quia in pecunia, quæ legatur, vel quam heres retinere jubetur, vel accipere, vel præcipere, non corpora nummorum spectantur, sed quantitas, quæ semper bonis inesse intelligitur, l. 88. de verb. sig. Quod idem respondit etiam lib.9. in l.deducta, §.acceptis, ff.ad Senatusconf.Treb. Igitur pecuniam totam accipiet jure hereditario, de sua parte. Nec obstat quod pater dixit, ut eam pecuniam acciperet ex sua hereditate, quoniam hereditatem accepit pro portione hereditatis, quam ei reliquerat, quoniam in usu juris est ita loqui, & partem hereditatis vocare hereditatem. Parti nomen dare totius, ex usu consuetudinis est, hæc est sententia hujus responsi. Transeo ad ea, quæ ei opponuntur. Opponitur primum huic responso l. heredes, §.ult. adhibita lege seq. sup.fam. ercisc. Quo loco dicitur, coheredi prælegata certa pecunia, certo numero nummorum, sive pecunia in hereditate inventa sit, sive non, eam pecuniam ei esse conficiendam de communi, & præstandam officio judicis fam. ercisc. Quod etiam confirmat Paulus 3. Sent. initio tit. de leg. his verbis: per præceptionem uni ex heredibus nummi legati, qui domi non erant, officio judicis fam. ercisc. a coheredibus præstabuntur: fac, tres esse heredes ex æquis partibus, & uni esse prælegatos 300. aureos, coheredes ei præstabunt ducentos, aut de communi venundabunt rem hereditariam, & pretium, quod redegerint ex venditione ad finem 300. aureorum, coheredi præstabunt. Verum ut respondeam, multum interest coheredi sit prælegata pecunia a coheredibus, an coheres retenta vel accepta certa pecunia, vel nulla demonstrata persona dantis, hereditatem restituere rogatus sit. Priore casu pecunia ei præstanda est de communi, posteriore casu ipse pecuniam retinet de parte sua, & accipit a semetipso jure hereditario totam, quia ea summa parti suæ inesse intelligitur, nec intelli-

Cccc 2 gitur

gitur ei esse legata a coheredibus; denique totam eam quantitatem capit jure hereditario, & si lex Falcidia interveniat, totam imputat in Falcidiam, *l.acceptis in fin.inf.ad leg.Falcid.& d.l.deducta, §.acceptis.* Partes autem fundi, quas a coheredibus accepit, qui pro eis partibus sunt domini fundi, non imputat in Falcidiam, quia eas capit jure legati, sed eam tantum partem fundi imputat in Falcidiam, quam a semetipsa capit jure hereditario, quoniam placet in Falcidiam tantum imputari ea, quæ jure hereditario capiuntur, non quæ alio jure, *l.quod autem, & l.seq. & l.in quartam, inf. ad leg.Falcid.* Male Accurs. eam etiam filiam pecuniæ partem accipere a coheredibus contra manifesta verba legis, quæ dicit, pecuniam filiam accipere totam de parte sua, ergo a semetipsa, non a coheredibus. Inepte etiam idem Accurs. huic responso opponit *l. si fundum sub conditione, §.si libertus, supra, tit. proximo,* quod hic legatarius capiat totum fundum, cui legatus esse intelligitur, ibi servos legatos capiat pro quincunce tantum non totos. Inepte, inquam, quoniam id genus legati, de quo ibi agitur, nihil cum eo, de quo hic agitur, adfine aut propinquum habet, & quæ opponuntur & committuntur invicem, inepte committuntur, nisi inter se habeant adfinitatem, & quasi paritatem aliquam. Primum igitur ibi legatarius non fuit coheres, hic fuit coheres. Item servi legati sunt ibi ab heredibus institutis ex quincunce tantum, non a patrono, qui heres institutus erat ex septunce. Ergo servorum quincunx duntaxat legatus est, hic vero totus fundus generaliter legatus est ab omnibus heredibus, sed pro parte legatarii inutile est legatum, quia heredi a semetipso inutiliter legatur. Alioquin idem deberet legatum pro ea parte, & deberetur eidem, quod fieri nequit: verum & pro ea parte tantum fundum coheres retinet jure hereditario, pro reliquis partibus jure legati *l. legatum, §.1.sup.tit.prox.*

### Ad §. Eorum.

*Eorum quibus mortis causa donatum est, fideicommitti quoque tempore potest, quod fideicommissum heredes salva Falcidia ratione, quam in his quoque donationibus, exemplo legatorum, locum habere placuit, præstabunt: si pars donationis fideicommisso teneatur, fideicommissum quoque munere Falcidiæ fungetur: Si tamen alimenta præstari voluit, collationis totum onus in residuo donationis esse. Respondendum erit ex defuncti voluntate, qui de majori pecunia præstari non dubie voluit integra.*

Sciendum est a donatariis mortis causa posse fideicommissum relinqui, quia legatariis comparantur, & donationes causa mortis legatis, *l.Seja, quod de præleg. l.cum hi, §.idem erit dicendum, de transact. l.ab eo, C. de fideicommiss.* A donatariis autem inter vivos fideicommissum relinqui non potest, *l.cum quis decedens, §. pater infr. tit. prox.* Et a donatariis quidem mortis causa Papin.ait in §.1. hujus legis, fideicommitti posse quoquo tempore, id est, vel donationis tempore, vel alio tempore. Et subjicit hic, *quod fideicommissum heredes salva Falcidia ratione, quam in his quoque donationibus exemplo legatorum locum habere placuit, præstabunt.* Quid hoc sibi vult, heredes, inquit, præstabunt fideicommissum, quod relictum est, tamen non ab heredibus, sed a donatariis mortis causa, hoc est falsum, heredes præstare fideicommissum relictum a donatariis mortis causa, quia non heredes rogati sunt, sed donatarii. Hi igitur soli fideicommisso præstando obligati sunt, an falsa scribit Papinianus? quid dicemus? nimirum hanc esse mentem Papin. ut & omnes volunt, heredes præstare donatariis fideicommissum, id est, quod fidei donatariorum mortis causa commissum est, ut alteri restituerent: Aut brevius, heres præstare donatariis donata causa mortis post mortem donatoris, quæ sunt subjecta fideicommisso, deducta tamen Falcidia, si hereditas sit exhausta vel onerata legatis, quia placuit, inquit, Papin. id est, placuit

A Divo Severo exemplo legatorum, & in donationibus causa mortis legi Falcidiæ locum esse, *l.2. C. de mort. caus.donat.l.5.C.ad leg. Falcid.* Donatarii autem, si passi sint Falcidiam, tanto minus fideicommissario præstabunt, ipsi non habent deductionem Falcidiæ ex fideicommisso, sed quod ex donatione mortis causa Falcidiæ nomine heres deduxit, etiam fideicommissum minuit, *l.panales, §.ult.ad l.Falcid.l.Plautius, §.ult.de condit.& demonst.l.facta, §.si Titius, ad Treb.l.si mihi Stichus, sup.tit. proximo, l.5.inf.si cui plusq. per l. Falcid.* Male Haloander hoc loco pro *heredes,* legit, *heredi,* nihil est mutandum, sententia est congrua, si sic accipiatur ut docui effe accipiendam. Hæc autem, quæ hactenus dixit Pap. in hoc §.1. præfationis vice, καὶ ἐν προθεωρίᾳ, ut Theophil. loquitur, dixit: quod autem præcipue agit iis præfatis cognitis, hoc est, ut doceat, si non res omnes, quæ donatæ sunt mortis causa per fideicommissum a donatariis relinquantur, sed pars donationis, veluti tertia aut dimidia, donationem mortis causa etiam hoc casu, & per consequentias fideicommissum quoque minui per legem Falcid. quam inducunt heredes. Nihil igitur interesse, donatio tota, an pars donationis fideicommisso contineatur. Nam etsi fideicommisso contineatur pars tantum tertia donationis, etiam ex ea parte heredes deducunt Falcidiam, & eo minor pars tertia fideicommissario præstatur, quod adhuc satis est apertum. Verum addit, quod est caput hujus responsi, aliud est dicendum si neque donatio, neque pars donationis fideicommisso contineatur, sed donatarius rogetur fideicommissario non præstare res donatas, aut partem rerum donatarum, sed alimenta, vel annua dena alimentorum nomine. Hoc enim casu diminuta donatione per leg. Falcidiam non diminuitur fideicommissum alimentorum, sed de residuo donationis, si sufficiat præstationi alimentorum, alimenta integra, integra annua dena fideicommissario præstantur. Et hoc est quod ait, collationis onus, id est, alimentorum præstationem, in residuo donationis esse sive consistere: & hoc efficere non favorem alimentorum, sed voluntatem defuncti, qui non de donatione, aut parte donationis alimenta integra præstari voluit, sed de majori pecunia, id est, de patrimonio toto donatariorum, quod ideo Glossa vocat *onus extrinsecum,* & omnes DD. etiam, qui non aliam linguam didicerunt, quam illam quam edidit Accursius. Onus est extrinsecum, quoniam non ex donatione, vel ex parte donationis relictum est, sed extrinsecus ex omni patrimonio donatarii. Itaque diminuta donatione per legem Falcidiam, concludit, non minui fideicommissum alimentorum, videlicet, si residuum donationis, quod superest deducta Falcidia, sufficiat integræ præstationi alimentorum, vel si non sufficiat integræ, id omne esse præstandum alimentario, quod est in residuo donationis sine diminutione. Quod etiam confirmat *l.liberto, §.1.ff.de annuis leg.& l.maritum, §.ult.ad leg.Falcid.*

### Ad §. Mater.

*Mater filiis suis vulgo conceptis dotem suam mortis causa donando stipulari permisit, cum aliis heredibus institutis, petisset a filiis, viro dotem restitui: totum viro fideicommissum dotis deberi, si Falcidiæ ratio non intervenerit; Ideo retentionem dotis virum habere placuit. Alioquin Falcidiæ partem heredibus, a filiis ex stipulatu cum viro agentibus, ex dote esse, per in factum actionem reddendam.*

In hoc §. agitur etiam de fideicommisso relicto a donatariis causa mortis, & de donatione causa mortis minuenda per legem Falcidiam, ut & in §.1. Mater cum dotem daret marito permisit filiis suis vulgo quæsitis eam dotem de marito stipulari in casum mortis suæ, id est, si ipsa prior moreretur in matrimonio. In eum quoque casum mortis suæ filiis donando dotem: denique dotem donando spuriis mortis causa: deinde in testamento aliis heredibus institutis, & filiis merito præteritis,

tis, ut nec jure queri possint de inofficioso testamento matris, qui alioquin si essent immerito præteriti, tametsi sint spurii, possent queri de inofficioso testamento, ut est proditum *sup. in tit. de inoffic. testam. l. suspecta, §. de inofficioso, eod.* si sint immerito præteriti, quæ præteritio pro exheredatione habetur. Mater igitur testamento aliis heredibus institutis, & filiis merito præteritis, ab iisdem filiis marito fideicommissum reliquit, rogando eos, ut dotem quam eis donaverat causa mortis marito restituerent, potuit eorum quibus mortis causa donaverat fideicommittere quoquo tempore, ut dixi in §. 1. id est, non tantum tempore donationis, sed etiam postea in ultima voluntate, ut in hoc §. Per fideicommissum igitur filiis ademit donationem causa mortis, non per pœnitentiam, ne hoc dixeris cum Glossa, alioquin si pœnitentia revocavit donationem causa mortis, fideicommissum a filiis relictum non valet. Ita posita hac specie, adhibenda hæc distinctio est. Aut legis Falcidiæ ratio intervenit hereditate exhausta vel onerata legatis & fideicommissis, & donatione causa mortis supra dodrantem: aut non intervenit ratio legis Falcidiæ. Si non intervenit ratio legis Falcidiæ, quæ minuat donationem causa mortis subjectam fideicommisso, tunc totam dotem filii marito restituere tenentur, & eo nomine si non habeant, maritus cum eis agere potest ex causa fideicommissi, & multo magis si dotem non habeant, sed habeat maritus ipse, & illi cum marito agant ex stipulatu, qui illis stipulantibus promisit initio contrahendi matrimonii soluto matrimonio morte mulieris dotem reddi, multo magis dabimus marito retentionem dotis, opposita exceptione doli mali, cui damus actionem & exceptionem damus multo magis, *l. invitus, §. 1. de regul. jur.* At si legis Falcidiæ ratio interveniat, quæ minuat donationem causa mortis, quæ minuat dotem, filii cum marito recte & utiliter agent ex stipulatu sine metu exceptionis, ut scil. vel ex dote partem Falcidiæ, id est, dotis quadrantem maritus reddat quem heredes aflagitant jure Falcidiæ, quemque mox a filiis revocabunt actione in factum, id est, utili actione in rem, vindicante quadrante, ut in §. *Mævio, inf. in hac l. & l. pen. C. ad leg. Falcid.* Residuæ dotis dodrantis retentionem maritus habet, non totius dotis lege Falcidia interveniente. Et hæc est interpretatio hujus §. satis obscuri. Ex quo insuper notanda est una differentia inter legata & donationes causa mortis, ante constit. Justiniani, id est, ante *d. l. penult.* heredes legatorum Falcidiam sibi servabant, non per vindicationem, sed per retentionem legatorum, *l. 14. §. 1. & 15. §. 1. l. 93. inf. ad l. Falcid.* Ideoque legatario occupante vacuam possessionem rei legatæ sine voluntate heredis, heredi dabatur interdictum quod legatorum, ut adipisceretur possessionem rei legatæ, & sibi servaret Falcidiam per retentionem possessionis, *l. 1. C. quod legat.* donationum autem mortis causa Falcidiam heredes, ut servant heredi sibi & olim quoque teste Justin. in *d. l. penult.* servabant eam sibi per vindicationem, sive per actionem in factum, quæ utilis vindicatio est, quoniam possessio rerum donatarum jure constituta erat apud donatarium, non apud heredes, ut nec possent heredes retentionem donationum Falcidiam sibi servare per retentionem possessionis, quamobrem necesse fuit eo decurrere, ut heredibus subveniretur data utili Falcidiæ vindicatione adversus donatarios, qui justi sunt possessores rerum donatarum. Et ita in specie proposita, ubi donatarii recuperaverunt dotis quadrantem a marito, confestim heredes eum quadrantem ab eis donatariis revocabunt utili & extraordinaria vindicatione, quæ & in hoc §. & in tit. *de rei vindicat.* sæpe dicitur actio in factum, *l. in rem, §. quæcunque, l. qua religioni, l. cum autem, eod. tit.* Eadem ratio efficit, ut interdictum quod legatorum non pertineat ad donationes causa mortis, quia jus possessionis rerum donatarum mortis causa, non pertinet ad heredes, sed ad donatarios, nec ut legata, ita donationes causa mortis præstantur ab hedib. sed *ejusue* ab ipso defuncto proficiscuntur, & transeunt in donatarium. Et hoc est satis adnotasse ad hunc §.

### Ad §. Surdo.

*Surdo & muto, qui legatum accipit, ut cum morietur restituat, recte mandatur: nam & ignorantes recte astringuntur fideicommisso, quibus ignorantibus emolumentum ex testamento quæritur.*

IN hoc §. ostenditur a legatario surdo & muto fideicommissum relinqui posse, vel quod idem est, potest legatario surdo & muto recte mandare, ut cum morietur, rem legatam præstet & restituat alteri: mandari, inquam, mando est verbum fideicommissi, §. *mando, inf. l. avia, §. pater, de condit. & demonstr.* Ergo hoc dicit in hoc §. ab ignorantibus fideicommissum relinqui posse. Ignorantes fideicommisso adstringi posse. Nam surdus & mutus pro absentibus & ignorantibus habentur, *l. ult. de verborum signif. l. 29. §. ult. comm. divid.* Nec sine ratione est quod ignorantes fideicommisso adstringuntur. Nam & ignorantes, inquit, ex testamento emolumentum legatorum adquirunt, id est, actionem legatorum, *l. si a furioso, de obligat. & action. l. filiusfamil. sup. qui testam. fac. poss. l. ult. C. quando dies leg. cedat.* Rerum autem legatarum dominium adquirunt agnitione, id est, cum agnoscunt legatum & amplectuntur: vel traditione, cum accipiunt legatum ab heredibus, *l. ei qui ita, de cond. indeb. l. cum vero in fin. de fideicomm. libert.* Ergo rerum legatarum dominium adquirunt scientes, non ignorantes, actionem legatorum etiam ignorantes. Atqui, quod posset objici, res legata dicitur esse legatarii ignorantis vel deliberantis, *l. si partem, in fine, sup. quemadm. servit. amitt. l. magis, §. fundum, sup. de reb. eorum, qui sub tut. vel cur.* Verum hoc ideo, quia cum actio ignoranti adquiratur, propemodum & res ipsa adquiri videtur, cum id, quod & nostrum, sive proprium esse dicamus id, de quo actionem habemus, *l. 15. §. quod annuus, ad leg. Falcid. l. 15. de reg. jur.* sequitur aliud responsum.

### Ad §. Hereditatem.

*Hereditatem filius cum moreretur, filiis suis, vel cui ex his voluisset, restituere fuerat rogatus, quo interea in insulam deportato, eligendi facultatem non esse pœna peremptam placuit; nec fideicommissi conditionem ante mortem filii heredis existere: viriles autem inter eos fieri, qui eo tempore vixerint, cum de aliis eligendi potestas non fuerit.*

HUjus §. species hæc est: Pater filio heredi instituto electionem dedit, ut filiis suis, qui nepotes sunt patris, id est, filiis nepotibus suis, vel cui ex iis vellet, cum moreretur, hereditatem restitueret. Post mortem patris filius in insulam deportatus est ex delicti causa, deportatione amisit testamenti factionem, quia desiit esse civis, & factus est peregrinus, non tamen amisit jus eligendi, cui liberorum hereditatem paternam restitueret, quia electio pendet ex animi judicio, quod in eo post pœnam manet integrum, & facti electio potius quam juris. Idcirco capitis deminutione, minore scilicet, veluti deportatione, non amittitur: deportatus amittit ea, quæ sunt juris, non ea quæ sunt facti, *l. legatum, inf. de cap. minut.* Et hoc Papiniani responsum notuimatim ex hoc libro etiam in testimonium attulit Ulpianus in *l. ex facto, §. si quis rogatus 2. ad Senatusc. Trebel.* ubi ex hoc loco etiam jamdiu docuit observatio tertia, in locum illorum verborum, *cui liber factus fideicommissum restitui velit* (quoniam deportatus non fit servus, ut expectari debeat ejus libertas, sed retinet libertatem, & civitate plectitur sola) esse legendum aut reponendum, *cui liberorum fideicommissum restitui velit.* Proinde hujus fideicommissi conditio, ut Papinian. ait, non existit ante mortem filii naturalem, licet deportatus sit: quia & post deportationem potest eligere, cui liberorum fideicommissum restitui velit: moriente filio is quem elegerit, vocabitur ad hereditatem fideicommissariam,

riam, ceteri excludentur: si neminem elegerit, omnes vocabuntur ad hereditatem pro virilibus portionibus, ut in *l. unum ex familia*, §. *si duos*, *sup. hoc tit.* Aliud tamen dicendum esset, ut docet Ulpianus supradicto loco, filio damnato in metallum, quæ maxima est capitis diminutio, ut deportatio, minor capitis diminutio. Maxima in omni jure morti comparatur semper, quæ plectit civitate, & libertate, quæ servum & peregrinum facit, minor autem non semper morti comparatur, non in hac specie, non etiam in specie legis, *sed si mors, de donat. inter vir. & uxor.* non etiam in *specie legis si intercedat, de condit. & demonstrat.* Ideoque deportatus jus eligendi non amittit: damnatus in metallum jus eligendi amittit, & statim fideicommissi persecutio filiis ejus competit, non exspectata morte naturali patris, quæ jam contigisse intelligitur; nec post damnationem editi liberi ad fideicommissum admittuntur, *d.* §. *si quis rogatus*: post damnationem reliqui liberi ad fideicommissum admittuntur, quia conditio fideicommissi, quæ semel extitit, nunquam resumitur, *l. pater,* §. *ult. de condit.& demonst.*

## Ad §. Qui Dotale.

*Qui dotale prædium contra l. Juliam vendidit, uxori legatum dedit, & emptoris fideicommisit, ut amplius ei pretium restituat, emptorem fideicommissi non teneri constabat, si tamen accepto legato, mulier venditionem irritam faceret, eam oblato pretio, doli placuit exceptione summoveri.*

Notissima est l. Julia de fundo dotali, quæ vetat fundum dotalem alienari vel pignerari a marito, quamvis maritus, ejus fundi dominus sit; sed dominus, non quidem simpliciter, sed dotis causa. Quid igitur si maritus fundum dotalem quandoque vendiderit, & tradiderit emptori, & ab eo pretium acceperit, potestne hæc venditio quandoque soluto matrimonio mulieri esse fraudi? Minime vero; quoniam ex l. Julia uxor soluto matrimonio irritam venditionem facere potest, vindicato fundo ab emptore, nec oblato & reddito pretio, quod emptor marito intulit, quia illicita venditio est, *l. 3. C. de rei vindicat. l. si sciens, C. ad Senatusc. Vell.* Sed si maritus vendiderit quidem & tradiderit fundum dotalem, sed pretium nondum acceperit ab emptore, quæ est species hujus §. Nam falso fingunt, maritum accepisse pretium ab emptore. Ponamus igitur, maritum fundum dotalem vendidisse, & tradidisse, pretium nondum accepisse, & morientem legasse uxori ab herede rem certam, & hoc amplius, ponamus emptoris, qui nondum pretium solverat fideicommississe, ut uxori pretium restitueret & solveret. Hoc casu emptor quidem fideicommisso non tenetur. Idque constat inter omnes, quia scilicet uxore irritam faciente venditionem, ex post facto apparuit, emptorem marito pretium non debuisse; nec enim de pretio tenetur emptor, cui res empta evincitur, *l. 5. l. si fund. C. de evictione.* Apparet igitur, emptorem non fuisse debitorem mariti, debitor fideicommisso tenetur, quia ex constitutione Divi Pii etiam a debitore fideicommissum relinqui potest, *l. si pecunia, sup. tit. prox. l. cum quis decedens 35. §. pater, in fine, tit. seq.* At hic emptor debitor non fuit mariti, nihil etiam ei dedit maritus, ut eum fideicommisso obstringere possit, cui nihil dederis, non est recipiendum, ut eum rogando obliges, *l. 6. in fine tit. seq.* De suo quemque largiri oportet, non de alieno. Verum in proposita specie uxore irritam facicaute venditionem fundi, & vindicante fundum dotalem ab emptore post mortem mariti emptor oblato pretio, quod ab eo uxori venditoris relictum est per fideicommissum, ultro oblato pretio, quod initio extorqueri non potuit, quia cum fideicommisso non teneri constabat, ultro tamen oblato pretio mulierem vindicantem fundum dotalem repellet exceptione doli mali, si doceat eam agnovisse legatum, quod ei maritus reliquit ab herede; quia irritam facit venditionem, vindicando

fundum, facit contra voluntatem testatoris, cui tamen, cum legatum agnoverit, parere necesse habuit, quia in fideicommisso dicendo *amplius*, ut scilicet emptor amplius uxori pretium restitueret, & repræsentaret, quod verbum *amplius* tantundem valet, quantum, *hoc amplius*, *l. qui ita, de dote præleg. l. si servus legatus,* §. *si ita sup. tit. prox.* In fideicommisso dicendo *amplius*, vel *hoc amplius*, testator satis demonstravit, se ideo uxori legatum rei certæ relinquere ab herede, & pretium fundi venditi ab emptore, ne venditionem rescinderet, ne venditionem faceret irritam; & vinciendo, connectendo legatum rei certæ cum fideicommisso pretii, hoc articulo *amplius* demonstravit, causam sibi esse eam relinquendi pretii, & legandæ rei certæ: causa autem relinquendi pretii, quæ alia est, quam ne fundum uxor avocet emptori: Ergo & eadem est causa legati, ut ratam faciat emptionem venditionem fundi dotalis; denique hic articulus *amplius*, repetit legatum; ac si dixisset *amplius quam quod ab herede meo legavi, emptor ei restituito pretium fundi dotalis, quem tibi vendidi*, & legato ea ratio adjicit causam, quæ fideicommisso inest. Eadem verba *hoc amplius*, vel simpliciter *amplius*, sæpe magnam vim habent magnumque motum. Alias adjiciunt diem vel conditionem, *l. si tibi pure, tit. seq.* alias adjiciunt collegatarium, *l. 13. tit. seq.* alias adjiciunt vires & robur legato inutili, *l. legata inut. sup. tit. prox.* Denique magni momenti sunt in hoc responso, conficiunt totum negotium, quia legato priori relicto ab herede adjiciunt causam, quæ inest fideicommisso. Rejiciantur Glossæ omnes & commenta Doctorum ad Glossas, qui ad Papin. supplent, quæ Papiniano non venisse in mentem verba ejus produnt satis: neque enim in necessariis ex Papiniani brevitate quicquam unquam solemus desiderare, supervacuis caret ταυτολογιας, sed certe minus jnon dicit quam quod dici oportet. Et cogor ob eandem causam hoc loco tractare id, quod in §. 1. hujus legis eorum vestigia subsequutus verba Papiniani prætergressus sum; Si ex donatione causa mortis heres Falcidiam detrahat, sive a donatario causa mortis tota donatio, sive pars donationis per fideicommissum alii relicta sit, minuitur fideicommissum. Fac, ut res sit aperta, donationem esse ABC, fideicommissum B, Falcidiam heres detrahit non solum de AC. sed etiam de B. quod est fideicommisso. Minuitur ergo fideicommissum nec præstatur integrum, licet potuerit ex residuo donationis præstare integrum. Verum aliud dicendum est, si fideicommisso neque donatio, neque pars donationis contineatur, sed donatarius rogetur alii, verbi gratia, annua dena alimentorum nomine, & patiatur donatarius Falcidiam, quia dicendum est, præstationem annuam non consistere in donatione tota, sed in residuo donationis, quod superest deducta Falcidia. Quod si abunde sufficiat præstationi annuæ, integram eam præstari sine deminutione: Fac, in donatione esse fundum ferentem annua sexaginta, in fideicommisso annua 10. Falcidiam abstulisse quartam partem fundi, quæ ferebant annua 15. ex residuo fundo fideicommissario, sive alimentario integre annua 10. præstabuntur, non favore alimentario, sed ut ait ex d. §. 1. ex voluntate defuncti, qui de majori pecunia haud dubie præstari voluit integra alimenta, nunquam relinquuntur alimenta alii, nisi ex majori reditu quodam, ex majori pecunia, quæ resideat, aut relinquatur ei qui oneratur fideicommisso. In exemplo autem proposito nulla pars est pecuniæ residua, quia resident apud donatarium tres partes fundi, quæ fuerunt 45. quotannis. Ergo annua dena integra alimentario præstabuntur: si eadem aut minor sit pecunia residua, proculdubio tunc minuetur etiam fideicommissum alimentorum, & hoc est verius & convenientius verbis Papiniani, quibus nunquam utitur irregiose, quam quod DD. tradunt, quos sequebar in d. §. nudius tertius, accipientes majorem pecuniam pro toto patrimonio donatarii, & nihilominus admittentes diminutionem fideicommissi, si residua pucunia non sufficiat inte-

integræ præstationi, quod est absurdum & incongruum: nam si debentur ex toto patrimonio donatarii; ergo non diminuuntur, etiamsi donatario diminuatur, nec sufficiat integræ præstationi alimentorum.

### Ad §. Mævio.

*Mævio debitori suo reus stipulanti mandavit, ut Titio, cui mortis causa donabat, pecuniam debitam solveret; cum sciens dominum vita decessisse, Mævius pecuniam dedisset: non esse liberationem secutam, constitit: nec si Mævius solvendo non esset, in Titium adjectionem solidi vel jure Falcidiæ dandum esset: quia mortis causa cepisse non videretur. Diversum probandum foret, si Mævius ignorans dominum vita decessisse, pecuniam errore lapsus dedisset: tunc enim portio jure Falcidia revocaretur.*

Debitori meo mandavi inter vivos, non per fideicommissum, ut Titio statim vel me vivo pecuniam debitam solveret: non mandavi, ut etiam ei solveret post mortem, sed ut statim vel me vivo pecuniam mihi debitam solveret L. Titio, cui eam donabam mortis causa: ego mox vita defunctus sum, mandatum morte mea finitum est: (Mandatum finitur morte mandantis, *l. mandatum, C. mandati.* Sicut jussum morte jubentis, *l. si per epistolam, ff. de adquir. hered.* & cessitia tutela morte cedentis apud Ulpian. *tit. de tutelis.*) Et in specie proposita si quidem debitor meus sciens mortem meam, atque adeo finem mandati, solverit L. Titio, non liberatur, *l. ult. de solut.* in qua sic est legendum, ut probavit omnibus observatio prima: *Ei autem cui jussi debitorem meum solvere*, & illud *solvere*, est subdistinguendum: post mortem meam non debet solvitur, quia mandatum morte dissolvitur. At si debitor meus ignorans me vita decessisse, per errorem pecuniam solverit L. Titio, ex æquo & bono liberatur, *l. inter, §. 1. mand. l. pen. sup. de reb. cred. §. recte, inst. de mand.* Quibus præmissis finge: ego vita decessi: morte mea finitum est mandatum pecuniæ solvendæ Titio finita & extincta donatio causa mortis, quia donatario ea pecunia recte solvi non potest post mortem meam. Finge, inquam, mandatarium debitorem meum non ignorantem mortem meam pecuniam L. Titio solvisse: non liberatur, ut præmisi, & idem heredi meo tenetur ex stipulatione, vel ex alia causa, ex qua mihi tenebatur, sed si forte solvendo debitor non sit, si inanis sit actio propter ejus inopiam, quam in eum heres meus intendit, an heredi meo est actio in L. Titium, qui pecuniam accepit a sciente, ut scil. eam pecuniam reddat totam, vel saltem partem Falcidiæ, quod intervenit ratio legis Falcidiæ, & heres desideret Falcidiam etiam ex donatione causa mortis secundum constitutionem D. Severi, de qua diximus in §. 1. Et respondet Papinian. heredi nullam esse actionem in Titium, quia cum eo nullum negotium gessit, & pecuniam non habet ex mea donatione causa mortis, quæ extincta fuit morte mea, sed eam pecuniam habet ex donatione inter vivos debitoris, qui intelligitur ei donasse, quod sciens indebitum solvit, *l. cujus per errorem, de reg. jur.* Aliud dicendum est, si ignorans mortem meam bona fide animo exequendi mandati mei, ei solverit, nam hoc casu heres aget actione in factum, ut dixi in §. *mater, sup. id est*, utili vindicatione Falcidiæ: heres Falcidiam a L. Titio revocabit quasi donatario causa mortis, quia eodem loco res esse censetur, ac si L. Titius eam pecuniam accepisset ex donatione causa mortis, propter errorem & ignorantiam solventis: neque dicas ignorantiam debitoris prodesse L. Titio contra *l. iniquissimum, de jur. & fa. ign.* quia imo nocet cum Falcidiam L. Titius, quam non pateretur, si sciens debitor ei solvisset.

### Ad §. Cum Pater.

*Cum pater fideicommissum prædiorum ex testamento matris filiæ deberet, eandem pro parte itа heredem instituit, ut hereditate fideicommisso compensaret, eademque prædia, filio exheredato dari voluit, quanquam filia patris here. tatem suscipere noluisset, fideicommissum tamen ab here esse filio præstandum, ad quos hereditatis portio, quam accepit filia, redierat, placuit. Quod si alium filia substituisset, eum oporteret filio fideicommissum reddere.*

Hujus speciei hæc est: Pater filiæ suæ emancipatæ prædia quædam debuit, aut debet prædia, quædam a se herede instituto testamento uxoris, eidem filiæ, verbis fideicommissi relicta. Idem vero pater in testamento suo filium exheredavit, filiam adjectis coheredibus extraneis heredem instituit ex parte, ea lege ut hereditatis partem compensaret cum fideicommisso prædiorum; quod ei pater debuit ex testamento matris, filio autem exheredato, ab eadem filia supradicta prædia fideicommisso reliquit; deinde mortuo patre filia repudiavit hereditatem paternam, & portio ejus adcrevit coheredibus, vel, ut loquitur, portio quam accepit, id est, quæ ei testamento adscripta est, rediit, ad coheredes; redire dicitur hereditas non tantum ad agnatos jure legitimo, ut *l. 3. si quis omissa causa testam. l. Jurisconsultus, in princ. de grad. & adsin.* sed etiam ad coheredes jure adcrescendi. Portio igitur filiæ repudiantis adcrescit coheredibus, vel etiam transfertur ad substitutum, si quem filiæ substituti dederit pater, & substitutus præfertur coheredibus, *l. 2. §. si duo, inf. de bon. poss. secund. tab.* nisi aliud quam voluntas defuncti, ut in *l. quidam, ff. de vulg. subst.* Duo autem sunt, quibus supradicta prædia heredes patris debent. Nam & ea videri ex testamento matris, quo a patre herede scripto ea prædia filiæ per fideicommissum mater reliquit, & eadem quoque debent filio exheredato ex testamento patris, quo a filia herede scripta eadem prædia filio exheredato per fideicommissum pater reliquit: verum hoc loco agitur tantum de fideicommisso illo prædiorum, quod relictum est testamento patris, & debetur filio exheredato. Et, quamvis filia, a qua relictum est filio exheredato, hereditatem repudiaverit, tamen non ideo minus prædia deberi filio exheredato ait, nimirum deberi a coheredibus, quibus portio filiæ adcrevit, vel a substituto filiæ, qui portionem filiæ occupavit jure substitutionis, fideicommissa ab herede relicta videri repetita a substituto & a coheredib. qui quasi substituti cum suo onere consequuntur adcrescentem portionem, videlicet cum rescriptum Divi Severi, de quo in *l. licet, sub. tit. prox. l. 61. in s. hoc tit. l. 4. C. ad Senatusc. Trebell.* Quod non obtinuisse ante Severum liquet ex Celso, qui fuit longe antequam Severus rerum potiretur, *l. 29. hoc tit.* Quoniam jure veteri, quod uni ex coheredibus nominatim fideicommissum erat, ita demum videbatur testator præstari voluisse, si ille heres extitisset, quod si non extitisset, portionem illam vacantem adcrescere coheredibus sine onere fideicommissi, obvenire substitutis sine onere fideicommissi. Quod igitur hoc loco ait, *placuit*, sic interpretari debemus, ut & in §. 1. *h. l. placuit Divo Severo.* De fideicommisso eorundem prædiorum filiæ relicto testamento matris hoc loco non agitur, quia de eo minus dubitabatur, & constabat coheredibus & substitutis, ad quos redit portio heredis repudiantis, incumbere onus æris alieni, quod defunctus debuit heredi, qui repudiavit, quique noluit æs illud suum compensare cum hereditate, *l. cum ab uno sup. hoc tit.* Sed ab eo vel ea coguntur coheredes vel substituti ea prædia redimere, si ea velint vendere justo pretio, & præstare filio exheredato, aut eorum æstimationem, ut in *l. non dubium, §. ult. tit. seq.* Quamobrem recte statuunt DD. hoc loco contra Hugolinum, nihil huic responso derogari per Novell. 39. *de restitut.* vel authenticam, *res quæ, C. comm. de leg.* quæ vetat invito fideicommissario alienari, ergo & legari directo vel per fideicommissum, ea quæ sunt fideicommisso subjecta sive obnoxia. Nam & ea quoque prædia invita filia non transeunt ad filium exheredatum: neque enim ea substitutis vel coheredibus distrahere compellitur; verum

rum ea nolente diſtrahere, filio exheredato præſtatur æſtimatio. In extremo verſu hujus §. Haloander male legit *filiæ*, pro *filio*, ſecutus ſum Florentinam ſcripturam. Alterum reſponſum eſt in §. evictis, cujus ſpecies hæc eſt.

### Ad §. Evictis.

*Evictis prædiis, quæ pater, qui ſe dominum eſſe crediderit, verbis fideicommiſſi filio reliquit, nulla cum fratribus & coheredibus actio erit, ſi tamen inter filios diviſionem fecit, arbiter conjectura voluntatis non patietur, eam partes coheredibus prælegata reſtituere, niſi parati fuerint & ipſi patris judicium fratri conſervari.*

PAter filios heredes inſtituit, uni ex eis per fideicommiſſum a coheredibus reliquit prædia quædam aliena, quæ ſua eſſe credebat: dominus filio evicit prædia. Quæritur, an habeat filius eo nomine actionem aliquam adverſus fratres conſortes, quod ſibi ea prædia habere non liceat, quæ ab eis legavit pater? At reſpondet, ei cum fratrib. nullam eſſe vel competere eo nomine actionem. Objicies ſtatim, imo eſſe petitionem fideicommiſſi, quia etiamſi quis errore lapſus conjunctis perſonis rem alienam reliquerit, cujus ſe dominum eſſe credebat, legati aut fideicommiſſi petitio eſt, *l. cum alienam, C. de leg.* vel ſi reliquerit uxori *l. quoties inter, de aur. & arg. leg.* vel alii tali perſonæ, ut ait *d. l. cum alien.* puta alumno, ut in *l. in teſtament. inſ. de fid. libert.* vel heredi ſcripto, *l. heredi, inſ. ad Trebell.* quia manifeſta eſt affectio defuncti erga heredem, quem donavit honore præcipuo inſtitutionis. Ergo ſive quis ſciens, ſive ignorans rem alienam legaverit conjunctæ perſonæ, vel alii tali perſonæ, legati petitio eſt. Idque eſt veriſſimum. At vero contra objiciam & reſpondebo, filio etiam hoc loco non denegari petitionem fideicommiſſi, ſi nondum præſtitum eſt, ſed evictis prædiis, quæ ei præſtita ſunt ex cauſa fideicommiſſi, denegari actionem de evictione in id, quod intereſt, prædia evicta non eſſe adverſus coheredes: nam heredes legatariis vel fideicommiſſariis, quibus res certa relicta eſt, de evictione non tenentur, *l. ſi a ſubſtituto, in fin. l. ſi legati ſervi, ſup. tit. prox.* quia legatarii & fideicommiſſarii ſunt lucrativæ rei poſſeſſores, ut ait *Paul. 5. Sentent. tit. 11.* Et hæc eſt ſententia prioris partis hujus §. Subjicit in poſteriori parte, aliud eſſe dicendum, ſi pater filios heredes inſtituerit, & inter eos bonorum ſuorum diviſionem fecerit, quod facit certas res ſingulis prælegando, ut in *l. 3. §. quidam, inſ. ad Trebell. l. 33. ſam. ercisc.* ut rectiſſime Accurſ. in *l. nomen, §. ult. tit. ſeq.* prælegavit, ſic interpretatur, per diviſionem aſſignavit, vel attribuit. Et illa quidem *l. 33. famil. ercisc.* omnino congruit cum hac poſteriori parte hujus §. Ex quo apparet non omni ex parte hoc reſponſum eſſe ſingulare, quod tamen omnes noſtri DD. tradunt. Ex his vero ſequitur, officio arbitri famil. ercisc. ſive dividendæ hereditatis contineri in ſpecie propoſita, ut unicuique filiorum res, quæ relictæ ſunt & diſtributæ a patre, ſolidæ præſtentur. Quod fiet, quia ſingulæ res hereditariæ ſunt communes inter filios jure ipſo, & ſinguli in ſingulis rebus hereditariis habent partes hereditarias. Id, inquam, fiet facta invicem permutatione partium: nam ut eleganter ait *l. permutatio partium rerum communionem diſcernit*, atque in ea genere permutationis diviſio bonorum quam pater facit, & inter filios ad effectum & emolumentum perducitur: ex hac permutatione autem exemplo emptionis & venditionis, cui proxima & affinis eſt, naſcitur actionis nomine actio præſcript. verbis, *l. 1. & 2. C. de rer. permut. l. ſi familia, C. famil. ercisc. l. ſi fratres, C. comm. utriuſque jud.* Quamobrem ex voluntate patris operam dabit judex familiæ erciscundæ, ut ita demum partes prælegatæ coheredibus præſtentur, ſi & ipſi vice mutua partes ſuas præſtent, & in ſe viciſſim detrimentum & periculum evictionis recipiant, ut æquum in omnium filiorum perſona conſervetur judicium, & voluntas, ſive diviſio

partis. Et hoc vult in poſteriori parte hujus reſponſi. Totius ſumma hæc ſit. Facta & perfecta diviſione bonorum inter filios, quaſi ex permutatione alios aliis teneri de evictione: uni legata re certa una vel pluribus, alios de evictione non teneri. Neque primum obſtat huic definitioni *l. non quoeunque, §. 1. ſup. tit. prox.* quam objicit Accurſius, quia non dicit, heredem legatario rei certæ, certive corporis teneri de evictione, ſed legatario, qui non ex cauſa legati, ſed ex alia cauſa lucrativa rem legatam nactus eſt, quamdiu eam rem tenet ex alia cauſa lucrativa, non eſſe legati petitionem, quia regulariter traditum eſt, duas cauſas lucrativas in eundem hominem & eandem rem concurrere non poſſe, *§. ſi res aliena, Inſtit. de leg.* Sed ſi forte ea res, quam nactus eſt ex alia cauſa lucrativa & evincatur, tum incipit legatario eſſe petitio legati finita cauſa lucrativa. Et ea eſt ſententia *§. 1. unde apparet eum §. eſſe de actione legati, non de actione evictionis.* Nihil etiam obſtat *l. ſcimus, §. 1. C. de inoff. teſt.* quam ibidem opponit Accurſ. ex qua filio evicta legitima portione, quæ ei relicta erat, datur querela inofficioſi teſtam. vel ſupplementi actio. Hoc nihil obſtat, quia *d. l. ſcimus*, de filio exheredato loquitur: hoc autem loco agitur de filio herede inſtituto, cui evictis prædiis legatis, non evincitur portio legitima, cum ſuperſit inſtitutio, quæ ſufficit ad portionem legitimam: nihil etiam ſuperiori definitioni obſtant leges, quæ loquuntur de homine incerto legato, veluti hoc modo, *ſervum illi dato*, de homine generaliter legato, vel de qua alia re generaliter legata, quo caſu ejus rei, quam elegerit & præſtiterit, heres evictionem præſtat, quia non videtur præſtitiſſe, quod ita præſtitit, ut habere legatarius, & perpetuo jure poſſidere non poſſit, *d. l. ſi a ſubſtituto, §. 1. l. ſi domus, §. 1. eod. tit.* qui eſt accipiendus etiam de legato generis. *l. qui concubinam, §. ſi heres, tit. ſeq. l. heres, de evict.* Hoc enim loco non agitur de re legata generaliter, & indiſtincte, ſed de re certa legata ſpecialiter, certis prædiis, & ſatis eſt talem rem præſtari, qualis eſt, quod & M. Tullius Prodidit 3. offic. *In mancipiorum venditionibus*, inquit, *venditorum fraus omnis excutitur: qui enim ſcire debuit de ſanitate, de fuga, de furtis, præſtat edicto ædilium.* Heredum alia cauſa eſt, id eſt, heredes non tenentur præſtare, ſanum eſſe ſervum legatum, quod tamen venditores præſtare debent ex ædilitio edicto, ut in *l. ſi a ſubſtituto, §. 1. ac ſimiliter* heredes non præſtant evictionem ſervi legati ſpecialiter. Ac poſtremo notandum eſt, non abs re initio hujus §. Papinianum poſuiſſe, patrem ignoraſſe prædia, quæ filio verbis fideicommiſſi reliquit, aliena ſed ſua eſſe exiſtimaſſe, quoniam ſi ſciens aliena prædia legaverit, conjectura voluntatis exigit, ut coheredes præſtent evictionem, quia omnino ea filio voluit habere, qui ſcivit eſſe aliena & legavit. Totum facit hac in re voluntas defuncti, qui onerare coheredes potuit. Et hoc Accurſius notat recte in *l. Sticho, in fi. de uſuf. leg.*

### Ad §. Pater.

*Pater certam pecuniam exheredatæ filiæ, verbis fideicommiſſi reliquit, eamque nupturæ dotis nomine dari voluit, filio dotem ſtipulante, cum filius minorem dotem dediſſet, ſuperfluum eſſe filiæ reddendum conſtabat. Divortio quoque ſecuto, fideicommiſſum filiam recte petituram, ut actio ſtipulationis ſibi præſtetur, quoniam veriſimile non erat, patrem interponi ſtipulationem voluiſſe, quo filia poſt primas nuptias indotata conſtitueretur, ceterum ſi poſtea nuberet ad ſecundas nuptias cautionem extendi non oportet.*

PAter filiam exheredavit, filium heredem inſtituit, eumque rogavit, ut exheredatæ filiæ ſorori ſuæ cum nuberet trecentos aureos daret dotis nomine, marito numerandos, a quo marito juſſit etiam, ut idem filius ſtipularetur ſoluto matrimonio dotem ſibi reddi. Filius autem nubenti ſoro: i non dedit trecentos aureos, ſed ducentos tantum dotis nomine: invento tam optimo viro, qui ea dote contentus eſſet, & ut juſſerat pater, ſtipulatus

tus est eam dotem ducentorum soluto matrimonio sibi reddi. Quæritur, an residua centum, quæ sunt in fideicommisso, filiæ debeantur? Et respondet deberi, nec filium minuere posse fideicommissum dotis, quod taxata certa quantitate filiæ reliquit pater, etiamsi industria sua effecerit, aut gratia, ut nuberet soror in familiam cleram & dixem: fratris esse, bene collocare sororem, nihilque ei exheredatæ detrahere, maxime vero ex eo, quod dotis nomine reliquerit pater, nam & pater ipse post testamentum factum, si minore pecunia filiam in matrimonium collocasset, residuum fideicommissi filiæ deberetur, *l.22.in fine, hoc tit.* Rursus quæritur, si divortio solvatur matrimonium, an maritus cogatur actione ex stipulatu dotem reddere? Quod videtur, quia iussu patris filius generaliter stipulatus est soluto matrimonio dotem sibi reddi. Sed quia non est verisimile, patrem, qui filium iussit stipulari, voluisse post primas nuptias filiam indotatam manere, filia iure fideicommissi consequetur, ut frater sibi cedat actionem ex stipulatu adversus virum, vel si iam frater dotem exegerit à viro, ut eam sibi restituat; denique coniectura voluntatis & pietatis paternæ non patiatur, ut in alium casum sit filio efficax repetitio dotis ex stipulatione, quam in casum mortis filiæ, non etiam divortii, & eadem ratione, nec in casum mortis mariti, ne mulier maneat indotata, arg. *l.15.sup. de pact.dot.* Divortio igitur aut morte mariti soluto matrimonio, dos filiæ integra servatur, qua iterum nubat; iterum nubet si velit, & qua forte si nubat eidem vel alii, invita ea non licebit filio de novo marito stipulari soluto matrimonio dotem sibi reddi, quia de primis tantum nuptiis cogitaffe vid etur pater, non de secundis, ut scilicet de primo marito dotem stipularetur, non de secundo: & secundus potest esse idem ipse redintegrato matrimonio. Et ita in illa lege notissima *boves, §.1.de verb.sign.* dicitur hoc sermone, *quum nupta erit*, significari primas, non secundas nuptias. Et hæc est sententia huius responsi summe notanda, quam equidem nolim temere produci ad quamcunque aliam speciem dissimilem. Et valde displicet Cyni & Bartoli opinio, qui eam producunt ad hanc speciem quasi similem, quæ usu contingit sæpe. Testator iussit die obitus sui dari civibus vel collegis, vel pauperibus, vel aliis certam pecuniam: non erit, inquiunt Cyn. & Bart. ea pecunia, nisi semel præstanda, quo anno obierit mortem testator, non sequentibus: hoc est falsum. Dissimilis enim est species, & ius etiam diversum: Nam aliud est iubere heredem stipulari dotem quæ nupturæ filiæ relinquitur, quod de prima vice, qua filia nupserit, intelligitur, quia non quotannis iuxta res agitur, sed semel tantum cum voto perpetuæ & individuæ consuetudinis, ut in *l.1. de iur. dot.* Aliud vero est iubere heredem dare aliquid certis personis die obitus sui, vel die natalis sui, nihil refert, quæ res quotannis fungi & repeti potest. Et vero verisimile etiam est, testatorem non in primum annum id dedisse, sed & in sequentes annos. Et ita etiam proditum est in *l.cum quidam, l. annua, §.ult.l.pen.ff.de ann.leg.* Sunt leges elegantissimæ. Videamus etiam, an verum sit, quod hic Accurs. notat, non esse sequendam voluntatem testatoris, si in specie propositi expressim in omnem casum soluti matrimonii, divortii scil. vel mortis alterutrius, iusserit filium dotem stipulari. Movetur duplici ratione. Unam sumit ex favore dotis; At ut respondeam, favor dotis non adeo est magnus, ut non possit pater circa constituendæ dotis legem subiectà stipulatione dicere suæ rei quam velit, antequam dos fiat, *l.quoties, sol.matrim.* Itaque & hanc legem dicet suæ rei mox vertendæ in dotem, ut pater dotem maritus quoquomodo soluto matrimonio restituat filio stipulanti. Quidni? Alteram rationem dicit Accurs. ex eo iure, quo portio legitima debetur filiis & filiab. At ut respondeam, debetur gratis tantum portio legitima, non ingratis & male meritis, qualem fuisse filiam in hac specie exheredatio demonstrat, quam iniustam esse pronuntiatum non fuit: nec enim proponitur, filiam egisse querela inofficiosi testamenti & causam tenuisse. Ideoque non

est, cur, si hoc nominatim expresserit pater in testamento, dotem stipuletur filius sibi reddi in omnem casum, & recte etiam agat in omnem causam, sive casum. Sequitur aliud respons. in *§. a filia*.

### Ad §. a Filia.

*A filia pater petierat, ut cui vellet ex liberis suis prædia restitueret. Uni ex liberis prædia fideicommissi viva donavit, non esse electionem propter incertum diem fideicommissi, certæ donationis videbatur. Nam in eum destinatio dirigi potest, qui fideicommissum inter ceteros habiturus est, remota matris mortis electione.*

PAter filiam heredem instituit, & eam rogavit, ut cui vellet ex suis filiis prædia quædam cum moreretur, restitueret; electionem dedit filiæ, ut cui vellet cum moreretur ex suis filiis ea prædia restitueret: filia autem cum viveret, uni ex filiis prædia fideicommissi donavit. *Prædia fideicommissi* dicit, ut contra *fideicommissum prædiorum*, in *l.cum pater, sup.* Quæritur, an hæc donatio, quam viva fecit filia, contulitque in unum ex filiis pro electione, sit firma & certa, quæ nec revocari possit? Et respondet Papinian. hanc donationem non esse electionem certam & immutabilem, quia electio collata est in diem incertum, puta, cum moreretur filia heres, *l.1.§. dies, ff.de cond.& demonst.* Quæ dies incerta conditionem facit, *l.dies, eod.tit.* Quæ quidem conditio non existit ante mortem filiæ, *§.hereditatem, supr.in hac l.* Quocirca omne spatium vitæ liberum est filiæ ad eligendum, quem volet ex filiis, cui prædia fideicommissi restituat usque dum moriatur, & quamdiu variare & mutare electionem potest. Electio sive donatio prædiorum non est pro electione aut donatione certa, vel, ut loquitur, non est pro electione certæ donationis, sed est pro destinatione tantum & designatione quadam fideicommissarii infirma & instabili, quoniam interim variare potest filia, & a destinato recedere. Incerti fideicommissi, conditioneve incerta suspensi certa electio esse non potest, antequam conditio extiterit, puta, in casu proposito, antequam contigerit mors filiæ, quæ si contingat non mutata voluntate, tum proculdubio destinatio illa convertitur in electionem & donationem certam atque stabilem, quoniam duravit ea voluntas filiæ usque ad mortem: & is igitur fideicommissum prædiorum capiet, quem filia destinavit, nec removit quandiu vixit: sed si mutata voluntate alium, antequam moreretur, delegerit, destinatio illa prioris filii, irrita constituitur, *l.unum ex familia, in pr. & §. rogo, sup. hoc tit.* Itemque si is, quem filia destinavit prior moriatur; deinde filia, irrita destinatio est, & nemine alio electo omnes liberi superstites ad fideicommissum invitantur: at si is quem destinavit filiæ supervixerit, nec filia donationem sive destinationem revocaverit, & mutaverit, is, ut dixi, solus fideicommissum obtinebit. Ex quo apparet, destinationem quam vivus heres fecit, & dixerit in eum, qui remota matris electione, id est, matre neminem eligente, fideicommissum inter ceteros habiturus est, prorsus inutilem non esse, quoniam is, qui destinatus est, id est, cui prædia filia donavit, si filiæ supervixerit, ceteros excludet fideicommisso, tanquam electus à matre, quæ donationem non mutavit. Et hoc est quod ait, *nam in eum destinatio dirigi potest, qui fideicommissum inter ceteros habiturus est, remota matris mortis electione.* His verbis refellit, quod obiici poterat, *Eam destinationem esse inutilem: nec enim est inutilis*, inquit, *si conferatur in eum, qui neminem eligente matre, fideicommissum prædiorum habiturus sit*. Inter ceteros, id est, unum ex filiis. Accursius etiam obiicit *l.post mortem, C.de fideic.* quæ post mortem heredis certæ personæ relictum fideicommissum, ait; ab herede repræsentari posse, id est, heredem vivum id præstare posse detractâ Falcidiâ, si ratio legis Falcidiæ interveniat. Sed hoc ita, si, ut dixi, certæ personæ fideicommissum relictum sit præstandum post mortem heredis, cui sit omnino præstandum, si coheredi supervixerit. At si uni ex liberis quem elegerit heres, relictum sit fideicommissum post mortem heredis, frustra repraesentatur fideicommissum uni, quod ei forte postea non debebitur herede mortuo, tametsi heredi supervixerit, puta, si postea alium heres elegerit. Eligendi arbitrium quod heredi datur, quodque confertur in tempus mortis heredis, ambulatorium est. Eligendi arbitrium currit & recurrit toto tempore vitae heredis, quoniam interim dum vivit, integrum ei est subinde variare, & alium atque alium eligere.

### Ad §. Fidei.

*Fidei heredum meorum committo, ne fundum Tusculanum alienent, & ne de familia nominis mei exeat; secundum voluntatem eos quoque invitatos intelligendum est, quibus heredes extranei fideicommissariam libertatem reddiderunt.*

Testator fidei heredum commisit, ne fundum Tusculanum alienarent extra familiam nominis sui, his verbis: *fideicommissum fundi reliquit familiae nominis sui*, & constat quidem post agnatos vocari ad fideicommissum libertos orcinos, id est, qui directo in testamento manumissi sunt, vel qui manumissi sunt inter vivos, *l.ult. C. de verb. sign.* quia per manumissionem assumuntur in nomen familiamque domini. Lactant. de vera sap. *Servus liberatus*, inquit, *patroni nomen accipit tanquam filius.* Tertull. de resurrect. carnis: *Manumissus*, inquit, *patroni nomine, atque tribu & mensa honoratur.* Certum igitur est, hos libertos ad fideicommissum vocari, quia sunt de nomine testatoris. At quaeritur, an etiam ad fideicommissum vocetur ii, quibus testator reliquit fideicommissariam libertatem ab heredibus extraneis, id est, qui non sunt de familia & nomine testatoris, quoniam hi manumissoris, id est, heredis extranei nomen accipiunt, tanquam patroni, non testatoris. Patronus heres, non testator, *§. qui autem, Inst. de sing. reb. per fid. rel.* Qua in re hoc loco pueriliter loquitur Accurs. oblitus *d. §. Inst.* & male etiam in medium allata *l. pater, inf. tit. seq.* quae non de hoc quaerit, an fideicommisso contineantur manumissi per fideicommissum, sed an liberti libertorum, qua de re est disquirendi alius locus in hac l. nempe in *§. libertis.* Verum secundum ea, quae diximus, ad fideicommissum relictum familiae nominis sui, non videntur admitti manumissi ab herede per fideicommissum, quia non vocantur nomine testatoris, sed nomine heredis extranei. Aliud tamen respondet Papin. in hoc §. ex voluntate testatoris ducens conjecturam, cui etiam manumissi per fideicommissum sunt suorum libertorum nomine, ac si directa manumissione eos in suum nomen adsumpsisset: revera alterius sunt, opinione testatoris habentur pro libertis ejusdem nominis, quia eis ipse dedit libertatem, heredes reddiderunt, non dederunt, ipsi gratuitam, heredes debitam, *l. 1. C. de libert. & eor. lib.* Quamobrem, & qui libertis legat alimenta, etiam ea legare videtur iis, qui sunt manumissi per fideicommissum, id est, quibus dedit fideicommissariam libertatem, *l. 2. ff. de alim. leg.* quia eos habuit pro suis libertis, licet revera sui non sint liberti, sed manumissoris, *l. qui ex causa, ff. de bon. libert.*

### Ad §. Fidei tuae.

*Fidei tuae committo uxor, ut des, ut restituas filiae meae, cum morieris, quicquid ad te quoquo nomine de bonis meis pervenerit. Etiam ea quae post codicillos uxori dedit, fideicommisso continebuntur. Nam ordo scripturae non impedit causam juris ac voluntatis, sed dos praelegata retinebitur, quoniam reddi potius videtur quam dari.*

Uxorem maritus rogavit, hoc modo: *Quicquid ad te quoquo nomine de bonis meis pervenerit, peto restituas filiae meae cum morieris*; Quaeritur, an fideicommisso contineatur, quod satis est generale & amplum, cum dixerit, quidquid quoquo nomine, etiam pro quam uxori praelegavit: Respondet non contineri, quia dotem uxori reddit potius quam dat: rem uxori reddit, non suam dat. Qua ratione etiam Ulpianus utitur in *l. 2. §. mulier, de dote praeleg.* Et Paul. 5. Sentent. tit. 1. Eademque ratio est, ut praelegatum dotis uxori relictum : sed non patiatur Falcidiam, *l. sed & ususfr. §. dos, ad leg. Falcid.* Idemque, ut dote uxori praelegata, & petita a filio praeterito bonorum possessione contra tab. uxor non redigatur ad virilem portionem, *l. virilis, §. si quid uxori, de leg. praest.* Ergo hoc fideicommisso dos praelegata non continetur : sed an contineatur hoc fideicommisso, quod postea codicillis uxori legavit, aut reliquit: & hoc ait non contineri quamvis dotem uxori reliquerit, quia ordo scripturae non spectatur, sed jus & causa legati, & voluntas testatoris, qui verbo *quidquid pervenerit*, plane demonstravit, se velle etiam futurum tempus comprehendere, quod falsum esse coarguit distinctionem, qua Accursius utitur in *l. cum virum, C. de fideicomm.* ut fideicommisso relicto ejus, quod pervenerit ad heredem, contineatur : quod eo tempore ad eum jam pervenerat, non quod postea perveniet. Hoc falsum esse hic §. docet; quia *pervenerit*, etiam futurum tempus complectitur : aliud dicendum esset, si dixerit, quod uxori dedi : nam fideicommisso non continebuntur, quae postea dederit, ut in *l. uxori, §. uxori, tit. seq.*

### Ad §. Volo.

*Volo praedia dari libertis meis, quod si quis eorum sine liberis vita decesserit, partes eorum ad reliquos pertinere volo; collibertum patris eundemque filium, ex voluntate substitutionem excludere placet.*

Quidam libertis suis praedia per fideicommissum reliquit, eosque in eo fideicommisso verbis precariis invicem substituit sub conditione, *si quis eorum sine liberis vita decederet.* Inter libertos sunt duo, pater & filius colliberti simul ab eodem patrono manumissi : mortuo patre quaeritur, an locus sit substitutioni precariae, id est, an pars, quam is habuit in praediis fideicommissi jure posterioris fideicommissi, jure substitutionis ad omnes libertos pertineat. Et negat Papinian. pertinere, quia defecit conditio substitutionis : neque enim decessit sine liberis, qui filium naturalem, id est, quaesitum in servitute, collibertum suum superstitem reliquit, hic ceteros collibertos excluderet, & efficiet, ut posterioris fideicommissi sive substitutionis conditio deficiat, atque adeo solus vocabitur in partem patris sui. Et hoc Papiniani responsum nominatim ad testimonium vocatur ab Ulpiano in *l. ex facto, §. si quis rogatus, ad Senatusc. Trebell.* Et ratio responsi, ut & superiorum fere omnium, quantum Papinianus ipse significat, proficiscitur ex voluntate defuncti, cujus introspiciendae & eruendae Papinianus est artifex acutissimus, quia in conditione substitutionis verisimile est, testatorem cogitasse etiam de liberis collibertis, qui naturales sunt, non justi, cum eos priore gradu ad fideicommissum posterioris fideicommissi vocaverit. Et ita etiam in specie *l. ult. sup. de jur. delib. & l. pen. §. Danae, hoc tit.* filiorum appellatione continentur etiam filii naturales & colliberti ex voluntate testatoris : Quae tamen utique semper an eadem sit, hoc Ulpianus in *d. §. si quis rogatus*, ait, dependendi posse ex dignitate & conditione testatoris. Et dignitate, ut si sit honestissimus paterfam. qui nullo loco numeret filios naturales, hic crediturus liberorum vel filiorum appellatione justos, non naturales intellexisse. Ex conditione, ut ipsi testatori iidem sint, humilesque natales, & mores, & abjectior animus, ut eodem loco numeret liberos justos & naturales, aut certe hos ponat superiore quam illos, ut nonnullorum mores sunt, juxta id quod scribit Apollonius Rhodius lib. 1. Hunc vero facile dicam liberorum appellatione, naturales comprehendi voluisse. Denique ut definit Ulpianus supradicto loco, an lian liberorum appellatione contineantur naturales, voluntatis quæstionem esse. Quæstio igitur facti, non juris, *l. ex verbis, C. de don. int. vir. & uxor.* Quæ in æstimatione judicis est, non Jurisconsulti, in disquisitione Rhetoris, non Jurisconsulti, *l. voluntatis, C. de fideicommiss. l. 2. C. plus val. quod ag. quam, l. 12. ⁊. sed etsi Papinianus, de instr. leg. l. mora, de usur.* Et ideo quod Justinianus, in *l. generaliter, §. ult. C. de instit. & substit.* hanc conditionem fideicommissi, si sine liberis decesserit, accipit de justa sobole, hic ex voluntate testatoris modum & finem accipere debet, quæ non patitur, ut id sit perpetuo verum. Sequitur aliud responsum in §. *curatoris*.

### Ad §. Curatoris.

*Curatoris sui frustra fideicommissa videbantur, ut heredi fratri negotiorum gestorum rationem redderet. Quanquam igitur testamento cautum esset, ut cum ad statum suum frater pervenisset, ei demum solveretur, tamen sub curatore alio fratrem agentem recte placuit actionem inferre, cum illis verbis fratri potius consultum videtur, quam solutio quæ juste fieri potuit, delata.*

CErtum est, a debitore fideicommissum relinqui posse ex constit. Divi Pii, *l. si pecunia, sup. tit. prox. l. cum quis decedens, §. pater, in fine, tit. seq.* puta ut debitor det, solvat, restituat aliquid, non heredi. Nam frustra fidei debitoris committitur, ut quod debet solvat heredi, quia heres jure hereditario eum satis obligatum habet. Ideoque si fidei curatoris mei committatur, ut negotiorum gestorum rationem reddat fratri heredi meo, quæ est species hujus §. inutile fideicommissum est, & consequenter frustra huic fideicommisso tempus adjicio, puta, *ut fratri heredi meo rationem reddat, cum frater meus ad statum pervenerit*, id est, ad 25. annum: hanc ætatem vocat statum, ut Græci ἐκμῆν ut *l. cum ætate, sup. de probat. l. pen. C. quando dies leg. ced.* quod hic sit olescendi sive crescendi finis: adolescentes ab olescendo dicti sunt. Quamvis igitur tempus huic fideicommisso adjecero, poterit tamen frater heres meus etiam ante tempus, antequam venerit in ætatem, id est, in statum, rationes & reliqua, quæ semper nomine rationum continentur exigere a curatore meo, auctore curatore suo uti oportet, *l. 2. C. qui legit. pers. stand i in jud. hab.* Et rationem hanc tradit Papinianus, quia nec supradictis verbis, ut rationem reddat heredi, cum venerit in statum ætatis, moram redditioni rationum & solutioni reliquorum injicere volui, sed fratri potius consulere meo, ne ante justam ætatem repetita pecunia abuteretur; puto quidem nominatim differre solutionem reliquorum ex administratione data debitori liberatione ad tempus sine laxamento aliquo & justitio temporario, *l. Aurelius, §. centum, inf. de liberat. leg.* sed in dubio magis, videor tempus adjecisse pro herede meo, *l. cum tempus, de R. J.* Quapropter si frater, meo consilio meaque prudentia uti nolit, ei licebit ante tempus quod finivi, debitorem meum exigere.

### Ad §. ab Instituto.

*Ab instituto extraneo prædia libertis cum moreretur, verbis fideicommissi reliquerat, & petierat, ne ex nomine familiæ alienarentur: substitutum ea prædia debere ex defuncti voluntate, respondi. Sed utrum confestim, an sub eadem conditione, voluntatis esse quæstionem, sed conjectura ex voluntate testatoris capienda, mors instituti exspectanda est.*

CErtum etiam illud est, fideicommissum relictum ab instituto, deberi etiam a substituto, ex tacita voluntate defuncti; & ita definit constitutio Severi & Antonini, ut docui in §. *cum pater, sup.* At finge, ab herede instituto cum moreretur, ut post mortem ejus relictum fideicommissum fuisse, & instituto repudiata hereditate substituto locum fecisse. Quæritur: an statim fideicommissi repræsentationem a substituto desiderare possint ii,

*Tom. IV.*

quibus relictum est, an vero exspectare debent mortem heredis instituti, id est, an conditio fideicommissi relicti ab instituto intelligatur etiam repetita a substituto, a quo & fideicommissum repetitum intelligitur. Et Papait, in conjectura voluntatis testatoris quæstionem esse positam, quid is senserit introspiciendum esse, in dubio exspectandam esse mortem heredis instituti, quasi eadem conditione a substituto repetita, quia fieri potest, ut fideicommissarii moriantur vivo herede, quo casu fideicommissum intercideret, *l. hereditate, §. ult. de jure fisci.* Et hæc sententia hujus responsi, cui opponitur *l. sub conditione, ff. de hered. inst.* quæ ait, sub conditione heredi instituto, si testator substituat, nisi eandem conditionem repetat, pure substituisse videri. Conditionem igitur adscriptam instituto non videri repetitam in substituto. Nihil est quod tam facile expediri possit. Loquitur in ea lege de conditione imposita heredi instituto. Hæc non intelligitur tacite repetita in substituto: alia est substituti, alia instituti persona: & proinde alia institutionis, alia substitutionis causa. Hoc autem loco agitur de conditione imposita fideicommissario ab herede instituto, quæ intelligitur etiam repetita a substituto, quia una est fideicommissarii persona, vel si plures sint conjunctim pro una habentur, alia vero igitur causa fideicommissi, nisi probetur aliud sensisse testatorem. In dubio hoc responsum esse sequendum. Quod autem ait Accurs. repetitam non videri conditionem, si testator Papinianiter repetierit legatum aut fideicommissum, hoc falsum esse coarguit, *l. in repetendis, sup. tit. seq.* falsum, inquam, generaliter, nam potest specialis aliquis casus existere: quo repetita conditio non intelligatur, ut si repetitio ejus voluntati adjecta non faciat, *l. si quis a filio, l. servo alieno, §. ult. sup. tit. prox. l. ult. inf. de fideic. lib.* Quæ exceptio, & in tacita repetitione locum habet.

### Ad §. Mensæ.

*Mensæ negotium ex causa fideicommissi, cum indemnitate heredum per cautionem susceptum, emptioni simile videtur, & ideo non erit quærendum, an plus in ære alieno sit, quam in quæstu.*

MEnsa argentaria per fideicommissum relicta in hoc §. ostenditur, fideicommisso contineri etiam onera mensariæ, sive nummulariæ negotiationis, sicut hereditate Mæviana relicta onera contineri dictum est, in *l. prox. §. Lucio, sup. eod. tit. qua de hereditatis, & mensæ* nomen non est corporis, sed juris nomen, quod complectitur & commoda & incommoda: & omnino si, cui mensa argentaria per fideicommissum relicta est, cavere debet heredi de indemnitate, ut ait hoc loco interpositis stipulationibus, ad exemplum stipulationum emptæ & venditæ hereditatis. Et hoc est quod ait, *hoc negotium esse emptioni simile*. Emptioni scilicet universi cujusdam juris, ut emptioni hereditatis, fideicommissum non solet esse damnosum, verum hoc fideicommissum potest esse damnosum, si mensa plus debeat, quam ei debeatur, vel ut ait, *si plus sit in alieno negotii mensarii, quam in quæstu*, & quæstum ut Græci λῆμμα accipit pro fænore. Mensæ igitur nomen non pro mensa ipsa accipitur, sed eo nomine significatur jus omne mensæ. Denique mensæ nomen est juris sicut hereditas. Neque idem dicendum est in taberna argentaria. Nam tabernæ nomen, est loci nomen, nomen ædificii non juris, quocirca qui legat aut vendit tabernam argentariam, vel ædificium legat vel vendit si suum sit, vel si publicum sit ædificium, ut pene omnes tabernæ argentariæ, quæ erant circa forum Romanum, legasse aut vendidisse intelligitur jus, quod in eo ædificio habet. Nam plerumque earum tabernarum solum erat publicum, usus concedebatur privatis, *l. qui tabernas, de contr. empt.* Et ideo si tabernæ solum sit publicum, qui vendit aut legat tabernam, non quod

quod est publicum legare, aut vendere intelligitur, sed jus suum, id est, usum tabernæ quem habet, *l. I. qui tabernas, de contr. empt.* Et hoc sensu apud Livium 26. Annibal dicitur, *tabernas quæ circa forum erant, venire jussisse*. At quæro, an legata, aut argentariæ, vendita, quod etiam hic Bartolus tractat, taberna purpuraria, vel serraria, vel qua taberna negotiatoria, merces legato aut venditione contineantur? Et dicam non contineri omnino: nec movebor *l. cum taberna, sup. de pignor.* quæ dicit, taberna pignerata & merces, quæ in ea sunt pigneratas videri esse; sed hoc ideo, quia plerunque pretium tabernæ non respondet debitæ quantitati, ut puta, cum sit vilissimum ædificium, ut plane inter creditorem & debitorem actum videatur, ut in fidem creditæ pecuniæ non vilissima taberna, vilissimum ædificium pignori sit, sed merces, quæ in eo sunt ex voluntate contrahentium. Tabernæ nomine non locus significatur, sed merx, quæ in eo loco sita est.

---

### Ad §. Pater filiæ.

*Pater filiæ mancipia, quæ nubenti dedit, verbis fideicommissi præstari voluit partus susceptos, etsi matres ante testamentum mortuæ fuissent, ex causa fideicommissi præstandos respondi, nec aliud in uxore confirmatis donationibus pridem observatum est.*

AD hunc §. sciendum est, donationem a patre collatam in filium, quem habet in potestate, vel in filiam, quam æque habet in potestate, jure civili non valere, quia idem sibimet donasse videatur. Quandoquidem idem homo esse intelligitur pater & filiusfam. vinculum patriæ potestatis unam personam constituit. Concedit quidem pater filiofam. peculium quandoque, sed concessio peculii, donatio non est: nam & finitur morte patris. Favore tamen nuptiarum receptum est, ut si det pater filiæfamilias dotem, teneat datio, ut donatio, fiatque dos proprium patrimonium filiæ, nec finiatur, filiæve proprietate abscondatur morte patris. Alias donatio facta inter patrem & filium filiamve famil. jure non valet, ac ne confirmari quidem silentio solo & morte patris, *l. 2. §. ult. ff. pro her. l. 1. §. 1. inf. pro don.* Confirmari tamen potest alia ratione, ut puta, ratihabitione expressa vel tacita post emancipationem filii vel filiæ. Nam emancipato potest donare, ergo & ratam facere donationem, quam fecit ante, quum filius erat in familia & sacris paternis, *l. donationes, §. pater, de donat. l. sive emancipatis, C. eod. tit.* Item retento filio filiave in potestate, verum est donationem ei factam posse confirmari ultimo judicio patris, si specialiter eam confirmarit verbis legati, id est, directis, ut fideicommissi, *l. pen. inf. de collat. dot. l. si concubinam in princ. & l. item legato in tit. seq. l. 2. C. Gregor. fam. ercisc.* Et ita accipiendum est, quod Paulus scribit 5. *Sent. tit.* II. in hunc modum: *pater,* inquit, *si filiofamil. aliquid donaverit, & in ea voluntate perseverans decesserit,* id est, *declarans se in ea voluntate perstare: morte patris donatio convalescit.* His cognitis, facito patrem nubenti filiæf. donasse ancillas aliquas in ministerium, ut fit plerunque, *l. prospexit, ff. qui & a quibus man. lib. non fiant.* Eamque donationem in testamento confirmasse, per fideicommissum herede rogato, ut filiam sineret illas ancillas sibi habere & possidere; destinatio animi erga filiam aut sit ea concessio ancillarum, in usum sive ministerium potius quod, vero etiam donatio non est, sed fideicommissum: confirmatio donationis inutilis facta verbis fideicommissi vel legati non est donatio, sed legatum vel fideicommissum, inter quæ multum interest. At ita gesta, ut proposui; Quæritur, si ancillæ filiæ donatæ ante testamentum patris, quod confirmat donationem verbis fideicommissi vita decesserint, nunquid ex causa fideicommissi partus earum filiæ debeantur? Et respondet Papin. deberi, & ratio, quam non explicat, hæc est, quia ut ancilla precario rogata, id etiam agitur, ut partus sit precarius, si quem ediderit, *l. 10. inf. de precar.* ut ancilla empta & partus emptus intelligitur, *l. si quod ex Pamphila, hoc tit. l. non quodcunque §. Julianus, sup. tit. prox.* Ita etiam donata ancilla, quamvis in computationem donationis partus non veniat, cum scilicet quæritur de modo donationis, an excedat legem Cinciam, quæ modum imposuit donationibus *l. in ædib. §. ex rebus, & l. cum de modo, inf. de don.* Tamen ancilla donata id agitur, ut & partus donatione contineatur: ergo quasi confirmata verbis fideicommissi ancillarum donatione partus filiæ præstantur, partus filiæ omnes præstabuntur, qui ex ancillis donatis susceptæ fuerint: ancillæ autem non præstabuntur quia in rerum natura esse desiissent ante testamentum: & idem esset, si in rerum natura esse desiissent post testamentum vivo testatore. Imo & idem, si post mortem testatoris ante moram heredis *l. cum res, §. ult. sup. tit. prox.* Id vero quod ita respondit Papin. ad quæstionem propositam subjicit, etiam pridem observatum fuisse in don. inter vir. & ux. Pridem id est, ante orationem Severi & Antonini, & SC. quod eam insequutum est, de quo multoties fit mentio potissimum in titulo illo, *de don. inter vir. & ux.* Ex qua oratione sive Senatusconsulto donationes factæ inter maritos confirmantur morte sola & silentio donatoris, si modo non mutaverit voluntatem, si non ademerit res donatas. Nam ante eam orationem, morte sola non confirmabantur, sed necessaria erat morientis donatoris confirmatio, expresso genere legati aut fideicommissi, quo casu confirmatio porrigebatur quidem ad partus donatarum ancillarum, quia sunt portio donationis; sicut ancillarum dotalium partus dicuntur esse portio dotis, *l. cum post, §. ult. de jure dot.* Sed non porrigebatur etiam ea confirmatio ad omnes fructus rerum donatarum, quia pro parte donationis fructus non sunt, & quia jure legati aut fideicommissi ea donatio confirmabatur ex judicio speciali donatoris, & convalescebat, non jure donationis, *l. ex verbis, l. donationes, C. de don. inter vir. & ux.* & ideo non retrotrahebatur ad tempus, quo primum donatio facta fuit, ut fructus interim percepti ad donatarum pertinerent, sed valebat tantum ex die mortis testatoris, sicut legatum & fideicommissum. Et hoc quidem pridem obtinuit. At hodie post orationem Severi & Antonini, morte donatoris tacite, vel specialiter confirmata donatione inter virum & uxorem per legatum aut fideicommissum, pro donatione habetur, non pro legato aut fideicommisso, quamvis dixerit se legare aut fideicommittere, & ideo retrotrahitur, nisi forte inutilis fuerit ob aliam causam, veluti ob causam omissæ insinuationis, ut Justinianus declarat in *d. l. donationes,* qui & ea lege primus inter donatores servari voluit in donatione inter patrem & filium filiamve fam. quod statuerat supradicta oratio in donatione inter virum & uxorem. Ex quo evidenter apparet, totum hoc responsum Papiniani pertinere ad jus antiquum, quod obtinuit in donationibus inter patrem & filiumfa. ante constitutionem Justiniani, & in donationibus inter maritos ante orationem supradictam, quæ est sincera interpretatio hujus responsi. Delendæ sunt omnes Glossæ Accursii, quibus fingit, patrem non donasse ancillas filiæ, sed dedisse in dotem: deinde legasse per fideicommissum, & iterum ancillarum æstimationem filiæ deberi, quasi re aliena legata, quia ancillæ sunt in bonis mariti dotis causa. Primum non animadvertit esse desiisse in bonis mariti, quia vita functæ proponuntur ante testamentum: deinde etiam Papinian. non dicit, ancillas patrem dedisse in dotem, sed dedisse simpliciter, quod est, donasse. Comparatio rerum donatarum uxori, qua Papinianus utitur, demonstrat satis: comparat enim res donatas filiæ rebus donatis uxori, quod utraque donatio sit inutilis. Et ita quoque Dynus sentit, cujus & Bartolus ipse sensum ait esse satis bonum. Debuit dicere eum olim esse bonum & verum. Hoc tamen Dynus perperam adjecit; *mortuo patre per fideicommissum confirmata donatione ancillarum etiam fructus præteritos filiæ deberi, veluti mercedes operarum, retroacta donatione,* quia, ut dixi, non valet ut donatio,

rio, secundum jus de quo Papin. tractat, quod obtinuit ante Justinianum, sed ut fideicommissum, ergo non retrotrahitur, d. l. ex verbis: & partuum alia est causa, quia & ii ut donati sic per fideicommissum filiæ relicti intelliguntur. Præterea si ancillæ essent datæ in dotem, nec viventibus ancillis ea res indigeret confirmatione, nec utiliter per fideicommissum filiæ relinqueretur, quia res filiæ propria est, quamvis sit in potestate, l.3.§.ergo, de minorib. & rei propriæ inutile fideicommissum est, l.proprias, C.de leg. Dos, etiamsi in bonis sit mariti constante matrimonio, si legum subtilitatem spectes, revera tamen & naturaliter permanet in dominio uxoris, l.quamvis, sup.de jur.dot.l.in reb. Cod.eodem tit. Et iisdem fere verbis, quibus l.quamvis, Boetius in Topica Cic. Dos, inquit, licet matrimonio manente, in bonis sit mariti, est tamen in jure uxoris: & post divortium velut res uxoria peti potest. Papinian. etiam non dicit, ancillarum æstimationem filiæ deberi, quod illi comminiscuntur, im cum hoc tantum dicit, partus filiæ esse præstandos, qui matribus supervixerunt, satis negat, matrum nomine, quæ ante testamentum sunt, quicquam peti posse. Brevius, ut dixi, erat alterum responsum, quod est in §. hereditatem.

### Ad §. Hereditatem.

*Hereditatem post mortem suam rogati restituere, nominum periculo, quæ per divisionem obtigerunt inter coheredes interpositis delegationibus, non adstringuntur: non magis quam prædiorum, cum permutatio rerum discernens communionem interveniet.*

SCiendum est inter coheredes divisionem prædiorum fieri mutuis permutationibus partium, ut l.si filia, §.si pater, sup.fam.ercisc. Nominum autem, id est, æris alieni divisionem inter coheredes fieri mutuis delegationibus interpositis, l. tale pactum, §. post divisionem, ff. de pact. quod & hic Papinianus aperte demonstrat, ut ecce, si mihi sit coheres Titius,& ei prædium Tusculanum divisione obtigerit, mihi autem Sejanum, ego partem quam jure hereditario habeo in fundo Tusculano, permutabo cum parte quam coheres habet in fundo Sejano, ut hac via habeam Sejanum totum, & ille etiam Tusculanum totum. Vel si agatur de integro nomine Sempronii mihi attribuendo, & de nomine Mævii attribuendo coheredi in solidum; ego delegabo coheredi Mævium pro mea parte, & is vicissim pro sua parte mihi delegabit Sempronium: sic nominum divisio fit interpositis delegationibus prædiorum, interpositis permutationibus. Hoc cognito, finge: unus ex heredibus rogatus est hereditatem, id est, portionem suam extraneo non coheredi restituere, post mortem suam divisione facta, quomodo eam fieri prædixi, ex nominibus attributis in solidum, vel prædiis adjudicatis in solidum quædam perierunt; Quæritur, cui perierint, an perierint fideicommissario? Sane pro parte hereditaria, quam heres fideicommisso oneratus in prædiis vel nominibus habuit, l.mulier, §.sed enim, ff. ad Treb. At parte adjudicata vel attributa videntur heredi, qui oneratus est fideicommisso, deperiisse, quia pro ea parte illam ex permutatione habuit, quæ vicem emptionis obtinet, l.1.C. Comm.utriusq.jud. Verum, quia non tam voluntaria quam necessaria fuit ea nominum rerumque permutatio, ut ait lex si pignori, D.fam. ercisc. quippe cum fieret communionis dirimendæ causa, divisionis causa, quæ socio etiam invito extorquetur: nemo enim invitus in communionem tenetur, invitus communione dividit, æquum est, ut nec pro ea parte periculo nominum vel rerum fideicommissario heres obstringatur, scilicet pro dodrante, quem restituit, quod omnino congruit cum l. 34. sup. fam. ercisc. quæ est ex hoc ipso libro, & videtur esse conjungenda cum hoc responso. Ipsi etiam coheredes invicem, licet permutationis, & quasi emptionis genere, divisionem bonorum fecerint, vel ex conventione, vel ex judicio testatoris, vel arbitrio judicis fam. ercisc. periculum & damnum fatale sive fortuitum, detrimenta fatalia invicem non præstant, l.21.in princ.de evict. periculum tamen evictionis invicem præstant, ut dixi in §. evictu sup. at fideicommissario heres nec periculum evictionis præstat, l. evictione inf. ad SC. Treb.

### Ad §. Filia mea.

*Filia mea præcipiat sibique habeat, volo rem matris suæ: fructus, quos medio tempore pater percipiet, nec in separato habuit, sed absumpsit, vel in suum patrimonium convertit, non videntur filiæ relicti.*

JUre veteri ante edictum Constantini, quod est in l.1.C.de bon.maternis, ut cetera omnia bona adventitia, ita etiam bona materna, per filium aut filiamf. patri adquirebantur pleno jure; Ex edicto Constantini, ususfructus tantum eorum bonorum patri adquiritur, quod & generaliter Justin. admisit in omnibus bonis adventitiis. Juri autem veteri conveniens est, quod proponitur in hoc §. patrem filiæ rem matris, id est, bona materna, quæ per filiam ad se pervenerant pleno jure, quasi rem suam legasse per fideicommissum, quoniam dixit, volo, quod est fideicommissi verbum, & quæstio vertitur in eo tantum, num etiam fideicommisso contineantur fructus, quos ex bonis maternis pater medio tempore percepit? Et respondet Papin. non contineri fideicommisso fructus, quos pater adsumpsit, vel quos in proprium patrimonium convertit, puta, ex fructibus prædio sibi comparato, quoniam hi fructus in eadem causa non manserunt; At fideicommisso continentur fructus, qui in eadem causa manserunt integri, qui absumpti non sunt, qui in aliam speciem versi non sunt, quos scilicet pater in separato habuit, in condito, quos in horrea reposuit, & habuit mortis tempore: sic enim hereditate materna filiæ restituendi sunt jure fideicommissi;rectissime,quia & in fideicommissariam quamcunque hereditatis restitutionem veniunt fructus exstantes, fructus in horrea reconditi, fructus inventi in hereditate, fructus maturi, l.centurio, sup.de vulg.subst. l.9.D.ad leg. Falci. Idemque non tantum in hereditate materna, sed etiam in qualibet alia hereditate, quæ patri per filium aut filiamfam. quæsita, deinde filio vel filiæfam. a patre relicta fuerit. Et nihil est præterea in hoc §.

### Ad §. Dulcissimis.

*Dulcissimis fratribus meis, avunculis scil. tuis quacunque mihi superfunt in Pamphilia, Lycia vel ubicunque, de maternis bonis concedi volo, de qua cum his controversia habeas. Omnia corpora materna hereditatis, quæ in eadem causa dominii manserunt, ad voluntatem fideicommissi pertinent. Ex iisdem igitur facultatibus percepta pecunia, & in corpus proprii patrimonii versa, item jure divisionis propriæ factæ non præstabuntur, cum discordiis propinquorum sedandis prospexerit, quas materia communionis solet excitare.*

SPecies hæc est; quædam mulier filium heredem instituit, & ab eo verbis fideicommissi fratribus suis avunculis scil. filii reliquit, quæcunque sibi superessent de bonis maternis, adjecta causa, adjecto elogio, ne qua filio cum avunculis suis per causam eorum bonorum controversia esset, quibus verbis plane demonstravit, se tantum fratribus bona materna reliquisse, quæ communiter cum iis possidebat non indivisò, non etiam, quæ possidebat pro diviso vel jure proprio. Fac divisisse eos inter se quædam ex bonis maternis, quædam indivisa reliquisse; indivisa in fideicommissum veniunt, non etiam ea, quæ jure divisionis mulieris propria sunt effecta. Rursus fac mulierem percepta pecunia numerata ex bonis maternis, percepta pecunia communi, possessionem sibi comparasse, eamque vertisse non in commune, sed in corpus proprii patrimonii: res ex communi pecunia com-

comparata non est communis, sed emptoris propria, *l.4.Cod.comm.utriusque jud.* Papin. hoc loco communia separat a propriis, ac rursus alia facit propria jure divisionis, alia propria jure emptionis, vel alio jure. Omnia, inquam, corpora maternæ hereditatis, quæ in eadem causa dominii manserunt, id est, quæ in promiscuo dominio sororis & fratrum fuerunt, quæ communia fuerunt inter matrem & avunculos, ad voluntatem fideicommissi pertinent, id est, fideicommisso continentur, quod reliquit fratribus. *Ex eisdem ante*, inquit, *facultatibus percepta pecunia, & in corpus proprii patrimonii versa*, puta, ex ea pecunia comparato prædio, itemque corpora divisionis jure, matris propria facta non præstabuntur ex causa fideicommissi. Denique ea tantum bona fideicommisso continentur, quæ si manerent communia inter filium & avunculos, controversias inter eos excitare possent, id est, bona, quæ mater cum fratribus suis communia habuit, scilicet in iis bonis, quam partem habuit pro indiviso, eam fratribus suis reliquisse intelligitur, non tam ut eis quam ut filio consuleret suo, ne quam, sicut dixi, cum eis controversiam haberet: distinctio dominiorum sedat controversias, communio. excitat immensas; idemque in *l.re communi, D.de servit.urb.præd.* Multo sane plures sunt lites inter consortes, quam inter disfortes: sed quia pauci sunt socii consortes, si conferantur cum immensa multitudine aliorum, qui separatim propria bona possident, ideo paucæ lites ex communione nasci videntur: verum, si, inter omnes cive communio esset, & consortium omnium rerum, ut Socrates voluit introducere, sane inter eos multo plures essent lites, quam nunc sunt, jure gentium distinctis rerum dominiis.

### Ad §. Pater pluribus.

*Pater pluribus filiis heredibus institutis, moriens & claves & annulum custodiæ causa majori natu filiæ tradidit, & libertum eidem filia, qui præsens erat, res quas sub cura sua habuit, adsignare jussit: commune filiorum negotium gestum intelligebatur, nec ob eam rem apud arbitrum divisionis præcipuam causam filiæ fore.*

PAter, qui plures filios habebat & filias, eos heredes instituit, & filiæ majori natu tradidit claves & annulum signatorium custodiæ causa, & eidem filiæ libertum, qui præsens erat, jussit adsignare vestem, vel argentum, vel alias res quas sub sua libertus habuit. Adsignare ad annulo obsignatas præbere adservandas. Quæritur, an videatur pater filiæ prælegasse quæcunque clausa, obserata, obsignata essent: quod possit quis metuere, sumpta conjectura ex traditione clavium & annuli: cur. n. tradidit, nisi ut ne quid ex iis rebus amitteret? Et eadem ratione, morituri, ei, quem sibi esse heredem volebant, solebant tradere annulos suos signatorios, nisi forte quem eo genere bona sua captantem, & coram hiantem deludere volebant vana spe hereditatis, tradito annulo signatorio, & interea tamen tabulis alio herede scripto, ut Valer. Maxim. ostendit ad finem 7. lib. Justinus sive Trogus 12. quod item moriens Alexander præclusa voce exemplum digito annulum Perdiccæ tradidisset, ex eo plerosque existimasse, & si non voce nuncupatum, judicio tamen Perdiccam heredem electum. Aut ut Cornelius Nepos & Diodorus Siculus scribunt, Perdiccæ regnum commendavit, quoad liberi Alexandri, vel quoniam ambigitur an liberos reliquerit, quoad Aridæus Alexandri frater ex alia matre in suam tutelam, pervenisset. Zonaras in fine suæ historiæ: & Nicetas sub principium suæ, regni concessi σύνθημα esse καλ γνώρισμα τὸ πατρὸς. Argumentum esse voluntate patris accipere annulum signatorium: quod etiam confirmat 1. Machabæorum *cap.* 6. Unde etiam dici posset filiæ patrem tradidisse claves & annulos in rem filiæ propriam, sive præcipuam, ut præcipuo quodam munere

afficeret filiam, nec frustra eam elegisse, cui claves & annulos committeret, cuique juberet adsignari res a liberto adminstratas se vivo. Verum aliter respondet Papinianus, non videri scil. patrem filiæ majori natu claves & annulos tradidisse custodiæ causa, ut sibi soli haberet clausa omnia & obsignata, sed ut sibi & fratribus suis coheredibus ea servaret, & commune negotium gereret. Itaque in dividenda hereditate arbitrio judicis familiæ erciscundæ, nihil in eis rebus præcipuum habebit filia, sed ex æquo dividentur inter eam & fratres. Pater majori natu custodiam detulit tanquam prudentiori, non ut plus feret quam fratres ceteri. Est elegantissimum responsum.

### Ad §. Cum imperfecta.

*Cum imperfecta scriptura invenitur: ita demum verbum legati vel fideicommissi, quod præcedit vel sequitur, ad communionem adsumitur si dicto scriptum congruat.*

EX hoc §. intelligimus, aliquando ex imperfecta scriptura deberi legatum aut fideicommissum, ut si dixerit testator: Cajo fundum Tusculanum dari volo: & si subjecerit Mævio decem, non repetitis superioribus verbis, *dari volo*, manca videtur esse oratio; itemque si scripserit in hunc modum: Cajo fundum Tusculanum, Mævio decem dari volo. Ex hac scriptura debetur fundus Tusculanus Cajo: verbum *volo*, quod præcedit aut sequitur, adsumitur ad communionem, id est, quod Grammatici dicunt repetitur ἀπὸ τοῦ κοινοῦ, in *l. 10. sup. de pact. dot.* Hujus pactionis, ne se vivo petatur, neve constante matrimonio dos petatur, interpretatio sumitur repetitis his verbis, *se vivo* καὶ *κοινοῦ*, ut est in Basil. eodem loco: adsumptis prioribus verbis ad communionem, ut Papin. loquitur: verbum, inquit, quod præcedit vel sequitur ad communionem adsumitur: quo sermone significat ζεύγμα, quod sit duplicare, vel a præcedenti verbo, vel a sequenti verbo legati aut fideicommissi. Hoc tantum exigitur, ut dicto, id est, ei, quod dixisse testator intelligitur, nec scripsisse perfecte, scriptum congruat, id est, ut salva sit ratio recti sermonis, *l. unum ex familia, §. pen.sup.h.tit.* Conservanda est ratio recti sermonis, *l. Plautius, inf. de auro & arg. legat.* unde si ita scripserit exempli gratia; *L. Titio centum dari volo*, & subjiceret, *Cajus fundi Sejani*, nihil prætera, Cajo nihil debetur, quia in eo sermone est stribiligo, nec ulla congruentia est superior, nulla communio, quæ imperfectam orationem supplere possit. Res est satis aperta.

### Ad §. Filius matrem.

*Filius matrem heredem scripserat & fideicommissa tabulis data cum jurisjurandi religione præstari rogaverat: cum testamentum nullo jure factum esset, nihilominus matrem legitimam heredem cogendam præstare fideicommissa respondi. Nam enixæ voluntatis preces ad omnem successionis speciem porrectæ videbantur.*

EX injusto vel irrito testamento nihil deberi certum est, nec legati, nec fideicommissi jure, etiamsi verbis fideicommissi relictum sit, nec testamenti, nec codicillorum jure: injustum, id est, minus solemne, aut irritum testamentum pro codicillis non habetur, nisi hoc testamento sit adjecta clausula codicillaris, vel nisi heredes legitimi ad quos rediret hereditas ab intestato, rogati probentur: alioquin legitimi heredes, nihil eorum quæ in testamento inutiliter relicta sunt præstare tenentur, *l. 81. inf.h.t.l.fideicommissa 11.§.1.l.seq.l.ex ea scriptura, D.qui testam.fac.poss. l.1.sup.de jure cod.l.ex testamento, Cod. de codic.* Ab hac sententia excipiendus est casus, qui proponitur in hoc §. Casus hic est; Filius matrem injusto testamento heredem scripsit, eamque adhibita jurisjurandi obtestatione oneravit fideicommisso, vel hoc verbo, ἐνόρκως, ut *l.2.C.communia, de leg.* quod verbum Alciatus male

male divisit: est simplex verbum ἰνοπωs id est, *adiuvo te*, *ut des Titio fundum illum*, & dicitur, ἰνοπκὼ *ut ἰνοπκίω*, *liquido jure*, vel etiam his verbis, ut *l. 3. de jure fisci*. *Per Deum rogo te mater fundum illum L. Titio restituas*, vel ut in §. 1. *de fideicomm. hæredit. Instit.* *Per salutem Principis rogo te mater rem illam L. Titio præstare* quod perinde est ac si diceret: *Per Deum a quo pendet salus Principis*, *l. qui per salut. de jurejur.* Finge igitur, matrem cum jurisjurandi obtestatione rogatam fuisse fideicommissum præstare, & matrem filio hæredi fuisse non ex testamento, quoniam erat injustum, ab intestato ex SC. Tertull. An præstabit fideicommissum de quo objurata est? Sic videtur optima ratione: quia, inquit, *enixæ voluntatis preces*, *omni nixu effusæ preces filii ad omnem successionis speciem porrectæ videbantur*. Porrectæ videntur, id est, sive ex testamento, sive ab intestato mater filio succederet, ut omnimodo fideicommissum præstaret, valde vult, qui quid per jurisjurandi religionem, ut fiat, obsecrat, & obtestatur, ut in *Nov.48. Catull.*

*Dum aliquid cupiens animus prægestit apisci,*
*Nil metuit jurare, &c.*

Omnino igitur fideicommissum veluti etiam ab intestato relictum, a matre præstabitur. Et notandum est, matrem solam fideicommisso obligari, non etiam matre repudiante sequentes, qui succedunt in bona filii, quia rogati non sunt, *l.1. §.ult.tit.seq.*

### Ad §. Mando.

*Mando filiæ meæ pro salute sollicitus ipsius, ut quoad liberos tollat, testamentum non faciat ita enim poterit sine periculo vivere*, *fideicommissariam hæreditatem sorori coheredi non videri apparuit*, *quod non de pecunia sua testari, sed obtentu consilii derogare juri, testamentum fieri prohibendo, voluit.*

PAter duas filias heredes instituit, & de una filia ita cavit: *Mando filiæ meæ de salute ipsius sollicitus, ut quoad liberos tollat testamentum non faciat; ita enim poterit sine periculo vivere.* Hæc sunt verba testatoris. Quæritur an his verbis portionem hæreditatis filiæ, si ea filia sine liberis vita decederet, pater per fideicommissum reliquisse videtur sorori coheredi ejus. Mando est verbum fideicommissi, verbum precarium. Et respondet tamen Papinianus his verbis nihil pro fideicommisso significari, quia hæc verba: *sollicitus pro salute ipsius*, & illa, *ita enim poterit sine periculo vivere*, consulentis verba sunt, non fideicommittentis; consilium pro fideicommisso non habetur, quoniam qui consilium dat, de re sua pecuniave, non testatur, sed rem alienam quemadmodum geri expediat, monet & demonstrat: Fideicommissum autem est species decernendi de re pecuniave sua. Mando autem verbum est commune & consulentis & fideicommittentis, & procuratorem constituentis, *l.2.§.ult.sup.mand.* Et consiliarium quidem verbum non obligat, *l.testatorem,§.1.tit.seq.l.generaliter,§.si petitam, de fideicom. lib.* fideicommissarium verbum obligat & necessitatem imponit, ut in *l.prox.§.pater*, *sup.* Itemque id quo procurator constituitur, & contrahitur obligatio mandati ultro citroque. Consulunt autem filiæ pater in hac specie, ne testamentum faceret, antequam liberos suscepisset, metuens ne si extraneos filia palam heredes nuncuparet, hi filiæ non darent spatium tollendorum liberorum, vitæ ejus comparatis insidiis, & properata fatali necessitate. Sine periculo insidiarum scilicet, ut in §. *sin autem*, *Inst. de pup. subst.* Ita vero pater obtentu consilii prohibendo filiam testari, ut Papinianus ait, sane voluit derogare juri publico, quo cavetur unicuique libero homini & civi Romano, esse liberam testamenti factionem, in xii. Tab. & in *l. Falcidia*. Voluit, inquam, derogare juri publico, sed nihil egit, quia illud consilium non tenet filiam, nihil etiam ageret, si citra consilium juri publico & formæ antiquitus constitutæ derogare vellet, *l.nemo potest*, *sup. tit.prox. l.Cerdonem*, *ff. de oper. libert.l.5.§.Julianus*, *de adm.tut.l.testandi*, *Cod. de testam. l.1.§. procul dubio*, *Cod. de Lat. lib.toll.* Sed hoc ita intelligi velim, si directo heredem suum prohibeat facere testamentum, quem forte heredem scripsit ex asse, quo genere nihil agit: quia contra jus publicum libero homini nititur auferre jus faciendi testamenti: sed si hanc prohibitionem acceperit pro fideicommisso, valebit ut fideicommissaria voluntas & precaria, sicut in specie *l. qui filium, in princ.ad SC.Trebell.* Pater filium & filiam heredes instituit, & de filia ita cavit, ut proponitur illo loco; *mando tibi*, *ut quoad liberos susceperis testamentum non facias*, non sunt consiliaria verba illo loco, sed fideicommissaria. Et ita in ea specie decrevit Antoninus Imperator, per fideicommissum supradictis verbis rogatam filiam videri, ut hæreditatem fratri restitueret, quia per hoc quod prohibuit eam testari, videtur eam rogasse, ut fratrem coheredem suum faceret testando. Quod etsi nemo jure rogari possit liber homo, ut filium faciat heredem, tamen ex SC. qui ita rogatus est, intelligitur esse rogatus de hereditate restituenda, exstatque sententia hujus SC.in *l. ex facto*, *ad Trebell.* Et *l.filiusfam.§.ut quis, sup.tit.prox.* In hac igitur specie filia, intelligitur esse rogata rem hereditariam restituere, si sine liberis, si illiberis decesserit, ut Tertullianus loquitur, restituere fratri coheredi suo, retenta scilicet Falcidia, de qua poterit testari.

### Ad §. Rogo.

*Rogo te filia bona tua quandoque distribuas liberis tuis, ut quisque de te meruerit: videtur omnibus liberis, & si non æqualiter promeruerint fideicommissum relictum, quibus matris electione cessante, sufficiet, si non offenderint. Eos autem quos mater elegerit fore potiores si soli promeruissent, existimavi. Quod si neminem elegerit, eos solos non admitti, qui offenderunt.*

PAter filiam heredem institutam oneravit fideicommisso his verbis: *Rogo te filia mea*, *bona tua quandoque distribuas liberis tuis, ut quisque de te meruerit.* His verbis injecit conditionem fideicommisso, quæ non potest existere ante mortem filiæ, ut in specie §. *hereditatem & §. o filia, sup.in hac lege.* Quia liberum est filiæ, quamdiu vivit, eligere quem vel quos volet ex liberis suis de se bene meritis, & quorum electionem fecerit etiam mutare, si ipsi mutaverint mores in deterius, & male meriti erga matrem esse cœperint. His, inquam, verbis omnibus, non parte eorum; *Liberis tuis quandoque bona tua distribuas*, *ut quisque de te meruerit*, ultimo scilicet fine vitæ tuæ: meritorum ratio habetur die ultimo, quod qui hodie est bene meritus, potest cras male mereri. Imo pessime, & sic homo videtur μετάβολον ζῶον. Et hæc est vis eorum verborum: nam verbum hoc *quandoque*, solum eandem vim non haberet: facito matrem rogatam quandoque hæreditatem restituere, fideicommissum ab eo petetur, cum primum poterit restituere, cum erit ei commodum: nec mors matris expectabitur, *l.rogo,inf.quand.dies leg.ced.* Verum secus erit, si dixerit, *liberis tuis quandoque distribuas, ut quisque de te meruerit.* His etiam verbis, matri non permisit electionem plenam, sed arbitrio boni viri, non permisit arbitrium plenum, sed boni viri, ut in *l.11.§.si fid.tit.sequ.* Ideoque bene meriti liberi duntaxat ad fideicommissum invitantur,& ii quidem omnes simul, licet æqualia non sint omnium officia; ut e contrario male meriti repelluntur omnes, licet omnium non sit par offensa adversus matrem, quia illud ipsum offendere vel promereri semper idem est, licet offensa, aut merita sint disparia; male meriti sunt, qui offenderunt. Bene autem meriti dicuntur duobus modis, vel qui non offenderunt, ut in *l.22,C.de inoffic.test. l.20. inf. de man.test.* ubi Bartolus non ineleganter, *Meruisse eum*, *quem non apparet demeruisse.* Nam & eo sensu Ovid. dixit *demeruisse*: sed in Bartolo est corrupte scriptum *dememinisse*, vel *deminisse*, pro *demeruisse*, & pro,

*meruis-*

meruiſſe, eum lex agat de meritis: vel etiam bene meriti dicuntur ex merito magis, qui promeruerunt benefaciendo. Et hi quidem & illi promiſcue vocantur ad fideicommiſſum, ſi neminem elegerit mater, non etiam male meriti: & in *l. cum quidam, ſup. h. tit.* dum ait. Si neminem elegeritis, a quo fideicommiſſum relictum eſt iis, quos dignos putaret, omnes admitti. Omnes dignos intelligere oportet, non indignos, ingratos, & male meritos. At ſi mater eligere velit, primum fruſtra elegerit male meritos: deinde, ex bene meritis, fruſtra etiam, ut opinor, prætulerit illos qui non offenderunt his, qui promeruere: At recte iis etiam illos commiſerit: fruſtra etiam ex iis, qui promeruerint, quoſdam delegerit, ceteros præterierit. Nam præteriti & omiſſi a matre ad fideicommiſſum invitantur: quæ eſt ſententia hujus responſi.

### Ad §. Donationis.

*Donationis prædiorum epiſtolam ignorante filio, mater in æde ſacra, verbis fideicommiſſi non ſubnixam, depoſuit, & literas tales ad ædituum miſit: Inſtrumentum voluntatis meæ poſt mortem meam filio meo tradi volo. Cum pluribus heredibus inteſtato diem ſuum obiiſſet, intelligi fideicommiſſum filio relictum, reſpondi: non enim quæri oportet cum quo de ſupremis quis loquatur, ſed in quem voluntatis intentio dirigetur.*

MAter ignoranti filio donavit prædia per epiſtolam, in qua nulla erant verba fideicommiſſi, quibus rogarentur heredes filio ea prædia præſtare, ſed ita erat ſimpliciter ſcriptum in epiſtola: *Fili mi ſcias me tibi donare illa prædia.* Eam epiſtolam ignorante filio depoſuit in æde ſacra, data epiſtola æditui ſervanda in æde ſacra: deinde ad ædituum (*au Secretain*) cui ædis ſacræ cuſtodia credita eſt, miſit tales literas, *inſtrumentum voluntatis meæ, quod in æde ſacra depoſui, poſt mortem meam filio meo tradi volo,* quibus verbis oſtendit ſe nolle donationem prædiorum effectum habere, niſi poſt mortem ſuam. Ergo quaſi fideicommiſſum valere, non quaſi donationem inter vivos, vel cauſa mortis: nam & donatio inter vivos, vel cauſa mortis ignoranti non fit, *l. abſenti, infra de donat. l. inter mortis; infra de mort. cauſ. donat.* Fideicommiſſum etiam ignoranti relinquitur, & adquiritur, *§. ſurdo ſup.* cui eſt ſimilis, quod ibi prætermiſi, ſententia apud Paulum *4. Sent. tit. 1.* Quod igitur ignoranti donamus poſt mortem noſtram, fideicommiſſum eſt, non donatio, ut in *l. miles, in principio, h. tit.* In qua huic ſimile responſum proponitur ex *lib. 6.* & utroque oſtenditur, fideicommiſſum valere, etiamſi verba non dirigantur ad heredes, qui fideicommiſſo adſtringuntur, ſed ad eum ſolum, cui fideicommiſſum relinquitur, ut in ſpecie propoſita in epiſtola ad filium, depoſita apud ædituum, æditus ex fideicommiſſo non tenetur, ſed ex depoſito, ut in *l. Publia, ſup. depoſ.* verum ex fideicommiſſo filio tenentur heredes inſtituti matris teſtamento, licet rogari non ſint, quia, ut ait: *non quæri oportet cum quo de ſupremis quis loquatur, ſed in quem voluntatis intentio dirigetur,* id eſt, cui reliquatur legatum abſolute aut fideicommiſſum, ut Græci τελεις, ut in *l. 3. §. ultim. de mun. & honorib. l. 5. de teſtam. milit. l. 5. Cod. de iis, quib. ut indig.* In quibus locis ſunt qui ſupplent, *ſupremis judiciis ſeu voluntatibus* inepte, cum dicatur abſolute: ſic igitur dicimus ex fideicommiſſo filio teneri heredes inſtitutos a matre. Nam omni adſeveratione confirmo, quod in quibuſdam legi, in contextu hujus §. ſic eſſe legendum, *cum pluribus heredibus inſtitutis diem ſuum obiiſſet,* inſtitutis ſcilicet teſtamento: nam ſi inteſtata mater diem ſuum obiiſſet, filius ejus heres eſſet ex SC. Orphitiano, nec conſiſteret fideicommiſſum prædiorum heredi a ſemetipſo relictum: at teſtamento mater heredes alios inſtituit, & filium præterivit, prædiis ei relictis per fideicommiſſum, quæ ſatis abundeque ſufficiunt ad quartam debitæ portionis, quæ excludit querelam inofficioſi teſtamenti, hoc ſcil. jure, *l. Papinianus, §. quarta, de inoffic. teſtan.* hoc inquam, jure: quoquo titulo relicta ſit quarta. Neque huic responſo obiiciatur *l. donationes, §. pen. de donat.* ubi arca quædam in æde ſacra depoſita apud ædituum ea lege, ut eam ſolus is, qui depoſuit, tolleret, ut æditus ei ſoli tollere permittat, qui depoſuit, vel poſt mortem ejus L. Titio heredi ſeparato, ut ponit. Et recte reſpondet Papinian. qui eſt auctor illius l. non videri celebratam donationem, id eſt, non videri L. Titio donatam arcam, quæ depoſita eſt apud ædituum ea lege, ut eam ſineret ſolum ſe tollere, vel poſt mortem ſuam L. Titio donatam fuiſſe arcam, ſicut hoc loco proponitur donata fuiſſe prædia filio per epiſtolam, nec proponitur inſtrumentum ullum donationis depoſitum in æde ſacra, quod L. Titio tradi oporteat. Itaque donationis jure, neque fideicommiſſi, neque ullo alio jure illa arca Lucio Titio debetur, cui exportare quidem licet eam arcam, ſed non eam habere, ſed reſtituere heredibus depoſitoris.

### Ad §. Libertis.

*Libertis prædium reliquit, ac petit ne id alienarent, utque in familia libertorum retinerent: ſi excepto uno ceteri partes ſuas vendiderint, qui non vendidit ceterorum partes, quibus non dedit alienandi voluntatem, integras petet. Eos enim ad fideicommiſſum videtur invitaſſe, qui judicio paruerunt, alioquin perabſurdum erit, vice mutua petitionem induci, ſcilicet, ut ab altero partem alienatam quis petat, cum partem ſuam alienando perdiderit, ſed hoc ita procedere poteſt, ſi pariter alienaverit. Ceterum prout quiſque prior alienaverit, partem poſterioribus non faciet, qui vero tardius vendidit, in ſuperioribus partibus feciſſe partem intelligitur: ſi nemo vendiderit, & noviſſimus ſine liberis vita deceſſerit, fideicommiſſi petitio non ſuperent. Cum inter libertos ad prædii legatum liberta quoque fuiſſet admiſſa, quod patronus petit, ut de nomine familiæ non exiret, heredem libertæ filium partem prædii; quam mater accepit, retinere viſum eſt.*

HUjus responſi quæſtio eſt ſatis difficilis: Finge Patronus libertis ſuis primo, ſecundo, tertio, quarto, fundum legavit, & eos rogavit, ne fundum alienarent, his verbis: *Rogo vos, ne fundum quem vobis legavi abalienetis, ſed in familia & nomine veſtro retineatis.* Idem eſt nomen, eademque familia patroni & libertorum, ut docui *ſupra in S. fidei heredum.* Sed longe amplior eſt familia patroni, quia non tantum libertos continet, ſed etiam cognatos & alios quoſdam, de quibus dicemus in extremo hujus recitationis: verum ſatis habuit patronus cavere, ne fundus ille alienaretur extra familiam libertorum, ut in *l. filiusfam. §. Divi, ſup. tit. prox. l. pater, §. duobus, tit. ſeq.* ſi modo in eo §. habeas, ut habent Florentini, utique habuit Accurſ. ipſe, *de nomine meorum libertorum,* ſcilicet non de nomine meo. Denique conſulere libertis tantum ſuis patronus voluit, dum vetuit ne fundum legatum alienaret ex familia libertorum, quo genere intelligitur fideicommiſſum colliberto libertæ reliquiſſe in hunc caſum, ſi quis eorum in familia libertorum retineam, habent vim fideicommiſſi, quod conſertur in libertos, qui partes ſuas non alienaverint extra familiam, iis ſcilicet debetur pars, quam eorum aliquis alienaret extra familiam: ſac, excepto primo, ceteros partes ſuas extero vendidiſſe citra conſenſum primi: nam ſi primus conſenſerit venditioni, aut quod tantundem poteſt, ſi ſubſcripſerit, non poteſt partem eorum perſequi, vel conſequi jure fideicommiſſi, nec pretia, quæ acceperunt, *l. nihil, §. 1. ſup. tit. prox. l. pen. §. inſulam, infra h. t. l. quoties, 1. C. de fideicommiſſ.* Neque obſtat *l. ſi fundum per fideicommiſſum, in prin. ſup. tit. prox.* quam obiicit Accurſ. & quæ dicit: non ideo minus fideicommiſſum fundi deberi fideicommiſſario, quod heres eum fundum vendi-

dide-

diderit fideicommiſſario præſente, & aſſignante inſtrumentum venditionis ſuo ſigillo, quia ea l. non loquitur de eo, qui conſentit venditioni, ſed qui præſens abeſt ut teſtis, vel ut ſignator. Præſentia & ſigillum pro conſenſu non habetur, ut in *l.Tit.§.Lucia, ſup.hoc tit.l.Cajus, de pigner.act.* Et longe aliud eſt ſignare, aliud ſubſcribere: nam ſubſcriptio pro conſenſu habetur, *l.fidejuſſor, §.pen. ſup.de pignor.l.Titius, §.ult.ſup.quib.mod.pign.ſolv.* Plus eſt ſubſcribere quam ſignare. Nam ſubſcribere quid eſt? ſubſcribere non eſt nomen nudum ſuum ſcribere ſed & ſcripto ſignare, ſignificare, cui rei, cuique negotio ſubſcribat, ut *Novella* 126. Subſcriptio conſtat duobus aut tribus verſibus. Quia vero, ut initio propoſui, primus neque conſenſit venditioni factæ collibertis, neque ipſe vendidit partem ſuam, collibertorum partes quas vendiderunt exteris jure fideicommiſſi perſequi, & eo nomine agere adverſus collibertos poteſt: fideicommiſſi perſecutio datur ei, vel, eis, qui judicio defuncti peruerunt, id eſt, qui non alienaverunt partes ſuas exteris. Nam ſi omnes partes ſuas exteris vendiderunt, nulli competit repetitio fideicommiſſi, ut *d.l.quoties & Nov.* 159. quia, ut eleganter docet Papin. alioquin abſurdum erit me tecum agere, quod partem tuam extero vendideris, cum & ipſe idem fecerim: abſurdum me tecum agere quod obſequium defuncto non præſtiteris, quod nec ipſe præſtiti: me id in te reprehendere, in quo mihi indulſi. Sed hoc ita procedere ſi, ſi omnes pariter uno eodemque tempore eum fundum extero vendiderint, hoc caſu conſumitur fideicommiſſum: ſecus eſt dicendum, ſi diverſis temporibus ſeparatim partes quiſque ſuas vendiderit. Nam ſi primus partem ſuam prior extero vendiderit, ceteri qui nondum partes ſuas vendiderunt, admittuntur ad petitionem fideicommiſſi, id eſt, ad partem alienatam a primo. Tum deinde, ſi ſecundus partem ſuam extero vendiderit, tertius & quartus qui nondum partes ſuas vendiderunt, admittuntur ad partem ſecundi, non etiam primus, qui & ipſe etiam partem ſuam extero vendiderat, eoque genere cecidarat jure fideicommiſſi. Et hoc eſt, quod ait Papinianus, eum, qui prior vendidit, non facere partem poſterioribus, id eſt, ejus perſonam non numerari in partibus faciendis fideicommiſſi, ſive portionis ſecundi, quam ſcilic. poſt primum ſecundus extero vendidit:non venire igitur primum in partem portionis ſecundi, ſed integram partem ſecundi pervenire ad tertium & quartum. Partem, inquam, ſecundi, quam in fundo habuit jure legati, & poſt primum ſecundus extero, non etiam partem quam ſecundus fecit ante tertio & quarto in parte primi, id eſt, non trientem, quem ſecundus tulit ex parte primi, & ſimili modo, ſimili ratione poſt primum & ſecundum tertio quoque vendente partem ſuam extero, ſolus quartus, qui nondum vendidit ſuam jure fideicommiſſi admittitur ad portionem, quam tertius in fundo habuit jure legati, & vendidit extero, non etiam ad partem ſuam, cum ſecundum vendidiſſet ſuam, fecit quarto in portione ſecundi, vel ſecundo & quarto in portione primi. Denique ſic ſtatuamus: collibertorum partes alienatas exteris: quas acceperunt ex cauſa fideicommiſſi, qui nondum partes ſuas vendiderant, eas eos optimo jure retinere, etiamſi poſtea partes ſuas vendiderint. Optimo, inquam, jure retinere, & ut opinor etiam transfmittere ad heredem extraneum: nam etiamſi quam partem emerunt a collibertis, eam transfmiſerint in extraneum heredem, *l.pater §.quindecim, tit.ſeq.* Quia teſtator ſuam quemque partem duntaxat vetuit extero vendere, quæ obvenit ei jure legati, non partem emptam a collibertis, quibus jure vendita eſt, cum ſit vendita in familia libertorum, & ſtatim atque quis eorum partem ſuam coliberto vendidit, defecit conditio fideicommiſſi. Conditio autem ſemel defecta non reſumitur, *l.pater, §.ult.ſup.de condit. & demonſtrat.* Ex his igitur apparet, quid ſit quod ait Papinianus hoc loco: Eum, qui tardius vendidit partem ſuam, ut puta, tertium, ut Gloſſa ponit, recte, ei, qui non vendidit, id eſt, quarto, facere partem in partibus ſuperiorum, id eſt, in partibus primi & ſecundi: nec quam ſemel tulit partem ex eis partibus, etiamſi poſtea vendat partem, quam in eo fundo habet jure legati, quartum ei adimere, & avocare poſſe, ſed partem tantum venditam.

Ad hæc quæro, quid ſi & poſtremus omnium quartus partem ſuam æque extraneo vendiderit? quem caſum palam non attingit Papinianus, quia, ut arbitror, conſtabat nulli ſupereſſe fideicommiſſi petitionem, & rem pro eo haberi atque ſi ab initio omnes pariter fundum extero vendidiſſent, cum omnes ſigillatim extero vendiderunt. Noviſſimi venditio erit conſumptio fideicommiſſi. Item quæro, quid ſit dicendum, ſi nemo partem ſuam vendiderit, & noviſſimus moriatur ſine liberis, relicto herede extraneo? Hunc caſum attingit Papinianus, & ait etiam hoc caſu non ſupereſſe fideicommiſſi petitionem, quia ſcil. ex libertis ſupremo moriente ſine liberis, re transfmiſſa ad extraneos heredes, nullus ſupereſt ex familia libertorum. Ponendum igitur, partes collibertorum quod & ipſi deceſſiſſent ſine liberis, perveniſſe ad eum, qui noviſſimus diem ſuum obiit, alioquin liberi libertorum ad fideicommiſſum vocarentur, noviſſimo heredem relinquente extraneum. Nam prohibita alienatione extra familiam, cenſetur, etiam prohibita inſtitutio extranei heredis, *l.peto, §.ult.ſup.hoc tit.l.8.§.ceterum, C.de ſec.nup.* Item quæro, an etiam liberi libertorum ad fideicommiſſum vocentur? Fac, inter eos libertos, quib. fundus legatus eſt, eſſe libertam, quæ filium ſuſcepit, hic matri extraneus heres eſt, quia patris non matris familiam ſequitur: Quæro, inquam, an in parte fundi, quam mater accepit ut liberta, filius ejus, quamvis matri ſit extraneus heres, præferatur aliis libertis, qui eandem familiam & idem nomen habent, quod ipſe tamen filius non habet? Et ſubjicit Papinianus, filium libertæ præferri collibertis, quamvis non ſit ex eadem familia, his verbis: *Cum inter libertos ad prædii legatum liberta quoque fuiſſet admiſſa; quod patronus petiit, ut de nomine familiæ non exiret, heredem libertæ filium partem prædii, quam mater accepit, retinere viſum eſt.* Quæ verba nolo divelli a ſuperioribus, nec ex illis confici alium §. quoniam ad eandem ſpeciem pertinent, ut & Gloſſa ſenſit, & hæc verba: *de nomine familiæ,* ſubaudi', *libertorum*: Videtur ergo hæc mens fuiſſe teſtatoris, ut liberti partes ſuas conferrent ſuis liberis quibuſcunque, vel ſuis, vel extraneis liberis, aut his deficientibus collibertis: quam interpretationem voluntatis etiam Papinianus induxit in ſpecie *l.cum acutiſſimi, C.de fideic.* Alium heredem extraneum excluderent colliberti, ſed non filium heredem extraneum. Denique conditio præferuntur liberi legatarii, etiamſi non ſint ex eadem familia. Et ita demum videtur extitiſſe conditio fideicommiſſi, ſi quis eorum libertorum, vel libertarum, quibus fundus legatus eſt, non liberis ſuis aut collibertis, ſed aliis extraneis partes ſuas reliquerunt. Familiæ nomen in hoc genere fideicommiſſi aliquando latius accipitur. Nam & emancipati ad fideicommiſſum vocantur licet mutarint familiam, *l.peto, §.ult.ſup.hoc tit. l. filius familias, §.cum pater, ſup. tit. prox.* Et is, qui fuit gener, vel nurus, quamvis ab omnes revera ex eadem familia non ſint, quia plerumque ex opinione noſtra nobis ſunt pro familiaribus: & Juriſconſulti eſt ſecundum judicium & opinionem noſtram accipere, augere, & producere ſignificationem verborum. Poſtremo quæro, ſi cum primus, ſecundus, tertius partes ſuas extero vendidiſſent, & ita quæſita eſſet quarto fideicommiſſi petitio, qui non vendidit partem ſuam, & mox antequam peteret fideicommiſſum, vita deceſſerit quartus ſine liberis, relicto herede extraneo, an transfmiſerit in heredem extraneum petitionem fideicommiſſi? Et definitur in *l. ſeq.§.pen.* qui ſuo ordine latius explicabitur, eum transfmiſiſſe petitionem fideicommiſſi, cujus dies eo vivo ceſſerat etiam ad extraneum heredem.

meruisse, eum lex agat de meritis: vel etiam bene meriti dicuntur & multo magis, qui promeruerunt benefaciendo. Et hi quidem & illi promiscue vocantur ad fideicommissum, si neminem elegerit mater, non etiam male meriti: & in *l. cum quidam, sup. h. tit.* dum ait. Si neminem elegeritis, a quo fideicommissum relictum est iis, quos dignos putaret, omnes admitti. Omnes dignos intelligere oportet, non indignos, ingratos, & male meritos. At si mater eligere velit, primum frustra elegerit male meritos: deinde, ex bene meritis, frustra etiam, ut opinor, praetulerit illos qui non offenderunt his, qui promeruerunt: At recte iis etiam illos commiscuerit: frustra etiam ex iis, qui promeruerunt, quosdam delegerit, ceteros praeterierit. Nam praeteriti & omissi a matre ad fideicommissum invitantur: quae est sententia hujus responsi.

### Ad §. Donationis.

*Donationis praediorum epistolam ignorante filio, mater in aede sacra, verbis fideicommissi non subnixam, deposuit, & literas tales ad aedituum misit: Instrumentum voluntatis meae post mortem meam filio meo tradi volo. Cum pluribus heredibus intestato diem suum obiisset, intelligi fideicommissum filio relictum, respondit: non enim quari oportet cum quo de supremis quis loquatur, sed in quem voluntatis intentio dirigetur.*

MAter ignoranti filio donavit praedia per epistolam, in qua nulla erant verba fideicommissi, quibus rogarentur heredes filio ea praedia praestare, sed ita erat simpliciter scriptum in epistola : *Fili mi scias me tibi donare illa praedia*. Eam epistolam ignorante filio deposuit in aede sacra, data epistola aedituo servanda in aede sacra: deinde ad aedituum ( au Secretain ) cui aedis sacrae custodia credita est, misit tales literas, *instrumentum voluntatis meae, quod in sacra deposui, post mortem meam filio tradi volo*, quibus verbis ostendit se nolle donationem praediorum effectum habere, nisi post mortem suam. Ergo quasi fideicommissum valere, non quasi donationem inter vivos, vel causa mortis : nam & donatio inter vivos, vel causa mortis ignoranti non fit, *l. absenti, infra de donat. l. inter mortis, infra de mort. cauf. donat.* Fideicommissum etiam ignoranti relinquitur, & adquiritur, §. *surdo sup. tit. ut est similis,* quod ibi praetermisi, sententia apud Paulum 4.*Sent.tit.* I. Quod igitur ignoranti donamus post mortem nostram, fideicommissum est, non donatio, ut in *l.miles, in principio, h.tit.* In qua huic simile responsum proponitur ex *lib.6.* & utroque ostenditur, fideicommissum valere, etiamsi verba non dirigantur ad heredes, qui fideicommisso adstringuntur, sed ad eum solum, cui fideicommissum relinquitur, ut in specie proposita in epistola ad filium, deposita apud aedituum, aedituus ex fideicommisso non tenetur, sed ex deposito, ut in *l. Publia, sup. depof.* verum ex fideicommisso filio tenentur heredes instituti matris testamento, licet rogati non sint, quia, ut ait: *non quari oportet cum quo de supremis quis loquatur, sed in quem voluntatis intentio dirigetur,* id est, cui relinquatur legatum absolute aut fideicommissum, ut Graeci τελείως, ut in *l.3.§.ultim.de mun. & honorib. l.5. de testam. milis. l.5.Cod.de iis, quib.ut indig.* In quibus locis sunt qui supplent, *supremis judiciis seu voluntatibus* inepte, cum dicatur absolute: sic igitur dicimus ex fideicommisso filio teneri heredes institutos a matre. Nam omni adseveratione confirmo, quod in quibusdam legi, in contextu hujus §. sic esse legendum , *cum pluribus heredibus institutus diem suum obiisset,* institutis scilicet testamento:nam si intestata mater diem suum obiisset, filius ejus heres esset ex SC. Orphitiano, nec consisteret fideicommissum praediorum heredi a semetipso relictum : at testamento mater heredes alios instituit, & filium praeterivit , praedia ei relictis per fideicommissum, quae satis abundaeque sufficiunt ad quartam debitae portionis,

quae excludit querelam inofficiosi testamenti, hoc scilicet jure, *l.Papinianus, §. quarta, de inoffic. testam.* hoc, inquam, jure : quoquo titulo relicta sit quarta . Neque huic responso obiiciatur *l. donationes, §. pen. de donat,* ubi arca quaedam in aede sacra deposita apud aedituum ea lege, ut eam solus is, qui deposuit, tollat, ut eam aedituus ei soli tollere permittat, qui deposuit, vel post mortem ejus L. Titio heredi separato, ut ponit. Et recte respondet Papinian. qui est auctor illius l. non videri celebratam donationem, id est, non videri L. Titio donatam arcam, quae deposita est apud aedituum ea lege, ut eam sineret solum se tollere, vel post mortem suam L. Titio donatam fuisse arcam, sicut hoc loco proponitur donata fuisse praedia filio per epistolam, nec proponitur instrumentum ullum donationis depositum in aede sacra, quod L. Titio tradi oporteat . Itaque donationis jure, neque fideicommissi, neque ullo alio jure illa arca Lucio Titio debetur, cui exportare quidem licet eam arcam, sed non sibi eam habere, sed restituere heredibus depositoris.

### Ad §. Libertis.

*Libertis praedium reliquit, ac petit ne id alienarent, utque in familia libertorum retinerent : si quidam ex ceteri partes suas vendiderint, qui non vendidit ceterorum partes, quibus non dedit alienandi voluntatem, integras petet. Eos enim ad fideicommissum videtur invitasse, qui judicio paruerunt, alioquin perabsurdum erit, vice mutua petitionem induci, scilicet, ut ab altero partem alienatam quis petat, cum partem suam alienando perdiderit, sed hoc ita procedere potest, si pariter alienaverit. Ceterum ponit quisque prior alienaverit, partem posterioribus non faciet, qui vero tardius vendidit, in superioribus partibus fecisse partem intelligitur : at si nemo vendiderit, & novissimus sine liberis vita decesserit, fideicommissi petitio non superuerit. Cum inter libertos aedi praedii legatum libertae quoque fuisset admissa, quod patronus petit, ut de nomine familia non exiret, heredem libertae filium partem praedii, quam mater accepit, retinere visum est.*

HUjus responsi quaestio est satis difficilis: Finge: Patronus libertis suis primo, secundo, tertio, quarto, fundum legavit, & eos rogavit, ne fundum alienarent, his verbis: *Rogo vos, ne fundum quem vobis legavi abalienetis, sed in familia & nomine vestro retineatis.* Idem nomen, eademque familia patroni & libertorum, ut docui supra in §. *fidei heredem.* Sed longe amplior est familia patroni, quia non tantum libertos continet, sed etiam cognatos & alios quosdam, de quibus dicemus in extremo hujus recitationis : verum satis habuit patronus cavere, ne fundus iste alienaretur extra familiam libertorum, ut in *l.filiusfam.§.Divi, sup. tit.prox. l.pater, §.duobus, tit. seq.* si modo in eo §. habeas, ut habent Florentini, utique habuit Accurf. ipse, *de nomine meorum libertorum,* scilicet non de nomine meo. Denique consulere libertis tantum suis patronus voluit, dum vetuit ne fundum legatum alienarent ex familia libertorum, quo genere intelligitur fideicommissum collibertis tantum reliquisse in hunc casum, si quorum alienaret partem suam extero. Nam haec verba: *ut fundum in familia libertorum retineant,* habent vim fideicommissi, quod confertur in libertos, qui partes suas non alienaverunt extra familiam, iis scilicet debetur pars, quam eorum aliquis alienarit extra familiam: sae, excepto primo, ceteros partes suas extero vendidisse citra consensum primi: nam si primus consenserit venditioni, aut quod tantundem potest, si subscripserit, non potest partem eorum persequi, vel consequi jure fideicommissi,nec pretia,quae acceperunt, *l. nihil, §.1.sup.tit.prox.l.pen.§.insulam, infra h.t.l.quoties, I. C.da fideicommiss.* Neque obstat *l. si fundum per fideicommissum, in prim. sup. tit. prox.* quam obiicit Accurf. & quae dicit: *non ideo minus fideicommissi fundi deberi fideicommissario, quod heres eum fundum vendide-*

diderit fideicommiſſario præſente, & adſignante inſtrumentum venditionis ſuo ſigillo, quia ea l. non loquitur de eo, qui conſentit venditioni, ſed qui præſens abeſt ut teſtis, vel ut ſignator. Præſentia & ſigillum pro conſenſu non habetur, ut in *l. Tit. §. Lucia, ſup. hoc tit. l. Cajus, de pignor. act.* Et longe aliud eſt ſignare, aliud ſubſcribere: nam ſubſcriptio pro conſenſu habetur, *l. fidejuſſor, §. pen. ſup. de pignor. l. Titius, §. ult. ſup. quib. mod. pign. ſolv.* Plus eſt ſubſcribere quam ſignare. Nam ſubſcribere quid eſt? ſubſcribere non eſt nomen nudum ſuum ſcribere ſed & ſcripto ſignare, ſignificare, cui rei, cuique negotio ſubſcribat, ut *Novella* 126. Subſcriptio conſtat duobus aut tribus verſibus. Quia vero, ut initio propoſui, primus neque conſenſit venditioni factæ collibertis, neque ipſe vendidit partem ſuam, collibertorum partes quas vendiderunt exteris jure fideicommiſſi perſequi, & eo nomine agere adverſus collibertos poteſt: fideicommiſſi perſecutio datur ei, vel, eis, qui judicio defuncti peruerunt, id eſt, qui non alienaverunt partes ſuas exteris. Nam ſi omnes partes ſuas exteris vendiderunt, nulli competit repetitio fideicommiſſi, ut *d. l. quoties & Nov.* 159. quia, ut eleganter docet Papin. alioquin abſurdum erit me tecum agere, quod partem tuam extero vendideris, cum & ipſe idem fecerim: abſurdum me tecum agere quod obſequium defuncto non præſtiteris, quod nec ipſe præſtiti; me id is te reprehendere, in quo mihi indulſi. Sed hoc ita procedere ait, ſi omnes pariter uno eodemque tempore eum fundum extero vendiderint, hoc caſu conſumitur fideicommiſſum: ſecus dicendum, ſi diverſis temporibus ſeparatim partes quiſque ſuas vendiderit. Nam ſi primus partem ſuam prior extero vendiderit, ceteri qui nondum partes ſuas vendiderunt, admittuntur ad petitionem fideicommiſſi, id eſt, ad partem alienatam à primo. Tum deinde, ſi ſecundus partem ſuam extero vendiderit, tertius & quartus qui nondum partes ſuas vendiderunt, admittuntur ad partem ſecundi, non auté primus, qui & ipſe etiam partem ante extero vendiderat, eoque genere ceciderat jure fideicommiſſi. Et hoc eſt, quod ait Papinianus, eum, qui prior vendidit, non facere partem poſterioribus, id eſt, ejus perſonam non numerari in partibus faciendis fideicommiſſi, ſive portionis ſecundi, quam ſcilic. poſt primum ſecundus extero vendidit; non venire igitur primum in partem portionis ſecundi, ſed integram partem ſecundi pervenire ad tertium & quartum. Partem, inquam, ſecundi, quam in fundo habuit jure legati, & poſt primum vendidit extero, non etiam partem quam ſecundus fecit ante tertio & quarto in parte primi, id eſt, non trientem; quem ſecundus tulit ex parte primi, & ſimili modo, ſimilique ratione poſt primum & ſecundum tertio quoque vendente partem ſuam extraneo, ſolus quartus, qui nondum vendidit ſuam jure fideicommiſſi admittitur ad portionem, quam tertius in fundo habuit jure legati, & vendidit extero, non etiam ad partem, quam tertius, cum nondum vendidiſſet ſuam, fecit quarto in portione ſecundi, vel ſecundo & quarto in portione primi. Denique ſic ſtatuamus: collibertorum partes alienatas exteris: quas acceperunt ex cauſa fideicommiſſi, qui nondum partes ſuas vendiderunt, eas eos optimo jure retinere, etiamſi poſtea partes ſuas vendiderint. Optimo, inquam, jure retinere, & ut opinor etiam tranſmittere ad heredem extraneum: nam etiamſi quam partem emerunt à collibertis, eam tranſmittunt in extraneum heredem, *l. pater §. quindecim, tit. ſeq.* Quia teſtator ſuam quemque partem juntaxat vetuit extero vendere, quæ obvenit eis jure legati, non partem emptam à collibertis, quibus jure vendita eſt, cum ſit vendita in familia libertorum, & ſtatim atque quis eorum partem ſuam colliberto vendidit, defecit conditio fideicommiſſi. Conditio autem ſemel defecta non reſumitur, *l. pater, §. ult. ſup. de condit. & demonſtrat.* Ex his igitur apparet, quid ſit quod ait Papinianus hoc loco: Eum, qui tardius vendidit partem ſuam, ut puta, tertium, ut Gloſſa ponit, recte, ei, qui non vendidit, id eſt, quarto, facere partem in partibus ſuperio-

rum, id eſt, in partibus primi & ſecundi: nec quam ſemel tulit partem ex eis partibus, etiamſi poſtea vendat partem, quam in eo fundo habet jure legati, quartum ei adimere, & avocare poſſe, ſed partem tantum venditam.

Ad hæc quæro, quid ſi & poſtremus omnium quartus partem ſuam æque extraneo vendiderit? quem caſum palam non attingit Papinianus, quia, ut arbitror, conſtabat nulli ſupereſſe fideicommiſſi petitionem, & rem pro eo haberi atque ſi ab initio omnes pariter fundum extero vendidiſſent, cum omnes ſigillatim extero vendiderunt. Noviſſimi venditio erit conſumptio fideicommiſſi. Item quæro, quid ſit dicendum, ſi nemo partem ſuam vendiderit, & noviſſimus moriatur ſine liberis, relicto herede extraneo? Hunc caſum attingit Papinianus, & ait etiam hoc caſu non ſupereſſe fideicommiſſi petitionem, quia ſcil. ex libertis ſupremo moriente ſine liberis, re tranſmiſſa ad extraneos heredes, nullus ſupereſt ex familia libertorum. Ponendum igitur, partes collibertorum quod & ipſi deceſſiſſent ſine liberis, perveniſſe ad eum, qui noviſſimus diem ſuum obiit, alioquin liberi libertorum ad fideicommiſſum vocarentur, noviſſimo herede relinquente extraneum. Nam prohibita alienatione extra familiam, cenſetur etiam prohibita inſtitutio extranei heredis, *l. peto, §. ult. ſup. hoc tit. l. 8. §. ceterum, C. de fec. nup.* Item quæro, an etiam liberi libertorum ad fideicommiſſum vocentur? Fac, inter eos libertos, quib. fundus legatus eſt, eſſe libertam, quæ filium ſuſcepit, hic matri extraneus heres eſt, quia patris non matris familiam ſequitur: Quæro, inquam, an in parte fundi quam mater accepit ut liberta, filius ejus, quamvis matri ſit extraneus heres, præferatur aliis libertis, qui eandem familiam & idem nomen habent, quod ipſe tamen filius non habet? Et ſubjicit Papinianus, filium libertæ præferri collibertis, quamvis non ſit ex eadem familia, his verbis: *Cum inter libertos & prædii legatum libertæ quoque fuiſſet admiſſa, quod patronus petiit, ut de nomine familiæ non exiret, heredem libertæ filium partem prædii quam mater accepit, retinere viſum eſt.* Quæ verba nolo divelli à ſuperioribus, nec ex illis confici alium §. quoniam ad eandem ſpeciem pertinent, ut & Gloſſa ſenſit, quæ ad hæc verba: *de nomine familiæ*, ſubaudit, *libertorum*: Videtur ergo hæc mens fuiſſe teſtatoris, ut liberti partes ſuas conferrent ſuis liberis quibuſcunque, vel ſuis, vel extraneis liberis, aut his deficientibus collibertis: quam interpretationem voluntatis etiam Papinianus introduxit in ſpecie *l. cum acutiſſimi, C. de fideic.* Alium heredem extraneum excluderet colliberti, ſed non filium liberedem extraneum. Denique collibertis præferuntur liberi legatariorum, etiamſi non ſint ex eadem familia. Et ita demum videtur extitiſſe conditio fideicommiſſi, ſi quis eorum libertorum, vel libertarum, quibus fundus legatus eſt, non liberis ſuis aut collibertis, ſed aliis extraneis partes ſuas reliquerint. Familiæ nomen in hoc genere fideicommiſſi aliquando latius accipitur. Nam & emancipati ad fideicommiſſum vocantur licet mutarint familiam, *l. peto, §. ult. ſup. hoc tit. l. filius familias, §. cum pater, ſup. tit. prox.* Et is, qui fuit gener, vel nurus, quamvis hi omnes revera ex eadem familia non ſint, quia plerumque ex opinione noſtra nobis ſunt pro familiaribus: & Juriſconſulti eſt ſecundum judicium & opinionem noſtram accipere, augere, & producere ſignificationem verborum. Poſtremo quæro, ſi cum primus, ſecundus, tertius partes ſuas extero vendidiſſent, & ita quæſita eſſet quarto fideicommiſſi petitio, qui non vendidit partem ſuam, & mox antequam peteret fideicommiſſum, vita deceſſerit quartus ſine liberis, relicto herede extraneo, an tranſmiſerit in heredem extraneum petitionem fideicommiſſi? Et definitur in *l. ſeq. §. pen.* qui ſuo ordine latius explicabitur, eum tranſmiſiſſe petitionem fideicommiſſi, cujus dies co vivo ceſſerat etiam ad extraneum heredem.

Ad §. Cum exiſtimaret.

*Cum exiſtimaret ad ſolam conſobrinam ſuam bona perventura: codicillis ab eo factis pluribus fideicommiſſa reliquerat, jure ſucceſſionis ad duos ejuſdem gradus poſſeſſione devoluta: rationibus æquitatis & perpetui edicti exemplo pro parte dimidia mulierem relevandam reſpondi: ſed libertates ab ea præſtandas, quas intercidere damni cauſa durum videbatur.*

SEquitur ut exponamus §. *cum exiſtimaret*, in quo hæc proponitur ſpecies & quæſtio: qui exiſtimabat ab inteſtato jure cognationis bona ſua omnia perventura ad conſobrinam, ignorans ſe habere etiam patruum vel avunculum magnum, id eſt, matris ſuæ patruum vel avunculum, qui eodem gradu eſt quo conſobrina, nempe quarto, & æque cognatus ac conſobrina: codicillis factis ab inteſtato, pluribus fideicommiſſa & fideicommiſſarias libertates a ſola conſobrina reliquit, quod exiſtimabat ſolam ſibi ſucceſſuram jure prætorio, ſive jure cognationis: poſt mortem ejus non conſobrina tantum, ſed etiam avunculus magnus ab inteſtato pro partibus æquis ei ſucceſſerunt, accepta bonorum poſſeſſione unde cognati: Quæritur, an ii, quibus fideicommiſſa in codicillis relicta ſunt a conſobrina, ſola conſobrina teneatur in ſolidum? Quod videtur, quia ea ſola nominatim rogata eſt fideicommiſſa præſtare, & ad eam ſcripti ſunt codicilli. Et ſane ipſo jure ita eſt, eam ſolida fideicommiſſa præſtare debere: & tamen Papinianus reſpondet æquitate ſubnixus aliter, nempe conſobrinam onere fideicommiſſorum pro parte dimidia eſſe relevandam, quam ei abſtulit concurſus avunculi magni: hoc exigere rationem æquitatis, ne oneretur ſupra dimidiam, quæ dimidiam tantum accepit, quam etiam credibile eſt teſtatorem oneraturum non fuiſſe tot fideicommiſſis, ſi exiſtimaſſet non ad eam ſolam omnia ſua bona perventura: hoc etiam exigere ait exemplum edicti perpetui. Et credo Papinianum intelligere edictum prætoris de bonis libertorum, quo a liberto herede inſtituto præterito, patrono præterito, & patrono petente bon. poſſ. cont. tabul. liberti, & evincente dimidiam partem bonorum liberti, ut ante Juſtinianum obtinuit, heres ſcriptus pro parte dimidia, quam ei aufert patronus, relevatur præſtatione legatorum & fideicommiſſorum, & pro ea tantum parte dimidia, quam ſibi retinet, legatariis & fideicommiſſariis obſtringitur ſalva Falcidia, quod patet ex *l. Plautius, de condit. & dem. l. 20. §. libertus, de inoff. libert.* Et eodem exemplo, ſi filius exheredatus per querelam inofficioſi teſtamenti, vel filius præteritus per bonorum poſſeſſionem contra tabul. heredi ſcripto evicerit partem dimidiam, heres ſcriptus pro parte, quæ evicta eſt, præſtatione legatorum & fideicommiſſorum exoneratur, *l. etſi contra, in fi. de vulg. l. 11. §. Imperator, inf. ad leg. Falcid.* At rurſus quæri poteſt, an is cui partem aufert heredi ſcripto, pro ea parte legatariis, ac fideicommiſſariis teneatur? Et dicemus incunctanter, pro ea parte legata & fideicommiſſa intercidere, quia is, qui ad alteram partem venit, rogatus non eſt, & quia ad eam venit ſuo jure, non beneficio judiciove defuncti. Idque comprobat etiam *l. prox. in princ. ſup. & l. cum duobus, C. de inoff. teſtam.* Et male Accurſius hoc loco, fideicommiſſa ab utroque præſtari pro partibus hereditariis: quia certo certius eſt, fideicommiſſa intercidere pro parte ejus, qui propter cognationem ſuo jure cum muliere concurrit in ſucceſſione inteſtati, quo nomine etiam Accurſium reprehendit Paulus Caſtrenſis. Nec obſtat huic ſententiæ, *l. prox. in prin. ſup. de milit. teſt.* quæ merito poteſt objici, nec tamen objicitur, quoniam in ea lege is, qui partem hereditatis aufert heredi inſtituto ex aſſe, legata teſtamento relicta præſtat pro parte ſua quam evicit. Quod pugnare videtur cum ſuperiore ſententia. Sed ideo præſtat legata pro parte ſua, quia inſpiciatur diligenter ſpecies hujus legis, eam partem

A aufert ex judicio defuncti militis, qui poſt teſtamentum, factum in quo alium heredem ſcripſerat ex aſſe; eum codicillis ad teſtamentum factis heredem ſcripſit ex ſemiſſe priori in teſtamento ſcripto adempto ſemiſſe, quo caſu ambo præſtant legata communiter. Quid enim juſtius eſt, quam ut judicium conſervet & impleat, qui ex judicio defuncti ad hereditatem venit? In legibus autem ſupradictis, qui partem aufert heredi ſcripto, vel heredi aut ſucceſſori legitimo, quem ſolum ſibi heredem aut ſucceſſorem fore defunctus arbitrabatur, ſuo jure venit, non ex judicio defuncti, & idcirco, nec judicio defuncti implendo obſtringitur: hæc longe ſunt diverſa, jure ſuo, & judicio defuncti, *l. cum ab uno, ſup. hoc tit. l. illud in princ. ſup. de jure codicill. l. poſt emancipationem, tit. ſeq.* cujus quidem legis neceſſario nobis hoc loco ſententia explicanda eſt, quoniam ea lex reſponſo huic opponi ſolet.
B Cum filia ſuſcepta poſt emancipationem patris exiſtimaret patruum ſolum ſibi heredem fore ab inteſtato jure agnationis, excluſo avunculo, qui cognatus eſt, & ignoraret etiam patruum ſibi cognatum eſſe, non agnatum, nimirum ſoluta agnatione per emancipationem patris, factis codicillis ab inteſtato patruum rogavit, ut hereditatis dimidiam avunculo reſtitueret, & amplius agros duos, & aliis quoque pluribus ab eodem patruo fideicommiſſa reliquit utroque ſuccedente ab inteſtato per bonorum poſſeſſionem unde cognati, patruo & avunculo, quoniam ſunt cognati ejuſdem gradus. Scævola in eadem *l. poſt emancipationem* ait, non conſiſtere quidem fideicommiſſum hereditatis, quod avunculo relictum eſt, quia ſuo jure partem hereditatis obtinet ab inteſtato; conſiſtere tamen fideicommiſſum agrorum pro par-
C te patrui; fideicommiſſa quoque aliis a patruo relicta patruum debere in ſolidum præſtare, nec relevari pro parte, quamvis præter opinionem defuncti evicta ſit ei pars, quod pugnat omnino cum iis, quæ ante dicta ſunt de relevando herede pro parte onere legatorum aut fideicommiſſorum. At breviter reſpondendum eſt, id quod ſcribit Scævola ita ſe habere directo & ſummo jure, & ad jus civile ſive jus communem ſpectare Scævolam, ut & Marcellum in ſimili ſpecie in *l. pen. ſup. de jur. codicill.* ſed ut ad Marcellum in *d. l. penul.* ita ad Scævolam addendum eſt: imo duntaxat partem a patruo deberi, ſecundum rationem æquitatis, quam Papinianus ſpectat & notat in hoc reſponſo & ſecundum exemplum prætorii edicti: & huic diſtinctioni in-
D ter jus civile & æquitatem prætoriam etiam Accurſius acquieſcit, & a nobis latius explicata eſt ad Africanum in *l. 15. de jure codicill.*

Non eſt omittendum, quod hoc loco Papinianus, cum dixiſſet conſobrinam pro parte dimidia, quam ei fecit avunculus magnus, eſſe exonerandam præſtatione fideicommiſſorum, ſubjicit, *libertates tamen ab ea eſſe præſtandas*, libertates ſcilicet fideicommiſſarias: Nam directæ codicillis factis ab inteſtato non dantur: libertates igitur fideicommiſſarias a conſobrina eſſe præſtandas in ſolidum: niſi dixerunt, libertatibus quoque præſtandis pro parte tantum conſobrinam alligari, coheredem autem ejus non alligari pro ſua parte, ut *d. l. illud, de jure codicill.* ſic fiet ut libertates, quæ pro parte præſtari non poſſunt; quæ individuam cauſam habent, *l. duobus, de liber. cauſ.* recidant in irritum, quod eſſet durum & iniquum. Durum, inquit, videbatur libertates intercidere cauſa damni, *id eſt*, ob cauſam damni, quod mulieri, a qua relictæ ſunt adfert concurſus heredis legitimi. Verum addendum eſt ad Papin. ſervum, qui petit a muliere fideicommiſſariam libertatem, debere ei offerre pretium, quo mulier redimat a coherede ſervi partem, deinde manumittat. Alioquin ſervus repelletur exceptione doli mali, vel officio judicis, *l. judicata, ff. de except. rei judic. l. qui gravi, & ſeq. de jure codicill.* Quod expoſuimus etiam ſupra ad primum reſponſum proximæ l. Bivium datur mulieri ad conſequendam partis æſtimationem, exceptio doli mali, & officium judicis, ſive prætoris fideicommiſſarii - Etiam non omittam, male Accurſium editum ctum perpetuum, de quo hoc loco agitur, interpretari, ut edictum semper ubique generale, ut simili errore apud Cicer. 2. de legib. Diagoræ Thebani legem perpetuam. Adrianus Turnebus vir magnus, legem generalem interpretatus est. Potest idem esse perpetuum & generale, fateor: sed non omne generale perpetuum est, nec contra omne perpetuum generale. Perpetuum dicitur tantum comparatione temporarii: generale comparatione specialis vel singularis. Perpetuum autem prætoris edictum fecit lex Cornelia, de qua Dio 36. & Asconius in oratione pro Cornelio, ex quo scilicet omnes prætores perpetuo idem jus dicerent: edictum enim antea erat annuum, & ipsius quoque prætoris imperium erat annuum, §. 1. Inst. de perp. & temp. act. Et pro varietate prætorum varia quoque erant edicta, nisi si quod forte caput translatum per omnium edicta ambulabat. At lege Cornelia hodie prætores ex perpetuis & similibus edictis jus dicunt, non ex annuis, quæ posuerint ipsi suo arbitratu.

### Ad §. Pater, qui filio.

Pater qui filio semissem dederat, & sororibus ejus impuberibus quadrantes, quibus fratrem tutorem dedit, ita fuerat locutus, filii contentus eris pro tuo semisse aureis ducentis, & vos filiæ pro vestris quadrantibus, centenis; Vice mutua filiis fideicommissum hereditatis reliquisse non videbatur, sed æstimationem, ut a parentibus frugi fieri solet, patrimonii sui fecisse, nec idcirco fratrem judicio tutelæ bonâ fidei rationes quandoque præscriptione demonstratæ quantitatis exclusum.

IN §. sequenti, hæc proponitur species: Pater filium heredem scripsit ex semisse, & duas filias impuberes ex quadrantibus singulas, iisdemque fratrem tutorem dedit. Deinde ita cavit: filii contentus eris pro tuo semisse ducentis aureis & vos filiæ contentæ eritis pro vestris quadrantibus singulæ centenis aureis. Quæritur, an vice mutua, videatur liberis fideicommissum hereditatis reliquisse, puta ut frater sororibus semissem restitueret, & vicissim sorores fratri alterum semissem, id est, duos quadrantes? Ad respondet Papinian. in hac specie, nihil de mutuo fideicommisso significari, cujus nec ulla utilitas esset. Imo quod ridiculum esset, ut uit l. si fundus, infr. ad l. Falcid. si quantum frater daret sororibus, tantum ferret ab eis, & vice versa. Verum ea cautione eo sermone per post adscriptas filiis suis partes hereditarias dicimus, patrem fecisse videri patrimonii sui æstimationem, idque totum æstimasse quadrigentis aureis, quod & plerumque, ut ait, parentes frugi, id est, boni patresf. facere solent quibus vires sui patrimonii in numeratu sunt sit in comperto. Quia tamen falli possunt, ideo nihil ea æstimatio officit veritati, si revera pluris sit patrimonium, quam id æstimaverit, ut l. 15. §. ult. sup. ad l. Falc. l. si fundum, §. si libertus, sup. tit. prox. l. 1. C. arb. tu. Et ideo, si in hac specie sorores a fratre tutelæ judicio exigent rationem plusquam ducentorum aureorum, non poterit frater se tueri exceptione quantitatis demonstratæ a patre, quia in quantitate ineunda falli potuit pater, sed ex bona fide sororibus ratio reddenda erit: & maxime notandum ex hoc loco, tutelæ judicio contineri tutelæ administratæ rationes bonæ fidei, id est, revocatæ rationes ad veritatem, ut scilicet reddantur finita tutela, & bonam fidem & veritatem idem esse.

### Ad §. Titio fratri.

Titio fratri suo Mævius hereditatem Seji, a quo heres institutus erat, post mortem suam restituere rogatus, eodem Titio herede scripto, petit, ut moriens Titius tam suam quam Seji hereditatem Sempronio restitueret, cum ex fructibus medio tempore perceptis fideicommissi debitam, quantitatem Titius percepisset, æris alieni loco non esse deducendum fideicommissum respondi, quoniam ratione compensationis percepisse debitum videatur. Plane si ea lege Mævius Titium heredem instituat, ne fideicommissum ex testamento Seji retineat, Falcidiam compensationi sufficere sed iniquitatem occurrere. Prudentius autem fecerit, si ex testamento fratris hereditatem repudiaverit, & intestati possessionem acceperit, nec videbitur dolo fecisse, cum fraudem excluserit.

IN §. Titio hæc proponitur species: Sejus Mævium heredem instituit & oneravit fideicommisso his verbis: Rogo te, Mævi, ut post mortem tuam hereditatem meam ad Titium fratrem tuum pervenire facias: Mævius eundem Titium fratrem suum heredem instituit & rogavit, ut moriens ipse Titius tam suam, id est, ut ipsius Mævii, quam Seji hereditatem Sempronio restitueret, Quod attinet ad Mævii hereditatem, utilis institutio, utile fideicommissum est: quantum vero attinet ad Seji hereditatem, etiam pro quadrante, quam ex Sejana hereditate Mævius retinere potuit jure Falcidiæ, utilis institutio, utile fideicommissum est. At pro dodrante Sejanæ hereditatis, quem Mævius moriens coepit debere Titio fratri suo, inutilis institutio est, quia creditori debitori frusta legat & relinquit, quod ab eo creditor ex alio testamento petere potest, l. unum ex familia 69. in pr. sup. hoc tit. l. si debitor. inf. de lib. leg. Et consequenter, inutile est fideicommissum, quia a creditore frustra alii relinquitur, quod ei creditori debetur, l. 3. si rem, tit. seq. Debetur autem ei, nempe Titio dodrans Sejanæ hereditatis ex testamento Seji jure fideicommissi a Mævio relicti, quem sibi Sejus heredem fecerat. Et ideo in specie proposita, in ponenda ratione legis Falcidiæ, primum deducit Titius dodrantem hereditatis Sejanæ tanquam id aliunde, quod sibi Mævius ex testamento Seji debebat. Nam hoc est certissimum, antequam ineatur ratio legatorum & fideicommissorum & legis Falcidiæ deduci debere omne æs alienum defuncti. Sic igitur deducet Titius fideicommissum sibi debitum ex testamento Seji usque ad dodrantem, deinde ex reliquis bonis Mævii omnibus detrahet Falcidiam, & residuum restituet Sempronio, l. 6. & 8. C. ad l. Falcid. Ab hac definitione, quæ certissima est, excipiuntur in hoc §. duo casus, quibus etiam, quod attinet ad totam hereditatem Sejanam, utilis institutio, utile fideicommissum est. Unus casus hic est. Si post mortem Mævii fructus a Titio dum vixit medio tempore percepti ex bonis Mævii, efficiant pretium dodrantis Sejanæ hereditatis, qui ei debetur ex testamento Seji. Nam hoc casu fructus cum debito compensatur, & ratione compensationis Titius fideicommissum, quod ei debebatur ex testamento Seji, percepisse intelligitur, ut in l.15. §. quod avus, ff. ad l. Falcid. Et hoc est, quod ait in hoc §. cum ex fructibus medio tempore perceptis fideicommissi debitam quantitatem Titius percepisset; æris alieni loco non esse deducendum fideicommissum respondi, &c. Hoc igitur casu Sempronio post mortem suam Titius heresve ejus, qui ad vicem Titii propius accedit, restituet utramque hereditatem Mævianam & Sejanam, deducta Falcidia, nisi & fructus medio tempore percepti Falcidiam etiam repleant, & debitum Seji, & debitum scilicet & Falcidiam, quia fructus medio tempore perceptos ante debitum restituenda hereditatis placet imputari in Falcidiam, l. in fideicommissariam, ff. ad S. C. Treb. Et eo modo restituere teneatur integram Mævianam & Sejanam hereditatem. Alter casus, quo etiam, quantum attinet ad hereditatem Sejanam, utilis institutio, utile fideicommissum est, qui proponitur in hoc §. illo loco: Plane si ea lege Mævius Titium heredem instituat, hoc est, si Mævius Titium fratrem suum heredem instituerit ea lege, ne in ponenda ratione legis Falcidiæ deduceret fideicommissum ei debitum ex testamento Seji, æris alieni loco, quod compensaret cum Falcidia quam retineret ex utrisque bonis Mævii & Seji, dodrantem vero utrorumque bonorum Sempronio restitueret. Nam servanda est ea lex & voluntas Mævii, idque obtinebit & consequetur Sempronius apud arbitrum legis Falcidiæ, non remedio cautionis Mutianæ, ut Rogerius voluit: non reme-

remedio propriæ cautionis, de implendo modo, ut Accurs. voluit, quia neque modus, neque conditio ulla injicitur inftitutioni, quum ab inftituto teftator petit, ne debitum deducat, fed compenfet cum Falcidia. Verum id Sempronius confequetur, ut ait *l. 12. inf. ad l. Falcid.* remedio exceptionis doli mali, quam opponet Sempronius Titio, fideicommiffum debitum ex teftamento Seji contra voluntatem Mævii deducere & reputare volenti, videlicet fi tantum Titius habeat in Falcidia, quantum eft in quantitate fideicommiffi debiti Titio ex teftamento Seji. Et idem comparat *l. is. cum fideicommiffum, ff. ad l. Falcid. & l. Lucius, §. maritus, in fin. ff. ad S. C. Trebel.* Duo funt cafus, quos expofui. Priore cafu fideicommiffum Titio debitum ex teftamento Seji, compenfatur non cum Falcidia, fed cum fructibus medio tempore perceptis ex æquitate. Pofteriore cafu compenfatur cum Falcidia ex judicio defuncti, ex lege quam defunctus dixit, & utroque cafu compenfatio fit, Vel hoc, cum l. Falcidia, non quantacunque fit Falcidia minima vel maxima, Vel illo cafu cum fructibus. Non quantumcumque fint fructus, ut Accurf. voluit, fed compenfatio fiet pro modo concurrentis quantitatis, quod eft pari pecunia, *l. 15. §. quod avus.* Nam fi quid amplius fit in debito, quam in fructibus vel in Falcidia, fane id dodranti detrahitur, tanquam æs alienum, *d. l. 15. §. cum fideicomm.* Verum hoc pofteriore cafu Papin. ait, iniquitatem & fraudem aliquam occurrere, & errorem in hoc negotio: *fed,* inquit, *iniquitatem occurrere,* fic legendum, quam poftea vocat fraudem, *erat,* inquit, *hic dolus aliquis, iniquitas aliqua,* quod fic demonftrat, quia etfi teftator, qui fideicommiffum debitum jubet compenfari cum Falcidia, palam non prohibeat Falcidiam, quod etiam non potuit ante Juftin. Novel. *l. nemo, fup. tit. prox. l. 15. §. 1. inf. ad l. Falci.* tamen quodammodo fraudem fecit legi Falcidiæ, eamque ne ipfa labefactavit, atque convulfit. Nam fi verbi gratia, plus non fit in Falcidia quam in debito, Titius jure Falcidiæ nihil habere videbatur, quandoquidem quod Falcidiæ ratione deducit, id jam ei debebatur ex teftamento Seji, nec defiderat deberi. Quamobrem occurrente fraude & iniquitate ejufmodi, Papinian. Titio prudens confilium dat, ut repudiato teftamento Mævii fratris fui, qui fuperftites nullos liberos reliquit, ab inteftato ejus hereditatem poffideat: atque ita fe expedire infidiis paratis a Mævio. Poterit autem omiffo teftamento fratris hereditatem ab inteftato amplecti ex hac caufa, impune & citra metum edicti, *fi quis omiffa caufa teftamenti,* quoniam in illud edictum is tantum incidit, qui dolo malo in fraudem legatariorum vel fideicommiffariorum omiffa caufa teftamenti ab inteftato poffidet hereditatem: nam hoc Titius non facit dolo malo in fraudem aliorum, fed fraudis fibi ftructæ vitandæ potius, & injuriæ a fe propellendæ caufa, ob quam, plane licet omittere teftamentum quafi fufpectum & infidiofum, & venire ab inteftato, ut *l. 42. de adq. heredi. l. 6. §. fi patronus, fi quis omiffa caufa teftam. hered. ab inteft. adier.* Et ita eft explicandus hic §.

### Ad §. a te Peto.

*A te peto marite, fi quid liberum habueris, illis prædia relinquas, vel fi non habueris, tuis five meis propinquis, aut etiam libertis noftris; non effe datam electionem, fed ordinem fcripturæ factum fubftitutioni refpondi.*

UXor a marito herede inftituto prædia quædam legavit per fideicommiffum, his verbis: *Rogo te, ut illa prædia liberis tuis reliquas, fi quos liberos habueris tempore mortis, vel fi liberos non habueris, ut eas relinquas tuis vel meis propinquis, vel libertis noftris.* Quæritur, an poffit maritus ex iis quos uxor denotaverit, quos volet eligere, quibus prædia relinquat? Et eleganter refpondet Papinianus, nullam electionem effe datam marito, fed in fideicommiffo prædiorum factam effe fubftitutionem.

Conftat ut heredibus, ita legatariis & fideicommiffariis fubftitui poffe, *l. ut heredibus, fup. tit. prox.* & liberis fubftitutos propinquos mariti, & propinquis mariti fubftitutos propinquos uxoris, propinquis uxoris fubftitutos communes libertos ordinem fcripturæ factum fubftitutioni, id eft, fubftitutioni impofitum effe ordinem fcripturæ, qui fequendus fit. Idque apparet ex primo gradu fubftitutionis, quia dixit, *fi liberos non habueris,* quare & fequentes gradus eodem modo accipiendi funt. Ergo ordinem fcripturæ fequamur, fic fane, nifi cum refragatur voluntas defuncti, ut in §. *fidei tuæ, fup.*

### Ad §. Ultimum.

*Vicos civitati relictos, qui proprios fines habebant, ex caufa fideicommiffi non ideo minus deberi placuit, quod teftator fines eorum significaturum, & certaminis formam, quam celebrari fingulis annis voluit alia fcriptura fe declaraturum promifit, ac poftea morte præventus non fecit.*

TEftator civitati vicos quofdam legavit per fideicommiffum: & mox deinde alia fcriptura dixit, fe fignificaturum fines eorum vicorum & certaminis formam, quam celebrari in eis vicis quotannis vellet, nec tamen ufquam fignificavit poftea morte præventus. Quæritur, an ideo minus debeatur fideicommiffum prædiorum? Et ait, non ideo minus deberi, quia fuit omni ex parte perfectum: & pollicitatio illa, *fe fignificaturum fines & genus certaminis,* quod ibi quotannis vellet celebrari, pro fupervacua eft. Quod fupervacuum eft, non vitiat legatum aut fideicommiffum: quæ abundant non vitiant fcripturam. Et ita explicato hoc refponfo incongrue plane videbuntur ei oppofitæ leges, quæ opponuntur in Gloffa, quas mitto, quia nihil habent commune cum hoc refponfo. Non eft omittendum hoc refponfum Papiniani celebrari, & in teftimonium vocari ab Imperatore in *l. pen. de inft. & fubftit.* trahique ejus rationem ad hanc fpeciem: *Ille mihi heres efto fecundum conditiones infra fcriptas,* nullas conditiones infra fcripfit, non ideo minus erit heres. Nam utique pure heres inftitutus videbitur, quia pollicitatio illa conditionum fupervacua eft, ergo inanis. Vicos autem legatos civitati, rufticos intelligit, ut in *tit. C. lib. 11. ut nemo ad fuum patr. fufcipiat vicos vel rufticanos eorum.* Vici conftant ex villis diverforum hominum quod plerumque fint caftello domini infignes, etiam caftella vocantur. Pagorum appellatio latius patet, & cum Cæfar Helvetiam ait, fuiffe divifam in quatuor pagos, *en quatre pays, contrèes,* ut etiam Plinius dixi Pagum Geforianum, *le pays de Grifons.* Pagus, *pays, contrèe,* ut hodie conftat, & in teftamento Caroli Magni, Pagus Turonicus, Pagus Niverfenfis, Pagus Cabilonenfis, *Chalons:* & in vita Gelafii, Pagus Lemovicus *Limofin,* Abfolvi legem pulcherrimam, quam qui tenet, multa præclara & fingularia tenet.

### Ad L. X. de Ann. Legat.

*Sejo amico fideliffimo, fi voluerit, ficut meis negotiis interveniebat, eodem modo filiorum meorum intervenire annuos fenos aureos, & habitationem, qua utitur, præftari volo, non ideo minus annua Sejo pro parte hereditari viventis filiæ deberi placuit, quod ex tribus filiis Titia duo aliis heredibus inftitutis vita deceffferunt: cum tam labor, quam pecunia divifionem reciperent.*

PRimi refponfi fpecies hæc eft: Titia duos filios puberes, & filiam quoque puberem unam heredes inftituit ex æquis partibus, & Sejo negotiorum fuorum procuratori, fi vellet etiam eodem modo poft mortem fuam filiorum fuorum negotia procurare, & eorum rebus intervenire, legavit per fideicommiffum fenos aureos annuos, & habitationem, qua gratuito utebatur viv Titia, quæ habitatio alioquin finiretur morte Titiæ, non

non legaretur, si eadem non esset heredum voluntas, ut habitatione frueretur, *l. Lucius, ff. de don.* Post mortem Titiæ duo filii vita decesserunt, extraneis heredibus institutis, sorore superstite, cujus duntaxat negotia Sejus administrabat. Nam filiorum negotia translata sunt ad heredes extraneos: Quæritur, an Sejo debeantur seni aurei annui? Et respondet Papinianus, ei non deberi annuam illam præstationem senum aureorum, nisi pro parte hereditaria filiæ, cujus solus negotia gerit, id est, binos aureos tantum ei deberi. *Quia, ut labor,* inquit, *ita pecunia divisionem & deminutionem recipit.* Minuitur labor Seii mortuis filiis, & eorum partibus translatis ad heredes extraneos, ergo minuenda est annua præstatio, quæ Sejo relicta est pensandi laboris causa. Operæ numero dividuntur, *l. libertus, qui post. inf. de oper. libert.* Tres autem olim erant Seii operæ, quæ tribus filiis præstabantur, hodie una tantum est opera, quæ filiæ superstiti præstatur: ergo & qui olim erant ter bini aurei, hodie erunt bini tantum, quæ est sententia hujus responsi elegantissima. Recte ponit Papinianus, filios instituisse extraneos heredes. Nam si sororem heredem instituisset, neque minueretur labor Seii, neque annua præstatio: quod & hic Bartolus observavit recte: quod si omnes filii superstites essent, nec tamen vellent uti opera Seii in negotiis suis, proculdubio Sejo per quem non stat quo minus eorum negotia gerat, deberetur præstatio annua, nisi filii haberent justam causam improbandæ operæ Seii *l. Mævia, inf. hoc tit.* Quid enim si fraudulenter Sejus negotia gerat? annua præstatio ei relicta est fidei remunerandæ gratia, non si fides ejus deficeret & collaberetur, quod & Titia demonstravit, cum in legando ita dixit, ut proponitur hoc loco, *Sejo amico fidelissimo.* Huic autem responso Papiniani unum tantum est, quod probabiliter opponi possit, quod sumitur ex *l. annua, in prin. inf. hoc tit. l. Cajo, §. 1. Stichus, §. ult. de ali. leg. l. 1. C. de leg.* In omnibus his legibus eadem fere species proponitur: Annua alimenta legata sunt Titio, si moraretur cum matre aut filio & herede defuncti, vel quoad moraretur cum eo & cum ea. Conditioni paruit L. Titius, habitavit cum filio, vel matre defuncti, deinde mortuus est filius, vel mater superstite L. Titio, an post mortem filii vel matris annua L. Titio debentur? Et constat inter omnes deberi, quia verisimile est, testatorem sensisse de perpetua præstatione, quamdiu viveret L. Titius. Cur & in specie proposita non interpretemur annuam præstationem Sejo perpetuo relictam, & integram eam Sejo deberi etiam post mortem filiorum? Rationem expediet *l. illis libertis, ff. de cond. & demonst.* quoniam evidens est, Titiam propter filiorum utilitatem annua Sejo legasse, ut negotiis eorum interveniret, quibus in alios translatis & finitis in persona filiorum, morte eorum, nulla amplius superest causa percipiendi legati. Nam etsi legatarium propter filii aut matris utilitatem appareat, cum filio aut filia morari voluisse in specie supradictarum legum, quæ huic opponuntur & scilicet legatarius esset in actu vel obsequio, vel ministerio filii aut matris defuncti, hoc casu morte filii, vel matris finiretur annua præstatio; sed in dubio ei, cui annua alimenta legantur, si moretur, vel quo admoretur cum filio vel matre defuncti, eo genere videtur relicta habitatio certa in usum ejus, ut apud illum scil. vel illam moretur apud aliquem ex heredibus testatoris. Illud non est prætermittendum, quid sit dicendum in specie proposita de habitatione Sejo relicta. Nam de annuis rescribit tantum Papinianus ea deberi pro parte duntaxat hereditaria viventis filiæ: de habitatione nihil rescribit, quæ etiam relicta fuit Sejo, ut negotiis filiorum interveniret? credo, habitatio est individua, ut rectissime sentit Accurs. in *l. penult. §. si usufr. infr. ad leg. Falcid.* Nec pro parte præstari potest: non possum domum, aut cœnaculum aut membrum pro parte habitare, pro parte non habitare, facta sunt individua: pecunia est dividua. Quamobrem annua quidem pecuniæ præstatio dividetur mortuis duobus filiis, sed non præstatio habitationis.

### Ad §. Medico.

*Medico Sempronio, quæ viva præstabam dari volo, eæ videntur relicta, quæ certam formam erogationis annuæ, non incertam liberalitatis voluntatem habuerunt.*

MEdico mulier legavit per fideicommissum, quæ viva ei præstabat: non præstabat autem ei certam erogationem annuam, puta, tot aureos, vel tot culleos vini, vel tot pondo argenti, sed modo hac, modo illa re: & modo largius, modo parcius quotannis medicum munerabatur. Quæritur, ex causa fideicommissi supradicti, quid ei debeatur. Respondet nihil deberi: quia incertum est fideicommissum, & incerta liberalitatis voluntas. Et nota fideicommissum liberalitatem appellari, ut in *l. cum non facile, ff. si quis, plusq. per l. Falcid.* Legatum aut fideicommissum rei incertæ inutile est, *l. cum post, §. gener, sup. de jur. dot.* Paulus 3. Sent. tit. de legatis. Legatum nisi certæ rei sit, nullius est momenti, & ita salarium incertæ pollicitationis dicitur non deberi, *l. qui mutuam, §. salarium, mand.* nec votum incertæ pecuniæ, apud Titum Livium 31.

### Ad §. Uxori.

*Uxori præter id quod a me vivo annui nomine accipiebat, aureos centum dari volo, annuum videtur, & semel centum aureos reliquisse.*

UXori per fideicommissum legavit, præter id quod vivus annui nomine ei præstabat, centum aureos. Quæritur, utrum semel tantum, an quotannis centum aurei præstandi sint? Et respondet, semel tantum esse præstandos, quia nihil pro centenis aureis significavit, sed tantum dixit, *ut præter annua, quæ vivus uxori præstabat, quæ etiam vult ei præstari post mortem, eo amplius ei præstentur centum aurei,* non quidem quotannis, sed ut semel tantum inferantur, annua tamen deberi post mortem ejus, quæ præstitit vivus. Nam cum dixit, *præter,* comprehendit etiam fideicommissum annuum, quod vivus præstabat, & *præter* significabat ultra, ut apud Sueton. in Aug. *Præterquam Decembri mense, quo scilicet constabat frequentatos fuisse ludos Saturnaliorum lusibus aliis, festis, profestisque diebus:* & *l. 1. in fine sup. de pigner. act.* qui æs pro auro pignori dedit, tenetur contraria actione pigneratitia præter stellionatum, quam fecit. Et stellionatus crimine tenetur, & contraria pigneratitia, nec ea vox semper exceptionem facit.

### Ad §. Ultimum.

*Liberis dari volo, quæ viva præstabam, & habitatio præstabitur, sumptus jumentorum non debebitur, quem actori domina præstare solita fuit utilitatis suæ causa. Ideo nec sumptum medicamentorum medicus libertus recte petet, quem ut patronam ejusque familiam curaret, acceptabat.*

LIbertis reliquit, quæ viva præstabat: etiam habitatio, quam præstabat, eis debetur, ut in *l. Sempronio, tit. seq.* ut & cetera, quæ eis præstabat annua in usum scilicet, & utilitatem eorum. Nam fideicommisso etiam non continentur ea, quæ libertis præstabat utilitatis suæ causa, veluti sumptus jumentorum, quos liberto actori præstabat excurrenti ad negotia sua: vel sumptus medicamentorum, quos liberto Medico præstabat, ut se familiamque suam curaret. Medicus olim ipsemet conficiebat medicamenta, non, ut fit hodie, ab alio confici imperabat. Quamobrem recte Paulus 3. Sentent. tit. *de leg. instrumento medico legato, legato cedere omnem apparatum conficiendorum medicamentorum.*

Ad

### Ad Leg. XXV. de Usu & usufructu leg.

*Qui fructus prædiorum uxori reliquit, post mortem ejus prædia cum reditibus ad heredes suos redire voluit: imperitia lapsus nullum fideicommissum dominus, neque proprietatis, neque fructus ad eos reverti dedit. Etenim reditus futuri non præteriti temporis demonstrati videbantur.*

Uxori legavit fructus sive usumfr. prædiorum, & verbis fideicommissi declaravit se velle, ut post mortem uxoris fructuariæ, prædia cum fructibus redirent ad heredes suos, quod utique fieret ipso jure, etiam si hoc non dixisset, quia morte fructuariæ finitur ususfructus, & revertitur ad proprietarium suum, sive consolidatur, id est, solida proprietas heredum fit. Et ait, tale fideicommissum nullum esse, propter illam rationem quam attigi, quia heredes mortua fructuaria suo jure prædia & fructus habituri sunt. Inutiliter mihi relinquitur, quod meo jure habiturus sum, citra speciem legati, *l. cum pater, §. curatoris, sup. de leg. 2. l. post emancipationem, de leg. 3.* Sensit utique testator hoc loco de fructibus futuris post mortem fructuariæ, ut redirent ad heredes, non de fructibus præteritis, quos fructuaria percepisset: sed, ut ait, juris imperitia lapsus testator ita legavit frustra & inutiliter quod & citra legatum ad heredes perveniret. Et hæc est sententia hujus legis.

### Ad L. Uxori meæ IX. de Dote præleg.

*Uxori meæ fundum Cornelianum, & quæ nuptura obtulit æstimata in speciebus restitui volo. Respondit non æstimatum prædium in dotem datum, exceptum non videri, sed universa dote prælegata rerum æstimatarum pretium non relictum; verum ipsas res, quales invenirentur.*

Uxor marito in dotem dedit fundum Cornelianum inæstimatum, & alias plerasque res æstimatas. Fundus inæstimatus proprie dicitur dotalis, *l. unica, §. in fundo, C. de rei uxor. act.* quia licet sit in bonis mariti dotis causa constante matrimonio, tamen soluto matrimonio plerunque is ipse fundus mulieri reddi debet, nec interim a marito alienari potest. Alia est conditio fundi, vel alterius rei æstim æ, quoniam si fundus æstimatus sit, vel quæ alia res in dotem oblata, soluto matrimonio liberatur maritus, si malit mulieri solvere æstimationem, non rem ipsam, *l. 11. §. de jur. dot.* Et fundum æstimatum maritus alienare potest, quia pro emptore habetur: & lex Julia de fundo dotali, de æstimato loquitur; non de æstimato. Hoc cognito finge, maritum, qui ab uxore in dotem fundum Cornelianum acceperat inæstimatum, & alias plerasque res æstimatas, mandasse heredibus suis, ut post mortem suam eas res æstimatas mulieri restituerent in speciebus ipsis, ac si initio inæstimatæ fuissent. Quæritur, an etiam si ipse fundus, qui inæstimatus est mulieri reddi debeat: an vero satis sit, ejus fundi æstimationem mulieri solvi, quod posset quis tentare, quoniam qui jubet æstimatas tantum res in speciebus ipsis restitui, non quidem adjecta illa taxatione tantum, sed qui de æstimatis tantum rebus loquitur, ut mulieri restituantur in speciebus ipsis, potest videri aliud sensisse de fundo inæstimato, ut non in specie ipsa restituatur, sed liberum sit heredibus offerre fundi pretium. At Papinia. aliud judicium est, qui & fundum ipsum inæstimatum vult mulieri restitui, non pretium, quasi noluerit testator mutare jus & conditionem fundi inæstimati, sed fundi tantum æstimati, vel alterius rerum æstimatarum. Itaque universa dos mulieri restituenda est in speciebus ipsis, tales quales fuerint tempore soluti matrimonii, *quales invenirentur*, inquit; quibus verbis significat, & deteriores factas recte restitui, ut *d. l. 11. in pr. & t. 12. de jure dot.* Potuit enim maritus constante matrimonio eas res usu deterere. Et hæc est sententia hujus responsi.

### Ad Legem III. de Instruct. & instrum. leg.

*Fundum instructum libertis patronus testamento legavit, postea codicillis petit, ut morientes partes suas fundi superstitibus restituerent, nec instructi mentionem habuit: talem in caussam fideicommissi deductam videri placuit, qualis fuerat legatus, sed medii temporis augmenta fœtuum, & partuum, item detrimenta fatalium fideicommisso contineri.*

Legavit patronus libertis suis fundum instructum, & verbis fideicommissi petit ab eis, ut morientes partes suas fundi superstitibus restituerent, id est, in eo fundo eos invicem precario substituit: & dixit, partes suas fundi, non partes suas fundi instructi. Sed quod dixi in legando, se libertis legare fundum instructum, id in fideicommisso ad communionem adsumitur, & repetitum intelligitur, ut in *l. cum pater, §. cum imperfecta, sup. de leg. 2.* ut scilicet morientes liberti partes suas fundi instructi, uti legatus est, superstitibus restituant. Itaque qualis fundus legatus est, talis etiam in fideicommisso deductus esse intelligitur. Logicum est quod Bartolus dixit hoc loco, & iisdem fere verbis usurpat Valerius in epist. ad Ruffinum. ne ducat uxorem, quæ exstat inter opera D. Hieronymi: Logicum est, inquam, talia esse subjecta qualia præmiserint prædicata: ut in proposito, tale erit fideicommissum, quale fuit legatum: fuit legatum fundi instructi: & fideicommissum igitur erit fundi instructi. Et subjicit Papinianus quod est satis difficile, *fideicommisso hujusmodi contineri augmenta fœtuum & partuum, & detrimenta fatalium,* quæ verba non intelligens Martinus, tentabat ut Accurs. notat, addita negatione hoc loco legere *fideicommisso non contineri,* perperam, quia etsi instrumento non contineantur pecora fundi, quæ scilicet in fundo paterfam. habuit, ut ex eis pecoribus, ut ex grege pecorum fructus caperet, vel negotiaretur venditis fœtibus pecorum, *l. de grege hoc tit.* continentur tamen instructo, *l. 2. C. de verbor. signif.* Et hic proponitur legatus instructi fundus: patet latius instructi nomen, quam instrumenti legatum. Ergo instructo continentur etiam fœtus pecorum fundi, qui submissi gregem retinent, & retentant, *l. hereditatem, ff. ad Trebell. l. 11. §. si servi de jur. dot.* Addit Paulus, *3. Sentent. tit. de leg.* etiam instructo contineri pecora, quæ patrifamil. instruendarum epularum gratia in fundo parata sunt. Ergo & fœtus eorum, quibus latius instruuntur epulæ patrifamil. qua Pauli sententia satis valde probo, quod omnes libri veteres habent Varronis 2. *de re rustica, eum, qui parat pecus, scire oportere in grege, quot feminas habeat, quot parere possint, quot arietes, quot utriusque generis soboles, quot epulæ sint alienandæ:* quæ postrema verba nullum non vexant, sed intelligere oportet, quot epulæ instruendæ sint hominibus distrahendæ. Nam & epula singulariter antiquos oportuit, quot epulæ instruendæ sint hominibus distrahendæ. Constat etiam instructo contineri mancipia, quæ in fundo habuit paterfam. sui cultus & ministerii causa, & uxores & natos, ut ait *l. quæsitum, §. gubernantales, h. tit. uxores & infantes, §. uxores quoque, in eadem, l. quæsitu.* Vulgari sermone infantes accipimus pro natis, ut D. Hieronymus in Genesim ait, sua ætate Romæ omnes filios vocatos infantes, ut scilicet in idiotismo nostro, *enfant.* Denique partus ancillarum, quæ in fundo instructo sunt, partus, nati, infantes & ipsi instructo continentur. Et huc valde pertinet lex penult. *infr. eo tit.* quæ ostendit etiam medio tempore agnata, a testamento facto scilicet in diem mortis testatoris instructo cedere. Quid vocat *agnata*? nisi fœtus & partus. Ergo recte etiam Papinianus ait hoc loco, *medii temporis,* a die scilicet mortis testatoris in diem fideicommissi cedentem, *augmenta fœtuum & partuum fideicommisso contineri.* Et addit, *ut augmenta, ita etiam detrimenta fatalium,* quæ alii vocant damna fatalia, quæ ex improviso contingunt, nec evitari possunt, fideicommisso contineri. Quid hoc est? augmenta scilicet augere instructi lega-

legatum: detrimenta fatalia minuere? puta, si suo facto deperierint pecora, vel mancipia, vel foetus aut partus, instructum recipere augmentum & deminutionem. Et ita hoc primum responsum explicatum est. Sequitur aliud.

### Ad §. Minor.

*Minor viginti annis instructa prædia consobrinæ suæ dari voluit, & quosdam servos prædiorum vivus manumisit. Non idcirco servi manumissi præstabuntur, quod ad libertatem pervenire non possunt. Idem juris est, cum ex quavis alia causa libertas non competit.*

Minor viginti annis, cui per l. Æliam Sentiam non licet servum manumittere nec inter vivos, nisi vindicta, causa probata apud consilium prætoris vel præsidis, nec testamento, consobrinæ suæ legavit instructa prædia quædam. In instructo istorum prædiorum erant servi, quos vivus post testamentum, manumisit inutiliter, libertas servis non competit. Vel finge, manumisit eos utiliter causa probata consilio, sed extrinsecus supervenit alia causa, quæ libertati impedimento est, veluti quæstio adulterii, ut in *l. cum filius*, §. *servus*, *sup. de leg. 2.* Quæritur, an ii servi, qui a testatore non jure, aut frustra manumissi sunt, instructo prædiorum cedant? Et respondet Papinian. non cedere: recte, quia destinatione testatoris instructo exempti sunt, etiamsi ea destinatio ad effectum perducta non fuerit, ut in *l. 19.* §. *ultim. inf. de pec. leg.* Et hoc quoque modo instructi legatum vel fideicommissum deminutionem recipit. Nec obstant tres leges, quas Accurs. in medium profert, tanquam huic responso contrarias, *l. servum filii*, §. *si idem*, *de leg. 1. l. si servus legatus*, §. *si servus*, *eodem tit. l. qui testamento, de leg. 2. l. cum ita*, §. *ult. de opt. leg.* In iis omnibus ostenditur, eodem servo legato, & manumisso inutiliter non perimi legatum servi. Distinctio aliqua adhibenda est, ut hæ leges cum hoc responso in concordiam adducantur. An adhibebimus hanc distinctionem, qua utitur Glossa in *d. l. qui testamento.* Aut antiquius est legatum servi manumissione, ut in hoc responso, & tunc manumissio, quamvis sit inutilis, argumentum est adempti aut deminuti legati: aut manumissio inutilis, cujusve conditio defecit postea, nihil refert antiquior est legato, & utile legatum est. Sed hanc distinctionem refellit *d. l. servum filii* §. *si idem*: quæ legatum antiquius facit manumissione, & tamen statuit utile esse legatum? An igitur, ita distinguemus ut Accurs. hoc loco. Aut specialiter servum legavit, & legatum utile est, etiam servo manumisso, modo sit manumissio inutilis, alioqui legato præponderat manumissio. Aut generaliter servum legavit, ac manumisit inutiliter, & legatum inutile est. Hanc distinctionem etiam refellit *d. l. cum ita*, §. *ultim.* quæ servo legato generaliter & manumissio sub conditione, deficiente conditione libertatis ait: etiam in eo servo legatum consistere, & eligi eum servum posse ab eo, cui homo generaliter legatus est. An igitur potior erit hæc ultima Accurs. distinctio? Aut eodem testamento legavit servum, & inutiliter manumisit eadem scriptura, eodem tempore, & quasi momento, non videtur tam cito a legato recenti, quod fecit juncta scriptura penitus recessisse, sed ita demum, si libertas servo competere possit. Aut testamento servum legavit & manumisit inter vivos, ut in hoc responso, & hoc plane videtur fecisse consulta opera, legati adimendi aut minuendi gratia. Multum interest duobus instrumentis quid fiat, diversisque temporibus, an instrumento uno, tempore uno, *l. quingenta*, *sup. de probat.* conjuncta *l. plane*, §. *sed si non corpus*, *sup. de leg. 1.* Et hæc probabilior distinctio est. Sequitur *l. 9. de alim. & cib. leg.*

### Ad L. IX. de Alim. leg.

*Alio herede instituto, ita scripsi: a te peto Gai Sei, quicquid ex hereditate mea redegeris, illis alumnis meis des, singulis denos aureos eandemque summam penes te esse volo, cujus ex incremento eos alere, te volo, reliquum restituas Numerio colliberto nostro. Respondi quamvis distrahere bona. Gajus Sejus alio scripto herede non possit, tamen eum alumnis relictam pecuniam, ut servet ac restituat intra Falcidiam recte petiturum, quod de superfluo probari non potest.*

IN *l. 9. de alim. legat.* proponitur testator L. Titium heredem instituisse; deinde C. Sejum, quem neque heredem instituerat, nec ei quidquam legaverat, fecisse dispensatorem sive curatorem & executorem certa in re, de qua mox dicemus, supremæ voluntatis suæ. Idem etiam dicitur minister, ἐπίτροπος, & in apyos in Basilicis, ut memini me dicere lib. 7. ad *l. 8. hoc tit.* λητυργὸς. Cujus pars etiam est de executore supremæ voluntatis, & apud Diogenem Laertium in testamento Theophrasti & Stratonis ἐπιμεληταὶ τῶν, &c. Et hoc causam dedit Bartolo in hac præcipue *l.* suopte ingenio multa quærendi, excogitandi, adinveniendi de executoribus supremarum voluntatum, cujus traditiones pleraque hac de re in mores abierant, licet nulla certa lege subnixæ sint, sed ingenio tantum illius hominis, quoniam de executoribus testamentorum pauca legibus prodita fuit, quæ sola decrevi etiam paucis explicare. Et leges nihil fere dant executoribus supremarum voluntatum, mores dant hodie nimium.

Cum igitur in hac lege proponatur testator Cajum Sejum elegisse executorem suæ voluntatis, videamus, qua in re eum elegerit & fecerit executorem. Nimirum petiit ab eo, ut auctioni sive venditioni bonorum suorum interesset, vel præesset, & quidquid pecuniarum ex ea venditione redigeret Cajus Sejus, ex eo in primis reservaret, & seponeret alumnis testatoris singulis denos aureos, non annuos, quod perperam additur in quibusdam codicibus, sed singulis semel dumtaxat attribuendos, eamque summam, puta, triginta aureorum, si erant tres alumni, testator Cajum Sejum penes se habere voluit, & ex ejus summæ incremento alumnos alere & tueri, superfluum autem incrementi Numerio restituat colliberto. Incrementum vocat usuram supradictæ summæ triginta aureorum. Usura est incrementum sortis, πλεονασμὸς, ut dixerunt 70. *Levit.* 25. Reliquum autem quod redactum est ex venditione rerum hereditariarum, sane voluit testator L. Titium heredem institutum suo jure sibi habere: hæc est testatoris suprema voluntas. Et primum quidem constat Cajum Sejum, non posse facere auctionem bonorum, quia heres non est, nec munus est heredis, non dispensatoris vel executoris. Et hoc Papinianus ponit pro certo atque confesso. Sed quæritur, an Cajus Sejus ab herede petere possit alumnis relictam pecuniam, ut eam secundum voluntatem testatoris alumnis servet & restituat, alendo eos ex usuris ejus pecuniæ salva heredi Falcidia, si locum habeat: nam ex relicto alimentorum Falcidiam detrahi constat, *l. hereditatem*, & *l. Divi, ff. ad l. Falcid.* Et hic locus aperte probat, id est verissimum, dum ait, *intra Falcidiam*, id est, salva heredi Falcidia, relictam pecuniam alumnis eis a Cajo Sejo esse servandam intra Falcidiam, id est, citra Falcidiam, quæ heredi salva esse debet, ut in Glossa *intra*, id est, *citra*: sicut retro *citra* pro *intra*, sæpissime apud Cornelium Tacitum legitur. Quæstioni autem propositæ Papinian. ita respondet: Cajum Sejum ab herede posse petere pecuniam destinatam alimentis voluntate testatoris, quod favorem alimentorum extorsisse apparet ex eo, quod Papinian. subjicit, C. *Sejum non habere etiam petitionem superflui usurarum ejus pecuniæ, quod Numerio relictum est.* Quia extra causam alimentorum alumnis præstandorum, vel extra quam aliam piam causam, ut probat *l. nulli*, *C. de epis. & cler.* nudo executori in heredem nulla est actio; nam & causa alimentorum, piis causis adnumeratur, maxime si pauperibus relinquantur alimenta, *l. nulla*, *hoc tit. & Novell.* 131. illo loco, ἐν τοταχῶν τροπῖς, &c. In alimenta, inquit, pauperum & in alias pias

### Ad §. Eum quoque.

*Eum quoque libertum inter eos, quibus cibaria, item vestiarium patrona, quæ viva præstabat, reliquit, recte fideicommissum petiturum existimavi, qui annuos viginti aureos & menstruum frumentum, atque vinum acceptavit.*

Huic priori responso Papinian. subjicit aliud, quod ad longe aliam speciem pertinet quam superius, & vulgo confunditur male cum superiore. Patrona per fideicommissum reliquit libertis suis cibaria & vestiaria, quæ viva præstabat. Inter libertos est unus, cui viva præstabat annuos 20. aureos, & menstruum frumentum atque vinum. Quæritur, an huic etiam liberto ex superiore fideicommisso debeantur 20. aurei annui & frumentum vinumque menstruum quod viva ei præstabat? Posset dici non deberi, quia non hæc libertis reliquit per fideicommissum, sed cibatum & vestitum, cibaria & vestiaria. Et tamen Papinianus ait, Eum libertum ex causa fideicommissi ferre id omne, quod acceptavit a viva, id est, annuos aureos 20. & menstruum frumenti, vinique certum modum, certam erogationem, quam viva faciebat: & falsam demonstrationem non officere fideicommisso, quod omnino congruit cum *l. Titia, §.ultim.sup.de ann.leg.* vulgo non intelligunt quæ sit vis, aut qua in re consistat vis hujus responsi. Acceptare, quo verbo utitur, est verbum proprium præstationum annuarum, ut in *l. Sejo, ult.de ann.leg. l. qui nominibus, §.ult.D.de admi.tut.l.sale §. post divisionem, sup.de pact.*

### Ad L. XXIV. de Liberat. leg.

*Cum heres rogatur debitorem suum liberare, de eo tantum cogitatum videtur, quod in obligatione manserit; itaque si quid ante tabulas apertas fuerit solutum, ad causam fideicommissi non pertinebit, quod autem post tabulas apertas ante aditam hereditatem ab eo, qui voluntatem defuncti non ignoravit, fuerit exactum, dolo proximum erit, ideoque repeti potest.*

Testator heredem rogavit, ut debitorem suum, id est, debitorem heredis proprium, non debitorem testatoris liberaret; debitor ante apertas tabulas testamenti, cum ignoraret sibi liberationem legatam, ignoraret id etiam heres, heredi bona fide solvit. Quæritur, an postea cognita voluntate testatoris, debitor soluti conditionem habeat tanquam indebiti? Et respondet non habere, quia de eo tantum cogitasse testator videtur, quod in obligatione mansisset, non quod esse desiisset solutioni citra dolum heredis: ut hic ponitur dolo caruisse heres, qui ignorabat tenorem testamenti, clausis tabulis testamenti, necdum apertis. Nam si dolus heredis interveniat, ut si post apertas tabulas cognita voluntate testatoris, quod sibi debitor debuit, qui ignorat voluntatem testatoris, exegerit, propter dolum heredis, qui fraudem fecit voluntati testatoris, & difficult aditionem, ut exigeret debitorem contra voluntatem defuncti, hoc casu debitori conditio indebiti competit: differentiam igitur facit scientem & ignorantem voluntatem defuncti, quia in illo dolus est, in hoc nullus dolus est, & tamen in *l.si quis, §. 1. sup. de leg. 1.* dicitur indistincte, heredem servum proprium a se legatum si manumiserit, legatario teneri, sive scierit, inquam, sive ignoraverit a se legatum. Ne dicas, ut Glossa ibi, heredem servum manumisisse post aditam hereditatem: idem erit, si manumiserit ante aditam hereditatem: & verius est, sic esse definiendam rem omnem, facto heredis legatum perimi non posse, veluti manumisso servo legato, sive scierit, sive ignoraverit esse legatum: & in specie hujus l. etiam facto heredis non perimi legatum liberationis, sed facto debitoris solventis, si ignorans solverit ignoranti, legatum perimitur, non etiam si ignorans solverit scienti.

### Ad L. XXIV. de Adim. leg.

*Legatum sub conditione datum, cum transfertur, sub eadem conditione transferri videtur, si non conditio priori personæ cohæreat. Nam si quis uxori, sublatis liberis legaverit, repetita conditio non videbitur, quæ fuit in persona mulieris necessaria.*

In principio legis 24. ostenditur, legatum relictum sub conditione, si adimatur & transferatur in alium, translatum videri sub conditione, nisi, inquit, prioris legatarii personæ conditio cohæreat, ut quo exemplo utitur, si uxori legatum sit sub conditione, si liberos susceperit, etiam si legatum illud translatum sit in aliam mulierem, non intelligitur repetita esse eadem conditio, si & alia mulier liberos susciperet, quia ea conditio cohærebat personæ uxoris, quasi maxime necessaria in persona uxoris ex *l. Papia*, ut beneficio liberorum caperet legatum, cujus ex *l. Papia* alioquin incapax est ex testamento mariti. Quamobrem & ea conditio frequenter adscribitur legato uxori relicto, *l. 9. & 25. & 60. inf. de cond. demonstr.* In persona alterius mulieris, quæ erat capax, nec indigebat beneficio liberorum, non fuit ea conditio necessaria: ideoque nec repetita intelligitur. Et cum hac sententia Papinian. congruit omnino *l. Cajum, in pr.sup.de adim.leg.& l.94. inf. sup. de cond.& demonstr.* Verum obstat huic sententia *l. sub conditione, sup.de heredib.instit.* quæ ait, conditionem adscriptam heredi instituto, non videri repetitam in substituto, in quem videtur transferri hereditas: an aliud est in hereditate, aliud in legato? Minime vero, sed hoc ideo ita est proditum in *d. l. sub conditione*: quia in substitutum non transfertur hereditas. Alioquin transfertur cum omni suo onere, cum omni causa sua, sed ei datur directo: & idem dicerem in substituto legatarii. Noli igitur separare hereditatem a legato, sed separa substitutum legatarii aut heredis instituti ab eo, in quem transfertur hereditas mutata voluntate, eodem testamento, vel alio, aut legato, vel fideicommisso.

### Ad §. Pater.

*Pater hortos instructos filiæ legavit, postea quædam ex mancipiis hortorum uxori donavit, sive donationes confirmavit, sive non confirmavit, posterior voluntas filiæ legato potior erit. Sed & si non valeat donatio, tamen minuisse filia legatum pater intelligitur.*

Proponit, testatorem hortos instructos filiæ legasse, postea servum, qui erat in instructo vel instrumento hortorum, donasse uxori inter vivos, etiamsi donatio non sit confirmata ultimo judicio donatoris, id est, etiamsi inutilis sit, deminutum intelligitur esse legatum hortorum instructorum, etiam donatio inutilis, sicut manumisso inter vivos minuit legatum. Et posterior voluntas, id est, donatio collata in uxorem, legato filiæ est potior, id est, legato filiæ servus donatus eximitur, licet donatio effectum non habuerit. Et conjungi omnino debet hic locus cum *l. 3. §.ultim. sup.de instr.leg.* & observa testatorem ex instructo hortorum uxori donasse alio instrumento, nempe inter vivos, & in eo servo legatum esse inutile, licet donatio inutilis sit: secus esset dicendum, si eodem testamento donasset eodem instrumento, ut *l.ultim. §.ultim.de aur.& arg.leg.* Proponitur, quædam legasse cuidam universa ornamenta sua. Deinde eodem testamento jussisse ornamenta quædam sua insumi in funus & condi, forte sarcophago, & huic voluntati non paruisse heredes, quod

quod potuerunt impune, non consumpsisse ea ornamenta, an debentur ei, cui universa sunt ornamenta legata, an cedunt lucro heredum? Et dicitur: in eis ornamentis, quæ consumi jusserat legatum consistere. Quod eadem scriptura non penitus minuisse videtur, sed ita demum si ornamenta consumerentur, quod confirmat distinctionem a nobis ibi approbatam. De donatione autem inter virum & uxorem confirmata testamento sunt repetenda, quæ dixi in *l.54.de donat.inter vir.& uxor.& l.cum pater, §.pater filiæ, de leg.2.*

### Ad L. XVI. de His, quib. ut ind.

*Cum tabulis secundis pater impuberi filio fratris filios coheredibus datis substituisset, ac substituti fratris filii post mortem pueri matrem ejus partus subjecti ream postulassent, ut hereditatem patrui legitimam obtinerent: victis auferendam esse partem hereditatis ex causa substitutionis, respondi, quia ex testamento sententiam secundum se dictam non haberent.*

Initio hujus legis hæc proponitur species. Pater filio impuberi, quem habet in potestate heredi instituto substituit ex parte in secundum casum, quæ substitutio pupillaris appellatur, id est, pupillare testamentum, substituit ex parte filios fratris, qui impuberi sunt fratres patrueles, & alios quosdam. Post mortem patris, mortuo etiam filio intra pubertatem, filii fratris testatoris, matrem pupilli ream fecerunt suppositi partus, ita scilicet vindicantes sibi totam hereditatem patrui ab intestato, qui non accusata matre pupilli suppositi partus ex testamento pupilli, id est, ex substitutione pupillari tulissent tantum partem, tanquam substituti in parte duntaxat. Nam si substituti fuissent in assem, jure substitutionis laturis assem, omnino nihil potuisset accusatio suppositi partus, sed ideo eam instituerunt, ut irritum facerent testamentum pupillare, & ab intestato patrui totam hereditatem obtinerent. Et sane si in ea accusatione obtinuissent, procul dubio totam patrui hereditatem ab intestato vindicassent & exclusissent coheredes sibi adjectos in testamento pupillari. At si non obtinuerunt in accusatione suppositi partus, qui hac via captabant assem, & partis delatæ ex substitutione pupillari damnum facient, quia substitutione sunt indigni, qui eam oppugnaverunt, negando eos, quibus facta est substitutio, quæ non potest fieri nisi liberis in potestate constitutis, *l.2.de vulg.& pupill.subst.* Negando, inquam, eos esse liberos defuncti, quod utique negant, qui dicunt matrem suppositisse partum, *l.1.§.ultim.de Carbon.edic.* denique, qui captabant totum, & partem amittunt, quam alioqui obtinuissent. Sic sæpe falluntur aucupes & venatores, dum nimiam prædam affectant, quibus etiam Poetæ solent comparare captatores alienorum testamentorum. Et est vera vox illa vulgo jactitata:

*Qui duos lepores insequitur, is neutrum capit.*

Pars autem hereditatis pupillaris, quæ aufertur filiis fratris tanquam indignis, proculdubio cedit in fiscum *l.9.in fin.hoc tit.* Quæ ut indignis auferuntur, proprio nomine vocantur *ereptitia*, quod a fisco ea eripiantur plerumque exceptis duobus, vel tribus casibus.

### Ad §. Quoniam stuprum.

*Quoniam stuprum in ea contrahi non placuit, quæ se non patroni concubinam esse patitur, ejus qui concubinam habuit, quod testamento velictum est, actio non denegabitur, idque in testamento Cocceii Cassiani clarissimi viri, qui Rufinam ingenuam honore pleno dilexerat, optimi maximique Principes nostri judicaverunt, cujus filiam, quam alumnam testamento Cassianus nepti coheredem datam appellaverat, vulgo quæsitam apparuit.*

Tom.IV.

Quidam Senator Pop. Rom. Rufinam ingenuam mulierem pleno honore dilexit, id est, uxorem legitimam habuit: honore isto pleno secernitur uxor a concubina, *l.item legato, §.pen.sup.de leg.3.l.donationes sup.de don.l.13.C.de postlim.rev.ab host.l.8.C.de oper.libert.* neque n. concubina, si alterius, quam patroni sit concubina, matrisfa. id est, uxoris legitimæ honestatem habet quamvis jure licito habeatur in *l.probrum, de rit.nupt.* Et hoc maxime concubina distat ab uxore dignitate, seu honestate. *Honore pleno*: Itaque concubina non est uxor, sed uxorem imitatur, ut ait Julianus in Nov. 17. Concubinatus non est matrimonium, sed imitatio matrimonii aut semimatrimonii, nec tamen est illicita. Imo legitima conjunctio, quod nostri ignorant quomodo fiat, quia non sunt in usu concubinæ hodie, nisi in montanis quibusdam regionibus. Ergo & matrimonium & concubinatus, utraque legitima conjunctio est, *l. in concubinatu, in fin.de concub.* Cum concubina stuprum non committitur, etiamsi is, qui eam habet, non sit ejus patronus. Patronus dicitur honestius libertam habere concubinam, quam matremfam. id est, uxorem justam, *l.1.§.1.sup.de concub.* Sed tamen & non patronum dicimus habere posse concubinam impune, nec cum ea stuprum committere. Et hoc est quod ait §. hujus initio, *stuprum in ea non contrahi, quæ se non patroni concubinam esse patitur.* Quæ se patroni concubinam esse patitur, hoc est certum, quia honestius a patrono habetur, ut concubina, quam ut materfam. Sed & in stuprum committi non placet, quæ se non patroni concubinam esse patitur: non patroni, id est, exteri nomine infinito, ut sit sæpe, vice nominis usurpato. Senator igitur Pop. Rom. ut initio posui, Rufinam in matrimonio habuit, & post mortem Rufinæ, filiam ejus, id est, privignam suam in concubinatum adsumpsit, in matrimonium non potuisset, non est vitrico connubium cum privigna: nec soluta æqualitate morte uxoris, quod Institutiones docent: & sæpe sit, ut cum qua non est justum matrimonium, sit tamen justus concubinatus, quod non eodem honore habeatur concubina, quo justa uxor, non eodem numero, ut in *l.1. §.qui autem, & §.ultim.& l.ult.sup.de concubin.* Contra, videtur in hac specie Senatori cum privigna non fuisse justum concubinatum, quia fuit ingenua, nata nimirum ex Rufina ingenua muliere, *l.quod ex liberta, C. de oper. libert.* legend. *quod ex libera.* Cum ingenua autem muliere nec justus concubinatus est, *d.l. in concubinatu, l.sup. de concub. ut & Vopiscus refert, Aurelianum Imperatorem concubinas habere vetuisse. At ita respondet, imo & in concubinatu haberi posse ingenuam, quæ vulgo corpore quæstum fecerit, d.l.in concubinatu.* Et in hac quoque specie, ut Papinianus ait, *apparuit supradictam privignam, vulgo quæsitam, sive quæsitum,* ut habent Florentini proprius vero, sed deficiente verbo *fecisse,* quod supplendum est, *apparuit*, inquam, *supradictam privignam, vulgo quæsitam fecisse,* ut in extremo hujus responsi esse legendum, jampridem ostendi. Jure ergo Senator eam habuit in concubinatu, & consequenter jure eam ut concubinam Senator testamento ex parte heredem instituit sub appellatione alumnæ, adjecta coherede nepte ejusdem Senatoris. Justæ enim concubinæ plus habent hac in re, quam libuerint justæ uxores. Ante Justinianum, uxores non habebant, nisi beneficio liberorum solidi capacitatem ex testamento mariti, concubinæ habebant. Cum concubinæ igitur est testamenti factio, ut hic locus aperte demonstrat, & solidi capacitatem habet concubina, ut dixi, & habuit ante Nov. Just. *de natur.lib.* Cum concubina est testamenti factio, quia stuprum cum ea non contrahitur: cum stupro cognita virgine vel vidua non est testamenti factio, nec si militare testamentum sit, sed quod ei relinquitur, fiscus occupat, *l.muliere, sup.hoc tit.l.miles ita, §. mulier, de milit. testam.* Et hæc est sententia hujus 2. responsi. quam Papin. confirmat ex decreto Severi & Antonini, quos solet optimos maximos Principes appellare.

Ffff

### Ad §. Ultimum.

*Cum heredis nomen, mutata voluntate paterfam. incisis tabulis induxisset, atque ideo fisco portionis emolumentum adjudicatum fuisset; eam rem legatariis non obesse, qui retinuerant voluntatem D. Marco placuit, & ideo eum suo onere fiscum succedere.*

Testator qui plures heredes scripserat, inciso lino, quo junctæ erant tabulæ testamenti; hoc est incisis tabulis, ut ait, mutata voluntate, unius heredis nomen delevit. Quo facto, quia eum judicavit indignum sua hereditate, fiscus in ejus portionem successit, & successit cum onere legatorum ab eo herede relictorum & fideicommissorum & libertatum, ut D. Marcus decrevit, cujus etiam decreti fit mentio in *l. cum quidam, h. tit.* Et forma decreti exponitur in *l. pen. de iis, quæ in testam. delent.* Cum onere, inquam, legatorum, quia legatariorum nomina etiam testator non delevit. Legatarii retinuerunt voluntatem, is solus heres non retinuit voluntatem, cujus nomen inductum & deletum est. Et generaliter tandem obtinuit ex omnibus causis caduca fieri cum onere, *l. quidam, §. quoties, de leg. 1. l. in facto, §. ult. de condit. & demonst. l. 3. §. cum ex causa, l. dicitur, inf. de jure fisci l. 2. §. ultim. si quis aliq. test. prohib. l. cum filius, de Senatus. Syllan.* Maxime autem observandum est in specie hoc loco proposita, testatorem unius tantum heredis nomen induxisse & delevisse, non omnium heredum testamento scriptorum, ex quo evidenter apparet noluisse eum mori intestatum, ut in *l. 2. sup. de iis, quæ in testam. del.* Nam si voluisset intestati exitum facere: non unius, sed omnium heredum nomina circumscripsisset; at sane si omnium heredum nomina circumscripserit, voluntatis quæstio est: utrum voluerit intestatus decedere, quod si voluisse eum probaverint legitimi heredes, qui veniunt ab intestato, scriptis hereditatem auferent excluso fisco, nec hoc casu legata, aut fideicommissa debebuntur; quia probarunt eum mori voluisse intestatum, & legata etiam ab intestato fuisse relicta non proponitur, *l. ultim. sup. de iis, quæ in test. delent. l. 1. §. pen. inf. si tab. testam. null. ext.* Paulus 4. *Sent. tit. de intestator. successionibus*: ut est legendum, *in collatione legis Dei cum jure civili populi Rom.* cujus auctorem facio Licinium Rufinum, ubi referantur maxime ad hanc rem apposita hæc Pauli verba: *Intestati sunt & qui linum, ut intestati decederent, abruperunt.* Et rursus quæritur ex voluntatis, cum omnia heredum nomina delevit, an heredes scriptos judicaverit esse indignos sua hereditate, quod in dubio præsumitur, nisi aliud probent legitimi heredes, ut supra diximus, & fiscus in locum heredum scriptorum succedit cum onere legatorum. In dubio adsumitur benignior sententia, ne intercidant legata aut fideicommissa, quæ interciderent, si in dubio res intelligeretur deducta ad causam intestati, *l. pen. sup. de iis, quæ in test. delentur.*

### Ad Leg. XCIII. de Condit. & demonstration.

*Mater filio suo coheredes sine ulla conditione filias ipsius dedit, ac petiit, ut filias suas emanciparet, ita ut curatores a prætore acciperent: filii videri fidei commississe placuit, ut eas sui juris constitutas, ad hereditatem avia pervenire pateretur, nec ad rem pertinere, si portionem filiarum jure substitutionis quæsisset.*

Cum in superiori lege ex Ulpiano propositum esset, fideicommissum, quo heres vel legatarius rogatur filios suos emancipare, jure quidem directo ratum non esse, quia patria potestas inæstimabilis res est, ut *l. filiafamil. §. secundum, de leg. 1.* sed agnito legato, vel hereditate extra ordinem, id est, auctoritate Principis compelli eum posse, ut filios emancipet, ne circumvenaiatur voluntas testantis, quam utique circumvenit, qui agnoscit legatum & hereditatem, & id tamen, cujus contemplatione legatum vel hereditas relicta est, implere detrectat prolato in eam rem rescripto quodam Divi Severi; nunc in hac lege ex Papin. ejusdem rescripti species & sententia proponitur, quæ talis est. Mater filium suum, & filias ipsius, ut in hac lege, vel filios ipsius, ut in lege superiori, sed nihil refert, id est, neptes, vel nepotes suos heredes instituit omnes pure, nec nepotum, vel neptium institutioni adjecit conditionem emancipationis: si a patre emanciparentur, sed omnes pure heredes instituit, & eos invicem substituit vulgari modo, scilicet in primum casum verbis directis; deinde filium rogavit, ut eos nepotes neptesve emanciparet, ita ut emancipati curatores a prætore acciperent, qui erant minores 25. annis; nec rogavit etiam filium, ut eis restitueret portiones hereditarias eis in testamento ante adscriptas, & filio per eos easve adquisitas jure patriæ potestatis, vel jure substitutionis vulgaris. Nam quod maxime notandum est, in electione & arbitrio est patris substituti, filiis suis, quos habet in potestate, utrum malit ex eorum persona adquirere hereditatem, an non jubendo, ex sua persona eam adquirere jure substitutionis vulgaris, quæ vice mutua facta proponitur; Et in hanc rem est valde singularis *l. Julianus in fine, sup. si quis omissa causa testamenti*: & tamen, ut Papinianus ait, filius rogatus emancipare filios ipsius coheredes ei datos, tacite rogatus videtur post emancipationem iisdem filiis restituere portiones eorum, sive quæsierit jure potestatis, sive jure substitutionis. Quo enim emancipatio, nisi ut eis restituat portiones eorum? Quo rogatur eos emancipare, nisi ut mox eis restituat portiones eorum sibi adquisitas quoquo jure? cum in ejus arbitrio fuerit, hoc vel illo jure eas adquirere. Itaque & portiones eorum post emancipationem restituere debet sine mora, alioquin ex mora præstabit fructus & usuras, ut in superiori lege. Et hæc est sententia hujus responsi, congruens omnino cum rescripto Severi, quod proponitur in superiori lege, & aliud ex alio lumen foeneratur, congruens etiam omnino cum *l. quamvis, Cod. de fideicommiss.*

### Ad. L. CI. de Condit. & demonst.

*Pater Severinam Proculam Ælio Philippo cognato nuptiis testamento designavit: eidem filiæ prædium, si Ælio Philippo nupsisset, verbis fideicommissi reliquit, quod si non nupsisset, idem prædium Philippo dari voluit, nondum viripotens puella diem suum obiit, respondi, cum in conditionibus testamentorum voluntatem potius quam verba considerari oporteat, Ælio Philippo fideicommissum ita datum videri, si ei Procula defuncti filia nubere noluisset, quare cum ea prius quam viripotens fieret, vita decesserit, conditionem extitisse non videri.*

Aggredimur *l. 101. de condit. & demonst.* quæ continet quinque responsa: tribus primis hoc agitur, ut tribus exemplis propositis ostendat, in conditionibus, quæ testamentis adscribuntur, voluntatem potius testatoris spectari, quam verba. Primum exemplum tale est: pater filiæ impuberi, quam testamento nuptiis Philippo destinavit, filiæ, inquam, impuberi destinatæ Philippo, cum nubilis esset ætatis, prædium legavit per fideicommissum sub conditione, *si Philippo nupsisset, & sub contraria conditione, si Philippo non nupsisset*, idem prædium Philippo legavit: post mortem patris filia Philippo non nupsit, quia & ipsa mox mortem obiit impubes, nec dum facta viripotens, sive viripatiens, ut esse dicendum quosdam existimare Festus refert, credo, quia viripotens dicitur, de viro valido apud Plautum in Persa. Certum autem est filiam legatum in heredem suum non transmisisse, quia pendente conditione vita decessit. At quæritur, an legatum Philippo debeatur? Si verba spectas conditionis, debetur; quia verum est, filiam ei non nupsisse; sed si voluntatem testatoris spectas, ita demum Phi-

Philippo datum videtur legatum, si filia cum nubilis esset & viripotens, ei nubere noluisset. Cum ergo nondum facta viripotens, vita decesserit, non intelligitur extitisse conditio legati, Philippo relicti, & consequenter legatum Philippo non debetur. In conditionibus defuncti voluntas scripto potior est, & primum locum obtinet, & regit conditiones, *l. in conditionibus, sup. hoc tit.* Quod in fideicommissis plerunque servatur, ut in eis plus valeat voluntas, quam scriptum aut nuncupatum, quod est *l. cum virum, C. de fideicom. l. pen. sup. de leg. 1.* In directis hereditatibus, & legatis sane olim potius sequebantur scripta & formulis inhaerebant, ut patet ex *l. commodissime, de lib. & posth. l. si alii, sup. de usuf. leg. l. illa aut ille, §. 1. sup. de leg. 3.* At meo judicio ex sententia Justiniani, voluntas dominatur in omnibus, ut ait *l. cum quaesito, in fine, C. de legat.* ubi, in omnibus, id est, non tantum in fideicommissis aut conditionibus, sed etiam in hereditatibus & legatis, ut declarat idem Papin. in quaestione 1. hujus legis, nec ineleganter cum alia de re agitur, quam de directa scriptura sive oratione, puta, quid rerum provincialium appellatione testator intellexerit, *l. ex facto proponebatur, §. rerum, sup. de hered. instit.* totum, inquam, facit voluntas defuncti. Nam quid senserit, spectandum. Male autem quidam notant in specie proposita; in fideicommisso praedii filiae substitutum fuisse Philippum vulgariter. Nam si Philippus filiae substitutus esset, in utrumque casum admitteretur, sive nollet si filia nubere, sive non posset per aetatem, ut fit substitutione heredum vulgari, *l. 3. C. de hered. instit.* Qui tamen Philippus negatur admitti ad fideicommissum hoc loco in posteriorem casum, videlicet filia mortua, antequam nubere posset. Multum distat substitutus ab eo, in quem transfertur legatum aut fideicommissum, quod memini me attingere in *l. 24. in pr. de adim. leg.* Qui substituit, non mutat voluntatem collatam in priorem: qui transfert mutat voluntatem, substitutioni non inest ademptio, translationi inest, *l. 5. sup. de adim. leg.* Et in specie proposita, in defectum conditionis filiae ademptum legatum, & in Philippum translatum intelligitur, sed quia non defecit conditio adscripta filiae, cum decesserit priusquam implere conditionem posset, nec igitur in Philippi persona legati translatio locum habet: & Baldus immerito pudorem & silentium injecit Ticini, quod Paulus Castrensis refert adversum Doctori jactanti, se in materia ultimarum voluntatum, de omni re, quae in quaestionem vocaretur ex tempore respondere posse, cum quaesivisset ab eo, quo loco juris nostri proponeretur casus, si substituto vulgaris in legatis complecteretur unum tantum casum, *si prior legatarius nollet*, non etiam alterum casum, *si non posset*, & obmutescenti ostenderet hanc legem quasi id proponeret, in qua tamen, ut fatearis, nulla substitutio fuit. Impostura jactantiam elusit.

### Ad §. Ita.

*Ita fideicommisso dato, volo restituas, si sine liberis decedas, conditi deficit ex voluntate, vel uno filio superstite relicto.*

SEquitur aliud exemplum in §. 1. quo demonstratur in conditionibus interpretandis voluntatem potius testatoris considerari, quam verba: fideicommisso dato ab herede sub conditione, si heres sine liberis decederet, si heres unum tantum filium reliquerit superstitem, si verba spectes, extitit conditio fideicommissi, quia non reliquit liberos, sed liberum tantum, ut saepe Justin. loquitur, & nonnunquam Quintilianus, *Liberi & parentis is est affectus in caeco*. At si voluntatem spectas, conditio fideicommissi defecit, quia vel uno filio superstite, verisimile est testatorem noluisse fideicommisso locum esse, ut *l. ex facto, §. si quis, inf. ad Treb. l. 6. §. pen. C. eod. tit. l. 4. C. quando dies leg. ced.* Et sub plurativo numero, si sine liberis, testatorem etiam singularem comprehendisse, *Tom. IV.*

quod & usus loquendi admittit, *l. non est sine liberis, de verb. signific.* Divus August. 16. *de civitate Dei. In Latina*, inquit, *lingua consuetudine liberi dicuntur filii, etiamsi sint uno amplius*. Et ab hac igitur defuncti voluntate, verba prorsus abhorreat.

### Ad §. Conditionum.

*Conditionum verba, quae testamenti praescribuntur, pro voluntate considerantur: & ideo cum tutores testamento dati, quoniam interea puer adoleverat, id egerint, ut curatores ipsi constituerentur, conditio fideicommissi talis praescripta, si tutelam in annum 18. gesserint, defecisse non videtur.*

TErtium exemplum, quo etiam ostenditur, in conditionibus voluntatem testatoris spectari, non verba, proponitur in §. *conditionum*. Testator filio suo impuberi tutores dedit, & legatum eis reliquit sub hac conditione, *si tutelam filii gessissent in annum octavum decimum*; qui est finis plenae pubertatis, tutores dati tutelam non gesserunt in eum annum, quia nec potuissent. Finitur enim tutela pubertate incipiente, quae in mare incipit ab annis 14. completis, in femina 12. sed filio pubere facto id egerunt & curarunt tutores, ut ipsi curatores eidem filio constituerentur & confirmarentur. Inviti non coguntur, cujus tutelam gesserunt, finita ea curam suscipere, *l. qui tutelam, Inst. de excus. tut.* sed sua sponte eam susceperunt, ut in *l. Cajus, de excus. tut. l. 13. §. ult. de tut. & rat. distr. l. 2. §. si susp. de tut. l. cum hereditas, de admin. tut.* Idque fecerunt tutores conditionis fideicommissi sive legati sibi relicti fidei remunerandae gratia, implendae gratia: neque tamen eam impleverunt, si verba spectas, quia non tutelam, sed curam gesserunt: At si mentem spectas, testatoris conditionem implevisse intelliguntur. Testatoris, inquam, qui abusus est tutelae nomine, ut vulgus, & nonnulli alii auctores, ut producendo ultra pubertatem inchoatam, usque ad plenam atque perfectam: plena pubertas incipit in mare ab annis 18, in femina a 14. *l. adrogato, §. 1. sup. de adopt. l. Mela, sup. de alim. leg.*

### Ad §. Socrus.

*Socrus nurui fideicommissum ita reliquerat, si cum filio meo in matrimonio perseveraverit: divortio sine culpa viri post mortem socrus facto, deficiente conditionem respondi: nec ante diem fideicommissi cedere, quam mori coeperit nupta vel maritus, & ideo nec Mutianam cautionem locum habere, quia morte viri conditio possit existere.*

IN §. *pen. hujus l.* proponitur haec species: socrus nurui fideicommissum reliquit sub hac conditione; *si cum filio meo in matrimonio perseveraveris*, vel, *nurui tot lego, si cum filio meo in matrimonio perseveraveris*. Quae conditio vi ipsa in non faciendo consistit, ac si dixisset, *si non diverteris a filio meo*. Post mortem socrus, si culpa viri divortium fiat, conditio pro impleta habetur, & fideicommissi petitio mulieri competit, *l. 5. §. ff. quand. dies leg. ced.* At si divortium fiat sine culpa viri, conditio fideicommissi defecisse intelligitur. Extitisse autem conditionem dicere non possumus ante mortem mulieris vel mariti, quamdiu dissidio sive divortio solvi matrimonium potest. Extitit conditio moriente muliere in matrimonio, quia ut dixi, τῆς δυνάμει, *vi ipsa*, in non faciendo consistit, ut in *l. si ita legatum, inf. hoc tit. l. ult. inf. quando dies leg.* Et ideo in heredem mulieris, qua moriente conditio extitit, fideicommissi persecutio transmittitur. Existit etiam conditio moriente marito in matrimonio, & uxori superstiti fideicommissi persecutio competit. Denique impleri ea conditio potest, non tantum morte mulieris, sed etiam morte viri. Quia igitur morte alterius, quam mulieris, cui fideicommissum relictum est, Puta, morte mariti conditio fideicommissi impleri potest, ex eo recte colligit Papin. in hoc §. *pen.* non admitti mulie-

mulierem ad petitionem fideicommiffi oblata cautione Mutiana, qua promittat, se in matrimonio perseveraturam, quia cautio Mutiana in his tantum conditionibus locum habet, quæ non nisi morte legatarii solius, vel fideicommissarii expleri possunt, non etiam in his conditionibus, quæ expleri possunt, non mortuo tantum legatario, sed etiam vivo, *l. avia*, §. *Titio*, *l. cum tale*, §. 1. *l. Titio fundus*, *l. hoc genus*, *h. tit. l. servo invito*, §. *si testator. ff. ad Treb.* Dices forte in hac specie ominosum esse & infaustum: expectare mortem mariti, & ideo mulieri petenti fideicommissum oblata cautione Mutiana non posse objici rem luctuosam & ominosam, conditionem impleri posse ea viva mortuo marito, ut in *l. cum tale, in princ.* Nec sane hoc mulieri objici posse offerenti cautionem Mutianam, quod morte mariti possit impleri conditio, nisi ab ipso testatore satis evidenter in casum mortis mariti fideicommissum esset collatum vel fideicommissum, quo de agitur in hoc §. relictum sub hac conditione; *si cum marito in matrimonio perseveraveris*, quod quid aliud est, quam si sola mors eos disjunxerit? Satis igitur manifesto contulit fideicommissum in mortem alterutrius. Denique videtur mulieri & post mortem mariti fideicommissum relinqui, ut in *l. hoc genus, hoc tit.* Proinde mors mariti expectanda est, quod mulierculæ ominosum quidem est, sed testator ita cavit, quod si non cavisset, aut si præsumeretur non cavisse, sane hunc casum, hancve rem abominaretur, ut in *d. l. cum tale.* Glossæ sunt valde suaves, in hac re interpretanda.

### Ad §. Ultimum,

*Fideicommissa menstrua & annua sub ea conditione liberto relicta, quamdiu res patroni filia gesserit: etsi præstari necesse est filia prohibente res suas administrari: tamen voluntatem filia mutante conditionem resumunt: quoniam plura sunt.*

IN §. ultimo hujus legis sequitur hæc species: Patronus liberto reliquit fideicommissa menstrua & annua, quamdiu filia patroni negotiis interveniret, vel quod idem est, si filiæ suæ negotiis interveniret; filia in rebus suis non vult uti opera liberti, nec habet justam causam improbandæ operæ liberti; hoc casu constat liberto menstrua & annua deberi, quia per eum non stat, quo minus conditionem impleat, *l. Mævia, sup. de ann. leg.* At quæritur si postea filia mutata voluntate velit libertum accedere ad sua negotia, & is recuset, quod semel ab ea reprobatus libertus fuerit, an ei menstrua & annua debeantur? Et respondet, non deberi, quasi conditione defecta: conditio enim eadem sæpius resumitur & repetitur, quia plura sunt legata menstrua & annua, *l. 10. 11. & 17. D. quando dies leg. ced. l. 4. & l. 11. sup. de ann. leg.* Quamobrem plurali numero Papin. dixit fideicommissum, non fideicommissum, & ideo quocunque anno libertus conditioni non obtemperaverit, filia volente uti ejus opera, ei menstrua, & annua non præstabuntur. Eadem conditio plurium legatorum sæpius resumitur, unius autem legati conditio semel defecta, vel impleta non amplius resumitur, *l. quidam, §. rogo, D. de fideic. libert. l. 3. §. Stichus, de statulib. l. ult. C. de condition. insert.* in illo loco *quod semel repudiatum est ab eo, in cujus persona conditio impleri debuit*, redintegrari minime concedimus, id est, conditio semel impleta non resumitur, quia unum fuit legatum, non plura.

### Ad L. V. ad L. Falcid.

*Verbis legati, vel fideicommissi non necessariæ civitati relinquitur, quod ex causa pollicitationis præstari necesse est. Itaque si debiti modum testamento dominus excessit, superfluum duntaxat. Falcidia minuetur. Quare nec fideicommissi legatarii poterit. Quod si dies aut conditio legatum fecerit, non utilitatis æstimatio, sed totum petetur quod datum est, nec si*

vivo testatore dies venerit, aut conditio fuerit impleta, fiet irritum quod semel competit.

AD *l. 5. ad leg. Falcid.* notandum est, ex pollicitatione nuda, quam quis ultro facit & irrogatus privato cuidam neminem teneri: imo nec Imperatori, *l. ultim. sup. qui test. fac. poss.* at civitati teneri, Reipublicæ, municipio Rom. etiamsi nuda pollicitatio fuerit, quæ habeat justam causam; sed etsi causam non habeat si modo cœperit facere, quod pollicitus est, quod cœperit facere Reip. causa, id perficere tenetur, *l. 1. & 3. D. de pollicit.* Ex quo sequitur, eum, qui civitati, quid præstare necesse habet ex causa pollicitationis, id est, qui civitati obligatus est (obligatio est necessitas) *non necessarie*, ut Papinian. id est, eum frustra civitati legare, aut per fideicommissum relinquere, quod ei debet. Quod verum est, etiamsi civitati debeat ex alia causa, vel privato, non civitati. Et ideo legatum Falcidiæ non subjici. Dico nihil referre civitati debeat, an privato, quia jus commune hoc est, debitorem creditori frustra legare id, quod ei debet, *l. si debitor, l. legavi, §. ultim. de liber. leg.* Et ideo legatum Falcidiæ non subjici, quia inutile est legatum: & creditorem cui debitor legavit quod ei debuit, si quid ejus fideicommissum sit, fideicommisso non teneri, quia nihil capere ex testamento videtur. Et hoc quidem ita procedit, si plus non sit in legato, quam in debito, quia nulla utilitas legati futura est, *l. Mævius, sup. de leg. 2.* Nam si plus sit in legato, quam in debito, constat non esse inutile legatum, & Falcidiam pati, si ea locum habeat. Plus autem in legato potest esse, vel summa, vel tempore, aut conditione. Inter quæ est nonnulla differentia. Nam si plus fuerit summa, ut si debitor, qui centum creditori debuerit, legaverit centum quinquaginta, in superfluo tantum, id est, in 50. legatum consistit, ita ut superfluum tantum petatur actione ex testamento, reliqua centum actione credita pecuniæ. Itemque ut superfluum tantum minuatur lege Falcidia interveniente. Et ut pro modo tantum superflui fidei committi legatario possit, fideicommisso onerari legatarius possit. Quod si tempore plus fuerit, ut si debitor, quod debet in diem vel sub conditione, pure legaverit, non tantum commodum repræsentationis, vel ejus æstimatio, quod etiam interusurium vocamus, & Græci ἐπευσούμιοι: non tantum inquam commodum repræsentationis, sed etiam tota pecunia jure legati ex testamento peti potest, quia tota repræsentatur. Et in hoc consentiunt Paulus in *l. debitor, sup. de leg. 2. & Papin.* hoc loco, dum ait, non utilitatis æstimationem, id est, non tantum interusurii æstimationem, sed totum peti quod datum est actione ex testamento. Falcidia autem detrahitur tantum ex commodo repræsentationis, *ex interusurio*, *l. 5. §. si quis creditori, hoc tit.* Et pro modo quoque interusurii tantum fideicommissi legatarius onerari potest, *l. 7. §. ult. de leg. 3. l. 2. inf. de dote præleg.*

Addit autem Pap. hoc loco, in hoc casu, cum in legato plus est tempore, quam in debito, totius pecuniæ legatum utile esse, etiamsi vivo testatore dies pecuniæ, quæ legata est pure venerit, aut conditio exstiterit, quod est, si debitum factum fuerit purum, non ideo minus legatum esse utile, quod ab initio fuit utile, nec fit irritum, quod semel constitit, ut Papinianus ait, cujus sententia ex hoc loco etiam relata est in instit. §. *ex contrario, de legat.* Et hac in re Papinianus dissentit a Paulo omnino: nam Paul. in *d. l. debitor*, existimat irritum & inutile esse legatum, quod in eam causam recidit, a qua incipere non poterat, ut incipere non poterat legatum debitæ pecuniæ, si pure relinqueretur pecunia, quæ pure debebatur; ergo & si quæ debebatur in diem vel sub conditione legata sit pure, vivo postea testatore debito puro effecto: die veniente, aut conditione impleta, quia in eam causam recidit, a qua incipere non poterat; existimat Paulus, inutile esse legatum. Sed ejus propositio est admodum infirma: nam quomam constitit inter Jurisconsultos, an irrita fierent ea, aut non fierent, quæ ab initio utilia fuerunt, si in eum casum recidant, a quo incipere & con-

& consistere initio non poterant, ut patet ex *l.2.§.ex iis*, *l. existimo*, *l.pen.inf.de verb.obligat.*

Dico autem, utile esse legatum in casu proposito ex Papin. sententia, etiamsi post factum testamentum vivo testatore dies venerit, aut conditio fuerit impleta, ut sc. recte petatur actione ex testamento, non etiam ut Falcidiam admittat. Ne hoc dicamus, quia nullum ei jam inest commodum medii temporis, nullum emolumentum pecuniarium, *l. si creditori, in fine, de legat. 1.* Et eadem ratione, nec ut fideicommitti legatarii possit, *l.3.§.si rem, de leg.3*. Et ita recte Paulus Castrensis. Novus quidam interpres hujus tituli aliter, & pessime, quia inconsiderate scripsit, Falcidiam admitti & fideicommissum, quum vivo testatore dies venerit, aut conditio extiterit.

### Ad L. LVII. ad Senatusc. Treb.

*Heredes mei quicquid ad eos ex hereditate bonisve meis pervenerit, id omne post mortem suam restituant patriæ meæ Coloniæ Beneventanorum: nihil de fructibus pendente conditione perceptis petitum videri constitit.*

IN Lege LVII. *ad Senatusconf. Trebel.* tria sunt responsa. In primo testator heredes rogavit, ut quidquid ad eos ex hereditate bonisve suis pervenisset, id omne post mortem eorum restituerent patriæ suæ Coloniæ Beneventanorum, quam legimus in libro veteri de coloniis popul.Rom.deduxisse Claudium Neronem Cæsarem. Ita vero fideicommisso relicto, & per fideicommissum civitate substituta heredibus: Quæritur, an fructus medio tempore ab heredibus percepti fideicommisso contineantur, quod posset tentari, quia dixit generaliter, *quidquid ex hereditate bonisve meis*, id omne: Aliud tamen Papiniano videtur, & recte, ut in *l.quod his verbis, sup.de leg.3.* Quia non de fructibus restituendis sensit testator, quos heredes sibi habere voluit, sed de eo tantum quod hereditatis esset: fructus autem non hereditati, sed rebus ipsis accepto feruntur, *l.in fideicommissariam, sup. hoc tit.* verum quod non est omittendum fructus medio tempore percepti, id est, pendente conditione fideicommissi heredi imputantur in Falcidiam d.l.in fideicommissariam, *l. deducto, §. ante diem, ff. hoc tit.* Et ideo hi fructus Falcidiam submovent, si tantum sit in eis, quos heres percepit pendente conditione fideicommissi, quantum in Falcidia, quia jure hereditario percepti sunt, *l. mulier §. si heres hoc tit.* Et pertritum illud est, in Falcidiam imputari quæcunque jure hereditatis capiuntur. Excipiuntur tantum ab hac definitione filii a patre rogati restituere hereditatem sub conditione aliqua, qui fructus medii temporis perceptos non imputant in Falcidiam, licet hoc pater jusserit, sed eos sibi retinent supra Falcidiam: Quod est beneficium Zenonis Imperatoris datum filiis in *l.jubemus, C. eod. tit.* & eo jure utimur. Proponitur autem hoc loco fideicommissum relictum civitati Beneventanorum, quia sic evenerat, verum nihil refert civitati, an privato relictum sit. Et huic responso nihil obstat *l.Ballista, hoc tit.* Quæ, ut jam pridem docuit Observatio 4. non est de hereditate restituenda ex fideicommisso, sed ex cautione conventionali, quam constat recidere incrementum fructuum ex mente contrahentium a die interpositæ cautionis, & ita vero in *l.pater, §.pen.de leg.3.* Si testator jubeat filios prædia conservare successioni suæ, si & ea de re jubeat invicem sibi cavere, non est fideicommissum, sed contractus, obligatio. Contractus recipit incrementum fructuum: fideicommissum non recipit incrementum fructuum perceptorum pendente conditione, Sequitur aliud responsum in *§. cum ita*.

### Ad §. Cum ita.

*Cum ita fuerat scriptum: fidei filiorum meorum committo, ut si quis eorum sine liberis prior diem suum objerit, partem suam superstiti fratri restituat; quod si uterque sine liberis diem suum objerit, omnem hereditatem ad neptem meam Claudiam pervenire volo: defuncto altero, superstite filio, novissimo autem sine liberis: neptis prima quidem facie propter conditionis verba non admitti videbatur: sed cum in fideicommissis voluntatem spectari conveniat, absurdum esse respondi, cessante prima substitutione, partis nepti petitionem denegari, quam totum habere voluit avus, si novissimus frater quoque portionem suscepisset.*

PAter duos filios, primum & secundum rogavit, ut si quis eorum sine liberis diem suum prior obiret, partem suam superstiti fratri restitueret; quod si uterque sine liberis diem suum obiret, ut partes suas sive hereditatem totam nepti restituerent. Primus diem suum obiit, uno filio superstite relicto, ac proinde in ejus parte fideicommissi conditio defecit, ut ipse habuimus, in *l. pater, §. 1. de condit. & demonstr.* Denique quasi defecta conditione cessat, ut ait, substitutio facta primo, id est, substitutio fideicommissaria, substitutio precaria, fideicommissum restituendæ partis,post secundus obiit sine liberis, quæritur, an substitutio locum habeat, ut ex ea portio secundi pertineat ad neptem? Si verba substitutionis spectes, substitutio locum non habet, quia uterque filius non decessit sine liberis, sed novissimus tantum, & neptis ita substituta est, *si uterque sine liberis vita decederet*. At si voluntates spectes, quæ etiam, in fideicommissis, potissimum intuenda est, *l. cum virum, C. de fideicom*. videtur testator ad neptem voluisse partem pertinere, cum & ad eam totam hereditatem pertinere voluerit: si in partem primi secundus ex fideicommisso succederet, primo defuncto sine liberis: quod cum non evenerit, sed primo successerit filius suus, deinde secundo moriente sine liberis, æquum est, aut verisimile est, voluisse testatorem hoc casu eam venire in partem secundi, quam illo casu volunt venire in totum: Concludit igitur Papinian. neptem in portionem secundi substitutionis jure admitti, & excludere filium fratris, qui jure legitimo contendebat se patrui heredem esse. Et hæc est species, & definitio hujus §. sane peritissima, & tamen vexatur mirum & miserum in modum ab interpretibus propter *l. pen. C.de impub. & aliis subsit*. Quæ videtur cum hoc responso pugnare ex diametro: dum scilicet illi non possunt implere, quod profitentur in tradenda differentia, quæ est inter speciem hoc loco propositam, & speciem *d. l. pen.* neque enim utroque loco eadem species, nec quæstio vertitur eadem, ut non mirum si nec sit utriusque definitio eadem, sed adversa. In leg. pen. ut eam paucis enarrem, proponitur, patrem duobus filiis impuberib.heredib. institutis, primo, & secundo ita substituisse verbis directis, *si uterque impubes decesserit, Luc. Titius heres esto*, quæ dicitur substitutio pupillaris, & primo decedente intra pubertatem, superstite altero, in ejus partem fratrem superstitem jure legitimo ab intestato succedere, non L. Titium jure substitutionis, quia nondum decessit uterque impubes, & qui ita subst ituit, *si uterque impubes decesserit*, sane voluit inter fratres conservare jus legitimarum hereditatum, ut in *l. qui duos, de vulg. & pupil. subst.* quæ est sententia leg. penult. In ea autem *l*. fuit substitutio directa, in hoc §. precaria. Sed hæc differentia nihil pertinet ad rem: hæc juris differentia, differentiam non facit ullam, nihil etiam pertinet ad rem, si dicas, ut Glossa, conditionem precariæ substitutionis in hoc §. extitisse in persona fratris supremi morientis, quia decessit sine liberis, in *l. pen.* in persona supremi morientis defecisse substitutionem pupillarem, quia adoleverat. Substitutio pupillaris finitur adolescentia sive pubertate, quod idem est, quia, inquit, adoleverat, quod tametsi lex non dicat, facile concedo, quia nihil interest adoleverit, an non adoleverit; nam etsi non adoleverit in partem fratris defuncti impuberis, frater etiam impubes ab intestato vocabitur exclusus substituto, quia pater, ut dixi, qui eis ita substituit, *si uterque impubes decesserit*, voluit inter fratres conservare jus legitimarum hereditatum. Vera

Vera & liquida ratio differentiæ in eo consistit, quod in specie legis penult. substitutus venit contra verba, si uterque, & contra voluntatem etiam testatoris, *qui cogitavit, ut ait lex, primo decedente fratrem suum in ejus portionem succedere*, id est, qui inter fratres voluit conservare jura legitimarum hereditatum, & idcirco substitutus excluditur, cui neque scriptum, neque voluntas patrocinatur. In specie autem hujus §. substitutus venit quidem contra eadem verba, *si uterque*, sed non venit etiam contra voluntatem testatoris, qui cum totam hereditatem adscripserit substituto vel nepti substitutæ, utroque filio decedente sine liberis, non videtur ei denegasse partem, novissimo tantum decedente sine liberis, & idcirco patrocinante voluntate substitutum admitti. Nihil est evidentius.

### Ad §. Ultimum.

*Peto a te uxor carissima, uti cum morieris hereditatem meam restituas filiis meis, vel uni eorum, vel nepotibus meis vel cui volueris, vel cognatis meis, si cui voles excepta cognatione mea. Inter filios respondi, substitutionem fideicommissi factam videri, circa nepotes autem (& ) ceteros cognatos, facultatem eligendi datam, ex ceteris autem cognatis, si nepotes superessent, non recte mulierem acturam propter gradus fideicommissi præscriptos: deficiente vero gradu nepotum, ex cognatis, quam velit personam eligi posse.*

Responsum ultimum est ad aliquid simile ei, quod habuimus in *l. cum pater, §. pen. de leg. 2.* Maritus uxorem heredem institutam rogavit, ut cum moreretur, hereditatem restitueret filiis suis, vel uni eorum, vel nepotibus suis, id est, testatoris, vel cui vellet nepotum, vel cognatis suis, si cui vellet ex tota cognatione testatoris. Circa filios primum non videtur matri testator dedisse electionem, quia non adjecit, cui vellet, simpliciter dixit, *vel uni eorum*, quomodo filios ad fideicommissum vocasse videtur, vel unum eorum qui superessent, vel qui superesset moriente matre, ut in *l. si fundum sub conditione, §.his verbis, de leg. 1.* Circa nepotes autem & cognatos testatoris manifestum est, mulieri electionem datam, ut cui vellet ex nepotibus, vel cui vellet ex cognatis restitueret hereditatem. Sed animadvertendum est ordinem scripturæ factum substitutionis precarias, ut in *d. l.cum pater, §. pen.* nempe ut filiis deficientibus, moriente uxore hereditas restituatur nepotibus, quos elegerit, & deficientibus nepotibus, cognatis, quos elegerit, qui duo sunt gradus substitutionis precariæ diligenter observandi.

# JACOBI CUJACII J.C.
## COMMENTARIUS
In Lib. IX. Responsorum ÆMILII PAPINIANI, Anno 1579.

### Ad L. XXXI. de Minorib.

*Si mulier posteaquam heres extitit, propter ætatem abstinendi causa in integrum restituta fuerit, servos hereditarios ex fideicommisso ab ea recte manumissos, retinere libertatem respondi, nec erunt cogendi viginti aureos pro libertate retinenda dependere, quam jure optimo consecuti videntur. Nam & si fideicommissum creditoribus pecuniam suam ante restitutionem ab ea recuperassent, ceterorum querela contra eos, qui acceperunt ut pecunia communicetur, non admittetur.*

Exordium facio a *l. 31. de minor.* Totus hic liber est de fideicommissis. Et non de fideicommissis tantum rerum singularum, sed etiam de fideicommissariis hereditatibus, & de fideicommissariis libertatibus. Hæc lex præcipue est de fideicommiss. libert. cujus hæc est species. Mulier minor 25. annis testamento heres instituta, in quo ab ea verbis fideicommissariis servis hereditariis libertates relictæ erant, ex testamento hereditatem adivit, ut in eo præscriptum erat, ex causa fideicommissi servis præstitit libertatem, post beneficio ætatis a prætore in integrum restituta est, ut se abstineret hereditate quam adiverat inconsulte, forte quod ab initio ei videbatur esse magna & luculenta hereditas, postea apparuit esse exigua, nec sufficiens æri alieno. Quæritur, an servi ab ea ex fideicommisso recte manumissi, post ejus abstentionem retineant libertatem vel an pro retinenda libertate pretium sui, id est, singuli 20. aureos inferre debeant iis, quorum interest, puta iis ad quos bona redeunt, herede testamentario abstinente se. Dubitationis causa hæc est, quia non debetur libertas ex testamento, ex quo nullus heres exstitit, *l. 1. C. de fideicom. libert.* Et nullus videtur ex testamento heres extitisse, quandoquidem qui in eo scriptus est, se abstinuit bonis, quia prætor pro herede non habet eum, qui se abstinuit bonis, vel hereditate, *l.6.§.ult. & l.pen.§.pen. de bon. libertor. l. 2. §. si bonorum, inf. ad Senatusconf. Tertul.* Hæc est dubitationis causa. Verum, quia jure civili heres manet, qui semel ex testamento adiit hereditatem, licet postea abstinuerit se per restitutionem in integrum, heres, inquam, manet, sine re tamen, heres nomine, non re, *l. eum quasi §. sed etsi suus, ff. de fideic. libert.* Et quia verum est, ex causa fideicommissi post aditam hereditatem, antequam heres abstinendi causa restitutus esset in integrum, recte ab eo herede servis præstitas esse libertates, ideo & hi quoque liberi manent : ut ille heres manet, ita & ab illo manumissi servi liberi manent, imo nec pro retinenda libertate iis necesse est pretium sui, id est, 20. aureos inferre bonis, ut hoc loco respondit Papinianus : quia, inquit, libertatem optimo jure consecuti sunt : optimum scil. fideicommissi jus est, sicut Ulpianus *lib. sing. regularum tit. de legat.* scribit, optimum esse jus legati per damnationem, cui etiam in omnibus fere juris nostri articulis jus fideicommissi adsimilatur. Optimum autem jus legati per damnationem Ulpianus dixit, quod summe notandum est, per comparationem, quod quæ res per damnationem legari possunt, ut res alienæ, non possunt etiam legari alio genere legati, veluti per vindicationem aut præceptionem, aut sinendi modum, aut simili modo. Qua ratione etiam jus fideicommissi optimum dici potest, quia ut Ulpianus ait *quæ per damnationem legari possunt, & per fideicommissum relinqui possunt.* Verum in hac lege Papinianus, jus fideicommissi non dixit esse jus optimum, per comparationem, sed simpliciter : non quod non sit etiam optimum jus cujuscunque legati, sed quod jus fideicommissi æque sit optimum jus, atque jus cujuscunque legati, quodque jus fideicommissariæ libertatis, de qua agit, idem omnino fit, atque jus directæ. Directa autem libertas testamento relicta servo competit statim ab adita hereditate sine facto vel opera heredis, & retinetur: porro etiam postea herede abstinente se, nec pro abstinente se ejus servo, vel heredi quidquam cuiquam dependere necesse est, *l. in integrum, sup. hoc tit.* quam l. ejus est accipiendam de directa libertate, non, ut Glossa voluit, de fideicommissaria, illa verba demonstrant: *Qui ad libertatem aditione hereditatis pervenerunt*, quia ad directam tantum servi perveniunt aditione hereditatis, ad fideicommissariam demum aditione heredis statim, sed præstatione demum, & manumissione ab herede facta. Verum fideicommissaria libertas quam heres servo præstitit, a servo retinetur, etiam herede postea abstinente se, nec necesse est ejus retinendæ vel conservandæ causa servo vel heredi quidquam dependere, vel refundere iis, ad quos ea res pertinet : optimum jus seipso contentum est, nec quidquam quærit, aut desiderat amplius quo melius fiat. Denique optimum jus dixit Ulpianus sup. dicto loco comparative, hoc vero loco Papin. simpliciter sive διπλᾶς, ut & Imperator in *l.1. C. de usur.* ex stipulatione usuras optimo jure deberi, non quod magis ex stipulatione quam officio judicis, vel ex nudo pacto suis

suis casibus optimo jure debeantur, sed simpliciter, quod ex stipulatione optimo jure debeantur, atque ita æquitatem M. Tull. in *Partitionibus* modo spectari simpliciter, modo ex comparatione, in quibus causis, quid sit æquius, melius, æquissimumve quæri solet. Et ex iis, quidem planum sit huic loco omnino non convenire, etiam *d.l.1.C.de usuris*; distinctionem quam affinxit Accursius inter jus bonum, melius, & optimum; omne jus si simpliciter sequamur, optimum jus est. Male etiam idem Accurs. in specie proposita servos ex causa fideicommissi manumissos ab herede post aditam, nec dum beneficio abstentionis derelictam hereditatem, libertos non esse heredis qui manumisit, sed libertos esse orcinos ex *l. cum quasi, §. quærendum, sup. de fideicomm. libert.* Quia is §. de eo servo non loquitur, quem heres manumisit, antequam se abstineret hereditate, sed de eo quem nunquam heres manumisit, qui ex constitutionibus Principum, si ei fuerit relicta fideicommissaria libertas, ipso jure post abstentionem heredis ad libertatem perducitur, perinde atque si directo ex testamento libertatem consequutus esset, & consequenter libertus fit orcinus, non libertus manumissoris: quia nullius est libertus orcinus, nullius est libertus, ut eleganter ait *l.4. in p.inf.de bon.libert.* nimirum, quia quem admit orcus, nullus est. At in specie proposita, servi certum manumissorem habent, nempe heredem ipsum, qui eos manumisit post aditam hereditatem, antequam se abstineret. Proinde certum & justum patronum habent, qui utique etiam post abstentionem, ut heres jure civili manet, quemadmodum ante diximus, & patronus etiam manet, nec amittit libertum quem quæsivit semel justa munumissione, quia nec & videtur locupletior factus: locupletior enim non est factus, qui libertum acquisivit, *l.nemo prædo, §. 1. de regul. jur.* Sed de Accurs. Glossis satis. Illud potius adnotemus, quod de pretio servorum Papinianus scribit hoc loco, singulos servos non esse cogendos pro libertate retinenda, quam optimo jure consequuti sunt, inferre viginti aureos: quoniam hoc erat legitimum & vulgare pretium cujuscunque servi, *l. cum ex falsis inf. de manum. testam. l. Papin. §.ult. & l. seq. de inoffic. testam. l. si fundum, §. si libertus, de leg. 1. l. 2. C. de fideicom. libert. l. 4. C. de serv. fug.* Quamobrem vectigal vicesimæ, quod pro servo manumisso ex *l. Manlia*, ærario inserebatur, ut Livius scribit 7. & Arrianus 2. in Epictetum: recte dixeris constitisse uno aureo tantum. Quod antem *l.ult. C. de cond. instit. & l. si quis argentum, C. de donat.* servus æstimatur quindecim aureis tantum, ea vero mediocris non justa æstimatio est: mediocritas conficitur ex dodrante, & justitia minor est quadrante tantum, quam rationem & in legatorum mediocritate, & constituendo modo, legem Falcidiam sequi constat. Etiam illud notandum est, quod a simili responsum suum hoc loco confirmat. Papin. de conservanda libertate recte & optimo jure manumissi. In specie proposita, Fac eundem heredem, priusquam se abstineret hereditate, quibusdam creditoribus hereditariis pecunias debitas ex hereditate bona fide solvisse? Recte solvit; ergo etsi postea abstinuerit se iis, quæ de libertatibus respondi supra, consequens est, ut solutam pecuniam creditores sibi habeant, & retineant in solidum, nec eam communicent ceteris creditoribus hereditariis, qui sibi non vigilarunt. Eleganter Scævola in *l. pupillus, in fin. quæ in fraud. credit.* jus civile vig'lantibus scriptum esse: At additur in Basil. ω̃ν ὐχὶ τοῖς βαρίως κοιμωμένοις, χάλκεον ὕπνον κοιμωμένοις. Non iis qui altum dormiunt, quod confirmat *l. summa, §. 1. ff. de pecul. & l. 2. C. de ann. except.* Præcepta vivendi sapientes dant, quibus cives utantur, non quæ negligant. Et rursus eleganter *l.6.§.1.inf.de reb. auct. jud. possid.* alterius creditoris negligentiam vel cupiditatem ei, qui diligens fuit, id est, qui sibi vigilavit, qui suum exigere antevertit, nocere non debere, & *l.ult.C.depos.* industriam desidiæ pœnas solvere non debere. Postremo quod erit brevissimum, excutiamus ea, quæ huic responso objici solent.

Sunt autem duo potissimum, unum est de legatis, quæ heres post aditam hereditatem ex testamento solvit, quæ, si postea heres se bonis abstineat, tentant quidam revocari & eripi legatariis, ab iis ad quos bona pertinent, ex *l.5.inf. de cond. indeb.* Perperam: eadem enim est ratio non revocandarum libertatum, quas servi jure optimo consecuti sunt, & non revocandorum legatorum, quæ jure optimo percepta sunt. At *d.l.5.* secundum anteriores ex quibus pendet, ut in ea recte supplent Accursius, Baldus, & Albericus, de legatis indebitis, quæ per errorem heres solvit, accipienda est, non de iis, quæ optimo jure debebantur. Alterum autem est, quod objiciunt de libertatibus præstitis ex testamento, quod postea falsum, vel injustum vel inofficiosum pronuntiatum est, quæ non revocantur quidem, sed ut eas manumissi retineant, coguntur inferre pretium sui, id est, viginti aureos, *l.cum ex falsis, ff. de man. test. l. Papin. §. ult. de inoff. testam.* At hæc lex nihil vult inferri. Sed & id quoque ita procedit, quia pronuntiato testamento falso vel injusto, vel etiam inofficioso, quo genere damnatur testamentum, tanquam furiosi voluntas nulla est, *l. Titia, de inoff. testam. l. nec fideicommissa, de leg. 3.* & ex post facto apparuit, indebitas fuisse libertates, quas heres præstitit, quasi relictas in testamento furiosi, vel in testamento falso aut injusto: In proposita autem specie verum fuit testamentum & justum, & sani hominis ultima voluntas, ex quo præstitæ sunt libertates debitæ optimo jure post aditam hereditatem, quamobrem etiam retinentur, nulla ne nullove pretio illato bonis, quæ herede abstinente se ad fiscum vel ad bonorum possessorem ab intestato transeunt.

### Ad L. LVIII. de cond. indeb.

*Servo manumisso fideicommissum ita reliquit, si ad libertatem ex testamento perveneriit, post acceptam sine judice pecuniam, ingenuus pronuntiatus est, indebiti fideicommissi repetitio erit.*

Hoc responsum est de fideicommisso pecuniario cujus species est hujusmodi. Testator servo suo libertatem dedit verbis directis, verbis civilibus, eidemque fideicommissum pecuniarium reliquit sub hac conditione, si ad libertatem ex testamento suo pervenerit, id est, si liber fieret, non alia ex causa quam ex causa testamenti. Et testamento autem liber fieri dicitur semper in jure, vel testamento manumitti, non is, cui fideicommissaria libertas relinquitur, quoniam hic non manumittitur testamento, neque libertatem capit ex testamento, sed is tantum, cui directa libertas datur, §. pen. *Instit. de sing. reb. per fideicom.* directa, inquam, libertas dari videtur, non cum ab alio servum manumitti rogat, sed cum velut ex suo testamento libertatem ei competere vult. Is autem servus quo de agitur qui liber ex testamento ab herede fideicommissum pecuniarium accepit ultro herede solvente fideicommissum sine judice, vel ut est in *Basi. ἔξωθεν δικαστηρίου*, citra judicium, citra sententiam judicis, citra condemnationem. Postea apparuit eum hominem non esse ex testamento liberum, quia alio agente adversus eum præjudiciali actione, & dicente se ejus esse patronum, ipse ingenuus pronuntiatus est: jure, an injuria, nihil refert. Res judicata semper pro veritate habetur, *l. ingenuum, sup.de stat.hom.* qui, ingenuus pronuntiatus est, pro ingenuo habetur omnino, id est, pro eo habetur, ac si revera ingenuus natus esset. Ingenuus nascitur: libertinus fit manumissione, *l.ingenui, C.de ingen.man.* deinde apparuit eum, de quo agitur a natalibus fuisse liberum, non ex manumissione tantum ingenuum pronuntiatus est, & consequenter apparuit defecisse conditionem fideicommissi pecuniarii, quod iste testamento relictum est. Denique indebitam fuisse pecuniam ei per fideicommissum relictam sub conditione, si ad libertatem ex testamento perveniret, & perperam solvisse heredem, qui eam pecuniam solvit

Qua

Qua de causa concludit in hac l. Papinianus, heredi competere conditionem indebiti, sed hoc ita, si ultro heres sine judice fideicommissum solvit, nam si ex causa judicati id solvit, cessat condictio indebiti, licet natura indebitum fuerit, *l. 1. C. eod. tit. l. 2. C. de comp. l. cum putarem, sup. fam. ercisc. l. si fidejussor, §. in omnibus, ff. mand.* Quibus omnibus locis ostenditur, solutum ex causa judicati, etiamsi jure naturali indebitum sit, condici non posse, propter auctoritatem rei judicatæ, & quia res judicata, etsi naturalem obligationem non pariat, sicut nec naturalem obligationem extinguit vel expungit, *l. Julianus, hoc tit. l. procurator, §. 1. ff. rem rat. hab.* tamen civilem obligationem parit, cum actionem & exceptionem pariat, & actionem, quæ nulla exceptione infringi potest. Accedit etiam alia ratio ex jure veteri. Prior scilicet & antiquior ratio, quia solutum ex ea causa, quæ per inficiationem crescit in lite, condici non potest, *l. 4. C. eod. tit.* Et causa judicati olim inficiatione crescebat in duplum auctore Paulo, *1. Senten. tit. quemad. act. per inf. dup. Quædam*, inquit, *actiones si a reo inficientur, duplantur, veluti judicati.* Et addit deinde alias, *ut legis Aquiliæ actionem, & actiones legati per damnationem, & actionem ex empto, actionem, de falso modo agri, quem venditor dixit, & actionem etiam depositi*, quoniam illo loco pro depensi, quod nihil est, legendum *depositi*. Nam alio loco idem Paulus auctor est ex causa depositi *l. XII. Tab.* in inficiatorem esse dupli actionem, ex edicto prætoris simpli duntaxat: ergo inter eas actiones, quæ inficiatione crescunt in duplum, numeratur actio judicati, quod & M. Tullius confirmat in oratione pro Flacco: *Frater meus*, inquit, *pro sua prudentia decrevit, ut si judicatum negaret, in duplum iret.* Atque ideo secundum superiorem regulam merito dicimus; solutum ex causa judicati jure condictionis repeti non posse, tametsi natura indebitum sit. Qua de causa, hoc loco, & in *d. l. procurator, §. 1. rem. rat. hab.* proponitur solutio facta sine judice, & ideo heredi competit soluti fideicommissi, cujus conditio defecerat, repetitio jure condictionis. Deficit autem conditio in hac specie, quia ut libertus scilicet orcino, ut directo manumisso ex ipso testamento fideicommissum relictum est, postea apparuit reddito præjudicio non libertinum eum, sed ingenuum fuisse, quo casu constat ex Senatusconsulto vel Senatusconsulti justa interpretatione, legata ei ut liberto relicta heredi esse restituenda, *l. 1. C. de ingen. manum.* & hæc est sincera hujus responsi interpretatio. Male Accursius ponit servum non eodem testamento manumissum, quo fideicommissum accepit pecuniarium, fuisse manumissum, non ab eodem testatore, sed ab alio. Quod si ita res se haberet, Papinianus non omisisset, & cum omiserit, nihil vaticinemur, nihil fingamus, sed simpliciter ponamus eodem testamento, ut Papinianus ponit, servum directo manumissum, fideicommissumque ei relictum sub conditione, *si eo testamento ad libertatem pervenerit*: denique eodem testamento ab eodem, servo proprio & libertatem datam & relictum fideicommissum conditionale. Absurdius est quod idem Accursius cum Papinian. ait, illum fuisse ingenuum pronuntiatum, id sic accipit, quasi judex pronuntiaverit, eum fuisse manumissum alio testamento, non eodem quo fideicommissum accepit: manumissio libertum facit, non ingenuum facit tantum origo; si quis nascatur ex matre ingenua, vel libertina, connubio non interveniente, aut ex patre ingenuo vel libertino, connubio interveniente, *l. ingenuam, C. de ingen. manumiss. l. quod ex liberta, C. de oper. libert.* vel etiam ingenuum facit sententia judicis, ut ante diximus, vel beneficium Principis, puta, restitutio natalium, non in quibus quis natus est, sed in quibus omnes homines fuerunt nondum naturali, neque civili jure descripto, nondum discreta libertate a servitute, quum eadem erat conditio omnium hominum idemque is, *l. Imperialis, C. de nupt.* Manumissio autem ante Justinianum, nunquam quemquam ingenuum fecit, ergo inepte ingenuum pro manumisso accipit in alio testamento, scilicet, quam quo relictum est fideicommissum. Postremo quod idem Accurs. Papiniano objicit, hanc conditionem impositam ingenuo homini, id est, qui postea ingenuus pronuntiatus est, videlicet fideicommisso pecuniario relicto sub conditione, *si ex eo testamento, in quo etiam liber esse jussus est, ad libertatem pervenerit*: hanc, inquam, conditionem esse impossibilem, quia liber & ingenuus amplius liber fieri non potest. Conditionem autem impossibilem in legatis & fideicommissis, quod est notissimum, pro non scripta haberi: & fideicommissum igitur in hac specie deberi quasi purum, ac proinde solutum, postea repeti non posse. Conditionem impossibilem ipso jure impletam videri, *l. 4. §. ult. inf. de condit. inst.* conjuncta *l. Mutiana, §. ult. inf. de cond. & demonstr.* Ea, inquam, objectio Accursii huic loco accommodari nullo modo potest, quia nullam speciem aut figuram impossibilis conditionis habet hæc conditio, quæ servo testamento manumisso adscribitur, *si libertatem in testamento obtinuerit*: impossibilis conditio est, quam statim ex ipsa figura verborum & specie prima sentimus, intelligimus, vel rerum naturam existere non posse, veluti, *si cælum digito tetigeris*: *si plantis summa sydera contigeris*, apud Propertium: *si mare ebiberis*, *§. si impossibilis de inut. stipul.* Cujusmodi non est hæc conditio, *si ad libertatem ex testamento pervenerit*, qui scilicet testamento manumissus erat, licet postea per errorem aut sordes judicis ingenuus pronuntiatus sit: ergo impossibilis hæc constitutio non est: nec amplius est insistendum in ea objectione Accursii, a qua tamen is se expedire non potest.

---

### Ad L. III. de Probat.

*Cum tacitum fideicommissum ab eo datur, qui tam in primo quam in secundo testamento pro eadem parte vel postea pro majore heres scribitur, probatio mutatæ voluntatis ei debet incumbere, qui convenitur, cum secreti suscepti ratio plerumque dominis rerum persuadeat, eos ita heredes scribere, quorum fidem elegerunt.*

LEx est de tacito fideicommisso, quo verbo significatur fraus, ut nomine tacite pecuniæ creditæ, quæ ideo creditur tacite, quod non possit jure palam credi puta ei cui adnumeratur, est quod in fraudem legum ei, qui capere non potest, & qui testamenti factionem non habet, qui intestabilis est, tacite testator reliquit, secreto ad se vocato herede & rogato incapaci fideicommissum restituere, heredeque datâ fidem, tam testatori, quam fideicommissario, plerumque cautione interposita, se ita facturum contra leges ut testator jussit. Id vero tacitum fideicommissum constat redigi in fiscum ex Senatusconsulto Plautiano, nec apud heredem remanere, qui fraudis particeps est, deberi ei cui relictum est, quem leges incapacem fecerunt. Hoc cognito: finge: Testator primo testamento duos heredes scripsit ex æquis partibus, Cajum & Titium, & a Titio tacitum fideicommissum reliquit incapaci electa fide ejus heredis, eoque herede fidem accommodante. Deinde idem testator mutato testamento primo, secundum fecit, quo primum rumpitur, ut constat: & in secundo eundem Titium, a quo primo tacitum fideicommissum reliquerat, heredem scripsit ex eadem parte, veluti ex semisse, vel ex majori parte, veluti ex besse, aut etiam ex asse, neque in secundo testamento eum tacite quidquam rogavit, neque in eo repetiit tacitum fideicommissum, quod reliquerat primo jam rupto per secundum. Hinc quæritur, an fideicommissum, quod proponitur relictum primo testamento incapaci in fraudem legum, pertineat ad fiscum? Videtur non pertinere, quia primum testamentum, in quo relictum est fideicommissum, in irritum recidit: ergo & tacitum fideicomcommissum non est repetitum in secundo testamento. Denique non intelligitur esse relictum, & tamen Papinianus respondet, fideicommissum pertinere ad fiscum, hac ratione elegantissima, quia praesumitur testator, qui mutavit testamentum, nec mutavit tamen heredem, *secreti ab eo suscepti*, ut ait, id est, tacitae fidei interpositae causa, ut fraudi suae majorem nubem objiceret mutasse testamentum, & ut fideicommissum mutatum esse intelligeretur, quod tamen omnino praestari volebat, seque heres caverat omnino praestiturum. Denique quum mutatur testamentum nec heres mutatur, erat in eo fraus magna quaedam. Et hoc est quod ait, *cum secreti suscepti ratio*, id est, tacita fides, *plerumque dominis rerum*, id est, testatoribus, *persuadeat eos ita heredes*, quorum fidem scilicet tacitam elegerunt, ut Graeci interpretantur eleganter, οἷς ἅπαξ τὰς ἀπορρήτως ἡμῶν ἰδιωθμικαμεν γνώμας, quibus semel secretam voluntatem nostram commisimus. Et ait, plerumque hoc facere testatores: ex eo quod plerumque fit, ducuntur praesumptiones ut in *l.9.h.tit.* Ait similiter, quia plerumque tam heredibus nostris quam nobismetipsis cavemus, ergo praesumimur semper cavisse etiam heredibus nostris: quia igitur praesumptio a fisco facit, recte ait, & eo nomine à fisco heredem conveniri posse & condemnari, ut fideicommissum restituat, nisi scilicet heres probet testatorem mutata voluntate, nec fideicommissum incapaci illud praestari voluisse, praesumptio quae facit a fisco, transfert onus probandi in heredem, ut in *l.generaliter*, §. *si petitum, in fine D. de fideicom. libert.* heredis est probare mutatam esse voluntatem testatoris in fideicommisso, quam mutatam dicit, ut in *l.22.h.tit.l.fideicommissa*, §. *si rem, de leg.3.* Et congruit omnino cum hoc responso *l. Statius, D. de jure fisci*: quam tamen Accursius hoc loco huic responso adversam facit, quod dicat in fine, ex cautione praestita incapaci, ab herede, qui tacitam fidem accommodavit fideicommissum praestari debere. Sed nihil est quod tam facile expediri possit: non enim vult fideicommissum praestari incapaci ex cautione sive stipulatione, sed fisco; quia fiscus succedit in locum incapacis, & quod non potest incapax capere, capit ipse fiscus jure suo & occupat, ne cedat lucro heredis, qui fraudi participavit, & haec est sententia hujus responsi.

---

### Ad L. LI. LXIII. de Leg. 1.

*Domus hereditarias exustas, & heredis nummis extructas, ex causa fideicommissi post mortem heredis restituendas, boni arbitratu sumptuum rationibus deductis & aedificiorum aetatibus examinatis, respondi.*

Hodie explicabimus *l.58.& 61. de leg. 1.* quia invicem nexae & colligatae sunt, & pertinent proprie ad fideicommissa rerum singularum. Sunt enim ambae de aedibus hereditariis per fideicommissum relictis, herede rogato eas restituere post mortem suam, quod fideicommissum constat esse conditionale, *leg. 61. infr.de leg.1.leg.4.infr. quando dies leg. ced.* Et si forte eas aedes post mortem testatoris sine culpa heredis incendium consumpserit; & heres suis sumptibus eas restituerit, constat aedes post mortem heredis fideicommissario, si heredi supervixit esse praestandas, quia restauratae aedes, eaedem aedes esse intelliguntur, *l. servitutes*, §. *si sublatum*, *sup. de servit. urb. praed. l. Paulus*, §. *domus*, & *l. ult. sup. de pignor.* Eaedem, inquam, esse intelliguntur, vel ratione soli, quod idem semper mansit, nec absumptum est, quia solum maxima est pars aedium, *l. qui res*, §. *ultim. inf. de solut.* verum post mortem heredis aedes petenti fideicommissario, ab herede heredis scilicet, obstabit exceptio doli mali, nisi refundat sumptus, quos heres fecit in restaurationem aedium igne consumptarum, quos idem sumptus, eleganter Papinian. ait hoc loco aestimari boni viri arbitratu ex bono & aequo, & examinatis, inquit,

*aetatibus aedificiorum*, id est, *quantitatibus sive modulis pro aetatibus*, quod est rectissimum: habent, *quantitatibus*, codices quidam, in quibus scil. Glossa subjicit locum vocabuli huic rei proprie accomodati, quo usus est Papinian. Nam ut Graeci ἡλικίαν sumunt non tantum ἀπὸ τῶ χρόνω, sed etiam ἀπὸ τῶ μεγέθω καὶ μήκως, ut Grammatici docent: Ita proculdubio Latini *aetatem* accipiunt etiam pro quantitate, mensura, magnitudine corporis cujusque. Hoc ergo vult Papinian. sumptum factorum in restituendis aedibus rationem haberi pro modo, sive mensura aedificiorum, quae restaurata sunt, qualiter scil. se aedificia habent, qualive materia constructa sint: nec enim unquam quantitas sola spectatur sine qualitate, & iis sumptibus ab herede retentis sive deductis, nova aedificia fideicommissario praestari debent. Denique hoc loco, aetatem aedificiorum accipio pro aetate statuque praesenti, non pro ea aetate, eove statu, quo in futurum haec aedificia duratura sunt, Nam in jure, praesentia rerum pretia spectamus, non quae fuerunt olim, ut *l. 3. §. Divi, de jure fisci, l.2. Cod.de pat. qui fil. distrax.* Et multo minus ea pretia, quae futura sunt spectamus; si non spectamus praeterita: praeterita enim sunt certa, futura incerta, & ut nos ipsi censemur ex aetate praesenti non futura, *l. 3. inf. de censibus.* Ita & domicilia nostra, resve nostrae omnes. Merito igitur aetatem aedificiorum accipio, quo pro perpetuitate, sed pro quantitate, & quod Vitruvius ait, lib. 2. cap. 8. cujus scriptura satis est explicatu difficilis, Cum parietum communium, qui facti sunt ex molli caemento, arbitri sumuntur, ut scilicet qui eos fecit a vicino impensas communi dividundo judicio, pro parte consequatur, in *l. si aedibus, inf. de dam. inf.* arbitros non aestimare eos parietes quanti facti sunt, sed ex pretio locationis singulorum praeteritorum annorum deducere octogesimas, & ita ex reliqua summa partem reddi jubere pro iis parietibus, sententiamque pronuntiare, eos parietes non posse plusquam 80. annos durare: parietes, inquam, caementitios; lateritios enim parietes tanti semper aestimari, quanti facti sunt olim nulla facta deductione. Quod, inquam, Vitruvius ita scribit, huic legi & interpretationi nostrae nullo modo adversari: nec enim lex nostra dicit, duntaxat sumptuum rationem haberi ad amussim aestimatis quantitatibus aedificiorum, sed etiam boni viri arbitratu, viri, inquit, boni arbitratu, sumptuum rationibus deductis: quae verba *boni viri arbitratu*, sane multa comprehendunt multaque requiruntur, puta, ut deducto veterum aedificiorum pretio, deducto ruderum pretio, id tantum quo amplius restitutio aedificiorum constat, aestimetur. Et ut etiam in aestimatione ineunda, deducatur rudus redivivum, quod ex veteribus aedificiis in nova conjectum est, ut in *l. emptor*, §. *ultim. sup. de damn. infect.* Item quod Vitruvius ait, ut pro qualitate structurae sumptus, vel pluris, vel minoris aestimentur, & lateritia quidem structura, quae modo stat ad perpendiculum, nec excurrit extra coria: ( corium in structuris est λίθων συνεχὴς ἐπιβολὴ, Vitruvio. ) Cubilia, coagmenta sua, tanti semper aestimetur, quanti olim facta est nullo deducto, sin autem caementitia sit structura, in aestimatione facienda sumptuum, non quanti opus faciendum locatum est, aestimetur. Hic est Vitruvii sensus. Sed si anno primo, quo sumpti sunt arbitri communi dividundo, ineatur sumptus aestimatio, deducatur sumptus pars octogesima: si anno secundo, duae octogesimae: si anno tertio, tres: si quarto, quatuor: & sic deinceps, quoad perventum sit ad annum octuagesimum, quo structura caementitia nullo sit in pretio. Et haec etiam, quae illi auctor prodidit in specie proposita, esse spectanda non nego, quis enim sanus & siccus id negaret, etiam qualitatem aedificiorum spectandam esse, sed id dico significare Papinianum his verbis, *boni viri arbitratu*: quae latissime manant, non illis, *& aedificiorum aetatibus examinatis*, quae verba non respiciunt ad genus structurae, non ad perpetuitatem aut vetustatem aedificiorum, sed ad quantitatem sive mensuram, quam & Graeci & Latini

tini ætatem vocant, vel Hefychio teste, qui ὑλακίαν, interpretatur μίγεθος τȣ σώματος καὶ μέτρον τȣ τί: res est perspicua admodum.

Nunc illud maxime observandum est, quod initio posui, sine culpa heredis incendium contigisse: nam si culpa heredis intervenerit, proculdubio non potest reputare fideicommissario sumptus erogatos in restitutionem ædificiorum, ut ostenditur in *l. sequ.* Nam quod sua culpa contigit, æquum est, ut heres restituat de suo, nec id reputet fideicommissario. Observandum etiam illud est, quod initio posui, heredem restituisse ædes exustas post mortem testatoris. Nam si vivo testatore ædes, quas reliquit per fideicommissum, exustæ sint, & vivus testator eas restituerit & instauraverit, sane nulli sumptus fideicommissario reputari possunt, & integrum fideicommissum debetur, quia non ipse testator eas ædes destruxit, alioquin videretur mutasse voluntatem, & ademisse fideicommissum, ut in *l.* 65. §. *ultim. inf.* sed eas destruxit casus fortuiti incendii invito testatore, ergo integrum jus fideicommissi permanet. Præterea illud etiam notandum est, heredem, aut heredem heredis, qui per errorem fideicommissario tradidit ædificia, nulla facta retentione sumptuum, quos fecit in restitutionem ædificiorum, quæ ignis absumpserat, eum, inquam, heredem posse uti adversus fideicommissarium conditione incerti, de indebito soluto, aut plus debito soluto, conditione incerti, id est, conditione possessionis, quam retinere potuit sumptuum ratione, ut in *l. qui except.* §. *si pars, de cond. indeb. l. heres, inf. ad Senatufc. Trebel. l.* 2. *de condict. tritic.* Conditione, inquam, incerti, ut ait *l.* 60. non etiam conditione certi, puta, conditione pecuniæ, quam impendit in extructionem ædificiorum, de qua conditione certi est accipienda lex *si in arca, de cond. indeb.* quam huic *l.* 60. tamen Accurs. opponit non animadvertens *l.* 60. esse de conditione incerti: illam de conditione certi, & hanc non competere, illam competere heredi: qui per imprudentiam nulla facta retentione sumptuum, nova ædificia fideicommissario tradidit: & ita eas duas leges nihil inter se pugnare, nec vero posse pugnare, cum & ambæ sumptæ sunt ex eodem Juliani libro 39. DD. atque ita sunt conjungendæ.

Postremo illud etiam summe notandum est, quod addit Papinianus in *l.* 61. in qua separat sumptus, quos pendente conditione fideicommissi heres necessario fecit in reficiendis; non dico in restituendis, sed in reficiendis vel fulciendis ædificiis, a sumptibus quos fecit in restaurandis consumptis ædificiis. Denique in *l.* 61. separat sumptus, quos heres fecit in reficiendis stantibus ædificiis, a sumptibus, quos fecit in instaurandis consumptis ædificiis. Nam hos simul reputat fideicommissario arbitratu boni viri, quia necesse non habuit heres restaurare ædificia. Illos autem sumptus non reputat fideicommissario, quia necesse ei fuit sarta recta ædificia fideicommissario servare. Verum in *d. l.* 61. vulgo perperam legitur hoc modo, *sumptus autem in reficienda domo necessarios a legatario factos*, perperam, inquam, legitur, sumptus necessarios a legatario factos in reficienda domo legata, sumptus fecit ipse legatarius, quam ineptum & inconcinnum sit dissentaneum est subjicere, ei legatario petenti legatum, eos sumptus non reputari, quos ipse fecit. Sane enim non reputantur mihi sumptus, si quando reputantur, quos ego feci, sed quos fecit alius: reputatio sit a reo actori, non ab eodem actore actori. Ergo perspicuum est, & necessario consequens ex *l.* 58. ex qua dependet lex 61. ita esse legendum in *l.* 61. *sumptus autem in reficienda domo legata necessario factos, ab eodem herede* scilicet, non in restaurando, sed in reficienda domo petenti legatum, cujus postea conditio extitit, non esse reputandos.

## Ad Leg. LXXVIII. de Leg. 2.

*Qui solidum fideicommissum frustra petebat, herede Falcidiam objiciente, si partem interim solvi sibi desideraverit, neque acceperit, in eam moram passus intelligitur.*

SEquitur ut exponamus *l.* 78. *lib.* 2. *de leg.* quæ quidem tota pertinet ad fideicommissa rerum singularum, quæ continet quinque responsa admodum brevia, quæ hac hora profligabuntur. Primum responsum est de fideicommissario, qui solidum fideicommissum sibi restitui petit sine deminutione, & cui heres ratione Falcidiæ subnixus opposita exceptione doli mali contradicit, se non debere solidum restituere, sed dodrantem tantum, ut ipse quadrantem habeat salvum & incolumem, quem jure Falcidiæ retinere desiderat. Is sane fideicommissarius lege Falcidia interveniente, qui solidum fideicommissum petit, plus non petit, alioquin jure isto causa caderet; plus, inquam, non petit, quia ipso jure solidum ei debetur, sed ut eleganter Papinianus ait, frustra petit: denique non plus petit, sed frustra, quia petitionem solidi elidit exceptio doli mali, per quam Falcidia inducitur, *l. heres, inf. ad SC. Treb. l.* 15. *in pr. & l.* 16. *& l.* 80. *in fin. inf. ad l. Falcid.* Verum videamus an fideicommissario, qui solidum fideicommissum petit, non habita ratione legis Falcidiæ, saltem mora fieri videatur in dodrante restituendo, & hoc responsum argumentum præbet nec moram ei fieri in dodrante restituendo, quia non dodrantem, sed solidum petit, quod interveniente Falcidia heres juste recusat. Moram non facit, qui juste recusat, aut refugit aliquid, qui juste litigat, *l. si quis solutioni, de usur. l. qui sine dolo, de reg. jur.* sed si fideicommissarius interim, dum excutitur ratio legis Falcidiæ, desideret dodrantem sibi restitui, qui non potest non deberi, nec restituatur ei dodrans: ex eo tempore quo heres postulanti fideicommissario dodrantem restituere detrectaverit, non etiam ab initio litis, heres moram secisse fideicommissario intelligitur. Multum interest scire, a quo tempore heres moram fideicommissario facere incipiat: nam ex tempore moræ fideicommissariis debentur usuræ fideicommissorum & fructus, §. *etiam inf.* in *hac l.* 2. *Cod. de usur. & fruc. leg. l.* 3. *Cod. in quib. caussis in integr. rest. non est necess.* Debentur commoda omnia, *l.* 39. §. *fructus, l. quæstum*, §. *ultim. sup. tit. prox. l.* 84. *inf. h. t.* Ac præterea ex tempore moræ periculum rerum per fideicommissum relictarum pertinet ad heredem frustratorem, qui scilicet moram fecit, *d. l.* 39. §. *fructus, & l.* 3. *Cod. de usur. & fruct. leg.* Et hæc quidem de primo responso sufficiet: sequitur alterum quod est in §. 1.

## Ad §. Cum post mortem.

*Cum post mortem emptoris venditionem Reipublicæ prædiorum optimus maximusque Princeps noster Severus Augustus rescindi, heredibus pretio restituta jussisset, de pecunia legatario, cui prædium emptor ex ea possessione legaverat, conjectura voluntatis pro modo æstimationis, partem solvendam esse respondi.*

LUcius Titius prædia quædam Reip. sive civitatis cujusdam bona fide emit a curatore Reip. & moriens ex eis prædiis, quæ emit, id est, ex universa illa possessione plurium prædiorum Reip. quam vocant, σύγκτησιν & μετοχὴν, & compossessionem. Cajo Seio unum prædium legavit per fideicommissum. Post mortem L. Titii Imperator Severus ex causa in integrum restituit Remp. adversus venditionem. Respublica minorum jure uti solet, aut minores, ita Resp. adversus ea, quæ administratores gesserunt male, in integrum restitui possunt, *l. pen. C. quib. ex causf. maj. in integer. rest. l. pen. C. de jure Reip. l.* 1. *C. de off. ejus qui vic. alt. jud. obt.* Atque ita Imperator Severus venditionem eorum prædiorum rescindi jussit, atque decrevit, restituto pretio heredibus L. Titii. Omnis restitutio in integrum est reciproca, jussit Remp. prædia recipere, ac simul pretia restituere heredibus emptoris, qui prædiorum pretia acceperunt, pro rata prædii legati. Quæritur, an fideicommissarius partem æsti-

æstimationis petere possit, partem pretii, quanti est prædium legatum? Et respondet Papin. posse, sumpta conjectura ex voluntate testatoris, qui utique fideicommissario vel prædium, vel æstimationem ejus præstari voluit: non tenentur quidem heredes fideicommissario de evictione, *l. prox. §. evictis, sup.* nec teneri etiam eos, de evictione Papin. ait, sed ex causa fideicommissi judicioque defuncti, cum prædii legati pretium receperint, ut id fideicommissario restituant, ceterorum prædiorum pretia sibi retineant, quæ redhibuerunt Reip. Et hæc est sententia secundi responsi.

---

### Ad §. Etiam resp.

*Etiam Respublica fideicommissi post moram usuras præstare cogitur, sed damnum si quod ex ea re fuerit secutum, ab his sarciendum erit, qui post dictam sententiam, judicatum solvere supersederunt. Nec aliud servabitur in litis sumptibus, si ratio litigandi non fuit: ignaviam etenim prætendentes audivi non oportere. Quod in tutoribus quoque probatur.*

IN tertio responso ostenditur, ex mora præstandorum fideicommissorum usuras debere non tantum privatum, qui heres institutus est, & oneratus fideicommissis, sed etiam Remp. si heres instituta sit, & ab ea sint fideicommissa relicta: nam hodie receptum est, quamlibet Remp. heredem institui posse, quod tamen olim non obtinuit, ut patet ex Plinii Epistolis & lib. reg. Ulp. quia Respublica est incertum corpus, ut nec universi cives cernere hereditatem, nec pro herede gerere possint, ut heredes fiant: verum alio jure utimur: ergo ut hoc loco proponitur, si Resp. sit heres instituta, & ab ea sint fideicommissa relicta, & mora fiat in eis præstandis, etiam Resp. fideicommissariis debet usuras, & fructus, & commoda omnia ex tempore moræ, sed damnum quod ob eam rem Respublica patitur, id omne Reip. præstabunt actores Reip. vel administratores, vel magistratus *qui post sententiam dictam,* ut ait, *de restituendo fideicommisso, judicatum solvere supersederunt:* judicatum facere supersederunt, id est, qui post condemnationem & tempora judicati in solvendo moram fecerunt. Quo casu & usuræ & fructus & commoda omnia fideicommissario debentur a tempore litis contestatæ usque ad sententiam: quum Resp. moram fecit post sententiam & tempora judicati solvendi, *l. 3. sup. de usur.* Dico non tantum post sententiam; sed & post tempora judicati, quia post sententiam tempus judicati faciendi est immune a dependendis usuris: justi dies, qui dantur judicato faciendo sunt immunes a dependendis usuris, *d. l. 3. l. in bon. fidei, C. eod. tit. l. ultim. C. de usur. rei jud.* quia cum justi illi dies dentur humanitatis gratia, ut eleganter ait *l. si cum militis, §. ultim. sup de compens.* cum, inquam, justi dies dentur, ut in Basil. πρὸς περὶ διαδ. fu: expertes igitur debent esse omnis inhumanitatis, ac proinde immunes a dependendis usuris. Et hæc quidem ita se habent omnia, quæ ante diximus ad hoc responsum, si actores Reip. habuerint justam causam litigandi adversus fideicommissarium, si ante condemnationem in mora non fuerint, ut sc. post condemnationem demum mora facta, & post tempora judicati usuræ & fructus fideicommissario debeantur a die litis contestatæ in diem sententiæ latæ. Nam si actores Reip. temere judicium acceperunt, si vitio litigaverint, ex tempore moræ sive litis contestatæ, fideicommissario debent, aut debet Resp. usuras & commoda omnia in diem solutionis nullo justitio intermisso, id est, nullis justis diebus intermissis *d. l. 3.* Debentur etiam fideicommissario sumptus litis, in quos damnari more judiciorum solet is, qui temere litigavit & succubuit, *l. cum qui temere, sup. de jud. l. 1. §. 1. D. de vac. mun. l. 3. Cod. qui accus. non poss.* Sed hæc omnia detrimenta, vel usurarum, vel fructuum, vel aliorum commodorum, quæ ob moram fideicommissario præstantur, vel sumptuum litis, hæc damna respublica imputat actoribus, vel administratoribus & magistratibus Reip. qui rem summam, rem

communem male gesserunt, quoniam non tantum doli, sed etiam ignaviæ, id est, culpæ etiam levis nomine Reip. tenentur. Quod verbum *ignaviæ*, Glossa non intelligit, id est, culpam levem, cui adversa est diligentia: denique administratores Reip. non tantum doli, sed etiam culpæ nomine tenentur, & ignaviam suam prætendentes non sunt audiendi ut eo minus Reip. teneantur: nam & ignaviæ pœnam luunt, *l. magistratus, D. de adm. rer. ad civit. pert.* Quod hoc loco Papin. confirmat a simili, si tutor culpam præstat pupillo, sane etiam levem, *l. quidquid, C. arb. tut.* & actor reip. igitur, quoniam similis & pene eadem est causa conditioque pupilli & Reip. *l. 9. de appel. l. 6. infr. ne statu def.* Et nihil est præterea in hoc 3. responso.

---

### Ad §. Prædium.

*Prædium pater de familia liberorum alienari verbis fideicommissi prohibuit. Supremus ex liberis qui fideicommissum petere potuit, non idcirco minus actionem in bonis suis reliquisse visus est, quod heredem extrarium sine liberis decedens habuit.*

PEnultimi responsi species hæc est: qui habebat quatuor liberos primum, secundum, tertium, quartum, prædium eis legavit, idque verbis fideicommissi, non nudo præcepto vetuit alienari extra familiam liberorum. Nudum præceptum, ne alienetur prædium extra familiam liberorum, nullius momenti est, sed tantum præceptum quod sit adhibitis verbis fideicommissi: quum dicit *verbis fideicommissi* excludit nudum præceptum. Denique hoc addit, *verbis fideicommissi* non nudo præcepto prohibuisse patrem, ne prædium illud alienaretur extra familiam, non quidem suam omnem, sed extra familiam liberorum. Ita ut si quis eorum liberorum partem suam alienaret extero, ceteri fratres eam partem sibi vindicarent jure fideicommissi: donec ad eum, qui novissimus superesset, & ceteros vivendo vicisset, totius prædii proprietas veniret. Nunc facito, ut novissimum ex liberis morte ceterorum totum prædium rediisse, aut actionem eum acquisivisse vindicandarum partium, quas fratres habuerunt in eo prædio, qui relictis extraneis heredibus sine liberis vita functi sunt, vel qui vivi partes suas extero alienarunt. Rursus facito, postea etiam novissimum ex liberis vita decessisse sine liberis extraneo herede relicto: Quæritur, an is ad heredem extraneum quem reliquit, transmiserit dominium prædii, vel actionem fideicommissi pro partibus fratrum? Et respondet Pap. transmisisse, quasi scil. jam extincta omni familia liberorum, quasi liberis omnibus extinctis sine liberis, ut in *l. prox. §. liberis, sup.* quasi nullo superstite ex familia liberorum, cui fideicommissi petitio competere possit, *l. 2. Cod. quando dies leg. ced.* denique quasi extincto fideicommisso. Res est perspicua. Restat ultimum responsum.

---

### Ad §. Ultimum.

*Si creditor ab eo, qui testamentum fecit, domum acceptam jure pignoris vendidit, contra emptorem fideicommissi causa, tametsi voluntatem defuncti non ignoravit, nihil decernetur.*

SPecies hæc est: Testator domum quam creditori pigneraverat, L. Titio per fideicommissum reliquit: creditor cum ei pecunia non solveretur, vendidit pignus, jure pignoris vendidit domum, emitque eam, qui non erat ignarus fideicommissi: Quæritur, an L. Titio fideicommissario adversus emptorem competat persecutio fideicommissi, quasi non debuerit emere domum, quam sciebat esse fideicommisso subjectam? Et respondet fideicommissario adversus emptorem nullam competere actionem, nihilque a Prætore, vel Principe posse decer-

decerni, quo rescindatur emptio venditio jure & bona fide perfecta: neque enim scientia sola rei alienæ, aut scientia sola fideicommissi mala fides est, *l. generaliter, sup. de noual. action.* Imo etiam prohibita alienatione domus verbis fideicommissi, huic responso Pap. locus, foret, id est, prohibitio non noceret creditori, non impediret venditionem domus jure pignoris, *l. filius§. Divi, sup. tit. prox.* heredem non nego fideicommissario teneri, si modo fideicommissarius doceat, eum fuisse ignavum & negligentem in luendo pignore, quod & Glossa hic adnotavit recte; & hic est finis hujus legis.

### Ad L. X. de Alim. leg.

*Cum unus ex heredibus certam pecuniam præcipere jussus esset, de cujus sorte libertis alimenta præstaret; heredem quoque heredis ad præceptionem admitti placuit; si tamen plures heredes heres haberet, intentionem quidem defuncti prima facie refragari; sed aliud probari non oportere. Quid enim si ceteros heredes suos evitavit, & quietam ac verecundam atque etiam idoneam, libertis consulens, domum sequi maluit? Et ideo ab omnibus heredibus heredis alimenta præstabuntur.*

IN primo responso legis 10. hæc proponitur species. Testator pluribus heredibus institutis, unum ex eis præter portionem hereditariam præcipere jussit certam summam sub onere præbendorum libertis alimentorum quotannis ex usuris ejus summæ vel sortis, quo genere intelligitur liberis suis alimenta annua per fideicommissum reliquisse, ut in *l. 8. hoc tit.* Mortuo autem eo herede, qui oneratus est præbitione alimentorum, constat idem onus sequi heredem heredis, si unum tantum heredem reliquerit ex asse, ut quem sors sequitur primo heredi legata per præceptionem, eum etiam sequatur onus, quod naturali rationi conveniens est. At quid fiet, si primus heres a quo libertis alimenta relicta sunt, plures reliquerit, inter quos ea pecunia sive sors destinata alimentis libertorum divisa sit pro hereditariis portionibus, an omnes heredes tenet onus libertis præbendorum alimentorum? Quod prima facie Papin. ait, intentionem testatoris non pati, qui per unum alimenta præstari voluit, quod & commodius peragitur per unum, *l. 2. h. t.* Verum, ut idem subjicit, aut ad significat *necessitati succumbimus*, ut ait *l. pen. in fine, sup. de excus. tut.* quam ne dii quidem superant, & omnino cogimur, ne pereat fideicommissum alimentorum, statuere omnes heredes, qui primo heredi extiterunt fideicommisso teneri, tametsi huic definitioni videatur refragari voluntas testatoris: sed refragatur prima facie, ut ait, prima ratione, κατὰ τὸν πρῶτον λόγον, ut Philosophi dicunt, non secunda ratione, forte cum ut idem Papin. ostendit, testator evitatis ceteris heredibus suis, non tam eum heredem, quem elegit, elegit a quo præstarentur alimenta libertis, non tam personam ejus heredis elegit, quam quietam & verecundam & idoneam ejus domum, consulens libertis suis. *Domus* appellatione significat familiam & posteritatem, quæ ei succedet, legitimam; & quieta est ea domus, quæ non est amans litium: verecunda, quam pudet detractare pia & fida obsequia defuncto, veluti alimenta, quæ defunctus præstari jussit: quam rem etiam *l. 8. hoc tit.* ait, pulsare verecundiam heredis, percutere verecundiam heredis, siquidem ea præstare detrectet alimentaria. Idonea autem domus, quæ est locuples & luculenta. Et cum hoc eleganti Papin. responso congruit, *l. alimenta, in prin. h. t.* Verum observanda in hoc proposito maxime ea differentia est, quam statuit in *l. 8.* quamque exposui lib. 7. inter heredem scilicet, qui de prælegati sorte, hoc est, de incremento sive usuris ejus sortis, jubetur alimenta præstare, & nudum ministrum sive dispensatorem, aut præbitorem alimentorum, cui nihil legatum est, quoniam onus nudum dispensatoris cum persona perit, quia nulli alii rei quam personæ injunctum est: onus nudi dispensatoris cum persona perit, *l. si ita expressum, inf. de cond. & dem.* Quam in rem Bartolus & Albericus etiam non male adducunt in medium *l. cujus bonis, D. de cur. fur.* quæ dicit, curatorem bonis datum, id onus non transferre in heredem suum, & *l. tutela, sup. de tut.* quæ dicit tutelam jure hereditario non transmitti in heredem tutoris. Onus autem legatario injunctum sequitur heredem vel heredes ejus, ad quos etiam legatum transit, nec tam personale quam reale onus est, id est, onus rei, vel summæ legatæ.

### Ad §. Verbis.

*Verbis fideicommissi pure manumisso, præteriti quoque temporis alimenta reddenda sunt, quamvis tardius libertatem recuperaverit, nec heres moram libertati fecerit, tunc enim explorari moram oportet, cum de usuris fideicommissi quæritur, non de ipsis fideicommissis.*

TEstator servo suo pure libertatem per fideicommissum reliquit, idem quoque servo pure alimenta certorum nummorum annua dedit: quæ quidem alimenta jure quidem servo non debentur, antequam pervenerit ad libertatem: servo meo nihil utiliter lego sine libertate, qua fruatur jam, *ex parte, §. servum, D. fam. erci. l. servus, Cod. de leg.* præstari ei quidem possunt alimenta favorabiliter etiam nondum manumisso extra ordinem officio judicis, ut in *l. servos, inf. h. tit. l. servus, sup. de ann. leg. l. servo alieno, §. 1. de leg. 1.* neque enim servis testamentorum omnia justa commoda denegantur, ut Symmachus ait in Epist. ad Theodosium, sed quæ officio solo judicis præstantur, non jure obligationis: sane non sunt in obligatione, neque debentur proprie, *l. ultim. sup. de eo quod certo loco.* Heres autem in hac specie, a quo libertas servo & alimenta relicta sunt, neque moram fecit in præstanda libertate, neque in præstandis alimentis, servo nimirum cessante in petitione fideicommissi, nec interpellante heredem: sed tardius heres interpellatur à servo, tardius etiam servo præstitit libertatem, tardius eam ab herede servus reciperavit, id loquitur, quod genus loquendi notandum est, pro accepit ab herede: mora fit fideicommissariæ libertati in persona, id est, interpellato herede, nec satisfaciente interpellationi: in rem non fit non interpellato herede usquequaque secundum distinctionem legis *cum vero, §. apparet, ff. de fideic. libert.* quam citat Accurs. Quæritur autem in hac specie: An præteriti temporis ante præstitam servo libertatem, quæ tardius præstita est, ut dixi, ex die aditæ hereditatis alimenta servo manumisso debeantur? Quod non videtur prima facie, quia heres non fuit in mora. Verum aliud judicium Papin. est, optima ratione, quia in præstatione fideicommissi nihil refert, heres fuerit in mora, necne: nam etsi non fuerit in mora, omnimodo fideicommisso & præteriti & futuri temporis obstringitur ab eo die quo dies fideicommissi cessit, ut *l. libertis, §. 1. ff. hoc tit.* Et quod vulgo jactatur, spectari, observari, explorari moram heredis, id tantum pertinet ad usuras fideicommissorum & cetera commoda, ut diximus heri ad *l. 78. de leg. 2.* quæ scilicet usuræ, vel commoda non currunt, nisi ex mora heredis, quæ tum fit, quum interpellatus heres ea non solvit: non etiam pertinet ad fideicommissa ipsa, quæ debentur omnino a die, quo cesserunt, etiamsi heres nulla fuerit in mora. Et hæc est sententia hujus responsi.

### Ad §. Ultimum.

*Alimentis viri boni arbitratu filiæ relictis ab herede filio pro modo legatæ dotis quam solam pater exheredata filia nubenti dari voluit, atque pro incrementis ætatis, eam exhibendam esse respondi, non pro viribus hereditatis.*

PAter filium heredem instituit, filiam exheredavit, quoniam voluit, eam esse contentam dote certæ quantitatis, quam ei a filio herede instituto legavit cum nube-

nuberet: filia plerumque exheredatur contemplatione dotis datæ vel relictæ, quod ea ei sufficiat, *l. emptor*, §. *ult. sup. de rei vindic. l. qui volebat, sup. de hered. instit.* hoc amplius idem pater præter dotem scilicet filiæ alimenta præstari jussit, quoad nuberet, præstari, inquam, jussit viri boni arbitratu, quæ quidem alimenta, etiamsi relicta non essent, frater teneretur præstare sorori, quæ se aliter tueri non posset, *l.4. sup. ubi pupil. educ. deb.* Hæc autem verba, *viri boni arbitratu*: certam quantitatem exprimunt, non incertam, *l. 1. sup. de leg. 2.* quia æquitas semper data certa, cujus bonus vir magister est, & quasi sacerdos: nec tamen statim culibet liquido apparet, quem modum alimentorum filiæ in hac specie constitui oporteat. Ideoque declarat Papinianus hoc loco, quasi instruens bonum virum, quem testator moderatorem fecit, ut alimentorum modum filiæ constituat non pro viribus hereditatis, quia filia exclusa est per exheredationem, sed pro modo dotis filiæ legatæ, hoc est, non pro facultatibus defuncti, sed pro facultatibus filiæ, quæ in sola dote consistunt, ut plerumque bona mulierum dicuntur in sola dote consistere, *l. assiduis, C. qui pot. in pignor. hab.* Itemque, ut modum alimentorum constituat pro incrementis etiam ætatis puellæ, prout scilicet ætatem ampliaverit, ut ait lex *alimenta*, §. *Basilicæ, ff. hoc tit.* Denique virgini pro modo dotis legatæ, quasi ex usuris dotis, & pro ratione ætatis alimenta præstabit, usque adeo, dum ierit nuptum: nuptiis contractis & dote soluta filiæ, maritove filiæ nomine, finitur alimentorum legatum.

### Ad Leg. XXV. de Adimen. leg.

*Alteri ex heredibus præceptionem prædii dedit, mox alteri præstari adversus debitorem actiones ad eum finem mandavit, quo prædium fuerat comparatum. Cum postea prædium distracto citra ullam offensam ejus, qui præceptionem acceperat, pretium in corpus patrimonii rediisset, non esse præstandas actiones coheredi, respondi.*

QUidam duos heredes instituit, primum & secundum: primo prædium prælegavit, ut hoc haberet præcipui titulo, quod quidem prædium ipse emerat ducentis aureis. Secundo autem etiam titulo præcipui jussit cedi actionem, & præstari adversus magnæ pecuniæ debitorem hereditarium, ad finem tamen pretii ducentorum aureorum: post factum testamentum testator prædium ultro distraxit, non provocatus, non lacessitus ulla gravi offensa heredis, cui prædium prælegaverat, & pretium ex prædii venditione redactum retulit in corpus patrimonii sui: Quæritur, mortuo testatore, an primo sit præstandum prædium prælegatum, aut æstimatio ejus, secundo æque an sit cedenda actio ad finem pretii supradicti prædii? Et respondet Papinianus, utrique heredi legatum ademptum videri, & pretium prædii, quod rediit in corpus patrimonii, inter heredes dividi pro portionibus hereditariis. Obscura videtur esse admodum ratio hujus responsi: faciemus perspicuam sine negotio. Primum dico, ademptum legatum videri primo, quia testator prædium nuda & mera voluntate alienavit, non urgente necessitate ingratiis, ut ait *l. rem legatam, hoc tit. l. fideicommissa,* §. *si rem, d. leg. 3.* Testator qui rem legatam vendidit urgente necessitate, non videtur adimere legatum: at qui nuda voluntate rem legatam vendidit, videtur adimere legatum: proinde primo ademptum videtur legatum prædii, secundo etiam suum legatum ademptum videtur, quia causa legati deficit. Ideo enim testator secundo legavit partem nominis ad finem æstimationis prædii, ut æqualitatem constitueret inter heredes, ut id prædium æquo animo sineret secundus habere primum coheredem suum, quæ causa cessat primo ademto legato. Unde consequens est, quasi cessante causa, & secundo ademptum esse legatum, quod est singulare responsum Papin. nunquam memoria obliviscendum. At contra hoc responsum tentari potest ex *l. pater, hoc tit.* neutri esse A ademptum legatum, quia pretium quo prædium testator distraxit in corpus patrimonii rediit, ut posuimus. Et non videtur absumptum, quod in corpus patrimonii est versum, quod latius exposui lib. 7. ad *d. l. pater*. At ut dissidium omne componatur inter hanc & illam *l. animadvertendum est*, *l. pater* loqui de pecunia legata, hanc *leg. de prædio legato.* Facilius autem prædii, quam pecuniæ legatum extingui vel adimi, ad ademptum intelligi, quia pecunia semper hereditati inest, non quidem eadem species pecuniæ, sed quantitas pecuniæ, summa, potestas, facultas, *la valeur.* Quantitas dicitur in *l. 1. de contrah. empt.* summa, in *l. si pæna,* §. *si falso, de cond. indeb.* potestas in *l. ideoque, ff. de eo quod certo loco*, facultas, in Epistolis ad Atticum: *Natura*, inquit, *nummorum & facultas: natura, c'est la loy: facultas, la valeur.* De- B nique pecunia, id est, quantitas semper inest in bonis, id est, mille aureos habere videtur, qui prædia habet digna mille aureorum: prædium autem, quod distraxit testator, plane hereditati abscessit, nec videtur inesse hereditati, licet pretium ejus insit, puta, redactum in corpus patrimonii, & ita ad *l. pater*, respondendum est. Ad *l. 25. de adim. leg.* quam nunc exposuimus hoc unum est, quod addi maxime velim in illa lege, hæc verba, *testatorem prædium distraxisse, quod uni ex heredibus prælegaverat citra ullam offensam ejus, cui prælegaverat*, hæc inquam verba, *citra ullam offensam,* non esse otiosa: nam si apud testatorem heres, qui prædium per præceptionem acceperat, in gravi offensa fuerit secundum distinctionem *l. 3.* §. *ult.* adhibita *l.4. eod. tit.* ei soli nocet, quod prædium testator distraxit, id est, ei soli intelligitur ademisse præ- C dium, qui eum offenderat, non etiam secundo coheredi, in quem testator iratus & infensus non fuit: ideoque in ea *l.* Papin. adjicit, eum distraxisse prædium primo legatum citra ullam offensam primi, volens demonstrare testatorem pariter erga utrumque mutasse voluntatem, quod attinet ad legatum, quæ eis dedit, quod attinet ad legatum prædii primo relicti, & quod attinet etiam ad legatum nominis secundo relicti ad finem æstimationis prædii. Idcirco ut conditio heredum exæquaretur, ut sit in *l. 12. ff. de cond. & dem.* idcirco ut eadem æqualitas perseveret, ut eadem sit amborum heredum conditio, ademto uni legato, & alii quod relictum est ademptum esse censetur, nec pejori conditione unus habetur quam alter, cum pa- D riter in utrumque testator fuerit adfectus, ut hoc breviter etiam Glossa notavit, & rectissime.

### Ad L. II. de Reb. dub.

*Civibus civitatis legatum vel fideicommissum datum, civitati relictum videtur.*

ERgo civibus civitatis certæ datum legatum vel fideicommissum, non certis civibus, sed incertis, ἀοϱίϛως, civitati vel Reip. quod etiam incertum corpus est, relictum videtur. Idemque est si testator dixerit in hunc modum: *Civibus meis illud do, lego;* quoniam illud civitati suæ legasse videtur, ut patet ex *l. pen.* §. *civibus, sup. de leg. 2.* Et contra quoque civitati relictum, civibus re- E lictum videtur, sicut cognationi relictum, cognatis, *l. si cognatis, ff. hoc tit.* Sunt enim hæc conjugata cives & civitas: cognati & cognatio. Res autem dubia fuit, quia dici poterat non civitati relictum, sed singulis civibus legatum relictum, qua interpretatione admissa, cives non quasi civitas vel respub. sed quasi certi homines certi nominis vocarentur, *l. cum Senatus, ff. hoc tit.* Et ideo legati divisio inter eos fieret, in viriles, id est, pro virilibus portionibus, ut in *l. si quid relictum, & l. civitatibus, sup. de leg. 1.* Et in antiqua inscriptione: *Statuam Mercurii ob honorem quinquennalem posui, cujus dedicatione dedi populo viritim denarios singulos:* vel etiam si perexiguum esset legatum, quod intelligeretur esse relictum singulis civibus, quod distributum in singulos ad nihilum redigeretur, ridiculum magis est, quam utile legatum, argumento

mento legis si domus, de leg. 1. l. eum post §. gener, de jure dot. Verum, sane verius est, testatorem, qui civibus certæ civitatis legavit, voluisse legare non singulis, sed universis civibus, sive universitati civium, quæ uno nomine civitas appellatur: neque enim civitatem dicimus singulos cives, nec quod civitati legatum esse intelligitur, id dicimus singulis civibus deberi, l. sicut, §. 1. sup. quod cujusque univers. Et rursus, civitatem etiam non dicimus domiciliorum collocationem, & conjunctionem cinctam mœnibus, non τὸ οἰκητήριον, sed universitatem civium & inquilinorum iisdem utentium legibus & moribus. Nam inquilinos sive incolas facio partem civitatis ex Arrio Didymo apud Eusebium 15. de præpar. Evang. definiente civitatem τὸ τῶν ἐνοικούντων σὺν τοῖς πολίταις σύστημα, consociationem, consortiumve inquilinorum & civium: quamobrem non civium, sed hominum. M. Tullius civitatem definit esse concilium cœtumque sociatum. Et Plato, κληθοὶ ἀνθρώπων ἐν ὁ νόμῳ τὸ αὐτῷ ὄντων. Ineptus autem est Azo, qui hoc loco, civibus, interpretatur administratoribus civitatis, quem & ineptiores alii plerique sequuntur. Quis enim nescit latius patere civium nomen, nec solos administratores Reipub. esse cives? Censebant illi administratores civitatis esse instar civitatis, & ideo facile admittebant, legatum datum administratoribus civitatis, civitati datum videri: nec tamen animadvertebant, etiam cives universos non tam esse instar civitatis, quam civitatem ipsam, & multo magis universis civibus relictum, civitati relictum videri: At fateor etiam administratoribus civitatis non nominatim relictum legatum, civitati relictum videri, sed nolo ad eos tantum hanc legem coangustari. Ergo sive civibus universis legatum detur, sive administratoribus civitatis, civitati dari videtur, sicut quod generaliter datur sacerdotibus, sive clericis certæ Ecclesiæ, ipsi Ecclesiæ dari videtur, ut in l. annua, §. 1. sup. de ann. leg. quod sacerdoti & ἱερομνήμονι, & libertis, qui certo in templo ministerium præbent, templo legari videtur, quia non personæ legatariorum nominatim designatæ sunt, sed templi ministerium tantum. Habita igitur in primis est ratio templi non personarum, quæ templo ministerium præbent, quamvis ad eas sermonem direxerit testator: sicut quod episcopo legatur ab extraneo, pura hoc modo; Episcopo illius ecclesiæ prædia illa do, lego, non personæ episcopi, quæ nec proprio nomine est demonstrata, sed ecclesiæ legatum videtur, l. 41. quæ est Græca constitutio de episcopis & clericis, can. pontificis 12. quæst. 3. cap. requisisti, de Testamen. quoniam legatarius non est, ad quem sermo dirigitur, sed corpus sive collegium propter quod cujusve intuitu & contemplatione legatum relinquitur; ut in l. si filiofam. inf. de cond. & demonst. l. pen. C. de jur. delib.

### Ad Legem LXXVIII. de Condit. & demonstrat.

*Cum pupillus aut tutor ejus conditionem in personam pupilli collatam impedit: tam legati quam libertatis jure communi conditio impleta esse videtur.*

Duo sunt hujus leg. responsa: quod ad primum responsum attinet, si pupillo herede instituto libertatem aut legatum relictum sub conditione collata in personam pupilli, & pupillum non pati, ut conditio impleatur, pupillum impedire conditionem ne impleatur, & per hoc ut libertatem aut legatum præstet. Quæritur, an conditio habeatur pro impleta secundum id quod proponitur in l. in jure, de reg. jur. Et respondet Papinianus, haberi pro impleta, quod subtilius examinandum est. Id quidem sane sine dubio verum est, si conditio collata in personam pupilli consistat in facto, veluti, si pupillus biennio servierit, vel, si cum pupillo moratus fuerit, quoniam, ut ea conditio impleri potest in personam pupilli citra interventum vel auctoritatem tutoris, ita & a pupillo solo impediri potest, quo minus impleatur, & habebitur pro impleta, l. si servus 10. de solut. At si conditio in datione consistat, quæ collata est in persona pupilli, veluti, si pupillo decem dederit, non potest impediri ejus conditionis effectus a pupillo solo, quia nec in personam pupilli solius impleri potest, citra interventum tutoris, ne scilicet datio, ut ait d. l. si servus ex imbecillitate pupilli pereat, id est, ne datum pupillo soli, pupillus mox dissipet, atque disperdat, quo pertinet etiam l. 13. hoc tit. Sed si interveniente tutore, auctore tutore, pupillus recuset accipere oblatam pecuniam, tum sane hæc conditio, quæ in datione & acceptione consistit, pro impleta habebitur: & ita qualisqualis sit conditio, adhibita hac distinctione pro impleta habebitur. At quod dicitur, jure communi conditionem pro impleta haberi, si per eum stat, in quem conditio collata est, vel in cujus personam implenda est, id patet etiam ex l. 14. hoc tit. Legatum relictum sub hac conditione, si statuas illas in municipio posuerit, & legatarius paratus quidem est eas ponere, sed locus a municipio non datur, conditio habetur pro impleta, & statim legati petitio est. In antiquis inscriptionibus solet notari locus ponendarum statuarum, vel exstruendi monumenti datus decreto decurionum, ut intelligatur jure statuas esse positas, vel exstructum monumentum. Id vero notatur vulgo his singulis & singulariis literis, une L. & trois DDD. quæ singula ita explananda sunt, locus decreto decurionum datus, quod integra oratione in Brundusina inscriptione legitur Græca hujusmodi, τὸν τόπον τῆς βουλῆς εἰς τάφον ψηφισαμένης, loco dato decreto curiæ. Et apud Diogenem Laert. in Empedocle, Ἀκραγαντῖνοι διετήρει τόπον αἰτηθέντες παρὰ τῆς βουλῆς εἰς κατασκευὴν. Acrone, inquit, petente locum a decurionibus ad exstructionem monumenti paterni. Aliquando locus dabatur indulgentia Pontificum ob religionem soli, ut in alia inscriptione antiqua, INDULGENTIA PONTIFICUM LOCUS DATUS EST. Et ita in d. l. 14. si quod locus non detur decreto decurionum in municipio, legatarius non ponat statuas, conditio pro impleta habetur. Et hoc est certissimum.

### Ad §. Disjunctivo.

*Disjunctivo modo conditionibus adscriptis, alteram defecisse non oberit, altera vel postea impleta. Nec interest in potestate fuerint accipientis conditiones, an in eventum collatæ.*

Finge, legatum datum sub conditione disjunctiva, hoc pacto; si heredi decem dederit, aut, si Capitolium ascenderit. Disjunctio non habetur pro conjunctione, quoniam unam ex iis conditionibus impleri satis est, quam volet legatarius impleri, utramque impleri nihil attinet, §. pen. Instit. de hered. instit. Et notat Papinian. hoc loco, nihil interesse utrum conditiones sint potestativæ, ut in exemplo proposito, an casuales, sicut Justinian. loquitur, veluti, illi centum do, lego, si navis ex Asia venerit, aut, si Titius consul factus fuerit. Alterutram conditionem impleri satis est, & tametsi quandoque disjunctio pro conjunctione accipiatur, ut in l. sæpe, de verb. signific. non tamen ita accipietur hoc loco, nec duplici conditione legatarius oneratus esse intelligitur. Casuales conditiones sunt, quæ in eventu conferuntur. Potestativæ quæ sunt in arbitrio & potestate accipientis. Et accipere conditiones dicitur hoc loco, cui imponuntur & adscribuntur cuive dantur: nam & conditiones in hoc titulo sæpe dari dicuntur. Posset tentari si utraque conditio, quæ adscripta est disjunctio modo sit potestativa, a legatario utramque esse implendam, quod sit in facili utramque implere, quoniam utraque pendet ex arbitrio ejus & libidine: sed nihil interesse ait, inter hæc duo genera conditionum, an ergo erit in electione legatarii, vel fideicommissarii, implere conditionem quam voluerit? Sic videtur, & patet ex d. §. penult. eliget legatarius quam volet, ut impleat, alteram omittat. Verum huic sententiæ obstat l. sub diversis, sup.

*sup. hoc tit.* quæ, si sub diversis conditionibus legatum disjunctim relictum sit, legatarium, ait, parere debere novissimæ conditioni, non cui voluerit. Sed ut respondeam, ibi disjunctim, est separatim, diversis partibus testamenti; ut si prima parte testamenti legetur sub una conditione; deinde ima parte eidem etiam legetur eadem res sub alia conditione, hoc casu novissimæ conditioni parere necesse habuit : in legatis novissimæ scripturæ valent, aliter quam in libertatibus, *l. si mihi & tibi §. ult. de leg.* 1. Hoc autem loco disjunctim, sive disjunctivo modo, est quidem separatim, sed eadem parte testamenti, eodemque tenore continuato orationis, quo casu legatarius paret priori, aut posteriori pro arbitrio. Hic est finis hujus l. Sequitur longe celeberrima in hoc ipso titulo.

Paulo antequam venirem, scripto viri cujusdam doctissimi admonitus sum, quod dixi non ita dudum in *l. 78. de leg.* 2. §. *etiam*, explicans sententiam *leg.* 3. *de usur.* iniquum videri, ut scilicet Resp. quæ justam habuit causam litigandi, si moram faciat post condemnationem & tempus judicati, usuras dependat a tempore litis contestatæ ad sententiam, usuras dependet, inquam, hoc ne iniquum videatur, imo æquissimum, nempe sicut est in regula juris, ut unicuique mora sua noceat, ut unusquisque moræ suæ pœnam sufferat: hanc vero esse pœnam moræ factæ post tempora judicati, post indulgentiam justi temporis, ut is, qui moram fecit, retro a die interpellationis in diem sententiæ præstet usuras, quasi scilicet & retro intelligatur fuisse in mora, quamvis in vera non fuerit in mora, nisi post tempora judicati, quasi, inquam, & retro intelligatur fuisse in mora, qui nec judicato paret, nec agnoscit gratiam humanitatis causa lege sibi dati temporis conquirendæ pecuniæ, & judicato faciendo ? Hæc est pœna ex decreto Marci Antonini, quæ proponitur in *d. l.* 3. ut quasi retro agatur mora, damneturque judicatus quasi mora facta etiam ante sententiam post interpellationem.

### Ad Legem CII. de Condition. & demonstrat.

*Cum avus filium ac nepotem ex altero filio heredes instituisset, a nepote petiit, ut si intra annum trigesimum moreretur, hereditatem patruo suo restitueret, nepos liberis relictis intra ætatem suprascriptam decessit vita, fideicommissi conditionem conjectura pietatis respondi defecisse, quod minus scriptum, quam dictum fuerat, inveniretur.*

Species hujus legis hæc est : Quidam filium & nepotem ex alio filio jam defuncto heredes scripsit vel nuncupavit, qui & ab intestato ei pariter heredes extitissent, a nepotem rogavit, ut si intra trigesimum annum ætatis vita decesserit, portionem suam filio, id est, patruo suo restitueret. Deinde nepos intra eam ætatem vita decessit relictis liberis & patruo superstite. Quæritur, an patruo fideicommiss. debeatur ? Et ante Papinianum utique respondissent alii juris auctores patruo fideicommissum deberi, cum sit ei relictum simpliciter post mortem filii satis, quæ contigit intra præscriptam ætatem : At primus Papinian. qui mirum in modum auxit suis conjecturis suaque prudentia admirabili, & locupletavit jus civile; primus, inquam, Papinian. induxit in hoc genere fideicommissi tacitam conditionem inesse : si nepos sine liberis vita decederet, quæ defecit relictis liberis, nimirum capta conjectura a verisimili, ex intentione voluntatis avi, ejusdemque testatoris, & pietate pia, qua duci videtur avus non tantum erga nepotem, sed etiam erga pronepotes ex eodem nepote. Itaque hoc casu verosimilius est, minus scripsisse testamentarium, id est, scriptorem testamenti : plus dixisse, vel dictasse, vel nuncupasse testatorem : testamentarium omisisse conditionem illam : aut sane testatorem ipsum minus scripsisse, plus scribere voluisse, quæ est sententia hujus responsi. Et similem conjecturam interpretationemve etiam in aliis causis alii Jurisconsulti admittunt,

ut plus dictum, minus scriptum intelligatur: ut scriptum suppleatur interpretatione, ut in *l.* 1. §. *ex fundo, & l. quotiens*, §. 1. *de hered. instit. l. unum ex familia* §. *pen. de legat.* 2. Quo exemplo audet Papinianus & eandem interpretationem introducere in specie proposita, & quum ait, minus scriptum quam dictum inveniri, tacite significat, hanc sententiam sive conjecturam suam non esse sine exemplo : denique non esse inauditam & novam, quod & in aliis plerisque causis juris auctores interpretantur, *plus dictum, quam scriptum*. Celebratur autem hoc responsum Papiniani ab Imperatore Justiniano in *l. cum acutissimi, C. de fideic. l. generaliter,* §. *cum autem, C. de inst. & substit.* Sed longe alia ratione in eis constitutionibus Justinianus proponit aut refert speciem quasi positam a Papiniano, quam ponatur hoc loco. Sane non quasi nepos patruo avitam, ut proponit Papinian. & exposui initio, sed quasi filius alii cuilibet post mortem suam paternam hereditatem restituere rogatus sit : idque facit Justinianus vel ex ampliore responso Papiniani quam sit relatum hoc loco, vel alio in Digestis, vel per consequentias responsi Papiniani, ut si in partem nepotis intelligitur testator pronepotes ex eodem nepote, qui modo supervixerint nepoti, quod requiritur, ut in *l. ex pacto,* §. *si quis autem, infr. ad Trebell.* Eos, inquam, prætulisse filio proprio: ita etiam intelligatur in partem locumque filii sui nepotes, aut pronepotes, aut abnepotes descendentes ex eodem filio prætulisse cuilibet fideicommissario, etiam ecclesiæ, ut quidam censent recte, tametsi fideicommisso expressim non injecerit conditionem : *si filius sine liberis diem suum obierit*, quod & Justinian. in supradictis constitutionibus ad hoc exemplum statuit locum habere generaliter, puta, hæc est generalis definitio, puta, inquam, ut semper quicunque parentes quibuscunque fideicommissariis vel liberis, vel extraneis, fideicommissum reliquerit a liberis cujuscumque sexus vel gradus, vel conditionis, ac proinde, etiam a liberis naturalibus, ut exprimit Justin. in *d. l. generaliter*: vel ut quidam sentiunt non male, liberis restitutionis post mortem oneri jure heredes instituti sunt, quibusve legatum aut fideicommissum speciale relictum sit sub onere fideicommissarii restituendi post mortem suam, huic fideicommisso tacite insit hæc conditio, *si sine liberis vita decesserit*, id est sine justis liberis: nam naturales liberi fideicommissarium non excludunt, nisi appareat hanc fuisse voluntatem defuncti, ut docui lib. 8. ex *l. cum pater*; §. *volo, de leg. 2.* Atque ita hereditate, legato, fideicommisso relicto liberis sub onere restituendi post mortem suam, cum, ut ait *l. cum acutissimi*, liberos restitutionis post mortem oneri subegit, ubi scribendum, *subjecit ex vestigiis antiquæ scripturæ*; eo, inquam, casu non separamus naturales liberos a justis, sed indistincte dicimus non aliter liberos vel justos, vel naturales, fideicommisso quo onerati sunt obstringi, quamvis his liberis vita decesserint, quamvis expressim ea conditio adscripta non sit : At interpretatione tacite vel expressæ conditionis hujus, procul dubio separamus liberos justos a naturalibus, & dicimus, deficere eam conditionem, susceptis justis liberis, non etiam susceptis liberis naturalibus tantum, *d. l. generaliter in fine*, illo loco, *sine justa sobole*, & multo minus accersitis liberis adoptivis, ut *l. fideicommissum hoc tit.* Illud observandum maxime est, huic responso Papiniani locum esse in liberis heredibus, aut legatariis, aut fideicommissariis, non in extraneis, etiamsi parentes sint testatoris: vel cognati, ut Bartolus & alii notant: nam si patrem vel fratrem vel extraneum heredem scripsero, & rogavero post mortem suam hereditatem aliis restituere simpliciter, non intelligitur fideicommisso inesse conditio, si sine liberis decesserit; quia in extraneo cessat pietatis conjectura, & quia de liberis tantum testatoris loquuntur Papinian. & Justinianus: liberi autem testatoris non sunt, qui nascuntur ex patre eodem, vel ex matre eadem, ex fratre vel extraneo, sicut nec ipsi pater, frater extraneus testatoris sunt liberi ; *si tu mihi non es ex liberis, nec liberi tui sunt mihi ex liberis*. Illud quoque observandum est, huic responso locum non esse in fideicommisso præstando post mortem liberorum, non in eo, quod in vita liberorum præstari debet, quia singulare est Papiniani responsum : ergo sine lege id nobis procudere, vel ampliare non licet. Et ita Joannes sentit recte in *d.l.cum acutissimi*, & probat Bartolus optima ratione, quia si fideicommissariam prætulit testator liberis ipsis viventibus in casum diemve certum, & multo magis liberorum liberi, quia non debent deterioris esse conditionis liberi, quam liberorum liberi, *l.pen.§. nam licet, C. de bon. matern.* Item observandum est, fideicommissum, de quo agimus, exspirare postea agnatis liberis ei, qui fideicommisso oneratus est, non etiam, si jam liberis heredibus, aut legatariis tempore testamenti nati sint liberi, nec hoc ignoraverit testator : quia manifestum est testatorem, qui hoc non ignoraverit eis liberis prætulisse fideicommissarium. Et aperte *d.l.cum acutissimi* loquitur de iis tantum liberis, de quibus non cogitavit testator. Hæc sunt verba legis, *quod scilicet nondum essent in rerum natura*. Postremo ad hæc quæritur, quia ex Novella Justiniani 123. quæ repetita est ex lege 52. quæ est lex Græca, *C. de episc. & cleric.* fideicommissum relictum ab herede vel legatario sub conditione, *si sine liberis decesserit*, non debetur, tametsi heres aut legatarius decesserit sine liberis, si modo monachus aut clericus factus fuerit, & bona subjecta fideicommisso in pias causas consumpserit, vel reliquerit, quasi monasterium aut Ecclesia, cui se devovit, sit ei loco filii naturalis, nisi scilicet fideicommissum ab eo relictum sit in redemptionem captivorum, vel in exhibitionem pauperum : quod utique debetur etiam sine liberis defuncto eo in clericatu vel monachismo. Quæ est sententia hujus Novellæ : sed ut initio dixi, quia ita cavetur ea Novella, Quæritur, an ad hanc Novellam etiam porrigi possit responsum Papiniani? ut scilicet tacita conditio, quæ liberis adscripta intelligatur, *si sine liberis decesserint*, defecisse intelligatur liberis monachis, aut clericis effectis, quod Glossa quidem putat in *d.l.cum acutissimi*. Verum tamen non est, ut ostendam multis rationibus. Primum, quia jus singulare non temere producendum est ad alias species sine lege singulari, ergo nec responsum Papiniani quod singulare est, nec Novella Justiniani, quæ etiam jus singulari conditionem fideicommissi, quæ reapse extitit, pro defecta habet. Item quia Novellæ locus etiam est, extraneis heredibus institutis, ut patet ex contextu ejus. Huic responso non est locus, ut ante demonstravi, quæ varietas efficit, ne convenire invicem possint responsum Papiniani, & cumque eo congruentes Justiniani constitutiones duæ, & supradicta Novella repetita ex *d.l.52.* Item, quia si responsum Papiniani trahamus ad Novellam, eveniet, ut duo singularia concurrant in eandem speciem, puta, ut fideicommisso insit conditio, quæ non est expressa ex hoc responso, & ut deficiente conditio intelligatur, quæ extitit ex supradicta Novella. Duo autem singularia vix aut. ne vix quidem concurrunt in eandem speciem auctore Accurs. in *l. cum post, §. generaliter, de jur.dot.* Non omittam ejus Novellæ sententiam posuisse Irnerium in *C.sub tit. ad Senatusconf. Trebell.* his verbis, quæ referri & aptari debent ad initium legis *jubemus*, quæ præcedit : hæc sunt, verba, *nisi voluerit restituere datum dotis causa, vel propter nuptias donationis, vel relictum sub conditione nuptiarum, vel liberorum, monasterium, vel alium locum venerabiliter ingrediantur.* Nihil addi amplius oportet : nam quæ sequuntur verba, vulgo in ea παρεμβολὴ Irnerii, *sive restitutio, sive substitutio fiat sub prædictis conditionibus, sive in redemptionem captivorum, seu in egenorum alimenta;* Hæc, inquam, postrema verba absunt a veteribus libris, nec agnoscuntur ab Accurs. vel aliis interpretibus, & falsa etiam eorum verborum sententia est : nam multum interest substitutio, sive restitutio, id est, fideicommissum relinquatur in redemptionem captivorum, vel in alimenta pauperum, quoniam hujus fideicommissi petitio est, etiam herede clerico effecto, vel monacho, si illiberis fuerit, ut Tertullianus loquitur, si orbus fuerit : an vero fideicommissum relinquatur in aliam causam personamve profanam, quia hujus fideicommissi ex ea Novella petitio non est herede clerico facto vel monacho, nullis relictis liberis. Itaque obliteranda sunt ea postrema verba.

### Ad Legem XIV. ad Legem Falcidiam.

*Pater filiam quæ a viro diverterat, heredem pro parte instituit, & ab ea petit, ut fratri & coheredi suo portionem hereditariam acceptam deducta sexta restitueret, admissa compensatione dotis in Falcidiæ ratione : si pater dotem consentiente filia non petiisset, Falcidiam quidem jure hereditario, dotem autem jure proprio filiam habituram respondi, quia dos in hereditate patris non inveniretur.*

Continet hæc lex tria responsa, quorum ad primum quod attinet, sciendum est divortio facto bona gratia, vel culpa mariti, vitio mariti, aut morte mariti soluto matrimonio, dotem profectitiam, quam pater dedit pro filia de suo, patrem non posse repetere, nisi adjuncta & consentiente filia, quam habet in potestate: nam si sit emancipata filia, propria dotis repetitio est : si sit filiafamil. communis est dos, communisque repetitio dotis, ut nec pater sine filia, nec filia sine patre possit agere adversus quondam maritum de recuperanda dote, *l. 2. §. 1. & l. 3. sup. sol. matrim. l. 2. & l. filii, C. eod. tit. l. Titia, §. qui invita, de leg. 2. l. qui hominem, §. si gener, inf. de solut.* Quod si antequam dotem repeteret pater voluntate filiæ, vita decesserit pater, tum dotis actio proprie pertinet ad filiam, eamque dotem filia, quamvis patri heres extiterit, repetit, non jure hereditario, quia jam non intelligitur fuisse in bonis patris, sed magis in bonis filiæ: dominium filiæ præpollet, *l. 4.sup. de collat. bon. l. 1. §. ult. l. ult. ff. de coll. dot.* filiafam. proprium habent peculium castrense, vel quasi castrense: filiafamil. dotem etiam profectitiam, maxime mortuo patre, & vivo patre communem, magisque filiæ quam patris, etiam profectitiam dotem. Ergo filia, quæ patri heres extitit, qui nondum repetita dote vita decessit, non repetit dotem jure hereditario, vel in eam non transferatur repetitio dotis jure hereditario, quia non invenitur in hereditate patris, sed in bonis filiæ. Ideoque eam repetit jure proprio, ut lex ait hoc loco, jure suo, ut in *l. 81. ff. pro soc.* quia & exheredata eam repeteret. Vis scire quam non repetat eam jure hereditario, sed suo jure, etiam exheredata eam repeteret, *l. si socer, §. 1. inf.sol. matrim. l. un. §. videamus, C. de rei uxor. act.* Quibus præmissis, finge : filiafamil. pro qua pater marito dotem dederat, divortium a marito fecit bona gratia, vel vitio mariti: post divortium dote, voluntate filiæ uti oportet a patre non dum repetita, pater filiam & filium heredes instituit ex æquis partibus, & filiam pure rogavit, ut partem, id est, semissem restitueret fratri & coheredi suo, non quidem deducta quarta, id est, sescuncia, *une once & demie*, quæ tamen ex lege Falcidia deducenda retinenda est, quoniam in singulis heredibus separatim ponitur ratio legis Falcidiæ, *l. in singulis, inf. hoc tit.* Sed rogavit eam restituere partem suam fratri, deducta sexta tantum, id est, uncia, & est semunciam, quæ Falcidiæ deest, compensaret cum dote, quam pro ea dedit pater: hæc est voluntas patris ultima. Quæritur, an hæc compensatio admittenda sit supplendæ Falcidiæ gratia, hoc est, semunciæ. Et respondi, hujusmodi compensationem non esse admittendam. Non enim heres quisquam cogitur compensare in Falcidiæ rationem, quod alius ei debet, non testator, & post divortium mortuo patre, qui dotem voluntate filiæ nondum petierat, soli filiæ maritus, a quo divortit, dotem debet, *l. in insulam, in princ.sup. sol. matrim.* quæ maxime ad hunc locum pertinet. Itaque dotem quidem filia a marito recipiet jure suo, quasi sibi debitam, jure propriæ obligationis, propriæ actionis de dote sua recuperanda; Falcidiam autem, id est, sescunciam integram recipiet

cipiet jure hereditario, five jure teſtamenti, ut ait *l. qui duos, de vulg. ſubſt. l. ſi legatus, ff. ad Trebellian.* Falcidia jure hereditario five jure teſtamenti percipitur. Et hæc quidem eſt ſententia hujus reſponſi & ſpecies. Poſui patrem qui deceſſiſſe, quod & vulgo ponunt fere omnes, voluntate filiæ nondum repetita, vel petita dote, quia verba illa hujus legis, *ſi pater dotem conſentiente filia non petiiſſet*, ſic accipio, ſi nullo modo dotem petiiſſet, & recuperaſſet, ſi tacuiſſet, ut & in *d. l. in inſulam*. Hæc verba, *pater, qui dotem conſentiente filia non petierat*, hoc ſignificant, nullo modo petiiſſe aut exegiſſe patrem: denique aliud eſt dicere, ſi pater dotem non conſentiente filia petierit, quo ſermone ſignificatur quidem petiiſſe patrem, ſed non conſentiente filia, non efficaciter, non uti oportet: aliud eſt dicere, ſi pater dotem conſentiente filia non petierit, quod eſt ſimpliciter, ſi prorſus dotem non petierit, aut petens ſatis non egerit. Inde quæſtiones tres exiſtunt; primum quid ſit dicendum, ſi pater priuſquam moreretur dotem exegerit conſentiente filia: an hoc caſu admittenda erit compenſatio ejus, quod Falcidiæ deeſt cum dote, quam ſecundum jus vetus non recepta diſtinctione nova Juſtiniani, quæ eſt in *l. ult. C. comm. utr. jud.* filia poſt mortem patris, propriam & præcipuam habitura eſt? Et mihi quidem videtur admittendam eſſe compenſationem, quia exacta dote voluntate filiæ, proculdubio rediit in bona patris, atque adeo in hereditate patris invenitur, quod demonſtrat *l. 10. ff. de bon. damn.* quæ eſt una ex iis, quas Baſilica Digeſtis reſtituerunt: nam ante Baſilica etiam Florentinæ Pandectæ erant imperfectæ, ſed dos rediit iſto caſu in bona patris, cum ſua cauſa ſcilicet, ut filiæ dos ſervetur integra & imminuta, quoad alii nubat, vel cum eodem redintegret nuptias, *l. 81. ſup. pro ſoc.* Rurſus, & hæc eſt ſecunda quæſtio, quid ſit dicendum, ſi ſine voluntate filiæ pater dotem exegerit; deinde vita deceſſerit? Et videtur idem dicendum prima facie, quia dos facta eſt in bonis patris per reſtitutionem mariti. Idem, inquam, dicendum eſſe, ut ſcilicet in ratione Falcidiæ compenſatio admittatur dotis, non totius utique dotis, ſed pro modo unciæ, quam filia ſolam deducere juſſa eſt, quia eatenus conſumitur, minuiturve actio dotis, quæ filiæ adverſus maritum competit, cum non jure pater dotem exegerit, id eſt, quum eam exegit invita filia, *l. ſi cum dotem, §. ſi pater, inf. ſol. matrim.* videlicet, ſi amplior ſit dos quam uncia: Superfluum autem dotis, quo dos amplior eſt uncia, mulier ſuo jure perſequitur, & repetit a marito, *l. Titia §. qui invita, ſup. de legat. 2.* Maritus autem, quod mulieri reſtituerit, mox repetit per conditionem ſine cauſa a coherede mulieris pro deunce, qui ad eum pervenit partim jure hereditario, partim jure fideicommiſſi. Sola uncia mulieri ſervatur, *l. qui hominem, §. ſi gener, inf. de ſolut.* Et ideo ſuperfluum, quod filia conſequitur a marito jure ſuo, non compenſabitur cum eo, quod Falcidiæ deeſt. Et hoc, ut dixi, ſi amplior ſit dos quam uncia, quod ſola remanſit apud filiam ex judicio teſtatoris: quod ſi eadem ſit quantitas dotis, & unciæ, tum ſane totam dotem filia compenſat cum eo, quod Falcidiæ deeſt, quia ejus dotis nomine nullam actionem efficacem adverſus maritum habet, quamvis patri ſolverit dotem ipſa filia, quoniam quidem tantum filia cepit ex bonis patris, quantum doti ſatis eſt; & ideo compenſare debet patrem, nec petere a viro cum eo, quod ei dedit pater, id eſt, cum uncia, *d. l. ſi cum dotem, §. ſi pater.* Idemque dicendum eſt, ſi uncia quam ex ſua portione retinet filia, major ſit dote : fac, dotem non pluris eſſe, quam ſemunciam: nam & hoc caſu, non eſt filiæ utilis, & efficax actio dotis adverſus maritum, qui dotem ſolverit patri ſine filia, cum plus ea filia ceperit ex bonis patris, quam ſit in dote: & ideo ſemunciam, quanti eſt dos, compenſare debet cum ſemuncia, qua Falcidiam ſuppleri deſiderat. Tertia quæſtio hæc eſt, quid ſit dicendum, ſi pater dotem petierit lite conteſtata adverſus maritum? Alioquin non videtur petiiſſe, qui litem conteſtatus non eſt, ut recte Gloſſa notat ex *l. amplius, rem*

*ret. hab.* Quid igitur ſit dicendum, ſi pater dotem petierit cum marito lite conteſtata, & antequam dotem exigeret, & exprimeret a marito, vita deceſſerit? Facile eſt reſpondere huic quæſtioni. Reſpondeo, idem juris eſſe in dote petita a patre, quod in dote exacta, eademque diſtinctionem adhibendam eſſe, videlicet utrum pater petierit dotem volente filia, utrum patre interim mortuo, filiæ etiam ſecuta condemnatione mariti, propria ſit exactio dotis, nec in heredem patris aut coheredem pro parte ſuum tranſmittatur, quod oſtenditur recte in *l. ſi marito, §. ſi voluntate, ſup. ſol. matrim. l. un. §. & hoc C. de rei uxor. act.* Nam non omnes actiones, quæ conteſtatæ ſunt a defuncto, tranſeunt in heredem, ut actio dotis a patre conteſtata volente filia, non tranſit in heredem patris, ſed exactio eſt propria filiæ : & ideo hoc caſu non admittitur hæc compenſatio, quia filia dotem habet proprio jure, non beneficio patris. An vero pater dotem petierit invita filia, ut tum admittatur ſecundum ſubdiſtinctionem ante propoſitam in dote exacta ſine voluntate filiæ in ſecunda quæſtione. Et hæc quidem omnia ita procedunt, ſi pater initio dandæ dotis, ut in *l. quotiens, ſup. ſol. matrim.* ſtipulatus non ſit divortio facto dotem ſibi reddi : nam ſi ſtipulatus ſit ſibi reddi, propria eſt actio patris, non communis patri & filiæ, non propria filiæ, atque adeo tranſfertur in heredes, etiam in filiam, ſi heres extiterit patri, pro qua parte extiterit, & compenſatio admittetur, quia capit partem dotis jure hereditario.

### Ad §. Avia.

*Avia nepotibus heredibus inſtitutis fideicommiſſis, ut omiſſa retentione, quæ per Falcidiam ex alio teſtamento competebat, ſolida legata fratribus & coheredibus ſolveret. Recte datum fideicommiſſum reſpondi ; ſed hujus quoque onus in contributionem venire.*

Species hæc eſt: habeo quatuor nepotes, primum, ſecundum, tertium, & quartum. Ex iis nepotibus L. Titius extraneus quidam duos ſibi heredes inſtituit, tertium & quartum ; & ab eis legata dedit primo & ſecundo, & aliis forte extraneis, ita ut legis Falcidiæ ratio intercederet : poſtea ego nepotes quatuor mihi heredes inſtitui, & tertio ac quarto fideicommiſi, ut ſolida legata ex teſtamento Lucii Titii fratribus & coheredibus ſuis primo & ſecundo ſolverent, quamvis interveniret Falcidia, non retenta Falcidia : denique ut Falcidiam ſibi competentem ex teſtamento Lucii Titii primo & ſecundo fratribus & coheredibus ſuis condonarent & remitterent : & aliis quoque fideicommiſſis vel legatis uneret in eoſdem nepotes meos, tertium & quartum, ita ſcilicet, ut & ex meo teſtamento ſicut ex teſtamento Lucii Titii, eis competat beneficium legis Falcidiæ : Papinianus ait hoc loco, in ineunda ratione legatorum & fideicommiſſorum, quæ a tertio & quarto debet, etiam ceteris fideicommiſſis contribui & connumerari onus illud fideicommiſſi, ut ſcilicet ejus teſtamenti jure, quod Lucius Titius fecit ex legatis in eo fratribus relictis, primo & ſecundo deducant Falcidiam, quæ eis jure competit. Et hoc eſt quod ait Papinianus, hujus quoque fideicommiſſi onus, ne utantur Falcidia, in contributionem venire, ſive in computationem legis Falcidiæ. Contribuere legata aut fideicommiſſa eſt, in ineunda ratione legis Falcidiæ, ea communi calculo ſubjicere , *l. ii, §. quæſitum, ſup. hoc tit.* Ideoque quanta eſt Falcidia, quæ tertio & quarto ex teſtamento Lucii Titii competet de legatis primo & ſecundo relictis, tantum teſtamento meo a tertio & quarto per fideicommiſſum reliquiſſe videor primo & ſecundo : & fideicommiſſum valet : *fideicommiſſum*, inquit, *recte datum reſpondi.* Cur vero recte, non ſimpliciter? quia rem vel jus heredis ſui nemo non recte legat, §. *non ſolum, Inſtit. de legat.* etiam ſinendi modo, ut Ulpianus ſcribit *lib. reg. eod. tit.* Sicut & recte conſtat, ſervum heredis manumitti teſtatorem prohibere, perinde ac fi fuus effet fervus, *l.9.§.ult.inf.de man.teſtam.* Sed idcirco maxime Papinianus respondit, recte datum fideicommiſſum, quia datum ita est, id est, citra fraudem legis Falcidiæ, quam excogitavit teſtator. Nam etfi non possit testator cavere, etfi non possim ego cavere, ne in meo testamento Falcidiæ ratio habeatur, sed solida legata ex eo præstentur sine deductione Falcidiæ, etsi hoc frustra caveam in fraudem legis Falcidiæ secundum jus vetus, quod obtinuit ante Juſtin. *l.ſeq.§.ult.l.Sejus, hoc tit. l.nemo poteſt, de leg.* 1. fine fraude tamen legis recte caveo, ne heredes quodammodo ex alieno testamento competentem fibi Falcidiam deducant, quia non id ago, ut fraudem faciam legi Falcidiæ, sed ut hoc beneficium five fideicommiſſum numerem nepotibus meis mihi carioribus. Verum enimvero, ut subjicit Papin. hoc quoque inter cetera fideicommiſſum lex Falcidia minuet, quæ in meo testamento locum habet, ut si quarta tertio & quarto de legatis primo & secundo relictis competens ex alieno teſtamento fit centum, verbi gratia, ex ea quarta jure teſtamenti mei tertius & quartus deducent 25. quasi re sua aut jure suo legato: nam non solum ad res proprias testatoris legatas lex Falcidia pertinet, sed etiam ad res alienas, *l.1.§.non solum, h.t.* Ergo & ad res heredis, jurave heredis legata, ut patet ex hoc reſponſo, non quidem ita ut Falcidia deducatur ex rebus alienis, aut ex rebus heredis legatis, sed ex pretio earum, quod ex bonis defuncti dominis rerum præstatur: legata enim debebantur ex bonis testatoris, non ex alienis bonis: legatum est delibatio hereditatis testatoris, non hereditatis bonorumve alienorum, *l. legatum, sup.de leg.* 1. & inde, *non delibata hereditas*, id est, *non onerata legatis*, apud D. Ambrosium oratione quadam funebri: & eodem sensu, *Illibatus quadrans* in *l.20.§.Pap.fam.ercisc.* heredes igitur, a quibus testatorem aut jus eorum legavit duplici deductione utentur: nam & pretium rei, jurisve sui deducent, & rem inferent bonis teſtatoris, quæ commixta aliis bonis defuncti, si omnia efficiant quadringenta verbi gratia, & legata fint quadringenta, rursus heredes ex hac summa deducent centum. Et hæc est sententia & propria species hujus responsi, quam & secundo loco attigit Accursius. Paulus & Alexander aliam speciem composuerunt, nempe hoc modo: nam & hæc nobis examinanda est. L. Titius, qui in bonis habuit quadringenta, me heredem inſtituit habentem quatuor nepotes, primum, secundum, tertium, & quartum, & duobus ex eis nepotibus meis, primo & secundo a me legavit quadringenta, si legis Falcidiæ beneficio uti volo, non præstabo primo & secundo intacta & integra 400. sed trecenta tantum, ut centum salva habeam & sana, jure Falcidiæ. Verum antequam inirem & ponerem rationem legis Falcidiæ, mihique deducerem illa centum, facto testamento eosdem nepotes quatuor, mihi heredes instituti ex æquis partibus, & rogavi tertium & quartum, ut solida 400. ex teſtamento L. Titii fratribus & coheredibus suis, primo & secundo solverent, nec Falcidia uterentur, qua alioquin uti possent ex persona mea. Nam non tantum heredi Falcidiæ deductio est, si oneratus fit legatis, sed etiam heredi heredis, *l.10.C.eod.tit.l.1.§.1. inf.quod legat.* Et insuper eosdem nepotes meos, tertium & quartum aliis oneravi legatis & fideicommiſſis, ita ut lex Falcidia locum habeat, fideicommiſſum illud quod ab eis relictum est primo & secundo valere constat, quia lex Falcidia heredis causa lata est: nec fraus fit legi Falcidiæ, si jus suum deducant heres, sibi vel successori suo, fraus fit heredi non legi, *l. poteſt, h. t.* fideicommissum igitur valet, sed perinde erit atque si primo & secundo, hoc notandum, legassem 50. a tertio & quarto, & commixtis atque confusis his quinquaginta cum aliis legatis, quibus oneravi tertium & quartum, si omnia excedant dodrantem portionum tertio & quarto adscriptarum, etiam ex illis 50. tertius & quartus Falcidiam detrahent, id est, decem cum dimidio. Lege autem Falcidia non interveniente 50. præstabunt primo & secundo pro portionibus hereditariis suis, non centum. Et

ita illi componunt speciem, quam non recipio, propterea, quod hac ratione fit, ut primo & secundo, non ut cavi, ſolvantur ſolida legata, id est, plena & integra, ut aliæ leges loquuntur, sed pro partibus tantum tertii & quarti. Quandoquidem primus & secundus pro partibus suis hereditariis Falcidiam, quam mihi debuerunt, contribuunt conferuntque bonis meis, *l. 1. §. si debitor, hoc tit. l. si ei cui vendidi, §. ult. sup. de evict,* ut quod ego eis debeo, deducunt bonis, sic ex diverso, quod ipsi mihi debent, contribuunt bonis. Proinde ſola legata, id est, quadringenta primus & secundus non consequuntur, sed 350. tantum, non interveniente scilicet Falcidia in portionibus tertii & quarti, vel Falcidia interveniente 340. & unum cum dimidio. In ea autem specie, quam initio propoſuimus, & magis probamus, primus & secundus ſolida legata conſequuntur, non interveniente Falcidia, vel ea interveniente deminuto tantum, & rescisso legatorum quadrante, id est, quadrantis quadrante deducto tantum: itaque verbis Papiniani ſane prima species accommodatior est.

---

### Ad §. Ultimum.

*Duobus impuberibus substitutum, utrique heredem existentem, in alterius hereditate Falcidiam non uti convenit, ſi de bonis alterius impuberis quartam partem hereditatis patris, quæ ad filios pervenerit, retineat. Quod ſi frater fratri legitimus heres extitit, & impuberi supremo substitutus, portio quidem paternorum bonorum, quam inteſtatus puer accepit, rationi Falcidiæ non confundetur, sed quartam ejus tantum portionem substitutus retinebit, quam impubes accepit, qui ſubſtitutum habuit.*

SEquitur tertium & ultimum responsum, quod est in *l. 14. ad l.Falcid.* Pertinet ad materiam contributionum, qua nulla est subtilior in jure, & quæ potiſſimum tractatur in *l. 11. hujus tit.* Duæ autem sunt partes hujus tertii responsi, una est de substituto a patre duobus filiis impuberibus in secundum casum, quæ substitutio pupillaris appellatur. Secundus casus est casus mortis, quæ illis contingat, priusquam excesserint ex ephebis, priusquam pubuerint. Altera vero pars est de substituto a patre in eundem casum, ei tantum, qui supremus moreretur. Primæ partis species hæc est: Pater qui habebat 400. in bonis, primum & secundum filios suos impuberes heredes instituit ex æquis partibus, eisque ſingulis separatim L. Titium ſubſtituit in ſecundum caſum, ut dixi, est substitutio pupillaris: primi partem oneraverat legatis supra modum legitimum, secundi partem non oneraverat, quia ſcilicet a primo legaverat ducenta: legata relicta a primo absumunt igitur portionem primi & exhauriunt, quæ est ducentorum; a secundo autem nihil legaverat, aut legaverat centum duntaxat: nondum solutis legatis utroque moriente intra pubertatem, unus post alium, vel commoriente utroque ſimul, ſubſtitutus utrique heres extitit ex substitutione pupillari. Quæritur, an ex portione primi, quæ onerata est legatis, ſubſtitutus poſſit deducere Falcidiam, cum portio ſecundi, quæ est integra, aut non delibata supra modum ei sufficiat ad Falcidiam bonorum, quæ pater reliquit mortis tempore? Et respondet Papinianus in prima parte hujus reſponſi, ſubſtitutum in portione primi, quamvis onerata sit legatis, nulla Falcidiæ deductione uti posse, hac ratione, quia legata contribuuntur & commiſcentur tam a primo quam a secundo relicta, ſimul & portiones hereditariæ primi & secundi, quæ commixtio & confuſio palam facit nullam in hac specie incidere quæstionem legis Falcidiæ, quia portio secundi, quæ est integra, quæ non est onerata legatis, ſufficit ad quartam Falcidiæ, & mortuis impuberibus ſubſtitutus comparatur ei, qui primo loco inſtitutus est, *l. 1. §. ſi coheredes, l. 11. §. ſi filio, & §. quæſitum, h. tit. & l. qui fundum, §. ult.ff. ad leg.Falcid. l. coheredi, §. coheres, ſup. de vulg. ſubſt.* Substitutus igitur, quum extitit conditio substitutionis, revocatur ad intellectum inſtitutionis, ut illæ

illæ leges loquuntur, id est, pro instituto habetur primis tabulis. Institutus autem ex utriusque partibus, una parte onerata, altera non item, proculdubio confunderet & commisceret utrasque partes, partiumque onera; ac deinde facta confusione componeret rationem legis Falcidiæ. Ergo & instar instituti substitutus confundet partes heredum institutorum, & legata ab eis relicta. Quo facto apparebit legem Falcidiam in hac specie locum non habere, quæ est sententia primæ partis: neque huic responso quicquam officit, quod in materia contributionum Dd. statuunt, & ego semper prædicavi esse verissimum, ut ad 29. quæstionum, id est, ad l. 11. h. t. & ad 6. respons. id est, ad l. coheredi, §. cohæres, de vulg. subst. Ita vero statuunt, quum portio integra accedit adjungiturque oneratæ, contributioni portionum & onerum locum esse: cum vero onerata accedit integræ, contributioni locum non esse ex d. l. 1. §. si cohæres, & l. 11. §. si filio, & §. quæsitum, & l. quod si alterutro, hoc tit. Hæc definitio, quam habeo pro verissima, nihil obstat huic responso, ut cœpi dicere, quia in specie proposita neutra portio neutri accedit, sed utraque portio est æquè principalis, & directò ac principaliter, quasi una hereditas unicum patrimonium substituto obvenit ex substitutione pupillari, & ideo contributioni locus est, perinde atque si in primis tabulis ab asse heres institutus esset, licet prius ei obvenerit portio onerata, quam integra; Et quæ supradictis locis tractantur, de contribuendis vel non contribuendis legatis, ad ea tantum legata pertinent, quæ relinquuntur a pupillo herede scripto, & a substituto ejus, vel a duobus uni pupillo substitutis, vel ad ea, quæ relinquuntur singulis heredibus institutis contribui scilicet debeant, necne, vel ad ea, quæ relinquuntur ab instituto herede eodemque substituto, vel a pupillo, & coherede ejus extraneo eodemque substituto: nihil autem pertinent supradicti loci ad ea, de quibus hic agitur, quæ scilicet relinquuntur a pupillis duobus heredibus institutis, quibus unus tantum heres extitit, a quo nihil legatum est. Et de prima parte hactenus. In secunda parte hujus responsi: duobus impuberibus institutis, & unius portione onerata, non etiam alterius proponitur substitutus non utrique datus, ut in prima parte, sed in duobus ita, *qui supremus moreretur*: quo casu si unus post alium fungatur vita, priori defuncto frater superstes jure legitimo ab intestato heres existit, & eo postea moriente intra pubertatem, substitutus in bona ejus vocatur: in quibus bonis tametsi juveniat portionem prioris, quæ ei obvenit jure legitimo ab intestato ut consanguineo, tamen eam non confundit, aut contribuit cum portione posterioris, id est, ejus qui supremus mortuus est. Fac, portionem prioris esse integram, portionem posterioris oneratam, substitutus in portione posterioris, quam ex substitutione capit, Falcidiam inducere potest, licet pars prioris Falcidiæ sufficiat atque largiatur, quia partem etiam prioris partis substitutus non capit ex substitutione, cum substitutio priori non fuerit, nec posterior eam habuerit ex testamento patris, sed lege ad eum redierit ab intestato, ut fraterna, non ut paterna hereditas, & ab eo deinde transierit in substitutum jure substitutionis, non quæ facta est priori, quæ facta nulla est, sed quæ facta est supremo morienti, *l. sed si plures*, §. *ad substitutos*, *sup. de vulg. subst.* Hæ tantum portiones confunduntur, quæ sunt ejusdem generis, veluti hereditatis paternæ, non quæ sunt aliæ atque aliæ, hereditatis, veluti fraternæ, & paternæ. Et rursus hæ tantum portiones confunduntur, quæ ex eodem testamento capiuntur, non quarum una ex testamento, altera ex lege, inspecta origine deferri jure. Nam etsi pater cogitaverit portionem ejus, qui prior vita decederet ex lege perventuram ad posteriorem ab intestato, *l. pen. C. de impub. & aliis substitut. l. vel singulis, sup. de vulg. sub.* non est tamen ea cogitatio patris, ne tacita quidem substitutio, itaque portionem fratris, qui prior decessit, frater superstes capit, non veluti ex testamento patris, sed veluti ex *l. 12. tabularum*, jure intestati. Quod hic

*Tom. IV.*

A locus aperte demonstrat. Substitutus igitur in hac specie, si portio supremi morientis, si portio posterioris onerata sit legatis, ejus portionis quadrantem deducet, id est, sescunciam, & præter hunc quadrantem etiam habebit integram portionem intestati prioris inventam in bonis posterioris, id est, qui novissimus e vita excessit, quod & aliquando fieri idem Papinianus notat in *l. 11. §. quod vulgo, sup. illo loco*: Potest evenire, ut substitutus longe plus habeat quartâ paternæ hereditatis. Sane id evenit in specie proposita: nam habet substitutus septuncem & sescunciam. Utramque autem partem hujus responsi Cyrillus Græcus interpres breviter complexus est his verbis: Εἰ μὲν ἰδίᾳ ἑκάτω τῶν δύο ἀνήβων ὑπάκτω ἤ τις, κοινῶς τραγματεύεται ὁ φαλκίδιος· εἰ δὲ τῷ ὑστέρῳ τελευτῶντι, κεχωρισμένως. *Si quis*, inquit, *singulis duobus impuberibus substitutus sit, communiter habetur ratio legis Falcidiæ; sin vero ultimo morienti, separatim*. Ad hæc observandum est in specie primæ partis nihil interesse filii impuberes simul mortui sint ruina vel naufragio, an unus post alium: utrobique enim substitutus in ratione Falcidiæ confundit & permiscet utriusque partem & utriusque portionem. At in specie secundæ partis, huic responso locus est ita demum, si unus post alium vita decesserit, ut tum scilicet non fiat confusio & contributio partium vel onerum. Nam si pariter eodem momento filii perierint impuberes, confusionem admittemus, ut in prima specie, quia uterque intelligitur supremus decessisse, & substitutus utrique succedit ex judicio patris, & substitutione pupillari, quam eis fecit pater, *l. qui duos,*
C *sup. de reb. dub. l. ex duobus, sup. de vulg. subst.* ubi satis ostendi ad Africanum non aliud esse dicendum in substitutione precaria, non esse in hac re separandam substitutionem directam a substitutione fideicommissaria, contra quam hic Glossa adnotavit, explicata ratione, *l. eum qui, & l. heredes, §. cum ita, inf. ad Treb.* quibus subnititur Glossa, quam etiam §. *cum ita*, memini me exponere fusius superiore libro responsorum. Ergo cum substitutionem pater fecit pupillarem ei tantum, qui supremus impubes moreretur; distinguimus, utrum simul ambo vita decesserint casu quodam, an diversis temporibus: & eandem distinctionem servari volumus, si ita pater liberis substituerit; si ambo intra pubertatem decesserint, vel si uterque intra pubertatem decesserit, ut patet ex *l. qui duos, sup. de vulg. subst. & l. pen. C. de*
D *impub. & ali. subst.* Nam si diversis temporibus moriantur discretis partibus hereditariis, inducitur ratio legis Falcidiæ in portione posterioris, non in portione prioris, nec ideo minus in portione posterioris, si onerata sit, quod portio prioris non sit onerata. At si eodem tempore simul decesserint, rationi Falcidiæ partes hereditarias, partiumque legata contribuimus & confundimus, communi calculo subjicimus in computanda ratione bonorum & legatorum, quod & Accursius tradidit recte hoc loco, cujus Glossæ omnes in hunc locum rectissimæ sunt, præterquam in illa parte, qua separat substitutionem directam a fideicommissaria, ut docui in *d. l. ex duobus.* Idemque Antonius Polit. enarravit in hunc locum, nisi nescio qua mente in formulis concipiendis substitutionis pupillaris sexies scripsisset,
E *in pubertate, si in pubertate decesserit,* pro *si in pupillari ætate*: nam puberi in secundum casum directo substitui non potest, §. *ult. Instit. de pupill. subst.* Et quod etiam crediderim ex lectione vitium ejus, qui expresserat male, quod ille descripserat bene, nisi etiam quum ita substituit liberis impuberibus; *si ambo mortui essent*, desiderasset singulis ita substitui contra quam proponatur in *d. l. pen. C. de imp. & ali. subst. & l. qui duos, de vulg. subst.* Et hic est finis legis 14.

Priusquam veniam ad *l. 58. ad SC. Treb.* debeo satisfacere duobus ex vobis veri juris studiosissimis, quo genere & omnibus satisfaciam, quibus resident adhuc hæsitationes quædam juxta ea, quæ diximus ad primum responsum *l. 14. ad l. Falcid.* Ac potissimum ad eas tres

tres quæstiones, quas proposui post expositam speciem hujus responsi. Et ad primam quidem quæstionem, quod dixi, de dote a patre exacta consentiente filia, ut compensetur cum Falcidia, quia invenitur in bonis patris; ibidem objicitur, prælegata etiam inveniri in bonis testatoris, & tamen non computari in Falcidiam pro ea parta, quæ a coherede accipitur, ut in *l. in quartam, eod.* At respondeo, dotem filiæ fuisse prælegatam nusquam proponi, quia ex bonis patris filia dotem aufert tanquam præcipuam, & quasi non transmissam in utrumque heredem institutum, sed in se tantum in assem, *l. unic. §. & hoc, C. de rei uxor. act.* Quod etiam olim obtinuisse certissimum argumentum præbet nova distinctio, quam hac in re introduxit Justinianus in *l. ult. C. comm. utriusq. judic.* Deinde etiam si dos prælegata esset, aut pro prælegata haberetur, dicerem totam eam compensari in Falcidiam, quia tametsi pars, quæ jure legati capitur in prælegato a coherede non imputetur, sive non computetur in Falcidiam, compensatur tamen, *l. Nesennius, l. filio, eod. t.l.58.* ad quam mox aggredior, §. *acceptis, ad Treb. l. filium quem, ff. famil. ercisc.* Aliud est commutare, aliud compensare. Et hæc duo accurate semper distinguenda sunt, non confundenda, aut quod Dd. faciunt commutanda. Quod autem dixi ad secundam quæstionem, si tanti sit, quod filia ex bonis patris deducere jussa est, id est, si tanti sit uncia, quam deducere jussa est, quanti est dos, vel etiam si amplius sit, filiam dotem compensare cum Falcidiæ residuo, quod sibi suppleri desiderat. Ibidem quæritur, unde eam dotem habeat filia, & quo jure? Et respondeo, filiam eam dotem ex bonis patris habere videri, quod ex bonis patris tantum fert, quod amplius jure hereditario, vel jure legati, & idcirco compensare cum dote: denique agnoscendo hereditatem vel legatum, amittit propriam actionem dotis, quæ in maritum a quo divertit frustra agit, *l. si cum dotem, §. si pater, sol. matrim.* & quod in hereditate vel legato amplius habet, lucrifacit. Item quod quæritur, quatenus filia compenset dotem, ut habeat sescunciam? scribendum est, *sescunciam*, non *semunciam*. Respondeo eam compensare totam dotem, quia posui non esse eam ampliorem semuncia, quæ Falcidiæ deest, aut non esse ampliorem uncia, quam filia retinere jussa est. Postremo quod dixi ad tertiam quæstionem (secunda fuit de dote a patre exacta non consentiente filia, prima de dote exacta consentiente filia) de dote petita a patre, non etiam exacta, idem juris esse in dote petita, quod exacta, id persuasorie dictum esse, cetera, quæ tradidi, ostendunt, & sane mutandum est. Nam si pater dotem exegerit consentiente filia, compensatur, si petierit tantum consentiente filia, non exegerit, non compensatur, quia propria est exactio filiæ, *l. si marito, §. si voluntate, sol. matrim. l. un. §. & hoc, C. de rei uxor. act.* Quod si pater dotem petierit tantum non consentiente filia, eadem quoque ratione, quia filiæ exactio est propria, non compensatur; & multo majori ratione (quod unus ex illis accurate animadvertit) ne sit deterioris conditionis, quæ non consensit patri petenti, quam quæ consensit: quod eveniret, si hæc non compensaret, illa compensaret, & esset absurdum atque incongruum.

---

### Ad L. LVIII. ad Senatusc. Trebell.

*Deducta parte quarta restituere rogatus hereditatem, priusquam restitueret hereditario debitori heres extitit, quoniam actio ea confusa per Trebellianum redintegrari non potest; pecuniæ quoque debita dodrans, ex causa fideicommissi petatur, sed in eum diem, qua actio confusa est usuræ præteriti temporis, quæ in obligatione, vel in officio judicis fuerunt, computabuntur, posteriores ita demum, si mora fideicommisso facta sit.*

SUnt in hac lege plura responsa. Primum & secundum quoniam brevissimum, exponam: primi species hæc est: Sempronius me heredem scripsit & pure rogavit primum responsum est de puro fideicommisso, quod maxime ad rem facit, sequentia de fideicommisso in diem. Pure igitur me rogavit, ut deducta Falcidia Lucio Titio hereditatem restituerem: in hereditate erant nomina debitorum, quorum uni per aditionem heres extiti, antequam L. Titio restituerem Sempronii hereditatem, aditione extincta & confusa est actio hereditaria, quæ mihi in eum debitorem competebat jure hereditario, quia ejusdem pecuniæ factus sum creditor & debitor, *l. Stichum, §. aditio, de solut. & l. seq. h.t. l. debitori, C. de pact.* Quæ actio ita confusa redintegrari non potest, per S.C. Trebellianum L. Titio restituta hereditate scilicet, quoniam Senatusconsultum Trebellianum transfert tantum in fideicommissarium actiones, quas heres habet, & quibus obstrictus est, id est, activas & passivas: passivas, ut loquuntur, quæ scilicet nunc sunt in hereditate, §. *qui post*, in hac lege, & in *l. seq. l. si mulier, §. ex asse, de jur. dot.* Actiones autem, quæ desierunt esse in hereditate, Senatusconsultum Trebellianum, ex quo restituitur hereditas fideicommissario Trebelliano, neque transfert, neque redintegrat, quia SC. illud est de transferendis tantum actionibus hereditariis, non de redintegrandis, quæ cum sint extinctæ per confusionem, nec transferri possunt igitur in fideicommissarium Trebellianum & ideo deficiente auxilio Senatusconsulti, æquum est subveniri fideicommissario, ne amittat commodum ejus actionis, quæ in hereditate fuit mortis testatoris tempore. Quamobrem Papinianus ait, exemplo ceterorum bonorum & ejus quoque actionis, sive pecuniæ debitæ jure fideicommissi, deducta Falcidia, & cavit Sempronius, debere L. Titio restituere dodrantem, dodrantem sortis, itemque dodrantem usurarum ejusdem pecuniæ: usurarum, inquam, præteriti temporis, quæ fuerint in obligatione, vel officio judicis usq; in diem, quo confusa est obligatio, ut ait, id est, quo debitoris hereditarii hereditatem adivi: nam & ea obligatio usuraria, hereditaria est, *l. postulante, §. sed & in hujusmodi, hoc tit.* Ergo ejus dodrans in restitutionem fideicommissi venit. Ab eo autem die, quo confusa est obligatio, usuræ consistunt, neque debentur fideicommissario pro dodrante, quod rursus officio judicis a me deberi incipiunt, aut forte ex mora præstandi fideicommissi, quod interpellanti fideicommissario sine causa recusem restituere hereditatem fideicommissariam. Medii autem temporis inter diem confusæ obligationis, & diem moræ, nullæ debentur usuræ, quia sublata per confusionem, quæ pro solutione erit, obligatione principali, sublata etiam est obligatio usurarum, quæ illius sequela & accessio est. Quæ est sententia hujus responsi, in quo & hoc maxime notandum, quod usuras, quæ sunt in obligatione, Pap. separat ab usuris, quæ veniunt officio, sive arbitrio judicis, quia etsi quæ veniunt officio judicis, quandoque deberi dicantur, ut in *l. mora, §. in bonæ fidei, sup. de usur.* tamen proprie non debentur, quia non sunt in obligatione, *l. ult. sup. de eo quod certo loco, l. qui per collusionem, §. ult. de act. emp. l. non quidquid, de indic.* Et leges insigendarum earum judicibus tribuunt copiam, non imponunt necessitatem: in obligatione autem sunt usuræ ex stipulatione in causis stricti juris, vel ex pacto certis casibus: & paucis in strictis judiciis, vel ex lege in omnibus judiciis: nam & lege obligamur, *l. obligamur, §. 1. de oblig.* ut in causa judicati: nam usuræ rei judicatæ sunt legitimæ & certæ, non arbitrariæ: in arbitrio autem judicis sunt usuræ ex mora in bonæ fid. contractib. & in legatis, ac fideicommissis, *l. 3. C. in quib. causis rest. in integ. non est necess.* & in pollicitationibus factis Reip. ob causam, *l. 1. inf. de poll.* & interdum etiam ante moram in bonæ fidei judiciis, ut in *l. 12. §. si mihi, sup. mand.* Iis etiam addamus, quod est perbreve & exiguum in §. 1.

### Ad §. Cum hereditas.

*Cum hereditas ex causa fideicommissi in tempus restituenda est: non idcirco nominum periculum ad heredem pertinebit, quod heres a quibusdam pecuniam exegerit.*

Heres in tempus, vel ut ait §. qui sequitur, post tempus, quod idem est, puta post biennium rogatus est hereditatem restituere L. Titio, & interim quædam nomina hereditaria fœneratitia exigit intra biennium, quædam non exigit: quæ exegit fœnora, non veniunt in restitutionem fideicommissi, ut patet ex §. seq. cujus quæstio elegantissima est, quia ea ex judicio defuncti exegit, qui voluit integro biennio, quantum possset ex hereditate emolumenti percipere, salva rerum substantia: nec enim deminutio heredi onerato fideicommisso post tempus restituendo, permittitur, *l. mulier, §. si heres, hoc t. & Nov. 39.* Quæ autem nomina non exegit, veniunt in restitutionem fideicommissi, veluti usuræ futuri temporis, & nomina, quæ non exegit, veniunt in restitutionem fideicommissi, & veniunt qualia qualia sint: nec enim heres præstare debet, ea esse integra & idonea, ut si forte sine culpa heredis deteriora facta sint, debitoribus facultatibus eversis, periculum eorum in se recipiat & agnoscat: nec enim agnoscit: quod tamen fideicommissarius heredi objiciebat, desiderans, ut periculum nominum non exactorum, ad heredem pertineret, & dicens, cur tu hæc nomina non exegisti, illa exegisti? cur his intervallum dedisti, non illis? Quod objicit frustra: nam etsi illa exegisset, si omnia exegisset, non fecisset meliorem, imo deteriorem conditionem fideicommissarii, quia tanto minus restitueret. Itaque ex eo solo culpa in herede culpari non potest, quod alia fœneratitia: nomina enim proprie dicuntur de cautionibus fœneratitiis: quod aliam, inquam, nomina exegerit, alia non. Et recte in *l. periculum, sup. de reb. cred.* periculum nominum ad eum tantum pertinere, cujus culpa deferta ea facta esse probetur, non etiam ad eum, qui vacat culpa. Denique heres nisi culpam, merito existimat omnia alia sibi indebita esse, quæ est sententia 1. §. Ne adversus eum quicquam facit, *l. cum quæreretur. sup. de adm. tut.* quam objicit Acc. quia non loquitur de nominibus hereditariis, sed de nominibus facti a tutore: nam & nomina fideicommissarius velim separari ab iis, quæ heres fecit ex pecunia hereditaria, & suo nomine stipulatus est, quod heres sibi imputat in Falcidiam, & si quid sit ultra Falcid. ultra quam jus non habet deminuendi fideicommissi, ut notatur in supradicta Nov. 39. In eo eam dabit electionem fideicommissario, quam dat tutor pupillo, in *d. l. cum quær. & l. tut. qui repertorium §. si tut. pec. eod. tit.* ut aut tota nomina, quæ heres contraxit agnoscat fideicommissarius, aut tota repellat, nec sit in ejus potestate integra sibi habere, & deteriora imputare heredi, eaque ita dividere & scindere, quoniam satius est, aut in totum, quod fecit heres in contrahendis nominibus eum approbare, aut in totum improbare.

### Ad §. qui post.

*Qui post tempus hereditatem restituere rogatus, usuras a debitoribus hereditariis perceptas, quarum dies post mortem creditoris cessit, restituere non cogitur, quibus non exactis omnium usurarum actio, nam hereditatis stipulatio fuit, ex Trebelliano transferetur. Et ideo nec indebiti repetitio erit. Ac similiter hereditario creditori, si medii temporis non solvantur usuræ, fideicommissario in his quoque Trebellianum tenebit, nec ideo querela locus erit, quod de fructibus heres, quos jure suo percipiebat, fœnus non solverit. Quod si fœnus heres medii temporis solverit, eo nomine non erit retentio, cum proprium negotium gessit, quippe sortem reddere creditori coactus, fideicommissario nihil usurarum medii temporis imputabit.*

Sequitur ut exponamus §. *qui post tempus*, quod est tertium responsum hujus legis, cujus § duæ sunt partes. Una est de actionibus, quibus defunctus aliis tenebatur obstrictus, altera est de actionibus sive obligationib. quibus defunctus alios sibi habebat obstrictos. Denique prima est de debitoribus hereditariis, secunda de creditoribus hereditariis: In prima parte tractatur de fructibus, usuris, pensionibus ab herede medio tempore perceptis, ante diem fideicommissi, id est, antequam venisset dies restituendæ hereditatis ad heredem per fideicommissum alii relictæ: denique agitur in prima parte, de fideicommisso hereditatis relicto in conditionem: nihil refert, æqui istud facio, an scilicet veniente die restitutionis fideicommissi, aut existente conditione, fructus, usuræ, pensiones interim perceptæ ab herede fideicommissarium sequantur, & in restitutionem veniant? Loquitur tantum de fideicommisso in diem, puta relicto post biennium. Sed idem est in fideicommisso conditionali, *ut dixi*, hæc facio paria. At a fideicommisso in diem, vel in conditionem longe disparo fideicommissum purum sive præsenti die relictum. Nam fructus tales a defuncto vel immaturi erant mortis tempore, ab herede percepti ante moram, per negligentiam, & ignaviam fideicommissarii non interpellantis heredem, fideicommissario non sequuntur, nec imputantur in Falcidiam, sed heredis lucro cedunt, ut docui *lib. 7. ad l. 8. de usu.* quia scilicet non hereditati, sed ipsis corporibus hereditariis hi fructus accepto feruntur, & in Falcidiam tantum imputantur, quæ ex hereditate sunt, & in fideicommissum æque veniunt ea tantum, quæ hereditatis sunt, sed ii tantum fructus sequuntur fideicommissarium, qui percipiuntur post moram factam restitutioni fideicommissi, quæ omnia demonstrantur in *l. in fideicommissarium, l. §. si heres, l. postulanti §. sed & in hujusmodi quæstione, sup. h. t.* Hi etiam fructus fideicommissarium sequuntur, qui inventi sunt in hereditate mortis tempore, puta reconditi in horrea, vel qui maturi erant, & mox demetendi mortis testatoris tempore, quoniam ii pars hereditatis sunt: Ii hereditati accepto feruntur, qui inibi erant vel demeterentur, *l. q. sup. ad leg. Falc. l. centurio, in fi. de vulg. subst.* Et hoc de fructibus. At usuræ pecuniarum a defuncto collocatarum, vel mercedes, aut pensiones locationum factarum a defuncto fideicommissarium sequuntur, fideicommissario debentur omnimodo ex mortis tempore in tempus restitutionis, *d. §. sed & in hujusmodi*, vel in tempus, quo principalis obligatio sublata fuerit, ut in primo responso h. leg. Et ratio hæc est, quia earum usurarum pensionumve actiones hereditariæ sunt, quandoquidem exordium sumpserunt a defuncto: ergo concedendæ sunt fideicommissario, cui relicta est hereditas, id est, quidquid esset hereditarium. In usuris autem perceptis, non ex contractu defuncti, sed ex contractu heredis, qui nummos hereditarios fœnori occupavit, & in fructibus similiter satis ab herede & perceptis, nulla est differentia, quia certum est, neque eas usuras, neque eos fructus contineri fideicommisso, propterea quod heres suo periculo pecuniam hereditariam fœnori occupavit, & suo quoque periculo suaque impensa prædia hereditaria sevit, curavit, & coluit, & hereditariæ hæ actiones sive obligationes non sunt, ideoque nihil eo nomine heres fideicommissario præstat, nisi mora intercesserit, *d. §. sed & hujusmodi.* Obligationes, quæ non sunt hereditariæ, non cadunt in fideicommissum hereditatis, quod & lex quæ sequitur, *l. debitor*, demonstrat, quoniam quidem, ut jampridem ostendi, in ea legendum est, *quoniam hereditaria non est actio:* idcirco scilicet nihil eo nomine fideicommissario præstatur, fortes tamen, quibus sumptis ex hereditate heres fœneratus est, proculdubio præstat fideicommisso, *Luxori, de usuf. leg.* Et hæc de puro fideicommisso. Videamus quid juris sit in fideicommisso relicto in diem, vel in conditionem; & certum est fructus medio tempore perceptos ex tempore

mor-

mortis, in diem, quo exstitit conditio, aut venit dies fideicommissi, non venire in restitutionem, nisi fuerint maturi mortis tempore, vel repositi in horrea, ut d. *l. centurio*, qua fuit fideicommissum in diem, vel nisi mora heredis intercesserit. Sed ceteri fructus, qui non veniunt in restitutionem fideicommissi, quod heres oneratus fideicommisso non sit ex filiis, quoniam filii excipiuntur a Justiniano in *l. jubemus, C. eod. tit.* imputantur heredi, non veniunt quidem in restitutionem, sed imputantur heredi in quartam, & quartæ fructus, quia eos heres habet ex judicio defuncti, qui tantisper eum hereditate perfrui voluit, vel ut ait in secunda parte hujus §. eos heres jure suo, id est, jure hereditario interim percepit, *d. l. in fideicommissarium, l. mulier, §. si heres, hoc t.* Et constat in Falcidiam imputari omnia ea, quæ capiuntur ex judicio testatoris, si jure hereditario, non alia ulla, sive agatur de Falcidia hereditatis, sive de Falcidia legatorum, aut fideicommissorum specialium, *l. quod autem, l. in quartam, sup. ad leg. Falcid.* Exemplo autem fructuum usuræ, quas medio tempore percepit a debitoribus hereditariis, cedente earum usurarum die post mortem testatoris in restitutionem non veniunt, sed imputantur in Falcidiam; quasi perceptæ certo judicio defuncti, *§. ante inf.* usuræ vicem fructuum obtinent, *l. usura, sup. de usur. l. postulante, §. sed & in hujusmodi,* in illo loco, *sane pro fructu, &c. sup. hoc tit.* Usuræ, inquam, vicem fructuum obtinent juris potestate, non naturæ, *l. si navis, sup. de rei vind.* nec enim usuræ natura proveniunt, quasi pecunia gignente pecuniam, sed ex obligatione descendunt, vel ex officio judicis. Usura est quasi fructus, & reditus pecuniæ, *l. 3. sup. de usuf. ear. rer. quæ usu consf. l. Titius, de præsf. ver.* Sunt incrementum pecuniæ, *l. alio, de aliment. leg. πλεο-ναςμὸς τῇ χρείᾳ, Levit.* 25. Et idem etiam dicendum: est in pensionibus prædiorum rusticorum vel urbanorum, quæ defunctus locavit, quas scilicet pensiones, antequam dies cederet fideicommissariæ hereditatis, die earum pensionum cedente post mortem testatoris, heres medio tempore percepit, *d. §. ante*, quia pensiones prædiorum etiam pro fructibus accipiuntur, *l. pensiones, de usur. l. 7. de pensionibus sup. fol. mater. l. ancillarum, & l. mercedes, sup. de petit. her.* Et rusticorum quidem prædiorum pensiones incunctanter dicimus pro fructibus accipi, cum sint pretia fructuum, quos prædia ferunt naturaliter. De pensionibus prædiorum urbanorum magis dubitatur, an habeantur pro fructibus, quia ex prædiis urbanis nulli fructus natura proveniunt, sed ex obligatione tantum locati & conducti: sed has quoque pensiones placet accipi pro fructibus, & heredi, qui eas accepit imputari in Falcidiam, nec fideicommisso contineri. Et hæc de fructibus, usuris, pensionibus ab herede perceptis ante diem cedentem fideicommissi, quo sit restituenda hereditas. Nunc videamus, quid fiat de illis, quos, quasve heres non percepit tempore restituendæ hereditatis? Et hoc casu videntur etiam nonnihil distare fructus ab usuris, & pensionibus: nam fructus nondum percepti, qui ab herede sati sunt, vel qui pendebant immaturi tempore mortis testatoris, in restitutionem non veniunt, nisi mora facta sit restitutioni fideicommissi, quia non hereditati, ut dixi ante, sed ipsis rebus hereditariis accepto feruntur, *l. in fideicommissariam, hoc tit.* Ut usurarum & pensionum nondum exactarum actiones in restitutionem veniunt, etiam si dies earum cesserit post mortem testatoris ante moram heredis, vel restitutionem fideicommissi, quia hereditariæ actiones sunt, quatenus originem ceperunt a defuncto. Quamobrem heredi non competit conditio indebiti, si usuris vel pensionibus non deductis, quarum dies jam cesserat post mortem testatoris, hereditatem restituerit ex Senatusconsulto Trebelliano, quia non intelligitur plus debito restituisse, quod Papin. hoc loco significat his verbis, *& ideo, nec indebiti repetitio erit*; non erit sc. heredi, qui restituit hereditatem his usuris, vel pensionibus non deductis;

ne dicas, ut Glossa, *non erit debitori, qui solvit heredi vel fideicommissario*. Illud etiam certissimum est, earum usurarum vel pensionum actiones fideicommissarium sequi, quarum dies tempore restitutæ hereditatis nondum cesserat, forte quia erant debitæ sub conditione, quæ nondum exstiterat, *l. ita tamen, §. actiones, sup. h. t.* At quæro, an etiam fideicommissarium sequantur usuræ, vel pensiones, quarum dies jam cesserat vivo testatore? Et ut sequi videantur magnum nobis præbent argumentum in hoc loco hæc verba Papin. *quarum dies post mortem creditoris cessit*. Secundum quæ etiam accipienda sunt hæc verba d. §. *ante*, cum postea cessisset dies, nempe dies usurarum aut pensionum, non dies restitutionis, ut ibi Glossa notat quæ etiam illa verba accipiendo de die usurarum uti accipienda sunt, ex hoc §. *frustra exigit moram debitorum*, cum usuræ pecuniæ creditæ citra moram debeantur ex stipulatione, ut & hoc §. significat, dum ait, *nam hereditaria stipulatio fuit*, stipulatio usurarum scilicet. Igitur actiones usurarum, quarum dies jam cesserat ante mortem testatoris, fideicommissario competunt, vel si ab herede perlatæ sint & exactæ, in restitutionem veniunt ut sortes, quasi sortes effectæ *l. uxori, de usuf. leg. l. qui negotiationem, §. ult. de adm. rei.* Sortes vero non ambigitur esse restituendas, quia fuerunt in hereditate mortis tempore, qua de causa in §. t. h. l. nomina, vel usuræ pecuniæ pro cautionibus fæneratitiis, ut *l. ult. in pr. C. de pact. con. super dote: l. qui filium, sup. de leg.* 3. pecuniæ, inquit, destinatæ nominibus faciendis, id est, contrahendo fœnori, nimirum, quia pecuniæ creditæ usuræ non debentur, nisi ex stipulatione; vel ut olim obtinuit, nomine facto ad mensam argentariam, ubi æra perscribuntur usuraria, ut Plautus ait, in Truc. his duobus modis, stipulatione scilicet & nomine facto fœnus contrahetur, *l. si plures, sup. de pact.* vel si in d. §. 1. nomina tam pro usuris quam pro sortibus accipias, separandæ tibi sunt usuræ a sortibus. At dicendum sortes exactas ab herede in restitutionem venire, & non exactarum actiones, ut it earum actionum periculum heres fideicommissario præstare non cogatur: usuras autem exactas, quarum medio tempore dies cessit, in restitutionem non venire, quoniam testator voluit, ut interim eas heres sibi haberet: non exactas autem usuras concedi fideicommissario, quales quales sint earum actiones, herede non agnoscente earum periculum, nec præstante debitores esse idoneos & locupletes. Ut usuræ sint exactæ ab herede, ne restituantur, aut cedant fideicommissario, omnimodo requiro; nam si petitæ tantum sint ab herede, etiam si petitionem sequuta sit condemnatio, id est, etiam si debitor condemnatus sit heredi, dico fideicommissario exactionem competere, non heredi, argumento *l. si marito, §. si voluntate, sup. sol. matr.* Quod & suapte prudentia nullo loco adnotato ita sensit Angelus Perusinus. Hæc sunt, quæ pertinent ad primam partem, quæ notanda sunt. Venio ad secundam partem, quæ est de usurariis creditoribus hereditariis. Et rursus hujus partes, quarum una est de herede, qui non solvit usuras creditoribus hereditariis, quarum dies cessit medio tempore post aditam hereditatem ante diem fideicommissi cedentem: altera pars est de herede, qui eas solvit. De prima, primum dicamus. Si ante diem fideicommissi cedentem medio tempore heres non solvit usuras creditoribus hereditariis; tametsi earum dies cessisset medio tempore: lege quidem Falcidia non interveniente onus istud solvendarum usurarum sequitur fideicommissarium ex S.C. Trebelliano, cui restituta est hereditas: nam eo S.C. cautum est, ut actiones quæ heredi & in heredem competunt, ei, & in eum deinde restituta hereditate, *l. 1. h. t.* Eadem igitur est ratio usurarum non exactarum ab herede, & non solutarum: eadem ratio commodi & incommodi: nam & non exactarum commodum de quo egit supra, & non solutarum incommodum, sequitur fideicommissarium. Et hoc est, quod ait initio secundæ partis hujus §. At similiter cum

di-

dixisset de commodo non exactarum, quod sequitur fideicommissarium, subjicit de incommodo non solutarum, & id quoque similiter sequi fideicommissarium, servata eadem ratione in commodis, & in incommodis, ut nec sint commoda sine oneribus, nec onera sine commodis: Et subjicit, onus usurarum medii temporis non solutarum ab herede creditori hereditario usque adeo fideicommissarium sequi, cui postea ex SC. Trebel. restituitur hereditas, ut nec queri fideicommissarius aut expostulare cum herede possit heredive vitio, aut culpa dare, quod ex fructibus medio tempore perceptis eas usuras non solverit. Hæc querela fideicommissarii, justa non est adversus heredem, quia heres fructus jure optimo & jure suo percepit, & ex judicio defuncti suos fecit, sine onere ullo, ut nec debuerit ex eis ultro solvere usuras creditoribus hereditariis, quæ est sententia Papiniani in prima parte secundæ partis; cui tamen obstare videtur lex *scribit*, *sup. b. t.* quæ ostendit de fructibus medio tempore perceptis debere heredem replere fideicommissum, quod interim casus quidam deminuit, vel absumpsit. Et tamen hic dicitur, de iisdem fructibus heredem ultro non debere subire onus solvendarum usurarum medii temporis. Sed speciem & sententiam integram d. l. *scribit*, priusquam respondeam, me aperire operæ pretium est. Testator, qui quadraginta habebat in bonis, heredem rogavit, ut post mortem suam hereditatem L. Titio restitueret: heres medio tempore ex fructibus rerum hereditariarum percepit quadringenta, quanti fuit hereditas mortis testatoris tempore, & est etiam hodie. Quæritur, utrum fideicommissario heres restituere debeat octingenta, vel quadringenta. certissimum est, satis esse 400. fideicommissario restitui quæ in hereditate fuerunt, quia fructus medio tempore perceptos heres imputat in Falcidiam, & id, quod amplius est in fructibus, quantum quantum sit, lucrifacit sibi ex judicio defuncti. Hinc finge aliam speciem. Medio tempore ex hereditate deperiisse trecenta improviso quodam casu, hoc nomine regulariter heres, qui culpa vacat, fideicommissario non tenetur, ut præstet quod non habet, quod vis quædam major eripuit & absorbuit, *l. mulier, §. sed enim, hoc tit.* At in proposita specie, cum ex fructibus medii temporis heres tulerit 400. Quæritur, an ex fructibus fideicommissario teneatur restituere 300. quæ deperierunt, an teneatur damnum fideicommissi resarcire ex fructibus medii temporis: quod illa lex ait Celsum diu multumque tractasse & vexasse, & novissime, id est, post longam & diligentem disquisitionem vel tractationem, Celsum statuisse hoc casu ex æquo & bono damnum, quod contigit fideicommisso eum debere agnoscere & resarcire, ad quem etiam fructuum medii temporis emolumentum rediit, id est, heredem. Debere igitur heredem fideicommissario supplere 300. de fructibus medii temporis, ut pro rata damni, quod medio tempore contigit, quodque sustinet fideicommissarius, & emolumentum fructuum sentiat, quæ est quæstio & sententia l. *scribit*. Et ut respondeam, satis apparet longe diversam esse quæstionem & speciem l. *scribit*, ab ea, quæ hoc loco proponitur, & tamen utramque dirimi ratione eadem, ut quod est secundum naturam, quem sequuntur damna, onera, incommoda, eundem etiam sequantur lucra, commoda, emolumenta pro portione, & contra, ut non sequantur damna eum, quem lucra non sequuntur. Eadem ratio modo onerat fideicommissarium, ut in hoc §. *qui post.* modo relevat, ut in d. l. *scribit*. Non possunt autem esse contraria, quorum eadem causa & ratio est diversa species. Non possunt esse contraria, quæ una eademque ratione conniuntur. At rursus superiori sententiæ Papiniani, quam exposui, quæ proponitur in prima parte secundæ partis, opponitur l. ult. §. *ubi autem, & §§. sequent. C. de bon. quæ lib.* Ex quo loco Accursius efficit, cum adventitia hereditas obvenit filiofamil. patrem, in cujus potestate est, quamvis ad eum fructus pertineat & usus, nuda proprietas ad filium, de

fructib. tamen non solvere usuras creditorib. hereditariis. Male. Consentit enim ea etiam lex cum ratione eadem, quæ & hoc loco, & in d. l. *scribit*, secundum naturam postulat, ut cui adjiciuntur commoda, injungantur etiam incommoda, quasi commodum & incommodum, labor & voluptas, dissimillima natura, ut Titus Livius ait 5. societate quadam inter se naturali junóta sint. Et secundum hanc regulam juris naturalis in d. l. ult. definitur, patrem, ad quem fructus hereditatis, quæ obvenit filiofamil. pertinet, sustinere etiam damna & sumptus litium, si quæ sint lites hereditariæ, & onera legatorum, & urgente ære alieno hereditario, id patrem quamprimum debet dissolvere ex bonis hereditariis, ne usuræ crescant; aut sane de fructibus, quos percepit, usuras solvere creditoribus hereditariis: & æs alienum idcirco dissolvere ex bonis hereditariis; quia, ut ibidem notat Justinianus, bona non intelliguntur esse, nisi quæ supersunt deducto ære alieno, *l. 11. de jure fisci, l. ususfructu, sup. ad l. Falcid. l. subsignatum, §. bona, de verb. sign.* Et Quintilian. declamat. 273. *bona porro quæ sunt? ut opinor,* inquit, *& quæ detractis alienis deprehensa sunt.* Et rursus, *ut opinor,* inquit, *detracto ære alieno omni, detractis oneribus bonorum, quod residuum ex patrimonio fuisset.* Nam patrimonii in alium transituri ea ratio est, ut primum credito solvatur satisfiat. Et hactenus quidem verde, qui non solvit creditori hereditario usuras medii temporis, id est, de prima parte secundæ partis. Sequitur alia de herede, qui solvit usuras medio tempore ante diem fideicommissi cedentem, ante restitutionem fideicommissi, quem Papinianus ait, quod maxime notandum, in restituenda hereditate solutas usuras retinere, aut reputare fideicommissario non posse, & eo minus restituere, hac ratione, quia solvendo usuras medii temporis suum proprium negotium gessit, quoniam ipse solus usuris eo tempore tenebatur obstrictus; fideicommissarii autem, cui nondum tenebatur, nullo modo potest videri gessisse negotium. Qua ratione etiam subjicit, heredem, si forte medio tempore per judicem coactus fit creditori hereditario solvere sortem, sive caput, *le principal*, non posse eum medii temporis inter solutionem sortis, & restitutionem fideicommissi usuras reputare fideicommissario, hac ratione: quia, si eas quas ante solutionem sortis solvit creditori, non reputat fideicommissario, quod suum negotium gesserit, nec eas quoque reputabit, quas nec solvit quidem ipsi creditori, sed absoluto creditore sibi retinere desiderat, quasi vice creditoris sortem quidem solutam heres reputat fideicommissario, & eo minus ex causa fideicommissi restituit, *l. ita tamen, §. actiones, in fin. hoc tit.* vel restituta hereditate ex Senatusconsulto Pegasiano, interveniente lege Falcidia, eam sortem pro dodrante a fideicommissario petit, ex stipulatione partis, & pro parte, de qua in Instit. tit. 'de fideic. hered. quo quidem modo accipiendus est lex 1. C. ad Senatusc. Trebell. usuræ veteres, quas heres solvit, non reputat fideicommissario; ergo, nec usuras novas, quas post solutam sortem creditori hereditario ad vicem & exemplum creditoris sibi retinere desiderat, quasi successerit in locum creditoris: nec enim successit in ejus locum, quia coactus ei solvit ex causa propriæ obligationis. Et alia est ratio, unde possit sumi argumentum in contrarium. Alia, inquam, est ratio secundi creditoris, de quo in *l. 12. §. secundum, sup. qui pot. in pign. hab. & l. secundus, C. de pign.* secundi, inquam, creditoris, qui sortem & usuras solvit primo creditori, ut pignus quod utrique obligatum erat, sibi confirmaret, quoniam hic solvit ultro, non coactus, non obligatus, & ideo debitori imputat usuras, quæ præstandæ fuissent primo creditori, si ei non satisfecisset, non etiam usurarum solutarum usuras, quia ut illis locis ostenditur, suum magis quam debitoris negotium gessit. Gessit quidem etiam negotium debitoris, quia eum liberavit a primo creditore, sed suum gerere negotium magis in animo habuit, ut sibi pignus confirmaret, in quo primus creditor erat potior & potentior; si solius debitoris negotium gessisset, etiam usurarum solutarum usuras probe desideraret judicio negotiorum gest. quasi omni pecunia forte effecta. Eademque ratio est ejus, qui prædium emit a non domino, quod creditori nexum erat, & agenti creditori actione hypothecaria solvit ultro sortem & usuras, ut sibi possessionem prædii confirmaret, magis quam ut liberaret debitorem, *l. emptor, sup. de rei vind.* At quum heres non ultro, sed coactus quasi solus obligatus in eam rem medio tempore sortem solvit, post sortem solutam nullas usuras reputabit fideicommissario, quia nec reputat ante solutas usuras. Et hæc ita distinguenda sunt accurate & subtiliter, atque explicanda. Posui autem initio, heredem coactum solvisse, heredem coactum fuisse per judicem creditori reddere sortem ante restitutionem fideicommissi, ut Papin. etiam ponere, satis medii temporis commemoratio demonstrat. Et recte quidem ponitur coactus sortem solvisse ante restitutionem fideicommissi: nam regulariter post restitutionem fideicommissi non potest heres cogi solvere creditoribus, sed adjuvatur exceptione restitutæ hereditatis, *l. ita tamen, §. qui ex Trebelliano, h. t.* Post restitutionem, inquam heres non cogitur solvere, nisi scilicet res urgeat, ut in specie *l. cum hereditas, h. t.* quoniam adhuc heres etiam post restitutionem directis actionibus tenetur & convenitur efficaciter ex magna causa, puta, si absit fideicommissarius, cui restituta est hereditas, & periculum sit ne actio tempore pereat. Ex hac nimirum causa etiam post restitutionem cogitur heres solvere creditori, cui instat fideicommissi actionis jus, nisi mature quod debeatur repeteret, nisi mature exigeret quod debetur. Alias directæ actiones post restitutionem in herede, inefficaces sunt, & efficaces tantum sunt utiles, quæ ex SC. Trebelliano, translatæ sunt in fideicommissarium, cum quo tantum solo congredi debent creditores hereditarii. Et hic est finis hujus §.

Quæ diximus ad §. *qui post tempus l. deducta, ad Trebel.* tanti momenti sunt, ut si forte per biduum, quod intermisi, vobis memoria exciderunt, & censeatis ea repetenda, vestræ memoriæ, uti suggeram meo judicio æquum censeatis, sed vix excidisse putem, quia satis perspicue ea tradidisse videor, præterquam id forte, quod pertinet ad eum locum, quo Papin. ait, fideicommissarium non posse imputare heredi, quod de fructibus medio tempore perceptis creditoribus non solvit usuras medii temporis, quatenus in eum scilicet locum Acc. notat, aliud esse in herede, aliud in patre, quod, ut mihi satisfaciam & vobis, repetere libet, & facere brevius apertiusque. Et quæso, quo argumento Acc. dicit, aliud esse in patre? quia, inquit, pater non solvit usuras ex fructib. bonorum adventitiorum filii sui, *l. ult. §. ubi autem in unum, aut §. seq. C. de bon. quæ lib.* Hoc vero si ita est, non est ergo aliud in patre, sed idem omnino, quod in herede, qui etiam ex fructibus fideicommissariæ hereditatis, ultro usuras solvere non tenetur. Debuit Accursius dicere, quia pater solvit usuras ex fructib. bonorum quæ advenerunt filio sua. ut est expressum in d. §. *ubi autem in unum, aut §. seq.* Et ratio eadem, ut me dicere memini, quæ ratio naturalis est, hanc differentiam facit atque constituit inter patrem & heredem, ut scilicet, non ad filium, sed ad patrem pertineat onus solvendarum usurarum, ad quem etiam pertinet omne emolumentum, E omnis fructus adventitiæ hereditatis. At similiter, ut non heredem sed fideicommissarium sequatur onus solvendarum usurarum, quem etiam sequitur omne emolumentum fideicommissariæ hereditatis. Qua in re etiam illud considerandum est, magis esse jus patris, quod est jus fructuarii, quam jus heredis onerati fideicommisso: quia jus patris est perpetuarium, id est, quamdiu vixerit: jus heredis plerumque est temporarium. Possit esse etiam perpetuarium, non nego, sed plerumque est temporarium, maxime id, de quo agitur in hoc §. *qui post.* quo rogatur non post mortem suam, sed post tempus aliquod certum hereditatem restituere. Itemque patris fiunt omnes fructus adventitiæ hereditatis, non tantum quos ipse percepit, sed etiam quos a filio, vel ab alio perceptos postea nactus est, *l. 12. §. Julianus, de usufr.* Heredis autem non fiunt fructus, quos fideicommissarius vel alius percepit post diem fideicommissi cedentem, tametsi eos postea heres consequatur, & casu quodam nanciscatur, id est, possessionem eorum, quia, qui semel fructus facti sunt fideicommissarii, sine facto ejus fideicommissarii fieri heredis non possunt, *l. 11. de reg. juris.* Varro 2. *de re rust. cap. 1.* Quod enim alterius fuit, id ut meum fiat, necesse est aliquid intercedere, fieri necesse est ex parte ejus, qui dominium habet, quo ab eo dominium discedat, & transferatur in alium, nec enim suapte sponte dominium mutatur. Nunc veniamus ad §. *nummis.*

### Ad §. Nummis. III.

*Nummis centum acceptis, hereditatem rogatus restituere, totam pecuniam jure Falcidia percipere videtur. Et ita Divi Hadriani rescriptum intellectum est, tanquam si ex bonis nummos retenturus fuisset, quod tunc quoque respondendum est, cum pro parte hereditatem coheredi suo restituere rogatur. Diversa causa pro hereditaria parte retentorum, quippe pecunia omnis de portione retineri potest. Prædiorum autem alia portio nonnisi a coherede, qui dominium habet, accipitur. Cum autem prædia majoris pretii, quam portio hereditatis essent: in superfluo prædiorum petenti fideicommissario Falcidiam intervenire visum est, Concurrentem enim pecuniam compensari placuit.*

Duas facio partes hujus responsi; prima est, de rogato restituere hereditatem accepta certa pecunia, altera, de rogato restituere hereditatem acceptis certis prædiis hereditariis. Et primæ partis verba hæc sunt: *Acceptis centum nummis hereditatem restituere rogatus, totam pecuniam jure Falcidia percipere videtur.* In Florentinis vox *centum*, perperam iteratur, iterato perturbat sensum, nec ullum damnum admittit, sensus hic est. Heres rogatus est acceptis centum extraneo hereditatem restituere, non demonstrata persona ejus, a quo acciperet, sed simpliciter rogatus est acceptis centum extraneo hereditatem restituere; Lex ait, tota ea centum heredem imputare in Falcidiam, quasi jure hereditario, jure testamenti, jure Falcidiæ (quæ tria idem possunt) percepta, perinde est atque si retentis centum ex bonis hereditariis in portionem suam rogatus esset alii restituere hereditatem, ut plane nihil intersit, dixerit testator, *retentis centum, vel perceptis, vel deductis, vel detractis,* an *acceptis,* tantum potest accipere, quantum retinere, quod retinere jussus est, computat in Falcidiam: ergo & quæ accipere jussus est, quibusque acceptis petitus est restituere hereditatem. Quod & D. Adrianum constituisse, ait hoc loco, & in *l. acceptis, sup. ad l. Falc.* D. Pium, in *l. 4. eod. tit.* D. Antoninum, in *l. si facta, §. rescripto, inf. h. t.* Divum ergo Antoninum Pium, qui & Adrianus dictus est, postquam fuit adoptatus in familiam & nomen Adriani Imperatoris, unde & ejus passim dicitur Epistola D. Adriani de fidejussoribus, est D. Pii, *l. si in testamento, §. quodsi, de fidejuss.* Et quod dicitur in *l. 3. sup. si pars heredit. pet.* Adriano ostensam fuisse mulierem, quæ uno partu quinque pueros ediderat, Julius Capitolinus id adscribit Divo Pio. Quod idem in *l. 3. §. divus, de sep. viol.* D. Adrianum vetustæ intra urbes mortuos sepelire, idem Capitolinus tribuit D. Pio, & similiter quod D. Adriano in *l. si de vi, de publ. judiciis,* id tribuitur D. Pio in *l. 5. §. 1. ad leg. Jul. de vi publ.* nimirum his omnibus locis D. Pius Adriani appellatur jure adoptionis. Huic autem constitutioni D. Pii, de qua agitur hoc loco, ut heres, quæ accipere jussus est, imputet in Falcidiam, locus est, non tantum, ut ut proposui, testator simpliciter dixisset, *Peto ut acceptis centum hereditatem Mævio restituas*, non demonstrata persona dantis. Quæ centum generaliter verum est

est heredi imputari in Falcidiam, perinde ac si ea restituere jussus esset ex hereditate. Sed est etiam supradictæ constitutioni locus, si testator demonstraverit personam dantis, nempe hoc modo, *Peto ut acceptis a Mævio centum, hereditatem Mævio restituas*, vel etiam palam adscripta conditione, *Peto, ut si tibi Mævius dederit centum, hereditatem Mævio restituas*. Hoc quoque casu constitutioni D. Pii locus est, non quidem generaliter, ut priore casu, sed duobus tantum casibus, quorum primus hic est: Si ea pecunia, quam heres a Mævio accipere jussus est, contineat Falcidiam, & consulta opera testator eam pecuniam dari jusserit, ut Falcidiæ loco cederet, quod patet ex *l. cum quo, §. ult. l. quod autem, infr. l. si heres, sup. ad leg. Falcid. & d. l. facta, §. rescripto, hoc tit.* nisi scilicet, de ea pecunia alii restituenda testator heredem rogavit, ut in specie *l. acceptis, sup. ad leg. Falcid.* Alter casus hic est, quo etiam acceptis a Mævio centum, hereditatem rogatus restituere Mævio, eam pecuniam imputat in Falcidiam, videlicet, si eam pecuniam heres accipere jubeatur a Mævio, veluti pro pretio hereditatis, atque ita hereditatem Mævio vendere, quia pretium loco hereditatis capitur. Ergo ut hereditas jure testamenti capitur. Quæcumque, aut jure testamenti capiuntur, sive jure hereditatis, imputantur in Falcidiam, non quæ alio jure capiuntur, *d. l. in quartam.* Et ita Celso & Juliano placuisse dicitur in *l. in ratione, §. tametsi, sup. ad l. Falcid.* quia hic casus non fuit comprehensus constitutione D. Pii : & exceptus igitur est auctoritate tantum Celsi & Juliani. Et quod maxime notandum in *§. vendere d. l. in ratione, ex §. tametsi*, illo loco quia non nostri causa capit id pretium *d. §. tametsi* perspicuum est, legendum esse, quia non mortis causa capit id pretium, sed jure hereditatis sc. capit, quia pretium vice hereditatis est, & ideo imputari in Falcidiam: si mortis causa caperetur, non imputaretur in Falcidiam. Exceptis autem his duobus casibus, quos exposui, si quis, sub conditione rogetur Mævio restituere hereditatem, si Mævius ei centum dederit: vel si conditionem facere voluit, qui rogavit, ut acceptis a Mævio centum hereditatem Mævio restitueret : conditionem facit voluntas, non sermo testatoris, *l. 2. sup. de iis, quæ pæn. nom. vel. l. in conditionib. §. 1. de condit. & demonstrat.* Si igitur sub conditione manifesta vel tacita jubeatur accipere a Mævio centum, & ei restituere hereditatem, jure communi heres ea centum non computat in Falcidiam, licet Falcidiam expleant, sed habet ea supra Falcidiam, quia nec jure hereditario ea capere intelligitur ex hereditate, vel ex judicio defuncti, ut solidum fideicommissum præstet, sed capit ea jure mortis causa capionis: capit ea, ea mortis causa, quasi conditionis fideicommissi implendæ gratia ei data, numerata a Mævio, *d. §. tametsi, d. l. in quartam, §. ult.* & constat ea tantum imputari in Falcidiam, quæ capiuntur jure hereditario, vel ex judicio defuncti Falcidiæ computandæ causa, non quæ capiuntur jure legati, vel fideicommissi, vel mortis causa. Et in *d. l. in quartam*, quæ huic definitioni adversantur verba hujusmodi: *Sed quod conditionis implendæ causa fideicommisso heredi datur, in eadem causa esse admittendum, sciendum est.* Hæc, inquam, verba recte absunt, & a Florentinis, & a Basilicis, & ϱοθηνοδκι etiam ea satis indicant, quod mortis causa capione, id est, datum & acceptum a fideicommissario conditionis implendæ causa, fideicommissum appellat, quo nihil ineptius, *l. quod mortis causa capitur, ff. de mort. causa donat.* Mortis causa capio, id est, datum conditionis implendæ causa & acceptum, non habet speciale nomen, ut legatum vel fideicommissum, sed demonstratur communi nomine : mortis causa capionis commune est nomen, quia quidquid capitur per occasionem mortis alterius, sive hereditas sit, sive legatum, sive fideicommissum, sive datum conditionis implendæ causa, mortis causa capio est, sed specialiter commune nomen sibi fecit proprium datio, quæ sit conditionis implendæ gratia. Et ad hæc notandum est multum interesse, acceptis a Mævio centum vi, aut figura conditionis, non vero luti pro pretio hereditatis, non animo compensandæ Falcidiæ, hos enim casus semper excipio, rogetur heres aut legatarius partiarius hereditatem Mævio restituere, qui nihil ante ceperit ex testamento, id est, cui nihil ante quicquam in testamento relictum fuerit, an Mævio jam heredi scripto, aut coheredi, aut legatario, quia priore casu centum capiuntur mortis causa, non jure fideicommissi : posteriore casu jure fideicommissi, *l. 11. §. cum esset, de leg. 3.* Et ratio differentiæ hæc est perspicua admodum. Cum ab herede jubetur certam pecuniam accipere, vel a legatario, facilius admittimus interpretationem fideicommissi, ut scilicet his verbis intelligatur oneratus fideicommisso, qui honoratus est hereditate vel legato, ut *d. §. cum esset*. Cum autem jubetur accipere ab extraneo, cui nihil ante testator reliquit, eam pecuniam dicimus eum capere, non jure fideicommissi, quod nec ab illo relinqui potuit, cui nihil dum reliquit testator, sed mortis causa, *d. l. acceptis, ad leg. Falcid.* Sequitur in hac *l. supradicto responso* sive constitutioni Divi Pii locum esse, non tantum si heres rogetur accepta certa summa alii restituere hereditatem, sed & si rogetur coheredi suo restituere, ut scilicet, & eum coheredi suo rogatur partem hereditatis restituere accepta certa summa, totum eam summam imputet in Falcidiam, quia totam eam, non de communi, sed de sua parte, qui rogatus est eam partem coheredi restituere, retinet jure suo, jure hereditario : sive invenerit eam in parte sua, sive ex parte sua, ex rebus partis suæ eam reficere &, comparare possit : tantum nummorum etiam, non nummatam habere, videor, quantum ex rebus meis cogere & efficere possum. Et mox in secunda parte addit : aliud esse dicendum, quod & lib. 8. dixit idem Papinianus in *l. cum pater in princ. de leg. 2.* si quis retentis non acceptis certis prædiis partem hereditatis coheredi suo restituere rogetur, quo casu, quia prædia ea prælegata esse videntur, partem quidem prædiorum, quam jure hereditario capit a semetipso, ut heres, imputat in Falcidiam : partem vero, quam a coherede accipit jure legati non imputat in Falcidiam, ut ostendit hoc loco, sed tamen compensat eam cum Falcidia ; quam deducere desiderat ex sua portione, aut si nolit compensare, a coherede nihil capit, *l. Nesennius, l. filio, sup. ad leg. Falcid. l. heredi sup. de iis quæ ut indig. l. qui non militabat, ubi exposui late, de hered. instit. l. filium, C. fam. ercisc.* Quæ leges nihil huic loco adversantur, quo ait Papin. *diversa causa est prædiorum pro hereditaria parte retentorum* : quia Papinianus de imputatione loquitur & ait, partem, quæ a coherede accipitur jure legati, non imputari in Falcidiam. Illæ leges loquuntur de compensatione, de æquitate compensationis, & dum interpretes omnes confundunt imputationem cum compensatione, nesciunt sane quomodo se expediant ab his supradictis legibus, easque cum hoc loco, similibusque componant, & conciliant. Sed magna est differentia. Imputo, quod a memetipso capio : compenso, quod vice mutua, a coherede capio : imputatio est compensatio coacta, compensatio est imputatio voluntaria, nec enim compensabo invitus, sed si velim non compensabo, qua ex re tantum amittam, quod vice mutua a coherede percipere potuissem. Imputatio fit ipso jure : compensatio opposita exceptione doli mali. Itaque in specie proposita, si prædiorum, quæ heres retinere jussus est, partes ambæ sufficiant Falcidiæ, & unam imputet, quod necessario facit, & alterius compensationem velit admittere, nihil deducet Falcidiæ nomine : si non sufficiant Falcidiæ, deducit quod Falcidiæ deest. Etiam explicat Papinianus eleganter rationem differentiæ inter pecuniam & prædia. Nam rogatus restituere coheredi partem hereditatis accepta certa pecunia, pecuniam, inquit, omnem in solidum de portione sua retinere potest, nec retinet de communi, quia quantitas ipsa pecuniæ, sive ἀξία, ut Aristoteles vocat, qua sola pecunia spectatur, & valet, non corpore, semper est in portione hereditatis, licet nec nummus quidem sit in ea, *l. 12. de leg. 3. & l. 88.*

Tom. IV.  Iiii  de

*de verbor. significat.* Ergo jure hereditario tota ea pecunia retinetur, sive coheredi sive alii restituere jussus sit, & consequenter tota imputatur in Falcidiam. At praediorum, quae retinere jubetur in restituenda coheredi hereditate, unam quidem portionem sumit de parte sua jure hereditario, aliam vero portionem non sumit de parte sua, sed de parte coheredis, qui pro ea dominium habet, & sumit alteram partem a coherede jure legati: ergo non imputatur in Falcidiam utramque partem, *d. l. in quartam*, & exposita ratione differentiae, subjicit Papinianus, quod nostri non intellexerunt : *Cum autem praedia majoris pretii, quam portio hereditatis essent: in superfluo praediorum petenti fideicommissario Falcidiam intervenire visum est*: Quorum verborum sensus hic est, & hic maxime adhibendi sunt animi; si quis rogatus sit partem hereditatis coheredi restituere retentis praediis quibusdam, quae majoris pretii sunt, quam pars hereditatis, quam coheredi restituere jussus est : fac, partem quam coheredi restituit, esse centum, praedia esse trecentorum: non desiderabit quidem is qui rogatus est suam partem restituere, deducere partem ex sua portione, cum portio praediorum, id est, centum & quinquaginta, quae capit jure hereditario, abunde sufficiat: imo superet Falcidiam suae partis: verum coheres, cui rogatus est partem suam restituere ex superfluo praediorum, ut ait, id est, ex eo quo praedia, pro portione sua pluris sunt quam pars hereditatis, quae ei restituitur ex hyperocha, qua est, *la plus valeur*, ex eo quod ipse sit, quam vice mutua recipit, nimirum ex 50. quae est praevalentia praediorum, si & aliis legatis portio sua onerata sit, Falcidiam deducere potest ex 50. non etiam ex 100. cum pars ejus efficiat centum & quinquaginta in praediis quam habet: non, inquam, ex 100. quia haec centum, quae praeterea habet in parte praediorum sua compensare debet cum illis centum, id est, cum parte hereditatis, quam a coherede jure fideicommissi accepit. Et hoc est, quod ait in fine hujus responsi: *concurrentem legati praediorum cum fideicommissi hereditatis quantitatem compensari*, & *superfluum tantum* quod est in legato praediorum Falcidiam pati. Itaque coheredem, qui fideicommissum hereditatis a coherede petit, non universam suae partis praediorum aestimationem legato expensam ferre, sed eo minus, quod a coherede fideicommissi nomine accipit, ut in *d. l. Nesennius, & l. filio,* & aliis ante allatis, quae de hoc genere compensationis loquuntur. Et haec sententia hujus responsi.

Ad §. Hereditatem.

*Hereditatem post mortem suam exceptis reditibus restituere rogatus, ancillarum partus non retinebit, nec foetus pecorum, qui summissi gregem retinent.*

Testator rogavit heredem, ut post mortem suam hereditatem alii restitueret exceptis reditibus, quos quidem apud eam heredemve eum remanere, & ab eo retineri voluit, nec fideicommissario restitui, qui nec ei restituerentur, si non fuissent excepti, ut plane supervacuum fuerit eos excipere. At quaeritur, an heres ejus heredis possit retinere partus ancillarum vivo priore herede, editos ante diem fideicommissi cedentem? Respondet Papinianus, non posse ab eo retineri partus ancillarum; fructus quidem praediorum posse retineri medio tempore perceptos: partus ancillarum medio tempore editos, non posse retineri, sed fideicommissario esse restituendos, quia partus ancillarum non in fructibus vel reditibus non computantur, *l. mulier, §. sed enim, sup. hoc tit.* Fructus & reditus idem est, ne quis ea Doctorum nostrorum exemplo distinguat, *l. qui fructus, l. quidem, de usufr. leg. l. 12. de alim. legat.* vetus autem fuit quaestio, an partus ancillae esset nec ne in fructu, disceptata inter Scaevolam & Brutum, vel M. Tullio teste 1. de finibus. Scaevola dicebat partum ancillae esse in fructu, Brutus non esse. Et obtinuit Bruti sententia, quod non possit homo hominis in fructu esse *l. vetus, sup. de usufr. ear. rer.* naturam fructus comparasse hominum causa: gignentia ut vocantur, produxisse hominum causa, id est, fructus, mundum, & omnia, quae in eo sunt fecisse hominum causa: quod & divinae literae docent, & Stoici loquuntur & Jurisconsulti nostri, qui omnes imbuti sunt a Stoicis, *l. in pecudum, sup. de usufr.* verum naturam non fecisse hominem hominis causa: si hominem fecisset hominis causa, omnes homines sub eodem genere non continerentur, quod dictu absurdum est, omnes homines non essent homines, quia semper, ut Philosophi dicunt, id cujus causa quid comparatur, alterius est generis, quam sit id, quod comparatur ejus causa: verba Philosophorum haec sunt; Ἀλλὰ τὸ ἕνεκα τοῦ ἕτερον ἐστι ἢ ἃ ἕνεκα ἐστίν. Est quidem naturalis quaedam cognatio inter homines, *l. 3. de just. & jur.* sed non ideo tamen natura aliter in alterius fructu vel instrumento est. Huic autem responso Papin. obstat *l. uxorem, §. sorori, sup. de leg.* 3. ubi Scaevola ait, partus ancillarum, quae a legatario post mortem ejus, alii per fideicommissum relicti sunt, vivo legatario editos non contineri fideicommisso, nec esse fideicommissario restituendos, quos tamen Papinianus ait hoc loco fideicommissario esse restituendos, nec posse retineri ab herede; Et is Scaevola, qui est auctor *d. l. uxorem,* quamvis non sit ille Publius Scaevola, qui hac de re cum M. Bruto concertavit, sed Quint. Cerbidius Scaevola, qui fuit sub Antoninis Imperatoribus, tamen suae gentis, sive familiae ad opinionem proprius accedit in §. *sorori,* dum non quidem statuit, partus computari in fructibus, quod tum non obtinebat praevalente Bruti sententia: sed dum vult partus sequi jus fructuum, licet non sint in fructibus, ut scil. non tantum fructus medio tempore percepti, quod constabat inter omnes jurisperitos, lucro heredis cedant, nec fideicommisso contineantur, sed etiam partus ancillarum, ut idem sit in iis, quod in fructibus, quod & idem Scaevola probat in *l. pen. de opt. leg.* Et huic opinioni accedit Paulus in *l. 14. de usur.* in qua lege hoc velim vos adnotare, post inscriptionem hanc, *Paulus libro 14. responsorum,* sequi initium tale in Florentinis, *Respondit Paulus moram in solvendo fideicommisso factam partus quoque ancillarum restituendos,* ubi manifeste legendum, *respondit*, non *Paulus,* cum satis intelligitur ex inscriptione. *Respondit post moram in solvendo fideicommisso, non tantum fructus praediorum, sed etiam partus ancillarum esse restituendos,* quod est verissimum, & constat apud omnes Jurisconsultos. De partubus tantum erat & est controversia inter JC. natis ante moram vel ante diem fideicommissi cedentem. Et ait in §. *d. l.* 14. heredem rogatum post mortem suam hereditatem restituere sine reditu, *sine reditu,* quod in hoc responso Papin. est, *exceptis reditibus,* vel etiam heredem simpliciter rogatum restituere hereditatem nulla addita exceptione: aequi istud facit in §. *ult. d. leg.* 14. non restituere partus editos ante diem fideicommissi cedentem, quia etsi partus non sint in fructu sive reditu, ut & idem Paulus subindicat in *l. d. 14. §.* propalam fatetur 3. *Sent. tit. de leg.* dum ait: Ancillae usufructu legato partum ejus ad fructuarium non pertinere: Sed quia ex sententia Pauli, partus jus fructuum sequuntur, & ideo ut fructus medio tempore percepti, ita partus medio tempore editi, ex sententia Pauli, non veniunt in restitutionem, non cadunt in fideicommisso, sed heredi imputantur ad Falcidiam, quasi percepti ex judicio defuncti, sicut fructus, ut & idem Paulus ait in *l.* 24. §. 1. *sup. ad leg. Falcid.* Denique obtinuit quidem sententia Bruti, partum non esse in fructu, atque ideo non pertinere quidem ad fructuarium, aut similem fructuario quemquam, veluti patrem, aut maritum, *l. plerumque, §. si servi, de jure dot.* Nec ab ea sententia Bruti discedunt Cerbidius Scaevola & Julius Paulus, quae jam invaluerat, ut scilicet non sequerentur partus fructuarium: sed non etiam obtinuerat & invaluerat in fideicommissis aut similibus causis, partus non sequi jus fructuum. Itaque possumus dicere ex sententia Scaevolae & Pauli partus

partus non sunt in fructibus, sed jus fructuum sequuntur tantum, qua in re dissentiunt ab Ulpiano & Papin. manifesto: nam Ulp. in d. l. mulier, §. sed enim, h.t. & Papin. hoc loco ita sentit, partus non sequi jus fructuum, nec retineri ab herede ut fructus, sed restitui fideicommissario. Contra Paulus & Scævola, partus jus fructuum sequi, neque restitui fideicommissario, sed retineri ab herede, & imputari in Falcidiam, quorum sententia æquior est. Paulum notas scripsisse in responsa Papin. notissimum est, & in ejus scriptis aculeum fixisse, ubicumque patebat rima quædam. Delendæ sunt Glossæ hujus §. quod tamen in hoc ipso §. addit Papin. in fideicommissi restitutionem venire fœtus pecorum, qui submissi gregem retinent, id est, qui substituuntur, ut sit ex agnatis, ἐκ τῶν ἐπιγινομένων, in locum demortuorum vel inutilium aut vitiosorum capitum: in eo siquidem consentiunt omnes Jurisperiti, quia fœtus submissi, fructibus non computantur, sed rebus ipsis hereditariis, *l. plerumque*, §. *si servus*, *de jure dot.* Inutilia tamen & vitiosa pecora, in quorum locum alia submissa sunt, in fructibus computantur, & retinentur ab herede, *l. vel inutilium, sup. de usufr.* Antonius Goveanus ad legem 24. *sup. ad leg. Falcid.* est valde suavis, qui & verba Papin. *qui submissi gregem retinent*, refert tam ad partus ancillarum, quam ad fœtus pecorum, ac si familia ancillarum sit veluti grex quidam, qui sit supplendus ab herede ex agnatis nimirum, ut grex pecorum, quod nusquam exstat, cum & suppleri vix possit numerus ancillarum ex agnatis: nec enim ea est in ancillis, quæ in pecoribus fœcunditas: & gregem tamen servorum ii quoque dicunt, qui improprie & figurate loquuntur: Ut gregem venalium, gregem amicorum, gregem Philosophorum, non nostri auctores.

### Ad §. ante diem.

*Ante diem fideicommissi cedentem fructus, & usuræ, quas debitores hereditarii, cum postea cessisset dies, solverunt, item mercedes prædiorum ab herede perceptæ, portioni quadrantis imputabuntur.*

Hujus §. sententia hæc est: heredem post tempus rogatum restituere hereditatem, imputare in Falcidia fructus medio tempore perceptos, & usuras vel pensiones exactas a debitoribus hereditariis, vel a conductoribus prædiorum hereditariorum, quarum dies *postea*, id est, post mortem testatoris medio tempore cessit ante diem fideicommissi cedentem. Id vim jam satis exposuimus *sup.* in §. *qui post*, & nunc hoc tantum observari velim, Papinianum §. *ante diem*, subnectere superiori §. ut differentiam constituat inter fructus medio tempore perceptos, & fructuum similes usuras atque pensiones, quæ in Falcidiam imputari ait, & partus ancillarum similiter editos medio tempore ante diem fideicommissi cedentem, ante moram, quos in Falcidiam imputari noluit in superiori §. sed fideicommissario restitui, contra quam Paulus sentiat in *d.l. 24. ad l. Falcid.* Quæ observatio evidenter demonstrat, quam sit futile & commentitium, quod Accursius ait, in superiore §. agi de partubus, editis post moram, quod nemo siccus dixerit, & sequitur.

*Cum autem post mortem suam rogatus hereditatem restituere, res hereditarias distrahere non cogatur, sortium quæ de pretiis earum redigi potuerunt, usuræ propter usum medii temporis perceptæ non videbuntur: denique nec periculum mancipiorum aut urbanorum prædiorum præstare cogatur, sed nihilominus usus et casus eorum quadrantem quoque minuit.*

Cujus loci sententia hæc est: non posse fideicommissarium, cui post mortem suam heres rogatus est hereditatem restituere, objicere & exprobrare heredi, quod medio tempore res hereditarias non distraxerit, atque ita quas percipere poterat usuras maximas ex pretio rerum hereditariarum non perceperit: huic querelæ locum non esse, si modo absit dolus vel lata culpa, quæ dolo proxima est, ipsius heredis, ut *l. mulier*, §. *sed enim*, *D. ad Senat. Trebell.* nec heredem, qui dolo caret hujus rei rationem debere fideicommissario reddere, cur res hereditarias non vendiderit, & pretia fœnori collocaverit: denique non teneri heredem fideicommissario perinde atque si usuras percepisset, quas percipere potuit ex pretiis rerum hereditariarum, propter usum medii temporis, si eas res vendidisset: non teneri, inquam, vel in hoc ut eas usuras imputet in falcidiam quasi perceptas, quamvis non sint perceptæ, tantam diligentiam ab herede non exigi, ut medio tempore vendat res hereditarias, & ex venditione redacta pretia fœnori occupet, & procuret fideicommissario, non est æquum heredem constitui vel invitum fieri veluti procuratorem fideicommissarii, ut eleganter ait *l. si postulante*, in fin. *sup. hoc tit.* Et notat ex illo loco, *propter usum medii temporis usuras inseri, propter usum sortis*: & inde nomen usura est incrementum, quod accedit sorti propter usum sortis. Et addit Papin. etiam si medio tempore mancipia hereditaria sua morte functa sint, vel si prædia hereditaria exusta sint casu quodam fatali, hujus rei heredem fideicommissario rationem non reddere, non præstare periculum, non præstare casum fortuitum, aut fatale detrimentum, ut in *d.§. sed enim*, *l. 3. in pr. sup. de inst. & inst. leg.* Imo etsi prædia hereditaria medio tempore usu capta sint sine facto & culpa heredis, eo etiam nomine heres fideicommissario non tenetur, *d.§. sed enim, in fin.* verum, ut Papin. ait, in extremo hujus responsi: nec periculum mancipiorum vel prædiorum urbanorum præstare cogitur, quæ de hereditate exierunt morte vel incendio, vel alia vi majore, vel usucapione sine culpa heredis: totum illud quidem periculum non pertinet ad heredem, sed commune est heredis & fideicommissarii: nam & ob eos casus fatales, eamve usucapionem, Falcidiæ heredi minor efficitur, & dodrans, qui fideicommissario restituendus est. Commune igitur est detrimentum, quia tanto minus heres fert jure Falcidiæ, & fideicommissarius jure fideicommissi, propterea quod bona hereditaria deperdita ac deminuta sunt medio tempore sine culpa heredis. Et hoc est quod ait in fine hujus §. usum & casum eorum, id est, mancipiorum, & prædiorum urbanorum, quadrantem quoque id est, non dodrantem tantum, sed etiam quadrantem, id est, Falcidiam deminuere. Usum vocat usucapionem, ut in *l. denique, & seq. & l. ait prætor, sup. ex quib. cau. maj.* Casum autem vocat damnum fatale, casum fortuitum, quod SC. de petit. hereditatis, SC. Adrianum, deperditum & deminutum; nam deperditum est, quod desit esse interdum natura: deminutum quod usucaptum est, *l. deperditum, sup. de petit. heredit.* itemque in edicto, ex quibus causis majores, cujus initium ita emendandum in Pandectis Florentinis, aut supplendum: *Si cujus quid de bonis deminutum erit*, ut *l. 2. C. de rest. in integr.* Et in Basilicis eodem loco, ἐὰν μειωθῇ τι παράγματα τῇ ἐξουσία. Et deminutum accipe de eo, quod est periculum heredis & fideicommissarii: nec tamen ipse Albericus ullusve interpretum intellexit, quid esset usus, quidve casus.

### Ad §. Quod ex hereditate.

Sequitur ut exponamus §. penult. & nos istam legem absolvamus tandem: verba §. pen. hæc sunt: *Quod ex hereditate (\*) superfuisset cum moreretur restituere rogatus*,

---

(\*) Vide Merill. variant. ex Cujac. lib. 3. cap. 32.

*fructus superfluos restituere non videtur rogatus*, eum ea verba deminutionem quidem hereditatis admittant, fructuum autem additamentum non recipiant. Quæ verba hanc præ se ferunt sententiam: si testator heredem roget, post mortem suam restituere non hereditatem simpliciter, vel quod ad eum ex hereditate bonisve pervenerit, sed quod ex hereditate superfuerit tempore mortis heredis; his verbis heredi permitti deminutionem, & alienationem rerum hereditariarum, quæ modo fiat bona fide, justa causa impellente heredem ad distractionem aut pignerationem tam propriarum, quam hereditariarum rerum pro rata portione, non dolo malo, non malitia mala fraudandi & intervertendi tantum fideicommissi causa, ut in *l. Titius, & l. mulier*, §. *cum proponeretur*, *h. t.* Quod subtilius & diligentius Justin. explicat adhibita nova distinctione in *Novella* 108. *de restit.* Cujus sententia ab Irnerio relata est in *tit. ad Senatusc. Treb.* incipiens ab his verbis: *contra rogatus*. Denique suprascriptis verbis testatoris hoc agi, ut medio tempore ex hereditate deminuat heres, quæ volet, & id tantum fideicommisso restituat, quod superent die fideicommissi cedente. At quum quæreretur, an etiam in restitutionem venirent superflui fructus, id est, quod ex fructibus rerum hereditariarum superesset die fideicommissi cedente, Papin. respondisse: quod ex fructibus superest die fideicommissi cedente, non venire in restitutionem, hac ratione, quia hæc verba: *Peto ut quod ex hereditate superent, quum morieris illi restituas*, additamentum, inquit, sive augmentum fructuum non recipiunt, sed deminutionem tantum hereditatis heredi permittunt: hæc vero ratio responso disrepat aut maxime disconvenit: nam si ea verba fructuum superfluorum additamentum non recipiunt, id est, si heredi non adjiciunt, quod ex fructibus superest mortis tempore, consequens est, id esse fideicommissario restituendum, cum non retineatur ab herede. Et ita omnino apud Papin. scriptit in quæst. *l. 3. §. nonnunquam, sup. de usur.* vid. fructuum perinde atque bonorum superfluum in restitutionem venire. Et verisimile non est, aliud sensisse Papin. in quæstionibus, aliud in responsis: constantes sunt habitus intellectus in erudito homine, perinde atque habitus voluntatis. Itaque vel suadente ratione, qua utitur Papin. quia, inquit, ea verba: *fructuum additamentum non recipiunt*, hoc loco, quod jam pridem ostendi, omni adseveratione esse legendum adfirmo, *fructus superfluos restituere videtur rogatus*, ut scilicet, qui rogatus est post mortem suam restituere, quod ex hereditate superfuerit, non tantum restituat, quod ex bonis superest, quæ tenuit interim, sed etiam quod ex fructibus superest in horreo reconditum, quod percepit, detracta negatione, quæ perperam irrepsit in contextum, & mirum in modum vexavit nostros. Duo præcipue sunt casus, quibus fructus medio tempore percepti, qui regulariter non sunt in causa restitutionis, vel omnes, vel qui extant die fideicommissi cedente, restituendi sunt. Unus casus hic est; si testator specialiter expresserit, *l. in fideicommissariam, sup. h. t.* Alter casus hic est; si testator id ita senserit, licet non expresserit, voluntas testatoris totum facit, ut ait eleganter *l. ex facto proponebatur, sup. de her. inst.* Et non tantum expressa voluntas, sed etiam tacita & præsumpta, non tantum sermo, sed etiam mens animi: Et omnino in testamentis idem est, expressisse, & intellexisse, *l. 88. de legat. 1. l. 6. de adsign. lib.* Sed quantum ad rem propositam attinet, de sententia testatoris, quod dico, appositis exemplis planum facere debeo. Ac primum si testator legatario deducta re vel quantitate certa, residuum quod ad eum ex hereditate pervenisset, jusserit fideicommissario restituere, hac casu legatarius, id quidem quod deducere jussus est, retinebit cum fructibus, non etiam residuos fructus, quos forte percepit medio tempore, sed & residuum restituet cum fructibus: nam hæc videtur fuisse sententia defuncti, qui cavit, ut deduceret tantum rem aut quantitatem certam, & residuum restitueret, *l. 2. §. ult. de dote prælæg.* legatarius non utitur Fal-

A cidia: Eadem est sententia testatoris, si præstationem sive restitutionem fideicommissi distulerit in tempus, non heredis, ut interim fructus suos faceret, sed fideicommissarii gratia, ut ei consuleret, ætate parvo forte: puta si pupillo fideicommissum relictum in tempus pubertatis, quo suæ tutelæ erit suæque potestatis, *l. si ita relictum* §. *Pegasus, de leg.* 2. Et eadem multo magis est mens defuncti in specie *l.* 3. §. *cum Pollidius, de usur.* si mater bona mente filiam impubere præterita, & alio herede instituto, & rogato filiæ hereditatem restituere, cum ad annos pubertatis pervenisset, jusserit eum heredem retinere certum prædium, palamque declaravit, se ideo fideicommissi restitutionem differre in tempus pubertatis, quod heredi magis fidem habeat, cui bona fide restituenda committit, quam tutoribus filiæ datis testamen-

B to patris, vel lege, vel decreto judicis. Hoc sane casu omnes fructus, qui ab herede sunt percepti medio tempore in fideicommissum cadunt ex voluntate defuncti. Voluit enim mater meliore loco esse rem filiæ, quam si tutoribus ea res committeretur: porro tutoris fructus filiæ servassent: ergo & heres, cui res filiæ committuntur, earum rerum fructus filiæ servare, & restituere debet die fideicommissi cedente, in Falcidiam & Falcidiæ fructus imputato prædio, & fructibus prædii, & defuncto si quid desit Falcidiæ. Idemque est in specie, de qua agitur hoc loco, & in *d. l.* 3. §. *nonnunquam*, si testator post mortem heredis jusserit restitui, quod ex hereditate superesset: nam etsi aliud sit proprie hereditas, aliud fructus rerum hereditariarum, *l. in fideicommissariam*, §. 1. *h. t.* tamen nomine hereditatis hoc sermone testator, qui

C interim dedit heredi arbitrium deminuendæ hereditatis, videtur etiam superfluos fructus comprehendisse, ut scil. ubi vivus heres, quod libuisset, ex hereditate deminuisset: tum moriens omne, quidquid non tantum ex bonis, sed etiam ex fructibus residenter & superesset, fideicommissario restitueret; Et hoc est, quod ait in *d. §. nonnunquam*, jure voluntatis fructus superfluos restitui, quasi scil. testator voluerit heredem esse contentum deminutione medii temporis, quam ei in Falcidiam imputari constat, *l. Marcellus*, §. *res*, *sup. h. tit.* Unde sic statuo: cui non licet deminuere hereditatem, licet retinere fructus superfluos, quos ipse percepit, ut in *d. l. quod his verbis, de leg.* 3. *& l. heredes, in princ. sup. hoc tit.* nisi ut ante dixi, aliud senserit testator. Cui autem licet deminuere,

D non licet retinere fructus superfluos: nimia licentia coercenda est. Deminutio non permittitur ei, qui post mortem suam, vel post tempus jubetur restituere hereditatem, vel quod ex hereditate ad eum pervenerit: contra deminutio permittitur ei, qui jubetur post tempus restituere, quod ex hereditate superfuerit. Itaque multum interest, hoc vel illo modo concepta sint verba fideicommissi, nihil tamen interest, dixeris, *quod, an quidquid*, quæ cum distinguunt Glossæ & DD. scutica minus securi esse videntur: nihil, inquam, interest dixeris, *quod ex hereditate, an quod ex bonis*. Utraque appellatio idem potest, & conjungi sæpe solet ἐκ παραλλήλου, ex hereditate, bonisve, *d. l. quod his verbis, d. l. heredes*, hereditatis bonorumve possessio, *l.* 3. *de bonor. poss. l.* 3. *de jure codicill. l. si. Titio pecunia, de legat.* 1. Et in notis sive singulis, quæ collegit Innocentius & Paulus Diaconus quatuor literis

E primoribus cujusque vocis, H. B. V. P. Nihil etiam attinet hæc distingui benignum jus a jure summo: refello quæcunque scripsit Glossa in *d.* §. *nonnunquam*, ne videatur hic §. *pen.* uti scriptus est diffidere a §. *nonnunquam*. Nihil igitur attinet hic distinguere jus summum ab æquitate, cum totum jus pendeat ex voluntate defuncti, quæ distincte observanda & exsequenda est. Nihil etiam attinet distingui voluntatem a voluntate, quasi alia fuerit voluntas testatoris in specie hujus §. *pen.* alia in §. *nonnunquam*, quod nusquam apparet, & manifesto falsum est; ubique eadem voluntas fuit, idem animus testatoris, & ne tantillum quidem distat una species ab altera: nihil etiam attinet distinguere fructus consumptos ab exstantibus, cum evidens sit, utrobique agi de fructibus

super-

superfluis five refiduis, qui exftant, an fideicommiffo continentur. Et verum eft, fideicommiffo contineri, & veritati fubjicienda funt verba §.pen. detracta negatione, ut dixi: Quod autem additur, in §.ult.hujus legis, ad idem genus fideicommiffi pertinet.

### Ad §. Ultimum hujus legis.

*Heres ejus, qui bonorum superfluum, post mortem suam vestituere fuerat rogatus, pignori res hereditarias datas, si non in fraudem id factum sit, liberare non cogitur.*

Um heres post tempus aliquod five post mortem suam rogatur restituere, quod ex hereditate superfuerit, ei heredi medio tempore, ait, licere res hereditarias pignori obligare, quia deminutio & alienatio ei permiffa intelligitur, quorum utroque etiam pigneratio continetur, l. ult. C. de reb. alien. non alien. Et si medio tempore vendere potest, & pignerare multo magis, si alienatio five venditio ei permittitur, & pigneratio igitur, l.9.§.1. sup.de pignor.l.ult.C.eod.tit.l.1. C.rem alien.gerent.non interd. Et ficut, quæ medio tempore vendidit heres bona fide redimere non cogitur, ut fideicommiffario præftet: ita nec quæ medio tempore pigneravit, reluere & repignerare compellitur: reluat fideicommiffarius fi velit, hoc tantum exigitur ab herede, ut bona fide vendat vel pigneret, non in fraudem fideicommiffarii, ut ait in §.ult. non in eversionem fideicommiffi, l. mulier §. cum proponeretur, hoc tit. non intervertendi fideicommiffi causa, l.Titius, hoc tit. non minuendi fideicommiffi causa malitia mala, l.etsi lege, §. quod autem quis, sup. de petit. hered. Illud valde notandum est, diversam effe causam heredis, qui simpliciter hereditatem, aut quod ex hereditate ad eum pervenerit post tempus restituere rogatus est: nam etsi medio tempore res hereditarias pignori opponere poffit, quia fructus rei est, vel pignori dare licere, l.ult.de usufr. tamen die fideicommiffi cedente eas res, de fuo liberare & repignerare, & fideicommiffario falvas & incolumes præftare cogitur.

### Ad L. XXVI. Quando dies leg. cedat.

SEquitur ut exponamus l.26. quando dies leg. Sunt in ea tria refponfa, ex quibus hodie duo priora explicabimus. Primi verba hæc funt: *Firmio Heliodoro fratri meo dari volo quinquaginta ex reditu prædiorum meorum futuri anni, postea non videri conditionem additam, sed tempus solvendæ pecuniæ prolatum videri respondi, fructibus fini pecuniæ relictæ non perceptis, ubertatem esse necessariam anni secundi.*

Primum in contextu, quod ait, *postea non videri*, depravatum est, fcribere enim oportet, *propter ea non videri*, id est, propter ea verba testatoris, quæ propofuit, ut in §.feq.ait *propter hæc verba*: propter ea autem verba, *Firmio Heliodoro, &c.* ait fideicommiffum non effe conditionale, ea verba non facere fideicommiffum conditionale. Et rursus quod ait, *fini relictæ pecuniæ*, sic moris est Papinian.foli loqui, ut memini me oftendere in l.6.de dot. col.lib.7. ut Cato fic ruftica, *operito terra radicibus fini*, & alio loco, *Ansarum infirmarum fini*. Ut autem intelligatur hoc refponfum, fciendum eft, ad heredem legatarii vel fideicommiffarii, non aliter legatum aut fideicommiffum tranfmitti, nifi fi poft diem legati vel fideicommiffi cedentem legatarius vel fideicommiffarius vita deceffetit : legatorum autem vel fideicommiffotum, quæ pure vel in diem certam relicta funt, hodie cedere, fublata l. Julia & Papia; & § Juftin. reftituto jure antiquo, ftatim morte teftatoris, exceptis quibufdam, quorum dies cedit ab adita hereditate demum; ut fi legetur ufus, ufusfructus, habitatio, vel fi fervo legato, aut fervo teftamento manumiffo. Eorum autem, quæ fub conditione relicta funt, diem cedere, vel etiam, quæ relicta funt in diem incertam, qui pro conditione habeatur, diem cedere, quum conditio extiterit, effectus ceffionis,

diei eft tranfmiffio. Itaque fi legato relicto pure, vel in diem certum vivo teftatore legatarius vita deceffetit, legatum ad heredem fuum non tranfmittit. Idemque eft de legato fub conditione, fi legatarius vita deferentiam, antequam conditio exifteret vivo vel mortuo teftatore: quæ eft fumma hujus tituli. Quamobrem in eo fæpe eft de legatis plerifque difceptatur, utrum pura fint an conditionalia, ut in hoc primo refponfo, *de legato five fideicommiffo ita relicto*: *Illi dari volo quinquaginta ex reditu prædiorum meorum futuri anni*. Quod fideicommiffum Papinianus ait, non effe conditionale, fed diem tantum ejus folvendæ pecuniæ effe prolatum in futurum annum poft meffes aut vindemias: mora fufpendi fideicommiffum, & conditionem, l. quod pure, h. t, l,pen. C. eod. tit. l. heres, fup. de cond. & demonft. l. 1. de legat. 2. Itaque mortuo legatario, five fideicommiffario ftatim poft mortem teftatoris, legatum ad heredem legatarii tranfmitti, quod non fub conditione relictum eft, fed in diem certum. Et hic eft effectus hujus refponfi. Quod autem addit Papinian. eft valde notandum, fi forte futuro anno, in quem contulit præftationem fideicommiffi fructus non provenerunt fuit relictæ pecuniæ, id eft, fi eo anno fructus percepti non efficiant 50. quæ relicta funt, quod deeft fideicommiffo effe fupplendum ex fructibus fequentium annorum, ficut propter fterilitatem, aut calamitatem aliquam, fi quo anno colonus minus redegerit ex fructibus, quod inferat locatori mercedis nomine, fi fructus non provenerunt fini mercedis, id ei colono repletur & reputatur ex ubertate fequentium annorum, l. ex conducto, § . Papinian. sup. loc. Verum huic Papiniani refponfo opponi poteft l. 5. sup. de tritico, oleo, & vino leg. & l. si debitor, § . 1. de contr. emp. quoniam ambæ funt eadem de re five quæftione, & ex eodem libro Juliani, & in eis dicitur, *Legato aut vendito certo pondere, certave menfura, ex eo, quod ex fundo natum erit, horno* fcil. hoc anno, *non anno eft fuperiore anno: horno; hoc anno velit legatis, aut venditis vini amphoris decem, vel olei metretis decem, aut frugum, five frumenti modiis decem, verbi gratia, non fola 10. deberi legatario, fed & refiduam ex ubertate fequentium annorum effe fupplendum. Ratio differentiæ rem omnem explicabit, quæ talis eft. Hic legata eft pecunia certa, puta 50. Cujus pecuniæ quantitas non minuitur, fi minores fructus ex fundo provenerint. Illic legati funt fructus ad modum certum, qui nafcentur. Poftrema verba taxationis faciunt, ut, si non tot nafcerentur, nec tot deberentur: quoniam utique minores funt fructus anno fterili vel infœcundo: hujus legati de quo agitur in hoc refponfo, taxatio eft pecuniæ certæ quantitas, quæ nunquam difperit deminuiturque. Illius legati taxatio eft, quod ex fundo hoc anno nafcitur vel natum erit. Et rurfus hoc legatum purum eft, ut recte Papinianus refpondit : illi conditio ineft ; puta, fi fundus decem reddiderit, vel amplius decem, quafi fcilicet velit, ut fi minus reddiderit, id tantum præftetur legatario, quod reddiderit. Verum obfervandum eft maxime, multum intereffe, legentur decem amphoræ vini, folvendæ duntaxat femel ex vino, quod hoc anno nafcetur, ex vino horno: an ex fundo fimpliciter, quod ex fundo nafcetur, aut ex vino, quod ex fundo nafcetur, quod fere idem eft, five dixerit amphoras decem legavi ex eo, quod nafcetur in fundo, five amphoras decem, ex vino, quod in fundo nafcetur femel folvendas vel quotannis nil refert: nam hoc cafu fi vindemia non refponder legato, cum dixit ex vino, quod hoc anno ex fundo nafcetur; ex anno fuperiore vel inferiore legatum non fuppletur ex anno, id eft, fuperiore anno, vel etiam ex infefiore anno legatum non fuppletur, ut in d. l. 5. de trit. vi-

*no*, *& oleo leg*. Posterioribus casibus quum dixit, *ex vino, quod ex fundo nascetur*, legatum suppleri debet, etiamsi primo anno post mortem testatoris fundus minus tulerit, quam legatum videatur. Et ratio hæc est, quia non certi anni fructus, veluti hujus anni demonstrati sunt, & onerati legato, sed omnium annorum simul his verbis generalibus, *ex fundo*. Denique generaliter demonstrati sunt fructus fundi omnium annorum, *l. inter, §. pro-quo, sup. de verb. obl. l. ex eo, sup. de tritico, & oleo leg. l. 16. §. 1. de ann. leg. l. Lucius, sup. de aliment. lega*.

### Ad §. Cum ab heredibus.

*Cum ab heredibus alumno centum dari voluisset testator, eam pecuniam ad alium transferri, ut in annum vicesimum quintum trientes usuras ejus summæ perciperet alumnus, ac post eam ætatem sortem ipsam, intra 25. annum eo defuncto, transmissum ad heredem pueri fideicommissum, ab eo peti non posset, penes quem voluit pecuniam collocari, propter hæc verba. Eamque alumno meo post ætatem suprascriptam curabis reddere, fideicommissum ab heredibus petendum, qui pecuniam dari stipulari debuerunt. Sed fidejussores ab eo non petendos, cujus fidem sequi defunctus maluit.*

Testator puero alumno suo centum per fideicommissum reliquit, quam pecuniam sive sortem jussit collocari fœnori apud L. Titium trientibus usuris, quæ quotannis reddunt quatuor, *i* est au denier trente-trois, *& un quart* : quoad scilicet puer ille ad justam ætatem pervenisset, id est, 25. annorum; post quam ætatem ad ipsum L. Titium, quod notandum collato sermone, jussit eam pecuniam reddi alumno, his verbis : *eamque alumno meo post ætatem suprascriptam curabis reddere*. Alumnus intra 25. annum vita decessit ; Quæritur, an ad heredem alumni transierit fideicommissum, id est, sors alumno per fideicommissum relicta ? Et respondet transisse : quia purum non conditionale fideicommissum fuit. Simile ei, quod propositum est initio, quodque proponetur in *§. seq*. Cujus scilicet, solutio tantum prorogatur in diem certum , quo scilicet fideicommissarius pervenerit ad annum 25. Et alia est ratio legati vel fideicommissi, de quo agitur in *l. si Titio h. t. & l. si cui legetur, §. hoc autem, sup. de leg.* 1. quæ leges huic responso solent opponi, quoniam illis legibus, testator ita legavit, *Cajo Sejo centum erit annorum* 14. vel 25. nihil refert, illam rem sive quantitatem do, lego, aut dari volo, quod legatum conditionale est. Ideoque si ante eam ætatem vita decesserit, non transmittit legatum ad heredem. In specie proposita testator non ita legavit, ut in illis legibus, sed ab initio pure legavit; deinde protulit diem solvendi legati, nempe hoc modo : *Cajo Sejo centum do, lego, quæ præstari ei volo, quum ad justam ætatem pervenerit, & interim Lucio Titio occupari fœnori trientario.* Itaque nihil illæ ll. habent commune cum hoc responso. Illud non est omittendum, quod addit Papinianus, heredem alumni fideicommissum ab eo non petere, apud quem pecunia fœnori occupata est, id est , a L. Titio, quoniam hæc verba, quæ ad L. Titium directa sunt, *eamque pecuniam alumno meo post ætatem suprascriptam curabis reddere* vim fideicommissi non habent, *l. Jul. 66. §. 1. de leg. 3*. verbum, *curare*, fideicommissum non facit, fideicommissum necessitatem injungit : verbum illud cohortatur tantum ad diligentiam aliquam : ut quum ad amicum scribimus , ut curet nobis pecuniam, quomodo frequenter loquitur M. Tullius, & ita etiam hæc verba stipulationis, *decem dasi curari*: sane non obligant promissorem ad dandum 10. abscise , *l. ult. §. ult. sup. de reb. cred. l. illa, §. 1. inf. de ver. obl*. Itaque heres alumni fideicommissum debet petere ab heredibus, qui in collocanda pecunia Lucio Titio stipulari debuerunt , cum alumnus ad justam ætatem pervenisset, vel quum intra eam ætatem vita decessisset , eam pecuniam reddi debuerunt heredes a L. Titio, cui fœneravit eam pecuniam ex

voluntate defuncti , stipulari pecuniam reddi alumno in diem testamento præscriptum , vel sibi potius , quam redderent alumno , vel heredi alumni ; & stipulari debuerunt sine satisdatione , id est , non exactis fidejussoribus, qui locus maxime notandus est : quia nunquam oneratur satisdatione is, cujus fidem testator elegit , & approbavit, ac sequutus est , ut in tutore testamentario dato a patre receptum est , qui non satisdat rem pupilli salvam fore , quia electio patris pro satisdatione est, quiave pater quodammodo pro eo satisdedisse intelligitur, cujus fidem secutus est, *l.4. & 17.C. de test. tut*. Lucii autem Titii fidem in specie proposita ipse testator elegit : ergo onerandus non est L. Titius satisdatione, sed sufficit cautio nuda, si stipulantibus heredibus repromittat pecuniam reddi , cum venerit dies fideicommissi alumno relicti . Perperam autem interpretes hoc loco tractant de executore testamenti, de quo memini me dicere satis in *l.8. sup. de ali. leg*. quasi scilicet , L. Titius , cui pecunia datur utenda mutua sub usuris trientibus, sit executor testamenti , quo nihil est absurdius. Itaque nos ea de re nihil tractabimus.

### Ad §. Ultimum.

*Pater annua tot ex fructu bonorum , quæ uxori legavit, accessura filii patrimonio , præter exhibitionem , quam æque matri mandavit , ad annum ætatis ejus 25. uxorem præstare voluit , non plura , sed unum esse fideicommissum certis pensionibus divisum apparuit ; & ideo filio intra ætatem suprascriptam diem functo, residui temporis ad heredem fideicommissum ejus transmitti: sed non initio cujuscunque anni peti pecuniam oportere , quod ex fructibus uxori datis pater filio præbere voluit: ceterum si pecuniam annuam pater alimentis filii destinasset (non) dubie persona deficiente, causa præstandi videretur extincta*.

Hoc ultimum responsum pertinet ad speciem hujusmodi. Pater filium heredem instituit, & bona quædam uxori legavit sub onere fideicommissi , ut scilicet uxor filio præstaret annua decem ex fructibus eorum bonorum , quod notandum ; ac præterea, ut filium aleret, exhiberet, educaret usque dum ad 25. annum ætatis pervenisset. Hac specie proposita Pap. ait, unum esse fideicommissum omnium annorum ad 25. usque ætatis filii , non plura fideicommissa : quod quidem ait, πρὸς ἀντιδιαστολὴν , ad differentiam annuorum legatorum, vel fideicommissorum , quæ relinquuntur nomine alimentorum. Ea enim non unum sed plura legata , vel plura fideicommissa esse intelliguntur, *l.10.& 12.& 20.h. t. l.4.de an. leg. & l.11. eod. l. pater, §. ult. sup. de cond. & demonst. l.45*. quæ est constantiss. Græca, *C. de episc. & cler*. In hac autem specie, annua decem filio patrem non reliquisse alimentorum nomine , ex eo apparet , quod præter annua decem, etiam ei alimenta ab uxore præberi voluit , atque mandavit usque ad annum ætatis ejus 25. quod etsi non mandasset , ut rectissime sensit Accurs.in *l. codicillis, sup.de annuis leg*. etiam non esset vero simile, testatorem a legatario annua reliquisse nomine alimentorum heredi suo omnium bonorum domino , sed potius in plures pensiones unum fideicommissum divisisse legatarii exonerandi causa, quoniam gravior est unius summæ magnæ persolutio . Igitur multum interest annua legentur nomine alimentorum in gratiam legatarii ; an non alimentorum nomine, sed ut prospiciatur heredi, ne urgeatur ad solutionem statim totius summæ fideicommissi comprehensæ, sed eam restituat per partes sive pensiones. Et sunt hic etiam adnotandæ aliæ differentiæ. Annua, quæ alimentorum nomine relinquuntur, misericordiæ causa relinquuntur, ut ait *l. qui bonis , ff. de cess. bon*. videlicet, ut consulatur legatario fortasse consumpturo statim, & abligurituro , si qua magna summa ei præstaretur, non minutatim per partes in dies vel menses, vel annos ei dispensarentur plura legata & sufficientia præbita, ut Columella vocat, sive demensa præbita:

bita: providentia testatoris hoc facit, cui legatarii mores incogniti non sunt, quique alioquin integram summam repraesentari jussisset. Annua vero, quae alimentorum causa non relinquuntur, sane ita relinquuntur gratia heredis, vel legatarii, a quo relinquuntur, ne semel urgeatur ad solutionem unius summae, quae curatu difficilis sit, sed diversis pensionibus eam exsolvat, *d.l.12.h.tit. in illo loco*, nisi forte evidens sit voluntas testatoris, in annuas pensiones ideo dividentis, quoniam non legatario consultum, sed heredi prospectum voluit, ne urgeretur ad solutionem: puta, quum relinquuntur usque ad diem certum, ut in specie proposita. Alimenta autem plerumque relinquuntur in perpetuum, id est, dum vivet alimentarius, sed relinqui etiam possunt ad tempus, *l.cum autem, §.sed etsi non fuerint, sup.de transact.* & in multis aliis ll. titulorum *de ann.leg. & de alim. leg.* Praeterea alimenta, quae relicta sunt, cum vita legatarii aut fideicommissarii finiuntur, nec in heredem ejus transmittuntur, quia personae cohaerent, ac proinde deficiente persona, extinguuntur, ut Papinianus ait in extremo hujus legis, idque probat ex *d.l.cum hi, §. modus, de transact.l.in singulos, de ann. leg.* Mors alimentarii liberatio est ejus, a quo alimenta relicta sunt. Et hac ratione quodammodo moriens alimentarius tot heredi legat annua, quot ab herede ei legata erant. Martial. locus 9. Epigram. ad Bithyn. inquit;

*Nil tibi legavit Fabius, Bithynice, cui tu*
*Annua si memini millia sena dabas.*
*Plus nulli dedit ille; queri, Bithynice, noli*
*Annua legavit millia sena tibi.*

Bithynicus dum captaret hereditatem Fabii, ei solebat annua millia sena dare, quo postea moriente nihil ex testamento ejus consecutus est, spe sua frustratus, sed tamen ille eum deridens ait; eum consequuturum esse morte Fabii annua millia sena, quae heredi ejus haudquaquam praestare compelleretur, neque debentur, etiamsi Fabio deberentur ex alieno testamento. Legatum autem vel fideicommissum, quod proponitur ab uxore filio relictum, post patrem moriente filio, in heredem filii transmittitur, quoad praestitutum tempus exierit, quo filius si viveret complesset justam aetatem, *l.20.hoc tit.* quia non alimentorum causa, annua 10. filio relicta sunt; & ideo fideicommissum morte filii non extinguitur, nec transmittitur. Denique hoc fideicommissum est purum, nec juris alia differentia ex alia, hoc, inquam, fideicommissum, de quo agitur in hoc ultimo responso, est purum, cujus dies cedit ex die mortis testatoris, solutio tantum confertur in tempus, ut in superioribus duobus responsis, divisa in plures pensiones annuas exonerandi legatarii gratia. Glossa obiter dixit, *heredis pro legatarii*, quoniam non ab herede, sed a legatario annua filio relicta proponuntur. Annorum autem in alimenta relictorum preti annui purum est legatum sive fideicommissum, cujus dies cedit statim a morte testatoris, sequentium annorum legatis haec conditio inest, *si legatarius vivat*. Denique sequentium annorum legata conditionalia sunt: nam mortuo legatario sequentium annorum annua heredi ejus non debentur, *l.4.sup.de ann.leg.l.1.§. si in annos, sup. ad l. Falcid.* Postremo fideicommissum, quo de agitur hoc loco, quo filio relicta sunt annua decem, non potest peti initio cujusque anni, sed expectanda est collectio fructuum, expectandae sunt messes aut vindemia, quoniam id fideicommissum divisis pensionibus pater praestari jussit ex fructibus bonorum uxori relictorum; ergo non ante peti potest, quam coacti sint fructus atque percepti, quod & Papinianus notat diligenter hoc loco. At annua legata vel fideicommissa destinata alimentis, peti possunt initio cujusque anni, *l.12.hoc tit.l.1.§. C. eod. tit.* Sed & ea annua, quae non sunt destinata alimentis, ut ex contrario hic locus argumentum praestat, peti possunt initio cujusque anni, si non sit additum, ut ex fructibus praestarentur. De legatis tantum tracto, non de stipulationibus, quibus annua stipulamur dari, vel annuam pecuniam, quoniam notissimum est hac in re, alio jure esse

stipulationes, alio legata. Et rationem differentiae fusius exposuimus in *l.16.de verb.oblig.* Illud non omittendum, quod Accursius hoc loco negat, uxori relicto victu, & vestitu, victum ei non deberi initio cujusque anni, quod falsum esse coarguit *d.l.12.h.t. & l.1.C. eod.* quae dicunt alimenta, quae utique verbo victus significantur, peti posse initio cujusque anni, vel mensis, prout distribuenda ei alimenta demonstrare judex, cum id maritus non expresserit, *l.si cui, de ann.leg.l.pen.de aliment.leg.* Et ita Albericus sentit recte: *venter*, ut vulgo dicitur, dilationem non patitur. Quamobrem nec tempora judicati faciendi servantur in alimentis constituendis, *l. 2. inf. de re judic.* Vestiarium autem petet uxor, quum erit ei ex usu & commodo suo: ut relictum in habitationem non petitur statim praesenti die, sed quo die est commodum solvi, quo scilicet die debetur pensio habitationis, *l.12.§.si in habitationem, hoc tit.*

## Ad L.XLII. de Oper. libert.

*Cerdonem servum meum manumitti volo, ita ut operas heredi promittat: non cogitur manumissus promittere, sed & si promiserit, in eum actio non dabitur, nam juri publico derogare non potuit, qui fideicommissariam libertatem dedit.*

CErdo, ut opinor, non est artificii nomen, ut Glossa sentit, non est sutor veterarius, παλαιοράψης, ut Graeci vocant, *veteramentarius*, *veterivallus*, sed est proprium nomen servi, ut apud Apul. 2. Miles. Credo quidam nomine, negotiator accessit. Huic autem Cerdoni servo dominus ab herede extraneo reliquit fideicommissariam libertatem, Ita, haec sunt verba testatoris, *ut operas heredi promitteret*, quae verba, *ita ut*, quod fuit mihi saepe usui in multis casibus, modum faciunt, non conditionem; ut & ex hoc loco patet, & ex *l.libertas, §. hac scriptura; de man. testam. l. Titio centum, §.1. sup.de condit. & demonst.* Igitur servo confestim praestanda est libertas ex causa fideicommissi, quod purum esse intelligitur, non conditionale, quod sub modo esse intelligitur, non sub conditione. Modus impletur post praestationem legati; sed quaeritur, an post praestitam libertatem manumissus cogatur operas heredi promittere quemadmodum testator cavit? Et respondet, non cogi, quinimo promittentem heredi stipulanti non obligari, id est, ut Glossa ait rectissime, *promittere coactum*, quia si post manumissionem ultro donandi animo promiserit operas, procul dubio obligatur, *l. Campanus, D.h.t.* Et recte etiam posui, ab extraneo herede servo fuisse relictam fideicommissariam libertatem. Nam si sit relicta a filio, filius manumisso ex causa fideicommissi, potest donum, munus, operas, quas nos appellamus, *jurees*, quod & ex jurejurando debeantur, non minus quam ex stipulatione, imponere: filius, inquam, manumisso ex causa fideicommissi potest donum, munus, operas imponere, hac ratione, quia & directo manumisso, & liberto orcino operas potest imponere quasi patroni filius, *l.si filius, in pr.inf.de fideicom.libert.* Ratio autem hujus responsi haec est, quia non potuit testator juri publico derogare, jubendo, ut manumissus ab herede ex causa fideicommissi heredi promitteret operas, vel jurare, *l.nemo potest, de leg.1.* Non potest facere testator, ne jus publicum locum habeat, *l.testandi, C. de testam.l.5.§.Julianus, de admin.tut.* Quintil. *declam. 373. Potentius*, inquit, *id est quod in Ulu legis*, *quam quod in testamento*. Jus autem publicum hoc loco vocat constitutiones Principum, quibus cavetur cessare persecutionem, sive petitionem operarum adversus eos, qui ex fideicommissi causa manumissi sunt, etiamsi eas coacti promiserint, *l.7.§.rescriptum, h.t.l.2.l.mater, C. eod. tit.l.qui ex causa, tit.seq.l.videndum, de leg.1.* nec mutat, quod is, qui manumisit ex causa fideicommissi patronus est. Cur ergo, inquies, jure licito non imponet operas manumisso, vel munus, vel donum? Nempe, quia non gratuitam, sed

sed debitam libertatem præstitit, quia libertatem præstitit, quam non potuit non præstare, ut sit ea accepto ferenda potius defuncto, quam manumissori.

### Ad L. L. de Manumissis testament.

*Quod D. Marco pro libertatibus conservandis placuit, locum habet irrito testamento facto, si bona venitura sint, alioquin vacantibus fisco vindicatis, non habere constitutionem locum, aperte cavetur. Servos autem testamento manumissos, ut bona suscipiant; jure cautionem idoneam offerre, non minus quam ceteros defuncti libertos, aut extraneos declaravit, quod beneficium minoribus annis heredibus scriptis, auxilium bonis præstitutum more solito desiderantibus, non auferetur.*

PErtinet hæc *l. 50.* ad genus illud succedenti in universa bona defuncti, quod introduxit constitutio D. Marci ad Popilium Rufum, de quo genere successionis est in *Instit. tit. de eo cui lib. cau. bon. add.* Et de eo similiter agitur in *l. 2. 3. 4. tit. seq. & l. 6. & l. ult. C. de manumiss. testam.* Si heres scriptus testamento, quo servis directæ libertates vel fideicommissariæ datæ sunt, nolit adire hereditatem ex testamento, nec repudiata causa testamenti ullus existat, qui ab intestato eam hereditatem adire velit, forte ob grande æs alienum, quo ea premitur hereditas, & creditores hereditarii in eo sint, ut defuncti nomine bona possideant, & auctionem eorum bonorum faciant sub hasta & præcone, quæ res si fieret, maxime læderet existimationem, memoriamque defuncti: ideo ne intercidant libertates, quæ sane ipso jure intercidunt destituto testamento & deserto ab herede scripto, ne lædatur existimatio defuncti, ejus nomine bonis a creditoribus distractis, ut inquam, conserventur libertates, simul atque existimatio testatoris, constituit Divus Marcus iis, quibus libertates testamento datæ sunt, vel uni eorum, vel liberto testatoris, quem scilicet vivus manumiserit, vel etiam extraneo libero homini, ut a prætore vel præside postulent bona universa defuncti sibi addici libertatum tuendarum gratia, ne pereant, oblata & præstita satisfactione, vel alia cautione idonea, creditoribus hereditariis satisfactum iri, qua additione bonorum impetrata, inhibetur auctio eorum bonorum, quia defensor idoneus existit, qui respondeat creditoribus, qui adsimilatur etiam bonorum possessori, *l. 4. §. it autem, tit. seq.* Et si forte non caverit creditoribus, etiam creditoribus perinde atque si eis cavisset, in eum dantur utiles actiones, quasi ex stipulatione tacita, *l. 3. tit. seq.* Et de hac re loco Papinianus ita scribit, constitutioni D. Marci locum esse libertatum tuendarum gratia testamento, in quo datæ sunt, destituto ab herede, & irrito facto. Si bona, inquit, venitura non sint: exsistat aliquis cui ea addicantur, quasi heredi testamentario, aut bonorum possessori. Nam si bona venitura non sint a creditoribus, si non urgeant creditores hereditarii, si bona, puta, solvendo sint, si locuples & luculenta hereditas, atque aliquo nomine herede existente ex testamento, vel ab intestato, ea bona fiscus vendiget, & agnoscat tanquam vacantia ex l. Julia, *l. quidem, §. quotiens, de leg. 1.* quæ dicitur lex Julia caducaria ab Ulpiano *libro sing. reg. tit. de bonor. possess.* tum vero cessat constitutio Divi Marci, id est, libertates servis non competunt, neque debentur. Et hoc est quod ait, *alioquin vacantibus bonis fisco vindicatis, non habere constitutionem locum.* Idque ait aperte, caveri ipsa constitutione. Et hoc idem probat etiam lex 4. §. eadem, *tit. seq.* ut indiget interpretatione, quoniam prima specie in *d. l. 4.* Ulpianus secum ipse pugnare videtur: namque primum ait, constitutionis locum esse, id est, competere libertates non tantum, si extraneus quilibet bona sibi addici postulet, libertatum conservandarum gratia, ut a Divo Marco studiosus libertatum postulavit Popilius Rufus, ad quem ea constitutio Divi Marci dirigitur,

quæ nusquam exstat alibi integra quam in Institutionibus: Innumeri sunt loci singulares in Institutionibus, quo libello juris neque pulchrior, neque facilior ullus est, nec dispositior; & præter illam constitutionem, cujus verba in Institutionibus integra referuntur, quæ non exstant alibi, etiam invenies in eo tit. esse singulare, quod ait, quandoque libertates dari mortis causa. Verum ad rem. Non tantum, ut cœpi dicere, constitutioni locum esse, si extraneus sibi addici postulet, sed etiam si quæ creditores possidere & distrahere concupiscunt, fiscus agnoscat. Post additur in *d. §. eadem*, quod videtur pugnare cum superiori dicto, alia ratione fisco agnoscente bona, id est, non instantibus creditoribus, non urgentibus aut opprimentibus creditoribus, paucis aut nullis existentibus creditoribus, constitutioni locum non esse, id est, non competere libertates. Unde infert hoc modo. Quare etsi caducis legibus bona delata sint, idem erit probandum, ubi jampridem ostendi esse legendum: *quare etsi caducariis legibus*, id est, Julia & Papia, bona fisco delata sint, ut vacantia scilicet, probandum erit non esse constitutioni locum, id est, non competere libertates: & bona delata caducariis legibus, ut dixi, vocat bona vacantia, ut *d. l. quidem, §. quotiens, de legat. 1.* Bona vacantia sunt, quod notandum, quæ nec heredes, nec creditores ulli persequuntur. Popilium autem Rufum, ad quem scripta est constitutio hæc accipio pro extravio libero homine Philosopho studioso libertatum tuendarum, petente sibi addici bona propter libertates, non ut Theophilus, pro servo testamento manumisso, quia servi, binomines non erant, *ils n' avoient point deux noms.* Et quod C est in *l. 6. & l. ult. C. de testam. manumiss.* etiam extraneo postulante bona ei addici posse, libertatum conservandarum causa. Id ex hac *l. 50.* liquet manare ex constitutione ista divi Marci; qui etiam extrario fecerit potestatem petendi addictionem bonorum. Et in hanc rem est hæc lex singularis, quæ etiam fisco locum admisit sine satisfactione, vel satisfactione. Fiscus nunquam satisdat, quia semper est locuples, *l. 1. §. si ad fiscum, sup. ut leg. nom. cav.* nec mirum, si constitutio etiam admiserit extraneum quemlibet, cum libertatum causa sit publica, *l. si quis rogatus, tit. sequ. l. 4. D. ne de statu def.* Additur in extremo hujus legis, *quod beneficium minoribus annis heredibus, scriptis, auxilium bonis præstitutum more solito desiderantibus, non auferetur.* Beneficium scilicet hujus constitutionis, hic est sensus, non auferetur iis, qui a domino libertatem acceperant, si heredes scripti minores 25. annis initio abstinuerint se bonis, deinde post factam addictionem bonorum, libertatesque servis conservatas, vel præstitas, restituti sint in integrum adeundorum bonorum, adeundæ hereditatis causa: neque enim servis ideo auferentur libertates, quæ semel competierunt, nec patroni, qui semel eorum effecti sunt, mutabuntur, ut *d. l. 4. §. 1.* quoniam adversus libertates non extenditur restitutio in integrum, *l. 11. §. ult. de minorib.* Et ait, *auxilium bonis præstitutum*, id est, auxilium generali edicto de minoribus præstitutum, & præfinitum minoribus, ut ad bona, quibus se inconsulto abstinuerunt, restituti in integrum, regressum habeant. Hæc vero est secunda interpretatio Accursii rectior, quam prima, quam tamen Græci sequuntur 48. Basil. ut scilicet e converso minoribus heredibus scriptis initio adeuntibus hereditatem, deindæ beneficio restitutionis abstinentibus se, post audiantur, ut bona sibi addici desiderant libertatum conservandarum gratia. Male: nam hoc frustra desideraturi sunt, quia libertates semel competierunt adita hereditate, ne eis restitutio in integrum quicquam officiat heredibus restitutis abstinendi causa, *l. 3. C. de testam. manumiss.* Et hæc est vera interpretatio hujus legis.

### Ad L. XXIII. de Fideicom. libert.

*Fideicommissaria libertas prætextu compilata hereditatis, aut rationis gesta non differtur.*

Ini-

INitio legis hoc proponitur. Severus, cui per speciem fideicommissi libertas pure relicta est, dicitur expilasse hereditatem jacentem, vel rationes gessisse hereditatis jacente hereditate, & conturbasse. Quæritur, an ideo differenda sit præstatio libertatis, quoad purgatis rationibus, & maleficio, quod ei obiicitur, absolutus fuerit. Denique quæritur, an suspensa cognitione maleficii sit ei repræsentanda libertas ex causa fideicommissi? Et ait, moram non esse faciendam eo prætextu puræ libertati, quod & Divus Marcus constituit, *l.si pure, inf.hoc tit.l.1. §. sed si fideicommissaria, si quis test.lib.esse juss.fuerit, l.pen.C.de crim.expil.hered.l.4.C. de testam. manumiss.* Neque obstat l. quam opponit Accurs. *l.5.C.de leg.* cum qua consentit *l.48.sup.ad Trebell.* quæ dicunt, non habere legatarium petitionem rerum legatarum, quas furatus est. Primum respondet, hoc verum esse, si legatarius postquam furti damnatus est eas res petat, quas ante subripuerat, frustra enim potit, non si suspenso crimine furti, nec dum facto, sive peracto eas res petat, arg. *l. pen. D. de accusat.* Deinde ex eo, quod illis ll. continetur, male infertur, non recte peti fideicommissariam libertatem ab eo, qui res aut rationes hereditarias intervertit, Id enim non intervertit, quod petit.

### Ad §. Fideicommissariam.

*Fideicommissariam libertatem ab herede non præstitam, cogendus est heredis heres, qui restituit ex Trebelliano Senatusconsulto hereditatem, præstare, si ejus personam eligat, qui manumittendus est.*

HEres, a quo relicta est servo libertas per fideicommissum, vel heres ejus, heres heredis, si hereditatem alii restituerit ex SC. Treb. quæritur, an cogitur eum servum manumittere, translata jam hereditate in fideicommissarium Trebellianum? Sic videtur Papiniæ. ut heres iste etiam post restitutam hereditatem, aut heredis cogatur eum servum manumittere, videlicet, si servus ab eo manumitti malit, quam a fideicommissario Trebelliano, quia is servus fideicommisso hereditatis non continetur, *l.apud Julian.sup.h.t.* quæ lex recte ait idem servari in persona fideicommissarii Trebelliani, quod in persona emptoris. Nam si eum servum quis ab herede emerit, si hoc malit servus, cogitur eum heres, idemque venditor redimere & manumittere, *l.15. sup.hoc tit.l.generaliter, §.ult.h.t.l.Titius, de act. empt.* Hoc relinquitur in arbitrio servi, ut eligat, quem velit manumissorem, quoniam sæpe interest manumitti potius ab uno quam ab alio, pro varietate morum, quibus manumissores præditi sunt, vel etiam pro ætate, quoniam interest manumitti potius a sene, cui non diu edat operas officiales libertatis causa, quam a juvene, *d.l.15.*

### Ad §. Servum.

*Servum peculii castrensis, quem pater fideicommissi verbis a legitimis heredibus filiis liberari voluit, filium militem, vel qui militavit, si patris heres existit, manumittere cogendum respondi, quoniam proprium manumississe defuncto post donationem in filium collatam existimavit: portionem enim a fratre domino fratrem eundemque coheredem citra damnum voluntatis redimere non cogendum, nec ob eundem errorem cetera, quæ pater in militia profecturo filio donavit, fratri qui mansit in potestate conferenda: cum peculium castrense filius etiam inter legitimos heredes præcipuum retineat.*

NEmo ambigit in castrensi peculio filiusfam. numerari, quod filio in militiam profecturo pater donavit, *l.castrense, inf.de castr.pec.* Donatio inter patrem & filiumfam. regulariter quidem non valet, sed si fiat in causam peculii castrensis omnino valet, quia filius in castrensi peculio pro patrefam. habetur, *l.2.sup.ad SC.*

A • *Maced.* Nunc finge, filiofamil. proficiscenti in militiam, arma, equos, ornamenta, & multa alia patrem donasse, & inter cetera etiam servum calonem, sive caculam, *un goviat*, & ei servo codicillis reliquisse fideicommissariam libertatem a duobus filiis, quos habuit tanquam legitimis heredibus ab intestato, uno milite aut veterano, id est, militia jam functo & emerito, altero pagano. Quæritur, an si uterque filius patri heres exstiterit ab intestato, an ab utroque libertas fideicommissaria peti possit? Et respondet, a filio tantum milite peti posse, cui is servus a patre donatus est in castrensi peculio. Nec obstat, quod pater eum servum a filiis, ut posuimus, manumitti jussit, quia error in eo fuit patris, qui eum servum in dominio suo mansisse perperam existimavit post donationem collatam in filium, id est, qui existimavit

B eam donationem non valere, quæ valet optimo jure, quum sit in causam castrensis peculii. Et hoc errore falsus quasi proprio servo pater a filiis legitimis heredibus reliquit fideicommissariam libertatem, quam a filio servi domino tantum relinquere potuit, quia alter filius iu eo servo nihil juris habet. Itaque is est solus, qui servi dominus est, servum manumittere cogitur, nec propter errorem patris, ac si servus patris proprius fuisset, qui non fuit: & proinde communis utriusque filii jure hereditario, ut eum manumittat filius miles, aut veteranus, non cogitur redimere portionem fratris, cujus servi castrensi nulla ex parte dominus est, quia non fuit communis servus fratrum, sed filii militis aut veterani proprius in solidum. Verum quod hoc loco tradidit Papinianus, emendanda sunt Papiniani verba,

C dum ait: *Portionem enim a fratre domino fratrem, eundemque coheredem citra damnum voluntatis redimere non cogendum*. Illud enim, *domino*, glossema est. Dominus enim fuit servi, qui redimere portionem a fratre non cogitur, non is a quo redimere non cogitur, quem tamen si addas, *domino*, facis dominum. Itaque perspicuum est illud, *domino*, irrepsisse in contextum, & ait, *citra damnum voluntatis*, ut damnum conditionis, l. Imperator, *sup.ad Treb.* hoc sensu, quod valde notandum est, quod non cogatur frater dominus servi a fratre portionem redimere, ut eum manumittat, secutus errorem patris potius quam veritatem, non ideo fieri contra voluntatem patris, id est, hoc fieri citra damnum voluntatis paternæ, quia non intelligitur voluisse, qui erravit in jure, *de juris.l.116. §.ult.de re-*

D *jur.* Qua de causa ut subjicit, nec is error patris efficit, qui servum donatum filio ex causa castrensis putat proprium suum esse, quod non filii, cui donavit proprium in solidum, ut iste est. Is, inquam, error non efficit, ut filius ille non habeat eum servum, ceteraque omnia bona castrensia, quæ pater ei donavit, præcipuum ab intestato: Is, inquam, error non efficit, ut ea bona conferat fratri pagano: imo sibi retinebit propria in solidum, *ut l.1.§. nec castrense, de collat.bon.l.54.ad Trebell.l.cum duobus, §. idem Papin.pro soc.* Nec obstat, quod dicitur, errorem testatoris facere jus, *l.3. in fi. sup.de supell. leg.* quoniam hoc dicitur de errore facti, quo non læditur jus publicum, ut in exemplo ibi proposito, si vasa argentea, quæ sunt in supellectili, rationibus testator referat in argento, non in supellectili, propter errorem testatoris, legato

E argento, ea vasa continebuntur, quia error, id est, voluntas illa testatoris, errantis scilicet, pro jure est: error hic est inter voluntatis non injustæ, aut juri publico adversæ: At hic est error juris maxime adversus juri publico, ut manserit servus proprius, quem donavit ex causa castrensi, & ut conferatur fratri a fratre, utque habeatur pro communi inter fratres, qui errores sunt stultissimi. Etiam illud adnotandum, irrepsisse mendum aliquod illo loco: *Qui mansit in potestate*, quo significatur, paganum mansisse in potestate, & ex contrario igitur fratrem militem fuisse solutum potestate, quod est falsum, alioquin non esset legitimus heres, sicut proponitur hoc loco. Ac præterea non fuisse eum emancipatum, nequaquam proponitur, nec potest dici, militia solvi pa-

patriam potestatem, *l.filiusfam.de ritu nupt.l.7.C.de patr. potest.§.filiusfam.Instit.quib.mod.jus pat.potest.amit.* Quinimo necessario ponendum est, etiam militem mansisse in potestate, ut etiamsi in potestate, in eo jus istud singulare observemus, ut sit ei castrense peculium proprium patrimonium, quod habiturus est præcipuum mortuo patre, nec collaturus fratri. Igitur mendum hoc quoque loco dum ait, *Qui mansit in potestate*, aliquod irrepsit, & videtur esse legendum, *Qui mansit in paganis*, ut loqui alii auctores solent, esse in pueribus annis, in senioribus, novissimis. Et etiam in *l.7. de reg.jur.* jus nostrum non patitur eundem hominem in paganis, id est, qui est in paganis, non in militibus. Atque ita exposuimus tria responsa hujus legis.

### Ad §. etiam fideicommissaria.

*Etiam fideicommissaria libertas a filio post certam ætatem ejus data, si eam puer non pervenit, ab herede filii præstituta die reddetur. Quam sententiam jure singulari receptam ad cetera fideicommissa velicta porrigi non placuit.*

Quod ad §. penult, attinet, in eo proponitur, patrem a filio impubere codicillis factis ab intestato servo libertatem fideicommissariam reliquisse. Pono filium fuisse impuberem, quia Papin. eum puerum vocat illo loco, *si ad eam puer non pervenit*. Et hoc sane multum facit ad §.ultimum, qui simul cum isto explicandus est: A filio igitur impubere reliquisse fideicommissariam libertatem his verbis, *illum servum cum filius meus ad 14. annum ætatis pervenerit, manumitti volo.* Hæc verba in se conditionem continent, *si filius effectus fuerit annorum* 14. Et tamen mortuo filio intra pubertatem, intra eam ætatem nondum facto annorum 14. placet heredem ejus filii servo debere præstare libertatem ex causa fideicommissi præstituta die. *Præstituta die*, id est, qua die eam ætatem filius attigisset, si vixisset, quod ut fuisse receptum jure singulari, hoc est favore libertatis, ut in *l.10. C.eod. tit.l.si ita scriptum, sup.de manum.test.l.19.D.de statulib.* favore libertatis conditio defecta pro impleta habetur. Defecta enim conditio est, qua qui mortuus est intra annum 14. sane non intelligitur ætatis annorum 14. ut fuisse, *l.si Titio, sup.quando dies leg.ced.* Sed pro impleta habetur favore libertatis, impleto tempore quo, si vixisset filius, servo ea libertas debita, & præstita fuisset, ut e contrario favore piæ causæ, conditio impleta nonnunquam habetur pro defecta in Novella 27. quod exposui hoc ipso libro in *l.cum avus, sup.de cond.& dem.* Multa contra juris rigorem, contra communes regulas juris pro libertatibus benigne recepta sunt, instituto a majoribus favore libertatum *l.generaliter, §.si quis servo, h.t.l.in bello, §.manumittendo, inf.de capt.& postl.rev. l.pœnales, in fin.sup.ad l.Falcid.§.ult.Instit.de don.* Philosophia amplectente libertatem, ut eleganter ait *lex pen. C.de iis quibus, ut indig.* Philosophia scilicet Stoica, in qua versantur omnes Jurisconsulti nostri, & cujus verbum hoc est apud Diog. Laertium φαύλων ή δεσποτειών. C'est mauvaise chose que d'avoir un maistre. Idem vero non servatur in fideicommisso pecuniario, quod in libertate, eidem servo relicto sub eadem conditione; quum filius erit annorum 14. nam filio mortuo intra pubertatem, fideicommissum extinguitur, quasi defecta conditione. Libertas quidem & fideicommissum simul relicta sunt eidem servo, & sub eadem conditione, sed libertatis conditio pro impleta habetur, fideicommissi pro defecta. Quæ est sententia §.pen. cui nihil obstat *lex Firmio, §.1. sup.quando dies leg.ced. vel l.pen. C.eod. tit.* Quoniam ut ostendi in *d.l.Firmio*, id purum fuit non conditionale fideicommissum: Eodem vero modo si adscripta sit libertati & fideicommisso pecuniario hæc conditio, *si heredi decem dederit, cum eidem servo relinqueretur libertas simul, & legatum, vel fideicommissum sub conditione, si heredi decem dederit, servus non*

dederit heredi, sed heredi heredis, quantum ad libertatem attinet, conditio pro impleta habetur : quantum ad fideicommissum pecuniarium, pro defecta : est similis ratio & causa *l. sub diversis, §.ult.l.cum ita, in fin. sup.de condit.& demonst.*

### Ad §. Ult.

*Servum a filio post quinque annos, si eo tempore mercedem diurnam filio præstitisset manumitti voluit: biennio proximo vagatus non præstiterat, conditione defectus videbatur, si tamen heres filius, aut tutores ejus ministerium servi per biennium elegissent, eam rem ex præterito, quod per heredem stetisset, impedimento residuæ conditioni non esse constitit.*

In specie quoque §. ult. hujus *l.* conditio defecta pro impleta habetur, sed hoc interest, quod in '.pen.pro impleta habetur jure singulari, in ultimo, jure communi. Quo argumento, quia sive libertati, sive fideicommisso, aut legato adscripta sit conditio, semper habetur pro impleta. In specie §.ultimi, puta, cum per heredem, in cujus persona conditio sit, stat aut mora sit quo minus impleatur, communis hæc est regula juris, *l. in jure, de reg.jur.* quod jus commune vocat Papin. in *l.cum pupillus, in princ.sup.de condit. & demonst.* ad differentiam scil.juris singularis, de quo dixit in §. pen. *h. l.* nam hic sane §.ult. omnino conjungendus est cum initio *d.l.cum pupillus*. Hoc loco ait, *filius aut tutores*, & illo quoque loco ait, *pupillus aut tutor.* Et rursus cum illa in *l.cum pupillus* ait, *Tam legati, quam libertatis conditionem impletam videri*, nisi ad differentiam ejus, quod proposuit in §.pen. non ut libertatis, ita legati conditionem impletam videri. Denique jus singulare proponitur in §. *ult.* coaptata cum *d.l.cum pupillus*, jus commune. Et cohæret etiam hic §. ult. cum pen. quia uterque est de filio impubere, & ex conjunctione utriusque exoritur, & emergit illa differentia inter jus singulare, & jus commune: & ea quoque convenientia in eo, quod utroque jure conditio defecta habetur pro impleta, jure singulari favore libertatis: jure communi culpa pupilli vel tutoris, in cujus persona conditio collata fuit. Et utraque species §. pen. & ult. est de pupillo, propterea quod conditio confertur in majorem ætatem heredis, adultam puta, vel justam. Unde apparet ex §.ult.in *d. l.cum pupillus*, proprie ita esse ponendum speciem. Pater a filio impubere post quinquennium, servum manumitti, & legatum certum ac fideicommissum ei præstari voluit sub conditione, *si tempore toto quinquennii is servus filio diurnam mercedem præstiterit, ex sua industria & locatione operarum, ex suo quæstu diurno.* Servus triennio diurnam pensionem sive mercedem filio præstitit, biennio autem proximo feriatus & vagatus, inquit, per orbem terrarum, filio nihil intulit: sane conditio libertatis defecisse intelligitur, & perempta igitur spes fideicommissariæ libertatis, hoc est extra omnem controversiam: At si servus feriatus & vagatus non fit, sed per biennium filius vel tutor, per biennium illud filius vel tutor ejus ministerium servi elegerit, & diurnæ pensitationi prætulerit, conditio tam libertatis, quam legati, aut fideicommissi pro impleta habetur, ea per filium aut tutorem, quod idem est, in cujus personam collata conditio fuit, stetit, quominus conditio impleretur. Jure ergo communi pro impleta habetur, non jure singulari, quia non tantum libertas, jure hujus legis, ait, eam rem, quod biennio servus filio ministerium præbuerit, non diurnam mercedem, ministerium præoptante filio vel tutore, quam mercedem ex præterito, ex triennio scilicet, quo servus conditioni paruit, non esse impedimento residuæ conditioni, id est, eam rem non efficere, ut minus videatur servus paruisse conditioni biennio residuo, quia per filium stetit, quo minus, & eo biennio pareret conditioni. Hoc est maxime notandum.

Ad

### Ad leg. XXXV. de Statulib.

*Non videbitur per statuliberum non stare, quo minus conditio libertatis exsistat, si de peculio, quod apud venditorem servus habuit, pecuniam conditionis offerre non possit: ad alienum enim peculium voluntas defuncti porrigi non potuit. Idem erit etsi cum peculio servus venierit, & venditor fide rupta peculium retinuerit: quanquam enim ex empto sit actio, tamen apud emptorem peculium servus non habuit.*

Sententia *leg. 35. de statulib.* pertinet ad hanc quæstionem vel speciem: Servo directe libertas data est sub conditione, si heredi decem dederit. Inter omnes constat, & proditum est in jure locis innumeris, posse statuliberum, id est, cui directo data libertas est, sub conditione dandi decem, dare ea 10. de peculio, si quod habuit apud testatorem a testatore concessum conditionis implendæ causa, *l. 3. §. 1. h. t. l. 3. §. ult. sup. de cond. cau. data*. Et hoc quidem est benigne receptum & probatum jurisperitis omnibus, ut statuliber ex eo peculio dando quasi ex suo patrimonio suave pecunia perveniat ad libertatem, conjectura facta voluntatis domini, quasi voluerit dominus, ut & posset ea 10. dare ex peculio suo tacite, *l. 17. h. t. l. in bello, §. si statuliber, de capt. & postl. rev.* At finge, nunc servum non apud testatorem habuisse ullum peculium, sed habere cœpisse apud heredem, ei constitutum ab herede, & heredem statuliberum vendidisse, quod potest, *l. 25. h. t.* vendidisse autem sine peculio, statuliber conditionem libertatis implere potest in persona emptoris, dando emptori 10. quod est *in xii. tab. l. 29. h. t.* & apud Ulpianum *lib. reg. tit. de statuliber*. At quæro, an eam conditionem possit servus implere sumpta pecunia, sumptis 10. ex peculio, quod habuit apud heredem eundemque venditorem. Et certum est, non posse servum implere conditionem ex aliena pecunia. Peculium autem illud alienum est, quia id servus non habuit apud testatorem, sed apud heredem habere cœpit, sine quo statuliberum heres vendidit. *Ad alienum peculium,* inquit Papinianus, *id est, quod alius statuliberi constituit, non testator, voluntas defuncti non porrigitur*: quod receptum est ex tacita voluntate defuncti, ut statuliber dando de peculio, expleat conditionem libertatis. Id pertinet tantum ad peculium, quod habuit apud testatorem, non quod habuit apud heredem eundemque venditorem: vel etiam pertinet ad id, quod nunc habet apud emptorem. An igitur servus, quod ex peculio heredis dare non possit, qui id sibi excepit in vendendo servo: an videbitur per eum non stare, quo minus conditio libertatis existat, id est, an conditio habebitur pro impleta, & statim liber erit? Et respondet, non videri per statuliberum non stare, sic est Florentinæ scriptum rectissime: & male adnotarunt, qui Pandectas illas exprimi curaverunt, secundam negationem abundare: rectissime enim, ut scriptum est hoc modo: *non videbitur per statuliberum non stare,* id est, stat per statuliberum, quo minus conditio libertatis, existat, quia etsi non possit dare ex peculio heredis, dare aliunde potest, aliunde pecuniam corradere potest, qua data conditionem libertatis expleat. Et hæc est sententia Pap. cui primæ speciei plurimum adversatur *l. 3. §. si quis servum, h. t.* Servus jussus est dare decem & liber esse: eum heres vendidit sine peculio, non erit statim atque venditus est, liber quasi prohibetur dare de peculio, hoc ipso quod sine peculio venditus sit, sed tunc liber erit, quasi conditione habita pro impleta, cum ab herede prohibebitur peculium tangere. At Papin. negat, eum liberum fore, quod peculium non possit attingere, quod primum cœpit habere apud heredem, & apud testatorem nunquam habuit. Sed ut perspicue respondeam abolita Glossa, in *§. si quis servum,* agitur de peculio, quod habuit apud testatorem, ex quo implere conditionem potest: & si prohibeatur ab herede, conditio me-

rito pro impleta habetur, & statim liber existit: & in hunc locum hoc ita recte animadvertit Benedictus Plumbinus, qui proprie affectavit scribere in hoc titulos de libertate. solus: nec abs re, quoniam sunt utiles, & conducunt maxime omnib. partibus juris nostri, ut plane sit stultus, qui non & eis quoque titulis vult dare operam. At in *§. si quis servum,* ut dixi, agitur de peculio, quod apud testatorem servus habuit, ex quo si prohibeatur ab herede, ne 10. sumat conditionis implendæ causa, conditio habetur pro impleta, non statim hoc solo, quod servum vendidit sine peculio. In hac autem *l.* Pap. tractat de peculio, quod non apud testatorem servus habuit, sed apud heredem, ex quo non potest sumere quicquam implendæ conditionis causa, cum non testatoris, sed alius, id est, heredis peculium sit. Et addit Papinianus, idem esse dicendum, si heres servum vendiderit cum peculio, quod apud eum servus habuit, non apud testatorem, sed fide contractus rupta emptori non tradiderit., non nomine tenetur emptori actione ex empto nomine doli mali, quod fidem ruperit, quod & peculium vendiderit, nec tradere velit: actio ex empto est bonæ fidei, dolus malus vindicatur actione bonæ fidei, fides rupta vindicatur actione bonæ fidei, ut *l. 1. C. de dolo*: actione mandati, de qua eam legem. esse accipiendam probat observatio tertia, & actione depositi, *l. ei apud quem, depos*. Et ideo servus, tametsi ex peculio, quod apud heredem habuit, non apud testatorem, dare non possit decem, & implere conditionem, quod necdum habet etiam apud emptorem, quia esti emptor actionem habeat ex empto de peculio, ut sibi tradatur, quod venit cum servo; non tamen videtur habere peculium. Et in hoc casu vitiatur regula *l. 15. de reg. jur.* quæ dicit, eum videri rem habere, qui actionem habet ad rem recuperandam, ut *l. si quis de vi, de adq. poss.* quoniam aliud est in peculio, quod ut intelligatur esse peculium, exigit naturalem sive corporalem traditionem, *l. nec statim, de pecul.* Servus, inquam, non ideo, quod non possit dare de illo peculio, quod habuit apud heredem, necdum habeat apud emptorem, dicere potest, per se non stare, quo minus conditio libertatis existat, ne per heredem, quia peculium detinet mala fide, atque ideo se pro libero habendum esse, quasi conditione impleta. Denique nihil interesse, venditerit heres servum sine peculio, an cum peculio, sed fide rupta peculium retinuerit, nec tradiderit emptori, utroque casu per statuliberum stare videri, quo minus conditio existat, quamvis non possit eam implere ex peculio heredis. Valde notandum est, quod ait Papinianus, *voluntas defuncti*. Quæ verba palam faciunt sententiam vulgo receptam, ut statuliber de peculio, quod apud testatorem habuit, conditionem implere possit, esse subnixam voluntate defuncti tacita, nec ejus sententiæ aliam esse rationem. Ad alienum, inquit, peculium voluntas defuncti non porrigitur, qui scilicet voluisse intelligitur, ut servus conditionem implere̟t de peculio, quod apud se habuit ex concessu suo, atque permissu: quod etiam *lex 17. hujus tit.* ostendit, dum ait, id concedi statulibero sine injuria dominorum; id est, citra damnum, voluntatis dominorum.

### Ad L. pen. Qui sine manu. ad liber. perv.

*Mancipia mater filiæ donaverat, ut filia curaret ea post mortem suam esse libera, cum donationi legi non esset obtemperatum, ex sententia constitutionis D. Marci libertates obtinere matre consentiente respondi: quod si ante filiam mater vita decessit, omnimodo.*

IN hac lege Mater filiæ donavit inter vivos servos aliquot ea lege & conditione, ut eos filia post mortem suam manumitteret, vel quemadmodum proponit Papinianus, *ut curaret filia post mortem suam eos liberos*, puta testamento vel codicillis data eis vel relicta libertate: verbum, *curaret*, non facit fideicommiffum, non fidem implorat, fed diligentiam aliquam tantum. Idque habuimus in *leg. Firmio*, §. 1. *fup. quand. dies leg. ced.* Quod quidem fideicommiffum, nec potuiffet relinqui a donatario inter vivos, *l. cum quis*, §. *pater, de leg.* 3. Itaque hæc verba : *ut filia curaret ea poft mortem fuam mancipia donata, effe libera*, legem efficiunt donationi, & imponunt donationi conditionem five modum potius, non fideicommiffum conftituunt. Quæritur autem, an filia mortua fervus non relicta libertate, fervi ipfo jure ad libertatem perducantur fine manumiffione ? Quod fruftra in quæftionem deduceretur, fi conftaret ea lege donatos ceffante donatario, & vita decedente, non manumiffis fervis, fervos fieri ipfo jure liberos ex conftitutione Marci & Commodi ad Aufidium Victorinum, cujus fæpe fit mentio in libris noftris. Si igitur conftaret ex ea conftitutione fervos donatos ea lege, ceffante donatario ipfo jure eripi ad libertatem, fruftra quæreretur in hac lege, an fint ipfo jure liberi. Sed ea conftitutio, ut jam pridem oftendi, pertinet tantum ad fervos venditos ea lege, ut ab emptore manumittantur, qui ceffante emptore, ipfa conftitutione, ipfo jure ad libertatem eripiuntur fine manumiffione, *l. Paulus*, §. 1. *inf. de lib. cauf.* nihilominus emptorem patronum habent, perinde atque fi ab eo manumiffi fuiffent. Quod pene eft incredibile, ut qui non manumifit, fit patronus: & ex ea conftitutione patronus ita eft, *l.* 3. *hoc tit. l. fed fi ac lego, in princ. fup. de in jus voc. l.* 3. §. 1. *de fuis & legit. hered.* non pertinebat autem ea conftitutio ad fervos donatos ea lege. De venditis tantum loquebatur, ut patet ex *d. l. Paulus*, §. 1. non de donatis ea lege, ut manumitterentur a donatario. Itaque non pertinebat conftitutio proprie ad donatos, idque intelligere licet ex eo, quod Scævola refpondit in *l. qui Roma*, §. *Flavius, de verbor. obligat.* qui quidem Scævola vixit ætate eorum Imperatorum Marci & Commodi, & in fervis donatis exigit omnimodo manumiffionem donatarii, quafi conftitutio eorundem Imperatorum, quod & verum eft, & non pertinerent ad donatos, fed ad venditos tantum. Sed poftea Papin. qui poftea poffedit palmam Jurifprudentiæ, quem etiam conftat, multa adinveniffe nova, & mirum in modum amplificaffe jus civile, a Papiniano, inquam, ea conftitutio porrecta eft hoc loco, etiam ad fervos donatos ea lege, non ex verbis quidem conftitutionis, fed ut ait, ex fententia conftitutionis, quod & donati ea lege eundem mereantur favorem confequendæ libertatis ceffante donatario. Neque dicat quifquam ipfum fibi Papin. refragari ex *l. fervus ea lege*, in fine, quam objicit Accurfius, *fup. de ferv. export.* fed mecum ipfe pugnare videretur, fi in ea lege ita legeretur: *Quod fi ut manumitteretur*, ut legit Gloffa: Sed Florentinæ Pandectæ non fic habent, non habent, *Quod fi ut manumitteretur*, fed, *quod ne fi pœna caufa exportaretur*. Quod autem Papinianus conftitutionem Marci & Commodi porrexit etiam ad fervos ea lege donatos, id etiam poftea Imperator Alexander comprobavit in *l. 1. C. fi manc. ita fuer. alien.* Quin etiam interpretatione prudentum poftea porrecta eft ea conftitutio ad cafum pecuniæ datæ pro fervo, & quafi pro pretio fervi, ut a domino manumitteretur: nam & hic non manumittente domino, qui pretium fervi accepit, meretur eundem favorem confequendæ libertatis ipfo jure ex fententia, non ex verbis conftitutionis, *d. l. Paulus*, §. 1. *l.* 4. *C. fi manc. ita fuerit alien.* Denique ad hos etiam duos cafus porrecta conftitutio eft, nec tamen eam nobis licet porrigere ad alios cafus fine lege, fine auctoritate, ut fane conftat eam nondum effe porrectam ad negotium do, ut facias, do tibi pecuniam non quafi pretium fervi, fed do tibi pecuniam, ut fervum manumittas, an te ceffante fiet liber ? minime *l. naturalis*, §. *at cum do, de præfcrip. verb.* non porrigitur etiam ad fervum legatum ut manumitteretur, *l. fi fundum fub condit.* §. *Stichum, de leg.* 1. Verum hoc admiffo etiam ad donatos inter vivos eandem *l.* conftitutionem Marci &

A Commodi porrigi, quod, ut dixi, initio non obtinuit, fed invaluit auctore Papiniano, qui id introduxit, confequens eft in fpecie propofita, fi filia fupervixerit matri, deinde vita deceffit fervis fibi a matre donatis non manumiffis, omnimodo eos fieri liberos, id eft, etiam invitis heredibus matris, aut filiæ, quorum voluntas non eft exquirenda. Sin autem mater fupervixerit filiæ, fed ita demum ex conftitutione fieri liberos, fi mater non mutarit voluntatem: nam venditor vel donator, qui hanc legem dixit venditioni aut donationi, ut venditi aut donati fervi manumitterentur intra certum tempus, poteft acta pœnitentia jubere, ne manumittantur, forte emergente caufa, quæ fervos faciat indignos libertate. Itaque cum mater, quæ donavit fervos, fupervixit filiæ, quæ legem donationis non implevit, non protinus fer-

B vi fiunt liberi, fed ita demum, fi mater perfeveret in eadem voluntate, *l.* 3. *hoc tit. l.* 3. *fup. de ferv. export. l.* 1. *l. ult. C. fi manc. ita fuerit alien.* Neque obftat lex prima hujus tituli: fi mutaverit venditor voluntatem, nihilominus libertatem competere, quoniam, ut primo loco notavit Accurfius, & fequuntur Græci interpretes, loquitur quidem *l.* 1. *de venditore*, qui mutavit voluntatem, & porrigi poteft ad donatorem: fed de venditore, qui mutavit voluntatem, & poftea deceffit fine ullo herede, qui objicere poffit, venditorem aut donatorem mutaffe voluntatem, & fibi injuriam fieri, fi eripiantur fervi ad libertatem: nam hoc cafu nullo exiftente herede venditoris aut donatoris, fervo libertas competit ex conftitutione, quia poteft competere fine injuria cujufquam.

C ### Ad L. XXXV. de Liber. Caufa.

*Servos ad templi cuftodiam, quod ædificari Titia voluit, deftinatos, neque manumiffos heredes effe conftitit.*

TItia herede inftituto templum ædificari juffit, & ad cuftodiam ejus templi fervos aliquot fuos deputavit, ut in *l. fervos, fup. de alimen. leg.* & in quibufdam antiquis infcriptionibus legitur, nec eos fervos manumifit: voluit igitur ut fervi manerent. Quæftionis eft cujus fervi maneant, heredis ne Titiæ an templi, five Dei, cujus templum eft vel erit, quum ædificatum erit, quafi fcilicet templo legati fint, qui ei cuftodiendo deftinati funt? Et prudenter Papinianus refpondit, eos fervos ef-

D fe heredis, non templi, quia nec confecrati fint templo, nec dedicati, nec legati. Denique non poffunt manumitti nifi ab herede: legati aut confecrati procul dubio ejus Dei fervi effent, cujus templum foret, ut Martialis Larini, & in Sicilia, *miniftri Veneris Ericynæ*, apud Marcum Tullium in Cluentiana, & in divinatione in Quint. Cæcilium, de Agonide quadam in fervitutem adjudicata Veneri. Nihil eft præterea in hac leg. Sequitur *l.* 82. *de regul. jur.*

### Ad L. LXXXII. de Regul. Jur.

EX hoc loco eft reftituenda infcriptio, *l. donari, de donation.* In qua repetitur hæc regula, fed male attribuitur *lib.* 10. Ergo ita reftituatur ex hoc loco, quod fe-

E quentia probabunt manifeftius, ut fit ex nono, non ex decimo, & *l. quidam, eodem tit.* quæ fequitur *l. donari*, feparata, a *l. donari*, ut in Bafilicis, & in vulgaribus editionibus, non ut perperam in Florentinis, commifta cum *l. donari*, ut fit ex libro decimo. Denique, ut lex donari fit ex nono, & quæ fequitur *lex quidem, ex decimo*: ac deinde, quæ interpofita una valde pufilla fubfequitur, *lex donationes*, fit ex duodecimo Refponforum: nam femper Tribonianus in digerendis refponfis, fervavit ordinem librorum. Fateor autem propriam fpeciem hujus regulæ effe fumendam ex *lege Cerdonem*, quam non ita dudum expofuimus, *fup. de oper. liber.* conjuncta *l. Campanus, eod. tit.* In lege Cerdonem Papinianus ait, fervum ab herede manumiffum ex caufa fideicommiffi missi non cogi operas heredi promittere, etiamsi id jusserit testator, & promittere coactum ex stipulatione non teneri, ergo neque cogitur ex testamento, neque ex contractu: non cogitur, inquam, haec sunt verba. *l. Cerdonem*, sed ut Campanus ait in *d. l. Campanus*, cujus Jurisconsulti sic etiam mentio in *l.invitus, §.1. de fideicom. libert.* si servus, cum sciret se operas recusare posse, obligari se passus sit consulta opera, non est inhibenda operarum petitio, quia, inquit, donasse videtur, ut in hac regula ait, *donari videtur*. Quod & subjecisse Papinianum responso legis *Cerdonem* hic locus indicat, qui est ex eodem libro, quo Papinianus ait, *Donari videtur, quod nullo jure cogente conceditur*. Donasse scilicet videtur vus ex causa fideicommissi manumisisset, operas suas heredi, qui cum nullo jure cogeretur, nec ex voluntate defuncti, nec ex stipulatione, quae interposita est, operas heredi praestare, ultro eas ei concessit, atque promisit. Et addatur quod ex eodem libro Papiniani refertur in *l.si cui legatum, de condit.& demonstrat.*

Ad L. si cui LXXXXII. de Cond. & Dem. eo loco.
Papin. quoque.

*Papinianum quoque libro nono Responsorum scribere referebam, non esse cogendum emancipare filios suos.*

Legatarium rogatum emancipare filios suos, agnito & accepto legato non cogi eos emancipare: non cogi, scilicet jure ordinario, vel secundum vulgarem formulam juris, id est, jure directo, ut ait lex *filius famil.§.secundum, sup. de leg.1.* quae verba, *secundum vulgarem formulam juris*, quidam male applicant §. praecedenti, cum sit initium sequentis; Et secundum vulgarem formulam juris, id est, jure ordinario, non cogitur filios suos emancipare, quia patria potestas est inaestimabilis, est enim res sancta. Cogi tamen potest, ut ait *l.si cui legatum*, jure extraordinario, id est, auctoritate Principis, ut eadem lex declarat. Et ideo si ultro pater eos emancipaverit, nihil eis donare videtur, quia donari id tantum videtur, quod nullo jure cogente conceditur, & cogi hic potuit aliquo jure, puta, extraordinario. Unde in hac regula, *nullo jure*, sic accipio, neque ordinario, neque extraordinario, neque naturali, neque civili, neque ex contractu, neque ex testamento. Et hic est finis hujus libri.

## JACOBI CUJACII J.C. COMMENTARIUS
In Lib. X. Responsorum ÆMILII PAPINIANI.

Ad L. VIII. De Pactis.

*Majorem esse partem pro modo debiti, non pro numero personarum placuit, quod si aequales sint in cumulo debiti, tunc pluriuns numerus creditorum praeferendus est: in numero autem pari creditorum, auctoritatem ejus sequetur praetor, qui dignitate inter eos praecellit; sin autem omnia undique in unam qualitatem concurrant, humanior sententia a praetore eligenda est; hoc enim ex Divi Marci rescripto colligi potest.*

SOLENT heredes scripti vel legitimi, qui se nolunt implicare negotiis hereditariis, mere sibi delatam hereditatem adire, forte pluribus creditoribus desfoeneratam: solent, inquam, priusquam hereditatem adeant, creditoribus hereditariis coactis in unum, cum eis agere & tractare; si se velint hereditatem adire, ut habeant cum quo reperiantur, & qua parte debiti contenti esse velint, facta gratia residuae partis, & de qua convenerit, de ea cum eis pacisci, transigere, decidere, atque ita adire hereditatem. Exempli gratia: pacisci de dimidia parte tantum solvenda, & non solvenda altera dimidia, quod aditam hereditatem, ut in *l.qui habebat, §.1. ff. de manum. testam.* puta, ut cui debentur centum, ei solvantur 50. tantum: cui mille, 500. tantum: quam pactionem etiam fieri cum sectore, sive emptore bonorum, creditoribus bona debitoris proscribentibus, & distrahentibus sub hasta & praecone, adhibito etiam quaestore Theophilus noster scribit in *tit.de success.sub.qua fieb.per bon.possess.* & probatur *l.Imperator, inf.hoc tit.* Necesse autem est, eam pactionem fieri communi consensu omnium creditorum, & omnibus praesentibus, vel si forte dissentiant, aliis contentis dimidia parte debiti, aliis desiderantibus dimidiam & sextam, aliis dimidiam & tertiam, Theophilus quidem sibi quisque creditor rem gerebat, sibique paciscebatur cum herede debitoris suo arbitratu, nec alterius pactio sive consensio alteri nocebat. Sed hodie ex constitutione Divi Marci, de qua agitur hoc loco, quum inter se dissentiunt creditores in hac re, in modo pactionis, decretum interponit praetor vel praeses, quo statuit, majoris partis creditorum sententiam atque consensum ceteris esse sequendam, & ut ferant omnes ab herede portionem, quam statuerit major pars creditorum: residuae partis gratiam faciant, ut in *l.prox.§.ult.sup.l.si praecedente, §.1.inf.mand.* Majorem autem partem creditorum Papin. ex constitutione D. Marci, definit hoc loco, non numero personarum, sed pondere & cumulo debiti; ut si sint decem creditores hereditarii, & quatuor ex iis longe plus debeatur, quam reliquis sex, illorum quatuor sententia praevalet, & praedominatur, atque adeo, si sint parati cum herede decidere dimidia parte debiti & dimidia quoque ceteri contenti esse debent. Quam rationem etiam Justinianus censet esse sequendam in *l.ult.C.qui bon.ced.poss.* quum non bene convenit inter creditores, an debitori concedant dilationem quinquennii quam postulat, an magis admittant concessionem bonorum quam offert. Nam & hanc quaestionem dirimit major pars creditorum, quae valeat pondere & quantitate debiti, non numero, quoniam ejus partis magis interest, vel quoniam res, qua de agitur, magis ad eam partem creditorum pertinet, magisque eorum interest pactionem justam fieri aliquam cum herede. Cajus quoque eodem exemplo majorem partem hereedum, qui adierunt hereditatem, quibus res a defuncto deposita, restituenda est, accipit, aestimat, metitur non ex numero personarum, sed ex magnitudine portionum hereditariarum, *l.si plures, in pr. ff. depos.* Dico qui adierunt, nam in ea l. haec verba, *si major pars adierit*, non sunt accipienda secundum Glossam hoc modo, *si major pars heredum repetierit depositum*, sed si adierit hereditatem. Huic majori parti, quae adit, restituendam esse depositum, non expectatis ceteris heredibus, ut recte est in Basilic. scriptum, ἰοῖ κατὰ τὸ πλεῖον μέρος ὑπεισίδην, &c. si, inquiunt, *major pars adierit hereditatem depositoris*. Numero autem Papinian. non aliter aestimat majorem creditorum partem ex mente constitutionis D. Marci, quam si creditores omnes sint partes in summa debiti, in quantitate, cumulo debiti, vincit quantitas debiti numerum, sed si non sit, alia major pars vincit numerus. Quod quidem ita verum est, si disparis numeri diversae sententiae fuerint; nam si sententia diversa sint partis numeri, ut si ex 10. quinque declarent esse contentos dimidia parte debiti, quinque desiderent dimidiam & sextam, s'ils sont partis, ut loquimur, ea sententia superior est, eamque in decernendo praetor sequetur, in qua fuerint creditores dignitate excellentiores, id est, quoniam in eo verbo haeret Accursius, *dignitate*, id est, honestate, ut Cicero definit, & cultu, & honore, & verecundia digna auctoritate. Sin autem, ut ait, omnia undique in unam aequalitatem concurrant, si & numero personarum, & quantitate debiti, & dignitate omnes creditores pares sint, tum ait, humaniorem sententiam praetori eligendam esse; puta, ejus partis creditorum, quae debiti parte minore contenta est; praetoris est

est humaniorem sententiam sequi & eligere: sicut & imperiale & regium esse dicitur, humaniorem sententiam sequi in *l.ult.in fin.C.de comm. servo manum.* Etiam simili modo in judiciis privatis, vel publicis jure nostro, ubi par est sententiarum numerus, ea sententia prævalet, quæ reum absolvit vel allevat, *il n'y a point de partage*: quoniam ea sententia prævalet, quæ pro reo facit, *l. inter pares, de re judic. l.si pars, de inoff.testam.l.si præses, de pœn.* Exceptis judiciis liberalibus, in quibus prævalet sententia, quæ pro libertate facit ex *l. Petronia*, & constitutione D. Pii, *l.lege, de manumiss. & d. l. inter pares.* Alias ea sententia potior est, non quæ pro actore, sed quæ pro reo facit. Inde vero legimus sæpe in auctoribus nostris, *reos absolutos paribus sententiis*: qui mos fuit & Latinorum & Græcorum. Euripides in Electra: *Lex*, inquit, *est, vincere semper reum paribus sententiis*, & in Iphigenia in Tauris: *vincere reum, qui accepit sententias pares pro se.* Et favorabilior est reus, quam actor, quod dixi paulo ante: etiam hujusmodi pactiones a creditoribus fieri bona debitorum distrahentibus ex *l. Imperator, hoc tit.* & ex Theoph. nostro. Ad id etiam pertinet *l. 1. de privi.cred.* vel ut Florentiæ *l. cum bona, de reb.auct.jud. poss.* quæ vult in distractione, sive auctione bonorum debitorum, si plures existant, qui velint esse bonorum emptores, & quasi successores debitorum, ut eis & in eos competant omnes actiones, pactione prius habita cum creditoribus solvendæ tantum certæ partis, præferri extraneo & cognato creditoribus, cujus res agitur, si quis ex multis creditoribus bona emerit, & in se recipere velit onus solvendi æris alieni ceteris creditoribus pro parte, de qua convenerint: creditor ad licitationem admittitur, *l.2.C. si in causa jud. pig. cap. sit,* & potior est cognato debitoris, quia rem suam persequitur. Extraneo autem parato emere bona, & pacisci cum creditoribus, potior est cognatus debitoris, si idoneus sit, & eo, quod convenerit solvendo, non impar. Et hoc est quod ait *l.Imperator, hoc.tit.* Si creditoribus parati sint partem ex bonis licet ab extraneo, bonorum emptore scilicet consequi, si parati sint pacisci de certa parte debiti, residua remissa & condonata, rationem habendam prius necessariarum personarum, id est, cognatis potius vendenda esse bona quam extraneo, si idonei sint cognati, id est, si sint solvendo, si habeant unde solvant partem debiti, qua creditores profitentur se fore contentos. Quod si ex creditoribus plures sint, qui ea bona emere velint, inter creditores, *d.l.cum bona,* ait, in emptione bonorum præferri eum, cui major pecunia debetur, quia scilicet ejus interest magis: sicut hoc loco, in dicendis sententiis, quota parte cum heredi ante aditam hereditatem creditores decidere debeant, vel eum impellant ad adeundum, dicitur eorum sententiam prævalere, quibus major pecunia debetur: & hic est sensus *d. legis cum bona*, quam Accursius assequutus nullo modo est. Denique tota ea *l.cum bona*, est de bonorum emptoribus, qui auctionantur bona debitoris, quæ creditores venditores exposuerunt & proscripserunt: uter utri præferatur, si plures sint parati bona a creditoribus emere, quæ distrahunt sub pactione certa, & ut Basilica habent illo loco, tota est περι προτιμησεως το αγορασει, id est, de prælatione in emendis bonis debitoris, quæ veniunt sub hasta: varium & multiplex est jus προτιμησεως, quod habet quis in emendis bonis debitoris, quæ a creditore distrahuntur, de quo in *d.l. cum bona.* Item quod habet dominus in emendo jure emphyteutico, in emphyteuticario volente vendere, de quo in *l. 3. de jure emphyt.* quod item habet agnatus vel dominus in emendo feudo, de quo in libris feudorum: quod habet item vicanus convicano volente fundum vendere: nam convicanus extraneo præfertur in emendo fundo, de quo jure προτιμησεως est in *lib. 11. C. tit. non licere habitatoribus metrocomiæ μετροκωμιας,* id est, *magni vici, &c.* Et postremo jus προτιμησεως, quod habet in venditione & distractione, pignorum antiquior creditor, de quo est titulus, *qui pot. in pign. hab.*

Ad L. XXXIII. de Neg. Gest.

*Heres viri defuncti, uxorem, quæ res viri tempore nuptiarum in sua potestate habuit, compilatæ hereditatis postulare non debet: prudentius itaque facies, si ad exhibendum, & negotiorum gestorum, si negotia quoque viri gessit, cum ea fuerit experitus.*

IN hac l. ostenditur, crimine expilatæ hereditatis ab herede non posse accusari uxorem defuncti, quæ constante matrimonio res viri scilicet omnes in sua potestate, & in sua manu habuit atque administravit, ut hodie habent pleræque dominæ malo more, quæ vivo marito res mariti in sua potestate habent, post mortem ejus non potest rea postulari expilatæ hereditatis, quod etiam ostendit *l.pen.ff. de crim.expil.hered. & l.4.C.eod.tit.l. quamvis, C.de furt.* Et ratio hæc est, quia nec compilare videtur uxor vel furari, si attrectat, quod vivus maritus in ejus potestate posuerit. Verum earum rerum nomine, ut subjicit in hac lege, heres potest agere cum uxore defuncti ad exhibendum. Prudentius, inquit, fecerit, si omisso crimine expilatæ hereditatis, egerit ad exhibendum, & exhibitas res vindicaverit: vel etiam, quod addi potest, si egerit petitione hereditatis, cum res uxor possidet pro herede vel pro possessore: vel, ut ait; si egerit heres cum ea uxore negotiorum gestorum, cum ea gessit negotia omnia viri, viro dedito ignaviæ: & ait, prudentius fecerit, si egerit his actionibus omissa accusatione, sive accusatione expilatæ hereditatis, si elegerit aptam actionem, & negotio, quo de agitur, competentem. Inepta actio frustra instituitur, & efficit sæpe, ut bona causa amittatur, *l. fidejussor, hoc tit.l.1.ff.si mens.fals.mod.dix.* Et tamen inepta actio, quæ semel instituta est, non consumit aptam & congruam actionem, quod notandum est, *l.cum indebitum, de condict.indeb.* & maluit etiam Papinian. dicere, *compilatæ*, sive, *concipilatæ hereditatis*, cum hoc loco, tum in *l.23. in pr. de fideic. libert.* quod alii omnes dicunt expilatæ.

Ad L. LVII. Mandati.

*Mandatum distrahendorum servorum, defuncto, qui mandatum suscepit, intercidisse constitit, quoniam tamen heredes ejus errore lapsi, non animo furandi, sed exequendi, quod defunctus suæ curæ fecerat, servos vendiderant, eos ab emptoribus usucaptos videri placuit. Sed venalitiarium ex provincia reversum Publiciana actione non utiliter acturum, cum exceptio justi dominii causa cognita detur: neque oporteat eum, qui certi hominis fidem elegit, ob errorem aut imperitiam heredum adfici damno.*

AD hanc l. præmittam, quod & ipse Papinian. præmisit, morte mandatoris sive domini, qui sui causa quid alteri negotii mandavit, vel morte mandatarii, sive procuratoris mandatum dissolvi, mandatum intercidere, *l.inter, in pr. & l.seq.§.morte, sup. hoc tit.* Morte, inquam, naturali vel etiam civili, id est, capitis deminutione, argum. *l.cum quis, in prin.de solut.ff. l. post litem, sup.de procur.* quæ modo mors contigerit re integra, id est, negotio nondum inchoato: nam post negotium inchoatum mors hujus vel illius non solvit mandatum. Symmachus 1. Epistol. *venerabilis*, inquit, *Juliani sanctio stare procuratorum jussit officia causarum dominis viventibus inchoata.* Et ea constitutio Juliani est in *l.mulia, C. de procur.* Eodem vero modo dicimus etiam jussum re integra extingui morte ejus qui jussit, *l. si per epistolam, ff. de adquir.hered.* & si legitimus tutor alii tutelam in jure cessit, & moriatur, vel capite minuatur, eessitiam etiam tutelam extingui, ex Ulp. *lib.reg.tit.de tut.* Hoc præmisso, veniamus ad speciem hujus legis. Species est de venalitiario quodam, id est, de mangone, & quasi mercatore servorum venalium, quos solet emere ut vendat, non ut sibi habeat; qui & venalitius dicitur

tur a M. Tullio, & Suet. Tranq. atque etiam ut Græcis σωματέμποροι, in *l. ult. ff. de ædil. edic.* illo loco : *ex venalitio novitiorum emptum*, id est, a mangone emptum servum novitium ; cum tamen propius sit, ea verba, *ex venalitio*, sic accipere de lapide, vel de regula mangonis, de loco, non de homine, ut apud Petronium : *Erat*, inquit, *venalitium titulis pictum*. Denique de venalitiario species hæc est. Quidam venalitiarius Roma profecturus in provinciam novitiorum coemendorum causa L. Titio mandavit ut servos, quos Romæ relinquebat suo nomine venderet, quos quidem mango errans existimabat esse suos, qui eos emerat a non domino bona fide, nec dum usuceperat : sic est ponenda species, ut inferius demonstrabitur. Luc. Titius mandatarius mortuus est antequam servos vendidisset, & antequam magno ex provincia reverteretur : heres autem L. Titii servos vendidit, lapsus errore juris, ut ait, id est, mandatum morte L. Titii existimans non esse finitum : heres igitur L. Titii servos bona fide vendidit, & tradidit bonæ fidei emptori, non animo furandi, alioquin essent furtivi, & plane non possent usucapi, quos tamen subinfert fuisse usucaptos postea ab emptore : verum heres L. Titii illos vendidit animo exequendi mandati, quod putabat non esse extinctum, quod, ut ait eleganter, defunctus suæ curæ fecerat, quod defunctus susceperat. Per traditionem eorum mancipiorum heres L. Titii dominium non transtulit in emptorem, quia finito mandato morte mandatarii, jus vendendi servos heres non habuit. Verum sa, eorum servorum dominium postea emptorem adquisiisse per usucapionem possidendo legitimo tempore ; Quæritur, an reversus mango ex provincia recte agat cum emptore, qui servos usu suos fecit ; Publiciana in rem actione, quæ solet dari bonæ fidei possessori amissa possessione, ejus rei vindicandæ causa, quam ante possedit bona fide, nec dum usucepit ? Quid est Publiciana actio ? utilis rei vindicatio, quæ tanquam dominio datur ei, qui rem bona fide possedit, nec dum usucepit, amissa possessione, adversus extraneum, non dominum, ad quem possessio pervenit, & aliquando adversus dominum, inventa & proposita in edicto, ut est in *Instit. tit. de action.* a Publicio Prætore, id est, a Quinto Publicio, quem Prætorem Urbanum fuisse cum M. Junio ex Cluentiana intelligimus. Videtur autem in specie proposita, mangonem adversus emptorem, qui servos usucepit, non utiliter agere Publiciana actione, quia emptor usucapione servorum dominium adquiritur, quod ipse mango non habet ; & ideo agentem mangonem actione Publiciana excludere potest opposita exceptione justi dominii, *l. pen. & ult. sup. de Publ. in rem act.* Regulariter actio Publiciana non datur adversus justum dominium : usucapione justum dominium adquiritur, quod legitimum dominium vocat Varro, *2. de re rustica, cap. 10. In emptionibus*, inquit, *dominum legitimum sex fere res perficiunt : si hereditatem justam adiit : si, ut debuit, mancipio ab eo accepit, a quo jure civili potuit, aut si in jure cessit, cui cedere potuit, & id ubi oportuit, aut si usucepit : aut si e præda sub corona emit : tumve cum in bonis sectionève, cujus publice venit*. Denique justus, & verus dominus potior est fictitio, qualis est mango, qui servos bona quidem fide emit, & possedit a non domino, sed nondum usucepit. Non abs re posuimus, mangonem non fuisse verum dominum servorum, sed bonæ fidei possessorem, & possessionem amisisse venditis servis ab herede mandatarii, antequam usucapionem implesset ; alioquin hic frustra tractaretur de Publiciana actione. Non posuimus mangonem sive venalitiarium fuisse verum dominum, quia dominus ab emptore usucaptis servis dominium amisisset, & actionem in rem directam bonæ fidei possessor, qui est fictitius dominus, & cui datur actio fictitia, quasi usuceperit, quod non usucepit, nempe Publiciana actio, nec servis ab emptore usucaptis eam actionem amittit : plus potest fictio juris quam veritas. Et Papin. quoque hoc loco concludit, mangonem ex provincia reversum

contra emptorem : qui servos usucepit, Publiciana actione utiliter acturum, sic est legendum, *utiliter acturum sine negatione*, ut in Basil. καλῶς κινεῖ τῷ πυβλικιανῷ, vel *non inutiliter acturum* : non ut Florentiæ perperam, *non utiliter acturum*. Quod & sequentia verba perspicue evincunt : ait enim mox Papinianus, mangonem utiliter agere Publiciana, quia nec ei obstat exceptio justi dominii, quod quæsivit emptor, quippe quia ea exceptio non datur passim & temere, quocunque casu agente non domino adversus dominum, non certe in casu legis *culpa*, *sup. de rei vindic.* non in casu legis *si is cujus*, *sup. ex quib. cau. major.* non in casu legis, & generaliter, *de noxal. actionib.* non in casu *l. 2. de except.* non in casu *l. si quis rem, de except. rei judic.* non etiam in proposito casu ; quia exceptio justi dominii datur non temere, ut dixi, sed causa cognita & bene perpensa, id est, ita demum, si justa causa subsit dandæ ejus exceptionis, quæ nulla subest in casu proposito. Imo in casu proposito nulla est causa repellendi mangonem data exceptione justi dominii, cum non debeat ei, qui certi hominis fidem elegit in distrahendis servis, puta L. Titii error nocere, vel imperitia heredum, inscitia heredis L. Titii ; *cum non oporteat*, inquit, *mangonem, qui certi hominis fidem elegit, ut eos servos venderet, ob errorem & imperitiam heredis L. Titii affici damno*. Itaque si mangoni agenti Publiciana emptor, qui servorum dominium adquisivit usucapione, opponit exceptionem justi dominii, ea exceptio a mangone submoveri poterit, opposita replicatione in factum, vel doli mali, quod non sit æquum, sibi stultitiam officere heredis mandatarii, cujus solius fidem elegerat in exequendo mandato.

### Ad L. I. in Quib. Cauf. Pign.

*Senatusconsulto, quod sub Marco Imperatore factum est, pignus insulæ creditori datum, qui pecuniam ob restitutionem ædificii extruendi mutuam dedit, ad eum quoque pertinebit, qui redemptori domino mandante nummos ministravit.*

IN hac lege ostenditur ex Senatusconsulto, sive oratione Divi Marci, quæ elicuit Senatusconsultum, domum, quæ corruerat aut exusta fuerat, restituta pecunia creditoris, creditori tacite pignori esse obligatam, qui eam pecuniam domino areæ numeravit ad domum restituendam, vel qui domino mandante redemptori subministravit, Redemptori, id est, ἀρχιτέκτονι, vel ei, qui dominum restituendam conduxit, τῷ ἐργολάβῳ, ut est in Basil. Eidem creditori eodem Senatusconsulto datur privilegium in actione personali. Privilegium exactionis, qu'il lui soit le premier payé, ut *l. ventri, §. 1, de priv. cred. vel de rebus auct. judic. possid. l. creditor, ff. de reb. cred.* Puto etiam eodem Senatusconsulto datam tacitam hypothecam ei, qui cessante domino domum alienam restituit & restauravit, quoniam & huic invenio ex oratione Divi Marci dari privilegium exactionis inter creditores chirographarios, *l. cum duobus, §. idem respondit, sup. pro socio.* At quæret aliquis, an etiam detur tacita hypotheca ei, cujus pecunia domus, quæ vitium faciebat, refecta est ? Et dicam, non dari tacitam hypothecam ei, qui credidit ad domum reficiendam, non restituendam, sed hoc tantum ei dari, ut si de pignore vel hypotheca convenerit nominatim, in ea præferatur etiam antiquioribus creditoribus chirographariis, aut chirographariis, vel jure expressæ hypothecæ, quam nullam chirographarii habent. Facimus igitur differentiam inter restituere domum, & reficere, ut in *l. 58. & l. 61. de legat. 1.* Plus sane multo est restituere, quam reficere : & perperam Bartolus hoc loco restitutionem interpretatur refectionem. Rursus quæret aliquis, an is, cujus pecunia domus empta est, habeat in ea domo tacitam hypothecam ? Et hunc quoque negabo habere taci-

tacitam hypothecam, & dicam tantum habere expressam, de qua convenerit specialiter, vel generaliter, *l.* 17. *C. de pign. l. licet, C. qui pot. in pign. hab.* Et quod ante dixi de eo, cujus pecunia domus refecta est, forte non probavi. Id patet ex *l. interdum, qui pot. in pign. hab.* Ei, cujus pecunia domus refecta est comparo eum, cujus pecunia domus empta est, quia neuter habet tacitam hypothecam, & necesse est, ut sibi caveat pignus vel hypothecam, si velit, quia a lege non habet tacitam: neque tamen id etiam probes ex eo, quod legitur in *argum. Mostellar. Comœd. Argentum*, inquit, *mutuum acceptum dicis pignus emptis ædibus*: quoniam pignus ibi accipitur pro arrabone, non pro hypotheca. Ceterum si is, cujus pecunia domus comparata est, expressim sibi caverit hypothecam, exemplo ejus, cujus pecunia domus refecta est, in ea hypotheca præfertur antiquioribus, *d.l. licet, d. l. interdum, & Novel. 97.* Excipiendus tamen est pupillus, quod favor ejus ætatis expressit: nam si pupilli pecunia res comparata est, in ea re pupillus habet tacitam hypothecam ex constitutione Severi & Antonini, *l. 3. inf. de reb. eorum, qui sub tut, vel cur. l. pen. C. de servo pign. dato man.*

### Ad L. LXVII. de evict.

*Emptori post evictionem servi, quem dominus abduxit, venditor eundem servum post tempus offerendo, quo minus præstet, quod emptoris interest, non recte defenditur.*

PRoponitur in hac *l.* servum venditum, a non domino, dominum emptori jure, judicioque evicisse & abduxisse: non evicit rem, qui vicit, nisi & abduxit rem vel abstulit, *l. evicto,* §. 1. *l. habere,* §. *si pro ea re,* §. *ult. h.t.* Plus est evincere quam vincere: sicut plus est emigrare quam migrare. Marc. Tullius de jure dicundo: *domo ejus emigrat, atque ab eo exit: nam jam ante migraverat,* plus est eradicitus quam radicitus. Plautus in Mostel. *omnia ergo malefacta vestra reperi non radicitus quidem hercle, verum etiam eradicitus.* Post abductum autem emptori servum a domino, quæritur, an venditor, qui evictionis nomine tenetur emptori ex empto in id, quod interest, an liberetur si post aliquod tempus, si post evictionem transacto aliquo tempore, offerat eundem emptori agenti ex empto, redemptum forte a domino, vel qua alia ratione quæsitum? Et ait Papinian. quod venditor servum venditum evictum offerat emptori, non ideo liberari venditorem, nec defendi recte, nisi etiam præter servum offerat quanti interest emptoris, eum sibi servum evictum non esse, eumve sibi interim habere non licuisse: quæ est sententia hujus responsi. Neque huic responso quicquam obstat *l. fidejussor, de doli except.* quam opponit Accursius, cujus Glossam omnem esse abolendam, sequentia demonstrabunt, quoniam ea *l. fidejussor* suffragatur potius huic responso atque consonat: namque ait fidejussorem evictionis nomine condemnatum pro venditore: venditor est primus auctor: fidejussor secundus auctor, & neuter potest defugere auctoritatem venditore agente ex evictione; fidejussorem, inquam, evictionis, ait non liberari, si prædium evictum offerat emptori, & omnia, quæ jure empti continentur, nisi & pro damnis satisfaciat emptori: quid aliud est, quam nisi emptori pro eo quod interest, satisfaciat? Id, quod interest, dat damnum datum, vel lucrum interceptum: atque ita plane ea lex congruit cum hoc responso; dices, fidejussorem etiam offerre id, quod interest in specie *leg. fidejussor.* Quoniam, ut ait, offert omnia, quæ jure empti continentur. *Omnia*, est verbum peremptorium, ut Valentinianus ait: imo dicam, hæc verba, *omnia quæ jure empti continentur*, non complecti quantum interest prædium evictum non esse, sed complecti ea quæ dicuntur, *cetera venditionis, ut solent dicere nostri auctores, cetera litis, cetera cognitionis, l. magis,* §. *si pupillus, de reb. eor. qui sub tut. l. si duo* §. *si quis juraverit, de jurejur.* quæ dicuntur etiam reli-

qua, quæ per consequentias emptionis propriæ sunt, *l.* 5. *de action. empt.* puta, ut rei venditæ vacuam possessionem tradat, ut caveat de evictione, de sanitate, de noxiis, ut purget se de dolo malo, *d.*§. *si quis juraverit, l. 1. de rer. permut.* Et illis verbis, omnia non contineri etiam quod interest propter evictionem, finis legis demonstrat, qui exigit, & fidejussorem pro damnis emptori satisfacere, quæ scilicet attulit evictio, id est, pro eo, quod interest, quod non obtulit. Magis videtur huic responso obstare *l. si vero,* §. *ult. solut. matrim.* quæ maritum, qui negotia gerens mulieris, vel invita muliere manumisit servum dotalem, quem quidem maritum eo nomine constat etiam manente matrimonio lege Julia obligatum esse mulieri condictione ex l. Julii, ut æstimationem mulieri præstet hereditatis liberti, id est, servi dotalis manumissi, quæ scilicet ad eum quasi ad patronum pervenerit. Maritum, inquam, liberari ait, si non æstimationem præstet hereditatis mulieri, sed res ipsas hereditarias offerat, & tradere mulieri malit. Et hoc benigne admitti, ut liberetur tradendo res ipsas, cui ex verbis legis Juliæ tenetur tradere æstimationem rerum. Cur ergo & in specie proposita hoc non benigne admittimus, ut offerendo servum evictum venditor liberetur judicio empti venditi? Et summa ratio hoc exigit: nimirum, quia in damno versatur emptor, cui etiam non offertur quod interest, id est, damnum quod fecit servo evicto, ob amissas servi operas, vel mercedes, vel adquisitiones: nec ulla hac in re est differentia, nec quidem Glossa notat inter actionem ex stipulatione duplæ interpolita evictionis nomine, quæ semel commissa non perimitur, nisi solutione duplæ, *l. habere,* §. *fine, hoc tit.* & actionem ex empto ob evictionem, in quantum emptoris interest, quæ etiam semel nata, non deminuitur vel intercidit, nisi solutione & præstatione damni, quod evictio attulit emptori. At in dicta *l. si vero,* §. *ult.* nullo damno afficitur mulier, cui maritus præstat res ipsas hereditarias, quæ ad eum pervenerunt ex bonis liberti, id est, nihil amplius mulieris interest, & satisfit ei in solidum: eademque ratio est legis *si fundus,* §. *si pluris, de pignor.* Si debitor conventus actione hypothecaria noluerit creditori pignus restituere, & ideo damnatus sit præstare litis æstimationem creditori, quanti creditor jurasset in litem; subtili jure ex lege duodecim Tabul. scilicet *tit. de reb. judic.* propter auctoritatem rei judicatæ debet præstare integram litis æstimationem, quam creditor juratus fecit, forte immensam, & æstimavit ac probavit judex, si quidem velit liberari hypotheca. Verum humanius est, ut ait, dicere hypotheca liberari, hypotheca exonerari, etiamsi non offerat quanti lis æstimata est, quod plerumque est immensum, & pœnæ vicem obtinet, sed offerat id omne, quod revera creditori debet, id est, sortem & usuras, quia hoc præstito, & solutis sumptibus litis, qui semper victori restituuntur, revera nihil amplius creditoris interest, nihil præterea damni superest, quod creditor facere videri possit, & in æstimatione ejus quod interest spectamus veritatem, non quantitatem comprehensam jurejurando in litem, quæ plerumque superat justam æstimationem: spectamus utilitatem, id est, quod vere interest, non pœnam, *l.* 4. §. *in eum, de dam. infec.* Et æstimatio jurisjurandi in litem quasi pœnaria est, quia excedit veram æstimationem.

### Ad L. LXXXVI. de Adquir. hered.

*Eum bonis se miscere convenit, qui remoto familiæ vinculo pro. herede gerere videtur. Et ideo filius, qui tanquam ex bonis matris, ejus, cujus hereditatem suscepit, agrum ad hereditatem patris pertinentem, ut maternum ignorans possedit, abstinendi consilium, quod in bonis patris tenuit, amisisse non videtur.*

NEmo est, qui nesciat, suos heredes proprie vocari, qui ipso jure statim post mortem parentis heredes exi-

exiſtunt, eoſque etiam invitos & ignorantes non adire hereditatem, quam amplecti cupiunt, nec pro herede gerere, ſed miſcere ſe, vel immiſcere ſe bonis quaſi rei ſuæ: extraneos autem heredes non exiſtere ſtatim, ſed fieri adeundo, vel pro herede gerendo. Adire vel pro herede gerere, eſt adquirere hereditatem, immiſcere ſe, eſt jam adquiſita uti: Adeo, vel pro herede gero tanquam, qui non fuerim ante heres. Immiſceo me tanquam qui fuerim ante dominus. Denique quod in extraneo eſt pro herede geſtio, id in ſuo herede eſt immiſtio, *l. & ſi quis*, §. *plerique, ſup. de religioſ.* Verum quibus modis extraneus intelligitur ſe pro herede geſſiſſe, vel non geſſiſſe, iiſdem etiam ſuus heres intelligitur miſcuiſſe ſe, aut non miſcuiſſe. Et hoc eſt, quod ait initio hujus legis, *eum bonis patris ſe miſcuiſſe convenit*, id eſt, conſtitit inter omnes jurisperitos, *qui remoto familiæ vinculo pro herede gerere videtur*: familiæ vinculum vocat patriam poteſtatem. Sui ſunt, niſi qui eo vinculo in familia devincti ſunt, remoto familiæ vinculo: emancipatione, vel alio modo legitimo ſui heredes fiunt extranei. Hoc igitur ait, quo modo emancipatus filius videretur pro herede gerere, eodem ſuus videbitur miſcere ſe bonis patris, vel hereditati paternæ. Atqui filius emancipatus, vel heres extraneus non videtur ſe pro herede gerere, qui utitur re hereditaria, quaſi non hereditaria: ſicut è diverſo videtur ſe pro herede gerere, qui utitur re non hereditaria per errorem, quaſi hereditaria, *l. ſi quis extraneus*, §. 1. *ſup. & l. ſeq. infra.* Ergo & ſuus heres non videtur ſe bonis immiſcere, qui utitur re hereditaria, quaſi non hereditaria, veluti re paterna, quaſi materna. Fac, filium ſuum cepiſſe conſilium abſtinendi ſe bonis paternis, non etiam maternis, & ignorantem fundum paternum poſſediſſe tanquam maternum, non videtur mutaſſe conſilium abſtinendi ſe bonis paternis, non videtur miſcuiſſe ſe bonis paternis: nihil nocet error ei, qui exiſtimavit maternum eſſe, quod erat paternum, *l. cum falſa, C. de jur. & fac. ign.* Notandum tamen eſt, aliquo caſu filium videri ſe immiſcuiſſe bonis paternis, quo tamen extraneus non videtur ſe pro herede geſſiſſe, ut ſi ſervum paternum filius manumiſerit, videtur ſe miſcuiſſe, *l. Julianus*, §. *ſi ſervum, hoc tit.* Si vero extraneus ſervum defuncti nondum agnita hereditate manumiſerit, atque ita nullo jure manumiſerit; qui nondum heres effectus erat, non videtur ſe pro herede geſſiſſe, *l. 1. C. de jur. deliber.* Facilius videtur miſcere ſe, qui ipſo jure heres exiſtit, quam pro herede gerere ſe, qui ipſo jure heres non exiſtit. Ad ſummam, res eo redit, ut non quemadmodum iiſdem modis, quibus extraneus ſe pro herede gerere videtur, etiam ſuus videatur miſcere ſe: quod proponitur initio hujus legis, non ita etiam quomodo omnis ſuus miſcere ſe intelligitur, & extraneus pro herede geret.

### Ad §. Pupillis.

*Pupillis quos placuit oneribus hereditariis eſſe liberandos, confuſas actiones reſtitui oportet.*

SEntentia hæc eſt: Pupillus poſt aditam hereditatem extranei liberatur oneribus hereditariis, ſi conſilium amiſerit retinendæ hereditatis: & liberatur pupillus quantum exiſtimo ipſo jure, mutata voluntate, ex edicto Prætoris, ſicut poſt immixtionem hereditatis paternæ mutato conſilio ipſo jure liberatur, etiam non petita reſtitutione in integrum, *l. impuberibus*, *l. neceſſariis*, *ſup. hoc tit.* At poſt aditionem pupillo liberato oneribus hereditariis, æquum eſt, ut ait, reſtitui actiones aditione confuſas & extinctas, quas in defunctum habuit ante aditionem, ut ſcilicet eodem loco ſit res omnis, quo fuiſſet non adita hereditate, integrato jure debiti, quod aditio, id eſt, concurſus juris debitoris & creditoris in unam perſonam conſumpſerat: & eodem modo æquum eſt redintegrari ſervitutes confuſas aditione, quas ſcilicet prædiis pupilli prædia defuncti debebant, *l. 18. de ſerv.*
Tom. IV.

*l. ſi heres* 3. §. *ult. ad Trebell. l. ſi ſervus Titii, de leg. 1. l. cum filius*, §. *dominus, de leg. 2.*

### Ad §. Quidam L. XXX. de Donat.

*Quidam in jure interrogatus, nihil ſibi debere tutoris heredes reſpondit. Eum actionem jure amiſiſſe reſpondi: licet enim tranſactionem, ſed donationis hæc verba eſſe quis accipiat, attamen eum qui in jure confeſſus eſt, ſuam confeſſionem infirmare non poſſe.*

PRimi reſponſi ſpecies, quam noſtri interpretes nullo modo aſſequuti ſunt, hæc eſt. Heredes tutoris acturi contraria actione, tutelæ adverſus minorem 25. annis, jam puberem factum, & ignorantes, an aliquid viciſſim ex adminiſtratione tutelæ defuncto pupillo deberet, ne plus petendo in periculum inciderent, & damnum ſentirent aliquod ob eam rem: quia, qui plus petit cauſa cadit, & plus petit, qui non habita ratione compenſationis, id eſt, non compenſato vel deducto eo, quod ipſe viciſſim debet, totum petit, quod ei debetur, ut recte Paulus ait, 2. *Sentent. tit.* 4. *in fine*, *& l. 4. de compenſation.* Ideo in jure, id eſt, eo loco prætor more majorum jus dicere ſolet, Prætor ipſe, a quo heredes tutoris poſtulabant contrariam actionem tutelæ adverſus minorem, priuſquam conciperet formulam actionis deſiderantibus heredibus tutoris, interrogavit minorem, nunquid ei heredes tutoris debeant, qui reſpondit, nihil ſibi debere. Quæritur an jure & merito minor amiſerit directam tutelæ actionem, quam forte habet, quod reſpondit nihil ſibi deberi. Dicebat ſe non amiſiſſe, quia id donandi, non tranſigendi animo in jure reſpondiſſet, & donationem nullam valere factam à minore 25. annis, etiamſi veniam ætatis impetraverit, ut & ex ipſo Papiniano diſcimus in *l. tutores*, §. *ab eo, de adminiſt. tut.* & confirmat *l. ult. C. ſi major factus rat. alien. hab.* Tranſactio valeret aliquo dato, vel promiſſo, vel retento, ut *l. tranſactio*, *C. de tranſact.* puta, ſi quid heredes tutoris minori darent, vel actionem tutelæ remitterent, vel ſi quid ipſe minor eo nomine ab heredibus tutoris retineret: ſed donationi non valet, ſive remiſſio actionis tutelæ facta donandi animo. At Papin. etiam ſi quis illa verba, *nihil ſibi debere heredes tutoris*, donationis, non tranſactionis eſſe accipiat, quæ quidem donatio non valet, id eſt, etiamſi quis dicat illa verba non facere tranſactionem, quæ poſſet valere, ſed facere donationem, quæ non poſſet valere, tamen reſpondit, *non poſſe eum, qui in jure confeſſus eſt nihil ſibi deberi, confeſſionem ſuam infirmare*, deniq; remiſſionem actionis valere, non vi donationis, ſed vi confeſſionis in jure factæ, quia confeſſio in jure facta apud Prætorem pro re judicata habetur, quaſi in jure, id eſt, loco juris reddendi proprio, & competenti: partes judicis agente in ſeipſum eo, qui confitetur, quæ partes judicis cum non poſſint alio loco agi, quam conſtituto lege vel more, conſequens & verum eſt, nec eum, qui confitetur alio loco quam in jure, pro judicato haberi. Et huc pertinet *l. poſt rem, de re judic. l. 1.* §. *proinde, ſi quid in fraud. pat.* Et quod eſt in 12. tabul. *Reus confeſſis, rebuſque jure judicatis, jure,* id eſt, ubi oportet: comparatur in ea lege confeſſioni res judicata, ſed confeſſionem tamen ſequi ſolet ſententia judicis confeſſioni compar. *l. 5. inf. de confeſſis, l. 5. de cuſtod. rer. l. qui ſententiam, C. de pœn.* Atque ita is, qui confitetur, fit, ut videatur damnatus duplici judicio, ſuo, & judicis, nec iterari judicia caret exemplis. Breviter hic eſt ſenſus hujus reſponſi, ut quamvis illa verba *nihil ſibi debere*, quæ dixit in jure minor viginti quinque annis, non accipiantur pro tranſactione, ſed pro donatione, quæ non valet, tamen confeſſio in jure facta non poſſit confirmari, quaſi ſcilicet donandi animo remiſſa actione tutelæ, ea res non valeat ut donatio, ſed ut confeſſio in jure facta. Neque obſtat, quæ objici poſſet *l. cum donationis, C. de tranſaction.* quæ donationem valere dicit,

Lll

cit, qua remittitur actio tutelæ, quia accipienda ea lex est, ut patet ex similibus ejusdem tituli legibus quamplurimis, de donatione vel transactione, qua remittitur actio tutelæ, quæ fit a majore 25. annis. Denique in hac specie remissio actionis valet vi confessionis, non vi donationis, quia facta est a minore 25. annis: Potest etiam huic responso opponi *lex* 3. *C. de repud. heredit.* Quæ lex e converso, vice versa & mutata, si transigendi, non donandi causa in jure profiteatur suus heres major 25. annis, ut in *l.4. eod.tit.* se hereditatem patris, quam jam agnovit, & per immistionem adquivirit, non petiturum, ait, neque eam transactionem valere, quia nihil datum vel promissum, vel retentum est, ut ponit, neque professionem valere non petendæ hereditatis, licet ea professio facta sit in jure, quia hereditas semel adquisita repudiari non potest. Donari potest a majore viginti quinque annis: Et pactum donationis causa interpositum valet. At quia interpositum est transactionis causa, neque ut transactio valet, nullo dato, vel promisso, vel retento, neque ut repudiatio hereditatis in jure facta. Ergo potest dici, & in specie proposita, neque donationem valere factam a minore, neque confessionem, licet facta sit in jure. Et hanc legem, quæ valere confessionem dicit, nec posse irritam fieri, pugnare videri cum *d.l.* 3. verum, quæ post legem tertiam statim sequitur quarta, rem omnem explicat, & respondet tacite huic responso Papinianus hoc modo, ut quod dicitur hoc loco, confessum pro judicato haberi, vel quod idem est, confessionem in jure factam, non posse infirmari, quia instar est rei judicatæ, hoc ad eum tantum pertinet, qui fatetur se debere, aut sibi non deberi, non ad eum, qui repudiat in jure, profitendo se renuntiare bonis, qui repudiat hereditatem in jure, quam semel adquivirit, quia ea repudiatio, etiamsi fiat in jure, non valet. Repudiamus enim delata, non adquisita, *l.* 1. §. *decretalis, de success. edict. l. Titia,* §. *Lucio, de legat.* 2.

### Ad §. donationem.

*Donationem quidem partis bonorum proximæ cognatæ viventis, nullam fuisse constabat: verum ei, qui donavit, ac postea jure prætorio successit, quoniam adversus bonos mores, & jus gentium festinasset, actiones hereditarias in totum denegandas respondit.*

IN hoc secundo responso ostenditur, non valere donationem partis bonorum cognati viventis, & ignorantis factam ab eo, qui ejus successionem sperat. Addidi, ignorantis, ex *l.* 2. *in fine, sup. de iis quib. ut indign. & l. ult. C. de pact.* Cur non valeat ea donatio, causa est turpis præfestinatio ejus, qui donat, quod jure nondum ad se pervenit, nec forte unquam perventurum est, & præmatura atque improba spes illa successionis, cum adhuc vivit is, cujus de bonis donat. *Præmatura & improba* appellatur in *l.* 1. §. *si impuberi, de collat. bonor. l.* 2. §. *interdum, de vulg. subst.* & a Seneca, *nefaria, & l. ult. C. de pact. acerbissima spes:* nefaria igitur donatio est, & contra bonos mores, contraque jus gentium, ut ait hoc loco: *contra bonos mores,* civitatis Romanæ scilicet, *& contra jus gentium,* id est, contra bonos mores gentium omnium, rationemque diffusam in omnes gentes, qua ratione, furtum dicitur esse probrum, & prohibitum: nam probrum a prohibendo dicitur, furtum, inquam, esse probrum jure naturali, in definitione furti, quæ exstat in *l.* 1. *de furt.* & in *l. probrum, de verbor. signific.* furtum autem est de alieno donare, *l. si pignore,* §. 1. *de furt.* de alieno igitur donare partem bonorum, eamque vivente domino alii mancipare solemniter per æs & libram, quo genere pono in hac specie fuisse perfectam donationem partis bonorum cognati viventis. Alioqui non tam ratione turpitudinis nulla donatio esset, quam- quod imperfecta esset; nec enim ante Justinianum donatio nudo consensu perficiebatur, sed mancipatione, vel traditione, vel cessione in jure, quo jure etiam utimur, *Donner & retenir ne vaut.* Qui autem dum præmature inhiat bonis cognati viventis, ita donavit, ut dixi, mancipando alii partem bonorum cognati viventis, si postea ei cognato successerit ab intestato agnita bonorum possessione unde cognati, non tantum ea pars, quam donare festinavit, ei aufertur ut indigno, & fisco vindicatur, sed etiam omnia bona, denegatis in totum hereditariis actionibus, ut ait hoc loco, & *l. seq.* & *l.* 2. *in fine, sup. de iis quibus ut indign.* Nec restitutis confusis actionibus si quid ei cognatus debuit, *l. heredem, eod. tit.*

Denique, qui præmature partem donavit, totum amittit. Neque huic sententiæ quicquam obstat *l. rescriptum, eod. tit. de iis, quib. ut indig.* Quoniam alia est ratio heredis, qui post mortem testatoris, vel ejus, de cujus bonis agitur, subripuit partem hereditatis, aut rem aliquam hereditariam, antequam adiret hereditatem: huic enim heredi ea tantum pars, ejusve partis tantum Falcidia aufertur quasi indigno, & applicatur fisco, quam subripuit; quoniam hic in parte tantum peccavit, autre hereditaria quam subripuit: ille de quo agitur hoc loco, peccavit in totum, quia donando partem inhiavit alteri quasi esuriens lupus, & spe devoravit totum, & ob id etiam toto indignus est. Non obstat etiam huic responso *l.* 14. *C. de capt. & postl. rev.* quæ (ut ejus speciem, & sententiam perstringam paucis) matre capta ab hostibus, si filius hereditatem ejus adierit, vel ex ejus hereditatis causa cum alio aliquid præmature transegerit, nondum accepto certo nuntio de morte matris, deinde filius vita decesserit, & post filium mater decesserit apud hostes, ait, nihil officere, quod filius gessit viva matre, filiis sororis, quo minus ad materteræ successionem admittantur, quæ post filium vita functa est apud hostes; ac proinde bona non vindicari fisco, sed jure retineri a filiis sororis, quia scilicet ad eos bona jure meritoque pervenerunt, neque se egerunt pro indignis successione materteræ. Itaque fisco locus non est. Si pervenissent ad filium præmortua matre, qui viva matre transegerat de bonis cum aliis, vel adierat bona, tum sane fisco locus esset. Nihil etiam obstat huic responso *lex si quis servum, de action. emp.* ubi venditor servi, qui ante traditionem cum manumisit, recte promittit emptori stipulanti quidquid ex hereditate liberti ad se pervenerit, restitutum iri. Libertus vivit, & tamen hæc conventio vivo eo admittitur; sed hoc ideo, quin venditor judicio empti in hoc teneatur, ut id promittat invitus, quod dixi, nec ipse festinavit, sed emptor sibi consulens & prospiciens in futurum. Nihil etiam obstat *l.* 2. §. *illud potest, sup. de heredit. vend.* ex qua male efficitur, nondum delatam substituto hereditatem impuberis, recte vendi contra *l.* 1. *ejusd. tit.* quia ille §. de delata hereditate loquitur, quæ vendi potest, non, de non delata. Et quod ait ille §. *maxime si delata sit,* taxationis vim habet, ut ita demum recte vendatur hereditas, si delata sit. Nihil etiam obstat *l. qui superstitis, sup. de adquir. heredit.* ubi, qui viventis hereditatem repudiavit post mortem ejus, eam non prohibetur adire, excluso fisco, quia is sane, qui repudiavit præmature, non inhiavit hereditatem viventis. Nihil etiam obstat *lex* 7. §. *pen. de pact.* quæ recte ait, filium vivo patre pacisci cum creditore paterno, ne quid petat, vel ne totum petat, quia hic etiam non inhiat bonis paternis, sed rem gerit patris; denique gerit, quod ex re est patris, nec satagit suam rem. Postremo nihil etiam obstat *l. pen. in fine, de castr. pecul.* quæ ait, si vivo filio pater testamento manumiserit servum castrensis peculii, servo libertas competere præmortuo filio, sive intestatus filius decesserit, quo casu peculium redit ad patrem, *l.* 2. *eod. tit.* sive testatus decesserit, si destitutum sit, & irritum factum testamentum sit, puta, non adita hereditate ab herede scripto. Quo etiam casu bona castrensia filii, pater qui supervixit occupat jure peculii. Primum, nihil obstat ea lex, quæ vult competere libertatem datam vivo domino: at hoc responsum non vult valere donationem factam vivo domino. Nihil obstat primum, quia ut ait, hoc favorabiliter admittitur,

titur, ut competat libertas: deinde quia qui testamento manumittit, ut posuimus manumisisse patrem, magis cogitat de suis bonis, quam inhiat alienis; Vis scire quam hoc sit verum; finge, patrem non manumisisse testamento, sed inter vivos, puta, vindicta servum castrensis peculii: sane hoc casu nec præmortuo filio intestato libertas competit, ut ostendit eadem *l.pen.§.ult.* illo loco: *non tamen, si at heres servo vindictam imposuit.*

### Ad L. XX. de Manumiss.

Causam minor xx. annis, qui servum donatum manumittendi gratia accepit, ex abundanti probat post Divi Marci litteras ad Aufidium Victorinum: etenim si non manumiserit, ad libertatem servus pervenit: non idem in fideicommissaria libertate juris, cujus causam minor debet probare: nam libertas, nisi ita manumisso, non competit.

IN hac l. sunt tria responsa, quæ omnia pertinent ad constitutionem, sive ad rescriptum Divi Marci & Commodi ad Aufidium Victorinum præfectum urbis, de servis venditis, vel etiam ex sententia constitutionis, de servis donatis libertatis causa, ut scilicet ab emptore vel donatario manumittantur. Quod ad primum responsum attinet, certum est, ex lege Ælia Sentia quæ lata fuit Augusti temporibus, minorem 20. annis servum suum inter vivos vindicta manumittere non posse, nisi causam se habere manumittendi justam probaverit in consilio Prætoris, vel Consulis, vel Præsidis provinciæ. Consilio judicis lex Ælia Sentia existimavit indigere eum, qui parum firmo consilio valet, parumve ætate firma, *l.4. sup.de serv.export.* firma vel firmata ætas, ut Poeta loquitur, & nostri quoque Imperatores, non est in mare ante xx. annum, *l. 1. C. Theodos. de iis, qui von. stat. impet.* Justa autem ætas, sive legitima non est ante xxv. annum, nec in mare, nec in feminis, Ad rem. Huic capiti legis Æliæ Sentiæ locus est, non tantum, si minor xx. annis ultro libertatem præstare servo suo gratuitam velit, sed & si debitam ex causa fideicommissi, ut puta, quod legato sibi relicto rogatus sit servum suum manumittere: nec enim eum potest manumittere ex fideicommisso, nisi causa cognita apud consilium Prætoris, vel Consulis, vel Præsidis provinciæ probetur, & ostendatur, plus aut tantum esse in legato, quantum in pretio servi. Nam si vilius est legatum, servo vix consilium permittet manumissionem, & fideicommissum, quod alias dicitur necessitatem injungere vel imponere, *l. cum filius, §.pater, de leg.2,* hoc casu necessitatem non injungere, nec agnito legato, quia non potuit testator derogare legi Æliæ Sentiæ, *l.ncmo, de leg.1.l.Cerdonem, de oper. libert.* Et hoc quidem proponitur in hoc responso inter cetera, itemque in *l.si rogatus, tit.seq.* In qua monendi estis, vulgares libros, & Basilica rectius sic habere, *minor annis xx. male Florentiæ, minor annis xxv.* quoniam illa lex pertinet ad l. Æliam Sentiam, & idem habet omnino, quod hoc responsum primum: atque adeo docet, quod & hic proponitur, aliud esse dicendum, si servus minori xx. annis donatus sit ea lege, ut eum manumitteret, si donatus sit libertatis causa: nam si minor eos, qui sunt in consilio prætoris, doceat, servum esse donatum libertatis causa, hæc est ratio manumittendi justissima, nec alia exquiritur, *l.illud, §.1.tit.seq.* imo & consilio, hæc manumissionis causa allegatur ex abundanti, ut ait, hoc loco, sic loqui solet, ut & in *l.legata, de supellect. leg. ix πεϱοσά:* quia etsi hæc causa non sit allegata consilio, vel allegata si forte non sit probata consilio, an si consilium in ea causa probanda, & manumissione permittenda cunctetur, protinus servus ipso jure eripitur ad libertatem ex constitutione Marci & Commodi ad Aufidium Victorinum, cujus sententiam etiam Papinianus porrexit ad servos donatos, *suprad. l.pen.inf.qui sine man.ad libert.* Et eleganter Ulpianus in *d.l.si rogatus, tit. seq.* cunctante consilio, cunctante judice cum suo

consilio, in cognitione & probatione istius causæ, quæ justissima est, quod servus donatus sit libertatis gratia, constitutionem D. Marci supervenientem istam judicis cunctationem dirimere, & amoliri repræsentata libertate. Sequitur secundum responsum.

### Ad §. Puellam.

Puellam ea lege vendidit, ut post annum ab emptore manumitteretur, quod si non manumisisset, convenit uti manum injiceret, aut decem aureos emptor daret, non servata fide, nihilominus liberam ex sententia constitutionis fieri respondet, quoniam manus injectio plerumque auxilii ferendi causa intervenit: itaque nec pecunia petetur, cum emolumentum legis voluntatem venditoris secutum sit.

VEndita est ancilla ea lege, ut post annum manumitteretur ab emptore, & adjectum est in conventione, ut si emptor non manumisisset ancillam, venditori in eam manus injectio esset, vel uti emptor prout eligeret, pœnæ nomine venditori daret decem aureos. Quæritur, an ad hanc conventionem pertineat constitutio Divi Marci ad Aufidium Victorinum? Et videtur non pertinere: nam lex venditionis non est præcisa, vel districta, non est scilicet concepta abscise, ut omnino ancilla manumittatur, sed ut vel manumittatur, vel si non manumittatur, pœnæ nomine emptor venditori inferat aureos decem, aut in eam venditori sit manus injectio. Et tamen Papinianus ait, ex sententia constitutionis, non ex verbis, sicut & superiore casu dixit in *l.pen.qui sine manum.ad lib.* ex sententia constitutionis idem esse statuendum in servis donatis, quod in venditis ea lege. Ergo & similiter hoc casu, ex sententia constitutionis post annum, cessante emptore in manumittenda ancilla, ancillam fieri liberam ipso jure ex constitutione, & ideo nec pœnam. 10. aureorum committi, quia, ut eleganter ait *l. ult. C. si manc. ita fuerit alien.* qua sane hoc secundum Papiniani responsum comprobatur, quia, inquit, *conditionis potestate,* sic est legendum in *d.l. ult.* non potestatem, id est, vis ipsa pacti adjecti, ut puella manumitteretur, pacti, inquam, adjecti venditioni, ut puella manumitteretur: factum manumittentis repræsentatur: vis ipsa pactionis repræsentat factum manumittentis, supplet factum manumittentis. Conditionis potestatem vocat *d.l. ult.* quod hoc loco Papinianus vocat *emolumentum legis,* id est, foveur legis, id est, pactionis additæ venditioni, id est, vim pactionis adjectæ venditioni sequi voluntatem venditoris, & ancillam facere liberam statim. Itaque in *d.l.ult.* conditio accipitur pro lege venditionis, sive pactione, ut in *l.pen.eod. tit. l. Paulus respondit, in princ.ff.de lib.causa.* Ergo emolumentum legis ut ait Papinianus hoc loco, id est, vis ipsa & potestas legis datæ venditionis, ut *puella manumitteretur,* sequitur voluntatem venditoris, & liberam facit puellam, perinde atque si ab emptore manumissa esset, ut *l.3. ff. qui sine man. ad lib.* Quod autem sibi venditor lege venditionis, ut initio posuimus excepit manus injectionem, si ancilla non manumitteretur, vel si pœnæ nomine non darentur 10.aurei, non ideo, ut docet hoc loco Papinianus, actum intelligitur, ut ancilla in dominium venditoris redeat, & serva permaneat, sed potius, ut manu injecta liceat venditori auxilium ferre ancillæ, & eam eximere ab injuria perpetuæ servitutis contra voluntatem suam, qui voluit eam manumitti post annum. Et eleganter manus injectio, inquit, non dominii vindicandi scilicet, sed auxilii ferendi causa plerumque intervenit, ut scil. quis eximatur ab injuria. Tribuni plebis manu injecta cives eximebant ab injuria Consulum: creati autem sunt tribuni plebis auxilii ferendi causa. Et ita aperte in *l.pen. in fi.de serv.export.* manus injectionem sibi reservare venditores mancipii venditi causa, ut id vindicent ab injuria & eripiant auxilii causa, quo quidem auxilio jam non indiget, quæ ipso jure sit libera, libertas satis eam vin-

vindicat ab injuria, quæ ipso jure competit. Est quidem tam manus injectio, quam libertas comparata pro mancipio, ut eximatur ab injuria, sed ubi concurrit libertas, & manus injectio, potior est libertas, ut ait *d. l. pen.* manus injectione potior est libertas: melius est remedium, sive auxilium libertatis potentiusque quam manus injectionis. Et ita hic locus explicandus est. Quod autem Accursius in hoc responso opponit *l. servum ea, in si. de serv. export. & l. qui Romæ, §. Flavius, de verbor. significat.* id quemadmodum expediendum sit jam ostendi supra libro 9. explicatis illis legibus ad *leg. pen. qui sine man.ad lib. peru.* restat tertium responsum, quod pertinet ad istam constitutionem, quod sequitur.

### Ad §. Ultimum.

*Tempore alienationis convenit, ut homo libertatis causa traditus post quintum annum impletum manumitteretur, & ut certam mercedem interea menstruam præberet, conditionem libertati mercedes non facere, sed obsequio temporaria servitutis modum præstitutum esse respondi, neque enim in omnibus libertatis causa traditum comparari statulibero.*

VEnditus, aut donatus est servus ea lege, ut post quinquennium manumittatur a donatario vel emptore, & ut interim donatario vel emptori præbeat, certam mercedem menstruam, ut in *l. 23. §. ult. de fid. lib.* Si eam mercedem menstruam medio tempore servus non præbuerit; Quæritur, an & ad hoc genus conventionis pertinet constitutio D. Marci ad Aufidium Victorinum, ut servus liber fiat post quinquennium, non præstitis mercedibus menstruis intra quinquennium? Et respondet statim, liberum fieri: subtiliter, etiam si non præstiterit menstruam pensionem emptori vel donatario, quia hæc conditio non est imposita libertati vel hic modus non est impositus libertati, ut scilicet emptor eum manumitteret, si interim servus præstaret pensionem menstruam, vel ut ita eum manumitteret, ut interim servus præstaret pensionem menstruam: res inquit, sic acta non est, libertati nulla est imposita conditio, nullus impositus modus, sed obsequio tantum, & servitio quinquennii certus modus est præstitutus, ac si dixisset, *volo te emptori hoc modo servire servitutem interim, ut ei quot mensibus, tot inferas ex tuis operis.* Denique ea conditio sive modus non est impositus libertati, sed obsequio servitutis temporariæ, definito genere modoque obsequii. Quod quidem obsequium constat medio tempore servum libertatis causa traditum, debere emptori vel donatario. Breviter, impositus est modus, aut & conditio quandoque dicitur, obsequio interim debito non libertati. Ideoque etiam eo modo non impleto libertas competit, quæ neque conditionalis est, neque modalis, ut *l. Imperator, inf. de manum.* restam. Nec obstat, inquit Papinianus, quod servus traditus libertatis causa comparatur statulibero, & statuliberati, scilicet inest conditio vel mora, alioquin, esset liber, non statuliber. An igitur, quia comparatur statulibero, dicam & in hac specie, libertati ejus, qui traditus est libertatis causa, inesse conditionem, si medio tempore servierit? dico comparari quidem posse statulibero eum, qui traditus alii libertatis causa, manumissionis causa, sicut & statulibero comparatur is, cui fideicommissaria libertas relinquitur, & dicitur quasi statuliber, *l. rogo, §. non tantum, §. qui per fideicommissum, de fid. libert.* Uterque est quasi statuliber, & qui traditus alii, ut manumittatur, & cui donatur fideicommissaria libertas: quoniam sicut statulibero dicitur esse implicitus casus libertatis, *l. ult. si ex nox. cau. ag.* ita illis implicitus est casus libertatis: & quasi medii generis sunt homines, inter servos & liberos: verum, ut respondet Papinianus non in omnibus comparantur statulibero, sed in quibusdam, puta, ut deterior eorum conditio non fiat, sicut nec eorum, qui revera sunt statuliberi, *l. statuliberum, inf.de statulib. l. is, qui ex causa, & d.*

*l. non tantum, §. qui per fideicommissum, de fideicommiss. libert.* In omnibus autem non comparari statulibero, sic demonstro: statulibero libertas datur directo, & sub conditione semper, vel in diem: statulibertas directa est, & suspenditur semper ex conditione: illis autem libertas non datur directo, sed injungitur alii, atque mandatur, ut eam det, neque huic mandato semper additur conditio, vel dies, vel modus, ut in specie proposita, nulla conditio, nullusve modus libertati additus intelligitur, sed obsequio tantum, sive servitio temporario.

### Ad L. pen. Si Libertus ingenuus esse dic.

*Patronum post quinquennium sententiæ pro ingenuitate dictæ, quo ignorante res judicata est, non esse præscriptione temporis submovendum respondi.*

SCiendum est sententiam dictam pro ingenuitate non posse retractari post quinquennium, *l. 2. sup. de jure aur. annul. l. 29. §. ult. de lib. causa.* Ab hac sententia in hac lege penult. excipitur tantum unus casus, si pro ingenuitate dicta sententia sit alio quodam agente, *l. 1. sup. hoc tit.* non agente patrono, sed ignorante patrono: ignoranti non officere præscriptionem quinquennii, ignorantem patronum posse agere præjudiciali actione, etiam post quinquennium in eum, qui ingenuus pronunciatus est, & detegere forte collusionem, quam is exercuit cum adversario, ut ingenuus pronuntiaretur, ut *l. 2. inf. de collus. deteg.* Et nihil est præterea in hoc responso. Opponit tantum Accursius *l. ult. si fine, C. de præscript. longi temp.* quæ ait, in præscriptione longi temporis, id est, 10. aut 20. annorum, non esse spectandam scientiam vel ignorantiam domini: nam sive dominus sciverit, sive ignoraverit rem suam possideri ab alio, ei præscriptio longi temporis nocet: Et tamen hic dicitur, ignoranti præscriptionem non nocere quinquennii. Quid ni vero? nam illa lex ult. loquitur de præscript. longissimi temporis, præscriptionem brevissimi temporis, puta, quinquennii, non est æquum nocere ignorantibus.

### Ad L. XLVIII. de Acquir. Possess.

*Prædia cum servis donavit, eorumque se tradidisse possessionem litteris declaravit, si vel unus ex servis, qui simul cum prædiis donatus est, ad eum, qui donum accepit, pervenit, mox in prædia remissus est, per servum prædiorum possessionem quæsitam ceterorumque servorum, constabit.*

SCiendum est, donationem secundum jus, quod obtinuit ante Justinianum, fieri quidem posse per epistolam, ut *l. Aquilius, & l. Lucius, sup. de don. & l. 5. & 13. C. eod. tit.* sed non perfici, nisi translato dominio, puta traditione, aut quasi traditione, *l. 6. C. eod. t. l. 2. C. de crim. stell. l. quædam, sup. de rei vindic.* vel ut olim solebat, cessione in jure, aut mancipatione: & alia est ratio emptionis, venditionis, quæ perficitur nudo consensu, impletur, & consummatur traditione: donatio non perficitur nudo consensu, sed perficitur simul & impletur traditione. In specie autem hujus legis facta est donatio prædiorum per epistolam, sed nondum intelligitur esse perfecta etiamsi per epistolam declaraverit donator, se ea prædia tradidisse, quia epistola, sive declaratio pro pacto nudo habetur, ut in *l. 15. de fundo dot. l. qui negotia, sup. mand. l. Paulus respondit, in pr. sup. de lib. caus.* Et certi juris est, traditionibus, non nudis pactis dominia rerum transferri, *l. traditionibus, C. de pact.* Itemque traditionem non pactione fieri, sed datione possessionis naturali. At finge: absens ego per epistolam tibi donavi prædia cum servis, & me ea tibi tradidisse scripsi & declaravi; at revera naturaliter ad te possessio eorum prædiorum non pervenit, & unius tantum servi ex iis, qui in prædiis morabantur, possessio ad te pervenit, quem mox in prædia illa remisisti. Quæritur an videaris & ceterorum servorum, simul ac prædiorum possessionem nactus? sic Papiniano videtur nempe, ut per eum servum, quem semel nactus es, & quem in prædia donata remisisti, ut ea possideret tuo nomine, videaris possidere prædia, & reliquos servos: idque constat inter omnes, *l.* 1. §. *veteres, h. t.* Quæ est sent. h. l. Malo in fin. l. ut aliis plerisque locis Papin. loquitur, legere, *constitit*, quod quidam Codices habent, quam *constabit*. Ponendum autem est in specie, quam proposui, unius ex servis prædiorum possessionem ad te pervenisse me volente, alioquin prædo esses, si me nolente rei donatæ aut venditæ, aut promissæ possessionem nactus esset, *l. si ex stipulatione, sup. h. t.* Posui etiam absentem me donasse, absentemve declarasse per epistolam me tibi tradidisse possessionem, quod solum per se pro traditione non est, nec præsumi potest, aut fingi pro traditione esse repugnante natura, quæ non patitur, ut nulla interveniente persona interposita, absens quicquam tradat alteri in manus: fictiones & præsumptiones convenire naturæ oportet: at si præsens præsenti, & in re præsenti epistolam scripsero, qua contineatur, me tibi rem tradidisse, sane ea scriptura, sive actus facile intelligitur pro traditione, ut *l.* 1. §. *pen.* & *l. quod me,* §. *si venditorem, h. tit.* Et ita accipiendum est, quod de traditione instrumento emptionis comprehensa proditum est in *l.* 2. *C. eod. tit.* Præsens autem res est, quam tenemus, vel cui insidemus, vel quam intuemur, ut *d.* §. *si venditorem*, quam oculis adversam habemus. Et hujus distinctionis quæ vulgo recepta est, ratio illa est, quia fictiones, quæ naturæ non congruunt, prorsus rejiciuntur: sicut & de confessionibus, quæ fiunt in jure, proditum est in *l. confessionibus,* §. 1. *& l. seq.* §. *ult. & seq.* §. 1. *de in jure fac.* ut si dicam, me filium esse adolescentis, si maritum mortuæ mulieris, inanis confessio est. Et ita si absens prædium tibi donem, quod situm est, ubi tu es, & scribam, me tibi prædium tradidisse, quod propter absentiam meam nec fecit, nec facere potuit per rerum naturam, nisi nuntio misso, aut procuratore, ea scriptura inanis est, quia natura scripturæ repugnat. Et si præsens præsenti scribam in re præsenti, vel, si quis alius me volente scribat, me tibi eam rem tradidisse, etiamsi reapse non tradiderim, hæc scriptura pro traditione est, quia continet, non abhorret a facultate naturali. Et simili modo, si tibi præsenti stipuler dari, vel fieri, facile quis fingat, aut præsumat te stipulatum esse, quod præsens fueris, tibique facile dederit utilem actionem ex stipulatu, ut *l. si procuratore, de verb. obl. l. si dictum,* §. *si præsente,* &c. non etiam si stipuler tibi absenti, *l.* 2. *C. de contrah. stipul. l.* 3. *C. de inut. stip.* quia naturæ convenienter fingi non potest stipulatum esse, & habuisse sermonem tecum eum, qui abfuit. Et eadem ratione, si absens peregre scripsero, me tibi stipulanti promisisse, inanis scriptura est, quia stipulatio non potest fieri inter absentes: verba sunt præsentium tantum. Sed si præsens te præsente si scripsero, me promisisse tibi stipulanti, licet revera tu stipulatus non sis, stipulatio præsumitur jure perfecta, *l.* 1. & *l. pen. C. de contrah. stipul.* Et ita intelligenda est *l. sciendum, de verb. obligat.* si quis scripserit se promisisse, omnia videri jure perfecta, & solemniter acta, videlicet, si res gesta sit inter præsentes, alioquin non fingitur actum, quod agi per naturam non potuit. Quibus argumentis potest dici, si re gesta inter præsentes tabellio rescripserit mihi, a te numeratam esse pecuniam in creditum, vel in solutum, nihil refert scripturæ standum esse, quasi pecunia revera numerata, licet testes dicant se solutionem, aut numerationem nullam vidisse, quod Bartolus sensit hoc loco, *si modo id ita, tabellio scripserit volentibus nobis*, alioquin tabellio falsi reus est, qui ita scribit absentibus & nolentibus nobis. Et hæc sunt, quæ pertinent ad hanc legem;

### Ad L.XLV. de Usurp. & Usucap.

*Præscriptio longæ possessionis ad obtinenda loca juris gentium publica concedi non solet. Quod ita procedit; si quis* ædificio funditus diruto, quod in littore posuerat, aut dereliquerat ædificium: alterius postea eodem loco extructo, occupanti datam exceptionem opponat. Vel si quis quod in fluminis publici diverticulo solus pluribus annis piscatus sit, alterum eodem jure prohibeat.

Initio legis ostenditur, præscriptionem longi temporis id est, x. annorum inter præsentes, & xx. inter absentes, non dari ad retinenda sive obtinenda loca publica jurisgentium. Obtinere plus est, quam tenere. Tenemus cum primum nacti sumus possessionem, deinde obtinemus, *l. clam, sup. tit. prox.* Imo nec tenuisse videmur, nisi obtineamus, *l. non videtur, eod. tit.* Loca autem publica jurisgentium vocat flumina & littora, quæ usu communia sunt omnium hominum, *l.* 7. §. *quod si toto, de adquir. rer. dom.* §. *littorum, Instit. de rer. divis.* Nec ulla gens est tam barbara, ut poeta ait, quæ arenæ hospitio prohibeat, *primaque vetet consistere terra*. Quamobrem, & his duobus exemplis Papinianus utitur, quibus propositioni initio positæ ostendat esse locum, uno de littoris usu, hoc modo, *si quis funditus diruto ædificio, quod in littore posuerat, aut deserto ædificio, id est,* si postquam ædificio possidere desiit quod posuerat, & longo tempore possideret, alii eodem loco ædificaret, supradictam præscriptionem, sive exceptionem opponat, quod ibi ipse longo tempore ædificatum habuerit; nec enim ei qui possidere desiit, hæc præscriptio dabitur, quoniam ædificio dilapso, vel derelicto, quasi jure postliminii locus recidit in pristinam causam, & perinde publicus est jurisgentium, ac si in eo nunquam inædificatum fuisset, *l. quod in littore, sup. de adq. rer. dom. l. in tantum, in pr. ff. de rer. divis.* Proinde is locus funditus diruto ædificio, idve ædificium, si non dirutum sit, sed pro derelicto habitum a domino, occupanti conceditur, *l.* 1. *infra pro derelicto.* Servius in illum locum,

*... Hospitio prohibemur arenæ.*

*Occupantis*, inquit, *est possessio littoris*. Exigit autem Papinianus, ut fundus dirutum sit ædificium, id est, fundamenti fini: nam si pars ædificii superstet, ejus manet, cujus fuit: vel etiam exigit, ut non dirutum ædificium pro derelicto habitum sit, quo loco male Accurs. ponit disjunctionem, vel, accipit pro conjunctione. Proponam autem verba Papiniani fere juxta vulgarem scripturam, quæ melior hoc loco est quam Florentina. Cum proposuisset initio regulam, non dari præscriptionis longi temporis ad obtinenda loca publica jurisgentium, subjicit proposito uno exemplo; *quod ita procedit*, inquit, *si quis ædificio funditus diruto, quod in littore posuerat aut dereliquerat ædificium, alterius postea eodem loco extructo, occupanti dictam exceptionem opponat.* Hoc tantum mutata vulgari, quod scribo, *dictam*, non *datam exceptionem*, id est præscriptionem longi temporis, vel longæ possessionis, quam initio nec dari solere proposuit, quod est perspicue rectum. Ædificii enim nomine hoc loco comprehendo omne ædificium, quod sit propositum in littore, vel in mari, vel flumine publico, vel pago; comprehendo etiam moletrinam, de qua DD. tractant hoc loco, & idem in ea statuo, quod in quolibet alio ædificio. Sequitur alterum exemplum de usu fluminis, *si quis quod in fluminis publici diverticulo pluribus annis*, id est, longo tempore, *piscatus sit*, qui inde piscari desiit, nec perseveravit in possessione piscandi, eodem loco, *alterum piscantem eodem jure uti prohibeat*, id est, publico jurisgentium opposita supradicta præscriptione longi temporis. Præscriptiones opponuntur, vel exceptiones non agentibus tantum in judicio, sed etiam tentantibus aliquid in præjudicium alterius; ut exceptionem non numeratæ pecuniæ constat opponi, etiam si nondum agatur. Hoc vero casu, etiam illa præscriptio non admittitur, nec potest prohibere illa præscriptio piscari volentem, cum ille alter pisces inde quoque eodem diverticulo. Et huic responso Papiniani nota est. & vexata satis; quæ opponitur *l. si quisquam, ff. de divers. & temp. præscript.* In qua sunt eadem verba, sed adfirmantia; alterum, scilicet, eodem

eodem jure uti prohiberi poſſe, quæ hic vi ipſa ſunt negantia; alterum eodem jure uti prohiberi non poſſe, nullus tamen in eo diſſidio componendo eſt labor. Nam *l.quiſquam* accipienda eſt de eo, qui eſt in poſſeſſione piſcandi certo quodam fluminis publici diverticulo, qui alium eodem loco piſcari volentem prohibet recte, atque ſubmovet præſcriptione longi temporis. Contra hæc lex, ut ſuperiore exemplo de uſu littoris poſui, deſiiſſe poſſidere ædificium eum, qui id poſuerat in littore: nec enim poſſidetur, quod in rerum natura eſſe deſiit, quod funditus dirutum eſt, nec etiam quod pro derelicto habetur, *l.quod ſervus, ff. de ſtipul. ſerv.* Ita ſane conſequens eſt, hoc poſteriore exemplo poni eum, qui longo tempore certo fluminis diverticulo piſcatus erat, intermiſiſſe piſcationem, & deſiiſſe poſſidere, quod ſibi longo tempore paraverat, jus piſcandi in flexu illo, & diverticulo fluminis: ideoque eodem loco piſcari volentem non poſſe prohiberi, quia locus rediit in priſtinam cauſam: & nunc non privatus, ſed publicus eſt juriſgentium. Et ita Joannes & Angelus ſentiunt recte, & Accurſ. quoque breviter: Solve, inquit, hic non erat in poſſeſſione, ibi erat, nihil eſt rectius: poſtremo quod additur in hac lege, *poſt mortem, &c.* hanc ſententiam exprimit.

### Ad §. Poſt mortem.

*Poſt mortem domini ſervus hereditarius peculii nomine rem cœpit tenere, uſucapionis primordium erit tempus hereditatis adita: quemadmodum enim uſucapitur, quod ante defunctus poſſedit?*

SI ſervus hereditarius jacente hereditate, alioquin non diceretur hereditarius, igitur nondum adita, peculiari nomine, quod ſervus peculiatus eſſet, a defuncto rem emerit, & tenere cœperit poſt mortem domini, ante aditam hereditatem, ut dixi, non procedere ejus rei uſucapionem, ſi forte fuerit aliena, & bona fide empta, antequam aliquis heres extiterit adita hereditate, uſucapionis primordium eſſe tempus aditæ hereditatis, quia poſſeſſio non cœpit a defuncto, cœptam poſſeſſionem & uſucapionem a defuncto, & ante aditam hereditatem impleri, *l.cœptam, hoc tit. l. qui cum, §.ult.inf.pro empt.l.cum miles, ſup.ex quibus cauſ.maj.* non cœptam a defuncto non inchoari ante aditam hereditatem. Quod verum quidem eſt jure communi, ſed jure ſingulari aliud eſſe receptum idem Papinianus ſcribit in *l.prox.§.nondum, ſup. hoc tit.* nec alia ratione hic locus cum illo ſine calumnia conciliari poterit. Et veriſimile eſt, finem hujus l.imperfectum, aut mutilum eſſe, quoniam veriſimile eſt, ſubjeciſſe Papinianum, aliud eſſe receptum jure ſingulari.

### Ad L. XII. Pro emptore.

*Miſſo legatario in poſſeſſione, res pro emptore uſucapiuntur, ſalva prætorii pignoris cauſa.*

EX hac lege intelligitur prætorium pignus conſtitui creditore, vel legatario miſſo in poſſeſſionem bonorum debitoris, vel bonorum hereditariorum, ex edicto, & ex primo decreto prætoris, ut in *l.2.C.de prært.pign.* Quo genere a debitore vel herede poſſeſſio bonorum non transfertur in eum, qui miſſus eſt in poſſeſſionem, ſed cuſtodia tantum & obſervatio bonorum, id eſt, poſſeſſori, qui debitor eſt, vel heres; creditor vel legatarius cuſtos apponitur, *l.5.in pr.ſup.ut in poſſ.leg.l.3.§.ult.ſup. de adq. poſſ.* Nam primo decreto creditor vel legatarius non jubetur poſſidere, neque fit poſſeſſor, ſed jubetur eſſe in poſſeſſione, & aliud eſt eſſe in poſſeſſione, aliud poſſidere: ſicut aliud eſt eſſe in ſervitute, aliud ſervum eſſe; Et hoc quidem maxime diſtat prætorium pignus a conventionali: nam conventionalis pignoris naturalis poſſeſſio transfertur in creditorem, *l.cum & ſortis, 6. ult. ſup.de pigner. act. l.per ſervum, in pr.ſup. de adq.poſſ.* Deni-

que conſtituto & tradito pignore ex conventione, debitor poſſidere deſinit. Conſtituto autem pignore ex primo decreto prætoris, debitor poſſidere non deſinit: verum poſt primum decretum ſi debitor non ſatisfaciat creditori, quo jure utimur etiam hodie, ſecundo decreto prætor poſſeſſionem bonorum transfert in creditorem vel legatarium, ſimul ac præbet occaſionem uſucapionis, *l.prætoris, in pr.& l. ſi finita, §. Julianus, de damno infec.* ubi dominum accipere oportet, cum ait; creditorem ſecundo decreto dominum fieri, pro poſſeſſore, non proprietario, quia ut prætor non facit heredem, ſed facit bonorum poſſeſſorem, ita nec dominum facit, aut facere poteſt, id eſt, proprietarium, ſed dominum poſſeſſionis tantum, id eſt, poſſeſſorem, heredem & proprietarium facere eſt ſolius juris civilis, non honorarii. Itaque primo decreto facit creditorem in poſſeſſione bonorum debitoris, ſecundo facit poſſeſſorem: uſucapio autem facit dominum jure civili. In hoc tamen prætorium pignus & conventionale inter ſe conveniunt, quod ſicut debitor rem pignori datam ex conventione, quam forte pro emptore bona fide poſſidebat, etiam translata poſſeſſione in creditorem, uſucapere poteſt eam rem, quia quantum ad uſucapionem attinet, non intelligitur debitor, qui cœpit poſſidere, deſiiſſe poſſidere, hoc eſt, uſucapio procedit, & impletur, etiam ſi reapſe non poſſideat, qui dimiſit poſſeſſionem creditori, *l. 1. §. per ſervum corporaliter, ſup.de adquir. poſſeſſ.* ita & multo quidem magis conſtituto prætorio pignore debitor vel heres, pro emptore vel pro herede uſucapere, vel inchoatam uſucapionem implere poteſt, ſalva cauſa prætorii pignoris, ut ait, ſicut, & rem pignori datam ex conventione debitor uſucapit ſalva cauſa pignoris conventionalis, quia neque conventionalis, neque prætorii pignoris cauſam uſucapio perimit, quia nihil quicquam cum dominio, quod uſucapione quæritur, commune pignus habet. Denique res uſucapitur cum ſua cauſa, *l. 1. §. cum prædium, ſup. de pign. l. uſucapio, C. eod. tit. l. 2. tit. ſeq. l. juſto §. non mutat, ſupr. de uſurpat. & uſucapion.*

### Ad L. XL. de re Judic.

*Commodis præmiorum, quæ propter coronas ſacras præſtantur, condemnato placuit interdici, & eam pecuniam jure pignoris in cauſam judicati capi.*

HÆc lex eſt etiam de pignore, non tamen conventionali, vel, ut ſuperior, de prætorio, ſed de eo, quod in cauſam judicati capitur, quod diſcretionis cauſa interpretes noſtri vocant *judiciale*, cum & id, quod prætorium eſt, ſane etiam judiciale ſit, & utrumque juſſu prætoris conſtituatur, vel præſidis, ſed non ex edicto utrumque: prætorium ex edicto, judiciale extra ordinem, *l. ſi pignora, ſup. de evict.* Et docet hoc loco Papinianus in cauſam judicati, id eſt, judicati exequendi gratia, poſſe capi jure pignoris etiam commoda præmiorum, *quæ*, inquit, *propter ſacras coronas præſtantur*, videlicet, ſi qua commoda judicato competant ob victoriam, quam ex ſacris certaminibus domum reportavit. *Commodis*, inquit, *præmiorum, quæ propter coronas ſacras præſtantur*: nam qui vincebant ſacris certaminibus, veluti Olympicis, coronabantur, *l. 1. C. de Athletis, l. 6. §. Ulpianus, ſup. de excuſ. tut. l. ſpem, C. quæ res pign. oblig. poſſ.* Alii, ut noſtris, frondibus oleaſtri, alii lauri, alii pinus, alii apii more Græcorum, quorum etiam vox *coronæ*, eſt mera Græca. Ac præter iſtam coronam etiam de publico victoribus præſtabantur annonæ vel menſtruæ, quod penſitandi verbum demonſtrat in *d. l. ſpem*, & Vitruvius initio 9. ſcribens, *Victores e Republicæ conſtitutis vectigalibus perpetua vita frui*. Et hæc quidem vectigalia, hæc commoda ſive præmia, ἐπαθλα, ſive annonæ publicæ poſſunt capi in cauſam judicati, judicato prohibito ea percipere, & quo die ea præſtari ſolent, executore rei judicatæ ea auferente ju-
dica-

dicati faciendi causa. Quo argumento dici potest, etiam commoda, quæ clericis præstantur posse capi, & in causam judicati converti. Et probatur hoc etiam in capite 2. *ext. de fidejuss.* Itemque stipendia militum, quoniam *l. stipendia, C. de exsec. rei judic.* sub conditione tantum vetat stipendia militum pignori capi, si alia ratio suppetat, qua rem judicatam magistratus exequantur, & perducant ad effectum: quam conditionem etiam apponimus commodis athletarum, ut non possint capi in causam judicati, nisi quum alia bona condemnato non supersunt. Ex conventione vero constat hæc omnia commoda pignori jure non obligari, *d. l. spem.*

### Ad L. XXI. de Privil. cred,

*Antiochensium Cœlesyriæ civitati, quod lege sua privilegium in bonis defuncti debitoris accepit, jus persequendi pignoris durare constitit.*

Hæc quoque lex est de pignore, non tantum de conventionali, vel prætorio, vel judiciali, sed de eo, quod lege datur, quod tacitum pignus dicitur, ut Antiochiæ splendidissimæ civitati Cœlesyriæ, curvæ vel Cavesyriæ ad differentiam Syriæ Phœnicis & aliarum Syriarum; Antiochiæ, inquam, lex sua propria dedit privilegium in bonis defuncti debitoris; defuncti, non viventis, id est, dedit tacitam hypothecam in bonis defuncti debitoris, sicut in *l. simile, inf. ad municip.* dicitur, fiscum habere privilegium in bonis debitoris, id est, tacitam hypothecam, quod & privilegium dicitur in *l. 2. C. de servo pign. dat. man.* Est sane privilegium hoc fisci, ut habeat tacitum pignus, ut tacite ei sint pignerata bona debitoris, etiam viventis, quoniam idem privilegium non habet quælibet Respu. nisi quæ id accepit nominatim a Principe, ut ait *d. l. simile, & l. 2. C. de jure Reip. lib. 11.* vel quæ id habet sua lege, & more vetusto, ut habuisse Antiochiam civitatem Cœlesyriæ, ait, non quidem in bonis viventis, ut fiscus: sed defuncti tantum debitoris. Quod privilegium Antiochiæ etiam durare, hoc loco Papin. ait: quid hoc est, *etiam durare*? nempe non esse sublatum edicto Severi Imperatoris, quo omnia jura & privilegia eum Antiochenis ademisset, eo quod in bello civili Nigri Nigrum juvissent. Ælius Spartianus scribit in Severo, & in Anton. Caracalla: post ademptta Antiochenis privilegia, tacitam hypothecæ Papin. ait durare, quoniam id habuit ea civitas lege sua. Ratio igitur hæc est, quia tantum ea ademit Severus Antiochenis, quæ dederat ipse, vel data ab aliis Principibus initio sui Imperii confirmaverat, Ita quod fit inde, est vetustissimum, ut soleant Principes initio sui Imperii, confirmare omnia privilegia, omnes immunitates, quod in jure nostro scriptum est, & scriptum esse pauci animadvertunt in *l. 6. quæ Græca est, de excus. tut.* quo loco agit de immunitate & privilegiis philosophorum, quæ eis, inquit, confirmavit D. Severus, παρεχειν αυτοις επι ταις αρχαις διατεταγμενας τας υπαρχουσας, τιμας, ασυλιας μεν εββαιωσιν: statim atque principatum adeptus est, suos honores & immunitates confirmavit. Quod quidem esse ex instituto Tiberii Imperatoris Suetonius scribit, & Aurel. Victor in Tito. ideo ergo Severus Antiochenis sua beneficia, aut Principum superiorum, non ademit, quæ ea civitas lege sua & more patriæ recepto antiquitus habuit & exercuit; non ademit igitur jus taciti pignoris, quod habuit in bonis defuncti debitoris lege sua. Et hæc ratio significatur his verbis: *Quod lege sua privilegium in bonis defuncti debitoris accepit.* Recte enim editio Florentina expressit illud, *quod,* cum accentu gravi. Et hic sane est sensus hujus legis, quem & Basilica conservarunt, & expresserunt his verbis, Αντιοχεια η της συριας κοιλης το νομιμον ιχει, ινα υποχυρα λαβη ιχ των πραγματων αυτη: *Antiochia Cœlesyriæ privilegium habet, ut si debitor ejus vita decesserit, pignora capiat ex bonis ejus crediti servandi causa, licet de pignore nihil convenerit, scil. male igitur Alciatus hanc

legem accipit de jure προτιμησεως, quasi lex diceret, in persequendo pignore convento, singulos Antiochenos præferri extraneis creditoribus hypothecariis, etiam antiquioribus. Quod hæc lex nullo modo dixit, quæ non est de jure prælationis, non de hoc privilegio, sed de jure & privilegio tacitæ hypothecæ. Male etiam Accurs. hanc legem accipit de eodem jure προτιμησεως, in quo tamen longe aliter, quam Alciatus statuit, & tradit hic, Papinianum velle, civitatem vi privilegii, quod accepit sua lege, vel a Principe, non præferri privato antiquiori creditori hypothecario. Accursius nullum dat civitati privilegium, Alciatus dat aliquod, sed non quod erat in mente Papiniani.

### Ad L. XIX. de Jure fisci.

*Denique non esse præstandas usuras, cum pecunia revocatur, convenit; quoniam res, non persona convenitur.*

Certum est fiscum in actione hypothecaria habere privilegium tacitæ hypothecæ ex suis contractibus, vel ex causa tributorum, non ex omnibus causis, ut demonstrat *l. rescriptum, sup. de pact.* Et jure tacitæ hypothecæ non habet privilegium, ut præferatur ceteris antiquioribus: denique pro privilegio habet tacitam hypothecam, sed non etiam, ut jure tacitæ hypothecæ excludat priores creditores hypothecarios. Denique in actione hypothecaria non habet nisi privilegium & prærogativam temporis: si fiscus sit prior, erit potior in hypotheca, si posterior, servabit suum ordinem. At in actione personali fiscus habet privilegium, & primum locum obtinet inter omnes creditores chirographarios, etiam antiquiores: nam & hoc idem privilegium exactionis in actione personali habet quælibet Resp. *l. quod quis, & l. pen. sup. de reb. auctor. jud. possid. vel de privil. cred. l. 3. C. qui pot. in pign. hab.* Et ideo si quis ex aliis creditoribus occupet suum repetere a debitore, integrum est fisco, solutam creditori pecuniam revocare & repetere jure privilegii sui, ut *l. prox. §. ult. sup. l. 5. C. de privil. fisc.* Revocat ergo fiscus, quod solutum est alii creditori, cui ipse est anteponendus, & revocat sortem tantum ei solutam, non etiam, ut ut hoc loco, ejus sortis usuras, quod creditor interim ea pecunia usus sit, quia, inquit, res, non persona convenitur, id est, fiscus non agit in personam creditoris, qui festinavit suum repetere, quasi sibi obligatum, sed agit in pecuniam ipsam, quæ soluta præmature creditori est, non habita ratione privilegii fiscalis, eamque pecuniam vindicat. Constat autem in actionibus sive persecutionibus in rem usuras non venire, sed in actionibus in personam tantum, *l. si navis, de vi vindic.* Pertinet etiam ad hoc idem privilegium exactionis, quod fiscus habet, *l. 37. hujus tit.*

### Ad L. XXXVII. Eodem.

*Quod placuit fisco non esse pœnam petendam, nisi creditores suum recuperaverint: eo pertinet, ut privilegium in pœna contra creditores non exerceatur, non ut jus commune privatorum fiscus amittat.*

Ostenditur, privilegium exactionis fiscum habere si suum persequatur, quod sibi abest, non si perse quatur pœnam ex causa delicti. Nam antiquiores creditores chirographarii potiores sunt fisco pœnam persequenti, non rem, vel pecuniam suam. Et hoc est, quod dicitur, pœnam fiscalem esse post creditores, *l. in summa, l. Statius, §. ult. hoc tit. l. 1. C. pœn. fisc. cred. præfer. lib. 10.* creditores antiquiores scilicet, quoniam æquius est subveniri antiquiori creditori de damno sollicito, qui suum repetit, quam fisco affectanti lucrum ex præstatione pœnæ, quod adventitium lucrum est. Verum si pœnæ debitor sit antiquior credito, sane hoc casu fisco non auferetur, quamvis certet de lucro, jus commune privatorum, ut ait, opponens; jus commune, privilegio, id est,

pœna

pœna exſolvenda prius erit fiſco, quam pecunia poſteriori creditori, ut *l.ult.§.pen.C.qui potior.in pign.hab.* Atque ita prærogativa temporis facit, ut qui de lucro certat, potior ſit eo, qui certat de damno. Et ita hæc lex explicanda eſt. Et nihil eſt præterea in *lib.*10.

## JACOBI CUJACII J·C.
### COMMENTARIUS
In Lib. XI. Reſponſorum ÆMILII PAPINIANI.

### Ad L. XLI. De Pactis.

*Intra illum diem debiti partem mihi ſi ſolveris, acceptum tibi reſiduum feram, & te liberabo: licet actionem non habet, pacti tamen exceptionem competere debitori conſtitit.*

SPECIES hujus legis hæc eſt. Convenit nudo pacto inter debitorem & creditorem, non, ut ſtulti fingunt, in ipſo tempore credendæ pecuniæ, alioquin pactum formaret actionem, & daretur actio ex pacto, quod tamen lex negat, ſed id ita convenit dico, intermiſſo aliquo ſpatio temporis, ita ſcilicet convenit, ut, *ſi debitor intra certum diem ſolveret creditori partem debiti* (ſermo eſt conditionalis) quod plerumque paciſcuntur creditores, qui pecunia egent, *creditor ei reſiduum acceptum ferret*, vel quod idem eſt, reſiduo eum liberaret per acceptilationem: forte creditor, qui pecunia indigebat ante diem ſolvendæ pecuniæ, ſi debitor rei vellet intra diem breviorem ſolvere, & repræſentare partem pecuniæ, pactus eſt, ſe reſidui gratiam facturum debitori, & eum liberaturum reſiduo per acceptilationem. Quæritur an debitor intra eum diem agere poſſit, ut per acceptilationem reſiduo liberetur oblata ſcil. parte debiti, alioquin qua fronte id deſideraret? oblata igitur parte debiti, qua de qua convenit, & creditore nolente partem oblatam accipere? Et reſpondet Papinianus, nullam debitori eo nomine competere actionem, quia ex pacto nudo non naſcitur actio, ſed quia naſcitur exceptio: ſi poſt oblationem partis, quam creditor recuſavit, creditor totum petat, & agat in ſolidum, debitor ſe tueri poteſt exceptione pacti conventi, vel doli mali: nuda oblatione pactum non tranſire, non verti in contractum, ut actionem pariat, ſed datione & obſignatione, *l.qui mutuam, §.1.mand.l.9.C.de ſolut.* Accurſius & Doctores male ponunt, a debitore fuiſſe datam & ſolutam partem debiti: nam ſi ſoluta eſſet quaſi pacto nudo jam perducto ad effectum, & in contractum converſo, *do, ut facias, do partem debiti, ut mihi reſiduum acceptum feras*, tum debitori competet procul dubio actio in creditorem, ut ſe reſiduo liberet per acceptilationem, quia, ut nihil refert, quod & Doctores fatentur, ſtatim atque pactus ſum, ſtipuler, an poſtea, ut mihi competat actio, ita nihil intereſt, dem ſtatim, an poſtea; & quod ait *l.petens, C.de pact.* in ſtipulatione, quæ ſequatur, ſtatim, inquit, id ad eam legem ſatis oſtendi quo referendum ſit Obſervatio 10. nam ex eo non ſequitur, quin, ſi id, quod pactus ſum longo tempore, poſt deducam in ſtipulationem, mihi pariam actionem ex ſtipulatu. Quidni? datione vel ſtipulatione pactum ſumit effectum, *l. diviſionis, hoc tit.* Ergo in ſpecie propoſita nihil intereſt conditio pacti, *ſi ſolveris partem debiti citeriore die*, nihil intereſt ea pacti conditio impleatur ſtatim, an poſtea: nam & conditio poſtea impleta retro recurrit, *l. potior, qui potior. in pign. hab.* Denique pactum tranſit in contractum, & in obligationis civilis cauſam, vel ſtatim, vel poſtea pacti conditione impleta, unde naſcitur actio, quia jam non eſt pactum, ſed contractus. At quia in hac ſpecie non fuit impleta conditio pacti, non fuit ſoluta pars debiti, de qua convenerat, ſed oblata tantum: ideo ait, *offerenti*, quia nondum res pacti fines egreſſa eſt, id eſt, nondum tranſiit in contractum, ſed ſtetit intra finem pacti; ex eo pacto non eſſe actionem debitori, ut liberetur, ſed exceptionem tantum, ſecundum vulgarem regulam toto hoc titulo diffuſam: ex pacto exceptionem dari, non actionem.

### Ad L. XIX. de Compenſat.

*Debitor pecuniam publicam ſervo publico citra voluntatem eorum ſolvit, quibus debitum recte ſolvi potuit: Obligatio priſtina manebit, ſed dabitur ei compenſatio peculii ſui, quod ſervus publicus habebit.*

DEbitor Reipub. vel fiſci (nihil refert) pecuniam debitam ex contractu Reipub. (ſic eſt ponendum, non ex contractu ſervi publici, ſervi Reipub.) ſervo publico ſolvit eam pecuniam citra voluntatem ejus, qui præpoſitus eſt adminiſtrationi rerum civitatis, puta, curatoris Reipub. non recte ſolvit: ergo nec ſe liberavit a Repub. Curatori Reipubl. recte ſolviſſet: ſervo publico ſine voluntate curatoris Reipublicæ non recte ſolvit: ergo ſe non liberavit, & priſtina obligatio manet, atque adeo integra eſt Reipublicæ actio in debitorem, qui, cui non debuit, ſolvit, perinde atque ſi nemini ſolviſſet. Verum, ut monet Papinianus hoc loco, ſi cum eo agatur nomine Reipul. quia ex negotiis geſtis cum ſervo publico, ſicut quilibet alius dominus, Reſpub. tenetur de peculio, quod peti poſſet a Repub. actione de peculio, id eſt, quod ſervo publico ſolutum a Repub. repeti poſſet actione de peculio, non in ſolidum, ſed in peculium tantum, quatenus ferunt vires peculii. Item ſi agatur nomine Reipub. ex priſtina obligatione Reipubl. compenſari poteſt, *peculii fini*, ut ait, id eſt, peculio tenus, quantum peculii tenus, quod arcus genus eſt, intendi poteſt, ut in *l. ſi ſine herede, §. Modeſtinus, de adminiſt. tut.* Itaque ſi tantum ſit in peculio, quantum ſolvit ſervo citra voluntatem adminiſtratoris Reip. nulla Reipubl. actio competit: ſin minus ſit in peculio, ſuperflui tantum petitio Reipub. ſupereſt: etiam Reip. vel fiſco compenſatio opponi poteſt, *l. idem, & l.ult. h.t. l.auferetur, §. quod in compenſationem, de jure fiſci*, & opponitur in hac ſpecie Reipub. compenſatio *peculii fini*, ut ait, quia Reſp. agit ex ſuo contractu, quod initio poſui: nam ſi Reſpub. ageret ex contractu ſervi, quem ſervo ſolutum eſt, ex eo contractu nolente Repubul. ut *l. quod ſervus tit. ſeq. l. quod ſervus, inſ.de ſolut.* ſi inquam, Reſp. ageret ex contractu ſervi, ſolidum compenſaretur, quod ſervo ſolutum eſt, non peculii fini. Idque probat aperte *l.ſi cum filioſam.in princ. hoc tit.*

### Ad L. LIII. Locati.

*Qui fidejuſſor extitit apud mancipem pro colono publicorum prædiorum, quæ manceps ei colono locavit, Reipublicæ non tenetur, ſed fructus in eadem cauſa pignoris manent.*

LEx eſt de eo, qui conduxit prædia publica, quem mancipem vocat, ut *l.11.C.de vectig. & comm.* Aggenus 2. de limitibus conſtituendis: *Mancipibus*, inquit, *agros Reipublicæ conducentih. in annos centenos.* Et Feſtus: *Manceps eſt*, inquit, *qui quid a populo conducit*, quia manu ſublata, ut ſit in auctionibus ſignificat, ſe eſſe auctorem conductionis. Ponit autem hoc loco Papinianus, mancipem prædia publica colono locaſſe: nemo prohibetur, quod conduxit alii locare, quod quidem vocant ablocare, *l.6. C.de locat.* quia non tantum uti, ſed etiam frui conductori permiſſum eſt. Ponit igitur mancipem prædia quædam publica colono locaſſe, *baille à ferme*, colonum autem mancipi caviſſe de mercede ſua ſe ſolvenda, dato fidejuſſore: Quæritur, an Reipub. ſit actio in fidejuſſorem. Et ait non eſſe, quia fidejuſſor ſe Reip.

Reip. non obligavit, sed mancipi: fidejussor cum Rep. non contraxit, vel administratoribus ejus, sed cum mancipe. Ideoque nec in colonum ullam actionem habet, cum quo etiam non contraxit: si non in colonum, nec in fidejussorem ejus igitur. At fructus prædiorum tacite sunt Reip. pignori obligati, quisquis eos perceperit, pro mercede, scilicet, quam manceps, sive publicanus, quem hic Græci notant posteriores vocasse *commerciarium*, pro mercede, inquam, quam manceps Reipub. cavit, perinde atque si eos fructus manceps percepisset, ut *l. si in lege, §.1. hoc tit. l. in prædiis, inf. in quib. cau. pign. vel hypoth. tac. cont. l.3. C. eod. tit.*

### Ad L.IX. de Præscript. verb.

*Ob eam causam accepto liberatus, ut nomen Titii debitoris delegaret, si fidem contractus non impleat, incerti actione tenebitur: itaque judicis officio non vetus obligatio restaurabitur, sed promissa præstabitur, aut condemnatio sequetur.*

SPecies hæc est. Te debitorem meum accepto liberavi ea lege, ut mihi vice tua delegares nomen debitoris tui: contractus est, non pactum: quia ego jam cœpi facere. Pactum est, si causa non subsit, id est, datio vel factum, sed nuda & simplex actio tantum, nudum solumque placitum dandi vel faciendi: ut facjam, ut des, pactum est: facio ut des, contractus est, ut hoc loco, te accepto libero, ut tu mihi cedas nomen debitoris tui, utrumque est facere, *l. si mandatu, §. quoties, supra mand.* negotium igitur ita gestum est, facio, ut facias, te accepto libero, ut mihi delegares nomen debitoris tui: pro pecunia, quam mihi debebas malui per delegationem sequi nomen debitoris tui, ut in *l. 68. §. ult. ff. de evict.* At finge: quia te accepto liberavi, & tu non mihi delegas nomen debitoris tui: mihi in te competit actio præscriptis verbis, quasi ex articulo, ut facias: quæ quidem actio datur in hoc, ut vel mihi cedas nomen debitoris tui, vel, ut Papinianus loquitur, ut promissam præstes, ἀρχαιαῖς, pro *promissionem*, sicut *missam* pro *missionem*, & Cyprianus, *remissam* pro *remissionem*: ut igitur mihi promissam præstes, ut scilicet mihi cedas nomen debitoris tui, vel præstes id quod interest. Qua de causa hæc actio dicitur incerti actio, quia perfequitur id, quod interest, cujus æstimatio non est certa, quia pendet ex facto, non ex jure, *l. quatenus, de reg. jur. l.ult. de præt. stip.* Verum an iste judicis ego, qui egi præscriptis verbis, compelli possum, ut satis habeam, si reponas te in veterem obligationem, quam acceptilatio mea sustulit ipso jure. Possum id satis habere ultro, si velim, & agere in id tantum, ut vetus obligatio restituatur, aut restauretur, qua tu mihi tenebaris, ut *l.si mulier, & l.si accepto, sup.de condict. causs. data, l.licet, inf. de jur. dot.* Sed hoc judicio præscriptis verbis non possum compelli officio judicis, ut id satis habeam: sed, quoniam nihil aut parum hic potest officium judicis in strictis judiciis: quod ego ago, id mihi omnino præstandum est, hoc est, vel obligatio, quæ promissa est, vel id quod interest, ut & *l. 5. hoc tit.* proponitur duobus locis aut tribus, actione præscriptis verbis non hoc agi, ut reddas, quod accepisti, cum tamen possem agere condictione ob rem dati, vel non: sed non id ago actione præscriptis verbis: verum ut mihi præstetur id quod interest, quanti mea interest a te vicissim dari, aut fieri id, de quo convenit, & fidem eandem mihi servari, quam ipse prior exhibui dando, vel faciendo.

### Ad L. I. de Pignor.

*Conventio generalis in pignore dando bonorum, vel postea quæsitorum recepta est. In speciem autem alienæ rei collata conventione, si non fuit ei, qui pignus dabat debita, postea debitori domino quæsito: difficilius creditori, qui non ignoravit alienum, utilis actio dabitur. Sed facilior erit possidenti retentio.*

Tom. IV.

IN Pandectis Florentinis hæc lex 1. adscribitur libro 11. In Noricis autem & vulgaribus adscribitur libro 2. quam inscriptionem veriorem esse arbitror, quoniam lex, quæ sequitur, est ex tertio. Et Tribonianus in disponendis prudentum sententiis vel opinionibus solet semper ordinem librorum, unde eas sententias vel opiniones sumit: primo loco dans eas, quæ sunt ex primo, deinde eas quæ sunt ex secundo, & sic deinceps, nisi cum unius scripto interseritur aliquid ex alio. Sunt autem in hac l.1. responsa quinque. In primo proponitur differentia una inter generalem obligationem pignoris, & specialem. Generalis est obligatio, si quis obliget præsentia bona & futura, si quis obliget, quæ habet, habiturusve est, quæ generalis obligatio vulgo recepta est, quamvis nunc non sint in bonis debitoris, quæ quandoque habiturus est, quia collata obligatio in tempus intelligitur, quo mihi nascentur fructus erunt, ut *l. & quæ nondum, §. 1. hoc tit. l.ult. C. de remiss. pign.* Ergo generali obligatione, exceptis his rebus, quæ enumerantur in *l. 6. & sequentibus, hoc tit.* continentur non tantum, quæ debitor habet in bonis, sed etiam, quæ postea adquisierit, licet nunc ea non habeat in bonis: Specialiter autem possum quidem obligare fructus, qui ex fundo, vel ex pecore meo nascentur, vel partus, qui ex ancilla mea, tametsi nondum sint in bonis meis, ob id ipsum, quod nec sunt, quia intelligitur obligatio collata in tempus, quo mihi nascentur fructus vel edentur, *l. & quæ nondum, in princip. l.potior, §.pen. inf. qui pot. in pign.* Itemque possum specialiter pignori obligare rem mihi debitam sive nomen debitoris mei, *l.3.§.1. ff. qui pot. in pign. l.si convenerit, sup. de pigner. actio. l. nomen, C. quæ res pign. oblig. poss.* Quod & in hoc responso Papinianus significabat illo loco: *si non fuit ei, qui pignus dabat, debita*. Item specialiter pignori obligare possum rem mihi pigneratam, in qua habeo jus pignoris, *l. grege, §. cum pignori, hoc tit.* vel etiam eam rem, in qua usumfructum habeo, *l.11. §. usumfructum, & d. l. & quæ nondum, in princip. hoc tit.* vel etiam rem, in qua habeo jus ἐμφυτευτικὸν, vel jus superficiarium, *l. tutor, §. ult. sup. de pigner. act. l. etiam superficies, ff. qui pot. in pign.* vel etiam rem, in qua habeo jus possessionis partæ bona fide, & justa ex causa, *l. si ab eo, inf. hoc tit.* Quod quidem jus videtur jus ἡμιδεσποτικὸν appellari in *l.3. §.si jus, de reb. eor. qui sub tut.* Denique rem alienam, vel jus pignoris, vel jus ususfructus, vel jus emphyteuseos, vel jus superficiei, vel jus possessionis, pignori obligare possum, quia non rem ipsam obligo, quam non habeo in bonis meis, sed jus, quod in ea re habeo. Rem autem alienam, in qua mihi jus habeo, & quæ mihi non debetur, possum quidem pignori obligare sub conditione, si in dominium meum pervenerit, *l. si fundus, §. aliena, hoc tit.* Pure autem & specialiter rem alienam, in qua nullum jus habeo, & quæ mihi non debetur, pignerare non possum sine voluntate domini, *l.11 § servum quem, in fine, ff. de act. empt. l.sed etsi lege, §. si quis sæ sua, sup. de petit. heredit. l. aliena, ff. de pigner. act.* Et si rem alienam forte pigneravero, non est pignus. Et tamen rem alienam, ut constat inter omnes, vendere possum, *l. rem alienam, & de contr. empt.* quæ nobis explicanda est ex *libr. 5.* Ulpiani ad Sabinum. Hoc est observandum in primis, & initio hoc proponi ex Sabino: Rem alienam distrahere quem posse nulla dubitatio est, quæ sententia, quod videretur dura, aspera, & iniqua, ut & *l. 1. C. de comm. rer. alien.* ait, satis illicitam esse venditionem rei alienæ, ideo eam sententiam Sabini statim Ulpianus sic explicat: nam hæc verba Papiniani, Ulpiani sunt: *nam*, inquit, *emptio est & venditio: ergo ultro citroque actio empti & venditi potest: sed res emptori a domino auferri, & evinci potest, quia scilicet venditio rei alienæ, jus dominii non mutat, & re evicta a domino, evictionis nomine, emptori est regressus adversus venditorem actione ex empto, vel ex stipulatu.* In hoc igitur consistit differentia inter pignus & venditionem, quod rei alienæ pignus non est, rei alienæ emptio, ven-

M m m m ditio

ditio est. Et ratio differentiæ est, quia pignore contracto, vel convento hoc agitur, ut res sit obligata, obnoxia, nexa: nemo autem potest obligare rem alienam, in
qua nihil juris habet: venditione autem hoc non agitur,
ut res obligetur emptori, nec ut dominium rei transeat
in emptorem, nisi interveniat mancipatio, sed ut possessio tantum transeat in emptorem, quam venditor habet præstita cautione evictionis nomine, & de dolo malo, *l. 1. de rerum permut.* Potest rei alienæ mea esse possessio: Ergo & ejus rei emptio, venditio est, cujus possessionem tantum habeo, non dominium. Solius domini est pignori obligare: vendere non est solius domini,
sed etiam possessoris. Et quod dicitur in *l. 9. §. 1. hoc tit.*
quod emptionem venditionemque recipit, etiam pignerationem recipere, id est ita supplendum, ne latius
accipiatur, quod nostrum emptionem & venditionem
recipit, etiam pignerationem recipere potest: neque
enim in locum habet in re aliena, quæ venditionem recipit, non pignerationem: sed ea sententia locum tantum habet in eo, quod nostrum est jure dominii, vel jure ususfructus, vel jure pignoris, quo alio jure: usumfructum possum vendere, ergo & pignerare: quo argumento utitur *l. 11. §. usumfructum, hoc tit.* At quæritur in hoc primo responso, si rem alienam specialiter
pignori obligavero, in qua nihil habebam juris, & quæ
mihi non debebatur, quæ obligatio jure non consistit,
& vitiosa est ab initio, an tamen convalescat postea, si
ejus rei dominium adquisiero, ita ut vel utilis actio hypothecaria creditori detur? Et respondet Papinianus
creditori, si scierit rem esse alienam, quæ sibi pignori
opponebatur, vix prætorem daturum utilem actionem
hypothecariam, possit dare quasi convaluerit pignus
dominio adquisito debitori, sed difficilius dederit, vix
dederit scienti creditori: facilius autem & sine cunctatione hoc casu, creditori, qui ignoravit, rem esse alienam dederit utilem hypothecariam, quia quod vulgo
dicitur, *id quod ab initio non valet, ex post facto non convalescere*, quod audio quotidie dicit. Ut facessat deinceps ejusmodi regula, cujus adeo frequens objectio
est, statuendum eam esse regulam summi juris, ut omnes, quæ sunt in titulo *de reg. jur.* sunt veræ regulæ &
de rigore juris, & ita omnes accipiendæ sunt. Unde ob-
jicientem eam regulam, duorum alterutrum contra ru-
ci potest. Primum, vitiari regulam, si sit lex specialis
quæ statuat convalescere, quod initio vitiosum fuit: ut
ecce, donatio inter virum & uxorem ab initio non valet, sed convalescit morte donatoris ex oratione Antonini. Regulæ derogat specialis constitutio, vel lex. Vel
etiam in plerisque causis licet respondere, *quod initio
vitiosum est, ex post facto non convalescit*: directo non convalescit, fateor, sed convalescit ex causa, æquitate suadente, prætore dante, non directam quidem actionem,
cui obstat rigor juris, sed utilem actionem, cujus parens
est æquitas: ut in hac specie, si rem alienam ignoranti
creditori pignori opposuero, & postea ejus rei dominium nactus fuero, quasi pignus convaluerit adquisitione dominii, creditori prætor dabit utilem actionem,
sive utilem hypothecariam contra debitorem, qui eam
rem possidet jam ut suam, nec agenti creditori debitor
probe resistit & adversatur, alioquin ex mendacio suo
argueretur, qui eam rem pignori posuit quasi suam, si
nollet eam vindicari creditore, vel utili hypothecaria,
quæ est ratio Pauli elegantissima in *l. rem alienam, in fi.
sup. de pigner. act.* Utilis actio bifariam accipitur ab hoc
titulo. Uno modo, pro actione hypothecaria directa,
quæ & Serviana dicitur & quasi Serviana & utilis Serviana, & nonnumquam pigneratitia: utilis, inquam,
actio hypothecaria, pro hypothecaria directa: quæ tamen ipsa
actio omnino comparatur actioni Servianæ: quæ directo competit locatori tantum, de rebus coloni pignori
obligatis pro mercedibus fundi, ad cujus exemplum
actio hypothecaria datur cuilibet creditori hypothecario: & comparata actio hypothecaria actioni Servianæ,
quæ locatori tantum datur, est utilis Serviana, vel quasi

Serviana, ut in *§. cum prædium inf. h. l.* Altero modo
utilis actio accipitur pro utili hypothecaria, ut in primo
responso conjuncta *l. cum rei, C. si res alien. pign. data sit.*
Denique hypothecaria collata cum Serviana, utilis est
collata cum utili hypothecaria, directa: potest ad exemplum utilis actionis, quæ & ipsa datur ad exemplum directæ, formari alia actio utilis, id est, actionis utilis: actio
utilis, ut Publiciana actio est utilis, quæ datur ad exemplum directæ vindicationis, *l. in honorariis, inf. de obligat.
& action.* Est tamen quædam Publiciana utilis, id est,
quasi Publiciana, *l. nec quasi, de rei vindic.* & collata quidem Publiciana cum directa vindicatione, utilis vindicatio est: collata cum utili Publiciana, directa est.
  Scienti autem creditori, ut ad responsum redeam, rem
esse alienam, quam debitor pignori opponebat, re postea facta in bonis debitoris, Papinianus ait, vix prætorem daturum utilem hypothecariam, si pignus creditor non possideat. Et facilius, si creditor possideat eam
rem, daturum retentionem rei, beneficio exceptionis
doli mali adversus debitorem agentem directa vindicatione, qua dominium petitur, quod postea adquisivit.
Et similem casum, quo pignoris retentio est, non persecutio per hypothecariam dabit paulo post *l. 1. quæ est ex
eod. lib. inf. quib. mod. pign. vel hypoth. solv. sup. de obligat.
l. 1. C. etiam ob chirog. pec. pign. ret.* ex qua pignoris ex
alia causa obligati etiam ob chirographariam pecuniam
retentio est, non etiam persecutio, id est, actio hypothecaria; facilius datur retentio quam persecutio. Hanc
autem sententiam Papin. ut rei alienæ, quam debitor
pignori opposuit, quæ obligatio jure non consistit, postea dominio debitori quæsito, creditori maxime ignoranti detur utilis hypothecaria, nedum retentio, difficile scienti, hanc, inquam, sententiam Papiniani nostri
comprobat etiam Paulus in *l. rem alienam, sup. de pigner.
act.* reddita ratione, quam exposui ante. Verum idem
non admittit Paulus isto casu, si res aliena pignori frustra obligata a debitore sine voluntate domini, postea
ejus rei dominus debitori heres extiterit. Hoc enim casu, Paulus ait, non videri pignus convalescere, nec
ignoranti creditori dari utilem hypothecariam, aut
agenti creditori probe & merito resistere dominum, qui
pignerationem rei suæ non consensit. At in proposito casu debitor ipse pignori consensit, sive pigneravit rem ipsam, cujus postea dominus effectus est: atque adeo improbe resisteret, quo minus rata habeatur pigneratio,
quam ipse fecit. Ergo Paulus differentiam facit inter
hunc & illum casum, & adfert illam rationem differentiæ quam notavi. Verum animadvertendum est postea
libris differentiarum, ea ipsa differentia exposita, quam
Paulus tradit in *d. l. rem alienam*, Modestinum (qui longe fuit post Paulum: nam ad ætatem pervenit Gordiano-
rum) docere in *l. si Titio, hoc tit.* idem obtinuisse tandem,
& hoc posteriore casu, domino rei succedente debitori: atque isto utroque casu pignus, non directo quidem
convalescere, ut ait *d. lex si Titio*, sed dari creditori
utilem hypothecariam, utilem pignerationem, hoc est,
utiliter convalescere: nec sine ratione postea obtinuit
idem hoc posteriore casu, quia æquum est herede facere ratum, quod defunctus gessit, quamvis id gesserit
sine sua voluntate, *l. 3. C. de reb. alien. l. si ab eo, C. de lib.
caus.* Postremo quod in specie, de qua tractat Papinian. in hoc primo responso, ait, facile dari creditori
retentionem rei, tam scienti quam ignoranti, ei nihil
obstat *lex cum vitiose, inf. hoc tit.* quæ ait, pignore vitiose vel inutiliter contracto retentioni pignoris locum
non esse, etiam, inquit, si bona creditoris ad fiscum pertineant, quoniam ea lex de pignore est accipienda, quod
ex post facto non convaluit tuitione Prætoris, ut de
fundo dotali, quod exemplum est appositissimum, quem
maritus obligavit contra *l. Juliam*, cujus pignoris nec
retentio est, etiamsi bona debitoris, ad fiscum videtur
legendum in *l. cum vitiose, ex l. 2. de fundo dot.* ad fiscum
pertineant, qui semper est locuples, & semper est solvendo, vel *bona creditoris*, non est locus retentioni, quia

pignoris causa vitiosa permansit. At in hoc responso agitur de pignore, quod ex æquitate convaluisse intelligitur, cujus retentio est, & non retentio tantum, sed etiam persecutio maxime ignoranti creditori. Ait Modestinus in *l. cum vitiosæ*, quæ pro regula est, quoniam est ex libro Regularum, *cum vitiose vel inutiliter contractus pignoris intercedat, retentioni locum non esse*, hæc est regula, quam amplificat subjiciens, *nec si bona creditoris ad fiscum pertineant*: & nullo verbo immutato breviter sensus hic est: Pignore vitiose vel inutiliter contracto, neque persecutionem, quod est certissimum, neque retentionem pignoris creditori esse, neque fisco, qui creditori successit: creditore forte damnato in metallum, aut deportato, hoc est fiscum jure suo quodam proprio non retinere pignus, quod privatus creditor, cui successit vitiose contraxit, nec retinere potuit, sed fiscum uti jure privati creditoris, quod congruit cum *l. 6. in pr. ff. de jure fisci*, & *l. 2. de fundo dot. l. 1. §. 1. ff. quib. mod. pign. vel hypoth. solv.* Vitiose autem contrahitur pignus, ut puta, si prædium dotale pignori detur contra legem Juliam, ut si res pupilli aut adolescentis pignori detur sine decreto contra orationem D. Severi, vel si quæ res pignori detur supra modum legitimæ usuræ contra legem Gabiniam, *l. 4. inf. de naut. fœn. l. præti, C. mand.* Inutiliter autem contrahitur pignus, ut puta si res aliena pignori detur, vel res litigiosa: hoc modo creditor repellitur exceptione litigiosi, *l. 1. §. ult. ff. quæ res pign. oblig. poss.* vel hac exceptione, *quod ea res in bonis debitoris numerata pecuniæ tempore non fuerit*, ut *l. 3. h. tit. l. qui prædium, C. si aliena res pign. data sit*. Priore casu, quum pignus datum est contra legem, creditor repellitur ipso jure, lex vitiosum pignus facit, excepto justa, inutile & inefficax, & neque vitiosi, neque inutilis pignoris retentio est cuiquam, ac ne fisco quidem, nisi ex causa interveniente prætore, quasi quodammodo convaluerit. Et ita explicanda est *l. cum vitiosæ*. Veniamus ad secundum responsum hujus legis.

### Ad §. Servo,

*Servo pignori dato, peculium ejus creditor, citra conventionem specialiter super eo conceptam, frustra distrahit. Nec interest quando servus domino peculium adquisierat.*

IN secundo responso legis primæ ostenditur, servo a domino pignori obligato, non videri etiam pigneratum peculium servi, nisi ita actum sit nominatim; & ideo non posse distrahi peculium a creditore; servum posse distrahi jure pignoris, nec quicquam interesse, peculium id domino adquisitum sit, antequam servum pignori obligaret, an postea; nam quoquo tempore adquisitum sit, pignori non tenetur, nisi ex manifesta alia conventione. Denique peculium non sequitur creditorem, cui servus pigneratur, sicut nec legatarium, cui servus legatur tantum, *l. si legatus, ff. de pecul. leg.* nec emptorem, *l. quotiens, de contrah. empt.* & in fructibus fundi pignerati aliud dicimus, quam in peculio servi pignerati: nam fructus fundi pignerati tacite pignori esse creduntur, si modo percepti sint a debitore, vel herede ejus, *l. 3. C. in quibus caus. pign. vel hypoth.* pro qua *l. in §. seq.* Accursius adducit male *l. in prædiis, inf. eod. tit.* quæ lex non est de fructibus fundi pignerati, sed de fructibus fundi locati. Itemque partus editi ex ancilla pignerata, tacite pignori esse creduntur, si dominium eorum ad debitorem pervenerit, vel heredem ejus, *l. Paulus, §. 1. ff. hoc tit.*, *l. 1. C. de part. pignor.* At peculium servi pignerati tacite, non intelligitur esse pignori obligatum. Et ratio hæc est, quia fructus vel partus, ex re ipsa, quæ pignerata est, natura proveniunt & nascuntur. Peculium non nascitur ex servo ipso, sed ex industria ejus, vel negotiatione, vel adventitio lucro, & peculium res separata est a servo, nec accessio quidem est servi: ne huc dixeris, nisi quum servus pigneratur, aut venditur, aut legatur cum peculio: tum accessionis lo-
Tom. IV.

cum obtinet, *l. 2. ff. de pecul. leg. l. 2. ff. de pen. leg.* At si sine peculio legetur, pigneretur, aut vendatur, sane falsum est, peculium esse accessionem servi: quod tamen hoc loco Angelus imprudenter admittit, & adstruit, alioquin semper peculium sequeretur suum venditum, aut pigneratum, *l. libertorum, §. ult. de leg. 3.* Sequitur tertium responsum.

### Ad §. Cum Prædium.

*Cum prædium pignori daretur, nominatim ut fructus quoque pignori essent convenit: eos consumptos bona fide emptor utili Serviana restituere non cogetur: pignoris etenim causam nec usucapione perimi placuit, quoniam quæstio pignoris ab intentione dominii separatur: quod in fructibus dissimile est, qui nunquam debitoris fuerant.*

PRoponitur in specie hujus §. fundum simul ac fructus, qui ex fundo nascerentur, fuisse pignori obligatos: quæ conventio non est supervacua, quia non sunt fructus omnes fundi tacite pignerati, ut a conventio non intervenerit, sed si tantum, ut dixi in secundo responso, qui percipiuntur a debitore, vel herede ejus, quia perceptione facti sunt in bonis debitoris. At qui percepti sunt ab alio, veluti a bonæ fidei emptore, cui debitor vel alius fundum creditori obligatum distraxit; non sunt pignori, nisi ex conventione expressa; At quemadmodum hoc loco proponitur, ubi conventio expressa intercessit, ut fructus fundi pignerati & ipsi pignori essent, si sint percepti ab emptore bonæ fidei, cui debitor vel alius fundum vendidit, ita distinguendum est: Aut ii fructus, quos percepit bonæ fidei emptor extant, aut consumpti sunt, si extant, eos simul ac fundum emptor creditori acquirenti utili Serviana, id est, hypothecaria restituere cogitur, *l. si fundus, §. in vendit. in fi. inf. hoc tit.* maxime, ut ait, si fundus credito non sufficiat, si minoris sit fundus, quam id quod debetur creditori, cum etiam fructus creditori restituendi sunt, & veniunt fructus extantes in actionem hypothecariam, quia & ipsi fructus nominatim pignerati sunt creditori, ut proponitur: & licet nunquam in bonis debitoris fuerint, tamen ex fundo nati sunt, qui in bonis debitoris fuit: sed si consumpti sunt, puta, si eos emptor consumpserit, non tenetur creditori actione hypothecaria eos fructus restituere, eorumve æstimationem. Qui bonæ fidei emptor est, fructus perfecte & ad plenum suos facit consumptione *l. quæsitum, in fine, de adquir. rer. dom. l. sequitur, §. lana, de usurp. & usuc. §. si quis a non domina, Instit. de rer. divis.* Consumptio plenum dominium tribuit bonæ fidei possessori: extantium non est plenus dominus, quia vindicari a domino possunt, *l. certum, C. de rei vindic.* Consumptorum autem nulla repetitio vel actio est in bonæ fidei possessorem: ex quo sequitur consumptione adquisito dominio fructuum, perimi pignus, quo fructus tenebantur obnoxii ex conventione expressa, quia eorum nomine creditori nulla superest actio hypothecaria. Inane est pignus, cujus nulla est actio. Atqui huic sententiæ, quamvis sit verissima, objicit Papinianus, quod vulgo dicitur, usucapione, quæ est etiam species acquisitionis dominii pignus non perimi, cur tamen perimitur consumptione, inquit? Quærit rationem differentiæ: nam differentia negari non potest. Consumptione fructuum pignus perimitur: usucapione fundi pignus non perimitur, neque conventionale, neque prætorium, *l. justo, §. non mutat, ff. de usurp. & usucapion. l. usucapio, C. de pignorib. l. missio, ff. pro. empt. l. 2. ff. pro hær.* Pignus prætorium neque interpellat usucapionem, neque interpellatur, aut perimitur usucapione. Eademque est ratio conventionalis pignoris: ideoque creditori usucapto fundo pignerato, vel qua alia ex integra est actio hypothecaria adversus eum, qui usucepit. Perimitur quidem pignus, & actio hypothecaria præscriptione longi temporis, vel longissimi adversus omnes, *l. creditor, ff. de diversis tempor.*

*tempor. præscript. l. 7. & ult. C. de obligat. & action. l. 19. C. de evict. l. 1. & 2. C. si adv. cred.* sed non etiam perimitur usucapione anni in mobilibus, aut biennii in immobilibus, quod fuit usucapionis tempus legitimum ex XII. tab. quod sequuti sunt semper in Rep. usque ad Justinianum. Dominium, id est, proprietas adquiritur usucapione, non liberatio pignoris, quia res usucapitur & alienatur alio quoque modo cum sua causa : dominium a pignore sejunctum & separatum est ; itemque ab usufructu, vel alio jure, quod rei cohæreat, *l. locum,* §. *pen. de usufr. d.* §. *non mutat.* Vis videre, quam jus pignoris, vel jus ususfructus, vel aliud jus, quod rei cohæreat, sit sejunctum a jure dominii? fieri potest, & sit plerumque, ut in eadem re unus habeat jus dominii, alter jus pignoris, vel ususfructus, vel emphyteuseos, vel superficiei : nulla igitur dominium cum hisce juribus societate conjungitur : & aliud juris est in legato operarum servi, quod usucapito servo perimitur, *l. 2. de usufr. leg.* quod ad hoc responsum notat Accursius subsistens in ratione reddenda, quæ talis est : qui legatum operarum servi debuit, non servus, sed heres quasi dominus ; & debere desiit igitur amisso dominio servi, puta usucapto servo, nec porro is debet legatum operarum, qui servum usucepit, quia ab eo legatum relictum non est. Usumfructum non debet dominus, sed fundus vel res, in qua ususfructus constitutus est. Quamobrem nec mutatione dominii, sed mutatione rei, ususfructus perimitur, & pignus similiter, quia rei cohæret, *l. sicut, in princ. ff. quib. mod. pign. vel hypot. sol.* Verum adnotandum est ad hæc, hodie usucapione transformata a Justiniano, & prolata in longius tempus, juri antiquo consequens esse, rerum immobilium pignus perimi usucapione Justiniana, quia hodie non completur usucapio rerum immobilium nisi longo tempore, id est, decem annis inter præsentes, & 20. inter absentes, quo etiam perimitur pignoris causa rerum etiam mobilium usucapione, quæ hodie est triennii : olim ante justinian. fuit anni, & cujus juris vetustissimi etiam vestigium remansit in *l. cum sponsus,* §. *pen. de Pub. in rem act.* illo loco, nondum anniculo: rerum, inquam, mobilium usucapione Justiniana, contra quam Accurs. sentiat etiam hodie perimi etiam pigneratiorum hisce rationibus : nam præscriptionem longi temporis, quæ hodie usucapio est, invenio requiri tantum in rebus immobilibus ad tollendam actionem hypothecariam, non in mobilibus : & par est atque conveniens productionem temporis factam a Justiniano, qua omnium rerum usucapionem produxit in longum tempus, eandem vim habere in mobilibus, quam immobilibus, ut & directam vindicationem perimat, & hypothecariam, ac si jure veteri (quod est verisimile obtinuisse) etiam rerum mobilium pignus perimeret præscriptio triennii. Secundum hæc autem quæ diximus, Papinianus, hoc loco statuit, consumptione fructuum pignus extingui, quamvis & eo genere bonæ fidei possessor usucapione fructuum adquirat, usucapione tamen prædii pignus non extingui, reddita ratione differentiæ hujusmodi, quia facilius dominii adquisitione perimitur pignus fructuum perceptorum ab alio, qui nunquam fuerint debitoris, quam pignus prædii, quod fuit semper in bonis debitoris. Et hæc est sententia hujus responsi, ad quod multa quærit Accurs. sed ex eis jam enarrato hujus responsi multa profligavit, Restant quædam quæstiones Accurs. ad hoc responsum, de quibus tractabimus die proxima. Ex tertio responso, quod est in *l. 1. de pign.* intellexinus, fundo & fructibus, qui ex eo nascerentur, nominatim pignori obligatis, fructus perceptos a bonæ fidei emptore, si extent venire in actionem hypothecariam, si consumpti sint, non venire. Consumptione perimi pignus fructuum, quasi infirmius, quod fructus illi nunquam fuerint in bonis debitoris. Usucapione tamen, quæ non minus perficit dominium fundi, quam consumptio dominium fructuum, non perimi pignus fundi, quia semper fundus fuit in bonis debitoris, & firmius est in

fundo jus pignoris, quam in fructibus. Ad hæc duæ ab Accursio quæstiones proponuntur.

Prima quæstio Accurs. hæc est. Usucapto fundo si creditor ab eo, qui usucepit actione hypothecaria fundum avocaverit, ut potest, quia pignus non est peremptum usucapione, an creditor debitori offerenti pecuniam debitam, teneatur actione pigneratitia, quæ de pignore restituendo datur, ut restituatur debitori absoluto creditore? Movet dubitationem, quia pignus desiit esse in bonis debitoris, & usucapione factus est alterius ; neque tamen ideo debitori si offerat debitum, deneganda est actio pigneratitia : nam etsi ab initio debitor in causam pignoris rem alienam tradidisset, vel si rem alienam à debitore pignori oppositam, creditor per injuriam & sordes, vel per errorem judicis domino abstulisset, edita actione hypothecaria, quamvis pignoris obligatio non consistat, tamen soluta omni pecunia debita, debitori adversus creditorem competeret actio pigneratitia, ut est proditum in *l. 9.* §. *pen. sup. de pign. act. l. rescriptum,* §. *pen. ff. de distr. pign.* Et si hoc ita procedit, cum pignus non consistit, puta, re aliena pignori data, & multo magis, quum pignus consistit, puta, re sua pignori data, quæ postea usucapta sit : nam quodcunque per obligationis occasionem evenit, quodcunque per occasionem contingit obligationis qualis qualis, justæ, vel injustæ a debitore interpositæ, id æquius est debitori, quam creditori proficere, *d. l. rescriptum,* §. 1. *arg. l. is qui alienum, ff. de solut. & l. qui alienam, in princ. de evict.* nec quidquam interest debitor mala, an bona fide rem alienam quasi pignori dederit : nam & prædoni, id est, malæ fidei possessori, & furi datur actio pigneratitia soluto debito, *l. si pignore,* §. *si prædo, sup. de pign. act.* sicut datur etiam prædoni, & furi commodati actio, quia & interest ejus, eo quod domino tenetur, *l. commodare, & l. seq. sup. commod. l. 1.* §. *si prædo, ff. depos.* quas etiam Accurs. addit hoc loco. Et ita explicita est prima quæstio. Altera quæstio Accursii hæc est, an restituta re pignerata debitori per actionem pigneratitiam ei, qui eam rem usucepit, ulla sit actio cum debitore, qui rem recuperavit? Et constat esse in rem actionem, usucapio parit in rem actionem, & locupletat eum, qui usucepit cum damno alterius, *l. 18. conjuncta l. seq. sup. ex quib. cau. major.* Ergo frustra rem a creditore repetierit debitor actione pigneratitia omni pecunia soluta, si postea dominus, id est, qui eam rem usucepit, eam a debitore jure suo vindicet? Sane ita est, frustra repetierit rem pigneratitio judicio, si is, qui usucepit jure suo uti velit : neque enim ullo remedio potest se debitor tueri adversus eum, qui rem usucepit : non si forte creditor in accipienda pecunia debitoris, debitori cessit actione hypothecaria. Hoc remedium non est idoneum, quia, ut & Accursius animadvertit, inutilis ea cessio est: nec enim, ut & idem Accursius præcidit in *l. ult. C. de hered. vel act. vend.* cedi potest actio hypothecaria sine principali, nec nisi omni jure solvimus cesso, ut in *l. pen. inf. de distract. pign. l. emptori, sup. de heredit. vend.* Competere quidem potest actio hypothecaria quibusdam casibus ei, qui desiit habere personalem, ut in *l. 1. & 2. C. de luit. pign. & l. debitor, ff. ad Trebell.* sed non potest cedi, aut competere actio hypothecaria ei, qui nunquam habuit in seipsum, nec cedi ei potest utiliter quoniam cessione confunderetur, eodem & debitore, & creditore constituto ejusdem pecuniæ : ergo & hypothecaria eidem debitori utiliter cedi non potest. Nec obstat *lex in creditore, ff. de evict.* quoniam in ea *l.* actio personalis non ceditur debitori, sed emptori pignoris, non proponam speciem, quoniam est apertissima. Nihil etiam obstat *l. mulier, ff. qui pot. in pign.* cujus species necessario exponenda est . Mulier marito dedit fundum suum in pignus, quem creditori pigneraverat : post mortuam uxori in matrimonio ex testamento heredes exiterunt maritus & liberi, ex eo & ex alio marito nati : creditor actione hypothecaria vindicat fundum a marito, qui eum juste possidet ex causa dotis, quo-

quoniam præmortua uxore dotem lucratur, & adventitiam & profectitiam, si pater non sit; & creditori vindicanti fundum actione hypothecaria maritus offert pecuniam debitam: oblatione debiti creditor removetur a vindicatione pignoris, ab actione hypothecaria, & removeretur etiam offerente injusto possessore, *l. Paulus*, §.*ult.inf.quib.mod.pign.vel hypoth.solv.* quæ est conjungenda cum *d.l.mulier*. Non tamen injustus possessor offerendo pecuniam, creditorem etiam cogere potest, ut sibi cedat jus nominis, injustus possessor creditorem removere potest a vindicatione pignoris, cogere non potest ad cessionem nominis, quia qui injuste possidet cessionarius, vel procurator in rem suam justus esse non potest: maritus est justus possessor, prædo non juste possidet: at maritus quia justus possessor est, & paulo prius dixi, creditorem compellere potest, ut sibi cedat jus nominis, non tantum ut recedat a pignore, sed etiam ut sibi cedat jus nominis, personalem actionem scilicet, quia cum maritus sit morte uxoris factus dominus fundi dotalis, consequenter non potest ei in suo fundo cedi jus pignoris: res mea non potest mihi esse pignori, *l. neque pignus, de reg.jur.* At recte marito ceditur actio personalis adversus coheredes, id est, liberos ex se & alio natos: ceditur marito, fateor. Sed ut respondeam, quum marito ceditur, non ceditur debitori in solidum, sed debitori pro parte tantum hereditaria, atque adeo non ceditur pro sua parte, pro qua cessio inutilis esset ratione confusionis, sed ceditur actio personalis pro partibus coheredum, & recte. Præterea notandum est, non posse etiam adversus usucapionem debitorem eo se remedio tueri, quod protulit Accursius hoc loco, nec Bartolus probat, videlicet, si debitor creditori rem pigneratam dederit in solutum, quia hoc modo debitor rem gesserit domini, id est, ejus qui susceprit potius, quam creditoris vel suam: nam actionem utilem negotiorum gestorum de pretio in se domino paraverit, si dominus ratam faciat dationem in solutum, *l.3.C. de neg.gest.* Est enim datio in solutum similis emptioni & venditioni, vel dominus ratam non faciat dationem in solutum, ei in creditorem paraverit efficacem in rem actionem pignore dato in solutum, creditore jam non possidente jure pignoris, sed titulo pro soluto: ac proinde sublato jure pignoris, etiam rei alienæ datio in solutum, sicut venditio, valet, & alio jure est solutio, alio datio in solutum. Solutio rei, pecuniæve alienæ non valet nec liberat debitorem pristina actione, *l.etiam, l.qui sibi, de solut.* datio in solutum liberat pristina actione, etiam si res aliena data sit, sed re evicta creditori competit actio ex empto de evict. *l.4.C.de evict.* quia datio in solutum emptioni venditioni adsimilatur. Et ita sunt definiendæ hæ duæ quæstiones Accursii.

### Ad §. Pacto.

*Pacto placuit, ut ad diem usuris non solutis, fructus hypothecarum usuris compensentur fini legitimæ usuræ, quamvis exordio minores in stipulatum venerint, non esse tamen irritam conventionem placuit, cum ad diem minore fœnore non soluto, legitimæ majores usuræ stipulanti recte promitti potuerunt.*

IN §. *pen.* proponitur hæc species; Creditor crediti nomine accepit hypothecas, & stipulatus est usuras trientes ad diem certum solvi, addito pacto, ut si debitor ad diem non solveret usuras trientes, fructus hypothecarum creditor compensaret, & retineret usque usurarum, fini tamen, ut ait, *legitimæ usuræ*, id est, centesimæ, non supra centesimam: nam & quod supra modum licitum excederet, quod centesimam excederet, pro non adjecto esset, *l.pecunia*, & *l.placuit*, *ff. de usur.* Et Papin. ait, hanc pactionem, ut minoribus usuris ad diem non solutis, fructus hypothecarum retinerentur ad finem centesimæ usuræ, qua nulla est gravior, hanc pactionem esse justam & ratam: nam stipulatio majorum usurarum sub conditione concepta, si minores, de quibus initio convenit, ad diem non solvantur, valet, ut ait, idemque repetit Papinian. hoc ipso libro in *l.pecunia*, & §. 1. *inf.de usur.* si rata est illa stipulatio, rata quoque est, quæ ei similis est pactio superior: & quamvis non sit pactio, quæ ex pactione petitio usurarum erit tamen retentio hypothecarum, sive fructuum ad finem legitimæ usuræ, ut *l.per retentionem 4. & l.pignoribus, C.de usur.* Quæ est sententia h. §. Dixi, quod excedit legitimam usuram, esse inutile, & pro non adjecto haberi: & ideo pacto placuisse, ut fini tantum legitimæ usuræ fructus hypothecarum usuris compensarentur. Quid igitur si sit contracta ἀντίχρησις, ut vocatur ab auctoribus nostris, id est, ἀντὶ τῶν τόκων χρῆσις, puta, si actum sit, ut fructus hypothecarum retineantur, & compensentur in vicem usurarum, hæc conventio vocatur ἀντίχρησις, & valet jure civili, etiamsi quo anno fructus excedant finem legitimæ usuræ, propter incertum proventum fructuum, qui sæpe frustrantur dominos, *l. si ea lege, C. de usur.* Verum in specie proposita non est contracta ἀντίχρησις, ut fructus in vicem usurarum perciperentur, nullis ante usuris in stipulationem deductis, quo genere ἀντίχρησις contrahitur, sed actum est, ut in vicem usurarum, quæ in stipulationem deductæ erant, si non solverentur ad diem, fructus retinerentur ad finem legitimæ usuræ, quæ res indicat, animum fuisse creditoris contrahendi fœnoris, non contrahendæ ἀντίχρησις, quia quum ἀντίχρησις contrahitur, nulla usuræ specialiter in stipulationem deducuntur.

### Ad §. Ultinum.

*Cum prædium uxor viro donasset, idque prædium vir pignori dedisset, post divortium mulier possessionem prædii sui recuperavit, & idem prædium ob debitum viri pignori dedit. In ea duntaxat pecunia recte pignus a muliere contractum apparuit, quam offerre viro debuit meliore prædio facto, scilicet si majores sumptus quam fructus fuissent, quos vir ex prædio percepit. Etenim in ea quantitate proprium mulier negotium gessisse, non alienum suscepisse videtur.*

IN §. *ult.* proponitur: uxor prædium viro donavit, idque vir creditori suo pignori dedit: donatio prædii non valet, quæ facta est constante matrimonio. Ergo nec pignus valet, quia res alienæ pignus nullum est. At finge, divortio facto mulier prædium vindicavit, utpote neque donatione valente, neque pignore, *l. si sponsus, §. ult. & l. si sponsus, ff. de donat. int. vir. & uxor.* Et rursus mulier ipsa idem prædium ob debitum viri, a quo diverterat, pignori obligavit. Intercessit igitur pro marito: nam datio pignoris intercessionem facit, *l. quamvis in pr. sup. ad Vellejan. l. 4. C. eod. tit.* Sed finge rursus, marito debere mulierem sumptus meliorati prædii, quos vir fecit in prædium, quamdiu eo fruitus est, ut prædium faceret melius & luculentius. Finge igitur, mulierem debere marito meliorationes, ut loquimur, prædii donati, quod ipsa revocavit, forte quia ii sumptus longe exuperant fructus a viro ex prædio perceptos. Et hoc casu compensata concurrente quantitate fructuum perceptorum, & meliorationum factarum in prædium, in superfluo sumptuum, quod viro mulier debet, consistit pignus prædii constitutum a muliere propter debitum viri: neque pro ea quantitate, id est, pro superfluo sumptuum pignus infirmatur Senatusconsulto Vellejano, quia in ea quantitate mulier non intelligitur intercessisse pro marito, sed suum negotium gessisse, quia erat obligata marito, ut in *l. si mulieri dederim, sup. ad Senatusc. Vellejan.* Illud maxime notandum est, sumptus meliorati prædii uxori, quæ prædium donatum revocat, reputari utiles scilicet, vel necessarios, ut in *l. sed si vir, §. si vir, de donat. inter vir.*

viz. & uxor. *l. sin autem*, §. *pen. in fin, ff. de rei vind.* ficut eos quoque sumptus conductor reputat locatori, *l. pen. sup. loc.* & bonæ fidei emptor venditori, *d. l. sin autem*, §. *pen. l. si prædium*, *C. de præd. minor.* non etiam malæ fidei emptor, *l. 3. & ult.* §. *pen, C. comm. de leg.* Sumptus ergo meliorationum non reputari uxori, sed compensari, ut ait, cum fructibus a marito medio tempore perceptis: nam fructus ex prædio donato suis operis adquisitos maritus sane suos facit, *l. fructus, ff. de usur.* sed compensat cum meliorationibus. Qua in re hic §. maxime notandus est.

### Ad L. III. Qui pot. in pign. hab.

*Creditor acceptis pignoribus, quæ secunda conventione secundus creditor accepit novatione postea facta, pignora prioribus addidit. Superioris temporis ordinem manere, primo creditori placuit, tanquam in suum locum succedenti.*

TRia sunt responsa in hac *l.3.* quæ explicabimus, & primi quidem species est hujusmodi: Fundum Tusculanum meum Titio primum, qui mihi crediderat centum aureos, in eam summam obligavi; deinde eundem fundum obligavi Cajo secundo creditori; post novata obligatione, qua tenebar Titio, aliis centum aureis mihi ab eo creditis, & utraque pecunia cumulata in eandem summam & obligationem, eidem Titio eundem fundum Tusculanum cum aliis quibusdam fundis pignori obligavi, auxi posteriorem obligationem quantitate debiti, & additis aliis pignoribus; verum seci hanc novationem post obligationem contractam cum Cajo, ut Cajus videatur esse prior in causa pignoris fundi Tusculani. Quæritur, in distractione & persecutione fundi Tusculani, tam Cajo, quam Titio obligati, an Cajo Titius potior sit? Quod prima facie non videtur, quia tametsi exordio Titius fuerit prior in hypotheca fundi Tusculani, postea tamen cœpit esse posterior novatione facta. Et tamen aliud Papiniani judicium est, qui respondet, Titium esse potiorem in fundo Tusculano, quasi novatione facta mutaret obligationem tantum, aucta quantitate debiti, & additis aliis pignoribus, non etiam locum & ordinem suum, non privilegium prærogativamque sui temporis: Quod attinet ad causam fundi Tusculani pro primis centum aureis obligati, quia, ut ait, in ejus pignoris causa, in suum ordinem & locum Titius successisse intelligitur, id est, in priorem locum; aut nova obligatione locum pristinum non amisit, vel amissum mox recepisse. Et hæc est Papiniani sententia, quam ex hoc ipso libro Marcianus refert in *l. 12.* §. *Papiniani. hoc tit.* hoc addito ex eodem responso, quod hoc loco relictum est imperfectum, Posteriore creditore, id est, Cajo non offerente pecuniam debitam Titio, nec hac ratione succedente loco Titii, sibique confirmante pignus, Titium jure suo posse, distrahere fundum Tusculanum. Ut primam tantum pecuniam, quod maxime notandum, expensam ferat, id est, prima centum, quæ mihi credidit, antequam eundem fundum obligarem Cajo, non etiam secundam pecuniam, id est, alia centum, quæ postea credidit mihi: quoniam in prima tantum pecunia jure hypothecæ persequenda, non in secunda, Cajo Titius præfertur. Itaque si Titius ex distractione, vel venditione fundi Tusculani redegerit 120. debet centum expensa ferre, quasi a se mihi credita primum, & 20. quæ supersunt restituere Cajo secundo creditori. Qua actione vero? Non conditione ex lege, non officio judicis, non actione in factum, ut incertus, & hæsitans Accurs. tradit, sed utili hypothecaria, quasi superfluo, id est, eo, quod plus esset in pretio fundi Tusculani Cajo obligati, cui idem fundus pigneratus est, ut in *l. pen. hoc tit.* ubi illud superfluum eleganti nomine appellatur *hyperocha*, *la plus value*. Igitur illa 20. quæ supersunt, persequetur Cajus actione hypo-

thecaria, quasi ὑπεροχὴν fundi sibi obligati. Nec ab hac sententia discrepat, quod ex eodem Papin. proponitur in *l.t. sit. seq.* Nam & in ejus *l.* specie fundo specialiter Titio obligato in centum, deinde Cajo generaliter omnibus bonis, ac postea novatione facta etiam Titio obligatis omnibus bonis, ob alium, vel ob eundem contractum, Titius jure suo eum fundum vendere potest, & ex pretio ferre centum duntaxat: superfluum si quod sit, servare Cajo, cui cetera bona omnia pignerata sunt prius quam sibi, & lex ea tantum tractat de venditione ceterorum bonorum a Titio non jure facta, quæ bona Cajus a quocumque possessore persequi potest actione hypothecaria: nullam vero in personam actionem habet in Titium eo nomine, puta quod cetera bona non jure vendiderit, Et hæc tantum pertinent ad primum responsum.

### Ad §. Cum ex causa.

*Cum ex causa mandati prædium Titio cui negotium fuerat gestum, deberetur priusquam ei possessio traderetur, id pignori dedit: post traditam possessionem idem prædium alii denuo pignori dedit: prioris causam esse potiorem apparuit, si non creditor secundus pretium ei, qui negotium gesserat, solvisset. Verum in ea quantitate quam solvisset, ejusque usuris, potiorem fore constaret: nisi forte prior ei pecuniam offerat: quod si debitor aliunde pecuniam solvisset, priorem præferendum.*

SEcundi responsi species hæc est: mandavi tibi, ut prædium mihi emeres: emisti, & tibi traditum est tuo, non meo nomine: si meo nomine, meum esset effectum, *l. si procurator, ff. de adquir. rer. dom. l. qui mihi, ff. de donat.* At quia tuo nomine tibi traditum est, traditione factum est tuum, non meum, sed tu id mihi ex causa mandati tradere debes, & cum tradideris, tunc fiet meum, *l. res, ff. de adquir. rer. dom. l. 2. C. de iis, qui a non dom. manum. sunt.* verum antequam traderes, id ego prædium Titio pignori dedi, id est, pacto obligavi, non dedi re ipsa, id est, non tradidi, & ita, pignori dare, sæpe accipitur in jure nostro, sicut in dotem dare, dandi verbo demonstrato placito, demonstrata conventione, non traditione corporali. Ergo prædium, quod mandatu meo emisti, antequam id mihi tradidisses pignori obligavi, & valet obligatio, quia prædium, etsi nondum sit meum ex tamen mihi debitum ex causa mandati, *l. 1. in pr. sup. de pignor.* At finge: postea tu mihi prædium, quod emeras, quodque jam Titio pigneraveram, tradidisti, & post traditionem idem ego prædium Cajo denuo pignori dedi, & tradidi; Quæritur, quis in eo prædio jure hypothecæ sit potior, Titius, an Cajus? movet quæstionem, quod Cajo priori pignus tradidi, Titius, prior est conventione, Cajus traditione; & constat, quamvis Cajo priori res tradita sit, Titium ei præferri, cui conventa, non tradita fuit, *l. 12. §. ult. ff. hoc tit.* Et alia ratio est in venditione, si primo fundum vendidero, secundo vendidero & tradidero, hoc casu secundus est potior, quia traditio tunc fecit dominium rei venditæ, *l. qui tibi, C. de hered. vendit.* In pignore autem traditio nihil facit, nihil adjicit, nec eo quicquam magis augetur jus pignoris, sed melius semper jus ejus est, potentiusque cui prior res pacto obligata est, ex quo pacto nascitur actio jure prætorio: est pactum legitimum: melius, inquam, semper est jus ejus, cui priori res pacto obligata est, licet tradita non sit, traditio non auget jus pignoris. Verum quod ait Papin. hoc loco: In pignore privilegia temporis Titium fore potiorem, hoc, quemadmodum idem explicat subtiliter, ita procedit, si tu, qui prædium mihi emisti mandato meo pretium venditori solvisti ex tuis vel alienis nummis: nam si pretium solvisti ex nummis Caji, quos scilicet Cajus mihi credidit sub pignore ejusdem prædii, ut ex ejus nummis venditori solveretur pretium, hoc

hoc casu certum est Cajum in ea pecunia & usuris medii temporis esse potiorem, quia ejus pecunia prædium comparatum sit, idemque prædium eo nomine ei specialiter pignori nexum, ut in *l. licet, C. qui pot. in pign. l. 12. C. de pign. l. 5. §. plane, sup. de trib. act. l. potior, hoc tit. in pr. & Nov. 97.* Hoc igitur casu Cajum præferri Titio, *nisi*, ut subjicit, *Titius Cajo eam pecuniam offerat.* Hoc enim modo Titius succedit in locum Caji, & sibi confirmat pignus. Et hæc est sententia hujus responsi ab Accursio non intellecta, qui fingit me procuratori, cui mandavi, ut prædium emeret, idem prædium pignerasse, quod lex nullo modo dicit, vel subjicit. Item fingit, procuratorem pretium prædii solvisse de suo, cum lex dicat, id solvisse, hoc est, *numerasse*: sæpissime, *solvere*, pro *numerare*, & contra, *numerare*, pro *solvere*: cum, inquam, lex dicat, pretium solvisse, id est, numerasse, secundum creditorem procuratori, ut id scilicet procurator solveret venditori, non quasi debitum procuratori, cui nihil debuit quique debitor ipse tantum fuit prædii ex causa mandati ante traditionem. Quod autem statuit Accurs. dominio prædii procuratori adquisito per traditionem, procuratorem habere retentionem quasi pignoris loco quoad sibi pretium solvatur, si id dedit de suo. Id equidem facile concederem exemplo *l. Julianus, §. offerri, sup. de act. empt.* Res mea mihi non potest esse pignori, fateor: sed potest esse quasi pignori, habeo jus sit rei meæ retinendæ, secundum est, *d. §. offerri.* Sed dicerem male id Accursium colligere ex *l. 1. tit. seq.* quam adducit, quæ non loquitur de procuratore, qui rei dominium adquisivit, quem potius excludit ea lex, & secernit his verbis *citra emptionem*; sed loquitur de procuratore voluntario, qui rem amici sui suis nummis pignore liberavit, cui dat ejus rei retentionem, non persecutionem jure pignoris. Restat tertium & ultimum responsum, estque brevius.

### Ad §. Ultimum.

*Post divisionem regionibus factam inter fratres, convenit, ut si frater agri portionem pro indiviso pignori datam a creditore suo non liberasset, ex divisione quæsita partem dimidiam alter distraheret: pignus intelligi contractum existimavi, sed priorem secundo non esse priorem, quoniam secundo pignus ad eam partem directum videbatur, quam ultra partem suam frater, non consentiente socio non potuit obligare.*

FAcito, fundum esse communem inter fratres, primum & secundum, & omnia bona paterna indiviso. Primus partem suam dimidiam, quam in eo fundo habuit pro indiviso, creditori suo obligare potest, non etiam partem alteram, quam habet frater etiam pro indiviso sine voluntate socii pignerare potest. Hoc est notissimum, *l. 1. C. si commun. res pign. data sit.* Pone igitur primum obligasse partem suam pro indiviso, & postea accepto arbitro familiæ erciscundæ, vel communi dividundo, & divisione bonorum facta inter fratres consortes, certis regionibus eum fundum fratres inter se partitos ex æquo: post hanc divisionem, ne dicas eam tantum partem esse obligatam creditori primi, quæ obtigit primo, divisio non mutat causam pignoris, sicut nec usucapio, nec venditio, nec alienatio ulla; Ab initio autem ante divisionem pars fundi ejus dimidia pro indiviso creditori obligata fuit. Ergo & post divisionem eadem pars creditori pro indiviso obligata manet, quo fit, ut non tantum partis, quæ in eo fundo obtigit primo, sed etiam partis quæ obtigit secundo, pars dimidia, dimidiæ dimidia pro indiviso creditori maneat obligata : Et ita est proditum in *l. 7. §. ult. inf. quibus modis pign. vel. hypot. solv.* Et ratio hæc est, quia primus, non quam partem in fundo nunc habet, quæ certa est, & certis finibus sive regionibus circumscripta pignori obligavit, sed eam, quam tum habuit : habuit

autem tum partem etiam in fratris consortis parte, quæ nunc ei obtigit, partem pro indiviso scilicet, quæ pars incerta est, quia non potest sensibus percipi, aut digito demonstrari : sed percipitur intellectu tantum, & abstrahitur : pars pro diviso oculis percipitur, & cerni & tangi potest, pars pro indiviso nec cerni, nec tangi potest, & occupat totam rem, *l. placet, sup. quib. mod. ususf. amitt. l. 1. §. hoc interdictum uti possid.* Quamobrem proponitur in specie hujus §. in divisione fundi convenisse inter fratres, ut si primus non lueret fundi partem a creditore suo, cui eam obligavit pro indiviso, secundo ut liceret partis, quæ ex divisione obtigit primo partem dimidiam pro indiviso distrahere, permissa distractio ejus partis, quod maxime notandum, est argumentum contracti pignoris, id est permissum secundo intelligitur, ut eam partem distraheret jure pignoris, si cessaret primus in luenda parte dimidia pro diviso partis certæ, quæ obtigit secundo, quam utique debet primus ei præstare immunem & liberam, quasi obligatus de evictione : nam divisio vicem emptionis obtinet, *l. 1. C. comm. utriusq. jud.* Erit autem secundus in eo pignore potior creditore primi, quamvis creditor primi sit prior, quia scilicet, ut etiam docet in *l. 2. hujus tit.* secundus in eo pignore non tam est potior, quam solus, id est, in eo pignore creditor primi, secundo non concurrit. Denique secundus in eo est solus, quia scilicet non partem jam obligatam creditori suo primus secundo pignerasse intelligitur permissa distractione, in qua creditor est prior & potior, sed partem, quam neque pigneravit, neque pignerare potuit creditori, invito secundo fratre suo, id est, partem dimidiam pro indiviso, quæ ex divisione obtigit primo; sic hæc pactio sive conventio accipienda est, cujus argumentum præbet, quod permissa distractio est secundo : nam si diceres videri pigneratam secundo partem dimidiam pro diviso partis, quæ obtigit primo, videretur id pignus directum ad eam partem, quæ obligata est creditori primi, nec in ea potior esset secundus. Et ita explicanda est hæc lex.

### Ad L. IV. de Distract. pign.

*Cum solvendæ pecuniæ dies pacto profertur, convenisse videtur, ne prius vendendi pignoris potestas exerceatur.*

IN hac lege ostenditur, prolato die solvendæ pecuniæ pacto convento, ne pecunia, quæ debetur petatur *intra certum diem*, sive id ita convenerit ab initio, sive aliquanto post creditam pecuniam, etiam tacite prolatum videri jus vendendi pignoris in eam causam obligati, nec posse distrahi pignus ante diem solvendæ pecuniæ, quod confirmat etiam *l. 6. §. 1. quib. mod. pign. vel hypot.* Aliquid tamen interest, pactum sit perpetuum, puta, ne omnino pecunia petatur, an temporale, puta, ne petatur intra certum diem; nam si pactum sit perpetuum, id etiam pacto tacite inest, ne creditori sit persecutio pignoris, & tollitur actio hypothecaria per exceptionem pacti, *l. si tibi, §. de pignore, ff. de pact.* Actio hypothecaria nascitur ex pacto ipso jure, quasi legitimo pacto, id est, jure prætorio : non tollitur autem actio hypothecaria pacto convento ipso jure, ut actio furti, vel injuriarum ex duodecim tabulis, *d. l. si tibi, §. 1. sed opposita exceptione pacti, d. §. de pignore.* At si pactum sit temporale, quo dies solvendæ pecuniæ differatur vel proferatur, videtur tantum dilata vel prolata venditio pignoris, non etiam persecutio, quia creditoris interest pignori incumbere, ut in tuto sit creditum, *l. quæsitum, sup. de pignor.* Plus est cautionis & securitatis in pignore, quam in persona, *l. 25. de reg. jur.* in re quam in persona, *l. eos, C. de pignor. §. furti autem, Instit. de obligation. quæ ex delict.* Quamobrem, non persequendi, sed vendendi pignoris tantum potestatem

Papinianus ait hoc loco ante diem solvendæ pecuniæ exerceri non posse.

### Ad Leg. I. Quibus modis pign. vel hypothec. solvitur.

*Debitoris absentis amicus, negotia gessit, & pignora citra emptionem, pecunia sua liberavit, jus pristinum domino restitutum videtur. Igitur qui negotium gessit, utilem sibi Servianam dari non recte desiderabit, si tamen possideat, exceptione doli defenditur.*

IN hac lege sunt tria responsa; in primo ostenditur, procuratorem voluntarium, sive negotiorum gestorem, qui amici sui pignora creditoribus obligata suis nummis liberavit, jus pristinum amico restituisse, id est, pignora ita liberasse, ut nec ei eo nomine teneantur obnoxia, nec ejus propria efficiantur, sed plena & libera domino restituantur. Ideoque nec earum rerum, quas amici causa liberavit persecutionem ei dari, quasi taciti pignoris jure per actionem hypothecariam, si eas non possideat, vel si possessionem earum amiserit, sed dari retentionem tantum, si eas possideat opposita exceptione doli mali, domino eas res vindicante, quoad dominus pecuniam absolverit, qua res liberavit: habet etiam ejus pecuniæ repetendæ actionem negotiorum gestorum, *l. res, C. de pignor.* Et recte ponit Papinianus, eas res, negotiorum gestorum liberasse, retulisse, repignerasse *citra emptionem*: nam si eas emit a creditore jure suo distrahente pignora, si emit, ut extraneus quilibet, dominus rerum efficitur, & earum persecutionem habet amissa possessione, non jure pignoris, sed jure dominii directo. Et alia est causa fidejussoris, vel secundi creditoris, qui emit pignora a primo creditore, quoniam ii dominium pignorum non nanciscuntur, sed succedunt tantum in locum creditoris, a quo pignora redemerunt, quia non tam adquirendi dominii, quam in se transferendorum pignorum causa, ea pignora emisse videtur, ut *l. 2. & l. 5. §. ult. & l. 6. sup.tit.prox.l. 3. sup. qua res pign. oblig. poss.* Et habent igitur actionem hypothecariam, non directam vindicationem.

### Ad §. Cum venditor.

*Cum venditor numerata sibi parte pretii prædium, quod venierat, pignori accepisset, ac postea residuum pretium emptori litteris ad eum missis donasset, eoque defuncto donationem quibusdam modis inutilem esse constabat: jure pignoris fiscum frustra petere prædium, qui successerit in locum creditoris, apparuit, cujus pignoris solutum esse pactum prima voluntate donationis constabat, quoniam inutilem pecuniam donationem lex facit: cui non est locus in pignore liberando.*

SEcundi responsi species hæc est: prædii venditi a me & traditi pretium mihi emptor pro parte solvit, & reliqui pretii idem prædium pignori dedit: post emptori per epistolam donavi reliquum pretium, reliquam partem pretii, quo modo donationem recte fieri ostendi libro superiore ad *l. 48. de adquir. possess.* Et donatione residui pretii, cujus nomine prædium obligatum est, constat solvi pignus, solvi pactum pignoris, ut ait, & prædium liberari. At quid fiet, si post mortem meam constiterit, eam donationem quibusdam modis, rationibusve inutilem esse vel ex *l.Cincia*, quæ fuit de donationibus, vel ex constitutionibus. Facito, me donasse post contractum capitale crimen, quæ donatio sequuta condemnationem inutilis est ex constitutione Severi & Antonini, *l. post contractum, ff. de donat.* & me capitis fuisse damnatum, ac proinde fiscum mihi successisse, quod etiam hoc loco proponitur; Quæritur, an fiscus possit prædium persequi actione hypothecaria, quasi per donationem inutilem non soluto vel perempto pignore? Et Papinianus ita respondet, *jure pignoris fiscum frustra petere prædium apparuit*, id est, visum mihi est, ut in *l. 3. §. sup. qui pot. in pign.* Prioris causam potiorem esse apparuit. Cur vero fiscus frustra prædium petit jure pignoris? Cur frustra agit actione hypothecaria? quia ut declarat lex, sive constitutio Severi & Antonini, lex pro constitutione, ut in *l. tutor, sup.de pign.act.& l. lex, C. de administ. tut.* quia, lex, inquit, donationem tantum pecuniæ sive residui pretii inutilem & irritam facit, non etiam liberationem pignoris, quæ donationi inest, quia ea liberatio non nascitur ex donatione ipsa, quæ inutilis est, sed ex nuda voluntate & pactione, quæ utilis est, licet donationi inutili insit: nam etsi residui pretii donatio non valet, ut donatio, valet tamen ut nuda voluntas, nudave pactio, *l.Modestinus, ff. de donat.* sicut acceptilatio inutilis valet ut pactio, *l. an inutilis, de acceptilat.l.si unus, §.pen.de pact.l.cum emptor, de rescind.vend.* Pacto autem certum est remitti pignus, nec eam solam remissionem pignoris, quæ fit pacto, videri esse donationem, *l. 18. qua in fraud. credit.* qua ostenditur, recte virum uxori, vel contra, uxorem viro remittere pignora, quia ea remissio non intelligitur esse donatio, propterea quod integra manente principali obligatione, nihil ob eam rem ex patrimonio ejus, qui pignus remittit, abscedit, nec de suo quicquam largitur. Huic autem responso Papiniani Accursius opponit *l.debitum, C.de remiss. pign.* qua se expedire nequit: lex ait, debito remisso per inutile pactum, & debiti & pignoris remissionem nullam esse: nihil est facilius, per pactum inutile remissæ sortis non remittitur pignus, fateor: at per donationem inutilem, ut hoc loco, pignus remittitur, non donationi, quæ est inutilis, sed pacti potestate, quod non est inutile, quamvis inutili donationi insit. Et ita ad eam legem respondendum est, Glossa omni circumscripta Accursii.

### Ad §. Ultimum.

*Defensor absentis cautionem judicatum solvi præstitit: in dominum judicio postea translato, fidejussores & res judicatam, quos defensor dedit, non tenebuntur, nec pignora quæ dederunt.*

IN tertio responso & ultimo hoc proponitur: qui in judicio offerebat se ultro defensioni debitoris absentis, ante litem contestatam, ut debuit, cavit actori, judicatum solvi, datis fidejussoribus, qui & in eam causam pignora obligaverunt. Notissima est regula juris, neminem idoneum & locupletem videri defensorem esse litis alienæ sine satisfactione hujusmodi, quæ proponitur multis in locis, ut *tit.de proc.& de reg.juris.* Finge, debitore reverso pendente judicio, judicium, ut fit, omne in eum translatum esse: Papinianus definit translatione judicii defensorem & fidejussores & pignora liberari, nec posse, condemnato debitore in defensorem, vel in fidejussores committi stipulationem judicatum solvi, videlicet si actor translationem judicii factam in dominum, non ignorarit, quam ei esse significandam probat *l. si ante, ff. judicat. solvi.* Et hoc jure utimur: & hæc est sententia hujus responsi ult. Cui nihil obstat quam opponit Accursius *l. in causa, §. sed ex parte, ff. de procurat.* hoc loco loquitur Papinianus de defensore rei, qui satisdedit judicatum solvi, in quem stipulatio non committitur, si judicium translatum sit in dominum, hic autem loco agitur de procuratoris actoris, qui satis accepit, non qui satisdedit judicatum solvi, quæ stipulatio committitur postea judicio translato in dominum, & a procuratore ea stipulatio transit in dominum, hoc loco, *qui satisdedit, omne litis commodum & incommodum in dominum transfert, & se, fidejussoresque suos exonerat.* Illo etiam loco, *qui satis accepit omne litis commodum & incommodum in dominum transfert, ergo & stipulationem judicatum solvi, sibi a reo factam, in judi-*

judicio in rem. Nulla igitur repugnantia est; nihil est apertius. Potest autem alia differentia constitui inter procuratorem sive defensorem rei, & procuratorem actoris, ex d. l. si ante, quae est de procuratore rei, & ex l. Julianus, sup. qui satisd. cog. quae est de procuratore actoris. Et vexata est mirum in modum haec differentia ab Accursio & interpretibus, quae constitui debet & declarari perspicue ac breviter omisso longo sermone hoc modo: defensor rei, qui satisdedit judicatum solvi, si postea fiat procurator accepto mandato, ut defendat reum, in eum condemnato reo stipulatio non committitur, quia non est eadem causa, & conditio personae promissoris, qui satisdedit, quae fuit interponendae stipulationis tempore, quo tempore fuit defensor sine mandato, nunc est verus & justus procurator: hoc de defensore. Procurator autem ex parte actoris voluntarius, qui non habebat mandatum, qui a reo satis accepit judicatum solvi, si postea mandatum acceperit a domino, ut ageret, vel pergeret agere, & rem exequi condemnato reo stipulatio committitur, quia eadem mansit causa personae promissoris, quae fuit initio: quod satis est, licet non eadem sit causa actoris. Et ita ea differentia explicanda est.

### Ad L. LXVIII. de Evict.

*Cum ea conditione pignus distrahitur, ne quid evictione secuta creditor praestet: quamvis pretium emptor non solverit, sed venditori caverit, evictione secuta nullam emptor exceptionem habebit, quo minus pretium solvat.*

IN hac l. proponuntur duo casus, quibus venditor emptori non tenetur de evictione. Unus casus hic est, si creditor pignus vendiderit non jure communi promissa evictione, sed jure creditoris, jure pignoris non cauta vel promissa evictione, ut definitur praecipue in illo tit. C. creditor. evict. pign. non deb. lib. 3. Denique si creditor pignus vendiderit, ut id suo periculo emeret, qui emeret, nec mancipio ei daretur: nam is tantum tenetur de evictione, qui mancipio dedit, vel promisit, & se dominum emptorem facere palam professus est. Plautus in Persa. *Suo periculo is emat, qui eam mercabitur, Mancipio neque promittet, neque quisquam dabit.* Quamobrem in l. 4. h. t. Ulpianus videtur scripsisse hoc modo, *an is, qui mancipio vendidit, fidejussorem ob evictionem dare debeat, an repromittere tantum nuda cautione?* nam is, qui mancipio non vendidit, non tenetur de evictione, nisi nominatim caverit duplam aut simplam evictionis nomine, ut & Varro scribit 2. de re rustica cap. 10. Qui autem mancipio vendidit, facta solemni mancipatione rei venditae solemniter per aes & libram, ut olim solebat, etiamsi nihil caverit, tenetur de evictione: nam mancipio cavet vel promittit, ut Paulus loquitur, *satisdato promittit, nisi aliud convenerit, eadem ne daves,* ut in lege mancipiorum addi solitum, etiam idem Varro scribit 2. de Lingua Lat. *satisdato promittit,* id est, dato fidejussore, qui & auctor secundus dicitur, quae satisdatio Ciceroni 5. ad Atticum epist. 1. est *satisdatio secundum mancipium.* Verum ad rem. Creditor jure suo vendendo pignus mancipio neque promittit: & ideo non tenetur emptori de evictione. Verum fac ita esse, creditorem scilicet pignus vendidisse jure suo, & emptorem pretium nondum solvisse, sed cavisse de solvendo pretio; an evicta re, si ex cautione ab emptore venditor petat pretium, tueri se emptor potest exceptione rei evictae & ablatae a domino? id est, an emptor, & si non habeat actionem de evictione, qui emit a creditore lege pignoris, habeat tamen exceptionem doli vel evictae, & retentionem pretii? Et respondet Papinianus, nec retentionem pretii eum habere, quia evictionem pignoris nullo modo, nulla via venditor praestare debet, quia id jure pignoris vendidit, non jure communi.

Tom. IV.

ni. Alter casus, qui proponitur in responso, sive §. sequenti hic est.

### Ad §. Creditor.

*Creditor, qui pecunia nomen debitoris per delegationem maluit, evictis pignoribus, quae prior creditor accepit, nullam actionem cum eo, qui liberatus est, habebit.*

SI debitor creditori nomen sui debitoris in solutum dederit, & delegaverit, quo casu creditorem etiam ejus nominis pignora sequuntur, l. empt. sup. de hered. vend. l. pen. de distract. pign. Evictis etiam pignoribus creditori, de evictione illi in debitorem nulla actio competit, quod proponitur in secundo responso hujus legis. Et ratio haec est, quia venditor nominis, cui similis est, qui nomen dat in solutum, l. eleganter. sup. de pigner. act. l. 4. C. de evict. non praestat periculum evictionis, sed id periculum ad emptorem pertinet, l. periculum, sup. de pign. Et in hoc tenetur tantum venditor nominis, ut praestet nomen esse, actionem esse, debitorem esse: non ut praestet nomen esse idoneum, debitorem esse idoneum, non ut praestet pignora esse in bonis debitoris, quia tale jus cedit & vendit quale habuit, nec optimum id jus esse praestare debet, l. si plus, §. pen. hoc tit. l. si nomen, sup. de hered. vend. Eadem vero est sententia hujus loci, quae responsi Pauli, quod est in l. periculum, sup. de pignor. quod Glossae non animadvertunt. Recte tamen & vere notat eum, qui nomen debitoris sui in solutum dedit creditori suo, pignoribus creditori a domino evictis, ei debere cedere contrariam actionem pigneratitiam in debitorem suum, quod rem alienam pigneraverit. Idemque creditor, qui pignus jure suo vendidit, debet praestare emptori, l. in creditore, hoc tit.

### Ad L. IX. de Usuris.

*Pecunia foenebris intra diem certum debito non soluto dupli stipulatum in altero tantum supra modum legitimae usurae respondi non tenere: quare pro modo cujuscumque temporis superfluo detracto, stipulatio vires habebit.*

IN primo responso hujus legis, proponitur pecuniam creditam convenisse interposita stipulatione, ut ad diem pecunia non soluta poenae nomine duplum praestaretur: debitor mutua centum acceperat, si ea intra annum non solveret, promisit ducenta: haec stipulatio partim utilis est, partim inutilis, non tota inutilis, sed pro ea tantum parte, quae in duplo, id est, in altero tanto, quod in stipulationem deducit, nec pars inutilis vitiat eam partem, quae est utilis, quae non excedit modum licitum, ut in l. placuit, & l. poenam, h. t. l. cum allegas, & l. eos, §. si quis autem, C. eod. tit. Itaque post annum, si non solverit ad diem, si non solverit intra annum, ut placuit, non statim debentur altera centum, ne fraus fiat legi Gabiniae, & constitutionibus, quae usuris modum imposuerunt, sed ex die interpositae stipulationis, ut in l. electa, in fi. sup. de reb. cred. pro modo annorum quibus cessaverit debitor in solvenda sorte: ex stipulatione debentur usurae legitimae tantum, ut puta, si triennio cessaverit, usurae sive poenae nomine debentur triginta & sex tantum, qui finis est legitimae, id est, centesimae usurae, in centum quotannis reddit XII. ex singulis centenis nummis duodenos nummos quotannis efficit. Et haec est sententia hujus loci, quod & lib. 3. resp. idem Papin. se respondisse scripsit, ut Ulpianus refert in l. Julianus, §. ibid. Papin. sup. de act. empt. Respondit autem, ut opinor hoc loco, & similiter, quod ibi Ulpianus refert, si

Nnnn con-

convenerit, ut ad diem pretio non soluto, venditori duplum præstaretur, nimirum hanc conventionem in fraudem legum, quæ usuris modum fecerunt, videri adjectam, quod legitimam usuram excedit, & quod ad excessum illum attinet, inanem conventionem esse, longeque aliam esse rationem: nam & hoc addidit Papin. esse rationem pactionis, sive legis commissoriæ, puta ut ad diem pretio non soluto res fiat inempta, non ut duplum præstetur, quia hoc modo, fœnus illicitum non contrahitur, ut superiore, sed lex tantum justa dicitur venditioni, ut si non solvat emptor venditori pretium ad condictum diem, res ad emptorem revertatur, in qua conventione nulla est species fœnoris. Porro ex hoc responso intelligimus, quod inutiliter adjicitur, in stipulatione usurarum supra modum legitimum non vitiare eam stipulationem usurarum, quatenus utilis esse potest, ad fiiem legitimæ usuræ scilicet. Denique stipulationem partim esse inutilem, partim utilem, nec utile vitiari per inutile. Obstat (*) lex Græca, §. item, ff. de fidejussorib. quam citavit hoc loco Accurs. quæ l. ostendit, fidejussorem, qui pro debitore obligato in decem promittit quindecim, nulla ex parte teneri, neque in decem, in quæ tantum, si promisisset, teneretur utiliter, neque in 15. vel ut loquitur ea lex, omnino non obligari, ut in l. 4. §. 1. rem pup. salv. fore, Basilica ούδόλως, nullo modo obligari, quæ verba tamen pessime Alciatus cavillatus est 5. parerg. statuens, fidejussorem non teneri in plusquam debeat debitor, puta, in quindecim, sed teneri in decem, in quæ tenetur reus, nec utile vitiari per inutile, per excessum aut superfluum, quod omnino repugnat & verbis legis & rationi, quæ paulo post declarabitur, quoniam lex ait fidejussores omnino non obligari; ut similiter in Institutionibus dicitur præcise, fidejussorem non obligari si reo promittente quinque, ipse promittat decem. Quod quid aliud est, quam nullo modo obligari nullave ex parte obligari? Et inutilem adjectionem vitiare utilem? Verum, ut omnis controversia dirimatur, separare debemus eum, qui pro se ipso promittit, in qua stipulatione utile per inutile non vitiatur, ut l. 1. §. sed si mihi, de verb. obl. hunc, inquam, separare debemus ab eo, qui pro alio promittit. In qua stipulatione vel levi de causa ille non obligatur, & facile in eo utile vitiatur per inutile: nam hoc est singulariter receptum in iis omnibus, qui pro aliis obligantur stulte, veluti fidejussoribus, mandatoribus, expromissoribus, reis constitutæ pecuniæ, nempe, ut si in duriorem causam, adhibeantur, puta, in majorem & ampliorem quantitatem, prorsus non obligantur ulla ex parte, si vel minimum vitium insit intercessioni, quod mirum videri non debet; nam & in aliis plerisque causis fortunæ eorum, quæ plerumque miserrima est, singulariter jura subveniunt, quod docet observatio 20. c. 24. multis argumentis. Non omittam verum esse, quod Glossa notat hoc loco, Papinianum dixisse: dupli stipulatum, pro dupli stipulationem, ut in l. uxori, §. ult. de leg. 2. l. 2. C. de mut. stip. ut actionem ex stipulatu more veterum: actionem ex stipulatione, ut sponsum pro sponsione, & actionem ex sponsu, l. sciendum, §. dictum, de ædil. ed. l. 7. inf. de verb. sign. Et forte etiam initio hujus legis more veteri Papin. pecuniam fœnebrem, dixit, pecuniam mutuam simpliciter, quæ & ab initio fuit sine usuris, & post etiam diem solvendæ pecuniæ palam usurarum mentio facta non est, sed duplæ sortis tantum: & id ita Theologi accipiunt etiam quod est scriptum Deuteron. 15. pauperi fœnus fœnerabis, ubi D. Augustinus: fœnus durû dit, Certe, inquit, cum operam misericordiæ præcipiat, non utique usurarum crudelitas suscipienda est, quamvis fœnoris verbo usus sit.

(*) Vide Merill. variant. ex Cujac. lib. 1. cap. 51.
& variant. adject. cap. 1.

## Ad §. Usurarum.

*Usurarum stipulatio, quamvis debitor non conveniatur, committitur, nec inutilis legitimæ usuræ stipulatio videtur sub ea conditione concepta, si minores ad diem solutæ non fuerint, non enim pœna, sed fœnus uberius justa ratione sortis promittitur. Si tamen post mortem creditoris nemo fuit, cui pecunia solveretur, ejus temporis inculpata mora consistit, ideo si majores usuræ prioribus petantur; exceptio doli non inutiliter opponetur.*

IN §. sequenti initio proponitur usurarum stipulationem committi sua die, etiam non interpellato debitore, quia dies satis debitorem interpellat, hoc est verissimum, l. trajectitia, de oblig. & act. l. diem, de verb. obl. l. 4. §. ult. de lege commiss. l. 12. C. de contrah. stip. l. 2. C. de jure emphyt. Et hoc posito initio hujus §. subjicit Papin. & repetit, quod etiam scripsit in l. 1. §. pen. sup. de pignor. valere stipulationem legitimæ usuræ factam sub conditione, si minor usura, de qua initio convenit, ad diem non solvatur, quia, inquit, non pœna, sed fœnus uberius sortis, justa ratione promittitur: separat pœnam ab usura, & tamen l. Cajus, & l. Seja, inf. h. tit. pœnam vocat si ob non solutas sua die minores usuras graviores infligantur. Verum hic, ut arbitror pœnam accipit pro usuris usurarum, negans id agi hac conventione, ut minores usuræ currere non desinant, sed quo tardius solvantur, earum usurarum usuræ præstentur, quod est illicitum: usurarum usuræ nunquam fuerunt permissæ, quæ est ratio dubitandi in l. cum quidam, ff. hoc tit. sed ut ait, hac conventione id tantum agitur; ut usuræ minores, si sua die, si statuta die non solvantur, in posterum currere desinant, & deinceps ex die cessationis, ut præscribit l. cum quidam, usuræ uberiores præstentur fini legitimæ usuræ; hic ergo est sensus: non usurarum minorum, si non solverentur, usuræ sunt promissæ, sed usuræ sortis graviores sunt promissæ, justa ratione, id est, ratione moræ & conditionis impositæ stipulationi, & ita quoque Græci hunc locum accipiunt: ὅτι γὰρ τόκοι τόκων δοκεῖ ἐπεραινέσθαι, ἀλλ᾽ ὑπὸ ἀκριβῆ πλείονα, ᾗ νομίμων τόκον. Non videtur, inquiunt, promisisse usurarum usuras, sed sub conditione tantum majorem, & legitimam usuram, quod est rectissimum. At postremo loquitur, excusari promissorem a majoribus usuris, si post mortem creditoris non fuerit, cui ad diem solveret minores usuras, nondum adita hereditate ejus, & cunctantibus heredibus, ut in l. diem, ff. de verb. obl. Et ideo postea, heredibus adeuntibus, & ex stipulatione petentibus majores usuras, obstare merito exceptionem doli mali, quod, medii temporis mora sit inculpata, ut ait: Neque huic postremæ sententiæ quicquam obstat l. 18. §. ult. inf. h. t. quod post traditionem rei venditæ mortuo venditore, cui incertus est successor, si emptor quod debet pretium non deposuerit, & consignaverit, qui rem venditam accepit, non ideo minus currere usuras pretii medii temporis: nec mirum, nam quia emptor cœpit esse in mora vivo venditore, cœpit esse in culpa vivo venditore rem accipiendo, nec solvendo pretium. Nihil etiam obstat l. ult. tit. seq. pœnam committi trajectitiæ pecuniæ non solutæ, si mortuo debitore incertus sit successor, quia ibi ponitur (ut respondeam) non fuisse, qui solveret: hic autem ponitur fuisse, qui solveret, non etiam cui solveretur: quæ longe diversa species est, diversaque ratio.

Quod dixi nudiustertius ad finem l. 9. de usur. ea quoniam brevius & properantius, quam res postulabat, ut sæpe cogor præfestinate præterlabente hora, mihi videor debere interim me exponere, quod dixi me daturum duo responsa tantum.

Si post mortem creditoris ideo non sint ad diem solutæ minores usuræ, quod incertus esse successor creditoris medii temporis graviores usuræ, quæ in stipulationem deductæ erant, effectu non debentur, quia petentibus obstat exceptio doli mali. Hoc proponitur in extre-

extremo d. l. 9. quod pugnare videtur cum l. 18. §. ult. eod. tit. quae ait, poſt traditionem rei venditae & mortem venditoris, cui incertus ſucceſſor fuit, nihilominus à debitore deberi medii temporis uſuras pretii. Cur tam varie? Ratio differentiae haec eſt, quia in ſpecie legis 9. mora non coepit fieri creditori; nec igitur ex mora ei uſurae deberi coeperunt, ſed mora facta eſt poſt mortem creditoris, ad diem non oblatis minoribus uſuris, quae mora extra omnem culpam eſt ; *mora inculpata eſt*, ut ait cum nec coeperit a defuncto creditore, nec potuerit incipere ab alio, nullo dum extante cui minores uſuras ſolverentur, ut nec culpari merito debitor poſſit, cur eas uſuras non conſignaverit interim, & depoſuerit in aede ſacra, ut fiebat apud ſacerdotem & Aedituum. Ea tantum mora, hoc eſt tarda ſolutio nocet, quae dolo, vel culpae conjuncta eſt. In ſpecie autem l. 18. mora coepit fieri vivo venditore, quae mora culpae conjuncta eſt, cum debuerit emptor, qui re empta fruebatur, qui fructus percipiebat, ſolvere pretium, aut eo non ſoluto, uſuras pretii venditori dependere; fructuum perceptorum ratio, & viciſſim uſuras praeſtari deſiderat, *l. Julianus*, §. *ex vendito, de act. emp. l. curabit, C. eod. tit. l. 5. ß. ult. de dot. collat.* Ex mora igitur uſurae in ea ſpecie vivo venditore debitae coeperunt. Quamobrem & poſt mortem venditoris jure hereditario debentur venditoris heredibus, etiam ejus temporis, quo incertus venditori ſucceſſor fuit, *l. non minus, in fin. ſup. de hered. inſtit.* quia interim hereditas jacens defuncti locum obtinuit, *l. non minus, in fin. ſup. de hered. inſtit.* Et conſequenter mortuo culpari poteſt emptor, qui jam contraxit culpam vivo venditore, qui pretium interim non conſignat & deponit in aede ſacra, vel tabularii civitatis. Sola depoſitio eum excuſaret a dependendis uſuris pretii, ſi non eſt, cui offerat pretium, puta, jacente hereditate. Si eſt cui offerat, etiam ei debet offerre omnino, nec ſola depoſitio ſine obligatione ſufficit, *l. 2. C. de uſur.* Illud etiam cum fine *d. l. 9.* pugnare videtur, quod dicitur in *l. ult. de naut. foen.* poenam non ſolutae pecuniae ſua die committi, etiamſi ea dies illuxerit poſt mortem debitoris nullo adhuc ei exiſtente certo ſucceſſore, & deliberantibus heredibus. Sed, ut reſpondeam, longe diverſa ea ſpecies eſt, quia in ea ponitur non fuiſſe debitorem, aut heredem debitoris, & fuiſſe cui ſolveretur : quo caſu ipſo jure poena committitur ſine interpellatione, quae fiat in perſonam, ex eo ſolo, quod die ſolvendae pecuniae, cum exiſtat cui ſolvatur, nullus exiſtat, qui ſolvat. Contra in ſpecie *l. 9.* eo eſt, qui primus fuit ſolvendarum minorum uſurarum, eſt qui ſolvat, non eſt cui ſolvatur, & merito culpari non poteſt, qui nulli ſolvit, cum nullus exiſtit cui ſolvat. Et ita haec explicanda ſunt.

### Ad L. LXXIX. de Leg. II.

*Quae fideicommiſſa moriens libertis viri debuit, eorundem praediorum ſuis quoque libertis fructum reliquit. Juris ignorantia lapſi, ut petere praedia ex mariti teſtamento debuerunt, ſecundum fideicommiſſum inter ceteros longo tempore perceperunt. Non ideo peremptam videri petitionem prioris fideicommiſſi conſtitit.*

Legis ſpecies haec eſt: Uxor heres inſtituta a marito rogata eſt, ut quum moreretur libertis mariti praedia quaedam reſtitueret, & moriens uxor, tam ſuis, quam mariti libertis uſumfructum eorum praediorum, per fideicommiſſum reliquit; poterant & debebant mariti liberti ab herede uxoris praedia petere jure primi fideicommiſſi relicti teſtamento patroni : ſed juris ignoratione lapſi, ut ait, una cum libertis uxoris petierunt eorum praediorum uſumfructum ex teſtamento uxoris, & longo tempore uſumfructum perceperunt. Quaeritur juris, quod Gloſſa non videt, in eo fuit, quod liberti mariti exiſtimarint primum fideicommiſſum pendere ex mera voluntate mulieris, & non neceſſitate juris contineri, ſed pudore tantum & conſcientia, mulieris, ut olim obtinuiſſe ſcriptum eſt in *Inſtitutionib. tit. de fideic. hered.* utque Seneca ſcripſit : *Religioſum hominem ſanctumque ſolere fideicommiſſa tueri* : quae nondum ſcilicet ullo juris vinculo continebantur, vel ex quibus nondum dabatur actio ſive perſecutio. Quaeritur autem in hac lege an perceptione, ſecundi fideicommiſſi ex teſtamento mulieris, perempta ſit perſecutio primi fideicommiſſi ex teſtamento viri. Et reſpondet non eſſe peremptam, Recte, quia juris ignorantia ſuum petentibus non nocet, *l. 7. & 8. de jur. & facti ignor.* Suum autem eſt & quodcunque debetur, *l. 15. §. quod avus, ad l. Falc.* Et quamvis longo tempore ſecundum fideicommiſſum perceperint ex teſtamento uxoris, nec quicquam exegerint ex teſtamento viri, primi fideicommiſſi petitio non perimitur praeſcriptione longi temporis, *l. neque, C. quib. non objic. long. temp. praeſc.* Haec eſt ratio hujus reſponſi. Verum huic reſponſo Accurſius opponit *l. 3. in pr. ff. ſi quid in fraudem pat. & l. Claudius, ſup. de adq. hereditate.* Quod ad *l. 3.* attinet ; primum in ea agitur, de facti, non de juris ignorantia : quoniam in ea non eſt legendum, *an jus ignoranti*, ut vulgo, ſed ut in Florentinis, *an ignorantia ejus*. Deinde in ea, ſpecies proponitur hujuſmodi : libertus, qui vivus multa bona alienaverat in fraudem patroni, ut eo minor portio ad patronum perveniret ; moriens patronum heredem inſtituit ex ſemiſſe, ex debita portione, debuit patronus omiſſa inſtitutione petere bonorum poſſ. contra tab. quaſi inſtitutus ex modica parte, ob deminutiones a liberto factas in fraudem ejus : ſed cum eas eſſe factas neſciret, quae ignorantia facti eſt, non juris, liberti hereditatem adivit ; additione bonorum poſſeſſionis contra tab. amiſit, & conſumpſit, quia agnovit voluntatem defuncti : an etiam amiſit actionem Fabianam, de quo in illo titulo agitur, qua patroni revocare ſolent quidquid geſtum eſt in eorum fraudem? Et ait lex, eum amiſiſſe etiam actionem Fabianam, quia acquieverit voluntati liberti, & non ſimpliciter : quia factum ignoravit : nec enim facti ignorantia nocet, ut vulgo, vel in damnis, vel in compendiis, ſive lucris, ſed quia vitio & culpa ſua factum ignoravit, dum temere adivit hereditatem, re omni & totius hereditatis cauſa non bene perpenſa, quod & ea lex ſignificat his verbis, *Patronum ſibi imputare debere*, hoc eſt, de ſe queri debere, ſtultitiae ſuae hoc acceptum ferre debere. Curioſitas, prudentia & diligentia deſideratur in eo, qui hereditatem aditurus eſt, quae in lege ei dantur certa tempora ad deliberandum. At ſi non utitur diligentia, ſibi imputet, ſi quid damni ſenſerit inconſulto adita hereditate. Idemque putarem dicendum, ſi patronus juris ignorantia lapſus, liberti hereditatem, quia in compendiis juris error nocet, non in damnis ſui ſuae, *d. l. 8. de jur. & fac. ign.* Et hereditas liberti compendium eſt, quoniam patronus non eſt creditor, etiamſi ſit inſtituendus ex legitima parte non ideo eſt creditor, *l. 6. in fi. ff. ad l. Corn. de falſis.* Vis hoc tibi perſpicue monſtrari ? Si eſſet creditor, ſi deberetur ei legitima quaſi creditori, alienata in fraudem ſuam revocaret actione Pauliana, quae creditoribus competit, nec indigeret propria actione, id eſt, Fabiana, vel Calviſiana. Et eodem modo reſpondendum eſt ad *l. Claudius* : qui per errorem facti adivit hereditatem ex teſtamento ſecundo, quod erat inutile, cum debuit adire ex primo, quod erat utile, in quo ab eodem heres ſcriptus erat, non poteſt redire ad primum teſtamentum, & rem amiſit, quia temere & inconſulto adivit & ſeipſum ipſemet decepit. Idque Imperator Severus decrevit, ut ait *d. l. Claudius*. Eadem eſt ratio *l. filium emancipatum, eod. tit.* filius emancipatus in teſtamento heres inſtitutus a patre per errorem facti exiſtimans in teſtamento faciendo patrem deſipuiſſe mente, & ideo inutile teſtamentum eſſe, vana ſimplicitate deceptus, quae ſemper obeſt, *l. 3. ſup. ad Senat. Maced.* ab inteſtato bonorum poſſeſſionem unde liberi accepit, quae non competebat exiſtente teſtamento juſto ; jus omne ſuum amiſit, & ſubſtituto dato in teſtamento, locum fecit suo vitio, quia consultare etiam atque et iam deliberare debuit, antequam ab inteſtato bona patris adiret.

### Ad L. Pen. de Dot. collat.

*Pater nubenti filiæ quaſdam res præter dotem dedit eamque in familia retinuit, ac fratribus ſuis conditione, ſi dotem & cetera, quæ nubenti tradidit contuliſſet, coheredem adſcripſit. Cum filia ſe bonis abſtinuiſſet, fratribus res non in dotem datas vindicantibus, exceptione doli placuit obſtare, quoniam pater filiam alterutrum habere voluit.*

HOc reſponſum elegantiſſimum eſt: facti ſpecies hujuſmodi eſt: Pater filiæ nubenti, quam habebat & retinebat in poteſtate, præter dotem bona quædam donavit: dotis datio valet, donatio ipſo jure non valet inter patrem, & filiamfam. Deinde pater teſtamento filios ſuos heredes ſcripſit, eadem filia coherede adjecta, non pure, ſed ſub hac conditione, ſi dotem & donationem; hoc eſt, cetera præter dotem, quæ nubenti donavit fratribus ſuis in commune conferret. Poſt mortem patris filia ſe abſtinuit paterna hereditate; certum eſt, non poſſe fratres filiæ dotem auferre, quæ jure conſiſtit, & quam nec pater ipſe ei poſſet auferre, aut minuere, *l. filia, C. ſol. matrim.* quia coepit eſſe proprium patrimonium filiæ, ut *l. ult. h. t.* At quæritur, an fratres filiæ auferre & vindicare poſſint cetera bona, quæ præter dotem pater filiæ donavit, qua donatio ipſo jure non conſiſtit, ut initio propoſui. Et ait, ea bona vindicantibus fratribus, obſtare exceptionem doli mali, quod ea petant contra voluntatem defuncti, ut *l. apud Celſum, §. præterea, ff. de doli except. l. amniculo, de mort. cauſ. donat.* quia pater defunctus filiam alterutrum habere voluit, aut donationem & dotem, aut portionem hereditatis, qua cum ſe abſtineat filia, reſtat, ut dotem & donationem retineat ex voluntate patris. Donatio autem a patre in filium vel filiamfamilias collata, licet non valeat ipſo jure, & deſtinatio animi ſit potius quam perfecta donatio, ut eleganter ait *lex 11. C. de donat.* convaleſcit tamen officio judicis familiæ erciſcundæ cognoſcentis, ſi in extremum mortis diem pater in eadem voluntate perſeveravit, *l. filia cujus, C. fam. ercſc. l. 2. C. Greg. eod. tit. Paulus 5. Sentent. tit. de donat. Pater*, inquit, *ſi filioſam. aliqui donaverit, & in ea voluntate perſeverans deceſſerit, morte patris donatio convaleſcit.* Etiam illud notandum eſt, eam dotem vel donationem a filia herede inſtituta, nec abſtinente ſe, non conferri fratribus, ſed præcipuam retineri, *d. l. filia cujus, l. 1. & 7. C. de collat. l. 3. in pr. ſup. h. t. l. ſi filius, qui manſit, ſup. ſi quis omiſſ. cau. teſt. l. Pomponius, ſup. famil. erc.* Nec huic ſententiæ obſtat *l. ſi donatione, C. de collat.* quoniam ea lex pertinet ad liberos patri inteſtato ſuccedentes, non ad liberos patri ſuccedentes ex teſtamento. In ſucceſſione teſtati, nec dos, nec donatio confertur, quod probant ſupradictæ ll. Quamobrem inſtitutioni filiæ recte ponitur hoc loco adſcriptam fuiſſe conditionem, ſi fratribus conferret dotem & donationem, quoniam in ſucceſſione teſtati, non eſt locus collationi dotis vel donationis, niſi hoc juſſerit pater. In ſucceſſione autem inteſtati ſimul dos & donatio confertur fratribus ſimul ab inteſtato ſuccedentibus, *l. 4. 12. 13. & 16. C. de collat.* niſi filia abſtineat ſe bonis paternis, *d. ult. h. t.* Cur vero ex teſtamento non fuerit collationi locus, ut obtinuit ſemper ante Juſtinianum: ab inteſtato autem fuerit collationi locus, fuerit conferenda dos & donatio, ratio hæc eſt, quia liberi ex teſtamento veniunt ad hereditatem patris, non ut liberi, ſed ut extranei, quia eodem jure poſſet venire quilibet extraneus, ſi ſcriptus eſſet. Denique liberi in teſtamento veniunt non jure liberorum, non ut liberi, ſed jure communi ut extranei, *l. 1. §. Pomponius, ff. de Carb. edic. l. 10. C. de collat.* & inter extraneos coheredes nulla eſt ratio conſtituendæ æqualitatis remedio collationis, & vice mutua collatis bonis. Ab inteſtato autem liberi ſane veniunt ut liberi, jure proprio, non communi, id eſt, jure fraternitatis: inter fratres conſortes ſumma ratio hæc eſt conſtituendæ æqualitatis, collatis commixtiſque bonis propriis cum bonis paternis. Nomen ipſum fraternitatis per ſe nihil aliud eſt, quam æqualitas & communio, *l. verum, in pr. ſup. pro ſocio, l. 2. C. de off. div. jud.* Et in Panegyr. Flavienſium, quod eſt incerti auctoris: *Fratrum*, inquit, *nomine & communitas apparet & æqualitas.* Quæ ratio differentiæ maxime notanda eſt.

### Ad L. XIX. Quæ iu. fraud. cred.

*Patrem, qui non expectata morte ſua fideicommiſſum hereditatis maternæ filio ſoluto poteſtate reſtituit omiſſa ratione Falcidiæ plenam fidem, ac debitam pietatem ſecutus exhibitionis, reſpondi non creditores fraudaſſe.*

Quantum attinet ad hanc legem, illud eſt extra omnem controverſiam actione Pauliana ex edicto in hoc titulo propoſito, atque etiam interdicto, quod fraudatorium appellatur, reſcindi & revocari quæcunque in fraudem creditorum alienata ſunt. Hoc cognito, finge. Pater heres inſtitutus ab uxore, & rogatus poſt mortem ſuam, cum morte ſua filii communes ſui juris effecti eſſent, illis hereditatem maternam reſtituere, non expectata morte ſua filios per emancipationem ſui juris fecit, & mox eis reſtituit totam hereditatem matris uxoris ſuæ, non deducta Falcidia, omiſſo commodo S. C. Pegaſiani. Quæritur, an hæc plena reſtitutio hereditatis patris, a creditoribus paternis reſcindi & revocari poſſit actione Pauliana? Et reſpondet, non poſſe, quia non videtur fraudaſſe creditores, qui plenam fidem, & plenum obſequium teſtatori præſtat, qui plenum officium & debitam pietatem ſequitur, ut ait, filiis fideicommiſſum reſtituit. Quod oſtenditur etiam in *l. prox. inf. & l. 5. §. pen. de donat. inter vir. & ux. l. qui totam, ſup. ad Treb. l. fideicommiſſum, ſup. de cond. indeb. l. 1. C. ad l. Falc.* Plinius 5. Epiſt. *Illius teſtatoris*, inquit, *hoc munus, illius liberalitas, noſtrum tamen obſequium vocatur.* Quod de ſe ſcribit ultro præſtante ex voluntate teſtatoris, quod jure non debuit. Plenam autem fidem præſtitit pater teſtatori, quia ſine deductione Falcidiæ totam hereditatem filiis reſtituit ex voluntate teſtatoris, lex Falcidia eſt contra voluntatem teſtatoris, *l. Titia, ſup. ad l. Falcid.* Et præſtitit quoque debitam pietatem exhibitionis, ut ait, id eſt reſtitutionis fideicommiſſi: nam & exibere & exhibitio ſignificationem reſtituendi habent, *l. Julianus, §. quantum, ad exhiben. l. pacto, C. de pact. l. ult. C. de ed. act.* Cur vero debitam pietatem? Quia etſi non eſſet pater niſi poſt mortem ſuam rogatus reſtituere hereditatem, tamen & filiis emancipatione ſui juris effectis, eam debuit reſtituere, quia mater, quæ juſſit reſtituere hereditatem poſt mortem patris, non tam ſpectavit modum, quo filii fierent ſui juris, quam finem. Et quocunque igitur modo filii fiant ſui juris, ſive morte patris, ſive emancipatione, ex mente teſtatoris fideicommiſſum eis reſtitui debet, *l. ſi ita eſſet, ſup. quando dies leg. cedit. l. 11. §. ſi cui, de leg. 3. l. mulier, in pr. ad S. C. Treb.* Pietas eſt obtemperare voluntati defuncti: ut contra impietas non obtemperare, *l. penult. §. illo, C. de neceſ. ſer. her. inſt.* & debita pietas in hac ſpecie, non gratuita, quia & filiis, ſi emanciparentur, fideicommiſſum hereditatis relictum videtur. Denique hæc reſtitutio fideicommiſſi five exhibitio, ut loquitur, eſt præſentis debiti ſolutio, non donatio, non repræſentatio debiti collati in diem, vel in conditionem: alioquin locus eſſet actioni Paulianæ, ſi vel donatio eſſet, vel repræſentatio, *l. ait Prator, §. ſi cum in diem, & l. omnes, §. ult. h. t.* Gloſſa non intellexit hanc legem, quæ tamen eſt facillima.

### Ad L. XXIX. de Except. rei judic.

*Judicata quidem rei præſcriptio coheredi, qui non litigavit,*

IN hac lege duo proponuntur casus, quibus contra regulam juris res inter alios judicata aliis nocet. Primus casus vertitur circa speciem hujusmodi. Duo sunt heredes, primus & secundus, qui jure hereditario servum communem habent: cum primo solo servus agit de fideicommissaria libertate præstanda, quam sibi relictam dicit testamento defuncti, & agit apud Prætorem fideicommissarium, qui de fideicommissis cognoscit; habet etiam servus ex hac causa per se aditum ad Prætorem, & hoc nomine causam orare potest, *l. de libertate, ff. de fideicom. lib. l. mulier, §. non est, ad Senatusconf. Trebell. l. Titius, de actioñ. empl. l. vix certis de judic.* Et Prætor quidem fideicommissarius, quem servus adiit, fideicommissariam libertatem servo præstari jussit, verum antequam præstaretur, alter heres, puta, secundus, adversus quem servus non constiterat, vel quem in jus non vocaverat, eum servum suum esse vindicat jure hereditario, an potest repelli exceptione rei judicatæ pro libertate? Et prima facie videtur rei judicatæ inter alios exceptio, non obstare ei, qui non litigavit, quia non potest Prætor inter alios judicando aliis nocere, *l. is qui fundum, de usufr. l. Claudius, in fine, sup. qui pot. in pigno. hab.* Posui servum, a primo, qui litigavit cum servo ex causa fideicommissi, & jussu prætoris nondum fuisse manumissum: nam si manumissus fuisset, secundus videretur liberum hominem factum jussu prætoris petere in servitutem, nec admitteretur, nec audiretur. At quia nondum est manumissus, quia res est integra, non videtur ex libertate in servitutem petere; denique recte eum vindicare videtur. Verum aliud statuit Papinianus, ostendens melius esse & æquius favore libertatis sententiam Prætoris tueri, & exequi etiam adversus coheredem, qui non litigavit, id est, secundum; ut & sententia inter alios dicta ei præjudicet, & servo libertas præstetur, quæ cum non possit præstari pro parte primi tantum, quem servus vicit, consequens est, ne intercidat libertas, & pro parte secundi eam debere præstari, utroque servum manumittente: denique solidam plenamque libertatem, quæ nec scindi potest servo esse præstandam, alioquin sententia Prætoris recideret in irritum, quod & comprobat Papinianus exemplo simili; Si testamentum, in quo relicta est libertas pro parte tantum, rescissum sit per querelam inofficiosi testamenti, argente filio exheredato, pro parte constiterit: nam querela potest facere intestatum pro parte tantum, hoc etiam casu certum est, libertatem directam servis competere, vel uno tantum herede ex testamento existente, & pro parte tantum non ex asse testatore facto partim intestato, partim testato. Quod etsi fieri non possit ab initio, potest tamen fieri ex eventu, & fideicommissariam quoque libertatem esse præstandam. Idque proditum est in *l. 6. sup. de dot. coll. & l. cum filius, in pr. de leg. 2. l. cum duobus, C. de inoffic. testam.* Et receptum etiam hoc est favore libertatis: nam legata vel fideicommissa pecuniaria in eo testamento relicta pro parte, qua rescissum est testamentum querela inofficiosi, irrita constituuntur: libertates autem omnino conservantur, *d.l. cum filius,* libertates sunt individuæ, legata dividua; Et simili modo, quod est aliud exemplum, si duo separatis judiciis hominem in servitutem petant, singuli pro parte dimidia, & uno judicio homo liber, altero servus pronuntietur, superior erit libertatis ratio. Ridiculum enim est arbitrari utramque sententiam valere, & ad emolumentum perduci debere pro parte dimidia ducto servo ab eo qui vicit; pro altera parte defensa libertate, quia libertas scindi non potest.

A Sabiniani quidem existimabant in hac specie, eum hominem trahi debere in servitutem potius, quam in libertatem, conservata sententia, quæ dixit, contra libertatem, & rejecta sententia, quæ dixit pro libertate: & Julianus (*) qui ex Sabinianis fuit, se etiam hujus opinionis esse nominatim scribit in *l. duobus, sup. de lib. causs.* Verum, contra, quamvis se sensisse Julianus scribit, additur in ea lege, *non ex Juliano igitur, sed ex alio, ex quo vero, nisi, ex Marcello,* qui notas scripsit in Julianum? Additur ergo ex Marcello, commodius esse contra opinionem Sabinianorum, favore libertatis servum ad libertatem perduci ab utroque domino, parte pretii præstita victori, viri boni arbitratu. Nam & idem invenio Marcellum adnotasse ad Julianum in quæstione de servo communi, ab uno ex dominis manumisso testamento aut vindicta;
B nam manumissionem quasi inutilem non admittebant Julianus & alii nonnulli, quod non possit pro parte libertas competere; adnotasse, inquam, Marcellum, commodius esse. & hoc casu, servum liberum fieri ab uno tantum ex dominis manumissum, præstita tamen alteri domino parte pretii, & coacto altero domino vendere partem suam, & manumissionem comprobare, *l. 1. C. de comm. ser. manum. l. domini, sup. ad Senatusconf. Syllan. l. si servus communis, de vulg. substit.* in qua l. hæc verba: *quod si neque a parte, neque a pupillo fuerit redemptus, quæ subjiciuntur verbis Juliani, proculdubio sunt ex Marcello,* qui in Julianum notas scripsit, sicut in *d. l. duobus,* hæc verba: *commodius autem est favore libertatis,* proculdubio sunt ex Marcello. Et sententiam Marcelli hoc loco Papinianus comprobat evidenter, qui & similiter C superioribus casibus censet officio judicis indemnitati ejus heredis, qui non litigavit de libertate cum alio coherede, servo contendente & vincente; item indemnitati ejus heredis, qui non vicit in querela inofficiosi testamenti, victo coherede pro sua parte esse consulendum, oblata parte pretii; ac tum demum servum ab utroque communi consensu debere manumitti, quæ sententia est hujus responsi. Et notandum in eo maxime genus loquendi, quo Papinianus utitur illo loco: *cum alterum ex coheredibus inofficiosi quæstio tenuit.* Quæ verba sunt ἐνεργητικῶς accipienda hoc modo, quum inofficiosi testamenti quæstio ab altero ex coheredibus obtenta sit, & devicta adversus filium exheredatum. Tenere est obtinere, ut in *l. ult. h.t.* sicut Florentia legitur in *l. cum falsis, de manumiss. test.* M. Tull. pro Cælio: *Scævolam dixisse causam apud* D *centumviros, non tenuisse.* Et Horatius,

    *Quo responsore, & quo causæ teste tenentur.*

Et sæpissime in libris nostris. Et hæc de primo casu: alter casus, quo res inter alios judicata aliis præjudicat, notatur in *§. seq. in fine hujus legis.*

### Ad §. Si debitor.

*Si debitor de dominio rei, quam pignori dedit, non admonito creditore causam agerit, & contrariam sententiam acceperit, creditor in locum victi successisse non videbitur; cum pignoris conventio sententiam præcesserit.*

DEbitor creditori fundum pignori dedit, post de proprietate hujus fundi cum alio litigavit judicio
E in eum, quæ lis dominii dicitur in jure, & contra debitorem pronuntiatum est, fundi eum non esse dominum; Quæritur, an res judicata inter debitorem & extraneum de dominio fundi pro extraneo contra debitorem, noceat creditori? Et distinguendum est, Aut scivit creditor, admonitus forte a debitore ipso, debitorem experiri de proprietate fundi, & hoc casu creditori agenti hypothecaria adversus eum, qui debitorem vicit, & fundum evicit, obstat exceptio rei judicatæ, quamvis inter alios judicatæ, *l. pen. de re judic.* Ratio hæc est, quia creditore sciente & consentiente, scientia & taciturnitas consensum imitantur. Quia, inquam, creditore sciente & consen-

(*) Vide *Merill. variant. ex Cujac. lib. 1. cap. 45.*

sentiente, de jure, quod ex persona debitoris habuit, judicatum est, hac ratione etiam creditori obstat exceptio rei, quamvis inter alios judicatæ. Excipiuntur tantum duo casus in *l. 5. C. de pign.* si debitor victus sit, quod lusorie causam egerit & perfunctorie, quod colluserit cum adversario suo, & se vinci passus sit: nam collusio debitoris creditori nocere non debet. Et alter casus, qui excipiendus est, hic est: si debitor victus non sit causa cognita, sed ex præscriptione & edicto peremptorio, quod judicio defuerit, quod contumax fuerit. Extra hos duos casus, exceptio rei judicatæ inter debitorem & extraneum de proprietate pignoris, probanti creditori nocet. Aut, quæ est altera pars distinctionis, si creditor ignoravit debitorem experiri de pignoris proprietate: & hoc casu res judicata adversus debitorem, nullum præjudicium creditori facit, & omnimodo salva est creditori actio hypothecaria adversus victorem, probanti creditori fundum eo tempore, quo pignus contrahebatur, in bonis debitoris fuisse, *l.3.C.de pign.l.4.§.pen.de appellat.* Sententia non perimit ignoranti causam pignoris antiquioris, sicut nec usucapio vel alienatio: nec enim creditor, qui ignoravit debitorem pati controversiam de proprietate, successisse intelligitur in locum victi debitoris, qui ante sententiam a debitore fundum pignori acceperat. Ponendum igitur est, pignoris conventionem esse antiquiorem sententia, & ita sententiam ignoranti nihil nocere, nec perimere pignoris conventionem: nam si post sententiam sequatur pignoris conventio, in locum victi debitoris successisse creditor intelligitur, & nocet ei exceptio rei judicatæ, ut in *l. si mater*, §. *ult. hoc tit.* Denique hoc casu inutile est pignus, quasi re aliena pignerata, quamvis ante pronuntiatum sit alienam esse, antequam pignori daretur.

### Ad L. CXXI. de Verb. Oblig.

*Ex ea parte cautionis,* dolumque malum huic rei promissionique abesse, abfuturumque esse, stipulatus est ille: *incerti agetur, stipulationis utiliter interponendæ gratia.*

Continet hæc l. quatuor responsa admodum brevia. Et ut statim atque paucis, quod initio proponitur, expediamus: solet omnium stipulationum sive cautionum extrema parte subjici hæc clausula, *dolum malum abesse abfuturumque esse, l.22.53.119.& 135. hoc tit.l.si cum fundus, de contrah.empt.l.3.C.de recept.arb.* quæ stipulationum novissima clausula dicitur, *l. novissima, ff. judicat. solvi,* & honestatis formula D. Ambrosio 5. *offic.* Et hæc clausula tam honesta, non potest non esse utilis, sed quæ præcedunt clausulæ sive partes, vel ex partibus, quæ præcedunt, quædam potest quandoque esse inutilis, quæ tantum abest, ut vitiet hanc partem, id est, clausulam doli, quæ utilissima est & honestissima, ut ab ea potius vel confirmetur ut *l.1.§. 1. C. de rei uxor. act.* vel corrigatur ex ea clausula doli, data in promissorem actione incerti, quæ proprie dicitur actio ex stipulatu, ut partem stipulationis conceptam inutiliter emendet, & concipiat denuo, seque obliget iterum. Omnes obligationes actione incerti condicuntur, quia jura sunt λόγῳ θεωρητά, quæ cogitatione sola percipiuntur: non sunt corpora certa, ut certi actione condici possint, *l. 5.§.1.de usufr.ear.rer.qua usu consum.l.3.§.ult. si cui pluss.per leg. Falcid.* Et hoc vult tantum Papinianus in primo responso hujus legis, quod Glossa non intellexit.

### Ad §. Mulier.

*Mulier ab eo in cujus matrimonium conveniebat,* stipulata fuerat ducenta, *si concubina tempore matrimonii consuetudinem repetiisset: nihil causæ esse respondi, cur ex stipulatu, quæ ex bonis moribus concepta fuerat, mulier impleta condicione, pecuniam adsequi non posset.*

Hic §. est de stipulatione pœnali a muliere, quum nubebat interposita sub hac conditione viro promittente: *si tempore matrimonii tuæ concubinæ consuetudinem repetieris, ducenta mihi dari spondes? spondeo.* Honesta stipulatio est, quæ coercet legitimæ uxori contra bonos mores concubinam superducentem, vel quam habuit ante nuptias, reducentem: ac proinde ex hac stipulatione, si quid secius vir fecerit, mulieri pœnæ pecuniariæ, quam in stipulationem deduxit, petitio est: nam etsi nulla pœna, quod sciam legibus constituta sit in eum, qui præter uxorem sibi adsciscit concubinam, tamen probrosum hoc & illicitum est, nec minus turpe, quam duas uxores eodem tempore habere. Nam & concubina uxorem imitatur, ut eleganter Julianus ait in *Nov.* 18. nullæ sunt hodie concubinæ: honestius erat concubinæ nomen, non scorti nomen, aut vulgaris mulieris, quæ se prostitueret in vulgarem Venerem: nec tamen licebat & uxorem & concubinam habere: & uxorem & quasi uxorem. Paulus 3. *Sent.* Eo tempore, inquit, *quo quis uxorem habet, concubinam habere non potest.* Hæc etiam sunt verba Pauli, *concubina igitur,* inquit, *ab uxore solo delectu separatur,* id est, ut habenti uxorem non licet habere aliam uxorem, sic nec aliam concubinam, quia concubina quasi uxor est, & ab uxore sola delectione & destinatione animi separatur, ut in *l.pen. sup. de concub.* Et ut arbitror ex edicto Prætoris, ut infamia notatur, qui duas uxores habet eodem tempore, vel duas sponsas, *l.1.de iis, qui notan.infam.* Ita, qui eodem tempore habet uxorem & concubinam, ex sententia edicti, non ex verbis, infamiam incurrit: sicut ex sententia edicti notatur etiam, qui eodem tempore habet sponsam & uxorem, *l.quid ergo, §.si alteri, de iis qui not.inf.* Eadem vero ratione si uxor a viro, vel vir ab uxore stipuletur pœnam sub conditione, *si culpa ejus divortium factum erit,* honesta stipulatio est, & congruens bonis moribus, & valet intra modum pœnæ legitimæ, *l.19.hoc tit.* Nam divortii culpa punitur pecuniariter legibus Julia & Papia, & ut ait *d.l.* 19. *pœnis legum contentos esse debemus,* quod etiam ostendit *l.un.C.de sentent. quæ pro eo quod interest profer.* Non debemus esse asperiores legibus ipsis: pœnæ legitimæ sunt juris publici, & juri publico privatorum conventione derogari non potest. Itaque in casum divortii facti conjugis culpa pœnæ stipulatio non valet supra legitimum modum. In priori casu uxori superductæ concubinæ pœnæ pecuniariæ stipulatio non habet modum certum, quia concubinatui sive pellicatui nulla pœna pecuniaria legibus constituta est, sed pœna infamiæ tantum ex sententia edicti Prætoris, ut dixi paulo ante. Rejicienda autem opinio est Bartoli & aliorum, qui male ducto arg. ex hoc §.existimant, valere stipulationem, si de aliquo stipuler pœnam sub conditione, *si alea unquam luserit:* nam etsi honesta sit stipulatio, tamen nihil interest mea, quod ad rem meam familiarem attinet, ludat ille alea, necne: Et ideo, ut non subsit causa interponendæ hujus stipulationis, ex ea stipulatione actio nulla competit. Et in specie hujus §. stipulatio valet, non tam quia honesta est, quam etiam quia conjuncta est utilitati stipulantis, ne res domestica laboret, vel ne occidat, ut plerunque contingit, amicarum & pellicum injuria. Recte enim sapiens:

*Cum conjux tibi sit, ne res, & fama laboret,*
*Vitandum ducas inimicum nomen amicæ.*

Sic est legendum: Quæ res etiam maxime honestas mulieres exasperat, ἀγριαίνειν ποιεῖ, ut est in *Nov.* 22. Et multo magis rejicienda est opinio eorum, qui generaliter statuunt, valere stipulationem certæ pœnæ, etiamsi nihil stipulantis intersit, nec stipulandi ulla causa subsit. Age istam opinionem: Nam etsi ex stipulatione pœnali detur actio, tametsi nihil actoris intersit, *l.inter,§.alteri, hoc tit. l. cum pœna, de recept. arbit.* aliter quam ex stipulatione, vel ex alio contractu, qui sit de re pecuniaria, de re familiari, ex quo non datur actio, nisi ex cujus intereste, *l.qui fundum, sup.loc.l.si procuratorem, §.mandati, sup. mand. quo sensu* M. Tullius ait, *actiones exprimi ex damno ro, & injuria cujusque*; actiones rei persecutorias scilicet, non poenales: nam poenam persequitur & is, cujus nihil interest, sive cui nihil abest de suo; non tamen ex poenali stipulatione datur actio, si nulla causa praecesserit negotii ita contrahendi, si nulla causa intercedente ex abrupto, ut stulti solent, ita stipuler, *si quis hodie (non demostrans certam personam) in Capitolium ascenderit, 10. dare spondes?* nam hoc exemplum, quod ita proponitur in *l. a Titio, sup. hoc tit.* si sani sumus, ita accipiendum, si qua mihi causa fuerit ita stipulandi & cavendi, veluti causa damni, quod facturus sum ex alia conventione, *si quis hodie Capitolium ascenderit*, sicut in aliis duob. exemplis, quae proponuntur in *d. l. a Titio: si qua mihi nupserit dotis nomine tot dabis?* causa stipulationis est dos, sine qua nolo ducere uxorem, & ferre onera matrimonii; & in alia stipulatione, *si quis a me decem petierit, decem dabis?* causa stipulandi est debitum, & metus creditoris, cui debeo 10. Denique harum trium stipulationum, quae proponuntur in *d. l. a Titio*, causa est indemnitas, quam stipulator captat: alioquin stipulatio sine causa interposita, non valet, *l. 2. §. circa, de dol. excep. l. si stipulatus esses, de fidejuss.* Et quod dicitur in *l. si quis Sempronium, & heraed. instit. si Titius vel si quis*, nihil refert, Capitolium non ascenderit, sane ideo valet institutio, quia hanc conditionem testator non adscribit, ut suum testamentum conferat in arbitrium alterius, quod nec posset utiliter, sed ex causa aliqua, quae pendet ex illa ascensione Capitolii. Sani homines naturam imitantur: & ut natura nihil facit frustra, ita nec homo sanus & siccus. Ac propterea hujusmodi conditio, *si Capitolium ascenderit*, quod notandum, quae frequens legitur in jure nostro, non est conditio, quam ullus forte unquam negotiis suis inseruerit, sed conditio hypothetica, quae passim ab auctoribus usurpatur; eadem ratione, qua Titii, Maevii, Caii nomina hypothetica. Non omittam quod ad sermonem Papiniani attinet, qui affectavit unus ex omnibus quodammodo more prisco scribere, possisse eum tam hoc loco, quam in *l. 15. de ritu nupt. Mulier ab eo, in cujus manu conveniebat*, idque mutasse Tribonianum, pro *manu*, reposito *matrimonio*, *in matrimonium conveniebat*. Quod sua aetate in desuetudinem abiissent conventiones in manum, per quas justae uxores & matresfam. fiebant, ut Ulpianus ostendit in *lib. reg.* & ut in *l. 9, in pr, de usur.* Sic hoc loco Papin. dixisse, *stipulatum pro stipulationem*, dum ait, ut in Florentinis scriptum est rectissime, nec debuit notari asterisco ut mendum: *nihil causae esse respondi*, inquit, *cur ex stipulatu, quae ex bonis moribus concepta fuerat*: prisce & eleganter, non ad stipulatum, quod praecedit, sed ad stipulationem, quam intelligebat; relatis iis verbis, *quae ex bonis moribus concepta fuerat*: quae figura dicendi vocatur ἀπαφορά. Pergamus ad §. *pen.* cujus sententia haec est.

### Ad §. in Insulam.

*In insulam deportato reo promittendi, stipulatio ita concepta,* cum morieris dari? *non nisi moriente eo committitur.*

STipulatus sum a te, *quum morieris mihi decem dari*, his verbis significatur mors naturalis, non mors civilis, quae contingit deportatio in insulam. Et ideo nec committitur stipulatio, si bonis ademptis deportatus in insulam, & ad peregrinitatem redactus fueris: sed committitur te moriente, & claudente fati diem extremum. At dicere quis possit, nec te moriente stipulationem committi, quia deportatio tota obligatio perimitur, & naturalis & civilis, ut ait *l. si debitori, de fidejuss. l. 2. l. tutelas, §. ult. de cap. minut.* Imo, ut respondeam, non perimitur obligatio simpliciter, quia transit in fiscum, ad quem deportati bona transeunt, sed perimitur contra deportatum duntaxat, quia fiscus ei in jura & bona universa succedit, *l. 3. ad leg. Juliam pecul. l. ult. §. ult. C. de sentent. pass.* Qua ratione deportatus in plerisque causis

pro mortuo habetur, quia alius in ejus quasi mortui locum succedit, quod docet *l. actione*, §. *publicatione, sup. pro soc.* non quia civium numero esse desiit simpliciter, alioquin omnes peregrini pro mortuis haberentur, quod stultum est dicere; pro mortuo habetur is tantum, qui exuitur omnibus bonis, qui nudus exulat, non qui vestitus exulat, ut ita dixerim. Verum in hac stipulatione, de qua agitur hoc loco, haec verba, *quum morieris*, proprie accipimus de morte naturali, non de civili, non ex mente contrahentium tantum, quod notandum, sed quia deportato sibi videtur mori, non alii, non stipulatori. Quid ergo si non sit deportatus, quae est media capitis deminutio, sed damnatus in metallum, quae est maxima capitis deminutio: illa peregrinum facit, non servum, haec plane servum facit, & servum poenae, non hominis ullius? Et hic sane, qui damnatur in metallum videtur mori sibi & aliis omnibus, ut in *l. intercedit, sup. de cond. & demonst.* Et stipulatio haec, de qua hic agitur, committitur in eum, ad quem bona pervenerunt, *l. tutelas, §. pen. de cap. minu.* Maxima capitis deminutio semper morti adsimilatur. Deportatio non semper. Nec abs re est, quod Papin. de deportato tantum loquitur, sicut nec abs re est, quod loquitur tantum de stipulatione ita concepta, *quum morieris, dabis*, quae utilis est, quia ex ea obligatio incipit a promissore in ipso moriendi articulo. Concepta autem stipulatio post mortem promissoris ante Justinianum erat inutilis, quia non incipit a defuncto, vel moriente, ac proinde non debet in haeredem transmitti.

### Ad §. Ultimum.

*Ex facto rei promittendi doli stipulatio haeredem ejus tenet, sicut ex ceteris aliis contractibus: veluti mandati, depositi.*

IN hoc §. ostenditur, ex clausula doli, de qua dictum est initio, subjecta stipulationi, non tantum promissorem teneri, si quid fecerit dolo malo, sed etiam haeredem ejus in solidum, etiamsi nihil ad eum ex delicto, sive dolo defuncti pervenerit, id est, etiamsi ob dolum defuncti locupletior ad eum haereditas non pervenerit, commissam stipulationem in defunctum transmitti in haeredem. Et idem hoc, ut subjicit, servari in strictis stipulationibus, & in ceteris omnibus contractibus bonae fidei: nam & stipulationem nominat inter contractus bonae fidei. Nam ex causa depositi, & mandati & commodati, & tutelae, & negotiorum gestorum, ob dolum defuncti haeres tenetur in solidum, si folus haeres sit, ut si plures sint haeredes, singuli tenentur pro portionibus haereditariis, *l. ex depositi, & l. ex contractibus, sup. tit. prox. l. ad eam, §. ult. de R. I.* doli clausula stipulationem, contractum bonae fidei facit, *arg. l. pen. de mort. cau. donat. & l. 3. C. de excep.* Verum in *Instit. tit. de perp. & temp. except.* dicitur, aliquando ex contractibus contra haeredem non competere actionem, quum testator dolose versatus est, & ad haeredem ejus nihil ex eo dolo pervenit, regulariter competere in haeredem, aliquando non competere, ut ait. Quod tum proprie evenire tandem cognovi, quum ob dolum defuncti nihil actori abest ex suis bonis, *l. 1. C. de haered. tut.* Si quid abest, si quid damni senserit actor, proculdubio haeres defuncti ex dolo ejus ab eo actore in solidum conveniri potest, si unus fuerit haeres ex asse, vel si plures pro haereditariis portionibus. Sed si nihil actori absit, nihil est causae, cur haeredes conveniat, quia nihil ejus interest. Nam & quaeso, quod erit extremum, & perbreve, cur haeredes ejus, quem vivum nemo eo nomine interpellavit, placet non teneri poenali actione, veluti furti, ut injuriarum, nec mixta actione, quatenus poenam persequitur, veluti damni injuria ex *l. Aquilia*, & vi bonorum raptorum: non poenali inquam, etiamsi quid ad haeredes pervenerit: non mixta autem, nisi quatenus ad haeredes pervenerit ex dolo defuncti, nec excepta quidem actione vi bonorum raptorum, quae etsi edicti verbis non detur

de

de eo, quod pervenerit ad heredes, *l.* 3. §. *ult. vi bon. rapt.* dari tamen poteft non inutiliter. Hoc vero qua ratione ita placet, ne heredes teneantur poenali, vel mixta actione ex dolo defuncti? nifi quia poenali actione actor non perfequitur rem, quæ fibi abfit, fed poenam tantum, quæ eft extra rem familiarem, in quam æquum non eft heredem innocentem fuccedere, *l. fi hominem*, §. *t. dapof. l. pen. de nov. op. nunt.* In precario, & in focietate ferva, quod jam pridem memini me adnotaffe in hunc locum.

### Ad L. XI. de Duob. Reis Stip.

*Reos promittendi vice mutua fidejuffores non inutiliter accipi convenit. Reus itaque ftipulandi actionem fuam dividere fi velit, neque enim dividere cogendus eft, poterit eundem, ut principalem reum, item qui fidejuffor, pro altero exftitit, in partes convenire, non fecus ac fi duas promittendi reos, divifis actionibus conveniret.*

**D**Uo rei promittendi funt, qui eandem pecuniam ftipulanti promittunt, aut promififfe intelliguntur, finguli in partem virilem fimul atque in folidum, *chacun pour foy, & un feul pour le tout.* Quorum jus, & conditio hæc eft, ut quem eis elegerit ftipulator, convenire & exigere poffit in folidum. Duos dicimus etiam pro pluribus, quafi ifto primo numero duorum procudente ceteros, quod fit, ut Anatolius ait, ἀρχὴν ὀχῶν καὶ ἐκγνή, quafi fundus; & ita duos reos, qui dicit, intelligit etiam plures. Et in primo refponfo hujus legis oftenditur, reos promittendi vice mutua, id eft, alterum pro altero viciffim apud creditorem fidejubere poffe. Videamus, quæ fint effecta hujus mutuæ fidejuffionis. Primum hac ratione fit, fi duo rei promittendi apud ftipulatorem vice mutua fidejufferint, ut idem fit reus principalis & fidejuffor ejufdem pecuniæ, & ut poffit ftipulator fi velit unum ex eis convenire tanquam reum principalem pro virili parte fua, & tanquam fidejufforem pro parte conrei, divifis & difpartitis actionibus in partes duas, vel etiam, ut poffit unum ex eis convenire in folidum tanquam reum principalem, vel tanquam fidejufforem : & fi quidem tanquam fidejuffor vel folidum vel partem pro conreo folverit, in conreum habet actionem mandati, quod femper folet præcedere fidejuffionem: nec enim quifquam fidejubet fine mandato ejus, pro quo fidejubet. Unde inter debitorem & fidejufforem ejus femper contrahitur obligatio mandati : inter fidejufforem autem & creditorem obligatio ex ftipulatu, quoniam fidejuffio non fit nifi per ftipulationem : Item hac ratione fit, quod conrei fcilicet vice mutua fidejufferint, ut unus ex eis conventus tanquam fidejuffor (hic eft alius effectus mutuæ fidejuffionis) non tantum compenfare poffit, quod fibi ftipulator debet, fed etiam quod idem ftipulator debet conreo, quia convenitur ut fidejuffor nomine conrei, fidejuffor compenfat utrumque, quod fibi vel quod conreo debetur, *l.* 4. *& 5. fup. de comp.* ii funt duo effectus mutuæ fidejuffionis, qui non exiftunt fi omiffa fit fidejuffio mutua. Quod fic demonftro: fi conrei vice mutua non fidejufferint, nec focii fint, folventi fuo nomine, nulla actio eft in conreum nec mandati, quia inter eos non eft contractum mandatum, nec negotiorum geftorum, ut Joannes fcripfit male, quia conreus folvendo fuum negotium geffit, non alienum, ut fe liberaret obligatione, qua tenebatur aftrictus, *l. fi pro parte, in fine fup. de in rem verfo*: ei, qui fuum mandatum, quia abfurdum effet dare negotiorum geftorum in alium. Si conrei, qui vice mutua non fidejufferunt, fint focii, puta, ex contractu focietatis, folventi competit in focium actio pro focio, ut agnofcat partem pecuniæ folutæ, & imputet fibi, *l.* 1. *C. de duob. reis.* Item fi conrei vice mutua non fidejufferint, nec focii fint, is quem elegerit & convenerit ftipulator non poteft compenfare, quod ftipulator debet conreo, *l. prox. inf. h. t.* Si focii fint, poteft compenfare, quod ftipulator focio debet ex caufa focietatis, quafi & fibi debitum, non quod

debet ex alia caufa, fi forte non erant focii omnium bonorum. Et ex iis quidem effectis intelligimus fatis, quare dicat : *non inutiliter reos promittendi vice mutua fidejubere*, & non effe inutilem mutuam fidejuffionem: nimirum, quia parit hæc duo effecta. Item quod iis effectis tantum fit locus in conreis, qui focii non funt, intelligimus ex eo, focios fruftra vice mutua fidejubere, quia jus focietatis in iis tantum præftat, quantum in aliis, qui non funt focii, mutua fidejuffio. Ex iis etiam intelligimus, conreos non videri vice mutua fidejubere, nifi hoc ita actum fit . Quod indiftincte verum eft, five focii funt, five non : nam & in fociis, ut dixi, inutilis mutua fidejuffio eft, cum fufficiat jus focietatis quod mutuæ fidejuffioni confimile eft, & non focii non poffunt videri invicem fidejuffiffe, nifi nominatim interpofita ftipulatione, & reftipulatione, *fidejubes? fidejubeo*: nec enim alio modo fidejuffio contrahitur : & a Græcis duo rei promittendi dicuntur ἀλληλεγγύοι, non quod vice mutua fidejuffores fint, etiamfi id cautum non fit, fed quod, ac fi effent vice mutua fidejuffores finguli non in fuam partem tenentur tantum, fed & in partem conrei: verum principali proprioque nomine propter fuam obligationem, non fidejufforio nomine, fi invicem non fidejufferint. Nec obftat huic fententiæ, quod intervenientibus duobus reis promittendi, videatur alter pro altero intercedere, *l. vir uxori, in fine, ad Senatufc.Vell.* & ideo, fi mulier & Titius conftituantur duo rei promittendi, mulieri fuccurritur, quafi interceffiffet pro alio, Senatufconfulto Vellejano, quod infirmat interceffiones mulierum. Dico hoc nihil obftare, quod cum duo fe conftituunt reos promittendi, alter pro altero intercedere videatur, quoniam aliud eft intercedere, aliud fidejubere. Intercedere eft genus: fidejubere fpecies. Fidejubemus uno ac duntaxat modo, fi ftipulanti adpromittamus pro debitore mandato ejus: Intercedimus, fi vel fidejubemus, quod eft proprie adpromittamus, vel fi expromittamus, quod eft aliud, puta, per novationem in nos translata principali obligatione, & liberato priori debitore, vel fi res noftras pignori obligemus pro alio, vel fi conftituamus nos foluturos pro alio, vel fi mandemus alii pecuniam credi, vel fi ejufdem pecuniæ ex eodem contractu nos cum alio reos faciamus, &, debitores principales in partem virilem & in folidum, ut *l. inter eos, inf. de fidejuff.* & aliis plerifque modis intercedimus, qui comprehenduntur Senatufconfulto Vellejano de interceffionibus mulierum. Male autem Joannes, conreos focios tacite videri vice mutua fidejubere : nam quod ftatuit in non focios, ut non videantur vice mutua fidejubere, nifi ita expreffum fit folemni ftipulatione, ut debet, ita debuit Joannes idem ftatuere etiam in fociis, quanquam in eis inutilis fit mutua fidejuffio, ut dixi fupra . Denique detracta ea diftinctione inter focios, & non focios, vera eft fententia Joannis, cujus argumenta collegit Accurfius in *dicta l. vir uxori.* Et examinavi omnia illa argumenta ad Africanum in eadem legem *vir uxori*. Illinc affumes, quæ ad eam pertinebunt : quanquam res non egeat multis argumentis, cum & hæc lex aperte demonftret, reos non videri vice mutua fidejubere, nifi ita accepti fint nominatim ; & ratio quoque evidens eft, quod fidejuffio contrahatur per ftipulationem expreffam. Peffime autem Martinus indiftincte dixit, conreos vel non focios femper videri vice mutua fidejubere.- Ex iis etiam intelligimus, veriffimum effe, præmiffa propofitione ejufmodi, reos promittendi invicem fidejubere poffe. Inde colligit Papinianus, quod initio attigi, fi invicem fidejufferint, ftipulatorem, fi velit, dividere actiones poffe, convento uno ex conreis pro parte, actione creditæ pecuniæ, ut reo principali, & pro parte altera actione ex ftipulatu, ut fidejuffore conrei: *Si velit*, inquit, *nec enim cogendus eft dividere actiones*, quod fruftra Papinianus adjicere videtur. Nam in arbitrio & electione fuit creditoris ante Juftinianum in *Novella* 4. quem priorem conveniret reum principa-

lem,

lem, an fidejufforem: nec potuit cogi prius convenire reum quam fidejufforem. Ergo manifeftum eft, nec cogi potuiffe divifis actionibus partem exigere a reo, partem a fidejuffore, fed totum ab hoc, vel ab illo exigere potuiffe. Cur ergo monet nos, non effe cogendum dividere actiones & partem exigere veluti a reo, partem a fidejuffore, quod erat evidentiffimum? Hoc mihi nullus expediet, nifi qui animadvertet illam, quam ante Juftinianum principum conftitutiones creditori dabant electionem, ut fi vellet, ftatim excuteret, & exigeret fidejufforem, nec cogeretur prius excutere reum principalem, prius experiri eum reo principali, vel faltem dividere actionem, hanc, inquam, electionem Papin. non admodum probaffe, vel ipfo Juftiniano tefte, qui magni Papiniani auctoritate utitur in eadem Novella, fcil. fi præfens effet reus principalis, & locuples: nam & hoc cafu, cur excuties potius fidejufforem, qui habet præfentem reum, & idoneum? Quod, & Mar.Tullius ultima ad Attic. ait habere quandam δυσωπίαν, une honte, fi quis fidejufforem prius appellet, quam debitorem, qui præfens eft, & folvendo. At fidejufforem eundemque correum ejufdem pecuniæ, ut in fpecie propofita, Papinianus facile concedebat fine diftinctione ftatim conveniri poffe in totum, ut reum, vel ut fidejufforem: vel divifis actionibus in partem, ut reum, in partem, ut fidejufforem, ficut illo loco: *non fecus ac fi duos promittendi reos divifis actionibus conveniret*, fignificat, & unum ex reis, quod addi poteft ex l. quam mox adferam: unum, inquam ex reis, vel fidejufforem ejus pro parte conveniri poffe, & alterum reum vel fidejufforem ejus pro altera parte divifis actionibus, l.7.§.1.h. t.l.inter, §.duo, ff.de fidejuff. Difficilius autem Papin. permittebat partem debiti peti a debitore principali, partem a fidejuffore ejus, qui correus non effet, fi reus principalis erat præfens, & idoneus, exiftimans, honeftius effe totum prius a debitore idoneo, & præfente peti quam a fidejuffore, quod tamen alii auctores permiferunt, l.grege, §.etiam, de pignorib.l.1.C.de fid.tut.l.reos, C.de fidejuff. Papinianus ut fermonis, ita juris antiqui fuit ftudiofiffimus, & jure antiquiffimo, ut teftatur Juftinianus in eadem Novella, hæc libera electio creditori non fuit experiundi cum quo vellet in folidum, vel divifis actionibus, quæ poftea data eft Conftitutionibus inquumeris, & noviffime adempta Novella Juftin. reftituto jure antiquo, & approbata Papin. fententia, quæ omnia maxime notanda funt. Alterum refponfum non eft tanti laboris tantique momenti.

### Ad §. I.

*Cum tabulis effet comprehenfum, illum & illum centum aureos ftipulatos: neque adjectum ita, ut duo rei ftipulandi effent: virilem partem finguli ftipulari videbantur, & e contrario cum ita cautum inveniretur: tot aureos recte dari ftipulatus eft Julius Carpus, fpopondimus ille & Antoninus Achilleus & Cornelius Dius, partes viriles deberi, quia non fuerat adjectum fingulos in folidum fpopondiffe, ita ut duo rei promittendi fierent.*

IN altero refponfo oftenditur, reos ftipulanti non effe eos, de quibus ita inftrumento fcriptum eft: Primus & Secundus centum ftipulati funt: fpopondit L.Titius, rei ftipulandi funt, quibus eadem pecunia debetur fingulis in folidum, cujufmodi non funt ii, de quibus cautum eft hoc modo: *ille & ille ftipulati funt, fpopondit ille*, nifi fit adjectum: *ita ut duo rei ftipulandi effent*, quia ambigua ea oratio eft, *ille & ille ftipulati funt*. Quid enim ftipulati funt, an finguli viriles, an finguli folidum? ambiguus eft fermo, qui duo fenfa habet, vel recipere poteft: & in ambiguis id accipimus, quod ftipulatoribus nocet, l.ftipulatio ifta, §.in ftipulationib. fup.tit. prox. Itaque hoc cafu non finguli in folidum ftipulati videntur, fed in partem virilem tantum. Et e contrario, fi ita fcriptum fit, *ille centum aureos dari ftipulatus*

*eft, fpopondimus ego L. Titius & C. Sejus*, nec fit adjectum, *ita ut duo rei promittendi effent*, non funt duo rei promittendi L.Titius & C. Seius, id eft, finguli viriles partes debent, non folidum. Et obfervanda maxime hic eft una differentia inter duos vel plures fidejuffores, & plures, qui fe principaliter obligant (fidejuffores funt acceffiones) Nam acceptis pluribus fidejufforibus id agitur plerumque, ut finguli in folidum teneantur, §. fi plures, Inftit.de fidejuff. Sed fi ita agatur, ut dixi, habent beneficium divifionis ex epiftola D. Adriani, cum omnes folvendo litis conteftatæ tempore, d.§.fi plures. Poteft agi nominatim, ut finguli fidejuffores in partem tantum teneantur, l.10.inf.de fidejuff. Sed fi hoc dictum non fit, plerumque actum intelligitur, ut finguli in folidum teneantur. At quum plures fe principaliter obligant in fummam certam, ut apparet ex hoc refponfo, in dubio plerumque id actum intelligitur, ut viriles tantum partes debeant finguli, non folidum. Et ratio differentiæ inter plures fidejuffores, & plures reos, debitores principales hæc eft, quia finguli fidejuffores accedunt obligationi in folidum, quam reus principalis contraxit, cujus locum finguli obtinent, l.4. ff. de fidejuff. At plures rei principales non accedunt alii obligationi, quæ fit contracta in folidum. Et ideo nifi aliud cautum fit, plerumque id actum intelligitur, ut viriles tantum partes debeant. Ratio eft evidentiffima. Poftremo ex hoc refponfo apparet, duos reos ftipulandi vel promittendi effe, de quibus fpecialiter actum eft: ut duo rei ftipulandi vel promittendi effent, licet folemniter finguli non fint ftipulati, vel folidum non promiferint. Id vero fpecialiter agi neceffe eft in fpecie hujus §. ambiguitatis tollendæ caufa: alioquin non videntur effe duo rei, fi nulla fit ambiguitas, id eft, fi conftet de mente contrahentium, forte ex tractatu ante habito inter eos. Duo rei ftipulandi funt, qui rogant, *fpondes*? Duo rei promittendi, qui refpondent, *fpondemus*, vel *fpondeo, l.4. hoc tit. Duos reos facit animus contrahentium, l.his verbis, hoc tit. l.cum appareat, loc*. At hodie ex Novella 99. generaliter dicimus, non fieri duos reos tacito intellectu, fed nominatim tantum & fpecialiter hoc expreffo, ut finguli in folidum teneantur. Sed licet ipfo jure in folidum teneantur, tamen fi omnes fint præfentes & idonei, habent beneficium divifionis, ut pro parte tantum condemnentur, ficut fidejuffores plures & mandatores, & rei conftitutæ pecuniæ. In principio obfervandum eft proponi hanc propofitionem, reos promittendi vice mutua fidejuffores non inutiliter accipi. Cur dicat non inutiliter, oftendi fatis aperte, prolatis effectis mutuæ fidejuffionis, & oftendi cur dicat, *accipi*, nimirum, quia non accepti nominatim vice mutua: fidejuffores duo rei promittendi invicem fidejubere non videntur, quæ fuit fententia Joannis rectiffima, fi non addidiffet hanc exceptionem: *nifi focii fint*. Nam & rei promittendi, qui focii funt, non intelliguntur vice mutua fidejubere, nifi id cautum fit nominatim, id eft, nifi accepti fint vice mutua fidejuffores, & vero fruftra etiam invicem fidejufferint. Ex hac propofitione, quam pofuit Papinianus initio hujus legis infert: fi duo ei vice mutua fidejuffores accepti fint, poffe creditorem fi velit, unum ex duobus pro parte convenire, ut reum principalem, pro parte, ut fidejufforem correi, divifis actionibus. *Si velit*, inquit quod confirmat etiam *l.3. §.1. eod.tit.& l.grege, §.etiam, de pignorib.l.reos, C.de fidejuff.& mandat.l.1. C.de fidejuff. tut. fi velit*, inquit, & fubinfert: cur dixerit, *fi velit, neque enim*, inquit, *actionem dividere cogendus eft*, in parte fcilicet, ut partem exigat tanquam a reo, partem tanquam a fidejuffore. Cur vero non eft cogendus, cedo perfpicue? Quia fcilicet beneficium divifionis ex epiftola D. Adriani datur pluribus fidejufforibus, vel mandatoribus credendæ pecuniæ. ex epiftola, inquam, Divi Adriani, cujus eft frequentiffima mentio in jure noftro, quam nec ignorant tabelliones, datur pluribus fidejufforibus, vel mandatoribus creditæ pecuniæ, ut in partes finguli conveniantmiantur, non in solidum, licet in solidum teneantur si modo omnes sint præsentes, & locupletes litis contestatæ tempore, §. *si plures*, *Instit. de fidejussorib*. Idem beneficium non datur reo & fidejussori. Quod probat aperte *l. si plures*, §. *ult. de fidejussor*. quam omiseram, hoc est, non cogitur creditor invitus partem crediti petere a reo partem a fidejussore divisa actione, quia inter reum, & fidejussorem non est locus epistolæ D. Adriani, sive beneficio divisionis, sed totum potest petere, prout elegerit secundum jus, quod obtinuit ante Justinianum, vel a reo, vel a fidejussore. Et inde subjicit Papinianus hoc loco: *non secus ac si duos promittendi reos, divisis actionibus convenisset*: subjicit, inquam, idem esse in duobus reis promittendi: nam creditor si velit, potest partem petere ab uno, partem ab altero divisis actionibus, ut in *l. 3*. §. *1. eod. tit. l. inter eos*, §. *duo, de fidejussor*. *si velit*, inquam, quia creditor non cogitur inter duos reos promittendi dividere actionem pro partibus, quia beneficium epistolæ Divi Adriani non pertinet ad duos reos promittendi: & ut ad duos reos promittendi pertineret, primus fecit Justinianus in *Novella 99*. ante Justinian. hoc est jure Digestorum ut loquuntur, beneficium epistolæ D. Adriani non pertinebat ad duos reos promittendi, id est, non poterat compelli creditor, ut pro partib. ageret si mallet agere in solidum in unum ex duobus reis: & eam ob rem, ante Justinianum uno ex duobus reis solvente partem, nullo modo liberabatur, neque ipso jure, neque per exceptionem obligatio residuæ partis, etiam si aliter conreus solvendo esset, *l. si ex toto*, §. *1. de legat. 1*. Sed fidejussor, quia inter fidejussores locum habebat beneficium divisionis, qui solverat partem, liberabatur per exceptionem obligatione reliquæ partis, *l. inter eos*, §. *1. de fidejuss*. Et hæc est sincera sententia hujus responsi, quæ nemini, ut puto non videtur esse facillima.

#### Ad L. LII. de Fidejuss.

*Amisso ruina pignoris, damnatum tam fidejussoris, quam rei promittendi periculum spectat: nec ad rem pertinebit, fidejussor ita sit acceptus: quanto minus ex pretio pignoris distracti servari potuerit: istis enim verbis etiam totum contineri convenit.*

Hæc lex continet 4. responsa. In primo responso ostenditur; si res pignori data creditori ruina vel incendio perierit, periisse eam rem debitori & fidejussori ejus. Debitori, ut domino; Pignoris causa non mutat dominium, æquum est domino cuique suam rem perire; debitori ergo perit, ut domino, *l. pignus*, C. *de pign. act*. fidejussori autem ejus perit, ut domini locum obtinenti, *l. 4. h. tit*. Ex quo sequitur, amisso ruina pignore, creditorem non amittere crediti actionem. Ruina est casus fortuitus, casus fortuiti non imputantur creditori, *l. qua fortuitis*, *l. pignor. C. de pignor. act*. Dolus, & culpa creditori imputantur, & amisso pignoris, quæ contingit dolo, aut culpa creditoris, debitorem, & fidejussorem ejus liberat, *l. sicut*, C. *de pign*. non quæ contingat casu fortuito. Addit Papinian. neque fidejussorem debitoris liberari pignore ruina peremto, vel alia vi majore sive casu fortuito, licet fidejussor ita acceptus sit. *Quanto minus ex pignore creditor servare potuerit*; quasi nihil superfit, quod minus servaverit; nam, ut ait, & minus servasse intelligitur, qui nihil servavit, *l. illud*, §. *minus, de trib. act. l. 32. & 150. de verb. sign*. Igitur & ita acceptus fidejussor tenetur, nihil licet supersit ex pignore, quod casus major absumpsit.

#### Ad §. Inter.

*Inter fidejussores actione divisa, condemnatus si defierit esse solvendo, fraus vel segnitia tutoribus, qui judicatum persequi potuerunt damnum dabit: quod si divisam actionem inter eos, qui non erant solvendo, constabit, pupilli nomine restitutionis auxilium implorabitur.*

Si plures sint fidejussores debitoris certissimum est, singulos ipso jure teneri in solidum, ut paulo ante ostendi, sed si omnes præsentes sint & idonei litis contestatæ tempore, habent beneficium divisionis ex epistola D. Adriani, ut in singulos dividatur actio pro virilibus portionibus, quo beneficio utuntur confidejussores etiam pupillum creditorem, ut hic locus ostendit, qui in hanc rem est singularis. Fac igitur, pupillo agente adversus fidejussorem divisam fuisse actionem inter fidejussores in portiones viriles, qui præsentes & locupletes erant, & post condemnationem unum forte ex fidejussoribus, dum tutores creditoris cunctantur & procrastinant agere judicati, desiisse esse solvendo facultatibus eversum, quod plerumque in atomo contingit miseris mortalibus. Hujus inopia & infortunium nihil onerat confidejussorem, quia erat solvendo litis contestatæ, imo & rei judicatæ tempore, sed inopia hujus quæ contigit post damnationem, onerat tutores, quorum vitio factum est, ut ille, dum erat in facultatibus, non exigeretur in tempore: fraus, inquit, & segnitia, id est, dolus & culpa tutorum eis damnum dabit, quod notissimum est. Debent enim tutores præstare dolum & culpam, *l. contractus, de regul. juris*, *l. qui solidum*, §. *etiam, de leg. 2*. Quæro quid sit dicendum, si medio tempore post litem contestatam, ante rem judicatam ille desierit esse solvendo? Et ut respondet, hoc casu fere periculum pertinet ad pupillum ipsum, non ad confidejussores, non ad tutores, quia nihil imputari tutoribus potest, cum ante rem judicatam agere non potuerint, & exigere pecuniam, *l. tutores, in princ. & §. tutores, de adm. tut*. Imo nec restitui in integrum eo nomine pupillus potest, *l. 7. de fidejuss. tut. l. prox. §. pen. sup. hoc tit. Quia*, inquit, *non videtur esse deceptus pupillus, qui jure communi usus est*, id est, qui divisit actionem inter fidejussores, qui solvendo erant litis contestatæ tempore, licet postea desierint esse. At si divisa per imprudentiam fuerit actio inter fidejussores, qui omnes solvendo non erant litis contestatæ tempore, certum est hoc casu pupilli, vel adolescentis nomine implorari posse auxilium restitutionis in integrum adversus divisionem actionis inconsulto factam, quæ fieri non debuit, quia hoc casu minor deerravit a jure communi, qui inter quos non debuit, divisit actionem: Beneficio restitutionis in integrum minori restituitur actio plenior in eos fidejussores, qui solvendo erant litis contestatæ tempore, in locum eorum, qui eo tempore solvendo non erant. Ac præter beneficium restitutionis integra est pupillo vel adolescenti actio in tutores, vel in curatores, si qua eorum culpa arguatur, *l. 3. C. si tut. vel curat. interv*.

#### Ad §. Fidejussores.

*Fidejussores a colonis datos etiam ob pecuniam dotis prædiorum teneri convenit, cum ea quoque species locationis vinculum ad se trahat; nec mutat confestim, an interjecto tempore fidem suam adstrinxerunt.*

In hoc §. ostenditur, fidejussores datos simpliciter in causam locationis a colonis sive conductorib. prædiorum, non tantum videri datos ob pensiones, ut *l. si a colono, inf. h. tit*. sed etiam, ut ait, *ob pecuniam dotis prædiorum*, id est, ob æstimationem instrumenti prædiorum, quod coloni a locatore æstimatam acceperant, ut in *l. 3. sup. loc. cit*. ea lege, ut finita locatione ejus instrumenti pretium reddant locatori. Debet locator agri colono etiam præstare instrumenta, & vasa agri sive colonia necessaria, veluti dolia & alia, quæ enumerantur in *l. sed addes*, §. *illud, sup. loc*. Fac igitur, locatorem prædiorum dedisse instrumenta prædiorum colono æstimata: fidejussores dati a colono non tenentur tantum ob mer-

mercedes, sed etiam ob æstimationem instrumentorum datorum colonis, quæ instrumenta vocantur dotes prædiorum. Et idem Papin. in *l.2. de inst. vel inst. leg.* dicit, ea instrumenta, easve dotes prædiorum Græco vocabulo appellari ἔνδοτα. Recte igitur in Basilic. hic est expressa hujus §. sententia breviter: ὁ ἐγγυητὴς τῦ μισθωτῦ καὶ ἐπὶ ταῖς ἐνδίκαις τῦ ἀγρῦ ἐνέχεται, fidejussor coloni etiam nomine enthecarum agri tenetur. Ideo autem ait, *fidejussores, quos dedit colonus, teneri etiam ob pecuniam dotis prædiorum*, qui dotis prædiorum causa ex locatione nascitur, & locationis vinculum, id est, obligatio, causa locationis hanc quoque speciem ad se trahit sive comprehendit, id est, huic contractui inest, non ager tantum, sed & agri omne instrumentum, omnis dos; veluti, ut locator prædiorum colonis præstet non tantum prædia, sed etiam instrumenta & dotes prædiorum, & coloni reddant finito tempore conductionis, d.§. *illud*, & adjicit Pap. nihil interesse confestim fidejussor intervenerit initio locationis in causam locationis, confestim, sive ex continenti, sive interjecto tempore, sive ex intervallo. Et ita accipiendum est, quod vulgo dicitur, *fidejussorem vel præcedere vel sequi obligationem principalem*, ut nihil intersit, quo tempore præcedat vel sequatur: sicut nihil interest, quo tempore pecuniæ creditæ stipulatio interponatur, confestim, an ex intervallo, *l.3. §. ult. & l.5. ad Macedon. l.6. §. ult. & l.7. tit. prox. inf.*

### Ad §. Ultimum.

*Plures ejusdem pecuniæ credendæ mandatores, si unus judicio eligatur, absolutione quoque secuta, non liberantur: sed omnes liberantur pecunia soluta.*

EX §. ultimo intelligimus rem admodum singularem, differentiam veterem, quæ fuit inter plures fidejussores vel plures reos debendi, & plures mandatores, quam sustulit Justinianus in *l. ult. C. eod. tit.* sed ejus differentiæ vestigium certissimum residet in hoc §. ult. Differentia hæc est: Si sint plures mandatores credendæ pecuniæ, liberum est creditori unum eligere, & convenire in solidum, sicut & unum fidejussorem e multis: nondum est differentia; verum electione unius mandatoris, & litis contestatione, omnes non liberantur, id est, electo uno mandatore, & judicio dictato in eum, neque reus liberatur hoc solo, neque ceteri mandatores, *l.reos, C. eod. tit.* quæ etiam de mandatoribus tantum loquitur, ut hic §. Res ergo ita se habet, electione unius mandatoris sola, & litis contestatione omnes non liberari, id est nullum liberari, nec reum principalem, nec ceteros mandatores, etiam si ille, qui electus est, judicio absolutus sit. Sed solutione demum omnes liberantur, cum satisfactum est creditori. De mandatoribus loquitur Papinianus hoc loco, ut *l.reos*, quoniam aliud erat, quam in mandatoribus, in duobus reis debendi, ut patet ex *d. l. ult.* quoniam electione unius fidejussoris vel unius rei debendi, ut in *l.2. sup. de duob. reis*, etiam non exspectata solutione, protinus ceteri omnes liberabantur. Quæro, quæ sit differentia? Ratio differentiæ, quam nondum me tradidisse memini, hæc est, quia mandatores tenentur judicio bonæ fidei, id est, mandati, quo judicium æquum est, ne ante solutionem liberentur, qui absoluti non sint, ne creditor in damno versetur. At fidejussores & duo rei tenentur stricto judicio, id est, ex stipulatu: diversitas judiciorum constituit differentiam inter mandatores & fidejussores, vel reos debendi: fidejussores & rei debendi tenentur stricto judicio, quo creditor, qui agit in unum omissis ceteris, quia cogit se in angustum strictumque judicium, non potest ea res ei præjudicare. Hæc est ratio differentiæ summe notanda.

### Ad L. XCVI. de Solut.

*Pupilli debitor tutore delegante pecuniam creditori tutoris solvit. Liberatio contigit, si non malo consilio cum tutore habito hoc factum esse probetur. Sed & interdicto, fraudatorio tutoris creditor pupillo tenetur, si eum consilium fraudis participasse constabit.*

SCiendum est, debitorem pupilli recte solvere id quod ei debet, tutori ejus, *l. quod si forte, §. 1. & l. solutam, h. t. & solventem tutori liberari ipso jure, l. sutores, §. tutele, & §. ult. de administ. tut.* liberari ipso jure, etiamsi tutori solverit sine judice. Nam constitutio Justiniani sententiam judicis exigit, non quum tutori, sed quum pupillo solvitur tutore auctore, ut adversus solutionem ita factam, nunquam possit impetrari restitutio in integrum, & debitori, qui solvit, plenissima contingat liberatio & securitas. Et, quod dicitur in ea constitutione Justini, *l. sancimus, C. de adm. tut. & §. ex contrario, Instit. quib. alien. licet*, licere tutori vel curatori debitorem pupilli solvere, sic est accipiendum, debitorem pupilli solutionem facere tutori vel curatori accipienti pupilli vice, cui debitor præsenti pecuniam offert, & solvere in animo habet, atque adeo cui solvit tutore auctore potius quam tutori : quæ solutio, ut in totum debitorem absolvat, & securum faciat, nec per in integrum restitutionem irrita constituatur, Justinian. exigit, ut etiam ea solutio pupillo fiat, vel numeretur pecunia tutori vice pupilli, etiam judice auctore: solutio ita facta non revocabitur, nec beneficio restitutionis in integrum, siquidem facta sit pupillo, ut dixi, & tutore, & judice auctore, videlicet si qua pecunia solvatur pupillo, quæ semel inferenda sit, ut puta, legatum, si pupillo solvatur ex testamento, vel si sors solvatur ex chirographo, vel ex obligatione nominum, ne adversus solutionem hanc detur quandoque minori restitutio in integrum, exigitur a Justin. tum tutoris, tum judicis sententia, atque auctoritas pronuntiantis solvi pecuniam pupillo, si qua pecunia debeatur, quæ semel inferenda sit. Nam ex eadem constitut. reditus, & usuræ, & mercedes locationum, quarum solutio dividi solet pensionibus, puta, ut solvantur vel quotannis vel quot mensibus, vel trino quoque mense, ut sit, hæc ita recte pupillo solvuntur tutore auctore etiam sine judice, & sine periculo & metu restitutionis in integrum adversus solutionem pensionum hujusmodi. Et ratio hæc est: quia grave esset his de causis toties judicem adire. Et ita explicanda est hæc constitutio Justiniani. Hoc cognito, finge: debitor pupilli, cum vellet solvere tutori ejus a tutore delegatus est creditori suo, puta, ut oblatam pecuniam solveret creditori tutoris, & solvit: Quæritur, an liberetur? Et respondet Papin. liberatum videri debitorem pupilli, quia delegante tutore, & mandante solvit creditori tutoris, nimirum, quia tutori solvitur recte, & tutori solutum videtur, cum et solutum est, cui tutor solvi jussit *l. cum jussu, & l. solutam, hoc tit. l. 167. §. qui jussit, de reg. jur.* Verum hanc responso addit Papin. hanc exceptionem: si non malo consilio cum tutore habito hoc factum esse probetur, si cum tutore fraudem non participaverit, ut in Basil. si in ea re non intervenerit dolus malus utriusque, debitoris scil. & tutoris. Nam si dolus utriusque intervenerit, non tantum eo nomine in tutorem est actio tutelæ finita tutela, qua dolus malus vindicatur, cum sit actio bonæ fidei, sed, ut Accurs. sentit recte, ex generali edicto, quod est de minoribus 25. annis, restituetur pupillo pristina actio in debitorem. Et hoc igitur casu, id est, si debitoris dolus, si collusio intervenerit, si in fraudem pupilli id ex compacto egerint inter se debitor & tutor, ut pecunia perveniret ad creditorem tutoris, debitor liberatur quidem ipso jure, qui creditori tutoris solvit mandatu tutoris, sed pupillo restituto in integrum, ex hac causa actione utili debitor conveniri potest, id est, restitutoria actione: non est in plenum liberatus, in quem utilis sive restitutoria actio decerni potest, *l. 5. sup. de restit. in integ.* At quid fiet si dolus (nam superiora sunt apertissima) tutoris intervenerit, non etiam dolus

dolus debitoris Pupilli, qui mandatu tutoris solvit creditori tutoris, si quantum in debitore est, res gesta fuerit bona fide, nullo colludio habito cum tutore, quo casu debitor omnimodo liberatur, nec adversus eum minor restitui potest in integrum: si denique non cum debitore, sed cum creditore suo, cui debitor pupilli bona fide solvit, tutor fraudandi pupilli consilium inierit ei delegato debitore pupilli, quid fiet? Et tunc subjicit Papin. superesse pupillo in creditorem tutoris, qui pecuniam accepit a tutore pupilli, interdictum fraudatorium, si fraudem participaverit, ut posui, cum tutore: potest addi vel actionem Paulianam. Nam utroque remedio revocatur & rescinditur, quod tutor gessit in fraudem tutelæ, sive pupilli, cui ex tutelæ administratione obligatus erat, sicut quod quilibet alius debitor gessit in fraudem creditorum, revocatur actione Pauliana, quæ proponitur in *l. 1. sup. quæ in fraud. credit.* vel revocatur interdicto fraudatorio, quod proponitur in *l. 10. in pr. eod. tit.* de quo etiam fit mentio in *l. si postulante, sup. ad Treb. & l. 1. C. Theodos. de restit. in integrum.* Et inter hæc duo remedia, hæc est differentia. Pauliana revocat dominium rei vel pecuniæ alienatæ in fraudem creditoris, *l. 14. eod. tit. quæ in fraud. cred.* creditor scilicet vindicat, & petit rem alienatam in fraudem suam, esse debitoris, etiam si ea res ei pignerata non sit: Actio Pauliana vindicatio est rei, non qua petat creditor rem suam esse, sed qua petat rem esse debitoris, quam alienavit in fraudem, §. *item si quis in fraudem, instit. de actionib.* Interdictum autem fraudatorium revocat possessionem: interdicta omnia sunt de possessione, non de proprietate: ergo interdictum fraudatorium est de possessione, *l. ult. §. pen. eod. tit.* in illo loco: *possessionem restitui oportere:* Nam quod notandum, tota ea lex ult. sicut & *l. ex iis, & l. Cassius, eod. tit.* quæ omnes sunt ex libro 6. interdictorum Venuleii, æque omnes sunt de interdicto fraudatorio, & licet actionem nominent, tamen intelligunt interdictum fraudatorium, vel actionem in factum ex causa interdicti fraudatorii. Sequitur alia & gravissima differentia, quæ tollit magnas controversias. In Pauliana actione veniunt fructus medii temporis, id est, a die alienationis in diem judicii accepti, quo dictata est actio Pauliana & contestata. Perceptos post acceptum judicium certo certius est venire in condemnationem. Sed de quo dubitari poterat etiam percepti ante acceptum judicium medio tempore post alienationem veniunt in actionem Paulianam, *l. 10. §. per hanc actionem, & §. præterea, eod. tit.* Et ratio redditur in *l. videamus, §. in Fabiana, de usur.* quia prætor id agit data actione Pauliana, ut perinde omnia sint, atque si nihil alienatum esset: ac propterea verbum, *restituas,* quod in ea re usurpat, plenam significationem habet, ut fructus quoque restituantur medii temporis. At in fraudatorium interdictum fructus medii temporis non veniunt: sed ii tantum, qui percepti sunt post judicium acceptum, post litem contestatam, *d. l. ult. §. non solum,* quæ tota est, ut dixi, de hoc interdicto, quia nulla alia ratione possum explicare, & in concordiam adducere cum *l. 10. §. per hanc actionem,* quæ dicit, fructus medii temporis in restitutionem venire, quam si dicam, non utroque loco de eadem actione agi, sed in illo de Pauliana actione, in hoc de interdicto fraudatorio, in quo fructuum exinde tantum ratio habetur, ex quo judicium acceptum est: non retrorsum, sed prorsum secundum regulam propositam in *l. 3. de interdict.* in fructibus restitutoriis ex eo die rationem fructuum haberi, quo edita sunt, non retro, qua regula tantum excipitur interdictum unde vi, *l. 1. §. ex die sup. unde vi,* qui §. est conjungendus cum *d. l. 3.* Excipitur etiam ab ea regula interdictum unde vi, *d. l. videamus, §. in Fabiana.* Totam autem eam *l. ult.* esse accipiendam de interdicto fraudatorio, non tantum inscriptio demonstrat, sed etiam verba §. *non solum,* quæ respiciunt ad verba interdicti fraudatorii proposita in *d. l. 10.* Verba sunt hujusmodi: *Quæ L. Ti-*

tius fraudandi causa in bonis, quibus de ea re agitur fecit, legendum, *in bonis quib. de agitur,* ut in §. *si fraudator d. l. 10. non, in bonis quib. de ea re agitur,* ut Florentiæ, §. inquam, *non solum,* respicit ad ea interdicti verba, dum ait, fructus, qui tempore alienationis solo cohærebant, quia pars sunt rei alienatæ, venire in restitutionem, *quia,* inquit, *in bonis fraudatoris fuerunt,* respiciens ad verba interdicti: medio autem tempore perceptos fructus non venire, *quia,* inquit, *in bonis non fuerunt.* Ex hac distinctione inter actionem Paulianam & interdictum fraudatorium patet & lucet discrimen, quod est inter *l. 10. per hanc, & §. præterea, & l. ult. §. non solum,* quod dirimere nostri nulla ratione possunt, nec expedire possit aliter quisquam, quam separata actione ab interdicto fraudatorio. Verum ad rem, in specie proposita hoc loco, qui debitor erat pupilli ex causa tutelæ, in fraudem pupilli creditori suo jussit solvi pecuniam pupillo debitam, & sciens creditor tutoris eam pecuniam accipit; Si sciens tutor scienti creditori suo, suam vel sibi debitam pecuniam solvisset in fraudem pupilli, & ceterorum creditorum, proculdubio locus esset actioni Paulianæ, & interdicto fraudatorio, *l. 2. & 3. eod. tit.* Et multo magis, si pupilli pecuniam propriam, vel pupillo debitam solverit sciens, aut solvi jusserit scienti creditori suo in fraudem pupilli, locus est iisdem actionibus rei restituendæ gratia. At præterea ex hoc facto etiam in tutorem tanquam in fraudatorem competit actio ex eodem edicto. Nam edicto non tantum datur actio in eum, qui a fraudatore accepit, ut rem alienatam restituat, vel possessionem, sed etiam in fraudatorem ipsum, *l. 1. & l. ult. §. 1. eod. tit.* Ergo ex hoc facto in tutorem pupillo competit actio ex eodem edicto, & in creditorem quoque tutoris, qui fraudem participavit, qui turpiter facit, ut ait *l. si postulante, ad Trebellian.* turpiter fecit, qui fraudem participavit, id est, qui fraudis conscius est, qui cum fraudatore negotiatur, fraudem vero non ipse facit, sed debitor. Ideoque nec de dolo actio unquam fuit in eum, qui quid a fraudatore accepisset sciens, quia dolum ipse non facit, licet turpiter accipiat ab eo, quem non ignorabat esse fraudatorem, aut fraudandorum creditorum animum habere. Et M. Tullius 1. ad Atticum; de actione Pauliana sentit, cum ait, *Creditores Publj Varii egisse cum fratre Caninio de his rebus, quas a Vario fratre ejus dolo malo traditas mancipio acceperat.* Et ideo in *l. 1. quæ in fraud. credit.* dicitur prætorem necessario proposuisse actionem Paulianam: quasi scilicet deficiente alia actione, quia in fraudatorem, & in participem fraudis nulla ex hac causa civilis fuit, aut sane fuit inanis actio in participem, non fuit actio civilis, vel prætoria, quia dolum non fecit: non fuit etiam in fraudatorem, quia bonis fraudator exutus est & spoliatus. Quandoquidem de actione Pauliana danda, vel interdicto fraudatorio nunquam tractatur, nisi quum creditores missi sunt in possessionem bonorum debitoris, eaque distraxerunt, aut mox distracturi sunt; cum in eo res est, tum revocantur alienata in fraudem actione, vel interdicto, non alia ulla actione: deficiebat omnis alia actio etiam in fraudatorem, qui bonis spoliatus est, bonis possessis & distractis: sicut bonis cessis, facta cessione bonorum, aut bonis publicitus debitor liberatur: sed ex eo edicto etiam in fraudatorem datur actio, vel pœnæ causa, ut ait *d. l. ult.* §. *ult.* ut scilicet carcere & vinculis contineatur, quod res non restituat, quas nec restituere potest, qui exutus est omnibus bonis: in fraudatorem est quasi pœnaria actio: electio autem est pupilli vel adolescentis cum quo agat cum tutore vel cum creditore tutoris, quoniam ii duo inter se colluserunt in necem pupilli, delegato debitore pupilli. Hoc quod postremo dixit, probat *l. 3. & ult. C. si tutor vel cur. pup. interv.* Non est illud omittendum, quod Papinianus in hoc responso loquitur de creditore tutoris, qui consilium fraudis participavit, ut in eum pupillo sit actio Pauliana, vel interdictum fraudatorium: nam in creditorem tutoris ignorantem, quid ageret vel moliretur tutor, non actio Pauliana, vel interdictum fraudatorium, quia creditor suum recepit: non ergo id, quod recepit, habet ex causa lucrativa, *l.ult.§.in maritum, eod.tit.l.ex promissione, de oblig. & act.* In eo qui quid accepit ex causa non lucrativa separamus scientem ab ignorante, & ignorantem non teneri dicimus, sed scientem tantum. In eo autem, qui quid accepit ex causa lucrativa, non separamus scientem ab ignorante: uterque tenetur Pauliana actione, vel fraudatorio interdicto, *l.6.§. simili modo, qua in fraud. cred. l. pen. C. de revoc. iis, qua in fraud. credit.* Et hæc sunt, quæ pertinebant ad primum responsum h. l.

### Ad §. Si cum pupilla.

*Si cum pupilla magistratus, qui per fraudem pupillæ tutorem dedit heres extitisset, tutores ejus cum adolescente transegerunt: eam transactionem pupilli ratam habere noluit: nihilominus erit tutorum pecunia liberata, nec tutores contra adolescentem actionem, nec utilem habebunt, qui suum recuperavit. Plane si adolescens pecuniam restituere maluerit, rescisso quod gestum est, actionem utilem in pupillam heredem magistratus accipiet.*

AD 2. responsum illud sciendum est in primis, quod si magistratus municipalis, sive duumvir pupillo per fraudem tutorem dederit minus idoneum, vel si a tutore dato non exegerit cautionem rem pupilli salvam fore, & pupillo aliquid absit ex administratione tutelæ suæ, quod servari non possit a tutore, vel a fidejussore tutoris, vel ab eo, cui quid tutor alienavit in fraudem tutelæ, tum in subsidium, magistratus municipalis pupillo tenetur in id, quod interest actione in factum, quæ eam ob rem dicitur subsidiaria, ex oratione Trajani, *l.pen.C.de magistr. conven.* quæ actio datur etiam in heredem ex dolo, vel lata culpa defuncti magistratus non ex levi culpa, ut vulgo existimatur, *l.2.C.eod.tit.l.4.& 6.sup.eod.tit.* Quod tamen in levi culpa dubitatione non caret, ut alibi ostendi. Ceterum, quia ea actio in factum, quasi pœnalis actio est, ut ait *l.ult.sup. eod. tit.* Ideo æquum est, ut non temere, sed causa cognita, id est, ex causa tantum detur in heredem magistratus, qui tutorem dedit, & omisit cautionem rem pupilli salvam fore, nec bene pupillo prospexit: sicut temere etiam non datur actio in heredem magistratus, qui non curavit postulanti vicino caveri damni infecti ædium vicinarum, quæ vitium faciunt; Ad quam speciem pertinere *d.l. 6. §. magistr. conveniendis,* demonstrat inscriptio legis conjuncta *l.4.§. in eum, & §.ult.sup.de dam.infec.* cujus eadem inscriptio est. Et utraque igitur lex est, non de magistratu, qui omisit cautionem rem pupilli salvam fore, sed de magistratu, qui omisit cautionem damni infecti, quanquam in utroque idem jus sit, & possit, quod de uno dicitur licenter transferri in alterum. Hoc cognito, finge: magistratus per fraudem tutorem dedit pupillo cuidam: magistratui filia puella heres exstitit; jure hereditario pupilla heres magistratus tenetur pupillo jam facto adolescenti actione in factum subsidiaria, qua tenebatur defunctus magistratus. Ideoque ex ea causa tutores pupillæ cum adolescente transegerunt, data ex arca sua adolescenti pecunia certa pupillæ nomine heredis magistratus, pupillam suis nummis liberaverunt tutores; an etiam liberaverunt invitam? Fac eam transactionem non habere ratam; an nihilominus transactione liberatam videri esse intelligitur? Et respondet liberatam videri etiam invitam & detrectantem probare, quod fecerunt tutores ejus nomine, quia scilicet, non possumus quidem inviti deteriorem conditionem facere, ceterum etiam inviti meliorem conditionem facere possumus, veluti soluta pecunia eo invito & verante, *l. solutione, & l.solvere, h. tit. l. solvendo, de neg. gest.* vel supposito expromissore, qui novandi causa in se transferat obligationem debitoris, atque ita liberato debitore invito, eodemque mox supposito expromissore liberato per

acceptilationem, *l. si debitor tuus, h. tit.* vel invito servo data libertate, *l.ult. C. de test. tut.* vel invito domino per servum adquisito lucro quodam *l. etiam, de adquirer. dom. l. quemad. de jure dot. l. servum vetante, de verb. obl.* Utilitatis ratio hoc suadet, ut & beneficia dentur etiam invitis, & nolentibus, & ut in iis non sequamur, quod in similibus causis obtinet, puta, ut donatio, vel legatum non adquiratur invito, ut invito non acquiratur bonorum possessio, ut invito non adsignetur libertus. Propter utilitatem, inquit Varro libris de lingua Latina, dissimilitudines potius, quam similitudines, sequimur; quæcumque usus causa ad vitam sunt adsumpta, in iis utilitatem quærimus, non similitudinem: in donatione & legato, & bonorum possessione & adsignatione liberti est causa, qua causa invito beneficium non quæritur, quia donatio vel legatum, vel adsignatio liberti non intelligitur esse sine facto ejus, cui donatur, legatur, adsignatur sine acceptione ejus, vel admissione. Hæc non fiunt μονομερῶς, sine acceptione, vel agnitione. Illa superiora fiunt μονομερῶς, quia in liberatione non exigitur factum ejus, qui liberatur servitute, vel ære alieno; sed neque in adquisitionibus servorum factum domini, quia sufficit factum servorum. Et placet valde, quod in hanc rem dixit Leo in Novella 102. *duplex beneficium accipere eum, qui cogit beneficium accipere.* In specie igitur proposita res ita est, pupillam tutores sua pecunia etiam invitam liberasse, ac proinde eam pecuniam ei reputare posse contrario judicio tutelæ, *l. 1. §. præterea, & l. ult. de con. tut. act.* vel opposita exceptione doli mali, si pupilla agat directa tutelæ, non habita ratione pecuniæ pro ea solutæ, *l. si opera, sup. de doli except.* nisi forte si quid pupillæ probetur interfuisse eam pecuniam non solvi, *l. cum pec. de neg. gest.* Ex eo, quod ita statuit Papinianus in §. 1. etiam efficitur, non habere tutores in adolescentem, cui solverunt pecuniam, conditionem indebiti, neque directam, neque utilem; *quia adolescens, inquit, suum recuperavit.* Et repetitio scilicet sive conditio nulla est ab eo, qui suum recepit, *l. repetitio, de cond. indeb.* tametsi, ut addit eadem lex, ab alio, quam a vero debitore, nomine tamen veri debitoris solutum sit. Et ad summam res ita se habet: si debitor liberatur, qui solvit pro se, vel pro alio, vel si is liberatur, pro quo solvit, non est conditio indebiti: si debitor non liberatur, ut si non mutata omnino specie tutor, vel quis alius solverit suo nomine per errorem, non pupillæ nomine, locus est conditioni indebiti, *l. si nomine, §. 1. l. si non sortem, §. filiusfam. & §. si decem, l. cum is, §. 1. de cond. indeb. l.5. C. eod. tit. l. qui hominem, §. ult. h. t. de solut.* Nunc quod dicendum, si adolescens, cui tutores solverunt ex causa transactionis malit pecuniam restituere tutoribus, & ex causa aliqua, vel etiam sine causa, restituatur in integrum, quod prætoribus nonnunquam accidit, ut etiam sine causa minores restituantur in integrum, aut supervacua; si igitur adolescens ex causa vel sine causa restituatur in integrum adversus transactionem oblata pecunia, quam acceperat? Et non est dubium, hoc casu adolescenti dari actionem in pupillam heredem magistratus, quod est in fine hujus §. Et utilem actionem, id est, restitutoriam. Omnis actio restitutoria est utilis, rescissa transactione, per quam ipso jure ea actio fuerat extincta, interposita, ut fit, stipulatione Aquiliana, & acceptilatione subsecuta: hoc modo transactio ipso jure perimit omnem obligationem.

### Ad §. Soror.

*Soror, cui legatum ab herede fratre debebatur post motam legati quæstionem transegit, ut nomine debitoris contenta legatum non peteret. Placuit quamvis nulla delegatio facta, neque liberatio secuta esset, tamen nominis periculum ad eam pertinere. Itaque si legatum contra placitum peteret, exceptionem pacti non inutiliter opponi.*

IN hoc §. proponitur species huiusmodi: Pater filiæ forte exheredatæ legatum dedit a filio herede instituto, filia egit de legato actione ex testamento adversus fratrem, & pondum finita lite transegit ea de re ita cum fratre nuda pactione, ut frater ei cederet nomen cujusdam debitoris hereditarii, quod cum erat bonum nomen, & ipsa a lite discederet, & legatum omitteret: nuda pactio est, quia nulla ex parte sumpsit effectum, quia neque frater sorori nomen debitoris delegavit, aut cessit, neque ipsa interposita Aquiliana stipulatione & acceptilatione subsequuta fratrem liberavit obligatione contracta ex legati causa. Re ita gesta, & transacta inter fratres: quæritur, an nominis illius de quo convenit, periculum pertineat ad sororem, forte postea debitore facto non solvendo, everso facultatibus? Et respondet Papinian. periculum nominis pertinere ad sororem, & si pergat legatum petere, aut si repetat legati petitionem, summoveri eam exceptione pacti. Ex quo apparet, quod est summe notandum, pactionem nudam habitam inter creditor accepto & legatarium, etsi non liberet heredem ipsa jure, quia ex pacto nudo neque nascitur obligatio, neque liberatio, transferre tamen periculum ejus rei, de qua pactum conventum est, in legatarium: quod ne novum quidem & iniquum videatur, confirmabo exem lo consimili: oblatio nuda rei, pecuniæve debitæ sine depositione & obsignatione, non liberat debitorem ipso jure, attamen periculum rei pecuniæve oblatæ transfert in creditores, *l. stipulatus sum, de verb. oblig.* Et ita hoc tertium responsum explicandum est, in quo posui initio fuisse bonum nomen debitoris tempore habitæ conventionis, alioquin quodammodo huic responso obstaret lex, quam adducit Accurs. *si cum dotem, §. si mulier, sol. matr.*

### Ad §. Cum eodem.

*Cum eodem tempore pignora duobus contractibus obligantur, pretium eorum pro modo pecuniæ cujusque contractus creditor accepto facere debet, nec in arbitrio ejus ectio erit, cum debitor pretium pignoris consortioni subjecerit. Quod si temporibus discretis superfluum pignorum obligari placuit: prius debitum pretio pignorum jure solvetur, secundum superfluo compensabitur.*

QUI debebat mihi 20. ex duobus contractibus, ex duabus causis, ex stipulatione 10. ex testamento 10. dedit mihi pignus in utramque causam, quod ego pignus jure meo vendidi sexdecim. Quæritur, an sit in arbitrio meo, in quam causam voluerim pignoris pretium, id est, 16. accepto referre? hæc est quæstio hujus §. Et Papin. ita distinguit: aut eodem tempore in utramque causam debitor pignus obligavit, aut discretis temporibus: si discretis temporibus, ut puta, si in causam legati primum obligavit pignus, deinde interjecto tempore ejusdem pignoris superfluum, quod nos vocamus ὑπεροχὴν, *ta plus value*, in causam stipulationis obligavit: hoc casu pignore distracto sexdecim, ut posui, decem imputantur in primum, seu antiquius debitum, & sex in secundum debitum, residuorum quatuor petitione creditoris salva, *l. creditor 2. sup. de reb. cred.* si eodem tempore pignus obligavit debitor in utramque causam, pretium quod redegit creditor ex venditione pignoris, accepto referre debet, ut ait, *pro modo, pro rata pecuniæ cujusque contractus*, id est, ἀναλόγως, ut scilicet imputet in primum debitum octo, & in secundum totidem, quoniam utriusque causæ par summa est: neque enim est in arbitrio creditoris in unam tantum causam imputare pretium pignoris, *quod*, inquit, *debitor consortioni subjecit*, id est, quod simul & communiter obligavit in utramque causam; ratio est elegantissima, & distinctio quoque. Verum valde obstat huic distinctioni, sive responso *l. Imperator §. in iis, sup. hoc tit.* Sententia hujus §. hæc est. Creditor cui debentur usuræ ex stipulatione, & aliæ usuræ ex pacto, ex stipulatione civiliter, ex pacto naturaliter: ex diversis contractibus, ex causa diversorum contractuum etiamsi usurarum quantitates sint dispares, pretium pignoris, ut illo loco ostenditur, imputat æqualiter in utramque causam, non pro rata, ut exempli gratia: si XXIV. debentur ex pacto, XII. ex stipulatione, & pretium pignoris fuit decem & octo, novem pacto imputabuntur, & stipulationi totidem, non pro rata XII. pacto, & VI. stipulationi. Valde videtur obstare §. *in iis, h. t.* Sed res mihi ita explicanda esse videtur, ut dicamus in *d. §. in iis* agi de usuris, quæ diversis temporibus pactæ vel conventæ sunt, quod est certum, & in quas pignus æqualiter obligatum est, non in has usuras pignus totum, in illas ὑπεροχὴν, sive superfluum; & placet omnibus usuris imputari æqualiter pretium pignoris, quod etiam æqualiter constitutum, sive contractum est. Hoc autem loco, nec in prima parte propositæ stipulationis, discretis temporibus pignus contractum est æqualiter, sed in unam causam ad finem sortis integræ; in alteram ad finem ὑπεροχῆς, ergo inæqualiter. Inæqualis causa pignoris & inæqualem imputationem exigit; nec item in secunda parte distinctionis pignus contractum est discretis temporibus, sed uno eodemque tempore. Et ubi contractum, & temporum diversorum par causa est, omnibus summis pretium pro portione imputatur, id est ἀναλόγως, ut ait *l. 8. h. t.* Hinc apparet ratio.

### Ad §. Cum institutus,

*Cum institutus deliberaret, substitutio pecunia per errorem soluta est: ad eum hereditate postea devoluta, causa conditionis evanescit, qua ratio facit, ut obligatio debito solvatur.*

DEliberante herede instituto, debitor hereditarius solvit per errorem substituto, antequam substitutioni locus esset: Indebitum solvit; Quæro, an id, quod solvit condicere possit, quamvis post longam deliberationem, & consultationem heres institutus repudiarit hereditatem, & substituto locum fecerit? Et ait, cessare condictionem indebiti, quia ex eventu apparuit substituto indebitum non fuisse solutum. Denique causa condictionis evanescit, & debitor omnimodo liberatur: nam hæc sunt consequentia: si non est conditctio indebiti, ergo debitor liberatur: cui simile est exemplum, quod ponitur in *l. sub conditione, sup. de cond. indeb. & l. cum is, §. qui hominem, sup. hoc tit.* Debeo tibi aliquid sub conditione, idque tibi per errorem solvo pendente conditione. Indebitum solvo; verum si post solutionem conditio extiterit, non dabitur mihi conditio indebiti, quod ab initio videbatur esse indebitum, quia ex eventu apparuit non fuisse indebitum. Et hic est finis hujus legis. Sequitur *l. 2, rem ratam haberi*, cujus verba hæc sunt.

### Ad L. II. Rem. rat. hab.

*In stipulatione de rato habendo non est cogitandum rei promittendi vel stipulandi compendium, sed quid interfuerit ejus qui stipulatus est, ratum haberi, quod gestum est.*

LEx est valde difficilis. Glossa, & qui ab ea profecti sunt ceteri omnes, in eam adferunt sex interpretationes, nec in qua potius consistant, habent. In omnibus nihil nisi culpæ manifestæ, & intolerabilis, planeque repugnantes verbis auctoris: danda nobis est opera, ut sensus ejus omnibus in facili, & in aperto esse videatur. Sciendum est, rem ratam dominum habiturum, & neminem amplius petiturum, plerumque stipulari eum, qui convenitur a procuratore vero, vel falso nomine creditoris, vel domini, sive conveniatur in judicio, sive extra judicium, ut in *l. interdum, l. amplius, l. si commissa, in fine, l. si sine judice, h. t.* Et interdum etiam is, qui agit, a defensore absentis, eandem stipulationem stipulatur, id est, de rato habendo, atque interponit, ut in *l. 6, & l. 8. §. ult.* illo loco: *vel adversus procuratorem h. t. l. non solum, §. si status, & seq. usque ad finem legis, & l. seq. §. sed & is, de procur.* Et in judicio quidem hæc stipulatio interponitur ex edicto Prætoris, prætoria stipulatio est, *d. l. interdum, hoc tit.* Et causa interponendæ ejus hæc est, ne quis impune sæpius eadem de de re conveniatur, *l. 8. §. ult. hoc tit.* ne rursus dominus vel creditor retractet, quod actum est, *l. non solum, §. est, & casus, de procur.* ne bis idem præstet debitor vel possessor, *l. si fine, §. Julianus, hoc tit.* denique, ut tutiore loco sit, qui contrahit cum procuratore absentis, *l. 12. h. t.* Concluditur autem hæc stipulatio his fere verbis, quod compendii facio: *si creditus vel dominus ratum non habuerit, cujus tu nomine agis aut contrahis, quanti ea res est, tantam pecuniam dabis*, *l. 3. l. 8. §. ult. hoc tit.* Et in multis aliis locis, ubi statim ambigitur, quemadmodum ea verba, *quanti ea res est*, accipienda sint. Sunt enim ἀμφίβολα, & incertam quantitatem continent, ut ait *l. 2. §. incertum, de præt. stip.* Sunt verba πολυσημα. Alias enim referuntur ad veritatem, id est, ad quantitatem veram ejus, quod stipulatoris interest, quod interdum pluris est, quam rei pretium verum & justum, qua de agitur principaliter, *l. 1. de action. empt.* modo inquam, pluris est quod interest, quam verum rei pretium, ut *d. l. 1. modo minoris, l. 9. §. ult. ad exhib.* Et ita quidem hæc verba accipiuntur in actione, quæ ex stipulatione judicio sisti tanti competit, quanti ea res est, *l. 2. §. ult. qui satisd. cog.* & in stipulatione damni infecti, & judicatum solvi, quæ quanti ea res est concluduntur & concipiuntur, *d. l. 2. §. incertam* : & in actione in factum, quæ datur, quanti ea res est in magistratum municipalem, qui non curavit postulanti caveri damni infecti, *l. 4. §. in eum, de damn. inf.* & in actione in factum, quæ datur quanti ea res est in falsum tutorem, ei, qui illo auctore frustra cum pupillo contraxit, *l. 7. §. 1. quod fal. tut. auct.* His actionibus continetur utilitas actoris, & veritas, id est, vera utilitas, sive quod in veritate actoris interest (utilitas, & id quod interest idem est semper ) sive quantitas vera ejus quod ob eam rem actori abest de suo, vel quod lucrari non est: non etiam continetur quantitas quantacunque ab actore æstimata & petita, non pœna. Quantitas quæ egreditur veritatem pœna est. Alias vero hæc verba non referuntur ad id quod interest, sed ad verum rei pretium, ut in actione furti, *l. in furti actione, ff. de furt.* & in actione vi bonorum raptorum, *l. prætor, §. hæc autem, vi bon. rapt.* In quibus actionibus duplatur vel quadruplatur, non id quod interest, sed verum rei pretium, quamvis ita concludantur, quanti ea res est. Itemque in actione ex stipulatione duplæ interposita evictionis nomine, ad quam pertinet *l. 179. de verb. significat.* & in actione in duplum, ex edicto de publicanis, ad quam pertinet *l. 192. eod. tit.* Alias ea verba referuntur non tantum ad id quod interest, quod proprie consistit circa rem tantum, de qua principaliter agitur : sed etiam ad omne quodcunque compendium, & omne damnum etiam, quod extrinsecus actori contingit, ut in *l. 2. §. ult. de eo quod certo loco, de qua dicemus inferius.* Alias ea verba referuntur, non ad rei pretium, non ad id quod interest, vel circa rem, vel extra rem, sed ad quantitatem infinitam, quantumcunque actor æstimarit jurejurando in litem; & ad pœnam etiam, etiamsi nihil reapse actoris intersit, ut si per calumniam egerit, si calumniosam actionem instituerit. Et ita ea verba accipiuntur in actione in factum, quæ datur quanti ea res est: ea sunt verba edicti: *in eum, qui in jus vocatum vi exemit, l. pen. §. 1. ne quis in jus voc.* & in actione in factum, quæ datur in eum, qui jus dicenti non obtemperaverit, etiam si nihil intersit adversarii, *l. 1. §. ult. si quis jus dicenti non obtemper.* Hæ actiones meram pœnam, ut ait *d. lex 1.* non utilitatem, id est, non quanti res ea est, non quanti revera actoris interest, continent, sed etsi nihil actoris intersit, continent quantitatem, quam actor juratus æstimaverit. Varie igitur ea verba in jure accipiuntur. Et inde quæritur, quemadmodum in stipulatione, rem ratam haberi, accipienda sint? Et Papinianus ait hoc loco, in stipulatione de rato, ea verba referri ad id, quod interest stipulatoris ratum haberi, quod actum est; non ad compendium, inquit, stipulatoris vel promissoris; quod minime spectandum esse ait, manifeste compendium se-

parat ab eo, quod interest, ut & *l. Titium, §. altero, & l. qui negotiationem, de administ. tut.* & Theophilus noster, qui separat in *§. plus, de action.* τὸ διαφέρον, id est id, quod interest, ab eo, quod τὸ κέρδος vocat, id est, compendium. Et differentia sive separatio hæc est, quia id quod interest versatur circa rem, qua de agitur: compendium venit extra rem prorsus. Vel aliter: id quod interest, est utilitas, quæ circa rem consistit: compendium est utilitas, quæ consistit extra rem. Exempli gratia, alioquin non posset res intelligi : si a procuratore conventus stipuler, dominum rem ratam habiturum, domino rem ratam non habente, & denuo agente mecum de eadem re, vel pecunia, mea interest ob sumptus quos facio in litem, quam mihi dominus intendit, eosque repeto a procuratore, vel fidejussore ejus, qui cavit de rato: nam hæc cautio satisdatio est; eos, inquam, sumptus repeto actione ex stipulatu de rato, sive me dominus vicerit, sive non, *l. si fine, §. Marcellus, hoc tit.* Sumptibus litis possunt addi sumptus itinerarii, id est, viatica, quæ impendo in jus peregre proficisci coactus vocante domino, qui quod gestum est, ratum non habet, *l. eum, qui temere, de judic.* Et hi omnes sumptus significantur in *l. 18. hoc tit.* his verbis : *prout interfit agentis, quod litigat, quod consumit, quod advocat*, consultores scilicet & patronos. Vel hos sumptus solos repeto actione ex stipulatu de rato, vel præter hos sumptus etiam repeto, quod domino ratum non habenti damnatus solvi, quod addit *d. l. 18. aut quod procuratori solvi.* Qua in re servandæ sunt distinctiones hujusmodi, ut res omnis perspicue intelligatur, ex *d. l. si fine* : Aut falso procuratori solvi, cui nihil mandatum erat. Aut vero : & aut sine judice solvi, aut interveniente judice, nimirum ex sententia judicis. Si sine judice falso procuratori solvi debitum, vel indebitum, nihil refert, & dominus vel creditor ratam solutionem non habuerit, id est, si dominus de eadem re vel pecunia rursus mecum egerit, sive vicerit, sive non vicerit, præter sumptus litis actæ cum domino : repeto etiam actione ex stipulatu de rato id, quod procuratori falso solvi, vel quia indebitum solvi, vel quia, si debitum solvi, ea solutio me debito non liberavit, *l. si quis efferenti, de solut.* sed neque sententia, ut domino agente & superato absolutus sum, me liberavit ab obligatione naturali, *l. 8. §. 1. hoc tit.* Sequitur altera pars distinctionis, si ex sententia judicis debitum vel indebitum falso procuratori solvi, ab eo quidem procuratore non repeto, quod ei per judicatum solutum est, quia soluti ex causa judicati repetitio non est, etiam si maneat obligatio naturalis, *l. cum putarem, famil. ercisc. l. si fidejussor, §. in omnib. mand.* Non repeto, inquam, quod falso procuratori solvi ex sententia judicis, tametsi damnatus tantundem solverim domino ratum non habenti, quod actum est inter me & falsum procuratorem. Id autem, quod domino damnatus solvi, etiam a domino non repeto, qui ratum non habuit, propter eandem rationem, quia soluti ex causa judicati repetitio non est. Id, inquam, a domino non repeto, cui solvi, sed id repeto a falso procuratore ex stipulatione de rato, *d. leg. 18. illo loco : quod damnatus solvit, & l. 3. §. ult. h. t.* Hæc de falso procuratore. Si vero procuratori falso, nihil interest judicio coactus ei solverim, an sine judicio, sine judice: nullo enim casu repeto, quod ei solvi, tametsi dominus solutionem ratam non fecerit, & lite in integrata forte me vicerit, quia jure non potuit me vincere: qui vero ejus procuratori solvi potuit domino condemnari judex, nisi per imprudentiam, vel injuriam, quam æquum non est mihi præstare procuratorem aut fidejussorem ejus, ideoque nec ab eo repeto, quod domino solvi damnatus per injuriam judicis, *d. l. si fine, §. cum autem.* Injuriam quæ mihi facta est, penes me manere, quam ad verum procuratorem, & eundem promissorem de rato transferri, æquius est, *l. exceptione, de fidejuss. l. si per imprudentiam, de eviction.* Denique a vero procuratore ex cautione de rato, quod ei solvi vel domino, non repeto, quia domino solvi per injuriam judicis, & quod ei solvi, jure solvi, sed repeto litis

litis fumptus tantum, quos feci in litem mihi motam a domino. Idemque erit si dominus, qui folutione rata non habita, quam vero procuratori feci, judicio mecum expertus eft, & litem amiferit, quoniam & hoc cafu, quod folvi vero procuratori, non repeto, fed fumptus litis tantum, quos a domino forte fervare non poffum, d.l.fi fine, §. *Marcellus*. His diftinctionibus poftremo addamus hanc regulam; Quotiens a falfo procuratore repeto, quod ei folvi, fimul & id repeto, quod ex re, pecuniave ei foluta, aut circa eam rem medio tempore lucri facere non potui, nec feci, veluti fructus fundi, aut ufuras pecuniæ. Nam in æftimatione ejus quod intereft, non tantum damni dati habetur ratio, fed etiam lucri intercepti, ut generaliter definitur in *l. unica, C. de fenten.quæ pro eo quod intereft profer*. Et fpecialiter in caufa ftipulationis de rato proditum eft in *l.fi commiffa, hoc tit.* dum ait, Commiffam ftipulationem de rato in tantum competere, in quantum ftipulatoris intereft, quod ita interpretatur, id eft, quantum actori abeft, quantumque lucrari potuit, fi dominus ratum habuiffet. Non habetur ratio compendii, quod facere potuit extra rem, qua de agitur, fed ut dixi, lucri, quod circa rem ipfam verfatur, quodve fit ex re ipfa, veluti ufura, aut fructus, aut id quo pluris hodie res ipfa eft, quam fuit eo tempore, quo eam falfo procuratori folvit. Compendium hoc loco pro extrario compendio accipitur, cujus rationem non haberi in æftimatione ejus quod intereft, certum eft. Exempli gratia, fi dicam me ex re procuratori foluta medio tempore potuiffe negotiari, & ingentem quæftum facere, in ftipulatione de rato non habebitur ratio incrementi negotiationis, compendii hujus quod extrinfecus contingere potuit, *l.ult. de peric. & comm. rei vend. l. fi fterilis, §. quum per venditorem, de act. emp.* fed in ftipulatione de rato id tantum cogitandum erit & fpectandum, quod ftipulatoris circa rem ipfam intereft, qua de agitur. Et eleganter in *l. cum per venditorem*, qui eft arx hujus quæftionis, feparat utilitatem, quæ circa rem eft, ab ea, quæ circa rem confiftit, ut & Seneca id diftinguit 1, *de benefic.* Omnia ifta, inquit, *extra rem funt*, ut nec circa rem fint, ut quemadmodum in æftimatione utilitatis, id eft, ejus quod intereft, non habetur ratio damni dati, nifi quatenus quid actori abeft ex re fua, aut fibi debita, ut fi mihi abfit triticum, quod emi per moram venditoris, quod hodie forte pluris eft, quam fuit venditionis tempore, ejus damni ratio habetur in actione ex empto, quæ datur in id, quod intereft, non etiam ratio habetur hujus damni extrarii, fi quod mihi triticum non traderetur, fervi mei fame interirent, aut jumenta, quod damnum confiftit extra rem ipfam quæ veniit, d. §. *quum per venditorem*. Ita vero ut damni, ita in æftimatione ejus quod intereft, habetur ratio lucri intercepti hujus tantum, quod mihi res ipfa, quæ in contentionem venit, fua vi attuliffet, non ejus lucri quod compendium facere potui mercaturis faciundis, excepto uno tantum cafu, qui eft in *l.2. §. ult. de eo quod certo loco*: fi agatur de nautica, five trajectitia pecunia, in quo judicio legitimus modus ufurarum, vel modus legitimus ejus quod intereft, non obfervatur, fed venit omne quodcumque compendium facere creditor potuit, & omne damnum quod cecidit, etiam quod confiftit extra rem : ficut veniunt etiam ufuræ immenfæ & immodicæ, & fupra duplum. In trajectitia pecunia alia eft ratio, quæ nullum fervat modum, propter penfationem periculi graviffimi, quod creditor in fe fufcepit. De hoc autem compendio extrinfeco eft accipiendum, quod ait Papinianus hoc loco : *in ftipulatione de rato non effe cogitandum compendium rei promittendi vel ftipulandi*, id eft, compendium ejus, cum quo agitur ex ftipulatione de rato, qui promifit, de rato, vel compendium actoris, five ftipulatoris : uno verbo, non effe fpectandum compendium rei vel actoris, ut in Bafil. τὸ κέρδος τοῦ ἐναγομένου ἢ τοῦ ἐνάγοντος, lucrum rei vel actoris. Conjunxit utrumque, reum, vel actorem, id eft, promifforem vel ftipulatorem, ut oftenderet ex ftipulatione de

A

B

rato, ftipulatorem neque compendium confequi poffe, quod facturus erat extra rem, fi dominus ratum habuiffet, veluti ex incremento negotiationis, neque etiam confequi poffe compendium, quod promiffor, id eft, falfus procurator fecit extra rem ipfam, quam ab ftipulatore exegit, ut puta, fi promiffor ex negotiatione ejus rei, quam exegit, magnum aliquod emolumentum confequutus fuerit, vel fi fe ea re, vel pecunia liberaverit imminente fibi pœna quadam gravi ex contractu quodam, ut in *l. Imperator*, §. *fi centum, de legat.* 2. Hujus compendii, quod procurator fecit extra rem, quam ei ftipulator folvit vel præftitit in revocanda ea re per actionem de rato, ratio non habetur, nec venit in reftitutionem, quia fatis eft ftipulatori procuratorem reftituere rem ipfam, & quod ex re ipfa ferre & lucrari ftipulator potuit. Et ita hæc lex eft accipienda.

---

Ad L. XX. de Jure fifci.

*Sed revocata pecunia in fidejufforem liberatum utilis actio dabitur.*

SCiendum eft, privilegium fifci hoc effe, ut in exigenda pecunia fibi debita, quemadmodum Paulus ait 5. *Sentent. tit. de jure fifci*, primum locum obtineat ante omnes creditores, chirographarios fcilicet, five perfonales, ut in actione in perfonam potiora jura habeat, & in actione in rem multo magis, id eft, Serviana, ut *l. eos, C. qui pot. in pign.* quia fcilicet fiscus profequitur hypothecam, quam habet ex fuis contractibus omnibus, *l. 2. C. in quibus cauf. pign. vel hypot.tac.contr.* & ex caufa tributorum, *l. 1. C. eod. tit.* non ex omnibus cauﬁs, *l. refcriptum, fup. de pact.* Nam quod dicitur in *l. aufertur, §. fifcus, inf. hoc tit.* fifcum femper habere jus pignoris, fic eft accipiendum femper, ex fuo contractu, non ex omni caufa, fed ex caufa tributorum tantum, vel ex caufa æris fui, five contractus & obligationis fuæ, quod jus fifcale dicitur in *l. 10. fup. de manum*. Sic igitur ftatuamus, fifcum potiora jura habere in actione in perfonam, & in actione in rem, five hypothecaria, & præferri omnibus aliis creditoribus chirographariis in utraque actione, & multo magis in hypothecaria, quam ipfe habet, non creditores, quibufcum contendit : & præferri, inquam, omnibus aliis creditoribus chirographariis etiam antiquioribus, etiam privilegium habentibus adverfus alios poft fifcum, non adverfus fifcum, *l. quod quis, fup. de reb. auct. jud. poff. five privileg. cred.* hypothecariis creditoribus antiquioribus fifco non præfertur : in hypothecis fifcus non habet nifi privilegium, quod ei tempus dedit, quodque dat omnibus, *l. fi pignus, fup. qui potior. in pign. hab.* In hypothecis fifcus habet jus commune, non proprium, aut præcipuum aliquod : At chirographariis creditoribus etiam antiquioribus præfertur, d. *l. quod quis*, ficut & Refpublica quælibet, *l. pen. C. de privil. creditor.* Commune igitur hoc eft privilegium fifci & Reipublicæ. Itaque debitor, qui debet pecuniam fifco, & aliis plerifque creditoribus chirographariis, debet prius pecuniam folvere fifco, quam alii creditori chirographario, etfi forte fifcum prævenerit alius creditor privatus ejufdem debitoris, cui debitor prius folvat quam fifco, ejus pecuniæ, quam folvit quantitatem fifcus pro modo fui debiti, fi ejus interfit, ut puta, fi aliunde fuum fervare non poffit, ei, cui præmature debitor folvit, auferre poteft utili actione in factum jure fui privilegii, *l. 5. C. de privil. fifci*. Idque verum eft omnimodo rejecta diftinctione Papiniani, inter fcientem & ignorantem. Nam Papinianus ignoranti privato creditori, id eft, qui ignoraverit eum, a quo pecuniam fibi debitam accipiebat, & fifci debitorem fuiffe, nolebat Papinianus ignoranti pecuniam auferri a fifco, fed fcienti tantum. Quam diftinctionem hoc ipfo *l.* 11. fecerat & libro quoque 6. fibi conftans, *l.*18. §. *ult. fup.* fed recepta ea diftinctio non eft. Igitur five fcienti, five ignoranti folverit debitor, ei, cui foluta eft pecunia, antequam fifco fatisfactum effet, eadem

C

D

E

dem

dem pecuniæ quantitas, non species eadem a fisco auferri potest actione utili in factum, quasi in rem. Verum post sublatam privato creditori pecuniam a fisco, solutionemque rescissam, creditori restituitur actio vetus, actio utilis scil. in debitorem principalem ex Constitutionibus: sicut rescissa expromissione mulieris, quæ intercessit pro alio, constat ex Senatusc. Vell. actionem restitui in veterem debitorem. Et ita hoc casu revocata pecunia a fisco, quæ soluta prius fuerat privato creditori, creditori restituitur actio utilis in veterem debitorem, in principalem debitorem: atque etiam, ut ostenditur in hac l. 20. in fidejussorem ejus liberatum ipso jure scilicet, sed non omnino liberatum, quia restituitur in eum hoc casu utilis actio: utraque est actio utilis, id est, restitutoria, quia directam solutio consumpsit ipso jure. Proinde utraque est utilis non directa, quæ restituitur, vel in debitorem principalem, vel in fidejussorem ejus, a fisco solutione rescissa; & tamen illa, quæ restituitur in debitorem principalem dicitur actio directa in l. 18. §. ult. Sed videndum est, quo respectu. Dicitur directa per comparationem ejus actionis, quæ in fidejussorem restituitur, quæ non est principalis actio, sed accessoria: illa autem directa, id est, principalis, quia datur in reum principalem. Proinde illo loco directa actio non opponitur utili, sed accessoriæ actioni, sive fidejussoriæ. Ceterum utraque est utilis, & restitutoria: directa & principalis, idem est, sicut directo & principaliter idem, l. ult. de leg.3. §.ult. Inst. quod cum eo, qni in al. potest. Sequuntur duo loci nondum explicati, in quibus ab aliis auctoribus ex eodem libro Papinianus in testimonium vocatur. Unus est in l. 11. §. ususfructus, de pignor.

### Ad §. Ususfructus L. XI. de Pignoribus.

*Ususfructus an possit pignori hypothecæve dari, quæstum est, sive dominus proprietatis convenerit, sive ille, qui solum ususfructum habet. Et scribit Papinianus libro 11. Responsorum, tuendum creditorem, & si velit eum creditore proprietarius agere, non esse ei jus utifrui invito se, tali exceptione eum prætor tuebitur: si non inter creditorem, & eum ad quem ususfructus pertinet, convenerit, ut ususfructus pignori sit. Nam & cum emptorem ususfructus prætor tuetur, cur non & creditorem tuebitur? Eadem ratione & debitori objicietur exceptio.*

Hæc est sententia Papin. ususfructum posse obligari pignori, tam a domino proprietatis, quam ab ususfructuario, a domino plenæ proprietatis scilicet, puta, ut hujus sui ususfructus pignori sit, non proprietatis, ut in l.15. in prin. hoc tit. Dico a domino plenæ proprietatis. Nam dominus nudæ proprietatis, non potest pignerare proprietatem, quæ alterius est, l.6. C. de usufr. In domino proprietatis plenæ dubitabatur, an posset ususfructum pignori vel hypothecæ dare: hac ratione, quia ususfructum pignerando, pignorare videtur, quod non habet, quoque suum non est, l. quod nostrum, sup. de usufr. quia, qui habet proprietatem etiam solidam & integram, jus separatum ususfructus non habet, quia nemini suus fundus servit, l. 5. si ususfruct. pet. l. in re communi, de servit. urb. præd. Sed ut hæc dubitatio submoveatur, etiam dominus proprietatis, qui ususfructum pignori dat, non pignerat servitutem ususfr. quam nec habet in re sua ( ususfructus est jus alienis rebus utendi, non suis) sed pignerat perceptionem & commodum fructuum, factum, non jus. Sicut & fructuarius, qui usumfr. pignerat, an pignerat jus servitutis ususfructus? Minime vero, quia personæ ejus cohæret, ut nec ab ea avelli possit, sed pignerat tantum perceptionem & emolumentum fructuum, l. ususfr. de jure dot. l. si posuisulaverit, §. jubet, ad leg. Jul.de adulter. In fructuario autem dubitabatur, an possit ususfructum pignori dare? hac ratione, quia fructuarius non est dominus fundi, sed tamen & fructuario idem permittitur, quia & usum

fruct. vendere potest, & emptorem prætor tenetur adversus fructuarium, & proprietarium ipsum. Quod autem ex bonis nostris venditionem recipit, & pignerationem recipit, l.9.§.1.hoc tit.l.ult.C.eod.tit.l.an C. res al. geren.non interd.rer.suæ.alien. Ususfructus venditionem recipit, vendente fructuario scilicet, ergo & pignerationem. Quæ ratio, quia cessat in eo, qui nudum usum habet, recte sequitur, usuarium, ut vendere, ita pignerare usum non posse, l. 11. de usu & habitat. Quia in usu nihil est corporis, quod capi possit: in usufructu est commodum fructuum, qui corporales sunt. Itaque nulla ratione usus nudus locari aut vendi, aut pignerari potest: si non vendi, ergo nec pignerari potest, ut contra ususfructus, si vendi, & pignerari igitur. Nec obstat, quod fructuarius non est dominus fundi, quia nec fundum pignerat, aut pignerare potest, l. 6. C.de usufr. Nomine fundi significatur proprietas, sed nomine rei cujusque, nomine jumenti, nomine vasis, vel alterius rei: non jus servitutis, sed perceptionem fructuum, quam jure servitutis in fundo habet; in qua habetur pro domino, l.8.in pr.de reb.auctor.jud.possid. Fructuarius, inquit, etiam dominus esse intelligitur, quæ verba respiciunt ad edictum prætoris de bonis possidendis & distrahendis. In quo dominus nominatur, ut vel Quintiana oratio docet, in qua ex edicto illo, hæc referuntur: *dominum invitum detrucere non placet:* qui vocat dominum non proprietarium tantum, sed etiam fructuarium. Unus est dominus proprietatis, alter dominus ususfructus, & in eadem re quandoque sunt tres, aut quatuor domini, unus dominus proprietatis, alter ususfructus, alius dominus possessionis, alius ἐμφυτεύσεως, vel superficiei, domini nomen latissime manat. Ut igitur emptorem ususfructus, qui emit a fructuario, ita creditorem, cui fructuarius in debiti causam ususfructum pignori dedit, prætor tuetur adversus proprietarium, si agat jus illi non esse invito se utendi fruendi, data exceptione hujusmodi, ut hoc loco proponitur: *si non inter creditorem & fructuarium convenerit, ut ususfructus pignori esset.* Quæ exceptio datur etiam in fructuarium, si a creditore vindicet ususfr. actione negatoria, cui ususfructum ante pignori dedit. Neque huic sententiæ Papiniani quicquam obstat, l. 6. C. de usufr. quæ non negat, ususfructum a fructuario pignerari posse, sed proprietatem. Et res exigit, ut tota ea l. exponatur. Quæstio hæc est, an maritus fundum in dotem datum possit pignerare? Et l. distinguit: Aut mulier dedit in dotem ususfruct. fundi tantum, & tunc maritus non potest fundum obligare, si est proprietatem, quo nomine proprio etiam lex utitur; At si fundum sive proprietatem fundi mulier dederit in dotem, pacto interposito, ut morte mariti soluto matrimonio æstimatio fundi mulieri restitueretur ( non est legendum in ea lege, *eadem possessio*, sed, *ut æstimatio restitueretur*) Denique si proprietas fundi æstimata data sit in dotem, maritus constante matrimonio potest eam pignerare, qua fuit æstimata: si fuisset inæstimata, nec alienare potuisset, nec pignerare ex l.Julia, de fund.dot. Quod manifesto demonstrat, illo loco legendum, *æstimatio*, non per scribiligem, *eadem possessio*. Alter locus est parvi momenti,qui est in l.cetera,§.sed & si quis,de leg.1.

### Ad §. Sed & si quis, L. XLI. de Leg. I.

*Sed, & si quis ad opus Reipubl. faciendum legavit, puto valere legatum. Nam & Papin.lib.11.Responsorum refert, Imperatorem nostrum, & Divum Severum censuisse, eos, qui Reipublicæ ad opus promiserint, posse detrahere ex ædibus suis urbanis atque rusticis, & id ad opus uti quia hi quoque non promerci causa id haberent.*

Certum est ex edicto Vespasiani, ut in l. 2.C. de ædif. privat. Et ex Senatusconf. quod factum est Adriani temporibus, Osilio Aviola, & Cornelio Pansa Coss. ut est in *pr. d. l. cetera de leg.* 1. cautum esse, ne deformetur ruinis urbium aspectus, ne possint legari ea, quæ juncta sunt ædibus, veluti tingna juncta ædibus, marmora, ostia, columnæ, statuæ, regulæ. Nam si valeret legatum, utique detrahenda hæ res essent, & præstandæ legatario, quod esset deforme civitati. Huic Senatusc. Constitutiones addiderunt, ut etiam juncta ædibus non possint detrahi *promercii causa*, id est, negotiationis causa. Addiderunt eædem Constitutiones, ut tamen is, qui promisit se opus facturum Reipub. possit detrahere suis ædificiis, quod jungat operi publico, quod ipse facit : quia id non facit promercii causa, sed ornandi publici ædificii causa, quod ex hoc Papiniani libro refertur in *d. §. sed si quis* : eoque argumento dicitur etiam ad opus Reipub. faciendum posse legari Reipub. vel ei, cui injungitur onus operis publici perficiundi, ea, quæ juncta sunt ædibus testatoris. Et hic est finis hujus libri.

# JACOBI CUJACII J.C.
## COMMENTARIUS
In Lib. XII. Responsorum ÆMILII PAPINIANI.

### Ad L. XXXV. Famil. Ercisc.

*Pomponius Philadelphus dotis causa prædia filiæ, quam habebat in potestate tradidit, & reditus eorum genero solvi mandavit : an ea præcipua filia retinere possit, cum omnes filios heredes instituisset quærebatur. Justam causam retinendæ possessionis habere filiam, quoniam pater prædia, de quibus quærebatur, dotis esse voluit, & matrimonium post mortem quoque patris steterat, respondi : Filiam etiam, quæ naturaliter agros tenuit, specie dotis, cujus capax fuisset, defendi.*

IN hac l. hæc proponitur species ; Pater filiæfam. certa prædia donavit dotis causa ; donatio valet, quæ facta est filiæfam. dotis causa, sicut dotis datio ; alioquin donatio aperte collata in filium, filiamvefamil. non valet : nemo sibi ipsi donat. Et idem esse censetur homo, pater & filiafamil. aut filiusfam. Atque adeo propter vinculum illud patriæ potestatis, quod unum est inter patrem & filia vel filio personam facit, regulariter non consistit donatio inter patrem & filium, filiamvefamil. *l. 11. C. de donation.* In donando autem pater filiæ mandavit, ut prædiorum donatorum reditus marito solveret genero suo, quo plane demonstravit, se ea prædia donare dotis causa, non ut ipsa prædia marito in dotem essent, sed fructus eorum prædiorum. Deinde pater testamento omnes filios, & illam quoque filiam heredes instituit, & vita decessit constante matrimonio filiæ. Quæritur filia cum fratribus veniente ad hereditatem patris ex testamento, an judicio famil. erciscundæ in dividenda hereditate paterna, prædia sibi donata dotis causa retinere possit præcipua, nec teneatur ea conferre in commune ? Et videtur filia non posse ea prædia retinere præcipua extra portionem hereditatis, quia filiæ donata sunt, non in dotem data : dotem præcipuam retineret utique non dubie, quia dotis datio valet a patre quæ sit filiæ, quam habet in potestate. Donationem autem videtur filiam non posse retinere præcipuam, quia nulla donatio est, quæ nec morte patris sola confirmatur, secundum jus, quod obtinuit ante Justinianum, id est, ante *l. donationes, C. de donat. inter vir. & uxor.* Et ante eam legem, donationem a patre collatam in filium vel filiamfamil. nec morte patris, vel silentio solo confirmari patet ex *l. 1. §. 1. ff. pro don. & l. 2. §. ult. inf. pro her.* Et omnino ita se res habet : est una tantum exceptio, nisi appareat patrem in extremum vitæ diem in eadem voluntate perseverasse, *l. pen. inf. de collat. dot. l. si filia cujus, C. famil. ercisc. l. 2. C. Gregor. eod. tit.* Quo casu etiam confirmatur tota donatio officio judicis fam. ercisc. cognoscentis : qui tuetur extremam voluntatem patris, non ipso jure, *d. l. filia*. Aut interdum minuitur donatio etiam officio ejusdem judicis, ut puta, si inofficiosa fuerit, quæ lædat alios liberos, *l. 2. C. de inoffic. donat.* Videbatur ergo hac ratione, filiam prædia sibi donata non posse retinere præcipua, quia non apparebat in eadem voluntate patrem perseverasse. At contra Papinianus existimat, eam donationem, licet nulla perseverantia patris appareat, filiam retinere titulo præcipui vel excipui, quia scilicet non est simplex donatio, sed donatio dotis causa. Alio jure est donatio simplex, alio donatio dotis causa. Donatio simplex non eodem jure est, quo dos. Donationis causa dotis, & dotis idem jus est : & ita legimus aliud esse donationem simplicem, aliud donationem divisionis causa, *l. si filia, §. si pater, hoc tit.* aliud esse venditionem simplicem, aliud venditionem dotis causa, *l. quotiens, ff. de jure dot.* vel pignoris causa, *l. 2. de distract. pignor.* vel divisionis causa, *l. prox. sup. hoc tit.* In specie igitur proposita, ut Papinianus ait, filia justam habet causam retinendæ possessionis prædiorum, nempe causam dotis, speciem dotis, ut ait, cujus filia est capax, quæ non esset capax donationis simplicis propter vinculum patriæ potestatis. Et speciem dotis dicit, ut speciem legati, *l. si filia, §. Papinianus, hoc tit. & l. Mævius, de leg. 2.* & speciem fideicommissi, in constitutione Divi Marci, *de eo, cui libert. caus. bona addic.* quæ est in Institut. Dos fratribus confertur, & communicatur ab intestato, non ex testamento, *l. 3. in pr. de collat. dot. l. si filius, qui mansit, ff. si quis omiss. caus. testam. l. 1. l. 7. C. de collat.* Cur conferatur ab intestato, non conferatur ex testamento, rationem differentiæ perspicuam memini me reddere superiori libro *ad leg. pen. de collat. dot.* Dos ergo non confertur ex testamento, id est, quum patri succedunt fratres ex testamento. Ergo nec donatio dotis causa, quæ pro dote habetur. Et in hac specie filia cum fratribus patri successit. ex testamento, ut posui initio, non ab intestato, & ideo dotem non confert fratribus, vel donationem dotis causa, quæ pro dote est, sed eam filia titulo dotis, specie dotis, præcipuam retinet & possidet naturaliter, ut ait, naturaliter, inquam, quasi res dotales. Uxor domina est rerum dotalium naturaliter, maritus civiliter : domina est, seu possestrix rerum dotalium naturaliter, maritus civiliter, *l. in rebus, C. de jur. dot. l. sciendum, §. si fundus, qui satif. cog.* Non est omittendum huic legi, sive responso Papiniani, quod jam satis explicatum est, derogare Novellam Justin. 18. *de triente & semisse*, quæ etiam ex testamento introducit dotis, & aliorum bonorum collationem inter fratres, qua de causa & in Basilicis hæc lex omissa est. Pergamus ad legem, *cum sex menses, de ædil. edic.*

### Ad L. LV. de Ædil. edic.

*Cum sex menses utiles, quibus experiundi potestas fuit, redhibitoriæ actioni præstantur, non videbitur potestatem experiundi habuisse, qui vitium fugitivi latens ignoravit : non idcirco tamen dissolutam ignorantiam emptoris excusari oportebit.*

LEx est de actione redhibitoria, quæ actio ex edicto Ædilium Curulium datur emptori ob vitium, morbumve rei venditæ, quod latebat venditionis tempore, venditor noverat & reticuerat, emptor ignoraverat. In hoc datur scilicet, ut venditione rescissa, omnia in integrum restituantur, venditor recipiat rem, quam vendidit & tradidit, emptor pretium, quod numeravit ; aut liberetur obligatione ex vendito, si nondum numeravit, & inde redhibitoriæ actioni datum nomen. *Redhibere*, verbum est commune recipientis venditoris, & reddentis emptoris : & contra Plautus in Mercatore dixit: *se redhibere, si non placet*, id est, venditor dixit se recepturum rem venditam, si non placeret emptori, quæ conventio jure recepta est, *l. 6. ff. de rescind. vend.* Et sic dictum est,
red-

*reddere, & redhibere, ut præbere, & perhibere.* Hæc autem actio redhibitoria non est perpetua, sed finitur sex mensibus utilibus, id est, quibus emptori experiundi potestas fuerat, intra quod tempus si non egerit emptor redhibitorio judicio, repellitur præscriptione temporis supradicti, quam præscriptionem sumpserunt ædiles ex legibus Platonis *lib. 11.* Tempus autem illud utile sex mensium, hoc loco Papinianus docet numerari ex die, quo emptor vitium cognovit, ut Plato eodem lib. ἔστιν τις ποδητὴς τῶν τετμημένων: *quum emptor vitium cognoverit,* nec enim tempus utile cedit, aut currit ignoranti, sed continuum tempus tantum, *l. genero, sup. de iis, qui not. inf. l. 2. quis ordo in bon. poss. serv.* Utile tempus est, quo experiundi potestatem habet is, cui actio competit, *l. 1. de div. temp. præscript.* Ignorans autem non videtur habere experiundi potestatem, *l. annus, de calum.* Quod ergo dicitur in *l. sciendum, §. ult. hoc tit.* tempus sex mensium cedere ex die venditionis, non est verum, si latens vitium emptor ignoraverit: puta si ignoraverit servum quem emebat esse fugitivum, vel erronum. Verumtamen, quod eo loco ostenditur, & scribitur in *l. sciendum, §. ult. hoc tit.* si dissoluta & supina fuit ignorantia emptoris, ut puta, si nescierit, quod populus sciebat, si nesciebat παροιμίας, id est, voces de via collectas, dissoluta ignorantia non est ferenda, *l. 6. ff. de jur. & facti ignor.* Dissoluta ignorantia prope scientiam est, *l. si fidejussor, in prin. sup. mand.* Et hoc est, quod ait Papinianus hoc loco, dissolutam ignorantiam vel ignorationem emptoris excusari non oportere.

### Ad L. ult. de Suis & legit.

*Pater instrumento dotali comprehendit filiam ita dotem accepisse, ne quid aliud ex hereditate patris speraret: eam scripturam jus successionis non mutasse costitit. Privatorum enim cautionum legum auctoritate non censeri.*

EX hac l. ult. notandum est, quod si pacto dotali caverit pater, ut filia dote contenta esset, & nihil præterea desideraret ab intestato ex hereditate patris, quæ conventio hodie frequens est, ea conventio non onerat filiam, nec nocet filiæ, non mutat jus publicum, quo ab intestato filia ad hereditatem patris vocatur, quæ mansit in potestate ex 12. tabul. *cautio privatorum,* inquit, *legum auctoritate non censetur,* id est, non habet tantum auctoritatem adversus leges ipsas, & jura publica, quæ est certissima regula juris, nisi quatenus leges permittunt, & cautiones approbant, *l. ult. §. ult. C. de temp. appell.* Valet pactio, ne adversario si condemnetur liceat appellare, ne liceat uti communi auxilio appellationis, quod sic appellatur in *l. 3. §. ult. rem rat. hab.* Commune auxilium appellationis: quia ea lex legum austeritatem ( sic habent omnes veteres ) permittit, aut sinit mitigari inter consentientes, inter convenientes: *pacta justa bene præstant,* ut ait Cicero, & Cornificius, quæ legibus non sunt improbata scilicet; exempli gratia, actionem, quæ ipso jure competit, justi pacti elidit exceptio, hoc est certissimum, & ita pactum juri præstat: hoc autem genus pacti, de quo agitur hoc loco etiam improbatur in *l. 3. C. de collat.* Et hoc Papiniani responsum meo judicio intellexit Imperator in *l. si quando §. 1. C. de inoffic. testam.* dum hanc pactionem improbat, ut filius certis rebus acceptis, a patre contentus sit, nec exheredatus agat querela inofficiosi testamenti, hac ratione reddita; quia meritis magis filii sunt provocandi ad obsequia parentum, quam pactionibus adstringendi. Quam rationem adfert Papiniani responso, & videtur fuisse huic responso subditam, eandemque refert Paulus *4. Sentent. tit. de inoffic. quer.* Non est omittendum, hodie tamen jure Pontificio, hanc pactionem, ut filia sit contenta dote, nec quicquam amplius petat ex bonis parentis, nec quicquam amplius speret ex bonis paternis, justam esse, atque admodum servandam, si modo jurejurando filiæ sit confirmata, *c. 2. de pact. in 6.* Et ita quoque aliud genus pacti, quod uno

*Tom. IV.*

A verbo appellatur a Græcis, pactum ἰσομοιρίας, puta, ut filia, quam pater collocat in matrimonium, ex suis bonis ferat eandem portionem, quam frater, ut ferat æqualem portionem: pactum ἰσομοιρίας, quod improbat *l. pactum, C. de pact.* Leo tamen Imperator postea probavit, & probasse postea intelligo nuper Senatum in *Novell. 19.* Qui etiam in ea testatur nunquam *d. l. pactum,* qua pactum æqualis portionis, æqualis successionis inter fratres improbatur, usu fuisse receptam: non omnia, quæ legibus scripta sunt, vel a Jurisconsultis, vel ab Imperatoribus, usu approbavit.

### Ad L. XXXI. de Donat.

*Donationes in concubinam collatas non posse revocari* B *convenit. Nec si matrimonium postea inter eos fuerit contractum, ad irritum recidere, quod ante jure valuit. An autem maritalis honor & affectio pridem præcesserit, personis comparatis, vitæ conjunctione considerata, perpendendum esse respondi: neque enim tabulas facere matrimonium.*

INitio primi responsi ostenditur, donationem collatam in concubinam valere, nec revocari posse, *l. 3. §. Divus, & l. si prædia, sup. de donation. inter vir. & ux.* Qua in re satis compertum est omnibus, distare concubinam ab uxore. Nam donatio collata in uxorem revocari potest, quasi improbata jure civili, quæ sola differentia non est inter concubinam & uxorem. Nam & ex testamento mariti olim, id est, ante Justinianum uxor solidum capere non poterat, *l. ult. C. Th. de legit. hered.* concubina solidum capere potuit ex amici sui testamento, sive vice conjugis, *l. cum tabulis, §. quoniam, de iis quib. ut indign.* Per leges non licet tam liberalibus nobis esse in uxorem, quam in concubinam. Si liceret esse liberalibus, extemplo profusi & prodigi in eas essemus, quia tanta animi propensio hominibus sanis non est in concubinam, quæ justos liberos non pariat: insani quid agant, non spectant, dantur frena conjugiis, non concubinis, & ut ait *d. l. ult. reprimendus est potius quam incitandus conjugialis favor.* Posset ea ratio differentiæ dilatari, sed nolo, fugiens prolixitatem. Inde quæritur hoc loco, an donatio collata in concubinam, postea fiat irrita, si concubina uxor ducatur: quo genere liberi naturales ex concubina suscepti, fiunt justi liberi, si procedente affectione, ut est in *Institutionibus,* quæ fuit in concubinatu, ducatur in matrimonium. An igitur donatio facta concubinæ irrita fit, si postea uxor ducatur? Quod videtur dicendum secundum opinionem illorum, qui ea, quæ ab initio constiterunt, corrumpi, & irrita fieri putant, quum in eum casum recidunt, a quo incipere non potuerunt. Quæ opinio obtinet in quibusdam casibus, ut *l. existimo, l. si sub una, §. 1. de verbor. obligat. l. pro parte, sup. de servitut. l. 3. de iis, quæ pro non script.* non obtinet tamen in omnibus casibus, ut ait recte *l. pen. §. ult. de verbor. obligat.* non in casu *d. §. ult.* non in casu *leg. si qua, in pr. & l. oratione, in fine, de ritu nupt.* non in *l. 3. C. de interdic. matrim. int. pup.* jure contractum matrimonium superveniens casus non dissolvit, qui ei tamen fuisset impedimento, si extitisset ab initio. Non obtinet etiam in casu proposito: nec enim donatio jure facta concubinæ irrita fit postea, si uxor ducatur. Et ut ait *l. 85. §. 1. de reg. jur.* novum non est hoc, ut quæ semel utiliter constructa sunt, durent, etiamsi casus aliquis extiterit, postea a quo incipere non potuerunt. Et ratio differentiæ inter hos & illos casus, cur iis, quæ initio utilia fuerunt, casus supervenientes aliquo non evanescant, illis evanescant: nunc explicanda est ratio: causa, inquam, hujus differentiæ & varietatis consistit in eo, quod omnibus illis casibus, ex eodem tempore, ea de quibus agitur, vires non accipiunt, sed quædam ex præsenti, quædam ex futuro; & quod id solum tempus intuendum est, ex quo potissimum vires accipiunt, non aliud tempus quodcumque, *l. 22. tit. seq. l. non oportet; de leg. 2. ut in servitutibus adquirendis spectatur tempus,* quo conſtituuntur, non tempus, quod anteceſſit, puta, quo in ſtipulationem deductæ ſunt, nondum conſtitutæ & impoſitæ prædiis, non tempus etiam, quod conſtitutam ſervitutem inſequutum eſt. Quamobrem, quæ initio fuit utilis ſervitutum ſtipulatio, reſolvitur & perimitur, ſi tempore, quo conſtituuntur ſervitutes, caſus aliquis exiſtat, quo in ſtipulationem deduci non potuiſſent, ſi idem caſus extitiſſet ab initio interponendæ ſtipulationis, *d.l.exiſtimo*, *d.l.ſi ſub una*, *d.l.pro part*. Et contra, ſervitutes, quæ jure conſtitutæ & adquiſitæ ſunt, ex accidenti, & poſt facto intercidere non poſſunt, *d. l.pen.§.ult.de verb.obligat*. Et ſimiliter in omnibus adquiſitionibus rerum vel poſſeſſionum tempus ſpectatur, qua eas apprehendimus: hic enim eſt ultimus finis, quem nobis proponimus, ultimus effectus rei, quæ geritur: ac proinde tempus ſpectatur quo eas adquirimus & apprehendimus, non quod antecedit, vel ſequitur: quod rapto vel inſtanti tempore eſt utile, inutile eſt, ſi ex tempore adquiſiti dominii utile non fuerit, ſi finem optatum non habuerit: contra, tempore adquiſiti dominii, quod utile eſt, id neque antecedens, neque ſubſequens tempus corrumpere poteſt, §.*item contra*, *Inſtit.de inut.ſtipul.l.1.§.ult.& l.2.de itin.actuque priv.l.ſi de eo fundo*, §.*pen. de adq. poſſ*. In legatis autem & fideicommiſſis tempus ſpectatur, quo dies eorum cedit, quia ex eo tempore demum vires accipiunt, & ideo, quorum dies ceſſit utiliter, ex poſt facto intercidere non poſſunt: quorum autem dies ceſſit inutiliter, ſane intercidunt, licet teſtamenti tempore utilia fuerint, *l.3.de iis*, *quæ pro non ſcrip. hab*. Neque obſtat huic ſententiæ *l. 5.ſup. ad leg. Falcid*. in qua Pap. ait, *utile eſſe legatum*, *quod utile fuit teſtamenti tempore*, puta in hoc caſu ſcilicet, ſi debitor, quod debet ſub conditione, vel in diem, creditori pure legaverit, licet poſtea debitum purum eſſe cœperit conditione debiti exiſtente ante diem legati cedentem. Quæ ſententia Papin. etiam probatur in *Inſtitutionibus*, a Cajo ſcil. in *tit.de legat.§.ex contrario*. Excipiendus eſt hic caſus hac ratione, quia hujus legati, de quo agit Papinianus in *d. l.5*. dies non cedit prorſus inutiliter, quandoquidem præter actionem creditæ pecuniæ legatario creditori comparatur actio ex teſtamento, ſi malit creditum repetere ex teſtamento quam ex ſtipulatu, vel conditione certi: utilitas quædam eſt in laxiore agendi facultate, *l.cum filius*, §. *variis*, *de leg. 2*. Nec recte ut opinor in hoc caſu a Papiniano diſſenſit, ut certe diſſenſit Paulus in *l.debitor*, *de leg.2*. Nam ea tantum legata, quæ ab initio conſtiterunt, intercidere æquum eſt, quorum dies prorſus inutiliter cedit, non ſi ad aliquid vel tantillum cedat utiliter. Porro in matrimoniis & in donationibus tempus exſtans, five præſens intuemur, quo perficiuntur, non tempus inſtans ſive futurum, quod forte pervenerint in eam cauſam, a qua incipere non poterant, quia ſuo tempore utiliter vires acceperunt, ut in ſpecie hujus legis, & in *d.l.ſi qua*, *& l.orationem*, *de ritu nupt.& l.3.C.de interd. matr. int. pupil*. Illud obſervandum eſt maxime in ſpecie propoſita, eum, qui volebat revocare donationem collatam in concubinam, Juriſconſulto propoſuiſſe duas rationes, quarum utra quærebat revocare donationem poſſet, vel an neutra poſſet. Ac primum hanc adſerebat cauſam revocandæ donationis, quod concubina uxor poſtea eſſe cœpiſſet, quam Papinianus rejicit ſtatim. Aſſerebat & hanc cauſam revocandæ donationis, quod & tempore factæ donationis, cum ea muliere tabulas nuptiales, ſive inſtrumenta dotalia confeciſſet, quam cauſam etiam rejicit Papinianus. Quia tabulæ ſolæ nuptiales matrimonium non faciunt, quod eſt veriſſimum, *l. neque ſine nuptiis*, *C. de nupt*. Matrimonium facit deſtinatio animi, five conſenſus nudus, quem mox abſque dubio etiam ſequitur omnis honor & adſectio maritalis. Concubina v. Paulus dixit, *in Sententiis*, ab uxore ſeparatur ſolo delectu, id eſt, ſolo animo, *l.ult.de concub*. quem utique animum comitetur ſemper honor & dignitas & adſectio plenior, *d.l.cum tabulis*, §.*quoniam*, *l.item legat*. §. *pon. de*

*leg.3.l.8.C.de oper.libert.l.13.de poſtl.& red. ab hoſtib*. Honor, inquam, plenior, five honeſtas matronæ: nam concubina ſi alterius, quam patroni ſui concubina ſit, matrisfa. five matronæ honeſtatem non habet, quamvis concubinatus ſit legitima conjunctio, *l.probrum*, *de ritu nup*. Et recte Lyſias adverſus Eratoſthenem, concubinam cum uxore collatam, eſſe ἐλάττονος ἀξίας, longe minoris dignitatis. An autem mulierem quis habuerit uxoris loco, an concubinæ, ejus animum elegantiſſ. Papinianus ait hoc loco eſſe æſtimandum & perpendendum, facta comparatione utriuſque perſonæ, & conſiderata vitæ conjunctione: nec enim præſumitur ingenuus in matrimonium habuiſſe libertinam, ſed in concubinatum potius: non præſumitur etiam ingenuus ingenuam habuiſſe in matrimonium, quæ corpus ſuum ante vulgo publicaverat, quæ corpus aluerat corpore, *l. in libers*, *de ritu nupt*. nec item eam, cui in domino non detulit honores, & miniſteria congruentia dominæ (ſic vocatur uxor legitima & materfa.) quam menſæ dignatus non eſt, atque cubili, niſi quandoque rei cauſa; quod notatur in cap. *illud de præſumpt*. Spectanda etiam eſt fama & opinio vicinorum, *l. ſi vicinas*, *C. de nupt.& d.cap.illud*: ſicut in agnoſcendis liberis conſtat ſpectari opinionem vicinorum, *l.filium*, *de iis qui ſunt ſui vel alieni jur*. Sola adſectio, quæ iis ſignis & argumentis deprehenditur, ſolus animus nuptias facit, nec quicquam amplius exigitur ad nuptias perficiendas, conſummatur & implentur concubitu, adhibito ritu ſolemni, ut olim ſacrificio facto, ut ſcribit Ulp.in *lib.regul*. & auſpicibus advocatis, ut hodie ſuperveniente ἱεραλογίᾳ, *la benediction*, qua etiam prima eccleſia uſa eſt, & deductione in domum mariti, conſummatur & impletur hoc modo; perficiuntur ſolo conſenſu, ut emptio impletur traditione & numeratione, perficitur nudo ſoloque conſenſu: & ut venditio, ita matrimonium quoque perficitur conſenſu collato in præſens tempus,non in futurum: quam in rem ſunt comparata quaſi formalia, & τυπικὰ verba, *accipis*, *accipio*, ut iis ſimilia, in *cap.9. & pen.de ſponſ.& matr*. & Lombardus 4. diſtinct. 27. & Thomas 3. *quæſt.44*. Hæc verba, *volo, cupio, opto*, vel quæ alia, quæ non ſunt adſinia illis, *accipio, accipis*, non ſunt idonea ad nuptias perficiendas, quia ſunt ſponſalia conſtituenda, quod eſt notandum, quæ fieri debent his verbis: *accipiam, accipies*, *d.cap. pen.cap.3.4. de ſponſ. duor*. Quod omne & catholica eccleſia probat.

### Ad §. ſpecies.

*Species extra dotem a matre filiæ nomine viro traditas*, *filiæ*, *quæ præſens fuit, donatas*, *& ea viro traditas videri reſpondi*, *nec matrem offenſam repetitionem habere*, *vel eas recte vindicare*, *quod vir caviſſet extra dotem uſibus puellæ ſibi traditas*, *cum ea ſignificatione non modus donationis declararetur*, *nec ab uſu proprietas ſeparetur: ſed peculium à dote puellæ adſignaretur: judicem tamen æſtimaturum*, *ſi mater jure contra filiam offenſa*, *eas revocare velit*, *& verecundiæ maternæ congruam*, *bonique viri arbitrio competentem ferre ſententiam*.

IN ſecundo reſponſo hujus legis hæc proponitur ſpecies, Filia nubente mater marito ejus extra dotem, ejuſdem filiæ nomine, quæ præſens erat, tradidit res certas, veluti monilia quædam in honorem nuptiarum, ut addit Paulus 5. *Sentent. eod.tit*. expreſſa ea ſententia Papiniani, quæ proponitur initio hujus reſponſi, filiæ ſcilic.eas res matrem donaſſe, & mox filiam marito eaſdem tradidiſſe videri. *Species*, inquit Paulus, *extra dotem a matre præſente filia genero traditæ donationem perfeciſſe videntur*. Quod, inquam, alii traditæ meo nomine, ego accipere & mox alii tradere videor, *l.141. in fi. tit. ſeq*. Sed in hac ſpecie celeritate conjungendarum inter ſe actionum, id eſt, actuum duorum, una actio occultatur & ſubripitur, ut ait *l.3. §.ult.ſup.de don.int.vir.& ux*. nimirum occultatur donatio & traditio earum rerum, quæ
pri-

primum filiæ facta esse intelligitur: & mox easdem res a filia traditas fuisse marito: celeritate conjungendorum extremorum medium occultatur aut transcenditur, re transacta brevi manu, ut nostri auctores loquuntur, ut Titus Livius 32. *Transcendo medio summis continuatis imis*: neque enim possunt duo extrema esse sine medio, quod vel fingatur, vel intellectu apprehendatur, quod Philosophis notissimum est. Ut autem filiæ extra dotem eas res mater donasse videtur, quas filiæ nomine tradidit marito ejus præsente filia; ita res quas parens suis nummis emit filiæ nomine, aut vir uxoris nomine, filiæ vel uxori donasse videtur, *l.cum hic status,* §. 1. *sup. de don. int. vir. & uxor. l. 4. C. de revoc. don. l. filiæ cujus, C. famil. ercisc.* videlicet si eas ei tradidit, ut *l. 9. C. de donat. int. vir. & uxor.* vel argumento hujus responsi, si eas alii tradidit ejus nomine ea præsente, dixi, extra dotem matrem marito res tradidisse: ideo dixi, extra dotem, quia, quoties causa filiæ nomine marito traditur, ei confestim adquiritur jure tituloque dotis. Quod autem extra dotem marito traditur puellæ nomine, soli puellæ adquiritur donationis titulo pleniore, & vindicari a filia potest, vel peti quandoque actione ad exhibendum, vindicanti causa, *l. si ego, in fi. sup. de jur. dot.* nisi id actum sit, ut in dominium mariti transeat, & quasi contracta fiducia, soluto matrimonio puellæ restituatur. Quo casu puellæ divortio facto condictio earum rerum competit, non vindicatio, nec veniunt etiam hæ res in actionem de dote, *d. l. si ego,* §. *dotis*. In qua ostenditur eas res, quæ juxta extra dotem in usu mulieris παράφερνα appellari, & ut ait, Gallico vocabulo, *peculium mulieris*, quo etiam hodie Aquitani utuntur. Gallico igitur vocabulo hoc loco Papin. utitur, dum res extra dotem filiæ donatas a matre, peculium vocat filiæ. Illud maxime notandum est, quod efficiat præsentia filiæ; hoc enim efficit, ut filiæ mater donasse eas res, & filia viro tradidisse intelligatur, quas mater filiæ nomine tradidit viro, puta, dicendo, hæc tibi tradit filia mea. Qua ratione invenio etiam alteri, qui modo præsens fuerit, nos stipulari utiliter: quia ipsa stipulatus est voce nostra, & ipsi promissum videtur, ac proinde utilem ex stipulatu actionem habet, *l. si procuratori, de verbor. oblig.* Et quod dicitur, neminem utiliter alteri stipulari posse, hoc ita dicitur, si ille alter absit, ut in *l. 3. C. de cont. stipul. l. 3. C. de inutil. stip.* non si præsto sit. Eodemque modo emptor, qui præsenti venditori denuntiavit, ut liti assistat, quæ movetur emptori de proprietate rei emptæ venditæ, *l. si ideo, in fi. sup. de eviction.* ut & formulæ, qua auctor, id est, venditor laudatur, *quand on le somme à garent*: hæc verba demonstrant, *quando te in jure conspicio, postulo an auctor fias, si vous ne prenez proint la garentaige, si tu veux estre garent*. Fit ergo denuntiatio præsenti, facienda est præsenti in personam; *la sommation de garent se doit faire à la personne du vendeur, ou à son procureur luy present*: sed satis videtur etiam denuntiatio præsenti, qui denuntiat procuratori ejus eo præsente, non si eo absente: si eo præsente, denuntiatio valet, perinde atque si in personam ejus facta fuisset, *l. si dictum,* §. *si præsente, de evict.* At persequamur speciem hujus responsi, non dum enim expleta est. Mater parapherna filiæ nomine genero tradidit, filiæ ea donasse videtur, & mox filia tradidisse marito; cavit autem matri, sive socrui gener, se ea parapherna accepisse in usus puellæ. Post offenso animo matris, & alienato a filia, vult ipsa revocare parapherna, quæ tradidit matris; vult ea condicere, aut vindicare hac ratione: quod a se tradiderit tantum in usus filiæ & quasi commodaverit, ut & maritus cavit se ea accepisse nibus puellæ. At Papin. ait, hanc rationem matris non esse idoneam non esse masculam: nam his verbis, *in usus filiæ*, non est impositus modus donationi, non est restricta donatio, puta, ut earum rerum filia domina non fieret, sed ut eis tantum uteretur quamdiu libuisset matri; imo dominium earum rerum videri translatum in filiam; nec his verbis fuisse separatum usum a proprietate, sed sub nomine usus etiam intelligi proprietatem, ut accidit etiam in specie *l. ult.*

*sup. de usufr. earum rer. quæ usu consum.* sed his verbis fuisse separatum peculium filiæ, id est, parapherna a dote, quoniam parapherna sunt, quæ extra dotem mulier in usu habet in domo mariti. Denique his verbis hoc actum est, ut a dote discernerentur parapherna, non ut usus a proprietate. Hac igitur ratione non poterit mater revocare donationem; sed non negat, quin possit eam revocare ex causa ingratitudinis, si nata sit offensio matris ex filiæ injuria, & magna ingratitudine. Vetustissimum jus hoc est, ut donationes revocentur ex causa ingratitudinis, quæ modo probata sit judici, ut *l. pen. & ult. C. de revoc. don.* Et ita si mater judici probaverit ingratitudinem filiæ examinatis meritis filiæ, Judex, ut eleganter ait Papinianus, *debet verecundiæ maternæ congruam, & boni viri arbitrio competentem ferre sententiam. Verecundiam maternam*, dicit, ut verecundia paterna *l. filiusfamil. de castr. pecul.* Quoniam una & æqualis reverentia omnibus parentibus servanda est, *l. 6. de in jus voc.*

### Ad §. Pater qui filiæ.

*Pater qui filia, quam habuit in potestate, mancipia donavit, & peculium emancipatæ non ademit, ex post facto novationem videbatur perfecisse.*

Donatio a patre collata in filiamfamilias, ipso jure non valet, & res donatas interim filiasfamil. habet & tenet, non ut proprias, sed ut peculiares, quia donatio non valet: denique eas habet in peculium consentiente patre: verum ea donatio potest convalescere ex bono & æquo ex post facto, veluti filia emancipata, non adempto peculio, in quo sunt res donatæ, quod etiam probat *l. suæ emancipatis, C. eod. tit.* Constat etiam, eam donationem confirmari officio judicis familiæ erciscundæ, si filia non emancipata, pater moriens in eadem voluntate perseveraverit, ut exposuimus in *l. 1. hujus lib. 12.*

### Ad §. Ejusmodi.

*Ejusmodi lege deposita in æde arca, ut eam ipse solus, qui deposuit, tolleret, aut post mortem domini Ælius Speratus, non videri celebratam donationem respondi.*

Deposita est arca nummaria in æde sacra apud Ædituum vel sacerdotem templi, ut solere fieri ostendit *l. si reus, de procurat. l. ait Prætor, de minor. l. 4. in princ. de statulib. l. 1.* §. *si pecunia, in fi. depos. l. 1.* §. *sin autem, C. de commun. serv. manum.* Solere fieri ἀσφαλείας χάριν, ut addit Dio Chrysost. λόγῳ ῥοδιακῷ: depositum autem ea arca est a domitio ea lege, ut sibi soli redderetur, vel post mortem suam Ælio Sperato; Quæritur, an videatur dominus eam arcam Sperato donasse mortis causa? Respondet, non videri donasse, quia nullum extat argumentum, nulla significatio donationis, aliter quam si Sperati nomine arcam deposuisset, *serva hanc arcam Sperato, l. 6. C. de donat. int. vir. & uxor.* vel si instrumentum donationis in æde etiam deposuisset, quo significasset post mortem suam velle arcam Sperato restitui, quo casu valeret donatio jure fideicommissi, *l. cum pater,* §. *donationis, de leg. 2.* At neutrum horum intercessit in hoc specie, sed lex tantum dicta est Ædituo depositario, ut non alium sinat arcam tollere, quam ipse, vel Speratum post mortem suam. Speratus est adjectus solutionis gratia, non est donatarius: & si forte Ædituus ei, ut potest, etiam invitis heredibus domini restituerit arcam, heredes domini eam a Sperato vindicabunt, quia non intelligitur ei esse donata. Ipse vero Speratus, cum sit adjectus solutionis gratia tantum, repetendæ arcæ in Ædituum nullam actionem habet, *l. 10. de solutionib.* neque dixeris habere utilem actionem depositi ex *l. pen. C. ad exhib.* quia ea *l. pen.* dat utilem actionem depositi ei, cujus res propria ab alio deposita est sub hac lege, ut ei restitueretur: hæc arca, qua de agitur, non fuit Sperati. Neque etiam idem

idem contendas ex *l. Publia, in pr. sup. depos.* quoniam ea lex de filio loquitur, non de extraneo, qualis fuit Speratus. Et species hæc est; Mulier cum proficisceretur ad maritum, deposuit arcam clausam apud amicum ea lege, ut eam sibi redderet, vel post mortem suam filio suo ex alio marito; muliere defuncta intestata, secundo marito nulla dabitur actio repetendæ arcæ nomine, sed dabitur filio ejus: nec enim est novum, ut per parentes filiis etiam parentur utiles actiones, ut satisfiat affectioni summæ parentum. Igitur is solus filius, qui nominatus est, repetet arcam utili depositi; solus, inquam, non coheredes ejus, si plures fuerint filii, qui matri intestatæ heredes exstiterint ex Senatusconsulto Orfit. Quod non ita in extraneo, veluti in Sperato, procedit.

### Ad §. Ultimum.

*Ratæ donationes esse non possunt post crimen perduellionis contractum: cum heredem quoque teneat, etsi nondum postulatus vita decesserit.*

PErtinet hic §. ad id, quod definitur in *l. post contractum, sup. hoc tit.* quæ est valde celebris inter nostros, quod, inquam, ita definitur in ea lege, est ex constitutione Severi & Antonini, cujus etiam fit mentio in *l. ex judiciorum, ff. de accus. l. ult. C. ad l. Jul. majest.* Et ex qua etiam constitutione sumpta est sententia hujus §. Post contractum capitale crimen, donationes factæ ab eo, qui crimen contraxit, non valere, si donatorio condemnatio sequuta sit, *non valere*, habent Pandectæ Florentinæ recte: sed non recte, *nisi condemnatio secuta sit*, cum sit scribendum, *si condemnatio secuta sit, non nisi*: nam vel affirmate legendum est, valere, nisi condemnatio sequuta sit, vel ut in Basil. *non valere si condemnatio sequuta sit*, quod est rectius. Et iu ea constitutione crimen capitale accipere oportet non stricte, ut in *l. transigere, C. de transact. l. ult. C. si reus, vel accus. mort. fuer.* Pro crimine, quod irrogat pœnam sanguinis, sive ultimum supplicium, sed etiam pro crimine, cujus pœna est exilium vel servitus pœnæ, & publicatio bonorum omnium, ut *l. 2. ff. de public. jud.* Certissima autem illa definitio est, donationes inter vivos factas post contractum capitale crimen non valere, & revocari a fisco, si postea ex causa ejus criminis donator condemnatus sit: dico, *post contractum capitale crimen, post reatum*, id est, postquam judicio reus postulatus est: nam etsi, cum nondum reus postulatus esset, is, qui crimen admisit, donationem fecerit, donatio non valet, & revocatur a fisco, si postea reus postulatus, reus factus & condemnatus sit, quia donasse præsumitur suspicione, reatum futuri, pœnæque futuræ, & in fraudem fisci. Ante contractum capitale crimen donationes factæ inter vivos valent, quia factæ sunt sine suspicione pœnam ab innocente, & citra fraudem fisci, *l. 7. tit. seq. l. cum hic status, §. si maritus uxori, sup. de donat. inter vir. & ux. l. res uxori, C. eod. tit.* illo loco: *ante tempus criminis, & in l. 9. §. 1. C. de bon. proscript.* in simili loco: *ante tempus criminis & reatus*: quæ verba in utraque lege desumpta sunt ex *l. 1. C. Theod. de bon. proscrip.* Ergo ante crimen factæ donationes omnimodo valent. Et hoc maxime distant donationes inter vivos a donationibus causa mortis: nam donationes causa mortis, etiamsi factæ sint ante contractum capitale crimen, secuto crimine & damnato donatore non valent, quia donationes causa mortis legatis comparantur: & constat legata capitis damnato testatore irrita fieri, *d. l. 7. tit. seq.* ubi Accurs. recte a donationibus causa mortis excipit donationem: quæ eis simillima est, a viro collatam in uxorem, quia etiamsi ea donatio a viro collata in uxorem donationi causa mortis comparetur, propterea quod donatoris morte sequuta demum compleatur & confirmatur, quæ ab initio non valet, *l. 12. C. ad leg. Falcid. d. l. cum hic status, §. 1.* placet tamen Constantino, eam donationem, quam vir contulit in uxorem, non fieri irritam ( hoc primus voluit Constantinus ) marito ex pœna mor-

tuo aut facto servo pœnæ, *d. l. res uxoris, d. l. 9. C. de bon. proscript.* si modo uxor vidua permanserit: hoc enim uxori dat Constantinus pro præmio pudicitiæ, ut ait. Ergo idem non est dicendum e contrario, si uxor viro donaverit, quod uxor ultimo supplicio postea, aut in metallum damnata fuerit: res enim viro donatas, quasi jure communi irrita facta donatione per damnationem uxoris, per capitis damnationem, viro fiscus aufert, qui & cetera bona aufert uxori, quia hoc casu quum uxor donavit viro, jure communi nominatim derogatum est: nec viduitatis in mare tanta sunt præmia, quanta in femina, quod maxime notandum est. Notandum etiam est supradictæ constitutionis Severi & Antonini locum esse non tantum si per donationem, sed etiam, si quocunque alio modo post contractum capitale crimen res alienatæ sint in fraudem fisci, *l. in fraudem, in princ. de jure fisci, l. ult. C. ad leg. Jul. majest. & d. l. ex judiciorum, inf. de accusat.* ubi alienationibus junguntur etiam manumissiones servorum, quia idem jus est & in manumissionibus factis post contractum capitale crimen, ut non valeant, non competant libertates, si condemnatio secuta sit. Denique idem jus est in alienationibus & manumissionibus; separatio tamen nominum, quæ fit in *d. l. ex judiciorum*, & in *d. l. ult.* atque etiam in *l. prospexit, inf. qui, & a quib. man. lib. non fiant*, & in *l. ult. §. sed quia, C. communia de leg.* demonstrat, manumissiones alienationes omnino non esse, quia scilicet, qui manumittuntur non transeunt in dominium alterius: quatenus tamen manumissi dominio nostro abeunt: recte manumissio comparatur alienationi supradictis locis, & in *l. alieno §. si fideicommissum, inf. de fideicommiss. libertat. l. ult. C. de reb. alien. non alien.* Et tamen in emancipationibus liberorum, quæ fiunt post contractum capitale crimen, idem jus non est, quod in manumissionibus servorum: valent enim emancipationes, quasi studio & affectu liberorum factæ neglectis bonis, quæ per eos adquiri possent, non fraudandi fisci causa, *l. cum quidam, ff. de jure fisci*, & ita explicanda est *l. post contractum*. Male Accursius & alii omnes, excepto Odofredo accipiunt *d. l. post contractum*, esse constitutionem Severi & Antonini, ut post contractum capitale crimen, donationes factæ ante damnationem valeant, etiam si postea damnatio secuta sit; & ut eæ tantum non valeant, quæ fiunt post damnationem. Quæ interpretatio inepta & vitiosissima est, quia nec verba *l. post contractum*, nec lex *ex judiciorum*, nec *l. ult. C. ad l. Jul. majest.* quæ congruunt invicem, hunc sensum admittunt. Et si hic fuisset sensus Imperatorum, non dixissent frustra, *post contractum capitale crimen*, sed, *post condemnationem*. Ac præterea donationes factæ post damnationem, ut non valeant, hoc vero constitutio illa Imperatorum primum non efficit, sed jus vetustissimum hoc est, ut sententia & damnatio statim vires suas exerat, & præoccupet pœnæ conditionem, mortem, servitutem, publicationem bonorum, *l. quod ad statum, l. qui ultimo, inf. de pœn.* hoc non obtinuit, sed constitutio effecit, ut & ante damnationem post contractum capitale crimen donationes factæ inter vivos non valerent, si postea damnatio sequeretur. Et ita solus Odofredus eam constitutionem accepit recte, nihil est evidentius. Addamus constitutioni huic locum esse in omni crimine capitali, etiam perduellionis: nam post contractum crimen perduellionis, donationes factæ etiam non valent, si condemnatio sequuta sit ex eadem constitutione supradicta, *d. l. ex judiciorum, l. ult. C. ad l. Jul. majest.* Sed hoc in crimine perduellionis speciale est, quod accusatio memoriæ & condemnatio sequi potest post mortem ejus, qui crimen perduellionis contraxit, quæ si sequatur etiam post mortem, donationes ab eo ante reatum & damnationem factæ post contractum crimen perduellionis irritæ sunt, quæ est sententia hujus §. *ult.* Et heredibus, qui crimen perduellionis, quo arguitur defuncti memoria, non purgaverint, hereditatem aufert fiscus, *l. ult. inf. ad l. Jul. majest. l. 4. C. de hæretic.* Crimen perduellionis heredes tenet. Item-

que

que crimen repetundarum, & peculatus residuorum, & si qua sint similia crimina, quæ pecuniæ ablatæ persecutionem habeant, *d. l. ex judiciorum* : non quidem, quod notandum, ut memoria damnetur defuncti ex crimine repetundarum, vel simili, quæ damnatur tantum ex causa perduellionis, sed tantum ut & post mortem ejus, qui in ea crimina incidit, exigantur pecuniæ ablatæ, aut pœnæ pecuniariæ. Alia autem crimina nullo modo heredes tenent mortuo eo, qui ea admisit ante damnationem. Est etiam hoc speciale in crimine perduellionis, quod emancipationes liberorum a perduelle factæ post contractum illud crimen non valent, si accusatio & condemnatio sequuta sit vivo eo, vel post mortem ejus, nihil refert, *l. quisquis, §. emancipationes, C. ad l. Jul. majest.* quæ tamen emancipationes valent, si factæ sint post contractum aliud crimen, ut dixi ante. At quæro, quid sit dicendum, si donationes factæ sint ante contractum crimen perduellionis? Et quia Papinianus ait hoc loco: *post contractum crimen perduellionis*, ex contrario significat factas ante crimen esse ratas. Idemque demonstrat *d. l. cum hic status, §. si maritus uxori*, qui §. de donationibus factis ante crimen perduellionis, vel antequam donator sibi mortem conscisceret ob conscientiam sceleris cujusdam, quas si vir alii, quam uxori fecerit inter vivos, valent, non si mortis causa, quia damnationes irritæ fiunt donationes mortis causa, sicut legata, ut dixi supra. Et damnatur æque post mortem, qui sibi turpiter mortem conscivit ductus conscientia sceleris antea acti, & qui quid commisit contra Rempubl. vel contra majestatem ipsius Principis. Recte enim alia scelera dicuntur extingui mortalitate in *l. ult. inf. ad l. Jul. majest.* Mortalitatis nomine significata morte, quam sors, & quodam humana adfert, & mortalis hominum natura. Nam morte sibi adscita nullum crimen extinguitur. At ut ostenditur in *d. §. si maritus uxori*, si vir donationem fecerit uxori quasi inter vivos ante contractum crimen perduellionis, vel antequam mortem sibi adscisceret, donatio non valet, quia instar obtinet donationis causa mortis, cum morte tantum donatoris confirmetur, instar obtinet donationis causa mortis, sive legati, & proinde damnatione irrita fit. Ac postremo hoc est etiam speciale in crimine perduellionis, quod post contractum crimen perduellionis, nec ante nec post reatum, id est, post accusationem, perduelli debitor ejus solvit recte, *l. ult. C. ad leg. Jul. majest.* aut jure ei solvisse non intelligitur, si vel post mortem memoria ejus damnata sit, & interdictum posteris nomen. Et tamen post contractum aliud crimen capitale: imo & post reatum reo debitor bona fide solvit recte, *l. aufertur, §. in reatu, ff. de jure fisci.* Alioquin plerique innocentium, id est, qui postea declarabuntur innocentes, & absolventur, interim necessario sumptu egerent, si suum quod est, non possent recipere jure a suis debitoribus, *l. reo, inf. de solut.* Et hic est finis quæstionis.

#### Ad L. XXXVI. de Liber. Cauf.

*Dominus qui obtinuit, si velit servum suum abducere, litis æstimationem pro eo accipere non cogetur.*

Hæc sententia apertissima est : si dominus servum suum esse petierit liberali judicio, qui erat in possessione libertatis, & vicerit eum, statim veluti manu in eum injecta servum abducere posse, nec cogi pro eo oblatam litis æstimationem accipere, id est, non cogi eum vendere: litis æstimatio est similis venditionis emptioni, *l. 3. pro empt. l. ult. quib. ex cauf. in poss. eatur, l. si propter, ver. amot.* Alio jure est is, cui servus noxæ deditus est sententia judicis, qui quidem postquam dediturus est servus, eum ducere & jure dominii retinere non potest, si servus corrasa pecunia, & quæsita ei offerat æstimationem damni, quia oblata æstimatione damni, sive noxa, quam ei servus fecit, etiam invito eo liber fit auxilio prætoris, §. 1. *Instit. de noxal. act.* quia, & non sua sponte factus est dominus servi deditione, sed magis necessitate quadam noxalis judicii, qui desiderabat tantum sibi damnum, sive noxæ æstimationem præstari, non servum. Qua ratione etiam eleganter Græci utuntur in *l. 8. in fin. sup. de noxal. action.* Si servus communis plurium L. Titio damnum dederit, & Lucius Titius velit agere noxali actione cum uno ex dominis servi, is, quem elegit si velit evitare actionem noxalem, qui in eum daretur, in solidum, debet ante litem contestatam Lucio Titio cedere partem, quam habet in servo: atque ita desinet teneri noxali actione, quia definit esse dominus; ac præterea Lucius Titius etiam adversus ceteros dominos amittet noxalem actionem, quia socius in socium nunquam agit noxali actione ; & Lucius Titius factus est socius ceterorum, adquisita in servum parte dominii : non habet etiam Lucius Titius in socios actionem communi dividundo, ut scil. pro partibus suis damnum sarciant, quoniam damnum, quod dedit servus, sive maleficium servi antiquius est communione, & ideo non venit in causam communionis. Verum *d. l. 8.* concludit, æquius esse Lucio Titio dari actionem communi dividundo, ut pro rata partium sociorum suorum, ei damnum præstetur, quod intulit servus. Et ratio redditur a Græcis elegantissima, æquum esse dari ei communi dividundo, quia non tam factus est dominus sua sponte, quam necessitate judicii noxalis, ἵνα ὢκ ἑκὼν, ἐκ᾿ ἀνάγκα τῆς νοξαλίας, non quæsivit dominium servi sua sponte, sed ex natura judicii noxalis: at qui dominium servi vindicavit, adserens se esse dominum, & obtinuit, non ideo prohibetur servum abducere, quod pro eo offeratur æstimatio, ut illo loco proponitur: & longe est alia ratio hujus atque illius. Et ita vero legatarius cui homo, vel res certa legata est, non cogitur pro ea oblatam æstimationem accipere ab herede, nisi ex justa causa, sed destricte agit, ut sibi ea res ipsa præstetur, quæ legata est, *l. si domus, §. qui confitetur & seq. de legat.* 1. Ac similiter is, qui rem emit, non cogitur pro ea accipere æstimationem, vel quanti sua intereft, sed venditor præcise cogitur ei rem tradere, si ejus tradendæ facultatem habeat : nam & donationem perfectam nuda conventione ex constitutione Justiniani, ipse Justinianus ait, in se habere necessitatem traditionis, quæ necessitas, ne quis cavilletur, est simplex & absoluta, id est, sine exceptione, sine adjunctione. Id vero de donatione est in §. *alia Instit. de donat.* Et quod ait *l. contractus, C. de fide instrum.* venditori impositam esse necessitatem contractum perficere, id est, rem tradere, & implere contractum, vel id, inquit, quod interest emptoris persolvere; ibi *vel*, non facit exceptionem vel adjunctionem; adjunctio exceptio est, quæ fit hoc modo: *necesse est te dedas hostibus, si non vis fame perire*; vel, *nisi mavis fame perire*. Et ita si dixisset, *necesse est venditorem rem tradere, si nolit præstare id, quod interest*, vel, *ni malit præstare id, quod interest* : sane non esset simplex necessitas & absoluta, sed cum exceptione; at quam dicitur, necesse esse venditorem rem tradere, vel præstare id, quod interest, ostenditur, alterutrum esse necesse simpliciter & absolute, prout emptor elegerit, & res tulerit. Et ita nominatim Paulus 1. *Sentent. si id, quod emptum est*, inquit, *neque tradatur, neque mancipetur, venditor cogi potest, ut tradat, vel mancipet.* Placet valde quod ait *l. ult. C. de fideicommiss. libert.* stultum esse judicem, qui damnat in æstimationem eum, qui rei restituendæ facultatem habet, qua de agitur. Neque huic sententiæ, quæ communis est, repugnat, quod ait *l. 1. in princ. de action. emp.* si res vendita non tradatur, agi ex empto, quanti rem habere emptoris interest ; nam quod statim subjicit ; *interdum pluris interesse, quam res valeat vel empta sit*; sane ostendit hoc casu præcipue emptorem, si sapit acturum in id, quod interest, quod pluris est, alioquin si minoris interest, sane acturum præcise, ut venditor rem tradat, cujus tradendæ potestatem habet, & ita ea lex explicanda da eft. His exceptis ex adverfo opponuntur duo alia exempla contraria, unum ex *l. 13. §. ult. de re judic.* alterum ex *l. non cogendum*, §. 1. *de procurat.* Dicamus primum de *l. 13. §. ult.* in ea ait, eum qui promifit damni infecti, verbi gratia, puta prohibere fe, ne in ea re damnum ftipulator patiatur, prohibere fe, ne quod ex ruina, aut vitio ædium, quod ædes faciunt, vel minantur, damnum ftipulator patiatur, fi non faciat quod promifit, fi non prohibeat, non accuret, in pecuniam numeratam condemnari, id eft, in id, quod intereft, ut *l. ftipulationes 72. de verbor. oblig.* nec cogi præcife facere quod promifit. Et ita fervari ait in omnibus faciendi obligationibus, ut promiffor fi defecerit in faciendo, damnetur in id, quod intereft; fed hoc ideo, quia integrum promiffori non eft facere, quod promifit damno jam illato ftipulatori, lapfu ædium forte: at re integra fane ad faciendum compelli poteft, fic ut malit ftipulator: ficut heres ad præftandam rem legatam compelli poteft, nec liberatur offerendo litis æftimationem invito legatario, quia aliud pro alio folvi non poteft invito creditori, *l. 2. §. mutui, de rebus credit.* Præftare facere eft, *l. fi fundum certo die, de verb. oblig.* Et fic heres juffus facere opus Reipubl. non liberatur offerendo pecuniam Reipubl. ut ipfa faciat, *l. 11. §. ult. de legat. 3.* Ac fimiliter donator, ut ante diximus, & venditor rem donatam, aut venditam tradere coguntur. His addatur etiam dominus, qui rem conceffit in feudum, præcife eam tradere cogitur. Et ut nominatim fcriptum eft in 4. *Feud. tit.* 15. dominus feudi non liberatur præftando id, quod intereft. Denique quicunque rem debet, non liberatur offerendo rei pretium, alioquin aperta erit via pœnitudini & perfidiæ poft contractum perfectum cuicunque volenti ab eo recedere invito altero, fi detur poteftas offerendæ pecuniæ pro re debita. Nec verum eft, quod quidam dicunt, incivile effe ad faciendum cogi eum, qui paratus eft fubire litis æftimationem. Quæfo, an eft incivile fuum exigere, atque etiam efflagitare? Quis hoc dicat? & perperam in id adducunt *l. nec temere, C. de jure deliber.* quæ ait, neminem cogi emere, aut donatum accipere, aut hereditatem adire: fic fane, quia in hoc obligatus non eft. Ceterum fi obligatus effet, fane cogeretur, nec poffet frangere fidem contractus. Et obfervandum eft in *leg. 11. 12. & 13. de re judic.* proponi quatuor cafus, quibus alia re, vel caufa in obligationibus deducta, fit condemnatio in id, quod intereft. Primi cafus ratio hæc eft, quia ad diem fieri aliquid convenerat, & factum eo die non eft, quod alio die fieri mihi ftipulatori inutile eft. Idcirco damnatur reus in id, quod intereft, *l. 11.* Secundi cafus ratio hæc eft, quia rei debitæ reftituendæ facultatem debitor non habet, *d. l. 12.* Tertii cafus ratio hæc eft: quia quum quis promifit fatisdare, & fidejufforem dare, nihil in fatisdationis promiffione aliud venire poteft, quam quod intereft ftipulatoris, ex fententia Proculi, *l. 112. & l. feq. §. ult. de verb. oblig.* Quia plerunque difficilis ac moleftæ, ac pene impoffibilis eft præftatio fatisdationis, *l. omnes præterea, C. de epifc. & cler. & l. 6. fup. fi rei plufq. per leg. Falcid.* Et hic tertius cafus proponitur in *d. l. 13. in princip.* id eft, *in parte 1.* Quartus cafus proponitur *in parte 2. in §. ult.* Is nempe quem expofui ante, cujus ratio hæc eft, quia res non eft integra, ut prohibeat quis & arceat damnum, quod datum jam eft, quod erat in obligationem deductum, idcirco neceffario recurritur ad æftimationem pecuniariam. Contextus autem illius *§. ult. d. l. 13.* valde depravatus ita reftituendus eft: *fi quis promiferit prohibere fe, ne quod damnum ex ea re ftipulator patiatur, & faciat; id eft, prohibeat, facit quod promifit, &c.* quæ initio aliter erant propofita; nempe hoc modo, *fi quis promiferit prohibere fe, ut aliquod damnum ftipulator patiatur & faciat,* quoniam non eft fcribendum, *ut aliquod damnum ftipulator patiatur,* fed fcribendum eft, *ne quod ex ea re damnum ftipulator patiatur,* addito femicyclo, five virgula, *& faciat, facit quod promifit; fin minus, quia non facit quod promifit, in pecuniam numeratam* condemnatur. Idque gloffema, quod infertum eft eo loco in Pandectis Florentinis aperte demonftrat his verbis: *ita habeatur.* Proponuntur duæ lectiones in hoc §. Prior falfa eft: pofterior vera, quod gloffema probat, dum ait; *ita habeatur,* hoc eft, *ita legatur: ne quod ex ea re damnum ftipulator patiatur &c.* cui fimile gloffema obfervavi apud Arnobium 3. contra Gentes; *Si tempus,* inquit, *fignificatus hoc nomine Græcorum, ut interpretes autumant, quod χρόνος eft,* illud χρόνος oportet fcribere Latino charactere: *habeatur χρόνοι* charactere Græco: *nullum eft Saturni nomen,* inquit. Illud, *habeatur χρόνοι,* Græco charactere, quod ita fcriptum legi in Bibliothecæ regia gloffema eft, quo emendantur fuperior fcriptura Latini charafteris. Quod idem fæpe efficit in libris Varronis, de re ruftica, quæ fæpe inferta eft & intexta in manufcriptis litera L. ut Victorius teftatur, & legi in eadem Bibliotheca, in qua litera interpretanda multi laborant. Admonemur, ut legamus eo modo, non alio; nam litera illa L. fignificat, legatur. Et hæc de dicta *l. 13. §. ult.* Reftat tantum *lex non cogendum,* §. 1. *de proc.* Lex ait, procuratorem, qui cavit judicatum folvi, quæ cautio, ut fcitis, tres claufulas habet, de judicato faciendo, de re defendenda, & de dolo malo, *l. 6. judicat. folvi*: eum, inquam, non cogi præcife judicium accipere & rem defendere, ex Sabini fententia. Sed fi judicium accipere detrectet, agi poffe ex claufula, five ex ftipulatione de re defendenda, & in eo judicio æftimari, jufta fuerit necne caufa recufandi judicii, ut fi jufta fuerit, reus abfolvatur, quia non fimpliciter promifit rem defendere, fed arbitrio boni viri: & boni viri arbitrio congruum eft, ut invitus rem non defendat, qui juftas caufas excufationis adfert. Atque ita hoc cafu, nec cogitur judicium accipere, nec ftipulatio de non defenfam commiffa effe intelligitur, ut *l. vir bonus, jud. folvi.* Sin autem injufta caufa fuerit recufandi judicii, non cogitur quidem præcife judicium accipere, fed condemnatur, quanti ea res eft ex ftipulatione judicatum folvi. Dico autem hoc Sabinum non fcripfiffe de quocunq; procuratore five defenfore, fed de eo tantum, qui non cogitur defendere, ut patet ex *l. mutus, §. qui non cogitur, de proc.* cui cohæret dicta *l. non cogendum.* Quis vero non cogitur defendere? Is qui non egit alieno nomine: is qui non provocat alium alieno nomine ad judicium: ego non cogor te defendere, fi quis tecum agat, fi non ago cum eo tuo nomine, fi quam fidem fufcepi, eam implere debeo: fidem autem au defenfionem abfentis invitus fufcipere non cogor, fi non ago ejus nomine, *l. invitus, C. eod. tit.* Et fi forte cavero judicatum folvi, Labeo quidem exiftimavit, me præcife compelli poffe ad defendendum, & judicium accipiendum, nifi fi qua caufa mihi jufta effet recufandi judicii, & tractu temporis res actoris non effet peritura, ut quia temporali actione non effet, quam interfit actoris vel conteftari tantum cum defenfore præfcriptionis interrumpendæ gratia. Verior tamen eft Sabini fententia, ut etiam fi caveto judicatum folvi, non cogar judicium accipere, & reum defendere, id eft, litem conteftari, fed agi tantum mecum poffit ex ftipulatione de rem non defenfam. Et ratio Sabini hæc fuit: quia edicto prætoris expreffum non eft, ut ille, qui non cogitur defendere, etiam fi caverit judicatum folvi, judicium accipere compellatur. Verum aliud dicendum eft in eo, qui cogitur defendere abfentem, puta, in eo, qui agit abfentis nomine. Nam fi is quo cum agit abfentis nomine, invicem etiam cum eo abfentis nomine agere velit, & mutuæ petitiones fint, fane edicto Prætoris expreffum eft in *l. fervum,* §. *ait prætor, eod. tit.* eum cogi defendere abfentem, alioquin non admitti ad agendum, *l. mutus, §.pœna, eod. tit. l. actionem, C. eod. tit. l. 1. fup. de novi oper. nunciat.* Defendere autem ille non videtur, nifi caveat judicatum folvi, fecundum quam cautionem a Prætore, poftulante adverfario, cui cavit, diftricte compelli poteft ad judicium accipiendum, litem conteftandam, rem defendendam, etiam fi paratus fit ex ftipulatione judicatum folvi solvi, subire litis æstimationem, & præstare quanti ea res est, nisi justam causam habeat judicii recusandi, aut justa ex causa removeatur a domino, quæ est sententia legis *sed & he*, §. *pen. eod. tit.* quæ videatur pugnare cum *d. l. non congendum*. Verum addamus, etiam eum, qui datus est procurator ad litem defendendam, si dominus pro sciente & consentiente, id est non contradicente caverit judicatum solvi, sane, ut etiam est edicto expressum in *l.* 8. §. *ultim. eod. tit.* eum, inquam, cogi præcise judicium accipere cum illa exceptione, nisi justam causam habeat recusandi judicii; quales multæ proponuntur in *d. l. 8. §. ultim.* & aliquot legibus sequentibus, quæ tamen etsi justæ sint causæ, nullius momenti sunt, quum aliqua est captio actoris propter temporis tractum; quoniam hoc casu, etiamsi justam causam habeat cessandi, omnimodo cogitur judicium accipere, ne actio pereat actori, *l.* 12. *eodem tit.* Quod exemplum Labeo sequebatur etiam in eo defensore, pro quo sciente dominus non cavit judicatum solvi, sed defensor ipsemet, de quo, quod nihil est edicto comprehensum, ideo reprehenso Labeone Sabinus, qui fuit diversæ scholæ, sensit, nullas esse partes prætoris ad compellendum eum rem defendere absciste. Unde apparet, non de quolibet defensore Sabinum loqui. Illud tamen addi oportet, eum quoque defensorem, pro quo nesciente dominus cavit judicatum solvi, proculdubio nec compelli judicium accipere, nec agi cum eo posse ulla actione, quia nihil cavit, neque ipse, neque dominus ipso sciente, sed dominus, qui cavit eo nesciente & detrectante defensionem, ex ea cautione conveniri potest, vel fidejussor ejus, *l.* 14. *eod. tit.*

### Ad L. IV. de Separat.

*Creditoribus, qui ex die, vel sub conditione debentur, & propter hoc nondum pecuniam petere possunt, æque separatio dabitur, quoniam & ipsis cautione communi consuletur. Legatarios autem in ea tantum parte, quæ de bonis servari potuit, habere pignoris causam convenit.*

SCiendum est, edicto prætoris proposito in hoc titulo promitti beneficium separationis bonorum postulantibus creditoribus defuncti intra quinquennium ab aditione hereditatis, ut in *l.* 1. §. *quod dicitur, hoc tit.* videlicet, si heres solvendo non sit, & futurum sit, ut patiatur possessionem & venditionem bonorum. Quo beneficio causa cognita, ut oportet, a prætore concesso, creditores hereditarii separantur a creditoribus heredis, & bona hereditaria a bonis heredis, & in bonis hereditariis creditores hereditarii, id est, creditores defuncti, potiores & soli sunt, ut nec ea attingere possint creditores heredis, nisi si quid adimpletis creditoribus hereditariis, superfuerit ex bonis defuncti, *d. l.* 1. §. *item sciendum, hoc tit.* Sed creditores heredis in suum debitum habent bona heredis, in quorum possessionem herede non solvente etiam mittuntur soli, submotis creditoribus defuncti. Creditores autem defuncti mittuntur in possessionem bonorum hereditariorum, crediti sui servandi causa, ut pro pignore ea habeant, quod pignus prætorium dicitur, quia ex ordine & edicto prætoris constituitur. Atque ita fit duo beneficio separationis bonorum defuncti & heredis, ut unum patrimonium, quod scilicet aditio hereditatis genere quodam fecerat unum, quasi dividatur in duo, & ut una persona, quæ fingitur esse heredis & defuncti, quasi dividatur in duas: hic est effectus separationis. Inter creditores autem hereditarios sive defuncti connumerantur etiam legatarii, quamvis a defuncto eis deberi non incipiat, sed ab herede. Nam & legatarii, quotiens heres non est solvendo, possunt impetrare separationem bonorum, *l. pen. hoc tit.* Eoque referri potest, quod ait *l. hereditariarum, inf. de obligat. & act.* hereditariarum actionum loco haberi actiones legatorum, quamvis ab herede incipiant, non in omnibus causis scilicet, sed in causa separationis bonorum, ut æque eam impetrent causa cognita legatarii, atque creditores defuncti. Docet autem Papinianus hoc loco, etiam hoc beneficium sive commodum separationis dari creditoribus hereditariis, quibus debetur ex die, vel sub conditione, licet nondum pecuniam petere possint: non ergo tantum creditoribus hereditariis, quibus præsenti die debetur, sed etiam iis, quibus ex die vel ex conditione debetur: ergo & iis, quibus legatum est ex die vel sub conditione. Nam, ut diximus, in causa separationis bonorum legatarii connumerantur creditoribus hereditariis, aut loco eorum habentur. Et rationem hanc subjicit Papinian. quia iis creditoribus, quibus debetur ex die, vel sub conditione communi cautione consulitur, quotiens scilicet heres solvendo non est: nam hic est casus, qui tractatur in hoc tit. *Quoniam*, inquit, *& iis cautione communi consuletur*. Quid vocat cautionem communem? vel cautio communis hoc loco accipitur pro prætorio pignore, quod constituit missio in possessionem, vel pro satisdatione de solvendo debito, cum dies venerit, aut conditio extiterit, vel pro utroque remedio pro consequentiis, id est, uno trahente aliud, & consequente. Ac primum quidem in *l.* 6. *supr. quib. ex caus. in poss.* Paulus ait, *creditores conditionales in possessionem bonorum debitoris mitti solere*, quo genere pignus prætorium constituitur, ut dixi, *l. missio, pro empt.* Et vel uno qualicunque creditore missio in possessionem, ea missio sive cautio pignus est, cautionis species, & longe melior cautio, quam cautio personalis, *l.* 25. *de regul. jur.* Ea, inquam, missio sive cautio pignoris omnibus creditoribus prodest, vel uno tantum misso in bona etiam conditionalibus creditoribus, qui in rem sit, & generaliter non in personam, ut *l. cum unus, sup. tit. prox.* Qua de causa Græci eam missionem vocant, την καδολικ νομην των δανειςων, id est, *generalem possessionem creditorum*. Et eadem ratione hoc loco videtur appellari cautio communis, quod innuit etiam id, quod paulo post in *h. l.* Papin. quum de legatariis loquitur, eam cautionem communem ipsis pignoris causam vocare videtur, pignoris prætorii scilicet, non pignoris, quasi ex tacita conventione, quod Justin. dedit legatariis in ceteris rebus hereditariis, *l.* 1. *C. comm. de leg.* Quod tamen Accurs. sensit, quum in ea verba, *pignoris causam*, hoc loco appinxit *l.* 1. *male*, quia Justinianus palam profitetur, se primum esse auctorem dandæ legatariis tacitæ hypothecæ, tacitive pignoris invicem conventi, ut plane Accursio sit necesse longe a vicinia veritatis errare. At quod dicimus etiam cautionem communem hoc loco Papinianum accipere videri pro prætorio pignore, etiam a vero videtur errare, quia creditores conditionales vel in diem: dehinc quum dicam, creditores conditionales, in eam existimare me dicere de iis, quibus debetur in diem. Creditores igitur conditionales idem Paulus, qui scripsit in possessionem mitti solere, *d. l.* 6. ait in *l. pen. eodem*, in possessionem non mitti. Quod sic velim componi & accipi, ut conditionales creditores non mittantur in possessionem cum effectu, quia nec possunt bona ex edicto vendere, antequam dies vel conditio venerit, *d. l. pen. l. Fulcinius*, §. *si in diem, eod. tit.* nec si a debitore prohibeantur venire in possessionem ex decreto Prætoris, in eum habent interdictum restitutorium, de quo in *tit. ne vis fiat ei, qui in possess. missus est*, vel actionem quanti ea res est, quam habent in *l. quibus præsenti die debetur*, si non admittantur ad possessionem, si prohibeantur ingredi possessionem; de qua potissimum actione est *d. l. pen.* nec possunt etiam creditores conditionales interim desiderare caveri sibi de restituendo debito, cum dies venerit aut conditio exstiterit. Hoc enim tantum permittitur officio judicis in judiciis bonæ fidei, etiamsi non alia causa subsit, quæ urgeat, exigendæ cautionis, *l. in omnibus, sup. de judic.* Sed in hoc providentia est, quod possit interim labi facultatibus, *l. quotiens*, §. *si semel, de pecul. l. si constante*, §. *quotiens, sol. matrim. l. quod si in diem, de petit. hered. l. Seja, de mortis causf. donat.*

*donat.* non tantum in judiciis bonæ fidei officio judicis, sed etiam in legatis vel fideicommissis ex die vel sub conditione relictis, de quibus caveri interim sibi recte desiderant legatarii ex edicto prætoris, non officio judicis: ex edicto prætoris, inquam, proposito tuendarum supremarum voluntatum gratia. Eaque cautio legatorum, quæ legatariis ex edicto præstatur, cautio vulgaris dicitur in *l. filiusfamil. §. Divi, de leg.* 1. id est, cautio communis, usitata & ordinaria, eadem forma, qua cautio judicatum solvi dicitur cautio sive satisdatio communis in *l. pen.* quæ est Græca, *de procurat.* κοινὴ ἱκανοδοσία, solita satisdatio in *l. Pomponius, §. sed etsi quis, sup. de procurator.* Quæ una est differentia inter creditores & legatarios, quoniam his cavetur interim, non illis. Et ex ea differentia pendet etiam & proficiscitur altera: quia legatarii conditionales, si eis non caveat heres, effectu mittuntur in possessionem bonorum, ut si res exegerit, etiam bona vendantur. Creditores autem, quum eis interim caveri non oporteat pro solvendo debito, non est consentaneum non cavente debitore, quasi debitoris contumaciæ coercendæ causâ, quæ nulla est, mitti in possessionem bonorum. Solent mitti, ut ait *d. lex 6. mos hic est,* non jus, quia frustra mittuntur, cum & non admitti impune possint, & sequi venditio non possit, antequam conditio extiterit. Unus tamen casus est, quo non frustra mittuntur in possessionem pendente conditione: hic casus tractatur in hoc titulo: si heres debitoris solvendo non sit, si suspectus sit conditionalibus creditoribus & aliis omnibus; hoc enim casu ex edicto prætoris pro solvendo debito, etiam conditionalibus creditoribus cavere heres debet, ex edicto, inquam, prætoris in hunc casum composito, de quo in *l. si creditores, sup. tit. prox.* Aut, ut ibidem ostenditur, si heres cavere recuset, pignus prætorium constituitur cum effectu, missis creditoribus in possessionem bonorum hereditariorum. Ac postea ex ordine distractis bonis, atque in hanc rem & finem, ut ostendit hoc loco Papinianus, separatio bonorum postulatur, ut separatim fiat missio, separatim venditio: Quia hoc casu, id est, quum heredis bona solvendo non sunt, etiam conditionalibus creditoribus jure, nedum præsentibus, communi cautione consulitur, id est, cautione solvendæ pecuniæ suæ die, qua non præstita consequatur prætorium pignus, ex *d. l. si creditores.* Sed & hoc casu alia differentia existit inter creditores & legatarios, quam hoc loco Papinianus indicare voluit. Differentia hæc est: creditores defuncti bona, quæ separaverunt beneficio Prætoris possident universa, atque distrahunt in solidum debitorum; legatarii autem, quum iis concurrunt, id tantum habent in causam pignoris prætorii, non præstita cautione vulgari; & id tantum distrahunt quod, absolutis creditoribus defuncti, superest ex bonis defuncti, si quid superest, *l. pen. hoc tit.* quod ex bonis defuncti servari potuit post impletos & absolutos creditores defuncti. Et ratio est evidens, quia legata non debentur, nisi deducto ære alieno, id est, postquam satisfactum est creditoribus defuncti. Quod & *l. Falcidia, & Senatusconsul. Pegasiano* expressum fuisse probat *l. 1. §. hæc verba : Si quis plus quam per leg. Falcid. & l. successores, C. ad leg. Falcid.* si quod superest, sufficiat legatariis, solidum adquirent, si non sufficiat, portionem tantum adquirent, ut ait *d. l. pen.* Non lex Falcidia tantum, sed & æs alienum minuit legata, aut sane nihil omnino adquirent, si nihil superest, & evanescent legata. Et ista interpretatione hujus legis, totiusque quæstionis, nihil est enucleatius. Non est prætereunda insolens illa loquutio Papiniani, *creditoribus, qui debentur ex die vel sub conditione,* ut in Florentinis scriptum est, non male. Ea scilicet forma, qua solvi creditores dicuntur, quum eis pecunia solvitur, & a Papiniano deberi dicuntur, quum eis pecunia debetur, & nihil est prætera. E responsis libri 12. quæ nobis supersunt restant tantum duo, quæ sunt in *l. 3. rem rat. hab.* In priore est negotii aliquid, in posteriore nihil. Prioris species hæc est.

## Ad L. III. Rem rat. hab.

*Cum minor xxv. annis, creditor pecuniam recuperare vellet, interpositus procurator debitori de ratum habendo cavit: restitutione in integrum data, neque indebiti conditionem, neque stipulationis committi constabat. Idemque eveniret si falsi procuratoris actum minor annis ratum habuisset. Et ideo ita cavendum erit, præcedente (quidem) mandato, si ille in integrum restitutus fuerit, heresve ejus, aut is, ad quem ea res, qua de re agitur, pertinebit, quanti ea res erit, tantam pecuniam dari, mandato vero non interveniente, vulgaribus verbis de rato habendo. Hæc quoque prudentius inter consentientes adstringentur, alioquin si non conveniat, nec creditor minor consentiat, actionem dari oportebit. Falsus procurator de ratum habendo cavit, atque ita dominus a sententia judicis procuratore victo provocavit: stipulationis defecisse conditionem, apparuit, cum ad auxilium commune superatus confugisset. Quod si dominus, qui ratum non habuit, pecuniam exegerit, stipulatio de rato committetur in eam pecuniam, quam dominus accepit, quamvis nihil procurator accepit.*

CReditor minor xxv. annis, cum pecuniam sibi debitam reciperare vellet, debitore parato eam solvere, procuratori in eam rem specialiter constituto mandavit, ut eam pecuniam reciperet: minor quidem non potest facere procuratorem ad agendum in judicio sine curatoris auctoritate, *l. neque, C. de proc.* quia nec ipse potest agere sine curatoris auctoritate: actorem non facit, qui ipse agere non possit, *l. liberto, §. pen. de negot. gest.* Libertum non facit, qui ipse liber non est, *l. qui pœna, de manumiss.* At minor xxv. annis, extra judicium minor, ad se pertinent, exceptis paucis, gerere & administrare potest sine curatore, quem etiam invitus non accipit in res suas omnes generaliter. Ita etiam extra judicium potest procuratorem facere, non adhibito curatore, Et in summa, quod per se potest, & per procuratorem potest, quod non per se, nec per procuratorem. Recte igitur procuratori mandavit, ut oblatam a debitore pecuniam reciperet, quod & procurator fecit, debitore incerto vel ignaro de mandato præstita cautione de rato. Pecuniam autem exactam pertulit ad dominum minorem xxv. annis, dominus accepit: *post acceptam pecuniam,* ut & in Basilicis expressum est: κατὰ τὸ λαβεῖν τὸ χρέος, minor eam pecuniam perdidit & restitutus est in integrum adversus solutionem mandatu suo procuratori factam, qui quidem procurator, ut dixi, debitori caverat de rato in recipienda pecunia ex conventione scilicet. Sicut quum res inter debitorem & procuratorem agitur extra judicium, cautio interponi in *l. interdum, inf. hoc tit.* solere interponi cautionem de rato habendo ex conventione, cum jam ex edicto prætoris. Ex hoc facto pendet quæstio hujusmodi, an debitori, restituto minore in integrum, competat condictio indebiti adversus minorem, vel adversus procuratorem, si forte omissa sit, stipulatio de rato, quia si interposita sit, ut proponitur, condictio indebiti perimitur, *l. si sine judice, hoc tit.* vel an debitori competat actio ex stipulatione de rato, quæ interposita est adversus procuratorem? Et respondet Papinianus, neutram competere, nec condictionem indebiti, non interposita stipulatione de rato, non competere conditionem indebiti, quo debitor liberatur, qui vero procuratori solvit, *l. 6. §. Celsus, de condict. indeb.* liberato conditio non datur: & eadem ratione non competere debitori actionem ex stipulatu, quia liberatus est, quia solutio suum effectum habuit; liberatus est etiam, minore postea ratum non habente, quia ratihabitio non consideratur in eo, qui mandavit, *d. §. Celsus.* Et hoc amplius, quia pecuniam exactam a procuratore recepit: ac præterea, si non interposita stipulatione de rato, condictioni indebiti locus non est, nec eam stipulationem interpositam committi placet, quia in locum condictionis interponitur, *l. si sine judice, & l. ultim. in fine, hoc tit.* Et consequentia semper hæc sunt, non competeret conditio indebiti, si omissa esset

esset stipulatio de rato: ergo si interposita sit stipulatio, committitur. Et cum hoc scripsisset Papinianus de vero procuratore, qui mandatum habet, addit statim, idem evenire in falso procuratore, qui mandatum non habet, ut scilicet si interposita cautione de rato, pecuniam debitam minori xxv. annis exegerit, & minori restituerit: atque ita accepta pecunia minor solutionem ratam & gratam habuerit, & post pecunia deperdita inconsulto, adversus solutionem & ratihabitionem in integrum restitutus fuerit beneficio ætatis, neque debitori indebiti condictio competat, quo casu alias solet competere, neque actio ex stipulatu de rato, eadem ratione, quia debitor liberatus est, quia solutio quam ratam habuit dominus, effectum habuit semel. Quamobrem Papinianus suadet, ut debitor, si in hunc casum, quo minor restituitur in integrum, sibi cautum esse velit, atque prospectum, stipulationi de rato, quam de vero procuratore, qui mandatum habet in solvenda pecunia, creditori minori debita, stipulatur, adjiciat hanc clausulam verbis solemnibus stipulationis de rato: *si ille in integrum restitutus fuerit hæresve ejus, aut is ad quem ea res, qua de agitur, pertinebit, quanti ea res erit, tantam pecuniam dari*. *Aut*, inquit, *is ad quem ea res pertinebit*: recte Accursius, veluti bonorum possessor aut fideicommissarius Trebellianus. Nam & is successor minoris in integrum restitui potest, *l.6.sup.de in integr. restit.* Et observandum est in hac clausula nova, omnem successorem universi juris significari, non successorem rei, veluti emptorem, aut donatarium, aliter quam in vulgari & solemni stipulatione de rato, in qua his verbis: *Ratum habiturum eum, ad quem ea res pertinebit, l. si sine §. si in stipulatione, l. procurator, hoc tit.* continetur etiam emptor, *l.16.§.ultim.hoc tit. & omnes venientes a domino personæ, l.8.§.ultim.hoc tit.* Et similiter mandato minoris non interveniente, & falsi procuratoris, qui pecuniam exegit actu comprobato a creditore minore xxv. annis, propter incertum restitutionis in integrum, ut loquitur lex *si Titius, sup. de fidejuss.* consultius est vulgari stipulationi de rato, eandem clausulam addere, *si ille in integrum restitutus fuerit, &c. mandato*, inquit, *non interveniente, consultius & prudentius est vulgaribus verbis stipulationis de rato, illam quoque clausulam addere, adstruere*, id est, adnectere inter consentientes, inter convenientes, ut & nonnisi ex conventione, quum solvitur procuratori extra judicium, omnis hæc stipulatio interponitur, *d. l. interdum*. Et ex hac quidem clausula, *si ille in integrum restitutus fuerit, si post ratihabitionem minor restituatur in integrum*, vel successor ejus, stipulatio committitur in id, quod stipulatoris, id est, debitoris, interest, quod si omissa sit hæc clausula, si in hunc casum sibi non prospexit, ut consulit Papinianus & suadet: & hactenus quidem ratio sunt satis aperta in hoc responso. Quod sequitur in fine hujus responsi, *alioquin si non conveniat, nec creditor minor consentiat*: omnibus obscurissimum videtur, etiam ea verba obscurissime interpretantur, maxime ab Accursio, cujus tamen mentem Doctorum commentarii satis declarant. At si vis perspicua haec verba intelligere, mitte argutias, consectare simplicitatem. *Veritatis, ut inquit Seneca Trag. simplex oratio est. Alioquin* hoc loco non significat absurdum, vel contrarium, sed diversum, quasi mutata specie, scilicet accipitur pro *ceterum*, ut saepissime in his libris. Hoc igitur vult Papinianus, *ceterum, si non conveniat, quod non est, si non adstruatur, & connectatur illa clausula, si ille in integrum restitutus fuerit, sed si non conveniat*, id est generaliter, si vulgaris stipulatio de rato prorsus omittatur, quæ interponi solet ex conventione, quum debitor procuratori solvit extra judicium, *d. l. interdum: nec creditor*, inquit, *minor consentiat*, id est, ratum non habeat, quod sine mandato procurator exegit a debitore, si ratam non habeat solutionem factam falso procuratori, *actiones dari oportebit*, id est, condictionem indebiti adversus procuratorem, ut definitur etiam in *l. creditori, Cod. de condict. indeb.* quæ & actio condictionis dicitur in *l.1.Cod.eod.tit.* & alio quo-

dam loco Papiniani, actio simpliciter: locum alium esse scio similem, ubi sit non memini, forte vos meministis. Nam in Papiniano similiter invenimus quodam loco actionem accipi, pro conditione indebiti. Hæc autem sententia hujus versus maxime congruit cum jure, ut ubi omissa est stipulatio de rato, id est, si non conveniret: quod ait, conditio indebiti competat: sicut vice mutata, ubi illa stipulatio interposita est, conditio cessat, *l. si sine, & l. ult. in fine, hoc tit.* In posteriore responso hoc tantum proponitur: falsum procuratorem egisse adversus debitorem: L. Titii præstita cautione de rato ex edicto Prætoris: hoc casu, ex jussu prætoris, & superatum fuisse, judice pronunciante, nihil deberi Lucio Titio, cujus nomine agebat sine mandato. Lucium vero Titium ea sententia appellasse, quasi re ad se pertinente. Et ait, hoc casu non committi stipulationem de rato, *quia*, ut ait, *conditio stipulationis defecit nimirum, quia Lucius Titius ratum habuit*, quod gestum est in judicio inter falsum procuratorem & debitorem: appellatio ejus quod actum est, tacita ratihabitio, sive tacitus consensus est, *l.2.C. de filiisf. & quemad. pro iis, pater ten. lib. 11.* Ratum habemus non tantum verbis, sed etiam actu & tacite, *l.5.h.tit.l.ultim. de bon. poss.* Quid *verba curem*, inquit Tullius, *cum facta videam?* Quod si L. Titius non appellaverit; sed per judicem pecuniam debitam exegerit, tunc sane stipulatio de rato committetur in id, quo Lucio Titio damnatus debitor solvit, ut in *l.18.hoc tit.* illo loco; *quod damnatus solvit*. Atque ita stipulatio de rato committitur in procuratorem, qui victus est, quique nihil accepit, nihil expressit a debitore. Et hic est finis hujus libri.

# JACOBI CUJACII J.C.
## COMMENTARIUS

In Lib. XIII. Responsorum ÆMILII PAPINIANI.

### Ad L. XX. de Compensat.

*Ob negotium copiarum expeditionis tempore mandatum, curatorem condemnatum pecuniam jure compensationis retinere non placuit: quoniam ea non compensatur.*

OB negotium copiarum, &c. Copias vocat vivendi causam, copias victuales, quæ in castra perferuntur, ut Cassiodorus ait in *Psalm. 21. & 77.* Et inde caupona nomen Festo, *Caupona*, inquit, *taberna a copiis dicta.* Copiarum autem negotium expeditionis tempore mandatur curatoribus annonæ, quos fecerit Princeps, vel Respub. qui συνωναὶ & σιτῶναι dicuntur, qui si forte conveniantur nomine Reipub. civili actione residuæ pecuniæ, vel mandati vel conditione furtiva, & condemnentur ex ea causa, quod frumentariam sive annonariam pecuniam abusi sint, actioni judicati, si quid vicissim iis Respublica vel fiscus debeat, non possunt opponere compensationem, sed quam primum Reipubl. eam pecuniam restituere debent, quæ est sententia hujus responsi, *& l. auferri tur, §. ut debitoribus, de jure fisci, l. 17. sup. hoc tit, l. 1. Cod. eod. tit.* Pecunia igitur ex ea causa Reipublicæ debita non compensatur. Et ratio hæc est, quia, ut eleganter ait *l.2.§. frumentariæ, infr. de administrat. rer. ad civitat. pert. quia*, inquit, *necessaria omnibus Rebuspub. annonaria pecunia, moram solutionis accipere non potest*: Dixi ex hac causa conventos actione judicati non posse opponere compensationem sibi invicem a Republ. debitæ pecuniæ: actione judicati, inquam, quoniam lex ait, curatorem condemnatum. Ex quo intelligitur alias actioni judicati opponi compensationem posse, licet priori judicio opposita non fuerit, ut in *d.l.17.& in l.2. Cod.*

Cod. eodem tit. Neque vero huic responso obstat d.l.17. cum ait, condemnatum ex eo, quod ædilitatis tempore arctiorem præbuerit annonam, actioni judicati posse opponere compensationem, quia, ut eadem l. ostendit, dum adjicit hæc verba: *frumentariæ pecuniæ debitor non videtur*, ea l. non de debitore loquitur pecuniæ frumentariæ, vel annonariæ destinatæ copiis militaribus, sed loquitur de ædile curuli, qui populo arctiorem annonam præbuit, id est, qui non tantum præbuit, quantum oportuit, quive sibi ex ea retinuit aliquid, & in usus suos convertit, qui eo nomine recte conventus conditione furtiva, recte opponit compensationem sibi a Repub. invicem debitæ pecuniæ, quia non est debitor pecuniæ delegatæ frumento, vel annonæ comparandæ, sed est debitor annonæ, panum civilium, qui populo erogari solebant: est debitor annonæ quam intervertit, nec publice, ut debuit, erogavit, & compensationis jus denegatur tantum debitori pecuniæ annonariæ. Notandum, conditioni furtivæ opponi compensationem posse ut in *l. 10. §. quoties, h.tit.* ubi legendum tamen est hoc modo, *id est*, etsi condicatur ex causa *furtiva*; ut quodam loco ostendi. Conditioni furtivæ opponi compensatio potest, non actioni pœnali furti, hoc nusquam invenies: opponi potest actioni, quæ rem pecuniamve persequitur, quæ actori abest, non actioni, quæ persequitur pœnam etiam pecuniariam, vel in civili, vel in criminali judicio. Et in d.l.17. etiam ostendi recte in Florentinis esse scriptum, *ædilitatis tempore*, id est, tempore gerendæ ædilitiæ potestatis, ut & Basil. ὁ τῷ ἀγορανομῶν, & male veteres & novos quosdam interpretes legere, *edulitatis tempore*, quæ vox Latina non est, & corrupte in Alexandro Severo Lampridii, *cum vilitatem populus Rom. ab eo peteret*: quidam edulitatem habent, id est, cum populus posceret viliori pretio addici species annonarias, frumentum, vinum, oleum: ut in Commodo, *vilitatem proposuit*, inquit, *ex qua majorem penuriam fecit?* quod plerumque contingit, ut quum cara est annona, si magistratus proponat vilitatem, eo fiat carior. Recte etiam in hac l.20. Basil. hoc loco ὁ λαβὼν χρήματα ἐπὶ συνωνῇ ἐν καιρῷ στρατείας, id est, *qui accepit pecuniam ad coemptionem expeditionis tempore*, id est, ad coemptionem copiarum, & specierum militarium, quas etiam invitis provincialibus coemit suo pretio, ut in *tit. Cod. ut nemini lic. in coempt. specier. se excus.* Boetius 1. de consol. *acerba famis tempore gravis, atque inexplicabilis indicta coemptio.* Coemptio frumenti scilicet extorta venditione ab invitis. Planudes sic vertit, τῷ καιρῷ τῷ ὁμοίῳ τῷ λιμῷ.

### Ad L. XVII. de Iis, quib. ut indig.

*Heredem, qui sciens defuncti vindictam insuperhabuit, fructus omnes restituere cogendum existimavi, nec probe desideraturum, actionem recepti restitui: deceptum autem ignoratione facti, bonæ fidei possessoris defensionem habiturum, ante motam scilicet controversiam, si ratio fructuum subducatur, nec improbe confusam actionem reddi postulaturum.*

SI heres post aditam hereditatem non ulciscatur necem testatoris, jure scilicet & legibus, eo qui testatorem occidit, reo cædis postulato & peracto usque ad sententiam, certum est indistincte sive scierit necatum fuisse testatorem, sive ignorarit, fiscum ei, ut indigno potiundæ hereditatis eam hereditatem auferre, qui non defendit necem defuncti: sic punitur non tantum dolus, sed & negligentia heredis, qui non inquisivit in genus mortis testatoris. Sed quæritur, adempta a fisco, & erepta hereditate, an etiam fructus omnes, quos percepit, aut percipere potuit, post aditam hereditatem fisco restituere debeat: Ac præterea quæritur, an vicissim ei sint restituendæ, & redintegrandæ actiones, quas habuit in defunctum, quasque aditio hereditatis confudit, atque peremit: Quod item quæri potest de servitutibus prædiorum, quum prædium hereditarium prædio heredis ante aditionem servitutem aliquam

debuit, quam aditio confuderit. Et ad quæstionem hujusmodi Papinianus distinguit inter scientem & ignorantem, ut fecit etiam lib. 6. in *l. propter, §. 1. de Senatusc. Syllan.* In hereditate auferenda non distinguimus inter scientem & ignorantem: at in fructibus auferendis, quos percepit heres post aditionem, & in restituendis heredi obligationibus vel servitutibus, quas aditio confudit, distinguimus inter scientem & ignorantem. Scientem dicimus omnes fructus restituere: *omnes*, id est, quod lex ipsa ostendit satis aperte, quoquo tempore perceptos aut percipiendos ante vel post motam a fisco controversiam bonorum: sciens omnes fructus restituit, quos percepit ante vel post, quia malæ fidei possessor est. Et certum est, malæ fidei possessorem etiam fructus cum ipsa re præstare, *l. certum, C. de rei vindicat.* ubi etiam ex hoc loco, *omnes fructus*, sic oportet accipere, quod nostri non tenent, quos scilicet percepit, aut percipere potuit, ante vel post litem contestatam, ante vel post controversiam motam: ne dicas omnes, ut in *l. bonæ fidei, de adquir. rer. dom.* id est, & eos qui sponte nascuntur, & eos qui satione & cura nostra proferuntur, quo modo posset vox, *omnes*, accipi: nempe, *omnes, qui vel satione prodeunt, vel nulla satione, aut cura, ut viridarii poma, ut sylvæ, ligna, aut pecudum lac*, quod Virgilius in Culice vocat, *Agrestum bonam sortem, curamque securam*, quia etsi ii omnes fructus in restitutionem veniant, tamen non respicit hoc loco ad eam differentiam fructuum, quum dixit, *omnes*, sed ad tempus, quo perciperentur, aut percipi potuissent, ut scilicet temporis nulla distinctio fiat. Eadem vero ratione, quia malæ fidei possessor est, scienti non restituuntur actiones vel servitutes prædiorum aditione confusæ, non integratur ei jus debiti, vel servitutis pristinæ, *l. indignum, sup. hoc tit. & l. prox. §. bonis, inf. l. 1. C. eodem tit. l. ejus, §. ultim. inf. de jur. fisc.* Hæc de sciente. Ignorantem, qui deceptus ignorantia facti existimavit, testatorem sua morte functum, non violenta, βιαιοθάνατον, ait, non retinere cum reipsa fructus perceptos ante motam controversiam & consumptos: quia bonæ fidei possessor est: fructus, inquam, perceptos suo labore, impensa cura sua: nam σύντροπωτος fructus placet restituere etiam bonæ fidei possessorem, quocumque tempore provenerint, *l. fructus, de usur.* non fructus, ποιμένος, multo sudore paratos, ut Ovidius in art undecimo:

*Multo sudore parentes,*
*Dura lacertosi fodiebant arva coloni.*

Post motam autem controversiam a fisco, fructus perceptos, aut percipi potuerunt bonæ fidei possessor restituit, quia post motam controversiam comparatur malæ fidei possessori, *d.l. certum*. Placet etiam, ignoranti actiones vel servitutes confusas aditione, ablata hereditate a fisco esse restituendas. Et hæc est ratione hujus responsi, ait, *heredem qui sciens defuncti vindictam insuperhabuit*: quo verbo in his libris solus Papinianus utitur: *insuperhabuit*, pro neglexit & omisit, ut in *l. sunt personæ, de relig. & sumpt. fun. propter utilitatem publicam*, inquit, *stricta ratione juris insuperhabemus*. Et Imperator quoque in *l.2. Cod. si omissa sit causa testam. judicium defuncti non insuperhabitum*, ut perspicue emendavimus, id est non omissam causam testamenti, cui opponit causam irriti facti testamenti ratione juris, non repudiatione, vel insuperhabitione heredis. Eadem voce utuntur etiam Apulejus, & Symmachus, & A. Gellius, & vetus interpres Panareti, *qui animam suam diligit, insuperhabebitur*, id est, despicatui & contemptui ducetur. Sunt in eo interprete multa antiqua & elegantia verba, quæ temere mutanda non sunt, ut illud, *insuperhabens, & infrunitus*, pro *insipiens*: quod est duobus in locis, quo Cato & Seneca duobus locis utitur, *infruniti*, inquit, *est ostentare divitias*, ut est apud Festum in verbo *frunisci*, & Matisconensis Concilii *can. 19.* Sequitur lex 15. *ad l. Falcid.* quæ continet multa oracula Papiniani.

Ad

### Ad L. XV. ad Leg. Falcid.

*Quod bonis jure Falcidiæ contribuendum est a debitore, cui mortis causa pacto debitum remissum est, in factum concepta replicatione retinebitur.*

QUod ad primum responsum attinet, sciendum est, non tantum ex legatis & fideicommissis, sed etiam, ut Severus constituit, ex donationibus causa mortis, quæ instar legatorum sunt, Falcidiam detrahi, herede legatis, fideicommissis, donationibus causa mortis onerato supra dodrantem, *l.* 5. C. eod. tit. l.2. C. de mort. causs. donat. Qua de causa ut legata, ita donationes causa mortis in ponenda ratione legis Falcidiæ bonis hereditariis contribuuntur, commiscentur, connumerantur, quæ moriens testator reliquit, ut *l. Seja*, §. ult. inf. de mort. caus. don. id scilicet, ea inter se partiantur heres, & legatarii, fideicommissarii, donatarii mortis causa, pro quadrante & dodrante; ita ut heres jure Falcidiæ ex universis bonis ferat quadrantem, dodrantem præstet legatariis fideicommissariis, vel donatariis causa mortis sibi habere sinat. Donatio causa mortis est, non tantum si rem meam donandi animo tradidero mortis causa, sed & si debitori meo pacto cum eo habito, quod Græci vocant συγχώρητικὸν σύμφωνον, pecuniam debitam remisero mortis causa, id est, ut non peteretur, si is mihi supervixerit: contra, ut peteretur, si ego ei supervixerem, si eum vivendo vincerem. Ergo & me præmortuo, debitor eam pecuniam quasi donatam mortis causa bonis meis contribuere & computare, & Falcidiæ subjicere debet, si l. Falcidiæ ratio interveniat, nempe ut heres ex ea pecunia retineat xxv. si in debito fuerint centum, quod remissum est mortis causa. Et hic maxime notanda est differentia una inter legata & donationes causa mortis: nam Falcidia quidem locum habet in omnibus, verum ex omnibus non eodem servatur, aut retinetur modo: legatorum enim hoc jure, quod obtinuit ante justinia. id est, ante *l. pen*. C. eod. tit. legatorum, inquam, Falcidia servatur, vel fideicommissorum, non ut hodie ex ea constitutione Justiniani, etiam per actionem, id est, vindicationem aut repetitionem Falcidiæ, sed per retentionem tantum legatariis ab herede legata petentibus, ut fit, opposita exceptione doli mali, vel in factum, si ea solida petant sine deminutione Falcidiæ, ut *l. seq. & l.* 80. in fi. hoc tit. *l. heres*, ff. ad Treb. Qua retentione si forte non utatur heres remedio exceptionis, quo non ignoravit Falcidiam intervenire, sane videbitur Falcidiam legatariis remisisse, & noluisse uti beneficio legis, quæ ejus causa lata est, ut ait *l. potest*, hoc tit. Alia ratio est donationum mortis causa, quia non petuntur ab herede ut legata: non præstantur ab herede ut legata, sed ab ipso donatore, eodemque testatore per traditionem aut mancipationem præstitæ jam & perfectæ sunt, dum is vixit; & ideo earum retentione Falcidiæ causa uti heres non potest, quia eas penes se non habet. Quamobrem ne Falcidiam earum rerum, quæ mortis causa donatæ sunt, amittat, necessario danda est heredi adversus donatarium Falcidiæ repetitio, aut vindicatio, quia retinendi eas res facultas nulla ei suppetit, quod ita semper obtinuit & obtinet vel Justiniano auctore in *d. l. pen*. quasi, ut ait, ipso jure Falcidia earum rerum semper manserit in bonis testatoris, derogare nec testator potuit. Idque comprobat etiam *l. cum pater*, §. *mater*, & §. *Mævio*, de legat. 2. Et ex hac differentia inter legata & donationes causa mortis, quæ evidentissima est, enascitur alia, quod interdictum quod legatorum pertinet ad legata, ut beneficio indicti possessionem legatorum, quam nacti sunt legatarii sine voluntate heredis, ab iis recuperet vel adipiscatur retinendæ Falcidiæ causa, quoniam ejus tantum habet retentionem, non petitionem: verum ad donationes causa mortis interdictum non pertinet, quia ex donationib. causa mortis, heres Falcidiæ petitionem

A habet, *l.* 1. §. *si quis mortis*, quod legator. *l.* 1. C. eod. tit. Itaque in specie proposita heres a debitore, cui totum debitum testator remisit mortis causa, recte petet quadrantem debiti jure Falcidiæ, quem vel jure Falcidiæ habere debet: & si debitor heredi agenti opponat exceptionem pacti, quasi toto debito sibi pacto remisso, heres posita replicatione doli mali, vel replicatione in factum hoc modo: *quod jure Falcidiæ sibi quadrans debitus ex donatione mortis causa, non potuerit pactione remitti*: quæ replicatio auxiliatur actioni, atque ita ex summa debita Falcidiam heres retinebit atque deducet; per actionem igitur, non per exceptionem: nam replicatio actionis adminiculum est: actio est telum, exceptio clypeus: replicatio aliud telum: actione igitur sive replicatione doli mali, vel in factum inducetur Falcidia B & retinebitur ex donatione debiti facta mortis causa. Papinian. dixit, *replicatione in factum concepta*, nec addidit, vel replicatione doli: quoniam satis constat, ubi illa est, & hanc esse, concurrere semper replicationem doli, vel actionem, vel exceptionem doli cum actione, vel exceptione, vel replicatione doli. Actiones tamen, exceptiones, replicationes in factum verbis temperari, nec in eis fieri mentionem doli mali, *l. non debet*, sup. de dolo malo: leviores esse verbis: vi tamen ipsa esse de dolo malo, & fide mala. *In factum concepta*, ait Papinianus, id est, in factum comparata, *l.* 4. §. *si a Titio*, de doli except. in factum composita, §. 1. Instit. de except. quam eodem loco recte Theophilus ait, συμματικῶς, ut Glossæ Philoxeni, in factum conceptas, interpretantur συμματικῶν: in quib. tamen corrupte C legitur, facto conceptas: συμματικῶν, id est, exposita narratione rei gestæ simpliciter, & omissa atrocitate verborum, non notato dolo, aut fraude nec id, ut ait, *l. cum mota*, C. de transact. præscriptis verbis demonstrata re gesta, hoc est, uno verbo, in factum, ut *l.* 1. C. de revoc. iis, *quæ in fraud. cred*. sicut negotium gestum erit, id est, in factum. Vertam παραφραστικῶς verba hujus responsi, ut sensus sit apertior: quod ipse testator pacto convento mortis causa debitum donavit & remisit Falcidiæ servandæ causa, bonis hereditariis contribuendum & conferendum est, ut heres qui Falcidiam ex eo debito retinere desierat & repetit, eam retineat & repetat adversus exceptionem pacti, qua se defendit debitor opposita replicatione doli mali, vel in factum, quod non potuerit ne ultra dodrantem mortis causa debitum D remitti: sic heres exiget a debitore quadrantem, dodrans debiti tantum apud debitorem remanebit. Hæc sit sententia hujus responsi. Male Accurs. semel ponit speciem in liberatione legata, quia manifestum est Papinian. loqui de donatione causa mortis, & liberatione legata, non actionis vel replicationis jure heres Falcidiam retineret, sed jure executionis, debitore, cui liberatio legata est, agente ex testamento ut ab herede accepto liberetur, *l.* 3. §. *nunc*, *l.* 7. §. 1. de liber. leg. Male etiam Accurs. tentat heredem ipsum debitori pacto convento debitum remisisse mortis causa: nam si heres ipse remisit debitum, plusquam manifestum est, non cadere eam remissionem in rationem legis Falcidiæ, de qua tamen hic agitur. Male etiam Accurs. quum Papin. ponit, pacto E fuisse remissum debitum mortis causa, ait, idem esse, si acceptilatione remissum sit debitum mortis causa. Quod sit quidem recte, ut in *l. mortis causa capitur*, §. *Julianus*, inf. de mort. caus. donat. *l. quærebatur*, inf. hoc tit. quia acceptilatio, etiamsi non possit fieri sub conditione expressa; potest tamen fieri sub tacita, *l. actus de reg. jur*. quæ quidem inest acceptilationi factæ mortis causa. Sed si testator acceptilatione mortis causa debitum remiserit, & l. Falcidia locum habeat, hoc casu non est heredi necessaria replicatio doli, vel in factum, sed de Falcidia experiri potest, Falcidiam repetere aut vindicare potest sine metu exceptionis, quia nulla exceptione se tueri debitor potest, quandoquidem ab initio acceptilatio in quadrante non intelligitur constitisse, sed in dodrante tantum, ut nominatim est proditum in *d. l. quærebatur*.

Ad.

## Ad §. Frater.

*Frater cum heredem sororem scriberet, alium ab ea, cui donatum volebat, stipulari curavit, ne Falcidia uteretur, & ut certam pecuniam, si contra fecisset, præstaret: privatorum cautionibus legibus non esse refragandum constitit: & ideo sororem jure publico retentionem habituram, & actionem ex stipulatu denegandam.*

Species hæc est: frater sororem heredem scripsit, & ab ea multa legata legavit, vel donavit multa causa supra modum legis Falcidiæ; & cum nollet sororem uti beneficio legis Falcidiæ, nec tamen posset vetare palam, ne Falcidia uteretur, *l. nemo potest, de leg. 1.* interposuit L. Titium, cui fundum, verbi gratia, mortis causa donaverat, qui stipularetur ab sorore, eam Falcidia non usuram, aut si uteretur, certam pecuniam sibi daturam pœnæ nomine. Ita Græci ponunt speciem recte hoc loco, videlicet sororem promisisse pœnam, ut ajunt, μέλλουσι καθώς μετὰ θάνατον δωρεάν, acceptum donationem post mortem, donatario mortis causa, quod latius memini me exponere in Novella 1. Justiniani. Quæritur an si heres Falcidia utatur, committatur stipulatio pœnalis? Videri potest heres sequuta voluntate fratris, quæ interposito a fratre, id stipulanti promisit: & sane si post mortem (*) fratris idem promisisset, se non usuram Falcidia, vel si contra faceret, daturam pecuniam pœnæ nomine, committeretur stipulatio, *l. quod quis, inf. hoc tit. l. ult. C. eod. tit. l. si patronus, §. 1. de donat.* Et ratio hæc est, quia unicuique licet de commodo suo detrahere: ergo heredi licet non uti Falcidia, quum ea locum habet, puta, post mortem testatoris. Lex Falcidia heredis causa data est, *d. l. potest, hoc tit.* Ergo heres ea non uti potest. At quia vivo testatore id promisit heres scriptus vel scripta, antequam ullum jus sibi competeret, antequam Falcidiæ casus existeret, stipulatio interposita esse videtur, non ut juri privato, quod nullum erat, sed ut juri publico derogaret, id est, legi Falcidiæ. Et ideo ipso jure stipulatio non valet: dico ipso jure, quoniam Papinian. destrincte ait, *actionem ex stipulatu denegandam*. Igitur mortuo fratre integra est heredi Falcidiæ retentio ex donatione causa mortis, & legatis omnib. & fideicommissis, ut nec stipulatori ea conventio, nec ulli alii proficiat, quo minus patiatur Falcidiam. Privatorum, inquit, cautione legibus non esse derogandum; in *l. ult. inf. de suis & legit. hered.* privatorum cautionem legum auctoritate non censeri: quo argumento, quia lex legi derogare potest: privata causa legi derogare non potest. Ergo legis auctoritate non censetur. Quod in Basil. hujus secundi responsi sententia relata est, nec omissa, id satis validum argumentum præbet, etiam hodie quod ex Novella Justiniani potest facere testator, ne lex Falcidia in suo testamento locum habeat, eam tamen pactionem, de qua hic agitur, nullam vim habere.

## Ad §. Non idcirco.

*Non idcirco minus Falcidia rationem in ceteris annuis legatis admitti visum est, quod primo ac secundo anno sine ulla detractione fuisset legatario soluta.*

Sequitur aliud responsum, quod tertio loco positum est in *l. 15. ad l. Falcid.* Finge: Lucio Titio legata sunt annua centena, in alimenta forte plura sunt legata: primi anni legatum est purum, cujus dies cedit statim a morte testatoris: sequentium annorum legata sunt conditionalia, quantum inest eis hæc conditio, *si legatarius vivat*, quia talia legata morte legatarii finiuntur, *l. 4. & l. 11. de annuis leg. l. 10. & 12. & 20. quando dies leg. ced.*

(*) *Vide Merill. variant. ex Cujac. lib. 2. cap. 9.*

*l. 1. §. si annus, sup. hoc tit.* Porro heres Lucio Titio primi & secundi anni legata solvit in solidum sine detractione Falcidiæ, quam certum erat locum habere. Quæritur, an & sequentium annorum heres cogatur plena, integra, solida legata solvere, non detracta Falcidia, qui priorum annorum jam cœpit solvere legata integra? Et respondet, non posse cogi. Detrahit igitur Falcidiam, cui locus est, ex sequentium annorum legatis: quæro, an etiam ex sequentium annorum legatis detrahat Falcidiam pro legatis primi & secundi anni? Et distinguo: Aut ea legata ultro primo & secundo anno solida solvit sciens prudensque, animo omittendæ Falcidiæ, & in eis legatis specialiter plenioris fidei exhibendæ gratia, plenorisque obsequii: Et hoc casu pro iis nihil detrahit, pro sequentium annorum legatis tantum: & ratio est evidens. Aut ea legata solida solvit non animo omittendæ Falcidiæ: & tunc ex reliquis legatis Falcidiam detrahere potest etiam pro iis, quæ jam solvit, ut constat ex *l. prox.* quæ sequitur, & loquitur etiam de pluribus legatis uni relictis, sicut hic §. puta, de pluribus rebus uni legatis, quia tot sunt legata, quot sunt res, *l. 5. sup. de legat. 2.* Et adjicit in *l. sequenti*, idem esse, si uno legato tantum relicto partem dimidiam solverit integram, quam utique nemo dicet solvi animo omittendæ Falcidiæ: nam ex reliqua parte totius legati Falcidiam retinere potest, hæc vero dicimus de pluribus legatis uni relictis: nam si pluribus plura relicta sint, & heres ultro quibusdam solverit legata in solidum sine ulla detractione, ex ceterorum quidem legatis poterit Falcidiam detrahere, *l. 6. C. eod.* ubi legendum, *ultro*, non *ultra*: sicut & in *l. si proximori, in fi. famil. ercisc.* Florentinus recte *ultro*: alii haud recte, *ultra*. Ex ceterorum, inquam, legatis Falcidiam detrahere potest pro rata ceterorum legatorum, non etiam pro iis, quæ aliis legatariis solida & integra solvit. Et ratio hæc est, quia sui quisque non alieni legati Falcidiam pati debet, quum autem uni plura legata sunt, & in uno legato omnium Falcidiam legatarius patitur, suorum, non alienorum legatorum Falcidiam patitur: nec conqueri potest, quod in uno legato omnium patiatur Falcidiam, maxime quum legata consistunt in pecunia numerata, quamquam & idem sit in pluribus rebus uni legatis, ut in *l. sequen.* Quod autem ait *d. l. 6. in fin.* heredem, qui solvit quibusdam solida legata, aliorum legata jure Falcidiæ diminuere posse, nec invitum aliis præstare solida: recte Theodorus notat, abrogatum esse Justiniani Novel. 1. quæ vult, eum, qui solida legata quibusdam legatariis solvere cœpit, & ceteris similiter solida debere persolvere, quasi approbata in omnibus voluntate testatoris, & legatariis omnibus remissa Falcidia, nisi, ut ait, heres deceptus fuerit justa ignorantia facti, quemadmodum in ea Novella ait Julianus Antecessor, si mirabile aliquid exstiterit: vocat autem patrimonium defuncti, veluti inopinatum æs alienum defuncti, *mirabile* vocat, quod in ea Novel. Justinian. παραδόξον: neque tamen ex ea Novella etiam efficias probe, uni pluribus legatis relictis, & quibusdam ei solutis in solidum, & cætera eidem esse solvenda in solidum: alioquin dicendum esset cum Accurs. & hunc §. abrogatum esse, & leg. quæ sequitur, quod est falsum: quia Novella loquitur de pluribus legatis pluribus personis relictis, non de pluribus legatis uni relictis: & jus novum restrictius accipiendum est, non ampliandum. Itaque verius est, heredem, qui uni quædam legata solvit in solidum, eo facto non videri ceterorum legatorum Falcidiam uni eidemque legatario relictorum remissam: sicut, nec si unius legati partem dimidiam solvisset integram sine deminutione, qua comparatione utitur l. proxima, quæ sequitur, plura legata uni relicta quasi quodammodo unum sunt. Male tamen Accursius ad illa verba, *sine ulla detractione*, quæ supponunt heredi facultatem fuisse detrahendæ Falcidiæ, si voluisset, sed noluisse uti facultate quam habuit, & quædam legata solida exolvisse. Addit ad illa verba, *sine ulla detractione, & sine*

& *sine cautione*, inquit, *de restituendis legatis*, *si Falcidia emergeret*: de qua cautione est totus titulus qui sequitur, & solet vocari, *cautio Falcidiæ*. Supplet igitur Accursius, & sine ulla cautione soluta fuisse legata: male, ut dixi, quoniam ubi heredi facultas est detrahendæ Falcidiæ, ut puta, quum certum est & liquidum Falcidiam locum habere, huic cautioni locus non est, *l. 3. §. si in plures, tit. seq.* frustra dicit omissam cautionem, quæ etiam interponi non potuit: at non frustra Papinianus dicit, omissam Falcidiam, quæ detrahi potuit. Male etiam Accursius in contextu legit, *quod primo ac secundo anno sine ulla detractione fuisset legatario soluta*, & illa verba, *fuisset legatario soluta*, sic interpretatur, quod fuisset soluta ratio, quæ poterat retineri, id est, Falcidia, ac si Papinianus inepte scripsisset, sine detractione Falcidiæ, Falcidiam fuisse solutam: & sane rectius Florentini, *fuissent legatario soluta legata*, scilicet primi & secundi anni, non *fuisset*. Idem Accursius male & ἀπροσδιονύσως opponit *l. 1. C. de fideicom.* quæ si hoc diceret, solutis integris legatis aut fideicommissis quibusdam annuis, & sequentium annorum eidem integra legata solvi debere, sane recte opponeretur & nobis facessere negotium, sed sine hac adjunctione, *integris, & integra*, ait *d. l. 1*. solutis uni quibusdam legatis annuis simpliciter, & sequentium annorum legata eidem solvi debere, quasi approbato judicio defuncti, licet forte ab initio inutilia fuerint: quod non pugnat cum hoc responso, in quo de Falcidiæ ratione agitur. In ea *l. 1. de Falcidia* nihil agitur. Male etiam Antonius Goveanus, qui & proximum superius responsum male interpretatus est, in hoc responso ponit speciem de legato relicto annua, bima, trima die, *à trois payes, dans trois ans*, quod non plura, sed unum est legatum, divisum tribus pensionibus annuis, *l. Firmio, §. ult. quando dies leg. ced.* nec quot sunt pensiones, tot sunt legata: denique unius legati pensiones non sunt legata, sed partes legati, plura legata annua, & plures pensiones sunt fateor, ut in *l. 47. hoc tit.* quæ promiscue dicit legata annua, & pensiones annuas; sed contra plures pensiones non semper sunt plura legata. De pluribus autem legatis agi in hoc §. illa verba manifesto demonstrant, *in ceteris annuis legatis*: non ergo de legato relicto annua, bima, trima die, vel etiam quadrima die, & quinto anno, in plures dies annuas pensiones, quanquam, quod notandum est, & in legato relicto annua, bima, trima die, quadrima die, quinto anno, sexto anno, ut opinor, in plenum juris sit, ut locum habeat lege Falcidia, si heres cum posset ex omnibus pensionibus Falcidiam statim deducere, *d. l. 3. §. si in plures*, ex quibusdam sciens ultro non deduxerit, non ideo possit videri & ceterarum pensionum Falcidiam remisisse, Falcidia etiam incerta, nec dum emergente, nec ad apparentem. Dico nihil distare legata annua a legato relicto in pensiones plures: nam & prima legata primorum annorum solvuntur integra accepta cautione Falcidiæ, de qua in tit. seq. solvuntur, inquam, integra, interim dum veniat annus, quo contra legem Falcidiam aliquid ultra dodrantem debeatur, & cum is annus venit, retro omnia legata singulorum annorum lege Falcidia minuuntur, quod constat ex *l. 1. §. si in annos, & l. 47. & l. 73. §. magna, hoc tit.* Nam post longum tempus, post aliquot annos Falcidiam induci non est novum, quæ ante non fuit inducta, *l. 58. hoc. tit.* Ita vero & unius legati pensionibus primæ integræ solvuntur, quum incertum est lex Falcidia locum sit habitura necne, & ex postfacto si emergat Falcidia, minuuntur, quæ est meo judicio sententia *l. 32. §. annua, hoc tit.* dum ait, legato relicto annua, bima, trima die, non tantum ex posterioribus pensionibus, vel annis, quibus scilicet emersit Falcidia, quibus extulit caput, sed etiam ex superioribus annis, retrorsum legis Falcidiæ rationem haberi, licet superiorum annorum pensiones integræ solutæ sint, quod & ratio suadet: & male tamen ille, nondum existente nec emergente Falcidia. In quo casu, quem ante

proposui in annuis legatis, haud perseverat cum eis conferens legatum relictum annua, bima, trima die, aut sane delirat: ait, *ultimo anno non expectato nondum emergente Falcidia, de omnibus pensionibus eam detrahi*: quod est ac si diceret, *Falcidiam detrahi ante Falcidiam, ante casum Falcidiæ*. Tunc enim duntaxat non expectatur ultimus annus, & statim ex omnib. legatis vel pensionibus detrahitur Falcidia, quum certum est, eam locum habere, *d. l. 3. §. si in plures*, non quum dubitatur, utrum lex Falcidia locum habitura sit, nec ne, & tamen cum esset incertum, eam locum habere, si heres ex quibusdam legatis vel pensionibus uni debitis non deduxit Falcidiam, non ideo & ex ceteris non debet deducere, ut Papinian. respondet hoc loco. Res non carebat dubitatione. Dubitationem enim faciebat, quod heres, qui locum habente Falcidia, vel in quibusdam legatis, ea non utitur, eam penitus omisisse & judicium defuncti in totum approbasse videatur, quæ dubitatio tanta est, ut & in legatis pluribus personis relictis, id hodie voluerit Justinianus obtinere in *Novel. 1*. Et præterea, quod ille ait, hoc posito, non etiam concesso a nobis, nondum legem Falcidiam emersisse in specie hujus §. nullam esse in hoc §. dubitandi causam, quasi primi & secundi anni legata interim heres debuerit omnimodo integra persolvere. Id etiam non placet: quoniam ea res maxime fuit controversa inter juris auctores; aliis, prima legata interim in solida solvi volentibus, quorum sententia magis est in usu: aliis volentibus statim ex omnibus legatis Falcidiam detrahi, æstimatis legatis conditionalibus, quanti venire possunt, *l. 45. 53. 55. hoc tit.* Minus etiam placet differentia, quam statuit inter res & summas plures uni legatas, ut quibusdam rebus solutis sine detractione, ex reliquis Falcidia servetur per retentionem, etiam pro iis, quæ jam solutæ sunt: ex summis autem, per actionem, non animadvertit, quod ad effectum attinet (*quant a la maniere de proceder, il y a difference.*) nihil interesse ipso jure per actionem fiat aliquid, an per exceptionem, *l. nihil interest, de regul. juris*; non animadvertit etiam jure isto regulariter Falcidiam detrahi ex legatis quibuscumque per retentionem tantum, non per actionem, nisi si quæ res sint in legatis, quas jam apud legatarium fuerint mortis tempore, ut in specie *leg. lineam hoc tit. de linea margaritorum*, tracta serie margaritorum, linea divite, ut Martialis loquitur, quæ jam erat apud legatarium: contra in donationibus causa mortis regulariter Falcidiam servari per actionem, nisi si quæ res donatæ apud defunctum vel heredem fuerint, ut in §. *prox. sup.* Et postremo male etiam idem statuit hoc velle Papin. in hoc §, ex posterioribus legatis, quæ Falcidiæ dant causam, etiam pro superioribus quæ integra soluta sunt, Falcidiam retineri. Quod Papinian. non dicit, nec dici potest indistincte, ut initio ostendi, id est, non nisi constet animum non fuisse omittendæ Falcidiæ heredi, qui superiora legata solvit integra, & voluit tantum Papinianus definire, quod etiam est primum, an pro rata posteriorum legatorum posset retineri Falcidia, an posteriora legata possent revocari ad exemplum priorum, quæ integra soluta sunt, non etiam an ex posterioribus legatis, & pro rata priorum detrahi Falcidia posset. Et hæc sunt quæ in eum §. dicenda erant.

### Ad §. quod Avus.

*Quod avus ex causa tutelæ nepoti debuit, cum avo nepos solus heres extitisset, ratio Falcidiæ si poneretur in ære alieno bonis deducendum respondi; nec ad rem pertinere, quod heredem avus idemque tutor rogaverat, ut si sine liberis ante certam ætatem decederet, tam hereditatem quam propria bona restitueret: non enim ex hoc hereditatem debito compensatam videri; cum vel ideo maxime declaretur non esse compensationem factam, quoniam heredem suum habere propria bona defunctus ostendit. Plane si conditio fideicommissi fuerit impleta, fructus hereditatis post mortem avi perce-*

percepti, pari pecunia debito tutelæ compensabuntur, sed quartam hæres nepotis de bonis duntaxat, quæ moriens avus reliquit retinebit.

Quartum responsum est in §. quod avus, in quo proponitur species hujusmodi. Avus, qui nepoti debuit mille ex administratione tutelæ, nepotem hæredem instituit ex asse, & non oneravit quidem legatis, ut vulgo fingunt, sed rogavit tantum, ut si sine liberis intra xxv. ætatis annum vita decederet, L. Titio hæreditatem avi, atque etiam bona propria omnia restitueret. Quod ad bona avi attinet, fideicommissum valet: quod ad bona propria hæredis, fideicommissum non valet, l. coheredi §. quod si. hæredem, de vulg. substit. in illo loco: nec fideicommisso propria facultates filii. hæredis instituti tenebuntur, & l. 5. cum filius famil. miles ita, §. extran. sup. de milit. testam. l. precibus, in fi. C. de imp. & aliis substit. quia non potest testator hæredem suum onerare per fideicommissum supra id quod ei dedit: in suis bonis potest eum onerare fideicommisso, non in bonis hæredis propriis: fac vero nepotem medio tempore, id est, post mortem avi, & ante diem fideicommissi cedentem adita hæreditate, ex ea fructus percepisse, & post diem fideicommissi cessisse impleta conditione fideicommissi, id est, nepote mortuo sine liberis intra xxv. annum: Si habeatur ratio legis Falcidiæ inter hæredem nepotis, & L. Titium, qui fideicommissum petit, videtur hæres nepotis duplici deductione uti posse, Primum, ut bonis avi deducat, quod avus nepoti debuit ex causa tutelæ, id est, mille. Nam in ponenda ratione legis Falcidiæ, id est, in computando onere æris alieni, & quantitate bonorum, quæ deducto ære alieno supersunt, & onere fideicommissi, constat ante omnia bonis deduci debere omne æs alienum defuncti, & cum creditor debitori hæres extitit, etiam quod defunctus hæredi debuit, quia etsi aditione confusa sit obligatio & actio, retentio tamen & deductio debiti, non est interclusa vel interempta, l. qui fundum, §. si quis hæredem. hoc tit. l. 6. & 8. C. eod. tit. l. un. §. igitur, C. de rei uxor. act. Ergo in specie pro-posita hæres nepotis potest deducere ex bonis avi, quod avus nepoti debuit, quod initio hujus §. proponitur, & eo deducto, deinde ex residuo bonorum avi potest deducere Falcidiam. Ergo duplici deductione utitur. Dices, non posse debitum tutelæ deduci bonis, quia debito tutelari, Falcidia compensatur, quam ex bonis avi jure hæreditario capit nepos vel hæres ejus. Dicam Falcidiam nunquam debito compensari, nisi ex manifesta voluntate defuncti, ut in §. seq. & in l. 18. hoc tit. l. mulier, §. si hæres, l. in fideicommissaria, l. deducta, §. ante, inf. ad Trebell. At in hac specie non est manifesta voluntas testatoris, qui voluerit Falcidiam debito compensari, id est, non liquet hoc voluisse testatorem, certe hoc non cavit nominatim. Non deerat, qui diceret, voluisse avum Falcidiam compensari, nec deduci bonis, hoc argumento, qui & bona propria nepotis, quæ ipse administrarat ut tutor, simul atque bona hæreditaria jusserit nepotem L. Titio restituere, quasi facta confusione utrorumque bonorum. Verum Papinianus idem argumentum in illum retorquet valentius, dicens vel eo maxime avum voluisse videri, ut bonis suis hæreditariis nepos propria deduceret, atque adeo debitum proprium, nec hæreditatem suam, hæreditativæ suæ Falcidiam debito compensaret. Quod rogando nepotem, ut tam hæreditaria quam propria bona restitueret, ostenderit, nepotem habere bona propria separata a bonis hæreditariis, proinde nepotem ea bona in separato habiturum & deducturum ex suis avi, & debitum tutelæ igitur. Nam & quod ei debetur, proprium ejus est, l. 79. de leg. 2. Sic igitur concludamus: in ponenda ratione legis Falcidiæ, ante omnia deduci æs alienum quod avus ex causa tutelæ debuit nepoti hæredi suo. Sed huic conclusioni tamen addamus hunc modum, sive hanc exceptionem, ut si fructus a nepote medio tempore percepti ex bonis avi sufficiant debito tutelari tunc nepos bonis avi illud debitum non deducat, sed fructus cum illo debito compenset, ut Papinianus ait hoc loco. Atque etiam idem Papinianus in l. cum pater 77. §. Titio, de legat. 2. etiam fructus ait cum debito compensari pari pecunia, id est, pro modo concurrentis quantitatis, ita scilicet, ut si in fructibus fuerint mille, vel plusquam mille, avitis bonis ob debitum tutelæ nihil deducatur: sin autem plus sit in debito tutelæ, quam in fructibus, quos interim percipit, quemadmodum hoc loco proprie esse ponendam speciem ex ea conjicio, quod de fructibus etiam computandis in Falcidia nihil Papinianus scribat, tum id quod plus est in debito tutelari, sane deducit hæres nepotis bonis avi: deinde ex iisdem bonis avi, quæ habuit avus mortis tempore, juxta definitionem l. in quantitate, hoc tit. deducit Falcidiam: ex bonis avi, inquam, non ex bonis propriis nepotis, quæ bona tantum avi, non bona nepotis fideicommisso tenentur. Quam rationem, quæ verissima est, solus Albericus hoc loco attingit. Et hæc est sincera interpretatio hujus responsi, quæ neque addit ei, neque aufert quidquam. Verum ad hæc si quæras, an si fructus medii temporis non tantum debito, sed etiam Falcidiæ sufficiant in totum vel in partem aliquam, etiam debeat nepos, aut hæres nepotis fructus imputare in ratione Falcidiæ, sibique acceptam facere Falcidiam, & compensatis debito fructibus tantum supersit adhuc ex fructibus, quantum Falcidiæ satis est, vel eo modo superfluorum fructuum? Dicam certissimum esse fructus ex hæreditate medio tempore perceptos, quia percipiuntur ex judicio defuncti, in Falcidiam & Falcidiæ debito imputari, ut §. fructus, inf. & l. 18. hoc tit. & l. si mulier, §. si hæres, & l. in fideicommissaria, ad Trebell. & l. deducta, §. ante, eod. quas supra adduxi, non suo loco: Nam erant tantum hoc loco adducendæ, ut ex eis probaremus, fructus medio tempore perceptos imputari in Falcidiam & Falcidiæ fructus. Uno tantum idoneo argumento possit quis tentare, nepotem in Falcidiam hodie fructus non imputare, quia nepoti ea Falcidia debetur vice quartæ legitimæ portionis, quæ etiam dicitur debitum bonorum subsidium, l. si totas, C. de inoffic. donas. quam Justinianus in l. scimus, §. repletionem, C. de inoffic. testam. sumi & repleri directo ex substantia ipsa, & hæreditate testatoris, non ex adventitio lucro, veluti ex substitutione, vel ex jure adcrescendi, puta, ususfructus, inquit Justinianus in d. §. repletionem, ex jure adcrescendi ususfructus. Igitur si forte exhæredato, cui legatus est fundus, ususfructus obvenerit adcrescendi, quod explicandum est ex l. 3. §. ult. sup. de usufr. adcresc. Nam ususfructus, qui ad proprietatem redit ex consolidatione, non jure adcrescendi, videtur esse ex ipsa substantia testatoris, quia redit sine novo jure, sponte, naturaque sua. Et de jure adcrescendi ususfructus loquitur in eo §. repletionem, non de jure adcrescendi hæreditatis, quia filius exhæredatus proponitur, non de jure adcrescendi legati, quia collegatarium habuisse non proponitur: quæ interpretatio maxime notanda est; si autem ex substitutione vel ex jure adcrescendi, vel in summa ex alio quocunque adventitio lucro, non est replenda quarta legitimæ portionis; ergo nec ex perceptione fructuum medii temporis, qui etiam adventitii sunt, nec directo ex ipsa hæreditate proficiscuntur, l. in fideicommissariam, §. 1. inf. ad Trebell. Et tamen nos dicimus, nepotem fructus medii temporis imputare in Falcidiam, quod quid aliud est, quam ex Falcidia replere Falcidiam, quæ vicem obtinet in nepote legitimæ portionis: at ut respondeamus, constitutio illa Justiniani non de nepote loquitur, sed de filio aut filiis, In filio autem speciale hoc est ex constitutione Zenonis, ut fructus medii temporis non imputet in Falcidiam, l. jubemus, C. ad Trebell. & hoc amplius ex constit. illa Justiniani, ut nec alia illa adventitia lucra imputet in Falcidiam. Et ita l. scimus, locum habet tantum in filiis, de quibus solis etiam loquitur, & patre, non in ceteris liberis. Quin etiam filios iis consequens & verum consentaneum est, fructus non imputare in debitum, quod pater eis debuit, vel non compensare cum alio quocunque debi-

debito, quod & hic Paulus Castrensis tradit.

Postremo quærit Accursius hoc loco si fructibus medio tempore perceptis ex bonis avi compensatis cum debito, & imputatis in Falcidiam: quid vero intersit, inter *compensare*, *& imputare*? Quos imputo in Falcidiam meam Falcidiam voco: quos compenso cum debito, meum debitum non voco: in, substitutionem significat: cum, retributionem: si, inquam, fructibus medio tempore perceptis, compensatis cum debito, & imputatis in Falcidiam, tantum adhuc supersit ex fructibus, quantum est in bonis propriis heredis; an etiam bona propria veniunt in restitutionem fideicommissi, vel si minus sit in fructibus qui supersunt, an pro modo superfluorum fructuum bona propria in fideicommissi restitutionem veniunt? Hæc est quæstio Accursii, ad quam respondet tum hoc loco, tum in *l. coheredi, §. quod si heredem, de vulg. substit.* hoc casu etiam bona propria cadere in fideicommissum: & ab Accursio una tantum lex est, quæ facere videatur, *l. Imperator, §. pen. de leg. 2.* Quæ, ut breviter speciem ponam, loquitur de herede instituto ex semisse, verbi gratia, & rogato post certum tempus, vel post mortem suam, ut ait, coheredi restituere tertiam partem bonorum propriorum, & ait, eum fideicommisso obligari, etiamsi plus sit in ea portione tertia, quam in semisse, si modo fructus medio tempore percepti ex semisse suppleant id, quod plus sit in triente. At ea lege nihil movemur, quia in illa specie heres partem tantum bonorum propriorum restituere jubetur, in hac specie omnia bona propria. Item in illa specie non rogatur restituere etiam bona hereditaria: in hac rogatur etiam bona hereditaria restituere, nimirum onerarat eum: Et si ob causam fructuum medio tempore perceptorum ex bonis hereditariis, intelligat ex sententia Jurisconsultorum etiam in propriis fructibus fideicommissum consistere, utique maluerit heres repudiare hereditatem, & intestatum facere testatorem (quod & plerique heredes faciebant, ante legem Falcidiam, ut ait in *Instit.* nolentes pro nullo aut minimo lucro adire hereditatem) & hic etiam nolit heres sub incerto & temporario fructuum proventu, adita hereditate omnia sua bona, tam propria quam hereditaria in periculum deducere extraneo restituendi jure fideicommissi. Melius igitur esse, & verius in specie proposita constituere fideicommissum, quod ab initio non constitit in bonis propriis heredis, nec ex post facto convalescere, etiam si fructuum quantitas præter debitum & Falcidiam adæquarit etiam bona propria, alioquin exuetur heres tam hereditariis, ex quibus neque debitum deduxit, neque Falcidiam, ut ostendimus, quam bonis propriis, & quodammodo ei erepta illo testamento videtur testandi facultas, quod perdurum est. Et in hoc responso nihil est præterea.

## Ad §. Cum fideicommissum.

*Cum fideicommissum ex voluntate matris, a patre moviente debitum filio pater cum hereditate sua, quam in filium conferebat, compensari voluit: quod filio debetur, si ratio Falcidiæ poni cœperit, fini quadrantis, quem ex bonis patris cum effectu percepit, compensabitur, atque ita superfluum æris alieni dodranti tantum detrahetur.*

VEnio ad interpretationem §. *cum fideicommissum*, Falcidiam, quam in superiori specie §. *quod avus*, diximus non compensari debito, id est, cum eo, quod testator heredi debuit, quod eam fuisse voluntatem testatoris liquido non appareat: in specie h.§. contra dicimus, quia voluntas testatoris manifesta est, Falcidiam debito compensari. Species hæc est. Uxor maritum heredem instituit, & rogavit, quum moreretur filio communi hereditatem restituere: pater filio herede instituto voluit, & cavit hereditatem compensari debito fideicommissariæ hereditatis uxoris; quod moriens filio debiturus est, eundemque filium oneravit legatis, ita ut

A lex Falcidia interveniat in ponenda ratione legis Falcidiæ officio judicis (nam & judex dicitur in *l. cum Titio, hoc tit.*) vel officio arbitri, qui dari solet ad ineundam,& computandam rationem legis Falcidiæ, *l. 1. §. cum dicitur, tit. sequ.* servabitur voluntas defuncti, & ratione doli exceptionis, ut ait *l. 12. hoc tit.* quæ scilicet heredi volenti debitum legatariis reputare, opponi potest, quia facit contra voluntatem testatoris, juxta *l. apud Celsum, §. præterea, de doli except.* vel potius, quia exceptioni doli suppletur officio arbitri, si omissa sit a legatariis, quæ tacite huic negotio insit, ut in *l. unum ex familia, §. sed si uno, de leg. 2.* Ratione, inquam doli exceptionis, & tacitæ compensationis, quæ inducetur officio arbitri, hereditatis cum debito compensatio fiet, atque ita debitum bonis paternis non deducetur, nec reputabitur legatariis, ut *d. l. 12.* *& l. cum pater, §. Titio, in secunda parte, de leg. 2. & l. Lucius, §. maritus, inf. ad Treb.* Compensatio autem fiet, ut Papinianus ait hoc loco, *fini quadrantis*, hoc est, Falcidia, quam ex hereditate patris filius cum effectu percipit: sicut in superiore §. dixit, fructus debito compensari *pari pecunia*, id est, fini quantitatis fructuum. Ergo si in Falcidia plus, vel tantum sit, quantum in debito fideicommissi in ponenda ratione legis Falcidiæ, debitum filius non deducet, non detrahet bonis patris, si plus sit in debito fideicommissi, superfluum dodranti deducet, & quod inde restabit solum præstabit legatariis: fac, in bonis patris esse quadringenta, in debito 100. filius jure Falcidiæ deducet centum, jure crediti nihil, quia creditum Falcidia compensat: si non compensaret, deduceret 175. 100. jure debiti. 75. jure Falcidiæ ex trecentis. Et hæc est sententia hujus §. Nihil admodum refert, dixerit testator velle se debitum hereditate sua compensari, an nolle se debitum legatariis reputari, ut *d. l. 21.* Nam quocunque judicio voluntatis eam compensationem ad finem Falcidiæ fieri subindicat, §. *quod avus.* Indicium autem est satis apertum, si vetuerit testator debitum legatariis reputari. Quid enim est hoc aliud, quam vetare debitum retineri & detrahi suis bonis? & iniquum, atque ineptum est dicere, si vetuerit debitum legatariis reputari, tum quantamcumque Falcidiam compensationi sufficere: nam omnis compensatio fit semper ad finem concurrentis quantitatis, paris quantitatis duntaxat, *l. cum alter, sup. de compl. 4. Cod. eodem,* nec unquam major summa compensata est minori, nisi quoad concurrentem quantitatem. Igitur, & vetito herede legatariis debitum reputare, si in bonis fuerint 400. in debito 150. dicam centum compensari cum Falcidia, quæ ex bonis cum effectu apud heredem remansura est, residua autem 50. dodranti detrahi. Ait autem Papinianus, *Falcidiam cum effectu ex hereditate percipi*, quia ab herede jure perpetuo retinetur, & post multum tempus detrahi potest, *l. 58. h. tit.* nec avelli ei ulla ratione potest: dodrans etiam percipitur ab herede, sed non cum re, non cum effectu, quia præstari eum & erogari legatariis oportet. Ratio autem dubitandi in specie proposita hoc loco hæc erat: quia pater, qui Falcidiam debito compensari jubet, quodammodo fraudem facit legi Falcidiæ: quo argumento? quia si tantum sit in debito, quantum in Falcidia, heres Falcidiam retinere non videtur, quia quod Falcidiæ nomine retinet, jam ante ei debebatur: & tamen receptum est hac in re, lege potiorem potioremque esse voluntatem testatoris, quæ tamen alias consulta opera Falcidiam minuere, vel auferre non potuit ante Justinianum, ut in *§. 1. & ult. h. l.* nempe, quia præsumimus fraudandæ legis animum non habuisse patrem, qui eam compensationem indixit. Et hoc existente casu, tutius erit utiliusque filio, ut idem Papin. suadet in *d. l. cum pater, §. Titio*, repudiato testamento patris, si ab intestato hereditatem patris possederit. Quod citra metum edicti, *si quis omissa causa testamenti*, facere potest, cum id non faciat, ut eos circumscribat, quibus quid ex testamento deberi potuit, si repudiatum non fuisset, sed ut fraudem a se propulset, atque propellat, *d.*

§.Ti-

§. *Titio.* Potest autem hodie tentari argumento eorum, quæ favore filiorum constituta sunt in *l. jubemus, C. ad Trebell. & l. scimus, C. de inoff. testam.* qua de re diximus ante, ut scilicet fructus medio tempore perceptos, vel alia adventitia lucra filii non imputent in Falcidiam, tametsi id jusserit pater, ita nec filios invitos, etiamsi hoc jusserit pater, debito Falcidiam debere compensare, quæ locum obtinet quadrantis legitimæ portionis, quæ vulgo dicitur deberi jure naturæ. Sicut & Paulus Castrensis in *superiore* §. dixit, non sine ratione, nec cum alio debito filios compensare fructus medio tempore perceptos, quod omnimodo constitutiones filiorum lucro cedere volunt: neque enim lucrari viderentur, quod cum suo debito compensare cogerentur. Et illud etiam, quod posse tentari supra dixi, audet Accursius affirmare prima, tertiaque interpretatione ad hunc §. illud ipsum hunc §. *velle*, ut scilicet invito & vetante patre filius. debitum bonis paternis deducat, nec compenset cum Falcidia: sed merito ab omnibus explosa utraque interpretatio est. Alia ratio dubitandi ad hunc §. perperam adsumitur ex *l. 14. hoc tit.* quod dicat, frustra jubere patrem Falcidiam cum dote compensare filiam heredem institutam, quia in specie dictæ *l. 14.* non dotem pater, quam ipse debuit filiæ, jubet compensari, sed quam maritus debuit filiæ, quod jussum inutile est: non possum inducere compensationem ejus, quod non ipse debeo, sed alius, sicut nec ejus, quod non mihi debetur, sed alii, *l. ejus C. de compens.* Et nihil amplius est in hoc §. Sequitur §. *ex donationibus*, qui erit brevissimus.

### Ad §. Ex donationibus.

*Ex donationibus in uxorem collatis, quod heres ejus reddere viro cogitur, in bonis mulieris non erit: nam ita fit locupletior, ut tanto pauperior esse videatur: quod autem heres inde minuit, viro non perit.*

Quia in ponenda ratione legis Falcidiæ per arbitrum legis Falcidiæ bonorum quantitas æstimatur, monet nos Papinianus in hoc §. in bonis defuncti non esse, quod defunctus vel heres ejus alii reddere debet, id enim æri alieno connumeratur, quod in primis bonis detrahi oportet. Et ideo in bonis defunctæ uxoris non esse res a viro, qui uxori supervixit, ei donatas, quia heres uxoris viro eas reddere debet, propterea quod donatio non valet, & cogi potest, ut reddat conditione sine causa, vel ex injusta causa, non quidem, ut eas reddat in solidum, sed eatenus, quatenus uxor ex donatione locupletior facta est *l. si sponsus, §. ult. & l. seq. sup. de donat. inter vir. & uxor.* Ratio dubitandi hæc erat, quam objiciebant legatarii heredi uxoris, volenti deducere bonis, quod a viro uxori donatum viro restituere debet, quia, hæc erat ratio, qua legatarii utebantur, æs alienum ideo deducitur, quod tanto pauperior videatur defunctus fuisse. At ex donatione uxorem factam esse locupletiorem: alioquin, si non esset facta locupletior, donatio valeret, nec revocari posset conditione sine causa, ut puta, si donata mulier male comsumpsisset, *d. l. si sponsus, §. pen.* consumptione hujusmodi donatio convalescit & confirmatur. Quod si facta est locupletior, non pauperior igitur; & si non pauperior, ergo in ære alieno, bonis donatio deducenda non est: laudanda est ea ratio, ut subtilis, fugienda, ut minus subtilis, quoniam ut eleganter ait Papinianus, *uxor ita locupletior, ut tanto pauperior esse videatur*, quia condici ei potest revocata donatione, quasi dicat, viro opibus a viro in se collatis, uxorem inopem esse, & heredi ejus abesse videri id in quo viro obligata est, *l. si quis mandato, de negot. gest.* Reddere autem heres uxoris debet pecuniasve donatas uxori & consumptas. Nam extantes vindicari possunt, non in solidum, sed in quantum uxor locupletior ex eis facta est, *d. l. si sponsus, §. ult. l. de his, C. de donat. int. vir.* ut si donata tibi uxori centum, & uxor LX. solverit creditori suo atque ita se poena, vel usuris liberavit, alia XL. male consumpserit. LX. quæ versa sunt in rem uxoris, quibusve

uxor intelligitur facta locupletior esse, viro restitui oportet, non XL. ea enim viro quasi domino pereunt, *l. id quod donatum, eodem tit.* Præterea reddere heres uxoris debet quodcunque ex rebus donatis ipse consumpsit bene vel male. Nam consumpta ab herede post mortem uxoris nullo modo pereunt viro, quia vir heredi donatum noluit. Et hoc est, quod ait in fine hujus §. *Quod autem heres inde minuit*, id est, consumpsit bene vel male, *viro non perit.*

### Ad §. Fructus.

*Fructus prædiorum sub conditione verbis fideicommissi relictos, in causa fideicommissi non deductos, heres in ratione Falcidiæ sic accepto facere sibi cogitur, ut quartam, & quarta fructus ex die mortis, bonorum quæ mortis tempore fuerunt, habeat, nec ad rem pertinet, quando Falcidia lex admissa sit. Nam etsi maxime post impletam conditionem fideicommissum locum habere cæpit, tamen ex die mortis fructus quadrantis apud heredem relinqui necesse est.*

INitio hujus §. in vulgaribus & in Florentinis Pandectis ita scriptum est: *fructus prædiorum sub conditione relictos*, cum sit legendum, *fructus prædiorum sub conditione relictorum. Relictorum*, non *relictos*, ut in Basilic. ὁ καρποὶ τῶ ὑπὶ αἱρίσιι λιγατιυδίντων ἀγρῶ. Et in Cyrilli interpretatione, οἱ καρποὶ τῶν ὑπὸ αἱρίσιν λιγατιυδίντων ἀγρῶν: *fructus prædiorum sub conditione relictorum*. Et ita etiam legunt Albericus & Imola, & nihil est evidentius. Species autem & sententia hujus responsi hæc est: Testator ab herede instituto multa prædia Lucio Titio sub conditione per fideicommissum reliquit: heres medio tempore, id est, post mortem testatoris, & ante diem legati cedentem, sive pendente conditione fideicommissi fructus percepit: post impletam conditionem fideicommissorum si intervenerit lex Falcidia, Papinianus ait, heredem fructus medio tempore perceptos imputare in Falcidiam & Falcidiæ fructus, quod est verissimum, *l. 18. §. ultim. hoc tit. l. qui 400. §. ultim. hoc tit.* Et in hoc titulo plures alii sunt loci, quibus id manifestum fit, *l. Papinianus §. unde, de inoffic. testam l. mulier, §. si heres, inf. ad Trebellian.* fructus autem omnes, quos heres medio tempore percipit, id est, pendente conditione fideicommissorum, quasi jure hereditario percepti, imputat in Falcidiam & Falcidiæ fructus, præterquam eos, qui maturi erant mortis testatoris tempore, qui quasi pars prædiorum veniunt in restitutionem fideicommissi, *l. 9. h. tit.* Regula igitur hæc sit; ceteros omnes fructus, quos heres percipit pendente conditione fideicommissorum imputari in Falcidiam, & Falcidiæ fructus, quoniam omnimodo heres debet habere salvam quartam partem hereditatis, & quartæ partis fructus, inquam, salvam & illibatam: cujus regulæ duæ sunt exceptiones. Una hæc est, si filius heres institutus sit. Nam, ut ante dixi, fructus filius non imputat in Falcidiam, nec restituit fideicommissario, *l. jubemus, C. ad Trebell.* Est beneficium Zenonis Imperatoris, quod suis filiis datur, non aliis liberis. Altera exceptio hæc est: si specialiter rogatus fuerit fructus restituere medii temporis, *l. in fideicommissariam, ad Trebell.* qua de causa in hoc §. ponitur, fructus non fuisse deductos in causam fideicommissi, non imputarentur heredi in Falcidiam, sed in fideicommissi restitutionem venirent, non tantum percepti post impletam conditionem fideicommissorum, sed etiam percepti pendente conditione. Nam cum de iis sit regula superior, & exceptiones ei subjectas de iisdem esse necesse est: quod tamen quidam imprudenter negavit: & quod attinet ad fructus Falcidiæ, in quos imputari dixit fructus ex prædiis sub conditione per fideicommissum relictis medio tempore perceptos: ait, nihil interesse, quo tempore lex Falcidia emergere & locum habere cœperit, quia non ex eo die tantum, quo Falcidia locum habere cœpit, sed etiam retro fructus Falcidiæ heredi debentur, puta, ex die mortis testatoris, quia & retro Falcidia cœpisse intellitelligitur: fac, poſt impletam conditionem fideicommiſſorum Falcidiam emerſiſſe, non ex eo die tantum Falcidiæ fructus heredi debentur, ſed & retro ex die mortis teſtatoris, quia quaſi retro acta conditione fideicommiſſorum, & retro Falcidia trahitur, & recurrit ad tempus mortis teſtatoris: *fideicommiſſum*, ſcriptum eſt in Florentinis pro *fideicommiſſorum*, κατὰ συγκοπὴν, ut in *l.* 19. *de hereditt. inſtit. pretium* pro *pretiorum*, & ait, *fideicommiſſorum*, quia quot prædia relicta ſunt, tot ſunt fideicommiſſa, *l.* 5. *de leg.* 2. Hæc eſt ſententia *h*.§. Ei tantum videtur obſtare *l.* 30. *&* 73. *inf. hoc tit.* cum ait, *fructus perceptos poſt mortem teſtatoris ad lucrum heredis pertinere*: nam ex eo recte colliges heredem igitur fructus non imputare in Falcidiam. Verum ut reſpondeam, illæ leges non loquuntur de fructibus legatorum aut fideicommiſſorum ex die, vel ſub conditione relictorum, qui medio tempore ab herede percipiuntur, quos conſtat interveniente Falcidia, in Falcidiam imputari, ſed loquuntur de aliis fructibus rerum hereditariarum, non legatarum, vel etiam de fructibus legatorum ſub conditione relictorum, qui pari quantitate facta imputatione in Falcidiam, ſuperſunt, quos omnes conſtat heredis lucro cedere, nec imputari in Falcidiam, nec proficere legatariis, ſive non augere hereditatem, quia in bonis mortis tempore non fuerunt, quod ſolum tempus ſpectari viſum eſt in exquirenda quantitate bonorum, *d. l.* 73. Ineptiſſimus autem eſt Accurſius, qui ſcribit hoc loco, in Falcidiam imputari fructus ſatos mortis teſtatoris tempore: poſtea ſatos non imputari, quia certo certius eſt, ſatos mortis tempore, ſi & maturi erant hereditati imputari, *l.* 9. *ſup. hoc tit.* hereditatem augere. Immaturos autem vel ſatos poſt mortem, & perceptos ex fideicommiſſis conditionalibus, vel in diem, cum ea fideicommiſſa Falcidiæ ſubjiciantur, Falcidiæ imputari. Sequitur §. penultimus.

### Ad §. Fideicommiſſum.

*Fideicommiſſum portionis ſupplendæ gratia, pro qua matrem filius heredem inſtituit, eidem matri datum ratione Falcidiæ minuitur. E: eam pecuniam mater ſupra quartam portionis ſuæ percipiet.*

FIlius matrem heredem inſtituit ex minori parte quam efficiat quarta legitimæ portionis, quæ dicitur vulgo deberi jure naturali, adjecto matri coherede: & quia portio illa, quam adſcripſit matri, non implebat portionem legitimam, ideo ſupplendæ legitimæ, & debitæ portionis cauſa, ut in Baſil. εἰς ἀναπλήρωσιν τῆς κανονικῆς καὶ νομίμου μοίρας, *implendæ debitæ & legitimæ portionis gratia*, matri etiam verbis fideicommiſſi, ut impleret et legitimam, fundum prælegavit. Ita ſunt accipienda illa verba, *ſupplendæ portionis gratia*: nam abſurda eſt gloſſæ interpretatio, *ſupplendæ*, id eſt, augendæ portionis hereditariæ gratia: fundum autem illum mater partim jure hereditario capit a ſeipſa, pro modo portionis ſibi adſcriptæ, partim a coherede jure fideicommiſſi. Hoc eſt jus prælegati, hæc conditio ſeu natura prælegati, ut diverſo jure capiatur, *l. cum qui*, §. *pen. de iis*, *quibus ut in ig.* Facito, coheredi matris competere beneficium legis Falcidiæ: competere etiam matri. In ſingulis heredibus ſeparatim poni rationem legis Falcidiæ certiſſimum eſt, *l. in ſingulis, inf. hoc tit.* Verum quæritur, an etiam coheres poſſit detrahere Falcidiam ex parte fideicommiſſi matri relicta, quam a coherede mater accipit jure fideicommiſſi? Et reſpondet, detrahere poſſe: recte, quia & prælegata Falcidiæ ſubjiciuntur, *l. qui non militabat, ſup. de hered. inſtit. l. a coherede, Cod. ad leg. Falcid.* Quod autem ex ea parte, detracta Falcidia a coherede, ſupererit, rurſus quæritur, an mater id debeat imputare in Falcidiam, ſi & ipſa in parte hereditatis ſibi relicta Falcidia uti velit? Et ait non imputari quod ſupereſt ex ea parte in Falcidiam ſibi competentem, nimirum, quia jure fideicommiſſi id capit, & in Falcidiam ea tantum imputantur, quæ jure hereditario capiuntur, non quæ jure legati, vel fideicommiſſi, vel alio jure, *l. Neſennius, & l. quod autem, & ſeq. & l. in quartam, hoc tit.* Quod jam pridem oſtendi eſſe verum in quacunque Falcidia; non ea tantum, quæ directo detrahitur, ſed etiam in ea, quæ trahitur ex fideicommiſſaria hereditate, ex Senatuſconſ. Pegaſiano, & hodie Trebelliano: Nam & in hanc ea tantum imputantur, quæ jure hereditario capiuntur, quod oſtendit Obſervatio 8. Et quod ait vexata illa lex 1. *de leg.* 1. *per omnia exæquata eſſe legata fideicommiſſis*, non in omnibus dicit eſſe exæquata, ſed id ſcripſit Ulpianus, cum oſtendere vellet, exæquata eſſe legata fideicommiſſis in imputatione Falcidiæ, non in omnibus cauſis: & fideicommiſſis dixit, generaliter comprehendens fideicommiſſariam hereditatem, quam fideicommiſſa pecuniarum, hac ſententia, ut quæ imputantur in Falcidiam, quæ detrahitur legatis, ea etiam & quidem ſola imputentur in Falcidiam, quæ detrahitur ex quibuſcunque fideicommiſſis. At non omittendum eſt, in quartam legitimæ portionis, quam dicunt deberi jure naturæ, quæ ſcilicet excludit querelam inofficioſi teſtamenti, imputari etiam ea, quæ jure legati vel fideicommiſſi capiuntur, §. *ultim. Inſtitut. de inoffic. teſtam.* Quamobrem & in hoc §. *ultim.* ponitur, *ſupplendæ ejus quartæ gratia fideicommiſſum relinqui.* Idque aliquando etiam Juſtinianus ipſe probavit, ſed mutavit tamen ad extremum in *Novella* 115. & in eam quartam ea tantum imputari vult, quæ jure hereditario capiuntur, ſive titulo inſtitutionis, quod idem eſt. Ceterum, quia in Falcidiam, quam mater ex legatis a ſe relictis retinere deſiderat, non imputat, ut diximus, id quod a coherede capit jure prælegati, ideo Papinianus ait, eam pecuniam, quam ſcilicet a coherede conſequitur jure fideicommiſſi, matrem habituram ſupra quartam, id eſt, ſupra Falcidiam ſuæ portionis, ut in *l. filium quem, Cod. famil. ercſc. Id habens,* inquit, *ſupra quartam,* id eſt, id neque imputans in quartam, neque compenſans cum quarta, & in *l. in quartam, hoc tit. extra quartam,* id eſt, quod a coherede accipit, non imputatur in Falcidiam, id eſt in quartam Falcidianam. Reſtat §. ultimus.

### Ad §. Ultimum.

*Quarta, quæ per l. Falcidiam retinetur, æſtimatione, quam teſtator fecit, non magis minui poteſt, quam auferri.*

IN ponenda ratione legis Falcidiæ apud arbitrum Falcidiæ, bona, quæ moriens teſtator reliquit, æſtimantur vero & præſenti pretio, *l.* 42. 62. *& l. ſequ. inf. hoc tit.* Vero, inquam, pretio id eſt, non formali pretio, ut ait *l.* 62. id eſt, non impoſititio pretio, quod quiſquam fecerit pro libidine, vel affectione ſua. Baſil. formale pretium vocant, τετυπωμένην διατίμησιν, id eſt, *formalem æſtimationem*, quam ſcilicet format & fingit ſibi quiſque, non inſpecta vera facultate & dignitate rei. Non ergo etiam æſtimata ſunt bona pretio, quod fecerit ipſe teſtator, æſtimato fortè ſuo patrimonio trecentis, quod in veritate dignum eſt quadringentis, quam æſtimationem, ſi ſequeremur, Falcidia minueretur heredi; vel patrimonii, quod erat quadringentorum, æſtimato octingentis, quam æſtimationem ſi ſequeremur, Falcidia prorſus auferretur heredi & abſumeretur: at hujus æſtimationis ratio non habetur in ponenda Falcidia, *l. ſi fundum*, §. *ſi libertus, ſup. de leg.* 1. ſicut nec in aliis cauſis, *l.* 1. *C. arbit. tut.* Ergo æſtimatio teſtatoris Falcidiam neque minuit, neque aufert. Nec poſt Novellam Juſtiniani, quæ dat poteſtatem teſtatoris interdicendæ Falcidiæ, hodie dicam æſtimatione a teſtatore ſui patrimonii facta, non ſtatim interpretabor, voluiſſe eum ob id prohibere Falcidiam; quia falli potuit in æſtimandis ſuis bonis, nec duci ſtudio abrogandæ Falcidiæ. Qua in re hallucinatur Accurſius

*Tom. IV.* Rrrr 2 curſius

cursus hoc loco, dum ait, *ex ea Novella, hodie æstimatione patrimonii facta, Falcidiam abrogari*; quia hoc voluisse testatorem ex sola æstimatione, quam fecit, non ducitur idoneum argumentum. Et hic est finis hujus legis.

### Ad L. Ult. de Obseq. parent. vel patr. præst.

*Liberta ingrata non est, quod arte sua contra patronæ voluntatem utitur.*

CErtum est, libertis datam libertatem rescindi, libertis redactis in servitutem, si ingrati fuerint erga patronos, id est, si violaverint obsequia debita patronis: Qua de causa & sub hoc titulo, *de obseq. præst. patr.* tractatus de libertis, quos patroni accusant ut ingratos revocandæ manumissionis causa, *l. 3. & 4.* & hoc loco, cujus accusationis exitus & effectus est, servitus, capitis deminutio maxima liberti, §. 1. *Instit. de cap. dem.* & vel levis offensa sufficit, levis causa ingratitudinis, *l. 2. C. de lib. & eorum lib.* At nulla est causa offensæ, ne levis quidem, si libertus artem quam novit, quaque tolerat & tuetur se vitamque suam, exerceat invito patrono, si vetanti patrono ne eam exerceat, morem non gerat, veluti artem medicinæ, vel negotiationem aliquam licitam, quia nec jure eum patronus prohibet ab arte vel negotiatione licita, *l. 2. l. quæro, sup. tit. prox. l. 45. inf. tit. prox.* & si forte prohibeat patronus, veluti ne libertus medicinam faciat, qui medicinæ peritus sit, forte quod & ipse patronus medicus sit, ductus æmulatione quadam, vel lucri studio, ut multo plures haberet sibi imperantes medicinæ gratia, si inquam, hoc vel illo studio libertum medicum prohibeat medicinam facere, & indicat ei quasdam alias operas, quas sibi exhibeat, ob eam rem non obtemperante liberto, non judicium ingrati in libertum patrono dabitur, sed judicium operarum tantum, in quo veniet æstimatio operarum, *l. medicus, inf. tit. prox.* In qua lege & illud præclarum est, quod ait, a libertis esse exigendas liberales operas, non serviles operas, puta, ut eum sinat patronus, dum ei dat operam, valetudinis & honestatis suæ rationem habere, nec excruciet eum indictis operis continuis, assiduis, & ut sinat, inquit, eum acquiescere meridiano tempore, quod Latinis est *meridiari* & μεσημβριάζειν similiter Græcis, quod populo Rom. & patribus quoque illis rerum dominis, gentique togatæ, fuisse solemne Procopius indicat, *3. de bello Wandalico*, quum illis meridiantibus narrat urbem Romam captam fuisse ab Alarico Gotthorum rege, ἄπαντον, inquit, ὕπνω ὡς τὸ ἀεὶ ἡμέρας μέσον, *Omnibus*, inquit, *meridiantibus, ut solent, post prandium.* Varro de re rustica, *si non diffinderem,* inquit, *meo institutio somno meridie, vivere non possem.* Quod autem ait eadem *l. medicus,* patronum medicum prohibuisse, ne libertus eadem arte uteretur, ut ipse multo plures sibi imperantes haberet, de quo sermone Alciatus, & Duarenus aliquid scripserunt; iis tam novus videri non debet: nam *imperare & jubere* est commune nomen ægroti & medici. Obstetrix, quæ mulier medica est apud Terentium in Andr. act. 3. sc. 2. *quod jussi ei,* inquit, *dari biber, & quantum imperavi, date,* scribendum est, *biber,* non *bibere,* ut 1. Tuscul. *Ganymedem a diis raptum propter formam, ut Jovi biber ministraret,* ex veteribus: nam impressi perperam dicunt, *ut Jovi pocula administraret,* & Gajus Fannius: *domina ejus,* inquit, *ut ad villam venerat, jubebat biber dari,* & Cato: *date hic mulieri biber, iracunda est,* apud Charisium. Verum transeamus ad *l. 8. de public. & vectig.*

### Ad L. VIII. de Public.

*Fraudati vectigalis crimen ad heredem ejus, qui fraudem contraxit, commissi ratione transmittitur. Sed si unus ex pluribus heredibus rem munem causa vectigalis subripiat, portiones ceteris non auferuntur.*

LOquitur Papinianus in hac lege de crimine fraudati vectigalis, quod uno verbo dicitur, κλεπτοτελώνεια & σφετερισμὸν, illud a Græcis interpretibus, hoc in glossis Philoxeni; ut si quis negotiator merces subjectas præstationi vectigalis publici & munificas suppresserit, nec ad publicanos lege Censoria, uti oportet, professus fuerit, cujus criminis poena hæc est, ut merces in commissum cadant, id est, committantur fisco, recidant in fiscum, nisi forte per errorem transierit negotiator improfessis mercibus, nisi per errorem in commissum inciderit; nam hoc casu merces ei restituuntur, nec retinentur a fisco, si modo duplum vectigal inferat, hoc casu duplo vectigali publicanos contentos esse oportet. Et interea tamen duplo ille error, illaque incuria plectitur. Etiam ignorantia sæpe plectitur in jure nostro, quod & definitio legis demonstrat: & id quod dixi de duplo vectigali proponitur in *l. ultim. §. Divi quoque fratres, hoc tit.* hoc autem crimen fraudati vectigalis, ait Papinianus hoc loco ad heredem ejus, qui crimen contraxit, transmitti, id est, & heredem ejus teneri commissi ratione, idest non nisi commissi ratione, videlicet etiam si vivo reo nihil ea de re cum eo actum sit, heredem, inquam, teneri, ut merces commissæ, quæ pervenerunt ad eum (nam hoc ponendum est omnino) quibusque locupletior factus est, ei auferantur. Et hoc est quod ait, hoc crimen trasmitti ad heredem commissi ratione, ut scilicet commissum, quod habet, ei eripiatur, sicut & peculatus, & residuorum, & repetundarum crimen dicitur ad heredem transmitti, etiamsi vivo reo accusatio mota non sit, & trasmitti ratione subreptæ pecuniæ, quæ pervenit ad heredem, *l. ex judiciorum, inf. de accusat. l. ult. inf. ad l. Jul. pecul.* Et quod hic ait Papin. id ipsum est, quod proponitur in *l. commissa, inf. hoc tit.* commissa vectigalium ad heredem transmitti: quia, inquit, quod commissum est, statim ipso jure desinit esse ejus, qui fraudem contraxit, & publico adquiritur, publico vindicatur. Ea propter commissi persecutio etiam heredem adficit. Et de hoc quoque genere commissi est accipienda *l. 1. inf. de jure fisci.* Quo loco ait, nuntiationem sive delationem fieri ad fiscum, quoties adversus commissum factum est, adversus leges Censorias, scilicet quas Censores dicunt in locandis publicis vectigalibus. Varro de re rustica: *Greges ovium ad publicanos profitentur, ne si inscriptum pecus paverit, lege Censoria committant.* Verum additur in hac lege, si plures fuerint heredes ejus, qui in commissi poenam incidit, & unus ex eis rem munem, vel non immunem vectigalis causa, rem obnoxiam vectigali subripuerit, in eum solum transmitti poenam, quia nihil pervenit ad ceteros, nullæ sunt portiones, quæ auferri possint ceteris coheredibus. Et rem munem dicit rem munificam, ut in *l. 4. §. 1. in fin. h. tit.* quod est muneri publico & vectigali subjectum: Plautus in Mercatore, *gratum me & munem forte,* non *memorem,* ut quidam libri scribunt, id est, officiosum & munificum, ut Festus interpretatur. Porro aliæ res sunt munes, aliæ immunes a præstatione vectigalis: ut in militia alii sunt milites munifices, *l. 18. de verbor. signif.* & apud Festum, qui explent munera militaria; & munifices Julius Firm. recte συνεργὸς interpretatur *lib. 1.* unde & in epistola Divi Pauli ad Corinth. Θεῷ ἐσμεν συνεργοί, *Dei sumus munifices*; alii autem sunt immunes, beneficiarii, principales: ut in mulieribus aliæ mammæ munificæ, quæ lacte abundant, vel mammæ mimæ, quibus lac deficit, apud Plin. & Varr. Si igitur ex pluribus heredibus ejus, qui crimen fraudati vectigalis contraxit, unus rem munem causa vectigalis. id est, vectigali & commisso obnoxiam subripuerit, in eum solum transfertur crimen defuncti, nihil petitur a coheredibus; coheredibus, inquit, *portiones non auferuntur,* quia nullæ portiones ex eo crimine ad eos pervenerunt. Et quod notandum, commissio etiam ea res heredum non est, quoniam statim dominio fraudatoris abscedit, *l. commissa, inf. hoc tit.* Quo argumento recte dices, vulgo & in Basil. etiam hoc loco, male scriptum esse, *rem communem,* quia non est communis inter here-

heredes, sed statim facta est fisci. Recte Florentini, rem munem. Papiniano placent antiqua verba, & antiquæ rationes loquendi, ut fini peculii, fini quadrantis, & insuperhabere, & betere.

### Ad L. XLII. de Mort. cauf. donat.

*Seja, cum bonis suis traditionibus factis, Titio cognato donationis causa cessisset, usumfructum sibi recepit & convenit, ut, si Titius ante ipsam vita decessisset, proprietas ad eam rediret, si postea superstitibus liberis Titii mortuus fuisset, tunc ad eos bona pertinerent. Igitur si res singulas heredes L. Titii vindicent, doli non utiliter opponetur exceptio: bonæ fidei autem judicio constituto, quærebatur, an mulier promittere debeat, se bona cum moreretur, filiis restitutura? incurrebat hæsitatio non extorquenda donationis, quæ non dum in personam filiorum initium acceperat: sed nunquid interposita cautione, prior donatio, quæ dominio translato pridem perfecta est, propter legem in exordio datam retinetur, non secunda promittitur? Utrum ergo certa conditionis donatio fuit, an quæ mortis consilium ac titulum haberet? Sed denegari non potest mortis causa factam videri: sequitur ut soluta priore donatione, quoniam Seja Titio superstes fuit, sequens extorqueri videatur. Muliere denique postea diem functa, liberi Titii, si cautionem ex consensu mulieris acceperint, contributioni propter Falcidiam ex persona sua tenebuntur.*

IN hac L. sunt duo responsa, quæ simul explicabuntur: prioris hæc est species: Seja donationis causa L. Titio cognato suo, bonis suis cessit in jure: perficitur donatio etiam cessione in jure, *l. 1. C. Hermog. de don.* si & exhibitio & traditio rerum, quæ donantur, corporalis interveniat, quæ peragitur, eas res accipiente & vindicante eo, cui ceduntur, & prætore addicente, apud quem fit cessio, id est, in jure. Perficitur ergo donatio cessione in hac specie, & traditione, eoque modo donatario adquiritur & quidem plenum dominium, nisi donator sibi receperit usumfructum, ut in hac specie proponitur, Sejam sibi recepisse, & retinuisse usumfructum. Cessione ergo & traditione: nuda tantum proprietas transiit in Titium: donationi autem subjecta hæc lex, & conventio est, ut si Titius prior moreretur, eorum bonorum proprietas ad Sejam rediret, quæ conventio valet, *l. 2. C. de donat. quæ sub modo*: ac præterea, si post mortem Titii Seja moreretur superstitibus filiis Titii, ut tunc ad eos ea bona pertinerent: hæc est conventio, quæ donationi adjecta est *in exordio*, ut ait, id est, ex continenti, sive tempore donationis: Titius præmortuus est, relictis heredibus, id est, filiis, qui & ei heredes extiterint; nam illo loco hujus legis, *heredes L. Titii*, id est, filii: heredum appellatione filii significantur, ut in *l. 6. §. 1. de bon. libert.* Heredibus ejus D. Marcus opem tulit, id est, filiis ejus; nam id, quod agitur in ea lege, habet tantum locum in filiis: & *l. ex facto, §. ult. ad Trebell.* hæc conditio, *si sine herede moriaris*, sic accipitur, sine liberis. Porro filii L. Titii, & heredes, si eorum bonorum, quæ Seja Titio donavit, res singulas a Seja vindicent, ut possunt ipso jure, quia per cessionem & traditionem earum rerum dominium Seja transtulit in Titium, cui heredes extiterunt: si inquam, eas res vindicent sigillatim, repellentur, ut ait, opposita exceptione doli mali, quia contra legem dictam donationi & contra conventionem eas res petunt, quia convenit, ut mortuo Titio, ad Sejam superstitem proprietas rediret; sed quia, & hoc convenit inter Sejam & Titium, ut mortua Seja, ea bona ad filios Titii pertinerent: Quæritur, an interim, dum vivit Seja possint heredes L. Titii desiderare caveri sibi ab ea, de restituendis bonis post mortem suam? Movet Papinianum, quod vindicationi opposita exceptio doli mali judicium in rem, quod non erat bonæ fidei, fecerit bonæ fidei: nam ut Dorotheus auctor τῆς ἑλάτης, hoc loco definit, opposi-

ta doli mali exceptio omni modo bonæ fidei judicium facit, nimirum, quia, ut Dialectici dicunt, exclusio unius contrarii, positio est alterius. Porro dolo malo contraria est bona fides, *l. 3. in fin. pro soc.* Excluso igitur dolo malo, necesse est judicium fieri & peragi ex fide bona, ac si ab initio mota fuisset actio bonæ fidei. Quod & quodammodo confirmat *l. 3. de excep.* dum ait, replicationem doli oppositam judicium tutelæ facere bonæ fidei, quia scilicet quamvis actio tutelæ sua natura sit bonæ fidei, prætore actioni tutelæ nominatim adjiciente exceptionem vel replicationem doli, quæ etiam non adjecta inesset bonæ fidei judicio, *l. sed & si ideo, sol. matr.* tunc tamen non tam videtur actio tutelæ per se bonæ fidei esse, quam fieri beneficio & potestate exceptionis, aut certe, quam maxime fieri bonæ fidei, adjectione exceptionis doli expressa. In bonæ fidei autem judiciis quum nondum venit præstandæ rei, pecuniæve, constat recte agi ad cautionem interponendam interim, de re pecuniæve solvenda cum dies venerit, *l. in omnibus, sup. de judic. l. si constante, §. quoties, sol. matr.* quæ cum illa conjungenda est, *l. quoties, §. si semel, de pecul. l. quod si, de petit hered.* In hac igitur specie, an recte intendunt filii L. Titii, Sejam officio judicis cavere oportere, bona cum moreretur sibi restitutum iri? Quod videtur, quia actionem in rem, quam filii instituerunt adversus Sejam, opposita exceptio doli mali actionem fecit: & ut diximus, in bonæ fidei actionibus officio judicis hujusmodi cautiones interponuntur. Verum ne hoc admittat & concedat Papinian. movetur alia ratione, quæ est subtilissima, quia si filii L. Titii invitæ Sejæ illam cautionem extorqueant, invitæ donationem extorquent, quod non potest fieri, nec ex persona Titii, quia morte ejus resoluta & revocata donatio est: nec ex persona filiorum, quia nondum in persona eorum donatio initium accepit vivente Seja, nemo invitus donat alteri: si invitæ Sejæ posset extorqueri cautio illa, invita donatio extorqueretur, quoniam cautio illa, promissio donationis est, ergo non potest extorqueri, neque exprimi Sejæ invitæ. Et hoc Papinian. ut faciat evidentius, quærit, quid sit dicendum, si filii Titii ex consensu Sejæ, ultro oblatam, non exortam cautionem acceperint, utrum cautione hujusmodi prima donatio, quæ collata est in Titium, retinetur, id est, utrum cautio illa non est promissio secundæ donationis factæ filiis Titii, sed primæ donationis factæ Titio, quæ revocata fuit morte Titii, retentio & renovatio, puta, conventionis in ea adjectæ, ut post mortem Sejæ bona pertinerent ad filios Titii, quæ etiam filiis proficere potuisset, *l. quodcunque, §. si ita quis, de verb. oblig.* nisi & principalis donatio revocata esset: nam principali donatione revocata, & conventio ei adjecta nulla constituitur. Utrum igitur eo ipso quod eam cautionem Seja ultro præstitit, videatur perseverasse in donatione prima, & lege ac conventione ei adjecta in continenti? an vero Seja præstita illa cautione intelligitur secundam donationem cavisse & promisisse filiis Titii. Et hoc subinde esse verius, cautionem Sejæ sponte præstitam, secundam donationem esse factam filiis Titii stipulantibus: nondum est satis. Quæritur rursus, utraque donatio prima & secunda, sitne donatio inter vivos facta sub lege & conditione, an donatio causa mortis? At ait, non posse negari mortis causa donationem factam videri; quia conditiones donationis, sunt conditiones, quæ solent adjici, nisi donationib. causa mortis. Et ex eo subtiliter efficit Papin. resumpta prima quæstione, an invitæ Sejæ a filiis Titii cautio supradicta extorqueri possit, quæ est principalis quæstio resumpta, inquam, ea quæstio principali ex definitione subsequentium aliarum duarum quæstionum Papin. efficit, resoluta donatione prima morte Titii, Sejo non posse extorqueri illam cautionem, quia ea cautio, secunda donatio est, & nemo invitus donare cogitur. Quod ergo dicitur in bonæ fidei judiciis agi posse ad interponendam cautionem illam, non pertinet ad cautionem, quæ donatio est, aut donationis

tionis promissio: sed ad cautionem, quæ simplex securitas, non donatio est, quod maxime notandum est. At subjicit Papinian. quod si ultro Seja cum non posset cogi: eam cautionem præstiterit filiis Titii, postea Seja mortua iisdem filiis superstitibus, consequi ex superioribus & inferri, quia ea cautio donatio est causa mortis, sive promissio donationis causa mortis, in ea donatione filios Falcidiam pati, si lex Falcidia interveniat: vel ut ait contributioni propter Falcidiam filios Titii teneri, ut in *l. 15. in prin. ad l. Falcid.* dixit, *bonis contribui propter Falci.liam debitum remissum mortis causa*: & in secundo responso hujus legis, *bonis contribui donationes Falcidia causa*. In donationibus causa mortis, quæ instar legatorum sunt, lex Falcidia locum habet ex constitutione Severi, *l. 2. C. de mort. cauf. donat. l. 5. C. ad l. Falcid. l. cum pater, §. 1. de leg. 2. l. 1. §. in mortis, si cui plus quam per leg. Falcid.* quam constitutionem Severi intelligit in secundo responso hujus legis, illo loco: *non ad aliam constitutionem pertinere*; D. Severi scilicet. In donationib. autem inter vivos locum Falcidia non habet, *l. 27. hoc tit.* Quod & in secundo responso hujus legis ostenditur; cujus species hæc est.

### Ad §. cum Pater.

*Cum pater in extremis vitæ constitutus emancipato filio quædam sine ulla conditione redhibendi donasset; ac fratres & coheredes ejus bonis contribui donationes Falcidia causa, vellent, jus antiquum servandum esse respondi. Non enim ad alia constitutionem pertinere, quam quæ lege certa donarentur, & morte insecuta quodammodo bonis auferrentur, spe retinendi perempta: eum autem, qui absolute donaret, non tam mortis causa, quam morientem donare.*

PAter filio emancipato quædam donavit sine ulla conditione redhibendi, reddendive: donatio est inter vivos, non mortis causa, licet, ut ait, in extremis vitæ constitutus eam donationem fecerit filio emancipato: donatio mortis causa habet certas conditiones redhibendi, reddendæ rei donatæ, si donator convalescat: in donatorem donationis pœnituerit, si prior donatarius decesserit, *l. 16. & 30. hoc tit. l. non omnis, sup. de verb. cred.* At donatio nullam habuit conditionem redhibendi; ergo fuit donatio inter vivos, non mortis causa. Ex quo efficitur, in ea donatione Falcidiam locum non habere, sed in ea servari jus antiquum, id est, quod in omnibus donationibus servabatur ante constitutionem Severi, quæ etiam Falcidiæ subjecit donationes tantum mortis causa, non donationes inter vivos, & donationes mortis causa subjecit Falcidiæ, non nisi facto testamento, quia facto testamento recte donationes causa mortis comparantur legatis, non ab intestato, ubi nulla comparatio legatorum existit, *l. si filius, de leg. præst.* Quod & hic Græci recte notarunt. Sed hodie ex constitutione Gordiani, id est, ex *l. 2. C. eod. tit.* etiam ab intestato in donationibus causa mortis, sicut in fideicommissis ex constitutione D. Pii lex Falcidia locum habet, quod plenius ostendit *caput 6. Observat. 20.* Concludit ergo Papinian. in specie secundi responsi, constitutionem Severi pertinere tantum ad ea, quæ certa lege donarentur, & morte insequuta donatoris quodammodo bonis auferrentur, spe retinendi perempta a mortuo donatore. In hac specie non fuisse donationem ita factam, sed filio emancipato patrem absolute & pure donasse. Nec mater quod decumbens donarit, mortique proximus, quia non ideo tam mortis causa donavit, quam moriens donavit. Denique moriens donavit sed inter vivos, non mortis causa: nam & moriendi momentum vitæ deputatur, non morti. Quod valde notandum est.

### Ad L. XXI. de Manumiss.

*Servum dotalem vir, qui solvendo est, constante matrimonio manumittere potest, si autem solvendo non est, licet alios creditores non habeat, libertas servi impeditur, ut constante matrimonio deberi uxori dos intelligatur.*

SCiendum est, legem Juliam prohibere alienationem fundi dotalis: de fundo loquitur, non de servo dotali: de alienatione, non de manumissione. Nam servum dotalem marito, qui modo locuples & solvendo sit, proculdubio, quia dominus est, servum dotalem manumittere licet in testamento, vel inter vivos constante matrimonio, etiam invita uxore, *l. 3. C. de jur. dot. l. 1. & ult. C. de ser. pign. dat.* & ejus servi dotalis, quem manumiserit patronatus efficitur, & ad legitimam hereditatem ejus vocatur, *l. intestat. §. 1. sup. de suis, & legit. hered.* Verum si liberto heres exstiterit ab intestato jure legitimo, vel ex testamento, debet etiam constante matrimonio uxori restituere portionem bonorum liberti, quæ debetur jure patronatus condictione ex l. Julia, *l. hæc actio, sol. matr. l. filius, §. ult. ad l. Corn. de falf.* Cetera bona liberti, quæ ad eum pervenerunt restituit soluto matrimonio, judicio seu actione dotis, *l. dotalem, sup. sol. matrim.* & ipsius quoque servi, ut certum est, æstimationem, quem manumisit licet æstimatus in dotem datus non fuerit. Et hoc de marito locuplete, qui servum dotalem manumisit. Sed si maritus egenus & non solvendo sit, frustra manumitti servum debet, quia libertati obstat lex Ælia Sentia, quæ in fraudem creditorum data libertates irritat & nullam facit ipso jure, *l. 27. inf. qui & a quibus manum.* Nam etsi alios creditores maritus non habeat, semper tamen servo dotali, quum non est solvendo, intelligitur dare libertatem in fraudem mulieris, quæ est creditrix, id est, cui etiam constante matrimonio dos debetur, quum maritus incipit labi facultatibus, *l. constante, sol. matr. l. ubi, C. de jur. dot.* Et dos, quæ alias non repetitur, nisi soluto matrimonio, hoc casu, nempe marito urgente ad inopiam, etiam manente matrimonio repeti potest, aut cautio exigi idonea de dote restituenda soluto matrimonio, *l. si constante, §. quotiens, & c. l. pen. ext. de donat. inter vir. & ux.* quia de dote judicium bonæ fidei est: & ut sup. diximus, in omnibus bonæ fidei judiciis ad idem præstandum pecuniæ, in hoc agi potest, ut cautio interponatur. Vulgo ex hac lege notant, rem mobilem datam in dotem alienari posse, quod equidem verum esse arbitror, qualiscunque res mobilis seu movens fuerit. Sed id parum apte ex hac l. colligi dico: quia aliud est manumissio de qua hic agitur: aliud alienatio: alienatio est mutatio dominii, *l. 1. C. de fund. dot.* manumissio non est mutatio dominii. Et observandum in *d. l. 1. C. de fun. dot.* quod ait, alienationem esse omnem actum, per quem dominium transfertur eis verbis non tam proponi definitionem alienationis, quam significari omnem omnino alienationem fundi dotalis l. Julia prohiberi, ut in *l. sed si maritus, §. ult. inf. qui & a quib. man. liberi non fiant:* quæ *l. sed si maritus, & l. prospexit, eod. tit. & l. ex judiciorum, de accusat.* manifesto separant alienationem a manumissione: adeo autem verum est res mobiles, vel semoventes l. Julia non contineri, ut nec res omnes immobiles contineantur, sed res soli tantum, ut est proditum in *Instit. tit. quib. alien. licet,* vel non. Quæ cohærent solo, hæ tantum res alienari vel obligari non possunt invita uxore; ac ne volente quidem ex uxore, in provinciis: hodie nec in Italia, nec in provinciis ex constitutione Justiniani, de rei uxoriæ actione, cujusmodi sunt fundi, & ædes, ædificiaque omnia. Hæ sunt res soli, quæ l. Julia continentur: nam etsi l. Julia de fundo tantum loquuta videatur, tamen idem jus est in ædibus, *l. 13. in pr. sup. de fun. dot.* sicut l. XII. Tab. quæ fundo tantum biennio usucapiendo, pertinet etiam ad ædes, ut M. Tull. docet in Topic. & in Orat. pro Cæc. Non pertinet autem l. Julia ad superficiem ædium dotalium: pertinet ad ædes dotales, sed non ad superficiem ædium, *l. si ex lapidicinis, de jure dot.* quia superficies est quidem res immobilis, sed non res soli, ut ædes ipsæ integræ. Ergo l. Julia non pertinet ad res omnes immobiles, & multo minus ad res mobiles vel

vel semoventes, veluti servos dotales vel pecora dotalia, nisi forte servi dotales partes faciant fundi dotalis, ut servus rusticus, frutex, ut per ridiculum vocatur, qui pars fundi sit, *l.3.de div.temp. præscrip. l. hac edictali,* §.*illud, C.de sec.nupt.& Novel.*7. nam *l. Julia* pertinet etiam ad partem prædii, *l.*13.§. 1. *sup. de fun. dot.* Transeamus ad *l.*10. *de diverf.temp.præscr.*

### Ad L. X. de Div. & temp. præsc.

*Intra quatuor annos vacantium bonorum delator facta denuntiatione destitit: post quatuor annos secundo delatori venienti, prior nuntiatio, quo minus præscriptione temporis summoveatur, non proderit: nisi prioris prævaricatio detegetur, quo declarato præscriptio, sed & negotii quæstio perimitur.*

Tota lex est de præscriptione quadriennii, qua repellitur fiscus, vel quicunque agit fisci nomine, qui vindicat bona vacantia, id est, bona sine domino, vel potius bona defuncti domini, quorum nullus successor extitit, bona ἀκληρονόμητα, quæ alius nullo jure possidet; vindicat ea fiscus intra quadriennium ex l. Julia caducaria, *l.quidam,* §.*quotiens, de leg.*1. Quod & Ulpian. scribit *lib.reg.tit. de bon.poss.* Si post quadriennium ea vindicat à possessore, etsi sit injustus possessor, repellitur præscriptione quadriennii, quasi post quadriennium meliore causa possessoris in pari causa, *l.*1. *C.de quad.præscr.* Ceterum præscriptio illa quadriennii interrumpitur, & perpetuatur actio fiscalis denuntiatione eorum bonorum facta fisco a delatore, & lite contestata cum possessore: litis contestationem exigo, si modo delator non destiterit a lite. Nam si destiterit, & litem inchoatam deseruerit, non intelligitur interrupta esse præscriptio quadriennii, quia qui destitit a lite, nec litem inchoasse videtur. Et ideo lite destituta a priore delatore, si alius post quadriennium ea bona fisco deferat, præscriptione quadriennii submovetur, quæ pro interrupta non est, arg. *l.*1.§.*ult.de jur. fisci.* Papinian. hoc loco utitur verbo *destitit*, quod est, prorsus deposuit animum litigandi, ut *l. destitisse, de jure fisci.* Aliud enim dicendum est, si prior delator traxit negotium tantum, non destitit: nam & ultra quadriennium tracta causa bonorum vacantium deferri, aut peragi potest, *d.*§.*ult.* At si destitit prior delator, alius delator post quadriennium non admittitur, excepto uno tantum casu, si alius delator prioris delatoris prævaricationem arguerit & convicerit: nam detecta prævaricatione, ei non obstat præscriptio quadriennii, & reus pro convicto habetur, maxime si priorem delatorem probetur fuisse corruptum, ut prævaricaretur & se vinci pateretur a possessore bonorum vacantium, §. *ult.& l.ejus qui, & l.in fisci, eod.tit.l.*1. *C. de sent. adv. fisc. lat.non rec. lib.* 10. Et hoc est quod ait Papinianus hoc loco, prioris prævaricatione detecta præscriptionem quadriennii perimi: sed & perimi negotii quæstionem, quia scilicet possessor bonorum vacantium, qui priorem delatorem corrupit, pro convicto, & condemnato habetur.

### Ad §. Quadriennii.

*Quadriennii tempus, quod bonis vacantibus nuntiandis præscriptum est, non ex opinione hominum, sed de substantia vacantium bonorum dinumeratur. Quatuor autem anni post irritum testamentum factum & intestati possessionem ab omnib. repudiatam, qui gradatim petere potuerunt, vel temporis finem, quod singulis præstitum est computabuntur.*

In hoc §. additur, quadriennium aut quadriennii tempus non ex opinione hominum dinumerari, sed de substantia vacantium bonorum, id est, non ex die, quo homines existimaverunt ea bona vacare, & id scilicet fisco forte denuntiaverunt, sed ex eo die, quo in veritate ea bona vacare cœperunt, nullo existente herede, aut successore defuncti, nullisque creditoribus ea bona persequentibus, ut *l.* 50. *sup. de man. test. l.* 1. §. *Divus, inf. de jure fisci. l. pen. C.de bonis vac. lib.* 10. *de substantia,* inquit, *bonorum vacantium,* id est, de vero nomine substantiæ bonorum vacantium, ut in *l. Arrianus, C. de liber. causa.* Ex quo scilicet id nomen *vacantium bonorum,* eamque appellationem adepta sunt, ex eo scilicet die quatuor anni dinumerantur & computantur. Quod & ita esse declarat manifestius in §. *ult. hujus legis,* ut si post irritum factum testamentum, id est, post repudiatam hereditatem ab herede scripto, vel omissam, id est, non aditam intra constituta tempora, & post repudiatam quoque intestati hereditatem, aut bonorum possessionem ab agnatis, cognatis, patronis, consortibus, viro, vel uxore, vel etiam post omissam ab his omnibus intestati successionem, id est, iis omnibus tempore exclusis, quod singulis præfinitum est ad successionem amplectendam, ab eo die, quo percensitis omnibus gradibus successionis apparuerit, nullum successorem existere, ab eo, inquam die, quadriennium computatur. Et hoc distat maxime hæc causa fiscalis de bonis vacantib. ab aliis fiscalibus causis, quæ non perimuntur, nisi præscriptione vicennii, *l. in omnib. inf. hoc tit.* quia in iis causis vicennium numeratur a die nuntiationis, quo primum bona fisco delata sunt, *l.* 1. §. *pen. de jure fisci.* In causa autem bonorum vacantium quadriennium numeratur, etiam ante diem nuntiationis, si jam ante percursis omnibus gradibus constiterit, nullum defuncto successorem extare: post omnes enim vocatur fiscus lege Julia ad bona vacantia intra quadriennium ex eo tempore, quod diximus connumerandum. Huic legi adjungenda est *l.* 38. *de jure fisci,* quæ ex eodem libro est etiam de bonis vacantibus.

### Ad L. XXXVIII. de jure Fisci.

*Fiscus in quæstione falsi testamenti non obtinuit, priusquam autem ea quæstio decideretur, alio nuntiante, bona postea vacare constitit: fructus post primam litem absumi non oportuisse: respondi: neque enim ad Senatusconsulti beneficium, scriptum heredem pertinere controversia motæ.*

Cujus hæc est species: Quidam delator sive accusator bona quædam fisco denuntiavit quasi vacantia, dicens falsum testamentum esse, ex quo, qui hereditatem bona fide possidebat, existimabat, & vero contendebat, se defuncti heredem esse: & in quæstione falsi testamenti non obtinuit re judicata secundum possessorem in testamento heredem scriptum: pendente autem falsi testamenti cognitione, necdum finita, alius quidam delator, eadem bona fisco denuntiavit quasi vacantia non ex causa falsi testamenti, ut prior delator, sed ex alia causa, veluti injusti, aut rupti testamenti, vel quod incapax aut indignus heres esset scriptus in testamento, & post finitam quæstionem falsi testamenti, in qua, ut diximus, prior delator non obtinuit, hic posterior probavit bona vacare, & obtinuit. Quæritur, ex quo tempore possessor eorum bonorum fructus fisco restituere debeat, utrum ex die, quo prior lis mota & contestata est, in qua delator sive accusator fisci nomine non obtinuit, an ex die cœptæ posterioris litis, in qua accusator sive delator obtinuit? Est quæstio elegantissima, & responsum valde singulare: Respondet Papinianus, a die, quo prior lis contestata est, quamvis in ea fiscus non obtinuerit, fructus fisco esse restituendos, quos possessor percepit, vel quos cum percipere potuit, non percepit, quia bonæ. possessor post litem contestatam, motamque controversiam, malæ fidei possessori similis est: post litem contestatam omnes possessores pares sunt, *l.sed etsi lege,* §. *si ante litem, de petit.*

*petit. her. l. 1. C. eod. tit.* Et poſt motam priorem litem poſſeſſori, ſemper de hereditate, & perpetuâ factâ controverſia eſt, nullo intermiſſo intervallo temporis, quod fuerit vacuum à lite fiſcali eorum bonorum cauſa. Nam finita priore lite, poſteriore ſtringebatur ejuſdem fiſci nomine, in qua fiſcus eum condemnavit. Ergo à die prioris litis, in diem condemnationis ſecutæ ex poſteriore lite, fiſco fructus reſtituere debet. Nam ut ait beneficium Senatuſconſulti, Adriani ſcilicet, de petitione hereditatis, ut in *d. l. 1. quod ſcilicet datur bonæ fidei poſſeſſori*, ut ſcilicet fructus conſumptos reſtituere non teneatur, pertinet tantum ad fructus conſumptos ante litem motam, non ad conſumptos poſt litem motam, *l. heredem, ſup. de iis, quib. ut indign. l. certum C. de rei vind.* Ergo æſtimatio fructuum, fiſco, qui poſteriore judicio vicit, à tempore prioris judicii omnimodo præſtanda eſt, quanti in litem juratum fuerit, quod plerunque immenſum & iniquum pretium eſt: vel ſi interim poſſeſſor ideo fructus abſumpſerit, quod tempore eſſent perituri, quanti revera fuerint, *l. item veniunt, §. quod ſi quis, ſup. de petit. hered.* Et hæc eſt ſententia primæ partis hujus legis. Recte autem poſui poſteriorem delatorem, non ex eadem cauſâ fiſco nuntiaſſe vacare bona, ex qua agebat prior, ſed ex aliâ, quia ab alio delatum ex eadem cauſâ aliuſ deferre non potuit, *l. ſi tamen, §. ult. ſup. de accuſ. l. ubi de crimine, C. eod.* niſi prior deſtiterit, nec peregerit litem, & poſterior veniat intra conſtituta tempora, vel etiam prioris prævaricatione detectâ, poſt legitima tempora, id eſt, poſt quadriennium: non enim admittitur poſt quadriennium, niſi prioris prævaricationem detexerit, ex *l. 10. de diverſ. tempor. præſcript.* Poſui etiam ſpeciem in bonæ fidei poſſeſſore: Nam malæ fidei poſſeſſor omnes fructus reſtituit quocunque tempore perceptos, vel percipiendos ante vel poſt litem motam, *d. l. heredem, d. l. certum.* Poſt litem vero motam, jure, omnes poſſeſſores pares ſunt, quantum attinet ad fructuum reſtituendorum cauſam, non in omnibus cauſis. Nam ut hoc demonſtrem duob. exemplis, re, quâ de agitur, fato perempta poſt litem conteſtatam, bonæ poſſeſſor non præſtat fatum & mortalitatem, malæ fidei poſſeſſor plerunque eam præſtat, *l. illud, ſup. de pet. hereditat.* Item poſſeſſor non reſtituit, quod ſervus, quo de agitur, ei interim adquiſierit ex re ſuâ, malæ fidei poſſeſſor & hoc quoque reſtituit, *l. 20. ſup. de rei vindic. l. 1. C. eod. tit. l. per ſervum donatum, ſup. de adquir. rer. domin.*

### Ad §. Delatoria.

*Delatoria opera non eſſe fructus reſpondi, qui fiſci pecuniam, quam alius tenebat, ad ſui temporis adminiſtrationem pertinere, quamvis probare non potuiſſet, contendit, quoniam propriam cauſam egerit.*

Delator eſt, qui agit cauſam fiſcalem ſpe præmii, quod erat vulgo quadruplum, & inde delatori quadruplatoris nomen. Denique delator eſt, qui ſpe præmii agit cauſam fiſcalem, non qui agit cauſam propriam. Ille delator, ſi non obtineat, notatur infamiâ tanquam calumniator & συκοφάντης, *l. 2. in princ. hoc tit. l. noſtris, C. de calumniat.* Is, qui propriam agit, ſi non obtineat, non notatur. Et ideo, ut in hoc §. proponitur, qui detulit, verbi gratiâ, à curatore Reip. qui ſibi in eâ adminiſtratione Reipubl. ſucceſſit, detineri pecuniam fiſcalem, quæ ad ſui temporis adminiſtrationem, atque adeo ad ſuum periculum pertinebat, ut *l. 3. §. 1. inf. de admin. rer. ad civit. pert.* nec obtinuit, non habetur pro delatore, quia non ſit infamis, quia principaliter id ſua, non fiſci cauſâ fecit. Delator non eſt, qui protegendæ ſuæ cauſæ gratiâ, aliquid nuntiat, ad fiſcum, ſive defert, *l. 44. inf. hoc tit.*

### Ad L. VIII. ad Leg. Jul. majeſt.

*In quæſtionibus læſæ majeſtatis etiam mulieres audiuntur. Conjurationem denique Sergii Catilinæ (Fulvia) mulier detexit, & M. Tullium Conſulem indicio ejus inſtruxit.*

Lex 8. *ad l. Jul. majeſt.* docet, non tantum infames, qui plerunque jus accuſandi non habent, aut deferendi, vel milites, qui etiam propter ſacramentum jus accuſandi non habent, vel ſervos etiam dominos ſuos deferentes, hos omnes tamen audiri in quæſtionibus læſæ majeſtatis, *l. prox. ſup.* Sed non hos tantum, ſed etiam mulieres, ut ait, quæ alias cauſas deferre non poſſunt, *l. deferre, inf. de jure fiſci*: cauſam læſæ majeſtatis deferre poſſe, & in eâ audiri propter publicam utilitatem. Et ita Papinianus hoc loco ſcribit, Fulviam mulierem detexiſſe conjurationem Sergii Catilinæ, & M. Tullium Conſulem indicio, id eſt, delationem ejus mulieris inſtruxiſſe, & edocuiſſe inſidias paratas Reip. *Julia*, habent, non *Fulvia* Florentini, & Dorotheus auctor τῶ πλάτους, & Gratianus 15.*q*.3. ut in veterib. libris ſcriptum eſt, *Julia* pro *Fulvia*. Sed *Fulvia* eſſe rectius & verius præter Salluſtium, Annæus Seneca ſive Florus oſtendit libro 4. *Tanti*, inquit, *ſceleris indicium per Fulviam emerſit.* Et Plutarchus in Cicerone: τοῦτο συλβία γυνὴ ἐπήγγελε τῷ Κικέρωνι: Et Appianus 2. *de bell. civil.* φυλβία ἐκ ἀφανὴς ἐμήνυε τῷ Κικέρωνι: ἐκ ἀφανὴς legendum, id eſt, *non ignobilis mulier*, ἐκ ἀφανοῦς; nam & Plutarchus ait, fuiſſe τῶν ἐπιφανῶν, & Salluſtius nobilem mulierem, quod Grammatici male accipiunt in malam partem, quaſi nobile ſcortum.

### Ad L. XII. ad Leg. Cornel. de falſ.

*Cum falſi reus ante crimen illatum aut ſententiam dictam vitâ deceſſit, ceſſante Corneliâ, quod ſcelere quæſitum eſt, heredi non relinquitur.*

Sicut in *l.8. de public. & vectigalib.* ſupra dixit idem Papinianus, fraudati vectigalis crimen ad heredem tranſmitti commiſſi ratione, id eſt, ratione rerum fiſco commiſſarum, quæ ad heredem pervenerint, etiamſi ea de re non ſit actum cum defuncto, vel condemnatus, ob eam rem defunctus non ſit, ut puta, ſi vitâ deceſſit ante illatum crimen aut ſententiam dictam, Ita falſi crimen mortuo falſario *ante crimen illatum*, id eſt, ante accuſationem, vel poſt accuſationem, ante condemnationem hoc loco ait, ad heredem tranſmitti, ſed ratione tantum lucri, quod ex eo ſcelere defunctus fecit, & tranſfuluit ad heredem. Nam quod ſcelere quæſitum eſt, ſemper heredi etiam innocenti fiſcus aufert, *l. Lucius, inf. de jure fiſci. l. in heredem, ſup. de calumniat. l. quod diximus, §. ult. ſup. de eo, quod metus cauſa*, ne heres ſcelere alieno ditetur, ut ait *l. unica, C. ex delict. defunct. in quant. hered. conven.* Crimen quidem ipſum falſi extinguitur morte falſarii, & pœna *l. Corneliæ* non tranſmittitur ad heredem ejus, quod hoc loco ſignificat his verbis, *ceſſante Corneliâ*, ſed turpe lucrum heredi aufertur. Quod & in omnibus criminibus generaliter obtinet, *l. defuncto, de publ. jud. l. ſicuti, de reg. jur.* ſi plures ſint heredes, ſingulis ejus, quod ſcelere quæſitum eſt, portiones auferuntur, niſi id totum unus ex heredibus ſuperaverit aliis, ut in *d. l.8. de pu.* quæ cum hac lege commodiſſimè conjungi poteſt. Hic eſt finis hujus libri 13.

## JACOBI CUJACII J.C. COMMENTARIUS
In Lib. XIV. Reſponſorum ÆMILII PAPINIANI.

### Ad Leg. pen. de his, quæ ut indign.

*Si gener ſocerum heredem reliquit, taciti fideicommiſſi ſuſpi-*

*suspitionem sola ratio paterna affectionis non admittit.*

HUJUS Legis verba hæc sunt, quod sequitur, ex Claudii notis ad 30. librum D. Scævolæ hujus tit. l. ult. est. Et vulgo male, ex iis duabus legibus conficitur una. Basilica eas diviserunt rectissime. Species autem l. penult. hæc est. Maritus cum per leges ei non liceret uxorem heredem instituere, quia lex Julia & Papia uxorem ex testamento viri, & contra, virum ex testamento uxoris, solidum capere vetat, ideo non uxorem heredem instituit, quæ est incapax, sed heredem instituit socerum, id est, patrem uxoris. Quæritur, an sola institutio soceri sit justa præsumptio taciti fideicommissi a socero uxori relicti in fraudem legis Juliæ & Papiæ, cui facile illudi poterat per tacita fideicommissa & clancularia? Videtur præsumptio taciti fideicommissi duci posse ex affectione soceri erga filiam, affectione paterna, qua motus socer indui potuerit ad fidem tacitam interponendam restituendæ hereditatis filiæ. Præsumptio hæc facit, ut non tam videatur pater reipsa heres instituere filiam, quam administer taciti fideicommissi. Et sane hoc probaretur manifestissimis probationibus, ut exigit *l. 3. §. tacita, inf. de jure fisci*: socerum tacitam fidem interposuisse restituendæ hereditatis filiæ, cujus ea est incapax, socero sane, ut indigno hereditate fiscus auferre posset, *l. 1. C. de iis, qui se def. lib. 10*. Verum recte ait Papinianus, ex eo solo non duci justam præsumptionem taciti fideicommissi, levissimum id argumentum, levissimam præsumptionem esse & obscurissimam, non manifestissimam. *Sola*, inquit, *ratio paternæ affectionis erga filiam*, quæ nupti testatori, *non admittit*, non inducit, *suspicionem taciti fideicommissi*. Et ita hanc legem secundo loco accipit Accursius recte, & eam quoque eodem modo enarrant & explicant Basilica, fere ita: quamvis uxorem heredem instituere non possim, tamen si patrem ejus heredem instituero, non ideo induco suspicionem legati, aut fideicommissi uxori inutiliter relicti, in fraudem scilicet legis Juliæ & Papiæ. Itaque tacito fideicommisso probando non sufficiunt quælibet præsumptiones, sed manifestissimæ requiruntur semper, quoties ex præsumptionibus, indiciis, conjecturis, argumentis extrinsecus probationes adsumuntur, *l. 3. §. præterea, de suspect. tut. l. pen. Cod. de contr. & committ. stip*. Et certæ, inquam, præsumptiones ac jure proditæ & probatæ, *l. indicia, Cod. de rei vindic. l. cum citra, Cod. de jur. dot*. Quod est maxime notandum. Nam non præsumptio sufficit, quam quis sibi adfingit, vel adumbrat, sed præsumptio, de qua nominatim mentio fit in jure, nec enim liberum nobis est comminisci præsumptiones, aut conjecturas: hujusmodi autem præsumptiones quas requirimus, nemo est, qui non videat, quam non sit promptum, & facile præstare. Ideoque recte etiam Quintilianus scribens de tacitis fideicommissis declamat. 325. ait, *natura esse difficile tacitum fideicommissum probare*.

### Ad L. XI. de Adsign. libert.

*Alimentorum causa libertos filiis attributos, filiis adsignandos non videri respondi: cum ea ratione libertis consuli patronus voluerit, quo facilius voluntatis emolumentum consequatur salvo jure communi.*

SCiendum est, patronum, qui plures liberos habet in potestate, si uni ex eis libertum, vel libertos suos adsignarit, ad eum solum, cui adsignati sunt liberti, jus patronatus pertinere, quod potissimum consistit in hereditate bonorumve possessione liberti, exclusis fratribus, quibus adsignati non sunt: Nec enim fratres aliter admittuntur ad bona liberti fratri adsignati, quam si is frater repudiaverit, vel omiserit successionem liberti, aut capitis libertati sibi adsignaturæ succurrerit, aut sine liberis vita decesserit. Nec enim ad extraneos heredes transmittit libertos sibi adsignatos, fratribus superstitibus.

bus, sed ad liberos tantum. Quod & verba Senatusconsulti demonstrant propositi initio legis 1. h. tit. & §. *sed is cui, ead. l. & l. 3. si capitis, de bon. libert*. ubi Accursius rectissime notavit, quoniam vitiatus est contextus vulgo, atque etiam in Florentinis, alias ita legi, *alter frater cui adsignatus non est potest succedere, &c*. Eam scripturam & ipsa juris ratio & Basilic. aperte verissimam esse demonstrant. At Senatusconsultum propositum in *l. 1. hujus tit*. non hunc tantum casum excipit, si is cui adsignatus est libertus, sine liberis vita decesserit, sed & generaliter, si is cui adsignatus est libertus, in civitate esse desierit, ut puta, si in insulam deportatus fuerit, nullis relictis liberis & fratribus superstitibus. Nam & hoc casu superstites ejus liberi excludunt patruos, & retinent libertos paternos, licet pater per deportationem amissa civitate ad peregrinitatem redactus fuerit, & subierit magnam capitis deminutionem: deportato auferuntur bona, etiam si habeat liberos: liberti conservantur liberis, & jura patronatus igitur, *l. eorum, inf. ad leg. Jul. majest. l. 4. sup. de jure patr. l. 4. §. si deportatus, de bonis libert*. Verum huic sententiæ valde obstat *l. 3. sup. de interd. & releg*. quæ ait, eum qui civitatem amisit, veluti deportatum, liberis suis non tantum adimere hereditatem suam, quam fiscus occupat, sed etiam libertos suos. Verum observandum est, eam leg. 3. scriptam esse ab Alpheno vetere Jurisconsulto secundum rationem juris, quæ olim obtinuit & vivo Alpheno. Nam hoc jure liberi ejus, qui civitatem amisit, veluti deportati, retinent tantum ea quæ a genere eis tribuuntur, vel stirpe, & a civitate, & a rerum natura, veluti legitimas hereditates consanguineorum, vel agnatorum, atque tutelas eas retinent, quas accipiunt a majoribus, non a patre, id est, a genere & stirpe; verum non retinent ea, quæ a patre ad eos perventura erant, si deportatus non fuisset: non retinent bona vel legitimam hereditatem patris: non retinent legitimam hereditatem libertorum paternorum, nec in hac causa deportatus mortuo comparatur, sicut nec in specie *l. intercidit, de condit. & demonstr. l. sed & si mors, de donat. inter vir. & ux ea, §. in insulam, de verb. oblig*. Non in omnibus causis deportatus mortuo comparatur, in hac causa nullo modo, secundum rigorem juris. Mortuo enim patri suo fato utique liberi heredes existerent, libertisque paternis: patre deportato non item. Et hæc quidem in libertis ita se habent summo jure, ut dixi veteri jure, de quo Alphenus scripsit: sed postea benigne placuit, ut liberi hereditatem legitimam, non patris quidem, quoniam bona patris deportati publicantur, sed liberti, vel libertorum paternorum retinerent. Idque placuit supradicto Senatusc. quod proponitur in *d. l. 1. hoc tit*, ut apertissime demonstrant illa verba, *utique si ex liberis, quis in civitate esse desiisset, neque ii ex liberis fuissent*. Quæ verba satis ostendunt eum, qui desiit esse in civitate, libertos, quos ipse habuit non adimere. Deinde benignissime, ut ait *l. 4. sup. de jure patron*. Severo & Antonino placuit, ut etiam liberi ejus, qui perduellionis damnatus esset, quod est omnium maximum crimen, liberis ejus conservaretur: hoc in illis benigne constitutum est, in his benignissime, quoniam vel in crimine perduellionis, juris rigor observandus esse videbatur: qui tamen remittitur, quod ad libertos attinet, sive jure patronatus damnati & condemnati ex ea causa. Ego hic libenter quæsierim, quid opus fuerit Senatusconsult. quo adprobaretur adsignatio liberti, vel libertorum facta uni ex liberis? Senatusconsultum factum fuit Claudii Imperatoris temporibus. Cur ante Claudium? Ante SC. non licuit patri libertum adsignare uni ex filiis remotis fratribus? Ratio hæc fuit, quia ut pacto mutari non potest jus legitimum hereditatum, *l. ultim. inf. de suis & legit. hered*. ita nec testamento: quod non potest fieri pacto, nec testamento, & e contrario, *l. pactum, sup. de pact*. quod non instrumento, nec testamento, ut ecce, nemo testamento suo efficere potest, quo minus se mortuo filii sui sibi invi-

invicem, id eſt, fratres fratribus ab inteſtato ſuccedant. Ac ſimiliter non poteſt efficere, ne poſt mortem ſuam, liberto ſuo inteſtato defuncto, ei liberto omnes liberi ab inteſtato ſuccedant. Jus enim commune, quod vocat Papin. in hac lege, jus publicum hoc eſt, cui derogare teſtator non potuit, *l*. 15. §. 1. *ad leg. Falcid.* quod tamen agit, qui uni ex liberis libertum ſuum adſignat, ut is ſolus excluſis fratribus ad liberti hereditatem vel bona admittatur : & ideo SC. opus fuit, quo ea adſignatio comprobaretur, id eſt, quo permitteretur teſtatori derogare juri communi, & juri patronatus, quod ab inteſtato commune eſt omnibus liberis patroni. Jus igitur SC. hujus ſingulare eſt. Qua de cauſa & in *l*. *ultim.* §. *ultim. h. tit.* ait Juriſc. diligenter eſſe obſervandum finem SC. nam jus ſingulare, quod recedit a jure communi, ſtrictius accipiendum eſt : quamobrem ait, non poſſe libertum adſignari in diem certum, ſed debere adſignari in perpetuum. Quoniam Senatus, inquit, huic negotio finem propoſuit, quem ſequi oportet ſtrictè & deſtrictè. Quem finem? Ut ſcilicet is, cui adſignatus eſt libertus, in eum diem jura patronatus ſolus obtineret, quod deſineret eſſe in civitate, vel morte naturali, vel deportatione, quod maxime notandum eſt. In hac autem *l*. 11. uni ex filiis, cui liberti attributi ſunt alimentorum cauſa, id eſt, ut is alimenta libertis præſtaret, erogaret, diſtribueret, quæ patronus eis relinquebat, ei, inquam, filio hoc modo non videri adſignatos libertos. Nam adſignatio libertorum fit filii cauſa : hæc autem libertorum attributio fit libertorum cauſa, ut habeant a quo alimenta percipiant & petant, nec a ſingulis petendo deſtringantur, ut ait *l*. 3. *de alim. leg. Ils ſeroient trop empeſchez*, ſi a ſingulis heredibus, vel a ſingulis filiis minutatim cogantur alimenta petere : melius eſt, habere unum a quo ſolo alimenta petant, quam deſtringi petendo a ſingulis, ut in *l. ultim. rem pup. ſalv. fore*: & apud Ann. Florum eleganter, *eos, qui per inſidias volunt capere urbem aliquam, prius urbem deſtringere incendiis; pour les empeſcer a eſteindre le feu*: proinde aliud eſt adſignare libertum ſimpliciter, aliud adſignare alimentorum cauſa : quæ eſt ſententia hujus legis : adſignare, & attribuere idem eſt : adſignare nomina in *l. ultim. de diſtrah. pign.* attribuere nomina in *l*. 3. *fam. erciſc.* ſequitur *l*. 3. *de manumiſſ.*

### Ad L. III. de Manumiſſ. quæ ſervis ad univerſit. &c.

*Servus civitatis jure manumiſſus, non ademptum peculium retinet, ideoque debitori ei ſolvendo liberatur.*

NEmo eſt, qui neſciat, ſervum privati hominis manumiſſum inter vivos, retinere peculium, quod habuit, ſi ademptum non fit, nec neceſſarium eſt, ut nominatim ei concedatur, ſatis eſt ſi non adimatur, videtur ei data libertas ſimul & peculium, quod habuit, *l. un. C. de pec. ejus qui liber. meruit*, §. *peculium*, *Inſtitut. de leg.* ut & hæc lex 3. oſtendit, idem eſſe in ſervo civitatis jure manumiſſo. Jure, id eſt, decreto ordinis, & auctoritate Præſidis, ut *l*. 1. & *l*. 2. *C. de ſervis Reipubl. man. Servus civitatis*, inquit, *jure manumiſſus inter vivos retinet peculium, quod ei Reſpub. non adimit.* Ex quo efficit, debitorem peculiarem ei recte ſolvere, ſolvendo liberari, nec quod ſolvit condicere poſſe : quod uſque adeo verum eſt, ut etſi ademptum ſit manumiſſo peculium, debitor peculiaris ei ſolvendo liberetur, ſi modo ignoravit ademptum ei eſſe peculium : quod Accurſius hic notavit recte; conceſſo peculio aut non adempto, quod idem eſt, nullus eſt labor, quoniam in confeſſo eſt, omnibus debitorem peculiarem ei ſolvendo liberari. Et obſervandum, hoc loqui tantum de manumiſſo inter vivos. Nam manumiſſo teſtamento non videtur conceſſum peculium, quod non eſt ademptum, niſi nominatim legatum ſit, *d. l. unica.* Et ratio differentiæ evidens eſt : quia qui manumittit inter vivos, neque peculium ſibi retinet aut recipit, neque in alium transfert : ergo manumiſſo relinquere videtur.

At qui manumittit teſtamento, id transferre videtur in heredem ſuum, cum univerſo jure, ſi id nominatim manumiſſo non legaverit.

### Ad L. LI. de Man. teſtam.

*Teſtamento centurio ſervos ſuos venire prohibuit, ac petiit prout quiſque meruiſſet eos manumitti, libertates utiliter datas, reſpondit, cum ſi nemo ſervorum offenderit, omnes ad libertatem pervenire poſſunt, quibus per offenſam excluſis, reſidui in libertatem perveniunt.*

MIles ſervos ſuos alienari prohibuit ab herede in teſtamento, & rogavit heredem, ut prout quiſque eorum promeruiſſet, eos ſervos manumitteret. Quæritur, an his verbis, jure ſit data eis fideicommiſſaria libertas : dubitationem facit, quia placet teſtamento ſervis libertates dare nominatim, §. *libertas*, *Inſtit. de leg.* quod eſſe ex *l*. Fuſia Caninia Ulpian. ſcribit *lib. reg. tit.* 1. & Paulus 4. *ſent. tit. ultim.* Qua de cauſa & quid ſit nominatim explicatur in *l*. 24. & 47. *hoc tit.* quia ſcilicet in teſtamentis nominatim manumittere licet, & in teſtamento etiam militis hoc nominatim argumentum præbet §. *incertis*, *Inſtit. de leg.* qui ne militem quidem ait, incertæ perſonæ potuiſſe legare, & incerta quodammodo eſt, cujus nomen non adſcribitur. In ſpecie propoſita nomina ſervorum non ſunt expreſſa. Et ideo quæritur, an ſint eis utiliter datæ libertates ? At quod eadem lege Caninia cautum erat, ne quis teſtamento omnes ſervos ſuos manumitteret, non habuiſſe locum in teſtamento militis hic locus arguit, quo proponitur centurio ſervos ſuos, prout quiſque meruiſſet, heredem teſtamento manumitti juſſiſſe : atque adeo omnibus dicitur deberi libertas fideicommiſſaria, ſi omnes bene meriti ſint de herede, aut non male meriti, quod ſatis eſt, non indigni libertate. Omnibus videtur data libertas contra Caniniam legem : non habuit igitur locum in teſtamento militis. Si tamen non omnes bene meriti ſint de herede : ait, bene meritos, aut non male meritos tantum eſſe manumittendos, indignos & immerentes repellendos. Quæ autem omnibus generaliter teſtamento militis, vel cujuſcumque, quanquam non cujuſcunque utiliter per legem Caniniam, ſed militis tantum, quæ, inquam, omnibus generaliter teſtamento videtur dari libertas, ſatis videtur dari nominatim, *l. Titius, ſup. de lib. & poſt.* In hac igitur ſpecie, jure data eſt libertas, quia data eſt omnibus quæ omnibus jure dari potuit a milite, & quia etiam a milite dari debuit nominatim, & nominatim data intelligitur, quæ data eſt toti familiæ, ſi modo promeruiſſet heredem.

### Ad §. Cum ita.

*Cum ita teſtamento adſcriptum eſſet, ſervi, qui ſine offenſa fuerunt liberi ſunto, conditionem adſcriptam videri, placuit, cujus interpretationem talem faciendam, ut de his in libertate danda cogitaſſe non videatur, quos pœna coercuit, aut ab honore miniſtrandi, vel adminiſtrandæ rei negotio removit.*

SUperius reſponſum eſt de fideicommiſſaria : hoc vero de directa libertate data teſtamento, hoc modo: *ſervi, qui ſine offenſa fuerunt, liberi ſunto*, id eſt, qui quamdiu vixi ſine offenſa fuerunt, jus iſte me non offenderunt, contra quos offenſus non ſui : ſic accipienda ſunt ea verba teſtatoris, *ſervi, qui ſine offenſa fuerunt, liberi ſunto* : verba illa, *liberi ſunto*, ſunt directa, & præterea libertas, quæ data eſt ſuperiori reſponſo, eſt pura : quoniam hæc verba, quæ diriguntur ad heredem ſcriptum, *prout quiſque meruerit*, pro boni viri arbitrio accipiuntur *l. fideicommiſſaria*, 3. §. 1. *tit. ſeq. l*. 20. *hoc tit. l*. 11. §. *ſed etſi, de leg.* 3. Boni viri autem arbitrium eſt certum, nec ineſt ei ei ulla mora, vel conditio, sed statim est certum, sicut æquitas est certa, cujus magister est bonus vir, *l. 1. de leg. 2.* Hæc autem manumissio, *servi, qui sine offensa fuerunt, liberi sunto*, conditionalis est, ut ait, quia hæc ei injecta esse conditio intelligitur, *si me testatorem non offenderunt*. Et ideo hi tantum vocantur ad libertatem, qui non offenderunt testatorem, non ceteri qui offenderunt: & definit, qui offendisse intelliguntur, qui locus est singularis. Offendisse dominum intelliguntur, quos pœna coarguit, quos vinxit compedibus pœnæ causa, quos compunxit notis pœnæ causa, qui στιγματίαι dicuntur, & a Tertulliano *subverbusti*, *qui sont flestris au visage*, ut Galli loquuntur, non stigmi, ut Alciatus tentat. Nam stigmi non dicitur a stigmate, sed ab ordine quodam, serie, versu. Offendisse etiam dominum is dicitur, quem dominus removit a dispensatione & actu rerum, administratione rerum suarum, id est, quem noluit amplius esse actorem rerum suarum, qui erat summus honor in familia. Offendisse etiam dominum intelligitur is, quem removit ab honore ministrandi, honor est accumbenti domino ministrare cibos aut pocula, aut stare ad cyathum, vel præguftatorem esse, qui locus est singularis.

### Ad L. II. ne de statu def. post quinq. quær.

*Non esse libertatis quæstionem filiis inferendam, propter matris, vel patris memoriam, post quinquennium a morte non retractatam convenit. Nec in ea re, quæ publicam tutelam meruit, pupillis agentibus restitutionis auxilium tribuendum est, quod quinque annorum tempus, cum tutores non haberet, excesserit. Præscriptio quinque annorum, quæ statum defunctorum tuetur, specie litis ante mortem illatæ non fit irrita, si veterem causam, desistente qui movit, longo silentio finitam probetur.*

SEnatusconsultum, de quo agitur in *h. tit. ne de statu defunctorum post quinquennium quæratur*, quod factum esse opinor D. Marci temporibus, præscriptione quinquennii repellit eum, qui post quinquennium quam defunctus est, qui ut liber in diem mortis vixit sine controversia, sine interpellatione, de statu capitis quæstionem movet, adserens eum non ingenuum, sed aut servum suum, aut libertinum fuisse. Qua de re non agit quidem, nec agere potest principaliter in defunctum, quia cum defuncto nulla est lis. In defunctum liberale judicium non est, *l. principaliter, Cod. de lib. caus.* Sed agit de ea re propter aliam causam, veluti propter peculium sive bona, quæ defunctus reliquit, quæ ad se tanquam dominum aut patronum ejus pertinere contendit, vel propter filios ejus: Finge, defunctam esse matrem, propter cujus conditionem asserat, filios ex ea natos servos suos esse, quod mater sua esset ancilla: & auditur quidem post mortem matris intra quinquennium, non post quinquennium, nisi servus fugitivus fuerit, qui se pro libero gesserit, ut Athenio & Spartacus duces, serviIis belli, *l. ultim. Cod. eodem tit. l. 1. Cod. de long. temp. præscript. quæ pro. lib.* Nam de fugitivi statu quæri potest etiam post quinquennium mortis ejus, & post vicennium, *d. l. ultim.* At si servus fugitivus non fuerit, qui communi causa quam vixit pro libero habitus est, & agat de statu L. Titii viventis, quasi filii defuncti: fac, matrem L. Titii mortuam in civitate ante quinquennium, quam dicis ancillam tuam, atque adeo L. Titium filium ejus, servum tuum fuisse; tibi agenti de statu L. Titii viventis post quinquennium mortis matris, ne præjudicium fiat matris statui, obstat quinquennii præscriptio, quia non potest quæri de statu L. Titii viventis, quin & de statu quæratur matris ejus defunctæ ante quinquennium, *l. 2. Cod. eodem tit.* Et hoc est quod ait, *non esse libertatis quæstionem filiis inferendam*, hoc est, non esse filios petendos in servitutem, *propter matris memoriam*, quæ dicitur fuisse ancilla petitoris, videlicet, si hoc intendat petitor post quinquennium mortis matris, quæ communi opinione vixit semper ut libera. Et additur in hac lege, *vel patris, propter matris, vel patris memoriam*, quæ verba, *vel patris*, prima specie videntur abundare, quia non a patre, sed a matre servitutem trahimus, aut libertatem, & sicut natus ex libero & ancilla servus est, quod constat inter omnes, *l. partum, Cod. de rei vind.* ita natus ex servo & libera, liber est, spectata conditione matris, non patris, *l. Severus, inf. de decur. l. 1. C. de mulier. quæ se prop. ser. junxer. §. 1. Institut. de ingen.* quia natus ex servo & libera habetur pro spurio, sive vulgo quæsito, hoc est, nato incerto patre. Nam servus incertus homo est, ac pene nullus jure civili: ut ergo natus ex incerto patre, non matre, quasi nunquam potest esse incerta, sequitur conditionem matris, quæ certior est parens: ita natus ex servo incerto homine & libera, pro spurio inter omnes, *l. 3. Cod. sol. matrim. l. 6. C. d. suis & legit. hered.* Si igitur semper spectanda est conditio matris, sive fuerit libera sive serva, cur hic Papin. de patris conditione mentionem injecit? *propter matris*, inquit, *vel patris memoriam*, & conditionem scilicet, ut *l. 2. C. eodem* ait, propter matris conditionem, nec additur vel patris. At ut hoc expediamus, dico, ut ex servo & libera liber nascatur, hoc esse ex constitutione Alexandri Severi introductum favore libertatis, *d. l. Severus, de decur.* cujus Imperatoris tempora, non attigit Papinianus. Nam jure veteri ex servo & libera natus, deterioris parentis conditionem & memoriam sequebatur; sicut & ex peregrino & libera Romana natus, ut Ulp. scribit *lib. regul.* Cui juri prorsus simile est illud, quod in legibus Nivernensium exprimitur his verbis, *le mauvais emporte le bon*, id est, nati sequuntur conditionem conditionem parentis. Nam ut hoc magis atque magis probem, & hic hodie placet, natum ex ea, quæ libera concepit, ancilla peperit, liberum esse, spectato conceptionis potius quam partionis sive editionis tempore: id olim non obtinuit: hodie obtinet ex constitut. & extortum dicitur favore libertatis a Paulo 2. Sentent. tit. de *lib. agnosc.* Jure enim veteri tempus editionis tantum spectabatur, non conceptionis, *l. 9. ad municip. & Cajus 1. Institut.* hodie etiam conceptionis tempus favore libertatis, *l. 5. de statu hom.* ubi placuit, Principibus scilicet. Nam aliud erat jure veteri. Quod autem additur in hac lege, valde singulare est: nec pupillos, qui intra quinquennium de statu defuncti agere superfederunt, etiamsi ideo superfederint, quod tutores non haberent, restitui posse in integrum adversus præscriptionem, quinquennii, ut post quinquennium a morte, ea de re agant, quia libertas, ut ait, publicam tutelam meretur adversus omnes, nec mirum, cum dicatur libertas esse res publica, *l. si quis rogatus, sup. de fideic. libert.* unde quod publicæ utilitatis gratia in *l. si hereditas, §. ultim. de test. tut.* in eadem specie est, *l. etsi non adscripta, C. de fideic. libert.* unde & olim cuilibet agere licuit pro libertate cujuslibet, ut est in *Instit. tit. de iis per quos agere poss.* Tit. Livius 3. *In iis, qui adseruntur in libertatem*, quivis lege agere potest, id est, publica actio est. Pupillorum etiam favor est magnus, *d. l. si hereditas, §. ult. l. 3. §. præterea, de susp. tut. l. 1. §. ult. sup. de usur. l. pen. C. de necess. serv. l. pen. C. de ser. pign. dat. manum*. Et pupillorum causa sicut libertatum etiam publicam tutelam & curam mereri dicitur, *l. 2. sup. qui pet. tut. l. 2. §. tractati, ad Tertull. l. 19. Cod. Theod. de decur.* sed præponderat & prævalet libertatis favor, quia libertatum causa ad multo plures pertinet, eique posthabetur pupillorum causa, & pupillis etiam hac in re Respublica comparatur, *l. si mater, Cod. ne de statu def. & fiscus, l. 1. in princ. hoc tit.* ut eis non subveniatur post quinquennium, ut adversus eos omnes præscriptio quinquennii currat, nec adversus eam restitui possint in integrum: & si in pupillis hoc juris est, & in minoribus xxv. annis multo magis idem dicendum erit: si in hac causa non parcitur pupillis, nec puberibus igitur minoribus 25. annis. Neque obstat *l. ultim. Cod. in quib. caus. in integ. rest. non est necess.* quam adfert Accursius, quæ

quæ ipso jure tuetur minores adversus præscriptiones omnes temporum, quoniam, ut breve faciam, ea lex loquitur de præscriptionibus, adversus quas minoribus solebat tribui auxilium restitutionis in integrum : at adversus hanc præscriptionem quinquennii, non potuit tribui auxilium restitutionis in integrum. Præterea notandum est huic præscriptioni quinquennii locum non esse, si ante mortem ejus, de cujus statu quæritur, lis mota fuerit, quoniam peragetur post mortem propter causam evictionis, vel propter causam bonorum, aut propter causam filiorum defuncti, *l.3.C.eod.tit.l.2.C.de adsert.toll.* excepto uno casu, nisi qui movit litem viventi, antequam is moreretur, ab ea destiterit, & longo silentio sopita ea lis fuerit, quoniam nec mota fuisse intelligitur hoc casu, *l.10.inf.de div.temp.præscr.* Et hoc est quod ait in hac lege, *præscriptio quinque annorum, quæ statum defunctorum tuetur, &c.*

### Ad L. XIII. Quib. ex cauf. in poffeff. eatur.

*Ad cognitionem Imperatorum a præside provinciæ remissus, & si in ceteris litibus Romæ defendere se non cogitur, tamen in provincia defendendus est. Nam & exilio temporario puniti, si defensor non existat, bona veneunt.*

PRæses provinciæ causam aliquam remisit ad cognitionem Imperatoris in urbem, forte ex appellatione, ut in *l.22.& 26.inf.de appell.* an in urbem quum venerit, qui appellavit, & remissus est ad Principem, cogitur se in urbe defendere, non in hac lite tantum, sed & in ceteris omnibus, si in urbe convenitur a creditoribus? Et ait, non cogi, sed in ea tantum re se defendere cogitur, quæ remissa est ad Principem, idque patet ex *l.2.§.ei quoque, sup.de jud.* Verum in ceteris litibus, etiam si sit in urbe, defendendus est in provincia, ubi domicilium habet, aut si non defendatur per procuratorem, creditores possunt mitti in possessionem bonorum, & bona distrahere, ut in *l.1.inf. eum qui appell.in prov.def.* Nam ut subjicit, & damnatus exilio temporario, puta, relegatus ad tempus, vel qui exilii causa solum verterit, ut erat expressum in edicto prætoris, ut Quintiana ostendit, si non defendatur in provincia, ubi domicilium habet, bona ejus veneunt, quia imputatur id quod procuratorem aut defensorem, quem potuit relinquere, non reliquerit, *l.Papin.de minor.l.sed etsi per Prætorem, §.1.ex quib.cauf.maj.*

## JACOBI CUJACII J.C. COMMENTARIUS
### In Lib. XV. Responsorum ÆMILII PAPINIANI.

#### Ad L. XXIX. de Test. tut.

*Ex sententia SC. Liboniani, tutor non erit, qui se testamento pupillo tutorem scripsit. Cum autem patris voluntas hoc ipsum manu sua declarantis ambigua non esset, nec admittendam excusationem, quam jure publici habeat : quoniam promisisse videatur, nec ut suspectum removeri.*

CErtum est ex Senatusconsulto Liboniano, facto Tiberii Imperatoris temporibus teneri quasi falsarium, licet falsarius non sit, pœna legis Corneliæ de falsis, nisi veniam a Principe, vel senatu impetraverit eum, qui alienum testamentum scripsit dictante testatore, si hereditatem, vel legatum, vel fideicommissum sibi adscripserit, quamvis id jussu testatoris fecerit, idque etiam sibi inutiliter adscripserit, quoniam pro non scripto est quod quis sibi adscribit in alieno testamento, *l. 1.inf.de iis, quæ pro non scrip.hab.* SCtum loquitur de hereditate tantum, & legato, & fideicommisso, & libertate, quod quis sibi adscripsit, cum adhibitus esset ad scribendum alienum testamentum. Sed ex sententia Senatusconsulti idem juris est, si scriptor testamenti, cum esset ex liberis testatoris, sibi adscripserit adsignationem liberti, *l.22.§.qui libert.ad leg. Cornel.de falf.* Ex sententia, inquam, Senatusconsulti, non ex verbis, quia adsignatio liberti, neque legatum, neque fideicommissum est, *l.7.inf.de designat.lib.* Et similiter ex sententia Senatusconsulti tenetur scriptor testamenti alieni, qui sibi adscripsit mortis causa capionem, ut puta, qui legato alii relicto adscripsit conditionem sibi dandæ pecuniæ, qua pecunia demum data pervenit ad legatum legatarius, & capi dicitur ad pecunia mortis causa, quæ datur conditionis implendæ gratia. Ergo ex sententia Senatusconsulti tenetur etiam is, qui legato alii relicto adscribit conditionem sibi dandæ pecuniæ certæ, hoc est, qui sibi adscribit mortis causa capionem, *d.l.22.§.pen.* Ex sententia, inquam, Senatusconsulti, non ex verbis, quia mortis causa capio, neque legatum, neque fideicommissum est, sed proprie quædam capiendi species, quæ commune nomen mortis causa capionis, fecit suum proprium, *l.31.de mort. cauf. donat. l.8.inf.si quis omiss.cau.test.* Ex sententia etiam Senatusconsulti hoc loco ostenditur, teneri scriptorem alieni testamenti, qui & in jure sæpe dicitur testamentarius, id est, scriptor alieni testamenti, & ennomio in glos. Phyloxeni.Teneri, inquam, testamentarium(ex sententia dico Senatusconsulti) qui sibi adscribit tutelam filii impuberis testatoris. Ex sententia, non ex verbis, quoniam & tutela, legatum aut fideicommissum noncuriarum non est : ergo sicut legatum sibi adscribere inutiliter, ita & tutelam. Denique ex testamento tutor esse non potest, præterquam ( hic enim casus est excipiendus ) si testator ipse manu sua specialiter declaraverit, se eum tutorem esse velle, aut probare quæcunque is scripsisset, se dictante his verbis, *quod Luc.Titio dictavi, & recognovi.* Hoc casu tutor datur non ex testamento quidem protinus ipso, sed ex confirmatione, & decreto prætoris, vel Præsidis, quoniam prius inquirendum est, an sit idoneus, *l.uxori §.1.inf.ad l.Cornel.de falf.* nam & hoc casu, qui sibi adscripsit legatum, legatum capit, quum testator specialiter subscripsit, *quod illi dictavi & recognovi, l.1.§.inter, & l.15.§.plane, eod.tit.* Tutor autem tum maxime dabitur ex inquisitione, decreto Prætoris, vel Præsidis in casu excepto, quum eodem testamento alii tutores pupillo instituti non sunt : nam si cum eo alii sint in testamento tutores instituti sive dati, facilius ille curator dabitur & adjungetur aliis tutoribus, quam tutor, quoniam semper dativa tutela testamentariæ cedit, ut & de legitima tutela dicitur in *l.9.§.1.inf.de tut.& rat. distr.* Et qui confirmatur tutor testamento datus, dativus est, non testamentarius proprie, *l.5.tit.seq.* Et de hujusmodi casu, quem excipiendum esse diximus, ita respondit Papinian. hoc loco, *ut propter specialem subscriptionem testatoris, cum aliis scripsit tutoribus curator adjungatur ex inquisitione.* Et adiicit : *Eum hoc casu, qui se tutorem scripsit, nulla excusatione uti posse, etiamsi quam habeat probatam jure publico, vel propter numerum liberorum, vel propter aliam justam causam, nulla modo potest se excusare a tutela, quam sibi adscripsit, excusationem, quam habuit amittit.* In summario Bartoli ad hanc legem corruptæ executionem amittit, pro amittit excusationem. Cur vero excusationem amittit, quam habuit jure communi, jure publico? quia promisisse, inquit, videtur,id est, fidem patri dedisse, se eam tutelam administraturum, & consensisse voluntati patris, & eo jubente tutorem scripsit. Certum autem est, eos qui patri promiserunt, se tutelam ministraturos, nulla ratione excusari posse, *l. 15. quæ incipit qπωδντα §.1.de excusat.tut.* Nuda igitur promissio aufert jus excusationis : nuda promissio, amissio excusationis est. Nec obstat *l. quum quis decedens 30. in princ.inf.de leg. 3.* quam hic obiicit Accursius:Ex qua hoc tantum efficitur, ex nuda promissione, vel professione actionem non nasci. Si quis, ut enarrem speciem breviter, rem suam sibi lega-

legatam, quod legatum est inutile, & a se per fideicom- A
misfum alii relictam in jure profiteatur, se fideicommis-
fario præstiturum, & nihil facturum contra voluntatem
defuncti: nam ea professio nullam fideicommissario actionem parit, sicut nec, ut rectissime Bartolus notavit, si
quis rem meam me consentiente alii legaverit, is consensus nullam legatario actionem parit, consensus me non
obligat ad rem meam alii præstandam, quia nudus consensus est. Hoc efficitur ex *d. l. quum quis decedens*; ergo nihil efficitur, quod pugnet cum hoc responso, in
quo hoc tantum dicitur, nudam promissionem promit-
tenti adimere jus excusationis, quod habuit ex jure publico. Utrumque est verum, & quod hic & illic dicitur, nec adversum alii aliud. Pergamus igitur ad alia.
Addit in hac lege, non posse etiam eum, qui se tutorem B
scripsit, removeri a tutela, vel cura ut suspectum: Quum
speciali subscriptione testator omnia probavit, quæ dicta-
vit ei, & omnia recognovit, ut diximus ante: videbatur
posse removeri ut suspectus, quod ultro videatur affe-
ctasse tutelam: imo non ultro affectavit, sed jubente testatore, ac deinde etiam manu sua subscribente, & factum approbante. Suspectus dicitur, qui operam suam
ingerit invito, *l. qui omnia*, §. 1. *de procurat.* invito,
non qui volenti. Et hæc est sententia *h. l.*

### Ad L. Ult. si quis al. testa. prohib.

*Virum qui non per vim nec dolum, quo minus uxor*
*contra eum, mutata voluntate, codicillos faceret, intercesse-*
*rat, sed (ut fieri adsolet) offensam ægre mulieris mari-*
*tali sermone placaverat: in crimen non incidisse respondi,*
*nec ei, quod testamento fuerat datum, offerendum.*

Certum est ex constitutione Adriani, de qua in hoc
titulo agitur, coerceri crimen prohibiti per vim
aut dolum, vel extorti testamenti, aut codicilli. Quomodo? nimirum a fisco ablata hereditate vel legato, vel
fideicommisso, veluti indignis, ut ait *l. 2. C. eod. tit.* veluti indignis eis, quibus testamento relictum est aliquid,
videlicet si per vim vel dolum testatorem prohibuerint mutare testamentum in quo aliquid eis relictum
est: vel si prohibuerint testatorem facere codicillos, quibus adimere volubat relictum his legatum aut fideicommissum, si per vim aut dolum id egerint, ne hoc perfi- D
ceret testator, forte dum scriptorem testamenti vel codicillorum, quem testator adscivit, vel testes, quos rogavit, eximunt aut morantur, vel ludificantur quo minus veniant: merito his ut indignis fiscus aufert, quod
relictum est, quia supremam defuncti voluntatem non
habent: crimen est, si intervenit vis aut dolus, non si
blanditiæ, aut illecebræ. Nam blanditiis, non prohibemur elicere hominum voluntates, benignitatem, ὑπο-
θωπίαι. Et ideo si maritus, quæ est species hujus legis,
cui quid uxor testamento legavit, uxore legatum ei adimere volente, non vi adhibita, ereptis testibus aut erepto, vel expulso testamentario, non dolo malo, veluti
dolosis persuasionibus, aut calliditate quadam, mora,
aut impedimento aliquo objecto testibus vel testamentario, ne venirent, ne introirent; sed maritali sermone, ut ait, utque ex hoc ipso loco est scriptum in *l. ult.*
*C. eod.* hoc est, blando sermone uxorem ægram animi & offensam atque infensam sibi placaverit, atque ita
effecerit, ne quod decreverat, ad effectum perduceret,
puta, ne mutaret voluntatem, ne codicillis legatum
adimeret: hoc vero ait extra crimen esse, nec ideo ea
rem marito legatam esse auferendam ut indigno: in
aliis plerisque causis blanditiæ maritales vel uxoriæ co-
hibentur & reprimuntur, *l. 1. C. Teod. de inf. pænis cœl.*
veluti lege Julia & Papia, quæ virum & uxorem inter
se solidum capere vetat, & lege Solonis recepta jure civili populi Romani, quæ non vult inter virum & uxorem consistere factas donationes. His legibus sane cohi-
bentur blanditiæ maritales, alioquin in immensum donaret alter alteri, & in solidum bona sua relinqueret alteri,
sed specie propositâ, non est quod blanditiæ, aut co-
hibeantur aut reprimantur.

### Ad L. XVIII. de his quæ ut Indign.

*Eum, qui tacitum fideicommissum in fraudem legis suscē-*
*pit, eos quoque fructus quos ante litem motam percepit cogen-*
*dum restituere respondi, quod bonâ fidei possessor fuisse non*
*videtur, exemplo bonorum fisco vindicatorum, post motam*
*de tacito fideicommisso controversiam, ante pretia fructuum*
*percepta cum usuris esse restituenda respondi; sed omnium*
*fructuum, quorum pretia percepta fuerant: quod si fructus*
*in usu habuit, eorum pretia tantum restitui satis erit. Sed*
*Divus Severus bonorum tacite relictorum, citra distinctio-*
*nem temporis, fructus duntaxat deberi, non etiam usuras*
*eorum benigne decrevit, quo jure utimur.*

IN hac lege sunt tria responsa de tacitis fideicommissis, in primo responso idem ostenditur fere, quod in
proximo superiore: malæ fidei possessorem omnes fructus debere restituere petentibus hereditatem, etiam
eos, quos ante litem motam percepit, aut percipere
potuit. Et ideo heredem, qui tacitam fidem interposuit,
tacitumve ministerium suscepit in fraudem legum incapaci restituendæ hereditatis, quia prædo & malæ fidei
possessor est, *l. prædonis, sup. de petit. hered.* fisco cum
hereditariis bonis etiam fructus debere restituere ante
litem motam perceptos, aut consumptorum fructuum
pretia, exemplo, inquit, *bonorum fisco vindicatorum,* id
est, sicut bona fisco vindicantur ex causâ taciti fideicommissi, ita & eorum bonorum fructus, etiam qui
percepti sunt ante motam litem. Quod autem sequitur
in hoc ipso responso, *post motam de tacito fideicommisso*
*controversiam,* est etiam de fructibus perceptis ante motam litem: & his verbis *post motam controversiam*, hoc
tantum significatur, a tempore litis contestatæ, pretiorum, quæ percepit ante litem contestatam, distractis fructibus, venditis fructibus, & in sortem redactis
cujuscumque generis fructus fuerint, quoniam ait, omnium fructuum, usuras præstare heredem a tempore litis
contestatæ, qui tacitam fidem interposuit, ut in fraudem legis incapaci hereditatem restitueret: a tempore, inquam, litis contestatæ. Ejus vero temporis quod
præcessit litis contestationem usuras nullas præstare;
crescit mala fides ex litis contestatione & contumacia
possessoris fisco non restituentis hereditatem, & usurarum quoque additamento plectitur: & dixi, distractis fructibus, quia si is heres fructus non distraxerit,
sed in usu suo habuerit & consumpserit, nec eos in æs
redegerit, satis est fructus non ante litem motam consumptorum pretia restitui sine usuris pretiorum. Et hoc
quidem ipso jure ita se habet. Itaque se respondisse
Papinianus scribit cum decretum Severi, quod subjicit: nam postea Severus specialiter in casu proposito, id est, fisco bona tacite relicta vindicante satis
habuit, *citra distinctionem temporis*, hoc est, non solum
ante tempus litis contestatæ, sed & post litem contestatam, pretia fructuum, qui venierunt ante litem contestatam, sola fisco restitui sine usuris, id est, nec usuras deberi a tempore litis contestatæ, sicut nec ejus
temporis quod præcessit litis contestationem. Idque ut
ait Severus, ita benigne decrevit in gratiam heredum
fisco suo non favens. Nec pugnat cum hoc decreto lex,
*cum quidam,* §. *in tacito sup. de usur.* quæ heredi, qui
tacitam fidem accommodavit, dicit, auferri usurarum
emolumentum, quia de usuris loquitur, quas heres
percepit a debitoribus hereditariis, non de usuris fructuum distractorum. Quia vero id tantum, benigne
ut ait, Severus decrevit in causâ taciti fideicommissi:
& quod benigne decretum est in unâ causâ, ad consequentias trahi non oportet, *l. qui negotia, mandati;* ideo
illo casu excepto, alias regulariter statuimus, si agatur
petitione hereditatis, malæ fidei possessorem a die litis
contestatæ pretia fructuum ante litem, percepta cum
usuris

usuris debere restituere, etiamsi ex ea pecunia locupletior factus non sit, quia hi fructus auxerunt hereditatem. Et perinde ac cetera bona in hereditatis petitionem veniunt, id est, petita hereditate, & ipsi principaliter petiti videntur, vel pretia eorum, *l. 1. C. eod. tit. l. item veniunt,* §. *fructus, l. illud,* §. *prædo, l. heres furiosi,* §. *ult. sup. de pet. hered. l. 2. C. eod. tit.* Et ideo eorum fructuum vel pretiorum, quæ ex iis redacta sunt quia petiti intelliguntur petita hereditate quasi pars hereditatis, usuræ eorum fructuum officio judicis in petitionem hereditatis accedunt, quasi fructuum principaliter petitorum fructus. In petitionem hereditatis, inquam, non in condictionem fructuum specialem, vel in-specialem in rem actionem, *d. l. 2. neque, sup. de usur.* Et rationem diversitatis inter actiones memini me latius exponere *lib. 2. ad d. l. heres furiosi,* §. *ult.* quam differentiam actionum etiam recte observavit Accursius in *d. l. neque.* Et hæc de fructibus perceptis ante litem contestatam a malæ fidei possessore. Post litem vero contestatam fructibus aut pretiis fructuum perceptis, quoniam hi fructus petiti non sunt, qui nondum erant in rerum natura, nec principaliter venerunt. in judicium petitionis hereditatis, accedunt officio judicis: si accedent, ergo eorum usuræ non præstantur, quia accessionis accessio esse non potest, *d.l. heres furiosi,* §*.ult. d. l. neque*: accessio rei principalis est accessio, hoc est, rei petitæ principaliter, qualisqualis ea res sit, non accessionis. Et hæc de malæ fidei possessore. Bonæ fidei possessor ( ut hoc quoque exponamus, quamvis prætermittatur a Papiniano ) fructuum aut pretiorum consumptorum ante litem contestatam ex eo tempore litis contestatæ usuras præstat, quia nec fructus ipsos, nec pretia eorum præstat, sed eos tantum fructus, quibus locupletior factus est, quibus adolevit res litis, & ex die litis motæ eorum usuras quibus auctior & locupletior factus est, usuras ex die litis contestatæ, *l. 1. C. de pet. hered. l. illud,* §. *in bonæ fidei,* & *d.l. heres furiosi, eod. tit.* Post litem vero contestatam, quod ad fructuum rationem attinet, qui percipiuntur post litem, idem juris est in bonæ fidei -& malæ fidei possessore, *l. sed etsi lege,* §. *ante, de pet. hered. l. 38. de jur. fisci.* In distractis quoque rebus hereditariis ante litem motam Ulpianus hanc differentiam inducit, interpretans *l. 1. C. de his, quæ ut indign. in l. item veniunt, de pet. hered.* Quod ex die distractionis rerum hereditariarum, jam non loquimur de fructib. sed de corporib. sive prædiis hereditariis, aut de rebus immobilibus: quod, inquam, ex die distractionis, ex die distractarum rerum hereditariarum, quæ servari poterant, malæ fidei possessor usuras præstat ex die venditionis, vel res ipsas, atque fructus earum, si hoc malit actor, vel quanti in litem actor juraverit, qui omnimodo vult res sibi restitui & fructus earum. Rerum autem distractarum, quæ servando servari non poterant, malæ fidei possessor usuras præstat ex die tantum litis contestatæ. Et ita accipit Ulpianus *d. l. 1. C. eod. tir.* Bonæ fidei possessor omnium rerum, si locuples factus sit, præstat usuras ex die tantum litis contestatæ, nunquam ex die venditionis, *l. 1. C. de pet. hered.* Et hæc est hujus, quæstionis summa definitio.

### Ad §. Bonis.

*Bonis universis ex causa taciti fideicommissi fisco restitutis, heredem onus æris alieni spectare convenit: nec aliud servatur morte non defensa. Si quid tamen ob aditam hereditatem, actionibus aut servitutibus confusis, amiserit, auxilio restitutionis non merebitur.*

IN secundo responso h. l. ostenditur, hereditatem ob causam taciti fideicommissi fisco vindicari cum onere æris alieni, onera æris alieni sequi fiscum, qui aufert hereditatem, quia fiscus heredis locum obtinet, fiscus est heres re, non nomine: heres scriptus, qui tacitam fidem accommodavit, heres est nomine, non re, quia qui semel adeundo extitit heres, non desinit esse heres, licet ei ut indigno auferatur hereditas, *l.ex facto,* §. *ult. sup. de vulg. & pup. subst.* Et adjicit Papinianus in hoc secundo responso idem servari, si fisco hereditas vindicetur ob causam inultæ necis defuncti, heredi erepta hereditate veluti ab ingrato & indigno, quod non vindicarit necem defuncti, quæ causa confiscandorum bonorum justissima est, quondam etiam publico Francorum conventu probata secundum leges Romanas, ut nominatim scribit Aimonius monachus hist. Francor. 4. ca. 28. *Secundum leges Romanas,* inquit, *quæ sanciunt paterna hereditate. decidere eos, qui interfecti non vindicant necem.* Et ex hac quoque causa, ut diximus, bona in fiscum rediguntur cum onere æris alieni, eadem ratione, quia fiscus successor est universi juris, & heredis vicem obtinet, idcirco respondere debet omnibus creditoribus hereditariis, sive emolumentum appellare hereditatis. Excipitur tantum æs alienum, quod defunctus debuit heredi, qui postea indignus pronuntiatus est. Id enim quod heredi debuit additione hereditatis confusum est & extinctum, nec evicta hereditate a fisco heredi restitui actionem, sicut nec servitutibus præediorum aditione confusam, æquum est, quoniam malæ fidei possessor non est ultus necem defuncti: bonæ fidei possessori confusæ actiones & servitutes restaurarentur, restituerentur & redintegrarentur, *l. prox. sup. l. propter,* §.1. *de Senatusc. Syllan. l. ejus,* §. *ult. de jure fisci.*

### Ad §. Ultimum.

*Pro parte heres institutus, prædii legatum acceperat, & in hereditate non capienti restituendi tacitum ministerium susceperat: quanquam legatum pro ipsius parte non constitisset, ideoque portionem istam pro herede possideret, tamen ei prædium integrum esse relinquendum respondi: neque enim ratione juris ac possessionis varietatem inducere divisionem voluntatis.*

TEstator Lucio Titio heredi instituto ex parte fundum prælegavit: nemo est, qui nesciat prælegati jus hoc esse, ut pars ejus possideatur pro herede, pars pro legato, id est, ut diverso jure capiatur, partim jure hereditario, partim jure legati, *l. in quartam, ad l. Falcid.* At si pars hereditatis L. Titio auferatur ut indigno ex causa taciti fideicommissi: Quæritur, an etiam ei auferatur ex parte fundi prælegati, quam jure hereditario possidere videtur? Et respondet, nullam partem fundi ei auferri, quia ablata portione hereditatis, jam non jure prælegati, sed jure legati totum fundum habere videtur, ut extraneus, non ut heres, quia nec pro herede institutio habetur, qui non fui est, sed incapacis gratia institutus est, ut ei mox restitueret bona. Fiscus igitur auferet, quia & tacitam fidem L. Titius accommodavit tantum in hereditate, id est, in portione hereditatis, non in legato; alioquin & legatum fiscus auferret. Quum quis rogatur, quod maxime notandum est, portionem restituere simpliciter & absolute, etiam prælegatum totum fideicommisso continetur: cum portionis hereditatis rogatur restituere, non continetur fideicommisso pars prælegati, quæ a coherede jure legati capitur, *l. Marcellus,* §. *quidam, l. in fideicommissariam,* §. *ult. ad Treb. l. filium quem, C. fam. erc.* Itaque in proposita specie recte definit Papinianus, *rationem juris ac varietatem possessionis,* ut ait, *quod* scil. diverso jure capi videatur prælegatum, partim hereditario jure, partim jure legati, evicta portione hereditaria, eam rationem juris, ac varietatem, & eam subtilitatem juris *non inducere divisionem voluntatis,* id est, non scindere legatum, sed integrum legatum L. Titio esse præstandum, sicut eveniret, si nullo dato tacito fideicommisso L. Titius ultro repudiasset portionem hereditatis, non prælegatum:

rum: nam & hoc casu totum prælegatum consequeretur, *l.* 17. §. *ult. & l.* 18. *l. quæsitum*, §. *duobus*, *sup. de leg.* 1. *l. cum respon. C. de leg.* quia separare voluit L. Titius hereditatem a legato, hereditatem respuere, legatum amplecti. Aliud tamen dicendum est, si L. Titius ante aditam vel repudiatam hereditatem, dum deliberat, vita decessisset, quoniam hoc casu totum prælegatum non transmitteret in heredem, sed partem tantum, quæ a coherede capitur jure legati, quia mortuus est priusquam separaret hereditatem a legato, *l. miles*, §. *ult. de leg.* 2. Post hanc legem 18. male huic libro tribuitur *l. Cajus de manumiss.* quam Basilica rectius indicant esse Pauli non Papiniani, & lex quoque ipsa, illo loco: *Paulus respondit*: & non esse Papiniani etiam ex eo patet, quod lex quæ præcedit *legem Cajus*, sit ex definitionibus Papiniani, & definitiones non solent præcedere responsa Papiniani, sed subsequi, hic est ordo Pandectarum. Itaque omissa hac lege transitum faciamus ad *l.* 2. *de jure aur. annul.* Sed priusquam ad eam legem veniamus, quæ est *de jur. aur. annulorum*, quæ nobis ex ordine suggeritur, apertius explicabo, quod habemus in *l.* 18. §. *ult. de his, quib. ut indign.* dum ait in specie proposita §. *ult. rationem juris, ac varietatem possessionis non inducere divisionem voluntatis.* Hæc verba faciamus dilucidiora: heredi ex parte prælegato fundo, ratio juris inducit varietatem possessionis, & varietas possessionis inducit divisionem voluntatis: *ratio juris*, quia sc. pro parte hereditaria ejus, cui fundus legatus est, legatum inutile est, quasi heredi a semetipso relictum, quasi a seipso sibiipsi debitum; quod fieri nequit, ut quisquam sibiipsi quicquam debeat, *l. legatum*, §. 1. *de leg.* 1. Hæc ratio juris inducit varietatem possessionis, id est, efficit, ut partem prælegati is heres possideat jure legati, partem jure hereditario, non jure legati, quia pro parte legatum non consistit. Et rursus hæc varietas possessionis inducit divisionem voluntatis testatoris, qui totum fundum ad heredem pervenire voluit jure legati, quia pars tantum ad eum pervenit jure legati, non etiam pars altera. Verum portione hereditati heredi ablata ex causa taciti fideicommissi, cessat illa ratio juris, quia non capit aut non retinet portionem hereditariam, atque adeo cessat varietas possessionis, & consequenter indivisa voluntate testatoris, indivisoque legato totus fundus capitur jure legati, nec redigitur in fiscum, quia heres tacitam fidem interposuit in portione hereditatis tantum, non in legato. Et fideicommisso quidem portionis hereditariæ capaci relicto utiliter, sane nec fideicommisso totum legatum contineretur, sed pars hereditaria tantum, *l. in fideicommissariam*, §. *ult. ad Treb.* aut imputaretur in Falcidiam, *l. filium quem*, C. *fam. erc. l. in quartam*, *l. l. Falcid.* at fideicommisso portionis hereditariæ incapaci tacite relicto, quod fiscus eripit, nulla pars legati fideicommisso continetur, quia heres scriptus, cui aufertur portio hereditatis, totum fundum capit jure legati, ut extraneus, nec jam ut heres, quia non est heres cum re, sicut si ultro repudiasset portionem hereditatis. Et ita hæc verba illius legis sunt explicanda. His verbis nihil videtur esse apertius: nunc veniamus ad *l.* 2. *de jur. aur. annul.*

### Ad L. II. de Jure aur. annul.

*Intra quinque annos pro ingenuitate sententia dicta rescissa fuerat: victum annulorum aureorum beneficio, quod ante sententiam pro ingenuitate dictam acceperit, ac deposuit, non retinuisse respondi.*

Dicta pro ingenuitate sententia sciente patrono, pro veritate habetur, & ingenuum facit eum, qui ingenuus pronuntiatus est, *l. ingenuum*, *sup. de statu hom.* Sed si postea probetur, de ingenuitate actum per collusionem, & colludente ac prævaricante adversario, pronuntiatam eum fuisse ingenuum, causa ingenuitatis denuo retractari potest intra quinquennium, nonpost quinquennium, *l. pen. inf. si ing. esse dic. l.* 29. §. *ult. de lib.* *cau.* Intra quinquennium vero retractari potest, si vivat is, qui ante ingenuus pronuntiatus est, lusorie agente adversario: si vivat, inquam, non etiam post mortem ejus: imo & vivo eo, quæ cœpit retractari causa ingenuitatis extinguitur, si moriatur pendente conditione, ex oratione D. Marci, *l.* 1. §. *sed interdum, inf. ne de stat. defunct.* Et quod dicitur, de statu defunctorum posse quæri intra quinquennium mortis cujusque, verum est, si is vixerit ut liber communi opinione hominum tantum, non etiam si liber & ingenuus pronuntiatus sit: nam hujus status post mortem revocari in dubium nullo unquam tempore potest: dum vivit, in dubium revocari potest intra quinquennium retractari eadem causa, ex justa aliqua causa, ut puta, sicut dixi, si priore judicio per collusionem ingenuus pronuntiatus sit, *l.* 2. *inf. de collus. deteg.* Hoc cognito, fac retractata causa ingenuitatis, sententiam pro ingenuitate prius dictam fuisse rescissam intra quinquennium, eo, qui ingenuus pronuntiatus fuerat priore judicio, posteriore judicio pronuntiato libertino, aliquo detegente collusionem prioris judicii, quoniam quilibet admittitur ad collusionem detegendam, *d. l.* 2. §. *ult.* quæritur, an si hic, qui posteriore judicio, rescisso priore libertinus pronuntiatus est, & redditus suæ conditioni pristinæ, an si ante sententiam priorem pro ingenuitate dictam, habuerit jus aureorum annulorum, an libertinitati suæ reddatur eum eodem jure aureorum annulorum, quod habuit ante? Et respondet, eum restitui libertinitati: non juri, non honori, non beneficio aurei annuli, hac ratione: quia ut ait, *jus aureorum annulorum deposuit*, id est, eo honore se abdicavit, affectata ingenuitate, atque adeo sæpe fit, ut qui captat plus, quam sibi jure competat, id etiam amittat, quod jure sibi competit, ut in specie *l.* 16. *de iis, quibus ut indign.* qui non jure captat assem, & semissem amittit, qui ei jure competebat. Quo argumento possumus uti quotidie in causis plerisque. Et vero in hac *l.* 2. pridem se ita respondisse Papinianus ait: respondit autem libro 1. quod extat in *l.* 1. hujus tituli, ubi & eadem ratione dicit, qui ingenuus pronuntiatus est, postea rescissa pronuntiatione, judicio acto de integro, non admitti ad legatum alimentorum, quod libertis patronus reliquerat: restitui quidem libertinitati, sed non restitui commodo libertinitatis, quia eo se abstinuisse intelligitur affectata ingenuitate.

### Ad L. LIII. de Fidejussoribus.

*Capitis rei postulati fidejussores, ex contractu citra ullam præscriptionem a creditore, qui reum postulavit, recte conveniuntur.*

Sententia hæc est: Creditorem, si debitorem suum reum fecerit capitis, & pendente cognitione criminis capitalis cum eo agat ex crediti causa, repelli a debitore præscriptione hujusmodi (hæc erit formula) *Quod me in majus periculum vocaveris amittendorum omnium bonorum meorum*, quasi dicat, *non est æquum te reposcere pecuniam debitam pendente judicio capitali, qui hoc agis, ut omnia mea bona publicentur*: Debitor ergo hac exceptione uti potest. Quæritur, an ex persona debitoris eadem exceptione fidejussor ejus uti possit? Et respondet, non posse, quia ipse fidejussor etiam de suo capite non periclitatur; & est admodum singulare responsum. Cui non obstat *l.* 1. *ex persona*, *sup. hoc tit. l. omnes, de except.* quia non hoc definiunt aut volunt, omnem exceptionem, quæ debitori competit, & fidejussori competere. Hoc enim est falsum, sed exceptionem, quæcunque fidejussori competit ex persona debitoris, etiam invito debitore competere fidejussori, veluti exceptionem doli mali, *l.* 16. *hoc tit. l. fidejussori*, *sup. de donat.* non tamen omnis exceptio, quæ debitori competit, & fidejussori competit, non quæ cohæret personæ debitoris, vel rei, qua de agitur, *l.* 7. *sup. de except.* non exceptio, si non bonis cesserit, quum debitor cessit bonis, §. *ult.* Instit.

stitut. de replic. Non etiam in hac specie exceptio hæc, quam aliter concipiamus, eodem sensu tamen, si non in ea causa sit debitor, ut capitis deminutionem & bonorum ademptionem patiatur. Hæc exceptio dabitur debitori reo postulato capitis, non fidejussori ejus: nam & capitis deminutione ademptis bonis debitor liberatur, fidejussor non liberatur, *l.* 1. *C. de fidejuss. l.* 11. *C. de except. de capitis reo* est etiam ex eodem libro *l. pen. de accus.* quam breviter explicabimus.

### Ad L. Pen. de accus.

*Capitis reus, suspenso crimine, causam fisco deferre non prohibetur.*

**D**Amnatus capitis, quod certum est causam fisco deferre non potest, non est justus delator, *l.* 18. *de jure fisci.* At capitis postulatus tantum, nondum damnatus, suspenso crimine, deferre causam fiscalem non prohibetur, sibi novos honores petere prohibetur, *l. reus, inf. de munerib. & honor. l.* 1. *C. de reis post. lib.* 10. fisco causam deferre non prohibetur, quandiu est in reatu, nec dum damnatus, & hoc loco, suspenso crimine dicit, ut *l. propter, de Senatus. Syllan.* quod suspensa cognitione, *l. Papin.* §. 1. *de adquir. hered. l. pen. C. de crim. expil. heredit.* ante eventum cognitionis, *l. pater,* §. *ex quadrante, de doli except.*

### Ad L. Penult. de publ. jud.

*Accusatore defuncto, res ab alio, judicante præside provinciæ peragi potest. Ad crimen judicii publici persequendum frustra procurator intervenit: multoque magis ad defendendum, sed excusationes absentium ex Senatusconsulto judicibus allegantur, & si justam rationem habeant, sententia differtur.*

**P**Rimum ostendit, defuncto accusatore, non reo (nam morte rei extinguitur crimen) *l. defuncto sup. hoc tit.* rem ab alio apud judicem peragi posse, an & reum? an defuncto accusatore & res & reus apud eundem judicem peragi potest? Sic videtur, licet mortuo accusatore rea abolitionem impetraverit, ejus nomen eximeretur numero reorum: nam & post abolitionem impetratam reus repeti potest ejusdem criminis intra 30. dies utiles a die impetratæ abolitionis, *l.* 3. §. *ult. l. si tamen,* §. *ult. tit. seq.* hoc est apertissimum. At sequitur aliud in hac lege, nam ex crimine publici judicii persequendo frustra procuratorem intervenire, hoc est, accusationem criminis publici judicii per se instituendam, per procuratorem institui non posse: civiliter agimus per procuratorem recte, criminaliter haud recte, *l.* 1. *inf. an per alium cauf. appell. l. tunc convenit, C. de accus. l.* 2. *C. ad leg. Fabiam, de plag. l.* 16. *ad l. Cornel. de falf. l. ult. C. ubi Senatores vel clar.* Paulus 5. Sentent. *Crimen,* inquit, *quod vindictæ, aut calumniæ judicium expectat, per alios intendi non potest.* Et cum dixisset Papinianus, ad accusandum judicio publico frustra procuratorem dari, adjicit, multo magis ad defendendum eum, qui reus postulatur judicio publico. Cur ait, multo magis? Quia scilicet præsentia rei magis, quam actoris necessaria est, ut reus componatur cum testibus, dicimus, *confronté qu' il soit,* & ut ex ore ejus & vultu judex veritatem eruat. Regula hæc sit: in criminalibus causis, neque ad accusandum, neque ad defendendum procuratorem dari non potest, sed causam agi oportere per ipsum accusatorem ipsumque reum. Excipiuntur tantum illustres viri, tam legitimi, quam honorarii, qui non omne quidem criminale judicium, sed judicium tantum criminale injuriarum possunt agere per procuratorem, sed necesse est, initio, ut ipsi si accusent injuriarum, inscribant in crimen, & condemnatio quoque in eorum persona facienda est, *l. ult. C. de injur.* Quod datur etiam in eodem judicio criminali injuriarum Episcopis & Presbyteris in *Novel. Valentiniani, de Episc. jud.* Additur

hoc loco etiam, excusationes absentium reorum vel accusatorum posse allegari per alios, per amicum, per procuratorem voluntarium, quod in idiotismo est, *exonier,* quod verbum non ex Græco venit, ut quidam somniant, sed ex Barbaro Latino, *exidoneare,* hoc est allegare, cur non sit quis idoneus modo sistendi se in judicio, cur impediatur venire in jus. Non possumus igitur per procuratorem accusare, vel defendere crimen, sed possumus absentiæ causam allegare, & ut loquuntur, *exidoneare absentem,* & si justæ causæ videbuntur, sane judicium differtur, quod Papinianus ait esse ex Senatusconsulto, ut absentia possit excusari per alium, quo ostenditur etiam in *l. inter, sup. hoc tit.* Addo ad Papinianum, in capitalibus criminibus, non in omnibus criminibus, sed in capitalibus tantum, non tantum absentiam posse per alium excusari, sed etiam innocentiam, tota causa acta per alium, qui suscipiat rei defensionem ultro, sua sponte, sine mandato rei, qui periculi rei commisereatur, quoniam aperte proditum est in *l. servum,* §. *publice de procur.* in capitalibus criminibus quemlibet pro absente verba facientem, & innocentiam ejus purgantem audiri. Idque esse ordinarium, id est, legitimum & constitutum quoque ab Alexandro Severo, videlicet in *l.* 3. *C. de accusat.* Innocentiæ nomen non totam causam criminalem complectitur, sed eam tantum, quæ capitalis est, nec novum scilicet videri debet: nam & quilibet appellans pro eo, qui ducitur ad supplicium, qui non vult appellare, forte auditur, *l. non tantum, de appellat.* Si auditur, qui appellat pro eo, qui ducitur ad supplicium, suæ salutis nullam rationem habens, cur non audietur etiam, qui paratus est excusare innocentiam absentis, nec reatum quo tenetur curantis, maxime in causa capitali, ut dixi? nam in crimine non capitali non auditur, qui absentis innocentiam purgare paratus est, *l. miles,* §. *ea qua, ad leg. Jul. de adult.* Hoc tantum receptum est in capitalibus criminibus, quia honestum est expedire salutem desperati hominis. Et nihil est præterea in hac lege.

### Ad L.XXXIX. ad Leg. Jul. de adult.

*Vim passam mulierem, sententia præsidis provinciæ continebatur in l. Julia de adulteriis non commisisse respondit: licet injuriam suam protegenda pudicitia causa, confestim marito renuntiari prohibuit.*

**I**Nitio ostenditur non posse adulterii, nec stupri accusari eam, quam vi fuisse compressam constat ex sententia judicis, qua forte damnatus est raptor: denique non fuisse adulteram eam, in quam per vim adulterium commissum est, quia mens est, quæ peccat, non corpus. Nec mutat, ut scribit Papinianus, quod mulier eam injuriam confessim viro non renuntiavit, aut ab aliis renuntiari non permisit. Pudor ei fuit renuntiare, nec quod voluerit postea factumque probaverit, videtur celasse maritum, sed ut tegeret, sive protegeret pudicitiam suam, ut & in Basil. ἱρωϑροῦσα τὸ γαγονὸς, *ayant honte de ce qui luy estoit advenu.* Recte Epigraphus in Terent. *Veniam fieri tribus modis, vi, casu, ignorantia:* nihil est facilius.

### Ad §. Nupta.

*Nupta quoque muliere, tametsi lenocinii vir prior non postuletur, adulterii crimen contra adulterum ab extrario poterit inferri.*

**I**N §. 1. ostenditur, constante matrimonio ab extero quolibet, quoniam hoc crimen publicum est, adulterum posse adulterii accusari, etiamsi prius maritum, qui retinet uxorem in matrimonio non postularit, ut lenonem, & productorem uxoris suæ. De adultero loquitur, quem dicit etiam manente matrimonio ab extraneo posse adulterii accusari, etiam non probato lenocinio mariti,

mariti, cui est adfinis, qui retinet adulteram. De adulte-ra non loquitur, quia etiam aliud juris est in adultera, quæ retinetur in matrimonio, nec potest ab extraneo adulterii accusari, nisi prius extraneus maritum reum fecerit, & arguerit lenocinii, *l. constante, sup. hoc tit.* Quæ differentia inter adulterum & adulteram, proculdubio est ex lege Julia, quæ propter pudorem viri constante matrimonio noluit temere traduci mulierem, quam is probat & retinet. Ignominia est quædam, & fuit semper in ore vulgi, quod & hodie jactatur, ut Artemidorus indicat lib. 2. ibi, *ϙυνοί,* &c. Adulteræ igitur, quæ mansit in matrimonio lex propter virum pepercit, nisi vir leno judicaretur: adultero autem non pepercit. Rata igitur hæc differentia est, ab extraneo adulterum statim etiam constante matrimonio accusari posse: adulteram non posse, quam lenocinium mariti arguatur ab eo, qui vult accusare adulteram. Verum adnotandum est, hodie ex constitutione Imperatoris Constantini sublatam esse hanc differentiam inter adulterum & adulteram: nam ex ea constitutione constante matrimonio adulter, vel adultera ab extraneo, vel a propinquo quolibet accusari non potest, *ne sit in potestate, & libidine cujusque bene concordantia matrimonia conturbare, & infamare*, sed soluto matrimonio a quolibet publice. Constante autem matrimonio adulter, vel adultera non potest accusari, nisi a patre mulieris, vel a fratre, vel a patruo, vel ab avunculo, *l. quamvis, C. eod. tit.* quoniam has quatuor personas justus & verus dolor, & familiæ suæ dedecus ad accusationem impellit. Itaque facile admittuntur etiam manente matrimonio. Extraneum autem ad accusationem impellit, vel odium criminum, vel audacia & protervia, quæ utique cohibenda est, maxime maritis bene concordibus. Eadem constitutio permisit etiam marito, & id quidem marito in primis, ut constante matrimonio uxorem suo suspicione ream faceret adulterii, ex suspicione, inquam, quia deprehensam, aut damnatam adulterii maritus citra crimen, pœnamque lenocinii in matrimonio retinere non potest, suspectam adulterii tamen retinere potest, *l. 2. C. eod.* Et suspectam quoque ac retentam accusare ex eadem constitutione potest: ante quam tamen olim, neque retentam adulteram maritus accusare potuit, nec ex suspicione quidem, neque ea retenta adulterari, *l. 11. C. eod. tit. l. miles, §. volenti, sup. hoc tit.* qui quidem §. ut & is, qui præcedit, quique sequitur, est accipiendus de marito accusatore, quem ait, neque retentam accusare posse, neque eum, cum quo suspicatur eam adulterium commisisse: de marito, inquam, est accipiendus est, non de extraneo: nam extraneus, ut in hoc §. 1. ostenditur, etiam retenta muliere in matrimonio, adulterum accusare potest, maritus neque adulteram, quam retinet, neque adulterum. Et ita quoque eum §. esse accipiendum, & *d. l. 11.* argumentum præbent Basilica, a quibus abest *d. l. 11. & d. volenti:* quod sint abrogata ea jura constitutione Constantini, atque etiam Justiniani, ex qua etiam retentam in matrimonio ex suspicione marito accusare licet, non etiam dimissam & reductam, *l. si uxor §. ult. hoc tit.* Reduci potest, non quæ deprehensa vel damnata est, sed quæ suspecta dimissa est, quæ suspicio & criminatio omnis aboletur, si reducatur, ut, quod Poetæ fingunt, *suspecta adulterii Procris*, ut maritus ejus Cephalus ait apud Ovid.

*... Dum census dare me pro nocte,*
non , *promitto , sed legendum , pro nocte,*
*Munereque augendo , tandem dubitare coegit.*
Paulo post
*Redditur, & dulces* ( cum Cephalo ) *concorditer exigit annos,* 7. Metamorphos.

### Ad §. in Matrimonio.

*In matrimonio quoque defuncta uxore, vir jure adulterum inter reos recipi postulat.*

Ostenditur in hoc §. etiam mortua muliere in matrimonio ante accusationem & reatum, maritum intra constituta tempora posse adulterum, qui supervixit lege Julia reum postulare. Et ratio hæc est, quia crimen commune duorum, quale est adulterium mortuo uno, in mortui quidem persona extinguitur, sed non etiam in persona superstitis, *l. ult. hoc tit. l. C. si reus vel accus. mori. fuer.*

### Ad §. Nupta.

*Nupta, prius quam adulter damnetur, adulterii non postulatur, si nuptiis denuntiatio, vel ad domum mulieris missa non præcessit.*

Sequitur in hoc §. mulierem ex adulterio, quod in priore matrimonio admisit, postquam secundo viro nupsit, non posse accusari, antequam adulter convictus & condemnatus fuerit, uno casu excepto, si nupserit alteri post denuntiationem criminis, non dico post accusationem, sed post denuntiationem criminis: nam hoc casu etiam ab ipsa accusator incipere potest, posthabito adultero, quod etiam *l. Julia* nominatim comprehensum est, *l. 1. l. 2. in pr. l. miles, §. licet, l. qui uxori, & seq. hoc tit. l. si dum, C. eod.* Sed si ante denuntiationem criminis in priore matrimonio admissi, alii nupserit, accusator ab adultero incipere potest, non nuptam jam alii statim incessere; si vidua permanserit, in arbitrio est accusatoris, a quo velit incipere, ab adultero, an ab adultera, verum utrumque simul accusare non potest, ut postea demonstrabimus in §. *duos*. Et notandum, quod hoc loco scribit Papinianus, satis esse denuntiationem criminis fieri, non ad judicem, sed ad mulierem, & necesse etiam non esse denuntiationem fieri in personam mulieris, fieri aut mitti posse ad domum mulieris voce præconis, vel affixo libello ad domum, ob portum, ut *l. 12. tabul.* loquuntur, quia nemo invitus de domo sua extrahitur, ut vel in jus vocetur, vel aliquid in personam ejus denuntietur, satis est denuntiationem fieri ad domum, *l. 4. §. totiens, de damn. inf.* quæ conjungenda est cum *l. 19. & l. 21. de in jus voc. l. 5. §. 1. quod vi aut clam , l. 13. de excus. tut. l. 1. §. 1. de agnosc. lib. l. 2. C. de annal. except.* In quibus locis omnibus denuntiatio recte fit ad domum, & *l. 1. C. Theod. si certum pet. Novel. Theodos. 1. de invasoribus.* Quod sequitur in §. *mulierem*, est apertissimum.

### Ad §. Mulierem.

*Mulierem ob latronum societatem exulare jussam, citra pœnæ metum in matrimonio retineri posse respondi, quia non fuerat adulterii damnata.*

Mulier damnata adulterii in matrimonio citra lenocinii crimen & pœnam retineri non potest, hoc est certissimum ex *l. Julia.* At damnata quasi latronum socia, impune, ut ait, in matrimonio retineri potest: nam nec ideo habetur pro adultera, quod cum latronibus coierit societatem. Idemque est, si quolibet alio crimine mulier damnata fuerit, cujus pœna non solvat matrimonium, præterquam si crimine adulterii, hæc honeste in matrimonio retineri non potest.

### Ad §. Præscriptione.

*Præscriptione quinque annorum crimen incesti conjunctum adulterio non excluditur.*

Regulariter crimina extinguuntur præscriptione xx. annorum, *l. si quis, Cod. ad leg. Cornel. de fals.* quo jure utimur hodie omnino, ut post vicennium non audiatur accusator. At crimen adulterii simplicis, quod contractum sit sine incesto, aut sine vi, breviori tempore constringitur, & *l. Julia* tum fuit severa, quam par erat adulterii criminis executio: nam & ad accusationem adulterii non admittebantur minores xxv. annis, qui ad alias accusationes admittuntur, & pœna adulterii non erat capitalis, & eludebantur multis præscriptionibus, & multis exceptionibus, *l. ita cordi*; *C. eodem*, & simul ambo mas & femina non poterant accusari adulterii, sed ordine accusandi erant, quia forte absolutio prioris, & tacitè absolvit alterum, nec interim alter traducitur frustra. Ac præterea ex *l. Julia* adulterium simplex in adulterio tollitur præscriptione quinquennii continui, in adultera præscriptione sex mensium utilium. Ita tamen, ut non egrediantur quinquennium continuum, possunt sex menses utiles sive judiciarii superare quinquennium, possunt & minus quinquennio contineri, puta, biennio tantum, *l. mariti*, *§. sex mensium*, *hoc tit. l. 3. C. eod. l. 1. §. accusationem, inf. ad Turpill.* In definienda præscriptione temporis, quo crimen adulterii extingui placuit silentio, lex Julia favet adultero minus quam adulteræ, sexui imbecilliori: quia brevior plerunque est præscriptio sex mensium utilium, quæ datur adulteræ, quam quinquenniorum continuorum, quæ datur adultero. Dixi adulterium simplex: nam adulterium per vim illatum nulla præscriptione perimitur. Adulterium quoque junctum incesto nulla temporis præscriptione perimitur, quia nec vis, aut incestum simplex ulla præscriptione perimitur, quæ est una differentia inter adulterium & incestum: adulterium perimitur præscriptione quinquennii, aut sex mensium, incestum non nisi præscriptione vicennii, ut cetera crimina. Notatur etiam alia differentia inter incestum & adulterium in *§. duos, & in §. pen. & ultim.*

### Ad §. Duos, & §. penult.

*Duos quidem adulterii, marem & feminam propter commune crimen, simul non jure, nec a viro postulari convenit. Cum tamen duobus denuntiatum fuisset, ab eo, qui postea desistere volebat, abolitionem esse necessariam in utriusque personæ respondi.*

*§. 4. Incesti commune crimen adversus duos simul intendi potest.*

Quod commune crimen incesti adversus duos simul ab eodem intentari potest: commune autem crimen adulterii adversus duos ab eodem simul intentari non potest, *l. si maritus 2. §. ult. l. nihil, §. ultim. h. tit.* Quod & *l. Julia* de pudicitia nominatim cautum fuisse proditum est in *l. reos, C. eodem tit.* Et in hanc rem, ex hoc loco etiam Papiniani auctoritate utitur Marcianus in *l. 1. §. atqui, inf. ad Senatus. Turpill.* Ergo uterque mas & femina simul accusari, ne jure quidem mariti potest. Cohibuit lex in hac causa nimium accusatoris studium, duos simul deferentis, nec voluit temere ambos traduci, quia prior potest absolvi: alia crimina communia simul omnia ab eodem deferri possunt. Sed notanda hic est differentia inter denuntiationem & accusationem: mas & femina uterque simul adulterii ab eodem accusari non potest: utrique tamen crimen denuntiari potest, etiam extra judicium: & in denuntiatione, atque in accusatione hoc tamen commune est, ut non tantum accusatio, sed etiam denuntiatio eum, qui destitit ab accusatione, vel denuntiatione, & tergiversatur, obliget pœnæ Senatusc. Turpilliani, si desistat sine abolitione, id est, sine venia omittendæ accusationis, vel denuntiationis semel inchoatæ. Itaque necessaria est abolitio non tantum in persona accusatoris, sed etiam in persona denuntiatoris nondum progressi ad accusationem. Quod sequitur in hac lege ( aliud esse in incesto, quod & aliud est in omnibus criminibus ) incesti commune crimen adversus duos intentari posse, Marciani notis tribuitur ad Papinianum in *l. qui pupillam, §. ultim. sup. hoc tit.* Summa hæc sit, aut secunda differentia hæc sit, adulterii crimen simul adversus duos ab eodem intentari non posse: incesti crimen posse. Quæro quid sit dicendum, si junctum sit incesto adulterium? hoc non definitur hoc loco, sed argumento eorum, quæ ante dicta sunt, & mox dicentur in *§. ultim.* dicemus adulterium incesto conjunctum simul adversus duos intentari posse, quia quoties duplex est crimen, sumere oportet quod in altero ex duobus jura durius constituerunt: nam & hoc sequimur, & adsumimus in 3. differentia inter adulterium & incestum, proponitur in *§. ultimo*.

### Ad §. Ultim.

*De servis quæstionem in dominos incesti postulatos, ita demum habendam respondi, si per adulterium incestum esse contractum dicatur.*

Quod in crimine adulterii servi torquentur in caput domini, vel dominæ, *l. si postulaverit, §. haberi, h. tit.* non in crimine incesti, non in crimine stupri, non in aliud quodcunque crimen præterquam majestatis: hæc igitur est 3. differentia, quod in crimine adulterii servi torquerentur in dominos: in crimine incesti non item, *l. 4. & 17. inf. de quæst. & in l. 17.* quæ est ex libro seq. rationem explicabimus. Quid vero si incesto sit junctum adulterium, an servi torqueantur in caput domini? Et in *§. ultim.* torqueri posse ostenditur, ut in *l. si quis viduam, inf. de quæst.* nam quoties juncta sunt crimina, id ut diximus adsumimus, quod in alterutro durius constitutum est, sicut in præscriptione temporis, *§. præscriptione, sup.* & in duobus reis simul postulandis. Quod diximus de incesto servos torqueri non posse in dominos, pugnare videtur cum eo, quod M. Tullius scribit in Milone his verbis: *de servis nulla lege quæstio est in dominum nisi de incestu*, ut fuit in Clodium, inquit, quoniam incestum illud fuit etiam adulterium, ut idem M. Tullius ait, *in pulvinaribus sanctissimis comprehensum fuisse*. Et semper adsumimus, quod in alterutro crimine durius est receptum vel constitutum.

### Ad LXIII. ad L. Cornel. de Fals.

*Falsi nominis vel cognominis adseveratio, pœna falsi coercetur.*

Initio hujus *l. 3.* ostenditur, falsi nominis vel cognominis adseverationem lege Cornelia quasi falsum coerceri, puta, si quis falsum sibi nomen, vel cognomen imposuerit in fraudem alterius, ut Græci interpretes supplent rectissimè, Ἐ τῷ βλάβῃ τινὸς ἀνατρέπει· & Paulus *5. Sent. eod. tit.* quo quid alienum interciperet vel possideret: nam sine fraude & captione alterius liber homo non prohibetur sibi mutare nomen, *l. 1. C. de mut. nom.* sicut nec scutorum δείγματα, quæ sic vocat Vegetius, *dignata*. Domus Franciæ mutavit sæpius dignata. Primum enim habuit tres coronas, non bufones: deinde lilia innumera, & posterno ex constit. Caroli Sexti lilia tantum tria. Quo exemplo & unusquisque sibi potest mutare digma, sine fraude alterius potest sibi mutare nomen, & scuti sui digma. Servus autem homo hujus rei arbiter non est; servus non est dominus sui nominis: servus sibi mutare nomen invito domino non potest sine injuria domini, *d. l. 1.* Plautus in Milite glorioso.

*Injuria est*, inquit, *falsum nomen possidere*, Philocamasium postulas; *at istud non decet, & meo adeo hero injurias facis.* Denique injuriam domino facit, qui servo mutat nomen, vel qui servus ipse sibi mutat nomen.

### Ad §. Ordine.

*Ordine decurionum decem annis advocatum motum, qui falsum instrumentum cognoscente præside recitavit, post tempus dignitatem respondi recuperare, quoniam in Corneliana falso recitato, non facto, non incidit. Eadem ratione plebejum ob eandem causam exilio temporario punitum, decurionem post reditum rectè creari.*

Quæritur hoc loco, an lege Cornelia falsi reus sit advocatus, qui Præside provinciæ sedente pro tribunali

bunali & causæ cognoscente, sciens prudensque apud eum falsum instrumentum recitavit, quod acceperat a suscepto, id est, a cliente suo, cujus causam defendebat: Et an si ex ea causa advocatus, cum esset etiam decurio civitatis suæ, ordine remotus fuerit in decem annos, an expleto decennio redeat in ordinem, in curiam, & pristinam dignitatem decurionatus recipiat? Et respondet, recipere hac ratione, *quoniam*, inquit, *in Corneliam falsò recitato, non facto, non incidit*. Sic rectissime & in Florentinis, atque in Basilic. *quoniam in Corneliam falsò recitato, non facto, non incidit*. Quibus verbis significatur l. Corneliâ de falsis teneri eum, qui falsum fecit, non qui recitavit: ac proinde advocatum illum, ut falsariam lege Cornelia de falsis damnatum non videri, quum ordine motus est in decennium ob eam causam: nam si damnatus videretur lege Cornelia, sane non posset recipere pristinam dignitatem, reverti in curiam non posset, nec finito tempore pœnæ, quia damnatus judicio publico, quale est judicium legis Cornel. de fal. infamis est, *l. infamem*, *sup. de pub. jud. l. 4. §. adulterii*, conjuncto *§. ad tempus*, *infra*, *de re milit*. Infamia, quæ semel inusta est, nunquam abolebitur sine speciali beneficio Principis. Omnis infamia est perpetua, & infami neque aditus, neque reditus patet ad dignitates, *l. 8. inf. de interd. & vel. l. 1. inf. ad leg. Jul. de vi priv. & l. 8. C. de decur. lib. 10. l. 2. C. de dign. lib. 12*. Marc. Tullius pro Cluentio. *Turpi judicio damnati, in perpetuum omni honore ac dignitate privantur*. Tertullianus de spectaculis: *Damnati*, inquit, *ignominia & capitis minutione arceuntur curia, rostris, senatu, equite, ceterisque honoribus omnibus, simul & ornamentis quibusdam*. In specie igitur hujus §. ideo post decennium decurio in curiam redit, quia non fuit damnatus lege Cornelia; non fuit damnatus publico judicio, sed extraordinario, ex causa non famosa: si famosa causa damnationis fuerit, finito tempore non aliter recipit pristinam dignitatem, quam si graviore pœna, quam sit lege præscripta, affectus sit; quoniam duriore pœna, duriore sententia, cum eo de fama & existimatione conservanda transactum videtur, *l. ordine, ad municip. l. quid ergo, §. pœna, de iis qui not. infam*. Si ergo clementiore, aut legitima pœna affectus sit ex causa famosa, puta ordine motus ad tempus etiam finito tempore pœnæ infamia perdurat, *l. 3. in princip. & l. 5. inf. de decurion. l. 4. §. ad tempus, inf. de re milit*. Et ita quidem obtinuit fere ante edictum Antonini Imperatoris, de quo in *l. 3. inf. de decurion. l. 1. C. de iis, qui in exil. dati vel ordin. moti sunt*, libro 10. quo edicto præcepit Antoninus, quacunque ex causa famosa, vel non famosa, quis ordine motus sit ad tempus, ne posthac, inquit, quoniam antea aliud observabatur facta distinctione causæ famosæ, & non famosæ, sed jam nunc indistincte, ne posthac ultra tempus pœnæ prorogetur infamia contra sententiæ fidem, sed statim, qui explevit tempus pœnæ, redeat in curiam, & sit decurio, ut fuit ante pœnam, non etiam suscipiat novos honores in Republica, si causa famosa fuerit, quia qui rediit in curiam perfunctus pœna sua, novis honoribus tanto tempore abstinere debet, quanto decurionatu caruit, *d. l. ordine, & l. 2. C. de iis, qui in exil. dati, libro 10*. si causa non fuerit famosa, ut in specie proposita, expleto tempore pœnæ, non tantum decurionatum recipit, sed etiam ad novos honores admitti potest. His consequens est, quod subjicit Papinianus, & advocatum plebejum, non decurionem, qui ob recitatum in judicio falsum instrumentum ad tempus relegatus est, quæ pœna non est capitis deminutio, finito tempore post reditum decurionem recte creari posse, sive Senatorem municipalem, quod idem est, quasi integræ famæ & existimationis virum, quia in legem Cornel. de falsis ob eam causam commisisse non videtur.

Ad Leg. Ult. ad L. Jul. repet.

*Qui munus publicè mandatum acceptâ pecuniâ ruperunt, crimine repetundarum postulantur.*

Tom. IV.

SEntentia hæc est: eos, quibus publicum munus injunctum est, si pecunia corrupti in eo munere exequendo, in fraudem Reipublicæ segniter aut malitiose se gesserint, teneri judicio publico ex l. Julia repetundarum, cujus pœna est infamia & exilium plerumque, *l. 7. §. ult. hoc tit*. vel quadrupli redhibitio, *l. 1. C. hoc tit*. Ita tamen, ut corruptori, quia turpiter pecuniam dedit, nec datæ pecuniæ repetitio competat, *l. 2. 3. 4. sup. de cond. ob turp. cauf*. sed quadruplum, vel totum redigatur in fiscum vel dividatur, ut plerumque solebat, inter accusatorem & fiscum. Utitur autem Papinianus antiquo verbo *ruperunt*, pro, *corruperunt*, quo & lex XII. tabul. usa est, & lex Aquilia, *l. si servus, §. inquit, ad leg. Aquil. l. qui tabulas, in fin. sup. de furt*. Et munus corrumpere eum significat, qui eo fungitur, si corrumpatur ipse, quo minus eo fungatur bene, & sordescat acceptâ pecuniâ.

Ad Leg. IV. ad Senatusc. Turpill.

*Mulier, quæ falsi crimen injuriæ propriæ post interpositam denuntiationem desistens omisit, ex Senatusconsulto Turpilliano teneri non videtur. Post abolitionem idem crimen ab eodem, in eundem instaurari non potest.*

POtest dici probabiliter, quod & quidam dixerunt, in hac lege sic esse legendum additâ negatione *mulier, quæ falsi crimen non injuriæ propriæ*, quod jam Marcianus in *l. 1. §. accusationem, hoc tit*. refert, Papinianum respondisse, mulierem, quæ idcirco ad falsi accusationem non admittitur, quod suam suorumve injuriam non persequatur: nam regulariter mulier non potest accusare, nisi suam suorumve injuriam persequatur, non si publicam tantum vindictam persequatur: mulier igitur quæ idcirco non potest accusare falsi, quod suam injuriam non persequatur, si tamen denuntiationem criminis, vel accusationem intulerit; id est, si non jure intulerit, & mox pœnitentia ductâ destiterit non impetratâ abolitione a judice, ideo ea non plectitur lege Petronia, sive SC. Turpil. quod est factum in tergiversatores, qui scil. ab accusatione temere desistunt: loquitur illo loco Marcianus ex Papin. responsis, de ea, quæ intulit falsi crimen, non injuriæ propriæ causâ. Quamobrem & hic videtur esse legendum, *non injuriæ propriæ*. At sane nihil mutandum est hoc loco: nam & Dorotheus sine negatione legit eodem modo, Τυνὶ τὸ ᾳ πλασὶ ἐγκλημα. Potuit utrumque Papin. respondisse, non incidere in Turpillianum mulierem, quæ desistit sine abolitione, sive suæ injuriæ causâ, sive alienæ accusationem instituerit. Et vero cum hoc loco id respondisset, in ea, quæ falsi crimen intulerat suæ injuriæ causâ, hoc est, quæ jure intulerat, huic responso subjecisse Papin. videtur, quod est relatum in *d. §. accusationem*, idem multo magis esse dicendum, si non suæ injuriæ causâ falsi crimen intulerit. Ergo sive propriæ, sive non propriæ injuriæ causâ mulier falsi crimen denuntiaverit reo, vel intulerit, etiamsi destiterit non petita abolitione, non petita venia omittendæ accusationis, non plectitur Senatusconsulto Turpilliano, Et ratio hæc est evidentissima, quia nec si justa sit accusatio mulieris, mulier nunquam subscribit in crimen, nec de calumnia tenetur, parcitur imbecillitati sexus, *l. de crimine, C. qui accuf. non poff. l. 2. C. de calum*. Verissima autem est illa definitio, eos de quorum calumnia quæri non potest, nec si desistant ab accusatione, & tergiversentur non petita abolitione, non incidere in Senatusconf. id est, eos, de quorum calumnia quæri non potest, nec posse quæri de tergiversatione eorum, *l. in Senatufc. §. eos, hoc tit*. Ergo nunquam mulier incidit in Senatusconsultum Turpillianum; uno tantum casu excepto, nisi mulier cum reo turpiter despectâ sit acceptâ pecuniâ, atque ita destiterit, ut recte Theodorus accepit leg. *pen. C. eod. tit*. nam hoc casu, & de mulieris, propter turpitudinem, & propter turpem depe-

depectionem, quæ depectio semper dicitur in malum de mulieris, inquam, & de cujuscumque calumnia, vel tergiversatione, de qua alias quæri non potest, propter turpem depectionem quæri potest, propter avaritiam & lucri cupiditatem accusatoris desistentis: excepto hoc uno casu, de eorum tantum tergiversatione quæri potest, de quorum etiam calumnia quæri potest, & ii si desistant non impetrata abolitione, in pœnam Senatusc. Turpilliani incidunt, non tantum si accusationem inchoarint, sed etiam si crimen duntaxat denuntiaverint. l. vim, §. eos, ad leg. Jul. de adult. non etiam si comminati tantum sint, se denuntiaturos vel accusaturos; nam ii impune desistunt, ut in l. seq. l. quæsitum, in princip. sup. ad l. Jul. de adult. Et definitioni dicti §. eos, ut impune desistant ii, de quorum calumnia quæri non potest, jampridem ostendi nihil obstare l. abolitionem, C. ad leg. Jul. de adulter. quæ ait, maritum ab accusatione adulterii impune non desistere. Recte: quia & de mariti calumnia, quæ modo manifestissima sit quæri potest, l. is cujus, §. ultim. sup. de adult. In extremo hujus legis, ait, post abolitionem idem crimen ab eodem, in eundem instaurari non potest. Sententia hæc est: qui impetrata speciali abolitione destitit ab accusatione, non potest cursus pœnitentia actus, eundem reum ex eadem causa repetere, vel si repetat, repellitur præscriptione desertæ accusationis, l. 4. C. eod. tit. nec aliter potest reum repetere restaurato eodem crimine, quàm si id specialiter Princeps concesserit, l. 3. C. eod. tit. l. 1. C. de abolit. Alium accusare vel eundem alio crimine accusare non prohibetur qui destitit petita abolitione; At qui destitit non petita abolitione, nec eundem, nec alium quenquam unquam damnatus Senatusconsulto Turpilliano, eodem vel alio crimine reum deferre potest, l. 2. hoc tit. l. quæsitum, §. ultim. sup. ad leg. Jul. de adult. l. abolitionem, Cod. eodem. Hoc dicimus de abolitione speciali, ut qui eam impetravit, non possit eundem reum repetere ex eadem causa; nam concessa abolitione generali à Principe, vel Senatu, ut sit plerumque, nemine postulante ob hilaritatem aliquam, rei ab iisdem accusatoribus possunt repeti intra triginta dies; non coguntur eos repetere, sed si velint repetere, possunt intra xxx. dies, quod Accurs. notavit: & aliæ leges hujus tituli demonstrant.

# JACOBI CUJACII JC.
## COMMENTARIUS
### In Lib. XVI. Responsorum ÆMILIJ PAPINIANI.

#### Ad L. II. de Veter. & milit. succes.

*Bona militis intestati defuncti castrensia fisco non vindicantur, cum heres legitimus ad finem quinti gradus extitit, aut proximus cognatus ejusdem gradus intra tempus possessionem acceperit.*

HÆC L. accipienda est de milite capite damnato ex delicto militari, non communi, qui intestatus vita decessit, de eo accipiendam esse, argumentum præbet vicinitas l. 1. quæ de eodem est: & quod hæc l. 2. quærit, an fiscus veniat in bona militis exclusis agnatis & cognatis, non quæreret, si fisco locus esse non posset: atqui fisco locus esse non potest, aut esse videri, nisi milite damnato capitis. Ac præterea totum hunc librum 16. certissimum est esse de reis capitalium criminum. Ergo & hæc l. 2. accipitur de milite capite damnato ex militari delicto, & ut ait l. 1. intestato defuncto. Docet ergo Papinianus hoc loco, milite capite damnato, & intestato defuncto ad bona castrensia fiscum non vocari, sed fisco anteponi agnatos, non in infinitum, ut fit in successione paganorum: sed usque ad quintum gradum duntaxat. Denique fisco anteponi agnatos in bonis castrensibus usque ad quintum gradum duntaxat, & iis deficientibus cognatos usque ad eundem gradum, eodemque quoque gradu comprehenso in hunc numerum. Hoc si miles intestatus decesserit. Sin autem damnatus miles testamentum fecerit, quod ex constitutione Adriani ei permitti solet; sententia damnatis de bonis castrensibus tantum hoc casu etiam in bonis castrensibus heres testamentarius fisco præfertur. De bonis igitur castrensibus, miles, qui capitis damnatus est, testamentum facere potest, permittere eo in sententia qui damnavit, non etiam de paganis bonis. Imo si quod de paganis ante fecerit testamentum, protinus damnatione irritum fit. Ab intestato autem in bona pagana fiscus statim vocatur, non in castrensia, si extent agnati vel cognati ad finem quinti gradus. Quæ omnia comprobantur partim hac l. 2. & partim l. si quis, in pr. §. miles, de leg. 3. l. cum hic status, §. si miles, de donat. inter. vir. & uxor. l. 6. §. sed & si quis, de injusto rup. testam. l. ex militari, sup. de mil. testam. l. & militibus, C. eod. tit. Verum quod hæc lex significat, post agnatos & cognatos quinti gradus fiscum vocari ab intestato, pugnare videtur cum d. l. 6. §. ejus qui, in fine, & cum l. 2. C. de hered. dec. vel mil. quæ ll. fisco præferunt in successione intestatis deficientibus agnatis, vel cognati, contubernales, & commilitones, sive legionem aut vexillationem, in qua merebat miles. Verum illæ ll. loquuntur de milite non damnato: hæc vero l. de milite damnato capitis ex delicto militari. In damnati bona castrensia, fiscus ab intestato agnatis & cognatis, qui sunt ultra quintum gradum, & legioni atque vexillationi præfertur. In non damnati militis bona omnia pagana vel castrensia ab intestato succedunt agnati in infinitum, & cognati usque ad sextum vel septimum gradum, sicut in paganorum successione receptum est, §. ult. Inst. de succeff. cognat. Et post eos conjux, & post conjugem legio aut vexillatio succedit fisco remoto, fiscus post omnes vocatur. Hæc omnia obtinent in milite damnato ex causa militari; in milite damnato ex communi delicto sequimur jus commune successionum ab intestato. Commune delictum est veluti adulterium, stuprum, furtum, plagium: militare delictum est veluti armorum abalienatio, vel amissio turpis, contemptio disciplinæ militaris, emansio, & his similia.

#### Ad L. Ultim. de Publ. jud.

*Generi servis à socero veneficii accusatis, præses provinciæ patrem calumniam intulisse pronunciaverat. Inter infames patrem defunctæ non habendum, respondi: quoniam etsi publicum judicium inter liberos de morte filiæ constitisset, citra periculum pater vindicaretur.*

SUnt quidam accusatores, de quorum calumnia quæri non potest, l. in SC. §. eos, inf. ad Turpil. ut mulieres, quæ suam vel suorum injuriam persequuntur. l. 2. C. de calumniator. vel heredes, qui jussu defuncti veneficii accusant eum, quem sibi venenum infudisse defunctus cavit, d. l. 2. vel filius, qui persequitur cædem patris, l. 4. C. eodem tit. vel maritus, qui jure mariti ex suspicione aliqua justa, non calumnia, aut malitia mala ex manifesta uxorem accusat adulterii, l. jure mariti, & l. quamvis, C. ad l. Jul. de adult. Quod & de patre similiter dici potest, qui jure patrio accusat mœchum filiæ. Nam & in hac lege dicitur, patrem, qui filia veneno necata ita & dolore cæco incensus servos generi sui accusat veneficii extra periculum esse calumniæ, ac si forte præses provinciæ pronuntiasset patrem calumniam intulisse, qui accusavit servos generi veneficii, non notari tamen patrem infamia, quia etsi liberos homines pater veneficii accusasset, non probato crimine pater non haberetur pro infami calumniatore. *Pater*, inquit *vindicaretur citra periculum calumniæ*: justus enim & gravis dolor eum excusat; *inconsultus calor calumniæ vitio caret*, ut eleganter ait, *L. 1. §. quæri, inf. ad Senatuſ. Turpill*. Et ſententia præſidis, quam ne dixeris, nullam eſſe aut injuſtam, ut vulgo, valet enim ea ſententia, qua pronuntiavit præſes parrem calumniam intuliſſe : verum non irrogat infamiam patri. Cur ait? quia non pronuntiavit, eum eſſe calumniatorem, ſed calumniam intuliſſe : poteſt quis inferre calumniam, nec tamen calumniari, aut calumniandi animum habere; ſicut mendacium dicere poteſt quis, nec tamen mentiri: non temere quis judicatur calumniator fuiſſe, niſi judex dixerit fuiſſe, & hoc ipſo verbo uſus fuerit, *es calumniator*, vel, *calumniatus es. Si* abſoluto reo, ſimul & de conſilio accuſatoris judex ita pronunciaverit adſeverantius, *calumniatus es*, proculdubio hæc ſententia irrogat infamiam, ſententia, inquam, non interloquutio, *l. 1. §. ſed non utique, ad Senatuſconſ. Turpill. l. verbum, C. quib. ex cauſ. infam. irrog.* Sin autem ita pronunciarit: *calumniam intuliſti*; Scito, inquit, *C. Sempronium Ruſum calumniam maximo plauſu tuliſſe*, *quod M. Tuccium reum lege Plautia de vi fecit*: Si pronunciarit igitur calumniam intuliſſe vel tuliſſe, hæc ſententia non irrogat infamiam, quia perinde eſt ac ſi dixiſſet, *mendacium dixiſti*; vel, *quod propoſuiſti non probaviſti*; vel, *quod propoſuiſti verum non eſt*, quia non adſeverat calumniatorem eſſe, niſi qui dicit conceptis verbis, *calumniator es*, vel, *calumniatus es, l. 3. C. de calumniat.* Ac præterea tentari poteſt accuſator ſervo non potuiſſe de calumnia accuſatoris quæri, ſicut nec ſervo accuſato adulterii, conſtat non poſſe quæri de lenocinio accuſatoris, *l. quoniam, C. ad l. Jul. de adult*. Et ideo addit Papinianus hoc loco, nec libero homine quaſi beneficio a patre accuſato, quæri poſſe de calumnia patris, quia pater citra periculum calumniæ perſequitur necem filiæ, ſi accuſato libero homine nullum eſt periculum calumniæ, quia pater accuſator eſt, & multo magis ſervo accuſato nullum eſt periculum calumniæ patri: & altera ratio eſt, quæ excludit periculum calumniæ, quia ſervus nulli poteſt accuſatori referre aliud crimen, vel calumniæ puta, vel lenocinii. Et ita hæc lex explicanda eſt. Quod autem facit Accurſius in hac lege, ut furti damnatus innocens infamis fiat, actio furti eſt famoſa, hoc eſt certiſſimum, ſed quod tractat, an etiam infamis fiat innocens, qui furti damnatus eſt, collatis inter ſe duabus legibus atque commiſſis, quæ invicem pugnare videntur, *l. non poteſt, ſup. de furt. l. ſi furti, C. quib. ex cauſ. inf. irrog.* primum dico, non poſſe ea de re tractari illæſa auctoritate rei judicatæ, quia res judicata pro veritate habetur: & ideo nec debere ea de re fruſtra tractari, & damnatum furti etiam innocentem infamiam ſequi. Et quod ad pugnam earum legum attinet, ita diſtinguendum ex *l. quid ergo, §. pen. ſup. de iis, qui not. inf.* circumſcripta admodum magna gloſſa Accurſii inutili & inconſtanti ad *d. l. ſi furti*. Diviſio & diſtinctio hæc eſt : ſi damnatus fur eſt judicio civili, quod pecuniarium eſt in duplum, vel quadruplum, vel triplum, ut inf. oſtendam, etiamſi durior ſententia fuerit, quæ irrogat pœnam pecuniariam tantum, ut ſi in quadruplum condemnarit eum, vel triplum, qui damnari tantum debuit in duplum; ſententia etiam durior irrogat infamiam, *d. l. non poteſt, & d. l. quid ergo, §. pen.* Si damnatus eſt judicio extraordinario, pœna extraordinaria, quæ non eſt pecuniaria, qua etiam furtum poſſe vindicari conſtat, *l. interdum, §. qui furem, l. ult. ſup. de furt.* velut ſi damnatus ſit fuſtium animadverſione, ſententia durior non irrogat infamiam. Et ita eſt accipienda *d. l. ſi furti*: nam quod ait, mulierem damnatam furti, quod ipſa fecit citra fuſtium verbera, famæ damnum fuiſſe: ſignificat & demonſtrat, eam fuiſſe fuſtibus cæſam, non mulctatam pœna pecuniaria, quod & Baſilia ponunt, nec tamen fuſtium ictum eam feciſſe infamem, *l. neminem, C. eod. tit*. ſed cauſa furti, facti ſcil. *l. ictus, ſup. de iis qui not. inſ.* Et facto furto, dico pœnam fuſtium non eſſe duriorem, quæ abſolvit etiam pœna pecuniaria dupli vel quadrupli. At ut ponitur in eadem lege, ſi ipſa mulier furtum non fecit, ſed apud

ipſam ignorantem res furtiva comperta & concepta ſit, quæſita & inventa ſit, & ob eam cauſam mulier fuſtibus cæſa fuerit, duriore ſententia videtur cum ea tranſactum de exiſtimatione conſervanda. Et hoc caſu damnata furti concepti non fiet infamis: alioqui furti concepti damnatus pœna pecuniaria, quæ fuit in triplum, ut Aulus Gellius ſcribit lib. xi. cap. ult. famoſus efficitur. Paulus 2. *Sentent. tit. ult. furti quocunque genere damnatus famoſus efficitur*: quocunque genere, id eſt, vel manifeſti, vel non manifeſti, vel concepti, vel oblati. Hæc ſunt quatuor furtorum genera: in furto concepto maxima, ſi res furtiva apud ignorantem concepta fuerit, durior eſt ictus fuſtium quam damnatio tripli, *l. in ſervorum, in fi. inf. de pœn*. quæ lex non eſt accipienda de quocunque genere furti. Sed ad eam ex *d. l. ſeq.* commodiſſime poteſt exemplum poni in ignorante : ob caſum furti concepti fuſtibus cæſo, non fit infamis, quia durior pœna affectus eſt: compenſatur durior pœna cum conſervatione exiſtimationis, quæ remanet integra.

### Ad L. ult. de Accuſat.

*Alterius provinciæ reus apud eos accuſatur, apud quos crimen contractum oſtenditur, quod etiam in militibus eſſe obſervandum, optimi Principes noſtri generaliter reſcripſerunt.*

HOc tantum oſtenditur, in qua quis provincia crimen contraxit, in ea accuſari, & damnari eum poſſe, licet alterius provinciæ ſit, indiſtincte, ſive paganus ſit, ſive miles, non habet præſcriptionem fori, non poteſt revocare domum, *il ne peut demander ſon renvoy*, quoniam ut vulgo dicitur, ratione criminis ſortimur forum, *l. 7. §. pen. & ult. hoc tit. l. 1. C. ubi de crimin. agi oport*. Sed ait Papinianus, optimos Principes idem reſcripſiſſe generaliter eſſe ſervandum in militibus, ut ibi puniantur, ubi crimen admiſerunt. *Optimos Principes*, id eſt, Severum & Antoninum, ut patet ex *l. 3. de re milit*. ubi idem refertur ex reſcripto Severi & Antonini nominatim. Idque confirmat etiam *l. 1. C. ad l. Corn. de ſicar. & Theodoſ. Nov. 2. de amota militibus fori præſcriptione*, quæ ait, veteres quoque leges fori præſcriptionibus delicta ſubtrahere, nec pati aliquem, qui quid in provincia aliqua criminoſe commiſerit, eis ſe præſcriptionibus defendere. Notandum tamen eſt, ex cauſa, Præſidem provinciæ, in qua crimen contractum eſt, reum poſſe remittere ad præſidem provinciæ, unde is homo eſt, *l. non dubium tit. ſeq*. vel militem poſſe remittere ad ducem ſuum, aut magiſtrum militum, maxime ſi militare crimen fuerit, veluti deſertio militiæ, non commune, *d. l. 3. l. de milib. tit. ſeq. l. 1. de exhib. reis*.

### Ad L. XVII. de Quæſt.

*Extraneo quoque accuſante, ſervos in adulterii quæſtione contra dominum interrogari placuit, quod D. Marcus ac poſtea Maximus Princeps judicantes ſecuti ſunt. Sed & in quæſtione ſtupri ſervi adverſus dominum non torquentur.*

Quod diximus ſuperiori libro ad *l. vim paſſam, §. ult. ad l. Jul. de adult*. In adulterii quæſtione ſervos interrogari, & torqueri poſſe in caput domini vel dominæ, verum eſt, non tantum patre vel marito accuſante, ut *l. patre ſup. hoc tit. l. 3. C. ad l. Jul. de adult*. ſed etiam, ut ait initio h. l. accuſante extraio. Inter extraium & extraneum, & exterum Papinian. & ceteri auctores juris nullam differentiam faciunt; licet Feſtus fecerit aliquam. Id autem, ut quocunque accuſante adulterii ſervi poſſint torqueri in caput domini, Papinian. ſcribit hoc loco, etiam D. Marcum & Maximum principem, id eſt, Septimium Severum in judicando ſecutos. Rem igitur carere dubitatione. Et tamen in quæſtione inceſti, quod non ſit junctum adulterio, & in quæſtione ſtupri certum eſt, ſervos non poſſe torqueri contra dominum, ſicut eut nec in aliis quæstionibus criminalibus vel civilibus, *l.* 4. *hoc tit.* Ammianus Marcellinus 28. *Mancipia,* inquit, *squalore diuturno marcescentia, in dominis caput adusque ultimum lacerabat exitium: quod,* inquit, *in stupri quæstione fieri vetuere clementissimæ leges.* Ex quo loco manifeste apparet, Basilica perperam hoc loco scribere affirmate, & in quæstione stupri servos torqueri adversus dominos. Hoc enim receptum est in quæstione adulterii, non stupri, vel incesti, quæ sunt crimina affinia adulterio. Hoc in quæstione adulterii primum lege Julia permitti cœpit patri vel domino tantum accusatori, ut idem Papinian. scribit libro singulari de adult. *ut scilic.* quemadmodum idem ait, pater, ac maritus dolorem animi sui diligentius, & injuriam lecti genialis ac domus non translatitiæ persequerentur: diligens quæstio permittitur patri, vel domino lege Julia, etiam tortis servis in dominos. Sed postea: *quoniam,* inquit, *non facile tale delictum sine ministerio servorum (aquariolorum) admitti creditum est, ratio eo perducit, ut etiam extraneo accusante mancipia quæstioni tormentorum a judicibus subjicerentur:* quanquam eadem non sit ratio in extraneo, quæ fuit in patre vel domino, sed tamen & extraneo accusante idem observarunt Principes, & judicaverunt præter legem Juliam.

---

### Ad §. de Quæstione.

*De quæstione,* inquit, *supposti partus, vel si petat hereditatem quem ceteri filii non esse fratrem suum concedunt: quæstio de servis hereditariis habebitur, quia non contra dominos ceteros filios: sed pro successione domini defuncti quæritur. Quod congruit ei quod D. Hadrianus rescripsit. Cum enim in socium cædis socius postularetur, de communi servo habendam quæstionem rescripsit, quod pro domino fore videretur.*

JUs vetus hoc est, vetus Senatusconsultum, ut Cornelius Tacitus ait 2. *Annal.* ut excepto crimine adulterii sicut diximus, & excepto etiam crimine perduellionis, & crimine quoque fraudati census, fraudati tributi, cujus causa pertinet ad summam Rempublicam, exceptis his tribus criminibus, ut *l.* 1. §. *in causa, hoc t. l. vir. sup. de jud. l.* 1. *C. de quæst.* regulariter servi non torqueantur in caput domini: non, quia non possit verum inveniri, ut M. Tullius ait pro Milone, & pro Deiotaro, non quod in quæstione dolor veram vocem etiam ab invito servo elicere non possit, sed quia indignum videtur esse, & domini morte ipsa tristius, dominorum salutem servulorum voci committi, ut in *l. seq.* §. *judex.* Idem hoc jus vetus commemorat Dio 55. & alii plerique auctores, ἐν ἄλλοις πλείοσι κατὰ δεσπότου βασάνοι δοῦναι. At si quæratur de hereditate, ad quem pertineat ab intestato, forte L. Titio dicente se esse filium defuncti, aliis filiis contendentibus L. Titium supposititium esse, vel simplicius, fratrem suum non esse: atque ideo si quæratur de supposito partu, vel de fide generis, ut in *l. seq.* §. *judex:* propter hereditatis emolumentum, tum in hac quæstione d servis hereditariis quæstio haberi potest, quia non videntur torqueri in caput dominorum, id est, ceterorum filiorum, *l.* 2. *hoc tit. l.* 13. *C. eod. tit.* sed videntur torqueri, & torquentur potissimum pro successione domini defuncti, ut constet, qui sint ei justi successores. Et hoc ita proponit Papin. in hoc §. Hoc vero etiam cessante & illa ratione contra jus vetus ex constitutione Justin. observandum est: si non sit controversia de jure hereditatis, puta, si constet, ad quos pertineat hereditas, sed de controversia de rebus quibusdam, sint hereditariæ nec ne, in dominio singulorum rerum, etiam & ea de re quæri potest per tormenta servorum hereditariorum servorum communium inter heredes, qui rerum hereditariarum notitiam habent, quanquam periculum sit ne respondeant adversus heredes dominos suos, præstito tamen prius jurejurando calumniæ ab eo, qui ex ea causa servos he-

reditarios postulat in quæstionem dari, *l. ult. C. eod. tit.* conjuncta *l.* 1. *C. de jurejur. propt. calumn. l. ult.* ψ. *licentiam, inf. de jur. delib. & N.* 1. quia ut in hac specie, cum quæritur de corporibus hereditariis evenire potest, ut & pro dominis servi hereditarii respondeant. Nec absimile est, quod ex rescripto Adriani subjicit Papinian. hoc loco, uno ex dominis occiso, & altero domino facto reo cædis, de communi servo quæstionem haberi posse, quia etsi interrogetur in caput domini qui cædis alterius domini reus postulatus est, magis tamen id pro salute fore, vel ultione domini occisi, creditum est, atque ideo permissum, *l. etsi certus,* §. *pen. de Senatusc. Syllan.* Et nullorum magis interest, quam dominorum, salutis suæ causa hoc permitti; nimirum, ut in quæstione cædis a domino illatæ servus communis ad domino audiatur in dominum: non etiam temere in omnibus aliis quæstionibus, sed in hac gravi causa tantum, quam socius socium occidisse dicitur, *l.* 13. *In fi. C. eod. tit.* Et ex constitutione Justin. de qua dixi supra in alia etiam causa, si ambigatur de rebus hereditariis inter coheredes. Nam & hoc casu de servo communi quæstio haberi potest. Et hoc colore non vera ratione etiam dicitur in *l.* 2. *C. Theod. ne præt. crim. majest. serv. domi. accus. crim. perduell.* quod ad salutem Principis attinet, dicitur, servos audiri contra dominum, quia pro salute domini rerum, id est, principis, intervenire videntur; quia hoc crimen, inquit, tendit ad dominos communes omnium.

---

### Ad §. Ultimum.

*De servo in metallum damnato quæstionem contra eum qui dominus fuit, non esse habendam respondi: nec ad rem pertinere, si ministrum se facinoris fuisse confiteatur.*

QUod est in §. *ult. h. l.* amplificat regulam juris veteris, ut nec contra eum, qui dominus fuit, & non est, servus interrogari vel torqueri possit, in memoriam prioris domini: ergo nec in emptorem, nec in venditorem, ut *l. seq.* §. *servus, l. etiam, sup. hoc tit. l.* 14. *C. eod. tit.* quare amovetur fraus & ambrogator, quam veteri juri quandoque fecerunt Augustus & Tiberius, eo, quem torqueri volebant in caput domini, prius venire jusso actori publico, ut Tacitus scribit 2. *& 3. Annal. & Dio.* 55. nam & in veterem dominum servi torqueri non possunt. Ac similiter si servus damnatus sit in metallum ex crimine aliquo, quo genere fit servus pœnæ, & desinit esse ejus, cujus fuit, *l. aut damnum,* §. *ult. de pœn.* antequam damnaretur in metallum, ut ait hoc loco, torqueri non potest, in memoriam prioris domini, etsi confiteatur, se ministrum esse, inquit, ac plane conscium & particeps facinoris a domino pristino commissi: atque ratio ministerii ratio, quæ in causa adulterii servos admittit contra dominum, vel dominam extraneo accusante, ut ex Papin. sup. retuli. Ea ratio ubique non valet, & probabilis tantum non necessaria ratio est, quales sunt innumeræ in jure nostro, quod qui nescit, aut diffitetur, se jurisperitum non esse profitetur. In memoriam prioris dignitatis non torquetur, qui desiit esse decurio, *l. ult. de decur.* Et sic in memoriam prioris domini non torquetur servus in priorem dominum, neque istud decet; memoriæ debetur honos aliquis. In honorem matrimonii prioris non datur actio famosa in eam, quæ uxor fuit, ex causa quæ cœperit constante matrimonio, *l.* 2. *sup. verum amot.* In honorem & in memoriam idem est. At enim memoriæ tantum bonæ hic honos debetur, non infamatæ, non damnatæ memoriæ. Ideoque servus licet torqueri non possit in priorem dominum, cujus adhuc integer est status, tamen in priorem dominum qui damnatus est ignominia, & capitis minutione ademptis bonis, torqueri potest, *l.* 1. §. *item Nummio, hoc tit.* quia memoriæ ejus nullus honos debetur, memoriæ infamis.

Ad

### Ad L. XXXIV. de pœnis.

*Servus in opus publicum perpetuum, ac multo magis temporarium non datur. Cum igitur per errorem in opus temporarium fuisset datus, expleto tempore domino servum esse reddendum respondi.*

IN hac l. proponitur, servos sententia judicis in opus publicum perpetuum non dari, id est, non solere dari, aut non jure dari, *& multo magis*, inquit, *non dari in opus publicum temporarium*, quamvis dicat, *multo magis*, non tamen hoc argumentum est a minori ad majus, sed a majori ad minus secundum Dialecticos, a quibus Jurisconsulti imbuti sunt, cum sint Stoici omnes, non secundum Rhetores. Proinde sic argumentatur Papinian. si pœna operis publici perpetui servo ob delictum non infligitur, quanto magis credibile erat infligi posse, quia & major pœna videtur esse, multo minus infligitur levior, puta, operis publici temporarii: vel quod idem est, multo magis non infligitur levior: sive dixeris multo minus infligitur levior, sive multo magis non infligitur levior, utroque modo negas infligi : *servus*, inquit, *in opus publicum perpetuum, ac multo magis temporarium non datur*. Et sic in *l. pen. sup. de publ. jud. si non datur procurator ad accusandum*, multo magis non datur ad defendendum, vel quod idem est, multo minus datur ad defendendum. Et in *l. aut damnum*, §.1. *hoc tit.* si præses provinciæ non potest reo permittere liberum mortis arbitrium, puta, ut se necet quoquo genere voluerit, vel in pelvi facta vena, vel alio, sed ut necet tamen se omnimodo: si, inquam, præses provinciæ non potest permittere reo liberum arbitrium mortis, quoniam hoc est solius principis, ut apud Sueton. in Domit. & apud Tacit. sæpe, multo magis nec veneno necare præses provinciæ reum potest: quoniam id pœna turpis & illegitima: sic legitur vulgo, *multo magis nec*, in *d.l.aut damnum*, §.1. rectius quam in Florentinis, *multo magis vel*. Vel concipiatur argumentum hoc modo: nihil refert, si præses non potest permittere liberum mortis arbitrium, multo minus veneno necare. Et sic in *l.4.C. de præd. minor.* si minor non potest prædia sua vendere sine decreto prætoris aut præsidis, multo magis nec donare. Nam & in illa lege veteres libri ostendunt sic esse legendum, *multo magis donare*, nec alio quoquo modo transferre. Vel sic dicamus, si minor non potest prædia vendere sine decreto, multo minus donare. At contra, si non in negando, sed in confirmando argumentaris hoc modo, ut *l. Barbarius*, *sup. de off. prætor.* si populus servo potest præturam decernere, multo magis Imperatori ; non est argumentum a majori ad minus, ut superiora, sed a minori ad majus, quod tantum valet ad adfirmandum, non ad negandum: contra illud quod est a majori ad minus valet ad negandum, non ad adfirmandum. Et ut hoc breviter perstringam, a majori est quum quod magis est credibile, adsumitur ad probationem: a minori, quum quod minus est credibile aut probabile, adsumitur ad probationem. Quarum rerum neque notitia artis non debet jurisperitus esse ignarus, sed tinctus saltem esse debet, & nosse locos, atque habere in numerato, alioquin ludit operam: sed ad rem. Videamus cur servus non detur in opus publicum perpetuum vel temporarium pœnæ causa? Credo, & verum est, quia hæc pœna in servo non est pœna: nec enim fit ejus causa deterior; imo quandoque dum subtrahitur servitio durioris domini, & publico operi mancipatur sive vinculis, fit melior: non est igitur pœna. Qua ratione etiam hic Græci interpretes utuntur: pœna operis publici perpetui in libero homine gravissima est, quia civitate mulctat, & deportationem in insulam comparatur, *l. 17. sup. hoc tit. l. 1. C. eod. tit.* denique capitis media deminutio est. In servo autem nulla est pœna. Item operis publici temporarii in libero homine pœna est, quia non multum distat ab specie servientium, qui invitus

publico operi navat operam, non tamen est capitis deminutio, quia neque libertate plectit, neque civitate, *l.6. C. de caus. ex quib. inf. al. non irrog.* In servo autem pœna operis publici temporarii, nulla omnino est pœna. Pœna igitur operis publici non est communis liberis hominibus & servis, non cadit in omnes, sed est liberorum hominum propria: ut contra, vinculorum perpetuorum pœna, propria servorum est, non liberorum hominum, *l. seq. 35. hoc tit. l. 6. & 10. C. eod.* At pœna metalli, sive in opus metalli est communis liberorum hominum & servorum, *l. si quis aliquid*, §.*qui se*, *hoc tit. l. 11. C. eod. tit. l.17. §. ult. de quæst. l. 5. de manum.* Et hæc pœna metalli sodinæ in liberis hominibus maxima capitis deminutio est: in servis mutatio dominii in deterius, quia etsi servi nec libertatem habeant, nec civitatem, aut caput ullum, quod damnatione in metallum amittere possint, tamen in deteriorem & teterrimum dominum decidunt, abeunt a priore, quem habuerunt ante damnationem, & servi fiunt pœnæ, non fisci, non Cæsaris, non Reipubl. non ullius certi hominis : sed quod miserum est, fiunt servi pœnæ, cruciatus, tormentorum, catenarum, *l. aut damnum*, §. *inter eos*, *& §. ult. hoc tit.* Quod autem ait Papin. in opus publicum perpetuum servos non damnari, pugnare videtur cum *l. in servorum*, *hoc tit.* quam opponit etiam Accursius, quæ, ut breviter eam exponam, servum ita damnatum, ut domino reddatur sub pœna vinculorum, si dominus nolit eum nebulonem recipere forte, nec sit, qui eum emere velit, ait, dandum esse in opus publicum perpetuum. Ergo, inquies, iste servus damnatur in opus publicum perpetuum: imo, ea lex nihil pugnat, quia non proponit servum damnatum fuisse in opus publicum, sed domino reddi jussum sub pœna vinculorum, ut ei perpetuo in vinculis serviret, quæ pœna in servo legitima est. Et hunc tamen servum ita damnatum, non in opus publicum, quod non potuit, sed in vincula, si a domino & omnibus derelinquatur, si nullus existat, qui fortuito ejus uti velit, cui possit sub pœna vinculorum servitutem servire, non necessario servus datur in opus metalli, ut *l.5. de manumiss. & l. si quis aliquid*, §.*qui se*, *hoc tit.* vel datur in opus publicum perpetuum : & hoc modo fit servus pœnæ, vel potius servus publicus: At si a domino non derelinquatur, si dominus eum recipere velit sub pœna vinculorum, sub lege habendi eum perpetuo in vinculis, in compedibus, remanet in ejus dominio & potestate, nec fit alterius, licet vincula ei injecta sint, *l. aut damnum*, §. *ult. hoc tit.* nullis autem vinculis injectis, si in opus publicum perpetuum tradatur, nullam sustinet pœnam, nullum onus domini servitio gravius. Ergo hoc genere servus non punitur. Denique frustra datur simpliciter sine vinculis in opus publicum perpetuum, & multo minus datur in opus publicum temporarium, quod servitium tempore levius est. Quod si forte aliquando eveniat, ut servus damnetur in opus publicum temporarium per imperitiam judicis, toleraret quidem sententia nec rescinditur, arg. *l. 23. hoc tit. & l.7. §.ad tempus, de interd. & releg.* Sed ut Papinianus ait hoc loco, expleto tempore, domino redditur, ut ei præbeat operas, nec jam amplius publico, quoniam ab ejus dominio non discessit: vel etiamsi per imperitiam judicis servus damnetur in opus publicum perpetuum, sane tunc curabit dominus rescindi sententiam: quoniam ejus interest, ne in perpetuum careat operis servi, & sit dominus sine re,

### Ad §. Eos quoque.

*Eos quoque pœna delatoris ex sententia Senatusc. teneri respondi, qui per suppositam personam delatori causam dederunt.*

HOc loco ostendit Papin. eum, qui per suppositam personam delatori sive accusatori causam dedit, id est, qui supposuit aliquem, qui mandaret delatori causam capitalem deferendam, quique delatorem sive accu-

accusatorem instrueret allegationibus & probationibus, eum, inquam, qui hoc ministerio utitur ad mandandam alteri accusationem, delationemve capitalis criminis, deserta accusatione teneri, perinde atque desertorem ipsum, qui ab accusatione destitit. Teneri, inquam, ut ait, *ex sententia Senatusconsulti Turp.* non ex verbis, quia Senatusconsultum tantum loquitur de accusatore & mandatore desistente. At sententia Senatusconsulti porrigitur etiam ad mandatorem mandatoris, de quo hic locus est accipiendus. Et hic Papin. locus proculdubio significatur in *l. 1. §. incidit, ad Senatus. Turp.*

### Ad L. III. de Sent. pass. & rest.

*In insulam deportati bona fiscus, pœna remissa retinuit: creditores ex ante gesto non habere cum eo, qui debitor quendam fuit, actiones constitit. Quod si bona cum dignitatis restitutione concessa recuperaverit, utiles actiones necessariæ non erunt, cum & directæ competunt.*

IN hac lege proponitur deportatum in insulam indulgentia Principis fuisse restitutum civitati, quam per deportationem amiserat, & famæ quoque simul amissæ, ac dignitati suæ. Solius principis est restituere civitati & famæ, *l. Imperialis, C. de nuptiis si qua, C. ad Senatusc. Tertull.* At fuisse eum restitutum civitati tantum & famæ, non etiam bonis, quæ semper deportato adimuntur omnia, & coguntur in fiscum, non fuisse, inquam restitutum bonis, ut plerumque non solet fiscus restituere, quæ semel in eum ceciderint, ne innocenti quidem confiscato forte ex causa contumaciæ, ut *l. 2. C. de requir. reis.* Et certum est deportatum restitutum civitati & dignitati beneficio Principis, non etiam bonis, non teneri creditoribus ex eo, quod gessit vel contraxit ante damnationem, quia deportatione, quæ est species capitis deminutionis, desiit esse debitor, & actiones translatæ sunt in fiscum, ad quem bona pervenerunt, *l. si debitori, sup. de fidejuss. l. 2. §. 1. & l. tutelas §. ult. de cap. minut. sup.* vel fisco non utente jure suo, & non vindicante bona deportati, ut potest, creditores cum deportato, qui bona retinet negligente fisco, non habent quidem directas actiones, quia ipso jure capitis deminutione liberatus est, sed habent utiles, quia bona ei adempta non sunt reipsa, jure adempta sunt, quia permittente fisco, sed per negligentiam fisci apud eum remanserunt. Ideo tenetur utilibus actionibus respondere creditoribus suis, *l. 14. §. ult. sup. de int. & rel.* quæ est una ex eis, quas ad eum titulum, qui mutilus est, restituimus ex Basilicis. Et quod dicimus de actionibus quibus deportatus obstrictus fuit ante sententiam, idem obtinet in iis, quas habuit ante sententiam, ut scilicet ei auferantur, & transeant in fiscum, sicut cetera bona, *l. 5. C. eod. tit.* Et hoc est, quod pertinet ad priorem partem hujus legis. Ex posteriori parte hujus legis notandum est, quod si forte magno beneficio Principis, deportatus pristinum statum, pristinam dignitatem cum bonis omnibus specialiter receperaverit, tunc et si in eum competunt directæ actiones, eædem, quæ competebant ante sententiam, nec utiles. hoc casu sive restitutoriæ actiones ei sunt necessariæ, quia ipso jure restitutio bonorum & actionum restitutio est, *l. 4. C. eod. tit. l. 21. inf. de verb. signific.* Quod usque adeo verum est, ut etsi restitutus bona respuat, sibi a Principe concessa & restituta, non ideo minus ipso jure redeat in obligationem creditorum, non ideo magis exuatur actionibus, *l. 2. hoc tit. l. pen. C. eod.* Et nota quod ait, non esse necessarias actiones utiles, quum directæ competunt. Quod ostendit etiam *l. si heres institutus, sup. ad Trebell. & l. 1. de Public. in rem act.* Posui in hac posteriore parte, cum fuisse restitutum cum bonis omnibus, ut & *l. 2. hujus tituli* exigit bona omnia restitui, ut & actiones restituantur in eum directæ, quia si restituantur tantum ei res quædam, veluti domus illa, & ille fundus, dicente principe: *Restituo te civitati &*

*dignitati, & illis ædibus, & illi fundo, quem possedisti pridem ante damnationem.* Hoc casu actiones ex ante gesto, id est, ex tempore præcedente sententiam, ei vel in eum nullæ competunt, sed fiscum sequuntur, ad quem bona pervenerunt, *l. 3. C. eod. tit.* Hoc ita, si res quædam, si corpora quædam bonorum ei restituantur; sicut dixi. Nam si pars bonorum ei restituatur, non designatis certis rebus, veluti dimidia pars aut tertia, quam partem cognominem Arithmetici vocant, nostri Doctores, partem quotam, puta, his verbis: *restituo te dimidia parti bonorum: vel restituo te tertia parti bonorum:* tunc pro ea parte, quæ restituitur, ei & in eum competunt pristinæ actiones, dicta *l. 3. C. eod. tit.* Multum igitur interest, rebus quibusdam restituatur, an parti bonorum: sicut multum interest ex rebus certis quis heres instituatur, adjectis aliis heredibus, qui pro legatario habetur, an ex parte certa, qui pro herede habetur, non pro legatario, *l. pen. C. de hered. instit.* Multum item interest, rogetur heres restituere hereditatem retenta re, aut rebus certis, quo casu omnes actiones hereditariæ transeunt in fideicommissarium Trebellianum, an vero retenta quarta parte, quo casu actiones dividuntur inter heredem & fideicommissarium pro quadrante & dodrante, *l. si legatus, §. multum, sup. ad Trebell.* Actiones, inquam, creditorum, non etiam actiones legatorum, quibus tenetur solus fideicommissarius in solidum, cui restituitur dodrans hereditatis, optima ratione, quia cum adversus legatarios heres salvum & integrum quadrantem, id est, integram Falcidiam habere debeat, non debet eam ideo minus habere integram & illibatam, sine onere legatorum, quod dodrantem fideicommissario restituere teneatur. Dico dodrantem, cum rogatus sit fideicommissarius semissem restituere hereditatis, hoc casu non tantum actiones creditorum, sed etiam actiones legatorum dividuntur inter heredem & fideicommissarium pro semissibus, *l. 1. §. pen. & ult. ad Treb. l. 2. C. eod. tit. l. etiam, §. 1. sup. ut legat. nom. cav.* Idemque est si heres rogetur restituere trientem vel bessem, non assem, quæ juris principia certissima sunt, & sæpe memoria retinenda, quoniam facile excidunt.

### Ad L. XXXIX. de Jure fisci.

*Bona fisco citra pœnam exilii perpetuam adjudicari sententia non oportet.*

DIsplicet mihi & omnibus interpretatio Accursii ad initium huius legis, quod accipit de deportatione, cum sit necessario accipiendum de relegatione, ut perspicue demonstrabo. Omnino enim hoc vult: *citra pœnam exilii perpetuam,* id est, non irrogata relegationis pœna in perpetuum, sed ad tempus tantum, damnati bona non esse confiscanda, id est, neque omnia bona, neque partem bonorum ullam. Et ideo non nisi relegato in perpetuum, partem bonorum adimi posse, ut patet ex *l. 4. sup. de interd. & releg.* quæ ait, (sic enim explicanda est) *relegatos omnia bona retinere præter ea, si qua eis adempta sint sententia judicis.* Quod ita explicat mox, *nam eorum,* inquit, *qui in perpetuum exilium dati sunt, vel relegati, potest quis sententia partem bonorum adimere.* In perpetuum exilium datos, proculdubio vocat relegatos in perpetuum, non deportatos. Et quod sequitur, *vel relegati,* interpretatio est illorum verborum, *in perpetuum exilium dati.* Illud, *vel* ut sæpe occurrit in jure nostro, est, συνδέσμος διασαφητικός. Et in hoc loco: *citra pœnam exilii perpetuam,* id est, citra relegationem perpetuam, quia relegati ad tempus bona nulla ex parte publicari possunt, *l. 7. §. ad tempus, sup. de interd. & releg.* Facit ergo differentiam inter relegationem perpetuam, quæ adimere potest partem bonorum, & relegationem temporariam, quæ nullam partem bonorum adimere potest. Quæ differentia

ferentia cum non possit fieri in deportatione, quia omnis deportatio est perpetua, nulla temporaria, *l. 18. eod. tit.* quae est etiam ex restitutis auxilio Basilicon, nulla capitis deminutio est temporaria, *l. capitalium, §. divus de pœn.* ex eo manifesto apparet illa verba: *citra pœnam exilii perpetuam*, quae sunt scripta ad differentiam exilii temporarii, posse tantum accipi de relegatione, non de deportatione, quae nulla est temporaria; nulla denique capitis deminutio est temporaria. Nec objicias, quod damnari potest in metallum ad tempus: ergo capite minui ad tempus. Nam damnatio in metallum, proculdubio capitis deminutio est, quia plectit & civitate, & libertate. Damnari quis potest in metallum ad tempus ex *l. sine præfinito, de pœn.* quae ait, damnato aliquo in metallum simpliciter, non præfinito tempore, imperitia damnantis non adjecto, in perpetuum, neque ad tempus, illud ait, decennium præfinitum videri. Nam, ut respondeam, concedo damnari quem posse in metallum ad tempus, & hoc esse frequentissimum, & non adscripto tempore, damnatum videri in decennium, sed tamen ita damnatus in perpetuum capite minuitur, quia in perpetuum civitatem amittit, & libertatem tantum retinet, quod aperte ostenditur in *d. §. Divus, & l. aut damnum, §. in ministerium, eod. tit.* Et alia est ratio servi damnati ad vincula sententia judicis non præfinito tempore, qui in perpetuum damnatus intelligitur, non in decennium, quia durius agitur cum servis, & solemne hoc erat, servos reddi dominis sub pœna vinculorum, *l. in servorum, l. si quis aliquid, §. qui se, sup. de pœn. l. servos, C. eod. tit.* In liberis hominibus pœnae interpretatione molliendae sunt, ut ait *l. interpretatione, de pœn.* in servis interpretatione exasperandae potius quam molliendae sunt. Concludamus igitur, exilium esse accipiendum initio hujus legis, non proprie pro deportatione, ut in *l. 2. de publ. jud.* quia deportatio nulla est temporaria, sed improprie exilium esse accipiendum pro relegatione, ut apud eundem Pap. exilium temporarium est relegatio, non certe deportatio, *l. falsi, §. 1. ad leg. Corn. de falſ. l. 13. quib. ex cauſ. in poſſ.* Et sequitur in hac lege.

### Ad §. Eum, qui.

*Eum, qui periculum communis condemnationis dividi postulavit, quod participes judicati solvendo essent, revocatis alienationibus, quas fraudulenter fecerunt, non videtur causam pecuniæ fisco nuntiasse, respondi.*

Idem ostendit hoc loco, quod ostendit in *l. proxima, §. ult. sup. lib. 13.* delatorum numero non haberi eum, qui causae propriae protegendae gratia fisco nunciat causam pecuniariam, atque adeo vinci eum posse sine periculo calumniae, quod delator nunquam evitat. Et species haec est: plures sunt condemnati fisco ex eadem causa in unam summam, hoc adjecto in sententia & expresso, *ut si quis eorum solvendo non esset, pro eo ceteri solvere tenerentur*: unus ex eis postulavit dividi sententiam & condemnationem pro virilibus portionibus, dicens participes & collegas esse solvendo, si modo revocentur alienationes, quas fecerunt in fraudem fisci, & quum ab eo desideraretur, ut probaret collegas alienasse bona sua in fraudem fisci, id non potuit probare. An sit infamis quasi delator? Minime, quia hoc dixit & proposuit suae causae protegendae gratia, ne supra virilem inferret fisco. Ita vero, ut posui hoc loco, necesse est ponere speciem, quam etiam explicavit Acc. male. Plures scil. una sententia fuisse damnatos, ita ut pro eo, qui solvendo non esset, ceteri tenerentur, quoniam si generaliter damnati forent, & simpliciter, ut ponit Acc. eo non addito, ut quod ab altero servari non posset, alter suppleret de suo, proculdubio hoc casu periculum sententiae non excuteret facultatibus singulorum, ex æquo inter eos dividitur pro virilibus portionibus, nec inopia unius onerat ceteros, *l. 1. §. quoties, ſup. de app. l. 1. & 2. C. ſi plures una ſent. Tom. IV.*

*cond. ſint.* Et nihil est præterea in lib. 16. Imo superſunt adhuc duo loci, quib. Marcianus ex eodem libro utitur Pap. auctoritate, qui breviter explicabuntur. Unus in *l. 1. §. ult. de req. reis, vel abſ. dam.*

### Ad §. ult. L. I. de Requir. reis.

*Sed & Pap. lib. 16. respons. scripsit, requirendum ad notatum si provinciae præsidem intra annum adierit, & satis obtulerit, non esse locum mandatis, ut bona fisco vindicentur: nam etsi intra annum mortuus sit, criminis causa expirat & perit, & bona ejus ad successores transmittuntur.*

Ex quo intelligimus, reum criminis capitalis absentem & profugum, non damnari quidem, sed adnotari inter reos, ut requiratur, & fieri, ut loquuntur, requirendum, bonis interim fisco subsignatis, nondum publicatis, quae nec publicantur ante damnationem, si intra annum, ex quo publice adnotatio innotuit, venerit, adierit judicem, & satisdederit judicio sisti. Imo nec si intra annum moriatur, bona confiscantur, sed ad ejus heredes legitimos transeunt, & morte ejus, quae contigit intra annum, cum criminis quæstio, tum bonorum quæstio perimitur; *l. 1. C. eod. t. l. 2. C. ſi pend. app. mors interven.* si non venerit intra annum, & purgarit se, vel si non mortuus sit intra annum, post annum bona subsignata fisco, proculdubio, & occupantur a fisco, quasi publicata, quasi publica, *l. ult. h. t. l. 2. C. eod.* Alter locus est in *l. 3. de bon. eorum, qui ante ſent. vel mort. ſibi conſc. vel an. eor.*

### Ad L. III. de Bon. eorum, qui ante sentent. &c.

*Qui rei postulati, vel qui in scelere deprehensi, metu criminis imminentis mortem sibi consciverunt, heredem non habent. Pap. tamen lib. 16. respons. ita rescripsit, ut qui rei criminis non postulati, sibi manus intulerint, bona eorum fisco non vindicentur, non enim facti sceleritatem esse obnoxiam, sed conscientiæ metum in reo, velut confesso teneri placuit: Ergo aut postulati esse debent, aut in scelere deprehensi, ut si se interfecerint, bona eorum confiscentur.*

Sententia haec est: bona ejus, qui sibi mortem conscivit, fisco vindicari, si reus postulatus, vel in scelere capitali deprehensus, ἐπ᾽ αὐτοφόρῳ, vel ἐν ἔργῳ, metu criminis imminentis, mortem sibi consciverit, non aliter: Nam si quis, cum non esset in reatu, cum non esset reus postulatus, non in flagranti crimine deprehensus se interfecerit, non ideo bona fisco vindicantur, & ut ait Pap. facti sceleritas, id est, ἀνομία, ut veteres Glossae interpretantur ἀνομίαν, sceleritatem, iniquitatem, est priscum vocabulum, quo significatur fœditas & turpitudo facti, & nefandissimum scelus injussu Dei, a quo animus datus est, in hominum vita migrare, & adsignatum a Deo munus humanum defugere & deserere. Et tamen illa facti sceleritas legib. non plectitur, sed conscientiae tantum metus, & quasi tacita confessio rei: in qua causa est tantum, qui cum esset in reatu sibi ipsi manus intulit. Et ita hic locus explicandus est.

## JACOBI CUJACII J.C.
### COMMENTARIUS
In Lib. XVII. Responsorum ÆMILII PAPINIANI.

### Ad L. XLII. de Pactis.

*Inter debitorem & creditorem convenerat, ut creditor onus tributi prædii pignorati non agnosceret, sed ejus solvendi necessitas debitorem spectaret, talem conventionem quantum ad fisci rationem, non esse servandam respondi: pactis etenim privatorum formam juris fiscalis convelli non placuit.*

Vuuu Hu-

HUJUS l. sententia hæc est: debitor creditori prædium tradidit, ut id haberet & possideret jure pignoris, addita lege, sive pactione hujusmodi, ut tributum, quod prædium fisco debet, debitor exsolveret, non creditor. Quæritur, an ideo dicendum sit, fiscum non posse convenire creditorem tributorum nomine, quod aliud placuerit inter eum & debitorem, ut non ipse creditor, sed debitor munere tributorum fungeretur. Et ait, eam pactionem non lædere jus fisci, jus fiscale: fiscum posse convenire creditorem, qui possidet prædium jure pignoris. Nam tributum onus est possessoris cujuscunque, non domini, nisi possideat, *l. Imperatores, inf. de publican.* & creditor pignerati prædii possessor est naturaliter, & jure pignoris, *l. 3. §. ult. inf. ad exhib.* Et quidem solus possessor, quia debitor eo animo pignus tradidit, ut possessionem dimitteret, & transferret in creditorem, *l. per servum, in pr. inf. de adq. rer. dom. l. cum & sortis, §. ult. de pign. act.* Ergo creditor debet prædii pignerati, quod possidet, tributum agnoscere & fisco persolvere: fisco non delegato ad debitorem, quia pactio habita inter eum & debitorem, non potuit labefactare aut convellere jus fisci, sicut nec jus privati alterius cujusquam, *l. 3. in princ. t. seq.* Eadem hac in re est causa privati ac fisci, nec quidquam datur fisco, quod non detur etiam privato. Pactio habita inter duos non nocet tertio, qui pactioni non interfuit. Recte autem ait Pap. *quantum ad fisci rationem attinet, eam pactionem non esse servandam:* Nam quantum attinet ad debitorem & creditorem, proculdubio servanda est inter eos, ita ut, quod solverit creditor fisco tributorum nomine, a debitore recipiat, *l. epistola, §. ult. eum, h. t.* & quantum ad debitorem & creditorem attinet, ea pactio congruit omnino cum jure communi, quo soluta fisco a creditore dicuntur augere sortem, *l. 6. C. de pign.* Quod & hic Acc. notavit recte.

Ex libro 18. nullæ sumptæ sunt ll.

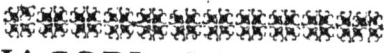

# JACOBI CUJACII JC.
## COMMENTARIUS
In Lib. XIX. Responsorum ÆMILIJ PAPINIANI.

### Ad L. III. ad L. Rhod. de jactu.

*Quum arbor, aut aliud navis instrumentum, removendi communis periculi causa dejectum est, contributio debetur.*

COGUNTUR sæpe, qui in mari navigant orta gravi tempestate ventorum imbriumque procella, ut commune, quod imminet naufragii periculum evitent, levare navem facta jactura mercium, vel sarcinarum, quæ magis navem onerant, ut Nemesius ait libro de natura hominis, ἀποβολαῖς τῶν φορτίων ποιεῖν τὰς ναῦτας λιμένι περιπίπτοντας: de consilio scil. & sententia omnium, qui in navi sunt, & domino quoque ipso mercium, quas jactari placuit, navis exonerandæ gratia, primum incipiente jactum, ut nominatim est scriptum in l. Rhodia his verbis: ἀποβολὴ εἰς τὴν θάλασσαν γινομένη ἐξ ἁπάντων πρώτος μιπτέτω. Hoc vero casu dominis mercium vel sarcinarum, quæ jactæ sunt in mare, ex eadem lege Rhodia, quæ vetustissima est, & recepta ubique gentium, damnum quod fecerunt sarciri debet ad collationem, contributionem, symbolum vocatis iis omnibus, quorum res beneficio jacturæ salvæ remanserunt: quia natura æquum est, participes esse damni eos, qui beneficio damni, quod alter accipit, sua conservaverunt: Æquum est ex aliena jactura non conservari res nostras nobis gratuito sine aliquo dispendio, & communicatione damni, & ut eleganter ait *l. 2. §. cum in eadem, h. t.* Id tributum, id est, eam contributionem, observatæ res debent, non personæ, sed res, quia liberarum personarum, qui in navi fuerunt, nulla æstimatio est: salus liberi hominis inæstimabilis est, vel, ut ait *l. pen. §. ult. inf. de don.* Contemplatio salutis certo modo æstimari non potest. Ergo conservatio homines liberi, conservata salus liberorum hominum in contributionem non venit, quia inæstimabilis est. Conservatio servorum & aliarum rerum æstimabilis est: hæ igitur res contribuere debent, quod salvæ superfuerint beneficio jacturæ, non etiam liberi homines pro capite suo quidquam conferre debent. Contributio autem fit pro rerum servatarum & jactarum pretio præsenti, & fit non tantum a dominis conservatarum rerum, sed etiam a domino navis, pro navis servatæ pretio, *d. §. cum in eadem*, atque etiam, ut hoc loco Pap. ostendit, & *l. 5. h. t.* pro pretio arboris cæsæ, sive mali, qui & κατάρτιον dicitur, si cæsa sit arbor navis periculi amovendi causa, juxta illud Lucani 9.

*Arboribus cæsis flatum effudere prementem.*

Vel etiam pro pretio clavi vel anchoræ, vel antennarum, si fracta sint cornua antennarum, vel pro pretio aliorum quorumcunque instrumentorum, quæ servata sunt, ut si qua instrumenta navis eruta, fracta, dejecta sint, navis & mercium servandarum, & periculi propulsandi gratia. Et ita in l. Rhodia nominatim scriptum est, ὀνόματι τῶν ἐξαρτίων, quo nomine significatur omne instrumentum navis, usitato etiam Venetis hodie. Cum ergo instrumentum omni navis, navem in contributionem venire, instrumento dejecto debetur contributio, vel fracto, vel eruto. Instrumentum vero servatum simul cum nave debet contributionem, & definitur etiam eo capite legis Rhodiæ pretium navis cujusque, pro quo conferri debet pretium navis vetustæ, & specialiter pretium navis capacis decem millium modiorum, id est, quæ tollat modiorum decem millia, quæ vocat, τὴν χιλιαματυμοδίουν. Et Dio 56. χιλιαμφόρον, qualis erat plerumque omnis navis oneraria, Ulp. *sing. regul.* Nave, inquit, *Latinus civitatem Romanam accipit*, si non minorem, quam 10. millia modiorum navem fabricavit, id est, τὴν χιλιάδα τοῦ δεκαμ. Pertinet lex Rhodia non ad naves longas veluti triremes, sed ad onerarias, quæ sunt fabricatæ mercaturæ causa, veluti Corbitæ, & inde frequens in hoc titulo mentio mercium navibus impositarum. Valde autem notandum est, quod ait hoc loco, *removendi communis periculi causa, si dejecta cæsa sit arbor,* si casus malus, vel defectum aliud instrumentum navis, deberi contributionem. Si facta sit dejectio, inquit, vel amissio instrumenti removendi communis periculi causa. Nam si citra metum periculi exarmaverit aliquid in navi uiuta, aut vis quædam modica tempestatis, id vectores aut mercatores sarcire non debent, sed id tantum, quod exarmavit m tu imminentis periculi, & voluntate vectorum aut mercatorum, si quid ultro exarmaverit, id citra voluntatem vectorum, nec urgente periculo ullo, id non autæ sarcire non debent: sicut nec si faber, cujus opus locasti, marculum vel incudem fregerit, id imputabitur ei, id facere non debes, *l. 2. §. si conservatis, hoc tit.* Notandum etiam est, non tantum contributionem fieri jactura certarum mercium navis levandæ causa, sed etiam propter jactum, vel propter vim tempestatis, ut additur in lege Rhodia aspergine, vel salsugine maris deterioribus, factis aliis mercibus, quæ in navi remanserunt, ut scilicet damnum sarciatur, tam harum quam illarum mercium dominis, ex collatione ceterorum, quorum merces salvæ, integræ, illæsæ sunt, *l. 4. §. ult. hoc tit.* Et damnum aspergines in lege Rhodia significatur his verbis: Εἴπερ ἐκ τῆς ζάλης ζάλην vocat procellam, συμβῇ τῶν καμών βραχῆναι. Item contributio fit navi expugnata a piratis, ut scilicet redimitur navis communi pecunia, cum mercibus, quæ simul abductæ sunt & ereptæ, *l. 2. §. si navis, h. tit.* Item contributio fit mercibus levandæ navis

navis gratia transfectis in scapham, quæ subsequi plerunque navem solet, si postea scapha submersa sit: nam dominus mercium illarum, quæ in scapham transfectæ sunt, postea scapha demersa, perinde atq; si merces jactæ essent in mare, contribuere debent ceteri, qui in navi merces suas salvas habent, *l. 4. in pr. h. tit.* Denique contributio fit amissis mercibus jactura, vel transactione facta in scapham navis levandæ, & mercium ceterarum conservandarum gratia, ut damnum farciatur dominis mercium, vel etiam mercib. aspergine deterioribus factis, ut & hoc damnum farciatur dominis mercium vitiatarum, aut ruptarum, vel etiam navi, ut diximus, expugnata a piratis vel hostibus, ut redimatur cum mercibus pro rata ære collato. Naufragio vero facto, & nave prorsus amissa, non est contributioni locus, *l. 4. §. 1. & l. 5. h. tit.* Etiamsi quis forte merces suas ex naufragio liberaverit, vel profundo extraxerit per urinatores sive colymbarios, vel etiam servaverit in scapha, vel carabo (carabus, καραβοσ, καραβιον) quæ fere idem est, quod scapha, *que vous appellez caravelle*, quæ sequitur magnas naves, & ejus usus etiam in magno flumine: chelandii usus est in parvo flumine tantum, ut in Avarico flumine Biturigum, commune enim est nomen urbis & fluminis; cujus parvi fluminis nautæ etiam id genus navigii chelandium vocant, ut Cedrinus in historia, *un chelant*. Nave autem amissa, licet forte quædam merces servatæ sint, non esse contributioni locum etiam Paulus scribit 2. *Sent. eod. tit.* ubi & illud generaliter dicitur, collationis intributionum ob jacturam non nisi nave salva fieri debere. Nempe ca ut hoc legis Rhodiæ, de quo in hoc tit. potissimum agitur, de jactura est tantum, non de naufragio: aliud fuisse caput legis Rhodiæ de naufragio subindicat *l. 9. hoc. tit.* in qua proponitur libellus Eudemonis Nicomedensis oblatus Antonino Imperatori, quo querebatur naufragio facto in Italia, se direptum fuisse, ut ait ὑπὲρ τῶν δημοσίων, a publicanis Cycladum insularum, in quas ejectæ erant reliquiæ naufragii quædam: quæ insulæ, ut glossa ait, non sunt etiam in Italia, ubi sint nemo scit. Et respondisse Imperatorem Antoninum, eam rem, id est, rectene publicani diripuerint reliquias naufragii necne, judicari oportere lege Rhodia, quam omnes populi libenter sequuntur in controversiis nauticis, videlicet si deficeret, aut non repugnaret *l. Romana*: forte *l. Rhodia* non probabat, quod Juvenalis ait, *res fisci est ubicunque natat*. Sed licebat unicuique impune, id est, nullo tributo publicanis illato, nullave parte naufragii, naufragium suum colligere, quod & Antoninus scripsit in *l. ult. C. de inc. ruin. & naufr. & l. 1. C. de nauf. lib. 11.* In nauticis autem quæstionibus omnibus, etiam legem Rhodiam esse sequendam, nisi si qua in re ab ea jus civile populi Rom. dissideret, etiam Senatu comprobante, Augustus ut nominatim ait *l. 9.* & Tiberius, & alii, & Vespasianus & Trajanus decreverunt.

### Ad L. XLIII. de Oper. Libert.

At l. libertum operis obligatum, qui debet operas patrono ex jurejurando, vel ex stipulatione, militiæ nomen non dare sine injuria patroni: Quod certum est, militiæ nomen dare non posse, ne patrono fiat injuria, ne patronus careat operis sibi debitis, patroni consensum exigit, ut amittat operarum actionem, alioquin libertus militia removebitur. Nam etsi libertus jus aureorum annulorum impetraverit invito patrono, vel patroni filio, vel natalibus restitutus fuerit, hæc beneficia ei adimuntur, ut fiat injuria patrono, *l. 3. inf. de jur. aur. ann. l. 2. in fin. l. pen. & ult. de nat. rest.* Imperatores Diocletianus & Maximianus in *l. 4. C. de eman. lib.* In cujusquam injuriam beneficia aliis tribuere moris nostri non est, & iidem in *l. 1. C. Hermogeniano, de test. beneficia citra cujusquam injuriam decernere petentibus, minime solemus,* ubi *citra*, pro *extra*, ut apud Cor. Tac. sæpe. Et similiter Traja-
*Tom. IV.*

nus ad Plinium: *Privilegia privatorum injuria a me dari non oportet.* Libertinus militia non prohibetur, sed servus tantum: libertinus nomen militiæ dare potest, *l. ult. C. de liber. & eor. liber.* sed nonnisi consentiente patrono, si ei debeat operas; si non debeat, etiam non consentiente patrono, & si forte ingratitudinis arguatur adversus patronum, aut filium patroni, privilegio militiæ non defenditur, quo minus in servitutem tetrahatur propter ingratitudinem, *d. l. ult.* nam etiam militibus adversus parentes & patronos ratio pietatis constare debet, *l. 1. de obs. par. & pat. præst. l. 5. §. a milit. inf. de lib. agnosc.* quæ præcepta sunt officiorum laudatissima.

### Ad L. XXIII. de Appell.

*Ex consensu litigantium citra compromissum a præside provinciæ judice dato, victus potest provocare.*

Ad hanc l. sciendum est, aut quod jam sciunt omnes quasi notissimum, memoria repetendum a sententia judicis delegati, quem præses provinciæ dedit, posse appellari ad eundem præsidem, vel ad successorem ejus, qui ei successit in imperio, *l. 1. inf. quis & a quo appell.* A judice autem compromissario, quem ex compromisso litigantes adierunt a sententia judicis compromissarii appellari non posse, quanquam hodie alio jure utimur: at jure civili a sententia judicis compromissarii appellari non potest, *l. non disting. §. item cum a judice, sup. de recept. qui arb. recept. & l. 1. C. eod.* Et ratio est evidens, quia frustra appellaretur a sententia judicis compromissarii, cum neque pariat actionem judicati, neque exceptionem rei judicatæ, *d. l. 1. & l. 2. sup. eod. t. de rec. qui arb.* & ideo quia ex sententia judicis compromissarii, id est, recepti arbitri, non nascitur obligatio, nec judicati actio, nec exceptio; qui eum adeunt, solent invicem pœnam promittere, quod est constipulari & compromittere vicissim alter alteri pœnam, si quis non steterit sententiæ arbitri, ut metu pœnæ stetur sententiæ arbitri, & in non obtemperantem detur actio ex stipulatu pœnæ nomine. Quæritur inde a judice editio appellari possit, sic appellatur a M. Tullio pro Plancio, & quis is sit, Servius exposuit in Eclog. Virg. 3. Is est, quem præses provinciæ dedit, non ex suo arbitrio, sed ex petitione, editione, & consensu litigantium, de quo etiam agitur in *l. pen. C. de recept. arbit. l. 1. C. ubi & apud quem cogn. est.* Ab ejus autem sententia, ut definit hoc loco Papinian. appellari potest, quia nihil distat a judice delegato. Quod enim interest, delegarit præses eum, quem ipse elegit, an eum, quem partes elegerunt, si modo eum elegerint citra compromissum: nam hoc loco Florentini perperam habent, *circa compromissum*, alii recte, *citra*, ut Basilic. χωρὶς, id est, sine: nam si ex compromisso editus sit, ab ejus sententia appellari non potest, si sine compromisso editus sit, & datus a præside partibus postulantibus, ab eo appellari potest ad præsidem, qui dedit.

### Ad §. Cum Procurator.

*Cum procurator Cæsaris, qui partibus præsidis non fungebatur, in lite privatorum jus dandi judicis non habuisset: frustra provocatum ab ea sententia constitit, quæ non tenebat.*

Procurator Cæsaris, alias rationalis dicitur, & in Basilicis semper ῥαϑλιαλις, quod universam rem Cæsaris tractet & administret. Singuli autem constituuntur in singulis fere provinciis procuratores Cæsaris, & hic procurator Cæsaris habet jurisdictionem inter fiscum & privatos in causis pecuniariis, *l. nec quidquam in princ. sup. de offic. procons.* Jurisdictionem non habet inter privatos in lite privatorum, nisi partibus præsidis in provincia fungatur. Jurisdictionem etiam non habet inter fiscum & privatos in causis capitalibus, nisi præsidis vicem tueatur & substineat, *l. 2. C. de pœnis, l. 4. C.*

ad l. Fab. de plag. l. 8. C. de sent. passis, Jurisdictionis pars est judicis dandi licentia, judicem delegare posse, l. Imperium, supra, de jurisd. Judicem ergo procurator Cæsaris dare potest inter fiscum & privatum in causis fiscalibus pecuniariis, non inter privatos, & si quem judicem forte dederit inter privatos, isque sententiam dixerit, ab ea sententia frustra appellatur, cum sit dicta a judice non jure dato, vel a non judice potius, l. 1. C. de pedan. jud. quæ est sententia hujus §. congruens cum d. l. 1. Inter privatos judicem dare, vel de causis capitalibus cognoscere ad præsidis provinciæ jurisdictionem spectat. At crimine pœnaque extincta morte rei ante damnationem, vel etiam post condemnationem facta a præside vivo vel mortuo reo, succedunt partes procuratoris Cæsaris, ut damnati, aut mortui in reatu bona vindicet fisco, & cognoscat de bonorum causa: de reatu non potest cognoscere, de bonis potest cognoscere, quia civilis quæstio hæc est, & pecuniaria, l. defuncto, sup. de publ. ju. l. l. 1. 2. 3. C. ubi causa fisc. Ulpianus lib. 9. de off. procons. tit. ad l. Fab. Legis inquit, Fabia de plagio in provinciis præsidum cognitio est. Nec aliter procuratori Cæsaris hæc cognitio injungitur, quam si præsidis partibus in provincia fungatur: Sane, inquit, post sententiam de plagio latam, procuratoris partes succedunt. Deinde subjicit Ulpianus: insulæ tamen Cretæ, ut emendavi, procuratori specialiter datum constitutione Antonini, ex l. Fabia posset cognoscere de plagio, & l. Julia tantum de adulteriis coercendi. Hinc quæritur, quando videatur procurator Cæsaris fungi partibus Præsidis? Ne dicas, ut Accurs. in l. 1. C. de ped. jud. & l. 4. C. ad leg. Fab. procuratorem Cæsaris tunc fungi partibus præsidis, quum privati quidam in lite, quam habent inter se, se jurisdictioni ejus subjiciunt, quia non in eo obtinet, agitve partes præsidis, sed in ea tantum lite inter privatos consentientes jurisdictionem exercet, l. 1. sup. de judic. Ne etiam dicas, eum fungi partibus præsidis, quum præses ei mandavit jurisdictionem suam, neque lex id detulit: lex Julia judiciorum, l. 6. sup. de jurisdict. Et constat etiam mandari a præside non posse cognitionem causarum capitalium, quæ lege datur præsidi, non jure magistratus competit, l. 1. sup. de off. jud. cui mand. est jurisd. At tunc certe procurator Cæsaris tuetur vicem præsidis, sive partes, quum mortuo præside, a Principe, qui lex viva esse dicitur, moderamen provinciæ ei temporis causa datur: vel etiam, quum ab initio a Principe ei provincia regenda committitur, quæ non habet præsidem, ut in l. 1. sup. de tut. & cur. dat. D l. 1. C. de off. ejus, qui vicem alt. jud. gerit. Fuerunt enim quædam provinciæ quandoque sine præside, quæ a solo procuratore Cæsaris regebantur, ut duæ Mauritaniæ, & Rhetia, & Noricum teste Cornel. Tac. 1. histor. Et quandoque neque a præside, neque a procuratore Cæsaris regebantur quædam, sed a Primipilo. Idem Corn. Tacit. 4. Annal. Olennius & Primipilaribus regendis Frisiis impositus: Ovid. 4. de Ponto, & Vestalem: in quo lemmate ex veteribus addendum est, Primipilum. Ad Vestalem Primipilum.

*Missus es Euxinas, quoniam Vestalis ad oras,*
*Ut posito reddas jura sub axe locis.*

### Ad §. Filiumfam.

*Filiumfamiliâs, cùm adversus patrem ejus de bonis, quæ per ipsum poterat adquiri, pronunciatum esset, respondi, non ab eâ patris sententiâ potuisse provocari.*

Quædam erant bona per filiumfamil. quæsita patri jure potestatis, quæ cum persequeretur pater, & peteret a possessoribus, adversus eum pronunciatum est: filius ejus potest appellare a sententia etiam sine mandato patris, l. sed & his pers. sup. de procur. sed nomine patris non suo, cum jus jam sui non est, ac ne momento quidem fuit sua, l. placet, de adq. hæred. sed res est patris, Effectus hujus rei hic est, quod debeat appellare intra triduum, qui si causa ejus esset propria, si suo

nomine vellet appellare, deberet appellare intra bidium, l. 1. §. in propria, inf. quand. appell. sit.

### Ad §. Ultimum.

*Eum, qui cognovit edictum peremptorium secundum ordinis causam dati, placuit non rectè provocasse, cum in ejus potestate fuerit, ante diem præstitutum pro tribunali respondentem, aut defensum edicti denunciationum rumpere.*

EX §. ult. huius legis intelligitur, eum, qui in causis civilibus post litis contestationem per contumaciam judicio abest, & damnatus ex eremodicio, quam vocem, & forum retinet, quasi deserta lite, post diem præstitutam edicto peremptorio, quo adesse jubetur, si judicio absit, nec venerit prædicta die, & cognoverit edictum, cum, inquam, absentem, qui ex contumacia ita damnatus est, non posse appellare, quod approbant multæ admodum leges præter hunc §. ult. & post peremptorium, §. ult. sup. de judic. l. liberto, §. pen. de negot. gest. l. 1. C. quorum appell. non recip. l. properandum, §. cum autem, C. de judic. Verum exigimus, ut ei innotuerit edictum peremptorium, quo evocatus est in judicium ad diem certam. Exigimus ut edictum peremptorium vel fuerit publice propositum, publice affixum, quoniam non potest causari ignorantiam ejus, quod publice affixum est. Denique cognoscere videtur quisque & intelligere, quod publice propositum est loco celeberrimo claris literis. Ergo exigimus ut edictum vel sit propositum, vel ut non propositum venerit in notitiam ejus, perlatis ad eum litteris, vel denuntiationibus; Alioquin si edictum peremptorium, neque propositum, neque ei notum factum sit, sententia in eum absentem dicta, ipso jure nulla est, l. 1. §. pen. inf. quæ sent. sine appell. rescind. Itemque exigimus, ut edictum peremptorium interponatur ut ait, secundum ordinis dati causam, id est, secundum solemnem formulam ordinis legibus dati, vel solemni ordine edictorum peracto, ut ait l. 1. prætor, sup. de judic. Nam tria edicta vel litteræ aut denuntiationes tres debent, aut solent præcedere edictum peremptorium. Et hæc est forma, sive causa ordinis dati in contumaci faciendo & damnando. Ut autem, qui damnatus est ex contumacia, non possit appellare, pœna contumaciæ hæc est, & contempti magistratus: &, ut ait hoc loco, imputatur ei, quod cum potuerit edicti denuntiationes abrumpere, non abruperit, sistendo se judicio ante diem præstitutum edicto peremptorio. Fuit enim in ejus potestate ante diem præstitutum judicio adesse, per se, aut per procuratorem, respondere per se, aut defendi a procuratore, quod cum non fecerit, cum neque venerit ad diem, neque miserit procuratorem, de se queri debet, ut si litis damno coerceatur, ut in l. contumacia, de re judic. id est, si damnato neque detur commune auxilium appellationis, neque restitutionis in integrum. Sed hoc dum exprimit Pap. utitur valde prisco & Attico tamen genere loquendi, dum ait, *cum in ejus potestate fuerit ante diem præstitutum pro tribunali respondentem, aut defensum edicti denuntiationum rumpere.* Cum, inquit, in ejus potestate fuerit respondentem, aut defensum, quo genere loquendi ferme omnes auctores utuntur, σολοικιστὶ, neque tamen ουκιστι, quale exstat simile in §. ult. Institut. de action. qui quidem §. ita legitur in omnibus veteribus, etiam ab Angelo Aretino, & cæteris: *eum quoque qui creditoribus bonis cessit, si postea alioquin adquisierit, quod idoneum emolumentum habeat, ex integro creditores cum eo experiuntur: quæ oratio congruere non videtur, aut cohærere; neque tamen rejicienda est, quoniam ἀκυριωτέρα est, & frequentissimum genus loquendi etiam apud Ciceron. & Sallust.

### Ad L. pen. de Re mil.

*Ex causa desertionis modestus, ac restitutus, temporis, quod in desertione fuerit, impendiis expungitur: quod si tam-*

*constiterit, neque desertorem fuisse appareat: omnia stipendia citra temporis finem reddentur.*

IN hac lege oftenditur, desertorem militiæ damnatum & notatum infamia, etiamsi indulgentiæ Principis militiæ restitutus fuerit, ut solet ex prima desertione tantum, *l.5.§. desertor, hoc tit.* non restitui tamen stipendiis, quæ vocat impendia etiam, veteri vocabulo, stipendiis, inquam, ejus temporis, quo in desertione fuit, quod & aperte constitutum est in *l.5. C. eod.* Ideoque si militiæ tempus legitimum, quod est viginti annorum, *l.ult.C.de iis, qui non impl.stip.lib.10.* in desertione impleverit, privatur emerito, *l.3.§.qui militia sup.hoc tit.* Sed, ut subjungit, si ratio innocentiæ constiterit, ut plenius est scriptum in *l.1.§.ult.de quæst.* id est, si non desertorem fuisse apparuerit, omnia stipendia accipiat citra finem temporis citra distinctionem temporis, ut idem loquitur in *l.eum qui, de iis quibus ut indign.*

### Ad L. XVI. de Castr. Pec.

*Dotem filiofamilias datam, vel promissam, in peculio castrensi non esse respondi; nec ea res contraria videbitur ei, quod D. Hadriani temporibus filiumfam. militem uxori heredem extitisse placuit, & hereditatem in castrense peculium habuisse, nam hereditas adventitio jure quæritur: dos autem matrimonii oneribus ejus ac liberis communibus, qui sunt in avi familia conferatur.*

IN hac l. oftenditur, dotem ab uxore datam vel promissam, vel dictam filiofamilias militi marito suo, non esse in castrensi peculio filiisfam. sed in adventitio: recte, alioquin dos non adquireretur patri, in cujus potestate filius est, & tamen patri dotem adquiri æquissimum est, quia ad eum pertinent onera matrimonii filii sui; nam & nurus & nepotes ex eo matrimonio procreati familiam ejus sequuntur, & ab eo omnes alendi & exhibendi sunt cum hominibus eorum, *l.si filia. §.si filiusfamilias, famil.ercis.* ibi dos esse debet, ubi sunt onera matrimonii, *l.si is qui, §.1.sup. de jure dot.l.si maritus, sup.famil.ercis.l.actione, §.ult. sup. pro soc.* Dos enim nihil aliud est, quam repensatio onerum matrimonii, vel collatio pecuniæ, quæ sit mulieris nomine pro oneribus & impendiis, quæ sustinet maritus vel parens, in cujus potestate maritus est, matrimonii causa, *l. dotis, sup. de jure dot. l. pro oneribus, C. eod. tit.* Et hoc est, quod ait Papinianus hoc loco, dotem conferri pro oneribus matrimonii ac liberis communibus, filii scilicet & nurus, qui omnes sunt in potestate & familia patris sive avi, patris filio, avi ceteris: nam & nurus, quæ convenerat in manum filii, veniebat in familiam & potestatem soceri, & ut Cajus scribit in Institutionibus, avo mortuo, si filius in ejus potestate non erat, nurus sua heres erat: quia neptis loco erat. Stulte Accursius tentat hoc loco, verbum, *conferri,* traducere ad onus collationis bonorum proprium, quo ex edicto Prætoris fratres fungantur invicem, qui ab intestato veniunt ad bona defuncti parentis, quia de ejusmodi collatione non cogitavit Papinianus, qui sit fratribus coheredibus ab intestato, vel successoribus, sed loquitur Papinianus de collatione dotis, quæ sit marito pensandorum onerum matrimonii causa. Huic autem sententiæ Papiniani obstare videtur, quod idem refert rescripto Divi Adriani cum hoc loco, tum *in l.Divus,sup. hoc tit. hereditatem,* quæ ex testamento uxoris obvenit filiofamil. militi castrensi peculio adnumerari: Cur & dos filiofamil. militi data, vel promissa ab uxore non adnumeratur castrensi peculio? Et rationem differentiæ hanc esse Papinianus docet, quia dos cohæret matrimonio, cujus onera sequuntur patrem, cohæret oneribus matrimonii, quæ sustinet pater: ergo adquiri debet patri, quæ non posset adquiri, si deputaretur in castrensi peculio. Hereditas autem uxoris, quæ obvenit filiofamil. militi: adventitio jure quæritur, id est, extra causam matrimonii obtinget filio: neque enim his verbis, *adventitio jure,* significat, hereditatem uxoris esse

in adventitio peculio, quæ proculdubio est in castrensi, ut Adrianus rescripsit, sed eam hereditatem extrinsecus, sive extra causam matrimonii obvenire & adquiri filio. Aliud est adventitium jus, longe aliud adventitium peculium, quod notandum. Verum aliter quam Divus Adrianus constituerit in hereditate uxoris, constitui videtur in *l.6. hoc tit.* In servis ab uxore filiofamilias militi donatis manumittendi causa, quæ donatio valet inter virum & uxorem manumissionis causa, alioquin non valeret, nec inter virum militem, & uxorem, *l. 2. C. de donat. inter vir. & uxor.* Servis autem donatis ab uxore filiofamilias militi manumissionis causa, *d. l.6.* oftendit ita esse distinguendum, quum quæritur sint in castrensi peculio, necne? Aut uxoris sive conjugali adfectione eos servos donavit, & non sunt in castrensi peculio, neque servi, neque liberi: proinde nec possunt manumitti sine permissu patris, & manumissi permissu patris fiunt liberti patris, non filii, *l.filiusfamilias, sup. de jure patron.* Aut eos servos uxor ad castra euntis marito donavit manumittendi causa, ut habiles ad militiam libertos haberet, servi sunt militis, & hoc casu liberti in castrensi peculio computantur. Eadem distinctio adhibetur in donatis ab uxore filiofamil. militi aliis rebus mortis causa, quæ donatio etiam licita est, vel alio jure licito, vel in legatis, *l.8. hoc tit.* Nam & legatorum quorundam inter se vir & uxor capaces sunt, ut constat ex *lib. sing. regularum Ulpiani.* At in hereditate uxoris relicto testamento filiofamil. militi marito suo, hæc distinctio Divus Adrianus non utitur; Quid ita? quia lege Julia & Papia, quæ obtinuit ante Theodosium, id est, *l. 2. C. de infam. pœnis cælibat.* non potuit utiliter viro relinqui hereditas testamento uxoris, vel contra, adfectione conjugali, quam lex Julia & Papia cohibuit: ac ne militiæ quidem causa herede instituto marito, ante tempora Divi Adriani, qui favore militiæ primus rescripsit, militiæ causa maritum ab uxore heredem institui posse ex asse. Responsum est admodum singulare, & ita accipiendum omnino, quod valde notandum studiosi juris antiqui. Hæc de uxore herede instituente maritum militem. Nunc tractemus de agnato vel cognato.

### Ad §. Hereditatem.

*Hereditatem castrensi peculio non videri quæsitam respondi, quam frater patruelis in alia provincia stipendia merens, fratri patrueli, cum quo nunquam militavit, reliquit. Sanguinis etenim ratio, non militiæ causa, maritum hereditatis accipiendæ præbuerat.*

SI agnatus, vel cognatus testamento suo agnatum militem, qui est in potestate patris, veluti fratrem patruelem, vel cognatum militem, veluti consobrinum heredem instituerit, distinguendum est, utrum militiæ contemplatio, & ratio meritum præbuerit, & tunc accipiendæ hereditatis, ut ait in 2. responso hujus legis, puta, quia erant commilitones: commilitio, id est, in castrensi collegio augente necessitudinem & caritatem, ut ait *l.pen. in prin. h.t.* Et tunc hereditas agnati, vel cognati commilitonis proculdubio computatur in castrensi peculio, *l.1.& 5. C. eod. tib. 12.* Aut non erant commilitones, quia testator, vel erat paganus, vel in alia provincia merebat stipendia: & tunc hereditas non computatur in castrensi peculio, quia non castrensis notitia, vel adfectio illam elicuit, ut *l.8. hoc tit.* non militiæ, sed sanguinis causa tantum. Sanguinem hoc loco etiam pro agnatione accipit, ut in *l. vel si sanguine, sup. de manumiss. testam. l. si adulterium, §.1.sup. ad l.Jul. de adult. l. pen. C. de legit. hered. l.49. C. Theod. de iis, qui super relig. cont.* Quintilian. declam. 321. *Fratrem jam potuit aliquis occidere, non obstitit tacita natura, non sanguinis jus.* Quod notandum: nam aliis plerumque jus sanguinis restrictius refertur tantum ad jus cognationis, quod venit per feminas, non ad jus agnationis, ut in illa regula juris *sanguinis nullo jure civili dirimi possunt.* Cave acceperis,

ris, *jure sanguinis* latissimè, quoniam id tantum verum est in cognationis jure. Et hæc de hereditate delata filiofamilias militi, vel ab uxore, vel a cognato; si ab uxore, distinctione non utimur: si a cognata, distinctione utimur. Notandum etiam in aliis rebus mobilibus, quæ cognatis, vel quæ a matre, vel a patre: nam & quæ ob causam militiæ a patre filiofam. fit donatio, valet, *l.23. §.1. sup. de fideicommiss.libert.* quæ, inquam, res mobiles a cognatis, vel a matre, vel a patre, vel etiam quæ ab uxore jure licitè donantur, certis casibus utimur etiam distinctione, & inspicimus utrum militaturo, sive eunti ad castra, illæ res donatæ sint, quæ castrensi peculio adnumerantur, *l.6. hoc tit. l.3. §. secundum, sup. de donat. inter vir. & uxor. l.3. C. de bonis proscripts.* Paulus 3. *Sententiar. castrense peculium est*, inquit, *quod in castris adquisivit, vel quod profecturo ad militiam datur*. Inspicimus ergò utrum res donatæ sint proficiscenti ad militiam, & sint in castrensi peculio, an verò jam militanti donatæ sint, quæ non temere militari, sive castrensi peculio adnumerantur, nisi donationi commilitium causa præbuerit, vel nisi, ut in *l.3. hoc tit.* donentur ad comparandas res militares, vel castrenses, militanti necessarias. Qua de causa in *l.11. hoc tit.* ubi definitur castrense peculium, illa verba, *in militia agenti*, quod attinet ad eas res, quas parentes vel cognati donant, strictius accipienda sunt de iis tantum, quæ donant per causam commilitii, vel ad comparandas res militares aut castrenses. Et de mobilibus rebus hoc dicimus, ut diximus initio, vel se moventibus, puta, servis aut equis, vel jumentis, quia prædia donata a parentibus vel cognatis, licèt donata sint eunti in militiam, numquam connumerantur castrensi peculio, *l.1. C. eod. tit. l. si filius, C. famil. ercisc.*

### Ad L.V. de Censibus.

*Cum possessor unus, expendendi negotii causa, tributorum jure conveniretur, adversus ceteros, quorum æque prædia tenentur, ei, qui conventus est, actiones a fisco præstantur: scilicet, ut omnes pro modo prædiorum, pecuniam tributi conferant, nec inutiliter actiones præstantur, tametsi fiscus pecuniam suam recuperaverit, quia nominum venditorum pretium acceptum videtur.*

PLures sunt in uno vico vel territorio possessores prædiorum: fiscus tributorum jure, quæ universa prædia ejus vici debent pro rata, unum ex vicanis sive rusticanis, qui locupletissimus erat, elegit & convenit in solidum pro universis possessoribus, *expediendi*, ut ait, *negotii causa, pour avoir plustost fait, pour expedier, ne destringeretur in plures*, ut in *l.3. §.apparet, de administ. tut. l.ult. sup. rem pup. sal. for.* Tributorum, inquit, jure, id est, eo jure, quo tributa omnia unius territorii jure suo fiscus, vel ab uno possessore exigere potest pro omnibus; quo jure etiam utimur hodie. Nec hoc valdè, aut ne minimum quidem refragatur, *l.1. C. ut nullus eo vic. pro alt. lib.11. l. jubemus, C. de omni ag. defer. eod. lib. l: nullam, C. de execut. & evas.* Id quod dixi tribui fisco jure tributorum, non refragatur his legibus. Quoniam hæ leges, vel loquuntur de privatis debitis, ne unus pro alio conveniatur, non de publicis, non de onere publico tributorum, vel de injuriosa exactione unius ab tributa omnium, puta, quæ fit non cessis, vel mandatis actionibus adversus ceteros ei, qui in solidum exigitur. Causa tributoria quædam præcipua habet, ut fisco tributa persequenti compensatio opponi non possit. *l. Mosthis, l. aufertur, §. ut debitoribus, de jure fisci*, ut in causa tributorum servi torqueantur in dominos, *l.1. §. in causa, sup. de quæstion.* Quia, ut ait, *in tributis sunt nervi Reipubl.* ex Demosthen. & Æschyne, qui ea vocant νεῦρα τῆς πραγμάτων. Ut item universa bona possessoris tributorum nomine tacitè obligata sint, ut *l.1. C. in quibus causis pign. vel hypoth. tac.* non enim semper fiscus habet tacitam hypothecam, *l. rescriptum, §. de post. l. 10. ex suis contractibus, l. aufertur, §. fiscus, de jure fisci*. Item, ut in fisci potestate sit, qui alias electionem non habet, & arbitrium

prius agendi hypothecaria, quàm personali, ex causa tamen tributorum possit prius agere hypothecaria, quàm personali, ut in *§.ult.* hujus legis. Et postremò, ut unum possessorem tributorum jure convenire possit pro omnibus, citra injuriam tamen: puta cessis ei, quem exegit in solidum suis actionibus, personali & hypothecaria adversus ceteros possessores, ut omnes pro modo prædiorum, quæ possident, pecuniam tributi conferant, *l. in fraudem, §. qui pro alio, sup. de jure fisci*. Facta cessione actionum, non videtur ille injurias pati, qui exigitur pro omnibus: at dices, quòd etiam dicit Pap. hoc loco, nullas habet fiscus actiones quas cedere possit, quia solutis tributis pro omnibus, tollitur omnis obligatio? Denique inutilis est cessio actionum, quæ nullæ sunt. Quod utique verum est, si ex intervallo post solutionem cederentur actiones, non si cedantur ex continenti, vel ante solutionem, non etiam si in solvendo convenerit, ut cederentur, & posteà cessæ sint, quia pretium potius venditarum & cessarum actionum ex causa venditionis solutum, quàm actiones fiscales peremptæ videntur, ut in *l. Modestinus, sup. de solution. l. cum pupillus, sup. de tut. & rat. dist.* Et ita respondit rectè Papinianus hoc loco, ac subtiliter. Sequitur in hac lege.

### Ad §. Qui non habita, & §. ult.

*Qui non habita ratione tributorum, ex causa fideicommissi prædia restituunt, actionem ex D. Pii Antonini literis habent, quam legato quoque soluto locum habere voluit. Pro pecunia tributi, quod sua die non redditur, quo minus prædium jure pignoris distrahatur, oblata moratoria cautio non admittitur. Nec audietur legatarius contradicens ob tributa præteriti temporis, quod heres solvendo sit, & is qui tributis recipiendis præpositus fuerat.*

HEredi, qui ex causa fideicommissi vel legati, prædia restituit, vel solvit fideicommissario, vel legatario, *non habita ratione tributorum*, præteritorum scil. id est, non exacta a legatario cautione solvendi tributi, quod jam prædia fisco debere cœperant, heredi, inquam, hoc casu in legatarium ex rescripto D. Pii Antonini competere actionem, id est, conditionem indebiti. Actio hic simpliciter est conditio indebiti, ut in *l.3. sup. rem ratam haberi*. Quod & ibi diximus. Heredi igitur in legatarium competere conditionem indebiti, quasi plus debito solverit; qui solvit non exacta cautione indemnitatis, ut *l. si quis a fideicommissario, sup. de condict. indeb.* Ante rescriptum Dii Pii heres habebat tantum retentionem legati, non repetitionem. Ex eo sequitur, tributorum præteritorum nomine, heredem, qui prædia sua non possidet, quæ solvit legatario, a fisco conveniri posse omisso legatario, qui prædia possidet; quia scilicet ea prædia heres non possidet eo tempore, quo dies tributorum cessit, & ea debere cœpit, antequam solveret legatario, *l. cum servus, §. heres, de legat.1.* Denique heres a fisco conveniri potest personali actione: verùm esse & fiscus, si hoc malit, ut in *§.ult.* hujus legis, legatarium, qui prædia possidet, convenire actione hypothecaria, etiamsi heres solvendo sit, vel susceptor tributorum, qui in eis exigendis remissior, auctadiae laud. Itaque ex causa tributorum potest, si velit, fiscus prius agere hypothecaria, quàm personali, & eligere, quam velit actionem: nam & leges, quæ fisco adimunt electionem, ut loquuntur de causa tributorum, sed de aliis causis, ex quibus fisco quid debetur, *l. Mosthis, sup. de jure fisci, l.1. C. de convitiis fisc. deb. lib. 10.* Non audietur etiam legatarius, quam quo fiscus agit hypothecaria ob tributa præterita, si offerre cautionem de indemnitate, & de solvendo tributo, id forte fiscus servare non potuerit ob herede. Cur non auditur offerens ejusmodi cautionem subterfugere est & ludificari fiscum. Hæc cautio, quæ offertur frustratoria & moratoria est, id est, trahit & moratur negotium fisci. Deo optimo maximo sit laus, hic est finis responsorum.

JACOBI

# JACOBI CUJACII J.C.
## IN LIBRUM PRIMUM
## DEFINITIONUM
### ÆMILII PAPINIANI COMMENT.
Anno 1580.

Ad L.I. ff. de Legibus.

*Lex est commune præceptum, virorum prudentium consultum, delictorum, quæ sponte vel ignorantia contrahuntur, coercitio, communis Reip. sponsio.*

IN Libris Definitionum Papinianus proposuit, & accurate interpretatus est varias regulas juris antiqui, nec obsoleti tamen: nam Definitiones vocat regulas juris, & sententias generales, ut in *l.1. de reg.Cat.* Regula Catoniana vocatur definitio, quæ dictat, ea quæ ab initio in testamento inutiliter relinquuntur, ex post facto non convalescere. Et in *l. mora, de usur. ex lib.*4. Regularum Martiani, proposita hac regula, moram ex persona fieri, non ex re, id est, interpellatione debitoris, non ex solo tempore tardæ solutionis: subjicitur, hujus rei difficilem esse definitionem, id est, eam regulam lubricam & periculosam esse, ut de qualibet juris regula traditur in *l. omnis definitio. de reg. jur.* quia nulla est regula in jure civili perpetua, nulla quæ non aliquando vitiari, labefactari, & subverti parte aliqua possit: quia jus constituitur de singulis rebus, sive causis, & singularum causarum nulla est notio, sive definitio certa, ut ait Aristot. At definitionum nomine Papin. in hoc significatu usum esse, unus locus satis indicat ex *lib.*2. *l. cum ex pluribus, de solut.* in qua proposita regula, quæ ordine componit causas, in quas indistincte solutum ab eo, qui debuit ex pluribus causis, prius potiusque solutum esse intelligitur, subjicit eum ordinem fecisse, & ita definivisse veteres *lib* 2. definitionum. Proponuntur ergo his libris definitiones, sive regulæ veterum prudentum, quorum prudentia semper majore in pretio habita sit: vel ut etiam ait in eod. lib. in *l. in tabulis, de statulib.* proponuntur jurisprudentum veterum auctoritates: nam hæ auctoritates veterum regulas juris fecere. Et apud L.Rufinum 2, *reg. in l.*74. *de heredib. inst.* auctoritas Galli Aquilii regulam fecit, introduxitque, quæ fuit probata ab Aquilio, ac deinceps ab omnibus, ut qui solus heres institutus est excepto fundo, vel usufructu, pro eo habeatur, ac si ex asse simpliciter heres institutus fuisset sine ulla exceptione. Auctoritas Aquilii vete-

A ris Jurisconsulti hanc regulam introduxit. Proponuntur igitur his libris regulæ juris veteris, nec tamen mortui, non juris novi: Nam & ita titulus ultimus Digestorum est, *de diversis regulis juris antiqui*, non novioris, quod nondum exstabat, nondum exierat: & ponitur ille tit. in calce Digestorum, quod servandum, ut definitiones Papiniani post quæstiones, & responsa ultimo loco, quia regulæ juris sunt juris colophones, ut Epicurus quoque canones suos vocabat colophones, auctore Laertio, ut non plane sit statim a primo studioso juris præpostere danda opera regulis, quæ etiam desiderant, eruditissimum interpretem. Ab hac vero significatione Definitionum, quam sequi Papin. dixi, non te dimoveat, B quæ prima est ex *lib.*1. *defin.* lex proponitur, nempe *l.1. de leg.* quamvis nihil aliud contineat, quam definitionem legis dialecticam, non regulam juris. Nam neque novum neque absurdum est, libris regularum inseri definitiones dialecticas, quibus demonstretur, τὸ τί ἦν εἶναι, cujusque rei, de qua regula est, quam enarrare juris auctor instituit. Inseri etiam definitiones nominum, quæ veriloquia dicuntur, in quib. Papin. JC. tanquam Stoicos mirum in modum sibi placuisse compertissimum est, ut *lib.*4.*reg.* Marcianus definit, quid sit sanctum, & unde dicatur, *l. sanctum, de rer. divi.* Invenies & in *tit. de reg. jur.* definitionem hereditatis ex arte confectam, quæ breviter complectitur hereditatis propriam potestatem : *hereditas*, inquit , *est successio*, *&c.* Invenies & in *lib.*1. *Reg.* Modest. definitionem matrimonii, *l.*1.*de rit. nupt.* & definitionem C acceptilationis in *l.*1. *de accept.* acceptilatio est per mutuam interrogationem, *&c.* Invenies etiam *lib. 1. defin.* Ulpian. definitionem Justitiæ & jurisprudentiæ, *l.*10. *de justit.& ju.* Et in his ipsis libris Papin. non tantum legis definitionem, sed juris civilis, & juris Prætorii, *l.*7. *eod. tit.* Invenies etiam in iisdem lib. divisiones actionis, petitionis, persecutionis, id est, divisionem actionis in actionem, petitionem, persecutionem, *l.*28. *de oblig.& act.* & in libris regul. quos alii composuerunt alias prætereà divisiones actionum, *l.*52. *eod. tit.* divisiones servitutum, *l.*1. *de servit.* divisiones adoptionum, *l.*1. *de adopt.* Cujus enim rei regulam juris auctores proponere constituunt, & interpretari, ea res prius quid sit absolute, & breviter explicant, quæque sint ejus rei species: deinde proposita regula etiam singulis verbis ejus aptant exempla & interpretationes: nec omittunt regulæ extensiones sive ampliationes, nec vitia vel exceptiones, ut patet ex *l.*40. *ff. de cond.indeb.* in qua ex libris regul. proponitur regula

la primum, deinde extensiones, & similiter exceptiones, *l.7. de jur. codicil. l.31.* conjuncta *l.33. de adopt. l.119. de leg.1.l. ult. ex quibus cauf. major.* Quamobrem non omnes leges, quæ sunt ex libris definitionum, vel regularum, vel ὅρων, ut Quintus Mutius Scævola inscribit suos, sunt regulæ, sed notæ potius ad regulas, vel amplificationes, vel exceptiones magna ex parte, vel interpretationes.

Definitio autem legis, quæ prima ex primo libro definit. Papin. datur, hæc est in *l.1. de legib.* lex est commune præceptum, &c. quam definitionem esse ad verbum e verbo expressam ex Demosthene, quod Marcianus subjicit in l.2. aperte demonstrat. *Nam,* inquit, *sit Demosth. orator definit,* νόμος ἐστὶ, &c. Locus Demosth. est in orat. in Aristogitonem. Sed Marcianus omisit in *l.2.* quod eo loco dixerat Demost. legem esse κοινὸν πρόσταγμα, & Papin. vertit, *commune præceptum,* quæ verba deinde latius idem Demosth. interpretatur: πᾶσιν ἴσον καὶ ὅμοιον *, omnibus par & æquabile præceptum,* ὃ πάντας προσήκει πείθεσθαι: cui *omnes obtemperare decet,* & paulo post, πόλεως συνθήκη κοινὴ καθ᾽ ἣν πᾶσι προσήκει τοῖς ἐν τῇ πόλει: *secundum quod vivere convenit omnes eos, qui in eadem civitate versantur.* Hoc est commune præceptum, Capito antiquus JC. dixit. *generale jussum:* quibus verbis demonstratur, quod ait *lex* 8. *hoc tit.* jura, non in singulas personas, sed generaliter & communiter constitui. Ergo his verbis separatur lex a privilegiis, non a jure singulari, quod definitur in *l.6. hoc tit.* nam & ipsum jus singulare, quod dicitur commune jus, commune præceptum est, sed singulare dicitur, quod sit contra subtilitatem, contra rigorem juris ex utilitate & æquitate proditum & receptum in civitate: communiter quod fit παρὰ τὴν ἀκρίβειαν, ut jus singulare SC. de assignandis libertis, quod quis negaverit esse jus commune: Jus singulare conditionis furtivæ, qua contra rigorem juris dominus condicit rem suam, jus singulare libertatum. Sequitur in definitione, *virorum prudentum consultum,* ut Demosth. δόγμα φρονίμων ἀνθρώπων. Sequitur, *delictorum, quæ sponte vel ignorantia contrahuntur, coercitio.* Demosth. ἐπανόρθωμα τῶν ἑκουσίων καὶ ἀκουσίων ἁμαρτημάτων: nihil refert dixeris *coercitio,* aut *correctio:* nam coercitio quid aliud est, quam correctio & castigatio. Illi, qui in hac definitione Papin. reponunt *correctio* pro *coercitio,* quod Demosth. dixerit ἐπανόρθωμα, non magna aut insipida cervice sunt. Lex igitur coercet non tantum, quæ consulta opera & dolo malo, sed plerunque, quæ per ignorantiam admittuntur, coercet culpam, & errorem, & casum. Quod patet ex *l.2. in f.de term. moto:* ubi ait, nominatim eum, qui per ignorantiam lapides finales, qui existimabantur esse sacri, abstulerit, verberib. coerceri, & *l.ult.§. Divi quoque fratres, de imp.can.* eum, qui per errorem in commissum incidit, vectigal in duplum fisco aut publico dependere, si commissas ipso jure merces recipere velit, & *l.eum qui,C.ad l. Corn. de sicar.* & *Novella Valent. de homicidio casu facto:* quo jure utimur, eum, qui casu homicidium fecerit puniri, nisi propere veniam meruit, non simplici rescripto Principis, sed adnotatione principis, qui scilicet manu sua subscripserit: & *l.qui ædes, de incend. ruina, &c.* ex 12.tab.eum, qui ædes aut acervum frumenti combusserit casu quodam, teneri in duplum, vel extra ordinem coerceri. Coercetur ergo legibus non tantum conscientia, sed etiam ignorantia. Et lege Dei omnipotentis sex civitates eliguntur exiliis eorum, qui non sponte, sed per ignorantiam, vel jactu lapidis, vel impulsu manus, si telum manu fugerit magis, quam jecerit, ut erat scriptum in antiquis actionibus eorum, qui joco, aut lascivia citra inimicitias, infeliciter magis, quam voluntate peccarunt, & tamen non sunt sine crimine; etiam error crimen est, quia lege Dei relegantur in perpetuum in eas sex civitates, tres cis Jordanem, & tres ultra Jordanem. Qua de re latius Hieron.1.adversus Pelagianos. Et relegationis quoque ejus, qui per lascivia alii mortis caussam præbuisset, dum sago eum jactat, exstat exemplum in *l.4. §.1. ad l.Corn.de sic.* Recte igitur Papinianus ait, legem esse coercitionem delictorum, quæ sponte, vel per ignorantiam contrahuntur. Et postremo

addit, *communis Reip. sponsio.* Demosth. πόλεως συνθήκη κοινή, Arist. sæpe in *Rhet.* & in *Polit.* ὁμολογία, & ὁμολόγημα πόλεως κοινή, & similiter Dion. Hal. συνθῆκαι εἶναι κοινὰς πόλεων, *leges esse communes sponsiones, sive conventiones Rerumpub. sive civitatum,* non partis eorum, qui civitates incolunt; lex enim est commune præceptum, communis sponsio omnium: & recte *l.de quibus, h.t. leges nulla alia ex caussa nos temere, quam quod populi judicio receptæ & usu probatæ sunt,* id est, communi sponsione populi: & idem ipse Arist. 2. Polit. ὁ νόμος οὐδεμίαν ἴσχυν ἔχει πρὸς τὸ πείθεσθαι παρὰ τὸ ἔθος, id est, lex nullam vim habet, qua compellat homines, ut sibi pareant, nisi eam quam assumit ex more recepto, ex consuetudine, quæ non convalescit, nisi diuturno tempore: atque adeo recte Demetrius, *legem nihil aliud esse, quam consuetudinem scriptam, consuetudinem autem esse legem non scriptam, illiteratam:* ὁ νόμος συνθήκη ἐγγραφὸς, συνθήκη δὲ ὁ νόμος ἄγραφος.

### Ad L. V. de Transactionibus.

*Cum Aquiliana stipulatio interponitur, quæ ex consensu redditur, lites, de quibus non est cogitatum in suo statu retinentur: liberalitatem enim captiosam interpretatio prudentum fregit.*

Sciendum est, acceptilatione non omnem tolli obligationem, sed eam tantum, quæ verbis contracta est, veluti per stipulationem, vel per jusjurandum, *l.4.de transact. l.& per jusjurandum, inf. de acceptil.* vel olim per dictionem dotis, æque solemnibus verbis conceptam, cujus exempla multa sunt in *tit. de jur. dot.* Nam verba illa, quæ in titulo illo occurrunt frequenter, *prædia illa, vel tot millia doti tibi erunt,* sunt ex formula dictionis dotis. Cur autem per acceptilationem tantum tollitur verborum obligatio? quia acceptilatio verbis sit, exempli gratia, *acceptum fers? acceptum fero; acceptum habes? Habeo. Acceptum facis?* Facio. Et sic obligatio constituitur per stipulationem, & sic liberato per acceptilationem, & utrumque fit verbis solemnibus. Verbis autem tolli non potest, nisi quod verbis contractum est, *l.1. §.acceptum, de accept.* juxta id, quod definitum est in *l.prout 80. ff. de sol. prout quidque contractum est, ita & solvi debere,* nimirum, ut in eo genere absolvamur, quo nos obligamus, quod naturæ congruit omnimodo. Nec enim vinctus solvi potest, si quod aliud vinculum quemve alium nodum solvas, quo ipse devinctus non est, si alio vel nullo: sed si tantum eum nodum solvas, quo vinctus ipse tenetur, & eo modo quo eum colligasti, sed contrario: eodem modo tollitur obligatio, quo contracta est, eodem in genere scilicet, sed contrario tamen: ut ex Aristotele intelligimus, contrariorum eandem esse vim, sed contrariam tamen: at si quis velit errata vere, aut consensu, aut litteris, non verbis contractas obligationes per acceptilationem perimere, remedio, & cautione ea uti debet, quam invenit Gallus Aquilius Jurisc. ut eas obligationes, quæ re aut consensu, aut litteris, non verbis contractæ sunt, novet, & immutet in verborum obligationem interposita stipulatione, quæ ab inventore Aquiliana dicitur, cujus formula exstat in *Instit.* & in *l.uno, §. 1. inf. de acceptil.* ac deinde stipulationem ipsam Aquilianam perimat subdita acceptilatione, ut in *l.4. hoc tit.* Remedio novationis Aquilianæ omnis obligatio quoquomodo contracta acceptilatione tollitur, licet nihil solutum sit. Hoc enim distat acceptilatio ab apocha: nam acceptilatio liberat, etiamsi pecunia soluta non sit: apocha, id est, professio solutæ pecuniæ non aliter liberat, quam si & revera soluta sit, *l. 19. de accept. l. 13. C.de sol.* Differentia inter apocham & acceptilationem maxime notanda est. Ignoratio ejus Ludovicum Regium, virum eruditissimum nostra memoria senatu exclusit, ac postea dolore repulsæ totus se in philosophia abdidit, & in ea consenuit. Solet autem Aquiliana stipulatio subjici pacto convento de non petenda pecunia, *l.ult. C.de acceptil.* Et notandum maxime consilium quod dat Paulus in *l.*

*pactus,*

pactus, *hoc tit.* ut pacto de non petenda pecunia non tantum subjiciatur stipulatio Aquiliana & acceptilatio, sed etiam stipulatio poenalis, si creditor fregerit & ruperit fidem pacti, ut in *l.pen.h.t* Cui utile est subjicere utramque stipulationem, ut scilicet, quod ostendit *d.l.pacto*, rescissa pacto de non petendo, & quæ id pactum subsequuta est, rescissa stipulatione Aquiliana & acceptilatione, forte beneficio restitutionis in integrum, tum ex altera stipulatione pœna peti possit, antequam agatur judicio restitutorio & rescissorio, quæ alioquin nulla peti posset, sed impune liceret resilire a pacto beneficio restitutionis. Consultius igitur est utramque stipulationem pacto subjicere, ut si hoc malit debitor, exigat pœnam. Nam in ejus potestate est, utraque stipulatione interposita, ut vel se quasi ipso jure liberatum per acceptilationem defendat, atque adserat, vel ac si non liberatus, persequatur pœnam, & deinde subeat judicium restitutorium, quæ est sententia *l. ubi pactum, C.eod.* Formula autem stipulationis Aquilianæ generaliter concepta est, ita ut omnes omnino præcedentes obligationes novet: *Quidquid te mihi, ex quacunque causa dare, facere oportet præsens, in diemve &c.* ut, inquam, omnes novet, & perimat subdita etiam generali acceptilatione: *Quodcunque ego tibi promisi stipulatione Aquiliana, habes ne acceptum? Habeo acceptum.* Fateor stipulationem aliquam Aquilianam & acceptilationem fieri posse in speciem & partem tantum *l. 3. C.eod.tit.* At si facta sit generaliter, ut composita est a Gallo, dico per eam omnes præcedentes obligationes novari, & acceptilatione subsecuta perimi, ut in *l. actione, l. ut responsum, l.uri pactum, C.eod.tit.l.13.C.de solut.* Et hoc pro regula tradi in *l. quæ præcedit,* apparet ex eis verbis, *& hoc jure utimur.* Ex jure, quo utimur, plerumque regula fit: regula ergo proponitur in *l. 4.* In hac autem *l.5.* proponitur hujus regulæ interpretatio, quæ docet, eam regulam esse accipiendam de his tantum obligationibus, de quibus actum est, ut debitori stipulatione Aquiliana, & acceptilatione remitterentur, ut *l.6.D.de acceptil.* non de obligationibus, de quibus non est cogitatum, puta, quas ignoraret is, qui interposuit Aquilianam stipulationem, vel acceptilationem, ut & de pactis dicitur in *l.9. §. qui per fallaciam, & §. seq. hoc tit.l.tres fratres 35.sup.tit. prox.* & ubique ratio eadem est tam in stipulatione Aquiliana, quam in pactis. Nam & stipulatio Aquiliana ex consensu redditur, ut ait Papinianus hoc loco, id est, ex consensu interponitur & datur, ut *l.1.§.pen. sup. tit. prox.* Cautio vel stipulatio, ut dari, & reddi dicitur recte. Nam & reddere per se dandi significationem habet, & cavere stipulanti nihil aliud est, quam satisfacere vel reddere. Quia ergo ex consensu redditur stipulatio Aquiliana, id est, quia ita satisfactur ex consensu: ergo in eam veniunt hæ tantum obligationes, in quas consensum est, quamvis stipulatio Aquiliana sit generaliter concepta: ceteræ obligationes, in quas consensum non est, in suo statu manent. Et ita superiorem regulam veteres prudentes interpretati sunt, & ea *interpretatio*, ut eleganter Papinianus ait, *captiosam liberalitatem fregit*, captionem omnem, quæ erat in generali sermone, amputavit: captiosa est generalis stipulatio Aquiliana, & acceptilatio, captiosa liberalitas, si ejus sermo generalis spectetur, non mens & cogitatio creditoris, quandoquidem ita creditor caperetur, deciperetur, incideret in fraudem, ut in *l.quæro, inf.de act.emp.* Observandum est, liberalitatem vocari dictionem litium : & proprie quidem liberalitas est, si Aquiliana stipulatio & acceptilatio intervenerit donationis causa, ut in *l.1.hoc.tit.* qui, inquit, donationis causa rem certam & indubitatam remitti liberalitate. Nam si non liberalitatis, sed transactionis causa lites sunt deductæ in stipulationem Aquilianam, ea non est plena liberalitas, quia transactione non remittuntur lites, nisi aliquo dato, vel promisso, vel retento, *l.transacto, C.eod. sit.* conjuncta *l.3.C.de repud. hæred.* Aliud est donatio, longe aliud transactio, *l.si uno, inf.loc.l.quidam 29. §. 1. inf.de donat.l.tutores, §.ab eo, inf.de admin.tut.*
Tom. IV.

## Ad L. XXXVII. & XXXIX. de Reb.creditis.

*Cum ad præsens tempus conditio confertur, stipulatio non suspenditur, etsi conditio vera sit, stipulatio tenet, quamvis tenere contrahentes conditionem ignorent. Veluti si Rex Parthorum vivit, centum dare spondes? eadem sunt, & cum in præteritum conditio confertur. Itaque tunc potestatem conditio obtinet, cum in futurum confertur.*

IN hac *l.* proponitur regula juris, quam Modestinus proposuit 4.*Regularum l.*100. *de verb. obligat.* Regula hæc est: conditionem collatam in præsens vel præteritum tempus, sub qua facta sit stipulatio, non differre stipulationem, non differre, non morari obligationem, quod est eam conditionem non habere conditionis potestatem propriam. Nam conditionis propria & præcipua potestas, est suspendere, differre, morari. Hanc potestatem non habet conditio, quæ refertur ad præsens vel præteritum tempus. Ergo non est proprie conditio: Conditionis definitio hæc est: *conditio est causa, quæ suspendit actum, quoad ex post facto confirmetur.* Hæc definitio cadit tantum in conditionem, quæ in futurum confertur, veluti, *si navis ex Asia venerit*, non cadit in eam, quæ confertur in præteritum, veluti, *si Lucius Titius Consul fuit,* vel in præsens, veluti, *si L.Titius Consul est.* Ergo ea, quæ confertur in præsens vel præteritum tempus, proprie conditio non est: & definitio conditionis in eam non cadit, quoniam statim verum aut falsum est, L. Titium fuisse Consulem, vel Consulem esse, ut Dialectici dicunt, omnem affirmationem aut negationem conceptam in præsens vel præteritum tempus, statim veram aut falsam esse. Ideoque si conditio concepta in præsens tempus, veluti, *si Lucius Titius Consul est, si Rex Parthorum vivit, si navis in portu stat,* si falsa sit tempore interpositæ stipulationis, statim nulla stipulatio est: Si vera sit, statim tempore interpositæ stipulationis, id est, si Titius Consul sit eo tempore, si Rex Parthorum vivat, si navis stet in portu, statim stipulatio tenet, neque ejus effectus, sive emolumentum, sive obligatio vel petitio ullo modo differtur, quamvis contrahentes rei veritatem ignorent, quamvis nesciant conditionem veram esse, *l. 28. de verb. obligat.* quia non spectatur, an illi sciant conditionem tenere & deberi, sed an alii homines scire potuerint, vel an hominum natura scire potuerit sciri, ut Scævola ait in *l.seq.* & debitu iri, ut ait idem Scævola, hoc est, debitum iri statim, si sub ea conditione contrahentes concipiant stipulationem: sic enim illud *debitu iri* accipiendum est, hoc est, in præsens stipulationem scilicet, quam nondum concepisti. Nam si jam concepisti stipulationem, satis est, quod hominum natura scire potest, jam deberi ex stipulatione pecuniam, quod conditio sit vera: in hominum rerumque natura præterita & præsentia omnia sunt certa, non etiam futura, nisi quæ futura sunt, jam cœperint fieri & informari; ut fœtus atque mulier concepit, in rerum natura certum est, quot nascituri sunt. Et hoc est quod ait *l. sed etsi restituatur, §.1.sup.de judic.* in rerum natura omnia esse certa, cum futura utique fierent, procul dubio omnia præsentia, & præterita in rerum natura sunt certa, sed & futura cum fierent, inirentur & informarentur, certa jam sunt in rerum natura, non antequam fierent. Et bene in rerum natura: nam cognitio rei futuræ non est certa in hominum natura, quandoquidem est supra captum hominum, cognitio præsentis vel præteritæ rei non superat captum hominum. Et serva diligenter, quod in hominum natura certum est, & in rerum natura certum esse : e contrario tamen, quod in rerum natura certum est, ut quotus fœtus sit in utero prægnantis mulieris, non est etiam certum in hominum natura: & hæc est sententia *d.§. 1.* Effectus autem superioris regulæ pertinet non tantum ad stipulationes conditionales, & quasi conditionales, sed etiam ad multa alia. Nam & qui petit ex stipulatione facta sub conditione

colla-

collata in præsens vel præteritum tempus, etiamsi ignoraverit tenere conditionem, plus non petit: qui ex stipulatione facta sub conditione collata in futurum tempus, plus petit, *l.* 36. *hoc tit.* si agat antequam cognoverit, aut certum sit, conditionem exstitisse. Hæc dicitur proprie conditio, sive stipulatio conditionalis, quæ confertur in futurum. Illa quæ confertur in præsens vel præteritum, dicitur quasi conditio, vel quasi conditionalis stipulatio, & ut Græci loquuntur, *αἱρετικοπρεπὴς*, non est *αἱρετικὴ*. In conditionali spectatur scientia nostra, non naturæ: in quasi conditionali naturæ, non nostra. Cujus differentiæ auctor est Stephanus hoc loco. Quasi conditionalis stipulatio novat priorem obligationem, si vera sit conditio, quia pro pura habetur: conditionalis autem non novat statim priorem obligationem, ut *l.* 36. *hoc tit. l. quotiens, de novation.* Sub quasi conditione filiofamil. a patre herede instituto, justum testamentum est: Sub conditione injustum quasi præterito filio suo, *l. institutio,* §. *ult. de condit. instit.* Sub quasi conditione herede scripto in posteriori testamento, superius rumpitur statim, si vera sit, aut non rumpitur, si falsa sit: Sub conditione autem non potest statim constitui superius testamentum ruptum sit, necne, quia ejus eventus in dubio est, sit an non sit, *l. cum in secundo, de inj. rupt. test.* Item sufficit patrono, si sub quasi conditione heres instituatur, non si sub conditione, *l.* 3. §. *si patronus, de bon. libert.* Sub quasi conditione relictum legatum transmittitur in heredem, non relictum sub conditione. Et, ut idem Stephanus addit hoc loco: usuræ in stipulationem deductæ quasi conditionalem, statim currere incipiunt, non si deductæ sint in stipulationem conditionalem, quæ proprie conditionalis dicitur, non *κατακρτικῶς*: Ut illa confertur in præsens vel præteritum tempus.

### Ad L. LXXIV. de Contrahenda emptione.

*Clavibus traditis, ita mercium in horreo conditarum possessio tradita videtur, si claves apud horrea traditæ sint: quo facto confestim emptor dominium & possessionem assequitur, etsi non aperuerit horrea: quod si venditoris merces non fuerint, usucapio confestim inchoabitur.*

NEmo est, qui nesciat, a venditore ejus rei, quam vendidit, fieri debere traditionem possessionis vacuæ, non occupatæ ab alio, aut impeditæ: & non tradentem teneri actione ex empto: & tradere nihil aliud esse, quam possessionem cedere rei venditæ, & transferre in emptorem, quo genere transfertur etiam dominium rei in emptorem, si venditor dominus sit, si non, præstatur occasio usucapionis emptori bona fide accipienti, dominium non transfertur, quod non habuit venditor, qui rem tradidit, *l. traditio, de adquir. rer. dom. l. qui rem alienam, de mort. cauf. donat.* Traditio autem fit non tantum naturaliter re mobili data de manu in manum, vel emptore inducto in possessionem prædii, sed fit etiam multis aliis modis civilibus, non tantum fit naturaliter, ut dixi, sed etiam civiliter aliis modis, quibus res non tradita naturaliter, fingitur esse tradita, quorum unus proponitur in hac lege, aptandus, ut arbitror cum aliis ad generalem illam definitionem, quam initio posui, de possessione rei venditæ a venditore tradenda emptori; modus autem qui in hac l. proponitur, hic est, si venditor venditis mercibus, quæ in horreo repositæ erant, claves horrei tradiderit emptori: si vendito vino, quod erat in cella vinaria conditum, in horreo vinario, claves horrei tradiderit emptori, licet emptor non aperuerit horreum: sola clavium traditio pro mercium, aut vini traditione habetur, ut etiam demonstratur aperte in *l.* 2. *C. de peric. & comm. rei vend. & l.* 1. *C. de crim. expil. hered.* Ideoque traditis clavibus horrei, in quo est merx, quæ venit, statim in emptorem transfertur possessio mercis, & per hanc dominium mercis, sive venditor ejus dominus fuerit, & solutum etiam sit ei pretium, aut eo nomine satisfactum, aut ab eo fides habita de pretio, alioquin dominium non transfertur, antequam de pretio ei sit cautum aut satisfactum, *l.* 19. *h. tit.* vel si venditor mercium dominus non sit, in emptorem transfertur possessio, & præstatur ei occasio usucapiendi merces alienas, quoniam statim emptor usucapionis conditionem inchoat: statim incipit usucapere, ut loquitur *l.* 1. *de adq. poss.* Traditionibus & usucapionibus dominia rerum acquiruntur, *l. traditionibus, C. de pact.* traditionibus, si factæ sint a domino ex justa causa, justoque titulo; usucapionibus, si traditiones factæ sint a non domino. Et traditionibus, jure gentium: usucapionibus jure civili. Verum, ut ostenditur hoc loco, et clavium traditio, pro traditione mercium habeatur, necesse est, claves tradi apud horreum, in quo sunt merces venditæ, in re præsenti, in conspectu horrei, alioqui clavium horrei traditio non habetur pro traditione rerum, quæ sunt intus, quæque venierint: necesse est claves tradi ob horreum, ante horreum, in re præsenti. Et ita columnæ venditæ, quæ propter magnitudinem ponderis vix loco moveri possunt, ita demum traditæ videntur, si in re præsenti, sive in rem præsentem consenserint contrahentes emptor & venditor, & dixerit venditor se eas columnas tradere emptori, ut eas tolleret & asportaret cum vellet. Vel etiam fundus venditus, in quem emptor nondum inductus est, non aliter traditus videtur, etiamsi dixerit venditor, se eum tradere, quam si in re præsenti dixerit, se fundi venditi possessionem tradere emptori, aut si prohibuerit ingredienti emptori vim fieri, ut *l.* 1. §. *pen. & l. quod meo,* §. *si vend. & l. pen.* §. *ult. de adq. poss.* His omnibus modis possessio, cum res peragitur in rem præsentem, translata videtur in emptorem, & emptor videtur rei adquisivisse possessionem non animo, nec effectu solo, sed etiam corpore, perinde atque si apprehendisset merces, aut vasa vinaria, aut columnas, aut ingressus fuisset fundum. Et idem dicendum, si in re præsenti mandatu emptoris procuratori ejus rei venditæ possessio tradita sit, quia & hoc casu videtur adquisivisse possessionem animo suo, & corpore, non corpore procuratoris: cum coram in re præsenti jussit procuratori suo tradi, præsens ipse videtur scil. accepisse non procurator. Potest possessio adquiri corpore alieno, hoc est verum, sed ita posita specie emptor videtur eam adquisivisse corpore, quia præsens in re præsenti dixit, volente venditore, ut ingrederetur, ut caperet possessionem rei venditæ, *d. l.* 1. §. *pen.* præsentia corporalis contrahentium: vel oculi emptoris, vice contrestationis, vice apprehensionis, vice *σωματικὴς ἀφῆς*, funguntur: quo genere etiam hodie videmus beneficii Ecclesiastici possessionem quæri, pro tributis ædis sacræ, actis ea de re confectis, aut procul é conspectu ejus fastigii, quod in æde summa tintinabulis relictum est. Sic in *l. quarundam, eod. tit.* dicitur possessionem traditam videri, & non solum animo, sed & corpore uti oportet quæsitam videri, si empto acervo lignorum, si strue lignorum empta, aut emptis universis amphoris vini, quæ simul eodem loco compositæ erant voluntate venditoris, emptor iis rebus custodem apposuerit, & voluntate venditoris, lignis & amphoris custodem apposuerit, vel etiam si venditor ipse, rebus emptorem custodem apposuerit, custodiam præstare debet ante traditionem, *l.* 1. 2. & 3. *de per. & com. p. rei vend.* Verum si a se custodiæ translationem faciat in emptorem, hæc translatio custodiæ nihil aliud est, quam translatio possessionis, & in fine *d. l. quarundam,* est scribendum autumo, utrobique corporis genere quodam *possessio æstimatur,* id est, utroque casu aut venditorum lignorum, aut amphorarum vini quodammodo corpore possessio quæsita videtur, licet custodia tantum translata sit in emptorem, & similiter is, qui emit materiam ad ædificandum, veluti trabes, aut tigna, si eas trabes, eave tigna voluntate venditoris signaverit, tradita ei esse videntur, si vel signaverit eas, & suo quodam signo pernotaverit, *l. quod si neque, in si. de peric. & com. rei vend.* Ubi recte Accurs. non exposita tamen ratione differentiæ,

nota-

notavit aliud esse dicendum in vino vendito, vino scil. venditio, si emptor vasa vinaria signaverit, vinum traditum non videri. Hoc verissimum esse arbitror, sive vinum jam degustatum sit & probatum, sive non sit degustatum. Primum si vinum degustatum non sit, quamvis vasa vinaria signaverit emptor, vinum traditum non videtur, quia nondum perfecta venditio est, *l. 1. §. 1. de per. & com. rei vend.* Et ideo periculum vini ad venditorem pertinet, non ad emptorem, si vinum acescat, vel mucescat, vel effundatur forte pertusis vasis. Et quamvis traditio posset præcedere emptionem venditionem, *l. sive autem, §. 1. de Public. in rem act.* tamen id agi non videtur, ut quis tradat antequam vendat, aut perficiat venditionem, nisi appareat evidenter, quoniam præposterum est. Denique signando vasa vinaria, emptor non videtur degustationi renuntiasse, non videtur vinum probasse, quod in iis vasis est. Itaque imperfecta adhuc venditio est, cum scilicet ita veniit vinum, ut degustaretur, quod plerunque fit & quod vix unquam fit aliter, ut ait *l. 4. §. si aversione, eod. tit.* Verum, si quando vinum veneat aversione, *en gros, & en bloc,* omne forte quod est in amphoris, ita, ut non degustetur, sive vasa sint signata ab emptore, sive non, perfecta emptio est, & vini periculum statim pertinet ad emptorem, *l. qui officii, §. ult. h. tit.* Quod si vinum degustatum sit, & post degustationem vasa emptor signaverit, Trebatius quidem dicebat, vinum traditum videri, ut de trabibus signatis diximus. Sed Labeo rectius, non idem esse statuendum in vino, quod in trabibus, aut lignis, quia trabes non possunt alio fine signari, quam ut traditæ videantur: vasa vinaria signantur sigillo impresso in operculo, ne mutetur vinum potius, quam ut traditum videatur, nisi appareat eam fuisse mentem contrahentium, ut hæc signatio pro traditione esset, quæ est sententia *l. 1. §. si dolium, de per. & comm. &c.* quem §. accipio de dolio signato etiam post degustationem, quia de dolio signato ante degustationem jam dixerat paulo ante in §. 1. alioquin bis idem quasi juncta scriptura frustra positum videretur, & in §. 1. ut certum, & in §. si dolium, ut controversum. Et de hac quidem specie traditionis civilis hactenus. Notandum etiam est, tradito instrumento originis sive emptionis fundi, *le titre,* quod etiam dicitur instrumentum auctoritatis in *l. ult. C. de pign. act.* tabellæ auctoritas ad Seneca: tradito, inquam, instrumento auctoritatis fundi venditi, genere quodam, & possessio fundi tradita videtur, *l. 1. C. de donat. l. pen. & 1. de legat. 3.* Et hoc quidem genere ut arbitror possessio fundi tradita videtur, etiamsi non in re præsenti instrumentum emptionis fundi traditum sit, quia auctoritatem fundi habemus pro fundo ipso. Nam & similiter sic hoc non jusserit in re præsenti, quia jam rem habes apud te, hic jussus domini pro traditione possessionis habetur, licet, ut dixi, non consenseris in re præsenti, *l. si rem, in prin. de evict. l. 3. §. interdum, & l. si servus, inf. de adquir. posse. l. absenti, de donat. l. quidem, de rei vindic.* Nihil refert relinquatur res apud emptorem, quam jam habet, vel ex causa deposito, vel commodati, an transferatur in eum possessio, *l. 9. C. commun. utriusque jud.* Idemque dicendum, sit rem meam nomine tuo me volente in censum referas quasi tuam, vel si ego rem meam tuo nomine in censum referam; nam & hoc pro traditione cedit, etiamsi census non fiat in re præsenti, *l. 7. & 8. C. de donat.*

### Ad L. VIII. de Jur. & facti ignor.

*Error facti nec maribus quidem in damnis, vel compendiis obest; Juris autem error nec feminis in compendiis prodest. Ceterum omnibus juris error in damnis omittendæ rei suæ non nocet.*

DEfinitio juris, quæ proponitur in *l. regula,* quæ sequitur, juris ignorantiam cuique nocere, facti ignorantiam non nocere, ad hanc *l. 8.* manifeste pertinet, quæ eam regulam latius interpretatur, & docet ignorantiam facti maribus aut feminis neque nocere in damnis amittendæ rei suæ, neque in compendiis adquirendæ rei cujusque nobis delatæ ex causa lucrativa: hoc necesse est, ut appositis exemplis faciam evidentius. In damnis amittendæ rei suæ errorem facti non nocere, ut si errans in facto, nescius te servum meum esse, & a te quasi a libero homine pecuniam debitam exegi in judicio, hæc ignorantia non efficiet, ut tui dominium amittam. Denique quod te errans in facto olim habuerim pro libero, non ideo tui dominium amitto, *l. non ideo, C. eodem tit.* Item si filius, qui se abstinuit hereditate paterna, quæ suspecta ei erat, maternam autem hereditate agnovit, agrum paternum possideat veluti maternam, cum ignorat esse paternum, quod est ignorare factum, hæc ignorantia non efficiet, ut filius videatur damnosam hereditatem patris agnovisse, utve sustineat incommoda hereditatis paternæ, *l. 5. C. eod. tit. l. cum bonis, de adq. hered.* Item si pecuniam, quam existimabam me tibi debere, quum ignoraren alium me liberasse, alium pro me tibi solvisse, jussu tuo alii promisero, cui id donare volebas. Hæc quoque ignorantia non efficiet, ut pecuniam meam amittam, ut pecunia quam promisi mihi invito extorqueatur, *l. Julian. de dol. except.* Et hæc sint exempla de damnis. In compendiis autem adquirendæ rei cujusque etiam errorem facti non nocere, ut si ignorans cognatum meum vita decessisse intestatum sine liberis & agnatis, non petierim bonorum possessionem unde cognati intra centesimum diem: hæc quoque ignorantia non me excludet commodo bonorum possessionis, neque efficiet, ut cognita morte cognati bona ejus non adquiram, *l. 1. hoc tit.* Denique error facti neque in damnis neque in compendiis erranti nocet: & excipio tantum errorem, sive ignorantiam facti supinam, & dissolutam vitio & magna negligentia nostra quæsitam, ut in *l. 6. hoc tit.* ut in specie *l. 3. in pr. si quid in fraud. patr. & l. Clodius, & l. filium emancipatum, ff. de adqui. hered.* cum scil. erat in potestate nostra, vel mediocri, aut minima adhibita diligentia cognoscere factum, quod eleganter Græci vocant τὸ τῆς ὑποθέσεως ἀπόστευμα, cum erramus ut Arist. ait, cum erat in nobis diligentibus esse, & peritis facti facillimo negotio. In damnis male Accurs. utitur exemplo indebiti soluti per ignorantiam facti: nam si solvi indebitum, jam feci damnum rei meæ. Et quod dicitur in damnis errorem facti non nocere, de damnis futuris intelligitur, non de his, quæ jam contigerunt: errorem facti non dare nobis damnum, sed non restituere etiam nobis damnum, quod jam fecimus. Et in compendiis hoc exemplo uti convenientius est, quia si indebitum, quod solvi per errorem facti condicere volo, hoc ago ut adquiram denuo, quod amisi semel; nec tamen quo minus hoc agam solutumque condicam, mihi nocet error facti, quia nec in compendiis denuo acquirere volentibus nocet. Unde sic statuamus: si indebitum promisero, tueor me errore facti ne solvam, ne pecuniæ promissæ, nondum amissæ damnum faciam: si indebitum solvero etiam tueor me errore facti, quo magis id quod solvi & amisi, vel solutione alienavi, condicam, & mihi denuo adquiram: compendium facio, si adquiro quæ mea non sunt, licet quandoque mea fuerint. Damnum facio si quæ mea sunt, aut mihi debita (nihil refert) non recipio, aut non retineo: & error facti præstat utrumque ne damnum faciam, id est, ut meum retineam, vel recipiam, & ut lucrum faciam vel adquiram, quod amisi, quodve nunc primum mihi offertur ex causa lucrativa. Et hæc de errrore facti, in quo, ut ostendi, non distinguuntur damna a compendiis. In errore juris distinguuntur damna a compendiis. Nam in compendiis volentibus scil. adquirere maribus vel feminis juris error non prodest, id est, juris error nocet, & impedimento est: in damnis suum petentibus, aut retinere & servare cupientibus, juris error non nocet: exemplum in femina est apertissimum: si soluto matrimonio morte mariti dotem petat, non repellitur, quia rem suam perse-

persequitur, etiamsi non fecerit inventarium bonorum mariti ignara constitutionis Leonis 110. quæ hoc jubet. At si persequatur lucrum nuptiale ex donatione propter nuptias, repellitur, nec potest se tueri prætextu ignorantiæ ejus constitutionis, quia compendium captat, non damnum præcavere tentat. Item si per errorem juris fœmina antiquioribus creditoribus cesserit, & prius eis satisfieri permiserit, dum ignara juris nescit dotium causam esse præcipuam, & præferri aliis creditoribus etiam antiquioribus, ab eis dotem suam revocabit, ne in damno amittendæ dotis suæ error juris ei noceat. Sin autem lucrum nuptiale persequatur, in qua persecutione non habet eadem privilegia, quæ in dotis repetitione, *l. assiduis, in fi. C. qui potior. in pign.* Privilegium tamen temporis commune eam habere constat, si antiquior sit: at si forte per errorem juris non utatur privilegio temporis in persequendo lucro nuptiali, & cedat imprudens, stulta posterioribus creditoribus, eisque ante satisfieri permittat, nihil lucri nuptialis nomine eis auferri potest, quia in lucris error juris non prodest, & hoc exemplo Harmenopulus utitur 1. *Epitomarum, titul.* 16. Sic igitur statuamus: errorem juris neque maribus, neque fœminis nocere in damnis amittendæ rei suæ, vel sibi debitæ ex causa obligationis, ut in *l. qua fideicommissa, de leg.*2. exposita 11. *Responsi. l.*3. §. *si quis ignorans, de Senatusc. Syllan. l. ult. C. de juris & fac.ign.* In compendiis autem errorem juris & maribus & fœminis nocere, ut puta, persequentibus lucra nuptialia, ut dixi. Itemque, ut hoc aliis exemplis faciam manifestum, persequentibus donationes actis minime insinuatas, uti oportet, hoc colore, quod imperitia lapsi eas non insinuaverint, *l.*3. *C. Theodos. de sponsal.* Item usucapere volentibus, *l.*4. *hoc tit.* ut ecce, neque mas, neque fœmina usucapere potest quod a pupillo sine tutoris auctoritate emit per errorem juris, dum putat valere emptionem, *l. nunquam, in prin. de usur. & usucap. l.*2. §. *si a pupillo, pro empt.* Item condicentibus indebita soluta juris error nocet: nam neque mas, neque fœmina potest condicere quod indebitum per juris ignorantiam solvit, ut in *l. prox.* §.*pen. & ult. l. cum quis, C. eod. tit. l. error, C. ad l. Falcid.* quia qui condicit quod solvit, id agit, ut adquirat quod amisit, non ut quod suum est, non amittat. Denique sollicitus est de lucro, non de damno. Erranti in jure subvenitur, ne suum amittat, non etiam ne amiserit, ne damnum faciat, non etiam ne fecerit: damna facta qui infecta facere studet, lucrum captat, non damnum futurum amolitur. Eademque ratio intervenit, si quis quid aliud damni fecerit per errorem juris, ut si apud judicem errans in jure inconsulto confessus fuerit, & ex confessione in damnum inciderit, *l.*2. *de confess.* videlicet si confessus fuerit in jure vel in judicio, quia confessio tantum facta in jure vel in judicio, fraudi & damno esse potest, confitenti, non facta judicium: quam distinctionem, an confessio in judicio facta sit, an extra judicium, hoc loco Accursius inepte coarctavit ad regulam propositam. Nam sive quis in judicio, sive extra judicium damnum passus sit per errorem juris, obtentu ejus erroris non resarcietur ei damnum quod fecit semel. Idemque est si quis per ignorantiam Senatusconsulti Macedoniani pecuniam suam amiserit, credendo suam filiofamil. *l.*3. *in princip. ad Macedon.* Item si per ignorantiam juris duxerit uxorem eam, quæ nondum eluxerat priorem maritum, *l. liberorum,* §. *ult. sup. de his qui not. inf.* Error juris obstat damno ne contingat, non etiam quod jam contigit, restituit. Alioqui erranti juris esset ignorantia juris. Et eadem ratione error juris nocet petentibus bonorum possessionem post tempora præstituta, hoc prætextu, quod ignoraverint legibus bonorum possessioni petendæ, præstituta esse tempora; *l.*1. *hoc tit. l.*3. *C. eod. l. juris, C. qui admitti ad bon. poss.* Itemque bona aut hereditatem persequentibus, quam alio modo imperitia & stultitia sua, id est, ignoratione juris amiserint, *l.*2. *eod. tit. l. ult. C. qui petant. tut.* Satis jam exemplorum habemus: nunc adnotemus, ab hac definitione de errore facti & juris, quam diximus promiscue locum habere in fœminis & maribus, excipiendi sunt quidam, quibus juris error nec in compendiis nocet, aut in persecutione lucrorum sive acquisitorum: Neque enim nocet minoribus 25. annis, sive sint mares sive fœminæ, *l.*2. *& l. quamvis, C. eod. tit.* non etiam militibus, *l. prox.* §. *si filiusfamilias, hoc tit. l.* 1. *C. eod. tit. l. ult. C. de jur. deliber.* Iis enim personis jus ignorare permissum est. Quandoque etiam error juris in compendiis rusticis non nocet, maxime si non habuerint copiam Jurisconsulti, ut ait *l. prox.* §. *sed juris.* Et hoc probatur etiam *l. pen. C. qui admitti ad bon. poss.* ut a me emendata est Observatione 17. Nam & rusticis jus plerumque ignorare permissum est. Minutius Fœlix in Octavio: *Agrestibus,* inquit, *non est datum intelligere civilia,* ἀγροῖς οὔτε δίκαι οὔτε οὐ εἰσὶ δίκαια. Non nocet etiam nec in compendiis error juris captanti modicum compendium, ut in specie alibi a me exposita *l. de die,* §. *si servus, qui satisd. cogant. & l.* 1. §. 1. *ut in posses. leg.* Non nocet fœminæ, si ignara Senatusconsulti Liboniani sibi legatum adscripserit, quamvis non sit modicum compendium legati, quia scil. hoc ita nominatim fuit expressum SC. Liboniano, ut parceretur fœminæ ignoranti Senatusconsul. alioqui amitteret legati emolumentum, *l. Divus,* §. *pen. ad l. Cornel. de fals.* Non etiam nocet fœminæ, si ignara juris sui seipsam obtulerit fisco quasi incapacem capiendi legati, quæ vere erat capax, *l.*2. §. *ult. de jure fisci.* Et hi sunt casus, quos significat lex proxima, §. 1. dum ait, *in quibusdam, mulieri etiam adquirere volenti subveniri propter imperitiam juris:* his personis & casib. exceptis, ceteris error juris in compendiis nocet: in damnis, minime nocet. Huic postremæ sententiæ objicit Accurs. *l.* 2. *C. de in jus voc.* ubi ignorantia juris coercetur damno & pœna pecuniaria 50. aureorum, si libertus irreverens patronum in jus vocaverit sine venia prætoris, nihil est facilius. Regula de qua tractamus, est de ignorantia juris civilis, legum civilium, Senatusconsultorum, edictorum, receptarum sententiarum jurisprudentium, de ignorantia, inquam, juris civilis omnibus cogniti vulgo, juris civilis propositi in albo, juris civilis promulgati propalam. *L.*2. *C. de ignorantia juris naturalis, quod & Accurs.* attingit. Si quis obtendat, se nescire reverentiam deberi parentibus ac patronis, quod perinde est, ac si quis dicat se incestum, aut adulterium, aut furtum, quæ probra sunt juri naturali, commisisse per ignorantiam juris naturalis, quod nemo potest prætendere, quia nemo nescit jus naturale, *l. si adulterium,* ν. 1. *& seq. ad l. Jul. de adult.* Elegans est sententia Menandri, non licet ignorare leges naturæ. Has enim leges natura ipsa arripuimus, hausimus, expressimus: nec in damnis etiam amittendorum omnium bonorum nostrorum & publicandorum, earum legum ignoratio quenquam excusat: causari juris civilis ignorantiam quidam non improbabiliter possunt: juris naturalis nemo. Et ita hæc omnis definitio explicanda est.

### Ad L. LXIII. de Ritu nupt.

*Præfectus cohortis, vel equitum, aut tribunus, contra interdictum ejus provinciæ duxit uxorem, in qua officium gerebat, matrimonium non erit; quæ species pupillæ comparanda est, cum ratio potentatus nuptias prohibuerit. Sed an huic quoque si virgo nupsit, non fit auferendum, quod testamento relictum est, deliberari potest: Exemplo tamen pupillæ nuptæ tutori, quod relictum est, potest mulier consequi: pecuniam tamen in dotem datam mulieris heredi restitui necesse est.*

PErtinet hæc lex ad id, quod definitum est, mandatis Principum eum, qui in provincia officium publicum administrat, veluti præsidem, aut proconsulem, aut procuratorem Cæsaris, aut præfectum cohortis, vel legionis, vel equitum, aut tribunum militum, quamdiu eo officio in provincia fungitur, provincialem mulierem uxo-

uxorem ducere, vel filio suo nuptum collocare non posse, aut consentire filio suo eam uxorem ducenti, *l.* 38. *& 57. sup. hoc tit. l. 3. §. 1. infr. de don. inter vir. & ux.* Et hoc loco, *contra interdictum*, id est, contra mandata Principum, quæ dant iis, quos mittunt in provincias publici officii administrandi causa, quib. eis interdicunt nuptias ejusmodi, *l.* 65. *inf. hoc tit. l. 2. §. 1. de his, quæ ut indig. l.* 6. *C. de nupt.* Si uxorem duxit provincialem, qui in provincia officium administrat, vel si consenserit filio suo uxorem ducenti in ea provincia, justum matrimonium non est, & liberi ex ea conjunctione procreati, justi & legitimi liberi non sunt. Et speciem hanc injusti, & illiciti matrimonii Papin. hoc loco comparat matrimonio, quod ex Senatusconsulto vel oratione Marci & Commodi, tutor filiusve tutoris prohibetur contrahere cum pupilla quondam sua, vel patris sui, *l. Senatusc. & l. seq. l.* 66. *& l. seq. inf. hoc tit. &* in *C. tot. tit. de interd. matrim. inter pupill. & tutor. vel curator. & filios eor. &c.* Comparatio recta est: nam utrumque matrimonium est prohibitum, utrumque injustum & illicitum, & ut ait, in utroque ratio prohibitionis eadem, ratio potentatus scilicet: nam si prohibita ea matrimonia non essent, sæpe puellis invitis & imprudentibus, maxime locupletioribus matrimonia extorquerentur per impressionem & terrorem potestatis, quod maxime interest Reipubl. ne fiat: potentatus majorve potestas, & inæqualitas personarum libertati impedimento est, quæ potissimum exigitur in contrahendo matrimonio, *l. 2. C. de inut. stip.* Ubi non est ea libertas nec matrimonium est; non videtur autem ea esse libertas inter magistratum, & eam, quæ subjecta jurisdictioni ejus est: inter eum, qui cum imperio & potestate est & privatam mulierem; inter tutorem & pupillam, quæ utique semper reveretur & formidat eum, qui tutor est vel fuit, & facile ab eo circumscribi potest, aut terreri. In oratione Marci & Commodi, quæ prohibuit nuptias inter tutorem & pupillam, prohibitionis alia redditur ratio, ne rationes reddendæ tutelæ obstrictus sit, quib. reddendis tutor obstrictus est, puella ducta in matrimonium, ne ejusmodi conjunctione fraudem administrationis suæ tegere laboret, ne pupillæ in re familiari circumscribantur ejusmodi conjunctione, ab iis, qui rationes gestæ tutelæ restituere debent, ut in *l. seq. & l. pen. §. sed etsi filiusfam. hoc tit. l. si tutor, C. de interd. mat.* Ea ratio continetur oratione Marci, ut ait *l. penult.* neque tamen omnino necessaria est, sed probabilis tantum, alioqui quicunque feminæ esset obnoxius rationib. reddendis, non posset eam ducere uxorem ante redditas rationes, quod tamen est falsum. Ergo non ea tantum fuit ratio prohibitionis, sed & alia; nihil vetat ejusdem juris plures esse rationes; & ratio quidem proxima est ratio potentatus, & melior igitur. Nam ut cum quæritur quid sit, quid quæque res sit, melius est reddere genus proximum, quam remotum, ita cum quæritur quare sit, melius est reddere proximam quam remotam rationem, quo proximior est, eo & propior negotio proposito, magisque necessaria. Comparatione autem facta utriusque matrimonii, quod tutor contrahit cum pupilla, vel qui officium administrat in provincia cum provinciali muliere, quærit Papinianus, an & sicut pupillæ non jure nuptæ tutori, non aufert fiscus, quod ei testamento mariti relictum est, quamvis, maritus justus non sit, *l. 2. de his, quæ ut indig.* ita & provinciali mulieri, quæ nupsit officium gerenti in provincia, non auferat fiscus, quod ei testamento maritus reliquerit? Et ait, deliberari posse, id est, rem non carere dubitatione, quoniam facilius videtur, eo esse parcere pupillæ quæ captu facilis fuit, quam provinciali cuilibet mulieri. Et tamen concludit Papinian. idem juris esse in utroque matrimonio sive casu, ut scil. quod relictum est mulieri testamento mariti injusti, id ei fiscus ut indignæ, quasi deliquerit; quia contraxit illicitum matrimonium, auferre non possit, etiamsi ex asse heres scripta testamento viri, *d. l. 2.* Huic conclusioni Papiniani multa obstant. Obstat *l. 1. unde vir & uxor:* quæ

generaliter statuit propter illicitum matrimonium nihil capi posse ex bonis viri vel uxoris, nec ex testamento adiri posse hereditatem, aut peti bonorum possessionem secundum tabulas, nec deficientibus cognatis ab intestato peti posse bonorum possessionem unde vir & uxor, si injustum, & illicitum sit matrimonium, *d. l.* si neque sit maritus, neque uxor justa: & nos tamen dicimus pupillam, quæ nupsit tutori, provincialem, quæ nupsit præfecto regionis, posse capere ex testamento tutoris vel præfecti, nec quod cœperit, ei auferri a fisco. Obstat etiam *l. 13. inf. de his, quæ ut indig.* cujus species hæc est. Quidam in adulterio Semproniæ damnatus, postea Semproniam, quæ & ipsa damnata non fuerat, duxit uxorem, & heredem scripsit. Idem Papinianus ait hoc loco, eam non esse uxorem justam, non esse justum matrimonium. Et ideo lucrum hereditatis ad eam non pertinere, sed vindicari fisco ablatum ut indignæ: & vice versa, si talis mulier talem virum heredem instituerit, viro auferri hereditatem ut indigno. Obstat etiam *l. uxori maritus* 27. *de usufr. legato*, quam objicit Accursius hoc loco. Species hæc est: maritus uxori legavit usumfructum omnium bonorum suorum, alio herede instituto, & alia quædam, & dotem: heres mulieri usumfructum concessit per errorem facti: post biennium apparuit injustam uxorem esse, injustum matrimonium, Quæritur, an heres possit ab ea repetere, quod præterito tempore percepisset ex testamento injusti mariti: & respondet Scævola illo loco hoc tantum repetere ab ea heredem posse quod fructuum nomine percepisset. De omnibus aliis rebus, quæ legatæ erant, & de dote nihil respondet, quo plane significat, cetera legata heredem non posse repetere a muliere, sed fiscum repetere. At usumfructum, & quod eo nomine percepisset, heredem posse repetere a muliere, non fiscum: quæ est sententia *d. l.* 27. Ut omnibus respondeamus observandus est modus, quem in hac l. Papinian. addit, provinciali mulieri, quæ nupsit præfecto verbi gratia, tribuno legionis, qui modus addi potest, & vero debet in qualibet alia specie illiciti matrimonii. Modus hic est: si virgo nupsit, quem modum & comparatio pupillæ exigit. Hic modus ostendit, tenellæ ætati ei parcendum, quæ decepta fuit a viro & illecta in nuptias illicitas. Quod etiam est proditum nominatim in *l. ult. de legat.* 1. ei ætati esse parcendum, quod non auferatur ei, quod cœperit ex testamento mariti. Virgo non tantum est integritatis nomen, sed & teneræ ætatis: si virgo ergo nupsit, id est, similis pupillæ ætate, si in utraque specie utraque fuerit tenella puella. Ex contrario igitur ætati majori 25. annis, & robustæ ætati non esse parcendum, si hoc vel illo modo, vel alio quovis illicitum matrimonium contraxerit. Huic ætati, id est, mulieri hujus ætatis firmatæ, quasi indignæ esse auferendum quodcunque adquisivit ex testamento mariti injusti, etiamsi jus ignoravit, quia juris error nec feminis majoribus 25. annis in compendiis prodest. Et de feminis utique ejus ætatis sunt accipiendæ superiores ll. tres, non de feminis tenellæ ætatis, de quibus hæc lex loquitur, quas respicit solas, quibusve parcit solis. Cur vero *d. l.* 27. *de usuf. leg.* ususfructus relictus injustæ uxori redit ad heredem non ad fiscum, alia legata & dos, ut dixi, redit ad fiscum, ususfructus repetitur ab herede; quia scil. hoc est perpetuum in jure, ut nunquam usufruct. redigatur in fiscum, *l. 9. ead. tit. & l. si Titio, in pr. sup. de usufr.* In quarum legum specie ususfructus legatum, quod erat in causa caduci, legatario deposito non redit ad fiscum. Nuda proprietas vel plena redit ad fiscum: ex suis causis, ususfructus nudus nunquam, alioqui in perpetuum proprietates constituerentur inanis & inutilis. Et hæc de feminis. De maribus dicimus, quod eis plerumque ex testamento uxorum injustarum adquisitum est, fiscum auferre, *d. l. 2. de his, quæ ut indig. d. l. ult. de legat.* 1. Nam & infames fiunt, qui contraxerunt illicitum matrimonium & extra ordinem coercentur, ut de tutoribus

ribus est proditum, qui duxerunt pupillas, *l.66.inf.hoc tit.* vel etiam jure ordinario coercentur ex *l. Julia de stupro*, *l.7.ad l.Jul.de adult.* Sed & in maribus hæc additur exceptio in *l. qui contra, C.de incest. nupt.* nisi lubrico ætatis lapsi sint, vel errore acrissimo decepti, sicut scriptum est in omnibus libr. veteribus, legunt Albericus & omnes Dd. Nam & Cajus Marius apud Priscianum antiquissimus poeta, *clarissimus advolat Hector*, & apud Charisium Ennius *celerrimus equitum*. Si igitur mares lapsi sint lubrico ætatis, vel capti errore acrissimo, non auferetur eis a fisco ut indignis, quia veniam merentur, quod ceperunt ex testamento injustæ uxoris. Papinianum autem hoc loco quum dixisset, neque pupillæ, quæ nupsit officium gerenti in provincia, a fisco auferri quod quæsivit ex testamento injusti mariti, adjecisse eundem Papin. auferre tamen fiscum huic marito posse quod accepit ex testamento injustæ uxoris: & hanc posuisse differentiam inter marem & feminam indicat, quod sequitur in fine legis, *pecuniam tamen in dotem datam mulieri heredi restitui necesse est*. Quib. verbis significat, fiscum tamen huic marito non auferre dotem, quam ab ea accepit, legatum auferre, aut hereditatem, quam ex testamento ejus accepit, dotem non auferre, sed mulieri vel heredi mulieris mortuæ in matrimonio, vel post divortium dotem restituendam esse: heredi, inquam, agenti ex stipulatu, ut in *l.un.§.maneat, & §.illo procul dubio, C.de rei ux.act.* dos est restituenda heredi mulieris. Quæro cur etiam apud heredem mulieris non remaneat, quod ea mulier viro in testamento legavit? nimirum, quia id mulier ad heredem suum pertinere noluit, sed ad virum, cui reliquit, vir autem relicto indignus est. Ergo fisco locus patet excluso marito & herede mulieris. At dotem voluit pertinere ad heredem suum quandoque soluto matrimonio, quæ non remisit dotis repetitionem. Verum contra potest objici, etiam his casibus, dotem non pertinere ad heredem vel heredem mulieris, quia scriptum est, dotem datam propter illicitum matrimonium caducam fieri, *l.38.61.sup. hoc tit.* Et priore quidem casu, eo, qui officium gerebat in provincia, ducente provincialem mulierem, dotem caducam fieri ex constitutione Severi indicat Constitutio quædam Gordiani a me prodita *lib. Obser. 1.* quæ etiam vult, ne ex ea causa dos semel fisco commissa marito restituatur, etiam si post depositum officium novo consensu justæ nuptiæ effectæ sint, juxta *l. 65. hoc tit.l.6.C.de nupt.* Vix unquam fiscus reddit quod semel occupavit, *l.2.C. de requir.reis*. Et sane ut respondeam fateor marito non reddi dotem a fisco, qui b. casibus dos remaneret apud eum, si justum esset matrimonium. At sane quibus casibus rediret ad mulierem vel ad heredem mulieris, a fisco mulieri restituenda sit. Potior est causa mulieris dotem persequentis quam fisci: & mulieri utique dotem esse restituendam probat *d. l. si tutor, C. de interd.matr.* etiam imperitæ juris sive nescientis illicitum esse matrimonium, ne rei suæ damnum faciat propter ignorantiam juris: ergo & heredi ejus. Hinc quæritur, an idem sit dicendum in reb. a muliere injusto marito donatis, quæ donatio ipso jure valet, quia non est maritus, non est uxor, non est dos, non est matrimonium? Qua in re pugnare videtur *l. si ex voluntate, C.de don.int.vir.* cum *l. cum hic status, in fi.eod.tit.* Nam hæc *l.* dicit, donata ab indignis ablata, fisco vindicari, si illicitum matrimonium fuerit, & utitur exemplo tutoris, qui duxit pupillam. Illa autem lex ait, donata pupillæ esse restituenda, fisco igitur non vindicari. Et sane eodem exemplo dotis pupillæ restituenda sunt quæ donavit ablata marito ut indigno, *d. l. si ex voluntate*: non omnia quæ auferuntur ut indignis redigunt in fiscum, sed conferuntur in alios, *l. 4. §. amittere, de his quæ ut indign. l. pen. C. de leg.* At non æque sunt tutori restituenda, quæ tutor donaverit, sed ea quoque tutori, ne recipiat & revocet, ut indigno a fisco auferenda sunt. Et de his tantum fisco vindicandis, quæ tutor donavit, non quæ pupilla, intellige-

A re dictam *l. cum hic status*: vero similius est.

### Ad L. XXVII. ff. de Pact. dotal.

*Si liberis sublatis, reversa post jurgium per dissimulationem, mulier, veluti venali concordio, ne dotata sit conveniat, conventio secundum ordinem rei gestæ moribus improbanda est.*

Hæc lex pertinet ad generalem illam definitionem juris inter virum & uxorem donationes non valere, quæ moribus recepta dicitur, ut in *l. 1. de donat. inter vir.& ux.*ita etiam in h.l.*dum ait morib. improbanda est*: & eam quoque regulam sive definitionem juris Rufinum *lib. 6. reg.* & Modestinum *lib. 7. reg.* & Paulum *lib. singular. regul.* proposuisse & explicasse constat ex *l. 27. & 41. & 43. de donat. inter vir. & ux.* Et quæ ratio ejus regulæ redditur in *l. 3. eod. tit.* ne concordia inter maritos pretio conciliari videatur: eadem ratio redditur in hac *l. a Papin.* his verbis, *veluti venali concordio;* dixit concordium ἀρχαϊκῶς. Species *l. 1.* hæc est mulier a viro discessit per dissimulationem divortii, non fuit igitur verum divortium, sed simulatum, forte & diffidium frivolarium, quod & frivolum dicitur, & per diminutionem frivusculum,*l. cum hic status, §.si divortium,inf. de donat. int. vir.* De quo verbo non debemus laborare, qui nobis sufficit, quod scribit Isidorus *lib. Etymol. frivolum esse cum eo animo separatus, ut rursus ad se invicem revertatur, nam frivolum*, inquit, *est velut quasse & fluxæ mentis non stabile dissidium*. At vero ne probabile fuit, mulierem eam discessionem fecisse divortii animo, non est probabile eam discessionem, quæ non diu duravit verum divortium fuisse, *l.3. inf. de divor.* maxime quia matrimonium liberis subnixum erat, ut eleganter loquitur *l.1. §. pen. de liber. exhib.* Liberi communes firmius astringunt vinculum matrimonii, & adaugent magis charitatem conjugum inter se. Arist.8. Ethicorum, σύνδεσμος ἄναι τὰ τέκνα, *liberos esse nexum inter virum & uxorem.* Idcirco, inquit, facilius divortio separantur, qui non habent liberos, quo pignore in matrimonio continentur. Denique liberorum omnium ratio & fides & pietas tollit omnem suspicionem veri divortii. Et hæc solum de causa puto Papinian. notasse, eam mulierem sublatis liberis communibus, id est, existentibus liberis communibus, non elatis, ut glossa, id est, mortuis, sed melius existentibus liberis ex eo matrimonio procreatis, se ab ædibus subduxisse mariti, ut argumentum notaret non veri divortii, quia jurabant liberi: nec ulla alia est ratio, cur dixerit sublatis liberis, cur hanc circumstantiam notarit, quam quod ex ea collegerit, non fuisse verum divortium. Postea vero marito volente cum ea veterem gratiam reconciliare, eamque domum reducere, ipsa non aliter reverti potuit, quam si veluti redempta isto pretio reconciliatione atque concordia, maritus ei dotem, quam dederat, restitueret, vel quam promisisset caveret se non petitum, ita ut indotata esset. Quæritur, an ea conventio valeat? Et ait, non valere quia species donationis est, quæ constante matrimonio non valet, si fiat inter virum & uxorem. Et inter eos matrimonium constitisse certum est, quia ea separatio sive discessio jurgium fuit non divortium, & jurgio non solvitur matrimonium, *l.32. de jure dot.* Denique ut ait, *secundum ordinem rei gestæ*. Scævola diceret, secundum ea quæ proponuntur, secundum ea quæ in consultationem deducuntur: *secundum ordinem rei gestæ*, id est, sicut rem, gestam fuisse proponitur, factum vocat rei gestæ ordinem ut in *l. 3. §. ult. de donat. int. vir. & uxor.* illo loco, *vel rei gestæ ordinem futurum*, secundum igitur factum, quo propositum est eam conventionem non valere, *ne mulier dotata sit*, quia mera donatio est, quæ manente eodem matrimonio inter maritos consistere non potest; dos constante matrimonio permutari si sit ex re mulieris,

vel

vel dari vel augeri & ampliari potest, *l.* 21. *& hoc tit. l. ita constante* 8. *de jur. dot. l.* 7. *de tutor. dat.* Minui autem dos constante matrimonio, vel tolli, auferri, reddi, repeti non potest, exceptis certis causis, quarum quædam enumerantur in *l.* 37. §. 1. *de jur. dot.* Alias constante matrimonio dos minui, tolli, auferri, repeti non potest, quoniam redditio, aut diminutio instar donationis habetur. Potest & sine dote ab initio matrimonium contrahi, quid ni? *l. ult. C. de don. ant. nupt.* Sed quod semel contractum est matrimonium, dote data vel promissa, nec diremptum, nulla conventione fieri potest, ut sit sine dote. Si vero divortio fuerit diremptum, & in redintegrando & renovando matrimonio convenerit, ne mulier dotata esset, conventio improbatur, quia non est facta constante matrimonio, sed initio matrimonii novi contrahendi, eo die quo novum matrimonium reconciliatum est, quo jure fit donatio qualibet, *l.* 27. *ff. de donat. inter vir. & ux. & l. vir. mulieri, eod. l.* 31. *de jure dot.* At quia in specie proposita idem matrimonium mansit, nec jurgio diremptum est, ea conventio improbatur, & mulier dotata manet, eadem dos manet, sicut & matrimonium idem.

### Ad L. XLII. de Administ. tutor.

*Ex pluribus tutoribus in solidum unum tutorem judex condemnavit in rem suam, judicatus procurator datus, privilegium pupilli non habebit, quod nec heredi pupilli datur. Non enim causæ, sed personæ succurritur, quæ meruit præcipuum favorem.*

PErtinet hæc l. ad regulam illam, quæ etiam ex lib. reg. Modest. proponitur in *l. privilegia, de reg. jur.* privilegia sive beneficia, quæ personæ præstantur, quæ personæ cohæreant, non transire ad heredem ejus personæ, vel ad alium quemlibet: privilegia, quæ causæ præstantur, quæ rei, negotio, generi actionis, privilegia realia transire, non personalia. Hæc est regula & definitio juris, ad quam hoc loco apponitur exemplum in persona pupilli, cui in tutelæ actione datur constitutionibus Principum privilegium exactionis, ut præferatur ceteris creditoribus tutoris, utque tantisper, dum ei satisfactum sit ex bonis tutoris, ceterorum creditorum actiones differantur, *l. ex facto, sup. de pecul.* Persona pupilli, ut ait Papinianus, meruit hunc præcipuum favorem. Omne beneficium personale præcipuum est, non commune. Quamobrem heredi pupilli idem privilegium non datur, ut in *l.* 1. §. *sidem principes, ad l. Cornel. de falf. l. dabimus,* §. *ult. de reb. auct. jud. poss. vel de privileg. creditor.* Nec distinguo inter heredem pupilli extraneum & filium. Nam & filio pupilli quem postea genuit, idem privilegium non datur, ut aperte demonstrat *l. pen.* §. 1. *de vir. nupt.* Ergo heredi pupilli, quamvis in eum transeat actio tutelæ, idem privilegium non datur: actio tutelæ in eum non transit cum privilegio, nec si filius fit pupilli: & multo minus transit in procuratorem pupilli factum in rem suam, ut in hac specie: si pupillus ex pluribus tutoribus, qui tutelam administrant, unum elegerit & convenerit, atque condemnaverit in solidum, debet ei cedere actionem tutelæ, adversus collegam vel collegas, quo genere eum faciat procuratorem in rem suam, id est, in rem propriam ipsus procuratoris, *l.* 2. §. *ult. famil. ercisc. l. si quis in rem, de procur.* Competit igitur actio tutelæ ei, cui cessa est, sed sine privilegio: privilegiaria actio tutelæ non ceditur, sed simplex, quod non transit in successorem totius juris, qui tamen propriis accedit ad vicem defuncti, ut Cicer. ait 2. *de legib.* & ostendit *l. heres, ff. de usucap.* Denique quod non transit ad heredem, qui totius successor est, quique eadem intelligitur esse persona cum defuncto, ut ait Novella *de jurejur. a moriente præstit.* & in successionem unius rei, vel unius actionis transit multo minus. Conjungenda autem cum hac omni uno est *l. cum pupillus* 22. *de tut. & rat. distrah.*

### Ad Leg. cum Pupillus XXI. de tutel. & rat. distrah.

*Cum pupillus tutela actione, contra tutorem alterum, tutori, quem judex in solidum condemnavit cessit, quamvis postea judicatum fiat, tamen actio data non intercidit, quia pro parte condemnati tutoris, non tutela reddita, sed nominis pretium solutum videtur.*

QUæ de eadem specie tractat, nempe de uno ex tutorib. pupillo condemnato in solidum, cui pupillus cessit actionem tutelæ adversus collegam, quam cessionem in hac *l.* 21. Papinian. ostendit esse utilem, quamvis postea ex causa judicati is, qui condemnatus est, solidum pupillo solverit, quod omnes tutores pupillo debebant ex tutelæ administratione, quia solutio ejusmodi non intercidit, inquit, actio tutelæ quæ tutori, qui solidum solvit, ex causa judicati data, id est, cessa est, ut in *l.* 1. *C. de satisdat.* lis quæ ei data est, id est, cessa & mandata. Denique cessio actionis tutelæ facta a pupillo, non est inutilis, *quia*, inquit, *pro parte condemnati tutoris, non tutela reddita, &c.* Ubi plusquam manifestum est esse scribendum, *quia pro parte non condemnati tutoris, non tutela reddita videtur*, id est, pro ejus parte, pro collegæ parte, qui condemnatus non est, non videtur solutum pupillo ex causa tutelæ, alioqui inutilis esset cessio, sed pro ejus parte, *nominis pretium*, id est, actionis tutelæ pretium pupillo numeratum videtur, quasi ex causa emptionis, ut idem dixit in *l.* 5. *de censibus, l. Modestinus, de solut. l. cum is, de fidejuss.*

### Ad L.I. de Injusto, rupto, & irrito facto testam.

*Testamentum aut non jure factum dicitur, ubi solemnia juris defuerunt, aut nullius esse momenti; cum filius, qui fuit in patris potestate, præteritus est: aut rumpitur alio testamento, ex quo heres existere potuit, vel agnatione sui heredis: aut in irritum constituitur non adita hereditate.*

DE causis, quæ vitiant testamentum hæc lex proponit regulas juris civilis quatuor. Prima hæc est: Testamentum, in quo desunt solemnia juris, non jure, aut non rite factum est, atque adeo inutile est, quoniam testamentum solemnitatem juris desiderat. Testamentum, solemnis voluntas est. Solemnia ergo juris civilis intelligit. Nam & hæ regulæ quatuor & ceteræ, quæ in his libris continentur, sunt regulæ juris civilis, non prætorii: & solemnia juris civilis potissimum consistebant in emancipatione familiæ facta inter testatorem & emptorem familiæ, adhibito libripende, qui æs appenderet, quod pro familia emptor inferebat, emptor imaginarius, & in solemni nuncupatione testamenti, ut Ulpian. exposuit *lib. sing. reg.* Quintil. in Inst. *Non dixerim*, inquit, *testamentum, cui libripens, & emptor familiæ, & cetera jure necessaria deerunt.* In solemnibus non pono testes, alioqui falsum esset, quod in Instit. dicitur, codicillos nullam ordinis solemnitatem desiderare, quoniam & codicilli desiderant 5. testes, *l. ult. de testam. l. ult. C. de codicill. l. hac consultissima,* §. 1. *& l. cum antiquitas, C. de testam.* In solemnibus etiam non pono signa testium, quia non desiderantur jure civili, sed jure prætorii, ut scilicet testamentum sit obsignatum 7. testium signis, prætore alioqui non daturo heredi scripto bonorum possess. secundum tab. Et jure quoque factum testamentum, & rite esse potest, licet signatum non sit, *l. quis legatum, inf. ad l. Corn. de falsis.* Secunda regula; nullum esse testamentum, in quo filius qui est in potestate testatoris, præteritus est, id est, neque heres institutus, neque nominatim exheredatus, licet legata ei adscripta sint. De qua regula, & Martianum tractasse secundo regul. constat ex *l. ult. tit. super.* Idem etiam inutile & injustum testamentum dicitur. Nam

Nam hoc est summum vitium testamenti, præterire filiumfamil. & principale jus, quod exigitur in ordinandis testamentis, ut ait *l. inter cetera, tit. sup.* Tertia regula; rumpi testamentum, quod ab initio justum fuit, mutatione vel agnatione sui heredis. Mutatione, si postea aliud testamentum factum sit, ex quo, ut ait, heres existere possit, & interdum etiamsi non jure, non rite, non solemniter factum sit, ut si aliud testamentum factum sit jure militari, vel si in posteriore testamento is sit scriptus, qui ab intestato rem obtinere potest, *l. 2. hoc tit. l. hac consultissima, §. si quis, C. de testam.* Atque etiam si ex posteriore testamento, nemo heres exiterit, prius rumpitur. Denique neutrum consistit: non prius, quia ruptum est; non posterius, quia irritum est, quando ex eo nemo heres extitit, ut quando heres scriptus repudiavit, vel conditione defectus est, *l. 16. hoc tit.* Ut posteriore rumpatur prius satis est, si ex posteriore heres existere potuerit, licet non extiterit. Ambulatoria enim est voluntas, usque ad extremum vitæ spiritum, *l. 4. de adim. leg.* Quintil. in declam. *sublatum*, inquit, *dicunt prius testamentum posteriore, neque ego non confiteor, si jure factum sit*: hoc est, si testamentum est factum, quoniam plerumque exigimus, ut posterius jure sit factum, exceptis duob. casibus notatis ex *l. 2. hoc tit.* Et sequitur potentissimam esse defuncti proximam quamque voluntatem. Agnatione autem sui heredis rumpitur testamentum si post mortem testatoris, vel post testamentum ei suus heres agnascatur, qui testator præteritus sit, id est, neque institutus heres, neque uti oportet exheredatus, & non agnatione tantum sui heredis, sed quasi agnatione, ut si mortuo filio superstite patre, vel emancipato, nepos ex eo in ejus locum succedat & subintret, *l. 13. hoc tit.* vel si filius ex prima vel secunda mancipatione manumissus, vel olim fiebat, revertatur in potestatem patris. Quod etiam idem Ulpian. exposuit *eod. lib. regul.* quod non ita fiebat in filia, ceterisque liberis, qui una mancipatione exibant de potestate patris, nec desiderabantur tres, ut in filio, (quem morem etiam hodie Moscovia observat) *l. 8. §. ult. hoc tit.* His duobus modis testatori, quasi agnascatur testamentum, in quo silentio præteritus est. Qui agnationem, & quasi agnationem dicit, ut qui contractum, & quasi contractum, qui impossibilem conditionem, & quasi impossibilem: qui possessionem, & quasi possessionem, qui actionem Servianam, & quasi Servianam: nihil etiam refert, suus heres naturalis agnascatur, vel quasi agnascatur, veluti ex justa uxore, vel ex nuru, quæ sit in manu filiifam. an suus heres non naturalis, veluti per adoptionem vel adrogationem, *l. 8. in pr. hoc tit.* vel, ut olim per conventionem in manum. Nam & uxor, quæ convenerat in manum mariti, sua heres, & filiæ loco marito erat, ut Cajus scribit 3. *Instit.* & Aulus Gell. noct. Attic. lib. 18 cap. 6. Quarta & ultima regula hæc est: irritum testamentum per omnia constitui non adira hereditate ab herede in eo scriptus est, in *l. penult. §. 1. de bonor. possess. secund. tab. l. 5. de manum. testam.* Idem desertum dicitur testamentum, & destitutum. Irritum igitur fit testamentum in totum, si repudietur ab herede. Nec dubito quin addiderit Papinianus huic definitioni, vel etiam irritum fieri capitis deminutione quacunque ejus, qui testamentum fecit. Qua de re in *l. 6. §. irritum, hoc tit.* singulæ causæ, sive species vitiandorum testamentorum, singula vitia, singulis appellationibus singulisque regulis distincta & definita sunt. Et hæc sunt vitia, quæ testamentum infirmant.

Ad L. XXXIV. de Heredib. instit.

*Hereditas ex die vel ad diem non recte datur, sed vitio temporis sublato manet institutio.*

Alia sunt vitia his a Papin. subjecta, quæ testamentum non infirmant, ut in hac *l. 34. de hered. instit.* si in testamento pagani heres nominatim instituatur ex tempore certo, vel ad tempus certum, veluti *heres esto, post decennium quam major, vel heres esto usque ad 10. annos.* Quo genere non recte heres instituitur, non recte hereditas datur, quia quod in bon. portione pagani non licet, ut de una portione testetur, de alia non testetur, ut in una habeat heredem testamentarium, in altera legitimum: non licet etiam ei in temporis spatio, ut post mortem suam parte temporis sit testatus, parte intestatus, *l. miles ita, §. 1. de milit. testam.* hæc, quæ sunt privantia natura, sunt inter se contraria, testatus & intestatus, *l. 7. de regul. jur.* Et in quo subjecto unum contrariorum est, non potest etiam esse alterum. Quod autem jure singulari receptum est, ut miles partim testatus, partim intestatus esse possit, hoc colore receptum est, quasi miles habens bona duorum generum, castrensia & pagana, duorum hominum vice fungatur, pagani & militis, ut paganus sit testatus, & ut miles intestatus, vel contra, *l. si certarum, inf. de milit. test.* Paganus tantum unius generis bona habet. Quamvis autem ex tempore vel ad tempus non recte instituatur heres, tamen institutio propterea non vitiatur, quia vitium illud temporis, quod significat illis verbis, *vitio temporis sublato*, tollitur & circumscribitur, & pro non adjecto habetur: & vitium est potius testatoris, quam vitium testamenti: vitia testatoris non infirmant testamentum, quia menda potius sunt & errata testatoris, *l. 1. ff. de condit. inst.* vitia personæ non rei: vitia testamenti testamentum infirmant. Et ita in *d. l. 1. sub conditione impossibili, vel alio mendo*, ut in Florent. *recte factam institutionem non vitiari*: sub conditione impossibili, vel quasi impossibili, ut *l. 14. & 15. eod. tit.* quia ea institutio pro pura habetur, *l. 50. §. pen. hoc tit.* ea conditio pro impleta habetur, *l. 4. §. ult. de condit. inst.* conjuncta *l. Mucianus, §. ult. de condit. & demonstrat.* sub alio mendo veluti ex certo tempore, vel ad certum tempus, vel sub falsa causa, falsa demonstratione, vel falso mendo. Nam & hæc vitia non vitiant testatoris voluntatem, quia vitia testatoris sunt, non testamenti, vel etiam si servus proprius liber esse jussus ita heres instituatur, *si liber erit heres esto.* Nam mendosa est illa adjectio, *si liber erit* cum directo sit manumissus. At hæc quæro, cur tamen heres possit institui sub conditione, an quia pendente conditione videtur paterfam. esse intestatus? hoc nego, quia quamdiu pendet conditio, non est certum, testatus an intestatus sit, sed ex postfacto, ex eventu hoc declaratur, & siquidem conditio extiterit, retroagitur conditio, atque recurrit, & testatus e vita migrasse intelligitur. Si defecit conditio, intelligitur nunquam fuisse testatus, & intestatus e vita migrasse, atque ideo sub incerto conditionis eventu etiam interim heredi pendente conditione prætor de bonor. possid. secundum tab. non expectata conditione, *l. 2. §. 1. & l. 6. §. ff. de bon. poss. sec. tab.* præstita tamen cautione, vel substitutis, vel iis, qui irrito facto testamento per defectum conditionis ab intestato venire possunt, *l. inter, qui satisd. c. g.* Tempus vero certum, neque retro duci potest, neque porro inspicitur, ut puta, cum tempus certum inspicitur & observatur, ex quo vel ad quod quis heres institutus est, ut in testamento militis post vel ante tempus qui scriptus est, non intelligitur heres esse, vel fuisse. Non est omittendum, quod ait Accurs. hoc loco idem esse in libertate & hereditate, ut etiam si testamento data sit libertas ad diem certum temporis, adjectio circumscribatur, & pro non scripta habeatur, *d. l. libertas, & l. seq. de man. test.* Et in Comædia Plauti, quod Sticho servo dicitur, *sume eleutheriam in hunc diem, te nihil morabor, & abi quo lubet*, non est manumisso, sed commeatus & licentia in eum diem, se gerendi pro libero. Neque liber, neque heres quisquam esse temporarius: sicut dicitur etiam de filio in *l. quæsitum, de adopt.* per adoptionem puta, non posse fieri filium temporarium. At quum ex die datur libertas, tum differentia est inter libertatis donationem & donationem hereditatis, quia ex die

die data libertate temporis adjectio non circumscribitur, *l.17.§.ult.& l.seq.§.ult.l.23.§.ult.de manu. test.* In hereditate data ex die, diei adjectio circumscribitur, quia hereditatis nullum aliud initium esse potest, quam tempus mortis ejus, de cujus bonis agitur: mortuo enim succedit statim, aut potest succedere aliquis vel lege vel testamento. Libertatis autem initio quodcumque tempus idoneum est, non tempus mortis solum domini, vel aditæ hereditatis, nisi pure sint datæ libertates.

### Ad L.LXXIX. de Hered. instit.

*Quod si non sit reliqui facta mentio: tantumdem in altero asse habebit Mævius, quantum Titius in primo.*

Pertinet hæc lex ad id, quod ex lib. regul. Ulp. definitum est in *l.50. §. ult. hoc tit.* Hereditatem plerunque dividi in 12. uncias, quia sc. hoc numero plerunque significatur universitas, & ut ait idem Ulp. illo loco: *his 12. uncia assis appellatione continentur*: Quod & Remnius Palemo tradit:

*Nunc dicam solida, quæ sit divisio libra,*
*Sive assis, nam sic legum dixere periti,*
*Ex quo quod soli capimus perhibemur habere.*

Per translationem Vegetius dixit assem pro ungula equi, *purgabis*, inquit, *assem, le pied, libro de re veterinaria*. Plerumque autem ait Ulp. quia non semper 12. unciæ esse vel fieri oportet, sed ex voluntate testatoris quandoque sunt plures, quandoque pauciores, *l.13. §.1.hoc tit*. ut in specie hujus *l.79*. Titium heredem scripsit ex portione, quam per leges capere possit, & Mævium simpliciter hoc modo, *Mævius heres esto*, duo asses fient, id est, 24. unciæ, ut singuli habeant 12. si Titius assem capere possit, vel etiam duobus assibus reductis ad unum assem, dupondio reducto ad assipondium, singuli habebunt semissem. Et hoc si Mævius fuerit simpliciter institutus, non si fuerit institutus ex residua parte, quia Titio existente capace assis, Mævius nihil habiturus est, quia residua pars nulla est quod in responsis latius exposuimus ad l.superiorem cui hæc implicita est.

### Ad L. Qui duos XLII. ff. de Vulg. & pup. substit.

*Qui duos impuberes filios heredes reliquerat, ita substituit, si ambo mortui essent, deinde pueri post mortem patris simul perierunt. Duæ hereditates substituto deferuntur: sed si diversis temporibus vita decedant in hereditate novissimi pueri, ejus fratris, qui ante mortuus est, hereditatem substitutus inveniet. Sed in ratione Falcidiæ, pueri prioris hereditas non veniet, nec substitutus amplius, quam sescunciam jure testamenti desiderabit: legata quoque quæ a substituto ejus filii data sunt, qui prior intestato decessit ad irritum recidunt.*

De rebus dubiis, vel ambiguis, & maxime de commoriencib. varias fuisse conditas regulas, & definitiones a Jurisconsultis, constat ex *l.16. 17. 18. 22. de reb.dub.& l.34.ad Treb.& l.26. de mort.caus.don.* Quæ omnes sunt ex lib. reg. Martiani Jurisc. Commorientes dicuntur, qui simul pereunt naufragio, vel alio casu, & ita ut non videatur supervixisse alter alteri. Ad eas regulas jurisc. de commorientibus pertinet hæc *l.42.* Cujus species est de duobus filiis impuberibus a patre heredibus institutis ex æquis partibus, quibus pater L. Titium directo substituit in hunc casum, si ambo impuberes mortui essent, quæ est substitutio pupillaris, sive pupillare testamentum, quod pater filiis fecit: & ab eodem substituto in eum casum pater plerisque multa legata reliquit. Et ostenditur in hac l. multum interesse, utrum ambo filii diversis temporibus vita decesserint unus post alium, an simul uno ictu, unoque impetu commortui sint, ruina vel naufragio. Nam si non diversis temporib. vita decesserint, sed simul iis filiis post mortem patris commorientib. casu quodam, duæ hereditates duorum pupillorum substituto deferuntur, substitutionis jure, quasi substituto utrique simul morienti, quia non apparet, uter utri supervixerit. Sed si hoc appareat, ut si diversis temporib. vita decesserint, priori mortuo superstes succedit legitimo jure ab intestato, non pater, qui substitutum vocavit in hunc casum tantum, si ambo impuberes mortui essent, jus legitimæ hereditatis inter fratres servari voluit. Denique vero posteriori mortuo succedit substitutus substitutionis jure, si hic & intra pubertatem mortuus sit, si mortuus fit impubes. Ceterum una est hereditas, cui substitutus succedit, non ut priore casu duæ hereditates, licet in hereditate posterioris, cui succedit, inveniatur hereditas prioris, quæ hereditati posterioris accessit jure legitimo, non jure testamenti paterni. Eademque differentia servatur, si pater duobus filiis impuberibus ita substituerit, si uterque impubes decesserit, *l. pen. C. de impub.& aliis subst.* vel si substituerit ei, qui novissime morietur, ut *l. vel singulis, & l. ex duob. hoc tit. l. qui duos, de reb. dub.* quibus ll. quæ refragari videbantur, ea jam sunt profligata in Responsis Papinian. ad *l. heredes, §. qui ita, ad Treb. & ad l.14. §. ult. ad leg. Falc.* vel ad Afric. in *d. l.ex duob.* Sic igitur statuamus: sive duob. filiis impuberibus pater ita substituat, si ambo impuberes decesserint, vel, si uterque impubes decesserit, vel etiam hoc modo, si qui novissime impubes morietur, dicimus, multum interesse simul, an diversis temporib. fratres impuberes vita decesserint. Nam primo casu, si pariter & simul mortui sint, utriusque hereditas, id est, duæ hereditates duorum pupillorum substituto deferentur ex testamento pupillari, quod pater pupillis fecit. Secundo autem casu, cum ordine vita decesserint, testamento tantum defertur ex testamento pupillari hereditas filii postremo defuncti, sed auctior & locupletior hereditate fratris præmortui legitima. Ex hac differentia nascitur alia, quæ pertinet ad legata: quæ initio posui fuisse plurima a substituto primo casu relicta. Et quod ad rationem legis Falcidiæ attinet, cui ea illa legata subjiciuntur, primo casu, id est, si ambo simul perierint, ex legatis a se relictis in testamento pupillari, vel quod idem est in secundis tab. substitutus, si sit oneratus, detrahit quadrantem totius hereditatis paternæ, perinde ac si a patre hæres institutus esset ex asse, quia & assem substitutus capit jure testamenti: id est, jure substitutionis: Et merito hac in causa substitutus instituto comparatur, *l.11. §. si filio, & l. quæsitum ad l. Falc. l. prox. §. coheres, hoc tit. l. quod fundum, §. ult. ad Treb.* Et ideo si ex unius pupilli hereditate substitutus salvum quadrantem habeat totius hereditatis paternæ, nihil detrahit ex hereditate pupilli alterius, quia in ponenda ratione legis Falcidiæ duæ illæ hereditates duorum pupillorum commiscentur, & confunduntur, *l.14. §. ult. ad l. Falc.* Secundo casu, si pueri diversis temporibus vita decedant quem solum casum ut & advertit Accurs. qui intelligit hanc legem: recte tractat hic Papin. cum diversis temporibus diem suum obierint, hoc, inquam, casu pro parte ejus, qui prior vita decessit, substitutio fit irrita, *l. prox. §. pen. sup. hoc tit.* Igitur & pro ejus parte legata a substituto relicta ad irritum recidunt, ut in extremo *h. l.* testamentum, quod fit irritum, per omnia fit irritum, *l. pen. §.1. de bon. pos. contr. tab.* & irritum fit testamentum non adita hereditate, sive si noluerit heres adire hereditatem, sive non potuerit, veluti, conditione defectus, sub qua hæres institutus erat. Qua ratione, & in specie proposita irritum fit testamentum pupillare, pro parte ejus, qui prior excessit e vita, quam partem ne substitutus adire possit, frater superstes impedit, cui ea pars defertur jure intestati, jure legitimo, quod inter fratres pater servari voluit. Pro parte autem posterioris, id est, qui postremus vita decessit, testamentum pupillare, sive substitutio pupillaris valet, & pro ea parte legata debentur a substituto, salva tamen eidem substituto Falcidia, id est, quarta semissis, quæ est sescuncia semissis competentis posteriore mortuo. As enim continet 8. sescuncias: ergo

ergo semis continet 4. & semissis quarta, sive Falcidia est sescuncia. In eam vero Falcidiam, id est, in sescunciam substitutus non imputat hereditatem fratris præmortui, quam invenit in bonis posterioris, cui soli ex substitutione succedit, quia ea hereditas præmortui filii adventitio jure quæsita est, nimirum ab intestato, non ex judicio patris : & ea tamen, quod vulgo notum est, in Falcidiam imputantur, quæ capiuntur ex judicio testatoris, id est, jure testamenti, *l. quod autem, ff. ad l. Falc.* Qua de causa & Falcidia hoc loco dicitur capi jure testamenti, id est, jure substitutionis testamento factæ: & alibi Falcidia dicitur esse commodum testamenti, *l. omnes, ff. ad Treb.* quia jure testamenti, jure hereditario percipitur non adventitio jure. Quæ non imputaret in Falcidiam substitutus, non imputat etiam substitutus, quia primo & secundo casu substitutus instituto comparatur: itaque supra sescunciam, quam substitutus detrahit ex semisse posterioris, jure substitutionis habebit etiam integrum & illibatum semissem prioris. Et hoc est quod ait in *h. l.* cum diversis temporib. pueri non pariter mortui sunt (quem solum casum tractat) in rationem Falcidiæ pueri prioris hereditatem non venire, id est, capi eam a substituto integram, pro ratione Falcidiæ dodrante ejus portionis legatis erogato, quæ pro ea parte in irritum reciderunt, nec imputata quoque ea parte hereditatis in rationem Falcidiæ ; in quam venit sola hereditas posterioris, quam ex testamento prior accepit: sed ex hereditate tamen posterioris, si onerata sit legatis substitutum detrahere sescunciam jure Falc. ut in *d. l.14. §. ult. ad l. Falc.*

---

### Ad L. LXXX. de Legat. 2.

*Legatum ita dominium rei legatarii facit, ut hereditas heredis res singulas, quod eo pertinet: ut si pure res relicta sit, & legatarius non repudiarit defuncti voluntatem, recta via dominium, quod hereditatis fuit, ad legatarium transeat, nunquam factum heredis.*

IN hac l. proponitur hæc regula, *legatum ita dominium rei legatarii facit, ut hereditas heredis res singulas, &c.* Loquitur de legato pure relicto, ut infra ait, *ut si pure res relicta sit*: non loquitur de legato relicto sub conditione, sicut nec altera regula, quæ huic subservit ex lib. 9. *reg.* Modest. in *l. omnia, sup. hoc tit. Omnia quæ testamentis sine die, vel conditione adscribuntur,* id est, quæ pure relinquuntur, ex die aditæ hereditatis præstantur. Ergo non loquuntur de legato sub regulæ de legato relicto ex die, vel ad diem : nam & legatum aliter, quam hereditas redæ datur ex die vel ad diem, *l. ult. C. de leg.* & legatarius temporalis sit dominus rei legatæ, quod in herede effet absurdum. Et ea differentia inter heredem & legatarium summe notanda. Legati autem titulo, & jure rei legatæ dominium adquiri ait hoc loco, ut *l. quotiens, §. ult. de pecul. l.1. in fi. de Public. in rem act. l.3.§. si rem, tit. seq. l.7. C. de leg. l.2. C. quando dies leg. ced.* est ex lege 12. tabul. ut legato dominium adquiratur, *uti quisque legassit, &c.* Sed ita legato sit adquiri dominium legatario rei legatæ, ut hereditate id est, titulo & jure hereditatis heredi adquiruntur (quod est etiam ex 12.tab.) res singulæ hereditariæ : quam definitionem sic explicat, ut heres dominium rerum hereditariarum adquirat adita hereditate, cum dixit se heredem esse velle, & ea aditio retrotrahatur ad mortis tempus testatoris, ut & ex mortis tempore defuncti heres esse intelligatur, *l. heres, de adquir her.* Cujus rei argumentum profert *l.si ex re, §. ult. de stipul. serv.* ex jure Pontificio, quod heres, aut quod heredis familia ex die mortis funesta esse intelligatur, nondum pura, nondum expiata : Heres igitur ex aditione fit dominus rerum hereditariarum, & intelligitur fuisse a morte testatoris, quia aditio retrotrahitur: & ad eundem modum legatarius dominium rei legatæ adipiscitur agnito legato, cum dixit, se amplecti liberalitatem defuncti, *l. ei qui ita, de condit. inst. l. cum*

vero, *in fi. de fideic. libert.* Ceterum agnitio legati retrotrahitur ad tempus aditæ hereditatis ab herede instituto, quo tempore demum cœpit legatario deferri legatum, *l. servum filii, §. 1. l. si tibi homo, §. cum servus, tit. prox.* Cedit dies legati, quod notandum, ut possit transferri in heredem (hic est effectus cessionis) a morte testatoris: defertur legatum, ut vel repudiari, vel agnosci possit ab aditione heredis : ante aditionem non defertur, id est frustra repudiatur, frustra agnoscitur: adquiritur autem dominium rei legatæ ab agnitione legatarii, cum dixit se non aspernari aut repudiare legatum. Et hoc est, quod ait *l. omnia hoc tit.* quam dixi subservire omnino huic regulæ, *omnia quæ testamentis sine die, & conditione adscribuntur, ex die adita hereditatis præstantur,* id est, ex eo die deferuntur, & si repudiata non sint, si agnita sint, ex eo etiam de adquisita esse dicuntur, retroacta ad eum diem agnitione legati. Denique ut aditio heredis retrotrahitur ad tempus mortis testatoris, ita agnitio legatarii retrotrahitur ad tempus aditæ hereditatis, non ultra: quia non sequitur recursum sive retractum etiam aditionis, sicut sidera, quæ retrahuntur ad punctum certum, nec tamen ejus puncti ductum sequuntur, qui retrotrahitur: ita vero fit, ut ab adita hereditate legatario rei legatæ dominium adquisitum videatur, dominium scil. quod ante fuit testatoris dum vixit, & post mortem ejus, ante aditam hereditatem, quod fuit jacentis hereditatis & vacuæ, quæ quidem hereditas jacens, non minus, quam heres qui adivit, ante aditionem, domini, id est defuncti vicem sustinet, *l. heres, de usurp. & usuc. l. hereditas, de adquir. rer. dom. l. non minus, de hered. instit. l. denique, §. quæsitum, quod si aut clam.* Agnitione igitur legatarius adquirit dominium quod fuit hereditatis, non quod fuit heredis res legata, sed ut ait, *recta via : l. 3. §. si rem, tit. seq.* ait, *statim recta via.* Igitur & statim ab hereditate jacente dominium intelligitur transiisse in legatarium, nunquam factum heredis; sicut nec servi directo manumissi in testamento heres intelligitur unquam dominium habuisse, *l. si jussit, in fi. de furt. & ita in l. a Titio, eod. tit.* Similiter dicitur recta via ea, quæ legantur ab eo, qui legavit, & ab hereditate, quæ vicem sustinet, ad eum, cui legata sunt, transire, nec ullo momento consistere in dominio heredis, *l.9. §. sed & creditor, sup. de pecul.* dominium igitur rerum legatarum non nisi scientibus adquiritur, nempe agnoscentibus, actiones tamen personales legatorum, fateor etiam ignorantib. legatariis adquiri: aliud est actio personalis, aliud dominium, *l. si a furioso, de obl. & act. l. filius, qui testa. fac. pos. l. cum pr. §. furio, hoc tit. l. ult. quand. dies leg. ced.* Ac postremo ne quid objiciatur, omnino notandum est, quæ diximus hactenus locum habere tantum in legato vindicationis, de quo hæc lex accipienda est, veluti, *illud tibi do, lego, illam rem capito, habeto*: nam legatum damnationis, veluti, *heres damnas esto illi illud dare,* non adquiritur per agnitionem legatarii, sed per traditionem heredis damnati, & quæsitum traditione dominium non retrotrahitur ad tempus aditionis heredis, sed ad tempus moræ heredis : ac propterea intererit ante traditionem aditione hereditatis heredi factum esse intelligitur. Ex quibus principiis certissimis sequuntur effectus complures, *l. 18. de serv. & l. legatum, §. ult. tit. prox.* vel etiam de legato per vindicationem conditionali, vel in diem, non de pure relicto, de quo solo egimus hactenus.

---

### Ad L. LXXIX. de Condit. & demon.

*Heres meus, cum morietur Titius, centum ei dato, purum legatum est, quia non conditione, sed mora suspenditur, non potest enim conditio non existere.*

§. 1. *Heres meus cum ipse morietur, centum Titio dato legatum sub condit. relictum est, quamvis enim heredem moriturum certum sit, tamen incertum est, an legatario vivo, dies legati non cedat, & non est certum ad eum legatum perventurum.* §. Qui post p'i, Mucianam cautionem interpositam legatum accepit, si contra cautionem aliquid fecerit stipulatione commissa etiam fructus heredi restituet: hoc enim legatarius, & in exordio cavere cogitur. §.3. Quamvis ususfructus cum morietur legatarius inutiliter legetur: tamen conditionis Mucianæ remedium, ususfructu quoque sub conditione alicujus non faciendi legato, locum habet. §. 4. Quod in fraudem legis ad impediendas nuptias scriptum est nullam vim habet, veluti Titio patri centum, si filia quam is habet in potestate, non nupserit, heres dato, vel filiosam. si pater ejus uxorem non duxerit, heres dato.

Quæ proponuntur initio h.l. pertinent ad generalem illam definitionem juris antiqui, qua utimur, neglectâ l. Papia: Legatorum, quæ pure vel in diem certum relicta sunt, diem cedere ex mortis testatoris tempore: eorum vero, quæ sub conditione relicta sunt, diem cedere, cum conditio exititerit, quam Ulp. ponit lib.sign.reg.tit.de legatis. Et consequenter pertinet etiam ad regulam Catonianam, ut quæ legata ab initio non valent, non convalescant ex postfacto: quæ locum tantum habet in legatis quorum dies cedit a morte testatoris, non conditionalibus legatis, l.cetera, §.1.de leg.1. neque enim ad alias, quam ad alias regulas juris referri potest, quod ait initio hujus l. purum esse legatum, quod ita relinquitur, heres meus, cum morietur Titius, centum ei dato. Quod sanè purum est legatum, quia certum est Titium moriturum, atque statim a morte testatoris legatum deberi incipit, l.9.ut legat. nom. cav. & quandoque mortuo Titio præstandum est legatum heredi ejus, l.4.quando dies leg. ced. & deberi quidem incipit statim, non tamen peti potest etiam statim, quia etsi non conditione, mora tamen certi temporis legatum suspenditur, quoad moriatur Titius: ne omne quod debetur statim, & peti statim potest, quia differtur sæpe petitio ex causa, d.l.9. Conditio suspendit obligationem & petitionem: mora suspendit petitionem non obligationem: conditio transmissioni impedimento est, ne sc. a legatario jus legati transeat ad heredem ejus: mora transmissioni impedimento non est: ac similiter conditio delegationi impedimento est, ne sc. jus legati possit cedi alteri, l. legata sub condit.hoc tit. mora non obstat delegationi, vel cessioni legati. Denique magna est differentia inter conditionem & moram, l.1.ff.de leg.2. l. 6. quando dies leg. At ut sequitur in §.1. si legatum ita relinquatur heres meus quum morieris, Titio centum dato, vel Titio hoc vel illud facito, conditionale legatum est, quia etsi heredem moriturum certum sit, tamen non est certum, uter sit prior moriturus, heres an Titius legatarius, quæ res suspendit omnino causam legati. Si enim prior moriatur legatarius superstite herede, heredi legatarii, heres, a quo legatum relictum est, non tenetur, quia legatarius decessit antequam dies legati cederet, id est, ante mortem heredis, ante conditionem impletam : & ideo nihil legatarius transmisit ad heredem suum, l.1. §.dies, hoc tit.& d.l.4.quando dies leg. ced.l.12.§.ult.de leg.2.l.ult.C.de contr.stip. Priore casu, qui proponitur initio h. l. certum est, legatum deberi statim, atque adeò videtur etiam deberi statim, quia quæ omninò extitura sunt, pro præsentibus habentur, & videntur deberi statim. Quâ ratione & mors cuique dicitur esse præsens: omnis dies cuique esse supremus dies. Posteriore casu, certum non est legatum debitum iri, quia legatario heres supervivere potest, quo casu inutile legatum efficitur; priore casu dies est certus, posteriore incertus, qui pro conditione habetur, l. dies, hoc tit. Quod sequitur in hac l. in §.qui post, pertinet etiam ad legata conditionalia, non quidem ad ea, quæ relinquuntur sub conditione dandi aut faciendi aliquid, sed ad ea, quæ relinquuntur sub conditione non faciendi, veluti, Titio centum lego, si Stichum non manumiserit, quæ quidem plurimum ab illis distant. Neque enim illa, quæ relinquuntur sub conditione dandi vel faciendi, ullo remedio

capi aut peti possunt, antequam conditio fuerit impleta. Hæc autem quæ relinquuntur sub conditione non faciendi, capi & peti possunt remedio stipulationis Mucianæ, quam C. Mucius excogitavit. Unde si legatarius eam offerat & caveat datis fidejussoribus se non facturum, quod ne faceret in conditionem legati deductum est, aut si secus fecerit, se rem legatam heredi redditurum cum fructibus medio tempore perceptis, hoc remedio statim perveniet ad legatum, quamvis sit conditionale, l.7. & 18. hoc tit. alioquin erit expectanda mors legatarii, quia antequam ea contigerit, non est certum non fecisse eum, quod facere vetitus est, quia conditiones in non faciendo conceptæ, non possunt expleri, nisi morte legatarii, l. Titio fundum, hoc tit. Solet autem legatarius etiam cavere de fructibus restituendis, ut dixi ante, & obstenditur in l.cum filius, de leg.2. Sed & si in cautione omissa fit mentio fructuum restituendorum, forte per oblivionem commissa stipulatione Muciana, hoc loco ostendit in eam fructus rerum legatarum venire ruptâ cautionis fide: quod cautioni vulgò adjici solet pro adjectô habetur, si omissum sit, non pro omisso, l. ult. C. quæ res pign. l. ult. C. de fidejuss. De cautione Muciana etiam est quod subjicit in §. pen, si ita legetur ususfruct. quum morietur legatarius, purum quidem est legatum, sed inutile, quia & constituitus ususfruct. morte legatarii extinguitur, quia jus est personale, quod cum persona extinguitur;& consequenter perperam, & quasi ridicule conseratur in mortem, quod morte perimitur, l.5. de usufr. leg. Sed si ususfructus relinquatur sub conditione non faciendi aliqui, conditionale est legatum, & valet, quia etsi ea conditio non expleatur nisi morte legatarii, quæ extinguit legatum, tamen legatarius ad legatum statim pervenire potest præstita cautione Muciana : remedio cautionis Mucianæ fiet utile legatum, quod alioqui esset inutile, quæ est sententia, §. pen. etiam referri potest ad cautionem Mucianam §. ult. ut intelligamus, si mulieri legatum relictum sit sub conditione, si non nupserit, vel si viro relictum sit sub conditione, si uxorem non duxerit, legatarium posse pervenire ad legatum, etiam non præstita cautione Muciana, quia l. Julia, quæ Miscella appellatur, ea conditio viduitatis remittitur, quasi publicæ utilitati repugnans, l. hoc modo, hoc tit. l.2. §. tractari, ad Tertullian. Itaque post mortem testatoris intra annum, ut definivit lex Julia, ille legatarius nuptias contrahere, & nihilominus non habita ratione conditionis adscriptæ legato, legatum capere potest. Verum post annum si viduus aut vidua permanserit post mortem testatoris, post annum non aliter capere potest, quam si præstiterit cautionem Mucianam se non nupturum, non ducturum uxorem, quod lex Julia cavit, & probavit etiam Justin.in Novella 22. Et hoc quidem jus sequimur non tantum si conditio viduitatis conferatur in personam legatarii nominatim, veluti, lego Titio centum, si uxorem non duxerit, sed si ea conditio conferatur in personam patris, in cujus potestate legatarius est hoc modo, lego Titio centum, si pater ejus uxorem nunquam duxerit, vel si conferatur in personam filii, quem legatarius in potestate habet, ut lego Titio centum, si filius ejus uxorem non duxerit, vel, si filia ejus non nupserit. Nam & hæ conditiones circumscribuntur & remittuntur, quia scilic. sunt adscriptæ in fraudem l. Miscellæ per simulationem legati relicti patri, quod relinquere voluit filio sub ea conditione, vel contra, & inspecta calliditate testatoris perinde est, atque si ei sub ea conditione legasset nominatim, cui legatum & quæsitum voluit, & ideo intra annum poterit capere legatum, etiamsi pater vel filius, qui in conditione positus est, nuptias contraxerit. Ponit speciem in patre, qui filium habet in potestate, qui est in potestate patris: nam aliud est in emancipato vel extraneo quolibet, ut si ita legavero, lego Titio centum, si filius ejus non duxerit. Hæc species legati nihil pertinet ad l. Juliam Miscellam, nec aliter Titius perveniet ad legatum, quam si Seja vidua permanserit, l. mulieri, hoc tit. Qui ita legavit-nullam
frau-

fraudem excogitavit adversus l. Juliam Miscellam.

### Ad L. XXVIII. de Oblig. & act.

*Actio in personam infertur, petitio in rem, persecutio in rem, vel in personam, rei persequendæ gratia.* (*)

PRopositurus Papinianus regulas, quæ multæ sunt de actionibus, ut in his libris regularum non esse insolitum fieri ostendi initio hujus libri, divisit (*) actionem in d.l.28. in actionem, petitionem, persecutionem. Actionem dixit inferri in personam rei persequendæ gratia. Proprie ita accepit actionem & specialiter: est enim actionis nomen generale & speciale ut adoptionis & cognationis. Petitionem inferri in rem, quæ & petitoria actio dicitur, & inde nomen petitioni hereditatis, quia in rem actio est. Persecutionem autem inferri in rem vel in personam. Ergo actione convenio personam, affirmans eam mihi dare aliquid aut facere oportere. Petitione convenio rem ipsam, asserens eam rem meam esse, quæ ab alio possidetur: persecutione convenio vel rem vel personam. Et ut hæc quoque definitionibus explicemus. Actio est jus, quod sibi debeatur rite & ex ordine in judicio persequendi. Petitio est jus, quod suum est, id est, in dominio suo judicio rite persequendi. Persecutio autem est jus quod suum, quodve sibi debitum est extra ordinem judicio persequendi. Nam persecutio dicitur tantum de actionibus extraordinariis, *l.pecuniæ*, §.*actionis*, *de verb.sign.* ut de persecutione fideicommissi, quod ut Ulpian. scripsit in regulis, petitur cognitione & interventu ipsius magistratus, non apud judicem datum per formulam. In judiciis extraordinariis formulæ non observantur, id est, juris ordo, *l. actio, de neg.gest.* ut item de persecutione salarii, quod non petitur per formulam, sed cognitione magistratus, *l.salarium sup.mand.* Et ita hæc tria verba distinguenda sunt in stipulatione de rato, *l.procurator, rem rat.hab.* Neminem petiturum, cui ea de re actio, petitio, persecutio sit: & in stipulatione Aquiliana, *l. & uno, de accept.* Quarumcunque rerum mihi tecum actio, quæque adversus te petitio, vel adversus te persecutio est: & in *l.49.de verb.sign.* In bonis connumerari, quæ sunt in actionibus, petitionib. persecutionib. Et apud Cornif. 2. ad Herem. quæritur in translationibus, inquit, num aliquis ejus rei actionem, petitionem, executionem habeat, petitionem & executionem communicari. Nam & persecutio passim in jure executio appellatur. Quamvis autem hæ sint definitiones actionis, petitionis, persecutionis, admonendi tamen sumus, eas facile confundi, commutari, vel communicari earum verbis latius acceptis. Nam & in definitione actionis verbum debendi complectitur etiam, quæ nostra sunt, si ab alio possideantur, lata significatione, in *d.l.pecuniæ*, §.*debetur*: & in definitione petitionis suum recte quis dicit latissime, & quod sibi debitum est, ut in *l. repetitio, de cond.indeb.* & sæpe. in illo tit. *quia suum recepit*, id est, sibi debitum. Et definitio quoque persecutionis accommodari potest ad omnia judicia, omnesque actiones, quoniam hodie omnia judicia sunt extraordinaria, id est in nullis observantur formulæ, mores, ritusve judiciorum antiqui proditi jure civili, omnia judicia sunt extraordinaria, §. *ult. Institutionibus, de interdictis*: non quod ordinaria, solemnia, formularia sint sublata, si quis his uti malit, quibus plerumque uti consultius esset,& nescio an desuetudo formularum plus auxerit, quam minuerit lites, sed quod extraordinaria judicia magis frequentantur omni ordine sublato a judiciis, sicut a ceteris negotiis: nam & a testamentis hodie exulat ordo juris, ut vere possis dicere omnia testamenta non jure facta esse, quia in omnibus desunt ritus & solemnia juris, deest æs & libra.

(*) (*) *Vide Merill.variant.ex Cujac.lib.1.cap.45.*

### Ad L. CXXIII. de Verb. oblig.

*Si flagitii faciendi vel facti causa concepta sit stipulatio, ab initio non valet.*

IN hac lege melius est accipere verbum *flagitii* generaliter, ut regula congruat cum eo, quod generaliter definitur in *l. generaliter, eod. tit.* Generaliter novimus turpes stipulationes nullius esse momenti. Et ait, *ab initio non valet*, id est, statim non valet ipso jure, etiamsi postea flagitium admissum non sit: vel etiamsi admissi flagitii pœna legibus extincta sit.

## JACOBI CUJACII JC.
### COMMENTARIUS
In Lib. II. Definitionum ÆMILII PAPINIANI.

### Ad L. VII. D. de Justit. & jure.

*Jus civile est, quod ex legibus, plebiscitis, Senatusconsultis, decretis Principum, auctoritate prudentium venit.* §. 1. *Jus prætorium est, quod Prætores introduxerunt adjuvandi vel supplendi, vel corrigendi juris civilis gratia, propter utilitatem publicam, quod & honorarium dicitur, ab honorem prætorum sic nominatum.*

HÆC lex secundum editionem Florentinam est ex libro 2. definit. Papinian. quæ declarat quid sit jus civile, & quid prætorium. At secundum vulgarem editionem, sane ea *l.7.lib.1.*definition. vindicanda est, quod equidem verum esse arbitror. Nam & ceteræ fere omnes *ll.hujus tit.* sunt ex aliorum auctorum vel *lib.1.Instit.* vel *lib.1.regul.* vel *lib.1.juris Epitomarum*. Ergo & hanc verisimile est fuisse ex lib. 1. definitionum. Præterea ut Papin. *lib. 1.* exposuit ante omnia, quid esset lex, ita verisimile est: quod præstat lex 7. & eodem libro antequam juris regulas pergeret, exposuisse eum, quid esset jus civile, quid prætorium. Sunt enim hæ definitiones præparatoria quædam ad regulas. Et credo etiam Ulpian. regulas juris inchoasse a partibus juris civilis, quas complectitur definitio proposita in hac *l.7.* Est enim definitio confecta per partitionem. At ita verisimile est Papin.libros suos definitionum & regularum inchoasse non tantum a definitione legis, sed etiam juris civilis atque juris prætorii, nec ejus rei explicationem rejecisse in *lib.2.* Ait autem Ulpian. initio regularum, jus civile, quod & positivum appellatur ex pluribus partibus constat, scil. legibus, plebiscitis, Senatusconsultis, constitutionibus Imperatorum & similiter jure honorario, inquit, quod est edictum prætoris, vel proconsulis, id est, edictum urbanum, vel provinciale, & ex responsis jurisperitorum. Et his partibus explicatis, ait Ulpian.se ad studia juris regulas exequi velle, & ita priusquam regulas juris exequeretur Papin. quæ sumuntur ex variis partibus juris, vel civilis, vel prætorii, exposuit nobis, quid esset jus civile per partitionem his verbis, *jus civile est, quod ex legibus, plebiscitis, Senatusconsultis, &c.* Verum Ulpian.supr.d. loco in partibus juris numerat etiam edicta magistratuum, quæ tamen hic Papin.conficiens definitionem juris civilis per partitionem omittit. Partem etiam juris civilis. Ulp. facit edicta magistratuum in *Instit.* ex quibus est §.*scriptum*, tit. *de jure nat.gent.& civ.* Et Cicero in Topicis, ubi etiam per partitionem definit jus civile. Ac solus ipse etiam partibus juris civilis adnumerat res judicatas, & morem, & æquitatem, quas tamen omisit omnes Papin. In hac definitione, quamvis & eam conficeret per partitionem, quod vitiosum esse merito quis dixerit, nisi cur eas partes Papin.omiserit ostendatur. Et facilis hujus

**In Lib. II. Definit. Papin.**

jus rei absolutio erit, si dicamus a Papin. definiri scriptum tantum & merum sive legitimum jus civile, scriptum jus civile. Nam ut in d. §. *scriptum*, cum proposuisset ante ex Ulpian. Instit. jus civile constare ex scripto, & sine scripto: mox subjicit definitionem juris scripti. Ita cum eadem divisio juris civilis ante proposita fuisset ex eodem Ulpiano in l. 6. consequens erat, statim & primum tradi definitionem juris scripti, quod & positium sive positivum dicitur. Jus non scriptum, cujus partes sunt mos, æquitas, rerum judicatarum constantia, est jus ἀγραφοντόν, non positivum. Merum autem jus civile, quod legitimum dicitur, *l. sed patronus, §. bonorum, de bon. poss. l. ult. §. ult. de bon. poss. cont. tab.* a Papin. definiri, etiam subjecta juris prætorii definitio demonstrat in hac l. quid enim evidentius, quam voluisse Papin. jus civile separare a jure prætorio? Et ideo jus prætorium sive edicta magistratuum, quod idem est, non inseruit definitioni juris civilis confectæ ex partibus, cui definitioni juris civilis inserit jus prætorium, miscet jus utrumque, miscet quæ separat Papin. Neque enim definit Papinian. jus civile universum, cujus pars est etiam prætorium, & jus quoque civile nonnunquam dicitur, ut in illo loco Ciceron. pro Cæc. *quod denique ad jus civile*, &c. loquentis de prætoriis edictis, & jus prætorium, quod manat ex edicto, vel interdicto prætoris, quod & δίκαιον dicitur a Theoph. in tit. de interd. viva vox est juris civilis in l. seq. Ciceroni *lex loquens*, & jus prætorium jus civile subsequi in *l. scio, de testib. l. 1. §. ult. de capt. & post. l. 39. de noxal.* Æl. Et jus prætorium & legem æstimari apud Varronem de *ling. Lat.* & Prætorem Tullius in *ll.* juris civilis custodem esse, qui idem pari ratione definitionem juris civilis, cum admiscet res judicatas & morem & æquitatem, non jus tantum scriptum definit, ut Papin. sed universum jus civile sive scriptum, sive non. Non scripti juris civilis pars est mos & consuetudo, quæ tacito & illiterato populi consensu & quasi conventu obtinuit: non scripti etiam juris pars est æquitas, quæ scripti juris interpretatio est, & moderatio & emendatio, ut Aristoteles ait, ἐπανόρθωμα, id est, quod deest jure civili, quod litteris non potuit comprehendi. Æquitas denique juris scripti interpretatio, moderatio, emendatio est, posita in arbitrio boni viri, periti bene judicandi, ut in re dubia pro ratione temporis, loci, causarum, personarum, æquitatem sequatur potius, quam jus scriptum: ea æquitas neque in totum scripta est, neque in totum scribi potest: est enim infinita regula æquitatis. Non scripti juris civilis pars etiam sunt res judicatæ, id est, res quasi tritura quadam fori & usu jamdiu recepto semper eodem modo in similibus causis judicari solitæ, juxta id quod dicitur in *l. nam Imperator, D. de ll.* in ambiguitatib. quæ ex legibus proficiscuntur, rerum perpetuo judicatarum similiter auctoritatem, vim legis obtinere: observa quod ait, *perpetuo & similiter*: nam ut Tullius ait lib. 1. de invent. *solitarii alicujus aut rari judicati nullum momentum est*: nec a judicato simpliciter argumentum valet, sed a sæpius judicato, vel a perpetuo judicato, *l. 1. §. hoc autem, inf. ad Syllan.* Et similiter ait, *non varie*, ut *l. nonnunquam, ad Trebell.* nam ex vario judicato jus vel argumentum certum constitui, aut duci non potest. Judicatum autem perpetuo & similiter, dicatum quo vel numero & tempore valet, partem facit juris non scripti, in his causis, in quibus jus scriptum deficit, eaque pars dicitur mos judiciorum sæpissime, & jus judiciorum, *l. 3. C. de dotis promiss. & mos legum l. 32. C. de transact.* Alius est mos majorum sive jus populi: alius mos judiciorum & legum. Non scripti etiam juris civilis nemo negat partem esse jus gentium, quod & naturale dicitur, & morum etiam appellatione continetur, ut in *l. 8. & in l. sororis, de rit. nupt.* nec libertinam matrem, vel sororem uxorem duci posse, quia hoc jus, inquit, moribus, quod est jure gentium, non legibus introductum, quia, ut ait in *l. adoptivus, §. 1. eod. tit.* in nuptiis contrahendis jus naturale inspicitur; quod est jus gentium, pudor naturalis, non merum jus civile, non

jus legitimum. Et similiter in *d. l. sororis*, si quis non duxerit, quam moribus prohibemur uxorem ducere, incestum committere jure gentium; quo sit perspicuum morum appellatione significari jus gentium, & universi juris jus gentium pars dici potest. Et inde M. Tullius 3. de offic. *quod jus gentium est*, inquit, *& jus civile esse debet.* Et alibi in Partitionibus *legis esse propria etiam ea, quæ sine litteris, aut gentium jure, aut majorum more retinentur.* Verum non partes juris non scripti, sed partes juris scripti tantum hac definitione Papin. complecti voluit. Noluit etiam, ut diximus, confundere jus prætorium cum jure civili, quamvis idipsum, quod prætorium est, civile sit, non quidem specialiter, sed generaliter. Specie n. plurimum inter se differunt jus civile & prætorium. Et jus quidem prætorium ita definivit, *quod prætores* scil. *urbani & peregrini, introduxerunt adjuvandi, supplendi, corrigendi juris civilis gratia, propter utilitatem publicam*, quæ mater est juris civilis, quæ non contenta justo fœtu suscepit alium, qui primum fœtum adjuvaret, suppleret, corrigeret. Tres sunt virtutes juris prætorii, adjuvare jus civile, supplere, corrigere. Definitio juris civilis est a partium, definitio juris prætorii, ab effectorum enumeratione. Adjuvat autem jus civile prætor, cum id subsequitur, cum id tuetur, atque confirmat; ut cum suis heredibus, vel agnatis ab intestato dat bonorum possessionem unde liberi & unde legitimi, & cum heredibus institutis jure perfecto testamento dat bonorum possessionem secundum tab. & aliis plerisque modis, §. 1. *Instit. de bon. possess. l. sed cum patrono, D. eod. tit. legum*, inquit, *tuendarum causa prætor dat bonorum possessionem.* Supplet autem jus civile, cum quod in desuetudinem legibus omissum est, quantum potest aliqua ex parte implet: ut cum feminas, quas in successione intestata lex Voconia excludit jure graduque agnatorum, nec vocat inter cognatos, saltem prætor vocat data bonorum possessione unde cognati: qua de re §. *media*, *Instit. de legit. agnat. success.* primum ait, Prætorem corrigere asperitatem juris civilis; deinde propriore usu loquens, non corrigere, sed quod deerat implere. Et similiter *l. quia actionum, de præscr. verb.* ait, actiones legibus proditas, actiones civiles: si lex justa ac necessaria sit, prætorem supplere in eo quod legi deest, datis actionibus utilibus, actionibus in factum, exigente æquitate & utilitate rerum, legi accommodatis. Supplet item quodammodo jus civile, cum agnatus, vel gentilis, qui legitimus est curator furiosi aut mente capti, ad eam rem inhabilis est, quasi deficiente curatore legitimo, deficiente jure civili, alii permissa bonorum furiosi administratione, *l. sæpe, de curat. furios.* Corrigit autem jus civile, cum id palam oppugnat & emendat, ut cum postumum alienum, id est, qui suus heres testatori futurus non est, heredem institutum, quem jus civile repellit, quasi incertam personam, *l. postumus, Instit. de legat.* prætor ad bona testatoris vocat, data bonorum possessione secundum tabul. §. 1. *Instit. de bonor. poss. l. postumus, de inoffic. testam. l. 3. de bon. possess. sec. tab. l. 1. §. si filius in adoptionem, & l. si extraneo, de vent. in poss. mitt.* Item cum liberos capite deminutos, quos jus civile procul dubio repellit ab hereditate parentum, prætor rescissa capitis deminutione vocat ad bonorum possessionem contra tab. *l. ultim. unde lib. d. l. sed cum patronus, §. pen. l. 3. §. si emancipatus, de bon. poss. cont. tab. l. si aliquis, C. Theod. de bon. poss.* Item cum liberto testato, vel ab intestato relinquente suum heredem non naturalem, puta, filium adoptivum, quo casu jus civile omnimodo patronum excludit a liberti bonis, prætor patronum vocat in semissem, data bonorum possessione contra tab. vel contra suum heredem non naturalem. His modis prætor corrigit jus civile propalam. Denique hæ sunt vires, hæc effecta juris prætorii. Quod subjicit Papin. etiam jus honorarium nominari in honorem prætorum, ut & in Inst. ait Theophil. *si viduos ἄρχοντος*, qui & ipsi honorati sunt atque dicuntur apud Ovid. *Verbaque honoratus libera prætor habet.* Quare etiam bonorum possessores dicuntur etiam honorari successores. Addi velim ad ea, quæ superius dixi de correctione juris civilis, locum, quem omisi, in quo id ponitur, prætores scil. jus emendare in §. 1. Inst. de succes. libert. ubi ait, ea in re iniquitatem juris civilis prætorem emendasse.

### Ad L. Pen. de usufr. accresc.

*Cum singulis ab heredibus singulis ejusdem rei fructus legatur, fructuarii separati videntur, non minus quam si æquis portionibus duobus ejusdem rei fructus legatus fuisset, unde sit, ut inter eos jus adcrescendi non sit.*

HÆc l. pertinet ad id, quod generaliter definitur ex auctoritate & sententia Celsi in l. 3. h. tit. Inter eos quibus ejusdem rei ususfructu. legatus est, toties esse jus adcrescendi, quoties ab initio singuli solidum habent, concursu partes faciunt, non si ab initio singulis legatariis partes adscribantur aut adscriptæ intelligantur, id est, inter eos esse jus adcrescendi, si utroque concurrente & agnoscente legatum usufruct. inter se partiantur, non etiam si ab initio ipse testator inter eos usumfruct. partiatur adscriptis partibus. Et jus adcrescendi est jus obtinendi totius ususfructus, quem quis non repudiavit, collegatarius ejus repudiavit, vel amisit. Et ex hac definitione Celsi intelligimus, inter re conjunctos esse jus adcrescendi, ut si ita legavit: *Primo & Secundo fundi illius usumfr. do lego*, vel ita, *Primo fundi illius usumfructum do lego; Secundo fundi ejusdem usumfr. do lego,* §. *si eadem res*, *Instit. de legat.* Priore exemplo Primus & Secundus etiam verbis conjuncti sunt, posteriore exemplo verbis sunt disjuncti & separati. Utroque re conjuncti sunt, quia ab initio singulis pro indiviso fundi solidus ususfructus videtur, nec dividetur nisi concurrat uterque & amplecti legatum velit. Ex eadem definitione intelligimus, inter disjunctos non esse jus adcrescendi, etiamsi verbis forte conjuncti sint, ut si ita legaverit, *Primo & Secundo fundi illius usumfruct. æquis portionibus do lego*, non sunt re conjuncti, quia ab initio singuli partes habent, non solidum: & ideo, nec inter Primum & Secundum hoc casu versatur jus adcrescendi, sed repudiante primo usumfructum portio ejus recurrit ad proprietatem, non etiam adcrescit alteri portioni ususfructus. Quod in hac l. pen. demonstrant hæc verba; *si æquis portionibus duobus ejusdem rei fructus legatus fuisset; & separatos eos esse nec inter eos versari jus adcrescendi.* Ergo inter verbis tantum conjunctos, non etiam re, non est jus adcrescendi. Hoc est verissimum, cum hac exceptione tamen, nisi appareat aliud sensisse testatorem, puta, partes designasse potius, quas facerent concursu, quam ipsum fecisse, ut in specie l. 16. §. ult. de leg. 1. Cum legavit mihi & postumis ex virilibus portionibus, adscriptis portionibus, nullo nato postumo totum legatum vindicabo jure adcrescendi. Atqui non fuimus re conjuncti, quum singulis sint adscriptæ partes viriles? Respondeo testatorem non tam adscripsisse partes viriles, ut nos separaret, quam ut demonstraret, pluribus postumis natis non unam mihi partem, & postumis alteram se dare velle, sed singulis viriles; ut in l. 7. & 8. de constit. dub. Alioqui nuda verborum nominumque conjunctio jus adcrescendi non parit, quoniam plerumque non tam conjunxisse testator, quam celerius dixisse videtur, l. 66. de heret. inst. cum scilicet re legatarios disjunxit, id est, cum adscripsit eis partes ab initio nominatim. Et idem est si intelligatur ab initio partes adscripsisse, ut & hic Papinianus ostendit in hac specie, si duobus heredibus instituit Titio & Mævio, a Titio testator usumfructum legaverit primo, a Mævio ejusdem fundi usumfructum secundo, quia hoc casu intelligitur testator singulis legatariis partes ab initio reliquisse, quas scil. singuli heredes pro portionibus hereditariis singulis legatariis præstare tenentur, quia ut subjicitur in *l. ultim. cum alius legatarius ab alio herede usumfructum vindicat,* id est, quia singuli legatarii vindi-

dicant partes ab heredibus singulis, quæ singulis relictæ videntur, non solidum, & ideo inter eos quasi re disjunctos jus adcrescendi non versatur in casu propr. quia, ut in Basilicis. Nihil igitur interest Primo & Secundo conjuncta oratione legetur ususfructus fundi æquis portionibus adscriptis, an vero singulis legetur a singulis heredibus, quoniam hi & illi re disjuncti sunt, & non concursu partes faciunt, sed habent eas statim ab initio ex judicio testatoris. Et ideo non est inter eos ab initio jus accrescendi.

### Ad L. LIX. de Cond. indeb.

*Si fidejussor jure liberatus, solverit errore pecuniam, repetenti non oberit, si vero reus promittendi per errorem, & ipse postea pecuniam solverit, non repetet: cum prior solutio, quæ fuit irrita, naturale vinculum non dissolvit, nec civile si reus promittendi teneatur.*

PErtinet hæc lex ad regulam illam, vulgo jactatam, *errore & imprudentia soluti repetitionem esse, consulto soluti donationem, non repetitionem esse, l. 53. de reg. jur. l. 1. hoc tit.* errore, inquam, facti, qui solventi indebitum non obest: error juris obest, *l. cum quis, C. de jur. & fac. ignor. l. error, C. ad l. Falcid.* Nec enim errorem cum dicunt simpliciter juris auctores, alium quam errorem facti intelligunt. Et est plane importunus, quod *d. l. 53.* scripsit esse accipiendam de errore juris, relatam ad actionem Fabianam, ad quam etiam sane proprie pertinet. Sed non aptanda est ad eam actionem Fabianam eo modo, quo eam ille aptavit ex *lege 5. si quid in fraud. patr.* sed hoc modo, ut si libertus errore solverit indebitam pecuniam, repetitio liberto competat per conditionem indebiti, non patrono per actionem Fabianam, quia qui erravit, noluit fraudare patronum, sed si consulto solverit, quia donasse videtur in fraudem patroni, actio Fabiana, quæ solutum revocet, patrono competet. Sicut in *l. 6. eod. tit.* dicitur eandem actionem patrono competere, si libertus consulto sciens prudensque filiofamil. pecuniam crediderit contra senatusconss. Maced. in fraudem patroni, quia donasse intelligitur filiofamil. scientem credere, donare est, perdere est, ut ait *l. 4. §. Julianus,* ad *Maced. & l. filiusfam. de donat.* Hoc cognito, finge; qui fidejusserat pro promittendi, solus ipse jure liberatus est, non etiam reus promittendi, reus promittendi mansit obligatus. Quod evenit si fidejussor cum creditore paciscatur, ne a se pecunia petatur, quia pactum fidejussoris reo non prodest, *l. fidejussoris, de pact.* fidejussori prodest non quidem, ut jure civili liberetur, quia pacto non potest tolli civilis obligatio, sed ut liberetur jure prætorio per exceptionem pacti conventi. Idem etiam evenit, si fidejussor tempore liberatus sit, ut puta, cum fidejussisset in diem certum tantum, ut in *l. fidejussor, §. ultim. D. mand.* Nam de hoc casu reus omni jure obligatus manet, fidejussor jure prætorio liberatur per exceptionem pacti conventi, vel doli mali, *l. oblig. §. 1. versic. placet, de obligation. & action.* Et ita in hac lege hæc verba accipienda sunt, *si fidejussor jure liberatus,* id est, jure prætorio, ut *l. 5. §. 1. de constit. pec.* per exceptionem pacti, vel doli, non jure civili. Nam liberato fidejussore jure civili, & reus omnino liberatur. Fac vero fidejussorem tutum exceptione pacti conventi, vel doli mali, per errorem creditori suo nomine pecuniam solvere, pacti non reminiscentem, solutio hujusmodi videtur tam se, quam reum promittendi liberasse omni obligatione, & civili & naturali: solutione tollitur omnis obligatio, id est, & naturalis & civilis. Et quamvis pactione fidejussoris reus non liberetur, solutione tamen liberatur: sane solutione vera, cum & solutione imaginaria, veluti acceptilatione fidejussoris etiam reus liberetur & tota solvatur obligatio, *l. 13. §. etiam si fidejussori, de accept.* Quid tamen dicimus in specie proposita si fidejussor per errorem solvit ignarus exceptionis pacti, vel heres fidejussoris qua se tueri poterat, & solutum condicat quasi natura indebitum, quod potest, *l. cum is*, §. 1. *hoc tit.* potest, inquam, condicere, quia exceptio pacti, vel doli, quam habuit, dat repetitioni locum: pacto enim etsi non tollatur civilis obligatio, tollitur tamen naturalis, *l. Stichum* §. *naturalis, de solut. l. qui exceptione*, §. *ultim.* conjuncta *l. si non sortem*, §. *libertus, hoc tit.* Solutione autem fidejussoris irrita facta per condictionem indebiti, ex eventu apparet, nec retro ullo modo fuisse liberatum reum promittendi, qui fidejussore paciscente, & civili & naturali jure mansit obligatus, fidejussor jure civili tantum, *l. qui hominem*, §. *ult. de solut.* Itaque post solutionem a fidejussore factam per errorem, & huius solutionis ignarus reus promittendi per errorem creditori solverit eandem pecuniam, condictio quidem indebiti fidejussori dabitur, quia natura non debuit: reo promittendi, non dabitur ut definit Papin. hoc loco, quia reus promittendi, quod solvit, & naturaliter & civiliter debuit, nec solutione fidejussoris, quae ad irritum redacta est, sublata. est naturalis vel civilis obligatio, qua reus promittendi tenebatur obstrictus: prior, inquam, solutio, id est, solutio fidejussoris, quae fuit irrita facta per condictionem indebiti, naturale vinculum non dissolvit, quo reus promittendi tenebatur ex stipulatione. Vinculum naturale & civile dixit, significans obligationem, quae etiam definitur esse juris vinculum. Verum si definitioni addatur, quod additur in Institutionibus, *juris vinculum, quo necessitate adstringimur, alicujus rei solvenda*, obligatio civilis definitur, non naturalis, quoniam naturalis sola necessitate solvendi non adstringit. Denique definitur tantum ea obligatio, quae parit actionem, quaeque proprie est obligatio. Nam ut eleganter ait *l. in vendentis, C. de contr. empt.* nulla est obligatio, quae necessitate non adstringit contrahentem. Et ex hoc loco non male Baldus conclusit ex stipulatione, qua scilicet reus promittendi tenebatur nasci vinculum naturale, obligationem naturalem, quod & Accursius probat *l.* 1. §. *penult. de pactis*: quia stipulatio etiam consensum habet, & ex consensu interponitur, ut ait *l.* 5. *de transact.* Et ut solus consensus etiam nudus sive pacto nuda parit actionem, sic obligationem naturalem, & sicuti dicitur quis ex stipulatione juri civili teneri, non ex eo sequitur & jure naturali eum non teneri. Sicut in *l. solvere, de solut.* cum dicitur jure civili constitutum esse, ut liceat etiam ignorantis invitique conditionem meliorem facere: an ideo inferes, non idem esse constitutum jure naturali? minime. Nam & ita scriptum est in *l. solvendo, de negot. gest.* ad naturalem & civilem rationem suadere, ut & ignorantis & inviti melior conditio fieri possit, ut si quis solvat pro alio invito & ignorante, quod is revera debet. Quod autem dicitur in *l. indebitam, hoc tit.* fidejussorem, qui intercessit pro eo, qui nec civiliter, nec naturaliter obligatus erat, quem fidejussionis causa constat nullo modo teneri, quia nulla subest obligatio principalis, si tamen is fidejussor suo nomine solverit per errorem, habere condictionem indebiti, quia inquit, jure gentium, id est, natura indebitum solvit? ex eo non sequitur ex nulla stipulatione nasci obligationem naturalem, quoniam nascitur sane ex utili stipulatione: sed ex eo tantum colligitur, ex ea duntaxat stipulatione, nec naturalem obligationem nasci, nec civilem, quae adhibetur accessionis loco, nulla existente principali obligatione. Et ita verissimum est, quod Accursius & Azo existimavit, etiam ex utili obligatione naturalem obligationem nasci, quod & lex haec aperte demonstrat.

### Ad L. VI. ff. Quando ex facto tut.

*Tutor interposito decreto praetoris actionem reliquit, secundum eum sententia dicta, judicati transfertur ad pupillum actio, non minus quam si tutor obtinuisset.*

CErtum est, tutore vel curatore adversa valetudine vel senio aetatis, vel alia necessitate & justa causa impedito, quo minus presto adesse pupillo, & omnia negotia ejus, quae late diffusa sunt, administrare possit, si nec sit in promptu, ut pupillus tutore auctore sibi procuratorem faciat; vel quia pupillus abest educatus peregre apud matrem, vel, quia nondum fari potest, id est, quia minor est septennio, tum a tutore, vel curatore suo periculo interveniente decreto praetoris, vel praesidis, actorem exigi posse, vel adjutorem, qui sibi suppetias ferat in administrandis negotiis pupilli: actorem ad litem agendam. Et inde nomen, ut indicat *l. liberto* §. *pen. de neg. gest.* dum ait, matrem non habere jus filio suo constituendi actoris litium causa suo periculo, quod solus tutor habet; mater autem non potest esse tutor. Ergo nec actorem dare filio imperberi litium causa, quia nec ipsa filii nomine recte agit. Nec enim verum est, quod Theoph. scribit in §. *ultim. Inst. de curat.* actorem dici, quod apud acta constituatur, sub gestorum publicorum testificatione, alioqui & procurator sive defensor constitutus apud acta, juxta *l. unic. C. de satisd.* actor dici possit, quod nemo dixerit. Actorem igitur ad litem agendam: adjutorem vero ad cetera negotia pupilli administranda, ut in *l. solet de tutel.* Tutor ex sua persona ante litem contestatam procuratorem dare non potest, qui agat nomine pupilli: quia non est dominus litis; *l. neque, C. de procurat.* actorem vero interposito decreto praetoris dare potest suo periculo. Duo exiguntur, ut decretum interponatur praetoris, actorem constitutum, & electum a tutore approbantis: & ut tutor in se recipiat omne periculum ejus, quod is actor gesserit, administrarit, egerit, *l. decreto, de administrat. tut. l.* 10. *C. eod. l.* 10. *qui tut: dare*, *l.* 1. *C. de actor. a tut. vel curat. dando.* Et quemadmodum tutore agente pupilli nomine, & secundum eum dicta sententia, certum est, actionem judicati pupillo dari, cujus nomine egit: ita hoc loco Papinian. ostendit, secundum actorem a tutore relictum, qui alia negotia procurabat, dicta sententia, actionem judicati transferri ad pupillum, actionem competere pupillo. Unde & consequens est, & damnato actore judicati in pupillum, non in actorem dari, ut executio judicati fiat in pupilli bonis, ad quem ea res pertinet, non in bonis actoris, sicut & in tutore servatur, ne suum officium ei damnosum sit: Regula haec erat: quoties tutor ipse judicium accipit, vel dictat pupilli nomine, non pupillus tutore auctore forte propter absentiam vel infantiam pupilli, actionem judicati dari pupillo & in pupillum, *l.* 2. *de administ. tut. l.* 4. §. *tutor; C. de re judic. & l. seq. l.* 1. *C. eod. tit.* Et regulam esse satis demonstrat d. *l.* 2. dum ait, id multis rescriptis fuisse declaratum, actionem judicati cum tutor egit pupilli nomine, dandam esse pupillo & in pupillum. Ex multis & crebris rescriptis & constitutionibus fiunt regulae juris. Et ita quod dicitur saepe constitutum in *l. nuda, C. de contrah. stip.* ex pacto nudo actionem non nasci, id appellatur regula juris in *l. jurisgentium*, §. *ut puta de pact.* Et hanc regulam quidem, quam proposuit Papin. hoc loco, extendit etiam ad actorem decreto praetoris & tutoris periculo constitutum, ut perinde atque si tutor egisset, actio judicati detur pupillo & in pupillum.

### Ad L. XXII. de Manumissionibus.

*Nepos ex filio, voluntate avi: ut filius voluntate patris, potest manumittere, sed manumissus patris vel avi libertus est.*

IN hac lege ostenditur, servum patris vel avi, vel servum peculiarium a filiofamil. vel a nepote ex filio, consentiente patre vel avo vindicta apud praetorem manumitti posse. Quod *& lib.* 1. *Reg.* Modestinus scripsit in *l. si consentiente, hoc tit.* hoc addito, ut valeat manumissio ob patris consensum seu jussum, etiamsi filius fuerit minor 25. annis, nec causam manumissionis probaverit consilio praetoris vel praesidis: Hoc item addito, quod & hic Papinianus ait, manumissum libertum patris vel nepo-

nepotis : nimirum, quia pater ipse eum manumisisse intelligitur, *l. matrimonii, sup. de rit. nupt. l. si quis, §. 1. qui, & is quibus meum.* Regula juris hæc erat : *servum vindicta manumitti per alium non posse.* Quæ regula adeo vera est, ut nec uxor per maritum, nec mater per filium vindicta servum suum manumittere possit, quia ea manumissio est actus legitimus, & nullus actus legitimus expletur per alium. Et hoc in manumissione ita definitur in *l. pen. de manumiss. vind.* Paulus 1. Sent. tit. 20. *filiusfamil.* inquit, *jussu, patris manumittere potest : matris vero , non potest :* nec pater per filium emancipatum, nec item pater per filiamfam. quasi muliere non idonea ad exequendum actum legitimum, & multo minus avus per nepotem ex filia, quia eum non habet in potestate ; hoc tantum datum est patri vel avo. Et hæc tantum exceptio ad superiorem regulam addenda est : ut pater per filiumfam. avus per nepotem ex filio quem habet in potestate servum manumittere possit, quia vinculum potestatis facit, ut unus homo intelligatur esse pater & filius, avus & nepos, & filii vox intelligatur esse vox patris, vox nepotis, vox avi, *§. ei vero, & §. post mortem, Inst. de inut. stipul.* vox filii dicitur esse vox patris , ratione potestatis , quæ unam personam constituit ex duabus, sicut manumissio, quæ ex una duas personas facit, *ut ait l. si Pamphilo, de opt. legat.* Erat igitur hac in re differentia inter filiumf. & filiamf. Nam per filiamfamil. pater non poterat manumittere : per filiumfam. poterat, quæ tamen differentia tollitur a Justiniano in *l. 1. §. ultim. C. comm. de manumiss.* Nam per filiam pater quocunque modo servum manumittere potest. Erant etiam jure veteri, multæ aliæ differentiæ inter filium & filiam : filia furiosi vel capti ab hostibus suo arbitrio cuicunque nubere poterat : filius non poterat uxorem ducere sine permissu Principis. Ad quam differentiam pertinet *l. 8. sup. de pact. dotal.* sed & hæc tollitur a Justiniano in *l. si furiosi, C. de nupt.* Item filius trina mancipatione exibat potestate patris: filia una mancipatione tantum, *l. verum, §. ult. de injust. rupt. testam.* quæ etiam differentia, cum solemnibus mancipationum exolevit. Item filii non filiæ præteritio nullum faciebat testamentum patris: filius nominatim erat exheredandus, filia non item, sed & inter ceteros exheredari poterat his verbis, *ceteri exheredes sunto*: filia sub omni conditione heres institui poterat : filius sub ea tantum conditione, quæ esset in ejus potestate, non quæ penderet ex casu , *l. suus, l. sed etsi , de hered. instit. l. 1. §. sciendum , de suis & legitim. hered.* Et hæc quidem postrema differentia non invenitur esse sublata. Ceteræ sublatæ sunt, ut Instit. docent in *tit. de exher. lib. & l. pen. & ult. C. de liber. præt.*

### Ad L. XXXVI. de Statuliberis.

*In tabulis secundis filio servum data libertate substitutum jure statuliberi prudentes munierunt , quod utilitas vecepit : scilicet ut cum sua causa alienaretur , ne patris testamentum puer filius rescindat : Quæ juris auctoritas, citra delectum ordinis, ad secundum quoque vel tertium substitutum porrecta est.*

IN hac lege proponitur hæc definitio & auctoritas Jurisprudentium, servum a patre filio impuberi cum libertate substitutum in secundis tabul. statuliberi causam obtinere. Ea substitutio vocatur substitutio pupillaris, quæ fit in secundum casum hoc modo , *si filius impubes decesserit, Stichus liber & heres esto*, & dicitur etiam testamentum pupillare, & hoc loco *testamentum patris*, quod scilicet pater non sibi, sed filio fecit , *l. Papin. §. sed nec , de inoffic. testam.* Hanc autem definitionem ait Papinianus utilitatem rerum extorsisse, quia ipso jure statuliberi causam non nanciscitur, non obtinet servus, antequam adita sit hereditas ex testamento, in quo libertas ei directo relicta est in diem, vel sub conditione , *l. 2. 6. 1. & l. statuliberum, §. ult. hoc. tit.* Qua ratione etiam hoc loco Dorotheus utitur. Nondum autem adita est, imo nondum adiri potest hereditas ex testamento pupillari pupillo vivo. Ergo interim servus ei substitutus cum libertate, jure statuliber non censetur, sed exigente utilitate pupilli prudentibus placuit, eum haberi pro statulibero post aditam hereditatem patris , etiam ante aditam hereditatem pupilli ex testamento pupillari, in quo libertas relicta est. Et confirmatur hæc juris auctoritas sive definitio *l. 2. §. sed si in tabul. & §. ult. hoc tit. l. ult. §. ult. de vulg. substit. l. pater filio, de her. instit.* Utilitatis causa hæc est, ne a pupillo forte alienato servo , antequam casus substitutionis existat , infringatur spes libertatis , si non haberetur pro statulibero , sicut & revera non est statuliber, atque ita testamentum pupillare evanescat , quod pupillo esset inutile : & id tamen alienatio servi efficeret, id est, infringeret spem libertatis, rescinderet testamentum pupillare nisi haberetur pro statulibero, id est, nisi intelligeretur ei implicitus esse casus libertatis, ut ait *l. ult. si ex nox. caus. agat.* etiam ante hereditatem aditam pupilli ex substitutione pupillari. Qualitas statuliberi sive statulibertatis est immutabilis & inseparabilis, ac servuo, cui adhæret, perpetuo sequitur, sive alienetur, sive usucapiatur, sive manumittatur interim : alioquin si non haberetur pro statulibero venditus servus, maneret servus emptoris, nec posset ejus jussu adire hereditatem pupilli existente casu substitutionis, quia sine libertate compelli non potest. At verius est, eum pupillo cum libertate necessarium heredem fore , existente casu substitutionis , & alienationem sive venditionem recidere in irritum , quia cum sua causa alienatus esse censetur, id est, cum causa quasi statulibertatis. Et addit Papinianus , *ut & d. l. 2. §. ult. h. tit.* nihil referre, quo ordine vel gradu servus cum libertate filio impuberi substituatur primo an secundo, vel tertio , potest pater vel sibi , & filio impuberi facere plures gradus substitutionis, *l. potest , de vulg. subst. &* citra delectum ordinis vel gradus. Papin. ait initio propositæ juris auctoritati, id est, definitioni locum esse.

### Ad Leg. XLV. de Adquir. vel amit. possess.

*Licet neque servum , neque colonum ibi habeamus.*

PErtinet hæc l. ad definitionem illam Proculejanorum vulgo receptam, ut ait *l. 1. §. quod vulgo , de vi & vi arm.* Definitio hæc est , æstivorum & hibernorum saltuum possessionem nudo animo retineri , videlicet cum eos saltus, ubi pecus pasci solet æstate vel hieme, quos Græci vocant ἄξοια, vel ἄξεια νομαῖα, νομαδικά, & νομαῖα, & posteriores νομαῖα , cum scil. eos saltus certis temporibus anni relinquimus, nec eis insidemus corpore nostro vel alieno , veluti corpore servi vel coloni, atque ita cum eos omnimodo relinquimus, nemine nostrorum in eis relicto: corpore quidem eos non possidemus, sed non ideo amittimus possessionem. Nam ut ait Papinian. *licet neque servum , neque colonum ibi habeamus, eorum possessionem solo animo retinemus*, ut *l. 3. §. saltus , hoc tit.* Paulus 5. Sent. *possessionem*, inquit , *animo retinere possumus, sicut in saltibus æstivis & hibernis contingit* : idque etiam verum esse ostenditur in *l. sequen.* tametsi alius nobis absentibus clam eos saltus fuerit ingressus animo possidendi , quamdiu scilic. ab eo possessionem occupatam ignoramus. Nam, ut non potest nobis adquiri possessio nisi corpore & animo, *l. 3. in princ. hoc tit.* ita nec tolli nobis , nisi in qua utrumque in contrarium actum sit, *l. 8. h. tit.* repetita in *l. fere quibuscunque , de reg. jur.* Non potest tolli nobis possessio fundi, nisi corpore & animo inde digrediamur, nisi corpore discedamus possessione simul , & desinamus habere animum possidendi , quem utique animum non desinimus habere , quamdiu ignoramus alium possessionem occupasse. Quum vero hoc rescimus, alium sc. possessionem rei nostræ occupasse , non possumus non despondere & deponere animum possidendi, *l. 25. §. ultim. h. tit.* si modo suspicemur repelli nos posse & excludi ab eo, qui incubat rei nostræ,

noſtræ, animus labaſcit ſuſpicione, & perinde eſt, ac ſi nos ille repuliſſet vel expuliſſet: utroque genere deficit nobis & delinquit animus. Et ita in ſpecie *l. 6. §. ult. & l. 1. hoc tit.* dominus fundi, qui ad nundinas abiit nemine in fundo relicto, ſi forte cum eſſet in itinere, quum reverteretur in fundum, aliquis clam occupaverit poſſeſſionem fundi: non deſinit fundum poſſidere, cujus poſſeſſionem retinet, ſolo animo videlicet, antequam vel reverſus repellatur, vel re cognita metuens repulſam, vel vim majorem, inducat animum in fundum non reverti: ſpecies eſt elegans, qui redeuntem repellit vi poſſidet, ut *l. 1. §. ſive autem, de vi, & vi arm.* qui domino nolente reverti metu repulſæ, & vis majoris, poſſeſſionem retinet, quam domino abſente occupavit, clam poſſidet. Utroque genere vitioſe, & tenetur interdictis, de vi, vel de clandeſtina poſſeſſione. Et placet etiam hac in re ſpecies *l. licet, C. eod.* ſi prædiorum tuorum poſſeſſionem deſertam aliquandiu non coluiſti, non animo quidem derelinquendi, ſed metu, dum forte times periculum aliquod vel ab incurſu hoſtium, vel a contagio graſſantis morbi, & nemo eam poſſeſſionem occupavit, a quo ſuſpiceris te poſſe repelli, non omiſiſti poſſeſſionem, ſed animo retinuiſti; *l. licet, de prædiis loquitur*, non de ſaltibus. Nam quod dicitur & definitur de ſaltibus æſtivis vel hybernis, recte ait *d. l. 1. §. quod vulgo*, id dici exempli gratia: quoniam idem eſt in omnibus aliis prædiis, omnium prædiorum poſſeſſionem ſolo animo, ſola mente, affectione, voluntate, ut noſtri auctores varie loquuntur, propoſito, cogitatione, opinione, & ſimiliter Græci, ψυχῇ, λογισμῷ, διαθέσει, προαιρέσει. Denique omnium prædiorum poſſeſſionem ſolo animo retinemus, ſi ex his non hoc animo, nonhac mente recedamus, ut poſſeſſionem derelinquamus: Et recte quod ait *l. 3. §. quod ſi ſervus, hoc tit.* nos poſſidere, donec aut noſtra voluntate diſceſſimus, aut vi dejecti ſumus. Ex hac definitione intelligimus, corpore ſolo non amitti poſſeſſionem, niſi accedat etiam animus amittendi; quia nudo animo retineri poteſt, nudo etiam & ſolo animo amitti poteſt, *l. 3. §. in amittenda, h.t.* ut ſi fundum, quem meo nomine poſſidebam, incipiam poſſidere alieno nomine, veluti quaſi precario, ſola deſtinatione animi poſſeſſionem, quæ mea erat amitto, & alium poſſeſſorem miniſterio meo facio. Nam ſi poſſidet, cujus nomine poſſideo, *l. quod meo, h.t.* Et quod dicitur in *d. l. 8. & in l. ſere, de reg. jur.* poſſeſſionem, ut non acquiratur niſi corpore & animo, ita non amitti niſi corpore & animo: articulus *ſere*, qui eſt ſupplendus etiam *l. 8.* quique eam regulam temperat, ſatis perſpicue demonſtrat, eam comparationem claudicare nonnihil. Nam corpore nulla non amittitur poſſeſſio ſine animo. Ceterum & ex hac parte claudicat, ſolo animo amittitur ſine corpore. Et rectiſſime Joannes, quem & Græci ſequuntur interpretes: in amittenda poſſeſſione, ſi a corpore incipias, & animum requiri; ſi ab animo, ſolum animum ſufficere. Et hoc maxime diſtat poſſeſſio a dominio: nam dominium ſolo animo non amittitur, ſed certis præſcriptiſque modis jure gentium vel civili, veluti traditionibus, mancipatione, ceſſione in jure, *l. 17. §. 1. h.t. l. jus autem, de pact.* Jus agnationis, inquit, non poſſe pacto repudiari vel dicto, ut ſi quando meum dicam, me nolle eſſe mihi agnatum, non ideo deſinit eſſe meus agnatus, ſicut, inquit, ſi quod meum eſt, dicam nolle meum eſſe, non ideo deſinit eſſe meum, propter voluntatem, facto opus eſt meo: nuda voluntas, nudumve pactum non ſufficit, *l. traditionibus, C. de pact. l. quod noſtrum, de reg. jur.* Varro *2. de re ruſtic. quod alterius fuit, ut id fiat meum, neceſſe eſt, aliquid intercedere.*

### Ad L. XLIX. de Adq. vel amit. poſſ.

*Poſſeſſio quoque per ſervum, cujus uſusfruct. meus eſt ex re mea, vel operis ſervi acquiritur mihi, cum naturaliter a fructuario teneatur, & plurimum ex jure poſſeſſio mutuetur.*

Tom. IV.

PRima definitio hæc eſt, per ſervum, in quo uſumfr. habemus, non proprietatem, ſed poſſeſſionem nobis adquiri ex duabus cauſis naturalibus, ex ſuis videlicet operis, quas habemus in fructu, & ex re noſtra, ut in *§. non ſolum, Inſt. per quas perſonas.* Nec huic definitioni obſtat, quod fructuario non poſſidet, ſed tenetur, *l. adquiritur, in fi. ſup. tit. prox.* Et abſurdum videtur, ut per ſervum poſſeſſio nobis adquiratur, quem non poſſidemus, *l. homo liber, in fi. eod. tit.* Et ut huic objectioni reſpondet Papinian. ſuperioris definitionis hanc eſſe rationem ait (duplicem rationem aſſert) quia fructuarius ſane jus utendi fruendi, quod eſt jus incorporale quaſi poſſidet, *l. ait prætor, §. 1. ex quibus cauſis maj. l. 3. §. ult. de vi, & vi arm.* Et ſervus quoque, non quidem civiliter, id eſt, animo domini, animo proprietarii, ſed naturaliter poſſidere intelligitur, *l. naturaliter, in princ. h. t.* M. Tull. *pro Cæcinna: Cæcinam prope uſufructu poſſidere non negas?* Ergo hominem, in quo uſusfr. habet fructuarius, naturaliter poſſidere intelligitur, & proprietarius ſive dominus per eum. Ac proinde non eſt abſurdum, ſi dicamus & per ſervum fructuario adquiri poſſeſſionem, quia & eum poſſidet quodammodo. Ac propterea non eſt abſurdum, ut adquiramus poſſeſſionem per eum, quem non poſſidemus. Filiumfa. non poſſidemus, & tamen per eum adquirimus poſſeſſionem, *l. 1. §. per eum, ſup. hoc tit.* Præterea, & hæc eſt altera ratio, ſi ſervus ex iis duabus cauſis fructuario adquirit ea, quæ ſunt juris, veluti dominium & obligationem & actionem, quod eſt certiſſimum: ergo & poſſeſſionem. Nam & poſſeſſio fructuarii, naturalis ſcilicet ſive corporalis, plurimum ex jure mutuatur: magis quidem eſt facti quam juris, ſed tamen & ex jure plurimum habet: nam & in pari cauſa fructuarius potior eſt eo, qui ei controverſiam facit, & interdicta poſſeſſoria ei dantur, ſi forte prohibeatur uti frui, *l. 3. §. unde vi, de vi, & vi arm.* Ac præterea jure ſuo fructuarius omne emolumentum rei percipit; & conſequenter adquirit etiam per ſervum ex ſupra dictis cauſis. Ergo & in poſſeſſione fructuarii naturali eſt juris aliquid.

### Ad §. I.

SEcunda definitio hæc eſt; Per filium, aut ſervum noſtrum peculium, quod ei conceſſimus non poſſideri civiliter, ſed corporaliter tantum, & naturaliter, peculium non haberi non poſſidere: verba ſunt de poſſeſſione civili, ut in ſtipulatione Aquiliana, quod teneri, quod verbum eſt naturalis poſſeſſionis. Cur vero peculium non poſſidet civiliter, cum ſit eis quaſi proprium patrimonium voluntate patris vel domini, cum dicantur etiam domini ſervi peculiarii, id eſt, ſervi vicarii, & peculium omnino obtinere quaſi domini? Rationem oſtendit Papinianus, quia poſſeſſio civilis, non tantum corporis, imo magis eſt juris, quia poſſidetur animo domini, & nullius juris, præterquam ex cauſa caſtrenſi, vel quaſi caſtrenſi filiusfamil. vel ſervus obtinendi capax eſt, ne momento quidem temporis, quin id confeſtim adquirat patri vel domino, *l. quod dicitur, de verb. oblig. l. placet, de adq. hered.* Ergo fieri non poteſt, ut videatur filiusfam. vel ſervus peculium poſſidere civiliter, ut in *l. quod ſervus, hoc tit.* ſed poſſidet naturaliter, & dominus per eum.

### Ad §. Ultim.

TErtia & ultima definitio hæc eſt: Per liberam perſonam, id eſt, per procuratorem poſſeſſionem adquiri, etiam nobis ignorantibus, ſi eam apprehendat noſtro nomine, quam definitionem *l. 1. & 8. C. eod. tit.* & Paulus *5. Sentent. tit. 2.* ait, utilitatis ratione fuiſſe receptam, ne ſcilicet interim poſſeſſio vacet, ut fuſius explicat *l. 1. §. per procuratorem, hoc tit.* & auctoritate prudentum fuiſſe receptam, *l. 41. tit. ſequent.* Denique ad-

adquirenda possessione per procuratorem, ab initio quidem voluntas nostra requiritur & animus, requiritur mandatum, ut rem emat, & traditam accipiat procurator. Alioquin nec possessio sine mandato adquireretur domino, *l. nisi ratum habenti, l. communis, hoc tit.* & Paulus, *sup. d. loco Senten.* Ab initio igitur mandatum nostrum requiritur & voluntas, *l. ea quæ sup. tit. prox.* Sed non requiritur etiam scientia, ut scil. postea sciamus traditam fuisse procuratori possessionem. Et hoc distat possessio ab usucapionis causa. Nam per procuratorem ignorans incipit quidem possidere, sed non etiam usucapere, si forte procuratori res tradita sit a non domino, non incipit usucapere, antequam scierit eam rem procuratori fuisse traditam, *d. l. 1. C. eod. tit. l. si emptam, tit. seq.* Distat etiam multum possessio ab obligatione. Possessio adquiritur per procuratorem: obligatio & actio non adquiritur per procuratorem, sed per eos tantum, qui sunt in nostra potestate. Nam per liberam personam, qualis est procurator, excepta causa mutui & pignoris traditi, aut contracti in causa mutui, *l. solutum, §. per liberam, de pign. act. l. per procurat. sup. de procur. l. 1. C. per quas pers. nobis adquir.* Denique obligationes & actiones nobis non adquiruntur per procuratorem, sed mandati judicio quæsitas actiones nobis, cedere & præstare tenentur. Itaque si rem procurator emerit, & traditam acceperit, statim possessionem domino adquirit, actionem evictionis nomine, si forte res evincatur ab alio contra venditorem domino non adquirit, sed mandati judicio, eam cedere compellitur. Dominus eam obligationem vel actionem non adquirit ipso jure, sed mandati actione adquirere potest: quæ est sententia §. *ult. hujus l.*

---

**Ad L. XI. de divers. & temp. præscr.**

*Cum heres in jus omne defuncti succedit, ignoratione sua defuncti vitia non excludit: veluti cum sciens alienum illum, illo, vel precario possedit: quamvis enim precarium heredem ignorantem non teneat, nec interdicto recte conveniatur, tamen usucapere non poterit, quod defunctus non potuit. Idem juris est, cum de longa possessione quæritur, neque enim recte defendetur, cum exordium ei bonæ fidei ratio non tueatur.*

**D**Efinitio, quæ proponitur in hac l. est etiam de possessione, & extat in *l. pen. C. de acquir. poss.* Vitium possessionis a defuncto contractum heredem sequi. Vitia possessionis tria sunt, vi possidere, clam possidere, precario possidere, quoniam his tribus modis mala fide possidemus, ut ait Donatus Homerus grammaticorum. Hæc vitia, si cœperint a defuncto, heredem comitantur. Succedit enim in universum jus defuncti, quod est non in commoda tantum, sed & in incommoda: non in virtutes tantum, sed & in vitia: neque in bonam fidem tantum, sed & in malam: & ut bona fides defuncti prodest ad usucapionem, vel longam possessionem, quamvis heres sciat rem alienam esse, continuatio usucapionis non impeditur heredis scientia, *l. heres ejus, de usurp. & usucap.* ita vero mala fides defuncti heredi nocet, quamvis ignoret rem alienam esse: *heres*, inquit Papin. *ignoratione sua defuncti vitia non excludit.* Papinian. noster nunquam dixit ignorantiam, sed ignorationem semper. Et subjicit exemplum, *veluti cum sciens alienum illum illo vel precario possedit*, ubi quæso quid est, *illum illo*, aut quid portendit potius? vel illum, illo, vel ut scriptum est in Florent. quibus nulli sunt vetustiores, nulli castigatiores, & sicubi incastigati, ita tamen scripti, ut castigatæ lectioni invenienda occasionem præbeant. Divinum est munus editio hæc Pandectarum. Nam levat nos magna parte quæstionum & dubitationum illatarum frustra ab interpretibus; earum definitio beneficio jus nostrum mirum in modum illustratum est: In illis vero atque etiam in omnibus manuscriptis, hoc loco ita scriptum est *veluti cum sciens alienum illum, illo, vel precario possedit*, ma-

nifesto mendo, quod equidem creatum opinor ex notis juris male explanatis, quibus hæc significabantur, *cum sciens alienum vel vi vel precario possedit*; & ita est legendum. Sensus autem hic est, vitium defuncti, qui rem alienam, vel vi, vel clam, vel precario possedit, heredem sequi & afficere. Dubitari poterat, an huic definitioni locus esset, cum defunctus rem alienam precario possederat. Ratio dubitandi hæc erat, quia precarium non transit in heredem, sicut nec societas, nec mandatum: precarium, sive precaria possessio non transit in heredem, id est, quod defunctus possedit precario, heres etiam non possidet precario: precarium non transit in heredem ejus, qui precarium rogavit & possedit, quia ei duntaxat non etiam heredi ejus concessa est precaria possessio, *l. cum precario, §. ult. sup. de precar.* Et ideo nec heres ejus ex sua persona tenetur interdicto de precario, ut rem restituat, ex persona defuncti tenetur ad restituendum, si rem habeat, aut dolo fecerit, quo minus haberet, vel ad se perveniret, *l. quæsitum, §. ult. de precar. l. 2. C. eod.* Ex sua autem persona non tenetur interdicto de precario, quia precarium ad eum non transit, sed finitur morte ejus, qui precarium rogavit. Verum si heres sciens pergat eam rem sibi possidere, tenetur interdicto de clandestina possessione, de quo in *l. 7. §. Julianus, comm. divid.* quia clam possidet non precario, tenetur etiam rei vindicatione. Et eleganter Paulus *5. Sent. tit. de interd. heres*, inquit, *ejus, qui precariam possessionem tenebat, si in ea manserit, magis dicendum est, clam videri possidere: nullæ enim preces ejus videntur adhibitæ, & ideo*, inquit, *persecutio ejus rei semper manebit, nec interdicti locus est*: interdicto scil. de precario. Et hoc est quod ait Papinian. hoc loco, precarium heredem ignorantem non tenere, nec interdicto de precario recte conveniri. *Ignorantem* ais, non quod idem non sit in sciente: nam & scientem precarium non tenet, sed quia de herede ignorante est quæstio, an ei scientia defuncti noceat, quo minus rem usucapere possit. Et quamvis heres eam rem precario non possideat, sicut defunctus, sed forte pro herede, ignorans esse rem alienam, existimans hereditariam esse, quamvis eam possideat bona fide, tamen non potest eam usucapere, quia nec defunctus potuit eam usucapere, quam precario possidebat, *l. ult. C. commun. de usucap.* Precaria quidem possessio in heredem non transit, sed vitium & mala fides defuncti in heredem transit, & ideo non potest eam rem usucapere, quamvis ignoret eam alienam esse. Et subjicit Papin. huic definitioni locum esse non tantum cum de usucapione, sed & cum de possessione longi temporis, quæritur, id est, 10. inter præsentes, & 20. annorum inter absentes, quæ olim in provinciis locum habuit, & non minus quam usucapio, quæ erat anni vel biennii tantum, bonam fidem possessoris exigebat, & exigit etiam hodie. Nam & in causa longæ possessionis mala fides defuncti ignoranti heredi nocet, nec recte defenditur heres præscriptione longi temporis, cum exordium, inquit, quod cœpit a defuncto bona fide non tuetur: nam in initio & ad usucapionem & ad longam possessionem bonam fidem intercedere oportet. Hæc definitio est tantum de herede, qui successor est juris, & porrigi potest etiam ad bonorum possessorem: nam & hic successor est juris universi: non est, inquam, hæc definitio, nisi de successore juris universi: nam idem non est in successore rei: veluti in emptore, hic enim si bona fide emerit, nec utatur accessione temporis ex persona venditoris, ei mala fides venditoris non nocet, quia ad vicem ejus propius non accedit, sicut heres, nec in universum jus universaque qualitates ejus successit, *l. an vitium, hoc tit. l. apud Celsum, §. de auctoris, de doli except. l. 1. C. de præscript. longi temp.* Alius est successor juris. Alius successor rei, *l. quæsitum, §. is autem, sup. de edendo, l. 9. de exception. l. 15. C. de donat. §. legatariis, Instit. de testam.* Successor juris est successor vitiorum defuncti, non successor rei.

Ad

### Ad L. CXXIV. de verborum obligationib.

*Insulam intra biennium illo loco ædificari spondes? Ante finem biennii stipulatio non committitur, quamvis reus promittendi non ædificaverit, & tantum residui temporis sit, quo ædificium extrui non possit: neque enim stipulationis status, cujus dies certus in exordio fuit, ex post facto mutatur, idque & in stipulatione judicio sistendi causa facta placuit, scilicet ut ante diem stipulatio non committatur, si certum esse cœperit parere stipulationi residuo tempore non posse.*

Hæc lex pertinet ad regulam *l.186.de reg.jur.* quæ talis est: cum certum tempus, certusve dies obligationi additur, nisi eo tempore vel die præterito agi non posse. Quam & Ulpianus retulit *lib.1.regul.* in *l.cedere, de verb.significat.* his verbis: *ubi quis in diem certam stipulatus est, statim quidem cedere diem, sed nondum venire,* id est, statim deberi, statim nasci obligationem, & ex præsenti tempore vires accipere, sed stipulationem non committi, & ex ea agi non posse, antequam dies venerit, atque etiam præterierit, *§.omnis, Instit.de verbor.obligat.* Qua de causa, qui ante diem agit, non dicitur nihil agere, quia id debetur, quod petit: sed dicitur male agere, quia plus petit tempore, sicut & qui plus petit quantitate, male petit dicitur, *l.4. de compensat.* Et similiter, qui tempore plus petit, *l.1.§.ult.quan.dies usufr. leg.cedat:* male agit, quia incidit in periculum plus petitionis: qui nihil agit, ab omni periculo securus est. Porro huic regulæ hoc loco Papin. ostendit locum esse, etiamsi antequam dies venerit, certum esse cœperit, non posse expleri, quod in stipulationem deductum est. Fac me stipulatum domum ædificari certo loco intra biennium, an ex stipulatu agere possum ante finem biennii, cum ex biennio superest mensis duntaxat, intra quem ædificari domum ædificari non posse, an statim, atque id certum esse cœperit, possum agere ex stipulatu? Minime: *status,* inquit, *stipulationis, cujus dies certus in exordio fuit, ex post facto mutari non potest,* tota stipulatio fuit collata in biennium completum: ergo biennii finis expectandus est, quia nec ante verum est, intra biennium ædificium extructum non esse, quam totum biennium exierit & effluxerit: statum stipulationis dici pro natura, conditione, qualitate stipulationis, ut *l.9.§.pen.tit.seq.l.17.de condict.furt.* Idemque est in stipulatione judicio sisti, ex exemplo gratia eum, qui Romæ est, stipuler Lugduni in judicio sisti intra Calen. Majas: Nam etsi 4. Calen. Majas is nondum pedem Roma extulerit, ut plane certum sit; eum intra triduum Lugdunum venire non posse, & sese judicio sistere, tamen ex stipulatione nondum agi potest, antequam Calendæ Majæ venerint & præterierint, quia tota obligatio fuit collata in Calendas Majas, *l.eum, §.1.sup.si quis cautium.* Neque huic sententiæ Papiniani quicquam obstat *l.14.hoc tit.* quia & stipulatio, quæ in ea l. proponitur ita concepta simpliciter, domum ædificari, non committitur, antequam tempus præterierit, intra quod domus ædificari potuit vel debuit, quod quidem tempus ei stipulationi simpliciter conceptæ tacite inesse intelligitur, *l.7.§.h.i.l.quotiens,de oper.libert.& d.l.186.* Utrobique igitur non committitur stipulatio antequam is dies præterierit, intra quem ædificari domum ædificari potuit vel debuit, præterita jam ante constiterit domum ædificari non posse residuo tempore, quod superest. Itaque congruit *l.14.* cum hac *l.* Magis tamen videtur illigare *l.72.§.ult.hoc tit.* quæ ait, eandem stipulationem domum ædificari committi etiam, antequam tantum temporis præterierit, quanto domus ædificari potuit: Nempe statim atque interpellatus promissor, ut inchoaret ædificium, moram fecit. Pugnat *d.l.72.§.ult.cum d. l. 14.* & fuit in ea dissentio inter juris auctores, ut ostendi in *d.l. 14.* rejecta distinctione Joannis, quam tamen postea quidam asserere conati sunt ineptissime. At non pugnat *d.l.72. §.ult.* cum sententia hac Papin.quia Papin. loquitur de stipulatione, cui ab initio nominatim dies additus est, is dies omnino est expectandus, antequam committatur stipulatio, vel agatur ex stipulatu. Illa *l.72. §.ult.* loquitur de stipulatione, domum ædificari, cui dies additus non est: nec mutat, quod tacite inest, quia in jure non est eadem ratio taciti, & expressi, nisi perraro.

### Ad L. XXVIII. de Novationibus.

*Fundum Cornelianum stipulatus, quanti fundus est postea stipulor, si non novandi animo secunda stipulatio facta sit, cessat novatio, secunda vero stipulatio tenet, ex qua non fundus, sed pecunia debetur: itaque si reus promittendi fundum solvat, secunda stipulatio jure non tollitur: nec si litem actor ex prima contestetur, deinde meliore vel deteriore facto sine culpa debitoris postea fundo, præsens æstimatio fundo petito recte consideretur, in altera vero ea æstimatio venit, quæ secundæ stipulationis tempore fuit.*

Hæc l. pertinet ad id, quod definitum in *l. 3. §. in hac, commod. & l.vinum, de reb. cred. & l. ult. de condict. trit. & l. hominem 37. mand.* In actione stricti judicii, tempus litis contestatæ spectari, cum quæritur quanti ea res sit qua de agitur, qua in re actio stricti judicii plurimum distat ab actione bonæ fidei. Nam in actione bonæ fidei plerumque æstimatio respicit tempus rei judicatæ, ad quod etiam formula ejus actionis refertur, *d. §. in hac.* Et species hujus legis hæc est: stipulatus sum mihi dari fundum Cornelianum; postea ex intervallo ab eodem stipulatus sum mihi dari quanti fundus idem est .i. æstimationem fundi, non novandi animo, sed ut utrumque mihi daretur, fundus & pecunia. Pecuniam vocat hoc loco Papinian. verum fundi pretium. Nam ut his verbis, *quanti ea res est,* modo verum pretium significatur, modo id, quod interest, aut pœna, ut ostendi in *l. 2. rem ratam habere 11. respons.* ita etiam pecuniæ verbo modo significatur verum & justum rei pretium, ut hoc loco: modo id, quod interest, vel pæna certa, ut *l. stipulationes, de verb. oblig. l. si quis ab alio, §. ult. de re jud.* Titus Livius *lib. 3. sisti reum pecuniamque, nisi sistatur, pro populo promitti.* Igitur in specie proposita duæ obligationes, duæ stipulationes sunt. Una fundi, altera æstimationis: ideoque soluto fundo, altera stipulatio jure non tollitur, id est, neque ipso jure tollitur, quia nec in ejus stipulationis causam fundus solutus est, neque per exceptionem pacti conventi, vel doli mali, quia id actum non est, ut ex posteriore stipulatione non agereetur: jure, Basilica interpretantur ἰδίᾳ δικαίῳ, ut in *l. ubicunque, de fidejussor.* Ac similiter lite contestata ex priori stipulatione, id est, fundo petito altera stipulatio non perimitur, & ex utraque agi potest, quia cessat novatio. Hoc tantum interest, quod est præcipuum in hac lege, inter effectum prioris & posterioris stipulationis, quod ex priore, si agatur conditione triticaria ad æstimationem scilicet, puta, ut si non fundus, qui stipulatione continetur, saltem fundi æstimatio præstetur, tum præstari debet officio judicis, non quanti fundus fuit tempore interpositæ stipulationis, sed quanti est cum petitur .i. tempore litis contestatæ ut in *d. §. in hac, d.l. vinum. d.l.ult. de condict. triv. d.l. hominem,* etiam sunt accipiendæ de conditione triticaria ex stipulationis causa, qua persequimur rei æstimationem deducta in obligationem. Et hæc definitio ita procedit, nisi aliud convenerit. Nam si de tempore convenerit, id sane potius spectabitur, id est, si convenerit, cujus temporis æstimationem præstari oporteret, ut mox declarabimus, quum tractabimus de posteriori stipulatione. Item nisi dictum sit, quo tempore fundus daretur. Nam id tempus spectare oportet in æstimando fundo, quo dari debuit *d. l. vinum, & d. l. ult.* Unde est sumenda ratio *l. quis, de oblig. & action.* ut ad Africanum demonstratum est

est *lib.*3. nam ea *l. cum quis* est Africani. Alioqui si dictum non sit, quo tempore fundus daretur, tempus litis contestatæ spectatur secundum superiorem definitionem: sive ut ait, post stipulationem primam, melior sive deterior factus sit fundus sine culpa promissoris. Nam si culpa vel mora promissoris intervenerit, æstimatio fundi reducitur ad tempus, quo culpa debitoris nondum interveniente, fundus nondum erat deterior, non ad tempus culpæ vel moræ debitoris, quo pluris fuit fundus, ut in *l. pen. in fin. de condict. tritic.* Nam & mora culpa est, *l. si servum*, §. *sequitur, de verb. oblig.* Et ob id solet a me ita definiri mora, culpa debitoris, non respondentis ad interpellationem creditoris. Et hæc de prima stipulatione. Nunc dicamus de secunda, aut de effectu secundæ stipulationis. Si agatur de secunda stipulatione ita concepta, *quanti fundus est*, dari præstari debet quanti fuit fundus, tempore interpositæ stipulationis, non tempore litis contestatæ, quia illa verba, *quanti fundus est*, præsentis temporis, id est, temporis contractus demonstrationem habent, *l. scribit*, §. *item scribit, de aur. & arg. leg.* Proinde quasi ex conventione ejus temporis æstimatio debetur, non ejus temporis, quo lis contestata est, pretium cujusque rei pro tempore est. Itaque multum interest scire, cujus temporis æstimationem servari oporteat: Et in prima quidem stipulatione servatur tempus litis contestatæ: in secunda tempus contractus, quæ est sententia hujus l. cui tamen in eo, quod ait, ex prima stipulatione, tanti fundum æstimari, quanti fuit tempore litis contestatæ, quod & homine petito servari ostendit *d. l. hominem*, & vino petito *d. l. vinum*, vel frumento, vel oleo petito, & ceteris rebus *d. l. ult. de condict. tritic.* quæ omnino contineri cum *d. l. vinum*: in eo, inquam, & illis ll. & legi nostræ adversari videtur *l. pen. de cond. tritic.* Adversari igitur *l. pen. & l. ult.* adversari inter se ll. vicinæ & quasi conjunctæ. Qua in re dici non potest, quantopere jamdiu laborent Doctores nostri nec quicquam non animadvertentes, quod apparet perspicuum satis in *l. ult.* quæ ut dixi omnino congruit cum *l. vinum*, debitorem non fuisse in mora vel culpa. Quod in hac *l.* aperte proponitur illo loco, *sine culpa debitoris*, atque etiam in *d. l. hominem*. Sed vini, exempli gratia, non existente copia, & debitore, qui vinum mutuum acceperat, parato solvere æstimationem, quam & creditor ipse petit condictione triticaria, de eo tamen quæri & litigari, cujus temporis æstimatio præstanda sit, utrum contractus habiti, an rei judicatæ, an litis contestatæ, cum scil. non est dictum, quo tempore vinum redderetur. Et ajunt omnes, litis contestatæ tempus spectari, vel litis contestatæ tempore spectari quanti vinum fuerit, & ejus temporis æstimationem creditori esse præstandam. At in specie *l. pen.* debitor fuit in mora, nec fuit paratus solvere hominem, qui petebatur condictione triticaria. Ideoque si post moram, si post litem contestatam ille homo factus sit pretiosior, tanti homo æstimatur, quanti fuit rei judicatæ tempore si vivat, vel si interim mortuus sit quanti fuit mortis tempore, quod tempus recte ait esse accipiendum *ἐν πλάτει* .i. tempus mortis non esse accipiendum pro momento moriendi, sed aliquanto latius, ne spectato novissimo tempore vitæ, novissimo spiritu, quandoque ad exiguum redigatur pretium servi, veluti si forte servus mortifere vulneratus fuerit. Qua de causa id tempus potius spectatur, quo mortiferam plagam servus accepit, quo longe pluris erat, quam litis contestatæ tempore, quia post litem contestatam factus erat pretiosior. Et hæc de homine post moram pretiosiore facto. Quod si deterior factus sit post moram, ut li elusearus sit, tunc subjicit *l. pen.* sive is homo vivat, sive non, æstimationem esse reducendam ad tempus moræ, quo pluris fuit, atque ita plectendam esse moram debitoris. Denique *l. pen.* tota est de facienda æstimatione post moram debitoris, *l. ult. l. vinum*, & similes sunt de æstimatione facienda ante moram debitoris, aut cum nulla intercedit mora debitoris. Quod & Stephanus Græcus interpres notat expresse ad *d. l. vinum*,

his verbis partim Græcis, partim Latinis: τὸ ποδὶ νόησον ἴνθα μὴ μορα παρὰ τῷ ῥίω γινώεται, id est, *hoc autem, intellige, ubi moram reus non fecit.* Hoc etiam memini me exponere latius ad *d. l. hominem*, & ad *l.* 50. *de verb. oblig.* Quod profligat omnes quæstiones, quæ frustra agitantur vulgo in *d. l. vinum*.

### Ad L. XCVII. de solutionibus.

*Cum ex pluribus causis debitor pecuniam solvit, utriusque demonstratione cessante, potior habetur causa ejus pecuniæ, quæ sub infamia debetur, mox ejus, quæ pœnam continet; tertio quæ sub hypotheca vel pignore contracta est: post hunc ordinem potior habebitur propria, quam aliena causa, veluti fidejussoris. Quod veteres ideo definierunt, quod verisimile videretur, diligentem debitorem admonitum, ita negotium suum gesturum fuisse, si nihil eorum interveniat, vetustior contractus ante solvetur. Si major pecunia numerata sit, quam ratio singulorum exposcit, nihilominus primo contractui soluto, qui potior erit, superfluum ordini secundo, vel in totum, vel pro parte minuendo, videbitur datum.*

Quod proponitur in hac l. definitionem esse veterum ipsemet Papin. nominatim ait in *h. l.* Definitio autem est de debitore, qui cum eidem creditori deberet ex pluribus causis, ex pluribus nominibus, certam pecuniam solvit, nec dixit, in quam causam eam pecuniam solveret, nec item creditor dixit, in quam causam pecuniam acciperet. Potuit id debitor exprimere, & solutioni dicere certam legem, vel debitore cessante potuit creditor statim in ipso negotio edicere, cui potius causæ sive debito eam pecuniam acceptam ferret. Qua tamen in re ita debet versari, atque versaretur ipse in suo debito solvendo: nec, verbi gratia, quod solvitur acceptum ferre debet debito, quod est in controversia: nec debito, quod pro alio fidejussit: nec debito, cujus dies nondum venit, *l.* 1. *h. tit* ubi ex Basilicis jamdiu ostendi, omnino ita esse legendum, *non in id debitum, quod est in controversia*, id est, probe non faciet creditor, si quod solvitur, acceptum ferat in debitum, quod liquidum non est. Utroque vero cessante & debitore & creditore, utroque tacente, vel, ut Papin. ait, *cessante utriusque demonstratione causæ*, ita veteres definierunt, id videri solutum, quod ex causa famosa debeat, veluti furti, vel mandati potius, quam quod debetur ex causa non famosa, ut *l.* 7. *h. t.* Causa exiftimationis prima & summa causa est, tum post eam causam id, quod debetur sub pœna, solutum videtur potius, quam id quod debetur sine pœna, *l.* 4. *hoc tit.* Tertio loco id, quod debetur sub pignore, quam quod debetur sine pignore. Quarto loco id, quod debet is, qui solvit pecuniam suo nomine potius, quam quod debet fidejussorio nomine, *d. l.* 4. Potior est causa, quæ durior est, & gravior, & quæ magis onerat debitorem, quaque absolvi eum quantocius maxime interest. Et inter duriores causas prima, & summa est causa famosa. Secunda causa pœnalis. Tertia causa hypothecaria. Quarta causa principalis & directa: prægravat enim me magis, quod meo nomine principaliter, quam quod alieno nomine debeo. Et quem ordinem diligens debitor in admonendo creditore servare dicitur solvendo pecuniam, eundem servasse semper præsumitur, si neque debitor, neque creditor demonstrarit, in quam causam pecunia indistincte soluta solveretur, vel acciperetur. Quid autem fiet, si nulla intervenerit causa durior, nullum nomen, quod contractum sit sub infamiæ periculo, vel sub pœna, vel sub pignoribus, vel alieno nomine puta fidejussorio. Denique quid si omnia nomina similia sint? Et recte ait, tunc solutum videri in vetustiorem causam, id est, in antiquius debitum, & quæ Græci dicunt γιγνόμοτα χρόμε, Galli, *plus anciens debites*, ut in *l.* 5. *in princ. & l.* 24. *& l.* 89. §. *ult. hoc tit.* Et ad hanc definitionem respiciens Modestinus in *l.* 77. *hoc tit.* ait, in libertino nullum esse

esse antiquius debitum debito operarum, quas promisit patrono, sine quibus non pervenisset ad libertatem: hæc est prima obligatio, quam manumissus contrahit; ergo antiquior: nam debita contracta in servitute manumissi jure civili non sequuntur, *l. servi, de obl. & act.* Quid rursus fiet, si major pecunia solvatur, quam debeatur ex singulis causis? Fac nullam esse causam, ex qua debeantur plusquam centum, & solvi centum & quinquaginta, non demonstrata causa, & ait centum imputari primo ordini, id est, causæ primæ, causæ famosæ, si ex ea centum debeantur: superfluum autem, id est 50. imputari secundo ordini, secundæ causæ, & sic deinceps secundum definitionem veterum, quæ est sententia hujus l. In ea in hoc fallitur tantum Acc. quod ponat ad hanc definitionem pertinere, *l. si in duab. 104. de reg. jur.* quæ longe alio respicit: nimirum ad causarum agendarum ordinem, non ad ordinem solvendarum pecuniarum: ordo causarum agendarum hic erat; ut causa de majore summa præponeretur minori, nisi si qua incideret causa existimationis, causa famosa, veluti de furto, aut de vi. Nam hæc extra ordinem agebatur, & inde appellatio extraordinarii rei in epist. Cælii, ad Cic. & de servando isto ordine in causis agendis etiam est lex quædam *lib. 9. C. l. pen. si pendent. app.*

### Ad L.X. de Publicis judiciis.

*Inter accusatorem & reum cognitione suscepta excusatio pro absente justis rationibus admittitur, ne per triduum per singulos dies ter citatus reus damnetur, vel de accusatoris absentis præsente reo calumnia pronuntietur.*

IN hac l. proponitur ratio ejus definitionis, quæ statuit: post litem contestatam inter accusatorem & reum: si reus vel accusator absit, pro absente excusationis justis rationib. admitti. Quæ definitio SC. tribuitur in *l. pen. §. ult. h.t.* Justis, inquam, rationibus, ut ait hoc loco, quod est in *d. §. ult.* si justas & idoneas rationes absentiæ procurator habeat, quas judicibus allegare possit. Admissa autem excusatione absentis rei vel accusatoris differtur condemnatio: alioqui absens ex contumacia damnari statim posset, quoniam litem contestatus est. Litis contestatio hoc loco significatur his verbis, *cognitione suscepta*: nec enim judex cognitionem suscepit antequam litem partes susceperint, quod fit per contestationem & narrationem negotii ex utraque parte: litem suscepit litigator, cognitionem vero judex statim atque lis suscepta est ex utraque parte, *l. pen. sup. de jurisdict.* ante litem contestatam absentes condemnari non potest, *l. 6. C. de acc. l. absentem, §. adversus, de pœn.* At quia post litem contestatam absens condemnari potest, si per triduum, per singulos dies ter citatus, non respondeat, nec sui præsentiam faciat: ideo justæ excusationes absentiæ, quæ allegari possunt per procuratorem, *l. absens, sup. de procur.* admittuntur differendæ & cohibendæ condemnationis causa, si exsistat procurator vel amicus voluntarius, qui excuset absentem: quod in foro vocant *exoniri*. Et hoc est, quod ait hoc loco, *ne per triduum per singulos dies ter citatus reus damnetur, vel de accusatoris absentis præsente reo calumnia pronuntietur*. Ideo admittitur excusatio absentiæ prolatis justis rationibus, ne ex calumnia damnetur reus absens, vel etiam ne accusator absens præsente reo calumnia damnetur, qui destitit a lite suscepta. Legendum est hoc loco, *ne per triduum*, ut & in Basil. ἵνα μὴ τὸ τρίς, &c. male in Florent. scriptum est, *nec per triduum*. Mos autem hic erat quem Glossæ non perceperunt, qui servabatur & in legibus promulgandis trinundino, aut in trinundinum, & in die dicenda reis æque in trinundinum, ut indicat Cic. oratione pro domo sua. Denique mos hic erat, ut absens reus, vel accusator post litem contestatam trinundino adesse juberetur, id est, singulis tribus nundinis, sive mercatibus solemnibus per singulas nundinas intermisso, ut fiebat, spatio dierum 9. & unaquaque vice ter repetito nomine absentis voce præconis, quæ vox legis dicitur, ut Julianus interpretatur in *Nov. 69.* vel a Demosthene pro Ctesiphonte, *vox patriæ communis*. Et hunc morem latius exposuit Observatio 20. Ne igitur hoc more non servato, vel absens reus damnetur, vel absens accusator, ut calumniator: ideo SC. cautum est, differendæ condemnationis causa, justas causas absentiæ si allegentur, admittendos esse suspensa condemnatione. Quæ est sententia hujus legis.

### Ad LXLI. ff. de Pœnis.

*Sanctio legum, quæ novissime certam pœnam irrogat iis, qui præceptis legum non obtemperaverint, ad eas species pertinere non videtur, quibus ipsa lege pœna specialiter addita est: nec ambigitur in cetero omni jure speciem generi derogare: nec sane verisimile est, delictum unum eadem lege variis æstimationibus coerceri.*

HÆc lex proponit evidenter regulam ejusmodi, quæ est in *tit. de regul. jur.* 80. In toto jure generi per speciem derogari, & illud potissimum haberi, quod ad speciem directum est. Et proponit hæc lex ad eam regulam exemplum tale. In extrema parte legum plerumque solet generaliter addi pœna certa, *si quis adversus ea fecerit sciens dolo malo, capital est*, vel, *tot populo dare damnas esto*. Ultima clausula legum est pœna, quæ infligitur migrantibus a lege, sive non obtemperantibus præceptis legis; & ea pars ultima legum appellatur sanctio, & ab ea leges ipsæ sanctæ dicuntur, quasi sanctione subnixæ, *l. sacra, §. proprie, de ver. divisione.* Tull. 2. de Invent. *Maxime conservandam eam legem esse, quæ diligentissima & sancta est*: & 3. ad Att. *vix ullam esse legem, quæ non ipsa se sepiat difficultate abrogationis*, id est, sanctione aliqua. Pertinet autem ea pars, quæ sanctio, quæ generalis est ad omnia capita legis, & ad omnes species, quæ lege continentur, quibus similiter non est adscripta pœna certa & propria. Nam ad eas species, quibus pœna lege specialiter adscripta est, clausula illa, sive sanctio generalis non pertinet; pars five pœna specialis derogat generali: ut in certo omni jure ait Papinianus receptum esse, speciem generi derogare & detrahere: quod multis exemplis demonstrari posset, petitis ex *l. 10. de manum. testam. l. 9. de suppell. leg. l. 12. §. ult. de instruc. & inst. leg.* & innumeris aliis locis. Ac præterea ait Papinianus non esse verisimile legem voluisse, idem crimen sive delictum coerceri duplici pœna: nimirum speciali & generali: unius criminis una lex est, una pœna, unum judicium. Qua de causa & Senatus censuit, ob unum crimen neminem posse pluribus legibus reum fieri, *l. Senatus, sup. de accusat.* Idque arbitror censuit tempore Titi Vespasiani. Nam ut Sueton. scribit, *Titus Imperator, ut delatores coerceret, vetuit inter cetera de eadem re pluribus legibus agi*: alioqui uni delicto duplex pœna infligeretur, quod iniquum est. Ideoque cum certo capite legis uni delicto addita est pœna specialis, pœna sanctionis subscripta ad istud delictum non pertinet: quoniam est iniquum, unius delicti duplicem esse pœnam. Hoc loco addam definitionem Papin. ex hoc lib. 2. quæ non est quidem relata in D. sed quam nobis conservavit L. Rufinus in eo lib. quo contulit jus civile populi Romani cum lege Dei data per Mosem populo Judaico, & eam fuisse positam scribit *lib. 2. Definit. sub tit. de judic.* id est, *de condem.* Nam hi libri Definit. erant distincti titulis. Definitio hæc est: *per hominem liberum noxæ deditum, si tantum adquisitum sit, quantum damnum dedit, manumittere cogendus est a prætore, qui noxæ deditum accepit, sed fiducia judicio non tenetur.* Hæc est definitio Papinian. quæ loquitur quidem de libero homine noxæ dedito, sed idem servari in servo noxæ dedito ostendit aperte §. *dominus, Instit. de nox. act.* nempe servum noxæ deditum ei, cui noxam nocuit, id est, cui damnum dedit, manumitti auxilio prætoris, si quæsita pecu-

pecunia is servus novo domino, cui deditus est sarcierit & solverit damnum, id est, præstiterit damni æstimationem, manumitti eum oblata æstimatione damni, nec reverti ad priorem dominum, cujus dominio in perpetuum abscessit. Sicut si quis amiserit dominium rei suæ usucapione, ac deinde is, qui usucepit eam rem, habeat pro derelicto, sane dominium non revertetur ad priorem dominum, a quo discessit in perpetuum, sed adquiretur occupanti justo titulo, nempe pro derelicto. Et est valde suavis in quadam epist. noviter impressa M. Ant. Muretus qui ludit JC. & cum ea quæstio ei proposita fuisset de eo, qui rem usucepit, quam postea pro derelicto habet, magnifice respondit sibi videri æquum esse, ut ea res redeat ad priorem dominum. Ratio autem hujus definitionis a nobis propositæ hæc est, quod novus dominus, cui servus noxæ deditus est, magis voluerit sibi damnum sarciri, quam dedi servum, quodque servum in noxam acceperit, non tam sua sponte, quam coactus necessitate quadam noxali judicii: qua ratione etiam Græci utuntur, ut dixi in specie *l.* 8. *de nox. act.* quod item judex in primis etiam damnum sarciri jusserit: ita enim solet judex pronuntiare noxali judicio, ut docent Inst. *Pub. Mævium* (qui est dominus servi conventus noxali actione) *propter delictum servi L. Titio* (qui est is cui damnum datum est a servo) *in decem aureos condemno, aut noxam dedere*. Præcedit æstimatio damni in x. aut xx. aut centum aureos, ut & præcedere at *l. 6. sup. de re judic.* præcedit, inquit, æstimatio damni, & in condemnatione est: noxæ deditio sequitur: & in præstatione magis est, quam in condemnatione. Denique in condemnatione tantum est æstimatio damni. Quamobrem & noxæ dedito est integrum satisfacere judicato præstita æstimatione litis, & ita se ab eo liberare, cui noxæ deditus est, & ei invito interventu prætoris extorquere libertatem. Denique sub tit. *de jud.* docuit Pap. etiam libero homini noxæ dedito ob causam judicati, non facti post deditionem, integrum esse facere judicatum, & se liberare ab eo, cui deditus vel addictus est: noxæ dedi olim poterant etiam liberi homines, *l.* 2. §. *proinde, de lib. hom. exhib. l. ult. Inst. de nox. act.* quod & Paulus apud eundem L. Rusinum significat *lib. sing. de adult.* dum ait, *marito licere occidere deditum liberum hominem deprehensum in adulterio uxoris*: locus ille intelligitur de dedito libero homine, quia de servo & libertino jam sup. dixerat: proinde etiam liberi homines noxæ dedi poterant. Verum multum distabat noxæ deditio servi a noxæ deditione liberi hominis, quia servi deditio faciebat eum servum ejus, cui debebatur: at noxæ deditio liberum servum non faciebat. Imo nec pignoris aut fiduciæ vinculo nectebat liberum hominem. Nam ut Paulus ait, liber homo pignori vel fiduciæ dari non potest: perstringam paucis differentiam inter pignus & fiduciam. Pignus est pignus, quod transfert solam possessionem in creditorem: fiducia est pignus, quod transfert etiam dominium in creditorem sub lege remancipandi, post solutam omnem pecuniam, quod & Paulus ostendit in sent. & Isidor. in originibus suis. Noxæ igitur deditio non nectit hominem jure pignoris aut fiduciæ. Qua de causa in superiori definitione Pap. ait, oblata æstimatione damni, eum, cui liber homo deditus est, non compelli hominem manumittere. Nam & manumitti dicitur deditus vel addictus, vel obæratus. Non omnis qui manumittitur, manumittitur ex servitute, sed vel ex nexu, vel ex deditione, vel ex additione: non compelli, inquam, eum manumittere fiduciæ judicio oblata æstimatione litis, quia nulla fiducia contracta est, sed compelli extra ordinem per prætorem ipsum vel præfidem, non jure ordinario data actione & judice speciali.

## Ad L. XVII. de Castr. pec.

*Pater, qui castrense peculium intestati filii retinebit, æs alienum intra modum ejus, & annuum utilem jure prætorio solvere cogitur. Idem si testamento scriptus heres extiterit, perpetuo civiliter, ut heres conveniretur. Pater a filio milite, vel qui militavit heres institutus, testamenti causam omisit, & castrense peculium possidet, legitimi heredis exemplo cogetur ad finem peculii perpetuo legata præstare. Quod si filius post annum, quam militare desierat, jure communi testamento facto vita decessit, ratione Falcidiæ retinebitur quarta: ceterum si testamenti causam pater omisit, cum peculium creditoribus solvendo non esset, nihil dolo videbitur fecisse, quamvis temporis incurrat compendium.*

Quod attinet ad l. 17. *de castr. pecul.* certissima juris definitio est, nec ullo modo, ut male tradit Acc. abrogata per Nov. 18. Et definitio hæc est: filiusfam. militis intestati defuncti, nullis liberis vel fratrib. superstitib. ut recte additur, & singulariter in §. *Inst. quib. non est permiss. fac. test.* bona castrensia patri ejus superstiti deferri ut peculium, quod retro intelligitur fuisse in bonis patris, ut ait *l. pen. h. t.* Deferri, inquam, patri ut peculium, cujus retro fingitur dominium habuisse, non ut hereditatem: testati autem filiifamil. militis, patre herede instituto bona castrensia ex testamento patri deferri ut hereditatem. Hæc definitio proponitur multis in locis, *l.* 1. *&* 2. *&* 9. *& l. pen. h. t. l.* 1. §. *si is cui bona, de collat. bon. l. ult. ad Tertull. l. in eo, de adq. rer. dom.* Et ratio evidentissima hujus definitionis hæc est: quia jure antiquo, quod obtinuit ante constitutiones Principum, peculium castrense filiifam. non minus adquiritur patri, quam peculium paganum. Et novissime ex constitutionibus Principum, hoc privilegium militiæ datum est, ut de castrensi peculio possit filiusfam. miles statuere suo arbitrio, perinde atque si paterfamil. esset, quo privilegio quamdiu vixerit filiusfam. nullum in eo peculio jus patri competit. Quamobrem si de castrensi pecul. testetur filiusfam. ut potest, vel in militia, jure militari, vel post missionem jure communi, si, inquam, filiusfam. testetur de castrensi peculio, atque ita suo jure utatur, & extraneum heredem instituat, pater in eo peculio nihil juris habet, vel si patrem ipsum heredem instituat, pater id occupat, & retinet, ut extraneus quilibet jure hereditario, non jure prætorio, non jure antiquo, non jure peculii: sin autem de eo peculio filiusfam. testamentum non faciat, & moriatur intestatus, quia suo jure usus non est, pater secundum jus antiquum postliminii cujusdam similitudine, ut ait *l. pen. h. t.* id peculium sibi vindicat, quasi sibi adquisitum: id peculium occupat jure suo, jure patriæ potestatis, jure peculii, non jure hereditario, quod est extraneum jus. Et hæc est sententia hujus definitionis. Porro ex hac definitione & differentia sequitur, quod proponit Papin. initio h. legis. Intestato mortuo filiofamil. patrem creditoribus filii teneri jure prætorio actione de peculio, non in solidum, sed intra modum peculii, sive quod idem est ad finem peculii, id est, eatenus quatenus peculio patitur: uno verbo, peculio tenus, & teneri creditoribus intra modum, & intra annum utilem tantum, ut in peculio pagano servari solet, *l.* 1. *quando de pecul. actio annal. sit*. Nam mortuo filiofamilias intestato peculium castrense eodem jure est quo paganum: testato autem filiofam. & patre herede instituto, patrem adita hereditate jure civili, non jure prætorio, creditoribus teneri in solidum, & perpetuo, non pro modo bonorum castrensium: & perpetuo, non intra annum, tamquam heredem filii legis. Legatariis autem si filius a patre herede instituto legata reliquerit, patrem teneri, non in solidum, sed fini hereditatis, sive peculii castrensis, quod ad eum pervenit jure hereditario ex testamento filii, quia nec ex testamento militis legata debentur ultra vires hereditatis, legata debentur tantum ad finem hereditatis, deducto eo, quod creditoribus debetur, *l.* 1. §. *denique, ad Trebell.* æs alienum debetur supra finem hereditatis, si adita sit ab herede scripto: legata nunquam debentur, nisi ad finem hereditatis, quod scilicet superest deducto ære alieno; verum pro quæstu hereditatis, quod

quod superest deducto ære alieno pater legatariis tenetur perpetuo, quia actio legatorum, actio ex testamento perpetua actio est & civilis; ac præterea ex legatis pater non deducit quartam ratione legis Falcidiæ, quia in testamento militis Falcidia cessat, & legata debentur, si eis bona sufficiant, *l.7.C.ad l.Falcid.* In testamento autem ejus, qui militia dimissus & sacramento solutus est, id est, in testamento veterani, Falcidia locum habet, etiamsi vita decesserit intra annum missionis, *l.ad veteranii, ad leg. Falcid.* In testamento, inquam, veterani, quod fecit post missionem jure communi. Nam in testamento, quod fecit in militia jure militari, si moriatur intra annum missionis, *l.* Falcidia non habet locum, quia intra annum testamentum valet jure militari, perinde atque si in militia diem suum obiisset. Sed si post annum missionis moriatur, etiam in eo testamento, quod in militia fecit, *l.* Falcidia locum habet, si moriatur post annum missionis, *l.si post, & l.si miles, ad leg. Falcid.l.si certarum, §.ult.de milit.test.* Sciendum autem est, his omnibus, quæ diximus hactenus, locum esse non tantum, cum pater a filiofam. milite aut veterano heres institutus hereditatem adivit ex testamento, sed etiam cum omissa causa testamenti, id est, repudiata hereditate filii ex testamento, atque ita filiofam. intestato facto per repudiationem patris, bona castrensia pater possidet jure peculii. Item ea quæ diximus, obtinent etiam hoc casu, exemplo scilicet ejus, qui omisso testamento, in quo erat institutus, bona possideret jure legitimo, & jure hereditario ab intestato, ex edicto, *si quis omiss.caus.testam.d.l. si certarum, §.pen.* Pater filiofam. testamentarius heres esse potest: legitimus heres esse non potest ab intestato, sed hoc casu legitimi heredis exemplum sequitur, si omissa causa testamenti retineat bona castrensia jure peculii, perinde atque si ea retineret jure hereditario ab intestato. Et hoc igitur casu perinde atque si adiisset hereditatem filii ex testamento, in eum legatorum actio datur perpetuo, ut ait hoc loco, & comprobat *l. de libertatibus, §.1.si quis omiss.caus.test.* sed datur legatorum actio ad finem peculii tantum, id est, pro quantitate hereditatis quæ superest absolutis creditoribus filii. Nec Falcidiæ locus est, si testamentum filiusfamil. fecerit jure militari, & in militia vita decesserit, vel intra annum missionis, honeste, non ignominiose; sed si decesserit post annum missionis, vel si post missionem jure communi testamentum fecerit, licet intra annum vita decesserit, Falcidiæ locus est, quamvis pater omisso testamento bona possideat ut peculium, non ut hereditatem, quia pro eo habetur, ac si adiisset ex testamento, nec repudiasset testamentum ex superiore edicto, *l. duo §. ult. si quis omiss.l.1.§.ad eos, sup.ad l.Falcid.* Et hoc est, quod ait Papinianus illo loco, quod si filius post annum, quam militare desinat, jure communi testamento facto vita decessit, &c. In extremo hujus l. ponit Papinianus unum casum, unam exceptionem, qua quidem pater institutus a filiofam. milite, omissa causa testamenti, si bona filii castrensia possideat jure peculii, legatorum nomine non tenetur. Casus hic est: si pater ideo noluerit ex testamento adire hereditatem filii, quod ea hereditas, id est, peculium castrense creditoribus filii solvendo non esset, quia, qui ob eam causam repudiat testamentum, nihil dolo facit, sed prospicit sibi tantum, ne implicetur æri alieno filii, & edictum si quis omissa causa occurrit tantum dolo, & calliditati heredum repudiantium testamentum in necem & fraudem legatariorum, *l. si quis omis.* Pater vero hoc casu non repudiavit testamentum hoc animo, ut legatariis fraudem faceret, sed ut fraudem a se depelleret, & onus æris alieni, quod facere potest impune, & citra metum illius edicti, *l.cum pater, .Titio, in fin.de legat.2.l.Papin.§.quarta, de inoff.test.l.4.de acq. hered.l.6.§. si patronus, si quis omissa causa testam.* Sine pater incidisset in fraudem, si adiisset hereditatem ex testamento filii, quæ erat onerata ære alieno nimis, quia adeundo, creditoribus filii se obligasset in solidum, etiamsi hereditas non esset solvendo, quia semper intelligitur esse solvendo hereditas, quæ invenit heredem, qui adierit ex testamento, *l. libertus qui, de bon. libert.* Ergo & hoc casu repudiato testamento non fraudandi alterius causa, sed ne ipse fraudaretur, sane intercidunt legata, quia non adita hereditate ex testamento non debentur; & commoduma temporis etiam acquirit pater, quia creditoribus filii, de peculio non tenetur perpetuo, sed intra annum utilem tantum, ut proposuit initio: Atque ita hoc casu repudiato testamento, ut ait, temporis brevioris, quo conveniri potest a creditoribus, compendium incurrit. Et quamvis istius temporis compendium incurrat, quod non perpetua, sed temporaria actione pater filii creditoribus teneatur, qui repudiavit ipsius testamentum, tamen non tanta habetur ratio lucri temporarii, ut non propterea statuamus impune repudiari a patre testamentum filii bonis occupatis jure peculii, ac si intestatus decessisset e vita, quem & repudiatio intestatum facit.

## Ad L. LXXXIII. de Reg. juris.

*Non videntur rem amittere, quibus propria non fuit.*

Aliorum exempla ad hanc regulam displicent: utar tribus quæ non afferunt Latini interpretes. Creditores non videntur amittere rem pignori datam, quibus propria non fuit. Et ideo amissi pignoris periculum pertinet ad debitorem, quod dominus mansit, non contracta fiducia, *l.cum & fortis, §.ult.de pigner.act.* amissi, inquam, pignoris periculum pertinet ad debitorem tanquam dominum, non ad creditorem, si fine culpa ejus res amissa sit, *l. amissi, in princ. de fidejuss. & l. pignus, & l.quæ fortuitis, l.C. de pignen. act.* Et ad hunc locum, hoc exemplo Græci interpretes utuntur apud Harmenopulum 3. *Epitom. tit.* 9. Potest etiam apponi aliud ex *l.1.§.eum qui, & l.3. §. utifrui, de vi & vi arm.* si quis prohibeatur ingredi & incipere possidere fundum, non videtur vi dejectus, aut detrusus ex fundo, nec habet interdictum unde vi, quia is tantum dejicitur, qui amittit possessionem, non amittit autem possessionem, cujus nondum propria fuit. At aliud exemplum ex *l.sed & si constante, de donat.inter vir.* donatio rei alienæ; quam forte suam esse maritus existimabat collata in uxorem valet, quia ea tantum donatio jure civili prohibetur, quæ maritum pauperiorem facit, id est, per quam maritus rem suam amittit: non videtur autem amittere, quod proprium ejus non fuit. Explicitus est Papin. Definitionum liber 2. & ultimus, 12. Calend. Maij 1580.

JACOBI

# JACOBI CUJACII J.C.
## AD LIBRUM PRIMUM
## ÆMILII PAPINIANI
### DE ADULTERIIS COMMENT.

**Ad L. XIII. D. de Testibus.**

*Quæsitum scio, an in publicis judiciis calumniæ damnati testimonium judicio publico perhibere possint, sed neque lege Remmia prohibentur, & Julia lex de vi, & repetundarum, & peculatus, eos homines testimonium dicere non vetuerunt: verumtamen quod legibus omissum est, non omittetur religione judicantium, ad quorum officium pertinet ejus quoque testimonii fidem, quod integra frontis homo dixerit perpendere.*

APINIANUS scripsit duos libros de adulteriis, & librum quoque singularem de adulteriis. Inter quos aliquid interest: nam libri duo de adulteriis sunt ad *l.Jul.de adult.* id est, ad omnia capita l. Juliæ, quæ erant plurima, nec omnia respiciebant ad causam, pœnam, vel judicium publicum adulterii, sive stupri, sed alia erant capita de fundo dotali non alienando, Paulus 2. Sent. *lege*, inquit, *Julia, de adulteriis cavetur, ne dotale prædium maritus invita uxore alienet*: & alia de divortiis certo modo rituque faciendis, *l.1.in fine, unde vir & uxor*: lex, inquit, *Julia de adulteriis nisi certo modo divortium factum sit, pro infecto habet*, & aliud quoque fuisse caput l.Juliæ ait *l.13.de rit.nupt.* de compellendis parentibus, liberos suos, quos habent in potestate, collocare in matrimonium filiabus dote constituta. Et ita libros Ulpiani de adulteriis aliter inscriptos fuisse ad *l.Juliam, de adulter.* intelligimus ex inscriptione *legis 17. & 19. & 23. inf. ad l.Jul.de adult.* quo modo libros Papin. *de adult.* sic accipere debemus, *ad leg.Jul. de adult.* id est, ad omnia capita. Nam & ex hoc libro dabuntur leges de fundo dotali, & de divortiis. Liber autem singularis Papiniani de adulteriis fuit tantum de exercitione publici judicii, ex *l. Jul. de adult.* non de omnibus capitibus *l. Julia.* Et prima quidem, quæ se in D. offert ex primo ad *l. Jul. de adult.* est, *l. 13. ff. de testib.* cui adjungam ex lib. sing. l. 14. *eod.* Porro certum est adulterii damnatum, vel damnatum judicio publico ex l. Julia testem produci vel testimonium dicere in judicio publico non posse, *l. qui testamento, §. mulier, qui testam. fac.*

A *poss. l. 18. hoc tit.* Quod obtinet etiam in alio quolibet damnato aliquo judicio publico, veluti repetundarum, aut de vi, aut peculatus, quia infamis fit, & propter infamiam testis esse, inque judicio testimonium perhibere vetatur, *l. 3. §. lege, & l. 16. hoc tit. l. 6. §. 1. ad leg. Jul. repet.* Qua de causa, ut M. Tullius scribit in prætura urbana, Verres callide cum esset legatus Dolabellæ in provincia Siciliæ, & furtorum ac flagitiorum multorum in ea provincia commissorum non modo particeps, sed etiam princeps, noluit rationes legationis suæ reddere, nisi condemnato prius repetundarum, & ejecto Dolabella, qui poterat eum reprehendere, ne post damnationem Dolabella in se posset testimonium dicere. Quod si publico damnatus in judicio testimonium dicere & perhibere non potest, & in testamento multo minus testis, vel signator esse potest, *l. qui testamento, §. eum qui, qui testam. fac. poss.* quia testamenta, quibus patresfam. statuunt & decernunt de universo jure suo solenniter, maxime requirunt selectos & classicos assiduosque testes, non qualescunque, non proletarios: quin & proprie auctore Festo, classici dicuntur testes, qui signandis testamentis adhibentur. Hujus autem rei argumentum est, quod mulier si non sit damnata adulterii, in judicio testis esse potest, in testamento non potest, *d. l.qui testa.§.mulier, & l.18.hoc tit.* Recte igitur dicimus, judicio publico damnatum, qui in judicio testis esse non potest, & multo minus in testamento adhiberi posse: & in judiciis, & in testamentis testes adhibendi sunt integræ opinionis, alioqui ut ait *l.14.* testamentum ne-

C que jure civili valet, ut ex eo adiri hereditas possit, neque jure prætorio, quod nam sit in re subsequitur jus civile, ut bon. possessio secundum tab. dari possit, si infames signandis testamentis adhibiti sunt. Testium infamia corrumpit testamentum, quod maxime notandum. Ex eo autem quod dicitur, judicio publico damnatum in judicio testimonium publice dicere non posse, colligitur, judicio publico damnatum ex eo crimine non posse, & in testamento adhiberi posse; & in testamentis testes adhibendi sunt integræ opinionis, alioqui ut ait *l.14.* testamentum neque jure civili valet, ut ex eo adiri hereditas possit, neque jure prætorio, quod nam sit in re subsequitur jus civile, ut bon. possessio secundum tab. dari possit, si infames signandis testamentis adhibiti sunt. Testium infamia corrumpit testamentum, quod maxime notandum. Ex eo autem quod dicitur, judicio publico damnatum in judicio testimonium publice dicere non posse, colligitur, judicio publico damnatum ex eo crimine non posse, & ex eo crimine damnatum, quod publici judicii non est, non prohiberi in judicio testimonium dicere, quia non ex crimine damnatus est, cujus accusatio pateret omnibus, sed ex crimine, quod habet causam privati judicii, non publici. Et hoc sane verum est, si damnationem ex crimine non publico, non sequatur infamia, ut *l. infamem, ff. de jud. pub.* At quid si damnationem sequatur infamia ex crimine non publieo, an damnatus testis adhiberi potest in judicio vel testamento? Hæc est quæstio *h. legis.* Fac, calumniæ causa in judicio publico, non judicio publico, sed privato damnatum esse aliquem in judicio, puta, quod judicio publico malitiosè aliquem accusarit per calumniam? judicium de calumnia commissa in judicio publico, non est publicum, tamen irrogat infamiam, *l.1. de his, qui not. inf.* illo loco, *qui in judicio publico calumniæ prævaricationisve causa, quid fecisse judicatus erit.* Quibus verbis duo tantum casus notantur; si quis in judicio publico, calumniæ causa damnatus fuerit, quod falsum crimen intendisset; & si quis in judicio publico, prævaricationis causa, puta, quod prodidisset causam cum reo colluderes, damnatus sit. Denique si cujus de calumnia vel de prævaricatione, in judicio publico sit pronuntiatum, rectè in judicio publico: nam in causa privati judicii calumniæ damnatus, puta, quod litem privatam egerit calumniosè, infamis non sit, *l.5. C. de calum.* Quæritur ergo hoc loco, an in judicio aliquo publico damnati accusatores testimonium perhibere possint. In alio, maximè judicio publico, quod in alium intenditur? Et videntur hi, qui damnati sunt calumniæ causa in judicio, posse testimonium perhibere etiam judicio publico, quod intenditur in aliquem, quia lex Remmia, quæ calumniatores coercet, qui scilicet in judicio publico calumniati sunt, ut est proditum hoc loco, & *l.1. ad Senatusc.Turpill.*& in oratione M.Tullii pro Rosc. Amerino, ubi tamen vulgo male Memmia, pro *Remmia*, ut hi duo loci Digestorum perviunt, ex qua familia (ne quis arguat nullum talem fuisse Romæ) nomen etiam in Quinto Remmio Palæmoni, qui scripsit artem Grammaticam & librum de ponderibus: quia igitur l. Remmia, quæ coercet eos, qui in judicio publico calumniati sunt, eos non facit intestabiles, id est, testimonium dicere non vetat in aliis causis; ideo videntur testimonium dicere posse etiam in judicio publico, & non tantum quia lex Remmia, quæ propriè in eo lata est, sed etiam quia l.Julia de vi, & lex Julia repetundarum, & l.Julia peculatus, vel aliæ leges publicorum judiciorum, non vetant eos testimonium dicere, in his publicis judiciis sunt calumniati. Per leges igitur licet eis testimonium dicere, & tamen, quia perinde sunt infames, qui in judicio publico calumniæ causa aliquid fecisse judicati sunt, atque ii, qui judicio ipso publico damnati sunt vel de adulterio, vel de vi, vel repetundarum, æquum est, testimonium eorum repelli, quia infames sunt. Cur damnatorum judicio publico testimonium repellitur? propter infamiam, ut ait *l. 3. §. hoc tit.* Ergo eadem ratione repelli debet testimonium, qui in judicio publico calumniæ damnati sunt, licet nominatim legibus facti non sunt intestabiles. Et ideo quod legibus omissum est, vel Remmia vel legibus publicorum judiciorum, ut eleganter hic ait Papinianus, suppleri debet judicantis religione, legibus quidem non repelluntur a testimonio, sed officio judicum, *quia & ad eorum officium pertinet,* inquit, *etiam ejus testimonii fidem perpendere, seu perpenso consilio excutere, quod homo integræ frontis dixerit.* Non dicit hominem integræ non integræ frontis pro homine integræ famæ, opinionis, dignitatis, sed proprie admodum hominem integræ frontis citra metaphoram dicit pro homine, qui frontem integram habet, id est, non compunctam notis, non inscriptam aut inustam litteris, ut habent calumniatores, qui in judicio publico calumniati sunt, quorum fronti ex *l. Remmia* inuri solebat litera K, quæ calumniam significabat, vel simplex aut duplex, quod significabat calumniæ causam, ut veteres scribere solebant: quod in idiotismo appellant *flestrir le front.* Et hoc jamdiu memini me comprobare ex Plinio in Panegyrico ad Trajanum scribente de delatoribus, de calumniatoribus, quos Trajanus expulerat & mulctaverat bonis, *nunc*, inquit, *non ut antea exsanguem illam & ferream frontem, ne quicquam vulneratam punctis præbeant, & notas suas rideant.* Et ex ead. oratione pro Rosc. Amer. M.Tull, quo loco

Tom.IV.

agit de l. Remmia; *& de calumniatoribus*; *Crura*, inquit, *nemo vobis suffringet, sed ego hos bene novi, litteram illam, cui vos adeo inimici estis, ut etiam litteras omnes oderitis, ita vehementer ad caput affigam, ut postea neminem alium nisi fortunas vestras accusare possitis,* hoc est, vos cruci quidem non affigent, sed fronti affigent literam K. In crucem sublatis crura suffringi solebant, ut duobus illis latronibus, qui suffixi sunt cum Domino: idem in ead. oratione, *si luce canes latrent, quum Deos salutatum aliquis venit, opinor iis crura suffringentur, quod acres sint etiam tum cum suspicio nulla est*, quasi velit dicere, & vobis crura esse suffringenda, quod temere instituatis accusationes sine ulla suspicione. Et idem Philip. 13. *Plancum perire non posse, nisi crura ei fracta sint*, id est, nisi ut erectus detur cruci. Et Plautus in Pœnulo, *continuo is me crurifrasum fecerit.* Eam literam fuisse K, simplex vel duplex indicat Juliani Misopogon adversus Antiochenos dum ait, *optat Deus Antiochenis instigere duplex KK, quod vicinas civitates calumniati sunt.* Sensus ergo hujus l. hic est; si judices nec quod integræ frontis homo testimonium dixerit temere recipiunt incognita causa, multo minus id recipient, quod dixerit calumniæ causa in judicio publico damnatus, cujus frons vulnerata est & inscripta. Et eadem ratione dicere possumus, extra ordinem damnatum criminaliter, ex crimine non publico, ex causa furti, vel injuriarum, vel vi bonorum raptorum, vel ex alia causa, crimine stellionatus, vel crimine expilatæ hereditatis, quia judicia publica non sunt, quia infamis sit, *l. quid ergo, §. ult. de his qui not. infam. l. lite, C. eod. l. infamem, de publ. judic.* infamem officio judicis esse a testimonio judiciario repellendum; quia ut dixi, nec judicio publico damnati alia ratione legibus removentur, quam propter infamiam. Hoc dico de damnato criminaliter ex furto, ut in *l. ult. de furt.* vel ex alio crimine non publico: nam damnato civiliter, ut actione furti, vel injuriarum, vel vi bonorum raptorum, vel de dolo malo vel depositi, mandati, tutelæ, pro socio, licet omnes actiones famosæ sint, & damnatum infamem faciant, tamen non dixerim, eum repelli a testimonio judiciario, vel testamentario; nec jure ipso, nec ullo officio judicis, quia hoc tantum reperitur scriptum de iis, qui criminaliter damnati sunt ex causa famosa; civiliter damnati judicio non publico non repelluntur a testimonio. Inter cetera hoc ad extremum notandum ex hac l. in calumniatores, qui in judicio publico calumniati erant, ex l.Remmia non fuisse judicium publicum. Hoc hæc l. manifestè ostendit, alioquin frustra quæreret, an testimonii dictionem habeant, quia generaliter verum est, damnatos judicio publico testimonii dictionem non habere. Ergo ex hac l. Remmia liquido constat, non fuisse judicium publicum, accusationem publicam. Quod tamen affirmavit Accurs. male in *l. 1. §. 1. ad SC. Turpill.*

Ad L. XII. de Fundo dotali.

*Etiam dirempto matrimonio prædium dotale esse intelligetur.*

Hæc l. pertinet ad caput *l. Juliæ de adult.* de prædio dotali non alienando invita muliere, *ut & l. 2. 6. 12. 14. h. tit.* quæ omnes sunt ex Ulp. vel Pauli libris *de adult.* Idque ostenditur a lege 12. non tantum constante, sed etiam soluto matrimonio dotale prædium esse videri, quoad scilicet restitutum sit mulieri, vel heredi ejus, utique si ea in causa est, ut restitui debeat mulieri vel heredi ejus, *l. 3. h. tit.* Sunt enim plerique casus, quibus soluto matrimonio dos in restitutionem non venit, sed quum est in causa restitutionis, sane etiam post solutum matrimonium, quod fuit dotale prædium & dotale esse intelligitur, quoad restitutum sit. Ex quo sequitur interim prædium illud alienari non posse, quod & *l. 1. h. tit.* probat, dum ait, morte mariti dirempto matrimonio prædium dotale transire ad heredem mariti cum suo jure, cum causa & conditione sua, ut alienari non

non poffit. Idemque probat *l. 13. §. heredi, h. tit.* fi morte mulieris foluto eft matrimonium, nec tamen poteft maritus poft mortem mulieris prædium dotale alienare, quod heredi mulieris reftituendum eft; fed perinde ac mulieri & heredi ejus idem auxilium præftatur, puta, repetitio vel vindicatio prædii alienati, vindicatio refcifforia alienationis, *l. cum pater, §. qui dotale, de leg. 2.* Et huc etiam valde pertinet quod ait *l. fi poft, fol. matr.* berede mulieris agente de dote, mortua muliere, cum viro vel parente ejus, eadem intervenire & fervari in dote reftituenda, quæ ipfa muliere agente obfervari folent, puta, ut iifdem diebus dos reddatur, ut eædem retentiones ex dote fiant, & non ultra facultates maritus damnetur: neque enim quod & regula juris non patitur plus commodi heredi fuo mulier relinquat, quam ipfa habuit; itemque ut nec mortua muliere viro permittatur alienatio fundi dotalis: privilegium folum exactionis vel hypothecæ mulieris non fequitur, nifi fit filius, *l. unica, C. de privil. dot. l.ult. §. exceptis, C. qui pot. & Novell.99.* Ex hac etiam Papin. fententia fequitur, nec foluto matrimonio dotale prædium ufucapi poffe, quia in *l. Julia* alienationis verbo etiam ufucapio continetur, *l. fi fundum, h. tit. l.tametfi, fol. matr.* Verum etiam eft, dotale prædium ufucapi non poffe, aut adquiri poffeffione longi temporis: nec obftare quam obiicit Accurf. *l. in reb. dotalibus, §. omnis, C. de jure dot.* Quin rejectis omnibus Accurfii rationibus, quæ perquam inanes & nugaces funt, lex, *in reb.* non hoc docet, foluto matrimonio fundum dotalem ufucapi poffe, fed docet actionem de dote five repetitionem dotis excludi præfcriptione temporis legitimi. Denique non docet, ufucapione adquiri dominium fundi dotalis, vel adquiri actionem in rem, quæ actio five lis folius domini eft, *l. evictis, fup. de ufur.* fed adquiri exceptionem temporis contra mulierem heredemve ejus foluto matrimonio dotem repetentem, quæ ex quo repetitio ei competere cœpit, diu ceffavit in repetitione dotis. Verba legis hæc funt: *Omnis exceptio temporalis five per ufucapionem inducta, five per decem, five per viginti annorum curricula, vel 30. aut 40. opponitur mulieribus dotem repetentibus ex eo die, quo eis actio de dote competere cœpit:* ufucapio vero illa parit exceptionem tantum poffefforis, non actionem in rem, non dominium. Denique ea lex loquitur non de dominio adquirendo fundi dotalis, qui eft effectus ufucapionis, fed de adquirenda præfcriptione ufucapionis, five exceptione temporali adverfus repetitionem dotalis fundi.

### Ad §. I.

*Soceri voluntas in diftrahendo prædio dotali nulla eft.*

Lege Julia voluntate uxoris fundus dotalis alienari poteft, quia invita tantum uxore alienatio prohibetur, non etiam volente, §. 1. *Inftit. quib. alien.* voluntate, inquam, uxoris, non etiam voluntate foceri, id eft, patris mulieris; foceri voluntas in alienando fundo dotali nulla eft, fola enim voluntas mulieris alienationem confirmat: hodie ex confit. Juftiniani, *de rei uxor. act.* etiam voluntas uxoris in diftrahendo fundo dotali nulla eft: fed Papin.hoc fcripfit fecundum jus fuæ ætatis. Ubique vero de fundo inæftimato loquimur, quia hic folus eft dotalis, qui non eft æftimatus: qui autem eft æftimatus, non eft dotalis quia in dotis caufa æftimatio fola eft, non fundus.

### Ad L. VII. de Divortiis.

*Si pœnituit eum, qui libellum tradendum divortii dedit, iifque per ignorantiam mutatæ voluntatis oblatus eft, durare matrimonium dicendum eft: nifi pœnitentia cognita is, qui accepit ipfum, voluit matrimonium diffolvere: tunc enim per eum, qui accepit, folvitur matrimonium.*

Initio hujus lib. fatis oftendi a tractatu *l. Jul. de adult.* non abhorrere quæftionem de divortiis, quod & infcriptio *l.8. & l. 9. h. tit.* demonftrat, in qua *l. 9.* quod proponitur nullum divortium ratum effe, nifi feptem civibus Romanis puberibus adhibitis factum fit, præter libertum ejus, qui divortium facit. Hæc omnia verba ipfa funt *l. Juliæ de adult.* quæ certo modo divortia fieri juffit; ut ait *l. 1. in fin.unde vir & uxor,* quam legitimam obfervationem divortii faciendi appellat *l.36. fup.tit.prox.* Suetonius in Augufto, qui auctor fuit *l.Juliæ de divortiis,* divortiis modum impofuit. Et ferva quod ait *l.Julia,* nullum effe divortium ratum, id eft, omne divortium pro infecto haberi, nifi factum fit 7. civibus Romanis puberibus adhibitis, id eft, præfentibus, ut in teftamentis legitimis 7. cuftodito numero, & civibus Romanis, alioqui non effent claffici teftes, & puberibus. Nam impuberes teftimonii perhibendi jus nulla in caufa habent. *Semper,* inquit, *puberibus præfentibus;* aliud dixeris fi dixeris, pube præfente, ut Feftus oftendit. Omnem enim populum fignificaveris. Plautus Pfeud. pubi præfente in concione ,i. popu!o. Septem (inquit) præter libertum ejus, qui divortium faciet, qui remittet libellum divortii, & plerumque per libertum fiebat. Unde illud Juvenalis:

*Collige farcinulas, dicet libertus, & exi,*
*Jam gravis es nobis, & fæpe emungeris, exi*
*Ocyus, & propera, ficco venit altera nafo.*

Ut etiam per libertum folebant principi libellum defideria fua & preces continenter offerre, *l.57. §.1. de rit. nupt. l.6. de interd. & releg.* Et rei poftulati per libertum mittere defenfionem, & fe purgare, apud Corn. Tac. 3. annal.& heredes per libertum recitare teftamentum apud Suet in Tib. c. 23. Non eft autem internuncius, qui & a veteribus dicebatur annuncius, non eft, inquit, internuncius negotii cujufque & interpres in eo negotio teftis idoneus: ficut nec patronus nec executor litis, *l.ult. de teft.* Itaque præter libertum, per quem nunciatur uxori, ut res fuas procuret, ædibus faceffat, tradidurve uxori vel marito libellus divortii, etiam feptem teftes *l.Julia* requirit, in eum fcilicet numerum liberto non computato. Divortium eft contractus, *l. fi uxor, fup. de jud. l.juris gentium, §. ut puta de pact.* Contractus, qui nudo confenfu perficitur. Ergo & per nuncium & per epiftolam inter abfentes. Et ita in fpecie hujus l. recte ponam mandaffe maritum nuncio, veluti liberto fuo, ut libellum divortii perferret ad uxorem, & liberto profecto jam ad uxorem, mox pœnitentia maritum mutaffe voluntatem; libertum vero ignarum mutatæ voluntatis peregiffe mandatum, & libellum divortii uxori tradidiffe. Quo cafu Papinianus ait quafi nuncio non remiffo, neque facto divortio durare matrimonium, quia re integra mandatum pœnitentia revocatum fuit, ut *l. fi vero, §.1. mand. l.4. §.1. de manum. vind. l. fi is, qui bona, §. ult. de adquir. hered.* Offerendo igitur libellum divortii, quantum ad maritum attinet, qui re integra mutavit voluntatem, libertus nihil egit. Ceterum fi mulier, quæ libellum accepit, fimul cognita pœnitudine mariti, non accipiat pœnitudinem, ac malit exire matrimonio, ipfa videtur caufam dediffe divortio, non maritus, feretque pœnas injufti divortii, fi nullam aliam caufam habuerit, fine caufa divertere delictum non modicum eft; nec quod impunitum remanet, *l. fi ex caufa, §. fi mulier. fup. de minor.*

### Ad L. XLI. de Solutionibus.

*Reo criminis poftulato interim nihil prohibet recte pecuniam a debitoribus folvi, alioqui plerique innocentium neceffario fumptu egebunt.*

Cum hoc lib. Papinianus doceret, reo adulterii poftulato, debitores recte pecuniam folvere pendente cognitione, pendente reatu, adjicit generalem rationem, & cuicunque alii reo poftulato recte folvi; alioqui plerique innocentium neceffario fumptu egerent, fi eis debita folvi non poffent, quod effet perdurum. Et l. quæ

quæ sequitur ostendit, hoc etiam Paulum scripsisse lib. 3. *de adult.* Ac similiter retro eum, qui reus postulatus est suis creditoribus æque solvere recte, modo bona fide solvat, vel eis solvatur non in fraudem fisci, *l. bufertur, §. in reatu, de jure fisci.* Alioquin pecuniæ solutæ revocarentur a fisco. Plinius 3. epistol. *de repetundarum reo pronuntiatum*, inquit, *ut pecunia, quas debitores solverent creditoribus revocarentur, &c.* sed de pecuniis loquitur præreptis fisco. Et congruit omnino *l. deferre, §. ult. de jure fisci.* Excipitur ab hac generali sententia Papin. is, qui perduellionis reus postulatus est, quia is neque solvit recte, & ei recte quoque non solvitur, ut in Codice relatum est ex Marciano in fine, *tit.ad l. Jul. majest.* Excipitur etiam is, qui profugit & judicio adesse detrectat: nam dicitur, debitores ei non posse quicquam solvere, ne ita qui solvant, fugam ejus instruant, *l. ult. §. ult. de requir. reis.* Ceterum reo criminis postulato non profugo, præterquam si postulatus sit perduellionis, debitores solvunt recte. Idemque creditoribus suis solvit recte.

### Ad L. II. de Accusat. & inscript.

*Certis ex causis concessa est mulieribus publica accusatio, veluti si mortem exequatur eorum, earumque in quos ex lege testimonium publicorum judiciorum invitæ non dicunt. Idem & in lege Cornelia testamentaria Senatus statuit, sed & de testamento paterni liberti, vel materni mulieribus publico judicio dicere permissum est.*

PApinianus *lib. 1. de adulter.* cum doceret, regulariter mulieri publico judicio neminem accusare licere, ut *l. 1. & 8. hoc tit.* sicut nec populari actione experiri, *l.6. supra, de popul. action.* ac ne lege quidem Julia de adulteriis mulierem injuriam suam persequi posse, injuriam lecti sui, injuriam a viro violati matrimonii, ut *l. 12. C.ad leg. Jul. de adulter.* quia l. Jul. de adult. masculis tantum dedit facultatem accusandi jure mariti; feminis idem privilegium non detulit, quæ differentia jure civili inter maritum & uxorem semper servata fuit. Quum, inquam, hoc doceret Papin. hoc lib. & illud quoque simul docuit, aliis tamen ex causis mulieri Senatum permittere publicam accusationem persequenti suam vel suorum injuriam: ut puta, si mortem vel necem exequatur eorum earumve, in quos ex lege Julia publicorum judiciorum invita testimonium non dicit: & ii quidem quales sint, ex ipsa *l.* Julia publicorum judiciorum docet, *l. 4. sup. de testib.* Mulier invita testimonium non dicit adversus cognatos usque ad sextum gradum, nec ex septimo gradu adversus sobrino, sobrinave natum natamve, qui etiam & fines cognationis in edicto unde cognati, *l. 1. §. hæc autem, sup. unde cogn.* nec adversus affinium certas personas, veluti adversus socerum, generum, vitricum, privignum, quæ appellationes latissime patent, & in quos mulier invita testimonium non dicit. In eos etiam invitus judicio publico testimonium non dicit libertus mulieris, aut libertus mariti ejus, aut libertus parentum, liberorumve ejus, aut libertus patroni, patronæve ejus, quod necesse est, ut exemplo planius faciam. Consobrinus vel consobrina adversus consobrinum invitus invitave testimonium non dicit, nec ei denuntiari potest. Ac similiter adversus consobrinum testimonium non dicit libertus consobrini, libertus parentum, aut liberorum ejus, nec viri, aut uxoris libertus, aut libertus patroni patronæve ejus. Et eodem modo, sicut socer vel socrus adversus generum invitus invitave testimonium non dicit, ita nec libertus soceri vel socrus, vel libertus parentum aut liberorum ejus; nec libertus viri, aut uxoris, nec libertus patroni, aut patronæ ejus. Et ita accipienda & explicanda sunt hæc verba *l. Juliæ*, quæ sunt in *d. l. 4. de testib.* ne liberto ipsius affinis scilicet vel cognati invito denuntietur testimonium, & ne liberto ipsius, inquit, liberorumve ejus, parentum, viri, uxoris, item patroni patronæ. Ea verba sic, ut proposuit interpretanda sunt, & de omnibus perso-

Tom. IV.

nis in quas invita testimonium dicere non coguntur, sunt etiam accipiendæ hæ leges, *l. vestem, de injur. l.1., §.si servus bona fide, de quæstion. l. 22. C. de fide instrum.* Itemque *l. Jurisconsultus, §.1. de gradib. & aff.* Sed maxime animus advertendus ad id, quod ait ea *l. Jul. publicorum judiciorum*, contra affines & cognatos testimonium invitæ dicere non coguntur : nam non est legendum, *agnatos, sed cognatos*, ut apud Paul. 5. Sent. *adversus adfinem*, inquit, & *cognatum invitæ testes interrogari non possunt*. Et ratio, cur potius legamus cognatos quam agnatos est evidens, quia non solum contra agnatos, sed etiam contra cognatos invitæ testimonium non dicunt usque ad 6. gradum, qui cognationis finem, & quasi terminum facit. Debuit igitur non agnatorum nomine uti, quod est speciale, sed cognatorum, quod est generale: nam & agnati cognati sunt. Contra cognati omnes agnati non sunt. Ac præterea agnatio infinita est, nec ullo certo fine graduum circumscribitur, *l.pen. §.1.unde cogn. §. ult. Instit. de success. cognat.* Et si contra agnatos, invitis testimonium denuntiari non posset, hoc jus in infinitum extenderetur, sicut jus agnationis; & tamen hujus juris lex Julia certum finem esse voluit. Cognatorum autem vel agnatorum, si accipiantur, quatenus cognati sunt simpliciter, certa finitio est graduum & certa gradatio. Porro his personis, in quas invitæ testimonium non dicunt, addit Ulpian. *lib. de offic. proconf.* quo tractavit de judiciis criminalibus, non civilibus, nec admittamus distinctionem Glossæ in *l. inviti, de testib.* addit, inquam, Ulp. etiam publicani, qui sunt occupati exigendis vectigalibus, inviti in judicio publico testimonium non dicunt : inviti venire non compelluntur ad testimonium perhibendum; item qui non detrectandi testimonii causa aberit, invitus testimonium non dicit, sed is tantum, qui detrectat ferre testimonium & occultat se; invitus etiam testimonium non dicit qui opere præbendum aliquid exercitui conduxit. Et subiicit in *d. l. inviti, sed nec pupillis testimonium denuntiari potest*, quasi scilicet invitis pupillis non possit denuntiari, voluntibus possit, quod est falsum: nam nec volentes audiuntur, *l.3.§.lege eod. tit.* Quod sane videtur Papin. scripsisse, *sed nec patronis testimonium denuntiari potest adversus libertos, denuntiatus semper invitis.* Nam in *l. Julia publicorum judiciorum d.l. 4. eod. tit.* additum fuisse ostendit, ut ne patroni patronæve adversus libertos cogantur testimonium dicere; quoniam inter eos est necessitudo quædam, ut hodie receptum est, esse necessitudinem quandam inter vassallum & dominum. Hoc etiam cavetur *l. Julia*, *ut ne* inquit *patroni patronæve cogatur adversus libertos testimonium dicere*. Quo loco tamen perperam a nescio quo interprete inserta sunt hæc verba, *nec liberti adversus patronos*, scilicet coguntur testimonium dicere. Spuria sunt hæc verba, non *l. Juliæ*, neque liberti adversus patronum, non potuerunt esse hæc verba in eo capite *l. Juliæ*, quod est de his tantum, qui inviti testimonium non dicunt, volentes dicunt, quia non est iis omnino testimonium interdictum, qui inviti testimonium non dicunt; Julia admiscere libertos, quia constat hujus generis libertos non esse, quum nec volentes audiantur adversus patronos, vel patronorum liberos, *l.3.§.lege, eod. tit. l. libertorum, C. eod. tit.* Qua de causa nec parentum nec liberorum *l. Julia*, in eo capite mentionem facit : Cur non adjecit lex Julia, nec invitos testimonium dicere contra parentes vel liberos? quia ii nec volentes audiuntur adversus parentes vel liberos, *l.5. C. eod. tit.* Paulus 5. *Sent.* adversus se invicem liberi vel parentes nec volentes ad testimonium admittendi sunt, quia rei veræ testimonium, necessitudo personarum corrumpit plerumque: l. Julia separat eos, qui inviti testimonium non dicunt, ab iis, quibus omnino interdicitur testimonium, ut nec volentes audiantur, ut ostendit Ulpian. *lib.9.de off.proconf.* & de iis qui inviti testimonium non dicunt erat l. Juliæ caput 87. & de iis, quibus omnino interdicitur testimonium erat caput 88. quo capite nominatim libertis adversus patronos, patronasve & liberos eorum, testimonium interdicitur omnino, his verbis, *his omnibus hac l. in reum testimonium dicere ne liceto, qui se ab eo parentève ejus liberàvit, quive impuberes erunt,* &c. ut in *l. 3. §. lege, ff. de testib.* Et iis addidit Ulpian. etiam eos, qui recensentur in *d. h. 3. §. lege,* post libertos, quibus omnino interdicitur testimonium adversus patronos, patronasve & liberos eorum: supradictis verbis addidit etiam eos, qui essent impuberes, quoniam & iis omnimodo interdictum est testimonium, & eos, qui publico judicio damnati, nec in integrum restituti essent, & eos qui ut cum bestiis depugnarent, suas operas locassent, præterquam eos qui jaculandi causa in circo maximo in urbem missi essent, itemque eos, qui palam corpore quæstum fecissent, & postremo eos, qui ob dicendum, vel non dicendum testimonium pecuniam accepisse judinati essent: non dicimus iis invitis non denuntiari testimonium, sed his omnino interdici testimonium : ex iis sunt liberti. Ergo in *l. 4.* perperam liberti miscentur iis, quibus invitis testimonium non denuntiatur, verum mulieri ab eorum mortem persequi licet, *l. Cornel. de sicar. & venef.* in quos invita testimonium non dicit ex l. Julia, ut proponitur hoc loco; quod etiam permitti Senatusconsulto ostendit *l. 2. C. de calum.* Sic & eorum mortem, & multo quidem magis mulier exequi & ulcisci potest judicio publ. in quos nec volens testimonium dicere potest, veluti parentum mortem, aut liberorum aut patroni patronæve, aut liberorum patroni patronæve, ut in *l. 1. hoc tit. lex 1.* quod observandum pertinet ad eos, in quos mulier nec volens testimonium dicit, quorum testes ulcisci potest: *l. 2. pertinet ad eos,* in quos invita testimonium non dicit, quorum mortem ulcisci potest. Eadem vero ratione & eodem ut opinor Senatusconsulto mulier suam vel suorum injuriam persequi potest, lege Cornelia testamentaria, id est, *de testamentis falsis,* vel de aliis instrumentis. Nam *l. Corn.* quæ ab initio fuit de falsis testamentis, postea porrecta fuit ad omnia instrumenta falsa. Igitur mulier reum facere potest *l. Cornel. de falsis testamentis* vel instrumentis, si suam vel suorum injuriam persequatur, quod Senatusconsulto fuisse permissum mulieri hic locus ostendit, & *l. 5. C. qui accus. non poss.* exterorum injuriam non potest persequi *l. Corn. testamentaria, l. 19. C. ad l. Cor. de falsi.* sed suam vel suorum, id est cognatorum, vel affinium injuriam, si sua vel suorum interfit. Et ut subjicit Papin. non tantum testamentum patris aut matris judicio publico falsum dicere potest, si quid ejus interfit, sed etiam testamentum liberti paterni vel materni, si ea res ad eam pertineat. Certum est etiam, mulierem lege Fabia de plagiariis, suam & suorum injuriam persequi posse, *l. 5. C. ad l. Fab. de plagiar.* & generaliter quolibet alio publico judicio potest accusare, *l. de crimine, C. de his qui accus. non poss.* vel etiam populari actione, vel interdicti si sua interfit, *l. 3. §. sed & si mulier, de lib. hom. exhib.* Excipitur tantum causa adulterii, quia leg. Julia, de adult. mulier nec suam nec suorum injuriam exequi debet, ut initio dixi *l. 1. C. ad l. Jul. de adult.* nec ex constitutionibus quidem (puta ex novissima constitutione Constantini, *de iis qui adult. accusare poss. id est, l. quamvis, C. ad l. Jul. de adult.* quæ patri accusationem permittit, non etiam permittit matri: patruo, non amitæ, avunculo, non materteræ.

### Ad §. Pupillis.

*Pupillis ex consilio tutorum, patris mortem, item pupillæ avi sui mortem; exequi concessum est, lege autem testamentaria: nam de patris quidem testamento pupillis agere Divus Vespasianus permisit: sed quasi non exhibeantur tabulæ, per interdictum possunt experiri.*

Postremo subjicit Papin. etiam pupillis, quibus regulariter, nec publico judicio accusandi, nec populari actione agendi jus est, *d. l. 6. de popul. act.* licere tamen exequi judicio publico mortem patris vel avi sui ex consilio tutorum, *l. Corn. de sicariis:* vel etiam licere exequi falsum testamentum patris, si eorum intersit, *l. Corn. testamentaria.* Quod & permisisse Vespasianum ait ex consilio æque tutorum, ut Paulus scribit *5. Sent. tit. de jure fisci,* ætati ejus pupilli, qui accusat testamentum falsum patris, si non obtineat, subveniri, maxime si consilio tutoris, uti oportet, actionem instituit. Pupillis utriusque sexus licet exequi suam vel suorum injuriam quod additur in Basilicis, τὴν ἀνύβρις ἱκατέρας φύσεων hic demonstras, *legendum, pupillis ex consilio tutorum patris mortem: item pupillæ & avi mortem exequi conceffum est.* Et legendum *Item:* non autem, & infra: *sed si non exhibeantur tabulæ, per interdictum non quasi,* &c. hoc sensu: si pupillis non exhibeantur tabulæ paterni testamenti, ab eo a quo supprimuntur, pupillis utriusque sexus liceat agere interdicto de tabulis exhibendis, quamvis sit quasi populare interdictum, quia agitur tanquam de instrumento publico, non tanquam de instrumento proprio, *l. 2. in prin. §. quemadm. testam. aper.* & concurrit quoque interdictum de tabulis exhibendis cum judicio publico, ex *l. Cor. testamentaria, l. 4. sup. de publ. ju. ic. l. 3. §. si quis dolo, de tabul. exhibend.* Nam & interdictum de libero homine exhibendo, quod constat esse populare, certum est dari pupillis pro parente, vel cognato, vel affine suo, *d. l. 3. §. sed si mulier, de li. hom. exhib.* & generaliter pupillis dari quamlibet actionem popularem, si res ad eos pertineat, *l. 6. de pop. action.* Quamobrem ita videtur argumentari, pupillis suæ injuriæ causa, vel suorum dantur popularia interdicta, cur non dabuntur eisdem ex eadem causa publica judicia, veluti ex *l. Cor. de sicar.* vel *l. Corn. testamentaria?* Quibus exemplis utitur, suæ suorumque injuriæ persequendæ gratia.

### Ad L. II. de Cust. reorum.

*Si quis servus capitali crimine postuletur, lege publ. judiciorum cavetur, ut sistendum vel ab extraneo satisdato promittatur, qui si non defendatur, ut in vincula publica conjici jubetur, ut ex vinculis causam dicat. Solet itaque tractari an postea domino permittendum sit, ablata satisfactione servum vinculis liberare: dubitationem auget edictum Domitiani quo cautum est, abolitiones ex SC. factas ad hujusmodi servos non pertinere. Nam & lex ipsa prohibet eum absolvi, priusquam de eo judicetur. Sed hæc interpretatio perdura & nimium severa est in eo cujus dominus absens fuit, vel quod per inopiam illo momento temporis satisdationem implere non potuit. Neque enim pro indefenso derelictus recte dici potest, qui dominum præsentem non habuit, vel habuit paratum defendere, pauperem tamen. Quod utique facilius admitti poterit, si non post longum temporis spatium hoc desideretur.*

Quod proponitur initio hujus legis, est de servo capitali crimine reo postulato, veluti ex *l. Jul. de sicar.* quæ pertinet etiam ad servos, *l. hoc accusare, §. omnibus, de accus. & inf. l. ult. sup. de pub. jud.* Pertinet *l. Cornel. de sic.* etiam ad servos & peregrinos, quod & Tullius ostendit in Cluentiana, vel etiam ex *l. Jul. de adulter.* ex qua in servos capitale crimen est. Nam & Ulpia. 3. *de adult.* scribit, servos adulterii accusari posse, *l. 5. tit. prox.* item & de servis adulterii accusatis quæstionem haberi posse postulante accusatore, *l. si postulaverit, in prin. ad l. Jul. de adult.* Quod Papin. scripsit *l. 2. de adult. l. ult. sup. de calumn.* idem Ulp. eod. lib. Non tamen six servos adulterii accusatos quæstioni subjici aut torqueri oportere, ut inde moriantur, sed ita de iis quæstionem haberi oportere, ut salvi sint innocentiæ & absolutioni, vel supplicio, *l. quæstionis, de quæstion.* id est, ultimo supplicio, si nocentes inventi fuerint, crimen adulterii exasperatur in servos. Nam in liberos homines crimen adulterii ex *l. Julia* non fuit capitale. Qua in re differentia est inter liberos homines & servos. Neque iis, quæ

quæ diximus obstat *d.§.omnibus l.hoc accusare*: quod dicat pœnam capitis non convenire servorum pœnis, quia non eam pœnam intelligit, quæ vitam adimit, vel quæ facit servum pœnæ, sed eam quæ adimit libertatem vel civitatem, quam cum nullam servus habeat, sane eam pœnam sustinere non potest, verum ultimo supplicio plecti potest, atque etiam damnari in metallum, quo genere exit dominio domini, & fit servus pœnæ, *l.17.§.ultim. de quæstion. & l.aut damnum , §.ult. de pœn. l. 11. C. eod. tit.* Et deportatio in servo, in *l.21.C.Theodos. de heret.* est damnatio in metallum, deportatio in metallum, alioqui deportatio in insulam, qua puniri solent cives Romani, non cadit in servum, relegatio tamen cadit in servum, *l. 2.qui & a quib. manum. l.2. C. de sepulc. viol. l.1.C.Theod. de mulierib. quæ se propr. servis.* Et ita est accipiendum, quod ait §. *omnib.* esse pœnam capitis aliquam, quæ servis convenit, sicut relegatio, exempli gratia, deportatio in insulam servis non convenit, sicut relegatio, quæ scilicet servis recte convenit. Sic enim ea verba accipienda sunt, ut in *d.§. omnibus, ut in l. pen. de usucap.* in contractum emptionis & venditionis pro soluto, vel pro emptore non posse usucapere eum, qui non emit, sicut in ceteris contractibus, in quibus scilicet pro soluto potest usucapere, & qui non contraxit. Quum autem servus capitali crimine reus postulatur, Papinianus ostendit hoc loco, l. Jul. pub. judiciorum, quæ generalis est, lege de omnibus pub. judiciis caveri, ut pro eo servo defensor admittatur non tantum dominus, sed & procurator domini, *ut l. servus, de publ. jud. l. Lucius, de appell.* & quilibet extraneus nomine domini, ut opinor, *argum.l.servi, de appell.* Qua in re etiam differentia est inter servum & liberum hominem, & quam Modestinum *lib.6. differentiar.* notasse conjecturam facit *l. si servum, sup.tit. prox.* quæ est ex eodem lib. Nam liber homo, qui præsens est, in crimine capitali per alium defendi non potest, *l.pen. §. ult. de public. judic.* Servus præsens per dominum vel per alium nomine domini defendi potest, *l.19. de pœnis.* Verum, qui defensionem ejus servi suscipit, lege Julia publicorum judiciorum satisfacere jubetur judicio sisti servum, eumque sistere, cum usus exegerit, *l. si servum, sup. tit. prox l.2. C. de accusat.* Si ita non defendatur servus capitali crimine postulatus, in vincula publica conjici eadem l. jubetur, ut ex vinculis causam dicat. Qua in re alia etiam differentia existit inter liberum hominem & servum: Nam liber reus postulatus, non aliter jure civili in vincula publica conjicitur, ut ex vinculis causam dicat, quam si confessus sit, *l.5. hoc tit. l.4. ad l. Jul. majest.* Cum vero servus, quem dominus, vel alius non defendit in vincula publica conjectus est, quæritur, si postea dominus offerat satisfationem judicio sisti servum, & defensionem, an audiatur, an possit servum vinculis liberare? Ratio dubitandi sumitur ex edicto quodam Domitiani, de quo & Paulus tractavit lib. singul.de adulter. *l. Domitianus, inf. ad Turpill.* quod autem eo edicto cavetur, sciendum est, quandoque ob res prospere gestas adversus hostes, & propagatos fines imperii, vel ob publicam gratulationem, vel in honorem Principis, ut in *l. sed & si per prætorem, §. si feriæ, sup. ex quib. caus.maj. l. abolitio, & l. seq. sup. ad Turpill.* extra ordinem populo indici ferias, justitium, claudi fora, & abolitionem reorum fieri, & laxari vincula reis ex Senatusconsulto, non Turpilliano, ut hic Glossa annotavit, quod non fuit de feriis, vel abolitionibus reorum, sed de accusatione, prævaricationibus, vel tergiversationibus; non ergo ex Senatusconsf. Turpill. nec ex ullo SC. pro re nata facto, *l.si interveniente, ad Senatus. Turpill.* quo publica hilaritas & quies indicitur, & rei carcere vinculisque solvuntur exuunturque reatu, non quidem in perpetuum, sed tamtisper, dum feriæ finitæ sunt, dum publica lætitia finita sit, qua finita rei possunt repeti intra 30. dies utiles, a tempore finitarum feriarum numerando *l. haud privatum, §. ul. ad Turpill.* verum ex edicto Domitiani feriæ & abolitiones non pertinent ad servos nihilve allevant servos, qui rei postulati vinculis publicis continentur,

quia & eos *l. Jul. pub.* judiciorum jubet esse in vinculis, donec de iis pronuntietur, donec judicium finiatur, ut est legendum in *d. l. Domitianus.* Abolitiones, publicæ feriæ, & hilaritates pertinent tantum ad liberos homines, quæ est quarta differentia hac in re inter servos & liberos homines. Et cum hoc loco, tum in *d.l.Domitianus*, lex ipsa est lex Jul. publicorum judiciorum, non ut glossa vult edictum Domitiani. Verum exemplo edicti Domitiani, ut servi non solvuntur vinculis ob publicam abolitionem, ita nec videntur esse solvendi vinculis ob seram & intempestivam dominorum defensionem & satisfationem, quam offerunt post vincula servorum. Hæc est ratio dubitandi, quæ vim maximam habet, si quod Domitianus edixit, licet porrigere ad hunc casum indistincte per interpretationem, quæ tamen per dura perque nimium severa est. Ideoque concludit, non temere quidem, sed ex justa causa post vincula servis injecta dominos defensionem & satisfationem offerentes admitti, ut servi dominis reddantur vinculis absoluti, eorumque dominus pergat eos defendere. Quid enim si absentia domini fuerit in causa ut non potuerit in tempore satisfationem offerre, antequam servo vincula imponerentur? quid etiam si ei præsenti obstiterit inopia, quo minus satisfationem impleret; vix enim reperiuntur qui pro inope velint fidejubere, *§.novissime, Instit.de susp. tut.* qui ita explicandus est, aliter quam vulgo: ait eum tutorem, qui tutelam per fraudem administrat, etiamsi satis offerat, nempe quia locuples est, & in facili est ei invenire fidejussores, qui caveant rem pupilli salvam fore, etiamsi dives sit, atque satis offerat, removendus ex duplici ratione, quia satisfatio non mutat malevolum propositum tutoris, sed diutius grassandi in re familiari facultatem præstat. Subjicitur altera ratio: suspectum enim tutorem eum esse putamus (sic est legendum , auctoribus omnibus lib. antiquis , ) qui moribus talis est, ut suspectus sit, quamvis locuples sit & assiduus, & fidejussores dare paratus: sicut e contrario etiamsi sit pauper, modo sit fidelis & diligens, non est removendus quasi suspectus. Et huc pertinet etiam lex *si procuratorem §. si ignorantes , mand,* quæ ita explicanda est. Conventi fidejussores per, injuriam judicis condemnati sunt & solverunt, nec appellaverunt a sententia judicis, an possint actione mandati repetere quod solverunt? Sic videtur: nisi paupertas eis obstiterit, quo minus appellarent : an vero paupertas ne vetat appellare a sententia judicis? sic sane, quia non est facile pauperi invenire fidejussores, qui dandi sunt ab eo, qui appellat; non facile est pauperi implere satisfationem, quæ est implenda ab eo, qui appellat in pœnam certam, si non jure appellasse pronuntiatum fuerit, de qua satisfat. *Paulus 5. Sentent. tit. de cautionib. & pœn. appellat.* Ergo si paupertas vel absentia domino obstiterit, quo minus servum defenderit impleta satisfatione, atque ideo, servus fuerit conjectus in vincula publica, æquum est postea venientem dominum paratum satisfare & defendere admitti, servo vinculis absoluto: maxime, si non post longum temporis spatium veniat, quia nec videtur servum indefensum reliquisse, cui aut paupertas obstitit vel absentia, quo minus idonee defenderet. Et hæc est sententia Papin. ad quam hoc etiam addendum hoc loco, idem servari in privatis judiciis, quo dixit hactenus servari in publicis judiciis, quibus reus servus postulatur: Idem servari in privatis judiciis, quæ ob noxam servorum intenduntur ex noxali actione, *l. 2. §. ult. si ex non. caus. agat.* Et postremo in §. *ult. h. l.* proponitur Senatusconsul. quo cavetur, reum postulatum de vi, exempli gratia, qui cavit judicio sisti, qui vadimonium promisit datis fidejussoribus, ut oportet, in diem certum, & postea eo die se judicio exhibuit paratum suscipere, & contestari litem, non posse alio crimine, puta de adulterio antea commisso accusari, quo reum recipi eo ipso die & judicio, quod alii rei condictum est, quia non hujus criminis ergo, quod ei denuntiatum non erat in judicium venit,

venit, sed alterius criminis defendendi instructus venit, non illius. Et hoc quoque nominatim Papinian. scribit servari in privatis causis, ut scilicet, qui cavit judicio sisti in causa legatorum, exempli gratia, si stato condictoque die se judicio sistat, & mox conveniri non posse ex alia causa, veluti ex empti aut venditi causa, nisi res tempore peritura sit, id est, nisi dilatio sit peremptura actionem, quæ forte temporalis est: alioqui non cogitur aliud judicium accipere, qui alterius judicii causa venit, nisi, ut diximus ex hoc temporalis actio in periculum cadat, *l.1. §.ult. de feriis*. Quo pertinet locus ille egregius Titi Livii 39. quum de Bacchanalibus scribit: *Tanta*, inquit, *fuga ex urbe facta erat, ut quia multis res & actiones peribant, tempore scilicet, cogerentur prætores per Senatum res in tertium diem proferre, donec quæstiones de Bacchanalibus a consulibus perficerentur*. Et eodem modo, ut Suetonius scribit, D. August. *ne quod negotium mora elaberetur*, id est, ne qua actio tempore periret, triginta amplius dies, qui honorariis ludis occupabantur actui rerum sive causis audiendis accommodare. Dixit in hoc §. hominibus sub fidejussore factis pro reis, qui satisdederant judicio sisti, ut servum sub custodia officii factum in *l.1. Cod. ad Turpillian.* id est, servum officiali custodiendum datum, & servum apud verum dominum factum, *l.1. Cod. de furt. & in possessione factum aliquem, pro in possessionem missum, l.fi fideicommiss. ut in poss. legat.* in possessionem fieri, mitti in possessionem, ut Græci interpretes loquuntur in §. *quod autem, Institut. de usucapion.* Id valde confirmat *l.17. §. quod autem, ad l.Jul. de adult.*

---

### Ad L. VI. ad L. Jul. de Adult.

*Inter liberas tantum personas adulterium stuprumque passas l. Jul. locum habet, quod autem ad servas pertinet & legis Aquiliæ actio facile tenebit & injuriarum quoque competit, nec erit deneganda prætoria quoque actio de servo corrupto, nec propter plures actiones parcendum erit in hujusmodi crimine reo. Lex stuprum & adulterium promiscue, & κατακρηστικώτερον appellat, sed proprie adulterium in nuptam committitur propter partum ex altero conceptum composito nomine, stuprum vero in virginem viduamve committitur, quod Græci φθοράν appellant. Filiusfam. maritus ab eo, qui sui juris est in ea lege non separatur. Divus quoque Adrianus Rosciano Gemino præscripsit & invito patre filium hac lege reum facere posse, maritus etsi duos reos ex alio crimine habeat, poterit jure viri tertium accusare, quoniam ea causa non cadit in numerum ceterarum.*

### Ad L. XX.

*Patri datur jus occidendi adulteros cum filia, quam in potestate habet: itaque nemo alius ex patribus idem faciet: sed nec filius familias pater.*

### Ad L. XXII. Eod. tit.

*Nec in ea lege naturalis pater ab adoptivo separatur. In accusatione filiæ viduæ non habet pater jus præcipuum. Jus occidendi patri conceditur domi suæ, licet ibi filia non habet, vel in domo generi, sed domus & pro domicilio accipienda est, ut in lege Cornelia de injur. sed qui occidere potest adulterum, multo magis contumelia poterit jure afficere. Ideo autem patri, non marito mulierem & omnem adulterum permissum est occidere, quod plerumque pietas paterni nominis consilium pro liberis capit. Ceterum mariti calor & impetus facile decernentis fuit refrænandus.*

Initio h. l. ostenditur l. Julia vindicari adulterium tantum vel stuprum, quod passæ sunt liberæ mulieres, non quod ancillæ sunt perpessæ: sed domino violatæ ancillæ competere civilem actionem ex l. Aquilia, si quis impuberem & immaturam virginem ancillam stuprarit, quasi, & corpori ejus quod plerumque sit, dam-

num dederit, quod & Paulus scripsit *1.sentent.tit.13.* vel etiam si quis maturam, & tempestivam viro ancillam alienam corruperit, competere domino actionem injuriarum, quasi sibi injuria facta, *l. si stuprum, de injur.* vel etiam si quis suaserit ancillæ alienæ, ut stuprum vel adulterium committeret, domino competere actionem prætoriam servi corrupti in duplum, quanti ob eam rem ancilla deterior facta est: non deest igitur civilis actio, qua dominus ulciscatur adulterium vel stuprum illatum ancillæ suæ. Et quod notandum non omnes hæ actiones tres L. Aquiliæ, injuriarum, servi corrupti simul, ex uno facto descendunt vel competunt, sed ut distinxi ex suo quæque facto, imo & adhuc ultra has actiones domino datur extra ordinem criminale judicium, maxime ob deintegratam ancillam, quæ integra erat a viro *l.ult.de offic.pr.sid.* Et hoc est, quod ait Papin. hoc loco, propter plures actiones civiles, quæ domino competunt vitiata ancilla sua in ejusmodi crimine reo non esse parcendum, id est, non esse remittendam coercitionem extraordinariam. Civiles actiones non perimunt criminalem coercitionem, dico extraordinariam, quoniam ex l. Jul. domino publica accusatio non competit vel alii contubernali conservo quoque, id est, marito ancillæ, cui ancilla conjuncta est, nullam invenio actionem civilem, vel accusationem dari, sed domino tantum, & interdum extraordinariam accusationem. Vindicatur quidem lege Julia adulterium etiam in uxore vulgari, id est, prostituta in vulgarem libidinem, in quam si vidua esset, stuprum impune committeretur, *l.22. C. eodem tit.* Vindicatur etiam adulterium in uxore injusta, quam quis in matrimonio habet, ut si civis Romanus peregrinam uxorem duxerit, juxta id quod Papinian. 15. *resp.* apud L. Rufinum civem, sine connubio peregrinam in matrimonio habere, *i. e.* injustas esse nuptias, injustam uxorem. Potest esse matrimonium sine nuptiis, hoc est, sine connubio. Ex quo intelligitur quid intersit inter nuptias & matrimonium. Imo vindicatur etiam adulterium in concubinam, quia legitimam uxorem imitatur, ut Julian. ait *Nov.28.* Et ideo viceconjux in antiquis inscriptionibus appellatur: nullus utitur hodie concubinis. Nam in jure concubina est quasi uxor: concubinatus est quasi conjunctio legitima. Quia igitur concubina uxorem legitimam imitatur, etiam in ea adulterium vindicatur: sed neque in ea, neque in uxore vulgari, neque in uxore injusta vindicatur jure mariti, marito scilicet, sed jure extranei; vir eam accusat non jure mariti, quod jus privilegiarium est, sed jure extranei, ut quilibet de populo: at in contubernali, id est, quasi uxore servi, adulterium a servo non vindicatur, *l.23. & 24. C. eod. tit.*

Sequitur in hac *l.§.1.* Julianum promiscue & indifferenter uti adulterii & stupri nominibus, & κατα χρηστικώτερον, per abusionem, ut eo capite, quo plectitur, qui adulterii damnatam uxorem duxerit; quo continetur etiam stupri damnata, & adulterii nomen utrumque vitium significat, *l.2. §. quod ait, h. tit.* & eo capite, quo plectitur qui pro comperto stupro, id est, adulterio pretium acceperit, *l.29. §. testibus, h. tit.* & eodem exemplo in *l.7. & l.11.§.1.* adulterii accusari, adulterii pœna teneri id est, stupri. Et similiter *l.22. C. eodem, tit.* in muliere stupro cognita adulterii nomen dicit, & infra quoque stuprum ponit pro adulterio, in *l.2.§.pen.h.tit.* illo loco: *sine ullius stupri probatione*, id est, *adulterii*. Proprie autem adulterium, ut ait, committitur in nuptam, nomine tracto ex eo, quod (quam originem tradit solus Papin.) ex altero quam ex legitimo marito partus concipiatur, quasi adulterium sit concepto partus ex altero. Stuprum autem committitur in virginem, aut viduam, quod inquit, Græci φθοράν vocant. Philostratus vocavit αίτιαν της ζώνης, crimen zonæ. Stuprum autem quidam dici putant ab stupeo, id est, miror, juxta id quod Cæcilius ait apud Nonium, *nomen virginis nisi mirum est deintegravit*. Stuprum igitur quasi mirum quoddam: ut monstrum a moneo, probrum a prohibeo, *l. probrum, de verb. signific.* furtum natura esse probrum in definitione furti,

*l.1.*

## In Lib.I. Papin. de Adult.

*l.*1. *de furt.* furtum jure naturali prohibitum esse.
Sequitur in hac lege Julia non separari filiumfam. maritum a patrefamilias. Utrumque adulterum, vel adulteram jure mariti accusare posse, & filiumfam. etiam invito patre, quia vindictam proprii, & maximi doloris exequitur, *l. filium, h. tit.* Invito patre ex constitutione Adriani, ut ait hoc loco. Constitutione opus fuit, quia jure non potuit invito patre, sicut nec agere hodie injuriarum invito patre, *l. sed si unius,* §. *filiosam. de injur.* quamvis ea actio sit, dicaturque proprii doloris actio a Valent. *Novell. de libert.& eorum successionib.* & a Tull. pro Cæcinna. Non tamen potest filiusfamil. agere injuriarum, & exequi injuriam sibi illatam invito patre, quia deficit constitutio, quæ etiam filiofamil. permiserit cujuscunque injuriæ actionem invito patre. Item quia l. Jul. non separat patremfam. maritum a filiofam. Ideo dicimus utrumque deprehensum domi suæ adulterum sine fraude occidere posse, deprehensum in re ipsa, modo ejus conditionis sit, ut occidi possit: nam marito non omnem adulterum occidere licet, quem deprehendit in actu ipso, sed infamem tantum, vel servum, vel libertum suum, vel uxoris, vel parentum, aut liberorum eorum, *l.*24. §.1. *h. tit.* Ait enim, eum quem occidere licet, non patrisfam. tantum, sed & filiofam. occidere licet. At in patre, qui deprehendit filiam in adulterio, quantum ad verba l. Juliæ attinet, videtur esse aliqua differentia. Nam patrisfamilias datur jus occidendi adulterum & filiam, quos deprehendit, quam modo habeat in potestate, non filiam emancipatam, sive sit pater naturalis sive adoptivus. Quod tamen quantum ad verba *l. Jul.* attinet, non datur patri filiofam. *l.*2. *&* 22. *h. tit.* quia filiam non habet in potestate, imo nec potest habere, qui sui potestatis non est, qui est filiusfam. *l.*21. *h. tit.* Seneca 3. declam. *non potest quisque alium in manum suam recipere, qui ipse in alia manu est.* Qua ratione Seneca efficit filiumfam. adoptare non posse. Verum Paulus 2. *Sentent.* scribit, etiamsi hoc non ferant verba l. Juliæ; tamen esse permittendum patri filiofam. ut adulterum cum filia deprehensum, id est, utrumque interficiat. Quod postremo additur in hac lege pertinet ad id quod cavetur l. Jul. publicorum judic. ne eodem tempore quis de tribus reis diversis publi. judiciis quæratur, nec tres accuset ex diversis criminibus publicis simul eodem tempore, nisi suarum injuriarum causa. Sic est legendum, *de tribus reis,* non de duobus in *i. hos accusare,* §. *lege, de accusat.* quod ostendi & probavi, & confirmat omnino *l. cum rationibus, C. qui deculs. non poss.* Proximus est delatori sive *tribalo,* sic appellatur sycophanta, qui plures quam duos eodem tempore delatos habet, diversis judiciis publicis ut *l.*7. *sup. de accusat.* Tertium ei deferre non licet, nisi suam, vel suorum injuriam persequatur, ut ostendit hoc loco, *si jure viri maritus adulterii tertium accuset:* hæc injuriarum persecutio in numerum accusationum non computatur, *jure viri,* dixit, *l. si uxor,* §. *si quis uxorem, h. t. l.*16. *eodem.* quod frequentius est jure mariti, quod jus præcipuum est. Præfertur enim maritus intra 60. dies utiles a die divortii omnibus aliis, qui ad accusationem ejusdem adulterii veniunt, etiam patri mulieris adulteræ, *l.*2. §. *ult. hoc tit.* quod & privilegium dicitur in *l.*2. §. *sexaginta, hoc tit.* Et quod dicuntur pater & maritus jus æquale habere in accusatione adulterii in *l.*15. *hoc tit.* verum est, quo ad extraneos: nam & pater adversus extraneos in accusatione adulterii jus præcipuum habet, *l.*4. §. *ultim. hoc tit.* Inter se vero pater & maritus jus æquale non habent, quia pater postponitur marito.

Et his addamus, quod est in *l.*22. nam 20. jam explicata est. Jam exposuimus in accusatione viduæ filiæ non habere patrem jus præcipuum: adulterii accusari potest vidua commissi in matrimonio scilicet, veluti post divortium, aut post mortem mariti, *l.*5. *&* 11. *l.*2. *de functo, h. tit.* quia probatam a viro hoc loco legam, in accusatione viduæ pater non præfertur extraneo, si judici adulterii extraneus justior accusator videatur, cum agetur de accusatore constituendo, quod judicium *divinatio* dicitur. Hæc est sententia hujus loci

in *l.*22. §. 1. si modo ita legatur, *jus accusatione,* vel, *in accusationem* (quoniam tota l. est de adulterio.) Verum an ita recte legatur subsisto & multis validis rationibus moveor ut existimem, non recte legi *in accusatione,* vel *accusationem.* Primum quia in accusatione nuptæ filiæ non magis, quam viduæ pater collatus cum marito jus præcipuum habet, id est, sive agatur de accusanda nupta, sive vidua, pater collatus cum marito jus præcipuum non habet: postponitur enim marito. Confertur tota hac lege pater cum marito non cum extraneo, & collatum quoque cum extraneo patrem, falsum est in viduæ filiæ accusatione non habere jus præcipuum: alioqui pater nunquam haberet jus præcipuum in accusatione filiæ quia non viduam accusare potest: non potest accusare nuptam, nec ipse nec alius, quamdiu matrimonium manet, *l. constante, h. tit.* quia probatam a viro & quiescens matrimonium alius turbare & inquietare non debet, quæ ratio habet locum in patre, *l.*1. §. *ultim. de lib. exhib.* Bene concordantia matrimonia, inquit, non esse turbanda jure patriæ potestatis: apud Nonium Afranius, *optimas bene convenientes, & concordes nuptias repente viduas facit pater.* Hoc non potest facere, non potest etiam pater, vel avus accusare nuptam primo marito, in quem peccasse dicitur: ita nec eandem divortio facto potest accusare, si secundo marito sit nupta ante denuntiationem adulterii commissi in priore matrimonio: nec nuptam igitur secundo viro accusari posse, nisi prius condemnatus sit adulter, *l.*2. *& 5.h.tit.* Propterea ut hoc loco legam, *in occasione viduæ filiæ,* non, *in accusatione,* suadent omnia præcedentia, omnia sequentia, quæ sunt de jure occidendæ filiæ deprehensæ cum adultero, quod jus pater solus præcipuum habet; nec enim marito ullo modo deprehensam in adulterio uxorem interficere licet per l. Jul. imo nec adulterum generaliter, nisi domi suæ deprehensum: non deprehensum etiam in domo soceri, *l.*24.*h.tit.* Pater autem quemlibet adulterum cum filia, quam habet in potestate uno impetu ambos occidere potest, & non tantum domi suæ, sed etiam domi generi deprehensos. Quo cap. monet Papin. hic domum accipi pro qualibet habitatione, sive domicilio: alias domus nomine proprietas significatur, *l. lege Cor.*§.*domum, de injur.* Quam differentiam Plautus servat in milite glorioso, *ostium,* inquit, *hoc mihi est domicilium, Athenis domus.* At in occisione viduæ filiæ deprehensæ in adulterio sive stupro, pater nullum jus præcipuum, aut singulare habet. Et ita quoque Græci interpretes Basil. hoc loco legunt *in occasione,* non *in accusatione:* reddita hac ratione, quia in viduam stuprum committitur, non adulterium: lex Jul. ferrum dedit patri adulterii tamen ulciscendi causa, non stupri. Denique jus præcipuum interpretantur patri occidendi, & adulteram filiamfam. *l. Rusinum,* ita Marcellum scripsisse in vidua, *si adulterum deprehendum pater occiderit, & filiam incontinenti licito jure hoc factum,* legendum enim est, *illicito jure.* Nam cum ante dixisset nuptam filiam & adulterum deprehensos patrem occidere posse, & subjiciat statim, *in vidua autem,* &c. sane diversum jus in vidua statuit, quia dixit *autem non item;* quod & naturali ratione conveniens est, ut facile quidem detur ferrum patri in nuptam, quæ genialem lectum polluit, & injuriam marito fecit. Ratio differentiæ inter patrem & maritum hæc est. Cur in occidenda filia jus præcipuum habeat pater, non maritus? quia si per legem Jul. licet marito uxorem occidere deprehensam, si omnem adulterum deprehensum, sane nemini parceret unquam: magnos enim æstus pariatur, qui veterem matrimonii consuetudinem, qui pudorem adjectum, qui sperm liberorum expugnatam esse videt: *magnus furor est,* ut quidam ait in tragœdia: *iratus amor.* Et similiter *l.*29. §. *Imperatores, hoc tit.* difficillimum esse justum dolorem temperare: patri autem, qui non tanto furore concitatur, lex non aliter permittit adulterum occidere, quam si & filiam occiderit incontinenti, & quasi uno ictu, uno veru, quia lex vix aut perraro eventurum arbitrata est, ut pater occideeidendæ filiæ tristissimum ministerium obierit: & libidinosæ mulieres verentur hodie magis maritum, imo fratrem, quam patrem: plerumque enim patris pietas consilium pro liberis capit & parcit adultero, ut parcat filiæ. Ceterum mariti calor & impetus facile non decernentis fuit refrænandus. Qua ratione etiam D. Marcus apud Lampridium, nolens in rebbelles agi severius: *non placere sibi* inquit, *in Imperatore vindictam sui doloris, quæ etsi justior fuit, semper acrior videtur*. Neque est omittendum argumentum a minore ad majus quo utitur Papinianus in *l. 22. si patri*, inquit, *licet adulterum una cum filia occidere, quos deprehendit in ipsa turpitudine, & multo magis licet ei adulterum contumelia afficere, veluti exsecto viro rescissisque naribus, cruribus, ceterisque similibus*.

## JACOBI CUJACII J.C.

### COMMENTARIUS

In Lib. II. ÆMILII PAPINIANI.

#### De Adulteriis.

**Ad L. IX. de Calumniatoribus.**

*De servo, qui accusatur, si postuletur, quæstio habetur, quo absoluto in duplum pretium accusator domino damnatur, sed & citra pretii æstimationem, quæritur de calumnia ejus: separatum est etenim calumniæ crimen a damno, quod in servo propter quæstionem domino datum est.*

**Ad L. VI. de Quæst.**

*Patre vel marito de adulterio agente & postulantibus, de servis rei ut quæstio habeatur, si vere causa perorata testibus prolatis, absolutio sequuta fuerit, mancipiorum quæ mortua sunt, æstimatio habetur, Sequuta vero damnatione, quæ supersunt, publicantur.*

*§. 1. Cum de falso testamento quæritur, hæreditarii servi possunt torqueri.*

**Ad L. VIII. de Divort.**

*Divus Adrianus eum, qui alienam uxorem ex itinere domum suam duxisset, & inde marito ejus repudium misisset, in triennium relegavit.*

PERTINET L. IX. ad illud caput l. Juliæ, quod *l.27.§.ult.ad l.Jul.de adult*. significat fuisse nonum caput, quo cavetur postulante eo, qui servum accusat adulterii, de eodem servo quæstionem haberi posse, sive ipse accusator voluerit interesse quæstioni, sive noluerit, ut eodem capite quæstioni servorum rei parentumve ejus interesse potest, tam reus ipse, quam accusator: & interrogationes fiunt per patronos, *d.l. 27.§. quæstione*. Judices autem, qui ex l. Julia quærunt de adulterio, quod servus fecisse dicitur, servum accusatura imprimis æstimare debent, quanti sit, ut eadem lex præcipit, & servo absoluto tantam pecuniam, quanti servum æstimarunt, & alterum tantum, id est, duplum, accusatorem præstare jubere debent, & præstare ei, ad quem ea res pertinet, puta, domino aut bonæ fidei possessori aut creditori, cui is servus pigneratus est, quia & creditoris interfuit, de servo temere quæstionem non haberi, *d.l.27.§.1*. Et hoc quidem genere pœnæ, calumnia accusatoris coercetur civiliter, ut *l.dominus, C. eod. tit. de calumniatoribus*. Ac præter hanc civilem coercitionem in duplum pretium duplamve æstimationem servi, qua sarcitur damnum in quæstione

defuncti servi, vel facti deterioris, etiam criminaliter lege Remmia coercetur calumnia accusatoris. Denique coercetur civili & criminali judicio; nam ut ait hoc loco, separata est criminis causa a causa civili damni domino illati, quæ causa civilis est; hæc respicit utilitatem privati hominis, illa criminalis, vigorem publicæ disciplinæ, *l.9. §. quod illicitæ, de publica*. Igitur hoc loco, *citra pretii æstimationem*, id est, ultra, ut apud Cicer. in oratione ad Brutum: *natura*, inquit, *in omni verbo posuit acutam vocem nec una plus, nec a postrema syllaba citra tertiam*. Ergo, ut ait Papinianus, citra æstimationem dupli pretii, id est, ultra, etiam in accusatorem absoluto servo criminalis accusatio competit: & ita cum actione in factum civili, quæ proprie in hoc titulo proponitur in eum qui pecuniæ causa per calumniam negotium alii fecit, vel non fecit, civili aut criminali judicio, quæ actio est in annum in quadruplum, post annum in simplum, cum ea, inquam, actione de calumniatoribus, quæ est civilis, concurrit etiam criminale judicium, quia non est utriusque eadem causa, *l. penult. hoc tit*. Et notandum hic est, maxime interesse, an de servo adulterii accusato quæstio habeatur, qua de re agimus præcipue, an de servis accusatis, qui torquentur contra dominum, ut specialiter receptum est in crimine adulterii. Regulariter servi non torquentur in dominum. Priori enim casu, & quæstioni tormentorum subjectus, absoluto servo accusator in duplum domino damnatur. Posteriori casu, quum torti sunt servi ejus, qui accusatus est adulterii, absoluto reo accusator domino damnatur civiliter in simplum tantum, id est, quantæ pecuniæ servi ante quæstionem fuerunt, quantæ pecuniæ in his damnum datum fuerit, factumve sit, *d. l. 27. in fin. l. 3. C. eod*. & utrumque, id est, duplum vel simplum in suo casu petitur condictione ex *l. Jul. de adul*. non alia actione, *l.28. sup, eod, tit*. Ad priorem casum pertinet ut dixi nonum caput l. Juliæ, de quo in *d.l.27. a principio usque ad §. haberi*. Ad posteriorem casum pertinet 10. caput l. Jul. de quo agitur a §. *haberi* usque ad §. *ult*. qui §. ult. utrique capiti communis est, quod glossæ in *l.27*. nesciunt discernere. Huic vero legi conjungenda est *l.6. de quæstion. ex eod. lib*. quæ tamen pertinet tantum ad 10. caput l. Jul. non ad nonum, & ait, *de servis rei postulati adulterii quæstionem haberi contra dominum, patre vel marito accusante*. Hoc est certissimum ex cap.10. an & extraneo accusante, non quidem ex l. Julia, sed ex constitutione, ut ex *l.17. hoc tit*. Quod & Papinianus scripsit *lib. sing. de adult*. apud L. Rufinum reddita hac ratione, quia non facile adulterium potest admitti sine ministerio & conciliatura servorum. Quæ ratio est tantum probabilis, non necessaria, ut sunt pleræque rationes jureconsult, quod pauci animadverterunt, aut nolunt animadvertere; quæ ubi de jure constabat, non erant admodum sollicitii rationis constituti & recepti juris: contenti erant probabili. Et ejusmodi est ratio in Institutionibus, quæ vexat plurimos in *tit. de fiduc. tut*. Et hanc rationem, quod tale delictum vix possit admitti sine ministerio servorum, esse probabilem, ex eo apparet, quod alioqui & in aliis criminibus, quorum minister domino servus fuisset, posset torqueri adversus dominum; quod tamen falsum est, *d. l.17. §. ult*. Ait autem Papinianus hoc loco sequuta absolutione rei, causa vere perorata, id est, non perfunctorie, non lusorie, non dicis causa, æstimationem servorum, qui in quæstione mortui, vel facti sunt deteriores, domino eorum deberi, in simplum scilicet; & hoc loco, pro æstimatio habetur malo, æstimatio debetur, ut est scriptum in *l.28. ad Jul. de adult*. Sequuta plane cum damnatione rei, veluti relegatione in insulam, quæ legitima & frequentior fuit pœna adulterii, ex *l. Julia*, servi ejus qui damnatus est, qui in quæstione defuncti non sunt, publicantur ex l. Julia; cujus rei ratio redditur in *d.l.27. §. jubet*, quia si servi redirent in potestatem rei, obdurarent in quæstione, nec efferrent unquam, vel hiscerent quicquam adversus domi-

dominum. Idcirco ut intrepide verum dicant post quæstionem & domini damnationem, dominum mutant, & fiunt servi publici, servi civitatis. Huic vero casui, quo scilicet jure singulari & in crimine adulterii servi torquentur adversus dominum, Papin. addit alium casum in. hac *l. 6.* sicut & in *l. 17. §. 1. hoc tit.* de quo ibi accuratius disserui : & satis in responsis, in quo etiam casu servi quodammodo adversus dominum torqueri videntur, ut in quæstione falsi testamenti, quod fecisse dicitur dominus sertionis agitur, servi hereditarii vi quum de ejus successione agitur, servi hereditarii torquentur. Sequitur in *l. 8. de divortiis*, exemplum non jure, imo perquam injuriose facti divortii. Quidam uxorem alicuius, non habentem animum a marito suo divertendi quum ei ea mulier occurrisset in itinere, perduxit in domum suam, & mox id egit, ut e domo sua priori marito mitteret libellum divortii, & sibi eam retinuit in matrimonio. Res gesta est exemplo & more malo, atque incivili, & quasi raptus speciem habet. Ideoque in hac *l. 8.* recte, ut Papinian. refert eum hominem D. Adrianus relegavit in triennium : audaciam hominis mulctavit relegatione triennii : id tamen olim plerisque Imperatoribus excidit, & regibus etiam nostra memoria in Anglia, ut & ipso die nuptiarum abduceret novam nuptam, & sibi haberent uxorem.

### Ad L. VIII. de Adulteriis.

*Qui dotem suam, ut stuprum adulteriumve cum aliena matresfamilias, vel cum masculo fieret, sciens præbuerit, vel quæsum ex adulterio uxoris suæ fecerit ; cujuscunque sit conditionis quasi adulter punitur.*

*§. Appellatione domus habitationem quoque significari palam est.*

### Ad L. X. de Adult.

*Mater autem familias significatur non tantum nupta, sed etiam vidua.*

*§. 1. Mulieres quoque hoc capite legis, quod domum præbuerunt, vel pro comperto stupro aliquid acceperunt, tenentur.*

*§. 2. Mulier, quæ evitandæ pœnæ adulterii gratia, lenocinium fecerit, aut operas suas in scenam locavit, adulterii accusari damnarique ex S. C. potest.*

Sequitur demum *l. 8. & 10. ad l. Jul. de adult.* in eis legibus proponitur aliud caput *l. Jul. de adult.* quo cavetur, lenonem quoque, quasi adulterum puniri eadem pœna, qui sciens dolo malo domum suam præbuit, ut stuprum vel adulterium in ea committeretur cum aliena matrefamil. ubi Papin. demonstrat, matresfam. nomine contineri non tantum nuptam, sed etiam viduam, quia de adulterio & stupro lex loquitur nominatim. Et domum quoque interpretatur Papin. legem Juliam accipere pro qualibet habitatione, quomodo etiam domum accipi in cap. 2. *l. Jul.* quod fuit de jure præcipuo, quod pater habet occidendi adulterum & filiam, deprehendens domi suæ, vel domi generi, ubi etiam domus accipitur pro qualibet habitatione, etiamsi non sit propria habitantis, *l. 22. hoc tit.* Ac præterea eodem cap. *l. Jul.* eadem pœna plectitur qui quæstum fecit ex adulterio uxoris suæ, vel qui pro comperto adulterio pretium accepit, ut liberaret deprehensum : sive maritus sit, sive alius, & cujuscumque conditionis & dignitatis sit, immo & cujuscumque sexus sit : nam in *l. Jul. ( qui )* sic accipitur, *quave,* ut in *l. 1. §. de constit. pecun.* Ergo & mulier, quæ domum præbuit, & quæ pro comperto stupro pretium accepit, tenetur. His additur in *§. ult. l. 10.* Senatusconsultum, quod pertinet ad *l. Jul.* quia pœna *l. Jul.* infames feminæ non tenentur, ut quæ lenocinium fecerunt, aut faciunt, quæ ex edicto Prætoris notantur infamia : vel quæ operas suas in scena locaverunt artis ludicræ, & saltandi cantandive causa : vel quæ palam corpore quæstum quæsiverunt. Sed si ultro consulta opera, in fraudem

*l. Jul.* ad evitandam pœnam adulterii, quæ erant matresfamil. lenocinium facere cœperint, aut in scenam prodire mercede conductæ, hoc casu ex Senatusconsulto adulterii accusari & damnari possunt, facto scilicet Tiberii temporibus, nam & Cornelius Tacit. scribit 2. annal. sub Tiberio gravibus decretis coercitam fuisse libidinem feminarum, & cautum, ne corpore quæstum facerent, quibus avus aut pater, aut maritus eques Romanus esset : atque ita ne hoc genere professo turpitudinis evitarent, pœnam *l. Jul.* adulterio impositam : & Suet. in Tiberio, femine, inquit, famosæ ad evitandas legum pœnas, jure ac dignitate matronali, ut exolverentur, lenocinium profiteri cœperant, eas omnes ne refugium in tali fraude cuiquam esset, exilio affecit. Et hujus Senatusconsulti pars est in *l. 14. §. 1. hoc tit.* dum ait, ex Senatusconsulto de ea re facto, si vir infamandæ uxoris suæ causa adulterum subiecerit, ut ipse deprehendere, atque ita infamaret mulierem, & virum, & mulierem adulterii crimine teneri : alias *l. Jul.* ut dixi, infames feminas, etiam si nuptæ essent similibus personis, crimine adulterii accusari vel damnari non posse, quasi indignas censura ejusmodi, quæ matrumfamil. honestatem, & nomen amiserunt propter infamiam. Neque cum his pugnat *lex si uxor, §. sed & in ea, h. t.* quæ ait, etiam in vulgari uxore adulterium vindicari, quia non loquitur de infami muliere : non omnis mulier vulgaris, id est, quæ prostituit se in vulgarem libidinem est infami. Loquitur ille §. cum uxorem vulgarem dicit de ea, quæ libidinis causa vulgo se præbet multis, contempto honore matrimonii, contempta religione matrimonii, quæ infamis non est, antequam deprehensa sit, vel judicio publico damnata, quæ propalam propudiosa est, & alit corpus corpore, etiamsi damnata nondum sit, quæ licentiam stupri professa est apud Ædiles more prisco, ut Cornel. Tacit. ait eod. loco, ipso jure infamis est, *l. 3. §. lege, de testibus, l. palam, de rit. nupt. solaque,* ut ait Ovidius, famosam culpa professa facit. Et hæc proprie meretrix dicitur, quod mereatur capturam, non etiam illa, quæ sine pretio facilis & prona ad libidinem est, nec dum deprehensa vel damnata, quæ nec matrisfam. nomen amittit. Ideo perperam Glossa hoc loco metu *d. l. si uxor, adulterii,* interpretatur *stupri,* quum sit proprie accipiendum adulterium : non ergo adulterii dicendum, id est, stupri.

### Ad L. VIII. & X. ad Senatusc. Turpill.

*Abolitio aut publice fit ob diem insignem aut publicæ gratulationem. Aut privatim actore postulante : Tertio genere fit ex lege abolitio, accusatore mortuo, vel ex justa causa impedito, quo minus accusare possit, abolitione autem facta non retractabitur in judicio repetendo, de mariti jure, Triginta dies repetendi rei Divus Trajanus utiles esse interpretatus est : ex die scil. quo feriæ finitæ sunt. Et Senatus censuit eos dies cedere quibus quisque reum suum repetere possit. Hoc autem repetendi rei tempus non aliter cedit, quam si accusator quoque potuit adire.*

Certum est, in pœnam S. C. Turpil. incidere eum, qui aliter, quam abolitione facta desistit ab accusatione adulterii, *l. 1. §. accusationem, h. t.* quia prodidit *l.* Juliam ; & puniri quasi tergiversatorem, vel quasi calumniatorem, nisi si ut in specie *l. 11. mf. h. t.* post rei postulationem præscriptione legitimi temporis exclusus, causam adulterii perferre non potuerit. Quam sententiam Papin. *l. 11.* glossæ non assequuntur. Reus postulatur, priusquam causa perferatur, postulatur reus, cum sive in judicio, sive extra judicium postulatur inter reos recipi, *l. vim, §. in matrimonio, ad l. Jul. de adult.* Et hoc quidem postulatur vel dato judici libello accusationis, vel querela apud acta deposita, *l. 8. C. de accusat.* Postea vero causa perferatur lite contestata, lite & cognitione suscepta, & mox eo, cujus nomen delatum est recepto inter reos : nunc post rei postulationem, si accusator, quo minus causam adulterii perferat, impediatur objecta præ-

scri-

scriptione temporis, quod tardius venerit ad accusationem, vel præscriptione sex mensium utilium, vel præscriptione 60. dierum utilium, vel præscriptione quinquennii continui, quæ præscriptiones leg. Julia comparatæ sunt adversus accusationem adulterii, atque ita submotus præscriptione, si destiterit, sane non incidit in pœnam S.C. Turpill. vel l. Petroniæ, quæ ead. de re fuit, & calumnia ejus non punitur, ut ait l.11. ejus calumniam non puniri lege Remmia scilicet: nam alias, qui desistit ab accusatione adulterii sine abolitione, non tantum incidit in pœnam S.C. Turpill. & l. Petronia, sed etiam ut calumniator l. Remmia puniri potest, ut hæc l. 11. ostendit, & Plinius 6. epist. dum refert Imperatorem denuntiasse, se de calumnia accusatoris cogniturum, nisi causam peregerit & pertulerit. At excusatur is, qui objecta sibi præscriptione temporis a causa adulterii perferenda submotus est. Et ita est accipienda l. 11. Alias, qui sine abolitione desistit ab accusatione adulterii, puniri potest, vel ut tergiversator S.C. Turpill. & l. Petronia, vel ut calumniator l. Remmia, non tantum, si causam adulterii perlatam deferat post litem contestatam, sed etiam si ante litem contest. desistat post dationem libelli accusatorii, & delationem & postulationem rei, l.pen.h.t. l.7.C.qui accus.non poss. Ac præterea ex ead. lege, damnato l. Petronia vel l. Remmia, jus accusandi non superest, l.2.§.1.l.40.in fin.sup.ad l.Jul.de adult. l. abolitionem, C.eod.tit. Qua de causa propter hæc omnia, scil. quæ retuli lib.de adult. Papin. proposuit tria genera abolitionum, quorum nullo fretus accusator, si deseruerit institutam accusationem, incidit in pœnam S.C. Turpill. & l. Petroniæ, vel l. Remmiæ. Alia est abolitio publica & indulgentia generalis, quæ fit ex S.C. pro re nata facto, ut in l.12.hoc tit.l.2.sup.de cust.reor. ob diem aliquem insignem, inquit l.8. forte die natali, sive conditæ urbis, vel memoria victoriæ præclaræ cujusdam, quæ celebrari solebat quotannis certo die, ea re insignito, vel ob publicam gratulationem factam in honorem Principis, forte principe aucto liberis, ut in l. 1. Cod. Theod. de indulg. crimin. Constantino aucto Crispo & Helena conceditur generalis abolitio & criminum indulgentia, vel etiam ob rem prospere gestam adversus hostes, extra ordinem indictis feriis, indicta publica lætitia, & carcere vinculisque absolutis reis minorum criminum ; nam majorum non solvuntur ob publicam hilaritatem, vel abolitionem. Alia est abolitio privata, quæ conceditur postulanti accusatori a magistratu, apud quem agit, & nihil aliud est, quam venia omissæ accusationis, inconsulto, temere susceptæ: & dari solet a magistratu redditis causis, quam ob omittere velit, causa cognita pro tribunali utraque parte præsente, nec magistratus hanc cognitionem alii mandare potest, l.1.§. abolitio, hoc tit. Quia specialiter ei S.C. data est, l.15.in fin.de jure fisci, quod magistratui lex vel Senatus dat specialiter, id non potest alii mandare: quam jure suo ei non competit, sed jure legis. Reddendas esse causas abolendæ accusationis etiam Plinius indicat 7. epist. & lib. 6. Bithyni, inquit, accusationem Varenii & temere inchoatam omisisse narrantur, legatus causas abolitæ accusationis exposuit: & lib.6. a parte, inquit, heredum intraverant duo, omnino postulaverunt, ut omnes heredes agere cogerentur, aut sibi quoque desistere permitteretur. Cæsar ex consilii sententia fussit denunciari heredibus, ut aut agerent, aut singuli approbarent causas non agendi, alioqui se de eorum calumnia pronuntiaturum. Tertium genus abolitionis fit ex l. Julia de vi, puta accusatore mortuo, vel ex justa causa impedito, quo minus causam perferre possit, forte ratione civilium officiorum, ut in l.15.§.pen.hoc tit. & ob eam rem abolito nomine rei, ut l.3.§.ult.sup. de accus. Et ut breviter perstringam differentiam, quæ est inter ea genera abolitionum: Prima fit ex S. C. vel placito Principis. Secunda fit ex decreto judicis. Tertia fit ex l.Jul. Rursus, prima fit nemine postulante ob publicam lætitiam, quam indicit Senatus vel princeps, secunda fit postulante accusatore, tertia postulante reo. At cujuscunque generis sit abolitio, post eam idem reus repeti potest, id est, iterato potest reus fieri. Nam publica abolitio primum, quæ fit ex S.C. vel placito Principis, suspendit & differt crimen, non etiam solvit: nam ut ostendit l. 10. ex die, quo feriæ finitæ sunt intra 30. dies, ab alio vel ab eodem reus repeti potest, non post 30. dies, ut & Paul. scripsit 5. Sent.tit. de abolit. eos dies 30. ut ait l. 10. Trajanus Imperator interpretatus est esse utiles & judiciarios dies, non continuos dies, id est, ut Senatus censuit, in numerum dierum 30. eos tantum dies cedere, quibus accusator non impeditur judicem adire, & quibus reus iterato accusari potest, id est, quibus reus secum agendi potestatem facit. Qua ratione in l. 15. §.ult.h.t. dicitur, quod si post abolitionem antequam reus repeteretur intra dies 30. utiles, alia abolitio supervenerit, dies 30. computantur, non ex superiore, sed ex posteriore abolitione, quia utiles sunt dies, & non continui. Et hoc de publica abolitione. Ac similiter abolitione facta ex l. Jul. reus repeti potest ab alio intra 30. dies utiles, d.l.3.§.ult.de accusat. Idemque erit concessa privata abolitione: nam & reus repeti poterit, & id quidem quandoque vel ab alio, & permissu principis etiam ab eodem, ut in l.1.C. de abolit. quod inferius latius explicabitur. Verum ex iis prius generaliter constituamus, hujusmodi abolitiones esse temporarias non perpetuas, & crimen suspendere non perimere, crimen diluere non absolvere. Et ita Suet. refert, D. Augustum diuturnorum reorum (& ex quorum sordibus nihil aliud quam voluptas inimicis quæreretur) nomina abolevisse; an in perpetuum? minime, sed conditione proposita, ut si quis reum repetere vellet, parem pœnam & par periculum subiret. Et simili modo Domitianum reos, qui ante quinquennium apud ærarium pependissent, universos discrimine liberasse facta abolitione: an in perpetuum? minime, quia intra annum eosdem repeti permisit ea conditione, ut accusatori, qui causam non teneret, exilium pœna esset. Domitianus item effecit, quod Augustus, & loquitur illo loco Suetonius de diuturnis reis, quique diu in reatu manserant, ærario nexi pecuniæ nomine, vel quorum bona eo nomine, nullo pro iis intercedente, ut idem ait in Claudio, in vacuum, id est, tanquam vacantia; venum exposita pendebant sub edicto præfectorum ærarii ex l. prædiatoria, inquit, quæ scripta est scil. de prædiatoribus, id est, de iis quorum prædia ærario tenentur. Nam in glossis Philoxeni prædiator est, qui nexus est ob æs debitum ærario publico, cum suis bonis, quod valde facit ad inscriptionem l.res, de jur.dot. quæ est ex tit.de prædiatoribus, & illo loco Suetonii in Claudio. Illa verba in vacuum sic interpretor, quasi vacantia bona reorum, quæ in publico venalia suspenduntur fisci nomine, non ut Alciatus in parergis, in vacuum, id est, frustra, ut Græci, inquit, exprimunt & perperam, quia Græci nostrum frustra nunquam ita exprimunt. Dicunt enim ἐικενῆς uno verbo non εἰς κενὸν. Quod autem diximus de abolitione, quæ fit ex Senatusconsulto, vel ex l.Jul. ut post eam reus repeti possit intra certa tempora, idem etiam obtinet in abolitione privata data accusatori ex edicto præsidis. Nam & hoc casu quandoque reus ab alio repeti potest, l.2.§.ult.sup. de accusation. Atque etiam ab eodem permissu Principis, l.1. C. de abolit. non sine speciali permissu Principis, l. 4.§.1.hoc tit. Ex his apparet, longe aliud esse abolitionem, aliud absolutionem reorum: absolutio securitatem & liberationem plenissimam præstat, non abolitio illa. Absolutio, inquam, liberationem plenissimam & perpetuam præstat exceptis tribus casibus: si probatur causam vere peroratam non fuisse, id est, prævaricatam priorem accusatorem fuisse, vel si probetur judicem corruptum pecunia reum absolvisse, vel si posterior accusator suum dolorem, suam injuriam exequatur, l.3.de prævari. l. 7. §. 1. de accusat. l. 3. §. ult. sup. ad l. Jul. de adult. Non est omittendum quod additur in hac l. 10. postquam jure mariti quis adulterum vel adulteram accusavit adulterii, existente publica abolitione, & finitis

feriis

feriis marito repetente reum, vel ream intra 30. dies eod. jure eum eamve repeti, id est, jure mariti, ut *l.7.hoc tit.* Nec repetito judicio & crimine retractari, aut revocari in dubium jus privilegiumque mariti, quo initio prælatus est ceteris omnibus, tametsi interea 60. dies marito dati ad consultandum præterierint. Et hoc si reum adulterii repetere velit. Nam invitus repetere, non cogitur reum, qui exemptus est ex reis interveniente publica abolitione, *l.12.hoc tit.* Nec post abolitionem prohibetur etiam uxorem, quam fecerat ream adulterii, a se dimissam domum reducere, *l.generali, §.1.de ii qui nupt.* Nec quod dico, invitum non repetere reum, ei quidquam obstat *l.pen.h.tit.* quamvis dicat etiam eum teneri Senatusc. Turpill. qui post abolitionem non repetit. Cogitur ergo repetere, ut videtur. Sed non ita est, quoniam *l.pen.* de eo tantum loquitur, qui reum postulaverat, non etiam litem contestatus fuerat, impletis solemnibus accusationis, & causa perlata, qui etiamsi interveniat publica abolitio, tenetur Senatusc. Turpill. nisi persequatur crimen, & peragat reum, quia abolitio publica pertinet tantum ad ea crimina, quæ perlata sunt, non ad ea quorum accusatio nondum perlata, & cognitio suscepta est, *l.2.C.de gener.abol.* Et ita est accipienda *d.l.pen.*

### Ad L. IV. de Bonis damnatorum.

*Et omnes omnino maritus salvas actiones habet contra fiscum.*

Dote caduca facta, sive publicata ob delictum mulieris ait, marito adversus fiscum servari omnes actiones: publicari enim dotem, cum sua causa: & ideo eædem petitiones, eædem exceptiones, & retentiones ex dote marito competunt adversus fiscum, fisco vindicante dotem, quæ competeret mulieri, vel heredi ejus divortio facto repetenti dotem, *l.si post, l.si maritus, sup.sol.matrim.* Nam & fiscus vicem heredis obtinet, *l.2.C.ad l.Jul.de vi.* Dos caduca fit ex quinque legibus tantum publicorum judiciorum, sive publicatur, *l.Julia majestatis. l.Julia vis publicæ, l. Pompeja, de parricidiis, l. Cornelia de veneficiis, l.Cornel.de sicar.l.3.h.tit.* secundum quam est explicanda *l.si constante, §.ult.sol.matrim.* Et in ea *l.3.hoc tit.* maxime observandum est, Ulpianum l. Corneliam de sicariis & veneficiis dividere in duas, quoniam quinque numerat ll. & non erant nisi quatuor: nisi l. Corneliam diviseris in duas, unam de sicariis scilicet feceris, alteram de veneficiis, quibus locis usui esse possit optime scio. Lege autem Julia de adult. sicut nec ulla alia lege dos caduca non fit, nec marito cedit, nisi pro parte sexta, ut Ulpianus scripsit *lib. singul. reg. tit. de dotib.* & indicat *l.cum mulieri, sol.matr.l.miles, §.socer, ad l.Jul. de adult.* Et ita est accipiendum, quod Horatius ait, doti metuere deprehensam, quia jure veteri parti dotis tantum metuit, hodie etiam secundum jus quo utimur, & metuit universæ doti, *l. ult. C.ad l.Jul.de adult.& cap.plerunque, de donat.inter vir. & uxo.*

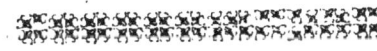

## JACOBI CUJACII J.C.
In Librum Singularem Pap. de Adulteriis.

### Ad L. XI. ad L. Jul. de Adult.

*Miles, qui cum adultero uxoris suæ pactus est, solvi sacramento deportarique debet.*

CERTUM est L. Jul. de Adulter. teneri, ut alium quemlibet, ita maritum, qui pro comperto adulterio pretium accepit, vel qui pactus est quocunque pretio, quod post sibi daretur, ut adulterum dimitteret, forte pacto subjecta stipulatione, *l. 7.& 8. de eo, quod met. causa, l. mariti, §. plectitur, hoc tit.* Is autem tenetur lenocinii pœna, quæ eadem est atque adulterii. Dices, imo tenetur longe graviore pœna, quoniam Papinianus ait, hoc loco militem, qui id fecerit, qui cum adultero uxoris suæ deprehenso pactus fuerit, exauctorari, hoc est, sacramento solvi, & quidem cum ignominia, ut in *l.2.§.miles, de iis, qui not. inf.* Et præterea deportari in insulam, quod est pati mediam capitis deminutionem, quam l. Jul. vulgo neque patiebantur adulteri, neque lenones, sed relegationem, quæ non est capitis deminutio, aut ademptionem tertiæ partis bonorum. Verum plerumque omne crimen exasperatur in militem, *l.7.in fin.ad L.Jul. majest.l. quidam, inf.de pœn.* Et ita ex causa hujus criminis, etiam gravius miles tractatur, quam paganus. Et hoc loco pactum cum adultero militem accipio certo pretio, ut in edicto prætoris *s. de his, qui not. inf.* si quis furti pactus sit, non gratuito, sed certo pretio accepto a fure, *l. furti, §. pactus, de his qui not.inf.* Male enim Accurs. statuit hoc loco, eandem esse pœnam ejus, qui adulterum gratia dimisit, manifesto contra verba legis *mariti, §. plectitur, hoc tit.* quæ ait, ad legem Juliam non pertinere, id est, l. Julia non coerceri eum, qui gratis dimisit deprehensum adulterum, sive mulier sit, sive alius, quia lenocinium l. Jul. coercet, & leno non est, nisi qui pretium accipit pro comperto stupro, sive adulterio, sive qui pretium turpiter paciscitur, non qui deprehensi commiseretur, eumque dimittit illæsum, non qui negat se, cum eo velle agere, qui ultro hoc negat, *l.si maritus, §. si negaverint, hoc tit.* Non qui contemnit suum matrimonium, quique contaminationis non indignatur, *l.2. §.lenocinii, h.t.* Quid enim vetat, quem deprehenderis, gratuito dimittere? nulla lex vetat: cuique misericordi esse licet. Igitur ultro gratis adulter impune dimittitur. Nec obstat quod dicitur, nec gratuito licere pacisci de adulteriis, *l.transigere, C.de transact.l.de crimine, C.ad leg.Jul.de adult.* non licere, inquam, transigere vel pacisci. Inter quæ duo hoc interest, quod transactio nulla est gratuita: pactum potest esse gratuitum. Verum, quod dicitur, de prævaricatore tantum dicitur, ut indicat *d.l.de crimine,* id est, de eo, qui prodit institutam accusationem ex compacto, & collusio habito cum adversario; non etiam de eo, qui non vult adulterum accusare, sed ultro & gratis dimittit, aut dissimulat injuriam suam, nulla habita pactione cum alio, sed ultro & sua sponte.

### Ad §. Militem qui sororis filiam.

*Militem qui sororis filiam in contubernio habuit, licet non in matrimonio, adulterii pœna teneri rectius dicitur. Ea quæ inter reas adulterii recepta esset, absens defendi non potest.*

LOcus hic est singularis, & interpretatione dignus. Ait, avunculum militem, qui sororis filiam in contubernio habuit, stupro scilicet sibi cognitam, ut idem ait in *l. 14. de his, quæ ut indignis,* sicut Latini solent accipere cognitam, & *cognoscere,* ut memini me legere apud Hermogenem notantem hunc locum ex Menandro, *cognovit me.* Avunculum igitur militem, qui sororis filiam habuit in contubernio, non in matrimonio teneri pœna adulterii, id est, stupri & incesti: vel ut Tullius in Miloniana, *stupri incesti:* quia videlicet non videtur errasse in jure civili, quod vetat conjungi avunculum cum sororis filia. Permittitur quidem militi jus civile ignorare, sed non videtur id ignorasse in hac specie, qui sororis filiam clam habuit in contubernio. Nam quod eam habuit clam, arguit conscientiam ejus, aliter quam si habuisset eam palam in matrimonio. Unde & palam pleraque licent, quæ clam non licerent. Palam licet ambire magistratum, non clam. Seneca 5. epist. Senatusconsultis plebisque scitis sæva exercentur, & publice jubentur, in arena. Sequitur, vetita privatim quædam commissa capite luerent, tunc quia palam fecere, laudamus: avunculus non habuit soro-

sororis filiam in matrimonio, non habuit etiam in concubinatu. Quæ est species & imitatio matrimonii, ut diximus sæpe, sed eam habuit in contubernio, ut ait hoc loco, & in *l.* 14. Hanc vulgo vocant focariam : non uxorem non concubinam, ut in *l.* 2. *C. de donation. inter vir. & uxor.* Honestum est uxoris, & concubinæ nomen, focariæ non item, quæ sic appellatur, quod plerumque habeatur per causam speciemque culinæ : nam & μαγείρας, & μαγαίσσας Divus Hieronym. interpretatur focarias 1. *Samuelis cap.* 8. quas & Varro intellexit 2. *de re rustica*, dum ait, *mulieres ad focum afferre ligna*, & *cibum coquere*. Quid autem est, quod ait Pap. hoc loco, avunculum eam habuisse in contubernio, licet non in matrimonio, & licet non habuerit in matrimonio, sed in contubernio, tamen puniri. Quid hic facit illud, *licet*, an gravius est habere in matrimonio? non utique. Imo nonnunquam excusatur, qui cognatam in matrimonio habuit propalam, *l. ult. de rit. nupt.* quia nemo videtur tam impudens & audax, ut quam non potest habere in matrimonio, habeat palam sine errore aliquo, vel facti vel juris civilis ; & qui errat, non contemnit jus. Proinde majus est delictum ejus, qui clam habet in coitu aliquam, quam qui palam in matrimonio, quoniam hic errore duci præsumitur. Existimo omnino scribendum esse hoc loco, non *licet*, sed *scilicet matrimonio*: quia si palam sororis filiam in matrimonio, puta per errorem juris civilis, vel per errorem facti habuit, sane miles excusatur, *l.* 38. *h.t.* Quo loco ait, *incesti crimen aliquando*, & *in maribus, ut in militibus scilicet, vel minoribus xxv. annis, quibus jus civile ignorare permissum est, tractari humanius quam adulterii, si modo*, inquit, *per matrimonium illicitum contractum sit*. Et ponit etiam exemplum in sororis filia, quoniam, qui ita contrahunt, non nisi errantes in jure id facere videntur : nemo præsumitur esse adeo stultus : & loquitur *d. l.* 33. §. 1. de incesto juris tantum. Aliud est incestum juris naturalis, sive juris gentium, quod contrahitur inter parentes & liberos in infinitum, & inter novercam & privignum, inter vitricum & privignam, inter socerum & nurum, inter socrum & generum, qui nunquam non inter se habentur naturalium parentum & liberorum loco. Incestum autem juris civilis contrahitur cum iis, qui ex transverso nobis conjuncti sunt, *l. ult. de rit. nupt.* Unde in sororis filiam incestum committitur jure civili, non jure gentium. Id palam ostendit *d. l.* 38. quæ loquitur initio de incesto juris gentium in §. 1. de incesto jure civili, non de incesto juris naturali, sive jure gentium. Neminem enim excusat juris naturalis ignorantia, *l.* 2. *C. de in jus voc.* Non excusat mulierem, non ætate minorem, non militem. Et ideo nullus excusatur ab incesto juris gentium. Non loquitur etiam ea *l.* de adulterio : nam & ab adulterii crimine nemo excusatur : neque ætas, neque sexus, neque conditio, aut professio, quenquam excusat a crimine adulterii, quia jure naturali probrum est, *l. probrum, de verb. sig.* & natura turpe. Lactant. in Epitome Instit. *corrumpere alienum matrimonium etiam communi jure gentium damnatur*, id est, jure gentium probrum est ; dicitur enim probrum a prohibendo in eadem *l.* 38. *h.t.* Ait, quod & superiora confirmant, incestum, quod per illicitam matrimonii conjunctionem admittitur, excusari solere, si error juris, vel error facti allegetur, & si nondum quisquam reum postularit, id est, ut Ulpianus ait, apud L. Rufinum *eod. lib. sing. de adulter.* si nondum reus fuerit præventus a delatore, si nemo eum postularit, & alleget errorem juris vel facti, excusari solet, vel sexu, vel ætate, vel etiam militia, vel ut ait puniendi correctione, quæ benæ fide intervenit puniendi, id est, hominis incesti, sive ejus, qui incestum admisit correctione, quæ bona fide interveniat, ut puta, si errore cognito bona fide corrigat factum, & abstineat hujusmodi conjunctione toto animo, quod est bona fide non simulata. Quod & hoc ipso libro scribit Pap. apud L. Rufinum, nempe ei, qui sororis filiam per errorem duxerit uxorem ( & loquitur de errore facti, quum ignoravit eam fuisse sororis filiam ) antequam præveniretur a delatore, si

bona fide, si serio ea conjunctione abstinuerit, poenam remitti : quia qui errore cognito, ut ait, dirimit conjunctionem, ejus voluntatis fuisse creditur, ut si scivisset, se in eo necessitudinis gradu positum, non fuisset tale matrimonium copulaturus : poenitentia & correctio est argumentum, contraxisse eum tale matrimonium invitum : videtur invitus fecisse, qui mox corrigit factum, ut Aristot. ait. 3. Ethic. Et hic probat se noluisse, qui corrigit factum poenitentia actus. Quod etiam confirmat, *l.* 3. *C. de incest. nupt.* & usque adeo etiam verum hoc est in errore facti, ut & is error excuset ab incesto juris gentium, si modo errore comperto, antequam reus postuletur, statim se eo matrimonio abstinuerit, divortio facto bona fide citra dissimulationem, ut in *d. l.* 38.) *idem Imperatores* : dum ait post divortium, quod cum noverca privignus bona fide fecit, cum qua fuerat, & fecerat contra jus gentium. Igitur quia correxit factum errore comperto, non admittendam accusationem incesti.

Addam his tantum, quod est in §. *ea quæ* : ex hoc loco liquido constat, lege Julia crimen adulterii non fuisse capitale. Id fecerunt capitale novissimæ constitutiones Theodosiani & Justiniani Codicis : nam jus vetus nunquam fecit capitale : dum ait, *eam quæ inter reos adulterii recepta est, absentem defendi non posse*, quia ut defendi absens possit, qui semel inter reos receptus est, quod non fit nisi post litem contestatam, tamen hoc tantum admissum est in capitalib. criminibus, *l. servum,* §. *publice, de procurat. l.* 3. *C. de accusat.* Hoc non admittitur in crimine adulterii, ergo non est capitale, alioqui admitteretur defensio absentis recepti inter reos. Et quod ait Acc. hoc loco etiam absentem inter reos recipi posse, non est verum indistincte & generaliter, sed ita demum, si post litem inchoatam & contestatam abesse coepit, *l. adulteram, C. de adult.* quia & absens damnari potest, *l. inter, de pub. judic.* si damnari, & inter reos recipi : is autem qui litem contestatus non est, neque inter reos recipi absens, neque condemnari potest, *l. absentem, de poen.* sed adnotatur requirendus, vel ut aliter loquitur, fit requirendus in *t. de requir. reis.*

---

Ad §. Socer cum nurum, &c.

Socer, cum nurum adulterii accusaturum se libellis præsidi datis, testatus fuisset, maluit accusatione desistere, & lucrum ex dote magis petere. Quæritur an hujusmodi commentum ejus admitti existimes? Respondit, turpissimo exemplo is, qui nurum suam accusare instituisset, postea desistere maluit, contentus lucrum ex dote retinere, tanquam culpa mulieris dirempto matrimonio. Quare non inique repelletur, qui commodum dotis, vindictæ domus suæ præponere non erubuit.

IN hoc §. hæc proponitur species : Facto divortio inter filium & nurum culpa nurus, socer nurum libellis præsidi provinciæ datis se accusaturum adulterii testatus & minatus est, ut in *l.* 5. *inf. ad SC. Turpill.* Proponitur quidam libello principi dato, falsum se objecturum minatus esse, ab hac comminatione impune desistere licet, *l.* 5. a datione libelli accusatorii non comminatorii, qui & libellis inscriptionis dicitur & delationis & accusationis, vel a denuntiatione criminis facta reo, non licet impune desistere sine abolitione, *l. vim,* §. *duos h. t.* quia in desistentem est constituta poena, quasi in tergiversatorem lege Petronia, & SC. Turpill. etiamsi litem contestatus non fuerit, *l. pen. inf. ad SC. Turpill. l.* 7. *C. qui accus. non pos.* Is vero socer post supradictam comminationem ab accusatione nurus destitit, id est, ab accusandi proposito, & maluit ex dote lucrum persequi, quasi culpa nurus dirempto matrimonio. Donatus in eum locum Virgilii, & *hoc prætexit nomine culpam, verbo*, inquit, *juris, usus est*. Sic enim definitum est, culpam mulieris esse, quum pudoris causa peccaverit. Socer igitur mutata sententia & omissa accusatione adulterii criminali, quasi culpa mulieris dirempto matrimonio, id est, propter adulterium mulieris, maluit lucrum ex dote persequi, videlicet civili actione, quæ dicebatur actio de moribus, & ob culpam graviorem, sive mores graviores, id est, ob adulterium, quod dissidio causam dedisset, competebat ei actio in sextam partem dotis: hodie tota dos amittitur, atque etiam hypobolon: ob alios autem mores mulieris, qui collati cum adulterio dicuntur leviores, actio de moribus competebat in octavam partem dotis, auctore Ulp. *lib. sing. reg.* Et de hac actione de moribus sunt hæ leges, *l. 1. sup. de pact. dotal. l. rei judicatæ, §. 1. l. cum mulier, & l. viro, sol. matr. l. ult. C. de repud. L. 1. C. Theod. de dotibus, l. 1. C. Theod.* Victum civiliter, criminaliter agere posse. Quæritur autem, an ejusmodi soceri commentum, id est, solertia sive ut hic Græci interpretantur, sophisma, qui omissa & præinstituta accusatione adulterii mavult lucrum dotis persequi, an admitti debeat? Et eleganter respondet Papin. turpissimo exemplo eum desistere a priori proposito, ob lucrum dotis, quod magis captat, quia scilicet vindictæ domus suæ pecuniæ sive lucrum dotis præferre non erubescit, quod est turpe & sordidum, omnis scil. αἰσχροκερδεια, est turpitudo, *l. 2. de senator.* senatu motus propter turpitudinem, id est, αἰσχροκερδειαν, puta damnatus judicio publico repetundarum. Nam eadem est hujus *l. 2.* sententia, quæ *l. 15. sup. de testib.* Et sic M. Tullius 1. ad Attic. *si causam absolutionis quæris, inquit, egestas judicum fuit & turpitudo*, id est, δωροδοκια, & αἰσχροκερδεια. Est autem huic simile argumentum, quo utitur idem Papinianus in *l. Julianus, sup. si quis omissa causa testam.* dum ait, *non cavere dolo eum, aut non esse ferendum qui honore proprio omisso propter compendium, alienam institutionem mavult*. Nam & ita non est ferendus socer, qui honore proprio omisso, quem initio ulcisci electe instituerat, mavult sequi lucrum dotis: non potuit socer utroque judicio experiri, puta, judicio civili de moribus & judicio criminali ex l. Jul. sed alterutro tantum, ut est proditum in *d. l. 1. C. Theod. victum civiliter, &c.* Ratio hæc est, quia etsi judicium de morib. pecuniæ persequatur, id est, partem dotis, tamen & vindictam persequitur, perinde atque judicium criminale, quod præcipue solam vindictam exequitur, & unius criminis duæ vindictæ, duo supplicia esse non debent. Qua ratione nec de injuriis licet experiri civiliter & criminaliter, sed alterutro duntaxat modo, *l. 6. de injur.* quia & civilis injuriarum actio vindictæ magis, quam pecuniæ persequutionem habet, *l. 2. §. emancipato, de coll. bonor.* Et ita non potuit socer utroque judicio experiri, & electo criminali, non potest variare & transire ad civile, ductus lucri aviditate, turpi exemplo.

### Ad §. Adulterii reum.

*Adulterii reum intra quinque annos continuos a die criminis admissi, defuncta quoque muliere, postulari posse palam est.*

Regulariter crimina finiuntur vicennio continuo, ut crimen homicidii, crimen falsi, & alia innumera, quæ nisi instituantur intra 20. annos, quo jure utimur, reus est securus, *l. querela, C. ad l. Corn. de fals.* At crimen adulterii breviore tempore finitur, nempe quinquennio continuo, quod ut vicennium in aliis criminibus numeratur a die commissi criminis, *l. 5. C. eod. tit.* Et intra illud quidem quinquennium 60. dies dantur utique marito & patri, intra quos si veniant ad recusationem adulterii, vel reum, vel ream accusaturi, præferuntur ceteris omnibus, qui ad eandem accusationem jure pub. venire volent. Post dies autem 60. extraneis marito quoque patrive, ut extraneis jure communi & publico, non præcipuo, aut privilegiario, dantur alii quatuor menses utiles accusandæ adulteræ, scilicet numerandi tam marito & patri etiam agentibus intra 60. dies, vel intra alios 4. menses, quam etiam extraneis: numerandi, inquam a die divortii soluti matrimonii, quod mulier contaminasse dicitur, si post alii nupserit, vel a die commissi criminis, si vidua permanserit. *l. 29. §. sex mensium, & §. seq. h. tit.* & ita scilicet ut illi sex menses utiles non excedant quinquennium continuum a die commissi criminis, ut tamen si ita res ferat, finiantur illi sex menses utiles etiam intra quinquennium, videlicet, ut dixi, quum de adultera accusanda agatur: nam adultero accusando a die commissi criminis, semper totum quinquennium continuum delatori sive accusatori cedit. Et in hac re l. Julia favet magis adulteræ, ut imbecilliori, quam adultero: nam adulter non nisi quinquennio completo securus est: adultera etiam ante quinquennium completum liberari potest, videlicet si sex menses utiles intra illud quinquennium præterierint, *l. 1. §. accusatione, infr. ad Turpil.* Et Papin. ait hoc loco, adulterum accusari posse intra quinquennium continuum a die commissi criminis, etiam defuncta muliere adultera, etiamsi mulier superstes non sit, ut in *l. vim, §. in matrimonio, & l. ult. inf. h. tit.* Est quidem hoc crimen adulterii commune duorum, sed judicium non est commune duorum: imo nec duorum esse potest, sed alius post alium reus fieri debet, prout delator elegerit, nisi mulier alii nupserit ante criminis denuntiationem. Hoc enim casu ab adultero accusator incipere debet, *l. 5. l. si maritus 2. §. ult. l. mihi, §. ult. l. vim, §. duos, h. tit. l. reos, C. eod. tit.*

### Ad §. Quidam accusare volebat.

*Quidam accusare volebat adulterii mulierem, & postulabat, sibi computarentur dies, quos in custodia fecisset, me hoc admittente extitit, qui mihi contradiceret, cujus opinionem an tu probes, rogo maturius mihi scribas. Respondit opinionem tuam & verba legis & sententiam adjuvant, cui placuit utiles dies accusatori computandos esse, id est, quibus potuit accusationis solemnia implere, sine dubio dies, quibus quis in custodia fuit, extra computationem utilium dierum existimanti tibi constituto, contradici debuit. Sexaginta dies, qui marito accusante utiles computantur, feriatis quoque diebus, si modo facultatem præsidis adeundi accusator habuit, numerari certum est, quoniam de plano quoque libellus dari potest. Quod privilegium si amisit, non prohibentur intra alios quatuor menses querelam suam apud judicem deferre.*

Adulteræ accusandæ jure communi sunt præscripti sex menses, quæritur, an in id temporis cedant dies, quos ut ait, *qui accusatus erat adulterii*, in custodia fecisset. Fac fecisse eum in custodia duos menses, an ii computantur in numerum sex mensium? Facere dies, an menses ait eleganter, ut in *l. 14. de statulib.* annum in fuga fecerat. Julianus antecessor constitutione 15. *Præses provinciæ, inquit, postquam desierit esse præses, in ead. provincia 50. dies fecerat*: Et in antiqua inscriptione: *cum marito fecit menses 10. dies 15.* Ad quæstionem vero propositam respondet Papin. eos dies accusaturo non computari, quos in custodia fecisset, quia sex menses l. Jul. præscripti utiles, non continuos; & utiles ii sunt, quibus potuit solemnia accusationis implere, puta inscriptiones & satisfationes, ut in *l. 1. C. ad Turpill.* apud Ammianum Marcellinum lib. 14. *cum accusatore flagitaret, & solemnia, &c.* Quid vocat solemnia accusationis? libelli inscriptionem & satisfactionem de lite exequenda, *d. l. 1.* quæ quidem solemnia non potest implere, qui publica custodia coercetur. Ergo hi dies non computantur, quos egit in custodia. Et ostenditur in *§. prox.* 60. dies, qui dantur marito volenti accusare jure mariti, remotis aliis accusatoribus ad consultandum, ut Corn. Tac. de eo crimine scribens 2. annal. *60. dies viro ad consultandum datos*: eos dies 60. etiam esse utiles. Nam eos tantum computari, quibus adeundi præsidis & dandi libelli accusatori accusator habuit, non eos quibus, quibus præses aliis distentus occupationibus in publico sui copiam non fecit, ut in *l. 6. eo. tit. l. 1. §. dies, quan-*

*quando appell. fit* Potest tamen accusator, si copiam sui publice faciat præses, eum adire etiam die feriato, die non judiciario, porrecto ei libello accusatorio de plano. Nec enim necesse est, eum adire pro tribunali judiciario, die sessionis præsidialis, ideoque sessionum dies, quas Græci vocant δικασιμας, quibus pro tribunali sessum ivit præses, non numerantur, ut in *l.2. §. dies, ff. quis ordo in bon. poss.* Sed etiam alii dies numerantur, quibus præses sessum non ivit pro tribunali, si modo sui copiam publice fecerit, quia libellus etiam potest dari de plano, puta, stanti præsidi aut transeunti de plano; quod Modestino est χαμοθεν in *l.13. de exc.* quod illo loco non intellexit Aug. Aliud est pro tribunali aliquid expedire, aliud per libellum, quod fit etiam de plano, *l.9. §.1. sup.de offic.proconsul.l.2.C.quemadm.test.aper.* Quod si, ut subjicit, intra 60. dies utiles maritus non instituerit accusationem adulterii jure suo, non prohibetur intra reliquos quatuor menses æque utiles accusationem instituere adversus mulierem, sed jure communi, jure publ. ut extraneus, non jure præcipuo post 60. dies. Nam in divinationis causa, qui potior videbitur accusator, marito poterit anteferri, *d. l.6.C.eod.t.*

### Ad §. Quærebatur, an jure mariti possit.

*Quærebatur, an jure mariti possit accusare vir eam feminam, quæ cum ei desponsata fuisset, alii in matrimonium a patre fuisset tradita? respondit, novam rem instituere hujusmodi accusationem existimo, qui adulterii crimen objicere desiderat, propter hoc tantum, quod priori sibi desponsa puella, a patre in matrimonium alii fuerit tradita.*

Notandum est, sponsam ab sponso adulterii, sive stupri accusari posse jure mariti, jure præcipuo, ut præferatur omnibus, non quidem ex l. Jul. sed ex rescripto Severi & Antonini, quia neque matrimonium qualecunque, neq; speciem matrimonii violare licet, *l. si ux.§.Divus, & §.pen.h.t.l.7.C.eod.t.* Quod & ita recte Paulus interpretatus est *lib. sing. de adult.* apud L. Rufinum. Et hoc quidem ita se habet, si post sponsalia sponsa cum alio stupri consuetudinem habuerit, non si alii nupserit auctore patre, ut hic proponitur, quia, extra crimen, hoc est, si alii nubat, nec fidem sponso promissam præstet, & conveniri tantum potest pater, qui eam priori desponderat actione ex sponsu in id quod interest, vel in pœnam, de qua convenerit, si nuptiæ non sequerentur. Quod & veteres Latinos sequutos ex Neratio & Servio Jurisconsultis A. Gellius lib.4. refert, antequam Latini l. Jul. donarentur civitate Romana. Nam inter cives Romanos, nec matrimonium, nec species matrimonii vinculo pœnæ adstringi poterat, *l. Titia, de verbor. obli.* Quod tamen non probat Nov. Leonis Philosophi 18. quæ vult sponsalia posse obstringi vinculo pœnæ, & non sequutis nuptiis secundum fidem sponsaliorum, pœnæ conventæ exactionem esse: vel si de pœna conventum non sit, agi posse in id quod interest, quo jure utimur hodie.

### Ad §. Defuncto marito adulterii rea.

*Defuncto marito, adulterii rea mulier postulatur. Quæ propter impuberem filium vult dilationem ab accusatore impetrare, an debeat audiri? Respondi, non videtur mihi confugere mulier ad justam defensionem, quæ ætatem filii prætendit ad eludendam legitimam accusationem. Nam non utique crimen adulterii, quod mulieri objicitur infanti præjudicat, cum possit & illa adultera esse, & impubes defunctum patrem habuisse.*

Proponitur mulierem quandam, quæ defuncto marito relicto filio impubere postulabatur adulterii ab extraneo forte jure publico, desiderasse accusationis dilationem in tempus pubertatis filii infantis, ne præjudicium interim fieret statui infantis, si forte ipsa damnaretur: an justum est hoc desiderium mulieris? minime: quia quæstio adulterii simplex non potest præjudicare infanti. Potest enim & justus esse filius & mater adultera. Nam ut dicebat Messalina Julia hujusmodi mulieres non nisi nave plena vectorem ferunt, & recte ponit, maritum fuisse defunctum; nam vivo marito, vivo patre, non quæreretur, an differenda esset quæstio status pueri in tempus pubertatis, quia vivo patre nunquam differtur, sed post mortem tantum patris, si puero moveatur quæstio status. Recte etiam ponit mulierem fuisse adulterii postulatam, ut in *l.Titia, de Carbon.edic.* nec actum fuisse ulla alia de re; nam quod notandum quodque Acc. non intellexit, si cum esset quæstio de bonis paternis, de hereditate paterna, mulier missa fuerit in possessionem bonorum defuncti mariti ventris nomine, & dicatur partum ex adulterio concepisse, sane hoc casu differenda erit quæstio adulterii, cum præjudicium fiat partui ex rescripto Adriani, *l.18. de vent. in possess.mitt.* Male autem in Florentinis hoc loco ex uno §. facti sunt duo, quandoquidem ita uno spiritu legendum est, *defuncto marito adulterii rea mulier postulatur, &c.*

### Ad §. Volenti.

*Volenti mihi ream adulterii postulare eam, quæ post commissum adulterium in eod. matrimonio perseveraverit, contradicitur alii. Quæro, an injustæ responsum sit? Respondit, ignorare non debuisti, durante eo matrimonio, in quo adulterium dicitur esse commissum, non posse mulierem ream adulterii fieri, sed nec adulterum interim accusari posse.*

In hoc §. ostenditur, ante divortium neque adulteram posse ream fieri adulterii commissi in matrimonio, quod nondum diremptum est, neque adulterum: Quod ita intelligendum est, ut non possit reus vel rea a marito fieri durante matrimonio, ut *l.2. eod. t.* Denique hic §. est accipiendus de marito accusatore, qui vult accusare adulterum vel adulteram, antequam dimiserit adulteram, quod non potest. Nam ab extraneo, etiam durante matrimonio, non quidem adultera, ne temere statim bene conveniens matrimonium turbetur, sed adulter reus fieri potest, *l. constante, l. vim, §.1. h. t.* ubi hoc quemadmodum hodie accipiendum sit ex constitutionibus, satis explicui ad responsa. Nam ex constitutionib. hodie licet marito & patri, avo, & patruo, & avunculo, manente matrimonio, mulierem ex suspicione ream facere, ut purget se, & doceat innocentiam suam, id est, non tantum culpa, sed etiam suspicione vacare, sive suspicionis causa idonea, *l. quamvis, C.eod.*

### Ad §. Licet ei mulier.

*Licet ei mulier, qui in suspicionem adulterii incidit, nupsisse dicatur, non ante accusari potest, quam adulter fuerit convictus, alioquin ad hoc vel maxime viri confugient, volentes bene concordatum sequens matrimonium dirimere, ut dicant cum adultero mulierem nuptias contraxisse.*

Hujus §. sententia hæc est; mulier, quæ adulterii causa a marito dimissa & repudiata est, si mox alii nupserit ante denutiationem criminis, ne temere sequens matrimonium bene conveniens dirimatur ( non potest mulier accusari adulterii, antequam adulter sit convictus, quod multæ leges hujus tituli ostendunt, ut *l.2.& 5. & l. si maritus, §. ult. h. tit.*) Mulier ergo dimissa ob adulterium, si mox alii rite nupserit, non ante post accusari, quam adulter convictus & damnatus fuerit; etiamsi ei ipsi adultero mox iterum nupserit post libellum divortii missum a priore marito ob causam violati matrimonii. Quod ita intelligendum est, etiamsi mox nupserit ipsi adultero, quem scil. maritus dumtaxat habet, nondum probavit esse adulterum, nondum convicit, nondum damnavit, ut *l.40. h. tit. inf.* Nam si convictus,

victus sit adulter, matrimonium illud secundum quod coiit inter adulterum & adulteram distrahitur tanquam injustum & illicitum, ut est nominatim proditum in *l. Claudius, de his, quæ ut indign. & probatur etiam cap. 51. Concilii Treverensis,* quod corrupte quidam vocant *Triburense.* Et ita quoque generaliter definivit Leo Pontif. Maxim. *cap. 5. ext. de eo, qui duxit in matrim. quam prius polluit per adult.* nullus, inquit, ducat in matrimonium quam prius polluit adulterio. Et D. August. lib. de nupt. & concupiscentia, ad Valerium Comitem, fieri, inquit, verum connubium non potest, quod prius adulterium fuit. Quæ verba Augustini apud Gratianum *Can. 31. qu. est. 1. & ex Grat.* apud Lombard. *4. Sent. dist. 35.* perperam, imo pessime leguntur. detracta negatione. Dico autem adultero condemnato, matrimonium distrahi protinus, quod cum adultera contraxit post solutum prius matrimonium, etiamsi ipsa indemnata fuerit, *d. l. Claudius:* quod si ipsa damnata fuerit, multo magis, quia nulli alii omnino cum adulterii damnata & probrosa femina connubium est, ut ostenditur *§. ult. hujus l. mariti, §. 1. h. tit. l. 1. §. 1. de concub.* Novissimi autem canones hoc jus, quod semper olim obtinuerat, in ecclesiis strictius accipientes, non aliter ex hac causa volunt distrahi matrimonium, quod scilicet prius fuit adulterium, nisi si vivente priore conjuge in casum mortis ejus, præmature pepigerint inter se de futuris nuptiis, quod non potest negari esse contra bonos mores juris gentium, nedum juris civilis, vel etiamsi in necem prioris conjugis uterque vel alter eorum conspiravit, ut e medio sublato viro, inter se conjungerentur, vel etiam nisi durante priore matrimonio inter se adulter & adultera impudenter matrimonium contraxerint. His tribus duntaxat casibus censetur matrimonium ex ea causa esse dirimendum, ut proditum est in *31. qu. est. 1. can. relatum, & sequ. & c. 3. c. 5. c. 6. de eo, qui duxit in matrim. quam, & c.* Et valde notandum quod dicitur in *cap. 5.* matrimonium contractum inter adulterum & adulteram manente priore matrimonio, puta vivo priore conjuge, etiamsi post solutum prius matrimonium morte conjugis, in eo longo tempore perseveraverint, puta, decem annis, ut ponit, vel etiam plures liberos ex eo conjunctione susceperint, non confirmari tale matrimonium. Denique non confirmari diuturnitate temporis, quo stetit post solutum prius matrimonium, neque numero liberorum, quia multiplicitas prolis ita susceptæ, magis eorum crimen exaggerat, & diuturnitas temporis crimen non minuit, sed auget. Quam rationem existimo locum habere in specie proposita in *l. qui in provincia, §. 1. de rit. nupt.* si sororis filia ignara juris civilis, cum collocaretur ab avia sua, nupserit avunculo, & diu inter eos tale matrimonium steterit, & ex eo plures liberos susceperint, neque in ea specie rescripto Marci & Commodi, quod proponitur in *d. l. qui in provincia,* tale matrimonium confirmatur, quod imo re cognita statim dirimendum est, ut in *l. 38. §. 1. hoc tit.* Dicitur crimen incesti jure civili commissi nonnunquam remitti, & sic distrahi illicitam conjunctionem. Et paulo post, incestas *nuptias confirmari non solere,* ideoque illo rescripto confirmatur tantum status liberorum, id est, liberi à Principe moto multis rationibus, non unica: neque enim illegitimi temere faciendi sunt legitimi, moto, inquam multis rationibus, ignorantia puellæ, diuturnitate temporis, quo fuerat in matrimonio illicito, & numero liberorum, à Principe, inquam, liberi fiunt legitimi, & ut parentibus jure legitimo heredes existere possunt. Matrimonium non confirmatur, ergo distrahitur.

### Ad §. Mulier cum absentem.

*Mulier cum absentem virum audisset vita functum esse, alii se junxit: mox maritus reversus est. Quæro quid adversus eam mulierem statuendum sit? Respondit, tam juris quam facti quæstionem moveri. Nam si longo tempore transacto sine ullius stupri probatione falsis rumoribus indu-*

*cta quasi soluta priore vinculo, legitimis nuptiis secundis juncta est, quod verisimile est deceptam eam fuisse, nihil vindictæ dignum videri potest. Quod si ficta mariti mors argumentum faciendis nuptiis probabitur præstitisse, cum hoc facto pudicitia laborat, vindicari debet pro admissi criminis qualitate.*

*§. 1. Ream. adulterii uxorem duxi, eam damnatam, mox repudiavi, quæro an causam dissidii præstitisse videor? Respondi, cum per legem Juliam hujusmodi uxorem retinere prohibearis, non videri te causam dissidii præstitisse palam est. Quare ita jus tractabitur, quasi culpa mulieris facto divortio.*

IN *§. penult. hujus l.* quæritur, quid sit statuendum, de ea muliere, quæ cum audisset absentem virum vita functum esse, alii nupsit, si prior vir fuerit reversus, an tenetur lege Julia? Et Papinianus ait, hanc quæstionem tam juris esse quam facti, hoc est, hanc quæstionem facto implicitam esse, ut Julianus loquitur in *l. cum duo_us, sup. pro soc.* ut Boetius 1. de differentiis Topicis, hypothesin esse quæstionem factis personis & aliis circumstantiis implicitam, vel ut loquitur Alphenus in *l. si ex plagis, §. in clivo, ad l. Aquil,* jus esse positum in facto, in causa. Nam in quæstione proposita, ut Papin. eleganter declarat, si longo tempore transacto, cujus definitio est in arbitrio judicis, quo mulier expectavit virum absentem, sine ulla probri suspicione vixerit, & falso rumore decepta, quasi soluto priore matrimonio, alii nupserit bona fide, extra crimen est. Sed distrahenda secunda conjunctio est ex sententia Papiniani, ut opinor, & restituenda mulier priori reverso marito. Quam sententiam & Leo Pontif. probat, cum prior maritus per captivitatem abfuit, *Can. t. 34. qu. ult.* Leo autem Imperator etiam adulterii pœna eam, quamvis mens non peccaverit, teneri censuit, *Nov. 33.* vid. si antequam certum nuncium de morte viri acciperet, alii nupserit, etiamsi nimis credula bona fide nupserit diu expectato marito, quia debuit expectare certum nuncium. Aliter in *Nov. 22.* ut si vel quinquennio maritum expectaverit, secundæ nuptiæ consistant, & primæ solutæ intelligantur. Quam sententiam Justin. vel potius Tribonianus quamvis eam nondum edidisset *Nov. 22.* & eam tantum parturiret, inseruit in *ff. l. 6. de divort.* ut character orationis evidenter arguit. Et designavit etiam his verbis *post constitutum tempus,* id est, post quinquennium in *l. 8. de capt.* Marito autem absente per militiam idem prope Just. constituit in *Nov. 117.* quod Leo Imperator in marito absente per captivitatem, derogata ad aliquid hac in re *l. uxor, C. de repud.* & *Novel. 22.* Ante constitutiones principum receptum erat captivitate mariti statim solvi matrimonium, ut servitute, *l. 1. de divort. l. si ab hostil. l. si quis, sol. matrim. l. in bello, §. in medio, de capt. & repet. rev.* Nisi cum erat maritus patronus, captivitate patroni ejusdemque mariti non solvebatur matrimonium, *l. eo jure, §. ult. de rit. nupt.* Et interveniente militia mariti, per bonam gratiam dissolvi poterat matrimonium, quia tempus militiæ erat satis longum, *l. ult. de donat. int. vir. & uxor.* Neque enim explebat quisquam stipendia; nec fiebat emeritus, nisi anno 20. hoc erat justum militiæ tempus. Et justa igitur causa propter longam absentiam, bona gratia dissolvendi matrimonii: per causam alterius absentiæ, nec jure veteri licebat temere & inculpate abire matrimonio, sed ex sententia Papiniani hoc loco proposita, mulier quæ falso rumore perlato post longum tempus de morte mariti alii nupsit, non tenetur *l. Julia,* quia dolo caret: quæ vero dolo malo alii nupsit, ficta morte prioris mariti, proculdubio tenetur *l. Julia,* pro qualitate criminis. Et ita ostendit Papin. quæstionem propositam in facti qualitate esse positam, nec tam de jure quæri, quam de facto.

### Ad §. ult. Ream adulterii.

SEquitur in hoc §. Eum, qui duxit uxorem eam, quæ erat rea adulterii commissi in priori matrimonio, mor-

uxor tua scilicet priori marito, & qui postea damnatam eam dimisit, cum non videri divortii, sive diffidii causam praestitisse, quia nec per l. Jul. adulterii damnatam in priori matrimonio retinere potuit, ac proinde culpa mulieris potius diruptum matrimonium dicemus, & consequenter secundum jus, quod obtinuit tempore Papiniani auctore Ulpiano lib. sing. regul. & apud Boetium auctore Gajo lib. 2. Instit. in singulos liberos si extent, hic secundus maritus sextas ex dote retinere potest, usque ad mediam partem dumtaxat dotis. Recte dicit, mortuum fuisse priorem maritum, cum ille duxit ream adulterii. Nam vivo priore marito, nec rea adulterii ab alio uxor duci potest, l. reae, de ritu nupt. Quae distinctio valde notanda est, alioqui hic §. pugnaret cum d. l. reae.

### EX LIB. SINGULARI ἀγορανομικῷ

extat tantum lex unica tit. de via publica, & si quid in ea gestum esse dicatur.

Ædiles curules studeant, & qua secundum civitates sunt viae, ut utique, adaquentur & effluxiones non noceant domibus, & pontem faciant ubicunque oportet. Studeant autem, ut proprii parietes, & aliorum aliquid, quae circa domos ad viam publicam ducunt, non labilia sint: quatenus ut oportet emundent, domini domorum & construant. Si autem non emundaverint, neque construxerint, mulcent eos quod illabilia faciant. Curent autem, ut nullus effodiat vias, neque subruat, neque construat in viis aliquid. Si autem servus quidem fuerit, ab obviante fustigetur: si liber demonstretur ædilibus: ædiles autem damnificent secundum legem, & quod factum est dissolvant. Construat autem vias publicas unusquisque secundum propriam domum: & aqua ductus purget, qui sub dio sunt, id est, coelo libero: & construat ita, ut non prohibeatur vehiculum transire. Quiscumque autem mercede habitant: si non construant, domus ipsi consistentes computent dispendium in mercedem. Studeant autem ut ante ergasteria nihil projectum sit, vel propositum: praeterquam si fullo vestimenta siccet: aut sector trabes exterius ponat, ponant autem & hi, ut non prohibeant vehiculum ire: Non permittant autem, tixari in viis, neque stercora projicere, neque mortuos, neque curia jacere. Translatum Pisis.

Praeter lib. de adult. Papinianus scripsit lib. singularem, ex quo est hæc l. unica, de via publica, & quem appellavit ἀγορανομικὸν, & fuit de curatoribus viarum publicarum, sive ut Varro loquitur, de Viocuris, quos Graeci ἀγορανόμους vocant, posteriores dixere patres civitatum, ut Ulpianus scribit in orationem Demosthenis contra Timocratem. De iis sæpe fit mentio in Novell. & in C. multos collegi locos in Novell. 85. & in l. 2. C. de iis, qui sponte munera suscep. lib. 10. Quibus locis ostenditur, olim etiam patres civitatum habuisse curam operum publicorum omnium: curam igitur viarum publicarum & operum: iidem & patres simpliciter dicuntur

A in Auth. C. Judaei, ubi legendum, patris bonorum, id est patris civitatis, A 12. Graeca, C. de haeret. dicuntur & curatores reip. ut Basil. interpretantur in l. ad curatores, de damno infect. l. 2. C. de solut. & liberat. lib. 1. l. ult. de off. adsass. Sunt magistratus minores, curatores reipubli. publicarum viarum, & operum publicorum: ergo habent jurisdictionem, habent adsessores d. l. ult. habent multae dictionem adversus inobedientes, ut ostendit hæc lex Pap. Ab iis omnibus quos supra diximus separantur ædiles, & nomine & administratione. Nam ædiles dicuntur ἀγορανόμοι, ut Theoph. docet §. proponebat, Inst. de jurisnatur. gen. & civ. illi vero dicuntur ἀστυνόμοι: differunt administratione quoque, nam ad ἀγορανόμους pertinent jura rerum venalium: Theophrast. lib. de legib. apud Suidam: aliorum potissimum curam incumbere: ædilibus, ut vivo omnia & ordine gerantur in foro, & ut fraudes tum emptorum, tum venditorum coerceantur. Verum ad ἀστυνόμους pertinet cura viarum, & operum publicorum: Ulpianus interpres Demosthenis ex Platone, ut opinor ἀγορανόμος, inquit, est qui inspicit res venales in foro: ἀστυνόμος, qui curat munditiem civitatis, & a nobis dicitur pater. Proinde ut in hac l. ostendit, curant ἀστυνόμοι, ut viae purae sint & mundae, & ut viarum cumuli non laedant aedificia, & construantur ponticuli, ubi res exigit in publico per quos populo iter sit, & ne parietes aedium ventrem faciant in publicam viam, ut fulciant sufflaminibus, & tibicinibus, & ne quid projiciatur, aut obruatur in viam publicam, quod itineri vel actui vehiculorum impedimento sit, ne quis viam publicam aperiat, aut fodiat, vel obruat, ut deteriorem faciat, ne aedificet in via publica nisi publice, ut in l. fluminum, de damno infect. idque auctoritate publ. veluti principis. Publice aedificare est aedificare auctoritate publica, ut publice consecrare est consecrare auctoritate publica, puta per principem aut pontificem, l. 4. §. sacra de ver. div. & inter cetera ( quod ait in hac lege ) ne ædiles sinant in viam publ. projici sordes. Id etiam ex nescio quo auctore Graeco invenies scriptum de ἀστυνόμοις apud Suidam eos curam habuisse sordium projiciendarum. Plutarchus quoque in praeceptis politicis, dum scribit de iis, qui apud Thebanos dicebantur τελεάρχαι, qui idem erant, ἀστυνόμοι. Ex quibus intelligitur, quanta sit differentia inter ἀγορανόμους, & ἀστυνόμους. Non inficior tamen, ut evenit saepe, uni deferri duo munera publica, ita esse factum, ut idem esset ἀγορανόμος, sive ædilis, & ἀστυνόμος, seu curator viarum aut itinerum civitatis. Suet. in Vespas. Vespasianum ædilem Caesar succensens propter curam verrendis viis non adhibitam, luto oppleri jussit, quia scilic. Vespasianus non tantum erat ædilis, sed etiam curator viarum ut hanc rem referens nominatim ait Dio libro 58. cujus hæc sunt verba: lutum, inquit, cernens in publica via, jussit projici in vestem Vespasiani, qui tunc erat ædilis, & curator viarum, & ita duplici munere functus. Proinde ille etiam locus indicat esse differentiam inter ἀστυνόμους, & ἀγορανόμους. Vide Observat. lib. 22. cap. 31.

## FINIS.

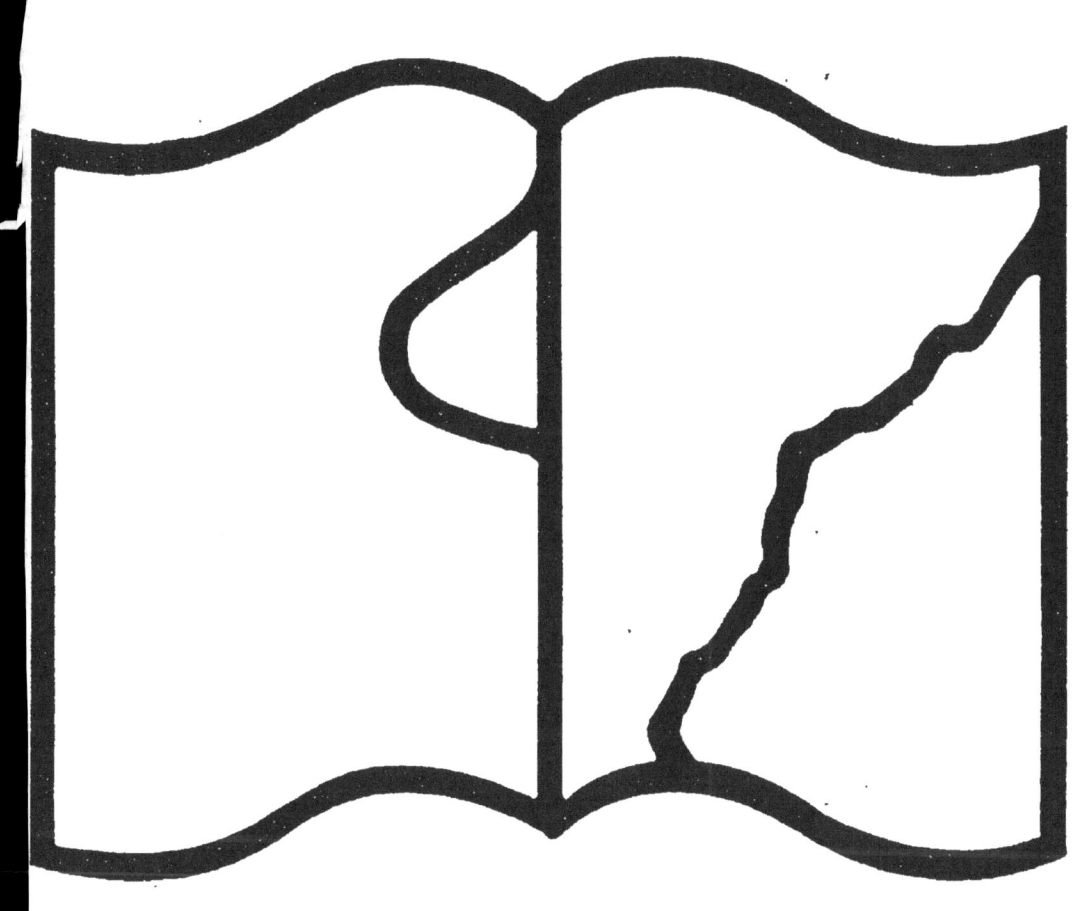

Texte détérioré — reliure défectueuse

**NF Z** 43-120-11

www.ingramcontent.com/pod-product-compliance
Lightning Source LLC
Chambersburg PA
CBHW060859300426
44112CB00011B/1260